SÆCULUM IX.

B. FLACCI ALBINI

SEU

ALCUINI

ABBATIS ET CAROLI MAGNI IMPERATORIS MAGISTRI

OPERA OMNIA

JUXTA EDITIONEM FROBENII, ABBATIS AD SANCTUM EMMERAMUM RATISBONÆ, NOVISSIME AD PRELUM REVOCATA ET VARIIS MONUMENTIS AUCTA

ACCURANTE J.-P. MIGNE,

BIBLIOTHECÆ CLERI UNIVERSÆ,

SIVE

CURSUUM COMPLETORUM IN SINGULOS SCIENTIÆ ECCLESIASTICÆ RAMOS EDITORE.

TOMUS PRIMUS.

VENEUNT 2 VOLUMINA 15 FRANCIS GALLICIS.

EXCUDEBATUR ET VENIT APUD J.-P. MIGNE EDITOREM,
IN VIA DICTA *D'AMBOISE*, PROPE PORTAM LUTETIÆ PARISIORUM VULGO *D'ENFER* NOMINATAM,
SEU PETIT-MONTROUGE.

1851

ELENCHUS

AUCTORUM ET OPERUM QUI IN HOC TOMO C CONTINENTUR

B. FLACCUS ALBINUS, seu ALCUINUS.

Operum omnium pars prima. — Epistolæ Col.	135
Operum omnium pars secunda. — Opuscula exegetica.	515
Opusculum primum.—Interrogationes et responsiones in Genesin.	*Ibid.*
Opusc. II. — Enchiridion, seu expositio pia ac brevis in psalmos pœnitentiales, in psalmum cxviii et graduales.	569
Opusc. III. — Compendium in Canticum Canticorum.	639
Opusc. IV. — Commentaria super Ecclesiasten.	665
Opusc. V. — Interpretationes nominum Hebraicorum progenitorum Domini nostri Jesu Christi.	723
Opusc. VI. — Commentaria in sancti Joannis Evangelium.	733
Opusc. VII. — Tractatus super tres sancti Pauli ad Titum, ad Philemonem et ad Hebræos Epistolas.	1007
Commentatio brevis in quasdam sancti Pauli sententias.	1083
Commentariorum in Apocalypsin libri quinque.	1085

Ex typis MIGNE, au Petit-Montrouge.

PATROLOGIÆ
CURSUS COMPLETUS
SIVE
BIBLIOTHECA UNIVERSALIS, INTEGRA, UNIFORMIS, COMMODA, OECONOMICA,
OMNIUM SS. PATRUM, DOCTORUM SCRIPTORUMQUE ECCLESIASTICORUM
QUI
AB ÆVO APOSTOLICO AD INNOCENTII III TEMPORA
FLORUERUNT;
RECUSIO CHRONOLOGICA
OMNIUM QUÆ EXSTITERE MONUMENTORUM CATHOLICÆ TRADITIONIS PER DUODECIM PRIORA
ECCLESIÆ SÆCULA,

JUXTA EDITIONES ACCURATISSIMAS, INTER SE CUMQUE NONNULLIS CODICIBUS MANUSCRIPTIS COLLATAS,
PERQUAM DILIGENTER CASTIGATA;
DISSERTATIONIBUS, COMMENTARIIS LECTIONIBUSQUE VARIANTIBUS CONTINENTER ILLUSTRATA;
OMNIBUS OPERIBUS POST AMPLISSIMAS EDITIONES QUÆ TRIBUS NOVISSIMIS SÆCULIS DEBENTUR ABSOLUTAS
DETECTIS, AUCTA;
INDICIBUS PARTICULARIBUS ANALYTICIS, SINGULOS SIVE TOMOS, SIVE AUCTORES ALICUJUS MOMENTI
SUBSEQUENTIBUS, DONATA;
CAPITULIS INTRA IPSUM TEXTUM RITE DISPOSITIS, NECNON ET TITULIS SINGULARUM PAGINARUM MARGINEM SUPERIOREM
DISTINGUENTIBUS SUBJECTAMQUE MATERIAM SIGNIFICANTIBUS, ADORNATA;
OPERIBUS CUM DUBIIS TUM APOCRYPHIS, ALIQUA VERO AUCTORITATE IN ORDINE AD TRADITIONEM
ECCLESIASTICAM POLLENTIBUS, AMPLIFICATA;
DUOBUS INDICIBUS GENERALIBUS LOCUPLETATA : ALTERO SCILICET RERUM, QUO CONSULTO, QUIDQUID
UNUSQUISQUE PATRUM IN QUODLIBET THEMA SCRIPSERIT UNO INTUITU CONSPICIATUR; ALTERO
SCRIPTURÆ SACRÆ, EX QUO LECTORI COMPERIRE SIT OBVIUM QUINAM PATRES
ET IN QUIBUS OPERUM SUORUM LOCIS SINGULOS SINGULORUM LIBRORUM
SCRIPTURÆ TEXTUS COMMENTATI SINT.
EDITIO ACCURATISSIMA, CÆTERISQUE OMNIBUS FACILE ANTEPONENDA, SI PERPENDANTUR : CHARACTERUM NITIDITAS,
CHARTÆ QUALITAS, INTEGRITAS TEXTUS, PERFECTIO CORRECTIONIS, OPERUM RECUSORUM TUM VARIETAS
TUM NUMERUS, FORMA VOLUMINUM PERQUAM COMMODA SIBIQUE IN TOTO OPERIS DECURSU CONSTANTER
SIMILIS, PRETII EXIGUITAS, PRÆSERTIMQUE ISTA COLLECTIO, UNA, METHODICA ET CHRONOLOGICA,
SEXCENTORUM FRAGMENTORUM OPUSCULORUMQUE HACTENUS HIC ILLIC SPARSORUM,
PRIMUM AUTEM IN NOSTRA BIBLIOTHECA, EX OPERIBUS AD OMNES ÆTATES,
LOCOS, LINGUAS FORMASQUE PERTINENTIBUS, COADUNATORUM.

SERIES SECUNDA,
IN QUA PRODEUNT PATRES, DOCTORES SCRIPTORESQUE ECCLESIÆ LATINÆ
A GREGORIO MAGNO AD INNOCENTIUM III.

ACCURANTE J.-P. MIGNE,
BIBLIOTHECÆ CLERI UNIVERSÆ,
SIVE
CURSUUM COMPLETORUM IN SINGULOS SCIENTIÆ ECCLESIASTICÆ RAMOS EDITORE.

PATROLOGIA BINA EDITIONE TYPIS MANDATA EST, ALIA NEMPE LATINA, ALIA GRÆCO-LATINA. —
VENEUNT MILLE FRANCIS DUCENTA VOLUMINA EDITIONIS LATINÆ; OCTINGENTIS ET
MILLE TRECENTA GRÆCO-LATINÆ. — MERE LATINA UNIVERSOS AUCTORES TUM OCCIDENTALES, TUM
ORIENTALES EQUIDEM AMPLECTITUR; HI AUTEM, IN EA, SOLA VERSIONE LATINA DONANTUR.

PATROLOGIÆ TOMUS C.
BEATI FLACCI ALBINI seu ALCUINI
TOMUS PRIMUS.

EXCUDEBATUR ET VENIT APUD J.-P. MIGNE EDITOREM,
IN VIA DICTA *D'AMBOISE*, PROPE PORTAM LUTETIÆ PARISIORUM VULGO *D'ENFER* NOMINATAM,
SEU PETIT-MONTROUGE.

1851

ANNO DOMINI DCCCIV.

B. FLACCI ALBINI

SEU

ALCUINI

ABBATIS,

CAROLI MAGNI REGIS AC IMPERATORIS MAGISTRI,

OPERA OMNIA

POST PRIMAM EDITIONEM, A VIRO CLARISSIMO D. ANDREA QUERCETANO CURATAM, DE NOVO COLLECTA, MULTIS LOCIS EMENDATA, ET OPUSCULIS PRIMUM REPERTIS PLURIMUM AUCTA, VARIISQUE MODIS ILLUSTRATA

CURA AC STUDIO FROBENII,

S. R. I. PRINCIPIS ET ABBATIS AD SANCTUM EMMERAMUM RATISBONÆ.

PRÆFATIO GENERALIS.

I. Henricus Canisius jurisconsultus, et initio sæculi XVII in Academia Ingolstadiensi sanctorum canonum professor ordinarius, multis laboribus litterariis celeberrimus, et veterum monumentorum scrutator solertissimus, cum plura beati Alcuini opuscula in bibliothecis delitescentia luci vero publicæ a se reddenda, detexisset, recte sentiens, nonnulla alia ejusdem præclarissimi magistri opuscula aut penitus periisse, aut adhuc bibliothecarum vinculis constricta opem eruditorum exspectare, optabat ut immeritis illis pedicis manicisque exsolvantur, quo tandem in luce versari, et per ora doctorum volitare queant. « Utinam, inquit, existeret, qui Alcuini omnia monumenta in lucem erueret, vel saltem illa quæ jam sunt eruta, unum in volumen colligeret, collectaque simul vulgaret. » Tom. II Thesauri Monum. Edit. Basnagii, pag. 484 et 485.

II. Id quod Canisius in votis habuit, primus omnium maxima cura ac diligentia exsequi adlaboravit vir magni pariter inter eruditos nominis D. Andreas Quercetanus Turonensis. Is enim patriæ suæ amore, prout ipse profitetur initio Præfationis in suam editionem, incitatus, omnia beati Alcuini opuscula seu jam edita, seu ex codd. mss. Pauli Petavii, Augusti Thuani, Puteanorum fratrum, Sirmondi et aliorum conquisita collegit, et partim auctius ac emendatius, partim vero tunc primum detecta de novo edidit Lutetiæ Parisiorum anno 1617.

III. Verum hæc viri summi qualiscunque diligentia non se protendebat ad exteras Italiæ, Hispaniæ, Angliæ ac Germaniæ bibliothecas, in quibus tamen celeberrimi hujus sui temporis scriptoris opuscula vera olim certatim a suis discipulis descripta ac recondita conservabantur : alii tamen viri eruditi, quibus in illa veterum monumentorum reconditoria penetrandi fortuna arrisit, Martenius, Mabillonius, Baluzius, Pezius et alii, plura opuscula mss. beati Alcuini detexerunt, quæ priori illi collectioni addi, et ita nova aliquando editio completior ac perfectior fieri posset ; in quem finem iidem nova sua reperta suis collectaneis addita et cum aliis opusculis, prout sese quærentibus fortuito offerebant, commissa luci publicæ commiserunt. Magnum vero exinde incommodum relictum est, quod eruditi qui de beato Alcuino quædam suis laboribus apta discere cupiebant, necesse haberent, illius seu epistolas, seu commentationes, tractatus et carmina, per vasta et parum obvia volumina distracta conquirere : quod quidem incommodum nonnisi novæ collectionis ac editionis auxilio reparandum fuit. Incommodum isthoc magis crevit, postquam exemplaria quoque editionis Quercetanæ evasere rarissima, ut nunc in paucissimis plane bibliothecis reperiantur.

IV. Consilium ergo novæ editionis procurandæ jam initio hujus sæculi in Gallia cœptum, et spes brevi illius obtinendæ et absolvendæ facta est : hucusque tamen exspectationem fefellit, et effectu caruit. Optabat vir præclarissimus D. Antonius Rivet de la Grange, Benedictinus congregationis sancti Mauri in æstimatissimo opere Hist. Lit. Franciæ, tom. IV, pag. 343, ut labor saltem, quem ipse in recensendis omnibus beati Alcuini tam genuinis quam suppositis operibus impendit, virum aliquem bene eruditum permoveret ad opus tandiu exspectatum exsequendum. His D. Riveti aliorumque virorum eruditorum votis ac desideriis quovis modo satisfaciendi cupido me tunc incessit, cum eorum, a quorum nutu pendebam, voluntate curandæ bibliothecæ nostræ sancti Emmerami, magnum mss. eximiæ vetustatis atque optimæ notæ numerum continenti, admotus fui. Deprehensis nempe quibusdam codicibus, nongentorum et amplius annorum ætatem indubiis notis præferentibus, varia beati Alcuini opuscula continentibus, eadem cum editione D. Quercetani conferens facile adverti, illorum ope plures prædictæ editionis hiatus impleri, errata innumera corrigi, et veram multis locis lectionem restitui posse. Præterea nonnulla etiam opuscula sese obtulere, frustra hucusque quæsita et ex parte ignorata ab eruditis; quorum omnium rationes suis locis proferentur. Manum ergo operi admovere cœpi, non eo quidem consilio ut egomet novam illorum operum editionem susciperem, sed ut manum auxiliatricem porrigerem, si vir quispiam eo apparatu eruditionis, quo me destitutum agnoveram, instructus huic se labori serio tandem commodare vellet.

V. Peropportune vero accidit quod a cl. D. Oliverio Legiponte monasterii sancti Martini Coloniæ Agrippinæ O. S. B. asceta doctissimo, atque, dum viveret, litteraria consuetudine mihi conjunctissimo per litteras edoctus fuerim, virum varia eruditione præditum D. Ildephonsum Coletum Benedictinæ congreg. sanctorum Vitoni et Hydulphi ad sanctum Michaelem supra Mosam alumnum, dudum huic labori manum admovisse, jamque omnia beati Alcuini opera duobus tomis distincta prelo parata habere : quod ipsum postea ex illustris Calmeti historia litteraria Lotharingiæ, atque ex Hist. Lit. Franciæ tom. VIII Avertiss., pag. x, amplius et certius didici. Hunc igitur doctissimum virum D. Catelinot per litteras conveni, eidem meam operam spopondi, illiusque arbitrio et usui subsidia, quæcunque ad cœptum a se opus perficiendum ad manus habebam, lubens obtuli; quædam insuper illi suggerens, quæ ad ejus notitiam haud pervenisse existimabam. Viri hujus egregii Responsorias datas 15 Febr. 1754, ex quibus impensum illius in novum hoc opus studium, et causa simul impeditæ tandiu editionis discitur, hic subjicere, eruditis, spero, haud fore ingratum : « Pluribus abhinc annis, inquit, novam Operum Alcuini editionem aggressus sui, ac trium annorum spatio, quantum in me fuit, absolvi. Ast, proh dolor! inedita ac sopita remanet ab anno 1745. Nec non bibliotheca Benedictina, quam ad umbilicum quoque perduxi. In regionibus enim nostris opera non nisi Gallico idiomate scripta sub prelo sudant, Latina vero in forulis et pulvere bibliothecarum jacent. Huc accedit gravis penuria mss. codicum, quorum ope et opera novæ editiones adornantur. Tanta est illa inopia in Gallia nostra et Lotharingia, ut in decursu laboris unum duntaxat detegere potuerimus, nempe tractatum de Processione sancti Spiritus ab Alcuino nostro inscriptum Carolo Magno imperatori coronato anno 800. Qualis et quantus ille sit tractatus, annuntiat Antonius Rivetus in Admonitione ad tom. VIII Galliæ Litterariæ, pag. x, xi et xii...... Precare pro peccatore annorum octoginta trium et mensium decem, qui nullo indiget adminiculo ad ambulandum, ad videndum, ad audiendum; sed mens sana in corpore sano, quod Dei donum est, et in reddo corde et animo. » Hucusque Senecio venerabilis.

VI. Acceptis hisce viri egregii litteris facile animadverti, editionem illam Operum beati Alcuini diu adhuc fore protrahendam, aut per obitum senis hujus tot jam annis gravati penitus deserendam, aut non nisi cum multorum monumentorum huc pertinentium, in variis bibliothecis etiamnum latentium defectu prodituram. Per integrum ergo annum, debilitatis virium mearum conscius, deliberans, num difficili huic labori manum ipse admoverem, tandem opus tentare mecum statui. Hoc meum propositum eidem D. Catelinot initio anni 1755 per epistolam significavi, confisus tunc, quod a nova, quam animo et calamo conceperat et parturire moliebatur clariss. D. Legipontius supra laudatus, societate litteraria Benedictina, auxilium atque subsidia majora ad hoc opus facilius exsequendum conducentia essem adepturus. De hoc enim instituto idem D. Legipontius rev. D. Calmetum per litteras edocuit, doctosque sodales congregationis Lotharingicæ, cui is tunc præfecturam gerebat, ut huic societati sese adjungi paterentur, invitavit : singulariter vero D. Catelinot eo permovit, ut collectanea sua, pro nova editione operum A B. Alcuini parata, mihi cederet, nomine ejusdem societatis completius et emendatius vulganda. Assensit vir optimus D. Legipontii postulationi, et sine dilatione, propriæ suæ gloriæ prope oblitus, cum maxima benevolentia, quod petitum fuerat, præstitit. Is ergo mense Aprili ejusdem anni totum suum apparatum cum quibusdam præliminaribus, cum notis variis et observationibus doctissimis ad me direxit, magna simul cum humilitate deprecatus, « ut si quid aliquando ex Operibus tanti viri (beati Alcuini) vel omnia edenda sint, suo parcatur nomini. Multo præclarius est, inquit, et dignius nomen societatis litterariæ, quod tam magnificæ editioni præponatur. »

VII. Verum institutum illud societatis litterariæ Benedictinæ, quod D. Legipontius maximo cum fervore promovere laboravit, ad optatum effectum illo vivente perduci haud potuit ; ipso vero ad cœlestes sedes abeunte penitus, quod dolens refero, et in cunis exspiravit, commercio litterario, quo prolem conceptam animari oportebat, simul abrupto. Totum igitur pondus propositi laboris, in adornanda nova Operum beati Alcuini editione, in debiles humeros meos recidit ; quos tamen subtrahere nolui ; sed recogitans difficultates non fugiendas esse, sed superandas, et omnia nos posse in eo qui nos confortat, credensque simul hunc laborem cessurum ad Dei gloriam et aliquem Ecclesiæ profectum, vel etiam ad rei litterariæ commodum et quodcunque incrementum, memet ad opus cordate aggrediendum excitavi. Divini ergo auxilii spe fretus, virorum etiam doctorum, eorum maxime qui ubivis locorum thesauris veterum monumentorum custodiendis præsunt, adjumenta quærere, et bibliothecarum tam vicinarum quam dissitarum, in quibus codices huc pertinentes latere noveram aut suspicabar, fores pulsare constitui. Scripsi ad doctos illarum bibliothecarum custodes, ad alios eruditos magni nominis magnæque auctoritatis viros, ut thesauros latentes aut aperirent, aut aperiri juberent ; atque ad meum usum primo operum ab ipsis servatorum catalogos, deinde ipsa opera me delecta, vel variantes lectiones inde excerptas mecum communicari facerent. Quæ quidem res felicius quam sperare poteram, cessit, ita, ut Alcuinus meus longe ditior quam in collectione D. Quercetani aut D. Catelinoti fuit evaserit : quorum id ope, quibusque mediis id perfecerim, nunc paucis enarrabo.

VIII. Prima subsidia mihi venere e bibliothecis illustrissimorum capitulorum cathedralium Salisburgensis et Frisingensis, opitulantibus illarum ecclesiarum reverendissimis canon. capitularibus, præprimis D. comite de Saurau, em tempore rev. archiepiscopi ac principis Salisburgensis ad comitia imperii hic Ratisbonæ legato plenipotentiario ; et D. barone de Wertenstein, serenissimi ac eminentissimi cardinalis Bavari, episcopi Frisingensis, etc., etc., consiliario intimo, utroque bonorum omnium luctu satis nuper erepto. Ambo summa cum benevolentia plures, quos inspicere cupiebam, codices e pretiosissimis illis vetustatis reconditoriis subministrarunt, quorum ope varia anecdota obtinui, quorum aliqua ad edita emendanda, alia ad defectus maxime notabiles supplendos, alia denique ad opus novis opusculis augendum adhibere potui, prout suis semper locis notavi.

IX. Non minus benevolum, nec minus ad studia mea juvanda propensum expertus fui eminentissimum D. cardinalem Passioneum, jam antea de beato Alcuino, cujus epistolam ad Eanbaldum, nunc ordine quinquagesimam (a) tom. I, pag. 63, notis varia eruditione refertis illustraverat, optime meritum : hic ergo vir summus, fama eruditionis clarus et, dum viveret, litteratorum Mæcenas totius promptus a me imploratus, primo indicem omnium opusculorum ad Alcuinum pertinentium, in prædivite bibliotheca Vaticana cujus ille tunc præfecturam cum maxima sui nominis

---

(a) Secundum hujusce novæ editionis recensionem, quinquagesimam sextam, EDIT.

laude gerebat, servatorum ad me mitti curavit; deinceps vero ejusdem bibliothecæ custodibus, ut quæ ex eodem indice selegeram, descripta ad me dirigerent, mandavit. Inde ergo accepi : 1° libellum beati Alcuini ad monachos Gothiæ contra hæresin Felicis, hucusque desideratum, editum a nobis cum præfatione cl. D. Foggini ; 2° libellum de Antichristo Alcuino suppositum ;' 3° libellum de Partibus orationis, de quo videatur monitum prævium ad part. v Operum Alcuini; 4° chartulas calculationis cursus lunaris et bissextilis præparationis. Demum variantes quasdam et meliores lectiones, quas suis locis addidi.

X. His eminentissimi cardinalis beneficiis cumulatus, et fiducia tam promptæ benevolentiæ animatus ejusdem quoque consilium expetere non verebar, de edendis inter Opera beati Alcuini vel omittendis libris illis famosis, quos Carolinos appellant, *de non adorandis imaginibus*, quos quidam scriptores eidem Alcuino nostro tribuere volebant. Simul vero rogavi ut eosdem libros cum cod. mss. bibl. Vaticanæ, quem litteris Longobardicis scriptum ibidem servari scripserat Aug. Steuchus de falsa Donat. Constantini contra Laurentium Vallam, lib. II, pag. 111, conferri jubeat, eum præcipue in finem, ut constare possit, an capitulum ultimum illorum librorum, quale in editione Severini Binii reperitur, genuinum sit, an, quod Goldastus adversus Binium contendit, spurium et confictum ? Non reticuit eruditissimus cardinalis suam, quam mente tenebat sententiam, eamque mihi aperire dignatus est per epistolam Roma ad me scriptam IV Kal. Febr. 1759, in hæc verba: « In bibliotheca Vaticana nullus reperitur ms. cod. libros illos continens quos Carolinos de non adorandis imaginibus vocare solent. Quod pertinet ad eorum confutationem ab Adriano I compositam et Carolo Magno inscriptam, exstat illa in duobus mss. Codd., nempe Regio Vat. 1041 et 1062. Sed uterque Codex chartaceus est et admodum recens. Etsi vero ex forma litterarum aperte constet, in Gallia utrumque exaratum fuisse, neuter tamen indicat, ex quo vetustiore Codice, et in qua bibliotheca descriptus fuerit. Cæterum nihil dubito, Codicem 1062 illum ipsum esse, quem ad Gregorium XIII fuisse missum ex Gallia tradit Severinus Binius. Cum autem enixe postules, utrum bonum censeam dare his quoque locum in appendice Operum Alcuini, candide dicam : non censere; nullam enim esse video alicujus ponderis conjecturam, quæ suadeat Carolum Magnum Alcuini opera usum fuisse in iis condendis libris, quos Carolinos appellant. » Hactenus sapientissimus cardinalis, cujus consilium eo libentius secutus sum, quod revera nulla ratio, quæ alicujus ponderis haberi possit, succurrat pro opinione contraria, multæ vero et graves rationes prorsus persuadeant, beatum Alcuinum illorum librorum auctorem non fuisse, quas protuli infra in præfatione ad opuscula supposita.

XI. Hoc primum tentabam cum tam feliciter mihi cessisset, alias insuper vias explorare constitui, minime hæsitans, per illas me reperturum ampliora adhuc subsidia, et viros eruditos æque ad studiis meis succurrendum faciles. Quod ut promptius fieret, conspectum omnium opusculorum, quæ et quo ordine in nova editione comparere deberent, anno 1760 typis Montaganis vulgari feci ; addito indice aliquorum codd. mss. in variis bibliothecis latentium : atque ita una quasi generali epistola viros doctos ad symbola sua huc conferenda invitavi ac provocavi ; nec sane frustra ; spe enim citius viri quidam et eruditione et libris editis celeberrimi ultro nec singulariter implorati suam operam obtulerunt. Inter quos primi fuere illustris D. Christ. Ludov. Scheidius serenissimæ familiæ Guelficæ historiographus, operis laudatissimi : Origines Guelficæ aliorumque plurium scriptor. Cl. D. Christ. Adolphus Klotzius in universitate Halensi eloquentiæ et philosophiæ professor variis lucubrationibus et litterariis pugnis clarus; deinde illustris D. Christ. Fri-

dericus Temlerus regiæ Danicæ majestati a secretis. A. D. Scheidio ocius accepi epistolam humanitate plenam, qua mihi propensissima voluntate omnem operam suam addixit, et ad similem benevolentiam doctos Danos et Anglos, misso ad eos conspectu a me edito, persuadere velle promisit. Majora præstitit D. Klotzius, qui ut eumdem conspectum noviter vulgatum toti orbi litterario notum redderet, illum cum magna commendatione in Actis eruditorum Lipsiensibus anni 1760 pag. 233, recensuit, ac postea per epistolam ad strenue in cœpto opere pergendum, me animavit, oblatis quibusvis, quæ in illius potestate essent, subsidiis, donatoque libello paucis apud nos cognito et raræ eruditionis, in quo de eruditione Saxonis Carolini Alcuini discipuli, Vitembergæ sub præsidio D. Joannis Guilielmi de Berger disseritur.

XII. Porro illustris D. Temleri propensionem insolitam et ardorem pro laboribus meis juvandis prorsus singularem, quo vocis præconio exornem vix habeo. Vir iste præclarus, nunquam antea mihi cognitus, ex Actibus Lipsiensibus de consilio meo edoctus, paulo post lectiones quasdam variantes epistolarum ac librorum de Trinitate, ex veteri editione Homiliarii Doctorum descriptas et a cel. Baluzio olim notatas, ad me misit, et ut opera sua pro libitu uterer, me cohortatus est. Hac viri optimi benevolentia fretus ipsum rogavi, ut si quos doctos viros in Anglia nosset, eos mihi conciliaret; ut beati Alcuini scripta, quæ in illius regionis bibliothecis servari ex catalogis librorum mss. Angliæ et Hiberniæ, atque ex aliis eruditorum recensionibus noveram, perquirerent, et ea quæ expetieram pro gloria conterranei sui ad me destinarent. Non defuit petitis vir illustris; illius tamen conatus ibidem fuere frustranei. Responsum enimvero ex Anglia tulit doctis viris profecto indignum, nobisque ingratum : exspectare nos jusserunt ultra anni spatium, donec desiderata describi possent; simul vero pro scriptura ac labore unius hebdomadæ, mercedem pacisci voluere centum et ultra librarum sterlings. Et primam quidem conditionem in acceptis ferre voluissem; alteram vero, quæ turpis nobis visa est (et cui non videretur?), repudiare debui. Neque tamen fortuna, quæ in Anglia minus fuit propitia, me penitus deseruit ; beneficio enim viri clarissimi D. de Brequigny, regiæ inscrip. et hum. lit. Academiæ socii, epistolas, quas maxime obtinere desiderabam, ab eodem, dum Christianissimi regis mandato anno 1764 Angliæ bibliothecas perscrutaretur, ex cod. ms. bibliothecæ Harleianæ descriptas accepi. Hujus ergo viri egregii benevolentiæ thesaurus iste litterarius ab omnibus eruditis in acceptis referendus est, ut prolixius narravi in Monito prævio ad Mantissam.

XIII. Aliam rursus viam labores meos juvandi causa in Hispania nempe, tentavit prælaudatus D. Temlerus Optabam ex illius regionis bibliothecis, præsertim Escuriali et Toletana, nonnulla monumenta ibi, quod sciebam, servata adipisci, ad historiam erroris Adoptianorum, cujus Alcuinus maxima pars fuit, illustrandam conducentia: epistolam nimirum ineditam episcoporum Hispaniæ, sectatorum Elipanti archiepiscopi Toletani, ad episcopos Galliæ, Aquitaniæ et Austriæ scriptam, cujus potissimum causa convocatum fuit concilium Francofordiense anni 794, cujus ob detritos, ut prætendebatur, characteres non nisi initium et conclusionem dederat D. Henricus Floresius in sua España Sagrada, tom. V, pag. 557. Cupiebam pariter, libros Etherii ac Beati adversus ingruentem errorem Adoptianorum scriptos, et primum a Petro Stevartio cum aliis veteribus scriptoribus Ingolstadii anno 1616 editos, cum cod. ms. conferri et inde emendari posse, eo quod editio illa in nonnullis locis manca et imperfecta esse videbatur; statueram siquidem aliquando libros illos correctiores in appendicem operum beati Alcuini referre, sicut in illorum conspectu typis vulgato significavi. Huic meo desiderio ut satisfieri posset, laudatus Temlerus amicum in Hispania degentem, eadem promptitudine ac zelo ad litteratorum labores juvandos affectum, convenit, nempe D. Carolum Christophorum Pluer regiæ legationis Danicæ Madriti ecclesiasten; qui vir præclarissimus ocius omnem lapidem movit, viasque omnes tentavit, atque viros doctos, quos in hunc finem quidpiam conferre posse credebat, infatigabiliter sollicitavit, ut hisce votis meis obsecundarent. Verum conatus illius plurima reperere obstacula: fores enim bibliothecarum illarum tantopere obseratæ sunt, ut nemini exterorum ad illas accessus pateat, aut codices mss. ibidem reconditos ulla ratione cuiquam pedicis ac manicis suis solvere in aliorum usum liceat. Reperit tamen laudatus D. Pluer virum magni apud Hispanos et apud exteros quoque nominis, D. Gregorium Majansium generosum Valentinum, a quo, ob gestam aliquando præfecturam bibliothecæ regiæ, quæcunque votis meis expetita obtineri posse spes magna affulsit. De hoc D. Majansio laudatus D. Pluer in litteris e *Portugo* ad aquas minerales in montibus Granatensibus d. d. x Jun. 1765, ita ad me scripsit: « Non omnino desunt (in Hispania) viri sapientia et eruditione præstantes, quorum dux et antesignanus celeberrimus Greg. Majansius sine dubio censendus est. Vir enim iste una cum doctissimo fratre Antonio sese unice litteris consecravit. Regi cum esset a bibliotheca Gregorius, ut invidiæ cederet, se hoc munere sponte sua abdicavit. Tantum vero abfuit ut ista rerum mutatio virum a litterarum amore avocaret, ut calcar potius ipsi addidisse videatur. Verum certe est, qui cum solida eruditionis laude æquale inserviendi studium conjungat, excepto Gregorio, in universa Hispania reperiri neminem. » Viro igitur huic tantopere mihi laudato desiderium meum per epistolam aperui, atque adjutorium illius, si quod mihi impendere valeret, expetii, eo eventu felici, ut ab amicis suis tandem illam magni momenti epistolam episcoporum Elipanti sectatorum ineditam extorserit, quam is e cod. ms. Toletano descriptam ocius ad me deferri curavit, addita epistola, quam ad fidem rei conciliandam impressam exhibui. Codicem tamen, in quo continetur memoratus Apologeticus Etherii et Beati, quo cum editio Stevartii non satis accurata conferri potuisset, nulla industria obtinere potuit vir optimus, cui in hunc finem ejusdem Stevartii volumen typis impressum direxeram; prout mihi significavit in epistola altera ibidem a me exhibita. Quæ causa fuit mutati a me consilii, quod etiam D. Catelinot placuerat, eosdem libros his operibus jungendi, ut initio proposueram in conspectu operum istorum superius memorato. Quænam alia idem D. Majansius, studiis meis summo opere affectus, pro illustrandis Adoptianorum scriptis et actis suggesserit, et humanissimis atque eruditissimis illius epistolis intelligi potest, in Appendice II a me relatis.

XIV. His viis, ad terminum mihi propositum felicius pertingendi, in Lotharingia, Italia, Anglia et Hispania haud omnino frustra tentatis, committere haud potui, quin etiam insigniores bibliothecas Galliæ consulerem, in quibus tam præclare versati sunt sodales celeberrimæ Benedictinæ congregationis sancti Mauri: quamvis ab hoc proposito me avertere potuisset D. Catelinot supra laudatus, ad me scribens quod in Gallia et Lotharingia tanta sit mss. codd. inopia, ut in decursu laboris sui unum duntaxat detegere potuerit, nempe libellum de Processione Spiritus sancti. Nihilominus idipsum per memet experiri etiam volui. Scripsi igitur ad rev. D. Boudier, ejusdem congregationis tunc superiorem generalem, rogans ut quosdam suorum sodalium ad operam suam mihi commodandam permoveret. Non defuit meis

petitis vir humanissimus, cujus posthac benevolentiam in aliis quoque rebus, quod æterna apud nos memoria celebrabitur, utilissimam expertus fui. Ejus ergo jussu doctissimus D. Philippus Ludovicus Lieble in abbatia sancti Germani a Pratis bibliothecarius, primo catalogum omnium opusculorum mss. ad Alcuinum pertinentium, quæ in bibliotheca regia Parisiensi servantur; deinceps vero variantes lectiones summa diligentia inde excerptas, et quædam anecdota ad me misit, nimirum epistolam Alcuini ad Georgium patriarcham Jerosolymitanum; et opusculum de Orthographia. Hujus viri industriæ pariter debeo notitiam illarum epistolarum quas, taudiu in bibliothecis Angliæ conclusas, nuper suis vinculis solvit vir illustris D. de Brequigny, cujus supra memini, et amplius memoravi in Monito prævio ad Mantissam epistolarum (*a*) ubi tota detecti hujus thesauri historia ipsis hujus celeberrimi Academici verbis narratur.

XV. Alter quoque ejusdem congregationis sodalis eruditissimus D. Jacques-Claude Vincent bibliothecarius abbatiæ sancti Remigii Rhemensis ab amico mihi addictissimo D. Joanne Francisco monasterii sancti Symphoriani Metensis monacho Benedictino, historiæ novæ ejusdem civitatis scriptore, excitatus opem non modicam mihi tulit, conferendo opuscula Alcuini mss. in bibliotheca sancti Remigii, et altera sancti Theodorici prope Rhemos servata, quorum differentes lectiones ad me missæ apprime servierunt ad veram lectionem multis locis restituendam. Cupiebam equidem simul conferri potuisse vitam beati Alcuini antiquam cum cod. mss. Rhemis quoque in bibliotheca monasterii sanctæ Mariæ servato, quo usus est D. Quercetanus, cujus nihilominus editio alicubi mendosa mihi videbatur. Verum idem mihi accidit quod olim D. Mabillonio, qui, ut ipse narrat in observationibus præviis in Vitam beati Alcuini, num. 5, codicem illum aliquando visum, ac postea, ut cum editis conferri posset, perquisitum, nancisci non potuit: etiamnum enim neque in prædicta bibliotheca, neque in ejusdem catalogo manuscriptorum hujus Vitæ ullum vestigium reperitur, prout edoctus fui ex litteris amicissimi D. Caroli Lanceloti die 10 Martii 1776 ad me exaratis, cujus viri laboribus et industriæ singulari monasterium nostrum sancti Emmerami in acceptis fert sacrarum linguarum et elegantioris litteraturæ pleniorem eruditionem.

XVI. Grata demum mente recolenda est beneficentia reverendissimi ac dignitate simul atque multiplici eruditione illustrissimi S. R. I. principis et abbatis sancti Blasii D. Martini Gerbert. Ei in acceptis ferendum, quod nunc publicam lucem adeptæ sint epistolæ quædam ad Amalarium episcopum Treverensem et Petrum Nonantulæ abbatem pertinentes. Unde etiam controversia de auctore epistolæ de Cæremoniis baptismi, quam Canisius et Quercetanus Alcuini esse arbitrabantur, in luce collocata est, Sirmondique sententia pro eodem Amalario confirmata.

Neque sine laude prætereundi sunt duumviri in republica litteraria optime meriti et diffusa eruditione, quam præclaris suis operibus probarunt, celeberrimi; nempe D. Oefelius bibliothecæ electoralis Monacensis; et D. Kollarius, Cæsareæ Vindobonensis, custodes et cultores solertissimi. Primus excusso ditissimo suæ curæ concredito thesauro, quidquid usibus meis aptum reperit, mihi tradidit, ac præterea multa laboribus meis accommodatissima consilia suggessit. Alter indicem omnium codd. mss. ad Alcuinum pertinentium in amplissima Cæsarea bibliotheca servatorum mihi benevole indulsit, et posthac lectiones variantes inde extrahi, easque una cum epistola inedita ad Aquilam, quæ nunc ordine 121 [*Édit. nov.* 161] est, ad me deferri curavit.

XVII. Hæc fere sunt subsidia, quæ pro explendis, augendis corrigendisque beati Alcuini Operibus ope

---

(*a*) Quod vide post Monitum in hancce editionem novam. EDIT.

virorum eruditorum obtinui. Porro in reliquis commemorandis, quæ ab aliis quibusdam bibliothecis ad me pervenerunt, minoris momenti, non est, cur diutius lectorem detineam. Omnium enim opusculorum, quæ mihi usui fuere, mentionem semper feci in Monitis præviis. Nunc ergo, quid in hac editione præterea præstitum a me sit, breviter enarrandum, ad ea, compendii gratia, lectorem referendo, quæ in iisdem Monitis ad singulas Partes additis, prænotavi.

XVIII. Ope nimirum codicum mss. vetustorum, imo majorem partem coævorum ac optimæ notæ; opusculorum quoque quorumdam separatim editorum, quorum copiam ex variis, quas laudavi, bibliothecis habui, editionem D. Quercetani prope ubique, præter libros adversus Felicem et Elipantum scriptos, quorum nulli vetusti codices reperiri potuerunt, correxi; multa loca corrupta suæ integritati restitui; monumenta nonnulla, quæ ad hæc usque tempora condita delituerunt, collegi, iisque hanc meam editionem locupletavi : inter quæ præprimis memorandæ sunt epistolæ ultra septuaginta, quas prioribus, ante quam illæ ad me e bibliotheca Harleiana pervenissent, jam prope prelo absolutis, per modum Mantissæ addere oportuit (a). Reliqua anecdota et nunc primum in lucem eruta in Elencho operum statim subjiciendo compendii causa signo stellæ * notavi. Porro opuscula dubiæ auctoritatis, atque omnino spuria et beato Alcuino supposita a genuinis, quibus in priori editione commista fuerant, separavi : de quibus eruditi legere non gravabuntur Monita prævia unicuique opusculo præfixa. Demum toti huic collectioni triplicem Appendicem adjungere visum est, cujus consilii rationem quoque reddidi in Monito prævio.

XIX. His omnibus prelo pene absolutis forte fortuna ad manus meas delatus est cod. ms. vetustissimus, circa medium sæc. IX scriptus, repertus nuper in bibliotheca collegii sancti Pauli hujus urbis nostræ Ratisbonensis, cujus contenta anecdota inter addenda et supplenda dare oportuit ad calcem Operum.

XX. Curam demum meam eo direxi, ut hæc editio majori lectorum commoditati servire possit. Quapropter loca quædam per meas aliorumque notas illustrare studui : sanctorum Patrum sententias et integras nonnunquam commentationes, quas beatus Alcuinus in sua commentaria suosque tractatus retulit, ex optimis editionibus citavi; differentes ac aliquoties meliores lectiones adnotavi, et alia præstiti quæ hic commemorare longum esset, et ab attento lectore in ipso opere facile deprehendi possunt.

XXI. Quod ordinem quo singula opuscula in hac collectione disposita fuerunt, concernit, diversus est ab illo quem obtinent in editione D. Quercetani. Initium cœpi ab epistolis, quas collector laudatus penultimo loco dedit, ob hanc potissimum rationem, et quod ab eruditis avidius expetantur, et quod ex illis, tanquam fonte limpidissimo, majorem partem profluxerint, quæ de Vita beati Alcuini sum commentatus; et ideo tanquam testimonia fidelissima haberi debeant illorum omnium quæ ibi narrantur et critice expenduntur. Epistolas sequuntur secundum dignitatem materiarum opuscula exegetica, dogmatica, liturgica et moralia; historica seu Vitæ sanctorum, poetica, grammatica; rhetorica et dialectica; illa demum, quæ exstant, astronomica, de cursu et saltu lunæ ac bissexto. Idem deinde ordo servatur in opusculis dubiis et supposititiis.

Et hæc fere sunt quæ in novissima hac Operum beati Alcuini editione pro mea tenuitate inter tot et varia officii mihi incumbentis negotia, quæ totum pene hominem sola exposcunt, præstare potui : quod etiam munus impedimento fuit, ne opus, quod in statu majoris quietis cœptum fuit, citius absolveretur, aut accuratius expoliretur. Quod æqui bonique habeant benevoli et eruditi lectores.

(a) Vide Monitum editoris novi.

COMMENTATIO FROBENII
DE VITA BEATI F. ALBINI SEU ALCUINI
DE NOVO EX GENUINIS ACTIS ET ILLIUS SCRIPTIS CONCINNATA.

PROOEMIUM.

Viri eruditi, qui sanctorum Ecclesiæ Patrum aliorumque veteris ævi celebrium scriptorum operibus colligendis, aut nova editione vulgandis, operam navarunt, non tantum in illustrandis scriptis, verum etiam in ordinandis gestibus et actibus illorum, suoque tempori assignandis omnem diligentiam adhibuerunt, ut nimirum virorum sua ætate tam illustrium non tantum eruditio et doctrina, hujus nostræ ætatis hominibus ac posteris communicaretur; verum etiam illorum virtutes, quibus quondam præfulserunt, ad imitandum proponerentur. Idem consilium in hac nova beati Alcuini Operum editione sequi nostri muneris esse credidimus. Quamvis enim vetustus quidam et prope coætaneus scriptor anonymus Vitam beati viri ex narratione Sigulfi ejus discipuli posteris commendaverit, illius tamen narrationes, solida crisi et nonnunquam veritate destitutas esse, diu conquesti sunt eruditi. Propterea vir illustris D. Andreas Quercetanus correctiones plures illi adhibere, novamque Vitam beati Alcuini ex propriis illius scriptis et Operibus a se vulgatis, concinnare necessum duxit ; illamque suæ editioni, præfationis loco, præfixit. Quæ quidem industria tunc sufficere potuit ad Alcuinum nostrum ex opusculis tunc detectis plenius cognoscendum. Nihilominus cum ex scriptis noviter nunc repertis, quæ D. Quercetani notitiam fugerunt, commentatione viri hujus clarissimi novam lucem conciliari, et quæ adhuc obscura remanebant, plenius elucidari posse comperimus; operam nostram, in Vita beati viri de novo concinnanda, et quæstionibus quibusdam hinc inde motis enodandis positam, haud importunam aut inutilem fore judicabunt, ut confidimus, eruditi lectores ; quorum tamen rationabili desiderio, Vitam nonnunquam primævam ac ipsius D. Quercetani commentationem inspiciendi et consulendi, deesse noluimus, sed utramque ad finem hujus nostræ elucubrationis exhibebimus.

CAPUT PRIMUM.
De beati Alcuini variis nominibus, patria, parentibus, fratribus, etc.

I. Nomen Alcuini varie in variis scriptis ac codicibus exaratum reperitur. In vetustioribus quidem et correctioribus chartis, in epistolis maxime, quas coaevo prope charactere scriptas deprehendimus, nomen suum ipse, ut conjicere licet, frequentius expressit scribendo vel *Albinus* vel *Alchuinus*, vel, dum ad Davidem suum, ad Homerum, ad Damoetam, amicos alios familiarius scribebat, *Flaccus Albinus* aut *Albinus Flaccus*. Reliquas igitur appellationes, quales a posterioribus scriptoribus exaratae leguntur, ut *Alboinus*, *Alkoinus*, *Alchwinus*, *Alquinus*, etc., imperitiae scribentium aut durae aspirationi dictantium, credam esse attribuendas. Nimis ergo acute nonnulli hujus nominis originem per fictas prorsus derivationes et vocum compositiones inquirunt cum Heutero, qui in Etymis *Alcwin* interpretatur: *undique rem facientem augentemque*, a verbo *Gwin*, quod apud Germanos lucrum significat. Caeterum, *Alcuin* seu *Alchuin* nomen proprium Germano-Saxonicum fuisse videtur, quod posthac meliore et Latino vocabulo *Albinus*, efferre voluit; prout fecisse apparet in epistola ad Elipantum scripta, qui in sua Responsoria ad nomen istud alludens insigni scommate ipsum vocat *Albinum nigredine teterrimum*.

II. Pronomen *Flaccus*, quod nonnunquam ante vel postposuit, e baptismate hausisse cl. Quercetano in praefat. num. 2 visum est. Vero tamen similius est, nomen hoc esse ascititium, quo beatus Alcuinus inter familiares, quos in artibus liberalibus ac scientiis excolendis socios habuit, uti consuevit, ex more scilicet sui temporis, de quo in epistola 184 (nunc 125) ad Gundradam, cognomento Eulaliam ita scribit: « Saepe familiaritas nominis immutationem solet facere, sicut ipse Dominus Simeonem mutavit in Petrum, et filios Zebedaei, filios nominavit tonitrui: quod etiam in antiquis vel *his novellis diebus probare poteris*. » *Flaccus* ergo nomen fuit Alcuino ascititium, vel ab ipso electum; Alcuinus vero seu Alchuinus primaevum et proprium. Quapropter loco inscriptionis Operum illius, qua cl. Quercetanus, auctoritate Sixti Senensis et aliorum quorumdam deceptus, primo, ut ipse fatetur num. 2 praefat. usus est, ponendo: *Albini Flacci Alchuini*, nos ubique posuimus: *Flacci Albini seu Alcuini*; in contextu vero nostro semper *Alcuinus* scribimus, quod et frequentius fieri ab eruditis comperimus. Verum in his diutius immorari operae pretium non est.

III. Sollicite vero cavendum est ne hic noster Albinus seu Alcuinus confundatur vel cum Albino abbate Cantuariensi, a ven. Beda in prologo et lib. v Hist. Angl., cap. 21, laudato, et ad quem ejusdem Bedae exstat epistola Analect. Mabillonii novae editionis pag. 398, vel cum Albino Leonis III papae cubiculario, cujus meminit Eginhardus in Annalibus ad annum 799, vel demum cum Albuino monacho Hersfeldensi. De duobus quidem posterioribus pauciores sunt, qui se in errorem hujus confusionis induci passi sunt; de priori vero Albino, cujus ven. Beda meminit, plerique paulo recentioris aetatis scriptores hallucinati sunt: et quidem Clemens Reynerus, vir alias apprime doctus, Apostol. Benedict. in Anglia tract. I, sect. 1, pag. 54 seqq., multis contendit, eumdem esse Albinum Bedae, quem vocat, discipulum et Caroli Magni magistrum; hancque ait esse communem historicorum traditionem; nec repugnare existimat aetatem Bedae et Alcuini (quam difficultatem D. Quercetanus obmovebat), quoniam, ut credebat, Alcuinus aetatem centum annorum attigit vel etiam superavit, quippe qui in epist. 58 (nunc 45), ad Carolum, se senem valde annosum esse indicat.

IV. Verum hanc Reyneri opinionem solide reprobat R. P. Michael Alfort Annal. Eccles. Britan. tom. II, ad annum 710, num. 4 et seqq., demonstrans, traditionem historicorum quae praetenditur, nec communem esse, nec talium virorum, qui vetustatis haberent sigillum, sed quorumdam mediae aetatis, qui ad pauca respicientes facile pronuntiant. Istis ergo qui putant Alcuinum Cantianum fuisse, et coenobio sancti Augustini ibidem praefectum, nominis similitudo, et temporum aliqua vicinitas imposuit, ut scribit Harpsfeldius saec. ix, c. 14, apud eumdem Alfortium I. cit. num. 8. Et sane, si scriptores illi narrationem ven. Bedae de Albino suo accuratius expendissent, suum errorem facillime deprehendissent. Narrat enim in libri v cap. 21 Albinum jam anno 710 in regimine monasterii sancti Augustini Cantuariensis Adriano successisse: et in prologo laudat illum tanquam abbatem reverendissimum et doctissimum, non a se, sed a beatae memoriae Theodoro archiepiscopo et ab Adriano abbate in illa ecclesia Cantuariensi, ubi Beda nunquam munus docendi obivit, institutum fuisse. Insuper ven. Beda Albinum illum « sui opusculi Historiae gentis Anglorum auctorem ante omnes et adjutorem » laudat, cujus opera et consilio in illa Historia concinnanda se usum fuisse profitetur. Quae omnia profecto Alcuino nostro convenire haud posse, quisque vel parum attentus facile perspiciet. Consule, si placet, quae contra Reynerum solide disputat Alfortus l. cit. Inferius pariter monstrabimus, beatum Alcuinum nunquam fuisse ven. Bedae discipulum. Anastasius Bibliothecarius in Vita Adriani I papae mentionem facit cujusdam *Albini*, quem vocat regis Caroli *deliciosum*, qui cum Georgio episcopo et Gulfardo abbate missus sit a rege bellum Longobardicum suscepturo ad sedem apostolicam anno 773. Verum hic Albinus deliciosus alius est ab Alcuino nostro, qui illo anno Eboraci adhucdum residens, necdum in Galliam transmigraverat. Vocatur tamen et ipse noster Alcuinus deliciosus regis Caroli a Sigeberto Gemlacensi, Trithemio et aliis, quorum testimonia suo loco inferius afferemus. Vide Mabil. libr. xxiv Annal., num. 45, pag. 226.

V. De hujus ergo nostri Flacci Albini seu Alcuini nunc patria et parentibus paucis, quantum ex certis monumentis elicere potuimus, disseramus. Illum in Scoticis Britanniae partibus natum fuisse quidam Scotiae historici existimarunt, inter hos Buchananus, lib. v Hist., non a familia, sed a gente Scotorum, qui se Albinos sua lingua vocant, nomen suum traxisse contendit. Alios quoque, ut hic D. Quercetanus notavit, reperire est qui illum in comitatu Midlesexiae, non procul a Londino oriundum dixerunt. Verum nihil est quod in unius alteriusve partis patrocinium ex monumentis vetustatis possit adduci: illorum ergo scriptorum sententia unice probanda est, qui beatum Alcuinum ex proprio ipsius testimonio Eboraci in Northumbriae regno natum fuisse affirmant; ita enim ipsemet scribit in epist. 5 (nunc 6), ad Eboracenses: « Vos fragiles *infantiae* meae annos materno fovistis affectu; et lascivum *pueritiae* tempus pia sustinuistis patientia, et paternae castigationis disciplinis ad perfectam *viri* edocuistis aetatem. » Enimvero an non ibi natus censeatur, ubi non tantum in *virum* excrevit, sed et *pueritiam*, imo et *infantiam* exigit? sed crebra forte, quam beatus Alcuinus in suis epistolis facit, Nordanhumbrorum mentio, qui regiones Scoticas usque ad Edinburgi fretum possidebant, praedictis scriptoribus rerum Scoticarum ansam dedit, inquit D. Quercetanus, ut in Scotia procreatum eum suspicarentur. Legi quoque de hac quaestione meretur Richardus Smitheus Florum Hist. eccles. Anglorum libro II, cap. 12, sect. 3, num. 2.

VI. Non eadem certitudine constat quo genere beatus Alcuinus, aut quibus parentibus fuerit oriundus: quod quidem ipsemet ferme tacuit, et nullus actuum illius aut Vitae scriptorum prodidit. Auctor Vitae ejus initio cap. 1, *nobili* illum *gentis Anglorum prosapia exortum* asserit. Et verum tum 7 ejusdem cap. indicat, tyrones scholae Eboracensis, inter quos et Alcuinus numerabatur, e classe nobilium fuisse: *erat*, inquit Ecgberto praesuli, cujus disciplinae puer quoque Alcuinus traditus fuerat, *ex nobilium filiis grex scholasticorum*. Haec generis beati Alcuini nobilitas inde maxime elucet, quod stirpi sancti Wiligis, patris sancti Willibrordi, cognatione junctus fuerit, ac eo titulo cellam maritimam a sancto Wiligiso in promontoriis, mari Oceano et Humbri fluvio vicinis, constructam, ac deinceps a posteris suis possessam, ipse *legitima* (hæreditaria, ut interpretor) successione obtinuerit; prout ipse testatur in epist. ad Beornradum, Vitæ sancti Willibrordi in hac editione præfixa, et cap. 1 Vitæ ejusdem. Porro de nobilitate generis sanctorum Wiligisi et Willibrordi Alcuinus in elegia, Vitæ hujus sancti apposita, seu cap. 33, et de sancto Willibrordo ita canit:

Nobilis iste fuit magna de gente sacerdos.

De sancto Wiligiso vero:

Vir fuit in populo dignus, cognomine Wilgis,
In Transhumbrana nobile gente degens.

Hinc B. Alcuinus Carolo Magno ipsum sub spe amplæ mercedis vocanti respondit: *Libenter etiam paterna in regione mea non modica hæreditate ditatus, hac spreta, tibi ut prodessem, hic pauper stare delector.* Vitæ cap. 2, num. 12.

VII. Et hæc quidem pauca, nec plura de beati Alcuini genere; de parentum vero ejus nomine ac conditione nihil nobis ætas indulsit. Fratres tamen et sorores in Anglia habuit, quod ipse satis aperte indicat in epist. 102 (nunc 130), ad Aquilam; in qua huic intimo suo amico singularem, quo ipsum amplectebatur, amorem significans scribit: « Credas velim, Pater dulcissime, quod non tanta suavitate fratrum vel sororum litterulas legere potui ultramarinas, quanta tuæ dilectionis transalpinas: nec tale post eos tædium fatigat cor meum, quale post tuæ faciei visionem amabilem. » Inter fratres porro illius germanos an censendus sit idem Aquila seu Arno, episcopus primo, ac deinde primus archiepiscopus Salisburgensis, quocum beatus Alcuinus per frequentes epistolas omnia sui pectoris arcana communicavit, non concordant scriptores. Viri quidam celebres, Mabillonius, lib. XXIII Annal., pag. 87; et in Elogio hist. ad Vit. beati Alcuini, cap. 1, num. 5; Rivet., Hist. Lit. Franc., tom. IV, pag. 296; Ceillier, *Hist. Gén. des auteurs sacrés*, tom. XVIII; Quercetanus in præfat., cap. 1, num 1; D. Catelinot in ms., nihil hæsitantes pronuntiant, beatum Alcuinum Arnonis ejusdem fratrem germanum fuisse. Unicum pene, quo illi ad id asserendum moventur, argumentum, ducitur ex epistola 86 (nunc 91), quæ inscribitur: *Charissimo germano meo Aquilæ antistiti Albinus salutem,* et ex epist. 78 (nunc 83), ad fratres Juvavenses, ubi Aquilam illorum quidem patrem et pastorem, ipsum vero germanum vocat: « olim, inquit, pio Patri Aquilæ pontifici, germano meo, pastori vestro, etc. » Huic nihilominus opinioni contradicunt alii, pariter celebres scriptores, Cointius, Pagius, Hansizius et alii, qui vocabula illa fratris ac germani non de sanguinis, sed de animorum conjunctione accipienda esse recte judicant. Legenti enim epistolas Alcuini ad Aquilam, ut Hansizius Germ. Sacræ tom. II, pag. 102, num. 12, satis apparet Alcuinum de industria collegisse titulos omnes exprimendæ sinceritatis charitatis et amicitiæ qua in Arnonem tanquam alter Pylades ferebatur, quas amoris significationes supervacaneum sane erat fratri consanguineo toties ingerere. Præterea haud verisimile est, prout D. Mabillonio videbatur, Arnonem in Britannia, quæ Alcuini patria fuit, natum; sed potius Saxonem vel Bojum fuisse, et adolevisse in gremio ecclesiæ Frisingensis, ut idem vir cl. D. Hansizius argumentis haud contemnendis contendit ibidem, num. 1 et seqq. Committere haud possum hujus aliorumque doctorum virorum judicio meum quoque adjungam, cui ex sequentibus insuper rationibus robur addi posse existimo. Etenim in epistolis 76 (nunc 91) et 92 (nunc 108) Alcuinus ipsemet sat aperte declarat quo sensu Aquilam fratrem suum appellet; charitate nimirum, non consanguinitate. In priori enim exoptat ut verba salutationis in chartula per manus currentis viatoris citius veniant ad « filium charitatis meæ, qui est pater meritis, frater charitate, filius ætate. » In posteriore quoque Aquilam rogat, ut ne velit oblivisci « patrem senio, filium meritis, fratrem charitate. » Et initio epist. 115 (nunc 154) explicare videtur se potius fideli familiarique consuetudine quam nativa germanitate suo Aquilæ conjunctum esse, ait enim: « Solet charitas olim germanitate fideli compacta novis sæpius litteris reformari, ut firma agnoscatur in fide, quæ est dulcis in consuetudine. » Similiter epistolam 177 (nunc 118) *dilectissimo filio Aquilæ* inscriptam ita incipit: « Scio te patrem esse dignitate et meritis, sed ex charitatis dulcedine (filii) tibi nomen imposui, quia nihil debet patri charius esse, quam filius. » In his omnibus plane nihil apparet unde concludi possit beatum Alcuinum Aquilam suum agnovisse fratrem consanguineum, sed semper illum eo affectu appellasse fratrem, quo filium, nimirum ex dulcedine charitatis. Imo ex verbis epist. 102 (nunc 130) paulo ante citatis potius intelligitur Aquilam a beato Alcuino in fratrum numero non computari; ibi siquidem contestatur *Aquilæ dulcissimo Patri* quod magis illius epistolis delectetur, quam iis quas a fratribus ac sororibus suis in Britannia relictis acciperet. Si æque illum fratrem naturalem habuisset, alio certe stylo usus fuisset, ex quo intelligi possit se Aquilam fratrem inter alios fratres habere chariorem. Si vero cuipiam placuerit, hæc ipsa epistolæ 102 verba interpretari de fratribus ac sororibus non naturalibus, sed affectu dilectionis ita vocatis, non repugnabo: hoc ipso etenim innotescet, quo sensu beatus Alcuinus alios quoque amicos, et maxime Aquilam suum appellare fratres consueverit.

VIII. Cognitis jam iis quæ de patria, parentibus ac fratribus beati Alcuini ex citatis documentis elicere licuit; nullam diligentiam intermisimus, qua vel ex vita ejus primæva, vel ex Alcuini ipsius scriptis, vel ex aliis vetustis monumentis tempus aut annus nativitatis illius erui ac determinari possit; verum nullibi certi quidpiam ad hoc præstandum subvenit. Celebriores nostræ ætatis scriptores in eo fere conveniunt, beatum Alcuinum ante obitum Ven. Bedæ, hoc est, ante annum 735 vix natum fuisse. Mabill. lib. XXI Annal., num. 17, pag. 94, et lib. XXIII, num. 57, pag. 187; Rivet. Hist. Lit. Franc. tom. IV, pag. 295; Ceillier Hist. Gén. des auteurs sacrés, tom. XVIII, pag. 248. Illi ergo annum nativitatis beati Alcuini circa annum 735, quo, ut paulo inferius patebit, Ven. Beda obiit, constituunt; quorum calculum et nos vel idcirco sequimur, quod is cum reliquis actis vitæ suæ optime conveniat et in nullo dissentiat.

CAPUT II.
Beati Alcuini educatio et magistri.

IX. Beatum Alcuinum Eboraci ut natum, ita et educatum fuisse supra cap. 1, num. 5, ostendimus. Exactis prope in monasterio ibidem annis pueritiæ, haustisque primis scientiarum elementis, cum jam psalmorum lectionem memoriter teneret, traditur disciplinæ Hechberti seu Egberti illius sedis archiepiscopi, fortioribus jam scientiarum ac pietatis cibis alendus, ut scribit Vitæ ejus auctor cap. 1, num. 7. Successerat præsul ille religiosissimus Wilfrido juniori solitudinem petenti in cathedra Eboracensi non anno 755, ut Alfortus ad hunc annum, num. 18, et ad annum 738 num. 1, contendit, sed anno 752, prout testatur vetus scriptor, qui post Bedam historiam Anglorum continuavit et ad hunc annum, quo Cymbertus Lindisfarorum episcopus obiit; etiam ordinationem Ecgberti retulit. Constat porro ex ipso Alcuino in poemate de episcopis Eboracensibus Ecgbertum sedem Eboracensem tenuisse annis triginta quatuor.

Rexit hic ecclesiam triginta et quatuor annis. Ex consensu vero auctorum indubium est, ut ipsemet Alfortus fatetur, Ecgertum obiisse anno 766. Ab hoc anno si illos 34 subtraxeris, remanet annus 732 initi regiminis episcopalis. Hic episcopus Ecgbertus, quem Malmesburiensis omnium artium liberalium armarium vocat, in monasterio suo scholam constituit filiorum nobilium, quorum alii artis grammaticæ rudimentis, alii disciplinarum liberalium studiis, alii divinarum Scripturarum scientia instruebantur. Hos omnes condiscipulos suos Alcuinus litterarum ac pietatis studio anteibat ; suo vero magistro cum tanta confidentia et fidelitate adhærebat, ut nihil ageret quod magistri auctoritas non probasset : adeo ut arcana quoque cordis sui, imo et stimulos libidinis, quibus aliquando impetebatur, eidem aperire non erubesceret, non ignarus illius quod sanctissimus monachorum legislator Benedictus cap. 8 suæ regulæ suis sectatoribus præscripsit, « ut malas cogitationes cordi suo advenientes abbati non celent suo. » Quod sane præsentissimum remedium est pro domandis tentationibus illis periculosissimis.

X. Ecgberto anno 766 XIII Kal. Decembris mortuo Alcuinus « divino munere Elebertum seu Ælbertum virum beatum et clarum loco amissi magistrum accepit, » ut scribit auctor Vitæ cap. 2, num. 9, quod non ita intelligendum esse censeo, quasi Ælbertus ille modus docendi in schola Eboracensi non obtinuerit vivente adhuc Ecgberto, sed primum post illius obitum. Illum enim magistrum scholæ Eboracensis ab Ecgberto adhuc in vivis agente rectorem constitutum fuisse ipse Alcuinus testatur in poemate de Pont. Eborac., ubi postquam narravit Ælbertum, jam sacerdotem ordinatum, suo pontifici semper individuum comitem adhæsisse, addit :

A quo defensor clero decernitur omni,
Et simul Euborica præfertur in urbe magister.

Quamvis ergo Ecgbertus apostolico zelo ductus nunquam a munere docendi pueros et adolescentes cessaverit, præcipuam tamen scholarum curam, sollicitudine suæ ecclesiæ plurimum impeditus, Ælberto demandavit, cui etiam maxime tanquam proprio ac præcipuo suo magistro, Alcuinus omnem pene suum in litteris profectum in eodem poemate refert acceptum. Hinc illum a sapientia, doctrina et munere docendi unice deprædicat, ostendens quas ante adeptum episcopatum varii generis disciplinas docuerit ; quod exteras etiam regiones adierit :

Sophiæ deductus amore ;
Si quid forte novi librorum seu studiorum
Quod secum ferret, terris reperiret in illis.

In hac peregrinatione litteraria Ælbertus, opinor, Alcuinum adolescentem comitem habuit ; de hac enim interpretor initium epistolæ 222 (nunc 53), ubi ait, se olim magistri sui vestigia secutum apud Corbeienses [An Morbacenses ?] divertisse, illiusque congregationis laudabilem conversationem vidisse et amasse. Vid. notas ad eamdem epistolam. Narrat præterea Alcuinus in cit. loc. quod Ælbertus ex illo itinere rediens pastoralem quidem curam sumere compulsus sit, nihil tamen in illo munere a studio legendi ac docendi remiserit :

Sed neque decrevit, curarum pondera propter,
Scripturas fervens industria prisca legendi,
Factus utrumque, sagax doctor, pius atque sacerdo.

Demum narrat quod idem Ælbertus præsul plenus dierum ac meritorum ante obitum suum Eanbaldo condiscipulo suo pontificale decus, sibi vero librorum gazas, seu bibliothecæ optimis libris refertæ curam ipsumque scholæ regimen tradiderit. De quo redibit sermo infra cap. 4.

XI. Quoniam de magistris beati Alcuini sermonem cœpimus, inquirere porro haud supervacaneum, imo necesse erit, num iis quoque Ven. Beda sit accensendus? quod quidem scriptores anterioris ætatis pene omnes veluti indubitatum supponunt, recentiores vero omnia ad severiorem crisin vocantes refutant, et gravibus rationibus demonstrant Ven. Bedam obiisse prope annum 735 quo beatum Alcuinum vix natum, aut certe disciplinis severioribus minus aptum adhuc fuisse credunt. Certe puer erat cum primo traditus fuit disciplinæ Ecgberti archiepiscopi Eboracensis anno 732, ut paulo ante diximus, ordinati. Obiit vero Ven. Beda primis annis episcopatus ejusdem antistitis, uti constat ex ipsius Alcuini testimonio in fine hujus cap. referendo : nimirum anno 735 triennio post Ecgberti ordinationem, quando Alcuinus lucem vix aspexisse creditur, aut certe, ut primum diximus, puer erat.

XII. Verumenimvero de ætate Ven. Bedæ longe aliter sentit celebris scriptor Franciscus Chiffletius in dissertatione, quam novæ suæ editioni Hist. Eccles. Gentis Anglorum a Ven. Beda compilatæ præmisit, ubi pluribus argumentis evincere conatur, vir doctus, Ven. Bedam vitam suam usque ad annum 762 produxisse, ac demum nonagenarium obiisse, ut vitæ Alcuini scriptor testatur. Quod si verum sit, tunc sane ætas haud repugnaret, quin Alcuinus potuerit esse Bedæ discipulus ; eo siquidem anno 762, ipse prope triginta annos ætatis numerasset. Hæc ergo Chiffletii singularis sententia absque discussione præteriri nequit.

XIII. Præcipuum et pene unicum quo hæc illius sententia niti videtur fundamentum structum est super testimonio, quod nullam, ut ipse putabat, patitur exceptionem, testis nimirum oculati, qui viro beato in extremis constituto astitit, Cuthberti scilicet ejus discipuli, cujus exstat de transitu Ven. Bedæ epistola ad Cuthwinum, edita sæpius, et apud Mabillonium Act. SS. sæc. III Ben., part. I, pag. 537, et emendatior, ut prætenditur, a Chiffletio cit. opere, cap. 2 dissertationis, pag. 11. Argumentum suum Chiffletius ita instruit cap. 1, p. 4 : « Cuthbertus diserte ait Bedam beatam animam exhalasse *quarta feria ad vesperam, septimo Kal. Junii*, sive die mensis Maii 26 accurate. Fuit enim anno Christi 762 Pascha 18 Aprilis, Ascensio Maii 27. Quod ergo præmiserat Cuthbertus, vitam duxisse usque ad diem Ascensionis Dominicæ, exclusive intelligendus est, vel accipiendus de die ecclesiastico Ascensionis, qui a primis vesperis, adeoque a feria quarta exeunte incipiebat. » Ita Chiffletius. Ast nescio qua subreptione deceptus vir doctus asserere potuerit Cuthbertum diserte dixisse : *Bedam beatam animam exhalasse quarta feria ad vesperam, VII Kalendas Junii*. Feriam quartam enim illo Kalendarum Junii die accidisse, in Cuthberti epistola minime legimus ; sed sat aperte ibi dicitur, festum ipsum Ascensionis illo die, VII Kal. Junii, celebratum fuisse. Postquam enim Cuthbertus circa epistolæ initium narravit Bedam duabus fere ante Resurrectionis festum hebdomadis morbo correptum vitam duxisse *usque ad diem Ascensionis, id est, septima Kal. Junii* (ita enim ibi verba nectit) post longius intervallum narrat, quod *feria quarta a mane usque ad vesperam diem duxerit*, ac demum decantans *Gloria Patri*, etc., spiritum e corpore ultimum exhalaverit. Hæc profecto narratio sensum quem D. Chiffletius comminiscitur haud insinuat, nimirum Ven. Bedam animam exhalasse *feria quarta ad vesperam VII Kal. Junii* ; sed hunc unice, ut textus habet, *vitam duxisse usque ad diem Ascensionis Dominicæ, id est, septima Kal. Junii*. Quod idem plane sonat, ac si dixisset : Vitam duxit usque ad diem Ascensionis, id est, usque ad VII Kal. Junii, ita nimirum, ut ex mente Cuthberti eadem fuerit dies septima Kal. Junii et dies Ascensionis Dominicæ. Testimonium igitur Cuthberti, in quo D. Chiffletius maximum suæ sententiæ præsidium collocabat, illi potius refragatur, quia dies Ascensionis ex computi legibus non anno 762, sed anno 735 in diem 26 Maii, hoc est, VII Kal. Junii, incurrit.

XIV. Cum igitur præcipuum argumentum, quo cl.

Chiffletius obitum Ven. Bedæ ad annum 762 usque producere voluit, illius intentioni minime faveat, sed ex illo, Cuthberti testimonio potius relatio auctoris Chronologiæ Hist. Gent. Angl. adjectæ, Simeonis quoque Dunelmensis seu Turgoti libr. II de Dunelm. eccles. cap. 4. Stubesii.Dominicani in Act. Pont. Eborac. atque virorum doctissimorum, Pagii Mabillonii aliorumque recentiorum criticorum sententia, qua obitus Bedæ in anno Christi 735 statuitur, confirmetur; reliqua argumenta, quibus D. Chiffletius ex testimonio scriptoris Vitæ Alcuini, ex Carthusianorum Coloniensium additione ad Martyrologium, ex epitaphio Bedæ a Wione Ligni Vitæ libr. v, cap. 101 relato, ac demum ex epistolis quibusdam Lulli archiepiscopi Moguntini, Bedam nonagenarium obiisse probare contendit, omne ad id persuadendum pondus amittunt. Nam additiones illæ Carthusianorum Coloniensium ad Usuardi Martyrologium recentiores sunt quam ut fidem contra tot alia antiquiora testimonia facere queant, ut pote factæ ac editæ primum anno 1521, ut ipsemet Chiffletius fatetur. Similiter recentius est epitaphium illud apud Wionem, in quo legitur incomptus hic versus:

Annos in hac vita ter duxit vitæ triginta,

quodque sacris reliquiis Bedæ inditum fuisse monet Wion, postquam e Girvo, ubi primum sepultæ jacebant, Dunelmum translatæ fuere circa annum millesimum, trecentis prope annis post ven. viri obitum: nihil vero ejusmodi legitur in altero epitaphio, quod ex cod. Thuanæo edidit Mabill. ad Vitam Ven. Bedæ, pag. 539. Vide etiam Acta SS. Antverpiensia ad diem 27 Maii, not. c. Occasionem erroris de Bedæ ætate nonaginta annorum abs dubio præbuit scriptor Vitæ beati Alcuini, quem etiam pro sua opinione D. Chiffletius adhibuit, scribens cap 1, num. 7 Bedam *nonagenarium ad Dominum migrasse*. Verum scriptor ille sat clare significat, se de ea re nihil certi habere, sed ex quorumdam narratione id accepisse ait; non ergo a Sigulfo Alcuini discipulo ac socio, a quo reliqua beati Alcuini acta didicerat, eam quoque notitiam de ætate et obitu Ven. Bedæ hausit, sed ab aliis quibusdam, quorum fidei id dubius reliquit. Similem fabulam ex aliorum relatione idem scriptor ibi subjunxit de tempore quod Beda in scribendis libris suis insumpsit : « Decimo nono ætatis suæ anno, inquit, levita, trigesimo vero sacerdos efficitur, a quo tempore, quæ ante per triginta annos didicerat Ecclesiæ profutura usque quinquagesimo nono, cum sudore non inerti, dignis memoria libris inserere proprio stylo studuit. Per alios autem triginta annos, ferunt ea, quæ scripserat, correxisse. » Figmentum ! evilescit sane penitus hoc præfati scriptoris testimonium, dum ibidem scribit, Bedam anno 731, die Ascensionis Dominicæ, vii Kal. Junii obiisse, et nonagenarium ad Dominum migrasse, ubi scriptor ille multipliciter allucinatur. Quomodo enim scribitur (verbis utor ipsius D. Chiffletii l. cit. pag. 6) Beda obiisse anno Christi 731 nonagenarius, qui anno eodem testatur, fuisse se annorum non amplius quinquaginta novem ? Aut quomodo dici potest, obiisse Bedam anno 731, die Ascensionis Dominicæ, et vii Kal. Junii, cum ex veteris computi regulis certissimum sit, illo anno 731 Ascensionem Domini non vii Kal. Junii, sed vi Idus Maii evenisse? Allucinationem quidem istam D. Chiffletius non auctoris, sed librarii vitio tribuendam, et idcirco loco 731 legendum existimat 762 prout ipsum auctorem scripsisse non dubitat. Verum quis non palpet hanc Chiffletii conjecturam, nullo adhibito idoneo argumento, ex præcepta semel opinione manasse. Testimonium ergo scriptoris Vitæ beati Alcuini tam evidenter allucinantis pro confirmatione opinionis Chiffletianæ ineptum et inidoneum est.

XV. Demum haud majoris ponderis est argumentum quod D. Chiffletius ex quibusdam epistolis beati Lulli archiepiscopi Moguntini, quæ inter Bonifacianas tom. XIII, Bibl. Patrum ex editione Nicolai Serrarii recensentur, instruit, ex quibus vir doctus evincere contendit, Ven. Bedam non nisi post martyrium sancti Bonifacii e vita migrasse, atque adeo ultra annum 755 in vivis egisse et nonagenarium obiisse. Ita vero ipse loc. cit. pag. 6 et 7 ex epistolis 89, 95, 111 et 150 ratiocinatur : « Epistola 150, in qua Beda *nuper* in Ecclesia fulsisse dicitur, male sancto Bonifacio Moguntino in editis ascripta est, cum vere sit Lulli ejus successoris, quod gemina ratione sic ostendo : prior petitur ex tribus epistolis supra memoratis. Per primam petierat Lullus a Cuthberto omnia Bedæ opuscula, e quibus cum pauca obtinuisset, quorum mentio in epistolis 89 et 95, supererat, ut reliqua quæ sibi deerant postularet, hoc vero facit epistola illa 150. Altera ratio est quod constet Bedam Bonifacio fuisse superstitem ; etenim Bonifacius glorioso martyrio vitam sibi in cœlum stravit anno Christi 755. Porro Lullus post Bonifacium jam episcopus misit pallam holosericam ad cohonestandas Bedæ recens exstincti reliquias : ejusdem ergo Lulli est epistola illa ad Cuthbertum abbatem, quæ est in collectione centesima quinquagesima, in qua Bedæ *nuper* in Ecclesia lucentis, adeoque tunc vita jam perfuncti, mentionem facit. » His præmissis ita concludit Chiffletius : « Cum igitur ex his liquido appareat Bedam in vivis fuisse ultra annum Christi 755, examussim ætas ejus nonagenaria quam ex ejus epitaphio aliisque argumentis astruximus, obitum ejus defigit anno 762 qui fuit Lulli post Bonifacium sedentis septimus. »

XVI. Mirum certe est Chiffletium ex rationibus levissimis et pene nullis epistolam 150 collectionis illius, sancto Bonifacio abjudicare, et beato Lullo vindicare voluisse. Prior quidem ratio probat Lullum ita scribere potuisse, uti scripsit auctor epistolæ 150, non vero probat Lullum, et non Bonifacium, ita revera scripsisse. Altera ratio est aperta petitio principii. Lullum enim esse epistolæ 150 auctorem inde concluditur, quod ipse jam episcopus post sanctum Bonifacium anno 755 martyrio coronatum, illam scripserit, et cum illa miserit pallam holosericam ad cohonestandas Bedæ recens exstincti reliquias. Imo Bonifacium Bedæ fuisse superstitem ex aliis certe genuinis ejusdem epistolis, in collectione illa sæpius memorata 8 et 9, evincitur. In prima siquidem vir sanctus petit ab Egberto archiepiscopo Eboracensi ut sibi ex opusculis Bedæ aliquos tractatus conscribere et dirigere dignetur, « quem, inquit, nuper, ut audivimus, divina gratia in vestra provincia fulgere concessit. » In epistola 9 ab Huetberto abbate similiter « rogat, ut aliqua de opusculis sagacissimi investigatoris Scripturarum Bedan monachi, quem nuper in domo Dei, inquit, apud vos . . . fulsisse audivimus conscripta nobis transmittere dignemini. » Sicut ergo Chiffletius ex verbis epistolæ 150, quibus mentio fit Bedæ *nuper in Ecclesia lucentis*, infert ipsum tunc vita jam defunctum, ita ex simili mentione, quam facit sanctus Bonifacius in epistolis 8 et 9 recte infertur, Bedam ante martyrium sancti Bonifacii, atque adeo ante annum 755 obiisse: et cum sanctus Bonifacius in præfatis epistolis eodem stylo utatur, quo utitur auctor epistolæ centesimæ quinquagesimæ, nulla causa subest cur hæc, de cujus auctore nemo ante D. Chiffletium dubitavit, eidem sancto Germanorum apostolo abjudicetur. Advertendum vero hic esse moneo, epistolam 150 præfatæ collectionis, quam Serrarius tanquam ineditam ex Baronio tom. IX Annal. pag. 96 descripsit, non differe ab epist. 9 ejusdem collectionis, sed unam eamdemque esse cum illa, cum hac solum differentia, quod ubi in priori, nempe 150, legitur : « Rogamus, ut reliqua, etc. » in posteriori nempe 9 legatur : « Rogamus ut aliqua, etc.; » et ubi in ista legitur : « Et si vobis laboriosum non sit, ut cloccani unam transmittatis. » in illa legatur: « ut eorum unum (apud Baronium, partem unam) nobis grande solatium peregrinationis nostrae transmittatis. »

XVII. His quae hucusque adversus D. Chiffletium disputavimus robur accedit insuperabile ex testimonio ipsius Alcuini, qui in Poemate de Pontif. Eborac. scribit Bedam obiisse primis annis episcopatus Egberti illius Ecclesiae archiepiscopi. Ita ibi canit:

Temporibus primis praefati praesulis almi,
Presbyter eximius meritis cognomine Beda.
Astra petens clausit praesentis lumina vitae.

Egbertus, ut supra monstravimus cathedram Eboracensem conscendit anno 752, obiit vero anno 766; Bedae ergo vita attingere non potuit, ut Chiffletio visum est, annum 762, qui non ad primos, sed ad ultimos annos episcopatus Egberti pertinet.

XVIII. Verum longior singularis illius sententiae D. Chiffletii discussio supervacanea fortassis et, ab hoc loco extranea cuiquam videri possit; illam tamen ob ipsam illius singularitatem praeterire non potuimus, ut jam nihil dubii relinquatur beatum Alcuinum circa annum 755 Ven. Bedae, jam anno eodem defuncti, discipulum esse non potuisse.

CAPUT III.
Beati Alcuini professio monastica ex observationibus D. Mabillonii

XIX. Postquam in prioribus capitibus ostensum fuit, beatum Alcuinum in ecclesia Eboracensi sub magisterio Egberti et Aelberti ab infantia educatum, nutritum, ac virtutibus scientiisque excultum fuisse, hoc loco incongruum haud videbitur inquirere, quodnam ibi genus vitae, canonicorum videlicet seu clericorum, an monachorum professus fuerit. Et hoc quidem argumentum Mabillonius a nemine suo tempore tractatum invenit, licet scriptores quidam, praesertim Benedictini, virum beatum suis accenserent, nonnullis recentioribus contradicentibus. Quapropter vir ille celeberrimus et in similibus rebus tractandis exercitatissimus, id argumenti in elogio ad Vitam beati Alcuini accuratius tractandum sibi sumpsit, atque utriusque partis rationes, non quae hactenus prolatae sint, sed quae proferri possint, bona fide in medium adduxit, quas hoc loco in compendium contractas exhibere lectoribus gratius fore duximus, quam si easdem cum omni sua prolixitate, vel nostras, in materia a viro illo celeberrimo pene exhausta, obtrudere voluissemus. Pauca nihilominus, quae firmandae D. Mabillonii sententiae apta fore credidimus, nonnunquam immiscere placuit.

XX. Primo loco Mabillonius invicte probat, Alcuinum in ecclesia Eboracensi non solum educatum, verum etiam illi tanquam membrum incardinatum et astrictum fuisse; quod nemo non concedet, qui epistolas Eboracensibus fratribus ab ipso scriptas perlegerit. In epistola enim alias 7 (nunc 6) illius ecclesiae filium se profitetur, non tantum ob gratiam educationis aut subjectionis (quo nomine omnes Christiani matris Ecclesiae filii dici possunt) sed adoptionis causa, qua illorum congregationi tanquam membrum et ejusdem ovilis, domus, familiaeque particeps aggregari meruit. In illa communitate continuo vitam duxit, ad illam quandoque peregrinatus obedientia tractus reversus est; ibi bibliothecae custos, ibi scholae moderator fuit, quod officium in communitatibus religiosis extraneis, si domestici sat hoc idonei reperiuntur, rarius committi solet. Inde venit quod Alcuinus, mortuo Eanbaldo seniore archiepiscopo Eboracensi, dum ipse in Gallia versabatur, ad electionem novi praesulis vocatus fuerit : ad quam quo minus accedere potuerit, febrium acerbitatem et tardationem regis in Saxonia impedimento fuisse scribit in epist. 48 et 49 (nunc 54 et 55).

XXI. Haec cum ita se habebant, dubitari jam minime potest quin beatus Alcuinus institutum illud, quod in illa ecclesia et communitate tunc vigebat, professus sit. Institutum vero illud *primo* monasticum fuit. Nam Ven. Beda in epist. ad Egbertum antistitem, Eboracensem congregationem *monasterium* vocat : ibi servabatur *regularis vitae disciplina*. In epistola enim 5 (nunc 6) Alcuinus fratres Eboracenses ad illius observantiam adhortatur : « Regularis, inquit, vitae vos ordinet disciplina. » Quibus verbis ipse monasticam disciplinam intelligit; addit enim : « et ecclesiasticae pietatis moderatio venerabiles efficiat : » ubi differentiam regularis ab ecclesiastica seu clericali disciplina insinuat, et ad utramque hortatur, quia utramque illi fratres profitebantur. Ibi similiter eos, uti alios monachos in aliis epistolis, hortatur ad humilitatem et obedientiam, quae sunt virtutes monachis propriae et monasticae vitae fundamentum. Porro in poemate de Episcopis Eboracensibus Wilfridum juniorem, antequam episcopus ordinatus fuisset, Euboricae *vicedomnum et abbatem* fuisse ait, quia nimirum in ecclesiis cathedralibus monachorum, praeter episcopum erat etiam abbas, qui regularis vitae maxime curam gerebat. Ibidem Aelbertus, Wilfridi post Ecgbertum successor in *monasterio* (nempe Eboracensi) a puerilibus annis traditus, et post exactos annos pontificatus eadem monasterii septa, ut Deo soli serviret, repetiisse perhibetur. Demum sanctus Liudgerus Eboraci, Alcuino praeceptore, in *monasterio monachorum* eruditus fuisse memoratur in anonymi libello de Vita sancti Liudgeri apud Mab. Act. SS. saec. IV Bened. part. I, pag. 57, cap. 5. Ergo in Eboracensi congregatione monasticum institutum tunc viguit; et quidem *secundo* Benedictinorum. Nam sanctus Wilfridus I archiepiscopus Eboracensis in sua dioecesi regulam sancti Benedicti invexisse, et ejus ope instituta ecclesiarum meliorasse perhibetur ab Eddio Stephano apud Mabill. ibidem in Vita sancti Wilfridi cap. 14, quem locum idem Mabill. egregie illustrat ibi in observ. praev. num. 10 et 11, pag. 675. Quid, quod Joan. diaconus in Vita sancti Gregorii Magni, lib. IV, cap. 82 testetur, quod « tunc vix poterat in illis partibus monachus aliquis inveniri, a quo non observaretur tam in proposito quam in habitu regula sancti Benedicti: His ratiociniis D. Mabillonii aliud addere liceat ex epist. 58 (nunc 73) ad Calvinum presbyterum, ex qua intelligitur, illum fuisse membrum ecclesiae Eboracensis, concurrens ad electionem episcopi illius sedis; et illum cum monachis in cella sancti Stephani monachum vixisse, in qua enim Alcuinus Calvinum hortatur, ut praeter virtutes alias, etiam discretioni studeat, « quae, inquit, inter monachos mater virtutum esse dicitur, » nempe in regula sancti Benedicti cap. 64.

XXII. *Repones.* Sigulfum et Fridugisum Alcuini discipulos et in schola ecclesiae Eboracensis educatos, habitu canonico usos fuisse. Respondet D. Mabillonius, 1° non tamen de illis constare vere Eboracensi ecclesiae incardinatos fuisse; sicut id constat de Alcuino ; 2° forsan in illa ecclesia fuerit congregatio mista ex canonicis seu clericis et monachis ; 3° forte ibi clerici, etsi utentes veste canonica, vitam vixere monasticam ; ut de ecclesia Bremensi scribit Adamus.

XXIII. Alterum argumentum pro monachatu beati Alcuini inde accipitur, quod is a Carolo Magno delectus sit abbas ad corrigendos mores Turonensium monachorum ; ad quod opus nunquam adhibiti aut apti visi sunt abbates saeculares, uti videre est in privilegio Corbeiensibus a Nicolao papa I concesso, et in concilio Trosleiano, cap. 3.

XXIV. Tertium argumentum desumitur ex zelo et sollicitudine promovendi monasticam disciplinam, quam adhibuit beatus Alcuinus, uti testantur plurimae ipsius epistolae ad monachos diversorum monasteriorum, Fuldensis, Corbeiensis, Morbacensis, Salisburgensis, Lirinensis et aliorum monasteriorum, qui omnes, sicut D. Mabillonius variis in locis demonstrat, regulam sancti Benedicti profitebantur. Quis diaconus his temporibus, quis clericus aut canonicus saecularis, quamvis doctor publicus; imo quis episcopus, nisi e monachis sit assumptus, cum tanto zelo scriberet pro disciplina regulari monachorum? Hic profecto tam ardens zelus, hæc tanta sollicitudo reperiri haud poterit, nisi in homine, qui ab unguiculis, ut ita dicam, spiritu monastico imbutus fuerit et innutritus.

XXV. Inde, quod quartum est D. Mabillonii argumentum, filialis ille affectus erga sanctum patrem Benedictum, quem Alcuinus non uno in loco prodit, præcipue in epigrammatibus, CXCVI et CCLIV, ubi simul tam ardenter exoptat gregis paterni augmentum, ac tam fervide cupit sanctissimi parentis gratiam ac opem demereri, ut non majori fervore eo ferri possit quisque sancti Benedicti alumnus.

XXVI. Quintum argumentum petitur ex formulis confessionis, quas beatus Alcuinus composuit; in quibus sanctum Benedictum vocat patrem suum, ejusque exoptat vestigia sequi. De Psalmorum usu infra, cap. 4 et 9. Ibidem cap. 11, omnes humilitatis gradus, quos sanctus Benedictus constituit, percurrit : et cap. 5 et alibi, sanctæ regulæ violatorem se esse humiliter profitetur. At, inquis, ea dicit Alcuinus non in propria, sed in persona monachorum, quibus præfuit, et hasce formulas suggessit. Ita sit sane : ergo religiosi, quibus præfuit, erant monachi Benedictini : ergo et ipse monachus Benedictinus : ergo ea dicit ex propria quoque persona, nisi invicte probetur eum non fuisse monachum.

XXVII. Ultimum argumentum, quod D. Mabillonius pro asserendo beati Alcuini monachatu Benedictino, ex confessione seu professione fidei, a D. Petro Chiffletio sub nomine ejusdem beati viri vulgata et a nobis inter dubiæ fidei opuscula relata, depromit, plane demonstrat auctorem præfatæ confessionis fuisse monachum, qualem se ibi expressis verbis profitetur; beatos monachos suos agnoscit patres l. cit. part. II, num. 9, monachi veste suscepta dolet, se falsum ferre monachi nomen, nihilque dignum egisse hujus nominis et habitus, etc., ibid. part. IV, num. 16. Ehimvero confessionis hujus verum auctorem beatum Alcuinum esse, quamvis quidam id in dubium revocaverint, idem D. Mabillonius pene evincit in sua disquisitione, quam dedimus loc. cit.; monachus ergo fuit beatus Alcuinus.

XXVIII. Hæc argumenta, quæ beati Alcuini monasticæ vitæ professionem astruunt, D. Mabillonius vir acerrimi ingenii adeo gravia esse existimabat, ut omnem objectorum dubitationem tollere viderentur. Neque tamen dissimulat vir æque doctus ac modestus majoris momenti objecta quædam ex vita beati Alcuini peti posse : 1° Namque vitæ illius scriptor beati Alcuini vestigia comparat vestigiis beati Benedicti abbatis Anianensis : et hæc monachis, illa canonicis imitanda proponit. Respondet Mabillonius num. 20 fuisse illo tempore monachos vitæ mitioris et laxioris, ac propterea forsan ab hoc auctore canonicos dictos, quales erant Dionysiani et Turonenses, quorum alii monachos, alii canonicos se dicebant. Unde Carolus Magnus in epistola ad Albinum et congregationem monasterii sancti Martini, quam Patrologiæ tom. XCVIII, col. 921 dedimus, ait : « Sive canonici dicimini, sive monachi. » Et Ardo in libro de Vita sancti Benedicti Aniañ. testatur, « fuisse quædam monasteria, instituta canonica sectantes, regulæ autem præcepta ignorantes; » quos beatus Benedictus Anianensis jussu Ludovici Augusti ad regularem formam reduxit. Patres quoque concilii Turonensis, anno 813 celebrati, cap. 25, monachos et abbates vitæ solutioris compellunt, ut ad pristinum revertantur statum, præcipue abbates, « qui magis canonice quam monachice inter suos conversari videbantur. » Responderi etiam potest, canonicorum nomine apud præfatum auctorem intelligi monachos ecclesiarum cathedralium, quales in Anglia et Germania, atque etiam Romæ erant, quos monachos canonicos vocat vulgatus Anastasius in Gregorio papa IV. Vita igitur Alcuini, cum plerumque in aula regis et inter aulicos versari coactus esset, magis canonica, seu mitior, quam monastica fuit : quam propterea Vitæ scriptor non poterat monachis solitariis, bene tamen canonicis imitandam proponere, quamvis ipsemet regulam monasticam professione teneret, a cujus tamen rigore servando, ob publica officia, præter suam voluntatem, fuerat impeditus aut dispensatus. His addo, quod ut quondam monachi in aliquibus ecclesiis cathedralibus, ita nunc in principalibus et regalibus quibusdam abbatiis, vel etiam in publicis studiis occupati magis canonicam quam monasticam vitam agunt, quos monachis quibusvis imitandos intempestive proponeres.

XXIX. Objectio 2. Laudatus Vitæ scriptor cap. 3, Alcuinum vocat monachum sine monachi voto. Fuit ergo monachus vita, non professione. Verum facilis est responsio. Illa enim scribuntur de Alcuino, dum adhuc puer erat, cui per ætatem vota monastica profiteri non licebat.

XXX. Objectio 3. Repeti potest ex cap. 8 Vitæ, ubi auctor refert Alcuinum jam ætate profectum voluisse sæculum relinquere, ac a Carolo Magno postulasse licentiam ducendi vitam monasticam in monasterio Fuldensi secundum regulam sancti Benedicti; sed coactum apud Martinianos permansisse, ubi vita ejus monasticæ inferior non fuit. Non ergo, inquis, fuit Alcuinus revera monachus, sed studio, affectu et moribus. Respondet Mabillonius, Vitæ scriptorem illustrandum esse ex ipso Alcuino, et cum ipse scribit Alcuinum voluisse sæculum relinquere, vocabulo sæculi intelligendas esse sæculares occupationes, quibus vir beatus quietem orationi ac studiis amicam suspirans continuo distentus erat. De hac enim sua voluntate scribens ad Carolum regem in epist. 101 (nunc. 129) ait : « Nam fere ante hoc quinquennium sæculares occupationes, Deum testor, non ficto corde declinare cogitavi. » Et paulo inferius dicit, se desiderare « inter fratres in ecclesia sancti Martini (non Fuldæ) vivere et requiescere. » Quamvis vero Alcuinus in eodem monasterio Turonensi cum fratribus versaretur, eo tempore magis canonice viventibus, vita ejus tamen monasticæ, quam nempe a puero didicerat, inferior non fuit, omnemque is conatum adhibuit, ut illos « ad monasterialis vitæ honestatem » revocaret, ut ipsemet profitetur in epistola 195 (nunc 149) ad Carolum imperatorem.

XXXI. Hæc sunt quæ ad probandam monasticam professionem beati Alcuini afferri possunt, quæ nihilominus etiam ex iis non leviter confirmari posse videtur, quæ Ven. Beda Hist. Gentis Angl. cap. 24 in fine narrat, quod nimirum « arridente pace ac serenitate temporum (nempe dum hæc scripserat anno 731) plures in gente Nordanymbrorum (patria Alcuini) tam nobiles quam privati se suosque liberos, depositis armis, satagant magis accepta tonsura monasterialibus ascribere votis, quam bellicis exercere studiis. » Hunc morem parentes beati Alcuini eodem tempore nati secutos fuisse, filiumque suum monasterialibus seu, ut interpretor, monasticis votis ascribere voluisse credendum est.

XXXII. Hæc profecto argumenta, quæ maximam partem ex D. Mabillonii observationibus in compendium contraximus, et quæ posmet immiscuimus, nemini non, nisi vehementer fallimur, veritati admodum propinqua videbuntur; nec quemquam eruditorum virorum vidimus qui hanc Mabillonii dissertationem ex proposito impugnet, quamvis nonnulli sint qui eamdem necdum plene demonstratam esse existiment. Obstat nimirum illorum assensui auctoritas scriptoris Vitæ, pene coævi, qui beatum Alcuinum vere et professione monachum fuisse, plane ignorasse videri possit. Vid. Le Cointe anno 802 num. 95. Fortassis vero idem scriptor statum monasterii Turonensis præ oculis habuit, qualis suo tempore, annis prope viginti post obitum beati Alcuini, sub Fridugiso illius successore fuit; quem sanctus Odo abbas apud Joannem monachum in Vitæ ipsius libr. III, cap. 1, ita depingit : « Ante hos annos persistente monastica congregatione apud ecclesiam beati Martini quæ est Turonis, cœperunt modum suum consuetudinesque relinquere, ac propriis voluntatibus vitam suam propositumque corrumpere. Relictis namque nativis et assuetis vestimentis, cœperunt fucatas atque fluxas pallioque ornatas circumferre cucullas et tunicas, etc. Ista et multa horum similia contra regulæ jura faciebant. » Quam rem ita explicat Ademarus Ecolismensis monachus in Chronico, « qua tempestate, inquit, monachi sancti Martini Turonis, nemine cogente, ante corpus ejusdem, abjecto monachi schemate, schema induunt canonicale, etc. » Mutationem hanc contigisse Fridugiso abbate, beati Alcuini successore, probat D. Mabillonius in elogio beati Alcuini cap. 8 num. 41 et 42. Ad hæc attendens et ad priorem statum monasterii Turonensis animum non reflectens scriptor Vitæ beati Alcuini existimare potuit, ipsum, illius congregationis patrem eamdem quoque vitam canonicam professum fuisse.

XXXIII. Quidquid vero sit, id sibi Benedictinus ordo gloriæ merito ducit, virum beatum et celeberrimum in eo ordine fuisse primo educatum, litteris ac virtutibus instructum ; postea vero exstitisse Benedictinorum monachorum magistrum et abbatem ; spiritumque sancti Benedicti non tantum usque ad mortem conservasse, verum etiam huic sacro ordini voto ac desiderio conjunctum fuisse, cui adimplendo non nisi major Ecclesiæ et boni publici utilitas obstare potuit.

XXXIV. Cæterum hoc loco prætereundum non est quod beatus Alcuinus in epistolis suis nunquam se monachum, sed vel levitam, vel, quod illo tempore idem significabat (Isidorus lib. VII Orig. cap. 12), diaconum inscribat, more nimirum tunc usitato, ut quo quisque ecclesiastici ordinis gradu insignitus esset, ab eodem etiam officio suo appellationem sumeret, monachi vel etiam abbatis titulo sæpius omisso. Nullibi etiam se sacerdotem fuisse vel verbo significat, nec ab aliis eo gradu sublimatum fuisse scribitur; quamvis non nemo recentiorum apud Mab. libr. XXVI Annal. pag. 342, num. 90 contendat. illum tunc quando Carolus Magnus cum filiis suis apud Turonos in ecclesia sancti Stephani sacram communionem percepit, sacerdotis officio functum fuisse, assistente eidem Sigulfo diacono, uti narrat Vitæ beati Alcuini scriptor num. 18. Enimvero doctissimus Mabillonius ibidem hanc illius critici et aliorum quorumdam opinionem refutat, solide ostendens verborum illorum Vitæ scriptoris : « Cum (Alcuinus) post communionem corporis Christi et sanguinis manu propria eis misceret, » sensum non esse, quod Alcuinus communionem corporis et sanguinis Christi Carolo et filiis ejus præbuerit, sed istum, quod Alcuinus Carolo et tribus ejus filiis Carolo, Pippino et Ludovico post perceptam a sacerdote communionem corporis et sanguinis Christi Domini poculum præbuerit, forte in secretario ecclesiæ, uti olim fiebat. Et certe nemo, ut recte laudatus Mabillonius ibi discurrit, Alcuinum sacerdotem fuisse dixerit, nisi qui in scriptis et epistolis illius plane hospes fuerit, nemo qui Vitam ejus cum tantilla attentione legerit. Etenim in plerisque epistolis *levita*, et *humilis levita* aut etiam *diaconus*, nunquam sacerdos aut presbyter inscribitur. Eginhardus qui illum a facie noverat, jam mortuum (ne quis putet ante obitum saltem presbyterum fuisse ordinatum) Albinum *diaconum* tantum vocat. In Vita illius dicitur in Franciam venisse diaconum num. 12, missas quotidie cum Sigulfo presbytero suo *levitice* celebrasse num. 26, ac demum diaconum obiisse innuitur num. 28 : quippe qui *ministerio levitarum cœlestium* Stephani et Laurentii in cœlum perductus perhibetur, et in medio illorum *splendidissima indutus dalmatica* astitisse. Hæc profecto adeo evidentia sunt, ut pigere quemvis debeat quæstioni tam levis ponderis diutius immorari.

CAPUT IV.
Beati Alcuini schola et discipuli in Britannia.

XXXV. Litterarum tam sacrarum quam profanarum studia in Britannia, a Romanis antiquitus ibi constituta, deinceps vero per incursiones Saxonum et Danorum turbata, postquam nempe curante sancto Gregorio Magno summo pontifice sacra Christiana in illam insulam illata et stabilita fuerunt, refloruisse; scholas pariter publicas Græcæ et Latinæ eruditionis ibidem post adventum Adriani abbatis et Theodori episcopi, hominum omni doctrinæ genere præstantium, resuscitatas et ita frequentatas fuisse, ut deinceps ex illis scholis non tantum episcopi, verum etiam reges et principes doctissimi et sapientissimi prodierint, testem habemus locupletissimum Ven. Bedam in variis capitibus suæ Historiæ ecclesiasticæ gentis Anglorum. Scholis istis Polydorus Vergilius libr. IV Hist. Angl. pag. 68 annumerat Cantabrigiensem, fundatam, ut ipse credit, a Sigeberto rege Anglorum Orientalium, quem Ven. Beda libr. II, cap. 15 « virum per omnia doctissimum et Christianissimum » vocat, et libr. III, cap. 18 de eodem scribit, quod, postquam in Gallia exsul lavacrum baptismi percepit, mox ea quæ in Gallia bene disposita vidit imitari cupiens, instituerit scholam in qua pueri litteris erudirentur : juvante se episcopo Felice, quem de Cantia acceperat, eisque pædagogos et magistros juxta morum Cantuariorum præbente. » De Cantabrigia Ven Beda tacet; illa Vergilii narratio conjecturæ tribuenda est. Illud etiam quod idem vir doctus ibidem opinatur, nimirum eidem Sigeberto regi comprimis acceptum referri debere, quod postea Anglia claros semper doctrina viros tulerit, et quod ipse in ea litterarum fundamentum primus jecerit, cum narratione Ven. Bedæ combinari minime potest. Hoc enim testante Felix ille episcopus, concilii regis Sigeberti promotor, primos magistros et pædagogos e schola Cantuariensi prius jam fundata accepit.

XXXVI. Illud quoque vero haud simile est quod Joannes Balæus, cujus fidei etiam alii quidam se commiserunt, ex annalibus Academiæ Cantabrigiensis narrat, beatum Alcuinum ibidem artes liberales omnes post Bedam docuisse. Hæc siquidem narratio, ex obscuris quibusdam annalibus deprompta, fidem haud meretur, primo quod proficiscatur a scriptore parum accurato qualem viri docti Balæum depingunt apud Struvium Bibl. Hist. Lit. tom. II, p. 1220, § 20. Secundo quia verosimile non est, Ven. Bedam unquam Cantabrigiæ docendi munus obiisse; et de beato Alcuino superius cap. 2 a nobis ostensum est, et posthac comprobabitur illum omnem vitam suam et discendo et docendo in ecclesia seu monasterio Eboracensi, usque dum in Franciam ultimo abiit, transegisse.

XXXVII. Sola igitur schola Eboracensis in Anglia beatum Alcuinum primo discipulum, postea etiam magistrum habere meruit. Fuit illa tunc temporis inter omnes illius insulæ scholas, quarum memoria adhucdum exstat, celeberrima. Illam primo ab Ecgberto illius sedis archiepiscopo institutam, deinceps vero ab illius successore Ælberto majore adhuc celebritate donatam fuisse cap. 2 jam insinuavimus. Ex istorum ergo præsulum doctissimorum instituto ibi scientiæ pene omnes et artes liberales magna industria et cum multiplici discipulorum profectu docebantur; nimirum grammatica, rhetorica, dialectica, juridica, poesis, astronomia, arithmetica, musica, computus ecclesiasticus, quæ omnia Alcuinus ipse recenset in poemate de pontif. Eborac. Maximum vero studium ibidem impendebatur sacræ disciplinæ ac divinæ Scripturæ, ad cujus etiam pleniorem notitiam atque intelligentiam omnia reliqua studia referebantur; cujus etiam gratia linguis sacris Hebraicæ et Græcæ addiscendis non nulla, quantam nimirum temporis illius ratio ferebat, diligentia adhibita fuit.

XXXVIII. Postquam beatus Alcuinus in hac schola omnes illas studiorum classes maxima cum applicatione nec cum minori profectu emensus est, non tantum a suis condiscipulis tantam eruditionis multiplicis laudem obtinuit, ut ipsum, prout Vitæ illius scriptor testatur, tanquam *secundum magistrum* colerent; verum et a magistro suo Ecgberto archiepiscopo dignus habitus fuit cui munus docendi in eadem schola committeretur, et qui Ælberto in eodem munere socius daretur. Enimvero jam ante annum 766, nempe ante obitum Ecgberti, qui hoc anno accidit, tantam nominis sui famam adeptus fuerat, ut ea permotus beatus Liudgerus eodem anno illius sese disciplinæ traderet, atque ab ipso inter alios discipulos spiritualia dogmata hauriret, teste Alfrido in Vita sancti Liudgeri libr. I, num. 9, quod testimonium etiam legitur in altera Vita libr. I, cap. 5. Concordat in his doctissimus Mabillonius, qui beatum Alcuinum sub pontificatu Ecgberti circa annum 758 scholis Eboracensibus præfectum fuisse colligit ex eadem Vita beati Liudgeri libr. XXIII Annal. num. 37.

XXXIX. Ad beatum Alcuinum igitur scholas Eboracenses moderantem magnus undique et ab exteris quoque regionibus erat discentium confluxus. Inter exteros præprimis nominandus est, de quo jam loqui cœpimus, sanctus Liudgerus primus Mimigardefordiensis seu Monasteriensis episcopus, vir sanctitate et apostolico zelo clarus. Is etenim cum aliquando ab abbate suo Gregorio, sancti Bonifacii in ecclesia Trajectensi successore, in Angliam missus, Eboraci moraretur, atque in beati Alcuini notitiam venisset, eruditionis illius eloquio adeo delectabatur, ut Trajectum reversus continuo desiderio teneretur, ad eamdem scholam redeundi. Quapropter assiduis precibus et abbatem et parentem suum Thiadgrimum pro hac licentia obtinenda fatigavit, eosque tandem, ut ejus desiderio consentirent, permovit. Liudgerus igitur voto suo damnatus Eboracum rediit, et ibidem sub disciplina beati Alcuini tribus annis cum dimidio remansit, donec nimirum emergente casu, Anglorum in Frisones odium vitaturus invitus in patriam remeare coactus est, iis jam disciplinis instructus, quæ illum dignum reddidere ut munus episcopale et apostolicum cum maxima nominis sui gloria in patria obeundum. Comitem itineris ab Alcuino accepit quemdam diaconum, nomine Putul, Romam perrecturum, qui deinde ordine presbyterii ibidem accepto Eboracum reversus postea cum eodem magistro suo in Galliam venit. Plures alios viros aut juvenes aut exteris nationibus ad Angliæ scholas illo tempore fama eruditionis celebratas, maxime ad Eboracensem quam beatus Alcuinus moderabatur, venisse credibile est : quinam vero illi fuerint, monumentis deficientibus, ignoramus.

XL. Inter populares beati Alcuini qui illius fuerunt discipuli, præcipue sequentes innotuerunt, quorum acta quædam, quæ obscuriora videri possint, breviter elucidare conabimur. Primus ex his memorandus Eanbaldus junior cognomento Symeon, senioris Eanbaldi, beati Alcuini in eadem schola quondam condiscipuli, anno 796 IV Kal. Augusti demortui, in cathedra Eboracensi successor : de quo plura notavimus ad epistolas 50, 58, 170, 173, 174 (nunc 56, 64, 73, 114, 115) ad eumdem scriptas; ad quas notas lectorem compendii gratia remittimus.

XLI. Alter beati Alcuini discipulus hic commemorandus fuit, Wizo vel Withso, patrio, ut reor, nomine quo appellatur in epist. 118 (nunc 157), cujus in codice Colbertino, ut in notis ibidem monuimus, inscriptio talis est : *Epistola ad Candidum, id est, Wizonem.* Hunc discipulis beati Alcuini annumerat Vitæ scriptor num. 14; atque illi elogium *magnanimi* attribuit. Ipse citat Alcuinus in epist. 118 (nunc 157), illum suum aliquando fuisse discipulum significat scribens, quod ipsum cum socio Nathanaele, seu Fridugiso « in schola eruditionis de præceptis divinis admonuerit. » Idipsum insinuat in præfatione ad Commentaria in Ecclesiasten Oniæ et Nathanaeli inscripta, ubi ipse presbyteri appellatione insignitur. Lelandus de Script. Britan. cap. 100, pag. 133, hunc Candidum Lindisfarnensis ecclesiæ alumnum recte facit. Is cum quibusdam aliis popularibus et condiscipulis suis magistrum suum Alcuinum in Franciam comitatus est; post aliquod vero temporis spatium, circa annum 796 in Britanniam, cujus negotii causa ignoratur, reversus est, uti memoratur in epist. 39 (nunc 44) ad Damœtam. Cum vero ibi diutius quam Alcuinus volebat, moraretur, tacito studio illum ab Higibaldo Lindisfarnensis ecclesiæ episcopo repetiit in epistola ad Lindisfarnenses, cujus fragmentum dedimus in notis ad epist. 8 (nunc 9). Quin desiderio beati Alcuini ab eodem Higibaldo fuerit satisfactum, minime dubitandum est. Is enim ipse, ni apprime fallamur, Candidus fuit, cujus posthac fidelitati et industriæ Alcuinus varia negotia apud regem Carolum, apud episcopos quosdam, apud Aulæ proceres, et amicos tractanda et expedienda commendavit, uti perspicuum est in epistolis 92, 105, 109, 110, 125 (nunc 108, 133, 145, 146, 162) et aliis. Romam ad apostolorum limina, devotionis, ut videtur, causa, abeuntem Alcuinus carmine hortatus et precatus est, ut ibi sanctorum apostolorum aliorumque sanctorum cineres pie coleret, seque illorum intercessioni commendaret, et non nisi cum munere sacrarum reliquiarum reverteretur, quod carmen infra dabimus. Is ipse fortassis auctor est scripti cujusdam hactenus inediti *De Imagine Dei*, quod exstat in appendice 2, de quo conjecturam nostram aperuimus ibid. in monito prævio. Ab hoc Candido beati Alcuini discipulo distinguendus est alter Candidus Fuldensis monachus et presbyter, proprio nomine non Wizo, sed Bruun nuncupatus; quod suum nomen ipsemet in fine præfationis metricæ ad vitam sancti Eigilis abbatis expressit his verbis : *Explicit præfatio Candidi ad Modestum, qui proprio nomine Bruun et Richeo nuncupatur :* quod ipsum facit in fine cap. 17 Vitæ ejusdem, scribens :

> Quamque egomet quondam hac nutritus in aula
> Presbyter et monachus *Bruun* vilisque magister
> Depinxi ingenio, etc.

XLII. Candidi socius ac in schola Eboracensi sub beati Alcuini magisterio condiscipulus fuit Fridugisus teste anonymo Vitæ scriptore cap. 8, num. 14. Cognomen inter litteratos sui temporis tulit Nathanael, uti ad epist. 118 (nunc 157) notavi ex inscriptione cod. Colbertini. Ab Alcuino nunc diaconus, præfat. in Eccles., nunc archidiaconus epist. 183 (nunc 124) appellatur. Beati Alcuini popularem illiusque in schola Eboracensi discipulum, ac postea etiam in Galliam comitem exstitisse, præter præfationem et epistolam mox citatas singularis etiam illa erga ipsum in negotiis suis gerendis confidentia ac familiaritas suadere videtur , quam vir prudens vix indulsisset discipulis peregrinæ regionis, quorum ingenium nondum satis exploratum habere potuit. Illum elegit qui sacros libros a se diligentissime emendatos ad Carolum imperiali corona redimendum deferret, epist. 103 et 185 (nunc 131 et 135). Illum in palatio viventem, simul et Candidum, de fratrum Turonensium cum Theodulfo episcopo Aurelianensi disceptatione, pro causæ fratrum illorum defensione instruxit in epist. 118 (nunc 157). Illum cum rege in Balneo Aquisgranensi commorantem hortatus est ut discipulas suas, Luciam et Columbam in aula versantes, suæ sapientiæ decore et floribus exornet epist. 98 et 185 (nunc 126 et 135). Demum infirmitate fractus Alcuinus hunc dilectum suum discipulum præ omnibus dignum æstimavit , qui etsi monasticam vitam non profiteretur sed canonicam; sibi in regimine monasterii Turonensis succederet. Idem Fridugisus postea etiam abbas Sithiuensis sancti Bertini factus est. Sub ejus vero regimine postea in utroque illo monasterio laxior disciplina canonicorum repullulavit, et sancti Benedicti spiritus penitus exstinctus est. Magnæ etiam in aula imperiali auctoritatis fuit; subscripsit enim testamento Caroli Magni, fuitque Ludovici imperatoris cancellarius : et obiit anno 834. Vid. Mab. in elog. beati Alcuini num. 45, et lib. xxvii Annal. num. 46, et xxix, num. 52, et xxxi, num. 67. Scripsit nonnulla ex quibus nihil jam superest, quam epistola *de Nihilo et tenebris ad proceres palatii*, quæ edita exstat tom. II Miscell. Baluzii, pag. 403. Hic Fridugisus cum philosophico acumine naturam nihili, ex quo Deus mundum creavit, et tenebrarum, *quæ erant super faciem abyssi* explorat, et contendit nihil esse aliquid, et tenebras esse substantiam. Verum illius ratiocinia mera sophismata sunt, quamvis de cætero stylus, quo utitur, purus et clarus atque etiam fluidus sit. Mabillonius conjicit Fridugisum scripsisse carmen illud de cella Cormaricensi, quod inter dubia exhibemus, in quo cellam illam, proprio jam gaudentem abbate, nempe Jacobo, et quondam monasterio suo Turonensi annexam, quasi sibi ereptam conqueritur. Scripsit quoque contra Agobardum episcopum Lugdunensem, cujus nonnullos, quos ipsi imputat, errores censura paulo acrius perstringit : quod tamen Fridugisi opusculum adhucdum latet. Agobardus se defendens Fridugisum ob styli acerbitatem et majores quosdam errores contra sanam theologiam reprehendit, tom. I Operum, pag. 465 et 491. Legi merentur quæ de Fridugiso habet D. Rivet tom. IV *Hist. Lit. de la France*, pag. 512 seqq.

XLIII. A Candido et Fridugiso separare noluimus Oniam sacerdotem, de cujus vita aut actis pauca innotuerunt. Illum tamen fuisse popularem ac discipulum beati Alcuini, colligi posse videtur ex inscriptione Commentariorum in Ecclesiasten, ubi Onias jungitur Candido et Nathanaeli, et æque ac hi. duo filius *in paternæ pietatis nido* aliquando educatus et *sub alis paternæ eruditionis* edoctus dicitur. Ex eadem inscriptione ubi sacerdotis titulo insignitur suisque socius præponitur, satis intelligitur, illum sæcularibus etiam negotiis in aula fuisse adhibitum, et beato Alcuino admodum charum fuisse. Illum in epist. 183 (nunc 424) Georgii patriarchæ Jerosolymitani memoriæ pariter cum Symeone, Martino et Nathanaele commendat. In epist. 227 (nunc 250) tristitiam suam ob ejus absentiam illi significat. In epist. 228 (nunc 251) illum admonet ut Deum amet, ac pauperum, miserorum ac peregrinorum memor sit, atque eleemosynis, defensione et solatio illis succurrat.

XLIV. Inter beati Alcuini discipulos a Vitæ scriptore cap. 8, num. 14 numeratur quidam Osulfus, quem pariter in schola Eboracensi ab eodem edoctum fuisse nullus dubitandi locus est : quem etiam beati Alcuini popularem credit D. Mabillonius libr. xxvii Annal. num. 29 quamvis in elogio ad Vitam beati Alcuini cap. 11, num. 66 illum cum aliis, ipsum ex Anglia comitantibus, Onia, Candido, Nathanaele in monasterio quoque Turonensi auditorem fuisse dicat. Certe Osulfum patria Gallum vel Francum non fuisse ex narratione, quam anonymus Vitæ beati Alcuini scriptor de illius obitu loc. cit. num. 15 facit, sat aperte intelligitur. Nempe beatus Alcuinus alteri discipulo suo Raganardo de Osulfo ad omnia monita vitæ melioris surdo spiritu prophetico prædixit, « quod neque in regione hac (Francia utique, ubi tunc Alcuinus degebat) neque in qua natus est, morietur. Quod postea probavit eventus; mortuus est enim in Longobardia. » Osulfus ergo fuit abs dubio ille discipulus, ad quem, tanquam ad filium prodigum, initio quidem optimis moribus ac disciplinis liberalibus imbutum sapientiæ sale illuminatum, et in Scripturis sacris industrium, postea vero scortorum gregibus, potatorum conviviis ac superbientium vanitatibus junctum, scripsit epi-

stolas 157 et 158 (nunc 206 et 207). « Olim, inquit in epistola priore, te genui, nutrivi, alui, et ad perfectum virum usque perduxi. . . . ita, ut tuam laudem tota decantet regio, » nempe Britannia, ut legitur in codd. mss. Salisburgensibus, prout ibidem notavi. In altera vero epistola exemplum quo ad vitæ emendationem animetur illi proponit condiscipulum suum, « qui modo, ait, episcopatu præsidet nobilissimo. » Qui plane non alius fuit, quam Eanbaldus archiepiscopus Eboracensis. Cum hoc ergo Osulfus in Britannia, in schola Eboracensi, sub beati Alcuini magisterio educatus et edoctus fuit. Hunc ipsum Osulfum pariter cum Fridugiso ab eruditione laudat Theodulfus Aurelianensis libr. III, carm. 4 ad Carolum regem, de utroque ita canens vers. 175 :

Stet levita decens Fridegis sociatus Osulfo,
Gnarus uterque artis, doctus uterque bene.

An hic Osulfus idem sit ac ille, qui multa præclara de Carolo Juniore narravit epist. 179 (nunc 120), incompertum habemus.

XLV. Verosimile est Osulfum, patrio nomine ita vocatum, postea inter scholasticos Cuculi appellationem obtinuisse, utpote cujus similem lapsum, ob quem Osulfum reprehendit, Alcuinus deplorat carmine 77, quo etiam pertinet additamentum, quod ex cod. ms. Collegii sancti Pauli Ratisbonensis tardius detecto dedimus tom. II, carm. 6. Latet certe sub hoc nomine familiari et ascititio quidam beati Alcuini discipulus, in schola Eboracensi eruditus et magistri sui in Galliam comes : quem aliquando ad Symeonem suum, seu Eanbaldum episcopum direxit cum muneribus, uti intelligitur ex epist. 171 (nunc 65), et cujus etiam opera usus est ad optima consilia eidem Eanbaldo, quibusdam adversitatibus afflicto suggerenda, uti legitur in epistolis 174 (nunc 115) et sequenti.

XLVI. Cuculi socius ac condiscipulus Calwinus fuit presbyter Anglus, quem in epist. 58 (nunc 75) ad ipsum directa saluberrimis doctrinis instruit, et in altera 175 (nunc 116) Cuculo simul inscripta, hortatur ut Symeoni seu Eanbaldo archiepiscopo ea suo nomine suadeant, quæ ipsum in adversitatibus solari, et ad vitam muneri suo ac dignitati convenienter degendam permovere valeant. Ex eadem epist. 58 (nunc 75) discimus, Calwinum cellæ cuidam sancti Stephani præfuisse, et monachum ac monachorum patrem fuisse, sicut ibidem in notis notavimus. Certe membrum is fuit ecclesiæ Eboracensis, suo suffragio concurrens ad archiepiscopi Eanbaldi electionem, uti Alcuinus ibidem insinuat his verbis : « Quem (Symeonem) vos elegistis ad pontificatus honorem. »

XLVII. Discipulorum beati Alcuini nobilissimum ac fidelissimum auctor Vitæ anonymus primo loco nominat Sigulfum Vetulum, ex cujus narratione ipse didicit, quæ de illo memoriæ posterorum commendavit, eo magis fide digna, quod « ipse solus, uti legitur in fine prologi illius Vitæ, post discessum sancti Edberti (Ælberti episcopi puto) ipsius meruit nosse secreta eximia. » Erat is, eodem scriptore testante cap. 5, num. 11, « vir Deo amabilis, animi carnisque nobilitate insignis, presbyter et custos Heboricæ civitatis ecclesiæ, » qui tam arcta amicitia beato Alcuino junctus fuit, ut propterea perpetuo illi adhærere cupiens, se eidem, jam scholas in Francia tenenti, sociare voluerit. Antequam vero Sigulfus Alcuinum in Franciam comitatus est, futurus posthac individuus magistri sui comes, jam illuc puer venerat cum avunculo suo Autberto presbytero viro sancto : « A quo Romam ad ecclesiasticum ordinem discendum perductus, et Metas civitatem causa cantus directus fuerat; » inde tamen Sigulfus, avunculo suo per mortem in itinere amisso, « cum multo fructu patriam repedavit propriam. » Sacræ lectionis studiosissimum ipsum laudat Alcuinus in epistola Interrogationibus illius et suis Responsionibus in Librum Genesis præfixa, in qua illius desiderio in enodandis quibusdam difficultatibus illius libri, pro temporis opportunitate, satisfacere studuit : ibi Alcuinus fratrem illum nominat, atque longo tempore individuum et fidelem socium. Ex qua confidentia et familiari conversatione conjicio, Sigulfum sub disciplina beati Alcuini in Anglia jamjam præ aliis suis condiscipulis in virum profecisse, atque inter illos seniorem fuisse, unde fortassis nomen Vetuli tulit; ac propterea illum Alcuinus sibi in ipso docendi munere sociavit, illique curam discipulorum se per alia negotia multoties impedito concredidit. Hac tamen confidentia et existimatione non obstante, ipsum, cum discipulis Adalberto et Aldrico contra mandatum suum lectionem Virgilii poetæ clanculo indulsisset, acriter reprehendit. Quamvis enim Alcuinus, ut narrat Vitæ scriptor cap. 10, num. 19, juvenis Virgilii lectione delectaretur, postea tamen id a discipulis fieri noluit, « sufficiunt, inquiens, divini poetæ vobis, nec egetis luxuriosa Virgilii vos pollui facundia. » Ad Sigulfum ergo hoc mandatum violantem dixit : « Unde te habemus, Virgiliane ? Cur cœpisti et voluisti contra meam voluntatem et consilium, me ignorante, agere ut Virgilium legeres ? » Sigulfus hac ratione admodum confusus humiliter ad magistri sui arcana et occulta penetrantis pedes se projiciens pœnituit, et stultissime se egisse confessus est. Suspicor, hunc Sigulfum esse *filium illum ægrotum*, ad quem scripta est epist. 231 (nunc 188), qui ab Alcuino edoceri voluit, « an melius esset in canonica veste, sive in monastica sanctitate ultimi diei exspectare spiraculum ; » cui vir beatus respondit nihil mutandum esse in præsenti periculo, et in quovis statu ad majorem semper Ecclesiæ profectum cogitationis voluntatem esse dirigendam ; posse tamen, si convaluerit, monasticam cucullam inducere ; « orationum enim causa , inquit , et ob fraternæ intercessionis solatium cum monachis quies optanda videtur. » Enimvero Sigulfus jam abbas Ferrariensis (hujus enim monasterii regimen Alcuinus, ab exterioribus omnibus negotiis se exsoluturus , illi consignavit) usque ad senium habitu canonico usus est ; postea vero sponte abbatiam discipulo suo Adalberto resignavit, assumptaque ex consilio illo, nisi fallar, Alcuini, veste monastica, prædicto suo discipulo ac successori insigni modestiæ exemplo se subjecit, uti discimus ex Lupi abbatis epist. 29. Sigulfo Ferrariensis suam originem debet, quæ posthac sub Lupo abbate multo celebrior evasit. Vide *Hist. Lit. de la France* tom. IV, pag. 242 , num. 57. Ab hoc Sigulfo diversus est alius ejusdem nominis, cujus scriptor Vitæ Alcuini meminit cap. 11, num. 20, qui fuit sancti Benedicti Anianensis monachus et discipulus ; prout recte animadvertit D. Mabillonius in notis ad prologum Vitæ Alcuini : neque tamen assentiri possumus ejusdem viri celeberrimi opinioni, dum ibidem Sigulfum presbyterum, Alcuino valde familiarem de quo in eadem Vita mentio fit num. 11 ab hoc qui gesta magistri sui dictavit, distinguit. Nullam enim is suæ opinionis rationem affert, neque nos ullam in Vita prædicta vel alibi deprehendimus.

XLVIII. Discipulis demum celebrioribus beati Alcuini, quos Eboraci scientiis et artibus liberalibus imbuit , accensendus est Josephus ille, cujus in epistola 152 (nunc 174) ad Remigium episcopum, suum discipulum, et in præcedenti dilectum filium vocat. Josephum hunc Britannum fuisse persuadet fragmentum epistolæ ad ipsum ab Alcuino scriptæ, quod ex Usserio dedimus in notis ad epist. 3, in qua Alcuinus de Colcu lectore in Scotia scribit his verbis : « Sanus est magister vester Colcu. » Hujus ergo magisterio Josephus ille in Britannia aliquando usus est, postea ob scholæ celebritatem scholasticis Eboracensibus sociatus. In Franciam postea cum hoc altero suo magistro Alcuino abiit; certe ibidem circa annum 790 cum eodem morabatur, uti intelligitur ex eadem epistola 3, quam Alcuinus e Francia ad Colcum lectorem in Scotia scripsit, uti ibidem in notis D. Mabillonio assentiente diximus. In illa etenim præfato Colcu significat se cum Josepho in illis terris optima frui sanitate. Celeberrimus Mabillonius in elogio beati Alcuini cap. 11, num. 67, nullus dubitat hunc Josephum esse, qui jubente hoc suo magistro Commentaria sancti Hieronymi in Isaiam compendio redegit ; quam epitomen manuscriptam, sub titulo Josephi abbatis, exstare idem testatur, illiusque initium et finem retulit. Opus illud jussu beati Alcuini cœptum atque ejus nomini dicatum ipse auctor profitetur his versu :

Sic placet Albino talem nos ferre laborem.

Et iterum circa finem carminis :

Sic idcirco tuis parens, charissime, jussis
Hæc, Albine, tibi strictim collecta dicavi.

Demum soluto sermone ita pergit : « Hæc brevi, prout potui, sermone... sicut, dilectissime magister Albine, jussisti, devotus excerpsi. Ita enim mihi præcipiebas, ut in cunctis pernecessarium tantum sensum et Hebraicæ veritatis tramitem sequens... incerta et confusa declinarem vestigia. » Unde colligas in schola beati Alcuini studium Hebraicæ eruditionis non abfuisse. Obiit Josephus ante suum magistrum, ut pote cujus hic animam precibus Remigii episcopi commendat in citata superius epistola 152 (nunc 174).

XLIX. Hos celebriores beati Alcuini discipulos, multis aliis brevitatis causa dimissis, quos in Britannia docuit, commemorare libuit ; quantum nimirum id ad scripta et acta scriptoris celeberrimi illustranda, atque ad famam magisterii illius celebrandam conducere possit. Nihil vero magis ad gloriam viri immortalis facit, quam quod doctrinis ac consiliis illius usi fuerint Angliæ reges, principes, reginæ regiæque virgines, episcopi ac sacerdotes, abbates et monachi, aliique homines dignitate civili et ecclesiastica in illa regione fulgentes : cujus rei documenta præbent tot epistolæ ad diversas illas personas scriptæ, saluberrimis monitis ac doctrinis cuique statui maxime convenientibus refertæ.

L. Non possum quin eruditos lectores hoc loco opportuno moneam , scriptores quosdam Anglos, Harpesfeldium, Pitseum, Balæum, quos Centuriatores Magdeburgenses exscribunt, egregie allucinatos fuisse , dum eruditis Angliæ feminis annumerarunt Gislam ac Richtrudem, seu ascititio nomine Luciam et Columbam, quibus beatus Alcuinus Commentarios in sancti Joannis Evangelium dicavit. Horum opinioni, mirum est, virum eruditum D. Alfortium in Annal. Eccles. Anglo-Saxonicis ad an. 770 calculum suum adjecisse. Enimvero virgines illas non in Anglia sed in Gallia Alcuinum magistrum habuisse ex verbis saltem epistolæ virginum illarum , Commentariis illis præfixæ, et Parisiis ad illum Turonis existentem scriptæ, luce clarius est ; ita ibi scribunt : « Multo facilius chartarum portator tuarum de Turonis Parisiacam civitatem..... pervenire poterit. » Verum de his virginibus inferius, ubi de schola palatii agemus, sermo redibit.

CAPUT V.

Beati Alcuini vocatio et accessus in Franciam.

LI. Fama tam præclari doctoris sicut inter lares Eboracenses non coarctari, ita nec intra fines quidem Britanniæ contineri potuit, sed in alias quoque regiones, Franciam maxime et Galliam evulgata fuit, opportuno prorsus tempore, quo nimirum utriusque illius regni amplissimi gubernaculum tenuit Carolus ille, a rebus sapientissime simul et fortissime gestis, Magni nomine, quod postea nunquam deleri potuit, insignitus.

LII. Is enim post obitum Pippini patris et Car-

Iomanni fratris sui solus throno admotus regni sui statum circumspiciens, dolens animadvertit illum tam in politicis quam in ecclesiasticis rebus esse corruptissimum, barbarie horridum et omni morum et litterarum cultura destitutum. Enimvero omnium scriptorum, qui antiquitatis litterariæ aliqua notitia pollent, communis sententia est, barbariem et ignorantiam, a quinto sæculo æræ Christianæ, quod tanquam prima epocha collapsarum ubique litterarum haberi debet, tam immodicos fecisse progressus, et primis sexaginta aut septuaginta annis sæculi octavi tantopere invaluisse, ut ultimum complementum, quod nullam jam medelam admitteret, adeptæ fuisse viderentur. Certe monachus Engolismensis in Vita Caroli Magni ad annum 787 scribit, ante regis illius tempora « nullum in Gallia fuisse studium liberalium artium. » Quod quidem non ita intelligendum est, quasi nullus unquam vetustioribus temporibus sæculum illud quintum antecedentibus, in Gallia litterarum aut artium liberalium cultus viguisset. Diu namque ante illa funesta tempora, quibus Gallia per Barbarorum irruptionem, atque tumultus civiles postea exortos turbata fuit, optima quæque studia floruisse, scholasque ibi erectas et ordinatas fuisse, ex Tacito, Eunomio, et ex illo Gratiani Aug. rescripto codicis Theodosiani, quo Antonio prætorio Galliarum præfecto mandat, ut in singulis metropolibus studia litterarum constituat, et eisdem idoneos magistros cum congruo supplemento constituat, novimus. At vero sedes illæ studiorum postea per barbarorum, ut diximus, assiduas incursiones, ac civilium dissidiorum procellas eversæ, et amica musis otia et quies præerepta fuere, ita ut sub regibus Francis Carolum antecedentibus, nullum illis domicilium superesset; quod narrare voluit Engolimensis monachus loc. cit.

LIII. Verum de misero statu quo Carolus regnum suum per diuturnam barbariem penitus deformatum et desolatum conspexit, plura hoc loco commentari haud necesse fuerit, postquam de illo summa cum eruditione egregie disseruit præclarus scriptor Hist. Lit. Franciæ tom. III, pag. 417, et tom. IV, pag. 1 et seqq. Uno tamen verbo saltem illum tangere et commemorare volui, ut quid res litteraria universa præcipui illius post Carolum Magnum restauratoris Alcuini conatibus, quos hoc et sequenti capitibus recensebimus, debeat, evidentius intelligatur.

LIV. Ad eliminandam ergo e toto regno suo jam plurimam partem seu armis seu prudentia paci et tranquillitati restituto barbariem, summus ille princeps nullum remedium opportunius fore recte existimavit, quam sedulam culturam morum et ingeniorum; cujus tamen prudentissimi consilii exsequendi impedimentum fuit, quod nullos prope in regionibus Franciæ suæ ditioni subditis reperire esset viros tanta pietate, eruditione et experientia præditos ut rudes docendi, barbarosque emoliendi munus cum laude et optato profectu obire possent. Ab exteris proinde regionibus, Italia maxime et Britannia, ubi potissimum, tunc temporis litterarum studiis moribusque excolendis opera impendebatur, subsidia ejusmodi petere necesse fuit; quod regis sapientissimi consilium Alcuinus apprime laudat in epist. 101 (nunc 129) ad hunc suum Davidem ita scribens : « Vestram sollicitudinem, domine mi David, agnoscebam omnes ad sapientiam discendam exhortari, imo et præmiis honoribusque sollicitare, atque ex diversis mundi partibus amatores illius vestræ bonæ voluntatis adjutores convocare studuistis; inter quos me etiam infimum ejusdem sanctæ sapientiæ vernaculum de ultimis Britanniæ finibus adsciscere curastis. »

LV. Primi vero qui Carolo Italiam aliquoties peragranti innotuere, fuerunt Petrus Pisanus Diaconus vir senex, et Paulus Warnefridi Diaconus pariter et monachus Casinensis, viri ob eruditionem variam atque docendi peritiam maxime commendati. Illos Carolus ad aulam suam invitavit, futuros in ipso palatio suo scientiarum professores, et consilii sui in restaurandis litterarum studiis scholisque ordinandis ac instituendis adjutores. Illi mandato principis maximi obtemperantes, post expugnatam ab ipso anno 774 Paviam, uti creditur, cum eodem illo officio functuri in Galliam abiere. De utroque et de variis illorum opusculis, a se noviter detectis egregie disserit doctissimus D. Lebeuf, *Dissert. sur l'Hist. ecclés. et civile de Paris*. tom. I, pag. 370 seqq., ubi pariter pag. 386 animadvertit Carolum Magnum jam ante adventum beati Alcuini de restaurandis in amplissimo regno suo litterarum studiis serio cogitasse. Quod quidem minime inficiari velim, certum nihilominus habeo ex postea dicendis, idque alii pariter eruditi viri absque hæsitatione profitentur, præter beatum Alcuinum neminem majori studio et diligentia regis intentioni collaborasse, ita quidem ut illi potissimum in acceptis referenda sint quæ rex maximus postmodum ad studiorum optimorum emolumentum et profectum; imo etiam ad felicem, qui inde profluere solet utriusque reipublicæ ecclesiasticæ et civilis statum sapientissime constituit. De hujus aulæ et totius regni Francici præceptoris in Franciam vocatione et adventu disserere hoc loco post breve hoc præambulum incipiamus.

LVI. Venerat beatus Alcuinus, ut jam alibi notavimus, primo in notitiam Caroli regis Francorum, « dum olim a magistro suo ad ipsum directus fuit, » uti legitur in ejus Vita cap. 6, num. 12. Factum id fuisse ante annum 780, quo Alcuinus Romæ, accepto pro novo archiepiscopo Eboracensi Eanbaldo seniore, reversus esse ab aliquibus creditur, idem scriptor Vitæ ibidem clare commemorat. Certe Alcuinus priori aliquo tempore, dum nempe adhuc adolescens erat, adeoque prope annum ætatis vigesimum septimum, quem ipse Alcuinus adolescentiæ terminum in Disputatione Puerorum, cap. 5, constituit, adeoque circa annum Christi 862 (si calculum nativitatis illius ad annum 735 recte ducimus) Romam per Franciam abs dubio perrexit: tunc nimirum, quando Papiæ regali civitate disputationi inter Petrum Pisanum et Julium Judæum interfuit, uti ex epistola illius 85 (nunc 101) discimus. In illo ergo itinere Alcuino occasio fieri potuit primo pervenendi in notitiam Caroli nondum, ut existimamus, sceptra regni moderantis, seu ante Pippini patris sui obitum. Alio etiam, an eodem tempore beatus Alcuinus in comitatu magistri sui Ælberti, adeoque ante annum 766 quo is ad episcopatum assumptus fuit) in Franciam venit et apud Corbeienses, (Morbacenses credo) divertit, uti scribit initio epist. 222 (nunc 53). Quibus simul consideratis vero simillimum est Alcuinum nondum adolescentiam egressum ejusdem Ælberti nondum episcopi in exteras regiones peregrinantis ac urbis Romæ sacra loca visitantis comitem fuisse : quam hujus magistri sui peregrinationem describit in poemate de Pont. Eborac. ubi addidit hunc Ælbertum in patriam reversurum a regibus et tribunis tanquam doctorem summum honorifice susceptum, tantique habitum fuisse, ut illum apud se retinere omnibus modis conarentur, nempe

Ut sua rura fluens divino rore rigaret.

Verum Ælbertus suæ magis patriæ quam exteræ regionis profectui deservire cupiens, retineri se minime passus, iter suum in Angliam et ad propriam ecclesiam, cujus non diu postea pontificatum accepit, prosecutus est.

LVII. Ælberto abeunte Carolus (si ita ex deductis et ex narratione scriptoris anonymi Vitæ beati Alcuini conjicere licet) in ejus comitem Alcuinum, cujus etsi adolescentis genium ac litterariam eruditionem ex illa conversatione perspectam habere potuit, oculos et vota conjecit, optans ut ipsum saltem, postquam ejus præceptor id munus recusaverat, aliquando suæ aulæ et regni magistrum adipisceretur ; quod Caroli desiderium tandem, emergente sequenti occasione, impletum fuit. Anno salutis 780, Ælberto archiepiscopo Eboracensi, qui non diu post reditum ex itinere illo cujus mox mentionem fecimus, in locum Ecgberti electus fuit; anno decimo sui episcopatus pariter defuncto, in ejus locum subrogatus fuit Eanbaldus senior Alcuini condiscipulus. Is pro impetrando sibi a sede apostolica pallio archiepiscopali legatum selegit hunc suum amicissimum socium, quo forte nullum alium huic negotio feliciter peragendo aptiorem habuit. Paruit Alcuinus, iter aggressus est, et hujus legationis causa Romam venit, ut Vitæ ejus scriptor loc. cit. testatur. Hoc jam alterum, nostra quidem opinione, iter est beati Alcuini ad illam civitatem, pontificatum ibi gerente Adriano I. Primi itineris numero præcedente meminimus. Reversus inde accepto pallio, ut præfatus scriptor narrat, Parmæ civitate regem Carolum obviam habuit. Nimirum Carolus, testibus annalistis illius temporis, Loiseliano, Tiliano, Eginhardo, Poeta Saxone, etc., circa finem ejusdem anni 780 cum Hildegarde regina in Italiam perrexit, et festa Natalitia Papiæ; circa initium vero anni 781 iter suum per Parmam civitatem, uti ex laudato Vitæ scriptore intelligitur, prosecutus, Romæ Pascha celebravit. In hoc ipso igitur itinere et anno ante tempus paschale beatus Alcuinus Carolum regem Parmæ reperit, et ad illius qui ipsum jam antea noverat alloquium admitti meruit.

LVIII. Carolus virum sibi ex priori jam conversatione, et deinceps ex fama eruditionis illius magis magisque crescente, plurimum commendatum summa cum benevolentia excepit, nihilque non seu suasionibus seu promissis egit, ut illum in regnum suum, futurum scholarum quas tunc animo intentius meditabatur, rectorem pertraheret. Alcuinus tanti regis, jam maximo zelo pro republicæ et catholicæ Ecclesiæ salute flagrantis sollicitationibus sese obstinacius opponere piaculo simile existimans, ea tandem conditione munus sibi oblatum acceptum habuit, si ad illud obeundum, expleta sua legatione, ab episcopo et rege quibus parebat consensum et licentiam impetrare potuerit. Hac ergo conditione, quæ sane æquissima haberi debuit, beatus Alcuinus a rege dimissus iter suum in patriam prosecutus est; ubi expleto missatico et reddita coram Eanbaldo archiepiscopo legationis suæ ratione, eidem suam Caroli Francorum regis voluntatem ac desiderium exposuit, ab ipsoque quid fieri vellet aut mandaret expetiit. Assensit tam æquis postulationibus Eanbaldus, cui simul rex, cujus ditioni subjectus erat, annuit, ea tamen ab utroque adjecta conditione, ut ne diu nimium in aliena regione moram trahens propriæ patriæ suæ, operam suam tam illi proficuam subtraheret, sed constituto tempore ad regnum et ecclesiam cujus servitiis fuit obligatus reverteretur.

LIX. Obtenta hac licentia Alcuinus, omnibus ad iter aggrediendum, et ad novum hoc munus digne in aula regis Francorum obeundum necessariis dispositis et comparatis, selectis etiam et assumptis secum; ut ex Vitæ ejus contextu conjicere licet, nonnullis sociis ac familiaribus, suis antea in schola Eboracensi discipulis, qui ipsi in demandata sibi provincia solatio essent et adjutorio, in Franciam nunc tertio profectus est, regique Carolo sua officia et servitia, quæcunque illi et regno suo proficua fore judicaverit, obtulit.

LX. Hunc Alcuini in Franciam reditum D. Rivet Hist. Lit. de la France, tom. IV, pag. 296, ad annum 780; et D. Ceillier, Hist. Générale des Auteurs sacrés, tom. XVIII, pag. 249, circiter illum annum referunt. Verum serius illum reditum et vix ante annum 782 contigisse ex iis, quæ superius num. 57 ex annalibus illorum temporum attulimus, manifestum est. Illis siquidem testibus, Alcuinus primum anno 784 ante festum Paschatis Carolum Parmæ obviam habuit, ubi tunc ab eodem rege primum ad permanendum in regno suo invitatus fuit. Si jam itineris quod Alcuino tam in aditu in patriam quam in reditu in Franciam emetiendum fuit, longitudinem et difficultates, negotia varia pariter ante abitum domi expedienda consideremus, vix credibile est hæc omnia eodem adhuc anno absolvi potuisse. Adventum ergo beati Alcuini hac vice ad aulam Caroli Magni ad annum prædictum, Christi 782 referri debere existimamus. Et huic nostræ opinioni consentientem habemus celeberrimum collectorem scriptorum Rer. Gallic. D. Bouquet, tom. V, p. 604, not. a in fine.

LXI. Alcuinum ex Anglia reversum Carolus Magnus cum maxima benevolentia excepit, illumque, ut laudatus sæpe Vitæ scriptor ait, tanquam filius patrem amplexus est; et non multo post duo monasteria illi administranda concessit, Bethleem scilicet, quod alio nomine Ferrarias dicitur in pago Wastinensi, provinciæ Senonensis; et sancti Lupi apud Trecas, præter cellam maritimam sancti Judoci apud Morinos. Per quæ beneficia Carolus non tam intendebat, ut novum hunc suum magistrum divitiis cumularet, ait D. Rivet loc. cit. pag. 296, quam ut illius cura et vigilantia in illis manasteriis regularis disciplina restaurari et per convenientia studia confirmari posset. Et hac demum ratione simul domicilium beati Alcuini in Francia et in aula regia stabiliri cœpit: et tunc pariter rex ille magnus ejusdem magistri consiliis, non tantum in restaurandis studiis litterarum, verum etiam in ordinando statu politico et ecclesiastico regni sui uti cœpit. Ab illo tempore, inquit laudatus D. Rivet loc. cit., rex Carolus Alcuinum tanquam præceptorem suum respexit, ac deinceps semper coluit, nihil majoris momenti illo inconsulto aggressus; sed illius manus in quibusvis negotiis difficilioribus, dubiique eventus adhibita fuit: quod similiter factum fuisse in conficiendis illis sapientissimis legibus, quæ *Capitularium* nomine celebrantur, a Carolo Magno promulgatis, colligere est ex fine præfationis Benedicti Levitæ ad lib, v Capitul. apud Baluzium tom. I, pag. 805. Id saltem nemo, reor, inficiabitur illas constitutiones Caroli Magni quæ ad studia litterarum restauranda, et ad scholas ubivis in ecclesiis cathedralibus et in monasteriis erigendas ordinatæ sunt, ex consilio et suggestione vel etiam calamo beati Alcuini profluxisse: quas propterea, quod simul ad gesta illius præclara pertineant, penitus præterire non possumus, sed eas sequenti capite breviter indicabimus; recensentes simul maximam utilitatem, quæ exinde in Ecclesiam et totum regnum Francorum redundavit, cum perenni gloria sui augusti auctoris et illustris magistri.

CAPUT VI.

Constitutiones et remedia pro reparandis litterarum studiis adhibita.

LXII. Post beati Alcuini adventum in palatio Caroli Magni et congregatis ibi aliis quoque viris doctis ex Italia, ut diximus, jam antea advocatis, rex grande opus quod diu magno animo volvebat et revolvebat illorum consilio innixus aggressus est, apertoque, si ita loqui fas est, Marte inveteratam diu barbariem et ignorantiam oppugnare cœpit.

LXIII. Ad hanc pugnam primum quasi sonante classico vocavit et excitavit regni sui metropolitas, episcopos, abbates aliosque ad quos pertinebat, missis ad omnes illos litteris, ut vocant, encyclicis seu generalibus, quarum exemplum, ad Baugulfum abbatem Fuldensem directum, et a Sirmondo ex codice monasterii sancti Arnulfi Metensis editum exhibet Baluzius, tom. I Capitul. pag. 201. In hisce litteris Carolus utile sibi cum suis consiliariis visum fuisse asserit, « ut episcopia et monasteria præter regularis vitæ ordinem atque sanctæ religionis conversationem, etiam in litterarum meditationibus, secundum uniuscujusque capacitatem, docendi studium impendatur. » Animadvertebat siquidem rex ad omnia attentissimus in scriptis sæpius a nonnullis monasteriis ad ipsum directis, « sensus quidem rectos, sermones vero incultos » apparuisse: « quia, inquit, quod pia devotio interius fideliter dictabat, hoc exterius, propter negligentiam discendi, lingua inerudita exprimere sine reprehensione non valebat. » Hinc metuebat, « ne sicut minor in scribendo erat prudentia, ita quoque et multo minor in eis, quam recte esse debuisset, esset sanctarum Scripturarum ad intelligendum sapientia. » Hac ratione motus hortatur ipsos ut litterarum studia posthac non negligantur, ubique magisteria erigantur, atque « ad hoc opus viri eligantur, qui et voluntatem et possibilitatem discendi, et desiderium habeant alios instruendi. » Quo demum hæc constitutio collimet, rex religiosissimus his verbis expressit: « Optamus enim vos, sicut decet Ecclesiæ milites et interius devotos, et exterius doctos, castosque bene vivendo et scholasticos bene loquendo: ut quicunque vos propter nomen Domini et sanctæ conversationis nobilitatem ad videndum expetierit, sicut de aspectu vestro ædificatur visus, ita quoque de sapientia vestra, quam in legendo seu cantando perceperit, instructus omnipotenti Domino gratias agendo gaudens redeat. » Mirandus profecto zelus tanti regis pro optimis studiis inter ecclesiasticos viros promovendis, et pro bono in totam Ecclesiam inde redundaturo. Ex eodem zelo in Capitulari Aquisgranensi anni 789, num. 70 apud eumdem Baluzium, tom. I Capitul., pag. 237, studia, quæ in scholis tractari debeant, præscribit, « et omnibus sanctæ Dei Ecclesiæ ordinibus seu sæcularis potentiæ dignitatibus præcipit, ut scholæ legentium puerorum fiant: psalmos, notas, cantus, computum, grammaticam per singula monasteria et episcopia discant: sed et libros catholicos bene emendatos habeant.... et pueros suos non sinant eos vel legendo vel scribendo corrumpere; et si opus est Evangelium vel Psalterium et Missale scribere, perfectæ ætatis homines scribant cum omni diligentia. »

LXIV. Prima ergo cura Caroli regis et magistrorum aulæ, maxime Alcuini, collocata fuit in comparandis qui ad docendum et discendum necessarii censebantur libris, iisque selectis et bene emendatis; quod sane remedium pro excolendis ingeniis ipso naturali ordine cætera præire debuit; ex libris enim male digestis et imperite scriptis, ipsas doctrinas confundi et ingenia turbari necesse est. Enimvero in tanta temporis illius barbarie difficile fuit reperire libros a lacunis variis, solœcismis, aliisque erroribus multiplicibus immunes: scriptores siquidem ævi Carolum antecedentis, cum ipsimet grammaticæ et orthographiæ essent ignarissimi, codices quoscunque, quos describendos accepérant ipsosque jam antea quoque corruptos, novis insperserunt erroribus, ita ut multoties vix aliquis sensus inde exprimi potuerit, multoties mentem in contrarium induxerit: cujusmodi codices ex illo ævo etiamnum in vetustis scriniis superesse norunt eruditi ac seduli illorum scrutatores. Dolendum maxime, huic malo ipsos etiam codices ecclesiastico officio servientes, imo ipsius sacræ Scripturæ subjacuisse.

LXV. Præprimis ergo Carolum regem sollicitudo tenuit, ut viri ecclesiastici ministerio destinati habeant libros sacros bene emendatos; hancque curam eosdem corrigendi demandavit Paulo Warnefrido et Alcuino. Paulus a rege mandatum accepit, ut homilias Patrum pro nocturnali officio ordinatas, quæ infinitis vitiorum anfractibus seu solœcismis scatebant, elimaret, uti legitur in epistola Caroli Magni illi Homiliario præfixa, quæ reperitur in editione Coloniensi anni 1539, a Gel. Balnzio separatim tom. I Capitul., pag. 203, et a D. Mabillonio, lib. xxvi Annal., num. 62, edita, in qua religiosissimus rex ita ad religiosos lectores suæ ditioni subjectos scribit: « Quia curæ nobis est ut nostrarum ecclesiarum ad meliora semper proficiat status, obliteratam pene majorum nostrorum desidia reparare vigilante studio litterarum sataginius officinam, et ad pernoscenda studia liberalium artium nostro etiam, quos possumus, invitamus exemplo.... Denique quia ad nocturnale officium compilatas, quorumdam casso labore, licet recto intuitu, minus tamen idoneo, reperimus lectiones; quippe quæ et sine auctorum suorum vocabulis essent positæ, et infinitis vitiorum anfractibus scaterent, non sumus passi nostris diebus in divinis lectionibus inter sacra officia inconsonantes perstrepere solœcismos; atque earumdem lectionum in melius reformare tramitem mentem intendimus. Idque opus Paulo Diacono, familiari clientulo nostro, elimandum injunximus. »

LXVI. Simile opus ac laborem Alcuinum quoque in se suscepisse scriptor Vitæ illius tradit cap. 12, num. 24, his verbis: « Collegit multis de Patrum operibus homiliarum duo volumina. » Hanc tamen assertionem in dubium vocat D. Rivet tom. IV, Hist. Lit. de la France, pag. 537, num. 5, existimans superfluum futurum fuisse laborem in colligendis iterum homiliis pro usu ecclesiarum Franciæ, postquam eodem tempore ejusmodi collectio a Paulo Warnefrido facta est jussu et approbatione regis. Nihilominus D. Mabillonius loc. cit. duo distinguit Homiliaria, unum Pauli et alterum Alcuini.

LXVII. Majore certitudine constat beatum Alcuinum, Carolo præcipiente, emendasse librum qui Comes appellabatur, alias sancto Hieronymo ascriptus, et epistolas et evangelia per circulum anni singulis festivitatibus legi solita continebat, qualis testante D. Mabillonio loc. cit. num. 61 habetur in illius temporis codice bibliothecæ Carnutensis, in quo circa medium hæc leguntur: « Hunc codicem, qui ab ecclesiasticis viris Comes appellatur, tua, lector, noverit perspicacitas ab eo codice sumptum, quem constat ab Albino eruditissimo viro, Carolo sapientissimo imperatore præcipiente, lima rectitudinis esse politum atque emendatum: qui codex licet a multis haberetur, a plerisque tamen mendose et non bene distincte legebatur. Ob id studii fuit ejusdem Dei cultoris, ut a præfato viro ad purum corrigeretur, et distinctionibus artis grammaticæ, pronuntiandi gratia, distingueretur; ita videlicet ut legentibus ejusdem codicis textus iter planum panderet, et audientium auribus nihil inconsonum afferret; simplices quoque errare non sineret. Nobis autem curæ fuit, ita hunc emendate atque distincte transcribere, sicut ab eodem magistro emendatus exstat et distinctus. »

LXVIII. Labor iste rei litterariæ summe proficuus tantopere cordi fuit Carolo regi, ut ipsemet illum, vacuus a gravissimis regni negotiis, quibusdam temporis particulis subire haud gravaretur. Exstat siquidem, teste Lambecio libr. viii Bibl. Vindobonensis, pag. 645, in eadem bibliotheca Cæsarea quidam pervetustus ac rarissimus codex ms. membranaceus, olim, judice eodem D. Lambecio, ad bibliothecam cubicularem Caroli Magni pertinens; in quo continetur Explanatio Origeni perperam tributa in sancti Pauli apostoli Epistolam ad Romanos; cujus Scriptura mendis nonnullis respersa propria Caroli manu emendata fuit, quod testantur versiculi sequentes, æque antiquo charactere ibidem subscripti:

Qui sternit per bella truces fortissimus heros
Rex Carolus, nulli cordis fulgore secundus,
Non passus sentes mendarum serpere libris,
Ea bene correxit, studio sublimis in omni.

Ex quibus manifestissime et sine ulla controversia apparet, ait laudatus D. Lambecius, quæcunque in hoc codice, vel in ipso contextu emendata, vel interlineariter subscripta, vel ad marginem adnotata sunt, propria ipsius Caroli Magni manu scripta, ideoque monumentum hoc litterarium, ob venerationem tanto monarchæ debitam fere inæstimabile esse. Tradit deinde idem bibliothecarius celeberrimus varios alios in illa bibliotheca Augusta Vindobonensi codices servari manu ejusdem regis emendatos, quod ex comparatione scripturæ cum emendationibus prioris codicis cognosci possit. Vid. Kollarii Analect. Monum. Vindobon. tom. I, pag. 724, not. a. Quis satis miretur ac deprædicet principis hujus maximi sublimem genium, qui eadem manu, qua tot hostes regni amplissimi devicit, etiam barbariem debellare novit.

LXIX. Præterea vero rex religiosissimus cordi maxime habuit ut libri sacræ Scripturæ, amanuensium oscitantia multipliciter corrupti, suæ restituantur puritati : « Universos ergo Veteris et Novi Testamenti libros, librariorum imperitia depravatos, Deo adjuvante, examussim correximus, » uti scribit in epistola cit. Homiliario præfixa. Ad hoc opus perficiendum cum Alcuino neminem magis idoneum existimaret, eidem curam hujus laboris demandavit, uti intelligitur ex epistola ad Gislam et Columbam libro vi Commentarii in Joannem pag. 591 præfixa : scribit enim ibi Alcuinus quod regis mandato, quo ipsi cura emendandi Vetus Novumque Testamentum injuncta fuit, impeditus sit quominus tunc ad præfatas virgines expositionem totius Evangelii sancti Joannis dirigere posset : « Totius forsan, inquit, Evangelii expositionem direxissem vobis; si me non occupasset Domini regis præceptum in emendatione Veteris Novique Testamenti. » Hunc pernecessarium et perutilem laborem Alcuinus alacriter in se suscepit, et tam constanter continuavit, ut opus jamjam absolutum, die Natalis Domini anno 800, quo Carolus Romæ imperatoria corona redimendus erat, eidem imperatori tanquam acceptissimum munus, quo simul lætitiam suam ob adeptam novam illam majestatem, contestaretur, offerre potuerit, uti intelligitur ex epistolis 103 et 185 (nunc 131 et 135).

LXX. « Exstat, teste Baronio tom. IX Annal. Eccles. ad annum 778, codex, Alcuini labor, in Vallicellana bibliotheca, ubi velut ingens thesaurus asservatur, ut pote quod viri eruditi, qui in emendatione Vulgatæ iterum nostro tempore laborarunt, eo ut antiquiore usi sunt, cui et plurimum detulerunt.» Ad calcem codicis illius Vallicellani, eodem Baronio referente, versus Alcuinus apposuit per diversa epigrammata distinctos, quos dabimus cum quodam supplemento, carm. 5. Verosimile est hunc ipsum codicem fuisse, quo etiam anno 1236 usi sunt PP. Dominicani, qui mandante generali ipsorum P. Jordano et Hugone de S. Charo conventus Parisiensis priore in emendandis exemplaribus sacrorum Bibliorum laborarunt, de quo videas Le Long., Bibl. Sacræ tom. I, pag. 239.

LXXI. Codicis sacri ita correcti exemplaria brevi per ecclesias et monasteria divulgata, et ab industriis ac peritis librariis descripta fuere : cujus rei testem habemus Angelomum monachum Luxoviensem, Alcuino pene contemporaneum, qui in commentario super Genesin apud Pezium thesauro Anecdot. tom. I, pag. 448, in fine scribit se vidisse sacram illam bibliothecam jussu Caroli Magni correctam, diligenterque inspexisse : et in illa suo calculo probat lectionem vocis Saraam, quam alii scribebant per duplex r et unum a.

LXXII. Nullus dubito quin beatus Alcuinus eamdem industriam quam sacris codicibus emendandis impendit, aliis quoque libris, quibus ad discendas vel docendas artes liberales opus erat, adhibuerit, vel per suos socios aut discipulos adhiberi curaverit. Nobis certe vero admodum simile videtur, quod Alcuinus pro usu scholasticorum librum quoque De septem artibus, a Quercetano inter illius opera incomplete editum, a mendis queis pleraque exemplaria corrupta erant, emendaverit; cujus versus auctor est M.

Aurelius Cassiodorus senator, Alcuino suppositus, cidemque in unico veteri codice Jacobi Sirmondi tributus, cujus fortassis nomen præferebat, ob illi adhibitam ab ipso correctionem. Vide quæ diximus in præfatione ad opuscula de Grammatica, Orthographia, etc.; ubi rationem reddimus omissionis illius libri in hac nostra collectione.

LXXIII. Laboribus hujuscemodi occupatus Alcuinus, de hoc pariter sollicitus fuit ut libri omnes ad usum ecclesiarum, monasteriorum atque scholarum destinati juxta leges orthographicas recte et absque erroribus describerentur : quod ut felicius succederet, necessum esse judicavit, ut ante omnia scriptores ad hunc laborem adhibendi in arte recte scribendi, seu in orthographia bene informarentur. In hunc finem opusculum composuit de eadem arte, quam ex codd. ms. partim etiam ex Ven. Beda exhibemus, ubi simul rationem reddimus, quare hunc librum genuinum Alcuini fœtum esse censeamus.

LXXIV. Hanc pro libris antea depravatis expurgandis et pro novis exemplaribus recte et secundum leges orthographiæ scribendis curam ac sollicitudinem, quam rex Carolus suis præceptis et Alcuinus suo exemplo, doctrina et exhortationibus maximo studio commendarunt, posthac ubique æmulati sunt episcopi et abbates; cujus rei testimonium irrefragabile præbent plurimi codices, opera varia sacræ Scripturæ, sanctorum Patrum, conciliorum, legum, et profanorum quoque scriptorum in veteribus bibliothecis etiamnum exstantes, diligentiæ illius temporis certissimi testes : quorum magnum numerum præ oculis nostris habemus in bibliotheca nostra sancti Emmerami residuos, initio sæc. IX exaratos, eosque absoluta scriptione, ut in quibusdam notatum est, revisos atque a mendis purgatos. Accessere deinceps per industriam hujus celeberrimi magistri scientiarum omnium, tractatus de arte bene loquendi, dicendi et disserendi, cujus regulas ipse postea in Dialogis de grammatica, rhetorica et dialectica complexus est.

LXXV. Arte igitur orthographica restituta, comparatisque libris optimis scholæ servientibus, bibliothecis pariter multo apparatu præstantissimorum auctorum instructis, nihil jam obstabat ulteriori progressui scientiarum in publicis privatisque scholis docendarum. Episcopi ergo et abbates ad tam seria mandata sapientissimi regis attenti, et frequentibus quas Alcuinus singulis pene epistolis ad ipsos scriptis intimavit, adhortationibus excitati libris describendis et colligendis, scholisque instituendis omnem navarunt operam. Inter scholas episcopales primæ tunc et celebriores, quarum saltem adhuc monumenta exstant memorantur Lugdunensis sub Laidrado, et Aurelianensis sub Theodulfo episcopis cnatæ. Laidradus a Carolo Magno e Norico patria sua evocatus creditur, in reformanda disciplina et restaurandis scientiarum studiis futurus coadjutor; qui anno 798 episcopus Lugdunensis creatus fuit. Is de schola a se erecta Carolum regem per epistolam, quæ exstat tom. XIV Bibl. PP., edit. Lugdunensis, pag. 233, informat quod in ecclesia Lugdunensi essent cantores in illa schola tam eruditi ut etiam alios in cantu instruere possint; nonnulli etiam qui ita in litteris profecerunt, ut sensum spiritualem sancti evangelii bene intelligerent; alii qui libros Prophetarum, Salomonis, Psalmorum, imo et libelli Job, qui sane unus e difficilioribus esset, interpretari scirent.

LXXVI. Theodulfus, qui præcipuus post Carolum Magnum et Alcuinum studiorum restaurator censetur, ob doctrinæ præstantiam ab eodem rege ex Italia circa annum ut quidam volunt 771 evocatus, ac postea circa annum 794 ad episcopatum Aurelianensem promotus fuit. Hunc Alcuinus in epist. 193 (nunc 147) vocat « clari luminis atque affluentis sapientiæ lucernam, virumque clarissimum, cujus est ætas florida et vividæ virtus sapientiæ; » quod præstans elogium Theodulfum promeruisse comprobant varia ab ipso edita monumenta litteraria, apud Sirmondum tom. II Operum pag. 666 seqq. editionis Venetæ anni 1728. Is ergo paucis annis post adeptum episcopatum Aurelianensem (circiter an. 794 vel 797 juxta calculum Sirmondi) Capitulare edidit, in cujus capite 19 constituit ut presbyteri qui voluerint nepotes suos aut aliquem consanguineum ad scholas mittere, valeant. Scholæ ibi nominantur, una in ecclesia sanctæ Crucis, quæ cathedralis est; altera in monasterio sancti Aniani Aurelianensi; tertia sancti Benedicti in monasterio Floriacensi; quarta sancti Lifardi in monasterio Magdunensi. Ibidem simul insinuatur scholas in aliis etiam monasteriis quæ Theodulfo ad regendum concessa fuerant, fuisse institutas. Scholas tamen illas non publicas, sed privatas fuisse post Cointium ad annum 787, num. 85, existimat Pagius ad an. 735, num. 7. Mabillonius vero in præfat. ad sæc. IV Bened. num. 187, publicas illas fuisse contendit. Præter has scholas majores, alias minores Theodulfus ibidem cap. 20 constituit, ubi presbyteris inculcat ut per villas et vicos infantes et parvulos cum summa charitate doceant, nihil mercedis propterea exigendo vel accipiendo, nisi quod a parentibus charitatis studio sua voluntate oblatum fuerit. Vitam et scripta Theodulfi egregie illustravit Rivetus jam multoties laudatus tom. IV Hist. Lit., pag. 459 seqq.

LXXVII. Capitulare illud Theodulfi Aurelianensis recepit, et in frequenti synodo subjectis sibi clericis, ut illius decreta accurate observarentur, præcepit Hildegarius Meldensis episcopus, prout D. Mabillonius in codice Gemlacensi se legisse refert Analect. novæ edit. pag 412, col. 2. Istorum episcoporum studium egregie alii etiam episcopi æmulati sunt; nec dubitandum censeo ipsos similes constitutiones pro reparandis litterarum studiis in suis diœcesibus fecisse ac promulgasse. Ex variis siquidem illius et subsequentis temporis monumentis constat scholas in omnibus antiquioribus episcopatibus regni Francorum fuisse reformatas, in recens fundatis vero simul cum episcopatibus erectas. Idem dicendum de monasteriis sub regula sancti Benedicti tunc militantibus. De omnibus illis scholis, tam episcopalibus quam monasterialibus, publicis et privatis, majoribus et minoribus, quæ ex illis constitutionibus et conatibus enatæ sunt, hic singulatim disserere, nimis longum et inopportunum foret : plura de iisdem scire cupientibus abunde satisfacient viri eruditissimi, D. Lanoius in libro De scholis celebrioribus tom. IV Operum part. I, pag. 4 seqq., D. Mabillonius præfat. ad sæc. IV Ben. pag. 128, § 8; D. Rivet loc. cit. num. 21 seqq.

LXXVIII. Ne porro studia litterarum optimo jam successu cœpta et ordinata rursum apud eos quorum curæ illa commissa fuere, tepescerent, sed ut magis magisque efflorescerent, ingeniosissimus rex Carolus medio usus est hactenus insueto, et vix unquam prioribus temporibus tentato. Ipse siquidem nunc in colloquiis, nunc in epistolis, episcopis, abbatibus, clericis et monachis, maxime vero scholarum rectoribus varias quæstiones, nunc circa textus difficiliores sacræ Scripturæ, nunc circa materias ecclesiasticæ antiquitatis et veteris disciplinæ, nunc de grammaticis ac dialecticis spinetis, nunc de astronomicis apparitionibus earumque calculis proponebat, ut hoc ingenioso artificio adigerentur, ut nunquam ab indagatione veritatis, a tractandis scientiis, a libris excutiendis, volvendis ac evolvendis cessarent, quo aptiores et expeditiores redderentur, ad solide et docte seu calamo seu oratione respondendum propositis difficultatibus a principe eruditissimo studio exquisitis. Profecto stimuli hujusmodi a tanto principe immissi non potuere non esse ad scientias excolendas, promovendas, studiumque illarum stabiliendum utilissimi et efficacissimi. Exstant etiam num ejusmodi quæstiones ad metropolitas missæ de baptismo et cæremoniis illum præcedentibus et concomitantibus : exstant et plures epistolæ ad easdem responsoriæ : Amalarii Trevirensis tom. II, pag. 520; Odilberti Mediolanensis in Analectis D. Mabillonii nov. edit. pag. 75; Laidradi Lugdunensis ibidem pag. 78; Theodulphi Aurelianensis apud Sirmondum tom. II, Op. edit. Venetæ 1728, pag. 679; Magni Senonensis apud Martene De antiquis Ritibus Eccles. libr. I, pag. 158. Alias rursus quæstiones sibi enodari postulavit de gratia septiformis Spiritus apud Mab. loc. cit., de Processione Spiritus sancti a Patre Filioque, uti legitur in præfat. Theodulfi Aurelianensis ad Carolum Magnum præfixa ejusdem libello de Spiritu sancto, apud Sirmondum loc. cit. pag. 695. De eadem difficultate jam antea etiam beatum Alcuinum consuluit, qui ejus mandato ocius paruit in libello de Processione Spiritus sancti, quem ex ms. cod. Laudunensi exhibemus. Præprimis vero Carolus hunc præceptorem suum hujusmodi litterariis quæstionibus, de rebus grammaticis, dialecticis, liturgicis, biblicis, astronomicis fatigare solebat, quibus idem in variis epistolis aliisque scriptis satisfecit. De illo interrogandi more Caroli idem in epist. 124 (nunc 165) ita de litteris ab eodem rege ad se missis loquitur : « In quibus laudabilibus vestræ sapientiæ apicibus meum, ut soliti estis, segnitiem per interrogationes prudentissimas excitare velle inveni. » Et in epistola 125 (nunc 164) ad alia regis interrogata respondens ita præfatur : « Mirabilis sapientiæ vestræ litterarum serie perlecta, invenimus eas eloquentiæ nitore splendidas et profunditate sensuum subtilissimas, et inquisitionis gratia jucundissimas. Unde patenter agnosci poterit, non tantum imperatoriam vestræ prudentiæ potestatem a Deo ad solum mundi regimen, sed maxime ad Ecclesiæ præsidium et sapientiæ decorem collatam : et juvenum mentes quadam inertiæ rubigine obductas ad acumen ingenii per vestram sanctissimam solertiam elimandas. Siquidem præter imperiales et publicas curas, evangelicas quæstiones academicis vestris a nobis enucleandas inquiritis, etc. » Eamdem consuetudinem doctos per varias quæstiones exercendi in Carolo laudat Theodulfus Aurelianensis episcopus in epistola ad Magnum Senonensem apud Sirmondum, tom. II Oper. pag. 679, ubi loquens de quæstionibus circa cæremonias ab eodem rege propositis ait : « Quæstiones istæ, ut ego te nosse certus sum, a regali necessitudine non sunt factæ necessitate discendi, sed studio docendi ; nec ut ipse his absolutis de nescitis valeat imbui, sed ut alii de somno desidiosi torporis ad rerum absolvendarum utilitatem valeant excitari. Quippe cui hoc semper familiare est, ut exerceat præsules ad sanctarum Scripturarum indagationem et sanam sobriamque doctrinam, omnem clerum ad disciplinam, philosophos ad rerum divinarum humanarumque cognitionem, monachos ad religionem, omnes generaliter ad sanctitatem, primates ad concilium, judices ad justitiam, etc. »

LXXIX. His demum mediis Francia totumque regnum sceptro Caroli Magni subjectum a pristinis ignorantiæ et barbariei tenebris emersit; atque in statu utroque ecclesiastico et civili lumen scientiarum refulsit, diuque postea scholas jam erectas collustravit, et erigendis præluxit; donec regno, inter plures principes auctoritate, ingenio, prudentia ac magnanimitate parenti multo inferiores, diviso, dissidia inter ipsos exorta, bella intestina, barbararum nationum incursiones, legum bonique ordinis politici neglectus totum illud nunc florentissimum imperium in barathrum prioris confusionis relabi fecerunt. De qua revolutione musis omnibus maxime exitiali, et de misero statu litterarum in Gallia sæc. IX erudite disserit D. Rivetus, tom. IV Hist. Lit. de la France, pag. 217 et seqq. His ergo, ne actum agamus, prætermissis de magisterio, quod beatus Alcuinus in palatio regio tenuit, disserámus.

CAPUT VII.

Magisterium beati Alcuini in schola Palatii, ejusque in illa discipuli.

LXXX. Caroli Magni amor quo erga musas ferebatur, in dies crescebat, quo magis scilicet ex consuetudine cum Aulæ suæ magistris et quotidiano ferme experimento didicisset, quantam illæ felicitatem regno suo allaturæ essent; hinc non contentus, easdem intra septa ecclesiarum ac claustra monasteriorum, quod in præcedentibus constitutionibus præceperat, concludi, in ipso etiam suo regio palatio illis domicilium statuit, scholamque ibidem publicam erexit, ut illius opportunitate simul regia proles, proceres et aulici, eorumque filii et filiæ ingenium mentemque excolendi media in promptu haberent. Illis vero omnibus Carolus suo exemplo, quo magis ad studia litterarum sedulo pertractanda incitarentur, præire voluit; enimvero majestate sua haud indignum existimavit, si descendens de regio throno propemodum in scholæ subselliis virorum doctorum, quos in aulam advocavit, discipulum ageret. Quæ quidem regis illius totius Europæ potentissimi demissio et solertia nullo eloquio satis valet depræedicari; « cujus mentis miranda est nobilitas, » ait Alcuinus libr. De ratione animæ, « dum inter tantas palatii curas et regni occupationes philosophorum pleniter arcana curavit scire mysteria, quod vix otio torpens alius quis modo cognoscere studet. » Certe prodigii instar habendum est, in palatio tanti regis, ubi tot negotia imperii amplissimi tractanda indies occurrebant; ubi toties bellorum atrocissimorum classica insonabant; ubi gravissimæ causæ cum pontificibus Romanis, cum imperatoribus Orientis, cum Anglis atque Hispanis, missis hinc inde legatis erant expediendæ, musis potuisse locum et otium reperiri. His tamen rebus, quæ sibi tantopere contrariari videntur, jungendis et conciliandis maximi illius principis ingenium par fuit.

LXXXI. In hac porro schola palatina beatum Alcuinum litteras docuisse, scriptores omnes qui illius gesta recensent, consentiunt, et ex propria ejus epistola 67 (nunc 82) ad domnum Regem evincitur, ubi Turonis relicta jam aula existens, de mutato a magistris quibusdam calculo lunari conqueritur, ita scribens : « Ego imperitus, ego ignarus, nesciens Ægyptiacam scholam in palatio Davidicæ versari gloriæ : ego abiens Latinos ibi dimisi; nescio quis introduxit Ægyptiacos. » Ibi ergo docuit, ubi abiens discipulos reliquit. Imo principem is locum ibidem inter reliquos magistros tenuit : nullique alteri Carolus tantum honorem præterquam Alcuino detulit, ut illum, postquam in sola grammatica discenda Petrum Pisanum audivit, ut Eginhardus in Caroli Magni Vita narrat, in reliquis disciplinis, rhetorica, dialectica ac præcipue astronomia dignaretur habere præceptorem. Quod ipsum testatur Vitæ Alcuini scriptor cap. 2, num. 12, dum asseverat quod Carolus ab Alcuino, postquam is ex Anglia redierat, « artes introductus in liberales refrigerari paululum noverat, sed exsaturari ob fervorem satis nimium nequibat. » De hoc honore sibi a rege delato ipse Alcuinus gloriatur in epigrammate 260 ad fratres suos Eboracenses misso, his versibus :

Talia namque placent vestro quia munera patri,
Qui nunc egregias regalibus insonat artes
Auribus, et patrum ducit per prata sequentem
Præpulchro sophiæ regnantem stemmate celsæ.

Et in epigrammate 231 studia quædam recenset, quæ cum hoc augusto suo discipulo exercuit, ita canens :

O mihi dulcis amor, David, per sæcla valeto;
Quam te præsentem semper habere velim!
Pierio ut tecum liceat mihi ludere versu,
Scandere vel summi sidera celsa poli

Vel pulchras tecum numerorum discere formas,
Irrepere aut veterum dicta stupenda Patrum :
Aut tractare sacræ æternæ præcepta salutis,
Quæ via te mecum pervehat astra super.

LXXXII. Quando igitur Carolus in epistolæ ad Alcuinum scriptæ initio, quod refertur in epist. 124 (nunc 163), ipsum « charissimi in Christo præceptoris » nomine compellat, titulum hunc non solius honoris, uti interpretatur Baronius ad annum 778, num. 15, verum etiam doctrinæ causa illi tributum censemus. Enimvero testimonia hactenus allata plane evincunt, *Alcuinum in mathematicis ac philosophicis* non tantum *cum Carolo Magno disseruisse*, uti ibidem scribit Baronius, verum etiam in iisdem saltem scientiis ipsum imbuisse. In sacrarum tamen rerum scientia Carolum adeo imbutum fuisse existimat idem Historiæ ecclesiasticæ parens loc. cit., ut magistri potius quam discipuli locum teneret ; « siquidem, ait, in ea facultate non Carolus Albinum, sed Albinus Carolum consulebat, si quod dubium esse obscurum sibi videretur et arduum, » idque constare credit ex litteris Alcuini ad Carolum de septuagesima, etc., epist. 65 (nunc 80) : et ex responsione Caroli epist. 12, Patrologiæ tom. XCVIII, col. 911, concludit Baronius quod « Carolus sacrarum rerum scientia multum præcesserit eum, quem magistrum vocat, Albinum. » Quam celeberrimi hujus scriptoris existimationem de Caroli in sacris eruditione, nescio an quispiam eruditorum non censeat nimiam. Certe Carolus in rebus sacris sæpius Alcuinum quam hic illum consuluit, uti docent epistolæ plures : epist. 123 (nunc 162) de differentia inter æternum et sempiternum, etc. ; ep. 124 (nunc 163) de duobus gladiis ; epist. 125 (nunc 164) de hymno post cœnam dicto ; epist. 126 (nunc 165) de pretio humanæ salutis, quas nondum tunc editas Baronius non vidit. Ad confutandos errores Felicis et Elipanti Carolus Alcuini opera indiguit, illumque in hunc finem, ut reditum ex Anglia acceleraret, permovit. Pro illius in fide sanctæ et individuæ Trinitatis instructione libellum de eodem dogmate scripsit, illique dedicavit ; « quia, inquit, neminem decet vel meliora nosse vel plura, quam imperatorem ; » idque se ideo agere ait, ut sui nominis, « quo a quibusdam magister (utique ipsius regis, quem hic instruit) vocatur, » officium impleret. Firmum ergo maneat Alcuinum Caroli Magni tam in sacris quam in profanis litteris præceptorem seu magistrum exstitisse. Sed cum Baronius aliique passim ultimam tantum profectionem in Franciam, quæ anno 792 aut sequentis initio facta est, quando Carolus jam grandævus fuerat, agnoverint, an et quid Alcuinus Carolum docuerit, explicare non potuerunt, ait Pagius ad annum 782, num. 8 in fine.

LXXXIII. Studiis liberalibus quibus ipse rex operam dabat, teste Eginhardo in Vita num. 19 apud Bouquet tom. V, de Script. Rer. Gallic. etiam liberos suos, tam filios quam filias, institui mandavit. Schola igitur palatii optime jam ordinata et ipsius regis Caroli præsentia sæpius frequentata, regii quoque principes Carolus, Pippinus et Ludovicus ; viri juvenesque primæ nobilitatis, Angilbertus, Adalhardus, Damœta ; regiæ etiam virgines, Gisla utraque, soror et filia Caroli ; Richtrudis cognomento Columba, cum Guntrada cognomento Eulalia cum multis aliis, parentis ac regis sui vestigia certatim secuti, magisterio ac disciplinæ beati Alcuini sese tradiderunt : quos omnes deinceps Alcuinus filiorum ac filiarum nomine compellat, non aliam certe ob causam quam quod illis in palatio commorantibus paternam per varias instructiones in litteris ac moribus curam adhibuerit. Ad illos pariter plures scripsit epistolas variis doctrinis refertas ea styli gravitate, qua uti solent magistri scholares suos instruere volentes.

LXXXIV. Carolum juniorem regis filium, post acceptam a Leone III papa regiam coronam, in epistola 178 (nunc 119) et sequenti hortatur ad justitiam et misericordiam Christiano populo impendendam; ad eligendum consiliarios bonos, non adulatores, pios, prudentes, Deumque timentes; ad imitandum optima totius bonitatis exempla patris sui excellentissimi imperatoris. Ludovico illius germano plures, ejusdem desiderio satisfacere volens, scripsit epistolas commonitorias, prout discimus ex epist. 179 (nunc 120) ad eumdem Carolum, quas omnes intercidisse, aut adhuc ignotas latere dolendum est. Pippinum regalem juvenem in Alcuini schola eruditum fuisse demonstrat *Disputatio illius cum Albino*, quam dabimus infra, et epistola ad illum 33 (nunc 38), in qua optima amantissimo huic filio suo suggerit vitæ agendæ documenta.

LXXXV. Beati Alcuini in eadem schola discipulis annumerandus est Angilbertus, posthac abbas Centulensis, et inter sanctos relatus : cujus illustre genus probant tum singularis familiaritas illius cum Carolo Magno, tum copula cum Berta ipsius Caroli filia; tum denique præclara quæ gessit reipublicæ munera. « Is ab ipsis infantiæ rudimentis in palatio Caroli enutritus est, » ut legitur in quadam Adriani I epistola ad Carolum pro synodo Nicæna secunda, Patrologiæ tom. XCVIII, col. 1247. Beati igitur Alcuini in eodem palatio discipulus fuit; quod eruitur ex pluribus epistolis ad ipsum jam publicis negotiis adhibitum scriptis, paterna monita atque doctrinas continentibus, quas sub numeris 21, 22, 23 et 215 (nunc 25, 26, 27 et 28) exhibemus. De eo plura adnotavimus variis locis : illius elogium et vitam videre est apud Mab. loc. cit.

LXXXVI. Angilberti in palatio condiscipulus fuit Antonius, seu Adalbardus, abbas deinde Corbeiensis, æque post mortem in sanctorum numerum relatus. Cujus pariter Vita et elogium habetur apud Mabill. loc. cit. pag. 306 seqq. Hunc Alcuinus magister in epist. 144 (nunc 189), et in alia cujus ibi fit mentio, ut filium monet, ut curam habeat Homeri, seu Angilberti, nimium profanis spectaculis inescati, postea tamen, uti Alcuinus ab ipso Antonio se intellexisse in epist. 213 (nunc 191) meminit, ad meliora conversi. In epistola 112 (nunc 151) Antonio suadet, ut fratri suo Bernario, quem suum etiam filium vocat, ex monasterio insulæ Lirinensis in patriam regredienti, apud aulam impetret facultatem revertendi ad suum monasterium : de quo videantur, quæ ad eamdem epistolam notavimus. Fuit ergo antea et ipse hic Bernarius, una cum Adalhardo Alcuini discipulus in schola palatii.

LXXXVII. Idem de Flavio Damœta dicendum esse existimamus, quod liquet ex epist. 59 et 41 (nunc 44 et 46) ad ipsum scriptis, in quibus illum filii, quod idem est ac discipuli, nomine appellat. Fuit is vir sæcularis, militiæ addictus, quem Alcuinus in hostem, scilicet adversus Saxones anno 796, profecturum in priori epistola hortatur, ut iter suum confessione confirmet, eleemosynis roboret, et orationibus servorum Dei undique se muniri faciat, quatenus cum rege et cæteris commilitonibus suis victor redire possit in patriam. In altera epistola illum precatur, ut inter occupationes sæculi per bona opera etiam pro animæ suæ salute vigilet, in auditu diversarum causarum justitiam et misericordiam observet. Hunc ergo Damœtam distinguere oportet a Riculfo archiepiscopo Moguntino, cui in epistola 40 (nunc 45) in codice Petavino, quo usus est D. Quercetanus, et in epistolis 181 et 182 (nunc 122 et 123) nuper in bibliotheca Harleiana detectis, cognomen Damœtæ tribuitur. Hic enim vero Riculfus jam anno 786 vel sequenti ad sedem Moguntinam promotus post decem annos belli dux esse haud potuit. Hic ipse tamen Riculfus, nisi vehementer fallamur, ante adeptum regimen ecclesiæ prædictæ, in schola palatii Alcuinum habuit præceptorem, a quo in epist. 182 (nunc 125) vocatur *desiderantissimus filius* : ubi simul Alcuinus ob illius prosperitatem, laudabilemque conversationem, et veritatis instantiam, juxta monita illi tradita, plurimum gaudere profitetur, usus illis verbis apostoli Joannis : *Majus mihi gaudium non est, quam ut filios meos in fide et veritate audiam ambulare.*

LXXXVIII. Quoniam vero compellatio filii idem valet ac discipuli, prout jam superius num. 84 insinuavimus, et in quo cel. D. Mabillonium lib. xxv Annal., num. 58, pag. 267, consentientem habemus, haud dubitandum censemus, omnes illos, quos beatus Alcuinus in suis epistolis filios aut filias dicit, ipsum coluisse magistrum, sive in litteris amœnioribus, sive in sacris, sive in morum disciplina. Atque hinc absque errandi periculo discipulorum illius palatinorum numero addere possumus Rigbodum, cognomento Macharium, archiepiscopum Trevirensem, ex epist. 129 (nunc 169), ubi in notis, ex codice synchrono cœnobii sancti Maximini, ostendimus quod ab illam sedem promotus fuerit anno 791, non vero anno 776, uti ex veteri historia Trevirensi affirmant Carolus Cointius anno 804, num. 54, tom. I Annal. Eccles., et Mabillonius Annal. lib. xxiv, num. 68, ubi consequenter ait : « Si Richbodus ante episcopatum Alcuini discipulus fuit, eo præceptore in Britannia suæ fuisse dicendus est. » Mabillonii sententiam amplexus primum fuit reverendissimus D. de Hontheim, tom. I Hist. Trevirensis, p. 136, not. (b), verum certiora edoctus a Codice ms. San-Maximiniano, Caroli Magni ævo exarato, sententiam mutavit in præfatione tomi I, pag. LXIII, in not.; ubi codicis illius verba hæc refert : « Anno 791, perrexit dominus Carolus cum Francis et Saxonibus, cum Bajoariis et Alemannis et cum cæteris populis suis in Pannoniam ultra Cmundesdorf, et cum triumpho gloria rediit, et hiemavit in Reganesburc. Egilramnus, Wiomadus, Sinpertus episcopi obierunt. » Wiomadus omnium historicorum consensu in cathedra Trevirensi immediatus antecessor fuit Richbodi : qui propterea Alcuini discipulus ante episcopatum seu ante hunc annum 791 in palatio Caroli Magni esse potuit. Vid. idem D. de Hontheim, tom. III, pag. 1006. Discipulis hisce addi posse existimamus *Aquilam* seu Arnonem episcopum primum, deinde archiepiscopum Salisburgensem ex epistolis 30, 54, 55 (nunc 35, 68, 69) et aliis. *Hechstanum* seu Altapetram ex epist. 138 (nunc 182). Illos denique omnes in palatio apud D. imperatorem morantes ipsius in itinere Romano comites, ad quos Alcuinus, tunc in Turonensi monasterio docens, scripsit epist. 150 (nunc 121), in qua ait : « O quam felix dies fuit, quando in laboribus nostris lusimus litteraliter seria; sed nunc omnia mutata sunt. Remansit senior alios generans filios, priores dispersos gemens. »

LXXXIX. Ad feminas nobiles, quas Alcuinus in palatio primum docuit, et deinde per epistolas variis doctrinis nutrivit, veniamus. Inter illas prima est Gisla seu Gisala et Gisela cognomento Lucia, Caroli Magni soror ex Bertrada, « a puellaribus annis, ut Eginhardus scribit loc. cit., num. 18, religiosæ conversationi mancipata, » abbatissa deinceps Calensis monasterii, « quam Carolus ut matrem magna coluit pietate. » Hæc Gisla est quam spiritualem suam sororem vocat Alcuinus in binis epistolis 98 et 99 (nunc 126, 127) ad ipsam scriptis, et in altera commentariis in Evangelium sancti Joannis præfixa. Magno illa flagrabat desiderio proficiendi ex instructione Alcuini, in sanctæ Scripturæ cognitione. Ita enim ipsa et Rictrudis cognomento Columba ad illum scribunt : « Postquam, venerande magister, aliquid de melliflua sanctæ Scripturæ cognitione, vestra sagacitate exponente, hausimus, ardebat nobis, ut fatemur, de die in diem desiderium hujus sacratissimæ lectionis, etc. » Duplici deinde dolore se premi aiunt, uno, « quod tardius hujus optimi studii diligentiam habuerint; » altero, « quod modo magnam habentibus devotionem, vestra, inquiunt, longinquitas desiderio nostro obsistit : » Illæ nimirum sanctimoniales virgines in suo monasterio Calensi, non longe Parisiis distante, tunc degebant; Alcuinus vero Turonis existens longius ab ipsis aberat, quam ut eas, sicut antehac in palatio, lingua instruere posset; hinc precantur ne eas « litterarum suarum solatio deserat; nam sicut, inquiunt, loquentis lingua in aure audientis, ita scribentis calamus proficit in ore legentis : et ad interiora cordis pervenit sensus dirigentis, sicut verba instruentis. » Petunt demum, ut exemplo beati Hieronymi, qui ad preces nobilium feminarum plurima in propheticas obscuritates opuscula composuit, et de Bethleem castello ad Romanas arces misit, expositionem in sancti Joannis Evangelium suo ingenio accommodatam ad ipsas mittat; « multo, inquiunt, facilius portator chartarum tuarum de Turonis Parisiacam civitatem (a), quam illius (sancti Hieronymi) de Bethleem Romam pervenire poterit. » Huic desiderio Alcuinus satisfecit, et primo, pro solemnitatis Paschalis tunc instantis circumstantia et opportunitate ad illas eam partem commentarii in sancti Joannis Evangelium direxit, quæ continetur duobus ultimis libris, sexto et septimo; anno vero sequenti priores etiam quinque libros submisit, uti intelligitur ex epistola Luciæ et Columbæ, quæ cognomina erant Gislæ et Rictrudis, quæ integro illi commentario præmissa est. Ad easdem virgines, ni fallamur, pertinent tres illæ epistolæ quas ex cod. bibliothecæ Harleianæ exhibemus sub numeris 188, 189 et 190 (nunc 138, 139 et 140). In priori mentio fit quorumdam tractatuum Ven. Bedæ, quos illis ad describendum concessit, inter quos abs dubio erat tractatus ejusdem in Epistolas apostolorum, quem a Gisla haberi Alcuinus scribit in epist. 143 (nunc 187) ad quendam filium seu discipulum suum. In epist. 190 (nunc 140) postquam eas hortatus est ad servandam in prosperis et adversis æquanimitatem, eisdem suasit, ut si fortassis difficilior in apostolica auctoritate sensus eas fatigaret, fessæ mentis acumen levioris lectionis interpositione reficiant, legendo nimirum Vitas Patrum et miracula sanctorum, quæ in sancti Gregorii Dialogis reperiuntur, lucidissima, inquit, exarata eloquentia et sanctioris sacræ Scripturæ confirmata.

XC. A Gisla seu Gisela Caroli regis sorore, distinguendam esse alteram Gislam ejusdem ex Hildegarde filiam bene monet D. Mabillonius Act. SS. sæc. IV, part. I, pag. 449, in observatione prævia in hist. translationis sanctæ Bathildis, num. 5, et lib. xxv Annal., num. 81, et lib. xxvi, num. 61. Utramque Alcuinus ipse distinguit, seniorem illam sororis; hanc juniorem in epist. 100 (nunc 150) filiæ et nobilissimæ puellæ nomine compellans; quod ipsum D. Mabillonius lib. xxvi Annal., num 95, advertit his verbis : « Alia erat Gisla filia Caroli, itidem sanctimonialis, quam non sororem, sed filiam Alcuinus appellare solet. » Quapropter mirari subit cur idem scriptor celeberrimus, eodem loco paulo superius, num. 61, asserat, Gislam hanc Caroli Magni filiam fuisse, cujus rogatu commentarios in Evangelium Joannis aggressus est Alcuinus, septem libris elaboratos, quorum quinque priores Gislæ et Rictrudæ nuncupavit, duos alios sorori Gislæ et Columbæ. » In utraque enim illa epistola Gislam, non filiam, sed sororem, se vero illius fratrem appellat. Gisla ergo, cujus rogatu Alcuinus commentarios illos scripsit, non Caroli Magni filia, sed soror fuit, ut num. præcedenti diximus. Aliud pariter assertum ejusdem viri præclarissimi lib. xxv Annal., num. 81 et alibi, quo Rictrudem, Gislæ seniori professione religiosa et studio sanctæ Scripturæ junctam, Gislæ junioris sororem facit, quo fundamento nitatur ignoramus. Neque enim alicubi Rictrudem inter sorores Gislæ seu filias Caroli Magni commemoratam reperimus. Illam pariter Alcuinus non sororem, sicut Gislam, sed filiam semper appellat in illis litteris quas ad utramque cum suis in Joannem commentariis misit. Nihilominus Rictrudem illam cognomento Columbam fuisse genere nobilissimam et ejusdem cœnobii Calensis sanctimonialem, ex arctissima consuetudine parique studio cum Gisla seniore abbatissa satis apparet.

XCI. Inter virgines primæ nobilitatis in Caroli Magni palatio degentes, beati Alcuini doctrinis imbui desideravit Eulalia, quæ etiam petiit, ab eo *De ratione animæ*, seu de natura, proprietatibus ac virtutibus ejus edoceri : cui petitioni ipse satisfecit per libellum quem dedimus tomo II. Eulalia nomen ascititium est, seu cognomen *Gundradæ*, ab Alcuino illi ex familiaritate tributum in epist. 184 (nunc 154), prout ibidem et alias notavimus, simul observando, hanc Guntradam non aliam esse quam illam quæ inter sorores sancti Adalhardi abbatis Corbeiensis recensetur a Paschasio in illius Vita apud Mab., sæc. IV Ben., part. I, pag. 521, num. 33. Illam Carolus præ aliis virginibus maximi habebat; fuit enim, teste eodem Paschasio, regi familiarior, eidemque tam a nobilitate quam a pudicitia summe commendata; quod ipsum Alcuinus in fine libri *De ratione animæ* insinuat, scribens, ipsam quotidie Caroli sapientissimi imperatoris uti sapientia ac venerandam intueri faciem; quapropter illius intercessionem apud ipsum implorat in cit. epist. ne sibi irascatur, quod vocatus ad Carolum, infirmitate præpeditus, venire non valuerit. Testatur Alcuinus in cit. libello De ratione animæ, cap. 14, quod, cum raro adhuc illam oculis vidisset, tamen famam studiorum illius aliis narrantibus audivisset. Paschasius loc. cit. illius pudicitiam sequentibus verbis commendat : « Virgo nobilium nobilissima, quæ inter venereos palatii ardores, et juvenum venustates, etiam inter mulcentia deliciarum et inter omnia libidinis blandimenta, sola meruit, ut credimus, pudicitiæ palmam, etc. » Eamdem castitatis et honestatis laudem de illa se audivisse Alcuinus quoque testatur in epistola citata, in qua propterea illam hortatur, « ut cæteris in palatio virginibus totius bonitatis sit exemplar, ut ex tua, inquit, discant sancta conversatione seipsas custodire, vel cadentes resurgere. »

XCII. Antequam præsens capitulum de schola palatii finiamus, breviter tangere libet binam quæstionem inter eruditos aliquando ventilatam : 1. An scholæ huic universitas Parisiensis suos natales et Alcuino seu Carolo Magno suam originem debeat? 2. An unicuidam loco affixa, an vero aulam de loco in locum ambulans secuta sit? Primam quæstionem attinet, magnus scriptorum numerus diu pro affirmativa sententia stetit, illamque Cæsar Egasius Bulæus, tom. I Hist. universit. Paris., pag. 91, cum multa eruditione defendit. Prævaluit nihilominus hac nostra ætate negans sententia, quam validis argumentis, tuentur scriptores gravissimi, Mabillonius, præfat. ad sæc. IV Ben., part. I, § 8; Launojus de scholis celebr. tom. IV Opp., part. I, cap. 1, 2, 59; Claudius Joli, de scholis part. I, cap. 22, quibus calculum suum addidit D. Rivet Hist. lit. Galliæ tom. IV, pag. 10, num. 16, ubi ait, affirmativam sententiam sustineri haud posse, nisi eo sensu quod schola palatina, quæ aliquoties Parisiis fuerat, civibus Parisiensibus singularem erga litteras amorem inspirare, eoque sequentibus temporibus ad constituendam in urbe scholam publicam incitare potuerit. Universitatis tamen illius omnium orbis celeberrimæ originem esse antiquissimam, illiusque vestigia quædam jam ante finem sæc. IX deprehendi probat idem D. Rivetus loc. cit., pag. 250, num. 49. Monet tamen ibidem vir doctissimus, id non de schola suis facultatibus distincta intelligi debere, sed de schola publica perma-

---

(a) Inde sole clarius est, scriptores Anglos plerosque errasse, dum illas virgines asserunt ab Alcuino in Anglia fuisse edoctas.

nente, et extra cathedrales ecclesias ac monasteria, intructioni juventutis Parisiensis et quorumvis aliunde adventantium destinata et aperta.

XCIII. Ad alteram quæstionem D. Mab. loc. cit., num. 179, respondet, sibi certum videri, scholam palatii in uno loco constitisse; neque enim, inquit, facile de loco in locum transferri poterat totus ille præceptorum, scholarium librorumque comitatus et apparatus, si quando rex sedem mutabat, quod frequenter contingebat: similiter amplissimam bibliothecam (ex qua deinceps Ludovicus Augustus copiam librorum Amalario diacono ad excerpendam inde regulam canonicorum suppeditavit, referente Ademaro monacho Egolismensi), non in circumforaneo, sed in fixo palatio servatam fuisse credit vir celeberrimus. Contraria nihilominus opinio vero similior videtur laudato D. Riveto loc. cit., num. 15. Certe ipse D. Mabillonius loc. cit. fatetur, palatinos scholares cum regio comitatu aliquando de loco in locum migrasse; et Alcuinum scholæ palatinæ moderatorem fere nunquam a contubernio Caroli Magni abfuisse. Quæ vero, ait Rivetus, major difficultas exstitit deferendi ad varias stationes aulæ libros scholæ exercitiis necessarios, quam res alias, usui totius aulæ et totius comitatus servientes? Schola ergo illa una cum aula et aulicis ibi instruendis nunc Aquisgrani fuit; nunc ad Theodonis villam, nunc Wormatiam, nunc Ratisbonam, nunc Herbipolim, nunc Francofortum, nunc Moguntiam, nunc Parisios commigravit; in quibus aliisque locis deinceps, Alcuino abs dubio obstetricante, aliæ celebres scholæ enatæ vel reformatæ fuere, quarum plures D. Mabillonius in præfat. cit. a num. 180 seqq. et Launoius in citato opere de scholis celebrioribus enumerant; quæ omnes propterea Carolum Magnum et Alcuinum tanquam primos auctores ac restauratores merito venerantur ac celebrant.

CAPUT VIII.

Beati Alcuini reditus e Gallia in Angliam, et inde rursus in Galliam.

XCIV. Postquam beatus Alcuinus per octo prope annos in palatio Caroli Magni versatus, et ibidem in schola ordinanda et variis scientiis docendis fuisset occupatus, memor necessitudinis qua ob natale solum et ecclesiasticos ordines, simul regi proprio et episcopo seu ecclesiæ cui se desponderat, erat astrictus, in patriam rursus reverti constituit, atque ut id sibi concederetur, a Carolo rege, cui hactenus sua et officia et servitia consecraverat, instantibus precibus postulavit. Restitit initio Carolus, et ægre tulit, virum tantopere a se æstimatum, consiliarium nempe tam sapientem, et magistrum toti regno suo, quod illius operis moribus et scientiis florentissimum reddere cupiebat, tam utilem et necessarium a se divelli. Quapropter, cum in alienæ potestati subditum auctoritate jubendi se destitutum agnosceret, ad blanditias et promissa conversus, referente anonymo Vitæ scriptore, cap. 6, num. 12, ita eum alloquitur : « Sunt nobis, magister eximie, terrenæ divitiæ sufficienter, quibus te ut Patrem honorare gaudemus; tuis nos oramus, diu desideratis et vix aliquando inventis, tua cum pietatis merce, illustrari. » Hac insolita tanti regis benevolentia et gratia, magis quam oblatis sibi divitiis, motus Alcuinus, ejusdem postulationi obsequi promisit, quamprimum ipse Carolus sua intercessione a rege proprio et episcopo suo, quibus parere necesse habebat, licentiam revertendi et perpetuo in Gallia perseverandi impetraverit. « Domine mi rex (hæc fuit Alcuini responsio loc. cit.), tuæ non dispono voluntati renuere, auctoritate canonum cum firmata fuerit. Libenter etiam paterna in regione mea non modica hæreditate ditatus, hac spreta, tibi ut prodesse possim, hic pauper stare delector. Tuum est tantum hoc a meo rege et episcopo impetrare. »

XCV. Carolus petiti hujus æquitatem agnoscens in abitum Alcuini tandem consensit, datis etiam abs dubio, ut Alcuinus rogaverat, ad regem et episcopum, quibus parebat, litteris, dimissionem perpetuam viri tantopere a se desiderati postulantibus. Eadem occasione, creditur Carolum usum fuisse, ut cum Offa rege Merciorum, quorum illi tunc temporis, anno scilicet 790, aliquid dissensionis, diabolico fomento inflammante, evenerat, *ita ut utrinque navigatio interdicta negotiantibus cessaret*, in pacem, Alcuino mediatore, rediret. Tunc enim Alcuinus a quibusdam audierat, quod ad componenda illa dissidia foret ad Offam mittendus, ut ipse scribit in epist. ad Colcum lectorem in Scotia, eodem anno, sicut ibidem in notis observavimus, scripta. Equidem Alcuinus, dum hanc ad Colcum epistolam scriberet, adhuc incertus erat an et quando a rege in patriam suam esset dimittendus, et mandatum acciperet de pace cum Offa rege tractandi, et ideo dona illa quæ ex regis Caroli et propria sua largitate inter ecclesias, monasteria et anachoretas Britanniæ erant distribuenda, quorum in illa epistola meminit, præmisit; paulo tamen postea, eodemque anno in patriam suam profectum fuisse necesse est, quia revera illo anno, quo Ethelredus in regnum Northumbriæ restitutus est, ibi fuit, ut statim dicemus.

XCVI. Magna in regno Northumbriæ, postquam Alcuinus illic e Gallia appulit, revolutio facta est. Northumbri namque Osredum regem nuper aversati, Ethelredum, quem ante annos duodecim (anno 778) ejecerant, regem deposcunt, ac ad solium evehunt, quod his verbis narrat Hovedenus : « Anno 790 Ethelredus de exsilio liberatus est, et iterum per gratiam Christi regni solio subthronizatus. Osredus autem rex, dolo suorum principum circumventus a regno privatus attonsus est in Eboraca civitate, et postea necessitate coactus exsilium petit. » Hæc, ni vehementer fallamur, est illa regni Northumbriæ, patriæ Alcuini, novitas, quæ ipsum, obtenta licet a rege et episcopo suis in Galliam remeandi licentia, in Anglia diutius quam voluisset retinuit; de qua novitate ipse scribit in epistola ad amicos quosdam, cujus fragmentum ex Malbesburiensi dedimus in not. ad epist. 2 in hæc verba : « Benedictus Deus qui facit mirabilia solus ! Nuper Athelredus filius Ethelwoldi de carcere processit in solium, et de miseria in majestatem : cujus regni novitate detenti sumus, ne veniremus ad vos. » Ejusdem novitatis meminit in cit. epist. 2, Aquilæ suo scribens : « Novitas regni nostri me retinet adhuc isto anno. » Huic epistolæ ascripsimus annum 790, quod non ita velim intelligi, quod non anno sequenti aut paulo tardius dari potuerit, prout in eadem not. insinuavi. Ejusmodi siquidem revolutio totum reipublicæ ordinem turbare solet, et longiore consilio opus est, ut ipsa in tranquillum statum redigatur : ad quod efficiendum Alcuini opera et diuturnior in patria mora proficua aut etiam necessaria esse potuit. Quæ enim alia necessitas ipsum ibi diutius retinere potuisset, nisi ut ad popularium suorum instantiam suis consiliis in tanta rerum omnium confusione ipsis subveniret?

XCVII. An Alcuinus nunc in Anglia existens revera de pace concilianda cum Offa rege Merciorum ex Caroli Magni mandato tractaverit, et an eidem illa animorum utriusque regis reconciliatio, navigationisque interdictæ pristina libertas tribui debeat, non admodum expeditum est. Felix enim illius negotii successus in Chronico Fontanellensi cap. 15 apud Bouquet., Script. Rer. Gall. tom. V, pag. 515, non Alcuino, sed Gervoldo episcopo Ebroicensi et abbati Fontanellensi in acceptis fertur, ubi etiam causa ortæ illius dissensionis detegitur. Legitur enim ibidem Gervoldum, qui multis annis per diversos portus et civitates, maxime in Quentawic, tributorum et vectigalium exactor a Carolo Magno constitutus fuerat, ea occasione Offæ regis notitiam et amicitiam sibi conciliasse; et multoties jussu Caroli

Magni apud præfatum regem legationibus functum fuisse, et novissime quidem ob filiam ejusdem regis, quam in conjugium Carolus junior, filius scilicet Caroli Magni, expetebat : cui conjugio cum rex Offa nollet acquiescere, nisi Berta Caroli Magni filia, filio ipsius nuptui traderetur, Carolus commotus vetuit, ut nemo de Britannia insula ac gente Anglorum mercimonii causa, littus Oceani maris in Gallia attingeret. « Sed ne hoc fieret, ait scriptor illius Chronici, admonitione ac supplicatione venerandi prædicti Patris Gervoldi inhibitum est. » Verumtamen, quamvis huic narrationi stet sua fides, nihil prohibet quin ipse Alcuinus simul cum Gervoldo ad idem negotium promovendum adhibitus fuerit. Certe Alcuinum de amicitia utriusque regis et de pace gentis suæ cum Francis semper sollicitum fuisse, et pro illa, si quando læsa fuit, reparanda feliciter laborasse constat ex epist. 42 (nunc 47), in qua Offæ regi contestatur, « quod domnus rex Carolus sæpe amicabiliter et fideliter secum locutus sit de ipso, et illius esset fidelissimus amicus ; » et ideo ad ipsum et ad episcopales sedes regni ipsius digna munera direxerit. Quæ fuerint post amicitiam ita restitutam illa munera, intelligitur ex epistola Caroli Magni ad regem Offam, quam exhibemus tom. II, in qua illum *virum venerandum et fratrem charissimum* vocat, atque ad ipsius petitionem concedit peregrinantibus ad limina apostolorum liberum transitum per regnum suum ; negotiatoribus vero lucra sectantibus, solutis statutis teloniis, securitatem et adversus oppressores patrocinium. Dona illa destinata fuerunt alia, et sacrarum quidem rerum, ad sedes episcopales regni Offæ Merciorum, alia ad sedes episcopales regni Ethelredi Northanumbrorum ; alia humanarum rerum ad sedes metropolitanas ; alia pro ipso rege Offa ; scilicet balteus, gladius Huniscus et duo pallia serica, tanquam spolia e prælio contra Hunnos reportata. Verum dona illa ad Ethelredum ac episcopales sedes illius regni tunc non pervenerunt ; epistolis namque cum donis prædictis in manus missorum datis, ut scribit Alcuinus in cit epist. 47, « supervenit tristis legatio de infidelitate gentis (Northumbrorum) et nece regis Ethelredi, » a suis XIV Kal. Maii anno 796 occisi ; quæ impietas Carolum ita commovit, « ut donorum largitate retracta, genti huic perfidæ, quam vocat, et perversæ, dominorumque suorum homicidæ, » omnia mala fuerit minitatus : quam commotionem nihilominus a se sedatam fuisse testatur ibidem Alcuinus. Attamen dona pro ipso Offa et sedibus episcopalibus regni sui destinata posthac illuc directa fuisse, existimare pronum est, siquidem illi nec perfidiæ illius complices, nec consequenter promeritæ indignationis participes fuerunt. Certe ipse Alcuinus, ut scribit in epist. 43 (nunc 48) ad Offam regem, cum Caroli muneribus ad ipsum venire paratus erat anno eodem, ante, puto, quam Turonensem abbatiam administrandam suscepit ; melius tamen illi visum in peregrinatione permanere, « nesciens, inquit, quid inter eos fecissem, inter quos nullus securus esse, vel in salubri consilio proficere potest. »

XCVIII. Ex his paulo fusius narratis patet Alcuinum nihil non egisse, ut Gallorum et Merciorum reges amicos redderet, atque in amicitia et pace confirmaret ; ut propterea vero simillimum haberi debeat, uti num. præcedente insinuavimus, et præstantissimi quique scriptores consentiunt, quod anno 790 e Gallia in patriam profectus simul a Carolo Magno mandatum acceperit cum rege Offa de pace tractandi, et quod hoc negotium una fortassis cum Gervoldo abbate Fontanellensi susceptum, illi feliciter successerit.

XCIX. Ethelredo in regnum Northumbriæ restituto, uti supra num. 96 meminimus, non simul quies restituta fuit. Osredus namque nuper solio dejectus novas res cum principibus quibusdam sibi adhærentibus molitur, novasque turbas ad regnum quo pulsus est recuperandum concitat : qui tamen a rege Ethelredo postea, anno 792, XVIII Kal. Octobris, ut scribit cum aliis Hovedenus ad h. a., captus et ipso jubente occisus est. Hæc regni novitas, ut superius num. 96 diximus, iter in Franciam aliquandiu retardavit ; videns vero, sua opera ac consiliis se in patria sua nihil proficere posse, propterea sicut postea ex hac ratione ad illam redire noluit, prout in epist. 43 Offæ contestatus est, ita nunc, obtenta prius a rege et episcopo proprio licentia, eadem abs dubio causa, iter suum in Franciam Carolo Magno, ut dicemus, etiam urgente aggressus est : quod factum fuisse censemus vel circa finem anni 792, fortassis post patratam eodem anno medio mense Septembri necem Osredi, vel circa initium anni sequentis. Eo siquidem tempore, quo Ratisbonæ anno 792 synodus adversus Felicem Urgellitanum habita fuit, nondum e Britannia in Franciam redierat, prout ipsemet scribit libro 1 adversus Elipantum, num. 16. Anno vero 793 eo jam tempore in Francia degebat, quando ecclesia sancti Cuthberti Lindisfarnensis a paganis eversa fuit, uti discimus ex epistolis 9 et seq. In Gallia jam consistens ad dilectissimos suos Eboracensis Ecclesiæ fratres, a quibus non sine maximo dolore avulsus est, scripsit epistolam charitate plenam et gratitudine : grata siquidem mente ibi commemorat benefacta ab infantia et pueritia usque ad virilem ætatem in ipsum collata, spondetque perpetuam illorum in suis orationibus memoriam. Aliorum quoque amicorum in patria relictorum haud immemor, scripsit epistolas ad Lindisfarnenses, ad Ædilhardum, ad regem et principes Nordhumbiæ, ad Wirenses et Gyrvenses monachos ; in quibus deplorat infaustos casus qui ipsis post abitum suum acciderunt ; optimusque doctrinis instruit, quibus mediis ipsos oporteat divinam a se avertere vindictam. Propter abitum vero suum in alienam regionem, quorumdam suspicionem aut calumniam in se convertit, quasi simul a fidelitate regis Offæ ac gentis suæ descivisset ; quam suspicionem a se amolitur in epist. ad Beorninum presbyterum, inquiens : « Sicut hos amicos, quos mihi Deus donavit fideliter, quantum valeo, servabo ; sic et hos, quos reliqui in patria. » Et ex jam dictis patet, quam iniqua fuerit hæc in illum calumnia ; e contra quam vere de illo scripserit Malmesburiensis lib. I Reg. Angl., cap. 6, illum in aula Caroli non fuisse suorum compatriotarum immemorem, sed ut imperatorem in amicitia eorum conservaret, allaborasse.

C. Quos interea, dum Alcuinus in patria sua morabatur, tumultus Felicis episcopi Urgellitani nova dogmata in Francia ; atque Elipanti, aliorumque episcoporum illi adhærentium adversus veritatem catholicam molimina in Hispania excitaverint, narrabimus in Dissertatione nostra historica num. 15 seqq. Pro sedandis hisce turbis, compescendisque in ecclesia et regno hisce tumultibus nihil non egit rex Christianissimus Carolus. Consilium ergo in hunc finem cum Adriano summo pontifice, cum episcopis totius regni aliisque viris fama ecclesiasticæ eruditionis et a zelo fidei sibi commendatis initurus, nullius quam Alcuini operam in illa controversia exstinguenda utiliorem fore existimavit. Ipsum ergo datis abs dubio litteris, ex Anglia evocavit, hortatusque est ut iter suum, quanto citius fieri possit, in Franciam acceleraret, sibi in expugnanda secta nuper exorta, quæ catholicæ veritati contraria esse apparebat, auxilio futurus. Vocante siquidem rege maxime catholico, quamvis non sine nutu ac dispensatione divina, in Franciam se venisse Alcuinus ipse testatur in præfat. ad libros adversus Elipantum, et libro 1, num. 16. Vide etiam quæ de hac re diximus in cit. Dissertatione nostra, num. 25.

CI. Alcuinus ergo, divinæ vocationi et regis voluntati obtemperans, patria relicta, secundo jam in Franciam, nunc perpetuo ibi mansurus rediit. Factum id, postquam Felix in concilio Ratisbonensi fuit erroris damnatus, ibidemque ac postea coram Adriano I summo pontifice ejurata hæresi, iterum ad vomitum rediit. Prima ergo cura Alcuini, post suum in Gallia adventum fuit, ut eumdem Felicem, cujus se olim, tanquam viri fama pietatis et sanctitatis celebris, intercessionibus commendaverat, litteris charitatis stylo exaratis, ab errore ad veritatem catholicam revocaret: cujusmodi litteras postea etiam ad Elipantum scripsit; quos repugnantes deinceps multis libris solidissime confutavit, tam feliciter, ut Alcuini potissimum laboribus in acceptis ferendum sit, quod Ecclesia brevi, sex aut septem annorum spatio, ab illis turbis liberata, pristinæque tranquillitati restituta fuerit. Verum de his omnibus prolixius egimus in cit. Dissertatione nostra historica, quæ hic repetere esset actum agere.

CII. Sicut vero Carolus rex Alcuino initio, dum scholam palatii regeret, duo monasteria, Ferrariense et Trecense, commendavit; ita nunc secundo e Britannia reducem, et posthac in Gallia permansurum monasterio sancti Martini apud Turonos, elapso ab ejus reditu triennio, præfecit, ut discimus ab anonymo vitæ scriptore cap. 6, num. 12. Nunc igitur de illius in hoc monasterio præfectura et de schola ibi constituta agamus.

CAPUT IX.
Beati Alcuini præfectura in monasterio Turonensi, et schola ibi constituta.

CIII. Alcuinus ex Anglia reversus adhuc per aliquot annos in aula regis potissimum versabatur, ubi abs dubio scholam ibi antea constitutam iterum moderabatur; simulque tractandis variis regni negotiis a rege adhibitus fuit, uti hoc ultimum ex initio epistolæ ad Eboracenses paulo post reditum suum scripta intelligitur, ubi *de secularis angustiæ tribulationibus supervenientibus*, et de itineribus variis, aulam fortassis secutus, *per loca sanctorum martyrum vel confessorum Christi*, mentionem facit : præcipuum vero laborem in confutanda, ac si fieri possit, penitus evertenda nova secta Adoptianorum collocavit. Altero deinde circiter anno post suum reditum nimirum 794, convocato adversus Elipantum Francofordiensi concilio cum quibusdam suis conterraneis interfuit, et per ultimum canonem in suffragiorum et orationum communionem adlectus fuit; de quo videas dissertationem nostram priorem, num. 34.

CIV. Demum cum vir ut doctrina ita et pietate præstans senio crescente debilitates frequentes morbosque varios, de quibus sæpius in suis ad amicos epistolis conqueritur, experiretur, viresque tam corporis quam animæ partim ex itinerum molestia, partim ex laborum litterariorum assiduitate frangi animadverteret, ad solitudinem et quietem suspirare cœpit, in qua, a sæculi occupationibus aliisque negotiis animum in plura distrahentibus liber, solius Dei servitio et animæ suæ saluti vacare posset. Quod suum desiderium cuidam archiepiscopo manifestat in epistola 168 (nunc) 62 his verbis : « Sciat dulcissima paternitatis vestræ dilectio, quod ego filius tuus sæculi occupationibus depositis soli Deo servire desidero. » Rationem addit : « Quia, inquit, omni homini necesse est vigili cura se præparare ad occursum Domini Dei sui, quanto magis senioribus, qui sunt annis et infirmitatibus crebris fracti. » Verum hujus desiderii sui ardentissimi scopum diu assequi non potuit, sicut scribit ad dulcissimum suum Homerum Romam, anno 796, puto, abeuntem : « Te abeunte, inquit, tentavi sæpius ad portum stabilitatis venire, sed Rector rerum et dispensator animarum necdum concessit quod olim fecit velle. » Reliquum vero vitæ suæ tempus, si scriptori vitæ illius fides adhibeatur, quiete ac tranquille consummare cupiebat in Fuldensi monasterio; ita enim ipse scribit cap. 8, num. 14 : « Cum igitur senectute, unaque infirmitate plus solito se sentiret affectum, diu ut secum tractaverat, velle se significavit regi Carolo sæculum relinquere, postulans licentiam apud sanctum Bonifacium monasticam vitam secundum regulam sancti Benedicti ducere. » Hanc narrationem D. Mabillonius in dubium vocat in Elog. beati Alcuini, num. 61, et existimat Alcuinum ad secessum non optasse Fuldense, sed Turonense monasterium, quod ipse indicare videtur in epist. 101 (nunc 129), anno 801, ad Davidem suum scribens : « Inter fratres in ecclesia sancti Martini Deo fideliter servientes vivere ac requiescere, Deo miserante, sine ulla dubitatione desidero. » Nobis tamen videtur hæc, quæ contraria inter se apparent, combinari posse, si narratio scriptoris Vitæ referatur ad illud tempus quo Alcuinus adhuc in aula regia versabatur, nondum abbatiæ Turonensi præfectus : verba vero ipsius Alcuini ad tempus posterius, quo regulari disciplina in illo monasterio restituta, et abbatiis inter discipulos, regis permissione, distributis, non jam alio migrare, sed inter fratres ecclesiæ sancti Martini, ob eorum laudabilem conversationem, vivere et mori voluit. Idem ergo scriptor Vitæ duo quæ ad diversa tempora pertinent, nempe desiderium Alcuini Fuldam secedendi, et voluntatem monasteria sibi commissa inter discipulos dividendi, simul in sua narratione complexus est ; quod haud infrequens est apud scriptores veteres ad crisin historicam minus attentis. Cæterum ex epistola 192 (nunc 142) ad fratres sancti Bonifacii seu Fuldenses nunc primum detecta, quam ad annum 801 retulimus, constat Alcuinum olim ab illis fratribus magna dilectione et cum gaudio susceptum fuisse, et ipsum ex eorum conversatione lætitiam, atque cum ipsis sæpius conversandi desiderium concepisse; quod tamen repugnante rege implere non valuit. Quidquid sit, Alcuinum pariter ad Turonense monasterium aspirasse colligitur ex epist. 19 (nunc 23) ad fratres sancti Martini, in cujus initio profitetur quod optet esse unus ex illis. Votorum tamen suorum determinationem regis voluntati submisit.

CV. Alcuinus ergo senex, infirmitatibus sæpius redeuntibus vexatus, et maxime ob tædium quo erga aulicos strepitus et sæcularia negotia afficiebatur, non cessavit regis clementiam implorare, ut in quodam loco quieto residuos paucos vitæ suæ dies agere ipsi permitteretur. Cessit tandem rex precibus instantissimis dilecti sui magistri. Contigit vero ut abbatia sancti Martini, totius regni celeberrima, per obitum Itherii abbatis vacaret : quæ regi opportuna fuit occasio Alcuini desideriis utcunque satisfaciendi. Huic igitur monasterio Carolus rex Alcuinum, aulæ negotiis exemptum, præfecit. « Evoluto non parvo tempore (ita rem paucis narrat anonymus Vitæ scriptor, cap. 6, num. 12), postquam Albinus' secundo ad Carolum reversus est, sancti Martini apud Turonos præficitur pastor monasterio. » Quod anno demum 796 factum fuisse ex his epistolæ ad Davidem patrem patriæ scriptæ verbis eruitur : « Fere, inquit, ante hoc quinquennium sæculares occupationes, Deum testor, non ficto corde declinare cogitavi, sed vestræ piæ providentiæ consilio translatus sum in servitutem sancti Martini, fidei catholicæ et ecclesiasticæ sanctioni, donante Deo, proficuum. » Scripta est hæc epistola anno 801, prout ibi in notis ostendimus. Alcuinus ergo, uti hic legitur, monasterii Turonensis regimini admotus fuit quinquennio ante scriptam hanc epistolam, hoc est anno 796.

CVI. Quamvis vero vir piissimus annos æternos in mente habens, optaverit non tantum ab aulæ negotiis, verum etiam ab omnibus sæcularibus occupationibus liberari, voti tamen sui, etiam per hunc accessum in Turonense monasterium, haud omnino compos factus est, novis nunc curis, quæ ab administratione rerum temporalium, et regimine animarum abesse non possunt, implicitus. Duo vero præcipua fuere quæ Alcuini operam ibi requirebant, et quæ ab ipso ex regis voluntate præstanda erant. Primum ut monachos in eodem monasterio laxius viventes ad meliorem frugem revocaret; alterum ut studia litterarum ibidem sicut ubivis propemodum collapsa restauraret. Quod utrumque quomodo præstiterit, nunc videamus.

CVII. Regularis status illius monasterii Alcuino jam antequam illi præficeretur, cordi erat : monasticæ quippe disciplinæ in quibusvis monasteriis promovendæ zelo ferventissimo semper æstuabat. Ob hanc causam ad illius Ecclesiæ fratres scripsit epist. 19 (nunc 23), in qua illo sapice hortatur ad vigilias divinæ laudis; ad orationes ex corde ad Deum fundendas; ad humilitatem, ut foris appareat quod intus profitentur; ad obedientiam, ut mala prohibita non faciant, ut bona, quæ præcipiuntur, faciant; ad charitatem Dei et proximi. « Hæc sunt tria præcepta, inquit, quæ aperient monachis portas cœli. » Seniores deinde instruit et docet, quid debeant junioribus; juniores demum hortatur, ut senioribus ac magistris suis subditi sint quasi patribus. Enim vero antequam Alcuinus illius monasterii regimen suscepit, de fratrum illorum etsi ex veteri instituto regulæ Monachorum astricti fuissent, moribus et conversatione non admodum laudabilia narrabantur; et apud ipsum regem illorum vita adeo diffamata fuit, ut vel ipsimet nescire crederentur, an canonicos se, an monachos, an neutrum profiteri vellent, vel deberent : quod ipsis exprobrat Carolus in epistola inter Alcuinianas 119 (nunc 158) his verbis : « Ipsi quoque nostis qualiter jam crebro vita vestra a multis diffamata est; et non abs re; aliquando enim monachos, aliquando canonicos, aliquando neutrum vos esse dicebatis. » Una ergo ex causis ob quas rex Carolus Alcuino abbatiam Turonensem regendam commisit, hæc fuit, ut fratres illi doctrina, sapientia et exemplo tam celebris viri permoti ad meliorem frugem reducerentur; quam hujus ordinationis suæ causam ipse piissimus princeps prodit, dum in epistola mox citata ita pergit : « Et nos consulendo vobis et ad malam famam abolendam magistrum et rectorem idoneum vobis elegimus, et de longinquis provinciis invitavimus, qui et verbis et admonitionibus rectam viam instruere, et, quia religiosus erat, bono conversationis exemplo potuisset informare. »

CVIII. Regis consilio et intentioni novi hujus abbatis industria et conatus non defuere. Regimen auspicatus reformationis initium exemplo sancti Joannis Baptistæ et ipsius Salvatoris nostri a pœnitentia cœpit, bene gnarus, conversionis initium a pœnitentia prioris transgressionis esse capiendum; scripsit ergo ad fratres hos suos epistolam *de Confessione peccatorum*, quam reperies tom. II, quam potissimum ad juniores religionis plantas direxit, existimans, quod res est, corruptos religiosæ et cujusvis communitatis mores et disciplinam via meliori et faciliori emendari haud posse, quam si juvenes ejusmodi corpori sociati pietatis atque virtutis doctrinis optime formentur et excolantur. Seniores tamen simul et magistros deprecatus est, ut suam quoque in hunc finem operam conferrent. Nullus dubito, quin vir beatus, qui aliorum etiam monasteriorum fratribus absentibus per frequentes epistolas, varia alia documenta vitæ regularis præscripsit, nunc longe plura propriis suis filiis præsentibus suggesserit, atque etiam scripta tradiderit. Huc pertinere existimo libellum de Usu psalmorum, cui præfatio ad Carolum, quæ ad aliud opusculum seu Officia per Ferias pertinet, per errorem assuta est, uti notavimus in monito prævio. Is enim libellus potissimum ad monachos pertinet, in quo docentur, quos psalmos in variis circumstantiis ac necessitatibus, quanta cum devotione, cujusque junctis orationibus, quoque spiritu pœnitentiæ persolvere oporteat. Certe P. Mabillonius, lib. XXVI Annal., num. 47, ad fratres sancti Martini pertinere verba illa, quæ in eodem libello leguntur, judicabat, hæc nempe : « Promissiones meas, quibus me sanctam regulam servaturum spopondi, mentis singulis violo, » et illa : « Concede mihi fragilissimo dilecti tui, Patris mei Benedicti, sequi et imitari vestigia. » Illa quoque : « cœnobium petii, vitam monasticam suscepi; sed miser ego sæpe involvor variis modis in levitatibus, etc., » et quæ sunt alia plura ejusmodi monachorum devotioni convenientia ibidem. « Ex quibus luce clarius apparet, ait D. Mab. loc. cit. monachos etiam tum in ecclesia sancti Martini perstitisse, qui toto Alcuini regimine ibidem perseverarunt. Falsum proinde quod legitur in quodam chronico Turonensi, Carolum regem instituisse canonicos in ecclesia beati Martini, auctoritate Adriani papæ, eisque Alcuinum præfecisse. » Id ipsum confirmat Caroli præceptum, Alcuino prope initium præfecturæ suæ in favorem *abbatis et monachorum* sancti Martini concessum, quod dabimus tom. II.

CIX. Conatus illi, quos ad reformandam monasterii hujus suæ curæ commissi disciplinam adhibuit, haud frustranei fuere. Ipse namque fratrum suorum conversationem tam bonam et honestam censuit atque expertus est, ut in epist. 101 (nunc 129) regi contestatus sit, quod inter eos Deo fideliter servientes vivere et requiescere sine ulla dubitatione desideret In Epistola deinde 195 (nunc 149), nunc primum ex cod. ms. bibl. Harleianæ edita, illos apud regem adversus injustos delatores defendens, optimum conversationis illorum testimonium, sub divini nominis invocatione præbet his verbis : « Deum invoco, testem conscientiæ meæ, quod nunquam eos tales intellexi, quales audio illos a quibusdam denotari, qui paratiores sunt accusare quam salvare. In quantum vero videri poterit et cognosci, digne Deo faciunt officia in ecclesias Christi, sicut, verissime testor, perfectius non vidi alios in quolibet loco celebrantes. Illorum siquidem vita a viro perfecto et judice incorrupto et misso fideli Widone audiri potest, qui eorum omnia scrutans agnovit, quid egissent vel qualiter vixissent. Nec ego tardus fui eos admonere de honestate monasterialis vitæ. » Quo sane testimonio nullum gravius afferri potest pro optima disciplina et conversatione fratrum Turonensium, quæ inter ipsos sub regimine Alcuini vigebat.

CX. Alterum, ut diximus, quod Alcuinus, nunc in monasterio suo Turonensi degens, ibidem bono præstitit, fuit scholæ discentium ac docentium institutio et artium liberalium aliorumque studiorum litterariorum continuum exercitium. Optime nimirum noverat vir sapiens ac multa experientia edoctus, nullum pro reformandis moribus religiosæ communitatis aptius et efficacius remedium adhiberi posse, quam culturam ingeniorum. Hac enim via et arte ideæ virtutum partim per ignorantiam, partim per concupiscentiam suppressæ reviviscunt, lumina veritatis fugatis tenebris, quibus humana natura ex peccati corruptione aut voluntaria desidia immersa est, accenduntur : hac via Dei summe boni, omnipotentis, sapientissimi cognitio obtinetur; religio, qua ipse coli vult, addiscitur; et qua ratione ad ipsum, tanquam finem ultimum ac supremam felicitatem perveniri possit, docetur; hac demum etiam via optimi reipublicæ cives efformantur, et quid quisque principi, patriæ ac proximis debeat, addiscunt.

CXI. Alcuinus id quod sibi animo proposuerat; maxima cum industria perfecit; quibus vero studiis scholares suos informare cœperit, Carolo regi in epist. 58 (nunc 43) his verbis significavit: « Ego Flaccus vester, secundum exhortationem et bonam voluntatem vestram aliis per tecta S. Martini sanctarum mella Scripturarum ministrare satago; alios vetere antiquarum disciplinarum mero inebriare studeo; alios grammaticæ subtilitatis enutrire pomis incipiam; quosdam stellarum ordine, ceu picto cujuslibet magnæ domus culmine illuminare gestio, plurima plurimis factus, ut plurimos ad profectum sanctæ Dei Ecclesiæ et ad decorem imperialis regni vestri erudiam, ne sit vacua omnipotentis in me gratia, nec vestræ bonitatis largitio inanis. » Nihil ergo in hac schola prætermissum est, quod ad excolenda ingenia et ad animos doctrina sacra ac profana imbuendos proficuum esse potuit,

Destituebatur vero schola illa noviter erecta sufficiente copia librorum, quorum ope tam amplum institutum debite sustineri, promoveri ac stabiliri posset, et eorum maxime quibus Alcuinus in schola Eboracensi erat assuetus. Quapropter in eadem epistola regem rogavit, ut sibi liceat, aliquos ex pueris (discipulis nempe suis, quos plures, ut supra cap. 5, num. 59, vidimus, et infra, num. 104, videbimus, secum e patria adduxerat) remittere illuc, « qui excipiant inde necessaria quæque, et revehant in Franciam flores Britanniæ : ut, inquit, non sit tantummodo in Eboriaca hortus conclusus, sed in Turonica emissiones paradisi cum pomorum fructibus, ut veniens auster perflaret hortos Ligeri fluminis, etc. » Ex quibus intelligitur, Alcuinum curam habuisse bibliothecæ Turonis instruendæ ad normam nempe illius, « quam Eboraci habuit per industriam magistri sui ac proprium suum sudorem, » et quam ipse descripsit in carmine de episcopis Eboracensibus, vers. 1535 seqq.

CXII. Eboracum ex regis licentia quosdam Alcuini discipulos abiisse, ad reportandos inde libros desideratos; Eboracenses quoque in iisdem communicandis haud difficiles fuisse credimus. Quia vero tunc temporis ob necessitatem codices quosque singulatim scribendi et ob tarditatem raritatemque scriptorum, exemplaria librorum non ita multiplicia fuere sicut evasere post inventam artem typographicam, ideo existimamus exemplaria ejusmodi Turonensibus non ad custodiendum, sed ad describendum concessa fuisse, postmodum iterum Eboracum remittenda : quem in finem, et ut posthac bibliotheca Turonensis ditior reddi possit, scriptoribus opus erat qui libros charactere, quantum fieri tunc poterat, nitido, et ad regulas grammaticæ et orthographiæ exarare nossent, quales tunc paucos Turonis et alibi reperire fuit. De qua penuria Alcuinus in epist. 85 (nunc 155) ad Carolum conqueritur, ita scribens : « Punctorum distinctiones et subdistinctiones, licet ornatum faciant pulcherrimum in sententiis, tamen usus illorum propter rusticitatem pene recessit a scriptoribus... Ego itaque, licet parum proficiens, cum Turonica quotidie pugno rusticitate. » Huic igitur incommodo et defectui ut mederetur Alcuinus, sicut antea in palatio, ita nunc in schola Turonensi maximum laborem initio impendit in docendis primis litterarum elementis, regulis grammaticæ et orthographiæ, recteque et emendate scribendi methodo. In hunc finem ad Musæum scribentium libros carmen, quod LXVII est nostræ editionis (tom. II), suspendit, quod ipsos continuo, quid in scribendo observare debeant, commonefaceret. Ibi monet, ut sacræ Scripturæ vel sanctorum Patrum volumina descripturi caveant ne propria sua verba alicubi assuant ac immisceant, ut librorum describendorum correcta exempla exquirant et,

Per cola distinguant proprios et commata sensus,
Et punctos ponant ordine quosque suo,
Ne vel falsa legat, taceat vel forte repente
Ante pios fratres, lector in ecclesia.

Curam vero adhibuit vir piissimus et sollicite cavit, ne quorum mores ipse per studia litterarum reformare intendebat, per libros profanorum auctorum corrumperentur; quapropter vetuit ne sui discipuli se darent lectioni veterum poetarum, præ primis Virgilii, uti colligitur ex narratione scriptoris Vitæ illius de Sigulfo vetulo cap. 10, num. 19, quem Alcuinus reprehendit quod Adalberto et Aldrico Virgilium ad legendum secrete tradidisset, præcepti sui transgressor, quod suis ipse discipulis dederat, simul eos commonendo, quod ipsis sufficerent « divini poetæ, nec egeant luxoriosa pollui sermonis Virgilii facundia. »

CXIII. Librorum optime scriptorum sufficiente copia hac industria jam comparata, facilior fuit discipulorum instructio, inter quos ipse magister pro cujusvis capacitate et classe eosdem distribuit et ita munus docendi omnes illas disciplinas, quas ipse in epistola, supra num. 114 citata, commemorat, prosecutus est. Schola itaque Turonensis brevi posthac tempore tam ubique celebrata fuit, ut ad illam, sicut antea ad Eboracensem, undique concurrerent, qui scientiarum desiderio tenebantur. Ibi edocti fuere viri celeberrimi, qui deinceps per totum, qua late patet et ultra regnum Franciæ scientiarum semina, quæ Turonis sub magisterio Alcuini excepere, sparserunt; atque ita schola Turonensis mater exstitit tot aliarum scholarum, quæ per varia loca fundatæ fuerunt. Discipulos hosce beati Alcuini saltem celebriores et magis notos in sequenti capite recenseamus.

CAPUT X.
Beati Alcuini discipuli magis celebres in schola Turonensi.

CXIV. Inter auditores Alcuini in schola Turonensi D. Mabillonius in Elogio, num. 66, numerat etiam *Oniam, Candidum, Nathanaelem, Witsonem, Raganardum, Waldramnum, Osulfum, Simeonem*, postea episcopum Wormatiensem, in epistola 73 laudatum, et *Sigulfum*, cujus relatu Vita beati Alcuini scripta est. Verum hos omnes non in schola Turonensi in Gallia, sed in Eboracensi in Anglia Alcuinum præceptorem habuisse superius cap. 4 diximus : credendum potius quosdam illorum, si non omnes, a magistro suo, petente et permittente certe rege Carolo, ex Anglia adductos primo in schola palatii ac postea etiam in Turonensi illius fuisse coadjutores non discipulos; quod de *Sigulfo* præprimis constat, quem Alcuinus aliquando severe castigavit, quod scholaribus ipsius magisterio a se commendatis, contra interdictum suum, Virgilii aliorumque profanorum auctorum lectionem permisisset. Vitæ cap. 10, num. 19, Nathanaelem quoque, seu Fridegisum in instruendis virginibus regiis Lucia et Columba, in palatio, in quo et Nathanael morabatur, versantibus vices suas agere jussit, hortatusque est in epistola 155, « ne illis suæ decorem sapientiæ abscondat, sed florentes in eis bonæ voluntatis areolas irriget. » Witso, quem ibi D. Mabillonius a Candido distinguit, idem est ac Candidus, quod nomen est Witsonis ascititium, ut alibi observavimus. Simeon etiam, quem idem vir celeberrimus loc. cit. episcopum Wormatiensem facit, cognomen est Eanbaldi archiepiscopi Eboracensis, sicut ex epistolis in bibliotheca Harleiana nuper detectis didicimus.

CXV. Credibile est, discipulis Alcuini omnes illos magistros, qui Carolo Magno adhuc in vivis agente et sub initium reginimi Ludovici Pii, scholis seu episcopalibus seu monasterialibus, vel reformandis vel noviter erectis præfecti fuere, accensendos esse; majoremque eorum partem Turonis studia sua confecisse. Verum deficientibus monumentis illos solum hic recensebimus, de quibus certa exstant testimonia, et qui inter reliquos magis celebres evasere : nimirum *Rabanum* abbatem Fuldensem et postea archiepiscopum Moguntinum; *Hattonem*, illius in abbatia Fuldensi successorem; *Hemmonem* seu Haimonem episcopum dein Halberstatensem; *Samuelem* episcopum Wormatiensem; *Adalbertum* Sigulfi in abbatia Ferrariensi successorem; *Aldricum* ex abbate Ferrariensi episcopum Senonensem : demum *Amalarium* diaconum ecclesiæ Metensis.

CXVI. Rabanum una cum Hattone ab abbate suo Turonos ad Albinum magistrum, gratia discendi liberales artes, directum fuisse, Browerus ex pervetusto codice Fuldensi refert in notis ad Rabani poema XIII. Et Rabanus ipse in præfatione commentariis in libros Regum præfixa profitetur, quod cognomen *Maurus* a præceptore suo Alcuino acceperit, ait enim se in iis locis quæ per semet exponit, ad marginem « prænotasse *M.* litteram, Mauri nomen exprimentem, quod magister, inquit, meus beatæ memoriæ Albinus mihi indidit. » Hinc est quod Alcuinus hoc nomine illum semper compellaverit. Sic in epistolam 111 (nunc 140) ad illum directam inscribit : *Benedicto sancti Benedicti puero Mauro*, et carmen 250 ita orditur :

Hos tibi sancte puer Benedicti Maure camenos
Albinus vates versiculis cecinit.

Porro scientias quas Rabanus tunc, Alcuino doctore, didicerat, ipse memorat in carmine quod ipse in persona Alcuini sancto Martino obtulit, et præfixum habetur libris De laudibus crucis; quod inter carmina supposita exhibemus tom. II, carm. 17, in quo Alcuinus ita de Rabano canens inducitur :

Nempe ego cum fueram custos humilisque minister
Istius ecclesiæ (*a*), dogmata sacra legens,
Hunc puerum docui *divini famine verbi*
Ethicæ monitis et *sophiæ* studiis, etc.
Abbas namque suus Fuldensis rector ovilis
Hunc huc direxit ad tua tecta, Pater :
Quo mecum legeret *metri scholasticus artem*
Scripturam et sacram rite pararet ovans.

Exiguo tamen tempore Rabanus Alcuinum Turonis auscultavit, si D. Mabillonii conjectura non fallit, qui libr. XXVII Annalium, num. 12 censet, Rabanum adolescentem jam et litteris utcunque imbutum, ut pote jam anno priore, diaconum ordinatum, a Ratgario abbate, cui Baugulfus anno 802 abbatiam cesserat, fuisse Turonos missum; biennio ante beati Alcuini obitum. Verum nihil obstat quominus priori aliquo tempore ab abbate suo Bausulfo, Ratgarii antecessore, illuc mitti potuerit, ibique perstiterit tanto tempore quod ad discendas artes liberales, philosophiam, ethicam et sacram Scripturam sufficere potuit. Certe ex poemate 13 in quo viro celeberrimo videbatur hanc Rabani missionem Ratgario acceptam referri, nihil aliud dicitur quam quod ex bonitate Ratgarii libros habuerit, et quod eosdem a semet compilatos, postea vero sibi ablatos magna cum modestia repetierit; ita enim ibi canit :

Jam mihi concessit bonitas tua discere libros
Sed mea paupertas suffocat ingenii.
Me quia quæcunque docuerunt ore magistri,
Ne vaga mens perdat, cuncta dedi foliis.
Hinc quoque nunc constant glossæ, parvique libelli,
Quos precor indigno reddere præciplas.

CXVII. Studiorum socios Rabanus in Turonensi academia habuit Hattonem, Haimonem et Samuelem, quos supra nominavi. De Hattone, qui inter litteratos Bonosus cognominatus fuit, id constat ex notis Broweri ad poema 13, ut num. priori diximus. De Haimone idem colligi posse videtur ex præfatione operis De universo, quos Rabanus ipsi nuncupavit. « Memor sum, inquit, boni studii, sancte pater, quod habuisti in puerili atque juvenili ætate in litterarum exercitio et sacrarum litterarum meditatione, quando mecum legebas non solum divinos libros et sanctorum Patrum super eos expositiones, sed etiam hujus mundi sapientium de rerum naturis solertes inquisitiones, quas in liberalium artium descriptione et cæterarum rerum investigatione composuerunt. » Et ex hoc quidem testimonio constat Haimonem fuisse Rabani condiscipulum; non alibi sane quam ubi ipse Rabanus sacris scientiis et liberalibus artibus in puerili atque juvenili ætate, ut hic loquitur, exercitatus fuit, quod sub Alcuino magistro factum esse locis num. priore citatis ipse testatur. Igitur easdem scientias et artes Haimo etiam sub eodem magistro, juncto cum Rabano studio, didicit. Nihilominus D. Mab. in Elogio Haimonis Act. SS. sæc. IV, part. I, pag. 619, num. 7, verba citata Rabani ad Haimonem intelligit de schola Fuldensi, quamvis deinde existimet verum esse id quod scribit Trithemius, scilicet Haimonem cum Rabano Alcuini auditorem fuisse in monasterio Turonensi. Fuit certe Haimo Rabani in monasterio Fuldensi monasticæ professionis socius, abbas deinde Hersfeldensis, ac demum Thiatgrimo in cathedra episcopali Halberstadensi anno 841 suffectus. De Haimone qui inter litteratos more illius cognomen *Præclarus* tulit, illiusque scriptis variis consuli possunt D. Mabillonius loc. cit, et D. Rivet, *Hist. Lit. de la France*, tom. V, p. 111 seqq.

CXVIII. Eisdem Rabani sociis in schola beati Albini Turonis annumerandus est Samuel, postea factus abbas Lauresheimensis, atque inde anno 838 ad episcopatum Wormatiensem promotus retento regimine sui monasterii, ut tradit D. Mabill. lib. XXXII Annal., num. 3. Amborum namque communem fuisse præceptorem Albinum ipse Rabanus testatur carm. 21 in his versibus :

Quod quondam docuit Albinus rite magister,
Hoc pectus teneat, hoc opus omne probet.

Fuit vero hic Samuel Rabani in schola Fuldensi condiscipulus, sicut antea illius in schola Turonensi condiscipulus, quod ex sequentibus versibus ejusdem carminis patet :

Quondam namque meum gaudebam te esse sodalem,
Inter lectores, frater amate mihi.

Subdit vero :

Nunc quoque te gratulor retinere jura magistri,
Crescere virtute, patris habere locum.

Quibus innuitur quod Samuel jam abbas et episcopus munus docendi retinuerit et exercuerit *pater* simul et *magister*. Mabill. in Elogio beati Rabani § 3, num. 10. In epistola 143 Alcuinus scribens *ad quemdam filium* seu discipulum suum, ait, quod olim sub ejus nomine et condiscipuli sui *Samuelis* composuerit epistolam *De benedictione patriarcharum*. Nullus dubito quin hic idem sit Samuel de quo hic agimus; quis vero ille fuerit ejus condiscipulus, ignotum. Laudat Alcuinus illius devotionem, sanctæ sapientiæ decorem, et eam addiscendi studium; « quod maxime, inquit, tuis modo competit annis vel pro æternæ vitæ beatitudine, vel pro sæcularis honore. » Fuit igitur hic Alcuini filius homo sæcularis; quod impedit, quominus illum Rabanum fuisse certo affirmemus.

CXIX. Vitæ beati Alcuini scriptor num. 14 Adalbertum inter illius discipulos abs dubio in schola Turonensi recenset, aitque eum cum Raganardo et Waldramno, ultimo jam vitæ illius tempore assidue, quantum illi a Sigulfo, cujus disciplinæ suberat, concedebatur, Alcuino adhæsisse. Adalberti socius fuit Aldricus. Ambos Alcuinus Sigulfo sub sua tamen directione erudiendos tradidit; quibus cum idem Sigulfus Virgilium se secretissime legere concessisset, eumdem acrius reprehendit, ut ibidem legitur num. 19. Adalberto Sigulfus cum usque ad senium sub habitu canonico laudabiliter vixisset, cum consensu fratrum, Ludovico imperatore annuente, sponte regimen abbatiæ Ferrariensis cessit, monachicam religionem assumpsit, et huic suo discipulo, posthac subjici voluit, ut scribit Lupus in epist. 29. Adalberto post quartum regiminis sui annum demortuo Aldricus unanimi fratrum consensu abbas electus est, cui electioni Ludovicus imp. assensum præbuit et favorem, uti refert anonymus Vitæ beati Aldrici scriptor apud Mab. Act. SS. Ben. sæc. IV, pag. 570, num. 11. Contigit hæc electio anno 822, uti ex litteris Ludovici Augusti probat idem D. Mab. lib. XXIX Annalium, num. 30, pag. 473, quamvis illam, in observationibus præviis ad eamdem vitam beati Aldrici num. 4, circiter annum 824 contigisse existimaverit. Aldricus iste « sub Alcuino abbate, magistro litterali, uti legitur in ejus Vita num. 4, in monasterio Ferrariensi monachalis disciplinæ suscepit insignia. » Illum Ludovicus Aug. ob famam pietatis et eruditionis præceptorem palatinum constituit. Vero admodum simile est anonymum Vitæ Alcuini scriptorem eam lucubrationem aggressum fuisse Aldrico quem tunc superstitem fuisse scribit num. 19 hortante; quæ etiam conjectura est D. Mabillonii, observat. præv.

(*a*) Id est S. Martini.

in Vit. beati Alcuini num. 1. Ex quo loco constat Vitam illam scriptam fuisse post annum 822, quo Aldricum monasterii abbatem electum fuisse diximus; sed tamen ante annum 829, quo sublimatus est ad archiepiscopatum Senonensem, uti probat D. Mabillonius in not. ad num. 15, Vitæ Adalrici, ubi plura videas de laudabilibus gestis et sanctitate ejusdem.

CXX. Inter celebriores demum discipulos Alcuini collocandus est Amalarius Metensis presbyter et monachus; talem enim ipsemet se profitetur in libro de Ordine Antiphonarii cap. 58, ubi « quando, inquit, videbar puer esse ante Albinum doctissimum magistrum totius regionis nostræ, » an Turonis, an in palatio, incertum. Scholas tamen palatinas Amalarius moderatus est post Alcuinum, Claudio Hispano ad sedem Taurinensem per Ludovicum Augustum promoto, uti ostendit D. Mab. in præfat. ad sæc. iv Ben. num. 181 et 182. Hunc Amalarium, qui inter litteratos *Symposius* cognominatur, distinguendum esse ab archiepiscopo Trevirensi ejusdem nominis consentiunt nunc omnes eruditi; de quo et de scriptis Amalarii Metensis legi merentur, quæ post D. Mabill. de illis doctissime commentatus est D. Rivet tom. IV Hist. Lit., pag. 551, cui addendus D. Ceiller, *Hist. des Auteurs sacrés*, tom. XVIII, pag. 552 seqq.

CXXI. Exstat inter carmina Alcuini sub num. 268 epitaphium Pauli monachi, qui in monasterio sancti Martini sacris litteris imbutus est, ut ibi legitur; simul vero refertur Paulum vixisse septenas decades seu annos septuaginta; in qua ætate vix credibile est ipsum ab Alcuino annis haud superiore litteris imbutum fuisse; aut dicendum Alcuinum epitaphii illius, quod D. Mabil. valde scabrosum appellat, non fuisse auctorem. Si quis tamen Paulum hunc Alcuini discipulum haberi velit, eo sensu id admitti potest, quod sub Alcuini obedientia et magisterio spirituali in prædicto monasterio vixerit, vel jam annosus, quando Alcuinus illius regimen suscepit. Plures Alcuinum in illa celebri schola discipulos habuisse certissime credendum est, cum illa quasi parens habeatur tot aliarum scholarum, quæ postea in toto Francorum regno per Alcuini discipulos institutæ vel restauratæ fuerunt. Verum non alios hic referre volui quam illos quorum certa exstant documenta, et qui majorem nominis celebritatem apud posteros sunt adepti.

CXXII. Nonnulli scriptores beatum Alcuinum non tantum in palatio et in monasterio Turonensi, verum etiam alibi in Francia, nempe Parisiis, Fuldæ, in monasterio sancti Galli, ac apud Suessionas, imo etiam Romæ litteras docuisse existimabant. Et quidem Jo. Trithemius lib. ii de Viris Illustribus Ord. S. Ben. cap. 26 de Alcuino scribit : « Hic jussu Caroli studium Parisiense a Roma translatum primus instituit, ubi multos etiam ex monachis discipulos insignes educavit. » Et tom. I Chron. Hirsaug. pag. 11 ait, Albinum præceptorem Caroli Magni imp. in monasterio Fuldensi consuetudinem introduxisse, ut monachis præficerentur doctissimi præceptores, qui eos non solum in Scripturis divinis, sed in omni quoque litteratura sæcularium studiorum instruerent, etc. Verum utraque hæc assertio nullo veteri nititur testimonio; et nec in vita nec in scriptis Alcuini ullum reperitur vestigium, quod ipse per illud tempus quo in Francia moratus est, vel Parisiis vel Fuldæ, vel alibi in eodem regno scholas rexerit, præterquam Turonis et in palatio regio. Schola quidem palatii cum aula non uno loco fixa, sed inambulans fuit, uti superius notavimus; ab eo tamen tempore quo Alcuinus ex Anglia ad Carolum venit, usque ad illud quo ipse in monasterium sancti Martini translatus est, aula non vel semel apud Parisios videtur constitisse, ut dicit D. Mab. libr. xxv Annal., num. 45. Fratres Fuldenses quidem ipse aliquando invisit et ab iis benignissime cum omni gaudio susceptus est, uti scribit initio epist. 192 (nunc 142), magistrum vero scholæ illius fuisse, ne verbo quidem insinuatur. Quo tamen tempore illis varia consilia pro studio littera-

rum promovendo dare, et auctor illius apud Fuldenses consuetudinis esse potuit, cujus loco cit. meminit Trithemius. Simile quidpiam contingere potuit in monasterio S. Galli, apud Suessionas et alibi. Demum Romæ aliquando Alcuinum diutius moratum fuisse, aut scholarum rectorem egisse nullibi legitur. Bina quidem vice illuc profectus est semel cum magistro suo litterarii profectus gratia; et iterum legati munus obiens ad impetrandum pallium pro Eanbaldo Eboracensi nuper electo : his tamen negotiis confectis rursus in patriam rediit, ut alibi diximus.

CAPUT XI.
Alia facta beati Alcuini Turonis.

CXXIII. Postquam beatus Alcuinus scholam monasterii Turonensis, optima docendi discendique methodo instructam, admodum celebrem reddidit, ac plurimos scholares, ab exteris etiam regionibus venientes, studiis litterariis apprime excoluit, fratrum que ibidem degentium animos ab olio ad labores, et a vitæ laxitate ad regularem observantiam arctioremque disciplinam adduxit, ad se etiam pertinere existimavit ut operi tam feliciter cœpto firmitatem in futura tempora procuraret. Quapropter de bonis quoque temporalibus, sine quibus communitas religiosa, studio litterarum et exercitio pietatis unice intenta, conservari minime potest, sollicitus a regia potestate chartas ac privilegia impetrare curavit, quibus bona, possessiones atque immunitates, vel antea jam concessæ, aut imposterum concedendæ ita firmarentur, ne fratres ejusdem monasterii in quieto illarum usu unquam a quovis hominum turbari possent.

CXXIV. Confisus igitur solertissimus paterfamilias de summa, quam multoties expertus est, Caroli Magni clementia omnes antiquiores chartas privilegiorum, immunitatum atque donationum pro ecclesia S. Martini, ad alimenta pauperum et ad stipendia monachorum olim traditas, et manibus regum antecessorum, ipsiusque Pippini Caroli Magni genitoris roboratas, conquisivit, easdem regi relegendas exhibuit, et ut ipse easdem sua quoque auctoritate firmare dignaretur, suppliciter petiit. Non defuit rex erga sacras hujusmodi fundationes semper largissimus, piis hisce magistri sui petitis. Amplissimum igitur præceptum, seu, ut vocant, diploma expediri jussit, quo non tantum quæ prius ab antecessoribus suis aliisque benefactoribus pro illo monasterio collata fuere confirmantur, et de novo in regiam tutelam recipiuntur; verum etiam sub gravi mulcta inhibetur, ne vel fiscus regius, vel quævis alia judiciaria potestas quidpiam adversus illa privilegia et monasterii ejusdem bona ac possessiones attentare præsumat, etc. Exhibemus præcepti hujus exemplum tomo II editionis nostræ, quod Laudini datum censetur ab aliquibus circa initium adeptæ ab Alcuino abbatiæ; ab aliis vero anno 800, et ea fortassis occasione impetratum qua Carolus Magnus anno eodem orationis causa Turonis fuit; prout referunt illius temporis annalistæ.

CXXV. Eodem anno, regni scilicet Francici 32, Longobardici vero 27, mense Junio, ad Alcuini instantiam data fuere alia duo præcepta pro monasterio Cormaricensi, cujus pariter regimen Alcuinus, post Itherii primi illius fundatoris obitum, a Carolo accepit. Itherius siquidem anno 791 in pago Turonico ad Angerem (*l'Indre*) fluvium loco amœno, qui ab antiquis *Cormaricus* appellatus est, cellam sancti Pauli condidit, decrevitque ibi ecclesiam in honorem sanctæ Trinitatis construere *cum tribus altaribus, multasque res et possessiones pro stipendio fratrum ibidem Deo servientium et consolatione peregrinorum donavit*, uti legitur in charta ejusdem Itherii apud D. Mab. in appendice tomi II Annal., pag. 714, num. 52. Ibi rogat *successorem mox futurum et post eum succedentes abbates*, ut, quæ ipse disposuit, et nondum ad perfectum perducere potuit, ipsi ad divinam Omnipotentis laudem, et incrementum ipsius cellæ perficiant atque conservent, et augere potius velint, quam aliquid de rebus illi collatis subtrahere.

CXXVI. Hinc piissimi sui decessoris admonitionem beatus Alcuinus haud negligendam esse censuit. Quapropter adepta abbatiæ sancti Martini præfectura, a qua cellam Cormaricensem dependere voluit Itherius, curam etiam eo impendit, primo ut omnia bona et possessiones ad illam cellam collatæ regia auctoritate in perpetua tempora stabilirentur; secundo ut idem locus traderetur monachis regulam sancti Benedicti professis. De hujus monasterii constructione jam antea ipse rex Carolus egerat per ipsum, puto, Itherium cum Adriano I papa, ac postea etiam cum Leone illius successore per Angilbertum, uti colligitur ex epist. Caroli ad Homerum, quam dedimus tom. II, in Appendice 1. De eadem re aliquoties Alcuinus quid Romæ vel in aula ageretur, ab Aquila suo in epist. 52 (nunc 66) et 55 (nunc 69), anno 797 datis instrui desideravit. Alcuinus ergo a Carolo Magno licentiam impetravit in eadem cella S. Pauli constituendi monachos, *qui regulariter secundum sancti Benedicti statuta viverent*; ab eodem rege etiam obtinuit primo, ut idem locus semper monasterio S. Martini Turonensis, ejusque abbatibus unitus et subjectus permanere deberet; secundo, ut bona ad illum locum donata aut imposterum donanda inviolata illi conservarentur. In alio præcepto Carolus ad preces Alcuini privilegium concessit, « ut monachi sub regula sancti Benedicti in illo monasterio degentes libertatem haberent duas naves per Ligerim fluvium, etc., huc illucque pro necessitatibus dirigendi, ita ut nullum teloneum inde solvere tenerentur. » Utrumque hoc præceptum datum est anno 800, mense Junio, Turonis, quando nempe Carolus, ut supra diximus, orationis gratia ibidem morabatur.

CXXVII. Primos monasterii hujus incolas, qui ibi regulam sancti Benedicti profiterentur, Alcuinus accepit e Gothia beati Benedicti abbatis Anianensis discipulos, quod ipse amicissimo suo Aquilæ in epist. 92 (nunc 108) his verbis intimavit : « Noviter congregationem quamdam feci, quasi octavo milliario a monasterio sancti Martini, monachicæ vitæ et regularis religionis, primo ex fratribus de Gothia, ubi Benedictus abba regularem constituit vitam. At nunc volente Deo aliqui veniunt sancta se devotione mancipantes. » Cujus institutionis etiam Ardo sancti Benedicti Anianensis discipulus in ejus Vita mentionem facit, apud Mabill. Act. SS. Bened., sæc. IV, part. I, pag. 205, num. 36, his verbis : « Alcoinus quoque ex genere Anglorum, ordine levites, sapientia clarus... audita egregiæ viri Dei sanctitatis fama, inviolabili se illi charitate conjunxit, ita ut ex suis epistolis ei sæpe directis aggregatis in unum unus conficeretur libellus. Datis itaque illi muneribus postulat obnixe sibi monachos dari. Cui cum protinus venerabilis Pater assensum præbuisset, equos misit, qui eos ferrent : quos in monasterio, cui nomen Cormarine, quod ædificaverat, collocavit. Fuere et hi, ut reor, viginti cum prælato sibi magistro. Ad quorum bonum conversationis exemplum magna est aggregata multitudo monachorum; » et quidem cum iam celebri augmento, ut anno septimo Ludovici Augusti, Caroli Magni filii jam quinquaginta monachi ibi numerarentur, quibus ab eodem imperatore illo anno 820, primum potestas facta est abbatem ex suis secundum regulam sancti Benedicti eligendi, cum consensu tamen abbatis et congregationis S. Martini : quod deinceps ab Urbano II papa anno 1096 in concilio Turonensi ita confirmatum fuit, ut electus abbas Cormaricensis de beati Martini sepulcro baculum sumere deberet; eoque defuncto idem baculus ad eumdem locum referri, ad perpetuam ejus subjectionis memoriam; prout legitur in pontificiis litteris, tom. I Spicilegii, apud Mab. Elogii beati Alcuini num 57, pag. 176.

CXXVIII. Ex his quæ de introductione monacho-

rum Benedictinorum in monasterium Cormaricense retulimus, refellitur conjectura viri celeberrimi D. Caroli le Cointe, qui tom. VI Annal. eccles. Francorum, anno 791, num. 50, scribit : « Sub præposito (apud S. Martinum) vixerunt canonici, monachi vero, qui relaxari noluerant, sub strictiori regula remanserunt, ita tamen, ut abbate communi uterentur utrique omnes, et uni parerent omnes, pro suo quisque instituto. Inde Itherio abbati occasio data condendæ apud Cormaricum cellæ, ubi monachos constituit, atque dotavit, ut docet carta superius descripta, » Itherii nempe, cujus supra num. 125 meminimus. Idem vir doctissimus le Cointe ibid., num. 52, postquam optime refellit fabellam de fratrum San-Martinianorum exterminatione facta ab angelo una nocte, subdit : « Cæterum ex-quo Cormaricense monasterium constructum ac dotatum fuit, illuc monachi San-Martiniani confluxerunt; et Turonis in æde San-Martiniana soli remanserunt canonici. » Enimvero, etsi largiri velimus D. Cointio (quod ipsum tamen aptis testimoniis destituitur) in monasterio S. Martini sub Itherio abbate simul convixisse monachos atque canonicos; largiri tamen non possumus eumdem abbatem cellam Cormaricensem eum in finem construxisse, ut in illam transferrentur monachi hactenus in monasterio Turonensi sub strictiori regula consistentes; atque his eo translatis solos canonicos ibidem remansisse. Certe etiam post Itherii obitum, Alcuino illius monasterii sancti Martini regimen obtinente, fratres illic degentes pene omnes regulæ monasticæ fuere addicti, ut jam alibi ex D. Mabillonio ostendimus, et ex præcepto Caroli Magni pro eodem monasterio supra citato, dilucide patet, in quo nulli præpositi vel canonici, sed solum abbas et monachi memorantur. Deinde ex testimonio Ardonis, atque ex ipsa epistola Alcuini ad Aquilam priori numero exhibitis demonstratur, monachos Cormaricum non ex monasterio S. Martini, sed e schola S. Benedicti Anianensis fuisse assumptos; non ab Itherio, sed ab Alcuino ibi constitutos : « Noviter, inquit Alcuinus, congregationem quamdam feci... primo ex fratribus de Gothia, etc. ; » non ergo prius eos ab Itherio introductos invenit.

CXXIX. Ex monachis, quos beatus Benedictus abbas Anianensis Cormaricum misit, unus memoratur *Sigulfus*, qui propterea distinguendus est a Sigulfo Alcuini discipulo ex Anglia adducto, ut jam alibi monuimus. Hujus vero Sigulfi Cormaricensis meminit Vitæ Alcuini scriptor cap. 11, num. 20, fraudem referens ductorum et corruptorum vini, ab Alcuino pro fratrum Cormaricensium, quos diligebat, solatio submissi, quam fraudem Alcuinus, usus officio ejusdem Sigulfi, deprehendit et redarguit. Venit posthac beatus Alcuinus identidem ad illud monasterium, scholasque ibi institutas invisit, uti colligitur ex carmine olim inter Alcuiniana sub num. 222 edito, nunc ad dubia rejecto, tom. II nostræ edit., ubi videas nostras notas. In alio carmine, quod inter genuina Alcuini exhibemus sub num. 106, item tom. II, cella Cormaricensis præ magnis urbibus laudatur ob studia litterarum et vitæ temperantiam ac sobrietatem. Subsistit hoc monasterium etiamnum sub celeberrima congregatione Benedictina sancti Mauri, ut testatur D. Mabillonius in Elogio beati Alcuini, num. 57. Verum de his plura commentari non est hujus loci.

CXXX. Paulo ante obitum, uti censet D. Mabillonius Annal. lib. xxvII, num. 50, beatus Alcuinus, in celeberrimo loco pagi Tricassini inter duos pontes et duas aquas Sequanæ, *Duodecim Pontes* appellato, xenodochium seu hospitales, ut vocant, domos, in gratiam pauperum, maxime vero peregrinorum instituit ditavitque : cujus fundationis litteras ab Alcuino confectas exhibet idem Mabillonius in cit. Elogio num. 59, quas, ne quidpiam ad opera ac pietatem tanti viri pertinens desiderari possit, huc referre placuit.

Litteræ donationis beati Alcuini pro xenodochio Duodecim Pontium.

In nomine Domini, qui regnat in perpetuum.

Ego Alcuinus, licet indignus, rector atque gubernator monasterii rerumque sancti Martini præclarissimi confessoris Christi, has litteras jussu et decreto Domini Caroli serenissimi imperatoris dictavi, ne in posterum a successoribus meis vel a qualicumque persona partibus subter insertis valeat fieri deinceps ulla inquietudo. Decrevi siquidem Deo Christo inspirante, Dominoque Carolo favente, hospitale in loco celeberrimo, qui vocatur XII Pontes, ad susceptionem peregrinorum ob eleemosynam construere præfati domni imperatoris, prolisque ejus et omnis ejus prosapiæ ac statu exercitus Francorum. Quod ita et feci, accipiens a domino meo terræ portiunculam inter duos pontes et duas aquas Sequanæ fluminis, sicut in sua auctoritate infra terminationem continetur: in qua construxi oratorium beatissimæ Dei genitricis Mariæ, hospitalesque domos ad perpetuam peregrinorum susceptionem, ut præfati sumus. Addidit quoque inidem dominus meus cum conscriptione et instrumento litterarum, sanctique nominis sui auctoritate, terram in Rhemense Campania decem manentium, ubi dicitur Marmorico Villa. Sed et Leotardus vir nobilis ex suo proprio tradidit in eleemosynam sibi perpetuam terram et possessiones duobus in locis, id est, in Ferroco et Marniaco. Sed et Frambertus presbyter aliquid tradidit in loco qui dicitur Brituaria. Suus quoque nepos, nomine Marato, sub venditionis titulo in loco, qui dicitur Marniaco, cui dedi quatuor libras argenti. Deinde per auctoritatem domni imperatoris tradidimus ad eumdem locum, in loco, ubi dicitur Patiaco et villa Dofio et Muerneto, sicut in donatione ordine continetur: et in alio loco, ubi dicitur Patiaco super Igrua seu et in Curcella et in villa Cavanno, quod Sighertus et ejus parentes sancto Martino delegaverunt. In villa quoque Collorio et in valle Flaviacense atque Muilliare, quæ Adalbertus filius Beringarii ad vicem Germani sui Ermenfredi partibus ejusdem sancti delegaverunt, sicut in legalibus singulis donationibus continetur, ad ea loca aspicientes vel pertinentes, omnia ex omnibus. Alii quoque homines ingenui illis habitantes in partibus dederunt portiunculas terrarum perpetuo jure in locis diversis, ut est in monte Gratiano, etc. Hæc omnia legitime possessa atque habita ad præfatam pertinentia Ecclesiam beatæ Mariæ, ratione infra scripta interposita, perpetuo jure ob eleemosynam Domini nostri atque meam trado ideo Jesu Christo et sancto Martino, ad pauperum perpetuam susceptionem, ut solatia ibi iter agentes habeant perpetua consuetudine, secundum possibilitatem et benedictionem Domini, quam credo per intercessionem beatæ Mariæ et sancti Martini daturus est loco illi, rebusque ad eum pertinentibus, per eleemosynam Domini mei regis Caroli, ejusque perpetualiter prolis, regumque Francorum, atque in remedium animæ meæ, et prosperitatem successorum meorum, sanctæque familiæ sancti Martini salutem. Obsecrans per nomen et majestatem sanctæ Trinitatis, atque per sanguinem redemptionis nostræ, nec non et per terribile judicium, in quo rationem redditurus est unusquisque fidei suæ et omnium operum suorum, ut hæc domini mei traditio meaque donatio, atque ibi susceptio peregrinorum fiat æternaliter firma et inviolabilis perpetuo jure sub defensione et dispensatione abbatum sancti Martini maneat, et hæc in beneficio alicui non tradatur, sed fidelibus Deumque timentibus in ministerium sub regimine deputetur. Quem specialiter obtestor per sanctæ crucis sanctæque Trinitatis communionem, ut fideliter provideat, dispensareque faciat pauperibus, quidquid in illis terrarum portiunculis Dei benedictio fecerit fructificare, faciat et omnibus tam præsentibus quam futuris principibus, potestatemque agentibus, ut postquam domini nostri amantissimi imperatoris auctoritatem atque meam legere audierit, ut sine perturbatione nostræ decretum voluntatis stabile faciat permanere: quatenus et ipse particeps mereatur effici hujus benedictionis in æternum; no biscum credens, quod crediturus huic assertioni consentiens, sibi æque per Dei misericordiam in eleemosynam proficere, sicut et mihi, qui hæc, auxiliante Deo, primusque omnium disposui fieri. Larga est et benignissima bonitas Domini et Redemptoris Dei nostri, qui unicuique bonæ voluntatis et integræ fidei redditurus est mercedem perpetuam. Hæc sola chartula in omnibus locis et placitis pro ecclesiasticis donationibus, cessionibus, præstariis et vindicationibus, sufficere potest, tametsi sub præ sentia fidelium Deique cultorum perfecta fuerit, quos adjuro per nomen æterni Dei et suæ redemptionis auctoritatem atque baptismi gratiam, quam ab ipsis cunabulis percipere meruerunt, ut quicumque hanc audierit scripturam, assensum præbeat, juxta suam possibilitatem vel potestatem sibi collatam, huic nostræ donationi, ne forte si non fecerit, ratiocinaturus cum sancta Maria et sancto Martino me accusante; sed ad vicem pauperum et peregrinorum, rationem suæ damnationis percipiat in judicio futuro, cum venerit Christus in majestate sua judicare omnes actus humanos. Quæ charta ut......, cum suis possessiunculis ab omni comitatu, vicariorum, et judicum, totiusque potestatis impedimento et obnoxiatione maneat, et ut robustius credatur, Dominus meus manu sua, meliusque cera annuli sui subterfirmare dignatus est, ne aliquis eam sacrilegus vel temerarius quidquam eorum, quæ in ea inserta sunt, irritare præsumat.

CXXXI. Has litteras Mabillonius edidit Act. SS. sæc. IV Bened., p. 177, ibique sequentem notam addidit: « Nulla temporis nota in membrana ex qua hoc exemplum transcriptum est. Xenodochium istud postea Ingelwinus abbas Martinianus attribuit monasterio Cormaricensi, *quo monachi ipsius cœnobii et ipsum in pristino statu restituerent, et pauperes ibi juxta priorem præfinitum numerum,* vigenarium scilicet, *semper in omnibus victualibus et cæteris studiis fulcirent, atque ob paganorum insecutionem inibi perfugium suæ salutis habere possent,* ut legitur in diplomate Caroli Calvi dato Vermeriis XIII Kal. Julii, indict. 13, anno 25 regni ejus. Nunc in eo loco, qui Pontes (*Ponte*) dicitur, est prioratus abbatiæ Cormaricenæ subjectus ». Has litteras idem Mabillonius Annal. Bened. lib. XXVII, n. 30, refert ad annum 804, et paulo ante obitum suum ab Alcuino datas fuisse censet.

CXXXII. Demum vir beatus, diligens decorem domus Dei, et sacrarum reliquiarum cultor devotissimus sacris ædibus reficiendis, struendisque oratoriis operam impendit, prout ipse scribit in epigrammate 116, in his versibus :

Hæc, tu quam cernis, præparata domuncula, lector,
Relliquias propter sacras jam condita constat,..
Jusserat Albinus vates hæc tecta parare.

Et in Epigrammate 118 ita canit :

Albinus veniens peregrino vatis ab orbe...
Hic diruta diu camerarum culmina jussit,
Ut cernis, lector, totam renovare per aulam.
Hic loca relliquiis statuens aptissima sacris,
Sanctorum requies certos ut haberet honores
Ut decet in terris venerari sancta piorum
Quos Deus in cœlis voluit regnare per ævum.

Quæ hic de dirutis camerarum culminibus dicuntur, de cameratis basilicæ Turonensis oratoriis intelligi vult D. Mabillonius lib. XXVII Annal., pag. 564.

CAPUT XII.

Beati Alcuini corporalis infirmitas et abdicatio præfecturæ.

CXXXIII. Quamvis beatus Alcuinus, postquam per

indulgentiam augusti sui discipuli ac benefactoris munificentissimi ab aula ad monasterium suum Turonense discessit jam a frequentioribus aulæ negotiis et curis sæcularibus fuerit liberatus, necdum tamen ibidem illa quiete frui illi licuit, ad quam diu suspirabat, et quam sibi senio gravato necessariam esse existimabat ad negotium omnium maximum animæ nempe suæ serio tractandum, rationesque vitæ suæ transactæ ineundas, ut sibi viam pararet in occursum Domini, districti Judicis. Enimvero plurimis etiam in hoc suo secessu laboribus occupatus, imo distentus fuit, qui illum de quiete ad quam suspirabat, vix cogitare permittebant. Scholarum studiique litterarii restauratio ; variorum tractatuum in sacram Scripturam de Christianis dogmatibus, de doctrinis moralibus, etc., compositio ; exemplarium sacræ Scripturæ correctio ; discipulorum ad ipsum concurrentium instructio ; epistolarum in rebus sæpe magni momenti ad reges, episcopos, principes, monachos, discipulos, amicos exaratio ; disciplinæ religiosæ apud Turonenses reformatio ; ecclesiarum ac reliquorum monasteriorum suæ curæ creditorum sollicitudo vix horam reliquere vacuam, quam sibimet, suis commodis ac quieti posset impendere. Insuper a rege Carolo, qui illius consuetudine summopere delectabatur, nunc variis quæstionibus enodandis fatigabatur ; nunc pro consiliis ejus exquirendis ad palatium vocabatur : quod tandem viro seni et laboribus fracto, multis corporis infirmitatibus sensim accedentibus, perquam grave accidit ; de qua re aliquoties in epistolis suis conqueritur, et ut apud S. Martinum quiete optata frui sibi permittatur, a rege deprecatus est. Sic in epistola 81 (nunc 96), data, ni fallimur, anno 799, supplicat, ne longum ac laboriosum iter, Romam futuro anno a rege ad dissidia Romanorum componenda suscipiendum, quod jam hoc anno rex post Leonis papæ adventum ac reditum constituerat ; et ad quod ipse quoque a rege invitatus fuerat, subire cogatur. « Nullatenus, inquit, infirmum et quotidianis fractum doloribus corpusculum meæ fragilitatis illud iter perficere posse arbitror. Desiderium jam habuissem, si potestas esset peragendi. » Illud ipsum suum desiderium atque ægritudinis impedimentum postea etiam significavit Aquilæ seu Arnoni archiepiscopo Salisburgensi in epist. 92 (nunc 105), ubi dolorem suum exprimit, quod ab hoc etiam ab illo optata diu occasione Leoni summo pontifici tot modis afflicto suis officiis inserviendi, *corpusculi sui fragilitate, multis molestiarum sarcinulis prægravati*, impediatur.

Deest illa Caroli regis epistola, qua Alcuinum ad iter Romanum, anno 800 secum ineundum, invitavit ; deest pariter altera ejusdem, qua Alcuino ab illo itinere sese excusanti exprobrat, quod *fumo sordentia Turonorum tecta Romanorum auratis arcibus præponeret* ; utriusque tamen Alcuinus meminit in epist. 95 (nunc 109). Acquievit nihilominus rex magistri sui precibus, mandans tamen, ut ipso apud S. Martinum quiescente *pueros suos*, servos scilicet ac vasallos, uti interpretamur, qui munera ejus deferrent, ad comitatum ejusdem itineris mittat, ad quod Alcuinus magna cum confidentia in regis clementiam respondit ibidem : « De pueris vero nostris, quos pedibus paternis Romam pergere præcipis, velim scire quando vel ubi vel quibus comitantibus vestræ beatitudini occurrere debeant... Fateor quidem, vobis jubentibus et juvantibus laboris mei possunt inire sudorem. Munera vero mea illis necdum concedo, quæ vestra frequenter largitate accipere solebam. »

CXXXIV. Alcuinus ergo hac vice in monasterio suo quietus permanere permissus, etiam de adjutoribus in regimine monasteriorum sibi ex discipulis suis eligendis, ac de deponendo penitus onere pastoralis curæ consilia init, quo nempe liberius ad mortem, quam assidue ante mentis oculos suspectam habebat, se præpararet. Id faciendi licentiam a rege petiit et impetravit. Ea de re amicissimo suo Aquilæ in epist. 176 (nunc 159), quæ data est anno 800, postquam Felix Urgellitanus in concilio Aquisgranensi anno præterito hæresis convictus et postea curæ ac custodiæ Laidradi episcopi Lugdunensis traditus fuit, scripsit his verbis : « Deinde ut scias quanta misericordia mecum a Deo peracta est ; nam rebus omnibus, quæ habui per loca diversa, adjutores mihi ex meis propriis filiis elegi, annuente per omnia suggestionibus meis domino meo David. » Quod ipsum in epist. 175 (nunc 158) dilectis suis discipulis Calwino et Cuculo intimavit, scribens : « Nos vero, sicut dixi Cuculo, deposito onere pastoralis curæ quieti sedemus apud sanctum Martinum, spectans, quando vox veniat : aperi pulsanti, sequere jubentem, exaudi judicantem. » In illa partitione monasteriorum, cœnobium San-Martinianum obtigit Fredegiso seu Fridugiso diacono, cognomento Nathanaeli ; monasterium vero Ferrariense Sigulfo vetulo, de quibus supra cap. 4 plura diximus. Mirum vero est, inquit D. Mabillonius in Elogio, cap. 10, num. 62, cur utrumque illud monasterium canonicis duobus commisit. Nam Fridugisus et Sigulfus canonici erant tametsi Sigulfus canonicum habitum postea mutavit, ut scribit Lupus in epist. 29. In cellam S. Judoci successit Alcuino Warembaldus, cui privilegia Leo III papa confirmavit, uti legitur in Gallia Christiana, tom. IV, quæ tamen cella deinceps sub Lupo abbate monasterio Ferrariensi restituta et unita fuit, ut ex epist. 61 ejusdem Lupi ad Guigmundum refert D. Mabillon. libro xxxiii Annal., num. 76. Abbatum qui proxime post eumdem Alcuinum monasterio S. Lupi Trecensis præfuerunt, hodie nomina desiderantur, ut ait le Cointe, tom. VII, ad an. 804, num. 66.

CXXXV. Idem vir celeberrimus Cointius l. c., n. 67, scribit a neotericis in controversiam vocari, utrum Alcuinus ad obitum usque functus sit abbatis officio ; an vero senio et ægro corpore fatigatus ante hunc 804 annum, quo decessit, inter suos discipulos monasteria sibi commissa diviserit. Ipse D. Cointius illorum opinioni astipulatur qui Alcuinum aiunt usque ad obitum suum monasteriorum illorum regimen retinuisse ; quod vir doctus probare conatur ex variis epistolis ab Alcuino annis 800, 801, et serius ad Carolum scriptis, in quibus quidem *a sæcularibus negotiis* expediri se velle significavit ; de suscipiendo vero monachatu aut abdicandis abbatiis nullum adjecit verbum ; imo inter canonicos San-Martinianos et vivere et mori velle desideravit. « Quapropter onera sæculi, pergit Cointius, num 69, quorum partitionem in discipulos post crebras postulationes tandem obtinuit, distinguenda sunt a cœnobiorum administratione, quæ *sæcularibus* occupationibus accenseri non debet, nisi facta collatione cum privata tranquillaque monachi vita. » Addit vir doctus, Sigulfum vetulum, qui post Alcuinum Ferrariensem abbatiam obtinuit, Turonis, unde monasterium illud procul distitum est, teste Vitæ Alcuini scriptore, Alcuino usque ad obitum adfuisse. Monasteria ergo (ita ibi concludit le Cointe) quæ commissa fuerant Alcuino ante hujus obitum inter discipulos a Carolo imperatore divisa non existimamus.

CXXXVI. Verum his difficultatibus, quæ obmovet celeberrimus hic scriptor, non obstantibus, inhærendum esse credimus testimoniis superius ex epistolis 175 (nunc 158) et 176 (nunc 159), quas nunc primum editas D. Cointius non vidit, relatis ; quibus decemur Alcuinum quatuor aut tribus saltem annis ante obitum suum non tantum ab occupationibus sæcularibus, verum etiam *ab onere pastoralis curæ*, quæ certe ab administratione cœnobiorum haud distinguenda est, fuisse expeditum, et in electos in adjutorium discipulos curam quoque pastoralem seu directionem animarum transtulisse. Nec difficultatem habet quod Sigulfus, cui in illa partitione Ferrariensis abbatia procul Turonis distans collata est, ultimis vitæ Alcuini annis, atque etiam illo ipso die quo ipse e vita migravit, Turonis commoratus sit ; sicut enim Alcuinus eamdem abbatiam multis annis absens administravit, ita idipsum Sigulfus facere, aut saltem aliquoties ad magistrum suum, summopere illi affectum venire ac præsertim in ultimo agone, ipso forte Alcuino postulante, assistere potuit. Nec favet opinioni D. le Cointe, quod Alcuinus in epistolis ad Carolum anno 800 ac serius scriptis nullum verbum de suscipiendo monachatu, aut abdicandis abbatiis adjecerit, sed *inter canonicos* San-Martinianos vivere et mori desideraverit : enimvero ex testimonio Vitæ ipsius scriptoris habemus, quod diu antea desiderium habuerit, quietam et tranquillam vitam inter monachos S. Bonifacii Fuldenses ducendi ; et quod monasteriis suis inter discipulos divisis deinceps vitam duxerit « monasticæ haud inferiorem, multa jejuniis, orationibus, carnis mortificationi, eleemosynis, psalmorum ac missarum celebrationi, aliisque virtutibus intentus, quibus possibile est humanam ornari naturam. » Vitæ cap. 8, num. 14. Nullibi etiam scribit Alcuinus, ut prætendit D. le Cointe, quod desideret et vivere et mori inter *canonicos*; verum inter *fratres* S. Martini, qui, ut alibi sæpius insinuavimus, sub illius regimine regulam profitebantur monasticam. Demum etiam epistola 58 (nunc 43) Alcuini ad Carolum non favet opinioni D. Cointii; quamvis enim ex illa epistola colligatur, Alcuinum ex tempore quo scripta est scholam Turonensem rexisse, variisque disciplinis docendis occupatum fuisse, levis tamen est viri docti conjectura, illam epistolam ad annum 801, quo Carolus jam erat imperiali corona redimitus, ex ea solum ratione referentis, quod illius *regnum* ibi *imperiale* nominetur : « Ut plurimos, inquit, ad profectum sanctæ Ecclesiæ et ad decorem *imperialis regni* vestri erudiam. » Longe enim verosimilius est, ea Alcuinum scripsisse paulo postquam scholam Turonensem regendam suscepit; prout ad eamdem epistolam notavimus, *regnum* vero *imperiale* ibi nihil aliud significare videtur, quam regnum amplissimum cum illimitata imperandi potestate : eodem sensu regnum Caroli aliquoties a scriptoribus, imperium dicitur, antequam ipse imperator fuisset coronatus, sicut Paulinus patriarcha Aquileiensis initio Sacrosyllabi ait, concilium Francofordiense anni 794 *imperii ejus decreto* convocatum fuisse.

CXXXVII. Beatus igitur Alcuinus, ea qua diximus ratione ex regis licentia a sæcularibus negotiis simulque a cura pastorali solutus, senii morborumque molestiis crescentibus ferventius sese ab anno 801 ad obitum atque ad rationem supremo judici reddendam disposuit. Carolus nihilominus Augustus illius discipulus adeo ejus doctrinis ac consiliis assuetus et captus fuit, ut omnibus modis virum etsi continuo infirmitates suas corporales prætendentem a sua solitudine avocare, et ad aulam, pro emergentibus abs dubio causis, pertrahere tentaret, quod ex quibusdam epistolis post annum 800 scriptis intelligimus. In epistola 104 (nunc 132), anno 801, ad Carolum scribit : « Ecce Flaccus effeto corpore, militaris cingulo laboris deposito, secundum vestrum piissimum domini sui David consilium Deo soli quieta pace servire toto elegit desiderio : quid iterum pugnare cogitur, et sub fasce armorum desudare, quæ infirmi corporis denegat fragilitas de terra tantummodo levare. » Et in epist. 106 (nunc 154) eodem, ni fallar, anno vel aliquo posteriori scripta, etsi optasset transactis diebus vel semel adhuc videre posse regis faciem, nunc tamen « supplex suppliciter, humilis humiliter, devotus devote supplicat, ut sibi liceat apud S. Martinum suam instantiam agere, quia, inquit, valde infirmatus corpore nil aliud itineris vel laboris perficere valeo.... » De eadem vocatione ad palatium et ad dominum regem, deque corporis infirmitate illud obsequium prohibente, de deposito onere sæcularis negotii, deque terrore divini judicii, cui se jam propinquare sentiebat, Aquilam suum certiorem reddit in epistolis 108 (nunc 145) et 109 (nunc 144), et in priore ipsum ad se invitat in domum S. Martini actu-

rus cum ipso consilia de præparatione animæ suæ ad mortem et ad divinum judicium; « hisque, inquit, transactis inter nos consiliis (quod sine lacrymis non dico) ultimum vale fiat inter Aquilam et Albinum. » Et in epistola 191 (nunc 161) anno 801 huic suo amico præ aliis dilecto significat, quod per Pascha febrium acerbitate pene ad desperationem vitæ adductus fuerit; « sed, inquit, misertus est mihi Dominus ob preces servorum suorum : sed remanet quotidianus labor ejusdem castigationis, non tamen usque ad periculum vitæ, sed usque ad emundationem, ut opto, delictorum meorum. »

CXXXVIII. Demum infirmitatibus sui corporis in dies incrementum accipientibus, dissolutionem sui corporis non procul abesse judicans, sui muneris esse existimavit ut ante obitum maximo suo in terris benefactori Carolo Augusto debitas gratias ageret pro ea pietatis ac benignitatis largitate, qua se a primo adventus sui in Franciam tempore cumulavit : quod et fecit per epist. 106 (nunc 154) : « Quid enim, ait ibidem, addi potuit felicitati peregrinationis meæ vel vestræ bonitatis judicio super me minus digno his omnibus donorum largitionibus : vel quales gratiarum actiones vestræ misericordiæ condignas persolvere possum, nisi perpetua piæ orationis sedulitate misericordissimi Dei omnipotentis clementiam deprecari. » Quam deinde gratiarum actionem in carmine eidem epistolæ subjuncto repetit, atque ibidem Davidi suo ultimum vale dicit, ita canens :

Multiplici Christus reddat tibi munera mitis
In me quot bonitas contulit ecce tua.
Gramina quot tellus habeat, vel littus arenas,
Tot miserante Deo, David ! habeto vale.

CXXXIX. Nescio an non huc pertineant versus carminis 6 Caroli ad Alcuinum, quod inter carmina huic suppositare censemus tom. II, in quibus Carolus dilecto suo magistro felicem ex hoc mundo exitum precari videtur :

Doctor amate,... volui quapropter in odis
O venerande tuam musis colare senectam...
Inque Dei cultu vigeas virtutibus almis
In meliora tenens sanctæ vestigia vitæ,
Donec et ætherei venias ad culmina regni
Congaudens sanctis, Christo sociatus in ævum.
Meque tuis precibus tecum rape, quæso magister
Ad pia, qua tendis, miserantis culmina Regis.

CAPUT XIII.

Beati Alcuini obitus, tumulus, epitaphium, memoria in fastis.

CXL. Celeberrimus igitur hic potentissimi olim regis ac imperatoris Caroli Magni totiusque nationis Franciæ ac Germanicæ magister Alcuinus, cujus hucusque gesta ac merita retulimus, ac levi stylo adumbravimus, dies suos demum, postquam inter plurimos labores pro Ecclesia et republica exantlatos consenuit, complevit, metamque illam, ad quam omnes mortales properamus, attigit. Hoc sentiens vir piissimus toto desiderio concupivit dissolvi et esse cum Christo : atque ut hanc quoque metam feliciter attingeret, nihil non egit quo Deum per opera pœnitentiæ et per sanctorum suffragia sibi redderet placabilem. Quapropter ut mors, quam mente sibi propinquam repræsentabat, etiam ante oculos illius continuo versaretur, locum sibi elegit in quo post obitum requiesceret, ad quem vespertinis horis accedens *Hymnum sanctæ Mariæ evangelicum*, seu canticum *Magnificat*, decantare solebat cum antiphona : *O. clavis David*, etc., qua Ecclesia in officio septem diebus ante festa natalia Domini utitur, suspirans : *Veni et educ vinctum de domo carceris, sedentem in tenebris et in umbra mortis.* Cui devotioni etiam versus quosdam ex psalmis addidit desiderium æternæ beatitudinis suggerentes, qui recensentur in Vita ejus Cap. 14, num. 24.

CXLI. Tempus Quadragesimæ, quod semper cum

maxima devotione ac cum carnis ac spiritus contritione celebrare solebat, maxime etiam nunc opportunum esse judicabat, quo sese non tantum ad paschalem solemnitatem, verum etiam ad æterna gaudia præpararet. Desiderio vero tenebatur, ut gratia divina adjuvante vitam per totam illam solemnitatem protrahere, ac demum eo die quo totum opus Redemptionis nostræ per adventum Spiritus sancti completum ac confirmatum fuit, ex hac vita migrare posset; quod etiam obtinuit. Nocte igitur festi Ascensionis Domini, ut Vitæ illius scriptor testatur loc. cit., num. 28, gravi languore, ita ut etiam loquela destitueretur, fatigatus in lectum decidit, « et accidentè paralysi, vii Idus Maii feria v ad vesperam post solis occasum, » uti habent Annales Masciacenses inferius referendi : ipso die Pentecostes, peracto matutinali officio, jam fulgente aurora, ea hora qua alias ad missas cum suo Sigulfo levitice celebrandas ingredi consueverat, ejus anima carne soluta est, xiv Kal. Junii anno ab incarnatione Domini 804, prout diserte testatur Vitæ ejus scriptor. cap. 15, num. 29, cui concordant omnes scriptores posteriores, veteresque Annales Lambeccii, Petavii, et alii apud Bouquet tom. V Script. Rer. Gallic., ubi pag. 16, not. (k) ex cod. Masciacensi obitus Alcuini ita refertur : « Obiit Alchuinus xiv Kal. Junii, feria i Pentecostes, inlucescente die, luna vi, anno Incarn. Domini 804, indict. 12, anno 36 regnante domno Carolo; accidente paralysi vii Idus Maii, fer. v, ad vesperum, post solis occasum, luna xxv. » Super locum in quo decessit vir beatus, globus igneus visus est Josepho archiepiscopo Turonensi et aliis multis; et cuidam solitario in Italia posito, ipsa exitus ejus hora, ostensus est cœlestium levitarum cœtus, in quorum medio Alcuinus splendidissima indutus dalmatica cœlum conscendere conspectus est, uti narrat Vitæ scriptor cit. cap. 15, num. 50.

CXLII. Celeberrimus scriptor D. Mabillonius, quamvis diem obitus a Vitæ scriptore signatum retinendum esse fateatur, annum tamen ex quibusdam argumentis et conjecturis corrigendum, et Alcuini Vitam ad annum saltem 809 protrahendam esse existimabat in elogio, cap. 13, num. 74. Verum re maturius considerata animadvertit argumenta in favorem suæ opinionis ibidem prolata auctoritati apertoque testimonio æqualis Vitæ scriptoris ac veterum Annalium non tantum rerum Francicarum, sed etiam Germanicarum prævalere non posse ; ac propterea hanc suam opinionem correxit in additionibus et correctionibus ad partem i sæc. iv Bened., pag. 767, ubi totum numerum 77 ejus elogii deleri et sequentia reponi voluit : « Quæ hactenus retuli de anno quo Alcuinus vita functus est, difficultatem habent quidem; at præferenda est Vitæ ejus auctoritas ab homine æquali profecta, maxime cum ei suffragentur veteres annales, non solum rerum Francicarum, sed etiam Germanicarum. In his plurimum apud me valent Annales Fuldenses veterrimi, quos novos appellat Lambecius in tom. II Bibliothecæ Cæsareæ, ubi typis excusi sunt. Porro Alcuini obitum ad Caroli Magni annum regni 36, qui Christiano 804 respondet, ita referunt isti Annales : « xxxvi Alcuinus xiv Kal. Maii (leg. Junii) obiit. Hoc proinde anno ejus obitus indubitanter collocandus est. » Ita vir modestissimus. Quod si adverteret voluissent Bollandi continuatores, inquit D. Mab. lib. xxvii Annal., num. 71, operam non lusissent in hac opinione refutanda, quod fecerunt tom. IV Maii in Comment. prævio ad Vitam beati Alcuini, num. 5. Ne igitur et nos operam ludamus, in refellendis viri celeberrimi argumentis, quæ jam ipsemet deseruit et quæ nullum posthac sectatorem repererunt, immorari nullum erit operæ pretium.

CXLIII. Josephus tunc archiepiscopus Turonensis, qui, ut diximus, in beati viri obitu globum igneum super ecclesiam sancti Martini fulgentem vidit, audices ipsum jam esse defunctum, ocius illuc cum clero suo advenit, summaque reverentia viri beati oculos deosculatus est, et propriis rigavit lacrymis : et quamvis beatus Alcuinus sui ipsius et omnis exterioris pompæ contemptor, tumulum sibi non in ipsa sancti Martini ecclesia, sed foris, seu juxta illam præparari fecerit, ipso suo exemplo id ostendere volens, ad quod alios in epist. 150 (nunc 199) adhortatus est, ne de sepulcro ornando cogitent; « vanitas hæc, inquiens, vanitatum est, et melius est his opibus animam vestire, quam spurcitiam carnis ornare. » Nihilominus præfatus archiepiscopus ob conceptam de viri beati æterna felicitate opinionem mandavit, « ut infra sancti Martini basilicam honorificentissime sepeliretur, ut quorum in cœlis junctæ sunt animæ, una sint corpora domo in terris posita; » Vitæ cap. 15 num. 52. Quo tam aperto æqualis scriptoris testimonio evertitur assertum Wilhelmi Malmesburiensis monachi libr. 1 de Reg. Angl. cap. 5, scribentis, in monasterio Cormaricensi fuisse sepultum. Ultro etiam corruit error Broweri libr. 1 Antiquitatum Fuldensium cap. 10 asserentis sepultum jacere in celebri monasterio Hersfeldensi. Errandi occasionem Browero præbuit rude quoddam epitaphium Albini cujusdam, quod nuper in ecclesia Hersfeldensi exstabat, et quod D. Quercetanus postea Vitæ beati Alcuini subdidit. Verum epitaphium illud non ad Alcuinum nostrum, sed ad Albinum seu Albuinum abs dubio monachum Hersfeldensem pertinet, de quo in chronico Hersfeldensi ad annum 1034 hæc leguntur : « Eidem vero Brunoni in Nienburg Alwinus in philosophica arte eruditissimus Hersfeldiæ præpositus, qui fuit antea scholæ magister famosissimus, successit. » Postea vero fieri potuit, inquit D. Mab. Elog. num. 77, ut cum monachi Hersfeldenses a majoribus accepissent in ecclesia sua sepultum esse Albuinum, errore nominis putaverint esse Albinum magnum seu Alcuinum, de quo deinde rude illud epitaphium composuerunt. Immerito igitur Hermannus Kirchnerus Orat. vol. II, pag. 62, edit. Marburgensis anno 1607 doctoribus patriæ suæ Hersfeldiæ annumerat Alcuinum nostrum, ex eodem fortassis epitaphio deceptus. Verum ac genuinum beati Alcuini epitaphium quod ipse vivens dictaverat, in ærea lamina scriptum ac prope sepulcrum ipsius parieti infixum fuit; quod Vitæ scriptor ad finem addidit, ubi etiam a nobis editum reperiendum est.

CXLIV. Annus ætatis, qua beatus Alcuinus obiit determinari haud potest, quod de anno ejus obitus quidem constet, nullibi vero notatus reperiatur annus nativitatis ejusdem. Communis opinio est, ipsum natum fuisse circa annum Incarnationis 735, prout jam superius cap. 1, num. 8, notavimus. Ex qua opinione consequitur quod attigerit annum vitæ septuagesimum. Totum vero vitæ suæ cursum quibus operibus compleverit, Vitæ illius scriptor paucis, quæ tamen in compendio multa complectuntur, his verbis describit cap. 13, num. 26 : « Otiositatem omnibus modis fugiebat, nam aut legebat, aut scribebat, aut discipulos erudiebat, aut orationi vacabat et psalmorum decantationi, inevitabilibus tantummodo corporis indulgens necessitatibus, etc. » Cujus narrationis veritas luculentius ex ipsis ejus scriptis patet, quæ vivum sane produnt laboribus variis assidue occupatum, et omnia momenta temporis in erudiendis veritatibus, in communicandis scientiis, in dandis consiliis, in instruendis summæ et infimæ conditionis hominibus, in doctrinis ecclesiasticis ac moralibus ad episcopos, ad sacerdotes, ad monachos, ad comites ac judices dirigendis, adhibentem. Hinc mirum non est quod post obitum suum sanctitatis fama ubique inclaruerit, cujus testes habemus ejus temporis gravissimos. Rhabanus Maurus hujus sui magistri nomen sacris fastis intulit xiv Kal. Junii, tom. VI, Op. pag. 137, his verbis : « Depositio domini Alcwini. » Et in epistola doctorum Regum præfixa tom. III Oper. pag. 45 illum « beatæ memoriæ magistrum » appellat. Hincmarus Rhemensis episcopus in opusculo De non trina Deitate, tom. I Op. cap. 5, pag. 473, et cap. 11, pag. 507, « sanctum et venerandum Alcuinum; » et in fine epistolæ ad Carolum Calvum Libro de Prædestinatione præfixa « virum religiosum et doctum » nominat, cumque inter illos Patres Ecclesiæ recenset, « quorum fidem et doctrinam apostolica sedes Romana non solum benignissime acceptavit, verum et multis laudibus extulit. Ardo Smaragdus in Libr. de Vita sancti Benedicti Anianensis num. 36, apud Mab.: « Alcuinum sapientia præclarum, sanctitatis merito venerabilem » dicit. Annalista Fuldensis ad an. 794 illum hoc elogio commendat : « His temporibus Alcuinus, cognomento Albinus, sanctitate et doctrina clarus habetur, » Apud Bouquet tom. V, pag. 330. Denique in brevi chronico Turonico sanctus appellatur; ita enim ibi legitur : « Anno 804 sanctus Alcoinus obiit. » Apud Mab. in Elogio, num. 78. His testimoniis concordant Elogia scriptorum recentiorum, Mabillonii, Henschenii, et aliorum, qui omnes Alcuinum *Beatum* prædicant : quæ quidem testimonia tot gravium scriptorum fide dignissima sunt; testimonium vero ipsius Dei majus est quod ex miraculis habetur, quæ Deus per beatum Alcuinum in confirmationem ejus fidei et pietatis tam in vita quam post mortem illius patrare voluit, quæ Vitæ scriptor ex illorum narratione recenset, qui de visu testari potuerunt. « Nusquam tamen, quod sciam, inquit D. Mabillonius loc. cit., Alcuini diem festum coluit Ecclesia, ne quidem Turonensis, » quæ de ejus sanctitate experimentum habuit et exuvias vitæ mortalis custodit.

CXLV. Fortassis vero illud in Vita Alcuini alias irreprehensibili male accipiendum est, ut pote legibus Ecclesiæ et monasticæ humilitati adversum, quod plures in Gallia abbatias, nempe Turonensem cum cella Cormaricensi, Ferrariensem cum cella sancti Jodoci, ac Trecensem sancti Lupi simul tenuerit. Verumtamen, quamvis exemplum istud ejusmodi sit ut nemo facile illud imitari velit aut debeat, nihilominus hæc beneficiorum pluralitas ab omni culpa vacasse dicendum est. Is siquidem plures illas abbatias nec ex ambitione quæsivit, nec ex avaritia tenuit, sed præter suam voluntatem a rege Carolo ipsi pene obtrusas obtinuit : qui idem liberalissimus ac boni publici studiosissimus rex abbatias illas non in alium finem Alcuino commendare voluit quàm ut is monachos ad laxiorem vitam prolapsos emendaret, redditusque omnes impenderet in usum fratrum, in eruditionis illorum profectum, in hospitum ac peregrinorum subsidium, ac in itinerum, quæ frequenter nunc ad aulam, nunc in Angliam, etc., facienda erant, sumptus. Quam enim ipsius Alcuini animus a cupiditate divitiarum ac a remuneratione laborum suorum alienus fuerit, ex illo responso intelligi potest, quod teste Vitæ ejus scriptore cap. 2, num. 12, regi ipsum amplis muneribus ad se pertrahere conanti, dedit in hæc verba : « Domine mi rex, tuæ non dispono voluntati renuere... libenter etiam paterna in regione mea non modica hæreditate ditatus, hac spreta, hic pauper stare delector. » Et quis illius sensus sit de divitiis et paupertate manifestat in psal. CXXXI, v. 15, tom. I, pag. 588, his verbis : « Pauperes Christi sunt qui non amant hoc sæculum, sive habeant divitias, sive non habeant : aliquibus enim datæ sunt divitiæ ad dispensandum egenis, non autem datæ sunt illis ad possidendum; neque spem in illis debent ponere, nec satietatem in illis habere, sed in nomine Christi confidere, et in justitia et in charitate Dei et proximi : hæc est saturitas sanctorum, non sæculi divitiæ. » Eadæ quoque presbytero in epist. 140, quantum ipse a cupiditate divitiarum abfuerit, et quam ægre ferat quod a statu quieto paupertatis quem professus olim fuerat in voraginem divitiarum fuisset dejectus, significat, illumque rogat ut se orationibus suæ devotionis ad eumdem paupertatis gradum, in quo ipse Eada, quem monachum inde fuisse satis intelligitur, consistit, reducat : « Tu, inquit, tenes in manibus quod nos olim tenere cogitavimus : sed fluctus hujus sæculi nostram naviculam procellosis ventis in voraginem divitiarum rapuerunt..... tranquilla est paupertas; quæ si humilitatis gubernaculo et charitatis velo regatur, flante sancto Spiritu ad æternæ beatitudinis portum perveniet. »

CXLVI. Elipantus episcopus Toletanus in Alcuino præter multitudinem divitiarum, numerositatem quoque servorum, quorum viginti millia Alcuinum habere dixit, reprehendendam esse censuit tom. I, pag. 869, num. 4, hujus edit. Enimvero ignoravit vel calumniandi studio dissimulavit Elipantus quod servi illi, si tantus tamen illorum numerus fuit, non fuerint famuli ipsius servitio destinati, sed servi ad terras ecclesiarum et monasteriorum quibus præerat colendas mancipati. Hinc in epistola ad Laidradum ejusque socios, libris adversus Elipantum præfixa protestatur nunquam se aliquem hominem ad suum servitium comparasse, « sed magis, inquit, devota charitate omnibus Christi Dei mei famulis servire desidero. » Quamvis ergo pluralitas beneficiorum aut abbatiarum regulariter legibus ecclesiasticis reprobetur, si nempe ambitione quæratur, aut avaritia teneatur; culpa tamen vacat, si inde major utilitas ex personæ promovendæ dignitate et merito in ecclesias redundare posse prudenter et ipso curatorum ecclesiæ judicio existimetur. Ea certe fuit tempore Caroli Magni monasteriorum in regno illius conditio, ut plura illorum salubrius ab uno tam sancto ac sapiente abbate regerentur, quam singula a singulis pietate ac doctrina imparibus. Iniquus ergo in Alcuinum est D. Basnagius, quando in historicis suis observationibus circa Felicianam hæresin et Etherii atque Beati libros, tom. II Thes. Monum. Canisii pag. 290, calumniam Elipanti in Alcuinum probat his verbis : « Tandem Alcuinum servorum numero viginti millium et divitiarum abundantia, quæ monachum sæculo renuntiantem non decent, tanquam inflatum merito traducit Elipantus. » Ita cum corvis crocitat Basnagius, quem etiam non in Alcuinum tantum, verum et in alios scriptores; Felicis et Elipanti adversarios, iniquum merito reprehendit D. Madrisius Operum sancti Paulini pag. 226 seqq. in animadversione singulari in Basnagii observationes historicas circa Felicianam hæresin et Etherii atque Beati libros.

CAPUT XIV.
Beati Alcuini eruditio et doctrina.

CXLVII. Neminem nostris etiam temporibus fore existimamus, qui beato Alcuino, cujus hactenus vitam modulo nostro descripsimus, et cujus nunc opera quæ post primam editionem reperire potuimus, vulgamus, eruditionis laudem dubiam reddere, aut in controversiam trahere velit aut possit : imo nec quisquam futurus est, qui non censeat illum omnibus ævi illius viris illustribus, qui aliqua doctrinæ fama claruerunt, fuisse superiorem. Testimonia multiplicia postea producenda, eorum qui eidem convixerunt, eorum qui prope ipsum secuti sunt, et eorum demum, qui ad nostra usque tempora illius inter viros illustres ac ecclesiasticos scriptores mentionem fecerunt, abunde docent, quam magna semper fuerit de ejus vastissima eruditione et illibata fidei ac morum doctrina existimatio, et quod plus est, ipsa illius opera et varii argumenti lucubrationes, quibus Ecclesiam et litterariam rempublicam locupletavit, apertissime comprobant, nullam pene artem vel scientiam, si solam medicam excipias, esse quam non docuerit, quam non scriptis suis tractaverit, et pro suo ævique sui genio illustrare, felici prorsus conatu, studuerit, Grammaticus, rhetor, poeta, philosophus, theologus, imo etiam, quod nonnulli inficiantur, jurisperitus. Exstant enimvero, secus ac D. Mabillonius præfat. ad sæc. IV Bened., part. I, num. 176, sentiebat, quædam illius etiam de legum jurisque scientia monumenta, ad quæ pertinere credimus tum Dialogum de Rhetorica, in quo cum Carolo Augusto suo discipulo de plurimis Romani juris argumentis disserit, tum quædam capitularia juris Francorum, in quorum collectione idem legislator sapientissimus opera quoque Alcuini usus est, prout testatur Benedictus Levita in præfat. ad libr. v Capitularium tom. I, edit. Baluzii, pag. 806.

CXLVIII. Linguam Latinam magister iste optime calluit, quamvis nonnunquam a regulis artis grammaticæ deflectere videatur, cujus tamen defectus causam ipse prodit in epist. 85 ad Davidem suum scribens : « Quod vero in litteris vel distinctionibus non tam scholastice currit quam ordo et regula artis grammaticæ postulat, hoc sæpius velocitas animi efficere solet, dum legentis intentio oculorum præcurrere festinat officium. Nec ego capitis dolore fatigatus examinare possum, quæ subito casu ex ore dictantis evolant. » In Græca etiam lingua Alcuinum non modice versatum, nec in Hebraica omnino hospitem fuisse, non est cur dubitemus. De Græca quidem ejus eruditione testimonium præbet epist. 23 (nunc 27) ad Homerum, ubi quasdam linguæ Græcæ particulas prorsus critice expendit; de peritia vero linguæ Hebraicæ nihil plane superest, ex quo intelligi possit quantum in illa profecerit. Quæ enim in Alcuini favorem ab aliquibus citantur ex quæstionibus et responsionibus in Genesin, aut ex Commentario in Ecclesiasten, aut ex Interpretationibus nominum Hebraicorum progenitorum Christi, non e penu Alcuini veniunt, sed ex D. Hieronymo pene integre descripta sunt; quod etiam animadvertit eruditissimus Vallarsius Veronensis in præfatione ad tom. IX Operum S. Hieron. editionis novissimæ anni 1738, ac propterea idem vir doctissimus improbat nuperi cujusdam Alcuini laudatoris Hodyi opinionem, asserentis quod beatus Alcuinus in corrigendis sacræ Scripturæ exemplaribus originalium quoque linguarum Hebraicæ et Græcæ peritiam adhibuerit; minime enim, ait ibidem D. Vallarsius, Alcuinus hoc sibi negotium dedit; sed neque sibi ea mens fuit, ut originales textus consuleret... Tota fuit ejus industria in conquirendis undequaque Hieronymianæ versionis codicibus, iisque sedulo inter se conferendis, ut quæ probanda sibi esset lectio, ex eorum fide qui meliores emendationis et notæ viderentur decerneret. Hæc quamvis ita sint, nihilominus vero simillimum est Alcuinum eruditionis cujusvis semper cupidissimum, id omne discere voluisse, cujus discendi in patria sua Anglia ipsi occasio fuit. Certe sacrarum linguarum studium ibi diu et ad Alcuini usque tempora floruisse testem habemus omni exceptione majorem Ven. Bedam, qui lib. IV Hist. Gentis Angl. cap. 2 testatur, suo tempore ex discipulis Theodori episcopi et Adriani abbatis superfuisse, « qui Latinam Græcamque linguam æque ut propriam in qua nati sunt, norint. » Sacrarum pariter linguarum studium in schola Eboracensi floruisse ex apparatu librorum ibi custoditorum innotescit, quem his versibus describit Alcuinus in poemate de Pontif. Eccles. Eborac.

Illic invenies veterum vestigia Patrum :
Quidquid habet pro se Latio Romanus in orbe,
Græcia vel quidquid transmisit clara Latinis :
Hebraicus vel quod populus bibit imbre superno,
Africa lucifluo vel quidquid lumine sparsit.

Has ergo linguas calluit ipse Ven. Beda, calluere illius discipuli, calluere beati Alcuini magistri ; quidni et ipse illorum discipulus tam industrius eas calluit : quod ipsum ex testimonio Josephi sui discipuli colligitur, cui præcepit, ut in contrahendis in compendium beati Hieronymi Commentariis in Isaiam Hebraicæ veritatis tramitem sequeretur, uti diximus supra num. 48. Consentiunt de hac re plerique scriptores Angliæ, præprimis Joannes Balæus, qui auctoritate Annalium gymnasii Cantabrigiensis nixus dicit, « Alcuinum Latine, Græce et Hebraice peritum fuisse ; » quod nec Magdeburgenses dissitentur, cum Cent. VIII, col. 777, aiunt Alcuinum Latinæ, Græcæ et Hebraicæ linguæ sibi comparasse notitiam.

CXLIX. De stylo quo beatus Alcuinus in tam multis variisque suis opusculis usus est, difficile accidit æquum ferre judicium; non enim omnium de scriptoris cujusdam stylo eadem semper est opinio : et hæc difficultas crescit quando antiqui alicujus auctoris scripta ex vetustis exemplaribus apographis, frequenter mendosissime exaratis, eruere oportet, quorum autographa pene omnia periere. Menda namque et lacunæ quæ in illis reperiuntur, stylum mutant, atque obscurum, nonnunquam, difficilem et minus fluidum reddunt. Stylus pariter ejusdem auctoris nonnunquam mutatur secundum materiarum quæ tractantur diversitatem. Hinc apud Alcuinum stylum alium notabis in epistolis ; alium in tractatibus theologicis, dogmaticis, polemicis; alium in philosophicis : quæ diversitas ex eo etiam profluit, quod ipse illorum scriptorum stylo sese accommodet, quorum usus est luminibus, nunc Hieronymi, nunc Augustini, nunc Gregorii Magni, nunc Bedæ, nunc aliorum. De stylo igitur proprio illius judicium maxime ferendum esse censeo ex epistolis, ex libris adversus Felicem et Elipantum, et ex poematicis. In epistolis, iis saltem quas emendatas et integras habemus, nescio quid in stylo sit reprehendendum. Adversus Felicem et Elipantum utitur stylo modesto, gravi et ad confutandos et corrigendos adversarios apto. Poemata plura, quibus nempe major diligentia adhibita fuit, ut illud de Pontificibus Eboracensibus, de rerum humanarum vicissitudine, de studiis in aula regis, de Luscinia, de Cuculo etc., non destituuntur ingenio, sapore et quibusdam igniculis poeticis. Neque tamen stylum istorum carminum, epistolarum, et reliquorum scriptorum cum stylo Ciceronis, Virgilii, etc., aut cum illo quo inclaruere Augustinus, Hieronymus, Ambrosius, etc., æquiparandum esse prætendimus. Illud certum habemus Alcuini stylum meliorem esse, quam a quoquam ævi sui plurimum adhuc obscuri scriptore prætendi possit ; et æque bonum quam stylum multorum scriptorum Latinorum nostræ ætatis, in qua Latinam linguam multis in scholis cum maximo, nisi medela afferatur, rei litterariæ damno negligi ac contemni dolemus. Verum de hac re, sicut etiam de Alcuini eruditione litteraria in rebus grammaticis, philosophicis, mathematicis, etc., eruditi ipsimet judicent ex ipsis hisce operibus ante illorum oculos positis. Eruditorum quoque attentioni et legentium cognitioni maximam partem doctrinæ illas fidei ac morum, quas beatus Alcuinus ipse mente tenuit et suis discipulis tenendas commendavit, relinquimus, ne in singulis recensendis nimium prolixi simus; præcipuas nihilominus illarum per distinctos paragraphos commemorare juvat, ex quibus intelligi possit, quæ illis temporibus cura, quod systema religionis, quanta puritas et integritas moralis disciplinæ fuerit.

§ I. *De Canone sacræ Scripturæ.*

CL. Integrum sacrorum Librorum Canonem, quem in poemate 6 describit, tantæ auctoritatis esse judicat,

De quibus et nulli jam dubitare licet;

ob rationem, quam mox subjicit his versibus :

His etenim libris vere est cœlestis origo
Hos quia dictavit Spiritus ipse Dei.

Monendum vero hic lectorem censuimus, ultimos versiculos in cod. Vendobonensi integrum carmen claudentes, in cod. ms. pene coævo, serius in bibliotheca collegii sancti Pauli Ratisbonensis detecto, subjunctos haberi primæ parti ejusdem carminis, ubi post versum :

Ad laudem Christi propriamque in secla salutem,

ita sonant:

>   Codicibus sacris hostili clade perustis
>   Ezra Deo fervens hoc reparavit opus.

D. Lambecius, a quo hoc carmen mutuavimus, loco *Ezra Deo* legit *Et Rado*, facili in lectione veteris scripturæ errore, accipiendo nimirum *Ez* pro *Et*, et in ultima syllaba *do* negligendo virgulam illi superinductam, quæ indicat loco *do* legendum esse *Deo*. Hunc neglectum in Lambecio jam notavit cl. Gentilottus in Analectis Vendobonensibus D. Kollarii tom. I, pag. 630, quamvis et ipse vir præclarus deceptus sit, existimans virgulam illam denotare litteram *n*, et loco *Rado* legendum esse *Radon*. Verum nos minime dubitamus in codice Vendobonensi æque ac in illo collegii sancti Pauli Ratisb. legendum esse non: *Et Rado*, sed: *Ezra Deo*. Ezra vero Esdras est, prout patet ex illo hujus carminis versu:

>   Hinc Ezræ, Neniæ, Judith, Esterque libellus.

Enimvero Esdram sacros Libros in captivitate Babylonica olim combustos vel deperditos reparasse a multis creditum est, quam controversiam erudite discussit D. Calmetus in dissert. Commentario in Libros Esdræ præfixa. Hinc ergo suam verisimilitudinem amittit communis quæ hucusque invaluit opinio, quod Rado abbas Vedastinus sacrum Codicem opera beati Alcuini pro suo monasterio reparari fecerit; cujus operis etiam Alcuinus nec in epistola 46 (nunc 51) ad monachos Vedastinos ullam mentionem facit, etsi ibidem titulos ecclesiarum et altarium a se dictatos; missas et homiliam in honorem sancti Vedasti a se pro monachorum Vedastinorum usu compositas commemoret; et in carm. 41, in quo omnia ornamenta ac munera a Radone in ecclesiam et monasterium sancti Vedasti collata recenset, de sacro Codice illius rogatu reparato omnino silet. Credam ergo Alcuinum carmen illud addidisse sacro Codici jussu Caroli Magni a se emendato, et in bibliotheca Vindobonensi, Lambecio judice, adhuc superstiti. Corrigenda ergo est nota quam, nondum viso codice sancti Pauli, dedimus ad idem carmen 6, ad v. *Rado*.

CLI. In priori prædicti carminis parte omittitur *Liber Tobiæ*, nisi desit ibi versus, scriptoris fortasse incuria intermissus; in altera siquidem parte, quæ in utroque ms. absque novo titulo priori jungitur, idem quoque Liber habetur. Libri *Apocalypsis* auctorem Alcuinus credit Joannem, qui Evangelium scripsit. et super pectus Domini in Cœna recubuit. *Librum Ecclesiastici* refert inter Scripturas divinitus inspiratas, cap. 14 de Virtutibus ad Guidonem comitem; et ibidem cap. 17 eumdem laudat tanquam Scripturam sanctam; quamvis lib. I adversus Elipantum n. 18 respondens argumento ex cap. xxxvi, 14, Eccli. adducto subdubitare videatur, num liber ille propheticis sive sacris debeat accenseri, ob auctoritatem sanctorum Hieronymi et Isidori, qui illum apocryphis annumerant. Vide tamen quæ ad illum locum loco citato notavimus.

§ II. De Trinitate et Incarnatione.

CLII. Sicut beatus Alcuinus in Canone librorum sanctæ Scripturæ, ita et in reliquis fidei dogmatibus semper sanctorum Patrum et primævæ Ecclesiæ doctrinam pro norma habuit, a qua præprimis circa mysteria Trinitatis et Incarnationis nullis hæreticorum aut philosophorum subtilitatibus ac ratiociniis averti potuit; sed potius dogmata illa semper in Ecclesia recepta suis discipulis in libris de Trinitate suaviter instillavit; et in libris adversus Felicem et Elipantum fortiter defendit, aperte professus, Patrem et Filium et Spiritum sanctum unum esse Deum, unius substantiæ, unius essentiæ, unius potestatis: Patrem profitetur a se ipso; Filium a Patre genitum, Spiritum sanctum a Patre et Filio æqualiter procedentem. Lib. I de Trin. Christum simul verum esse Deum et verum hominem in unitate personæ. Ibid. lib. III, *cap.* 14; et lib I, adv. Elipant. num. 21. Beatam A virginem veram esse Dei genitricem. Ibid. et lib. VI adv. Felicem num. 9. Verum de his plura prolixius huc referre nolim, cum ejus doctrinæ de hisce mysteriis copiose prostent in citatis libris de Trinitate et adversus prædictos auctores Adoptianismi.

§ III. De gratia et libero arbitrio.

CLIII. Libertatem arbitrii simul ac necessitatem gratiæ beatus Alcuinus variis in locis docet et propugnat. Sic lib. II de Trinit. cap. 8: « Si, inquit, non est Dei gratia, quomodo salvatur mundus; et si non est liberum arbitrium, quomodo judicabitur mundus? Sine divinæ gratiæ adjutorio, ait ibidem, liberum arbitrium nec converti potest ad Deum, nec proficere in Deo. » Pro gratiis præveniente et subsequente in epist. 55 (nunc. 69) ita orat: « Da velle et perficere; da ut misericordia tua præveniat nos ad incipiendum, et subsequatur ad perficiendum. » De gratia comitante et perseverantiæ in epist. 76 (nunc 91) ita scribit: « In peccatis nascimur, sed gratia renascimur, quæ nos in bono opere currentes comitetur, et usque ad finem perseverare faciat. » Demum in cap. 9, v. 11, Comment. in Eccle., Pelagianam sectam illis verbis Apostoli Rom. IX, 16, *Non est volentis, neque currentis, sed Dei miserentis*, destrui ait, « quia, inquit, sine gratia Dei nec voluntas bona erit in homine, neque cursus boni operis sine Deo fieri valet. »

§ IV. De baptismo et confirmatione.

CLIV. De baptismo lib. II adv. Felicem, num. 16, docet neminem in baptismate Joannis adoptionem filiorum Dei aut remissionem peccatorum accipere potuisse. Et libr. II in Joann. cap. 5 baptizatum ab hæretico, schismatico aut quovis facinoroso in confessione sanctæ Trinitatis rebaptizari non debere. In epistola de cæremoniis baptismi et in epist 75 (nunc 90) ritus baptismatis et confirmationis secundum Ecclesiæ usum et sanctorum Patrum doctrinam describit. In epist. eadem ad Lugdunenses, et in 97 (nunc 113) ad Paulinum Hispanos quosdam reprehendit, qui « contra universalem, inquit, Ecclesiæ consuetudinem affirmant, sub invocatione Trinitatis unam esse mersionem in baptismate agendam. » Alios quoque in eadem epist. ad Paulinum erroris arguit, qui trinam volentes facere mersionem, in unaquaque mersione invocationem Trinitatis repetunt, tres personas ter nominando: « Quid opus est, inquit, tertio replicare, quod semel dictum sufficit? » Necessitatem trinæ mersionis in cit. epist. ad Lugdunenses probat auctoritate sancti Leonis papæ, sancti Hieronymi et sancti Ambrosii: de epistola vero sancti Gregorii Magni ad Leandrum episcopum Hispalensem, quæ illi objiciebatur, dubius hæsit, an illius sit, an ab aliquo illius sectæ auctore sub ejus nomine scripta sit, « quia, inquit, illam in epistolari suo libro, qui de Roma nobis allatus est, non invenimus. » Condonandum ergo est Alcuino quod severius judicium tulerit adversus illos Hispanos, unius mersionis assertores. Maximus namque odor omnis in Ecclesia novitatis insistebat consuetudini, quæ suo tempore in Ecclesia Romana, in ecclesiis Angliæ, Galliæ ac Italiæ vigebat, simulque doctrinæ sanctorum Patrum, quos allegabat, et quibus annumerari possunt Tertulianus Libr. adversus Praxeam et de corona militis; sanctus Cyrillus Hieros. Catechesi II; sanctus Basilius de Spiritu sancto cap. 27 et alii apud Martene de antiq. Eccles. Ritibus tom. I, pag. 129, num. 7; ac demum Paulinus Aquileiensis in dictatu, quem pridem a nobis in bibliotheca Salisburgensi detectum D. Mansi novæ Conciliorum editioni inseruit tom. XIII, pag. 921. Hæc controversia post Alcuinum aliquandiu duravit, quæ deinde in concilio Wormatiensi anni 868 terminata est, ubi can. 5 decernitur, utrumque rectum, utrumque irreprehensibile in sancta Dei Ecclesia habendum esse, unicam scilicet et trinam mersionem

CLV. Basnagius tom. II Thesauri Monumentorum Canisii pag. 397 in not. (h) in epist. ad Lugdunenses, ubi Alcuinus scribit tres noctes tresque dies, quibus Jonas fuit in ventre ceti et Christus in corde terrae, synecdotice posse tres mersiones et tres elevationes in baptismo designare, ipsum hac crisi ferit : « Alcuinus, inquit, numeris inhiabat, et inde pueriliter mysteria voluit ad fatuitatem usque elicere. » Non attendit, opinor, Basnagius per acrem hanc censuram simul peti Patres antiquiores, qui certe pueri non erant, et nominatim sanctissimum ac celeberrimum pontificem Leonem hujus nominis primum, eodem modo verba D. Pauli Rom. vi, 3, interpretantem, cujus auctoritate nixus Alcuinus, verba illius ex epist. 17 ad episcopos Siciliae ibi adducit, quae ita sonant : « Sepulturam triduanam imitatur trina demersio, et ab aquis elevatio resurgentis instar est de sepulcro. » Quid in hac interpretatione puerile sit, et an non magis puerilis sit Basnagii censura adversus veteres Ecclesiae doctores, judicent aequi rerum aestimatores.

§ V. De confessione peccatorum.

CLVI. Baptismo poenitentiam comparat Alcuinus, hancque vocat secundum in Ecclesia baptisma quo per confessionem humilem sacerdotibus factam abluimur a peccatis post primum baptisma perpetratis. « Nonne, inquit in epist. 96 (nunc 112) ad monachos Gothiae, in sacro baptismate sacerdotibus Christi nostrae fidei confessionem dare debemus, et sic sacerdotali ministerio, divina operante gratia, ab omnibus ablui peccatis? Cur etiam in secundo poenitentiae baptismate per confessionem humilitatis nostrae, ab omnibus post primum baptisma peractis, eadem divina miserante gratia, sacerdotali similiter auxilio non debemus absolvi peccatis? » Et in epist. 79 (nunc 94) ad Aquilam, animarum pastoribus inculcat, ut hortentur fideles ad confessionis puritatem et poenitentiae compunctionem, « quia, inquit, hoc secundum baptisma est in Ecclesia, ut qui post primum erraverit in aliquo delicto, in hoc secundo corrigatur. » Porro in citata epist. ad Gothos pravam quae in illa provincia inoleverat consuetudinem reprehendit et confutat, quod laici peccata sua sacerdotibus confiteri nollent, existimantes sufficere illa in occulto Deo confiteri. Necessitatem ergo confessionis sacerdotibus faciendae probat 1° quod Christus sacerdotibus dederit potestatem ligandi et solvendi : « quid solvit, inquit, sacerdotalis potestas, si vincula non considerat ligati? » 2° Idem probat exemplo leprosorum, quos sanandos Dominus ad sacerdotes misit; et 3° exemplo Lazari, quem solvi per discipulos jussit : « nunquid, inquit, non fasciamenta mortui eodem verbo solvere poterat, quo mortuum vitae redditum de sepulcro prodire jussit? » 4° Exemplo Davidis qui coram Nathan propheta de peccato suo semet accusavit : « Homini, inquit, patefecit vulnus suum, et a Deo mox remedium accepit. » Idipsum probat ex Sacramentario Ecclesiae, inquiens : « Si peccata sacerdotibus non sunt prodenda, quare in Sacramentario reconciliationis orationes scriptae sunt? Quomodo sacerdos reconciliat, quem peccare non novit? » Demum vero confessionem asserit in iis, qui gravioribus peccatis vel consensu vel opere vel prava consuetudine se obnoxios fecerunt (quos tribus mortuis a Christo resuscitatis comparat), necessariam esse praeparationem ad digne communicandum de corpore et sanguine Jesu Christi : « Haec, inquit, cogitate, charissimi fratres, et in qualicunque harum trium mortium genere si quis jaceat, citius ad confessionis probatissima medicamenta confugiat... ut non ad judicium damnationis, sed ad salutem sanctificationis communicet corpore et sanguine Domini nostri Jesu Christi. » Similia documenta de necessitate et utilitate confessionis peccatorum facienda sacerdotibus tradit beatus Alcuinus fratribus Turonensibus tom. II, pag. 154.

Et in epistola 59 (nunc 44) Flavium Damoetam ad pugnandum cum hoste iter molientem hortatur, ut prius peccata sua confessione expiet, laudato priscis militibus more, inquit Canisius, cujus verba retulimus in notis ad epistolam citatam.

§ VI. De eucharistia.

CLVII. Quae mens ac sententia beati Alcuini fuerit de mysterio eucharistiae et dogmate transsubstantiationis, ex pluribus illius epistolis, nempe 36, 75, et 124 (nunc 41, 90, 163) innotescit : praeprimis vero illam pandit in epist. 41 Paulinum rogans his verbis : « Ne quaeso obliviscaris in tuis sanctis orationibus nomen amici vel Albini, sed in aliquo memoriae gazophylacio reconde illud, et profer eo tempore opportuno, quo panem et vinum in substantiam corporis et sanguinis Christi consecraveris. » Quo sane testimonio nullum pro dogmate transsubstantiationis eo tempore credito illustrius dari potuit. « Haec nostra, haec majorum nostrorum fides (quae observatio in illa verba est doctissimi D. Mabillonii Libr. de Liturgia Gallicana pag. 93, edit. Paris. anni 1729) quam utinam fratres nostri aversi jam tandem vel sero agnoscant, neque nos amplius provocent ad fictitiam illam novationem, quam Paschasio Radberto auctore saec. ix contigisse criminantur. Unius Alcuini auctoritas tam clara et manifesta hanc controversiam dirimere deberet... et qui tam perspicuis verbis detrahit fidem, is non veritatis sed contentionis, sed erroris, sed schismatis amator est. » Hanc Alcuini mentem corrumpere nisus est D. Basnage tom. II Hist. Eccles. libr. v, pag. 899 seqq. quem refutavimus animadversione in censuras illius adversus disquisitionem D. Mabillonii de auctore Libelli Confessionis fidei tom. II, pag. 384.

CLVIII. Fuit tunc temporis in Hispania quorumdam opinio, *salem esse in sacrificium*, hoc est, in materiam panis eucharistici *mittendum*, seu miscendum, quod improbat beatus Alcuinus in epist. 75 (nunc 90) contestatus, « quod illam consuetudinem nec universalis observat Ecclesia, nec Romana custodit auctoritas. Tria sunt, inquit, in sacrificio offerenda, panis, aqua et vinum... et panis, qui in corpus Christi consecratur, absque omni fermento ullius alterius infectionis debet esse mundissimus, et aqua absque omni sorde purissima; et vinum absque omni commixtione alterius liquoris, nisi aquae, purgatissimum. Ex aqua et farina panis fit, qui consecratur in corpus Christi : aqua et vinum in sanguinem consecrabitur Christi. » Ex quibus verbis evidentissime demonstratur usum panis azymi in eucharistia tempore Alcuini, atque adeo ante Photii discidium, pene universalem fuisse, non in Britannia tantum, in qua ipse natus est, et in Gallia ubi diu moratus, verum etiam in Romana et tota occidentali Ecclesia; quod erudite, more suo, ostendit D. Mabill. in Dissert. de Azymo et Fermentato cap. 9 tom. I des ouvrages posthumes pag. 155.

CLIX. Ad hunc locum Alcuini mox a nobis descriptum D. Basnage hanc notam addit : « Hispanos theologos, ait, non fuisse tunc temporis transsubstantiatores facile probaretur, si ex sale mixto pani ducere liceret nobis argumentum. » Mirum! cur argumentum ducere non liceat, quo rei cujusdam veritas facile probari posset? Ex sale pani mixto facile probaretur, si Basnagium recte intelligimus, theologos Hispanos tunc transsubstantiatores non fuisse; verumtamen eo argumento uti illi non licebat. Quid vero prohibebat? Nempe viro docto satis ex aliis fortioribus documentis ac testimoniis notum erat, Hispanos theologos tunc, et antiquioribus temporibus transsubstantiatores fuisse, quibus levissimum argumentum ex quorumdam consuetudine, salem in sacrificium mittendi, opponere non licuit; sicut nec ex usu panis fermentati argumentari licet, Graecos non esse transsubstantiatores. Sapientius ergo vir doctus hanc notam suppressisset.

§ VII. *De sanctorum intercessione, purgatorio et oratione pro mortuis.*

CLX. Ad dogmata fidei catholicae etiam pertinent doctrinae beati Alcuini de sanctorum intercessione, de purgatorio et de oratione pro mortuis. Longum esset omnia illa loca hic describere, in quibus mens beati Alcuini de sanctorum, quos Ecclesia tanquam beatos Dei visione in coelo gaudentes colit, invocatione et intercessione declaratur. Duo saltem testimonia huc referre sufficiat; unum, quo aliis fiduciam erga sanctorum preces inspirat; alterum ex quo propria ipsius in illorum intercessione fiducia apparet. Ad fratres Turonenses in epist. 19 (nunc 25) scribit : « O felix familia tali gaudens pastore... Habetis enim Dei gratiam auxiliantem vobis, et magnum intercessorem, sanctum scilicet Martinum; deprecantem pro vobis : quia in cujus servitio quotidie statis in domo sua, illum habetis in coelis omni hora suffragatorem. » Pro semetipso ita ad sanctum Willibrordum precatur, tom. II, pag. 195 : « O beatissime Christi sacerdos! ne nos derelinquas laborantes in terris; sed precibus tuis de coelis adjuvare non cesses. Vita tua apud homines semper probata fuit pro Deo: sint preces tuae apud Deum semper intentae pro hominibus... O felix anima, quae saeculi labores dereliquisti, et coelestem cum multiplicis sudoris tui fructu: requiem intrasti... Credimus te in praesentia Domini Dei tui omnia posse impetrare, quae poscis, etc. » Ex quibus simul patet, beatum Alcuinum minime dubitasse quin sancti homines ante diem extremi judicii in coelis Dei praesentia et visione fruantur : imo in epist. 97 contrariam foventes opinionem reprehendit, tanquam vulnerantes sanctae et catholicae Ecclesiae unitatem ac universalis fidei veritatem.

CLXI. De igne purgatorio quorumdam justorum ita scribit lib. III de fide Trinitatis cap. 21 : « Sunt quidam justi minutis quibusdam peccatis obnoxii, qui aedificaverunt supra fundamentum, quod Christus est, fenum, ligna, stipulas, quae illius ignis ardore purgantur; a quibus mundati aeternae felicitatis digni efficientur gloria. » Hunc ignem Alcuinus depingit in carmine de Pont. Eborac. vers. 905, et vers. 987 seqq. His porro animabus prodesse vivorum suffragia docet in epist. 154 (nunc 178) ad Ædilbertum episcopum Hagulstaldensem his verbis : « Suffragia viventium prosunt morientibus vel ad veniam peccatorum vel ad majoris gloriae augmentum. » Et in epist. 151 (nunc 200) ad Edilthrudam scribit : « Si duo sunt amici, felicior est mors praecedentis, quam subsequentis; habet enim, qui fraterno amore pro se quotidie intercedat, et lacrymis lavat pristinae errores vitae. Nec dubites prodesse piae sollicitudinis curam, quam pro anima illius geris. Tibi proficit et illi : tibi itaque quia in fide facis et dilectione; illi ut vel poena levigetur, vel beatitudo augeatur. »

§ VIII. *De Ecclesia.*

CLXII. Ne longiores simus in recensendis beati Alcuini doctrinis circa dogmata fidei, id unum adhuc commemorare sufficiat, doctorem hunc, quo Ecclesia occidentalis illius aetatis majorem vix celebriorem certe non habuit, constanter Ecclesiae catholicae ac Romanae auctoritati adhaesisse, atque ad hanc sequendam suos discipulos, et omnes alios quos proprio suo judicio privataeque scientiae ac spiritui nimium tribuere noverat, adhortatum fuisse. Adrianum I Romanum pontificem, sancti Petri vicarium et mirificae illius potestatis ligandi atque solvendi haeredem agnoscit in epist. 15 (nunc 18). Leonem III vocat pontificem a Deo electum, vicarium apostolorum, haeredem Patrum, Ecclesiae principem, unius immaculatae columbae nutritorem epist. 20 (nunc 24). In epist. 75 (nunc 90) ad fratres Lugdunenses scribit : « Nemo catholicus contra Ecclesiae auctoritatem certare audeat : et ne schismaticus inveniatur et non catholicus, sequatur probatissimam sanctae Romanae Ecclesiae auctoritatem, ut unde catholicae fidei initia accipimus, inde exemplaria salutis nostrae semper habeamus; ne membra a capite separentur suo : ne claviger regni coelestis abjiciat, quos a suis deviasse intelligit doctrinis. » Ac propterea lib. I adversus Felicem, num. 6, « Ecclesiam Romanam vocat aliarum ecclesiarum caput: » Et lib. VII, num. 13, docet, « Romanam Ecclesiam a catholicis et recte credentibus esse sequendam.

CLXIII. Haec fuit doctrina celeberrimi hujus totius Galliae, Franciae, Germaniae et Angliae magistri, illustrisque saec. VIII in Ecclesia doctoris, non noviter efficta, sed a tempore apostolorum tradita et inter priores ignorantiae et barbariei nebulas conservata. Haec fuit fides summi ac potentissimi regis ac imperatoris Caroli Magni; haec fuit fides omnium illius temporis pontificum, et orthodoxorum principum, archi et episcoporum, omniumque fidelium Christianorum, ut mirum sit, potuisse recentioribus temporibus, inter viros etiam doctos et eruditos reperiri, qui illis dogmatibus recentiorem originem assignare vel affingere vellent. Verum haec heterodoxorum laboriosa, simul vero frustranea diligentia est, qua novandi spiritum a se emoliri, suisque inventis antiquitatis fucum obducere conantur.

CLXIV. Orthodoxi hujus doctoris nomen Calvinus, exigua litterarum metathesi, initio per summam fraudem et imposturam usurpasse tradit Canisius in praefat. ad lectorem in Dialecticam Alcuini tom. II Lect. Antiq. Edit. Basnagii pag. 486. Similia habet Spondanus Annal. Eccle. tom. III, edit. Ticini. pag. 61, num. 9, ubi ait : « Ipse (Calvinus) aliquando transpositis litteris Alcuinum sese nominavit, uti in Institutionis suae editione Argentoratensi anni 1559, nomen aemulatus magni illius Alcuini, qui Caroli Magni praeceptor fuit. » In indice quoque expurgatorio, quem D. Basnagius in observatione in eamdem Dialecticam Alcuini pag. 487 citat; et in altero indice librorum prohibitorum Romae anno 1704 edito, quem ipsimet inspeximus, recensentur *Alcuini seu potius Calvini Commentarii in Libros de Trinitate.* Verum D. Basnagius loc. cit. expurgatores, Spondanum et Canisium hac in re vulgari quodam rumore deceptos fuisse credit, et ab aliis credi vult, donec Institutionis Calvini Argentoratensis illa editio appareat, quam memorat Spondanus. Rationes suae opinionis, quas ibi D. Basnagius profert, haud contemnendas censemus; praesertim quod in novissima editione Indicis, jussu Benedicti XIV recogniti et anno 1758 editi, Commentarii illi Alcuini seu Calvini non legantur, sed tribuantur Lucae Lossio his verbis : «Lossius Lucas-Alcuini abbatis Turonensis de fide sanctae et individuae Trinitatis libri tres, commentario illustrati. Index Trid. » Hos commentarios, etsi multum quaesitos, necdum obtinere potuimus.

CLXV. De doctrinis ad mores Christianos pertinentibus, quas beatus Alcuinus hominibus cujusvis status et conditionis, regibus, principibus, judicibus, ducibus exercitus, pontificibus, abbatibus, monachis et sanctimonialibus, viduis et virginibus, atque integris populis cum maximo zelo, cum gravitate et quadam magisterii auctoritate ubique inculcat; prolixius hic disserere, easque singulatim recensere superfluum existimamus. Illas sedulus ac pius lector non tantum in opusculis moralibus, verum etiam in epistolis familiaribus copiosissime reperiet. Optandum profecto foret, ut nostris temporibus inter eos, qui ad publicum munus docendi, ad principum consilia, tanquam conscientiarum arbitri et aularum moderatores vocati sunt, exemplo Alcuini, abjecto timore servili humanoque respectu, modeste quidem verum intrepide summis et infimis veritatem insinuarent, atque sic a consilium Alcuini sequerentur ad Beornium presbyterum in epist. 7 (nunc 8) scribentis : « Ut tibi, charissime frater, tempus vel locus occurrit, semper Dei suade voluntatem sequi omnibus personis, regi suaviter, episcopis honorifice, principibus fiducialiter, omnibus veraciter. » Optandum vero etiam foret, ut principes, aliæque sublimiores personæ hisce doctoribus, consiliariis, ac moderatoribus, exemplo potentissimi regis et imperatoris Caroli, benevolas aures præberent, eosque adversus malevolos susurratores sua auctoritate foverent atque protegerent.

CLXVI. Ex his, quæ de vita beati Flacci Albini seu Alcuini hucusque ex ipsis illius scriptis Operibus commentati sumus, intelligi potest non immeritas esse laudes quas in ipsum contulerunt veteres et recentiores scriptores, quorum testimonia atque elogia, post illius vitam ab anonymo coævo et a cl. D. Quercetano descriptam, proferemus. Illud vero maxime in tam celebri viro laudandum est; quod cum alii de illius eruditione sublimiter sentirent, ipse scripta sua cum magna humilitate ac modestia censuræ aliorum subjiceret: Ita enim. scribit in epist. 67 (nunc 82) responsoria ad domnum regem :: « Quod vero in fine epistolæ familiariter et salubriter me admonere curastis, ut si quid humiliter emendandum sit, corrigatur : nunquam fui, Deo donante, in errore meo pertinax, nec de meis confidens sensibus; nec talis, ut meliori sententiæ facile acquiescere non valerem... hoc omnino vestram sentire sapientiam obsecro, non vobis quasi nescienti, sed quasi probanti scribere ; nec quasi ignoranti, sed magis corrigenti dirigere,

A parvitatis meæ sensus. » Et in epist. 85 (nunc 101) : « Gratias agimus venerandæ pietati vestræ, quod libellum, secundum vestræ jussionis præceptum vobis directum, auribus sapientiæ vestræ recitari fecistis : et quod notari jussistis errata ilius et remisistis ad corrigendum ; quamvis a vobis melius emendari potuisset, quia alterius judicium in quolibet opere plus sæpissime valet, quam proprii auctoris. » Ita scribit, ita de se humiliter sentit magnus ille scientiarum omnium restaurator, et integrarum nationum primus magister Alcuinus. Utinam hac modestia præditi essent moderni plerique doctores ac scriptores, qui suorum sensuum etiam in materia religionis ac morum, adeo tenaces sunt, ut nec a potestate ecclesiastica, nec a civili se corrigi patiantur. Utinam vero etiam terrarum principes, Caroli Christianissimi regis et imperatoris exemplo incitati, sua a Deo accepta po-

B testate et auctoritate uterentur, ac scriptorum hujusmodi audaciæ ac prætensæ sentiendi scribendique libertati severis legibus obviarent, libellosque religioni simul ac moribus exitiosos, quibus subditorum mentes corrumpi necesse est, eliminarent, et jam vulgatos supprimi atque exuri juberent!

Hæc sunt, quæ de vita beati Alcuini commentari nobis libuit, et licuit. Plura alia huc pertinentia industrius lector in monitis præviis, quæ singulis prope opusculis præmisimus, reperiet.

BEATI FLACCI ALCUINI VITA.

Ex vetusto codice ms. sanctæ Mariæ Rhemensis primum a D. Andrea Quercetano edita.

MONITUM PRÆVIUM.

Nomen scriptoris hujus Vitæ ignoratur. Quanta illius auctoritas sit, ex ætate qua vixit, et a teste ex cujus relatione beati Alcuini acta didicit, æstimandum est. Opus is aggressus est, cum Aldricus Ferrariensi monasterio præerat abbas, uti ipse scribit infra cap. 40, num. 19. Ex quo intelligitur hanc Vitam scriptam esse ante annum 829 quo Aldricus ex abbate factus est episcopus Senonensis. Porro acta ac virtutes beati Alcuini se didicisse initio et fine prologi testatur ab ejus discipulo Sigulfo, quem etiam suum institutorem vocat : hinc vero simillimum est, hunc anonymum fuisse monachum Ferrariæ, cujus abbas fuit Sigulfus ante Aldricum. Primus hanc Vitam edidit Andreas Quercetanus ex cod. ms. Rhemensi veterrimo, inquit D. Mabillonius, auctoris ætate exarato. Suriana editio ad normam Chesnianæ facta est, additis in margine capitulationibus, quas una cum D. Mabillonio retinuimus, quamvis D. Henschenio ad 19 Maii alia divisio placuerit, qui etiam eidem operi nonnullas correctiones in lectoris commodum adhibuit, quas ubique indicabimus.

PROLOGUS AUCTORIS.

I. Superna Christi rorante dextera et juvante gratia, reverendissime Pater æque et amantissime, jubes, ut tibi de admirandæ vitæ initio fineque Patris Alcuini, quæ ejus nosse potui, narrante fidelissimo Sigulfo discipulo, sermone licet inculto e parvo, tamen veritate referto, scribam ædificationi nonnullorum profutura ; asserens te diu super hac re non modicam ferre sitim : non quia calore ignita superno tua viscera sanctorum innumerabilium vita, gestis piis, et studiis nequeant refici, quos sanguine proprio, vel sæculi suarumque abrenuntiatione voluptatum, Agni coelestiumque constat virtutum consortio mercari, quibus una suavi cum canore felicibus fruentes jubilo insatiabili, vestimentis, sive palmarum frondibus (mens quibus luminis ornatur fe-

C rax), viaque [*Henschenius*, viam quæ] arcta exstat et angusta, Hebræorum pueris asinæque terga Christo sessore præbente [*H.*, premente] humili, planam et meabilem reddidere. Sed quoniam mundo fluide cum suis senescente vix admodum pauci reperiri queant, priscorum in omnibus ardua sequi vestigia qui possint (qui capiti summo quanto viciniores, tanto actuum immensitate fuisse probantur illustres, Domini tabernaculum instar columnarum firmissime sustinentes [ut] aquarum inundatione, atque ventorum impulsione nunquam labi, neque moveri possit), ideo necesse valde esse asseris, ut si aliquem nostris temporibus imitatione pia sequendum Christi nobis gratia contulerit, hujusmodi lucerna non sub modio, neque sub lecti quiete, sed supra candelabrum ponatur ; ut ingredientes Ecclesiam lumine illustrentur claro. Ipse siquidem familiæ Pater, qui prima hora, idem et undecima vineæ operarios conduxit, quibus et unam mercedem dare jussit. Neque enim, si manus, aut circa Christi

D os barba pendens, niveique dentes, qui queant panis crustam parvulis masticare, vel oculi pulchriores vino, quo nutriuntur virgines, esse nequimus ; ob hoc a corporis Domini compagine separabimur, optabili, in eadem tantum [si] fide, spe et charitate, juxta Apostolum, [simus] radicati et fundati, ut multi unum efficiamur corpus Domini, manente charitatis [unitate in] differentia stellarum.

II. Nempe oculi fuerunt apostoli, solis æterni splendorem mentis puritate utcumque contemplantes, sicut apostolorum princeps Petrus, virgoque Joannes : quorum alter hæresium plurimarum devitans opinionis, ex duabus consistentem substantiis Filii Dei viventis unam confessus est personam, dicens : *Tu es Christus Filius Dei vivi* (*Matth.* xii, 16). Alter in seipso animam effundens suam, et cuncta creata transcendens, ad eum, per quem sunt omnia facta, conscendit, ac ejus potatus uberibus inauditum sæculis eructavit arcanum, dicendo : *In principio* erat Verbum, etc. Fuere pectus æreum, clare prædicando, martyres beati ferreumque, grassantium ignes persecutorum ferendo, ut Cyprianus, Laurentius, Dionysius, Mauritius : Exstiterunt sancti confessores atque doctores, quo doctrinarum cibi conderentur, venter, Martinus, Hilarius, Benedictus monachorum pater eximius, Ambrosius, Gregorius, Hieronymus, Augustinus. Hi ergo omnes duobus Samaritæ munerati denariis, quidquid proprio valuere sudore, intra stabulum vulnerato impenderunt, nunc exspectata gloriose ditari mercede. At modo, abundante iniquitate, apostoli juxta prophetiam, et refrigescente charitate multorum, quasi pupilli absque patre facti, matris residentes in genibus, quæ amarissimis hinc inde quatitur fluctibus stans in medio mari, priorum nos Patrum muniri egemus suffragiis, eorumque nutriri vitalibus stipendiis, ne fame periclitemur in via cursus nostri laboriosa : quin potius relinquamus navem, sæculi onustam mercibus, vero hæreamus ut capiti, dicamusque : *Trahe me post te, curremus in odorem unguentorum tuorum* (*Cant.* 1, 4). Qui enim mons cervis amœnus celsa petentibus, dignatus est et herinaciis humilibus refugium patefieri, salvans homines simul et jumenta, noverunt qui se esse apud eum.

III. Ergo quos et ævi nimium et propria gravat valetudo, antiquorum ad plenum quia nequeunt sequi, saltem illorum vestigia sequantur, quos secum convixisse suo in tempore, et evidentibus indiciis Christo placuisse certissime probarunt, Benedicti [a] scilicet monachi et Alcuini per omnia canonicis imitatione digna : cujus tuis devote parens, sanctissime Pater, jussis, aggrediar calamo, non sæcularis eloquentiæ redolente stemmate, sed sicut corporis, ita sensus balbutie scriptitare vitam ; testans Deum Jesum non elationis me fastu hoc arripere tentasse, sed multorum animabus prodesse cupisse. Scribam igitur fideliter quæ ab ejus fidelissimo tantum didici discipulo, Sigulfo scilicet institutore meo, dilectissimum quem tu quoque habuisti patrem, qui præ cunctis mortalibus, post sancti Edberti [b] discessum, solus ipsius meruit nosse secreta eximia. Te ergo, Domine, te deprecor, Pater venerande, tua ut sim hoc in sudore pia fultus intercessione, qui me hactenus ista silentem aperto imperas jam sonare ore.

CAPUT PRIMUM.

Alcuini pueritia ac prima studia.

IV. Vir Domini *Albinus* nobili gentis Anglorum exortus prosapia, nobilior Christi Jesu regeneratus undis exstitit vitalibus ; qui cum matris ablactaretur carnalibus, Ecclesiæ traditur mysticis imbuendus uberibus. Cujus jam tunc Jesus sua possidens dignatione corpusculum, non hoc fœtidis ab antiquo hoste permisit pollui lusibus obscenisque actibus, quippe qui suam, antequam nasceretur, in eo prædestinaverat consecrare sedem.

V. Dumque adhuc esset parvulus, diurna sub luce per canonicas cum aliis sæpe frequentabat ecclesiam horas ; nocturnis autem perraro temporibus. Cumque alter eum a decimo annus teneret, contigit nocte quadam eum, cum uno simplici et tonsorato rustico, separatim una jacere in domo. Postulaverat siquidem rusticus ille simplex magistrum inlustris pueri, ob suæ solitudinis nocturnæ solamen, ut una nocte quemlibet ex schola puerum secum sua juberet in cella dormire, eo quod quempiam suorum non haberet ad præsens. Cui, nutu Dei, Virgilii amplius quam psalmorum amator conceditur puer Albinus. Ecce vero circa galli cantum solito more pulsatur a custode signum nocturnarum vigiliarum, debitum a fratribus persolvitur officium ; sed rusticus ille simplex latus se vertens in alterum, quippe nimium circa hujusmodi negli-

A gens, dormiendo sterte... ; cumque jam invitatorius fuisset ex more cantatus cum antiphona psalmus, subito domus illa vere rustici spiritibus repletur tetris, qui ejus cingentes stratum dicunt : *Bene quiescis, frater.* Quo repente expergefacto inculcant eadem, cur, inquiunt, *fratribus in ecclesia vigilantibus tu hic solus stertis ?* Quid multa ? Verberatur utiliter in tantum, ut sua cunctis ex mutatione salubri præstaret cautelam et canticum : *Hæc mutatio dexteræ Excelsi*, dum anticiparent oculi ejus nocturnas vigilias. Dumque is verberaretur, puer nobilis tremiscens, ne sibi eadem fierent, hæc, ut ipse post testatus est, corde dicebat imo : « O Domine Jesu, si me nunc istorum eruis manibus cruentis, et post hoc sollicitus erga ecclesiæ tuæ vigilias ministeriaque laudum non fuero, plusque ultra Virgilium quam psalmorum modulationem amavero ; tunc tale sortiar castigationis flagellum. Tantum, obnixe precor, libera me. » Denique arctius menti ut hoc imprimeretur ipsius, posteaquam a verberatione rustici cessatum, jubente Domino, est, spiritus nequam huc

B illuc oculos vertentes, vident diligentissime corpus et caput pueri omne pannis involutum, penitus inscium anhelitus. Princeps autem illorum interrogat suos : « Quis hic alter quiescit in domo ? Est, inquiunt, Albinus hic absconsus puer in lecto. » Puer vero, ubi se latere non posse persensit, lacrymarum nimio perfusus imbre, quanto prius pavore suppressus, tanto magnis ut puer redditur perstrepens clamoribus. Illi vero immisericorditer hunc volentes et non prævalentes [pœna] afficere, pertractant quid super eo agere debeant. Sed sententia Domini constricti, ne voto satisfacerent suo, aiunt imprudentes, prudenter tamen : « Non istum verberibus, quia rudis adhuc est, acribus [*Al.*, acris], pedum tantum, in quibus duritia inest calli, tonsione cultelli castigemus, et emendationem sponsionis nunc suæ confirmabimus. » Jamque nudatis vestimento pedibus malorum manibus, crucis se muniens Albinus velo-

C citer signo, psalmumque decantans duodecimum affectu omni, malorum subito disparuit turba. Et rusticus semivivus una cum puero agili se præcedente gressu, sanctorum in basilicam confugit ad præsidia.

VI. O insidiator calcanei, cujus est panis pulvis, non frumentum Domini, qui capite contereris ! O inimice istis ! num tu demens, qui quondam cœli quærebas indebite fieri sessor Celsissimi ? Si Altissimo, ut jactabaris, similis incomprehensibili claritatis luce in monte Dei fueris, qui obscura sub nocte actus niteris diligenter mala tua cum accensione scrutari humanos ? Nempe fatebor, tuarum, ut docent consequentia, tenebrarum te juste factum judicas principem propria præsentia. Nam etsi in angelo appares lucis, lucem nobis conaris auferre intimam pulvere tuo fœtido. At si, ut es Æthiops, claritatem spei, pavorem incutiendo nimium, hoc in Albino agere tentasti puero, vinceris que humili ab homine, altum qui viceras hominem. Verum si cognovisses,

D Christum gloriæ non crucifixisses, neque Christicolæ Albini [c quos sibi nolens arte mirifica fructus actuum præparabas] callosas tondere plantas quæsisses. Abscondisti pedibus ejus rete captionis, et ipse quasi avis, pennis sustentatus columbæ, pedibusque cervi instar firmatis ac in excelsa constitutis, cum David a facie Saulis fugit, in solitudine commoratus gaudens. Lacum aperuisti et effodisti, inque illum confusus cecidisti optata sine præda. Sagittæ in te retorquent tuæ acumen, inæstimabili dolore afficiunt. Cecidisti in terram vulnerator gentium sanctorum, conculcaris cum Albini pedibus, amato projiceris e tumulo, quia fortis a fortiore victus. Grave sceptrum tuum, o exactor, et jugum humeris istis impositum superatum a puero patrem adhuc ignorante vocare suum et matrem. Spo-

---

[a] Abbatis sc. Anianensis.
[b] Forte legendum *Elchberti* ex num. 11 infra.

[c] Uncis comprehensa nullum reddunt sensum.

liis tuis, obliviscens te et populum suum, mater ornatur Ecclesia, spiritalium fecunda charismatum, insignia cœlorum cum virtutibus Domino concelebrans laudum cantica. Gratias semper tibi, Domine, referimus, bone Jesu, una cum Patre, sancto et Spiritu per sæcula, cujus est boni quidquid agimus, inchoamus et perficimus, juxta cum tuam docens nos gratiam qui ait : *Deus est autem, qui operatur in vobis et velle et perficere* (*Philipp.* i, 13), et Psalmista : *Deus meus, misericordia ejus præveniet me* (*Psal.* xxxvi, 11). Et iterum alibi : *Et misericordia tua subsequatur me omnibus diebus vitæ meæ* (*Psal.* xxii, 6). Et tu ipse dixisti : *Sine me nihil potestis facere* (*Joan.* xv, 5).

CAPUT II.
Alcuinus traditur disciplinæ Hechberti in monasterio Eboracensi.

VII. Hæc ita se de initio pueri incipientis supradicti habentibus, cœpit hinc sui quamdam ad similitudinem Domini, ætate [et] sapientia, cum vera et viva proficere philosophia, arctius ejus obsecundans jussis. Postque memoriter lectionem recitatam Psalmorum, beati gentis Anglorum Bedæ doctissimi discipulo Hechberto præsuli [a], meritis magistro simili traditur, quasi lactis inscius fortibus jam alendus panibus : qui præcelsam in puero gnaviter, ut pote oppido perspicuus, fulgere Christi conspiciens gratiam, cœpit paulatim ei secretius secreta demonstrare sua : quippe quem imitatorem compertissime gaudebat fore sui. Erat siquidem ei ex nobilium filiis grex scholasticorum, quorum quidam artis grammaticæ rudimentis, alii disciplinis erudiebantur artium jam liberalium, nonnulli divinarum Scripturarum, post istas manibus confricatas Patris, pectus in suum hordeaceas quinas, triticeasque septenas trajiciebant, una gemino cum pisce, spicas. Omnes vero fide, spe, charitate, humilitate, jejuniis, castitate, obedientia, et circa Ecclesiæ officia devotissima æque et honestissima cura, omni cum circumspectione imbuebantur, verbis non tantum, quantum sancti patris Hechberti exemplis digni per omnia Christiani præsulis, in quo ea, suis quæ in præceptoribus fulserat, doctrina non mediocriter enituit, in sancto videlicet Anglorum apostolo Gregorio, Augustino ejus discipulo, Benedicto sancto, Cuthbertoque simul et Theodoro, primi Patris et apostoli per omnia.... sequentibus ; et in viro, Domino nimium amabili Beda presbytero proprio præceptore suo ; qui ab ineunte ætate quasi Samuel Domino consecratus, inscius coinquinationis ullius vestimenti, monasticis traditus a parentibus regulis quidquid verbo docuit, exemplo roboravit ; qui postquam bonum certamen certavit, cursum consummavit, fidem servavit, talentumque sui Domini cum usuris duplicavit, die quo voluit et petiit, eo scilicet quo rex gloriæ Christus triumphator super omnes ascendit cœlos, ab incarnatione Domini 731, [b] vii Kal. Jun., a sancti vero Gregorii obitu 127 anno consummatus, ad Dominum migravit nonagenarius [c], sicut quorumdam affirmatio est. Nam nono decimo ætatis suæ anno levita, trigesimo vero sacerdos efficitur : a quo tempore, quæ ante per triginta annos didicerat Ecclesiæ profutura, usque quinquagesimo nono, cum sudore non inerti, dignis memoria libris inserere proprio stylo studuit : per alios autem triginta an-

nos, ferunt, ea quæ scripserat correxisse: discipulos quoque non mediocriter omnium liberalium artium studiis erudiisse: hanc antequam ægrotaret antiphonam ipsi valde festivitati convenientem dictans, componensque sua cum melodia [d] : *O Rex gloriæ Domine virtutum, qui triumphator hodie super omnes cœlos ascendisti, ne derelinquas nos orphanos, sed mitte promissum Patris in nos spiritum veritatis. Alleluia.* Cujus jam, ut dictum est, sequens Hechbertus vestigia, totum thesaurum suum Domini deputavit eloquia, Scripturarum rimando penetralia. Nam a luce diei surgente, si inevitabilis non obstitit præpeditio, vel ulla solemnitas præcellens, aut festivitas magna sanctorum, usque horam quasi ad sextam, sæpissime et nonam suo residens in lecto discipulis cuique convenientia Scripturæ pandebat arcana. Inde vero surgens, secretissimamque et orationem confugiens holocausta medullata cum incenso arietum offerens prius Domino, ac post juxta exemplum beati Job (*Job.* i, 5), ne forte filii ejus in benedictionis [maledictionis] laberentur foveam, sanctificabat eos offerens corpus Christi et sanguinem pro omnibus. Et sic tandem vespertina propinquante hora, præter Quadragesimam maxime, omni tempore tam æstatis quam hiemis parcum cum suis, digne tamen præparatum sumebat cibum ; linguæ non parcens lectoris, utroque ut reficeretur pane. Videres ergo tunc ante Patrem pueros præparatis se conterebrare telis, discutientes in secreto, quid post ordinabiliter protelarent in publico. Nonne videtur tibi de hoc etiam dici posse : *Sicut aquila provocat ad volandum pullos suos, et super eos volitat expandens alas, assumensque eos et portans in humeris* (*Deut.* xxxii, 11).

CAPUT III.
Alcuini adolescentis religiosa pietas.

VIII. Hos autem omnes, florida decoratus adolescentia Alcuinus, humilitatis sub lectione præibat. Is denique [e] pater pauperum, Christi multus amator atque adjutor, bis in die secretissimam orationem erat solitus fundere, purissimis cum irrigatione fontis, genu utroque in terram flexo, manibusque diutius instar crucis in cœlum erectis; ante scilicet quam cibum sumeret, et prius quam completorium cum suis omnibus celebraret : quo celebrato nullus discipulorum ipsius sine ejus benedictione capiti suo data, ullo unquam tempore membra audebat committere stratui. Qui omnes quidem diligebat, maxime tamen Albinum, fidelissimum suorum actuum sequacem, propter meritorum distantiam. Cui virtutes inter alias hoc erat datum specialius, ut nihil per se eligeret agere, quod magistri auctoritas probans non conderet [*Forte*, concederet] ; nullasque unquam hostis machinas insidiasve pertulit interius, quas absque ulla verecundia magistro celaret exterius. Qua de re actum est ut stimulum, quem aliquando senserat, libidinis indomabilem arte hac mirifica vinceret gloriosissime, dum parvulos ad petram Babylonicos elisit, conterens caput serpentis insidiantis calcaneo. Cavebat enim ne super illo verba dicerentur Christi, quia *omnis qui male agit, odit lucem, et non venit ad lucem, ut non arguantur ejus opera* (*Joan.* iii, 20) ; sed potius illorum in sortem veniret, de quibus subnectitur : *Qui autem facit veritatem venit ad lucem, ut manifestentur ejus opera, quia in Deo sunt facta.* O vere monachum, monachi sine voto [f], cujus exem-

reponit. Mabill.

[d] Neque Beda hanc antiphonam composuit, sed eam, haud dubie jam ab Ecclesia receptam, morti proximus frequentasse memoratur in epistola Cuthberti discipuli sui : *Secundum nostram,* inquit Cuthbertus, *consuetudinem et sui.* Mabill.

[e] Nempe Hechbertus.

[f] Nempe in regula monachorum sancti Benedicti præscribitur cap. 8 ut monachi malas cogitationes cordi suo advenientes abbati non celent suo. Mabill.

---

[a] *Hechberto præsuli.* Seu Egberto qui regis Eadberti frater fuisse dicitur, et in archiepiscopatu Eboracensi anno 732 successit sancto Wilfrido II.

[b] Imo anno 735. Vide Mabill. Act. SS. Bened. sæc. iii, part. i, in Elogio Ven. Bedæ. Vide etiam supra in Vita a nobis concinnata, cap. 3, num. 11 seqq.

[c] Falsa hæc traditio facile corrigi poterat ex lectione Bedæ Historiæ, in cujus fine Beda testatur, se undesexagenarium operi supremam manum imponere anno 731, quo ejus obitum auctor iste perperam

pli sequax perraro reperitur, monachus ex debito. Imitemur ergo Albinum pium adolescentem Domini, fugiendo tenebras pharaonicas palpabiles; vertamusque noctem in diem, et post tenebras speremus lucem, carcere principis tenebrarum evaso. Recordemur squamarum Behemoth sedulo, quibus corpus ejus se invicem prementibus, compactum redditur: una enim uni conjungitur, et ne spiraculum quidem incedit per eas: una alteri adhæret et tenentes se nequaquam superantur: cujus fortitudo in lumbis, cujus sunt nervi testiculorum perplexi: qui dormit sub umbra et secreto calami et locis humentibus. Gaudemus tuam, Albine, correctam pueritiam ex hostis antiqui crudelitate, dum in bonum tuum malitia illius utitur Deus. Veneramur mentis in adolescente puritatem, atque constantissimam firmitatem magno in certamine, in quo duellionis spiritu sæpius agitata caro ossa, in multis quæ nequeunt pace frui quieta, Domino custodiente in te manent illæsa. Meruisti Dominum Christum mentis tuæ habere hospitem, quo te protegente aiebas: In te eripiar, Domine, a tentatione, et in te transgrediar murum, qui posuisti immaculatam viam meam, brachiaque mea ut arcum æreum. Miles igitur iste videamus quibus ex adverso rursum laniari quæritur spiculis, in modumque exercitus Judæ Machabæi antiquis patrum de victoriis armemur armis invictissimis.

CAPUT IV.

Invidiam sociorum superat. In exstasin rapitur.

IX. XIII Kal. Decemb. [a] igitur amissione orbatus patris Hechberti Alcuinus divino munere Elebertum virum beatum et clarum loco amissi excepit, magistro per omnia similem. Cum ergo non modo sapientiæ venustate, verum aliis etiam pollens virtutibus socios præcederet, nulli secundus apparens, sentit multis in rebus suo de profectu invidiæ spiritu eorum corda turbari, in tantum, ut eum claro nequaquam oculo aspicere, neque dulcibus verbis alloqui quirent. Sciscitans vero magistri super hac re consilium, hortatur beneficiis carbones ignis congerere super capita eorum. Audiens denique patris saluberrimum consilium, non ante ab intentione rationis [*F.*, orationis] cessavit (considerans ne aliquod sibi contrarium ex ore ejus verbum audirent, eorum sæpius substernens se vestigiis, injuste licet cum ab eis argueretur) quam evidentem Domino mentis sanitatem impetraret, adeo ut repente mutati secundum eum a Magistro omnimodis habere gauderent. Trahiturque regulus manu ablactati pueri de sua, qua cubabat, caverna, et blandi columbarum ibi statuuntur amplexus. Magnæ sunt certe sanctorum virtutes, per quas corpora sanantur, at non minoris admirationis ac venerationis æstimari debent, quibus medentur animæ. Hac autem insignitum virtute Albinum mira cum pietate veneremur, qui noluit absinthium sæcularis litteraturæ nosse, Dei quatenus intraret in potentiam. Enimvero sprevit mundum in maligno positum, altior ut mundo factus jungeretur illi, excelsior qui est cœlis factus. Legerat in Apostolo, quia *prudentia carnis inimica est Deo: legi enim Dei non est subjecta* (*Rom.* VIII, 7), quam sequi si vellet illorum omnium generosissimus Albinus pro talibus ausis non diu procrastinata vindicta eos percelleret. Jam autem lubricos adolescentiæ calles digno cum præconio transiliens, quasi sol in cœli arce media, magno juventutis calore figitur. Jam quoque cum Moyse Ægyptiaca doctus sapientia, cujus amputaverat crines et ungulas, montem, quo Deus videri posset, conscenderat; videratque virgam in colubrum, rursumque colubrum cauda tactum in virgam versum, abyssumque noverat involvi

A cantem abyssum. Hærens illius vestigiis stat, qui supra montes evangelizat, annuntians bona, quatenus speculatorum levatam posset audire vocem.

X. Legens igitur Joannis Evangelium ante magistrum una suis cum condiscipulis, pervenit ad eam partem, quam soli norunt mente comprehendere mundicordes, quæ est ab eo loco quo ipse supra pectus Domini recubuisse se dicit, usquequo cum discipulis suis trans torrentem Cedron Jesum egressum fuisse recolit. Hac ergo evangelica cum debriaretur lectione Albinus mystica, sedens ante magistri lectulum, subito ejus spiritu in exstasi ducitur: ac idem, qui quondam sub solis radio ante sanctissimi Patris Benedicti, nunc ante hujus oculos, curte sive equarum sub uno parco [b], omnis mundus collectus ostenditur: qui dum in hoc quod cernebat attentam oculorum figeret aciem, vidit totam per gyrum hanc clausuram quasi sanguine circumseptam. Cumque hac teneretur visione mirabili, sui in eum oculos vertentes nimia
B cum admiratione condiscipuli, nempe qui nihil videbatur habere sanguinis, conantur quasi dormientem excitare; ad quorum sonitum oculos in Albinum beatus Elcbertus dirigens eum diutius tacite conspicit dicens: Legite, filii; et istum nolite excitare, paululum ut somno indulgens efficacius me post audire queat tradentem. Jam vero ad seipsum Albino reverso, lectione accepta, jubente Patre omnes egrediuntur foras, Albinum solum retinens secum. Cui Pater idem ait: quid vidisti? rogo ne me celes. Volens autem omnino secretum habere quod viderat, timens ne forte elationis foveam incideret, respondit: Quid? mi domine Pater! Ad quem rursus vir beatus: Noli, fili, noli occultare mihi, neque enim curiositate illud a te requiro vana; sed utilitate tua. Videns autem Albinus se celare non posse, humiliter quemadmodum mundum omnem viderat, indicavit. Tunc Pater idem dixit sibi: Vide, fili mi, vide, ne præter uni, quem post meum discessum fidelissimum habebis super tua persona, hoc indices vidisse. Ipsi etiam in-
C terdicito, ut usque ad tuum obitum secretum habeat. Cujus ille obtemperans consiliis Sigulfo tantum super se sua indicavit in vita. Qui igitur scire desiderat quomodo una sub clausura totum mundum conspicere quiverit, ad Dialogorum sancti Gregorii recurrat librum (lib. II, cap. 35). Interim tamen noverit, in visione mundi non cœlum et terram fuisse contractum, sed videntis animum dilatatum, qui in Domino raptus videre sine difficultate potuit omne quod infra Deum fuit. Fortassis etiam quæret aliquis studiosius cur hac sub figura, curve circumdatum sanguine viderit. Noverit ille Christi sanguine totum sanctæ Ecclesiæ ovile circumdatum, ita ut a solis ortu usque ad occasum redempti de manu inimici ejus passione, quæ tunc sine dubio ardentius Albini supersidebat animum, cum hanc ante magistrum legeret, dicere possint: *Confitemini Domino, quoniam bonus*, etc. Omnis ergo mundus sanguine Christi circumdatus una sub clausura cernitur, quando omnia, quæcum-
D que a sanctis Patribus significative sunt gesta, et ab initio mundi scripta, sola Christi passione reserantur, qui est Leo de tribu Juda, radix David. Sin autem per clausuram gyratam, vitam carnalium suorum criminum circumdatam sanguine velit intelligi, quia ob hoc sit ei ostensa, ut ab eo calcata contemneretur, proprio relinquatur judicio.

CAPUT V.

Alcuinus levita ordinatur. In Franciam venit.

XI. Post hæc de virtute in virtutem succrescens, die Purificationis sanctæ Mariæ levita sacratur: nam dudum eadem die comam capitis amiserat. Cumque jam beatum Elcbertum patrem suum infirmitate prænuntiata celerius ad Christum transire nosset, qui

---

[a] Anni 766, episcopatus 34. Vid. poema de Pont. Eborac. tom. II, vers. 1284 et 1595.

[b] Henschenius legi posse credit: *Sub uno parco sive curte equarum.*

cuncta, sicut supra dictum est, cum ejus faciebat consilio, studuit illum diligenter sciscitari, quid postquam sola separarentur morte, ipsum vellet juberetque agere. Cui ut jam claret Domini dedit responsum : « Romam volo venias, indeque revertens visites Franciam : novi enim multum te ibi facere fructum : eritque Christus dux tui itineris, perducens ac gubernans te illuc advenam, sis ut expugnator nefandissimæ hæresis, hominem Christum quæ conabitur adoptivum adstruere; et fidei sanctæ Trinitatis firmissimus defensor clarissimusque prædicator. Perseverabis ergo in terra peregrinationis, multorum illuminans animas. » Benedicens autem illum patrum suorum superius memoratorum benedictionibus, ac Christo Jesu commendans, servaret ut ipse eum, lætus Pater Elcbertus episcopus migravit ad Deum VI Idus Novembris [a], quem pius Albinus ut matrem deplorans lacrymis, nolebat tamen, consolationem recipere. Levita vero sanctis benedictionibus patrum hæreditario jure dedit curam magnopere talentum sui Domini multiplicare egregie. Docuit multos in Britannia, et non paucos post in Francia. Quo in tempore sociatur illi vir Deo amabilis, animi carnisque nobilitate insignis Sigulfus presbyter, custos Heboricæ civitatis Ecclesiæ; perpetuo ut illi jam hæreret, qui suo cum avunculo Autherto presbytero puer partes has petierat, Romamque ad ecclesiasticum ordinem discendum ab eo ductus fuerat; nec non Metas civitatem causa cantus directus. In quo cum nimia panis penuria aliquo desudavit tempore ac multo cum fructu (postquam suum transmisit avunculum sanctum virum ad Dominum) propriam repedaverat patriam. Hi ergo tantum se dilexere mutuo, ut cerneres Rebeccam Isaac, et Annam Tobiæ copulatam. Cumque jam omnipotens Deus Franciam spiritalibus divitiis, ut pridem terrenis glorificare vellet; dans ei regem secundum cor suum, fide, fortitudine ac amore sapientiæ, et corporis ineffabili pulchritudine, in his præclarissimum Carolum monuit [*Hensch.*, movit] mentem Albini, consilium et jussionem sui patris ut impleret.

CAPUT VI.

Alcuinus Carolum Magnum artes liberales docet et monasteriis tribus præficitur.

XII. Jussus igitur ab Eanbaldo archiepiscopo successore Elcberti, ut sibi pallium impetraret ab apostolico, venit Romam. Cumque reverteretur accepto pallio, habuit regem Carolum Parma civitate obvium. Quem magnis rex alloquens suasionibus et precibus postulavit, ut ad se post expletionem missatici in Franciam reverteretur. Noverat enim eum quia olim a magistro suo ad ipsum directus fuerat. Fecit autem Alcuinus, aliorum deservire cupiens profectui, ut sibi rogarat [*Edit.*, rogaret], cum auctoritate regis sui proprii et archiepiscopi, eo tantum jure, ut iterum ad eos reverteretur. Pervenitque, Christo ducatum præbente, ad regem Carolum; quem tenens rex loco patris amplectitur, a quo artes introductus in liberales, refrigerari paululum noverat, sed exsaturari ob fervorem nimium satis nequibat. Tempore vero aliquanto cum eo peracto, dedit illi duo monasteria, Bethleem scilicet, quod altero nomine Ferrarias vocatur; et sancti Lupi apud Trecas [b]. At denique Albinus nolens sine auctoritate regis sui et episcopi proprium deserere locum quo educatus quoque capitis comam amiserat, ac in levitam consecratus fuerat, postulavit magnum regem, ut daret ei licentiam remeandi in patriam. Quem Carolus voce blandientis alloquitur : « Sunt nobis, magister eximie, terrenæ divitiæ sufficienter, quibus te ut patrem honorare gaudemus; tuis nos, oramus, diu desideratis, et vix aliquando inventis, tua cum pietatis merce, illustrari. » Cui Albinus : « Domine mi rex, tuæ non dispono voluntati renuere, auctoritate canonum cum firmata fuerit. Libenter etiam paterna in regione mea non modica hæreditate ditatus, hac spreta, tibi ut prodesse possim, hic pauper stare delector. Tuum est tantum hoc a meo rege et episcopo impetrare. » Tandem igitur ratione victus, consensit ut iret, requiem non dans animis, jam secundo ad eum reverso [*Forte*, reversuro] firmiter impetraret, secum perpetuo ut duraret. Evoluto vero non parvo tempore, postquam Albinus secundo ad Carolum reversus est, sancti Martini apud Turones præficitur pastor monasterii isdem [c] : qui digne Deo illud cum aliis regens monasteriis, vitam subjectorum, quantum valuit, corrigere studuit; ac quos indomitos accepit, rationabiles honestique moribus ut essent, et sapientiæ inquisitores, sategit.

CAPUT VII.

Felicem hæreticum refutat Aquisgrani.

XIII. Interea hæresis inimica Deo, partibus quæ pullulabat Hispaniæ, asserens adoptivum Filium Dei esse secundum carnem, ad aures perducitur Caroli. Quod ut experimento novit rex magnus et pater catholicus, totis nisibus decertavit, ut destrueretur semen diaboli, zizaniaque de frumento Dei funditus eradicarentur. Advocans namque Albinum institutorem suum Turonis, et miserum Felicem hæresis hujus astructorem de Hispaniæ partibus, congregavit synodum magnum episcoporum in Aquisgrani imperiali palatio; in quorum ipse sedens medio, Felicem licet valide repugnantem, de natura Filii Dei secundum carnem cum Albino doctissimo disputando rationabiliter confligere jussit. Tum quantum episcoporum tunc exstitit silentium! O quam clara et inexpugnabilis, Caroli cum auctoritate, magistri sui fidei confessio atque defensio! Per plura autem Felix fugiens latibula, plurioribus ab Albino confossus est spiculis, in tantum, ut pene omnes civitates Israel consummaret, quousque Filius hominis veniret. Nam a secunda usque ad septimam sabbati parum aliud gestum est. Omnibus denique ejus patefacta socordia, atque ab universis apostolica auctoritate hæresis confutata, soli sibi latuit deformiter, usque dum dicta Cyrilli martyris [d], ab Albino sibi directa legit lamentabiliter: *Ea natura, quæ per diabolum vitiata est, super angelos exaltata est propter triumphum Christi, atque ad dexteram Patris collocata.* Hanc ergo legens sententiam, tandem se recognovisse et impie egisse voce et nimio fletu testatus est. Sed quod ad aliud tendens pauca super hac re prælibavi, qui perfectius hæc scire sitit, legat ejus epistolas ad Felicem et Elipantum, et ipsorum ad illum : et nosse incunctanter poterit, quod desiderat.

Largiente Christo hactenus paululum de vitæ Albini initio, quæ cunctis non esse cognita putavi, non ut volui, sed fideliter quemadmodum potui, scripsi. Hinc jam calamum labris quassatum (neque enim judicavi, noverunt quæ super eo cuncti, parvo isti inserere operi) ad finem ejus, despicate crepitando licet, pertrahere conabor.

CAPUT VIII.

Alcuinus Fuldam secedere cupiens, Turonis retinetur. Ejus discipuli.

XIV. Cum igitur senectute unaque infirmitate plus solito se sentiret affectum, diu ut secum tractaverat,

---

[a] Anno 780. Vid. poema cit., vers. 1585, tom. II.
[b] Monasterium Ferrariense situm in diœcesi Senonensi; sancti Lupi in suburbio Tricassi. MABILL. — De his Alcuinus loqui videtur in epistolis 52 et 53 (nunc 66 et 67).
[c] Vide epist. 101 (nunc 129) et chartam Caroli Magni, tom. II, pag. 566 (Patrologiæ tomo XCVII, col. 990).
[d] *Cyrilli martyris.* Sc. Alexandrini, qui martyr appellari potuit ob multa quæ fidei causa sustinuit disputando scribendoque.

velle se significavit regi Carolo, sæculum relinquere, postulans licentiam apud sanctum Bonifacium monasticam vitam secundum regulam sancti Benedicti ducere, monasterioque sibi commissa suos ut inter discipulos divideret, si fieri posset. Sed rex terribilis et pius unum cum omni postulationis affectu denegavit : alterum libenter audivit, flagitans, quietissimus Turonis atque honorificentissime ut resideret, sibique et omni sanctæ ecclesiæ commissæ [curam impendere] non detrectaret : onera vero sæculi, quæ ipse habuerat, discipulis, ut petierat, libentissime dispertiit. Fecit ergo et ipse Albinus ut rex sapientissimus rogaverat, non quærens quod sibi foret utile, sed quod multis ; ac Turonis diem novissimum præstolatus fuit. Vita denique ejus non monasticæ inferior fuit. Nam qualis in Patribus superius nominatis præcesserat, talis et in illo durabat ; in jejuniis scilicet, in orationibus, in carnis mortificatione, in eleemosynis, in psalmorum et missarum multa celebratione, et in aliis virtutibus, quibus possibile est humanam ornari naturam. Præter enim dies resurrectionis et festivitatis, jejunium protelabat in vesperum, parcens cibo, quo amplius delectabatur; quocirca tantam sæpissime ori suo cœlitus datam gaudebat habere dulcedinem, quantam nequit humanus sermo fari. Tunc vero quidquid volebat, labore sine ullo velocissime dictare quibat : ita ut dicere posset : *Dilexi, Domine, mandata tua super aurum et topazion. Quam dulcia faucibus meis eloquia tua ! super mel et favum ori meo* (Psal. CXVIII, 127). Qui juvenis Psalmorum modulationem secretam non tantum, quantum aliam lectionem amaverat, modo jam senex nullatenus eorum decantatione saturari poterat. Secretissimam orationem semper in die, sicut supra de magistro ejus taxatum est, cum manuum diutina crucis extensione, eodem modo multis cum gemitibus (nam lacrymas perraro habere poterat) fundebat : discipulis similiter tradebat, quorum nobilissimus Sigulfus erat Vetulus, magnanimusque Withso ; post hos Fredegisus et ejus socii. At tempore jam ultimo hærebat ei assiduo Raganardus, Waldramnus, qui adhuc supersunt : Adelbertus quoque beatæ memoriæ, quantum poterat, Sigulfi tunc filius, post autem venerandus Pater, et multi alii, quorum omnium utinam noverit Christus nomina. Hi vero omni se circumspectione prævidentes studebant sollicite ne quid coram eo reprehensionis agerent, multoties etiam et absque eo. Noverant enim eum vinctum esse Deo, spirituque ejus illustratum ; licet corporalibus oculis, senectute atque infirmitate resistente, jam clare videre nequiret : et ideo timebant actus suos eum latere non posse.

XV. Spiritu siquidem repletus prophetiæ quibusdam quæ eis essent ventura prædixit, sicuti fecit Raganardo de Osulfo [a]. Nam idem Raganardus quamdam horribilem sopori deditus videns visionem, quam bonum est silere, eidem Patri sequenti die cum pavore retulit timens, ne de se ageretur. At ipse Pater magno cum dolore respondit : « O Osulfe ! tu miser, quoties te monui, quoties corripui. Multum denique laborem in avunculum tuum habui, ut se corrigeret et viam mandatorum Dei operari cœpisset : prædixique, nisi cito fecisset, priusquam de sæculo migraret, plaga lepræ percuteretur ; sicque factum est. Prædico ergo et tibi, fili mi, de Osulfo, super quo est hæc visio, quoniam neque in hac regione, neque in qua natus est, morietur; » quod postea probavit eventus. Mortuus est enim in Langobardia. Idem quoque Raganardus tentavit se nimiis vigiliis et abstinentia nimia superfluitate, ignorantibus omnibus, affligere, ita ut pro hac intemperantia gravissime succumberet febri : ad quem visitandum Pater veniens Albinus jubet omnes, præter Sigulfum, exire de domo ejus, quem increpans ait : « Cur sine cujusquam consilio tam intemperanter agere tentasti ? Nam ego considerans te velle hoc agere, in domo, in qua dormio, te quoque dormire jussi : tu vero statim, ut omnes dormire noveras, candelam latenter accendens in laterna celabas, ac ad locum illum pergens tota nocte vigilabas. » Et quidquid occulte ibi faciebat, noverat quod solus Deus, ipse ei indicavit, addens : « Quando mecum quoque ad mandatum pergebas, et te vinum bibere jubebam, arte calidissima dicebas : bibi, domine Pater, meo cum avunculo sufficienter. Cum autem ad tuum venires avunculum, et ipse quoque hoc te juberet, aiebas mecum te bibisse. Voluisti nos deludere, et deceptus es. Cave ergo ista, postquam surrexeris de febre, ne tale aliquid indiscrete unquam coneris agere. »

XVI. Audiens igitur ista Raganardus ab ipso qui vocabatur Vetulus, erubuit multumque expavit, sciens se deprehensum, suaque occulta latere Albinum non posse, et admirans dicebat : Quomodo palam istud factum est? Testatur hodieque ipse coram Deo, nullum cognovisse hominem hoc antea homine revelante, præter solum Deum. Pœnitens denique quod egerat stulte, per omne post tempus vitæ Albini nihil tale sine illius egit consilio atque imperio.

CAPUT IX.

Benedicti Ananiensis abbatis adventum prædicit.

XVII. Sæpissime etiam ad eum missi venientes regis aliorumque amicorum, cum adhuc ab eo longe essent, eorum prædicebat adventum, causamque adventus, quid quoque afferrent, quidve secum vehere quærerent. Audientes autem ista discipuli quidam, usquedum probarent, senectutem ejus quasi desipientem culpabant. Vir quoque Domini Benedictus ei præ omnibus monachis familiaritate junctus, ad eum gratia consilii salutis suæ et suorum accipiendi, sæpius Gothiæ de partibus properabat. Quadam vero vice voluit taliter venire, nemo ut hoc agnosceret Turonis, quousque ad ostium assisteret domus Albini. Cumque adhuc haud prope esset, vocans Albinus unum suorum, ait : « Festina occurrere Benedicto abbati in loco tali, et dic ei, velociter ad me perveniat. » Fecit missus patris Albini, ut sibi præceptum fuerat, perveniique post triduum ubi ei dixerat, et Benedictum reperit, eique, quod sibi jussum fuerat, nuntiavit. Stupens autem suum deprehensum conatum, cum velocitate pervenit Turonis ad eum. Cumque se alterutrum tripudiantes deoscularentur, infit Benedictus Pater reverendus suppliciter : « Domine Pater, quis meum vobis prædixit adventum ? » Respondit ei : « Nullus homo verbis mihi innotuit. » Cui idem : « Quis tunc, Domine? forsitan litteris cujusquam audistis? » At ille, « vere, inquit, nullis. » Ad quem vir iterum rursum : « Si neque ab homine ullo dicente, neque litteris cujusquam præscistis, precor, mi Pater, quonam modo illud noveris, edicite. » Cui Albinus : « Noli amplius hoc me interrogare. » Cum vero venerabilis vir Benedictus jam reverti vellet, petiit eum, ut quemadmodum speciali oratione pro se orabat, ei panderet. At ipse ait : « Hoc namque Christum rogo ; Domine, da mihi intelligere peccata mea, et veram confessionem facere, et dignam pœnitentiam agere ; et da mihi remissionem peccatorum meorum. » Cui vir Deo dignus Benedictus ait : « Addamus, mi Pater, huic orationi unum sermonem : et post remissionem salva me. » At Albinus gaudens dixit : « Fiat, reverendissime fili, fiat. » Iterum autem vir idem flagitabat, ut sibi diceret, quando crucem videns se contra eam inclinabat, quæ verba labris silenter depromeret. Ille vero hoc inquit : « Tuam crucem adoramus, Domine, tuam gloriosam recolimus passionem. Miserere nostri, qui passus es pro nobis. » Post hæc deducens eum aliquantulum, remisit gaudentem Albinus ad sua suosque.

---

[a] *Osulfo*. De cujus lapsu videntur accipiendæ epistolæ 158 et 159 (nunc 207 et 208).

CAPUT X.
Ludovici filii Caroli Magni principatum prædicit. Lectionem Virgilii suis discipulis interdicit.

XVIII. Rex siquidem magnus imperatorque potens Carolus orationis gratia, unaque desideratæ conlocutionis mutuæ cum Albino sepulcrum sancti Martini suis cum filiis Carolo, Pippino ac Ludovico, visitare studuit; quo in loco tenens manum Albini ait secrete: « Domine magister, quem de his filiis meis videtur tibi in isto honore, quem indigno quanquam dedit mihi Deus, habere me successorem? » At ille vultum in Ludovicum dirigens novissimum illorum, sed humilitate clarissimum, ob quam a multis despicabilis notabatur, ait : « Habebis Ludovicum humilem successorem eximium. » Hoc tunc solus audivit Carolus; sed post cum eosdem reges erecta cervice, et Ludovicum humili, oralionis gratia in ecclesiam sancti Stephani incedere cerneret, sedens in loco quo sepeliri volebat, infit sibi assistentibus : « Cernitis Ludovicum fratribus suis humiliorem? certe videbitis hunc patris celsissimum successorem. » Nec non, cum post communionem corporis Christi et sanguinis manu propria eis misceret, idem Ludovicus humilitate clarissimus præ omnibus patri sancto se inclinans, ejus osculatus est manum. Tunc vir Domini assistenti sibi ait Sigulfo : « Omnis qui se exaltat humiliabitur, et qui se humiliat exaltabitur. Certe istum post patrem Francia gaudebit habere imperatorem. » Hoc nos jam factum et videmus et gaudemus. Depositi sunt, qui videbantur cedri, et exaltata est olivia fructificans in domo Domini. Ipse denique Pater Carolum multa erudivit cura artibus liberalibus Scripturisque divinis, adeo ut sapientissimus omnium Francorum efficeretur regum qui fuerunt ab adventu Christi. Docuit etiam eum, per omne vitæ tempus, quos psalmos pœnitentiæ, cum litania et orationibus, precibusque; quos ad orationem specialem faciendam, quos in laude Dei, quos quoque pro quacunque tribulatione, quemque etiam, ut se in divinis exerceret laudibus, decantaret. Quod nosse qui vult, legat libellum ejus ad eumdem De ratione orationis [a].

XIX. Legerat idem vir Domini libros juvenis antiquorum philosophorum, Virgiliique mendacia, quæ nolebat jam ipse nec audire, neque discipulos suos legere, « sufficiunt, inquiens, divini poetæ vobis, nec egetis luxuriosa sermonis Virgilii vos pollui facundia. » Contra quod præceptum tentavit Sigulfus Vetulus secrete agere, unde post erubuit publice. Advocans namque suos quos tunc filios nutriebat, Adalbertum et Aldricum, jussit coram se secretissime Virgilium legere, interdicens eis ne quis ullo modo sciret, ne forte ad patris Albini notitiam perveniret. Albinus autem solito more ad se vocans, ait : « Unde te habemus, Virgiliane? Cur cœpisti ac voluisti contra meam voluntatem et consilium me ignorante, agere, ut Virgilium legeres? » Sigulfus vero se ad pedes ejus projiciens stultissime se egisse confessus humiliter pœnituit. Cujus satisfactionem benigne pius pater post increpationem recepit, monens cum ne ultra tale aliquid ageret. [b] Testatur vir dignus adhuc superstes Aldricus abbas, nec se nec Adalbertum cuiquam hoc innotuisse, sed usque tunc, sicut eis præceptum fuerat, omnimodis siluisse.

CAPUT XI.
Occulta novit. Incendium restinguit. Infirmos sanat.

XX. Fratribus Cormaricensibus, quos valde diligebat, jusserat ipse pater centum modia vini dari. Cumque ad monasterium ducerentur, mandavit per Sigulfum Benedicti abbatis monachum [c] provisoribus monasterii, ut tenerent interim ductores vini, quousque coram eis de vasculis, in quibus ipsum vinum adduxerant, in alia mutaretur; quia aliqui ex eis, inde furtive sumentes, in vascula, quatenus plena essent cum ad monasterium pervenirent, fabulum aquæ miscuerant, quod ita factum fratres certissime probarunt.

XXI. Aigulfus præterea presbyter Engelsaxo, et ipse ad cumdem patrem visitandum Turonis venit. Cumque ante januam ejus domus cœpisset assistere, ecce! quidam Turonensium fratrum unus, videlicet quatuor, juncti hunc respicientes, putantesque nihil eum illorum de locutione scire, colloquebantur ad invicem : « Venit iste Britto vel Scotto ad illum alterum Brittonem, qui intus jacet. O Deus, libera istud monasterium de istis Brittonibus. Nam sicut apes undique ad matrem revertuntur, ita hi omnes ad istum veniunt. » Ingressus est autem idem presbyter domum Albini : post nonnulla alia retulit ei quæ audierat. Cui Albinus, « Nosti, inquit, qui sunt? » At ille : « Vere neque novi, neque eos respicere præ verecundia quivi, quando ista dicebant. » pater vero Albinus ait : « Certe ego novi qui sunt. » Vocans ergo eos ipse propriis nominibus ad se venire jubet, dicens : « Isti sunt. » Condolens itaque eorum stultitiæ pepercit eis dicens : « Parcat illis Christus Filius Dei. » Dans autem eis singulos vini calices bibere, iterum foras leniter exire jubet. Aigulfus vero postea id diligentissime per alios sciscitans eosdem fuisse probavit.

XXII. Neque illud silentio prætereundum ratus sum quod multi noverunt. Custos denique sepulcri sancti Martini, providebat qui ceram et vestimenta omnia quæ ad ipsam basilicam pertinebant, intrans cum candela accensa secretarium quo ista servabantur, infixit eamdem stipiti; quam cum egrederetur oblitus est accipere. Firmans itaque ostium sera abiit : candela vero ardens cecidit super ceram; cera quoque magnas dans flammas ad vestimenta, quæ perticis hærebant, multa cum vi ignem emisit : vestimenta porro usque ad tectum. Quod custos sentiens cum clavi ostium sta ad aliud monasterium [d] fugit. Fit undique concursus, pulsatur ostium, nec ullo aperitur sudore. Clerici, pretiosum quicunque aliquid in domo sua habebant, foras mittebant : ecclesia sancti Martini vestimentis quibusdam nudabatur, nec aliud quisquam sperare poterat, quam totius monasterii concrematioem : nudabatur plumbo tectum. Aderat Albinus oculis jam non videns. Interrogat ergo quid agatur. Cui unus discipulorum suorum Vetulus, « Perge, inquit, hinc, mi domine Pater, ne forte aut plumbo superius projecto usque ad mortem percutiaris, aut igne cremeris. Certus enim interitus manet. » Cumque Albinus voluisset ire, iterum ad eum Vetulus, « Mi, inquit, domine Pater, vade ad sepulcrum domini Martini et pro nobis intercede. » Fecit itaque ita Albinus. Cumque illuc pervenisset, extendit se super terram in cruce, gemitum emittens ad cœlum. Miro igitur modo ac incredibili, statim, ut Albinus se projecit in terram, totus ille ignis ita exstinctus est, ac si immenso necaretur fluvio. Hoc cernentes clerici, magno cum stupore exsultantes ad locum illum festinato perveniunt, ubi Albinus ante sepulcrum sancti Martini prostratus in cruce pro eis jacens Deum precabatur. Elevantes autem eum humo benedicunt

---

[a] Quem exhibemus sub tit. Officia per ferias tom. II. Vide etiam ibi Monitum prævium.

[b] *Aldricus abbas.* Ferrariensis, postea Senonensis antistes, qui decessorem habuit Adalbertum hic laudatum. Hinc patet Vitam hanc scriptam esse ante annum 829, quo Aldricus ex abbate factus est episcopus Senonensis. MABILL.

[c] *Benedicti abb. mon.* Is ergo diversus a Sigulfo Vetulo?

[d] *Ad aliud monasterium.* Mabillonius existimat per aliud monasterium hic significari aliam basilicam; nam, inquit, et basilicæ monasteria non raro vocabantur, et duæ minimum erant ecclesiæ in monasterio Martiniano. Henschenius tamen custodem credit revera in aliud monasterium fugisse timore pœnæ commeritæ.

Deum, qui per Albini preces totam fabricam monasterii sancti Martini, igne ne consumeretur, salvavit. Hæc tua sunt, sancte Martine, digna exempla, qui ignes quondam cum quæreres fugere, non poteras; ad Deum conversus oratione ignes illos exstinxisti minaces. Vere celsa fides, quæ suo calore igneos potuit exstinguere globos. Nec mirum si elementa precibus ac jussis Albini propriam vim linquant, cum ipse in corde requiescat ejus qui diligentem se diligit, ambulantesque in igne flamma non permittit fuscari. Te in his adoramus, te glorificamus, teque laudamus, qui sicut dignatus es polliceri, servis tuis tua servantibus mandata; operibus etiam in Albino tuo ostendisti evidentissime. Tu quidem dixisti, Christe Jesu: si quid petieritis me in nomine meo, hoc faciam, videlicet ut glorificetur Pater in Filio.

XXIII. Illud quoque ad laudem Domini commemorandum est, quod multi sæpius ad Albinum venientes infirmi, benedictione ejus cum fide accepta, sospitatem recepere corpoream. Quodam etiam tempore, fertur ut a nonnullis præcipuis, quidam pauper oculorum lumen gravi habens obductum caligine ad januam exterioris domus veniens Albini, flagitabat dari sibi aquam, ejus qua loti forent oculi : aiebat enim revelatum illi fuisse [quod si (*Edit.* quas)] ex ea oculos suos ablueret, visum reciperet. Ignorante ergo Albino colligitur aqua qua faciem et oculos laverat, daturque occulte poscenti pauperi. Lavans igitur pauper ille aqua illa oculos cum plena fide, caliginem fugavit, ac clarum lumen recepit. Illustramur et nos tuo, pater, sudore, lavanturque tua pia doctrina animarum nostrarum crimina, nesciente te ultra jam fatigari labore oculorum; tu quoque corporali visu minime cernebas, et aliorum [mentes] semper illuminare satagebas : quosque præsentialiter non poteras, litteris absentialiter erudiebas, scribens multa omni Ecclesiæ utilia.

CAPUT XII.

Opera varia quæ scripsit.

XXIV. Postulante namque imperatore Carolo scripsit librum de sancta Trinitate utilissimum (Tom. I hujus editionis), nec non de rhetorica, dialectica (Tom. II) et musica. Scripsit ad Gundradam de animæ ratione (Ibid.). Postulantibus feminis Gisla et Richtrude honestissime super Evangelium Joannis partim de suo, partim de sancto Augustino mirabile opus composuit (Tom. I). Scripsit et in quatuor epistolas Pauli, ad Ephesios scilicet, ad Titum, ad Philemonem et ad Hebræos (Ibid.). Ad Fredegisum (Ibid.) in Psalmos. Ad Widonem comitem homelias de principalibus vitiis et virtutibus (Tom. II). Ad Sigulfum suum quæstiones in Genesi perutiles (Tom. I). In Proverbiis Salomonis et Ecclesiaste (Ibid.), in Canticisque Canticorum luculenta sub brevitate ineffabiliter (Ibid.). Sub nominibus Franci et Saxonis de grammatica cum interrogatione et responsione facundissimum libellum (Tom. II). Collegit multis de Patrum Operibus homeliarum duo volumina [a]. Scripsit de orthographia (Ibid.). In centesimo quoque octavo decimo psalmo stylo usus est aureo (Tom. I). Sunt et alia multa, quæ quisquis legerit et diligenter scrutatus fuerit non modicam sui ædificationem reperiet, sicut in epistolis ad multos directis. In his ergo et hujusmodi reliquum vitæ suæ ducens tempus, cœlestem in terris duxit vitam. Præstolans in novissima positus vigilia filii hominis adventum, intraret ut cum eo ad nuptias : Lavabat singulas per noctes lectum suum lacrymis, sanctorum semper se muniens intercessionibus, quorum omni die celebrabat solemnia, hostis ne ullis antiqui confoderetur jaculis, qui nequaquam ejus irrumpere

---

[a] Distincta utique ab illis Pauli Warnefridi : sed illa Alcuini etiamnum latent.

[b] Illas missas Alcuinus ad alias quoque ecclesias

---

domum tam occulte poterat, ut ab ipso repente non deprehenderetur, crucisque signo pelleretur.

CAPUT XIII.

Diabolum oratione pellit. Pia ejus exercitia.

XXV. Quadam igitur nocte solito orationem cum psalmorum decantatione volens secretim fundere, aggravatur immenso somno. Surgens vero e lectulo, tulit cappam desuper se : cumque iterum aggravaretur somno, exspoliavit se omnibus vestimentis, præter sola camisia et femoralibus. Nihilominus vero perseverante somno, accepit turribulum, et pergens ad locum quo erat ignis tutatus, implevit prunis illud, ac desuper timiama posuit ; totamque cameram odore suavi perfudit. Qua in hora corporali se specie diabolus præbuit ei visibilem ; homo quasi magnus, nigerrimus ac deformis barbatusque, blasphemiæ in eum aggerens jacula : Quid, inquit, hypocrita agis, Alcuine? Cur coram hominibus justum te videri conaris, cum deceptor sis magnusque simulator? Tu putas his tuis fictionibus acceptabilem posse habere Christum? Sed miles Christi ineluctabilis stans cum David in turre, quæ est ordinata omni armatura fortium et mille pendentibus clypeis cœlesti dicebat voce : *Dominus lux mea et salutare meum, quem timebo? Ipse fortitudo vitæ meæ, quem formidabo? Intellige, Domine, murmur meum, adverte vocem clamoris mei, rex meus et Deus meus, quia te deprecor, Domine. Mane audies vocem meam, mane præparabor a te, et contemplabor surgens medio noctis ad confitendum tibi. Applicant mihi mendacium superbi : ego autem in toto corde scrutabor præcepta tua. Fiat cor meum perfectum in præceptis tuis, et confundantur, qui inique conterunt me, dum non confundar ego, quando aspiraverit dies et fuerint inclinatæ umbræ.* Fugatus denique hostis, et ipse completa oratione quiescit: Hac in hora unus solummodo discipulorum ejus Waldramnus nomine, adhuc vivens, vigilabat, occulte cernens hæc omnia, testis scilicet hujus rei quæ fieret.

XXVI. Utebatur idem pater, Apostoli juxta consilium, non propter gulæ desiderium, sed propter carnis infirmitatem vino modico. Fugiebat modis omnibus otiositatem : nam aut legebat, aut scribebat, aut discipulos erudiebat, aut orationi vacabat et psalmorum decantationi, inevitabilibus tantummodo corporis indulgens necessitatibus. Erat pauperum pater, humilibus humilior, divitum ad pietatem invitator, superbis superior, discretor quoque omnium, egregiusque liberator. Celebrabat omni die missarum solemnia multa cum honestatis diligentia, habens singulis hebdomadæ diebus missas deputatas proprias [b]. Dominica porro die nullo unquam tempore, postquam lux inchoasset apparere auroræ, se tradebat sopori : sed velociter levitice se præparans suo cum Sigulfo presbytero missarum colebat solemnia specialium usque horam tertiam : et tunc nimia cum reverentia publicam intrabat ad missam. Discipuli vero ejus, aliis solliciti cum in locis essent, maxime ad opus Dei cum assisterent, studebant ne quid reprehensionis in eis ab illo cerneretur.

CAPUT XIV.

Beati Alcuini obitus.

XXVII. Jam ergo Albinus corpore dissolvi cupiens et cum Christo esse desiderans, exorabat eum ut die quo in linguis igneis Spiritus sanctus super apostolos venisse visus est et eorum corda replevit, si fieri posset, migraret e mundo. Vespertinum siquidem pro se officium in loco quo elegerat post obitum quiescere, juxta videlicet ecclesiam sancti Martini, hymnum sanctæ Mariæ evangelicum cum hac anti-

---

misit, illarumque usum commendavit. Vide epistolas 46 (nunc 50) et 192 (nunc 142), et Monitum prævium ad Librum Sacramentorum tom. II.

phona decantabat : *O clavis David* [a], *et sceptrum domus Israel, qui aperis et nemo claudit, claudis et nemo aperit, veni et educ vinctum de domo carceris, sedentem in tenebris et umbra mortis;* dicens post orationem Dominicam hos versus : *Quemadmodum cervus desiderat ad fontes aquarum*, etc. *Quam dilecta tabernacula tua Domine virtutum. Beati qui habitant in domo tua*, etc. *Ad te levavi oculos meos. Unam petii a Domino. Ad te Domine levavi animam meam*, et reliqua hujusmodi.

XXVIII. Quadragesimæ igitur tempus, sicut semper consueverat, dignissime omni contritione carnis et spiritus mundationeque habitus celebrans, sanctorum basilicas, quæ sunt intra sancti Martini monasterium, cunctis noctibus frequentabat, lavans se [a culpis] suis multis gemitibus. Cum vero Resurrectionis Domini perageretur solemnitas, nocte ejus Ascensionis decidit in lectum, gravi fatigatus languore usque ad mortem, nec poterat loqui. Tertia tandem antequam migraret die, solitam exsultationis voce decantavit antiphonam : *O clavis David*; versusque supra memoratos recitavit. Die autem Pentecostes, peracto matutinali officio, eadem hora qua ingredi consueverat ad missas aurora patente, sancta Albini anima carne solvitur, ministerioque levitarum cœlestium, beatum habentium secum protomartyrem Stephanum et Laurentium archidiaconum, angelorum cum exercitu ad Christum, quem amavit, quem quæsivit, perducitur, et fruitur ejus gloria in cœlo per omnia sæcula feliciter, cui servivit in mundo fideliter.

CAPUT XV.

Lucis splendor in ejus obitu apparet, et alia mira contingunt. Sepultura.

XXIX. Decessit igitur dierum plenus numero, xiv Kal. Junii, anno ab Incarnatione Domini 804. Eadem vero nocte super ecclesiam sancti Martini inæstimabilis visa est splendoris claritas, in tantum ut putaretur a longe positis tota igne cremari. Quibusdam denique per totam illam noctem ipse splendor visus est, nonnullis tribus apparuit vicibus. Aurora autem surgente globus ille jam amplissimus super eum venisse locum visus est, quo Albinus jacebat, animaque ejus egrediente cœlum penetrasse. Testatus est siquidem Josephus archiepiscopus per totam noctem et ab eo et a suis visum fuisse. Testantur multi et nunc corpore valentes. Pluribus siquidem non ea nocte, sed præterita, Dominica prima scilicet post Ascensionem Domini, ipsa claritas eodem, ut dictum est, modo apparuit.

XXX. Eadem quoque hora cuidam solitario in Italia posito cœlestium levitarum ostensus est exercitus, laudes Christo ineffabiles in aere resonans : in quorum medio Alcuinus, splendidissima indutus dalmatica astans, cœlum cum eis ingressus, pontifici æterno ut ministraret cum perenni gaudio : quod idem solitarius fratri cuidam Turonensi, apostolorum solito frequentare limina, ad se venienti, eodem Pentecostes die indicavit. Interrogans namque eum ait : Quis est ille abbas, qui apud Turones in monasterio sancti Martini conversatus est? Quo vocatur nomine? Vel, si valebat, quando inde existi, corpore? Ad quem frater ille : Vocatur Alcuinus, estque magister optimus in tota Francia. Quando huc iter ar-

ripui, sanum eum reliqui. Respondens vero solitarius ille, ait cum lacrymis : Vere felicissima fruitur sanitate. Indicavitque ei quid eodem die viderat aurora clarescente. Ipse autem frater reversus Turonis, quæ audierat, retulit.

XXXI. Pater denique Sigulfus corpus patris cum quibusdam aqua honorifice lavans, posuit super feretrum. Habebat nempe et ipse tunc magnum dolorem capitis, sed fide animo sanus, citam reperit sanitatem capitis. Oculos namque super magistri lectulum elevans, cernit pecten, quo ipse suum solebat pectinare caput. Istum ergo manibus sumens ait : Credo, Domine Jesu, quia si isto magistri mei pectine meum pectinavero caput, meritis illius statim sanabitur. Ubi igitur prima vice pecten duxit per caput, quantum de eo tetigit, totum sanum habuit, sicque totum pectinando gyrans omnem dolorem amisit. Alter discipulorum ejus, Eangist nomine, dentium immenso graviter afflictus dolore, hortatu Patris Sigulfi eodem pectine dentes tetigit; et continuo, quoniam cum fide fecit, sanitatem meritis Alcuini recepit.

XXXII. Audiens vero civitatis Turonensis Joseph episcopus, vir bonus et Deo amabilis, beatum obiisse Alcuinum, advenit celerius illuc suo cum clero, oculosque ejus propriis rigans lacrymis deosculabatur diutius. Præcepit autem, sapienti usus consilio, ne in eo sepeliretur loco, quo idem Pater foris voluerat [b]; sed intra sancti Martini basilicam honorificentissime, ut quorum in cœlis junctæ sunt animæ, una sint corpora domo in terris posita. Sicque factum est. Super cujus tumulum positus est, sicut ipse jusserat; titulus quem ipse vivens dictaverat, lamina scriptus in ærea parietique insertus.

EPITAPHIUM ALCUINI.

Hic, rogo, pauxillum veniens subsiste viator,
  Et mea scrutare pectore dicta tuo :
Ut tua deque meis agnoscas fata figuris,
  Vertatur species [c], ut mea, sicque tua.
Quod nunc es, fueram, famosus in orbe viator,
  Et quod nunc ego sum, tuque futurus eris.
Delicias mundi casso sectabar amore,
  Nunc cinis et pulvis, vermibus atque cibus.
Quapropter potius animam curare memento
  Quam carnem ; quoniam hæc manet, illa perit.
Cur tibi rura paras ? quam parvo cernis in antro
  Me tenet hic requies, sic tua parva fiet
Cur Tyrio corpus inhias vestirier ostro,
  Quod mox esuriens pulvere vermis edet?
Ut flores pereunt vento veniente minaci,
  Sic tua namque caro, gloria tota perit:
Tu mihi redde vicem, lector, rogo, carminis hujus;
  Et dic : da veniam, Christe, tuo famulo.
Obsecro, nulla manus violet pia jura sepulcri,
  Personet angelica donec ab arce tuba :
Qui jaces in tumulo, terræ de pulvere surge,
  Magnus adest judex, millibus innumeris.
Alcuin nomen erat sophiam mihi semper amanti.
  Pro quo funde preces mente, legens titulum.

Huic epitaphio subjuncta sunt verba sequentia ab alio quodam : Hic requiescit beatæ memoriæ domnus Alcuinus abbas, qui obiit in pace xiv Kal. Junias. Quando legeritis, o vos omnes, orate pro eo, et dicite : *Requiem æternam donet ei Dominus* [d].

[a] *O clavis David.* Est hæc antiphona ex celebribus, quæ septem diebus ante Natalitia Domini ad Vesperas recitantur; et hæc refertur ad 20 Decembris. HENSCHEN.

[b] Nempe Alcuinus non probabat quorumdam studium in præparandis tumulis suis. Vid. epist. 150 (nunc 199).

[c] Al. legunt : vertitur en species.

[d] Aliud Epitaphium hoc loco retulit D. Querceta-

nus ex Browero Antiq. Fuldensium libr. 1, cap. 10, quod nuper exstabat in ecclesia Hersfeldensi. Illud tamen non est Alcuini, sed potius *Albuini præpositi Hersfeldiæ, in philisophica arte eruditissimi; et antea scholæ magistri famosissimo*, uti de eo legitur in Chronico Hildesheimensi ad annum 1034. Vid. Mab. in Elog. n. 77, et Hensch. ad cap. 4 Vitæ not. [h]. Epitaphium ergo istud nullum hic locum meretur.

AD BEATUM ALCUINUM ABBATEM
D. ANDREÆ QUERCETANI PRÆFATIO
MULTIS LOCIS EXCUSSA IN COMMENTATIONE PRÆCEDENTI.

Cum meo pridem in animo steterit hoc ecclesiæ patriæque meæ Turonensi tribuere, ut non solum veterem suam historiam quam præ manibus habeo, sed et patrum qui in ea claruerunt, scripta luce donata conspiciat; a beato Flacco Albino, sive Alcuino, sancti Martini quondam abbate, principium ducere visum est, cum quod ille sui temporis undequaque doctissimus et eruditissimus fuerit, tum quod melior ejus Operum pars aut in hunc diem incognita, aut certe pluribus in locis mutila depravataque remanserit. Multa de eo anonymus, qui narrante Sigwulfo fideli et individuo ipsius socio, quæcunque discere potuit, utilitati posterorum inservitura descripsit. Multa quoque veteres ac recentiores historiographi, quorum omnium testimonia diligenter collecta disposui, simulque cum Vita et epitaphio ejusdem, excudenda curavi. Sed ut quæ ab illis prætermissa, aut male accepta fuerunt, intelligi queant, rem omnem a puris, ut dicitur, fontibus, hoc est ipsissimis Alcuini scriptis, repetam.

CAPUT PRIMUM.
Alcuini patria, genus et natale solum.

Alcuinus igitur ex Britannia oriundum se non semel testatur, sed quo genere, aut quibus parentibus, incertum relinquit, quanquam non humili prosapia genitum vel ex hoc uno constare potest, quod apud reges, et iscopos et alios insulæ suæ magnates plurimum semper gratia et auctoritate valuerit, fratremque habuerit Juvavensis ecclesiæ, quæ nunc Saltzburgensis dicitur, antistitem, Aquilam nomine [a]. An vero in Scoticis Britanniæ partibus, sicut historici Scotorum contendunt [b]; seu Londini non procul, in Midlesexiæ comitatu, quod nonnullis placuisse reperio; an quod potius reor, in Northumbriæ regno, Eboraci natus fuerit, non perspicue satis declarat. Eginhardus certe sui temporis auctor [c], Saxonici generis hominem vocat, Eboracique se a puero educatum, non uno loco, nec obscuris verbis ipse significat. Sed crebra in ejus epistolis Nordanhumbrorum mentio, qui Scotiæ regiones usque ad Edenburgi fretum possidebant, Scoticarum rerum scriptoribus ansam dedit, ut in Scotia procreatum eum suspicarentur.

CAPUT II.
Nomen et cognomen.

In Eboracensi ergo provincia natus Albini sive Alcuini cognomen tulit a familia, non a Scotorum gente, qui se Albinos sua lingua vocant, ut Georgius Buchananus asserit [d]: *Flacceus* autem a baptismate nomine proprio appellatus est. Quod adeo verum, ut et ipse modo Flaccum se, modo Albinum vel Alcuinum simpliciter, sæpius vero Flaccum Albinum, et Flaccum Alcuinum nuncupet. Quare qui ordine inverso Albinum Flaccum Alcuinum vocant, Sixtum Senensem [e], et alios quosdam imitantes, præter veritatem faciunt. Etsi nos eorum auctoritatem primo secuti, sic illum quoque fere semper inscripsimus. Eodemque in errore versantur, qui solummodo Albinum cognomento Alcuinum nominant [f]. *Albinus*

[a] Vide epist. 56 et 102.
[b] Hector Boethius, et Joannes Major.
[c] In Vita Caroli Magni.
[d] Lib. v Hist. Scot.
[e] In Bibliotheca sancta.

enim et *Alcuinus*, *Alboinus* vel *Albinus*, *Alchoinus*, *Alquinus*, *Albuinus*, *Alchwinus*, *Alkoinus* que, tam in manuscriptis quam excusis libris indifferenter reperitur. Quod a varia sine dubio variarum nationum pronuntiatione ac scriptura manavit. Nam qui molliorem pronuntiandi formulam affectarunt, et a rudiore palati cum lingua collisione semper abhorruerunt, facile Alchuini vel Alchoini vocem in Albinum aut Alboinum constitutarunt, modoque Alcoinum etiam ac Alquinum, quem alii Alkoinum et Alchwinium, dixerunt. Cujus rei testes locupletissimi, tum Willelmus Malmesburiensis monachus, tum ipse noster auctor. In eorum enim exemplaribus nomen hoc passim et indistincte sic variat. Quamvis nonnulli aliam talis mutationis causam assignant [g], nempe quod barbariem patrii nominis Romana appellatione consulto mutarit Flaccus, Albinum se pro Alchuino nuncupans, ut in Winfrido qui Bonifacius dictus est, in Willibrordo qui Clemens, et in aliis plerisque illius ævi contigit. Sed præterquam quod in his nomen proprium, non cognomen, quod nullum habuisse leguntur, commutatum est, habita quoque diversarum linguarum ratione, syllabas, *qu*, *cu*, *chu*, *chw*, *ko*, *cho*, *bi*, *bo*, semper idem sonasse certum est. Quod vel ex uno Matthæi Westmonasteriensis exemplo deprehendi potest. Quem enim sub annum 754 Albinum Lichefeldensem episcopum vocat, eumdem anno 737 Alwinum nominat. Et Pontus Heuterus, tametsi non adeo certus et circumspectus scriptor, Alcuinum in etymis interpretatur *Alwin*, id est audique rem facientem, augentemque : forsitan a verbo *gwin*, quod Germanis etiam hodie lucrum significat.

CAPUT III.
Educatio, instructio, et magistri.

Sed ut a nomine jam ad educationem ac instructionem procedamus, Alcuinum hunc primo in cœnobio sancti Petri Londini monachalem habitum induisse quidam arbitrantur [h], Bedæque Venerabilis discipulum omnes pene tam veteres quam neoterici fuisse contendunt. Quæ an vera sint paulo diligentius hic videtur exquirendum. Nam quod ad primum spectat, ubi pueritiam ac juveniles annos egerit, ipse prodit in epistola, quam ad fratres Eboracensis ecclesiæ scripsit (Epist. 6), his verbis : « Vos fragiles infantiæ meæ annos materno fovistis affectu, et lascivum pueritiæ tempus pia sustinuistis patientia, et paternæ castigationis disciplinis ad perfectam viri edocuistis ætatem, et sacrarum eruditione disciplinarum roborastis. » Et si de secundo quoque lubet illi credere, non Bedam, sed Egbertum Eboracensem præsulem suum fuisse magistrum tradit. Sic etiam in ea, quam ad Eanbaldum secundo loco Egberti successorem misit, epistola [i] loquitur : « Laus et gloria Deo, qui dies meos in prosperitate bona conservavit, ut in exaltatione filii mei charissimi gauderem, qui laboraret vice mea in ecclesia ; ubi ego nutritus et eruditus fueram, et præesset thesauris sapientiæ, in quibus me magister meus dilectus Egbertus archiepiscopus hæredem reliquit. » Et epistola 1 ad Carolum Magnum Franciæ regem, ubi de revehendis in

[f] Eginhardus, et quidam alii.
[g] Henricus Canisius in notis ad epist. 1 Alcuini.
[h] Apud Joannem Baleum Centur. 1 Script. Angl.
[i] Ejus fragmentum exstat apud Willelmum Malmesb. et in hoc opere, post Alcuini epistolas.

Franciam libris agit, quos olim in Eboracensi patria possederat, « sed ex parte, inquit, desunt mihi servulo vestro exquisitioris eruditionis scholasticæ libelli, quos habui in patria per bonam et devotissimam magistri mei Egberti industriam, vel etiam mei ipsius qualemcunque sudorem. » Et si enim ibi tam in-his codice quam in excuso nomen Egberti non invenitur, tamen et Willelmus Malmesburiensis hunc locum citans [a] illud addit, et de eo necessario debere intelligi, sequens Euboricæ civitatis mentio convincit. Præterea quoties in Bedæ memoriam incidit Alcuinus, vel eum Bedam presbyterum simpliciter, vel cum honoris additamento nobilissimum sui temporis magistrum appellat. Nam ad Wirenses monachos scribens (Epist. 44), in quorum monasterio Beda litteras et didicerat et docuerat, sic ait : « Recogitate nobilissimum nostri temporis magistrum, Bedam presbyterum, quale habuit in juventute discendi studium, qualem nunc habet inter homines laudem, multo majorem apud Deum remunerationis gloriam. » Ubi cur Bedæ laudem hanc invidisset, et non potius appellasset suum quam sui temporis magistrum? Verum est Bedam in præfatione Histor. rer. Angl. testari se opus illud aggressum Albini abbatis impulsu, quem virum per omnia doctissimum vocat. Sed præterquam quod ejus ut æqualis tantum et amici, non ut discipuli meminit, si esset Albinus noster sive Alcuinus idem cum ipso, plane centenariam ætatem longe excessisse dicendum esset. Beda enim obiit anno 731, ut Sigebertus et alii notant. Quamobrem Albinus ille, de quo Beda, alius omnino diversus censendus est a nostro, forsitanque idem cum Alwino seu Albino illo statuendus, qui ut Matthæus Westmonasteriensis refert, episcopus fuit in Mercia apud Lichefeldam anno 734, diemque extremum clausit anno 757.

CAPUT IV.

Doctrina et professio.

Alcuinus igitur in Eboracensi ecclesia eruditus, ubi et levita sive diaconus sacratus est, præceptoreque usus, non Beda, sicut plerique tradunt, sed Egberto archiepiscopo, qui omnium liberalium artium armarium et sacrarium a Willelmo Malmesburiensi vocatur [b], nobilissimamque bibliothecam Eboraci constituisse asseritur, inter eos brevi tempore censeri meruit, qui primi post Adhelmum et Bedam in omni genere litterarum apud Anglos excelluerunt. Nam præter humaniores artes ac disciplinas, in philosophicis quoque, mathematicis, et omni divinarum rerum scientia eruditissimus evasit. Latinæ, Græcæ, Hebraicæque linguæ peritus, ut ejus scripta legentibus passim deprehendent. Ac poëticæ etiam famæ quodammodo clarus, si sæculi sui barbaries attenditur. Quare magister ejus Egbertus moriens illum in thesauris sapientiæ, quibus præerat, hæredem reliquit [c] : Eboracensisque scholæ factus rector, multos et ipse pluribus discipulos, eruditione ac pietate celebres, habuit. Inter quos recensendi occurrunt Eanbaldus, qui deinde fuit archiepiscopus Eboracensis [d], sanctus Ludgerus episcopus Monasteriensis primus [e], et alius quidam, Joseph nomine, qui versibus aliquot eumdem Ludgerum laudavit [f]

CAPUT V.

Quibus in locis docuit, dum Britanniam incoleret.

An vero tunc Eboraci tantum doctissimus hic magister docuerit, non adeo certum et perspicuum est. Nam academia Cantabrigiensis annales habent, ut refert auctor Centuriarum de illustribus Britanniæ scriptoribus, quod omnes illic liberales artes publice

post Bedam docuerit, et quod tandem Eboraci sub Egberto prælegerit, philosophorum sui temporis antesignanus. Quod tamen Alcuinus ipse nullibi significare comperitur. Nisi forsitan id aliquis ex istis ejus ad Carolum Magnum (Epist. 43) verbis subinferre velit, « mane florentibus per ætatem studiis seminavi in Britannia. » Sed cum aliis locis se fratrum Eboracensium præceptorem fuisse diserte doceat, de Eboraco potissimum hoc intelligendum videtur. Quod enim ibi meliorem adolescentiæ suæ partem in discendo docendoque collocaverit, vel hæc illius jam senis ad eosdem Eboracensis ecclesiæ fratres apertissime demonstrant : « Vos, inquit (Epist. 6), semper in corde, et primi inter verba precantia in ore. Vos piissimi patres, seu in communibus sanctæ orationis horis, vel in secretis deprecationum vestrarum intercessionibus Alcuinum filium vestrum per Dei deprecor charitatem jugiter in corde habete et in ore. Vos quoque, qui estis ætate filii, sed meritorum sanctitate patres, per divinam obtestor clementiam, nunquam eruditionis vestræ in sanctis orationibus obliviscimini magistrum. Testis enim cordis mei mihi est inspector, quia devote vestrum semper in ecclesiasticis disciplinis, et spirituali doctrina desiderabat profectum. Et si quid minus accepistis, non meæ, credo, culpæ deputari potest.

CAPUT VI.

Apud quos in pretio fuit, et ejus variæ legationes.

Quidquid sit, hac laudabili litterarum professione per universam Britanniam celebris, non tantum apud episcopos et abbates instituta, verum etiam apud reges ipsos et principes in pretio fuit. Hoc enim testantur epistolæ, quas ad Æthelardum Dorobensis ecclesiæ metropolitanum, et primæ sedis in Britannia pontificem (Epist. 10), ad Offanum et Egfridum Merciorum (Epist. 49, 50), et Ædilredum Nordanhumbrorum (Epist. 11) reges, ad Ædilhildem famulam Dei, olim reginam (Epist. 199), ad Osbaldum et Osberthum Northumbriæ duces (Epist. 11), et ad alios plures familiarissime scripsit : et duplices quas ad pontificem Romanum, et in Franciam de rebus arduis legationes obivit : quarum alteram recenset Willelmus Malmesburiensis lib. 1 De gestis regum Angliæ, cap. 3, alteram Alcuinus ipse subindicat epistola 101 his verbis : « Dum ego adolescens Romam perrexi, et aliquantos dies in Papia regali civitate demorarer, quidam Judæus Julius nomine cum Petro magistro habuit disputationem. » Ubi per Petrum magistrum, senem illum diaconum Petrum cognomine Pisanum intelligit, qui Caroli Francorum regis in grammatica præceptor fuisse legitur [g].

CAPUT VII.

Evocatur in Franciam a Carolo Magno, vocationis ejus causæ.

Sed et aliquanto post Carolus ipse gloriosissimus rex qui doctrinam ejus ac sapientiam expertus fuerat, tum in Francia cum ad se pro pacis fœdere missus est, tum etiam in urbe Papia dum ibi moraretur, de remotis eum Britanniæ finibus honorabiliter evocavit, ut suæ bonæ voluntatis adjutor in veræ sapientiæ studiis promovendis existeret, liberalesque omnes disciplinas pene tunc per Galliam exstinctas ad lucem revocaret. Hanc enim Alcuinus evocationis suæ causam allegat epistola 23 (nunc 129) ad Carolum regem, ubi sic loquitur : « Hæc enim vestram optimam sollicitudinem, Domine mi David, semper amare, et prædicare agnosceam, omnesque ad veram sapientiam discendam exhortari, imo et præ

---

[a] Libr. 1 de Gest. Reg. Angl. cap. 3.
[b] Libr. 1 de Gest. Angl. cap. 3.
[c] Alcuinus epist. ad Eanbaldum jam citata.
[d] Guillelmus Malmesb. libr. III Pont. Angl.
[e] Vita sancti Ludgeri apud Surium, cap. 7 et in

libro, cui titulus : *Sidera illustrium virorum Germaniæ.*
[f] Hi versus exstant apud Surium in Vita sancti Ludgeri cap. 9.
[g] Apud Eginhardum in Vita Caroli Magni.

miis honoribusque sollicitare, atque ex diversis mundi partibus amatores illius vestræ bonæ voluntati adjutores convocare studuistis. Inter quos me etiam infimum, ejusdem sanctæ sapientiæ vernaculum de ultimis Britanniæ finibus adsciscere curastis, atque utinam tam utilem in domo Dei servulum, quam promptulum vestræ obedire voluntati. Quia diligens diligebam in sacratissimo pectore vestro, quod in me vos velle invenire intelligebam. » Quod et tangere videtur carmine 209 his verbis :

 Albinus veniens peregrino vatis ab orbe,
 Suscipit hunc Carolus hujus rex inclytus orbis,
 His quem direxit præclara Britannia terris,
 Cum pietate sacræ sophiæ, tum propter amorem.

Verum epistola ad Laidradum episcopum Lugdunensem, Nefridium episcopum Narbonensem, Benedictum abbatem, simulque sanctissimos in Gothiæ provinciæ partibus episcopos, abbates, et fratres, aliam superadjicit rationem, nempe ut piissimum regem Carolum in fidei catholicæ defensione contra Felicem Urgellitanæ sedis episcopum, et ejus sectatores hæreticos adjuvaret sibique hoc etiam a sanctissimo quodam viro prophetiæ spiritu prædito, dum adhuc in Britannia versaretur, prædictum fuisse profitetur : « Neminem, inquit, ad meum unquam comparavi servitium, sed magis devota charitate omnibus Christi Dei mei famulis servire desideravi. Ad cujus servitii facultatem, invita, ut credo, jubente dispensatione, ad gloriosum et omni honore nominandum hujus regni principem et regem Carolum vocatus adveni, sicut mihi quidam sanctus vir, prophetiæque spiritu præditus Dei esse voluntatem in mea prædixerat patria : etiam et ut vir venerabilis totusque Deo deditus mihi mandatum dederat magister, ut si alicubi novas audirem oriri sectas, et apostolicis contrarias doctrinis, mox totum me in catholicæ defensionem fidei dedissem. » Et libro I adversus Elipanti epistolam, de Carolo verba faciens : « Non ego illum corrumpere veni in Franciam, qui corrumpi non potest, sed adjuvare in fide catholica, in qua ille ab ineunte ætate nutritus fuit, et optime a Christianissimis parentibus, et magistris catholicis edoctus. » Ex quibus omnibus patet labi tum illos, qui Alcuinum apud Carolum seu terræ amœnitate, seu regis humanitate captum resedisse scribunt, cum ab Offa Merciorum rege ad eum conciliandæ amicitiæ causa delegatus est [a] : tum illos, qui ab Achaio Scotorum rege ad Caroli petitionem missum asserunt [b] : tum denique et eos, qui « audito quam gratanter sapientes viros religiosissimus regum Carolus susciperet, conscensa navi *sponte* ad eum venisse tradunt [c]. »

CAPUT VIII.

Tempus adventus et hæresis Felicianæ condemnatio.

Quod autem ad tempus hujus sui in Franciam adventus spectat, nemo veterum id hactenus adnotasse videtur, nec ipse etiam Anonymus, qui Vitam ejus dictante Sigulfo conscripsit. Sed si bene rerum series et ordo consideretur, eum anno 792 aut 793 evocatum non fuisse, deprehendi poterit. Rogerus enim de Hoveden in priore parte Annalium, et post eum Mathæus Westmonasteriensis in Florario, referunt Carolum regem anno 792 misisse Synodalem librum ad Britanniam, qui sibi a Constantinopoli directus fuerat, multa inconvenientia et veræ fidei contraria continentem : contraque eum scripsisse Albinum epistolam ex auctoritate divinarum Scripturarum mirabiliter affirmatam, ac illam ex persona episcoporum et principum Angliæ, Carolo regi Francorum attulisse. Cui congruit etiam, pro tempore, quod ipse Alcuinus ait lib. I adversus Elipantum,

his verbis : « Antequam ego eodem sapientissimo rege Carolo jubente venissem in Franciam, hæc eadem vestri erroris secta eodem glorioso principe præsidente, præsente Felice, quem multum laudare soles, vestræ partis tunc temporis defensore, ventilata est in celeberrimo loco, qui dicitur Raiginisburg, et synodali auctoritate sacerdotum Christi, qui ex diversis Christiani imperii partibus convenerant, æterno anathemate damnata ; imo et a beatæ memoriæ Adriano papa, qui tunc temporis sanctæ Romanæ Ecclesiæ apostolica auctoritate rexerat sedem, funditus exterminata : donec idem Felix infeliciter ad vestras refugiens partes, sopitos infidelitatis cineres vobis exorantibus resuscitare intendit. » Anno enim 792, ut habent Annales incerti auctoris, hæresis Feliciana, ipso auctore eam abnegante, apud Raganespurg primum damnata est : qui etiam per Engilberthum, Centulensis monasterii abbatem in præsentiam Adriani apostolici adductus, denuo eam confessione facta damnavit.

CAPUT IX.

Exhortatoriam epistolam Felici scribit, qui libello prolixo illi respondet, hortaturque præcipuos Franciæ doctores, ut in fidei catholicæ defensione laborent.

Alcuinus igitur sub annum 793 in has advenit partes, ac primo sui adventus tempore exhortatoriam epistolam Felici, ut se catholicæ jungeret unitati, dirigere curavit. Cui Felix non epistolari brevitate [d], sed libelli prolixitate respondere nisus est, atque in eo omnes perfidiæ suæ foveas maxime aperuit : asserens Christum et veterem hominem esse, et nuncupativum Deum, et adoptivum Filium, et secunda indiguisse regeneratione, et alia plurima ecclesiasticæ doctrinæ inconvenientia. De hoc enim libello sic ipse Alcuinus alibi (Epist. 85) : « Nuper, inquit, venit mihi libellus a Felice infelice directus; cujus propter curiositatem cum paucas paginolas legendo percucurri, inveni pejores hæreses, vel magis blasphemias, quam ante in ejus scriptis legerem, asserens Christum Jesum, nec Filium Dei esse verum, nec etiam verum Deum esse, sed nuncupativum. » Scripserat et antea Felix disputationes cum Saraceno, quam cum petente Carolo rege diligentius quæsivisset Alcuinus, si quis ex suis famam illius audisset, dictum est illi, quod apud Laidradum episcopum Lugdunensem inveniri posset (Epist. 101): Quapropter sub festinatione direxit missum unum ad præfatum episcopum, si forte ibi reperire quiret, ut quam citissime regiæ præsentiæ dirigeretur. Sed interea curam suscepit respondendi ad alterum illius libellum, obsecravitque pium ac sapientem regem Carolum, ut sibi adjutores in defensione fidei catholicæ daret, Paulinum patriarcham Aquileiensem, Richbodum et Teudulphum episcopos, aliosque celebres doctores ac magistros. Hoc enim ipse testatur epistola 84 ad Carolum, ubi ait : « De libello vero infelicis non magistri, sed subversoris, placet mihi valde, quod vestra sanctissima voluntas et devotio habet curam respondendi ad defensionem fidei catholicæ. Sed obsecro, si vestræ placeat pietati, ut exemplarium illius libelli domno dirigatur apostolico, aliud quoque Paulino patriarchæ, similiter Richbodo et Teudulpho episcopis, doctoribus et magistris, ut singulis pro se respondeant. Flaccus vero tuus tecum laborat in reddenda ratione catholicæ fidei. Tantum detur ei spatium, ut quiete et diligenter liceat illi cum pueris suis considerare Patrum sensus : quid unusquisque diceret de sententiis, quas posuit præfatus subversor in suo libello, et tempore præfinito

---

[a] Guillelmus Malmesb. libr. I de Gest. Angl. Polyd. Vergil. libr. V Hist. Angl. et alii.
[b] Joannes Major libr. XI, cap. 13, de Gest. Scot. Hector Boethius libr. X, et Buchanus libr. V

[c] Sangall. libr. I de Gestis Caroli Magni Guillelmus Nangius et alii.
[d] Verba sunt Alchuini libr. I adversus Elipantum.

a vobis ferantur vestræ auctoritati singulorum responsa. Etquidquid in illo libello vel sententiarum, vel sensuum, contra catholicam fidem inveniatur, omnia catholicis exemplis destruantur. Et si æqualiter et concorditer cunctorum in professione vel defensione catholicæ fidei resonant scripta, intelligi potest quod per omnium ora et corda unus loquitur spiritus. Sin autem diversum aliquid inveniatur in dictis vel scriptis cujuslibet, videatur quis majore auctoritate sanctarum Scripturarum vel catholicorum Patrum innitatur : et huic laudis palma tribuatur, qui divinis magis inhæreat testimoniis. » Et epistola 83 ad eumdem Carolum : « Hujus vero libri, inquit, vel magis erroris responsio, multa diligentia et plurimis adjutoribus est consideranda. Ego solus non sufficio ad responsionem. Prævideat vero tua sancta pietas huic operi tam arduo et necessario adjutores idoneos, quatenus hæc impia hæresis omnimodis exstinguatur, antequam latius spargatur per orbem Christiani imperii, quod divina pietas tibi, tuisque filiis commisit regendum atque gubernandum. »

CAPUT X.

Paulini patriarchæ et Etherii episcopi libros adversus Felicem laudat.

Quare hoc velut classico excitati doctiores ac in rebus divinis peritiores, contra Felicianam hanc, aut Hispanicam potius, hæresim stylorum suorum spicula direxerunt. Paulinus enim inter alios, cui cum Alcuino summus jam amor intercesserat, tribus eam libris tunc oppugnavit, quos et Carolo Magno regi dedicavit, adjecta sub finem Regula fidei metro scripta; et ut urgentibus ejus venerandis imperiis, ad manus reverentissimi viri, et in divinis rebus peritissimi et præclari Albini, summæ religionis perspicui oratoris sui deferrentur, obsecravit [a] : sic Alcuinum interpellans, qui et ipse, tam honorifico ab eo prosecutus elogio, recepisse se scribit, ac miris effert laudibus, epist. 113. Sic enim ibi de illis loquitur : « Quanto magis cum sacratissimæ fidei vestræ libellum recensui, catholicæ pacis puritate ornatum, eloquentiæ venustate jucundissimum, sensuum veritate firmissimum, totius animi mei habenas in lætitiam laxavi? Ubi de uno lucidissimo et saluberrimo paradisi fonte, quatuor virtutum flumina, non solum Ausoniæ fertilitatis prata, sed totius Ecclesiasticæ Latinitatis rura irrigare conspexi. Ubi et urbanitatis spiritualium sensuum gurgites gemmis scholasticæ urbanitatis abundare intellexi. Quamplurimis vero profuturum et pernecessarium fecistis opus in catholicæ fidei taxatione, quod diu optavi, et sæpius domno regi suasi, ut symbolum catholicæ fidei planissimis sensibus, et sermonibus luculentissimis in unam congregaretur cartulam, per singulas episcopalium regiminum parochias omnibus daretur presbyteris legenda, memoriæque commendanda : quatenus licet lingua diversa loqueretur, una tamen fides ubique resonaret. » Unde illos quoque multi censuerunt dignissimos, qui cum Alcuini scriptis excuderentur. Quod a nobis præstitum, ope veteris codicis ms. clariss. ac doctiss. virorum Puteanorum fratrum, nemo futurus est, credo, qui non æqui bonique consulat. Sed præter Paulinum hunc, Etherius adhuc, sive Hitherius episcopus Uxamensis, et Beatus abbas, eodem tempore libros duos adversus eumdem errorem promulgarunt, Ingolstadii nuper juris publici factos. De quibus et Alcuinus noster, Felicem alloquens : « Quod vero, ait [b], quemdam Beatum abbatem et discipulum ejus Hitherium episcopum dicitis huic vestræ sectæ primum contraire, laudamus eos in eo, quod veritatem defendere conati sunt. » Sed an Richbodus et Teudulphus episcopi, similem operam præstiterint, nondum innotuit.

CAPUT XI.

Libello Felicis respondet septem libris, illumque tandem catholicum efficit, ac Elipantum etiam quatuor aliis libris oppugnat.

Alcuinus vero, sicut ipse testatum reliquit [c] libello etiam Felicis septem suæ devotionis libellis respondit, omnesque ejus pravitatis evacuavit doctrinas. Qui libelli (perperam hactenus Paulino tributi) lecti sunt et probati in præsentia Caroli regis et sacerdotum Christi : tantamque vim ac auctoritatem habuerunt, ut « idem Felix anno præfati gloriosi principis trigesimo secundo [d], advocatus voluntarie veniens ad Aquis palatium, ibique in præsentia domni regis et optimatum illius, sive sacerdotum Dei rationabiliter auditus, et veraciter convictus, atque Deo dans gloriam, veramque confessus fidem, in pacem catholicæ unanimitatis reversus sit cum suis discipulis, qui ibi tunc temporis erant præsentes. « Sed hoc postquam error ejus iterum Francofurti damnatus fuit. Nam incerti auctoris Annales referunt, quod anno 794 « Synodus habita Franconofurt, in qua hæresis Feliciana coram episcopis Germaniarum et Galliarum Italorumque, præsente magno principe Carolo, et missis Adriani apostolici Theophilacto et Stephano episcopis, tertio damnata est, et rata stipulatione damnatio roborata. » Hoc facto Carolus cum exercitu Saxoniam ingressus est, Aquasque reversus anno 796. Felix ibi a Laidrado episcopo Lugdunensi perductus, « ac suo conspectui præsentatus, ut ipsissimis Felicis verbis utar [e], licentiam ab eo accepit sententias suas, quas ex libris sanctorum habere se de adoptione carnis in Filio Dei, seu nuncupatione in humanitate ejus, credebat, episcopis et abbatibus, et cæteris doctoribus, quos ad se ordinatio gloriosi principis convenire fecerat, præsentaret : quatenus non in violentia, sed ratione veritatis sua assertio rata judicaretur, si ab illis per auctoritatem sanctorum Patrum minime repudiaretur. Quod ita factum est. Nam prolatas ab eo sententias de superdicta contentione, hoc est, de adoptione carnis atque nuncupatione, ita illi (de quorum numero Alcuinus), ex auctoritate sanctorum Patrum, id est Cyrilli episcopi et beati Gregorii papæ urbis Romæ, seu beati Leonis, sive et aliorum sanctorum doctorum, qui illi prius incogniti erant, sive per auctoritatem synodi, quæ nuper in Roma hac intentione, præcipiente gloriosissimo ac piissimo Carolo, adversus epistolam ejus, quam ipse scripserat venerabili viro Albino abbati Turonensis ecclesiæ (sic enim Alcuinum nostrum indigetat, et nos infra de abbatiis ejus plura) congregata fuerat : In qua synodo, præsente Leone apostolico (qui eodem anno Adriano successerat), et cum eo cæteris episcopis numero 57 residentibus, et plerisque presbyteris ac diaconis cum eis in domo beatissimi Petri apostoli : per horum, inquam, omnium auctoritatem istas jam dictas illius sententias, non qualibet ut præfatum est, violentia, sed ratione veritatis, ut oportuit, excluserunt. Quorum auctoritate veritatis, et totius Ecclesiæ universalis consensu convictus, meliori intellectui eorum, quam suo, quem prius sequebatur, conjunctus, et ad universalem Ecclesiam Deo favente reversus est ex toto corde suo, non qualibet simulatione, seu velamine falsitatis, sicut dudum, sed vera cordis credulitate, et oris professione. » Hactenus Felicis jam non ulterius infelicis futuri verba. Cujus in conversione quam partem habuerit Alcuinus, ipse sic breviter docet, Elipantum alloquens [f] : « Ego cum Rufino beatum Felicem martyrem non

---

[a] In epistola ad Carolum regem, cujus fragmentum superest inter Opera Paulini Madrisii, tomo C Patrologiæ.
[b] Lib. I contra Felicem.
[c] Libr. I contra Elipantum.
[d] Verba sunt Alcuini loco citato.
[e] In confessione suæ fidei.
[f] Libr. I adversus Elipantum.

feci, sed Felicem olim vestri erroris complicem, Deo miserante, catholicum effeci. » Nec longe postea Elipantum quoque Toletanæ sedis episcopum, jam sepultos discipuli cineres suscitare conantem, quatuor aliis magnæ eruditionis libellis oppugnavit. Sed an expugnaverit, et ad unitatem Ecclesiæ reduxerit, in scriptis ejus non invenitur.

CAPUT XII.

Carolum regem omni disciplinarum genere imbuit, et an David, ejusdem Caroli proprium nomen fuerit, vel ascititium.

Quoniam vero Alcuini præcipua etiam in docendo laus fuit, postquam ab Anglia ubi profitebatur in Galliam evocatus est, jam videndum qualiter discipulis, qui ab ultimis orbis terræ partibus frequentissimi ad illum audiendum concurrebant, reconditæ philosophiæ thesauros omnes, inusitata quadam facundia deprompsit. Factus igitur Franciæ novus civis, Carolo deinceps sedulus et fidelis comes adhæsit, ejusque imprimis animum omnibus disciplinis imbuit, adeo ut nec illi par in toto orbe foret in scientiis. Quod vel ex rhetoricæ dialecticæque Alcuini cum eo dialogis, vel ex dedicatoria librorum sanctæ Trinitatis epistola facile colligi potest, ubi cum libros hos Carolo jam imperatori coronato mitteret, post annum videlicet octingentesimum, principem populi Christiani cuncta debere scire tradit, officiumque, quo a quibusdam magister vocabatur [a] ostendens, nonnullos reprehendit, qui minus utile existimabant, nobilissimum regis intentionem dialecticæ etiam disciplinæ discere voluisse rationes. Item ex carmine 499, in quo Euboricæ urbis juventum sic alloquitur :

Talia namque placent vestro quia munera patri,
Qui nunc egregias regalibus insonat artes
Auribus, et Patrum deducit per prata sequentem,
Præpulchro sophiæ regnantem stemmate celsæ.

Sed melius adhuc ex his poematis 270 versibus :

O mihi dulcis amor David per sæcla valeto.
 Quam te præsentem semper habere velim !
Pierio ut tecum liceat mihi ludere versu,
 Scandere vel summi sidera celsa poli,
Vel pulchras tecum numerorum discere formas,
 Irrepere aut veterum dicta stupenda Patrum,
Aut tractare sacra æternæ præcepta salutis,
 Quæ via te mecum perveniat astra super.

Carolum enim, hoc loco, sicut alibi fere semper, *Davidem* appellat. Quod an proprium ei vel ascititium nomen fuerit, affirmare vix ausim. Et certe non ascititium persuadent ista ad illum ejusdem Alcuini verba (Epist. 96) : « Clarissimis vestræ nobilitatis filiis benedictio copiosa per vestra benefacta accrescat, sicut per solius homonymi tui David Deo dilectissimi regis sanctitatem, ut legitur, omnibus nepotibus suis regulis throni potestas conservata fuit. » Nec enim, inquit, vir quidam doctiss. Davidem homonymum regis Caroli vocaret, si ab illius similitudine tantum et imitatione mens Alcuini fuisset eum hoc nomine donare. Quod etiam confirmari videtur alio ipsius Alcuini testimonio, dum scribit (Epist. 17) : « David olim præcedentis populi rex a Deo electus, et Deo dilectus, et egregius Psalmista Israeli victrici gladio undique gentes subjiciens, legisque Dei eximius prædicator in populo exstitit. Cujus eximia filiorum no-

bilitate in salute mundi, de virga flos campi et convallium floruit Christus. Qui istis modo temporibus, ac ejusdem nominis, virtutis et fidei David regem populo concessit rectorem et doctorem. Sub cujus umbra superiora quiete populus requiescit Christianus, et terribilis undique gentibus exstat paganis. » Et forte, addit præfatus vir doctissimus immutatum illi nomen, cum vel baptizatus, vel in regem unctus est. Nam de Pippino Italiæ rege ejus filio hoc idem factitatum. Proprium vero fuisse dissuadet illius et subsequentis ævi mos, quo reges nostros hoc Davidis nomine communiter a scriptoribus interpellatos reperio. Sic enim Amalharius Treverensis episcopus [b] et Stephanus papa apud Theganum [c] Ludovicum regem, Caroli Magni filium, novum ac secundum David appellant. Sic Lupus Ferrariensis abbas Carolum Calvum Ludovici filium Davidi in consiliis comparat [d]. Itali apud Luitprandum Ticinensem levitam [e], Berengarium regem alterum David venisse latrani, eumque vel ipsi Magno Carolo cæca mente præferunt. Ac ut recentiora aliqua commemorem, Simon quoque Grebanus Carolum VII [f], et cuncti nuper Henricum Magnum Davidem publice nuncuparunt [g].

CAPUT XIII.

Ludovico et Pippino præceptor datur, aliosque complures in Gallia præcipuos erudit.

Qualitercumque se res habeat, profecto Alcuini commendatio tanta fuit apud Carolum regem, ut non solum ejus præceptor [h] ac deliciosus [i] nominaretur, sed ab illo quoque potissimum eligeretur, qui Ludovicum ac Pippinum filios litterarum præceptis informaret. Quod partim ex Radulpho decano Tungrensi, lib. I De canonum observantia, partim ex ea, quam Alcuinus ipse eum Pippino nobilissimo, ac regali puero instituit, disputatione discitur. Et quia magister totius regionis peritissimus ac doctissimus erat [hoc enim Amalharii Fortunati de eo elogium docet [j]] magno etiam aliorum virorum concursu et admiratione auditus est, plurimosque eruditionis fama insignes discipulos habuit. In quorum numero præcipui fuerunt Amalharius ipse tunc puer [k], Treyerensis deinde episcopus; Rhabanus Maurus [l] et ipse puer, ad quem exstat epistola 150, sed magnus ac celebris postea vir, archiepiscopus enim Moguntiacensis tandem factus est; Haymo episcopus [m], Usualdus abbas Sancti Salvatoris [n], qui Martyrologium sanctorum scripsit [o]; Richbodus cognomento Macharius, episcopus Treverensis ante Amalharium [o], Petrus archiepiscopus Mediolanensis [p], sanctus Aldricus Ferrariensis abbas [q], et alii complures.

CAPUT XIV.

Quibus in locis docuit, et an primus Academiæ Parisiensis institutor.

Sed non constat inter omnes de locis in quibus sic juventutem erudiendo perpetuam apud omnes gloriam promeruit. Trithemius enim non semel in Fuldensi suo monasterio moratum, ac ibi plures ex monachis clarissimos enutrivisse discipulos scribit [r], inter quos et Haymonem, Usuardum sive Isuardum, ac Rhabanum nominat. Auctor Chronici Augustani Ecclesiastici, cap. 10, apud sanctum Gallum docuisse,

---

[a] Verba sunt Alcuini.
[b] In fine præfationis.
[c] Libr. de Gest. Lud. Pii.
[d] Epist. 95.
[e] Libr. v Hist., cap. 14.
[f] In ejus epitaphio.
[g] In concionibus funebribus.
[h] Alcuini epist. 162, et Sangall. lib. I.
[i] Anastasius Biblioth. in Vita Adriani I.
[j] Libr. de ordine antiphon., cap. 52.
[k] Ipse Amal. loco citato.

[l] Flodoardus lib. III Hist. Eccl. Rhemensis, cap. 21.
[m] Trithemius De illustr. ord. sancti Bened. viris libr. II, cap. 26.
[n] Alcuinus, epist. 20.
[o] Epist. 169.
[p] Epist. 167.
[q] Vita sancti Aldrici.
[r] Loco citato, et in Chronico Hirsaug. ad annum 890.

ac nobili ibi auditorio claruisse testatur. Et alii recentiores [a] Parisiis quoque legendi munere perfuncium asserunt, illorum sequentes opinionem et auctoritatem, qui celeberrimi hujus scientiarum emporii fundamentum ab eo eum doctissimis aliquot viris aliis jactum fuisse tradiderunt. An autem hoc verum; nullis ipse suis scriptis declarat. In Francia profecto se scholas publicas tenuisse refert epistola 43 ad Carolum Magnum his verbis : « Nunc vero frigescente sanguine quasi vespere in Francia seminare, non cesso. » Et epistola ad eumdem 86 : « Nec fastidiosa segnities legentium, inquit, benivolentiæ magistri juste deputari debet, si plurimis inclytum vestræ intentionis studium sequentibus ; forsitan Athene nova perficeretur in Francia : imo multo excellentior, quia hæc Christi Domini nobilitata magisterio, omnem Academiæ exercitationis superat sapientiam. Illa tantummodo Platonis erudita disciplinis, septenis informata claruit artibus. Hæc etiam insuper septiformi sancti Spiritus plenitudine dilata, omnem sæcularis sapientiæ excellit dignitatem. » Sed in quibus Franciæ provinciis ejusmodi litterarum semina jecit? aut ubinam urbium vel civitatum Gallicarum hæc Athene perfecta fuit? Forte in facundissima Parisiorum Lutetia, ad quam Carolus rex studium de urbe Roma transtulisse, quod de Græcia illuc translatum fuerat a Romanis, in Magno Chronico Belgico legitur? Plurima sunt quæ vetant credere. Primo, quod Alcuinus, vel Parisiorum, vel Lutetiæ nullibi meminit. Secundo, quod cum in pluribus Galliæ locis fuerit, aut cum Carolo rege, ut in Aquisgrani apud auctorem Vitæ sancti Ludgeri lib. I, cap. 34, aut sine rege Carolo, ut in Belgica latitudine [b], Turonis [c], in Centulo [d], apud sanctum Amandum [e], et alibi [f] : nunquam tamen docuisse se verbis apertis indicat, nisi vel in palatio regis, vel Cæsaroduni Turonum. In palatio enim scholam fuisse demonstrant hæc ejus ad Carolum verba [g] : « Ego ignarus, nesciens Ægyptiacam scholam in palatio Davitica versari gloriæ. Ego abiens Latinos ibi dimisi, nescio quis subintroduxit Ægyptios. » Quod vero et apud Turonos Gallicam erudierit juventutem, non semel, sed frequenter repetit. Epistola 43 ad Carolum regem : « Aliquos ex pueris nostris remittam, qui revehant in Franciam flores Britanniæ, ut non sit tantum modo in Eborica hortus conclusus, sed in Turonica emissiones paradisi cum pomorum fructibus, ut veniens Auster perflare hortos Ligeri fluminis, fluant aromata illius. » Item epistola 101 : « Ego itaque, licet parum proficiens, cum Turonica pugno rusticitate. Vestra vero auctoritas palatinos erudiat pueros. » Et si asciticiis etiam niti testimoniis licet, ubi Athene illa nova, de qua nunc dixi, melius collocari potest quam in ejusmodi schola Turonensi? Nam Saugallensis monachus sic ea de re [h] : « Dedit autem Albino Carolus rex abbatiam sancti Martini juxta Turonicam civitatem, ut quando ipse absens esset, illic requiesceret, et ad se confluentes docere deberet. Cujus in tantum doctrina fructificavit, ut moderni Galli, sive Franci, antiquis Romanis, vel Atheniensibus æquarentur. »

CAPUT XV.
Quibus a Carolo beneficiis honestatus est.

Verum, quia in mentionem abbatiæ sancti Martini incidimus, operæ pretium est nunc perscrutari quibus rex Carolus beneficiis hunc præclarum magistrum honestavit, aut quas illi largitiones in regno suo contulit. Multa namque regiæ benignitatis in eum benefacta fuisse, vel ex epist. 154 ad Carolum discitur, ubi sic ait : « Summa Deus Trinitas vestræ bonitati, omnium dilectissime David, æterna restituat beatitudine, quidquid pietatis vel benignitatis in me famulum vestrum, sicut prima cognitione adventus mei ad vos misericorditer promisistis, ita omnia fideliter implestis; et ad cumulum plenissimæ veritatis; quæ semper vestri pectoris insident thesauro, centuplum addidistis, ut cunctorum luce clarius oculis patescit, auribusque per longinqua terrarum resonat multorum. » Imprimis autem illi sancti Lupi Trecensis abbatiam dedit, ut refert anonymus ejus Vitæ scriptor. Quod et ipse videtur innuere epistola 126 ad sororem suam, his verbis : « Plurimum mihi placuit crux quam vestra mihi benignitas direxit. Et credo vos æternam habere a Deo mercedem pro illius opere, et assiduas sancti Lupi intercessiones, et laudabiles gratiarum actiones ab eis qui ad illius patrocinia confugere solent. » Abbatiam quoque Bethlehem, sive Ferrarias in Wastinensi pago possedit, ut in Vita sancti Aldrici Senonensis archiepiscopi legitur : nec non cellam sancti Judoci ad hospitium peregrinis præstandum ei commendatam. Est enim de hac testimonium Lupi Ferrariensis in epist. 44 ad Lotharium regem, cum eamdem ipse cellam accepisset a Caroli Magni filio Ludovico imperatore ; « Cellam, inquit, sancti Judoci, quam Magnus Carolus quondam Alcuino ad eleemosynam exhibendam peregrinis commiserat, beatæ memoriæ pater vester nobis ea ratione concessit, sicut edictum illius attestatur ; ut quod eleemosynæ superessel, in nostrum usum cederet. » Nec dubito quin cella hæc ab illa maritima cellula differat, cui etiam legitima se successione deseruisse scribit Alcuinus [i]. Nam illius patronus sanctus Andreas, hujus vero sanctus Judocus. Illa corpore sancti Wilgisi, hæc sancti Judoci reliquiis clara. Utræque tamen maritimæ; illa in promontoriis, quæ mari Oceano, et Humbri flumine cinguntur; in Northumbria : hæc in Belgii loco maritimo; Wicus olim nuncupato, vel a sinuoso maris anfractu, qui Saxonice Wic appellatur, ut docet Rhenanus, vel a statione secura, ubi conjunctioribus ædificiis habitatur, si Wie id denotat, ut contendit Adrianus Junius; vel a castello, ut Wic castellum sonat, ut Alfricus vetus auctor asserit : nunc autem vulgo *Saint-Josse-sur-Mer*. Et certe quod locus ille sancti Judoci Wicus, seu Wici plurali numero quondam dictus sit, et ab Alcuino quoque nostro possessus aperte declarat ipse epist. 44, ubi de solitudine sua sic conqueritur : « Ego pene quasi orbatus filiis remaneo domi. Bameta Saxoniam, Homerus Italiam, Candidus Britanniam recessit; Martinus in Wicos apud sanctum Judocum infirmus remansit. Item epistola 96 ad Carolum regem : « Revertenti me de Wicus, propter causas necessarias, quas ibidem habuimus disponere, occurrerunt mihi excellentiæ vestræ dulcissimi apices. » Denique sancti Martini Turonensis abbatiam ab eodem Carolo rege adhuc regendam recepit, cum sæculares occupationes omnino declinare cogitaret. Hoc enim idem ipse de se testatur epistola 129 ad eumdem regem, cum ait : « Nam fere ante hoc quinquennium sæculares occupationes, Deum testor, non ficto corde declinare cogitavi. Sed vestræ piæ providentiæ consilio translatus sum in servitium sancti Martini, fidei catholicæ et ecclesiasticæ sanctioni, donante Deo proficuum. » Ante quam tamen translationem, nescio an apud hoc monasterium acciderit, quod Odo Cluniacensis [j], Helinandus [k], Magni Chronici Belgici scriptor [l], et alii plurimi narrant,

[a] Polyd. Vergil. libr. v Hist. Angl. et Nicolaus Serarius, libr. iv Rerum Moguntiacarum.
[b] Epist. 86.
[c] Epist. 43, 109, 101, 132.
[d] Prologo in Vitam sancti Richarii.
[e] Epist. 102.
[f] Epist. 100.

[g] Epist. 173.
[h] Libr. i de Gest. Caroli Magni.
[i] Prologo in Vitam sancti Willibrordi.
[j] In Tractatu de translatione corporis sancti Martini.
[k] Apud Vincentium Belac. libr. xxiii, cap. 173.
[l] Ad annum 770.

omnes illius monachos, una nocte ab angelis occisos fuisse, quia præteritæ religionis obliti sericis induebantur vestibus, deauratisque calceamentis incedebant : excepto illo solo, qui angelos percutientes vidit, et ut ad pœnitentiam agendam reservaretur, eos oravit, ac tandem exoravit. Ademarus enim Engolismensis hoc in longe posteriora tempora rejicit, et alia de causa pariter accidisse sic affirmat : « Tunc, inquit [a], scilicet Carolo Calvo regnante, sancti Martini monachi Turonenses nemine cogente, ante corpus ejusdem, abjecto monachi schemate, schema induunt canonicale : sed mox in eis pestis irruit, ut una nocte omnes morerentur, et de reliquo a canonicis ipse inhabitatur locus. » Quæ verba mihi suspicionem injiciunt, nec usquequaque adhuc certum esse, quod in Chronico Turonensi reperitur : « Anno 796 Carolum regem instituisse canonicos in ecclesia beati Martini Turonensis, auctoritate Adriani papæ, eisque sanctum Alchoinum magistrum suum abbatem præfecisse. »

CAPUT XVI.

Carolo Magno fuit a consiliis, et ab eo Romam legatus.

Cæterum vir tot et tam præclaris abbatiis ditatus non solum eis magna sanctitatis ac doctrinæ gloria præfuit, sed et a civilibus interim negotiis ac reipublicæ cura non abfuit. Nam Carolus Magnus illum consiliis sibi semper intimum fecit, omniaque « imperialis aulæ, et majora negotia, suæ discretionis arbitrio diffinivit, » inquit auctor Vitæ sancti Aldrici Senonensis archiepiscopi. Quare et ab eo in aulam sæpe accersitus legitur [b], dum absens esset : ac Romam etiam de justitiis sancti Petri contra Longobardorum regem inquisiturus una cum Georgio episcopo, et Gulfardo abbate, ab eodem principe legatus est, ut refert Anastasius Biblioth. in Vita Adriani I papæ. Cumque inter Offam regem et dictum Carolum aliquid dissensionis exortum fuisset, unus adhuc præ cæteris est electus, qui pro pace in illas partes mitteretur [c]. Denique Romam cogitans idem Carolus anno 800 optavit secum eum ducere [d]. Sed duabus epistolis excusavit se, fumo sordentia Turonorum tecta auratis Romanorum arcibus præponens [e]: rogavitque regem, ut dimitteret eum fideliter et instanter orationibus cum Deo servientibus apud sanctum Martinum iter suum adjuvare [f]. Qua re impetrata, certior factus Carolum Gallici littoris perlustrare velle littus, antequam in Italiam descenderet, occurrendum tamen illi putavit in Centulo apud sanctum Richarium : ibique cum eo Paschalem festivitatem celebrans [g], scripsit, seu potius emendavit Vitam ejusdem sancti Richarii confessoris, quam et ipsi regi piissimo Carolo dedicavit epistola nuncupatoria.

CAPUT XVII.

Docuit Turonis ad extremum vitæ diem, ibique plurima volumina scripsit.

Inde autem Turonos reversus, quam ab initio vitæ rationem instituerat, ad extremum usque ætatis suæ diem retinuit. Ibi enim pie sancteque vixit, et juventutem Gallicam erudire continuans frequenti etiam ac frugifera voluminum editione laudem sibi nunquam morituram peperit. Potissimum vero *Quæstiones*, vel ut ipse vocat, *Interrogationes de libro Geneseos* illic composuit, ac eas Sigulfo veteri et individuo socio, successorique in abbatia Ferra-

riensi futuro, consecravit. *Enchiridion* quoque, sive piam ac brevem expositionem in quosdam *psalmos* tunc elaboravit. Item *Commentaria super Ecclesiasten*, quæ dilectissimis discipulis Oniæ sacerdoti, Candido presbytero, et Nathanaeli diacono nuncupavit. Nec non luculentissimos illos *septem aliorum commentariorum libros*, quos ad petitionem Gislæ et Richtrudæ Deo dicatarum virginum, suarumque quondam in Anglia discipularum, *super Evangelium sancti Joannis* exaravit. Præterea Caroli regis præcepto, tunc etiam Veteris ac Novi Testamenti Scripturas omnes correxit, et correctas illi e sancto Martino transmisit [h]. Psalterium Davidicum per hebdomadam disposuit, quod sub inscriptione *Officiorum per ferias a Joanne Baleo* citatur, itaque a nobis ex antiquissimo codice viri illustrissimi Jac. Aug. Thuani nunc primum editum est. Homilias seu conciones per annum legendas ex antiquis Ecclesiæ Patribus collegit [i]. Librum *De virtutibus et vitiis ad Widonem* sive Wittonem Marcæ Britannicæ comitem j scripsit. Libellum de Antichristo, quem nonnulli antehac *Rhabano*, quidam etiam sancto Augustino tribuerunt, elucubravit. *Vitam et miracula sancti Martini* sub compendio mirifice arctavit. Epistolas denique multas eruditione plenas ad Adrianum et Leonem summos pontifices, ad gloriosum regem Carolum, ad Angelbertum primicerium palatii Pippini regis, ad Megenfridum regalis palatii archarium, ad Æricum sive Ebericum ducem Forojuliensem, ad Magenharium comitem Senonensem, ad Flavium Homerum Caroli regis auricularium, ad Paulinum patriarcham Aquileiensem, ad Laidradum Lugdunensem et Nefridium Narbonensem episcopos, et ad alios plures magnæ auctoritatis ac potentiæ viros scripsit. Nam de aliis ejus libris non adeo plane constat, ubi vel quando compositi sunt : *Vita* duntaxat *sancti Willibrordi*, quam in Anglia; Rhetoricisque et Dialecticis præceptionibus, quas in *palatio regis* elaboravit, exceptis. Tribuimus vero etiam illi *Libros Sacramentorum* ac *De divinis Officiis*, quia sub ejus nomine jam antehac excusi sunt, etsi nec conjecturis destituimur, ultimum ab eo nunquam fuisse conscriptum. Auctor enim illius quisquis sit, Galliæ Braccatæ incolam se profitetur (cap. 34) : exemplarque vetusto stylo exaratum, cujus ope 12 capita integra restituimus, quæstionem de Natalitiis sanctorum capiti 18 subjunctam ascribit. Elprico monacho, qui juxta Trithemium floruit anno 1040 et demum in eo (cap. 32) festivitatis omnium sanctorum institutio Kalendis Novembribus memoratur, quo die tamen eam longe post Alcuini obitum in Gallia ac Germania celebrari cœpisse, scilicet anno 835, ex Sigeberto et aliis facile discitur. Quidquid sit, plurima insuper ejus scripta feruntur, quæ temporum sive injuria sive negligentia adhuc latent.

CAPUT XVIII.

Ejus obitus, sepultura et sanctitas.

Tot igitur ac tantorum ingenii ornamentorum laude clarus, sub umbra potentiæ et sub tegmine pietatis Caroli religiosam ducens vitam [k] : totam infirmitatis senectutisque suæ consolationem in Deum intendens, inter fratres in ecclesia sancti Martini Deo fideliter servientes, tandem sicut desiderabat, feliciter requievit [l] anno Christi 804 secundum omnium pene antiquorum testimonium [m], et ad cœli præmia evolans xiv Kal. Junias, in eadem ecclesia cum epitaphio, quod ipse sibi vivens posue-

---

[a] In Chronico.
[b] Epist. 109 et 132.
[c] Guillelmus Malmesb. libr. cit. 3 et 4.
[d] Epist. 96 et 109.
[e] Epist. 109.
[f] Epist. 96.
[g] Vita Caroli Magni, et Alcuini præfatio in Vitam sancti Richardi.

[h] Epistola quæ præcedit libr. vi Comment. sancti Joan. et epist. 131.
[i] Anonymus in ejus Vita.
[j] Annal. inc. auctoris et Vita Caroli Magni.
[k] Epist. 133.
[l] Epist. 129.
[m] Odorannus, Chronicon Turonense et Lemovicense, anonymus ejus Vitæ scriptor, et alii.

rat, a suis sepultus est. Falsum enim et quod Wilelm. Malmesb. asserit[a], eum apud sanctum Paulum in Cormaricensi cœnobio diem obiisse: et quod alter recentior annotat[b], sepulturam in Hersfeldensi ecclesia Fuldæ vicina accepisse. Denique, post extremum vitæ diem beati quoque, sive sancti titulum promeruit, ut docent anonymus in ejus Vita, Flodoardus lib. III Hist. Rem. cap. 21, sancti Martini canonicus in Chronicis, et Rhabanus archiepisc. Moguntiacensis in Martyrologio. Atque hæc fere sunt omnia, quæ de Alcuino discere licuit ex ipsius Operibus.

[a] Libr. I, cap. 3, de Gest. Reg. Angl

[b] Browerus libr. I, Antiq. Fuld. cap. 10.

DE BEATO ALCUINO

CAROLI MAGNI PRÆCEPTORE

TESTIMONIA VETERUM ET QUORUMDAM RECENTIORUM SCRIPTORUM.

I.

Eginhartus in Vita Caroli Magni, apud Bouquet., Script. Rer. Gallic. tomo V, pag. 99.

In discenda grammatica Petrum Pisanum diaconum senem audivit, in cæteris disciplinis Albinum cognomento Alcuinum item diaconum, de Britannia Saxonici generis hominem, virum undecunque doctissimum, præceptorem habuit: apud quem et rhetoricæ et dialecticæ, præcipue tamen astronomiæ ediscendæ plurimum et temporis et laboris impertivit.

II.

Sanctus Paulinus Aquileiensis patriarcha in epist. ad Carolum Magnum de libris, quos adversus Felicem episcopum scripsit, apud Madrisium Opp. sancti Paulini, pag. 168.

Hæc quippe specialia precum mearum libamina singulariter, pectoris mei purissima incitante devotione, in conspectu orthodoxi principis, terræque domini prælibare festino: quatenus hoc nostrum, licet non pretiosum, quodcunque tamen munusculum, ad manus reverendissimi viri, et in divinis rebus peritissimi et præclari, Albini scilicet, summæ religionis præcipui oratoris vestri, mihique super omnia flaventium favorum dulcissimi mella, urgentibus vestris citius venerandis imperiis deferatur. Nescio plane, si possim quandoque in alio hæc congesta volumine, inviolabili charitati illius meis viribus impertire. Non quod his ille indigeat, sed ut ex his clarius detur intelligi, cujus dilectionis et amicitiæ erga eum pleni amoris dulcedo meo semper in pectore quantocius suaviter saporata dulcescat.

III.

Sangallensis monachus, lib. I de Gestis Caroli Magni, apud Bouquetum, Script. Rer. Gall. tomo V, pag. 107.

Audito autem Albinus de natione Anglorum, quam gratanter sapientes viros religiosissimus regum Carolus susciperet, conscensa navi venit ad eum. Qui erat in omni latitudine Scripturarum supra cæteros modernorum temporum exercitatus, ut pote discipulus doctissimi Bedæ, peritissimi post Gregorium tractatoris. Quem usque in finem vitæ jugiter secum retinuit, nisi quando ad ingruentia bella processit, adeo ut se discipulum ejus et ipsum magistrum suum appellari voluisset. Dedit autem illi abbatiam sancti Martini juxta Turonicam civitatem, ut quando ipse absens esset, illic requiescere et ad se confluentes docere deberet. Cujus in tantum doctrina fructificavit, ut moderni Galli sive Franci antiquis Romanis et Atheniensibus æquarentur. Item ibidem, pag. 110: Gloriosissimus itaque Carolus per totum regnum suum studia litterarum florere conspiciens, sed ad maturitatem Patrum præcedentium non pervenire condolens, et plus quam mortale laborans, in hanc tædiatus vocem erupit: « O utinam haberem duodecim clericos ita doctos omnique sapientia sic perfecte instructos, ut fuerunt Hieronymus et Augustinus. » Ad quod doctissimus Albinus ex ipsorum comparatione merito se indoctissimum judicans, in quantum nullus mortalium in conspectu terribilissimi Caroli audere præsumeret, maxima indignatione concepta, sed parumper ostensa, respondit: « Creator cœli et terræ similes illis plures non habuit, et tu vis habere duodecim? »

IV.

Anonymus scriptor Vitæ sancti Aldrici Senonensis archiepiscopi, nec non Ferrariensis abbatis, apud Mabill. sæc. IV, Ben., pag. 568.

Parentes sancti Aldrici eum Deo perpetuo serviturum monasterio præsentaverunt, quod in honore beatæ Mariæ erat fundatum: ubi sub Alcuino abbate, magistro litterali, cui jam dicti cœnobii (Ferrariensis sc.) administratio tunc temporis erat commissa, monachalis disciplinæ suscepit insignia.

V.

Altfridus episcopus Monasteriensis in Vita sancti Ludgeri, lib. I num. 9 et 10, apud Mabill., sæc. IV Ben. part. I, pag. 24.

Alcuinus illo in loco (Eboraci) tunc magister erat, qui postea temporibus Caroli junioris (habita ratione Caroli Tuditis avi sui, id est Caroli Magni) in Turonis in Francia magisterium exercuit: cui statim vir prudens Liudgerus sedulo jungebatur, hauriendo ob eo spiritualia dogmata..... Liudgerus igitur cupiens saturare se prælibati dulcedine favi, petiit ab abbate Gregorio licentiam redeundi ad magistrum Alcuinum..... Tunc Gregorius et parentes ejusdem Liudgeri quandoque precibus victi, direxerunt eum ad præfatum magistrum Eboraicæ civitatis Anglorum, præbentes quæ illi opus erant in via: quem magister illustris Alcuinus cum magno suscepit gaudio..... et mansit ibi annis tribus et mensibus sex, proficiens in doctrinæ studio..... Tunc Alcuinus necessitate compulsus direxit Liudgerum cum præfatis negotiatoribus: misit etiam cum eo et diaconem suum, nomine Pulul, timens ne amore discendi aliam regionis illius civitatem adiret et... aliquas pateretur insidias. Dicebat enim, potius se velle mori, quam ut filius suus dilectus illic quidquam pateretur lethalis mali. Directus itaque Liudgerus prospero cursu pervenit ad patriam suam, bene instructus, habens secum copiam librorum... Diaconus vero, qui venerat cum eo, juxta dispositionem magistri Alcuini auctus benedictionibus, perrexit Romam, iterum reversurus: qui etiam postea cum Alcuino venit in Galliam in ordine presbyterii, quem (uti additur in cod. Budicensi apud Bollandianos) acceperat Romæ cum licentia abbatis sui.

VI.

Anonymus scriptor Vitæ sancti Liudgeri episcopi, apud Mabillonium sæc. IV Ben. lib. I, cap. 6, pag. 37.

Eo tempore in Eboraica civitate famosus merito

magister scholam Alcuinus tenebat, undecunque ad se confluentibus de magna sua scientia communicans. Hujus mox, ut illuc pervenerunt (Alubertus et Liudgerus), Liudgerus familiarem amicitiam adeptus, spatio quo inibi demorabantur, ad eum sedulo de scripturis interrogantem accessit. Verum cum sacris ordinibus perceptis ad eum, qui eos miserat, redeuntes venirent, Alubertus cum Gregorio pii laborem operis assumpsit. Porro Liudgerus Alcuini desiderio, et amore discendi reditum, si fieri possit, meditabatur. Quod cum sæpius tentanti Gregorius tandem difficillime concessisset, paratis cum ejus adjutorio et parentum suorum, quæ talis peregrinatio poscebat, remeavit Britanniam. Suscipiens eum magister honorabilis magna, cujus animum noverat, coluit charitate, tribusque continuis annis paterna in monachorum monasterio sollicitudine erudiens, quarto anno dimidio apprime eruditum ad patriam remisit. *Item cap.* 14 : Gloriosus imperator Carolus ejus (Liudgeri) famam audiens, prodente eum maxime Alcuino præceptore quondam suo, qui eo tempore de Britannia in Franciam venit, misit semel et iterum, atque litteris Alcuini [a] ejusdem ad se eum venire mandavit. *Et cap.* 35 : « Vidit quoque hoc (*splendorem lucis in obitu sancti Liudgeri*) et mirandus imperator Carolus, qui eo tempore in Aquis palatio moratus est. Eadem namque hora pro inspectione siderum cum Alcuino [b], a quo astrologiam didicerat, fuerat egressus. »

VII.

Hariulfus in Vita sancti Angilberti, num. 11, apud Mab., sæc. IV, *part.* I, *pag.* 117.

Albinus a venerabili Angilberto accersitus Centulam Vitam sancti Richarii antiqua simplicitate negligentius digestam venusto sermone composuit, præmissa operi præfatione ad eumdem gloriosum Augustum Carolum, in qua patenter monstratur beati Patris Richarii magna et pluriora fuisse miracula, quam ille exiguus Vitæ ejus textus enarrabat. Antiphonas quoque et responsoria vel hymnos de eodem sancto composuit, ut magni Patris festivitas nihilominus congrui officii habere videretur.

VIII.

Anscherus in Vita ejusdem sancti Angilberti, num. 10, *apud Mab., pag.* 128.

Sane libellum de Vita sancti Richarii sermone simpliciore digestum evocato ad se Albino magistro comptius atque lucidius componi et transcribi fecit, omissis illis miraculis, quæ Domini confessor in diversis locis, ac regionibus copiose patravit, de quibus seorsum codex magnus habebatur. Hymnos etiam tam nocturnos quam diurnos et antiphonas cum responsoriis, sumpta materia de vita ipsius, idem Albinus composuit.

IX.

Ardo seu Smaragdus in Victa sancti Benedicti abbatis Anianensis, num. 36, *apud Mab. l. cit., pag.* 205.

Alcoinus quoque ex genere Anglorum, ordine levites, sapientia præclarus, sanctitatis merito venerabilis, regens monasterium beati Martini confessoris, qui fuit Turonensium pontifex, quique in aula gloriosi imperatoris Caroli omni honore dignus habebatur, audita expertaque viri Dei sanctitatis fama, inviolabili se illi charitate conjunxit, ita ut ex suis epistolis ei sæpe directis, aggregatis in unum, unus conficeretur libellus. Datis itaque illi muneribus postulat obnixe sibi monachos dari; cui cum protinus venerabilis pater assensum præbuisset, equos misit, qui eos ferrent : quos in monasterio, cui nomen est

---

[a] Desunt hæ litteræ Alcuini ad Liudgerum. Nec illarum mentionem facit Altfridus.

[b] Ex hoc loco, inquit Mab., patet, Alcuinum superstitem fuisse anno 809, quo obiit Liudgerus. Ve-

---

Cormarine, quod ædificaverat, collocavit. Fuere etiam et hi, ut reor, xx cum prælato sibi magistro; ad quorum bonum conversationis exemplum, magna est aggregata multitudo monachorum.

X.

Paschasius Radbertus in Vita sancti Adalhardi abb., num. 21, *apud Mab. l. cit., pag.* 516.

Ob hoc autem (Adalhardus) ab aliquibus, ut epistolæ magistri Albini ferunt, Antonius vocabatur; a nonnullis vero Aurelius Augustinus.

XI.

Beatum Alcuinum scripsisse Vitam Caroli Magni dicitur in fine Vitæ ejusdem imperatoris ab Eginhardo editæ, apud Bouquet, tom. V *Script. Rer. Gallic. pag.* 105 *his verbis.*

Reliqua actuum ejus gesta, seu et quæ in carminibus vulgo canuntur de eo non hic pleniter descripta: sed require in Vita, quam Alcuinus de eo scribit. *Quæ verba vitæ ab Eginhardo scriptæ ab alio quodam addita habentur ex uno cod. ms. bibliothecæ Thuanæ.*

XII.

In Spicilegii d'Acheriani tom. IV, *pag.* 485, *in Thesauro monasterii Centulensis anno* 831 *descripti memoratur*

Missalis Gregorianus et Gelasianus modernis temporibus ab Albino ordinatus. Et Lectionarius plenarius a supra dicto Albino ordinatus.

XIII.

In egregio codice ms. Carnutensis ecclesiæ, continente librum, qui Comes vocatur, teste Mabillonio, sæc. IV *Ben. in additionibus et correctionibus pag.* 767 *hæc verba leguntur post medium.*

Hunc codicem, qui ab ecclesiasticis viris Comes appellatur, tua, lector, noverit perspicacitas, ab eo codice sumptum, quem constat ab Albino, eruditissimo viro, Carolo sapientissimo imperatore præcipiente, lima rectitudinis esse politum atque emendatum. Qui codex licet a multis haberetur, a plerisque tamen mendose et non bene distincte legebatur. Ob id studii fuit ejusdem Dei cultoris, ut a præfato viro ad purum corrigeretur, et distinctionibus artis grammaticæ pronuntiandi gratia distingueretur : ita videlicet, ut legentibus ejusdem codicis textus iter planum panderet, et audientium auribus nihil inconsonum afferret, simplices quoque errare non sineret. Nobis autem curæ fuit ita hunc emendate atque distincte transcribere, sicut ab eodem magistro emendatus exstat atque distinctus, etc.

XIV.

Amalarius Libr. de ordine Antiphonarii cap. 58 *in Bibliotheca PP. tom.* XIV, *Edit. Lugdun., de Responsoriis Psalmorum, pag.* 1056.

Audivi illos canere in isto ordine, quando videbar puer esse ante Albinum doctissimum magistrum totius regionis nostræ, cujus auctoritate delectatus et fretus, postquam libertate usus sum canendi, quæ congrua mihi videbantur, cœpi illos canere ab Octavis Pentecostes usque Kalendas Julii. *Et cap.* 67 *de Officio in Dedic. Eccles. pag.* 1058 : Audivi illas (antiphonas) in ea festivitate canere Albinum, doctissimum magistrum nostræ regionis, de quo sæpe mentionem facio.

XV.

Teganus in epist. ad Hattonem, apud Martene, tom. I *Ampl. Collect., pag.* 84.

Cum mihi diu cogitanti quid ex paupertate mea

---

rum de hac circumstantia rursus nihil habet alter Vitæ scriptor Altfridus. Vid. Mab. Act. sæc. IV, pag. 767, et libr. XXVII Annal., pag. 367, num. 29.

vestræ serenæ præsentiæ præsentare potuissem... nihil aliud ad mentem cucurrit, nisi ut aliquod opusculum sanctorum Patrum vobis dirigerem, in quo sanctum ingenium vestrum exercere potuissetis: et ideo istud volumen vobis transmisi, quod sanctus Alcuinus, summus scholasticus ex variis libris sancti Augustini congregavit in unum; quod peritissimo ac nobilissimo imperatori Carolo tradidit: sicut maxima necessitas est mortalium de divina natura ac essentia; de æterna gignentia Dei Patris; de æterna nativitate Filii Dei; de æterna processione Spiritus sancti, etc.

XVI.

Lupus Ferrariensis in epist. 11 ad Lotharium regem, tom. XV Bibl. PP. pag. 9.

Cellam sancti Judoci, quam magnus Carolus quondam Alcuino ad eleemosynam exhibendam peregrinis commiserat, beatæ memoriæ pater vester nobis ea ratione concessit, sicut edictum illius attestatur, ut quod eleemosynæ superesset, in nostrum usum cederet. *Idem in epist. 20 ad Altuinum, ibid. pag. 12:* In versibus moralibus, quos Alcuinus dicitur edidisse statera sic posita est:

Non tibi sit modius duplex, nec statera duplex.

XVII.

Ex antiquis monumentis monasterii sancti Vedasti Ferreolus Locrius in Chronico suo Belgico hæc refert apud Lambecium Comment. de Bibl. Cæs. Vindob. lib. II, cap. 5, pag. 402.

Raddo (abbas sancti Vedasti) ad res instaurandas divino munere datus anno 795 expectationi omnium cumulate respondit; qui ambustum fœdatumque incendio templum magnifice instauravit. Missale implicatum satis (ut ferebat conditio temporis) examini Alcuini subjecit; cujus descriptæ etiamnum exstant apud nos ad Raddonem epistolæ, atque aliquot versus, quibus Opera ejusdem posteritati commendat.

XVIII.

Annales Fuldenses ad annum 794 apud Bouquet, tom. V Script. Rer. Gallic., pag. 530.

His temporibus Alcuinus, cognomento Albinus, sanctitate et doctrina clarus habetur.

XIX.

Rhabanus Maurus in Martyrologio.

Decimo quarto Kal. Junii, depositio domini Alcuini.

XX.

Anastasius Bibliothecarius in Vita Adriani I papæ, Edit. Muratorii tom. III, p. 184.

Post hæc conjunxerunt ad sedem apostolicam missi sæpius dicti Caroli excellentissimi regis Francorum et patritii Romanorum: id est, Georgius sanctissimus episcopus, Gulfardus religiosus abbas et consiliarius, seu Albinus, deliciosus ipsius regis, inquirentes si præfatus Longobardorum rex abstulas civitates et omnes justitias beati Petri reddidisset, sicut false in Franciam dirigebat, asserens se omnia reddidisse.

XXI.

Hincmarus et reliqui episcopi suæ provinciæ in epist. ad Carolum regem priori operi contra prædestinatianos præfixa tom. I Operum Hincmari.

Eorum etiam sententias, qui divina dignatione, postquam ipse canon a beato Gelasio conscriptus est, sensu et doctrina catholica et sanctitate conversationis in Ecclesia floruerunt, et ab ipsorum orthodoxorum Patrum, in eodem canone annotati sunt, fideli, quia catholica, doctrina nihil dissonum, nihil diversum scripserunt vel docuerunt, reverentia pari amplectimur; veluti venerabilis Bedæ presbyteri, etc., ac venerandæ memoriæ Paulini patriarchæ Aquileiensis parochiæ atque Alcuini viri

religiosi et docti: quorum fidem et doctrinam apostolica sedes Romana non solum benignissime acceptavit, verum et multis laudibus extulit, sicut in scriptis ipsius sanctæ sedis invenimus, quæ ecclesiæ nostræ ab eadem ecclesiarum matre acceperunt, tempore divæ memoriæ Caroli imperatoris, quando synodus pro cognita infidelitate Felicis est habita, et ad Romanam Ecclesiam, velut ad apicem ecclesiarum transmissa. Sed et eorum scripta qui legit, quam sint laudanda et recipienda intelligit. *Flodoardus Hist. Rhemensis Eccles. lib. III, apud Sirmondum tom. IV Op. cap. 21, pag. 165, refert,* Hincmarum in epist. ad Rhabanum Maguntiæ præsulem asserere, hunc beatum Rhabanum solum tunc temporis de discipulatu beati Alcuini relictum.

XXII.

Micrologus de Eccles. Observ. cap. 60 tom XVIII. Bibl. PP., pag. 490.

Sciendum autem quemdam Albinum magistrum Caroli imperatoris rogatu sancti Bonifacii archiepiscopi, ut aiunt, missales orationes de sancta Trinitate composuisse; et in secunda feria de sapientia; in tertia de Spiritu sancto; in quarta de charitate; in quinta de angelis; in sexta de cruce; in sabbato de sancta Maria. *Et paulo post:* Fecit tamen idem Albinus in sancta Ecclesia non contemnendum opus. Nam Gregorianas orationes in Libris Sacramentorum collegisse asseritur, paucis aliis adjectis, quas tamen sub obelo notandas esse indicavit. Deinde alias orationes sive præfationes, etsi non Gregorianas, ecclesiasticæ tamen celebritati idoneas collegit, sicut prologus testatur, quem post Gregorianas orationes in medio ejusdem Libri collocavit.

XXIII.

Hermannus Contractus in Chronico ad ann. 799, apud Bouquet, tom. V, pag. 369.

His temporibus Alcwinus, qui et Albinus, apud reges cæterosque, vita et doctrina clarus habetur.

XXIV.

Odorannus monachus sancti Petri Vivi Senon. in Chronico, apud Du Chesne tom. II Script. Franc. pag. 636.

Anno 804 obiit Alcuinus philosophus, abbas sancti Martini. Eadem quoad annum obitus beati Alcuini habentur in diversis Chronicis apud Bouquet tom. V sæpius cit. pag. 386. C.

XXV.

Sanctus Odilo abbas Cluniacensis in Vita sancti Majoli decessoris sui tom. II Maii Boland., pag. 687, edit. Venet.

Ego vero ultimus servorum illius servulus non alia, sed ea quæ ipsi præfati sunt stylo paupere ac brevissimis distinctionibus capitulatim quoquo modo ausus sum annotare, secutus Alcuinum majoris Caroli imperatoris magistrum: sic et impar eo, quantum peccator justo, illitteratus perito, fari nesciens facundissimo. Ille summi et incomparabilis viri et sanctissimi sacerdotis Martini Vitam a Severo Sulpitio altissimo stylo descriptam dictis plenioribus elucidatam, ad nostram nostrorumque similium destinavit notitiam. Sicut nemo post apostolos beatissimo æquatur Martino, ita et ego multum me imparem profiteor Alcuino.

XXVI.

Ex Nectrologio ms. capituli metropolitani Salisburgensis scripto circa finem sæc. XI.

IX Kal. Febr. Arn. archiepiscopus obiit, duodecimus a sancto Ruperto, primus archiepiscopus, decor et honor hujus ecclesiæ: qui inter alia innumera et laudabilia Opera plus quam 150 volumina jussit hic conscribi, cujus Vitam Albinus magister Caroli per sua scripta plurima, quæ hic apud nos sunt, multum collaudat et extollit.

XXVII.

Rogerus de Hoveden, parte priore Annalium Rer. Angl.

Anno 792 Carolus rex Francorum misit Synodalem Librum ad Britanniam sibi a Constantinopoli directum. In quo libro multa inconvenientia et veræ fidei contraria reperiebantur; maxime quod pene omnium orientalium doctorum, non minus quam trecentorum et eo amplius episcoporum, unanima assertione confirmatum fuerit, imagines adorari debere : quod omnino Ecclesia Dei execratur. Contra quod scripsit Albinus epistolam, ex auctoritate divinarum Scripturarum mirabiliter affirmatam, illamque cum eodem libro ex persona episcoporum et principum nostrorum regi Francorum attulit. *Eadem habet Mathæus Westmonasteriensis ad annum 793.*

XXVIII.

Wilhelmus Malmesburiensis libr. I *de Gestis Reg. Angl. cap. 3.*

Hic est Alcuinus, qui a regibus Angliæ missus ad regem magnum Carolum ibi apud eum seu terræ amœnitate seu regis humanitate captus resedit, magnique apud eum habitus imperialem animum, quantum ab aulicis curis vacabat, dialectica, rhetorica et etiam astronomia probe composuit. Erat enim omnium Anglorum quos quidem legerim, post beatum Adelmum et Bedam, doctissimus, multisque libris ingenii periculum fecit. Jacet in Francia apud sanctum Paulum de Cormarico : quod cœnobium Carolus Magnus ejus consilio construxit; unde hodieque quatuor monachorum victus et potus pro ejusdem Alcuini anima quotidianæ infertur eleemosynæ in eadem Ecclesia.

XXIX.

Honorius Augustodunensis libr. de Luminibus Ecclesiæ tom XX Bibl. P.P., pag. 1038.

Alcuinus natione Anglus, Eboraicæ civitatis diaconus, officio scholasticus, dignitate abbas, magister Caroli imperatoris scripsit breviter omnes liberales artes ad prædictum imperatorem, et multa alia præclara.

XXX.

Sigebertus Gemlacensis monachus in Chronico ad annum 790 Bouquet tom. V, *pag.* 337.

Alchuinus de Britannia oriundus, magister deliciosus regis Caroli, scientia litterarum præpollet in Gallia, cujus præcipue magisterio ipse rex omnes artes liberales didicit.

Idem de illustribus Ecclesiæ scriptoribus cap. 82.

Alhuinus sive Albinus, de Britannia oriundus et inde ab imperatore Carolo evocatus et tanta familiaritate ei acceptus, ut appellaretur imperatoris *deliciosus*, cujus maxime magisterio ipse imperator omnibus liberalibus artibus initiari satagebat, multa scripsit. Scripsit in Genesin Dialogum, ad Widonem comitem De virtutibus et vitiis librum, de quibusdam psalmis Enchiridion. Fecit tractatus super Evangelium Joannis. Scripsit ad ipsum imperatorem libros de Sancta Trinitate. Respondit Quæstionibus a Fredegiso sibi propositis. Scripsit Prognosticon de futuro sæculo. Scripsit ad Eulaliam virginem de natura et immortalitate animæ. Jussu imperatoris correxit divinam bibliothecam, et alia nonnulla scripsit.

XXXI.

Chronicon Turonense abbreviatum. Quercetanus h. loc.

Anno 796 Carolus rex instituit canonicos in ecclesia beati Martini Turonensis auctoritate Adriani papæ, eisque sanctum Alchoinum magistrum suum abbatem præfecit. *Et paulo post :* Anno 804 sanctus Alchoinus obit.

XXXII.

Chronicon aliud Turonense majus, ad annum 794 ibid.

Nec multo post Carolus auctoritate Adriani papæ canonicos in ecclesia beati Martini posuit et eis magistrum suum Albinum, id est, Alchoinum, præfecit. Erat autem Alcuinus natione Scotus, ingenio clarus, mirabilis philosophus, non tantum præpollens scientia litterarum, quantum et honestate morum studioque virtutum.

XXXIII.

Helinandus apud Vincentium Bellovacensem libr. XXIII *Speculi historialis, cap.* 173.

Hic Alchuinus a regibus Angliæ pro pace missus ad Carolum, ab eo fotus est hospitio et apud eum resedit, vir undecunque doctissimus ; qui Carolum instituit in dialectica et rhetorica et præcipue in astronomia. Hic omnium Anglorum post beatum Adelmum et Bedam doctissimus fuit et pluribus libris ingenii periculum fecit. Prælatus est institutus a Carolo monasterio beati Martini Turonensis. *Hic inseritur historia seu fabula de exterminatoribus Angelis, monachos Turonenses nimis deliciose viventes, uno excepto, gladio percutientibus et interficientibus.* Pergit dein *Helinandus :* Hoc itaque monasterium post hoc, ut dictum est, donante Carolo suscepit regendum Alchuinus, scientia vitaque præclarus, qui et sapientiæ studium de Roma Parisiis transtulit, quod illuc quondam a Græcia translatum fuerat a Romanis. *Et Vincentius ipse loc. cit., cap.* 174 : Scripsit autem Alchuinus, qui et Albinus de Sancta Trinitate libros tres. Scripsit et ad discipulos suos Dialogorum librum unum. Sententiarum librum unum. Super Genesim ad litteram librum unum. Super Cantica Canticorum librum unum. Epistolarum librum unum. Super Ecclesiasten librum unum. Super Joannem libros septem. Ad Eulaliam virginem de ratione animæ librum unum. Ad Fredegisum Dialogum de Trinitate librum unum.

XXXIV.

Canonicus Senonensis anonymus, qui gesta Senonensium archiepiscoporum scripsit ad annum 779.

Illo tempore florebat Alcuinus alumnus et eruditor Caroli Magni. Philosophus erat, Anglicus genere. Ab ipso Carolus Magnus omnes artes liberales didicit. Huic Alcuino Carolus commisit monasterium sancti Martini Turonensis regendum. *Et postea :* Anno Domini 804 obiit Alcuinus, qui regem Carolum docuerat.

XXXV.

Guillelmus Nangius in Chronico.

Anno 806 (*Leg.* 804) Alcuinus magister Caroli Magni quem ecclesiæ sancti Martini Turonensis præfecerat, obiit.

XXXVI.

Guillelmus Durandus Mimatensis episcopus, lib. VI *Ration. divin. offic., cap.* 114.

Rursum cum Attila rex, qui Christianos persecutus est, vere omnia volumina Christianæ religionis destruxisset Alchuinus magister Caroli et Ludovici filii ejus, rogatu Bonifacii archiepiscopi Maguntini, multa de ecclesiasticis officiis conscripsit. Unde et Maguntino concilio approbante, ut habetur de Consecr. distinct. 5, instituit, quod a festo Paschæ usque ad Dominicam istam tres tantum dicerentur lectiones, etc.

XXXVII.

Radulfus decanus Tungrensis libr. de Observantia canonum, propos. 10, *tom. XXVI Bibl. P.P., p.* 297.

Primo autem plures nationes per totum tempus Paschale tres tantum psalmos et tres lectiones dicere contendunt et dicunt; allegantes, quod Alcuinus magister Caroli et Ludovici filii ejus, rogatu Bonifacii archiepiscopi Moguntini, approbante concilio Moguntino, illud instituisset. Sed hoc reprobat Guilhelmus et dicit oppositum concludi in Ascensione Domini, ubi sunt novem responsoria et novem psalmi cum eorum antiphonis.

XXXVIII.

Magnum Chronicon Belgicum ad annum 770.

Isto tempore floruit Albinus qui et Alcuinus, Caroli eruditor, genere Anglicus, clarus ingenio in philosophia excellentissimus; non tantum in scientia, sed et morum honestate præclarus; a quo Carolus didicit omnes artes liberales. *Et paulo post:* Eidem Alcuino Carolus commisit monasterium sancti Martini Turonense regendum. Nam monachi præteritæ religionis obliti adeo deflexerunt, ut sericis induti vestibus et deauratis calceamentis incederent, carnis oblectamenta sequendo, etc. Istius cœnobii post hoc factus fuit abbas Alcuinus in omni sanctitate reformator; et post laudabilem vitam obiit, sepultus apud sanctum Petrum.

XXXIX.

Huldricus Mutius in Chronico Germanorum libr. VIII, *apud Pistorium tom. II Script. Germ., pag. 677, edit. Ratisbon.* 1726.

Ipse (nempe Carolus rex) usus est præceptoribus Petro Pisano in litteris Græcis. In dialecticis et rhetoricis et astrorum scientia, mathematicisque omnibus usus est præceptore Britanno Alcuino diacono. Scribunt auctores, quod hic Alcuinus a rege Angliæ legatus missus sit ad Carolum de magnis regnorum negotiis: et sic alterum alteri cordi fuisse, ut manserit Alcuinus apud Carolum.

XL.

Foeta Germanus a Camdeno relatus, apud Alfort. tom. II, Annal. Hist. Eccl. Anglo-Sax. ad annum 800, *num.* 8.

Quid non Alcuino facunda Lutetia debes?
Instaurare bonas ibi qui feliciter artes,
Barbariemque procul solus depellere cœpit.

XLI.

Franciscus Petrarcha libr. v *Epist. Senil. Epist.* 2.

De Carolo autem, qui Magni cognomen apud Gallos meruit, Albinus præceptor ejus in ipsius historia, cum aliquot annis ante obitum crebris illum febribus corripi solitum dixisset, addidit: Et tunc quidem, inquit, plura suo arbitratu quam medicorum consilio faciebat, quos pene exosos habuit. Hoc totidem verbis narratur ab Eginhardo in Vita Caroli Magni apud Bouquet, tom. V Script. Rer. Gallic., num. 22, pag. 98.

XLII.

Donatus Acciajolus in Vita Caroli Magni apud Quercetanum h. l.

Præceptorem (Carolus) habuit Albinum, cui postea Alcuino cognomen fuit, eruditissimum summumque philosophum; a quo non solum studium sapientiæ, sed etiam præcepta oratoria artemque disserendi accepit: cujus opera tunc primum Parrhisiense gymnasium a Carolo institutum tradunt.

XLIII.

Joannes Trithemius abbas Spanheimensis libr. De scriptoribus Eccles.

Alcuinus sive Albinus, monachus et diaconus, abbas monasterii sancti Martini Turonensis, natione Anglicus, sancti Bedæ presbyteri quondam auditor, vir in divinis Scripturis eruditissimus, et in sæcularium litterarum peritia nulli suo tempore secundus, carmine excellens et prosa: de Britannia ab imperatore Carolo Magno evocatus in tanta familiaritate apud eum habitus est, ut imperatoris magister deliciosus fuerit appellatus: cujus magisterio ipse imperator omnibus liberalium artium disciplinis initiari satagebat. Scripsit multa præclara volumina, de quibus feruntur: De Sancta Trinitate et fide, lib. 3. *Domino glorioso Carolo imperatori.* Ad Quæstiones Fredigisi lib. 1. *Desiderantissimo filio.* Ad Eulaliam De ratione animæ lib. 1. *Charissimæ in Christi charitate.* Ad Guidonem comitem De virtutibus lib. 1. *Dilectissimo filio Guidoni.* Sententiarum librum unum. In Cantica Canticorum lib. 1. In Evangelium Joannis lib. 7. In Genesin lib. 1. In Ecclesiasten lib. 1. In Epistolas Pauli lib. 14. In Apocalypsin Joannis lib. 1. De adoptione filiorum Dei lib. 1. *Venerabili et in Christi,* De Ecclesiasticis dogmatibus lib. 1. *Credimus unum Deum.* Speculum parvulorum lib. 1. *In Scriptura divina.* De nominum Dei proprietate lib. 1. Vita sancti Vedasti, lib. 1. Epistolarum ad diversos lib. 1. Ad discipulos Dialogus, lib. 1. Enchiridion in quibusdam psalmis, lib. 1. De artibus liberalibus lib. 1. Alia quoque multa scripsisse dicitur, quæ tamen ad notitiam meam non venerunt. Claruit sub imperio Caroli Magni anno Domini 770.

Idem Trithemius lib. II *De viris illustribus Ordinis sancti Benedicti cap.* 26 *eadem pene habet, hæc tamen addit:*

Post cujus (Bedæ) decessum cum tribus sociis monachis venit in Galliam, et aliquandiu in monasterio Fuldensi moratus, plures ex monachis clarissimos enutrivit discipulos; inter quos habuit præcipuos Haymonem postea episcopum, Isuardum monachum, et Rhabanum Maurum tunc puerum, qui in virum magnum postea excrevit. Tandem provisione Caroli abbas sancti Martini Turonensis effectus, doctrina et sanctitate clarus effulsit. *Post hæc opuscula quædam præcedenti catalogo adjungit, nempe:* Quæstiones Genesis lib. 1. In Epistolam Pauli ad Hebræos lib. 1. De benedictionibus patriarcharum lib. 1. De Grammatica; de Logica, de Orthographia, de Musica, de Astronomia, de arte Poëtica, de Sparsione litterarum, de Metris, de Arithmetica et Geometria; de Rhetorica. Epistolarum, quæ raro simul inveniuntur lib. 1. Prognosticon de futuro sæculo.

XLIV.

Auctor Chronici Chronicorum.

Alcuinus... vir græca Latinaque lingua egregie doctus, nec non theologorum, philosophorumque sui temporis princeps, his temporibus eas ob res apud Carolum Magnum maximo in pretio habitus est, cum eum in dialectica, rhetorica et astronomia eruditum fecit.... Hic cum eruditus theologus haberetur, Libros de Trinitate, cum Quæstionibus, Speculum parvulorum, De ecclesiastico dogmate, De ratione animæ et plures alios libros, ad Christianam religionem pertinentes, edidit.

XLV.

Polydorus Vergilius libr. v, *Hist. Anglicæ pag.* 106, *Edit. Basileensis, an.* 1570.

Carolus Magnus Albinum seu Alchuinum ab Offa Merciorum rege in Galliam missum conciliandæ amicitiæ causa, cum videret in homine plurimas esse litteras, quamobrem merito ei honor esset habendus, ex legato hospitem fecit suum, ex hospite præceptorem; vetus Atheniensium, credo, imitatus exemplum, qui Gorgiam a Leontinis publice ad se missum legationis munere defunctum, Athenis detinuerunt, ejus capti eloquentia. Alchuinus itaque homo Anglus, in Gallia deinde moratus, Lutetiæ Parisiorum bonas litteras profiteri cœpit, eoque auctore non multo post ipse Carolus in ea urbe primus gymnasium collocavit; et in Italia Ticini, quæ nunc Papia nuncupatur, alterum, etc.

XLVI.

Albertus Cranzius libr. I *Metropoleos; cap.* 6.

Alcuinus apud regem Carolum vir primarius cujus consilio, præsertim in sacris rebus omnia gerebat: hic regi primum suggessit de Ludgero.

XLVII.

Sixtus Senensis Bibl. sanctæ lib. III, *pag.* 362.

Albinus Flaccus, cognomento Alcuinus, monachus, diaconus, et abbas monasterii sancti Martini Turonensis, natione Anglicus, Bedæ presbyteri auditor, vir in omni scientiarum genere suo tempore celebratissimus, et Caroli Magni Augusti praeceptor, scripsit in sacras litteras infrascripta volumina.

Ad Sigulfum presbyterum interpolatæ expositionis ex Patrum sententiis in Genesin brevem commentariolum per interrogationem et responsionem simplici et historica narratione dispositum : cujus initium est : *Dilectissimo in Christo fratri Sigulpho*. In quindecim cantica Graduum, hoc est, a psalmo 119 usque ad 133 moralium annotationum brevem commentarium, qui incipit : *Gradus sunt*. In septem psalmos poenitentiæ juxta sensum moralem succinctas, argutas ac miré significantes annotationes, quarum initium : *Titulus psalmi*. In Ecclesiasten ad Oniam et Candidum librum unum. In Canticum Cant. librum unum. In Joannis Evangelium succinctæ lucidæque brevitatis commentariorum libros septem. In omnes Pauli Epistolas libros quatuordecim. In Apocalypsin librum unum.

Collegit etiam et in ordinem redegit jussu Caroli Magni præstantissimorum Ecclesiæ doctorum homilias in Evangelia, quæ per anni ambitum publice in templis leguntur. Sunt autem hæ numero 209, scilicet : Augustini 48, Hieronymi 6, Ambrosii 10, Hilarii 1, Fulgentii 2, Origenis 4, Maximi 17, Chrysostomi 11, Severiani 1, Leonis 21, Gregorii 59, Bedæ 48, Isidori 1.

In his autem, quæ sub Hilarii, Ambrosii, Hieronymi et interdum Bedæ titulo inscribuntur, homiliæ non sunt, sed centones explanationum ex horum auctorum commentariis dissuti, et in hoc volumine inter eas quæ veteres sunt homiliæ, annumerati. Claruit sub Carolo Magno Aug. anno Domini 770.

XLVIII.

Joannes Lelandus De scriptoribus Britannicis.

Quo tempore . . . Eboraci elegantissimam, in gratiam posteritatis, bibliothecam (Ecbertus) homo promovendis studiis plane natus instituit. Utque tantis suus custos pervigil thesauris non deesset, Flaccum Albinum alumnum suum eloquentia, eruditione, judicio denique valentem operi præfecit novo. *Idem cap.* 87, *pag.* 119; Albinum vocat inter doctos suæ ætate doctissimum. *Idem cap.* 88, *pag.* 121 . . . Offa Merciorum princeps potentissimus una cum cæteris Angliæ regulis habebat justissimas causas mittendi oratores ad Carolum Magnum. Quærenti autem quos potissimum mitteret, Albinus occurrit inter aliis, quem tam necessariæ juxta ac utili legationi præficeret. Hic itaque una cum aliis et doctissimis et prudentissimis viris in Galliam transfretavit, Caroloque Magno principum Anglicorum causas magna dexteritate, majori facundia, maxima vero prudentia aperuit: usque adeo ut Carolus delectatus, supra quam cuique credibile est, hominis eloquentia et sapientia, tum etiam morum suavitate illum in Gallia, forsan etiam annuente Offa rege, propositis honestissimis conditionibus retinuerit. Erat ipse Albinus optimo ingenio, et non a litteris abhorrenti. Quare cum Albino egit quibus modis Francos suos eruditis artibus excoleret. Non hic defuit sanum Albini consilium, qui ipsum principio Carolum insigni quadam diligentia, editis ad hoc aliquot qui adhuc exstant libellis instruxit : deinde publicis prælectionibus nobilitatem Francicam Lutetiam Parisiorum illexit; postremum et plebem ipsam, ut quisque erat præclaro ingenio, ad optima studia incitavit. Unde brevi scholasticorum numerus magnus Lutetiam confluxit. Atque hæc fuit Academiæ Parisiorum origo, quam nostro Albino debent. Quod si nunc quem juvat, quid amplius in Gallia fecerit, scire, perlegat librum ejus Epistolarum, et abunde

[a] Forte: *De divinis officiis.*
[b] Præfatio hæc præfixa est editioni Commentarii in Ecclesiasten Basileæ, 1551. Idem de Alcuino judicium tulit Adrianus Ærntspergius in epistola ad

A doctus erit. Nos interea indicabimus quos libros ediderit teste Donato Gallo, minime mendace historiographo.

De Trinitate lib. 3. *Domino Glorioso Carolo*. In Genesin lib. 1. *Quomodo convenit*. In Cantica Canticorum lib. 1. In Ecclesiasten lib. 1. In Evangelium Joannis lib. 7. In Epistolam ad Hebræos lib. 1. Dialogorum ad discipulos lib. 1. De ratione animæ ad Eulaliam. *Charissimæ*. Sententiarum libr. 1. *Moses per revelationem*. Vitam sancti Vedasti Atrebatensis. Carminum ad diversos lib. 1. Inter quæ exstat unum de septem scientiis, quibus et hos addit *Trithemius*. *Vide supra num.* 45.

Nos præterea vidimus : De adoratione imaginum. De Genealogia Christi. De Astronomia. De Dialectica. De Rhetorica ; nisi quis putet hos libellos inter dialogos numerandos. De Orthographia. De auriculari Confessione libellum, qui in Librum ejus Epistolarum irrepsit. Orationum, quas Missales vocant libr.
B 1. De Sacrario Dei [a] : qui liber tamen falso ascribitur Albino. Vitam divi Martini. Homiliarum libr. 1. Dogmata Albini ad Carolum imp. Orationem Dominicam, Symbolum apostolorum, Canticum Ambrosii carmine. De octo partibus orationis, per dialogum, interlocutoribus Francone et Saxone. Hactenus de libris ab eo editis.

Idem Lelandus l. cit. cap. 100, *in Candido, pag.* 133, *ita scribit* :

Hujus (Higebaldi episcopi) cura tandem factum est ut Candidus in Galliam commigrans se ad Flaccum Albinum, tanquam ad torrentem litterarum eo sæculo profluentissimum conferret. . . . . Hoc luculente mihi constat, quod Albinus Commentarios quosdam Candido presbytero et Nathanaeli, alias Naitano diacono dedicaverit. Atque adeo credibile est Nathanaelem Lindisfarnensem fuisse familiarem quidem aliquando Albino, et consuetudine conjunctissimum Candido. De libris fructu utriusque scriptis frigida et jejuna est, quæ restat, cognitio. Pessime
C sit Danis piratis, Lindisfarnensis bibliothecæ depopulatoribus.

XLIX.

Joannes Balæus Anglus Scriptorum Britan. centuria II.

Flaccus Albinus, qui et Alcuinus diaconus cognominabatur, a nonnullis scriptoribus Eboracensis putatur, ab aliis vero Londino non procul oriundus fertur. Hic Bedæ primum, Egberti archiepiscopi postea obsequentissimus olim discipulus, theologorum suæ ætatis, imo omnium Anglorum post Bedam et Aldhelmum longe eruditissimus credebatur, ita, ut esset Caroli Magni præceptor, et Parisiorum Academiæ institutor primus. Gymnasii Cantabrigiensis annales habent, quod omnes illic liberales artes publice post Bedam docuerit, Latine, Græce et Hebraice peritus. Et quod tandem Eboraci sub Egberto prælegerit, philosophorum sui temporis antesignanus.
D Ab Offa potentissimo Merciorum rege ad Carolum prædictum pro pacis foedere confirmando, atque aliis regnorum negotiis missus : perspecta ejus eruditione pene incredibili fit ex legato hospes, et ex hospite demum magister deliciosus : non aliter, quam apud Athenienses fuerit olim Gorgias. Deinceps igitur illum instructorem præ aliis omnibus Carolus Cæsar habebat in rhetoricis, dialecticis, mathematicis ac theologicis; qui et simul computandi artem atque siderum cursus varios sub eo copiose didicit. De quo Bebelius in quadam præfatione [b] hoc scribit : « Albinus, inquit, auctor ubique pius, succinctus, maturus, gravis, scientia plenus, et ante multos alios præcipue dignus, qui in manibus hominum habea-

Georgium baronem de Graveneck abbatem S. R. I. principem Campidonensem præfixa libro De Psalmorum usu, quem is procudi fecit Coloniæ 1571. per Maternum Cholinum in-8°.

tur : nam et stylus ejus simplex est et purus. » Albas primum erat Cantuariæ in Augustini monasterio, atque demum Turoniæ in divi Martini cœnobio, Caroli Cæsaris, cui tunc fuit ab eleemosynis et a sanctis consiliis, dono. Gymnasium ex Roma circiter annum salutis 791 Lutetiam Parisiorum transtulit (quod et illuc Athenis persimili prius cura venerat), et conjectis primum studii fundamentis per Joannem et Claudium, mirifice illud lecturis collustrabat publicis. Hujus viri celeberrimi ad posteros hæc manarunt tam pie quam eloquenter elucubrata opuscula.

De Trinitate et Fide, libri 3. *Dum dignitas imperialis a Deo*. Ad Quæstiones Fredigisi lib. 1. *Placuit prudentiæ vestræ fili*. Ad Eulaliam de ratione animæ lib. 1. *Sanctæ sollicitudini vestræ*. De animæ utilitate ad Guidonem lib. 1. *Memor petitionis tuæ et pro*. Speculum vitæ humanæ libr. 7. *Reverendissimo in Christo Patri* [a]. De octo partibus, lib. 1. *Auditurus te, doctissime*. De Sanctuario divino lib. 1. Argumentum suæ fidei lib. 1. Responsiones ad interrogata lib. 1. De Incarnatione Christi lib. 1. *Denique ad veram beatitudinem*. Ad Guidonem de virtutibus lib. 1. *Dilectissimo filio Guidoni*. Dialogorum inter se et Carolum lib. 1. *Natura enim ipsa sumus*. De virtutibus ad Carolum lib. 1. *Benedictus Deus et Dominus*. Categoriarum ad Carolum lib. 1. *Cum omnis scientia*. Sententiæ Scripturarum lib. 1. Super Genesin ad litteram lib. 1. In Cantica Cant. lib. 1. In Ecclesiasten lib. 1. *Dilectissimis in Christo filiis*. De ecclesiasticis dogmatibus lib. 1. *Credimus unum Deum esse*. De adoptione filiorum Dei lib. 1. *Venerabili et in Christi char*. Quæstiones in Genesim lib. 1. *Dilectissimo in Christo Sigulfo*. Manifestationem Trinitatis lib. 1. Enchiridion Psalmorum lib. 1. In Evangelium Joannis libr. 7. In Epistolas divi Pauli libr. 14. Ad Caroli orationem lib. 1, *Dominus et magister noster*. Disputationes cum Pippino lib. 1. *Quid est litterа; si tad pri*. Speculum parvulorum lib. 1. In Scriptura divina legimus. De proprietate nominum Dei lib. 1, *Domino Deo rectori optimo*. In Paulum ad Hebræos libr. 1. In Apocalysin Joannis lib. 1. Ad Anglorum ecclesias lib. 1. Correctiones divinorum, lib. 1. Officia per ferias, lib. 1. De Rhetorica ad Carolum lib. 1. *Domino glorioso Carolo imp*. Chronicorum suorum lib. 1. *Anno Dominicæ Incarnat*. 449. De septem artibus liberalibus lib. 1. *Domino meo venerabili pliss*. De Vita et virtutibus Martini lib. 1. *Postquam Dominus noster Jesus*. Vita Vedasti Atrebatensis lib. 1. Acta discipulorum Gregorii lib. 1. De doctrina Basilii lib. 1. Ad Athelhardum Cantuar. lib. 1. Dialogorum ad discipulos lib. 1. De proprietate sermonum et rerum lib. 1. Homilias 254 doctorum lib. 1. *Desideratissimo in Christi charit*. De fide catholica lib. 1. *Quoties occurrit animo*. De Antichristo ad Carolum lib. 1. *Inprimis illud præcipue*. Vita Villebrordi carmine lib. 1. Epistolarum ad diversos lib. 1. Gesta Caroli Magni lib. 1. Sermones elegantes lib. 1. Ad Gislam et Richtrudam lib. 1. *Charissimis in Christi charitate*. De Genealogia Christi lib. 1. Contra venerationem imaginum lib. 1. De Astronomia lib. 1. De Dialectica lib. 1. De Orthographia lib. 1. De auriculari Confessione lib. 1. Precationes Missales lib. 1. Dogmata quædam ad Carolum lib. 1. Historiam Trinitatis lib. 1. Didascalicon lib. 1. De Sapientia lib. 1. Carminum ad diversos lib. 1. Orationem Dominicam, Symbolum apostolorum, et Canticum Ambrosii et Augustini carmine edidit, cum aliis adhuc multis.

[a] Forte idem, quod recensetur in catal. mss. Angliæ et Hiberniæ inter codd. domus sancti Petri num. 1759 sub hoc titulo . *Speculum humanæ vitæ, sive de*

Claruit anno restaurationis humanæ 780 varia componens. Et tandem in Cormaricensi cœnobio, quod ad Turonense monasterium spectabat, esse desiit in humanis atque illic sepultus.

L.

Barthius Adversar. tom. III, lib. CXLIX, *cap.* 5.

In Albino (Alcuino Flacco) non minor fuit eruditio, quam quolibet majorum gentium alio aliquo scriptore: major etiam fervor Christianæ mansuetudinis, humilitatis, sanctitatis, quam in pluribus meliorum temporum. Sola deficit puritas orationis quam contempsit, conformans se sensui temporum suorum, quæ aspernantur omnia, quæ eloquentiam interpretum Scripturæ excederent. Epistolas sane ejus legens, legere zelum te et sanctimoniam Hieronymiani ævi dicas, si absint illæ barbarismorum stribilgines. Nec sic tamen et cum istis contemnenda sunt.

LI.

Guilielmus Cave Hist. Lit. vol. I, pag. 637.

Alcuino quidquid penitioris doctrinæ, quidquid politioris litteraturæ isto et sequentibus sæculis Gallia ostentat, totum acceptum referri debet. Ei Academiæ Parisiensis, Turonensis, Fuldensis, Suessionensis aliæque plures originem et incrementa debent; quibus ille si non præsens præfuit, aut fundamenta posuit, saltem doctrina præluxit, exemplo præivit, et beneficiis a Carolo impetratis adauxit.

LII.

D. Andreas Quercetanus in epistola dedicatoria suæ Operum beati Alcuini editioni præfixa et illustrissimo D. Guilielmo Vario Franciæ cancellario inscripta.

Beatum Alcuinum vocat unum e principibus imperialis aulæ comitibus, usu et exercitatione rerum tractandarum, omnibusque artibus adeo instructum, ut prudentissimis ejus consiliis rex Carolus semper uteretur: cujus beatos manes honorifica recordatione prosequitur Gallia, quod, cum ob singularem eruditionis ac sapientiæ famam apud Carolum Magnum gratia et auctoritate plurimum valeret, hac sortis benignitate non ad sui ipsius commoda, sed ad communem reipublicæ utilitatem usus est. Et paulo inferius : illum prædicat virum sapientia, consilio, scientiis omnibus ævo suo præstantissimum, sanctitatis splendore conspicuum, probitate morum nitentem, facundum, litterarum omnium propagatorem.

Baronius anno 770 vocat Alcuinum « præclarissimum Doctorem. » Et an. 802, « hujus sæculi facem. » Harpesfeldius sæc. IX, C. 2 : « Angliæ nostræ et totius hujus sæculi ornamentum. » Magdeburgenses Cent. VIII de Alcuino scribunt col. 780 : « Ejus magisterio Francos antiquis Romanis factos æquales. » Et col. 782 : « Non tantum scientia sed et morum honestate insignem fuisse. » Twinus lib. II Antiq. Oxon. sect. 443, Alcuinum vocat « divinissimum hominem. »

Alia plurima scriptorum recentiorum, maxime Anglorum, testimonia et elogia sanctimoniæ ac eruditionis beati Alcuini, ac præclara in sacram ac profanam rempublicam merita recensenda superessent, quæ tamen, ne nimium prolixi simus, prætermittimus. Quæ enim hactenus exhibuimus, abunde comprobant, quanti Alcuinus semper et ubique habitus fuerit.

vera simplicitate per *Flaccum Albinum sive Alcuinum*.

BEATI FLACCI ALBINI

SEU

ALCUINI

CAROLI MAGNI MAGISTRI

OPERUM PARS PRIMA. -- EPISTOLÆ.

MONITUM FROBENII.

1 Primus eorum qui plures beati Alcuini epistolas uno fasce collectas dederunt, fuit Henricus Canisius, qui omnino sexaginta septem e cod. ms. bibliothecæ Sanct-Gallensis in lucem produxit tom. I Antiq. Lectionum, n. 61. Illas deinde Basnagius in nova Canisii editione, tom. II, part. I, recudi fecit. D. Andreas Quercetanus easdem epistolas, in prioribus editionibus ut plurimum mutilas, scriptorumque incuria vitiatas, et multis locis hiantes, emendatiores dedit, pluresque alias, e vetustissimo codice ms. V. cl. Pauli Petavii descriptas, addidit, atque parti II Operum beati Alcuini inseruit, omissis tamen, queis Canisius suas **2** illustravit, notis eruditis. Posthac viri celeberrimi, magnique apud eruditos nominis, Lucas d'Acheri, Joan. Mabillonius, Edmundus Martene, Stephanus Baluzius, Usserius, Bernardus Pezius alias quoque epistolas beati Alcuini e variarum bibliothecarum latebris eruerunt, suisque Spicilegiis, Analectis, Thesaurisque Anecdotorum insertas sparsim miserunt in publicum. Celeberrimus Mabillonius inter hos felicior fuit, qui sex omnino et viginti epistolas nondum editas in cod. ms. bibliothecæ monasterii nostri sancti Emmerami reperit, atque in suis Analectis a pag. 598-408, rec. edit. exhibuit, easque felici conjectura ad beatum Alcuinum pertinere deprehendit; mutilæ enim ubique in præfato codice exstant, ut generalium pro epistolis scribendis formularum specimina potius quam integrarum formam præseferant, omissis nimirum illorum, a quibus aut ad quos exaratæ fuerant, nominibus aliisque circumstantiis singularibus. Ipse etiam titulus illis epistolis in codice præfixus lectorem de illarum auctore incertum reddebat; Is enim talis est: *Incipiunt quædam epistolæ ex quorumdam nobilium* [Apud Mabill., erronee, *novorum*] *doctorum libris excerptæ*. Conjectura tamen virum celeberrimum, dum illas Alcuino tribuit, minime, ut mox patebit, fefellit, licet in iis declarandis nonnunquam a vero invitus aberraverit, prout suis locis adnotamus.

Has informes, quales, ut diximus, in codice nostro scriptæ exstant, epistolas Mabillonianas pene omnes faventibus Musis integras deteximus in duobus vetustis optimæ notæ ac ferme cœvis codicibus mss. e bibliotheca illustrissimi capituli cathedralis Salisburgensis nobiscum liberalissime communicatis. Pars earum maxima Aquilæ seu Arnoni primum episcopo, postea primo archiepiscopo Salisburgensi a beato Alcuino inscripta est. In illis circumstantiæ singulares, quæ in generalibus formulis, in quas in cod. sancti Emmerami redactæ fuerant, omissæ sunt, exprimuntur, ut plane nunc epistolæ illæ pro novis haberi possint.

Præter has vero epistolas Mabillonianas aliæ quædam ex iisdem codd. Salisb. a nobis exhibentur nemini antea visæ aut memoratæ, quod suis locis monebimus.

Etsi vero in hac nostra collectione sat magnus epistolarum beati Alcuini numerus compareat, plures alias tamen, quas idem ad varias et maximæ quoque dignitatis personas exaravit, adhuc desiderari novimus, et in quibusdam fortassis bibliothecarum forulis etiamnum latentes, ni, quod magis dolendum foret, omnino perierint, manum industriam exspectare non dubitamus. Certe ad solum beatum benedictum abbatem Ananiensem, amicitia sibi conjunctissimum, noster tot epistolas scripsit, ut inde integer libellus confici potuisset, prout testatur Ardo Smaragdus in Vita sancti Benedicti Anian., tom. V Act. Mabill., pag. 205, n. 36. Neque tamen vel una ex eis superesse videtur.

Ipse quoque beatus Alcuinus in suis quæ exstant epistolis aliarum multarum ad Carolum Magnum, ad Arnonem, ad Paulinum Aquileiensem, ad reges et episcopos Angliæ, ad primates Germaniæ, Galliæ, Italiæ, etc., scriptarum meminit, quæ nunc nullibi comparent.

Lelandus, de Scriptoribus Britannicis, cap. 100, pag. 125, meminit epistolæ Alcuini ad Higebaldum Lindisfarnensem episcopum, indeque verba citat, quibus tacito quodam studio Candidum repetit discipulum. Usserius vidit epistolam ad Josephum, aliam ab illa quam infra sub n. 131 (nunc 173) exhibemus. Reynerus apud Alfordum Annal. Anglo-Saxon. ad annum 804, n. 20, pag. 14, recenset epistolam centesimam quinquagesimam ad Eadbaldum Gerwicensem abbatem, ex qua hæc solum verba refert: « Non ignotum esse tuæ dilectioni, venerande frater, credo, quod olim sancti Patres antecessores tui mihi, licet indigno, familaritatis vestræ gratiam perdonaverunt, et in albo beatitudinis vestræ meæ parvitatis nomen conscribi jusserunt, ita, ut unus essem ex vobis, ubicunque Deo volente essem. »

Scriptor anonymus Vitæ sancti Liudgeri testatur quod Carolus Magnus hunc sanctum virum litteris Alcuini, cujus idem in Britannia discipulus fuerat, ad se venire mandaverit. Mabill. Act. Ss., sæc. IV, pag. 40.

Celeberrimus Stephanus Baluzius tom. I Capitul., pag. 1442, narrat quod post absolutam Capitularium editionem, in bibliothecam Colbertinam delata fuerit vetustissima epistolarum Alcuini collectio, unde is epistolam ad Candidum et Nathanaëlem descripsit, et loco citato edidit. Quænam aliæ ibidem epistolæ contineantur nec ipse Baluzius, nec alius quisquam eruditorum prodidit, atque ideo ignoratur sintne eædem cum editis a Quercetano aliisve, an diversæ. Idem dicendum de quibusdam epistolis, quarum in Catal. mss. Angliæ et Hiberniæ, Oxonii anno 1697 in fol. edito, fit mentio. Ibi enim legitur, haberi in cod. ms. Thomæ Gale, n. 5996, *epistolas Alcuini editis plures et meliores*; in cod. ms. ecclesiæ Salisburiensis, n. 931, *Alcuini epistolas et versus ad Carolum*; in cod. ms. Symonds d'E-vves baronetti, n. 10025, *Alcuini Caroli Magni magistri epistolas* XCI *cum adnotationibus.* In eodem Catalogo, pag. 237 et 262, recensentur *Joannis Lelandi et Ricardi Jamesii collectanea ex epistolis Albini seu Alcuini.* In veteri quoque Catalogo inclyti monasterii S. Petri Salisburgi notantur Alcuini septem epistolæ ad Arnonem illius sedis episcopum, quæ nunc inquirentium oculos fugiunt.

3 Ex his codicibus, Angliæ præprimis, beati Alcuini epistolas plurimum augeri, editasque admodum illustrari potuisse; si copia illorum mihi facta fuisset, nemo est qui non censeat. Sed jam tædet eruditorum quorumdam subsidia, jam variis modis sollicitata, diutius et id quoque frustranee fortassis, exspectare. Damus ergo hoc loco epistolas omnes quarum nobis copia fuit, reliquas publico litterato non invideant diutius, sub quarum custodia delitescunt.

Priores, quos memoravimus, editores nullum epistolarum ordinem servarunt, præter illum quem forte invenerunt in codd. mss. aut quo ad eorum manus pervenerunt. Nobis animus erat, quod in nostro conspectu novæ hujus editionis ante aliquot annos impresso significavimus, illas juxta personarum, ad quas scriptæ fuerant, dignitatem collocare; sed a viro reverendissimo, laude eruditionis celeberrimo et amico integerrimo D. Anselmo Desing abbate Ensdorfensi in superiori Palatinatu, moniti, consilium mutavimus; nullam enim, aiebat ille, talis ordo attentionem meretur apud eruditos; gratior futurus est ordo chronologicus, qui magis illustrat et afficit. Hoc igitur consilium secuti epistolas hasce, ab aliis collectim sparsimque editas, seu e codd. mss. descriptas commiscuimus, atque secundum annorum seriem, ubi ea vel certis vel verosimilibus indiciis deprehendi potuit, disposuimus; illis vero, in quibus tempus quo scriptæ sunt, nullo indicio proditur, ultimum assignavimus locum.

Quanti pretii ejusmodi litterarum monumenta, præsertim si a viro gravi, circumspecto, rerumque sui temporis maxime perito scripta fuerint, habenda sint, nemo eruditorum ignorat. Horum porro commodo servituri, notas, quibus obscura illustrentur, ubique, siquidem succurrebant, addidimus; reliquas vero aliunde, a Canisio, Mabillonio, Basnagio aliisque mutuavimus, illorumque conjecturas, nonnunquam a vero abludentes, e melioribus, quibus illi carebant, epistolis correximus, servata, quæ tantos viros decet, reverentia et modestia.

Ultimo monendus lector eruditus, illa quæ uncis conclusa habentur, nunc primo editis addita fuisse ex codd. mss.

MONITUM EDITORIS PATROLOGIÆ

IN NOVAM EPISTOLARUM B. ALCUINI RECENSIONEM.

Novam in hac beati Alcuini editione epistolarum sancti Patris recensionem facturi, paucis lectorem monitum voluimus. Frobenius, cujus, ut præstantissimam, editionem sequimur, centum sexaginta duas tantum collegerat epistolas, quarum maximam partem submiserat prelo, cum ex insperato, sed serius, alias numero septuaginta unam excepit, quas ex Anglicis codicibus excerptas transmisit D. de Brequigny. Has seorsim, sub titulo: *Mantissa ad superiores epistolas*, edidit. Nos, ut editionem novam condentes, epistolas seorsim a Frobenio recusas prioribus inserimus, unicuique restituendo suum ordinem chronologicum, vel qualem requirebat materiæ cognatio vel personarum identitas. Nunc Monitum subjiciemus quod Frobenius epistolis sibi serius transmissis præfixit.

« Epistolæ quas hic plane ineditas et hucusque pene incognitas exhibeo, serius ad manus meas pervenerunt, quam ut illas suo ordine præcedentibus inserere potuerim. Istæ namque jamjam ultra medietatem typis emerserant, cum vir doctissimus, modernus celeberrimæ bibliothecæ sancti Germani a Pratis custos D. Lieble faustum mihi nuntium attulit, epistolas Alcuini omnino LXXI ineditas, ex cod. ms. sæc. IX bibliothecæ Harleianæ in Anglia descriptas fuisse a viro doctissimo D. de Brequigny regiæ inscriptionum et humaniorum litterarum Academiæ socio, qui anno 1767 illuc pro hujusmodi cimeliis litterariis colligendis jussu regis Christianissimi missus fuerat; virumque hunc præclarum promptissimum se exhibere, ad illas pro nova editione Operum beati Alcuini communicandas. Quantum mihi gaudium ex hoc nuntio acciderit, illi norint qui in eruendis e recondita vetustate hujusmodi thesauris sunt occupati. Noveram quidem diu antea ex Catalogo mss. Angliæ et Hiberniæ edito Oxonii anno 1697, quod inter codices mss. D. Symonds d'Ewes baronetti sub n. 10025 serventur *Alcuini, Caroli Magni magistri, epistolæ* XCI *cum adnotationibus; item epistola una Caroli Magni, et aliæ septem Dungali abbatis.* Quem codicem eumdem existimo ac illum bibliothecæ Harleianæ, prout ex relatione cl. D. Brequigny statim referenda colligi datur. Propterea eruditos Angliæ per amicum, cui cum ipsis commercium litterarium erat, conveni; eosque, ut pro exornandis augendisque Operibus beati Alcuini eorum conterranei præfatas epistolas meis sumptibus describi, atque ad me deferri facerent, rogatos volui.

« Sed conatus mei fuere frustranei, ob pretium pro his mercibus statutum prorsus immodicum.

« Me igitur felicem, quod pretiosæ istæ vetustatis reliquiæ tandiu absconditæ in manus inciderint magis liberales, et ad elargiendum promptiores; harumque beneficio eo adhuc tempore ad me delatæ fuerint, quo epistolis jam impressis per modum mantissæ jungi potuerint.

« Porro qua ratione præfatus doctissimus D. de Brequigny epistolas hasce fuerit adeptus, quantumque industriæ in illis describendis adhibuerit, ipsemet litteris ad me missis significat, quas hic majoris fidei gratia exhibere eruditis haud ingratum erit.

« Inter præstantissima bibliothecæ Harleianæ
« cimelia, quæ in museo Britannico Londini asservantur, exstat codex ms. signatus n. 208, membranaceus, minori forma, quam vocant in-4º,
« CXIX foliis constans, nitidissimo charactere in
« Gallia, ut videtur, exaratus. Epistolas Alcuini
« complectitur codex ille XCI, quarum maxima pars
« inedita. Has exscribere operæ pretium duxi, cum
« de hoc codice altum silentium sit apud omnes,
« quos evolvi, bibliographos; nec memoretur ab
« Anglis ipsis, seu in Biographia Britannica recentius edita, seu in bibliotheca Tanneri, anecdotorum operum et manuscriptorum investigatoris diligentissimi.

« Ad id incitabat me plurimum, quod nota huic
« codici præfixa moneat, doctissimum Usserium has
« epistolas cum editis a Chesnio Alcuini epistolis
« contulisse anno 1642, et manu sua distinxisse,

« quas vulgaverat Chesnius, ab iis quæ nondum ty-
« pis mandatæ fuerant: unde non temere, ut credo,
« conjecturam faciebam, Armachanum præsulem de
« iis tunc prelo committendis cogitasse.

« Et certe, nec luce publica, nec tanti viri curis
« indigna videbatur hæc Alcuini epistolarum colle-
« ctio; quod profecto constabit inter omnes qui
« eam evolverint. Ex plurimis litteris quas Alcui-
« nus ad sanctum Benedictum Anianensem scripse-
« rat, nullam ad nos pervenisse existimarunt, et
« vehementer doluerunt scriptores Historiæ littera-
« riæ Galliarum (tom. IV, pag. 529). Harum una
« saltem (duæ certe) superest inter eas quas codex
« Harleianus exhibet.

« Alias quoque epistolas præter Alcuinianas habet
« idem codex, quarum septem Dungalo abbati tri-
« buuntur, breves quidem, sed anecdotæ omnes.
« Has proxime antecedit epistola majoris momenti
« a Carolo Magno scripta ad Michaelem imperato-
« rem. Hanc appendicis loco epistolis Alcuini sub-
« nectere libuit, quod non ingratum fecisse me ar-
« bitror, omissis Dungali litteris, quas hic indicasse
« sufficiat.

« Non supervacaneum sane duxissem totum codi-
« cem exscripsisse; sed mihi aliis impedito non licuit.
« Id tantum in me sumpsi, ut quas Usserius indicas
« docuerat Alcuini epistolas, cum eas nec posterius
« editas deprehenderem, curarem transcribi, addita,
« quam modo laudavi, Caroli Magni epistola itidem
« hactenus inedita.

« Ipse has omnes cum codice ms. contuli et affir-
« mare ausim, ad exemplum archetypi accuratissime
« expressas, mendis etiam quæ incuria veteris scri-
« ptoris in manuscriptum irrepserant, in apogra-
« phum ad majorem fidem translatis.

« Ergo emendatione in locis non paucis, imò et
« in pluribus illustratione indigent epistolæ illæ, sed
« huic labori suscipiendo nec ego par sum, nec otium
« mihi datur. Satis fuerit, si in Operum omnium
« Alcuini collectionem a doctissimo viro cum omni

« eruditionis apparatu edendam hanc meam qualem-
« cunque symbolam contulerim, in magno opere ad-
« jutor debilis et pusillus administer.

« Ita Londini transcriptum prius fieri curaveram,
« ut suo unaquæque epistola quaternione continere-
« tur. Verum, dum ex his quaternionibus in spissiores
« foliorum fasciculos secunda manu congeruntur
« epistolæ, nec suus unicuique assignatur quaternio,
« ordo in ms. servatus intervertitur amanuensis osci-
« tantia. Sed quis fuerit ordo ille, satis apparebit ex
« numero foliorum ms. codicis, singulis prout ex-
« scriptæ sunt epistolis affixo.

« Hæc raptim scribebam Parisiis VI Idus Martii
« 1769 ad usum reverendissimi et illustrissimi D. D.
« Frobenii, abbatis principis S. Emmerami Ratispo-
« nensis, cui salutem plurimam dare liceat et pre-
« cari fausta omnia.
« DE BREQUIGNY,
« Regiæ inscript. et hum. litt. Academiæ socius. »

«Ita vir doctissimus simul ac modestissimus, cui pro
detecto hoc thesauro litterario, qui sane magni in
historia tam civili quam ecclesiastica æstimari debet,
grates perpetuas habeant eruditi omnes.

« Errores veteris scriptoris in textu emendavi quidem, lectione tamen codicis notata, ut eruditi judicare possint num nostra correctio sit probanda
vel improbanda.

« Epistola Caroli Magni ad Michaelem imp., quam
vir clarissimus Alcuinianis appendicis loco subnexuit,
illa est quam idem legatis suis, Amalario episcopo
Trevirensi, et Petro abbati Nonantulano, pro pace
inter utrumque imperium confirmanda missis, ad
præfatum imperatorem una cum instrumento pacis
deferendam tradidit. Illam loco opportuno inter opera
Alcuino supposita dabimus, post ejusdem Amalarii
opusculum De cæremoniis baptismi, falso hactenus
Alcuino ascriptum, una cum Hodœporico illius, hactenus quoque desideratum, et epistolis illius ad Petrum itineris socium, hujusque responsoriis hucusque
pariter ineditis. »

4 [a] EPISTOLA PRIMA.
AD AERICUM DUCEM [b].
(Anno 787.)

*Laudat illum ob studium sacræ lectionis et humilita-
tem; optat illi victoriam adversus infideles; pietatis
Christianæ præceptorem proponit sanctum Paulinum Aquileiensem.*

Venerando viro Aerico duci, Albinus magister salutem.

Satis mihi sacræ lectionis intentio et piæ humilitatis conversatio placet in vobis, et in qua meæ parvitatis familiariter mansiunculam visitare non sprevistis. Unde et gratias agimus vestræ benignitati,
Deumque dilectissime [*Al.* diligentissime] pro vestra
deprecamur sospitate, quatenus tuæ fortitudinis
dexteram contra adversarios sancti sui nominis victricem ubique faciat et ab omni adversitate diabolicæ fraudis, seu a cunctis inimicorum insidiis, suæ
magnæ pietatis potentia clementer custodiat: cujus
sanctissimam voluntatem in observatione mandato-

rum illius, quantum humanæ possibile sit fragilitati,
intentissime efficiens, ut te in prosperis regere et in
adversis protegere dignetur. Plura tibi, vir venerande, de Christianæ pietatis observatione forte scripsissem, si tibi doctor egregius et pius cœlestis vitæ
præceptor Paulinus meus [c], præsto non esset, de
cujus corde emanat fons viventis aquæ, in vitam
salientis æternam (*Joan.* IV, 14). Illum habeas tibi
salutis æternæ conciliatorem, ne alicubi tuæ conversationis pes impingat: sed recto itinere currens,
divina donante gratia, ad perpetuæ portas vitæ pervenire mereatur. Vive et vale feliciter in æternum.

5 [d] EPISTOLA II.
AD ARNONEM.
(Anno 790.)

*Illum præsentem habere desiderat; hortatur ad soler-
tem curam animarum suo regimini commissarum;
Laidradum salutari cupit; se vero ob regni novitatem adhuc in patria (Anglia) retineri significat.*

Dilecto Patri Aquilæ episcopo Albinus salutem.

---

[a] Hæc epistola inter Quercetanas 94, inter Canisianas 53 est. Viro clarissimo Madrisio Utinensi,
Operum sancti Paulini patriarchæ Aquileiensis Patrologiæ tomo C, col. 525, scripta videtur statim ab
adventu Aerici ducis Forojulium, hoc est, anno 787.
Eo enim tempore, ait, Alcuinus Franciam, unde
paulò ante discesserat Henricus (Aericus), incolebat,
qui antequam provinciam ducatus adiit, Aleuinum
invisere potuit, monita forte salutis æternæ ad susceptum opus sine Dei offensa exantlandum expo-
stulaturus. »

[b] Aericus ab aliis *Henricus, Ericus* et *Erichus* appellatur, provinciæ Forojuliensis dux a Carolo Magno constitutus est anno 787; de eo plura vide apud
Madrisium loc. cit. in dissert. in Librum Exhortationis sancti Paulini.

[c] *Paulinus meus.* Hujus Vitam egregie illustratam
ab eodem viro clarissimo Madrisio, vide in Operibus
sancti Paulini ab illo editis. Paulinus vero præstitit
Aerico, quod Alcuinus hic optat, per Librum Exhortationis qui exstat ibidem.

[d] Hæc epistola habetur in cod. ms. Salisburgensi

Satis suavi commemoratione vestram recolo, sanctissime Pater, dilectionem, et familiaritatem, optans, ut quandoque eveniat mihi tempus amabile, quo collum charitatis vestrae desideriorum meorum digitulis amplecter. O si mihi translatio Habacuc esset subito concessa, quam citatis manibus ruerem in amplexus paternitatis vestrae, et quam compressis labris [*Al.*, labiis] non solum oculos, aures et os, sed etiam manuum vel pedum singulos digitorum articulos non semel, sed multoties oscularer. Verum quia meriti mei non est ita venire ad te, mittam saepius rusticitatis meae litteras ad te, ut vice verborum meorum loquantur pro me, et dicant:

Semper in aeternum, praesul sanctissime, salve.
Atque tui cuncti valeant, rogo, semper amici [*Ed.*, amice].

Obsecro iterum, iterumque admoneo, ut te ipsum consideres, et quo tendas agnoscas, et quid facias praevideas, et coram quam terribili Judice rationem redditurus sis; non solum de te, sed etiam de singulis animabus quae tuo commissae sunt regimini. Idcirco non segniter labora, praedica opportune, inopportune [*Al.*, importune], id est, volenti et nolenti, argue, obsecra, increpa, ut mercaris audire a Domino Deo tuo: *Euge, serve bone et fidelis, quia in pauca fuisti fidelis, super multa te constituam, intra in gaudium domini tui* (*Matth.* xxv, 21). [Saluta, obsecro, Laedredum [a] consodium et amicum meum. Sequenti anno certum eum faciam, si ille certus erit quid velit, vel quid possit. [b] Novitas regni nostri me retinet adhuc in isto anno ; salus vos retineat in regno aeterno.] Mementote in orationibus vestris nostri nominis, obsecro. Memor sit vestri omnipotens Deus in aeterna misericordia. [Scribite mihi, obsecro, quomodo habeatis, et quid novi apud vos accidisset istis diebus. Commendate, vel scribite, deprecor, nomen meum per monasteria et amicos vestros.] Pax vobis et salus in saecula perpetua.

6 [c] EPISTOLA III.

AD COLCUM LECTOREM IN SCOTIA.

(Anno 790.)

Varia enarrat quae in itinere suo vel vidit, vel audivit.

Benedicto magistro et [d] pio Patri Colcu Alcuinus humilis levita salutem.

Audita sanitate et prosperitate paternitatis vestrae, totus, ut fateor, gavisus sum visceribus. Et quia curiosum te nostri itineris putavi, vel rerum in mundo nuper gestarum, per hos rusticitatis meae apices tuae providentiae innotescere curavi, seu audita, seu visa.

Primo sciat dilectio tua, quod miserante Deo sancta ejus Ecclesia in partibus Europae pacem habet, proficit ac crescit. Nam [e] antiqui Saxones et omnes Frisonum populi, instante rege Carolo alios praemiis et alios minis sollicitante, ad fidem Christi conversi sunt. Sed [f] anno transacto idem rex cum exercitu irrupit super Sclavos, quos nos Vionudos dicimus, eosque subegit suae ditioni. [g] Graeci vero tertio anno cum classe venerunt in Italiam, et a ducibus regis praefati victi fugerunt ad naves : quatuor millia ex illis occisi, et mille captivi feruntur. Similiter et [h] Avari, quos nos Hunos dicimus, exarserunt in Italiam, et a Christianis superati [*Malmesb.*], a ducibus praefati regis Christianissimi], domum cum opprobrio reversi sunt. Nec non et super Baugariam irruerunt, qui et ipsi ab exercitu Christiano superati et dispersi sunt. Etiam et ejusdem Christianissimi regis duces et tribuni multam partem Hispaniae

---

et in Sanct-Emmeramiano, quo Mabillonius usus est ; cur vero illam praeterierit vir celeberrimus, ignoro. Uncis inclusa dedimus ex cod. Salisb. omissa in nostro.

[a] *Laedredum. Laidradum* puto, postea episcopum Lugdunensem, quocum Alcuinus arctam semper amicitiam coluit. Is in Norico natus inter domesticos Arnonis fuerit tunc temporis, quando Alcuinus prima vice Galliam accessit.

[b] *Novitas regni nostri.* In alia quadam epistola, quam integram needum detegere potuimus, referente Malmesb. lib. I De gest. reg. Angl., scripsit Alcuinus : « *Benedictus Deus, qui facit mirabilia solus.* Nuper Athelredus filius Athelwoldi de carcere processit in solium et de miseria in majestatem; *cujus regni novitate detenti sumus, ne veniremus ad vos.* » Haec novitas contigit anno 790, ut habet Simeon Dunelmensis et alii Anglorum historici. De eadem novitate Alcuinum hoc loco intelligendum esse existimo; et eodem vel sequenti anno datam fuisse praesentem epistolam, cum Alcuinus nondum ex Anglia in Galliam rediisset.

[c] Hanc epistolam, cujus fragmentum exstat apud Malmesb., lib. I Reg. Angl. cap. 4, Jacobus Usserius integram ex duobus antiquissimis codd. bibliothecae Cottonianae descripsit et edidit in Vet. Hibernicarum epist. Sylloge., pag. 49.

[d] *Pio Patri Colcu.* Hunc Usserius vocat lectorem in Scotia, forte in monasterio Hiensi, ait Mabill. Annal. lib. xxvi, n. 10. Ejus mentionem Alcuinus alibi facit, nempe in epist. ad Josephum, quae, teste

eodem Usserio, adhuc inedita latet in praedictis codd. Cottonianis. Ibi : « Sanus est magister vester Colcu et sani amici tui, qui apud nos sunt. »

[e] *Antiqui Saxones.... conversi sunt*, dum nempe anno 785 Widichindus et Albio in villa Attiniaco *cum omnibus fere incolis Saxoniae* baptizati sunt, et sic tota Saxonia subjugata est Francis ; ut loquitur annalista Metensis, et ipse Carolus in epist. ad Offam regem Merciorum, tom. I Capitul. Baluzii, pag. 194 (*Patrologiae* tomo XCVIII, col. 907).

[f] *Anno transacto Sclavos... Vionudos*, etc. Hoc factum anno 789 refertur in fragm. Annal. edit. Chesnii, tom. II Script. Franc., pag. 24, his verbis : « Anno 789 fuit rex Carolus in Sclavonia et venerunt ad eum reges Sclavonicorum Dragitus et filius ejus et alii reges Witsan et Drago cum reliquis reges Vuinidorum,..... et subdidit has nationes in sua ditione. Qui hic Winidi seu Vionudi, ab aliis Wilcii, Wilzi et Wulzi appellantur. » Alcuinus igitur hanc epistolam scripsit, non anno 795, prout Usserio videbatur, sed anno 790, quo dicere potuit, anno transacto Sclavos subactos fuisse.

[g] *Graeci tertio anno*, etc. Ante scriptam, ut interpretor, hanc epistolam, hoc est anno 788, qui tertius est ab anno 790 simul numerato. Legendum ergo videtur : *Tertio abhinc anno.* De Graecorum in Italiam adventu et strage illo anno facto, vide Annales Francorum.

[h] *Avari... in Italiam... et super Baugariam.* De hac irruptione vide Annales Loisel. et alios ad annum 788.

a tulerunt a Saracenis quasi trecenta millia in longum per maritima. Sed heu, proh dolor! quod iidem maledicti Saraceni ('qui et Agareni) tota dominantur Africa et Asia majore maxima ex parte: de quorum egressione tuæ venerandæ prudentiæ dudum, ut existimo, scripsi.

De cætero, Pater sanctissime, sciat reverentia tua, quod ego filius tuus, et Joseph vernaculus tuus, Deo miserante, sani sumus, et tui amici toti qui apud nos sunt, in prosperitate Deo serviunt. Sed nescio quid nobis venturum sit. b Aliquid enim dissensionis, diabolico fomento inflammante, nuper inter regem Carolum et regem Offam exortum est, ita ut utrinque navigatio interdicta negotiantibus cesset. Sunt qui dicunt, nos pro pace esse c in illas partes mittendos. Sed obsecro, ut vestris sacrosanctis orationibus manentes vel euntes muniamur. Nescio quid peccavi, quia tuæ paternitatis dulcissimas litteras multo tempore non merui videre; tamen pernecessarias orationes sanctitatis tuæ me quotidie sentire credo.

Misi charitati tuæ aliquid de oleo, quod vix modo in Britannia invenitur, ut dispensares per loca necessaria episcoporum ad utilitatem hominum, vel honorem Dei [Al.; utilitatem honoris Dei]. Misi quoque quinquaginta siclos fratribus de eleemosyna Caroli regis (obsecro ut pro eo oretis) et de mea eleemosyna quinquaginta siclos: et ad australes fratres Baldhuvinega triginta siclos de eleemosyna regis; et triginta de eleemosyna mea, et viginti siclos de eleemosyna patrisfamiliæ Areidæ, et viginti de eleemosyna mea; et per singulos anachoretas tres siclos de puro argento, ut illi omnes orent pro me, et pro Domino rege Carolo, ut Deus illum conservet ad tutelam sanctæ suæ Ecclesiæ, et ad laudem et gloriam sui nominis. Exaudiat vos omnipotens Deus pro sancta sua Ecclesia intercedentes, et proficere faciat in salutis æternæ prosperitate.

---

a *Tulerunt a Saracenis.* Hæc fortassis intelligenda sunt de expeditione maxima anno 788 a Carolo in Hispaniam suscepta, qua Pampilonam destructam, Hispanosque et Wascones subjugatos fuisse, narrant illorum temporum annalistæ.

b *Aliquid enim dissensionis,* etc. Quæ fuerit hujus simultatis causa, discimus, inquit Mabill. Act. SS. Ben. sæc. IV, part. I, pag. 169, ex Chronici Fontanellensis cap. 15, ubi Carolus Magnus filio suo æquivoco filiam Offæ regis « in conjugium expostulasse, » dicitur; sed illo non acquiescente, « nisi Berta filia Caroli Magni ejus filio nuptui traderetur, » Carolum inde commotum præcepisse, « ut nemo de Britannia insula ac gente Anglorum mercimonii causa littus Oceani maris attingeret in Gallia. Sed hoc ne fieret, admonitione ac supplicatione Gervoldi abbatis inhibitum esse. »

c *In illas partes mittendos.* Mabillonius l. cit., pag. 187, ait: hanc epistolam in Anglia scriptam fuisse, unde Alcuinus ad Carolum Magnum erat mittendus. Aliter tamen postea sensit vir celeberrimus Annal. lib. XXV, n. 76, et lib. XXVI, n. 10, ubi ait: Alcuinum, qui tum in Gallia versabatur, pacis conciliandæ causa in Britanniam missum, et re quidem vera eo sub annum 790 profectum fuisse, etsi interdictum navigationis supplicatione Gervoldi abbatis sublatum esset. Quæ quidem sententia magis cum contextu epistolæ cohærere videtur.

---

d EPISTOLA IV.

AD FELICEM EPISCOPUM.

(Ante annum 792.)

Felicis Urgellitani episcopi, ut videtur, a pietate sibi laudati, orationibus se commendat.

Pio Patri e Felici episcopo, Alcuinus humilis levita salutem.

Aliquorum fratrum relatione nobis notissimus es pietate, etsi non facie. Quapropter præsumpsi per fiduciam charitatis, quæ est Christus, volens meipsum tuis tuorumque fidelium per te sacrosanctis orationibus commendare: non meis meritis exigentibus, sed tuis bonis rumoribus instigantibus. Quapropter supplex obsecro ut me ea charitate Salvatori nostro commendetis, qua ille omnes suos conjunxit, Charitas enim neminem spernit. Per eum et propter eum qui venit in hunc mundum peccatores salvos facere, et veniet ad judicium justos coronare: ut tunc ego peccator vel veniam per vestras orationes accipiam, ubi vos per Dei misericordiam coronam accipiatis.

State, fratres, et viriliter pugnate pro eo qui fortiter pro vobis vincebat. Non quia qui cœperit, sed *qui perseveraverit usque in finem, hic salvus erit (Matth.* x, 22). Et proficiscimini de die in diem, sicut sancti Dei, qui ibant de virtute in virtutem. Plura scripsissem vobis, si superfluum non videretur eos admonere de virtutibus, quos rogare debeo ut intercedant pro peccatis meis. Sed charitas, quæ neminem spernit, etiam sustinet. Quid plus? Iterum iterumque obsecro ut me fraterno amore accipiatis in communionem orationum vestrarum, quatenus Deus charitatis remunerator vos accipiat in æternam gloriam regni sui. Valete et vivite felices in Domino Jesu, fratres charissimi.

EPISTOLA V.

AD CUDRADUM PRESBYTERUM.

(Anno 795 vel seq.)

Cudradum presbyterum post sanctorum locorum vastationem hortatur ad constantiam.

Venerando Patri f Cudrado presbytero Alcuinus diaconus salutem.

---

d Edit. Quercet. 76, Canis. 45 (Froben. 163).

e *Felici episcopo.* « Hic est, ni fallor, ait Canisius, Felix Hildebaldus Coloniensis archiepiscopus, etc. » Sed dubio caret hunc esse Felicem Urgellitanum episcopum, cui Alcuinus, antequam illius error de adoptione vulgaretur, se commendavit scripta hac epistola, cujus ipse Alcuinus meminit in altera ad eumdem, ex codice ms. Salisb. a me descripta, et libris ejus contra Felicem præfixa, ubi ait: « olim meipsum, celeberrimum tuæ sanctitatis famam audiens;... tuis sanctissimis intercessionibus commendare curavi. » Scripta ergo fuit hæc epistola ante annum 792, quo Felicis error jam undequaque innotuit.

f *Cudrado presbytero.* Ecclesiæ nimirum S. Cudberti Lindisfarnensis, qui in illa vastatione, quam Alcuinus sæpius, præsertim in epistola 8 (nunc 9) deplorat, et quæ anno 793 contigit, furentes paganorum manus feliciter evasit.

Valde sanctorum locorum ingemisco [*Ms.*, ingemesco] vastationem; sed vestræ fidei lætificor constantia, Deique omnipotentis collaudans clementiam, qui tibi inter manus paganorum pepercit; ideo firma fide in quo cepisti proposito permaneas: confidens tu in misericordia Dei, ut te suæ pietatis [*Suppl.* clementia *vel simile*]... conservet, ubicunque fraterno consilio te habitare velit Deus. Tamen sive in loco habitationis singularis, sive in fraterna cohorte [*Ms.*, fraternas cohortes], solitariam conversationem et secretas orationes, et jejuniorum propositum diligenter observa; quia non qui cœperit, sed qui perseveraverit, etc. (*Matth.* x, 22). Meque, obsecro, in sanctis tuis orationibus habeto memorialiter, sicut Buitta mihi ex tuis verbis fideli relatione promisit: visitantesque te fratres consolatione sancti Spiritus diligenter admone, exhortans eos, ut in Dei confidant protectione, et intercessione sancti Cudberchti Patris nostri. Non in armorum strepitu, vel in ruitura lapidum congerie, sed in muro pietatis supernæ spem sibi certæ defensionis constituant; et præsentis tribulationis miseriam ad æternæ felicitatis beatitudinem transferant: toto se corde convertant ad Dominum, et si quid in moribus suis emendandum sit, non segniter corrigant, ut Deo illorum placeat conversio, sicut Ninivitarum ei placuit pœnitentia, et pepercit civitati per lacrymas confitentium peccata sua. Clemens est Deus et misericors, et nullum derelinquit in se sperantem; nam et novissima Job fuerunt meliora prioribus; sic et vobis credo faciat, si ad ejus clementiam deprecandam unanimiter conversi fueritis.

a EPISTOLA VI.
AD FRATRES EBORACENSIS ECCLESIÆ.
(Circa annum 793.)

Se ab Eboracensibus ab infantia usque ad virilem ætatem educatum grato animo profitetur. Illorum omnium orationibus se commendat; et, ut a vitiis sibi caveant, hortatur.

Dilectissimis et valde venerabilibus in Christi charitate b Eboracensis Ecclesiæ fratribus, vestræ filius pietatis Albinus diaconus salutem.

Totum meæ devotionis pectus vestræ charitatis dulcedine impletur, et si quid pleno amoris modio supperaddi potest, quotidie crescendo accumulatur, ita ut solius memoriæ de vobis suavitas, supervenientes sæcularis angustiæ tribulationes longe a secretis mentis meæ cubilibus depellat. Et hoc mihi singulare solatium in spiritu consolationis sanctæ Dominus Christus perdonare dignatus est. Vos fragiles infantiæ meæ annos [*Al.* animos] materno fovistis affectu, et lascivum puerítiæ tempus pia sustinuistis patientia, et paternæ castigationis disciplinis ad perfectam viri edocuistis ætatem, et sacrarum eruditione disciplinarum roborastis. Quid plus dicere habeo, nisi, ut æterni Regis pietas, omnia pietatis in me famulum

---
a Edit. Quercet. 98, Canis. 21 (Froben. 5).
b *Eboracensis Ecclesiæ fratribus.* Qui institutum monachorum Benedictinorum, abs dubio, profitebantur, inter quos Alcuinus se educatum et enutritum fuisse hic profitetur. Vid. Mabill. in Elogio Alcuini.

---

suum per vos benefacta, perpetua summæ beatitudinis gloria remuneret? Hoc singulis vigiliarum mearum momentis, hoc quotidiana supplicatione requiro. In hac prece in conspectu Altissimi, intimas desiderii mei lacrymas per loca sanctorum martyrum vel confessorum Christi, quo me iter instabilitatis deducit, fundere non cesso.

Vos semper in corde, et primi inter verba precantia in ore. Vos, piissimi Patres, seu in communibus sanctæ orationis foris, vel in secretis deprecationum vestrarum intercessionibus Alcuinum filium vestrum, per Dei deprecor charitatem, jugiter in corde habete et in ore. Vos quoque, qui estis ætate filii, sed meritorum sanctitate Patres, per divinam obtestor clementiam, nunquam eruditionis vestræ in sanctis orationibus obliviscimini magistrum. Testis enim cordis mei mihi est inspector, quia devote vestrum semper in ecclesiasticis disciplinis et spirituali doctrina desiderabat profectum. Et si quid minus accepistis, non meæ, credo, culpæ deputari potest. Et nunquam istius voluntatis meæ, sive absens, sive præsens, de vestro profectu, benevolentia cessabit. O omnium dilectissimi Patres et fratres, memores mei estote: ego vester ero, sive in vita, sive in morte. Et forte miserebitur 9 mei Deus, ut cujus infantiam aluistis, ejus senectutem sepeliatis. Et si alter corpori locus deputabitur, tamen animæ, qualemcunque habitura erit, per vestras sanctas, Deo donante, intercessiones, requies vobiscum, credo, donabitur; quia, sicut puer noster Seneca se vidisse testatur, nostræ fraternitatis animas in eodem lætitiæ loco congregandas esse credimus: etsi meritorum diversitas alium beatius lætari faciet, tamen æternitatis æqualitas cunctos feliciter vivere efficiet. Et sicut unus sol omnibus lucet, non tamen propter oculorum distantiam æqualiter ab omnibus videtur, ita æterna beatitudo omnibus in Dei regno justis perdonabitur, licet meritorum sublimitas alios majore gloria coronet. Ad quam gloriam, charissimi fratres, tota intentione et voluntatis operis vosmetipsos dignos pervenire præparate.

Nulla carnalis concupiscentia, nulla sæcularis ambitio beatitudinis iter vobis intercludat, sed per viam veritatis et sanctitatis, per quam beati Patres, prædecessores nostri, ad regna pervenerunt cœlestia, superna vos comitante gratia, pari pietatis consensu, uno voluntatis affectu, quotidianis currite profectibus. Omnem a vestra sancta conversatione repellite segnitiem, luxuriam castitate mutate, ebrietatem quasi inferni foveas fugite, supervacuos vestium ornatus nolite exquirere. Melius est servis Dei, animam ecclesiasticis ornare moribus, quam corpus, laicorum consuetudine, pompatica vestire vanitate. Et melius est, sacra matris Ecclesiæ mundissima calcare limina, quam lutulentas villanæ fœditatis semitas frequentare. Regularis vitæ vos ordinet di-

---
§ 3 pag. 164. Epistola data fuisse videtur anno 793, postquam altera vice ab eorum consortio sublatus, in Galliam rediit; ante cladem, puto, Lindisfarnensem, cujus alias in hac vel sequenti epistola meminisset.

sciplina, et ecclesiasticæ pietatis moderatio venerabiles efficiat. Sanctæ humilitatis pedibus, et divinæ charitatis gradibus per passus obedientiæ cœli conscendite regna. Hæc enim caduca et transitoria fortitudinis evincite animo, quatenus ad amabilem cœlestis gloriæ patriam, divina nos ubique gratia præveniente et subsequente, laudabilibus bonorum operum meritis, cum omni prosperitate et gaudio pervenire mereamur.

EPISTOLA VII.

AD FRATRES EBORACENSES.

(Anno 793.)

Significat lætitiam epistola ab ipsis accepta; hortatur ad sectanda Patrum suorum vestigia; ac se illorum orationibus commendat.

Sanctissimæ congregationis et dulcissimæ dilectionis Eboracensis Ecclesiæ fratribus, ejusdem piæ matris filius Alcuinus diaconus, perpetui honoris in Christo pacem et salutem.

Venerabiles vestræ dilectionis ab [b] Eanbaldo presbytero accepi litteras, quarum pacificam inscriptionis seriem idem ipse qui portavit, mellifluis (vestræ) salutationis verbis valde amplificavit, referens a vobis fraterni amoris perseverantiam in nos, ita ut inter lacrymas allocutionis nostræ vestras per singula verba voces audire æstimarim [Cod. Sal., æstimavi]. Quod et in litteris apertissime agnovi, in quibus legens, vestras visum est mihi facies cernere. Quod ut vere fiat, omnium efficiat largitor bonorum, ut tristitia vestra vertatur in gaudium (Joan. xvi, 20) et gaudium nostrum impleatur in illo qui suis quoque ait discipulis : *Et gaudium vestrum nemo tollet* [Cod. Sal., *tollat*] *a vobis* (Joan. xvi, 22); in quo est gaudium indeficiens, salus perpetua, prosperitas beata et beatitudo gloriosa. Ut hæc omnia nobis per suam concedere misericordiam dignetur, illius tota dilectione et tota virtute inhæreamus præceptis. Sanctorum Patrum sequamur vestigia, qui nos genuerunt in Christo, et in hoc sacratissimum ovile congregaverunt, et paternæ pietatis lacte enutrierunt. Horum animas in conspectu summi Pastoris ac Redemptoris nostri æternis gaudiis semper assistere credamus [Cod. Sal., credimus], et inde nostris favere precibus, si mandata vitæ, quæ nobis, Spiritu sancto inspirante, statuerunt, concordi devotione nos observare agnoscant [Cod. Sal., agnoscunt].

Recordemur omni hora, dilectissimi fratres, quales habuimus Patres et progenitores, quam præclaros et pios, Deo amabiles et omni populo honorabiles. Non simus degeneres illorum nobilitate filii, dum horum inter sacratissimas constamus reliquias, eorum cogitemus imitari conversationem, quatenus eorum consortes gloriæ effici mereamur. Non nos sæculi ambitio, carnalis delectatio, non luxuriæ putredo, non ebrietatis venena a rectissimo vitalis vitæ tramite revocent, per quem illi gradientes gloriam cum Deo meruerunt sempiternam. Unanimes estote in omni bono consilio, concordes in omni regularis vitæ disciplina. Dei omnipotentis, qui cordis secreta conspicit, honorem et voluntatem pura primo omnium quærite conscientia; ut ejus gratia, quæ optima sunt et saluti proxima, vos invenire faciat. Fraternam et pacificam semper habeamus charitatem, ut oves Christi ejusdem vitæ pascuis epulantes, unius ovilis muro manentes, in una orationis domo Dei nobis misericordiam convocantes. Nec aliquis se canonicis horis, a communione sanctæ orationis suæ negligens salutis separet. Melius est ut angelica visitatio horis competentibus inveniat cum fratribus orantes, quam diaboli sævitia in aliqua negligentia vel luxuria torpentes. Unicuique secundum suum laborem merces manet in æternum. Qui plus laborat, plus mercedis accipiet.

Nec labor salutis nostræ durus debet videri. Sæpe austeriora medicamenta optatam solent præstare salutem. Videmus, quam angusta porta et arcta via (Matth. vii, 14) sancti martyres vitam ingressi sunt sempiternam. Nos vero, fratres, faciliori via, et leviori cursu ad ejusdem vitæ possumus pervenire beatitudinem, ipsa dicente Veritate : *Multæ mansiones sunt in domo Patris mei* (Joan. xiv, 2). Propter merita diversa, mansiones multæ : tamen omnibus beata æternitas et æterna beatitudo erit. Quia quisquis ibi erit, beatus erit et gloriosus, ubi *justi fulgebunt sicut sol in regno Patris eorum* (Matth. xiii, 43). Sicut enim sanctorum martyrum persecutores fuerunt, diabolo instigante, impii homines; sic nostri persecutores sunt, diabolo suggerente, sæculi concupiscentia et carnalis delectatio, et animi inconstantia et Dei negligentia mandatorum. Et veluti illi martyres sancti, gratia adjuvante divina, impios constanter vicerunt tyrannos, palmam æternæ acceperunt gloriæ : sic et nos, si nostros, Deo auxiliante, superamus adversarios, et diabolicis viriliter resistimus suggestionibus, coronam perpetuæ laudis et palmam æternæ beatitudinis accepturi erimus. Vos, fratres charissimi, mei habete, obsecro, memoriam in sanctis orationibus vestris, ut anima mea perpetua prosperitate gaudeat in vobis. Ego devotus vestræ paternitatis filius nunquam obliviscor vestri, sed semper præsenti super omnes alios diligo charitate, Deum quotidie cum intima cordis compunctione deprecans ut vos æterna pietate custodiat, regat atque protegat. Valete in Christo, dilectissimi fratres.

---

[a] Edit. Quercet. 50, Canis. 24, (Froben. 6). Lectiones aliquot differentes adnotavimus ex cod. ms. Salisb.

[b] *Ab Eanbaldo presbytero. Enbaldo* habet codex Canisianus. Nostra tamen lectio ex aliis codd. et Wilh. Malmesb. retinenda videtur. Est is haud dubie Eanbaldus, quem Hovedenus ad hunc annum Ecclesiæ Eboracensis presbyterum vocat, postea episcopus ejusdem Ecclesiæ; ad quem est epistola 50 (nunc 53).

EPISTOLA VIII.
AD BEORNUINUM PRESBYTERUM.
(Anno 795.)

Ab Offae regis et gentis Anglorum fidelitate se nunquam recessisse profitetur; monet ut et regibus, et episcopis, et principibus Dei voluntatem sequi suadeat, pacemque commendat.

b Beornuino presbytero Alcuinus diaconus salutem.

Dulces tuae dilectionis accepi litteras, mellifluis sensibus delibutas, apologeticam tenentes rationem, quarum melius credebam veritati, quam falsiloquae aliorum narrationi. Nam fides amicitiae corde constare debet, non linguae versibilitate. Utinam dignus essem pacem praedicare, non discordiam seminare; et signum portare Christi; non arma diaboli. Nunquam tibi scripsissem, si noluissem pacem tecum habere, et pacem in Christo, quam coepimus, firmam permanere. Vere c Offae regi et genti Anglorum nunquam infidelis fui. Sicut hos amicos quos mihi Deus donavit, fideliter, quantum valeo, servabo; sic et hos quos reliqui in patria. Pauci sunt dies mei, et hos ipsos cum dolore flagelli suffero. Ideo te obsecro ut in Domino, quos valeas, mihi intercessores acquiras.

Multis miseriis turbatum est hoc saeculum, et non est refrigerium in eo, nisi in misericordia Dei, et fide amicorum. Nudi venimus, et nudi recedimus *(Job* ɪ, 21), nisi qui bonis animam vestiet operibus. Ut tibi, charissime frater, tempus vel locus occurrit, semper Dei suade voluntatem sequi omnibus personis : regi suaviter, episcopis honorifice, principibus fiducialiter, omnibus veraciter. Nostrum est seminare, Dei fructificare. Nec ulla tibi alicujus dissensionis inter nos maneat suspicio. Nec simus ex illorum numero de quibus dictum est : *Non veni pacem mittere, sed gladium (Matth. x, 34).* Sed ex illorum simus numero, ad quos dictum est : *Pacem meam do vobis, pacem meam relinquo vobis (Joan. xiv, 27).* Ut pax Christi, quae exsuperat omnem sensum *(Philip. iv, 7),* custodiat corda nostra in charitate Christi et dilectione fraternitatis. Paucis scripsi litterulis, quia sapienti pauca sufficiunt. Sed te plurima Dei dona glorificent in aeternum, dilectissime frater.

---

a Edit. Quercet. 54, Canis. 32 (Froben. 7).
b *Beornuino presbytero.* Anglo, ut ex contextu patet. Magnae illum dignitatis et auctoritatis fuisse necesse est apud reges, episcopos et principes, quibus Dei voluntatem suadere et praedicare potuerit.
c *Offae... nunquam infidelis fui.* Discessus Alcuini e patria in Galliam fortassis quibusdam suis conterraneis suspicionem movit, ipsum a fidelitate etiam suae gentis; cui nonnunquam cum Gallis simultas fuit, recessurum : quam quidem suspicionem non his litteris tantum, sed ipso facto etiam amolitus est; « non immemor enim compatriotarum, imperatorem in amicitia eorum continere adlaboravit, » inquit Malmesb. lib. ɪ Reg. Angl., cap. 5.
d Epistolae hujus fragmentum edidit Malmesb. lib. ɪɪɪ Pont. Angl., relatum a Quercetano Opp. Alc. p. 1672. Nunc integra prodit ex cod. ms. Salisburgensi.
e *Hugibaldo,* quem alii *Higebaldum* et *Hincbaldum* vocant. Is Lindisfarnensem Ecclesiam rexit ab anno 780 usque ad annum 802, ut habet Alfordus. Ad eumdem est carmen tom. II, part. vɪ. Aliam epistolam ad Higebaldum Alcuinus scripsit, qua *Candidum* discipulum ad se redire optat, cujus fragmentum hoc

---

a EPISTOLA IX.
AD LINDISFARNENSES.
(Anno 793.)

Deplorat Lindisfarnensis ecclesiae vastationem, monet ad orandum; hortatur ad mores corrigendos, ad disciplinam regularem; suadet mente non consternari.

Beatissimi Patris sancti scilicet Cudbercti, [*Al.* Cuthberti] episcopi optimis in Christo filiis e Hugibaldo [*Al.,* Hincbaldi] episcopo et omni congregationi Lindisfarnensis Ecclesiae, Alcuinus diaconus, coelesti in Christo benedictione salutem.

Vestrae [vero] charitatis familiaritas [praesentem] multum me laetificare solebat; sed versa vice vestrae tribulationis calamitas, licet absentem, multum me quotidie contristat [*Malmesb.,* contristavit]. Quomodo f pagani contaminaverunt sanctuaria Dei, et fuderunt sanguinem sanctorum in circuitu altaris, [vastaverunt domum spei nostrae,] calcaverunt corpora sanctorum in templo [Dei], quasi sterquilinium in platea. [Quid nobis dicendum est, nisi plangendum animo, vobiscum ante altare Christi, et dicere : Parce, Domine, parce populo tuo, et ne des haereditatem gentibus , ne dicant pagani, ubi est Deus Christianorum? *(Joel ɪɪ, 17).*] Quae est fiducia Ecclesiis Britanniae, si sanctus Cudberctus suam non defendit cum tanto sanctorum numero .[*Finis frag. Malmesb.*)?. [Aut hoc majoris initium est doloris, aut peccata habitantium hoc exegerunt. Non enim quiddam casu contingit [Ita emendavimus, cum in codice legeretur : *Nem quidem casu contigit*], sed magni cuilibet meriti judicium est. Sed modo, qui residui estis , state viriliter , pugnate fortiter , defendite castra Dei. Mementote Judam Machabaeum, quia templum Dei purgavit (*II Mach. x, 2, 3*), et populum eruit, ut cliberavit.(Ita cod. ms.) extranea. Si quid affert Lelandus de Script. Britann. cap. 100, p. 135: « Quem (*Candidum*) si iterum vobis placuerit ad nos redire, quidquid ad profectum ejusdem Ecclesiae provenire credimus, ei libenter impendemus; quaecunque enim a magistris ad utilitatem sanctarum Ecclesiarum didici, haec maxime nostrae gentis hominibus communicare delector. » Vide epist. 59 (nunc 44), ad Damoetam.
f *Pagani,* etc. De hac clade Lindisfarnensium legendus Hovedenus ad annum 793. « Eodem anno, inquit, pagani ab Aquilonali plaga..... veniunt ad Lindisfarnensem Ecclesiam; miserabili praedatione vastant cuncta, calcant sancta pollutis vestigiis, altaria suffodiunt, et omnia thesauraria sanctae Ecclesiae rapiunt, quosdam e fratribus interficiunt, nonnullos secum vinctos assumunt, perplurimis opprobriis vexatos nudos projiciunt, aliquos in mari demergunt. » Pagius et Alfordus hanc epistolam ad sequentem annum differunt; sed cur eodem quo clades illa contigit anno haec epistola scribi non potuerit, non video. Haud enim dubito quin Alcuinus statim ab accepta fama hujus cladis Lindisfarnensibus condolere, eosque ad patientiam, poenitentiam, orationem hortari voluerit.

corrigendum sit in moribus mansuetudinis vestræ, citius corrigite. Patronos vestros ad vos revocate, qui vos ad tempus dereliquerunt. Non defuit illis potestas apud Dei clementiam, sed nescimus cur tacuerunt. Nolite gloriari in vanitate vestium; hæc non est gloria sacerdotum et servorum Dei, sed contumelia. Nolite in ebrietate verba orationum vestrarum delere. Non exeatis post luxurias carnis et avaritias sæculi, sed in servitio Dei et regularis vitæ disciplina firmiter permanete, ut sanctissimi Patres, qui vos genuerunt, vobis protectores esse non cessent. Per illorum vestigia gradientes de illorum precibus securi permaneatis. Nolite tantis Patribus degeneres esse filii. Nequaquam illi a vestra cessabunt defensione, si vos illorum sequi videbunt exempla. Tamen de ista miseria nolite mente consternari. Castigat Deus omnem filium quem recipit (*Hebr.* xii, 6); et ideo forte plus vos castigavit, quia plus dilexit. Hierusalem civitas Deo dilecta Chaldæa flamma periit. Roma sanctorum apostolorum et innumerabilium martyrum corona circumdata paganorum vastatione disrupta est, sed pietate citius recuperata. Tota pene Europa Gothorum vel Hunorum gladiis evacuata est flammis; sed [*Ms.*, si] modo, conservante Deo, velut cœlum stellis, ita ecclesiis ornata fulgescit, et in eis officia vigent et crescunt religionis Christianæ. Hortamini vosmetipsos invicem dicentes: Revertamur ad Dominum Deum nostrum, quia magnus est ad ignoscendum (*Isa.* lv, 7), et nunquam deserit sperantes in se.

Et tu Pater sancte, dux populi Dei, pastor gregis sancti, medicus animarum, lucerna super candelabrum posita, esto forma in omni bonitate cunctis te videntibus. Esto præco salutis cunctis te audientibus. Sit tuus comitatus honestis moribus, aliis exemplum ad vitam, non ad perditionem. Sint tibi epulæ, non in ebrietate, sed in sobrietate. Sint vestimenta tuo gradui condigna. Noli te conformare sæculi hominibus in vanitate aliqua. Inanis ornatus vestimentorum, et cultus inutilis tibi est opprobrium ante homines, et peccatum ante Deum. Melius est animam in perpetuum permanentem bonis ornare moribus, quam corpus cito in pulvere putrescens exquisitis comere vestibus. Vestiatur et satietur Christus in paupere, ut hæc faciens regnet cum Christo. Redemptio viri propriæ divitiæ (*Prov.* xiii, 8). Si aurum diligamus, præmittamus nobis in cœlum, ubi servabitur nobis,

A et quod amemus, habemus. Amemus æterna et non peritura. Veras diligamus divitias et non caducas, sempiternas non transitorias; paremus nobis laudem a Deo, et non ab hominibus. Faciamus quod fecerunt sancti quos laudamus. Sequamur illorum vestigia in terris, ut illorum gloriæ consortes esse mereamur in cœlis. Divinæ pietatis protectio nos ab omni adversitate custodiat, charissimi fratres. Valete in Christo dilectissimi, et confortamini semper proficientes.] [a]

[b] EPISTOLA X.

AD [c] ÆDILHARDUM (ATHELARDUM) ARCHIEPISCOPUM DOROENSIS CIVITATIS.

(Anno 793 vel seq.).

Hortatur ad sectanda suorum antecessorum vestigia, et ad exsequendum intrepide munus pastoris animarum; et cum coepiscopis suis verbum Dei absque timore prædicet.

Pio Patri et sanctæ sedis præsuli Ædilhardo archiepiscopo, humilis levita Alcuinus salutem.

B Audiens vestræ salutationis verba dulcissima, et prosperitatis vestræ sanitatem multis pernecessariam, valde me gavisum esse fateor: Domini et Dei nostri Jesu Christi deprecans tota mentis alacritate clementissimam pietatem, quatenus vestram [beatitudinem] longæva custodiat prosperitate in augmentum sanctæ suæ Ecclesiæ, ut per tuam devotissimam doctrinam verbum [*Cod. Sal.*, verbis] vitæ æternæ crescat et currat, et multiplicetur numerus populi Christiani in laudem et gloriam Salvatoris nostri; in quo opere te, frater sancte, laborare tota

C virtute obsecro. Et quanto plus appropinquat dies remunerationis, tanto magis mercedis tuæ felicitatem accumulare studeas.

Cogita quales habueris [*Cod. Sal.*, haberes] [d] antecessores doctores, et summa totius huius Britanniæ [*Cod Sal.*, totius hujus provinciæ]. Inter quorum sacratissima corpora dum oraveris, illorum precibus certissime adjuvaberis, si ab illorum vestigiis te nec sæculi caduca blandimenta subtrahant, nec vani terrores principum formidantem efficiant. Memor esto semper quod guttur tuum tuba Dei debet esse, et lingua tua omnibus præco salutis. Esto pastor, non mercenarius; rector, non subversor; lux, et non tenebræ; civitas firma fide murata, non domus plu-

D viis diruta; miles Christi gloriosus, non apostata vilis; prædicator, et non adulator. Melius est Deum timere, quam hominem; plus Deo placere, quam

---

[a] Wilhelmus Malmesb. lot. cit., pag. 1675, ait, in calce hujus epistolæ ab Alcuino addita fuisse sequentia: « Cum dominus noster rex Carolus hostibus per misericordiam Dei subditis domum reverteretur, nos, Deo juvante, ad eum venire disponimus; et si quid tunc vel de pueris qui in captivitatem ducti sunt a paganis, vel de aliis necessitatibus nostris [*F.*, vestris] proficere poterimus, diligentes ad effectum producere curabimus. »

[b] Edit. Quercet. 28, Canis. 1 (Froben. 9); emendata ex cod. mss. Salisburgensi et S. Emmerami.

[c] Varie mutat hoc nomen Ædilhardi; alias enim scriptum invenitur: *Edelhardus, Ethilhardus, Adelardus, Athilhardus, Athelhardus*. Fuit archiepiscopus Dorovernensis, electus anno 791, teste Simeone Dunel-

mensi apud Pagi h. a., n. 11. Exstat ejus mentio in Ingulfi Historia et epistolis Kenulfi regis Merciorum ad Leonem III. pontificem max. et Leonis ad Kenulfum, quas descripsit continuator Bedæ lib. i, cap. 12 et 13. CANISIUS. — Mabillonius lib. xxv Annal. Bened., n. 84, p. 291, Ædilhardum vocat *virum summæ sanctitatis et sapientiæ*, qui quondam abbas fuerit Malmesburiensis, postea autem episcopus Wintoniensis, ac demum post decessum Jamberti electus archiepiscopus Cantuariensis. (Ex Gervas., col. 1642, et Wilhelmo Malmesb. *lib.* i *de Regibus Angl.*, cap. 4.)

[d] *Antecessores*. Omnes sanctissimos, Augustinum et alios, ait Wilhelmus Malmesb. lib. i De gestis pontif. Angl., ubi successores vide. CANISIUS.

homini blandiri. Quid est adulator, nisi blandus inimicus? Ambos perdit, se ipsum et suum auditorem. Isti sunt, *qui consuunt pulvillos sub omni cubitu* (*Ezech.* XIII, 18), et oves Christi morbidas faciunt, non sanatas.

14 Virgam accepisti pastoralem et baculum consolationis fraternæ : illam ad regendum, istum ad consolandum. Ut mœrentes consolationem habeant in te, et contumaces correctionem sentiant per te. Potestas judicis est, occidere; tua vero, vivificare. Quid times hominem propter gladium, qui clavem regni accepisti a Christo? Recordare quanta passus est ille pro te, et non metuas loqui pro illo. Ille pro tuo amore clavis confixus pependit in cruce, et tu sedens in sella dignitatis tuæ ob timorem hominis tacueris? Non ita, frater, non ita. Sed sicut ille dilexit te, ita dilige et illum. Qui plus laborat, plus mercedis accipiet. Si persecutionem patieris propter verbum Dei, quid beatius? Ipso Domino dicente : *Beati qui persecutionem patiuntur propter justitiam, quoniam ipsorum est regnum cœlorum* (*Matth.* V, 10). Et : *Ibant apostoli gaudentes a conspectu concilii, quoniam digni habiti sunt contumelias pati pro nomine Jesu* (*Act.* V, 41). Et : *Non sunt condignæ passiones hujus temporis ad superventuram gloriam, quæ revelabitur in nobis* (*Rom.* VIII, 18). Si corripueris delinquentem et ad tuam increpationem corriget se, etiam [*God. Sal.*, ecce] tibi est merces apud Deum, et sibi erit salus a Deo; si tuam oderit increpationem [*Canis. et Cod. Sal.*, si te oderit increpantem], illi est damnatio, et tibi beatitudo.

Esto miseris consolator, pauperibus pater, omnibus affabilis, donec intelligas quid cuique respondeas; et semper tua responsio sale sit sapientiæ condita, non temeraria, sed honesta; non verbosa, sed modesta. Sint tibi mores humanitate præclari, humilitate laudabiles, pietate amabiles; ut non solum verbis, sed exemplis erudias tecum viventes, vel ad te venientes. Sit tua manus larga in eleemosynis, prompta in reddendo, et cauta in accipiendo. Præpara tibi thesaurum in cœlis (*Act.* XX, 35). Divitiæ viri redemptio [*Al.*, deprædatio] est animæ illius, quia *beatius est magis dare quam accipere* (*Luc.* XII, 33). Invenimus unam margaritam pretiosam; demus omnia, quæ habemus, et emamus illam (*Matth.* XIII, 46). Lectio sanctæ Scripturæ sæpius tuis reperiatur in manibus, ut ex illa te saturare et alios pascere valeas. Vigiliæ et orationes assiduæ sint tibi, eo magis quo pro toto populo Christiano intercedere debes. Locus tuus est inter Deum stare et homines, ut Dei legationes deferas ad populum, et pro populi peccatis intercedas ad Deum. Fac te, ejus donante gratia, dignum ab eo exaudiri. [Hæc] dignitas est in vitæ castitate et prædicandi fiducia, ipsa attestante Veritate : *Sint lumbi vestri præcincti et lucernæ ardentes in manibus vestris* (*Luc.* XII, 35). In lumbis castitatis sanctitas, in lucernis prædicationis claritas designatur.

Memor esto quod sacerdos angelus Domini Dei est excelsi, et lex sancta ex ore ejus requirenda, juxta quod in Malachia propheta (II, 7) legimus. Speculator quoque est in excelsissimo positus loco. Unde et episcopus dicitur, quasi speculator [*Cod. Sal.*, superspeculator], qui omni exercitui Christi prudenti consilio providere debet, quid cavendum sit, quidve agendum. Isti sunt, id est sacerdotes, luminaria sanctæ Dei Ecclesiæ, doctores gregis Christi. Isti in prima acie vexillum sanctæ crucis non segniter sublevare debent, et ad omnem impetum hostilis exercitus intrepidi stare. Hi sunt qui talenta, redeunte Rege nostro Deo Christo cum triumpho gloriæ ad paternam sedem, acceperunt; et revenienti eodem magno Judici in die ultima [*Cod. Sal.*, ultimæ] discretionis rationem reddituri sunt, quantum quisque ex prædicationis labore lucratus esset in officio suo (*Matth.* XXV). Quapropter teipsum, charissime frater, idoneum præpara ministrum sermonis Dei. Alios quoque consacerdotes tuos admone diligentissime, in verbo vitæ cum omni instantia laborare; quatenus [cum] multiplici negotiationis lucro ante conspectum æterni Judicis gloriosi appareant. Estote unanimes in omni consilio pietatis, et constantes in omni judicio æquitatis. Nullus [*Cod. Sal.*, nullius] vos humanæ dignitatis terror separet, nulla adulationis blandimenta dividant; sed quasi acies castrorum Dei firmissima unitate vos conjungite. Sic tandem concordia vestra terribilis apparet omni, qui vult veritati contradicere, Salomone dicente : *Frater si a fratre adjuvatur, civitas firma est* (*Prov.* XVIII, 19).

15 Vos estis, dicente Veritate, lux totius Britanniæ (*Cod. Sal.*, illius provinciæ nostræ), sal terræ, civitas super montem posita, lucerna super candelabrum elevata (*Matth.* V, 13, 14, 15). Item beato principe apostolorum attestante : Vos estis *genus electum, regale sacerdotium.* Per vestræ vero prædicationis instantiam nos erimus, quod in eadem sequitur Epistola : *Gens sancta, populus acquisitionis :* quatenus per vos virtus annuntietur illius, *qui nos omnes de tenebris vocavit in admirabile lumen suum. Qui aliquando non populus Dei, nunc autem populus Dei* (*I Petr.* II, 9, 10).

Patres itaque nostri, Deo dispensante, licet [a] pagani, hanc patriam bellica virtute primum possederunt. Quam grande igitur opprobrium est ut nos Christiani perdamus quod illi pagani acquisiverunt? Hoc dico propter [b] flagellum quod nuper accidit partibus insulæ nostræ, quæ [c] prope trecentis quinquaginta [*Al.*, quadraginta] annis a parentibus inhabi-

---

[a] *Pagani.* Lege Gildam de excidio Britanniæ; et Wilhelm. Malmesb. lib. I Reg. Angl., c. 1-4. CANIS.

[b] *Flagellum.* Vastationem Danorum anno 793 cœptum abs dubio innuit, de qua vid. epist. ad Lindisfarnenses. Inde corrigendus Pagius, qui hanc epistolam biennio prius recenset.

[c] *Prope trecentis quinquaginta annis.* Ab anno nempe 449, quo Angli et Saxones in Britanniam adventarunt. PAGIUS *l. c.* — Prope, ait, non integre, quinque enim annii ab eo numero deficiunt.

tata est nostris. Legitur in libro [a] Gildi Brettonum [*Cod. Sal.* Brectonum] sapientissimi, quod iidem ipsi Brettones [*Cod. Sal.* Brectones] propter rapinas et avaritiam principum, propter iniquitatem et injustitiam judicum, propter desidiam et pigritiam praedicationis episcoporum, propter luxuriam et malos mores populi, patriam perdiderunt. Caveamus haec eadem nostris temporibus vitia inolescere, quatenus benedictio divina nobis patriam conservet in prosperitate bona, quam nobis in sua misericordia perdonare dignata est. Ut hoc ipsum omnipotentis Dei largissima efficiat pietas, vos qui clavem regni cœlestis cum apostolis, ligandi solvendique potestatem accepistis a Christo, aperite assiduis praedicationibus portas cœli populo Dei; et nolite tacere, ne populi peccata vobis imputentur. Requirit enim a vobis animas Deus, quas ad regendum accepistis. Ex subjectorum salute vestra multiplicatur remuneratio.

Pusillanimes consolamini (*I Thes.* v, 14), humiles roborate, errantes in viam veritatis reducite, ignorantes instruite, scientes exhortamini, et bonis exemplis vitae vestrae omnes confirmate, contumaces et veritati renitentes virga castigate pastorali, caeteros baculo consolationis sustentate. Et si unanimes eritis, quis vobis resistere poterit? Vel quis cum Deo pacem habebit, si praedicationibus [*Forte*, praedicatoribus] suae salutis non obtemperarit; dicente ipsa Veritate ad praedicatores verbi Dei : *Qui vos audit, me audit, et qui vos spernit, me spernit* (*Luc.* x, 16). Item ad confortandos eos, illisque fiduciam ingerendam loquendi sermonis Dei, eadem Veritas ait : *Quodcunque ligaveritis super terram, erit ligatum et in cœlis; et quodcunque solveritis super terram, erit solutum et in cœlis* (*Matth.* xvi, 19, *et* xviii, 18). Divisa est potestas saecularis et potestas spiritalis : illa portat gladium mortis in manu; haec clavem vitae in lingua. His dicitur : *Ne timueritis eos.* De illis dicitur : *Quia corpus occidunt, animam autem occidere non possunt* (*Matth.* x, 26-28). De spiritalibus quoque dicitur ; *Ubi sunt duo vel tres congregati in nomine meo, ibi sum in medio eorum* (*Matth.* xviii, 20). *Si Deus pro nobis,* ait Apostolus, *quis contra nos* (*Rom.* viii, 31) ? Si Christus in medio suorum, quis illis nocere poterit? Idcirco vos, sacerdotes, fiduciam habere debetis praedicandi, caeteri vero humilitatem audiendi, et obedientiam faciendi, quae jubetis. Illi, id est saeculares, sint defensores vestri, vos intercessores illorum, ut sit unus grex sub uno

A Deo, Christo pastore, et fiat haec patria ab illo [*Al.*, a bello] nobis nostrisque nepotibus conservata in benedictione sempiterna; ut ex hac mereamur ad illam pervenire quae finem non habet et est perpetua pace beatissima.

Ut ad hanc pervenire mereamur, vos saepius cum Moyse servo Dei devoto pectore dicite : *Respice, Domine, de sanctuario tuo, et de excelso cœlorum habitaculo, et benedic populo tuo (Israel) et terrae quam dedisti nobis* (*Deut.* xxvi, 15). Item cum propheta Dei Joel cum lacrymis clamate : *Parce, Domine, parce populo tuo, et ne des haereditatem tuam in opprobrium gentibus* (*Joel.* ii, 17). Apostolo Jacobo praecipiente : *Orate invicem, ut salvemini : multum enim valet oratio justi assidua* (*Jacob.* v, 16). Item B Petrus apostolus : *Omnes unanimes in oratione estote, compatientes fraternitati, humiles et misericordes* (*I. Petr.* iii, 8). Sed et Vas electionis praecepit pro omnibus orationes **16** fieri, pro regibus et omnibus qui in sublimitate sunt positi (*I Tim.* ii, 1, 2); quatenus omnipotentis Dei gratia populo Christiano tempora cum prosperitate concedat pacifica, in laudem et gloriam sui nominis.

[b] Urbs aeterna Dei, terrae sal [*Al.*, sol], lumina mundi,
Bis sex signa poli, menses et ter quater anni,
Atque diei horae, lapidesque in stemmate Christi
Vestra aperire polum poterit vel claudere lingua.
Doctores vitae, magnae et medicina salutis.
Vos fontes vivi, paradisi et flumina sacra.
Vos decus Ecclesiae, populi spes, janua lucis.
Inclyta progenies, Salomonis nobile templum.
Per vos, o Patres, nostro sub tempore tota
Virtutum meritis fecunda Britannia floret.
Vos simul unanimes Christi defendite castra,
Et clypeo fidei tela exsuperate nefanda;
Pectore concordes, fortes virtute superna.
Judiciis justi, humiles [c] pietate modesta,
Doctores populi, ductores et gregis almi,
Semper ubique Deo vos vos estote fideles.
Multiplicate pio percepta talenta labore,
Maxima quod summo capiatis praemia cœlo,
Cum Christo et sanctis cœlestia regna tenentes,
Vosque mei memores Christus conservet ubique.
Alchuin dicor ego, vestro devotus amori.
D O vos pastores, Patres sine fine valete !
Et tu sancte Pater, pius Aethelharde [*Al.*, Aedilhardel] sacerdos
Jam valeas, vigeas, Christo donante, per aevum.

---

[a] *In libro Gildi*. Seu Gildae. Scripsit Gildas post medium saec. vi, anno 564, et anno 570 diem supremum clausit, ut contendit Usserius. Alii illum anno 581 fuisse in vivis fere nonagenarium, et edidisse epistolam *De excidio Britanniae*, una cum ordinis ecclesiastici castigatione, asserunt. Hanc epistolam hic laudat Alcuinus, unde dubium esse non potest quin sit genuina, jam ante etiam a Ven. Beda laudata. BASNAG.

[b] **17** Codd. mss. Salisb. et S. Emmerami carmen hoc omittunt. Quercetanus illud bina vice dedit; semel huic epistolae junctum, et iterum inter poemata Alcuini.

[c] *Pietate modesta*. Non sine causa Dorovernensi clero modestiam ingerit : quod et de vestium modestia intelligo, cujus limites excessisse patet ex epistola sancti Bonifacii ad Cuthbertum, citante Wilhelmo Malmesb. lib. ii Reg. Angl., cap. 4, qui subdit : « Sane de tenuitate vestium clericalium Alcuinus Athelardum archiepiscopum Cuthberti successorem oblique castigat, monens ut cum Romam vadens Carolum Magnum visitaret, non adduceret clericos vel monachos versicoloribus et pompaticis vestibus indutos, quia non solerent Francorum clerici, nisi religiosis vestibus amiciri. » CANISIUS.

EPISTOLA XI.

AD ÆDILREDUM REGEM ET PRINCIPES POPULUMQUE NORDANHUMBRORUM GENTIS.

(Circa annum 793.)

Hortatur ut grati sint Deo, ut cœlestia potius desiderent quam terrena, ut divitias per injustitiam non appetant, vitia et peccata fugiant, viduarum, pupillorum sint patres, concordiam et pacem servent, sacerdotum prædicationi se submittant.

Excellentissimo filio, [b] Ædilredo [*Al.*, Æthelredo] regi et amicis dulcissimis [c] Osbaldo patricio et [d] Osbercto duci et omnibus fraternæ dilectionis amicis, Alcuinus levita æternæ beatitudinis salutem.

Suavitas sancti amoris sæpius me cogit de antiqua admonere amicitia, de animarum vestrarum salute, et de fidei veritate, et de pacis concordia, quam habere debetis inter vos; quia amicitia, quæ deseri potest, nunquam vera fuit. Amicus fidelis diu quæritur, vix invenitur, difficile servatur. Vos quærens inveni amicos: [servabo amicos] nec dimittam (vos) quos amare cœpi. Et si lingua taceat vestra de me, litteræ tamen meæ non taceant [*Ms.*, tacent] de vobis, sed semper admoneo devotionis studio, quorum semper desidero prosperitatis salutem. Cogitate quis vos de multiplici liberavit tribulatione, quoties præsentem, ejus misericordia, evasistis mortem; quoties de manu inimicorum erepti fuistis. Recordamini quis vobis omnes perdonavit honores quos habetis prosperitates [*Ms.*, prospera] contulit, sanitates largitus est, omnibus vos vestris fecit inimicis sublimiores. His omnibus bonis nolite ingrati esse, quia horum gratia bonorum vitam merebitur sempiternam. Nec hæc felicitas hujus sæculi æterna esse poterit. Studete diligentissime, ut post hos honores terrenos, cœlestes habere mereamini. Omnia hujus sæculi delectamenta velut volatilis fugiunt umbra; et solummodo manet in remuneratione bona, quod pro Dei amore egistis. Grandis enim via de terris [*Ms.*, terra] videtur ad cœlum. Firmissima debet esse scala, per quam ascenditur: facilis est casus ad inferna. Sed hæc facilitas magnam habet difficultatem, sempiternum siquidem ignem, qui urit inexstinguibiliter cadentes in illum. Difficultas vero ascensionis in cœlum magnum habet gaudium, dum pervenitur quo ascenditur, beatitudinem siquidem sempiternam.

Si forte quæritis quomodo quis ascendat in cœlum, vel quis quomodo cadat in infernum? Per mala igitur opera ruit homo ad inferna [*Ms.*, infima]; per bona vero (opera) ascendit ad superna. Mala itaque sunt opera : delectatio carnalis, ambitio sæ-

[a] Edit. Quercet. 29. Canis. 2, (Froben. 10), collata cum codd. mss. Salisb. et S. Emmerami.
[b] *Ædilredo regi.* Northumbriæ qui alicubi etiam Æthelredus, et in sequenti epist. in cod. Salisb. *Edilradus* appellatur. Is anno 774 rex factus, a suis postea anno 778 regno dejectus; post annos vero duodecim, id est anno 790 eidem restitutus, demum occiditur anno 796, ut accurate narrat Hovedenus. Vid. Pagi ad eos annos, et Cointium ad annum 796, n. 172.

cularis, avaritia, et omnis concupiscentia mala, vinolentia [*Ms.*, violentia], rapina, mendacia, luxuria, fornicatio, invidia, homicidia, ebrietates, comessationes, inimicitiæ, superbia, et perjuria; dicente Apostolo : *Qui talia agunt, regnum Dei non possidebunt* (Gal. v, 21), nisi confessione et longa pœnitentia et eleemosynis multis emendentur. Unumquodque eorum [*Ms.*, horum] quæ enumeravi, regnum Dei claudere poterit, et infernales pœnas aperire homini. Væ animæ quæ ardentes flammas semper sustinere cogitat. Bona vero sunt opera per quæ ascendere in cœlum possumus: charitas Dei, honor illius et timor, vigiliæ 18 et orationes ad Deum, dilectio hominum, et misericordia in homines, et remissio peccantibus in nos, justitia in judiciis, veritas in verbis, patientia in adversitatibus, nemini reddere malum pro malo ; eleemosyna in pauperes, benignitas in omnes homines, pietas ad amicos, fides recta in Deum, spes firma in illius bonitatem, modestia in vestimentis, et in omni usu sæculi temperantia, continentia in cibo et potu, in mente humilitas, in moribus honestas, in omni vita æquitas. Hi sunt gradus per quos cœlum ascenditur, hi sunt mores qui homines faciunt laude dignos, hæc sunt opera quæ gaudia merentur sempiterna, hæc est sapientia vera, ut homo sibi prævideat quomodo in æternum feliciter vivat. Nullatenus homo perire poterit, sicut animal quodlibet, sed post hanc vitam victurus erit in æternum : bene, propter bona opera; male, propter mala opera; quia Deus unicuique reddet [*Ms.*, reddit] secundum opera sua (*Matth.* xvi, 27).

Nolite injustas amare divitias, quia omnis injustitia ulciscitur a Deo, et melior est benedictio Dei quam omnes divitiæ mundi. Quidquid in sæculo amatur, amittitur; quidquid pro Deo datur, habetur. Cui largus eris, si animæ tenax? Vel quis tibi fidelis erit, si tu tibi ipse infidelis eris? Cur in alium spem ponis, et tu tibi ipse benefacere non vis? Morieris, o homo ! et omnia dimittes quæ habes. Hic vis dives esse peregrinus, et parvi temporis hospes; et non vis ibi esse dives ubi semper eris? Præmitte tibi divitias tuas, ut habeas in æternum quod ames in sæculo. Construe tibi bonis operibus beatam domum. Quam miser erit qui semper arsurus erit in igne, qui tenebris circumdatus horrendis, qui nihil audiet nisi voces flentium et stridentium dentibus horrorem (*Matth.* viii, 12) ! qui nihil sentit nisi flammas edaces, et frigora ingentia, et vermium venenatos dentes ! Ut hæc horribilia, o amice ! evadere valeas, nullus tibi labor durus videri debet.

[c] *Osbaldo patricio.* Hunc esse Osbaldum putat Canisius, de quo Hovedenus ad annum 796 refert, quod occiso rege Ædilredo a quibusdam ipsius gentis principibus in regnum sit constitutus, et post dies 27 omni regiæ familiæ et principum societate destitutus fugatusque, etc.
[d] 20 *Osbercto duci.* Illi fortassis quem Malmesburiensis patricium Merciorum nominat, ad quem Alcuinus aliam scripsit epistolam, cujus duo fragmenta ex eodem Malmesburiensi infra dabimus.

ut ad illam beatitudinem pervenire merearis, æterna pace jucundissimam, æterna gloria felicissimam. Nulla sæcularis ambitio, nulla carnis delectatio, nulla inimicorum vindicta impediat cursum tuum. Sed curre, dum lucem habes (*Joan.* xii, 35), operare, dum dies est, quatenus ad lucem pervenias perpetuam, ut cum Christo et sanctis ejus regnare merearis in gloria sempiterna.

Non solum vos, viri clarissimi, et filii charissimi, his meis admoneo litterulis, sed et omnes dilectæ gentis principes, et [diversarum dignitatum] nomina, seu ecclesiasticæ pietatis ordines, seu sæcularis potentiæ sublimitates communi charitatis intuitu, quasi alumnus vestræ dilectioni devotus, deprecor, Dei diligentissime obedire præceptis, prædicatoribus salutis vestræ subditos esse. Illorum est, id est sacerdotum, verba Dei non tacere; vestrum est, o principes, humiliter obedire, diligenter implere. Regis est omnes iniquitates pietatis suæ potentia opprimere, justum esse in judiciis, pronum in misericordia. Secundum quod ille miseretur subjectis, miserebitur ei Deus. Sobrium in moribus, veridicum in verbis, largum in donis, providum in consiliis : consiliarios habere prudentes, Deum timentes, honestis moribus ornatos. Oportet eum non cupidum esse alienæ hæreditatis, non avarum, non violenter rapientem, dicente Apostolo : *Neque fures, neque avari, neque rapaces regnum Dei possidebunt* (*I Cor.* vi, 10). Et sæpe per rapinas propria amittit, quia Deus gemitum exaudit oppressorum.

Legimus quoque quod regis bonitas totius est gentis prosperitas, victoria exercitus, aeris temperies, terræ abundantia, filiorum benedictio, sanitas plebis. Magnum est totam regere gentem ; a regendo vero rex dicitur; et qui bene regit subjectum sibi populum, bonam habet a Deo retributionem, regnum scilicet cœleste. Valde feliciter regnat in terra, qui de terreno regno merebitur cœleste. Orationibus vero et vigiliis eo instantius ad Deum insistere debet, quo non pro se solummodo, sed et pro totius gentis prosperitate Deum deprecari debet. Similiter principes et judices populi, **19** in justitia et pietate populo (Dei) præsint. Viduis, pupillis et miseris sint quasi patres, quia æquitas principum populi est exaltatio. Ecclesiarum Christi sint defensores et tutores, ut servorum Dei orationibus longa vivant prosperitate. Ecclesia (enim) sponsa est Christi; et qui eam violare nititur, vel rapere quæ sua sunt, vindicat in eum Deus Christus, sponsus sanctæ suæ Ecclesiæ.

ª Vidistis quomodo perierint antecessores vestri reges et principes propter injustitias et rapinas et immunditias vitæ, nec ab hujuscemodi se peccatis criminum capitalium, Deum timentes, abstinuerunt; nec, quod pejus est, immanissima scelerum vulnera pœnitentiæ medicamentis sanare curarunt; sed computruerunt in peccatis suis, donec repentino terrore cecidit super eos judicium Dei, et tam infeliciter in conspectu omnium perierunt, quam impudenter sine ulla reverentia pessimis se involvi sceleribus non metuerunt. Heu! quam misere præsentem perdiderunt vitam! Sed multo miserabilius in æternis cruciantur tormentis. Timete illorum perditionem, et a talibus vosmetipsos impietatibus observate, in quibus illi perierunt. Idem enim Deus super vestra vigilat [corda vel] opera, qui illorum non pepercit sceleribus. Multi vero per rapinas et iniquitates colligere gestiunt, et nesciunt quod utrumque propter avaritiam iniquam et terrena cito perdunt bona et cœlestia nunquam acquirunt.

Illiusmodi, viri fratres, vobismetipsis cavete iniquitates, quatenus Deum omnipotentem in præsenti vita propitium habere mereamini et in futura æternorum largitorem bonorum. Pacem habete inter vos et benignitatem ; misericordiam et justitiam ad omnes homines, et castitatem corporis custodite vestri, ut Spiritus sanctus vestris inhabitet pectoribus, qui sapiens vobis semper suggerat consilium, vosque ab omni defendat hoste visibili et invisibili. Vestroque domino fideles estote, ut per vestram concordiam regnum dilatetur vestrum, quod sæpe per discordiam minui solebat, dicente ipsa Veritate : Omne regnum in se divisum non stabit (*Matth.* xii, 25). Sicuti maxima imperia per dissensiones intestinas dilapsa decrescebant, et e contrario minima quæque civitatis cujuslibet, vel provinciæ, per pacificam concordiam, regnum crescebat et proficiebat et fortioribus sibi tandem imperabat regnis.

ᵇ Timete flagellum quod venit super ecclesiam sancti Cudberti, locum scilicet sanctissimum et multorum sanctorum suffragiis divitissimum [*Ms.*, diutissimum], nunc vero miserabiliter a paganis devastatum. Qui hoc non timet et seipsum non corrigit et pro suæ patriæ prosperitate non plangit ad Deum, carneum non habet cor, sed lapideum. Episcoporum est monasteria corrigere, servorum Dei vitam disponere, populo Dei verbum prædicare, et diligenter plebem erudire subjectam. Laicorum est obedire prædicationi, justos esse et misericordes, quatenus divina benedictio per suam magnam misericordiam nobis nostrisque nepotibus patriam in bona prosperitate conservare dignetur, quam nostris parentibus per pietatis suæ dexteram perdonare dignata est.

ᶜ EPISTOLA XII.
AD ÆDILREDUM REGEM.
(Anno incerto.)
Hortatur ad regias virtutes.

Domino dilectissimo Ædilredo [*Cod. Sal.* Edilrado] regi Alcuinus diaconus salutem.

ª *Vidistis, quomodo perierint reges et principes.* Clades regum Britanniæ et Northanimbrorum fuse describit Malmesb. lib. i. Reg. Angl. cap. 3 qui ait, plerosque regum Northanimbrorum pene familiari exitio vitam exisse. Canis.

ᵇ *Timete flagellum.* Vide quæ de hoc flagello adnotavimus in epist. 8 ad Lindisfarnenses. Data ergo illa epistola non diu post illam cladem, quæ contigit anno 793 ut ibidem diximus.

ᶜ Edit. Quercet. 39 (Froben. 11) ex ms. collata cum codd. mss. Salisb. et S. Emmerami. Videtur missa cum priore ad regem solum.

Propter familiaritatem dilectionis familiares tibi soli litteras scribere curavi. Et quia semper te amabo, semper te admonere non cessabo, ut Dei voluntati subditus, Dei protectione dignus efficiaris, et nobilitas regiæ sublimitatis magna morum nobilitate honorificetur. Non est liber vel nobilis qui peccatis serviet [*Cod. Sal.*, servierit], dicente Domino : *Omnis qui facit peccatum, servus est peccati* (Joan. VIII, 34). Non decet te in solio sedentem regni rusticis vivere moribus. Ira tibi non dominetur, sed ratio [*Ms.*, gratia]. Misericordia te amabilem faciat, non crudelitas odibilem. Veritas audiatur ex ore tuo, non falsitas. Castitatis tibi conscius esto, non libidinis; continentiæ, non luxuriæ; sobrietatis, non ebrietatis. Noli notabilis esse in aliquo peccato, sed laudabilis in omni opere bono. Largus esto in dando, non avarus in rapiendo. Justitia omnes tuos exornet actus. Esto forma [*Ms.*, exemplum] honestatis omnibus te videntibus. [Noli, noli rapere aliena, ne et propria perdas.] Deum time, qui dixit : *In quo enim judicio judicabitis, judicabitur de vobis* (Matth. VII, 2). Ama Deum Christum et ejus obedire mandatis, quatenus illius misericordia tibi tuisque filiis et amicis in benedictione conservet [regnum], quod te habere voluit, et gloriam futuræ beatitudinis concedere dignetur [*Cod. Sal.*, dignabitur]. Deus omnipotens regni felicitate, morum dignitate, longæva prosperitate te florere faciat, dilectissime fili.

EPISTOLA XIII.
Fragmentum.
AD ÆDILREDUM REGEM.
(Anno 793.)

Memorat de afflictione ecclesiæ et civitatis Lindisfarnensis.

Ecce ecclesia sancti Cuthberti sacerdotum (Dei) sanguine aspersa, omnibus spoliata ornamentis locus cunctis in Britannia venerabilior paganis gentibus datur ad deprædandum [*Al.*, debellandum]. Et ubi primum post discessum sancti Paulini ab Eboraco Christiana religio in nostra [*Al.*, Northanimbrorum] gente sumpsit exordium, ibi miseriæ et calamitatis cœpit initium. Quid significat pluvia sanguinis quam in quadragesimali tempore in Eboraca civitate, quæ est caput totius regni, in ecclesia beati Petri principis apostolorum vidimus, de borealibus domus, sereno aere, de summo tecti minaciter cadere? Nonne potest putari a borealibus partibus venire super terram sanguinem?

a Hoc fragmentum nobis servavit Malmesb. lib. I Reg. Angl. cap. 3. Edit. Quercet. p. 1667.
b *Sancti Paulini.* Primi episcopi Eboracensis, de quo vid. Ven. Bedæ lib. II., cap. 8, etc.
c Hanc epistolam in editis mutilam Quercetanus ope ms. codicis suæ integritati restituit. Est inter editas ab ipso 49, inter Canisianas 23, Froben. 13, hic emendata aliquot locis ex cod. ms. Salisb.
d *Wirensis et Gyrvensis.* Wirense seu Wiremuthense monasterium sancti Petri; et Girvense sancti Pauli (Jarrow) in Anglia ad ostium Wiræ amnis, cujus utrasque ripas Benedictus quidam ecclesiis in-

EPISTOLA XIV.
AD FRATRES WIRENSIS ET GYRVENSIS ECCLESIÆ.
(Anno 793.)

Hortatur ad ordinatam charitatem; ad observantiam regularis vel canonicæ vitæ, et regulæ sancti Benedicti. Terret exemplo Lindisfarnensium; dissuadet vestimentorum cultum; confessionem peccatorum et pœnitentiam commendat.

Sanctissimis in Christo fratribus Wirensis Ecclesiæ et Gyrvensis, humilis levita Alcuinus salutem.

Semper pietatis vestræ religionem, ex quo scire potui, amavi, magnamque in vestræ unanimitatis orationibus habens fiduciam : et modo, licet corpore procul positus, animo tamen inter vos semper assistens, quia latitudo charitatis nulla dividitur longinquitate, nullis clauditur terminis : sed quo magis ardet in pectoris antro, eo latius flammam suavissimi ardoris spargere assuescit. Sicut fons paradisum irrigans quadrifido tramite latum diffunditur in orbem, sic fons charitatis pectus, virtutum floribus pullulans, in quatuor amoris rivos derivatur, veluti sanctus Augustinus in libro primo De Doctrina Christiana (Cap. 23 et seqq.) dixit : «Cum ergo quatuor sint diligenda, unum quod supra nos est, alterum quod nos sumus, tertium quod juxta nos est, quartum quod infra nos est. Deus supra nos est. Proximus juxta nos est. Corpus nostrum infra nos est. De secundo et quarto nulla præcepta danda erant [*Codd. ms.* sunt]. Quantumlibet enim homo excidat a veritate, remanet illi dilectio sui et dilectio corporis sui. Ideo præcepit Scriptura ut Deus diligatur et proximus. Nullum rerum diligendarum genus in his duobus præceptis prætermissum est. Salus vero corporis propter servitium Dei amanda est, et integritas animæ in Deo diligenda est. Proximus, id est, omnis homo, propter Deum; et super omnia Deus diligendus est. *Diliges*, inquit, *Dominum Deum tuum ex toto corde tuo, et ex tota anima tua et ex tota mente tua; et diliges proximum tuum sicut te ipsum* (Matth. XXII, 37, 39). Omnem vero hominem proximum esse, exemplo vulnerati et Samaritani discamus. Nullum autem exceptum esse cui misericordiæ denegetur officium, quis non videat ? quando [*Cod. Sal.*, quoniam] ad inimicos etiam porrectum est, eodem Domino dicente : *Diligite inimicos vestros, benefacite his, qui oderunt vos* (Luc. VI, 27). » Si inimici diligendi sunt, quanto magis et fratres qui uno ovili continentur ?

Vos vero, fratres sanctissimi, iisdem [*Cod. Sal.*, a sanctis] Patribus spiritali doctrina congeniti, eisdem [*Cod. Sal.*, atque a bonis] diu pastoribus per-

signivit, et monasteria ibidem construxit, charitatis et regulæ unione non discrepantia. CANIS. — Vid. Malmesb. lib. IV Pont. Angl. in fine. Alterius epistolæ ad Eadbaldum Gerwicensem abbatem meminit Clemens Reynerus apud Alfordum Annal. Anglo-Saxon. ad an. 804, n. 20, pag. 14, hæc verba citans : «Non ignotum esse tuæ dilectioni, venerande frater, credo, quod olim sancti Patres antecessores tui mihi licet indigno familiaritatis vestræ gratiam perdonaverunt, et in albo beatitudinis vestræ meæ parvitatis nomen conscribi jusserunt, ita, ut unus essem ex vobis, ubicunque Deo volente essem. »

pascua vitæ deducti, similibus regularis [*Cod. Sal.*, canonicæ] vitæ institutionibus edocti, pacis et concordiæ unanimitatem diligentissime observate. *Beati pacifici, quoniam filii Dei vocabuntur* (*Matth.* v, 9). Non sint schismata occultæ æmulationis inter vos, quia Deus Christus, Deus est pacis et charitatis, et qui in charitate manet, in Deo manet (*I Joan.* IV, 16). Dilectio vero proximi in officio misericordiæ, in doctrina salutis ostenditur. Qui habet verbum Dei in corde doceat proximum; qui habet sæculi facultates, adjuvet proximum; qui habet cujuslibet ministerii scientiam, opituletur proximo, ipso præcipiente Deo : *Omnia quæcunque vultis, ut faciant vobis homines, hæc eadem et vos facite illis* (*Matth.* VII, 12). Regularis [vel canonicæ] vitæ observationem, quam statuerunt vobis sanctissimi Patres [a] Benedictus scilicet et Ceolfridus, diligentissime custodite, quatenus cum illis æternam benedictionis mercedem habere mereamini. Hæc est laus vestra, iste honor vester apud homines, et retributio apud Deum. Nolite conformare vos sæculi hominibus in vestimentorum vanitate, in ebrietatis luxuria, in joci lascivia, in otiositatis petulantia : sed cum omni modestia et pietate conversatio vestra Deo sit amabilis et hominibus venerabilis, sicut decet filios sanctæ matris [Ecclesiæ] et monachicæ vitæ alumnos.

Vos vero, qui estis Patres et pastores sanctæ congregationis, docete diligentissime fraterno amore familiam, quam accepistis regendam, omneque bonitatis exemplum in vobismetipsis ostendite. Seniores ut patres cum honore admonete, juniores ut filios cum omni dilectione castigate. Omnes in spiritu mansuetudinis et verborum honestate instruite. Sæpiusque regula sancti Benedicti in conventu fratrum [legatur, ut] propria exponatur lingua, ut intelligi possit ab omnibus. Ad cujus institutionem unusquisque suam corrigat vitam, ut quod [Deo] vovistis ante altare, inviolabiliter custodiatur a vobis; dicente Propheta : *Vovete et reddite Domino Deo vestro* (*Psal.* LXXV, 12). Displicet enim Deo infidelis promissio (*Eccli.* v, 5). Cogitate quem habeatis defensorem contra paganos, qui apparuerunt circa terminos maritimæ habitationis. Nolite in armis spem ponere, sed in Deo qui nunquam deserit sperantes in se. Nolite in fuga confidere (carnali), sed in prece Patrum vestrorum; sicque tandem filii eritis, si eorum vestigiis adhærere studeatis. Non enim loci malefacientes adjuvat sanctitas, sed benefacientes religionis integritas efficit [*Cod. Sal.*, efficiet] sanctos et dignos protectione divina. Quis non timet terrorem [b], qui accidit in ecclesia sancti Cudberti [*Cod. Sal.*, Cuthbercti]? Corrigite quapropter mores vestros, ne propter peccata sceleratorum pereant et justi; ne vinea Domini vulpinis detur dentibus ad derodendum; ne sanctuaria Dei pedes paganorum pertranseant. Hoc impium esse videtur; sed multo pejus est, si diaboli atrocitas [propter scelera nostra cordis nostri devastat penetralia]. Propter interiores hostes, exteriores potestatem habent.

Si igitur Deus pro bona conversatione et castitate vitæ habitator est cordis nostri, nunquam inimicos suos vastare dimittit quæ nostra sunt. Quanta multitudo exercitus Assyriorum propter unam justi regis et Deo dilecti orationem perierat? Aliorum castigatio vestra sit admonitio, et paucorum tribulatio, multorum sit salvatio. Vos maritima habitatis, unde pestis primo ingruit. In nobis impletum est quod olim per Prophetam prædicatum est : *Ab Aquilone inardescunt mala et a Domino formidolosa laudatio veniet* (*Jerem.* I, 14; *Job.* XXXVII, 22). Ecce fugax latro boreales insulæ nostræ partes pervasit. Plangamus quod fratres nostri perpessi sunt. Caveamus ne nobis aliquid accidat tale. Præveniamus faciem Domini in confessione et ploremus coram Domino, qui fecit nos (*Psal.* XCIV, 2, 6); ut ille qui creator est et redemptor, sit etiam protector et rector, pro bonisque vitæ meritis, et religionis castitate dextera potentiæ suæ defendat ovile suum.

Recordamini quam nobiles habuistis Patres, et non sitis tantis progenitoribus degeneres filii. Videte Librorum thesaura [*Loco* thesauros]; considerate ecclesiarum decorem, ædificiorum pulchritudinem. Regularis vitæ ordinem rememorate. Quam beatus est homo qui de his pulcherrimis habitaculis ad cœlestis regni gaudia transeat! Assuescant pueri laudibus astare superni regis, non vulpium fodere cavernas, non leporum fugaces sequi cursus. Quam impium est Christi amittere obsequia et vulpium sequi vestigia! Discant pueri Scripturas sacras, ut ætate perfecta veniente alios docere possint. Qui non discit in pueritia, non docet in senectute.

Recogitate nobilissimum nostri temporis [c] magistrum Bedam presbyterum, quale habuit in juventute discendi studium, qualem [*Edit.*, quam] nunc habet inter homines laudem, multo majorem apud Deum remunerationis gloriam. Illius igitur exemplo dor-

---

[a] *Benedictus et Ceolfridus.* Benedictus is est cognomento Biscopus, qui ope Egfridi regis Northumbriæ anno 674, monasterium Wirense seu Wirimuthense condidit. Ceolfridus primus abbas fuit monasterii Gyrvensis. « Nam Egfridus rex Northumbriæ, ut habet Florentius Wignorniensis ad annum 682, pro redemptione animæ suæ etiam aliam quadraginta familiarum terram abbati Benedicto donavit, ubi missis monachis numero viginti duobus et præposito abbate Ceolfrido sui per omnia coadjutore strenuissimo jussu regis monasterium beato Paulo apostolo in loco, qui dicitur Gyrvum, construxit. » Venerabilis Beda ab his abbatibus se educatum fuisse profitetur in fine Hist. Angl. his verbis : « Natus in territorio ejusdem monasterii, cum essem septem annorum, cura propinquorum datus sum educandus reverendissimo abbati Benedicto ac deinde Ceolfrido. » Vid. Alford. Annal. Eccles. Anglo-Saxon. ad annum 674, n. 5, et 682, n. 2.

[b] *Terrorem, qui accidit*, etc. Vide quæ adnotavimus in epistolam 8 ad Lindisfarnenses.

[c] *Nostri temporis magistrum.* Ex his verbis infert Canisius, Alcuinum non fuisse Bedæ discipulum. « Cur enim, ait, invidisset Bedæ hanc laudem, et non potius appellasset suum; quam sui temporis magistrum? »

mientes excitate animos. Magistris assidete, aperite libros, perspicite litteras, intelligite sensus illarum, ut vosmetipsos pascere, et aliis spiritalis vitæ (epulas) præbere valeatis. Absconditas [*Cod. Sal.*, meptas] comessationes et furtivas (*Cod. Sal.*, assiduas) ebrietates quasi foveam inferni vitate, dicente Salomone : *Aquæ furtivæ (dulciores sunt) et panes absconditi suaviores. Sed (et) apud inferos illarum sunt convivæ* (*Prov.* IX, 17, 18); volens intelligi talibus (iniquis) epulis dæmones esse præsentes. Vos decet, ut filios Dei, morum nobilitas, vitæ sanctitas, vestimentorum modestia. *Risus hominis et habitus illius, et incessus ejus*, juxta Salomonem, *enuntiant de eo* (*Eccli.* XIX, 27).

23 Quod in laicis laus esse videtur, id est, vestimentorum cultus, hoc in clericis et maxime in monachis reprehensio esse cognoscitur. Sed et ipse princeps apostolorum etiam feminas a pretiosis vestimentis et circulatis capillis prohibuit (*I Petr.* III, 3). Si hoc peccatum non esset, dicit Gregorius papa, nunquam Pastor Ecclesiæ a deliciis vestium feminas prohibuisset. Omnia vestra honeste cum ordine fiant, ut laudetur Deus in vestra bona conversatione, et honor vester apud homines crescat, et merces meritorum multiplicetur apud Deum. Breve est (præsentis) vitæ tempus, et ultima dies unicuique incerta, et cito rapimur ad judicium. Qualisquisque tunc cupiat esse, talem se nunc tota virtute exhibeat. Si quid peccati pro fragilitate carnis commiserit, abluat [*Cod. Sal.*, commissum est, abluatur] confessione, deleat pœnitentia, ne damnetur in pœna, sed coronetur in gloria. Habetis sanctos Patres, qui vos genuerunt, adjutores, si illorum præceptorum eritis factores. Sed et angelicæ dignitates, et omnium sanctorum agmina congaudent bonis vestris, (desiderant vos socios habere suæ beatitudinis); imo et ipse Deus, qui vult omnes homines salvos fieri (*I Tim.* II, 4), vobis æterni regni præparatam habet gloriam.

Nolite vos propter desidiam animi [vestri] vel carnales delectationes æternis fraudare bonis : sed magis omni studio intendite ut Deum hic habeatis defensorem, illic remuneratorem, qui vos proficere faciat in omni bonitate, (et) constituat immaculatos ante conspectum gloriæ suæ. Obsecro ut pietas vestra placide perlegat, quod charitas nostra devote conscripsit, optans vos præsentem habere prosperitatem et futuram accipere beatitudinem. Meæ quoque parvitatis ut memores sitis in sanctis orationibus vestris per charitatis almitatem obtestor, et familiaritatem quam perdonastis mihi inviolabili fide custodite [*Edit.*, custodire recordemini], quatenus per vestras intercessiones veniam habere merear meorum delictorum, et vos mercedem fraternæ dilectionis apud Deum habeatis æternam. Dextera Dei omnipotentis ab omni hoste visibili et invisibili vos protegat, (et) ubique in omni bono florere faciat, fratres charissimi.

EPISTOLA XV.

AD FRATRES GYROENSIS ECCLESIÆ.

Hortatur illos ad virtutes monachis dignas, et ad sectanda patrum ac magistrorum suorum vestigia.

Sanctissimis in Christo [a] fratribus Gyroensis Ecclesiæ humilis levita Alcuinus salutem.

Memor pietatis vestræ, qua me gremio charitatis in communionem sanctæ orationis vestræ suscipere dignati estis, placuit parvitati meæ, hanc veritatis vestræ sponsionem in memoriam revocare his litterulis, optans vobis bona Christo miserante æterna et per vestræ dilectionis intercessiones me ab æternis erui tormentis, ut dum vobis in die Domini nostri Jesu Christi corona laudis reputabitur, mihi ab eodem judice vel venia peccatorum tribuatur. [b] Nec est rarum longinquitate charitatis munificentiæ separari debet, quæ semper præsens in servis Dei esse debet per eum, qui ait : *Ubi sunt duo vel tres congregati in nomine meo, ibi sum in medio eorum* (*Matth.* XVIII, 20). Quidquid in illo amicitiarum esse cœpit, inviolabili firmitate permanere necesse est, *quoniam qui perseveraverit usque in finem, hic salvus erit* (*Matth.* X, 22). Ideo permaneamus in charitatis fraternæ soliditate, nihil aliud attendentes in ea, nisi humilitatem et obedientiam ; et ut invicem sancto adjutorio unusquisque alterum adjuvet ; et dum omni personæ summum est charitas, quanto magis famulis Christi, quorum vitæ meritum totum in charitatis et humilitatis et obedientiæ virtute constat : in quibus vestram sanctitatem quotidie proficere optamus, quia quibus nihil secundum propositum regularis vitæ cum sæcularibus pompis, et vanitatibus deliciarum commune est, totam vitam regulari constrictione perfectam esse decet.

Recordamini, charissimi fratres ! nobilissimos principii vestri patres et parentes, qui vos genuerunt in Christo ; et nobilissimos magistros, quos habuistis in vestræ germanitatis congregatione. Horum doctrinis inhærentes, et horum exemplis viventes, et horum statuta sequentes illorum certissime consociati beatitudine in futuro sæculo eritis. Benedictus locus a Deo, qui tales meruit habere doctores ; et benedicti, qui in eo loco illorum præcepta custodire satagunt.

Quid servis Dei, qui monachicæ vitæ voto se constrinxerunt, inanis vestimentorum pompa, quæ nec sæcularibus prodest, et multum Deo servientibus obest? Quid conviviorum frequentia, quæ animam a religione melioris vitæ avertere solet? Quanta mala generet ebrietas, nemo est qui nesciat, qui curam suæ animæ habere contendit. Seniores adolescentulos bonis erudiant exemplis ; et Pater qui præest se sciat rationem redditurum de ovibus, quas recipit regendas. Unusquisque seipsum consideret, et quo puto, ut sensus prodeat : *Nec ob terrarum longinquitatem charitatis munificentia separari debet.*

---

[a] *Fratribus Gyroensis Ecclesiæ.* Vide supra epist. 14 ad eosdem, et simul ad Wixenses scriptam.

[b] Hunc locum in ms. corruptum ita restituendum

modo Deo placeat; quomodo salutem animæ suæ operetur : sed vos specialiter, charissimi fratres! in servitio Dei permanere decet, et in rationis [*Forte* orationis] studio proficere, propter optimos parentes et paucos [*Forte*, non paucos] magistros vestros. Quid vero librorum copia prodest, si non erint legentes in eis, et intelligentes eos? Quid laus parentum proficit, si sectatores illorum non erint præceptorum post eos?

Vos vero filii estis sanctorum, vos nobile genus et regale sacerdotium, in Ecclesia Christi nutriti : nobilitatem vestram bonis moribus ostendite, quatenus plurimi vestris bonis exemplis erudiantur, et qui vos foris videat, a vobis discat quomodo vivere debeat. Nam ex paucorum conversatione ab his qui foris sunt, sæpe illorum vita, qui intus sunt, nominatur. Dicit enim Apostolus : *Quandiu sum Apostolus gentium, ministerium meum honorifico* (Rom. xi, 15). Sic debet unusquisque suam personam, vel suum propositum religiosa ornare moribus, ut laudem cum hominibus habeat, et vitam æternam cum sanctis accipere mereatur. Pro nobis intercedentem beatitudinem vestram Deus omnipotens custodiat, et in omni bono proficere faciat, fratres charissimi !

EPISTOLA XVI.
AD FRATRES ECCLESIÆ SANCTI PETRI.

Commendat se illorum amicitiæ olim condictæ : laudat eorum regularem conversationem. Hortatur ad virtutes monachis proprias.

Sanctissimis [a] in sancti Petri ecclesia fratribus Deo servientibus, humilis clientellus Alcuinus perpetuæ gloriæ salutem.

Sæpissime corporalis speciei amici disjunguntur, sed nunquam charitatis dulcedine separari debent ; et ubi vera est dilectio, ibi firma est germanitatis memoria ; ubi radix condictæ amicitiæ in pectoris thesauro figitur, inde rami floribus fidei vestiti pullulasse certissimum est, usque dum fructibus æternæ beatitudinis refecerint veram habentes inter se charitatem, quam ego opto de mea parvitate vestris firmiter inhærere mentibus, sicut olim mihi antecessores vestri pia voluntate promiserunt.

Locus vero habitationis vestræ mihi valde desiderabilis fuit, licet me conditio peregrinæ conversationis longe tulisset a vobis ; quamvis corpore, sed nullatenus charitate, quia omnia quæ apud vos videbam, sive in habitationibus domorum, sive in conversatione vitæ regularis, valde mihi placuerunt, et utinam ut Deo semper placeat pietatis vestræ obedientia, et humilitas, et regularis vitæ observatio. Hæc est laus vestra coram hominibus, ut sive in vestimentis, sive in omnibus monachicæ vitæ disciplinis firmiter permaneatis, sicut patres vestri, viri

[a] *In sancti Petri ecclesia.* Plures sunt ecclesiæ, et monasteria plura sancti Petri apostoli patrocinio dicata ; inter hæc recensetur monasterium Wirense seu Wiremuthense in Anglia, quod a beato Benedicto Biscopo, una cum altero Girwensi ad alteram ripam Wiræ amnis, sancto Paulo apostolo conse-

A Deo amabiles, et hominibus honorabiles instituerunt, qui primi fuerunt fundatores congregationis vestræ. Certum est illos sæpius visitare loca habitationis vestræ, et quoscunque inveniant honeste vivere et sua custodire statuta, congaudent illis, et pro eis intercedere apud pium judicem nullatenus desistunt ; sed et angelorum visitationes loca sancta frequentare non dubium est. Fertur enim magistrum nostrum et vestrum patronum beatum dixisse BEDAM: « Scio angelos visitare canonicas horas et congregationes fraternas; quid si ibi me non inveniunt inter fratres? Nonne dicere habent, ubi est BEDA? Quare non venit ad adorationes statutas cum fratribus? »

B Magna est apud Deum communis oratio, et magna charitatis communio ; et multo est melius cum fratribus communiter orare, manducare et dormire, quam in speciali habitatione solum cum periculo manere, quia facilius diabolus expugnare poterit illum qui solus est, quam eum qui fraterno auxilio undique cingitur, dicente Scriptura : *Frater, qui a fratre adjuvatur, quasi firma est civitas* (Prov. XVIII, 19). Vestra enim laus est honeste vivere, religionem votorum vestrorum servare. Quid vobis vestimentorum pompa? Major exinde erit reprehensio quam laus ; vanitas est enim et superbia, et nihil aliud ; et perditio vitæ regularis. Melius est animam bonis ornare moribus, perpetualiter permanentem, quam corpus, quod in pulverem redigitur, pompaticis ornare coloribus ; vel luxuriosis conviviis pascere vermium escam.

C Hæc cogitate, charissimi fratres! et quid vobis ad æternam proficiat beatitudinem sequimini. Patribus obedite vestris, senes honorate, infirmos visitate, adolescentulos bene docete, ut habeatis, qui super sepulcra vestra stare possint, et intercedere pro animabus vestris. Considerate mentibus vestris, quales sint qui modo in sepulcris jacent, et quam beatæ sint animæ illorum qui in religione, et regulari vita, et castitate corporis, et charitatis obedientia dies suos usque in finem perduxerunt. Horum est regnum cœlorum, quod labore acquisierunt, qui pro vobis intercedant quotidie, quatenus ad illorum societatem, Deo donante, pervenire mereamini. Omnipotens Deus vestræ unanimitatis sanctitatem in æterna D beatitudine adunare dignetur, Domini fratres !

24 [b] EPISTOLA XVII.
AD CAROLUM MAGNUM.
(Circa annum 793.)

Laudat illum a potentia sæculari et prædicatione divinæ legis, tanquam rectorem populi et doctorem. Carpit errorem Adoptianorum.

Veniente ad nos filio nostro Candido, vestro aucrato, ædificatum fuit. Vid. notas nostras ad epist. 14. Præsens ergo epistola ad monachos Wiremuthenses scripta est, inter quos Ven. Beda, quem tanquam magistrum ac patronum illius loci laudat, enutritus et educatus fuit.

[b] 25 Hoc epistolæ fragmentum apud Querceta-

tem fideli servulo, multum nos vestræ prosperitatis annuntiatione lætificabat, nec non magna salutatione vestræ dilectionis dulciter reficiebat. Laudabilis quoque doni allatione intimæ mentis affectum fecundabat. Insuper mentis probamentis vestræ auctoritatis pro nobis explicavit devotionem, quam pura et sancta inquisitione catholicæ fidei veritatem examinare studuistis, et semper viam regiam, apostolica confortatus prædicatione, plano veritatis sermone, vestram asseruit prudentiam tenere. Beata gens cujus est Dominus Deus eorum : et beatus populus tali rectore exaltatus, et tali prædicatore munitus; et utrumque et gladius triumphalis potentiæ vibrat in dextra et catholicæ prædicationis tuba resonat in lingua. Ita et David olim præcedentis populi rex a Deo electus, et Deo dilectus, et egregius Psalmista Israeli victrici gladio undique gentes subjiciens, legisque Dei eximius prædicator in populo exstitit. Cujus eximia filiorum nobilitate in salute mundi, de virga flos campi et convallium floruit Christus (*Cant.* II, 1), qui istis modo temporibus ac ejusdem nominis, virtutis et fidei David regem populo suo concessit rectorem et doctorem. Sub cujus umbra superiora [*Forte,* superna] quiete populus requiescit Christianus, et terribilis undique gentibus exstat paganis. Cujus devotio a sectis perversi dogmatis fidem catholicam evangelica soliditate munire non cessat, ne quid novi et apostolicis inconveniens doctrinis, per clandestinas subreptiones alicubi oboriri valeat, sed cœlestis gratiæ lumine fides ubique fulgeat catholica.

Cujus luminis, heu proh dolor! quidam extorres, Christum ex Virgine sancta natum, impia temeritate Deum verum, et Filium Dei proprium negare non timent. Qui error eousque, ut videtur, latenter quorumdam etiam fidelium doctorum animis subrepsit, ut durum videatur illis confiteri vel credere, Deum esse tantum Jesum Christum, qui sedet ad dexteram Patris, et in gloria paternæ majestatis venturus est judicare vivos et mortuos. Nec in spiritalem nunc gloriam carnem Christi Dei esse mutatam, quæ pro nobis pependit in ligno, contra illud Apostoli dictum, qui de nostri corporis immutatione ait : *Seminatur corpus animale, surget corpus spiritale* (*I Cor.* xv, 44). Nec illam considerantes sententiam, quia idem ipse a Deo electus mundi prædicator, justorum resurrectionem discernens ab impiis, dixit : *Omnes quidem resurgemus, sed non omnes immutabimur* (*Ibid.*, v, 51). Si nostris operibus secundum modum meritorum spiritalis gloriæ promittitur immutatio, quanto magis corporis Christi clarificatio gloriosa esse credenda est post resurrectionem? dicente Apostolo de nostræ resurrectionis gloria : *Qui reformabit corpus humilitatis nostræ, configuratum corpori claritatis suæ* (*Philipp.* III, 21). Unum Deum verum et unum Dei Filium in duabus naturis, divina scilicet et humana, Dominum nostrum Jesum Christum regnantem cum Patre et Spiritu sancto prædicamus, et confitemur, non divisa potestate, nec partita, quasi una sit major potestas, altera minor; quia divisionem et partitionem vera non recipit æternitas, vel divinitas, quæ est in Christo Jesu Domino nostro, Apostolo dicente : *Si Christum noveramus secundum carnem, sed nunc jam non novimus* (*II Cor.* v, 16); id est, qui mortalis fuit in terris ea natura quæ mori potuit, nunc totus spiritalis regnat in divinitatis majestate in cœlis, qui post resurrectionem ait apostolis : *Data est mihi omnis potestas in cœlo et in terra* (*Matth.* XXVIII, 18). Quæ potestas multo ante Filio hominis danda dicitur a prophetis [a].

[b] EPISTOLA XVIII.
AD ADRIANUM I PAPAM.
(Anno 794.)

Commendat se gratiæ pontificis, illumque profitetur vicarium sancti Petri, et ejus potestatis hæredem, simulque precatur, ut petitionibus suis per Angilbertum faciendis annuat.

Beatissimo et omni honore dignissimo et pontifici magno [c] Adriano papæ, humillimus omnium sanctæ Ecclesiæ filiorum Albinus æternæ beatitudinis salutem.

Venerabilis atque toto orbe laudabilis vestræ bonitatis, Pater optime, pietas mihi ultimo sanctæ Ecclesiæ servulo quantulamcunque attulit fiduciam vestram deprecandi clementiam, ut me, licet indignum, paternæ pietatis amore in gremium sanctissimæ intercessionis vestræ colligere dignemini. Scio certissime vestræ devotionem Sanctitatis pro populo jugiter totius orbis intercedere Christiano : tamen specialius aliquid pro his egisse, qui vestræ almitati seipsos obnixa humilitatis obsecratione commendant, et majore credulitate ad tantæ auctoritatis confugiunt suffragia. Scio me per sacri baptismatis adunationem de illius esse ovili pastoris, qui pro suis ovibus animam ponere non dubitavit (*Joan.* x, 11); quas etiam per acutissimam suæ resurrectionis gloriam beatissimo Petro principi apostolorum, ob trinam magnificæ dilectionis confessionem, pascendas commendavit (*Joan.* XXI); cui etiam cœlo terrisque æternam ligandi ac solvendi potestatem delegavit (*Matth.* XVI, 19).

Hujus te, excellentissime Pater, ut vicarium sanctissimæ sedis agnosco; ita et mirificæ potestatis hæredem esse confiteor. Ecce ego una sum regimi-

---

num pag. 1623 Op. Alcuini connexum habetur cum parte epistolæ quam integram reperimus tom. I Concil. Britanniæ pag. 159 *Athelhardo*, inscriptam, quam vide infra. Præsens vero fragmentum ad Carolum Magnum, Alcuini *Davidem*, pertinere ipse contextus loquitur. Novum errorem hic carpere videtur Alcuinus, quod nonnullis dubium videretur confiteri vel credere : *Carnem Christi in spiritalem gloriam post resurrectionem esse mutatam*. Quo anno data sit ignoramus, nisi referenda sit ad initium cœptæ ab Alcuino disputationis adversus Felicem et Elipandum, ad annum scilicet 793 vel sequentem.

[a] **25** Hoc loco epistolam, quæ apud Quercetanum est 97, Froben. 14, *ad Quemdam*, abrumpendam esse censui. Vid. notam priorem.

[b] Edit. Quercet. 63, Canis. 28, Froben. 15.

[c] *Adriano papæ* qui iniit pontificatum anno 772, et obiit anno 795.

nis vestri ovicula, sed valde peccatorum maculis morbida. Quapropter me totum tuæ offero Sanctitati, Pater piissime, sanandum, et medicinali potentia, quæ tibi post longas sanctorum Patrum series hæreditaria successione a Deo Christo tradita esse dignoscitur, me jubeas salutifero pietatis verbo a peccatorum vinculis esse solutum. Nam mihi cum evangelicæ humilitatis regula fas esse video dicendum : *Domine, non sum dignus, ut intres sub tectum meum ; dic verbo, et sanabitur puer meus* (*Matth.* VIII, 8). Qui mox, ut speravit, invenit ; ut credidit, accepit. O beatissima lingua oris vestri, in qua est æternæ medicina salutis, per quam cœli aperiuntur credentibus! Nunquam, obsecro, hæc sileat : semper admoneat et sanet, semper aperiat perpetuæ beatitudinis ad se confugientibus portas. O Domine Jesu, fac eum longæva valere et vivere prosperitate ; et qui talem populo tuo dedisti pastorem, hunc pietatis tuæ dextera multis temporibus conservare digneris, quatenus cum multiplici laboris sui mercede ante thronum tuæ veniens gloriæ audire mereatur : *Euge, serve bone et fidelis, quia super pauca fuisti fidelis, supra multa te constituam, intra in gaudium Domini tui* (*Matth.* XXV, 21).

Jam aliquas petitiones propriæ necessitatis meæ his quoque litteris insererem. Sed quia electissimus domni mei regis missus, filius equidem meus charissimus [a] Angilbertus ad beatissimam summæ auctoritatis vestræ dirigitur **26** paternitatem, non esse necesse putavi litteris exarare, quod ille vir fidelis et prudens melius viva voce, secundum mandatum domni regis, auribus Excellentiæ vestræ poterit intimare. Nam inter cæteras fidelissimæ directionis quam ad vos habet legationes, meæ quoque necessitatis postulationes eidem præfato regiæ voluntatis secretario commendavit : quem omnibus amicis valde fidelem esse probavimus, maxime vobis, ut vere dignum est, sanctissime Pater, qui vestram laudabili voce bonitatem sæpissime domno regi sub præsentia multorum testium narrare solebat, et egregiæ pietatis per vos gesta, puræ fidei verbis, de vobis proferre studuit, quatenus piæ dilectionis fidem ostenderet, et vestræ almitatis amorem plurimorum mentibus ingereret.

[b] **EPISTOLA XIX.**
AD THEOPHILUM.
(Anno 794.)

Laudat illius scripta apostolicæ fidei, et ab eodem instrui cupit.

Optimo [c] Theophilo bis binæ evangelicæ veritatis discipulo, et sanctarum quadrigæ virtutum, fidelium quadriga amicorum plena charitatis nave trans Alpinas aquas dirigit salutem.

Accepimus dignitatis vestræ chartam, vere, ut agnovimus, charitatis floribus depictam, ac mellifluo spiritalis jucunditatis sapore refertam. Unde et nos discipuli sanctitatis vestræ in abundantia roriflui nectaris, quod ex ejus gremio pleniter hausimus, refecti, satiati, valde lætati sumus : agnoscentes cœlestem charitatis thesaurum vestro sufficienter recondi pectore, et affluenter inde per lata terrarum spatia, flumina salutiferæ doctrinæ emittere [*Al.*, emanare], et arida justitiæ fonte sitientium corda irrigare : non septigeno Niliaci fluminis gurgite, sed septiformi sancti Spiritus inundantia viventis aquæ fluenta in vitam salientia sempiternam (*Joan.* IV, 14). Unde et lucidissima apostolicæ fidei pocula nobis propinare larga pietate studuisti, quæ cum omni charitatis aviditate accepimus, et cum magna gratiarum actione potavimus. Nec unius parvissimi et variis motibus vibrantis in sole spurcitiam atomi offendimus in eis, sed crystallina puritate micantia : ita ut superni solis radiis nostri cordis lychnos mirabiliter illuminaverit.

27 Hæc consideravimus diligentius, et desideravimus ardentius ; legimus sæpius et eleginus semper, et lætificati laudavimus Deum, qui solita pietate tale lumen nostris concessit temporibus [*Al.*, laboribus]. Quapropter intentius precamur, luceat lux tibi a Deo datæ sapientiæ ex corde charitatis tuæ per os veritatis tuæ, ut omnis auditor ædificetur, et solus omnium dator bonorum glorificetur in te et per te. Sæpius ad nos currat charta exhortationis tuæ, nec eam Alpinum frigus vel viarum asperitas vel exundatio fluminum ullatenus impediat. Charitas omnia superat, de qua dulcisonus decantavit Psalmista : *Aquæ multæ non potuerunt exstinguere charitatem, nec flumina obruent illam* (*Cant.* VIII, 7). Illa ex abundantia cordis dictando scribat, ut nos ex diligentia

---

[a] *Domni mei regis missus... Angilbertus*, Bis Angilbertus ad Adrianum papam a Carolo directus est. Primo anno 792 post synodum Ratisbonensem, quo Felicem Urgelitanum Romam adduxit. Iterumque anno 794, post synodum Francofordiensem, quando nimirum ad Adrianum detulit *Capitulare adversus synodum, quæ pro sacrarum imaginum erectione in Nicæa acta est*, ut habent verba Adriani in responsione ad Carolum. Hujus secundæ legationis occasione scriptam fuisse hanc epistolam censent Mabillonius tom. II, lib. XXVI Annalium, pag. 515. Pagius ad annum 794, num. 12, etc., et alii. Tempore namque primæ legationis, seu anno 792, Alcuinus ex Britannia nondum in Franciam reversus erat. Et ipse Alcuinus in hac epistola haud obscure innuit Angilbertum, antequam hac vice Romam abiret, legationem obiisse apud Adrianum, cujus inde reversus *bonitatem sæpissime domno regi narrare solebat*.

[d] [c] Recitat hanc epistolam Baronius in appendice ad annum 772, putatque ab Alcuino datam esse, quando Carolus accepto electionis Adriani in pontificem Romanorum nuntio Angilbertum legatum Romam misit. Verum duæ tantum legationes ab Angilberto obitæ, ut mox diximus, et Alcuinus ante annum 781 aut insequentem, in Francia moram non fecit. [b] Pagius loc. cit., quem etiam vide ad annum 775, n. 1.
[b] Edit. Quercet. 82, Canisii 66, Frobenii 16.
[c] *Theophilo*. Theophylacto fortassis, episcopo Tudertino, qui anno 794 Francofortensi concilio præsedit tanquam legatus sedis apostolicæ, quo in loco Alcuinus facile cum eo amicitiam inire potuit. Hic Theophylactus a Regione quoque et Metensi annalista *Theophilus* appellatur ; quod conjecturam nostram confirmat.

legendi ædificemur. In calce vero chartulæ hujus obsecramus, quod in capite optamus, quatenus nostræ navigium vitæ sanctitatis vestræ orationibus gubernare digneris.

[a] EPISTOLA XX.
AD USUALDUM.
(Anno 794.)

Monachos hortatur ad virtutes; illorum petitiones apud regem se juvisse dicit; illorum se orationibus commendat.

Domini Dei Salvatoris mundi sanctissimæ congregationi et pio Patri [b] Usualdo humilis levita Albinus salutem.

Laudabilem vestræ beatitudinis conversationem et condignam vestro nomini vitam laudamus, et Dominum in vobis, qui tales sui sancti nominis dignatus est habere confessores. Nec enim frustra speciali vocabulo, *Monachi sancti Salvatoris* vocamini, nisi quia estis meritis quod nomine dicimini. Imo et tam nobilis rex nobiles debet habere ministros, moribus egregios, in pace concordes, in corpore castos, in animo sobrios, omni bonitate eximios, clarissimis assuetos triumphis; non fuga vitam defendere, sed in acie firmiter stare, viriliter pugnare, fortiter vincere, quatenus cum gloriosa victoriæ palma æterni regis civitatem intrare mereamini. Hoc considerantes, fratres, adhortamini vosmetipsos per singulos dies, donec cognominetur Christus in vobis. Et ad finem firmum cœptum iter beatæ conversationis peragite, ut unusquisque cum Apostolo dicere dignus efficiatur: *Bonum certamen certavi, cursum consummavi, fidem servavi: de reliquo reposita est mihi corona justitiæ, quam reddet mihi Dominus in illa die, justus judex* (*II* Tim. IV, 7, 8).

Vestræ petitionis et voluntatis ad dominum regem, quantum valui, fui adjutor, secundum quod mihi fraternitatis vestræ missus suggessit; mihique adjutricem [c] Liutgardam piissimam in Deo feminam adduxi. Sed obsecramus, ut sanctissimis orationibus vestris nostrum pro vobis laborem remunerare dignemini. Nam olim per [d] Angilramnum [*Al*., Engilrammum] archiepiscopum et sanctæ capellæ primicerium meipsum vestræ commendavi sanctitati. Sed modo quasi singulorum genibus [*Al*., pedibus] provolutus obsecro, ut me in hujus vitæ salo fluctuantem pietatis precibus ad portum perpetuæ quietis, divina donante gratia, transportare dignemini: ut et ego animæ meæ salutem fraternæ intercessionis juvamine habere merear, et vos æternæ retributionis mercedem a Deo pro charitatis officio digne accipere mereamini. Omnipotens Deus exaudiat pietatis vestræ preces, et multis prodesse concedat, vobisque perpetuæ præmia gloriæ donare dignetur, charissimi et desiderantissimi fratres.

[e] EPISTOLA XXI.
AD QUOSDAM.
(Circa annum 794.)

Apud Eboracenses Alcuinus suam excusat absentiam, eosdem hortatur ad concordiam cum Eanbaldo patre suo.

Sanctissimis in Christo atque dilectissimis [f] fratribus et filiis in Christo salutem.

Vestris in Domino profectibus valde congaudeo, desiderans vos præsenti florere felicitate et perpetua futura beatitudine. Ideoque sæpius de concordia pacis, et de consilio salutis admonere non desisto, licet parvo ingenio, non tamen parva charitate. Nec mihi tam cito veniendi occurrit facultas, quam vestra flagitabat sanctitas, propter quasdam Ecclesiæ necessitates. Jam totus vobiscum sum in desiderio prosperitatis vestræ, etsi corpore absens, non tamen dilectione. Hoc maxime obsecro ut concordes sitis cum piissimo [g] Patre nostro, et timorem Domini ante oculos habeatis, et quod ei placitum speratis, concorditer loquimini, viriliter perficiatis, firmiter retineatis. Nec aliquis vestræ unanimitatis viscera disrumpere valeat. Constanter state in Dei timore, dum ille misericorditer vestrum prævidit honorem, qui nunquam dimittit sperantes in se. Si qua in moribus humanæ conversationis inter vos corrigenda sunt, citius cum omni instantia corrigite, ut Spiritus Domini sanctus vobiscum manere dignetur. Et si Deus, qui dixit: *Ubi sunt duo vel tres congregati in nomine meo, ibi sum in medio* (*Matth.* xviii, 20); si ille, inquam, in vobis est, quis contra vos? Et si amor illius in corde vestro ardet, quis vobis nocere poterit? Habetis sanctos Dei in omni bono opere adjutores, si sanctorum vestigia sequi tota virtute studeatis. Mementote, quales habuimus Patres, qui nos genuerunt in Domino. Illorum æmulamini vitam, ut cum illis æternæ beatitudinis participes esse mereamini; meique memores in sanctis orationibus vestris sitis,

---

[28] [a] Edit. Quercet. 79, Canis. 25, Froben. 17.

[b] *Usualdo*. Hoc nomine cum careret cod. ms. Sanct-Gallensis, Canisius dubitabat num congregatio sancti Salvatoris illud sit oratorium, quod Liutprandus rex, teste Petro Oldrado archiepiscopo Mediolanensi in epistola ad Carolum Magnum in palatio suo Ticini in honorem sancti Salvatoris mundi exstruxit. Mabillonius tamen lib. xxvi Annal. n. 8 nullus dubitat, quin hic Usualdus sit abbas monasterii sancti Salvatoris in monte Amiato prope Clusinum Etruriæ urbem. Alia tamen olim viro celeberrimo stetit sententia, dum Act. SS. Ben. Sæc. iv, part. i, pag. 575, Usualdum nostrum credidit fuisse abbatem monasterii sancti Nahoris apud Metenses, quod antiquitus *Cella-nova sancti Salvatoris* dicebatur; quæ opinio robur accipit ex memoria Angilrami, qui Metensis ecclesiæ archiepiscopus fuerat.

[c] *Liutgardam*, quartam, post obitum Fastradæ reginæ, Caroli imp. conjugem, quæ Turonis obiit anno 800 (*Annal. Franc.*).

[d] *Angilramnum*, episcopum Metensem, qui obiit anno 794. Pagi.

[e] Edit. Quercet. 87 ex ms., Froben. 18.

[f] *Fratribus et Filiis*, Eboracensibus nempe, quod colligitur ex illis verbis: *Mementote quales habuimus Patres, qui nos genuerunt in Domino*. Ad illos ergo scribit, quorum profitebatur communitatem, et communem agnoscebat Patrem, hoc est, Eboracenses.

[g] *Patre nostro*, Eanbaldo, puto, seniore. Scripsit igitur Alcuinus hanc epistolam, dum jam secundo in Franciam rediit, ibique *ob quasdam Ecclesiæ necessitates*, oppugnandam scilicet hæresin Felicianam, detentus fuit; ante annum 796 quo Eanbaldus ille obiit.

vestramque unanimitatem in omni opere bono omnipotens Deus proficere concedat, dilectissimi fratres.

EPISTOLA XXII.
AD QUEMDAM.

Filium et peregrinationis socium ad virtutes stimulat. Memorat et commendat sapientiæ studium; doctrinas olim datas in memoriam revocat.

Pater filio, pacificus peregrino, magister discipulo, socius socio peregrinationis sempiternam salutem.

Magnum mihi, fili charissime, de vestra salute et prosperitate desiderium est. Ideo litteras exhortationis meæ vice verborum paternæ pietatis vobis dirigere studui, obsecrans perpetuæ mentis dilectione, et tota virtutis intentione Deum te habere in oculis, et in memoria, quatenus illius piissima misericordia te custodire dignetur inter adversa et inter prospera, ut via regia pergens ad perpetuæ civitatis portam pervenire merearis. Sit tibi Christus in ore et corde, et operis constantia. Noli pueriliter agere, et desideria juvenilia sectari; sed perfectus esto in omni honestate, continentia et modestia, ut laudetur Deus in opere tuo, et non reprehendatur pater qui te genuit. Esto sobrius in cibo ac potu, saluti tuæ magis providens quam delectationi carnali, vel vanissimæ hominum laude, quæ non proficit, si Deo displiceant actus tui. Melius est Deo placere quam [a] strionibus, pauperum habere curam quam mimorum. Sint tibi honesta convivia, et convivæ religiosi. Esto senior in moribus, quamvis junior in annis. Nimia quæque nocent.

[b] Italia infirma est patria, et escas generat noxias. Idcirco cautissima consideratione videas, quid, quando, vel qualiter, vel quibus utaris cibis; et maxime ebrietatis assiduitatem devita, quia ex vini calore febrium ardor ingruere solet super incautos.

Tædet animus meus multum pro absentia tui. O quam dulcis vita fuit, dum sedebamus quieti inter sapientis scrinias, inter librorum copias, inter venerandos Patrum sensus; quibus nihil defuit quod religiosæ vitæ et studio scientiæ deposcebat. Utamur tamen sorte præsenti secundum virtutem animæ, in gratia confidentes divina, quæ nos nunquam derelinquit, si totam spem ponamus in illam. Ego vero tædiosus et tristis desiderabilem vestræ faciei præstolabor aspectum, ignorans si te venientem videre merear; vel si tu me veniens invenire merearis: *occulta sunt enim judicia Dei:* præparet sibi unusquisque lampades ardentes, ut quacunque hora sponso occurrere jubeatur, cum luce bonorum operum thalamum æterni regis intrare mereatur.

Si quid in nobis bonæ consuetudinis vidisti, hanc sequere, ut benedictionem Dei ex illa habere merearis; si quid vero erroris et impii tramitis, hunc horresce et fugias ab eo, ne nostris peccatis nobiscum involvaris. Cursus quotidiani synaxeos cum missarum solemniis et vigiliis sanctorum quotidiano usu, in capella nostra ut vidistis, oblivisci noli. Senioribus et sapientibus utere consiliariis. Recordare Roboam filium Salomonis. Omnis lascivia longe sit a consuetudine tua. Sint tibi verba in veritate, mores in honestate, corpus in castitate, habitus in religione, cibus et potus in modestia, et tempora statuta id in quo agere debeas. Indisciplinatæ loquelæ non assuescat os tuum. Sint tibi verba simplicia sine juramento, veritate plena, sapientiæ sale condita. Cor judicet, antequam lingua loquatur. Multæ sunt invidiæ et perfidiæ hominum; plurimi sunt amici in mensa, et rari in necessitate.

Quid opus est plura scribere, dum optime nostis quid sæpius in cor charitatis vestræ suadere solebam. Ex meritis obedientiæ paterna benedictio filiis, ut reor, eveniet. Considera Ruben, memento Judam, de uno patre et matre genitos, ex diversis meritis diversas habentes benedictiones. Petrus et Judas ambo in apostolatum sunt electi, sed non ambo pari devotione secuti sunt Dominum; ideo iste elevatus est in principatum apostolatus; ipse principi dæmoniorum traditus. Stephanus et Nicolaus in ministerium altaris æqualiter electi, sed propter dissimilem fidem dissimilis eos consecutus est finis. Plenæ sunt Scripturæ documentis obedientiæ; plenus est mundus exemplis, quid cui ex humilitate obedientiæ evenisset, quorum copiosam multitudinem exuperat Redemptoris nostri mirabile exemplum, de quo Doctor gentium ait: *Hoc sentite in vobis, quod et in Christo Jesu, qui cum in forma Dei esset, non rapinam arbitratus est esse se æqualem Deo, sed semetipsum exinanivit, formam servi accipiens; obediens Patri usque ad mortem, mortem autem crucis; propter quod et Deus exaltavit illum, et dedit illi nomen, quod est super omne nomen, ut in nomine Jesu omne genu flectatur cœlestium, terrestrium, et inferorum, et omnis lingua confiteatur, quia Jesus est Christus in gloria Dei Patris* (*Philip.* II, 6-11.)

[c] 29 EPISTOLA XXIII.
AD FRATRES SANCTI MARTINI TURONICÆ CIVITATIS.
(Circa annum 795.)

Cum illis esse cupit, eosque hortatur ad virtutes monachis convenientes.

Sanctissimis in Christo fratribus, et beato Martino confessori Christi servientibus, humilis levita Alcuinus salutem.

Ex quo vestram beatitudinem scire potui, semper amare volui, quia sanctitas vestra cordi meo amorem infudit vestri, optans unus esse ex vobis. Ut si meritis esse nequivissem, charitate tamen fraternæ dilectionis conjunctus essem, quatenus in die magno resurrectionis omnium particeps essem eorum; quos tantus pastor suo regi præsentabit. O felix familia, tali gaudens pastore, talem habens in die Domini doctorem [*Edit.* ductorem]! felix qui ejus tota volun-

---

[a] *Strionibus.* Legendum fortassis histrionibus, quibus Homerum suum admodum delectari supra in epist. 213 (nunc 191) dixit; hinc suspicio oriri possit, hanc epistolam ad eumdem Homerum seu Angilbertum scriptam fuisse. (Apud Froben. epist. 230.)

[b] *Italia infirma est patria*, etc. Vide, quæ notavimus ad epist. 137 inter notas.

[c] Edit. Quercet. 31, Canis. 15, Froben. 19.

tate sequitur vestigia, ut illius inhærens præceptis ipsius mereatur consociari gloriæ. Ut hoc fieri valeat, nulla vos sæculi concupiscentia, nullum carnale desiderium abstrahat; nec vestræ salutis vosmetipsos negligentes esse decet, nec paratam vobis in Deo gloriam parvipendere. Habetis enim Dei gratiam auxiliantem vobis, et magnum intercessorem, sanctum scilicet Martinum, deprecantem quotidie pro vobis : quia in cujus servitio quotidie statis in domo sua, illum habetis in cœlis omni hora suffragatorem.

Quapropter, dilectissimi fratres, diligentissime contendite, ut sæpius vos inveniat visitatio sui sanctissimi Spiritus in laudibus divinis vigilantes. In loco in quo elegit sibi requiem dulcissimam, sic fundite preces vestras, quasi præsente Deo loquentes et sanctis ejus. Nec sit aliud in corde, aliud in ore; quia homo audit quod os loquitur, Deus inspicit quod cor cogitat; quia cor contritum et humiliatum Deus non spernit (*Psal.* L, 19). Et omnis qui se humiliat, exaltabitur (*Luc.* XIV, 11). Per humilitatem vero, obedientiam et charitatem monachus cœlum ascendit.

Non est igitur laudabile in vestimentis habitum imitari Patrum, sine observatione mandatorum quæ illi statuerunt Deo servientibus. Qui foris in oculis hominum ovis in vestimentis videri cupit, intus ante conspectum Dei per cordis secreta esse contendat, quod foris ante homines putari cupit.

Charitas igitur quam Deus præcepit duplex esse debet, id est Dei et proximi. Una quæ supra nos est, id est Deus; altera quæ juxta nos est, id est homo. Deus ex toto corde et ex tota anima et ex tota diligatur virtute. Proximos vero sicut nosmetipsos diligamus (*Matth.* XXII, 37, 39). Si quærat quislibet, qui sit proximus? omnem Christianum intelligere debet, veluti in Evangelio legimus de Samaritano, qui vulneratum adjuvit (*Luc.* X). Item obedientia duplex esse debet, id est, et mala non facere quæ prohibentur, et bona facere quæ jubentur. Et hæc duo, id est charitas et obedientia, cum summa jubentur humilitate impleri. Hæc sunt tria præcepta, quæ aperient monachis portas cœli.

His itaque quasi radicibus aliæ succrescunt virtutes, quasi ramorum fertilitas, quibus fructus vitæ nascitur æternæ. Nec me, rogo, sanctissimi Patres et fratres, præsumptuosum æstimate, cur vobis hæc scriberem. Charitas mea me compulit [a] in has prorumpere litteras; optans vobis omnia bona a Deo dari [*Can.*, donari], ut in sæculo honorem habeatis cum hominibus et in futuro sæculo vitam æternam cum sanctis Dei. Vos vero seniores in spiritu mansuetudinis, sicut Apostolus præcepit, juniores vestros admonete, quia illorum salus vestra est merces (*I Cor.* IV), illorum eruditio vestra est remuneratio.

Quia qui arborem plantat, mercedem de fructu illius accipere cogitat. Habete adolescentes quasi filios, quatenus illi vos habeant ut patres. Exemplis bonis illos instruite, admonete ut charissimos, castigate ut conservos; quia **30** hæc est fraterna charitas, ut omnes quasi vosmetipsos ad coronam supernæ beatitudinis perducere studeatis.

Adolescentes vero senioribus quasi patribus subditi estote (*I Petr.* V, 5), sicut de Deo Christo legitur in Evangelio, quod subditus esset suis parentibus (*Luc.* II, 51). Si vero Deus homo et Dominus omnium subditus esse non dedignatur hominibus, quanto magis et vos, pueri et adolescentes, subditi esse debetis magistris vestris, ut per illorum bonam doctrinam proficere et florere, et exaltari in Ecclesia Christi, et ad vitam æternam cum illis, Deo donante, pervenire mereamini. Pro me semper intercedere dignemini, quatenus vestris precibus veniam meorum merear accipere peccatorum, et amabilem vobiscum in die novissimo Domini nostri Jesu Christi audire sententiam : *Venite, benedicti Patris mei, percipite regnum quod vobis paratum est ab origine mundi* (*Matth.* XXV, 34).

Vos æterna Dei conservet gratia, fratres, Nominis atque mei memores sine fine valete.

[b] EPISTOLA XXIV.
AD LEONEM III PAPAM.
(Anno 796.)

Commendat se summi pontificis, tanquam vicarii apostolorum et Ecclesiæ principis, apostolicæ sollicitudini per Angilbertum.

Domino beatissimo, atque omni honore nominando [c] Leoni papæ, humilis levita Albinus æternæ in Christo gloriæ salutem.

Suscipiat, obsecro, sanctissima pietas vestra, Pater charissime [*Al.*, gloriosissime], benigno animo nostræ parvitatis litterulas, et me devotum vestræ dilectionis famulum agnosce. Semper sanctæ Romanæ sedis beatissimos, quantum valui, principes et pastores amavi, cupiens illorum sanctissimis intercessionibus inter oves Christi numerari, quas Deus Christus post resurrectionis suæ gloriam beato Petro principi apostolorum pascendas commendavit. Quod vere dignum esse fateor, omnem illius gregis multitudinem suo pastori, licet in diversis terrarum pascuis commorantem, una charitatis fide subjectam esse, et sicut pio pastori condecet, magnam commissi sibi gregis curam habere, et sedula pietatis admonitione et sanctitatis intercessione prævidere [*Al.*, providere], ne aliqui ex illis per præcipitia errorum a via veritatis et perpetuæ pascuis vitæ exorbitare incipiant. Gregis sanitas gloria est pastoris, et multiplicatio illius merces æterna.

Ecce tu, sanctissime Pater, pontifex a Deo electus, vicarius apostolorum, hæres Patrum, princeps Ecclesiæ, unius immaculatæ columbæ nutritor. In te fides

---

[a] *Charitas me compulit.* Hæc verba satis innuunt hanc epistolam ante scriptam fuisse quam monachis illis præficeretur Alcuinus. Mabill. lib. XXVI *Annal.*, n. 47.

[b] Quercet. 72, Canis. 27, (Froben. 20).

[c] *Leoni papæ.* Est hic Leo papa III, qui post obitum Adriani papæ pontificatum iniit anno 795, feste sancti Stephani protomartyris, ut refert Anastasius in Vita Adriani. Obiit vero anno 816.

resplendeat, devotio fulgeat, charitas abundet [*Al.*, resplendeat, fulgeat, abundet]. Congrega nos filios sanctæ Dei Ecclesiæ paternæ miserationis affectu, tuis sanctissimis orationibus et dulcissimis sacrarum litterarum exhortationibus, intra firmissimum Ecclesiæ soliditatis ovile, ne aliquis ex nobis errabundus lupina rapacitate foris inveniatur devorandus. Nam splendentia cœlestis militiæ agmina, nativitatis Domini nostri Jesu Christi gaudia primo pastoribus, qui supra suos devote vigilarunt greges, nuntiare venerunt. Ecce tuis sanctissimis vigiliis ad pastoralem sollicitudinem, probatissime archimandrita, angelicas a supernis sedibus visitationes astare non dubitamus, quorum auxilio quæcunque divinam posceris pietatem, impetrare te posse credimus. Unde ego ultimus sacratissimi ovilis vernaculus, et morbida peccatis ovicula, spe præcipuæ bonitatis vestræ **31** animatus, ante sanctissimos paternitatis tuæ pedes animo prostratus suppliciter deposco, quatenus dirissima [*Al.* durissima] peccatorum meorum vincula per ecclesiasticam apostolicæ auctoritatis potestatem solvere digneris, et paternæ pietatis precibus cursum vitæ meæ qui restat ad perpetuæ portas civitatis dirigere studeas.

Grandia posco quidem, sed charitas grandia novit dare. Poscentem pro filia [a] viduam Christi clementia non spernit, sed ait : *O mulier, magna est fides tua; fiat tibi, sicut vis* (*Matth.* xv, 28). Fides me hortatur hæc poscere, spes confirmat impetrare ; charitas, credo, negare non præsumit. Christus pro nobis, cum inimici essemus, mori non dubitavit : quanto magis te, Pater sancte, pro amicis orare velle credendum est ? Sub te pastore augeatur grex Christi. Tu consolator mœrentium, adjutor laborantium, spes ad te clamantium, lux vitæ, religionis decus. Locus in quo stas, omnibus te honorabilem facit, et morum nobilitas laudabilem et pietatis devotio amabilem: Et qui sedem sanctorum tenes Patrum, eorum exemplis inhæreas semper, ut cum illis multiplici laboris mercede in Domini Dei tui gaudia intrare mearis. Iste filius meus charissimus [b] Angilbertus [*Al.*, Engilbertus] vobis patefacere valet nostræ parvitatis erga apostolicam sedem devotionem, etiam et voluntatis nostræ petitionem, quem vestræ pietati valde fidelem esse agnovi : et ideo nostræ necessitatis causas illi injunximus, ut per os illius pietatis vestræ aures mei cordis audiant obsecrationes.

[c] EPISTOLA XXV.

AD DULCISSIMUM FILIUM HOMERUM (ANGELBERTUM).

(Anno 796.)

Commendat sui memoriam ad patrocinia sanctorum, et, ut res ecclesiasticæ pulchritudinis sibi afferat, monet.

Dulcissimo filio vir fluctivagus salutem.

Te abeunte tentavi sæpius ad portum stabilitatis venire ; sed rector rerum et dispensator animarum necdum concessit posse quod olim fecit velle. Adhuc ex radice cordis nascentes cogitationum ramusculos ventus tentationum flagellat, ut consolationis flores et refectionis fructus nutriri nequiverint. Tota nocte laborantes nihil cepimus (*Luc.* v), quia necdum in littore Jesus stetit, præcipiens in dexteram navigii rete mitti.

Patrocinia sanctorum non obliviscere. Res ecclesiasticæ pulchritudinis oculis occurrentes noli negligere ut acquiras. Nostra rusticitas avara est de talibus : vestra nobilitas larga est de omnibus. Memor esto poetici præsagii :

Si nihil attuleris, ibis, Homere, foras.

Hoc de te tuoque itinere prophetatum esse, quis dubitat ? Si Christum Sibylla, ejusque labores prædixit venturum, cur non Naso Homerum ejusque itinera præcecinit ? Paululum propter refectionem animi rhetorica lusi lepiditate.

32 Sed ut iterum ad seriem rugosa fronte revertar, te vero unanimem deposcens amicum, te custodem animi obsecrans, ut consilium salutis animarum nostrarum, cum suffragiis sanctorum apostolorum a Deo depreceris. Nam nos ambos, ut recognosco, quædam necessitatis catena constringit ; et libero cursu voluntatis castra intrare non permittit : nec est, qui compedes rumpere valeat, nisi qui inferni ferrea claustra contrivit, qui est via et veritas et vita (*Joan.* xiv, 6). Via pergentibus per illum, veritas venientibus ad illum, vita manentibus in illo. Quid habeo plus scribere, quia omnia necessaria nosti ? Juxta opportunitatem portantis semper dirige mihi litteras, ut sciam de prosperitate tua et itinere tuo [d], quando vel quo venias miserante Deo.

Prospera cuncta, precor, faciat tibi Christus, Homere! Qui te conservet semper, ubique vale !

---

[a] *Poscentem pro filia viduam.* [c] Ita ex conjectura corrigo, ait Canisius, licet malim legere : *poscentem pro filia Chananæam.* Quæ an vidua fuerit, non constat. Codex ms. ita habet : *poscentem pro filio viduæ.* Ubi duo distincta miracula conjungere videtur. »

[b] *Angilbertus.* Hæc tertia Angilberti Romam erat legatio. Leo papa statim a sua electione Carolo, ut eum sibi deviniciret, per suos legatos claves confessionis sancti Petri ac vexillum Romanæ urbis cum aliis muneribus misit ; rogavitque ut aliquem ex suis optimatibus Romam mitteret, qui populi Romani nova fidei et subjectionis sacramenta exciperet. Missus est eo Angilbertus, etc., nimirum circa initium anni 796. MABILLON. — Vid. epistolas Caroli ad Homerum seu Angilbertum, et ad Leonem papam in tomo XCVIII Patrologiæ.

[c] Edit. Quercet. 92, Froben. 21, Canis. 46, collata cum codd. mss. Salisb. et sancti Emmerami.

[d] *Itinere tuo*, Romano scilicet. Angilbertus, dum Alcuinus in Galliam rediit, ter Romam profectus est, nempe annis 794, 796 et 800, ut supra diximus, quo ex iis anno data sit præsens epistola incertum est. Mabillonius illam recenset anno 796.

ᵃ EPISTOLA XXVI.
AD ANGELBERTUM PRIMICERIUM PALATII PIPPINI REGIS.
Ad sacra apostolorum limina peregrinantem commendat Angilberti favoribus, et sacras sibi reliquias mitti postulat.

Fideli amico et venerabili ᵇ Angilberto primicerio, humilis levita Albinus salutem.

Memor condictæ inter nos amicitiæ has litteras vobis dirigere præsumpsi, deprecans ut benigne harum portitorem ᶜ litterarum suscipere dignemini, et peregrinationis illius viis dominum ᵈ Pippinum regem subvenire deprecamini. Regum vero merces in miserorum juvamine, et maxime peregrinorum, sacra sancti Petri principis apostolorum limina petentium, magna apud divinam constat esse clementiam. Insuper, charissime frater, devotissime deflagito, ut dona dulcissima, et mihi multum necessaria, id est, sanctorum reliquias mihi vel aliquas transmittere cures. Hilarem enim datorem diligit Deus (*II Cor.* IX, 7); qui te abundare faciat in omni bono, et inter sanctorum gloriam constituat, quorum mihi reliquias tua benevolentia dirigat. Floreas, fili, virtutum coronis, sapientiæ decore, et sancta dilectione ad Deum, et bona fide ad homines in æternum.

ᵉ EPISTOLA XXVII.
AD HOMERUM (ANGILBERTUM).
(Anno incerto.)
Mittit solutionem binarum quæstionum grammaticalium a rege sibi propositarum.

Flaccus Albinus Flavio Homero optat salutem.

Miror cur Flaccinæ pigritiæ socordiam septiplicis sapientiæ decus, dulcissimus meus David, interrogare voluisset de quæstionibus palatinis; emeritæque nomen militiæ in castra revocare pugnantia, ut tumultuosas militum mentes sedaret; dum sæcularis litteraturæ libri et ecclesiasticæ soliditatis sapientia, sicut justum est, apud vos inveniuntur, in quibus ad omnia quæ quæruntur veræ inveniri possunt responsiones. Hanc tamen duarum partium orationis discretionem, prout potui, consideravi. Currens per priorum exempla doctorum, inveni illos quoque in his partibus sibi dissentire. Idcirco visum est mihi in vos mittere hujus examussis [*Forte*, examinis] auctoritatem, dum cognoscatis illorum sententias, vel in constructione partium vel in regularum proprietate.

Prima interrogatio fuit de *rubo*, cujus esset generis? de quo nomine diversa invenimus exempla. Legitur enim in metro, quod in Eptatheo conscribitur, hujusmodi versus:

In quo conspicua flammarum lampade cernit
Procul vam fulgere *rubum*, neque ignibus uri.

Item Ambrosius in Hymno Paschali:

Et flamma famulum provocans,
Rubum non perdas spineam.
Cum sis ignis concremans,
Non uris quod illuminas.

Item grammaticus quidam ita ait: « Item feminina huius secundæ declinationis numero plurali carentia, regnorum vel arborum : *tyrus*, *cyprus*, *populus*, *cypressus*, *alnus*, *fraxinus*, *rubus*. » Item Donatus de arboribus dixit : « Neutro fructum; feminino ipsas arbores sæpe dicimus. » Nota, quod *sæpe* dixit, non *semper*. Paterius vero, ex verbis sancti Gregorii papæ, masculino posuit : « Nam per *succensum rubum* Moysen alloquens, quid aliud ostendit, nisi quod ejus populo ductor fuerit, qui et legis flammam perciperet, et tamen peccati spinam nequaquam vitaret? » Item Isidorus in Commentario Geneseos : « Quod vero Dominus in *eodem rubo* apparuisse legitur. » Arnovius in conflictu quem habuit cum Serapione, *rubum* posuit masculini generis, dicens : « Et sicut vero *rubus* flammam habuit, sic vere passus est Filius hominis et sicut vere non *incensus* est, sic vero non passus est Filius Dei. » Josephus quoque in Historiis dicit : « Et facto sacrificio, Moyses populo ministrabat juxta *rubum*, qui flammam ignis evaserat. » Item Virgilius haud contemnendæ auctoritatis falsator :

Mella fluant illi, ferat et *rubus asper* amomum.

Tamen si *aspera* esset, potuit per synalœpham versus stare. Priscianus vero veracissimus grammaticæ artis doctor, de *rubo* ita ait : « Specialia uniuscujusque arboris nomina feminina sunt, excepto oleastro, quod tam forma terminationis, quam declinatio prohibuit esse femininum. Nam *siler*, quod est neutrum non est inter arbores ponendum, sicut nec *rubus*. » Inter hos vero auctores vestra videat prudentia, quid sequendum sit. Possunt enim quædam ex his exemplis vitio scriptoris esse corrupta et *u* pro *a*, vel etiam *a* pro *u* posita. Tamen certius videtur masculinum esse quam femininum.

Secunda vero interrogatio fuit inter *de*, *dis* et *des*, an debuisset esse *dispexeris* sive *despexeris*? Esse non potest propter sequentem *s*, quæ exigit *dis* ut

---

ᵃ Quercet edit. 42, Canis. 51, Froben. 22.
ᵇ *Angelberto primicerio.* « Is adscititio nomine dictus *Homerus*, anno 785, in aula Pippini Italiæ regis florebat, ibique primicerii palatii munus gerebat. Anno circiter 787 Bertam Caroli Magni filiam matrimonio sibi copulavit. Circa annum 790, uxore Berta consentiente, secessit in monasterium Centulense. Anno 792 Felicem Urgellitanum Romam perduxit. Anno 794 acta concilii Francofordiensis Romam detulit. Anno 796 Romam missus est a Carolo ad Leonem III papam. Anno 800 Carolum Romam euntem comitatus est. Anno 814 Caroli testamento subscripsit. Die 18 Febr. anno 814 obiit. « Bouquet Script. Rer. Gall. tom. V, pag. 408, not. (*b*). Mabillonius eam epistolam in Annal. lib. xxv, n. 58, ad annum 785, libro vero xxvi, n. 44, ad annum 796 recenset. Nihil inde certi statui potest. Nos eam jungimus cum aliis ad eumdem.

ᶜ *Harum portitorem.* Fordradum presbyterum fuisse colligi posse videtur Mabillonio, cujus nomen exprimitur in epist. 210.

ᵈ *Dominum Pippinum*, filium Caroli Magni regem Italiæ, ait Canisius. Basnagio, ut et Petavio et Bollando verosimilius Pippinum hunc Galliarum, non Italiæ regem fuisse videtur. His tamen repugnat ipse tenor epistolæ quæ directa est ad Angilbertum in Italia existentem, ut pote cui portitorem litterarum ad limina Apostolorum petentem commendat (Mabill. Act. SS. Sæc. IV, part. I, pag. 94, § 4).

ᵉ Edit. Quercet. 27 ex nis., Froben. 23.

Priscianus vult. Sed inter *de* et *dis* tantum versatur inquisitio. Considerandum esse videtur, quo modo habeat in Græco, quæ ibi præpositio inveniatur, sive quæ *dis* significet, sive quæ *de* significet. Dicit enim Priscianus *de* habere plures significationes et non pro una Græca præpositione poni, sed pro tribus, vel forsan pluribus, ita dicens : « *de* non solum τὸ ἀπὸ significat, sed etiam τὸ ἐπί memorativum, ut : *de* partibus orationis. Accipitur etiam pro κατά locali in compositione, ut : deduco, descendo, detraho, dejicio, despicio, derideo. Est etiam intentivum, ut : deprehendo, dedo, depravo, deprimo, deminuo, deisco, deterreo, deligo, decurro. Est etiam privativum, ut : desperatur, demens, desum, dejerat. » Nota, quod *despicio* dixit, unde erit *despexeris*. Nam *spicio* multas in compositione recipit præpositiones et nullam in appositione, quia *spicio* in usu non est. Invenitur enim : aspicio, respicio, suspicio, despicio, conspicio, prospicio. Et utrumque invenitur : despicio et dispicio. Ideo superius dixi considerandum esse quæ præpositio in Græco esset posita ; et inde agnosci quæ in Latino scribi debeat ; quia talis dubitatio ex antecedentis linguæ consideratione solvi poterit. Habet enim in Græco ille versus : *Exaudi, Deus, orationem meam et ne despexeris deprecationem meam*, Ἐνώτισαι, ὁ Θεὸς, τὴν προσευχήν μου, καὶ μὴ ὑπερίδης τὴν δέησίν μου (*Psal.* LIV, 2).

Item in Psalmo XXI ille versus : *De ventre matris meæ Deus meus es tu*, habet in Græco : Ἀπὸ γαστρὸς [Ἐκ κοιλίας] μητρός μου Θεὸς μου εἶ σύ. Ubi nos dicimus *de*, ibi ἀπό legitur. Item ubi nos habemus : *Descendit sicut pluvia in vellus* (*Psal.* LXXI, 6), in Græco habetur : καταβήσεται ὡς ὑετὸς ἐπὶ πόκον . . . sicut superius περί in eo versu, unde hæc inquisitio orta est. Nam et beatus Hieronymus in Tractatu Epistolæ ad Titum has præpositiones, id est, περί et κατά, sine dubio ad contemptum pertinere dixit. Et idem ponit esse, *contemnit* et *despexit*. Sed et bonum et malum esse contemptum ; bonum, quando quis tormenta vel opprobria Christi nomine contemnit et despicit. Et has distinctiones in præpositionibus tantummodo esse his verbis docet, ubi in Græco legitur ad Titum dictum περιφρονείτω, et illud quod ad Timotheum legitur καταφρονείτω, et apostolum Paulum pro varietate causarum variis uti præpositionibus asseruit. Tito igitur scripsit : *Nemo te contemnat* (*Tit.* II, 15). Et Timotheo : *Nemo adolescentiam tuam contemnat* (*I Tim.* IV, 12). Et ad utrumque propter περί vel κατά Græcas præpositiones, *despicit*, ponit. Stoicorum quoque, qui subtiliter inter verba discernunt, exemplo hoc ipsum confirmat. Habet quoque *de* alias significationes in Græco, ut est : *De cœlo respexit Dominus* (*Psal.* XXXII, 13) ; in Græco habet :

ἐξ οὐρανοῦ ἐπέβλεψε Κύριος [ἐπέβλεψεν, ὁ Κύριος]. ἐξ . . . . . etiam pro *de* positum. Item, ubi nos dicimus : *Non deficit de plateis ejus* (*Psal.* LIV, 12), in Græco legitur : Οὐκ ἐξέλιπεν ἐκ τῶν πλατειῶν αὐτῆς ; ἐκ . . . pro *de* positum. Di quidem et *dis* secundum Priscianum eamdem significationem habent ac *ab* et *abs*. Sunt autem separativæ, ut : divido, diruo, distraho, discurro : quod apud Græcos διά præpositio facit [a]. Nam ubi nos dicimus : *Disrumpamus vincula eorum* (*Psal.* II, 3), habet in Græco : Διαρρήξωμεν τοὺς δεσμοὺς αὐτοῦ [αὐτῶν] . . Item quod nos habemus : *Domine, a paucis de terra divide eos* (*Psal.* XVI, 14), in Græco legitur : Κύριε, ἀπὸ ὀλίγων ἀπὸ γῆς [ἀπόλυων ἀπὸ γῆς] διαμέρισον αὐτούς.

His etiam consideratis, videte vel ex antecedentis linguæ notitia, vel constructæ orationis serie, quæ magis in eo versu præpositio poni debeat. Nam hæc duo maxime dubitationem solvere solent, et ad certum lectorem perducere sensum, et contentiosas scholasticorum terminare quæstiones. Ideo de *rubo* posui veterum sententias auctorum, et in præpositionibus Græcæ linguæ auctoritatem, ne meam quis calumniis notaret sententiam, et præsumptuosam reprehenderet, si nullis priscorum fulciretur doctorum exemplis ; quia multoties in vili persona veritas despicitur, cum [*Forte*, cui] nihil præferri debuit, si tantum in quæstionibus illius exspectaret judicium et non propriæ sententiæ defenderetur præsumptio.

EPISTOLA XXVIII.

AD HOMERUM FILIUM.

Dilectissimo filio [b] Homero Albinus matricularius salutem.

Per Dei gratiam aliquanto melius habemus ; tamen febrium castigatio quotidianis diebus nos non relinquit. Beatus qui in hoc sæculo labores recipit, et in futuro requiem habebit. Sed et de admonitione vestrarum dulcissima litterarum gratias vestræ prudentiæ agimus. Multum desideramus et benigne suscepimus exhortationes vestræ dilectionis, quia perfecta charitas, quod sibi optimum intelligit, hoc et aliis suadere non desistit : et hæc est plena et perfecta dilectio, ut non solum sibi quisque prospera cupiat, sed et fratrum salutis memor, vel verbis præsens, vel litteris absens admonere eos non cesset.

[c] Antonio itaque filio meo, fratri vestro, has litteras alias, deprecor ut quam cautissime, clausa chartula sicut est, deprecor ut dirigas ; quia si discincta veniat in præsentiam illius, vilescat apud eum. Tamen placet mihi ut eo dirigente iterum videas illam ; sed fides servetur, ut ei primo dirigatur cui soli mittetur.

Si habeas [d] Jordanis Historiam, dirige mihi prosæpius alibi. (Froben. epist. 215.)

---

[a] Vide infra, tom. II, librum de Orthographia, voce *de*, *di* et *dis*. Præter ista notandum, textum Græcum hic exhiberi ex editione cl. Quercetani ; in margine vero apposuimus lectionem septuaginta interpretum ex editione Waltoni in Polyglottis.

[b] *Homero*. Haud opus est hic adnotare, Homeri nomine ab Alcuino designari Angilbertum ; de quo

[c] *Antonio*. Adalhardo, cui in epistola 190 suasit ut cum Homero consilium ineat, quid consulendum esset Bernario fratri Adalhardi, Lirino ad palatium vocato. Quæ eadem fortassis epistola est, quam clausam hic fideliter tradi voluit.

[d] *Jordanis Historiam*. Hæc est historia Jordanis

pter quarumdam notitiam rerum. Vos, filii charissimi, in omni charitate et sanctitate Deo servire studete, recordantes omnia bona, quæ vobis fecit in hoc sæculo : maxime tamen propter spem futuræ gloriæ et æternæ beatitudinis requiem. Innumerabilia sunt enim in nos peccatores dona misericordiæ suæ; quapropter diligamus eum eo modo, quo ipsa Veritas ait: *Si quis diligit me sermones meos servat; et Pater meus diligit eum, et ad eum veniemus, et mansionem apud eum faciemus* (*Joan* xiv, 23). Quid est felicius, quam Patrem et Filium cum sancto Spiritu habitatorem habere, et ejus visitatione ab omni adversitate defendi, cujus visione omnes sancti gaudebunt in sæculo sempiterno? Divina te gratia custodiat ubique, dilectissime fili !

a EPISTOLA XXIX.
AD PAULINUM PATRIARCHAM.
(Anno 796.)

Semet constanti memoriæ, bajulum vero litterarum ejus patrocinio commendat.

Venerando viro b Paulino Aquileiensi patriarchæ Albinus salutem.

Acceptis sapientiæ vestræ apicibus et charitatis muneribus c per hunc hujus præsentis chartulæ gerulum, valde gavisus, cognoscens prosperitatem vestram et memoriam nostri, quam semper paterna pietate ut habeas in orationibus sacris, supplex obsecro, memor semper benignæ devotionis quam Job habuit in filios suos. Salus filii merces est patris : et laus genitoris filius sapiens. Præsens vero harum portitor litterarum vestro auxilio et patrocinio nostræ sit commendatus petitioni [*Forte*, nostra petitione]. Ipse vivo officio linguæ nostras vel suas vobis ostendet necessitates. Majorem nostræ salutationis seriem d Angilbertus filius communis noster Romam iturus volente Deo vobis diriget. Sed nulla chartula sufficit charitatis effari dulcedinem, quam pleno ore anima mea de tuo hauserat pectore. Testis est veritatis illo Spiritus per quem *charitas diffusa est in cordibus nostris* (*Rom*. v, 5).

Vivendo felix, felix, Pater optime, vive.
Atque memor nati semper ubique vale.

e EPISTOLA XXX.
AD PAULINUM.
(Anno 796 ?)

Desiderium suum cum Paulino colloquendi significat. Tres indiculos ad eum mittit ; et doni a Liutgarde missi facit memoriam.

Domino Patri Paulino Albinus salutem.

Ex eo sciri potest quanta mihi esset aviditas loquendi tecum, si facultatem confabulationis iniqua terrarum longinquitas non prohiberet ; dum in unius dexteram portitoris, propter causas supervenientes, tres simul posui indiculos. Unum sollicitudinis meæ, alterum munusculi mei, tertium pro filiæ meæ f Liutgardis feminæ religiosæ ac Deo devotæ causa. Nam 36 illa sanctitati tuæ duas direxit armillas auri obryzi, pensantes 24 denarios minus de nova moneta regis, quam libram plenam, ut orares pro ea cum sacerdotibus tuis : quatenus divina clementia dies suos disposuisset in salutem animæ suæ, et sanctæ suæ exaltationem Ecclesiæ. Ego de tua indubius fide suasi ut faceret. Tu vero, Pater sancte, mei et illius memor ubique in Christi charitate valeto.

g EPISTOLA XXXI.
AD AGINUM EPISCOPUM.
(Anno 796.)

Petit sibi mitti per Angilbertum reliquias sanctorum, olim promissas.

Dilectissimo h Agino episcopo, Albinus magister salutem.

Recordetur charitas vestra quod præsenti collocutione aliquas mihi sanctorum reliquias dirigere promisisti ; ut honorificetur Deus in illis, et nostra protegatur vita cum illis, et vestra accumuletur merces pro illis. Ecce adest gerulus fidelis, filius equidem meus, Angilbertus [*Al.*, Engilbertus], per cujus manum mittere poteris quod vester [*Forte*, noster] amicus nobis dirigere curaverit. Obsecro ut veraciter perficias quod hilariter promittebas. Si quid enim benignitas vestra hujus religiosæ petitionis peregerit, humilitas nostra gratissime accipiet, vobisque secundum temporis opportunitatem et voluntatis vestræ agnitionem remunerare non desistet. Et ubicunque sanctorum patrocinia perferuntur, ibi quotidie ora-

---

de Getarum seu Gothorum origine et rebus gestis a D. Jo. Garetio Benedictino Congr. S. Mauri edita et notis illustrata, etc., quæ emendatior habetur tom. I Script. Rerum Ital. clarissimi Muratorii a pag. 186.
a Edit. Quercet. 63, Canisii 59 (Froben. 24).
b *Paulino*. Cujus vitam, gesta et scripta, vir multa eruditione præditus D. Joan. Franc. Madrisius Utinensis congr. oratorii presb. egregie illustravit, edito de Operibus sancti Paulini Aquileiensis patriarchæ volumine Venet. 1737 in fol. (*).
c *Per hunc præsentis chartulæ gerulum*. Cl. Madrisius hunc gerulum Ericum ducem fuisse existimat. Sed tantus vir dignus fuisset quem Alcuinus hic nominaret, nec absque encomio præteriret. Minoris conditionis hominem hunc fuisse puto, cujus necessitatibus Paulinus succurrere posset.
d *Angilbertus... Romam iturus*. Quo anno, in-
(*) Hanc editionem Operum S. Paulini recudimus hujusce Patrologiæ tomo C.

certum. Mabillonium et Madrisium aliosque secutus annum 796 potius quam alium assignavi.
e Edit. Quercet. 95, Canis. 62 (Froben. 25).
f *Liutgardis*. Reginæ fortassis, quæ anno 794 Carolo nupsit, et Turonis anno 800 obiit: De ea cl. Madrisius Vit. sancti Paulini, cap. 16, pag. 46, ait : « Litteras cultiores fovebat, et earum professores regio favore prosequebatur. » Quod quidem ex hac et aliis epistolis Alcuini palam est.
g Edit. Quercet. 65, Canis. 49 (Froben. 26).
h *Agino episcopo*. Suspicor, ait Canisius, hanc epistolam scriptam esse ad Aginensem episcopum, et legendum esse, *Agini* (quod caput erat Nitiobrigum, de quo Ptolomæus lib. ii, cap. 7) episcopo. Mabillonius tamen et Pagius illum Bergomensem episcopum fuisse statuunt, ad quem Angilbertus in itinere, anno 796 ad Leonem III pont. suscepto, divertebat. Fuit etiam Æginus aliquis episcopus Veronensis, quem inter suffraganeos Ecclesiæ Aquileiensis numerat Cointius ad annum 795, num. 25.

tiones pro vobis aguntur. Divina te ubique comitetur benedictio, sanctissime Pater.

a EPISTOLA XXXII.

AD ITHERIUM.

(Anno 796.)

Consolatur infirmum, et ut se ad æternitatem præparet, amice suadet.

Dilectissimo Patri b Itherio Albinus salutem.

Gratias agamus Deo Jesu, vulneranti et medenti, flagellanti et consolanti. Dolor corporis salus est animæ, et infirmitas temporalis, sanitas perpetua. Libenter accipiamus, patienter feramus voluntatem Salvatoris nostri. Sed nunc noli tardare. Fac quod facturus es. Curre dum lucem habes (*Joan.* XII, 35). Festina ad eum qui vocat te. Quod necessitas cogit, voluntas præveniat. Esto scriba sapiens, negotiator fidelis. Vende terrena, eme cœlestia. Quid spectatur diei crastini incertitudo? Non sit dilatio in salute animæ. Quod animo cogitatur, opere perficiatur. Quod infirmitas optavit, sanitas peragat. Testis est qui omnia novit mei cordis, hoc plena charitate et fideli consilio me suadere. Scio me post te in loco tuo talem non habere amicum. Sed magis te velim amicum habere in honore permanentem quam pereuntem, et intercessorem apud Deum gaudere quam largitorem in sæculo. Petatur a Deo auxilium, ut amicorum confirmet consilium, et suis iter salutis ostendat, et dirigat in viam pacis, quos proprio redemit sanguine. Ecce quali pretio empti sumus! Non amemus ea quæ nos separant ab eo qui nos usque ad mortem suæ carnis dilexit. Plurimos dies sæculo satis servivimus: vel paucos qui restant vivamus Deo nostro, ut digni efficiamur faciem illius videre qui dixit: *Beati mundo corde, quoniam ipsi Deum videbunt* (*Matth.* v, 8). Lætus lege, et constanter incipe; feliciter perfice, et sit Dominus tecum in æternum.

b EPISTOLA XXXIII.

AD DOMNUM REGEM.

(Anno 796.)

Gratulatur de subjectione Hunnorum, et qualiter docendi sint in fide, et, quis ordo sit servandus, ostendit.

Domino excellentissimo et in omni Christi honore devotissimo Carolo regi Germaniæ, Galliæ atque Italiæ, et sanctis verbi prædicatoribus, humilis sanctæ matris Ecclesiæ filiolus Albinus æternæ gloriæ in Christo salutem.

Gloria et laus Deo Patri et Domino nostro Jesu Christo, quia in gratia sancti Spiritus, per devotionem et ministerium sanctæ fidei et bonæ voluntatis, vestræ Christianitatis regnum atque agnitionem veri [*Cod. Sal.*, verbi] Dei dilatavit, et plurimos longe lateque populos ab erroribus impietatis in viam veritatis deduxit. Qualis erit tibi gloria, o beatissime rex, in die æternæ retributionis, quando hi omnes qui per tuam (bonam) sollicitudinem ab idololatriæ cultura ad cognoscendum verum Deum conversi sunt, te ante tribunal Domini nostri Jesu Christi in beata sorte stantem sequentur? Et ex his omnibus perpetuæ beatitudinis merces augetur. Ecce quanta devotione et benignitate pro dilatatione nominis Christi, duritiam infelicis populi Saxonum per veræ salutis consilium emolire laborasti. Sed quia electio necdum in illis divina fuisse videtur, remanent hucusque multi ex illis cum diabolo damnandi in sordibus consuetudinis pessimæ. Tuam tamen, o veritatis et salutis multorum amator, optimam voluntatem majore gloria et laude Christo remunerare placuit. Gentes populosque Hunorum antiqua feritate et fortitudine formidabiles, tuis suo [honori (*Edit.*, honore)] militantibus subdidit sceptris: prævenienteque gratia colla diu superbissima sacræ fidei jugo devinxit, et cæcis ab antiquo tempore mentibus lumen veritatis infudit.

d Sed nunc prævideat sapientissima et Deo placabilis devotio vestra pios populo novello prædicatores, moribus honestos, scientia sacræ fidei edoctos et evangelicis præceptis imbutos: sanctorum quoque apostolorum et prædicatione verbi Dei exemplis intentos, qui lac, id est suavia præcepta, suis auditoribus in initio fidei ministrare solebant, dicente apostolo Paulo: *Et ego, fratres, non potui vobis loqui quasi spiritalibus, sed quasi carnalibus. Tanquam parvulis in Christo lac vobis potum dedi, non escam. Nondum enim poteratis, sed necdum potestis* (I *Cor.* III, 1, 2). Hoc enim totius mundi prædicator, Christo in se loquente, significavit, ut nova populorum ad fidem conversio mollioribus (præceptis) quasi infantilis ætas lacte esset nutrienda: ne per austeriora præcepta fragilis mens evomat quod bibit. Unde et ipse Dominus Christus in Evangelio respondit interrogantibus se, quare discipuli illius non jejunarent, dicens: *Nemo mittit vinum novum in utres veteres; alioquin utres rumpuntur et vinum effundetur et utres peribunt* (*Matth.* IX, 17). Alia est enim, ut beatus Hieronymus dicit, puritas virginalis animæ et nulla prioris vitii contagione polluta, et alia quæ sordibus et multorum libidini subjacuerit.

His ita consideratis, vestra sanctissima pietas sapienti consilio prævideat, si melius sit rudibus populis in principio fidei jugum imponere decimarum, ut plena fiat per singulas domos exactio illarum: an apostoli quoque ab ipso Deo Christo edocti et ad præ-

---

a Edit. Quercet. 75, Canis. 40 (Froben. 27).

b *Itherio*. Monasterii Turonensis abbati, quem hac epistola in extremo agone consolatur et accendit. Obiit anno 796, quo Alcuinus illi in regimine ejusdem monasterii successit (Mabill. *Act. SS. Bened.*, sæc. IV, part. I, p. 171.

c Edit. Quercet. 7; ex ms. emendata aliquot locis ex cod. ms. Salisb., in quo hunc habet titulum: *Dictatus Albini magistri;* quem ibi immediate præ-cedit ejusdem argumenti, *Dictatus Paulini patriarchæ*, quem editum reperies inter Concilia D. Mansi, tom. XIII, pag. 921.

d *Sed nunc*. Nempe postquam « Deus Hunnorum populos Caroli sceptris subdidit et cæcis mentibus lumen veritatis infudit, » hoc est anno 796. Data igitur hæc epistola anno eodem; nec ratio est illam cum Pagio et Cointio differendi ad annum 798. Vid. etiam infra epistolam 51 (nunc 36) ad Arnonem.

dicandum mundo missi exactiones decimarum ªex- egissent, vel alicubi demandassent dari, considerandum est. Scimus quia decimatio substantiæ nostræ valde bona est. Sed melius est illam amittere quam fidem perdere. Nos vero in fide catholica nati, nutriti et edocti vix consentimus substantiam nostram pleniter decimare. Quanto magis tenera fides et infantilis animus; et avara mens illarum largitati non consentit? Roborata vero fide, et confirmata consuetudine Christianitatis, tunc quasi viris perfectis fortiora danda sunt præcepta, quæ [solidata (*Edit.*, solida)] mens religione Christiana non abhorreat.

Illud quoque maxime considerandum est diligentia, ut ordinate fiat prædicationis officium, et baptismi sacramentum : ne nihil prosit sacri ablutio baptismi in corpore, si in animia ratione utenti [*Cod. Sal.*; inienti, *mendose*] catholicæ fidei agnitio non præcesserit [in corde]. Dicit itaque Apostolus : *Omnia vestra honesta cum ordine fiant* (*I Cor.* xiv, 40). Et ipse Dominus in Evangelio discipulis suis præcipiens ait : *Ite, docete omnes gentes, baptizantes eos in nomine Patris et Filii et Spiritus sancti* (*Matth.* xxviii, 19). Hujus vero præcepti ordinem beatus Hieronymus in commentario suo, quem in Evangelium sancti Matthæi scripsit, ita exposuit : Primum doceant omnes gentes, deinde doctas intinguant aqua. Non enim potest fieri ut corpus baptismi capiat sacramentum, nisi [ante] anima fidei susceperit veritatem. Baptizantur autem in nomine Patris, et Filii, et Spiritus sancti, ut quorum una est divinitas, sit una largitio, nomenque Trinitatis [*Cod. Sal.*, Trinitas] unus Deus est. *Docentes eos servare omnia, quæcunque mandavi vobis* (*Ibid.*, vers. 20) : Ordo præcipuus. Jussit [apostolis (*Edit.*, Apostolus, *mendose*)] ut primum docerent omnes [*Cod. Sal.*, universas] gentes, deinde fidei tingere [sacramento (*Edit.*, sacramentum)], et post fidem ac baptisma, quæ essent observanda, præciperent. Ac ne putemus levia esse quæ jussa sunt, et [post] pauca addidit : *Omnia quæcunque mandavi vobis*. Ut qui crediderint, qui in Trinitate fuerint baptizati, omnia faciant quæ præcepta sunt.

Igitur infantes ratione non utentes, aliorum peccatis obnoxii, aliorum fide [et] confessione per baptismi sacramentum salvari possunt, si confessæ pro se fidei integritatem, congrua adveniente ætate custodient [*Cod. Sal.*, custodiunt]. Dicit vero Apostolus : *Corde creditur ad justitiam, ore autem confessio fit ad salutem* (*Rom.* x, 10). Illa [tantum (*Edit.*, tanta)] oris confessio proficit ad salutem, quæ firmiter cordis credulitate tenetur.

ª Vide epist. 57 (nunc 42), ad Megenfredum.
ᵇ Edit. Mabill. 2, Pezii 2; emendata et suppleta ex duobus codd. mss. Salisb. Scriptam fuisse anno 796 colligo ex morte Eanbaldi Eboracensis episcopi hoc anno oblita; cujus meminit in epistola sequenti, quæ hac posterior est. Arno igitur hoc anno Romæ fuit, de cura fortassis novelli populi Avarorum sibi à Pippino commendata cum summo pontifice consilia tractans.
40 ᶜ *De sancto Paulo partibus*. Ita habet cod. ms. Salisb., quod vocabulum *Paule* seu Pauli omittitur in cod. Benedicto-Burano apud Pezium. Legendum

Igitur ille ordo, in docendo virum ætate perfectum, diligenter, ut arbitror, servandus est, quem beatus Augustinus ordinavit in libro cui De catechizandis rudibus titulum prænotavit. Prius instruendus est, homo de animæ immortalitate, et de vita futura, et de retributione bonorum malorumque, et de æternitate utriusque sortis. Postea pro quibus peccatis et sceleribus pœnas cum diabolo patiatur æternas; et pro quibus bonis vel benefactis gloria cum Christo fruatur sempiterna. Deinde fides sanctæ Trinitatis diligentissime docenda est; et adventus pro salute humani generis Filii Dei Domini nostri Jesu Christi in hunc mundum exponendus. Et de mysterio passionis illius, et veritate resurrectionis et gloria ascensionis in cœlos, et futuro ejus adventu ad judicandas omnes gentes : et de resurrectione corporum nostrorum, et de **39** æternitate pœnarum in malos et præmiorum in bonos, ut mox prædiximus, mens novella firmanda est. Et hac fide roboratus homo et præparatus baptizandus est. Et sic tempore opportuno sæpius evangelica præcepta danda sunt per sedulæ prædicationis officium, donec accrescat in virum [perfectum] et digna efficiatur Spiritui sancto habitatio, et sit perfectus filius Dei in operibus misericordiæ, sicut Pater [noster (*Edit.*, vester)] cœlestis perfectus est, qui vivit et regnat in Trinitate perfecta, et unitate benedicta, Deus et Dominus per omnia sæcula sæculorum. Amen.

ᵇ **EPISTOLA XXXIV.**

AD ARNONEM.

(Anno 796.)

Illius reditum exoptat, et de variis eventibus instrui cupit. Mense Julio se ad Palatium iturum significat. Hortatur ut ab errore Hispanorum caveat.

Venerando volucri et vere amantissimo Aquilæ Albinus salutem.

Exspectans exspecto lætum audire nuntium, quomodo Aquila sublime volans Alpina juga transcendat, et fessus volatu in Rhetiæ [*Cod. Sal.*, Reciæ] partibus alas componat suas, vel quid mihi nuntiet ᵇ de sancto [Paule] partibus, et Romanorum consiliis, et si fieri possit, quod valde optamus, Deo donante, ut fiat. Quapropter precor omnes aligeras potestates de cœlesti sede descendentes, ut Aquilam meum [*Cod. Sal.*, meam] cito sanum cum omni prosperitate faciat venire ad nos. Nos vero velut æstiva hirundo ad palatium mense Julio properamus [*Mabill.*, partibus palatinis properare desideramus]. Nescio de nostro itinere quid erit futurum [sive circa ᵃ Mosanas ripas liceat nobis sicut mergulos pisces capiare; an ᵉ Aliabs dubio : *de sancti Pauli partibus* (monasterii nempe Cermaricensis, de cujus approbatione ab Apostolica sede impetranda etiam in aliis epistolis sollicitudinem suam ostendit).
ᵈ *Ad Mosanas ripas.* In monasterio fortassis S. Servatii Trajecti ad Mosam, cujus rursus meminit in epist. 87 (nunc 105).
ᵉ *Aligerensem fluvium.* Ligerim, *la Loire*, in monasterio Toronensi, quo Alcuinus Arnonem invitat in epist. 87 (nunc 103) his verbis : « Utinam volasset Aquila..... usque ad piscationes Ligeri fluminis. »

gerensem fluvium revertere, et ibi Salmones natando colligere]. Tamen me spero usque ad [Augustum mensem] in his morari partibus, si sic Deo nostro et domno regi placuerit, et ibi præstolare quid auditurus sim de Aquilæ desiderato adventu. Et dum hanc perlegas chartulam, cito remitte alteram, ut sciam quid acturus sit Aquila cum aviculis suis, vel quid [a Avaria] faciat, vel credat, vel quid Romanorum nobilitas novi habeat b adventu, vel quid c de Græciæ sublimitatibus [*Cod. Sal.*, Græcia solimitatibus] audieras, et an aliquas sanctorum reliquias tecum attulisses, quibus posses consolari Albinum tuum. Prospera, Deo donante, nobis sunt, nisi quod febris et infirmitas me fatigatum habet. Tamen qui infirmior, fortior erit juxta Apostolum (*I Cor.* I, 25); et sæpe prodest infirmitas corporis [*Cod. Sal. et Mabill.*, corporalis], ut fortitudo fidei crescat in anima. [Adhuc se tota Spania errat in Adoptione.] Orate pro nobis, ut Spiritus sanctus Paraclitus inspiret animas servorum suorum ad defendendam catholicæ fidei veritatem; quia tempus est, sicut legimus prædictum esse in libris sanctis. Tu vero cum tuis semper sanam sequere doctrinam, et catholicam prædica diligenter fidem, ut æternam mercedem cum multiplici fructu habere merearis. Vivas felix et gaudeas in Christi amore cum tuis omnibus, Aquila charissime.

d EPISTOLA XXXV.
AD * * (ARNONEM).
(Anno 796.)

Eidem significat se illius epistolam accepisse. Archanbaldi (Eanbaldi) animam precibus ejus commendat. Mittit epistolam ad regem, scriptam de prædicatione apud paganos.

Pio Patri et fratri fideli et filio charissimo salutem.

Accepimus charitatis vestræ litteras. Magnas mihi eulogias misisti, dum tuam, venerande Pater, agnovi sanitatem et prosperitatem, quæ mihi plus placet quam millena talenta auri et argenti. Magnis quoque me sollicitudinibus liberasti, quia quid Avaria gestum est, mihi innotuisti. De filiis vero tuis, quos A mihi commendasti, et jam proficiunt, donante Deo, et meliores eos accepturus eris, vel commendaturus domno regi. Quidquid tibi demandet domnus rex facere, mihi demandare studeas. Quia vero tædium mihi est anima mea propter absentiam tui, obsecro ut pro anima e Archanbaldi archiepiscopi intercedere diligenter jubeas, qui mihi et pater et frater, et amicus fidelissimus fuit, etiam et condiscipulus sub magistro meo. Ecce ego solus relictus sum schola illa, et non ero solus, dum vos habeam fideles et amicos. Quod vero mihi mandasti aliquid scribere de prædicatione ad paganos, propter angustiam temporis et festinationem portitoris non occurrit mihi aliquid dictare exinde; tamen consulens paternitati tuæ f misi tibi epistolam, quam ante paucos dies domno B regi de hac eadem re direxi. Tempore vero opportuno g plenius scripturus ero de his omnibus tuæ venerandæ dilectioni.

Væ mundo a scandalis (*Matth.* XVIII, 7)! Quid enim auri insana cupido non subvertit boni! tamen potens est Deus recuperare quod cœptum est, et perficere quod factum non est. Rogetur ejus clementia, ut adjuvet famulos suos in labore pio prædicationis, ut sit laus nomini ejus in æternum. Hanc chartulam habeas tecum legens, considerans, donec pleniorem accipias catechizandi rationem. Etsi modo [*Ms.*, sic novo [tibi non liceat mecum loqui, donec venero ad domnum regem (spero 41 me totam æstatem in illis stare partibus) poterimus in h Helisetis conjungi, si C habemus in Helisetis. Ideo missus tuus mihi hæc omnia, sed magis litteræ loquantur, quia memoria rusticorum fragilis est. Valete in pace.

i EPISTOLA XXXVI.
AD ARNONEM.
(Anno 796.)

Instruit de prædicatione fidei apud Avaros nuper conversos.

Dulcissimo fratri et sanctissimo præsuli Aquilæ Albinus salutem.

a *Avaria.* Mendose apud Pezium legitur : *avaritia.* Inde deceptus vir cl. P. Hansizius, tom. II *Germ. Sacr.*, p. 105, hunc locum interpretatur de « hæresi simoniaca, de qua subvertenda Engelberto ad urbem legato scripserat, ut pontifici diligentissime suadeat. »

b *Adventu.* « Adveniebat tunc, ait Hansizius loc. D cit. legatus ad Romanorum nomine imperatoris Græci Thectistus a Niceta Siciliæ gubernatore missus; » anno nempe 797. Sed quid hæc legatio ad Romanorum nobilitatem pertineat, non video. Malim ego istum locum interpretari de adventu Romanæ nobilitatis, quæ selecta fuerat ad deferendum, una cum clavibus sancti Petri, vexillum urbis Romæ ad Carolum, anno 796.

c *De Græciæ sublimitatibus.* « Irene Augusta, inquit iterum Hausizius, filium Constantinum novissime exauctoravit, oculis die 15 Junii effossis. » Sed de ista revolutione regni Græcorum Alcuinus, dum hanc epistolam scriberet, notitiam habere vix potuit. Contigit enim hæc exauctoratio, et imperatoris excæcatio 15 Junii; atqui vero Alcuinum præsentem epistolam circa idem tempus aut multo prius scripsisse, ex illis verbis colligitur : *Nos vero*... *ad palatium* MENSE JULIO (futuro nempe) *properamus ;* Verosimilius existimo Alcuinum edoceri voluisse de scandalo ob repudiatam a Constantino legitimam uxorem, et excitatam contra sanctos viros; illas nuptias reprobantes, persecutionem anno 795. Vide Pagi. ad hunc annum.

d Hanc epistolam hucusque ineditam ex cod. mss. Salisb. descripsimus. Data fuit post priorem; in illa enim, qui in Avaria gestum sit, quærit; in hac responsum accipit.

e *Archanbaldi archiepiscopi.* Eanbaldum intelligo archiepiscopum Eboracensem, qui fuit Alcuini condiscipulus, ut testatur poeta anonymus, vel potius ipse Alcuinus in carmine de episcopis Eboracensibus, quod inter alia ejus carmina exhibebimus. Obiit vero Eanbaldus IV Kal. Aug. anno 796, ut habet Hovedenus.

f *Misi tibi epistolam.* Illam certe quam paulo superius dedimus ordine 28 (nunc 33).

g *Plenius scripturus.* Promissum implevit per epistolam sequentem ordine 34 (nunc 36).

h *In Helisetis.* Id est, in Elisatio (l'Alsace) ubi possessiones aliquas vel quodpiam illius monasterium habuisse Alcuinum hinc patet.

i Edit. Quercet. 104 ex ms. (Froben. 51). Nunc in aliquibus locis correcta ex cod. ms. Salisb. Hæc

Præsagum tibi nomen imposuere parentes, licet dispensationis Dei ignari, apud quem omnia futura jam facta sunt. Qui te summa pietate cœlestia ordinavit mysteria populis ministrare; et de alto supernæ gratiæ intuitu acutissimis spiritualium oculorum obtutibus fluctivagos de hujus sæculi salo pisces ad vivificandum, non ad mortificandum eruere et sacro vitrei fontis lavacro abluere, et igne sancti Spiritus ad epulas æterni Regis astare [*F.*, assare], ut verus apostolicæ vocationis auditor efficiaris, dicente Christo, dum in procellosis fluctibus [binas (*Edit.*, vivas)] duorum fratrum germanitates labore aspexit : *Venite post me, et faciam vos fieri piscatores hominum* (*Matth.* IV, 19). Non a priori propriæ artis officio compescens, sed ut meliores, retibus in dexteram missis, pisces ad littus stabilissimæ soliditatis perducerent. Hos tu efficacissimus divini operis laborator tota mentis intentione assequi satage, quatenus Christus ipse per te de tuæ puppi carinæ populis prædicare digneris, et sit pius gubernator naviculæ, ex qua te retia apostolicæ prædicationis in pelagus profundissimæ gentilitatis expandere jussit : quatenus illum per suæ magnæ pietatis miserationem tibi sociisque tuis præcipientem audias : *Afferte de piscibus quos prendidistis nunc* (*Joan.* XXI, 10).

Esto obediens voluntati illius secundum nomen Simonis, qui ad Dominicum convivium traxit rete plene magnis piscibus centum quinquaginta tribus (*Joan.* XXI, 11). Qui vero sint hi pisces in hoc numero [præfiniti (*Edit.*, perfiniti)], si velis scire, illi sunt qui ex decalogo [*Cod. Sal.*, decalogi] præceptorum Dei, vel ex septiformi sancti Spiritus gratia, post extremam resurrectionem ad perpetuum cum Christo convivium electi sunt. Ideo rete illius piscationis, sicut in priori captura, scissum esse non legitur, quia nullus ibi, nisi electus et ad perpetuam pacem ordinatus, invitatur conviva. Igitur si ab uno usque ad septimam decimam summam, singulos numeros per augmenta computaveris, posteriores numeros semper prioribus adjungens, totius calculationis summa in 153 accrescit. Et si hos decem et septem in duo divideris, id est denarium et septenarium, denarius legalia mandata, et septenarius dona sancti Spiritus designat. Item si septem in duas divideris partes, id est in 3 et 4. Tres enim fidem sanctæ Trinitatis designant, in qua fide omnes gentes salvandæ sint, quæ in quadrifarias totius mundi plagas diffusæ sunt. Ideo Dominus noster Jesus Christus discipulis suis mandavit, dicens : *Ite, docete omnes gentes, baptizantes eos in nomine Patris, et Filii, et Spiritus sancti : docentes eos servare omnia quæcunque mandavi vobis* (*Matth.* XXVIII, 19). In istis paucissimis verbis totius sanctæ prædicationis ordinem exposuit. Bis docere dixit, et semel baptizare. Primo omnium fidem catholicam docere præcepit, et post fidem acceptam in nomine sanctæ Trinitatis est illa plenior de prædicatione fidei apud Avaros noviter ad fidem conversos instructio, quam in priori epistola promiserat, anno eodem, ni fallor, data, etsi baptizare jussit. Deinde fide imbutum, et sacro baptismate ablutum evangelicis instruere præceptis mandavit.

Hunc tu ordinem, sanctissime doctor, catechizandi in adultæ ætatis viris ubique firmiter obtineas. Fragiliori vero ætati pia mater Ecclesia concessit, ut qui alieno in paterna prævaricatione ligatus est peccato, alterius in baptismi mysterio professione solutus sit. Et si hoc non esset, quanti perirent infantes, ex quorum [nunc] numero cœlestis quotidie ædificatur Hierusalem ? Absque fide, quid proficit baptisma? dicente Apostolo : *Sine fide impossibile est placere Deo* (*Hebr.* XI, 6). Inter impossibile et difficile hoc interesse legimus : difficile est quod fieri, licet vix, potest ; impossibile vero, quod omnino ab humana fragilitate fieri non potest. Ideo ipse Dominus in Evangelio, stupentibus apostolis, quis ex divitibus salvus fieri posset, respondit : *Apud homines hoc impossibile est ; apud Deum autem omnia possibilia sunt* (*Matth.* XIX, 26). Idcirco misera [Saxonum] gens toties baptismi perdidit sacramentum, quia nunquam fidei [fundamentum (*Edit.*, sacramentum)] habuit in corde.

Sed et hoc sciendum est quod fides, secundum quod sanctus Augustinus ait, ex voluntate fit, non ex necessitate. Quomodo potest homo cogi ut credat quod non credit? Impelli potest homo ad baptismum, sed non ad fidem : veluti isti hæretici qui adoptionem carnis in Christo confirmant, nullatenus ad catholicam fidem converti possunt, quia nullam habent voluntatem orthodoxæ fidei professionem cum universali Ecclesia cognoscendi. Docendus est itaque homo rationalem habens intelligentiam, et multimoda prædicatione attrahendus, ut sacræ fidei veritatem agnoscat. Et maxime Dei omnipotentis pro eo deprecanda est clementia, quia otiosa est lingua docentis, si gratia divina cor auditoris non imbuit. Dicente ipsa Veritate : *Nemo potest venire ad me, nisi Pater, qui misit me, attraxerit eum* (*Joan.* VI, 44). Et ut æqualiter sanctam Trinitatem salutem hominis operari intelligas, dicit et ipse Dominus in alio loco : *Nemo potest venire ad Patrem, nisi per me* (*Joan.* XIV, 6). Item et de Spiritu sancto ait : *Nisi quis renatus fuerit ex aqua et Spiritu, non potest introire in regnum Dei* (*Joan.* III, 5). Quod enim visibiliter sacerdos per baptismum operatur in corpore per aquam, hoc Spiritus sanctus invisibiliter operatur in anima per fidem.

Tria sunt in baptismatis sacramento visibilia et tria invisibilia. Visibilia sunt sacerdos, corpus et aqua. Invisibilia vero, spiritus et anima et fides. Illa tria visibilia nihil proficiunt foris, si hæc tria invisibilia non intus operantur. Sacerdos corpus aqua abluit, Spiritus sanctus animam fide justificat. Et hoc est quod Apostolus ait : *Cooperatores enim Dei sumus* (*III Joan.* I, 8). Cooperatur homo Spiritui cl. Hansizius illam ad annum sequentem, nempe 797, referat. Vide etiam supra epist. 28 (nunc 33), ad Carolum.

sancto in salute hominis. Sed et ipse homo, qui baptizandus est, cooperari ambobus debet in salute sua, id est, Spiritui sancto et sacerdoti, humiliter corpus præstare ad sacri mysterium lavacri, et animam voluntarie ad catholicæ fidei susceptionem. Hæc omnia doctori in initio fidei, et sacramento baptismatis, ad salutem accipientis diligenter consideranda sunt ; et non desidiose tanti sacramenti mysterium exsequi.

Sed hoc quoque magnopere pensandum est, qualiter novella plantatio colenda sit, ut primi flores fidei ad incrementa fructuum pervenire valeant ; ne gelu cujuslibet duritiæ emarcescant, et ad dulcedinem optati fructus non crescant. Nam infantilis ætas suavitate materni lactis nutrienda est, et rudis anima mollioribus divinæ dulcedinis præceptis alenda est. Nam solidus cibus virorum est fortium, et altiora præcepta illorum sunt qui exercitatos habent sensus in lege Dei. Unde et Apostolus quibusdam fragilioris intelligentiæ fratribus scribens ait : *Lac vobis dedi escam, non solidum cibum* [Al., *potum, non escam*], *quia non potuistis accipere, sed necdum potestis, quia carnales estis. Carnalis enim homo non percipit ea quæ Dei sunt; spiritalis enim omnia dijudicat* (I Cor. III, 2), id est, discernit et judicat. Unde et ipsa Veritas in Evangelio quibusdam calumniantibus cur apostoli non jejunarent sicut Pharisæi et discipuli Joannis, respondit : *Nemo mittit vinum novum in utres veteres; alioquin et utres rumpuntur, et vinum effunditur, et utres peribunt* (Matth. IX, 17). Qui sunt utres veteres, nisi qui in gentilitatis erroribus obduraverunt? quibus si [austeriora (*Edit.*, austerioribus)] in initio fidei novæ prædicationis præcepta tradideris, rumpuntur, et ad veteres consuetudines perfidiæ revolvuntur.

Constantior est itaque ad omne opus mens multo tempore in sacræ fidei consecratione roborata, quam novella prædicatione initiata. Aliter enim sanctus Petrus, postquam musto sancti Spiritus repletus est, in Palatio Romano pro fide Christiana Neroni respondit; et aliter in domo Caiphæ pro confessione discipulæ Christi ancillæ respondit. Hic timidior, illic constantior. Hoc exemplar fuit fragilitatis, illud fortitudinis. Quem Christus post resurrectionem pietatis intuitu trina dilectionis suæ professione ad pristinæ dignitatis principatum revocavit, atque oves, quas proprio redemit sanguine, commendavit pascendas (*Joan.* XXI): quatenus bonus pastor intelligeret, non semper delinquentes dura invectione castigare, sed sæpe piæ consolationis admonitione corrigere. Nam et ipse Dominus noster Jesus Christus, dum a Judæis tentaretur de muliere adultera, non statim legalis censuram sententiæ protulit, sed humilitatis exemplo se inclinans scribebat in terra (*Joan.* VIII), ut designaret doctorem propriæ fragilitatis culpas in pulvere sui cordis prius depingere, et sic aliena mitius dijudicare peccata. At si hujus considerationis regula in omni ætate et proposito diligenter tractanda est, quanto magis in his qui ab er-

ᵃ Edit. Quercet. 90, ex ms. (Froben. 31).

rore inolitæ consuetudinis ad fidem Christianam nuper conversi sunt magno pietatis moderamine observanda est? Nec non etiam et in illis qui ab infantia Christianæ fidei sacramenta susceperant, et diabolica fraude post decepti, longa consuetudine carnales secuti sunt luxurias : vel aliis quibuslibet peccatorum nexibus obligati, levioribus primo verborum fomentis consolandi sunt, ne pœnitentiæ medicamenta durioribus exterriti castigationibus abhorreant.

Sunt quædam infirmitates quæ melius [dulcioribus medicantur potionibus quam amaris, et quædam quæ melius] amarioribus quam dulcibus. Unde et doctor populi Dei, dum cunctis virtutum lucernis in domo Dei clarescere debet, maxime tamen sagacissimæ discretionis intelligentia pollere, ut sciat quid cui personæ, sexui, ætati et proposito, vel etiam tempori conveniat. Quæ omnia beatus Gregorius clarissimus doctor in libro Pastoralis Curæ studiosissime exquisivit, personis distinxit, exemplis firmavit, et divinarum Scripturarum auctoritate roboravit. Ad cujus libri lectionem te, sanctissime præsul, remitto, obsecrans ut illum sæpius quasi enchiridion habeas in manibus et in corde retineas. Ac ideo dum plurimos te, beatissime Pater, sanctorum doctorum scio libros habere, legere, et firma tenere memoria, et maxime in divinis litteris studiosum esse agnosco, supervacaneum esse videtur meæ litterulis imperitiæ tuæ sapientiæ aures occupare. Nisi charitatis tantum causa meam præsumptionem ante oculos auctoritatis vestræ juste, ut puto, excusare poterit; ne dilectio, quæ intus ardet in corde, muta foris videatur in verbis. Ad hoc enim videntur verba hominibus data, ut arcana cordis fraternis auribus infundere valeant. Ad hæc epistolæ scribuntur, ut , quo verborum sonus pervenire non poterit, litterarum officia currant; quatenus mutuæ charitatis in apicibus signa fraternis obtutibus demonstrentur : ut fiat animorum in charitate præsentia, ubi est corporum propter longinquitatem locorum absentia. O felix et beata vita, ubi semper quod amatur videtur et quod videtur nunquam fastidit! Ubi Deus omnibus æternus amor, æterna laus, gloria et beatitudo. Ad hanc vero vitam et felicitatem me familiarem tuum assiduis precibus et exhortationibus tecum trahe, quatenus post hujus vitæ procellosas tempestates ad perpetuæ portum quietis, Christo miserante, tecum pervenire merear. Vestram sanctitatem in omnibus bonis florere et ad perpetuam Deus Jesus proficere faciat felicitatem, desiderantissime frater in Christo.

ᵃ EPISTOLA XXXVII.
AD DOMNUM REGEM.
(Anno 796.)

Pro captivis in bello Hunnico, et pro hostibus deprecatur.

Domine mi dilectissime, et dulcissime, et omnium desiderantissime mi David! Tristis est Flaccus vester propter infirmitatem vestram. Opto , et toto corde Deum deprecor ut cito convaleatis, ut gaudium nostrum sit plenum in vobis, et sanitas vestra sit plena anima et corpore. Domine mi! memor sit pietas vestra captivorum, [a] dum est Pippinus tuus tecum, propter gratiarum actiones mirabilis beneficii quod vobiscum [b] de Hunnis divina fecit clementia, et propter prosperitatem imminentium rerum : ut clementissima illius potentia omnes adversarios sui sancti nominis vestris velociter subjiciat pedibus : sed et de peccantibus in vos, si fieri possit, et vestræ videatur providentiæ, aliqua de aliquibus fiat indulgentia et remissio. Tamen propter incognitas illorum causas cautius de his loquor. Vos enim ipsi optime scitis quod utile est regno vobis a Deo dato, et paci sanctæ Dei Ecclesiæ proficuum. Facientes faciatis in omnibus voluntatem Dei, quatenus illius sanctissima gratia vos proficientes ubique protegat, regat et custodiat, domine et dulcissime et desiderantissime.

[c] EPISTOLA XXXVIII.

AD PIPPINUM.

(Anno 796.)

Optima suggerit vitæ agendæ documenta.

Nobilissimo nobisque amantissimo filio [d] Pippino Albinus, in Christi dilectione salutem.

Gratias agimus benevolentiæ tuæ, simul et pietati domni regis, qui pie consentit petitioni redemptionis captivorum. Scio vos in talibus pietatis operibus promereri benedictionem, et longævam regni prosperitatem adipisci. Et tu, excellentissime juvenis, nobilitatem generationis morum nobilitate adornare studeas; et Dei omnipotentis voluntatem, atque honorem tota virtute implere contende, quatenus illius inæstimabilis pietas solium regni tui exaltet, et terminos dilatet, et gentes tuæ subjiciat potestati. Esto largus in miseris, pius in peregrinis, devotus in servitio Christi : Servos illos [F., illis] et Ecclesias honorifice tractans, et ut sedula illorum oratio te adjuvet. Esto honestus in conversatione, castus in corpore. Lætare [e] cum muliere adolescentiæ tuæ, ut sint alienæ participes tui, ut benedictio tibi a Deo data in longam nepotum procedat posteritatem. Esto fortis in adversarios, fidelis in amicis, humilis Christianis, terribilis paganis, affabilis miseris, providus in consiliis. Utere consilio senum et servitio juvenum. Et æquitatis judicia in regno tuo, et laus Dei ubique horis competentibus resonet; et maxime in præsentia pietatis tuæ. Quia hujusmodi devotio in officiis ecclesiasticis Deo te amabilem faciet, et hominibus honorabilem efficiet. Sint tibi sobrietatis cogitationes in corde, veritatis verba in ore, honestatis exempla in moribus; ut te divina ubique clementia exaltet et custodiat. Hæc, obsecro, charta tecum in testimonium amoris mei pergat. Etsi non sit digna tuæ venerationis cingulo suspendi, tamen ejus admonitio digna sit in corde tuæ sapientiæ recondi.

Vive Deo florens, læta gaudensque salute.

Dextera te Christi protegat atque regat.

Obsecro, commendes Albini ut nomen ubique,

O fili, famulis, per tua regna, Dei.

[f] EPISTOLA XXXIX.

AD PAULINUM PATRIARCHAM.

Scire cupit quid devictis Hunnis pro gentis conversione acturus sit Paulinus ac sæpius ad se litteras mitti postulat.

Dilectissimo Patri et pio pontifici Paulino patriarchæ Albinus, vestræ filius dilectionis, perpetuæ in Christo prosperitatis salutem.

Si quotidie tuæ beatitudinis præsentia uterer, nunquam [tamen (*Edit.*, tunc)] melliflue ex ore tuo dulcedine satiarer; sed quantum avida mens ex fonte vitalis undæ biberet, tantum [*Cod. Sal.*, tamen] sitis addita cresceret. At nunc tanta locorum spatia vicariæ collocutionis familiaritatem dividunt, ut vix pergentis chartulæ gerulus inveniatur. Et in angusto pectoris antro charitatis olla fervescit, nec habet quo fulgorem sui splendoris ostendat, cui coctas charitatis epulas apponat : et quodammodo abundantia suavitatis versa est in esuriem amaritudinis ? In pampinis vitis florescit, sed cultor hujus vineæ infructuosæ non se [*Edit.*, te] pascit. Agricola uniones eruit de glarie [*Edit.*, gloria], sed aurum in opus coronæ deficit. Novit, qui mecum talia [patitur (*Edit.*, patrum)] quid hæc significare volunt paradigmata. Forte et harum lector litterarum talem se memorat, qualem me agnoscit in illis; et maxime tu, Pater sancte, de cujus corde fons [veræ emanat charitatis (*Edit.*, vitæ emanat, charitas)] et flumina de ventre ejus fluunt aquæ vivæ. Et qui hæc in consolationem [*Cod. Sal. et S. Emmerami*, consolatione] spei nostræ promisit, tui est inhabitator pectoris, qui est virtus [et] sapientia Dei; in cujus potentia et gratia mirabiliter [g] de Avarorum gente [*Ed.*, genere] triumphatum est : quorum missi ad domnum regem directi, subjectionem pacificam et Christianitatis fidem promittentes. Et si hoc, divina eos præveniente gratia, verum est, quis se servorum Dei tam pio et laudabili labori subtrahere debet, ut diaboli diruatur sævitia, et Christi Domini [*Cod. Sal.* Dei] crescat servitium?

---

[a] *Dum est Pippinus tuus tecum.* Aquisgrani haud dubie, quo post Hunnicam expeditionem anno 796 accessit, ut narrant Annales Francorum. Postulationi Alcuini de redemptione captivorum annuit Carolus, ut patet ex initio epistolæ ad Pippinum, quæ sequitur.

[b] *De Hunnis.* Quos Pippinus hoc anno 796 subegit, testibus ejus temporis annalibus.

[c] Edit. Quercet. 91 ex ms. (Froben. 35). Data anno 796, postquam Pippinus ab expeditione Hunnica Aquisgranum ad Carolum, patrem suum, rediit.

Vid. epist. priorem.

[d] *Pippino.* Pippinus, antea Carolomannus dictus, Caroli Magni et Hildegardis filius. De eo plura vide apud Pagium ab anno 776 usque ad annum 810 quo obiit.

[e] *Cum muliere*, etc. Quæ illa ? Nullibi proditur.

[f] Edit. Quercet. 112, Canis. 61 (Froben. 34). Emendata ex codd. mss. Salisb. et S. Emmerami.

[g] *De Avarorum gente triumphatum est.* Anno nempe 796, quod jam sæpius adnotavimus ex Annal. Franc.

46 Sed quam plurimorum in te, pater optime, oculi respiciunt, quid vestra veneranda sanctitas facere velit. Quia et vicinitas locorum tibi competit, et sapientiæ decus [tibi] suppetit, et auctoritatis excellentia tibi appetit, et cuncta conveniunt quæ tali operi necessaria esse videntur. Ideo meæ parvitatis curiositas [per te (*Edit.*, propterea)] hujus sanctæ rei [scire] desiderat veritatem, et tuæ consilium deposcit prudentiæ: vel quid exinde agere tam bona voluntas deliberatum habeat, agnoscere flagitat. Opus enim arduum est, sed ipsa attestante Veritate, omnia scimus esse possibilia credenti (*Marc.* IX, 22). Et qui de persecutore fecit prædicatorem (*I Tim.* I, 13), et de stercore erigit pauperem, ut sedeat cum principibus (*Psal.* CXII, 7); ipse potest de arida cordis mei caute rivulos vivi fontis, et in vitam salientis producere æternam: quanto magis [de vestro pectore abundantissimo flumina Gehonica fluentia (*Cod. Sal.* de vestro pectoris abundantissimo flumine Geonica fluenta)] per totam Nilotici ruris latitudinem ad fecundandos diversi generis flores diffundere valet? Audiat, obsecro, per te unanimis tuæ charitatis filius, quid paterna prævideat agendum prudentia. Certissimum itaque consilium salutis per os illius sperari debet; cujus pectoris septiformis [Spiritus] consilii inhabitator [esse] dignoscitur.

Binas vestræ paternitati paulo ante direxi chartulas, unam per sanctum a episcopum Histriensem : aliam per virum venerabilem Aericum ducem. [b Et utinam vel hæc tertia mereatur aliquam vestræ beatitudinis exhortationem] ne spreta charitas [quartam] rugosa fronte, vel queruloso calamo exarare incipiat. Nequaquam in augmentum tristitiæ meæ diutius taceas, sed [per] spiritum consolationis tibi a Deo datum, frequentes mihi apices facere almitatis vestræ consolationis non graveris, ut tuis bonis exhortationibus et sanctis orationibus adjutus, ad supplementum mercedis tibi perpetuæ, divina auxiliante misericordia, vitæ æternæ tecum particeps esse merear.

c Floreat in vestro divinis pectore domi
Semper in æternum sophia, sancte Pater.
Et mihi conservet Christi dextra omnipotentis
Incolumem, meritis augeat ætheriis.

a *Episcopum Histriensem.* Omnes Aquileiensis provinciæ episcopi antiquitus dicti sunt *Istriæ episcopi*, ut patet ex concilio Romano sub Agathone, ubi Ursinus Cenettensis sub patriarcha Agathone et cæteri Mediterranearum sedium episcopi vocantur *Istriæ episcopi* (Madris. *Opp. S. Paulini*, p. 205). Fortassis hic episcopus fuit Aginus Pergomensis, seu potius Veronensis episcopus, qui hoc anno cum Alcuino fuit, ut colligitur ex epistola ad eumdem 26 (hunc 31). De Aerico duce vid. epist. 1.

b Hæc, mendosa in edit., ex ms. restituuntur.

c Hi versus desunt in Cod. Salisb. et S. Emm.

d Edit. Quercet. 62, Canis. 68 (Froben. 30). In cod. ms. Sanct-Gallensi desideratur quidem inscri-

Donec suscipiat felix te porta polorum
Qua memor esto... [*F. suppl.* precor] semper
[in ore mei.

d EPISTOLA XL.

AD QUEMDAM (PAULINUM).

Post longum Paulini silentium, receptis nunc litteris gaudium suum significat. Post hæc in laudes Paulini excurrit; ac mortis vicinæ atque suorum peccatorum reminiscens se precibus illius humiliter commendat.

e Dum [*F.*, sicut] ferventis Cancri igneus sol sidus ascendit, et nimio diuturnoque calore arida tellus imbres exspectat; sic tua, Pater optime, in refrigerium magni amoris sitiens in meo pectore voluntas tuæ beatitudinis diu desiderabat litteras. Iterum atque iterum per singula horarum momenta æstuans hoc revolvebat elogium: Quando venient desiderati mei dulcissimi apices? Quando videam signa salutis dilectissimi mei? Quando mihi Ausoniæ nobilitatis pagina optati prosperitatem ostendet amici, ut videam **47** si aliqua fœderatæ in Christo amicitiæ in illius pectore maneat memoria ; si Albini sui nomen stylo charitatis in cordis arcano reconditum habeat, sicut suavissimum Paulini Patris nomen, perpetua dilectione, in corde filii æternis viget litteris inscriptum?

f Ecce venit, ecce venit paternæ pietatis pagina, quam diu desiderabam, omni melle palato meo dulcior, omni obryzo oculis honorabilior. Hanc lætus ambabus accipiebam manibus, et toto amplectebar pectore, suspensus, quid mihi de meo nuntiaret Paulino? Solutisque sigillis, avidis oculorum obtutibus per singulas lineas iter aperui, desiderabilemque optatæ salutis sospitatem Patris agnoscens, in illis mox singulis litterarum apicibus oscula libabam, totumque me Deo Christo in gratiarum effudi actiones, dicens: *Auditui meo dabis gaudium et lætitiam, et exsultabunt ossa humiliata* (*Psal.* L, 10). Et qui ante humiliatus fui in tristitia, nunc exaltatus sum in lætitia. Et si quid pleno charitatis modio superaddi potuisset, cumularem utique pristinam [*Al.*, primam] dilectionis plenitudinem, novæ abundantia lætitiæ. Novit itaque, quicunque melliflui charitatis jaculo vulnera omni favo dulciora in corde accipiet, non me autumnali frigore flaccentia verborum folia, in hujus chartulæ exaggerare gremium : sed de vivo veritatis fonte, ad irrigandos veræ flores dilectionis, hæc prona pectoris mei dextera haurire, quatenus

ptio, sed ex contextu certum est, missam esse ad Paulinum Aquileiensem. CANISIUS.

e *Dum ferventis Cancri.* Hinc colligit cl. Madrisius epistolam scriptam post dimidium Junii mensis. Id vero ego non magis inde colligo quam ex verbis hisce, quibus inferius ait : *Novit itaque ...... non me autumnali frigore flaccentia verborum folia ... exaggerare, etc.*, colligere licet epistolam autumno scriptam esse. Abs dubio in initio supplenda est particula *sicut*; neque hic exprimitur tempus scriptionis, sed per comparationem ferventis Cancri exprimitur ardor pectoris.

f *Ecce venit*, etc. Responsoria nempe, quæ desideratur, quam Alcuinus post tres a se datas epistolas demum extorsit. Vid. epist. priorem circa finem,

mei magni amoris stillicidium tuis infunderem visceribus.

Plurima mihi de sanctissimo tui cordis epithalamio, rarifluo nectare exundantia protulisti exempla; ut verius Aristotelicum illud in te videam impleri proverbium, qui acutissimas Perihermeniarum scriptitans argumentationes, dicitur in mente calamum tinxisse. Te vero agnosco de æterno charitatis thesauro affluenter nova proferre et vetera, et in fide fraterni amoris pennam tinxisse pietatis. Tuum vero sanctissimum cor terra est repromissionis, sapientiæ melle manans, et suavissimæ charitatis luce redundans, in qua verus et gloriosus Salomon virtutum gemmis, templum pulchræ habitationis suæ majestati construxit, non Chaldæa flamma periturum, sed æterna pace permansurum; in quo sancta sanctorum summo et vero pontifici soli Christo pervia, non semel in anno (*Hebr.* IX, 3-7), sed semper in æternum. Ibi arca sapientiæ, et duorum tabulæ testamentorum. Et hæc omnia cherubin in multitudine tegunt scientiæ. Horum subter alas divina populis oracula respondent, et flumina viventis aquæ in salutem sitientibus salient æternam (*Joan.* IV, 14). Quo qui sitit, de aridis terrarum ignorantiæ partibus veniat, et bibat.

Quid in tam affluenti tui cordis thesauro non invenitur? cujus habitator ille agnoscitur esse, *in quo sunt omnes thesauri sapientiæ et scientiæ absconditi* (*Coloss.* II, 3); qui habet clavem David, aperit, et nemo claudit; claudit, et nemo aperit (*Apoc.* III, 7). Quæ vult ad profectum aliorum perpetuæ clavem eloquentiæ, charitatis clave aperit, et quæ vult in arcano pectoris tui thesauro, clave sapientiæ claudit. Hæc sanctissima somniantis Jacob scala (*Gen.* XXVIII, 12), per quam cœli secreta, septenis spiritualium charismatum gradibus, pia penetrare solet intelligentia : et iterum ad ædificationem subjecti sibi populi fraterni amoris passibus descendit, ut fiat doctor ecclesiasticus divinæ contemplationis cum Maria compos, et iterum cum Martha ad Dominicæ mensæ convivas sedulæ administrationis sollicitus (*Luc.* X, 39, 40). His duabus alis sanctorum animæ cum magna meritorum gloria ad cœlestis regni beatitudinem quotidie feruntur; his etiam sæculi hujus procellosos gurgites securo transeunt navigio, et ad portum perpetuæ quietis cum virtutum mercimoniis pervenient.

Sed vereor, quod sine maximo cordis dolore non dico, me ulterius in hac vita tuæ beatitudinis faciem non visurum, quia in via divisionis iter agimus laboriosum. Per vallem lacrymabilem ad incertum properamus finem; et cito fragilis caro, unde sumpta, revertetur (*Psal.* CIII, 29) : et omnis decor illius, **48** urente percussa vento (*Job* XXVII, 21), flaccescet, et *ibit homo in domum æternitatis suæ* (*Eccle.* XII, 5). Et circa eum stabunt in platea [*Al.*, domo] plangentes, et spiritus revertetur ad Deum qui dedit illum. Ubi tunc illecebræ carnalium delectationum? Ubi sæcularis pompæ superba ambitio? Nonne omnia hæc veluti fumus ventuosis procellarum in aerem dispersis gurgitibus evanescunt? Et quanto plus quislibet hæc vana delectabilia amaverit in mundo, tanto magis ea, æterno præsentatus judici, odio habuerit. Beatus qui necessitatem verterit in voluntatem : et ea Christi amore compunctus voluntarie amiserit, quæ debita cogente morte amissurus erit.

Hæc meæ memor miseriæ lacrymosis dictavi querelis; non ut te, quod opus non est, ex meis corrigeres dictis; sed ut mecum me ex meis plangeres iniquitatibus : et pascentem in regione longinqua omni in immunditie porcos tuis, o sanctissime adjutor! precibus sublevares, et ad paternæ pietatis epulas diu perditum [*Al.*, periclitantem] reduceres (*Luc.* XV, 13-15). Adhæsit itaque oculo cordis mei pulvis cogitationum iniquarum, ut summum beatitudinis bonum nec videre, nec amare perfecte valeam. Si viderem, utique amarem. Sed a te, qui spiritum ab eo consolationis accepisti qui vult omnes homines salvos fieri (*I Tim.* II, 4), assiduæ orationis suffragia flagito : quatenus æternæ pacis medicus collyrio suæ misericordiæ inungat oculum, iniquis obcæcatum cupiditatibus; ut verum perpetuæ bonitatis lumen videre valeat, et amare quod videat.

Memento mitissimam Samaritani mentem, qui vulneratum omnique præsidio destitutum oleo et vino fovebat, pietatis fascia ligavit, levavit in jumentum, duxit in stabulum, duos pro eo dedit denarios, ut curaretur (*Luc.* X). Quid hac pietate mitius? quid hoc exemplo salubrius? Creator omnium in pretium seipsum tradidit hominum, ut eos liberaret quos creavit. Fateor me unum esse ex illis quos redemit. Sed dum alienæ avidus pulchritudinis, Chananitidas ex paterno tabernaculo perrexi videre, lupi me vespertini invenerunt, rapuerunt, laceraverunt, vulneratum dereliquerunt. Tandem aliquando, divina præveniente gratia, in memet reversus dixi : *Surgam et ibo ad Patrem meum* (*Luc.* XV, 18), teque, mitissime pastor, in hoc iter, sicut prædixi, ductorem deposco.

Potuit igitur idem Lazari solvere vincula, qui eum de monumento prodire jussit. Sed ut potestatem solvendi sanctos habere doctores demonstraret, circumstantibus dixit : *Solvite eum, et sinite abire* (*Joan.* XI, 44). Tu vero, egregie pastor, solve jubente Deo mortiferas mihi peccatorum catenas, ut liber vitæque redditus inter convivas Dei Christi in æternæ beatitudinis epulis recumbere merear.

49.ª EPISTOLA XLI.
AD PAULINUM PATRIARCHAM.
(Forte anno 796.)

Sui memorem esse rogat in S. missa. S. crucis, et alias reliquias sibi mitti petit; hortatur ad laborem prædicationis.

Paulino sanctissimo patriarchæ humilis levita Alcuinus salutem.

ᵃ Edit. Quercet. 113, Canis. 63 (Froben. 56), ubique mutila et imperfecta; data fortassis anno 796,

quo Paulinus ad Evangelii prædicationem apud Hunnos animum adjecit.

Absentia corporis non oportet dilectionem dividere, quia amicitia quæ deseri potest nunquam vera fuit. Ex quo te sciebam, dulcissime amice, semper amabam, et pepigit cor meum fœdus amicitiæ cord: tuo. Et sic nomen Paulini mei, non in cera, quæ deleri potest, scripsi. Ne, quæso, obliviscaris in tuis sanctis orationibus nomen amici tui Albini : sed in aliquo memoriæ gazophylacio reconde illud, et profer eo tempore opportuno, a quo panem et vinum in substantiam corporis et sanguinis Christi consecraveris.

Diu dilectionis tuæ exspectavi promissa, hoc est, vivificæ crucis, vel aliarum reliquiarum patrocinia. Noli me obsecro, tanto fraudare munere; nec te veritatis..... Nolo longinquitatem viæ causeris. Charitas pennas ad volandum inveniet, *nec flumina obruent illam* (*Cant.* VIII, 7). Sufficiunt alæ fidei in palatio regis, quibus nec voluntas deest in accipiendo, nec fides in reddendo. Si quid nostra petitio apud vos valeat, et tua semper ad Deum valeat petitio, qui te in tam sublimi statuit gradu, ubi ejusdem Dei Domini nostri Jesu Christi effectus.....

Vide quam sublime est hoc nomen. Contende meritis esse quod nomine vocaris. *Clama, ne cesses, exalta quasi tuba vocem tuam* (*Isa.* LVIII, 1). Sit guttur tuum tuba Dei. *Prædica importune, opportune* (*II Tim.* IV, 2). Tu gallus in prædicatione, succinctus in castitate. Tu aries in veritate fortissimus, cui nullus regum resistere poterit (*Prov.* XXX, 30, 31). Tu lucerna super candelabrum in domo Dei (*Matth.* V, 15). Tua lingua cœlum claudit et aperit (*Apoc.* III, 7). Aperit primum per prædicationis devotionem. Ad exemplum Christi recurre, qui per civitates, castella, vicos, villas, evangelizando iter agebat (*Matth.* IX, 35) : etiam et domos publicanorum vel peccatorum, propter occasionem prædicationis, non abhorrsit intrare (*Luc.* V, 29). Spes præmii solatium sit laboris.

Quid facio insipiens ego contra philosophicum proverbium, ligna in silvam ferens, stillicidiis flumina irrigans? Modulum meum extuli figuræ. Obsecro per ejus amorem, qui duo minuta viduæ donis divitum præferebat (*Marc.* XII, 42, 43). Charitas omnia suffert, in qua qui manet, in Deo manet (*I Cor.* XIII, 7), quia Deus charitas est (*I Joan.* IV, 16).

50 b EPISTOLA XLII.
AD MEGENFRIDUM.
(Anno 796?)

De ordine, et modo prædicandi edocet; avaritiam et nimiam exactionem decimarum reprehendit; dolet multos esse, qui sacerdotii honores quærunt, gradus vero et ministerium fugiunt. Carolum rogari cupit, ut plures mittantur boni operarii in messem.

Dilectissimo in Christi charitate amico et regalis palatii c archario Megenfrido Flaccus Albinus perpetuæ sospitatis salutem.

Solet itaque chartula charitatis calamo perscripta inter amicales currere personas, ut ardorem sui pectoris litteris fraternis ostendat obtutibus, et quod intus latet in animo, foras videatur in scriptis. Unde ego tui memor, amice charissime, tibi hos tuæ salutis, imo et multorum, admonitorios dirigere curavi apices. Nec me superfluum in his litteris æstimes, sed devotum; desiderans utrumque, et præsentis vitæ prosperitatem et futuræ : quatenus in ista temporali feliciter vivas, et in illa æterna beate regnes cum Christo.

Considerandum vero est diligentissime omni homini quid fugere debeat, et quid sequi. Quæ duo Psalmista uno brevissimo versiculo ostendit dicens : *Diverte a malo, et fac bonum* (*Psal.* XXXIII, 15). Non sufficit solum mala non facere, nisi et bona faciat, æternam cupienti possidere gloriam. Unde et ipsa Veritas in Evangelio cuidam se interroganti respondit : *Si vis vitam ingredi, serva mandata* (*Matth.* XIX, 17). Sed unicuique pensandum est in quo gradu statuisset eum Deus, et quo talento ditasset eum. Non enim solis episcopis vel presbyteris pecuniam suam tradidit Dominus ad multiplicandum, sed omni dignitati et gradui talenta bonæ operationis tradidit, ut datam sibi gratiam fideliter administrare studeat, et conservis suis erogare contendat. Alius est qui talentum prædicationis accipit, alius sapientiæ; alius divitiarum, alius cujuslibet administrationis; quidam forte alicujus artificii donum a Deo horum omnium bonorum dispensatore. Et in his omnibus fides et devotio spectanda est, ut fideliter laboret, et viriliter sui domini pecuniam multiplicare satagat, quatenus desiderabilem vocem audire mereatur : *Euge, serve bone et fidelis, quia super pauca fuisti fidelis, supra multa te constituam; intra in gaudium domini tui* (*Matth.* XXV, 21).

Qui vero pecuniam prædicationis accipiunt, diligenter considerare debent quid cuique congruat loco vel tempori; etiam et quo ordine prædicatio Christianitatis incipienda sit vel perficienda. Nam Dominus noster Jesus Christus cum triumpho gloriæ ad paternam rediens sedem apostolis suis præcepit dicens : *Ite, docete omnes gentes, baptizantes eos in no-*

---

a *Quo panem et vinum in subst. corp. et sang. Christi consecr.* Illustre sane testimonium pro dogmate transsubstantiationis eo tempore credito. « Hæc nostra, hæc majorum nostrorum fides (ait celeberrimus Mabillonius in libr. de Liturgia Gallicana, pag. 95), quam utinam fratres nostri aversi jam tandem vel sero agnoscant; neque nos amplius provocent ad fictitiam illam novationem, quam Paschasio Radberto auctore sæculo IX concepisse criminantur. Unius Alcuini auctoritas, tam clara et manifesta, hanc controversiam dirimere deberet.... et qui tam perspicuis verbis detrahit fidem, is non veritatis,

sed contentionis, sed erroris, sed schismatis amator est. »

b Edit. Quercet. 105 ex ms. (Froben. 42).

c *Archario Megenfrido.* Alias etiam *Magenfridus* et *Maganfredus* nominatur dux exercitus Saxonici in expeditione Hunnica anni 791. Vide poema Saxonem, et Eginhardi Annal. ad eum annum. Hic *Meginfridum* regis cubicularium vocat. Archarius ergo cubicularius est, seu, ut paulo inferius Alcuinus pluribus explicat verbis, *dispensator thesaurorum, et serator consiliorum;* quasi intimus consiliarius. Vid. Cangii Gloss., voce *Arcarius.*

mine Patris, et Filii, et Spiritus sancti. Docentes eos servare omnia quæcunque mandavi vobis (*Matth.* XXVIII, 19, 20). [a] Primo fides docenda est, et sic baptismi percipienda sunt sacramenta. Deinde evangelica præcepta tradenda sunt. At si aliquid horum trium deerit, salutem animæ suæ auditor habere non poterit. Fides quoque, sicut sanctus ait Augustinus, res est voluntaria, non necessaria. Attrahi poterit homo in fidem, non cogi. Cogi poteris ad baptismum, sed non proficit fidei. Nisi infantilis ætas, aliorum peccatis obnoxia, aliorum confessione salvari poterit. Perfectæ ætatis vir pro se respondeat, quid credat, aut quid cupiat. Et si fallaciter fidem profitetur, veraciter salutem non habebit. Unde et prædicatores paganorum populum pacificis verbis et prudentibus fidem docere debent. Novit Dominus qui sint ejus; et quorum cor vult, aperit, ut intelligant quæ a doctore dicantur. Sed et post fidei et baptismi perceptionem molliora præcepta infirmioribus animis sunt præbenda. Nam et apostolus Paulus novellæ Galatarum [Corinthiorum] genti scribens ait : *Lac vobis dedi potum, non solidum cibum* (*I Cor.* III, 2). Solidus vero cibus virorum est fortium ; id est, præcepta majora illorum sunt, qui multo tempore exercitatos habent sensus in lege 51 Domini. Et veluti lac fragili congruit ætati, ita suaviora præcepta rudi populo in principio fidei tradenda sunt.

Igitur et in Actibus apostolorum (*Cap.* XV, 2) legimus Paulum et Barnabam Hierosolymam ascendisse ad Jacobum et cæteros apostolos, super hac quæstione, quomodo gentibus prædicare debuissent? At illi præscribentes unanimi consilio statuerunt ut nil molestiæ legalis imponeretur cervicibus eorum, sed tantum ut abstinerent se a fornicatione, a sanguine, suffocatione et simulacris (*Ibid., vers.* 28, 29). Imo et ipse Paulus prædicator gentibus gloriabatur se ex labore manuum suarum vivere. Ait enim in quadam Epistola sic : *Vos scitis quod mihi et his qui mecum sunt manus istæ ministraverunt, ne cui vestrum molesti essemus* (*Act.* XX, 34 ; *II Thessal.* III, 8). Et item : *Melius est mihi mori, quam ut gloriam meam quis evacuet. Quæ est gloria mea? ut Evangelium sine sumptu exponam* (*I Cor.* IX, 15-18). Hoc enim tantus et a Deo specialiter electus gentium prædicator egit, ut omnem radicitus occasionem avaritiæ prædicatoribus abscinderet : quatenus nullus, qualibet cupiditate illectus, sed sola Christi charitate confortatus verbum Dei prædicaret, sicut ipse in Evangelio suis præcipiens discipulis ait : *Gratis accepistis, gratis date* (*Matth.* X, 8).

Si tanta instantia suave Christi jugum et onus ejus leve durissimo Saxonum populo prædicaretur, quanta decimarum redditio, vel legalis pro parvissimis quibuslibet culpis edicti necessitas exigebatur, forte baptismatis sacramenta non abhorrerent. Sint tandem aliquando doctores fidei apostolicis eruditi [*suppl.* exemplis]. Sint prædicatores, non prædatores. Confidant in illius pietate, qui ait : *Nolite portare sacculum, aut peram* (*Luc.* X, 4), et cætera quæ sequuntur. Et de quo propheta inquit : *Qui nunquam derelinquit sperantes in se* (*Dan.* XIII, 60).

Hæc tuæ, venerande amice, scripsi dilectioni, quatenus tuis proficiant admonitionibus, qui a te consilium audire desiderant. Sat enim hæc omnia optime novit dilectus meus David, cui Deus et sapientiam dedit, et bonam voluntatem : et plurimos convertit populos ad charitatem Christi et laudem. Cui omnis bonitas et potentia ad benefaciendum sufficit. Nisi unum tantummodo [*F. suppl.* deficit?] propter tempora periculosa hujus sæculi, quod rariores habet adjutores in opere Domini quam necesse sit. Nullus tamen in mundo meliores, ut credo, habet quam ille. Hos erudiat, admoneat et doceat, secundum sapientiam sibi a Deo datam. Et tu, fidelissime dispensator thesaurorum et serator consiliorum et adjutor devotus, viriliter fac voluntatem illius. Esto in consilio suavis et in opere strenuus, pacificus in domo, prudens in legationibus, pius in pauperes et miseros, justus in judiciis, largus in eleemosynis ; ut ex temporalibus divitiis tuis æternas tibi merearis in cœlis.

Adhuc me dilectio dilecti mei David, et sollicitudo salutis multorum, cogit tibi suadere, quæ utilia scio coram Deo et honesta coram sæculo. Nam quidam sacerdotes Christi, qui habent parochias et honores sæculi, et gradus ministerii non volunt habere : videtur mihi melius, ut plenam habeant benedictionem et plenam mercedem apud Deum. Nunc vero alius laborat pro mercede perpetua, illi vero pro sæculari honore. [b] Privati vero sunt, ut cum pace dicam. Potestatem ligandi et solvendi, quod clarissimum est in Ecclesia Christi donum, Christus dedit apostolis, et per eos successoribus suis. Nec non et Ecclesiis, quæ non habent pastores, periculosum est gregem Christi absque pastore diu manere. Intrant lupi rapaces, sed non est qui exigat eos. Sedet sola et vidua domina gentium et non est qui consoletur eam (*Thren.* I, 1, 2). Dicit et ipsa Veritas : *Messis quidem multa, operarii autem pauci ; rogate dominum messis, ut mittat operarios in messem suam* (*Luc.* X, 2). Et ego tibi, charissime amice, messis quidem multa est in populo Christiano, sed non sunt in quibusdam locis messores. Tu vero roga dominum messis, id est, David meum dilectum, ut mittat operarios in messem suam ; quatenus illis dicat rogatus, sicut suus proprius protector et unicus, et amator Christus Deus dixit discipulis 52 suis : *Ite, ecce ego mitto vos* (*Luc.* X, 5). Ipse est dominus vineæ, mittat operarios in vineam suam et dicat : Ite et vos in vineam meam et quod justum fuerit, accipietis pro

---

[a] *Primo fides docenda est.* Eadem scribit Alcuinus ad Carolum Magnum epist. 28 (nunc 33), et ad Arnonem 31 (nunc 36) ; anno 796.

[b] Legendum puto : *Privati vero sunt potestate ligandi et solvendi, quod clarissimum in Ecclesia Christi donum Christus dedit apostolis,* etc. Locus notabilis contra commendatitios episcopos, parochos, etc., qui honores ambiunt ; ministerium refugiant.

labore vineæ meæ (*Matth.* xx, 4, 7). Ipse [*F.*, ipsi] est potestas et dispensatio vineæ Christi, id est Ecclesiarum Dei. Illius est laus et gloria, et merces æterna, ut bene ordinentur, et regantur, et pastores habeant, quantos invenire possint [a], dignos et Deo placabiles. Ille est in hoc regno, qui omnes prædicare potest, et de omnibus Ecclesiis mercedem habere et benedictionem in sæculo, et æternam beatitudinem et beatam æternitatem cum Christo et sanctis ejus.

[b] EPISTOLA XLIII.

AD CAROLUM MAGNUM.

(Anno 796.)

Significat suum gaudium ob prosperitatem regis. Ad studia sua provehenda petit ex Anglia libros suos afferri. Utilitates studii litterarii recenset : huic adolescentes palatii suadet addici.

Domino piissimo et præstantissimo et omni honore dignissimo David regi Flaccus Albinus veræ beatitudinis æternam in Christo salutem.

Dulcedo sanctæ dilectionis vestræ omnibus horis, etiam et momentis, aviditatem pectoris mei abundanter reficit; et decoris vestri facies, quam sæpius amabiliter considerare solebam, totas memoriæ meæ venas cum magna jucunditate desiderabiliter implet, et quasi multarum in corde divitiarum species, vestræ bonitatis nomen et aspectus reconditur. Ideo magna mihi est jucunditas, vestræ dulcissimæ prosperitatis audire lætitiam, ad quam etiam cognoscendam hunc [c] puerulum, ut scitis, parvitatis meæ clientellum [*Al.*, clientulum] direxi : quatenus in salute sublimitatis vestræ, in gratiarum actionibus lætus collaudem misericordiam Domini nostri Jesu Christi. Non solum ego ultimus servulus Salvatoris nostri, congaudere debeo prosperitati et exaltationi clarissimæ potestatis vestræ : sed tota sancta Dei Ecclesia unanimo charitatis concentu gratias agere Domino Deo omnipotenti debebit, qui tam pium, prudentem et justum, his novissimis mundi et periculosissimis temporibus populo Christiano perdonavit clementissimo munere rectorem atque defensorem : qui prava corrigere, et recta corroborare, et sancta sublimare omni intentione studeat, et nomen Domini Dei excelsi per multa terrarum spatia dilatare gaudeat, et catholicæ fidei lumen in extremis mundi partibus incendere conetur. Hæc est, o dulcissime David, gloria, laus et merces tua in judicio diei magni, et in perpetuo sanctorum consortio ; ut diligentissime populum, excellentiæ vestræ

---

[a] Locus corruptus.
[b] Edit. Quercet. 1, Canis. 3 (Froben. 38). Scripta fuisse videtur non diu postquam monasterio Turonensi sancti Martini abbas præfectus, ibi scholas aperuit, circa annum 796. Quod inde colligo, quia dum hanc epistolam scriberet, nondum provisus fuerat necessariis ad docendum libris.
[c] *Puerulum.* Quis ille? Candidus fortassis, quem multoties mittendis epistolis adhibuit.
[d] Hæc paulo aliter citat Wilhelmus Malmesbur. lib. 1 de Gest. reg. Angl., cap. 3, et lib. III de Gestis pontif. : « Date mihi exquisitiores eruditiones scholasticæ libellos, quales in patria habui, per bonam et

a Deo commissum, corrigere studeas, et ignorantiæ tenebris diu animas obcæcatas ad lumen veræ fidei deducere coneris. Nunquam optimis voluntatibus, vel bonis conatibus remuneratio divina deerit : sed qui plus laborat in voluntate Dei, plus mercedis recipiet in regno Dei. Tempus hujus vitæ velociter currit, fugit, et non revertitur [*Al.*, respicit]; **53** ineffabilis vero Dei pietas humano prævidebat generi breviter laborare, et æternaliter coronari. Ideo pretiosa debent esse nobis tempora, ne perdamus per negligentiam quod per bonæ vitæ exercitium habere poterimus [*Al.*, potuerimus] æternum. Nec tantum diligere aliquid poterimus in terra, quantum beata amabitur requies in cœlo : quam qui tunc habere concupiscat, bonis nunc operibus promereri contendat. Omnibus itaque communiter regni cœlestis janua patescit; sed illis intrare conceditur, qui cum multiplici bonitatis fructu ad eam venire festinant.

Ego vero Flaccus vester secundum exhortationem et bonam voluntatem vestram, aliis per tecta sancti Martini sanctarum mella Scripturarum ministrare satago ; alios vetere antiquarum disciplinarum mero inebriare studeo ; alios grammaticæ subtilitatis enutrire pomis incipiam ; quosdam stellarum ordine, ceu picto cujuslibet magnæ domus culmine, illuminare gestio. Plurima plurimis factus (*I Cor.* IX, 22), ut plurimos ad profectum sanctæ Dei Ecclesiæ, et ad decorem imperialis regni vestri erudiam, ne sit vacua Dei omnipotentis in me gratia (*I Cor.* xv, 10), nec vestræ bonitatis largitio inanis. Sed ex parte desunt mihi servulo vestro exquisitiores eruditionis scholasticæ libelli, quos habui in patria per bonam et devotissimam [d] magistri mei industriam, vel etiam mei ipsius qualemcunque sudorem. Ideo hæc vestræ excellentiæ dico, ne forte vestro placeat totius sapientiæ desiderantissimo consilio, ut aliquos ex pueris nostris remittam, qui excipiant inde nobis necessaria quæque, et revehant in Franciam flores Britanniæ : ut non sit tantummodo in Euborica hortus conclusus, sed in Turonica emissiones paradisi cum pomorum fructibus, ut veniens Auster perflaret hortos Ligeri fluminis, et fluant aromata illius, et novissime flat, quod sequitur in Cantico, unde hoc assumpsi paradigma : *Veniat dilectus meus in hortum suum, et comedat fructum pomorum suorum.* Et dicat adolescentulis suis : *Comedite amici mei, bibite et inebriamini, charissimi. Ego dormio, et cor meum vigilat* (*Cant.* v, 1, 2). Vel illud exhortativum ad sapientiam discen-

devotissimam magistri mei Egberti archiepiscopi industriam. Et si placet sapientiæ vestræ, remittam aliquos ex pueris nostris, qui excipiant inde quæque necessaria, et revehant in Franciam flores Britanniæ, et non sit tantummodo in Eboraco hortus conclusus, sed etiam in Turonica emissiones paradisi. » Ex his duo colligimus : primum, Alcuinum Eboraci studia sua confecisse ; alterum vero multo evidentius, non Lutetiæ Parisiorum aut in Fuldensi monasterio, sed in civitate Turonum ad Ligerim scholam suam erexisse, e qua deinde prodierunt tot viri doctrina insignes. BASNAGE.

dam Isaiæ prophetæ elogium : *Omnes sitientes venite ad aquas : et qui non habetis argentum, properate, emite, et comedite : Venite, emite, absque argento, et absque ulla commutatione vinum et lac (Isa.* LV, 1).

Hæc sunt quæ vestra nobilissima intentio non ignorat, quomodo per omnes sanctæ Scripturæ paginas exhortamur ad sapientiam discendam. Nil esse ad beatam vitam sublimius adipiscendam, nil ad exercitium jucundius, nil contra vitia fortius, nil in omni dignitate laudabilius ; etiam et secundum philosophorum dicta nil ad regendum populum necessarius, nil ad componendam in optimos mores vitam melius, quam sapientiæ decus, et disciplinæ laus et eruditionis efficacia. Unde et de laude illius sapientissimus exclamat [*Al.*, explanat] Salomon : *Melior est sapientia cunctis pretiosissimis, et omne desiderabile ei non potest comparari. Hæc est quæ humiles exaltat, quæ sublimes honorat. Per illam reges regnant, et legum conditores justa decernunt. Per illam principes imperant et potentes decernunt justitiam. Beati qui custodiunt vias ejus, et beati qui vigilant ad fores illius quotidie* (Prov. VIII, 11 seqq.). Ad hanc omni studio discendam et quotidiano exercitio possidendam exhortare, domne rex, juvenes quosque in palatio excellentiæ vestræ, quatenus in ea proficiant ætate florida, ut ad honorem canitiem suam perducere digni habeantur, et per eam ad perpetuam valeant pervenire beatitudinem. Ego vero, secundum modum ingenioli mei, apud servos vestros in his partibus seminare sapientiæ grana segnes [*Al.*, segnis] non ero, memor illius sententiæ : *Mane semina semen tuum, et vespere non cesset manus tua ; quia nescis quid magis oriatur, hoc an illud. Et si utraque simul, melius est (Eccle.* XI, 6).

ᵃ Mane [*Al.*, Multa] florentibus per ætatem studiis seminavi in Britannia. Nunc vero frigescente sanguine quasi vespere in Francia seminare non cesso. Utraque enim, Dei gratia donante, oriri optans. Mihi fracto corpore solatio est sententia sancti Hieronymi, qui ait in epistola (*Epist.* 52) ad Nepotianum : « Omnes pene **54** virtutes corporis mutantur in senibus, et crescente sola sapientia decrescunt cætera. » Et post paululum : « Senectus vero eorum qui adolescentiam suam honestis artibus instruxerunt, et in lege Domini meditati sunt die ac nocte, ætate fit doctior, usu tritior, processu temporis sapientior ; et veterum studiorum dulcissimos fructus metit. » In qua epistola, de sapientiæ laude, et veterum studiis plura potest, cui placuerit, legere, et intelligere quantum veteres in decore sapientiæ florere studuerunt. In hanc vestram Deo amabilem, et vitæ laudabilem semper proficere et gaudere agnovi diligentiam ; et nobilitatem sæcularis prosapiæ majore mentis nobilitate exornare. In qua Dominus noster Jesus Christus, qui est virtus et sapientia Dei, te custodiat, et exaltet, et ad gloriam beatæ et perpetuæ visionis suæ pervenire faciat.

ᵇ **EPISTOLA XLIV.**

AD DAMOETAM FILIUM.
(Anno 796.)

Prospera precatur eunti in hostem, et de amicorum dolet absentia.

Flaccus Albinus ᶜ Flavio Damœtæ filio charissimo salutem.

Tuæ congaudeo dilectioni, et præstatæ [præstitæ] fidei congratulor : quia semper ubique te fidelem inveni, et benevolum erga me agnovi, sicut filium in patrem : nec aliter inveni, nisi ut voluntas tua semper meam subsecuta est voluntatem. Ideo tædium habet animus meus de absentia faciei tuæ : tamen in charitate cordis mei te semper præsentem habeo, Deumque pro tua deprecor prosperitate, ut te mihi in gaudium, tibique ipsi in salutem longævis conservare dignetur temporibus. Sed valde sollicitus sum ᵈ de itinere tuæ profectionis in hostem, quia plurima solent in talibus evenire pericula rebus. Tamen qui justitiam habet eundi et pro Deo decertandi, fiduciam potest habere de auxilio illius, pro cujus amore tantum subire laborem non formidat. Tu vero ᵉ iter tuum confessione confirmare, eleemosynis roborare, orationibus servorum Dei undique munire memento : ut angelus Domini te inter omnia adversa tueatur et comitetur, quatenus cum securitate vadas et cum pace revertaris.

55 Ego pene, quasi orbatus filiis, remaneo domi. Damœta Saxoniam, Homerus Italiam, ᶠ Candidus Britanniam recessit, Martinus ᵍ in Vicos apud S. Jodo-

---

ᵃ *Mane.... seminavi in Britannia.* Inde aliqui concludunt, Alcuinum præcipuas Britanniarum academias perlustrasse. Ferunt Annales Cantabrigienses, in ea academia post Bedam docuisse Alcuinum. Sed nihil obstat quo minus Eboraci remanens, in totam Angliam doctrinæ lucem effuderit. Ex eo loco probatur evidentius, senem fuisse Alcuinum, cum Turonibus scholam erexit. BASNAGE.

ᵇ Edit. Quercet. 93, Canisii 47 (Froben. 39).

ᶜ *Flavio Domœtæ.* Fuisse hunc virum illustrem, domi militiæque strenuum, patet ex hac et sequenti epistola, ubi hunc in exercitu Caroli Magni, Saxones debellaturi, juri dicundo fuisse præfectum liquet ex his verbis : *In diversarum auditu causarum justitia semper resonet in ore.* CANIS.

ᵈ *De itinere in hostem.* Saxones, ut infra. Id factum censet Mabillonius anno 783. Præplacet opinio Pagii, qui, num. 22, epistolæ huic annum 796 assignat.

ᵉ *Iter tuum confessione.* Hortatur militem ut ante

prælium sacramentali confessione peccata expiet, laudato priscis militibus more, qui et apud Normannos, de quibus Wilhel. Malmesb. lib. III. Reg. Angl.; tota nocte confessioni peccatorum vacantes, mane Dominico corpore communicarunt; pedites cum arcubus et sagittis, etc. CANIS.

ᶠ *Candidus Britanniam.* Hunc Candidum Lindisfarnensis Ecclesiæ alumnum, Higebaldi episcopi discipulum facit Lelandus de Script. Britann. cap. 100, p. 133, ubi refert fragmentum epistolæ Alcuini ad eumdem Higebaldum, quo Candidum tacito studio repetit ; quod vid. supra epist. 8 (nunc 9), ad Lindisfarnenses.

ᵍ *In Vicos apud S. Jodocum.* De cella S. Jodoci a Carolo collata Alcuino, alibi diximus. Ex hoc loco Baluzius in not. ad epist. 11 Lupi abbatis Ferrariensis colligit, Vicum seu Quentavicum idem esse ac monasterium S. Jodoci, vulgo, *Saint-Josse-sur-mer.*

cum infirmus remansit, pro cujus sanitate, ut Dei deprecceris clementiam, obnixe flagito. De Mopso, qui apud S. Martinum, sicut audisti, infirmatus est, nihil aliud audivi certum; nec te abeunte, missos illius vidi. Sed pene tristitia totus absorptus fui in *filia mea, quæ tres dies pene desperata fuit; sed modo, donante divina misericordia, per preces servorum Dei et eleemosynarum largitatem bene consolati sumus in ea, quia bene recuperata est. Ecce qualibus qualibus pater tuus agitatus est fluctibus! Tu, fili charissime, cum tuæ reverentiæ commilitonibus pro eo intercedere satage, quatenus spiritus consolationis hos ejus animi motus tranquilla pace componere dignetur; et David dilectum suum, et vos omnes victores cum gaudio reducat in patriam. Æternæ patriæ civem te faciat divina clementia, dilectissime fili.

b EPISTOLA XLV.

c AD RICULFUM ARCHIEPISCOPUM MAGENSIS CIVITATIS COGNOMENTO DAMOETAM.

De absentia amicorum tristatur; et ad æternorum amorem hortatur.

Probatissimo amico Damœtæ Albinus salutem.

Nimium mihi longum videtur tempus, quod tuæ dilectionis faciem non vidi, verba non audivi. Et tantum ex præsentia tui gaudebat animus, quantum d in absentia contristatur. Quid faciet mens, nisi lugeat, dum paucos habet amicos? Proh dolor! sed illi semper (pene) absentes. Tamen quod valeo faciam, te memorans apud Dominum, tibi prospera semper illius concedere clementiam deprecans, cujus dilectione tuum semper impleatur pectus. Hæ sunt veræ divitiæ, quæ nunquam decipiunt habentem, 56 nec in ipsa morte amittuntur, sed plus abundant, dum cernitur quod amatur. Inter temporalia et æterna hoc interest [quod temporale] aliquid plus diligitur antequam habeatur, vilescit autem cum advenerit. Æternum autem ardentius diligitur adeptum quam desideratum. Ideo plus amemus æterna quam temporalia, ut in æternitate beate et feliciter vivere mereamur. Valeto in sæcula.

e EPISTOLA XLVI.

AD DAMŒTAM.

Gratias agit pro dono; hortatur ad justitiam cuique faciendam; atque amici suspirat adventum.

f Flavio Damœtæ viro clarissimo plurimam Albinus perpetuæ pacis salutem.

De vestra valde gaudeo prosperitate, et de munere charitatis vestræ multum gavisus sum, tot agens gratias quot dentes in dono numeravi. g Mirum animal, duo habens capita et dentes LX, non elephantinæ magnitudinis, sed eburneæ pulchritudinis. Nec ego hujus bestiæ territus horrore, sed delectatus aspectu. Nec me frendentibus illa mordere dentibus timui, sed blanda adulatione capitis mei placare capillos adrisi. Nec ferocitatem in dentibus intellexi, sed charitatem in mittente dilexi, quam semper fideliter in illo probavi. Sed quantum gaudeo in amoris dulcedine, tantum doleo h in absentiæ longinquitate. Noluissem tanto tempore ab invicem separari, quos ejusdem charitatis dulcissima colligant vincula. Quid faciam, nisi lacrymis sequar amicum, donec reveniat, quem animus optat habere præsentem?

O fili charissime! inter occupationes sæculi non obliviscare tui; sed dum corpus epulis pascitur, anima eleemosynis reficiatur. Et dum fatigata ex itinere membra quiete refocillantur, mens in Deo orationibus roboretur: et in diversarum auditu causarum justitia semper resonet in ore, et ex intimo cordis affectu miserorum procedat [*Al.*, *proveniat*] consolatio, et spes æquitatis non fallat advenientes, nec pietatis desint suffragia confugientibus ad vos, quia pietas in pauperes gesta æterna remuneratur beatitudine. Hæc, fili mi, faciens floreas in omni virtutum decore, et te, quocunque vadas, divina comitetur protectio, euntemque ubique deducat prospere, ac redeuntem cum omni prosperitate citius reducat ad nos, ut gaudeat amor patris in filio, et laudetur Deus ubique, qui suos famulos sibimet invicem præsentabit ovantes. Vigeas, valeas, et floreas, dulcissime Damœta.

---

a *Filia mea.* Quænam hæc, pro cujus valetudine tot preces, tot eleemosynæ, tanta sollicitudo? Ausim dicere, esse Liutgardem Caroli Magni uxorem, quam alibi filiam suam vocat Alcuinus. Canis.

b Edit. Quercet. 44, Canis. 50 (Froben. 40). Collata cum cod. ms. Salisb.

c Apud Canisium, et in Salisb. cod. deest illa inscriptio: *Ad Riculfum archiepiscopum*, etc. Quercetanus illam in cod. Petavino repererit; nihil tamen probat, ait Basnagius, illum Damœtam fuisse episcopum; quin imo ex epistola superiori et sequenti conjicias potius fuisse virum-sæcularem, qui jus inter milites in Saxonia summa cum æquitate dicebat.

d *In absentia contristatur.* Hæc et sequentia concordant cum epist. priori, ubi conqueritur quod pene orbatus filiis domi solus relictus sit, ut adeo idem sit hic et ille Damœta, vir nempe sæcularis, non episcopus.

e Edit. Quercet. 68, Canis. 41 (Froben. 41).

f *Viro clarissimo.* Hæc verba et quæ sequuntur deerant in cod. Sanct-Gallensi apud Canisium.

57 g *Mirum animal.* Ita jocari hic placuit Alcuino de pectine a Damœta sibi donato, quod caput animalis præferebat. Huc pertinet carmen 219 edit. Quercet., quod cum hac epistola connexum fuisse videtur, et ita sonat:

Bestia nam subito nostras subrepserat ædes
In qua . . . fuit capitum miranda duorum,
Quæ maxilla tamen pariter conjunxerat una,
Bis ternis decies sed dentibus horruit illa.
Esca fuit crescens illis de corpore vivo,
Nec caro, nec fruges, fructus nec viva bibebum
Dentibus edebat, patulo non tabuit ore.
Scis, Damœta meus, quæ sit hæc bestia talis.

h *In absentiæ longinquitate.* In expeditione nempe Saxonica, de qua supra in Epist. 59 (nunc 44).

EPISTOLA XLVII.
AD OFFAM REGEM MERCIORUM.
(Anno 796.)

Nuntiat Carolum genti Northanumbrorum iratum ob necem regis Ethelredi.

Sciat veneranda dilectio vestra quod domnus rex Carolus amabiliter et fideliter sæpe locutus est mecum de vobis, et in eo habetis fidelissimum amicum. Ideo et vestræ dilectioni digna dirigit munera et per episcopales sedes regni vestri. Similiter Ethelredo regi et ad suas episcoporum sedes dona direxit. Sed heu! proh dolor! donis datis et epistolis in manus missorum, supervenit tristis legatio per missos, qui de Scotia per vos reversi sunt, de infidelitate gentis et nece regis. Ita Carolus, retracta donorum largitate, in tantum iratus est contra gentem illam, ut ait, perfidam et perversam, et homicidam dominorum suorum, pejorem cam paganis existimans : et nisi ego intercessor essem pro ea, quidquid eis boni abstrahere potuisset et mali machinari, jam fecisset.

EPISTOLA XLVIII.
AD OFFAM REGEM MERCIORUM.

In patriam (Angliam) reverti volens retrahitur ob perjuria et vastationem gentis.

Ego paratus eram cum muneribus Caroli regis ad vos venire, et ad patriam reverti; sed melius mihi visum est propter pacem gentis meæ in peregrinatione remanere, nesciens quid fecissem inter eos, inter quos nullus securus esse, vel in salubri consilio proficere potest. Ecce loca sancta a paganis vastata, altaria perjuriis fœdata, monasteria adulteriis violata, terra sanguine dominorum et principum fœdata.

EPISTOLA XLIX.
AD OFFAM REGEM MERCIORUM.
(Anno incerto.)

Discipulum ad petitionem regis in Angliam remittit, qui ibi in scholis doceat. Hortatur ad regias virtutes.

Domino excellentissimo Offano regi, humilis levita Alcuinus salutem.

Fideliter voluntati tuæ semper placere cupiens, hunc meum charissimum filium ad vos remisi sicut petisti, deprecans ut eum honorifice habeatis, donec ad vos, volente Deo, veniam : nec eum sinite otiosum vagare, nec ebrietati servire; sed prævidete ei discipulos, et præcipientes præcipite, ut diligenter doceat. Scio quod bene dicit, et utinam bene proficiat ! quia discipulorum meorum profectus, merces est mihi apud Deum. Et valde mihi placet, quod tantam habetis intentionem lectionis, ut lumen sapientiæ luceat in regno vestro, quod multis modo exstinguitur in locis. Vos estis decus Britanniæ, tuba prædicationis, gladius contra hostes, scutum contra inimicos. Habete Deum semper ante oculos, facite justitiam, amate misericordiam : quia qui ignoscit, ignoscitur ei (*Matth*. vi, 14). Discite diligere mandata Dei Christi, ut benedictio illius in omni bonitate et prosperitate vos vestrosque nepotes consequatur in æternum. Divina te tuumque regnum cœlesti benedictione comitetur gratia, domine excellentissime.

EPISTOLA L.
AD ECGFRIDUM REGEM MERCIORUM.
Exhortatur ad virtutem.

Nobilissimo juveni Ecgfrido humilis levita Alcuinus salutem.

Quia sciebam te bonæ indolis et summæ nobilitatis adolescentem exhortatorias præsumpsi tibi dirigere litteras. Non quod tibi aliquid desit a sapientissimis et optimis parentibus admonitionis necessariæ, quorum honestatis exempla populo prædicamenta sunt salutis; sed ut meæ dilectionis in te ostenderem fidelitatem, cupiens te proficere in Deo, virtutumque floribus ornari, et cunctis Anglorum populis prodesse in prosperitate. Ecce quam nobilissimis natus es parentibus, quam magna enutritus cura. Noli moribus esse degener, qui nativitate generosus existis. Disce diligenter illorum exempla, a patre auctoritatem, a

horto nostro abbatiali repertum, et in meo nummophylacio servatum. Nullus dubito qua hic ejusdem Offæ regis bustum exhibeatur, ad quem Alcuinus has familiares scripsit epistolas. Quid sibi velint litteræ in postica parte nummi excusæ, aliasve ad nummi hujus aut rei monetariæ Anglorum medii ævi majorem notitiam pertinentia, eruditi Britanni decernant.

---

a Hoc et sequens fragmentum ejusdem, ut puto, epistolæ, recenset Malmesb. lib. I Reg. Angl., cap. 3. In edit. Quercet., p. 1667 et 1668.

b *Ad Offam regem*, etc. Fuit Offa rex Merciorum potentissimus, regnumque tenuit ab anno 756 usque ad annum 796 quo obiit vii Kal. Aug., ut scribit Hovedenus, pag. 406.

c *Dona direxit*. Quænam illa dona fuerint, cognosces ex epistola Caroli Magni ad eumdem Offam regem, quam in appendice exhibebimus, edit. Quercet. p. 1670.

d *De nece regis*. Ethelredi nimirum regis Northanumbrorum, quem sui interfecerunt xiv Kal. Maii anno 796. Data ergo hæc epistola post diem 18 Aprilis ejusdem anni.

e Hoc alterum fragmentum est epistolæ ad Offam a Malmesb. loc. cit. relatum, edit. Quercet. pag. 1667.

f *Loca sancta a paganis vastata*, etc. Annis nimirum superioribus. Vide epist. 8 (nunc 9) ad Lindisfarnenses, et sequentes.

g Edit. Quercet. 38 ex ms. (Froben. 44). Quo anno data sit incertum, jungendam tamen commode censuimus aliis ad Offam epistolis.

h *Offano regi*. Offanus et Offa idem nomen, ut Beda et Bedanus, Columba et Columbanus, Thega et Theganus. Non possum mihi temperare quin hoc loco eruditorum curiositati exhibeam nummum argenteum rarissimum regis Offæ, ab annis aliquot in

i Edit. Quercet. 48 ex ms. collata cum cod. Salisb. (Froben. 45).

i *Ecgfrido*. Filio Offæ regis Merciorum, de quo Alfordus ad annum 787, num. 56 : « Eodem anno, quo habita in Merciis synodus, Offa filium suum Ecgfridum regem coronari voluit, præsente, opinor, Patrum conventu; ut disceret parente vivo sceptrum tractare. » Scriptam esse hanc epistolam ante obitum parentum, contextus loquitur; quo vero anno, incertum. Successit patri in regnum anno 796 et eodem etiam anno sæva mors vernantis ætatis florem messuit; nam quinto ab inito magistratu mense naturæ concessit, » ut habet Malmesb.

k *A matre vietatem*. « Hæc communiter Zucchrida

matre pietatem. Ab illo regere populum per justitiam, ab ista compati miseris per misericordiam; ab utroque Christianæ religionis devotionem, orationum instantiam, eleemosynarum largitatem, et totius vitæ sobrietatem. Tu baculus senectutis illorum esto, humiliter illorum obediens præceptis; quatenus illorum te benedictio consequatur in æternum. Nam juxta Salomonem, benedictio parentum filios exaltat *(Eccli.* III, 11). Item idem ait: *Filius sapiens gloria est patris.* (*Prov.* x, 1). Noli luxuriæ subditus esse, sed Deo: quia castum corpus et animam vitiis non maculatam Spiritus inhabitat sanctus. Non decet te rusticum esse moribus, vel verbis lasciviosum, qui natus es in solio regni. Temperantia et honestas vitæ te amabilem et laudabilem cunctis efficiet populis. Incipe bona promereri conversatione, Deum ubique habere protectorem. Ex illius enim misericordia tua consistit prosperitas. Si illum toto corde amaveris, et illius tota intentione teipsum subdideris voluntati, exaltabit te in regno præsenti, et in futuro gloriam tibi concedet sempiternam. Divina te in omni bonitate pietas florere faciat, fili charissime!

a EPISTOLA LI.
AD MONACHOS VEDASTINOS.
(Circa annum 796.)

Versus et missas aliquot mittit; illorum se orationibus commendat, et ad virtutes religiosas hortatur.

Charissimis in Christo fratribus humilis levita Albinus salutem.

Sicut domini abbatis, vestraque suavissima charitas demandavit, b versus per singulos titulos ecclesiarum et altaria singula dictavimus, et utinam tam rationabiliter quam libenter; quia vestræ sanctitatis jussio compellit citato dictare sermone; tamen vestra pietas defendat, quæ nostra humilitas obedienter exaravit. c Missas quoque aliquas de nostro tuli Missale ad **60** quotidiana et ecclesiasticæ consuetudinis officia. Primo in honore summæ Trinitatis, deinde ad sanctorum intercessiones deprecandas, etiam et angelorum suffragia postulanda, quæ multum necessaria sunt in hac peregrinatione laborantibus. Postea sanctæ Dei genitricis semperque virginis Mariæ missam superaddidimus per dies aliquot, si cui placuerit, decantandam; nec non et sancti Vedasti Patris vestri et d protectoris nostri dictavimus missam, quatenus illius familiaris advocatio sempiternum suis famulantibus afferret solatium. Pro peccatis quoque et eleemosynam facientibus adjunximus orationes, quatenus si quis vel pro suis negligentiis vel pro aliorum bene-

ab auctoribus appellatur, quæ, si Matthæum Parisiensem audimus, Carolo Magno affinis fuit, et Drida prius dicta, quam in Britanniam venisset. . . . Sed pietas ejus erat generis feminini, et potentiam nacta degeneravit statim in id, quod impietas dicitur. » Alford. loc. cit. num. 38.

a Edita a Martene et Durando tom. I. Vet. Script. et Mon. ampl. coll. pag. 49-51, ex ms. Vedastino 800 annorum. Data circa annum 796 quo Rado abbatia sancti Vedasti donatus est. Mabill. lib. XXVI, Annal. num. 50.

b *Versus.* Exstant hi versus tom. II, a num. 41-66.
e *Missas.* Intellige Librum Sacramentorum; infra

factis offerre voluisset, haberet convenientes intercessiones suæ voluntati. Arbitror vos melius hæc omnia vel in sacramentis vestris conscripta, vel in consuetudine quotidiana habere. Tamen ne inobediens vestræ essem dilectioni, scripsi, quod nos in consuetudine habemus, et vobis proficuum esse putavi, obsecrans ut mei nominis memoriam habeatis, vel inter has, vel inter alias vestræ sanctitatis intercessiones. Ut vere fatear, multam habeo fiduciam in vestris sanctis orationibus ad promerendam misericordiam Domini nostri Jesu Christi, qui vos custodiat et in omni bonitate proficere faciat, et orationes vestras exaudire dignetur vel pro vivorum salute, vel pro morientium profectu. Vos vero, viri fratres! in unitate charitatis firmiter permanete, et in humilitatis obedientia solerter assistite. Iste est honor vester coram hominibus; ista est via vestra ad regnum Dei. In his enim mercedem a Deo sperare debetis; ad hos enim sanctissimos tramites, seniores qui sunt, juniores deducant. Corripite eos in spiritu mansuetudinis, et bona illis præbete exempla, ut vestris sanctissimis vestigiis inhærentes vitam vobiscum in Christo sempiternam habere mereantur. Sæculum quod sprevistis, nolite quærere, sæpius cum Propheta decantantes: *Inclina cor meum in testimonia tua, et non in avaritiam* (*Psal.* CXVII, 36). Radix enim omnium malorum cupiditas est. Melius est enim Deum habere in corde, quam nummos in sacculo. Lectionis sacræ studia inter labores obedientiæ vestræ diligentissime exercete; ita ut vel opus, vel libellus in manibus semper videatur vestris, quia in libris sanctis Deus loquitur ad hominem, et in orationibus suis homo loquitur ad Deum. Quid dulcius debet esse quam Deum audire loquentem? In his enim et solatia peccator, et gaudia benefactor inveniet. Sicut lux lætificat oculos, ita lectio corda. Custodiam oris diligenter observate: verba quæ ad ædificationem audientibus faciant semper proferte, quia aliorum salus vestra est retributio. Laus Domini semper sonet in ore vestro dicente Propheta: *Benedicam Dominum in omni tempore, semper laus in ejus in ore meo* (*Psal.* XXXIII, 2). Et iterum: *Sacrificium laudis honorificabit, illic iter, quo ostendam illi salutare Dei* (*Psal.* XLIX, 25). Necdum mihi, charissimi fratres, occurrit tempus dictandi e homiliarem admonitionem, sed vita comite, Spiritu sancto inspirante, non ero immemor petitionis vestræ et promissionis meæ. Divina vos clementia in omni bonitate florere et proficere faciat, fratres charissimi. Amen f!

tom. II ubi etiam vid. præviam admonitionem.

d *Protectoris nostri.* Alcuinus hoc ex loco affectus maxime fuisse videtur sancto Vedasto, cujus Vitam etiam ad petitionem Radonis abbatis conscripsit circa annum 796 Mabill. loc. cit. Quo etiam tempore probabile est, eum titulos in ecclesia vedastina inscribendos dictasse. MARTENE.

e *Homiliarem admonitionem.* Promissum implevit Alcuinus in Homilia, seu adhortatione ad imitandas virtutes sancti Vedasti, quam dabimus infra suo loco.

f In codice, quo usus est Martene, sequebantur versus in ecclesia sancti Vedasti scribendi, qui editi sunt tom. II, num. 41.

61 [a] EPISTOLA LII.
AD FRATRES IN ECCLESIA SANCTI LIUDGARII EPISCOPI.
(Anno 796.)

Exc: sat se, quod ad ipsos non venerit; hortatur ad virtutes monachis convenientes.

Venerabilibus in Christo Fratribus [b] in Ecclesia sancti Liudgarii episcopi servientibus, Alcuinus devotus vestri profectus in Christo salutem.

Desiderabilem vestræ beatitudinis salutationem, quam meæ parvitatis auribus fidelis frater Odilleoz attulit, gratiosissimo suscepi animo, valde desiderans in vestræ sanctitatis orationibus, in hujus procellosæ vitæ navigio adjuvari, quatenus piissima Salvatoris nostri gubernatione ad portum perpetuæ quietis, vobis intercedentibus, pervenire merear. [c] Quod ad vos non veniebam, non alicujus (Deus testis est) despectionis causa feci; sed ne scandalum religioni [Al., regioni] vestræ meæ inordinatæ conversationis vita generaret; cupiens ædificare, non destruere (*Eccli.* xxxiv, 28); congregare, non spargere. Nulla est ovibus Christi major damnatio, quam pastor errabundus et seductor. Qui per devia orbitat, quomodo sequens viator viam incedit regiam? Nonne hastile aciem lanceæ sequitur in ictu?

Vos vero, fratres charissimi, totis viribus sanctorum Patrum sequimini exempla, illorumque unanimiter obedientiæ pedibus [*Edit.*, precibus] intrate vestigia. Charitas, obedientia, et humilitas monachis cœli januas aperient. Non illa charitas, quæ in [d] pleno potatur calice, sed illa quæ in pectore sine simulatione versatur fraterno : non sua quærens, sed quæ alterius sunt (*I Cor.* xiii, 5); omnibus prodesse non sibi placuisse quærens. Non illa humilitas tantum quæ in capitis inclinatione foris ostenditur, sed illa quæ in cordis consideratione ante conspectum summi judicis omnibus se inferiorem esse judicat. Quid de obedientia loquor [*Mab.*, loquar], dum tota monachorum vita in simplicitate consistit obedientiæ? Pater vero et pastor Deo rationem reddet quid jubeat

A et quibus ante eos vivat exemplis. Sicut et filii, et grex, qua devotione paternis obtemperant jussis, omnium judici rationem reddituri erunt.

Igitur pacem et concordiam ex intimo cordis affectu inter vos habete. Quia nihil sine pace Deo placet, nec munus ad aram. Unusquisque alium, juxta Apostolum, honore præveniat (*Rom.* xii, 10). Seniores in spiritu mansuetudinis, quasi filios admoneant adolescentes (*I Petr.* v). Sed et illi Patrum præcepta, quasi divinitus dicta, cum omni humilitate perficiant : servantes in timore Dei proprii castitatem corporis, ut Spiritus sanctus habitare dignetur in eis, dicente Apostolo : *Templum Dei sanctum est, quod estis vos* (*I Cor.* iii, 17). Et in sanctarum Scripturarum lectione studiosi estote, ut possitis alterutrum ædificare et consolari : quia qui non vult in juventute discere, in senectute scire non poterit. Et sicut sæculi avarus quotidie sibi divitias augere studet, sic servus Dei sapientiæ gazas in sui pectoris saccos quotidie congregare studeat, ut sit *scriba in Ecclesia Dei doctus, proferens de thesauro* cordis *nova et vetera* conservis suis cœlestis scientiæ dona (*Matth.* xiii, 52), quatenus juxta Danielis prophetiam erudiens multos, sicut firmamentum stellis ornatum in perpetua fulgeat beatitudine (*Dan.* xii, 3).

Non me, obsecro, præsumptuosum æstimate, fratres, pro hujus admonitionis chartula. Sed quod charitatis lingua dictavi, vos humilitatis perlegite oculis, meamque fragilitatem orationum auxilio vestrarum roborate, ut Dei donante clementia peccatorum meorum merear accipere veniam, ac vobiscum desiderabilem audire vocem : *Venite benedicti Patris mei, percipite regnum, quod vobis paratum est ab origine mundi* (*Matth.* xxv, 34).

EPISTOLA LIII.
[e] AD FRATRES CORBEIENSES.
Laudat illorum bonam conversationem a se olim expertam. Commendat se illorum orationibus, et hortatur ad virtutis studium.

Sanctissimis in Christo fratribus, sub protectione men adversari videtur ipsa hujus epistolæ sequens inscriptio : *Fratribus sub protectione beati Leodegari episcopi Deo servientibus.* Corbeia si quidem utraque, vetus et nova aliorum sanctorum patrocinio dedicata fuerat; illa quidem sancti Petri apostoli prout ad epist. 191 notavimus; hæc vero initio sancti Stephani protomartyris; tum sancti Viti martyris Præcedentis epistolæ inscriptio : *Ad fratres in ecclesia sancti Liudgarii seu Leodegarii episcopi*, Mabillonio judice, intelligenda est de monachis Morbacensibus in Alsatia. Illud enim monasterium circa annum 727 a sancto Pirminio conditum est, et quidem honoribus sancti Leodegarii propterea dicatum, quod Eberhardus comes, loci fundator, hunc sanctum ex materna linea propinquitate attinebat. Aviam quippe habuit *Bereswindam*, Sigradæ Leodegarii genitricis sororem. Ejusdem quoque sancti martyris caput ab ipsa monasterii origine ibidem depositum est, atque etiam nunc asservatur; quapropter etsi initio præfatum monasterium in honorem quoque sanctæ Dei genitricis Mariæ, sanctique Michaelis archangeli constructum fuerit, lapsu tamen temporis cæteris loci patronis prælatus est sanctus Leodegarius, ut ex diplomatibus Caroli Magni et Lotharii Augusti proba-Mabill. libr. xx Annal., pag. 77.

---

62 [a] Edit. Quercet. 64. Canis. 22, Froben. 52.
[b] *Ecclesia sancti Liudgarii.* Leodegarii legit Canisius, quod ipse de Augustodunensibus, cujus ecclesiæ sanctus Leodegarius episcopus fuerat; Mabillonius vero de Morbacensibus monachis, quorum basilica sancto Leodegario nuncupata est, interpretatur lib. xxvi Annal. Bened. p. 321.

[c] *Quod ad vos non veniebam.* Si epistola ad Murbacenses scripta est, ut censet Mabillonius, credam, Alcuinum hoc loco se excusare, quod ad eos ea occasione non inviserit, dum anno 796 in Alsatiam venit, ubi res aliquas, forte non longe a monasterio Murbacensi, habebat, ut patet ex epist. 35 ad Arnonem, quamvis Alcuinus alio etiam tempore illuc venire potuerit.

[d] *Pleno potatur calice.* Alludit, inquit Mabillonius, ad mores Germanicos. Canisius vero ait Alcuinum alludere ad illum morem, quo nomine et amore sanctorum, benedictiones adipiscendæ ergo, bibebant. De quo auctor lib. De miraculis sancti Udalrici cap. 10. Adde Arnoldi Vohburgensis narrationem de Ottone Magno lib. de miraculis sancti Emmerami. Contra abusum ejus rei etiam in maxime dissitis a Germania regionibus legatur sancti Aug. Serm. 232, de temp.

[e] *Ad fratres Corbeienses.* Ita quidem exprimitur hujus epistolæ titulus in cod. ms. Harleiano, cui ta-

beati Leodegari episcopi Deo servientibus, Alcuinus salutem.

Olim [a] magistri mei vestigia secutus vestræ congregationis laudabilem conversationem videbam et amabam, meque ipsum inter vos esse desiderabam, quasi unus ex vobis. Unde deprecor, charissimi fratres! vestram piissimam dilectionem, ut dignemini me in sanctis orationibus vestris fratrem habere, quasi unum ex vobis, ut vestræ sanctitatis intercessione peccatorum meorum merear a Deo Jesu indulgentiam accipere, qui est salus et beatitudo omnium in se sperantium; quem vos in sancta religione regularis vitæ semper honorate, et amate, quatenus dignum in vobis, sicut certissime credimus, mansionem sibi inveniat. Quid illi congregationi prosperitatis deesse poterit, ubi ille est in medio, qui ait : *Ubi sunt duo vel tres congregati in nomine meo, ibi sum in medio eorum* (Matth. XXVIII, 20).

Pacem semper habete veram in charitate sancta; et obedientiam sine murmuratione, et humilitatem sine simulatione, quæ sunt maxime monachicæ vitæ virtutes, et Spiritui sancto amabiles ad habitandum in eis : atque erudite pueros et adolescentulos vestros, cum omni diligentia, in castitate et sanctitate, et disciplina ecclesiastica, ut digni habeantur vestrum post vos tenere locum, et pro vobis sanctis orationibus, Deoque acceptabilibus assidua consuetudine intercedere.

Dominus Deus qui vos in ovile sanctitatis congregavit, ipse numerum vestrum augere dignetur, et a dextris sibi in die judicii stare concedat, ad audiendam amabilem sententiam, qua dicturus erit sanctis suis : *Venite benedicti Patris mei, percipite regnum, quod vobis paratum est ab origine mundi* (Matth. xxv, 34).

[b] EPISTOLA LIV.
AD DILECTISSIMOS AMICOS EBORACENSES.
(Anno 796, mense Augusto.)
Hortatur, ut in electione episcopi simoniacam labem evitent.

Dilectissimis amicis salutem.

[a] *Olim magistri mei vestigia secutus.* Duos Alcuinus Eboraci magistros habuit, Egbertum et Ælbertum, prout in præfatione generali declaravimus. De Egberto non constat quod aliquando in Galliam vel Alsatiam, ubi Morbacense monasterium situm est, venerit; de Ælberto vero, qui ab Egberto episcopo antecessore suo scholis Eboracensibus præfectus fuit, narratur quod amplioris doctrinæ avidus exteras regiones scientiæ amore peragraverit, si quid forte librorum, aut novæ eruditionis inveniret et reportaret; Romam quoque profectus a regibus summisque viris honorifice acceptus, et tantum non retentus fuit, etc. Mabill. lib. XXIV Annal., pag. 211, num. 12. Auctor quoque poematis De episcopis Eboracensibus, quem ipsum Alcuinum esse credimus, vers. 1525, testatur Alcuinum patri ac magistro suo Ælberto semper adhæsisse :

Tradidit ast alii charas super omnia gazas
Librorum nato, Patri qui semper adhæsit.

Credam igitur Alcuinum tunc quoque magistrum suum in itinere fuisse comitatum ; et eadem occasione in notitiam venisse Caroli Magni, qui, teste Vitæ scriptore, noverat eum, quia olim a magistro suo

Rogo vos per charitatis fidem, ut fideliter et sapienter in electione pontificis faciatis, si necesse sit, electionem fieri [c] antequam veniam. Iterum iterumque obtestor vos per nomen Domini nostri Jesu Christi, ut nullatenus aliquem sinatis per simoniacam hæresim episcopatum acquirere, quia omnino perditio gentis est, si fiet. Et est hæresis pessima, simoniaca videlicet, quam sanctus Petrus æterno anathemate damnavit (Act. VIII, 14, 20, seq.). Qui vendit episcopatum, aurum accipiet, sed et regnum Dei perdet.

Hucusque sancta Eboracensis ecclesia in electione sua inviolata permansit. Videte ne in diebus vestris maculetur. Si illa, quod absit, auctoritatem amittit ecclesiasticam, timeo ne vos regnum amittatis æternum. Judas vendidit sponsum, id est, Christum. Qui autem vendit sponsam, id est, Ecclesiam, ejusdem criminis reus est : quia Christus et Ecclesia unum corpus sunt, Apostolo teste (Ephes. v, 23). Venditor vero necesse est extra Ecclesiam sit; at qui extra Ecclesiam est, ubi erit, nisi cum diabolo in æterna perditione? Nolite metuere veritatem vobis dicentem audisse. Hoc enim quod dico, libri Spiritu sancto prolati testantur. Opto enim vos immaculatos in conspectu Dei esse, et in hoc sæculo feliciter regnare, et in perpetuo gaudere cum Christo. Vivite et valete felices in Christo.

63 [d] EPISTOLA LV.
AD QUEMDAM.
(Anno 796, mense Augusto.)
Rogat ut ecclesiam, dum novus episcopus eligendus est, ab omni violentia defendat, diesque æternos in mente habeat.

Domino omnium dilectissimo æternam in Christo salutem.

Audiens ab [e] Eanbaldo famulo vestro optatæ prosperitatis vestræ sospitatem, valde me gavisum fateor ; quia charitas et fides quæ olim in pectore nostro habitare cœpit, nunquam recedere poterit. Et quanto plus tempus remunerationis appropinquat,

ad ipsum directus fuerat. » De hoc quoque itinere ante annum 780 suscepto, intelligendum existimo, quod de seipso narrat Alcuinus in epist. 101, se nempe adolescentem Romam perrexisse, et aliquantos dies in Papia regali civitate demoratum, disputationi Julii Judæi cum Petro magistro interfuisse.

[b] Edit. Quercet. 88 ex ms. (Froben. 48.) Data est ad fratres Eboracensis ecclesiæ, tunc pastore suo vacantis, nempe anno 796 quo IV Kal. Aug. obiit Eanbaldus senior, cui junior successit (Rogerus Hoved. hoc anno).

[c] *Antequam veniam.* Vocatus ergo Alcuinus tanquam membrum illius ecclesiæ, ut novæ electioni adesset, sed prohibitus est ne veniret, ob morbum febrilem et regis moram in Saxonia, ut legitur in epistola sequenti.

[d] Edit. Quercet. 52, Canis. 50 (Froben. 49). Scripta ad amicum, episcopum forte, aut potestate aliqua sæculari pollentem, qui possit electionem novam episcopi (Eboracensis puto,) contra omnem violentiam tueri.

[e] *Ab Eanbaldo.* Hic Eanbaldus idem fortassis est, quem Epist. 7 (nunc 6) vocat presbyterum, ac paulo post electus fuit episcopus Eboracensis ecclesiæ.

tanto magis observare debebit : ut qui prius transierit a sæculo, amicum sibi sentiat reliquisse in sæculo. Me vero filium tuum febrium acerbitas et [a] regis tardatio in Saxonia retinuit, ut ad vos venire non potuerim, sicut desideravi. Concedat mihi clementia divina faciem tuam in lætitia videre, antequam moriar. Opto et obsecro, ut in ea te honoris dignitate, si fieri possit, inveniam, in qua te pergens videbam. Tamen, si aliud aliquid tuo placeat animo, rogo ut nullam violentiam super ecclesiam Christi fieri ullatenus permittas ; sed fratres [b] libera electione in timore Dei summi, optimum Deo donante eligant. Quia in sanctis canonibus terribile anathema legitur super omnes, qui violentiam aliquam inferunt super ecclesiam Christi. Scito te semper dilexisse familiam nostram, et plurima illis bona fecisse. Sed nunc maxime indigemus, ut bene illis agamus ; ut ubi nobis requies erit æterna, ibi sint quoque intercessores perpetui pro nobis.

[c] Tempus est nunc nobis prævidere dies æternos, et cum omni modestia et integritate, et eleemosynarum largitate, viam nobis præparare ad cœlos. Omnis gloria transitoria est et quasi umbra recedet (*Job.* VIII, 8, 9). Ideo ad æternam bonis operibus properemus gloriam. Omnes sæculi vitemus vanitates, ut ad beatitudines cœlestes pervenire mereamur. Dies hujus vitæ, qui nobis restare videntur, vivamus Deo, ut post hanc illius consequamur misericordiam. Divina tibi clementia hujus vitæ dies felices concedat, et æternam cum sanctis suis tribuere gloriam dignetur, domine pater dilectissime.

[d] EPISTOLA LVI.

AD EANBALDUM EPISCOPUM.

(Anno 796, circa mensem Augustum.)

Gratulatur adeptam dignitatem ; hortatur ad curam pastoralem, et bene omnia ordinanda ; se vero memoriæ et orationibus commendat.

Dilectissimo in Christo filio [e] Eanbaldo archiepiscopo devotus per omnia pater Albinus salutem.

[Laus et gloria Domino Deo omnipotenti, qui dies meos in prosperitate bona conservavit, ut in filii mei charissimi exaltatione gauderem, et aliquem ego ultimus Ecclesiæ vernaculus, ejus donante gratia qui est omnium bonorum largitor, erudirem ex filiis meis qui dignus haberetur 64 dispensator esse mysteriorum Christi (*I Cor.* IV, 1), et laborare vice mea in Ecclesia, ubi ego nutritus et eruditus fueram, et præesse thesauris sapientiæ, in quibus me magister meus dilectus [f] Helbrechtus archiepiscopus [g] hæredem reliquit. Nunc vero mihi omni intentione precanda est divina clementia, ut mihi superstes sit in hac vita, qui mihi solatio semper fuit in sua obedientia : non quod mortem meam optare velim, sed ut vita illius prolongetur. Non enim filii patribus, sed patres filiis hæreditare debent].

Ecce, charissime fili ! omnia per Deum habes, quæ sperare potuit homo, etiam et plus quam nostra parvitas [*Al.*, pravitas] sperare auderet. Modo vero viriliter fac et fortiter. Opus Domini quod habes in manibus perfice ad mercedem animæ nostræ et ad salutem multarum animarum. Non cesset lingua tua in prædicando, non pes tuus in circueundo gregem tibi commissum, non manus tua a laborando, ut eleemosynæ fiant, et sancta Dei ubique exaltetur Ecclesia. Esto forma salutis omnium. In te sit exemplum conversationis sanctissimæ (*I Thessal.* I, 7), in te sit solatium miserorum, in te confortatio dubitantium, in te disciplinæ rigor. In te veritatis fiducia, in te totius bonitatis spes. Non te sæculi pompa exaltet, non ciborum luxus enervet, non vestimentorum vanitas emolliat, non adulantium linguæ decipiant, non detrahentium adversitas conturbet, non tristia frangant, non læta elevent. Non sis arundo vento agitata (*Matth.* XI, 7), non flos auræ tempestatis decidens (*Jacob.* I, 11), non paries ruinosus (*Psal.* LXI, 4), non domus super arenam posita (*Matth.* VII, 24, 26), sed templum esto Dei vivi super firmam petram constructum, cujus ipse sit Spiritus Paraclytus inhabitator. Quanti putas possunt esse tibi dies ? Finge in animo quasi quinquaginta annos : et ecce hæc finem habent. Nec ad hoc pervenire putandum est. Infirmitas corporis tui te

---

[a] *Regis tardatio in Saxonia.* De ista tardatione regis chronicon Moisiacense ad annum 796 hæc habet : « In ipsa æstate ipse rex Carolus demoratus est in Saxonia cum duobus filiis suis, id est, Carolo et Ludovico, etc. »

[b] *Libera electione.* Vid. epistolam priorem.

[c] *Hortatiuncula*, quæ sequitur, deest apud Canisium ; suppleta a Quercetano ex ms.

[d] Clarissimus Justus Fontaninus hanc epistolam primus edidit, cum notis abbatis Dominici Passionei, postea S. R. E. cardinalis, in Appendice ad Vindicias antiquorum diplomatum pag. 266. Basnagius eamdem collectioni Canisianæ subjunxit. Ubique vero initio et fine mutila est ; hic integram magisque emendatam ex cod. ms. Salisburg. exhibemus. Prolixiores Eminent. Passionei notas, sacra licet eruditione plenas, contraximus.

[e] *Eanbaldo* Quem tertio loco Egberti successorem appellat Malmesb. Reg. Angl. lib. I, cap. 3, p. 24, edit. Henrici Savilii. Hinc procul dubio error irrepsit in eumdem Malmesburiensem lib. III Pont. Angl., 269, ubi omisso Egberti successore Ethelberto 'anbaldus in unum conflatur, his verbis :

[c] Hujus nempe Egberti successor senex substitutus est Eanbaldus Alcuini discipulus industrius. » Quæ sic emendanda sunt : « Hujus successor fuit Ethelbertus, cui deinde senex substitutus est Eanbaldus, et eo mortuo alter Eanbaldus Alcuini discipulus industrius. » Obiit vero Eanbaldus I anno 796 IV Kal. Augustas, cui statim suffectus est Alcuini discipulus Eanbaldus II qui ex Urbe pallium accepit anno 797. ALFORDUS. — Ad hunc ergo suum discipulum Alcuinus hanc epistolam scripsit 796 ut eum de officio episcopali doceret. PASSIONEUS.

[f] *Helbrechtus.* Malmesburiensis habet : *Egbertus*. Lectionem codicis ms. Salisburgensis præferendam, et hoc nomine alterum Alcuini magistrum, qui a poëta Anonymo *Ælbertus*; in Vita Alcuini *Elebertus* vocatur, intelligendum esse censeo. Malmesburiensis uti duos Eanbaldos in unum conflavit, ut not. sup. diximus ; ita hic Egbertum et Helbrechtum confundit. Vide in tom. II Carmen de Pont. et sanctis eccles. Eboracens. vers. 1532 seq.

[g] *Hæredem reliquit.* Vid. carmen de Episcopis Eboracensibus cit.

fortem faciat in anima, et cum Apostolo : *Quando infirmor, tunc fortior sum* (*II Cor.* xii, 10). Castigatio corporis profectus sit animæ. Mitem te et humilem ad meliores ostende, durum et rigidum ad superbos, omnibus omnia factus, ut omnes lucrare posses (*I Cor.* ix, 22). Habeas in manibus tuis mel et absinthium, quidquid cui placeat, edat ex illis. Cui de pia prædicatione vesci libeat, accipiat mel ; qui dura invectione indigeat, bibat ex absinthio, ita tamen, ut liceat ei mel veniæ sperare, si rosea confusio pœnitentiæ præcedat.

Omnia vestra honeste cum ordine fiant (*I Cor.* xiv, 40). Tempus statuatur lectioni, et [oratio] suas habeat horas, et missarum solemnia proprio tempore conveniant. *Qui diem sapit, Domino sapit* (*Rom.* xiv, 6). Sit modesta in conviviis lætitia ; sit casta in jejuniis lætitia ; lavetur pœnitentia facies : ungatur oleo misericordiæ caput, ut omnia acceptabilia fiant Domino Deo, qui te elegit sibi sacerdotem. *Omnis namque pontifex ab hominibus assumptus pro hominibus constituitur in his, quæ sunt ad Deum* (*Hebr.* v, 1). Aaron stabat cum turribulo dignitatis suæ inter vivos ac mortuos, ut ira Dei non ardesceret plus in populo (*Num.* xvi, 47, 48). Sacerdos vero Dei [Verbi] et voluntatis illius prædicator debet esse in populum, et intercessor ad Deum pro populo, quasi mediator inter Deum et homines. Qui sublimem ascendit locum, cavere debet ne cadat, quia ruina altioris loci periculosior esse dignoscitur. Qui stat, videat ne cadat. (*I Cor.* x, 12). Qui jacet, contendat, ut resurgat ; et qui currit, caveat ne offendat, ne bravium illius alter accipiat. Omnes quidem stare nos oportet ante tribunal Christi ut referat unusquisque, quidquid in corpore gessit (*Rom.* xiv, 10 ; *II Cor.* v, 10). Tunc non erit tempus oleum emendi, ideo ante prævideamus ; nec tunc vacua vasa habeamus (*Matth.* xxv). Sint modo lumbi præcincti et lucernæ ardentes in manibus prædicatoris (*Luc.* xii, 35), ut tunc fulgeat sicut sol in regno Patris sui, et pro multiplicatione pecuniæ sibi commissæ laudetur a Domino suo, et honoretur æterna gloria. Noli Dominum te putare sæculi, sed dispensatorem ; non te numerus propinquorum avarum faciat, quasi illis in hæreditatem congregare debeas. Non deerit occasio congregandi, si cupiditatis, quæ est omnium radix malorum, [fomes] inardescit. Nullus hæres melior est Christo : nemo tui thesauri fidelior custos est. Nam manus pauperis 65 gazophylacium est Christi. Quod ex tuis obtutibus illi commendare placeat, hoc per manus miserorum mitte. Duplex fiat eleemosyna

tua, una in salvandis animabus, altera in adjuvandis corporibus egentium. Ideo presbyteri duplici honore, juxta Apostolum, digni habendi sunt, quia duplici probantur fungi ministerio (*I Tim.* v, 17). Hilarem datorem diligit Deus (*II Cor.* ix, 6, 7) ; et qui seminat in benedictione, de benedictionibus metet, et qui plus laborat, plus mercedis accipiet. Sint tui socii honestis moribus ornati, non vestimentorum vanitate notabiles, sed morum dignitate laudabiles. Gloria patris, filius sapiens. Non sint ebrietatis sectatores, sed sobrietatis amatores, ut ex illorum bonis exemplis ædificentur plurimi. Non inaniloquium vel scurrilitas, sed sancta ex ore eorum audiatur psalmodia. Non per campos discurrentes vulpes agitando declament, sed tecum [a] equitando [*Cod. Sal.*, æquando], psalmos dulci modulamine decantent. Nunquam sacræ benedictionis pallio induaris absque diaconorum astantium ministerio. Habeas et subdiaconos, cæterosque ordinatim gradus Ecclesiæ, quatenus septiformis in donis sancti Spiritus Ecclesia septiformi ecclesiasticorum graduum distinctione fulgeat. Habeat unusquisque gradus dignitatis suæ locum et vestimentum ; et si in conviviis ordo seniorum et dignitatum servandus est, quanto magis in Ecclesia Christi ? Sit clerus in habitu honestatis, et vultu constantiæ ; et in voce moderata cantantes, magis Deo placere nitentes quam hominibus (*I Thessal.* ii, 4). Exaltatio immoderata vocis jactantiæ signum est : sed omnia in humilitate et honeste fiant, et non despiciant. [b] Romanos discere ordines, quatenus caput Ecclesiarum Christi, secundum facultatem virium imitantes benedictionem a beato Petro principe apostolorum, quem Dominus noster Jesus Christus caput electi sibi gregis statuit, habere mereantur æternam. Sicut apis sapientissima omnia, quæ honestatis sunt, discendo probate, et quæ optima esse videntur, eligendo retinete. Prævideat sancta solertia tua [c] magistros pueris, clero [*Baluz.*, clerici] segregentur, separati more illorum, qui libros legant, qui cantilenæ inserviant, qui scribendi studio deputentur. Habeas et singulis his ordinibus magistros suos, ne vacantes [*Al.*, vagantes] otio vagi discurrant per loca, et inanes exerceant ludos, vel aliis mancipentur ineptiis. Hæc omnia et solertissima, fili charissime ! tua consideret providentia, quatenus in sede principali gentis nostræ totius bonitatis et eruditionis fons inveniatur, et ex eo sitiens viator vel ecclesiasticæ disciplinæ amator, quidquid desiderat anima sua, haurire valeat. [Habetis me devotissimum in his omnibus, licet in peregrinis habitantem, adju-

---

[a] *Equitando psalmos decantent:* Vide disquisitionem Mabill. de Cursu Gallic. pag. 443 et Vitam sancti Epiphanii episcopi Ticinensis, quæ cum scriptis Ennodii habetur tom. I Op. Sirmondi, col. 1666. Varia exempla episcoporum, qui psallendo equitabant, congessit Thomassinus Præfat. in Psalt. secundæ editionis. Passion. — Codex tamen Salisburg. loco *equiando*, habet *æquando*, quasi æquali voce *alternando*.

[b] *Romanos discere ordines.* Testimonium sit hæc epistola antiquitatis ordinis Romani, de quo certe mentio nulla hac gravior, aut antiquior hactenus allata est. De eo legas Mabill. tom. II Musæi Ital. Passion.

[c] *Magistros pueris.* De his Alcuinus sæpius. Morem instruendorum puerorum in Angliam induxit sanctus Augustinus illuc a sancto Gregorio missus, ut narrat Joan. Diac. in Vita illius sancti Pontificis lib. ii, num. 7. In.

torem]. Consideret quoque tua diligentissima in eleemosynis [pietas] ubi [a] xenodochia, id est, hospitalia fieri jubeas, in quibus sit quotidiana pauperum et peregrinorum susceptio, [et ex nostris substantiis habeant solatia.

Ecce ego duplici fatigatus molestia, id est, senectute et infirmitate : et forte appropinquat dies metuendus, quo conteratur hydria supra fontem, et recurrat vitta aurea (*Eccle.* xii, 6). Revertatur pulvis in terram suam, spiritus ad Deum qui dedit illum (*Eccle.* xii, 7), et valde timidus pavesco, quo examinet, tunc judicandus sit. Tu, fili fidelissime! labora pro anima Patris tui, sive nunc in hoc pulvere mortis; sive tunc in judicium properantis, ut requiem habeat et etiam veniam peccatorum suorum, ut maculæ, quæ adhæserunt illi ex hac lutulenta habitatione corpusculi, fraterna intercessione abluantur. Sed et post hanc conscriptionem animæ meæ etiam omnes filios meos, fratres et amicos, sive qui mecum sunt in peregrinatione, sive qui tecum versare videntur in patria, tuæ commendo diligentissimæ fidelitati, ut habeas illos quasi proprios, et non extraneos. Ad te respiciant omnes, in te gaudeant, in te consolationem habeant, te honorent quasi patrem; tu illos ama quasi filios, ut sit una pax omnium et concordia in charitate Christi, qui vos omnes in sua magna pietate et misericordia cœlesti benedictione abundare faciat, protegat, regat, atque gubernet, et in omni bonitate proficere faciat ad augmentum mentis meæ, et profectum salutis vestræ, ad exaltationem multorum, quatenus plurimi vestris **66** bonis exemplis erudiantur, atque ad vitam vobiscum mereantur venire sempiternam.

Hæc, rogo, chartula melius scribatur, et tecum pergat, tecum maneat, et sæpius vice linguæ paternæ tecum loquatur, fili mi! fili charissime! et fili in Christo desiderantissime. Omnipotens Deus in sua magna pietate vos ad exaltationem sanctæ suæ Ecclesiæ multis feliciter annis in hac præsenti vita proficere faciat, et in futura gloriam tibi æternam concedere dignetur].

---

[a] *Xenodochia.* De his vid. Ludov. Thomassinus in Vet. et Nov. Eccles. disciplina part. i, lib. ii, cap. 89. Passion.
[b] Edit. Quercet. 77, Canis. 44 (Froben. 51).
[c] *Æthelredo episcopo.* Hanc inscriptionem, quæ habetur apud Canisium, omisit Quercetanus. Nullus vero dubito, legendum esse : *Æthelardo.* Monet enim ne fugiendo gentis suæ vexationem, gregem sibi a Deo ad regendum commissum deserat; quod monitum Æthilhardum Dorovernensem episcopum tangit, cujus etiam factam deinde fugam improbat epistola 75.
[d] *Scripsi ad Offanum regem.* Hæc epistola desideratur; ex qua sciri fortassis posset quæ fuerit illa tribulatio quam Æthelhardus *a gente sua* pati debuit. Non ergo de illa hic persecutione agitur quam Offa rex Merciorum ecclesiæ Cantuariensi intulit, episcopatus huic sedi metropoliticæ subjectos Lichefeldam transferendo, ut Canisius hoc loco existimavit. Imo rex Offa hic non ut persecutor reprehenditur, sed ut

---

[b] EPISTOLA LVII.
[c] ÆTHELREDO EPISCOPO, NE GREGEM DESERAT.
(Anno 796.)
Consolatur in persecutione ac tribulatione; et ad virilem perseverantiam, ne ab ovibus fugiat, hortatur.

Acceptis litteris tuis, frater sancte! lætus de salute tua, sed tristis de tribulatione et persecutionibus, quas te pati a gente tua in illis tuis apicibus agnovi. Attamen *beatos esse*, Domino dicente, legimus, *qui persecutionem patiuntur propter justitiam, quoniam ipsorum est regnum cœlorum (Matth. v, 10).* Quapropter suadeo tibi, frater venerande! ut viriliter in fide integra et devotione infatigabili, pro commissis tibi a Christo ovibus certare non cesses, ne mercenarius fugiens, et non pastor firmus ab ipso Domino et pastore omnium deputeris (*Joan.* x).

67 Aspice in eum, *qui pro ovibus suis animam suam posuit (Joan.* x, 11), qui omnibus generaliter præcipiens dixit : *Qui vult venire post me, abneget semetipsum, et tollat crucem suam et sequatur me (Luc.* ix, 23). Cui gregem Christi abiturus relinquis? Nec hæc dico quasi me excusando ad benefaciendum servis Dei, sed magis te adhortando, ut bona, quæ incepisti facere, ad finem æternæ salutis perducas. *Qui perseveraverit usque in finem, hic salvus erit (Matth.* x, 22). Idcirco [d] scripsi ad Offanum regem ut te adjuvaret, et defenderet sanctam Ecclesiam secundum suam possibilitatem [*Al.*, potestatem] : quatenus tibi liceat Deo servire, et talentum tuum multiplicare in loco, ubi accepisti eum; et mercedem exspectare perpetuæ beatitudinis, dicente Domino tuo : *Euge serve bone et fidelis (Matth.* xxv, 21).

EPISTOLA LVIII.
Consolatoria ad matrem de morte filii.
(Anno 796.)

[e] Charissimæ in Christo matri, fidelis in charitate filius Alcuinus diaconus salutem.

Multi sunt in prosperitate amici, in adversitate rari; et eo chariores quo rariores; et cum sæculo mutantur mentes. Quidam in felicitate alterius hilarescunt, infelicitatis tempestatem refugiunt [*Ms.*, refugit]. Nam sicut lux et tenebræ variantur vices suas, ita hujus vitæ prosperitas et adversitas variabiles

---

defensor adversus alios persecutores imploratur ab Alcuino. Inde vero etiam palam est, præsentem epistolam ultra annum 796 quo Offa rex obiit, differri non posse.
[e] *Charissimæ in Christo matri.* Matronæ cuidam Anglicanæ, prout colligo ex his epistolæ verbis : *Ignorans in hujus tempestatis miseria, quæ nuper nostram turbavit gentem.* Turbas illas abs dubio intelligit, quæ anno 796 post necem Ethelredi regis Northanumbrorum et Egfridi regis Merciorum a variis regni invasoribus motæ fuerunt. matrem hanc, quam Alcuinus ob mortem filii consolatur, Quendridam seu Quindredam, præfati Egfridi genitricem fuisse quispiam existimare fors posset; nisi intelligere malit Edilthrudam, quam similiter ob similem causam consolatur in epistola 200. Sed cur binas consolatorias ob eamdem rem scriberet Alcuinus ad eamdem matrem?

sunt. Sed forti animo toleranda sunt tristia quæ accidunt [*Ms.*, tristitia quæ accedunt], et moderata lætitia suscipienda quæ hilarescunt. Ideo mater modesta et pia in filii morte non multum lugere debet : magis seipsam præparare debet dignis meritis, ut ad illam perveniat vitam, ubi nemo timetur inimicus, nemo deseritur amicus. Habet bona mater Christum consolatorem pro filio, qui nunquam derelinquit sperantes in se. Melius gaudere in vivente, quam dolere in moriente [*Ms.*, viventem, morientem]. Cur plangimus quod immutare non possumus ? Mortuus ad vitam præsentem revocari non valet; vivus ad mortuum pervenire poterit. Corpus quod tanta cura colimus, postmodum vermium esca erit. Anima itaque meritorum qualitate vel gaudebit, vel contristatur; et qualem sibi in paucis his diebus præparabit habitationem, talem æternis recipiet temporibus. Quapropter singulis momentis laborandum est pro requie animæ, ut dum semper vivere debet, et semper beate et feliciter vivat. Habeto me, obsecro, mater dulcissima, licet indignum [*Ms.*, indigno] pro carnali filio spiritalem filium, non minore fide te diligentem, quamvis minore dignitate vigentem : nec de longinquitate vel vilitate faciei meæ contristeris, dum mea tecum [cum] consolatione sancti Spiritus charitas fideliter manet; et quod in me optimum est, id est fides non ficta et charitas indeficiens, tecum semper habebis.

Ignorans in hujus tempestatis miseria [*Ms.*, miseriam] quæ nuper nostram turbavit gentem, quo te tua fortuna ferret vel voluntas; idcirco nescivi quo te consilio roborarem, nisi ut toto corde Deo Jesu servires, et totam tuæ consolationis spem in illius componeres pietatem, qui ait : *Venite ad me omnes, qui laboratis et onerati estis, et ego reficiam vos. Tollite jugum meum super vos, et discite a me, quia mitis sum et humilis corde, et invenietis requiem animabus vestris* (*Matth.* XI, 28, 29).

EPISTOLA LIX.
AD EDILBURGAM.
(Anno 796.)

Revocat in memoriam doctrinas illi aliquando datas; dolet de patriæ infidelitate; commendat orationibus Liudgardam nobilem feminam.

In Domino dilectissimæ filiæ [a] Edilburgæ salutem.

Quia invida terrarum longinquitas mutuæ confabulationis prohibet dulcedinem, datur nobis litterarum officio charitatis demonstrare suavitatem, ut [*Ms.*, et] quod vox non valet, hoc charta loquatur; idcirco hortamenta salutis non minore debemus veneratione curare quam præsentis colloquii admonitionem. In ista sæpe timor suadet consensionem ; in illa fides legentis cooperatur saluti. Quæ te, venerabilis filia, conscia summæ divinitatis cognitione admonui, hæc te tantum deprecari ut mente retineas firma, satis necessarium duximus [*Ms.*, diximus] : Nec aliquid novi litteris demandare possum quod tunc [*Forte*, nunc] sermone tibi ingererem. Scis ipsa quam diligenter te de corporis castitate et animæ rogavi sanctitate, qualiter te de humilitatis officio, de orationum vigilantia, de eleemosynarum largitate, de confessionis puritate et fidei firmitate, et sanctæ ubique charitatis observantia studiosissime instruxi, ut his gradibus ad cœlestis gloriæ ascenderes celsitudinem.

Ecce ! me modo infidelitas patriæ in tantum horret, ut reverti timeam [*Ms.*, timeo], nesciens quid de illa proficere valeam, nisi perituram plangere, et lacrymantis Jeremiæ lamentationes sæpius revolvere, qui quadrivario alphabeti [*Ms.*, albabeti] ordine ruituram luxit Jerusalem, et hujus ruinæ pars aliqua tibi calidas, ut reor, pro causa dilectæ [*Ms.*, delictæ] sororis excitavit lacrymas. Tamen hortanda est, ut in cœnobio militet Christo, quæ thalamo privata est viri : et fiat ei temporalis tristitia incitamentum lætitiæ sempiternæ.

Tu nominis nostri fideliter cum tuis omnibus in sacrosanctis orationibus vestris memor esto, obsecro. Liudgardam quoque nobilem feminam, quæ tibi munusculi loco pallium direxit, habeto in dilectione ut sororem; illiusque nomen cum nominibus sororum tuarum per ecclesiasticas chartas scribere jube. Honorabilis tibi est amicitia illius et utilis. Misi dilectioni tuæ ampullam et patenam [b] ad offerendam in eis Domino Deo tuis manibus oblationem. Et dum oculis illa aspicias, dicito : Christe miserere Alcuini servuli tui. Et velim te quotidiana consuetudine usum habere offerendi Deo munus ad altare, quia apostolica auctoritas hanc constituit consuetudinem; ideo non est omittenda sed diligenter prosequenda.

Vive Deo felix charissima filia, semper
Et memor Alcuini dulcis amica vale.

---

[a] *Edilburgæ*, abbatissæ abs dubio cujusdam monasterii in Anglia; rogat enim Alcuinus, ut Liudgardam nobilem feminam (fortassis reginam, Caroli Magni conjugem) in chartas ecclesiasticas sororum suarum, utique monialium, describi faciat. Quo vero genere hæc virgo nata sit, aut quæ fuerit illius soror thalamo viri sui orbata, incompertum habeo. Patriæ suæ infidelitas, quam hic Alcuinus accusat, et de qua alibi sæpius conqueritur, illa certe est quam principes ac populus adversus reges suos legitimos perpetrarunt anno 796 de qua videas epistolas 46, 47 et alias. Binas eo tempore reperio feminas illustres virorum suorum thalamo orbatas; unam Elfledam reginam Offæ regis Merciorum filiam, Ethelredi regis Northumbrorum a suis hoc anno occisi relictam viduam; alteram Alfridam, seu Alfredam, vel ut alii scribunt, Etheldritam regiam virginem alteram Offæ filiam, Ethelberto, Orientalium Anglorum regi desponsam, quæ tamen ad thalamum viri non pervenit, sponso prius per insidias et suasu matris Quendridæ anno 793 occiso. Fortassis Edilburga, ad quam hæc epistola exarata est, diversa haud est ab Alfrida Alfledæ sorore, quæ post necem sponsi monasterii Croylandiæ monialis et abbatissa fuit. Plurimum certe variant nomina personarum apud veteres illos scriptores; et in rebus obscuris etiam conjecturis aliquid dandum est. Vid. Alfort. Annal. Eccles. Anglo-Sax. ad ann. 792, num. 2, et 794, num. 6, et alibi.

[b] *Ad offerendam... oblationem*. De quotidianis principum et aliorum fidelium oblationibus ad missam legesis celeberrimum D. Martene de Antiquis Eccles. Ritibus lib. I, part. I, pag. 578 et seqq. Edit. Rotomagensis an. 1700.

EPISTOLA LX.
AD ÆRDUULFUM REGEM.
(Anno 793.)

Hortatur regem ad solium evectum, ut et suam et populi salutem procuret. Exemplo antecessorum illum terret.

Viro Illustri [a] Ærduulfo regi Alcuinus diaconus salutem.

Memor antiquæ inter nos condictæ amicitiæ, etiam et venerandæ salutationis vestræ valde congaudens, paucis litterarum apicibus vestram laudabilem personam de prosperitate regni tibi a Deo collati [*Ms.*, conlati], et de salute animæ tuæ admonere curavi, et quo modo stabilis tibi traditus [*Ms.*, traditur] honor, Deo donante, permaneat. Scis optime de quibus te divina misericordia liberavit periculis, et quam facile te, dum voluit, provexit in regnum. Esto semper memor et gratus tam maximorum in te Dei donorum, in eo maxime, ut quantum intelligere valeas, illius in toto corde facias voluntatem: et sis obediens servis Dei, qui te de mandatis ejus admoneant. Scito certissime quod nullus alius tuam vitam conservare potest, nisi ille qui te de morte liberavit præsenti; nec isto protegere et custodire honore, nisi ille qui gratuita pietate istam tibi concessit dignitatem. Serva diligenter in animo tuo et regno misericordiam et justitiam, quia Salomone dicente, ac magis Deo concedente, *misericordia et justitia firmabitur solium regni* (Prov. xvi, 12). Considera intentissime, pro quibus peccatis antecessores tui perdidissent vitam et regnum; et cautissime observa, ne talia agas, ne tale tibi eveniat judicium. Aliorum perjuria Deus damnavit; aliorum adulteria [*Ms.*, adultera] punivit; aliorum avaritiam et fraudes vindicavit; aliorum injustitiæ non placuerunt illi. *Non est personarum acceptor Deus* (Act. x, 34), sed qui talia agunt, regnum Dei non possidebunt. Erudi te ipsum primo in omni bonitate et sobrietate; postea gentem cui præesse videris, in omni modestia vitæ et vestitus, in omni veritate fidei et judiciorum, in observatione mandatorum Dei, et honestate morum. Sic itaque et regnum tibi firmabis, et gentem salvabis, et ab ira Dei liberabis illam, quæ certis signis diu imminebat illi.

Nunquam tantus nobilium et rectorum sanguis effunderetur in ea, nec sic loca sancta pagani devastarent, et tanta injustitia et arrogantia valeret in populo, nisi perspicua Dei vindicta immineret habitatoribus terræ. Tu vero ad meliora, ut credo, servatus tempora, et ad correctionem custoditus patriæ, Dei te auxiliante gratia, operare omni intentione in Dei voluntate salutem animæ tuæ, et prosperitatem patriæ et populi tibi commissi, quatenus ex correctione subjectorum ditioni tuæ tibi tuisque nepotibus præsens feliciter firmetur regnum, et futuri regni gloria æternaliter concedatur. Hæc chartula, obsecro vobiscum servetur et sæpius legatur, ob memoriam salutis vestræ et dilectionis nostræ, ut Deus omnipotens in profectu sanctæ suæ Ecclesiæ ad prosperitatem nostram multo tempore in regno florentem, et in omni bono proficientem conservare dignetur. Vive et vale Deo donante in sæcula sempiterna.

EPISTOLA LXI.
AD OSBALDUM.
(Anno 796.)

Osbaldum, quem suspectum habet ob regicidium et turbas populi, hortatur, ut vitam mutet, et suæ ac gentis saluti consulat.

Dilecto amico [b] Osbaldo Alcuinus diaconus salutem.

Pœnitet me tui quia non obedisti mihi, qui ante biennium persuasi tibi in litteris meis laicam te demittere conversationem, et Deo servire secundum votum tuum. Ecce modo pejor fama, infelicior causa turbavit vitam tuam. Revertere tamen, revertere et imple quod vovisti, et quære causam quomodo ad Dei servitium pervenire valeas, ne pereas cum impiis, si innocens es de sanguine Domini tui; si vero nocens in consensu vel consilio, confitere peccatum tuum, et reconcilia te Deo, et fuge societatem sceleratorum. Melius est tibi amicitia Dei et sanctorum quam inique agentium. Noli addere peccatum super peccatum per vastationem patriæ, per sanguinis effusionem. Cogita quantus sanguis per te, vel per propinquos tuos regum, principum et populi effusus est. Infelix generatio, per quam tanta mala evenerunt patriæ. Libera te, obsecro per Deum, ne anima tua pe-

---

[a] *Aerduulfo regi.* Hunc scriptores veteres, primis duabus litteris commutatis, Eardulfum nominant. Is teste Hovedeno fol. 406, Ethelredo regi Northumbriæ anno 796 a suis occiso in solium successit. « Eardulf, inquit, filius Earnulfi de exsilio vocatus regni infulis est sublimatus, et Eboraci in ecclesia sancti Petri ad altare beati Pauli (ubi illa gens primum perceperat gratiam baptismi) consecratus est septimo Kalendas Junii. » Vide Pagium ad hunc annum, n. 25, et Alfort. ad annum 794, n. 6. Hac epistola Alcuinus Ærduulfum a præsentibus periculis liberatum, et regio nuper solio sublimatum hortatur, ut et propriam et populi salutem procuret.

[b] *Osbaldo.* Hunc Alcuinus patritium vocat in epistola 11, et hic illum suspectum habet de nece domini sui, nempe Ethelredi regis, atque effusi multi sanguinis principum ac populi in illis turbis. Huc pertinet narratio Rogerii Hovedeni pag. 406, in priori epistola citata, ubi ita scribit: « Eodem anno (796) Ethelred rex occisus est apud Cobre, xiv Kal.

Maji. Osbald vero patritius a quibusdam ipsius gentis principibus in regnum est constitutus, et post viginti septem dies omni regiæ familiæ ac principum est societate destitutus fugatusque, et de regno expulsus, atque ad insulam Lindisfarnensem cum paucis secessit; et inde ad regem Pictorum cum quibusdam e fratribus navigio pervenit. » Alfortus Ethelredi Northumbriæ regis cædem cum anno 794 perperam illigavit, contra auctoritatem Huntindoniensis pag. 544 quem ipsemet citat, et præterea annos tantum quinque Ethelredo tribuit. Scribit enim Huntindoniensis : « Anno Britici regis (occidentalium Saxonum) undecimo Northumbri regem suum Ethelred occiderunt. » Ad hæc eclypsis lunaris, quæ septimo Ethelredi regis anno, dieque 28 mensis Martii, feria secunda, post mediam noctem hoc anno contigit, ut observavit Calvisius in opere chronologico, pertinet ad præsentem (796) Christi annum, ad quem idem Ethelredus pervenit (Pagius ad an. 796, num. 25). Vid. etiam epist. 11 et 47.

rcat in æternum. Dum lucem habes, curre, propera, festina ad Dei misericordiam, qui paratus est pœnitentes suscipere et convertentes ad se consolari, ne veniat tibi dies, qua velis et non possis. Noli erubescentiam opponere tibi dimittendi [*Ms.*, demittendi] quod cepisti : major est erubescentia animam tuam perpetualiter perire, quam impios viros præsentialiter deserere; sed magis, si quoslibet ex illis convertere valeas ab impetrata [perpetrata] malitia; fac diligenter, ut habeas mercedem conversionis tuæ a malo, et alterius pariter. Et hæc est charitas, *quæ cooperit multitudinem peccatorum* (*I Petr.* IV, 9); et hæc faciens vive feliciter et valeto in pace. Deprecor ut hæc chartula sæpius in præsentia legatur tua, ut recorderis tui ipsius in Deo, et cognoscas quantam curam jam longe positus habeam salutis tuæ. Si quid valeas suadere genti, cum qua exsul eris, de salute sua, noli negligere, ut citius Dei donante gratia pervenias ad tuam etiam salutem.

EPISTOLA LXII.
AD QUEMDAM ARCHIEPISCOPUM.
(Anno 796.)

Nuntiat sese, depositis sæculi occupationibus, præparare ad occursum Domini.

Sanctissimo patri archiepiscopo, humilis filius Alcuinus salutem.

Sciat dulcissima paternitatis vestræ dilectio quod ego filius tuus, [a] sæculi occupationibus depositis, soli Deo vacare desidero. Ideo deprecor Almitatem vestram, ut me eximiæ sanctitatis vestræ benedictio et oratio consequatur, quatenus divina clementia paucos vitæ meæ dies qui supersint, in suo sancto servitio ad salutem animæ meæ conservare dignetur. Dum omni homini necesse est vigili cura se præparare ad occursum Domini Dei sui, quanto magis senioribus, qui sunt annis et infirmitatibus crebris confracti, suas sollicita cura lampades ornare, ut dignus donante Deo efficiatur lucentibus lampadibus [*Ms.*, lampades] occurrere cœlesti sponso, ne foras stare cogatur, intrantibus aliis ad convivium superni regis, quod pietas Domini nostri Jesu Christi me Filium tuum vobiscum, sanctissime Pater, perpetua prosperitate intrare concedat. Dominus Deus venerandam sanctitatis vestræ caniciem sanctarum donis virtutum [*Supple* florere, *vel simile*] faciat, desiderantissime Pater!

[a] *Sæculi occupationibus depositis.* Huc pertinet, quod Alcuinus scribit in epist. 129 ad Carolum data anno 801. « Fere, inquit, ante hoc quinquennium (id est anno 796) sæculares occupationes, Deumtestor non ficto corde declinare cogitavi; sed vestræ piæ providentiæ consilio translatus sum in servitium sancti Martini, fidei catholicæ et ecclesiasticæ sanctioni, Deo donante, proficuum. » Hinc epistolam præsentem scriptam esse censeo anno 796 quo Alcuinus sæculi occupationibus depositis aulam relinquens in Turonense monasterium secessit, de quo secessu in Præfatione generali plura diximus.

[b] *Cœnulvo.* Aliis *Kenulfus* nominatur, qui post obitum Egfridi diadema regni Merciorum suscepit anno 796 ante diem nonum mensis Novembris, juxta calculum celeberrimi Pagii ad annum 796, num. 25, et 821, num. 22, et 23.

EPISTOLA LXIII.
AD CŒNULVUM REGEM MERCIORUM.
(Anno 796.)

Ad regnum evectum hortatur ad regias virtutes.

Excellentissimo viro [b] Cœnulvo regi Merciorum humilis levita Albinus salutem.

Multa mihi lætitia est de vestra bonitate, modestia et nobilitate morum, sicut regiam dignitatem decet omnino, ut quanto sublimior est honore cæteris, tanto nobilior sit omni morum perfectione, justitiæ decore, pietatis sanctitate; quia clementia regis omnium hominum, ut in antiquis legitur historiis, excellere decet consuetudines; etiam et sancta Scriptura dicente : *Misericordia et veritas exaltat solium* (*Prov.* XX, 28). Et in Psalmis de Deo omnipotenti dicitur ; *Universæ viæ Domini misericordia et veritas* (*Psal.* XXIV, 10). Quantum quisque plus veritatis et misericordiæ operibus fulget, tanto majorem habet in se divinitatis imaginem.

Illum semper habeas in mente, [c] qui te egenum exaltavit, et posuit super principes populi sui. Rectorem te magis agnosce, pastorem et dispensatorem donorum Dei, quam dominum vel exactorem. Semper in mente habeas optimos [d] nobilissimi antecessoris tui mores, modestiam in conversatione, et studium in corrigendo vitam populi Christiani. Quidquid vero ille in regno tibi a Deo dato bene disposuit, hoc tua diligentissime prosequatur devotio : si quid vero avare vel crudeliter gessit, hoc omnino tibi cavere necessarium esse agnosce. Non enim sine causa [e] nobilissimus filius illius tam parvo tempore vixit super patrem ; sæpe merita patris vindicantur in filiis [*Ms.*, filios]. Habeas consiliarios prudentes, Deum timentes, justitiam amantes, pacem cum amicis desiderantes, fidem et sanctitatem in conversatione pia ostendentes. Gens enim Anglorum multis propter peccata fatigatur tribulationibus, quæ regum bonitate, et sacerdotum Christi prædicatione, et populi religione erigenda est ad antiqui culmen honoris; quatenus benedicta patrum nostrorum progenies perpetuam mereatur possidere felicitatem, et præsentis regni stabilitatem, et contra inimicos fortitudinem, ut Ecclesia Christi crescat et proficiat, sicut a sanctis Patribus ordinata erat. Sacerdotes Christi semper, clarissime rector, honorifice habeas, quia quanto plus Christi servos, et verbi Dei prædi-

[c] *Qui te egenum exaltavit.* Enimvero, ut Alfortus ad annum 797 ait : « Kenulfus nullo jure, titulove sanguinis, sed solum virtutum merito (Egfrido) successit. Fuit Pendæ nepos, ex Chenalchio fratre, qui Kentwinum genuit, et ille Cuthbertum Kenulphi parentem. »

[d] *Nobilissimi antecessoris.* Offam Merciorum regem notat, hoc anno defunctum, ut sæpius diximus.

[e] *Nobilissimus filius illius*, Egfridus. Causam præmaturi hujus obitus Alcuinus in epistola ad Osbertum patritium, quæ desideratur, hanc assignat : « Non, inquit, ob peccata sua (morte sublatus est), sed quia pater suus pro confirmatione regni ejus multum sanguinem effudit. » Malmesburiensis lib. I *Reg. Angl.* cap. 4.

catores venerabiliter observas, tanto magis Christus rex verus et pius tuum honorem exaltat et confirmat, sanctis suis intercedentibus. Summa æterni regis pietas vos longæva prosperitate regnare concedat, et perpetui regni beatitudinem vobis tribuere dignetur, domine desiderantissime.

EPISTOLA LXIV.
AD SIMEONEM.
(Anno 796.)

Memoriam commendat traditarum sibi olim doctrinarum et novas addit.

Venerandæ dignitatis et dulcissimæ charitatis filio a Simeoni summo sacerdoti Albinus præsentis prosperitatis et perpetuæ beatitudinis in Christo salutem.

Multa mihi fiducia est in fide vestra, et multa laus in bonitate vestra; et magnum desiderium, ut proficias de die in diem in charitate Christi, in conversatione religiosæ vitæ, et in conspectu Dei in sanctorum gloria meritorum, de quibus sæpius sanctitatem tuam litteris meis admonere curavi; ut sicut Dei gratia donante, meque teneros erudiente annos ad hunc feliciter sanctissimæ dignitatis b perductus es gradum, ita toto cordis mei affectu opto Deum quem deprecor ut semper te in anteriora extendas cum Apostolo, donec pervenias ad sublimem perpetuæ beatitudinis coronam : in tantumque præsens tuas implevi precibus aures, et absens oculos apicibus paginarum mearum, ut modo nihil novi invenire valeo, quod transactæ sedulitatis meæ devotioni [*Ms.*, transacta devotione] possit superaugeri, nisi ut dicta [*Ms.*, dilecta] paternæ pietatis vigilanti recorderis animo, et scripta piæ admonitionis sæpius relegere studeas. In quibus vero si quid minus meæ dilectionis stylo exaratum inveniens, non meæ culpa est voluntatis, sed obliviosus ignorantiæ error, cui tamen fas est ignosci : atque utinam vestræ beatitudinis tam prona sit devotio ad perficiendam scriptæ admonitionis seriem, quam mea gaudens est ad monendum charitas. Hoc tantum unum mihi in hac chartula admonere ratum videbatur, quatenus animi tui nobilitatem, quam in te optime sciebam, et sanctæ fidei integritatem quam habere ad omnes solebas, nullis amicorum consiliis, nulla sæcularium ambitione desideriorum corrumpi, vel immutari permittas. Non omnis amicus consiliarius esse poterit, dicente Scriptura : *Amici tibi sint multi, consiliarius autem unus.* (*Eccli.* vi, 6). Noli tuam bonitatem aliorum improbitate obscurari. Nolo amor tuus quem bona pietate et voluntate ex tuis vel alienis commeruisti, alterius negligentia vel malitia obruatur; sed ut proficias in sapientia, in amore, et honore coram Deo et hominibus, ut nihil tibi desit in ulla gratia, sed ubique pius appareas et amabilis Deo et omni populo. Vestræ beatitudinis auctoritatem, et bonæ voluntatis affectum Deus Christus augere, exaltare et conservare dignetur in æternum, domine fili in Christo charissime, et in omni bono desiderantissime.

EPISTOLA LXV
AD SIMEONEM SACERDOTEM.

In prosperis et adversis suadet animi moderationem; munera mittit, suadet Romanum Ordinem doceri clerum. Melius se habere nuntiat ex infirmitate. Studium sacræ lectionis et sapientiæ commendat.

Albinus c Simeoni sacerdoti salutem.

Gaudeo de tribulatione et prosperitate vestra, fili mi charissime, quia tribulatio corporis salus est animæ; et prosperitas vitæ hujus gaudium est amicorum. Memento, quod omnes sancti tribulationes passi sunt in hoc mundo, quarum acerbitas non est condigna futuræ beatitudinis remuneratione. Qui plus oneris portat in dorso, plus sudoris sentit in corpore. Quid est hujus sæculi honor, nisi grave pondus viatoris? Liber viator felicius vadit quam sarcinarum magnitudine onustus. Tamen ad mensuram unicuique secundum suam dispensationem dat Deus, aliis sic, aliis vero sic. Sed unusquisque fideliter laboret, ut feliciter regnet cum Christo.

d Cuculum vernalem avem vestræ direxi sanctitati cum munusculis parvitatis meæ : modo vero parvum quid vini direxi vobis et fratribus et amicis; et de stagno [*forte,* stanno] libras c ad opera necessaria facienda ; et e caucellos quatuor. Videtur condignum ut domuscula cloccarum stagno tegatur propter ornamentum et loci celebritatem.

De ordinatione et dispositione Missalis Libelli nescio cur demandasti ; nunquid non habes Romano more ordinatos libellos sacratorios abundanter ? Habes quoque et veteris consuetudinis sufficienter Sacramentaria majora; quid opus est nova condere, dum vetera sufficiunt ? Aliquid voluissem tuam incepisse auctoritatem Romani Ordinis in clero tuo, ut exempla a te sumantur, et ecclesiastica officia venerabiliter et laudabiliter vobiscum agantur. Sed rari sunt adjutores, forte dicis ; sed major bonæ intentionis labor majori summæ felicitatis remunerabitur corona : et feliciter laborat, qui sibi construit domum in regno Dei, parvis magna et parans caducis æterna, terrenis cœlestia emens ; propter unius margaritæ emptionem omnia dimittens, ut eam possideat quam invenit, et omnibus prætulit gazarum deliciis.

---

a *Simeoni summo sacerdoti.* Hoc nomen Symeonis adscititium esse Eanbaldi junioris archiepiscopi Eboracensis nunc manifestum est ex alia Alcuini epistola codicis Harleiani, *ad Eanbaldum archiepiscopum Eboracensis ecclesiæ cognomento Symonem,* paulo post exhibenda.

b *Perductus es gradum.* Ex his verbis colligo hanc epistolam scriptam fuisse non diu post electionem Eanbaldi ad archiepiscopatum Eboracensem, quæ facta est anno 796 ut notavimus supra ad epistolam 56.

c *Simeoni sacerdoti.* Eidem credo, ad quem præcedens epistola scripta est, cui propterea hanc adjungere volui, etiamsi de anno et loco quo et unde data sit minime constet.

d *Cuculum.* De illo vide inferius epistolam ad Calvinum et Cuculum.

e *Caucellos. Caucellus* vasculum, diminutivum a *caucus.* Regula Magistri cap. 27 : « Bibere si voluerit, aquam non ab urceo uno haustu, sed ad calicis, aut galletæ, aut *cancelli* bibat mensuram. » Vid. Du Cange Gloss. voc. *Caucus* et *Caucellus.*

De infirmitate mea vobis præfatus ales dicere potuit. Gloria Deo! aliquantum melius habemus; sed tamen corporis integritas non revenit. Ideo diligentius jubeatis orare pro nobis, quia tempus appropinquat, quo hoc hospitium deserendum est et ignota appetenda. Sed veniat, veniat vestra post nos oratio et eleemosynarum munera gratissima, nobisque nimium necessaria. Ostendatur fides in filio, ut gaudeat Pater in filio sapienti et fideli. Non moritur qui in filio vivit prudenti. Sacræ lectionis studia omnimodis renovate vobiscum, ne pereat labor noster in librorum collectione. Non sit tibi durum pondera auri dare pro acquisitione sapientiæ, cui secundum Salomonem nulla comparari in hoc sæculo poterunt (*Sap.* VII, 8 et 9). *Et quid stulto*, iterum ait, *divitiæ, si sapientiam emere non poterit* (*Prov.* XVII, 16)? Quæ habitationem in ejus corde habebit gratam, qui eam diligere probatur. Multitudo sapientum sanitas est orbis et laus civitatis, in cujus arce habitat. Hæc tuo pectore, Domino Jesu donante te, habitationem liabeat, charissime fili, semper in æternum.

a EPISTOLA LXVI.

AD ARNONEM.

(Anno 797, mense Augusto.)

Gaudet de nuntio adventus illius; multa nosse ab illo desiderat; et de sua commoratione illum instruit.

Dilectissimo patri Aquilæ Transalpino Albinus magister salutem.

Gaudeo, quod vel aliquam famam de vestro adventu audivi, multum cupiens vestræ beatitudinis faciem videre, et optatam audire loquelam, simul et de prosperitate b domni apostolici agnoscere, et quid in illis partibus gestum sit, et quomodo legatio vestra vobis evenisset, et si c Sancti Pauli causa ad profectum fieri possit. Hæc omnia per velocem nuntium mihi demandare curam, obsecro, habeas. Secundum quod iter meum dispositum habeo, volente Deo, die sabbati proximo, id est, Nonas Augustas, ad monasterium sancti Amandi habemus dispositum venire, et ibi die Dominica stare, et tunc ad d Baralla. [*Pez.*]

A Baralam] villam nostram quatuor aut quinque dies remanere, non longe a Sancto Amando, sed quasi quinto decimo milliario; et sic ad e Causiaco pervenire, et ibi hebdomada stare; et sic ad f Sanctum Lupum. Inter hæc loca, Deo propitio, habes me totum Augustum, et aliquam partem Septembrii mensis, si ullatenus possis impetrare, ut fiat nostrum colloquium. Interim, dum in proximo erimus, remanda mihi et quantos dies debeam te exspectare, quia non habeo in istis partibus aliquid ubi exspectare possum, propter inopiam rerum; quia quidquid fuit ibi, anno præterito omnia amici nostri consumpserunt, bene facientes, et familiariter utentes rebus nostris. Et quam citius possint litteræ vestræ ad nos venire, festinanter legatus currat ut nos in B proximo reperiat. Si rex vos jubeat in palatio stare, non contradicit tibi g Liutgardis et infantes ut ad nos venias, quia illæ ituræ sunt ad h Niviella, uti ibi i missam [sanctæ Mariæ] agant. Veni, veni festinanter, si Deo placeat et sancto Martino et sancto Amando, ut nos videamus. Nullatenus voluissem longius ire, antequam tuæ beatitudinis 68 faciem viderem. Manda vero per nostras curtes; quidquid ibi erit, omnia tibi parata erunt. Multum gaudeo de vestro colloquio; quia nescio quando erit, si nunc non erit. Feliciter lege, et prospere veni, Pater optime et amice fidelissime, et in Christo charissime:

j EPISTOLA LXVII.

AD ***

(Anno 797, mense Augusto.)

C *Significat quibus locis commoretur, nova scire cupit, mittit quædam munuscula.*

Charissimo Filio, in veræ charitatis dulcedine salutem.

Exspectavi dilectionis vestræ litteras, vel legatum. Sed tertio k Gysla [*Pez.*, Kysla] soror domni regis direxit ad me missos, ut venirem propter aliquas necessitates ad illam. Sed nunc, volente Deo, iturus ero ad eam visitare, et inde l ad sanctum Lupum, et ibi maxime spero me manere Septembrium mensem totum. Si quid inde de vestro itinere, vel m de domni

---

a Edit. Mabill. 4, Pezii 4 (Froben. 52). Collata cum codd. mss. Salisb. Data anno 797 quo Nonæ Augusti concurrebant cum sabbato, ut recte notavit cl. Hansizius Germ. Sacr. tom. II, p. 105.

b *Domni apostolici.* « Negotium geminum hoc anno Arnoni Romæ agendum fuit. Publicum unum ad componenda quæ inter papam et Romanos flagrabant dissidia, legatione Angilberti anno priore nihilo sedata; privatum alterum propriæ fuit ecclesiæ. Nam et diœcesin recens in Hunnia acquisitam firmare et honorem metropoliticum parare cupiebat. » HANSIZ.

c *De Sancti Pauli causa*, monasterio Cormaricensi, de quo alibi.

d *Baralla villam nostram*. Locus mihi ignotus, nec apud geographicos scriptores quos consului, alibive nominatus.

e *Ad Causiaco*: Monasterium Causiacense (*Choisy*) ad Axonam fluvium prope Compendium situm. Mabill. Annal. lib. xxx, num. 45.

f *Ad Sanctum Lupum*. Cœnobium in suburbio Tricassino (*Troyes*), Alcuini curæ a Carolo Magno traditum, de quo alibi.

g *Liutgardis*. Regina uxor Caroli Magni quæ anno 800 Turonis defuncta est pridie Non. Junii. *Annal.* Loisel.

h *Niviella, Nivialla, Nivigella*, monasterium ab Itta seu Iduberga Pippini majoris domus conjuge D hortatu sancti Amandi constructum. Mabill. Annal. lib. xxxiii, num. 7.

i *Missam sanctæ Mariæ*. Festivitatem abs dubio intelligit Assumptionis beatæ virginis Mariæ, quæ etiam eo tempore 15 die Augusti celebrabatur. Vid. Gloss. Du Cange Verb. *Missa*.

j 68 Edit. Mabill. 5, Pezii 5 (Froben. 55); collata cum cod. ms. Salisb. Quoniam vero ubique nomen illius abest ad quem scripta est, dubitare quis possit an ad Arnonem, an ad alium quemdam amicum in comitatu regis existentem scripta sit. Pro Arnone pronuntiandum videtur ex comparatione hujus cum præcedente et subsequente epistola.

k *Gysla soror domni regis.* Vid. epist. 98 et 99 (nunc 126 et 127).

l *Ad sanctum Lupum.* Vid. epist. priorem, inter notas.

m *De domni regis reversione.* Cl. Hansizius hæc et alia quæ in hac epistola memorantur, ad annum 860

[regis] reversione, vel de exercitus sui profectu audias, ne tarderis mihi remandare, et sic Octobrio mense ad [a] Ferrarias sanctum Petrum visitare, et ibi usque ad medium illum mensem spero me esse. Ideo hæc vobis scripsi, ut sciatis de itinere nostro, ubi nos beatitudinis vestræ missus invenire possit. Sed et [b] de fratre nostro et amico, quem tecum iterum dimisi, remanda mihi. Sollicitus sum valde de domno rege et populo Christiano propter auras durissimas, et terram illam pessimam, et homines invidos, si Deus propitietur illis et sanctæ suæ Ecclesiæ defensori. Multo tempore illum conservet cum suis fidelibus. [c] Direxi vobis unam tapetam et unum sagellum tenuem, obsecrans ne despicias munusculi parvitatem. Hæc sunt duo minuta, quæ vidua obtulit in gazophylacio templi, quam Dominus Jesus laudavit, quia plena charitate offerebat (*Matth.* xii, 42). Vivite vos Deo placentes in omni opere bono, et pro nobis orantes valete in perpetuum.

[d] EPISTOLA LVIII.
AD ARNONEM.
(Anno 797, mense Septembri.)

Litteras illius se accepisse significat, et de silentio multarum rerum conqueritur.

Dilectissimo filio Aquilæ piam et pacificam in Christo salutem.

Audita prosperitate vestra per litteras quas nobis direxistis [et venerunt nobis Idibus Septemb. Sed mirum quod nihil de Candido [*Ms.,* Cando] meo demandare voluisti. [e] Misi tibi jam pridem litteras meas per clericum vestrum, cujus nomen non recolo, ut puto, septimas Idus Augusti, et nescio si te invenerunt, et sollicitus fui in his litteris audire aliquid, unde eas dirigeres, vel qua die, vel de quo pertinere asserit. « Inde, inquit, patet Arnonem ex Italia nuper venisse ad regem, cum eoque reversum ad Urbem. » At enim Alcuinus non de abitu regis, sed de reversione ejus petit edoceri. Ego ista interpretor de itinere. Arnonis Romam anno 797 suscipiendo, et de reversione regis ab expeditione Saxonica, de qua Eginhardus in Annalibus anno eodem scribit: « Rex ad contundendam perfidæ gentis contumaciam, Saxoniam vastaturus intravit; nec prius destitit quam omnes terminos ejus peragrasset, nam usque ad ultimos fines ejus, qua inter Albim et Wiseram Oceano abluitur, accessit. » Inde metus Alcuini ob auram durissimam Oceani, terramque pessimam et homines (Saxones) invidos, seu infidos.

[a] *Ferrarias.* Ferrariense monasterium Alcuino commendatum, situm est ad Clarejam (*Clairy*) amnem in lupam (*le Loing*) influentem in pago Wastinensi (*le Gâtinais*) diœcesis Senonensis, Bethlehem antiquitus a conditore dictum, testante Lupo ejus loci abbate in epist. 15 (Mabill., *Vit. S. Aldrici, Act. SS.*, sæc. iv, part. i, pag. 566).

[b] *De fratre nostro et amico.* Candido fortassis, ut ex epistola subsequente colligitur; ubi conqueritur quod Aquila nihil de Candido suo, ut nempe in hac epistola petierat, demandare voluerit.

[c] *Direxi vobis.* Hoc est initium epistolæ apud Mabillonium.

[d] 70 Hanc epistolam hactenus ineditam ex codd. mss. Salisb. et Sanct-Emmeramiensi descripsimus; uncis inclusa in solo Salisburgensi habentur, Alcuinus Arnonis litteras, quarum hic meminit, accepit, dum adhuc ad Sanctum Lupum moraretur, ubi in

[A] loco, vel quomodo dispositum habuisses facere secundum Dei voluntatem; et quando te sperarem in has venire partes. Ego itaque sub festinatione vado ad sanctum Martinum; ibi, volente Deo et domno rege annuente, hiemare disponens]. Et utinam! veniat volando Aquila mea orare apud sanctum Martinum, ut ibi amplectar alas illius suavissimas, et teneam, quem diligit anima mea, nec dimittam eum; donec inducam illum in domum matris meæ (*Cant.* iii, 4), et osculetur me osculo oris sui (*Cant.* i, 1), et gaudeamus ordinata charitate invicem [Forte dixissem tibi aliquid, si præsentem te haberem: cur noluisses mihi innotescere, quomodo accepisset vos domnus apostolicus; et quid tibi placuisset in illis partibus : vel quomodo [f] Paulinus Pater meus egis-
[B] set vobiscum; et quo se divertisset? Curioso animo meo satisfacere non voluisti. Ideo pauciores tibi litteras modo scribere volui; non tamen pauca charitate, quas scripsi, scripsi (*Joan.* xix, 22). Hanc alteram chartam redde obsecro, Candido meo, si vivat, si vobiscum sit. Nescio cur et ille tacuit, dum tu mihi scripsisti, nisi forte Albinus recessit ex ore illius, cujus dilectio nunquam recedit ex corde meo.] Semper in æternum valeas et vigeas et floreas, fili charissime

[g] EPISTOLA LXIX.
[h] AD ARNONEM EPISCOPUM SALISBURGENSEM.
(Anno 797.)

Commendat illi quemdam filium; de reversione regis; de sancti Pauli causa et aliis informari cupit; suspirat ad Dei visionem, et ad superna desideranda hortatur.

[i] Venerabili Patri et amabili fratri et desiderabili filio in totius charitatis jucunditate salutem.

præcedente epistola dixerat Septembrium mensem totum esse mansurum. Data ergo est eodem anno, 797. (Apud Frohen. 54.)

[e] *Misi litteras... septimas Idus Augusti.* Litteras, seu epistolam præcedentem, ut contextus ex utriusque comparatione manifestum facit. Eo die Alcuinus; si iter suum, ut in his epistolis propositum habuit, prosecutus est, Barallæ fuit; circa diem 10 Aug. Causiacum venit, ubi per hebdomadam substitit. Inde ad sanctum Lupum abiit, ibique reliquis Augusti diebus, et integro mense Septembri permansit; in quo loco Idibus Septembris Arnonis litteras accepit; inde etiam, vel ex monasterio Ferrariensi, quo mense Octobrio accessit, præsentem epistolam scripsit.

[D] [f] *Paulinus Pater.* Aquileiensis patriarcha. Inde constat Arnonem ex modo ex Italia rediisse.

[g] Hanc epistolam truncatam edidit Mabillonius, qualem nempe invenit in cod. ms. S. Emmerami; Hic integra prodit ex duobus codd. mss. bibliothecæ Salisburgensis. (Apud Frohen. 55.)

72 [h] Non exprimitur in codicibus mss. nomen illius cui inscripta sit hæc epistola; certum tamen est quod is fuerit qui potestatem habuit in monasterium S. Ruperti Salisb. Et ille quis alius, quam Aquila seu Arno, qui cum episcopatu etiam illud monasterium regebat?

[i] Differt in nonnullis hæc inscriptio ab illa codicis S. Emmerami seu Mabilloniani, quæ ita habet: *Venerabili Patri et amabili doctori, et desiderabili fratri ill. nutu Dei pontifici sive abbati, ego indignus servorum Christi famulus in totius charitatis jucunditate salutem.*

[Satis mihi placet concordia inter filium meum et fratrem tuum, quem vocatus visitare venisti. Et bene fecisti me hortando ad charitatem ejus reverti, unde nunquam aversus fui; licet dubitationem aliquam agnovissem de mea fide in tuis suavissimis apicibus. Quod vero dixit, ut habuissem eum in domo ad erudiendum, nullatenus a quoquam ante audivi. Tamen] scias, quod in camera humilitatis superbiæ non placet habitare, quia quod illa ædificat hoc ista destruit. Ecce ego, quantum in me est, apertas habeo manus amplectari venientem, non respuere precantem. Hoc apud omnes servare præfinivi, ut nullum abjicerem, sed, quemcunque potuissem, attraherem. [Quanto magis de tam probato viro et tam laudabili persona et tantis mihi bonis ex multo tempore conjuncto, credere dissidium [*Ms.*, descidium] non debuit sancta et venerabilis prudentia vestra. Quod vero de filio meo, fratre et nepote tuo, durius scripsisti, videat charitas et pietas tua ne inanis fiat labor noster, et ne perdatur anima pro qua Christus mori non dubitavit. Ecce eum remisi tuæ dilectioni, ut facias de illo sicut videatur prudentiæ [*Al.*, providentiæ] vestræ; in tua enim potestate est vel ille, vel beneficia quæ habet. Fac secundum quod ex illius intelligas, ante oculos tuos, meritis, non secundum verba invidorum. Nihil enim mecum potest in tristitiæ spiritu proficere. Unum e duobus mihi videtur consilium : aut ex nostra gratia eum domno regi commendes; vel tecum habeas; donec agnoscas ex illius conversatione, quid de eo utile sit, donec iterum nostra, volente Deo, collocutio fiat. Aliquid tamen ut habeat consolationis, forte melius est, secundum humilitatis et obedientiæ promissionem, ne continua absorbeatur tristitia (*II Cor.* II, 7). Et si [a] Witto veniat ad vos, apud eum discere potest. Et si, Deo volente, veniat, vide diligenter : ne inanis fiat habitatio illius vobiscum, ut quantum me tristificat absentia illius, tantum vos lætificet præsentia, et defectus meus vester sit profectus. Et si aliquantum temporis vis eum in monasterio [b] sancti Hrodberti demorari necesse ei esset, propter adjutorium hominum linguæque notitiam, [c] Aedilbertum habere secum, ut nostris eruditionibus assuetus, et illorum moribus educatus, medius fiat in ambarum partium profectu. Tamen, ut vobis videtur, fiat, et citius me scire faciatis quid vobis placeat. Et [d] de domni regis reversione [e] vestroque itinere vel habitatione, et de domno apostolico, [f] et sancti Pauli causa, et cæteris rebus quæ nobis sunt necessaria 71 vel jucunda audire. Hoc scias certissime quod in Toronicis partibus pene nihil remansit vini, frugumque abundantia vix ad medietatem alterius anni. Ideo vadam, volente Deo, visitare fratres, et ordinare res illorum, reversus in his iterum morare partibus. Si domno regi placuisset, ut tibi licuisset apud sanctum Amandum hiemare, forte] aliquantum temporis, Christo miserante, nobis opportunum esset simul habitare, ut frangeretur propheticus panis inter nos, de quo dictum est : *Frange esurienti panem tuum* (*Isai.* LVIII, 7). Licuisset nobis assidue una voce et una fide cantare : *Panem nostrum quotidianum da nobis hodie* (*Luc.* XI, 3). [Et] ex eo vesci, qui ait : *Ego sum panis vivus, qui de cœlo descendi, si quis manducaverit ex hoc pane, vivet in æternum* (*Joan.* VI, 51, 52). O ! quam jucunda est charitas, et quam dulcis præsentia illius, et quam felix vita, ubi nunquam deerit quod semper amatur! quæ nunc in absentem [*Al.*, absente] ardet, tunc in præsente lætatur. Licet ubique Deus præsens sit, tamen aliter in imagine per speculum cernitur, aliter in præsentia per speciem videtur : de qua ipsa Veritas ait : *Beati mundo corde, quoniam ipsi Deum videbunt* (*Matth.* v, 8). Mundetur modo cor in hac peregrinatione, ut in patria illius beatissimæ visionis frui liceat. Utamur hoc mundo perituro in charitate non peritura, ut fruamur Deo in gloria permanente. O Domine! [Jesu] fac nos diligere te, et odisse eum de quo dixisti : *Mundus me odit* (*Joan.* XV, 18). Ut per te donum Spiritus Paracleti accipiamus, *quem mundus non potest accipere, quia non videt eum, nec scit eum* (*Joan.* XIV, 17). Noli nos secundum tuæ veritatis promissionem orphanos relinquere, sed mitte in nos spiritum veritatis, qui nobiscum maneat in æternum (*Ibid.*, vers. 16, 17). O Rex gloriæ et Domine virtutum (*Psal.* XXIII, 10), bellator noster et pax nostra, qui dixisti : *Confidite, ego vici mundum* (*Joan.* XVI, 33). Vince et in nobis servis tuis. [Tu scis] quia sine te nihil facere possumus (*Joan.* XV, 5). Da cum fiducia servis tuis loqui verbum tuum, et loquentibus exemplis ostendere, quod ore prædicent. Da velle et perficere (*Philipp.* II, 13); da ut misericordia tua præveniat (*Psal.* LVIII, 11), et misericordia tua subsequatur nos (*Psal.* XXII, 6) : præveniat ad incipiendum, subsequatur ad perficiendum [*Al.*, implendum]. Quid plura habemus dicere, nisi ut fiat voluntas tua, qui vis omnes homines salvos fieri? (*I Tim.* II, 4.) Tua voluntas salus est nostra, gloria nostra et beatitudo nostra.

Per quemdam mentis excessum, o frater venerande, hæc locutus sum, non tam ordinate quam epistolaris postulat angustia, sed tam affective quam intima cordis compunctio exegit. Tu tamen, dulcissime Pater et familiaris meus, patienter sustine cordis mei lacrymas, et tecum reconde quod mecum audisti. Quis scit, nisi ille qui omnia scit, si cras mihi liceat scribere tibi, aut post cras dulces tecum collationes [*Al.*, consolationes] dicere vel audire? Hodie mihi dedit spatium pietas illa, quæ omnia mihi contulit bona quæ habeo. Quapropter tacere non debui quia nescio quid ventura pariat dies. Tu vero, unanimis

---

[a] *Witto.* Witzo forte seu Candidus Alcuini discipulus, de quo alibi sæpius.
[b] *S. Hrodberti.* S. Ruperti, modo S. Petri Salisburgi.
[c] *Aedilbertum.* Forte is est *Adalbertus* Alcuini discipulus, posthac abbas Ferrariensis?
[d] *De domni regis reversione.* Ab expeditione Saxonica; vide epist. 53 (nunc 57).
[e] *Vestroque itinere.* Vide ibidem.
[f] *Sancti Pauli causa.* Vide ibidem et alibi sæpius.

frater, æternos dies semper habeto in mente, et per patientiam curre iter quod tibi Christus ostendit; quia qui sequitur illum, non ambulat in tenebris, sed habebit lumen vitæ (*Joan.* VIII, 12). Ille tibi sit cibus et potus, charitas et gloria. Non subvertat cor tuum ambitio sæculi, adulantium officia, species vanitatis, timor potentium, minæ crudelium; sed ædifica domum tuam supra firmam petram (*Matth.* VII, 24, 25), unde te nullæ tempestates evellere valeant. Sed sta intrepidus linguas detrahentium contemnens, et ora laudantium non curans; et quoscunque poteris, gratia auxiliante [superna] tecum in hunc statum vitæ rape precibus, monitis, castigationibus, exemplis, ut cum multiplici laboris fructu multiplici dignus mercede appareas in conspectu Domini Dei tui, mihique tuæ salutis consocio assiduis sanctitatis tuæ precibus subvenire memento: quatenus Salvator omnium me multis peccatorum vulneribus confossum, larga suæ pietatis clementia salvare dignetur et constituere, licet extremum, in sorte æternæ beatitudinis tecum, charissime Pater, frater et fili.

a EPISTOLA LXX.
AD SPERATUM EPISCOPUM.
(Anno 797.)

Illum a vanitatibus hujus vitæ dehortatur; inculcat vero officia episcopis convenientia.

Sanctissimo fratri et filio charissimo b Sperato episcopo, humilis Pater Albinus salutem.

Valde me vestræ charitatis amor quotidie reficit, et fidelitatis mentem meam certitudo abundanter lætificat, ita ut in primos parvitatis meæ amicos, vestræ bonitatis nomen et suavitatis facies menti meæ radicitus infixum permaneat. Et ob hoc, quantum charitatis recordatio lætificat, tantum absentiæ lacrymosa longinquitas moestificat. Sed patienter ferendum est quod necessario tolerandum esse dignoscitur. Et currens chartula ostendat in litteris quod lingua resonare non valet in auribus, quatenus oculorum officio illud agnoscat quod olim aurium ministerio cordis secretum cognovit.

Vestra vero veneranda sanctitas varios sæculi eventus sæpius consideret, et quis casus nobis remaneat, non obliviosa mente retineatur: totiusque humani generis exempla nos doceant, quam periculosa dies, quam metuendum judicium incerto tempore nobis immineat. Præparemus nos in occursum magni Regis (*Amos*, IV, 12), ut pium inveniamus quem nullus effugere valeat. Quid vero muneris in manibus feramus, quotidie cogitandum est, dicente Scriptura: *Non appareas vacuus in conspectu Domini Dei tui* (*Eccli.* XXXV, 6). Nulla ibi metallorum species, nullus gemmarum fulgor, nulla vestium vanitas

A nullus sæculi luxus, ipso æquissimo Judice, acceptabilis erit. Nisi sola eleemosynarum largitio, et meritorum multiplicatio bonorum proderit. Quidquid hic geritur, illic dijudicatur. Et omnis bonitas præmio coronabitur perpetuo, omnisque iniquitas æternis damnabitur tormentis.

Hæc animis inhæreant nostris, hoc prudens prævideat cautela. Ne illa die inops bonorum meritorum lugeat anima; sed ut de simplici gaudeat bonitatis fructu, maxima cura cogitandum est. Hoc vestra meam fraterna sollicitudo segnitiem, sanctarum litterarum serie, sæpius admoneat. Nam meæ exhortationis verba veræ dilectionis stylo sunt exarata. Quotidie operemur bonum, dum tempus habemus (*Gal.* VI, 10); ne nos tenebræ comprehendant (*Joan.* XII, B 35), nec imparatos illa metuenda dies inveniat. Tu vero pastorali pietate ac sacerdotali auctoritate, non solum meam suscitare litteris socordiam studeas, sed etiam omnibus te audientibus pia paternitate, ut vigilent, prædicare non cesses. Si lingua sacerdotalis clavis est cœlestis regni, decet ut guttur illius tuba sit æterni Regis, dicente propheta: *Clama, ne cesses; exalta sicut tuba vocem tuam* (*Isai.* LVIII, 1). Quis se parat 73 ad bellum, si præco in castris non clamat? Quis hostibus succinctus in armis obsistit introitum, si speculator in celso turris fastigio dormit? Quis gregem a luporum rabie defendit, si pastor in silvestribus luxuriæ dumis latitat? Quis florentis ruris pascua gregi demonstrat, si ductor vagabundis per foveas vestigiis errat? Lege sæpius, obsecro, beati C Gregorii prædicatoris nostri libellum de pastorali cura, ut in eo periculum sacerdotalis officii agnoscas, et bene operantis servi mercedem non obliviscaris. Iste liber tuis sæpius inhæreat manibus; illius sensus tuæ firmiter infigantur memoriæ, ut scias qualiter quisque ad sacerdotalem honorem accedere, et accedens quanta consideratione seipsum circumspicere debeat; et quibus exemplis vivere necesse sit; et quanta intentione prædicare jubeatur; et quid cui personæ conveniat, maxima discretione descripsit.

Scis optime, quanta intentione c rex ille clarissimus filium suum [*Edit.*, filio suo] præparavit, ut arbitrabatur, regno hæredem: sed, ut rerum eventus demonstrabat, exemit. Inde poteris sæcularem in-D telligere sapientiam, et quam verum est, ut Psalmista canit: *Nisi Dominus ædificaverit* [*custodierit*] *domum, in vanum vigilant qui custodiunt eam* (*Psal.* CXXVI, 1). Homo cogitat, Deus judicat. Incerta est humanæ prudentiæ sæcularibus providentia rebus. Hoc solum de futuris considerantem non fallat, quod charitas in præceptis Dei hujus vitæ temporibus per-

---

a Edit. Quercet. 108 ex ms. (Froben. 56).

b *Sperato episcopo.* Nemo prodit cujus sedis episcopus fuerit. In Anglia tamen episcopatum obtinuisse ex ipsa hac epistola colligi posse videtur; hortatur enim: *Lege sæpius beati Gregorii* PRÆDICATORIS NOSTRI *libellum.* Vide etiam not. seq.

c *Rex ille clarissimus.* Offa, puto, rex Merciorum, qui anno 787 filium suum *Egfridum* regem coronari

fecit, qui tamen parente mortuo non nisi quinque mensibus regnum tenuit, morte sublatus « non ob peccata sua, sed quia pater suus pro confirmatione regni ejus multum sanguinem effudit, » ut alibi loquitur Alcuinus in epistola ad Osbertum patricium, quæ desideratur, et ex qua ea verba citat Malmesb. lib. I reg. Angl. cap. 4. Vid. Alford. Annal. Anglo-Sax. annis 787 et 796.

agit. Sit tibi larga manus in eleemosynis; sit studiosa lingua in prædicatione; sit sobria vita in conversatione; sit sacerdotalis auctoritas in castigandis reprobis; sit benigna sollicitudo in refovendis humilibus. Sit tibi clara in veritatis assertione fiducia, nulli parcens personæ, quo minus æquitatis proferas judicium. Sit tibi venerabilis quotidianus usus in ecclesiasticis officiis, ut omnia honorifice fiant quæ tua dignitas in Dei cultu debeat observare. Quia melius est, sacerdotem Christi in ecclesiastico ministerio laudari, quam in conviviorum apparatu (*Prov.* xxiii, 20). Quæ laus est tantum accumulare mensam tuam, ut vix portari possit, et Christus ante ostium esuriat? qui dicturus erit in die terribili: *Quandiu uni ex minimis meis fecistis, mihi fecistis* (*Matth.* xxv, 40).

Omnino habeas in comitatu tuo prudentem dispensatorem, qui pauperum curam sollicita pietate provideat. Melius est pauperes edere de mensa tua, quam histriones vel luxuriosos quoslibet. Ebrietatem sectantes, beato Hieronymo dicente, quasi inferni foveam devita. Duo mala sunt. Primum: contra præceptum Dei agere, qui ait: *Cavete vos ab omni ebrietate et crapula* (*Luc.* xxi, 34). Secundum: inde laudem quærere, unde pœnitentiam agere debuit. *Beatus homo qui non respicit in vanitates et ad insanias falsas* (*Psal.* xxxix, 5). Insania est vestimentorum pompa, et assidua ebrietatis luxuria, propheta dicente: *Væ vobis qui potentes estis ad bibendum vinum, et viri fortes ad miscendam ebrietatem* (*Isai.* v, 22). Qui his delectatur, ut Salomon ait, *non erit sapiens* (*Prov.* xx, 1). In te enim exemplum sit totius sobrietatis et continentiæ. Verba Dei legantur in sacerdotali convivio. Ibi decet lectorem audire, non citharistam. Angusta est domus; utrosque tenere non poterit. Non vult rex cœlestis cum paganis et perditis nominetenus regibus communionem habere, quia Rex ille æternus regnat in cœlis, ille paganus perditus plangit in inferno: voces legentium audire in domibus tuis, non ridentium turbam in plateis.

Clericorum tales habeas socios, ex quorum conversatione tua laudetur auctoritas. *Filius sapiens gloria est patris, et contra filius stultus ignominia est matris* (*Prov.* x, 1). Quomodo, dicente Apostolo (*I Tim.* iii, 5), curam Ecclesiæ poterit habere, qui suam domum nescit regere? Ovicula quæ de mensa comedit pastoris, vagabundis errat gressibus. Quomodo cautam habet conversationem, quæ libero pede per campi latitudinem discurrit? Et ex doctrina discipulorum augetur sapientia doctoris: qui studiose docet quod novit, sæpe agnovit, divina donante gratia, quod ignorat. Maledictus qui abscondit frumenta in populis (*Prov.* xi, 26), et beatus qui seminat super omnes agros. *Mane semina semen tuum, et vespere non cesset manus tua. Quia nescis quid melius oriatur, etsi utrumque hoc optimum est* (*Eccle.* xi, 6). Nullus erit in hoc sæculo sempiternus; ideo contendat quisque, ut ibi bene vivat ubi sempiternus erit. Noli, obsecro, charitatis hortamenta spernere. Scio [*Edit.*, scito] te hæc omnia melius nosse et perfectius operari. Sed magni amoris affectus me optima tibi suadere cogit. Æquum est ut quod charitas libenter impendit, humilitas gratanter accipiat.

Summa Dei pietas multis feliciter annis
Conservet charos, teque tuosque simul,
Sis memor Albini, memoret te Christus in ævum,
Jam tibi perpetuum sit sine fine decus.

EPISTOLA LXXI.

AD SPERATUM EPISCOPUM.

Exoptat illius amicitiam continuam et hortatur ad vitam episcopo dignam.

Dilectissimo Patri [a] Sperato episcopo fidelis amicus Alcuinus salutem.

Sempiterna me cogit charitas sæpius vestræ dilectioni litterulas dirigere, licet minus videaris nobis vicem rependere tuis litteris; tamen ego non cesso tibi prosperitatem optare, et per chartas tuæ innotescere sanctitati quod nullatenus mens mea tui habeat oblivionem, sed omnimodis firma radice tui nominis obtineat memoriam.

Recordor dulcedinem vestram et germanitatem quam habuimus inter nos præsentia corporali, quæ etiam spiritaliter observari debet, nec ulla terrarum longinquitate deleri, quatenus amicitia olim condita perpetualiter conservetur. Tu vero, sanctissime Pater, considera diligenter locum nominis tui, ubi maneas, ubi statuta sit dignitas tua, et quod diceris ab omnibus, hoc opere impleas. Fiducialiter prædica omni personæ, opportune, importune, idem volenti et nolenti (*II Tim.* iv). In moribus tuis fulgeant exempla sanctitatis, et in verbis veritatis prædicatio nitescat, quia hæc duo maxime conveniunt episcopo, ut bonis vivat moribus et prædicationis verba non taceat, sicut ipsa Veritas ait: *Sint lumbi vestri præcincti et lucernæ ardentes in manibus vestris* (*Luc.* xii). In lumbis morum castitas et in lucerna lumen verbi Dei demonstratur. Habeas irreprehensibiles socios, ut ex illis alieni discant vitæ religionem; et ædificentur quicunque veniant ad te, sive ex te ipso, sive ex illis. Lectionis vero studium nullatenus dimitte, sed habeas tales juvenes apud te, qui semper discant, et magis gaudeant discere quam inebriari; Deo servire et non sæculi sectari pompas. Talem te para, qualem te cupias stare ante tribunal Christi; meique semper memor esto in orationibus tuis, quatenus divina clementia dies meos ad finem deducat perfectum, et ut tu habeas mercedem bonam ex me, et ego remissionem peccatorum per te. Fides vero et dilectio sancta nunquam frigescat in animis nostris, sed semper magis magisque augeatur, Christo Deo miserante, qui nobis propitius sit in æternum. Opto te valere, et in Christi charitate proficere, dulcissime Pater!

---

[a] *Sperato episcopo.* Incertæ sedis in Anglia, ad quem etiam exstat epistola 56 (nunc 70).

a EPISTOLA LXXII.

AD SIMEONEM SACERDOTEM.

(Circa annum 797.)

Hortatur ad officium episcopale solerter obeundum periculosis in Britannia temporibus.

Charissimo filio [b] Simeoni sacerdoti Albinus Pater salutem.

Si gaudendum est de ascensu, timendum est de lapsu, quia de altiori loco periculosior est lapsus. Ideo secundum nomen tuum esto superspeculator non solum gregis tibi commissi, sed etiam tui ipsius, ut in paucis diebus laboris plurimam merearis habere mercedem beatitudinis. Tempora periculosa sunt in Britannia; et mors regum miseriæ signum est; et discordia captivitatis origo; et festinant vera esse quæ sæpius audisti a nostro prædici magistro. Noli cupidus esse de auro et argento, sed de animarum lucro. Me vero in orationibus et eleemosynis memora quotidie, et te in observatione mandatorum Dei semper; et si tempestas undique immineat, guberna viriliter navem Christi, ut quandoque cum tuis nautis in portum pervenias prosperitatis. Nunquam a sancta prædicatione lingua sileat, nunquam a bono opere manus torpescat; et quocunque vadas, liber sancti Gregorii Pastoralis tecum pergat. Sæpius illum legas et relegas, quatenus teipsum et tuum opus cognoscas in illo, ut qualiter vivere vel docere debeas, ante oculos habeas; speculum est enim pontificalis vitæ et medicina contra singula diabolicæ fraudis vulnera. Non mollescat animus tuus in adulatione principum, nec torpescat in correctione subjectorum. Non te decipiant sæculi blanditiæ; non exaltent honores transeuntes; non subvertant favores populi. Esto columna firmissima in domo Dei, non arundo vento agitata (*Matth.* XI, 7). Esto lucerna super candelabrum posita, non sub modio abscondita (*Matth.* V, 15). Esto omnibus via salutis, non vena perditionis, ut per te plurimi corrigantur, salventur, et ad vitam tecum perveniant sempiternam. Vive, vale feliciter et nostri memor proficias semper in opere Dei.

c EPISTOLA LXXIII.

AD CALVINUM PRESBYTERUM.

(Circa annum 797.)

Hortatur ad contemptum divitiarum et honorum sæculi · Simeonem, summum sacerdotem sæpius admoneri cupit: sibi ob adulationibus cavere, curæ animarum solerter intendere, et Christianæ virtutis exercitia suadet.

Dilectissimo filio [d] Calvino presbytero Albinus devotus in charitate Pater salutem.

Quamvis corporali specie amici disjungantur, tamen charitatis officio semper præsentes esse queunt. Nec terrarum longinquitate separantur, qui dilectionis dulcedine junguntur. Hæc est quæ nunquam præterit, si in veritate fideliter habetur. Proh dolor! sed rare inveniuntur, quorum integra fides veram foras ostendat charitatem, quæ plurimos habet impugnatores; sed maxime sæculi divitiæ, quæ fallaci specie infestant corda quærentium illas; ut vix antiquæ dilectionis quælibet scintilla eluceat inter caliginosas terrenorum desideriorum umbras. Hanc vero pestiferam sæculi cupiditatem a tuo animo, charissime fili, miserante Deo, adjuvante gratia procul expelle; quatenus tranquilla pace in spe suavitatis, et in fide veritatis, et charitatis perfectione Deo Christo servire valeas, habens sæculum tanquam non habeas. Si vero sentias in animo tuo tibi impedimento esse pacificæ servitutis, qua Domino Deo deservire debeas, sæcularis possessio [sæcularem possessionem], melius est præcidere funem iniquitatis illius, quam vana spe lamenta in longum protrahere tempus, nesciens quid ventura dies pariat. Sunt enim homines qui spe ruunt; longam sibi promittentes vitam; et subito rapiuntur de hac luce, et quod cogitaverunt, non perfecerunt. Tibi vero a Deo data prudentia prævideat, quo tuus te ferat animus; et noli tardare in eo quod tibi optimum eligas.

Tu vero scias quo desiderio, qua quiete, sæculi possideas honores. Si tibi nihil impedimenti generant pristinæ religionis quas [religionis quam] habuisti, et semper habere opto in Christi servitio. Nil tibi deesse æstimo in [e] cella sancti Stephani honestæ conversationis, quo ut tibi necesse [*F. suppl.* non] sit foras per varias terrarum species vagari, et audire aliorum infidelitates, et contra peccata irasci aliena; et mentis tuæ dulcissimam perdere quietem. Tamen, ut dixi, sapientia tua consideret quem habeas profectum in habendo res alienas, si sufficiant tibi ad eleemosynarum in miseros largitiones; si scholam legentium habere possis, si pauperes vestire; si peregrinos recipere; si quiete vivere, si pacem cum eis qui foris sunt habere valeas. Plurimi sunt impugnatores Ecclesiæ Christi, qui quotidie aliquid vel prece, vel violentia rapere gestiunt; cum ob regum mortem sint periculosa in Britannia tempora, si inde tempestas immineat, viriliter navem Christi gubernet, et communem utrique fuisse magistrum, utique in Britannia, significat.

[c] Edit. Quercet. 104 ex ms. (Froben. 58).

[d] *Calvino presbytero*. Quis ille sit nemo edicit Anglum fuisse ex mentione Simeonis episcopi intelligi potest: Vid. col. seq. not.

[e] *Cella S. Stephani*. An cella ista sit monasterium Sancti Stephani Cauciacense (*Choisy*) prope Compendium, in quod *Calvinus* ex Anglia veniens forte se cesserat; an vero illud in Anglia quærendum sit, ignoro.

---

[75] [a] Ineditam hactenus producimus ex cod. ms. Salisburgensi. (Apud Froben. 57.)

[b] *Simeoni sacerdoti*. Eidem, puto, quem in epist. ad Calvinum summum sacerdotem vocat. De eo Lelandus, Script. Brit. pag. 126, hæc habet: « Simeonis clarum facit mentionem Flaccus Albinus epist. ad Calvinum . . . Exstat præterea epistola Albini ad ipsum Simeonem, qua collaudatum admonet officii, et alioqui sua properantem sponte conciliat. Apud Albinum nulla de sede ejus episcopatus memoria. In Gallia fuisse eum episcopum mea quidem opinio est. » Ita Lelandus. Mihi tamen ex ipso epistolæ textu vero longe similius videtur, eum fuisse episcopum in Britannia; hortatur enim u.,

et non sunt, nisi verbotenus, amici, factis vero amico. inimici.

Horum perversitas multum inquietare solet custodes Ecclesiarum Christi, sicut in charissimo filio meo [a] Simeone summo sacerdote intelligere potes, easdem ab impiis patiente molestias, quas antecessores illius ab inimicis Christi perpessi sunt. Quorum contrarietas debito fine, secundum judicium justi Dei perit [*F*., periit], sicut et his qui modo adversantur prædicationi prædicti filii nostri et servorum Dei, quia post vos sunt, certa remanet perditio. Tu tamen illius bonam voluntatem precibus adjuvare, exhortationibus admonere, ut viriliter agat, nullatenus desiste : quia in salute illius prosperitas vestra consistit, et in profectu voluntatis bonæ nobis omnibus merces apud Deum reputabitur. Quia ego, licet indignus Pater, nutrivi, educavi, et ad perfectum perduxi virum quem vos elegistis in pontificatus honorem. Sæpius admone illum de precationis [*F*., prædicationis] verbi Dei instantia et patientiæ bono, quæ valde necessaria est illi habitanti inter lupos et serpentes. Memor sit dicentis Christi : *Confidite, ego vici mundum* (*Joan.* XVI, 33). Item mente sæpissime consideret quid ipsa Veritas discipulis suis præcepisset, dum eos ad prædicationis direxit officium : *Ecce ego mitto vos sicut oves in medio luporum. Estote ergo prudentes sicut serpentes, et simplices sicut columbæ. Cavete ab hominibus* (*Matth.* X, 16, 17). Admone illum diligentius, ne sit sæculi amator, ne adulatoribus consentiens, ne propter propinquorum turbam suum cupiditatibus terrarum vel divitiarum involvat animum, sed divino rigore regiam viam in omnibus ubique teneat. Melior est Christus propinquus et amicus, quam totius sæculi numerosa propinquitas vel amicitia.

Vide quid charitas facit. Dum te admonere familiari stylo exorsus sum, repente me charitatis flamma transtulit ad illum. Sed ignosce mihi, quod hæc pauca de illius profectu tibi destinatis inserui litterulis : optans te et in hac paternæ fidei felicitate proficere coram Deo, ut sis in omnibus illius veritatis assertor, non falsitatis adulator. Bene quidam adulatorem definivit dicens : *Adulator est blandus inimicus* : et verum ait ; plurimi namque sunt adulatores divitum, et pauci admonitores. Et melior est unus suasor veritatis quam mille adulatores falsitatis. Quapropter hoc vitium omnimodis tibi caveas, charissime fili, et semper sermo tuus veritate vigeat. Licet veritas rugosam habeat frontem, tamen solidum habere solet consilium. Si pro omni otioso verbo reddituri erimus rationem (*Matth.* XII, 36), quanto magis pro noxio vel fallaci ? *Os quod mentitur occidit animam* (*Sap.* I, 11). Pro veritatis officio sermo est homini datus, non falsitatis iniquitate. Nunquam adulator verus est amicus, sed blandus, ut dicitur, inimicus. Gladium melle litum porriges amico. Melius est cauterio sanare vulnus, quam blandimentis nutrire, ut pejor [pejus] fiat.

Consideret sagacitas tua tempus, locum et personam ; quo tempore, quo loco, cui personæ quid dicendum sit. Quæ optime in libro beati Gregorii, qui Pastoralis dicitur, legi et discerni possunt. Nunquam sacra lectio temporibus opportunis de manibus recedat tuis. Vices suas habeant lectio et oratio. Et non nox, neque dies protrahatur in conviviis vel ebrietatibus, aut confabulationibus non necessariis. Inter pocula sonus et sermo ædificationis audiatur coram admonentibus [*F*., admanentibus] vel palam omnibus, vel cuilibet considenti. Puerilis ætas tuis sermonibus a flamma servetur vitiorum, quatenus ætas illorum tibi proficiat in mercedem perpetuæ remunerationis. Non tibi sit vilis anima, pro qua Dominus omnium mori dignatus est. Ne dicas in animo, quid ad me pertinet, sive bene, sive male faciat ? Ubi est charitas, si errantem corrigere non curas ? Memento Apostolum dicentem : *Quis scandalizatur, et ego non uror* (*II Cor.* XI, 29) ? Alterius peccatum, suum fecit dolorem. Quid habes Redemptori tuo et Judici omnium in die magno ostendere, si animas non habes, tuo labore redemptas a diaboli servitute, ostendendas ? Quantas in hoc exsilio tuis doctrinis ab iniquitate revocas, et in viam veritatis reducis, procul dubio tantas recipies mercedes in die illa. Ideo non cesset charitas operandi bona omnibus : non cesset lingua loquendi de bonis ad omnes, hos precibus persuadens, illos severitate castigans, secundum modum uniuscujusque ætatis vel personæ. Esto lucerna in domo Dei, et per te plurimi illuminentur, et a tenebris vitiorum in viam perpetuæ lucis revocentur. Non deerit tibi gratia adjuvantis Dei, si inerit voluntas admonitionis sanctæ. Scribe Evangelium in corde tuo, et in memoria maneant miracula, vel verba Domini nostri Jesu Christi. et sæpius psalmorum vice canito Evangelium, maxime secundum Joannem, ubi altiora leguntur inesse mysteria : in quo ego de Patrum libellis laboro [b] Expositionem brevi sermone peragere : opus necessarium, vobisque jucundum, si donante Deo perficiatur, et ad vos pervenire poterit.

Tu vero pacem cum omnibus [*F*., hominibus] habeas, bellum cum vitiis, concordiam cum fratribus, moresque jucundos cum eis qui sanctorum moribus consociantur et vivunt : patienterque tuas suffer injurias ; vel magis dimitte, ut dimittatur tibi. Esto in cibo modestus, in poculo parcus, in loquendo sobrius, in vigiliis devotus, ad omne opus Dei promptus, pius ad pauperes et infirmos, consolator mœrentium, adjutor laborantium, compatiens miseriis omnium, largus in eleemosynis secundum vires habendi, memorans evangelicæ viduæ duo minuta, prophetamque dicentem : *Frange esurienti panem tuum* (*Isai.* LVIII, 7). Cave te, prævidens discretionem eleemosynæ in-

---

[a] *Simeone summo sacerdote.* Hunc Wormatiensem episcopum vocat Mabill. in Elog. Alcuini, § 12, n. 66. Sed verius puto, illum in Anglia episcopatum obtinuisse. Vid. epist. priorem ad ipsum Simeonem.

[b] *Expositionem.* Quam postea circa annum 800 absolvit; eam vide infra parte II Operum.

utroque, et danti et accipienti, solatium esse. Ubique discretio optime valet, quæ ᵃ inter monachos mater virtutum esse dicitur, Salomone attestante : *Palpebræ tuæ præcedant gressus tuos* (*Prov.* IV, 25), id est, discretio actus tuos. Cui sententiæ et Apostolus consonat, ubi ait : *Omnia vestra honeste cum ordine fiant* (*I Cor.* XIV, 40). Et comicus quidam ait : *Ne quid nimis.* In omni re temperantia servanda est, quæ est via regia totius vitæ nostræ, nec ad dexieram, nec ad sinistram declinans; sed caute et sapienter incedens, quasi providus viator ad supernæ civitatis arcem properans, ambulans *de virtute in virtutem, donec videatur Deus deorum in Sion* (*Psal.* LXXXIII, 8); id est, in specula æternæ beatitudinis, quæ est omnium sanctorum merces et retributio laboris sui. Ibi *beati mundo corde, quia Deum videbunt* (*Matth.* V, 8). Ibi *beati qui persecutionem patiuntur, quoniam ipsorum est regnum cœlorum* (*Ibid.*, 10). Ibi *beati qui habitant in domo Domini, quia in sæculum sæculi laudabunt eum* (*Psal.* LXXXIII, 5).

Hanc habeto chartulam, dilectissime fili, sociam tibi, vice paternæ charitatis tibi loquentem in corde, te admonentem non solum de salute tua, verum etiam de multorum profectu et prosperitate; meque ipsum tuo pectore quotidie commendantem, ut vera nos charitas florere faciat in præceptis Christi Dei, cui laus et gloria in sæcula sempiterna.

78 ᵇ EPISTOLA LXXIV
AD GENTEM ET POPULUM CANTUARIORUM.
(Anno 797.)

Illorum fidem ac nobilitatem laudibus extollit; sacerdotes ac nobiles adhortatur : calamitates deplorat; et ut archiepiscopum Aedilhardum a fuga reducere conentur, suadet.

Nobilissimæ genti et populo laudabili, et regno imperiali Cantuariorum humilis levita Alcuinus salutem.

Vestri decoris et vestræ salutis valde cupidus has paucas litterulas, ob nimiam vestræ prosperitatis dilectionem, in commune vobis dirigere curavi. Vos vero principium salutis Anglorum, initium prosperitatis, portus intrantium, triumphi laus, sapientiæ origo, et a vobis imperii potestas prima processit, et fidei catholicæ origo exorta est. Apud vos clarissima lumina Britanniæ requiescunt, per quos lux veritatis per totam Britanniam emicuit. In vobis utrumque, et philosophicæ disciplinæ decus emicuit, et sacræ religionis claritas effulsit. In vobis vero fuerunt simul et religiosi doctores ecclesiasticæ fidei, et sapientissimi principes regalis dignitatis, et viri fortissimi in bello, et justissimi in judiciis ; morum nobilitate conspicui, consiliis providi, pietate laudabiles, facie honorabiles, vultu venerabiles, et omni dignitate clarissimi. Hæc vos, viri sapientissimi, in quibus modo Cantiæ decus consistit, diligenter considerate, et longas successiones nobilissimorum parentum vestrorum imitare studeamini [*Ms.*, studimini].

Primo omnium, qui in Ecclesia Christi Deo deserviunt [*Ms.*, deserviant], discant diligenter quomodo Deo placeant (*Coloss.* I, 10), quomodo fidem catholicam, quam primum doctores nostri in eis fundaverunt, obtinere firmiter et prædicare valeant; quia ignorantia Scripturarum ignorantia Dei est : et si cæcus cæcum ducit, cadunt ambo in foveam (*Matth.* XV, 14); et econtra multitudo sapientium salus est populi (*Sap.* VI, 26). Adducite vobis doctores et magistros sanctæ Scripturæ, ne sit inopia apud vos verbi Dei ; aut vobis desit, qui populum Dei regere valeat; ne fons veritatis in vobis exsiccetur. Nolite vos contra ecclesiasticam consuetudinem vanitate vestimentorum ornare, sed moribus vos ostendite nobiles et ornatos, et prædicatione verbi Dei paratos, ut laici et vestri bellatores per vos fortes efficiantur, et populus viam salutis incedat.

Similiter nobiles qui sunt in populo suas dignitates cum consiliis regant, et populo per justitiam præsint, amantes paterna statuta in judiciis magis quam pecuniam, quæ subvertit verba justorum, et unanimi consilio, quod bonum sit, genti vestræ viriliter faciant : et rectores vobis præponite nobilitate claros, morum dignitate pios, justitiæ decore honorabiles, quatenus divina misericordia vestram gentem gubernare, et conservare, et exaltare dignetur.

Imminet vero maximum insulæ huic et populo habitanti in ea periculum. Ecce quod nunquam antea auditum fuit, ᶜ populus paganus solet vastare piratico latrocinio littora nostra : et illi ipsi populi Anglorum, et regna et reges dissentiunt inter se; et ᵈ vix aliquis modo, quod sine lacrymis non dicam, ex antiqua regum prosapia invenitur, et tanto incertiores sunt originis, quanto minores [*Cod. Harleianus*, incertioris... minoris] sunt fortitudinis. Similiter et per ecclesias Christi perierunt doctores veritatis; omnes pene vanitates sæculares sequuntur, et disciplinas regulares odio habent : et bellatores illorum magis avaritiæ student quam justitiæ. Discite ᵉ Gylbum [*Id cod.*, Giraldum] Brettonem sapientissimum, et videte ex quibus causis parentes Brittonum perdiderunt regnum et patriam : et considerate vosmetipsos, et in vobis pene similia invenietis. Timete anno 794 obiit) nobile regum germen exaruit, generosus sanguis effriguit. Tunc impudentissimus quisque, cui vel lingua divitias, vel factio terrorem comparaverat, ad tyrannidem anhelare, tunc regio insigni abuti. Quorum Aedilbertus, idemque Pren, cum biennio Cantuaritis imperitaret, in Merciós majora viribus ausus et ab eisdem captus, vinculis manus, corpus captivitati præbuit. »

ᵃ *Inter monachos.* Inde colligas, Calvinum monachum fuisse in eadem cella S. Stephani.

ᵇ Hanc epistolam nunquam antea editam descripsimus ex cod. ms. Salisb.; data eodem tempore quo illa ad Athelardum, quæ sequitur. (Apud Froben. 59.)

ᶜ *Populus paganus.* Dani nimirum, qui littora Britanniæ vastare cœperunt anno 793, sæpius postea redeuntes.

ᵈ *Vix aliquis modo.... ex antiqua regum prosapia invenitur.* Ea de re audiendus Malmesb. libro I de Reg. Angl. c. 1 : « Post illos (Withredi liberos, et Cantii reges, quorum ultimus erat Alricus, qui

ᵉ *Gylbum.* Leg. *Gildam.* Ejus Vitam dederunt hagiographi Antwerpienses 29 Jan. Epistola illius de Excidio Britanniæ exstat tom. VIII Bibl. SS. PP., edit. Lugd., pag. 707.

vobis ipsius Veritatis sententiam, quam in ea Ecclesiam expressit dicens : *Omne regnum in se divisum non stabit.* (*Luc.* xi, 17). Ecce divisio quanta est inter populos et gentes Anglorum, et ideo in seipsis deficiunt, quia inter seipsos pacem non servant 79 et fidem. [a] Revocate ad vos, si vobis videatur, episcopum vestrum Aedilhardum, virum venerabilem et sapientem, et ejus consilio in melius regni vestri statum corroborate, emendantes in moribus quæ Deo displiceant, et ea studete facere quæ ejus misericordiam super vos valeant revocare. Non est bonum, ut sedes sancti Augustini primi prædicatoris nostri vacua permaneat; et alius non potest ullatenus in ejus ordinari locum. Perditio populi est ubique, sacerdotibus suis non obedire, et prædicatores salutis a se expellere. Subjicite vos humiliter pontifici vestro et prædicatori salutis vestræ, quatenus divina vos gratia in omnibus operibus vestris consequatur. Credite mihi, nullatenus aliter Deum vobis propitium habere potestis : per illum potestis, credo, pacem habere præsentem, et salutem sperare sempiternam. Inite consilium prosperitatis vestræ, et viriliter facite, quod bonum inveniatis, et convertimini ad preces et orationes et jejunia, quatenus divina vobis propitietur misericordia, et conservet vos in laude et salute vestra, et concedat vobis incolumem habitationem in patria vestra, et gloriosum in æterna patria imperium. Dextera omnipotentis Dei vos protegat et regat, et exaltare dignetur præsenti felicitate, et æterna beatitudine, viri fratres desiderabiles et venerabiles.

[b] EPISTOLA LXXV.
AD ATHELARDUM, CANTUARIENSEM ARCHIEPISCOPUM.
(Anno 797.)

Hortatur ut propter fugam a sede sua pœnitentiam agat, et Ecclesiam ordinet; clerum a vanitate vestimentorum et immoderato conviviorum usu cohibeat.

Summæ dignitatis viro, atque ecclesiasticæ bonitatis Patri Athelhardo, archiepiscopo, fidelis filius Alcuinus perpetuæ bonitatis in Christo salutem.

Dulcissima charitatis verba filius noster per vos revertens retuli, simul et amabilia benignitatis vestræ munuscula habui in manibus; in quibus lætatus, te olim condictam etiam agnovi in memoria habere amicitiam, sicut in viro perfecto veritas semper probata fulgescit. Unde tuæ bonitati gratias ago, ex toto cordis desiderio optans, te longæva prospe-

---
[a] *Revocate.... Aedilhardum.* Qui nuper fugiendo impios invasores regni sedem suam ad tempus reliquerat. Vide epistolam sequentem.
[b] Epistolæ hujus partem Guil. Malmesburiensis citat, lib. i de Gestis pont. Angl. in Ethelardo. Cl. Quercetanus majorem illius partem inter epistolas Alcuini n. 97 edidit, sed initio truncatam; et alteri, quæ est ad Carolum Magnum, assutam. Integram ex ms. cl. Usser. dedit David Wilkins, tom. I Concil. Britanniæ et Hiberniæ, pag. 159, illamque ascribit anno 2 Leonis papæ III, quinto. Athelardi archiepiscopi Cantuar., Christi 797. (Apud Froben. 60.)
[c] *Propter impios invasores regni.* Hinc constat Æthelhardum, non attentis prioribus Alcuini litteris ex consilio suorum sacerdotum a sua sede ad tempus abiisse

ritate populo præesse Christiano, et sanctam sedem dignis exaltare honoribus; quam ad tempus, [c] propter impios invasores regni, dereliquisti secundum consilia sacerdotum Christi, ut præfatus mihi referebat puer. De qua re, quid sentirem, tua me veneranda per illum auctoritas interrogare ratum putavit. Quid mea parvitas aliud habet dicere, nisi sanctorum Christi sacerdotum assentire consilio? ei tamen tantum habent auctoritatem illius suggestionis, ut lupo veniente pastor fugere debeat, quanta est evangelica excellentia, quæ 80 mercenarium nominat, non pastorem, qui lupi rabiem timidus aufugit (*Joan.* x, 12, 13). Forte objiciunt, Veritate dicente : *Si persecuti vos fuerint in hac civitate, fugite in aliam* (*Matth.* x, 23). Discernendum tamen est de cujus temporis fuga, vel de qua persecutione hoc dictum est, et [d] de quibus iterum ipsa Veritas dicat : *Bonus pastor animam suam ponit pro ovibus suis, mercenarius autem fugit* (*Joan.* x, 11, 12). Quod optime in homiliis beati Gregorii papæ, prædicatoris nostri, per te legens intelligere poteris. Tu tibi ipsi conscius es, pro qua causa reliqueris sedem tuam ; si timore mortis aut tormentorum immanitate, aut idololatriæ exsecratione : sicut olim sanctissimus ejusdem sedis pontifex Laurentius velle legitur; qui tamen apostolica auctoritate castigatus, ab incepto resipuit [*Al.*, resipiscit] consilio. Tamen quæcunque causa fuerit, bonum videtur, charitatis meæ consideratione, ut pœnitentia inde agatur. Quod, ut videtur, honeste fieri poterit, si communi totius gentis consensu jejunium indicatur (tu propter relictam sedem, illi propter acceptum errorem) ut Deus vobis omnibus propitietur. Orationes quoque, et eleemosynæ et missarum solemnia fiant diligenter. ubique, ut Deus deleat quidquid inde a quolibet vestrum actum est. Tua quoque veneranda sapientia specialiter deducat in domum Dei lectionis studium, ut sint ibi legentes juvenes et chorus canentium et librorum exercitatio, ut per tuam diligentiam renovetur illius sanctæ Ecclesiæ dignitas, ut habeant unde in seipsis possint eligere sibi pontificem. Simul et prædicatio tua in omnibus locis fiat, sive pro episcopis omnibus in communi synodo, de justis ordinationibus et prædicationis instantia, et officiis ecclesiasticis, et baptismi sanctitate, et eleemosynarum largitione : sive pro pauperum cura per singulas ecclesias atque parochias, maxime in veneranda gente cui te Deus pastorem præesse voluit. Sæpe miles vulneratus forse. Inter hos invasores præcipuus forte Aedilbertus cognomento *Pren*, qui in Cantiorum regno Alrico successit, *vel potius*, ut Alfordus ait, *regiam dignitatem tunc præsumpsit;* is fortassis Aethelhardum, qui Kenulfo Merciorum regi adhæserat, durante sua usurpatione ultra modum vexatum sede sua cedere compulit; quem postea idem Kenulfus anno sc. 798 expugnato Cantio, regno amovit. Vid. epist. priorem ad Gent. et pop. Cantuariorum. NB. Cerrigensis Alfordus, qui hanc epistolam anno 790 ad Lambertum archiepiscopum Dorovernensem datam existimavit (n. 2-9).
[d] Quæ hic sequuntur, in edit. Quercet. pag. 1625 assuta fuerant epistolæ *ad Quemdam.* Nempe ad Carolum, quæ est 14 (nunc 17).

tius pugnat, sicut bos lassus fortius figit ungulam. Sicut diabolus lætatus est de fuga, fac ut gaudeat Christus de multiplici animarum a te profectu; et tua merces major crescat, dicente ipsa Veritate: *Majus gaudium est in cœlis coram angelis Dei super uno peccatore pœnitentiam agente, quam super nonaginta novem qui non indigent pœnitentia* (*Luc.* xv, 7). Hæc omnia omnino diligentissime considerans, in Christi charitate semper proficias; amans illum ex toto corde, tota virtute et tota mente, qui te exaltavit, honorificavit et conservavit in diem salutis tuæ.

Vanissimum vero vestimentorum cultum, et conviviorum immoderatum usum omnino, quantum valeas, expellere a te tuisque consacerdotibus, vel magis omni clero et ecclesiasticæ dignitatis gradibus diligentissime studeas. Beatus Petrus, princeps apostolorum, trinam negationis maculam (*Joan.* xxi, 15) triplici confessionis veritate abluit; tu fugam simplicis erroris multiplici prædicationis bono ablue. Et ut maxime sanctarum Scripturarum lectio per tuam sanctissimam curam renovetur, et ecclesiastica dignitas ubique exaltetur, et sancta sedes, quæ prima fuit in fide, prima sit in omni sapientia, et sanctitate, et honore; ut ibi interrogans inveniat, ignorans discat quod cupiat, sciens videat quod laudet. Et ut Ecclesiæ unitas, quæ partim discissa est non rationabili, ut videtur, consideratione, sed quadam potestatis [*Malmesb.*, pietatis] cupiditate, [a] si fieri possit, pacifice adunetur, et scissio resarciatur, bonum videtur esse cum consilio omnium sacerdotum Christi et coepiscopi [*Usserius legit,* coepiscopis] Eboracensis Ecclesiæ deliberare; ita tamen, ut [b] pater plus pallio diebus suis non exuatur, licet ordinatio episcoporum ad sanctam et primam sedem recurrat. Hæc omnia tua sanctissima sapientia consideret, ut charitatis concordia fiat inter primos pastores ecclesiarum Christi.

Si quid ergo superflue in his meis litterulis dictaverim, tua sancta patientia benigne, obsecro, suscipiat, nec mihi scribenti imputet, sed tibi jubenti injungat. Nec ego præsumptuosa temeritate egi, sed humili obedientia; considerans, quid multis proficere potuisset, sive culpa esset, sive non esset in fuga. Tamen quantum mea devotio considerare potuit, melius est ea facere 81 quæ suadeo, quam omittere. Omnino affectuosa charitate admoneo, ut instanter prædices verbum Dei; hoc est officium tuum, hæc merces tua, hi fructus operis, hæc sacerdotis dignitas; laus et honor; quatenus multiplici laboris fructu in conspectu Domini Dei sui appareat, et dignus efficiatur desiderabilem audire vocem: *Euge, serve bone et fidelis, quia super pauca fuisti fidelis, super multa te constituam, intra in gaudium Domini Dei tui* (*Matth.* xxv, 21, 23). Omnipotens Deus paternitatem vestram ad exaltationem sanctæ suæ Ecclesiæ in omni opere perfecto multipliciter florere faciat, sanctissime Pater!

EPISTOLA LXXVI.
AD DOMNUM REGEM.
(Anno 797, mense Novembri.)
De ratione saltus lunaris.

Domino desiderantissimo et omni sapientiæ decore clarissimo David regi Flaccus Albinus perpetuæ pacis et gloriæ salutem.

Solent itaque de fonte charitatis sæpius verba fluere salutationis; vel si longinquitas terrarum vocis officia neget, apices dilectionis atramento formati multoties recurrant. Idcirco simplici voto deprecor ut liceat nostræ parvitatis chartulam ad vestræ auctoritatis præsentiam sæpius recurrere, ferentem quæ vel vestræ sapientiæ jucunda, vel nostræ parvitati necessaria esse arbitremur: et opportuno tempore Flaccus vester legatur in litteris, qui quondam audiebatur in verbis [d]. Nam causa hujus præsentis chartulæ lunaris saltus effecta est, qui in hac lucenti Luna Novembrii mensis anno circuli decemnovennalis novissimo [e] certissime inspici poterit. Igitur hæc luna Novembrii mensis, quæ per decem et octo annos tricesima computabatur, in hoc anno præsenti præfati circuli nono decimo, undetricesima computari 82 debet. Ita ut de vicesima nona, quæ fit octavas Kal. Decembris, vertatur septima Kal. in primam: et fit die Kal. Decembrium septima, quæ juxta regulares epactas sexta computata est; et erunt tres lunæ pariter, Octobri scilicet, et Novembri, et Decembri mensis undetricenarum dierum. Quod si quis obstinata mente facere neglexerit, et magis regularibus quam rationi saltus innititur, et vult Novembrii mensis lunam triginta habere dies, et in metropolitica competit, id est Cantuariensem recurrat. Vide epistolam priorem.

[c] Est hæc epistola decima apud Canisium, tertia apud Quercetanum (Sexagesima prima apud Froben.). Eam multo auctiorem edidit Quercetanus ex cod. ms. Correctiones aliquot adhibuimus ex cod. Vaticano.

[d] Hic finis epistolæ apud Canisium.

[e] Circuli decennovennalis annus novissimus seu ultimus intra tempus, quo Alcuinus in Francia morabatur, erat annus 797, quo luna quarta decima incidebat xv. Kal. Maii, sicut anno sequenti, qui primus erat circuli decennovennalis, incidit Nonis Aprilis. Qui calculus etiam convenit cum calculo Ven. Bedæ, quem vide tom. I Opp. pag. 365 (*Patrologiæ* tomo XC). Igitur præsens epistola abs dubio scripta est eodem anno 797, mense Nov.

---

[a] *Si fieri possit.* Malmesburiensis ita legit: « Quod si fieri possit ut pacifice adunetur, et scissio resarciatur, bonum videtur esse, cum consilio omnium sacerdotum Christi et coepiscopi vestri Eboracensis Ecclesiæ, ut fiat; ita tamen, » etc.

[b] *Pius pater.* Nimirum Aldulfus seu Advulfus episcopus Liccidfeldensis, quem quidem Offa rex Merciorum archiepiscopali honore et pallio insignii curaverat, abstractis primati Cantuariensi omnibus Merciorum ecclesiis; sedis tamen suæ dignitatem reparavit Athelardus, negotium promovente scriptis suo et omnium Britanniæ episcoporum nomine ad Leonem III litteris Kenulfo rege, Offæ et Egfridi successore. (Mabill. *Annal. Bened.* lib. xxvi, n. 65, pag. 330.) Monet igitur hoc loco Alcuinus, ut Liccidfeldensis episcopus metropolitico quidem jure, non vero pallio exuatur; et episcoporum ordinatio non ad ipsum, sed ad primam sedem, cui nempe dignitas

Kal. Decembris sextam lunam, magno se mox implicaverit errori in quarta decima luna Paschalis festi. Si vero Kal. Decembris sexta computabitur luna, necesse erit ut in Kal. Januarias octava sit luna, et Februario nona, et in Martio octava : et die Kalendarum Aprilium nona, et quartas Nonas ejusdem Aprilis decima ; tertias Nonas undecima ; pridias Nonas duodecima ; Nonas tertia decima, quæ juxta rationem Paschalis festi quarta decima debet fieri, sicut ab omnibus in terminis paschalibus verissime decantatur et firmissime tenetur. Et videri potest diligenter considerantibus, quantus error et quam perniciosus in luna quarta decima et in die Dominicæ Paschæ, et in ætate lunæ ejusdem diei oriri poterit, si quis non curaverit unum diem in ætate lunæ ratione saltus in Novembrio mense transilire. Etiam nec ætas lunaris in Januario, Februario, Martio et Aprile, regularibus convenit, qui observari debent per decem et novem annos ad cognoscendam diebus Kalendarum ætatem lunæ in mensibus singulis.

Est quoque aliud in hujus ratione saltus aliquando difficilius computandum, sed necessario sciendum. Notissimum vero vestræ scio acutissimæ prudentiæ fore, quod in communibus annis secundum numerum epactarum, quæ singulis annis accrescunt undecim diebus ; quarta decima luna Paschalis locum prioris quartæ decimæ undecim [*Al.*, undecima ; *Cod. Vat.* duodecim] diebus anticipat. Quod facile est invenire per annos communes. In annis itaque embolismorum decem et novem diebus secundum numerum annorum circuli decennovennalis, quarta decima luna Paschalis transponitur prioris anni quartæ decimæ : uti detrimentum commune annorum embolismis suppleatur, et fiat æqualis numerus dierum in decem et novem solaribus, et in decem et novem lunaribus annis. Inter quartam decimam itaque lunam novissimi anni circuli sæpe nominati, quæ fit quintas decimas Kal. Maias, et quartam decimam primi anni ejusdem circuli, quæ fit Nonas Aprilis ; non ut cæteris annis communibus undecim, sed duodecim inveniuntur dies ; quatenus illa dies, quæ in Novembrio mense lunari ætati adempta est, hinc in Aprile inter epactas inveniatur, epactarum vero rationem undecim diebus singulis annis accrescere. Hoc vero anno propter saltum, duodecim dies inter quartam decimam novissimi anni et quartam decimam primi anni reperiuntur : quatenus embolismus hujus anni triginta habeat dies secundum rationem embolismorum, decem et octo novissimi anni epactas ; quibus si addideris undecim, qui singulis annis more solito accrescunt, et unum saltus diem, fiunt triginta. Ideo primo anno circuli sæpe nominati nullæ scribuntur epactæ, et a pueris de nullis in undecim decantatur. Sed et si a quintas decimas Kalendas Maias totius lunaris anni dies computantur usque in Nonas Aprilis, non ut cæteris annis tricenteni quinquageni quaterni, sed tricenteni quinquageni terni dies reperiuntur. Nisi forte bissextilis immineat annus, qui unum adjicere solet seu solari seu lunari anno, ut æstimo, diem.

Qualiter vero hujus ratio saltus singulis annis [cycli] decennovennalis in diminutionem unius diei accrescat, diversis modis computatur. Sed hæc facilior videtur computatio, ut sciamus, singulis annis cycli decennovennalis unam horam et unum punctum, et novam [*F.*, nonam] decimam partem unius puncti accrescere ad undecim epactarum dies. Ex quibus horis et punctis colligitur unus per novem et decem annos dies. Nam viginti et quatuor horæ diem integrum perficiunt ; quatuor vero puncti horam faciunt sedecim puncti quatuor horas efficiunt : et tribus punctis, qui supersunt, adde nonas decimas partes unius puncti, et fiunt quatuor puncti, et est una hora. Hanc si addideris 83 quatuor præscriptis horis, fiunt quinque horæ ; et has quinque horas si adjunxeris decem et novem horis, fiunt viginti quatuor horæ, unus dies integer in decem et novem annis juxta zodiaci jam [*F.*, zodiacicam] solis et lunæ regulam plenus et perfectus. Et ut certius intelligi possit quæ sit causa saltus lunaris : hunc vero citior quædam et velocior hora suæ incensionis generat, sicut et undecim dies epactarum annuis temporibus solent facere. Verbi gratia, si modo hujus lunæ Novembri mensis incensio sexta hora diei facta est, erit sequenti anno ejusdem lunæ unius horæ et unius puncti, et nona decima parte unius puncti incensio ante horam sextam : ita ut tota sexta hora et unus punctus quintæ horæ et nona decima pars unius puncti ejusdem horæ anticipetur. Et sic se crescere solet per singulos annos usque in diem integrum, qui fit horarum viginti quatuor.

Hæc vestræ excellentissimæ [*Cod. Vat.*, extollentissimæ] sapientiæ, mi dulcissime David, in memoriam revocare curavi, non ignota ingerens, sed nota repetens propter opportunitatem præsentis lunæ, in qua ratio saltus, ut videtur, maxime consideranda est. Licet non ignoremus aliter alios saltum computare, et inserere velle ; tamen propter rationem Paschalis lunæ, quæ omnimodis inviolabilis et immutabilis permanere debet, secundum antiqua sanctorum Patrum instituta, et totius sanctæ Ecclesiæ consuetudinem, hic maxime Novembrio mense notandus esse videtur. Ego vero veteris immemor proverbii : Non feres ligna in sylvam, has sub munusculi nomine litterulas in vestras transmisi divitias : memores vos esse sciens laudatæ viduæ, quæ curato [*Cod. Vat.*, aurato] templo duo addidit minuta ; et illorum qui pilos caprarum in tabernaculi decorem attulerant (*Exod.* xxv, 4 *seq.*). Et dum omnibus estis benigni, omnium in vos favorem revocatis, et cunctis copiose vestra benefaciens pietas cunctorum vobis divitias attrahit, sicut Apostolus ait : *Qui seminat in benedictione, de benedictione metet vitam æternam* (*II Cor.* ix, 6).

a EPISTOLA LXXVII.
AD ETHELARDUM ARCHIEPISCOPUM CANTUARIENSEM.
(Anno 798.)

Romam ituro prosperum iter precatur, suique memoriam rogat apud sanctos apostolos.

Sanctissimo Patri et in membris Christi valde venerando Ethelardo archiepiscopo Alcuinus diaconus in Christi charitate salutem.

Audiens salutem et prosperitatem vestram, et b conventum cum Eanbaldo Eboracensi archiepiscopo filio meo, satis mihi placuit speranti ex vestræ colloquio sanctitatis honorem sanctæ ecclesiæ exaltari, et Deo in eas servientium corrigi vitam. Ideo suasi c aliis litterarum mearum apicibus, sanctitatem vestram permanere in patria, nolens lumen Britanniæ exstingui. Sed fiat quomodo Deo placet ut proficiat Christi Ecclesiis. Prosperum iter faciat vobis Deus, angeloque ejus comitante prospere vos ducat atque reducat (*Tob.* v, 20, 21), dulcissime et amantissime Pater. Maxime autem precor, ut apud sanctos apostolos mei habeatis memoriam, sicut nos apud sanctum Martinum vestri habere dulce habemus.

d EPISTOLA LXXVIII.
AD ETHELARDUM ARCHIEPISCOPUM CANTUARIENSEM.
(Anno 798.)

Felicem illi reditum ex Romana legatione, ob reparatam Ecclesiæ Cantuariensis dignitatem, precatur.

Domino sanctissimo atque omni honore dignissimo Ethelardo archiepiscopo.

Lectis prosperitatis vestræ litteris, et prosperitate itineris vestri et reversionis in patriam, et qualiter apostolica benignitate suscepti fuistis, toto cordis affectu animoque lætissimo gratias egi Domino Deo sempiterno, qui magno clementiæ dono viam vestræ peregrinationis prospero direxit itinere, et dedit vobis gratiam in conspectu Patris apostolici, et legationis effectu et voti compotem redire concessit; et e primi nostri Doctoris sanctissimam sedem ad pristi-

A num culmen dignitatis per te iterum exaltare dignatus est, quæ cujusdam dissensionis scissura, quorumdam invidiosa contentione, ad horam discissa esse videbatur. Felix qui unitatem pacis fraterno amore conservare studet; sed ille multo felicior qui ab aliis disrupta charitatis viscera pro labore ad unius compagem corporis reformare nititur. Igitur nunc, gratia operante divina, membrorum unitate adhæret capiti proprio, et sacerdotalis dignitas antiquo gratulatur honore, et germana pax inter summos Britanniæ pontifices splendescit, et sub duabus metropolitanorum civitatibus una pietatis et concordiæ viget voluntas, sicut in litteris vestræ beatitudinis lectum intellexi.

f 85 EPISTOLA LXXIX.
AD DOMNUM REGEM.
(Anno 798 vel 799.)

Commendat amicos suos ex Anglia Romam profectos.

Domino desiderantissimo David regi Flaccus matricularius, æternam in Christo salutem.

Dulcedo dilectionis vestræ, et fiducia probatæ pietatis, sæpius me hortatur vestræ auctoritati dirigere litterulas, officioque syllabarum indagare, quod fragilitas corporis obstat voluntati implere posse. Sed rerum novitas supervenientium, novos iterum cogit edere apices, ut chartula ferat cordis affectum, et fundat preces ad aures pietatis vestræ: quæ nunquam, ut vere fateor, cassatæ in conspectu misericordiæ vestræ fuerunt. Nec meas pro vestra stabilitate et salute cassatas in conspectu Dei credo, quia libenter divina suscipit gratia lacrymas quæ ex charitatis fonte profluunt.

Dictum est mihi, aliquos ex amicis Flacci tui, g Edelardum scilicet, Doroensis Ecclesiæ metropolitanum, et primæ sedis in Britannia pontificem, vestram adire velle pietatem: ministrum quoque olim Offanæ regis Ceilmundum de regno Merciorum [*F.*, Mercio-

---

84 a Hanc et sequentem epistolam, seu epistolarum portiones competentes nobis servavit Malmesburiensis lib. I de Gestis pont. Angliæ in Ethelardo. Inde illam descripsit Quercetanus Opp. Alcuini pag. 1671. Præsens data esse videtur anno 798, quo Athelardus nomine Kenulfi regis, episcoporum et totius gentis Merciorum, præprimis vero pro reparanda sedis suæ dignitate legatione functus est apud Leonem III pontificem, (Alford., *Annales Ecclesiæ Anglo-Saxonicæ*, ad illum annum n. 2 seq.; apud Froben. 62.)

b *Conventum.* Suasit nempe Alcuinus in epistola 60 (nunc 75) ut ad scissionem resarciendam cum omnibus sacerdotibus et coepiscopo Eboracensi Eanbaldo consilium iniret. Ex hoc loco, « et ex litteris Kenulfi regis ad Leonem III papam satis constat, inquit Alfordus, Ethelardum prius episcoporum synodum collegisse, quam Romanum iter aggrederetur, ut quod ipse Leoni proponeret, non tam e suo quam omnium ordinum ore suffragio loqueretur. »

c *Aliis litterarum apicibus.* Vid. epist. 60 (nunc 75).

d Ex Malmesb. loc. cit. Data fuit hæc epistola post reditum Athelardi ex Romano itinere, quod ad annum 798 referendum censet Alfordus n. 3, pag. 686, qui ibidem n. 4 addit: « restitutam quidem Dorovernensis Ecclesiæ dignitatem hac prima legatione Ethelardi ... sed quia in dies occurrebant nova dif-

ficultatum argumenta. ... ideo Romana rursum sedes appellata et Ethelardus iterum sequenti anno 799 in Urbem rediit. » De utraque legatione lege Westmonasteriensem, Chronologum Saxonem, et Vigorniensem, citatos a Pagio ad annum 796, n. 27 et 28. (Apud Froben. 63.)

e *Primi nostri doctoris.* Augustini nempe, Cantuariorum archiepiscopi et Angliæ apostoli. Aliam epistolam Alcuinus scripsit ad Athelardum dum Romam proficisci vellet, cujus summam Malmesb. lib. I Reg. Angl. cap. 4 recenset his verbis: « De tenuitate vestium clericalium Alcuinus Athelardum archiepiscopum Cuthberti successorem oblique castigat monens, ut cum Romam vadens Carolum Magnum imperatorem, etc., visitaret, non adduceret clericos vel monachos versicoloribus et pompaticis vestibus indutos, quod non solerent clerici nisi religiosis vestibus amiciri. »

f Edit. Quercet. 18, ex ms. (Froben. 64.)

g *Edelardum.* Seu *Aethilardum* archiepiscopum Cantuariensem; qui anno 798, et iterum anno 799 Romam ad Leonem III profectus est, pro resarcienda sedis suæ dignitate, tempore Offæ regis Merciorum plurimum læsa. Vide epist 60 (nunc 75), ad Adelhardum. Qua occasione Aethilardus cum sociis Carolum regem adire potuit.

rum] : sed et Torhcmundum [a] Hedilredi regis fidelem famulum, virum in fide probatum, strenuum in armis : qui fortiter sanguinem domini sui vindicavit. Hi omnes mihi valde fuerunt fideles, et adjutores itineris mei, vel meorum defensores puerorum, huc illucque discurrentium. De quibus optimam vestram deprecor clementiam, solita benignitate suscipere, eos, quia mihi necessarii fuerunt unusquisque in loco suo. Saepius cognovi sacerdotes religiosos, et in Christi servitio devotos; nec non viros fortes, et fideles in saeculari dignitate, vestrae laudabiles esse aequitati. Nam optimus quisquis, et in sua sibi ipsi probatus conscientia, bonos diligere non dubium est, edoctus omnipotentis Dei exemplo, qui summum est bonum. Et omnis rationabilis creatura, quantum boni habet, ejus bonitate illuminata habere certissimum est. Ipsa Veritate dicente : *Ego sum lux mundi. Qui sequitur me, non ambulat in tenebris, sed habebit lumen vitae* (Joan. VIII, 12).

Perpetuam Christi tribuat tibi gratia lucem,
Cum sanctis pariter, David, amate Deo.

[b] EPISTOLA LXXX.

[c] AD DOMNUM REGEM.

(Anno 798, circa tempus Septuagesimae.)

De ratione Septuagesimae, Sexagesimae et Quinquagesimae.

Benedictus sit Deus Pater omnipotens, qui te creavit et honoravit : et benedictus sit Dominus noster Jesus Christus Filius Dei, qui te redemit et elegit : [C] et benedictus sit Spiritus Paraclitus, qui te illuminavit, et dilatavit cor tuum in omni sapientiae et scientiae claritate, dilectissime David, et dulcissime domine ! et benedicta sit sancta Trinitas, unus Deus omnipotens, Pater, et Filius, et Spiritus sanctus; qui mihi servulo suo, licet indigno, talem concessit dominum, amicum, et adjutorem gratiae suae; qui mihi ac per servum suum, beatae memoriae magistrum meum, ministrare clementer dignatus est : et benedicta sit potestas et regnum tuum, et filii tui, et filii filiorum tuorum, usque in generationes saeculi sempiternas; et veniat super te et super tuam generationem benedictio sanctorum in die Domini nostri Jesu Christi, cujus sanctissima voluntas. [*Al.*, utque sanctissima voluntas tua] semper vigeat, floreat et [D] crescat in corde tuo, clarissime Ecclesiae Christi rector et defensor.

Repletus sum gaudio vestram audiens prosperitatem, et exaltationem, et totus jucunditate exhilaratus, dum vestrae beatitudinis litteras accepi, legi et osculatus sum. Unde et aliquid familiarius vestrae dilectioni scribere praesumo, et illatas quaestiunculas

[a] *Hedilredi*. Seu *Ethelredi* regis Northumbriae; qui anno 796 a suis occisus est. Vide epist. 42 (nunc 47) ad Offam regem. (Apud Froben. 65.)

[b] Hanc epistolam duplici loco exhibuit Quercetanus; semel pag. 1141 et iterum ex ms. codice castigatiorem et aliquibus etiam locis auctiorem pag. 1165. Data est anno 798, ut ex sequenti colligitur. Vir doctissimus P. Ildeph. Catelinot in sua collectione ms.

[A] venerabili aspectui vestro praesentare. Sciens autem scholasticae eruditionis inquisitionem, et ecclesiasticae disciplinae solertiam, vestrae clarissimae sapientiae et dulcissimae familiaritati gratam esse et jucundam; et quidquid urbanitatis sale conditum cognoscitur, vestris intellectualibus auribus favorabile, et acutissimis scientiae oculis amabile esse probavimus. Unde quod scholastica tironum juventus flaccidis [*Al.*, flaicinis, *forte* Flaccinis, *seu* Flaccianis, id est, ipsius Flacci] ingerere auribus solet, vestrae sanctissimae prudentiae dirigere ratum duximus, et inde solatia responsionis quaerere, unde sophiae flumina manare novimus; tametsi indoctas has videri interrogationes vestrae sanctissimae sapientiae posse fateor. Et ne mea aliquid praesumptuose rusticitas responderet [*Al.*, [B] meae aliquis rusticitati praesumptuose responderet] vestrum laudabile ingenium, et praefulgens eruditionis acumen consulere tutum esse putavimus. Nam velut vermes fenestris involant aestivis, sic auribus meis insident quaestiunculae. Et horum convenientia nunc temporum excitati de ecclesiastico more interrogant, cur septuagesimus, et sexagesimus, vel quinquagesimus ordo per dies Dominicos ante quadragesimum dicatur vel colatur?

Si respondero, Ecclesiae hanc esse consuetudinem et Romana auctoritate hujus religionis ritum esse firmatum; minus illis videtur, auctoritate et consuetudine sola esse responsum, nisi et aliqua ratio addatur auctoritati : quia dicunt, nihil esse sine causa in ecclesiasticis consuetudinibus a doctoribus constitutum praecipuis. Maxime autem titubat illorum sensus quod numerus praedictus ordini dierum non convenit. Ubi dicunt, septuagesimus ibi non sunt septuaginta dies usque ad resurrectionem Domini nostri Jesu Christi. Similiter nec ubi sexagesimus numerus notatur in diebus Dominicis, nullatenus computo dierum convenit usque ad Pascha. Iterum si dico, synecdochice dictum esse, id est, a parte totum; quae quidem tropica locutio, ut vos optime nostis, Scripturis sanctis usitatissima esse dignoscitur; sicut in tribus diebus et tribus noctibus, quibus Dominus noster Jesus Christus in sepulcro requiescere legitur (*Matth.* XII, 40), intelligi necesse est, et multis aliis in locis : quae omnia si dicantur, libri excedunt magnitudinem. Addunt tamen quaerere cur septuaginta, vel sexaginta, vel quinquaginta in tali tempore dicuntur? [*Al.*, cur Septuagesima, vel Sexagesima, vel Quinquagesima in tanto tempore dicantur]? Audivi, dum Romae essem, quosdam dicentes magistros quod Orientales populi novem hebdomadas, et Graeci octo, et Latini septem jejunare soleant; et inde consuetudinem Romanam sumpsisse Ecclesiam, septuagesimos, sexagesimos, et quinquagesimos [*Al.*, ex eam e corpore epistolari eximi volebat, et referri inter Opera liturgica Alcuini. Ego tamen eamdem, ne tot alias de variis quaestionibus dogmaticis, moralibus, philosophicis, ac astronomicis disserentes distrahi oporteret, hic retinendam esse censui.

[c] Alia inscriptio pag. 1144 prioris edit. habet : *Ad Carolum Magnum Galliarum imperatorem.*

suetudine Romana Septuagesimam, Sexagesimam, et Quinquagesimam nuncupare Dominicos. Hoc quia a talibus non audivi magistris, quorum auctoritati me tradere auderem, omnino confirmare non fui ausus. Quapropter adhuc restat aliquid quærendum quod tempori conveniat et rationi concordet, et numero non adversetur. Videtur enim mihi septuagesimus dies dici posse propter decem hebdomadas, quæ sunt ab ipso die usque ad clausum Paschæ [*Al.*, Pascha], quo die alba tolluntur vestimenta a nuper baptizatis. Igitur et in Apostolo legimus : *Regnavit mors ab Adam usque ad Moysen* (*Rom.* v, 14); et significat, usque ad ultima tempora legis, quæ per Moysen data est, et decucurrit in Christi Dei nostri tempora. Porro sexagesimus inde dici potest, quia sexaginta sunt dies usque ad medium Paschæ, quod erit feria quarta paschalis hebdomadis. Quinquagesimus vero, qui decurrit usque in diem sanctum resurrectionis Dominicæ. Quadragenarius etiam numerus cum 37 Dominica sua currit ad mysticum Pascha Hebræorum, quod Dominus noster Jesus Christus cum discipulis suis celebravit, et nos dicimus Cœnam Domini.

Nec typica interpretatio his discordare videtur rationibus. Nam septenarius Spiritui sancto convenire multis in locis sacræ Scripturæ noscitur. Unde et post septem hebdomadas Spiritus sanctus missus est de cœlo in igneis linguis super centum viginti nomina credentium (*Act.* ii, 3); et septem dona sancti Spiritus legimus in propheta (*Isa.* xi, 2, 3). Et tunc maxime, dum alba tolluntur a baptizatis vestimenta, per manus impositionem a pontifice Spiritum sanctum accipere convenientes est, qui in baptismo omnium receperunt remissionem peccatorum ; et per septem dies in angelico [*Al.*, evangelico] castitatis habitu et luminibus cœlestis claritatis sanctis assistere sacrificiis solent. Et senarius numerus perfectioni vitæ nostræ concordat, quia in sex diebus omnia opera perfecta fecit Creator omnipotens (*Gen.* i, 31, ii, 1). Et ipse senarius numerus, sicut vestra doctissima novit sagacitas, partibus suis perfectus est. Et quinarius numerus per decades ductus, ad resurrectionem Domini nostri Jesu Christi concurrit, significans nobis remissionem omnium peccatorum esse, et justificationem vitæ in Christo. Quadragenarius vero per decadas quater ductus, pœnitentiæ typum tenere multis in locis constat. Unde et ipse Dominus noster quadraginta diebus jejunavit (*Matth.* iv, 2), cujus prædicatio prima fuit : *Pœnitentiam agite, appropinquavit regnum cœlorum* (*Matth.* iii, 2). Et sicut Moyses legem, Elias prophetiam (*Exod.* xxxiv, 28; *III Reg.* xix, 8), ita ipse Dominus noster evangelicam prædicationem quadraginta dierum jejunio dedicavit. Et ut vestra novit ingeniosa et præclara in omnibus philosophorum disciplinis prudentia, quam mirabiliter quadragenarius numerus, qui pœnitentiæ, ut diximus, convenit, si per suas partitur divisiones, et per partes suas crescit, usque ad quinquagesimum pervenit, qui est remissionis numerus; quia per pœnitentiam ad remissionem peccatorum nostrorum nobis festinandum est.

Sed et aliquid mirabile in hac consideratione et convenientia senarii numeri inveniri potest; et quodammodo principium hujus computationis mirabili fine concordat in regulis numerorum. Igitur inter septuagesimum et sexagesimum sex reperiuntur dies : similiter inter sexagesimum et quinquagesimum ; etiam inter quinquagesimum et quadragesimum senarius invenitur numerus, et fiunt ter sex, et faciunt decem et octo [*Al.*, dies octodecim]. Qui numerus, si rationabiliter consideratur, et dividitur in tres partes æquales, erunt ter sex ; et est ratio simpli ad duplum, et significat simplam mortem Dei Christi ad duplam nostram. Quia nos duabus mortibus fuimus obnoxii, id est, animæ et carnis [*Al.*, corporis]. Ille vero simpla morte sua et innoxia, duplam destruxit nostram, et simpla resurrectione sua duplam ostendit nobis [*Al.*, nostram], et perdonavit ; unam nunc in anima, alteram in die magno adventus sui in corpore, ut sit tunc unus homo gloriosus corpore et anima, qui prius unus fuit mortalis anima et corpore ; anima peccato, corpore corruptione.

Similiter, et si finis consideratur calculationis, convenienter huic rationi videtur concordare. Nam inter quintam feriam cœnæ Dominicæ, in qua quadragenarius numerus decurrit ; usque ad resurrectionem Domini, id est, Dominicam diem, quo quinquagenarius numerus pervenit, duo sunt dies. Item a Dominica resurrectionis Domini [*Al.*, die], usque ad quartam feriam, quo sexagesimus numerus pervenit, duo sunt dies. Item a quarta feria usque ad sabbatum, ubi septuagesimus numerus impletus est, duo sunt dies. Hi vero dies si junguntur, duo et duo et duo, faciunt sex. Et iste senarius si dividitur in duo et quatuor, eadem simpli et dupli ratio invenietur in eo. Ita hæc concordia pertinet ad resurrectionem Domini nostri Jesu Christi : illa prior ad passionem, in qua redempti sumus, et in ista justificati, sicut beatus Apostolus ait : *Christus passus est propter redemptionem nostram, resurrexit autem propter justificationem nostram* (*Rom.* iv, 25). Potestis ex hac speculatione vestris demonstrare familiaribus, quam jucunda est et utilis arithmeticæ disciplinæ cognitio, quam et vestræ diligentiæ bene notam, et per vos aliis cognitam esse credimus. Plura hinc [*Al.*, plurima ex hinc] dicere potui, sed nolui chartulæ excedere modum : et maxime quia, non ignoranti scripsi, sed ei qui hæc omnia optime novit. Ideo, perpaucis hæc prælibavi verbis, quia vobis hæc omnia esse notissima sciebam. Et ut dictum est, cum sapiente *paucis utendum est verbis* (*Eccle.* v, 1). Et, *Beatus, qui loquitur in aurem audientem* (*Prov.* xx, 12), id est intelligentem. Mihi itaque, in fine epistolæ cum regina Saba dicendum est : *Beati viri tui, et beati servi tui : Hi qui stant coram te semper, et audiunt sapientiam tuam. Sit Dominus Deus tuus benedictus, cui complacuisti, et posuit te super thronum Israel, eo quod dilexerit Dominus Israel in sempiter-*

num : et constituit te regem, ut faceres judicium et justitiam (III Reg .x, 8 et 9.).

EPISTOLA LXXXI [b]
AD ALBINUM ABBATEM.

Carolus Magnus respondet priori epistolæ de ratione Septuagesimæ.

Carolus, gratia Dei, rex Francorum, [c] imperator Longobardorum, ac patricius Romanorum, dilectissimo magistro, nobisque cum amore nominando Albino abbati in Domino nostro Jesu Christo æternam salutem.

Pervenit ad nos epistola missa a religione prudentiæ vestræ, quæ post laudes et benedictiones omnipotenti Deo debitas, nobis et progeniei nostræ, benedictionem optabilem cum summa benevolentia [*Al.*, summamque benevolentiam] detulit. Post hæc textus illius inquirendo subsecutus [*Al.*, subjectus] est, cur Septuagesima et Sexagesima, nec non et Quinquagesima in ordine per dies dominicos ante Quadragesimam dicatur, vel scribatur. Inde arrepta ratione per campos arithmeticæ artis, quidquid ex hac re vestra sensit industria, se extendendo nobis pleniter significare studuit [*Al.*, statuit]. Sed dum mens nostra huc illucque discurreret, solerti indagatione consideravimus, non solum infra [*Al.*, intra] præscriptos a vobis dies, sed etiam per singulas hebdomadas, nec non et per totum anni circuli [*Gold.*, circulum] spatium [*Gold.* om. spatium], per intervalla horarum ac punctorum seu momentorum; mysteria numerorum posse ab his qui hujus artis peritia imbuti sunt reperiri. Unde quia tuæ charitati placuit nostram regalem aulam hac de re consulere, quidquid inde sentit [*Al.*, sensit] nostra serenitas, sermone commatico tibi patefacere non negamus [*Al.*, negavimus].

Exigente igitur inquisitione, et consideratione quærendum est, cur [*Al.*, considerata, cur; *Gold.*, considerata ratione cur] alii sex, alii septem, alii octo, nonnulli vero novem abstineant hebdomadas? Argumentum sensus nostri tuæ familiaritati per hos apices significare studemus. Qui enim [*Cod. ms. S. Emmerami*, Quod sic solvendum est; qui enim] sex hebdomadas observantes se abstinentiæ tradunt, subtractis sex diebus dominicis, in quibus jejunare minime licet, decimas dierum dantes [*Gold.*, dantes dierum] corporis sui, triginta sex dies, sicut beatus Gregorius mirabilis doctor edocet, jejunant; et hoc tempus, licet in ipso duo superesse videantur dies usque ad sanctam Resurrectionem, Quadragesimam doctoribus sanctæ Dei Ecclesiæ **89** nominari placuit. Religione vero crescente a Telesphoro pontifice, qui post Petrum apostolorum principem nonus in sancta Romana Ecclesia claruit, septem hebdomadæ in abstinentia dedicatæ sunt; et noc tempus, quo alio nomine rectius vocari quam Quinquagesima in ordine rationabiliter debuerit [*Al.*, debuit; *Gold.* vocare, quam Quinquagesimam... debuerunt]? Ex hinc et deinceps collecta ratione, qui octo hebdomadis [*Al.*, hebdomadas; *Gold.* addit : observare studuerunt, Sexagesimam gradatim], Sexagesimam gradatim nominaverunt. Similiter qui novem, Septuagesimæ, juxta præfatam rationem, nomen imposuerunt, et non ob numerum [*Al.*, ordinem numerorum] hebdomadarum vel dierum, sed tenorem nominis [*Al.*, numeris] servantes hæc nomina censuerunt [*Al.*, composuerunt]. Velut, siqui nunc fuissent, qui decimam hebdomadam addere pro aliqua justa ratione voluissent, et propter numerum hebdomadarum decagesimam [*Al.*, Decimagesimam], seu quolibet alio nomine, vel propter numerum dierum Septuagesimam, vel octuagesimam, ordine servato vocabulorum, tramite recto pergendo nuncupare debuissent.

Quia igitur, gratia divina opitulante, prout nobis visum fuit, de nomine Septuagesimæ et Sexagesimæ [*Al.*, Quadragesimæ], ac Quinquagesimæ, tuæ charitati scripsimus, nunc stylo percurrente de observantia et cultu harum (hebdomadarum) juxta capacitatem [*Gold.*, sagacitatem] sensus nostri tibi scribere curavimus. Quinquagesima vero ideo dicitur, et observatur a nonnullis, ut et decimas dierum, jejunando, omnipotenti Deo offerre valeant, et imitari Dominum nostrum Jesum Christum, qui quadraginta diebus jejunium sacratissimum implevit. A Quinquagesima namque usque in Pascha septem hebdomadæ sunt, quæ faciunt dies quinquaginta; ex quibus si octo dies dominicos subtraxeris, in quibus jejunium non licet observare, remanent quadraginta duo dies, et hi duo dies, quinta [*Gold.*, sexta, mendose] videlicet et septima feria, qui quadragenarium numerum excedunt, apud quosdam jejunio dedicantur; apud quosdam in veneratione [*Al.*, refectione] propter Cœnam dominicam et sanctum Sabbatum habentur. Sexagesima autem, ut æstimamus, propterea a nonnullis observatur, ut et decimas dierum corporis sui [*Al.*, corporibus suis] omnipotenti Deo dare possint, et Dominum nostrum Jesum Christum in quadragenario numero particulatim jejunando imitari, et ut primam, vel quintam feriam a jejunio vacare valeant. A Sexagesima quippe usque in sanctum diem Resurrectionis dominicæ octo hebdomadæ sunt, ex quibus si de singulis hebdomadibus primam et quintam feriam subtraxeris, et ipsum diem sanexcitati. » Ergo scriptæ fuere istæ epistolæ tempore Septuagesimæ ejus anni.

[c] *Imperator.* Hanc vocem non habent Codd. mss. Salisb. et San-Emmeramianus; nec exstat apud Goldastum, qui hanc epistolam edidit Constitut. imp., tom. III, pag. 137. Omittitur quoque in Chron. Centulensi, apud Pouget., pag. 624, not. *a*. Et bene, nam data est hæc epistola antequam Carolus imperator fuisset declaratus, ut diximus in not. antecedente.

---

[a] Hanc epistolam, quamvis jam a nobis inter opera B. Caroli Magni recusam, hic exhibemus propter arctam ejus cum præcedenti et sequenti epistola connexionem. (Apud Froben. epist. 66.) EDIT.

[b] *Epistola.* Edit. Quercetani, pag. 1147. Hic eamdem castigatiorem exhibemus ex codd. Salisb. et S. Emmerami. Utramque de Septuagesima epistolam scriptam esse anno 798 existimo, quo etiam Alcuinus huic Caroli epistolæ respondit per epistolam sequentem. Occasionem de ea re inquirendi præbuerunt ejus discipuli, « eorum tunc temporum convenientia

ctum Paschæ, quadraginta tantum dies remanent in abstinentia. Melchiades vero natione Afer, vir per omnia apostolicus, tricesimus quartus post sanctum Petrum, cui successit beatus Silvester in cathedra [*Al.*, cathedram] apostolicæ dignitatis; hic constituit ut nulla ratione, in prima vel quinta feria, jejunium quis de fidelibus agere præsumeret. [a] Nam cur in prima feria jejunium ipso tradente solvatur, non est necessitas texendo replicare. Quintam vero arbitrati sumus, propter magna mysteria, quæ in ea continentur, ab eo solutam. In ipsa namque sanctum chrisma conficitur ad abluendas totius mundi primæ originis culpas [*Al.*, abluendam.... culpam]; in ipsa reconciliatio fit pœnitentium; in ipsa Redemptor omnium cœnando [*Al.*, redemptio omnium cænando] cum discipulis panem fregit, et calicem pariter dedit eis [b] in figuram corporis et sanguinis sui, nobisque profuturum magnum exhibuit Sacramentum (*Matth.* XXVI, 26, 27). Eo videlicet die, post multa mysteria, Deus et Dominus noster Jesus Christus, videntibus sanctis discipulis suis gloriosa Ascensione cœlos penetravit. (*Luc.* XXIV, 51; *Act.* I, 9). Sed ne diutius sermo protrahatur; multa te legisse de hac solemnitate in sanctorum venerabilium orthodoxorum Patrum dictis non ignoramus. Septuagesima denique, ut æstimamus, propterea ab aliquibus observatur, ut et decimas dierum Deo [*Al.*, Domino] dare queant; et prima vel quinta, nec non et septima feria jejunium solvere [*Gold.*, observare *mendose*] possint. A Septuagesima vero usque in Pascha, novem hebdomadæ sunt, quæ faciunt dies sexaginta quatuor [*Gold.*, tres], e quibus, si de unaquaque hebdomada tres præfatos subtraxeris dies, et Paschalem sacratissimum, triginta sex in abstinentia [*Al.*, abstinentiæ] remanent dies. Hi vero Sabbatum, in quo Deus ab omnibus operibus requievit (*Gen.*, II, 2), non solum ob superstitionem Judæorum, nec propter mandata legalia Veteris Testamenti, quæ sunt umbra futurorum, sed ne cum Judæis scandalizent [*Al.*, sandalizentur; *Gold.*, sabbaptizentur], jejunium solvere [*Gold.*, observare, *mendose*] conantur. Ea præcipue causa est, quia vesperascente ipso die, gaudium sanctæ resurrectionis a fidelibus honorifice celebratur. Sed quia unusquisque in suo sensu abundat (*Rom.* XIV, 5), sive hoc, sive aliud sit, salva fide et religione nihil præjudicamus [*Al.*, præjudicavimus; *al.*, prohibetur; *al.*, prædicavimus].

[c] De hoc autem, quod chartula prosecuta vestra retulit, quod plurima hinc dici possint, sed noluisse te excedere modum chartulæ, et maxime quia cum sapienti paucis utendum sit verbis, ita et nos versa vice paucis pauca rescripsimus. Quod autem usurpastis verba reginæ Sabæ ad Salomonem de beatitudine servorum qui nobis assistunt, et audiunt verba sapientiæ nostræ, si hoc verum fore scitis, venite, assistite, audite, et pariter in Domino in pratis vernantibus varietate florum Scripturarum jucundantes delectemur.

[d] EPISTOLA LXXXII.
AD DOMNUM REGEM.
(Anno 798.)
Respondet ad epistolam præcedentem, et lunaris saltus supputationes mittit.

Optabilis [*Al.*, et cod. *Vat.*, optata mihi] et diu desiderata vestræ bonitatis litterarum facies subito effulsit, permultoque tempore avidos videndi oculos sanctissimi vestri nominis apices refecerunt. Et, licet aliquid reprehensibile sequenti serie de meis cantitassent litterulis, tamen omnia melliflua dulcedine hausi, dum hoc desiderabile et multum mihi amabile in primo capite nomen apparuit. Gratissimum mihi etiam fore fateor [*Al.*, fatebor], ut vel sic beatitudinis vestræ syllabas mererer osculari : ut quod perpetua et inviolata non potuit promereri dilectio, saltem reprehensionis materia subito extorqueret: sciens meliora esse vulnera diligentis, quam fraudulenta oscula odientis. Nec mirum si tarditas aselli sustineat in dorso flagellum. Ego tardus, ego mei ipsius [*Cod. Vat.*, egomet ipsius] immemor, vestrorum forsitan digne puerorum sustinui flagellum. Entellus senior effeto corpore dudum cæstus deposuit suos : ætate florentibus cedit illos indui. Ideo aliquis illorum seniorem ingenti pugno percussit, ita ut caligo obversaretur oculos senioris; et vix resumptis viribus frigidus circa præcordia recaluit sanguis. Et ut ad rem veniam, ac ignorantiæ fomentis caput percussi medicari incipiam : ego imperitus, ego ignarus, nesciens Ægyptiacam scholam in palatio Davidicæ versari gloriæ [e] : [f] ego abiens Latinos ibi dimisi. Nescio quis subintroduxit [g] Ægyptios. Nec tam indoctus fui Memphiticæ supputationis, quam benevolus Romanæ consuetudinis. Annum cum nato Christo, et crescente luce initiare

---

[a] *Nam cur... In Cod. ms. San-Emmeramiano ita legitur : Nam quur in prima feria jejunium non fiat ipso tradente Salvatore, non est necessitas texendo replicari.*

[b] *In figuram.* Cod. ms. S. Emmeramianus, et Goldastus : *In figura. Hæc non intelligenda sensu calvinistico, sed catholico, uti explicantur in opere D. Arnaldi, de Perpetuitate fidei, tom. I, pag. 765.

[c] *De hoc autem.* Hanc clausulam, quæ deerat in Editis, addidimus ex Cod. ms. Salisb., Goldasto, loc. cit., pag. 158, et D'Acherio, Spicil. tom. IV, pag. 470.

[d] Hæc epistola apud Canisium 13, apud Quercetanum 9, (apud Froben. 67) numeratur; ibi mutila; hic integra. Accedunt nonnullæ emendationes nonnullæ ex cod. ms. Reg. Vat. n. 226.

[e] Hic finis est epistolæ apud Canisium.
[f] *Ego abiens.* E schola nempe palatina Turonos.
93 [g] *Ægyptios.* Quinam fuerint Ægyptiaci illi præceptores, conjicere mihi videor ex carmine Theodulfi Aurelianensis episcopi ad Angilbertum : quo in carmine Scottum quemdam in aula degentem ac docentem falsis amarulentisque dicteriis impetit. Nam Scotti ex Hibernia orti olim sequebantur Paschalem circulum Alexandrinorum, qui Pascha lunæ quarta decima die, si quando in Dominicam incidisset, celebrabant. Et forsan is erat Clemens Scottus, quem in Gallia ad docendum fuisse relictum a Carolo, tradit monachus Sanct-Gallensis initio libri primi. MABILLONIUS *Act. SS. sæc.* IV part. I, præf., pag. CXXXI.

secundum Latinos volens, non cum Ægyptiis, qui tenebræ interpretantur, a supervenientibus tenebris ordiri : quia scio, me olim cum Moyse 91 tenebras Ægyptiorum relinquere, et modo in terra repromissionis, lucis et lætitiæ cum Jesu duce nostro libertate honoratus stare, et nullatenus, secundum quod dux meus, imo et Dominus noster dixit, iterum ad Ægyptias redire tenebras.

Unde miror cur pueri vestri annum legitimum a mense Septembrio incipere velint, et partem transacti decennovennalis sequenti connectere circulo, caudam vertentes in caput : et non magis omnibus lunæ et siderum augmentis, vel detrimentis explosis, ad novum annum et ad caput supervenientis circuli omnino libere intrare. Libet tamen interrogare hos ipsos pueros, an convenientius videatur unius anni ætates lunares pro regularibus habere et hoc primi anni ; vel etiam duorum annorum, id est novissimi circuli decennovennalis, et primi sequentis? Et utrum rationi vicinius sit, in fine circuli decennovennalis saltum interserere, vel in medio quolibet anno? Etiam et hoc velim scire, quomodo computare velint ætates lunares a quinto decimo Kalendas Maii, ubi quarta decima luna [a] novissimi anni fuit, usque ad Septembrium mensem, in quo mense quinta apud Ægyptiacos pueros cantatur ? Quomodo fieri possit ut altera luna semper habeat triginta dies, altera undetriginta, et singulares per omnia in illis mensibus firmiter stare valeant. Et, ut reor, quod in Latinis reprehendent, hoc etiam et in Ægyptiacis inveniunt. Et forte, quod in Novembrio nolunt fieri, necesse est in alio quolibet mense invenire. Nec ego cum quolibet contentiosum funem trahere velim, nec me quæstiunculis inserere aliorum. Unusquisque in suo sensu abundet.

Quod vero in fine epistolæ familiariter [et salubriter] me admonere curastis, ut, si quid humiliter emendandum sit, corrigatur; nunquam fui, Deo donante, in errore meo pertinax, nec de meis confidens sensibus. Nec talis ut meliori sententiæ facile acquiescere non valerem, sciens, dictum esse, sæpius auribus quam lingua utendum. Hoc omnino vestram sentire sapientiam obsecro, non vobis quasi nescienti, sed quasi probanti scribere : nec quasi ignoranti, sed magis corrigenti, dirigere parvitatis meæ sensus. Nec vero evangelica vidua duo minuta injecit gazophylacio (*Marc.* XII, 42) propter indigentiam templi, sed propter devotionem suam. Nec nostra humilitas Deo donaria offert, quasi non habenti, sed magis omnia possidenti (*II Cor.* VI, 10). Ita etiam parvitas mea non indigenti, sed multum melius intelligenti vobis, si quid scribere tentavero, faciendum veraciter agnosco. Gloria patris filius sapiens (*Prov.* XIII, 1).

Quod vero nota repetere indignum dixistis [*Cod.* Vat., duxistis], nescio quid flacuma rusticitas diviti [*Cod. Vat.*, Davidicæ] sapientiæ ignotum ingerere valeat. Sed si nota et olim audita non licet inferre, quid faciemus de litteris, syllabis etiam, et verbis, quibus uti nobis necesse est quotidie; nisi novæ grammaticæ artis regulas excogitare incipiamus? Jam mihi multum melius fuit, super mensam deliciarum vestrarum panem manducare mundissimum, quam cum Menalca in pistrinio grana tritici computare, unde panis conficiatur. Si placet, intremus paululum calculatorum pistrillas, vel mathematicorum fuliginosas coquinas : ei proferemus unde olim cognita, nunc pene oblita, juxta Virgilii vestri prophetiam. Nam

. . . . sæpe ego longos
Cantando puerum memini me condere soles.
Nunc oblita mihi tot carmina, vox quoque Flaccum
Ipsa fugit. . . . . .

Tamen, ut ad inquisita chartulæ vestræ respondeam, non sapientiæ divitiis suffultus, sed vestræ auctoritatis litteris instinctus, gremio pietatis vestræ protegendo, pauca de ratione multiplici saltus subjicere curabo. Primum ponam quod in doctorum didici libris; secundo, quod ratione suadendo [*Cod. Vat.*, suadente] investigare valui; tertio, quod ex mathematica quondam audita meminisse potui 92 disciplina. Quatenus multiplici modo multiplex lunaris saltus enodetur, Salomone dicente : *Funiculus triplex difficile rumpitur* (*Eccle.* IV, 12). Item dum de sapientia loquebatur intulit dicens : *Unde eam tibi hodie tripliciter ostendi* (*Prov.* XXII, 20). Hos ego sensus, sagacissime naturalium rerum inquisitor, et rationis cujuscumque causæ devotissime investigator, domine mi David, vestræ auctoritati dirigere studui; non jactantiæ typo clarus, sed humilitatis officio devotus, vestris sanctissimis paratus obedire præceptis. Et si dignum earum litterarum, acutissime [*Cod. Vat.*, acutissimis] oculorum obtutibus invenire possis, gratias Deo omnium donorum [*Edit.*, donatorum] largitori mihi agendum scio. Si quid aliter quam meruisti citatim penna perscripserit, mihi putandum [imputandum] esse fateor : vestræque pietatis [gremio] protegendo, et eximiæ bonitatis calamo corrigendum.

Has vero lunaris saltus supputationes aliquas [*Add.*, quas], in [b] alterius chartulæ distincte notavi, ut prædixi, ex lectione paternorum sensuum scripsi; alias ex rationis conjectura investigavi; alias mathematicorum variis [supputationibus] collegi (*Ex Cod. Vat. Al.*, suspicionibus collexi) ne ad vestræ venerandæ dignitatis præcepta tacerem, et criminis reus essem, si inobediens tantæ auctoritati viderer. Sciens vos multoque verius et sagacius hæc omnia intelligere et investigare posse, tamen Flaccina rusticitatis officia non abnegavi, ut facerem quod jus-

---

[a] *Novissimi anni.* Nempe proxime elapsi 797, quo luna quarta decima incidebat xv Kal. Maii, juxta circulos decennovennales Ven. Bedæ. Hæc igitur epistola scripta est anno 798.

[b] *Alterius chartulæ.* Hæc chartula abs dubio illa est quam infra inter Opera philosophica exhibemus ex ms. reg. Suec. Bibl. Vat. n. 226. Vide etiam infra epist. 84 (nunc 100).

sistis, mercedem obedientiæ exspectans, non injuriam reprehensionis sperans, quia assueta vestri cordis bonitas nunquam immutari potest, sed inviolata manet, et semper ad meliora proficiens, donec ad æternitatis, Domino Deo Dei Filio miserante, cum multiplici meritorum laude perveniat gloriam.

In articulo profectionis servorum vestrorum et nostræ devotionis filiorum, venerunt melliflui dulcissimæ auctoritatis ª apices, in quibus rationabiliter ad inquisita nostræ parvitatis respondistis, et quasi favum distillans (*Cant*: IV, 11), ita suavitatis vestræ verba legebam, in quibus et hilaritatem et veritatem agnovi, et gratias agens Deo laudavi utrumque; et sapientiæ decorem, et humilitatis vigorem, dum dignati fuistis nostræ rusticitatis chartulam audire, nec solum perlegere, sed etiam et respondere. Etiam et illud amabiliter in illis bonitatis vestræ litteris scriptum reperi, quasi meis verbis dictum, qualiter regina Austri venisset audire sapientiam Salomonis (*III Reg*. x); et quomodo acclamassem, beatos esse qui assisterent sapientiæ Salomonis; et ex his verbis me ad hanc beatitudinem provocare voluistis, quod [gratum, (*Al*., gratiam)] habeo secundum valetudinem corporis mei, et Dei gratia præveniente et deducente me prospere ante conspectum beatitudinis vestræ. Tamen sciat misericordia vestra quod hæc beatitudo, quam laudaverat regina Austri, non fuit in terra Philistinorum, sed in Hierusalem, id est, in visione pacis. Ideo supplex deprecor ut liceat Flacco tuo ad hanc beatitudinem in terra pacis et lætitiæ pervenire, non in terra dissensionis et ᵇ belli. Quid valet infirmitas Flacci inter arma? quid inter apros lepusculus? quid inter leones agniculus in pace nutritus, educatus, non in præliis versatus? dum præcepta Domini Dei habetis, timidus domi remaneat, ne faciat alios timere. Et Virgilius Augusto scribens

... Tu sectaris apros, ego retia servo.

Hæ preces, obsecro, veniant in cor pietatis vestræ, ut libeat vobis et liceat mihi, cum ramis palmarum (*Joan*. XII, 13) et pueris cantantibus occurrere triumpho gloriæ vestræ: et Hierusalem optatæ patriæ et templum sapientissimi Salomonis arte construitur [*F*., constructum], assistere amabili conspectui vestro, et dicere: Benedictus Dominus Deus, qui adduxit [et reduxit] David dilectum cum prosperitate et salute ad servos suos.

ᶜ EPISTOLA LXXXIII.

AD DOMNUM REGEM.

(Anno 798.)

De cursu solis per signa zodiaci; et qualiter inde bissextus emergat? Laudat studium astrologiæ, arith-meticæ, et omnis philosophiæ. Ad confutandum Felicem adjutores postulat, et regem ad defendendam veritatem animat.

Deo dilecto atque a Deo electo David regi, Flaccus in fide et charitate perpetuam in Christo salutem.

Dulcissima [pietatis vestræ (*Edit*., pietas vestra)] munera mihi ᵈ Fredegisus servulus vester attulit. In quibus utrumque, et dilectionem agnovi in me, et sapientiam consideravi in te: quasi quodam modo quatuor dierum munera primordiales quatuor dierum creationes designarent. Et quia prima die lux condita est (*Gen*. 1, 3, seq.), prima die ᵉ lucis materiam ostendit mihi. Secunda Creator firmamenti pulchritudinem extendit inter aquas et aquas: secunda die in muneribus, vestimenta sacerdotalia divisionem inter corpora sacerdotum et populi demonstrare cognovi. Tertia die, terra cum ornamentis suis apparuit: tertia die, auri lætissima species, quæ gremio eruitur terræ, directa est mihi. Quarta die sol honor sæculi cum sideribus cœli inductus [*Cod. Vat*., inditus] est; quarta die, clara quædam et rotunda in similitudinem solis species, ᶠ honor mensæ, allata est mihi, habens viginti septem semicirculos: qui si bis ducantur, erunt quinquaginta quatuor, propter horas lunaris cursus; quibus per singula signa currere solet: habens circulum rotundum in medio, propter solis perpetuam rotunditatem. De cujus cursu præfatus puer mihi retulit, vestram inquirere sapientiam, quomodo ᵍ decem horæ et dimidia singulis mensibus accrescere soleant? Cujus rei subtilis ratio est, sed vestræ sagacitati perfacilis ad intelligendum.

Sol igitur primo anno post bissextum, in initio primæ horæ noctis, intrat in Arietem, et post dies triginta et decem semis horas exiet de Ariete, hoc est, hora undecima noctis tricesimæ primæ, et secundo puncto. Et tertio puncto undecimæ horæ ejusdem noctis intrat in Taurum, et ibi moratur triginta dies et decem semis horas. Et exiet de Tauro non ab hora die [*Forte*, nona hora diei] plena. Et ibi habes unam horam ex quatuor punctis in duobus signis. Et fiunt duorum signorum sexaginta dies et viginti una hora. Et decima hora diei intrat in Geminos. Et exiet de Geminis septima hora plena noctis, et duobus punctis octavæ horæ. Et tertio puncto octavæ horæ noctis intrat in Cancrum. Et exiet de Cancro sexta hora diei plena. Et ibi habes secundam horam et quatuor punctos duorum signorum. Et fiunt in Geminis et Cancro dies sexaginta et horæ viginti una. Habes [*Cod. Vat*., Et habes] in his qua-

---

ª *Apices*. Seu epistola Caroli de Septuagesima, quam supra dedimus. Ex hac ergo illius quoque annum, quo data est, cognoscimus.

ᵇ *Belli*. Saxonici, ut interpretor, quod hoc anno 798 gestum est, et describitur ab Annalista Lambeciano et aliis, apud Pagium hoc anno, n. 4.

ᶜ *Edit*. Quercet. 8 ex ms.; hic vero ex cod. ms. biblioth. Vaticanæ n. 226 in-8° quibusdam in locis emendatior prodit. Scripta videtur anno eodem quo altera quæ statim sequitur, in qua calculum suum de incremento decem horarum et dimidiæ hic propositum defendit. (Apud Froben. epist. 68.)

ᵈ *Fredegisus*. An Fridegisus is est, Alcuini discipulus, quem nomine Nathanaelis compellavit in epistola ad Candidum et Nathanaelem?

ᵉ *Lucis materiam*. Oleum.

ᶠ *Honor mensæ*. Dolium vino impletum interpretor.

ᵍ *Decem horæ et dimidia*. De hac supputatione quærit epistola sequenti, quid sit immutandum?

tuor signis horas quadraginta duas et dies centum viginti. **94.** Et intrat in Leonem septima hora diei. Et exiet de Leone quarta hora noctis, et duobus punctis quintæ horæ. Et tertio puncto quintæ horæ noctis intrat in Virginem. Et exiet de Virgine tertia hora diei plena. Et habes unam horam ex quatuor punctis Leonis et Virginis. Et habent sexaginta dies hæc duo signa, et horas viginti unam. [a Et fiunt horum sex signorum dies centum octoginta tres.] Et fiunt, ut dixi, dies centum octoginta et duo. Et tertius, dies dimidius ex duodecim horis et tres horæ supra quadrantiles. Et intrat sol in Libram hora diei quarta. Et exiet de Libra prima hora diei, et secundo puncto secundæ horæ noctis. Et intrat in Scorpionem tertio puncto secundæ horæ noctis. Et exiet de Scorpione duodecima hora noctis plena. Et habes unam horam ex quatuor punctis. Et fiunt horum duorum signorum dies sexaginta et horæ viginti una. Et intrat sol in Sagittarium prima hora diei. Et exiet de Sagittario decima hora diei plena, et duobus punctis decimæ horæ. Et intrat in Capricornum tertio puncto undecimæ horæ diei. Et exiet de Capricorno hora nona noctis plena. Et habent hæc duo signa dies sexaginta et horas viginti unam. Has adde ad suprascripta signa. Et habes dies trecentos et horas centum quinque. Et intrat sol in Aquarium decima hora noctis. Et exiet de Aquario hora octava diei et secundo puncto horæ octavæ. Et intrat tertio puncto octavæ diei [*Cod. Vat.*, octavæ horæ diei] in Pisces. Et exiet de Piscibus sexta hora noctis plena. Et hæ sunt sex horæ quæ de punctis singulorum signorum accrescunt. Et habent hæc duo signa sexaginta dies et viginti unam horam. Has adde ad suprascriptos dies vel horas, et fiunt dies duodecim signorum 360, et horæ 126. Partire centum viginti horas per viginti quatuor, et fiunt quinquies viginti quatuor, quod sunt quinque dies. Et erunt totius anni trecenteni sexageni et quinque dies et sex horæ, quia antea [*Cod. Vat.*, quas ante] habuisti 126 horas. Hæ sex horæ per quadriennium ductæ faciunt viginti quatuor horas, quod est unus dies, quem Latini bissextum vocant. Et si non adderetur in Februario quarto anno hæc dies, intraret itaque sol quartas decimas Kal. Aprilis prima hora noctis in Arietem : et post centum viginti annos tarditas solis, dum Arietem intrare debuisset, intrasset itaque in Taurum; ne dies triginta in centum viginti annis bissextiles augerentur cursu illius.

[Hæ et hujusmodi rationes tam suaves sunt in consideratione scientibus, ut cæteræ artes philosophiæ solent esse discenti et intelligenti eas] b. Nam philosophi non fuerunt conditores harum artium, sed inventores. Nam Creator omnium rerum condidit eas in naturas sicut voluit. Illi vero, qui sapientiores erant in mundo, inventores erant harum artium in naturis rerum, sicut de sole et luna et stellis facile potes intelligere. Quid aliud in sole et luna et sideribus consideramus et miramur, nisi sapientiam Creatoris et cursus illorum naturales? Fertur itaque, Abraham patriarcham ex astrologiæ ratione creatorem Deum intellexisse et venerasse. Et exinde *Amicus Dei* appellatus est, et tentatus in fide jam fortis inventus est. Nam dicunt Hebræi exisse eum de Ur Chaldæorum (*Gen.* xii, 1, *et* xv, 7), id est, de igne Chaldæorum. Qui [*Cod. Vat.*, Quia] Chaldæi ignem pro Deo coluerunt. Solebat c magister meus mihi sæpius dicere : Sapientissimi hominum fuerunt, qui has artes in naturis rerum invenerunt. Opprobrium est grande, ut dimittamus eas perire diebus nostris. Sed nunc pusillanimitas multorum non curat scire rationes rerum quas Creator condidit in naturis. Scis optime quam dulcis est in rationibus arithmetica, quam necessaria ad cognoscendas Scripturas divinas; quam jucunda est cognitio cœlestium astrorum et cursus illorum. Et tamen rarus est, qui talia scire curet : et quod pejus est, reprehendunt hæc scire studentes; et utcunque illa naturalium rerum ignoratio inculpabilis potuisset illis esse, si divinis se ipsos tradere voluissent Scripturis, et laborare in illis in quibus vitæ æternæ cognitio consideratur. Et ut potuissent fidem catholicam veraciter defendere, et fiducialiter stare contra adversarios Christi, per quos multimodis diaboli astutia fidem catholicam impugnare studet. Et sicut modo tempora de quibus **95.** beatus Paulus prædixit : *Spiritus autem manifeste dicit, quia in novissimis temporibus discedent quidam a fide, attendentes spiritibus erroris et doctrinis dæmoniorum, in hypocrisi loquentes* [*Cod. Vat.*, *erroris dæmoniorum in hypocrisi loquentium*, etc.] *mendacium, habentes cauteriatam suam conscientiam* (1 *Tim.* iv, 1, 2).

Si vis scire quomodo accrescant singulis annis [*F.*, anni] mensibus solaris cursus decem semis horæ, multiplica decem per decem, fiunt centum, quia una hora decem habet minuta (decies vero 10 minuta faciunt centum minuta. Da unicuique die 140 [*F.*, de 50] diebus, tria minuta, fiant 90 minuta) et remanent decem minuta. His adde quinque minuta, quæ fiunt ex dimidia hora : et sunt quindecim minuta. Hæc partire per triginta, faciunt tricies dimidium minutorum quindecim minuta : et accrescunt quotidie in triginta diebus tria minuta et dimidia pars unius minuti. Et si scire vis quantum quotidie crescat ad bissextum, partire quinque minuta in triginta, fiunt sexies quinque. Sexta pars unius minuti accrescit quotidie, ut dimidia hora fiat per mensem unum. Hanc dimidiam horam duc duodecies et fiunt sex horæ. Has multiplica in quatuor ; quater sex fa-

---

a Uncis conclusa cod. Vat. omittit.

b Ita vera lectio restituitur ex cod. Vaticano. Corrupta enim apud Quercetanum talis erat : *Hæc in hujusmodi rationes tam suavescunt, et consideratio nescientibus, ut cæteræ artes philosophiæ solent esse discenti et intelligentias.*

c *Magister meus.* Egbertus, an Ælbertus ?.archiepiscopus Eboracensis. Vid. epist. ad Eanbaldum, et Malmesb. lib. i de Gest. Reg., cap. 3.

ciunt viginti quatuor, quot sunt horæ unius diei [*Supple* qui]. Per quadriennium accrescit, ut bissextus fieri possit. Et fiunt in quarto anno 366 dies. Qui senarius numerus multum valet in circulo anni. Nam 360 fiunt [*F.*, fiunt ex] sexies sexaginta. Qui sexagenarius, si per denarium partitur, invenies sexagenarium numerum per denarium esse perfectum, sicut senarius per unitatem. Nam unum, duo et tres, sex faciunt. Et est perfectus numerus in partibus suis. Ita sexagenarius quamdam perfectionem habet, si partitur per denarium numerum. Nam semel decem, et bis decem, et ter decem, sexaginta sunt. Nam quantum valet in primo versu numerorum senarius, ut perveniatur ad decem, tantum valet in secundo versu numerorum sexagenarius, ut perveniatur ad centum. Quinque vero dies, qui supersunt tricentenis sexagenis diebus in singulis mensibus, est sexta pars mensis uniuscujusque. Sex vero horæ, ex quibus quarto anno sexta dies accrescit, habent perfectionem suam in partitione senarii numeri, sicut paulo ante præfati sumus. Et sicut Creator æquissimus in sex diebus fecit omnia opera primordialis mundi, ut significaretur in perfectione numeri senarii, omnia in naturis suis fecisse eum perfecta. Et ille ipse Creator magnus, admirabilis, perfectus est in natura sua : cui complacuit [*Cod. Vat.*, placuit] omnia in senarii numeri perfectione perficere. Unde et sexta die creatus est homo, perfectus anima et corpore : propter quem omnia creata sunt, quæ sex diebus condita esse leguntur. Unde et ipse Deus, Dei Filius, qui est virtus et sapientia Dei (*I Cor.* I, 24), sexta ætate mundi venit in mundum salvare hominem, quem sexta die creavit. Ita senarius numerus, et in conditione primordialium creaturarum et in successione sæculorum, quæ sex ætatibus cucurrerunt, et quod sexta ætate venit Filius Dei humanum genus reparare ad pristinam dignitatem conditionis suæ, multum valet.

Tales rationes, o dilectissime [et dulcissime] David, vobis mihi scribendæ sunt, non rusticis quibuslibet, in quibus sapientiam tuam eruditam esse scio, et quæ tibi placere omnino agnosco : ut gaudeat mens tua in rationibus rerum, sicut mea multum gaudet tibi sæpius talia dirigere. Benedictus Dominus Deus in donis suis, qui tibi clarissimam divinæ legis scientiam, et jucundissimam naturalium rerum concessit cognitionem. Cujus ineffabili pietati nobis omnibus continuæ ex tota voluntatis intentione agendæ sunt gratiæ, quod talem nobis perdonavit dominum et rectorem. Et assiduis precibus illius piissima potentia postulanda est, quatenus longæva prosperitate et salute te nobis conservare dignetur, ª desiderantissime David.

Nuper venit mihi ᵇ libellus a Felice infelice dire-

ª *Desiderantissime David.* Hic finis est epistolæ in cod. Vaticano ; unde suspicio mihi oriri possit, in subsequentibus novam incipere epistolam, quæ hic ex incuria scriptoris subnexa sit priori.

ᵇ *Nuper . . . libellus.* Quo nempe Felix respondet epistolæ Alcuini charitatis calamo scriptæ. Petit hic

---

ctus, cujus, propter curiositatem, cum paucas paginolas legendo percucurri, inveni pejores hæreses, vel magis blasphemias, quam ante in ejus scriptis legerem. Asserens Christum Jesum nec filium Dei esse verum, nec etiam verum Deum esse, sed nuncupativum. Non intendens quid prædicator egregius de divinitate 96 Christi ait : *Quorum patres, ex quibus Christus, qui est super omnia Deus benedictus in sæcula* (*Rom.* IX, 5). Et spero plura ibi inveniri posse, quæ fidei catholicæ adversari videantur. Si nihil aliud inveniatur contra fidem catholicam, hoc solum sufficit sibi ad perditionem sui. Væ mundo ab scandalis (*Matth.* XVIII, 7)! Ecce! qui adoratur ab angelis in cœlis, negatur in terris ab hominibus verus esse Deus. Hujus vero libri, vel magis erroris responsio multa diligentia et pluribus adjutoribus est consideranda. Ego solus non sufficio ad responsionem. Prævideat vero tua sancta pietas huic operi tam arduo et necessario adjutores idoneos, quatenus hæc impia hæresis omnimodis exstinguatur, antequam latius spargatur per orbem Christiani imperii, quod divina pietas tibi tuisque filiis commisit regendum atque gubernandum. Surge vir a Deo electe, surge fili Dei, surge miles Christi, et defende sponsam Domini Dei tui. Cogita de sponsa tua, si quis eam ex honorare velit, quam patienter tuus hoc sufferat inimicus. Considera quoque quod injuria filii tui in te perveniet ; quomodo non multo magis injuria et opprobrium Filii Dei Salvatoris tui, protectoris tui, largitoris omnium bonorum totis viribus vindicanda est tibi ? Sta viriliter pro ea, quam accepisti a Deo tuo regendam et conservandam, quatenus potentia sæcularis tibi proficiat in spiritalis gloriæ divitias.

ᶜ EPISTOLA LXXXIV.

AD DOMNUM REGEM.

(Anno 798.)

Epistolæ Caroli Magni respondet de carmine conficiendo, de apparitione stellæ Martis, de libello Felicis refutando, de quæstionibus a filia sibi motis, de supputationibus secundum Ægyptios emendandis.

Domino dulcissimo et vere dilectissimo David, magnifico atque a Deo coronato regi Flaccus veteranus miles perpetuam salutem.

Lætissima mihi litterarum vestrarum chartula occurrit, febricitantem refocillans, dormientem resuscitans, imo et inertiæ morbo torpentem ad antiquas studens reformare vires, et dulcem versificationis melodiam inter horribiles armorum strepitus, et inter raucos tubarum sonitus admonuit miscere : quatenus truces animorum motus aliqua musicæ suavitatis melodia 97 mulcerentur : etsi vestræ mentis nobilissima stabilitas in una eademque soliditatis arce [*Al.*, archa] perpetualiter permaneat, et in medio æquitatis libramine inconcussa fortitudine vigeat.

Alcuinus, ut pluribus committatur erroris confutatio ; præsertim Leoni papæ, Paulino, Richbono et Teudulfo, prout habetur in epistola sequenti.

ᶜ Hæc epistola 11 est apud Canisium ; 4 apud Quercetanum, qui prioris defectus ex ms. supplevit. (Apud Froben. 69.)

Tamen, ut puerorum sævitia vestrorum cujuslibet carminis dulcedine mitigaretur, voluistis; etiam et hoc ipsum sapientissimo consilio prævidistis; quia sæpe iratæ mentis asperitas salubris consilii non invenit effectum [*Al.*, affectum], sicut assidua quoque mollities animi enervare solet fortitudinem. Sed inter hæc morborum genera medio tramite prudens temperamentum consistit, inde tumentem furorem mitigans, hinc desidem animum erigens; et via regia in pacis consilio cuncta componit. Quod militantibus virtutis genus maxime necessarium esse, in antiquis historiarum libris legimus; ut cuncta sapiens temperantia, quæ agenda sint, regat atque gubernet. Nam tria videntur in hoste consideranda, virtus, dolus, pax. Primo, an publica virtute vinci valeat adversarius? Sin autem, ad fraudes et ingenia doli res referenda sit. Et si nec hoc proficit, tunc pacis consilio inimicitiarum odia esse delenda videntur. Tamen si immites animos aliquid Flaccina [*Al.*, Flacciana] valeat fistula mulcere, omni sollicitudine esse reor, secundum opportunitatem temporis et personæ, perficiendum. Ego vero Flaccus tuus interim vado perficere fideliter cum omni instantia quod vestra dulcissima auctoritas mihi per ᵃ Magamfredum [*Al.*, Magenfredum] fidelem vestrum demandare voluit. Et sciat certissime bonitas vestra quod nullus majus desiderium habet, sicut justum est, vestri auxilii supplementum implere.

Igitur amicus dicitur, quasi animi custos; id est, qui animum amici sui cum omni sollicitudine fidei studet custodire integrum, quatenus nullatenus sacrum amicitiæ jus alicubi violetur. Et hoc rari sunt, qui intelligunt. Pene unusquisque secundum animi sui qualitatem, non alterius animi, qui amicus est suus [*Al.*, hujus], satisfactionem, amicitiam custodire quærit. Et si hoc in amico [*Al.*, animo] et coæquali diligenter observari debet, ut inviolata animi integritas permaneat illius; quanto magis in Domino, et in tali persona, quæ [*Al.*, qui] suos subditos omni honore exaltare et gubernare amat? Veterum igitur proverbialis fulget sententia : *Amicus diu quæritur, vix invenitur, difficile servatur.* Et in sacra Scriptura : *Amico fideli nulla est comparatio* (*Eccli.* VI, 15).

ᵇ Nunc igitur; quam diu quæsivimus inter Martia tela, Martis stella subito effulsit, quam sol diutissime tenuit, sed Næmei leonis terrore reliquit : qui ob memoriam Herculeæ fortitudinis cœlo inditus [*Al.*, indutus] esse refertur, traditaque est Cancro per bimenstres [*Al.*, per menses tres]; ᶜ et diverso pergens itinere, retrogradam cito illam erit facturus. Addidit se quoque splendida facie Canicula, medicis præmia exspectantibus multum amabilis. Cur vero tanto tempore sol eam habuisset absconditam, causa est, ut veteres voluerunt, radiorum solis, qui, ut fertur, inæquales planetarum cursus efficiunt. Et ideo forte errantes dicuntur, quia certum semper et unius modi cursum non habere noscuntur. Quod si ita est, ut aliquibus placet calculatoribus, dicant Ægyptiaci pueri, cur sol et luna inter eas numerentur, dum certos utrumque habet sidus cursus in annis, mensibus, diebus, horis atque momentis. Non enim errant in eo, ut aiunt, quod contra cœlum ire videntur, dum certissimis peragunt cursus temporibus sui cursus metas : sicut quinque stellarum cursus sæpissime inordinate per zodiaci circuli latitudinem, vel errando, vel stando, vel retrocurrendo feruntur.

ᵈ De libello vero infelicis non magistri sed subversoris, placet mihi valde, quod vestra sanctissima voluntas et devotio habet curam respondendi ad defensionem fidei catholicæ. Sed obsecro, si vestræ placeat pietati, ut exemplarium illius libelli domno dirigatur apostolico. Aliud quoque ᵉ Paulino patriarchæ. Similiter Richbono, et Teudulfo episcopis doctoribus et magistris, ut singuli pro se respondeant. Flaccus vero tuus tecum laborat in reddenda ratione catholicæ fidei. Tantum detur ei spatium, ut quiete et diligenter liceat illi [cum] pueris suis considerare Patrum sensus; quid unusquisque diceret de sententiis quas posuit præfatus subversor in suo libello. Et tempore præfinito a vobis, ferantur vestræ auctoritati singulorum responsa. Et quidquid in illo libello, vel sententiarum vel sensuum, contra catholicam fidem inveniatur, omnia catholicis exemplis destruantur. Et si æqualiter et concorditer cunctorum in professione, vel defensione catholicæ fidei resonant scripta, intelligi potest quod per omnium ora et corda unus loquitur Spiritus; sin autem diversum aliquid inveniatur in dictis vel scriptis cujuslibet, videatur, quis majore auctoritate sanctarum Scripturarum vel catholicorum Patrum innitatur : et huic laudis palma tribuatur, qui divinis magis inhæreat testimoniis.

De quæstionibus vero, quæ ᶠ filia mea famula vestra fidelissima interrogavit, non ordinatim recolo, nisi quod de psalmis, quos vespertina præsentis diei in capella cantavimus hora, ut æstimo, interrogavit. De eo itaque primum, ubi ait Propheta : *Omnis homo* eodem mense anni præcedentis 797 hucusque occultata fuisset, contigisse dicendum est ex Annalibus Tilianis Loiselianis, quem Engolismensis exscripsit, et Adonis Chronico. Ob hanc rationem præsentem epistolam ad annum 798 pertinere credimus.

ᶜ *Et diverso.* Hic finis epistolæ apud Canisium, cætera ex ms. addita sunt a Quercetano.

ᵈ *De libello.* De eo plura alibi.

ᵉ *Paulino patriarchæ.* Aquileiensi. *Richbono* seu *Richbodo*, episcopo Trevirensi, ut videtur Mabillonio. *Teudulfo* episcopo Aurelianensi.

ᶠ *Filia mea.* Quæ illa? exploratum non habeo; Gisla fortassis Caroli Magni filia?

ᵃ *Magamfredum.* Idem forte is est de quo in epistolis 37 et 105 (nunc 42 et 133).

ᵇ Ex his colligere licet (ait Canisius) anno 799 scriptam esse hanc epistolam. Tunc enim stellam Martis iterum comparuisse sibi gratulati sunt mathematici illius temporis. Neque enim hunc locum Alcuini aliorsum traho. Engolismensis in Vita Caroli Magni : « Hoc anno, id est, ab incarnatione Domini 799, sidus Martis a superioris anni Julio usque ad hujus anni Julium nusquam in toto cœlo videri potuit. » Et hoc est quod Alcuinus ait : *quam sol diutissime tenuit, sed Nemeæi leonis terrore reliquit.* Nam 25 vel 24 Julii sol Leonis signum init. CANISIUS. — Sed detectionem stellæ Martis anno 798 mense Julio, postquam ab

mendax (*Psal.* cxv, 11), quomodo ille homo mendax sit qui nunquam loquitur, sicut infantes et muti? Et iterum, cur dixisset in eodem Psalmo : *Quid retribuam Domino pro omnibus, quæ retribuit mihi* (*Ibid.*, vers. 12)? Quid esset quod retribuit nobis Dominus? utique bona pro malis nostris. Item quædam de luna interrogavit ex eo versu, ubi dicit : *Per diem sol non uret te, neque luna per noctem* (*Psal.* cxx, 6). Et inde de natura lunæ aliquid addidit interrogare, si frigidæ esset naturæ, quomodo ureret? Quæ omnia vestræ sapientiæ nota esse non dubitamus. Ideo non est opus nunc mihi interpretationes harum exponere interrogationum. Fuit quoque nobis sermo a de columnis, quæ in opere pulcherrimo et mirabili ecclesiæ, quod vestra dictavit sapientia, statutæ sunt. De Donato quoque, nescio, quid parvum interrogavit.

Quod vero sanctissima vestra benevolentia nos admonere curavit, Ægyptiacum puerum percunctari de immutandis quibusdam supputationibus decem horarum vel quadrantilis [*Al.*, quadrantalis] supputationis, omnino gratissime accepit animus meus ; ut liceat interrogari a vobis ignorata, vel per vos corrigere errata. Nam inter familiares personas et sacra charitatis nomina observari debet, ut in litteris discurrentibus magis emendatio sonet quam reprehensio. Eo modo omnes discere, intelligere, et ad veritatis viam pervenire valent. Equus quatuor habens pedes sæpe cadit : quanto magis homo, unam habens linguam, per vices cadit in verbo? Nec me piget percunctari, audire, consentire veritatis rationibus. Nulla ætas, ut ait comicus, sera debet esse ad discendam sapientiam. Quapropter quæro, et quærens diligenter audire cupio, quid sit immutandum in supputationibus decem horarum et dimidia per singulos menses : quid contra rationem naturæ inveniatur in supputatione, quam b chartula nostra vestræ direxit auctoritati. Nisi forte notaria manus verba, syllabas , vel litteras immutasset, quod sæpe evenire solet non solum Latinis, sed etiam Ægyptiacis pueris, sicut in priore chartula nostra , c de saltus diminutione per vestram devotissimam inquisitionem factum esse cognovi. Et ita error scribentis quodammodo dictanti deputabitur. Sed obsecro ut piissima bonitas vestræ sapientiæ meum magis emendare curet errorem, quam scripta parvitatis meæ in manus mittere reprehendentium. Sunt enim qui sibi laudem quærunt ex alterius reprehensione. Et hæc est infirma laus, et non valde laudabilis. Melius est amicum emendare quam reprehendere, sapienter [*Al.*, sapientem] se ostendere quam mordaciter alterum notare. Nunquam scripsissem talia, si vestram bonitatem nostræ insipientiæ defensorem, vel emendatorem esse non crederem. Quod vero de sola Martis stella modo evenit, hoc et de omnibus quinque stellis errantibus in his partibus sæpius solet evenire ; ut diutius abscondantur quam regularis pagina veterum decantat. Et forte d non æqualiter, nobis in his partibus borealibus conversantibus, ortus et occasus siderum evenit, sicut illis qui in orientalibus vel meridianis partibus 99 mundi morantur, ubi maxime fuere magistri qui nobis rationes et cursus cœli et stellarum ediderunt. Nam multa ex locorum diversitate, sicut vestra optime novit sapientia, immutantur. Nunc itaque, ut prædiximus, vestrum servitium satis fideliter implere festinamus : deprecantes quoque Domini Dei nostri clementiam, ut citius suos cum honore et laude faciat reverti, subjectis omnibus inimicis nominis Domini nostri Jesu Christi, qui te ubique regat, et custodiat, et victorem faciat omnium inimicorum tuorum, seu visibilium, seu invisibilium : quatenus cum corona gloriæ, multis feliciter regnaturum annis, ad regnum æternæ beatitudinis pervenire cum fidelibus suis concedat.

e **EPISTOLA LXXXV.**
AD DOMNUM REGEM.

(Anno 798, mense Julio vel Augusto.)

Carolo varia de cursu siderum interroganti ex memoria respondet.

Omni virtutum genere nobilissimo, atque omni sapientiæ decore clarissimo David regi, miles veteranus Flaccus salutem.

Venit viator volando, quæstionariam auctoritatis vestræ habens in manu chartam syllabis brevioram, quam animi mei placuisset aviditati ; sed quæstionibus altiorem , quam ingenioli mei attingere valuisset humilitas. Hortans seniorem fragili sensu cœlestia scrutari, qui terrenarum necdum didicit rationes stellarum in cœlo errantium vagabundos exponere cursus, qui herbarum in terra nascentium naturas nequaquam agnoscere valet. Et mirum, quomodo erraticas illarum semitas ad certum quis valeat reducere ordinem. 100 Quæ ideo errantia dicuntur, quia incertos habere cursus putantur. Vel quid in quotidianis lunæ laboribus nostra parvitas non valeat invenire, dum investigatas catholicorum doctorum, vel veterum philosophorum multiplici argumentatione regulares habemus rationes. Quid enim de concordia solaris lunarisque cursus per signa zodiaci lucidius dici poterit, quam quod talium inquisitor quæstionum Beda magister in scriptis suis nobis reliquit? Vel quid acutius quam quod naturalium rerum devotissimus inventor Plinius Secundus, de cœlestium siderum ratione, exposuit, investigari valet? Sed no-

---

a *De columnis*, etc. Hæc intelligo de basilica Aquisgranensi, de qua Eginhardus in Vita Caroli Magni apud Bouquet pag. 99, n. 26, hæc narrat : « Plurimæ pulchritudinis basilicam exstruxit, auroque et argento adornavit. Ad cujus structuram cum columnas et marmora aliunde habere non posset, Roma et Ravenna devehenda curavit. »

b *Chartula nostra.* Priori nempe epistola.

c *In priori chartula, de saltus diminutione.* Vide epistolam 67 (nunc 82) et notas.

d *Non æqualiter.* Videtur Alcuino suspicionem ortam de inæqualitate globi terráquei.

e Edit. Quercet. 5 ex ms. (Froben. 70.) Scripta est eo anno quo stella Martis rursus in conspectum venit, nempe anno 798. Vid. not. epist. præced.

bis [a] iter agentibus illorum, in quibus hæc leguntur, librorum deest præsentia. Nihil de vestræ sapientiæ profundissimis quæstionibus temere audemus respondere : postulantes clementiam vestram, ut jubeatis nobis dirigere primos præfati doctoris Plinii Secundi libellos, in quibus multiplices et obscuras argumentationes de vario siderum cursu explanare nititur; si forte Deo donante, inde vel inde aliquid eruere valeamus, quod vestræ sanctissimæ præsentiæ dignum ostendi videatur. Tamen ne me ita imparatum vestra invenisset chartula, vel somno inertiæ torpentem, quasi nihil haberet repositum sibi in secreto memoriæ cubiculo, quod interroganti proferre valeret; dicam, quid subito, quærendo magis quam exponendo turbata mentis acie occurrere potuit; pleniorem, si forte opus erit, responsionem ad præfatos doctorum libros reservans.

Prima vero auctoritatis vestræ interrogatio de concordia trecentarum et sexaginta partium, et lunaris cursus per duodecim signa sic se habuit, ut eadem ponamus verba : *Sicut in solari decursu dierum, horarum, punctorumque divisione facta trecentorum* [Cod. Vat., *divisione facta trecentarum sexaginta partium et trecentorum*] *sexaginta quinque dierum et quadrantis est inventa concordia; sic et in lunari per dierum et horarum partitionem, viginti septem dies atque horas octo cum trecentis sexaginta zodiaci partibus facias convenire*. Non subterfugio dicere, quid mihi videatur sagacitatem vestram hic in hac inquisitione sentire, utique aut augendum esse aliquid per singula signa lunæ cursui, ut possit pervenire ad legitimas et definitas totius anni partes, quæ in zodiaco notantur, vel etiam minuere partium numerum, ut concordare possit lunaris cursus zodiaci partibus. Quam quæstionem præfatus magister Beda in quodam capitulo, cujus principium esse arbitror : *Quod si quis signorum nescius, lunaris tamen cursus agnoscere cupidus*, etc., prout potuit, exponere videtur. Per duodecim partes, quibus quotidie luna elongabitur a sole, Plinius Secundus dicit lunam (si rite recordor) zodiacum tredecies in duodecim suis mensibus conficere. In suis dicit mensibus, non in solis. Addidit quoque duobus diebus, et sex horis, et bisse unius horæ per singula signa lunam decurrere. Quod si verum est, trecentarum sexaginta partium numerositas lunæ cursui optime convenire videtur. Quod unius figuræ divisione magis, quam verborum multiplicatione, quia sapienti pauca sufficiunt, ostendendum esse non ignobile putavi. Cujus figuræ [b] formulam per hujus epistolæ textum ponere melius existimavi quam per eam seriem sermonis nostri dividere. In qua etiam figura et horarum diversitas agnosci poterit, si cui diligentius considerare placeat, quia aliter solares [*Cod. Vat.*, quia aliter horæ signorum, aliter solares], aliter lunares computantur. Etiam in quibusdam locis et ipsi punctus aliter atque aliter computantur : ita, ut aliis supputationibus horam quinque punctos,

et aliis quatuor habere inveniuntur. Etiam et ostenta aliter calculatores ponunt, aliter etiam mathematici solent dividere. Sic etiam et de minutis invenimus in mathematicorum subtilissimis argumentationibus aliter poni; ita, ut etiam minuta minutarum dicere solent. Sed hæc alias. Nunc quod instat, agamus.

Signorum vero partitiones per horas, et quomodo convenirent novem horæ lunares quinque diebus solaribus, memini me [c] in alia vobis dirigere epistola. Ideo nunc supervacuum esse arbitratus sum, aliquid inde dicere. Divisionem itaque horarum per uncias vobis cognitam esse non ignoramus, sicut in libro de Temporibus [*Forte*, Ven. Bedæ] legistis. Et quia operosum est lunæ cursum per uncias horarum dividere, ideo magis calculatores ad horarum vel dierum mensuras lunæ cursus redigere contenti sunt, ne nimia numerositas unciarum legenti fastidio esset. Tamen specialiter dictum esse debuisse, quod superest in singulis signis, et duobus diebus et sex horis, id est, octo unciis unius horæ, putamus in eo loco ubi ait : operosum est in singulis signis horas minutatim dividere per uncias? Ideo duas horas tribus signis subtrahendum esse dixit, quia trium signorum viginti quatuor unciæ duas horas implent, hora vero integra duodecim uncias habere debet. Quæ omnia vestræ sapientiæ præcognita esse non ignoramus.

Quapropter de stella Martis incipimus dicere, quæ videntur : cujus inquisitio mentes nostras diu fatigare solebat, ita ut nec apparens nostræ [*Al.*, nostris] satisfaciebat curiositati. Quæ nuper sole morante in Leone nobis apparuit; propemodum, ut putamus, eo tempore quo apud nos inventa est ejusdem Martis imago. De qua etiam stella vestræ venerabili dignitati [d] in alia epistola mox postquam a nobis visa fuit, secundum facultatem [*Al.*, facilitatem] indagationis nostræ aliquid dicere curavimus. Sed modo pro vestræ epistolæ exhortatione aliquid diligentius de ea scrutati sumus. Nam hujusmodi interrogationis verba posuistis : *Et de Marte, qui anno præterito in Cancro sidere solis lumine humanis obtutibus interceptus est, quid sentias; an naturalis sui cursus ratione, an solis vi, an prodigio actum sit, ut iter duorum annorum uno conficeret. Nam nuper sole Leonem deserente in Cancro nobis apparuit. Si solem comitatus est, quis tam celer cursus ejus? Si toto anno stationem in Cancro fecit, sole in cætera signa migrante, cur in Cancro videri non potuit?* Scholastica et acutissima argumentatio ista, ad quam succincte, quantum donaverit Deus, respondeamus.

Quod autem ibi dictum est, solis lumine in Cancro interceptam esse stellam Martis humanis obtutibus : non æstimo solis lumine, toto anno præterito, Martis stellam in Cancro interceptam esse; sed Cancrum opportuno tempore et naturali cursus sui ordine, cum stella Martis objectu terræ humanis visibus interceptum esse. Igitur anno præterito non memini

---

[a] *Iter agentibus*. Per Belgium? ut in epist. seq.
[b] *Figuræ formulam*. Hanc formulam Quercetanus omisit, quod in cod ms., reor, desideraretur.

[c] *In alia... epistola*. Quæ in edit. Quercet. 25 est, a nobis inter opera philosophica exhibenda.
[d] *In alia epistola*. Nempe priori.

me illum vidisse in Cancro, dum Cancer noctibus sui cursus ordinem agebat super [*F.*, subter *ut infra*] terram. Nec enim prodigiosum reor quod tanto tempore nobis non apparuit, sed naturali sui cursus ordine. Si enim præterito anno in sidere Cancri non apparuit, et nunc in Cancro apparet; non uno anno cursus sui metam, sed spatio duorum annorum peragere dignoscitur, dum nunc secundo anno in altero versatur sidere. Quod vero additum est : *si toto anno stationem in Cancro fecit, sole in cætera signa migrante, cur in Cancro videri non potuit?* Etiam quia ipse Cancer, in quo stationem fecit, videri non potuit. Mox vero dum Cancer videri potuit, visa est et illa cum Cancro, qui anno præterito cursu naturali noctibus sub terras recessit.

ᵃ In alia chartula scripsi de vi solis, inæquales cursus errantibus stellis facientis, ut poeta ait :

. . Sol tempora dividit anni,
. . Mutat noctemque diemque,
. . Radiisque petentibus astra,
Ipse vetat, cursusque vagos statione moratur.

Quod sæpissime Saturnus, Jovis et Mars pati videntur. Vestra vero veneranda sapientia et acutissima scientia videat, vel in hac, vel in illa, si quid dignum vel verisimile videri debeat; an aliud aliquid de tantis quæstionibus credendum sit. Nullatenus propter ignorantiam vos interrogare æstimavi. Quidquid inde sentiatis, obsecro ut benigna voluntate nobis innotescere non dedignemini. Non sum nimius meæ sententiæ defensor, sed devotus veritatis sectator. Hæc vero subjecta figura in primo versu habet horas, in quibus **102** signa singula oriuntur, vel occidunt, vel de loco moventur. In secundo habet punctos in singulis signis decem. Tertius partes computat, quot habeant singula signa. Quartus, dies quibus moratur luna in unoquoque signo. Quintus, horas quæ adjiciuntur diebus. Sextus, uncias octo, quæ supersunt horarum numero, et bisse vocantur. Hæc omnia propter facilitatem cognoscendi cursum lunæ in unam coacervavi formulam. Si tamen veraciter inventa est ratio, quam vestra excellentissima quæsivit sapientia.

ᵇ EPISTOLA LXXXVI.
AD DOMINUM REGEM.
(Anno 798.)

Assignantur causæ ob quas luna minor vel major appareat quam ferat astronomorum calculus.

Det tibi perpetuam clemens in secla salutem,
Et decus imperii, David amate ! Deus.

Venerandæ auctoritatis vestræ omni melle dulciores apices, per aridos ᶜ Belgicæ latitudinis iter agenti campos occurrerunt mihi. In quibus, dum vestræ beatitudinis prosperitatem legens intellexi, et fidelium vestrorum amabilem perspexi salutem, totum me in gratiarum actiones Domino Deo Jesu Christo contuli, felicia Christiano populo tempora in vestræ felicitatis exaltatione et salute certissime sciens : pro qua semper Dominum deprecari gaudeo, eamdem semper audire desidero, et quasi optatum, a Deoque destinatum munus omni gaudio vestram incolumitatem cupiens semper audire. Quis enim est qui non gaudeat de sui capitis perfecta integritate? nisi forte furibundus, vel insanus, quem arctissimis Hippocratis vinculis alligandum esse censeo [*Cod. Vat.*, censuit]? Etsi juxta Apostoli sententiam *nemo carnem suam odio habet, sed etiam fovet et nutrit* (*Ephes.* v, 29); quanto magis in capitis sanitate, in quo est totius corporis perfectio et gloria omnis, membrorum compago gaudere debet ᵈ?

Sed ut de pulverulentis Campaniæ glebis ad cœlestis culminis nobilissimam acutissimamque considerationem me subito transtuleris : denuo in arcano pectoris mei Pythagoricæ disciplinæ scientiam, unde necdum discessit, renovare niteris, dum me in hujusmodi honestarum artium considerationibus nunquam desidem, quamvis minus doctum, invenistis. Nec fastidiosa segnities legentium, benevolentiæ magistri juste deputari debet, si plurimis inclytum vestræ intentionis studium sequentibus, forsan Athenæ nova perficeretur in Francia, imo multo excellentior, quia hæc Christi Domini nobilitata magisterio, omnem Academicæ exercitationis superat sapientiam. Illa tantummodo Platonicis erudita disciplinis, septenis informata claruit artibus; hæc etiam insuper septiformi sancti Spiritus plenitudine ditata omnem sæcularis sapientiæ excellit dignitatem. Ex cujus dono, si quid dignum ad interrogata respondere valeam, proferam.

Inquisitio vero vestræ ingeniosæ et clarissimæ sapientiæ hæc fuit : *Cur species lunaris corporis minor apparet* [Cod. Vat., *appareret*] *oculis cernentium, quam calculantium curiositas* **103** *in numeris noctium inveniret, vel considerantium sollicitudo in partibus Signiferi conspiceret ; nec ad easdem septimana* [Cod. Vat., *septem*] *in quintas decimas Kal. April. luna Geminorum in aspectu perveniret partes, ad quas illa multiplicata per punctos supputatio perducere debuit?* Et tres hujus varietatis causas, si quælibet harum esse putaretur, supponitis [*Cod. Vat.*, supposuistis], ut eadem ponamus verba quæ nostris vestræ laudabilis sapientiæ chartula insonuit auribus : *ut sine ullo* [Forte, *sive illa*] *dicti Signiferi obliquitas; sive ipsius astrivagus in æthere cursus; sive insolita quædam, et nunquam præteritis retro sæculis lucis legitimæ* [Cod. Vat., *locis legitime*] *visa detractio faceret.* Quam nos quoque diminutionem lunaris formulæ perspicacius intuentes, eadem, quæ vestris

---

ᵃ *In alia chartula.* Hæc chartula necdum detecta est.

ᵇ Edit. Quercet. 10, Canisii 14 (Froben. 71). Hic collata cum cod. Vaticano.

ᶜ *Belgicæ.* Hæc interpretor de itinere ab Alcuino suscepto ad monasterium Wicus, seu cellam S. Jodoci suæ curæ a Carolo traditam, et sitam in Belgio, de quo etiam vide epistolam 12 inter Chesnianas, nunc 96.

104 ᵈ Hic finis epistolæ apud Canisium : reliqua ex ms. cod. addidit Quercetanus.

inhæserat mentibus, motio nostri quoque cordis tetigit querelam. Sed tribus a vestra veneranda indagatione propositis hujus diminutionis causis aliàs quoque tres probabili ratione invenimus causas, unde hæc tanta diminutio juxta veterum indagationem multorum defendi potuisset. Nam hæc diminutio aspicientibus in lunari corpore solet fieri post impletam saltus supputationem, quæ per decem novem annos vix tandem implebitur; ac veluti approximante ultimo anno circuli decennovennalis, quo unus dies saltus supputatione transiliendus est, sæpissime major luna aspicitur quam ætatis ratio ostendat. Sic etiam post hujus saltus supputationem, in primis circuli decennovennalis annis minor sæpe invenitur quam calculantium decantet memoria. Est quoque et altera causa qua minor videri solet per vices luna quam calculatio numerantium illam ostendat: dum paulo ante vesperam, vel unius horæ tantummodo spatio accenditur luna, quæ statim transacto solis occasu prima supputanda est. Nec mirum si minor appareat secunda, vel tertia, vel in cæteris etiam ætatibus suis luna, quam, si post unam horam prioris noctis accendatur; et post viginti duas vel tres horas, dum ad vesperam pervenerit, prima computetur. Et hæc poterit esse ratio ut per vices minor appareat in specie, quam computetur in ætate. Sed et hæc quoque minoratio in Ariete, vel circa eum signis, si lunaris incensio evenerit, sæpius considerantibus occurrit; ita ut in Arietis signo miro modo contingere soleat, lunam prioris mensis novissimam mane videre, et subsequentis novam ejusdem diei vespere apparere in cœlo, ut pote sexta hora diei incensa retro transactam mane, et post venientem vespere ostendit.

Sed si ex illis, quas vestra inseruit auctoritas, causis aliqua fuit [*Cod. Vat.*, fiat], sive ex his quæ nostra posuit solertia, necesse est tamen ut Paschalis luna stans omnimodis inviolabilis permaneat. Nec enim fieri poterit ut hanc diminutionem speciei lunaris nemo priorum doctorum vel sanctorum Patrum vidisset, et qui in Nicæno concilio rationem Paschalis lunæ sagaciter invenerunt et catholice ordinaverunt: ut omnimodis perpetuo jure sanctissima resurrectionis Dominicæ festivitas in toto orbe concorditer coleretur [*Al.*, colitur]. Si quæ vero hujus diminutionis ratio verior in Plinio possit reperiri, sive [a] propter *saltum* nuper transactum; sive propter *bissextum* prope imminentem: deprecor ut vestra jubeat prudentia inquirere, nobisque solita benevolentiæ pietate intimare studeat. Quia domi manentibus nostros oculos nebulosa aquarum exaltatio [*F.*, exhalatio], vel Belgici pulveris iter agentibus ventuosa aspersio caliginare facit. Ideo vestra bonitas adjuvare non dedignetur quærentem, et in viam ve-

[a] *Propter saltum nuper* (anno 797) *transactum; sive propter bissextum prope* (anno 800) *imminentem*. Data ergo videtur hæc epistola anno 798.

105 [b] Edit. Mabillonii 7, Pezii 4 collata cum cod. ms. Salisb. Scripta videtur anno 798 quando nempe imperator Arnoni archiepiscopo præcepit pergere

ritatis posse trahi [*Cod. Vat.*, post se trahat] et sponte sequentem.

Vestra, precor, Christus cœlestibus inclyta donis
Illustret, repleat pectora, pacis amor.
Dulcis amor vitæ, dulcis laus, gloria dulcis
Sit tibi perpetua, David amate, salus.

[b] EPISTOLA LXXXVII.
AD ARNONEM.
(Anno 798, initio mensis Junii).
In Hunniam proficiscentem hortatur ad opus apostolicum bene obeundum.

Charissimo unanimoque amico Aquilæ superspeculatori in Christi charitate salutem.

Quarta feria post sanctam Pentecosten, litteras tuæ beatitudinis accepi, charitate conscriptas, consilio corroboratas, fide sigillatas, in quibus sicut optavi [*Cod. Mab.*, hortavi], audivi; sicut speravi, agnovi. Nec me spes fefellit consilii, nec societatis cooperatio retardavit. Vestrum vero iter ad probandam rei veritatem modo in præsentia dispositum est; fortitudo vero exercitus, qui tecum vadit, ad cautelam et defensionem vestri [*Al.*, vestram] directa est. Et hoc quodammodo ab ipsis processit Hunnis; et ideo in spe voluntatis Dei lætus hoc iter perage, Nos vero te, donante Deo, in pace cum certo consilio revertentem spectemus in his, ut æstimo, regionibus. [Sed] obsecro, ut mox, te redeunte, dilectionis tuæ litteras dirigas nobis, ut curiositas nostra certitudinem rerum per tuum intelligat consilium. Regnum itaque illud diu stabile fuit et forte: sed fortior eis, qui vicit illud, in cujus manu sunt omnes regum et regnorum potestates: et quemcunque voluerit, exaltat (*Psal.* LXXIV, 8), et cujuscunque cor voluerit, visitat, illuminat, et ad suum convertit servitium. Et si illius gratia respiciet [*Al.*, respicit] super regnum Hunnorum, quis est qui se subtrahere audeat ministerio salutis illorum? Pauci nobis restant dies hujus vitæ, et valde desiderandum est, Deique misericordia toto corde deprecanda, ut illi in opere Dei finiantur [*Al.*, firmentur]. Quia plus uniuscujusque [vita] de fine judicatur quam de initio. In peccatis nascimur (*Psal.* L, 7), sed gratia renascimur, quæ nos in bono opere currentes comitetur, et usque ad finem firmum perseverare faciat. Tu vero, Pater sancte, amice fidelis, frater dilecte, fili charissime, cum prosperitate bona, divina tecum comitante gratia, perge in opus Dei, et cum gaudio revertere ad nos; et esto prædicator pietatis, non decimarum exactor; quia novella [anima] apostolicæ pietatis lacte nutrienda est, donec crescat et roboretur ad acceptionem solidi cibi. Decimæ, ut dicitur, Saxonum subverterunt fidem. Quid injungendum est jugum cervicibus idiotarum, quod neque nos, neque fratres nostri sufferre potuerunt? Igitur in fide Christi salvari ani-

in partes Sclavorum et providere omnem illam regionem et ecclesiasticum officium colere, populosque in fide et Christianitate prædicando confortare, » ut loquitur Anonymus Salisb. de conversione Bajoar. et Carant. apud Hansizium Germ. Sacr. tom. II, p. 108. (Apud Froben. epist. 72.)

mas credentium confidimus. Vade modo, dilectissime **A** fraler, in benenedictione Dei, et consolatione Spiritus sancti. Albinus tuus est tecum in corde, quem utinam habeas cito socium in opere Dei. Nos matriculares pro te orare non cessamus, quatenus divina te ubique præveniat et subsequatur gratia, ut cum multiplici pii operis fructu revertaris ad nos. Bonos et religiosos tecum habes socios, in quorum ore et conversatione nomen Domini Jesu glorificetur. Nos semper suspensi erimus de reditu tuo, donec videamus quem amamus, amplectamur manibus quem corde desideramus. ª Tertiam vero partem de laboribus tuis per singula loca seu episcopatus, seu monasterii, concessit tibi rex in eleemosynam tuam tradere, si dies tuus tecum prosequetur [*Cod. Sal.*, te prosequeretur] in via, et hoc indiculis confirmari **B** præcepit [*Cod. Sal.*, præcipit]. Ecce deficiente chartula, non charitate, pennam deponimus, hæc tantummodo salutationis verba subnectentes : Vivas Deo feliciter, vadas, et proficiens floreas in opere Dei; et te ubique euntem et redeuntem summi regis dextera protegat, et defendat, venerande, dilectissime et dulcissime

b EPISTOLA LXXXVIII.
AD ARNONEM.
(Anno 798, mense Octobri.)

Hortatur ad munus apostolicum impigre obeundum; nec se vel infirmitate corporis, vel cura propriarum ovium impediri patiatur.

Charissimo in Christo Patri [Aquilæ Albinus] infirmus in desiderio totius charitatis salutem.

Fidei vestræ et firmæ charitatis litteræ me [in **C** domo sancti Martini] invenerunt [pridie Nonas Octobris], sed Deo donante melius habentem. Et te summa Dei gratia melius ac melius habere concedat, et opus Dei quod in manibus habes, crescere faciat per multam latitudinem populi; et ne tepescat animus tuus; nec crebra te exterreat corporis tui infirmitas. Nam virtus ex infirmitate perficitur (*II Cor.* XII, 9). Felix locus et hora in qua te constituit summus terrarum rector. Sed curre currendo, ut cursum tuum compleat Deus, et fidem conserves, et de reliquo tibi remaneat corona gloriæ (*II Tim.* IV, 7, 8). Nos vero peccatorum vincula partim sæculi catenis, partim vinculis morborum currere abnegant, et quod in voluntate promptum est; in carne infirmatur **D** (*Marc.* XIV, 38). Sed fiat voluntas Domini : et qui cœpit in spiritu, compleat in opere. Sciant omnes gentes, quasi stilo situlæ ᶜ. Quis ego nisi pulvis parvissimus? Tamen qui de pulvere evexit Dominus, potest de creatura facere quæ vult : quia omnia, quæ

ª *Tertiam partem de laboribus tuis.* « Sane memoratu digna est donatio quam rex Arnoni fecit, per singula loca quæ laboribus apostolicis exculturus esset, partis tertiæ. » Hansiz.

106 ᵇ Edit. Mabill. 13 ubi mutila est. Hic integra prodit ex cod. ms. Salisb. Est vero responsoria ad epistolam Arnonis, dum is anno 798 in Hunniam abiisset, vel abiturus esset, dolens quod a propriis ovibus abesse cogeretur. Alcuinus respondet; *Nec te priores oves impediunt*, etc. (Apud Froben. epist. 73.)

vult facit in cœlo. Qui laboriosas piscatoris manus ab hamo ad cœlestis regni transtulit clavem; et de persecutore sanctorum efficit prædicatorem populorum. Hæc vero considerans nec de fraterna desperes salute; nec de propria dubites efficacia. Pauci sunt dies laboris; sed plurimi mercedis. Labora [*Al.*, laboro], labora pro me et pro te, ut tuus labor mihi proficiat; mea voluntas, si quid potest, te adjuvet. Trahe me post te precibus tuæ sanctitatis : curremus simul, donec introducat nos rex in cellam vinariam, ordinans in nobis suæ charitatis suavitatem (*Cant.* II, 4). Et quia vox vestræ dilectionis ad nos pervenire non potest, sæpius charta quam relationis vocant, currat. Frater, qui adjuvatur a fratre, quasi civitas firma est. Quam pulchri sunt pedes evangelizantium pacem, evangelizantium bona (*Rom.* x, 15). [Exalta sicut tuba vocem tuam, et memento te dixit [*Ita cod.; forte legendum* memento te sequi eum, qui dixit] : *Alias oves habeo, quæ non sunt ex hoc ovili, quæ vocem meam audiunt, et illas me oportet adducere, et fiat unum ovile et unus pastor (Joan.* x, 16). Nec te priores oves impediunt, quin minus alias adducas, et facias unum ovile. Cognoscat sapientia vestra quid significat devotio nostra. De puero quem habemus in domo nostra, sicut filium erudiemus, et volente Deo perfectum faciemus virum ex illo. Erimus ei adjutores secundum causam et temporis rationem; et si volente Deo viderimus facies nostras, tunc omnia de illo, sicut de aliis multis, consilium salutis capiamus. Sicut fuit Albinus tuus, ita erit et in æternum]; quia qui cœpit charitatis bonum in nobis, ille perficiat, et ad fidei mercedem, credo, magnam perducat. *Qui autem perseveraverit in finem, hic salvus erit (Matth.* x, 22). Dominus custodiat introitum tuum et exitum tuum ex hoc nunc et usque in æternum (*Psal.* cxx, 8). Vivas feliciter, et floreas in opere, verbo Dei. Vale, frater, in æternum; memento semper orare pro nobis, et memor sit semper Deus adjuvare te.

ᵈ EPISTOLA LXXXIX.
AD LIOBRADUM.
(Anno 798.)

Liobradi (Leidradi) electi episcopi Lugdunensis amicitiam exoptat.

Pontifici, fratri, amico ᵉ Liobrado electo Albinus salutem.

Gratias ago Deo qui talem mihi perdonare dignatus est amicum, in cujus fide veritas, in cujus bonitate benignitas, in cujus consilio salus semper inventa est. Et quanto rariores nunc temporis tales inveniri possunt, tanto chariores haberi debent. Sic-

---

ᶜ Hæc verba omissa a Mab. supplendum ex Isai. XL, 15 : *Ecce gentes quasi stilla situlæ, et quasi momentum stateræ reputatæ sunt : ecce insulæ quasi pulvis exiguus.*

ᵈ Edit. Quercet. 86 ex ms.; Froben. 74.

ᵉ *Liobrado electo.* Liodrado legendum putat Mabillonius, qui est Leidradus anno 798 electus episcopus Lugdunensis; sequenti vero anno primum ordinatus. Vide *Hist. Litt. de la France, tom. IV, pag.* 433 seqq.

ut gemmarum fulgor inter arenosam splendescit glaream, ita amicus probatus inter multitudinis circumstrepentem turbam gratissime eruitur, amplexatur, tenetur. Qui juxta antiquitatis proverbium, diu quaeritur, vix invenitur, difficile servatur. Cujus parabolae interpretationem facile est ex teipso cognoscere. Et mirum in modum, quod omnes invenire volunt, vix ullus esse desiderat. Et hoc ideo, quia praeceptum Dominicum, si apertis audiant auribus, surdo tamen corde parvi pendunt: *Omnia, quaecunque vultis, ut faciant vobis homines, haec eadem et facite illis* (*Matth.* VII, 12). Inter caetera virtutum insignia quae huic adjacent mandato, hoc quoque adjungitur, ut qui amicum velit invenire fidelem, sit ille cuicunque hominum amicus fidelis, vel in salute animae, vel in suffragio saeculari, quantum ad rem et personam cujuslibet pertineat.

Quod vero me interrogare voluisti de certitudine voluntatis vel loci, nihil tibi certum adhuc remandare habeo, nisi Deo miserante et vita comite, adhuc visurus eris faciem meam; licet nesciam propter occupationes meas vel vestras, ubi aut quando. Multoties, secundum opportunitatem portantium, litteras mihi dirigere satage, ut habeam curam tuae charitati rescribendi, et etiam demandandi quodcunque veniat mihi. Tantum diligenter deprecare Dominum Jesum, ut dirigat secundum suam magnam misericordiam vitam famuli sui in sanctissimae suae voluntatis effectum, et Christianae religionis, juxta facultatem virium nostrarum, profectum.

Pax aeterna regat Christi te, praesul amate,
Semper in aeternum, praesul amate, vale.

[a] EPISTOLA XC.
[b] AD FRATRES LUGDUNENSES.
(Anno 798.)

Cavendum monet ab erroribus Hispanorum variis. Respondet quaestioni de observatione sabbati ante Dominicam Resurrectionis.

Religiosae in Christo conversationis vestrae, per [c] Laidradum electum pontificem laudabilem audiens sollicitudinem, magno esse me gaudio delibutum fateor; quia Christus fons totius bonitatis, tales adhuc in his diebus, quando multorum refrigescit charitas (*Matth.* XXIV, 12), sui sancti nominis habet confessores, qui onera saecularium occupationum abjicientes, leve Christi jugum propriis imponere cervicibus gestiunt: et verani, quae foras timorem mittit, charitatem (*I Joan.* IV, 18) et pectoribus suaviter retinent, et operibus veraciter ostendunt. Sed nunc tota hilaritate mentis coepti itineris cursus peragendus est; quia *qui perseveraverit usque in finem, hic salvus erit* (*Matth.* X, 22). Quia si torpens pigritia clam boni operis irrepserit, mox malitia palam mali operis succrescit. Origo est iniquitatis, amissio bonitatis. Et dum suae voluntatis sequitur homo affectum, mox divinae servitutis perdit effectum. Inde prima angeli ruina fuit, qui in sua gaudens potestate, a summo declinavit bono. Et qui gloriosior fuit caeteris in conditione, factus est miserior omnibus in perditione. Unde se superbia [*Al.*, superba mens] erigit, inde maxime dejicitur. Ideo praecipue necessaria est Deo servientibus humilitas obedientiae. [Per humilitatis gradus ad culmen pervenitur sublimitatis]. Christus suis parentibus legitur esse subditus (*Luc.* II, 51), ut nos humilitatis suae exemplo ad bonum informaret obedientiae. Quae est monachorum vita, nisi charitas, humilitas, et obedientia? Hae sunt semitae, quae ad aeternae arcem civitatis euntem deducit in eis, si catholica fides, quae per dilectionem operatur, comitatur currentem in istis.

Novas vero, fratres charissimi, Hispanici erroris sectas tota vobis cavete intentione. Sanctorum Patrum in [fide] sequimini vestigia, et universali Ecclesiae sanctissimae vos adjungite unanimitate. [*Al.*, unitate] Scriptum est: *Terminos Patrum tuorum ne transgrediaris* (*Prov.* XXII, 28). Et [d] Symbolo catholicae fidei nova [nomina] nolite inserere; et in ecclesiasticis officiis inauditas priscis temporibus traditiones nolite diligere. Per apostolicae doctrinae publicam pergite stratam; nec per diverticula cujuslibet novitatis in dexteram vel in sinistram a via regia declinate.

De *adoptione* vero, quam quidam injuriose Christo Deo ingerere contendunt, [e] ex auctoritate synodali habetis responsum. Unitas vero personae in duabus Christi naturis, naturalem Deo Patri Filium esse confirmat. Quia nequaquam in proprio, et in adoptivo [una] potest esse persona. Ideo Christus proprius [*Cod. Sal.*, naturalis] est Deo Patri Filius, et nos per illum adoptivi, non ille nobiscum adoptivus. Sicut ille solus sine peccato, sic ille solus sine adoptione; Patre in baptismo attestante: *Hic est Filius meus dilectus, in quo mihi bene complacui* (*Matth.* III, 17). Et Apostolo: *Qui proprio Filio suo non pepercit* (*Rom.* VIII, 32). Quid plura de his dicimus, de quibus sufficienter dictum habetis; nisi quod qui illum adoptivum Deo Patri esse credit, per illum Deo Patri adoptivus esse non creditur?

lioque, de qua tunc temporis disceptabatur. Mihi tamen verosimilius videtur Alcuinum hic solum *Hispanici erroris sectas* reprobaturum hortari Lugdunenses, ne Symbolo nova nomina *adoptivi*, *nuncupativi* addant, aut inauditas traditiones de sale in sacrificio adhibendo, de omissione trinae immersionis, etc., in usum deducant.

[e] *Ex auctoritate synodali.* Ex actis nimirum concilii Francofordiensis anni 794 vel fortassis Aquisgranensis anni 799. Cui tamen obstare videtur quod Laidradus hic *electus* vocetur, qui hoc anno jam fuerat confirmatus.

---

[a] Edit. Quercet. 69 et 70. Canis. 8 collata cum cod. ms. Salisburgensi. (Apud Froben. ep. 75.)

[b] *Ad fratres Lugdunenses.* Insulae Barbarae, vel Athanacenses monachos, de quibus vid. Mabill. Annal. lib. XXVI, num. 71. Caret quidem haec epistola in codice ms. omni titulo, ait Canisius, ex nomine tamen Laidradi episcopi Lugdunensis patet scriptam esse ad eosdem fratres.

[c] *Laidradum electum.* Qui nimirum nondum ordinatus erat, quae ordinatio primum altero ab electione anno 799 facta est. Vid. epist. priorem.

[d] *Symbolo catholicae fidei.* Canisius haec et subsequentia verba interpretatur de additione vocis: *Fi-*

Audivimus quoque aliquos in illis partibus affirmare, salem esse in sacrificium corporis Christi mittendum. [a] Quam consuetudinem nec universalis observat Ecclesia, nec Romana custodit auctoritas. *Tres sunt*, juxta apostolum Joannem, *qui testimonium dant, spiritus (et) aqua et sanguis* (*I Joan.* v, 8). Tria sunt quæ in sacrificio hujus testimonii offerenda sunt: panis, et aqua et vinum. Sicut enim spiritus vivificat corpus (*Joan.* vi, 64), ita panis confirmat cor hominis. Sicut enim sanguine liberavit nos Christus, ita et vino lætificat. Item de aqua: *Qui biberit ex aqua, quam ego dabo ei, non sitiet in æternum* (*Joan.* iv, 13). Sic [*Cod. Sal.*, scilicet] et panis, qui in corpus Christi consecratur, absque fermento ullius alterius infectionis, debet esse mundissimus; et aqua absque omni sorde purissima, et vinum absque omni commistione alterius liquoris [nisi aquæ] purgatissimum. Igitur aqua utrique conveniat. Ex aqua et farina panis fit qui consecratur in corpus Christi: aqua et vinum in sanguinem consecrabitur Christi. Si enim aqua et sal, sicut hujus sectæ dicunt auctores, unius sunt naturæ, infunde carnem recentem aqua, et aliam sale consperge: videbis cito, si unam aqua et sal habuerit effectivam potentiam. Nunquid caro Christi computruit in sepulcro, ut nunc sale indigeat corpus ejus in sacrificio? Quod itaque in veteri lege sal præcipitur in victimis habendum, significatio tunc fuit futuræ rei intelligendæ, non observatio in præsenti tempore habendæ: sicut omnia Judaicæ legis sacrificia, quæ juxta Apostolum in figura contingebant illis (*I Cor.* x, 11). Scripta sunt autem [hæc] propter nos. Littera enim occidit, spiritus autem vivificat (*II Cor.* iii, 6). Hujus vero **108** sacratissimæ oblationis figura in Melchisedech præcessit, qui vinum et panem Deo summo offerre solebat (*Gen.* xiv, 18).

Hujus quoque mysterii sanctificatio nostræ salutis portendit effectum. In aqua vero populus intelligitur credentium. In granis tritici unde farina efficitur ut panis fiat, adunatio totius Ecclesiæ designatur, quæ igne sancti Spiritus in unum decoquitur corpus, ut suo capiti membra compaginentur. Item in aquis quæ vino miscentur, figura, ut diximus, gentium designatur. In vino autem sanguis Dominicæ passionis ostenditur. Atque ita, dum in sacramentis aqua tritico vel vino miscetur, fidelis populus Christo [incorporatur et jungitur]. Sed de hujusmodi figurationibus epistolaris angustia mihi disputare prohibet. Sed et canones Carthaginenses cap. 24 de sacrificio corporis et sanguinis Domini: « Nihil amplius offertur, quam ipse Dominus tradidit; hoc est, panem et vinum aqua mistum » (*Concil. Carthag.* iii).

Tertia quoque nobis de Hispania, quæ olim tyrannorum nutrix fuit, nunc vero schismaticorum, contra universalem sanctæ Dei Ecclesiæ consuetudinem, de baptismo quæstio delata est; affirmantes quidam sub invocatione Trinitatis unam esse mersionem agendam. Videtur enim Apostolus huic observationi esse contrarius in eo loco, ubi ait: *Consepulti enim estis in Christo per baptismum* (*Rom.* vi, 4). Scimus enim Christum, licet hoc synecdochice sit intelligendum, tres dies et tres noctes in sepulcro fuisse, ipso dicente ad Judæos: *Sicut fuit Jonas in ventre ceti tribus diebus et tribus noctibus, sic erit et Filius hominis in corde terræ tribus diebus et tribus noctibus* (*Matth.* xii, 40). [b] Possunt tres noctes tres mersiones, [et tres dies] tres elevationes designare. Sicut Christus tertia die resurrexit, ita et nos tertio die de fonte vitalis lavacri elevati, in novitate vitæ cum illo ambulemus (*Rom.* vi, 4). Legimus et in epistola sancti papæ Leonis, quam de baptismo ad omnes Siciliæ conscripsit episcopos, ubi post congruam disputationis seriem, ita subjunxit dicens: « Quamvis ergo et illa quæ ad humilitatem, et illa quæ ad gloriam pertinent Christi, in unam concurrant eamdemque personam; totumque quod in illo virtutis divinæ est et infirmitatis humanæ ad nostræ reparationis tendat effectum, proprie tamen in morte crucifixi, et in resurrectione mortui, potentia baptismatis novam creaturam condit ex vetere: ut in renascentibus et mors Christi operetur et vita; dicente beato Paulo apostolo: *An ignoratis, fratres, quia quicunque baptizati sumus in Christo Jesu, in morte ipsius baptizati sumus? consepulti enim sumus cum illo per baptismum in mortem: ut quomodo surrexit Christus a mortuis per gloriam Patris, ita et nos in novitate vitæ ambulemus. Si enim complantati facti sumus similitudini mortis ejus, simul et resurrectionis erimus*, et cætera, quæ latius magister gentium ad commendandum sacramentum baptismatis disputavit (*Rom.* vi, 3-5). Et apparet ex hujus doctrina, regenerandis filiis hominum, et in Dei filios adoptandis, illum diem et illud tempus electum, in quo per similitudinem formamque mysterii ea quæ geruntur in membris, quæ in ipso capite sunt gesta, congruerent: dum in baptismatis regula et mors interiit [*Cod. Sal.*, intervenit] interfectione peccati, et sepulturam triduam imitatur trina demersio et ab aquis elevatio, resurgentis instar [est] de sepulcro » (Epist. 16, cap. 3, tom. LIV Patrol. col. 697). Sed et beatus Hieronymus in libro secundo Tractatus in Epistolam sancti Pauli ad Ephesios in expositione sententiæ: *Unus Deus, una fides, unum baptisma: unus Deus et Pater omnium, qui super omnes et super omnia et in omnibus nobis* (*Ephes.* iv, 5, 6); de trina mersione ita ait: « Si enim, ut æstimant Ariani, Deus Pater solus est Deus, eadem consequentia solus erit Dominus Jesus Christus, et nec Pater erit Dominus, nec Filius Deus. Sed absit, ut non sit vel in dominatione deitas, vel in deitate dominatio. Unus est Dominus et unus est Deus, quia Patris et Filii dominatio una deitas est. Propterea et fides una [dicitur], quia similiter in Patrem et in Filium et [c] in Spiritum sanctum baptizamur, et ter mergimur, ut Trinitas [*Al.*,

---

[a] Basnagii in hunc locum crisin in præfatione reprobavimus.

[b] *Possunt tres noctes.* Ineptam et Alcuino admodum injuriosam adnotationem ejusdem Basnagii in præfatione paucis perstrinximus.

[c] *Et in Spiritum sanctum.* Supple ex editis sancti

Trinitatis] unum appareat sacramentum. Et non baptizamur in 109 nominibus Patris et Filii et Spiritus sancti, sed in uno nomine, quod intelligitur Deus. Et miror qua consequentia in uno vocabulo, eodem opere, et eodem sacramento naturæ diversitatem Arius, Macedonius, [et Eunomius] suspicentur concordante [in] impietate discordia, et a creatura in Filio et in Spiritu sancto cœnosum fontem tenentes, diversos hæreseon rivulos duxerint. *Unum baptisma*: et contra Valentinum facit; qui duo baptismata esse contendit; et contra omnes hæreticos, ut sciant se non habere baptisma [*Al.*, baptismata], sed in una Christi Ecclesia fontem esse vitalem. Potest unum baptisma et ita dici, quod licet ter baptizemur propter mysterium Trinitatis, tamen unum baptisma reputetur. Unum quoque baptisma est in aqua, et in spiritu et in igne: et de quo [Dominus] loquitur: *Baptismo habeo baptizari* (*Luc.* XII, 50). Et alibi: *Baptismate meo baptizabimini* » (*Marc.* X, 39).

Sunt etiam versus beati [a] Ambrosii episcopi, de ternarii [numeri] excellentia nobilissimi, quos ad confirmationem trinæ mersionis huic epistolæ inserere placuit.

Omnia trina vigent sub majestate tonantis.
Tres, Pater et Verbum, sanctus quoque Spiritus,
[unum.
Trina salutaris species crucis, una redemptrix.
Tertia lux Dominum remeantem a morte recepit.
Trina dies Jonam tenuit sub viscera ceti.
Tres pueri cernere [*Forte*, cecinere] Deum fla-
[grante camino.
Ter Sabaoth sanctum referens benedictio psallit.
TER MERGENDUS AQUA EST, CUI GRATIA PLENA LA-
[VACRI.
Testibus [et] stabilis constat tribus actio cuncta.
Terno mense suis redeunt sua tempora membris.
Tres sunt ætates, flos et robur, ægra senectus.
Tres moduli [b] in causis, judex, defensor et actor.
Tres in secla gradus, ortus, transcursio, finis.
Tres spem quæ palpant, requies, lux, gloria vitæ.

[c] Hæc vero præcipui doctores et sanctissimi Patres nobis reliquerunt in suis testimonia dictis. Nobis vero juxta parvitatem ingenioli nostri videtur, ut sicut interior homo in fide sanctæ Trinitatis ad imaginem sui conditoris reformandus est, ita et exterior trina mersione abluendus esse: ut quod invisibiliter Spiritus operatur in anima, hoc visibiliter sacerdos imitetur in aqua. Nam originale peccatum tribus modis actum est: delectatione, consensu, et opere. Itaque et omne peccatum aut cogitatione, aut locutione, aut operatione efficitur. Ideo triplici generi peccatorum trina videtur ablutio convenire: vel propter originale peccatum, quod in infantibus valet ad perditionem, vel propter illa quæ in profectioris [*Cod. Sal.*, perfectioris] ætatis hominibus voluntate, verbo, vel facto adduntur.

Ut vero cognoscatis hujus sacratissimi mysterii significationes, juxta sanctorum Patrum intelligentiam et statuta ecclesiastica, vestræ charitati eadem sacramenta catholica interpretatione ostendam. Nam magna sanctitate, et venerabili significatione, quidquid in eis geritur, statutum esse, neminem dubitare fas esse arbitramur. Primo paganus catechumenus fit, accedens ad baptismum, ut renuntiet maligno spiritui et omnibus damnosis ejus pompis. Exsufflatur etiam, ut fugato diabolo, Christo Deo nostro paretur introitus. Exorcizatur, id est, conjuratur malignus spiritus, ut exeat, et recedat, dans locum Deo [vero]. Accipit catechumenus salem, ut putrida et fluxa ejus peccata sapientiæ sale, divino munere, mundentur. Vera deinde Symboli apostolici traditur ei fides, ut vacna domus et a prisco habitatore derelicta, fide ornetur et præparetur habitatio Deo. Tunc fiunt scrutinia, ut exploretur sæpius, quam firmiter, post renuntiationem Satanæ, sacra verba datæ fidei radicitus corde defixerint. [Tanguntur et nares, ut quandiu spiritum naribus trahat, 110 in fide accepta perduret]. Pectus quoque [eodem] perungitur oleo, ut signo sanctæ crucis diabolo claudatur ingressus. Signantur et scapulæ, [ut undique muniatur. Item in pectoris et scapulæ] unctione signatur fidei firmitas, et operum bonorum perseverantia. Et sic in nomine sanctæ Trinitatis trina submersione baptizatur. Et recte homo, qui ad imaginem sanctæ Trinitatis conditus est, per invocationem sanctæ Trinitatis ad eamdem revocatur imaginem. Et qui tertio gradu peccati, id est, operatione cecidit in mortem, tertio elevatus de fonte per gratiam resurgat ad vitam. Tunc albis induitur vestimentis, propter gaudium regenerationis, et castitatem vitæ, et angelici splendoris decorem. Tunc sacro chrismate caput perungitur, et mystico tegitur velamine, ut intelligat se de anathema, regni et sacerdotii dignitatem portare, juxta Apostolum: *Vos estis genus regale, offerentes vosmetipsos Deo vivo hostiam sanctam et Deo placentem* (*I Petr.* II, 9; et *Rom.* XII, 1). Sic corpore et sanguine Dominico confirmatur, et illius sit membrum, qui pro eo passus est et resurrexit. Novissime per impositionem manus a summo sacerdote septiformis gratiæ Spiritum accipit, ut roboretur per Spiritum sanctum ad prædicandum aliis, qui fuit in baptismo per gratiam vitæ donatus æternæ.

Videtis quam fideliter, rationabiliter et prudenter

Hieronymi: *credimus. Et baptisma unum; eodem enim modo et in Patrem et in Filium et in Spiritum sanctum baptizamur.*
    [a] *Ambrosii episcopi.* Mediolanensis an Alexandrini, incertum. Inter Opera Mediolanensis isti versus non leguntur. Alexandrinus teste beato Hieronymo de Script. Eccle. volumen multorum versuum scripsit. CANIS.

[b] Can., *medii*, ut apud Sidonium lib. II, epist. 1: « Quidquid sperandum est, fieri te *medio*, te præsule placet. »
    [c] *Hæc vero præcipui doctores.* Ab his verbis incipit epistola 70. Edit. Quercet. quæ membrum est prioris, cum ea continuandum, ut in cod. Salisb.

hæc omnia tradita sunt nobis observanda. Nemo catholicus contra Ecclesiæ auctoritatem, nemo sobrius contra rationalem consuetudinem, nemo fidelis contra pietatis intelligentiam certare audeat. Et ne schismaticus inveniatur et non catholicus, sequatur probatissimam sanctæ Romanæ Ecclesiæ auctoritatem : ut unde catholicæ fidei initia accipimus, inde exemplaria salutis nostræ semper habeamus; ne membra a capite separentur suo; ne claviger regni cœlestis abjiciat, quos a suis deviasse intelligit doctrinis. [a] Epistolam vero quam a beato Gregorio de simpla mersione dicunt esse conscriptam, in Epistolari suo Libro, qui de Roma nobis allatus est, non invenimus; alias vero omnes perspeximus in eo Libro, quem ad occidentalium partium ecclesias, pontifices et reges scripserat. Ideo dubii sumus, an illius sit, an ab aliquo hujus sectæ auctore sub ejus nomine scripta sit.

De observatione vero, unde interrogastis, sanctissimi sabbati, quod Dominicæ resurrectionis diem præcedit, dignissimum nobis videtur ut omni veneratione habeatur jucundus. Et quidquid aliis diebus in quadragesimalibus epulis, seu salutis causa, seu necessitate qualibet cogente, utendum fiat, in eo die non respuendum esse nobis videtur dignum : non ad satietatem gulæ, sed ad venerationem sanctitatis. Non itaque Deus tantum requirit quid manducemus, quantum considerat qua facilitate abstineamus ab interdictis, vel qua modestia utamur concessis. In omnibus his temporum ratio, et fraterni amoris convenientia observanda est. Ideo Dominum in Evangelio Judæis legimus dixisse, dum de Joannis abstinentia, et de sui ipsius ad homines convenientia parabolam puerorum proposuit dicens : *Et justificata est sapientia a filiis suis* (*Matth.* xi, 19). Id est, filii sapientiæ intelligunt in omnibus rebus ubique modestiam rationabilem, et concordiam pacificam esse laudabilem. Quæ etiam cuncta vestra sanctitas, fratres charissimi, in opere melius agnoscit, quam nos verbis proferre valeamus.

Vos vero cœptum salutis æternæ iter magna devotione mentis et corporis peragite, quatenus ad perpetuam cœlestis gloriæ coronam pervenire mereamini. Meque in sanctis orationibus vestris, obsecro, ut familiariter habeatis. *Multum valet deprecatio justi assidua*, juxta apostolum Jacobum (*Jac.* v, 16) : quanto magis multorum fratrum? Deus secretorum testis novit, quantum vos proficere in omni bonitate desidero, et de hujus mortalitatis ærumnosa miseria ad æternitatis gaudia transire concedat.

[b] Hujus vero epistolæ exemplar fratribus, qui in insula Lirina Deo deserviunt, ut dirigere faciatis, deposco : quia illi meam parvitatem de hujusmodi quæstionibus interpellare curabant.

[c] EPISTOLA XCI.

AD ARNONEM.

(Anno 799.)

Eum videre desiderat; tempora periculosa deplorat: se ad palatium vocatum, et Felicem a Laidrado ad regem ducendum significat, etc.

[Aquilæ] inter omnes Alpinæ celsitudinis aves charissimo [Albinus] salutem.

O si mihi translatio Habacuc esset concessa ad te, quam tenacibus tua colla strinxissem, o dulcissime fili, amplexibus? Nec me longitudo [æstivi] diei fessum efficeret, quin minus premerem pectus pectore [*Cod. Sal.* pectori], os ori adjungerem, donec singulos corporis artus dulcissimis oscularer salutationibus. Sed quia hoc peccata mea impediunt, ut in tardo corpore fieri valeat, [quod possum] instantius efficiam, pennam charitatis lacrymoso intingens gurgite, ut suavissima salutationis verba scribantur in chartula, ut per manus currentis viatoris veniat ad filium charitatis meæ, qui est pater meritis, [d] frater charitate, filius ætate ; ut me legat lugentem, quem non aspicit lætantem. O dura divisio gravi ponderis in corpore! o dulcis conjunctio in dilectionis visceribus! o vera fraternitas, quæ nunquam dividitur, quæ non minus in absente ardet quam in præsenti clarescit! In hac, obsecro, nostra tecum semper vigeat memoria, ut fragilitas nostra vestris fulciatur orationibus, et non recedat de corde nomen diligentis te ; sed in Christo sit unitas, sine quo nulla perfecta est charitas.

112. Multas habemus curiositates de fide catholica, quia plurimi sunt impugnatores. Ideo nobis necessarium est multorum fulciri intercessionibus, ut multis divina donante gratia prodesse possimus. Tempora sunt periculosa, et tribulatio super tribulationem semper advenit. Populus in egestate, principes in labore, Ecclesia in sollicitudine, sacerdotes in querelis. Omnia turbata sunt; tamen ille, credo, miserebitur, cujus misericordia speciosa est in tempore tribulationis; cujus te laudi et honori semper insistere multum gavisi sumus. Reficit enim spiritum nostrum [Candidus] de religiosa vita vestra, sive domo, sive in itinere. Ideo non est mihi admonere facientem, nec plena implere, sed congaudere gaudentibus, et in tuis profectibus Deum laudare. Dum poteris operare opera Dei (*Joan.* vi, 28) : et dum lucem habeas, curre (*Joan.* xii, 35), donec pervenias ad bravium supernæ beatitudinis (*Phil.* iii, 14). [Utinam citius superveniente æstate te mereamur videre. Nam medio Maio, perficiente Deo, ad palatium me esse arbi-

---

[a] *Epistolam vero*, etc. Igitur Alcuinus mutilum codicem epistolarum sancti Gregorii habuit, epistolam enim, de qua hic Alcuinus dubium movet, ad Leandrum Hispal. genuinam esse constat ex Isidoro Hispal. concilio Toletano iv et Joanne diacono. Sed de hoc alibi plura dicemus.

[b] *Hujus epistolæ*. Hæc clausula deest in cod. Salisb. De Lirinensium monachorum statutis agit Hilarius Arelatensis in Vita sancti Honorati.

[c] Edit. Mabill. 18 maximam partem mutilata. Integram damus ex cod. ms. Salisb. (Apud Froben. epist. 76.)

[d] *Frater charitate*. Ita etiam sese explicat Alcuinus in epist. 92 (nunc 118) ad eumdem. Vide quæ de ea re in præfatione diximus, ubi inquirimus, an Arno Alcuini frater Germanus fuerit?

tror, secundum quod domnus rex demandavit nobis. Et [a] Felix novitatis assertor habet juratum venire ad domnum regem rationem reddere fidei suæ. Ideo diligentius orate pro nobis]. Ego vero vernaculus sanctæ Dei Ecclesiæ vobiscum stare habeo, et quod sacerdotum Christi unanimitas credit et prædicat, in hoc ego laboro, et cum meis loquor, et pro filiis sanctæ Dei Ecclesiæ aperiam os meum, si ille implebit illud, qui ait : *Aperi os tuum, et ego implebo illud* (*Psal.* LXXX, 11). Desiderans docere viam Domini , et confirmare titubantes , et exhortari stantes , et erigere jacentes per eum et in eo, qui *erigit elisos et solvit compeditos* (*Psal.* CXLV, 7, 8). Dominus Jesus Christus, pro quo mihi, et per quem mihi sermo est, ut eum verum Deum, et verum Filium Dei omnibus, volentibus et nolentibus audire, testamur.

[Libellos nostros, quos [b] Hildegarius portavit de sancto Martino, id est, *sancti Ambrosii de fide catholica ad Gratianum imperatorem, et Tractatus in prophetas Joel et Amos;* hos vero libellos, si in monasterio remansissent, omnimodis tecum affer si venias ; sin autem, remitte nobis. Si vero portasset secum, mittatur, ut reddat, ut benedictionem sancti Martini habeat, quia de illius sunt armario , quem nihil per nos perdere optamus. Illum vero præfatum puerum bene fecisti, dum dedisti eum sæculo servire, quia studium ecclesiasticæ vitæ noluit insisti [*Leg.* insistere] : et non mihi irascaris contra eum. Sciebam illum nolle quod vos velle sciebam; sed nolui, ut per me a te separaretur , qui ad te sanguine pertinebat, timeo, non spiritu. Tamen non est desperandum de eo, potens est Deus de lapidibus istis suscitare filios Abrahæ (*Matth.* III, 9). Benefac, obsecro, [c] Mago meo nigro ; erit enim utilis in domo Dei. Semper nobiscum fuit, bonam habuit voluntatem et humilitatem , seu in servitio Dei , seu etiam in lectionis studio; et quidquid ille accepisset, fac eum partiri cum plurimis, ut sermo Dei crescat in Ecclesia, cui Deo dispensante deservis. Saluta, obsecro, omnes fratres nostros in pace et charitate , Patremque nostrum [d] Alimum episcopum, et cæteros consacerdotes vestros. Hortare illos semper ad prædicationis officium. Memento dum [e] pallium accepisti [ab] apostolica sede, majus te accepisse onus, et debitorem esse omni personæ et dignitati, fiducialiter verbum Dei prædicare]. Noli, noli tacere , sed clama, et ne cesses. Exalta sicut tuba vocem tuam (*Isa.* LVIII, 1) , et ostende omnibus viam salutis æternæ, et dic : Currite, hæc est via regia, hæc est strata publica, quæ ducit ad palatium Dei Christi, in quo est pax, laus et gloria , ad quem pervenientes memores estote mei.

[*Kalendis Novembris* [f] *solemnitas Omnium Sanctorum.* Ecce, venerande Pater Arne, habes designatam solemnitatem Omnium Sanctorum , sicut diximus, quam continue in mente retineas , et semper pro anniversario tempore colere non desistas, attendens illud et intente considerans, quoniam si Elias , unus ex illis, in Veteri Testamento oratione sua, dum voluit, claudere cœlum potuit prævaricatoribus , et aperire conversis (*III Reg.* XVII, *et Jac.* V, 17), quanto magis Omnes Sancti in Novo Testamento ? ubi eis specialiter et patenter claves regni cœlesti commissæ sunt, et claudere cœlum possunt incredulis, et aperire credentibus, si intima dilectione honorificantur a' fidelibus, et coluntur glorificatione eis condigna. Quod ut fieri digne possit a nobis , lumen verum, quod illuminat omnem hominem (*Joan.* I, 9) , Christus Jesus, illuminet corda nostra, et pax Dei , quæ exsuperat omnem sensum (*Phil.* IV, 7), per intercessionem Omnium Sanctorum ejus, custodiat ea usque in diem æternitatis. Hanc solemnitatem sanctissimam tribus diebus jejunando, orando , missas canendo, et eleemosynas dando pro invicem sincera devotione præcedamus]

[g] EPISTOLA XCII.
AD ARNONEM.
(Anno 799, mense Martio.)

Epistolam cum muneribus se accepisse ; ac se medio mense Maio apud regem, quo etiam Felix adducendus est, futurum significat.

Dilectissimo filio Aquilæ Albinus salutem.

Acceptis sacerdotalibus dilectionis tuæ muneribus cum magno gaudio et lætitia , simul et suavissimis litteris, in quibus omni favo dulcior redolebat mihi charitas, et quam sæpius probavi, semper amavi ; et quadam familiaritate intra cordis mei arcana, quasi thesaurum desiderabilem, tuæ faciei et nominis memoria recondidi [*Edit.*, reconditur] : et quod nigrum in capillis videtur , candidum in corde amatur. Sed omnimodis obsecro, si fieri possit, hoc anno superveniente videam dulcissimos oculos [Aquilæ meæ], ut amplectar, deosculer non solum ore, sed etiam toto corde. [Jam pridem tuæ charitati longiorem scripsi epistolam , et direxi Chlotario fratri, ut per vestros homines ad vos perveniret. Ideo paucis modo sermonibus loquor in hac præsenti chartula. Venit enim XIV Kal. April. mihi epistola vestra cum muneribus, et ego statim hanc scripsi, desiderans te

---

[a] *Felix habet juratum venire.* Adducendus nempe per Laidradum ad concilium Aquisgranense, ut ex sequente epistola colligitur; ergo scripta fuit anno 799.

[b] *Hildegarius.* Discipulus haud dubie aliquis Alcuini in monasterio sancti Ruperti. Vid. epist. seq.

[c] *Mago.* Adalbertum hoc cognomine notat, de quo alibi. Vide epist. seq.

[d] *Alimum.* Episcopus is fuit Sabionensis , qui anno 772 synodo Dingolfinganæ subscripsit.

[e] *Pallium* archiepiscopale, quo Arno priori anno decoratus fuit, ut nunc ex hac quoque epistola constat, quæ anno 799 paulo post initium data est, nempe ante mensem Martium. Vide epist. seq.

[f] *Solemnitas Omnium Sanctorum.* Hanc solemnitatem eo die , hoc est, Kalendis Novembribus in Gallia et Germania longe post obitum Alcuini, scilicet anno 835, celebrari cœpisse tradit Quercet. in Præfat. ad beatum Alcuinum num. 17. Quæ assertio ex hoc loco refellitur.

[g] Hanc epistolam hactenus ineditam damus ex codd. mss. Salisb. et S. Emmerami; quæ ansulis inclusa sunt, in solo cod. Salisb. habentur. (Apud Froben. epist. 77.)

multum videre. Jam, Deo volente, medio mense Maio apud regem cogito esse, quia ⁿ Laidradus filius noster adducere habet Felicem illum, cum quo nobis sermonis contentio est. Et utinam Paulinus noster charissimus Pater veniat. Si tibi causa opportuna fiat, multum desidero ut te habeamus præsentem]; quia multum tecum habeo conferre, quæ per chartam, propter infidelitatem portantium, nolo indicare. Tu vero cautior esto inter hostilia arma. Tuum est prædicare, non pugnare; pacificare, non discordare; revocare ad vitam, non in mortem mittere, sicut tua optime novit sanctitas.

114 [Hildegarius duos libros sancti Martini secum portavit, sicut ᵇ in alia epistola tibi designavi. Rogo ut facias venire; hoc est, *sancti Ambrosii De fide*, *et Tractatus in Joel et Amos prophetas*. Et ᶜ Magum meum saluta, et fac illi bene, bonus est enim frater; et omnibus filiis sanctæ Ecclesiæ ᵈ Ratbertum facias bene, et saluta omnes in nomine Albini, et cæteros consacerdotes tuos, et orate pro nobis]. Et Dominus Deus dirigat corda nostra (*II Thessal.* III, 5) et sensus nostros ad salutem plurimorum, ut proficiat et clarescat verbum Dei in auribus multorum; et in corde recondatur fides catholica. Deus Dei Filius Jesus Christus Dominus noster te tuosque fideles custodiat, et florere faciat in charitatis officio, et fidei veritate semper in æternum, dilectissime fili.

ᵉ EPISTOLA XCIII.
AD FRATRES JUVAVENSIS ECCLESIÆ.
(Anno 799.)

Laudat illorum regularem conversationem; et hortatur ad bene obeunda officia monachorum.

Sanctissimis in Christo fratribus Juvavensis ecclesiæ, humilis levita Albinus in Christi charitate salutem.

Audiens laudabilem in Christo unanimitatis vestræ conversationem, multa animus meus lætitia gavisus est, multoque anhelabat desiderio præsentialiter ordinem videre vestrum, et meipsum humili devotione vestris sacrosanctis commendare orationibus. Sed quia hoc hucusque prohibuit variarum eventus rerum, et prolixa terrarum longinquitas [non sinit corporaliter ire, ubi mens summo desiderio semper adesse præsentialiter cupit], meæ parvitatis litterulas in hoc officium dirigere curavi, ut desiderium cordis mei in apicibus cognoscatis, quod et olim pio Patri Aquilæ pontifici, ᶠ germano meo, pastori vestro injungere studui, cupiens spirituali præsentia unus esse ex vobis, et unum esse vobiscum, ut vestra me sanctitas a terrenis levaret cupiditatibus, et in cœlesti vobiscum collocaret desiderio.

O quam felix est vita monachorum! Deo placabilis, angelis amabilis, hominibus honorabilis. Qui hic [*Cod. Sal.*, hanc] fideliter vivit inter homines, haud dubium feliciter regnat inter angelos. Hanc primitivâ per apostolos in Judæa initiavit Ecclesia, quibus omnia communia fuisse leguntur, et nemo aliquid suum esse dicebat (*Act.* IV, 32). Hoc non solum in sæculari substantia servandum esse arbitror, sed etiam in desideriis spiritalibus, ut omnes unum concupiscant, et obedientiæ bonum magis exsequantur quam propriæ voluntatis affectum. Si Christus suam non venit facere voluntatem, sicut ipse in Evangelio testatur, sed Patris (*Joan.* V, 30 et VI, 38), quanto magis monachus suam non debet facere voluntatem, sed Christi? Nec segnis in opere Dei, sed studiosus; nec tantum considerare quid jubeatur, sed quomodo perficiatur quod jubetur, ne ullatenus murmurationis malum crescat in aliquibus. Si aliqui ex populo Dei in eremo propter murmurationis perierunt peccatum, quanto magis monachus monasterii spiritali plectatur vindicta, si murmurationis malo mentem insolescere non metuit?

115 Quapropter cum gratiarum actione accipiat quod ei pastoris [*Cod. Sal.*, pastoralis] cura providerit sufficere. Sit enim sanctæ pacis concordia inter cunctos, vitæ castitas in adolescentibus, morum gravitas in senibus, fervor operis in juvenibus: nec quisquam se canonicis horis vel regularibus psalmodiis subtrahat. Melius est cum angelorum cœtibus Christum laudare, quam torpentem segnitia somno delectari, vel vigilando inania exsequi desideria. Et non solum verba sanctæ lectionis resonent in ore, sed intima cordis compunctio sequatur verba legentis vel cantantis: et nullatenus horis competentibus sacræ Scripturæ lectio recedat de manibus, quia diversæ nunc hæreses, sicut audistis, catholicæ fidei puritatem maculare nituntur.

Quapropter armate vosmetipsos scientia veritatis, sententiis evangelicæ auctoritatis, ut resistere valeatis contradicentibus veritati. Quomodo pugnat inermis? vel quomodo docere potest, qui discere noluit? Spiritales sunt divitiæ, sapientia in corde, ut Salomon ait: *Thesaurus desiderabilis requiescit in ore prudentis* (*Prov.* XXI, 20).

ⁿ *Laidradus.... Felicem.* Inde annum discimus scriptæ epistolæ, nempe 799, quo Laidradus Felicem Aquisgranum adduxit, de quo nos alibi.
ᵇ *In alia epistola.* Nempe immediate antecedente.
ᶜ *Magum meum.* Adalbertum. Vid. not. ᶜ prioris epist.
ᵈ *Raibertum.* Rutbertum, abs dubio, seu Rupertum: et ex contextu legendum videtur: *omnibus filiis sanctæ Ecclesiæ ad sanctum Rupertum*, hoc est monasterii Salisburgensis, *facias bene*.
ᵉ Edit. Quercet. 78, Canis. 20, Froben. 78. Collata cum codidicibus mss. Salisburg. et S. Emmerami. Mabillonius lib. XXVI Annal. num. 58, eam ad annum 796 recenset. Hansizius tom. II Germ. Sacr. pag. 103, anno 794 datam arbitratur, quando nimirum Elipandus, Felice post synodum Ratisbonensem anni 792 ad hæresim revocato extra Hispaniam in Gallias et Germaniam virus transfundere studuit; **116** contra quod fratres Juvavenses sanctarum litterarum studio se arment hortatur. Mihi tamen videtur præsentem epistolam eam esse, cujus in sequenti epistola ad Arnonem, quæ anno 799 scripta est, meminit, adeoque ad eumdem annum, quo non minus quam alias causa Felicis agitata fuit, pertinere.
ᶠ *Aquilæ germano meo.* Quæ Canisius ad hunc locum adnotavit; et an indecolligi debeat Aquilam seu Arnonem archiepiscopum Salisb. Alcuini fratrem germanum fuisse in præfatione discussimus.

Sanctæ fidei veritatem diligenter discite, et agnitam cordis recondite thesauro, et spe firmissima vos retinete ad Deum, et charitate ferventissima illum amate, honorate et laudate : quia hæc est pars optima, quam Maria elegit, sedens secus pedes Domini, quæ non auferetur ab homine in æternum (*Luc.* x, 39, 42). Sed tanto ardentius post hanc vitam amatur Christus, quanto perspicacius ejus intelligitur bonitas.

Sed non est opus meæ parvitati vos admonere de singulis, dum habetis sacræ institutionis libros notissimos, et pium Patrem pastorem vestrum præsentem, qui vos viva voce melius admonere poterit, quam mea series litterarum. Tamen, ut debitam vobis ostenderem charitatem, paucis vos apicibus appellare studui, ad agnoscendam in vos meæ dilectionis fiduciam. [a] Præfato itaque Patri cum omni humilitate obedite (*Hebr.* xiii, 17). Ille habet rationem reddere sollicitudinis suæ pro vobis, et vos obedientiæ vestræ in illum æqualiter rationem reddere habetis. Ille pro vobis in magno positus est periculo : vos pro illo magna charitate intercedere studete, ut mercedem pro vobis habeat apud Deum, et vos requiem cum illo habeatis in regno Dei. Filiorum eruditio laus est magistrorum, et profectus gregis merces est pastorum.

Divina auxiliante gratia custodite vos, fratres, in omni castitate, humilitate, concordia et charitate, onera vestra invicem portantes (*Gal.* vi, 2, 5). Omnis sermo malus et impudicus, et impatiens, et inutilis ex ore vestro non procedat (*Ephes.* iv, 29); sed quæ sancta sunt, pia et justa, et vestræ condigna sanctitati, ad exhortationem audientium, loquimini. Et semper Deus honorificetur in ore vestro (*Rom.* xv, 6), et quæ ad pacem pertinent veram, tota sectamini intentione, et *Deus pacis erit vobiscum : et pax, quæ exsuperat omnem sensum, custodiat corda vestra in omni bonitate et pietate* (*Philip.* iv, 7, 9). *Beati pacifici.* [*quoniam filii Dei vocabuntur*] (*Matth.* v, 9). Summa nobilitas est filium esse omnipotentis Dei. Sed hæc nobilitas magna morum dignitate promerenda est. Non enim estis vestri, sed Christi, qui vos magno emit [*Edit.,* empsit] pretio, hoc est, suo sanguine. Portate Deum in corpore vestro (*I Cor.* vi, 20), ut Deus dignetur habitare in cordibus vestris: quatenus ex hac brevi et laboriosa vita, ad æternam requiem et beatitudinem pervenire mereamini; intercedente beati Hrotberti, aliorumque Patrum sanctitate pro vobis. Divina pietas in omni bono florere vos faciat, fratres charissimi.

---

[a] *Præfato Patri*, Aquilæ nimirum. Ex quibus palam est, inquit Hansizius, Arnonem etiam monachorum præfecturam gessisse.

[b] Edit. Mabill. 11, Froben. 79. Hic magis integra prodit ex cod. ms. Salisb.

[c] *Misi quoque fratribus litteras.* Fratres hi sunt monachi S. Petri seu S. Ruperti, ad quos epistolam, quam immediate antea dedimus, scripsit.

[d] *Parochianis.* Curiones seu parochos suæ diœcesis intelligit. Vide Gloss. Cangii V, *Parochianus*.

[b] EPISTOLA XCIV.

AD ARNONEM.

(Anno 799, mense Martio.)

Mittit Paschalia carmina, et admoneri cupit parochianos, seu curiones suæ diœcesis ad vitæ probitatem, ad officia sua bene obeunda.

Aquilæ per Alpes volanti, per campos currenti, per urbes ambulanti humilis terrigena salutem.

[Paschalia paci vestræ direxi carmina, prout dictaverunt Magi mihi. Vos videte, an placeat ad scribendum; vel proficiat ad legendum. [c] Misi quoque fratribus litteras, rogans ut in præsentia vestra legantur, uti me commendes illorum orationibus, tuis quoque [d] parochianis qui solent ad dedicationem sancti chrismatis venire. Illis quoque scripsissem tuæ causa charitatis, si nimium non esset præsumptuosum. Tamen] admoneas eos de vitæ castitate, de morum honestate, de orationum vigilantia, de precationis instantia; et unusquisque subjectam sibi plebem bene in Dei voluntate eruditam habeat, ecclesiamque bene directam. [Et ut viduarum, orphanorum, et pauperum maxime curam habeant (*Eccli.* iv, 1, 2, seq.; vii, 36). Scholares quoque habeant, et diligenter discere eos faciant psalmos, et cantilenam ecclesiasticam; ut in singulis ecclesiis cursus agatur quotidianæ laudis Dei. Unusquisque vero suum in Domino honorificet ministerium; ut non sit vituperatio in sacerdote Christi, sed laudatio in prædicatore veritatis (*II Cor.* vi, 3). [Et ut sanctum baptisma diligentissime exerceant; quia in nullo loco periculosius erratur; sicut nec fructuosius, si bene observatur]. Hortenturque singuli ad confessionis puritatem, ad pœnitentiæ compunctionem : quia hoc secundum baptisma est in Ecclesia, ut qui post primum erraverit in aliquo delicto, in hoc secundo corrigatur. Sit tibi Deus ubique adjutor, ut proficias in omni bono, et multiplici dignus mercede habearis in conspectu Domini Dei tui. Usque in kalendas Maias vestrum in his partibus sperabo adventum. [e] Regem speramus in Saxoniam iturum. De mea vero causa, volente Deo, dum veneris, aliquid certius innotescere habemus. Tantum orationibus adjuva fragilitatem nostram, ut dirigat nos Christus in suæ pietatis voluntate, ut faciamus quæ beneplacita sunt ei (*Eccli.* ii, 19). Deus Christus ad profectum suæ sanctæ Ecclesiæ bona valetudine beatitudinem tuam conservare dignetur, desiderande Pater!

[f] EPISTOLA XCV

AD DOMNUM REGEM.

(Anno 799.)

Gratias agit pro bonis acceptis : de perturbatione

---

[e] *Regem in Saxoniam iturum.* Carolus rex anno 799 Pascha, pridie Kal. Aprilis, Aquisgrani celebravit; postea Saxoniam ingressus; Patrisbrunnæ considet cum exercitu, ut testantur Annal. Francorum. Concordat ergo tempus illius itineris cum tempore scriptæ epistolæ.

[f] Edit. Quercetani 11, Canis. 4, Froben. 80. Et apud Quercetanum quidem cum hoc titulo : *Querimoniæ de miseria hujus sæculi.*

Ecclesiæ et regni conqueritur. Hortatur regem, ut maximam curam impendat Ecclesiæ; remissa nonnihil severitate in Saxones.

Gratias agimus clementissimæ bonitati vestræ, dulcissime David, quod nostræ parvitatis memoriam habere digneris, nobisque innotescere, quæ famulus vester fidelis nostris insonuit auribus. Nec in hoc solum [*Can.; solo*] grates ferimus continuas vestræ pietati, sed in omnibus bonis quæ mecum ex die qua parvitas mea vobis nota facta est, perfecit. Optime incepistis sed melius consummastis. Quapropter continuis precibus Domini nostri Jesu Christi clementiam deprecor; quatenus qui tibi optima quæque in terrena felicitate concessit, longe meliora æternæ beatitudinis regna tibi æternaliter concedere dignetur.

Plurima vestræ venerandæ dignitati præsens suaderem, si vel vobis opportunitas esset audiendi; vel mihi eloquentia dicendi; quia calamus charitatis cordis mei arcana instigare sæpius solet, de vestræ excellentiæ prosperitate tractare, et de stabilitate regni vobis a Deo dati, et de profectu sanctæ Ecclesiæ Christi, quæ multimoda improborum perturbata est nequitia, et scelestis pessimorum ausibus maculata; non in personis tantum ignobilibus, sed etiam in maximis et altissimis: quod metuendum est valde. Nam tres personæ in mundo altissimæ hucusque fuerunt: [id est], apostolica sublimitas, quæ beati Petri principis apostolorum sedem vicario munere regere solet. Quid vero in eo actum sit, qui [a] rector præfatæ sedis fuerat, mihi veneranda bonitas vestra innotescere curavit. Alia est imperialis dignitas, et [b] secundæ Romæ sæcularis potentia. Quam impie [c] gubernator imperii illius depositus sit, non ab alienis, sed a propriis et concivibus, ubique fama narrante crebrescit. Tertia est regalis dignitas, in qua vos Domini nostri Jesu Christi dispensatio rectorem populi Christiani disposuit: cæteris præfatis dignitatibus potentia excellentiorem, sapientia clariorem, regni dignitate sublimiorem.

Ecce in te solo tota salus Ecclesiarum Christi inclinata recumbit. Tu vindex scelerum, tu rector errantium, tu consolator mœrentium, tu exaltatio bonorum. Nonne Romana in sede, ubi religio maximæ [*Canis*., maxime] pietatis quondam claruerat, ibi extrema impietatis exempla emerserunt? Ipsi cordibus suis excæcati, [d] excæcaverunt caput proprium. Nec ibi timor Dei, nec sapientia, nec charitas esse videtur. Quid boni ibi esse poterit; ubi nihil horum trium invenitur? Si timor Dei esset in eis, non auderent; si sapientia, nunquam voluissent; si charitas, nequaquam fecissent. Tempora sunt periculosa, olim ab ipsa Veritate prædicta; *quia refrigescit charitas multorum* (Matth. *xxiv, 12*). [e] Nullatenus capitis cura omittenda est. Levius est pedes dolere [*Murator., tollere*] quam caput. Componatur pax cum populo nefando, si fieri potest. Relinquantur aliquantulum minæ, ne obdurati fugiant: sed in spe retineantur, donec salubri consilio ad pacem revocentur. Tenendum est quod habetur, ne propter acquisitionem minoris, quod majus est amittatur. Servetur ovile proprium, ne lupus rapax devastet illud. Ita in alienis sudetur, ut in propriis damnum non patiatur.

---

[a] *De crudelitate Romanorum in Leonem III pont. Rom. patrata loquitur.*

[b] *Secundæ Romæ* Constantinopolis, quæ passim etiam ab historicis, Socrate, Hist. Eccl. lib. v, cap. 8, etc., atque in ipsis quoque constitutionibus impp., *Roma* dicitur, ab ipso conditore Constantino nomen *Novæ Romæ* sortita. Et Sidonius in Panegyr.

Salve sceptrorum columen, regina Orientis
Orbis Roma tui.

Gubernator imperii. c Scilicet Constantinus imp. anno 797 a matre Irene et consiliariis captus, et excæcatus mortuus est, Theophane auctore. » CANISIUS.

[d] *Excæcaverunt caput proprium.* « In populum Romanum severe et vere hæc dicta, qui in pontificem summum Leonem III insurrexerunt, pulsatum mutilarunt oculis anno 799, teste Anastasio Bibliothecario. » CANISIUS. — Vide etiam Mabillonium lib. xxvi Annal. pag. 557 seq.; Muratorium Hist. Ital. part. iv, ad hunc annum; et alios.

[e] *Nullatenus capitis cura omittenda est.* Operæ pretium esse judico huc transcribere interpretationem, quam hujus epistolæ textui inseruit Pagius ad annum 799, num. 5. Ita vero habet: « ... *Nullatenus capitis* (scilicet Romani pontificis) *cura omittenda est... Componatur pax cum populo nefando* (Romano nempe) *si fieri potest. Tenendum est, quod habetur, ne propter acquisitionem minoris quod majus est* (scilicet regnum Longobardicum) *amittatur. Servetur ovile proprium* (ideoque Romani non erant proprii subditi [Caroli]), *ne lupus rapax devastet illud* (id est insurgat aliquis tyrannus, ad quem Romani, si nimis premantur, confugiant): *Ita in alienis sudetur* (in componenda nempe republica Romana), *ut in propriis damnum non patiatur* (in illis scilicet quæ ad regnum Longobardicum pertinent.) Ex hac interpretatione celeberrimus scriptor ita concludit: « Ex quibus intelligimus, imperatores Constantinopolitanos urbe Roma hoc tempore potitos non fuisse, neque etiam Carolum ejus dominium habuisse; aut collegam summi pontificis in administratione urbis exstitisse: alioquin non diceret Alcuinus, tres esse in mundo supremas potestates, majoremque fore regni Italici amissionem quam Romanæ *alienæque urbis* acquisitionem. Quare vel ex hac sola Alcuini epistola evertitur opinio Marcæ et Cointii; qui volunt dominium urbis et Exarchatus Ravennatensis ab anno 796 penes pontificem et Carolum fuisse; et utrumque pari jure eisdem præfuisse. Si enim hoc ita se h buisset, Alcuinus Romanos *alienos non* appellasset, nec Carolum monuisset, [D] *ut caveret ne propter acquisitionem minoris, regnum integrum perderet.* Beneventanus dux hoc ipso tempore in armis erat contra Francos, et nova rerum conversio in urbe Constantinopolitana timendi locum dabat; ne Græci a Francis alieni tumultus, si in Italia orirentur, foverent. Unde Alcuinus Carolo suasit ut ab illis scopulis caveret. » Hucusque Pagius. Vereor, ne vir celeberrimus longius a mente Alcuini hac sua interpretatione aberraverit. En igitur interpretationem aliam, quam virorum eruditorum judicio subjicio æstimandam: *Nullatenus capitis* (Romani pontificis) *cura omittenda est. Componatur pax cum populo nefando* (Saxonum), quos eodem nomine in sequenti epistola vituperat; cum quibus 119 etiam hoc anno 799 per filium suum Carolum de pace egit, et ab ipsis tulit multitudinem hominum cum mulieribus et infantibus, et collocavit eos per diversas terras in finibus suis [*Chron. Moissiac. et Annal. Lambec.*]. Cum populo vero Romano Carolus eo tempore

ᵃ Olim vestræ sanctissimæ pietati de exactione decimarum dixi, quia forte melius est, vel aliquanto spatio ut remittatur publica necessitas, donec fides cordibus radicitus inolescat, si tamen illa patria Dei electione digna habetur. Qui foras recesserunt, optimi fuerunt Christiani, sicut in plurimis notum est. Et qui remanserunt patria [*Can.*, patriæ], in fæcibus malitiæ permanserunt. Nam Babylon propter peccata populi, dæmoniorum deputata est habitatio (*Apoc.* xviii, 2), ut in prophetis legitur. Nihil horum tuam latere poterit sapientiam. Ut pote in sanctis Scripturis, vel sæcularibus historiis te apprime eruditum esse **118** novimus. Ex his omnibus plena tibi scientia data est a Deo, ut per te sancta Dei Ecclesia in populo Christiano regatur, exaltetur et conservetur. Quanta tuæ optimæ devotioni merces exhibeatur a Deo, quis dicere poterit? *Quia nec oculus vidit, nec auris audivit, nec in cor hominis ascendit, quæ præparavit Deus diligentibus se* (*I Cor.* ii, 9).

Mitis ab æthereo clementer Chistus Olympo
Te regat, exaltet, protegat, ornet, amet.
Mens mea congaudet, bonitas jam vestra fidelis
Optime quod regem suscipit ipsa senem.
Hæc precor aspiciat clementi lumine nostras
Litterulas, scripsit quæ pietatis amor.
Sidera sancta poli, viridis vel gramina terræ,
Omnia conclament : David ubique vale !
Terra, polus, pelagus, homines, volucresque feræ-
                                                                  [que
Concordi clament voce : Valeto pater !

ᵇ EPISTOLA XCVI
AD DOMNUM REGEM.

(Anno 799.)

Gratias agit pro sui memoria in epistolis, et plurimis acceptis beneficiis. Laudat et excitat regem ad justitiam reddendam sedi apostolicæ. Excusat se ab itinere Romam suscipiendo. Optat pacem cum Saxonibus.

Domino in Domino Dominorum dilectissimo David regi, Flaccus fidelis orator sempiternæ beatitudinis in Christo salutem.

Revertente me de ᶜ Wicus propter causas necessarias quas ibidem habuimus disponere, occurre-

runt mihi visitanti religiosissimam ᵈ sororem vestram, excellentiæ vestræ dulcissimi apices, in vestra prosperitate amabiles, et in divina misericordia laudabiles, qui nunquam in se sperantes deserit, sicut ᵉ de domno apostolico nuper actum, per vestras suavissimas litteras audivimus; qui etiam vestræ beatissimæ præsentiæ gaudet ᶠ advenire, ut innotuit nobis chartula benignitatis vestræ, de qua multas bonitati vestræ gratias agimus, quod solita pietate nostri nominis memoriam habere dignati estis. Non solum de hac præsenti memoria, vestræ egregiæ pietati gratias agimus continuas, sed etiam de omni bonitate vestra, quam in nostram peregrinationem verbis vel factis semper ostendistis : fidelis in promissis, verus in perficiendo promissa. Quapropter fides vestra, et charitas non ficta, et intercessio continua, in arcano cordis mei thesauro, vestram jugiter amplectitur beatitudinem. O dulcissime decus populi Christiani! o defensio ecclesiarum Christi! consolatio vitæ præsentis! Quibus tuam beatitudinem omnibus necessarium est votis exaltare, intercessionibus adjuvare, quatenus per vestram prosperitatem Christianum tueatur imperium, fides catholica defendatur, justitiæ regula omnibus innotescat.

Ecce quid actum est de apostolica sede in civitate præcipua, in dignitate excellentissima, quæ omnia vestro tantummodo servantur judicio; ut prudentissimo consilio sapientiæ vobis a Deo datæ temperata consideratione corrigantur quæ corrigenda sunt, et conserventur quæ conservanda sunt; et qua clementer divina gessit pietas, extollantur in laudem nominis illius, qui salvum fecit servum suum et liberavit a potestate execrandæ infidelitatis. Vestra vero sapientissima animi prudentia, dum omnia intelligat, quid cui conveniat personæ, in benefaciendo, sive in vindicando [faciat et perficiat], quod Deo placeat, et omnibus bona in vobis voluntas ostendatur, laudetur et ametur. Hoc certissime pietas vestra agnoscat, quod nullius hominum auri vel argenti munuscula tantum lætificant Flacci vestri animum; quantum beatitudinis vestræ apices omni gaudio reficiunt. Ideo supplici voto deprecor, ut sæpius jubeatis fieri, quod me semper amare agnoscitis.

---

nullum bellum gessit : nec integer ille populus, sed aliquot ex primoribus in mortem Leonis consiliati sunt). *Relinquantur aliquantulum minæ, ne* (Saxones) *obdurati fugiant*.... *tenendum est, quod habetur* (in terris Saxoniæ) *ne propter acquisitionem minoris* (regni nempe terreni ampliationem) *quod majus est* (salus Ecclesiæ et capitis illius) *amittatur. Servetur ovile proprium* (Ecclesia, quæ proprie ovile cujusvis fidelis appellatur; nec eo nomine Alcuinus regnum Longobardicum, ut vult Pagius, insignire voluisset) : *ne lupus rapax devastet illud* (percusso nempe pastore) *ita in alienis sudetur* (in populo nondum acquisito), *ut in propriis* (in iis nempe quæ Ecclesiæ bonum concernunt, quod cuique fidelium, præprimis vero supremo illius advocato quasi proprium esse debet) *damnum non patiatur*, etc. Eruditi statuent, quæ istarum interpretationum præferri aut Alcuini menti conformior censeri mereatur.

ᵃ *Olim . . . de exactione decimarum dixi.* In epistolis 28, 31, 57 et 72 (nunc 33, 36, 42 et 87).

ᵇ Edit. Quercet. 12 ex ms. (Froben. 81.) Scripta est antequam Leo papa veniret ad Carolum M. anno 799.

ᶜ *Wicus.* Cella maritima S. Jodoci apud Morinos, hodie *S. Josse-sur-Mer.* Quod monasterium Carolus Alcuino tradidit regendum, dum ex Anglia in Franciam rediit anno 792 vel sequenti.

ᵈ *Sororem vestram.* Nempe Gisalam, fortean in Parthenone Calensi, cujus abbatissa erat. MABILL.

ᵉ *De domno apostolico*, Leone pontifice, quem divina misericordia non deseruit; sed prodigiose e latronum manibus liberavit, eique oculorum et linguæ usum ademptum restituit; prout ejus temporis scriptores testantur, et ipsemet Alcuinus hoc loco insinuat iis verbis : *Quæ clementer divina gessit pietas*, etc.

ᶠ *Advenire.* Advenit Leo papa ad Carolum, dum is ad Padresbrunna (nunc Paderbornæ) resideret anno præsenti seu 799, ibique regia prorsus magnificentia susceptus est, ut testatur Anastasius.

120 De illo itinere vero longo et laborioso a Romam eundi, nullatenus infirmum et quotidianis fractum doloribus corpusculum meæ fragilitatis perficere posse arbitror. Desiderium jam habuissem, si potestas esset peragendi. Ideo obsecro clementissimam paternitatis vestræ benevolentiam, ut dimittatis me fideliter et instanter orationibus, cum Deo servientibus apud sanctum Martinum, vestrum iter adjuvare. Et utinam ut quandoque divina gratia vobis concedat libertatem a populo nefando Saxonum iter agere, regna gubernare, justitias facere, ecclesias renovare, populum corrigere, singulis personis ac dignitatibus justa decernere, oppressos defendere, leges statuere, peregrinos consolari, et omnibus ubique ætatis [*Forte*, veritatis] et cœlestis vitæ viam ostendere. Ut sit consolatio omnibus in adventu vestræ pietatis, clarissimisque vestræ nobilitatis filiis benedictio copiosa per vestra benefacta accrescat, sicut per solius homonymi tui David Deo dilectissimi regis sanctitatem, ut tegitur, omnibus nepotibus suis regalis throni potestas conservata fuit. In his enim et hujusmodi religionis exercitationibus filiorum exaltatio, et regni felicitas, et populi sanitas, et frugum ubertas, et totius boni jucunditas; tibique cœlestis regni beatitudo, Christo Deo perficiente, crescit et augetur, dulcissime David, diebus æternis.

Det tibi consilium pacis, simul atque salutis
David, amor populi, Christus ubique pius:
Omnipotens cujus defendat dextera semper,
Victorem faciens teque tuosque simul.
Nomen ut æternum toto laudetur in orbe
Illius ex vobis, pro pietatis ope.
Aspice, cunctorum vitæ spes, forma salutis,
Qualiter ad vosmet tota recurrat ovans.
ᵇ Qui tristis venit, redeat jam lætus ad urbem,
Per pia dona Patris, consiliumque sacrum.
Quod petit inveniens, quidquid speravit adeptus,
Huic quoque laudes hymnidicas referens,
Qui mundo talem tribuit sub tempore nostro
Rectorem, sacræ regmine justitiæ.

121 ᶜ EPISTOLA XCVII.

AD ***
(Anno 799.)

Exoptat ejus præsentiam, deplorat atrox factum Romæ: hortatur ad opus prædicationis et exercitia virtutum. Ob pallium adeptum gratulatur, hortando ad ministerium bene explendum.

Dilectissimo charitatis filio et venerandæ sanctitatis Patri, devotus in fide amicus salutem.

Multa habuissem tecum valde necessaria conferre, si tempus et locus, et faciei vestræ præsentia adesset; sive de generali sanctitatis Ecclesiæ statu; sive de speciali rerum ad nos pertinentium vicissitudine. Sed hoc erit, dum vult, qui omnia disponit quæ sunt in cœlo et in terra; qui quandoque concedat nobis mutua charitatis verba inter nos habere, et cordis æstus verbis pacificis patescere. Sed, tu charissime, et omnium sacerdotum Christi cordi nostro junctissime! obsecro intercessiones facere pro nobis, quatenus divina clementia et vos proficere faciat in omni bono, et nos regere dignetur ad salutis nostræ profectum. Multæ sunt hujus sæculi occupationes, et diversæ varietates, et eventus miserabiles, et Ecclesia Christi multis modis impugnatur non solum a paganis, sed etiam a falsis fratribus (*II Cor.* xi, 26, *et Gal.* ii, 4). Et ubi fons æquitatis et justitiæ ad omnes per rivulos sanctitatis profluere debuit, ibi maxime iniquitatis palustris profunditas exhalatur: sicut forte a sanctissima sede auditurus eris, quid ibi scelerum et ᵈ nimiæ atrocitatis nuper gestum esse refertur. Timendum est non solum hoc impiissimæ pravitatis scelus, sed etiam majoris mali prodigium. Dum in capite talia aguntur, quid in corpore fieri possit, formidandum est. Justitia laborat, et iniquitas abundat, et charitas frigescit (*Matth.* xxiv, 12; *II Tim.* ii, 17), et infidelitas serpit sicut venenum, et sicut cancer membra Christi maculare non desistit. Ideo dum tempus habeas, labora in verbo prædicationis, in virtute charitatis, in exemplo sanctitatis, in pietatis officio, in eleemosynarum largitione, in misericordiæ et pietatis constantia, quatenus ex hujus caliginis miseria ad perpetuæ beatitudinis lucem pervenire merearis, et me tuæ salutis unanimem filium, fratrem, consocium, assiduis precibus vel admonitionibus tecum trahere non desistas, ut pariter dicere digni efficiamur, donante æternæ pietatis largitore: *Introduxit nos rex in cellaria sua, exsultabimus et lætabimur in te* (*Cant.* i, 3).

[ᵉ Gavisus sum multum, dum tuam beatitudinem

ᵃ *Romam eundi.* « Huic enim obsequio, inquit Pagius anno 799, num. 4, Carolus rex complures episcopos et abbates jam (anno nempe præsenti) destinarat. » Vid. epist. ad Arnonem infra.

ᵇ *Qui tristis venit.* « Videtur alludere, ait Canisius, ad alteram profectionem Romanam Caroli Magni, qui quater Romam profectus est: anno 774 vindicans Adrianum et Romanam Ecclesiam ab injuriis Desiderii Longobard.; deinde anno 781 solvendi voti causa; tertio contra ducem Beneventanum anno 786; quarto ut restitueret Leonem an. 800 quo imperator proclamatus. » Mihi vero videtur, hæc intelligenda esse de tristi adventu et læto reditu ad urbem Leonis pontificis; prout et ulterior contextus carminis cum ipso textu epistolæ hujus comparatus haud obscure insinuat. Versus isti apud Canisium subjuncti habentur epistolæ 7 (Froben. 95) quæ nunc est 109.

ᶜ Froben. 82. Hanc epistolam, sed non integram, Mabillonius ex cod. ms. Sanct-Emmeramiano; initium vero illius Pezius ex cod. ms. Benedictoburano ediderunt. Hic plenior prodit ex cod. ms. Salisb., iis nimirum suppletis quæ ansulis inclusa vides.

ᵈ *Nimiæ atrocitatis.* Quæ nimirum in Leonem pont. anno 799. vii Kal. Maii in Litania majore patrata est, ut colligitur ex subsequentibus verbis: *Dum in capite talia aguntur.*

ᵉ *Gavisus sum multum*, etc. Hæc, quæ ansulis inclusa vides, in cod. Salisb. inter antecedentia et subsequentia inserta sunt. Novam vero hic incipere epistolam pronum est judicare. Priora enim verba clausulam præseferunt epistolarem; hæc vero ejusmodi sunt, a quibus epistola merito exordium sumit; nimirum gratulatoria, ad Arnonem Salisburgensem puto, ob novam dignitatem et pallii archiepiscopalis decorem. Hinc librariorum errore factum esse puto, quod in cod. S. Emmerami, quo usus est

superhumeralis sanctitatem portare audivi, et in honoris ecclesiastici sublimissima stare stabilitate. Et utinam hoc multis proficiat, et tibi maxime prosit; ut Dei et Domini nostri Jesu Christi nomen clarificetur in te: et memento ministrum te esse magis quam dominum propter eum, qui ait: *Ego sum in medio vestri, sicut qui ministrat* (*Luc.* XXII, 27). Si ille Deus et Dominus omnium, redemptor et salvator humani generis non dedignatus est venire ministrare, non ut ministraretur ei (*Marc.* x, 45); quanto magis et nos debemus modulum nostræ pensare paupertatis, et omnibus ad nos pertinentibus salutis ministrare officia, et charitatis servire devotione, quia humilitatis passibus ad cœlestis regni celsitudinem pervenitur. Ideo Propheta divino instinctus amore ait: *Non veniat mihi pes superbiæ* (*Psalm.* XXXV, 12); hoc est, ut nullum vestigium superbiæ remansisset in corde illius. Quanto magis nos de stercore paupertatis ad sedem gloriæ sublimati (*Psalm.* CXII, 7), dignitatem nostram humilitatis officio sublevare debemus. Hæc est quæ ignobilem facit nobilem, et quæ terrenum animal ad cœleste elevat tribunal. Cogita semper dum pallio sanctitatis vestieris, et videas sanctæ crucis signum sive ante, sive retro in eo fixum, te sequi debere illum qui crucem suam portavit, in qua redemptionis nostræ trophæum paravit. Dum videas, osculare illud et venerare; sicut decet hujus signi sanctitatem, et te sequi debere memento illum, qui ait: *Qui vult post me venire, tollat crucem suam et sequatur me* (*Matth.* XVI, 24). Ideo Christus portavit primum, et post illum inventus Simon, qui super se positam crucem Christi portavit, sequens vestigia illius. Et hoc in signum nostræ actionis gestum esse dignoscitur; Simon enim obediens interpretatur. Omnis enim, qui per obedientiam ad **122** triumphum gloriæ [*Supple* venire cupit, vel simile]; Christi crucem portare cogitat. Hoc enim humilitatis passibus et patientiæ gressibus, vel paratus pro veritate mori, vel scandala fraternæ perversitatis pati, vel affectu compassionis fraternis incommodis condolere].

Excitati animi motus in te tranquilla pace componantur, ut nihil per iram fiat, sed omnia cum consilio: tempus redimentes, donec transeat ira (*Eccl.* XXXII, 24), et tunc dicatur vel agatur, quidquid provida consilii sapientia suggerat agendum esse. Clamores pauperum cordis audiat affectus, et larga manus miseriam illorum refoveat. Magnum est de-

Mabillonius, adhortatio quæ ab his verbis incipit: *Excitati animi motus*: ad hanc novam epistolam pertinens alteri assueretur; et quod eidem nova hæc epistola in cod. Salisb. absque nova inscriptione connecteretur, quod nihil novi esse in re libraria veterum periti noverunt. Nolui tamen hoc loco unam epistolam ab altera, etsi meo judicio diversa, et diversis annis scriptæ sint, separare ob cod. Salisb. fidem, cui, ad meæ conjecturæ insistendum sit, eruditi judicent. Si meæ conjecturæ aliquid tribuendum censeatur, tunc epistolam hanc novam ad annum 798 quo vetera monumenta, pallium Arnoni concessum esse, plane consentiunt, pertinere dicendum est; si vero fides codicis præferatur, et ambas partes

A bitorem te habere Deum, quia beneficia pauperum Christi retributio compensat, et quod miser non valet remunerare, hoc omnium Dominus dignabitur recompensare. Cogitatio assidua tibi sit in Scripturis sanctis, et lætitia convivii laus redemptoris. Dum corpus cibo pascitur, mens divina lectione foveatur; ne anima esuriens inebriato corpore lugeat. Pascatur quod æternum est magis, quam quod periturum erit. Mens cœlestia rimetur, et futuram jugiter prævideat mansionem, ut parvi temporis labore perpetua mereatur requies. Plura tibi scripsissem, nisi pauca scirem sufficere sapienti. Unum verbum in corde sensati melius proficit, quam multa millia contemptoris. Non cesses semen salutis seminare in corda multorum, ut ex salute multorum multam apud Dei pietatem merearis habere remunerationem. Vive feliciter florens et proficiens in charitate Christi et præceptis, quæ a Deo data sunt ad æternam beatitudinem generis humani, meique memor, charissime Pater frater, fili, valeas æternis temporibus in Christo.

EPISTOLA XCVIII.
AD ARNONEM.
(Anno 799.)

A mundi periculis sibi cavere suadet, suum illi amorem significat.

Evangelico Aquilæ Albinus salutem.

Plurimæ sunt hujus sæculi tentationes, et multa pericula sæculum amantibus. Ecce quomodo recesserunt subito [b] viri fortissimi, qui terminos custodierunt, etiam et dilataverunt, Christiani imperii. Non solum hoc damnum plangimus, sed majoris periculi signum timemus. Unde, charissime **123** Pater, omni custodia serva te ipsum, et labora in domo Dei, ut proficiat tibi labor tuus in salutem æternam. Nihil enim stabile in hoc mundo fieri poterit, nisi charitas Christi et servitium illius. *Præterit enim*, Apostolo dicente, *figura hujus mundi* (*I Cor.* VII, 31). Illud solum remanet, quod pro Dei dilectione, et in præceptis illius peragimus. Erue te ipsum, quantum valeas, de periculis hujus vitæ. Sit guttur tuum tuba super domum Dei. Spiritalis belli signifer esto, et dux in acie Christi, ut amplificetur tibi regnum in terra viventium, et non habeas spem in hac terra morientium: sed ubi vita est æterna, illic fiat omnibus horis intentio tua, spes et desiderium tuum. Dic Deo Christo: *Anima mea desideravit te in nocte, et spiritus meus in præcordiis vigilavit ad te* (*Isai.* XXVI, 9).

unam duntaxat epistolam esse statuatur; inde tamen hoc contra cl. Hansizium certum esse debet, quod et Arno ante annum 800 et ante mensem Aprilem anni 799 quo illa in Leonem papam atrocitas patrata fuit, dignitatem archiepiscopalem publice assumpserit, et Alcuinus ante illum annum 800, id est ante medium anni 799 gratulatoriam miserit. Vid. Hansiz. tom. II Germ. Sacr. p. 110.

[a] Ed. Mab. 10 (Frob. 83) collata cum cod. ms. Salisb.
[b] *Viri fortissimi*. Nimirum Henricus seu Ericus dux Eorojuliensis juxta Tarsaticam Liburniæ civitatem insidiis civium oppressus, et Geroldus Baioariæ præfectus commisso cum Avaribus bello Kal. Septembr. occisus anno 799. Vid. Annal. Franc. ad hunc annum.

Qui castra Christi custodiunt, vigilare debent, et non dormire. Quia vigilantibus et non desidia torpentibus perpetui regni promittitur gloria.

Saepius tibi scripsissem, si vel fama narrasset mihi, ubi te chartula mea invenire valuisset. Tamen scripta est in corde meo memoria nominis tui cum stylo charitatis, non penna peritura, sed permanente suavitate saepius ingeminans ex intimo cordis affectu: Quando erit illa dies, ut liceat mihi [Aquilam] amplectari meum, et dulcibus amplexibus colla constringere Patris venerandi! Videsne qualis est charitas vera, quae nulla longinquitate terrarum dividi poterit, nulla oblivione deleri, sed magis magisque accrescit.

Felix anima quae Deum diligit soluta ab hujus saeculi nexibus, ut proficiat in veritatis soliditate, et perveniat ad divinae beatitudinis visionem, ubi est tranquilla laetitia, et sine ulla perturbatione vita perpetua. Ad quam felicitatem, Pater sancte, me precibus tecum deducere satage, ut in Christo fruamur dulcedine charitatis perpetuae. Saluta ex meo nomine omnes sanctae Dei Ecclesiae filios, qui vobiscum Deo deserviunt, et scribe nomen meum in cordibus illorum piae petitionis affectu, quorum nomina Deus Christus in coelesti libro scribere jubeat, qui ait charissimis sui laboris sociis : *Gaudete*, *quia nomina vestra scripta sunt in coelis* (*Luc.* X, 20). Valete omnes feliciter in Christi benedictione, dilectissimi fratres.

EPISTOLA XCIX.

AD [a]

(anno 799).

Epistola mittо aenigmatica. Illius charitatem expetit.

Prima littera primae et quinta decima sextae sacratus in gradibus numerus perfecto in operibus Dei salutem.

Quare frater ille vacuis venit manibus? In lingua portavit auribus Ave, in manibus coeulos, nil attulit. Tu vero qui sedes in bivio, quare nil certum demandasti illi qui habitat in Maresa? Corvi volitantes per cacumina tectorum clamant, et columba in pavimentis nutrita Ecclesiae tacet, cui crederem, si quid dixisset de Aquila, qui nuper Romanae arcis deserens cacumina, ut biberet Saxonici ruris fontes; et videret Leonem cunctis dominantem animantibus et feris; vel quid merula nostra volitans inter illos gallo demandasset monastico, qui excitare solet fratres ad vigilias matutinas; ut per eum solitarius passer sciret in tecto, quae esset convenientia inter Leonem et Aquilam : et si juventus Aquilae secundum prophetiam Psalmigraphi (*Psalm.* CII, 5), renovata esset in pristinam hilaritatem; et si nova surgerent tecta in palustribus perfidiae lustris, et si Leo ibices [*Ms.*, bihices] sequens Alpinos meditaret transire colles. Passer aures habet apertas; sed ut video, proverbialis in fabula lupus gallo tulit vocem, ne forte cantante illo apostolica negatio renovaretur in Urbe antiquae potestatis, et sit error novissimus pejor priori.

Quid peccavit charitas, quae valen (sic) vidit scriptum, dum perdices per campos currentes ad habitationem galli audio venisse. *Perfecta charitas foras mittit timorem* (*I Joan.* IV, 18), quae fulgentibus oculorum pupillis omnia perspicit, et claro pietatis intuitu certam salubris consilii semper inveniet regulam. Ut videtur gallus versus est in cuculum, qui aestivo cancri sidere sole ascendente silere solet, dum nidifer passer omni aequaliter sidere in tectis tinnit fuliginosis, qui modo mense Septembrionidum revisere volat amatum, ut pullos, avidis hiantes rostris pietatis pascat granulis; optans ut quandoque super ripas [b] piscosi fluminis galli vocem valere [*Forte*, valide] sonare audiat; et qui se pennis excitare solet propriis ad matutinales melodias, passerem in pullorum medio exhortari veniat.

O quam dulcis charitatis vox! quam amabilia germanae dilectionis hortamenta in auribus cordis sonare solent! Noli manus claudere seminibus plenas, quia *qui frumentum abscondit, maledictus erit; et qui multiplicat, benedictionem recipiet* (*Prov.* XI, 26). Quale erit judicium, qui petenti negat, quod nolenti ingerere debuit? Quomodo crescit qui non seminatur? Quae merces speranda est fructum non facienti? Vel quomodo fructus crescit, si semina non sparguntur? Beati qui seminant super omnes aquas, immittentes pedem bovis ecclesiastici ordinis et asini plebialis curiae; et si mane primae aetatis non fecisti, vel modo vespere ultimae canitiei facias. Melius est dispensatorem esse panis perpetui, quam rusticae negotiationis divisorem, quia *quae seminat homo, haec et metet* (*Gal.* VI, 8).

Ecce quo me perduxit charitas! mei oblitus, pelles caprarum ad sacrarium deferens Christi. Nam cor tuum Christi cognoscitur thesaurus [*Ms.*, thesaurum], unde *flumina aquae vivae* fluere solent

---

[a] Froben. 172. Haec epistola initio prorsus aenigmatica est, nec divinari potest quis *galli*, quis *passeris*, quis *merulae*, etc., nomine intelligatur. *Aquila* abs dubio est Arno archiepiscopus Salisburgensis, ad quem fortassis haec epistola directa est; *Leo* vero pontifex Romanus, qui anno 799 atrocibus Romanorum manibus vix ereptus ad Carolum regem in Saxoniam profectus est. Eo quidem Arno quoque venit, et Leoni pontifici sua officia impendit, eumque postea Romam mandato regis, deduxit. Quod vero Arno eodem anno 799 dum atrox scelus in Leonem patratum fuit, Romae adhuc commoratus et illum in Saxoniam comitatus sit, quod hic Alcuinus insinuare videtur, dum ait: *De Aquila, qui nuper Romanae arcis deserens cacumina*, etc., nemo alius scriptorum notavit. Anno namque 797 a Carolo rege legatus Romam missus est, sed inde anno sequenti illum rediisse cl. Hansizius, tom. II Germ: sacrae in Arnone, n. 20 et 22, multis probat, et ex epistolis superioribus colligi posse videtur. Fortassis idem anno 799 dum odia in Leonem magis fervereat, illuc pro dissidiis sopiendis iterato missus est; Sed quis ex his aenigmatum tenebris lucem excutiat?

[b] *Piscosi fluminis.* Ligerim fluvium, Turones alluentem, abs dubio notat; de quo in epistola 29 (nunc 34) ait: « Nescio de nostro itinere, quid erit futurum.... an Aligerensem fluvium revertere, et ibi salmones natando colligere. » Et in epistola 87 (nunc 103) optat, ut « Aquila (Arno) voluisset usque ad piscationes Ligeri fluminis. »

(*Joan.* VII, 58). Si modum excessi, ignoscat qui [*Forte leg.* quia charitas] modum non habet, qui omnia sustinet. Trahe me post te precibus, ut curramus simul ad bravium supernæ vocationis : virtus defecit, nisi fraterna consolatio sublevet lassum, et erigat jacentem. Quid est quod charitas non possit, dum in eo est qui omnia potest? Noli negligere fraternam salutem. Christus seipsum pro peccatoribus tradidit; quid tu verba subtrahis exhortationis, cui ille sanguinem suum non negavit? Nunquid aliquem peregrinum æstimare debes, dum omnes in Christo sunt cives? Charitas personas non miratur; saccos pertusos non habet, nec congregat densum lutum super se; sed est modesta, benigna, misericors et clemens ; in qua te custodiat, qui te in ovile congregavit illius, transferens de fluctibus feri maris, ut esses aries, cui nulla iniquitatis potestas resistere valuisset. Adjuva precantem, ut vincat in eo, qui vicit in te hujus sæculi vanitates; qui voce consolatoria suis dixit discipulis : *Hæc locutus sum vobis, ut in me pacem habeatis ; in mundo pressuram habebitis, sed confidite, quia ego vici mundum* (*Joan.* XVI, 33). Christus Dei Filius te victorem faciat et exaudiat in omni prece, charissime frater.

a EPISTOLA C.
AD DOMNUM REGEM.
(Anno 800.)

Carolo iteratis litteris respondet. Laudat religionis zelum, pietatem, regalem potentiam ; memoriam facit de quibusdam chartis computi.

Benedicto atque omni sapientiæ decore præfulgido David regi, Flaccus Albinus in Christo salutem.

Licet proxime ad clementiam vestram gemina scripta direxerim, quorum unum debitum salutationis impleret [officium], aliud cujusdam responsionis jura teneret : tamen occasione vestræ beatitudinis litterarum accepta, respondere utrumque [*Al.*, utrisque; *forte* utcunque] convenit, quas lumine et scientiæ et veritatis indagationis plenas veneranter accepi ; et magno gratiarum actionis studio Deum benedixi, qui virtute fidei et rationis experientia vestræ pietatis pectus abundanter implet. Ita ut in eo prærogativa sacerdotalis doctrinæ, voluntatis pietas, et regalis potentia splendescere comprobetur maxime : quia fides catholica, quæ ubique debet esse una et in nullo dissimilis, per vestram sanctissimam sollicitudinem, b sopitis schismatum erroribus, prædicari et pollere dignoscitur. Et quantum regni potentia prælatus, tantum sapientiæ decore et sanctæ religionis fervore omnibus præcellis. Felix populus qui tali principe gaudet : in cujus prosperitate salus cunctorum consistit; in cujus hilaritate omnium animus gaudebit, ut dictum est : *In hilaritate regis vita* (*Prov.* XVI, 15).

Cujus solium dissipat iniquitatem ; cujus vultus reverentiam conservat usque ad æquitatem. Nam quod olim apostolici Patres suis scriptis in confirmationem fidei catholicæ diversis mundi partibus peregerunt, hoc vestra sanctissima sollicitudo implere non cessat.

Hoc mirabile et speciale in te pietatis Dei donum prædicamus, quod tanta devotione Ecclesias Christi a perfidorum doctrinis intrinsecus purgare tuerique niteris, quanta forinsecus a vastatione paganorum defendere vel propagare conaris. His duobus gladiis [vestram] venerandam excellentiam dextra lævaque divina armavit potestas, in quibus victor laudabilis et triumphator gloriosus existis. Unde et ad interioris pugnæ genus meæ parvitatis devotionem provocare voluistis : cujus certaminis sudori libenter succubui, c ut in libello, quem vestræ nuper direxeram pietati, agnosci poterit : licet necdum vestræ auctoritatis sigillo eumdem libelli tenorem confirmatum cognoverim. Et hoc, reor, vel tarditate portitoris, vel angustia temporis gestum esse. Nullatenus solita bonitatis vestræ consuetudo in pluribus hoc agere litterulis recusat, quod in rarioribus sæpius fecisse compertum est.

Chartulas vero calculationis cursus lunaris, vel bissextilis præparationis, quas nostræ devotioni tradidistis explorandas, invenimus erga mensurationes diligentissime exquisitas, acutissime inventas, nobilissime prolatas. Et quod mea olim devotio de bissexto paucis inchoavit ratiunculis, vestra sagacissima indagatio copiose complevit. Quamvis considerandum sit cur in quibusdam mensibus, ad eosdem dies in anno secundo, tertio vel quarto computus cursus solaris non pervenisset. Item facilior et expeditior lunaris cursus supputatio posse inveniri videtur. Licet hæc optima et acutissima usque ad unum scrupulum vel siIicum [*Al.* siliculum] distincte et caute currere intelligatur. Direxi excellentiæ vestræ stamen quarumdam supputationum d de solis lunæque per signiferum cursu : cui si vestri acutissimi sensus subtegmen addere placuerit, forte pueris palatinis contra frigus imperitiæ aliquod vestimenti genus texi poterit ; sicut in prioris texturæ me [*Al.*, meæ] etiam ordinatione optime fecisse protestaris. Meum est de terræ gremio, vel glebis pulverulentis, auri effodere atomos. Vestrum est regale diadema, gemmis sapientiæ præfulgidum, venerando gestare in vertice : quatenus laudabilis potentia vestra omnium floreat genere virtutum, et multiplici meritorum laude ad cœlestis regni gloriam, Christo regente atque donante, pervenire mereatur.

Vivere me terris vix vix sinit improba febris,
Et me cœleste scandere vultis iter.

---

a Edit. Quercet. 14, Canis. 5 (Froben. 84) collata cum cod. Reg. Vat.

b *Sopitis schismatum erroribus.* Hæc intelligo de sopita hæresi Feliciana per concilium Aquisgranense circa finem anni 799.

c *In libello.* Libris nempe adversus Felicem, quos regis examini et approbationi submisit finito illo concilio Aquisgranensi. Vid. epistolam iis libris præfixam et nostram Dissert. de Hæresi Adoptianorum.

d *De solis lunæque per signiferum cursu.* Quod Alcuinus de solis per signiferum cursu scripsit, illud fortassis est, quod habetur supra in epist. 85. Chartam vero illam in qua supputationes de lunæ cursu per singula signa continentur, ad epistolam 85 pertinere ex utriusque comparatione liquet. Eamdem chartam inter Opuscula Philosophica T. II reperies.

Per campos, colles, herbas et prata, virentes
Quærere suggessit dum mihi chara salus :
Vestra repente poli jussit me sidera summi
Infirmis pietas scandere jam pedibus.
Signaque zodiaci distinguere partibus alti,
Et quis conveniat ordo, locus, numerus.
Hippocratis campos nonne esset pollice pluris
Cum pueris Flacco jam peragrare suis ;
Quam radio arati cœli describere signa,
Vel lunæ et solis dinumerare dies ?
Sed tamen, ut cecinit præclarus commate vates,
Omnia vincit amor ; nos quoque vincat amor.
Descripsi paucis partes et sidera cœli,
Te mandante, meo pectore magnus amor.
Nunc videat pietas, si quid sit, vestra probandum,
Pumice radendum an, pagina quidquid habet.
125 Judice te nullum, si nunquam fallit imago,
Jam metuens, fugiam, David in orbe decus !
Hæc vestro fuerint forsan si digna favore ;
Mox majora, reor, incipit ipse senex,
Si Deus æternus vitæ superadderit annos
Est bonitas cujus , quidquid habemus opus [*Al.*,
[*opis*]
Chartula percurrens colles, camposque liquentes,
Disticon hoc cantet, semper in ore suo :
Augeat, exaltet vestram benedictio vitam
Æterni regis, David amate Deo.

a EPISTOLA CI.

AD DOMNUM REGEM [*Cod. Vat.*, IMPERATOREM].

(Anno 800.)

Gratias agit ob lectum et remissum libellum adversus Felicem; excusat nonnulla illius errata. De disp. Felicis cum Saraceno ; et cujusdam Judæi cum Petro Magistro. Mittit quasdam species dictionum

Domino piissimo et præstantissimo David regi,
Flaccus charitatis calamo vulneratus salutem.

Gratias agimus venerandæ pietati vestræ , quod b libellum, secundum vestræ jussionis præceptum vobis directum; auribus sapientiæ vestræ recitari fecistis, et quod notari jussistis errata illius, et remisistis ad corrigendum. Quamvis a vobis melius emendari potuisset, quia alterius judicium in quolibet

a Edit. Quercet. 15, Canis. 6 (Froben. 85) collata nunc cum cod. Vaticano.

b *Libellum... vobis directum.* Libros VII adversus Felicem intelligit, quos in priori epistola querebatur sigillo auctoritatis regiæ nondum esse firmatos. BASNAG.

c *Laidradum.* De eo nos alibi sæpius.

d *Ego adolescens.* Ob hoc nomen consentire non possum celebri Mabillonio, qui Annal. Ben. lib. xxv, num. 22 et Act. SS. sæc. IV in Elogio Hist. Alcuini cap. 1, num. 26 judicat, disputationem illam contigisse in itinere Romano , quod Alcuinus anno 781 susceperat ad impetrandum pro Eanbaldo Eboracensi episcopo pallium. Vix enim credibile est Alcuinum voluisse se adolescentem profiteri, dum jam vir esset saltem 40 annorum. Suspicor Alcuinum diu antea Romam profectum fuisse, tunc fortassis, quando primo venit in notitiam Caroli regis. Nam, referente anonymo Vitæ Alcuini scriptore, Carolus, antequam illum Roma cum pallio redeuntem Papiæ exciperet,

A opere plus sæpissime valet, quam proprii auctoris : minus tamen quiddam fecistis, quam plenum postulasset charitatis officium, quod sensus non docte prolatos, vel catholice exaratos similiter noluistis notare ; dum quædam suspicio mihi, ut series sagacissimæ chartulæ vestræ nobis innotuit, non omnia probanda esse quæ ibi lecta fuerunt, quia defensores eidem operi vestræ excellentiæ dirigere jussistis : dum nullum magis idoneum meæ parvitatis dicta habere possunt defensorem , vel emendatorem quam vosmetipsos. Nam auctoritas præcipientis, obedientis industriam defendere debet.

Quod vero in litteris vel distinctionibus non tam scholastice currit quam ordo et regula artis grammaticæ postulat, hoc sæpius velocitas animi efficere so-
B let, dum legentis intentio oculorum præcurrere festinat officium. Nec ego capitis dolore fatigatus examinare possum, quæ subito casu ex ore dictantis evolant. Et qui sibi alterius negligentiam imputare nolit, non imputet alteri.

Disputationem itaque Felicis cum Saraceno, nec vidi, nec apud nos inventa est. Imo nec audivi nomen illius antea. Tamen, dum diligentius quæsivi, si quis ex nostris famam illius audiret [*Al.* audisset], dictum est mihi, quod apud c Laidradum episcopum Lugdunensem inveniri potuisset. Quapropter sub festinatione direxi missum nostrum ad præfatum episcopum, si forte ibi invenire potuisset, ut quam cito vestræ præsentiæ dirigeretur. (*Hic finis epistolæ in edit. Canisii.*)

C 126 Dum d ego adolescens Romam perrexi, et aliquantos dies in Papia regali civitate demorarer, quidam Judæus, Julius nomine, cum e Petro magistro habuit disputationem. Et scriptam esse eamdem controversiam in eadem civitate audivi. Idem Petrus fuit qui in palatio vestro grammaticam docens claruit. Forsan f Omerus vester aliquid exinde audivit a magistro prædicto.

Misi excellentiæ vestræ quasdam g species dictionum, exemplis vel versibus h venerandi Patris confirmatas, et aliquas i figuras arithmeticæ subtilitatis, lætitiæ causa , in chartula quam nobis vacuam direxistis ; ut vestita reveniret, quæ nuda nostro se offerebat aspectui. Dignum æstimans ut nostris ho-

c noverat eum, quia olim a magistro suo ad ipsum
D directus fuerat. » Qua occasione, adolescens adhuc, Romam quoque adire et Papiæ commorari potuit.

e *Cum Petro magistro.* Pisano scilicet, quem senem Carolus Magnus in discenda grammatica audivit, teste Eginhardo in Vita Caroli Magni apud Bouquet Script. Rer. Gall. tom. V, pag. 99, num. 25.

f *Omerus vester.* Hic est Angilbertus, de quo alibi.

g *Species dictionum.* Hæc intelligo de Opusculo orthographico, quod ex cod. Salisb. exhibemus tomo altero Operum.

h *Venerandi Patris.* Ven. Bedæ abs dubio. Vide monitum prævium ad idem Opusculum orthographicum.

i *Figuras arithmeticæ subtilitatis.* Hæc intelligenda fortassis *De Arithmeticis subtilitatibus ad acuendos juvenes*; quem libellum e cod. Augiensi descriptum altero quoque tomo proferemus.

noraretur litteris, quæ vestro sigillo ad nos nobilitata pervenit. Et si minus quid exemplorum debeant [*Cod. Vat.*, habeant] prædictæ species, [a] Beseleel vester imo et noster familiaris adjutor, de paternis versibus apponere poterit ; nec non et figurarum rationes in libello arithmeticæ disciplinæ considerare valet. [b] Punctorum vero distinctiones vel subdistinctiones, licet ornatum faciant pulcherrimum in sententiis, tamen usus illorum propter rusticitatem pene recessit a scriptoribus. Sed sicut totius sapientiæ decus et salutaris [*Cod. Vat.*, sæcularis] eruditionis ornatus per vestræ nobilitatis industriam renovari incipit, ita et horum usus in manibus scribentium redintegrandus esse optime videtur. Ego itaque, licet parum proficiens, cum Turonica quotidie pugno rusticitate. Vestra vero auctoritas palatinos erudiat pueros, ut elegantissime proferant quidquid vestri sensus lucidissima dictaverit eloquentia : ut ubique regalis [*Edit.*, regulis] nominis charta decurrens, regalis sapientiæ nobilitatem ostendat.

Floreat æternis tecum sapientia donis,
Ut tibi permaneat laus, honor, imperium.
Quot habeas apices, sanctas, mea charta, salutes
Dicito tot dulci David amore meo.

[c] EPISTOLA CII.
AD ARNONEM.
(Anno 800.)

Sæculum contemnendum; ad æterna tendendum docet. Venisse se ad mansiones S. Amandi, ait, Arnonem invisurus; quem tamen dolet ibi non reperisse.

Charissimo germano meo Aquilæ antistiti Albinus salutem.

Si mihi gerulus gratus occurrisset, sæpius tuæ scripsissem dilectioni, ut litteris implerem quod verbis non potui, et charitatis dulcedinem, lingua tacente, apices monstrarent. Hoc dedit Deus absentibus in solatium, ut per chartas loqui potuissent, et necessaria proferre in cor alterius : dum animus gravi carcere corporis circumseptus, suæ naturæ velocitatem explicare non valet ; indices tamen litteras fraternus amor sibi mutuo dirigeret. Quid de gloria sanctorum dicendum putas? ubi nulla tarditas sarcinæ corporalis piæ voluntati obsistit, quin, quod

A placeat, impleat. Quid est sæculum, nisi miseria, et velut umbra fugax, et seducens delectatio? Festinemus tota mentis intentione ad illam requiem, quam nullus dolor perturbat. Ascendamus per gradus charitatis ad illam civitatem, in qua Deus solus rex regnat in æternum. In qua tota beatitudo sine ulla miseria viget et valet. Ut ad illam pervenire mereamur, eodem auxiliante rege, nos invicem exhortemur, et velocior charitatis cursu tardiorem admonitionis sedulitate trahat. Tu meam fraterna diligentia socordiam castiga ; vel tuæ sanctitatis precibus jacentem releva, ut fraternæ dexteræ ducatu non lassescat in via veritatis, qui hucusque in sæculi se revolvebat cœno.

B [d] Veniens veniebam ad sancti Amandi protectoris nostri dulcissimas mansiones, quærens amatorem meum, ut ejus dulcissimo alloquio refrigerarem animam meam. Sed quia necdum de nido Juvavensi [*Cod. Sal.*, Juuovense] avis optata evolavit, misi hanc invitatoriam illi chartulam, ut nostram agnosceret prosperitatem, vel suam nobis præsentiam demonstraret [*Edit.*, designaret]. Fidelis amicus diu quæritur; vix invenitur; difficile servatur ; cujus dulcedo omnes sæculi superat jucunditates. Quid divitiæ sine amicis? Avarus aurum quærit : Et quid in auro, nisi species vana? Nonne unus panis esurienti melior est, quam mons aureus? Aurum prodesse potest danti, non possidenti. Ideo demus divitias in præsenti, ut in futuro possideamus illas. Nam pauperis manus gazophylacium est Christi. Nullus melior custos

C divitiarum est quam Christus. Proficientem te, charissime frater, divina auxilietur gratia in æternum.

128 [e] EPISTOLA CIII.
AD ARNONEM.
(Anno 800.)

Ex litteris ab Arnone acceptis illius reditum ; nihil vero de novi populi Christianitate, nihil de ipsius commoratione, nihil de spe mutui colloquii, quod tamen valde exoptat, percipit.

Sanctissimo pontifici et dulcissimo filio Aquilæ Albinus salutem.

Suavissimas dilectionis vestræ accepi litteras, et lætus de agnitione prosperitatis et reversionis vestræ legebam eas ; exspectans quid illæ mihi nuntiarent [f] de novelli populi Christianitate, et de rerum ibi ge-

127 [a] *Beseleel.* Hoc nomen adscititium est a Beseleele architectonicæ peritissimo, quem Moyses construendo tabernaculo fœderis præfecit (*Exod.* xxxi, 36, 37, etc.). Hic vero indigitari videtur Eginhardus Caroli Magni notarius et Vitæ illius scriptor, qui rei ædilitiæ in regio palatio præfectus fuit, et propterea a Walafrido Strabone etiam nomen Beseleelis tulit in carmine, quod de eodem Einharto seu Eginhardo scripsit, ibi :

Nec minor est magni reverentia Patris habenda
Beseleel fabre primum qui percipit omne
Artificum præcautus opus.

[b] *Punctorum distinctiones.* Alcuinum quidam auctorem dicunt punctorum, comatum aliarumque notarum pro distinguendis in scribendo sententiis. Ex hoc loco patet cum illas notas diu neglectas revocare tentasse, et propterea sibi *cum Turonica rusticitate* quotidie pugnandum fuisse.

D [c] Edit. Quercet. 66, collata cum duobus codd. mss. Salisb. (Froben. epist. 102).
[d] *Veniens veniebam.* Hansizius censet Arnonem, anno 799 e Pannonia reversum, consilium cœpisse ad monasterium Elnonense S. Amandi invisendi, idque antea per litteras Alcuino significasse, quod colligi posse putat vir clarissimus ex epistola sequenti. Alcuinus itaque, ait, se interea ad monasterium illud contulit ; et quod ibi Arnonem nondum repererat, eumdem per hanc epistolam rursus compellavit. Ego vero utramque epistolam ad annum 800 pertinere, et hanc, antequam Arno Salisburgo discesserat ; sequentem vero, dum is jam in monasterio Elnonensi advenerat, datam esse censeo. Vide notas epistolæ sequentis.
[e] Edit. Mabill. 3. Pez. 3. (Froben. 87). Emendatior nunc prodit ex codd. mss. Salisb.
[f] *De novelli populi Christianitate.* De Hunnorum populo ista accipio, qui anno priori 799 *a fide quam*

starum profectu. Sed nihil de his inveni. Tamen, volente Deo, visurus vos, vel necessitate coactus habes [*Pez.*, habebis] dicere, quod chartula conticuit [*Pez.*, continet]. Item quærens in illis, quanto tempore beatitudini tuæ in his partibus esset manendum? Sed neque hoc inveni. Ideo incertior de colloquio nostro factus, quid demandarem? Tamen si usque ad Pascha liceat tibi in monasterio (Elnonensi S. Amandi ut infra) permanere, forsitan intra Quadragesimam visitemus te in lectulo deliciarum [tuarum] sedentem. Ego vero ignarus adhuc sum de itinere meo [*Pez.*, detinere me] propter famam, quæ volitat per ora multorum, [a] regem orationis gratia sancti Martini visitare patrocinia, et mihi necessitas incumbit, illum spectare [*F.*, exspectare?], hospitiumque præparare domino meo dilectissimo. Et utinam volasset Aquila inter cæteros sanctarum volucrum cœtus [usque] ad piscationes Ligeri fluminis!

Mandavit mihi quoque domnus rex venire ad Gyslæ, sanctissimæ sororis suæ cœnobium [*Cod. Sal.*, Gysla .... sorori .... ad cœnobium] [b] Gale [*Cod. Sal.*, Cale] obviam Angilberto; sed ignoro adhuc quando [*Pez.*, quomodo] hoc fieri debeat. Si ante regis [adventum hoc erit] condictum, tunc venies nobis obviam [c] Coisacam sancti Stephani cellam et [*Pez.*, vel] ad [d] Noviantum Curtulum] nostrum. Sed festina rescribere mihi, quantum fieri potest [*Cod. Sal.*, posses], tempus mansionis tuæ apud sanctum Amandum, et quid [e] Leidrado [*Cod. Sal.*, Laidrado] demandare velis. Vix vivit, si facies nostras non videbit pariter. Fuit enim toto anno infirmus valde, et dissoluta anima sua [*Cod. Sal.*, animæ suæ] consiliare nobiscum cupit. Multa bona, gloria Deo! habet in illis partibus facta. Dubitat vero an melius sit laborare in prædicationis ministerio, vel quietam ducere vitam? Sed certius ab illo ipso, permittente Deo, hæc audituri erimus. Mandavi per litteras etiam, et sæpius viva voce, fratribus [f] sancti Servazii [*Cod. Sal.*, Servasii] tuæ servire auctoritati, sicut et mihi.

Plura tibi scriberem de sancta prædicationis instantia, et de honestate morum inter paganos; quia conversationis dignitas solet eos erudire in prædicatoribus [*Al.*, prædicationibus], sicut verborum veritas. Sed quia spero cito vos, miserante Deo, videre, melius hæc colloquendo putavi conferre, quam scribendo innotescere. Nec majorem ardorem habet animus vester, quam mens colloquii nostri. Ideo rogemus Dei clementiam, ut concedat nobis in sua misericordia, et in nostra prosperitate videre nos cito facie ad faciem. Gratia Domini nostri Jesu Christi te in omni bonitate proficere faciat, fili charissime (*Cod. Mab.*, reverentissime pater)! [Amen.]

[g] EPISTOLA CIV.

AD ARNONEM.
(Anno incerto.)

Dolet ob frustra exspectatam Arnonis præsentiam; dolorem vero mitigat suspiriis ad patriam cœlestem. Munera ad se missa læto animo accipit.

Dulcissimæ dilectionis Patri [Aquilæ antistiti] transmarinus Cygnus in sanctæ charitatis pennis perpetuam salutem

Spectavi [*Leg.* exspectavi], speravi, optabam : et ecce! quem spectavi, non venit: et quem speravi, non consideravi : quem optabam, non accipiebam. Frustrata est exspectatio, evacuata est spes. Et utinam pro spe esset præsentia! nunc esset plenum gaudium. Sed, proh dolor! pro exspectata lætitia, tristitia inopinata subrepsit. Infelicitas mea vobis [*Cod. Sal.*, nobis] viam obstruxit veniendi, et mihi hilaritatem abstulit gaudendi. Quid facies modo mens charitate vulnerata ? estne aliquod solatium quod tantum vulnus vel aliquod refocillare valeat ? An spem quasi falsum omnino a te repellis consolatorem ? An inter tenebras tuæ miseriæ, quasi scintillam cujusdam ardentis flammæ, iterum tibi illam assumis? Ecce! flamma charitatis totum inardescit pectus, cui si spes collega accessit, feliciter ardet, si veraciter illi evenit quod optat. Bona est enim spes in absentia, sed melius est amor in præsentia. Nam spes nostra quasi anchora ad cœlestis nos trahit patriæ soliditatem (*Hebr.* VI, 18, 19) : sed tunc erit perfecta felicitas, cum plena erit visio amoris, et videbitur Deus in gloria sua, qui nunc amatur in pectore nostro (*I Cor.* XIII, 12). Sed hujus exilii peregrinatio patienter feratur, donec optata beatis-

---

regi promiserat defecit, ut annalistæ testantur. Arnonis intererat providere, ne simul fidem Deo promissam desereret ; quæ res etiam Alcuinum sollicitum habuit.

[a] *Regem orationis gratia S. Martini visitare patrocinia.* Illuc rex etiam venit anno 800 post Pascha. Inde præsentem epistolam ad hunc annum spectare conjicio.

[b] *Gale.* Gallice *Chelle* ad amnem *Marne* quatuor milliaribus distans Parisiis. Vid. epist. ad Gyslam sororem Caroli Magni.

[c] *Ad Coisacam S. Stephani cellam.* Gallice *Choisy.* Vid. epist. 52 (nunc 65), ad Arnonem.

129 [d] *Noviantum Curtulum.* In cod. Benedictoburano vox *Noviantum* deest, quam Hansizius ex conjectura supplere volens substituit *Baralla.* Sed cod. ms. Salisb. conjecturam evertit. Est vero *Noviantum,* seu ut in charta Caroli Magni, pro monasterio Turonensi anno 770 data, nominatur *Novientus* villa prope Parisios ad amnem *Marne.* Vid. Martene Collect. am-

pliss. tom. I, col. 53; Martinière, *Grand Dictionnaire géographique.*

[e] *Leidrado.* Qui anno priori ex Hispaniæ partibus Felicem Aquisgranum deduxerat, paulo post iterum illuc abiturus; sanitatis tamen curandæ causa nunc Turonis morabatur cum eodem Felice nuper converso. Vid. epist. 92 [nunc 108].

[f] *Fratribus S. Servazii.* Monasterium hoc situm est Trajecti ad Mosam (*Maestricht*) olim monachorum, nunc canonicorum. MABILL.

130 [g] Edit. Mabill. 17 (Fröben epist. 88). Quæ in edit. Mabill. prætermissa sunt, hic supplemus ex codd. mss. Salisb. et S. Emmerami. Ad quem annum referenda sit hæc epistola, incertum ; sæpius enim Alcuinus spem ac desiderium habuit Arnonis fruendi præsentia. Ego illam præcedenti subjunxi, cui etiam congruit. Desiderio tamen illius ab Arnone, antequam e Gallia abiret, satisfactum fuisse, ex sequenti epistola colligi posse videtur.

simæ patriæ veniat præsentia. Patientia nobis necessaria est (*Hebr.* x, 36), sive in exspectatione speratæ beatitudinis, sive in absentia amicorum charissimorum. Habeamus semper hodie in charitate; in spe vero crastinum desiderium, ut veniat quod hodie amatur.

Ecce! mens variis fluctuat cogitationibus, te consiliatorem quasi portum firmæ stabilitatis sperans venire: sed ut video longius a quiete optata fluctibus rapitur, in quo agitatur, ad quem portum perveniet ignorans. Assiduis tamen sanctitatis vestræ precibus dubitantem in cogitationum disceptationibus amicum, ad firmum, divina concedente gratia, salutis consilium deducere dignemini. Præsto est ubique pius sanctarum exauditor orationum, qui et fraternæ dilectionis preces exaudire, et in se sperantes spiritu consolationis sancto adjuvare solet (*Psal.* xvii, 31). Ad illius dulcissimam clementiam erigamus spem nostram, simulque de ejus opitulatione indubitantes, qui illuminat omnem hominem venientem in hunc mundum (*Joan.* i, 9). Illum tota cordis intentione, tota animi affectione incessanter deprecemur, ut illuminet nobis oculos interiores, ne unquam in morte ignorantiæ obdormiamus (*Psal.* xii, 4).

[Munera dilectionis vestræ tam læto accepi animo, quam plena vos charitate dirigere cognovi. Sed quam læte ex muneribus mens hilarescit, tam tristis ex absentia vestræ beatitudinis ingemiscit. Sed quid ad hæc? Vivat charitas in Christo! sit præsens in spiritu, qui absens est in facie! donec, Deo donante, beata veniat præsentia, quæ nunquam finiri valeat. Dominus Deus in sua misericordia in sua proficientes voluntate custodiat vos ubique, frater dulcissime!]

ª EPISTOLA CV.
AD ARNONEM ARCHIEPISCOPUM.
(Anno 800.)

Lætus de Arnonis visitatione, dolet de brevitate præsentiæ; desiderium vero ad lætitiam semper manentem elevat. Incitat ad pias hortationes fratribus et omnibus ovibus dandas.

Desiderando meritoque amando Aquilæ archiepiscopo, humilis levita Alcuinus salutem.

Multa mihi dulcedo fuit ᵇ ex visitatione venerandæ dilectionis vestræ. Licet laborem haberes, tamen ego pietatis tuæ consolatione reficiebar; ita ut, juxta beati Benedicti responsum ᶜ, Pascha me in tuæ dilectionis adventu habere viderer. Sed breve præsentiæ diu optatæ tempus plangebam; et quantum lætus fui in aspectu faciei vestræ, tantum tristis in abscessu torquebar. Sed quid ad hæc? Tale est hujus sæculi gaudium, nos ad futurum [*Mab.*, futuram lætitiam] tendere admonens, quæ nunquam finem habitura est; sed semel hausta dulcedo semper præsens esse non desinit, ad quam tota mentis alacritate festinandum est. Qualis est illa lætitia, quæ nihil perturbationis habebit, nunquam finem habere timebit? Hæc est in spe modo habenda; post hujus vero vitæ finem perpetualiter possidenda. Quam felix est illa dilectio inter fratres, quæ sine fine vivit, sine fastidio augetur.

Hortare, Pater sancte, filios nostros communes [ᵈ Adhelricum levitam, Adalbertum Magum, et Guntarium pedisequum pietatis vestræ], huic se dignos præparare charitati. Suade paternis eos obedire præceptis; vere fratres esse in Domino et filios æterni Patris, cohæredes Christi Dei (*Rom.* viii, 17). Non solum pastorali sollicitudine vobis his hæc suadenda sunt, sed omnibus gregis tibi commissi ovibus ingerenda sunt, in sancta charitate et castitate permanere. *Mundus in maligno positus est* (*I Joan.* v, 19); et multi de veritatis via et fidei præceptis se avertunt, sæculo amplius servientes quam Deo: non considerantes oculum divinæ majestatis super eos ubique vigilare, qui *unicuique redditurus est secundum opera sua* (*Matth.* xvi, 27). Quocirca, clarissime verbi Dei prædicator, *insta opportune, importune* (*II Tim.* iv, 2), quia plurimi sanæ resistunt doctrinæ, se amantes, non sempiterna quærentes: ex quibus quantos valeas, divina opitulante gratia, de flammis crue perpetuæ perditionis, et congrega in caulas Christi ovium, quatenus ex illorum salute tua multiplicetur gloria in die Domini nostri Jesu Christi.

Paternitatem vestram pietas divina regere et proficere faciat in domo Dei usque in diem perfectum, dilectissime Pater.

131 ᵉ EPISTOLA CVI.
AD DOMNUM REGEM.
(Anno 800.)

Epitaphium ᶠ *Liodgardæ feminæ nobilis.*

Domino piissimo et pacifico regi et præstantissimo triumphatori, æternæ beatitudinis gloriam et salutem.

Domine Jesu, spes nostra, salus nostra, consolatio

ª Edit. Mabill. 25; suppleta ex cod. Salisb. (Froben. epist. 89).
ᵇ *Ex visitatione.* Hanc visitationem Arnonis ad Alcuinum factam fuisse censet cl. Hansizius anno 800, dum Arno Roma ad regem rediisset, et ad monasterium Elnonense excurrisset (*Germ. Sacr.*, tom. II, in *Arnone*, n. 33). Cujus conjecturam hic soquimur.
ᶜ Ex Vita sancti Benedicti, apud sanctum Gregorium Magnum, lib. ii Moralium.
ᵈ *Adhelricum... Adalbertum... Guntarium.* Adhelricus fortassis est *Aldricus*, abbas postea Ferrariensis, qui etiam post obitum Arnonis, anno 822 ad regularem disciplinam in monasterio Elnonensi confirmandam a Ludovico imp. missus est (Mabill., lib. xxix Annal. n. 30). *Adalbertus* item abbas Ferrariensis, quem Alcuini et Sigulfi discipulum fuisse testis est auctor Vitæ Alcuini (Mabill. *Act. SS. sæc.* iv *Bened.*, part. i, pag. 467). Is hoc loco diserte *Magus* cognominatur; ut jam dubium non sit, eodem nomine in epistolis 76 et 77 (nunc 94, 92) hunc Adalbertum indigitari. Guntarius pedisequus Arnonis, quis sit, exploratum non habeo.
132 ᵉ Edit. Quercet. 21 ex ms. (Froben. 90.)
ᶠ *Liodgardæ.* Seu *Liutgardis* uxoris Caroli Magni, quæ Turonis, quo cum imperator orationis causa venerat, adversa valetudine correpta obiit pridie Nonas Junii anno 800. (Ex Annal. Loiselianis et aliis.)

nostra, qui clementissima voce omnibus sub pondere cujuslibet laboris gementibus mandasti, dicens : *Venite ad me, omnes qui laboratis et onerati estis, et ego reficiam vos (Matth.* XI, 28). Quid hac promissione jucundius ? Quid hac spe beatius ? Veniat ad eum omnis anima mœrens, omne cor contritum, fundens lacrymas in conspectu misericordiæ illius ; neque abscondat vulnera sua medico, qui ait : *Ego occidam, et vivere faciam : percutiam, et ego sanabo (Deut.* XXXII, 39). Flagellat miris modis, ut erudiat filios, pro quorum salute *unico non pepercit Filio. Quis contra nos, si Deus pro nobis (Rom.* VIII, 32, 31)? Quis contristat, si Deus lætificat ? Nolo, a Deo dicatur tibi : O anima ! quid gemis ? quid plangis judicia mea ? Ego dedi, ego abstuli *(Job.* I, 21). Quid habes absque me *(I Cor.* IV, 7)? Cur tibi displicet, quod mihi placet? Omnia, quæ habes, mea sunt beneficia, non tua propria. Te ipsam para, ut possis particeps esse beatitudinis meæ. Propter te descendi, et patiebar, quæ legisti in litteris meis, ut tibi præparem mansionem in domo Patris mei. Noli tardare, soror mea, sponsa mea, surge, propera, et veni ad epulas gloriæ meæ (*Cant.* II, 10). Magna sunt, beata sunt, incomparabilia sunt quæ præparavi tibi. Et quamvis magna sint, noli tu tamen æstuare, vel dubitare de pretio. Regnum tuum tantum valet, quantum tu es. Te ipsam da, et habebis illud. Rex æternus concupiscit speciem tuam. Non sit in te ruga vel macula (*Ephes.* V, 27). Si quid pulveris ex terrena habitatione adhæserit tibi, lacrymis lava, ut te speciosam, pulchram et desiderabilem inveniat, qui te concupiscit. Noli de alterius ingemiscere felicitate, quæ spinosos finivit labores, et volavit ad eum qui fecit illam. Talis est, post sententiam primæ damnationis, conditio fragilitatis nostræ. Nascimur, ut moriamur ; morimur, ut vivamus. Nunquid non felicior est vitæ ingressus quam mortis ? Fertur quemdam respondisse, dum de filii sui consolabatur morte· *Sciebam me*, inquit, *mortalem genuisse.* Cur plangis quod vitare non possumus ? Sæpe dolor tempore sanabitur, qui ratione non poterit. Mittamus munuscula charitatis post charos nostros. Offeramus munus salutis nostræ pro illis. Misereamur miseris, ut misereatur illis Deus. Quod pro illis in fide facimus, proficit et nobis.

Domine Deus, Jesu mitis et misericors, miserere illius quam abstulisti a nobis. Exaudi nos per medicinam vulnerum nostrorum [*Forte,* tuorum], quæ pependit in ligno, et sedens ad dexteram tuam *interpellat pro nobis (Rom.* VIII, 34). Scio quidem misericordiam tuam, qui vis *omnes homines salvos fieri (I Tim.* II, 4). Dimitte illi debita sua (*Matth.* VI, 12), quæcunque contraxit post aquam salutis. Dimitte, Domine ! dimitte ! deprecamur. Ne intres cum ea in judicium ! *Superexaltet misericordia in judicio* (*Jacob.* II, 13). Nam eloquia tua vera sunt, quibus promisisti misericordibus misericordiam (*Matth.* V, 7); quod ut essent, dedistis eis. Qui misereberis, cui

a Edit. Quercet. 22, ex ms. (Froben. 91.)

misertus fueris, miserere Domine creaturæ tuæ, ut laudet te creatura tua, et cantet misericordias tuas in æternum : Et anima, quæ supervictura erit, semper dicat : *Laudabo Deum meum in vita mea, psallam Deo meo, quandiu ero (Psal.* CXLV, 1).

Semper in æternum vivat, feliciter opto,
Filia chara mihi, sit, rogo, chara Deo.

a EPISTOLA CVII.
AD DOMNUM REGEM.

Consolatoria pro morte Liudgardæ.

Domino desiderabili et vere beatissimo David regi Flaccus Albinus salutem.

Dum vestræ potentiæ gloriosam sublimitatem, non periturae Chaldæis flammis Jerusalem, imperare scio, sed perpetuæ pacis civitatem pretioso sanguine Christi constructam regere atque gubernare, cujus lapides vivi de charitatis glutine colliguntur, et cœlestis ædificii altitudinem ex diversis virtutum gemmis muri consurgunt. De qua Psalmista ait : *Diligit Dominus portas Sion, super omnia tabernacula Jacob* (*Psalm.* LXXXVI, 2). Et alibi : *Mons Sion latera Aquilonis, civitas regis magni* (*Psalm.* XLVII, 3). Unde ego, minima quædam hujus civitatis portio, sub tegmine pietatis vestræ constitutus, ad jucunditatem animi vestri debita servitute sæpius litterulas dirigere studeo ; officiale devotionis nostræ munus, non necessarium abundantiæ vestræ ; cupiens vulnerati animi mœrori, per vestræ consolationis benignitatem, mederi : quia sæpius probavi familiarem mansuetudinem sublimitatis vestræ, humilium doloribus compati. Nam et ipse Dominus, totius fons consolationis et salutis cum flentibus flevit amicum, quem suscitaturus venit (*Joan.* XI, 33, 35); aliorum dolori, juxta humanitatis affectum, compassus magis, quam amici mortem lugens, maxime, quia eumdem hora victurum præsciebat. Filii Israel Moysen lugebant, sed in Lege, non in Evangelio (*Deut.* XXXIV, 8). Ideo Jesus, propter sacramentum nominis, non legitur lacrymis populi prosecutus esse ; sed quasi victurus iterum post mortem. In exordio Domini juxta historiæ ordinem, repræsentatus luctus sapientis unius est diei ; impii autem omnes dies vitæ suæ. Separatio quædam familiaritatis humanæ, non perditio plangitur in sapiente. In impio æterna perditio luctu prosequenda est perpetuo. Venit vero pater in filio, magister in discipulo, amicus in amico, si morum dignitas et sapientiæ nobilitas permanet in posteris.

Quid si in miseriam humanæ conditionis meæ filius moriatur ante patrem in flore juventutis ? tollitur justus, ne malitia immutetur cor ejus (*Sap.* IV, 11). *Judicia Domini abyssus sunt multa* (*Psalm.* XXXV, 7). Nil sine causa erit in mundo, nec unus passer cadet in laqueum aucupis sine Patre nostro, qui in cœlis est ; *non capillus de capite perit* (*Matth.* X, 29 ; *Act.* XXVII, 34). Non enim nobis luctum incutere debet, cum quislibet charus noster a peregrinatione pergit ad patriam, a morientibus ad viventes, ab exsilio ad regnum. Consolatio nostra fiant verba veritatis: *Qui credit in me, si mortuus fuerit, vivet. Et omnis, qui vivit et credit in me, non morietur in æternum* (*Joan.* xi, 25, 26). Proinde sciamus, charos nostros in operibus charitatis morientes Deo vivere, et sæculo mori. Qui operibus misericordiæ quotidie Christo cum Apostolo dicunt: *Cupio dissolvi et esse cum Christo* (*Phil.* i, 23). Felicius vadit qui amicos relinquit superstites sibi; quam qui superstes erit amicis. Mors boni hominis migratio est ad meliorem vitam, quæ non est plangenda; sed congratulanda (*Joan.* v, 24).

Lætemur in miserationibus Redemptoris nostri. Abraham ante Christi adventum apud inferos fuit. Post Christi passionem latro in paradiso. Morte Christi mors mortua est, flammea romphea custos paradisi sanguine Christi exstincta. Et beatus Petrus homo terrenus portas aperit, quas æthereus Cherubim clausit: Et de rete piscatorum manus repente ad claves transtulit **133** regni cœlorum. In Cherubin multitudo scientiæ; sed in Christo multitudo miserationis. Olim in Judæa notus tantummodo Deus, sed nunc omnibus gentibus vox una est Christus, qui nos de servis fecit amicos, et de profugis convertit in filios. Naturam mortalitatis nostræ assumpsit in gloriam divinitatis suæ: In hoc lætetur genus humanum, sciens fragilitatis nostræ naturam super angelicos exaltatam choros; majestati paternæ gloriæ in cœlestibus considere. Quæ conditio mortalitatis timens humanæ [*Locus corruptus*] conturbare debes post tantam naturæ tuæ gloriam? Æqualitas tibi certissima est; tantum tegmine charitatis indue pennis, ut volare facias, quo Christus ascendit. Noli angustiari de morte charorum, sed congaude lætitiæ illorum.

Christus se ipsum pro te tradidit in mortem. Cur lacrymis tuis contradicis Christo, rapere charos tuos de morte ad vitam, de labore ad requiem? Felicior est in bono dies exitus quam nativitatis. Ille est requiei initium, iste laboris. Ille lætitiæ introitus, iste doloris. Nascimur ut moriamur, morimur ut melius vivamus. Via est hæc vita pergentibus ad patriam. Si aspera est, si arcta est, viriliter gradienda est. Si plana, si prospera, caute currenda est, quia multos habet insidiatores. Novit itaque providentia Dei, cui prodest longa peregrinatio hujus viæ, cui optimum est cito hujus peregrinationis labores finire. Placeant nobis judicia Dei. *Justus est Dominus et recta judicia ejus* (*Psalm.* cxviii, 137). Illa mens maxime Deo placet, cui omnia Dei placabilia placent. Laudemus, amemus et oremus, ut semper fiat voluntas ejus in nobis, cui semper bona placent; et nihil nisi per eum boni possumus habere, perficere. Si bonum est, si amabile est quod habemus, ille præstavit [præstitit] nobis. Illi gratias agamus, illi tota mentis intentione sacrificium laudis offeramus; in quo salutem nobis sempiternam per Prophetam suum promisit, dicens: *Sacrificium laudis honorificabit me; illic iter est, quo ostendit salutare Dei* (*Psalm.* xlix, 23). Hæc est angelica jucunditas, sanctorum lætitia, consolatio nostra. Nihil enim aliud cœlestis Jerusalem; quæ vivis ædificatur lapidibus, agit in patria sua, dicente et suspirante ex nostra voce Psalmographo: *Beati qui habitant in domo tua* (*Psalm.* lxxxiii, 5). Et quasi quis quæsisset, quæ esset illa beatitudo, habitare in domo Domini? respondit: *In sæculum sæculi laudabunt te.* Hæc laus sine fastidio, sine defectu erit; sine fine dulcis fit in corde et ore canentium. Hæc quoties agimus in terris, angelicam imitamur vitam. Hæc suavitas omnes sæculi tristitias expellit ab anima, omnes mœrores mitigat. Et quanto quis donorum Dei majori utitur abundantia, tanto magis se debitorem mediatori omnium bonorum quæ possidet, agnoscat.

Si igitur justum videtur homini cujuslibet beneficii vel officii reddere grates, quanto magis Deo gratiarum actiones agendæ sunt? Qui omnia dedit, quæ in hoc sæculo bona videntur, qui omnia daturus est bona, quæ desiderari vel haberi in futuro sæculo possunt: ubi ipse Deus erit omnia in omnibus, qui nunc singulis secundum mensuram suæ bonitatis distribuit (*Ephes.* iv, 7). Tunc erit omnis bonitas, omnis beatitudo, omnis sufficientia in omnibus. Ad hujus vero summæ beatitudinis et indeficientis gloriæ post labores hujus vitæ felicitatem. Deus Jesus te pervenire faciat, domine desiderantissime et omni honore dignissime.

Tribuat divitias veras tibi, David amate,
Cum sanctis pariter Christus in arce poli.

134[a] EPISTOLA CVIII.

Ad Arnonem.

(Anno 800.)

Hortatur illum ut Leonem papam contra adversarios defendat. Hunnos ab subjectione defecisse, et paganas naves littora Aquitaniæ infestare queritur. Novam se congregationem monachorum fecisse narrat. Alimo, Remedio et Paulino episcopis salutem dicit. De Elipanto et Felice quædam nuntiat.

Domino beatissimo et merito perpetuæ charitatis alis amplectendo [Aquilæ] episcopo humilis levita [Alcuinus] salutem.

Dulcissima litterarum vestrarum lectione et suavissima prosperitatis vestræ legatione lætificatus, quasi inter febrium ardores refrigerium quoddam mihi advenisset, et canicularibus decoctus flammis rore salutationis vestræ refocillatus, totus in spe roboratus assurgebam audiens quod semper optavi, legens in litteris, quod semper desideravi, apostolicæ auctoritatis salutem et constantiam religionis sanctæ

---

[a] Edit. Mabill. 19 ubi plus dimidio mutilata et alias imperfecta est. (Frob. n. 92.) Integram hic damus ex cod. Salisb. ex quo descripta sunt quæ ansulis continentur. Inde vero jam constat eam non ad Richbodonem Trevirensem episcopum, ut post Mabillonium Galliæ Litterariæ scriptor tom. IV, pag. 529, autumavit; nec ad Paulinum Aquileiensem, ut cl. Madrisius pag. 251 optabat; sed ad Aquilam seu Arnonem scriptam fuisse.

in eo, quem a confessorem Christi nominare et ve-, nerari omnibus Christi Ecclesiis æquum arbitror; cujus præsentiam super omnes alios hujus vitæ viros desiderarem, si mei corpusculi valetudo me sineret perficere. [Quod maxima animi cupiditate diu desiderabam, in tantum ut tuæ vere fateor fidei; si talis meus potuisset apud hujus auctoritatem profectus fieri Ecclesiis Christi qualis mea optabat devotio, præ omnibus sæculi deliciis et honoribus ejus præsentiæ astare proponerem; si flammas animi sui mitigare mihi indulcium esset; et litteris sub ejus sancti hominis auctoritate per diversas mundi regiones, populos, parochias, civitates et provincias hortari; et catholicæ fidei rationes pluribus exponere personis; et religiosam admonitionem, juxta consuetudinem sanctorum Patrum, chartulis indicere currentibus. Sed, ut video, meis hoc impedientibus peccatis fieri necdum poterit propter fragilitatem corpusculi, multis molestiarum sarcinulis subgravati. Insuper nec ille aliquid mihi exinde mandavit, in cujus potestate juxta sæculi dignitatem hoc maxime fieri debuit; per alios vero mihi firmiter hoc mandavit, ut fieri voluisset; b per se autem nihil inde dixit.

Intelligo quoque multos esse æmulatores ejusdem prædicti domni apostolici, deponere eum quærentes subdola suggestione, c criminia adulterii vel perjurii illi imponere quærentes, et tunc [Fort., ut] sacramento gravissimi jurisjurandi ab his se purgaret criminibus ordinantes: sic consilio secreto suadentes ut deponeret, sine juramento pontificatum, et quietam in quolibet monasterio ageret vitam, quod omnino fieri non debet, nec ille ipse consentire, se quolibet sacramento constringere, aut sedem suam amittere. Responderem pro eo, si ex latere ejus stetissem: *Qui sine peccato est vestrum, primus in illum lapidem mittat (Joan.* VIII, 7).

Memini me legisse quondam, si rite recordor, d in Canonibus beati Silvestri, non minus 72 testibus pontificem accusandum esse, et judicio præsentari

Confessorem Christi: Nimirum Leonem III papam, ut ipse contextus epistolæ demonstrat. Confessor vero dicitur, quia pro Christo persecutionem et tormenta passus est, quamvis deinde tranquillam mortem obierit. *Confessio,* inquit sanctus Cyprianus lib. de Simplicitate Prælat. exordium est gloriæ, non meritum coronæ; non perficit laudem, sed initiat dignitatem. »

b *Per se autem nihil inde dixit.* Ex hoc loco colligo, quod Alcuinus epistolam regis, qua illi e improperat, quod fumo sordentia Turonorum tecta auratis Romanorum arcibus præponeret, » dum præsentem scriberet, nondum acceperit.

c *Concordant,* quæ refert Anastasius Biblioth. in Vita Leonis III his verbis: Dum in magno honore, apud se per, aliquantum tempus eum (Leonem) ipse serenissimus rex habuisset, hæc præfati iniqui:.... moliti sunt....: falsa adversus sanctissimum pontificem imponere crimina, et post eum ad prædictum mittere regem; quod probare nequaquam potuissent; quia per insidias et iniquitates eorum, talia nec dicenda sanctam Ecclesiam humiliare volentes proferebant. »

d *In Canonibus beati Silvestri.* In Synodo Romana, puto, sub Silvestro papa Cujus tamen decretum

et ut illorum talis vita esset, ut potuisset contra talem auctoritatem stare. Insuper et in aliis legebam canonibus, e apostolicam sedem judiciariam esse, non judicandam. Hæc omnia et multo plura his cogitavi per epistolas meas demandare illi propter ejus catholicam charitatem: Quis potest illi omnibus esse in Ecclesia Christi pastor, si ille a malefactoribus dejicitur; qui caput est Ecclesiarum Christi? Suo Domino stabit, aut cadet: *Stabit vero; potens est enim Dominus statuere illum* (Rom. XIV, 4).

Tu vero, fili charissime, illi votorum meorum [fili Ecclesiæ Christi in ovili inter oves sanctas illius enutritus, ad quem omnium pastorum pastor tertio dixit (Joan. XXI, 15, 16, 17): *Pasce oves meas*], labora pro capitis tui salute, pro summi pastoris incolumitate, pro sanctæ sedis auctoritate, pro catholicæ fidei integritate, ne lupinis morsibus pastorum pastor pateat. Ego vero optimæ vestræ pietatis devotionem lacrymis prosequor, orationibus assequor, litterarum suffragiis consequor. Cautus esto cui commendes consilia tua, providus in responsis, verax in judiciis, sollicitus discernere, quid cui conveniat, et 135 noli oblivisci patrem senio, filium meritis, fratrem charitate. Veniat! veniat [*Mab:* veniet] enim dies, dum ei placuerit, qui omnes disposuit dies, quando liceat optatos amplexus patri et filio conjungere, et mutuis seipsos exhortari collationibus [*Idem consolationibus*].

[Tertia causa tu g fuisti itineris mei. Prima fuit Ecclesiarum Christi; secunda domni regis, quia in lacrymis h lacrymans dimisi eum, cupiens perpetuam lætitiæ illius memoriam animæ meæ inscribere; tertia dulcissimam charitatis tuæ videre faciem; sed prohibitus sum usque adhuc ut fieret, quod valde optavi ut fieret. Erit itaque per vestras sanctas orationes, dum ei placuerit, sine quo, nihil boni fieri poterit. i Epistola vero prior quæ ad nos sub vestro nomine pervenit, querimonias quasdam habens de moribus apostolici, et de periculo tuo apud eum pro-

ad supposita ab Isidoro Mercatore referunt moderni critici.

e *Apostolicam sedem... non judicandam.* Ex synodo, abs dubio, Sinuessana in causa Marcellini, pontificis coacta anno 303 Alcuini consilium archiepiscopi et episcopi, inter quos Arno fuerat, secuti pronuntiarunt: « Nos sedem apostolicam, quæ caput est omnium Dei Ecclesiarum, judicare non audemus. Nam ab, ipsa nos, omnes et vicario, nisi judicamur; ipsa autem a nemine judicatur, quemadmodum et antiquus mos fuit, etc. » Anast. l. cit. De his ac hujusmodi canonibus consule Petrum de Marca Concord. Sacerd. lib. 7, cap. 11 et alios.

f *Fratrem charitate.* Vid. epist. 76 (nunc 91).

g *Fuisti.* Legendum forsan, *fuisses;* itineris; ad quod superius dixerat se vocatum seu invitatum fuisse.

h *Lacrymans dimisi eum.* Regem nimirum Turonis, quo sanctum Martinum veneraturus hoc anno 800 venerat, abeuntem.

i *Epistola prior.* Hæc Arnonis ad Alcuinum epistola, criminia illa Leoni III papæ falso imposita continens ab ipso Alcuino, ne inde scandalum apud ignaros oriri potuisset, igni tradita est, ut ipse contextus habet.

pter Romanos, clericus vester, ut æstimo, attulit eam mihi, nomine Baldricus, afferens mihi cappam Romano more consutam, vestitum lineum, laneumque. Sed quia ego nolui ut in alterius manus pervenisset epistola, Candidus tantum illam perlegebat mecum, et sic tradita est igni; ne aliquid scandali oriri potuisset propter negligentiam chartulas meas servantes [*Forte, servantis*]. [a] Hunnorum vero, sicut dixisti, perditio, nostra est negligentia, laborantium in maledicta generatione Saxonum, Deoque despecta usque huc, et eos negligentes quos majore mercede apud Deum et gloria apud homines habere potuimus, ut videatur. Non audeo mei solius causam [causa] tantum tibi ingerere laborem per preces et lacrymas, quas habeo sæpius propter vestram absentiam. Tamen non est secundum opportunitatem inane iter, ad patrocinia sancti Martini venire, vestramque vitam ejus sanctis commendare orationibus. [b] Paganæ vero naves, ut audistis, multa mala fecerunt per insulas Oceani partibus Aquitaniæ ; pars tamen ex illis periit, et occisi sunt in littore, quasi centum quinque viri ex illis prædatoribus. Castigatio est magna horum eruptio, antiquis ignota temporibus populo Christiano ; quia forte vota non servant famuli Dei, quæ vovere solent. Ideo, dilectissime fili et merito venerande frater, tuos hortare fratres regulariter vivere, et devotionem primam firmiter servare, dicente Scriptura : *Vovete et reddite Domino Deo vestro* (*Psalm.* LXXV, 12). Item : *Melius est non vovere, quam vota non reddere* (*Eccl.* v, 4).] [c] Prope enim estis vos terminis paganorum. Sit salus vestra, protectio, et misericordia Dominus Deus noster, qui ait : *Sine me nihil potestis facere* (*Joan.* XV, 5). Commotio magna est in mundo, et in mentibus multorum infidelitas, et in nomine monachorum negligentia. Volunt dici, et non fieri, dicente Scriptura : *Vult piger, et non vult* (*Prov.* XIII, 4). Id est, vult beatus esse et non vult laborare, unde beatus fiat. [[d] Noviter congregationem quamdam feci, quasi octavo milliario a monasterio sancti Martini, monachicæ vitæ et regularis religionis, primo ex fratribus de Gothia, ubi Benedictus abba regularem constituit vitam. At nunc, volente Deo, aliqui veniunt sancta se devotione mancipantes]. Non est claudicandum

A in Dei servitio, sed via regia gradiendum, ut ad optatum aliquando littus divina auxiliante gratia pervenire possit. [Quidquid vero de tua audio canonica conversatione, satis mihi placere fateor. Hoc quoque addatur ad mercedem industriæ vestræ, ut fratres qui sub manu vestra sunt secundum sanctitatem regularis vitæ vivant. Nec ego aliter audivi, nec eo minus dicere debeo, quæ agnosco proficere fraterna charitate]. Populo quoque, ut sæpius deprecatus sum, prædica instanter verbum Dei (*II Tim.* IV, 2), ne ullius anima in tuo pendeat [*Cod. S. E.* pendat] judicio, vel a te quæratur. Ostende illis viam salutis, hos secreta collatione, illos publica prædicatione confirmans. Unicuique secundum suæ conditionis vel personæ modum hortamenta ingere.

B Potestatibus et judicibus justitiam et misericordiam, junioribus obedientiam, humilitatem et fidem in senioribus, omnibus æquitatem, charitatem Dei et proximi, castitatem corporis, benignitatem et pietatem in eleemosynis, quatenus cum multiplici laboris tui fructu ad æternæ beatitudinis sedem pervenire merearis, eo miserante, qui ait : *Sic luceat lux vestra coram hominibus, ut videant opera vestra bona, et glorificent Patrem vestrum, qui in cœlis est* (*Matth.* V, 16). Mei quoque ut **136** habeatis memoriam, secundum spem meam et fidem vestram, deprecor, cum sanctis fratribus vestris assidua intercessione, ut prope cursu nostri agonis completo, veniam peccatorum meorum et aliquam portionem beatitudinis inter cives cœlestis habitationis accipere merear.

C [Plura scriberem secundum animi nostri desiderium, si non iste cursor ex vestro mandato velociter revertere habuisset; tamen ex his paucissimis litteris charitatis nostræ ardorem in vos agnoscere poteritis]. Divina vos gratia comitetur ubique, domine Pater et dilectissime amice [e].

[Obsecro humilitatem vestram ut meo officio Patrem charissimum [f] Aelim episcopum salutes, cum cæteris fratribus, et consacerdotibus sanctitatis tuæ. Similiter et Remedium decurio [de curia] nobis charissimum fidelemque amicum saluta]. Et si tibi causa eveniat [[g] Paulinum patriarcham] videndi, saluta eum mille millies. Libellum vero catholicæ fidei quem domino regi direxit, perlegebam, et satis mihi placuit in elo-

D a Carolo Turonis agente litteras obtinuit, ut liceret sibi monachos ibidem constituere. Vid. eas litteras tom. II in Append.

[e] In cod. sancti Emmeram. ita in contextu pergitur : *Et si tibi causa eveniat videndi amicum nostrum, saluta eum mille millies. Libellum,* etc., ut intus.

[f] *Aelim episcopum.* Is est abs dubio Alimus episcopus Sabionensis seu Brixinensis. Vid. epist. 91.

[g] *Paulinum patriarcham* Aquileiensem. Hinc jam patet Alcuinum hic loqui de libris Paulini adversus Felicem Urgellitanum. Mabillonius libellum, de quo hic mentio fit; ex conjectura, cum in codice quo usus est nomen Paulini expressum non haberetur, tribuit Richbodoni Trevirensi episcopo. Sed vir summe alias accuratus hanc integram epistolam non vidit; ex epistola vero mutila error facilis fuit. Hinc etiam corrigendus auctor Hist. Lit. Franciæ, tom. IV, pag. 529.

---

[a] *Hunnorum perditio.* Qui anno priori defecerant, ut annales referunt.

[b] *Paganæ naves.* Normannorum puto, qui teste Eginhardo in Vita Caroli « Gallicum littus et Germanicum assidua vastatione vastabant; quapropter Carolus per omnes portus et ostia fluminum, qua naves recipi posse videbantur, stationibus et excubiis positis, ne qua hostis exire potuisset, tali munitione prohibuit. Classem quoque molitus est contra Nortmannicum bellum, etc. » Quod Annales ad anni 800 mensem Martium referunt.

[c] *Prope enim estis terminis paganorum.* Data ergo fuit epistola ad Arnonem Elnonæ, non Salisburgi morantem ; huic enim a Normannis littora Gallica et Germanica infestantibus nullum periculum imminere potuit. Vid. Hansiz. tom. II Germ. Sacr. pag. 113, num. 33.

[d] *Noviter congregationem quamdam feci.* Cormarici nimirum ; hoc enim anno Nonas Junii Alcuinus

duentia sua et in floribus dictionum, et in fidei ratione, subjiciat gentes; et suavissimo suæ dilectionis jugo et in testimoniorum auctoritate, ita ut nihil his addi in Christiana fide ferocissimos subjiciat animos, ut de quæstionibus nuper habitis inter nos et partes solus Deus et Dominus noster Jesus Christus Felicianas opus esse arbitrabar. Et felix est Ecclesia credatur, colatur, atque ametur. Vestra clarissima populusque Christianus, quandiu [cum domno rege [potestas et sanctissima] voluntas in hoc omni laboret vel] unum talem habebit defensorem fidei catholicæ. studio, ut Christi nomen clarificetur, et ejus di- [Sed adhuc remanet aliquid faciendum. Nam quidam vina potestas per fortitudinis vestræ triumphos multis terrarum regnis innotescat: quatenus non solum episcopus, in damnata synodali auctoritate et apo- magnitudo potestatis te regem ostendat, sed etiam stolica censura hæresi permanet. Sciat tamen dile- instantia seminandi verbi Dei in laude nominis Domini nostri Jesu Christi prædicatorem efficiat. Ideo frater vester, magnum profectum in illis partibus, divina te gratia his duobus mirabiliter ditavit muneribus, id est, terrenæ felicitatis imperio et spiritalis dixerunt ex illis partibus viri religiosi et veraces, sapientiæ latitudine, ut in utroque proficias, donec usque viginti millia conversi sunt inter episcopos, ad æternæ beatitudinis pervenias felicitatem. Parce sacerdotes, monachos, populum, viros et feminas, populo [tuo] Christiano, et Ecclesias Christi defende, plangentes pristinum errorem gaudentesque, quoti- ut benedictio superni regis te fortem efficiat super die Deo agentes gratias in agnitione veritatis et in paganos. Legitur quemdam veterum dixisse poetarum, cum de laude imperatorum Romani regni, si per litteras nostras, vel magis aliorum relatione, au- rite recordor, cecinisset, quales esse debuisset, disti quid gestum fuit, et modo fuit ad Sanctum Mar- dicens

Parcere subjectis, et debellare superbos.

amat me, totumque odium quod habuit in me ver- Quem versiculum beatus Augustinus in libro De Civitate Dei multa laude exposuit, quamvis magis nobis attendendum sit Evangelicis præceptis, quam Virgiliacis versibus. Nam et ipsa Veritas ait: *Beati misericordes, quoniam ipsi misericordiam consequentur* hoc desidero, ut sæpius fiat secundum opportunita- (*Matth.* v, 7). Et alibi: *Estote misericordes, sicut et Pater vester misericors est* (*Luc.* vi, 36).

sentem in litteris meis ut nihil nobis desit in chari-
tatis communione præter oculorum præsentiam. Sed Quod vero nobis vestræ bonitatis in Christo probata voluntas de apostolici pastoris e mirabili sanitate demandare curavit, decet enim omnem populum Christianum in hac clementia divinæ protectionis

EPISTOLA CIX.
AD DOMNUM REGEM.
(Anno 800, mense Augusto.)

Respondet Caroli epistolæ nuntiantis victoriam de hostibus: et mirabilem sanitatem Leonis papæ. Romanum iter prosequi renuit.

Domino dilectissimo atque omni honore dignissimo
David regi Flaccus veteranus miles perpetuam in
Christo salutem.

Litteras prosperitatis vestræ et consolationis nostræ, magno amore et digno favore suscepimus:
Dei omnipotentis clementiam collaudantes, qui vos
fidelesque vestros prosperis successibus pollere fecit,
et inimicos sui nominis vestræ potentiæ d subdidit
pedibus. *Hoc enim faciat Deus, et hoc addat* (*I Reg.*
iii, 17), ut triumpho terroris vestri inimicas ubique

gaudere, et laudare nomen sancti [*Cod. Vat.*, sanctum] Dei nostri, qui nunquam deserit sperantes in se, qui impias compescuit manus a pravo voluntatis effectu, volentes cæcatis mentibus lumen suum extinguere, et seipsos impio consilio proprio privare capite. Quidquid vero de illis agendum sit, vestra cautissima considerare habet sapientia, quæ optime novit, quid cui conveniat personæ, et quid cui sit facto retribuendum; vel quomodo ille pius pastor, divina ab inimicorum manibus liberatus protectione, securus in sua sede Deo Christo deservire valeat.

Quod vero vestræ benignitatis litteræ Flacco taciturnitatis culpam ingerunt, quem [*Forte*, eum] fervor f mensis Augusti desidem, non voluntatis efficacia

---

a *Laidradus*. Laidradum post annum 799 Felice jam converso non rediisse in Hispaniam, contendit cl. Madrisius Op. sancti Paulini pag. 222, num. 62 et 63. Sed fallitur, ut ex hoc loco manifestum est, et nos amplius monstrabimus in Dissert. de Hæres. Feliciana.

b *Filium nostrum*, nempe Laidradum.

c Edit. Quercet. 13, Canis. 7. Nunc alicubi emendata ex cod. reg. Vatic. 69 (Apud Froben. 93).

d *Subdidit pedibus*. Carolus anno priori 799 per filium suum Pippinum et præfectos provinciarum, bellum Hunnicum complevit; teste Eginhardo in Vita Caroli Magni Britannos cismarinos domuit, et adversus Saracenos rem prospere gessit; prout nar-

rant Annales, vulgo ascripti Eginhardo ipsius Caroli Magni notario.

e *Mirabili sanitate*. Dubitant aliqui, an Leo pont. oculis et lingua penitus orbatus fuerit a sicariis. Sed oculorum et linguæ usum cum prospera valetudine ipsum haud sine miraculo recepisse, conveniunt plane illius temporis scriptores. Vid. Anastasius Bibioth. in Vita Leonis; Annales Laureshamenses; Poeta Saxonicus; Theodulphus Aurelianensis, lib. iii, Carm. 6 ad Carolum Magnum, etc., etc.

f *Mensis Augusti*. Carolus « Mense Augusto inchoante Moguntiacum veniens, iter in Italiam condixit, » inquit annalista Loiselianus ad annum 800, ideoque eo mense ejusdem anni litteras illas ab Alcuino accepit. *Pagi hoc anno*, num. 8.

pigrum efficit. De pueris vero nostris, quos pedibus paternis Romam pergere præcipis, velim scire quando, vel ubi, vel quibus comitantibus vestræ beatitudini occurrere debeant. De quibus in vestræ excellentiæ litteris scriptum invenimus : « Qui te, inquis, quiescente, pro te tua munera inire valent. » Fateor quidem, vobis jubentibus et juvantibus, laboris mei possunt inire sudorem. Munera vero mea illis necdum concedo, quæ vestra frequenter largitate accipere solebam. Nam et Moyses, quem nobis quasi ad exemplum proponitis, pugna peracta et Amalecitis fugatis, prædam reductam ipse populo distribuit (*Exod.* XVII, 13). Et David, Syria per Joab principem militiæ subjecta, aurum et gemmas pretiosissimas ad templi dedicavit ornatum (*II Reg.* VIII, 11). Sed et Ammonitarum regis diadema proprio imposuit capiti, licet Joab labores sustinuisset militiæ (*II Reg.* XII, 30).

Sed et de hoc, quod mihi improperare voluistis, me fumo sordentia Turonorum tecta auratis Romanorum arcibus præponere, scio vestram legisse prudentiam Salomonicum illud elogium : *Melius (est)*, inquit, *sedere in angulo domatis, quam cum muliere litigiosa in domo communi* (*Prov.* XXI, 9). Et, ut cum pace dicam, magis ferrum nocet oculis, quam fumus. Turonis enim fumosis tectis contenta, Deo donante, per vestræ bonitatis providentiam in pace permanet. Roma vero quæ fraterna discordia initiata est, insitum dissensionis venenum hucusque tenere non cessat : vestræque venerandæ dignitatis potentiam, ad hujus pestis compescendam perniciem, e dulcibus Germaniæ sedibus festinare compellit. Nos vero lacrymis absentiam, et precibus iter vestrum continuis prosequimur, divinam humiliter obsecrantes clementiam, quatenus vos vestrosque simul, cum omni prosperitate sanos ducat, et reducat gaudentes. 139 Vestræ vero pietatis litteræ nullatenus consentio ut obliviscantur mei : sed sæpius veniant in spiritu consolationis, ut osculentur, iterum iterumque relegantur, et in cordis thesauro perpetua dulcedine conserventur.

Tempora concedat Christus felicia regni
Hujus et æterni, David amate, [a] tibi.

---

[a] *Cæteri versus* (inquit hoc loco Basnagius), *desunt in Editione Quercetana, in qua duo tantum priores describuntur*. Non advertit vir eruditus, reliquos versus a Quercetano editos fuisse ad calcem epistolæ 12, nunc 96, ad quam etiam magis, quam ad istam pertinere videntur; quod ibi agatur de reditu Leonis ad urbem, qui anno priori contigit.

[b] Hanc epist. Baluzius edidit lib. I Miscell. pag. 377, unde illam descripsimus (Apud Froben. 94).

[c] *Gothiæ partibus*. Gothia alio nomine etiam Septimannia vocatur. Felix Urgellitanus episcopus « multis apud Septimanniam pestiferum haustum hæresis Adoptianorum propinavit, » ut scribit Jonas Aurelianensis lib. I de Cult. Imag. adversus Claud. Taur. Quæ res Alcuinum sollicitum habuit, ne illo veneno monasteria a beato Benedicto Anianensi nuper partim erecta, partim reformata inficerentur.

[d] *In Libello.... quem direximus per beatum Bene-*

EPISTOLA CX.
AD ABBATES ET MONACHOS GOTHIÆ.
(Anno 800.)

Errorem Adoptianorum capit, quem singulari libello per beatum Benedictum misso, se jam refutasse, et nunc majori opere a se refutandum ait.

Albinus humilis Christi famulus et serviens sancti Martini, omnibus abbatibus, fratribus et filiis, qui sunt [c] Gothiæ partibus in Christo charissimis, æternæ beatitudinis salutem.

Acceptis dulcissimis vestræ beatitudinis litteris, simul et suavissimis nimiumque nobis necessariis sanctarum orationum vestrarum muneribus, cum omni gaudio et mentis alacritate, et magnam vere habens fiduciam per vestras sacratissimas intercessiones ad Jesum Dei Filium, qui pro mundi salute homo dignatus est fieri : ita ut qui Deus æternaliter ex Patre natus est, temporaliter nasceretur ex virgine, et idem esset homo qui et Deus; et idem Deus qui et homo; et non esset ulla separatio personæ vel filietatis, ne essent duo Filii, unus proprius et alter adoptivus; aut duo Dii, unus verus Deus et alter nuncupativus : quod omnino impium est credere et prædicare. Quia Dei Filius in proprietate personæ, et Filii dignitatis adunivit sibi hominem, ut esset unus Christus, et unus Deus, et unus Dei Filius, totus in suis, et totus in nostris, perfectus in divinitate et perfectus in humanitate. Quod multis testimoniis evangelicis et apostolicis, vel etiam sanctorum Patrum traditionibus comprobari potest; sicut in libello ex parte factum est, quem direximus per beatum [d] Benedictum, vobis solatium et confirmationem fidei catholicæ. Sed in manibus [e] majus modo habemus opus propter alias causas, quæ in libello [f] venerandi Felicis legimus; et illum volente Deo vobis dirigimus, postquam lectus et comprobatus fuerit ab episcopis nostris et [g] domno rege. Interim vestra Sanctitas nos adjuvet sanctis orationibus vestris, ut Dominus Deus aperiat nobis agnitionem veritatis, et fiduciam prædicationis et constantiam in fide catholica. *Multum enim valet deprecatio justi* (*Jacob.* V, 16), quanto magis et plurimorum.

140 Hæc novitas vocum in *adoptione, nuncupatione* Christi, omnino fidelibus omnibus detestanda est, et magnopere cavenda hæc divisio in Christo

dictum. Hunc Libellum, qui hucusque latuit, ex cod. 290 bibl. palat. Vaticanæ infra dabimus ante Libros VII adversus Felicem. Vide dissertationem nostram de hæresi Adoptianorum. Porro Benedictus est abbas Anianensis monasterii, quod caput est aliorum monasteriorum Septimanniæ seu Gothiæ, quæ nunc Languedoc a Gallis appellatur, quocum Alcuino amica consuetudo fuit.

[e] *Majus opus*. Scilicet libros VII adversus Felicem Urgellitanum.

[f] *Venerandi Felicis*. Hæc compellatio amici est, non adversarii. Epistola igitur præsens scripta est, postquam Felix ab Alcuino in concilio Aquisgranensi anno 799 convictus fuit, et cum illo in gratiam rediit. Vide, quæ diximus in præfata dissertatione.

[g] *Et domno rege*. Vide epistolam ad Carolum Magnum Libris VII contra Felicem præfixam.

Domino nostro. Scimus duas naturas perfectas esse in Christo, et unam personam : mortalem immortalemque eumdem esse. Sicut homo mortalis est carne, immortalis anima; tamen unus est homo, et una persona, et unus Filius patris sui totus proprius, et dividi non potest, quod sit partim nuncupativus homo, et partim verus homo : ita et Christus, licet sit carne mortalis, et divinitate immortalis, tamen unus Jesus Christus et unus Dei Filius; sicut dixi hominem esse unum filium, licet carne sit mortalis, et anima immortalis : et nullatenus unus Filius, uno Patre, potest esse utrumque, et proprius et adoptivus. Et si est unus Filius Deus Christus in una persona, omnino aut totus est proprius, aut totus adoptivus. Sed melius est, ut propter illam excellentiam naturam [*Leg.*, excellentem *vel* naturæ] Dei Filius, qui proprius et æternus est, sit humanitas assumpta in proprietatem Filii, quam propter humanitatem Dei Filius æternus humilietur in adoptionem. Omnino proprius filius et adoptivus unus esse non potest ad unum patrem, ad duos autem potest.

Hæc considerantes diligentius, et animo tenete firmiter, et constanter prædicate unum Filium et unum Deum, eumdem proprium et verum perfectumque esse; quia omnis veritas in Christo est et nullum figmentum, et tota *plenitudo divinitatis* (Coloss. II, 9), et nulla minoratio nec defectio; [a] nec eum, sicut in libello præfati Felicis lectum est, baptismo indiguisse, sed mox sine peccato et omni labe peccati, Spiritu sancto conceptum esse Deum verum et hominem verum. Et si beata virgo proprium potuit generare sibi filium, qui fuit ex æterno Dei Filius, quomodo non potuit Deus Pater habere hominem Filium proprium, qui ex tempore natus est ex virgine? Unus omnino est in utraque natura, ad utrumque parentem, Christus et Filius Dei proprius. Quæ omnia plenius, opitulante eodem Deo, de quo nobis sermo est, lecturi eritis in eodem libello, quem modo in manibus habemus. Tantum in fidei firmitate et nil hæsitantes [*Supple*, manete] : *quia sine fide impossibile est placere Deo*, ut Apostolus ait (*Hebr.* XI, 6).

Charitatem fraternam instantissime inter vos servate, et unitatem in omni catholica pace, et fide recta et humilitate non ficta. Et obedientiam vestram secundum propositum regularis vitæ omni studio servate, et stabiles estote in locis vestris, ubi vosmetipsos dedistis Deo; et nolite deserere monasteria vestra, et vagari per sæculi vanitates. Tempus enim hujus vitæ breve est (*I Cor.* VII, 29), *et non sunt condignæ passiones hujus sæculi ad superventuram gloriam* (*Rom.* VIII, 18). Non debet vestræ beatitudini Christi jugum durum videri vel onerosum, sed leve et suave, sicut ipse ait; *Jugum enim meum suave est, et onus meum leve est* (-*Matth.* XI, 30). Non qui ceperit, sed qui perseveraverit, salvus erit (*Matth.* X, 22; et XXIV, 13). Revocate ad mentem Judam ex apostolo proditorem factum. Considerate Saulum ex persecutore prædicatorem effectum. Mementote Malchum monachum, cujus historiam beatus Hieronymus nunc edidit epistola, quomodo quasi pietatis intuitu egressus est a monasterio, relinquens patrem suum, et in quales pervenit postea tribulationes, vel qualiter planxit monachum in eremo, quem perdidit in monasterio. Raro diabolus aperta fronte pugnat contra servos Dei, sed sub figura pietatis, quasi majoris sit utilitatis exire de monasterio quam permanere. Ovis quæ de ovili egreditur et a pastore recedit, lupi patet morsibus. Melius est non vovere, quam vota non implere. Dicit Scriptura : *Vovete et reddite Domino Deo vestro* (*Psal.* LXXV, 12). Verax est Deus in promissionibus beatitudinis, quæ diligentibus se promittit (*Jacob.* I, 12). Et vere dicis [*Sensus corruptus*] : Reddet promissa veritatis. Mementote Apostolum dicentem : *Fratres, stabiles estote et immobiles* (*I Cor.* XV, 58). Et iterum : *Qui stat, videat, ne cadat* (*I Cor.* X, 12). Stabat Joannes, quando Christum cernebat. Ideo, fratres charissimi, *vigilate et state in fide, viriliter agite* (*I Cor.* XVI, 15), *et confortetur cor vestrum in omni opere bono.* Et Psalmista : *Exspecta Dominum, viriliter age, confortetur cor tuum, et sustine Dominum* (*Psal.* XXVI, 14). 141 Quid est *exspecta Dominum*, nisi stabili mente exspecta, donec tibi veniat dies remunerationis? Fac omnia opera viriliter, et confortetur cor tuum in permanendo quod cœpisti, et sustine Dominum, quidquid in te tribulationis vel laboris permittit, sustine viriliter. *Multæ sunt tribulationes justorum, et de his liberabit eos Dominus* (*Psal.* XXXIII, 20). Nullus labor amanti Deum durus videatur, quia ille est remunerator fidelis, qui est auxiliator idoneus, qui nunquam deserit sperantes in se. Respondeat homo suggestionibus diaboli : *Dominus auxiliator mihi est, non timebo quid faciet homo* (*Psal.* CXVII, 6), id est, carnalis delectatio. Item : *Declinate a me maligni, et scrutabor mandata Dei mei* (*Psal.* CXVIII, 115). Et iterum : *Auxilium meum a Domino, qui fecit cœlum et terram. Dominus custodiat introitum et exitum servorum suorum ex hoc nunc et usque in sæculum* (*Psal.* CXX, 2, 8). Hæc, charissimi fratres, feliciter legite, et fideliter implete, et Dominus Deus vos adjuvet et proficere faciat in omni bono; et exaudiat orationes vestras pro omnibus, et pro me fideli vestro adjutore, et Dominus Deus custodiat vos in æterna pace et charitate perfecta, viri fratres et filii charissimi.

[b] EPISTOLA CXI.
AD FRATRES IN GOTHIA.
(Anno incerto.)

Hortatur ad pœnitentiam, ad observantiam vitæ regularis, et ad fortitudinem in exorta tribulatione.

Sanctissimis in Christi charitate fratribus, Deoque in diversis Gothiæ partibus fideliter servientibus humilis levita Alcuinus salutem.

---

[a] *Nec eum... baptismo indiguisse.* Hunc errorem refutat Alcuinus Libro II adversus eumdem.

[b] Edit. Quercet. 99 ex ms. (Apud Froben. 95).

Legimus Dominum discipulis præcepisse ut turbas per contubernias discumbere fecissent, quinquagenos et quinquagenos; quos omnes unius panis soliditate refici volebat (*Luc.* ix, 14). Quinquagenarius numerus, in quo lex data est, ipse Spiritus Paraclitus a Patre et Filio missus, qui in centum viginti nomina descendit, remissionem peccatorum significat: quam omnes fideles in ipsius sancti Spiritus gratia accipiunt, primo in sacramento baptismatis; secundo in pœnitentiæ lacrymis, quibus anima peccatrix abluta ad visionem Dei Salvatoris pervenire merebitur; dicente ipsa Veritate: *Beati mundo corde, quoniam ipsi Deum videbunt* (*Matth.* v, 8). *Ecce nunc tempus acceptabile, ecce nunc dies salutis* (*II Cor.* vi, 2). *Mundemus nos ab omni inquinamento carnis et spiritus, perficientes salutem animarum nostrarum* (*II Cor.* vii, 1). Hæc vero scientes et optime intelligentes, charissimi fratres, nil sordidum in vestra remaneat conscientia, sive de carnis fragilitate contractum, sive de spiritus inquietudine infectum, ut dignam in cordibus vestris Spiritus sanctus sibi inveniat habitationem. Nullam malignus hostis in vestra bona conversatione inveniat suæ malitiæ partem, nec aditum quem quærit, reperiat vestris in cordibus; sed omni custodia animas vestras confirmate in charitatis munimine, in tutela obedientiæ, in muro humilitatis, in castitatis observatione, in sanctæ pacis conjunctione. Viriliter pugnate contra antiquum hostem, et communibus manibus debellate eum, qui *rugiens circuit, quærens quem devoret* (*I Petr.* v, 8). Portate in frontibus vexillum crucis, et in cordibus charitatis munimenta, et catholicæ fidei firmamentum. Spe firma vosmetipsos erigite ad Deum, et nihil contra vestram valet unanimitatem illius insidiosa calliditas. Magis humili mente senioribus vestris obedire parati, quam murmurationis vitio dijudicare, quidquid vobis injungatur operis.

Vovistis vos Deo servire, paternisque regi consiliis. Nolite vosmetipsos super rectores exaltare vestros, nec eorum judicare acta vel consilia; sed contenti tantummodo estote eorum judicio, quidquid agatis, regularisque vitæ præceptis, in quibus maxime humilitas obediendi cum charitate præcipitur. Horæ vero vestræ omnes animabus vestris utiles inveniantur, vel in opere manuum, vel in lectionis studio, vel in orationis gratia. Oret operarius corde, ut duplici mercede dignus habeatur. Similiter in refectione corporis anima reficiatur in gratiarum actione Deo; vel si corpus labore afficiatur, mens compunctione confirmetur. Sic vero armatum monachum duplici suffragio, nil *antiquus hostis* nocere poterit (*Apoc.* xii, 9), qui quærit per vagationem mentis mercedem minuere laborantis.

Ego vero sæculi tempestatibus turbatus, casso multis in locis labore desudavi; sed modo quasi naufragus, Deo miserante, ad portum dejectus quietis: in quo me fessum et vulneratum jacentem, deprecor, sanctarum assiduitate orationum vestram unanimitatem auxiliari, ut quandoque ad florentia virtutum rura pervenire merear, et bona securitate illi soli servire, in quo solo est totius spes salutis, sine quo nec cadens resurgere, nec bene stans firmo gradu stare poterit.

Misi munuscula parva dilectioni vestræ, sed Deo teste, non parva charitate, quantum in pectore peccatoris ejus igniculus scintillare valet. Tamen si Deus mihi vobiscum in sanctitate vitæ stare necdum dedisset, tamen piissima illius gratia vestram veraciter corde meo infudit charitatem, optans atque humiliter deprecans, quatenus per vestras sanctissimas orationes munus voluntatis meæ Deo acceptabile esse, ejusque donum in anima mea recipere dignetur, qui gratiam pro gratia dare solet; de cujus plenitudine accepimus, quidquid boni habere videmur. Illius sit semper charitas in corde, laus in ore, et opere bono signum perfectæ dilectionis.

Plurima vestræ beatitudini scribere desideravi, sed [a] nuntio tribulationis consternatus, hæc pauca dictavi. In qua vero tribulatione vos viriliter agere et constanti esse animo obsecro, scientes quod Deus nunquam deserit *sperantes in se* (*Psal.* xvii, 31). Et si qualibet tribulatione cogente, locum mutare necesse sit, nunquam regularis vitæ observatio mutetur; nec tribulatio corporis animi fatiget constantiam. Nox et dies vices suas peragunt. Maris tempestas serenitatis tranquillitate mitigatur. Nec perpetua prosperitas in hoc præsenti sæculo inveniri valet, quia in exsilio sumus, et *ad laborem nascimur* (*Job.* v, 7). Et sicut flagella infantes erudiunt ad discendum sapientiæ decus, vel bonis assuescere moribus, ita et nos laboribus et doloribus admonemur ad perpetuæ beatitudinis properare quietem, quæ nullo dolore vel labore fuscatur, nullo fine terminatur, sed perpetua jucunditate et felicitate stabilis permanet in æternum. Ad hanc adipiscendam nullus vestram sanctam intentionem deterreat labor nullæ hujus sæculi blanditiæ retrahant; sed forti animo, fratres charissimi, estote, *in omni opere bono stabiles, scientes, quod labor vester non est inanis apud Deum* (*I Cor.* xv, 58), et qui plus laborat, plus mercedis accipiet. Dominus Deus, qui vos in unius ovilis charitate congregavit, æterna benedictione intra mœnia catholicæ fidei, et sanctæ charitatis divitiis in bonis operibus adjuvare, perpetualiterque custodire dignetur, Domini patres, fratres et filii desiderantissimi, atque mei animi charitate dulcissimi.

---

[a] *Nuntio tribulationis.* Quænam fuerit hæc tribulatio, nos fugit. Eginhardus in Annalibus ad annum 793 Saracenos narrat Septimanniam ingressos cum Francis pugnasse, victoresque rediisse; inde vero monachis Gothiæ seu Septimanniæ periculum imminere, ac tribulatio evenire potuit. Igitur hanc epistolam hoc anno scriptam esse, vero simile cuiquam videri possit. At enim eo anno non ad portum quietis Alcuinus dejectus, sed ad novos labores vocatus est. Quam ob causam consultius visum fuit, epistolam præsentem nullo certo anno affigere, prioribus tamen illam conjungere consultum duxi, ac eosdem exaratis.

a EPISTOLA CXII.
AD FRATRES IN PROVINCIA GOTHORUM.
(Anno incerto.)

Errorem refutat eorum qui nolunt sacerdotibus peccata confiteri; et confessionis necessitatem astruit.

Dilectissimis viris fratribus et patribus in provincia b Gothorum, humilis Ecclesiæ Christi vernaculus Albinus diaconus salutem.

Plurima vestræ sagacitatis et religionis laus nostris sæpius insonuit auribus, seu propter sacratissimam monachorum vitam, seu propter religiosam laicorum conversationem : dum illi ab omni strepitu sæcularis inquietudinis soli Deo vacare desiderant, et isti inter mundanas occupationes castissimam vitam rationabili consideratione degere dicuntur. [Quid hac fraternæ charitatis vicissitudine jucundius?] Illi quotidianis suos contribules orationibus adjuvare non desistunt : isti intercessores suos præsentis vitæ solatiis sustentare gestiunt : quod quisque gratiam benedictionis sibi a Deo datam in alterutrum refundat. Unde et nos vestræ pietatis exemplis edocti, nostri navigii cursum orationibus vestræ sanctitatis ad portum perpetuæ quietis dirigi precamur.

Nos quoque mutuo charitatis officio vestræ sanctitati aliquantulas piæ admonitionis litterulas dirigere curavimus, propter quasdam consuetudines, quæ vestris inoluisse feruntur regionibus. Dicitur vero neminem ex laicis suam velle c confessionem sacerdotibus dare, quos a Deo Christo cum sanctis apostolis ligandi solvendique potestatem accepisse credimus (*Matth.* xvi, 19, *et* xviii, 18). Quid solvit sacerdotalis potestas, si vincula non considerat ligati? Cessabunt opera medici; si vulnera non ostendunt [*Cod. Sal.*, ostenduntur] ægroti. Si vulnera corporis carnalis medici manus exspectant, quanto magis vulnera animæ spiritalis medici solatia deposcunt? Deo vis, o homo, confiteri, quem nolens volens latere non poteris : Ecclesiæ Christi, in qua peccasti, satisfacere negligis. Cur ipse Christus leprosum, quem mundavit, sacerdotibus se jussit ostendere (*Matth.* viii, 4)? Cur Lazarum quatriduanum resuscitatum alios solvere jussit (*Joan.* xi, 44)? Nunquid non fasciamenta mortui eodem verbo solvere poterat, quo mortuum vitæ redditum de sepulcro prodire jussit? Cur interrogavit cæcos ad se clamantes, *quid voluissent* (*Matth.* xx, 32)? An ignorare cordis eorum voluntatem potuit, qui optatum lumen oculis illorum reddere valuit? Forte si Deum latere, sicut hominem potuisses, nec Deo plus quam homini confiteri voluisses. Superbiæ hoc genus esse videtur sacerdotem judicem despicere.

144 Si dicis : *Bonum est confiteri Domino* (*Psal.* xci, 2) : sed bonum est hujus confessionis te habere testem. Licet d non semper confessio pœnitentiam significet, sed sæpissime laudem, ut in Evangelio ipsa Veritas dixit : *Confiteor tibi, Pater cœli et terræ* (*Matth.* xi, 25), id est, laudo te, Pater cœli et terræ. Et in Symbolo dicitur : *Confiteor unum baptisma* et cætera, quæ sequuntur ad idem respicientia verbum : quod verbum, id est, confiteor, in hoc loco confessionem fidei, non peccatorum designat. Erubescis homini in salutem tuam ostendere, quod non erubescis cum homine in perditionem tuam perpetrare? Ancillam tuam iniquitatis tuæ consciam vis habere, et sacerdotem Christi reconciliationis tuæ non vis habere adjutorem? Per inimicum corruisti, et non vis per amicum resurgere? Multum offendisti Dominum tuum, et alium non vis habere reconciliatorem, nisi te ipsum? Confidis per orationes tuas salvari? Spernis apostolicum præceptum dicentis : *Orate pro invicem, ut salvemini;* et iterum : e *Si quis peccator est, oret pro eo sacerdos, ut salvetur.* Quid ad hæc dicitis, quæ in eadem epistola leguntur : *Confitemini alterutrum peccata vestra* (*Jacob.* v, 14, 15, 16), ut deleantur delicta vestra? Quid est, quod dixit : alterutrum? nisi homo homini, reus judici, ægrotus medico? Ipsa quoque Sapientia per Salomonem dixit : *Qui abscondit scelera sua, non dirigetur* (*Prov.* xxviii, 13); id est, non dirigetur in viam salutis, qui peccata sua celare studet.

Nunquid Deo abscondi possunt scelera nostra, qui omnia videt, novit et considerat? Ab homine possumus abscondere quæ agimus, at non Deo. Nonne David præsente Nathan propheta, qui se arguebat pro peccato suo dixit : *Peccavi Domino* (*II Reg.* xii, 13)? Ecce tantus vir testem confessionis suæ voluit habere prophetam. Et quia non erubuit confiteri quod impie gessit, statim audivit : Ecce *Dominus transtulit peccatum tuum.* Homini patefecit vulnus suum, et a Deo mox remedium accepit. Nam et in Levitico sæpissime, Domino mandante, peccator ad sacerdotem mittitur cum victima, quam offerens Deo oret pro eo, et dimittatur ei (*Lev.* v, 12). Quæ sunt nostræ victimæ pro peccatis, a nobis commissis, nisi confessio peccatorum nostrorum? Quam pure Deo per sacerdotem offerre debemus; quatenus orationibus illius, nostræ confessionis oblatio Deo acceptabilis fiat, et remissionem ab eo accipiamus, cui est *sacrificium spiritus contribulatus, et cor*

---

a Edit. Quercet. 71, Canis. 26 (Froben. 96); emendata ex cod. ms. Salisb., in quo hunc titulum habet : *Contra eos qui nolunt sacerdotibus dare confessionem.*

b *Gothorum.* Canisius hanc vocem in ms. corruptam existimans, legi vult *Scotorum.* Sed nulla est ratio ms. corrigendi, cum constet Alcuinum alias etiam epistolas ad monachos Gothiæ seu Septimanniæ scripsisse.

c *Confessionem.* Egregium est hoc Alcuini testimonium pro confessione auriculari contra moderni etiam temporis hæreticos, qui soli Deo peccata confiteri sufficere asserunt. De hac re Alcuinus alibi sæpius, ut in epistolis 13, 39 (nunc 14, 44), etc. Vid. Mabill. Præf. ad part. i Sæc. iii Bened., pag. 9.

d *Non semper confessio pœnitentiam significat.* De hoc eleganter S. Aug. serm. 8, de Verb. Dom. CANISIUS.

e *Si quis peccator est vestrum.* Illud S. Jacobi : *Infirmatur quis in vobis*, etc., ad animum peccatoris accommodatitio sensu refert eleganter. CANIS.

contritum et humiliatum non spernit (*Psal*. L, 19).
Christus pro nostris sceleribus ab inimicis judicari in hunc mundum venit, ut nos redimeret a diaboli servitute : et nos dedignamur a sanctis Dei sacerdotibus judicari, ut liberemur a vinculis peccatorum nostrorum ? Ille absque omni peccato, hominum assistere, et hoc impiorum judicio non renuit : et nos cum multis peccatis hominum judicia, et hoc sanctorum, subire contemnimus ? Nonne in sacro baptismate sacerdotibus Christi nostræ fidei confessionem et abrenuntiationem Satanæ dare debemus, et sic sacerdotali ministerio, divina operante gratia, ab omnibus ablui peccatis ? Cur etiam et in secundo pœnitentiæ baptismate, per confessionem humilitatis nostræ, ab omnibus post primum baptisma peractis, eadem divina miserante gratia, sacerdotali similiter auxilio non debemus absolvi peccatis ?

Si peccata sacerdotibus non sunt prodenda, quare in [a] Sacramentario reconciliationis orationes scriptæ sunt ? Quomodo sacerdos reconciliat, quem peccare non novit ? Si consiliis, juxta Salomonem, tractanda sunt bella (*Prov*. xx, 18), quali audacia sine consilio ecclesiasticorum ducum pugnare nos adversus diabolum confidimus ? Item eodem dicente, legimus : *Frater, qui adjuvatur a fratre, quasi civitas firma est* (*Prov*. xviii, 19). Quem adjuvat sacerdos Christi dux exercitus Dei et rector castrorum illius, si nullus ab eo suæ salutis auxilium quærere dignatur, si nemo occulta diabolicæ fraudis vulnera illius medicinali dexteræ tractanda ostendit ?

145 Inaniter itaque posita sunt in Ecclesiis remedia, et synodali auctoritate litteris mandata contra omnia peccatorum nostrorum vulnera, quæ vel antiqui hostis versutia, vel negligentia mandatorum Dei spiritaliter aut carnaliter nobis infliguntur ; si non his qui in Ecclesia Christi statuti sunt ad sananda putrida scelerum nostrorum ulcera, revelantur. *Corde enim creditur*, dicit Apostolus, *ad justitiam, ore autem confessio fit ad salutem* (*Rom*. x, 10). Non solum catholicæ fidei, sed etiam pura peccatorum confessio [cum cordis compunctione] nobis ad salutem proficit sempiternam, dicente Scriptura : *Dic prior injustitias tuas, ut justificeris* (*Isai*. xliii, 26). Et iterum : *Justus in principio accusator est sui* (*Prov*. xviii, 17). Si justus, quanto magis peccator ?

Si forte dicis cum Psalmista : *Dixi, confitebor adversum me injustitiam meam Domino* (*Psal*. xxxi, 5). Et ego cum eodem dicam : *Quoniam iacui, inveteraverunt ossa mea* (*Ibid. vers*. 3). Et iterum cum alio propheta : *Computruerunt jumenta in stercore suo* (*Joel*. i, 17). Quid est (autem) jumenta in stercore suo putrescere, nisi criminosos quosque in putredine peccatorum suorum jacere ? Qui peccat, jacet ; qui confitetur, surgit [*Cod. Sal*. surget]. Qui pœnitentiam agit, revertitur ad patrem suum, sicut prodigus filius in Evangelio legitur dixisse : *Surgam, et ibo ad patrem meum, et dicam ei : pater ! peccavi in cœlum*

et coram te (*Luc*. xv, 18). Sed semel sacerdoti in præsentia divinæ pietatis confessio facienda sufficit. Semper autem Domino cum lacrymis et cordis contritione faciendam esse arbitramur. *Omnis enim qui male agit, odit lucem, et non venit ad lucem, ut non arguantur opera ejus ; qui autem facit veritatem, venit ad lucem, ut manifestentur ejus opera, quia in Deo sunt facta* (*Joan*. iii, 20, 21).

Vos igitur, viri fratres, filii lucis estis et non tenebrarum, *populus acquisitionis* et non perditionis : *gens sancta* (*I Petr*. ii, 9) : Christi sanguine acquisita. *Ambulate ut filii lucis in omni bonitate* (*Ephes*. v, 8, 9), et pietate, et castitate, exuentes veterem hominem cum peccatis suis, et induentes novum, qui secundum Deum creatus est (*Coloss*. iii, 9, 10). Sit conversatio vestra cœlestis et non terrena. Diligite justitiam, et odio habete iniquitatem. Qui sanus est, defendat se scuto fidei, ne clandestina antiqui hostis sagitta eum vulnerare valeat (*Ephes*. vi, 16). Si quis vero propter fragilitatem carnis, vel propter negligentiam circumspectionis vulneratur, citius ad confessionis medicinam recurrat, ne per illecebram malæ consuetudinis vix eradicari [*Cod. Sal*., eradicare] valeat peccatum. Tres enim mortuos Dominum Jesum Christum evangelica narrat historia suscitasse : filiam archisynagogi in domo (*Marc*., v, 38 *seq*.), filium viduæ extra portam civitatis (*Luc*. vii, 12 *seq*.), Lazarum quatriduanum de monumento ad vitam vocavit (*Joan*. xi). Qui sunt hi tres mortui, nisi tria genera peccantium, quæ modo quotidie divina confitentibus suscitare solet gratia ? Filiam suscitat in domo, dum consentientem in corde peccare, revocat a peccati perpetratione. Filium viduæ extra portam civitatis suscitat, dum peccantem foris in opere ad pœnitentiæ medicamenta confugere facit. Fetentem vero in mala consuetudine peccati, dum lacrymas pœnitentiæ elicit ex corde, suscitat, et ex ecclesiastica auctoritate solvere eum jubet, ut dignus sit communione Domini, et particeps sacri altaris efficiatur.

Hæc cogitate, charissimi fratres, et in qualicunque harum trium mortium genere si quis jaceat, citius ad confessionis probatissima medicamenta confugiat, salutifero pœnitentiæ se abluat medicamine : ut non ad judicium damnationis, sed ad salutem sanctificationis communicet corpore et sanguine Domini nostri Jesu Christi. Et cum gratiarum actione semper rememorate quomodo vos divina misericordia de terra tenebrarum et frigoris, de regione ignorantiæ et iniquitatis, transtulit in loca lucis et lætitiæ, in tabernacula abundantiæ et justitiæ : et elegit vos sibi in filios pietate paterna, ut per vos nomen illius nuntietur in gentibus. Sequimini vestigia sanctorum Patrum, et nolite in catholicæ fidei religionem novas inducere sectas. Cavete vobis venenosum erraticæ infectionis fermentum : sed in sinceritate et veritate mundissimos sacræ fidei panes comedite, et vinum,

---

[a] *Sacramentario.* An S. Gregorii Magni Sacramentarium intelligit, in quo reconciliationis orationes exstant? Canis.

quod divina electis suis miscuit sapientia, bibite : et cantate **146** Deo vestro in concordia pacis, et unanimitate charitatis perpetuæ canticum laudis, et cum militia cœlesti consona voce laudate Deum et dicite : *Gloria in excelsis Deo, et in terra pax hominibus bonæ voluntatis* (*Luc.* II, 14). Divina vos præveniat gratia, et subsequatur ubique clementia, et in omni opere bono florere faciat, viri fratres dilectissimi et sanctissimi patres.

a EPISTOLA CXIII.
AD PAULINUM PATRIARCHAM.
(Anno 800.)

Laudat ejus libellum de taxatione fidei : et excitat illum ad debellandos quosdam errores in Ecclesia exorientes.

Domino in Domino dominorum dilectissimo, et pio Patri Paulino patriarchæ salutem.

Videor aliquod me refrigerium habere animi mei, ut flamma charitatis in corde abscondita aliquam fortasse scintillam elicere valeat : ne totum torpescat quod intus ignescit, dum opportunum mihi tempus, aliquid tuæ scribere charitati, occurrit. Quid ? cum beatitudinis vestræ litteras omni favo dulciores intueri merear, nonne videor mihi inter varios paradisi flores totus conversari, et avida desiderii mei dextera spiritales exinde carpere fructus? Quanto magis cum sacratissimæ fidei vestræ b libellum recensui, catholicæ pacis puritate ornatum, eloquentiæ venustate jucundissimum, sensuum veritate firmissimum : totius animi mei habenas in lætitiam laxavi. Ubi de uno lucidissimo et saluberrimo paradisi fonte quatuor virtutum flumina (*Gen.* II, 10), non solum Ausoniæ fertilitatis prata, sed totius ecclesiasticæ Latinitatis rura irrigare conspexi. Ubi et aurivomos spiritualium sensuum gurgites gemmis scolasticæ urbanitatis abundare intellexi. Quam plurimis vero profuturum, et pernecessarium fecistis opus c in catholicæ fidei taxatione, quod diu optavi, et sæpius domino regi suasi, ut symbolum catholicæ fidei planissimis sensibus et sermonibus luculentissimis in unam congregaretur chartulam, et per singulas episcopalium regiminum parochias omnibus daretur presbyteris legenda memoriæque commendanda ; quatenus, licet lingua diversa loqueretur, una tamen fides ubique resonaret.

Ecce ! quod mea optavit humilitas, vestra implevit sublimitas. Habet apud salutis nostræ auctorem, perpetuam scilicet et hujus bonæ voluntatis mercedem, et hujus perfecti operis apud homines laudem. Semper ferventissima charitas vestra castra perpetui regis undique invictissimis fidei clypeis muniat, ne antiqui hostis versutia aliqua ex parte aditum suæ nequitiæ invenire valeat. Etsi ille mille habeat artes nocendi, multo magis nobis necesse **147** est, mille habere artes defendendi, credentibus in eum, qui ait : *Confidite, ego vici mundum* (*Joan.* XVI, 33). Cujus pietas nobis prævidebat agonis tempus transitorium, ut remunerationis esset perpetuum. Ille prior calcavit caput leonis et draconis ; *nobisque dedit potestatem calcandi super serpentes et scorpiones* (*Luc.* X, 19), et omnes hæreticas pravitates, quæ sunt portæ inferi, superandi. Tu vero, vir apostolicæ, hac armatus potestate, viriliter pugna, fortiter vince, ut feliciter regnes cum Christo. Heu, proh dolor ! multi solent desuper contextam Christi tunicam hæreticis scindere unguibus, et in pace Ecclesiæ facere, quod milites in passione Christi non ausi sunt facere. Quapropter, venerande Pater, et doctissime athleta, et dulcissime doctor, simus semper in castris Christi commanipulares, et in una acie, sub vexillo sanctæ crucis concordi consilio et virtute præliantes, ut suos adversarios per nos vincat, qui vinci non potest.

d Nunc iterum antiquus serpens de dumis Hispanici ruris, et de speluncis venenatæ perfidiæ contritum, non herculea sed evangelica clava, caput relevare conatur, et prioribus nequitiæ poculis nova maledictionis toxica immiscere. Sed et frigidissimus e aquilo ventus alio de latere solidum Ecclesiæ impellens parietem, sacri baptismatis catholicæ consuetudinis regulam immutare nitens, et sub invocatione sanctæ Trinitatis f unam asserentes mersionem fieri debere, triduanamque nostri Salvatoris sepulturam in baptismo imitari negligentes, cum Apostolus diceret : *Consepulti enim estis cum Christo in baptismo* (*Rom.* VI, 4 ; *Coloss.* II, 12). Alii vero trinam volentes facere mersionem et in unaquaque mersione invocationem sanctæ Trinitatis : ac per hoc totas tres personas ter nominare studentes, dum ipsa Veritas præciperet : *Ite, docete omnes gentes, baptizantes eos in nomine Patris et Filii et Spiritus sancti* (*Matth.* XXVIII, 19). Quid opus est tertio replicare, quod semel dictum sufficit ?

Est quoque in quibusdam clancula dubitatio : an animæ sanctorum apostolorum et martyrum, aliorumque perfectorum ante diem judicii in cœleste recipiantur regnum g. His et hujusmodi spiculis, de phamo, quod necdum lucem vidit.

d **148** *Nunc iterum.* Elipanti, post Felicis conversionem, pertinaciam arguere videtur. Pertinet igitur epistola ad annum 800. Vid. epist. 105.

e *Aquilo ventus.* Illa controversia, de unica mersione in baptismo facienda, agitabatur non apud Aquilonares seu Septentrionales populos, sed apud Hispanos jam tempore Leandri et Gregorii I. Figurata est igitur expressio, qua alterum Hispanorum errorem indicat. BASNAG.

f *Unam mersionem.* Vide epist. 90 ad Lugdunenses fratres.

g De hoc errore nonnulla tetigimus in Præfatione.

---

a Edit. Quercet. 84, Canis. 60, Froben. 9.

b *Fidei vestræ libellum.* Non alium puto quam illum, quem statim inferius catholicæ fidei taxationem appellat. Vid. not. seq.

c *Catholicæ fidei taxatione.* Hæc de « Regula fidei metrico promulgata styli mucrone, » quæ inter Opera Paulini edit. Madris. exstat pag. 169, intelligit idem vir cl. in Vita sancti Paulini cap. 14, num. 4. Sed carmen illud Alcuinus vix tanti fecerit, ut per singulas episcopalium regiminum parochias singulis daretur presbyteris legendum, memoriæque mandandum. Ego hanc fidei taxationem, totiusque Symboli explanationem aliud sancti Paulini opus esse existi-

retris, ut æstimo, exemptis perfidiæ, unitatem sanctæ et catholicæ Ecclesiæ, et veritatem universalis fidei aliqui vulnerare nitentes, etiam et spurcissimis errorum fæcibus limpidissima ecclesiasticæ fidei pocula inficiunt, et nuptiale vinum, quod Christus ex aqua Virgini Matri (*Joan.* II, 3-9), Ecclesiæ scilicet sanctæ, salubriter potandum convertit, iterum in aquas stultitiæ converti conantur. Sed tuum est, o pastor electe gregis, et custos portarum civitatis Dei, qui clavem scientiæ potente dextera tenes, et quinque lapides limpidissimos læva recondis, blasphemantes exercitum Dei viventis Philistæos in superbissimo Goliath uno veritatis ictu totos conterere (*I Reg.* XVII). Nostrum est elevatis cum Moyse manibus in cœlum, humilitatis precibus te adjuvare (*Exod.* XVII, 11) et spectare cum David in munitissima civitatis turre, donec speculator ex alto culminis fastigio clamitans nobis tuam annuntiet victoriam (*II Reg.* XVIII, 24 seq.). Ad te omnium aspiciunt oculi, aliquid de tuo affluentissimo eloquio cœleste desiderantes audire; et ferventissimo sapientiæ sole, frigidissimos grandinum lapides, qui culmina sapientissimi Salomonis ferire non metuunt, per te citius resolvi exspectantes. Tu vero *lucerna ardens et lucens* (*Joan.* V, 35); nos in tua luce exsultare gaudemus, ut te lucente et ducente ad lumen, *quod illuminat omnem hominem venientem in hunc mundum* (*Joan.* I, 9), ejusdem æternæ lucis gratia adjuvante, pervenire mereamur.

a EPISTOLA CXIV b.

AD ÆDILHARDUM ARCHIEPISCOPUM.

(Anno 800.)

Laudat illum ob conventum cum Eanbaldo pro honore Ecclesiarum et cleri reformatione. Suadet ut cito ad gregem peracta legatione revertatur; mittit sellam et caballum suum.

Sanctissimo Patri et in membris Christi valde venerando Ædilhardo archiepiscopo Alcuinus diaconus in Christi charitate salutem.

Audiens salutem et prosperitatem vestram, et conventum cum filio meo Enbaldo [*Leg.*, Eanbaldo] Eboracensi episcopo, satis mihi placuit; sperans ex vestræ sanctitatis colloquio Ecclesiarum Christi honores exaltari, et Deo in eis servientium vitam corrigi, quæ magna ex parte diu corrupta viluit, et pene laicorum vanitate coæquata est, ita ut tonsura tantummodo discreta videatur [*Ms.*, videtur], cæterum moribus multa ex parte consimilis, seu in vestimentorum vanitate et arrogantia, et conviviorum superfluitate, et aliis rebus quæ vestra sancta sagacitas optime novit. Ideo suasi aliis litterarum mearum apicibus sanctitati vestræ, permanere in patria, nolens lumen Britanniæ exstingui, nec tubam veritatis tacere; sed factum fiat quod Deo placeat et proficiat A Ecclesiis Christi. Si ea voluntate vadas qua in litteris beatitudinis tuæ legebam, optime mihi placere fateor, si tamen invenias, qui vestrum bonum impleat desiderium.

Revertere, revertere, Pater sancte, peracta pietatis legatione, ad oves perditas, ne grex sine pastore per spineta vitiorum corruens erret, qui vix pastore præsente corrigi potuit. Sicut duo oculi in corpore, sic vos duos [*Ms.*, duo] per totius Britanniæ latitudinem lucere credo atque opto: noli dextrum patriæ subtrahere oculum. Memento sanctissimos antecessores tuos, Patres et pastores nostros, qua sollicitudine laboraverunt in verbo Dei et in salute populi Christiani, ut illorum sequens vestigia eorum mercaris consortio frui in cœlesti gloria.

Si vero ad domnum regem pervenias, admone socios tuos, maximeque clericos, ut honorifice se observent in omni religione sancta, in vestimentis et in ordine ecclesiastico, ut totius bonitatis, ubicunque vadas, semper relinquas exemplum. Prohibe eos auro vel sericis uti vestimentis c in conspectu domni regis; sed humili habitu incedant, secundum consuetudinem servorum Dei; et per omnia loca cum pace vadas et conversatione honesta cognito tibi more et consuetudine hujus gentis.

Misi tibi, sicut demandasti mihi, sellam, qua ego caballicare solitus sum, sic paratam, sicut solent ecclesiarum pastores in hac regione habere; cabal lum quoque, qui portaret sellam, vosque supersedentes, si placeat pietati vestræ. d Puerum meum direxi, ut nostri honorifice vos suscipiant, secundum quod habeam facultatem, et vestræ sanctitatis jussio fiat; per quem potes mihi demandare iterum litteris de itinere vestro, utrum ad sanctum Martinum protectorem nostrum et intercessorem vestrum vestra bonitas in revertendo venire cogitet. Prosperum iter vobis faciat Deus; angeloque ejus comitante Spiritus sanctus prospere vos ducat atque reducat; et multos faciat feliciter annos in sancta proficere prædicatione ad salutem multorum, et augmentum mercedis vestræ in æterna gloria, dulcissime et desiderantissime Pater!

In fine vero hujus chartulæ deprecor charitatem vestram ut mei nominis habeatis memoriam in sanctis orationibus vestris, sicut sæpius rogavi vestraque promisit benignitas; sed modo maxime obsecro ut apud sanctos apostolos et martyres Christi mei habeatis memoriam, sicut apud sanctum Martinum vestri habere dulce habemus.

---

a Froben. epist. 173.
b Hujus epistolæ fragmentum superius dedi epist. 62 (nunc 77) ex Malmesburiensi, quæ nunc feliciter inventa est integra in cod. ms. bibl. Harleiensis. Vide quæ ibidem adnotavimus; ubi tamen annus corrigendus, et hæc epistola ad annum 800 reducenda videtur ob ea quæ adnotamus in epist. 116 et 117.

c Hujus admonitionis Ædilhardo factæ meminit Malmesburiensis lib. I Reg. Angl., cap. 4, cujus verba superius epist. 63 (nunc 78), in notis retulimus.
d *Puerum meum direxi.* Qui Ædilhardo apud S. Judocum occurrit, illumque ibidem benigne suscepit, prout scribit in Epistola ad Eanbaldum, quæ sequitur.

a EPISTOLA CXV.

AD b EANBALDUM ARCHIEPISCOPUM EBORACENSIS ECCLESIÆ, COGNOMENTO SIMONEM.

(Anno 800.)

Consolatur afflictum, et ad patientiam hortatur, fugam ab Ecclesia sua dissuadet.

Filio votorum meorum Simeoni sacerdoti Albinus salutem.

Romam eunti viro religioso coepiscopo tuo Ædilhardo occurrit illi c apud sanctum Idochum missus meus. Sicut me [*Forte*, a me] per suam voluntatem benigne susceptus est, habens secum alios duos episcopos, amicosque nostros Ceommundum atque Toretmundum, pro quorum solatio litteras meas direxi domino meo David regi d. Inter alia siquidem quæ mihi ipse præfatus venerabilis Pater litteris suis mandare curaverat, de vestra tribulatione innotuit nobis; cujus causa has consolatorias litteras charitati vestræ dirigere studui, deprecans vos, in conspectu Dei viriliter agere, et forti animo esse. Nec semper nox, nec semper dies, sed vices suas agunt; ita hujus sæculi adversitas vel prosperitas. Hodie tempestas imminet, sed cras serenitas arridet. Figatur spei anchora in Christum. Qui lætatur in prosperis, timeat adversa; et qui adversis fatigatur speret prospera cito advenire. Aurum perfecti decoris non erit, nisi fornace ardoris probetur. Arbitror ex te ipso tuæ partem tribulationis oriri, qui e forsitan inimicos regis recipias, vel inimicorum illius possessiones tutaris. Si vero juste patiaris [*Ms.*, patieris], quid turbaris? Si vero injuste, cur non recorderis sanctorum tribulationes? *Job audistis*, dicit Jacobus apostolus, *et finem Domini vidistis* (*Jac.* v, 11). Qui particeps est tribulationis sanctorum, particeps erit et gloriæ. Noli fugam meditari, sed coronam sperare.

Sta fortiter in acie, quasi signifer castrorum Christi. Si fugit vexillum ferens, quid facit exercitus? Si tuba tacet in castris, quis se præparat ad bellum? Si dux timidus erit, quomodo salvabitur miles? Nec-

---
a Froben. epist. 174.
b *Cognomento Simonem.* Hunc titulum habet ipse cod. ms. Harleianus, ex quo innotescit Simeonem illum sacerdotem, ad quem scripta est epist. 57 (nunc 72) et quem in epistola 58 (nunc 73) ad Calvinum, charissimum filium et summum sacerdotem nominat, ipsum esse Eanbaldum archiepiscopum Eboracensem, cui Alcuinus, more suo, nomen ascititium Simeonis tribuit. Vide notas meas ad epistolas citatas, ubi nondum visa hac præsenti epistola contra VV. clarissimos Mabillonium et Lelandum ex contextu conjiciebam, illum Simeonem nec in Gallia, nec Wormatiæ, sed in Anglia esse quærendum.
c *Apud S. Idochum.* Legendum censeo *Jodocum* seu *Judocum*; cella maritima alio nomine Wicus, seu monasteriolum curæ Alcuini anno 793 ex Anglia in Franciam revertentis a Carolo Magno traditum; hodie *Saint-Josse-sur-mer.* Vid. epist. 39 (nunc 44) et 81 (nunc 96) inter notas.
d Vide epistolam 74 (nunc 89) ex qua intelligitur Ceommundum seu Ceilmundum, fuisse Offæ regis Merciorum ministrum; et Toretmundum seu Torhemundum Hedilredi seu Ethelredi regis Northumbrorum fidelem famulum. Ex hoc porro loco innotescit, Ædilhardum socios quoque sui Romam itineris habuisse duos episcopos; unius solum meminere chronologus Saxo et Vigorniensis ad annum 799 quem ille Cinebrihtum Occidentalium Saxonum episcopum hic Kinehertum Ventanæ civitatis pontificem vocant. Alterius nomen nemo prodit. Pagius, anno 796, n. 28.
e *Qui forsitan inimicos regis recipias.* Narrat Rogerius Hovedenus apud Alfortum ad annum 801, n. 2, quod « illis temporibus Eardulfus rex Northanhumbrorum (in cujus ditione ecclesia Eboracensis sita erat [Alfort. l. c., n. 3]) duxerit exercitum contra Kenulfum regem Merciorum, propter susceptionem *inimicorum ejus*: qui et ipse congregans exercitum secum aliarum provinciarum promovit auxilia plurima. Longa inter eos expeditione facta, tandem cum consilio episcoporum et principum Anglorum ex utraque parte pacem inierunt, *per gratiam regis Anglorum.* » Eanbaldus fortassis in illis temporibus quibus Northumbriæ regnum, post Ethelredi cædem, anno 796 perpetratam, eviluit, et reges illius, teste Malmesburiensi libr. I *Reg. Angl.*, cap. 26, ad arbitrium regis Saxonum Occidentalium spectabant, partibus Kenulfi regis Merciorum adhæsit; hostes Eardulfi similiter recepit, terrasque illorum tutatus est, ac propterea hujus odium et persecutionem in se concitavit? Hæc certe ipsius Alcuini suspicio est.

A *dum*, dicit Apostolus, *usque ad sanguinem restitistis; et obliti estis consolationis vestræ; castigat Deus omnem filium quem recipit* (*Hebr.* XII, 4, 5 et 6). Pro paternæ pietatis castigatione filius contristari non debet. Impii fremebant super justos, dicit Scriptura, sed Dominus conteret dentes eorum (*Psal.* LVII, 7), et ad nihilum redigit impetus eorum. Lege diligenter quomodo senex Matathias in ipsa morte imminente hortatus est filios suos, ut viriliter agerent et fortiter debellarent adversarios Dei; et quomodo sancti per tribulationes coronati sunt, et quam, non dicam parva, sed etiam nulla sit gloria peccatoris, dicens inter cætera: *A verbis viri peccatoris non timueritis, quoniam gloria ejus stercus et vermis. Hodie extollitur, et cras non invenitur; quoniam conversus est in* B *terram suam, et cogitatio ejus periit* [*Ms.*, periet] (I *Mach.* II, 62, 63).

Nec longe antiquorum exempla temporum quærere opus est, dum habes præsentia sufficienter. Tu ipse vidisti quomodo perierunt reges principes qui adversati sunt antecessoribus tuis et Ecclesiæ Christi: nunquid Deus in horum dormit sceleribus, quia æstimant se impune posse insanire, nec putant oculum Dei vigilare super eorum insaniam? Stulti facti sunt in sapientia sua, non timentes Deum judicem. Tua vero patientia et bona voluntas oret pro illis, ne forte det Deus illis pœnitentiam, et fiant [*Forte leg.* salvi fiant] ex inimicis amici Dei facti; sin autem illorum perditio præfinita est [*Ms.*, proditio perfinita est], tua siquidem Sanctitas nullatenus erit sine remunera- C tione æternæ felicitatis. Sicut fumus illorum evanescit superbia, et tua patientia sicut lux splendet in diem perfectum.

Harum obsecro lectio litterarum animum tuum confortet viriliter agere, et constanter stare in acie exercitus Christi. Quis trepidare debet Christo duce, et præeunte agmina certaminis sui? Prior ille portavit crucem suam ad passionem, pati pro mundi salute paratus, clamans omnibus: *Qui vult venire post me, abneget semetipsum, tollat crucem suam et sequatur me (Matth.* xvi, 24). *Ego sum lux mundi; qui sequitur me, non ambulat in tenebris, sed habebit lumen vitæ (Joan.* viii, 12) : *Ego sum via, veritas et vita (Joan.* xiv, 6). His testimoniis roboratus intrepido pede curre post Christum, ut ejus misericordiam merearis habere in æternum.

Scio diem appropinquasse meum, et gaudeo te superstitem habere. Tu vero de anima mea age sicut fidelis filius de patre; et sicut Cuculo præcepi tuæ dicere beatitudini, factum habeo; miserante Deo in Christo quietus vivere desideraris, qui ait : *Discite a me quia mitis sum et humilis corde, et invenietis requiem animabus vestris (Matth.* xi, 29). Summa Dei gratia te comitetur in omni via tua, defendat, regat et gubernet, fili mi, fili dilectissime!

a EPISTOLA CXVI. b

AD CALVINUM ET CUCULUM.

(Anno 800.)

Suggerit quæ sint Simeoni (Eanbaldo) episcopo in tribulatione posito suggerenda. Significat se onus pastoralis curæ deposuisse.

Albinus Calvino et Cuculo charissimis filiis salutem.

Audivi tribulationes charissimi filii nostri Simeonis. Vos vero exhortamini eum, ut fideliter faciat, et non pusillanimis sit in tentationibus; talia solebant antecessores sui pati; non solum illi, verum etiam omnes sancti. Joannes Baptista pro veritatis testificatione occisus legitur. Studeat, ne in se sit alia causa tentationis, nisi veritatis prædicatio. Timeo ne propter possessiones terrarum, vel etiam c susceptiones inimicorum regis aliqua patiatur. Sufficiant sua sibi, non appetat aliena, quæ in periculum sæpe habentibus eveniunt. Dum paucis prodesse se putat, multis obest, pro quibus intercedere opus est quotidie [*Ms.*, cotidie, *ita semper*] vel gregi, quem regere debet, noceat.

Et quid ei in comitatu suo tantus numerus militum? De misericordiæ causa eos habere videtur; nocet monasterialibus, qui eum cum suis suscipiunt. Plures, sicut audio, multo habet, quam antecessores sui habuerunt. Item et illi gregarios, id est, ignobiles milites plures habent, quam deceat sub se. d Magister noster neminem dimisit ex suis satellitibus plus habere, nisi unum, præter rectoribus familiæ suæ, id est duobus tantum. Imprudens est misericordia, paucis prodesse, et illis forte reis; et multis nocuisse, et illis etiam bonis. Non me accuset talia suggerenti,

---

a Froben. epist. 175.
b Aliam epistolam ad solum Calvinum scripsit Alcuinus, quæ est 58 (nunc 75), in qua etiam meminit tribulationis Simeonis summi sacerdotis, seu Eanbaldi.
Susceptiones inimicorum regis. Eardulfi fortassis. Vide not. e præcedentis epistolæ.
d *Magister noster.* Egbertus an Ælbertus? uterque magister Alcuini; uterque archiepiscopus Eboracensis. Vide Epistolas 58, 50 et 68 (nunc 43, 56 et 85).
e *Deposito onere pastoralis curæ.* Alcuinus anno 796 monasterii Turonensis regimen adeptus, illuc aulæ negotiis relictis, abiit. Cupiebat vero ab onere quoque pastoralis curæ, seu a regimine monasteriorum

---

sed se emendet talia facientem. Nos vero, sicut dixi, Cuculo, e deposito onere pastoralis curæ quieti sedemus apud sanctum Martinum, spectans, quando vox veniat; aperi pulsanti, sequere jubentem, exaudi judicantem. Sancta sollicitudo vestra adjuvet, ut diem illum, donante Deo, evadere valeam, omnesque amicos nostros admonete, 'ut nostri habeant memoriam in sanctissimis orationibus suis, maximeque omnium, in quo maxime confido, filium nostrum Simeonem sacerdotem. Deus propitius sit in hac vita, ut futuram mereatur cum sanctis Dei accipere beatitudinem. Vivite felices, filii charissimi [*Ms.*, fili charissime], in æternum. Credulum cæterosque amicos nostros ex nostri nominis officio salutate.

f EPISTOLA CXVII.

AD AQUILAM PONTIFICEM.

(Anno 800.)

Litteris ab eo acceptis respondet, pro muneribus gratias agit; homicidii cujusdam impii et crudelis meminit; et quæ in causa Felicis Urgelitani acta sunt in præsentia regis et Patrum, narrat.

Divinæ charitatis viro Aquilæ pontifici vernaculus sanctæ Dei Ecclesiæ Alcuinus salutem.

Charitas sola est quæ absentes conjungit et præsentes lætificat, quæ ubique jucunda [*Ms.*, jocunda] est, ubique bonis omnibus congaudet, quæ dextro lævoque, spe, fide munitur; quæ temporaliter incipit, sed perpetualiter permanet; sine qua nulla virtus est, sine qua nullum bonum est, sine qua nemini visio divina conceditur; quia si Deus hic non amatur, ibi non videbitur, ubi suis amatoribus summa est beatitudo Deum videre, dicente ipsa Veritate : *Qui autem diligit me, diligitur a Patre meo; et ego diligam eum, et manifestabo ei meipsum (Joan.* xiv, 21).

Ideo, charissime Pater, amemus illum, cujus visio beatitudo est æterna. Sed si forte dicis, quomodo amandus est Deus? Respondebit tibi, qui et ante : *Si quis diligit me, sermonem meum servabit* (*Ibid.*, vers. 23). Et si adhuc quæris quid sit sermo illius? Eo ipso dicente [*Forte*, docente] qui est Verbum Dei, disce, ubi ait : *Hoc est præceptum meum, ut diligatis invicem (Joan.* xv, 12). Quomodo, ait Evangelista, *Deum diligis, quem non vides; quando* [*Ms.*, quomodo] *fratrem tuum non diligis, quem vides* (*1 Joan.* iv, 20)? Hæc vero mentibus nostris radicitus infigatur, æternæ memoriæ teneatur; hanc tu, summe sacerdos Christi, in animo teneas indeficienti, et omnibus prædicare studeas; in hac et me, fidelem amatorem tuum, semper in salutem animæ meæ admoneas, et

---

suæ curæ hactenus commissorum absolvi, quod demum a Carolo rege obtinuit, qui, ut anonymus Vitæ Alcuini scriptor cap. 8 testatur : « Onera sæculi, quæ habuerat Alcuinus, discipulis suis, ut petierat, libentissime dispertiit. » Quod factum puto anno 800. Nam in epistola sequenti ad Arnonem, quæ illo anno certissime exarata est, ita scribit : « Deinde ut scias quanta misericordia mecum a Deo omnipotenti peracta est, nam rebus omnibus, quæ habui per loca diversa, adjutores mihi ex meis propriis filiis elegi, annuente per omnia suggestionibus meis domino David. » Igitur hanc et præcedentes duas epistolas ad annum hunc 800 reducendas existimo.

f Froben. epist. 176.

orationibus adjuves, ut in ea proficiam, donec, Deo dirigente, cursus vitæ meæ ad perfectum perveniat finem. Nec meæ parvitati opus est, syllabas admonitionis multiplicare tibi, cum omnia, divina inspirante gratia, et optime cognoscere et melius perficere tuam novi sublimissimam sanctitatem; et ne me taciturnitatis reum esse juste denotares, secundum opportunitatem portitoris aliquid tibi scribere dulcissima me vestri nominis cogit charitas.

[a] Me vero iter agente de palatio, sexto Kal. Jul., quarta leuuca [leuca] a sancto Amando,[b] in mansiuncula sancti Martini invenit fidelis vester famulus Dominicus, utrasque habens manus munere charitatis impletas; dexteram mellifluis dilectionis vestræ litteris; sinistram duplici munerum specie gratissimam. Nec me mora tenuit tarditatis, quin minus ea ipsa die, accito notario, ut tuæ venerabili voluntati satisfacerem, hanc, quam modo manu tenes, chartulam conscribere jussi; ut certissime cognosceres quanta mihi est festinatio vestri desiderii præcepta complere. Deinde, ut scias quanta misericordia mecum a Deo omnipotenti peracta est; nam rebus omnibus, quæ habui per loca diversa, [c] adjutores mihi ex meis propriis filiis elegi annuente per omnia suggestionibus meis domino meo David.

Tu vero prudenti consilio considera Dei omnipotentis voluntatem et honorem sanctæ Dei Ecclesiæ, ut melior eligatur in caput Ecclesiarum ordinis; et non sine vindicta impium scelus obmittatur. Minoris [d] periculi est homines offendere quam Deum. Si omne homicidium legibus vindicatur, quid judicandum est [d] de eo homicidio quod in tali persona, et in tali loco, et in tali tempore, tam impie crudeliterque peractum est? Timeo ne a paganis quandoque vindicetur, si a Christianis ultio non erit tali impietate condigna. Non ego tamen mortem alicujus suadeo, dicente Deo: *Nolo mortem peccatoris; sed ut convertatur et vivat* (*Ezech.* xxxiii, 11); sed ut sapienti consilio vindicta fiat per alia pœnarum genera, vel perpetuum exsilii damnatione, ut omnes agnoscant, zelum Domini principes populi Christiani habere, et sacerdotii dignitas inviolata permaneat, et libera sit vox corripientis, et contumacia colloquentis [*Forte*, obloquentis] oppressa. Æstimatur [e] tuaque (sic) ut citius finiatur causa cum Saxonibus, si tamen in mendaciis veritas inveniri poterit: insuper et diabolus habet quærere causas omnimodis, ut impediatur justitia et sanctæ Ecclesiæ protectio. En erit illa dies, ut liceat mihi dulcissimam vestræ pietatis faciem videre, et suavissimum vestri alloquium audire.

Cum [f] Felice hæretico magnam contentionem in præsentia domini regis, et sanctorum Patrum habuimus, sed ille diu obduratus nullius consentit auctoritatem; nisi qui sectator sententiæ, æstimans se sapientiorem omnibus esse in eo, quod stultior fuit omnibus; sed divina clementia visitante cor illius novissime falsa opinione se seductum confessus est, et fidem catholicam se firmiter tenere fatebatur.

---

[a] *Me vero iter agente de palatio.* In notis sequentibus palam fiet hanc epistolam anno 800 fuisse scriptam; illo vero anno Carolus rex circa finem mensis Junii, quando Alcuinus e palatio se reversum ait, Aquisgrani fuit, quo Turonis post obitum Liudgardis reginæ, qui ibi hoc anno pridie Nonas Junii contigit, ι per Aurelianos ac Parisios regressus, reversus est, ι prout narrat annalista Loiselianus, cui Metensis et Bertinianus cum Eginhardo in annalibus consentiunt (Bouquet, Script. Rer. Franc. tom. V). Hinc colligo Alcuinum Carolum, Turonis Aquisgranum regressum, comitatum fuisse.

[b] *In mansiuncula sancti Martini. Barallam* villam puto, intelligit, de qua in epist. 66 ad Arnonem scribit : *Dispositum habeo ad Baralla villam nostram quatuor aut quinque dies remanere, non longe a sancto Amando, sed quasi quinto decimo milliario.*

[c] *Adjutores mihi ex meis propriis filiis elegi.* Celeberrimus noster Mabillonius quondam in Elogio beati Alcuini § 11, num. 62, credebat, Alcuinum monasteriorum præfecturas discipulis suis, Martinianam quidem Fridugiso, Ferrariensem vero Sigulfo partitum fuisse anno 804, et anno demum 815 diem obiisse; hanc tamen suam sententiam vir egregius postea revocavit lib. xxvii Annalium, pag. 567, et ad calcem tom. V Actorum. Præsens vero epistola nullum dubium relinquit Alcuinum hoc anno 800 adjutores sibi in administratione monasteriorum rerumque suarum ex discipulis elegisse. Vid. not. [e] præcedentis epistolæ.

[d] *De eo homicidio.* Alcuinum hic loqui de homicidio seu nece violenta personæ cujusdam in majori dignitate ecclesiastica constitutæ; et in loco celebri impie et crudeliter perpetrata, ipse contextus satis ostendit. De crudelitate in Leonem pontificem anno præterito a Romanis peracta id intelligi minime potest; is enim non occisus, sed excæcatus linguaque mutilatus, semivivus relictus est. Nec Romæ hoc anno per legatos Caroli regis agebatur de novo pontifice eligendo, quod Alcuinus dissuasit in epist. 118 (ad Arnonem) sed de Leone in sua sede stabiliendo. Nemo vero alius episcopus memoratur ab historicis, qui illo anno aut priori crudeliter fuisset interemptus; Anne vero hæc verba Alcuini de nece Joannis patriarchæ Gradensis, quem Joannes dux Venetorum per filium suum Mauritium ex altissima turri præcipitem dari fecit, intelligenda sunt? Sed hanc necem anno 802 aut omnino sequenti contigisse concors historicorum sententia est, de qua vid. dissert. 6 cl. Madrisi Op. sancti Paulini Aquileicnsis.

[e] *Tuaque ut citius finiatur causa cum Saxonibus.* Arnoni causam aliquam cum Saxonibus intercessisse nemo dicit. Credam in his verbis *æstimatur tuaque*, mendum cubare, et legendum forsassis *æstimatur tutum*, vel simile. Nempe Saxonum pertinax resistentia regi Carolo hoc etiam adhuc anno multum negotii facessivit, atque impedimento fuit, quo minus reliqua regni et Ecclesiæ negotia possent felicius tractari. Hinc etiam in epistola 95 regi suasit, ι ut componatur pax cum populo nefando (Saxonum). ι Et in epist. 96 ait : ι Utinam quandoque divina gratia vobis concedat libertatem a populo nefando Saxonum, iter agere, regna gubernare, justitias facere. ι Et rursus in epist. 108 : ι Hunnorum perditio nostra est negligentia laborantium in maledicta generatione Saxonum.... et eos negligentes, quos majore mercede apud Deum et gloria apud homines habere potuimus, etc. ι

[f] *Cum Felice contentionem habuimus.* Nempe in concilio Aquisgranensi anni 799 exempti. In hoc enim anno 32 Caroli gloriosi regis Alcuinus cum Felice præsente disputando rationabiliter conflixit, ι illumque veraciter convicit et catholicum effecit, ι ut ipse scribit libr. 1 adversus Elipandum. Certo igitur tenendum, præsentem epistolam datam esse anno præsenti 800 post vi Kal. Julii.

Nos vero cordis illius secreta nescientes occultorum judici causam dimisimus, dantes eum [a] Laidrado episcopo, charissimo nostro filio, ut secum teneret eum, et probaret si verum esset quod se ait credidisse; et [b] si per epistolas suas damnare voluisset pristinum suum errorem, quem antea pertinaciter prædicavit. Consideratum antea habuit domnus rex, ut illum destinaret [c] Riculfo archiepiscopo ad servandum et castigandum; et presbyterum suum, qui pejor fuit magistro, tibi tuæque providentiæ, dictum est, dirigendum esse : Sed dum conversos [*Ms.*, conversus] ad fidem catholicam se esse fatebantur, tunc dati sunt prædicto fratri nostro ad probandos, quid veritatis esset; et ille [Laidradus] cum [d] abbatibus Benedicto, Nifridio missus est in illas partes occidentales ad extinguendas et evacuandas hujus pravissimæ assertionis infidelitates; quos nostra parvitas quantum potuit [e] scriptis ecclesiasticis adjuvabat, maxime eo libello quem nuper edidimus contra libellum illius Felicis, [f] quem priore anno nobis direxit.

Tantum mihi a Candido meo laudata est sanctitatis vestræ conversatio, et totius bonitatis studiosa devotio, et ecclesiasticæ auctoritatis sancta sollicitudo, ut erubescam pene meæ pigritiæ.

Litterulas aliquas admonitionis, vestræ scribere venerandæ auctoritati temerarium duxi, nisi legerem, beato Hieronymo dicente : *Aurum in sterquilinio inventum laudandum esse, et thesauro Dominico inserendum.* Nam beatus apostolus Paulus aurum sapientiæ in stercore poetarum inventum in divitias ecclesiasticas transtulit prudentiæ; sicut omnes sancti doctores ejus exemplo eruditi fecerunt. Nam rosa inter spinas nata miri odoris et coloris incomparabilis gratiam habere dignoscitur : ita pietas tua meas litteras legat, sicut rosam de spinis, ut, si quid boni odoris in eis invenias, largitori omnium bonorum gratiæ agantur, qui potens est de pulvere rosam creare, et de stercore erigere pauperem, ut solium gloriæ teneat, et sedeat cum principibus populi sui.

Misi charitati tuæ tria munuscula, tentorium, quod venerandum caput tuum defendat ab imbribus; misi et sagellum, quo pectus sacrum foveatur; misi et scyphum, in quo panis cingatur [*Forte*, tingatur] in mensa, ut hæ species per singula loca mei nominis memoriam perpetualiter tuæ ingerant sanctitati.

[g] EPISTOLA CXVIII.

AD AQUILAM.

(Anno incerto.)

Charitatem suam Arnoni, quem filium vocat, significat, et optima quæque exoptat.

Dilectissimo filio Aquilæ Albinus salutem.

Scio te Patrem esse dignitate et meritis, sed ex charitatis dulcedine nomen [*Supple*, filii] tibi imposui, quia nihil debet patri charius esse quam filius; maxime dum filius omni bonitate et dignitate excellentior est patre. Ingredientem et egredientem, vigilantem, dormientem semper te sequitur dulcedo paternæ dilectionis; quem utinam habeas in ore et corde, in officio altaris sancti, in lacrymis [h] ante pedes sanctorum apostolorum : imo ubicunque vadas tecum eat, tecum æterna maneat memoria, quia te euntem et redeuntem illius semper consequitur charitatis affectus.

Scias certissime quod nec sic anxia peregrinantis mater filii spectat adventum, quanto mei cordis ardentissima voluntas tuæ faciei præstolatur affectum. Pauca scripsi unde tu plurima nosti, et melius intelligis quid Deo placeat secundum æstimationem humanæ conjecturæ. Det tibi Deus in corde consilium, in ore fiduciam, in opere perfectionem; ut undique placeas ei qui te de stercore erexit et posuit inter principes populi sui; sine quo nihil possumus boni agere; in quo omnia potest qui in fide et charitate omnia pro ejus nomine agere vel loqui disponit quæcunque agenda sunt; cujus charitas perpetuis luceat flammis in corde tuo, et omnes terrenæ cupiditatis flammas extinguat, ut solus Deus semper sit in ore, corde, et opere charitatis tuæ, in quo longæva prosperitate feliciter, opto, vivas, fili charissime !

---

[a] *Laidrado episcopo.* Lugdunensi, qui hoc anno cum Nefridio et Benedicto in Hispaniam missus est, ad hæresis impietatem, a Felice et Elipando ibi sparsam penitus abolendam; quod Alcuinus hic confirmat, et nos alibi elucidavimus.

[b] *Si per epistolas suas damnare voluisset*, etc. Nondum ergo Felix confessionem suam quam postea ad clerum et populum Urgellitanum misit, in concilio Aquisgranensi, sed serius edidit.

[c] *Riculfo archiepiscopo Moguntino.* Ad illum binæ exstant epistolæ in cod. Harleiano, quas inferius exhibemus.

[d] *Cum abbatibus Benedicto, Nifridio.* Ad ipsos et Laidradum Alcuinus misit libros adversus Elipandum; ubi videas epistolam illis libris præfixam. Mirum vero Nifridium, qui fuit episcopus Narbonensis, hic Benedicto abbati Anianensi postponi, et abbatem nominari? Fuit is tamen etiam abbas Urbionensis monasterii beatæ Virginis *de Crassa* vulgo cognominati. Vid. Mabill. libr. xxvii Annal. num. 49, pag. 376.

[e] *Scriptis ecclesiasticis.* Quæ Alcuinus enumerat in altera epistola ad eosdem; et sunt : epistola ad Elipandum; hujus responsoria ad eamdem; libri quatuor adversus eumdem; epistola Elipandi ad Felicem jam conversum, et hujus post conversionem edita fidei confessio.

[f] *Quem priore anno nobis direxit.* Constat inde annus quo Alcuinus libellum Felicis, quem is exhortationi suæ fraternæ opposuit, accepit, qui est 799, cui propterea epistolæ 85, 84, 90, quas nondum visa præsente ad annum 798 reduximus, alligandæ sunt.

[g] Froben. epist. 177.

[h] *Ante pedes sanctorum apostolorum.* Arno ergo tempore scriptæ hujus epistolæ Romæ fuit; quo cum is sæpius accesserit, nempe anno 797 in causa propriæ ecclesiæ, anno 799 in comitatu Leonis papæ; et ibi anno quoque 800 aliquando commoratus fuerit, incertum manet ad quem ex his annis hæc epistola pertineat; jungendam tamen censui priori ad eumdem Arnonem.

[a] EPISTOLA CXIX.
AD CAROLUM REGEM JUVENEM.

Carolo filio Caroli Magni gratulatur ob adeptum ab apostolico regium nomen cum corona; et optima præbet monita ad bene regendum, ad exemplum patris.

Viro illustri et [cum] omni honore nominando [b] Carolo regi juveni et inclyto, Albinus salutem.

Audivi [c] domnum apostolicum regium nomen, domino excellentissimo David consentiente, cum corona regiæ dignitatis vobis imposuisse. Unde gaudens gaudeo de honore nominis, etiam et potestatis; optans vestram dignitatem et nobilitatem multis proficere populis, gentibus, ecclesiisque Christi in salutem, et triumphi gloria celebre esse in mundo; nec non et terribile adversariis Christianæ religionis; longævaque prosperitate vigere et valere; et cum Dei benedictione semper meliora sequi, et ad altiora ascendere, et crescere usque in diem perfectum æternæ beatitudinis.

Unde, dilectissime fili! faciens facito justitias et misericordias in populo Christiano, quia hæc sunt, Salomone attestante (*Prov.* xvi, 12), quæ exaltant solium regni, et laudabilem Deoque placabilem regiam efficiunt potestatem. Consiliarios habeto bonos, pios, prudentes, Deumque timentes, in quibus veritas regnet, non cupiditas; quia *munera excæcant corda sapientium, et subvertunt verba justorum* (*Exod.* xxiii, 8). Nullatenus aliquorum improbitas dignitatis tuæ nomen obscurent; et quod tu ipse non vis facere, alios non permittas propter cupiditatem suam improba mente efficere; quia sæpe subjectorum culpa dominis deputatur. Neve aliquorum impia voluntas, sub tuæ beatitudinis nomine, sacculos suos impleat iniquitatis mammona. Non sunt tibi exempla longe quærenda; habes enim in domo in qua nutritus fuisti, optima totius bonitatis exempla; et crede, certissime illius excellentissimi et omni decore nobilissimi patris tui, rectoris et imperatoris populi Christiani, benedictionem te consequi, Deo donante, si nobilitatis illius, et pietatis, et totius modestiæ mores imitari nitaris; Dominique misericordiam, quæ melior est totius sæculi gloria, plenissime promereri. Ubicunque iter habens, semper te vestigia pietatis sequantur, ut laudem apud homines habeas et mercedem apud Deum perpetuam.

Semper in æternum mundi spes magna valeto.
Sit tibi Christus amor, lux, via, vita, salus.

[d] EPISTOLA CXX.
AD [e] EUMDEM.

Carolum iterum hortatur ad regias virtutes, et patris exemplum imitandum. Prospera illi precatur.

Domino merito insigni, regalique honore dignissimo Carolo filio Albin. triumphalem in Christo salutem.

Gaudeo, dilectissime fili! in devotione bonæ voluntatis vestræ, quam Osulfo famulo vestro narrante audivi seu de eleemosynarum frequentia, vel de mandati humilitate; quæ omnia, certissime scito, Deo multum placere, perpetuamque tibi apud ejus misericordiam promereri benedictionem. Tu vero fili mi! fili charissime! faciens facito Dei omnipotentis semper, quantum valeas, honorem in omni bonitate et pietate; sequens excellentissimi patris tui exempla in omni honestate et sobrietate, quatenus divina Christi Dei clementia illius benedictionem te hæreditario jure possidere concedat.

Esto miserorum pius auditor, causasque illorum justissime discernens; neque subjectos tuæ potestati judices permittas per sportulas vel præmia judicare, quia *munera*, ut in Scriptura legitur, *excæcant corda sapientum, et subvertunt verba justorum* (*Exod.* xxiii, 8). Honorabiles habeto famulos Christi, qui veri sint servi Dei, quia quidam *veniunt in vestimen-*

---

[a] Froben. epist. 178.
[b] *Carolo regi juveni.* Qui fuit Caroli Magni filius natu major ex Hildegarde regina, natus anno 772, posthac rebus bene gestis et victoriis clarus. Obiit vero ante patrem anno 811.
[c] *Domnum apostolicum regium nomen... cum corona... imposuisse.* De hac regia coronatione Caroli per apostolicum altum apud scriptores silentium. Pippinum quidem et Ludovicum filios Caroli Magni juniores anno 781 ab Adriano I papa in reges fuisse inunctos constat ore omnium illius ævi annalistarum; de Carolo nata majore tacent omnes. Illustre nunc nullique dubio subjectum hujus facti testimonium Alcuini habemus; quod ad hunc annum 800 et diem, quo Carolus quoque pater corona imperiali a summo pontifice Leone III insignitus fuit; referendum existimo; illum enim Alcuinus hic vocat rectorem *et imperatorem* populi Christiani. Et sane conjecturam meam firmare videtur testimonium Anastasii Bibliothecarii in Vita Leonis III papæ, qui ait : « Illico sanctissimus antistes et pontifex unxit oleo sancto Carolum, et excellentissimum filium ejus regem ipso die Natalis Domini nostri Jesu Christi. » Scio virum clar. D. Martinum Bouquet tom. V Scrip. Rer. Gall. pag. 466, inter notas et alios hæc interpretari de Pippino Caroli filio, qui relicto cum exercitu Winegiso duce Spoletano in Urbem venerit, et ibi unctus sit in regem Italiæ scilicet. At enim Pippinum in regem Italiæ jam diu antea ab Adriano papa unctum fuisse mox diximus. Anastasius ergo de Carolo Caroli filio intelligendus est, qui natu major nunc in regni futurum successorem coronatus est a pontifice Leone. Et de eodem Frodoardum quoque cecinisse puto, apud Mabil. Act. SS. Ord. S. Bened. part. ii, sæc. iii, pag. 504, in his versibus :

Sumit apostolica augustam rex sede coronam
Conclamatur honos Romanis patribus auctus,
Imperiique nitent Francorum sceptra decore,
Regis et ad regnum genitus sacro unguine surgit.

Quis magis *ad regnum genitus*, quam primogenitus? quapropter Sirmondus immerito corrigi voluit inscriptionem carminis 25 libri iv carm. Theodulfi episcopi Aurelianensis, *ad Carolum regem*, magni scilicet Caroli filium. Rex siquidem, ut Alcuinus hic asserit, fuit non tantum *honore nominis, sed etiam potestatis*.

[d] Froben. epist. 179.
[e] Hanc epistolam priori ad eumdem Carolum jungimus, quamvis ex textu illius haud admodum constare possit, an eodem, aut quo alio anno scripta fuerit. Ex illis tamen verbis : *Neque subjectos tuæ potestati judices permittas*, etc., colligi posse videtur, Carolum jam tunc regia potestate fuisse præditum.

tis ovium, intrinsecus autem sunt lupi rapaces ; sed Veritas ait : *Ex fructibus eorum cognoscetis eos* (*Matth.* VII, 15, 16). Habeto consiliarios sapientes, Deum timentes, non adulatores ; quia adulator, ut dicitur, blandus est inimicus, et sæpe seducit consentientes sibi. Esto prudens in cogitatione, et cautus in eloquio ; spem habens semper in Deum, qui nunquam deserit sperantes in se.

Utinam mihi liceat sæpius admonitionis chartulam dirigere Almitati vestræ, sicut nobilissimus [a] Chlodwicus germanus tuus me rogavit sæpius mittere admonitorias illi litteras, quod jam et feci, et volente Deo faciam ; quas etiam cum magna humilitate legere solet. Hoc mihi maximum est gaudium, quando bonos, sicut dignum est, mores de vobis audiam ; hoc enim Dei donum est et prosperitas regni, dominos populi Christiani elegantissimis vivere moribus, Deoque placenti vita conversari inter homines. Inde benedictio cœlestis genti et regno pervenire certissimum est, quam Deus vestræ nobilitati æternaliter consedere dignetur. Floreas, valeas, et vigeas proficiens in omni bono et prosperitate ad exaltationem sanctæ suæ Ecclesiæ, dulcissime fili !

[b] EPISTOLA CXXI.

AD FILIOS [c] APUD DOMINUM IMPERATOREM IN PALATIO COMMORANTES.

(Anno 800.)

Affectum suum erga filios ostendit, suique memoriam ad limina apostolorum commendat.

Charissimis in Christo filiis pater perpetuam salutem.

Plurima habuissem vobis scribere, si mihi columba vel corvus adesset, qui fideli volatu meas vobis direxisset litterulas. Tamen has paucas in auras direxi, ut vento ferente in vestras pervenissent manus ; nisi forte zephirus mutetur in subsolanum. Surgat tamen aquilo vel austrum, et ferant chartulam meam, ut dicat vobis vale, nostramque vobis nuntiet prosperitatem, animæque mei magnum desiderium videndi vos citius in ea salute, quam pater filiis optat. Ego turbatus et timidus specto, quando hoc fiat, vel quid de vobis auditurus sim.

O quam felix dies fuit, quando in laboribus nostris pariter lusimus litteraliter seria [*Ms.*, scra]. Sed nunc omnia mutata sunt. Remansit senior alios generans filios, priores dispersos gemens ; sed quid non efficit auri sacra fames ! Fiat tamen spiritalis præsentia, ubi corporalis est separatio ; vestrumque genitorem in liminibus sanctorum apostolorum profusis lacrymis recordamini ; prospera precantes animæ peccatrici, ut liberetur a vinculis scelerum, quæ a prima die usque ad ultimum hujus vitæ peregerit.

Quid fuit, filii ! quare non volavit chartula ultra Alpinos colles per manus redeuntium Saxonum usque ad [d] Trecassinæ civitatis sacrum sacellum ; et inde volaret per manus nostrorum usque ad Turonicæ civitatis templum venerandum ?

[e] EPISTOLA CXXII.

AD RICULFUM ARCHIEPISCOPUM [f] COGNOMENTO DAMOETAM.

(Anno incerto.)

Hortatur ad labores, et virtutes apostolicas.

Damœtæ piscatori magno Albinus salutem.

Qui juxta mare Galileæ gradiens piscantibus pariter fratribus præcepit, dicens : *Venite post me, faciam vos fieri piscatores hominum* (*Matth.* IV, 19) ; ipse te in pelago hujus vitæ laborantem ad portum perpetuæ quietis, cum multiplici laboris tui fructu, perducere dignetur. *Mitte rete in dexteram navigii* (*Marc.* I, 17) ; ut de profundo hujus sæculi impleatur magnis piscibus ; quorum nomina scribantur in cœlis (*Joan.* XXI, 6). Non te terreat procellosa tempestas, quam Dominus supergradiens siccis calcavit pedibus, et Petrum mergentem pietatis intuitu respexit [*Forte leg.*, intuitu liberavit sicut negantem respexit, ut, etc.], ut trinæ negationis maculam trinæ confessionis gloria dilueret (*Matth.* XIV, 28, 30). Memento Salomonis præceptum dicentis : *Quodcunque manus tua operari possit, instanter operare, quoniam non est opus vel ratio apud inferos* (*Eccle.* IX, 10) ; id est, in sepulcro, quo caro properat.

Sit tibi manus in eleemosynis apostolica, lingua prædicationis officio devota. Memento Dominum dicentem : *Aperi os tuum, et ego implebo illud.* Sint tibi cum omni sobrietate convivia Domino præcipiente : *Attendite, ne graventur corda vestra in crapula et ebrietate* (*Luc.* XXI, 34). Sit manus dextera sæpius evangelicis onerata paginis, ut cibis spiritualibus pascatur animus. Sint præ oculis exempla

---

[a] *Chlodwicus germanus tuus.* Ex hoc loco innotescit, Alcuinum plures quoque epistolas ad Ludovicum, tertium Caroli Magni ex Hildegarde filium, postea imperatorem, scripsisse, quarum tamen nulla hactenus detegi potuit.

[b] Fröben. epist. 180.

[c] *Apud Dominum imperatorem in palatio commorantes.* Inferius rogat ut sui recordentur *in liminibus sanctorum Apostolorum, et chartula volet ultra Alpinos colles;* scripsit ergo has litteras, dum imperator Romæ ageret, Alcuinus vero Turonis esset, anno videlicet 800 vel sequenti.

[d] *Tricassinæ civitatis sacrum sacellum.* Hoc intelligendum censeo de ecclesia sancti Lupi seu cœnobio in suburbio Tricassino (*Troyes*) curæ Alcuini a Carolo Magno credito, de quo mentionem quoque facit in epistolis 66, 67 et alias.

[e] Fröben. epist. 181.

[f] *Cognomento Damœtam.* Hanc inscriptionem habet ipse codex Harleianus. Antequam hæc epistola sub oculos meos venisset, credebam cum D. Basnagio, inscriptionem epistolæ 40 apud Quercetanum : *Ad Riculfum archiepiscopum Magensis civitatis, cognomento Damœtam,* esse mendosam ; et cognomentum illud Damœtæ non ad episcopum aliquem, sed ad virum sæcularem, qui et bello gerendo et juri dicundo præesset, pertinere ; quod colligi posse existimabam ex aliis duabus epistolis, 44 nempe et 46, præsertim, quod illa inscriptio deesset et apud Canisium, et in codice vetusto Salisburgensi, qui mihi ad manus fuit. At nunc ex hac et sequenti epistolis plane constat, Riculfum archiepiscopum Moguntiacensem Damœtam quoque ab Alcuino appellatum fuisse.

sanctorum, qui mundum fortiter vicerunt, et feliciter regnant cum Christo. Non sis tuis inferior antecessoribus, ut quorum tenens cathedram, illorum meritis æquiparari dignus efficiaris in cœlis.

Non sit tibi durum charitatis legere litterulas, nec eas reris esse supervacuas, quia cognita ingerunt. Si cogniti placeant obryzi munuscula; placeant spiritalis sapientiæ solatia : in illo vana est oculorum delectatio; in isto indeficiens animi thesaurus. Dicit enim Veritas : *Omnia quæcunque vultis ut faciant vobis homines, hæc eadem et vos facite illis* (*Matth.* vii, 12).

Cum magno mens mea exspectat desiderio tuæ beatitudinis apices, ideo meos tuæ auctoritati sæpius dirigere studeo, optans te non solum in meis proficere, sed etiam tuis me multoties exhortari.

EPISTOLA CXXIII.
AD DAMŒTAM ARCHISACERDOTEM.

(Anno 800.)

Damœtam Romæ existentem hortatur, ut scissuram in Ecclesia reparare studeat, arguit dissensum inter pacificatores; non nova statui, sed vetera reparari cupit.

Venerando Patri et in Christi membris magnifico [b] Damœtæ archisacerdoti humilis magister Albinus salutem.

Secundum opportunitatem portitoris cognita mentibus nostris charitas meam impellit linguam aliquid paternæ salutationis vestræ dictare dilectioni; ut sciatis integram antiqui amoris flammam nostro splendescere in pectore; et quem semper fidelem probavi, semper amare non desistam; quia charitas, juxta vetus proverbium, quæ deseri potest, nunquam vera fuit.

Audiens itaque vestram prosperitatem, et conversationem laudabilem, et veritatis instantiam, [c] et quomodo stetisti cum domno apostolico, secundum meæ petitionis chartulam, mox etiam arcana cordis mei cubilia, resolutis tristitiæ habenis, in gaudium apertis ostiis prosiluerunt, plena voce cum apostolo decantare : *Majus mihi gaudium non est, quam [ut] filios meos in fide et veritate audiam ambulare* (*III Joan.* 4); miratusque sum, quomodo quidam sapientes surda pectoris aure apostolicum legissent procemium : *Non est potestas, nisi a Deo; et qui potestati resistit, Dei ordinationi resistit* (*Rom.* xiii, 1, 2). Quoniam omnia quæ a Deo sunt, ordinata fiunt. Ergo locus mihi sufficiens fuit disputandi de hac causa; sed sciens prudentiam vestram optime hæc omnia nosse, et velocissimo percurrere sensu litterarum mearum seriem, hoc tantum admoneo

---

[a] Fröben. epist. 182.
[b] *Damœtæ archisacerdoti.* Riculfo Moguntino scilicet, ad quem præcedens epistola exarata est, cujus notam legas.
[c] *Et quomodo stetisti cum domno apostolico.* Ex his verbis et reliquo tenore hujus epistolæ indubium esse censeo, Damœtam seu Riculfum, cum Hildebaldo Coloniensi, Arnone Salisburgensi, aliisque episcopis ac missis regiis Leonem III papam, Romam autumno anni 799 ab aula Caroli Magni reversum, comitatum fuisse, et hoc atque sequenti anno judicio adversus impios adversarios ejusdem sanctissimi pon-

---

ut altissimæ dignitatis nomini opera rectissima conveniant, et mores in omni æquitate sanctissimi sacerdotalis superhumerale honoris exornent, ut quod oculis multorum videtur in humero, omnium ore prædicetur, atque ametur in moribus.

Olim te cum beato Petro tota nocte in undis laborantem agnovimus; sed modo jam jamque jubente Deo in dexteram navigii, cum beato principe apostolorum, rete mittendum est (*Joan.* xxi, 11), ut capias sine scissura retis, id est, in perfectione catholicæ fidei, magnos pisces centum quinquaginta tres, quorum me ministerium olim vestræ sanctitati [d] exponere recordor. Sed, heu! proh dolor! quod tanta scissura apostolici retis subito facta est, ubi ille maximus animarum piscator sacratissimo requiescit corpore; ut vix conveniente sanctorum ex diversis mundi partibus magistrorum turba impiæ dissensionis scissura piæ charitatis resarciri potuit filiis. Insuper, sicut audivi, quod sine dolore cordis non dicam, ipsos male inter se dissentire magistros. Quidam vero volentes rudipannis [*Leg.*, rudis panni] assumentum veteri immittere vestimento, et pejorem facere scissuram (*Matth.* ix, 16; *Marc.* ii, 21); quidam vero meliori consilio vetera reformare, et in antiquum reponere ordinem; cum quibus vestram sanctissimam sollicitudinem laborare audivimus; et placuit mihi multum piæ pacis atque ecclesiasticæ concordiæ vos secundum Deum seminatores esse, in qua vestram benevolentiam semper sudare exopto; recordantes dulcissimam Domini largitionem in suos, dicentis : *Pacem meam do vobis, pacem meam relinquo vobis; non quomodo mundus dat, ego do vobis* (*Joan.* xiv, 27). Aliter sancti in omni bono pacifici inter se esse debent : aliter sæpissime peccatores pacem inter se habere noscuntur, sicut in sancto Evangelio de Herode et Pilato legitur (*Luc.* xxiii, 12). Illam vero pacem, quæ inter sanctos solet esse, propheta ex mandato Domini prædixit, ubi ait : *Pacem et veritatem diligite, dicit Dominus omnipotens* (*Zach.* viii, 19). Et egregius Prædicator : *Pax Christi, quæ exsuperat omnem sensum, custodiat corda vestra in charitate et sanctitate* (*Philipp.* iv, 7). Hanc vestra religiosa pietas et venerabilis auctoritas cum omnibus Deo servientibus semper sequatur. Hanc angelicus nato Domino cecinit cœtus, dicens : *Gloria in excelsis Deo, et in terra pax hominibus bonæ voluntatis* (*Luc.* ii, 14). In hac etiam et in omni bono vestram beatitudinem, divina adjuvante gratia, proficere opto, Domine venerande, et desiderantissime fili!

---

tificis interfuisse, quamvis nemo alius illius temporis scriptor id de Riculfo prodiderit. Sufficiat vero hocce Alcuini testimonium omni exceptione superius.
[d] *Exponere recordor.* Verbis quæ in litteris id fecerit Alcuinus ex his non elucet. In priori quidem epistola hunc locum Joannis evangelistæ attigit; mysterium tamen numeri illius, magnorum piscium, intactum reliquit; nisi suspicari quispiam velit, illam epistolam esse mutilatam. Idem tamen mysterium Alcuinus exposuit in commentario in Evangelium sancti Joannis, in cap. xxi, 11.

a EPISTOLA CXXIV. b

AD c GEORGIUM PATRIARCHAM URBIS HIEROSOLYMÆ.

Georgio gratulatur ob dignitatem in loco sanctissimo; hortatur ad patientiam in persecutione infidelium. Se suosque illius orationibus commendat.

Benedictus Deus et Dominus noster Jesus Christus, qui visitavit plebem suam, et elegit civitatem Jerusalem, sanguine redemptionis nostræ sanctissimam, et gloriosissimam ejusdem Dei et Domini nostri resurrectione; et benedicta misericordia ejus, qua te, sanctissime patriarcha Georgi, elegit in locis sanctissimis suæ habitationis, ac nostræ redemptionis intercessorem pro sancta sua Ecclesia, quæ in latitudine totius offendit [*Forte*, ostendit], laudat, colit et adorat nomen Domini Dei æterni; ut esset [*Forte*, ut esses] in eo loco beatissimæ pacis prædicator, in quo ipse omni mundo sanctioribus ambulavit pedibus, qui ait : *Pacem meam do vobis, pacem meam relinquo vobis (Joan.* xiv, 27) : ut sis rector populi sui et prædicator veritatis omnibus sanctorum visitatoribus locorum. Beati estis, quibus concessum est lacrymas ad ejus fundere vestigia, qui clementi vultu mulieri peccatrici, quæ lacrymis sanctos abluit pedes, ait : *Qui multum dilexit, multa dimittuntur ei peccata (Luc.* vii, 47).

Hortare piis precibus, paterno affectu, sancto desiderio consocios tribulationis tuæ, forti animo in fide permanere Christi Dei, et patienter sustinere varias infidelium persecutiones, recogitantes eum, qui pro salute illorum in patibulo suspensus ait : *Pater, ignosce illis, quia nesciunt quid faciunt* (*Luc.* xxiii, 54). *Non sunt itaque condignæ hujus temporis passiones,* ait egregius Prædicator, *ad superventuram gloriam, quæ revelabitur in nobis (Rom.* viii, 18). Nullus miles coronabitur, nisi qui legitime certat. Brevis est labor tribulationis hujus vitæ, sed merces perpetua quæ vincentibus dabitur. Non sit cuilibet fidelium in oblivione jucundissima promissio Domini nostri Jesu Christi, qui ait : *Ecce ego vobiscum sum omnibus diebus usque ad consummationem sæculi (Matth.* xxviii, 20).

Mei quoque ut in sanctis orationibus vestris habeatis memoriam per ejus misericordiam obsecro, qui ait : *Ubi sunt duo vel tres in nomine meo congregati, ibi sum in medio eorum (Matth.* xviii, 20). Hæc promissio in illis optime impletur, qui non corporibus tantum, sed charitate junguntur perfecta.

Albinus habeo nomen inter notos [*Ms.*, notes; *fort. leg.*, nostros vel nostrates], et filios sanctæ Dei Ecclesiæ. Vestri quoque nominis nobiscum esse memoriam, inter officia sacri altaris scitote. Confortamini viri fratres in Christo Jesu, et in potentia ejus; et in fide catholica fiducialiter agite. *Patientes estote et omnes, scientes quod labor vester non est inanis in Domino (I Thes.* v, 14; *I Cor.* xv, 58); sed qui plus laborat, plus mercedis accipiet. Ascendite mente et desiderio sancto ad eum, qui ait : *Volo, Pater, ut ubi sum ego, et isti sint mecum (Joan.* xvii, 24).

Optamus in vobis impleri, Christi gratia cooperante, quod olim Propheta ait : *De Sion exibit lex, et verbum Domini de Jerusalem (Isa.* ii, 3); Inde luceat lux vestra coram hominibus, ut videant opera vestra bona, et glorificent Patrem vestrum, qui in cœlis est (Matth.* v, 16).

Sanctitatem vestram, pro sancta Dei Ecclesia intercedentem, Dominus noster Jesus Christus exaudire dignetur, et in omni bono ad multorum proficere faciat [*Deest* salutem *vel simile*]. Domine patriarcha honorande et desiderantissime Pater! sed ut pro nostris filiis intercedere digneris deprecor; pro Symeone episcopo, pro Onie et Martino sacerdotibus, et Nathanaheli archidiacono d, et cæteris qui nobiscum sunt, qui pro vestra beatitudine intercedere non desistunt. Opto valete in nomine Domini Dei Jesu Christi in æternum.

e EPISTOLA CXXV.

AD GUNDRADAM VIRGINEM f COGNOMENTO EULALIAM.

(Anno 800.)

Gundradam instruit quomodo in aula virtuose vivat. Per illam regi commendari, et quod ad ipsum pervenire nequeat, excusari cupit.

Venerandæ in Christo filiæ Eulaliæ Albinus salutem

---

a Froben. epist. 183.

b Epistolam hanc ineditam et hactenus ignotam ex cod. regio Paris. n. 2826 notato eruit, et benevole mecum communicavit vir doctissimus, mihique amicissimus D. Lieble Benedictinus et bibliothecarius San-Germanensis supra laudatus.

c *Ad Georgium patriarcham,* etc. Hujus notitiam, suggerente prælaudato D. Lieble, accepi ex præstanti Tractatu præliminari de episcopis et patriarchis sanctæ Hierosolymitanæ Ecclesiæ, ad tom. III Maii Act. SS. pag. 40, num. 174, auctore D. Daniele Papebrochio. S. J., qui ibidem testatur, nomen Georgii in Vita sancti Stephani Sabaitæ (edita tom. III Julii ad diem 13) certissime haberi expressum; ita enim ibidem cap. 5, num. 49 legitur : « Sanctissimus patriarcha domnus Elias cum gaudio atque honorifico reditu propriam sedem postliminio repetiit, diuturnaque dignitate patriarchali ad annos satis multos gavisus est : et cum hinc ad Deum sancte migraret, domnum Georgium syncellum suum in cathedram Teadelphicam successorem reliquit. » Notat deinde Papebrochius Georgium hunc in ms. Brugensi *Gregorium,* vicino et facile alternabili nomine; in ms.

vero Rubeæ vallis *Sergium* appellari; censetque vir eruditissimus hunc Georgium circa annum 799 ordinatum fuisse, et esse patriarcham illum Hierosolymitanum, ex cujus parte « monachus quidam de Hierosolymis veniens anno 799 benedictionem et reliquias de loco sancto resurrectionis Dominicæ ad Carolum regem attulit, » ut loquuntur annalistæ Eginhardus, Mettensis et alii; qui præterea testantur præfatum monachum anno 800 a rege, post peractum Aquisgrani Natale Domini, absolutum, et cum Zacharia palatii sui presbytero cum multa pecunia per sancta illa loca, et inter pauperes atque malis multis afflictos distribuenda, dimisit. Consule etiam R. P. Michaelem Le Quien Ord. Præd. tom. III Orientis Christiani, pag. 517. Hac igitur opportuna occasione, Alcuinum hanc epistolam ad Georgium patriarcham per Zachariam presbyterum misisse, non est quod dubitem.

d De Symeone, Onia, et Nathanaheli, Alcuini discipulis, alias plura observavimus; quis Martinus fuerit, ignotum.

e Froben. epist. 184.

f *Cognomento Eulaliam.* Constat nunc ex hac

Sæpe familiaritas nominis immutationem solet facere, sicut ipse Dominus Simonem mutavit in Petrum; et *filios Zebedei filios* nominavit *Tonitrui* (*Marc.* III, 16, 17), quod etiam antiquis vel his novellis diebus probare poteris.

Tu vero, virgo clarissima et sponsa Deo dignissima, te ipsam in omni castitate custodi corporis et animæ; quia juxta Apostolum virgo Dei debet [*Ms.*, decet] esse *corpore casta et anima* (*I Cor.* VII, 34). Esto cæteris in palatio virginibus totius bonitatis exemplar, ut ex tua discant sancta conversatione seipsas custodire, vel cadentes resurgere. Præveniant [*Ms.*, pervenient] in conversione faciem judicis. Sint nobiles in moribus, sicut sunt nobiles ex parentibus. Non serviant carnali desiderio, sed Christi magisterio. Vivant coram hominibus honeste, et coram Deo digne.

Agant de præteritis pœnitentiam, et caveant se de futuris, quia Scriptura dicit: *Deus dat pœnitentibus partem justitiæ* (*Eccli.*, XVII, 20). Nota sunt Domino cuncta quæ in occulto gerimus; quod si non direxit [*F.*, dixerit] lingua, non poterit celare conscientia. Patet Deo omne quod clausum est. Credat homo, totum quod peccat veniabile esse, *si in confessione præveniet faciem Dei* (*Psal.* XCIV, 2); sed multa dicuntur in publico quæ geruntur in occulto, *quia non potest civitas super montem posita abscondi* (*Matth.* V, 14). Vilis pauperum persona scelera abscondit immania; dignitas creberrima vix celat quæ gerit. Currunt [*Ms.*, cuirit] per ora singulorum quæ infra parietem geruntur. Agnosce quid dicam, et ignosce dicenti.

Bonum castitatis atque honestatis quod de te audivi, a te non recedat; securitas te non decipiat; nec laus minuatur, sed magis augeatur; felicitas præsens tibi ad perpetuam proficiat felicitatem. Memento te parvi temporis hospitem esse. Esto solatium miseris, et consilium timidis; vas sanctarum nobile Scripturarum, et cœlestis cubile sapientiæ. Evangelicis orna animam præceptis; in ore modesta, in consilio prudens, in convicio patiens, in ore humilis, in oratione pervigil, in eleemosynis larga, et in omni bonitate laudabilis.

Pro me quoque, obsecro, tuæ prosperitatis intercessore loquere domino meo David, ne irascatur famulo suo, [a] quia venire non valui, sicut voluit, continua præpeditus infirmitate. Opus meum aliud non est, nisi orationibus instare, et præparare mihi habitationes æternas, secundum Domini nostri Jesu Christi misericordiam, qui non deserit sperantes in se. Æterna felicitate valeto, filia charissima!

[b] EPISTOLA CXXVI.
AD SOROREM CHARISSIMAM.
(Anno 801.)

Laudat illius pietatem, et ad laborem pro æternitate exhortatur: gratias agit pro cruce donata.

Charissimæ in Christo [c] sorori.

Vere fateor quod valde desideravi ad vos venire propter aliquas necessitates, quas vobiscum conferre volui. Sed me impedivit acerbitas febrium, quæ me adhuc per vices fatigat. Quapropter citius ante hibernale frigus regi obviam properare curabo. Placet mihi valde labor vester in sanctæ [d] Dei Genitricis Ecclesiæ exaltatione, et in librorum consideratione. Unde in his laboribus, quantum poterimus, vestram solertiam adjuvare gaudemus. Et puer [e] Fridegisus secundum temporis opportunitatem vobis ferat auxilium. Vester vero profectus in Deo mei animi est magna voluptas. Ideo quod cœpisti perficere, Dei adjuvante misericordia, diligentissime studeas. Unusquisque secundum suum laborem præmium accepturus erit. Et qui plus laborat, plus mercedis accipiet. Nunc tempus est operandi: veniet vero tempus remunerandi. Quales tunc esse optemus, tales nosmetipsos nunc præparemus. Sapienti pauca sufficiunt. Scio sagacitatem animi vestri hæc omnia melius intellexisse quam me scripsisse; et operibus implere quod vix verbis explicare valeo.

Utinam cito adveniat tempus, ut tecum cordis mei conferam angustias, ut consoletur animus meus ex vestræ pietatis consolatione [*Al.*, perfectione]. Plurimum mihi placet crux quam vestra mihi benignitas

---

inscriptione codicis Harleiani, Eulaliam, cui Alcuinus inscripsit libellum De ratione animæ, a nobis inter opuscula moralia inferius exhibendum, vero nomine Gundradam esse, sororem certe sancti Adalhardi abbatis Corbeiensis, de qua Paschasius Ratbertus in Vita sancti Adalhardi, Act. SS. ord. S. Bened. sæc. IV, part. I, pag. 321, n. 33, scribit: « Virgo nobilium nobilissima, quæ inter venereos palatii ardores et juvenum venustates, etiam inter mulcenta deliciarum, et inter omnia libidinis blandimenta sola meruit, ut credimus, reportare pudicitiæ palmam, et potuit, ut dicitur, carnis spurcitias illæso calle transire. » Alcuinus hic testatur hanc castitatis et honestatis laudem ad suas quoque aures pervenisse.

[a] *Quia venire non valui.* Vocatus nempe a rege, Romam anno 800 profecturo, ad suum comitatum; cujus itineris molestias, ob corporis infirmitatem et amorem quietis in monasterio S. Martini, a se amolitur in epist. 93 (nunc 109), ad regem. Vide etiam epist. 92 (nunc 108), ad Arnonem.

[b] Edit. Quercet. 56, Canis. 55. (Froben. ep. 98.)

[c] *Sorori.* Spirituali, Gislæ nimirum, quæ naturalis soror est Caroli Magni cujus etiam rogatu Alcuinus commentarios in Evangelium Joannis aggressus est. Alia Gisla erat filia Caroli, quam non sororem, sed filiam Alcuinus appellare solebat. Mabill. Annal. libr. [D] XXVI, num. 93.

[d] *Dei Genitricis Ecclesiæ.* « Gisla Calensis Parthenonis abbatissa hoc tempore, anno 800, novam illic basilicam in honorem sanctæ Dei Genitricis Mariæ exstruendam curavit, eoque sanctimoniales e basilica sanctæ Crucis transtulit: Post aliquot inde annos corpus sanctæ Bathildis e crypta sanctæ Crucis translatum est in eamdem ecclesiam sanctæ Mariæ, quam domna Gisla-a fundamentis struxerat, ut legitur in Hist. Translat. sanctæ Bathildis apud Mabill. Act. SS. sæc. IV Bened. part. I, pag. 452, num. 8. » Vide etiam Annal. Mabill. libr. XXVI, num. 93. Præsentem tamen epistolam non eodem anno 800, sed sequenti datam fuisse existimo, quia Alcuinus anno 800 Carolo regi ante hibernale tempus occurrere non potuisset, rege quippe post mensem Augustum ejus anni jam in itinere Romam versus constituto.

[e] *Fredegisus*, Alcuini discipulus ejusque postea successor in regimine monasterii Turonensis.

direxit. Et credo vos æternam habere a Deo mercedem pro illius opere, et assiduas [a] sancti Lupi intercessiones, et laudabiles gratiarum actiones ab eis qui ad illius patrocinia confugere solent.

Nunc soror alma vale, soror o charissima nobis! Et nunc et semper, dulcis amica, vale.

[b] EPISTOLA CXXVII.
AD DILECTISSIMAM SOROREM.

Pro cappa et aliis donis gratias agit; Angilberti, Avæ sororis, et Columbæ meminit.

Dilectissimæ in Christo [c] sorori.

Prospera, donante deo, his sanctissimis diebus habuimus solemnia, et lætus fuit domnus rex, et omne palatium in gaudio. Et ego, frater vester, magnum habui gaudium de prosperitate et salutatione vestra, de gratissimo munere Psalmodiæ et Missarum celebrationis, quod mihi magna charitate direxistis. Sed et [d] cappa quam mihi aptissimam misistis, valde animo meo placet. Veniente vero Angelberto forte aliquid certius vobis remandare habemus. Vos animum vestrum firmate in servitio Dei et in salute animæ vestræ. Viriliter domum ædificate vobis sempiternam in cœlis, ut paratam habeatis beatitudinem cum Christo et sanctis ejus, quam plurimi verbis optant, sed rebus non perficiunt. Tu vero labora diebus, horis ac momentis, ut abundanter habeas quod feliciter diligas.

Credo te de orationibus [e] Avæ [*Al.*, Evæ] sororis nostræ fideliter facere. Sed ex mea petitione aliquid superadde, quia mihi fidelis fuit. Et ubi plus fides innotescit, quam post mortem amici? Dic [f] Columbæ, ut memoriæ confirmet quod accepit, donec veniat qui superadjiciat. *Beati qui esuriunt et sitiunt justitiam, quoniam ipsi saturabuntur* (Matth. v, 6). Desiderium vestrum impleat, et cor charitate illuminet, qui venit mundum illuminare, et ignorantiæ tenebras de cordibus in eum expellere credentium. Vita et salus, Christo donante, vos comitetur in ævum.

[g] EPISTOLA CXXVIII.
AD GISLAM FILIAM CAROLI MAGNI.

Dolet se ob infirmitatem non posse regis faciem videre, et Gisilæ frui colloquio; quam ad virtutes exhortatur.

Charissimæ in Christo [h] filiæ fidelis in charitate Pater perpetuæ prosperitatis salutem [et cætera].

Corporalis infirmitatis incommoda hoc maxime animum contristant paternum, quod domini mei [David et vestræ] dilectioni sic cito, sicut volui, præsentari non potui. Credo tamen in ejus clementiam, qui allisos solet erigere, et infirmos curare, quod meam adhuc impleat voluntatem in videndo faciem Domini mei [dilectissimi], vestræque familiaritatis alloquio. Tu vero, filia charissima, honestis misericordiæ operibus, vitæ sanctitate ornare **150** memento dignitatem tuam, ut magis probitas laudet conversionis quam species auri fulgentis. Si quis diligentius consideret præcepta divina, inveniet in illis [utrumque, et] laudis in præsenti vita inter homines, et mercedis æternæ gloriæ apud Deum. Hæc tu, nobilissima puella, diligentissime discere et devotissime implere satage, ut digna efficiaris a Deo amari et ab hominibus laudari. Tunc habet Flaccus omni lætitia gaudere, [et more senis Entelli saltare], totisque viribus tripudiare.

Moribus egregiis virtutum et vita coronis Floreat et vigeat, filia chara tibi.

[i] EPISTOLA CXXIX.
AD DOMNUM REGEM.

(Anno 801, circa finem Maii.)

Gaudium suum ob reditum Caroli ex Italia significat; cui cum muneribus obviam mittit Candidum.

Domino desiderantissimo et omni honore dignissimo David patri patriæ, Albinus matricularius præsentis et futuræ beatitudinis salutem.

Benedictus Dominus Deus, et benedicta perpetua illius misericordia super servos suos: pro quorum prosperitate et salute vos, dulcissime David, prospere duxit et pacifice reduxit, conservavit, honoravit et exaltavit; atque in omni loco adventus vestri lumen justitiæ, pietatisque ante faciem vestræ beatitudinis splendescere fecit. Quatenus totius caligo iniquitatis, nebula perversitatis, serenissimo sapientiæ vestræ splendore discuteretur. Beata gens cui divina clementia tam pium et prudentem prævidebat rectorem. Felix populus qui a sapiente et pio regitur principe; sicut in illo Platonico legitur proverbio, dicentis : Felicia esse regna, si philosophi, id est, amatores sapientiæ regnarent, vel reges philosophiæ studerent : quia nihil sapientiæ in hoc mundo comparari poterit. Hæc est namque quæ humilem exaltat, et potentem gloriosum efficit, et in omni persona laudabilis existit; in qua decus est et pulchritudo vitæ

---

[a] *Sancti Lupi.* Ex quo intelligimus, ait Mabil. loc. cit. Annal. hanc crucem Alcuino missam fuisse pro Trecensi S. Lupi basilica, cui is præfectus fuerat a Carolo.
[b] Edit. Quercet. 60, Canis. 56. (Froben. ep. 99.)
[c] *Sorori.* Gislæ itidem Caroli Magni sorori, ut vult Mabillonius.
[d] *Cappa.* Similis illi quam Witlafius rex Merciorum donans ait in donatione, quæ exstat in historia Ingulfi : « Offero etiam secretario dicti monasterii in ministerium sanctissimi altaris chlamydem coccineam, qua indutus eram in coronatione mea, ad cappam inde seu casulam faciendam. » CANISIUS.
[e] *Avæ.* Hæc illa fuisse videtur ancilla Dei, quæ libros Novi et Veteris Testamenti studiose describi curaverat, qua de re Alcuinus illam laudat carmine olim 204, nunc 5.

[f] *Columbæ.* Cui cum Gisla ultimos duos libros Comment. in Joan. Alcuinus inscripsit.
[g] Mabill. 8 emendata alicubi ex cod. ms. Salisb. (Froben. epist. 100.)
[h] *Filiæ.* Gislæ tertiæ Caroli Magni filiæ ex Hildegarde, ut scribit Eginhardus in Vita Caroli. MABILL.— Certe Gislam Caroli sororem ætate jam provectiorem *puellam* haud appellasset Alcuinus.
[i] Edit. Quercet. 23 ex ms. Quæ ibidem ita inscribitur : *De laude sapientiæ et de vitæ desiderio quietæ.* Principalis tamen illius scopus est significatio gaudii sui et gratulatio ob reditum Caroli ex Italia post adeptos imperii Romani fasces, qui reditus contigit anno 801 post Pascha VII Kal. Maii. Post diem sancti Joannis reversus est in Galliam. Annal. Franc. Tiliani. (Froben. epist. 101.)

præsentis, nec non et gloria perpetuæ beatitudinis : A quia solummodo vera est sapientia quæ beatos et æternos efficiet dies. Hæc enim vestram optimam sollicitudinem, Domine mi David, semper amare et prædicare agnoscebam; omnesque ad eam discendam exhortari, imo et præmiis honoribusque sollicitare, atque ex diversis mundi partibus amatores illius vestræ bonæ voluntati adjutores convocare studuistis. Inter quos me etiam infimum ejusdem sanctæ sapientiæ vernaculum, de ultimis Britanniæ finibus adsciscere curastis; atque utinam tam utilem in domo Dei servulum, quam promptulum vestræ obedire voluntati! Quia diligens diligebam in sacratissimo pectore vestro; quod in me vos velle invenire intelligebam.

Unde quotidie avida cordis intentione, suspensis in verba venientium auribus, sollicitus eram, quid mihi B nuntiarent de domino meo dulcissimo David : quando domum rediret; quando patriam reverteretur. Tandem aliquando, quamvis sero, vox optata concurrentium desiderii mei insonuit auribus : Jam jamque veniet; [a] jam Alpes transivit, quem tanto animi tui fervore, o Albine, adesse optasti. Tum ego repetens iterum atque iterum lacrymabili voce clamavi : O Domine Jesu! quare non das mihi pennas aquilæ? quare non translationem Habacuc prophetæ una die, vel etiam hora concedis, ut amplectar et osculer vestigia 151 illius charissimi mei, et super omne quod in hoc mundo amari potest, dulcissimi oculos videam clarissimos; verba audiam jucundissima? Vel quid tu inimica, tempore importuno, me opprimis, febris, et non permittis me solita corporis mei alacritate fungi, C ut vel tarde fiat, quod cito non valet? Attamen hoc adventus vestri gratissimo lætus nuntio, confestim [b] Candidum nostrum vestræ obviam sanctissimæ dilectioni dirigere studui, habens in manu munuscula, gratia senioris, certus clientelli [Forte, grata senioris vestri clientelli], et in ore necessarias magistri voluntates, quem benignitas vestra, ut clementer audiat, obsecro.

Tempus est ut agnoscat infirmitas fragilitatem suam, et tota se conferat in stabilitatem animæ suæ : ut quamvis exterior homo annorum numero vel morborum molestia conteratur, tamen renovetur desiderio salutis æternæ interior de die in diem. Quod qualiter fieri debeat, mens mea vestræ pietatis exspectat consilium. Nam si præceps pugnantium D præsumptio sæpe in periculum cadit, quanto magis qui spiritale inire cogitat certamen, si consilio non regitur prudenti, per vices incerta sudat victoria? Quod ne fieret, sancta prohibuit Scriptura, dicens : Omnia fac per consilium, postea non pœnitebis (Eccli. xxxii, 24). Hoc optime sciens, mei ipsius minus confidens dispositione vestræ prudentiæ me

[a] *Jam Alpes transivit.* « Ipse vero (Carolus) celebrato natali sancti Joannis Baptistæ apud Eporeiam (Ivrée, urbs Pedemontii) Alpes transgressus in Galliam reversus est. » Annal. Loiseliani ad ann. 804.

[b] *Candidum.* Hic ille est Witso Alcuini discipulus, quem Pezius perperam confundit cum altero Candido Fuldensi monacho, de quo in Hist. Lit. Franciæ tom. V, pag. 10. CATELINOT.

subjicere consilio decrevi. Quia, ut vere fateor, quidquid per Dei miserantis gratiam mihi vestra pietatis providentia disposuit agendum, omnimodis prospere mihi pervenisse probavi. Nam fere [c] ante hoc quinquennium sæculares occupationes, Deum testor, non ficto corde declinare cogitavi. Sed vestræ piæ providentiæ consilio, translatus sum in servitium sancti Martini, fidei catholicæ et ecclesiasticæ sanctioni, donante Deo, proficuum. Non recessit tamen de corde prioris voluntatis affectus, sicut transacto anno vestræ pietati jam prædixi.

Hæc omnia vestra consideret bonitas, et pia promissione disponat, quia, ut prædixi, tota meæ mentis intentio ad bonitatis vestræ verissime respicit consilium. Nec alio se quolibet.[*Forte*, alii se cuilibet] credit; quia in te tota infirmitatis senectutisque meæ consolatio intendit. Inter fratres in ecclesia sancti Martini Deo fideliter servientes vivere vel requiescere, Deo miserante, sine ulla dubitatione desidero; ejusdemque beatissimi pectoris [*Forte* protectoris] vestri participem esse in vita æterna vestram dilectionem perpetualiter opto. Hocque Deum assiduis precibus obsecro, ut præsens vita excellentiæ vestræ ejus sancti intercessionibus adjuvetur, protegatur, et consistat; et post hanc æterna cum eodem beatitudine perfrui merearis, domine dilectissime et desiderantissime David.

152 [d] EPISTOLA CXXX.
AD ARNONEM.
(Anno 801.)

Epistolæ respondet; sinistram suspicionem a se amovet. Regi se suasisse, ait, quos missos eligeret, ad justitias faciendas. Pro se Deum orari, et Leoni papæ, Paulino patriarchæ, et Petro Mediolanensi se commendari cupit. Hortatur demum ad pacis inter ecclesiasticas personas restituendæ studia.

Venerando Patri Aquilæ evangelicæ Albinus salutem.

Venerunt mihi vestræ dilectionis apices melle dulciores, auro obryzo gratiores, munusculis sigillatæ suavissimis : in quibus perpetuum sanctæ charitatis vigorem in cordis vestri arcano agnovi, quam nec Alpina frigora, nec Italici æstus subvertere potuerunt; sed inter omnes hujus sæculi diversitates et caliginosas tempestates quasi matutinus Lucifer, semper nova exoritur. De qua et ipsa Veritas ait : *Mandatum novum do vobis* (Joan. XIII, 34). Novum; quia evangelicum : vetus; quia legale : in quo *tota lex pendet et prophetæ* (Matth. XXII, 40); in quo totius gratiæ summa consistit. Novum : quia *foras mittit timorem* (I Joan. IV, 18). Quia quod grave fuit per timorem, leve erit per amorem, testante charitatis fonte : *Jugum meum suave est, et onus meum leve est* (Matth. XI, 30). Ex hujus favo totius chartulæ tuæ resplenduit series. Credas velim, Pater

[c] *Ante hoc quinquennium.* Nempe anno 796. Ex hoc loco igitur colligitur tempus initi ab Alcuino regiminis monasterii sancti Martini.

[d] Edit. Mabill. 16 ubi inscriptio talis est : *Venerando Patri, evangelicæ lectionis doctori.* Sed integra et emendata hic prodit ex cod. ms. Salish. (Froben. epist. 102.)

dulcissime, quod non tanta suavitate ᵃ fratrum vel sororum litterulas legere potui ultramarinas, quanta tuæ dilectionis ᵇ transalpinas : nec tale post eos tædium fatigat cor meum, quale post tuæ faciei visionem amabilem. Sed patienter ferendum est quidquid jubet sapientia divina, quæ *omnia disponit suaviter* (*Sap.* VIII, 1), et in cordibus famulorum diffundit suorum per sancti Spiritus gratiam dulcissimæ charitatis dona, quæ inter adversa fortis, et inter prospera humilis esse congaudet : in utrisque in eo potens, qui omnia potest : secura de se, sollicita de suis. De qua plurima tuæ reverentiæ scribere supervacuum duxi, quia te totum in ea esse multis probamentis agnosco. In qua viriliter vincere adversarios habes, et fortiter pugnare contra inimicos Ecclesiæ Christi, ut corona laudis in die Domini nostri Jesu Christi te tuosque consequatur.

Quædam apologetica verba tuis inserta legebam litteris, æstimans me irasci pro quodam fratre, quod omnino non feci : [vel ab alio audire quod scripsi, quod nullatenus verum fuit. Sed ut rei tibi veritatem ostendam, occasio hujus cogitationis mihi fuit ex eo quod alterum abstraxisti a me, qui profectum facere potuit. Salva certissime charitate aperui suspicionem meam, nihil sinistri æstimans tuam de meis litteris benevolentiam suspicari, quasi alter propter meam non proficeret negligentiam ;] dum verissime eum meum esse putarem, si tuus esse voluisset, cavens illud Senecæ sapientis elogium : Meum et tuum mundus destruxit. [Nihil tam familiare in quoquam tuorum sentias apud me; nihil alienum ex meis sciens apud te.] Quia *quod Deus conjunxit, homo non separet* (*Matth.* XIX, 6); nec locis dividatur, quod mentibus conjungitur. Ubi una est charitas, ibi diversa non est voluntas. [Quod vero tua bona pro multorum salute providentia, suadendum mihi censuit dulcissimo meo David, ᶜ de missorum electione, qui discurrere jubentur (ad) justitias faciendas, scias certissime et hoc me sæpius fecisse, et suis quoque suadere consiliariis. Sed proh dolor! rari inveniuntur, quorum ingrata [*F.*, firmata] in Dei timore mens omnem respuat cupiditatem, et via regia inter personas divitum et pauperum miserias pergere velit, Salomone attestante : *Munera excæcant corda prudentum, et subvertunt verba justorum* (*Eccli.* XX, 31; *Exod.* XXIII, 8). Si tamen justi sunt, quorum verba scelerata cupiditas subvertere poterit : vel prudentes recte dici possunt, quorum corda muneribus excæcantur. *Radix*, ut Apostolus ait, *omnium malorum cupiditas* (*I Tim.* VI, 10), quam qui sequitur, nullo modo viam justitiæ

ᵃ *Fratrum et sororum.* Alcuinus hoc loco Arnonem e fratrum suorum numero satis aperte excludere videtur. Vide nostram præfationem.
ᵇ *Transalpinas.* Arno igitur tunc trans Alpes in Italia, imo Romæ fuit, quod ex aliis etiam hujus epistolæ verbis innotescit.
ᶜ *De missorum electione.* Hoc Arnonis et Alcuini consilium Carolus secutus videtur anno 802. « Piissimus enim imperator, ut loquitur Chronicon Moissiacense, noluit pauperiores vassos suos transmittere ad justitias faciendas, propter munera ; sed elegit ar-

---

incedere valet. Ego vero tardissime vulnera mea agnoscens, circa limina beati Martini Patris nostri et protectoris vestri discurrens, vestrum nomen inter charissimas quotidie ingeminans personas; nec solum veteris vitæ multis debilitatus cicatricibus, sed per singula momenta pejores prioribus ulcerum addens dolores.] Quapropter obnixius deprecor familiarem vestræ dilectionis charitatem ut mihi, licet indigno, **153** assiduis sanctitatis vestræ precibus apud clementissimum Salvatorem perpetuæ sanitatis medicinam deposcere studeas, et quoscunque Deo Christo fideles invenies famulos, tuæque reverentiæ sacræ dilectionis vinculo conjunctis me commendare curam habeas; [et maxime domino meo dilectissimo Leoni papæ, Paulinoque patriarchæ, et Petro Mediolanensi archiepiscopo, nec non aliorum religiosæ vitæ virorum, quorum nomina scripta sunt in cœlis (*Phil.* IV, 3)], ut nostræ parvitatis nomen in cordibus conscribas deprecor, quatenus ex plurimorum precibus sanctorum, plurima mihi peccatorum solvantur vincula. Tu vero, sanctissime Pater, pacificæ ramum olivæ ore ferens in arcam Domini (*Gen.* VIII, 11), alienas iniquorum dissensiones tuas fac esse mercedes, revocans eos ad sanctæ pacis concordiam, ut populus rectori, et grex pastori, et filii proprio obediant Patri, et Pater filiis præsit in pace et mansuetudine, ut in omnibus una sit charitatis concordia, ne qua radix ultra amaritudinis ramos venenatæ dissensionis pullulare possit ᵈ inter sanctissimas ecclesiasticæ dignitatis personas. Sit in ore tuo tuba veritatis, ut pax et veritas ex tuis semper audiantur labiis; et quod Psalmista cecinit, non solum in te impleatur, sed etiam per te in multos proficiat, ubi ait : *Misericordia et veritas obviaverunt sibi, pax et justitia complexæ sunt se* (*Psal.* LXXXIV, 11). Hoc est opus tuum in hac præsenti luce; hæc est merces tua in æterna gloria. Ait enim quidam poeta de opere carminis evangelici :

Hoc opus hoc etenim forsan me subtrahet igne:
Tunc cum flammivoma judex descendet ab arce.

Dicam ego :

Hoc opus hoc etenim non solum subtrahet igne,
Te jam, sed faciat cœli conscendere in arcem.

Lege feliciter, et humiliter agnosce, et veraciter perfice, quæ charitas scripsit, et Christus demandavit, ut fiant.

ᵉ EPISTOLA CXXXI.
AD DOMNUM REGEM.
(Anno 801.)

Mittit per famulum suum sacros libros a se in unum corpus collectos et emendatos.

Domino desiderantissimo meritoque amabili David chiepiscopos et reliquos episcopos et abbates cum ducibus et comitibus, qui jam opus non habeant super innocentes munera accipere, etc. »
ᵈ *Inter sanctissimas ecclesiasticæ dignitatis personas.* Romæ utique causa Leonis III dissidentes, et finito licet contra parricidas judicio, nondum integre conciliatas; quæ res Arnoni potissimum commendata fuit, ut ex hac epistola plane constat. Pertinet ergo hæc epistola, meo quidem judicio, ad annum 801.
ᵉ Edit. Quercet. 20, ex ms. (Froben. epist. 103),

regi, Albinus præsentis prosperitatis et æternæ beatitudinis in Christo salutem.

Diu deliberans quid mentis meæ devotio ad splendorem imperialis potentiæ vestræ atque augmentum opulentissimi thesauri vestri, muneris condignum reperire potuisset, ne ingeniolum animi mei, aliis diversa divitiarum dona offerentibus, otio torpuisset inani, et vacuis manibus parvitatis meæ missus ante faciem beatitudinis vestræ venisset: tandem Spiritu sancto inspirante inveni, quod meo nomine competeret offerre, et quid vestræ prudentiæ amabile esse potuisset. Ergo in vestræ pietatis sacratissima sollicitudine non dubie patet quid per vos in totius Ecclesiæ salutem Spiritus sanctus operetur: et quantis universorum fidelium precibus sit optandum, ut in omnem gloriam vestram extendatur imperium, et ut intus sit omnibus Deo fidelibus amabile, et foris sanctissimis [*F.*, cunctis] Domini adversariis terribile. Sed quærenti mihi et consideranti nihil dignius pacatissimo honori vestro inveniri posse, quam ª divinorum munera librorum: qui Spiritu sancto dictante, et Christo Deo ministrante, ad salutem totius humani generis, cœlestis gratiæ calamo conscripti sunt, quos in unius clarissimi corporis sanctitatem connexos, atque diligenter emendatos vestræ clarissimæ Auctoritati (per) hunc clarissimum filium vestrum, vobisque fidelem famulum, dirigere curavi: quatenus plenis manibus jucundissimo vestræ dignitatis adstaret servitio: Qui longa fessus infirmitate, Deo miserante, dum aliquantulum convaluit, affatim vestram adire festinabat pietatem. Sed et lacrymarum munuscula mearum in orationibus apud sanctum Martinum, pro desiderantissima Auctoritatis vestræ prosperitate vobis fideli transmitto sponsione. Ille serviat, sicut decet, Domino piissimo : Ego orabo pro Domino dilectissimo, quomodo sancti Spiritus visitatio cor meum illuminare dignabitur. Si quid igitur melius mentis meæ devotio invenire valuisset, utique prona voluntate in augmentum honoris vestri offerrem.

ᵇ EPISTOLA CXXXII.
AD DOMNUM REGEM.
(Anno 801.)

Ad aulam vocatus se ob senectutem excusat; nec suo consilio indigere sapientissimum regem profitetur.

Domino merito laudabili, et omni charitatis officio amplectendo, nobisque nimium desiderantissimo David regi, humillimus sanctæ Dei Ecclesiæ vernaculus Albinus perpetuam æternæ gloriæ salutem.

Quia flamma perpetuæ charitatis jugiter ardescit in corde, fas esse videtur opportunis vicibus litterarum foras scintillare officio : ne taciturnitate vilescat, quæ novis semper beneficiorum fomentis nutritur. Ecce Flaccus effeto corpore, militaris cingulo laboris deposito, secundum piissimum domini sui David consilium, devote Deo soli quieta pace servire toto elegit desiderio: quid [*Edit.*; quod] iterum pugnare cogitur, et sub fasce armorum desudare, quæ infirmi corporis denegat fragilitas de terra tantummodo levare. Nisi forsan subsequenti tempore ejus misericordia, qui *allevat elisos*, *solvit compeditos* (*Psal.* CXLV, 8), vires ei præstare dignetur.

Forte quidam dicturus est dialecticus : Consilio valet, cui fortitudinem annosa negat infirmitas. Sed illi etiam verissima opponi poterit responsio : Si quid dignum in corde viguerit Flacci, hoc totum in sacratissimo pectoris thesauro plus possidet David. In tantum, ut ubi ille est, ibi etiam et Flaccus. Respondeat pro utrisque amborum divitissimus sapientiæ. Et ut simpliciter dicam, quod mihi simpliciter deprecari necesse est : ne quæso sancta mens Domini mei irascatur tarditati meæ, quod modo venire non valeam. Erit iterum, si Deo placuerit, tempore opportuno. Nec meam reor devotionem vestræ excellentiæ in aliquo loco plus prodesse posse, quam assiduis apud sanctum Martinum orationibus, quatenus divina clementia, quæ vos per singulos magistratus ᶜ in altissimum sæcularis potentiæ evexit honorem, eo longæva prosperitate uti concedat, atque ex hujus sublimitatis dignitate ad apicem æterni regni ascendere faciat. Quo misericordia et justitia, Deo miserante, vestram deducat beatitudinem. Ille homo recte feliciter felix dici poterit, qui de hac præsenti felicitate ad æternam merebitur pervenire felicitatem. Et implebitur in eo pulcherrima illius versiculi promissio : *Ambulabunt sancti de virtute in virtutem*, *donec videatur Deus deorum in Sion* (*Psal.* LXXXIII, 8).

Alma Dei Christi tribuat tibi regna potestas
Aurea cum sanctis, David, in arce poli.
Discindat chartam mitis, rogo, dextera David,
Victricem faciat quam Deus omnipotens.

ᵈ EPISTOLA CXXXIII.
AD DOMNUM REGEM.
(Anno 801.)

Significat obitum Maganfredi. Intercedit pro fratribus et ecclesia sancti Petri urbis Beneventanæ; cum Beneventanis clementer agi supplicat.

Gloria et laus Deo omnipotenti pro salute et prosperitate vestra, dulcissime mi David, atque pro omni honore et sapientia, in quibus te speciali grati-

---

ª *Divinorum munera librorum.* Loquitur de codice S. Scripturæ vulgatæ editionis, quam hortante Carolo Magno a multiplicibus exscribentium librariorum vitiis purgavit. De quo codice alibi diximus. Vid. Mab. lib. XXVI Annal., n. 61. Puto hoc munus ab Alcuino oblatum fuisse Carolo, imperatoria corona nuper redimito : *Ad splendorem imperialis potentiæ, aliis etiam diversa divitiarum dona*, eadem occasione, *offerentibus*. Pertinet ergo epistola ad initium anni 801.

ᵇ Edit. Quercet. 17 ex ms. (Froben. 104.)

ᶜ *In altissimum sæcularis potentiæ evexit honorem.* Ex his verbis conjicio Carolum tunc dignitatem imperatoriam, quæ super omnes alias sæculares dignitates eminet, jam adeptum fuisse. Epistola igitur scripta est anno 801 vel aliquo posteriore.

ᵈ Edit. Quercet. 24 ex ms. (Froben. 105.)

omnibus supercellere fecit. Perpetua gratiarum actio resonet, et assidua sanctarum intercessio orationum ad Deum dirigatur, quatenus longæva prosperitate feliciter vivas, valeas et regnes ad correctionem et exaltationem sanctæ suæ Ecclesiæ, ut sub protectione tuæ venerandæ potestatis, secura quiete Deo deserviat. Effudi pridem preces supplicationis meæ per Candidum famulum vestrum, quas precor clementi animo vestram suscipere pietatem. Quidquid animus suggessit meus mihi, totum misi in aures ejus, ut conservaret in corde, vestræque veridico ore patesceret pietati.

Sed novi rerum eventus novos iterum, charitatis penna, exarare meam devotionem apices exhortantur. Audivi siquidem, quod sine dolore et lacrymis non dicam, [a] Maganfredum fidelem vestrum nobisque charissimum amicum in Beneventana diem obiisse patria. Unde rogatus sum a fratribus [b] sancti Petri litteras dirigere bonitati vestræ, pro cellulis ad eam antiquitus pertinentibus ecclesiam, ut merces vestra esset ex illarum aliquibus, si vestræ videatur providentiæ; similiter et pro atrio intra muros civitatis, unde fratribus sancti Petri habitatio honesta construi potuisset. De his omnibus vestra consideret bonitas, quid Deo placeat, vestroque nomini honorabile fiat, et bonitati amabile.

Sed multo major et plus necessaria populo Christiano causa occurrit, preces prostrato effundere corpore ante pedes pietatis vestræ. Primo, ne irascaris fidelissimæ charitati meæ, qua me maxime debitorem benignitati vestræ verissime agnosco. Secundo etiam loco, et hoc intimo cordis affectu deposco, ut sanctissima sapientiæ vestræ consideratio provideat, quid Deo placeat, vel quid populo proficiat Christiano [c] de expeditione hostili in Beneventana terra, ne majus sibi eveniat damnum de fidelibus tuis. Optime **156** nosti quomodo divina pro te pugnabat providentia. Patrem, fratremque hujus [d] impiissimi hominis in brevi tulit articulo. Sic etiam, sic faciet, credimus, si illius sancta voluntas disponit, ut et iste pereat, sine aliquo fidelium damno tuorum eveniat. Talia possunt fere melius ex consilio, quam aperta expugnatione, per tempus finem habere. Quo plus humiliat se homo sub manu omnipotentis Dei, eo citius vindicat injurias servorum, qui ait : *Mihi vindictam, ego retribuam* (Rom. XII, 19 ; Hebr. x, 30 ; Act. XIII, 22). Id est, mihi servate vindictam, et ego pugnabo pro vobis. Nam David, de quo ipse Dominus tam sublime protulit testimonium ; *Inveni David filium Jesse virum secundum cor meum* (II Reg. XIX, 23). Ipse igitur Semei sibi maledicentem prohibuit occidi, optans sibi pro patientia humilitatis suæ a Deo dari benedictionem.

Hæc etiam acutissimæ sapientiæ investigatio disponat, secundum rationis vivacitatem et secundum salutem fidelium tuorum considerans quomodo animus illorum sine præsentia beatitudinis tuæ longum sufferat laborem. Deum invoco testem cordis mei, hæc plena fide, et perfecto prosperitatis vestræ in omnibus desiderio scripsisse, obsecrans supplici devotione, hæc eadem patienter vestram legere beatitudinem, nec aliquid iracundiæ in meam habere præsumptionem; talia vestræ ingerentis sapientiæ. Licet charitas mea stulta videri valeat, tamen nunquam infidelis, nec in minimo nec in maximo inveniri poterit. Fiducia enim probatissimæ humilitatis vestræ hæc scribere præsumpsit.

Forte quislibet dicit : quid ille homo alienis se ingerit rebus ? Non agnoscit nihil mihi alienum vestræ prosperitatis esse debere, quam super salutem corporis mei vel vitæ meæ longævitatem diligere me testor. Tu prosperitas regni, tu salus populi, tu decus Ecclesiæ, tu omnium protectio fidelium Christi ; nobis igitur sub umbra potentiæ, et sub tegmine pietatis tuæ, divina concessit gratia religiosam ducere vitam, atque secura quiete Deo Christo deservire. Ideo sollicita mente et pia intentione, pro tua prosperitate et salute curam habere et intercedere justum et necessarium habemus, domine desiderantissime atque omni honore dignissime David rex.

157 [e] EPISTOLA CXXXIV.
AD DOMNUM REGEM.
(Anno 801.)

Gratias agit pro benefactis ; et ut ob corporis infirmitatem apud S. Martinum sibi requiescere liceat, supplicat.

Domino piissimo David regi, Albinus perpetuæ beatitudinis salutem.

Summa Deus Trinitas vestræ bonitati, omnium dilectissime David, æterna restituat beatitudine,

---

[a] *Maganfredum.* Hunc eumdem esse existimo, ad quem scripta est epistola 42.

[b] *Fratribus S. Petri.* Hoc de monasterio Beneventano S. Petri *ad Corpus* dicto, quæ modo Ecclesia parœcialis est, interpretandum videtur Mabillonio, lib. XXVII Annal. num. 6.

[c] *De expeditione hostili*, etc. Hæc intelligenda existimo de expeditione hostili quam Pippinus jussu Caroli, dum anno 800 Romam pergeret, et iterum dum anno 801 rediret, adversus Beneventanos suscepit. Vid. Annales Francorum Tiliani, Loiseliani et alii.

[d] *Impiissimi hominis.* Grimoaldum abs dubio notat ducem Beneventanum, qui patri Arigiso, consentiente Carolo Magno, successit anno 788, postea vero rebellis factus diu cum Pippino conflixit. Vid. Erchemperti Hist. Longobard. Beneventi apud Murat. Script. Rer. Ital. tom. II, part. I, pag. 258. Grimoaldi pater Arigisus, et frater Romoaldus *in brevi*, quod Alcuinus hic insinuat, sublati sunt articulo. Nempe uno eodemque anno, ac pene eodem mense mortui. Concordat Adrianus papa in epist. 88 Cod. Carol. ubi ad Carolum scribit : « Qui venientes (Athalgisus cum exercitu) Dei nutu, per suffragia apostolorum, malignantium consilia dissipata repererunt, eo quod Arichisum ducem vel ipsius filium Waldonem (Romoaldum legendum existimat Cointius anno 787, num. 46) defunctum invenerunt. »

[e] Edit. Quercet. 19 ex ms. Froben. 106. Scripta fuit eo tempore quo jam vires sensim deficere et ægritudines invalescere sensit, ut in prioribus epistolis etiam conqueritur ; data igitur eodem anno 801 vel aliquo posteriori.

quidquid pietatis vel benignitatis in me famulum vestrum, sicut prima cognitione adventus mei ad vos misericorditer promisistis; ita omnia fideliter implestis, et ad cumulum plenissimæ veritatis quæ semper vestri pectoris insidet thesauro, centuplum addidistis; ut cunctorum luce clarius oculis patescit, auribusque per longinquas terrarum resonat multorum. Quid enim addi potuit felicitati peregrinationis meæ, vel vestræ bonitatis judicio, super me minus digno liis omnibus donorum largitionibus? vel quales gratiarum actiones vestræ misericordiæ condignas persolvere possum, nisi perpetua piæ orationis sedulitate misericordissimi Dei omnipotentis clementiam deprecari, quatenus æterna remuneratione in cœlesti beatitudine omnia multipliciter reddat in meam vestræ largissimæ bonitatis benefacta parvitatem? Quod ut meam liceat apud sanctum Martinum quotidie instantiam agere, supplex suppliciter, humilis humiliter, devotus devote obsecro, quia valde infirmatus corpore nil aliud itineris vel laboris perficere valeo. Omnis igitur corporis mei, ut vere fateor, dignitas et fortitudo recessit, abiit, et quotidie fugiet; nec in hoc, ut revereor, sæculo revertetur.

Speravi atque optavi me transactis diebus vestræ adhuc vel semel beatitudinis faciem videre. Sed ingravescente infirmi corporis flebilitate, omnimodis hoc idem fieri non posse probatum habeo. Quapropter deprecor vestræ invictæ bonitatis misericordiam, ut nullatenus mens sancta, voluntas benigna quæ in vobis est, meæ irascatur infirmitati, sed pia compassione fessum concedat requiescere, orationibusque pro vobis instare, et prævenire faciem æterni judicis in confessione et lacrymis. Ut si quoquo modo, Deo Jesu miserante, metuendas antiqui hostis accusationes evadere valeam, et aliquem sanctorum habere adjutorem merear, mecum stantem, pro meaque intercedentem fragilitate, ne tradar in manus inimicorum meorum (*Eccli.* IV, 22).

O quam timendus est omni homini dies ille, et quam necessarium est unicuique præparare se in occursum Domini Dei sui! hortante nos ipsa luce, quæ illuminat omnem hominem, atque clamante: *Ambulate, dum lucem habetis, ne vos tenebræ comprehendant* (*Joan.* XII, 35). Sed et quomodo in ea luce ambulare debeamus, alio ostendit loco, dicens: *Sic luceat lux vestra coram hominibus, ut videant opera vestra bona, et glorificent Patrem vestrum qui in cœlis est* (*Matth.* V, 16).

David in æternum tecum sit gratia Christi,
Ut vigeas, valeas, victor in orbe potens.
Post hæc et teneas cœlestia regna beatus,
Cum sanctis pariter semper in arce poli.
Multiplici Christus reddat tibi munera mitis,
In me quot bonitas contulit ecce tua.
Gramina quot tellus habeat, vel littus arenas;
Tot miserante Deo, David, habeto vale.
Inclytus æternis David feliciter annis,
In Christo meritis vivat ubique sacris

[a] EPISTOLA CXXXV.
[b] AD NATHANAELEM.
(Anno 801.)

Excitat ad pietatem; commendat illi curam in instruendis virginibus Lucia et Columba. Committit illi epistolam cum sacræ Scripturæ munere porrigendam regi Carolo.

Albinus Nathanaeli salutem.

Cognoscat te in benedictione, qui agnitus est a te beato prædicante Philippo, qui te sub ficu veteris delicti vocavit ad virum de Nazareth; qui te sine dolo Israelitam esse concedat, ut dignus efficiaris non solum verbis dicere, sed et opere implere: *Rabbi, tu es Filius Dei, tu es Rex Israel* (*Joan.* I, 45-49). Hunc sequere, donec videas eum cum beato Petro et filiis Zebedei stantem in littore et clamantem: *Mittite rete in dexteram navigii et invenietis* (*Joan.* XXI, 6); uti post hanc piscationem ad convivium vocatus dicatur tibi inter cæteros sanctæ piscationis socios: *Veni et prande* (*Ibid.* vers. 12). Quid hoc convivio dulcius? Quid hac præsentia beatius? Ubi sempiternum nullo fine clauditur gaudium, ad quod tantummodo magni pisces seligentur, qui non scisso rete apostolica capti sunt prædicatione. Crescente numero ab uno usque ad decem et septem, propter decalogum et septem sancti spiritus dona: de cujus numeri mira divisione et significatione olim me scripsisse memoro, dominoque meo David dixisse, calido charitatis corde, [c] in fervente naturalis aquæ [*Ms.,* atque] balneo, ubi te, alumne, præsentem esse non ignoro.

Saluta [d] Luciam sororem nostram et filiam Co-

---

[a] Froben. epist. 185.
[b] *Ad Nathanaelem.* Qui vero nomine appellatus est Fridigisus seu Fredegisus, prout notavi ad epist. 118 (nunc 157). Ex hac epistola novimus hunc Nathanaelem esse *missum illum Alcuini, clarissimum filium et fidelem famulum* Caroli regis, per quem nimirum Alcuinus eidem Carolo, « ad splendorem imperialis potentiæ obtulit divinorum munera librorum a se diligenter emendatorum atque in unius clarissimi corporis sanctitatem connexorum, » ut loquitur in epist. 103 (nunc 131). Vide infra, col. 375, not. *c*.
[c] *In fervente... balneo.* Quod Carolus Magnus Aquisgrani extruxit, teste poeta anonymo, seu ipsomet Alcuino in poemate *de Carolo Magno et Leonis papæ ad illum adventu,* vers. 106, quod vide in tom. II hujus editionis inter opera dubia. Ibi:

Hic alii thermas calidas reperire laborant,
Balnea sponte sua ferventia mole recludunt,
Marmoreis gradibus speciosa sedilia pangunt.
Fons nimio bullentis aquæ fervere calore
Non cessat: partes rivos deducit in omnes
Urbis.

Et Eginhardus in Vita Caroli Magni de eo scribit: « Delectabatur etiam vaporibus aquarum naturaliter calentium, frequenti natatu corpus exercens.... Ob hoc etiam Aquisgrani regiam exstruxit. » Apud Bouquet. Script. Rer. Gall. tom. V, pag. 98, n. 22.
[d] *Luciam et Columbam.* Exstat ad easdem in cod. Harleiano epistola, scripta dum commentarium in Evang. S. Joannis jam integre absolutum ad illas mittit, quam propterea eidem commentario præfiximus, ubi illam consulas.

lumbam: deprecare eas memores esse senectutis meæ in sacris orationibus, et salutis suæ in bonis operibus; nec illis tuæ decorem sapientiæ abscondas, sed irriga florentes bonæ voluntatis in eis areolas. Quid pulchrius sapientiæ floribus, qui nunquam marcescunt? Quid scientiæ divitiis locupletius, quæ nunquam exhauriuntur? Ad has exhortare eas; vivant in meditatione legis Dei die ac nocte, ut eum inveniant quem scripsit Moyses in lege et prophetæ. Teneant eum, nec dimittant, donec introducantur in cellaria regalis gloriæ, ut ordinata charitate floribus æternæ beatitudinis fulciantur, mittente Sponso de thalamo suo præsentis prosperitatis lævam sub capite earum, et dextera æternæ beatitudinis amplexetur eas.

ᵃ Epistolam vero parvitatis meæ, cum sanctissimo divinæ Scripturæ munere, die Natalis Domini, et verbis salutationis pacificis redde domino meo David cui tantas grates et laudes agimus pro omnibus bonis quæ mihi meisque filiis faciebat, quantas habet liber ille syllabas; et tantas a Deo dari benedictiones illi optamus, quantæ in eo litteræ leguntur scriptæ.

Vive Deo felix, fili! florentibus annis,
Ut te conservet Jesus ubique tuus.
Quo sine nil prodest cuiquam vaga gloria sæcli;
Nate memor Patris semper amate vale.

ᵇ **EPISTOLA CXXXVI.**

AD EUMDEM.

Ad conversationem honestam et religiosam animat; et vitari suadet columbas coronatas volitantes per cameras palatii.

Dulcissimo filio meo Nathanaheli Albinus Pater salutem.

Obsecro te, fili mi charissime, ut vita tua fiat et conversatio honesta, et religiosa, atque sine omni reprehensione, in quantum fieri possit, coram Deo et coram hominibus, ut intelligatur quanta eruditione edoctus fuisti. Sanctitas tua et venerabilis religio laus est mihi apud homines et merces apud Deum. Non veniant coronatæ columbæ ad fenestras tuas, quæ volant per cameras palatii: Nec equi indomiti irrumpant ostia cameræ: nec tibi sit ursorum saltantium ora [*Forte*, hora], sed clericorum psallentium; sint verba in veritate modesta, et vox temperata, et

---

ᵃ *Epistolam vero parvitatis meæ.* Hæc est epistola 103 (nunc 131), ad domnum regem, quam illi una *cum sanctissimo divinæ Scripturæ munere* per Nathanaelem, qui superata longa infirmitate ad imperatorem Romæ coronandum *affatim festinavit*, *ipse die natali Domini*, quo ipso Carolus imperii coronam a Leone III summo pontifice accepit, tradi et offerri curavit.

ᵇ Froben. epist. 186.
ᶜ Froben. epist. 187.

ᵈ *Chrodgario Comiti.* De illo silent veteres scriptores: fuisse vero illum in comitatu Pippini Italiæ regis, a Carolo patre, postquam is Romæ imperator coronatus et proclamatus fuit, et dum inde anno 801 in Franciam reditum pararet, ad devastandam terram Beneventanam cum exercitu missi, ex hac epistola innotescit. Vid. not. seq.

ᵉ *Ad vastandam Beneventanam patriam.* Carolus

---

silentia considerata; et cui dicas, diligenter examinatum. Nec te alienis immisce dissensionibus, nec te prætereat horarum psalmodia sanctarum; nec missarum maxima virtus in corpore Christi, nec charitas desit.

Legatur ante te lectio sancta, per quam fieri possint ad convivas verba prædicationis. Sit tuum velle et nolle ad mentis arcem constitutum, ne pœnitere cogaris de quolibet facto. Esto pauperum pater, ut de pane tuo manducent, quia in paupere Christus reficitur. Quam felix mensa, in qua est conviva Christus. Esto irreprehensibilis et morum dignitate, magnificus in sanctitate, laudabilis in ratione dati et accepti, jucundus in verbis, gaudens in aspectu, lætus ad miseros, largus ad pauperes, omnibus omnia [*Ms.* odorante, *nullo sensu*] factus, ut ex omnibus, Christi gratia consequente, mercedem habere merearis.

ᶜ **EPISTOLA CXXXVII.**

AD CHRODGARIUM COMITEM.

(Anno 801.)

Infantulum et fratrem erudiendos se suscipere significat. Hortatur ad fidele servitium, et consilia regi præstanda. Cavere sibi, ad vastandam urbem Beneventanam abituro, suadet a noxio Italiæ aere.

Viro laudabili ᵈ Chrodgario comiti Albinus diaconus salutem.

Litterarum legatio non est spernenda, ubi linguæ officium ob amicitiam conjungendam longinquitas terrarum abstulit. Unde ego tibi, venerande amice, hos apices meæ devotionis dirigere curavi, obsecrans ut fideli charitate orationes meas inter spirituales amicos tuos, quocunque perrexeris, commendare studeas.

Bonum infantulum nobis ad erudiendum direxistis, etiam cum fratre valde laudabili, cujus mores nobis optime conveniunt, in omni religione et sanctitate; et necessarium est infantulo, quem velim, ut citius remittas ad nos.

Nec tibi, deprecor, onerosum esse litterarum admonitio (Ita cod. ms.) mearum, quoniam opto te in Dei voluntate proficere, et salutem operari animæ tuæ in eleemosynis ad pauperes, et justitia ad omnes, et misericordia ad miseros et consiliis bonis, quæ domno imperatori et regno Francorum proficiant ad salutem et prosperitatem.

Audivi, vos ituros esse ᵉ ad vastandam Beneventa-

Magnus « Anno 800 Moguntia Romam profectus, exercitum cum Pippino filio in Beneventanorum terras prædatum ire jussit, » ut habent Annales Tiliani, Loiseliani et Metenses, apud Bouquet., tom. V Script. Rer. Gall. Sed quo minus Alcuinum hoc loco de ista expeditione intelligendum censeam, facit nomen *imperatoris*, quod Carolo hic tribuit, admonens Chrodgarium, ut bonis consiliis suis consulat *imperatori* et prosperitati Francorum. Narrant vero iidem annalistæ, imperatorem, anno 801 omnibus Romæ bene dispositis, « ITERUM missa in Beneventanos expeditione, cum Pippino filio suo, post Pascha VII Kal. Maii Roma profectum, venisse Spoletum, etc. » et de hac expeditione loqui Alcuinum existimo. De eadem vide etiam epist. 105 (nunc 135). (*) Chrodgarius forte est Rotharius (Rotherius, seu Rotgerius), *dux*

(*) Hæc in calce voluminis, ad hunc locum, in edit. Frobenii, inter *Errata* et *Addenda*, leguntur.

nam patriam. Scis optime quale periculum ibi imminet tibi, a propter pestilentem illius terræ aerem. Ideo nihil dimittas inconsideratum rerum tuarum; maxime ne ulla retro super te clamet injustitia, vel cujuslibet culpæ negligentia. Utere sapientia tua ad salutem tibi sempiternam, quia illa tantummodo vera est scientia, quæ perpetuam hominibus præstat beatitudinem. Opto te feliciter vivere in hæc tempora atque in futura, venerande amice!

b EPISTOLA CXXXVIII.

AD SOROREM ET FILIAM.

(Anno 801.)

Significat quantum æstimet illarum amicitiam. De felici nuntio Roma accepto certiores reddit. Mittit quosdam tractatus Ven. Bedæ describendos. De propria sua valetudine illas instruit.

Charissimæ in Christo c sorori et filiæ gratissimæ, Pater perpetuæ beatitudinis salutem.

Quantum inter nos rerum eventus probare potuit, semper ab initio cognitionis nostræ optime nostris partibus vestram bonitatem fidelem invenimus. Proinde gratias et laudes Deo omnipotenti perpetuas agere æquum habemus, qui nobis, quamvis indignis, tam claræ dignitatis et tam probatæ fidei concessit amicitiam, et, quod raro inter consanguineas personas inveniri poterit, in peregrinis nominibus reperire perdonavit; quamvis, quantum ad Christianæ fidei societatem nullus dici debeat peregrinus, quantum vero ad sæculi exsilium omnes peregrini sumus, dicente Psalmista: *Heu mihi, quia peregrinatio mea prolongata est* (Psal. cxix, 5). Exsilium est habitatio hujus vitæ, quoniam cogit nos ad Patriam properare, de qua dicitur: *Beati qui habitant in domo tua, Domine, in sæculum sæculi laudabunt te* (Psal. LXXXIII, 5). Felix est qui de labore ad requiem perveniet, in qua sine omni perturbatione animi vel corporis vivet in æternum.

Placido animo vestræ pietatis suscepimus eulogias, devoto deprecantes animo Dei clementiam, longæva prosperitate vos feliciter in hoc sæculo vivere, et ad æternam beatitudinem post hujus labores vitæ pervenire.

Candidus noster de Roma reversus est, omnia prospera inde referens de domino meo David et omnibus fidelibus suis; filiolos nostros d remansisse cum Pippino dixit; apostolicum suos superare adversarios referebat, et in magna esse gratia cum domino imperatore.

Tractatus quos rogastis direximus, deprecantes ut quantocius scribantur et remittantur, quia nobis valde necessarii sunt propter legentium utilitatem, quos dominus Beda- [*Ms.*, Boeda] magister noster sermone simplici sub sensu subtili composuit. Ideo ejus opuscula vobis dirigere curavimus, quia ejus maxime dicta vos desiderare intelleximus

De mea vero sanitate scito quod partim febris recessit, partim remansit. Ad castigandum permanet; sed minus meritis meis pepercit mihi pietas divina et intercessiones sanctorum suorum. Sed adhuc restat maximus timor de judicio Dei, quem nullus effugere valet. Tantum castiget nos pia miseratione perpetui Patris bonitas, et non tradat nos in manus inimicorum nostrorum : Cui sæpius dicam : *Erue a framea animam meam et de manu canis unicam meam* (*Psal.* XXI, 21). Item : *O Domine, libera animam meam, misericors et miserator Dominus* (*Psal.* CXIV, 4), ut fieri possit quod dicitur: *Benedic, anima mea, Dominum* (*Psal.* CII, 1). Atque iterum : *Lauda, anima mea, Dominum* (*Psal.* CXLV, 2). *Sit nomen Domini benedictum ex hoc nunc et usque in sæculum* (*Psal.* LXXI, 17). Perpetua benedictione divina vos gratia coronare dignetur, dilectissimæ in Domino dominæ!

e EPISTOLA CXXXIX.

AD SOROREM ET FILIAM.

(Anno incerto.)

Charitatem et lectionem sanctæ Scripturæ cum oratione commendat.

Dilectissimis in Christo personis sorori et filiæ sempiternam supernæ beatitudinis salutem.

Quid est quod vestra tanto tempore tacuit charitas? Nunquid verba defecerunt salutationis, seu causæ non supervenerunt quarum notionem charta nec deferret ad aures nostras? Nunquid longinquitas terrarum charitatis dulcedinem separare debet, cujus flammam nec profunditas fluminum, nec pelagi immensitas, juxta Cantici sermonem, obrui poterat (*Cant.* VIII, 7), in qua sola qui offenderit, *factus est omnium reus* (*Jac.* II, 10). Hæc est quæ super bonos et malos splendescere debet, ut sit homo terrenus in

---

maximus, *Pythagoreæ linguæ probatus, et signifer egregius*: ortus ex Francorum genere, clariorque agamemnonio germine in curia Pippini regis altus nobiliter, etc., ut legitur in Vita sancti Austremonii apud Bouquet., tom. V Script. Franc., pag. 432 et 470. De eo etiam, tanquam conditore monasterii Carolfensis Theodulfus Aurelianensis carm. VIII, ibid., pag. 421, ita canit:

Denique Rotharius comes ingens, inclytus heros,
   Conjuge cum Eufrasia condidit istud opus.

a *Propter pestilentem illius terræ aerem.* Hunc anno 793 exercitus Francorum expertus est, ut legitur in Annalibus Moissiacensibus ad illum annum : « In ipsa hieme transmisit rex Carolus duos filios suos Pippinum et Ludovicum cum exercitu magno in terra Beneventana. Et facta est ibi fames validissima .... super exercitum qui advenerat, ita ut aliquanti nec ipsa Quadragesima se ab esu carnium abstinere possent. »

b Froben. epist. 188.

c *Sorori et filiæ.* Gislæ sorori et Rictrudæ filiæ fortassis, quibus commentarium in Evangelium sancti Joannis dicavit; et quas in alia epistola codicis Harleiani, quam initio ejusdem commentarii exhibebimus, Luciam et Columbam appellat. Ad easdem scriptas fuisse alias duas epistolas cod. Harleiani existimo, anno incerto; quas propterea huic conjungendas esse censui.

d *Remansisse cum Pippino.* In Italia scilicet a Carolo anno 801 Roma in Franciam redeunte, pro expeditione bellica in Beneventanos relicto. Vide notas epistolæ proxime antecedentis.

e Froben. epist. 189.

ea perfectus, sicut Pater qui in cœlis est, perfectus est (Matth. v, 48).

Ergo Filius charitatis, filius est Dei, quia Deus charitas est (I Joan. iv, 16), cujus lux corda vestra sufficienter irradiet; cujus dulcedo pectora vestra abundanter reficiat. Hæc est summa omnium bonorum; hæc est optima pars, quæ nunquam auferetur, sed magis atque magis in pectore habentis ardescit; de qua duo dixerunt discipuli, cognita Domini facie in fractione panis : Nonne cor nostrum ardens erat in nobis, dum loqueretur in via, et aperiret nobis Scripturas? (Luc. xxiv, 32.) Vos eam in Scripturis quærite sanctis, intentissime scrutantes eas, ut cognoscatis Dominum vobis loquentem in eis.

Quid dulcius est quam Dei omnipotentis frui confabulatione? quia, qui legit sacratissimos sermones Domini, per sanctos suos nobis traditos, Deum loquentem audiet; et qui orat, Deo loquitur. Hæ sacratissimæ vicissitudines diem et noctem ducant in jubilationem; nec sæcularis occupatio spiritalem subruat jucunditatem; quia vanitas vanitatum est, hujus sæculi deliciæ et falsi amores; quia omnes hujus vitæ jucunditates velut umbra transeunt, et velut spuma super aquam facile dissipantur. Ideo, dilectissimæ et nobilissimæ virgines, animas vestras in omni sanctitate et religione lectionisque studio exercete, ut Spiritus sanctus de cœlo vestræ devotionis corda sæpius visitare dignetur, qui pectora inhabitare dignoscitur charitate plena, et in sancta sapientia sollicita mente sudantes.

Hæc interim sanctæ dilectionis calamo prælibare curavi. Cæterum si paternæ voluntatis effectum scire curam habetis, scitote quotidie infirmitates crescere, et variis corpus debilitare doloribus, et Dominum pulsantem januas, si vigilantem inveniat famulum suum; vigiliasque vestris adjutus intercessionibus custodire sanctas, ne me in sæculi occupationibus dormientem inveniat, qui apostolis suis præcepit dicens : Vigilate et orate, ne intretis in tentationem; spiritus quidem promptus est, caro [Ms., cor] autem infirma (Matth. xxvi, 41). Vestram sanctitatem in omnibus bonis florere, et ad perpetuam Deus Jesus proficere faciat felicitatem, soror in Christo charissima!

a EPISTOLA CXL.
AD SOROREM ET FILIAM.

Suadet in prosperis et adversis servare æquanimitatem exemplo sanctorum, quorum vitas vult eas legere ex Dialogis sancti Gregorii papæ.

In Christo charissimis personis sorori et filiæ pietas paterna salutem.

Gratias agimus divinæ clementiæ de vestra prosperitate et salute, et de omnibus bonis, quæ illius ineffabilis misericordia vobis condonavit, etiam et illius continua voluntate laudamus pietatem, qui nobis licet indignis tam fidele solatium, et tam dulcem charitatem in vestra dilectione contulit : unde et necessarium est omnibus in Christo pie viventibus illius supereminentem laudare gratiam, qua humano generi misertus est; et quidquid boni egerimus ad illius semper referre benignitatem, sine qua, ipsa Veritate attestante, nihil efficere valemus : in qua bonitate vestra semper unanimitas læta remaneat; nec adversitatibus sæculi, vel infidelitatibus mundi amatorum frangi debet, nec tristitiam habere, licet nobis multa eveniant adversa. Sic est hujus præsentis vitæ varietas, ut prospera semper misceantur adversis, sicut dies nocte mutatur; sicut sanitas corporis morbis supervenientibus afficitur; sicut flos juventutis senectute superveniente marcescit; sicut æstatis tranquillitas hibernalibus atteritur tempestatibus. At nihil horum religiosam mentem fatigare debet, sed semper stabili tenore erecta spe ad Deum firma soliditate immobilis permanere. Unde et testificatione ipsius Veritatis Joannes Baptista laudatur, quod non esset, *arundo vento agitata* (Luc. vii, 24), id est, nec adversitatibus sæculi, nec reprehensione invidiosa; vel etiam adulatione subdola, vel prosperitate arridente a stabilitatis rectitudine mentem declinare voluit [Ms., valuit]; sed semper æquali mentis soliditate quæ adversa pertulit, vel læta temperavit; cujus exemplo vestræ firmetur in Deo, dilectissimæ personæ, exercitatio mentis. Proficiunt enim sæpe tentationes, ut probata patientia in mercedem æternæ retributionis crescat.

Sicut, aurum igne probatur, ita tribulationibus mens Christiana examinatur, dicente Scriptura : *Fili, accedens ad servitutem Dei, præpara animum tuum ad tentationem* (Eccli. ii, 1), non ad securitatem. Roborate vosmetipsas exemplis sanctorum, legentes per vices illorum vitæ dulcissima exempla, et sanctorum verborum hortamenta necessaria; sit illorum vita vobis in speculum. Nam fessæ mentis acumen levioris lectionis interpositio sæpe reficit. Ideo difficilior in apostolica auctoritate sensus vos procul dubio sæpius fatigare habet; sed tenete nunc in manus vel Vitas Patrum, vel miracula sanctorum, quorum in dialogis beati Gregorii, doctoris nostri, multa inveniuntur lucidissima exarata eloquentia, et sententiis sanctæ Scripturæ semper confirmata. Hæc et inter vos conferre, et in conviviis aliis edere jam sic consuetudinem incipietis habere, valde vobis esse jucunda arbitrantium. Sicut diversitate ciborum fastidium manducanti tollitur, ita varietate lectionis mens reficitur legentis : quorum omnium vestra charitas considerata providentia videat, quid cui tempori vel qua persona conveniat, ut plurimi vestris optimis admonitionibus ad salutem animarum suarum proficiant.

Hæc scripsi paterna admonitione, ut dilectio vestra in hanc chartam meam sæpius habeat præsentiam, sicut charitas vestra nostræ menti firmiter infixa manebit. Videte quam planum est intelligere in charitate mutua, quod in Evangelio ipse Dominus dixit : *Ubi sunt duo vel tres congregati in nomine meo, ibi sum in medio eorum* (Matth. xviii, 20). Non tantum hoc de præsentia corporali dictum putemus, sed

---

a Froben. epist. 190.

magis de præsentia sanctæ charitatis, *quæ diffusa est per Spiritum sanctum in cordibus nostris* (*Rom.* v, 5). Habentes thesaurum veræ dilectionis in pectoribus nostris, inde unusquisque alium adjuvet secundum mensuram donationis Christi, sive in solatio sæcularis necessitatis, sive in communione spiritalis doctrinæ : Et ubi hæc fiant, ibi certissimum est Christum esse in medio, qui de corde religioso in cor alterius charitatis suavitatem diffundit, ut sit una concordia omnium Deum diligentium, et una pietas invicem se adjuvantium.

Hæc vos assidua considerantes dulcedine, nostrique memores, Christo miserante, semper de die in diem in charitate crescite, in fide confirmamini et in spe divinæ bonitatis indeficientes æterna prosperitate valete, charissima et jucundissima dilectionis sanctæ nomina!

a EPISTOLA CXLI.
AD AQUILAM SEU ARNONEM.
(Anno 801, post Pascha.)

Meminit cum gaudio de prosperitate et exaltatione regis. Cupit instrui de causa domni Apostolici, de Beneventana controversia, et de actis in conventu episcoporum. Refert statum suæ valetudinis.

Venerando Patri, et in membris Christi excellentissimo Aquilæ archispeculatori Albinus devotus in charitate frater indeficiens [*Forte*, indeficientis] gloriæ salutem.

Gaudens gaudebo de fide et charitate beatitudinis vestræ; de prosperitate, salute et exaltatione pii principis triumphatoris magni, et [b] gloriosi imperatoris, et nobilissimæ prolis illius, fideliumque omnium ejus incolumitate: nisi duo defuerunt in litteris vestris de domno apostolico patre nostro, qualiter longa certatio pastoris et populi terminata esset; et de Beneventana controversia. Quoniam sollicitus sum valde de filiis meis, quorum mihi vitam, et salutem, et benefacta pernecessaria esse tu ipse optime nosti. Et miror cur sapientia et consilio [c] conventus multorum ob regni istius integritatem quoquo modo causa disceptationis impiæ non finiretur: simul etiam sollicitus sum audire quid in tanto tamque præclaro conventu de statu sanctæ Ecclesiæ ordinaretur, et de catholicæ fidei firmitate; nec tam diutino tempore advenientium conversatio sine magno quolibet profectu Christiani populi fieri debuit. Tua vero sanctitas, pastor dignissime, gregem Christi, tuæ sollicitudini commendatum, omni cura per pascua perpetuæ vitæ ducat, quatenus multiplici gaudeas remuneratione, cum grege tibi subjecto in æternæ beatitudinis regno.

De mea vero prosperitate gaudeat paternitas tua, quoniam Dominus Deus, *qui mortificat et vivificat, vulnerat et medetur* (*I Reg.* ii, 6), castigavit me per Pascha multa febrium flagellatione, et pene ad desperationem vitæ deduxit. Sed misertus est mihi ob preces servorum suorum; sed remanet quotidianus labor ejusdem castigationis, non tamen usque ad periculum vitæ, sed usque ad emundationem, ut opto, delictorum meorum. Te vero quotidie mea mens Dei omnipotentis clementiæ commendare studet, optans ut proficias in omni bono in conspectu Dei. Corpore vero propemodum emortuo vivida charitatis virtus vivit in pectore, amans te, frater mi Aquila, ut Patrem, quoniam fidelem te semper probavi; et quod rari habent, in prosperis et adversis æqualiter ejusdem animi esse in amicos; nec de hoc tui cordis thesauro cuilibet dubitare fas esse fateor, *quia charitas Dei diffusa est in cordestuo*, simul etiam et proximi, *per Spiritum sanctum; qui datus est nobis, ut diligamus invicem, sicut et Christus dilexit nos* (*Rom.* v, 5).

Desidero multum vestræ dilectionis faciem videre, et consolationis tuæ solatio foveri. Tempus est æternis providere diebus, quæ sola pene sapientia recte dici poterit. Sæcularium rerum providentia pauco proderit tempore; perpetuæ vero prosperitatis providentia nullo fine claudetur; quæ fraterna collocutione multum proficere nemini dubium esse debet, dicente ipsa Veritate: *Ubi sunt duo vel tres congregati in nomine meo, ibi sum in medio eorum* (*Matth.* xviii, 20). Quid deerit boni consilii, ubi tantus mediator interesse dignoscitur? Incolumem beatitudinem tuam, et plurimis prodesse in consiliis et exemplis, multo tempore divina custodire dignetur gratia, domine pater, fili, frater et amice!

d EPISTOLA CXLII.
AD FRATRES FULDENSES.
(Circa annum 801.)

Hortatur ad religiosas virtutes. Mittit pallium storacium pro corpore sancti Bonifacii, et chartulam missalem.

Sanctissimis, nobisque cum omni charitate colendis [e] fratribus sancti Bonifacii Patris, et protectoris nostri, humilis levita Alcuinus, æternæ beatitudinis in Christo salutem.

Memor dulcissimæ dilectionis vestræ, qua me benignissime cum omni gaudio olim [f] suscepistis: et

---

[a] Froben. epist. 191.
[b] *Gloriosi imperatoris.* Hinc patet præsentem epistolam post acceptam a Carolo in Natali Domini anni 800 imperatoriam dignitatem; et quidem, postquam Alcuinus ab infirmitate, qua se per Pascha afflictum fuisse asserit, nonnihil respiravit, scriptam fuisse, id est, anno 801.
[c] *Conventus multorum.* « Fecit » namque Carolus Romæ anno 800 « conventum maximum episcoporum, seu abbatum cum presbyteris, et diaconibus, et comitibus, seu reliquo populo Christiano; » ad examinandam scilicet et dijudicandam causam Leonis papæ III et alia tam in publicis quam ecclesiasticis rebus ordinanda. Qui conventus in alterum annum conti-

nuatus fuit, ut referunt Annales Francorum Loiseliani, et alii apud Bouquet., tom. V sæpius laudato.
[d] Froben. epist. 192.
[e] *Fratribus sancti Bonifacii.* Fuldensibus, quod monasterium sanctus Bonifacius fundavit; ibidemque post gloriosum martyrium sepultus est.
[f] *Me olim suscepistis.* Alcuinum aliquando Fuldæ fuisse hinc quidem constat; incertum tamen relinquitur utrum ibi scholam aperuerit litterasque ipse met docuerit, prout Trithemio aliisque visum est. Credam nihilominus Alcuinum ibi haud otiosum fuisse, et pro suo in scientiis promovendis fervore, Fuldensibus saltem optima ad bonas litteras excolendas consilia suggessisse. Hoc profecto officium

quantum tunc lætatus sum in præsentia vestra, tantum nunc torquetur animus in absentia, quærens videre quos amat; et habere præsentes quos diligit. Sed quia hoc carnalibus non est concessum oculis, fiat spiritali præsentia perpetua dilectio; quia charitas quæ deseri potest, nunquam vera fuit. Quapropter tendamus ad illam, quæ nunquam finem habitura est, in qua beata æternitas est, et æterna beatitudo: ut ad hanc pervenire mereamini, nullus labor vos terreat; nullæ sæculi hujus blanditiæ retrahant, sed semper illius amor ardeat in cordibus vestris, qui tertius in via comes apparuit duobus discipulis; qui sublatus ab eorum oculis carnalibus dixerunt: *Num cor nostrum ardens erat, dum loqueretur in via et aperiret nobis Scripturas* (Luc. xxiv, 32)? In litteris sanctorum Patrum quæramus illum quem illi necdum docti in Scripturis intellexerunt. Modo aperta sunt omnia; modo ipse aperuit sensum; de quo dictum est: *Tunc aperuit illis sensum, ut intelligerent Scripturas* (Ibid. 45). Nunc evangelica veritas toto resplendet in orbe; nunc prophetarum ænigmata sole lucidius fulgent in ecclesiis Christi. Hanc lucem veritatis tota anima sectemini, et Christum intelligite, in illa Christum amate, Christum sequamini, quatenus ejus vestigiis sacratissimis inhærentes vitam æternam in ejus sanctissima præsentia habere mereamini; memores apostolici mandati dicentis: *Fratres, stabiles estote et immobiles in opere Domini semper, scientes quod labor vester non est inanis in Domino* (I Cor. xv, 58). Stabiles estote in loco vestro, et in devotione propositi vestri. Nolite derelinquere sanctissimum Patrem vestrum; state circa sepulcrum ejus, quatenus ille preces vestras offerat omnipotenti Deo. Nolite concupiscere sæculares vanitates, sed cœlestes amate beatitudines; *et nolite*, sicut Doctor gentium ait, *conformari huic sæculo, sed reformamini in novitate sensus vestri* (Rom. xiii, 2). Turpe est enim monacho militiam spiritalem amittere, et sæcularibus se implicare negotiis.

Non sint murmurationes inter vos, non odia, non invidiæ, non detractiones; et nolite judicare alterutrum; sed in humilitate et concordia omnes vestræ fiant actiones: *Obedientes præpositis vestris, non ad oculum tantum, sed ex corde, quasi coram Deo* (Ephes. vi, 5, 6). Obedientia vestra, charitas vestra, humilitas vestra notæ sint omnibus, ut plurimi vestris bonis exemplis erudiantur, et proficiant in salute animarum suarum. Si vero venerandus Pater [a] Bonulfus, dilectissimus meus amicus, non valeat pro infirmitate sua implere regularis vitæ duritiam, vos illum judicare nolite, sed ex corde obedite illi, et amate ut Patrem, quia ipse rationem redditurus erit de animabus vestris. Ille pro vobis laborat vagando et currendo, ut quiete vivere [valeatis] et regularem vitam vestram custodiatis, et corpori vestro necessaria habeatis. Vos vero facite sicut filii charissimi; Deum timete, Deum diligite, et curam sanctissimi Patris vestri habete in orationibus vestris, quatenus longæva prosperitate vobiscum vivat feliciter, et vobiscum vosque cum illo vitam habere mereamini sempiternam.

Adolescentulos vestros admonete, instruite, docete in omni disciplina sancta et doctrina catholica, ut digni habeantur in loco vestro stare, et orationum ... vobis dirigere, ubicunque maneatis. Admonete corde [de] castitate corporis, de confessione peccatorum suorum, de lectionis studio et labore manuum sine murmuratione, et de omnibus rebus quæ tali ætate necessaria videantur; et illi subditi fiant senioribus et magistris suis, humilitate bona, in religione piissima. Et vos seniores qui estis, bona eis præbete exempla, ut non solum verbis, sed vitæ religione vestræ erudiantur. Non sint luxuriosi, non ebrietati servientes, non contemptuosi, non inanes sequentes ludos, sed discant officiales esse boni in domo Dei, ut benedictionem et gratiam, per intercessionem sancti Bonifacii Patris sui, a Deo Christo recipere mereantur, neque deprecor ut perpetua memoria habeatis vobiscum in sanctis orationibus vestris; tempus enim appropinquat, quod nullus effugere valet: præparet se unusquisque, ut vestitus bonis moribus, non nudus appareat in conspectu Domini Dei sui.

Direxi unum [b] pallium storacium ad corpus sancti Bonifacii Patris nostri, de cujus sancta intercessione pro peccatis meis magnam habeo fiduciam; quatenus ego peccator vel veniam habere merear ea die, qua vestra sanctitas coronam recipiet beatitudinis æternæ.

---

fuit viri, qui non Turonis tantum, sed *in universa Francia magisterium exercuit,* ut loquitur Altfridus libr. i de Vita sancti Liudgeri, num. 9.

[a] *Bonulfus* seu, ut alii scribunt, *Baugulfus,* qui hoc tempore præfuit monasterio Fuldensi, Sturmii seu Sturmionis, qui anno 779 obiit, successor. Is vero anno 802 c potestatem, quam habuit, reliquit, et successorem Ratgarium accepit, » ut refert annalista Fuldensis. Causa ob quam Baugulfus abbatiam dimisit, fortassis *infirmitas* fuit, quæ illum ad sufferendam *regularis vitæ duritiam* ineptum reddidit, de qua illum Alcuinus hic a suis fratribus judicari noluit. Hinc mihi videtur, tempore scriptæ hujus epistolæ seu ab ipso Baugulfo, seu a suis monachis cogitatum fuisse de abdicatione abbatiæ; et propterea eamdem epistolam paulo ante annum 802 esse collocandam existimo — Exstat epistola Caroli Magni *Baugulfo totique illius congregationi* singulariter inscripta, quamvis eadem simul ad omnes episcopos et monasteria anno 787 missa fuerit. Exhortatur ibi rex Carolus omnes ad excolenda et restauranda tam in ecclesiis cathedralibus quam in monasteriis litterarum studia. Mabillonio verisimile est, « Alcuinum ipsum, qui tum in Caroli comitatu erat, eidem auctorem fuisse ut hanc epistolam ad universos episcopos et abbates mitteret, quam forsan Alcuinus ipse dictaverat. » Edita primum fuit a cl. Sirmondo ex cod. ms. monasterii sancti Arnulfi Mettensis; quæ etiam integra exhibetur apud Bouquet., tom. V Script. Rer. Gall. pag. 621. Negat quidem Carolus Cointius illam Baugulfo abbati fuisse inscriptam, levi prorsus argumento; quod refutat Mabillonius libr. xxv Annal. num. 64, pag. 279.

[b] *Pallium storacium.* Dictum « a colore storacis, quæ gutta similis est mali cydonis, » inquit Papias. Vid. Du Cange Gloss. voce *Stauracium.*

Misi a chartulam Missalem vobis, o sanctissimi presbyteri, ut habeatis singulis diebus, quibus preces Deo dirigere cuilibet placeat; quando in honorem sanctæ Trinitatis; quando de amore sapientiæ; quando de pœnitentiæ lacrymis; quando de charitate perfecta, vel quando ad suffragia angelica postulanda, vel omnium sanctorum cuilibet postulare placet; vel etiam si quis pro peccatis suis; vel pro quolibet amico vivente; et etiam pro amicis plurimis; vel etiam fratribus de hoc sæculo recedentibus facere velit orationes; vel quando specialiter beatæ Mariæ genitricis Dei virginis perpetuæ deprecari velit intercessiones; vel etiam sanctissimi Patris vestri Bonifacii cantare quis velit, et præsentiam illius piissimam advocare precibus. Hæc omnia charitatis intuitu vobis dirigere curavimus, deprecantes humilitatem vestram, benigne suscipere, quod plenissima charitate vobis dirigimus. Faciat quislibet de eis, quodcunque placeat, et ne me reprehendat in charitatis officio. Unusquisque enim in suo sensu abundet, et semper faciat Deo placita, et omnibus sanctis, quatenus cum illis perpetua visione Domini nostri Jesu Christi frui digni inveniantur.

Mei memorem sanctam beatitudinem vestram Dominus Deus in omni postulatione sancta exaudiat, et præsentem felicitatem, futuramque beatitudinem vobis condonare dignetur, dilectissimi fratres. Deprecor ut nobis per litteras beatitudinis vestræ notum faciatis, si hæ ad vos pervenerint litteræ, et quid exinde vestræ placeat prudentiæ. Quod meum est feci, charitatis implens officium in amore et honore Domini nostri Jesu Christi.

158 b EPISTOLA CXLIII.

AD ARNONEM.
(Anno 801.)

Illum, ut ad S. Martinum veniat, invitat: ad cœlestia aspirat, et pro se orari cupit.

Optimo præsuli Aquilæ Albinus salutem.

Occurrat chartula, charitatis calamo conscripta, vestræ reverentiæ, frater desiderantissime, tuis susurrans auribus, ut venias, si fieri possit, ad limina beati [Martini] Patris nostri, protectorisque vestri, ut tuus tecum familiari collatione [Albinus] sodalis agere extrema salutationis verba valeat: quia festinat hora divisionis inter fratres, separationis inter amicos. *Eunti homini in domum æternitatis suæ, et circumeuntibus circa eum in platea plangentibus* (Eccl.

---

a *Misi cartulam Missalem*, etc. Similem misit ad monachos Vedastinos. Vid. epist. 51. Auctor Micrologi de Eccles. observ. cap. 60, tom. XVIII Bibliothecæ SS. Patrum pag. 489, Edit. Lugdun., ait : « Alcuinum rogatu sancti Bonifacii archiepiscopi Moguntini missales orationes composuisse, ut presbyteri illius temporis, nuper ad fidem conversi, nondum ecclesiasticis officiis instructi, nondum etiam librorum copia præditi, vel aliquid haberent, cum quo officium suum qualibet die possent explere. » Sed in his plurimum allucinatur auctor præfatus, prout ex hac epistola manifestum est; non enim has missales orationes misit ad presbyteros nuper conversos; sed ad presbyteros monachos diu in officiis divinis

A xii, 5); tunc vera probabitur amicitia, dum falsa cessabit adulatio. Multi promittunt societatem, sed pauci custodiunt. Nec mirum; quia *multi sunt vocati, pauci vero electi* (Matth. xx, 16). Sed quid ad hæc? Jungat se homo Deo, et habebit cuncta quæ necessaria sunt. *Quærite primum regnum Dei et justitiam ejus, et omnia adjicientur vobis* (Matth. vi, 33). Dolores et tribulationes hujus vitæ nos quotidie admonent Deo jungi, terrena fugere, cœlestia amare. Sed heu, proh dolor! his optamus miseriis diu interesse, et minus perpetuam quærimus requiem; nostris inhiamus cupiditatibus, minus Dei præceptis inhærentes, qui paterna pietate nos castigat, ut animo hæc temporalia fugiamus, et ad æterna festinemus, ubi vera est beatitudo. Ut ad hanc pervenire merear, Deo miserante, tua me sanctitas orationum suffragiis adjuvet. Periculum meum novi, peccata mea agnosco. Ideo supplex servorum Christi deposco intercessiones, ut mei misereantur. Spes et consolatio mea omnium Redemptor Deus Christus, cui laus et gratiarum actio pro omnibus bonis, quæ mihi gratuita pietate concessit in hoc sæculo.

Vive Deo felix, mundo nam vivere mors est ;
Vera quidem est homini vivere vita Deo.

c EPISTOLA CXLIV.

AD ARNONEM.
(Anno 801.)

Arnonem ad S. Martinum videre, et cum illo de vitæ suæ rationibus consilia inire desiderat, antequam ex hac vita decedere cogatur.

Domino merito amabili Aquilæ pio præsuli et pacifico, Albinus salutem.

Perpetua charitas occasionem semper inveniet salutationis ad amicum, ut gaudeat in lectione litterarum animus fidelis, cui non est datum lætari in præsentia oculorum. Sed melior est fidelis animi aspectus in charitate, omni intuitu pupillarum. Ideo animo spiritaliter Deus inspiciendus est, non oculis carnalibus, quos communes habemus cum vermiculis : cujus visio omnis est beatitudo, quæ sanctis promittitur in sempiterna gloria, a qua tolluntur impii, ne videant gloriam Dei. Ad hanc perpetuæ beatitudinis visionem nos invicem exhortemur, quia *frater a fratre adjutus, civitas est firma* (Prov. xviii, 19). [Tamen si hæc vera, quæ dixi de animi visione, valde vera videri debeant] queddam mihi dispendium esse in absentia faciei vestræ video, [non propter nigros in capite capillos, sed propter oculos dulcissimos, et amabilem charitatis loquelam, quam inter exercitatos : non rogatu sancti Bonifacii, quocum Alcuinus vix consuetudinem habuit; sed ex charitate erga fratres sancto Bonifacio servientes, et in hujus honorem.

b Froben. 107. Edit. Mabill. 14, ubi inscripta : *Optimo præsuli evangelicoque doctori*, omisso nomine proprio. Mabillonius ex conjectura ad Liudgerum Mimigardefordensem episcopum datam censuit. Sed hæc conjectura ex cod. ms. Salisb. evertitur, ex quo hic emendatior prodit. Hanc epistolam cum aliis jungo, in quibus crebra, ob ingravescentem morbum, mortis memoria est.

c Edit. Mabill. 15, Froben. 108. Integrior hic apparet ex cod. Salisb.

nos fideliter habere consuevimus. Ego siquidem [a] vocatus ad palatium, propter infirmitatem corpusculi mei venire nequeo, te 159 spectans, vita comite, in domo Dei et sancti Martini]. Si quo modo [Cod. *Mab.*, Si aliquando] desiderium hoc mihi amabile, Deo miserante, evenire valeat ad invicem contemplari, antequam rumpatur *vitta aurea, et conteratur rota super fontem.* (*Eccle.* xii, 6), et eat homo exterior in domum æternitatis suæ plangentibus circa eum amicis; et spiritus revertatur ad judicium illius, *qui dedit eum* (*Eccle.* xii, 7). Hujus vero judicii terrore totus contrémisco, sæcularisque negotii deposito onere Deo soli servire, licet pigro corde et imposito gradu, eligam, ne me minus paratum dies illa per omnia inveniat. Sed Deo miserante, vitaque comite vulnera quæ hujus sæculi miseria mihi infeliciter inflixerat, secundum consilia vestræ sanctitatis mederi aggrediar : hisque transactis inter nos consiliis (quod sine lacrymis non dico) ultimum vale fiat [inter Aquilam et Albinum]. Et ego perpetualiter tuis sanctissimis corroboratus consiliis atque orationibus, spectans spectabo [in loco præfinito], *quando revertatur Dominus meus a nuptiis pulsare januam* (*Luc.* xii, 36), an custodem domus vigilantem inveniat; hujusque timendæ horæ momento peracto, utinam tuam beatitudinem propter necessarias pro peccatis meis intercessiones superstitem relinquam. Quia fides in extremis probatur, quæ pene rara invenitur in hominibus. Omnes enim valde ea indigent, sed pauci habere videntur. [Has te non pigeat sæpius legere litterulas, quas lacrymis dictavi obortis; quatenus in memoria habeas, quid maxime a te meum spectet desiderium; et quod vix invenitur in quamplurimis, in te certum mihi habere agnoscat anima mea in loco prædestinato sibi.] Te vero divina clementia, Pater desiderantissime, multo tempore in servitio sanctæ Ecclesiæ et multarum profectu animarum proficere faciat, ut cum multiplici laboris tui fructu ad æternam laudabiliter pervenire mereáris beatitudinem. Iterum atque iterum dico, et cum lacrymis dico, mei memor esto. Omnipotens Deus te custodiat et in omni bonitate florere concedat, dulcissime et omnium dilectissime præsul.

[b] **EPISTOLA CXLV.**
AD ARNONEM ARCHIEPISCOPUM.
(Anno 801.)

Epistolæ ad se missæ respondet. Rursus præsentia Arnonis frui desiderat, impeditus ipse venire ad palatium.

Domino merito in membris Christi amantissimo [Aquilæ archiepiscopo] Albinus matricularius sancti Martini sempiternam salutem.

---

[a] *Vocatus ad palatium propter infirmitates*, etc. Vid. epist. 154 ad Carolum paulo ante descriptam. Scripta est epistola, dum Arno Roma rediret anno 801. Vide etiam epistolam hic sequentem.
[b] Edit. Mabill. 20 (Froben. 109). Hic vero magis integra prodit ex cod. ms. Salisb.
[c] *Duas.... chartulas.* Duas priores, immediate hanc præcedentes fortassis?
[d] *Ad Gandolfovillam.* Rev. auctor Prodromi Chronici Gottwicensis, part. ii, p. 849, *Gundulphi villam*,

Currenti legatione, litteræ beatitudinis tuæ venerunt ad me, suavissimæ salutationis asserentes verba, quibus læto perlectis animo nota agnovi, desiderata consideravi, læta [*Mab.*, lætus] legebam in omnibus vestri animi sanctissimam de nobis devotionem vigilare. [Ad quas accito notario propter festinationem portitoris pauca rescribere curavi ; maxime quia per Candidum filium nostrum, fidelem famulum vestrum [c] duas ante direxi chartulas, unam ad [d] Gandolfovillam, aliam ad Aquis palatium; quem reor, miserante Deo, te [e] revertentem ibi invenisse, qui omnia de nobis tibi viva voce pandere potuit, quomodo Dei clementia super infirmitatem et senectutem nostram respexit, et nos pacifice a strepitu hujus sæculi liberavit; ut quieta conversatione spectarem diem extremum, qui pene nemini longe est, sed maxime timendus est ei cui prope esse agnoscitur et jam in januis stare.] Tua vero sanctitas vigilet super gregem Christi, ne lupinis morsibus aliquis [*Mab.*, aliquid] 160 desit gratiæ Christi tuis subjectis [*F.*, abjectis] admonitionibus ad te respiciens, quia perditio cujuslibet animæ pastoris est detrimentum. [[f] Vocatus fui ad dominum meum David, sed infirmitate tardatus non veni, seu et voluntate fui detentus.] Ille felix est qui castigatione Dei catenatus est, et ab hujus sæculi turbatis liberatus procellis. Nec unquam tantum divitiis sæculi circumfusus lætabar, quantum consideratione quieta vitæ meæ gavisus sum. Opto, Deo miserante, ut per tuam efficiatur dilectionem, quod per meam segnitiem fieri non poterit, id est, ut amplexibus et alloquiis charitatis vestræ liceat mihi aliquam horam perfrui. Non est episcopus, cujus magis velim præsentia uti, secundum Dei miserationem, quam vestra. Quod ut fiat, ille efficiat, qui ait : *Ubi sunt duo vel tres congregati in nomine meo, ibi sum in medio eorum* (*Matth.* xviii, 20). Periculum est fragili animo in hujus sæculi permanere tempestate. Martha ministrabat Christo, sed tamen circa plurima occupata, Domino dicente, legitur esse : *Maria vero optimam partem elegit, quæ non auferetur ab ea in æternum* (*Luc.* x, 40, 42).

[Si placet Deo, ut venias ad limina S. Martini multum desidero, opto atque deprecor. Sin autem, vel litteræ vestræ veniant loquentes in aures Albini tui, uti per portitorem illarum longiorem chartulæ seriem vobis dirigere valeam.] Mirabar in quadam chartula dilectionis vestræ quoddam verbum, quod ibi legebam in eo ; ubi post competentes et animo meo desiderabiles sensus dixisti, quod propter occupationes nil mihi transmittere potuisses munusculi ; quasi in auro vel argento charitas nostra consistat ;

seu *Gundum-villam* ex Miræo ad pagum Tullensem refert, et de *Gondreville* ad Mosellam prope Tullum interpretatur; quamvis celeberrimus Valesius in Not. Galliarum, p. 259, id de *Gondecour* in pago Varensi prope *Conflans* declaret.
[e] *Revertentem*, Roma, puto, per Gundolfovillam ad Aquis palatium.
[f] *Vocatus fui ad dominum meum David*. Vid. epist. priorem.

dum tanta est, ut vere fatear, in animo meo etiam, ut credo, et in tuo : ut in comparatione ejus charitatis omnis divitiarum species vilescat. Illa est vera, de qua modo scripsisti; pericula fluminum non subire, de quibus dicitur: *Flumina multa non obruent charitatem* (Cant. VIII, 7). Hæc vigeat in cordibus nostris, non vana auri vel argenti species : quæ non prosunt possidentibus illa, sed magis obsistunt, nisi eis qui illa uti ad salutem animæ suæ in largitionibus pauperum didicerint et opere perfecerint. Omnipotens Deus sanctitatem tuam ad multorum profectionem salute perpetua, benedictione felici, incolumem protegere et custodire dignetur, domine Pater dilectissime et desiderantissime, atque honore in Deo dignissime.

ᵃ EPISTOLA CXLVI.
AD ARNONEM ARCHIEPISCOPUM SALISBURGENSEM.
(Anno 802.)

Significat suum erga Arnonem affectum. Ad quæsita respondere partim recusat, partim promittit. Regis justitiæ amorem laudat : ministrorum avaritiam carpit. Mittit cum muneribus opusculum in Ecclesiasten Salomonis ad describendum.

Reverendissimo Patri Aquilæ archiepiscopo humilis matricularius Albinus salutem.

Nono Kal. Junii hora tertia beatitudinis vestræ missus ad nos pervenit, horaque nona ejusdem diei necessario se reversurum prædixit. Quapropter, in tam angusto temporis articulo me constituto, alia dictare non potui, nisi gratias tantummodo agere pro dulcissima charitatis vestræ munificentia, et de sanctæ fidei probatione, quam semper vestro inesse pectori **161** veraciter agnovimus. Sed multum meæ nocet devotioni infidelitas accipientium litteras meas vobis dirigendas. Nam memini me anno transacto, ᵇ vobis de Italia revertentibus, duas dirigere chartulas ; similiter modo obviam vestro adventu duas transmisi ad palatium ; sed nescio quæ ex illis ad vestram pervenerunt præsentiam. [Quia sicut mihi suave fuit vestræ allocutionis collatio, sic mihi jucundum est satis litteraria salutatione sæpius vestram appellare auctoritatem ; atque in accipiendis vestræ dilectionis litteris, multum me gaudere certissime scito, quia non est pontifex in hoc regno, cujus me magis fidei crediderim, aut magis ejus salutem optarem in Domino, vel illius sancta consolatione frui, vel in loquela, vel in litteris desiderarem. Sed miseria hujus mundi disjungit charos, et convenientes separat animos, atque ardentius exinde nos docet ad eam æstuare vitam, ubi nunquam charus deerit, nunquam inimicus aderit ; cujus vitæ beatitudinem qui agnoscit, facile hujus sæculi spernit delicias, quæ non sunt deliciæ, sed deceptiones ; non dulcedines, sed amaritudines ; non veræ divitiæ, sed falsæ adula-

---

ᵃ Hanc epist. hactenus ineditam damus (nunc 140) ex duobus cod. mss., uno Salisburg., altero Sancti-Emmeramiano. Quæ uncis inclusa sunt in solo cod. Salisb. habentur.

ᵇ *Vobis de Italia revertentibus*. Nimirum anno 801. Quod vero Alcuinus hic non de priori aliqua rever-

tiones. Sed heu, proh dolor! multi sunt amatores hujus deceptionis, et pauci cultores verarum divitiarum (*II Tim.* III, 4), dicente ipsa Veritate, *Multi sunt vocati, pauci vero electi* (*Matth.* XX, 16). Sed inter paucos contendamus esse, ut inter electorum numerum mereamur deputari.]

De canonica vita et regulari institutione, quid mea ignavia scribere, vel vestra occupatio implere poterit? vel quid sanctis canonibus addere, vel regulari discretioni mea sufficit imperitia, vel te inde admonere, unde ab infantia eruditus fuisti? Vel quid scire valet de judicio sæculari mea soccordia, inter quæ nunquam fieri volui? tamen si mea diligentia aliquid inde agnoscere poterit, dum certus sciam quid quæras exinde, segnis non ero quid sentiam ostendere.

ᶜ De catholicæ fidei vero ratione tempore opportuno, divino inspirante Spiritu, non me abnego aliquid inde considerare secundum catholicorum scripta Patrum, atque ad vestræ augmentum sanctitatis transcribere : quod valde necessarium multis video, qui magis sæcularia quærunt quam spiritualia, nescientes quod, secundum Apostoli dictum, *impossibile est sine fide Deo placere* (*Hebr.* XI, 6). [De orationibus vero pro vobis nullatenus mea mens obliviscì potest, sed quadam suavi recordatione in conspectu Dei tuæ beatitudinis nomen cordi meo infixum teneo, maxime ante sepulcrum confessoris Christi atque intercessoris vestri beati Martini, inter sacrificia que sanctorum Christi sacerdotum illud scribere feci : De statu vero infirmitatis meæ et voluntatis, candidus meus tibi omnia dicere potuit. Quapropter superfluum est aliquid inde scribere, nisi hoc tantum dicere, ut omnis corporis mei dignitas recessit, et sæcularis delectatio procul aufugit. De bona siquidem voluntate domni imperatoris valde certus sum, quod omnia ad rectitudinis normam in regno sibi a Deo dato disponi desiderat : sed tantos non habet justitiæ adjutores, quantos etiam subversores ; nec tantos prædicatores, quantos prædatores ; quia plures sunt, *qui sua desiderant, quam Dei* (*Philip.* II, 21). Tua vero sanctitas a nemine munera suscipiat pro causis, quia optime nosti in lege dictum, *munera excœcant corda sapientum ; et subvertunt verba justorum* (*Exod.* XXIII, 8). Quod malum nimie inter Christianos viget, quia qui propria spernere jubentur, aliena cum iniquitate rapiunt. Hoc vero maxime tua bona providentia prohibeat omnibus tuæ venerandæ veritatis legationem spectantibus.

Munera vero dilectionis vestræ suavissima cum omni mentis alacritate suscepimus, licet nullius nunc mens mea desideret munuscula propter animi mei requiem ; tua tamen mihi sunt semper dulcia, maxime in vestimentis, quæ meo corpori satis opportuna semper fuerunt. Direximus benedictionis gratia charitati vestræ duo capita, propter duo præ-

---

sione Arnonis ex Italia intelligi possit, ratio est quod hæc epistola directa sit ad Arnonem legatione publica ad faciendas justitias, atque adeo missi regii munere jam occupatum, quod demum anno 802 factum esse, dicemus infra ad epistolam 112 (nunc 151).

ᶜ *De catholicæ fidei ratione*. Vide notas epist. 152.

cepta charitatis; et unum sagellum album subtile, propter perpetuae pacis concordiam, quae semper una eadem debebit esse inter nos. Direxi quoque ad transcribendum, si placet, nobisque iterum reddendum (quia aliud non habeo, nisi illud tantum) **162** opusculum in Ecclesiasten Salomonis. Cujus opusculi causam et rationem ex ipso prologo intelligere poteris. Sed deprecor ut citius transcribatur, si dignum ducas, atque mox remittatur nobis, ne pereat pueris nostris laboris nostri devotio, quia aliud, sicut dixi, non habeo, nisi istud tantummodo. [Omnipotens Deus perpetua te prosperitate custodire dignetur, atque in omnibus sanctarum divitiis virtutum florere concedat, domine Pater et desiderantissime frater.]

a EPISTOLA CXLVII.
AD THEODULFUM ARCHIEPISCOPUM.
(Circa annum 802.)

Laudat illius virtutes : gratulatur de obtento ab apostolica sede pallio; hortatur ad instantem praedicationem. Itineranti fausta precatur.

Pio Patri et prudenti magistro, nobisque cum omni amore amplectendo b Theodulfo archiepiscopo, humilis levita Alcuinus salutem.

Solent ex abundanti charitatis fonte verba fluere dulcedinis, quia quoddam refrigerium est aestuantis in amore cordis sermonibus ostendere, quod mente maxime tenetur. Unde ego privatae charitatis instinctu condictum amicitiae jus pietatis intuitu renovare cupiens, his litterulis vestrae sanctitati fidem meam in memoriam revocare volui, ne thesaurus memoriae longa oblivionis rubigine vilescat : maxime quia filius noster Candidus, vester fidelis famulus, plurima bonitatis insignia nobis de vestrae beatitudinis nomine narrare solet; vel quam libera voce in c conventu publico veritatis testimonia pertulisset; vel quam honestis moribus inter majores minoresque

---

a Froben. epist. 193.

b *Theodulfo archiepiscopo* Aurelianensi. Ubi notandus est titulus archiepiscopi, qui illi non ratione sedis suae, quae nunquam metropolitica fuit, sed honore personali, ob adeptum a sede apostolica pallium, ut inferius dicam, competebat. Scripsit vero Alcuinus hanc epistolam, prout ex illius contextu liquet, ex monasterio Turonensi post annum 796 quo se illuc recepit; et eo quidem tempore, quo jamjam vires corporis ob continuam febrem fractae essent, et sensim deficerent, de quo in aliis quoque epistolis, anno 800 et serius scriptis, ingemiscit : praesentem vero scriptam esse anno 802 in notis sequentibus observabimus.

c *In conventu publico.* Hoc non de synodo dioecesana, sed de conventu totius regni seu imperii in praesentia regis seu imperatoris celebrato intelligendum censeo. Hic vero, meo quidem judicio non alius fuit, quocum iter Theodulfi Aurelianensis, de quo infra, combinari possit, quam conventus ille Aquisgranensis anni 802 in quo imperator Carolus Magnus « archiepiscopos, episcopos, abbates et comites elegit, quos in universum regnum suum direxit, » prout narrat chronicon Moissiacense. Vid. infra, col. 593, n.a.

d *De sigillo sacerdotalis dignitatis,* etc. Virorum doctissimorum, Baronii, Pagii, Sirmondi, Mabillonii et aliorum opinio hactenus fuit, Theodulphum a Stephano IV papa, dum is anno 816 Rhemis Ludovicum imperatorem coronasset, pallium accepisse,

---

A personas tuae beatitudinis foret conversatio. Etiam quam pia et religiosa sedulitate ecclesiastica coleres officia; vel qualiter impias disceptationes odio haberes; quoniam omnia certissimum est Deo placere; et Sancti Spiritus gratiam tuo pectori abundanter influere demonstrant, et illam tuo corde ardescere flammam, quam ipsa Veritas testatur se mittere in terram, ut arderet (*Luc.* XII, 49), quoniam nullis poterit fluminibus extingui.

Gaudens gaudebo de augmento honoris vestri et d de sigillo sacerdotalis dignitatis, quod apostolica vobis superaddidit auctoritas; sed sciens scito quod hujus honoris claritas praedicationis poscit instantiam. Pallium sacerdotale diadema est. Sicut regium diadema fulgor gemmarum ornat, ita fiducia praediB cationis pallii ornare debet honorem. In hoc enim honorem suum habet, si portitor veritatis praedicator existit. Memor esto sacerdotalis dignitatis linguam coelestis esse clavem imperii, et clarissimam castrorum Christi tubam; quapropter ne sileas, ne taceas, ne formides loqui, habens ubique operis tui itinerisque Christum socium et adjutorem. Nec enim fas est tam clari luminis, tam affluentis sapientiae lucernam sub modio abscondi, sed in honorem largitoris omnibus splendescere lumine veritatis, qui domum Dei ingrediuntur; quia *messis quidem multa est, operarii autem pauci* (*Matth.* IX, 37). Sed quo rariores, eo instantiores qui sunt esse necesse est. *Exalta*, ait Propheta, *sicut tuba vocem tuam* (*Isai.* LVIII, 1). Aliusque : *Sit guttur tuum sicut aquila* C *tuba* [Ita ms. lege : *In gutture sit tuba quasi aquila*, etc.] *super domum Dei* (*Oseae* VIII, 1). Multi occupant terram, sed quaerenti Christo fructum non afferent. Tua vero, vir venerande, sanctitas honoret ministerium tuum; praedica opportune, importune, et ut trapazeta sapiens multiplica pecuniam Domini, ut denaria mercede dignus efficiaris.

---

et tunc demum archiepiscopum dictum fuisse. Sed haec opinio ex hac epistola penitus evertitur, cum certum sit Alcuinum vitam suam ad illum annum non produxisse.

Occasionem errandi viris celeberrimis praebuit carmen ipsius Theodulfi ad Modoinum (*Sirmondi*, tom. II, pag. 825), quod ab annum 817 referunt, et hisce versibus concluditur :

Solius illud opus Romani praesulis exstat,
Cujus ego accepi pallia sancta manu.

D Hunc ergo locum de Stephano IV papa, cui Theodulfus a Ludovico Pio obviam missus fuerat, interpretati sunt viri laudati, quamvis Theodulfus pontificem ibi haud nominaverit. Enimvero Theodulfus in eo carmine conqueritur, se culpa neque probata, neque unquam a se confessa, exsilio damnatum fuisse, additque, quod in se etiam confessum nemo judicium exercere potuisset, nisi Romanus pontifex, seu sedes Romana, a qua ipse pallium accepisset :

Esto forem fassus, inquit, cujus censura valeret
Dedere judicii congrua frena mihi?
Solius illud opus, *etc*., *ut supra*.

Tenendum igitur Theodulfum, vivente adhuc Alcuino, non a Stephano IV, sed a Leone III, et probabilius quidem, prout statim dicemus, anno 802, dum tanquam missus dominicus legationem in provincia Narbonensi obiret, et honore pallii et titulo archiepiscopi fuisse decoratum.

Hoc opus, hoc etenim forsan te subtrahit igni
Hoc opus, hoc etenim cœlesti te inserit aulæ.

Hoc poeta. Sed apostolica auctoritas hoc ubique admonere probatur; hoc et ipsa Veritas præcipit dicens : *Ite, docete omnes gentes* (*Matth.* xxviii, 19). Item Psalmista *beatum* esse refert, *qui meditabitur in lege Domini die ac nocte* (*Psal.* i, 2).

Plurima forte vestræ videtur prudentiæ meam garrire imperitiam ; sed majora opto vobis divinæ pietatis gratiam spiritalis beatitudinis conferre munera. Igitur ea fiducia has dictavi litterulas, quia sciebam vestram sanctitatem piæ charitatis donis divitem esse, et libenter sustinere verborum pondera, quæ ex veri amoris fonte fluere noscuntur. Sed hoc maxime supplici deprecor pectore, ut me famulum vestræ sanctitatis in sanctis orationibus commendatum habeas, eo magis quo appropinquat dies retributionis. Nam me tacito pede curva senectus festinare cogit ad præsentiam judicis mei ; sed et viam itineris mei, quasi latro rabidus, continua febris obsidet, spolians me optatæ salutis vestimentis, ut vix aliquod servitium in domo Dei explere valeam. Unde me major compulit necessitas ad famulorum Christi currere suffragium, ut me sanctis satagant adjuvare intercessionibus, ne anima mea tradatur inimicis Domini mei Jesu Christi. Tu vero, vir clarissime, cui est ætas florida et vividæ virtus sapientiæ, et sancti honoris sublimitas, sacræ prædicationis floribus [a] vias itineris tui replere memento, in omni loco vestigia tui adventus relinquens, tuusque tecum, supplici deprecor voto, vadat Albinus in ore et in corde quocunque eas, qui te apud sanctum Martinum sui pectoris portat in arca, et orationibus iter tuum prosequitur, optans angelum Dei bonum tecum ire, ut cum prosperitate eas, et cum gaudio feliciter revertaris ad nos.

Utere sorte tua feliciter, ut fruaris mercede tua æternaliter. Via est hæc vita ; beatus qui pratorum varietate non tenebitur in via, quo minus festinet ad patriæ pulchritudinem. Felix, qui sarcinam divitiarum in pauperum dividit solatia, sciens pauperum manus gazophylacium esse Christi, qui se testabitur in die magno accepisse, quidquid minimis suis in hac erogabitur luce.

[b] EPISTOLA CXLVIII.
AD EUMDEM.

Epistola penitus allegorica, in qua comparatur Theodulfus Patri vinearum

Pontifici magno et Patri vinearum Theodulfo Albinus salutem.

Legimus in Paralipominon cellis præesse vinariis Zabdiam tempore David, Deo dilectissimi regis (*I Par.* xxvii, 27); modo, miserante Deo, meliori populo secundus præest David, et sub eo nobilior Zabdias cellis præest vinearum, quem ordinata charitate introduxit rex in cellam vinariam, ut scolastici floribus fulcirent eum, et stiparent malis amore languentium illius, qui lætificat cor hominis. Jam si desit qui confirmet, forte non deest qui lætificet in cellis Aurelianis, dum spes est in vinea florente, non in ficulnea arescente. Quapropter *Joathan consiliarius David, homo litteratus* (*Ibid.*, 32), mittit ad Zabdiam dicens : Mane surgamus, videamus, quam bene vinea floreat Sorech, cantantibus celeuma super eam deriventur fontes cellarii foras. At nunc apertis apotecæ charitatis clavibus a procuratore vineæ celebretur versiculus iste per turres Aurelianas : *Comedite, amici mei, bibite et inebriamini* (*Cant.* v, 1, 2). *Ego dormio in dulcedine, et cor meum vigilat in caritate ; venite, accipite absque ulla commutatione vinum et lac* (*Isa.* lv, 1). *Guttur meum sicut vinum optimum, dignum dilecto meo ad potandum, labiisque illius ruminandum* (*Cant.* vii, 9). *Ego dilecto meo et dilectus meus mihi* (*Cant.* vi, 2). Non est dicendum : *Exspoliavi me tunica mea, quomodo induar illa? Lavi pedes meos, quomodo inquinabo illos* (*I Reg.* ix, 7)? *Non possum surgere et dare tibi* (*Luc.* xi, 7). Si forte tres panes non sunt ad manum, qui defecerunt in sitarchiis Gabaonitarum ; Christo benedicente septem hydriæ plenæ sunt vini optimi (*Joan.* ii), quod servabatur usque adhuc ; ex quo architriclino Turonicæ civitatis, mandante filio virginis

---

[a] *Vias itineris tui.* Hunc igitur locum interpretor de itinere a Theodulfo suscepto post conventum anno 802 mense Octobri, ut narrat chronicon Moissiacense , Aquisgrani celebratum, in quo Carolus imperator « elegit ex optimatibus suis prudentissimos et sapientissimos viros, tam archiepiscopos, quam reliquos episcopos... et direxit in universum regnum suum. » Capitulare ejusdem anni apud Baluzium tom. I Capitul. pag. 345. Huic concordat citatum chronicon Moissiacense, ubi sequentia leguntur : « Recordatus piissimus Carolus imperator in die sua de pauperibus, qui in universo imperio ejus erant, et justitias pleniter habere non poterant, noluit de intra palatio suo pauperiores vassos suos transmittere ad justitias faciendas; sed elegit in regno suo archiepiscopos et reliquos episcopos et abbates, cum ducibus et comitibus, qui jam opus non habebant super innocentes munera accipere, et ipsos misit per universum regnum, ut ecclesiis, viduis et orphanis et pauperibus et cuncto populo justitiam facerent. »

Nullus dubito quin in hoc conventu publico Theodulfo demandata fuerit legatio illa et præfectura in provincia Narbonensi, quam ipse libr. i carminum seu in *Parœnesi* ad Judices apud Sirmondum a vers. 99 describit, narratque qualiter ipse, variis licet querellantium donis tentatus, munus judicis absque corruptione ubique executus fuerit, prorsus nimirum ad mentem imperatoris in illo conventu declaratam.

Scio celeberrimum Mabillonium libr. xxvi Annal. Bened. num. 71 et 72 hanc legationem referre ad annum 798 statim atque Laidradus, legationis socius, ordinatus est episcopus Lugdunensis. Sed pace viri summi dixerim id nullo veteri teste comprobari ; neque satis constare quo anno Laidradus, quamvis illo anno fortassis electus, in sede sua fuerit ordinatus ; quem etiam Theodulfus in cit. carm. v. 119 *futurum* vocat Lugdunensem episcopum.

His igitur non obstantibus, ex præmissis mihi vero videtur similimum conventum illum publicum, et iter Theodulfi et pallii honorem, quod fortassis Theodulfus pro majori decore amplissimi sui muneris a sede apostolica adeptus est, et de quibus tanquam eodem tempore factis Alcuinus in hac epistola mentionem facit, cum anno 802 combinari debere, et ad eumdem annum hanc epistolam pertinere.

[b] Froben. epist. 194.

miscendum quis ignorat, et hoc servandum est, *ne mittatur vinum novum in utres veteres; et nemo bibens vetus statim vult novum, dicit enim, vetus melius est* (*Luc.* v, 37, 39). Beatus qui loquitur in aurem audientem. Valeto in pace, charissime frater!

[a] EPISTOLA CXLIX.

[b] AD CAROLUM EXCELLENTISSIMUM IMPERATOREM.

(Anno 802 vel 803.)

Deprecatur pro fratribus S. Martini; illosque, et se-ipsum a calumnia defendit contra accusationes in causa asyli clerico Aurelianensi præstiti, et veram causam orti tumultus pandit.

Domino excellentissimo atque omni honore dignissimo Carolo regi, imperatori atque Augusto, victoriosissimo, maximo, optimo atque serenissimo Albinus matricularius, præsentis prosperitatis et futuræ beatitudinis æternam in Domino Deo Christo salutem.

In prima harum facie litterarum mihi ex toto corde gratiarum actiones Domino Deo nostro agendas esse video, pro sospitate et salute vestra, non solum mihi, sed omnibus Christianis valde necessaria. Deinde a pietate vestræ bonitatis misericordia corpore prostrato, corde contrito, voce lacrymabili deprecanda est pro fratribus sancti Martini, in quorum me servitium vestra bonitas quamvis minus dignum delegavit.

Deum invoco testem conscientiæ meæ, quod nunquam eos tales intellexi, quales audio illos a quibusdam denotari, qui paratiores sunt accusare quam salvare. In quantum vero videri poterit et cognosci, digne Deo faciunt officia in ecclesias Christi, sicut, verissime testor, perfectius non vidi alios in quolibet loco celebrantes, nec diligentius, consuetudine quotidiana, pro vestra incolumitate, et Christiani imperii stabilitate intercedere. Illorum siquidem conversatio et vita a viro perfecto, et judice incorrupto, et misso fideli [c] Vuidone audiri potest, qui eorum omnia scrutans agnovit quid egissent vel qualiter vixissent.

Nec ego tardus fui eos admonere de honestate monasterialis vitæ, sicut illi ipsi testes sunt, si quis eorum testimonio credendum putat; neque illorum scio

Froben. epist. 195.

[D] Iste est titulus ipsius codicis Harleiani. Jungenda est præsens epistola duabus aliis, in causa clerici Aurelianensis, qui ab episcopo suo in carcerem conjectus inde elapsus est, et ad sancti Martini basilicam tanquam ad asylum confugit, scriptis, quas inferius col. 408 et seq. exhibemus.

Senserat Alcuinus ex epist. 119 (nunc 158) Caroli imperatoris animum adversus fratres Turonenses, a Theodulfo de inhonoratione hominum illius, imo ipsius episcopi atque imperialis suæ jussionis, accusatos, acriter esse commotum, seque ipsum quodammodo in suspicionem neglecti officii adductum fuisse. Quapropter in hac epistola primo cum maxima submissione imperatoris animum placare et ad clementiam commovere conatur: deinde fratres suos ab injusta adversariorum delatione defendit, illosque in officiis divinis celebrandis sedulos et assiduos, nullius erga episcopum Aurelianensem injuriæ, nullius erga mandata regia inobedientiæ, nullius ad reum defendendum conspirationis reos esse ostendit; insuper veras tumultus et commotæ adversus homines episcopi, reum ad priora vincula rapere volentes, plebis causas

culpas in accusatores suos, cur eos tanto prosequantur odio. Et mirum, quid se in alienam contra edictum legis messem mittere velint, hoc idem prohibente egregio doctore, ubi ait: *Tu quis es, qui alienum servum judicas? suo Domino stabit aut cadet, stabit quidem, potens est Dominus statuere eum* (*Rom.* XIV, 4). [d] Habet enim Tyronica civitas pastorem in moribus electum, in prædicatione devotum, qui tritici mensuram familiæ Christi optime ministrare novit. Vigilet unusquisque pastor super gregem suum, ne quis in eo gratiæ Dei desit, ut cum pastor omnium adveniat, dignos eos inveniat perpetua remunerari mercede.

De concursu vero et tumultu qui ortus est in ecclesia beati Martini, vel foras in atrio, in conspectu illius testor qui singulorum corda considerat, quod nec me exhortante, vel præsciente, vel etiam volente factus est; nec unquam me majori esse angustia in alienis peccatis, quam tunc temporis me fore fateor; nec quantum intelligere potui, vel audire, fratrum consilio quidquam inde gestum est; imo nec voluntatem eorum agnoscere potui, ut fieret; nec ullus Deum timens, vel suæ salutis curam habens, ut non dicam facere, sed etiam nec cogitare debere non dubium est.

Nunquid non missus auctoritatis vestræ, vir venerabilis Teotbertus decem et novem dies pro hac inquisitione inter nos fuit; etiam et per vices accusatores nostri cum eo? quos volebat flagellavit, quos volebat in catenam misit, quos volebat jurare fecit, quos placuit ad vestram vocavit præsentiam. Frustra ego tanto tempore serviebam Domino meo Jesu Christo; si in tantum illius me misericordia et providentia deseruit, ut in tam impium scelus in diebus senectutis meæ caderem; sed verissime absque omni dubitatione fateor, nec tantum mereri velle auri quantum tota habet Francia, ut ex meo consilio vel præparatione tam periculosus tumultus in Ecclesia Christi esset adunatus. Ego vero pauper et peregrinus in hoc sæculo Deum timeo, perpetuæ salutis animæ meæ quantulamcunque curam habens, quanquam minus perfecte hoc in vita aperit; semetipsum denique initio totius rei ignarum fuisse, postea vero ad tumultum sedandum nihil sui officii intermisisse gravissime contestatur; et in horum omnium fidem ad testimonium provocat regiorum missorum Widonis et Teotherti. Maximipropterea hæc epistola habenda est, quod per eam celebris illa controversia episcopi Aurelianensis cum Turonensibus in pleniori luce constituatur, et innocentia istorum (gravissima Alcuini testificatione) vindicetur.

[c] *Vidone*, Comite, qui in marca Britanniæ Cismarinæ præsidebat, quem illum ipsum fuisse existimo, cui Alcuinus librum *De virtutibus et vitiis* inscripsit, inferius inter Opuscula Moralia exhibendum, ubi videas monitum prævium.

[d] *Habet enim Tyronica civitas pastorem*, etc. De Josepho episcopo Turonensi loquitur, qui nocte illa qua Alcuinus decessit, « inæstimabilem splendoris claritatem super ecclesiam S. Martini, et beatam illius animam in cœlum penetrare vidit; corpusque defuncti, pias lacrymas fundens, deosculatus est, » ut narrat scriptor Vitæ Alcuini, num. 50 et seq.

claruisset mea; et maxime nunc in diebus senectutis et infirmitatis meæ præcavendum mihi. Novi tam immanissimum sceleris pondus, qui judicium vitæ meæ mihi appropinquasse non ignoro. Hujus judicii timore a tumultu hujus sæculi vestræ beatitudinis consilio me liberavi, ut quietus Deo soli servirem, pro vobisque in remunerationem omnium bonorum quæ mihi Deo propitiante egistis, quotidianis intercederem lacrymis.

Cæterum hujus tumultus rationem secundum veritatem, quantum intelligere valui, vestræ excellentiæ pandere non erubesco, nemini parcens quo minus veritati testimonium proferam. Videtur enim mihi nullum plus peccasse in hujus impietatis facto, quam custodem illius scelerati, ex cujus negligentia tanta mala postea exorta sunt. Ut cum pace eorum dicam qui has litteras legere audiant, justius æstimo esse illum, cujus negligentia ille reus lapsus est de vinculis, eadem pati vincula, quam eumdem reum fugitivum ad Christi Dei nostri et sanctorum ejus patrocinia, de ecclesia ad eadem reddi vincula; nec hoc ex mea dicam æstimatione, sed Domini roboratus sermone, qui prophetam regi Israelitico, qui dimisit regem Syriæ de manibus suis, jussit dicere : *Hæc dicit Dominus, quia dimisisti virum dignum morte, erit anima tua pro anima ejus (III Reg. xx, 42).*

Deinde secundo loco incitatores esse hujus tumultus intelligo, qui armati venerunt majori numero quam opus esset, de civitate Aureliana in civitatem Tyronicam. Maxime quia fama cucurrit per aures populi, ad hoc eos venisse ut violenter rapuissent eum, qui confugerat ad patrocinia Ecclesiæ Christi et beati Martini. Illud etiam [*Forte*, enim] commune est omnibus ubique, quod moleste ferant, suos dehonorari sanctos. Fortassis et ille miser hortatus est ad mansionem suam rusticos venientes inter pocula, ut defenderent Ecclesiam sancti Martini, ne violenter raperetur ab ea.

Tertia fuit hujus tumultus instigatio, dum sanctus Pater et pontifex noster nimis inopportune, populo præsente, intravit ecclesiam cum hominibus qui ad rapiendum venisse reum putabantur; sed forte hoc fecit corde simplici, nihil mali ex hoc accidere posse æstimans. Hæc videns vulgus indoctum, qui semper res inconvenientes sine consilio agere solet, conclamarunt, ad fustes cucurrerunt, aliqui impigri a foris venerunt, dum signa sonare audierunt, quorum motio per indoctorum manus ministrata est, sicut exquisitum est a vestræ auctoritatis missis, imo et ab ipsis accusatoribus nostris. Nam illis præsentibus sanctum allatum est Evangelium, ligno sanctæ crucis superposito; quoscunque jusserunt jurare ex fratribus, fecerunt. Fratres vero audientes signa prosiluerunt de refectorio ad sciendum pro qua sonuissent causa; qui venientes quantum potuerunt, ut audivi, sedaverunt tumultum; nisi qui inventi sunt ut æstimo infantes, qui vestræ ducti sunt præsentiæ, in illo peccaverunt concursu, a quibus au-

a Edit. Quercet. 55, Canis. 48, Froben. 111.

diri potest quid egissent, qui et ipsi juraverunt, nullius se hoc ipsum egisse hortatu, nisi ex impetu stultitiæ suæ. Nec ullus ex vassis sancti Martini ibi fuit, nisi unus Amalgarius nomine qui mecum eadem fuit hora, quem statim misi cum aliis fratribus ad sedandum tumultum, hominesque venerandi episcopi eripere de manibus populi, ne quid mali in eos gestum esset; qui sedato tumultu ducti sunt in monasterium, ubi salvi esse potuissent; qui tanto odio exarserunt in me, ut bonum quod eis jussi facere, in malum verterint dicentes, me in opprobrium illis eulogias direxisse, quod omnino falsissimum est, nescientes siquidem me Dominico imbutum esse præcepto, qui ait : *Benefacite his qui oderint vos (Matth. v, 44).*

Hæc sancta pietas vestra, Domine piissime, consideret, verumque cognoscat, et propitietur famulis suis in Dei omnipotentis amore, et sancti Martini intercessoris vestri honore, qui semper honoratus fuit in regno et a regibus Francorum. Solemus Deo dicere in confessione peccatorum nostrorum : *Si iniquitates observaveris, Domine, Domine, quis sustinebit (Psal. cxxix, 3)?* Dicamus et tibi, quia nobilissimo ejusdem capitis te membrum esse novimus : si iniquitates observaveris, domine imperator, quis sustinebit? Maxime, quia specialis virtus bonitas, atque laus imperatorum semper fuit clementia in subjectos suos, in tantum, ut Titus nobilissimus imperator ait : *Neminem ab imperatore tristem debere recedere.* Lætifica animos servorum tuorum per misericordiæ tuæ munus altissimum; superexaltet misericordia judicium, qui maximas perfidiæ culpas in vestram peccaverunt [*Forte*, peccantium] auctoritatem laudabili pietate perdonare potuistis. Ignosce infelicitati nostræ secundum piissimam sanctissimæ mentis vestræ nobilitatem, quam semper agnovi in animo sapientiæ vestræ mirabiliter vigere; et sicut David Patrem Christi laudatum legimus in misericordiæ magnitudine et æquitate judiciorum; ita vestram beatitudinem semper in his meritorum titulis laudabilem atque prædicabilem, Christo donante, esse cognovimus.

Omnipotens Deus Pater per unicum Filium suum, Dominum nostrum Jesum Christum, in Spiritu Paraclyto omni benedictione et sapientia cor beatitudinis vestræ illuminet, repleat, atque lætificet, nobilissimæque proli vestræ perpetuam, in salutem populi Christiani, prosperitatem perdonare dignetur, domine desiderantissime, optime atque augustissime pater patriæ!

Floreat et vigeat sophia virtute triumphis
Rex David magnum Magnus in ore decus.

a EPISTOLA CL.
AD MAURUM.
(Anno 802.)

Petit a Mauro (Rabano) libellum sibi promissum.

Benedicto sancti Benedicti b puero Mauro Albinus salutem

b *Puero Mauro.* In editione Quercetani hæc epia Libellum quem me rogante scribi promisisti, rogo ut tua faciat promissio firma et mea impleatur lætitia. Multis haurientibus fons non siccatur venæ vivæ, ita nec vestra minuitur sapientia, tametsi nostra inde hauriat indigentia. Noli spernere me rogantem, nec te promittentem abnuere; sed veritas tua fiat satietas mea. Dilige diligentem te, et da petenti, b ut omnia. Quia lex mandat parenti placere. Valeas feliciter cum pueris tuis, et in c populo charitatis orantes pro me fratres saluta.

163 d EPISTOLA CLI.
AD ARNONEM ARCHIEPISCOPUM.
(Anno 802.)

Conqueritur ac intermisso responso ad plures epistolas. Dolet amicum sæcularibus negotiis implicitum, et pastores animarum curis sæcularibus turbari. Infirmum se corpore et animo precibus Arnonis commendat, et ad cœlum suspirat.

Venerando Patri et veræ charitatis alis amplectendo, colendo et desiderando Aquilæ archiepiscopo, humilis matricularius Albinus in Christo salutem.

[e Anniversario tempore plurimas vestræ sanctæ dilectioni direxi litterulas, secundum charitatis affectum exaratas; sed nescio si ad vestram venerandæ dignitatis pervenerunt faciem, quia necdum merui rescripta solitæ familiaritatis: sive negligentia portitorum fuit, sive occupatio vestræ sanctitatis impedivit ut non scriberes.] Scio integram in pectore pietatis vestræ dilectionem non solum apud me, sed apud omnes amicos firmiter permanere, quæ probabitur in adversis, laudabitur in prosperis: In cujus pennis sanitas, in cujus gressibus scala, quam somniavit Jacob patriarcha (*Gen.* XVIII, 12 *seq.*), ascensio ad eum, qui ait: *In hoc cognoscent omnes quia mei discipuli estis, si dilectionem habueritis ad invicem* (*Joan.* XIII, 55). Ecce signum discipulatus Christi! ecce cœlestis regni janua! ecce vitæ nostræ fundamentum et culmen! sed vix ibi creditur firma esse, ubi indicio quolibet non apparet, sive in solatio pauperum, sive in exhortatione ad fratres qui proximi sunt, sive in scribendo ad longinquos corpore, proximos siquidem spiritu. Doleo te, frater! doleo ex intimo cordis mœrore f propter negotia sæcularia, quæ impediunt quadam nubium concretione charitatis radios, qui ex pectoris vestri flamma multos irradiare potuissent, si non caligine terrenarum occupationum obscurarentur. Tamen vigilet in corde, et

A foras temporibus opportunis fulgorem exerat, *ut luceat omnibus qui in domo Dei sunt* (*Matth.* V, 15); qui non sunt *cæci ad videndum vel surdi ad audiendum* (*Isa.* XLII, 18). Quid est tui officii nominis, nisi apertum habere os ad omnes in veritatis testificatione, per eum qui ait: *Aperi os tuum, et ego implebo illud* (*Psal.* LXXX, 11). *Non neglige gratiam quæ data est tibi* (*I Tim.* IV, 14); sed ut magis et magis proficiat, intende. *Multæ sunt tribulationes justorum* (*Psal.* XXXIII, 20), quia inter multos vocatos pauci eliguntur: et quo rariores inveniuntur, eo instantius verbum Dei eis prædicare necesse est. Pene omnes *quærunt quæ sua sunt* (*Philipp.* II, 21), et pauci, quæ Christi esse videntur. Pastores [*Al.,* Pastorales] curæ turbant sæculares, qui Deo vacare debuerunt. Vagari per terras, et milites Christi sæculo militare coguntur, et gladium verbi Dei inter oris claustra, qualibet cogente necessitate, recondunt: quem, heu, proh dolor! perpauci possident, quamvis plurimi se promittant cum habere: sed in die certaminis mercenarios se ostendunt, non milites.

His consideratis diligentius, dilectissime Pater, te ipsum considera, circumspice et intende, *quis sis, vel quo vadas* (*Gen.* XXXII, 17), vel quid dicas in judicio, in præsentia illius qui te speculatorem posuit populi sui. Me vero scito sæcularibus propemodum exterius negotiis liberatum, sed male interius multis fatigatum occupationibus atque inanissimis cogitationum turbis, quæ me prohibent puro corde clamare: *Jesu, fili David, miserere mei* (*Marc.* X, 47)! quæ tuis sanctissimis orationibus, frater dilectissime, ut abigantur aliquantulum, supplici deprecor obsecratione. Adjuva laborantem, erige jacentem, porrige manum pietatis fratri pene in salo procellosæ cogitationis submerso. Nec æstimer hæc frustra precari, sed teste Deo dicam: quod satis indigeo de hujus tentationis molestia tuæ sanctitatis precibus sublevari. Corpus coarctare utcunque valeo, sed non cordis vagabundos gressus constringere, quia cœlestia tantum desiderare debuissem. Terreni pulveris caligine pene oculos cordis excæcatos habeo, nisi ille gratuito pietatis suæ munere illud illuminet ad quem mihi sæpius cum Propheta clamandum est: *Quoniam tu illuminas lucernam meam, Domine: Deus meus, illumina tenebras meas* (*Psal.* XVII, 29). Item: *Illumina oculos meos, ne unquam obdormiam in morte* (*Psal.* XII, 4).

---

stola perperam inscribitur: *Ad Benedictum.* Est is Rabanus Alcuini discipulus, cui pro more illius temporis cognomen *Mauri* indidit, testante Rabano ipso in præfat. Commeut. ad Libros Regum præfixa. Mabill. lib. XXVI Annal. num. 59. Data videtur ad Rabanum e scholis Turonensibus jam Fuldam reversum, circa annum 802. Mabill. Annal. lib. XXVII, num. 13.

a *Libellum* De laudibus sanctæ Crucis, quem Alcuino promisit et anno ætatis 50 absolvit, atque Alcuini jam defuncti nomine, anno 806 sancto Martino nuncupavit prævio carmine, cui titulus: *Intercessio pro Mauro.* Rivetus *Hist. Littér. de la France*, tom. V; Mabill. l. c. num. 29.

b *Ut omnia.* Locus corruptus. Cod. ms. Quercetani habet · *Omnia, quæ hæc mandat, habenti placere* valeas. *Feliciter vive,* etc.

c *Populo.* In Cod. San-Gallensi apud Canisium legitur *poculo.* Legendum fortassis *in osculo.*

d Edit. Mabill. 21. Cujus initium restituimus ex Cod. ms. Salisb. (Froben. epist. 112.)

e *Anniversario tempore.* Intra tempus unius anni, ut interpretor.

f *Propter negotia sæcularia.* Postquam Arno anno 801 Roma, rebus ibi pacificatis, rediit, inter missos dominicos seu judices publicos adlectus est, quorum quidem is princeps in Bajoaria fuit, ut ex pluribus publicis instrumentis anni 802 et sequentium legere est in Hist. Frising. tom. I. Arno hoc munus tanquam apostolico muneri plurimum derogans haud libenter tulit. Vid. infra epist. 114 (nunc 155).

164. Ex parte video, ubi est requies mea, ubi sitis meæ saturitas. Ubi? nisi in eo ad quem Propheta clamavit : *Sitivit anima mea ad Deum vivum : quando veniam et apparebo ante faciem Dei* (*Psal.* XLI, 3)? Et ad seipsum conversus in alio dicens loco, quasi hujus petitionis responsum invenisset : *Hæc requies mea in sæculum sæculi, hic habitabo, quoniam prælegi eam* (*Psal.* CXXXI, 14). In hanc se exhortans alio versu inquit : *Convertere anima mea in requiem tuam, quia Dominus benefecit tibi* (*Psal.* CXIV, 7). Pro quo benefacto magni muneris [*Mab.*, Pro quo benedicto munere] seipsum ad laudandum Deum excitat alibi : *Lauda, anima mea, Dominum* (*Psal.* CXLV, 2). Et quasi ipsa respondisset, subjungens : *Laudabo Deum meum in vita mea, psallam Deo meo, quandiu ero* (*Ibid.*). Quia semper ero, semper laudabo Deum meum dicens : *Laudent eum cœli et terra, mare et omnia quæ in eis sunt* (*Psalm.* LXVIII, 35). Hos versus sic junctim posui, qui nihil mihi dulcius videtur cantandum in orationis compunctione, quam hos ita compositos; deprecans, ut meæ devotionis admonitione eos sæpius cum magno animi gaudio decantare in consuetudine habeas, pro æternæ beatitudinis memoria; meique nominis quantulacunque recordatione in hac et in omni salutiferæ petitionis prece. Divina te exaudire gratia dignetur, domine Pater desiderantissime, et nostri cordis amori dulcissime!

a EPISTOLA CLII.
AD ARNONEM.
(Anno 802.)

Commendat Arnoni curam canonicorum, monachorum et tertii gradus, inter illos medii. Queritur de pravitate simoniaca, quæ etiam in sedem apostolicam irrepsit. Epistolæ de confessione, et libelli de catholica fide mentionem facit.

Venerando pontifici Aquilæ Albinus salutem.

Pridem plura scripsi, quapropter modo pauca scribere ratum duxi, hoc solum suadens, vestram sanctam auctoritatem in Deo et pro Deo loqui, et in Deo confidere, ut diligenter examinetur quid cui conveniat personæ : quid canonicis, quid monachis, quid tertio gradui qui [*Cod. S. E.*, quid] inter hos duos variatur, superiori gradu canonicis, et inferiori monachis stantes. Nec tales spernendi sunt, quia tales maxime in domo Dei inveniuntur.

Et hoc præcipue intendite, ut simoniaca hæresis funditus subvertatur, quæ male dominatur in multis, radicem a judicibus sæculi sumens, ramos usque ad ecclesiasticas tendens personas : ita ut qui spinas eruere avaritiæ debuerunt, spinis punguntur acerbitatis, quæ magis atque magis crescentes, pene apostolicam irrepserunt sedem, ex qua palma pietatis dactilico florens fructu crescere debuit; inde rancor invidiæ ebullivit. Ignosce dicenti, vel magis timenti, cur super caput suum aliquid cogitare audeat. Utinam qui hoc dicat, fallax inveniatur, ut innocens sit qui alios debet innocentes facere per sanctæ prædicationis verba !

[Rogavit me b Magus meus in litteris dilectionis suæ, sive vestra mandante auctoritate, vel propria instigante voluntate, c epistolam de Confessione vel pœnitentia dictare. Sed illam direxi, quam pridem habui, filiis sancti Martini, quorum est multitudo magna, dictatam atque conscriptam; quæ sola vestris quoque juvenibus sufficere posse arbitror. Utinam venias, si fieri possit; sin autem, vel Magum tempore opportuno dirige, propter lectionem unius libelli quem noviter scripsi d de catholica Fide, et domno imperatori per hunc puerum direxi. Qui libellus nullatenus vestras effugiat manus, sed omnimodis scribatur, ut habeatis; quia necessarius est valde fidem volentibus scire catholicam, in qua summa salutis nostræ consistit.] Benedictus Deus benedicat te tuosque tecum æterna benedictione, domine Pater dilectissime !

e EPISTOLA CLIII.
AD ARNONEM ARCHIEPISCOPUM.
(Anno 803.)

Significat se accepisse litteras charitatis per Adalwinum episcopum venientem ad S. Martinum. Odulfum de facienda justitia; capellanos de laudabili conversatione, fratres monasterii S. Rhodberti de sincera charitate, etc., admoneri optat.

Sanctissimo Patri [Aquilæ] archipontificatus honore sublimato, humilis [levita Albinus] æternæ pacis et prosperitatis salutem.

Veniente dulcissimo fratre [f Adaluuino episcopo] orationis gratia [ad sanctum Martinum], suavissima vestræ salutationis proferens nobis verba, et optatæ prosperitatis vigorem annuntians, valde, ut fateor, lætati sumus in ejus adventu : et ut vestra demandavit dilectio, privata mente suscepimus eum, dulcissimæque familiaritatis alloquio usi sumus. Est enim, ut agnovi in eo, vir valde fidelis, et in sancta devotus religione [*Mab.*, devotione]. Vestris quoque syllabis, quæ attulit, perspectis, invenimus eas charitatis penna perscriptas, cujus etiam charitatis melliflua dulcedine refecti sumus semper a vobis et in vobis, quæ nos duabus dilectionis alis ad cœlum usque, Deo miserante, portare poterit. Et hæc est optima pars, quam elegit beata Maria ad pedes se-

---

a Hanc epistolam hactenus ineditam producimus ex cod. mss. Salisb. et Sanct-Emmeramensi. Uncis inclusa in solo Salisb. habentur. (Apud Froben. epist. 116.)
b *Magus meus.* Hoc nomine Adalbertum appellat. Vide epistolam 89 (nunc 501.)
c *Epistolam de Confessione.* Quam infra dabimus inter opera moralia.
d *Libelli... de Fide catholica.* Libros, puto, intelligit de Fide sanctæ Trinitatis, etc., inscriptos, et anno 802 Carolo imperatori præfixa epistola dedicatoria oblatos. Vide supra epistolam 110 (nunc 149), not c.
e Edit. Mabill. 24, nunc integritati suæ restituta ex cod. ms. Salisb. data videtur paulo ante sequentem, cujus notam b col. 405 videas. (Froben. epist. 115.)
f *Adaluuino episcopo.* Ratisbonensi, qui huic sedi præfuit ab anno 792 usque ad annum 817 ut testantur chartæ veteres biblioth. S. Emmerami, ubi legitur : *DCCXCII Sinpertus obiit, Adalwinus successit. DCCCXVII Adalwinus obiit, Baturicus successerat.* Vid. epist. seq.

tiens Salvatoris, intenta verbum salutis audire ab eo (*Luc.* x, 39, 42). Proinde maneamus jugiter in charitate perfecta, cujus una pars ad Deum tendit in fide et vitæ honestate; altera vero proximos amplectitur in patientia et benignitate. Hoc vero quadruvium vestræ, frater charissime! intentio pacificæ pergat, donec *videatur Deus deorum in Sion* (*Psal.* LXXXIII, 8) summæ beatitudinis. In his morare præceptis, aliosque erudire studeas; ut fidem discant catholicam, eamque sobria operum conversatione ostendant, patientesque atque benefici esse contendant [in socias hujus laboris animas

Nec aliquid novi de palatio vestræ sinceritati demandare habuimus]. Vestræ vero devotionis sanctitas [prædicet [a] Odulfo nostro olim amico verbum vitæ sæpius, ut sit justus in judiciis, et misericors in pauperes, 165 quia scriptum legimus: *Misericordia et veritas custodiunt principem* (*Prov.* xx, 28), et exaltant ambulantes in eis. Recordetur semper, quem velit habere in periculis defensorem, eumque diligat; et opere, quantum valeat, illius impleat præcepta. Nec se inconsulte tradat periculis, quomodo [b] quidam sui antecessores fecerunt, et ideo improba morte perierunt. Sit illi Christus in corde, et præcepta ejus in ore et opere, ut vivat feliciter in hoc sæculo, et in futuro beatam obtineat gloriam. Vestros vero discipulos et capellanos meo, precor, officio saluta, admonens eos honeste vivere coram hominibus, ut vestra ex eorum conversatione laudetur dignitas. Fratres quoque sancti Rhodberti confessoris Christi hortare sæpius, ut in sincera charitate et devota religione et sanctæ humilitatis obedientia Deo fideliter deserviant respicientes in perpetuæ beatitudinis remunerationem. Militant [*Cod. Sal.*, militent] enim in castris Ecclesiæ [Christi] militiam, quatenus in cœlestibus cum eo sedibus sempiterna felicitate gaudeant: meique ut memores sint, non solum eos opto admoneas, sed omnes regionis vestræ famulos famulasque Dei, quorum et quarum multiplicet Dominus Deus numerum, et nomina jubeat perscribi in cœlesti bibliotheca. Divina vos gratia prosequatur omnes, et ad gloriam perpetuæ beatitudinis pervenire vos faciat, Domini delectissimi! [Scripsissem ad singulas personas supra nominatas exhortationis litteras, nisi me festinatio prohiberet hujus venerandi portitoris. Vestra vero bonitas fiat, obsecro, vivens epistola et Deo placabilis; ut nostro nomine singulos quosque

admoneas de salute animarum suarum, orationibusque meis, quos Christus ubique conservare dignetur.]

[c] EPISTOLA CLIV.

AD ARNONEM ARCHIEPISCOPUM.

(Anno 803, die Cœnæ Domini.)

Consolatur afflictum propter sæculares occupationes. Litteras per Adalwinum episcopum mittit. Pro casula gratam spondet memoriam.

Domino desiderabiliter honorabili et honorabiliter desiderabili [Aquilæ] archiepiscopo, humilis Levita Albinus] salutem.

Acceptis vestræ charitatis muneribus omni auro amabilioribus, et apicibus omni favo dulcioribus, in quibus lectum erat de angustia mentis vestræ [d] pro servitio sæculari adversus sanctitatis vestræ dignitatem, ita ut non liceat melioribus instare officiis, nec animarum gregis lucris inservire. Vestra cogitet, obsecro, beatitudo, quis unquam sanctorum hoc sæculum sine tentatione transigeret. Solus, ut ait beatus Hieronymus in quadam 166 epistola, Salomon semper in deliciis, et ideo forte peccavit. Exhortans nos ad patientiam beatus apostolus ait: *Sufferentiam Job audistis, et finem Domini vidistis* (*Jac.* v, 11). Et ipse Dominus in Evangelio inquit: *In patientia vestra possidebitis animas vestras* (*Luc.* XXI, 19). Recurramus ad Christum tota intentione, assiduis precibus, qui est unicum de omni tribulatione refugium. Sicut Psalmista præcipit: *Jacta in Dominum* [*Cod. Sal., Deum*] *curam tuam, et ipse te enutriet* (*Psal.* LIV, 23). Dicamus Deo cum Propheta: *Esto mihi in Deum protectorem et in locum munitum, ut salvum me facias* (*Psal.* LXX, 3). Deus est, in cujus manu cor regis, et quocunque volueris, vertet illud. Qui nunquam deserit sperantes in se, qui ait vera promissione et fortissimo solatio: *Omnis enim qui petit accipit, et qui quærit invenit, et pulsanti aperietur* (*Matth.* VII, 8), et cætera quæ in eodem loco profunde satis de spe accipiendæ [F., accipiendi] petitionis effectus disputat, et exemplis confirmat. Ab initio mundi, vel etiam nascentis Ecclesiæ semper Deo servientes tribulationibus fatigati sunt. Si legeris in divinis libris sæculi eventum, etiam hoc quod dico, verum probabis; vel exterius famulos Dei apertam pati persecutionem, vel interius in pace Ecclesiæ clandestinis affici incommodis. Contra hæc omnia sola valet in Dei nomine patientia, ipso dicente Domino, victore mundi

---

[a] *Odulfo.* Cum hoc nomen abesset in cod. ms. S. Emmerami, Mabillonius hæc de *Geroldo* Bajoariorum præfecto: Hansizius vero de *Goteramo* primo confinii comite intelligenda censuerunt. Sed certum nomen nunc tenemus ex cod. ms. Salisb. *Odulfus* inter missos regios cum Arnone comparet in instr. 118 et 128 Hist. Frising., tom. I, part. II. De eo etiam vide capitulare 2 anni 803, tom. I Capit. Baluzii, pag. 325, n. 7, etc., Patrologiæ tomo XCVII. Obiit anno 819, ut testantur Breves Annales Ratisb. a Mabillonio ex cod. ms. S. Emmerami editi, Analect. pag. 368.

[b] *Quidam sui antecessores.* Hæc de Geroldo et Erico, qui bello Hunico anno 799 occisi sunt, intelligi vult cl. Hansizius. Recentius tamen exemplum allegare potuit Alcuinus de *Cadaloc* et *Gotheramo*, qui

testibus iisdem Annalibus Ratisb. cum multis aliis *anno* 802 *interfecti sunt ad castellum Guntionis.*

[c] Edit. Mabill. 23. Auctior nunc prodit ex cod. ms. Salisb. Scripta videtur post epist. 146 et 148. In his enim conqueritur, nihil suis litteris *anniversario tempore scriptis* responsum fuisse; hic vero fatetur, se *apices omni favo dulciores* accepisse. Hoc vero posito, necesse est præsentem epistolam post annum 802, quo epist. 146 scripta est, collocari, cum illa data sit nono Kal. Junii, hæc vero in die Cœnæ Domini. Quæ causa est quod huic annum 803 ascripserim (Froben. epist. 144).

[d] *Pro servitio sæculari.* Quod nimirum Arnoni nuper inter judices publicos adlecto frequenter subeundum fuit.

hujus, ad discipulos suos, vel magis ad eorum successores : *In mundo pressuram habebitis; sed confidite, ego vici mundum* (Joan. xvi, 33). Memores esse debemus, quid ipsa Veritas tentatoribus suis respondit : *Reddite Cæsari quæ Cæsaris sunt, et Deo quæ Dei sunt* (Matth. xxii, 21). Si apostolico exemplo vivamus, et pauperem agamus vitam in terris, sicut illi fecerunt, sæculi servitium juste abdicamus : nunc vero sæculi principes habent justam, ut videtur, causam Ecclesiam Christi servitio suo opprimere. Dum beatus Paulus apostolus Titum dilectum filium suum de singulis ecclesiasticæ dignitatis officiis instruit, ait inter cætera : *Admone illos* (quos, nisi Christianos?) *principibus et potestatibus subditos esse, dicto obedire : ad omne opus bonum paratos esse* (Tit. iii, 1). Et beatus Petrus consentanea, ut pote eodem spiritu, scripsit dicens : *Dominis carnalibus obedite, non tantum bonis et modestis, sed etiam discolis* (I Petr. ii, 18). Si etiam discolis, quanto magis sapientissimo principi, et religione sancta devotissimo debemus prompta voluntate obedire. Nec hoc dico, quod non magis optem te cum tuis discipulis Deo vitam in sancta religione quietam ducere atque optimam cum felicissima femina, quæ sedens ad pedes Domini audire verba cœlestia, elegerat partem quæ nunquam auferetur (Luc. x, 39, 42). Sed vereor fortassis, si moveatur causa, nec vestram beatitudinem ad desiderata pervenire posse, nec gratiam habere imperialem. Ideo, sicut superius dixi, sola videtur salubris causa, Deo totum precibus in angusto situ [*Ms.*, situs] nostri desiderii commendare eventum, ut sua sancta clementia et pietate provideat nobis, quomodo pacifice ad nostram pervenire valeamus voluntatem. Si tamen nobis nostra quærenda est voluntas, eo quod ille, id est Dominus Jesus de seipso dixit : *Non veni facere voluntatem meam, sed voluntatem ejus qui me misit* (Joan. vi, 38). Nam voluntas Dei omne bonum est, quæ ut semper in nobis fiat, omni mentis intentione et omni operum bonorum exsecutione postulandum est.

Hæc interim sub festinatione propter occupationem diei festi dictavimus. Utique missus beatitudinis vestræ ad nos die sanctissima Dominicæ Cœnæ venerat, exigens a nobis litteras, ne vacuis reverteretur manibus. Pleniorem, Deo miserante, responsionem sperare habetis : sive de consolatione laboris vestri, aut etiam angustia mentis, nec non et de inquisitionibus, quas [a] *emb* olim habuit ex persona charissimorum nobis vestræ charitatis discipulorum.

[Saluta, obsecro, Dei famulam sororem vestram meo officio : suade ei meis verbis religiosam in terris ducere vitam, ut beatam possidere digna inveniatur in cœlis. Venerabilis Pater [b] Adaluuinus episcopus cum magno et multiplici venit ad nos honore, vestræ dilectionis deferens syllabas; cui chartulam nostræ responsionis posuimus in manu. Quod me tarditatis vel negligentiæ scribere [*F.*, in scribendo] vobis accusastis, ut fateor juste; et hoc propter inopiam portitorum, **167** qui vix fideles inveniuntur. Igitur longinquitas terrarum prohibet ex his partibus ad vos quemlibet, nisi raro, transire. Tamen sciat dilectio vestra quod nemini, post domnum imperatorem, sudare plus meum ingeniolum optarem, quia nulli plus debitor sum propter semper vestræ beatitudinis probatissimam fidem et dilectionem. Unum quiddam legebatur in epistola, quam modo direxit reverentia vestra; quod noluissem, ut scriberetur, vel unquam factum esset : id est, quod vobis ultra non esset spes videre faciem meam. Hoc graviter animus meus ferebat, quia præsentem rogavi, ut me sub spe revertendi ad sanctum Martinum dimisisses. Fiat voluntas Domini. Vel si hic in hac temporali luce fieri non valeat, fiat, Deo miserante, in perpetua. Casula, quam misisti, ob vestræ charitatis memoriam, utar in missarum solemniis.] Gloria et laus Deo! apud nos omnia prospera sunt, et apud filios nostros, quos nosti, qui una mente vestram salutant beatitudinem, eamque multo valere tempore optant in Domino. Scito certissime quod tui nominis memoriam dulcissimam habemus in orationibus apud sanctum Martinum : et si quando Spiritus Domini in compunctione visitat cor, semper recurrere in mentem facit vestri nominis recordationem. Deus, *qui dives est in misericordia* (Ephes. ii, 4), misereatur perpetua pietate vobis Pater, frater, fili charissime in æternum.

[c] EPISTOLA CLV.
AD ARNONEM ARCHIEPISCOPUM
(Anno 803.)

Commendat se tanquam infirmum senem sacræ memoriæ. Duo vascula mensalia mittit; et iteratas pro casula missali gratias agit.

Dilectissimo filio Aquilæ archisacerdoti Albinus in Domino salutem.

Solet charitas olim germanitate fideli compacta novis sæpius litteris reformari, ut firma agnoscatur in fide, quæ est dulcis in consuetudine. Unde ego chartulam chartulæ conjungo, ut legatur in pagina, quæ est in cordis tabulis [*Mabill.*, tabula] conscripta, non atramento perituro, sed spiritu sempiterno, qui gemitus excitat inenarrabiles pro sospitate vestra in meo corde. Vestra vero dilectio, ut certissime novi, nostri nominis non obliviscatur : quia crebra infirmitas cogit nos amicos admonere de sanctarum orationum suffragio, ut propitietur peccatis meis pietas divina, et renovetur vita mea in melius, *sicut aquilæ juventus* (Psal. cii, 5) : Nec me judex meus et testis meus judicet secundum merita mea, sed secundum suam magnam misericordiam parcat confitenti in ejus manu posuisse. Inde vero inferimus illam quoque epistolam ad hunc annum 803 pertinere.

---

[a] *Emb.* Ita legitur in codd. mss. Latere sub hac voce abbreviata *Emb.* nomen aliquod proprium nullus dubito.

[b] *Adaluuinus.* De eo vide epistolam priorem, quæ fortassis illa chartula responsionis fuit, quam hic ait

[c] Edit. Mabill. 26. Correctior nunc prodit ex cod. ms. Salisb. (Apud Froben. epist. 115.)

sibi servulo se esse peccatorem : nec derelinquat eum in diebus senectutis suæ (*Psal.* LXX, 9); sed solatio sancti Spiritus foveat eum, et misereatur illi. Hæc eadem verba vestra recordetur de seipsa sanctissima mens et acutissima prudentia : in qua dum tempus habeas (*Gal.* VI, 10), labora opus Dei, ut in die magno Domini nostri mercedem laboris tui sortiaris cum sanctis Dei sempiternam. Divina vos vestrosque filios vestramque familiam gratia sempiterna protectione custodiat, præveniat, donis augeat et meritis in æternum. [Duo vascula direxi vestræ charitati, Pater sancte, quæ deprecor ut humiliter accipias habeasque aliquantum temporis ante oculos tuos in mensa, veluti ego a casulam in missarum solemniis habiturus sum.]

b EPISTOLA CLVI.

AD ARNONEM.

Mittit per Fredegisum varia opuscula, et illi hunc suum filium commendat.

Venerando evangelistæ Aquilæ Albinus salutem.

Direxi dilectioni vestræ, per Fredegisum filium meum, manualem libellum multa continentem de diversis rebus, id est : Breves expositiones in psalmos septem pœnitentiæ, in psalmum quoque CXVIII, similiter et in psalmos XV Graduum. Est quoque in eo libello Psalterium parvum, quod dicitur beati c Bedæ presbyteri Psalterium, quem ille collegit [*Ms.*, collexit] per versus dulces in laude Dei, et orationibus per singulos psalmos juxta Hebraicam veritatem. Est quoque d hymnus pulcherrimus de sex dierum Opere, et de sex Ætatibus mundi : Est et in eo e epistola de Confessione, quam fecimus ad infantes et pueros : Est et in eo f Hymnus vetus de XV psalmis Graduum. Habet et alias orationes ; et hymnum quoque nobilissimum elegiaco metro compositum de quadam regina g Edildryde nomine ; quem libellum posui in manus Fredegisi filii mei. Tu quære illum ab eo ; ne forte in oblivione habeat propter alias occupationes tibi eum reddere, et nullatenus permittas, nisi habeas illum ob memoriam nostri, sive in domo [*Cod.*, domu], sive in itinere, ut audias illum quasi me tibi loquentem in cor. Plura misissem in eum, nisi festi-

---

a *Casulam.* Cujus etiam meminit in epistola priore; unde istam ad eumdem annum retulimus.

b Inedita hactenus prodit nunc ex cod. ms. Salisb. (Apud Froben. epist. 117.)

c *Bedæ.... Psalterium.* Quod habetur infra inter Officia per ferias sub titulo : *Collectio Psalterii Bedæ*.

d *Hymnus de sex dierum opere,* etc. Quis ille, vel an Ven. Bedæ, an Alcuini sit, ignoro.

e *Epistola de Confessione.* Quam nuper ad Magum suum direxit. Vid. epist. priorem, inter notas.

f *Hymnus vetus,* etc. Hunc vide post Comment. in psalmos Graduales.

g *Hymnum de regina Edildryde.* Exstat inter carmina Alcuino supposita et tom. III Opp. Ven. Bedæ, pag. 159. Incipit :

Alma Deus Trinitas, qui sæcula cuncta gubernat
Annue jam cœptis, alma Deus Trinitas.

h Hanc epistolam, cujus initium Mabillonius jam antea, Act. SS. sæc. IV Ben. part. I, pag. 187, vulgaverat, cl. Baluzius ex cod. ms. bibliothecæ Colbertinæ, ubi vetustissime habetur epistolarum Alcuini

---

natio ejus præveniret me, et non habebam tempus eum ordinare sicut dispositum habui. Valeto prospere, et feliciter legens illum, meique memor in orationibus semper sine fine vale. Obsecro clementissimam benignitatem vestram, o dilectissime Aquila, ut filium meum Fredegisum benigne suscipiatis et familiariter, eumque adjuvetis secundum possibilitatem vestram, habeatisque illum fratrem in Christo, qui vos conservet in æternum.

h EPISTOLA CLVII.

i AD CANDIDUM ET NATHANAELEM.

(Mabillonio an. 802, Baluz. 803.)

Monet ut sapienter in aula agant. Instruit eos de disceptatione cum Theodulfo episcopo Aurelianensi.

Carissimis in Christo filiis Candido et Nathanaeli Albinus salutem.

Cura mea et charitas mea vobiscum, filii, omnibus vigilat horis, optans vos moribus et religiosa vita Deo placere, et domino meo David, et ut exemplo [*Mabill.*, exemplum] sitis boni operis aliis in palatio viventibus. Gratia est [*Mab. et Cod. Vat.*, juvenibus; gratia enim...] patris filius sapiens. Sapientia vera est, quæ ad vitam ducit æternam. Nec nobis ignobilia quædam statuit præcepta, sed valde nobilia, et omni honore dignissima ; in quibus ad vitam possumus promereri [*Mab.*, pervenire] perpetuam, et inter homines laudabilem habere honorem. De quibus siquidem præceptis sæpius vos admonui in schola eruditionis vestræ [*Mab.*, auditionis nostræ]. Sed nuper de nido paternæ educationis educti, ad publicas evolastis auras. Intelligatur in vobis quod audistis a nobis. Vivat pater in filiis, qui modo trepidus diem exspectat mortis suæ. Opto, vos habeat [*Mab.*, optat vos habere] superstites, quos habuit in servitio Dei laboris sui commilitones. Plurima mihi essent scribenda, quæ vobis necessaria sunt observanda ; sed scio me de honestate vitæ sæpius vestram admonuisse charitatem, litterisque monita mea sæpius prosequi et renovare. Quapropter dicamus quæ modo nobis et vobis necessaria esse videntur.

Igitur venerabilis Pater j Theudulphus episcopus quibusdam confratribus [*Mab.*, cum confratribus

---

collectio, tomi I Capitul. pag. 1442, locupletiorem exhibuit ; cujus in fine defectum nunc ex cod. ms. bibl. regiæ Vaticano supplevimus, et ex alio cod. ms. Salisburgensi optimæ notæ differentes lectiones addidimus (Apud Froben. epist. 118).

i *Ad Candidum et Nathanaelem.* Id est, ad Wizonem et Fredegisum, ut docet vetus elenchus in fronte codicis Colbertini positus, in quo sic legitur : *Epistola ad Candidum, id est Wizonem et Natanahel, id est Fridigisum.* BALUZ.— Ambo erant Alcuini discipuli, et tunc in aula principis versabantur.

j *Theodulphus.* De eo ejusque operibus vide Jac. Sirmondi, tom. II operum, pag. 665 et seq. et *Hist. Litt. de la France* tom. IV, pag. 459 et seq. Illum pallio a Stephano papa IV Rhemis commorante ornatum fuisse anno 816, et deinceps archiepiscopum Aurelianensem dictum esse, Cointius hoc anno num. 20 ex diplomatis Ludovici Pii asseruit ; ita Pagius eodem anno num. 10 : sed hæc opinio penitus evertitur ex epistola ad Theodulphum, 147 hujus editionis, not. b.

sancti Martini, fidelibus vestræ prosperitatis intercessoribus, de quodam reo fugitivo habet disceptationem. Qui reus [a], post plurima pœnarum genera, subito de vinculis elapsus [per negligentiam custodum], ad ecclesiam confugit S. Martini præcipui confessoris Christi, confitens peccata sua, reconciliationem [*Cod. Sal.*, veniam] deposcens, Cæsarem appellans, viam ad ejus sanctissimam præsentiam flagitans, quem reddidimus [ministris] ejusdem præfati episcopi; propter insidias [b] sibi paratas in via, ut fertur, abeuntes eum dimiserunt ante fores ecclesiæ stantem. Sed ejusdem venerandi episcopi, his transactis, hostiliter [*Cod. Sal.*, pontificis post tempus hostiliter...] venerunt homines quamplurimi, ut compertum est [*Mabil.*, ut conjectura est]. Sed octo primates homines [intraverunt] [c] cum episcopo nostro die Dominico in ecclesiam. Non illi octo, qui in propheta leguntur in gladiis et lanceis pascere terram Nemroth (*Mich.* v, 6); sed rapere reum, et sanctitatem [d] domus Dei profanare, et sancti confessoris Christi Martini imminuere honorem. Irruentes siquidem intra cancellos altaris, quos [*Mab.*, forte, nostros] expulerunt fratres ante faciem altaris. Si aliud dicunt, omnino falsum ferunt, quia illorum nullus caput tunc temporis inclinavit ad altare Dei. Sonuit siquidem ante civitatem venisse hostem Aurelianensem ad profananda sancti Martini suffragia, quia sciebant commanentes in villulis homines exinde venientes. Concursus fuit in civitate subito mendicorum ex omni parte, suum parati defensorem defendere. Timor et tumultus ubique increbuit, de quorum manibus fratres nostri eripuerunt præfati episcopi homines, ne quid mali paterentur, populumque foras ecclesiam expulerunt. Sed scio ante nominatum pontificem multas dicendas esse accusationes contra fratres nostros, et quæ gesta sunt exaggerare, et plurima addere quæ gesta non erant, sicut in ejus [*Cod. Vat.*, eis] legebatur litteris [e].

171 Quapropter, filii charissimi, præcipiendo præcipio vobis, ut prostrati veniatis ante pedes domini mei David imperatoris æquissimi et serenissimi, postulan-tes, episcopo veniente, locum defensandi et disputandi cum eo: si justum sit, ut vi raperetur de ecclesia ad easdem pœnas reus, de quibus aufugit? et an æquum sit [f], ut qui Cæsarem appellat, ad Cæsarem non adducatur? et utrum fas sit, ut pœnitens et confitens scelera sua spolietur omnibus bonis usque corrigiam calceamenti? vel si bene custodiatur illud Dominicum verbum, quo ait: *Superexaltat misericordia judicium* (*Jac.* ii, 13). In tali siquidem facto e contrario superexaltat judicium misericordiam. Et ubi est multoties laudata misericordia ab ipso Domino nostro Jesu Christo, quæ inter evangelicas legitur beatitudines: *Beati misericordes, quoniam ipsi misericordiam consequentur* (*Matth.* v, 7); item præceptum Dominicum: *Estote misericordes, sicut et Pater vester misericors est* (*Luc.* vi, 36)? Item cautelam providam consideremus, ubi ait: *Nolite condemnare, et non condemnabimini* (*Ibid.* vers. 37); et alia multa quæ in Evangelii leguntur auctoritate de misericordia et ipsius Domini verbo, ubi ait: *Non veni* [g] *vocare justos, sed peccatores* (*Matth.* ix 13). Quapropter peccatricem mulierem, quæ sanctos tetigit pedes, non abhorruit, [quæ non] ex tactu opprobrium contulit Christo, sed insignia virtutis ejus elicuit. Neque enim immunditia ejus polluit mundum, sed puritas mundi purificavit immundam. Recordemur nos illius esse servos, qui ductus ad crucem, pro crucifigentibus oravit (*Luc.* xxiii, 34). Et quomodo venerabilis Pater dicit, reum peccatorem [in] ecclesia non debere recipi? Si ecclesiam peccatores non intrant, fortassis sacerdos non invenietur qui missas cantet in ea, neque qui cantanti respondeat, nisi quislibet nuper baptizatus, dicente Joanne apostolo: *Si dixerimus quia peccatum non habemus, nosmetipsos seducimus, et veritas in nobis non est* (*I Joan.* i, 8). Sed eumdem reum diabolum nominari in venerabilis episcopi litteris invenimus, non hominem. Non cogitas quid Apostolus ait: *Nolite judicare ante tempus* (*I Cor.* iv, 5). Nunquid præscribimus potentiæ [*Cod. Vat.*, perscribimus potentia] Dei, ut misereatur cui vult, qui ait: *Erunt no-*

---

[a] *Cod. Sal*: « Theodulphus archiepiscopus ex fratribus S. Martini quamdam habet disceptationem fidelibus vestris de quodam reo fugitivo, magis, ut arbitramur, ex petitione suorum, quam sanctæ mentis illius perturbatione vel iracundia. Qui reus, » etc...

[b] Cod. Sal: « Qui redditus ejusdem præfati episcopi missis, ut sanus deduceretur ad præsentiam domni archiepiscopi sub fide illorum ad canonicam pœnitentiam. Quo accepto non ausi sunt eum ducere propter insidias, » etc.

[c] *Cum episcopo nostro.* Turonensi videlicet, ut habet Mabillonius lib. xxvii Annal. Bened. pag. 561, n. 16.

[d] Cod. Sal: « Principales homines intraverunt ecclesiam die Dominica cum sanctissimo episcopo nostro, ut visum est, rapere reum jacentem ante sepulcrum S. confessoris Christi, et sanctitatem, » etc.

[e] Huc usque Fragmentum Mabillonii.

[f] Cod. Sal. Altaris: « timentes ne inter altare et sepulcrum sanctissimi confessoris Christi sanguinis effusio foret. Raptus est quidam homo illius fugitivi medio populi, ut duceretur foras, qui clamavit auxilium. Hoc populus partim videns, partim audiens fuit subito clamor ingens et concursus populi, maxime pauperum, ex omni parte civitatis. Sonuit siquidem ante in civitate venisse hostem Aurelianensem ad profananda S. Martini suffragia, quia sciebant manere plurimos de civitate prædicta homines per villulas. Timor et tumultus ubique increbuit, de quorum manibus fratres nostri eripuerunt præfati episcopi homines, ne quid mali paterentur, populumque foras ecclesiam expulerunt. Sed sui plurima dicunt, quæ ibi gesta non erant, audacia, et quæ gesta sunt exaggerare verbis superfluis. Vestra sanctitas consideret, si justum sit ut vi rapiatur fugitivus reus ad ecclesiam Christi, et an æquum sit, » etc.

[g] *Cod. Sal.*: « Calceamenti. Certum est eumdem reum multa perpetrasse peccata et scelera impia valde; testes habet presbyteros viventes adhuc, quibus suam dedit confessionem, Christianum de monasterio S. Benedicti, et Adalbertum de monasterio S. Martini, antequam deprehenderetur, vel vinculis constringeretur, vel pœnis torqueretur. Quid est quod ipse Dominus Jesus ait: *Non veni,* » etc.

vissimi primi; et primi novissimi (Matth. xix, 30). Cujus sapientiæ interpretationem in Juda et latrone [*Suppl.* habemus]. Ille de apostolatu pependit in laqueo, iste de cruce in paradisum intravit (*Luc.* xxiii, 43). Duo sunt, dicit beatus Gregorius de hac eadem sententia, quæ sollicite pensare debemus, quæ enim? *Multi vocati, sed pauci electi sunt* (*Matth.* xxii, 5). Primum est, ut de se quisque minime præsumat; quia etsi jam ad fidem vocatus est, utrum perenni regno dignus sit, nescit. Secundum vero, ut unusquisque proximum, quem fortasse jacere in vitiis conspicit, desperare non audeat, quia divinæ misericordiæ divitias ignorat. Nunquid aliquis peccator talis est, qui Christi sanguine purgari non possit; et tam [*Edit.*, quam] profunda scelerum voragine demersus, ut misericordia Christi cum mederi non possit? Quid aliud ait qui hoc dicit, nisi ut Christus frustra mortuus sit? Frustra autem mortuus est, si aliquos non potest vivificare, qui nobis veniam quotidie donat. Nunquid [*Edit.*, nunquam] justum est eam aliis denegare, quam nobis sedulis optamus votis dari? Ad ecclesiam confugimus, ut in ea exaudiantur preces nostræ, et aliorum preces in ea exaudire dedignemur? Nobis per sanctorum preces in ecclesia peccata dimitti confidimus, et confitenti peccata duro corde in eadem ligamus ecclesia? At Apostolus præcipit, delinquentes corripere *in spiritu mansuetudinis (Gal.* vi, 1). Et apostolus Jacobus: *Si zelum amarum habetis, et contentiones sunt in cordibus vestris, nolite gloriari (Jac.* iii, 14), et cætera, quæ ad sequentibus [*F.*, in sequentibus] terribili censura leguntur de his qui zelum habent amarum. Zelus siquidem 172 bonus [*Edit.*, zelum bonum] est, qui spiritu mansuetudinis mitigetur. Curandum est ut rectorem subditis et matrem pietas [*Forte leg.*, ut rector subditis se matrem pietate, *etc.*] et patrem exhibeat disciplina, atque providendum ne aut districtio rigida, aut pietas sit remissa. Nam disciplina vel misericordia multum destruitur, si una sine altera teneatur. Idcirco in arca et virga et manna fuisse legitur (*Hebr.* ix, 4); ut in pectore rectoris esset virga districtionis, et manna dulcedinis, ut Psalmista: *Virga tua et baculus tuus, ipsa me consolata sunt* (*Psal.* xxii, 4). Sit zelus, sed moderate sæviens [*Cod. Vat.*, severus]. Sit pietas, sed non plus quam expediat parcens.

Sed videamus quid de fugitivis ad ecclesiam sancti canones censeant [a]. In canone Aurelianensi (*Conc. Aurel.* i) cap. 1, legitur : « De homicidis et adulteris et furibus, si ad ecclesiam confugerint, id constituimus [*Cod. Sal.*, statuimus] observandum quod ecclesiastici canones decreverunt et lex Romana constituit; ut ab ecclesiæ atriis vel domo episcopi eos abstrahi omnino non liceat, nec alteri [*Cod. Sal.*, alicubi] consignare; nisi ad Evangelia [*Cod. Sal.*, ad ecclesiam] datis sacramentis de mor-

A te, de debilitate et omni pœnarum genere sint securi. » O ! Aurelianensis pontifex contra Aurelianensem synodum facere audet, in qua fuerunt episcopi, ut legitur, septuaginta duo. An æquum et honestum videri poterit ejusdem civitatis pontificem suæ propriæ civitatis auctoritatem infringere? Item synodo Aurelianensi (iv), cap. 21 : « Si quis necessitatis compulsus ad ecclesiæ septa confugerit, et sacerdote seu præposito ecclesiæ prætermisso atque contempto, eum quisque de locis sacris vel atriis, seu vi seu dolo abstrahere, aut sollicitate fortasse præsumpserit, ut inimicus ecclesiæ ab ejus liminibus arceatur, quousque juxta pontificis discretionem digna per indictam pœnitentiam emendatio subsequatur; eo tamen, qui a se raptus est, prius ecclesiæ B restituatur [*Forte*, restituto]. » Item sanctus Silvester in titulo 21 (*Conc. Aurel.* v) : « De servis qui pro qualibet culpa ad ecclesiæ septa confugerint, id statuimus observandum, sicut in antiquis constitutionibus tenetur scriptum. Pro concessa culpa, datis a domino sacramentis, quisquis ille fuerit, egrediatur de venia jam securus. Enimvero si immemor fidei dominus transcendisse convincitur quod juravit, ut is qui veniam acceperat, probatur, tantummodo [*Cod. Sal.*, postmodum] pro ea culpa qualecunque supplicio cruciatur, dominus ille qui immemor fuit datæ fidei, sit ab omnium communione suspensus. » Item synodus Agathensis (*Conc. Aurel.* i, cap. 4) : [« Placuit ut homicidæ a foribus ecclesiæ non cito pellantur, et ab omni genere pœnarum sint liberi; C ita tamen, ut eis quibus rei sunt, satisfaciant »]. Item synodus Agathensis : « Omnis fidelis qui in sinum ecclesiæ confugerit, hoc est matris, non facile repellatur, sed in ea ecclesia, quantum judices veritatis judicaverint, satisfactione sanetur. » Sed et de Constantino imperatore legimus, dum baptizatus fuerit, ut die quarta [*Cod. Sal.*, fuit, ut die quinta] hujusmodi statuisset legem, ut in quocunque loco fuerit fabricata ecclesia, consecrationis hanc virtutem obtineat : ut quicunque reus in eam fugerit, judicis periculo, qui in præsenti fuerit, defensetur. Sed et perspectis cautissimis Romanorum libris ita de fugitivis ad ecclesiæ cujuslibet suffragia invenimus scriptum, vel de eis qui Cæsarem appellant, vel ad principem se duci flagitant. Theodosius et D Valentinianus Aug. Antiocho præfecto prætorio data x Kal. Aprilis Constantinopolim [*Cod. Vat.*, Constantinopoli] Antiocho et Basso consulibus, interpretatio (Lib. iv *Cod. Theod., De his qui ad eccl. confug.*) : « Ecclesia et loca Deo dicata, rei qui ibidem compulsi timore confugerint, ita tueantur, ut nullis locis sanctis ad direptionem rerum vim ac manibus afferre præsumat [*Cod. Vat. et Sal.*, reorum vim ac mortibus . . . præsumant]. Sed quidquid spatii vel in porticibus vel in atriis vel domibus, vel in areis ad ecclesiam adjacentibus pertinet, velut interiora templi

[a] *Cod. Sal.* « *immundam* : Hoc ideo dico quia sunt qui dicunt tales peccatores non debere ecclesiam Christi intrare. Forte rari intrant. *In quacunque die*, dicit propheta : *conversus fuerit peccator, vita vivet et non morietur. Sed videamus quid de fugitivis ad ecclesiam sancti canones censeant*, etc. » *Intermedia omittit codex Salisb.*

præcipimus custodire, ut reos timoris necessitas non constringat circa altaria manere, et loca veneratione digna polluere. » Imp. Honorius et Theodosius Aug. Ciciliano præposito post alia datur ix Kal. Febr. [Cod. Vat., data. Cod. Sal., Non. Septembris] Ravenna, Honorio vii et Theodosio secundo Augustis consulibus, interpretatio (Lib. iii Cod. Theod., De custodia reorum) : « Omnibus Dominicis diebus judices sub fida custodia de carceribus reos educant, ut eis a Christianis vel a sacerdotibus substantia præbeatur, et ad balneum prædictis diebus sub custodia, religionis contemplatione, ducantur. Si quis de custodibus hoc implere neglexerit, pœnam, quam lex ipsa constituit, cogatur implere. » Lege Julia de vi publica damnatur, qui aliqua potestate præditus civem, Romanum imperatorem appellantem (Lib. ii et xv Cod. Theod., de Appellat.), necaverit [necari ve jusserit, torserit, verberaverit, condemnaverit] in via publica vincla duci jusserit; cujus rei 173 pœna in humiliores capite [Edit., capita]; in honestiores insulæ deportatione coerceatur. Lege Julia decretum est, ut pro violentia [Cod. Sal., per violentiam publica] damnetur, quicunque judex appellantem, ut ad principis præsentiam ducatur, ingenuum hominem vel civem Romanum [factum] torserit; occiderit, vel occidi jusserit, vel in vinculis publicis astrinxerit, vel flagellis cæciderit, aut damnare præsumpserit. Pro qua re humiliores personæ capite puniuntur [Edit., ponuntur], honestiores in insulam relegantur. Legitur in Orosio, libro vii, de Alarico rege, qui Romam obsedit, irrupit, vastavit, quali intentione locis sanctis idem paganus rex parcere jussit, ut eadem verba ponamus [Edit., ponimus] quæ idem historicus vir posuit, qui post congruam rerum gestarum seriem litteris subjunxit : « Adest Alaricus, trepidam Romam obsidet, turbatamque irrumpit, dato tamen præcepto prius, ut si quis in sancta loca, præcipue in sanctorum apostolorum Petri et Pauli basilicas confugisset, hos imprimis inviolatos securos esse sinerent. » Et quo honore vasa sancta reportare jussisset inventa ad ecclesias, ille [Codd. Vat. et Sal., ibi], qui scire desiderat, legere poterit. Si [quis] hæc quæ posuimus canonum et legum testimonia minores esse auctoritates [Cod. Sal., de canonibus vel lege Romana . . . minoris esse auctoritatis] æstimet, legat ipsius Domini de fugitivorum civitatibus præcepta, et intelligat divinitus esse statutum, ut rei et peccatores, Domino Deo demandante, loca defensationis debuissent habere ubi protegerentur a persequentium insidiis [a]. Necnon et ipsam Romam, aliasque per mundum civitates asylum statuisse ad reorum defensationem legitur, ut per illius loci vel templi, qui apud eos sanctus habebatur, severa legum cautione [Cod. Vat.; cautio] mitigaretur. An fas est apud Christianos minoris esse honoris Ecclesiam Christi, quam templum Jovis apud paganos; vel beatæ Mariæ genitricis Dei domum, quam impiæ Junonis asylum inferioris venerationis haberi : aut ipse beatus Martinus, verus Dei cultor in Christiano imperio minus venerari fas est, quam Scolapius falsator, in paganorum potestate habuit?

Hæc siquidem omnia, si domino meo David imperatori Christianissimo et omni honore Dei devotissimo legantur, vel verbis pacificis dicantur; scio, sanctissimum illius animum ei pietate plenissimum, et in custodia mandatorum Dei cautissimum, qui nullis poterit muneribus de via veritatis averti qui omnia ita decernit et judicat [Cod. Vat., dejudicat], sicut Domino Deo Jesu Christo placuerit, et sanctis ejus [b], et sibi erit merces perpetua in æterna beatitudine et filiis suis benedictio sempiterna.

Ecce sanctorum censura [Cod. Vat., censuræ] canonum, ecce legalium scita litterarum firmissime honorem ecclesiarum Christi in patrociniis fugitivorum conservari jubent. Nunquam credimus ut Christianissimus et serenissimus imperator domnus Carolus Augustus aliter præcipiat, nisi ut sanctorum censuræ canonum et legalium [edicta litterarum se habent, et ut antecessores sui statuerunt, nec sanctæ Dei Ecclesiæ honor, nec sui magni nominis reverentia et timor minor debet esse in regno excellentissimo et imperio potentissimo, vel in aliqua dignitate et honore minui, sed semper augeri, ad laudem et gloriam Domini nostri Jesu Christi, qui eum super omnes alios reges et imperatores sapientiæ decore honoravit, et regni potentia exaltavit [c] [d].

174 [e] EPISTOLA CLVIII.
AD ALBINUM MAGISTRUM ET AD CONGREGATIONEM MONASTERII SANCTI MARTINI.

Congregationem S. Martini reprehendit ob defensio-

---

[a] Cod. Salisburgensis hoc loco ita pergit : « In tantum, ut de servis fugitivis in Deuteronomio legitur demandasse, ut non redderentur dominis propter timorem tormentorum. Eadem verba, quæ ibi leguntur : *Non trades servum domino suo, qui ad te confugerit, sed habitabit tecum in loco, qui ei placuerit, et in una urbium tuarum requiescet, nec contristes eum* (Deut. xxiii, 15, 16). Hæc Domini sunt verba, non alterius, quæ omni veneratione intelligenda sunt ad observandum secundum temporis opportunitatem. Sed et in historiis veterum legitur in civitatibus pene ubique asylum esse propter refugium sceleratorum, et hoc apud paganos quanto magis apud Christianos misericordiæ causa Ecclesiæ debent habere honorem suum in fugitivorum solatium ? » Hic finis est epistolæ in cod. Salisburgensi.

[b] Hiat sensus.

[c] Uncis inclusa ex cod. Vat. restituuntur, quæ deerant in codice quo usus est Baluzius.

[d] Juvat huic epistolæ, ob nexum historicum, subjicere responsoriam Caroli Magni imperatoris.

[e] Magni momenti, inquit Baluzius in notis suis ad Capitularia tom. II, pag. 1062, est ista Caroli epistola, a magno principe et jurium sacerdotii et imperii peritissimo scripta. Hic vides clericum ab episcopo suo secundum canones judicatum, et in custodia propter sua merita inclusum, ruptis, ut ita dicam, carceris vinculis, in ecclesiam sancti Martini confugisse et abusum sanctitate loci, ut pœnam evaderet, quæ in eum optimo judicio constituta fuerat. Vides deinde monachos, ut asyli sui religionem et auctoritatem venditarent, latebris illum suis occultasse, ejusque

nem cujusdam rei clerici ad ipsos confugientis, contra sententiam sui episcopi, et contra mandatum ipsius regis, etc.

In nomine Patris, et Filii, et Spiritus sancti. Carolus, et reliqua, Albino venerabili magistro et omni congregationi monasterii sancti Martini.

Pridie quam ad nostram præsentiam a vobis missa venisset epistola, allatæ nobis sunt litteræ a Theodulfo episcopo missæ, querimonias continentes de inhoneratione hominum suorum, et non tam illorum quam episcopi hujus civitatis, vel contemptu jussionis imperii nostri; quam jussionem de redditione cujusdam clerici de custodia ipsius elapsi, et in basilica sancti Martini latitantis sub nostri nominis auctoritate conscribere jussimus; cujus etiam nobis exemplaria misistis [*F.* vobis ... misimus], in quibus nos nequaquam injuste aliquid decrevisse, ut vobis visum fuit, putamus. Sed cum utrasque epistolas, vestram scilicet, et Theodulfi, nobis relegere fecissemus, asperior multo nobis et cum iracundia composita vestra, quam Theodulfi videbatur epistola, et in nullo erga illum charitatis condimento respersa; sed potius quasi reum defendens, et episcopum accusans, et sub velamine quodam celati nominis continens vel posset vel admitti ad accusationem deberet; cum hoc omnino et divina et humana lege sancitum sit, [a] nulli criminoso alterum accusandi dari licentiam, quanquam a vobis ad hoc defensus et conservatus sit sub obtentu jussionis nominis nostri, ut qui jam accusatus, et [b] in conspectu populi civitatis suæ judicatus est, accusandi locum habere Cæsarei nominis appellatione deberet, ad exemplum beati Pauli apostoli, qui apud principes Judææ a gente sua accusatus, sed nondum judicatus, Cæsarem appellavit, et ab eisdem principibus ad Cæsarem judicandus missus est (*Act.* xxv, 10, 11), quod nequaquam præsenti negotio convenit. Paulus enim apostolus a Judæis accusatus, sed non judicatus, Cæsarem appellavit, et adire permissus est. Hic vero infamis clericus, et accusatus et judicatus, et in custodia missus, et de custodia elapsus, basilicam, quam nisi post pœnitentiam ingredi non debuerat, contra legem ingressus, et adhuc, ut fertur, perverse vivere non cessans, ut dicitis, sicut Paulus apostolus Cæsarem appellavit, sed nequaquam, ut Paulus, Cæsarem aditurus est. Illi enim, apud quem accusatus, et a quo judicatus atque in custodia

A missus est, et de **175** cujus custodia evasit, præcipimus, ut reddatur, et ille eum ad nostram audientiam, sive vera sive falsa dicentem, adducat, quia non decet, ut propter talem hominem nostræ primæ jussionis ulla fiat immutatio. Sed et valde miramur, cur vobis solis visum sit nostræ auctoritatis sanctioni et decreto contraeundum, cum liquido pateat et ex consuetudine veteri, et ex constitutione legum [regum] decreta recta [*F.*, rata] esse debere, nec cuiquam permissum illorum edicta vel statuta contemnere. Et in hoc satis mirari nequivimus, quod illius scelerati hominis precibus, quam nostræ auctoritatis jussionibus obtemperare maluistis, cum nunc clarissime liqueat, cum eodem homine amorem discordiæ ex irruptione charitatis de hoc loco vetuit

B [*L.* veluti] egredi. Ipsi quippe nostis, qui congregatio hujus monasterii ac servi Dei [et utinam vere !] dicimini, qualiter jam crebro vita vestra a multis diffamata est, et non absque re. Aliquando enim monachos, aliquando canonicos, aliquando neutrum vos esse dicebatis. Et nos consulendo vobis, et ad malam famam abolendam [c] magistrum et rectorem idoneum vobis elegimus, et de longinquis provinciis invitavimus, qui et verbis et admonitionibus rectam vitam instruere, et, quia religiosus erat, bonæ conversationis exemplo potuisset informare. Sed proh dolor ! aliorsum cuncta conversa sunt; et [d] diabolus vos quasi ministros suos ad seminandam discordiam, inter quos minime decebat, invenit, scilicet

C inter sapientes et doctores Ecclesiæ, et qui peccantes corrigere et castigare debuerunt, cogitis ad peccatum invidiæ atque iracundiæ prorumpere. Sed illi, Deo miserante, nequaquam assensum vestris malis suggestionibus præbituri sunt. Vos autem, qui contemptores nostræ jussionis exstitistis, sive canonici, sive monachi vocamini, ad placitum nostrum, juxta quod præsens missus noster vobis indixerit, nobis vos assistere scitote. Et quamvis ad nos missa hic factæ seditionis vos excuset epistola, venite et condigna satisfactione inustum crimen eluite.

176 [e] EPISTOLA CLIX.
AD ARNONEM.

Commendat illi discipulum grammaticæ, quem vitulum vocat.

Dilectissimo Aquilæ Albinus matricularius perpetuæ beatitudinis in Christo salutem.

---

defensionem ita suscipere ausos adversus episcopum, ut etiam ei plurimas contumelias publice imponerent. Quæ res adeo demens et stolida visa est sapientissimo principi, ut non solum eorum stultitiam castigaverit asperioribus verbis, sed etiam clericum illum episcopo suo reddi jusserit, monachos porro ad se venire, ut condigna satisfactione inustum crimen eluerent...... Cæterum quod hic Theodulfo Aurelianensi episcopo accidit sub imperio Caroli M. idem ferme Hincmaro Rhemensi archiepiscopo postea evenit, ut docet Flodoardus, libr. III Hist. Rhem., cap. 21, ubi recensens epistolas Hincmari ait : « Eboni episcopo Ecclesiæ Rhemensis alumno pro quodam fratre ab hac ecclesia fuga lapso et apud ipsum commorante, ut quantocius illum diligenti cura remittere studeat. »

Baluzius hanc epistolam primum ex veteri Codice ms. bibliothecæ Colbertinæ edidit tom. I Capitul., pag. 413, eamque scriptam putat anno 803 ; Mabillonius vero anno præcedenti. (Apud Froben. epist. 119.)

[a] *Nulli criminoso.* Legitur istud in Capitulis Angilramni, cap. 43 et inde in libr. v Capitularium, cap. 187. Vide etiam libr. VII, cap. 85. BALUZ.

[b] *In conspectu populi.* Hic locus valde illustratur ex cap. 570 lib. v Capitular.

[c] *Magistrum.* Alcuinum utique ?

[d] *Diabolus vos quasi ministros suos.* Ivo Carnotensis episcopus, epist. 266, loquens de monachis majoris monasterii Turonensis : « Monachi dæmoniaca invidia moti. » BALUZ., ibid.

[e] Ineditam hactenus descripsimus ex duobus codd. mss. Salisb. et S. Emmerami. Uncis inclusa in solo priore habentur. [Apud Froben. epist. 120).

Direxi ho [*Al.*, o] animal vitulum Encheridion meum, ut adjuves illum et eripias eum de manibus inimicorum suorum, et adjuva quantum valeas [quia venerabilis episcopus multum ardet super nos, id est, [a] Theodulphus]. Misi quoque in ora pueri hujus, quamvis vitulus contra naturam rationale sit animal, quod ipse in auribus sanctitatis vestræ habet mugire. [Habeo [Habui] enim illum ad erudiendum Deo mecum in domo mea et poterit proficere, Deo dante, in lectionis studio seu grammaticæ artis disciplina in domo sancti Martini]. O Aquila! *hi in curribus et hi in equis, nos autem in nomine Domini nostri magnificabimur (Psal.* xix, 8). Valeas, vigeas semper in æternum.

[b] EPISTOLA CLX.

AD ***

Amici charitati se commendat.

Dilectissimo Patri, egregio pontifici. Leve jugum portare cupiens, in cujus unitate optat vobis salutem.

Omni melle dulciores nobis per fratrem nostrum litteræ delatæ sunt, quarum seriei dum respondere paravi, supervenit filius meus, cujus gratissima visitatio a longioris responsionis sermone paululum me suspendit. Non tamen ulla sæculi ambitio a charitatis suavitate cor meum suspendere poterit. Quinimo magis atque magis crescat de die in diem, et pleno charitatis mei modio cumulum quotidie addit. Omnipotens Deus, qui præsenti nos charitate conjunxit, perpetua nos charitate conjungere dignetur in æternum.

[c] EPISTOLA CLXI.

AD ARNONEM.

Exponit quomodo substantia, essentia, subsistentia et natura de Deo dicantur.

Albinus Aquilæ salutem.

Miror quomodo me sub unius momenti angustia in brevi tabella vitæ æternæ formam depingere poscis. Quid est catholica fides, si per dilectionem operatur, nisi vita æterna? Aliquid inde, ne inobediens præceptis tuis viderer, [d] brevi sermone dictavi. Quod vero me interrogare vestram sanctitatem placuit, quid sit inter substantiam, essentiam, et subsistentiam? aut, si dici fas sit sanctam Trinitatem esse naturam? Sciendum **177** est quod essentia proprie de Deo dicitur, qui semper est quod est, qui Moysi ait : *Ego sum qui sum (Exod.* iii, 14); Deus enim solus vere est, quia incommutabilis est; quidquid enim mutabile est, quodam modo vere non est, quia esse poterit quod non est, vel non esse quod est. Substantia vero commune est nomen omnium rerum quæ sunt : cœlum, sol, luna, terra, arbores, herbæ, animalia, viventia quæque, homines etiam, substantiæ dicuntur; nam, quod nulla substantia est, nihil omnino est, substantia ergo aliquid esse est : Deus igitur substantia est, et summa substantia et prima substantia, et omnium substantiarum causa, quia omnium rerum creator est. Unde contra venenum Arianæ perfidiæ solemus dicere, Patrem, et Filium, et Spiritum sanctum unius esse substantiæ : quia Pater, et Filius, et Spiritus sanctus una est substantia, nam substantia dicitur, quia subsistit. Ideo Græci solent dicere de Deo : una Usia, tres hypostases [*Ms.*, Ypostatis], id est, una substantia, tres subsistentiæ [*Ms.*, subsistentias] : quod beato Hieronymo non placuit, melius esse dicendum arbitranti [*Ms.*, arbitratus] Latino eloquio : una substantia, tres personæ. Dicuntur enim [*Leg.*, etiam] usitato nomine divitiæ substantiæ, sicut de prodigo legitur in Evangelio : *Dissipavit substantiam suam (Luc.* xv, 13), id est divitias. Naturam vero Dei libera voce dicimus, quia omnis natura natura est, et maxime illa quæ sola vera est natura, quia semper est quod est, quia nullatenus de ea natura, qua semper est, mutabilis est in aliam quamlibet naturam : quod sæpius in libris catholicorum Patrum invenitur, Patrem, et Filium, et Spiritum sanctum unius esse naturæ. Hoc vero quod vos legisse dicitis dictum in opusculis sancti Augustini, quod Deus nec necessitate, nec voluntate Filium genuisset, sed natura : bene arbitramur dictum, quod natura Pater genuisset Filium, quia ejusdem naturæ est Pater, et Filius, non necessitate, nec voluntate : quod quemdam hæreticum impie interrogare legimus Christianum, utrum Deus Filium, volens, an [*Ms.*, ac] nolens genuisset? ut, si diceret *nolens* : necessitas in Deum caderet; si vero *volens* diceret, statim responderet; voluntatis esse Filium, non naturæ. At Christianus vigilantissime vicissim

---

[a] *Theodulfus.* Vid. epist. priorem ad Candidum et Nathanaelem. An vitulus iste sit ille reus pro quo a Turonensibus contra episcopum Aurelianensem disceptatum est, ut in prioribus epistolis vidimus, ex brevi hac charta decerni haud potest.

[b] Hæc epistola ultima est in cod. ms. Emmeramiano, prætermissa a Mabillonio. Alcuini pennam stylus prodit; an vero ad Aquilam seu Arnonem, an ad alium amicum scripta sit, incertum. (Apud Froben. epist. 121.)

[c] Hanc epistolam hactenus ineditam e codice ms. bibliothecæ Cæsareæ Vindobonensis sæc. xi, qui in classe theologica n. 131 notatus est, eruit et mecum communicavit vir cl. D. Mathias Reiberer collegii S. J. Viennæ bibliothecarius et historicus, a cujus industria respublica litteraria continuationem Germaniæ sacræ, a viro celeberrimo D. Hansizio jam insigniter ornatæ, magnis desideriis exspectat. (Apud Froben. epist. 122.)

[d] *Brevi sermone dictavi.* Hæc verba intelligo de opusculo ab hac epistola, in qua non depingitur forma vitæ æternæ, sed ad aliam ab illa longe diversam quæstionem respondetur, distincto. Id ipse Alcuinus insinuare videtur, dum ita pergit : « Quod vero me interrogare vestram sanctitatem placuit, quid sit inter substantiam, » etc., ubi profecto Alcuinus haud obscure significare voluit, binas sibi ab Arnone fuisse propositas quæstiones, et alteri se satisfecisse brevi sermone; alteri vero respondere in epistola præsente. Quapropter haud necesse esse judico, quod laudatus D. Rieberer voluit, ut vel in verbis mox citatis particulæ *vero* substituatur *ergo;* vel ut textus, verbis quibusdam transpositis, aliis suppletis, ita legatur : « Miror, quomodo me sub unius momenti angustia, in brevi tabella, vitæ æternæ formam depingere *et sacratissima divinitatis adyta reserare* poscis. Aliquid inde, ne inobediens præceptis tuis viderer, brevi sermone dictavi. Quid est catholica fides, » etc.

quæsivit ab eo utrum Deus Pater volens an nolens sit Deus? ut, si responderet *nolens*, sequeretur miseria necessitatis, quam de Deo credere magna insania est; si autem diceret *volens*, responderetur ei, ergo et ipse voluntate sua Deus est, non natura. Quid ergo restabat [*Ms.* restabit], nisi ut obmutesceret, et sua interrogatione obligatum insolubili vinculo se videret? Igitur Deus natura est Deus, et Filius natura est Filius, et Spiritus sanctus natura est Spiritus sanctus, et est una natura horum trium, quia una est essentia, et una omnipotentia, et una divinitas. Cæterum pro diversis eventibus multæ sunt tribulationes fidelium, et unaquæque persona tentationibus subjacet in hoc mundo, quia exsilium est, ubi vivimus, non patria; admonent enim nos hæ molestiæ tentationum patriam quærere, et quietam vitam, quæ nullatenus hic inveniri poterit, nisi in spe æternæ quietis viventi. Explicit.

178 [a] EPISTOLA CLXII.
AD DOMNUM REGEM.
(Anno incerto.)

Exponit quæ sit differentia inter æternum et sempiternum, perpetuum et immortale, sæculum, ævum et tempus.

Domino David, rectori optimo, victori maximo, Flaccus Albinus optat salutem.

De quorumdam nominum proprietate, revertens a nobis [*Al.* vobis] [b] Candidus noster, quæstiones nobis proposuit: de quibus ut ex tempore diligentius perscrutaretur, interim tacere disposui. Sed ille vestræ voluntatis nimius exactor et importunus inquisitor, moras me facere non sinebat. Quapropter paucas eorumdem nominum rationes repentino et inculto [*Edit.* in occulto] notavi sermone; vestrum de his quæ dicta sunt, sicut et de meis omnibus dictis vel scriptis, spectans judicium. Nam obediens devotio laudanda est, si auctoritate jubentis probatur. Hæc ergo est interrogatio, quæ nobis ab eodem oblata est, scilicet: quid sit discriminis inter *æternum* et *sempiternum*, *perpetuum* et *immortale*, *sæculum*, *ævum* et *tempus*? Primum enim sciendum est quod idem [*Cod. Vat.*, unum] significare videtur *æternum* et *sempiternum*; et simplex esse nomen *æternum*; *sempiternum* vero compositum ex adverbio *semper*, et nomine *æternum*. Ideo omne æternum potest dici et sempiternum; e converso ordine omne sempiternum etiam æternum. Perpetuum vero videtur (derivatum) esse ex eo quod est *perpes*, et significare quod nullo dirimitur intervallo, sed semper eodem modo perstat quo est. Inter *æternum* autem et *immortale* hoc distare videtur, quod omne æternum immortale, non tamen omne immortale æternum recte dicitur. Inter *ævum* et *sæculum* ita discerni potest, quod *ævum* quiddam æternum potest intelligi, *sæculum* vero temporale aliquid. Sed modo videamus horum distantiam nominum. Immortalis enim illa dicitur natura quæ mori non potest, non tamen semper immutabilis, id est, quæ mutari non possit: sicut anima humana, quæ immortalis creata est, sed immutabilis procul dubio non est, quia de pejore in melius, vel de meliori in pejus, et de pejore in pejus vel de meliore in melius mutari potest, sicut dictum est: *Ibunt sancti de virtute in virtutem* (*Psal.* LXXXIII, 8). Solus Deus vere immortalis et immutabilis, quia solus vere et proprie æternus, et quod semper est, de quo Apostolus: *Qui solus habet immortalitatem.* (*I Tim.* VI, 16). Immortalem posuit pro immutabili; quia quod mutabile est, quodammodo moritur eo quod est, dum aliud aliquid incipit esse quod non erat. Sed abusive sæpe *æternum* legitur dictum, quod tempori vel mutabilitati obnoxium est, nec semper ejusdem modi est, et ideo *æternum* non recte dicitur. Quod enim mutatur, non manet: Idque, ut supra diximus, inter *immortale* et *æternum* est discriminis, [quod] omne æternum, immortale est; et non omne immortale, satis subtiliter, etiam æternum dicitur: quia etsi aliquid semper vivat, tamen [si] mutabilitatem patitur, non proprie æternum appellatur; quia non semper hujusmodi est, quamvis immortale, quia semper vivit, recte dici possit. Vocatur tamen æternum, interdum etiam, quod immortale est: æternum enim cum proprie dicitur, neque quidquam præteritum habet, nec futurum; sed quidquid est, semper est, quod solus est Deus; et ideo solus Deus æternus est secundum proprietatem æternitatis. Quod vero de æterno diximus, hoc idem licet intelligi de sempiterno. Sed quid est quod Apostolus dicit: *Ante tempora æterna* (*Rom.* XVI, 25, *et II Tim.* I, 9)? Si enim *tempora*, quomodo *æterna*; cum tempora non sunt, nisi in creaturis? nisi forte *ante omnia tempora* intelligi voluit. Æterna autem maluit dicere quam omnia, fortasse ideo quia tempus non cœpit ex tempore; æterna enim tempora ævum significant. Inter ævum autem et *tempus* hoc distat quod illud stabile est; tempus autem mutabile. *Sæculum* vero dicitur post creatas [*Al.*, dicuntur primo creatæ] rerum species, et in diversas temporum mutabilitates distinctæ; videturque sæculum et tempora simul cœpisse. Sed multis locis, sæculum etiam in sancta Scriptura legitur pro *sempiterno*, ut dicitur: **179** *Quoniam in sæculum misericordia ejus.* (*Psal.* CV, 1, *et* CXVII, 1 seq.) *In sæculum*, scilicet in *perpetuum* dicit, quoniam misericordia ipsius æterna et indeficiens est. *Sæculum* est etiam mundi ordo decurrens, qui ad futura tendens præterita deserit, et ideo *sæcula* dicta esse putatur, quia in se jugiter resolvuntur [*F.* revolvuntur] tempora. Sed differentia est, dum dicitur, *a sæculo*; et dum dicitur, *in sæculo*]; et

---

[a] Hanc epistolam Quercetanus inter opera Alcuini dogmatica primo edidit pag. 765, postea lectiones differentes et meliores addidit pag. 1512. Galliæ litterariæ scriptores censent eamdem rectius inter alias epistolas Alcuini quam inter dogmatica collocari. Quorum monitum secuti sumus. Exstat cum emendationibus in cod. reg. Vat. 69. (Apud Froben. epist. 123.)

[b] *Candidus.* Cujus opera sæpius uti solebat Alcuinus, ut patet ex pluribus epistolis, in quibus illum aliquoties vocat *Wizonem*. De quo vid. Gall. litt. tom. V, pag. 10 seq.

dum dicitur, *in sæculum sæculi*. Adam namque a *sæculo* fuit; id est in principio sæculi. Cæteri vero patres, Noe, Abraham *in sæculo*, sed non *a sæculo* fuerunt ; sicut omnes humani generis séries in sæculo fuerunt, vel sunt, vel futuræ sunt. *In sæculum* vero *sæculi*, futurum est sæculum, quod post hoc erit sæculum, quod et *in sæcula sæculorum* (*Tob.* ix, 11) dicitur. Nam quibusdam in locis *in sæculum sæculi* æternitatem Domini absolute significat, quoniam ille et etiam ante sæculum, et in sæculo, et post illud sæculum misericors esse monstratur. Et ideo dicitur de eo : *Misericordia autem Domini a sæculo et usque in sæculum super timentes eum.* (*Psal,* cii, 17.) Item : *In sæculum sæculi* (*Psal.* ix, 6, *et* x, 16, *etc.*) propter duo Testamenta sæpe legitur positum, quia hoc Novum Testamentum prioris sæculi sæculum est, sicut et futurum istius præsentis erit. Invenitur quoque *sæculum* pro cujuslibet temporis fine poni. Nam in Lege Domini dicitur : *Sit tibi servus in sæculum* (*Exod.* xxi, 6), id est, usque in jubilæum annum. Sed sciendum est quod *æternum* tribus modis in sancta Scriptura legi solet. Primo, quod vere et proprie æternum dicitur, omni [mutabilitate] carens, sicut solus Deus est. Alter vero modus est, cum ea res æterna dicitur, quæ ipsa quidem per se æterna non est, sed quod significat, æternum est; veluti hoc quod Abrahæ dicitur : *Dabo tibi et semini tuo terram hanc in possessionem æternam* (*Gen.* xvii, 8). Cum nec ipsa terra, nec ejus habitatores æterni esse potuissent, sed terra viventium, quæ per hanc terram significatur, æterna est; et habitatores illius æterni, de quibus dicitur : *Beati mites, quoniam ipsi possidebunt terram.* (*Matth.* v, 4.) Tertius modus est, quando ea res æterna appellatur, cui finis non constituitur, aut ita fit ut deinceps non sit facienda, quantum ad curam vel ad potestatem facientis, aut dicentis pertinet, eo genere locutionis, quo quidam Poeta dicit :

Serviet æternum, qui parvo nesciet uti

Non enim potest æternum servire, cujus ipsa vita æterna esse non potest. Sed mira [*Al.*, magis] quædam differentia est inter essentiam omnipotentis Dei, et volventia humanæ vitæ tempora. Legimus enim tria tempora esse, id est, præteritum, præsens, et futurum; sed ita ut pene nihil nobis præsens sit, sed omnia præterita et futura. [*Verbum* enim dum dico, priorem dum dixi] syllabam [*Al.*, Verbi enim cum dixi priorem syllabam, *etc.*], posterior futura fuit : et dum posteriorem dico, præteriit prior. Deo vero nihil præteritum et futurum, sed omnia præsentia sunt, qui servo suo Moysi ait : *Ego sum qui sum.* Et : *Dices filiis Israel : qui est, misit me ad vos* (*Exod.* iii, 14). Sed si subtilius quærere incipias, etiam ipsæ duæ syllabæ, dum dixi : *Deus æternus,* æternæ non sunt, sed illud quod istæ syllabæ significant, omnimodis æternum est. Verba enim quibus loquimur, nihil aliud sunt nisi signa rerum earum quas mente concipimus, quibus ad cognitionem aliorum venire volumus : quæ verba nunquam recte proferuntur, nisi veritatem significent. Veritas enim omni homini naturalis est in tantum, ut nullus unquam pro veritate falsum audire velit, eo modo ut ipse verum putet quod falsum est, nisi ipse nimium varius [*Cod. Vat.* vanus] sit et ab omni veritate aversus.

Sed quia ad finem chartulæ properat series, videtur ratum aliquid de ipso fine dicere. Est enim locus ubi finis quod sine fine est significat, ut in Evangelio : *Cum dilexisset eos, qui erant in mundo, in finem dilexit eos* (*Joan.* xiii, 1), id est, in æternum dilexit eos. Est etiam ubi perfectionem significat, ut : *finis enim legis est Christus* (*Rom.* x, 4), id est, perfectio legis. Est quoque, ubi ipsum significat Christum, ut in quibusdam psalmorum titulis : *in finem David* (*Psal.* li, lii, *et al.*), id est, in Christum. Aliquando etiam finis significat finem cujuslibet rei vel temporis; ut in Daniele : *in fine autem dierum illorum* (*Dan.* iv, 31). Nec mihi multitudo verborum et chartulæ longitudo objicienda est, quia longitudo temporis, vel magis illud quod tempus non habet, plurima poscit verba, quibus demonstretur quod vix demonstrari possit. Sed calamus in fonte charitatis tinctus, dulce habet cum eo loqui, cui omnia bona dulcia sunt; cui Deus æternam concedere dignetur dulcedinem.

[Det tibi perpetuam clemens in sæcla salutem
Et decus imperii, David amate, Deus.]

a EPISTOLA CLXIII.

AD CAROLUM.

Exponit textum S. Lucæ cap. xxii, *36, etc., de duobus gladiis. Conqueritur de quibusdam episcopis, qui presbyteris et diaconis munus prædicationis inhibere volunt ; et de profanatione altarium.*

Domino desiderabiliter venerabili et venerabiliter desiderabili David regi, in fide et charitate Flaccus [Albinus] salutem.

Litteris vestræ nobilissimæ pietatis acceptis, in quibus vestram nobis valde amabilem sanitatem, et cuncto Christianitatis imperio pernecessariam prosperitatem cognoscens [*F.*, cognovi], totum cordis mei affectum in gratiarum actiones Christo clementissimo regi effudi : illius sedula oratione deprecans pietatem, cum omnibus nostræ devotionis cooperatoribus, quatenus vestram pacificam et amabilem potentiam, ad exaltationem sanctæ suæ Ecclesiæ et b sacratissimi gubernacula imperii longæva prosperitate custodire, regere et dilatare dignetur. In quibus laudabilibus quoque vestræ sapientiæ apicibus meam, ut soliti estis, segnitiem per interrogationes

---

a (Froben. epist. 124.) Edit. Quercet. 6, Canis, 12. Hic autem multis locis castigatior prodit ex cod. ms. bibliothecæ Salisburgensis, ubi hic præfigitur titulus : *Explanatio gladiorum qui dicuntur in passione.* In editis vero : *De eo quod in Evangelio dicitur : Domine, duo gladii hic.*

b *Sacratissimi imperii.* De Romano, existimo, imperio hæc esse intelligenda. Unde hanc epistolam non ante annum Christi 800 datam fuisse censemus.

prudentissimas sagaciter [*Cod. Sal.*, prudentissima sagacitate] excitare velle inveni. Imo per inquisitiones [magis docere, quam ignorata discere] agnovi ; *quia sapienter interrogare, docere est*, veluti in vestræ auctoritatis pagina scriptum reperimus ; ubi post congruam sententiam veridico sermone exaratum perspeximus [a] : « Cognoscat igitur industria tua, [b] charissime in Christo præceptor, propositam nobis a quodam non clerico, sed laico de Evangelio quæstionem, cui tunc tamen a nobis usque [in] præsens est dilata responsio : Non quia juxta quod interrogavit, respondere non valuissemus, » et reliqua. Vere et valde gratum habeo laicos quandoque ad evangelicas effloruisse inquisitiones, dum quemdam audivi virum prudentem aliquando dicere : clericorum esse Evangelium [discere (*Edit.*, discernere)], non laicorum. Quid ad hæc ? *Omnia tempus habent* (*Eccle.* III, 1), et sæpe posterior affert hora quod prior non poterat. Tamen iste laicus, quisquis fuit, sapiens est corde, etsi manibus miles, quales vestram sapientissimam auctoritatem plurimos habere [decet (*Edit.*, debet)]. Sed ad responsionem interrogationis vertamus stylum, ad satisfaciendum inquisitoris animo, si tamen nostra parvitas tam præclaro ingenio satisfacere valet.

Nodus vero propositæ quæstionis, veluti in vestræ excellentiæ litteris inveni, hujusmodi constrictus fuit, ut eadem ponamus verba quæ in illis legebam : « Est enim locus Evangelii secundum Lucam (*Cap.* XXII, 36, 38, 50), ubi Dominus Christus ad passionem venturus, tunicam ac peram vendere, gladiumque emere discipulos jussit. Cui cum responsum esset binos ibi esse gladios, dixit, satis esse. Quorum uno Petrum in abscissione auriculæ Malchi usum fuisse putamus : Cui et tunc a Domino dictum est : *Converte gladium tuum in vaginam. Omnes enim qui acceperint gladium, gladio peribunt* (*Matth.* XXVI, 52). Quomodo sibi convenit [*Cod. Sal.*, conveniat], ut qui tunc vendere tunicam, emere gladium jusserat, is statim accipientes gladium gladio diceret esse perituros ? *Si gladius est verbum Dei* (*Ephes.* VI, 17), et Dominus quando gladium emere præcepit, verbum Dei significavit; quomodo congruit, ut omnis qui accipiat verbum Dei, verbo Dei pereat ? » Sed facilis est solutio, si singulorum consideratur evangelistarum huic loco circumstantia, et diversæ intelliguntur gladii significationes. Non enim æqualiter ubique gladius significat. [Itaque, sicut Leo aliter significat,] ubi dicitur : *Ecce vicit leo de tribu Juda* (*Apoc.* V, 5); aliter ubi dicitur : *Circuit quasi leo, quærens quem devoret* (*I Petr.* V, 8). Ille leo Christus est; iste, diabolus : etsi eisdem scribatur litteris leo, non tamen eisdem congruit significationibus. Nam et abyssus in Scripturis sanctis multifarias habet

[a] Hic finis est epistolæ apud Canisium.
[b] *Charissime in Christo præceptor.* Ex his, ipsius Caroli imp. confessione, confirmatur testimonium Eginhardi, narrantis Carolum in cæteris disciplinis (præterquam in grammatica) Alcuinum habuisse præceptorem. Quo etiam spectant versus epigramma-

allegorias, ut studiosis lectoribus facile est invenire. Abyssus, immensitas aquarum; abyssus, profunditas Scripturarum; [abyssus, ineffabilia judicia Dei (*Psal.* XXXV, 7, *et Rom.* XI, 33)]; abyssus, sapientia ; abyssus, corda hominum significat ; et multa talia in Scripturis sanctis inveniuntur, quæ secundum qualitates locorum varias habent intelligentias. Sermo Domini oculosus est, et undique perforari potest, et alta profunditas mysteriorum Dei. Quis omnia secreta illorum investigare potest ? Igitur et gladius multifarie significare videtur. Nam et venenatas Judæorum maledictiones in Christum [significat], ubi dicit : *Qui exacuerunt ut gladium linguas suas* (*Psal.* LXIII, 4). Etiam et mortem significat, ubi dicit : *Qui liberasti David servum tuum de gladio maligno* (*Psal.* CXLIII, 10). Scilicet et tribulationem passionis Christi significat, ubi dicit : *Et tuam ipsius animam pertransibit gladius* (*Luc.* II, 35); id est, tribulatio passionis illius tuam torquebit animam. Divisionem quoque significat, ubi dicit : *Non veni mittere pacem, sed gladium* (*Matth.* X, 34); id est, separare bonos a malis. Sed [et] vindicta gladii nomine intelligitur, ubi legitur : *Non enim frustra gladium portat; vindex est enim in eos qui operantur malum* (*Rom.* XIII, 4). Judicium quoque Dei gladii nomine legitur designatum : *Inebriatus est in cœlo gladius meus* (*Isai.* XXXIV, 5). Item quia, *Exacuam ut fulgur gladium meum, et aget judicium manus mea* (*Deut.* XXXII, 41). Et juxta Apostolum, verbum Dei intelligitur gladius.

Sed forsitan ille laicus, qui in uno solebat pugnare gladio, unam eum putabat habere interpretationem, non considerans illum ipsum, quem manu tenet, ancipitem esse : in quo et inimico vitam auferre nititur, et suam defendere gaudet. Ideo secundum aliam significationem in Matthæo Dominus dixit : *Omnes qui acceperint gladium, gladio peribunt* (*Matth.* XXVI, 52). Juxta aliam vero in Luca : *Sed nunc qui habet sacculum, tollat similiter et peram. Et qui non habet, vendat tunicam suam et emat gladium* (*Luc.* XXII, 36). Iste vero gladius videtur ei placuisse, ille itaque displicuisse. Ideo illum converti in vaginam, istum emi præcepit. Idcirco diligentius considerandum est quid uterque significet : et sacri sanctorum Patrum proferendi sunt sensus, ne quid nostra [parvitas (*Al.*, pravitas)] præsumptuose dicere videatur. Ille vero gladius secundum Matthæum vindictam injuriarum nostrarum intelligitur designare, quam qui exsequitur, in suis periturus erit sceleribus, ipsa dicente Veritate : *si non remiseritis hominibus peccata sua, nec Pater vester cœlestis dimittet vobis delicta vestra* (*Marc.* XI, 26). Quapropter et hunc converti in vaginam cordis præcipit, ut ibi, juxta evangelicam duorum servorum parabolam (*Luc.* VII, 41 *seq.*), unusquisque remittat fratri suo de corde suo. Et hæc

tis 260 (*alias* 199) Alcuini ad fratres Eboracenses, ubi ita canit :

Talia namque placent vestro quia munera Patri,
Qui nunc egregias regalibus insonat artes
Auribus, et Patrum ducit per prata sequentem, etc.

est nostrorum indulgentia delictorum, ut in nos peccantibus dimittamus, ipsa attestante Veritate: *Dimittite et dimittetur vobis* (*Luc.* vi, 37).

Sed videamus quid ille secundum Lucæ Evangelium gladius significare possit, de quo totius inquisitionis oriebatur series. Ille est nimirum verbum Dei, quem venditis omnibus sæcularis vitæ impedimentis nobis emere necesse est, et viriliter in eo pugnare contra omnes antiqui serpentis insidias. Quem gladium Salvator noster cum triumpho gloriæ ad paternam rediens sedem, discipulis suis dedit dicens: *Ite, docete omnes gentes* (*Matth.* xxviii, 19). Non igitur ad hujus gladii ictum, sicut extraordinariæ hujus inquisitor quæstionis arbitrabatur, Dominus respondit: *Converte gladium in vaginam suam*, sed ad illius qui in Matthæo legitur. Ad istius [itaque (*Al.*, atque)] dixit: *Sinite usque huc* [Cod. Sal., *adhuc*] (*Luc.* xxiii, 51). Quatenus uterque suam propriam habere potuisset significationem. Nam aliquoties in uno facto aliorum **182** salus et aliorum perditio [provenit; *Al.*, pervenit]. Ut in tota Christi passione Judæorum est perditio, nostra autem salus: ita et factum apostolicæ audaciæ juxta allegoriæ subtilitatem dupliciter ex ipsius Domini verbis intelligi potest. Quæratque ille, quisquis est, cur in alio evangelista Dominus præciperet virgam portandam, in alio præciperet non portandam: et tunc intelligat, gladii diversas esse significationes.

Sed considerandum est, secundum vestræ sapientiæ venerabile præceptum, «quid significet hujus [emptio; (*Edit.*, exemptio)] gladii, quid sacculum, quid pera, quid tunica, cur postremo in duobus gladiis satis esse dicatur?» De conversione itaque gladii in vaginam suam et de periculo accipientis, loco suo diximus. Emptio siquidem hujus gladii est sæculi renuntiatio, de qua ipse Dominus dixit: *Qui non renuntiaverit omnibus quæ possidet, non potest meus esse discipulus* (*Luc.* xiv, 33). Hoc est: avaritiæ sectator non potest veritatis esse prædicator, quia quod ore prædicat, opere destruit. Igitur in sacculo occulta divitiarum substantia: in pera, publica designari potest. In tunica carnalis delectatio demonstratur. Quæ omnia funditus vendenda, id est abjicienda sunt, ut dignus [in] gladio verbi Dei sectator Christi efficiatur miles. Quod autem discipuli id dixerunt: *Ecce duo gladii hic sunt*, et Dominus respondit: *satis est*; duo gladii sunt corpus et anima, in quibus unusquisque secundum sibi a Deo datam gratiam in Domini Dei voluntate præliari debet. Et satis erit voluntati Dei, si corpore et animo illius implebuntur præcepta.

Sed et hæc proposita quæstio alteram advocat, quia *abyssus abyssum invocat* (*Psal.* xli, 8). Et dum [nodum (*Edit.*, modum)] validæ complexionis solutum æstimavi, ecce [alterum ex latere occultæ constrictionis (*Edit.*, in alteram ex latere occultam constructionis)] offendi, quem non laico prioris inquisitionis auctori, sed vestræ venerandæ dignitati exsolvam. Si gladius iste, ut diximus, verbum Dei

est, cur auriculam abscidit adversantis, dum verbum Dei ex auditu ad secreta cordis cubilia pervenire solet; ut ibi fidei fructum centesimo, sexagesimo, vel tricesimo ferat effectu (*Matth.* xiii, 8)? Quid ista, obsecro, significat abscissio, nisi ut [infidelitatis (*Edit.*, infoeditatis)] auricula abscindatur, ut divinæ tactu gratiæ nova sanetur, et veteris hominis exspoliatio in novæ reformationis transeat gloriam? Unde et iste servus Malchus dicebatur. Malchus in Latinam linguam vertitur rex vel regnaturus. Quomodo rex et servus, nisi quia in vetere homine servi fuimus peccati; in novo itaque Domini Dei [sanati (*Edit.*, sancti)] gratia, reges et regnaturi erimus cum Christo? Quid est quod ipse Dominus persecutorem suum sanavit, nisi quod omnis prædicator in Ecclesia Christi nec suos verbo pietatis sanare inimicos desistat? Unde et ipse Dominus tempore passionis suæ, opera etiam in suos persecutores non deseruit sanitatis. Ac ideo forsitan permissus est Malchus vulnerari, ut Petri ostenderetur constantia et Domini claresceret pietas, et nobis ad omnes boni operis daretur exemplum, quatenus salutis æternæ [medicamenta (*Edit.*, munus)] etiam inimicis præstaremus nostris.

Cur duo gladii in Dominica [tantummodo (*Edit.*, postmodum)] passione inventi sunt, et in uno apostolica pugnavit fiducia; alium vaginæ exemptum non legimus? diximus duos gladios corpus et animam significare: quæ ambo per unam fidem operari debent, ut fides, quæ in anima latet, foras per corpus ostendatur in opere. *Ex abundantia cordis os loquitur* (*Matth.* xii, 54). Unde et discipuli dona sancti Spiritus in igneis linguis accipientes loqui dicuntur *magnalia Dei* (*Act.* ii, 11). Quia ubi charitas per donum sancti Spiritus intus ardescit in animo, mox foras in verbo clarescit prædicationis. Possunt quoque non inconvenienter duo gladii, fides et opus intelligi: illa in corde latens, istud in facto in palam procedens. Et diligentius consideranti par priori significationi hæc quoque invenitur, quia fides animæ est, opus vero corporis. Unde et unusquisque ad cordis sui penetralia dirigat intentionem, et videat in eo, quantum diligat Deum, et eamdem Dei dilectionem proferat in opus. Et maxime prædicatores Ecclesiæ Christi charitatem Redemptoris nostri per verba sedulæ prædicationis populis ostendant. **183** Sint *lucernæ ardentes* (*Luc.* xii, 35) in domo Domini: sint civitates firmæ in montibus virtutum consitæ, et contra omnes insidias hostilis exercitus munitissimæ. Sint pastores providi, gregem Christi per pascua vitæ æternæ ducentes, quatenus cum multiplici animarum fructu gaudia Domini Dei sui mereantur ingredi. [Hos tua (*Edit.*, hostia, *mendose*)] excellentissima dignitas et sanctissima in Christi charitate voluntas semper admoneat, imo suavissimis exhortationibus ad prædicationis impellat officia, quatenus in die magno Domini nostri Jesu Christi tu quoque amabilem merearis audire sententiam: *Euge, serve bone et fidelis, quia super pauca fuisti fidelis, supra multa te constituam, intra in gaudium Domini tui*

(*Matth.* xxv, 2.). Nec enim hoc solis sacerdotibus vel clericis audiendum ibi arbitreris, sed etiam bonis laicis et bene in opere Dei laborantibus dicendum esse credas, et maxime his qui in sublimioribus positi sunt sæculi dignitatibus, quorum conversatio bona et vitæ sanctitas et admonitoria æternæ salutis verba, suis subjectis prædicatio poterit esse. Nam unusquisque de pecunia domini sui, quam accepit, rationem redditurus erit in die judicii. Et qui plus laborat, plus mercedis accipiet. Quapropter dilectissime et honorande Ecclesiæ [Christi] defensor et rector, tuæ sanctissimæ sapientiæ venerabile studium alios admonendo exhortetur, alios castigando corrigat, alios vitæ disciplinis erudiat, *ut omnibus omnia factus* (*I Cor.* ix, 22), ex omnibus mercedem habere merearis perpetuam. Ut cum magna et laudabili populorum multitudine gloriosus in conspectu Domini Dei tui appareas.

Audio etiam per Ecclesias Christi quamdam consuetudinem non satis laudabilem, quam vestra prudentissima auctoritas facile emendare potest, si tamen vera est opinio, et non magis falsa excusatio, ut quod facere non volunt presbyteri, suis injiciant episcopis. Nam dicunt ab episcopis interdictum esse presbyteris et diaconibus prædicare in ecclesiis, dum in Apocalypsi [legitur: *Spiritus et sponsa* (*Edit.*, legatur episcopis et sponsæ, etc.)] dicunt : *veni. Et qui audiat, dicat, veni. Qui sitit, veniat, qui vult, accipiat aquam vitæ* (*Apoc.* xxii, 17). Nec non et Apostolus : *Quod si alii revelatum fuerit sedenti, prior taceat. Potestis enim per singulos prophetare* (*I Cor.* xiv, 50, 51), id est docere. Item ad Timotheum : *Qui bene præsunt presbyteri, duplici honore digni habeantur : maxime qui laborant in verbo et doctrina Dei* (*I Tim.* v, 17). Dicant enim in quibus canonibus interdictum sit presbyteris prædicare? Quin magis legant et intelligant, ab initio nascentis Ecclesiæ, quanti et quam mirabiles ex diverso clericorum ordine per totam mundi latitudinem fuere prædicatores, etiam et apostolica in diversas partes transmissi auctoritate : et desinant speciale habere, quod ad majus animarum lucrum plurimorum poterit esse. Nam et ipse Dominus noster Jesus Christus apostolis suis ad prædicationis officia secundi ordinis viros subjunxit, ut in Luca apertissime legitur : *Post hæc autem designavit Dominus et alios septuaginta duos, et misit illos binos ante faciem suam* (*Luc.* x, 1). Et paulo post : *Qui vos audit, me audit ; et qui vos spernit, me spernit ; et qui me spernit, spernit eum qui me misit.* (*Ibid.*, 16). Et cætera quæ ibi de dispensatione verbi Dei leguntur. Quare in Ecclesiis ubique ab omni ordine clericorum homiliæ leguntur? Quid est homilia, nisi prædicatio? Mirum est quod legere licet, et interpretari non licet, [ut] ab omnibus intelligatur? Quid est aliud, nisi ut audientes sine fructu fiant, et impleatur Virgilianum illud :

Dat sine mente sonos.....

[a] Hæc epistola in editione Quercetani 106 est, ab ipso primo edita ex eo. ice ms. Scripta est post an-

Et non evangelicum : *Quod in aure audistis, prædicate super tecta* (*Matth.* x, 27)? Dicit enim beatus Hieronymus in epistola (52) ad Nepotianum presbyterum, ubi eum de prædicationis officio instituit : « Pessimæ consuetudinis est, in quibusdam Ecclesiis tacere presbyteros, et præsentibus episcopis non loqui : quasi aut invideant aut non dignentur audire. *Et si alii,* inquit Paulus apostolus, *fuerit revelatum sedenti, prior taceat. Potestis enim per singulos prophetare, ut omnes discant* [*Edit.*, *et omnes dicant*], *et omnes consolentur* (*I Cor.* xiv, 50, 51). Et : *Spiritus prophetarum prophetis subjectus est ; non enim dissensionis est Deus, sed pacis* (*Ibid.*, vers. 52, 55). *Gloria patris est filius sapiens* (*Prov.* x, 1). Gaudeat episcopus judicio suo, cum tales [Christo] elegerit sacerdotes. 184 [Docente te in ecclesia (*Edit.*, Docentes in ecclesia)] non clamor populi, sed gemitus suscitetur. Lacrymæ auditorum laudes tuæ sint. » Hæc tantus et admirabilis doctor huic tam malæ consuetudini opposuit. Plurima exinde dici possunt, sed sapienti pauca sufficiant. Nec nostræ rusticitatis est, vestræ laudabilis sapientiæ aures plurimis aggravare verbis ; sed tantum supplici deprecari devotione, ut talia paterna provisione jubeatis, si vera sint, emendare. Quatenus sublime regalis potentiæ regimen omnibus ubique proficiat ad salutem, et tibi cum Christo Domino Deo nostro et sanctis ejus præmia perpetui honoris augeantur.

Vidimus quoque aliquibus in locis [negligentes] altaria Dei absque tecto, avium stercoribus vel canum mictu fœdata. Quod facile vestra veneranda in Deo voluntas per episcopos emendare valet : ut cum honore condigno maneat mensa Domini in loco suo, vel portetur in ecclesiam majorem, secundum sanctam sacerdotum Dei providentiam ; et honorifice tractetur seu altare Christi, seu consecratio corporis et sanguinis illius, et præcipuum salutis nostræ sacramentum omni veneratione consecretur, habeatur, et custodiatur.

[a] EPISTOLA CLXIV.
AD CAROLUM IMPERATOREM.

Respondet ad interrogata de hymno post cœnam dicto apud Matthæum et Marcum.

Regi [*Leg.* Rege] regum Deo Christo donante Carolo regi, imperatori Augusto, optimo, maximo, perpetuo ; humilis matricularius Albinus sempiternam cœlestis gloriæ salutem.

Mirabilis sapientiæ vestræ litterarum serie perlecta, invenimus eas eloquentiæ nitore splendidas, et profunditate sensuum subtilissimas, et inquisitionis gratia jucundissimas. Unde patenter agnosci poterit, non tantum imperatoriam vestræ prudentiæ potestatem a Deo ad solum mundi regimen, sed maxime ad Ecclesiæ præsidium et sapientiæ decorem collatam, et juvenum mentes quadam inertiæ rubigine obductas ad acumen ingenii per vestram sanctissimam solertiam elimandas. Si quidem præter imperiales et publicas curas, evangelicas quæstiones acanum 800 ad Carolum jam imperatorem. (Apud Froben. epist. 125.)

demicis vestris a nobis enucleandas inquiritis. Quanquam vestræ prudentiæ, ut id epistola dignitatis vestræ dicitur, easdem quæstiones notissimas esse sciamus; tamen ne senilis taceat segnities, quibusdam interrogationum stimulis somnigeram illius socordiam excitare voluistis. Unde etiam nunc magis docere vestris insitionibus [*Leg.* inquisitionibus] intelligo, quam vestræ aliquid affluentissimæ sapientiæ ex mea addi posse responsione. Nam sapienter interrogare, docere est. Igitur prudenter quærere via est inveniendi; veluti fertur, Pythagoram ordinatis interrogationibus puerum quemdam de geometrica magis docuisse, quam discere quid ab eo vellet. Sicut et Dominum in Evangelio quibusdam parabolis egisse legimus.

185 Sed ut ad inquisita respondeam, prout meæ inspiraverit menti gratia illius, de cujus sermone hujus inquisitionis orta est interrogatio : quamvis vestræ claritati vix mea aliquid dignum parvitas conferre valeat, quia non talis mihi inest formæ vel cogitationum fiducia, sicut legitur de Zenocrate architecto, qui populea fronde coronatus, et pelle leonis vestitus inter turbas populi incessit contra tribunal Alexandri Magni, et quæsitum est ab eo quis vel unde esset? At ille, « Zenocrates, inquit, ego architectus Macedo, qui ad te cogitationes et formas tuæ claritati condignas affero. » Sed talem mihi inesse voluntatem de vestræ excellentiæ Platonicis video, qualis in Aristippo philosopho scribitur, qui naufragio perditis omnibus vix vivus evasit ad littus, dixisse suis legitur : « Ite Athenis, et dicite discipulis nostris eas congregare divitias quæ naufragio perire non possunt; » sapientiam volens intelligere. Nec etiam hæc veteris monimenta historiæ proferrem, nisi vestræ auctoritatis apices ad philosophorum me nomina provocarent.

His prælibatis, ad interrogationem litterarum veniamus vestrarum, in quibus post congruam epistolæ præfationem scriptum invenimus, ut eisdem utamur verbis: « Hymnum post cœnam mysticam vel discipulos vel potius ipsum Dominum dixisse, ex ipsius sacræ historiæ lectione [et] auctoritate collegimus; ac propter hoc sumus non mediocri stupore perculsi, cur tantæ dulcedinis hymnus vel ab ipso Domino, vel, si a discipulis, in præsentia tamen Domini, dictus, ab evangelistis omnibus sit prætermissus? » Hæc est totius summa interrogationis; cur tacitus sit ab omnibus tantæ dulcedinis hymnus evangelistis; dum certissime ex verbis sacræ historiæ constat, hymnum post cœnam mysticam dictum esse a discipulis, vel potius ab ipso Domino? Cujus itaque omnis [*F.*, nominis] interpretatio primo dicenda est. Igitur Græcum nomen est *hymnus*, et Latine interpretari potest, *laus carminis*. Sive, ut beatus Isidorus ait : « Hymnus est canticum laudantium, quod ex Græco in Latinum laus interpretatur, pro eo quod sit carmen lætitiæ et laudis. » Proprie autem hymni sunt continentes laudem Dei. Unde et liber Psalmorum a plerisque doctoribus *Liber hymnorum* appellatur.

Quod vero Evangelistæ dixerunt : *Et hymno dicto exierunt* (*Matth.* xxvi, 30; *Marc.* xiv, 26), a plerisque simpliciter traditur ita : *Laude Deo dicta exierunt*. Quidam itaque putant, xxi psalmi versum eos cantasse : *Manducaverunt et adoraverunt omnes pingues terræ* (*Psal.* xxi, 30); et hoc ex commentario sancti Hieronymi suspicantur, qui ait : « Et hymno dicto, hoc est, quod in psalmo legimus. *Manducaverunt et adoraverunt omnes pingues terræ*. » Sunt etiam qui in priore versu hanc laudem aptare volunt, ubi dicitur : *Edent pauperes et saturabuntur, et laudabunt Dominum, qui requirunt eum* (*Ibid. vers.* 27). Sed fieri potest, Judæos habere in consuetudine aliquando hymnidicam post cœnam decantare laudem, sicut solebant transeuntes viam in agro laborantes, hoc versu benedicere : *Benedictio Domini super vos, benediximus vobis in nomine Domini* (*Psal.* cxxviii, 8). Sed his atque hujusmodi opinionibus quorumdam, quamvis spernendæ non sint, ut videtur, omissis, Equidam veritatis pandamus interpretationem.

Consuetudo itaque est evangelistarum quædam plenius dicere quæ alii omnino tacuerunt. Quod maxime beatum fecisse Joannem evangelistam comprobant. Cujus rei idoneus lector in eis sufficienter exempla reperire poterit, quæ nos epistolaris brevitas tangere prohibet, nisi quæ hujus interrogationis responsioni necessaria esse videntur. Igitur de hac mystica Veteris vel novi Testamenti cœna toti quatuor dixerunt, vel quid in ea gestum esset vel dictum; partim similiter, partim dissimiliter protulerunt, quæ tamen omnia vera esse necessario creduntur. Quod illi itaque tres de panis calicisque consecratione dixerunt, hoc Joannes omisit, maxime moratus in humilitate Christi ostendenda, qua pedes discipulorum suorum lavare dignatus est : atque longissimo sacratissimoque sermone, quem, exeunte filio perditionis, illis undecim electissimis secreta et spiritali loquela disseruit. Qua locutione terminata idem beatus evangelista subjunxit dicens : *Hæc locutus est Jesus, et sublevatis oculis in cœlum dixit* (*Joan.* xvii, 1); non solum illa designans verba quæ ipse Joannes **186** Dominum dixisse refert, verum etiam et ea quæ alii scripserunt, eum in illo sacrosancto convivio locutum esse. Quod vero beatus evangelista Jesum elevatis oculis in cœlum dixisse subinfert : *Pater, clarifica Filium tuum, ut Filius tuus clarificet te* (*Joan.* xvii, 1) . . . usque in eum locum, ubi hac hymnidica terminata laude et sanctissima oratione finita : *ut dilectio, qua dilexisti me, in ipsis sit, et ego in ipsis* (*Ibid., vers.* 26); quam pro se suisque discipulis, imo et omnibus fidelibus, qui usque ad consummationem sæculi venturi essent, pius Salvator Deo Patri profudit.

Iste est hymnus sacratissimus et pulcherrimus, et cunctis pernecessarius credentibus, quem *advocatus noster* (*I Joan.* ii, 1) Dominus noster Jesus Christus, peracto nostræ salutis et suæ pietatis convivio, magna dulcedine et mirabili suavitate præsentibus suis discipulis decantavit. Iste est hymnus quem sancta sollicitudo sapientiæ vestræ inquirit. Istum perpetua, dulcissime mi David, in laudem Domini et Salvatoris nostri et in spe æternæ beatitudinis, teneatis memoria. Potuit enim hæc eadem verba hymnidicæ laudis et orationis. Filius Patri silenter dicere, sed oratio Filii doctrina est discipulorum, imo et omnium qui in oratione laudis Domini deprecari consuescunt. Nulla oratio dulcior est quam quæ in divinæ bonitatis laude profunditur. Unde et ipse Dominus per Prophetam ait : *Sacrificium laudis honorificabit me, et illic iter; quod ostendam ei, salutare Dei* (*Psal.* XLIX, 23).

a EPISTOLA CLXV.
AD CAROLUM MAGNUM.

Respondetur ad interrogationem de pretio salutis humanæ, cui daretur.

In nomine Dei Christi Salvatoris mundi. David Christo Domini-Albinus perpetuæ pacis et prosperitatis in Domino salutem.

Sapientia est, ut philosophi definierunt, divinarum humanarumque rerum scientia; quam, excellentissime imperator, religiosissima vestræ humilitatis prudentia diligenter ab hominibus requirere assuescit, ut omnium sensus proprio cordis thesauro infundat, quatenus de hoc abundantissimo divitiarum gazophylacio juxta evangelicum scribam *nova et vetera* (*Matth.* XIII, 52) proferre valeat. Quocirca cujusdam sapientis Græci interrogationem, *de pretio salutis humanæ, cui daretur*, inquirentis nostræ parvitatis ingenio [*Cod. Vat.*, ingeniolo] dirigere studuistis, non, ut optime novi, ignorando, sed probando, quid nostræ parvitatis intellectus exinde sensisset, vel a magistris didicisset. Quod pretium, cui daretur, sapiens ille prædictus a quibusdam catholicæ eruditionis filiis in palatio inquirere dicitur; et, ut visum est ejus sapientiam audientibus, velle cum astruere hujus pretii acceptricem esse mortem; putans, redemptionem esse non posse, nisi forte esset, qui pretium recepisset ab emptore, atque aliquid sui juris emptori pro pretio tradidisset accepto; hoc ipsum quoque apostolicæ auctoritatis sententia confirmare nisus, quia dictum est : *Regnavit mors ab Adam usque ad Moysen* (*Rom.* V, 14). Ad cujus quæstionis profunditatem, ne quid temere dicam, sensibus Patrum respondere ingrediar, atque ejus obscuritatem[b], si respondere vel, in [*F. leg.*, vellem] magnitudine libri opus erit, tamen ita temperabo calamum, ut longioris epistolæ modum non excedat.

Primo quærendum esse video de qua morte beatus Apostolus testimonium protulisset, sive de diabolo, qui sæpe mortis nomine designatur; vel de peccato, quod est mors animæ; aut etiam de morte carnis, quæ est *pœna peccati* (*Rom.* V, 12, *et* VI, 23)? Deinde de pretio salutis nostræ, quidquid ejus gratia nostro suggerit animo, qui pro nobis illud pretium obtulit, dicemus.

___

a Hanc epistolam ex ms. Colbertino vulgavit Baluzius lib. I Misc., pag. 565; addidimus nonnullas lectiones variantes ex cod. ms. bibl. regiæ Vaticanæ.

187 De peccato quidem disputans Apostolus hoc subinfert testimonium dicens : *Regnavit mors ab Adam usque ad Moysen.* Si de morte carnis solummodo intelligendum putaret, utique dixisset : Regnavit mors ab Adam usque ad illum diem, de quo [alio loco] idem ait : *Novissima inimica destruetur mors* (*I Cor.* XV, 26), quam adhuc in carne nostra regnare dolemus. Unde et ipse Apostolus ait : *In hoc enim ingemiscimus prægravati, quia nolumus exspoliari, sed supervestiri, ut absorbeatur hoc, quod mortale est, a vita* (*II Cor.* V, 4). Proinde aliud quoddam genus mortis his verbis Apostolum significare putamus, quod regnasse dictum est ab Adam usque ad Moysen : id est, usque ad ultima tempora legis et initium gratiæ, quæ hoc regnum mortis destruxit. Mors vero, de qua dicitur : *Regnavit mors ab Adam,* illa est sine dubio, de qua propheta ait : *Anima, quæ peccaverit, ipsa morietur* (*Ezech.* XVIII, 4). Hujus vero regnum mortis gratia adveniente destructum est, postquam Christi sanguis chirographum, quod peccata nostra scripserunt, delevit (*Col.* II, 14), *affigens illud cruci : interficiens inimicitias in semetipso* (*Ephes.* II, 16), quæ erant inter Deum et hominem. Sed hoc mortis genus nullum habuit in Christi anima Redemptoris nostri regnum, quia nunquam illa peccavit; ideo nec moriebatur. Si vero Christus peccatum non fecit, quod est mors animæ; et caro ejus damnato mortis aculeo cum triumphi gloria surrexit de sepulcro : *cui mors ultra, ut dicitur, non dominabitur* (*Rom.* VI, 9) : ubi est pretium, quod mors sibi traditum esse gloriatur? Quare non tenuit, si jure emptionis accepit illud? Nec statim consequens est ut pretium illi detur, a quo aliquid redemptum esse dicitur. Propheta enim precatus est Deum ut se redimeret ab angustiis (*Psal.* CXVIII, 143), nec tamen aliquid Deo, unde angustiis, quibus Propheta angebatur, pretii tradidisse dicendum est. Item dicitur in alio psalmo : *Dicant nunc qui redempti sunt a Domino, quos redemit de manu inimici, de regionibus congregavit eos* (*Psal.* CVI, 2). Neque enim Deus omnipotens toties [*Cod. Vat.*, totis] pretium dedit gentibus vel regibus [vel inimicis] quoties populum suum redemit ab eis. Item in alio psalmo : *Et redemit nos de manu inimicorum nostrorum* (*Psal.* CXXXV, 24). Si ad historiam attendas, nullum pretium Ægyptiis dedit, quando Hebræos de manibus eorum, sanguine mystici agni, liberare dignatus est (*Exod.* XII, 13). Atque hic considerandum esse putamus cui iste agnus in redemptionem populi Dei immolatus esset, Domino Deo misericordissimo, vel Pharaoni regi impiissimo? vel quos sanguis illius superliminaribus illitus defendisset ab angelo percutiente (*Ibid., vers.* 23)? Nunquid carcer propriam habet in puniendos per se potestatem? aut aliquis carceri dat pretium redimendi vinctos ex eo? aut gladio ultori scelerum munera non nocendi occidit [*Cod. Vat.*, munera non occidit;

(Apud Froben. epist. 126.)

___

b Laborat sensus.

forte leg.], non nocenti munera accidunt], et non magis judici, qui habet potestatem ligare vel solvere, occidere et vivificare? Si igitur propter nomen redemptionis, quod sancta solet Scriptura sæpius pro nostra ponere liberatione, vult ille sapiens, necessariam esse in salute nostra venditionem, atque emptionem cum morte dicere, ubi prior emptio esset, ut ex ea priore secunda reemptio (ut ille interpretatur) juste dici valeat? (Quod vero dicimus recreatio, vel reformatio, ideo dicimus quia fuit prima creatio et formatio, quando homines creati sunt atque formati.) Nullatenus ita intelligi potest redemptio, quasi quædam esset emptio ante : nec etiam hoc, quod dicitur redemptio, ad emptionem tantum pertinet, quantum ad liberationem, sicut superius ostendimus; quod et ipsius Domini verbis probari potest, ubi ait : *Filius hominis non venit ministrari, sed ministrare, et dare animam suam redemptionem pro multis (Matth. xx, 28).* Quis audet dicere animam illam sanctam, immaculatam, segregatam ab omni peccato, morti datam esse? Magis videamus cui hæc in redemptionem nostram daretur. Refert beatus Lucas evangelista Deum Jesum in cruce clamasse : *Pater, in manus tuas commendo spiritum meum; et hæc dicens exspiravit (Luc. xxiii, 46).* Spiritus et anima diversa sunt nomina ; sed his testimoniis Domini una esse res agnoscitur. Non igitur aliqua necessitate coactus, sed propria voluntate, tradidit, dum voluit, spiritum. Sive animam sive spiritum dicamus : Patri commendavit, et tradidit in redemptionem nostram, sicut ante prædixit, ubi ait : *Potestatem habeo ponendi animam meam, et potestatem habeo iterum sumendi eam (Joan.* x, 18). Animam vero suam Christus pro nobis posuit, et quando voluit, posuit ; et quando posuit, Patri 188 commendavit ; et iterum, quando voluit, sumpsit eam. Ponere ergo animam, mori est. Caro posuit animam, et caro iterum sumpsit eam potestate inhabitantis Verbi Dei in eo. Quod hic dicit: *Potestatem habeo ponendi animam meam;* ibi [Edit., ubi] dictum est : *Inclinato capite tradidit spiritum (Joan.* xix, 30). Qui spiritus anima est, quam posuit Christus dum voluit. In se enim potestas erat, non in morte, quando poneret animam, quando iterum sumeret eam. Quid vero in Redemptore nostro mors potestatis habuit, dum omnia propria voluntate perfecit, quæ nostræ salutis causa communi cum patria [F., Patre] voluntate, gerere disposuit? Igitur de dormientis Adam latere Eva, quæ interpretatur vita, formata est (*Gen.* ii, 21); sic de Christi latere dormientis in cruce prolatum est Ecclesiæ pretium. Unde et ipse per Prophetam : *Ego dormivi,* inquit, *et somnum cepi, et resurrexi, quoniam Dominus suscepit me (Psal.* iii, 6). Nisi forte quislibet audeat dicere quod sanguis Christi, qui effusus est lancea militis in terram (*Joan.* xix, 34), morte [F., morti] remansisset quasi pretium. Audiat quid beatus Augustinus in libro iv pulcherrimi operis de sancta Trinitate (*Cap.* 5) sentiat. Dicit enim post congruam de morte Christi disputationem : « Et unus ex discipulis, etiam cicatrices ejus contrectans, exclamavit dicens : *Dominus meus et Deus meus (Joan.* xx, 28). Et cum illius carnis tota integritas appareret, demonstratum est in ea, quod suos exhortans dixerat : *Capillus capitis vestri non peribit (Luc.* xxi, 18). Verum si capilli sanctorum non peribunt, quanto magis nec sanguis Christi? » Similiter beatus Fulgentius (*Lib.* iii *ad Trasimundum regem, cap.* 34) de tota humanitate corporis Christi ascendentis in cœlum testimonium tale in libro de fide Christiana proferens : « Postea, inquit, quam posuit animam, et resumpsisset secundum totam humanitatem suam, in cœlum ascendit, et in dextera Dei sedisset [sedet]. » Redemit enim nos diversas sustinens injurias et passiones, vincula passus, alapis cæsus, flagellis verberatus est. Redemit utique sanguine passionem. Ad postremum redemit nos, miracula resurrectionis ostendens, sicut dixit Apostolus cuncta complectens : *Magno pretio redempti estis (I Cor.* vi, 20). Quis vero illud accepisset tam potens pretium, audiamus quid Cassiodorus eximius interpres Psalmorum dixisset de eo versu : *Redemptionem misit Dominus populo suo (Psal.* cx, 9). « Convenienter enim, ait, dicitur, *Redemptionem misit,* quoniam hoc videbantur indigere captivi. Sed tale pretium fuit, quod non tyrannus sumeret, sed ille qui absolvebatur acciperet. Lucratus est captivus redemptionem suam, et ipse magis inde ditatus, qui tenebatur obnoxius, et tyrannus damnatus, qui tenebat eum. » Sed quærendum est diligentius atque merito intuitu inspiciendum, an justius dicatur mortem a Salvatore nostro suscepisse pretium, an ipsam mortem pretium esse redemptionis nostræ. Audiamus quid beatus Augustinus inde dicat [*Cod. Vat.,* indicat] in libro quarto de sancta Trinitate (*Cap.* 12, *in fine*), ubi plurima disputabat de pœnali et justissima miseriæ nostræ, et non debita Domini nostri Jesu Christi morte. « Ad mortem, inquit, per peccatum venimus, et ille per justitiam. Et ideo cum sit mors nostra pœna peccati, mors illius facta est hostia pro peccatis. » Similiter alio capitulo ejusdem libri de morte Christi ita dicit (*Cap.* 13, *n.* 17) : « Neque enim cujusquam jure potestatis exutus est carnaliter [*Leg.,* carne], sed ipse se exuit. Nam qui posset non mori si nollet, (procul dubio] quia voluit, mortuus est. Et ideo principatus et potestates exemplavit fiducialiter triumphans eas in semetipso. Morte sua quippe uno verissimo sacrificio pro nobis oblato ; » et cætera quæ mirabiliter prosequitur de eadem re. Item post pauca, in eo capitulo, cui talem proposuit [titulum] : *De sacrificio perfecto et vero quod ipse pro nobis Salvator effectus est,* lucidissime ostendit qui esset sacerdos et quod sacrificium, pro quibus, vel a quo oblatum esset. Ait enim (*August., loc. cit., cap.* 14) : « Quis ergo tam justus et sanctus sacerdos quam unicus Dei Filius, qui non opus haberet per sacrificium sua purgare peccata, nec originalia, nec ex humana vita quæ adduntur? Et quid tam congruenter ab hominibus sumeretur, quod pro eis offerretur, quam humana caro? Et quid tam aptum immolationi, quam caro mortalis?» Et paulo post: «Quid tam grate offerri et suscipi possit, quam caro sacrificii nostri corpus effectum sacerdotis nostri; ut quoniam quatuor considerantur in omni sacrificio, cui offeratur, a quo offeratur, quid offeratur, pro quibus offeratur, idem ipse unus verusque mediator per sacrificium pacis reconcilians nos Deo unum [*Cod. Vat.*, unicum] cum illo foret, cui offerebat, unum in se faceret, pro quibus offerebat, unus ipse esset, qui offerebat et quod offerebat.» Nonne perspicuum est his **189** verbis beati Augustini bene intellectis, cui hoc sacrificium obtulit? Nisi forte quis audeat dicere, aliud esse sacrificium quod Deo Patri oblatum est, aliud pretium quo redempti sumus. In omnibus injuriis, opprobriis ac passionibus, quas unicus Dei Filius sustinuit pro nobis, quid gestum est, nisi oblatio pro peccatis nostris, nisi pretium redemptionis nostræ? Et superfluum videtur quærere quis hanc oblationem vel hoc pretium accepisset, dum beatus Paulus in tertium raptus cœlum tale de eo, qui est sacerdos et hostia, pretium et oblatio, proferre testimonium non timuit, *qui semetipsum*, dicens, *pro nobis obtulit sacrificium Deo in odorem suavitatis* (*Ephes.* v, 2). Et quod vita venerit ad mortem testatur idem Augustinus in quinquagesimi octavi psalmi tractatu (*Serm.* 2, n. 4) : «Quid autem fecerunt, inquit, in Christo? Non vitam, sed mortem occiderunt. Exstincta quippe morte, vita resurrexit.» Ipse vero Salvator noster, in quantum medicina est et salus, nobis datus est, sicut dicitur a propheta : *Filius datus est nobis, et factus est principatus ejus super humerum ejus* (*Isai.* ix, 6). Scilicet Isaac crucem portavit in humeris ad immolationem sui. Idem sacerdos et sacrificium Deo Patri a semetipso oblatus pro salute nostra in odorem suavitatis. De quo Propheta Dominum jurasse dicit : *Tu es sacerdos in æternum secundum ordinem Melchisedech* (*Psal.* cix, 4). Quod testimonium beatus Cyprianus doctor egregius et martyr gloriosus ita intelligi voluit (*Epist.* 63) : «Nam quis magis, inquit, sacerdos Dei summi quam Dominus noster Jesus Christus, qui sacrificium Deo Patri obtulit, et obtulit hoc idem quod Melchisedech obtulerat, id est panem et vinum, [suum] scilicet corpus et sanguinem.» Pro nobis obtulit, ut nos eo redimeret sacrificio. Utrumque, et pro nobis obtulit hoc sacrificium, et nobis dedit in memoriale sempiternum, sicut in Evangelio legitur : *Et accepto pane*, inquit evangelista, *gratias egit et fregit, et dedit eis dicens : Hoc est corpus meum quod pro vobis datur. Hoc facite in meam commemorationem. Similiter et calicem postquam cœnavit dicens : Hic est calix Novi Testamenti in sanguine meo, quod pro vobis fundetur* (*Luc.* xxii, 19, 20). Idem itaque victor et victima, et ideo victor quia victima. Idem itaque sacerdos et sacrificium, et ideo sacerdos quia sacrificium. In ea quippe natura sacerdos, quia sacrificium, *excelsior cœlis factus, semper vivus interpellasse* (*Hebr.* vii,

25, 26) pro suis. Idem ipse potens cum Deo Patre et Spiritu sancto vitam credentibus in se. Idem Deo et vivo unigenitus Dei Filius Dominus noster Jesus Christus, cujus laus et gloria in sæcula sempiterna.

In Patris et Nati, Paracliti et nomine magno
Sit tibi prosperitas, gloria, vita, salus.
O mi dulcis amor David, in secla valeto.
Sit laus, lux, virtus, Christus ubique tibi.

Fortassis Atheniensis sophista ex academica schola hujusmodi protulit quæstionem; cum quo Platonicis paulisper liceat argumentis verba conserere. Porro beatum Paulum legimus cum stoicis disputare, ut eorum eos disciplinis ab errore in viam veritatis transduceret. Nam et populus Dei, redimendus a servitute durissima, Ægyptiacis ditatus divitiis, ducem a Deo directum secutus, ex quibus in tabernaculi ædificationem plurima Deo dona obtulit. Cur non tam præclaris eruditus exemplis dialecticos illi quæstionario proponimus syllogismos, ut suorum sauciatus armis in catholici exercitus libens castra recurrat. Dic, rogo, dic, doctor prudentissime! utrumne mors sit substantia? Quatenus videamus, si dignè dici debeat tantum eam suscepisse præmium [*Cod. Vat.*, suscepit pretium]. Igitur si mors substantia est, creatura Dei est, quia nulla est substantia, nisi aut ipse sit, aut a se creata. Si vero a Deo creata mors est, inter opera sex dierum eam esse creatam nemini dubitare licet ; quia ipse creator, ut sancta refert historia, sexto die consummavit opera sua et in septimo requievit ab omnibus operibus suis (*Gen.* ii, 2). Si igitur inter illos sex dies mors creata esse non invenitur, utique creatura non est. Et si creatura non est, ergo nec aliquid substantia. Nec plane, quidquid nomine mortis significari videtur, prius fuit quam homo peccasset. Quæ est originalis peccati pœna, inter originales creaturas candita? Atque ideo nec recte creatura dici posse probatur. Si vero **190** hac dialectica præfatus magister ratione credendum non æstimet, mortem non esse creatam, Dei vel sanctæ Scripturæ testimonio credat, quæ dicit, ut legitur : *Dominus mortem non fecit* (*Sap.* i, 13). Igitur si Dominus eam non fecit, utique, ut diximus, nec creatura est. Nec aliud videtur esse mortem, nisi absentiam. Quia ubi vita a juventute [*F.*, vivente] recedet, ibi erit illud quod mors dicitur; sicut tenebræ nil aliud sunt, nisi absentia lucis. At si mors creatura non est, ut vere divinarum testimonio litterarum, vel argumentorum rationabili necessitate probatum est, quomodo accipere potuit pretium omnibus creaturis excellentius. Quidquid in Domini Salvatoris nostri passione diabolica invidia vel Judaica perfidia gestum esse legitur, hoc totum fuit divinæ pietatis dispensatio, usus eorum malitia in se [*F.*, suæ] bonitatis effectum nostræque salutis profectum. At quidquid diabolus per eorum carnificas manus suis [*F.*, juris] gessisse putavit, hoc totum illius qui passus est, voluntaria fuit permissio, vel dispositio, non mortalis dominatio necessitatis.

Et mirum, quomodo morti dare pretium putaretur, qui morti nihil debuit? nec mors, sicut dictum est, substantia est, ut tale pretium jure exposcere potuisset.

a EPISTOLA CLXVI.
SEU CAPITULARE ADMONITIONIS AD EUMDEM CAROLUM.
Capitula quæ tali convenit in tempore memorari.

I. *Testamentum in mortuis confirmatur*, Apostolo protestante (*Hebr.* ix, 17). Ideoque post obitum testatoris omnimodam firmitatem obtinuit. Quod etiam ante mortem consensus omnium confirmavit. Non itaque postea valet infringi quod ántea nullo modo potuit improbari.

II. Quicunque testatori reperitur ingratus, insuper et contumeliosus existat, ipse sibi testis est quia testamento dignus non est. Verbi causa: Chanaan patris inexhonoratio servum constituit; Esau propter intemperantiam primogenita perdidit; Ruben junioribus fratribus contumelia paterna postposuit. Ad postremum quoque: *Qui maledixerit patri* (*Exod.* xxi, 17; *Lev.* xx, 9), et reliqua.

III. Benedictiones patrum in filio, hæreditare genuinum est. Contra leges autem naturæ pugnant, qui parentibus inobedientiam seu contumaciam parant. Legitimus igitur hæres erit, qui præfixos ordines erga parentes tenuerit.

IV. Aliud est indebite clementer admitti, aliud ex debito competenter ascribi. Nec possunt ex debito repeti, quæ prorsus indebite concessum est adipisci. Diversitas siquidem meritorum diversitates exigit præmiorum.

V. Quod optime natus, et hæreditatem legitime consecutus, neque legis antiquæ seu novæ contemptor inventus, nec adversus patrem saucius, neque contra populum vulneratus, magnam debeat hæreditandi gerere, Domino miserante, fiduciam.

VI. Fracto capite subjecta quæque languere perspicuum est, cum de firmitate capitis totius proveniat incolumitas corporis; nec possunt ea sanitate membra subdita gloriari, quam constat in capite non haberi.

VII. Hic si veritas quæritur, non est incognita; si ratio, non est ambigua; si auctoritas, non est incerta. Quoniam et auctoritas supereminet, et ratio patet, et veritas abscondi non potest.

VIII. Tripartita distributione videntur ista omnia includi, consulentium scilicet, ac nocentium, et eorum qui sic inter utrosque semper ambigui sunt, ut quos obtinere perspexerint, eis se continuo sociant. Sunt ergo consulentes utiliter adjuvandi, resistentes autem viriliter obviandi; dubii vero vel rationaliter attrahendi, vel circumspecte dissimulandi; cunctisque monstrandum, nec auctoritatem posse corrumpi, nec rationem vinci, nec veritatem penitus superari.

IX. Populus juxta sanctiones divinas ducendus est, non sequendus; et ad testimonium personæ magis eliguntur honestæ. Nec audiendi qui solent dicere: *Vox populi, vox Dei.* Cum tumultuositas vulgi semper insaniæ proxima sit.

X. Vulgare proverbium est: De duro superatur aliquid, de molli vero remanet nihil. Debet tamen et sapientia ministrare constantiam, et constantia perficere sapientiam, ut sit constantia sapiens, et sapientia constans.

XI. Sic exercenda est prædicatio pacis, ne sub nomine pietatis inducatur assertio falsitatis. Nam sicut pacem rumpere pessimum est, ita veritatem negare blasphemum. Multum sibi denique concinunt verax unitas et pacifica veritas.

XII. Hæc et ejusmodi, reor, inculcanda simplicibus; eo quod ignorantia veritatis cogat errare quamplurimos. Porro veritate manifestata contrarii confundentur, amici solidabuntur, universi vero pariter excusatione carebunt.

Ista, supplico, dignanter ac diligenter inspicite. Vestræ siquidem fidelitatis immensitas parvitatem meam reddit impatientem pro vobis, facit etiam supra vires audentem. Enim vero fidem non perdit, nisi qui nunquam habuit. In cujus manu sunt reges et jura regnorum, ipse coronas vestras multiplicet, tueatur, obumbret.

b EPISTOLA CLXVII.
AD PETRUM ARCHIEPISCOPUM.
Commendat se paternis affectibus et sacris orationibus.

Dilectissimo in Christo Patri c Petro archiepiscopo, Albinus æternæ beatitudinis salutem.

Memor dulcissimæ humilitatis et dilectionis vestræ, ingemisco absentiam illius, cujus charitatis flamma in corde ardescit filii. Quanta est hujus sæculi infelicitas, quæ tam charos disjungit amicos, quæ filium separat a patre. O si pennas aquilæ haberem, ut altitudines Alpium velocior Euro transvolare valuissem! quam cito ante paternos stetissem pedes, ut refrigerarem ex paterna visione pectoris mei ardorem. Sed quia hoc fieri non valet, induamur nos duplicis charitatis pennis: simus in Christo semper præsentes, qui sumus in sæculo absentes. Quid est charitas, nisi unitas animorum, dicente ipsa Veritate, dum pro suis oraret ad Patrem: *Pater, con-*

---

a Hoc capitulare idem cl. Baluzius loc. cit. pag. 375 sub nomine Alcuini edidit. Quod cum ad Carolum Magnum similiter directum sit, epistolæ priori ex eodem codice descriptæ subjungere placuit; eo quod inter alia Alcuini opuscula congruentem locum habere vix possit. Est vero, ut autumo, hoc capitulare responsio ad puncta quædam ab imperatore consultationis causa proposita; hæc fortassis magis præcisa fuere; responsio vero est generalis. (Apud Froben. epist. 127.)

b Edit. Quercet. 59, Canis. 34. (Froben. 128.)

c *Petro archiepiscopo*. Mediolanensi, ad quem sequentem scripsit epistolam. Rexit Ecclesiam Mediolanensem ab anno 785 usque ad annum 804; quo ad superos abiit. COINT. et UGHELL. — Exstat hujus Petri, qui et Oldradus dictus est, epistola elegantissima ad Carolum Magnum de translatione sancti Augustini Papiam anno 725 facta. CANISIUS. — Nihil in hac epistola reperitur quo Angilbertus Romam pergens commendetur huic archiepiscopo, quod tamen Mabill. asseruit lib. xxvi Annal. Ben., pag. 318.

serva eos in nomine tuo, quos dedisti mihi, ut sint unum, sicut et nos unum sumus (Joan. XVII, 11)? Ego vero filius tuus obsecro te per ejus misericordiam, qui hæc dixit, ut in sanctissimo paternæ memoriæ thesauro filii tui Alcuini nomen habeas reconditum, et inter dignissimas Deo oblationes orationum tuarum, vel semel, ore proferas.

Quanta tibi, Pater optime ! apud pietatis remuneratorem Dominum Christum remanet merces, si me peccatorum ponderibus prægravatum ab iniquitatis **192** oneribus paternæ misericordiæ precibus sublevare coneris. Fateor me tantæ auctoritatis degenerem esse filium; tamen junioris filii qui a patre in longinquam recessit regionem, roboratus exemplo audeo dicere : *Pater peccavi in cœlum et coram te ; ideo non sum dignus vocari filius tuus* (*Luc.* XV, 21). Ei te credo paternæ memorem pietatis, lætis revertenti occurrisse amplexibus : prudentiam quoque tuam recordari beatissimi Job pro filiis dilectionis [*Al.*, devotionis], qui quotidie pro illorum prosperitate Deo sacrificia offerre studuit (*Job.* I, 5), valde desiderans, quos sæculo genuit Deo enutrire. Ideo in omnibus tentationibus, *tanquam aurum in fornace probatus* inventus est (*Sap.* III, 6). Laus enim patris in salute exstat filiorum, et merces pastoris in multiplicatione gregis accrescit. Nam et ipse princeps pastorum post resurrectionis gloriam beato Petro, ob confessionis trinæ in suo amore soliditatem, pascendas oves, quas pio redemit sanguine, commendavit (*Joann.* XXI).

Tuum est, Pater sancte, absentes precibus adjuvare, præsentes verbis erudire, exemplis confortare, ut paterna pietas et pastoralis devotio omnibus prosit in salutem. *Patres igitur filiis thesaurizare solent* (*II Cor.* XIII, 14) ; tu vero beatitudinis thesauros tuis relinque nepotibus, ut per longas ecclesiasticæ eruditionis series cœlestis regni gloria tibi semper augeatur. Opto, si fieri valeat, quatenus me tuæ paternitatis litteris reficias, ut aviditatis meæ oculis legam, quod auribus audire voluissem, si forte fieri potuisset [*Al.*, valuisset]. Concessum est enim humano generi pectoris arcana chartis mandare, et litteris innotescere tacentibus quod lingua non valet loquente. Nam et beatus Paulus apostolus absentes filios piis admonitionibus [*Al.*, pietate admonitionis] sæpius erudire solebat, ut quotidiana litterarum lectio æternam patris præceptorum, mentibus filio-

rum infigeret memoriam. Sanctitatis vestræ auctoritatem divina pietas ad exaltationem et gaudium sanctæ suæ Ecclesiæ longæva prosperitate custodire dignetur, Pater dilectissime !

a EPISTOLA CLXVIII.
AD PETRUM ARCHIEPISCOPUM.
(Anno incerto.)

Gratitudinem suam significat ob paternam benevolentiam ; Liudgardam commendat, a qua ei dona mittuntur.

Sanctissimo Patri Petro archiepiscopo humilis tuæ charitatis Albinus filius salutem.

Dulce mihi est sæpius tuæ scribere reverentiæ, Pater optime, si portitorum fides et opportunitas adfuisset; tamen si charta non currat, charitas non dormitat, sed suaviter vigilat, et salubriter memorat paternitatis vestræ pietatem, qua me, licet minus dignum, in filii dignitatem suscepisti, familiaritate fovisti, admonitione roborasti ; quæ omnia pius cunctorum remunerator bonorum æterna sibi mercede retribuere dignetur.

b Liudgarda vero femina religiosa, Deo fidelis et regi, scutellam argenteam et unum c storacem in elymosinam sui vestræ sanctitati direxit, ut videatur dividendum, secundum voluntatem Dei : et quia ego filius tuus mediator in hac legatione sum, obsecro ut eam in filiæ dilectionem suscipere digneris; habet enim voluntatem bonam prodesse servis Domini et sanctæ suæ Ecclesiæ. Quapropter diligentius deprecamini pro salute et prosperitate illius, ut divina illam gratia longæva custodiat sospitate.

d EPISTOLA CLXIX.
AD PONTIFICEM RIGBODUM TREVIRENSIS CIVITATIS COGNOMENTO MACHARIUM.

Conqueritur de absentia amici, et intermisso commercio epistolico. Reprehendit in eo nimium amorem Maronis.

Pio Patri et amico charissimo e Machario monacho et pontifici, Flaccus [*Cod. Sal.*, Filius] Albinus in charitate Christi salutem.

Quod Deus conjunxit, sæculum non separet [*Can.*, separat]. Ecce qui *venit ignem mittere* (*Matth.* XIX, 6) in corda suorum, ille faciat ardere quod incendit : nec flumina infidelitatis obruent ignem, qui in altari Dei die noctuque ardere præcipitur : nec alienum quislibet audeat ignem ponere in tabernaculum spirituale, ne occidatur ab eo qui suum semper ardere jussit (*Luc.* XII, 49). Quis est ignis Dei, nisi charitas

---

a Froben. epist. 196.
b *Liudgarda.* Regis Caroli conjux, cujus in aliis quoque epistolis sæpius meminit.
c *Storacem.* Pallium puto storacium, quale ipsemet Alcuinus Fuldensibus fratribus misit ad tegendum corpus sancti Bonifacii, de quo vid. not. ad epist. 142.
d Edit. Quercet. 34, Canis. 18; collata cum codd. mss. (Apud Froben. epist. 129.)
e *Machario.* Hoc cognomen fui Richbodi Treverensis episcopi, ut ex titulo hujus epistolæ, quem ad aliam epistolam, quæ intercidisset, pertinere perperam Canisius credidit, colligitur. Ita enim ibi sonat : *Ad pontificem Ricbodum Treverensis civitatis,* etc. Idem deinde in inscriptione vocatur *Macharius.*

Canisium fefellit titulus, in codice quo usus est depravatus, qui talis erat : *Ad pontificem Richbodum Treverensis civitatis et conventum,* cujus vocis loco legendum fuit : *Cognomento Macharium,* ut apud Quercetanum. Porro Richbodus antea monachus et abbas Mediolacensis (an Laurisheimensis?) anno 791, ad episcopatum Trevirensem promotus fuit, ut habet cod. ms. synchronus cœnobii S. Maximini apud Hontheim Hist. Trevir. tom. I, pag. 63. Alcuino igitur præceptore usus est, quando is primo in Franciam venit. Is etiam est cui Alcuinus libellum Felicis Urgellitani ad refutandum tradi voluit. Obiit Richbodus anno 804, ut habent ejus temporis Annalistæ Loisellianus, Fuldensis et alii. Vid. Mabill., lib. XXV, Annal., n. 44, etc.

(*Cant.* VIII, 7)? Et quis alienus, nisi amor sæculi? Ideo duo servati sunt ex filiis Aaron propter duo præcepta charitatis; et duo perierunt propter sæculi amorem et amatorem illius (*Levit.* x, 1, 2). *Optimam partem elegit sibi Maria, quæ non auferetur ab ea* (*Luc.* x, 42). Amemus quod non auferetur [*Cod. Sal.*, aufertur], fugiamus quod auferri potest. Impium est, diligentem non diligere, et retribuenti non retribuere. Quid retribuit nobis Deus? Retribuit nobis pro malis nostris bona sua : **193** retribuamus ei pro bonis suis bona nostra. Quæ sunt bona nostra, nisi ut diligamus eum, et mandata ejus observemus? quæ sunt mandata illius, nisi ut diligamus invicem? *In his duobus præceptis tota lex pendet et prophetæ* (*Matth.* XXII, 40).

Cur ista tam longo repetita principio, nisi ut scias ardorem cordis mei? Pene mihi melius esset, te pauperem habere præsentem, quam divitem absentem. Quid mihi divitiæ, si non habeo quem amo; si non considero quem desidero? tua potentia mihi est miseria. Ubi est dulcissimum inter nos colloquium? Ubi sacrarum litterarum studium desiderabile? Ubi læta facies, quam conspicere solebam? Ubi communio charitatis, quam fraternus amor hinc inde exercuit? Ubi saltem memoria nominis nostri? Ecce totus præteriit annus, quo nec litterarum consolatio oculis advenit, nec salutationis officium auribus insonuit. Quid peccavit pater, ut a filio obliviscereṭur? Quid magister, ut discipulus neglexerit eum? Forte exaltatio sæculi dedignata est nomen magistri in illo? Aut peregrinatio mea viluit in oculis tuis? Aut amor Maronis tulit memoriam mei? O si mihi nomen esset Virgilius! tunc semper ante oculos luderem tuos, et mea dicta tota pertractares [*Can.*, perscrutareris] intentione, et juxta proverbium illius essem apud te

Tunc felix nimium, quo non felicior ullus.

Quid faciam? An meam doleo infelicitatem, quia non sum quem diligis? An tuam laudo sapientiam, quia diligis illum, qui non est? Flaccus [*Canis.*, filius] recessit, Virgilius accessit, et in loco [*Can.*, locum] magistri nidificat Maro? Hoc dolens dictavi, vel propter oblivionem mei, vel propter absentiam tui, paululum ferociori pumice chartam terens, ut vel iratus aliquid rescriberes : quia bos lassus [*Can.*, læsus] fortius figit ungulam. Incipe vel defendere te,

a Edit. Quercet. 40, Canis. 19; collata cum cod. ms. Salisb. Vid. epist. priorem. (Apud Froben. epist. 130.)
b Cod. Sal., *Dilecto Patri salutem*, omissis reliquis.
c Froben. epist. 197.
d Hanc inscriptionem habet ipse codex Harleianus, cui omnino similis est illa epistolæ 167 ubi videas quæ de Ricbodo adnotavimus.
e *Patriarchæ.* Hunc nominis honorem Alcuinus etiam tribuit Arnoni archiepiscopo Salisburgensi in carmine quod epistolæ, qua eidem inscripsit commentarium in Psalmos Pœnitentiales, subjungit, in ultimo versiculo :

Te ducente pater, Pastor, patriarcha sacerdos.

vel me offendere, ut intelligam studium, in quo otium istius anni exercuisti; et quo thesauro cor impleris tuum, pande nobis, ut tecum gaudeamus in bono tuo. Utinam Evangelia quatuor, non Æneades duodecim, pectus compleant tuum, ut ea te vehat [*Edit.*, et te avehat] quadriga ad cœlestis regni palatium, ubi est honor indeficiens et regnum sempiternum, ubi pro me intercedere, credo, memor eris; quia te, ut illuc venires, exhortari gaudebam.

a EPISTOLA CLXX.
AD RIGBODUM EPISCOPUM QUI ET MACHARIUS.
Dolet de amici absentia.

Dilecto Patri Macharío, humilis levita Albinus salutem b.

Charitatis dulcedinem litterarum officia implere non possunt, tamen qualecunque [*Cod. Sal.*, aliquod] lumen illius ostendere nituntur. Sicut digito præsens homo ostenditur, ita litteris absentis charitas demonstratur. Fateor, meæ mentis dilectio tui tædet absentiam : essetque aliquod amoris refrigerium, si vel **194** tui cordis affectum per alterius [*Cod. Sal.*, altius] audirem os; vel cum litteras legerem, quem ardentius cuperem, intelligerem. Non disjungat sæculum quos Christi charitas conjunxit. Et veniat per eum optata dies videndi [*Canis.*, vivendi], qui omnes dies creavit ad videndum. Multa tecum habuissem [utilia] conferre, si tuæ collocutionis [*Cod. Sal.*, conlationis] familiaritate uti valuissem. Veniet tempus, dum vult ille qui disponit omnia tempora, [ut te] cum omni charitatis dulcedine [videre valeam]. Valeas fili, frater et amice.

c EPISTOLA CLXXI.
d AD RICBODUM ARCHIEPISCOPUM COGNOMENTO MACHARIUM.
(Anno incerto.)
Queritur de intermisso commercio litterarum. Ad horam expetit quædam scripta sancti Leonis et Ven. Bedæ. Ad sanctum Martinum invitat.

Macharío e patriarchæ Albinus salutem.

Quid proficiunt sapientia abscondita vel thesaurus invisus (*Eccli.* xx, 32), vel charitas muta? Num ignis in silice, nisi excutiatur, flammifacit? Quare tua, frater charissime, charitas taciturnitate obmutescit? Cur non movebis linguam ad dictandum, manum ad scribendum? Quid talentum humo obruis? Quare admonitoria non currit chartula? Legat quid desiderat; consideret quid faciat. f Timeo ne *mus l cnse*

Idem vero titulus nonnunquam tribuitur a privatis scriptoribus primarum sedium archiepiscopis, maxime illis qui primatum quemdam in alios episcopos, seu ipsos etiam archiepiscopos exercebant; qua prærogativa præprimis antiquitus fulgebant episcopi Trevirenses in tota Gallia et utraque Germania : Et sanctus Hildulfus in recensu privilegii, monasterio S. Deodati concessi (apud Surium die 19 Junii) vocatur « sanctæ compassionis vir, archiepiscopus, imo patriarcha. » Vid. Prodromum Hist. Trevirensis. De disciplina et doctr. Eccles. Trev. sub Romanis § 6, pag. 132, § 7, pag. 135, 136, et de eadem sub Francis § 5, pag. 313.
f *Mus l cnse bacha.* Vox fortassis theodisca designans aliquem minorem fluvium Germ. BACH. — Sic in ms. in quo vox *mus* cruce superposita notatur.

bacha litteræ submersæ sint : tamen si tua taceat mihi fistula, aliis obsecro resonet, ut excitentur dormientes, et sanentur languentes, et aures surdorum audiant, et claudi viam disciplinæ currere certent, ut fiat merces [*Ms.*, mirus] monstranti viam veritatis. Scriptum est, qui audiat, dicat verum.

Vocatus fui, sed infirmitas præpedivit iter meum. Vos loquimini quæ Deo placeant, et ad sanam pertineant doctrinam. Omeliam sancti Leonis, et Tractatum beati Bedæ in Tobia deprecor ut ad horam præstes nobis. Sed ut video porrectam habes manum ad accipiendum, et collectam ad dandum. Iter vero quod restat viæ nostræ, deprecor, sanctis orationibus vestris adjuvate, ut ad portam perpetuæ civitatis pervenire merear.

Si veniens veneris, excipiet te dextera Dei Patris, et si juvaverit [*Forte*, sic juvabit] te intercessio sancti Martini. Florentem te in omni bono, et proficientem in sancto sapientiæ studio divina comitetur et provehat gratia, dilectissime frater!

a EPISTOLA CLXXII.
AD EUMDEM.
(Anno incerto.)

Dolet de absentia, et gaudium significat ob nuntium restitutæ Macharii sanitatis.

Sanctissimo nobisque cum summo honore nominando Patri Machario humilis levita Albinus salutem.

Ex quo vestra mihi innotuit charitas, familiari quadam flamma in corde meo efficacius hæc eadem ardebat, ita ut mens mea respondebat mihi : charitate vulnerata sum ego : sed nunc quodam modo amarum est, quod olim dulciter sapuit in pectore meo. Nam longa absentia dulcissimi vultus vestri torquet animi mei secretum, et collocutio sapientiæ vestræ suavissima meam fatigat memoriam, non audiens desideratissimum oris vestri eloquium, et suavissimam cordis fraternitatem, quæ spirare solebat in auribus meis verba salutiferæ collocutionis, memor illius commatici elogii : Quid dulcius est quam habere amicum, cum quo possis omnia loqui, sicut tecum ? Sed recedant querimoniæ, ubi emendationis efficacia fieri non æstimatur; patienter supportetur, quod humanæ necessitatis fragilitas cogit sufferri, et fiat mentium dulcis præsentia, ubi est facierum tristis absentia, et volet sæpius charta charitatis alis pennata, implens officium linguæ, pandens fraterni amoris secretum, et paterni affectus filio demonstratura dulcedinem, ne longa taciturnitas oblivionis rubigine maculetur.

Dum semper cupidus vestram audire prosperitatem, advenientesque sæpius interrogans, quid de meo mihi nuntiarent Machario, subito præ tristi

---
a Froben. epist. 198.
b Edit. Quercet. 67, Canis. 39. (Froben. 131.)
c *Joseppo.* Hic fuit discipulus Alcuini in schola Eboracensi; et abs dubio ipse est Josephus qui, hortante Alcuino Commentaria sancti Hieronymi in Isaiam prophetam compendio redegit; exstat hæc Josephi Epitome in cod. ms. S. Germani, num. 585. (Mabill., *Act. SS.* sæc. IV, part. I, pag. 188 et seq.)

---

fama prosternatus, infirmitatis vestræ totis dolens præcordiis spectavi [expectavi], quando mihi optata legatio sanitatis vestræ veniret; quando, qui erigit elisos, sanaret contritos corde, et verteretur tristitia mea in gaudium, quod nunquam utinam auferatur a corde meo, in quo semper vobis perpetuam opto prosperitatem et salutem : quam audiens a narrantibus, vobis redditam esse, magna me fateor lætitia affectatum esse, quia quod diu optabam, Deumque devotius deprecatus sum, audire merui.

At nunc, charissime fili, frater, pater, et amice, Deo gratias agamus assiduas pro omnibus bonis, quæ nobis largitus est, te sanitati restituens, et me gaudio perfundens. Facientes faciemus voluntatem illius, in quo solo salus est, et vita, indeficiensque felicitas. Hunc amemus, prædicemus et colamus, quia hæc est vita æterna. Igitur in carnali desiderio mundo vivere mors est, non vita. Sola tantummodo vera est vita, vivere Deo, sicut ipse de se ait : *Ego sum via, veritas, et vita* (Joan. XIV, 6) : via, per quam itur; veritas, ad quam pervenitur; vita, in qua statur. Feliciter vivas, fili, frater, pater et amice in æternum!

b EPISTOLA CLXXIII.
AD JOSEPPUM.

Condolet ob infirmitatem corporis, et excitat ad patientiam. Commendat se orationibus; hortatur ad renovationem domus Dei, etc.

Dilecto filio c Joseppo, Albinus salutem.

Doleo de dolore corporis tui, sed gaudeo de felicitate animæ tuæ. Quia *flagellat Deus omnem filium quem recipit* (Heb. XII, 6). Occidit et vivificat; *vulnerat et medetur* (Job. V, 18). Spes præmii solatium tibi sit laboris. Hi dolores cito finiuntur, præmia patientiæ nunquam. *Non sunt condignæ passiones hujus temporis ad superventuram gloriam, quæ revelabitur* in sanctis (Rom. VIII, 18). Quapropter cum gratiarum actione *immola Deo sacrificium laudis* (Psal. XLIX, 14). Non est hæc tribulatio pœnalis, sed propitiatio venialis. Aurum in fornace per ignem coquitur (Prov. XXVII, 21), ut purius exeat : sic anima corporali tribulatione, ut mundior procedat ad vitam. Disciplina Domini non debet cuiquam esse disciplina; sed hilariter accipiat quod pius medicus salubriter immittit. Inter flagella pietatis, orationes humilitatis ad Deum dirigantur, ut qui misericorditer castigat, clementer ignoscat, ut salus æterna patienti proveniat.

Nostri quoque memor sedulas pro nobis fundere preces non cessa, quatenus divina nobis provideat clementia perpetuæ conversationis prosperitatem. Adhuc dubio stamine pacis sub tegmine causa texitur, et dum plenum perficitur vestimentum, mox ad induendum vestræ dirigetur fraternitati.

Hujus Josephi Alcuinus etiam meminit in epistola 3, ad Colcum; et mortuum commendat Remigio episcopo Curiensi epistola sequente. Desideratur alia Alcuini epistola ad eumdem Josephum, olim in antiquissimis Cottonianæ Bibliothecæ codicibus servata, in qua, teste Usserio, scribit : « Sanus est magister vester Colcu et sani amici tui qui apud nos sunt. »

Valde placet quod domum Dei renovare coepisti: stude ut et istam perficias, et alteram, de qua præsens dixi, facias consecrari: ut pro duplici Dei honoris labore multiplicem merearis accipere mercedem. Vivas, vigeas et valeas feliciter, fili charissime!

195 a EPISTOLA CLXXIV.
AD REMIGIUM EPISCOPUM.

Commendat illi negotiatorem in Italiam proficiscentem: animam vero Joseppi illius orationibus.

Dulcissimo Patri b Remigio episcopo, Albinus humilis filius salutem.

Hunc nostrum negotiatorem, Italiæ mercimonia ferentem, his litteris tuæ paternitatis commendo protectioni, ut per vias vestræ patriæ tutus eat et redeat; et in montium claustris a nostris non teneatur teloneariis constrictus, sed per latitudinem charitatis latam habeat eundi et redeundi semitam. Jubeas, obsecro, orare pro anima c Joseppi discipuli mei. Floreas et proficias *de virtute in virtutem* (*Psal.* LXXXIII, 8), donec videas lætus et gaudens Deum tuum in Sion. Memorque sis mei, sanctissime Pater, obsecro.

d EPISTOLA CLXXV.
AD REMEDIUM EPISCOPUM.

Gratias pro charitatis muneribus agit: ad bonas actiones stimulat.

Venerando Patri e Remedio episcopo humili levita Alcuinus salutem.

Acceptis charitatis vestræ muneribus multum lætati sumus de prosperitate vestra, seu quod memoriam nostri habetis; sperans me misericordia divina participem esse per vestras sanctissimas orationes. Charitas vero inter amicos melior est auro, et fides inter absentes pretiosior est gemmis, ubi Deus tantummodo considerat et remunerat. Vos quod vestrum est, diligentissime exsequimini, et accepta Dominicæ pecuniæ talenta multiplicate, ut cum gaudio ante conspectum summi regis venire digni efficiamini, et vocem illam audire desiderabilem: *Euge serve bone, et fidelis, intra in gaudium Domini tui* (*Matth.* xxv, 21). Nunc tempus est laborandi, tunc quiescendi; nunc promerendi, tunc remunerandi. Fac ut sis, ut tibi veniat, quod vis. Dilige diligentem te, quatenus ad beatissimam illius sessionem pervenire merearis et dicere: *Sicut audivimus, ita et vidimus in civitate Dei nostri* (*Psal.* XLVII, 9), in qua est tota felicitas et nulla perturbatio, summa requies et sempiterna beatitudo. Vestram omnipotens Deus sanctitatem in omni bono florere faciat, venerande Pater!

f EPISTOLA CLXXVI.
AD REMEDIUM EPISCOPUM CURIENSEM.

(Anno incerto.)

Commendat se ob veterem amicitiam illius orationibus.

Desiderantissimo Patri Remedio episcopo Curiæ civitatis, humilis levita Alcuinus salutem.

Memor dilectionis vestræ et fœderatæ olim amicitiæ inter nos, has tuæ reverentiæ, optime frater, litterulas dirigere curavi, ob recordationem prioris pacti, quod inter nos pepigimus, obsecrans per summi regna tonantis, ut nostri nominis, juxta vestræ promissionis veritatem, in sacrosanctis orationibus memoriam habere digneris; etiam a servis Dei intercessiones pro me fieri jubeatis, qui sunt in monasteriis per vestræ diœcesis latitudinem. Nam ego plurimis hujus sæculi jaculis vulneratus diem trepido animo exspecto, quo duci ad judicium vocer ignorans, quid habeam respondere judici meo Jesu Christo, qui mihi tanta tribuit in hoc sæculo bona; et ego quasi his omnibus ingratus plurima feci, quæ non debui.

Tu vero, sanctissime Pater, secundum charitatem, quam habes in membra Christi, et fidem probatam in salvatorem nostrum, me assiduis orationibus adjuvare digneris, ut misericordem inveniam Dominum Deum meum. Te quoque ipsum, juxta sapientiam tibi a Deo datam, in omni bonitate præpara ad occursum illius, ut dignus habearis, cum multiplici laboris tui fructu, gaudens et gloriosus stare ante tribunal Christi, atque ex brevissimo hujus vitæ labore æternam, donante Deo, beatitudinem cum sanctis omnibus intrare merearis. Dominus Jesus, qui ait: *Per me si quis intraverit, salvabitur; ingredietur et egredietur* (*Joan.* x, 9), *custodiat introitum tuum et exitum tuum ex hoc nunc et usque in sæculum* (*Psal.* CXX, 8), sanctissime Pater.

h EPISTOLA CLXXVII.
AD EUMDEM.

Confidentiam suam significat in ejus orationibus, et ad bene obeundum episcopale officium hortatur, sub spe æternæ mercedis.

Beatissimo Patri Remedio episcopo humili levita Alcuinus salutem.

Acceptis amabiliter venerandæ dilectionis vestræ

---

a Edit. Quercet. 74 ex ms. (Apud Froben. epist. 132.)

b *Remigio episcopo.* Vixit tempore Alcuini Remigius, seu Remedius episcopus Argentoratensis, qui obiit anno 803; Mabill. Annal. lib. xxvii, num. 24. Eodem quoque tempore vixit Remigius seu Remedius alius episcopus Curiensis, cujus canones ecclesiasticos, ex epistolis pontificum Romanorum supposititiis ab Isidoro Mercatore sparsis collectos, edidit Goldastus Rer. Aleman. tom. I, part. 1, pag. 121. De hoc alitero Alcuinum intelligo. Curiensis enim, non Argentoratensis episcopus *in montium claustris* Mercatoribus Italiam petentibus auxilio esse potuit.

c *Joseppi.* Illius certe, ad quem est epistola præcedens.

d Edit. Quercet. 56. ex ms. (Apud Froben. epist. 133.)

e *Remedio episcopo.* Non dubito, quin idem sit ac Remigius Curiensis episcopus, de quo supra. Hæc enim nomina ejusdem personæ variant apud scriptores.

f Froben. epist. 200.

g *Remedio episcopo Curiæ.* Vide epistolas 174 et 175 ad eumdem, et notes velim *Remedium* illum *Decurio*, quem Alcuinus per Arnonem salutari voluit in epist. 118 hunc ipsum esse episcopum, et loco vocis *Decurio*, quam habet cod. ms. Sali b. legendum esse *de Curia*, seu Curiensem.

h Froben. epist. 201.

litteris, quæ me multo gaudio lætificaverunt, de prosperitate dignitatis vestræ, seu de recordatione nominis vestri, quóniam multum confido per Dei gratiam de intercessionibus sanctitatis vestræ ; et quanto me plus peccatorem agnosco, tanto magis me indigere sanctas orationes vestras novi. Non solum me aliquid veniæ mereri non dubito per vestræ charitatis continuas supplicationes, sed vosmetipsos magnam habere mercedem pro integritate sanctæ fidei congratulor; nam et promissionem verissimam ipsius Veritatis habemus, quæ ait: *Ubi sunt duo vel tres congregati in nomine meo ibi sum in medio eorum* (*Matth.* XVIII, 20). Congregatio nostra est in spiritu charitatis, non in corporis præsentia ; et cui omnia præsto sunt, non latet eum charitatis nostræ puritas, sine qua nil placet Deo, nec munus ad aram. Hanc ergo sequamur intimo cordis affectu, ut ad illum pervenire mereamur, qui est vera charitas, et indeficiens beatitudo, et beata æternitas : ut labor non sit inanis, sed ad perfectæ retributionis perveniat gloriam.

Ad hanc vicissitudinem sollicita litterarum tuarum dilectio meam segnitiem hortari nullatenus immemor esto, quatenus ad illam beatissimam visionem Domini nostri Jesu Christi pervenire mereamur, ubi est lumen æternum et quies perpetuæ pacis lætissima. Ad hujus beatitudinis pacem omnes ad te venientes, vel etiam pertinentes exemplis optimæ vitæ trahere non desistas; nec admonitionibus dulcissimis corda arentia irrigare segnis esto, ut culmen nominatæ dignitatis in te sublimitatem meritorum habeat in conspectu Dei.

Sint verba tua sale sapientiæ condita, ut de te verissime dicatur : *Ecce sacerdos magnus, qui in diebus suis placuit Deo*; qui multiplicatis dominicæ pecuniæ talentis Domino suo occurrere dignus habeatur, et audire vocem desiderabilem : *Euge serve bone et fidelis, intra in gaudium Domini Dei tui* (*Matth.* XXV, 21). Properat enim dies ultimus, et tacito pede fessa senectus ingreditur cubile nostrum ; stat ad ostium qui pulsat, si læto animo adventum ipsius suscipiamus. Dies sunt pauci laboris nostri, sed bene laborantem sequitur merces sine numero dierum, ejus ordinatione qui ordinat diem æternum secundum merita singulorum ; in cujus domo mansiones multæ sunt ; sed hæ omnes divitiis felicitatis et gloria beatitudinis sunt plenæ, ubi sancti post hujus vitæ sudorem æterna pace fruuntur, qui nostrum de supernis sedibus exspectant agonem, desiderantes ex nobis augeri numerum suum, quo tu properans, beatissime Pater, meque precibus tecum rapere, secundum fidelissimas promissiones tuas, satage ut corona gloriæ tuæ mihi proficiat, Christo donante, in perpetuam miserationis Dei salutem. Divina gratia te, tuosque fideliter in Ecclesia Christi servientes, in omnibus proficere faciat, dilectissime- et sanctissime Pater.

196 [a] EPISTOLA CLXXVIII.

AD ÆDILBERTUM EPISCOPUM.

Orationibus omnium et singulorum se commendat, hortatur ad patrum suorum sequenda vestigia, ad lectionem sanctæ Scripturæ, ad juniorum instructionem.

Præcipue dignitatis pastori [b] Ædilberto episcopo et omni congregationi in ecclesia sancti Andreæ Deo servientium, Alcuinus vestræ clientellus charitatis [*Canis.*, sanctitati] in Christo salutem.

Specialis [*Cod. Sal.*, spiritalis] amicitiæ cupidus, vestræ sanctitati parvitatis meæ litterulas dirigere curavi, ut et pactum antiquæ familiaritatis innovarem, et me vestris sacratissimis commendarem orationibus. Et si unius, juxta Apostolum, *multum valet deprecatio justi* (*Jac.* V, 16), quanto magis et totius sanctissimæ congregationis in Christo, quorum quotidie canonicis horis pacificæ unitatis [*Cod. Sal. et Can.*, unanimitatis] postulationes cœlum penetrare credendum est. Etiam et singularis uniuscujusque in secreto oratio ad aures omnipotentis Dei pervenire non dubitandum est [*Cod. Sal.*, esset]. Quapropter cum omni petitionis humilitate meipsum etiam unicuique, et communibus omnium et specialibus singulorum, quantum mea valet apud vestram pietatem deprecatio, commendo orationibus; ut per vestræ sanctitatis preces, meorum catenis peccatorum absolutus vobiscum, fratres charissimi, vitæ januas ingredi merear.

O nobilissima sanctorum progenies Patrum ! illorum honoris venerabilisque vitæ successores et [c] pulcherrimorum habitatores locorum vestrorum sequimini vestigia Patrum, ut de his pulcherrimis habitationibus ad eorum, qui vos genuerunt, æternæ beatitudinis consortium, in cœlestis regni pulchritudinem, Deo donante, pervenire mereamini.

Dei discite scire et implere præcepta, illo dicente: *Si vis ad vitam ingredi, serva mandata* (*Matth.* XIX,

---

[a] Edit. Quercet. 32, Canis. 16 collata cum codd. mss. Salisb. et S. Emmerami. Hujus fragmentum, ab illis verbis : *O nobilissima progenies* usque ad hæc : *pervenire mereamini* recenset Wilhelmus Malmesbur. De Pontif. Angl. lib. III. (Apud Froben. epist. 134.

[b] 197 *Ædilberto episcopo*, etc. Nomen Ædilberti deest in codd. mss. et apud Canisium; illud tamen proditur a Malmesb. l. cit. In cod. Salisb. abest quoque nomen Alcuini, cujus loco exstant hæ litteræ : LCHN, omissis nimirum vocalibus AUI, quarum additione fit ALCUIN. Ædilbertus vero fuit episcopus Hagulstaldensis in Northumbria, qui in ea sede anno 789 Tilhero successit, et anno 797 obiit. HOVEDEN. et MALM.

[c] *Pulcherrimorum habitatores locorum.* De Hagulstaldensis ecclesiæ fabrica, quæ Romanam magnificentiam æmulari velle videbatur, Wilhel. Malmesb. l. cit. *Hagulstadehem* vocatur locus quinquaginta ab Eboraco milliaribus disparatus ; fisco regio famulabatur, quando eam beatæ memoriæ Wilfridus a beatissima Etheldritha regina pro aliis possessionibus commutavit. Ibi ædificia minaci altitudine murorum erecta, et diversis anfractibus per cochleas circumducta, mirabile quantum expolivit, arbitratu quidem multa proprio, sed et cæmentariorum, quos ex Roma spes munificentiæ attraxerat, magisterio. Ferebaturque tunc in populo celebre, scriptisque etiam est inditum, nusquam circa Alpes tale esse ædificium. Nunc qui Roma veniunt idem allegant, ut qui Haugustaldensem fabricam vident, ambitionem Romanam se imaginari jurent : adeo tot temporum et bellorum injuriæ vetustatem ædificiis non tulere. CANISIUS.

17). Ideo necessaria est sanctorum lectio librorum, quatenus in eis quisque intelligat [*Al.*, inveniat], quid sequi, vel quid cavere debeat. Maneat vero in vobis lumen scientiæ, et per vos aliis luceat ecclesiis, ut vestra laus in ore resonet omnium, et vobis in cœlis merces maneat æterna. Unusquisque proprii laboris mercedem accipiet. Pueros adolescentesque diligenter librorum scientiam ad vitam [*Al.*, in via] Dei docete, ut digni vestri honoris fiant successores, etiam et intercessores pro nobis. Suffragia vero viventium prosunt morientibus vel ad veniam peccatorum, vel ad majoris gloriæ augmentum.

Qui non seminat, non metet, et qui non discit, non docet. Et talis locus sine doctoribus aut non, aut vix salvus fieri poterit. Magna est eleemosyna pauperem cibo pascere corporali; sed major est animum [*Cod. Sal.*, animam] doctrina spiritali satiare esurientem. Sicut pastor providus gregi suo optima providere pascua curat, ita doctor bonus suis subjectis perennia pascua vitæ omni studio procurare debet. Nam multiplicatio gregis, gloria est pastoris, et *multitudo sapientium, sanitas est orbis* (*Sap.* VI, 26).

Scio vos, sanctissimi Patres, hæc optime scire et voluntarie implere. Sed charitas dictantis ab ore rapuit verba, credens vos pia velle humilitate legere, quæ sobria in Dei dilectione dictavi devotione. Iterum iterumque obsecro ut mei nominis inter familiares vestros memoriam habere dignemini. Almitatem vestram pro tota Dei intercedentem Ecclesia ipse Deus Christus exaudiat, vosque ad æternæ beatitudinis gloriam pervenire concedat, charissimi fratres.

a EPISTOLA CLXXIX.
AD QUEMDAM EPISCOPUM.

Ad æterna suspirat. Hortatur ad officium pastorale diligenter obeundum. Auguria, avium cantus, et sternutationes aboleri vult.

Dulcedinem dictionis brevitas chartæ non explicat. Sed spero, fides vestræ pietatis tenet quod meæ imperitiæ littera non sufficit proferre. Utcunque enim memoria charitatis absentiæ tristitiam consolatur : et quem sibi præsentari per singula momenta oculus quærit, hunc animus absentem semper amare non desistit. Heu! quam dura est hujus mortalitatis conditio, quæ variis eventibus toties amicos disjungit, nec patitur semper videre amantem amatorem suum. O quam felix est æterna beatitudo, ubi semper videtur quod amatur, et nunquam cernitur quod non amatur! Ad hanc nos festinare oportet, ut illam intrare mereamur. Nullus nos labor deterreat, nulla delectatio retardet : sed tanto avidius totis viribus tendamus ad illam, quanto beatius illam habere poterit qui intrat. Me tecum, dilectissime frater, obsecro, continuis precibus attrahe. Tu vero aries, cui juxta Salomonem nullus resistere valet (*Prov.* XXX, 31) : ego morbida inter gregem evangelicæ pascuæ ovicula. Tua lingua clavis est regni cœlorum; quapropter nunquam a bonis sileat, nunquam ab admonitionibus cesset. Superbos et contumaces duris increpationibus castiget; humiles et quietos piis exhortationibus refoveat; talentum quod accepisti, quasi devotus negotiator superaugmentare contende. Non tardat Dominus qui dedit revenire et rationem exigere pecuniæ suæ. Vide et intentius considera quantas animas in periculo animæ tuæ regendas accepisti. Fac tibi lucrum ex illis, non damnum. Ad exemplum Domini Dei tui recurre, quomodo per civitates, castella, vicos etiam et domos singulas prædicando cucurrisset (*Matth.* IX, 35); imo convivia Publicanorum et peccatorum non abhorruit, quatenus ex familiaritatis communione prædicationis occasionem haberet. Ita tu ejus roboratus exemplis, ubicunque ad convivia venias, ibi prædicationis officia agere non cesses, ut pro carnalibus, quæ ministrantur tibi tuisque sociis spiritalia sibi suisque commanipularibus accipiant (*Rom.* XV, 27, *et I Cor.* IX, 11). Memor quanta seipsum districtione pius prædicator Paulus obligavit dicens : *Væ mihi! si non evangelizavero* (*I Cor.* IX, 16). Et iterum, quam terribilia comminatus est Dominus ipse Ezechieli prophetæ, dum prædicationis ei officia ingessit : *Fili hominis, speculatorem posui te domui Israel.* Et post pauca : *Si enim non annuntiaveris iniquo iniquitatem suam, et ille morietur in peccatis suis; sanguinem ejus de manu tua requiram* (*Ezech.* III, 17, 18). Et iterum per Isaiam prophetam de tacentibus dicitur prædicatoribus : *Canes muti non valentes latrare* (*Isai.* LVI, 10). Qui sunt canes muti, nisi pastores tacentes, contra diabolicas insidias per prædicationem latrare non valentes? Idcirco, dilectissime frater, te diligentius obsecro ut omnes ad tuam pertinentes diœcesim verba vitæ audire facias, vel per teipsum, vel per tuos adjutores presbyteros, ut subjectorum tibi salus, tua sit gloria apud Deum. Si quis vero, quod absit, postea... sanguis ejus sit super caput suum : tu vero immunis a perditione illius invenieris, qui prædicasti ei, licet non obedisset tibi. Raro enim aperta fronte apud Christianos pugnat antiquus hostis : sed sub prætextu pietatis venena mortiferæ suggestionis occultat. [Auguria quoque et avium cantus, et sternutationes et talia plurima omnino vetanda sunt, quæ nihil valent, nisi apud eos qui ea aliquid valere credunt, ut secundum fidem suam fiat illis. Permissum est enim maligno spiritui ad deceptionem ista observantium facere, ut aliquid auguria sæpe verum prædicent. Igitur et in lege veteri auguria observantes morte puniri jubentur (*Deuter.* XVIII, 10, 12), ut sciamus sub gratia viventes quali pœna plectendi sint animæ, qui hoc malum in consuetudine habent]. Hæc vero et hujusmodi pestes quasi pio pastori et prudenti medico convenit tibi commisso præcavere gregi, uti eum in conspectu æterni judicis immaculatum adducere merearis, et vocem desiderabilem audire dignus efficiaris : *Euge*

---
a Edit. Mabill. 22 cujus defectum in fine supplevimus ex cod. ms. Salisb. (Apud Froben. epist. 135).

serve bone et fidelis, intra in gaudium Domini tui (*Matth.* xxv, 21).

[a] EPISTOLA CLXXX.
AD QUEMDAM EPISCOPUM.

Dolet de amici ægritudine; hortatur ad patientiam, ad virtutes, ac curam scholarium.

Litteris vestræ beatitudinis acceptis satis me lætificavit facies illarum, et sensus omnia gaudiis perfudit viscera, nisi tantum infirmitas vestra meas perturbavit venas. Sed juxta Apostolum infirmitas corporis fortitudo est animi : gaudeat filius, ut erudiatur a patre. Aurum examinatur in fornace, ut purior splendescat ex flammis (*Prov.* xxvii, 21); et homo in dolore corporis excoquitur, ut purior exsiliat anima de ergastulo carceris sui. Placeat tibi castigatio paterna, quia flagella patris proficiunt ad salutem. Pauci sunt dies laboris : et perpetuæ [*Forte* perpetui] mercedis. Idcirco instanter laboret lingua in prædicationibus, manus in eleemosynis, pes in circuendo gregem Christi. Animus vigilet in orationibus, et in psalmodiis solidetur, et in laude Dei lætificetur. Quod semper erit acturus homo in cœlis, hic sæpius agat in terris. *Sacrificium laudis honorificavit me*, dicit Deus per Prophetam, *illic iter est, quo ostendam illi salutare Dei* (*Psal.* xlix, 23). Sit humilitas in corde et in corpore; sit patientia in moribus et verbis ; sit servus Domini fervens in mente; sit pax in ore, et in corde charitas ; et semper suavia verba misceantur durioribus, quia facilius durum cor penetrant mollia verba quam amara. Sit discretio quid cui conveniat tempori, personæ, ætati et operi. Sit lectio crebra, et jejunia sobria et convivia modesta, et honor hospitum, et ordinatio pauperum, et cura familiæ, et diligentia in populo. Quid agam, et quid est quod scribo, nisi quia charitas tacere nescit, et quoddam refrigerium est verbis proferre, in quo mens inflammatur? Et scio te rusticitatem meam patienter ferre, et familiaritatis litterulas non abhorrescere. Ideo non erubesco prius dicta rescribere, et iterare quæ ante direxi. Etsi immemor sim quid prius scripserim, non tamen immemor sum charitatis æternæ.

Nunc velim te properare in patriam et ordinare puerorum lectiones, quis grammaticam discat, quis epistolas et parvos libellos legat, quis sanctam Scripturam sobria mente haurire dignus sit. Tu vero, sancte Pater, evangelicis maxime studeas lectionibus, et canonicis sanctarum Scripturarum inservire eruditionibus, quia te decet meditatio divinæ legis, ut dicatur de te : *In lege Domini meditabitur die ac nocte* (*Psal.* i, 2), ut fructus tuus vigeat in æter-

[A] num, et omnia quæcunque facias prospera tibi sint ad salutem. Et memor mei valeto, sanctissime Pater.

[b] EPISTOLA CLXXXI.
[c] AD QUEMDAM.

Hortatur ad pietatem, reliquasque virtutes : commendat curam divinæ laudis in ecclesiis illi commissis.

Pars mea, dixit Dominus animæ meæ (*Tren.* iii, 24). Pars mea, dixit pater filio suo, cui sit pars cum sanctis in æternum. Tuæ beatitudinis perlectis litteris gaudebam de tuæ prosperitatis salute, cujus præsens quantum valui fautor fui; etiam et nunc absens cupidus. Et utinam, ut litteris promisisti, memor sis antiquæ paternitatis et dulcedinis inter nos in Domino, qui semper nos in sua provehat voluntate, et [B] proficere faciat in suis mandatis. Memores simus, quod nos de stercore erexit, et posuit inter principes populi sui (*Psal.* cxii, 7 *et* 8); non nostris meritis, sed sua gratuita misericordia ; cui semper gratias agamus in omni vita nostra, ut ille, qui exaltavit, etiam conservet.

Omnes vero ecclesias, quas, Deo donante, [d] regendum accepistis, diligentissime in Dei laude exorna. Sint in eis canonicis horis Psalmorum melodia, orationum instantia, missarum solemnia et intercessiones pro te tuisque amicis. Sint tibi, fili mi, mores [*Canis.*, filii minores] cum honestate et temperantia, vestimentorum moderatus cultus, convivia non in luxuria et ebrietate, sed in sobrietate et congruentia temporibus et personis. Ubique Dei timo-[C] rem ante oculos habeas. Humilitas te exaltet, et veritas honorabilem faciat, et misericordia amabilem. Sit tua manus pauperibus larga, amicis benigna, Esto fidelis dispensator domui Dei. Esto forma salutis omnibus tecum habitantibus (*I Thessal.* i, 7). Et quia Deus te honore nobilem fecit, esto quoque et moribus nobilis. Luceat lux tuæ bonitatis coram omnibus. Glorificetur in te Pater cœlestis, qui te in hac præsenti vita custodiat, et in futura vita gloriam tibi cum sanctis concedat æternam.

Pars mea, pars, valeas ; semper sit pars tua Christus.

Esto memor patris, pars, precor, alma tui.

[d] EPISTOLA CLXXXII.
AD HECHSTANUM PRESBYTERUM.

[D] *Hortatur ad virtutes : et orationibus amicorum cupit se commendari.*

Filio meo charissimo [e] Altapetra Albinus salutem. Utinam juxta nomen tuum fiat merces tua alta et firma. Hoc vero, ut, Deo donante, fiat, labora instanter; curre, dum lucem habes; ascende quotidie per singulos gradus virtutum, ut de te dici possit :

---

199 [a] Hæc epistola primo nunc prodit ex cod. ms. Salisb. Caret ibi inscriptione; Alcuini tamen esse ipsa styli conditio nos ignorare non sinit ; ad quem vero, episcopum data fuerit, nullo certo indicio innotescit. (Apud Froben: epist. 136.)

[b] Edit. Quercet. 55, Canis. 31. (Apud Froben. epist. 137.)

[c] *Ad quemdam* episcopum certe, atque Alcuini discipulum, ut contextus loquitur, cætera ignotum.

[d] Edit. Quercet. 45, Canis. 36 collata cum codd. mss. Salisb. et sancti Emmerami. (Apud Froben. epist. 138.)

[e] *Alta petra.* « Reperio, ait Canisius, in divisione Ludovici et Caroli *Altam petram* nomen loci post sanctum Ursum in Saledoro et Grandivallem. » Ast hic nomen proprium est non loci, sed hominis Latine redditum, quod theodisce sonat *Hechstanus* seu *Hechstainum*, forte *Hochenstein*.

Ibunt sancti de virtute in virtutem, ut quod sequitur fieri possit hoc, ut a te videatur Deus Deorum in Sion (Psal. LXXXIII, 8). Vigiliis et orationibus insta, castitate et humilitate, dilectione Dei et proximi, et aliorum mandatorum observatione teipsum exorna. Quæ tamen omnia ad charitatis firmamentum respicient, in qua tota lex pendet et prophetæ (Matth. XXII, 40). Si nondum adhuc annis, ordine tamen sacri ministerii [Can., sacro ministerio] senior esse cœpisti. Nam presbyter, senior in Latina interpretatur lingua : ut significet, moribus esse debere senes, constantia perfectos, prædicationi verbi Dei intentos, ita ut ore impleant quod ore doceant.

200 Tu vero fili charissime, vigilanter tibi præpara bonis meritis domum perpetuam in cœlis. Modo est tempus laborandi et promerendi Deum : tunc erit tempus judicandi, et pro bonis operibus vivendi Deum ; quia tunc judicabitur unusquisque secundum opera sua (Matth. XVI, 27). Non tibi sit sæculi pompa suavior quam salus æterna ; nec delectatio [Canis., dilectio] carnalis dulcior quam dilectio Dei. Qui hic Deum diligit, ibi cum Deo etiam lætabitur [Cod. Sal., cum Deo esse lætetur]. Quam jucunda est beatitudo æterna : et quam misera perditio sempiterna! qualis in vita futura fieri velis, talem te præpara in præsenti. Parvi temporis hospes perpetuam tibi promerere [Canis., promereris] mansionem. Hodie te cogita cras esse moriturum. Omnis dies quasi ultimus est habendus. Ideo semper homo debet esse paratus, ut quacunque die judex pulsaverit ostium, aperiatur ei cum lætitia (Luc. XII, 36). Rapietur [a] ad judicium anima, dum ducetur de corpore.

Quid tunc ebrietas, quid tunc luxuria carnalis, quid pompa vestimentorum, quid annulus in digito, quid aurum in sacculo? Dives moritur similiter sicut et pauper, et una est amborum conditio, nisi forte quis melior altero fiat. Bonus in vitam vadit sempiternam, impius tormentis traditur æternis. Esto filius vitæ et non mortis. Esto hæres cœli cum Christo, non esca ignium cum diabolo. Per singulos dies semper esse melior studeto, ut semper cum Deo esse mereares. Saluta meo nomine [b] Sacen et Begnod Dei famulos, amicos nostros, filios vitæ æternæ. Roga [Can., Rogo] eos nostri esse memores in orationibus suis cum sua familia, quam diligenter in Dei servitio erudiunt [erudiant] : quatenus mercedem ex illis habeant et non pœnam, laudem et non contumeliam. Quia profectus subjectorum salus est prælatorum, et pastor bonus ex gregis multiplicatione coronabitur. Et tu, fili mi, memor esto mei et tui in orationibus, ut divina nos clementia perpetuo munere in salute sempiterna conservare dignetur. Vale, vale fili in æternum.

[c] EPISTOLA CLXXXIII.
AD MONNAM PRESBYTERUM ET FRATREM EJUS.
Hortatur ad sæculi contemptum, ad humilitatem.

Dilectissimis in Christo amicis fratri et filio [d] Anthropo et Stratoclei humilis levita Alcuinus salutem.

Solet charitas litteris appellare quos oculis cernere non valet : quia apices chartarum amoris magnitudinem exprimere conantur, ut oculis legatur in syllabis quod videri non potest in mentibus. Ideo vestræ, charissimi, memor germanitatis hanc chartam vobis in commune direxi, ut cognoscatis quantam pro vobis habeo sollicitudinem, quam nec terrarum longinquitas, nec temporum diuturnitas delere valuit, quo minus admoneam, quos magis **201** diligam ; desiderans salutis vestræ prosperitatem et in Deo credere et in sæculo scire. Ut utrumque fiat, unum est studendum, id est, Deo placendum. Præterit quidquid amatur in mundo, et solum permanet quidquid agitur in Deo. Ideo temporalia non tardent iter ad æterna tendentium, dicente discipulo quem diligebat Jesus : Nolite diligere ea, quæ in mundo sunt (I Joan. II, 15). Nunquid ex umbra panis esuriens se saturare poterit? Umbratica est sæculi felicitas, vera tantummodo in futuro exspectatur.

Nolite vinculis sæculi teneri, nec laqueis diaboli ligari. Et vincula quæ per confessionem et pœnitentiam præcidistis, nolite reformare, ut liberas manus valeatis relevare ad Deum, et puro corde deprecari quem toto corde amare debetis. Vigiliæ et orationes sint assiduæ vobis. Beatus servus ille, quem, cum venerit Dominus, invenerit vigilantem (Luc. XII, 37). Vigilandum est in bonis operibus, non dormiendum in delectationibus carnalibus. Ebrietatem quasi perditionis foveam fugite, quia juxta Prophetam : Vinum et ebrietas aufert cor (Oseæ IV, 11). Pompas vestimentorum non sectemini. Beatus homo, qui non respicit in vanitates et insanias falsas (Psal. XXXIX, 5). Melius est animam ornare quæ permanet, quam corpus vestimentis, quod putrescit in pulverem, dicente quodam philosopho : « Ridiculum est in vanitate laudem quærere ; » volens vestimentorum supervacuas curas vanitatem intelligere [Canis., intelligi]. Quod si plurimi hoc faciunt, scriptum est : Non sequeris turbam ad faciendum male (Eccli. XVIII, 32). Melius [enim est], cum paucis salvari quam cum plurimis perire.

Scitote cujus exempla diligentius sectamini, ejus

---

[a] Ad judicium. Apud Canisium legitur : ad imalicium. « Scriverius in notis ms. legebat mallum ; et quidem mallus est conventus, in quo majores causæ olim dijudicabantur. Ne malla publica, (dicitur enim mallum et mallus) vel placita in exitibus vel atriis ecclesiarum teneantur, vetat synodus Suessionensis sub Carolo Magno eo circiter tempore, quo floruit Alcuinus, habita, etc., » inquit Basnasgius. Sed dubium sustulere codd. mss. in quibus legitur : Ad judicium, quam lectionem ipse etiam contextus postulat.

[b] Sacen et Begnod. Hæc nomina solum in editione Quercetani habentur, desunt vero in nostris codd. mss. et quos homines denotent, ignoratur.

[c] Edit. Quercet. 46, Canis. 37 collata cum codd. mss. (Apud Froben. epist. 139.)

[d] Anthropo et Stratoclei. Hæc nomina, sicut et inscriptio ad Monnam a Quercetano allata, desunt apud Canisium et in codd. mss. quos ad manum habuimus. Monnam Græca fortassis appellatione Anthropum vocat; Monn enim seu Mann theodisca lingua hominem significat.

meritis maxime adhæreatis. Christus per humilitatem viam nobis fecit ad cœlum; quid superbiam pravorum sequimur? Angelus per superbiam proruit e cœlo; quid superbit homo terra et cinis? Quis superbienti homini locus deputetur, si angelo superbienti infernales pœnæ præparatæ sunt? Non est opus vos quasi [insipientes vel] inscios admonere, dum Evangelium Christi ante oculos habetis. Legite et intelligite, quid sit cavendum vel quid observandum. Quidquid ibi scriptum est, necesse [est] ut fiat, dicente ipsa Veritate : *Cœlum et terra transibunt, verba autem mea non transibunt* (Matth. xxiv, 35). Item : *Si quis diligit me, sermones meos servabit* (Joan. xiv, 23). Indicium dilectionis Dei est mandata ejus observare; et præmium dilectionis, visio [Can., visitatio] [est] divinitatis; eo ipso promittente quem diligere jubemur; [qui dicit] : *Qui autem diligit me, diligetur a Patre meo, et ego diligam eum, et manifestabo ei meipsum* (Joan. xiv, 21). Pro me orantes valete, viri fratres, charissimi in Christo.

a EPISTOLA CLXXXIV.
AD PRESBYTERUM EADA.

Pro muneribus gratias agit; dolet se de gradu paupertatis raptum esse in voraginem divitiarum; orationibus se commendat.

Dilecto amico b Eada presbytero Albinus salutem.

Dilectionis tuæ munera magna devotionis lætitia suscepi, desiderans, donante Deo Christo, prosperitatem vos et præsentem habere atque futuram, agnoscens antiquæ in vobis munificentiæ largitatem. Quapropter et in nobis antiquæ fidei reformastis amicitiam. Utinam divina clementia in vobis usque ad finem vitæ perseverare faciat, quod ab ineunte ætate in vobis operari dignata est. *Præterit enim figura hujus temporis* (I Cor. vii, 31). Idcirco necesse est ut nos dies extrema in dilectionis geminæ sobrietate vestitos inveniat. *Quia qui offenderit in uno*, id est, in uno charitatis præcepto, *factus est omnium reus* (Jac. ii, 10).

202 Habeto nos, obsecro, socios beatitudinis tuæ, sicut te cupimus socium habere prosperitatis nostræ. Et orationibus devotionis vestræ deduc nos in eumdem paupertatis gradum, in quo, perficiente Deo, salubriter consistis. Tu tenes in manibus quod nos olim tenere cogitavimus. Sed fluctus sæculi nostram naviculam procellosis ventis in voraginem divitiarum rapuerunt. Sed te precor ut me pietatis precibus in portum quietis revocare studeas. Cupio, sed non facio. Tranquilla est paupertas, quam feliciter olim amasti. *Beati pauperes spiritu, quoniam ipsorum est regnum cœlorum* (Matth. v, 3). Sed paupertas hæc humilitatis gubernaculo regatur, et charitatis velo, flante sancto Spiritu in eam, ad æternæ beatitudinis portum perveniet, ubi mei nominis memor intercedere pro me [Canis., pro mea infelicitate te supplex] mereatur.

a Edit. Quercet. 57, Canis. 42. (Apud Froben. epist. 140.)
b *Eada presbytero*. Hunc monachum fuisse Mabillonio verisimile est lib. xxvii Annal. num. 51. « Hæc vero epistola, ait, testatum facit, quantum Alcuinus

Da te, supplex obsecro, ut duplicem habeas mercedem : unam tui ipsius, alteram fratris tui. Utinam ut mercar te videre cum lætitia illic, si hic fieri non possit! Divina te gratia comitetur, et in omni bono florere faciat, ut cum multiplici bonorum operum fructu vitam merearis ingredi sempiternam.

c EPISTOLA CLXXXV.
AD QUEMDAM DISCIPULUM.

Gaudet ob discipuli prosperitatem et litterarum studium; hortatur ad pœnitentiam et ad pugnam contra hostes animæ. Ornatum corporis reprehendit.

Dilectionis vestræ litteras grata suscepi dextera, et læto legebam animo, intelligens in eis vestræ vitæ prosperitatem et litteralis exercitii studium, ex quo dictantis eloquentia claruit. Hoc mihi maximum esse gaudium constat, ut filios [meos] florere videam in conversationis puritate et profectus diligentia. Iste est ornatus quem optavi in eis [Al., meis]. Istæ sunt deliciæ quibus illos desideravi vestiri. Ista est munditia quam concupivi in illis. Hæ sunt epulæ in quibus illos jucundari amavi. His etiam anima reficitur esuriens et sitiens justitiam. Hoc est vinum quod miscet sapientia invitatis ad mensam suam, dum septem columnis subnixam sibi domum construxit (Prov. ix, 5, 1). In hac divina domo, frater [Cod. Sal., fili] carissime, te habitare semper obsecro; illius te epulis pasci deprecor; hoc [Al., hujus] te calicis mero inebriari exopto; non vanas sæculi pompas, non noxias corporis delectationes exsequi, quæ non proderunt ambulantibus in eis, sed suos sequaces in æternæ perditionis voraginem demerserunt.

Tu vero, amor animæ meæ, si quid sordium ex his contraxisti, lacrymis lava, pœnitentia ablue, et vitæ melioris manu dele; memor tui, memorque mei; animam meam lætificans, tuæ parcens : quia salus tua consolatio mea est. Noli patrem sua mercede fraudare de te. Noli filii nomen delere in te. Si pro te non vis, vel pro me fac. Si vel me non curas, et te negligis; Deum time, dilige, honora. Ille est verus pater, ille redemptor, ille omnium largitor bonorum suscitat dormientem in deliciis animam.

Contra tres tibi quotidie pugnandum est inimicos : contra diabolum, contra sæculum, contra carnem. Quomodo poteris secure dormire? Te vero dormiente vigilant, qui te occidere quærunt. Quomodo non times flammas æternæ perditionis? Quid tu, parvi temporis hospes, patriam quæris in peregrinatione, et illam obliviseris in qua civis conscriptus es in baptismo? Cogita quis pro te pependit in cruce [patienter sustinens probra invidorum], cujus latus lancea perforatum tuæ sanguinem redemptionis emanavit. Noli parvipendere pretium tuæ [Cod. Sal , propriæ] salutis. Pro te traditus est, qui te fecit : imo omnium 203 creator ad redemptionis tuæ pretium seipsum expendit. Cur te ignobilem facis, nobilissimo emptus pretio? Noli ex filio Dei facere servum diaboli.

abfuerit a divitiarum cupiditate, » ob quam alicui fortassis reprehensione dignus videri potuisset.
c Edit. Quercet. 56, Canis. 38 collata cum codd. mss. (Apud Froben. epist. 141.)

Quid [a] pompaticis carnem induis vestimentis, et fuit. O si mihi vox ferrea esset, et omnes pili verterentur in linguas, ut vel sic ad aures tui cordis verba dilectionis meæ pervenire valuissent; vel in tuo pectore spiritus esset prophetiæ, ut perspicere cordis mei arcana potuisses! crederes utique quam suavissimo sapore tui amoris pectus meum **204** impleretur. Sed nunc, quod valeo, faciam. Hos parvos apices, magnæ indices charitatis, tibi dirigo, ut per hos intelligas quod vix intelligi potest. Sicut flamma potest videri, tangi, autem non potest, ita charitas in litteris cerni potest, sed vix in animo scribentis sentiri valet. Quia sicut scintillæ de igne sparguntur, ita dilectio litterarum officio volat. Sed plurimi sunt in quorum corde exstinguitur : ideo gratius lucescit, ubi vel aliqua ejus flammula ardescit. Quia in te, frater sanctissime, veram inveni charitatem, ideo nulla terrarum spatia me prohibent, secundum opportunitatem portantis [visere], cupiens te in Christo perenniter frui, cujus amor nostra utinam impleat corda ut per ejus dilectionem nobis inviolabilis permaneat fraternitas, cujus charitatem sicut sacerdos Dei summi, sicut tuba cœlestis, sicut præco salutis cunctorum ingerere cordibus studeas. Quidquid illius respuit sanctitas, instantissime prohibe; quidquid illius diligit bonitas, ardentissime prædica. Non terrenæ fragilitatis terreat potestas, non sæcularis ambitio sacerdotalem severitatem compescat. *Nolite* [Cod. ms. *Noli*] *timere eos qui corpus possunt occidere, animam autem non possunt* (*Matth.* x, 28).

ornamenta animæ non quæris? *Beatus vir, cujus est nomen Domini spes ejus, qui non respicit in vanitates et insanias falsas* (*Psal.* xxxix, 5). Melius est collo sapientiæ monile suspendi, quam serico vanitatis involvi (*Eccli.* vi). Melius est castitate lumbos circumcingi, quam numerosis pomparum cingulis constringi, et ardentes bonorum operum in manibus portare lucernas, quam digitos annulis ostentationis radiare (*Luc.* xii, 35). Satius est pedes in Evangelium pacis expeditos esse, quam longo fasciarum nexu ligari (*Ephes.* vi, 15). Heu! quod corrumpitur, tanta diligentia ornatur; et quod permanet, tanta socordia negligitur! Illud omni cura ornatur, pascitur et vestitur : hoc quasi vile supellectile nullo decore dignum ducitur! Terrenum colitur, et cœleste non curatur! Dei imago vilescit, et terræ species honoratur! Non ita, fili, non ita in te sit.

Tu sacri altaris minister, tu summi honoris socius, tu sapientiæ vas, flos adolescentiæ, dignitatem tuam attende, et esto quod nominaris. Cogita corpus tuum in pulverem reverti et animam tuam ad judicium rapi. Qualis tunc esse cupias, talem te nunc exhibe. Nunc tempus est laborandi, tunc remunerandi; nunc promerendi, tunc accipiendi. Qui plus laborat, plus mercedis accipiet. *Curre, dum lucem habes* (*Joan.* xii, 35). Qui hodie est, cras non erit, dicente Scriptura : *Noli tardare converti ad Dominum, quia nescis, quid ventura pariat dies* (*Eccli.* v, 8). Omnis gloria sæculi quasi flos feni decidet. *Arescit fenum et flos ejus deperit* (*I Petr.* i, 24). Memento creatoris tui, antequam veniat tempus afflictionis. Pugnemus fortiter, et vincamus perniciter [*Ms.*, viriliter; *al.*, pertinaciter], ut coronemur feliciter. Illum habemus adjutorem, quem et remuneratorem. Ille prior hostem vicit, ut nos vincere possimus. Triumphavit in cruce, ut nos regnemus in cœlo. Ad nos descendit in terram, ut nos ascendamus ad illum in cœlum. Filius hominis factus est, ut nos filii Dei esse mereamur, cui laus et gloria in omnes æternitates. Amen.

Esto omnibus vitæ lucerna, prævius viarum Dei, exemplum honestatis. Esto miseris consolatio, medicina vulneratis, afflictis consolatio, *pastor, non mercenarius, domus Dei, non spelunca latronum, palma florens, oliva semper virens* (*Joan.* x, 12; *Matth.* xxi, 13; *Psal.* xci, 13; *Gen.* viii, 11). *Noli columbas Dei vendere. Gratis da, quod gratis accepisti* (*Matth.* x, 8). Irreprehensibilem teipsum in omnibus exhibe, ut vita tua doctrina sit populi, ut ex bona conversatione tua ædificentur plurimi (*I Tim.* iii, 2). Lege diligenter, obsecro, Evangelium Christi, libros quoque alios canonicæ auctoritatis. Sed et Pastorale beati Gregorii papæ sæpissime perscrutare. His epulis animam tuam pasce, ut habeas unde alios quoque reficere valeas. Mei quoque, obsecro, ut memoriam habeas inter missarum solemnia et sacras orationes tuas, ut divina clementia veniam mihi peccatorum, et coronam tibi meritorum præstare dignetur.

[b] **EPISTOLA CLXXXVI.**

AD AMICUM FIDELEM.

Ardorem charitatis suæ significat; hortatur ut omnibus sit exemplum vitæ. Commendat lectionem sancti Evangelii, et Libri Pastoralis sancti Gregorii.

Dulcissimæ dilectionis fratri et amico in Christi charitate salutem.

Amico antiquo novus non est similis (*Eccli.* ix, 14). Amicus qui fortunam sequitur, et tempus observat, qui juxta qualitatem loci mutatur, nunquam verus

[c] **EPISTOLA CLXXXVII.**

AD QUEMDAM FILIUM.

Laudat discipuli devotionem et sapientiæ studium. Non suos mores, sed exhortationes et sanctorum

---

[a] *Pompaticis vestimentis.* Eum, quem Alcuinus hic ob affectatum vestium splendorem reprehendit, fuisse clericum, patet ex his verbis : *Tu sacri altaris minister*, etc. Audiamus Sidonium, nitorem cultus in ecclesiastico homine reprehendentem : « Habitu cultuque conspicuo, inquit epistola 13, lib. iv, non juvenescit solum, sed quodammodo repuerascit. Enimvero vestis astricta, tensus cothurnus, crinis in rotæ specimen accisus, barba intra rugarum latebras mersis ad cutem secta forcipibus, etc., professione religionis arrepta, viribus potius resurgentis innocentiæ convalescat. » Ubi notandum est, veteres Francos astrictis vestibus usos. De quibus Sidonius carm. 2 :

Strictius assuetæ vestes procera coercent
Membra virum.

Sicut et de Gothis Sidonius lib. iv, epist. 20. Hæc Canisius qui plura hoc loco de Romanorum ac veterum Francorum vestimentis ex eodem Sidonio adnotavit.

[b] Edit. Quercet. 47, Canis. 29 collata cum codd. mss. (Apud Froben. epist. 142.)

[c] Quercet. 102 ex ms. (Apud Froben. epist. 143.)

exempla sequi hortatur; commendat lectionem sanctæ Scripturæ, virtutum exercitium, curam adolescentum, etc.

Dilectissimo filio atque amabili meo Albinus salutem.

Litterarum series tuarum lætificavit oculos meos, aspiciens in eis bonæ devotionis intuitum, et sanctæ sapientiæ decorem, atque in eam discendi amorem; quod maxime tuis modo competit annis, vel pro æternæ vitæ beatitudine, vel pro sæcularis honore : quia nihil laudabilius est in homine quam sapientiæ decus et charitatis affectus. Quod vero postulasti meos tibi inscribere mores, mirum videtur; dum die noctuque mecum fuisti, nec aliquid tibi celatum fuit, quid nobiscum ageretur. Nec dignum videtur, mea multum te sequi velle vestigia, nisi forte admonitionis verba, quæ sæpius audisti. Sed etiam magis sanctorum te instruant exempla, quæ in sanctis leguntur Scripturis, et nostræ vitæ stabilimentum dignoscitur esse. Tu vero, fili charissime, in charitate teipsum exerce, et in ecclesiasticis officiis ornare vitam tuam memento; vigilias et orationes frequentans et in lectionis studio die noctuque desudans quærere [*Forte*, quære] Christum in litteris prophetarum prædictum, et in evangelica ostensum auctoritate. *Et dum invenias eum, non amittas eum* (*Cant.* III, 4); *sed introduc eum* in domum cordis tui, et habeto eum rectorem vitæ tuæ. Ama eum sicut redemptorem, gubernatoremque tuum, omniumque tibi largitorem bonorum. *Custodi mandata illius* (*I Joan.* v, 3; *Matth.* XIX, 17), quia in illis vita est æterna. Et magna discretione teipsum circumspice, considerans quid agendum, vel quid cavendum præcipiatur tibi. Et quidquid accepisti a magistro, vel Spiritu inspirante sancto intelligis, trade diligentissime, et doce; ut tibi semper augeatur intelligentiæ donum, quia *omni habenti dabitur* (*Matth.* XIII, 12), id est, docendi studium habenti augetur intelligendi scientia.

Esto pauperibus et miseris quasi pater, humilis in ministrando, largus in dando, quatenus illorum benedictio veniat super te. Admoneasque adolescentulos qui tecum sunt de castitate corporis sui, de confessione peccatorum suorum, de assiduitate discendi, de conversatione sobria, de ebrietate cavenda, de luxuria fugienda, de vanitate hujus sæculi non sequenda. Sed discant in adolescentia, ut habeant, quod doceant in senectute. Deferant enim honores senioribus, ament vero ecclesiastica officia. Ergo prævide ut bona videant in te exempla cum sanctorum exhortatione verborum. Pro hujusmodi religione et devotione Dei omnipotentis te gratia consequatur et exaltet, et honorificet inter homines, et vitam tibi præstet sempiternam.

De libris vero quos rogasti, id est, in Epistolas Apostolorum beati Bedæ tractatum, [a] soror mea Gysla habet. Dum illa remittet eum mihi, dirigam vobis. De [b] Benedictione Patriarcharum, de quibus rogare tibi quoque placuit, composui olim epistolam sub nomine tuo [c] Samuelisque condiscipuli tui. Nescio si de ea postulasti, sive de quolibet alio auctore. De epistola interrogasti, quid esset? Nam ἐπὶ *super*, στόλα *habitus* Græce dicitur. Unde Adrianus imperator[d] Epictetum philosophum inter alias inquisitiones interrogavit, quid esset *cinctum*? At ille videns eum epistolam manu tenentem, respondit : *Quod manu tenes*. Volens intelligere, quasi supercinctorium esset epistolæ sigillum, quo a foris vestiatur chartula. Hanc habeto interpretationem, donec meliorem invenias vel veriorem.

[e] EPISTOLA CLXXXVIII.

AD FILIUM ÆGROTUM.

Solatur illum, et hortatur ad confessionem peccatorum.

Charissimo Filio unicæ dilectionis in Christi benedictione salutem.

Festinavi obviam vestræ dulcedinis præsentiæ, et ecce mutuata [mutata] vice pro lætitia visionis vestræ, tristitiæ chartula advenit, vestram denuntians lacrymabili textu infirmitatem, propemodum te in limine hujus vitæ suspirare; sed quantum de tuo contristor labore, tantum de divina lætificor pietate, qui te tam diuturna infirmitate decoxit, ut purior appareas conspectui illius. *Beatus homo, qui corripitur a Domino; flagellat vero omnem filium, quem recipit* (*Hebr.* XII, 6). Hæc spes te consoletur, charissime fili, et si quid sæculi in tuam deveniat potestatem, quasi obsides pacis præmitte [*Ms.* promittere] ad Dominum, et diligenter minutissimas quasque verborum et cogitationum, imo et factorum sordes apud confessorem fidelem et prudentem, secundum tuam conscientiam, purifica, ut nihil remaneat, in quo malignus te apud summum Judicem habeat accusare. In Domino Jesu fortissima spe confide, qui ad unam confessionis vocem latroni paradisum promisit : et si illius clementia, quæ occidere solet et vivificare, te in pristinum sanitatis officium revocare velit, talis esto moribus, qualis nunc voluntate; et talis tunc opere, qualis nunc cogitatione, ut tibi in salutem proficiat perpetuam, sive infirmitatis labor, sive sanitatis effectus. Habes me, quantum valeo, fidelem sive in iter illud terribile adjutorem ; sive in vitæ præsentis solatium consiliatorem.

Quod vero tua inquisivit charitas de duorum distantia locorum, id est, sive in canonica sede, sive

---

[a] *Soror mea Gysla*. Hoc de Gisla intelligo Caroli Magni sorore; non de Gisla illius filia. Vid. notas in epist. 126 ad Gislam.

[b] Constat igitur Alcuinum scripsisse De Benedict. Patriarch.; sed epistola, cujus hic meminit, intercidit.

[c] *Samuelis*. Illius fortassis, qui postea factus Wormatiensis episcopus, Rabani Mauri, ad quem hæc epistola dari potuit sub Alcuino condiscipulus. De quo idem Rabanus carm. 21 :

Quondam namque meum gaudebam te esse sodalem, etc.
Quod quondam docuit Albinus rite magister
Hoc pectus teneat, etc.

[d] *Epictetum*. Respicit Alcuinus quæstionem Adriani : Quid erit nobis, si cinctum solvas? Cui Epictetus respondit : Epistola est. Vide Altercationem Adriani Augusti et Epicteti, Bibliothecæ Græcæ Fabricii tom. XIII, pag. 560, et pag. 565 inter notas.

[e] Froben. epist. 254.

in monachica sanctitate melius esset ultimi diei exspectare spiraculum? ubique Deus est, qui meritorum magis, quam locorum considerat qualitatem; et si sub orario plus laborasti, quam sub cucula in servitio Dei, quid causæ est, in articulo mortis tui laboris insignes [loco insignia] abjicere, et alterius quærere judicium? Nisi forte sub cucula, [si] Deo miserante ab hac convalescas infirmitate, militare disponis : tamen quamdiu vivas, in majorem sanctæ Dei Ecclesiæ profectum tuæ cogitationis dirige voluntatem : orationum igitur causa et [ob] fraternæ intercessionis solatium cum monachis corporis requies optanda esse videtur.

Si quid perperam dixi, non mala voluntate, sed imperitia me arbitreris loqui : tu vero consiliarios tecum, scio, pios et prudentes habes, quorum consilio ad salutem animæ tuæ uti ratum esse videtur; mea vero parvitas nunquam a vestra recedit charitate, et si, ut decet, intelligere nequeat, tamen, ut debet, desiderare non cessat. Rogo ut quidquid de tua eveniat vita, citius me cognoscere facias, ut sive abeuntem lacrymosis prosequar intercessionibus [a], Deo miserante dies æternos vel temporales habeas semper felices in Christo.

[b] **EPISTOLA CLXXXIX.**

AD ANTONIUM.

Conqueritur de sui oblivione, spectacula reprobat, et Homero se de iis scripsisse dicit, etc.

[c] Antonio Albinus salutem.

Quam plana via fuisset per [d] bellica rura ad currendum vel ad volandum charitatis pennis ! Timeo ne forte fractæ sint alæ, quæ ex eis, ut aliæ, potuissent inseri. Ideo nidus paternus non visitatur, nec saltem columba pedibus, ut quondam in Græcia legatis, affert litterulas. Quid ad hæc sic iturus Orpheus?

Orpheus... inter delphinas Orion.
Vertitur œpofori fundus, sententia nobis.

206 Ego ludo, ego serie [*Forte*, serio] dormientem sæpius suscitare nisus. Sed nec cantante saltatum est, nec plangente lamentatum.

Omnia vel medium fiant mare, vivite silvæ,

Dixit amans spernenti se. Idem in eodem Poeta

[a] Hic aliquid deesse videtur.
[b] Edit. Quercet. 107 ex ms. (Apud Froben. epist. 144.)
[c] *Antonio* Hoc nomine ascititio appellat Adalhardum abbatem Corbeiensem, ut Pascasius in Vita Adalhardi num. 21 testatur his verbis : « Ob hoc autem Adalhardus ab aliquibus, ut epistolæ magistri Albini ferunt, Antonius vocabatur. » Mabill. Act. Sanct. sæc. IV Bened., part. 1, pag. 316.
[d] *Per Belgica rura.* Ita legendum puto loco *bellica*. Ibi enim Corbeia vetus; ibi patrimonium Adalhardi. Mab. l. cit. Act. SS., pag. 307, n. 3.
[e] *Homerus.* Angilbertus, quocum Adalhardus in aula Pippini regis Italiæ versabatur. Hanc epistolam Mabillonius anno 794 recenset et observat, quæ tunc piorum hominum mens fuerit de theatricis spectaculis, quæ ne quidem in homine curiali, qualis tunc Angilbertus fuerat, ferre aut dissimulare Alcuinus potuerit. Annal. Bened. lib. XXVI, num. 13.

Invenies alium, si te hic fastidit Alexis.

Putavi me venire ad te, et unicæ [uni] auriculæ suavia susurrare, et alteri dura decantare; sed prohibuit me Romanus comes ingrato tempore. Si illius insurgat *contra me prœlium, in hoc ego sperabo* (Psal. XXVI, 3); quia *virtus ex infirmitate perficitur* (II Cor. XII, 9).

Vereor, ne [e] Homerus irascatur contra chartam prohibentem spectacula et diabolica figmenta, quæ omnes sanctæ Scripturæ prohibent, in tantum ut legebam sanctum dicere Augustinum : « Nescio homo, qui histriones et mimos et saltatores introducit in domum suam, quam magna eos immundorum sequitur turba spirituum. » Sed absit, ut in domo Christiana diabolus habeat potestatem.

Olim tibi de his scripsi, optans salutem charissimi filii toto cordis affectu; volens per te fieri, quod per me non posse fieri agnovi. Tuus vero animus, fili charissime, congaudeat in servitio Dei et in salute fraterna, ut tibi ex profectu aliorum merces accrescat meritorum. Ideo sæpius desideravi exhortatorias dilectionis vestræ litteras. Sed nescio quæ causa vel me rapuit ex mente tua, vel te ab exhortatione cessare compulit. Beatus qui loquitur in aure audientis. Utinam omnes tali te desiderio audirent, sicut ego unanimus tuus ! Vel castigatus scribe, ut vindices te, quia rogatus noluisti, ut confortares me. Valeto in pace perpetuæ beatitudinis, fili charissime.

[f] **EPISTOLA CXC.**

AD ANTONIUM.

Nuntiat fratres insulæ Lirinensis advenisse, et fratrem Adalhardi vocatum ad palatium fuisse, etc.

Pio, prudenti atque religioso filio [g] Antonio Albinus matricularius salutem.

Quidam prædicator juxta apostolum importunus debet esse; sic etiam quædam charitas importuna se minime grato ingerit auditori : nec spreta tacere novit, quæ etiam nec fluminibus obrui valet, nec tempestatibus exstingui, ne semel accensa subito exstinguatur. [Hæc] causa fuit hujus chartulæ, quam subnectere calamus meus curavit.

Igitur fratres venerabiles et religiosi de [h] mona-

[f] Froben. epist. 212.
[g] *Antonio.* Qui vero nomine appellatur Adalhardus, abbas Corbeiensis, cujus pater fuit Bernardus, Caroli Martelli filius, Pippini regis frater, patruus Caroli Magni, fratres duos habuit Walam et Bernarium; duasque sorores Gundradam et Theodradam, qui omnes a Carolo Magno, summo loco semper habiti; post illius vero obitum omnes præter Theodradam a Ludovico imp. anno 814 in exsilium pulsi fuerunt; cujus rei causam non aliam fuisse credit Mabillonius, quam quia homines potentia et ingenio præditi suspecti fuere Ludovico, pio quidem Augusto, sed suspicioso et meticuloso. Consule Vitam sancti Adalhardi Act. SS. Ord. S. Ben. sæc. IV, part. 1, pag 306 et seqq.
[h] *De monasterio Hilirinæ insulæ.* Legendum loco *Hilirinæ*, Lirinæ seu Lirinensis insulæ, ut patebit ex epistola ad Hilliriensi fratres paulo post exhibenda.

sterio Hilirinæ insulæ ante paucos dies venerunt ad nos omnia narrantes de illis prospera partibus : sed et hoc addiderunt quod filius meus a frater vester cum abbate palatium adire jussus esset, secundaque hebdomada post Pascha iter incepisse. Hoc te scire volui, ut provideas bono consilio fratri tuo, quid sit agendum. Quantum meæ parvitatis consideratio perspicit, valde necessarium ei videretur, ut revertatur ad fratres suos, et ea vita vivat, in qua salvatus fuit de periculo mortis, in quo pene periit. Quid iterum regreditur, ubi propemodum perditus fuit?

Non sit tibi durum cum b Homero nostro consilium inire salutis perpetuæ de fratre tuo, et mittere ad amicos vestros, qui sint in palatio, qui illum bonis erudiant consiliis, et revertendi ei licentiam inquirant; litterisque vestris illum admonere, ne dubitet animo, ne titubet gressus illius; sed unanimiter pietatem imperialem poscat regrediendi facultatem. Credas velim has litterulas ex charitate dictatas esse, ut tu habeas mercedem, et frater tuus salutem æternam. Vive feliciter in charitate Christi, et omni religione sancta, fili charissime.

c EPISTOLA CXCI.
d AD ANTONIUM MONACHUM.

Antonio ad se invisuro significat animi sui lætitiam. Homeri vanitatem in histrionibus carpit; conqueritur de intermisso litterarum commercio, quod ait non esse contra regularem vitam. Post obitum sui memoriam exoptat.

Filio charissimo Antonio Albinus salutem.

Lætatus sum in lectione chartulæ quam mihi tua direxit charitas, sed amplius in solatio germanitatis tuæ, quia valde ex die cognitionis tuorum, intimo cordis affectu amavi eos, quamvis non æqualiter ut te, quia æqualiter ad me non pertinebant; te specialius ex omnibus fere amicis unum. Gratias quod tandem aliquando refloruisti, aperire os, appellare Patrem, sive charitatis, vel etiam hospitalitatis gratia.

e Mandavi Hubone qui præest rebus sancti Martini ad satisfaciendum animo tuo, condicto die obviam tibi esse. Quod de emendatis moribus Homeri mei scripsisti, satis placuit oculis meis; licet semper honorabiles habuisset mores, tamen nullus est talis in hoc sæculo qui non habeat oblivisci, quæ retro sunt, et se extendere in anteriora, donec perveniat ad perfectionis coronam. Unum fuit de f histrionibus, quorum vanitatibus sciebam non parvum animæ suæ periculum imminere, quod mihi non placuit, quapropter scripsi aliquid exinde, ut integram amoris mei illi ostenderem sollicitudinem ; mirumque mihi visum est, quomodo tam sapiens animus non intellexisset reprehensibilia dignitati suæ facere, et non laudabilia.

Suadeo dilectioni tuæ, ut ubicunque vadas, verbum Dei fulgeat in ore tuo, secundum opportunitatem temporis vel loci, quatenus bona conversationis tuæ fama prædicationis instantia adornetur.

Quod in prima paginulæ tuæ fronte parafrasticas apologetici sermonis excusationes legebam, paradigmatico calamo conscriptas, grate suscipiebam eas, quamvis minus necessarias æstimarem illas. Conscius cordium nostrorum novit, qua charitate litterarum consolationis tuarum desiderarem ; vel

---

a *Frater vester.* Habuit sanctus Adalhardus fratrem, ut paulo superius diximus, Bernarium nomine, de quo Pascasius Radbertus in Vita sancti Adalhardi num. 54 scribit : *Iste Christi discipulatus nobiscum* (Corbeiæ scilicet) *habens formam;* idem vero inferius num. 35 testatur , quod Bernarius a Ludovico Aug. una cum fratribus et sorore Gundrada in exsilium actus, Lirinum remissus fuerit : *Bernarius noster,* ait, *Lirinum remittitur,* ubi nempe statum monasticum prius assumpserat. Ex epistola siquidem præsenti indubium est, fratrem Adalhardi, Bernarium utique, in insula Lirinensi monachum fuisse. Is, agentibus fortassis fratribus , sororibus ac propinquis , summo loco apud Carolum habitis , ad palatium fuit evocatus : quo audito suasit Alcuinus , ut ad suum monasterium remittatur, ne prioribus, quibus nescio, periculis, quæ ibi monachum indutus evaserat, involveretur. Hoc consilium effectu caruit; Bernarius siquidem, ut ex Radberto cit. colligitur, in monasterio Corbeiensi cum fratribus suis , usque ad obitum Caroli Magni commoratus fuisse videtur. Excitata deinceps in hanc familiam invidia ad proprium suum monasterium Lerinense remissus fuit. Auctor Vitæ Ludovici Augusti scribit : « Adalhardum quondam abbatem monasterii Corbeiæ, magisterio priori restitutum ; itidemque fratrem ejus Bernarium a monasterio sancti Benedicti evocatum et reconciliatum eidem cum fratre restituit loco » fortassis hic loco : *a monasterio sancti Benedicti* legendum : *a monasterio sancti Honorati*, seu Lirinensi, unde Bernarius post reconciliationem revocatus sit , et deinceps in monasterio Corbeiensi cum fratribus suis, eidem pariter restitutis, degere permissus. Ad calcem Bibliothecæ Lerinensis, a Vincentio Barrali Salerna Bernarius , frater Adelhardi , inter sanctos Lerinenses refertur, non exprimit tamen auctor, an colatur. Bollandus ad diem 11 Januarii in Catal. Sanctorum prætermissorum.

b *Homero.* Angilberto , quocum Adalhardus aliquandiu in aula Pippini regis Italiæ conversabatur. Hic enim, teste Vitæ scriptore Radberto, Pippino regi adjunctus fuit , ut regnum ipsumque regem juniorem ad statum reipublicæ et ad religionis cultum rite informaret ; Angilbertum vero Alcuinus in epist. 26 *primicerium* seu primum consiliarium *palatii Pippini regis* appellat. Vid. epist. seq.

c Froben. epist. 213.

d *Ad Antonium monachum.* Hic est titulus epistolæ in cod. Harleiano, quamvis Adalhardus jam abbas esset monasterii Corbeiensis seu S. Petri. Vide col. 465, not. a.

e *Mandavi Hubone.* Leg. *Huboni,* sed potius *Widoni,* ut arbitror, illi nempe misso regio, ad cujus testimonium pro innocentia Turonensium provocat in epist. 166 qui nimirum secreta quæque de vita et moribus fratrum illorum noverat, tanquam rerum S. Martini, regia auctoritate, defensor et advocatus.

f *De histrionibus.* Homerum seu Angilbertum histrionicis ludis ac spectaculis admodum addictum fuisse Alcuinus jam meminit in epist. 144 ad Antonium nostrum ; ibique ait, *se de his olim scripsisse, optando salutem charissimi filii;* quod in præsenti epistola factum puto. Desideratur vero etiamnum epistola, cujus et hic et ibi meminit, scripta ad ipsum Angilbertum, qua illum admonuit, ad vitanda hujusmodi *spectacula et diabolica figmenta ; quæ omnes sanctæ Scripturæ prohibent,* etc.

quo timore calamum suspendisses in pariete regularis domus. Aut ego forsitan tanto indignus fui consolatore, aut magis spem posui in homine quam Deo placuisset : tamen nolim tuam bonitatem de aliis id egisse, sed omnibus omnia factus, ut ex omnibus mercedem merearis habere apud Deum. Christus, ut in historiis legitur, Abagaro regi pagano scripsit epistolam : aut beatus Paulus inter eos non fuit, de quibus Scriptura dicit : *Erat illis cor unum et anima una, et erant illis omnia communia* (*Act.* IV, 32), et bene fecit scribendo amicis? Aut si fecit, male fecit tantas amicis scribendo epistolas? Vel quomodo meas ausus fuisti legere litterulas, et tuas mihi non dirigere? Si contra regulam est aliis scribere, utique contra regulam est et aliorum legere. Opto ex magno cordis mei desiderio, nullatenus te plus peccasse in custodia regularis vitæ quam exhortatorias volentibus edere chartas. Vulnerasti siquidem cor meum, sed si tempus medendi adhuc fieri valeat, sana vulnus charitatis calamo, ne putrescat in pejus. Non enim tibi sunt indiga pigmentorum genera magno emenda pretio, nec cum periculo cor leonis extrahendum ; sed aperi cor charitatis tuæ, et irriga cœlestis rore benedictionis arentia cordis mei rura, ut semper generare incipiat prioris pacis et concordiæ [*deest* fructus, *vel simile*]. Nunquid non me a familia sancti Petri te hortante et deprecante, in gremium fraternitatis suæ suscepit, quasi unum ex illis? Si amico prodesse timuisti, quare non fratri et consocio germanitatis tuæ ? Nunquid regularis constrictio prohibet te fratrem exhortari tuum? Aut falsum est quod promisisti, aut verum est quod tu de fratre bene non fecisti.

Sed cessent quærimoniæ, fiant charitatis solatia inter fratres, sine qua nihil Deo placere poterit ; et si sit in corde, agnoscatur opere : si intus ardeat, foris fulgeat. Ideo Spiritus sanctus missus est in specie ignis et linguarum, ut quod intus ardet in corde, foras ferat in verbo charitas, ut poeta cecinit :

Mentibus instat amor, sermonibus æstuat ardor.

Ego militaris cingulo laboris deposito quietus Deo servire desiderans, nimium trepidus exspectans, qua hora dicatur mihi : aperi pulsanti, festina ad tribunal judicis tui, ut audias quidquid operatus [*Ms.*, operasti] in vita tua fuisti. Si te, fili mi, superstite hæc hora adveniat Patri, tu vero cum tuis omnibus fidelis intercessor adesto, ut diras accusantium facies evadere, Deo Jesu miserante, valeam, cui laus et gloria omnium bonorum suorum, quæ non solum mihi, sed omni humano generi mira contulit pietate. Tu vero, fili charissime, prospere proficiens et feliciter vivens valeto in æternum.

---

a *Familia S. Petri.* Hoc est monasterium Corbeiense vetus in Gallia in diœcesi Ambianensi, D. Petro sacrum; cujus Adalhardus primo monachus, deinde abbas fuit.
b Froben. epist. 214.
c Froben. epist. 232.

---

b EPISTOLA CXCII.
AD ANTONIUM MONACHUM.

Desiderat multum orationes Antonii, ut Deum semper amare possit et laudare.

Antonio Albinus, mansionario matricularius salutem.

Ideo dico mansionarium te, quia *multæ sunt mansiones in domo Patris* æterni (*Joan.* XIV, 2), quarum te non solum habitatorem, sed etiam inter apostolicam auctoritatem judicem esse opto, quis, in qua dignus habitare discernatur. Deprecor tota cordis intentione, ut habeas Albinum tuum in ore et corde, dum animam offers tuam in conspectu Spiritus sancti, deprecans ut eruat me Spiritus Paraclitus de spiritalibus animi mei tentationibus, quatenus digna sit anima mea summum bonum, id est Deum verum amare et laudare ; quia hæc est angelica vita ; semper et hoc agunt jugiter, quod nobis necesse est sæpius agere : Et qui plus amat Deum in terris et laudat, magis eum habet in cœlis. Infelix est hæc vita, et tota ærumnis plena ; non est nobis salus nisi in Domino Deo Christo, quem tua semper devotio amet, laudet et prædicet ; et in orationibus tuis sanctis conservos tuos semper adjuva, et me maxime peccatorem, quem Patris nomine, licet indignum, dedicasti ; et saluta fratres nostros, commilitones tuos, ex nostri nominis officio, et specialiter eos, quos familiarius nos dilexisse scias. Vos vero omnes in fraterna charitate et in unitate pacis sanctæ divina gratia, in perpetuum custodire dignetur, dilectissimi fratres !

c EPISTOLA CXCIII.
Ænigmatica.

d Antonio Paulus.

Venerunt mihi litteræ sexto Idus Quintilis ad e *Uuicos*; gaudio plenæ de meo et de tuo, et de nontermino [*Ita ms.* ; *f.*, nominis termino], quæ in me usque modo manserunt, et mansura erunt, credo, licet durissime passus essem præsentiam absentiæ, et absentiam præsentiæ. De visitatione vero fraterna sæpius volui secundum opportunitatem itineris ; sed secunda in pronomine persona optime novit, unde remansit ; imo necdum agnosco, quomodo fieri possit hoc. Scito, quod litteræ tantummodo non sufficiunt ad meum et tuum (quia hæc sunt, quæ mundum destruunt) si non aderunt ego et tu. Hucusque tres litteræ in tristitia fuerunt, duobus [*F.*, duabus] hoc facientibus ; sed septem omnia sufferunt, donec sex et octo simul gaudeant, et septem stent in loco suo, quia a senarii numeri perfectione per septenarii gratiam ad octonarii beatitudinem ascenditur ; et fiat unitas primi et extremi per medietatem, quia cuncta in creaturis tribus istis terminis ad unitatem perveniunt ; et si tolluntur de medio unum, de ultimo duo,

---

d *Antonio Paulus.* Hæc nomina et ipsum epistolæ argumentum mere ænigmatica sunt, quibus evolvendis immorari operæ pretium haud fuerit.
e *Uuicos.* Seu Wicus, cella maritima S. Jodoci, curæ Alcuini in Galliam venientis a Carolo Magno concreditum. Vid. notas epistolæ 39 (nunc 44) et alibi.

erunt tres termini æquales, mirabiles in perfectione omnium creaturarum, quæ a tribus personis in unitatem potestatis conditæ sunt.

Hæc legens intelligat et laudet subtilissime largitorem sapientiæ, et vivat in eo feliciter. Saluta fratres; pueros et perfectos, legentes et intelligentes, amantes et benefacientes, Christum colentes et charitatem habentes; et hi omnes valeant, vigeant, floreant in omni perfectione vitæ et laudis Dei æternaliter.

[a] EPISTOLA CXCIV.

AD CONGREGATIONEM SANCTÆ MARIÆ ET PATREM MOROALDUM.

Cupit eorum societate frui, et amicitia.

Beatissimæ et sanctissimæ Dei genitricis semperque virginis Mariæ congregationi, et pio Patri [b] Moroaldo, ultimus sanctæ Ecclesiæ clientellus Alcuinus in Christi charitate salutem.

Sæpius vestræ sanctitatis audiens famam, et ideo me vestræ familiaritati adjungere desideravi. Sed modo tempus opportunum occurrit, per præsentem fratrem obnixis precibus meipsum vobis commendare. Quapropter per sanctæ Virginis Filium vestram suppliciter obsecro unanimitatem, ut me, licet indignum, vestris animis atque manibus accipere dignemini, non quasi ignotum, sed quasi fratrem. Quia licet oculis carnis non vidissem, tamen oculis cordis vos videre videor, et valde diligo; honestatemque vitæ vestræ animo complector studioso, cupiens vestram beatitudinem ubique proficere in Domino, et ad perpetuæ pacis pervenire lætitiam. Orantes pro nobis, vos semper valete in Christo, fratres dilectissimi?

[c] EPISTOLA CXCV.

AD MATREM ET FILIAM.

Hortatur ad bona opera; et precibus earum se commendat.

Albinus matri et filiæ in Christo salutem.

Lætanti animo salutationem accepi vestram, suppliciter deprecans ut Deus Christus misericorditer devotionem respiciat vestram; magis magisque faciat in sua proficere voluntate, et ad coronam gloriæ vestram deducat conversationem. Filia sit matri in omni bono obediens; mater sit in salute filiæ devota: utraque in Dei servitio semper studiosa, in castitate facientes quæ sunt Deo placita. Subjectamque vobis filiam [*Videtur leg.* familiam] in omni timore Dei educate, quasi rationem redditura pro singulorum animabus. Quapropter ut filios filiasque cum omni diligentia eos erudite, ut non solum carnale solatium, sed etiam spiritale gaudium habere mereamini. In pannoso paupere Christus non despicatur, sed in domum deducatur, foveatur et reficiatur; quia refectio egeni salus est divitis. Canonicas horas in laude divina omni studio peragite, quatenus ab angelis exaudiatur et a Christo accipiatur cœlicentus psalmodiæ vestræ. *Modestia vestra,* juxta Apostolum, *nota sit omnibus hominibus* (*Philip.* iv, 5); quatenus et præsens vita exemplum sit in salutem multis, et futura pro laudabili pietatis conversatione a Deo remuneratore omnium bonorum recipiatur. In fine vero hujus chartulæ vestram deprecor almitatem, ut inter vestras orationes mei nominis memoriam habere dignemini: et ea charitate mihi salutem deprecamini perpetuam, qua vos per hanc epistolam de vestra admonere studui; hosque legentes apices in Christo valete semper charissimæ.

[d] EPISTOLA CXCVI.

AD EUGENIAM FILIAM.

Hortatur ad fortitudinem in tribulationibus, quas ipsa innocens cum Dei servis patitur ab iniquis regibus.

Albinus [e] Eugeniæ filiæ virgini charissimæ in Christo salutem.

Litteris dilectionis vestræ acceptis, et dulcissimis cum gratiarum actione muneribus, valde lætatus sum in fide et charitate vestra. Auditisque tribulationibus quas non solum vestra innocentia patitur, verum etiam pene omnis servorum Dei multitudo: quia reges vobiscum tyranni facti sunt, non rectores; nec ut olim reges a regendo, sed a rapiendo dicuntur. Sed forti animo este; *multa sunt enim tribulationes justorum* (clamat Psalmista) ut consequi valeas, quod sequitur: *Sed de his omnibus liberabit eos Dominus* (*Psal.* xxxiii, 20). Et Dominus in Evangelio: *Tradet frater fratrem in mortem,* etc. (*Matth.* x, 21). *Sed in patientia vestra possidebitis animas vestras* (*Luc.* xxi, 19). Aurum non splendescit, nisi igne probetur. Job lateret occultus, nisi tribulationibus probaretur; de quo Jacobus apostolus, dum nos ad patientiam hortaretur, ait: *Job audistis, et finem Domini vidistis* (*Jac.* v, 11). *Tribulatio patientiam operatur,* ait Apostolus, *patientia autem probationem, probatio vero spem* (*Rom.* v, 3, 4). Qualem spem, nisi perpetuæ beatitudinis? Si margaritam invenisti pretiosam, venditis omnibus eme illam: teneas, nec dimittas eam (*Matth.* xiii, 46). *Sæculum hoc in maligno est positum* (*I Joan.* v, 19). Sunt homines seipsos amantes, Evangelio Christi non obedientes. Unusquisque viam voluntatis suæ graditur, non sequens eum, qui ait: *Ego sum lux mundi, qui sequitur me, non ambulat in tenebris; sed habebit lumen vitæ* (*Joan.* viii, 12). Item: *Qui vult post me venire, abneget semetipsum, tollat crucem suam et sequatur me* (*Matth.* xvi, 24). Crux tollitur, dum per patientiam tribulatio vincitur. Nemo miles coronabitur, *nisi qui legitime certat* (*II Tim.* ii, 5). Legitime certare est virgini, ut sit sancta corpore et

---

[a] Edit. Quercet. 80, Canis. 45, Froben. 145.

[b] *Moroaldo.* Haud dubie abbati Farfensis beatæ Mariæ monasterii. Vid. Mabill. libr. xxvi *Annal.*, num. 8.

[c] Edit. Quercet. 55 ex ms. (Froben. 146). Quæ mater illa, quæ filia? nullo indicio proditur.

[d] Edit. Quercet. 100 ex ms. (Apud Froben. epist. 147).

[e] *Eugeniæ.* Quæ illa virgo fuerit ignotum. Anglicanam fuisse colligo ex iis epistolæ verbis: *Reges vobiscum tyranni facti sunt*; quæ de Angliæ regibus, quorum tyrannidem Alcuinus in aliis etiam epistolis accusat, intelligenda censeo.

*inima (I Cor. vii, 34), et sit digna Christo sponsa; cantans quotidie : Dilectus meus mihi et ego illi, qui pascitur inter lilia (Cant. ii, 16); id est, inter candorem virginitatis: Memor esto virgines esse prudentes et fatuas. Si antiquus hostis in te ipsa, id est, in corpore tuo tentationis locum non invenit, omnino exterius quærit, quomodo animi fortitudinem enervare valeat; cui forti animo resistendum est. Non sunt enim, ait Doctor egregius, condignæ passiones hujus temporis ad superventuram gloriam, quæ revelabitur in nobis (Rom. viii, 18); dum revelata facie videbitur Deus deorum in Sion (Psal. lxxxiii, 8). Et virgo, quocunque ierit, agnus sequitur eam (Apoc. xiv, 4).

O nimium felix, cui nec felicior ullus.

Quæ beata Dei Genitrice ducente omnia secreta cœlestis regni intrare merebitur penetralia. Non nocet multum quod iter perficere non valuisti quod cœpisti, Deo aliquid melius providente tibi. Expende in pauperum solatia, quod in tanti itineris viaticum tibi præparasti. Da quod habes, ut accipere merearis quod optas. Habeto ejus pleniter in corde charitatem, quem defensorem tibi petis in tribulatione. Non est diabolo facilis vastatio domicilii, in quo est habitatio Christi; a *cujus latere cadent mille et decem millia a dextris ejus* (Psal. xc, 7). Illum habeas opto consolatorem in omni tribulatione tua, quem habebis remuneratorem totius pœnitentiæ tuæ. Respice in eum, qui ait: *Confidite, ego vici mundum* (Joan. xvi, 33). Illius te æterna potestas in omni tribulatione vincere faciat, et palmam perpetuæ beatitudinis accipere concedat, qui ait : *Dabo ei manna absconditum* (Apoc. ii, 17), quod nullus novit, nisi qui acceperit. Valeto, in omni virtute et sapientia florens, charissima filia.

a EPISTOLA CXCVII.
AD FILIAM SPIRITALEM (EUGENIAM).
Castitatem cum eleemosynarum largitate commendat.

Charissimæ in Christo filiæ Eugeniæ Albinus salutem.

Placet mihi sæpius in parvis [*Cod. Sal.*, tametsi in paucis] litteris, non tamen parva officia salutationis tuæ dirigere germanitati, et tuis ingerere cogitationibus admonitionis meæ; vel promissionis tuæ [*Cod. Sal.*, sanctæ] salutiferas collationes, quatenus nobilissimum virginitatis decus integro conservare corpore coneris, rememorans gloriosam castitatis mercedem. Ecce in cœlis per magna æterni regis palatia *agnum sequuntur, quocunque ierit* (Apoc. xiv, 4). Quid hac gloria beatius, vel hac beatitudine gloriosius? Ubi naturæ [*Cod. Sal.*, natura] victor omnium conditori creaturarum consociabitur.

Nec labor quotidianus deterreat, quem spes tantæ remunerationis consolabitur. Paucorum labor dierum æternis remunerabitur præmiis. Sit quoque virginitas eleemosynarum largitate fertilis; nec sibi caducas divitiarum gazas avida congreget manu :

a Edit. Quercet. 44, Canis. 57 collata cum cod. ms. Salisb. (Apud Fröben. epist. 148).
b Edit. Quercet. 89 ex ms. (Apud Fröben. epist. 149).

sed larga mente in membra sui distribuat sponsi. Geniinis, charitatis scilicet et castitatis pennis, ad alta cœlorum regna transvolet. Nec virgo, carnis concupiscentiæ vinculis libera, avaritiæ laqueis constringatur, sed sui ipsius victrix, etiam sæculi ignavia, cupiditati [*Cod. Sal.*, ignava cupiditate] non succumbat : sed sibi misericordiæ operibus, quasi ramis virentibus, in arcem cœlestis Hierusalem viam sternat, ubi laudibus excepta angelicis magni imperatoris thalamum æterna introducatur lætitia.

Ut hoc fieri valeat, vigilare debet hujus inquisitor margaritæ, non inertiæ sopitus somno dormitare : imo sæpius orationibus nocturnis vel diurnis pulsare januas perpetuæ civitatis; et veniens aperias inveniet, quas quisque ab hoc carnali carcere deductus, nimium intrare cupiet; quod ante summa diligentia prævidere debet, ut portas tunc inveniat patentes, angelicosque choros suscipientes obviis manibus animam ad deducendum in cubiculum regis æternis fruituram gaudiis; perpetuumque laudis carmen decantabit in præsentia sui sponsi dicens : *Benedic, anima mea, Dominum et omnia opera ejus : in omni loco dominationis ejus, benedic anima mea Dominum* (Psal. cii, 1 et 22). Vivas, valeas et floreas, virgo nobilissima, in Christo.

b EPISTOLA CXCVIII
AD HUNDRUDEM FEMINAM
Hortatur ad devotionem et vitam exemplarem in palatio regis. Salutem precatur reginæ, et Egfrido.

Deo devotæ feminæ c Hundrudæ Alcuinus diaconus salutem.

Benignitatis tuæ salutationem et munuscula gratanter accepi; in quibus te agnovi conditæ olim amicitiæ bonam abundare [*Forte, habere*] memoriam; credens quoque tuam similiter non oblivisci prudentiam, qualiter devotio mea te jam præsentem de charitate Christi, et honestate vitæ diligentissime admonuit. Ideo non opus esse arbitror, multis illa reiterare sermonibus; sed paucis deposcere litterulis; ut omni hora vel momento dies in mente habeas æternos, et præpares te *in occursum Domini Dei tui* (Amos iv, 12); ut sine timore videre valeas Judicem vitæ tuæ, quem tota virtute dilexisti in pectore tuo. Sit cogitatio tua in præsentia Dei, in sobrietate vitæ, et sermo tuus in modestia veritatis, et opera tua in castitatis honestate, ut exemplis tuis adolescentiores erudiantur, seniores congaudeant, omnes ædificentur; ut in palatio regis regularis vitæ devotio in tua videatur conversatione. Quatenus summi regis pietas in omni te custodiat prosperitate, et in bonis operibus usque ad finem vitæ perseverantem, æterna te remunerari gloria dignetur.

Saluta, obsecro, domnam reginam ex meæ parvitatis nomine. Scripsissem exhortatorias illi litteras, si illi propter occupationes regis [*Forte, regias*]

c *Hundrudæ.* Matronam Anglicanam vocat Mabillonius lib. xxvi Annal. num. 14. Quæ instar monialium feminarum velata in palatio regis Offæ degebat, ut ex sequentibus conjici potest.

meos apices legere licuisset. Sciat tamen certissime sibi quoque dominæ, quantum valeo, fidelem esse. Tamen gestum est de monasterio [a] Inmercum, sicut de illorum non speravi bonitate. Faciant de me, sicut illis placeat. Nam fides mea apud illos non violabitur, credens tanto meliores habere illos, quantum meliores sunt meritis et dignitate. Omnipotens æterna protectione eos ubique custodiat, protegat et regat cum omnibus fidelibus suis. [b] Egfridum filium meum diligenter saluta. Opto, ut floreat in voluntate Dei, et prosperitate multis felicibus annis. Valeto semper, dulcissima soror.

[c] EPISTOLA CXCIX.
AD ÆDILTHYDEM FAMULAM DEI, OLIM REGINAM.
Instruit optimis vitæ documentis.

Dilectissimæ in Christo sorori [d] Ædilthydæ matri humilis levita Alcuinus salutem.

Vestræ benignitatis munera gratanter suscipiens, vestræ dilectionis salutatoria verba libenter audiens, fateor magna me dulcedine esse gavisum, cognoscens fidelem in vestro pectore permansisse charitatem, quam nec terrarum longinquitas interrumpere poterit, nec fluctivagi maris æstus procellosis undis obruere valet, quo minus ad me usque beneficiosa munificentia pervolasset. Sicut legitur : *Aquæ multæ non potuerunt exstinguere charitatem, nec flumina obruent illam* (Cant. VIII, 7). Igitur charitas quæ deseri potest, nunquam vera fuit. Nil homines ita Deo appropinquare facit, sicut charitas. *Qui in charitate manet, in Deo manet,* sicut dicit Scriptura, quia *Deus charitas est* (I Joan. IV, 16). De qua ipse Salvator ait : *In his duobus præceptis tota lex pendet et prophetæ* (Matth. XXII, 40), id est, in charitate Dei et proximi. Per charitatem proximi ad Dei dilectionem pervenitur. Dicit enim Joannes evangelista : *Si fratrem quem vides, non diligis, quomodo Deum, quem non vides, diligere potes* (I Joan. IV, 20)? Sed fraterna charitas in admonitione spirituali et in solatio sæculari ostendenda est. Sicut enim corpus cibo pascitur, ita anima sacris doctrinis alitur. Ideo utrumque facere debet qui potest : et pauperi larga porrigere manu quod indiget, et esurientem animam salutifera admonitione reficere : maxime qui præsunt aliis et multorum curam habere videntur. De hoc studiose vigilare [*Forte*, vigila] pro singulis animabus, quasi rationem redditurus pro eis in die judicii. Qui negligenter talentum servat acceptum, pœnam patietur suæ negligentiæ condignam; qui vero multiplicat diligenter pecuniam Dominicam, magnam accepturus erit mercedem a Domino Deo suo. Scire debent prælati quod quanto plus laborant in salute subjectorum suorum, tanto majorem accepturi erunt gloriam, dicente in die judicii Domino Deo illis : *Euge, serve bone et fidelis, quia super pauca fuisti fidelis, supra multa te constituam, intra in gaudium Domini tui* (Matth. XXV, 21, 23). Quid hac voce jucundius? quid hoc auditu beatius?

Hanc [*Suppl.* ut] vocem audire merearis, charissima soror, omni instantia tibi subjectos instrue, verbis admone, exemplis erudi : quia illorum salus tua est remuneratio. Noli propter hominum terrorem tacere, sed propter Dei amorem loquere. *Argue, increpa, obsecra* (II Tim. IV, 2); publice *peccantes palam castiga, ut cæteri timorem habeant* (I Tim. V, 20); alios in spiritu mansuetudinis admone; alios in virga pastorali corripe, diligenter considerans quid cui conveniat. Quidam itaque maligni morbi per dulcia, quidam per amara sanantur pocula. Anus et senes quasi matres et patres honora; juvenes quasi fratres et sorores dilige; minores ætate quasi filios filiasque erudi, et omnium curam habeto in Christo, ut omnium mercedem habeas a Christo (I Tim. V, 1, 2). Fidelis vero dispensator pecuniam Domini sui, id est, animas sibi commissas augere studeat per diligentiam, non minuere per pigritiam; quia servus bonus coronabitur a Domino suo, malus vero damnabitur, sicut in Evangelio dici a legentibus intelligi potest. Tu vero labora diligentissime in opere Dei, ut retributionem magnam accipias in regno Dei. Eleemosynæ tuæ præcedant te et viam tibi faciant. *Munera enim dilatant viam hominis, et spatium ei ante principem faciunt* (Prov. XVIII, 16). Hospites et peregrini sumus in hac terra (Hebr. XI, 13). Patria nostra in cœlo est. Non est bonum transitoria diligere, et sempiterna negligere. Unusquisque sicut operabitur, sic accipiet a Deo suo, qui *reddet unicuique secundum opera sua* (Matth. XVI, 27).

Vigiliæ et orationes tibi sint frequentes, et psalmodia in ore, non vaniloquia in lingua. Sed dilectio Dei in corde, et non ambitio sæculi in mente. Præterit enim quidquid amatur in mundo : permanet quidquid diligitur in Christo. Volentes nolentes æterni erimus. Omni intentione studeamus, ut fideliter vivamus, ubi semper mansuri erimus. Sanctorum festivitates cum laude divina, et pauperum eleemosyna frequenter honora, quatenus eorum merearis intercessione illorum esse particeps beatitudinis. Sint tibi sermones veritate laudabiles; sint mores sobrietate et modestia amabiles; sint manus largitate

---

[a] *Monasterio Inmercum.* Hoc monasterium a nemine proditur; abs dubio in Anglia quærendum.

[b] *Egfridum.* Offæ regis Merciorum filium, ad quem Alcuinus scripsit epistolam 50.

[c] Edit. Quercet. 50 ex ms. (apud Froben. epist. 150.)

[d] *Ædilthydæ matri.* Dubius est Mabillonius, an hæc sit Alfrida, seu Ethedrita Offæ regis Merciorum filia, quam Ethelredus regni Orientalium Anglorum hæres conjugem habere volens, palatium Offæ accessit, ibi vero perfide capite truncatus est? (lib. XXVI Annal. num. 29, Act. SS. sæc. IV, part. I, pag. 565). Alfordus hanc putat fuisse Etheldritam, quam Westmonasteriensis Etheldredam vocat, Ethelwaldi Northumbriæ regis uxorem, de qua Hovedenus ait : « Anno 762 Ethelwaldus rex accepit reginam Etheldritam Kalendas Novembris in cataracta. » Annal. Anglo-Saxon. ad illum annum n. 1 et seq. Certe magnæ illam familiæ virorum ac mulierum præfuisse ex textu liquet, reginam non item; nisi ex inscriptione Quercetani.

honorabiles : sit totius vitæ conversatio exemplum in omni bonitate aliis; ut dignitas personæ tuæ laudetur ab omnibus, ametur a pluribus, et per (te) Dei nomen glorificetur, ipsa dicente Veritate : *Sic luceat lux vestra coram hominibus, ut videant opera vestra bona, et glorificent Patrem vestrum qui in cœlis est* (*Matth.* v, 16). Magnum habemus Patrem, Deum scilicet omnipotentem. Quam nobilis in moribus, quam modestus in verbis, quam castus in corde, quam misericors omnibus debet esse filius Dei, ipso præcipiente : *Estote misericordes, sicut et Pater vester cœlestis misericors est* (*Luc.* VI, 36). Imitemur quantum poterimus illius bonitatem, ut æternam beatitudinem cum illo habere mereamur : ait enim non solum apostolis, sed etiam et nobis : *Exemplum enim dedi vobis, ut quemadmodum ego feci vobis, ita et vos faciatis* (*Joan.* XIII, 15). Item : *Qui sequitur me non ambulat in tenebris, sed habebit lumen vitæ* (*Joan.* VIII, 12). Quid superbit homo in sæculi divitiis ? *Christus pauper factus est pro nobis* (*II Cor.* VIII, 9), ut per illius paupertatem, quam pro nobis accepit in terra, nos divites essemus in cœlo. Cito enim putrescit caro in terra, quam tanta diligentia ornamus in deliciis. Insuper et de sepulcro cogitamus ornando; vanitas hæc vanitatum est. Melius est his opibus animam vestire, quam spurcitiam carnis ornare. Christus sepultus est in spelunca, non in templo. Hoc ideo dico, quia aliqui viventes suam solent fabricare sepulturam. Quid mihi, ubi vermi putrescat esca ? Tantum ut anima requiem habeat, studendum est, ut illa vivat feliciter, quæ mori non potest. Veniet enim tempus, quando *corruptibile hoc induetur incorruptionem* (*I Cor.* xv, 53), et resumet anima quod reliquit in terra. Tunc homo pariter anima et corpore regnabit cum Christo, qui hoc totius [*Forte*, nunc totus] anima et corpore, serviebat Christo.

212 EPISTOLA CC.
AD EDILTHRUDAM.
Consolatur matrem de morte filii.

Dilectissimæ in Christo matri Edilthrudæ humilis levita Alcuinus salutem.

Quia præsentialiter vestram dulcissimam dilectionem, ob longitudinem habitationis nostræ, admonere nequeo, ideo litterarum officio implere non cesso, quæ linguæ ministratione denegatur, desiderans toto cordis mei affectu, te ubique, charissima mater! in omni proficere bono, ut digna efficiaris in eorum censeri numero de quibus in Evangelio Dominus noster Jesus Christus respondit : *Omnis qui fecerit voluntatem Patris mei qui in cœlis est, ipse mihi mater et frater* (*Matth.* XII, 50). Quomodo mater, nisi sancta charitate in visceribus cordis perfecti quotidie generatur ? Ecce qualem filium poterit pia mater habere, eumdem ipsum Deum regem ac redemptorem; etiam et in omnibus tribulationibus consolatorem. *Multæ sunt tribulationes justorum* (*Psal.* XXXIII, 20); sed majores sunt consolationes Christi. In quo debet homo sæcularis miseræ eventu contristari, qui fontem totius consolationis, id est, Christum habitatorem possidet in pectore ? Imo magis gaudendum est in tribulationibus propter spem æternæ beatitudinis, dicente Apostolo : *Per multas tribulationes oportet nos intrare in regnum Dei* (*Act.* XIV, 21). Item : *Flagellat Deus omnem filium quem recipit* (*Hebr.* XII, 6). Item de apostolis legitur : *Ibant autem gaudentes apostoli a conspectu concilii, quoniam digni habiti sunt pro nomine Jesu contumeliam pati* (*Act.* v, 41). Sciat dilectio tua quia filius tuus spiritalis Dominus Jesus non est mortalis; vivit, vivit, et in dextera Dei Patris vivit et regnat. Ideo de carnali filii tui morte non contristeris; imo magis nec de tui corporis abso (sic) : sed labora omnibus horis et momentis, ut anima feliciter vivat cum Christo, et in spem bonitatis illius consolare, quia multæ miserationes Dei. Te vero superstitem reliquit filio carnali, ut per tuas intercessiones et eleemosynas misereatur et illi. Forte in peccatis suis mortuus est, sed in misericordia potest fieri ut vivat divina. Nam latro, qui in scelere suo suspensus est cum Christo, sed in misericordia salvatus est Christi. Noli lugere eum, quem revocare non poteris; et si Dei est, non illum doleas amissum, sed tibi in requiem gaudeas præmissum. Si duo sunt amici, felicior est mors præcedentis quam subsequentis, habet enim, qui fraterno amore pro se quotidie intercedat, et lacrymis lavat pristinæ errores vitæ. Nec dubites prodesse piæ sollicitudinis curam, quam pro anima illius geris. Tibi proficit, et illi. Tibi itaque, quæ in fide facere dilectione [*Ita Cod. mendose; f. leg.,* quia in fide facis et dilectione]: illi, ut vel pœna levigetur, vel beatitudo augeatur. Larga est et inæstimabilis pietas Domini nostri Jesu Christi, *qui vult omnes homines salvos fieri* (*I Tim.* II, 4), et neminem perire. Noli, ut prædixi, in tribulationibus tuis contristari, sed, ut majores tibi superveniant, gaudeas in illis, dicente Apostolo : *Non sunt condignæ hujus temporis passiones, ad superventuram gloriam, quæ revelabitur in nobis* (*Rom.* VIII, 18). Sicut aurum in igne examinatur, sic homo in camino tribulationis comprobatur. Dum potestatem habeas rerum tuarum, fac ex eis eleemosynam, quia *nescis quid ventura pariat dies* (*Prov.* XXVII, 1). Nullus tibi dispensator fidelior potest esse quam tu ipse; et libentius munera præcedentia nos, quam subsequentia Deus accipiet. *In multis enim offendimus omnes* (*Jac.* III, 2), sicut Jacobus ait apostolus. Item Joannes evangelista dixit : *Si dixerimus quia peccatum non habemus, nosmetipsos seducimus* (*I Joan.* I, 8). Et juxta Salomonem : *Redemptio viri propriæ divitiæ* (*Prov.* XIII, 8). Et qui plus habet, plus exigetur ab eo. Dispensatores sæculi debemus esse non possessores : exsules enim et *peregrini sumus* in hac vita, *sicut omnes patres nostri* (*I Paral.* XXIX, 15, *et Psal.*

---

213 a Hactenus inedita hic prodit ex cod. ms. Salisb. (Apud Froben. epist. 151.)
b *Matri Edilthrudæ.* An hæc eadem sit ac Ædilthydis, quam Ingulfus etiam Etheldritam vocat, et ad quam prior est epistola, ignoro.

xxxviii, 15). Illorum mores nobis nostram omni hora **A** oculis opponat; et illorum bona conversatio in Christo, nostræ sit eruditio vitæ; quatenus illorum in fide et charitate atque omni opere bono sequentes vestigia in cœlesti beatitudine vitam habere mereamur sempiternam.

a EPISTOLA CCI.
AD MAGENHARIUM COMITEM SENONICÆ CIVITATIS.
Hortatur ad virtutes; curamque sui officii.

Dilecto in Christo b Magenhario comiti, humilis levita Albinus salutem.

Audivi vos, vir venerande, nostræ parvitatis optasse colloquia; et ut vere fateor, vestram valde desideravi præsentiam; ut dulci collocutione vestræ prudentiæ consolarer. Sed quia rerum eventu hoc fieri non valuit, visum est mihi condignum litteris **B** implere quod verbis non potui, et meam in vos ostendere dilectionem, et vobis utilia per chartam suadere, ut vester profectus meus esset fructus. Ut qui in sublimi dignitate positus es in terris, per opera justitiæ et misericordiæ cœlestem tibi merearis honorem. Cogita quod [*Cod. Sal.*, quam] transitoria sunt hæc omnia quæ in hoc sæculo habemus: et quia necessarium est unicuique hominum [*Cod. Sal.*, homini] æternam sibi per temporalia benefacta promereri gloriam c. Quapropter, ut ad perpetuam pervenias, Deo donante, beatitudinem, nulla te sæculi delectatio, nulla carnalis concupiscentia impediat. Sed esto in judiciis justus, in operibus misericordiæ pius, viduis et orphanis quasi pater, defendens [*Canis.*, defendas] eos ab omni violentia.

Esto quoque Ecclesiis Christi quasi frater, ut per orationes servorum Dei, inter pericula hostium; fluminum, viarum, infirmitatum, divina te protegat dextera, regat atque conservet semper ubique. Fac ut quotidie pauperes de pane tuo comedant, quia miserorum consolatio tibi erit æterna remuneratio. Esto quoque in consiliis providus; sapiens in cogitationibus, modestus in sermone, Deum semper habens præsentem, quatenus illius loquens voluntatem [*Al.*, veritatem], ejus dignus efficiaris protectione. Corpus tuum in castitate, et animam in sobrietate conserva: fidelis esto ad dominos quos dedit tibi Deus, ad amicos benignus, ad omnes homines æquus et miseris largus. Debitoribus [tuis] vel in te peccantibus culpas ignosce; ut tibi **D** ignoscat Deus, si quid contra ejus fecisti voluntatem.

---

a Edit. Quercet. 55, Canis. 54; collata cum cod. ms. Salisburg. (Apud Froben. epist. 152.)
b *Magenhario.* Scriptor Vitæ Ludovici Pii incertus (Tom. VI Rer. Gall. Script., pag. 90, n. 7), *Meginarium* vocat; virum sapientem et strenuum, gnarumque utilitatis et honestatis regiæ: quem Carolus Magnus ad Ludovicum, ut ejus consilio uteretur, miserit. Eginardus nominat Meginherum comitem inter eos qui Carolo Magno testamentum condenti adfuerunt. BASNAGE.
c Apud Canisium : « Veniam sibi per temporalia promereri beneficia et gloriam. »
d Edit. Quercet. 145, Canis. 65 (Froben. epist. 153).
e Hanc epistolam ex cod. ms. S. Germani edidit Lucas Acherius tom. III Spic. nov. Edit. pag. 521.

Tuis quoque diligenter præcipe subjectis, ut justi sint in judiciis, misericordes in miseros, Deum timentes, Ecclesiamque Christi honorantes : ut illorum bonitas tibi in mercedem [*Cod. Sal.*; mercede] computetur. Sæpe subjectorum peccata rectoribus imputantur [*Canis.*, implicantur]; si minus diligenter eos admonent prælati, quomodo iacere debent; sicut eorum bona dominis prosunt ad præmia, qui eos studiose erudiunt Deum timere, ejusque obedire præceptis.

Obsecro ne me præsumptuosum esse arbitreris, hæc tibi scribentem. Charitas Christi et vestræ salutis amor, et vestræ bonitatis fiducia, hæc me monuit scribere; optans vos [*Cod. Sal.*, te] et præsentem habere prosperitatem, et futuram promereri beatitudinem. Divina vos gratia in omni bonitate florere faciat; vir dilectissime.

214 a EPISTOLA CCII.
AD AMICUM.
Charitatem suam amico significat.

Dilecto amico salutem.

Placuit canitiem vestram parva salutationis chartula appellare, sed non parvo charitatis officio; ut sciatis, licet longe positum, vestri tamen habere memoriam; et familiaritatis non oblivisci, quam præselites suavissima dilectione et consolatione nos inter habuimus; firmam semper inter nos permanere in Christo charitatem, nec quolibet vento falsiloquii destrui; sed solida firmitate inter omnes hujus sæculi adversitates immobilem semper consistere. Nostri **C** memor in orationibus tuis semper valeto, frater charissime.

e EPISTOLA CCIII.
AD GALLICELLULAM.
De comparatione numerorum Veteris et Novi Testamenti.

Dilecto filio meo f Gallicellulæ Albinus salutem.

Quia me rogasti de numerorum ratione, vel magis comparatione, qui in Veteri Lege inveniuntur, ad auctoritatem Novi Testamenti referre; quia non occurrit nobis iter agentibus plura scribere; a denario tamen incipiamus, donec usque ad unitatem perveniamus, ut cum pedibus gradientis calamus currat scribentis.

Decem præcepta sunt Legis, quæ data sunt in duabus tabulis per Moysen et Aaron populo Dei (*Exod.*

Et post illum Bernard. Pez. tom. II Anecdot. part. i ex cod. ms. S. Emmerami, quam contulimus cum codd. mss. Salisburgensi, et binis San-Emmeramensibus. « Hanc epistolam, ac duas alias (*de decem verbis Legis, et de tribus generibus visionum ad Fridugisum*) ait Acherius, Alcuini homine insignitas, inter varia ejusdem auctoris opuscula nactus sum in scripto codice pervetusto, quem dono mihi dedit solers et eruditus bibliogrola Parisiensis Ludovicus Billaine. Certone has epistolas Alcuino ascribere debueras ? dicet aliquis. Ita sane; cum enim eas stylum et genium tanti viri spirare animadvertissem, cur non tribuerem, nihil causæ fuit.» (Froben. epist. 154.)
f *Gallicellulæ.* Codd. mss. habent : *Gallicellulo.* Nomen ascititium cujusdam discipuli Alcuini.

xx). Decem minas dedit Christus utriusque populi prædicatoribus (*Luc.* xix, 13).

Decem plagis percussa est Ægyptus, ut populus Dei liberaretur (*Exod.* xii, 5). Per decem persecutiones coronata est Ecclesia Christi.

Decima die mensis primi tenendus fuit agnus paschalis, qui immolandus fuit xiv die mensis ejusdem. Decima hora [Nona utique] pro mundi salute agnus paschalis, id est Christus, in cruce emisit Spiritum (*Matth.* xxvii, 46, 50; et *Marc.* xv, 34, 37).

Decima generatione venit diluvium, et perdidit impios (*Gen.* vii). Post decem reges novissimi temporis nascitur Anti-Christus, cum quo pereunt omnes impii (*Apoc.* xvii, 12).

Novem lapidibus opertus est archangelus, qui cecidit de cœlo. Novem ordines angelorum remanserunt in cœlo.

Octo animæ salvæ factæ sunt in arca (*I Petr.* iii, 20). Octo beatitudinibus salvabitur animæ fideles in Ecclesia (*Matth.* v, 3 seq.).

Octavo die in populo [Dei] circumcidendus fuit [omnis] masculus puer (*Levit.* xii, 3). Octavo die circumcisus est Christus (*Luc.* ii, 21), per cujus circumcisionem octo principalia vitia destruuntur.

Septima die requievit Deus ab omnibus operibus suis (*Gen.* ii, 2). Septima ætate requiescunt sancti a laboribus hujus sæculi.

Septem columnas excidit sapientia ad construendam sibi domum (*Prov.* ix, 1). Septem donis sancti Spiritus Christus domum suam, id est Ecclesiam, confirmavit.

Sex diebus fecit Deus cœlum et terram, et omnia quæ in eis sunt; Sex ætatibus omnia currunt hujus sæculi tempora.

Sexta die creatus est homo de immaculata terra. Sexta ætate Filius Dei de immaculata Virgine factus est homo.

In quinque libris Israelitico populo Moyses dedit præcepta vivendi. Quinque talenta Christus ad cœlos rediens fideli tradidit servo (*Matth.* xxv, 15).

215 Quatuor de uno paradisi fonte ad irrigandam profluunt flumina terram (*Gen.* ii, 10). Quatuor Evangelia de uno fonte, qui est Christus, procedunt ad irriganda corda arida, ut virtutum floribus vernent.

Quatuor sunt elementa, quibus mundi ornatus maxime constat. Quatuor sunt virtutes, quibus minor mundus, id est, homo ornari debet.

Tribus modis Adam tentatus est, et superatus, id est, gula, jactantia et avaritia. Tribus his modis (iterum) Christus tentatus est, et vicit, victorem Adæ (*Matth.* iv).

Totus orbis in tres dividitur partes, Europam, Africam, Asiam [*Codd. ms.*, et Indiam]. In quibus

[a] Hanc et priorem epistolam edimus post Lucam d'Acheri Spic. tom. III, nov. Edit. pag. 322, ex duobus mss. codd. monasterii S. Emmerami; et uno Salisburgensi.

[b] Apud Froben. epist. 155.

partibus tribus modis colitur [*Codd. ms.*, colendus est] Deus, fide, spe et charitate.

Tria præcepit Deus Abraham dicens: *Egredere de terra tua, et de cognatione tua, et de domo patris tui* (*Gen.* xii, 1). Tria promittuntur nobis: resurrectio, vita et gloria.

Duæ fuerunt tabulæ testamenti, in quibus decalogus digito Dei scribebatur (*Exod.* xxxi, 18). Duo sunt præcepta charitatis, quæ digito Dei, id est, Spiritu sancto in cordibus scribuntur fidelium.

Duo fuerunt Cherubim in templo: Cherubim *multitudo scientiæ* interpretatur (*Num.* vii, 89; et *III Reg.* vi, 23 seq.). Ideo duæ partes sunt scientiæ; una est diabolum relinquere, altera Deum diligere.

Una fuit arca, in qua mundo pereunte fideles salvati sunt. Una est [sancta Dei] Ecclesia, qua pereuntibus peccatoribus salvantur fideles.

Unus fuit transitus Israelitici populi per Mare Rubrum, ut promissam acciperent terram (*Exod.* xiv). *Unum est baptisma*, per quod transeundum est ad vitam æternam (*Ephes.* iv, 5).

[a] EPISTOLA [b] CCIV.
AD FRIDUGISUM.
De tribus generibus visionum.

Tria sunt genera visionum: unum corporale, aliud spirituale, tertium intellectuale. Corporale est quod corporeis oculis videtur [*Cod. Sal.*, videre solemus]. Spirituale est quod, remota corporali visione, in spiritu solo per imaginationem quamdam cernimus; sicut cum forte quidlibet ignotum oculis perspicimus, statim ejus rei imago formatur in spiritu, sed prius non apparet illa spiritualis imaginatio quam corporalis allata sit intuitio. Intellectuale est quod sola mentis vivacitate consideramus, veluti cum scriptum legimus: *Diliges proximum tuum sicut te ipsum* (*Matth.* xix, 19). Litteræ autem corporali visione leguntur, et proximus spirituali imaginatione rememoratur, et dilectio sola mentis intelligentia.

Primum autem genus visionis omnibus notissimum est. Secundum æque omnibus consuetum. Tertium a plerisque ignoratum; quia discernere nequeunt, quid sit spirituale, quid intellectuale: quæ duo Apostolus una sententia et hac brevissima optime discrevit: *Orabo spiritu; orabo et mente: psallam spiritu, psallam et mente* (*I Cor.* xiv, 15). Spiritum occultas significationes, quæ sunt in Scripturis sanctis, nominavit; et mentem manifestas harum intelligentias appellavit. **216** Voluit enim nos cum intelligentia eorum quæ dicimus, vel orare vel psallere. Unde et in alio loco dicit: *Si oravero lingua, spiritus meus orat, mens mea sine fructu est* (*Ibid.* 14). Hic autem lingua obscuras et mysticas significationes quæ solent tantummodo spiritu cerni designavit, quarum si intelligentiam ignoramus, mens nostra infructuosa remanet.

Hæc quoque duo genera visionum in Pharaone et

Joseph mirabiliter distinguuntur (*Gen.* XLI). Illi enim in spiritu futura ostendebantur, isti in mente horum revelatio facta. Illius spiritus informatus est ut videret, istius mens illuminata est ut intelligeret. Similiter et Danielis excellentia tentata est et probata, qui et somnium futurorum, quod rex videbat spiritu, intellexit, ejusque interpretationem regi ostendit (*Dan.* II *et* IV). Ideo magis ille fuit propheta qui mente intellexit, quam rex qui spiritu cernebat. Sed hæc tria quoque genera visionum in illa Scriptura, quæ coram rege Balthazar in pariete est depicta, ostenduntur (*Dan.* V). Nam corporali visione rex cernebat in pariete litteras perscriptas, cujus nec spiritus informatus fuit, ut eas, licet videret, legere potuisset; nec mens illuminata intelligere eas. Accessit autem et propheta, qui utrumque et in spiritu obscuritatem scripturæ perlegebat, et obscurissimas ejus significationes mentis vivacitate intellexit. Hæc tibi, charissime fili [a] Fridugilse, citato sermone dictavi, ne ignarus hujus tripartitæ rationis esses, quæ omnibus usitata est, sed a paucis intellecta [b].

[c] EPISTOLA [d] CCV.
AD QUEMDAM DISCIPULUM.
Causam dissensionis a se amolitur, et in amicitiam redire postulat.

Charissimo in Christi charitate filio salutem.

Obsecro ut solitæ pietatis dilectione has paternæ devotionis litterulas legere digneris. Cur, dulcissime fili, contumeliam dissensionis nostræ in aures palatinas mittere voluisti? Ecce ibi sonat: « Quid nos sperare debemus de illorum amicitia, qui nec inter seipsos fidem vel concordiam servare potuerunt? » Magis hæc potest esse confusio quam laudatio, desperatio fidei nostræ quam confirmatio causæ tuæ. Et qua fronte reprehendere poteris eum quem toties laudare solebas? Scio quod tibi ira tua justa videtur; quia hæc est natura humani furoris, ut hæc, quidquid agit vel dicit, justum sibi esse videatur. *Irascimini et nolite peccare* (*Psal.* IV, 5), id est, nolite permanere in ira. Concessit quod naturæ est; tulit quod culpæ est. Idcirco et Apostolus ait: *Sol non occidat super iracundiam vestram* (*Ephes.* IV, 26). Sæpe melior est defensor quam accusator; quia ille ad pacem defendit, iste ad discordiam accusat. Nec in mea diffido causa, licet in præsentia regis ventiletur. Testis est mihi *renium scrutator* (*Psal.* VII, 10), quam fideliter te semper amavi, et quam bene cupivi de fratre tuo, quem video te plus carnaliter amasse quam patrem spiritaliter, licet ille de me superbe egisset [*Locus corruptus*]. Testis est mihi dominus rex, Dei esse causa, an illius pietas prius alterum nominaret, an ego precarer. Et non erubescerem de ambabus accusationibus in illius sanctissima præsentia dijudicari, si non confunderemur de dissensionis nota. Quod vero te nesciente perrexi, necessitas hoc fecit, non voluntas.

217 Quare oblitus fuisti, fili mi, quomodo cum lacrymis et inclinata cervice te pro pace et concordia, pro Christi amore precatus sum, cujus debitor es omni homini, etiam non rogatus. Et si fratrem tuum occidisses, utique ob Christi præceptum ignoscere debuisses: quanto magis, dum nihil ei nocui, sed omnino benefeci. Et ob hoc benefactum in illum, inimicus factus es amico tuo. Nec tibi plus est, in regeneratione sancti Spiritus, fratris [*Forte*, frater] quam mihi. Et si in prima mansisset generatione, ex qua orta est discordia inter charissimas personas; et in qua plus illum amas quam me, nec tibi nec mihi esset frater.

Revertere, revertere, licet non pro meo, sed pro illius amore, qui cum inimici essemus, *reconciliavit nos Deo in sanguine suo* (*Coloss.* I, 20). Sit ille nobis nunc mediator ad pacem, qui fuit ante mediator ad vitam. Si has humilitatis meæ preces dura mente contemnis, et nocere cupis (cui prodesse fas esse negare non poteris, nisi paternum nomen et magistrale de pectoris tui arcano, vel oris eloquio delere velis; quod impium esse nemo est qui nesciat, qui beneficia charitatis inter nos unquam agnovit) tamen eo protegente, pro cujus amore hæc tam suppliciter deposco, credo nocere non poteris. Absalon patrem suum regno expulit, sed seipsum vita privavit (*II Reg.* XV *et* XVIII); et quod illa dissensio carnaliter perpessa est, timeamus ne nos spiritaliter patiamur, si ad charitatem Christi non revertamur. *Charitas patiens* est ad sufferendum, *benigna* ad præstandum; *non agit perperam*, id est, non superquærit fratrem suum in negotio; *omnia sperat, omnia credit* (I *Cor.* XIII, 4 *seq.*). Quæ meliora sunt, sperare debemus et optima credere.

Utinam hæc chartula in locum me apud te remittat pristinum; et si hoc perficere non valeat, vel excusatum habeat apud judicem meum; quia feci quod potui, si obtinere non valuissem quod voluissem. Possum, possum, credo, per eum, qui inspiravit pectusculum meum, ut peterem quod pium putavi. Inspiret etiam pectus tuum, ut concedas quod deposceris. Conditio vero pacis non puer sit pater dissensionis, sed puer *Pater futuri sæculi* (*Isai.* IX, 6), de quo dictum est: *Ecce puer meus quem elegi, electus meus, in quo bene complacuit animæ meæ* (*Matth.* XII, 18): ut digni habeamur inter eos nominari, et esse pueros, de quibus antea ille per prophetam prædixit: *Ecce ego et pueri mei, quos dedit mihi Deus* (*Isai.* VIII, 18).

---

[a] *Fridugilse.* Ita habent codd. mss.; sed nullus dubito, quin legendum sit, *Fridugise* seu *Fredegise*, cujus gratia responsiones dedit ad quæstiones de Trinitate, etc.

[b] In codice ms. San-Emmeramensi in fine hujus epistolæ, hæc verba adduntur: *Explicit Liber Albini Magistri, jussit quem præsul Baturicus scribere dignum.* Baturicus nempe episcopus Ratisbonensis, qui Adalwino successit anno 817.

[c] Hanc epistolam descripsimus ex cod. Salisb. Alcuinum auctorem ex stylo novimus, et ex ordine, quem illa in prædicto codice tenet, medium inter certas et indubitatas ejus epistolas. Discipulum vero illum qui querelas contra Alcuinum ad palatium detulit, et quocum in pacem redire cupit, nullo vestigio deprehendere potuimus.

[d] Apud Froben. epist. 156.

a EPISTOLA CCVI.

AD DISCIPULUM.

Reprehendit illum ob vitæ perversitatem, et ad emendationem hortatur.

b Dilectissimo filio.

Dulcissime fili, frater et amice, cujus nomen opto ut cœlestis bibliotheca teneat in æternum. Olim te genui, nutrivi, alui, et ad perfectum virum usque, Deo donante, perduxi, artibus studiose eruditum, sapientiæ sole illuminatum, moribus apprime ornatum; ita ut tuam laudem tota pene decantet regio [*Codd. ms. Salisb.*, Britannia], et latior est fama nominis tui quam notitia faciei tuæ. Hujus ego tibi decoris devotus, Christum obtestor, adjutor exstiti, et pro virium mearum portione te, si non idoneus, tamen voluntarius, sicut potui, et adhuc absentem obnixe orationibus prosequar, quem quondam præsentem sacris disciplinis provexi. Sed per ejus te misericordiam intentius deprecor qui nos redemit, illuminavit et exaltavit, et suæ agnitionis participes effecit ne charitati meæ, quæ me non sinit tacere, irascaris, si aliquid durius tecum loquar. Urget enim me paternitatis affectus fari, quod pennigero rumore narrante didici, quia quædam agis quæ nec tuæ conveniunt dignitati, nec meæ placent dilectioni : quia nolim famam claritatis tuæ maculis fuscari nigris, ne alius tibi debitum subripiat locum, ut sit *novissimus primus et primus novissimus* (*Matth.* xix, 30). Quid est, fili, quod de te audio, non uno quolibet in angulo susurrante, sed plurimis publice cum risu narrantibus : quod puerilibus adhuc deservias immunditiis, et quæ nunquam facere debuisses, nunquam dimittere voluisses [velis]. Ubi est nobilissima eruditio tua? Ubi est clarissima in Scripturis sacris industria tua? Ubi morum excellentia? Ubi animi fortitudo? Ubi timor gehennæ? Ubi spes gloriæ? Quomodo illa perpetrare non horrescis, quæ aliis prohibere debuisses? Convertere, obsecro; intra animum tuum [*Cod. Sal.*, in te], et dic cum propheta : *Quis dabit capiti meo aquam et fontem lacrymarum oculis meis, ut plangam die ac nocte* (*Joan.* ix, 1), non Jerusalem Babylonio igne usturam, sed animam Sodomitanis flammis arsuram. Per singula momenta properat dirus exactor, quem nullus vitare potest. Quid respondebis tunc æquissimo judici tuo, si nunc non corrigis fœdissima facta tua? Obsecro te, dilectissime fili, per terrorem illius judicii, quod omnes subire cogimur, ut ab hac die, qua hanc perlegas paginulam, intimo dolore dictatam, pura charitate conscriptam, sancta fide sigillatam, constanti animo incipias catenam hujus diabolicæ suggestionis et impiæ consensionis disrumpere, et procul a te abjicere, quatenus puras et liberas manus ad Dominum Deum tuum levare valeas (*I Tim.* ii, 8), qui præsto est

a Apud Mabill. epist. 9. collata cum binis codd. Salisburg. et S. Emmerami. (Apud Froben. epist. 157.)

b *Dilectissimo filio*. Osulfo fortassis, quem Alcuinus ob morum pravitatem sæpius corripuit, et ut se corrigeret, monuit; prout narratur in Vita Alcuini. Illum Britannum fuisse constat ex cod. Salisb., in quo regio, cujus initium hujus epistolæ meminit, Britan-

tibi, de longinqua regione revertenti, occurrere, si tu non tardaveris surgere et dicere : *Pater, peccavi in cœlum et coram te, ideo non sum dignus vocari filius tuus* (*Luc.* xv, 21). Et non solum obviare, sed etiam amplectari, osculari, optimaque induere stola et annulo ornare et calceamentis munire, insuper et deducere dignabitur in domum deliciarum suarum, qua angelicis conjunctus cœtibus, beata æternitate et æterna beatitudine decantabis : *Beati, qui habitant in domo tua Domine, in sæculum sæculi laudabunt te* (*Psal.* lxxxiii, 5).

c EPISTOLA CCVII.

AD FILIUM PRODIGUM.

Reprehendit discipuli perversos mores, et ad emendationem vitæ provocat exemplo cujusdam nunc episcopi, olim sui condiscipuli.

d Filio prodigo Pater lugens salutem.

Quis dabit capiti meo aquam et fontem lacrymarum oculis meis (*Jer.* ix, 1), ut plangam, non imaginariam civitatem Chaldæa perituram flamma, sed animam, imaginem Christi inclytam, et infinita permansuram æternitate? Heu! heu! infelix anima! ex pretio sanguinis Christi nobilis, sed ex peccati contagione ignobilis : quare *dereliquisti fontem vitæ et fodisti tibi cisternas dissipatas* (*Jerem.* ii, 13)? Cisternas, in quibus non est aqua salutis, sed volutabrum porcorum [*Edit.*, pecorum]. Quare dimisisti patrem, qui te ab infantia erudivit, qui te disciplinis liberalibus imbuit, moribus instruxit, perpetuæ vitæ præceptis munivit, et junxisti te scortorum gregibus, potatorum conviviis, superbientium vanitatibus? Nonne tu es adolescentulus ille, omnium ore laudabilis, omnium oculis amabilis, omnium auribus desiderabilis? Heu! heu! nunc omnium ore reprehensibilis, omnium oculis exsecrabilis, omnium auribus detestabilis. Quis te sic subvertit, nisi ebrietas et luxuria? Quis te, formose puer, filius Ecclesiæ, venerabile lumen, persuasit porcos pascere, de siliquis eorum edere? Surge, fili, surge et revertere ad patrem tuum, et dic sæpius, non semel : *Pater peccavi in cœlum et coram te, et ideo non sum dignus vocari filius tuus* (*Luc.* xv, 21). *Adhuc modicum lumen est in te, curre, dum lucem habes, ne modo æternæ perditionis tenebræ te apprehendant* (*Joan.* xii, 35). Crede in perpetuam miserationis lucem, ut filius lucis fias. Pius est Pater, statim occurret revertenti tibi, et in amplexus tuos ruet. Stolam primam tibi afferre jubebit, et annulo imaginis suæ dexteram decorabit tuam. Noli diutius per vepres vitiorum velut ovis perdita oberrare, sed revertere ad eum qui nonaginta novem oves in cœlesti altitudine dimisit, ut unam, quæ in terris erravit, inveniret, reportaret, et collocaret cum cæteris ad gaudium angelorum in cœlesti patria (*Matth.* xviii, 12; *Luc.* xv, 4, 7). Cogitans cogita, quanta sit nia vocatur. Ad eumdem puto, pertinent sequentes duæ epistolæ, et carmen De Cuculo.

c Quercet. 103; collata cum codd. mss. Salisburgensi et S. Emmerami. (Apud Froben. epist. 158.)

d *Filio prodigo*. Hoc nomine Osulfum notari etiam Mabillonio videtur. Vid. epist. priorem.

lætitia angelorum super unum peccatorem pœnitentiam agentem, et quam pius et misericors sit ille, qui ait : *Nolo mortem peccatoris, sed ut convertatur et vivat.* Et iterum per prophetam inquit : *In quacunque die conversus fuerit peccator, vita vivet et non morietur* (*Ezech.* xxxiii, 11, 12).

Noli fili, noli vocantem spernere, nec miserantem [*Cod. Sal. et S. Emmerami,* miserantis] negligere pietatem. Recordare æternorum flammas tormentorum, vermium venenatos dentes, frigoris immensitatem, plangentium luctus, immitissimas tortorum facies [*Cod. Sal. et S. Emmerami,* tormentorum faces], infinita miseriæ spatia. Considera item beatissimas angelorum cohortes, gloriosas sanctorum turmas, et ipsius omnipotentis Dei ineffabilem beatam visionem, qua sancti fruituri sunt in æternum. Adhuc poteris illa devitare tibi, et ista eligere. Ad illum finem impiorum luxuria et iniquitas perveniet tua : ad istam itaque sanctorum gloriam et laudabilem beatitudinem conversio [*Cod. Sal. et S. Emmerami,* conversatio] tua et pœnitentia poterit, Deo miserante, pervenire. Sufficit tibi præteritum tempus in luxuriis et deliciis transactum. Resipisce aliquando ab hac perditione tua, et diabolicæ suggestioni noli diutius obtemperare. Sed confitere peccata tua, et in spe veniæ pœnitentiam age. *Quis scit, si convertatur et ignoscat Deus* (*Joel.* ii, 14)? Multæ sunt enim miserationes illius, et infinita pietas super eos qui peccata sua plangere curant, non addere; abjicere fascem iniquitatis, non augere criminosum onus.

Memento latronem in cruce pendentem, et Ninivitas in cinere sedentes, et impium Manassen regem de Babylonia revertentem captivitate. Sicut illis pietas divina post pœnitentiam miserata fuit, ita et tibi erit certissime, si in illum tota intentione cordis, et conversione vitæ, et pœnitentiæ lacrymis revertere vis. Vide condiscipulum tuum, qui omni devotione cordis Deo semper adhæsit, et modo episcopatu præsidet nobilissimo [a], omnibus amabilis, laudabilis et desiderabilis. Tu vero, miserrime, errabundus per vitiorum fruteta, nemini honorabilis, sed omnibus reprehensibilis. Memento quanto fuisti clarior in donis, melior in eruditione, acutior in sensu, et omni ecclesiastica doctrina præcellentior. Sed nunc quasi tugurium in vinea derelictum, vulpibus et feris habitatio, qui depascere solent vineam Christi. Ille vero tuus quondam compar et eruditionis particeps, templum Dei vivi, et sancti Spiritus habitatio, Deo dilectus et hominibus, æternas sibi in cœlo quotidie præparat mansiones, dum tu terrenas sequeris fœditates et lugubre perditionis iter per vitiorum præcipitia ruiturus recurris.

Surge, obsecro, fili mi charissime, surge et vade ad fratrem [tuum], de quo ante dixi, quia vos una genuit Ecclesia, una erudivit disciplina, unus instruit et pater : fiat vobis nunc quoque una concordia, et unum salutis tuæ consilium, et una ecclesiasticæ pietatis habitatio. Scio illum tuis multum gaudere profectibus. Noli preces paternas contemnere, noli lacrymas magisterii mei negligere. Consolare me de tua salute, ne diabolus glorietur contra me in perditione tua. Ego te filium charissimum nutrivi, alui, erudivi. Non sis mihi in confusionem et tibimetipsi in contumeliam, et cœtaneis tuis in opprobrium : fac viriliter et confortare in Domino, et vince omnes adversarios tuos per eum qui ait : *Confidite, ego vici mundum* (*Joan.* xvi, 33); ut gaudium meum plenum sit in te, et gaudium tuum nemo tollat a te. Filius sapiens gloria est patris. Non tantum mihi, qui te genui, gaudium facies ineffabile, sed etiam juxta evangelicam parabolam, quam paulo ante in hac eadem epistola proposui, omnibus angelicis gaudium facies dignitatibus. Noli subtrahere illorum lætitiæ et tuæ beatitudini. Si modo in præsenti facias illos lætari in tua pœnitentia, cum illis in gloria tribuet te Deus lætari in æternum.

Hæc tecum maneat chartula, et sæpius legatur, donec perficiatur [*Cod. Sal.,* perficiat] quod optat qui dictavit illam. Credo faciens faciet Deus quod paterna charitas quærit in filio. Sed tu noli tardare converti ad Deum, quia nescimus *quid ventura pariat dies* (*Prov.* xxvii, 1). Deus hodiernam recipit certissime pœnitentiam, sed longævitatem præsentis vitæ non promisit. In dubio ultimi diei nos dereliquit ut semper paratos inveniret cum bonorum lampadibus meritorum obviare sibi.

[b] EPISTOLA CCVIII.

AD EUMDEM.

Deplorat discipuli perversos mores, et illum ad meliora revocare conatur timore gehennæ.

[c] Charissimo filio.

Quem sero genui, et cito dimisi. Nec bene ablactatus raptus est ab uberibus meis. Inimicior quam noverca, tenera de paterno gremio per libidinum vortices caro rapuit. Heu, proh dolor ! quid faciam, nisi plangam pereuntem, si forte calidis lacrymarum fomentis resuscitari possit. Væ carni, quæ non timet sulphureos quinque urbium ignes, vel pœnæ infernalium tormentorum flammas. Stringe teipsum, obsecro, hujus timoris catenis, et tenta quomodo vel unam ardoris scintillam sufferre possis : et cogita quid sit, si totum corpus æterno crucietur incendio. Respice tandem, et noli consentire ei qui tibi talia parat incendia : sed magis castiga teipsum, et paternis acquiesce obsecrationibus : et Dei oculis te semper præsentem esse cognosce, et ante sanctorum angelorum aspectus. Erubesce in conspectu illorum facere quæ horrescis in conspectu cujuslibet hominis perpetrare. Scio quod judicium credis omnibus esse futurum, et te credis inter illos esse qui talia egerunt qualia tibi quotidie diabolus

---

[a] Si hic filius prodigus in Anglia quærendus, prout ex epistola priori conjicere licet, tunc ista de Eanbaldo episcopo Eboracensi, qui discipulus quoque Alcuini fuit, apte intelligi possunt.
[b] Quercet. 114, Canis. 64 (Froben. 159).
[c] *Charissimo filio.* Osulfo. Mabill.

suadet. Ecce heri fecisti voluntatem carnis tuæ; hodie vadis in incendium ignis æterni.

a EPISTOLA CCIX.
AD AMICUM.

Conversum ad meliora, hortatur ad constantiam.

Dilectissimo amico totius prosperitatis præsentis et æternæ beatitudinis perpetuam salutem.

Magna mihi lætitia est de bona voluntate vestra quam audivi a fratre nostro Benedicto in vobis esse. Opto, atque Deum deprecor, ut citius cum omni convenientia perficiatur. Scriptum est enim : *Ne tardes converti ad Dominum Deum, quia nescis quid ventura pariat dies* (*Eccli.* v, 8). Erue te de harum carcere tribulationum, quæ in hoc mundo fidelium animos torquere solet, sicut scriptum est : *Multæ tribulationes justorum*; ut quod sequitur tibi evenire merearis : *Sed de his omnibus liberabit eos Dominus* (*Psal.* xxxiii, 20). Et cave diligentissime, ne qua te aratrum Domini tenentem injustitia retro revocet. Nemo miles sarcinis alienis onustus ad bella bene procedit, nisi armis tantummodo victricibus, vel ad defensionem sui, vel ad læsionem adversarii.

Omnia quæ vobis necessaria videbantur mihi fidelissimo fratri Benedicto dixi. Loca adjutorium et animi constantiam [*locus corruptus*]. Sed scire debes quod in omni loco ubi hominum conversatio est plurimorum, utrumque et boni et mali inveniuntur : Sed sapiens animus utrorumque utatur magisterio, id est, ut malorum caveat malitiam, et bonorum sequatur justitiam. Mens rationalis quæ homini data est, discernere debet quæ sint cavenda, et quæ sint sequenda ; nec multum de loco diffidere, vel etiam confidere, quia si locus adjuvare potuisset, nunquam angelus de cœlo cecidisset, vel homo in paradiso positus peccasset; sed regnum Dei, ut ipsa Veritas ait, intra nosmetipsos quærendum est (*Luc.* xvii, 21). Et Psalmista : *Timete Dominum omnes sancti ejus, quia nihil deest timentibus eum* (*Psal.* xxxiii, 10). Timor Domini peccare vetat, dum homo ubique Dei sibi præsentiam agnoscit et timet, quia qui conscium habet cogitationum, verborum, vel operum suorum, hunc habiturus est et judicem; nec eum quidquam effugit nostri, nec aliquid injudicatum dimiserit, quia, sicut dictum est, unicuique reddet secundum opera sua.

Dum tempus habemus, operemur bonum, quia post mortem non est tempus operandi, sed tempus mercedem recipiendi. Hæc cogitans, charissime fili, tui ipsius curam habeto, memor de quantis te libe-

---
a Froben. epist. 211.
b Edit. Quercet. 43, Canis. 67 ; collata cum codd. mss. (Apud Froben. epist. 160.)
c *Fraternæ dilectionis amicis*, etc. Hæc et sequentes duæ epistolæ commendatitiæ sunt amicorum peregrinantium, et ad loca sancta tendentium.
d *Fordradum.* Hoc nomen omittitur in aliis codd. mss. « Fordredi abbatis, qui ad limina BB. apostolorum et ob causam sui monasterii Romam venit, mentio fit in litteris Pauli I ad Ecgbertum archiepiscopum Eboracensem, et Eadbertum regem Northumbriæ anno 757, ut videtur, datis. Sed eo anno Alcuinus ejus ætatis vel auctoritatis haud fuerit, ut

---

ravit Deus periculis. Illum ama, et ad ejus misericordiam convertere, ut deleantur delicta tua, et merearis locum refrigerii, lucis et pacis recipere cum sanctis Dei. Meique memor cum Deo servientibus, pro teque intercedentibus, valeas perpetua prosperitate, dulcissime amice.

b EPISTOLA CCX.
COMMENDATITIA AD AMICOS.

Commendatitia cujusdam presbyteri Fordradi ad amicos.

Fraternæ dilectionis c amicis per diversas nominum dignitates, Albinus conservus in Christo vester salutem.

Licet terrarum longinquitas diversas Christianorum faciat habitationes, tamen sanctæ charitatis societas, sub uno pastore Christo, unum eos facit esse gregem. In cujus fiducia vestræ pietati per precatorias nostræ parvitatis litteras hunc presbyterum, d Fordradum nomine, diligentissime commendo, ut dilectionis vestræ juvamine suffultus facilius sanctæ peregrinationis viam peragat, et vestræ bonitatis merces ante oculos omnipotentis Dei 221-267 dd augeatur. Qui est *via, vita et veritas* (*Joan.* xiv, 6), vobis viam vestræ salutis ostendere, et veritatem [*Edit.*, requiem] æternæ gloriæ tribuere, et beatissimam vitam concedere dignetur. [Proficientem te, charissime frater, divina auxilietur gratia in æternum.]

e EPISTOLA CCXI.
AD OMNES AMICOS.

Commendatitia Noroberet presbyteri peregrinantis ad amicos.

Omnibus in Christi charitate amicis, humilis levita Alcuinus salutem.

Ubicunque iste presbyter, Noroberet [*Al.*, Norbet] nomine, in vestram pervenerit præsentiam, obsecro ut benigne eum suscipere dignemini, in quocunque negotio vel necessitate opus habeat. Certissime Deum habebitis bonitatis vestræ remuneratorem, qui dicturus erit in die judicii : *Hospes eram, et collegistis me* (*Matth.* xxv, 35). Et si mea quid parvitas poterit, vobis gratiarum actiones in quantalibet causa rependere, studiose et fideliter facere curabo. Hunc vero, vel alios pro Christi nomine peregrinantes, in sua mansione suscipientem, illum divina in cœlesti habitatione suscipiat clementia. Valete, viri fratres in Christo.

f EPISTOLA CCXII.
COMMENDATITIA AD AMICOS.

Commendatio ad amicos pro peregrinantibus ad limina apostolorum.

Omnibus venerabilibus viris, et diversarum potedictare potuerit hujusmodi litteras. » (Alford, *Annal. Anglo-Sax.* ad eum annum, n. 2.) Sed eæ litteræ serius dari potuerunt, aut Fordredus alia etiam vice Romam adire. Vid. etiam notas epist. 22 (nunc 27.)
dd Intermedii numeri omittuntur propter epistolarum interversionem. Edit. Patr.
e Edit. Quercet. 51, Canis. 52 (Froben. 161).
f (Froben. epist. 162.) Hæc epist. commendatitia, hactenus inedita, prodit ex cod. ms. Salisburgensi. Exstat quoque in cod. ms. biblioth. reg. Paris., quam inde descriptam ad me misit D. Lieblebibliothecarius San-Germanensis, posthac copiosius laudandus.

statibus dignitatum et sanctæ charitatis filiis humilis levita Alcuinus sempiternæ beatitudinis salutem.

Scimus itaque vestræ bonitatis pietatem pro Christi amore et futuræ gloriæ retributione peregrinos et hospites et maxime eos qui pro ecclesiastica necessitate vel pro salute animarum suarum, sacra sanctorum apostolorum limina visitare solent, benigne suscipere. Qui hos receperit in domo sua, Christus eum recepturus erit in gloria sua ; quia [ita] in talibus Christus receptus erit ; ut ipsa Veritas in Evangelio ait : *Hospes fui et suscepistis me* (*Matth.* xxv, 35). Tamen pro portitoribus chartulæ hujus ego Alcuinus fidelis vester amicus, o Patres optimi et fratres sanctissimi, et filii dilectissimi ! vestram summopere deprecor charitatem, ut benigne eos suscipiatis, in quocunque negotio vel necessitate illi opus habeant. Habetis Deum remuneratorem, meque debitorem secundum opportunitatem temporis, ut vestræ voluntati satisfaciam in Christo.

a EPISTOLA CCXIII.
AD b RAGANBERTUM EPISCOPUM.
(Anno incerto.)

Conqueritur de novis exactionibus, quibus ministri episcopales vexabant presbyteros in ecclesiis sancti Martini servientes.

Domino venerando, nobisque Christi amore colendo Ragerberto episcopo, Alcuinus levita salutem.

Memor condictæ amicitiæ inter nos quantam mihi fiduciam præstat aliquid scribendi ad vos, quod nobis ex utraque parte necessarium videtur. Dictum est mihi, quod vestri juniores aliquam novam consuetudinem misissent super ecclesias et presbyteros sancti Martini : Imo et de vobismetipsis dixerunt; tamen de vestra sanctitate hoc non credebam, æstimans vos canones optime servare, et maxime Domini nostri Jesu Christi evangelicam sententiam, ubi ait : *Gratis accepistis, gratis date* (*Matth.* x, 8). Dicunt enim : vestri missi mandassent presbyteros nostros de pane modio et dimidio ; de vino modio ; de annona ad caballos modia quatuor, casios 6, ova 100, pisces et orto et legumen adsufficienter ab unoquoque presbytero ; et si hoc non reddidissent, ex vestra auctoritate interdictum haberent, missas non cantare in ecclesiis nostris ; nec etiam alios presbyteros in ecclesiis sancti Martini cantare licitum habere.

Mirum mihi videtur, qua autoritate ecclesias Christi excommunicare voluisti ; si presbyteri peccaverunt,

---

a Froben epist. 199.
b Conqueritur Alcuinus in hac epistola de nova atque insolita exactione quam ministri episcopales intentabant presbyteris et ecclesiis sancti Martini. Hujusmodi exactiones, quæ nomine procurationum aut synodatici veniunt, olim minime, nisi in casu necessitatis, fieri permittebant canones et decreta conciliorum, prout videre est apud Thomassinum Vet. et Nov. Disciplinæ Part. III, lib. II, cap. 32 et seq. — Cujus sedis Raganbertus seu Ragerbertus (utrumque enim habet ms.) episcopus fuerit, mihi incompertum est ; sedi enim Turonensi nullum hujus nominis, Alcuini ætate, præfuisse episcopum reperio ; existimo vero presbyteros illos fuisse paro-

quid ecclesia peccavit ? Quare non memorant tui juniores quam terribiliter beatus Petrus princeps apostolorum venditores gratiæ in primo hujus hæresis inventore percellit, dicens : *Pecunia tua tecum sit in perditione* (*Act.* VIII, 20). Deprecor, clementissime Pater, in ea charitate qua Deus nos conjunxit ; et in ea fide qua condiximus, ne quid novi mittas in ecclesias sancti Martini et in res illius. Potens est sanctus Martinus apud Deum defendere res suas, si necesse est illi clamare ad Deum. Dimitte, si placeat, et si fieri possit, sic esse ecclesiis Christi, quæ sunt in immunitate sancti Martini ; et in parochia vestra, donec colloquamur. Quidquid enim justum est tuam recipere ab eis auctoritate, non renuo, sed omnino, si tibi obedientes non erunt, ego tecum constringo eos ; ad tuam enim synodum venire debent, et rationem reddere de officiis spiritalibus, et tu gratis dare illis quæ Dei sunt, sicut ante prædixi, Domino Jesu demandante ut gratis spiritalia dona dentur ab omnibus : et majorem tibi prosperitatem præstat intercessio sancti Martini et sancti Aredii, quam illorum concilium qui hanc hortantur exactionem et tributa solvere : et si aliis facere voluisses, nunquam tamen nostris hanc necessitatem imponere te velle putavi, propter amicitiam inter nos condictam, vel magis honorem sancti Martini, quem Deus tanta honoravit auctoritate, ut omnibus auxilium sanctis suis intercessionibus præstare poterit. Incolumem et felicem beatitudinem tuam, recteque prædicantem divina clementia protegere et exaltare dignetur, domine sanctissime.

c EPISTOLA CCXIV.
AD NIFRIDIUM EPISCOPUM.
(Anno incerto.)

Memoriam sui in orationibus exorat ; Benedictum a se digredientem commendat.

Dilecto Patri d Nifridio episcopo Alcuinus salutem.

Sit memor mei, obsecro, charitas tua in sacrosanctis orationibus tuis cum fratribus nostris. Tempora enim sunt periculosa, et solus ille feliciter vivit, qui Deo serviet in charitate perfecta, et fide recta, et spe bona, quæ sunt summæ veritates servientium Deo. In his tua se exerceat sanctitas, ut Deo auxiliante de hujus vitæ labore ad perpetuæ quietis beatitudinem pervenire merearis.

chos in ecclesiis extra diœcesin Turonensem sitis, et ad monasterium sancti Martini pertinentibus ; qui tamen visitationi episcopi subjecti fuerant, et in synodis comparere debebant.
c Froben. epist. 202.
d *Nifridio episcopo.* Est is Nefridius episcopus Narbonensis, qui alibi quoque Nimfridius et Nibribridius appellatur, qui in causa hæresis Felicis et Elipandi, cum sociis Laidrado Lugdunensi episcopo et Benedicto abbate Anianensi missus est Urgellas : qua occasione Alcuinus eisdem libros adversus illam hæresin scriptos, præfixa epistola, inscripsit, de qua suo loco. Vide not. c, col. 489.

Frater vero ª Benedictus mea omnia tibi innotescere potuerit, quem cum lacrymis dimisi. Tu vero cum gaudio recipias eum; vos vero ambo laborate quasi boni pastores in grege Christi; nihil hæsitantes de mercede perpetua, quæ dabitur fideliter gregem Christi pascentibus. Omnes vero episcopos et Patres fratrum nostrorum ex nostri nominis officio in charitate et prosperitate salutate, rogantes eos nostri esse memores assidua intercessione, ut de mea salute illi mercedem habeant sempiternam.

268 Deus omnes illos perpetua protectione custodiat et faciat eos in omni opere bono proficere, ut multiplicato talentorum numero multiplici remuneratione digni efficiantur apud Deum. Vivant omnes et floreant feliciter in Christo Domino Deo nostro.

ᵇ EPISTOLA CCXV.
AD DILECTISSIMOS PATRES.
(Anno incerto.)

Hortatur illos ad charitatem et ad labores vitæ monasticæ.

Dilectissimis in Christo patribus perpetuam salutem.

Quos fida semper sequitur charitas, sæpius litterarum sequatur et series, quia quoddam est amantis refrigerium, æstuantis animi fervorem verbis vel litteris explicare, quia verba data sunt ad veritatis demonstrationem, uti quod cor veraciter concipit, lingua non fallaciter proferat, et suum cor frater alterius infundat cordi, et flat unanimitas animorum; in quibus est communio charitatis; nam anima sine charitate mortua est, non habens divinæ Bonitatis imaginem, ad quam creati sumus; etiam et renovati per bonitatem Salvatoris nostri, qui ait : *In hoc cognoscent omnes, quia mei discipuli estis, si dilectionem habueritis ad invicem* (Joan. XIII, 35). De cujus dulcedine non mihi opus esse arbitror plurima scribere vestræ sanctitati, quam olim didicistis; et habere innotuistis. Superest ut usque ad finem firmum retineatis, quoniam *qui perseveraverit usque in finem hic salvus erit* (Matth. X, 22).

Saluta quoque, ᶜ sanctissime Pater Infridii fratres nostros servientes siquidem sanctæ MARIÆ. Optimam vere elegerunt dominam, et optimum sponsum ejusdem dominæ et reginæ cœlorum; et dignum est ut optimo regi optime serviatur. Qui bona elegat [*Forte,* eligit, vel elegit], bona custodiat, bona non derelinquat, sed perpetualiter bona retineat. Parum est incepisse bona, nisi ut perseveret in bonis, qui bona eligit. Quid est laborem fructuosum derelinquere, et labori infructuoso mancipari? Labor itaque monachicæ vitæ fructuosus est; labor vero sæculi infructuosus est. Sine labore nemo vivit in mundo; et felix nimium, qui de labore venit in requiem, et infelix qui de labore venit in tormenta; laborat enim ut male habeat, et non intelligit quid facit. Intelligentia enim opus est in vita, ut sciat homo ad quem finem tendat retributio laboris sui. Parvus labor in bono homine perpetua remunerabitur quiete. Omnipotens Deus ad multorum salutem vos longæva prosperitate proficere concedat, charissimi Patres.

ᵈ **269** EPISTOLA CCXVI.
AD CUNIBERCTUM EPISCOPUM.

Commendat memoriam contractæ olim amicitiæ. Ad opus prædicationis hortatur, nulla sæculi potestate aut vanitate impediendum.

Venerandæ dignitatis Patri ᵉ Cunibercto episcopo, humilis Levita Alcuinus salutem.

Olim ᶠ in synodali sanctorum Patrum conventu vestra bonitas nobiscum pepigit pacta charitatis, quæ propter opportunitatem hujus portitoris his litterulis humilitatis nostræ renovare studeat, ne forte longa absentia oblivionem nostri nominis vobiscum fecisset. Charitas oblivionem non patitur, et veritas nulla temporis longitudine maculabitur, maxime in tali persona, et tam præclaro sanctitatis viro, cujus latissimus melliflui pectoris sinus multitudinem spiritalium congregare amicorum solet; inter quos parvitatis meæ nomen aliquem deprecor, inveniat locum, et vestra nobilissima fidelitas quondam, ut prædiximus, promittere non abhorruit : nec non supplici obsecratione, Pater mi ! deposco, ut sanctissimis vestri regiminis fratribus eamdem de nobis spiritalem curam habere jubeatis.

Fateor tibi, sanctissime præsul ! quod venerabiles fratrum congregationes studiose amavi, quas in illis regionibus Deo deservire dignis moribus, narrante fama, audivimus ; licet nobis datum non esset cor-

---

ª *Frater vero Benedictus.* Abbas Anianensis, sanctitate celebris, qui sub Carolo Magno et Ludovico Pio monasteriorum, præsertim Aquitaniæ, disciplinam reformavit, ac sæpius propterea aulam atque ipsum Alcuinum accessit, multaque necessitudine illi adhæsit, ejus Vitam consule apud Mabillonium Act. SS. Ordinis S. Ben. sæc. IV, part. 1, pag. 191 et seq., et apud Bollandum ad diem 11 Feb.

ᵇ Froben. epist. 203.

ᶜ *Sanctissime Pater Infridii.* Legendum certe *Nifridii,* commutatis in prima syllaba litteris *i* et *n,* quod frequens est in veteribus scripturis. ɪ Is paulo ante annum 778 primus auctor, idemque primus abbas fuit insignis monasterii Beatæ Mariæ de Orbione seu Urbione sic dicti a fluvio proximo, quod aliquando Beatæ Mariæ de Nuvaliis, ab amœna valle, in qua situm est; postremo Beatæ Mariæ de Crassa nuncupatur; deinceps factus fuit archiepiscopus Narbonensis, ut ex veteri loci Necrologio discimus. ɪ (Mabillonius Annal. libr. XXIV, num. 86, pag. 244.) Igitur ad monachos hujus monasterii hanc epistolam scriptam fuisse existimo.

ᵈ Froben. epist. 204.

ᵉ *Cunibercto episcopo. In Britannia,* ut ex verbis : *Et nostræ celeberrimæ insulæ Britanniæ habitatoribus,* etc., colligo. Est is abs dubio Kinebertus Ventanæ civitatis pontifex socius Aedilhardi in itinere Romano. Vide not. Epist. 115. Cuniberti etiam cujusdam meminit Anastasius Bibliothecarius in Vita Leonis III inter missos fidelissimos ad dijudicandam causam ejusdem summi pontificis anno 799 Romam legatos. An hic idem cum nostro sit, incertum.

270 ᶠ *In synodali sanctorum Patrum conventu.* Quis hic conventus fuerit, in in quo loco, in Anglia, an in Gallia celebratus, pariter ignotum est. Anno 785 quidam Chumberchus episcopus decretis concilii Calchuthensis subscripsit. Wilkins Concil. Magn. Britanniæ vol. I, pag. 151.

porali visione illos aggredi; quem [*Forte quæ*] vestra potest pietas pro amore Christi pro nobis loqui, nec ullatenus Deus deerit in remuneratione vestræ devotioni, vir optime! Decet enim sacerdotalem dignitatem omnibus se deprecantibus pietatis præstare affectum, absentes sacris orationibus adjuvare, præsentes evangelicæ prædicationis instantia confirmare. Scis optime quanta necessitas est populo Christiano, ut prædicator verbi Dei non taceat, et nostræ celeberrimæ insulæ Britanniæ habitatoribus, ubi quondam multitudo doctorum verba vitæ perpetuæ continua prædicaverunt instantia; sed nunc, peccatis facientibus, rari sunt operarii in messe Domini: sed quo rariores inveniuntur, eo magis necesse est ut illi qui sunt omnimodis jugi sanctæ prædicationis studio ab errore vitæ et superflua multarum consuetudine vanitatum ad modestiam sobrietatis et castitatis exercitium revocare studeat.

Non taceat os sanctitatis tuæ evangelicæ veritatis verba, nec apostolicæ doctrinæ seriem, nec sanctorum Patrum mores nobilissimos, ut multi per tuam sanctissimam devotionem erudiantur, et tibi multiplex, Deo Christo donante, merces maneat in æternum. Non potestas regalis, nec arrogantia cujuslibet sæcularis sublimitatis tuam prohibeat a veritate vocem; non adulatio subsequentium, non sæcularis luxuriæ pompa, non deceptibilis auri species, nec ulla terrenæ delectationis voluptas cor sanctitatis tuæ a fiducia studiosi laboris subtrahat; sed omnibus in te lux veritatis luceat, et via salutis æternæ ostendatur. Pauci sunt hujus vitæ dies laboris, qui plus laborat, plus mercedis accipiet; sed cœlestis beatitudinis remuneratio temporibus permanet æternis. Omnipotens Deus tuam sanctam et venerabilem paternitatem ad exaltationem sanctæ suæ Ecclesiæ multis feliciter annis vivere et proficere concedat, charissime Pater!

a EPISTOLA CCXVII.
AD ALCHARDUM ET TIFREDUM EPISCOPOS.
Hortatur illos ad officium prædicationis implendum.

Sanctissimis et venerabilibus patribus b Alchardo et Tifredo episcopis Alcuinus levita salutem.

Deprecor piissimam bonitatem vestram, ne parvitatis meæ litteras præsumptiosas æstimetis. Vestræ igitur charitatis fiducia easdem scribere ausus sum, quia humilitas Christiana nullum spernere debet, sed omnes benigno suscipere pio dilectionis gremio; quam in vobis opto abundanter per Spiritum sanctum splendescere, ut flumina de ventre vestro aquæ vivæ, id est, doctrinæ sacræ, sicut in Evangelio ipsa Veritas ait (*Joan.* VII, 58), sufficienter fluere videantur.

271 Vestrum est omnibus prædicare verbum Dei, omnibus lucere in domo Dei, ut omnes per vos veritatis lumen agnoscant, et per pascua perpetuæ beatitudinis deducantur. Os vestrum tuba debet esse Dei Christi, quia linguæ auctoritatis vestræ claves sunt cœli habentes potestatem aperire et claudere; pœnitentibus aperire, resistentibus veritati claudere. Quapropter tantæ excellentiæ vosmetipsos dignos bonis moribus efficite, scientes laudem esse sacerdotum prædicationis assiduitatem. Non est ludus sæcularis sacerdotalis honor; sed magna diligentia in mandatis Dei seipsum exercere debet sacerdos Christi, ut exemplis simul et verbis populum erudiat Christianum.

Laudabat mecum vestram bonam conversationem venerabilis frater c Lullo abbas. Ideo supplex ego vestræ sanctitati meipsum commendare curavi, deprecans ut jubeatis nostri nominis per vestras ecclesias aliquantulam fieri memoriam. Non pro meis meritis, sed pro Christi charitate hæc ipsa flagitare præsumpsi. Facite exinde, sicut de vestra bona pietate confido. Deus Dominus augeat vos meritorum gratia, et proficere faciat in omni sanctitate et prædicatione verbi Dei, charissimi et desiderabiles Patres.

d EPISTOLA CCXVIII.
AD ARDBERTUM.
Hortatur ad opera justitiæ et misericordiæ; laudat illius bonitatem, eique commendat causam Lulli abbatis.

Alcuinus sancti Martini famulus e Ardberto viro illustri perpetuæ beatitudinis salutem.

Audiens vestram laudabilem conversationem, sicut decet vestræ personæ, valde me gavisum esse fateor. Tu vero, vir optime, semper quæ Deo placeant fac aliisque suadeas ut benedictio Dei te ubique comitet [comitetur], et proficias in consilio salutis tuæ, multorumque profectu populo justitias faciens, pauperibus misericordiam, ecclesiis Christi honorem, ut servorum Dei intercessio Domini Jesu clementiæ te quotidie commendet, *quia multum valet deprecatio justi* (*Jac.* V, 16), quanto magis plurimorum.

Habeto pauperum curam qui ante ostium convivii tui stare solent, quia in pauperibus Christus suscipitur, qui dicturus est in die judicii illis qui eleemosynam pauperibus diligenter faciunt: *Quandiu uni ex minimis fecistis, mihi fecistis* (*Matth.* XXV, 40).

---

a Froben. epist. 206.
b *Alchardo et Tifredo episcopis*. Hos pariter episcopos in Anglia quærendos credo. Et revera me illos ibi reperisse existimo; inter episcopos enim, qui concilio Clovesshoviensi anni 803 ac decreto Athelardi archiepiscopi subscripserunt, nominatur Alcheardus seu alio nomine Ealehard Elmhamis ecclesiæ episcopus; Tidfrith Damacæ civitatis episcopus. Wilkins loc. cit. pag. 467 et 468, ubi etiam pag. 452 ab Offa rege recensentur inter episcopos Orientalium Anglorum, quos ecclesiæ Lichefeldensi, in archiepiscopatum a se erigendæ, subdi voluit.

c *Lullo abbas*. Decreto Athelardi mox memorato inter abbates ad Dammacanam diœcesin pertinentes post Tidfritum episcopum, subscripsit Lulla ab.
d Froben. epist. 207.
e *Ardberto viro illustri*. In Anglia, quod conjicio ex nomine *Lul* abbatis, de quo in priori epistola. In bino diplomate Egfridi regis Merciorum anni 796 pro monasterio S. Albani, apud Alfortum Annal. tom. II, ad annum prædictum, n. 5, pag. 678, subscribit quidam *Heardbertus dux*. An idem sit ac *Ardbertus* iste vir illustris, majori indiget examine, quod a me aliis viris eruditis relinquendum est.

quos sequitur illa felicissima sententia quam Dominus dicturus erit illis qui in hoc sæculo [*Forte deest erga*] pauperes, peregrinos, miseros et infirmos benigne fecerunt, dicentis : *Venite, benedicti Patris mei, percipite regnum quod vobis paratum est ab origine mundi* (*Matth.* xxv, 34).

Nostri nominis memoriam per ecclesias ditionis vestræ, deprecor, illis ut jubeatis fieri. Gaudeo siquidem de vobis semper meliora audire, sciens multorum esse prosperitatem tuæ bonitatis pietatem in servitio Christi.

Plura siquidem scripsissem dignitati tuæ, si talis cognitio inter nos esset, ut præsumptiosum non videretur, me subito vestræ excellentiæ ingerere. Sed quod cum Christi charitate scripsi, obsecro ut humiliter legere digneris ; nam 272 præsens hujus iniliculi portitor [a] Lul, venerabilis abbas, vestram solebat apud me laudare bonitatem ; ea fiducia has etiam litteras scripsimus, quem benigne in suis causis ut suscipiatis deprecamur tali pietate [*Ms.*, pietatis], qualem nobis de vobis referre solebat.

Opto ut feliciter longæva prosperitate in hoc sæculo vivas, et post hujus vitæ terminum, Deo donante, ad perpetuæ beatitudinis regnum pervenire merearis, vir nobilissime nobisque amantissime !

[b] EPISTOLA CCXIX.
AD LEUTFREDUM EPISCOPUM.
Solatur illum in tribulatione.

Sanctissimo Patri et amantissimo filio [c] Leutfredo episcopo Albinus salutem.

Vere fateor quod tribulatio tua torquet animum meum, dum audio te in periculo esse statutum, nec officii tui implere posse ministerium, sed bellator spiritalis, bellator cogitur esse carnalis. Tamen spem habeto in Deo, et consolare teipsum in Dei misericordia, sperans in illius perpetuam bonitatem, quæ nunquam deserit sperantes in se. Tribulatio super tribulationem incumbit, quia peccatum super peccatum accrescit. Quid vero [in] ea tribulatione quam pateris agendum sit, [d] Benedicto fratri dixi ; quid vero de me actum sit, omnia charitati tuæ ille ostendere poterit.

Deprecemini Dei clementiam super nos, ut dirigat vias nostras, quod suæ bonæ voluntati placeat, et nobis ad perpetuam proficiat salutem. Nec te bel-

---

[a] *Lul venerabilis abbas.* Vid. notas præcedentis epistolæ.
[b] Froben. epist. 208.
[c] *Leutfredo episcopo.* Leldrado, abs dubio episcopo Lugdunensi ; varie enim hoc nomen a scriptoribus veteribus minus accuratis exprimitur ; *Laedredus* vocatur in epist. 2, *Liobradus* et *Liodradus* in epist. 89, alibi *Laidradus.*
[d] *Benedicto fratri.* Abbati Anianensi, de quo in sequentibus epistolis ; a quo Laidradus viginti monachos accepit pro monasterio Insulæ Barbaræ a se fundato, ut testatur Ardo seu Smaragdus in Vita ejusdem sancti abbatis, num. 36 apud Mabill. Act. SS. sæc. IV, part. I, pag. 205.
[e] Froben. epist. 209.
[f] *Ad Benedictum.* Abbatem Anianensem, fama sanctitatis ac doctrinæ atque restitutæ disciplinæ monastico-Benedictinæ celeberrimum, quocum Alcuinus

---

lantium armis ullatenus immiscere consentias. Fuge ad Christum, jacens ante eum clama : Misericordia mea et refugium meum ; susceptor meus et liberator meus, in ipso speravit cor meum. Valeto in omni prosperitate.

[e] EPISTOLA CCXX.
[f] AD BENEDICTUM.

Quemdam fratrem, quem filium suum vocat, charitati ; se vero in sæculi fluctibus jactatum precibus illius commendat. Pro herbis medicinalibus gratias refert, etc.

Benedicto Patri, utinam in Christo benedicto perpetuam salutem.

Valde mihi placet fides vestræ devotionis et charitatis in fratrem vestrum et filium nostrum, quia amicus in necessitate comprobatur, quo maxime de hac vita quisque transiens indiget, ut fraterna intercessione judicis sui faciem videat clementem. Tu illum, quantum valeas, verbis consolare et factis, donec videas quid de illo faciat Deus.

273 Me vero sæculi fluctus diversis agitat motibus ; tu vero cum fratribus tuis, sicut promisisti, orationibus adjuvare non cessa, ne cujuslibet cupiditatis vel peccati me vorago submergat ; causas vero et rationes hujus mei eventus tibi viva voce, volente Deo, pandam, et quod petisti faciam temporibus opportunis. Semper meæ parvitatis litterulas vestræ dirigere charitati recordor, vestrasque mutua vice accipere deprecor ; obsecro ut fiducialiter mihi studeas de vestris profectibus vel prosperitatibus intimare.

Herbas medicinales quas direxisti, gratanti animo accepi, et sicut corporali me sanitate providere curasti, ita tuæ spirituali saluti providere semper desidero, optans te in eo strenue perficere opere quod cœpisti, et [g] gregem gubernare fideliter quem congregasti. Nullatenus fatigeris vel cogitationum desidia, vel ab aliquorum negligentia. Qui plus laborat, plus mercedis accipiat. Multum te isto anno præsenti videre desidero, si fieri potest, quia familiaritas humilitatis vestræ multum animo meo complacuit. Æqualitas animorum dulcedinem generare solet dilectionis, et si disparia sint operum merita, tamen par potest esse desiderium salutis ; nam infirmus suam desiderat sanitatem, sicut et medicus, licet ille ægro-

---

multa et familiari usus est amicitia. *Is enim audita expertaque viri Dei sanctitatis fama, inviolabili se illi charitate conjunxit, ita ut ex suis epistolis ei sæpe directis, aggregatis in unum, unus conficeretur libellus,* [D] ut testatur Ardo seu Smaragdus loc. cit. Dolendum vero maximam epistolarum hic memoratarum partem intercidisse, nec nisi duas hasce in cod. Harleiano repertas superesse.

[g] *Gregem quem congregasti.* In monasterio scilicet Anianensi, quod sanctus Benedictus suis impendiis excitavit : « E monasterio siquidem sancti Sequani, *ubi capitis comam deposuit, et veri monachi habitum sumpsit,* egressus, postquam annos aliquot in cella, prope Anianum exstructa, vixit cum discipulis suis, grande cœnobium, *Anianam* dictum, ædificavit, et basilicam Salvatoris ac beatæ Mariæ nuncupari jussit. » Mabillonius Observat. præv. in *Vit. S. Ben. Anian.* num. 4.

tus jaceat, et iste sano vigeat corpore. Tuam paternitatem pro nobis intercedentem pius Deus in omni bono proficere faciat.

ª EPISTOLA CCXXI.

AD EUMDEM.

Epistolas mittit regi et aliis a Benedicto tradendas; optat sæpius accipere ab ipso epistolas.

Benedictus Deus Benedicto Patri benedictionem det æternam.

ᵇ Scripsi epistiunculas aliquas, sicut intelligere earum lectione poteris; si tibi dignum videatur. Redde singulis singulas; regi vero suam cum multis salutationis verbis : et melius mihi visum est te dicere ejus pietati de nobis nostraque voluntate, et illio nostro, quam inde aliquid scripsissem, quia litteræ per manus currunt multorum; verba vero in corde permanent fideli. Epistolam vero ad fratres nostros communiter scripsi; si dignum quid in ea invenies, jubeam [*Forte*, jubeas] melius perscribere, et si quid addendum æstimas, fac secundum consilium, quia sub festinatione dictata fuit ad rememorandum amicitiæ jucunditatem, et orationum pro nobis sedulitatem, sicut scis magnum nos habere desiderium, magnam etiam necessitatem, spemque bonam de illorum habere sacratissimis orationibus. Ubi tu, ibi et ego, et Deus nobiscum in æternum.

Secundum opportunitatem portitoris sæpius litteræ veniant, nec rusticitas, de qua te excusare soles, charitatem tacere faciat, ne minus flamma lucescat illius, sed fulgeat in chartulis, quæ in corde perpetualiter incensa ardet. Vadens vade, Deo miserante, cum omni prosperitate. Videat te oculus meus, antequam moriar, non semel, sed sæpius, donante Deo semper in æternum valeas.

278 ᶜ EPISTOLA CCXXII.

ᵈ AD HILLIRIENSES FRATRES.

Commemorat famam bonæ illorum conversationis: precibus eorum se commendat : hortatur ad mutuam charitatem et pacem.

Religiosæ congregationi sanctissimi Patris Honorati, Alcuinus diaconus salutem.

Congaudeo multum de optima fama conversationis vestræ, et regularis vitæ observatione, et piæ pacis unanimitate, quam testimonio nostrorum vel aliorum audivimus. Sed certius horum fratrum relatione omne bonum, sicut desideramus, de vobis audientes, idcirco studiosius meam **279** parvitatem sanctis orationibus vestris commendare curamus, deprecantes ut nostri nominis habere dignemini memoriam; sicut beatæ memoriæ.ᵉ Pater vester venerandus olim mihi perdonatum habere credimus, quod his litteris horumque simul fratrum suggestione renovare studemus; quia magnam, ut fateor, fiduciam de Deo servientium intercessione in cordis dulcedine habemus; quia quod mihi deest in meritis, illorum precibus, largiente divina gratia, possidere optamus. Quid est quod pia unanimitas sanctæ congregationis non valeat impetrare apud eum qui ait: *Ubi duo vel tres congregati in nomine meo, ibi sum in medio eorum* (*Matth.* xviii, 20)? Quid est dulcius quam Christum semper habere præsentem; quam filii Dei vocari, ipsa Veritate dicente: *Beati pacifici, quoniam filii Dei vocabuntur* (*Matth.* v, 9)? Ideo pernecessarium est omnibus, sed magis in sacro ordine regularis vitæ degentibus, concordiæ bonum omni studio observare, et pacis unanimitatem; quia qui veritatem sanctæ pacis non custodiunt, dignitatem filii perdere certum est : *videte*, dixit egregius doctor, *si invicem mordetis, ne invicem consummamini* (*Gal.* v, 15). Non potest recte filius Dei dici, qui pacem non vult amplecti. Pax concordiam fratrum et charitatem copulat proximorum. *Pacem meam*, dixit Dominus, *do vobis, pacem meam relinquo vobis* (*Joan.* xiv, 27), id est, in pace dimisi vos, in pace inveniam vos. Proficiscens voluit dare, quæ desiderabat rediens in omnibus invenire.

De hac piæ pacis bonitate ideo diligentius suggero vobis, charissimi fratres, quia maxime fraus diabolica murmurationis sagittam inter fratres immittere solet, sciens perfectam ibi non esse charitatem, ubi murmurationis telo charitatis unanimitas vulneratur. Charitas est quoniam cooperit multitudinem peccatorum (*I Petr.* iv, 8), sine qua etiam peccata non dimittuntur : quam beatus Apostolus in tantum laudavit, ut nec martyrium, nec sæculi contemptum, nec flammarum incendia sine illius bonitate prodesse testetur; *In hoc enim*, inquit, dixit Dominus Jesus, *cognoscent omnes, quia mei discipuli estis, si dilectionem habueritis ad invicem* (*Joan.* xiii, 35). Omnis obedientiæ, vel humilitatis subjectio in monasteriis charitatis munimine roborari debet, quæ sine simulatione falsæ extrinsecus ostentationis in corpore, fieri necesse est; sed ex corde diligere nos debemus,

---

ª Froben. epist. 210.

274 ᵇ *Scripsi epistiunculas quasdam.* Ex his solum meminit epistolæ cujusdam ad regem, et alterius ad fratres. Tres supersunt epistolæ ad abbates et monachos Gothiæ, nimirum 132, 133, 134. Insuper et ad illos *per beatum Benedictum* misit *libellum adversus hæresin Felicis*, *in illorum solatium et confirmationem fidei catholicæ*, prout legitur in epistola 132. An de una ex his, an de alia aliqua epistola, adhucdum latente, loquatur, ex hoc loco erui haud potest. Fortassis hac occasione etiam misit epistolam ad Leutfredum mox antea exhibitam; et ad amicum nunc exhibendam, quas propterea hisce ad Benedictum jungere placuit.

ᶜ Apud Froben. epist. 216.

ᵈ *Ad Hillirienses fratres.* Ita quidem hic titulus legitur in cod. ms., sed ex sequenti inscriptione manifestum est, legendum esse, *ad Lirinenses*. In insula siquidem Lirinensi illud monasterium est, seu illa congregatio, quam initio sæc. v ibi fundavit, atque vitæ sanctitate illustravit sanctus Honoratus episcopus Arelatensis : Lirinenses monachi aliquoties devotionis causa venerunt ad S. Martinum, prout ex epistola 190 et ex sequenti constat. Sæpius quoque Alcuinus cum illis egit per epistolas; et exemplar quoque epistolæ 90 de Hispanorum variis erroribus dirigi a Lugdunensibus voluit.

ᵉ *Pater vester.* An Teotgarius, ad quem epistola sequens, an hujus antecessor aliquis, incompertum habeo.

opereque ostendere, quod in cordis thesauro reconditum habemus. Angelicam vitam vivit in terris, qui pacifica charitate, et sancta dilectione vivere inter homines studet; et quod hic ex parte habere incipit, in beatitudine cœlesti pleniter possidere gaudebit. Hæc est optima pars, quæ non auferetur ab eo, qui vestigia Christi in charitatis officio in hoc sæculo omni studio amplecti intendit. Intercedentem pro populo Christiano sanctitatem vestram divina clementia exaudire dignetur, dilectissimi fratres.

280[a] EPISTOLA CCXXIII.
[b] AD TEOTGARIUM ABBATEM ET FRATRES, QUIBUS PRÆESSE VIDETUR.

Remittit fratres ad S. Martinum peregrinantes cum epistola: veniam illis ob inobedientiam et negligentiam exorat. Errantes ovtat revocari, non abjici.

Sanctissimo Patri Teotgario et omni Deo electæ etiam et benedictæ familiæ, Alcuinus famulus sancti Martini cum fratribus in ejus monasterio Deo deservientibus, perpetuæ beatitudinis salutem.

Misi vestræ pietati per Sizimarium fratrem vestrum verba salutationis, et nunc iterum secundo eadem repetere propter opportunitatem horum fratrum, qui venerunt ad nos, ut se commendarent sancti Martini intercessionibus, idem repetere fas et necessarium esse visum est; unde et has litteras vobis dirigere studui, quia præfato fratre abeunte magna me febrium molestia fatigare cœpit. Unde obnixius deprecor clementiam vestram, ut me adjuvare dignemini in sanctissimis vestræ unanimitatis orationibus, quia scio vestram religiosam, Deo devotam sanctitatem multum valere in precibus apud superni regis... dicente ipsa Veritate: *Quodcunque petieritis credentes accipietis (Matth.* xxi, 22); Credentes dixit, quia *impossibile est sine fide placere Deo (Hebr.* xi, 6). Quare catholica integritas vestris maneat in cordibus, quatenus quidquid petieritis in nomine Jesu, accipere mereamini, seu pro stabilitate vitæ vestræ et perseverantia boni operis usque in finem; sive pro amicis vestris, qui fidem habeant de vestra bonitate et charitate. *Charitas enim cooperit multitudinem peccatorum (I Petr.* iv, 8); *et qui in charitate manet, in Deo manet, quia Deus charitas est (I Joan.* iv, 16).

In hujus vero charitatis sanctitate hos fratres vestros, etiam nostros, ad vestram pietatem dirigere curavi, qui orationis gratia sancti Martini reliquias visitare voluerunt; sed et mihi secretissime aliquid de sua inobedientia vel negligentia dixerunt, precantes nos cum sancti Martini pietate intercessores esse

[a] Apud Froben. epist. 217.
[b] *Ad Teotgarium abbatem.* Cujus cœnobii abbas fuerit Teotgarius ex hac epistola equidem haud satis liquet; quoniam vero mentio hic fit de fratribus qui ad monasterium Turonense venerunt devotionis gratia, et ut se commendarent sancti Martini intercessionibus, hinc conjicere pronum est, et fratres illos fuisse monachos Lirinenses, quos in epistola 212 (nunc 190) dixit, ante paucos dies illuc venisse; et Teotgarium fuisse Lirinensium abbatem. Cæterum

A pro illis, ut recipiantur in locum suum; et ego mandavi illis firmiter, tacere apud omnes homines de causa negligentiæ suæ, nolens aliquid foras venire a sanctissima congregatione vestra, nisi optima quæque; quia multi sunt reprehensores vitæ nostræ magis quam sectatores, *cupientes sua criminosa peccata monasterialium reprehensione abscondi.* Sed quidquid secus agamus, quam regularis vita definiat, remaneat apud nos tantum, et reconcilietur, et in concordiam revocetur grex Christi, ne gaudeant inimici super nos. Non est homo qui non peccet; et bonum est errantem ovem revocare in ovile Christi, ejus exemplo qui de cœlo descendit ut ovem perditam requireret in terris.

Patientia prælatorum salus debet esse subjectorum. B Melius est ignoscere delinquentibus quam expellere peccantes; quia si tantum justi remanent et sani, forsan solus pastor solus remanet absque grege. Quid si ipse pastor peccat, quis remanet in loco Deo consecrato? Memores debemus esse apostolum Joannem dicentem : *Quia si dixerimus, peccatum non habemus, nosmetipsos seducimus, et veritas in nobis non est (I Joan.* 1, 8). Sed si agnoscimus peccatores nos esse, et confitemur iniquitates nostras, cum Publicano dicentes : *Deus, propitius esto mihi peccatori (Luc.* xviii, 13), habemus advocatum, id est, propitiatorem Dominum Jesum apud Patrem, qui semetipsum tradidit pro peccatis nostris (*Tit.* ii, 14), ut nos redimeret in sanguine suo, et acquireret Deo populum acceptabilem.

C Hæc considerantes, fratres charissimi, recolligite oviculas errantes cum gaudio, recordantes ejus pietatem, qui nonaginta novem oves dimisit in montibus, ut unam errantem inveniret; et humeris suis imposuisset, reportaretque ad domum gloriæ suæ, ut angeli congauderent de ove inventa (*Matth.* xviii, 12; *Luc.* xv, 4). Hæc omnia in mente habentes ignoscite, ut ignoscat vobis Deus; quia hæc est via et cœlestis regni culmen; aut non peccare, aut peccantibus ignoscere. *Considera,* dicit Apostolus, *teipsum, ne et tu tenteris; alter alterius onera invicem portate, et sic implebitis legem Christi* (*Gal.* vi, 1, 2). Divina vos gratia in charitate obedientiæ et humilitate semper conservare dignetur, Domini Patres, fratres et filii.

D
281-283[c] EPISTOLA CCXXIV.
AD FRIDUINUM.

Gratulatur adeptam curam monasteriorum SS. Benedicti et Ceolfridi hortatur ut præsit gregi suo bono exemplo. Precibus se commendat.

Sanctissimo Patri [d] Friduino, olim notus et semper amicus Alcuinus salutem.

Teotgarii cujusdam abbatis memoriam quoque exstat in Vita S. Eigilis abbatis Fuldensis, Act. SS. Ord. S. Ben. sæc. iv, part. 1, pag. 255, qui anno 819 dedicationi ecclesiæ Fuldensis et translationi corporis S. Bonifacii interfuit; sed nec ibidem aliud quidpiam de illo habetur, præter solum nomen. Vid. etiam lib. xxviii Annal. Ben., pag. 454, n. 13.
[c] Apud Froben. epist. 220.
[d] *Friduino.* Gratulatur Alcuinus huic suo veteri amico de adepta paterna cura ovilis Christi, mona-

Audiens paternam curam ovilis Christi vobis delegatam, multum me gavisum esse fateor, vel de exaltatione tantæ dignitatis, vel de commoditate boni operis, quia habes, unde te sanctis Patribus nomine et meritis coæquare valeas. Ideo, sanctissime Pater, diligentius regularem vitam in loco optimo erigere studeas; nec nova te cudere suademus, sed vetera omnimodis renovare, quia fundator et renovator ejusdem mercedis esse possunt apud Deum. Non tibi per inanes adulationes nomen quæras, sed Deo, per sanctas admonitiones, laudem. Exemplis sanctorum Patrum Benedicti et Ceolfridi vivas, quatenus illorum merita sequens, illorum mercede dignus inveniaris.

Non permittas ullatenus vanitates vestimentorum, et luxuriantes ebrietates, et libidinosas voluptates in te, vel in tuis dominare fratribus, sed omnia vestra regulari moderamine fiant in cibo, potu, vestimento et castitate. Et sicut tu primus in dignitate, ita primus esto in totius bonitatis conversatione. Quid erit de grege, si pastor oberrat? Sanitas gregis et multiplicatio, gloria et merces est pastoris. Non te carnalia decipiant, sed spiritalia exaltent. Esto lucerna in domo Dei, et in omni loco forma salutis. Angeli vero visitantes officia ecclesiastica et opera fraternæ unanimitatis, te vero in primis stantem, in primis operantem, in primis intercedentem pro populo Christiano omnimodis inveniant: Non te specialia auri vel argenti pondera decipiant, sed generalis et sancta conversatio Deo amabilem efficiant. Sit thesaurus tuus Ecclesia et ornamenta illius, non arca singularis. Ne damnet te tua conscientia habentem, quod habere non debeas, ne dicatur tibi: *Medice, cura temetipsum* (*Luc.* IV, 23). Vel quomodo alios doceas, quæ tu ipse non facis? Error vitæ claudit os magistri. Melius est te Deum habere in arca cordis, quam aurum in arca cubilis. Confusio est vitæ tuæ digitos auro radiare, collum siricis [*F.*, sericis] ornare vestimentis; ornet pectus tuum [a] orarium sanctitatis, non inanis vestimentorum cultus. Melius est animam virtutibus decorari, quam corpus coloratis vestibus ornari.

Cogita quam pauci tibi supersint dies, vel quam longæva prosperitate primi fundatores monasterii,

in quo modo Deo deservis, vivebant in conversatione sancta; et quam cito rapti sunt de hac vita, qui primorum parentum aliquantulum scindebant statuta. Recordare quam felices sunt illi, qui apud Deum gaudent in cœlis : hoc non luxuria vitæ, non vestimentorum vanitas, non sæculi pompa promeruit, sed zelus Domini, et regularis vitæ custodia, et major animæ cura quam corporis, et fraterni profectus sollicitudo in charitate. Fac quod [*F.*; ut] tibi proficiat honor præsentis horæ ad futuri temporis gloriam; meique, obsecro, cum fratribus semper memoriam habeas, sive in speciali oratione sanctitatis tuæ, sive in generali fraternæ intercessionis communione, quatenus Deus dirigat cursum vitæ meæ ad salutem; non solum mei solius, sed, Christo Deo donante, salutem multorum. Vos vero divina clementia cum omnibus fratribus, [b] beatissimis apostolis intercedentibus, semper in omni bono proficere faciat, et in omni sanctitate ultimum exspectare diem, ut digni efficiamini stare ante tribunal Christi, et audire beatam vocem : *Venite, benedicti Patris mei, percipite regnum, quod vobis paratum est ab origine mundi* (*Matth.* XXV, 34).

[c] EPISTOLA CCXXV
[d] AD FRATRES QUI IN HIBERNIA INSULA PER DIVERSA LOCA DEO DESERVIRE VIDENTUR.

Ob famam optimæ conversationis ad se delatam lætatur : quæ bona ipsorum Patres olim in Britannia, Gallia et Italia gesserint, deprædicat. Hortatur ad vitam regularem ; docet quæ debeat esse vita principum, monachorum, monialium et omnium Christianorum.

Nobilissimis sanctæ Ecclesiæ filiis, qui per latitudinem Hiberniensis insulæ Deo Christo religiosa conversatione et sapientiæ studiis servire videntur, humilis levita Alcuinus perpetuæ prosperitatis in Domino salutem.

Audiens per fratrem venerabilem, vestræ eruditionis doctorem, [e] Dungal episcopum religiosam Deoque placentem regularis vitæ vobiscum conversationem vigere, valde me gavisum fateor, quod Dominus Jesus in hoc ruinoso cadentis sæculi fine tantos sui sanctissimi nominis laudatores, et veritatis prædicatores, et sanctæ sapientiæ sectatores probatur habere, quantos audio inclytam Hiberniam

sterio scilicet Girovensis et Wirmuthensis, sanctorum Benedicti et Ceolfridi. Scripsit quoque Alcuinus aliam epistolam ad Eadbaldum abbatem Gyrovensem, cujus fragmentum in notis ad epistolam 13 (nunc 14) ex Reinero dedimus. Credam ergo Friduinum Eadbaldi fuisse successorem.

[a] *Orarium.* Id est, stola. c Dicitur vero orarium eo quod oratoribus, id est prædicatoribus, concedatur. Admonet illum, qui illo induitur, ut memor sit sub jugo Christi, quod leve et suave est, se esse constitutum.» (Auctor libri *de divinis Officiis*, inter opuscula supposititia Alcuini, cap. 59).

[b] *Beatissimis apostolis intercedentibus.* Scilicet Petro et Paulo, quorum honoribus monasteria Girovense et Wirmuthense, quæ Friduinus regenda suscepit, dedicata sunt, prout notavi ad epist. 13 et 219 (nunc 14 et 16).

[c] Apud Froben. epist. 221.

[d] Hæc epistola illustre sane testimonium est, quantum in Hiberniæ monasteriis floruerint regularis ob-

servantia, sapientiæ studium, doctrinæ catholicæ puritas et apostolicæ prædicationis zelus. Fidem ac vitam monasticam in illa insula sanctum Patritium propagasse, circa annum 430 scribit Probus in ejus Vita. Mabillonius ex testimonio Ven. Bedæ probat, Hibernos posthac eamdem cum Anglis monachis regulam fuisse professos, id est sancti Benedicti. (*Præfat. ad sæc.* III *Ben.*, n. 16; *et ad sæc.* V, n. 82 et seq.)

[e] *Dungal episcopum.* Quisnam Dungal iste fuerit, et cujus sedis episcopus, mihi ignotum, nisi sit Dungal ille reclusus seu monachus S. Dionysii, qui inter alia librum scripsit adversus Claudium Taurinensem pro cultu sacrarum imaginum. Is cum semetipsum *Peregrinum* vocare solebat, et initio ejusdem libri testatur, *se du!um in hanc terram* (Galliam) *advenisse.* Hunc Hibernum seu Scottum fuisse Mabillonius l. cit. conjicit, et ex ipso nomine fit verosimile. (Mab., *Annal.* libr. XXX, *n.* 3. — *Hist. lit. de la France*, tom. IV, pag. 493.)

niæ insulam usque hodie possidere. Quapropter, excellentissimi Patres et religiosissimi fratres, et nobilissimi filii, vestram piam unanimitatem tota cordis mei affectione deprecor, ut antiquam sanctæ religionis consuetudinem, et sanctæ sapientiæ studium assiduis admonitionibus, exhortationibus, increpationibus renovare studeatis, ut lux veritatis et scientiæ per congregationes Ecclesiarum Christi consueto more, per vos et a vobis multis mundi partibus uberrime fulgeat.

Igitur antiquo tempore doctissimi solebant magistri et Hibernia Britanniam, Galliam, Italiam venire et multos per Ecclesias Christi fecisse profectus; et quanto magis periculosa nunc esse tempora noscuntur, et plurimos, secundum apostolicam prophetiam; a via veritatis avertentes, tanto instantius ipsa catholicæ fidei veritas ubique inter vos discenda est et docenda, ut habeant orthodoxæ fidei prædicatores, quo possint contradicentibus veritati resistere, et palam vincere adversarios apostolicæ doctrinæ. Erumpunt subito apostatica seducti calliditate pseudo doctores, novas et inauditas introducentes sectas, qui dum novis dogmatibus sibi laudem acquiri putant, inveniuntur reprehensibiles, omnibusque odibiles esse, sicut in Hispaniæ partibus vidimus factum.

Unde, sanctissimi Patres, exhortamini juvenes vestros, ut diligentissime catholicorum doctorum discant traditiones, et catholicæ fidei rationes omni intentione apprehendere studeant, *quia sine fide Deo impossibile est placere* (Hebr. xi, 6). Nec tamen sæcularium litterarum contemnenda est scientia, sed quasi fundamentum teneræ infantium ætati tradenda est grammatica, aliæque philosophicæ subtilitatis disciplinæ, quatenus quibusdam sapientiæ gradibus ad altissimum evangelicæ perfectionis culmen ascendere valeant, et juxta annorum augmentum sapientiæ quoque accrescant divitiæ. Nec ferventem adolescentiæ flammam sinite per præcipitia vitiorum corruere, quia Spiritus sanctus, sicut scriptum est, *non habitat in corpore peccatis subdito* (Sap. i, 4, 5); sine cujus gratia nihil humanum proficere valet ingenium; sed si quid doni adolescens habere videtur, auferetur ab eo, si se in castitate conservare non curat. Serenus, sanctus et mundissimus Spiritus mundam et castam ingreditur animam. Non solum seniores verbis admoneant juniores suos; verum etiam bonis exemplis erudiant illos. Ergo magistri minuitur auctoritas, si doctrina ejus destruitur opere : sapientia doctoris fulgeat in honestate morum, ut videatur in facto quod audiatur ex ore.

Si quid, quod absit, contra Christianæ auctoritatem religionis principes agere inter vos sæculares inveniantur, admoneant eos sedula sacerdotes Christi prædicatione malas amittere consuetudines, et bonis potestatem suam ornare moribus; et ut vivant in castitate, unam habentes uxorem secundum evangelicæ præceptum auctoritatis; justissimoque judicio causas discernant populi, et misericordiam faciant in pauperes et miseros. Non sint veloces ad humanum fundendum sanguinem, quia *viri sanguinum, sicut sacer psalmus cantat, non dimidiabunt dies suos* (Psal. LIV, 24). Si felicitatem præsentis cupiant habere regni et potestatis, sciant se aliter habere non posse, nisi Deo præstante; nec futuræ beatitudinis gloriam possidere, nisi Domini nostri Jesu Christi misericordia donante. Idcirco omni intentione evangelicis inhæreant præceptis, ut benedictione divina confirmentur in regno præsenti, et perpetuum cum sanctis Dei recipere digni inveniantur.

Quicunque vero monachicæ vitæ conversatione Deo [servire] promiserint, sciant se debitores esse implere, quod promiserunt, dicente Scriptura : *Vovete et reddite Domino Deo vestro* (Eccle. v, 5). Et iterum : *Melius est non vovere quam votum non implere.* Fiat illorum conversatio casta et honesta, absque omni reprehensione, Deo placabilis, hominibusque honorabilis, *non in comessationibus et ebrietatibus, non in cubilibus et in impudicitiis* (Rom. xiii, 13), sed induant seipsos exemplis Domini nostri Jesu Christi, lucentes inter sæculares, sicut stellæ in cœlo fulgentes, ut illorum lumine illustrati multi exhortentur mundi hujus fugere voluptates, et numero illorum seipsos congregare studeant.

Feminarum siquidem monasteria sint in castitate virginali Deo, casto corpore, in pudicitia et humilitate servientes. Si cœlestem Regem elegerunt [*Ms.*, eligerent] sibi sponsum, cœlesti sponso debitam studeant custodire castitatem, quatenus cum beatissima genitrice Dei, semperque virgine sancta Maria per supernas habitationes Agnum sequi, quocunque ierit, mereantur.

Omnes siquidem communie [communiter] sanctæ charitatis præcepta integra perfectione conservare conentur, in qua signum discipulatus sui Deus Christus constituit, dicens : *In hoc cognoscent omnes quia mei discipuli estis, si dilectionem habueritis ad invicem* (Joan. xiii, 35). Singuli humilitatem habeant in discendo, et devotionem in docendo, et diligentiam in misericordiæ operibus ad pauperes et miseros : nullusque senior sive junior, sæcularis vel monasterialis, vir aut femina, sua erubescat confiteri peccata, atque per pœnitentiam emendare, quidquid contra Dei voluntatem fecisset. Melius est habere unum hominem testem peccatorum suorum in salutem animæ suæ, quam spectare accusationem diabolicæ fraudis ante Judicem omnium sæculorum, et ante angelorum choros, et totius humani generis multitudinem. Dum vero homo vivit in hoc sæculo, fructuosa est confessio et pœnitentia ; in futuro scilicet judicio pœnitentia erit peccatorum, sed non fructuosa, quia unusquisque judicabitur secundum opera sua. Metuant criminosi et peccatis onerati æternorum flammas tormentorum. Gaudeant justi, etiam et pœnitentes de perpetuæ beatitudinis gloria cum Christo, qui ait : *Ibunt impii in ignem æternum; justi autem in vitam æternam* (Matth. xxv, 46). Et alibi : *Justi fulgebunt sicut sol in regno Patris eorum* (Matth.

xiii, 45). Orantem pro nobis beatitudinem vestram Deus Christus perpetua prosperitate custodire dignetur, domini desiderantissimi Patres filii et amici.

288 EPISTOLA CCXXVI.
AD FRATRES IN ECCLESIA BEATI JOANNIS BAPTISTÆ DEO SERVIENTES.

Abbatem et fratres monasterii Montis-Olivi in familiaritatem suscipit, et illos hortatur ut militent pro fide catholica, et perseverent in observantia regulari.

Religiosis fratribus, Deo et sancto Joanni præcursori Christi servientibus, humilis servulus ejusdem Christi et præcursoris ejus, Alcuinus salutem.

Nam prima congregatio quam, Deo dispensante, gubernandam accepi, beato Joanni Baptistæ consecrata est. Quapropter fas æstimo, vos fratres agnoscere et commilitones, unum habentes Dominum Deum, et unum patronum, cujus intercessio nostrum hinc inde numerum augere dignetur. Patrem vero vestrum Olomundum in Christo, et fratrem nostrum in charitate, familiari pietate accepimus, quasi unius familiæ germanum, et unius Domini cultorem, et unius protectoris conservum; et in eo ipso vos omnes recipiens quasi fratres charissimos, deprecans ut me meosque per ejus manus familiariter in sanctas orationes vestras recipere dignemini. Optime enim scitis quanta est veræ charitatis communio, quæ absentes corpore, præsentes efficit in spiritu. Nihil vero nocet absentia corporalis, ubi est præsentia spiritalis.

Vos vero, filii, fratres et Patres, in Christi clementia deprecor, unanimes estote in fide catholica, idem sapientes, idem volentes; firmiter permanentes in loco certaminis vestri, nil tela antiqui hostis metuentes, communibus manibus pugnate contra eum. Melius in acie cum pluribus pugnat miles, quam si solus foris inveniatur in campo. Campum vero dico sæculi latitudinem. Quid vero vobis cum sæculari consuetudine? Christum elegistis, Christo certare vosmetipsos constrinxistis, perseverantes in agone regularis vitæ. Nil vobis durum videatur in mandatis Dei; spe perpetuæ remunerationis consolamini, scientes quod non coronatur nisi qui legitime certat (*II Tim.* ii, 5). Nullatenus legitime certat, qui locum certaminis sui derelinquit, et signa suæ militiæ deponit. Tentatio est hæc vita; in tentationibus fortes estote, in tribulationibus constantes, nihil dubitantes de remuneratione. Pauci sunt dies laboris, sed perpetui sunt retributionis dies. Nolite turbari de paucitate vestra, dicente ipso duce nostro: *Nolite timere pusillus grex, quoniam complacuit Patri vestro dare vobis regnum* (*Luc.* xii, 32).

Tantum absque murmuratione et tædio servite Deo in confessione regularis vitæ; nunquam deerit remunerator Deus, si vestra non deerit vobis devotio in servitute illius. Si quidquam pio Patri congregationi vestræ placeat immutare, vel renovare congregationis vestræ (*ita ms.*), nolite murmurare inde; sicut enim prudentissima apis de multis floribus unam colligit dulcedinem, ita providus Pater ex multorum colligere debet conversatione unum optimæ religionis mel. Nullatenus in uno campo omnia florum genera colliguntur, ita nec in uno quolibet omnis morum dignitas inveniri poterit; quidam enim charitate abundat, quidam humilitate micat, quidam eleemosynis fulget, quidam sapientia claret, quidam sanctarum Scripturarum cognitione lætatur. Ideo sapienti de singulis singula eligenda sunt, ut fiat unius coronæ splendor in animo Deum possidente, qui dividit unicuique secundum mensuram suæ voluntatis, vel possibilitatem accipientis. *Omnia probate, quod bonum est tenete* (*I Thess.* v, 21); id est, plurima considerate, optima quæque eligite.

Opto, Deumque deprecor, ut vester numerus augeatur, et sanctis virtutibus semper florescat, quatenus multi vestris bonis erudiantur exemplis, 289 et vos multa mercede in conspectu altissimi judicis digni habeamini, beato Joanne intercedente, et Christo Deo miserante, donante. Gratia coelestis vos provehat et in omni bono proficere faciat, fratres charissimi.

EPISTOLA CCXXVII.
AD QUOSDAM MONACHOS.

Ambit eorum familiaritatem et orationes. Hortatur ad charitatem, humilitatem, obedientiam, ad curam regularis disciplinæ, et laudis divinæ.

---

a Froben. epist. 247.
b *Ad fratres S. Joannis Baptistæ.* Hoc est, ad fratres Monasterii *Montis-Olivi*, cujus auctor primusque rector fuit Olomundus seu Olenundus; quod olim appellabatur monasterium S. Joan. Baptistæ *de Castro-Malasti*, in diœcesi Carcassonensi, situm in Vallesecura ad ripam Durani (*la Durance*) fluvii: nunc tantum notum est sub nomine Montis-Olivi (*Montoliou*) superestque etiam nunc, post varias vices, sub celeberrima Benedictina congregatione sancti Mauri. (Mabill., libr. xxv *Annal.* pag. 251, num. 6.)
c Hanc congregationem, quam primam Alcuinus gubernandam suscepit, fuisse cellam maritimam, sitam in provincia Northumbrana, et quidem in promontoriis mari Oceano et Humbri fluvio proximis, ubi sanctus Wilgisus pater sancti Willibrordi humatus est, quispiam existimare posset; hanc enim cellam se *per successiones legitimas gubernandam suscepisse* Alcuinus ipse testatur, in Vita prosaica ejusdem sancti Willibrordi cap. 4. Obstare tamen huic opinioni videtur, quod monasterium illud patrocinio beatissimæ Virginis Mariæ consecratum fuisse Alcuinus testetur, in elegia de eodem sancto Wilgiso prope finem in his versibus:

Corpus in Ecclesia curarunt condere fratres,
Quæ constructa maris stat prope littoribus,
Atque sacrata Dei genitrix clarissima Christi,
Nomine fulgescit, Virgo Maria, tuo.

Sed fortassis eadem cella sanctum quoque Joan. Baptistam patronum coluit; plures enim ejusdem loci sanctos patronos esse, admodum frequens est.
d *Olomundum.* De quo supra, not. b, qui obiisse dicitur anno 827, iii Idus Decembris, apud Mab. libr. xxx *Annal.*, num. 24.
e Froben. epist. 224.
f Nullo indicio proditur cujusnam monasterii vel congregationis fratres fuerint, ad quod scripta est hæc epistola; documenta vero egregia, et hic et alibi affatim ab Alcuino sparsa, de mutua charitate, humilitate, obedientia, de vigili cura laudis divinæ, de regulari disciplina, etc., monachi omnes ad se pertinere et directa esse existiment.

Venerando Patri, et sanctissimis fratribus in congregatione beatissimi confessoris Christi humilis levita Albinus salutem.

Gaudens vestrae beatitudinis audivi prosperitatem, et religiosam vitam et Deo condignam, atque hominibus laudabilem; quapropter meae parvitatis nomen diligentius sanctis vestris orationibus commendo, ut me habeatis quasi unum ex vobis. Ego vero peccator, multum indigens sanctorum intercessione, sciens multum valere deprecationes justorum, juxta apostoli Jacobi testimonium, nihil de meis confidens meritis, sed totum me per famulorum Christi intercessiones divinae gratiae commendans; et licet peccatis meis impedientibus non sim dignus inter eos numerari, tamen, Deo miserante, Deo illos diligere scio et illis honorem inpendere debitum [*Ita ms. corrupte*]. Quapropter obnixe deprecor, ut me ea charitate recipiatis, qua vos humiliter deposco. Charitas enim benigna est, in qua tota servorum Dei vita consistit, quam vestra unanimitas, sicut audio, optime habet, per quem [*Forte*, quam] vitam aeternam habebit, quicunque habere dignus erit; quam toto corde sequimini, charissimi fratres, quia tota monachorum vita in charitate, humilitate et obedientia consistit; et quia vestra pietas Deum elegit sibi dominum et regem, tota virtute Deum amate, et praeceptis ejus obedire studete. Unusquisque alteri sit magister in opere bono, et unusquisque alteri discipulus in humilitatis obedientia, dicente Apostolo: *Si vero juniori revelatum fiat, prior taceat* (*I Cor.* XIV, 30). *Spiritus enim ubi vult spirat* (*Joan.* III, 8). Dei enim donum est, si quis recta intelligit, si quis juste amat; Dei donum in nulla aetate, in nulla persona contemnendum est.

Seniores inter vos juniores erudiant, ut digne [*Forte*, digni] habeantur pro se in suo stare loco; docete eos in omni mansuetudine, erudientes in timore Dei; ut discant ab ineunte aetate Deo servire, et praeceptis regularibus informari. Juniores 290 debitum honorem senioribus impendant; sitis enim sicut unum corpus, *alter alterius membra, ut in omnibus honorificetur Deus* (*Rom.* XII, 5), et omnes aedificentur, et omnes ad gloriam perpetuae beatitudinis pervenire mereantur (*I Petr.* IV, 11).

Scripsi vobis has paucas litterulas ex charitatis fonte, non quasi ignorantibus, sed quasi haec omnia melius scientibus, et in Deo diligentius perficientibus, et ut meam circa vestram salutem, imo et omnium servorum Dei cognoscatis voluntatem, et ut familiaritatem animae meae sciatis apud vos. Vestra vero bonitas et fraterna humilitate legat, et solita pietate recipiat, quae vobis scribere curavi. Deus vero totius consolationis Pater vos ubique consolari dignetur, et ad aeternum regnum pervenire concedat, cujus laus sit semper in ore et in corde charitatis vestrae; quia haec est sanctorum vita, laus bonitatis Christi et charitas in praesentia illius, quae nunquam excedit [*Forte*, excidit], nunquam praeterit, nunquam fastidit; et quicunque saepius in his in hac mortali vita versatur, majorem sanctorum angelorum similitudinem habet; angeli vero Dei semper in vigiliis Deum laudant; et qui vigilare studet ad laudes Dei, angelicam vitam agit in terris; et quod omnes sancti acturi sunt in coelis, temporibus secundum humanam fragilitatem statutis agit in terris. Non somnus, non saeculare desiderium, nec vana cogitatio impediat cursum religionis vestrae, et laudes divinas, ut angelicae visitationes veniant unumquemque vestrum in loco suo stantem, Deumque laudantem. Igitur qui in hac mortalitate Deum laudare student, in felicitate perpetua cum Psalmista cantare habent: *Beati qui habitant in domo tua, Domine, in saeculum saeculi laudabunt te* (*Psalm.* LXXXIII, 5).

Sanctam vero unanimitatem vestram, charissimi fratres, Dominus Deus in omni proficere faciat bono, et ad aeternae beatitudinis felicitatem pervenire concedat, dilectissimi fratres.

a EPISTOLA CCXXVIII.
AD ARNOLDUM ABBATEM.

Laudat eorum conversationem; hortatur ad virtutes religiosas, praesertim paupertatem in conviviis, in nummis, in vestimentis, etc.

Venerando Patri b Arnoldo abbati et sanctae congregationi, humilis levita Albinus salutem.

Satis mihi placuit religiosa conversatio vestra in Domino, et charitatis humilitas, et Ecclesiae ornatus, et domorum, quas in transitu cernebam, constitutio, et dulcissima susceptio, qua me cum magna familiaritate suscepistis; cognoscens in cordibus vestris illum habere praeparatam habitationem qui dixit: *In hoc cognoscent omnes, quia mei discipuli estis, si dilectionem habueritis ad invicem* (*Joan.* XIII, 35). Ideo supplici deprecatione exhortans fraternitatem vestram ut in perfecta permaneatis fideliter charitate, et concordia pacis inter vos vigeat, et obedientiae decus resplendeat in conversatione vestra, et humilitatis honestas videatur in omni actu vestro, et corporis castitas quasi lilia floreat in conspectu Dei, et sitis unanimes in omni opere perfecto; obedientes Patri spirituali absque omni contradictione, quia ipse rationem redditurus erit pro vobis in die magno Domini, et vos similiter obedientiae vestrae plurimam in die illa accepturi eritis mercedem.

Non est regnum Dei esca et potus (*Rom.* XIV, 17), sed charitas in conscientia pura; hae sunt itaque vi-

---

a Froben., epist. 225.
b *Arnoldo abbati.* Cujus monasterii, mihi haud compertum est; idem enim esse nequit cum Arnulfo abbate monasterii Glonnensis et S. Florentii ad Ligerim in dioecesi Andegavensi, qui sancto Benedicto Anianensi pro reformatione monasteriorum socius et adjutor adhibitus fuit, testante Ludovico Augusto in diplomate, quod de restituto ordine monastico in monasterio S. Dionysii confecit. Apud Mabill. Act. SS. saec. IV, pag. 218. Arnulfus enim iste regimen hujus monasterii suscipere non potuit ante annum 800 quo anno Albaldus ejusdem loci abbas, cui Arnulfus successit, adhuc in vivis fuit. Mab. loc. cit.

ctimæ, quas monachi singulis horis Domino Deo offerre debebunt; his hostiis placabitur majestas divina; per has semitas regni cœlestis portæ aperiuntur. Hoc cogitate jugiter, hoc rememorate semper, in his 291 conversamini deliciis; hæc sunt nuptialia vestimenta, in quibus superni regis convivia possidere digni efficiamini. Nullus ex vobis avaritiæ studeat, nec caducas congregare divitias quærat; nec unum habeat absque Patris sui licentia nummum; sufficiat unicuique communis vitæ jucunditas, seu in vestimentis, seu in cibi potusque religiositate; tantum Pater spiritualis provideat, ne justam quislibet habeat murmurationem; nec quarumlibet indigentia rerum regularis vitæ destruat ordinem, sed unusquisque contentus, secundum facultatem loci et temporis, stipendio quod ei administratur, et quo majore sufferat humilitate indigentiam, si subito eveniat; eo majorem a Deo accipiat mercedem. Qui pro regno Dei certare desiderat, non debet pro uno calice vini contendere. Nobilissimus omnium creator Pater nobiles habere filios cupit: magna generositas est filium esse Dei; sed hæc dignitas, tam alta et præclara, magna morum et conversationis nobilitate observari debebit.

Quod charitate cogente scripsi, vestra humilitas patienter relegere dignetur, et si quid memoriæ dignum ex his meis litteris invenietis, ob intentionem salutis vestræ, et recordationem nominis nostri, in thesauro cordis vestri recondite, quatenus divina pietas vos in gaudium supernæ beatitudinis deducat, et mihi peccatori veniam peccatorum meorum per sanctas orationes vestras concedat. Vestram sanctitatem superni regis pietas in omni bona conversatione proficere faciat, fratres charissimi.

[a] EPISTOLA CCXXIX.
AD EANULFUM PRESBYTERUM.
Commendat se ejus orationibus: ad conversationem fraternam et regularem vitam, ad curam animarum, etc., hortatur.

Dulcissimo fratri [b] Eanulfo presbytero Albinus salutem.

Quia charitas memor est totius bonitatis, ideo te obsecro, ut mei habeas memoriam in sanctis orationibus tuis, et te ipsum in omni castitate conservare studeas in conspectu Domini Dei altissimi; et humilem habeas conversationem inter fratres, et sollicitudinem magnam regularis vitæ, quia qui majus portat judicium, majorem accipit honorem [*Leg.* quia majus portat judicium, qui, etc.]. Quid tibi sæculi dignitas, quæ sicut flos feni decidit? Nolo te vagabundum esse per loca, sed stabilem in servitio Dei, ubi electus es in servitium Christi. Vivas inter fratres quasi Lucifer inter stellas, ut plurimi tuis bonis exhortentur exemplis. Sicut ego curam habui de salute animæ tuæ, ita tu curam habeas de salute multorum. Noli torrem de incendio raptum disperare, sed pœnitentiæ fonte exstingui, quatenus qui in flamma libidinis exarsit, in flamma charitatis et munditiæ luceat in conspectu Dei. Tu scis fragilitates adolescentiæ; tu nosti flumen iniquitatis, quomodo per præcipitia rapiuntur multi in voragines diversæ luxuriæ. Quapropter sollicita mente labora, Deo adjuvante, ut quamplurimos per admonitiones dulcissimas ab errore iniquitatis revoces. Erit tibi maxima merces apud Deum, si salutem fraternam non neglexeris.

Plurimi sunt nominetenus doctores, sed pauci charitatis officio. Non cesses seminare Verbum Dei; Deus novit, ubi vult, ut cadat. Nullatenus tibi ejus bonitas deerit in remuneratione. *Qui converti fecerit peccatorem ab errore viæ suæ, cooperit multitudinem peccatorum suorum* (Jac. v, 20). Vivas utinam in mansuetudine 292 patientiæ, et humilitate obedientiæ, et charitatis dulcedine inter fratres, quatenus misericordia Redemptoris nostri te florere faciat in vario virtutum genere, et ab omni adversitate clementer custodire dignetur.

Saluta, obsecro, fratres nostros, quoscunque scias aliquo charitatis officio mihi esse conjunctos, et semper admoneas de orationibus meis, quoscunque habeas amicos, vel Deum timentes, vel sanctæ conversationis socios. Vivite in omni charitate, et valete in æternum.

[c] EPISTOLA CCXXX.
AD ONIAM SACERDOTEM.
Charitatem in præsente dulcem, in absente amaram dicit. Hortatur ad virtutes.

Albinus [d] Oniæ sacerdoti salutem.

Mirabile est quod dulce versum est in amarum. Nam charitas dulcis est in præsente, sed extrema [*Forte,* amara] quodam modo in absente, dum non videt quem amat, angustiatus in absentia ejus; quæ siquidem in beatis et regno Dei semper dulcis erit, quoniam præsens illi qui amatur; cujus visio omnis est beatitudo, ad quam ut pervenire mereamur, omnia dura dulcia per patientiæ donum videri debent; et omnia hujus sæculi dulcia quasi nihil reputanda sunt.

Hoc memor, fili charissime, ut vivas feliciter sub timore Dei, in charitate Christi, in omni sobrietate, castitate et charitate, proficiens de die in diem in omni opere bono, ut dignus efficiaris ad eam pervenire charitatem, quæ nunquam mutabitur, nunquam finem habitura est. Vive feliciter in charitate Christi et omni religione sancta, fili charissime.

[c] EPISTOLA CCXXXI.
AD EUMDEM.
Charitatem erga Deum et erga pauperes, miseros et peregrinos commendat.

Albinus Oniæ sacerdoti salutem.

---

[a] Froben., epist. 226.
[b] *Eanulfo presbytero.* Hujus nulla alibi habetur notitia. Illum tamen monachum, fortassis in Anglia, et inter monachos sacerdotem fuisse, cui publicum munus docendi, atque verbum Dei seminandi commissum est, ex hac epistola discimus.
[c] Froben. epist. 227.
[d] *Oniæ sacerdoti.* Hic idem abs dubio est, ac Onias, cui simul et Nathanaeli et Candido Alcuinus suum Commentarium super Ecclesiasten inscripsit; de quo etiam alibi quædam annotavimus.
[d] Apud Froben. epist. 228.

Prosperitas et gaudium animi vestri multum mihi placere fateor, quæ *charitas*, sicut Apostolus ait, *nunquam excidit* (*I Cor.* xiii, 8), quæ semper nova et antiqua; nova ex præsentia, antiqua ex memoria: quam semper utinam fideliter sequaris cum omni homine, quantum in te est, et quantum ad Dei honorem honestum et utile videaris. Non est charitas quæ in ebrietate tenetur, vel in peccatis conjuncta conglutinatur, sed impia voluntas, non bona suavitas. Ama Deum semper, qui amantem se amat, et diligentem se diligit. Habeto illum amicum, qui unicuique amicus est secundum se. Pauperum memor esto in eleemosynis, et miserorum in defensione, et peregrinorum in solatio, ut Deus tibi reddat in die magno, ubi dividet omne humanum genus in duas partitiones; aliis propter duritiam cordis indeficientes tormentorum flammas; aliis propter misericordiæ opera et charitatis officia perpetuæ beatitudinis regnum. Hoc faciens feliciter, vive, fili mi charissime.

293 a EPISTOLA CCXXXII.

Ad Gislam.

Charitatem suam illi significat : ad omnia virtutum genera hortatur, et commendat sanctæ Scripturæ lectionem.

Dilectissimæ in Christo virgini b Gislæ Alcuinus humilis levita salutem.

Valde enim tuis, clarissima Dei famula, alloquiis gavisus sum, et tua familiaritatis pietate consolatus, ita ut ex eo die quo pactum charitatis tecum inivi, dulcedine dilectionis tuæ per singula pene momenta pascebar, felicem æstimans me, dum sanctissimæ orationis munimine, secundum promissionem vestram fruar; at nunc maxime assidua precum vestrarum protectione munire indigeo, dum fluctivagi maris incertum iter tentare compellor [*Ms.,* temptare compellar], ut divina clementia me ad portum salutis perducere dignetur, atque vestris iterum conspectibus gaudentem astare condonet. Sed rogo suppliciter te, Deo devotissima virgo, ne aures prudentiæ tuæ apices insipientiæ meæ offendant; et quod me dilectio vera scribere admonet, te humilitas sancta doceat perlegere; nec stylum meum præsumptiosum putes, officiosum agnoscens; et quem in Deo diligit, admonentem accipit [*F.,* accipiat].

Primo omnium te de Dei charitate admoneo, et nobilitate imaginis illius serva; et cujus viri sponsa esse cœpisti, semper rememora. Inclytus est valde et gloriosus sponsus tuus, qui alium ornatum in te non quærit nisi spiritalem; non tortas crinium alligationes, sed rectas morum bonorum conligationes; nec vestimentorum vanum exterius nitorem, sed sanctitatis et castimoniæ nobilem interius splendorem; cave ne aliquid in te inveniat quod oculos illius offendat; et si forsan, ut solet humanæ fragilitatis conditio afferre, aliquam negligentiæ maculam in te malignus spiritus infigat, citius pœnitentiæ lacrymis abluere memento, ne diu sine sponsi tui maneas amplexu, quia promptior est te recipere quam amittere : tantum ne tardaveris de die in diem reverti ad illum. Hæc enim duo mala maxime odit in hominibus, negligentiam revertendi, et desperationem salvantis. Tantum hæc absint a cogitationibus procul nostris, et ille tunc animis prope erit nostris. Ideo habet nomen Salvator, quia semper salvat et salvare cupit, sicut scriptum est : *Qui vult omnes homines salvos fieri* (*I Tim.* ii, 4).

Noli de terrena nobilitate gloriari, sed gratias age ei qui, dum te hominem esse voluit, tam sublimes et claros tibi perdonavit parentes, quorum nobilitatem non superbia, sed humilitate prosequere; et maxime in eo gaude, quia alterius noluit te esse sponsam, ni suam. Quæ tibi major esse gloria poterit, vel sublimior honor, quam ejus Regis esse sponsam qui super omnes reges est : et quanto ille sublimioris est potentiæ in virtute, tanto tu majoris esto diligentiæ in sanctitate; sanctitas vero in justitiæ operibus constat, justitia vero duobus modis impletur, hoc est, ut quæ prohibita sunt a Deo, non faciamus, et quæ jussa sunt ab eo, faciamus, juxta Prophetam : *Diverte a malo et fac bonum* (*Psalm.* xxxiii, 15). De quibus sapientiæ vestræ hic scribere supervacuum æstimo, quia in utrisque ab optimis ac nobilissimis magistris a prima ætate abundantius imbuta es, et excellens naturaleque animi tui ingenium te ubique docet; insuper omnis sanctorum librorum series hoc maxime auribus tuis indicat, iterum iterumque replicat, quid sit omni homini cavendum vel sequendum, in quorum lectione te ipsam exerce, quoniam per illos tibi loquitur ipse Deus et Dominus noster, et piæ voluntatis tibi demonstrat effectum. Recognosce et cogita quali honore nobis illius legatio sit æstimanda : quid si a rege legatio et indiculus ad te veniet, nunquid non mox aliis curis postpositis prompta et cum omni devotione ejus litteras accipis et legis, et implere satages? Ecce de cœlo rex regum, imo et Sponsus tuus per prophetas, apostolos, doctores [*Ms.,* apostolorum doctores] tibi, o virgo, dignatus est dirigere litteras suas, non ut aliquod servitium sibi necessarium demandasset, sed quæ ad salutem et gloriam tibi necessaria sciebat esse, innotuisset. Harum te litterarum sedula reficiat lectio, quia in illis agnoscitur Deus, in illis vitæ æternæ gloria adnuntiatur, in illis quid credere, quid sperare, quid amare, vel quid fugere debeamus, ostenditur.

Hæc scripsi, non ignorantem instruens, sed charitatis officium implens, maxime rogans ut teipsam immaculatam in diem Domini nostri Jesu Christi serves; et alios tota intentione, monitis seu exemplis trahe tecum, et curre multis comitata post illum, donec introducat vos in domum Patris, et in cubile genitricis suæ (*Cant.* iii, 4), ut edatis et bibatis super mensam ejus in regno suo (*Luc.* xxii, 30), ubi est cibus sine fastidio, et potus sine siti, et vita sine

---
a Apud Froben. epist. 229.
b *Gislæ.* Sorori, an filiæ Caroli Magni, an alteri cuidam virgini magnæ nobilitatis incertum.

morte, et gaudium sine tristitia et gloria sine fine. Huc, o virgo, propera, ut semper sanctæ genitrici Virgini conjuncta Agnum sequens per omnia cœlestis regni penetralia transeas. Sanctitatem tuam, in omnibus bonis florentem, pro me intercedentem Deus Christus conservare et exaudire dignetur, domina virgo.

294-297 FRAGMENTUM I.
a AD FRATRES SANCTI NINIANI CANDIDÆ CASÆ.
(Apud Usserium de Primordiis Britan. Eccles. pag. 669.)

Venerandæ dilectionis fratribus in loco Deo servientibus, qui dicitur b Candida Casa Alcuinus diaconus salutem.

Deprecor vestræ pietatis unanimitatem, ut nostri nominis habeatis memoriam, et intercedere pro mea parvitate dignemini in ecclesia sanctissimi Patris c Niniæ episcopi, qui multis claruit virtutibus, sicut mihi nuper delatum est per d carmina metricæ artis, quæ nobis per fideles nostros discipulos Eboracensis ecclesiæ scholasticos directa sunt; in quibus et facientis agnovi eruditionem, et ejus perfi-

a Hanc epistolam ignoravit D. Quercetanus.
b *Candida Casa.* De situ hujus loci et nominis etymo Ven. Beda Hist. Gent. Angl. libr. III, cap. 4 hæc habet : « Qui locus, ad provinciam Perniciorum pertinens, vulgo vocatur *ad Candidam Casam*, eo quod ibi ecclesiam de lapide, insolito Brittonibus more, fecerit. » Et Polydorus Verg. libr. I Hist. Angl., pag. 6, num. 10 : « Ad Hibernicam oram septembrionem versus Nidisdalia ... Ad meridiem adhæret Gallovidia, pabulo pecoris quam tritico melior : ibi *Candida Casa*, templumque pervetustum divo *Niniano* sacrum, et episcopali sede ornatum. »
c *Niniæ episcopi.* Niniam quoque nominat Ven. Beda. Malmesburiensis *Ninam*; alii *Ninum* aut *Ninianum.* Is Pictorum, quorum nunc terram Scotos tenere censetur, apostolus. Cujus vitæ commenta-

A cientis miracula sanctitatem per ea, quæ ibi legebam.

FRAGMENTUM II.
AD EBORACENSES.
(Apud Wilhelmum Malmesburiensem, lib. I de Gestis Reg. Angl. cap. 3.)

Non pro auri avaritia (testis est mei cognitor cordis) Franciam veni, nec remansi in ea, sed ecclesiasticæ causa necessitatis.

FRAGMENTUM III.
AD OSBERTUM PATRICIUM MERCIORUM.
(Apud eumdem loc. cit.)

Nostrum regnum Northanimbrorum pene periit propter intestinas dissensiones et fallaces jurationes.

FRAGMENTUM IV.
AD EUMDEM OSBERTUM PATRICIUM.
(Apud eumdem ibid. cap. 4.)

Non arbitror quod nobilissimus juvenis Egfertus propter peccata sua mortuus sit; sed quia Pater suus pro confirmatione regni multum sanguinem effudit e.

rium Historico-Criticum habes Act. SS. Sept. tom. V, Edit. Antuerp. pag. 318 seqq.
d *Carmina.* Utinam (ita optandum cum commentatore Antuerpiensi) ad nos pervenissent carmina illa! Cum enim auctor eorum ad sancti Niniani ætatem accedat propius, certiora haberemus monumenta ad illustranda ejusdem gesta ; quæ enim nunc supersunt, non nisi dubiam notitiam actorum sancti episcopi subministrant.
e Vid. supra epist. 63 inter notas. Reliqua Fragmenta epistolarum Alcuini, quæ cl. Quercetanus ad finem suæ collectionis ex Malmesburiensi adjecit, hic omittere oportuit, quia quasdam epistolas, quarum fragmenta erant, integras superius dedimus ; reliqua vero notis aliarum epistolarum inspersimus.

ORDO ALPHABETICUS PERSONARUM
QUIBUS B. FLACCUS ALCUINUS INSCRIPSIT EPISTOLAS SUAS.

A
Adalhardo abbati Corbeiensi. *Vid.* Antonio.
Adriano I papæ. Epist. 18.
Ædilberto episcopo Hagulstaldensi. Epist. 178.
Ædilhardo archiepiscopo Dorovernensi. Epist. 10, 57, 75, 77, 78, 114.
Ædilredo regi Northumbriæ. Epist. 11, 12, 13.
Ædilthydi reginæ. Epist. 199.
Erduulfo regi Northumbriæ. Epist. 60.
Ærico duci Forojuliensi. Epist. 1.
Æthilredo. *Vid.* Ædilhardo
Agino episcopo incertæ sedis. Epist. 31.
Alchardo episcopo forte Elmhamensis ecclesiæ in Anglia. Epist. 217.
302 Altapetræ presbytero. Epist. 182.
Amicis. Epist. 186, 202, 209, 210, 211, 212.
Angilberto [*Homero*]. Epist. 25, 26, 27, 28.
Antonio [*Adalhardo*] abbati Corbeiensi. Epist. 189, 190, 191, 192, 193.
Aquilæ. *Vid.* Arnoni.
Ardberto viro illustri. Epist. 218.
Arnoni [*Aquilæ*] archiepiscopo Salisburgensi. Epist. 2, 54, 55, 56, 66, 67, 68, 69, 87, 88, 91, 92, 94, 97, 98, 102, 105, 104, 105, 108, 118, 130, 141, 143, 144, 145, 146, 151, 152, 153, 154, 155, 156, 159, 160, 161.
Arnoldo abbati monasterii forte Glonensis. Epist. 228.
Athelardo. *Vid.* Ædilhardo.

B
Benedicto abbati Anianensi. Epist. 220, 221.
Beornuino presbytero. Epist. 8.

C
Calwino presbytero. Epist. 73, 206.
Candidæ Casæ fratribus. Fragm. 1.
Candido et Nathanaeli. Epist. 157.
Cantuariensibus. Epist. 74.
Carolo, Caroli Magni filio. Epist. 119, 120.
Carolo Magno regi et imperatori. Epist. 17, 33, 37, 43, 76, 79, 80, 82, 83, 84, 85, 86, 95, 96, 100, 101, 106, 107, 109, 129, 131, 132, 133, 134, 149, 162, 163, 164, 165, 166.
Caroli Magni regis et imperatoris ad Albinum abbatem. Epist. 81, 158.
Chrodgario comiti. Epist. 137.
Cœnulvo regi Merciorum. Epist. 63.
Colco lectori. Epist. 3.
Corbeiensibus fratribus. *Vid.* Morbacensibus.
Cuculo. *Vid.* Calwino.
Cudrado presbytero. Epist. 5.
Cuidam. Epist. 22, 55, 181.
Cuniberto Ventanæ civitatis in Britannia episcopo. Epist. 216.

D
Damœtæ. Epist. 44, 45, 46, 122, 123.
David. *Vid.* Carolo.
Discipulis. Epist. 185, 205, 206.

E
Eadæ presbytero. Epist. 184.
Eambaldo archiepiscopo Eboracensi. Epist. 56, 64, 65, 73, 115.
Eanulfo presbytero. Epist. 229.

A

Eboracensibus fratribus. Epist. 6, 7, 21, 54.
Edilthrudæ matri. Epist. 200.
Edilburgæ abbatissæ in Anglia. Epist. 69.
Eegfrido filio Offæ regis Merciorum. Epist. 50.
Episcopo cuidam. Epist. 62, 179, 180.
Ethelardo. Vid. Ædilbardo.
Eugeniæ virgini. Epist. 196, 197.
Eulaliæ. Vid. Gundradæ.

F

Farfensibus. Vid. Moroaldo.
Felici episcopo Urgellitano. Epist. 4.
Filiis. Epist. 187, 188.
Filiis in palatio imperatoris commorantibus. Epist. 121.
Filio prodigo. Epist. 207, 208.
Friduino Gyrovensium et Wirrensium abbati, Epist. 224.
Fridugiso. Epist. 204.
Fuldensibus fratribus. Epist. 142.

G

Gallicellulæ. Epist. 203.
Georgio patriarchæ Hierosolymitano. Epist. 124.
Gislæ filiæ. Epist. 128.
Gislæ sorori. Epist. 126, 127.
Gislæ virgini. Epist. 252.
Gothiæ fratribus. Epist. 132, 133, 134.
Gundradæ virgini, cognomento Eulaliæ. Epist. 125.
Gyrvensibus fratribus. Epist. 14, 15, 16.

H

Hechstanum presbytero. Vid. Altapetræ.
Hiberniæ fratribus. Epist. 225.
Hillirensibus fratribus. Epist. 222.
Hincbaldo. Vid. Hugibaldo.
Homero. Vid. Angilberto.
Hugibaldo episcopo Lindisfarnensi. Epist. 9.
Hundrudi Matronæ Anglicanæ. Epist. 198.

I

Itherio abbati Turonensi. Epist. 32.

J

B. Joan. Baptistæ fratribus Montis-Olivi. Epist. 226.
Joseppo. Epist. 175.
Juvavensibus fratribus. Epist. 93.

L

Laidrado episcopo Lugdunensi. Vid. Leutfredo et Liobrado.
Leoni III papæ. Epist. 24.
Lindisfarnensibus. Epist. 9.
Lerinensibus. Vid. Hillirensibus.
Leutfredo (Leidrado) episcopo Lugdunensi. Epist. 219.
Liobrado (Leidrado). Epist. 89.
S. Liudgeri fratribus. Vid. Morbacensibus.
Lugdunensibus fratribus. Epist. 90.

M

Macario. Vid. Rigbodo.
Magenhario comiti Senonensi. Epist. 201.
S. Martini fratribus. Vid. Turonensibus.
Matri. Epist. 58.
Matri et Filiæ. Epist. 195.

A

Mauro (Rabano). Epist. 150.
Megenfredo regalis palatii archario. Epist. 42.
Monachis. Epist. 227. Vide etiam titulos: Candidæ Casæ Cantuariensibus, Eboracensibus, Farfensibus, Fuldensibus, Gothiæ fratribus, Gyrvensibus, Hibernensibus, Juvavensibus, Lindisfarnensibus, Lirinensibus, Lugdunensibus, Montis-Olivi, Orbionis Monasterii, Morbacensibus, Salisburgensibus, Turonensibus, Vedastinis.
Monnæ presbytero. Epist. 183.
Morbacensibus. Epist. 52, 53.
Montis Olivi fratribus. Epist. 226.
Moroaldo abbati Farfensi. Epist. 194.

N

Nathanaeli seu Fredegiso. Epist. 135, 156, 157.
Nifridio episcopo Narbonensi. Epist. 214, 215.
S. Niniani fratribus. Fragm. 1.

O

Offæ regi Merciorum. Epist. 47, 48, 49.
Oniæ sacerdoti. Epist. 230, 231.
Orbionis seu Urbionis monasterii fratribus. Epist. 215.
Osbaldo patritio. Epist. 11, 6A.

B

Osbercto duci. Epist. 11.

P

Paulino patriarchæ Aquileiensi. Epist. 29, 30, 39, 40, 41, 115.
Petro Mediolanensi archiepiscopo. Epist. 167, 168.
S. Petri fratribus. Vid. Gyrvensibus.
Pippino regi. Epist. 38.

Q

Quibusdam. Epist. 21. Vid. Eboracensibus.

R

Raganberto episcopo incertæ sedis. Epist. 213.
Remedio seu Remigio Curiensi episcopo. Epist. 174, 175, 176, 177.
Riculfo archiepiscopo Moguntino. Vid. Damœtæ.
Rigbodo archiepiscopo Treverensi. Epist. 169, 170, 171, 172.

S

Salisburgensibus. Vid. Juvavensibus fratribus.
Simeoni episcopo. Vid. Eanbaldo.

C

Sorori et filiæ. Epist. 138, 139, 140.
Sorori. Vid. Gislæ.
Sperato episcopo incertæ sedis in Anglia. Epist. 70, 71.

T

Teotgario abbati, forte Lerinensium. Epist. 223.
Theodulpho archiep. Aurelianensi. Epist. 147, 148.
Theophilo episcopo fortassis Tudertino. Epist. 19.
Tifredo episcopo Damacæ in Anglia. Vid. Alchardo
Turonensibus fratribus. Epist. 23.

U

Usualdo abbati incerti loci. Epist. 20.

V

Vedastinis monachis. Epist. 51.

W

D

Wirrensibus. Vid. Gyrvensibus.

BEATI FLACCI ALBINI
SEU
ALCUINI
CAROLI MAGNI MAGISTRI
OPERUM PARS SECUNDA. — OPUSCULA EXEGETICA,
SEU
COMMENTATIONES IN SACRAM SCRIPTURAM.

OPUSCULUM PRIMUM.

INTERROGATIONES ET RESPONSIONES IN GENESIN.

MONITUM PRÆVIUM.

De Siguulfo seu Sigulpho, cujus interrogationibus Alcuinus hic respondet, in præfatione generali, ubi et de aliis Alcuini discipulis actum est, nonnulla diximus. Causam, finem, modumque hasce quæstiones de libro Geneseos movendi, tractandi, atque resolvendi ex ipsa epistola ad Sigulphum, commentario huic præfixa, lector intelliget, ex qua simul manifestum est, verum hujus opusculi auctorem esse Alcuinum. De ultima nihilominus quæstione, quæ *de Benedictionibus patriarcharum* instituitur, aliquandiu dubitatum fuit utrum Alcuino tribui debeat vel possit. Cum enim illa quæstio cæteris multo prolixius deducta sit, atque tam secundum historicum quam secundum spiritualem sensum examinetur ; in nonnullis quoque codicibus mss. a reliquo corpore avulsa, proprioque titulo descripta habeatur, factum est ut postea sub alieno, nunc sancti Augustini, nunc Eucherii [b] Lugdunensis, nunc aliorum nomine compareret ; a novissimis tamen Operum sancti Augustini editoribus Benedictinis congr. sancti Mauri eadem commentatio, tanquam partus huic sancto Patri suppositus, in appendicem tom. III Operum rejecta, veroque suo auctori Alcuino restituta est. Vid. supra epist. 143 (nunc 187), et illius notas. Ipse vero Alcuinus illius commentationis priorem partem, quæ magis litteralis et historica est, pene integram ex Quæstionibus sancti Hieronymi in Genesin ; postremum ex libris Moralium sancti Gregorii Magni papæ mutuatus est, prout suis locis annotavimus. Ex editione Augustiniana in fine addidimus, quæ alibi desiderantur.

Primus, quem scimus, has Interrogationes et Responsiones de Genesi publici juris fecit Menardus Moltherus anno 1525, in 8° Haganoæ ; ubi iteratis typis anno 1529 in eadem forma comparuit sub hoc titulo : *Albini, Caroli illius Magni olim præceptoris, in Genesin Quæstiones.* Huic suæ editioni Moltherus epistolam dedicatoriam præfixit ad cl. virum D. Laurentium Truchsess a Bomersfelden sanctæ Moguntinensis Ecclesiæ decanum. Inde quæ ad commentationem tum hujus opusculi, tum ipsius auctoris pertinent, huc ob illius editionis raritatem transcribere operæ pretium fuerit.

« Videbatur mihi non indecens, inquit editor eruditus, ut ad te, cui ingenium dextrum et semper expromptum est, Albini in Genesin Quæstiones mitterentur, ut quanto intervallo a prisca illa studiorum simplicitate nostro sæculo quidam, qui simplicem

A illum sacræ Scripturæ sensum huc illucque, sursum deorsum, veluti austri nimboso impetu ferunt et vertunt, absint, intelligeres. Nec est ut auctorem commendem ; commendat ipsum antiquitas, conditioque ; quippe Caroli illius Magni præceptor fuit in disciplinis liberalibus . . . Hoc exemplar cum mihi insignes pietate et humanitate viri Joannes Enolfus decanus, et Pancratius Thiel scholasticus regalis ecclesiæ divi Ciriaci prope Vangionum Wormatiam commodato dedissent (pertinet enim ad ejusdem ecclesiæ bibliothecam), ut avidus fenerator nolui monetam vetustam condere . . . Possem ex scribentibus quibusdam quosdam integros locos hinc sumptos demonstrare : sed hoc nolim sic accipi, quasi diligentiam illorum reprehendere vel cornicem cum suis plumis exornatum denudare velim ; sed ut verissimum agnoscamus, quod ille ait : nullum esse jam dictum, quod non dictum sit prius. Proinde nil tam accurate scribitur, quod a veteribus illis viris, utique emunctæ naris, B exactissimo judicio, et extremis censurarum limis non fuerit scriptum expolitumque. » Hæc Moltherus.

Ex laudata hac editione Moltheriana opusculum hocce in veterum quorumdam theologorum elenchum, cui titulus : ΜΙΚΡΟΠΡΕΣΒΥΤΙΚΟΝ, edit. Basileæ anno 1550 relatum est, et ibidem pag. 445 et seqq. habetur. Rursus post annos quinque in eadem urbe insertum fuit Orthodoxographiæ veterum sanctorum Patrum. Posthac Magarinus de la Bigne illud tom. IX Bibl. Patrum editionis Parisiensis de anno 1579 inseri curavit, ac demum Cl. Andreas Quercetanus ope codd. mss. VV. CC. Thuani et Puteanorum fratrum emendatius et auctius reddidit.

In nostra hac editione duos optimæ notæ codices mss. sæc. IX in nostra sancti Emmerami bibliotheca servatos præ manibus habuimus, eorumque ope variantes lectiones adnotatæ ; menda plurima priorum editionum sublata, et non paucæ lacunæ expletæ sunt. Variantes lectiones et suppleta in textu uncinis inclusimus.

PRÆFATIO ALCUINI.

Dilectissimo in Christo fratri Singuulfo presbytero Alcuinus salutem.

Quia individuus et fidelis mihi, charissime frater, socius tanto tempore [*Al.*, tantopere] fuisti, et quia te sacræ lectionis studiosissimum esse novi, paucas interrogationes de libro Geneseos, quas, ut recordor, per vices a me exquisisti, pariter congregatas tuo

---

[a] In cod. ms. Vaticano 289 hic opusculi titulus est, *Quæstiunculæ Albini in Genesin.*

[b] Eucher. in Gen. lib. III, pag. 185-188.

nomini dicavi, ut haberes unde tuam posses memoriam recreare, quæ sæpe perdit quod servare debet, nisi in thesauro litterarum reconditum teneat, maxime nobis, qui sæculi occupationibus distrahimur, et diversis itinerum molestiis fatigamur. Et quod [*Ms.*, quia] pondera librorum nobiscum portari nequeunt, ideo aliquoties brevitati studendum est, ut sit levi pondere pretiosa sapientiæ margarita, et habeat fessus ex itinere viator quo se recreet, licet ex pondere portantis manus non gravetur. Sunt in eodem libro difficillimæ quæstiones plurimæ, quas ad præsens tangere non libuit, vel etiam non licuit; vel quod de illis me non interrogasti. Hæ etiam maxime historicæ sunt et simplici responsione contentæ: illæ vero majoris inquisitionis, longiorisque tractatus indigent [*Cod. ms.*, et longiorem habere indigent tractatum]. His tantum, dilectissime frater, esto contentus: et siquid in eis perperam dixerim, tu frater [*Ms.*, fraterno stylo] nos corrigere studeas; siquid vero bene, non mihi, sed largitori gratias age; qui et te proficere, et me tibi sufficere ex donis suis faciat, sine quo nihil possumus, in quo omnia possibilia sunt credenti; qui creditam suæ nobis pecuniæ largitionem, in laudem nos et gloriam sui nominis multiplicare faciat.

Interrogatio 1. Quomodo convenit quod in Genesi legitur: *Requievit Deus die septimo ab omnibus operibus suis* (*Gen.* II, 2), et in Evangelio: *Pater meus usque modo operatur et ego operor* (*Joan.* V, 17)? — *Responsio.* Requievit a novarum conditione [a] et creatione creaturarum, non a conditarum gubernatione. Et ideo Deus [tunc] creator in sex dierum creatione putandus est, nunc vero gubernator in totius mundi creaturis [*Ms.*, naturis].

Inter. 2. Quot creaturas rationales [*Ms.*, rationabiles] condidit Deus? — *Resp.* Duas. Angelos et homines: et cœlum angelis, et terram hominibus habitationem.

Inter. 3. Quare angelicum peccatum silentio in Genesi absconditum est et hominis patefactum? — *Resp.* Quia angelicum vulnus Deus non prædestinavit curare, hominis vero sanare prædestinavit.

Inter. 4. Cur summi angeli peccatum insanabile fuit, et hominis sanabile? — *Resp.* [Quia] angelus sui sceleris inventor fuit, homo vero alterius fraude seductus [fuit]. *Item*, quanto sublimior angelus in gloria, tanto major in ruina: homo vero quanto fragilior in natura, tanto facilior ad veniam.

Inter. 5. Cur homo suæ potestatis auctor est creatus? — *Resp.* Ut sibi ipse auctor esset [sive] ad vitam, sive ad mortem. Si vero necessitate [*Ms.*, necessitati] esset subjectus, tunc nec boni operis haberet gloriam, nec mali pœnam: sed esset quasi unus [*Al.*, unum] ex pecoribus.

Inter. 6. Cur [enim] in paradiso lignum vitæ et lignum scientiæ boni et mali creatum est? — *Resp.* Ut per illud potuisset homo immortalis esse, per hoc vero mortalis; ligno vitæ quasi medicina, ut incor-

[a] Verba *et creatione* omittuntur in codd. mss.

ruptibilis esset, utebatur [*Ms.*, uteretur]: ligno autem scientiæ boni et mali, quasi ut veneno, ut moreretur.

Inter. 7. Quare Adam mundi dominus legem accepit? — *Resp.* Ut non tanto extolleretur dominio, sed in observatione mandati sciret se subjectum Creatori [*Ms.*, Conditori] suo.

Inter. 8. Quid est, quod *Deus inspiravit in faciem Adæ spiraculum vitæ* (*Gen.* II, 7)? — *Resp.* Inspiratio Dei [in] faciem hominis traditio [*Ms.*, conditio] est animæ rationalis.

306 *Inter.* 9. Cur homo sexto die creatus est, cum propter rationem nobilior cæteris esset creaturis, quæ ante [*Edit.*, se] [sex diebus] factæ sunt? — *Resp.* Ut primum Creator mundum quasi domum præpararet, et post introduceret habitatorem, id est, dominum domus.

Inter. 10. Quare Creator in Adæ [delicto (*Edit.*, maledicto)] terræ maledixit et non aquis (*Gen.* III, 17)? — *Resp.* Quia de terræ fructu [*Ms.*, de terra fructum] contra interdictum manducavit homo, non de aquis bibit; et quod [*Ms.*, quia] prædestinavit Deus in aquis abluere peccatum, quod de fructu terræ contraxit homo.

Inter. 11. Quare terrestria animalia plus maledictionis habent quam aquatilia? — *Resp.* Quia plus de maledicta terra vivunt quam aquatilia; et ideo Christus post resurrectionem de pisce manducare voluit, non de aliquo animali terrestri (*Luc.* XXIV, 43).

Inter. 12. Quare ipse Creator hominis peccatum per seipsum expiare voluit, et non per angelum? — *Resp.* Quia non sufficiebat unius angeli meritum ad redemptionem totius generis humani; nec tantum sceleris [*Ms.*, scelus] incurrisset diabolus in nece angeli, quantum incurrit in nece Creatoris.

Inter. 13. Cur diabolus tam infestus est hominum saluti? — *Resp.* Propter odium in Creatorem et invidiam in hominem, et desperationem suæ salutis.

Inter. 14. Quare Deus in principio [humano generi] legem non dedit quam postea per Moysen tradidit? — *Resp.* Quia in hominibus primis diu lex bonæ naturæ servabatur; at ubi naturalis lex evanuit, oblata consuetudine peccandi, data est lex litteræ per Moysen, ut bona quæ sciebantur auctoritatem haberent, et quæ latere cœperant, manifestarentur; et ut terror disciplinæ corrigeret delinquentes, et fidem reformaret in Deum.

Inter. 15. Ut quid Abel sacrificium susceptum est, et Cain refutatum (*Gen.* IV, 4)? — *Resp.* [Quia] Abel Deo optima et naturalia offerebat, Cain vero viliora et humana inventione excogitata, ut putatur.

Inter. 16. Cur Abel in Evangelio singulariter justus nominatur (*Matth.* XXIII, 35)? — *Resp.* [Quia] tria maxima [*Al.*, maximæ] justitiæ præconia in eo esse leguntur, virginitas, sacerdotium [et] martyrium [*Al.*, virginitatis sacerdotum et martyrum], in quibus primus Christi figuram gessit, qui fuit virgo, sacerdos et martyr.

Inter. 17. Quare Enoch tanto tempore servabatur a morte (*Gen.* v, 23)? — *Resp.* Ut ostenderetur quid omnes homines potuissent, si non peccassent.

Inter. 18. Cur idem Enoch moriturus est (*Apoc.* xi, 3)? — *Resp.* Ut debitum solvat humanæ naturæ, et quod Christus voluit [*Ms.*, noluit], nullus possit, id est, non mori.

Inter. 19. Quot modis est operatio divina? — *Resp.* Quatuor. Primo, quod in verbi [Dei] dispensatione omnia æterna sunt. Secundo, quod in materia informi *qui vivit in æternum, creavit omnia simul* (*Eccl.* xviii, 1). Tertio, quod per opera dierum sex varias distinxit creaturas. Quarto, quod ex primordialibus seminibus non incognitæ oriuntur naturæ, sed notæ sæpius; ne pereant, reformantur.

Inter. 20. Quæ creaturæ de nihilo factæ sunt? — *Resp.* Cœlum, terra, angeli, lux, aer, aqua [et] anima hominis.

Inter. 21. Quot elementis mundus constat? — *Resp.* Quatuor: igne, aere, aqua, terra.

Inter. 22. Quæ est singulorum natura elementorum? — *Resp.* Ignis calidæ et aridæ est naturæ; aer [vero] calidæ et humidæ; aqua humidæ et frigidæ; terra frigidæ et aridæ [*Ed.*, aqueæ] est naturæ.

Inter. 23. Cujus naturæ cœlum esse fertur? — *Resp.* Igneæ, rotundæ atque volubilis.

Inter. 24. Si volubile [est] cur non cadit? — *Resp.* Rueret [vero] propter nimiam celeritatem, ut sapientes mundi dixerunt, si non planetarum occursu [*Edit.* hoc cursu] moderaretur.

Inter. 25. Cur Deus senario numero mundi creationem [*Ms.*, creaturas] perfecit? — *Resp.* Quia ille numerus perfectus juxta arithmeticæ disciplinæ rationem legitur esse; et ut ostenderet Deus omnia perfecta et valde bona se condidisse.

307 *Inter.* 26. Quid est: *In principio creavit Deus cœlum et terram?* — *Resp.* In Filio perfecit [*Ms.*, fecit] Deus cœlum et terram?

Inter. 27. Cur dictum est, *plantaverat Deus paradisum a principio* (*Gen.* ii, 8)? — *Resp.* Hieronymus vult [quod] ante conditionem cœli et terræ paradisum plantatum esset [*Edit.*, esse].

Inter. 28. Quid in cœli terræque nomine significatur, quando dicitur: *In principio fecit Deus cœlum et terram* (*Gen.* i, 1)? — *Resp.* Informis illa materia, quam de nihilo fecit Deus, appellata est primo cœlum et terra: non quia jam hoc erat, sed quia jam hoc esse poterat. Nam secundo die cœlum istud sidereum factum esse legitur, et tertio die terram apparuisse et vestiri floribus cœpisse. Sive, in cœli et terræ nomine spirituales et terrenæ creaturæ intelligi possunt.

Inter. 29. Quid est: *Spiritus Domini ferebatur super aquas* (*Gen.* i, 2)? — *Resp.* Non pervagatione [*Edit.*, per vagationem], sed potestate, et regentis imperio, ad formandum et vivificandum informem materiam, quæ hoc loco aquæ nomine significatur [*Ms.*, significari potest].

Inter. 30. Quid est: *Terra autem erat invisibilis et incomposita* (*Ibid.* ex vers. LXX)? — *Resp.* Invisibilis propter obscuritatem; incomposita propter deformitatem.

Inter. 31. Quid est quod dicitur: *Dixit Deus, fiat lux* (vers. 3)? — *Resp.* Dixit, pro fecit, scriptor posuit, ut celeritatem vel facilitatem operis Dei ostenderet.

Inter. 32. Quid est: *Appellavit Deus lucem diem* (vers. 5)? — *Resp.* Id est, appellari fecit.

Inter. 33. Quare prima die lux creata legitur? — *Resp.* Congruit operibus Dei, ut prima die a [*Ms.*, de] luce æterna lux temporalis primo fieret, ut esset unde cætera quæ crearet, apparerent.

Inter. 34. Quid est: *Factum est vespere et mane dies unus* (vers. 5)? — *Resp.* Id est finis operis perfecti, et initium operis incœpti.

Inter. 35. Quid est: *Vidit Deus, quod esset bonum?* — *Resp.* Id est, in ea bonitate placuit ut maneret, in qua placuit ut fieret, quod fecit.

Inter. 36. Quare de solo homine dictum est: *Faciamus hominem* (*Gen.* i, 26); de aliis autem creaturis legitur: *Dixit Deus?* — *Resp.* Ut videlicet, quæ [*Ms.*, quia] rationabilis creatura condebatur, cum consilio facta videretur, et ut ejus nobilitas ostenderetur.

Inter. 37. Cur plurali numero dixit: *Faciamus?* — *Resp.* Ut ostenderetur trium una operatio personarum.

Inter. 38. In quo est homo conditoris sui imago? — *Resp.* In interiori homine.

Inter. 39. Cur utrumque, imago et similitudo? — *Resp.* Imago in æternitate, similitudo in moribus.

Inter. 40. Cur iterum dixit: *Creavit Deus hominem ad imaginem suam* (vers. 27); cum antea dixisset: *ad imaginem nostram?* — *Resp.* Ut, utrumque, et pluralitas personarum, et unitas substantiæ insinuaretur.

Inter. 41. Quare de solo homine creato non dicitur singulariter: *Vidit Deus quod esset bonum*, sicut de cæteris creaturis dictum est? — *Resp.* Quia postquam homo creatus est, dicebantur omnia valde bona, quasi ante essent singula bona: propter hominem autem omnia valde bona, quod [*Ms.*, quia] omnia in decorem hominis creata essent [*Ms.*, sunt]; homo vero in gloriam et laudem Conditoris sui factus est.

Inter. 42. Quid est quod legitur [*Ms.*, dixit]: *Requievit Deus die septimo ab omnibus operibus suis* (*Gen.* ii, 2)? — *Resp.* Si [enim] dividas septenarium numerum in unum et sex, erunt duo primi numeri perfecti: unitas vero in seipsa natura et potestate perfecta est; senarius vero numerus primus opere et actu perfectus est, et partibus suis impletur: nam unum, duo, tria faciunt sex. Significatur ergo [*Ms.*, vero] [in] requie diei septimi, quod Deus ante creationem mundi in seipso natura et potestate perfectus est, et æternaliter in seipso habet requiem; creaturæ vero actu ab ipso creationis accepto habent per ipsum in suis naturis perfectionem quamdam, et [*Ms.* *omittit* et] requiem in operatione **308** obedientiæ, et maxime rationabiles creaturæ in [*Ms. om.* in] eo bono beatæ sunt, ut in conditore suo requiescant.

Inter. 43. Cur de die sabbati dicitur : *Benedixit Deus diei septimi et sanctificavit illum* (vers. 3), cum de aliis diebus non legatur hoc eum dixisse ? — *Resp.* Ut ostenderet sanctorum requiem post sex hujus sæculi ætatum labores, in æterno sabbato et benedicta requie quieturam [*Ms.*, quieturos], sicut dicturus est : *Venite, benedicti Patris mei, percipite regnum* (*Matth.* xxv, 34). Ideo et ille dies sine vespera legitur, quod ultima requies sanctorum sempiterna est.

Inter. 44. Cur dixit : *Istæ sunt generationes cœli et terræ* (*Gen.* ii, 4)? — *Resp.* Contra eos [facit] qui mundum sine initio et semper fuisse affirmant.

Inter. 45. Cur [dixit : In] *die quo fecit cœlum et terram* (vers. 4), et non : *in diebus?* — *Resp.* Diem (vero) pro toto tempore primordialis creaturæ posuit, sicut et Apostolus : *Ecce* (*nunc*) *dies salutis* (*II Cor.* vi, 2), diem totum tempus intelligi voluit, quo sancti in hac vita pro æterna salute laborant.

Inter. 46. Quid est [quod dicit] : *Omne virgultum agri* (*Gen.* ii, 5) antequam oriretur in terra ? — *Resp.* Ut celeritatem operis Dei insinuaret; id est, antequam aliqui fructus ex terra crescendo orirentur aut germinarent, repente omnes campi et colles herbis erant et arboribus cooperti.

Inter. 47. Quid est : *Non enim pluerat Dominus Deus super terram* (vers. 5)? — *Resp.* Ut intelligeretur quantum prima terræ germinatio a moderna distabat, quæ morulis ad pluviarum irrigationem vix tandem et tarde perficitur : illa vero ad jubentis imperium mox exorta apparuit.

Inter. 48. Quid est [iterum, quod dixit] : *Fons ascendebat de terra irrigans universa super faciem* [*Ms.*, *universam superficiem*] *terræ* (*Gen.* ii, 6) ? — *Resp.* Aut de solo dicit paradiso, qui uno fonte irrigari creditur ; aut, si de tota terra intelligendum est, omnem aquarum abundantiam intelligi voluit.

Inter. 49. *Formavit igitur* (*Dominus*) *Deus hominem de limo terræ* (*Gen.* ii, 7). Quid igitur? Num non ante, die sexto, homo legitur esse creatus? — *Resp.* Jam stricte [*Ms.*, strictim ; *al. omitt.*] prius per anticipationem de hominis creatione dixit, quam modo per recapitulationem plenius exponere aggressus est.

Inter. 50. Quid est, quod dixit : *Formavit igitur Dominus Deus hominem de limo terræ, et inspiravit in faciem ejus spiraculum vitæ?* — *Resp.* Quia videlicet in corporis et animæ substantiam factus est, e quibus corpus de limo (terræ) formatum est; anima vero de nihilo Deo inspirante creata.

Inter. 51. Quid est, quod dixit [*Ms.*, dicitur] : *Et posuit Deus hominem in paradiso voluptatis, ut operaretur et custodiret illum* (*Gen.* ii, 15) ? [Nunquid homini laborare in paradiso opus fuit] ; aut a quo custodire illum [*Edit.*, illud; *al.* custodiri ille] debuit ? — *Resp.* Non enim [homini erat] laboris afflictio in paradiso, sed voluntatis exhilaratio ; cum ea quæ Deus creaverat humani operis adjutorio lætius feraciusque [*Ms.*, veracius] provenirent. *Et custodiret illum*, ut custodiret eumdem paradisum sibi ipsi, et [*Ms.*, ne] si aliquid amitteret, ut inde mereretur expelli.

Inter. 52. Cur dictum est : *Lignum scientiæ boni et mali* (*Gen.* ii, 9)? — *Resp.* Non quod ipsum lignum in sua natura rationale esset, vel scientiam boni et mali habuisset; sed quod homo in eo experiri et scire potuit quid esset inter obedientiæ bonum et inobedientiæ malum.

Inter. 53. Quid significat in eo quod dixit : *Morte morieris* (vers. 17)?—*Resp.* Duplicem hominis mortem designat, id est, animæ et corporis. Animæ mors est, dum propter peccatum quodlibet animam Deus deserit. Corporis mors est, dum propter necessitatem quamlibet corpus deseritur ab anima. Et hanc duplam hominis mortem Christus sua simpla [morte] destruxit. Nam sola carne mortuus est ad tempus, anima vero nunquam, quia nunquam peccavit.

Inter. 54. Unde dicitur : *Adduxit ea ad Adam, ut videret quid vocaret ea* (*Gen.* ii, 19)? — *Resp.* Non circuitu locali adducens, sed occulto nutu suæ potentiæ voluit ut venirent.

309 *Inter.* 55. Cur voluit Deus ut homo cunctis animantibus nomina imponeret? — *Resp.* Ut homo intelligeret seipsum, quanto melior esset cunctis animantibus ex rationis discretione, et eo magis conditorem suum diligeret, quo se meliorem aliis viventibus intelligeret.

Inter. 56. Cur dicitur : *Adæ vero non inveniebatur adjutor similis ejus* (*Gen.* ii, 20)? — *Resp.* Quia inter omnia animantia terræ, nullum rationale inveniebatur, nisi ille solus.

Inter. 57. Cur mulier de latere viri dormientis ædificata legitur, et non de terra plasmata, sicut vir (vers. 22)?—*Resp.* Certe mysterii causa significans, quod Christus propter Ecclesiam in cruce dormivit, ex cujus latere fons salutis nostræ manavit.

Inter. 58. Quomodo convenit Christo quod dictum est : *Propter hoc relinquet homo patrem et matrem, et adhærebit uxori suæ* (*Gen.* ii, 24)? — *Resp.* Reliquit patrem, quia non in ea forma apparuit hominibus, qua æqualis est Patri. Reliquit matrem dum synagogam deseruit Judæorum, de qua secundum carnem natus est, ut adhæreret Ecclesiæ, quam ex gentibus congregavit.

Inter. 59. Quare non erubescebant Adam et Eva, dum nudi erant (*Gen.* ii, 25)?—*Resp.* Quia nullam legem senserunt in membris suis repugnantem legi mentis suæ : nihil enim putabant velandum, quia nihil senserunt refrenandum. Nam in pœnam peccati evenit homini, ut ipsa sua caro rebellis ei esset in motibus suis, quia ipse rebellis erat creatori suo in actibus suis.

Inter. 60. Unde serpens callidior dicitur *cunctis animantibus terræ* (*Gen.* iii, 1)? — *Resp.* Non ex natura, sed ex diabolici spiritus inflatione. Utebatur enim serpente diabolus quasi organo ad perpetrandam calliditatis suæ malitiam.

Inter. 61. Cur tentari Deus hominem permisit, quem consentire præsciebat? — *Resp.* Quia magnæ laudi [*Ms.*, laudis] non esset, si ideo homo non peccasset, quia malefacere non potuisset. Nam et hodie sine intermissione [per universum] genus humanum ex insidiis diaboli [homines] tentantur [*Edit.*, tentâtur], ut ex eo virtus tentati probetur, et palma non consentientis gloriosior appareat.

Inter. 62. Si serpens sonum verborum ejus qui per eum loquebatur intelligere potuit? — *Resp.* Non est credibile eum intelligere potuisse quæ per eum diabolus agebat; sed sicut dæmoniacus et mente captus loquitur quæ nescit, ita serpens verba edebat quæ non intelligebat.

Inter. 63. Cur mulier ad interrogata serpenti respondet [*Ms.*, respondit] (*Gen.* III, 2)? — *Resp.* Ut prævaricatio ejus esset inexcusabilis, cum nullo modo dicere potuit se oblitam esse mandati quod serpenti prodidit.

Inter. 64. Cur homo factus est in liberum arbitrium? — *Resp.* Quia noluit creator hominem cujuslibet servum creare, quem ad imaginem suam fecit, quatenus ex voluntario bono laudabilis appareret, vel appetitu malo damnabilis.

Inter. 65. Quæ est libertas vera? — *Resp.* Maxima [autem] libertas est servire justitiæ, et a peccato esse liberum.

Inter. 66. Quomodo potuit mulier credere serpentis sermonibus, quod divinitus a re bona fuisset prohibita? — *Resp.* Quia forte ante inerat menti illius amor quidam propriæ potestatis, et quædam de [se] superba præsumptio, quæ per illam tentationem fuerat vincenda et humilianda.

Inter. 67. Cur mulier consideravit lignum post serpentis persuasionem (*Gen.* III, 6)? — *Resp.* Ut exploraret si quid in eo mortiferum esset; dum autem nihil in eo tale reperiret, confidentius gustavit ex eo.

Inter. 68. [Sed] unde vir consentit feminæ? — *Resp.* Quia forte illam eo cibo mortuam non esse cernebat; et potuit fieri, ut putaverint alicujus significationis causa dixisse creatorem: *Si manducaveritis ex eo, morte moriemini* (*Gen.* II, 17).

Inter. 69. Ad quid aperti sunt oculi eorum (*Gen.* III, 7)? — *Resp.* [Quo] nisi ad invicem concupiscendum? quod eis ad pœnam mox post peccatum evenit.

310 *Inter.* 70. Cur ad folia ficulni [*Ms.*, ficulneæ] turbati cucurrerunt [*Ms.*, concurrerunt] (*Gen.* III, 7)? — *Resp.* Quia gloriam simplicis castitatis amiserunt, ad duplicem libidinis pruriginem confugerunt. [Ideo Dominus Jesus dixit Nathanaeli: *Cum esses sub ficu, vidi te* (*Joan.* I, 48), id est, cum esses sub ficu originalis peccati, per misericordiam vidi te, et ideo descendi liberare te.]

Inter. 71. Quid est quod post meridiem abscondit se Adam et uxor ejus (*Gen.* III, 8)? — *Resp.* Id est, post beatam [*Edit.*, beatæ] paradisiacæ felicitatis lucem in hujus sæculi caliginosam miseriam [*Edit.*, caligine a miseria] se absconderunt.

Inter. 72. Cur Deus quasi nesciens interrogavit, ubi esset Adam (*Gen.* III, 9)? — *Resp.* Non utique ignorando quæsivit, sed increpando admonuit ut attenderet ubi esset, et unde cecidisset.

Inter. 73. Unde [se] a Domini præsentia abscondi posse putabat? — *Resp.* Hæc ei insipientia de peccati pœna accidit, ut cum hoc latere putet [*Ms.*, eum latere velle quem], quem latere nihil potest.

Inter. 74. Cur Adam peccatum in mulierem detorsit (*Gen.* III, 12)? — *Resp.* Ad cumulum peccati sui superbe respondit, [et] non humiliter; quasi querimoniam in Deum dirigeret cur ei talem dedisset sociam, unde ei peccati occasio esset. Similiter et mulier suæ culpæ causam in creatorem refert, quare [*Al.*, quia] serpentem, per quem deciperetur [in paradiso] creaverit.

Inter. 75. Quare non est interrogatus serpens cur hoc fecerit? — *Resp.* Quia forte id non sua natura vel voluntate fecerat, sed diabolus de illo et per illum fuerat operatus. Ideo dicitur ei: *Super pectus tuum gradieris et terram comedes* (*Gen.* III, 14), siquidem in pectore calliditas nequitiarum ejus indicatur; qui et terram devorat, dum luxuria et libidine peccantium pascitur et delectatur [*Al.*, dilatatur]. Nam [et] sicut diabolus per serpentem loquebatur, ita et in serpente maledicitur.

Inter. 76. Quid est semen mulieris, vel [semen] serpentis (*vers.* 7)? — *Resp.* Semen mulieris est totum genus humanum; semen serpentis, originalis peccati primordium: quæ duo semina ex præcepto divino continuum inter se odium gerere debent, ut non faciamus quæ diabolus vult, quia ille nunquam vult nobis profutura.

Inter. 77. Quid est caput serpentis et calcaneum mulieris (*Gen.* III, 15)? — *Resp.* Caput serpentis est illicitæ suggestionis cogitatio, quod nos omni intentione conterere atque allidere debemus ad petram, qui est Christus. Calcaneum mulieris est extremum vitæ nostræ tempus, quo diabolus nos acrius impugnare satagit; cui si viriliter resistimus, victoriam perseverantiæ cum salute nostra accipiemus.

Inter. 78. Quæritur, dum dicitur: *Et sub viri potestate eris* (*Gen.* III, 16; *Gal.* V, 6; *I Joan.* IV, 18), si ante peccatum [quoque] mulier sub potestate viri esset? — *Resp.* Fuit utique, sed ea servitute, quæ per dilectionem operatur, et foras mittit timorem; post vero, conditionali servitutis timore, quæ per disciplinam operatur.

Inter. 79. Cur spinas et tribulos germinavit terra (*Gen.* III, 18)? — *Resp.* Per peccatum enim hominis terra maledicta est, ut spinas pareret et venenosas herbas ad pœnam vel [ad] exercitationem mortalium, ut ante oculos homo semper habeat originale crimen et vel sic admonitus [aliquando] se avertat a peccatis.

Inter. 80. Cur Deus fecit homini tunicas pelliceas (*vers.* 21)? — *Resp.* Ut eos mortales fuisse insinuaret.

Inter. 81. Quomodo Dominus Deus dixit de homine

post peccatum : *Ecce Adam factus est quasi unus ex nobis* (vers. 22)? — *Resp.* Propter sanctam Trinitatem plurali numero dixit *ex nobis;* sicut et in creatione ejus : *Faciamus hominem ad imaginem* (Gen. I, 26). Hic utitur voce deterrentis, ad incutiendum aliis, ne peccarent, timorem; vel sensu exprobrantis, quia non solum non fuerat factus qualis fieri voluerit, sed nec illud quod factus fuerat, conservaverit.

Inter. 82. Quid est Cherubin, vel *flammeum gladium atque versatilem, ad custodiendam viam ligni vitæ* posuit (Gen. III, 24)? — *Resp.* Id est, per angelicum ministerium ignea quædam custodia : quæ tamen bene, quod versatilis dicitur, significat quandoque illam removendam esse a paradisi januis.

Inter. 83. Unde noverat Cain Dominum ad munera ejus non respexisse, et ad munera Abel respexisse (Gen. IV, 5)? — *Resp.* Igne misso de cœlis, ut creditur, hostiam Abel suscepit, ut sæpissime factum offerentibus viris sanctis legimus; Cain vero ipse sacrificium suum consumere igne debebat.

Inter. 84. Quid est, [quod] Dominus dixit ad Cain : *Nonne si bene egeris recipies, sin autem male, statim in foribus peccatum tuum aderit* (vers. 7)? — *Resp.* Id est, si pura mente obtuleris sacrificium, recipies, respiciente Deo ad te et ad sacrificium tuum; sin autem male egeris, intrantem te vel exeuntem semper peccatum tuum comitabitur, et desinet Dominus custodire introitum tuum et exitum tuum.

Inter. 85. Quomodo intelligendum [sit] *sub te erit appetitus tuus* [*Ms.*, ejus], *et tu dominaberis illius* (vers. 7)? — *Resp.* Tu quia liberi es arbitrii, non habet peccatum super te dominium, sed tu super illud; et in tua potestate est sive compescere, sive concupiscere illud.

Inter. 86. Quare Dominus interrogavit Cain : *Ubi est Abel frater tuus* (vers. 9)? — *Resp.* Non tanquam ignarus, sed tanquam judex reum, quem puniat. Cui Cain ad cumulum peccati sui fallaciter ac superbe respondit.

Inter. 87. Quomodo vox sanguinis Abel clamat ad Dominum (vers. 10)? — *Resp.* [Id est] homicidii illius reatus in conspectu [justi] judicis apparebat.

Inter. 88. Unde Cain maledicitur in peccato suo, [in peccato vero Adæ terra maledicitur] [*Edit.*, cum prius terra in opere Adæ sit maledicta]? — *Resp.* Quia Cain sciebat damnationem prævaricationis primæ, et non timuit originali peccato fratricidii [*Edit.*, homicidii fratris] superaddere scelus; ideo majore maledictione dignus habebatur.

Inter. 89. Quod est signum Cain, quod posuit [ei] Deus, ut non occideretur (vers. 15)? — *Resp.* Ipsum videlicet signum, quod tremens et gemens , vagus et profugus semper viveret; nec audere eum uspiam orbis terrarum sedes habere quietas. Et forte [idcirco] civitatem condidit, in qua salvari posset (vers. 17).

Inter. 90. Cur ipse se morte damnavit dicendo : *Omnis qui invenerit me, occidet me* (vers. 14)? — *Resp.* Desperando dixit, vel ut compendio mortis cruciatus evaderet præsentes.

Inter. 91. Quomodo septuplum punietur, qui occiderit Cain (vers. 24)? — *Resp.* Solet [enim] septenarius numerus in Scripturis sanctis sæpissime pro plenitudine cujuslibet rei poni : quasi dixisset gravissima ultione puniendum esse, qui [nec] tantæ damnationis acerbitate admonitus a sanguine effundendo [voluit (*Edit.*, nollet)] manus cohibere.

Inter. 92. Quid est, quod legitur Lamech dixisse, cum occideret Cain : *Septuplum de Cain vindicetur, de Lamech autem septuagies septies* (vers. 24)? — *Resp.* Quia homicidii peccatum [*Ms.*, reatum] septima generatione diluvio vindicatum esse legitur; adulterii vero scelus, quod primus omnium Lamech in duabus commisit uxoribus, non nisi sanguine Christi expiandum esse, qui septuagesima et septima generatione venit in mundum.

Inter. 93. Unde evenit diabolo prima [*Ms.*, primo] mala voluntas? — *Resp.* Cum [vero] causa miseriæ malorum angelorum quæritur, ea merito occurrit, quia noluerunt ad illum custodire fortitudinem suam, qui est summum bonum, sed aversi sunt ab illo et ad seipsos conversi sunt [et] sua propria delectati potestate. Et iste primus defectus est et prima inopia rationalis creaturæ. Et hoc vitium quid aliud, nisi superbia, nuncupatur?

Inter. 94. Quid est malum? — *Resp.* Malum [vero] nihil est per se, nisi privatio boni : sicut tenebræ nihil sunt, nisi absentia lucis.

Inter. 95. Cur per tres filios Noe secunda origo sæculi surrexit (Gen. VI)? — *Resp.* Ut tres partes mundi a trium generatione implerentur. Porro Sem in filiis suis Asiam, [et] Cham Libyam, [et] Japhet Europam possidebat.

Inter. 96. De quibus dixit : *Cum cœpissent homines multiplicari super terram et filias procreassent.* [Et iterum] *videntes Filii Dei filias hominum quod essent pulchræ* (Gen. VI, 1, 2)? — *Resp.* Filias hominum, progeniem Cham; et filios Dei sobolem Seth [*Ms.*, Sem] appellare Scriptura voluit. Hi avita benedictione religiosi; illæ paterna maledictione impudicæ [*Ms.*, illi ... impudici] : sed postquam filii Seth [*Ms.*, Sem] concupiscentia victi ex filiabus Cham connubia junxerunt, ex tali conjunctione homines immenso corpore, viribus superbi, moribus [inconditi], quos Scriptura gigantes nominat, procreati sunt.

Inter. 97. Quid est, quod dixit : *Non permanebit spiritus meus in homine in æternum, quia caro est* (Gen. VI, 3)? — *Resp.* Spiritus [enim] hoc loco iram significat, et caro fragilitatem humanæ naturæ; quasi dixisset : [quia] fragilis est in hominibus conditio, non ad æternos [eos] servabo cruciatus, sed hinc [*Ms.*, hic] restituam quod merentur.

Inter. 98. Quid significat præfinitus ille numerus : *Eruntque dies illius centum viginti anni.* [*Ms.*, annorum]? — *Resp.* Datus est ille numerus ad agendam pœnitentiam humano generi; sed contemptores prævenit vindicta : nam post centum annos venit diluvium.

Inter. 99. Quid est, quod Deus dicit : *Pœnitet me fecisse hominem.* Et iterum : *Tactus dolore cordis* [*sui*] *intrinsecus* (vers. 6). Nunquid in Deum pœnitentia aut dolor cordis cadere potest? — *Resp.* Non Deum de facto suo pœnitet, nec [*Ms.*, aut] dolet Deus sicut homo, cui est de omnibus rebus tam fixa sententia, quam certa præscientia : sed utitur Scriptura sancta usitatis nobis verbis intelligibilibus, ut coaptet se nostræ parvitati, quatenus ex cognitis incognita cognoscamus.

Inter. 100. *Noe vir justus et perfectus erat* (vers. 9). Si nullus sine peccato, quomodo aliquis perfectus esse potest? — *Resp.* Perfecti hic [*Edit.*, hinc] [aliqui] dicuntur, non sicut perficiendi sunt sancti in illa immortalitate, qua æquabuntur angelis Dei; sed sicut esse possunt in hac peregrinatione perfecti.

Inter. 101. Quid est, quod dixit Deus ad Noe : *Finis universæ carnis venit* (vers. 13)? — *Resp.* [Universæ carnis] significat omnium mortalium [*Edit.*, omnes mortales], præter illos qui in arca salvandi erant. Illi igitur quasi seminarium secundæ originis servati sunt.

Inter. 102. *Disperdam eos cum terra.* Quomodo cum terra, dum terra postea remansit? — *Resp.* Tradunt [enim] doctores terræ vigorem et fecunditatem longe inferiorem esse post diluvium quam ante; et idcirco hominibus carnem [*Ms.*, carnes] edere licentiam esse datam; et ante [etiam] diluvium fructibus terræ solummodo victitasse homines.

Inter. 103. Quæ sunt ligna levigata, de quibus arca præcipitur fieri (vers. 14)? — *Resp.* Fortia et insolubilia, de quibus alia translatio dicit, quadrata, ut arca nec ventorum vi, nec aquarum inundatione solveretur.

Inter. 104. *Et bitumine linies.* Quæ est natura bituminis? — *Resp.* Bitumen est ferventissimum et violentissimum gluten, cujus est hæc virtus, ut ligna, [quæ cum bitumine] oblinita [fuerint], nec vermibus exedi, nec solis ardore, nec flatibus ventorum, nec aquarum possint inundatione dissolvi.

Inter. 105. Qualem ergo arcæ speciem vel formam debemus intelligere (vers. 15)? — *Resp.* Ut videtur habuit quatuor angulos ex imo assurgentes, et iisdem paulatim usque ad summum in angustum attractis in spatium unius cubiti fuit collecta [*Ms.*, ut videtur quatuor angulis eam ex imo adsurgentem ... fuisse collectam]. Sic [enim] refertur quod in fundamentis trecenti cubiti in longitudine et in latitudine quinquaginta sint; et in altitudine triginta, sed collecta in cacumen angustum, ita ut cubitus sit longitudinis et latitudinis. Et vere nulla potuit tam conveniens et congrua arcæ species dari, quam ut summo velut [e] tecto quodam angusto culmen [*Ms.*, culmine] diffunderet imbrium ruinas, et ima in aquis quadrata stabilitate consistens nec impulsu ventorum, nec impetu fluctuum, nec inquietudine animalium, quæ intrinsecus erant, aut inclinari posset, aut mergi.

Inter. 106. Quomodo eam bicameratam et tricameratam intelligere debemus (vers. 16)? — *Resp.* Bicameratam in inferioribus, tricameratam vero in superioribus, ita ut quinque habitationum distinctiones in ea esse advertamus; inferiora **313** ejus loca stercoribus et spurcitiis esse deputata, ne animalia et præcipue homines fimi fetore vexarentur. Huic autem superior et contigua camera conservandis pabulis animalium deputaretur. In hos ergo usus inferiores partes, quæ bicameratæ dicuntur, tradunt fuisse distinctas : superiores vero partes, quæ tricameratæ dicuntur, ad habitaculum primo bestiis vel animalibus immitioribus, vel serpentibus deputatas [esse]. Ab his vero congrua in superioribus loca mitioribus animantibus, stabulaque fuisse : supra omnia vero in excelso hominibus sedem locatam; ut pote sicut honore et sapientia antecedit, ita et loco cuncta præcelleret animalia. Et sic quinque mansiones in ea esse intelliguntur; prima, stercorina; secunda, apothecaria; tertia, feris animantibus; quarta, mansuetis; quinta, hominibus.

Inter. 107. Quomodo de ostio quod in latere arcæ ædificabatur, intelligendum est? — *Resp.* Tradunt [autem etiam] ostium, quod ex latere factum est, eo loci fuisse, ut inferiora, quæ dixit bicamerata infra se haberet; et quæ dixit tricamerata, superiora a loco ostii appellata sunt. Et inde ingressa animalia universa, per sua quæque loca, secundum quæ supra diximus, congrua discretione distincta [*Ms.*, disrepta] sunt.

Inter. 108. Quid habet mysterii mensura arcæ? — *Resp.* Habet [enim] mysterium perfectum corporis Christi. Sexies enim trecenti habent intra se quinquaginta, et decies triginta. Sic enim humanum corpus, si jacentem metiaris hominem, sexies habet longitudo latitudinem, et decies altitudinem. Nam longitudo jacentis hominis a vertice usque ad vestigia metienda est, et a latere usque in latus, et altitudo a dorso in ventrem. Quæ figura apte Christo convenire noscitur, propter longanimitatem omnia sufferentis fidei et amplitudinem charitatis, et sublimitatem spei æternæ.

Inter. 109. Ad quid fenestra in summitate arcæ jubetur fieri? — *Resp.* Ut haberet unde emittere potuisset [*Al.*, emitti possent] aves ad explorandam terræ siccitatem.

Inter. 110. Quid sibi vult : *Duo et duo, septena et septena* (*Gen.* VII, 2). An quatuor ex immundis et quatuordecim ex mundis animalibus intelligere debemus introducenda esse? — *Resp.* Non duo et duo propter quatuor, sed propter masculum et feminam. Nam de immundis tantummodo duo, et de mundis solummodo septem.

Inter. 111. Cur immunda pari numero posuit, munda vero impari? — *Resp.* Ut haberet Noe unde hostias Deo immolaret ex mundis.

Inter. 112. Unde pulchriora [*Ms.* pluriora] fuerunt munda, quam immunda? — *Resp.* Propter futurum humano generi usum, quia ex mundis debebatur hominibus, ut pulchriora [*Ms.*, plura] essent quæ prodessent quam quæ nocerent.

Inter. 113. Quæri [enim] solet, utrum in tanta capacitate arca describitur [esse], ut animalia tanta et tot, cum mansiunculis convenientibus sibi et escis eorum, ferre potuerit? — *Resp.* Hanc quæstionem Origenes solvit cubito geometrico, asserens cubitum geometricum tantum valere, quantum nostri cubiti sex valent.

Inter. 114. Quid est quod dictum est ingressa esse omnia animalia [ad Noe] in arcam (*vers.* 9)? — *Resp.* Non Noe colligente, sed Deo jubente. Sicut dictum est in prima creatione : *Adduxit ea ad Adam, ut videret quid vocaret ea* (*Gen.* II, 19). Sic divino nutu coacta animalia, sponte præfinito numero veniebant ad arcam.

Inter. 115. Quid de piscibus vel alitibus [*Ms.*, volatilia], quæ in aquis vel super aquas vivere possunt, intelligi debet; si in arca essent, an non; vel de sectibilibus minutissimis, quales [sunt] sciniphes et muscæ et cætera talia? — *Resp.* Hanc [vero] quæstionem sanctus Augustinus, libro xv (Cap. 27, num. 4) De Civitate Dei, ita solvit : « Quæri solet de minutissimis bestiolis, non solum quales sunt mures et stelliones, verum etiam quales locustæ, scarabæi, muscæ denique et pulices, utrum non ampliori numero in arca illa fuerint, quam qui est definitus cum hoc imperaret Deus. Prius admonendi sunt quos hæc movent, sic accipiendum quod dictum est : *Quæ reptant* [*Ms.*, repunt] *super terram* (*Gen.* VI, 20); ut necesse non fuerit conservari in arca, quæ possunt in aquis vivere, non solum mersa, sicut pisces, verum etiam supernatantia sicut multæ alites. Deinde cum dicitur, *Masculus et femina* [erunt], profecto intelligitur ad reparandum [sexum]. Quis non videat quantum [ad genus (*Edit.*, quantum genus dici per hoc potest. Nec) dicitur pertinere (*Apud S. Aug. l. cit.*: ad reparandum genus dici, ac per hoc); ac per hoc nec] illa necesse fuerat ibi esse, quæ possunt sine concubitu de quibusque rebus vel rerum corruptionibus nasci; vel si fuerunt sicut in domibus consueverunt esse, sine ullo numero definito esse potuisse. Aut si mysterium sacratissimum quod agebatur, et tantæ rei figura etiam veritate facti aliter non posset impleri, nisi ut omnia ibi certo illo numero essent, quæ vivere in aquis, illius natura prohibente, non possent, non fuit ista cura illius hominis vel illorum hominum, sed divina. Non enim ea Noe capiens intromittebat, sed venientia et intrantia permittebat. Ad hoc enim valet quod dictum est, *intrabunt ad te*, scilicet non in hominis actu, sed Dei [*Ms.*, divino] nutu. »

Inter. 116. Quomodo [enim] posteaquam clausum est ostium et nullus hominum extra arcam fuit, includi et bituminari extrinsecus ostium potuit? — *Resp.* Hoc sine dubio divini [*Ms.*, divinæ virtutis opus] operis fuit, ne ingrederentur aquæ per aditum, quod [*Forte*, quem] humana non munierat manus.

Inter. 117. Quomodo Leones in arca vel aquilæ, qui consuerunt carnibus vivere, pasci potuerunt? — *Resp.* Forte et alia animalia [præter numerum definitum] propter aliorum escam, in arcam fuerunt missa; vel aliqua cibaria præter carnes a viro sapiente vel Deo demonstrata [*Ms.*, demonstrante] quæ talium quoque animantium escis convenirent; quod magis credibile est.

Inter. 118. De quibus animantibus dictum est : *In quibus erat spiritus vitæ* (*vers.* 15)? — *Resp.* Non solum de hominibus, sed etiam de cæteris omnibus, quæ vitali aura vescuntur.

Inter. 119. Si [enim] aqua [Olympum] transcendit quindecim cubitis, cujus altitudo hunc aerem turbulentum, ut fertur, transcendit, ubi dicitur nec nubes videri, nec ventos sentiri? — *Resp.* Si [enim] terra spatium illius tranquilli ætheris invadere potuit, cur non et aqua crescendo? Sunt tamen quidam qui putant nec terræ inæqualitatem talem [esse], nec montium altitudinem tantam ante diluvium fuisse sicut nunc est.

Inter. 120. Quid de pace et concordia, et unde se invicem non debellarent diversi generis animantia, sentiendum est? — *Resp.* Sicut [enim] Dei nutu adducebantur in arcam, ita et Dei nutu conservabantur in arca. Sive enim mansiunculis secundum genera sua dividerentur, sive junctim manerent, Dei [tamen] potentia gubernabantur.

Inter. 121. Quid de potu animalium sentiendum est, de quo nihil dicit Scriptura? — *Resp.* Sunt [quidam] qui putant unius diei escam in arca vel potum in multos profuisse dies animantibus, vel forsitan in totum annum. Sed dimittamus incertas conjecturas et concedamus divinæ potentiæ facere de creaturis suis quod voluit.

Inter. 122. Quæritur ubi corvus requieverit, si columba non invenit ubi requiesceret? — *Resp.* Potuit corvus cadaveri cujuslibet animantis insidere, quod columba naturaliter refugit.

Inter. 123. Quare magis terrena animalia perierunt cum homine quam aquatilia? — *Resp.* Propter maledictionem terræ, de qua vescebantur animalia terræ.

Inter. 124. Quid de animalibus sentiri debet quorum natura nec semper in aridis, nec semper in humidis vivere potest, sicut sunt lutri [et] vituli marini, et multa avium genera, quæ in aquis victum requirunt, sed in aridis dormiunt [nutriunt] et requiescunt? — *Resp.* Potuit [enim] virtus divina utramvis eorum naturam, donec diluvium transiret, temperare, ut aut in humido tantum, aut in arido tantum vivere possent : nisi forte extra arcam in aliqua ejus parte loca illis præparata essent, unde et in aquis vivere et in aridis requiescere potuissent.

Inter. 125. De quo spiritu dixit : *Adduxit Deus Spiritum et imminutæ sunt aquæ* (*Gen.* VIII, 1) ? — *Resp.* Bene [enim] de illo spiritu intelligi potest, de quo dictum est : *Spiritus Domini* [*Ms.*, Dei] *ferebatur super aquas* (*Gen.* I, 2). Tunc enim ferebatur, ut congregatis aquis in suum locum terra appareret: nunc autem adductus dicitur, ut ablatis e medio aquis diluvii faciem terræ revelaret. Potest et spiritus nomine ventus intelligi juxta illud Psalmistæ : [*Et*] *stetit spiritus procellæ* (*Psal.* CVI, 25), cujus crebris flatibus aqua cogeretur recedere.

Inter. 126. Quo [enim] reversæ sunt aquæ, dum dicitur : *Reversæ sunt aquæ de terra, euntes et recedentes* [*Ms.*, redeuntes] (*Gen.* VIII, 3)? — *Resp.* Videtur juxta litteram quod omnes fluviorum ac rivorum decursus per occultas terræ venas ad matricem abyssum redeant, juxta illud Salomonis : *Ad locum unde exeunt flumina revertuntur, ut iterum fluant* (*Eccle.* I, 7).

Inter. 127. Cur quadragenario numero pluvia mundabat, et iterum post quadraginta dies dicitur Noe fenestram [arcæ] aperuisse (*vers.* 6)? — *Resp.* Quadragenarius [vero] numerus tribulationem pœnitentiæ ostendit. Quod vero post quadraginta dies fenestram [arcæ] aperuit Noe, significat jejunio cœlum reserari. Ideo Moyses et Elias, [etiam] et ipse Salvator quadragenario numero jejunia consecrarunt, tanquam tribus temporibus necessaria, ante legem, sub lege, sub gratia.

Inter. 128. Quare columba ramum olivæ reportat (*vers.* 11)? — *Resp.* Columba Spiritus sancti, expulso alite teterrimo, ad Noe post diluvium, quasi ad Christum post baptismum devolat, et ramos [*Ms.*, ramo, *omitt.* portans] refectionis ac luminis portans, pacem orbi annuntiat.

Inter. 129. Si Deus omnia fecerat bona, et etiam valde bona (*Gen.* I), quid est quod munda et immunda nominavit animalia : nunquid immundum bonum esse potest ? — *Resp.* Etiam quod immundum dicitur, in sua natura bonum est : ad comparationem vero alterius naturæ melioris quasi immundum putatur.

Inter. 130. Cur bos melior est leone ? — *Resp.* Quia ejus natura melius convenit hominis necessitati subvenire, propter quem creata sunt omnia animalia.

Inter. 131. Cur [enim] homo in terrorem cæteris animantibus positus est (*Gen.* IX, 2)? — *Resp.* In solatium transactæ vindictæ, et ne pauci homines a pluribus opprimerentur bestiis ; et ut scirent se irrationabilibus dominari debere, non rationabilibus. Unde et primi patres nostri pastores pecorum, non reges hominum fuisse leguntur.

Inter. 132. Cur esus carnium post diluvium homini conceditur et non ante (*vers.* 3)? — *Resp.* Propter infecunditatem terræ, ut æstimatur, et hominis fragilitatem.

Inter. 133. Cur arcus in signum securitatis datur (*vers.* 13)? — *Resp.* Quia præscivit creator formidabiles [hominum animos] ne iterum diluvio delerentur, dum sæpius inundationes pluviarum cernerent.

Inter. 134. Cur idem signum securitatis in cœlo positum est ? — *Resp.* Ut ab omnibus inspici potuisset ; et ut pro quacumque tribulatione oculos cordis ad eum attollamus qui habitat in cœlis.

Inter. 135. Cur signum illud diversi coloris datur hominibus ? — *Resp.* Propter securitatem et timorem : unde et in arcu idem color aquæ et ignis [simul] ostenditur, quia ex parte est cæruleus et ex parte rubicundus. Ergo utriusque judicii testis est unius videlicet facti, et alterius faciendi, id est, quia mundus judicii igne cremabitur [nam] aqua diluvii non delebitur.

Inter. 136. An pluviæ ante diluvium essent ? — *Resp.* Videtur non esse, quia arcus non erat nisi ex radiis solis et humida nube. Potest autem fieri, ut ex roris et fontium [sicut in Ægypto] irrigatione terra fecundaretur.

Inter. 137. Post diluvium quare vir justus Noe inebriatus esse legitur [*Ms.*, Ante diluvium quare Noe vir justus inebriatus esse non legitur.] (*Gen.* IX, 21)? — *Resp.* Forte, ut beatus Hieronymus dicit, vino inebriari posse nesciebat. Nec enim ante diluvium legitur, vino homines usos. Ideo de Noe specialiter dicitur : *Plantavit* [autem] *Noe vineam.*

Inter. 138. Cur nudatio femorum post ebrietatem secuta est ? — *Resp.* Quia sæpius satietatem libido subsequitur.

Inter. 139. Cur Cham in posteris maledicebatur (*vers.* 25)? — *Resp.* Quia peccantibus et non-pœnitentibus futura imminet pœna. Sæpe quidem reproborum nequitiæ hic [quidem] inultæ proficiunt, sed in posterum feriuntur. Prophetatum quippe [*Ms.*, quoque] est, quod terram Chanaan, ejectis [inde] et debellatis Chananæis accepturi forent filii Israel, qui venirent de semine Sem (*Gen.* V).

Inter. 140. Quem hominem vult fratrem intelligi, dum dicitur : *Sanguinem hominis requiram de manu fratris sui* (*Gen.* VI)? — *Resp.* Omnem hominem voluit [*Ms.*, vult] fratrem intelligi, secundum cognationem ex uno ductam.

Inter. 141. Quomodo divisus est orbis a filiis et nepotibus Noe ? — *Resp.* Sem, ut æstimatur, Asiam, Cham Africam, [et] Japhet Europam sortitus est.

Inter. 142. Quot gentes singuli eorum procrearunt ? — *Resp.* De Japhet nati sunt filii quindecim, de Cham triginta [*Ms* XXXVI], de Sem viginti septem ; simul septuaginta duo, de quibus ortæ sunt gentes septuaginta duæ, inter quas misit Dominus discipulos septuaginta duos.

Inter. 143. Cur dictum est : *Dilatet Deus Japhet, et habitet in tabernaculis Sem* (*Gen.* IX, 27)? — *Resp.* De Sem Hebræi, de Japhet populus gentium nascitur. Quia igitur lata est multitudo credentium, a latitudine [*Edit.*, altitudine], quæ Japhet dicitur, latitudo nomen accepit. Quod additur, *Habitet in tabernaculis Sem*, de nobis prophetatur, qui in eruditione scientiæ Scripturarum, ejecto Israele, versamur.

Inter. 144. Quid est quod dicitur in Genesi : *De terra illa exivit* [*Ms.*, egressus est] *Assur, et ædificavit Niniven et Robooth civitatem* [Vulgata : *et plateas civitatis*] (*Gen.* X, 11)? — *Resp.* Non duas significat civitates. *Robooth* namque *platea* dicitur. Est autem sensus : hic ædificavit Niniven et plateas civitatis.

Inter. 145. Quomodo *Nemroth gigas venator robustus contra Dominum* dicitur (*Gen.* X, 8, 9) ? — *Resp.* Id est, hominum terrenorum suppressor et exstinctor. Erigebat ergo cum suis populis turrem contra Dominum, in qua est impia significata superbia. [Quoniam dominatio imperantis in lingua est, ibi est dominata superbia] ut non intelligeretur jubens homini, qui noluit intelligere ut obediret Deo jubenti. Sic illa conjuratio dissoluta est, cum quisque ab eo quem non intelligebat, abscederet; nec se, nisi ei cum quo loqui poterat, aggregaret. Itaque per linguas divisæ sunt gentes dispersæque per terras.

Inter. 146. Cui dixit [*Ms.*, dixit] Deus : *Descendamus et confundamus linguas eorum (Gen.* xi, 7)? — *Resp.* Descendere Dei est humanos actus inspicere, vel eorum sensibus propinquare. Quod vero plurali numero dixit : *descendamus*, et iterum [singulari] *Confudit Deus labium universæ terræ*, distinctione personarum sanctam Trinitatem, et operationis unitatem in majestate divina voluit ostendere. Sicut in exordio humanæ creationis dictum est : *Faciamus hominem ad imaginem et similitudinem nostram*. Et iterum : *Fecit Deus hominem ad similitudinem suam (Gen.* i, 26, 27). Ut Trinitas in personis, et unitas in potentia esse credatur.

Inter. 147. An credibile est tantæ stultitiæ fuisse homines, ut in cœlum altitudinem ædificii cujuslibet erigere se posse putarent (*Gen.* xi, 4) ? — *Resp.* Solet [enim] superbiam stultitia sequi et humilitatem sapientia. Ideo turris hic superbiæ loco posita est. Fecit ergo superbia diversitates linguarum [humilitas Christi congregavit diversitates linguarum] et quos turris dissociaverat, Ecclesia collegit.

Inter. 148. Quis primo omnium hominibus dominari et regnum dilatare studuit ? — *Resp.* Nemroth gigas, ut in sacra legitur historia, qui exstruendæ turris et condendæ Babyloniæ auctor exstiterat.

Inter. 149. An unum opus est turris et civitas [*Ms.*, civitatis], vel duo ?— *Resp.* [Veluti] æstimatur a pluribus [arcem (*Ita restituitur lectio ex* mss.) esse civitatis Babyloniæ turrem illam]. Et ideo civitas illa Babylon dicitur, id est, confusio, quia confusum est [ibi] labium universæ terræ, et in linguas varias loquela hominum divisa. Hujus [enim] civitatis, id est, Babylonis admirabilem constructionem gentium commendat historia ; cujus nimia disponebatur altitudo, sive unius turris [ejus] quam præcipuam moliebantur inter alias erigere in cœlum, sive omnium turrium, quæ per numerum singularem ita significatæ sunt, ut dicitur miles, et intelliguntur millia militum [*Querc.*, cum multos milites intelligimus].

Inter. 150. In qua familia illa permansit lingua, quæ primitus Adam [*Edit.*, a Deo] data fuerat ? — *Resp.* Ut putatur in familia Heber, ex quo Hebræi dicti sunt in ea parte hominum, quæ Dei portio permansit, in qua et nasciturus erat Christus. Oportuit enim ut in ea lingua salus mundo primo prædicaretur, per quam primum mors intraverat in mundum. Ostendit quoque titulus in cruce Salvatoris scriptus, hanc esse omnium linguarum primam.

Inter. 151. Si Deus requievit ab omnibus operibus suis in die septimo, unde subito tanta apparuit diversitas linguarum?—*Resp.* Non in hac divisione linguarum novum quid condere Creatorem æstimatur, sed dicendi modos et formas in diversis loquelarum [*Ms.*, linguarum] generibus divisit. Unde easdem syllabas et ejusdem potestatis litteras, [licet] aliter conjunctas, in diversis gentium linguis inveniemus ; sæpe etiam [et] eadem nomina vel verba aliud quid significantia in alia lingua, atque aliud in alia. Ubi dicimus in Psalmo : *In virga ferrea (Psal.* ii, 9), in Græco habetur, ἐν ῥάβδῳ σιδηρᾷ. Igitur in Latino *sidera* non *ferrea* significat sicut in Græco, sed *astra*.

Inter. 152. Quid est quod legitur de Aran fratre Abraham : *Mortuus est Aran ante Thare patrem suum in Ur Chaldæorum (Gen.* xi, 28)? — *Resp.* Ur [vero] ignis dicitur, et Chaldæi ignem colunt pro Deo; Thare vero, ut Hebræi tradunt, cum filiis suis in ignem missus est a Chaldæis, quia ignem adorare nolebat, in quo igne Aran consumptus est. Et hoc est quod nunc dicitur : *Mortuus est ante conspectum Thare patris sui*, sicut Hieronymus in Libro Hebraicarum Quæstionum refert (Patr. tom. XXIII, col. 957), ita dicens : « Vera est [igitur] Hebræorum illa traditio, quod egressus est Thare cum filiis suis de igne Chaldæorum, et quod Abraham Babylonio vallatus incendio, quia illud adorare nolebat, Dei sit auxilio liberatus. Et ex illo tempore ei dies vitæ et tempus reputatur ætatis, ex quo confessus est Deum spernens idola Chaldæorum. » Et ita solvitur obscurissima quæstio de Abraham. Legitur enim Thare cum septuaginta [*Ms.* LXXV] esset annorum, genuisse Abraham, et vixisse, postquam genuit Abraham, centum triginta quinque annos, et fuisse omnes [dies] Thare ducenti quinque anni. Item legimus in Genesi : *Erat autem Abraham septuaginta quinque annorum, cum egressus esset ex Charra (Gen.* xii, 4); videlicet mortuo patre ejus Thare. Igitur ab anno nativitatis Abraham, usque ad annum, quo egressus est ex Charra, anni sunt centum triginta quinque : sed ei non computantur anni qui transacti sunt antequam exiret de igne Chaldæorum Dei liberatus protectione. Hæc Hieronymus.

Inter. 153. Quomodo intelligendum est quod dicitur : *Pater Melchæ ipse est Pater Jeschæ (Gen.* xi, 29). Vel qui [*Ms.*, quæ] fuit Jescha ? — *Resp.* Thare genuit Abraham, Nachor et Aran : Aran vero genuit Lot, et Melcham et Sarri, cognomento Jescham, et acceperunt uxores, Abraham Sarri, Nachor vero Melcham. Necdum autem inter patruos et fratrum filios nuptiæ lege prohibitæ fuerant.

Inter. 154. Quid in tribus illis egressionibus intelligendum est, in quibus præcipitur a Domino Abrahæ ut egrediatur *de terra sua et de cognatione sua, et de domo patris sui (Gen.* xii, 1) ? — *Resp.* Nihil aliud, nisi nobis [*Edit.*, non] egrediendum esse de terreno homine, et de cognatione vitiorum nostrorum, et de domo patris, id est, mundo, qui diaboli domus dicitur, ut in Psalmo : *Obliviscere populum tuum et domum patris tui (Psal.* xliv, 11).

Inter. 155. Quantæ promissiones Domini fuerunt ad Abraham ? — *Resp.* Duæ. Una scilicet quod terram Chanaan possessurus sit in semine suo :

quod significatur cum dictum est : *Vade in terram, quam demonstravero* [Ms., *monstravero*] *tibi, et faciam te in gentem magnam* (Gen. XII, 2). Alia vero longe præstantior, quod pater est non unius gentis Israeliticæ solum, sed et omnium gentium, quæ fidei ejus vestigia sequuntur, quod his verbis promittitur : *Et benedicentur in te omnes gentes* [terræ; illi scilicet in semine Abraham benedicentur] qui Abrahæ fidem imitantur.

Inter. 156. Quomodo Sarra, cum a Pharaone rapta fuisset, consequens est, ut violata non fuerit (*vers.* 15)? — *Resp.* Quia, juxta librum Esther, quæcunque mulierum placuisset regi apud veteres, sex mensibus ungebatur oleo myrteo, et sex mensibus in pigmentis variis erat et curationibus feminarum, et tunc demum ingrediebatur ad regem (*Esther.* II, 12). Atque ita potesi [*Al.*, poterat] fieri, ut Sarra, postquam placuerat regi, dum per annum ad regem ei præparatur introitus, Abrahæ Pharao multa donaverit, et Pharao postea percussus sit a Domino, illa adhuc intacta ab ejus concubitu permanente.

Inter. 157. Utrum convenerit Abrahæ tam sancto viro, ut celaret Sarram esse uxorem suam, et non magis poneret in Deo spem suam, ne occideretur a rege (Gen. XII, 13)? — *Resp.* Ostenditur [enim] in isto ejus facto quod homo non debet tentare Dominum Deum suum, quando habet quid faciat ex rationabili consilio. Fecit enim quod potuit pro vita sua; quod autem non potuit, illi commisit in quem speravit, cui etiam pudicitiam conjugis commendavit. Nec enim fides [ac spes] fefellit. Namque Pharao a Deo territus multisque propter eum [*Ms.*, eam] malis afflictus, ubi ejus uxorem [divinitus] esse didicit, illæsam cum honore reddidit viro suo.

Inter. 158. *Et erit semen tuum sicut stellæ cœli et sicut arena quæ est in littore maris* (Gen. XII, 17). Qui significati sunt in stellis, et qui in arena? — *Resp.* In stellis [cœli] pauciores firmioresque [et] clariores intelliguntur; in arena autem maritimi littoris, magna multitudo infirmorum atque carnalium.

Inter. 159. Quid est *Razim* et *Zozim* [*Ms.* Raphim; *al.*, Rafim Zuzim] (Gen. XIV, 5)? — *Resp.* Razim gigantes, Zozim terribiles interpretantur, [significant] robustos quosque in Arabia.

nter. 160. Dixit [ergo] Deus ad Abraham : *Leva oculos tuos et vide a loco in quo tu nunc es, et ad Aquilonem et ad Austrum, ad Orientem et ad Mare* [Vulgata, *Occidentem*], *quia omnem terram, quam tu vides, tibi dabo, et semini tuo* (Gen. XIII, 14). Si enim terra tantum promittebatur [ei], quam tunc in uno loco stans videre potuit per quatuor climata mundi; angusta videtur esse terra promissionis? — *Resp.* Non hoc [loco] solum terræ [ei] promissum est, quod videre potuit. Non enim dictum est, tantum terræ tibi dabo quantum vides; sed : *Tibi dabo terram, quam vides*, cum et ulterior undique dabatur. Et idcirco subjunxit : *Surge et perambula terram in latitudine et longitudine* [*ejus*] (*vers.* 17), ut perambulando perveniret ad ea, quæ oculis uno loco stans videre non potuisset. Significabatur autem ea terra, quam carnale semen ejus accepturum erat ; [nam illud spiritale totius mundi latitudinem possessurum erit.]

Inter. 161. Quid [dum dixit Deus] : *Ad Orientem et ad Mare* [*Al.* meridiem], dictum est ?— *Resp.* Solet [enim] Scriptura sancta, dum de plagis terræ promissionis loquitur, Mare pro Occidente ponere, ab eo, quod Palestinæ regio Mare in Occidentis plaga habeat.

Inter. 162. Qui sunt expediti, de quibus dictum est : *Numeravit expeditos vernaculos suos* (Gen. XIV, 14)? — *Resp.* Expeditos dixit [juvenes] ad bellum promptos, et qui non fuerunt uxorati, de quibus in sequentibus dicit : *Exceptis his quæ comederunt juvenes* (*vers.* 24).

Inter. 163. *Et persecutus est usque ad Dan.* (*vers.* 14). Qui locus est *Dan*? — *Resp. Dan* Phœnices oppidum est, quod nunc *Paneas* dicitur, ubi unus de fontibus Jordanis oritur, qui dicitur *Dan*; alter vero *Jor* : et his duobus fontibus, qui haud procul a se distant, in unum rivulum fœderatis, Jordanis appellatur : 319 et sicut ex duobus fontibus unus fluvius, ita ex nominibus una appellatio procreatur.

Inter. 164. Quis est iste *Melchisedech* rex Salem, quem Apostolus dicit sine patre et sine matre esse (Gen. XIV, 18; Hebr. VII, 3)?— *Resp.* Ideo dixit Apostolus eum absque patre et absque matre, quia genealogiam ejus sancta Scriptura non narrat. Aiunt enim Hebræi, hunc Melchisedech mutato nomine Sem esse filium Noe, et supputantes annos vitæ ipsius ostendunt, eum usque ad Isaac tempora vixisse; omnesque primogenitos pontifices fuisse, [et] hostias Deo immolasse usque ad tempora Aaron et legis cæremonias; et hæc esse primogenita, quæ vendidit Esau fratri suo Jacob. Qui etiam Melchisedech jure de triumphis abnepotis [*Ms.*, nepotis] sui decimas accepisset [*Edit.*, accepit]. Porro Salem eam ipsam esse volunt, quæ postea Jerusalem dicta est. Hæc etiam primo Jebus, ut referunt, postea Salem, deinde Jerusalem dicta est. Iste autem Melchisedech figuraliter Christum significat secundum apostolum, quia Christus sine matre in cœlis, et sine patre in terris, offerens Deo pro nobis in terris sui corporis panem et sui sanguinis vinum; ad quem dicitur : *Tu es sacerdos in æternum secundum ordinem Melchisedech* (Hebr. v, 6; Psal. CIX, 4).

Inter. 165. Quis fuit Damascus Eliezer, de quo dixit Abraham : *Hæres meus erit* (Gen. XV, 2, 3)?— *Resp.* Filius procuratoris Abrahæ, qui postea, ut aiunt, Damascum condidit, et nomen civitati dedit, regnumque in ea obtinuit.

Inter. 166. Nunquid convenit fidei Abrahæ ut signum quasi dubius quæreret a Domino dicens : *Domine Deus, unde scire possum quod possessurus sum eam* (Gen. XV, 8)?— *Resp.* Non quasi dubius, de promissione Dei, anne fieret, sed quomodo futurum esset exquirebat.

Inter. 167. Quid igitur in illo mystico signo de posteritate generis sui Abrahæ intelligendum erat? vel cur trium annorum animalia illi erant sumenda?

vel cur animalia dividit et volucres non dividit (*vers.* 9)? — *Resp.* Trium [enim] annorum animalia tres temporum articulos designant, quibus populus ad summum honoris culmen adolevit. A temporibus vero patriarchæ Abrahæ per repromissiones usque ad tempora Moysis conjunctus est Deo. A temporibus autem Moysis legislatoris, a Deo legis acceptione, et miraculorum ostensione, triumphisque et terræ repromissionis ingressione glorificatus; a temporibus vero David regio honore, et templi civitatisque Jerusalem instructione elevatus est. Porro aries regiam et sacerdotalem dignitatem; vacca sub legis littera servientem; capra etiam eamdem gentem peccatricem esse designat. Aves vero spirituales et Dei electos præfigurabant. Divisiones itaque [*Ms.*, namque] animalium, schismata inter carnales semper esse ostendunt; in eo [vero] quod aves non dividit, pax et unitas spiritualium intelligitur. Quod circa vesperam pavor irruit super Abraham, terrorem significat in die judicii, qui separabit spiritales a carnalibus, alios statuens ad dextram, alios ad sinistram (*Matth.* xxv). Aves vero quæ super cadavera volitant, dæmonia [*Ms.*, dæmoniacæ potestates] sunt, quæ carnalibus insidere quærunt : quas devotus doctor sedula admonitione abigere debet.

Inter. 168. Quid est quod dictum est ad Abraham : *Scito prænoscens, quod peregrinum futurum sit semen tuum in terra non sua, et subjicient eos servituti [et] affligent quadringentis annis* (*vers.* 15). Unde isti quadringenti anni computati sunt servitutis. — *Resp.* Non sic accipiendum est, tanquam in illa durissima servitute quadringentos annos Dei populus fuerit, sed quia scriptum est : *In Isaac vocabitur tibi semen* (*Gen.* xxi, 12). Ex anno nativitatis Isaac usque ad annum egressionis ex Ægypto computantur anni quadringenti quinque. Cum ergo de quadringentis triginta detraxeris viginti quinque, qui sunt a promissione usque ad natum Isaac, non mirum est si quadringentos et quinque annos summa solida quadringentos voluit appellare Scriptura, quæ solet tempora ita nuncupare, ut quod de summa perfectionis numeri paululum excrescit, aut infra est, non computetur. Non itaque, quod ait, *in servitutem redigent eos et nocebunt illis*, ad quadringentos annos referendum est, tanquam per tot annos **320** eos habuerint in servitute : sed referendi sunt quadringenti anni ad id quod dictum est : *Peregrinum erit semen tuum in terra non propria;* quia sive in terra Chanaan, sive in Ægypto peregrinum erat illud semen, antequam hæreditate sumerent terram ex promissione Dei, quod factum est postquam ex Ægypto liberati sunt, ut hyperbaton hic intelligatur, et ordo sit verborum : *Sciendo scies, quia peregrinum erit semen tuum in terra non propria quadringentis annis*. Illud autem interpositum intelligatur : *Et in servitutem redigent eos, et nocebunt illis*, ita ut ad quadringentos annos ista interpositio non pertineat. In extrema enim parte [annorum] summæ hujus, hoc est [*Ms.*, hoc interest], post mortem Joseph, factum est

ut in Ægypto populus Dei duram perageret servitutem.

Inter. 169. Quare dictum est in Genesi de filiis Abraham : *Quarta progenie revertentur huc* (*Gen.* xv, 16) ? Et in Exodo legitur : *Quinta generatione ascenderunt filii Israel de terra Ægypti* (*Exod.* xiii, 18, *juxta LXX*) ? — *Resp.* Egressi sunt filii Israel quarta generatione de terra Ægypti. Replica generationem Levi. Levi genuit Gath; Gath genuit Amram [*Ed.*, Abram]; Amram genuit Aaron [*Edit.*, Aran]; Aaron [genuit] Eleazar; Eleazar [genuit] Phinees. Gath cum patre suo Levi ingressus est Ægyptum; [rursum Eleazar cum patre suo Aaron regressus est ab Ægypto]. A Gath usque ad Eleazar computantur quatuor generationes. Quod autem secundum Exodum quinta generatione egressi sunt filii Israel de terra Ægypti, tribus Judæ ordo [ibi] numeratur [*Ed.*, numeretur]. Judas genuit Phares; Phares [genuit] Esron; Esron genuit Aram; Aram [genuit] Aminadab; Aminadab [genuit] Naasson; Naasson [genuit] Salmon. Phares cum patre suo [Juda] ingressus est Ægyptum; Naasson princeps Juda in deserto describitur, cujus filius Salmon terram promissionis introiit. Computa a Phares usque ad Naasson, et invenies generationes quinque.

Inter. 170. *Semini tuo dabo terram hanc, a fluvio Ægypti usque ad flumen magnum Euphraten* (*Gen.* xv, 18). De quo dixit Ægypti fluvio ? — *Resp.* Non [ergo] a fluvio magno Ægypti, hoc est, Nilo; sed a parvo, qui dividit [inter] Ægyptum et Palæstinam, [ubi est civitas *Rinocurura*].

Inter. 171. Quomodo defenditur Abraham adulterii reus non esse, dum vivente legitima uxore sua conjunctus est ancillæ suæ (*Gen.* xv) ? — *Resp.* Nondum promulgata erat unius uxoris lex evangelica. Habebat quoque promissionem a Deo multiplicandi seminis sui, sed necdum sciebat, ex qua uxore, quia postea dictum est ei, de Sarra habere filium. Nam propterea sic propagandi voluntas pia fuit; quia concumbendi voluntas [*Al.*, voluptas] libidinosa non fuit. Etiam et Sarra, cum prolem de se habere non potuit, de ancilla habere voluit. Consentiebat [uterque] in facto, quia [uterque Sarram] sterilem [*Edit.*, quia se sterilem] esse sciebat.

Inter. 172. Quomodo manus omnium contra Ismaelem, et manus ejus contra omnes (*Gen.* xvi, 7, 12) ? — *Resp. Invenit* [enim] *angelus Domini Agar super fontem aquæ in deserto ad fontem in via Assur, quæ per eremum ducit ad Ægyptum*, [ire festinabat] : *Et vocavit nomen ejus Ismael, quia exaudivit Dominus humilitatem* [ejus] (Ismael interpretatur exauditio Domini [*Ms.*, Dei]) : *Hic erit ferus homo, manus ejus super omnes, et manus omnium super eum, et contra faciem omnium fratrum suorum habitabit*. Significat autem semen ejus habitaturum in eremo, id est, Sarracenos vagos, incertisque sedibus, qui universas gentes, quibus desertum ex latere jungitur, incursant et impugnant, [et impugnantur ab omnibus].

Inter. 173. Quæ littera adjecta est nomini Abraham et Sarrai, vel quæ mutationis nominum illis causa fuit? — *Resp.* Dixit Dominus ad Abraham: *Ecce testamentum meum tecum, et eris pater multitudinis gentium, et non vocabitur nomen tuum Abram; sed erit nomen tuum Abraham, quia patrem [multarum] gentium posui te* (*Gen.* XVII, 4 et 15). Dicunt autem Hebræi quod Deus ex nomine suo, quod apud illos tetragrammum [*Ms.*, tetragrammaton] est, ח [*Ms.*, e] litteram Abrahæ et Sarræ addiderit. Dicebatur enim primum Abram; quod interpretatur *pater excelsus*; et postea vocatus est Abraham, *pater multarum*. Nam *gentium* non habetur in nomine, sed subauditur. Nec mirandum quare, cum apud Græcos et quosdam alios α littera videatur addita, nos ח [*Ms.*, e] litteram Hebræam additam dixerimus; idioma enim linguæ [illius] est per ח [*Ms.*, e] quidem scribere, sed per *a* legere; sicut e contra *a* litteram sæpe per *e* pronuntiant. Et dixit Deus ad Abraham : *Sarri [ms., Sarrai] uxor tua, non vocabis eam Sarri, sed Sarra erit nomen ejus* (*Gen.* XVII, 15). Errant [*Ms.*, Et sunt], qui putant primum Sarra per unum *r* scriptum fuisse, et postea ei alterum *r* additum, quia *r* apud Græcos centenarius numerus est. Sarri [*Ms.*, Sarrai] ergo primum vocata est per יר [*Ms.*, per sin, res, joth] sublato jod, id est, iota elemento, additum est *e*, quod per *a* legitur, et vocata est Sarra. Causa autem nominis mutati hæc est quod antea dicebatur *princeps* [*mea*], unius tantummodo domus materfamilias; postea vero dicitur absolute *princeps*.

Inter. 174. Quare Abraham circumcisionem accepit (*vers.* 24)? — *Resp.* Idcirco Abrahæ commendata [*Ms.*, data] est circumcisio, ut sub lege esset, sicut [et] Adam, ne de ligno manducaret, ut comprobaretur, si compleret hoc, an non? Credens enim filium se habiturum, per cujus generationem omnibus gentibus benedictio futura esset, et in cujus nepotibus castitatis et sobrietatis unicum mansisset exemplar; unde in ea parte corporis signum fidei accepit, unde [et] filius fidei [*Edit.*, Dei], non carnis nasciturus erat; nec truncata corporis parte deformior, sed fidei in Deum signo gloriosior. Igitur pro Deo aliquid perdere lucrum est, non damnum. Ita Abraham fidei suæ signum accipiens non deformatus est, sed melioratus. Si enim Adam pactum Dei custodisset, Abraham hoc pactum non accepisset. Sed quia ille in hoc membro culpam inobedientiæ primo agnovit, decuit ut iste in hoc membro signum obedientiæ secundo [*Al.*, secundus] acciperet; ut ostenderetur obedientes quandoque generasse filios ad vitam, dum olim prævaricatores generarunt ad mortem.

Inter. 175. Nunquid [dubitanti animo] dixit : *Putasne centenario nascetur filius, et Sarra nonagenaria pariet* (*vers.* 17)? — *Resp.* Non verba hæc dubitantis diffidentiam ostendunt, sed admirantis gaudium. Ideo præ gaudio ridentis Abrahæ filius dicebatur Isaac. [Nam] risus iste in bono accipi debet, ut in Evangelio : *Beati qui lugent nunc, quoniam ipsi ridebunt* (*Matth.* v).

Inter. 176. Quare [autem] Sarram ridentem redarguit Dominus, (cum Abraham riserit et illum non redarguit) (*Gen.* XVIII, 13)? — *Resp.* [Quia] risus Abrahæ admirationis et lætitiæ fuit : Sarræ autem dubitationis et diffidentiæ, quod ab illo dijudicari potuit, qui corda hominum novit. Unde hæc eadem Sarra ridens corripitur, correpta protinus fecundatur, et contra spem ex divina promissione accepit, quod habituram se ex humana ratione dubitavit.

Inter. 177. Quot in Veteri Testamento propriis nominibus nominati sunt, antequam nascerentur? — *Resp.* Quatuor : Ismael, Isaac, Salomon et Josias, certis quibusdam ex causis.

Inter. 178. Quæritur, cum tres viri essent, qui Abrahæ apparuerunt, quomodo singulariter Dominum appellat dicens : *Domine, si inveni gratiam ante te* (*vers.* 3)? — *Resp.* Igitur in angelis Dominum sentiens, Domino potius, quam angelis loqui elegit. Et quidem aliquando imaginibus, et ante corporeos oculos, ad tempus ex aere assumptis per angelos loquitur Deus, sicut nunc Abraham non solum tres viros videre potuit, sed etiam terreno habitaculo recipere et eorum usibus etiam cibos adhibere. Nisi enim angeli, cum quædam nobis in terra nuntiant, ad tempus ex aere corpus assumerent, exterioribus profecto nostris obtutibus non apparerent. Nec cibos cum Abraham sumerent, nisi propter nos solidum aliquid ex cœlesti elemento gestarent. Nec mirum quod illi ipsi qui suscepti sunt, modo angeli, modo Dominus [*Edit.*, Domini] vocantur; quia angelorum vocabulo exprimuntur, qui exterius ministrabant, et appellatione Domini ostenditur, qui eis interius præerat; ut per hoc præsidentis imperium, et per illud claresceret officium ministrantium.

Inter. 179. Quid est clamor Sodomorum; vel quid est, quod Dominus dixit : *Descendam et videbo, utrum clamorem qui venit ad me, opere compleverint* (*Gen.* XVIII, 20, 21)? — *Resp.* Peccatum cum voce est culpa in actione; peccatum vero cum clamore est culpa cum libertate et jactantia. Quod autem dixit : *Descendam et videbo*, et [cætera] hujusmodi, omnipotens Dominus et omnia sciens; cur ante probationem quasi dubitat, nisi ut gravitatis nobis exemplum proponat, ne mala hominum ante præsumamus credere quam probare? Et ecce ut per angelos ad cognoscenda mala descendit, mox facinorosos percutit. Atque ille patiens, ille mitis, [ille], de quo scriptum est : *Tu autem [Domine] cum tranquillitate judicas* (*Sap.* XII, 18). Ille de quo rursum scriptum est : *Dominus patiens est*, cum [in] tanto crimine involutos inveniens, quasi patientiam prætermisit, et diem extremi judicii exspectare ad vindictam noluit, sed eos igne judicii ante diem judicii prævenit. Ecce malum, et quasi cum difficultate credidit cum audivit; et tamen sine tarditate percussit, cum verum cognoscendo reperit : ut nobis videlicet daret exemplum, quia majora crimina et tarde credenda sunt cum audiuntur, et citius punienda, cum veraciter agnoscuntur.

Inter. 180. Quare Abraham dixit : *Pulvis sum et cinis* (*Gen.* XVIII, 27), cum tantas promissiones a Deo accepisset? — *Resp.* Sublimitatem promissionum humilitatis temperavit subjectione. Apte [*Ms.*, aperte] enim intelligitur in quo loco se posuerat, qui pulverem se ac cinerem etiam tum cum Deo loqueretur, æstimabat. Si igitur se ita despicit, qui usque ad honorem divinæ collocutionis [*Ms.*, contemplationis] ascendit, sollicita intentione pensandum est, qua pœna illi feriendi sunt, qui ad summa non proficiunt, et tamen de minimis extolluntur.

Inter. 181. Quæri solet utrum quod de Sodomis dixit Deus, non se perdere locum, si invenirentur illic centum vel decem justi (*vers.* 26, 32), speciali quadam sententia de illa civitate, an de omnibus intelligendum sit generaliter, parcere Deum loco, in quocunque vel decem justi fuerint? — *Resp.* Non est [quidem] necesse, ut hoc de omni loco accipere compellamur. Verumtamen de Sodomis potuit sic dici, quia sciebat Deus, ibi non esse vel decem, et ideo sic respondebatur Abrahæ, ut significaretur nec tot ibi posse inveniri, ad exaggerationem iniquitatis illorum.

Inter. 182. Quare Abraham in tribus viris illis, si Deum intellexit vel angelos, et iterum Lot in duobus, eos humano cibo vesci putabat? — *Resp.* Fortasse prius eos homines esse arbitrati sunt, in quibus Deum loqui intellexerunt; quibusdam divinæ majestatis existentibus et apparentibus signis, postea fuisse angelos cognoverunt, cum eis videntibus in cœlum issent. Sed intuendum est hic quantum bonum sit hospitalitas. Hospitalem domum ingressi sunt angeli, clausas hostium [*Ms.*, hospitibus] domos ingressus est ignis.

Inter. 183. Si judicium Dei justum est, quare infantes in Sodomis [simul] cum parentibus cremati sunt? — *Resp.* Ut nimis impium facinus Sodomitarum possit adverti, peccatum eorum pervenit usque ad necem filiorum, ne de origine illorum aliquod signum remaneret. Nonne provisum est illis, ne diu viventes exempla sequerentur patrum; et levius in futuro crucientur, vel omnino non, aliena causa occisi. Parentes [enim] tam pro se quam pro his rei sunt. Ergo mors filiorum crimen est parentum, et ideo futuri sunt accusatores parentum. Est qualecunque beneficium reum non esse, qui gloriosus non est : prodest enim pauperem non esse, qui rex esse non potest.

Inter. 184. Quæritur quare Lot cum jussus esset ad montem fugere, Segor prætulerit, ut ibi salvaretur; et rursum de Segor ad montem migrasset (*Gen.* XIX, 20)? — *Resp.* Tradunt Hebræi quod Segor frequenter terræ motu subruta, Bale primum, et postea Salissa appellata sit, timueritque Lot dicens : Si cum cæteræ adhuc urbes starent, ista sæpe subversa est, quanto magis nunc in communi ruina non poterit liberari? Et hanc occasionem infidelitatis, etiam in filias coitus principium dedisse certum est. Qui enim cæteras 323 viderat subrui civitates, et hanc [stare, seque auxilio Dei erutum (*In edit.*, mendose, et hanc fuisse, quæ Dei auxilio eruta est)]; utique de eo quod sibi concessum audierat, ambigere non debuit.

Inter. 185. Cur igitur angeli, quasi hospites coacti, domum Lot introisse dicuntur? — *Resp.* Ut tentata esset charitas Lot, probata et remunerata : et ut ostenderetur quantum esset hospitalitatis bonum. Hospitalem vero domum angeli ingressi sunt ad liberandum hospitem suum : clausas autem hospitibus domos ignis ingressus [est] ad perdendos peccatores in eis. Idcirco hospites non sunt evitandi, sed ultro invitandi.

Inter. 186. Quæritur quare de cœlo vindicta data est super habitatores impios civitatum illarum (*Gen.* XIX, 24)? — *Resp.* Quia clamor peccantium in cœlum ascendisse dicitur; idcirco de cœlo puniendi erant.

Inter. 187. Cur sulpnureo igne puniebantur? — *Resp.* Ut putidissimus libidinis ardor putidissimo flammarum ardore puniretur.

Inter. 188. Cur [autem] uxor Lot in statuam salis conversa est (*vers.* 26). — *Resp.* Ad condimentum fidelium ; quia punitio impii eruditio est justi.

Inter. 189. Quo consilio filiæ Lot concubitum patris petierunt (*vers.* 31, 35) ; vel ab incesta purgari possunt, dum hoc scientes fecerunt; ille vero [quasi] nesciens? — *Resp.* Videtur [namque] filias Lot quædam didicisse de sæculi [*Ms.* mundi] consummatione, quæ immineret per ignem : sed tanquam puellæ non intelligebant perfecte, quæ didicerant. [Nescierunt] quod Sodomiticis igne vastatis multum adhuc spatium integrum resideret in mundo suspicatæ sunt, tale aliquid factum, quale in temporibus Noe audierant, et ob reparandam mortalium posteritatem solas se esse cum parente servatas. Recuperandi igitur humani generis desiderium sumunt, atque instaurandi sæculi ex sese dandum opinantur exordium. Et quanquam grave eis crimen [videatur] furari concubitum patris, gravior tamen eis impietas videbatur, si humanæ, ut putabant, posteritatis spem servata castitate delessent. Propter hoc ergo consilium ineunt, minore, ut arbitror, culpa [spe tamen] argumentoque majore, patris mœstitiam vel rigorem vino molliunt et resolvunt : singulis ingressæ noctibus, singulæ suscipiunt ab ignorante conceptum ; ultra non repetunt, nec requirunt. Ubi hinc libidinis culpa, ibi incesti crimen arguitur; quomodo dabitur in vitio, quod non iteratur in facto?

Inter. 190. Si Lot [quasi] incestus [*Al.*, incertus] in hoc facto culpandus est, an non? — *Resp.* Culpandus est quidem in hoc facto Lot, quantum ebrietatis [*Ms.*, ebrietas] ignorantia meretur. Nam et hanc lex æterna condemnat, quæ cibum et potum non nisi ad salutem corporis sumere mandat. Et hinc diligentius intendendum est, quantum sit ebrietatis malum; et valde timendum est illis, quibus hoc malum in usu est. Nam in crimine ebrietas decipit, quem Sodoma non decepit. Uritur ille flamma mulierum, quem flamma sulphurea non ussit. Erat ergo Lot arte, non voluntate deceptus; ideo medius quidam [*Ms.*, quidem] inter peccatores et justos: quippe qui ex Abrahæ cognatione [*Ms.*, stirpe] descenderat, in Sodomis tamen habitaverit. Nam et hoc quod evadit e Sodomis, sicut Scriptura indicat, magis ad honorem Abrahæ, quam ad meritum pertinet Lot.

Inter. 191. Quare diebus Noe peccatum mundi aqua ulciscitur, hoc vero Sodomitarum igne punitur? — *Resp.* Quia illud naturale libidinis cum feminis peccatum quasi leviori elemento damnatur: hoc vero contra naturam libidinis peccatum cum viris, acrioris elementi vindicatur incendio: et illic terra aquis abluta revirescit; hic flammis cremata æterna sterilitate arescit.

Inter. 192. Cur Abraham Sarram uxorem suam, sororem suam secundo esse dixit (*Gen.* xx, 2)? — *Resp.* Quia ex priori Pharaonis correptione certus erat de Dei defensione, quod violari non potuit; incertus de sua vita, an illorum evaderet manus. Et miranda est Saræ pulchritudinis forma, quæ in tanta ætate tantum amari potuit [*Ms.*, poterat], ut vir suus propter ejus pulchritudinem se periclitari metueret.

Inter. 193. Cur dixit Deus ad Abimelech: *Peperci tibi, ut non peccares in me* (*Gen.* xx, 6)? — *Resp.* Ut adverteretur, in Deum peccari, quando talia committuntur, quæ putent homines leviter habenda, tanquam in carne peccata.

Inter. 194. Cur non [mox] Abimelech mortuus est, dum dixit ei Deus: *Ecce tu morieris* (*Ibid.* v. 3)? — *Resp.* Utique Deus prædixit, quod sine dubio futurum fuisset, si in hac admonitione, a peccato abstinendo, non caveretur.

Inter. 195. Quare Abraham in die ablactationis Isaac, et non in die nativitatis vel circumcisionis fecit convivium grande (*Gen.* xxi, 8)? — *Resp.* Propter significationem spiritualem: tunc enim gaudium habendum est de uno viro spirituali, quando solido veritatis cibo, [et] non lacte carnalis intelligentiæ pascitur.

Inter. 196. De quo ludo arguit Sarra Ismael filium Agar (*Ibid.* v. 9, 10)? — *Resp.* Dupliciter [itaque] hoc ab Hebræis exponitur; sive quod idolothytum fecerit; juxta illud [quod alibi scriptum est]: *Sedit populus manducare et bibere et surrexerunt ludere* (*Exod.* xxxii, 6); sive quod adversum Isaac, quasi majoris ætatis, joco sibi et ludo primogenita vindicaret: quod [*Edit.*, quando] quidem Sarra audiens non tulit. Et hoc ex ipsius approbatur sermone [dicentis ei]: *Ejice ancillam hanc cum filio suo; non enim erit hæres filius ancillæ cum filio meo Isaac.*

Inter. 197. Post quot annos puer ablactari solet? — *Resp.* Inter Hebræos [autem] varia opinio est, asserentibus aliis quinto [*Ms.*, quarto] anno; aliis duodecimo ablactationis tempus impleri.

Inter. 198. Si tredecim [*Al.*, quatuordecim] annorum erat Ismael quando natus est Isaac, adjunctisque ætati [*Ms.*, hac ætate] ablactationis annis, quomodo convenit tantæ ætatis adolescentem matris sedisse in cervicibus, dum dicitur: *Sumpsit Abraham panes et utrem aquæ et dedit Agar, ponens super humerum ejus et parvulum, et dimisit eam* (*Gen.* xxi, 14)? — *Resp.* Omnis [igitur] filius secundum idioma linguæ Hebræorum, ad comparationem parentum, infans vocatur et parvulus. Et est sensus: Posuit Abraham panes et utrem super humerum Agar, et hoc facto dedit puerum matri, hoc est, in manu ejus eum tradidit, commendavit, et ita emisit e domo. Quod in sequentibus declaratur, dum dicitur: *Surge, tolle puerum, et tene manum ejus* (*Ibid.* v. 18); non ut eum de terra [velut] jacentem tolleret, sed quasi comitem manu teneret. Quod autem manu parentis tenetur, sollicitus monstratur affectus.

Inter. 199. Quid est quod dicitur, matrem flevisse, et Deum vocem pueri exaudisse (*Ibid.* v. 16, 17)? — *Resp.* [Quia] mater non suam mortem, sed filii deplorabat, pepercitque Deus puero, pro quo fletus matris erat [*Ms.*, fuerat].

Inter. 200. Quomodo ad puteum juramenti agrum plantaverat Abraham (*Ibid.*, v. 29 seq.), si in terra illa, quemadmodum Stephanus ait in Actis (vii, 5): *Non acceperat hæreditatem nec spatium pedis*? — *Resp.* Ea est intelligenda hæreditas quam Deus fuerat munere suo gratuito daturus, non ista quæ pretio empta est. Intelligitur autem spatium circa puteum ad illud emptionis pactum pertinere, in quo fuerant agnæ septem datæ, quando Abimelech et Abraham sibi [etiam] juraverunt.

Inter. 201. Quid illud: *Tentavit Deus Abraham* (*Gen.* xxii, 1)? Et Jacobus apostolus dicit: *Deus neminem tentat* (*Jac.* 1, 13). Quomodo utrumque intelligendum est? — *Resp.* Duobus [enim] modis tentatio in Scripturis solet intelligi. Una est quæ per Deum fit probationis causa, ut justificetur homo et coronetur; de qua et dicitur: *Tentat vos Dominus Deus vester, ut sciat si diligatis eum* (*Deut.* xiii, 3), hoc est, ut scire vos faciat. Alia est, de qua Jacobus dicit: *Deus neminem tentat* (*Jacob.* i, 13); qua peccato implicamur. De illa Apostolus dicit: *Ne forte tentaverit vos is qui tentat* (*I Thess.* iii, 5). Igitur Abraham a Deo tentatus est, ut probaretur, justificaretur, coronaretur, et ut ejus obedientia tali probata examine posteris innotesceret.

Inter. 202. De quo dixit [Deus] Abrahæ: *Super unum montium, quem monstravero tibi* (*Gen.* xxii, 2)? — *Resp.* Aiunt [ergo] Hebræi hunc montem esse, in quo postea templum conditum est, [in area urnæ Jebusææi].

Inter. 203. Cur in tentatione Abrahæ Deus dixit: *Tolle filium tuum charissimum, quem diligis, Isaac* (*Gen.* xxi, 12)? — *Resp.* Ut ex charitatis admonitione, et nominis recordatione tentationis pondus accumularetur, et paternus affectus torqueretur ex memoria promissionis : cum ante Deus dixisset ad eum : *In Isaac vocabitur tibi semen*. Quasi [*Ms.*, quia] si ille occideretur, tota spes promissionis [*Ms.*, promissionum] frustraretur.

Inter. 204. Et cur non statim licuit ei occidere filium, sed triduana itineris mora, eum immolaturus, secum ducere jussus est? — *Resp.* Quatenus longitudine temporis, tentationis quoque augeretur incrementum. Nam per triduum iter protenditur, et per totum triduum crescentibus curis paterna viscera cruciantur : ut omni hoc spatio tam prolixo intueretur filium pater, cibum cum eo sumeret, ut [tot] noctibus puer penderet in amplexibus patris, inhæreret pectori, cubitaret in gremio; quatenus per singula momenta in paterno affectu dolor occidendi filii accumularetur.

Inter. 205. Si Abraham indubitanter et firmo animo cogitabat mactare puerum Domino in holocaustum, quid est quod dixit pueris suis : *Vos exspectate hic : ego et puer, cum adoraverimus, revertemur ad vos* (*Gen.* XXII, 5)? — *Resp.* [Igitur et dubitanti animo mactare puerum cogitabat, et indubitanti animo in Deum resuscitari credebat eum.] Idcirco utrumque laudis [*Ms.*, laudabilis] est et in constantia offerendi, et in fide resuscitandi. Sciebat certissime Deum fallere non posse : et licet puer occideretur, promissionem tamen Dei salvam permanere. Unde et Paulus apostolus per Spiritum sanctum didicerat, quid animi habuisset Abraham intra se, dum fidem ejus laudat [*Ms.*, laudavit] dicens : Fide Abraham non hæsitavit, cum unicum offerret, in quo acceperat promissionem [*Ms.*, repromissiones], [cogitans] quia a mortuis eum resuscitare potens est Deus (*Rom.* IV, 20).

Inter. 206. Unde aries iste, qui pro Isaac immolatus est (*Gen.* XXII, 13), venerit, solet quæri : an [de] terra ibi subito creatus esset, vel aliunde ab angelo allatus? — *Resp.* Aries iste non putativus [*Ms.*, putatus], sed verus esse credendus est. Ideo magis a doctoribus æstimatur, aliunde eum angelum attulisse, quam ibi de terra, post sex dierum opera, Dominum procreasse.

Inter. 207. Quare appellavit Abraham nomen loci illius : *Dominus vidit* (*Ibid.* v. 14); cum nusquam sit quod Dominus non videat? — *Resp.* Vidit pro apparuit dixit : hoc est, videri fecit, sicut ibi : *Et nunc cognovi quia times Deum*, id est, feci ut cognoscaris [*Ms.*, cognoscatur; *al.*, cognoscar), eo genere locutionis, dum per efficientem significatur id quod efficitur : sicut pigrum frigus dicimus, eo quod [pigros] faciat. Illud autem quod dixit : *Unde usque hodie dicitur Dominus in montem videbit*. Exinde apud Hebræos proverbium venit [*Ms.*, exiit] u si quando in angustia constituti sunt, [et] Domini quoque optant auxilio sublevari, dicunt : *In monte Dominus videbit*, hoc est, sicut Abrahæ, miserebitur et nostri. Unde et in signum dati arietis solent etiam nunc cornu clangere.

Inter. 208. Vocavit [autem] angelus Domini Abraham secundo de cœlo dicens : *Quia fecisti rem hanc et non pepercisti filio tuo unigenito propter me* (*Ibid.*, v. 16). Nunquid Abraham propter angelum non pepercit filio suo, et non propter Deum? — *Resp.* [Aut enim] angeli nomine Dominus Christus significatus est, qui sine dubio Deus est, et manifeste a propheta dictus est, *magni consilii angelus*. Aut [quia] Deus [erat] in angelo; et [*Edit.*, aut] ex persona Dei angelus loquebatur, sicut in prophetis etiam fieri solet. Nam in consequentibus hoc magis videtur apparere, ubi legitur : [*Et*] *vocavit angelus Domini Abraham iterum de cœlo, dicens : Per memetipsum juravi, dicit Dominus*.

Inter. 209. Quid est quod secundo ad Abraham eædem et non aliæ promissiones factæ sunt (*Ibid.*, v. 17)? — *Resp.* Significat duplex semen Abrahæ futurum esse, unum carnale, aliud spirituale. Ideo dixit ei Dominus : [sic] erit semen tuum, sicut stellæ cœli, et sicut arena maris : in stellis cœli, spirituales; in arena maris, carnales [volens intelligi (*Edit.*, intelliguntur)].

Inter. 210. Cur [enim] nominavit Scriptura filios Nachor fratris Abrahæ (*Ibid.*, vers. 20)? — *Resp.* Quia de illis, vel de illorum stirpe aliquid celebre postea gestum esse legitur. Itaque Hus [*Ms.*, Chus] unus erat, de cujus stirpe Job descendit. **326** Sic enim scriptum est in exordio voluminis ejus : *Vir fuit in terra Hus* [Ms., *Chus*] *nomine Job*. Male igitur æstimabant [*Ms.*, æstimant] quidam, Job de genere Esau natum, in cujus genere est Balam [*Ms.*, de gente Esau. Secundus natu est de Melcha Buzi, ex cujus genere est Balam, etc.] ille divinus, ut Hebræi tradunt, qui in libro Job dicitur Heliu : primum vir sanctus [et] propheta Dei, postea per inobedientiam et desiderium munerum excæcatus, dum Israel maledicere cœpit, divini vocabulo nuncupatus. [Diciturque in eodem libro : Et iratus Heliu filius Barachiel Buzites. De hujus videlicet Buzi radice descendens Cham vel pater ejus Damasci. Ipsa enim vocatur Aran, quæ hic pro Syria scripta est et ipso nomine legitur in Isaia. Caseth quoque quartus est, a quo Casiadei, id est Chaldæi, postea vocati sunt. Bathuel, de quo Rebecca et Laban pater Liæ et Rachel.]

Inter. 211. Cur una civitas Hebron tribus appellata est nominibus, videlicet, Hebron, Arbe, [et] Mambre (*Gen.* XXIII, 2)? — *Resp. Hebron* [civitas] a Gigantibus, a quibus quondam condita est : et *Arbe* a numero, videlicet quatuor, [habet nomen], quod ibi quatuor patriarchæ sepulti sunt; Adam magnus humani generis pater; Abraham, [et] Isaac [et] Jacob. Hæc eadem a quodam amicorum Abraham *Mambre* vocata est.

Inter. 212. [Quæritur] quid significat quod Abraham puero suo dicit : *Pone manum tuam super femur meum, et jura per Dominum Deum cœli* (*Gen.* XXIV,

2, 3)?—*Resp.* Tradunt Hebræi quod in sanctificatione ejus, hoc est circumcisione, juraverit. Sed melius intelligendum est jurasse in semine Abrahæ, hoc est Christo. Quia ipse Dominus Deus cœli in ea carne tum venturus erat, quæ de illo femore propagata est.

Inter. 213. Quomodo servus Abrahæ in petitione signi augurationis vitio culpandus non est (*vers.* 14)? — *Resp.* Aliud est [enim] mirum aliquid petere, quod ipso miraculo significatur [*Ms.*, quod pro ipso miraculo signum sit]; aliud [est etiam] humanos errores superstitiosa vanitate in auspiciis, augurationibus [et] divinationibus observare. Quædam enim pacta [*Ms.*, facta] sunt diabolicæ familiaritatis, et non sine grandi peccato fiunt, quando fiunt. Illud igitur superius petitionis genus comprobatio [*Ms.*, computatio fidei] seu conjunctio fidei est ad Deum; hoc posterius infidelitatis conjunctio ad diabolum.

Inter. 214. Quid hoc, proficiscente Rebecca : *Soror nostra es, crescas in millia millium et hæreditatem obtineat* [Ms., *possideat*] *semen tuum portas inimicorum suorum* (*vers.* 60)? Num prophetæ fuerunt, quia [*Ms.*, qui] hoc dixerunt quod in futuro factum est [*Ms.*, quod futurum factum fuerat]? — *Resp.* Non prophetæ fuerunt, aut vanitate tam magna optaverunt, sed eos, quæ promiserat Deus Abrahæ, latere non potuerunt.

Inter. 215. Quæ est exercitatio Isaac, qua se exercere dicitur in campo ad vesperam (*vers.* 63)? — *Resp.* Significat [autem] illa exercitatio orationem, secundum illud quod Christus orabat in monte : ut etiam hinc Isaac typum Domini gesserit (*vers.* 62).

Inter. 216. Quæ est illa terra Austri, ubi habitabat Isaac, revertente servo patris sui cum Rebecca? — *Resp.* [Terra Austri] significat terram illam [*Ms.*, Gerara] unde a patre ad immolandum [quondam] fuerat adductus (*vers.* 65).

Inter. 217. Quid est theristrum, quo se operuit Rebecca? — *Resp.* Pallii genus est, ut nunc sunt Arabica vestimenta [*Ms.*, teristrum pallium dicitur, genus etiam nunc Arabici vestimenti], quibus mulieres provinciæ illius velantur.

Inter. 218. Cur Abraham post promissum sibi et natum Isaac, in quo ei multiplicatio prolis, et benedictio gentium promissa est a Deo, aliam voluit ducere uxorem (*Gen.* xxv, 1)? — *Resp.* Non propter incontinentiam, cum jam esset grandævus; sed sicut Agar et Ismael significant carnales Veteris Testamenti; sic Cethura et filii ejus significant hæreticos, qui se ad Novum Testamentum pertinere existimant. Sed utræque concubinæ dicuntur; sic enim dicitur : *Filiis* [autem] *concubinarum largitus est munera* (*vers.* 6). Sola Sarra uxor semper vocatur.

Inter. 219. — Quæ est [ista] Cethura, aut unde genus duxit [*Ms.*, ducens]? — *Resp.* [Cethura interpretatur copulata, aut vincta; quam ob causam] suspicantur Hebræi eamdem esse Agar quæ, Sarra mortua, ex concubina transierit in uxorem [*Al.*, facta sit uxor]. Et sic videtur [deposito jam] Abrahæ ætas excusari, ne senex post mortem uxoris vetulæ novis nuptiis arguatur lascivisse. [Fertur] quoque quia filii Abrahæ, qui et de Cethura nati sunt, [occupaverunt terram quæ Arabia vocatur, usque ad maris Rubri] littora. Dicitur autem unus ex posteris Abrahæ, qui appellatur Asser [*Ms.*, appellabatur Assur], duxisse adversus Lubian [*Ms.*, Laban] exercitum, et ibi devictis hostibus consedisse, ejusque posteros ex nomine Atavi Africam nuncupasse. Alios quoque filios Abrahæ ex Cethura occupasse Judææ regiones [*Ms.*, Indiam regionem] æstimatur.

Inter. 220. Quomodo convenit Abrahæ tam sancto viro quod dicitur : *Et deficiens mortuus est* (*Gen.* xxv, 8)? — *Resp.* In Hebræo non habetur *deficiens*, sed a Septuaginta Interpretibus additum est.

Inter. 221. Quid [est] quod plenus dierum dicitur? — *Resp.* Quod lucis et diei operibus plenus occubuerit.

Inter. 222. Quid est quod dicit Scriptura de filiis Ismael : *Habitaverunt ab Ebila usque ad Sur, quæ est contra faciem Ægypti* (*vers.* 18)? — *Resp.* Ebila est regio quam circumfluit [*Ms.*, circuit] Phison ex paradiso fluens, dicta a quodam Ebila nepote Noe : et est solitudo contra faciem Ægypti. Sur quoque est solitudo inter Cades et Barad, extendens desertum usque ad mare Rubrum et Ægypti confinia.

Inter. 223. Quid est quod dicitur de Ismaele (*vers.* 16), quod duodecim generasset principes, vel duces [qui regionibus vel tribubus nomina dederunt (omissa in ms.)]? — *Resp.* Significat quod singuli filiorum Ismaelis [regionibus vel tribubus nomina dederunt], e quibus primogenitus ejus fuit Nabaioth [*Ms.*, Nabaoth; *al.*, Nabeoth], a quo omnis regio ab Euphrate ad mare Rubrum Nabathena usque hodie dicitur, quæ pars est Arabiæ. Nam et familiæ eorum oppidaque et pagi ac munita castella, et tribus horum appellatione celebrantur. Ab uno ex his Cedaar in deserto, Eoduma alia regio, et Hemanea [*Ms.*, Themana] ad austrum et Cedema ad Orientem dicitur.

Inter. 224. Quid est quod dicitur de eodem Ismaele : *Coram omnibus fratribus suis obiit* (*vers.* 17)? vel qui sunt fratrum nomine dicti [*Ms.*, censiti]? — *Resp.* Id est, in manibus omnium liberorum [*Ms.*, filiorum] suorum mortuus est, superstitibus omnibus liberis, et nullo prius morte præprepto. Fratres autem pro filiis appellari, ad Jacob Laban demonstrat dicens : *Ponatur coram* [*fratribus meis et*] *fratribus tuis, ut judicent inter nos* (*Gen.* xxxi, 37). Nec enim legimus alios fratres Jacob ibi habere, exceptis liberis suis.

Inter. 225. Quæritur quo ierit Rebecca interrogare Dominum, cum parvuli [ejus] in utero collidebantur (*Gen.* xxv, 22)? — *Resp.* Forte ad locum ubi aram constituerat Abraham, orare venit : vel [etiam] erant aliqui [tales] in eo tempore homines Dei, in quibus posset Deus interrogari.

Inter. 226. An secundum historiam vel etiam allegoriam intelligendum est quod Dominus respondit Rebeccæ : *Duæ gentes sunt in utero tuo et duo* populi ex ventre tuo dividentur, populusque populum superabit, et major serviet minori (vers. 23)? — Resp. Secundum utrumque modum : spiritualiter vero sic solet intelligi quod dictum est, [ut] in Esau figuratus sit major populus Dei, hoc est, Israeliticus secundum carnem; per Jacob autem figuratus est ipse Jacob in populo Christiano, secundum spiritualem progeniem propagato [Ms., quam propagavit]. Sed etiam historica proprietate invenitur hoc responsum esse completum, ubi populus Israel, hoc est, Jacob minor filius superavit Idumæos, quos [Ms., hoc est, gentem quam...] propagavit Esau, eosque fecit tributarios per David, quod diu fecit scilicet usque [Ms., quandiu fuerunt usque ...] ad regem sub quo Idumæi rebellaverunt, et jugum Israeliticum a cervice sua deposuerunt.

Inter. 227. Quæ sunt primogenita quæ Esau vendidit Jacob fratri suo (vers. 31)? — *Resp.* Tradunt Hebræi omnes primogenitos fungi solitos officio sacerdotali [Ms., sacerdotum] antequam Aaron in sacerdotem [Ms., sacerdotium] eligeretur; et habuisse vestimenta sacerdotalia, quibus induti victimas Deo offerebant : et hæc esse vestimenta 328 Esau, quibus Rebecca induit Jacob filium suum, quorum odore pater oblectatus benedictionis initium astruit (Gen. xxvii, 15).

Inter. 228. Si viri justi voluntas bona est, quid est quod Isaac non Esau, quem voluit, sed Jacob, quem noluit, benedixit? — *Resp.* Justi hominis, quantum ad conscientiam pertinet, voluntas bona est; quantum autem ad præscientiam [Ms., præsentiam] immunis est ab adversis. Deus enim solus est qui de futuris judicat. Ac per hoc Isaac justus, quantum ad præsentem statum [Ms., humanitatem] pertinet, dignum esse majorem filium benedictione putabat [magis]. Sed Deus, occultorum cognitor, minorem mereri benedictionem ostendit, [ut in benedictione non hominis ostenderit esse beneficium, sed Dei (Edit., ut benedictionem non hominis, sed Dei ostenderet)]. Ideo dictum est in Numeris ad Moysen et Aaron sacerdotem : *Ponite nomen meum super filios Israel, ego Dominus benedicam eos* (Num. vi, 27). Sacerdotis est benedicere, Dei est effectum tribuere benedictionis. Unde intellexit Isaac per spiritum prophetiæ, a Deo benedictionem super minorem filium prædestinatam, dicens : *Benedixi ei, et erit benedictus* (Gen. xxvii, 33).

Inter. 229. Quid est quod Jacob dixit : *Terribilis est locus iste, non est hic aliud nisi domus Dei et porta cœli* (Gen. xxviii, 17)? — *Resp.* Hæc verba ad prophetiam pertinent, quod [Ms., quia] futurum erat in terra promissionis, Deum verum timere et colere, tabernaculumque ei fieri : eumque, qui est super omnia benedictus Deus, pedibus [suis] ambulare in ea. Portam autem cœli sic intelligere debemus, tanquam inde fiat aditus credentibus ad capessendum regnum cœlorum.

Inter. 230. Cur Jacob oleum fudit super lapidem, quem erexit in titulum (vers. 18)? — *Resp.* Non ex idololatria [Ms., non idololatriæ fecit simile] : nec enim tunc, nec postea frequentavit lapidem adorando, aut ei sacrificando; sed signum fuit prophetiæ evidentissimæ [Ms., in prophetia evidentissima] constitutum, quod [Ms., quæ] pertinet ad unctionem. Unde et Christi nomen a chrismate est.

Inter. 231. [Quærendum est] quomodo dictum sit : *Servivit Jacob pro Rachel septem annis, et videbantur illi pauci dies* (Gen. xxix, 20); cum magis [etiam] breve tempus longum esse soleat amantibus? — *Resp.* Dictum est [ergo] propter laborem servitutis, quem facilem et levem amor faciebat.

Inter. 232. Post servitutem septem annorum Jacob, soceri sui fraude deceptus, copulatus est Liæ; an etiam post alios septem servitutis annos Rachel accepturus erat? — *Resp.* Non [igitur], ut quidam male æstimant, post septem annos alios Rachel accepit uxorem; sed post septem dies nuptiarum primæ; nam sequitur : *Et ingressus est ad Rachel, et dilexit Rachel magis quam Liam, et servivit ei septem annis aliis* (vers. 30).

Inter. 233. [An] duæ ancillæ Bala et Zelpha uxores, an concubinæ dicendæ sunt (Gen. xxx, 4, 9)? — *Resp.* Forte omnis concubina, uxor; non autem [omnis] uxor concubina, more loquendi in Scripturis [Ms., Scripturarum], appellatur, id est, ut Sarra et Rebecca, [Lia] et Rachel concubinæ dici non possint : Agar vero et Cethura, et Bala et Zelpha et uxores et concubinæ.

Inter. 234. Quomodo pro aspectu virgarum variarum varii pecorum fetus nascebantur (vers. 38)? — *Resp.* Observabat Jacob tempora quibus pecora ascendebantur, et post calorem diei ad potandum avida pergebant : discolores virgas hic ponebat in canalibus, et admissis arietibus et hircis in ipsa potandi aviditate oves et capras faciebat ascendi, ut ex duplici desiderio, dum avide bibunt et ascenduntur a maribus, tales fetus conciperent, quales umbras arietum et hircorum desuper ascendentium in aquarum speculo contemplabantur. Ex virgis enim in canalibus positis varius [etiam] erat imaginum color. Nec mirum hanc in conceptu feminarum esse naturam, ut quales perspexerint, sive mente conceperint, in extremo voluptatis æstu, quo concipiunt, talem sobolem procreent, cum hoc ipsum etiam in equarum gregibus apud Hispanos dicatur fieri. Et Quintilianus in ea controversia : in qua accusabatur matrona quædam, quæ Æthiopem pepererat [Ms., quod... pepererit], pro defensione illius argumentatur, in hoc conceptu [Ms., hanc conceptus] esse naturam, quam supra 329 diximus. Et multa dicuntur similia [Ms., similiter] fieri in animalium fetibus. [Sed] et mulieri accidisse traditur, ut scriptum reperitur in libris antiquissimi et peritissimi medici Hippocratis, quæ suspicione adulterii fuerat punienda, cum pulcherrimum puerum peperisset, utrusque parentis generi [Ms., utrique parenti generique] dissimilem, nisi memoratus medicus solvisset quæstionem, illis admonitis, quærerent, si forte aliqua talis pictura esset in cubiculo; qua inventa, mulier a suspicione liberata est.

Inter. 235. Quare Jacob primi temporis sua esse voluit, et serotina Lahan? vel [*Ms.*, et] cur hac arte non sua magis omnia esse fecit? — *Resp.* Jacob prudens et callidus justitiam et æquitatem in nova arte servabat. Si enim omnes agnos et hædos varios pecora procreassent, erat aliqua suspicio [doli], et aperte huic rei Laban invidus contraiisset. Ergo ita omnia temperavit, ut ipse fructum sui laboris acciperet, et Laban non penitus spoliaretur. Si quando oves et capræ primo tempore ascendebantur, quia vernus est fetus, ante ipsas ponebat virgas, ut varia soboles nasceretur. Quæcunque oves et capræ sero quærebant mares, ante harum oculos non ponebat, ut unius coloris pecora nascerentur : et quicquid primum nascebatur, suum erat, quia [discolor et] varium erat : quicquid postea, Laban : unius enim, tam nigri quam albi coloris, pecus oriebatur.

Inter. 236. Cur nec Jacob fraudis in hoc [facto] arguendus est? — *Resp.* Per hoc cogit inquiri prophetiam, ei aliquam figuratam significationem res ista, quam sine dubio ut propheta fecit Jacob. Non enim tale aliquid, nisi revelatione spirituali eum fecisse credendum est.

Inter. 237. Quomodo decem vicibus dicit Jacob socero suo, mutasse eum mercedem suam (*Gen.* XXXI, 41)? — *Resp.* Hic est sensus, quod per singulos fetus semper Laban conditionem mutaverit. Si videbat varium nasci pecus [post fetum] dicebat : Nolo [*F.*, volo] in futurum varia mihi nascantur. Rursum cum vidisset unius coloris nasci pecora [Jacob quoque, hoc audito, virgas in canalibus non ponebat] dicebat : futuros fetus unius coloris pecora mihi procreabunt. Et quid plura? usque ad decem vices semper [a Laban pecoris sui] Jacob mutata conditio est : et quodcunque sibi proposuerat Laban, ut nasceretur, in contrarium colorem vertebatur. Ne cui autem in sex annis decem pariendi vices incredibiles videantur, lege Virgilium, in quo dicitur :

Bis gravidæ pecudes.....

Natura autem Italicarum ovium et Mesopotamiæ una esse perhibetur.

Inter. 238. Quare constituit Jacob lapidem super titulum (*vers.* 45)? — *Resp.* Diligenter animadvertendum est quod istos titulos in rei cujuscunque testimonium constituebant, non ut eos pro diis colerent, sed ut eis aliquid significarent.

Inter. 239. Quid est quod *Jacob juravit per timorem patris sui Isaac* (*vers.* 53)? — *Resp.* Per Deum utique, quem timebat Isaac pater ejus, jurare intelligitur. Quem timorem etiam superius commendavit, cum diceret : *Deus patris mei Abrahæ, et timor patris mei Isaac* (*vers.* 42).

Inter. 240. Quæ sunt castra Dei, quæ vidit Jacob in itinere (*Gen.* XXXII, 1, 2)? — *Resp.* Nulla dubitatio est quin angelorum fuerit multitudo. Ea quippe in Scripturis militia cœli nominari solet.

Inter. 241. Quomodo fidem habuit Jacob, quando-

quidem tantum timuit Esau fratrem suum (*vers.* 7)? — *Resp.* Satis in verbis ejusdem Jacob, quæ sequuntur, et humana infirmitas, et fides pietatis apparet; ut et Deus liberaret eum et quæ promisit impleret. Admonendi sumus tamen [*Ms.*, enim] hoc exemplo, ut quamvis credamus in Deum, faciamus tamen quæ facienda sunt [ab hominibus] in præsidium salutis : ut prætermittentes ea Deum tentare non videamur.

Inter. 242. Quomodo ergo Jacob ab eo postulat benedici, cui luctando prævaluit (*vers.* 26)? — *Resp.* Magna [hæc] est de Christo prophetia. Duplex enim [hic] Jacob intelligitur, id est, carnalis et spiritualis. Prævaluit enim Jacob Christo, vel potius prævalere visus est super eos Israelitas, a quibus crucifixus est Christus; et ab eo benedicitur [Israeliticus] in eis qui crediderunt in Christum; ex quibus erat qui dicebat : *Et ego Israelita ex genere Abrahæ, ex tribu Benjamin* (*Rom.* XI, 1). Unus ergo atque idem Jacob et claudus et benedictus : claudus in latitudine femoris, tanquam in multitudine generis; de quo dictum est : *et claudicaverunt a semitis suis* (*Psal.* XVII, 26). Benedictus autem in eis, de quibus dictum est : *Reliquiæ per electionem gratiæ salvæ factæ sunt* (*Rom.* XII, 5).

Inter. 243. Quæ est causa immutati nominis Jacob, ut Israel vocaretur (*Gen.* XXXII, 28)? — *Resp.* Varia hujus nominis interpretatio æstimatur; sed beatus Hieronymus taliter de ejus interpretatione dixit : sensus itaque hic est : non vocabitur nomen tuum supplantator, hoc est, Jacob; sed vocabitur princeps cum Deo, hoc est, Israel. Quomodo enim ego princeps sum, sic [et] tu, qui mecum luctari potuisti, princeps vocaberis. Si autem cum Deo sive angelo (quoniam plerique varie interpretantur) pugnare potuisti, quanto magis cum hominibus, hoc est, [cum] Esau, [quem] formidare non debes.

Inter. 244. Quid [sibi vult] quod Jacob ait [fratri suo] : *Sic vidi faciem tuam, quasi viderem faciem Dei* (*Gen.* XXXIII, 10). Utrum paventis et perturbati animi verba usque in hanc adulationem proruperunt? — *Resp.* Hæc verba fraterna sunt et benigno animo dicta, quoniam post benignam susceptionem metus ipse transierat. Et fortassis Dei nomine angelorum aliquem vel sanctorum [*Ms.*, vel aliquem sanctum] hoc loco intelligere debemus, secundum Apostolum, qui dixit : *Etsi sunt qui dicuntur dii, sive in cœlo, sive in terra, quemadmodum sunt dii multi et domini multi* (*I Cor.* VIII, 5).

Inter. 245. Quomodo promisit Jacob fratri suo, ut sequeretur vestigia ejus cum alio itinere tenderet (*Gen.* XXXIII, 14)? — *Resp.* Forte ad horam sequebatur. Vel primo [veraci animo] promiserat, sed aliud postea [cogitando [*Edit.*, cogitabat] delegit].

Inter. 246. Quomodo duo filii Jacob tantam cædem et deprædationem per se in terra aliena facere potuerunt (*Gen.* XXXIV, 25)? — *Resp.* Multitudo [enim] non parva erat cum Jacob, qui plurimum ditatus fuit : sed filii ejus in hoc facto nominantur, qui ejusdem facti principes et auctores fuerunt.

Inter. 247. Quid est quod Jacob dixit domui suae : *Projicite deos alienos qui in medio sunt vestri* (*Gen.* xxxv, 2)? Et iterum : *Dederunt ei omnes deos alienos, quos habebant, et inaures quae in auribus eorum erant* (vers. 4). Quae si ornamenta erant, ad idololatriam non pertinebant? — *Resp.* Intelligendum est, has inaures phylacteria fuisse deorum alienorum. Nam Rebeccam a servo Abrahae inaures accepisse Scriptura testatur : quod non fieret, si eis inaures habere ornamenti gratia non liceret. Ergo illae inaures, quaecunque [*Edit.*, quae cum] idolis datae sunt, ut dictum est, idolorum phylacteria fuerunt.

Inter. 248. Quare secundo dicitur ad Jacob (vers. 10) : *Non vocaberis Jacob, sed Israel erit nomen tuum : et appellavit eum Israel?* — *Resp.* Dudum nequaquam ei ab angelo nomen imponitur, sed quod imponendum sit ei a Deo praedicitur. Quod igitur [ibi] futurum promittitur, hinc dicitur expletum. Nimirum nomen hoc ad illam recte intelligitur pertinere promissionem, ubi sic videbitur Deus, quomodo non est ante a patribus suis visus.

Inter. 249. Quae est Effrata, ubi Jacob Rachel uxorem suam condidisse dicitur (vers. 19, 20)? — *Resp.* Effrata et Bethleem unius verbi vocabulum est sub interpretatione consimili : siquidem in frugiferam domum, et domum panis vertitur, propter eum panem qui de coelo descendisse dicitur.

Inter. 250. Ubi est turris gregis, juxta quam dicitur Jacob habitasse (vers. 21)? — *Resp.* Juxta Bethleem, ubi [vel] angelorum grex in Domini ortu cecinit : vel ubi Jacob pascens pecora sua loco nomen imposuit : vel, quod verius est, quod vaticinio futurorum tunc mysterium monstrabatur [*Ms.*, quia vaticinatio futurorum jam tunc per mysterium monstrabatur].

Inter. 251. Quid est quod de Isaac dicitur : *Et consumptus aetate mortuus est, et appositus populo suo* (*Gen.* xxxv, 29)? Quomodo consumptus, vel cui populo appositus? **331** — *Resp.* Consumptus aetate, id est, perfectus aetate. Verum angelorum populo vel sanctarum animarum apponuntur, qui hanc vitam Deo placentes finiunt. Tunc dicuntur apponi, quando nulla jam remanet sollicitudo tentationum, et periculum peccatorum. Quod intuens Scriptura ait : *Ante mortem ne laudes hominem quemquam* (*Eccli.* xi, 30).

Inter. 252. Quomodo Scriptura dicit, post mortem Isaac patris sui, Esau abscessisse de terra Chanaan, et habitasse in monte Seir (*Gen.* xxxvi, 8); cum veniente de Mesopotamia Jacob legatur (*Gen.* xxxii, 3) eum misisse nuntios ad fratrem suum in terra Seir, regionis Edom, cum ibi habitaret tunc temporis [*Ms.*, eumque ibi habitasse tunc temporis]? —*Resp.* In promptu est cogitare quod scilicet Esau, posteaquam in Mesopotamiam frater ejus abscessit, noluit habitare cum parentibus suis, [sive] ex illa commutatione [*Ms.*, commotione] qua dolebat se benedictione fraudatum ; sive causa uxorum suarum, quas odiosas videbat esse parentibus, et coeperat habitare in monte Seir. Deinde post reditum Jacob fratris sui, facta inter eos concordia, reversus est et ipse ad parentes ; et cum mortuum patrem simul sepelissent, quia eos plurimum ditatos terra illa, sicut scriptum est, minime capiebat, abscessit rursus in Seir, et ibi propagavit gentem Idumaeorum.

Inter. 253. *Erant* [autem] *filii Jacob duodecim* (*Gen.* xxxv, 22) ; et computatis omnibus, Benjaminque, et addidit : *Hi filii Jacob, qui nati sunt ei in Mesopotamia Syriae* (vers. 26) ; [a] dum constat Benjamin natum esse in Chananaea, quomodo tunc duodecim nasci dicuntur in Mesopotamia? — *Resp.* Nulla est [ergo] facilior solutio hujus quaestionis, quam ut per synecdochen accipiatur. Ubi enim major pars est aut fortior [*Ms.*, potior], solet ejusdem nomine etiam illud comprehendi quod ad ipsum nomen [non] pertinet.

Inter. 254. Quomodo impletum somnium Joseph, quo dicit se vidisse solem et lunam, et undecim stellas adorasse se (*Gen.* xxxvii, 9) ; dum constat, eo regnante in Aegypto, matrem ejus Rachel multo ante esse defunctam ; imo nec patrem [ejus] legimus eum adorasse? — *Resp.* [Ergo] in Christo facilius [*Edit.*, facile] est somnii intelligere perfectionem : huic enim *datum est nomen, quod est super omne nomen, ut in nomine ejus* [*Ms.*, *Jesu*] *flectatur omne genu coelestium, terrestrium et infernorum* (*Philip.* ii, 10).

Inter. 255. Quaeritur quare Ismaelitas Scriptura, quibus a fratribus venditus est Joseph, etiam Madianitas vocet (*Gen.* xxxvii, 28) ; cum Ismael sit de Agar filius Abrahae, Madianitae vero de Cethura ? — *Resp.* Quia Scriptura de Abraham dixerat (*Gen.* xxv, 6) quod munera dedisset filiis concubinarum suarum, Agar scilicet et Cethurae ; et divisit [*Ms.*, dimiserit] eos ab Isaac filio suo in terra [*Ms.*, terram] Orientis. Itaque unam gentem fecisse intelligendi sunt.

Inter. 256. Quomodo intelligendum illud [quod] Jacob [dicit] : *Descendam ad filium meum lubens in infernum* (*Gen.* xxxvii, 35). — *Resp.* Perturbati et dolentis verba sunt, mala sua etiam hinc exaggerantis. Vel etiam inferni nomine sepulcrum significavit, quasi diceret : In luctu maneo, donec me terra suscipiat [sepultum], sicut illum.

Inter. 257. Qualiter historia de Juda et tribus filiis ejus et uxore ejus Thamar (*Gen.* xxxviii) intra tam paucos annos compleri potuit? [Cum ergo anno [b] xiv aetatis suae venditus fuisse credatur ; xiii annos peregerat in Aegypto ignotus Pharaoni ; ad hos enim tredecim annos accesserunt vii anni ubertatis, et facti sunt anni xx : his adduntur duo ;

---

[a] Locus hic sanatus ex ms
[b] Ambigua lectio : forte xvii.

quia secundo anno famis Jacob introivit in Ægyptum cum filiis suis, et inveniuntur xxii anni, quibus abfuit Joseph a patre et a fratribus suis. Quo medio tempore quomodo fieri potuerunt]? — *Resp.* Solet [enim] Scriptura sancta per recapitulationem multa proferre. Aliquot ergo annis ante venditum Joseph hæc fieri cœpisse intelligi datur. Etiam mox, ut adolesceret Judas, incidit [*Ms.*, cœpit incidisse] in amorem ejus, quam duxit uxorem, nondum vendito Joseph in Ægyptum.

Inter. 258. Cur dixit de Thamar : Depositis vestimentis viduitatis suæ (vers. 14) ? — *Resp.* Ut intelligatur [*Ms.*, quatenus intelligeres]; ex temporibus patriarcharum certa et sua fuisse vestimenta viduarum, non utique talia qualia conjugatarum.

Inter. 259. Quare dixit Judas : Justior est Thamar quam ego (*Gen.* xxxviii, 26) ? — *Resp.* Thamar in bivio sedens vel capeto ; ubi diligentius debet viator aspicere, quod iter gradiendi capiat ; non ut vagam turpitudinis libidinem impleret, sed ut liberos a socero susciperet, justiore causa, quam socer : ille enim libidinis, illa liberorum gratia : et ideo in comparatione ejus minus male fecerat.

Inter. 260. Si Phares inde sortitus est nomen divisionis, quia diviserat membranam secundam [*Ms.*, secundarum], unde Zara [sic] nomen accepit (vers. 29, 50) ? *Resp.* Zara interpretratur *Oriens.* Sic igitur vocatur, vel quia primus apparuit, vel quod plurimi ex eo nati sunt justi, sicut in Paralipomenon legimus (*I Par.* ii, 4).

Inter. 261. Cur gentiles homines qui fuerunt in carcere cum Joseph, præsagia futurorum viderunt (*Gen.* xl, 5) ? — *Resp.* Non pro suis meritis, sed ut magnificaretur Joseph, et manifestaretur qui latebat.

Inter. 262. Quid [sunt] tres propagines (vers. 10)? — *Resp.* Tres [propagines sunt tres] rami.

Inter. 263. Cur Pharao et Herodes dies nativitatis suæ honoribus festivos habuerunt (vers. 20) ? — *Resp.* Eo quod putaverunt quod hora nativitatis eorum eos [*Ms.* se] ordinasset in regnum : similem rem facientes adoratione, ut quorum erat par impietas, esset una solemnitas.

Inter. 264. Quid est quod Pharao dixit : *Putabam me stare super flumen* (*Gen.* xli, 1) ? — *Resp.* Id [*Ms.*, Idem] est quod in alio loco legitur : *Ecce ego super fontem aquæ sto* (*Gen.* xxiv, 13). Hoc genere locutionis et in psalmo dicitur : *Qui fundavit terram super aquam* [*Ms.*, aquas]. [Non coguntur homines putare sicut navem natare terram super aquas]. Secundum hanc [enim] locutionem [recte] intelligitur, quod altior sit terra quam aqua. Altius quippe ab aquis sustollitur, ubi habitant terrena animalia.

Inter. 265. Quomodo multitudo [frugum] arenæ [multitudini] comparatur (*Gen.* xli, 49) ? — *Resp.* Quia sicut arena innumerabilis est, ita multitudo frugum usitato numero comprehendi non potest [*Ms.*, poterat].

Inter. 266. Quomodo de viro sancto Joseph intelligere debemus, quod inebriasset fratres suos (*Gen.* xliii, 34) — *Resp.* Ebrietas secundum Hebræam linguam [*Ms.*, idioma Hebraicæ linguæ] pro satietate ponitur, sicut in psalmo : *Visitasti terram et inebriasti eam.* Et iterum : *Inebriabuntur ab ubertate domus tuæ.*

Inter. 267. Quid sibi vult quod Joseph toties fratres suos ludificavit, et tanta exspectatione suspendit, antequam manifestare se voluisset ? — *Resp.* Tribulabat eos, non ut se vindicaret [in eis], sed ut illos purgaret a crimine transacti sceleris in eum : vel magis, ut hac dilatione accumularetur gaudium eorum, dum viderent tantam gloriam ejus, quem [a se] exstinctum esse arbitrabantur.

Inter. 268. Quomodo dicitur = *Filii ejus et filiæ descenderunt cum Jacob in Ægyptum* (*Gen.* xlvi, 7), cum Jacob plures non habuerit filias, quam Dinam tantummodo ? — *Resp.* Aut [etiam] neptes filiarum nomine intelligere debemus ; aut pluralis numerus pro singulari positus est, sicut ibi : *Misit in eis muscam caninam.*

Inter. 269. Quod dicit Scriptura : *Omnes animæ quæ egressæ sunt de femoribus Jacob* (vers. 26) : quid respondendum est eis qui hoc testimonio confirmare nituntur, a parentibus simul animas cum corporibus propagari ? — *Resp.* [Animas dictas pro hominibus, a parte totum significante [*Edit.*, significata] locutione, nullus debet dubitare].

Inter. 270. *Hi filii Liæ*, quos genuit in Mesopotamia Syriæ cum Dina, *animæ filiorum et filiarum triginta tres* (vers. 15). Nunquid istæ omnes triginta et tres animæ ex Lia in Mesopotamia Syriæ natæ sunt, dum ibi Jacob non plus [quam] viginti annis cum socero suo moratus est, et septem anni transierunt, antequam Liam uxorem duxisset ? — *Resp.* Ideo [igitur] Scriptura sancta hos omnes in Mesopotamia ortos esse dixit, quoniam eorum patres ibi orti sunt.

Inter. 271. Si sexaginta et sex animæ sunt quæ ingressæ sunt cum Jacob in Ægyptum, et ibi Joseph cum duobus filiis suis inventus est (vers. 26, 27), quomodo septuaginta postea dicuntur esse animæ domus Jacob ? — *Resp.* Ipso patre Jacob, quasi radice, adnumerato septuaginta esse noscuntur.

Inter. 272. Dum hic [in Genesi] legimus septuaginta esse animas domus Jacob, quomodo in Actibus apostolorum (vii, 44) dicitur, in animabus septuaginta quinque descendisse Jacob in Ægyptum ? — *Resp.* Non poterat Lucas [aliquid] contrarium scribere adversus eam Scripturam, quæ jam fuerat gentibus divulgata : et utique majoris opinionis, illo dumtaxat tempore, septuaginta Interpretum habebatur auctoritas, quam Lucas, qui ignotus et vilis, et non magnæ fidei in nationibus ducebatur [*Al.*, erat]. Hoc autem generaliter observandum est quod ubicunque sancti apostoli vel apostolici viri loquuntur ad populos, his plerumque testimoniis abutuntur, quæ jam fuerant in gentibus divulgata ; licet plerique tradunt, Lucam [evangelistam], ut proselytum, Hebræas litteras ignorasse.

Inter. 273. Filii Jacob interrogati quid operis haberent, responderunt : *Pastores ovium sumus, sicut et patres nostri* (*Gen.* xlvii, 3). Quare patriarchas primos, pastores ovium, et non [reges] gentium fuisse legimus ? — *Resp.* Quia sine ulla dubitatione justa servitus, et justa est dominatio, cum pecora homini serviunt, et homo pecoribus dominatur. Sic enim dictum est homini cum crearetur : *Faciamus hominem ad imaginem et similitudinem nostram, et habeat potestatem piscium maris et volatilium cœli, et omnium quæ sunt super terram* (*Gen.* i). Ubi insinuatur rationem debere dominari irrationali vitæ. Servum autem hominem homini vel iniquitas fecit, vel adversitas. Iniquitas quidem, sicut dictum est : *Maledictus Chanaan, erit servus fratribus suis* (*Gen.* ix, 25). Adversitas vero, sicut accidit ipsi Joseph, ut venditus a fratribus servus alienigenæ fieret. Itaque primos servos, quibus hoc nomen in Latina lingua inductum est, bella fecerunt ; cum [*Ms.*, qui] enim homo ab homine superatus, jure belli possit occidi, quia *servatus* est, *servus* est appellatus. Inde et *mancipia*, quia [sunt] *manu capta*.

Inter. 274. Quæ est terra Gersen [*Al.,* Gesen] vel Ramesse ? — *Resp.* Judæi autumant eam, quæ nunc Thebaida appellatur, Ramesse pagum ; Arsenaïem sic olim vocatum putant.

Inter. 275. Quæritur quomodo in terra Ægypti pascua pecoribus inveniri potuerunt, cum ea terra pluviis non irrigatur ; et fratres Joseph ideo terram Chanaan reliquisse [se] dicunt, quod herbas gregibus suis non invenissent (*Gen.* xlvii, 4) ? — *Resp.* Perhibetur ab eis qui loca sciunt, in multis Ægypti paludibus potuisse pascua non deesse, etiam cum fames esset frumentorum ; quæ solent Nili fluminis inundatione provenire. Magis enim dicuntur paludes illæ feraces [*Ms.*, feracius] pascua gignere, quando aqua Nili minus excrescit.

Inter. 276. Quid sibi vult, a tanto viro et tali patriarcha tam sollicita corporis commendatio, ut non in terra Ægypti sepeliatur, sed in terra Chanaan juxta patres suos (*vers.* 30) ? — *Resp.* In his [figuræ] sacramenta tibi quærenda sunt, et [majoris] admirationis gaudium invenies. Cadaveribus quippe mortuorum peccata significari in lege non est dubium. Hinc illa sententia ducta [*Ms.*, dicta] est : *Qui baptizatur a mortuo, et iterum tangit illum, quid proficit lavatio ejus ? sic et qui jejunat super peccata sua et iterum ambulans hæc eadem facit, etc.* (*Eccle.* xxxiv, 30, 31). Sepultura ergo mortuorum remissionem significat peccatorum. Eo pertinet quod dictum est : *Beati quorum remissæ sunt iniquitates et quorum tecta sunt peccata* (*Psal.* xxxi, 1). Ubi ergo sepelienda erant hæc significantia cadavera patriarcharum, nisi in ea terra ubi ille crucifixus est cujus sanguine facta est remissio peccatorum.

Inter. 277. Quid est quod Jacob conversus ad caput lectuli sui oravit Dominum (*Gen.* xlvii, 31) ? — *Resp.*

Scilicet postquam juraverat ei filius [securus] de petitione quam rogaverat, adoravit Deum [*Ms.,* Dominum cœpit adorare] contra caput lectuli sui ; sanctus quippe et Deo obediens [*Ms.*, deditus] vir, oppressus senectute, habebat lectulum ita positum, ut ipse jacens [habitus] absque ulla difficultate ad orationem esset paratus.

Inter. 278. Quid est quod Jacob dicit : *Duo filii tui Effrem et Manasses, sicut Ruben et Simeon erunt mihi* (*Gen.* xlviii, 5) ? — *Resp.* Significat : [sicut] Ruben et Simeon duæ tribus erunt, et suis vocabulis vocabuntur ; sic Effrem et Manasses duæ tribus erunt ; duos quoque populos procreabunt, et [sic] hæreditabunt promissionis terram, sicut et filii mei. Reliquos autem filios, quos post mortem meam genueris, tui erunt : [et] in nomine patrum suorum vocabuntur in hæreditate sua ; [qui] non accipient separatim terram, nec funiculos habebunt proprios, ut reliquæ tribus : In tribu Effrem [*Ms.* Effraim] et Manasse quasi appendices populi commiscebuntur.

Inter. 279. Cur Jacob filio suo Joseph, quasi nescienti, indicare voluit, ubi et quando sepelierit matrem ejus (*vers.* 7) ? — *Resp.* Forte prophetice commemorare voluit, ibi sepultam matrem Joseph, ubi Christus fuerat nasciturus.

Inter. 280. Quæ est pars una quam Jacob dedit Joseph filio suo [extra fratres suos], quam tulisse se de manu Amorrhæorum dicit in gladio et arcu suo (*vers.* 22) ? — *Resp.* Significavit urbem, quæ Hebraice Sichem dicitur, et secundum Græcam et Latinam declinationem Sichima appellatur ; et corrupte a plurimis Sichar nominatur : quæ et [*Al.,* ut] nunc Neapolis urbs Samaritanorum dicitur. Sichem [in] Hebræa lingua transfertur in humerum [*Al.,* numerum], unde Septuaginta [præcipue] interpretati sunt. Quod autem dicit se eam [*Ms.*, jam] in arcu et gladio possedisse, arcum hic et gladium justitiam vocat, per quam meruit, peregrinus et advena, interfecto Sichem et Emor, de periculo liberari. Timuit [enim], quod supra legimus, ne vicina oppida atque castella ab eversionem fœderatæ urbis adversus se consurgerent, et Dominus non dedit eis ut nocerent illi. [Vel certe sic intelligendum : dabo tibi Sichimam, quam in fortitudine mea, hoc est, in pecunia, quam multo labore et sudore quæsivi. Quod autem ait : super fratres tuos, ostendit, absque sorte eam dedisse tribui Joseph, et mausoleum ejus ibi hodieque cernitur.]

DE BENEDICTIONIBUS PATRIARCHARUM.

Inter. 281. Quid intelligendum est de benedictionibus quibus Jacob patriarcha benedixit filios suos : an historice vel allegorice intelligendæ sunt, dum dixit : *Congregamini filii Jacob [audite, Israel, patrem vestrum], ut annuntiem vobis quæ ventura sunt in novissimis diebus* (*Gen.* xlix, 1) ; et videtur ex his verbis magis allegoriam sonare quam historiam ? — *Resp.* Utrumque [vero] et historiam et allegoriam. Historiam, de divisione terræ promissionis, quæ [divisiones] dividendae erant nepotibus illorum. Item allegoriam, de Christo et Ecclesia in novissimis quid futurum [*Ms.*, futuram] temporibus. Sed prius historiae fundamenta ponenda sunt, ut aptius allegoriae culmen priori structurae superponatur.

Ruben primogenitus meus, tu fortitudo mea, principium doloris mei, prior in donis [major imperio], effusus es sicut aqua, non crescas : [quia] ascendisti cubile patris tui, et maculasti stratum ejus (vers. 3, 4). [a] Est autem hic sensus : tu es primogenitus meus, major in libris, et debebas, juxta ordinem nativitatis tuae, haereditatem, quae primogenitis jure debebatur, habere, nempe sacerdotium accipere et regnum [hoc quippe in portando onere [*Al.*, honore] et praevalido robore demonstratur]. Verum quia peccasti, et quasi aqua, [quae] vasculo non tenetur, voluptatis [*Ms.*, voluntatis] effusus es impetu, idcirco praecipio tibi ut ultro non pecces, sisque in fratrum numero poenas peccati lugens [*Al.*, luens], quod primogeniti ordinem perdidisti : [b] principium autem doloris est omnis primogenitus, quia pro eo primum commoventur viscera parentum.

Simeon et Levi fratres, vasa iniquitatis bellantia, in consilium eorum ne veniat anima mea et in coetu illorum non sit gloria mea; quia in furore suo occiderunt [virum] et in voluntate sua suffoderunt murum. Maledictus furor eorum, quia pertinax, et indignatio illorum, quia dura. Dividam eos in Jacob, et dispergam illos in Israel (vers. 5-7). Significat autem non sui fuisse consilii, quod Sichem et Emor **335** foederatos viros interficerent [*Al.*, interfecerunt], et [quia] contra fas, in pacis et amicitiarum tempore sanguinem fuderunt innocentum, et quasi quodam furore sic crudelitate repleti [*Al.*, raptati] muros hospitae urbis everterunt [*Ms.*, everterent] (*Gen.* XXXIV). Unde dicit : *Maledictus furor eorum, quia pertinax* et reliqua. *Et dispergam eos in Israel.* Levi enim haereditatem propriam non accepit, sed in omnibus sceptris paucas urbes ad habitandum [*Edit.*, inhabitandas] habuit. De Simeone vero in libro Jesu (XIX, 1, 2) scriptum est, quod et ipse proprium funiculum non acceperit, sed de tribu Juda quiddam habuerit.

Juda te laudabunt fratres tui, manus tuae in cervicibus inimicorum tuorum : adorabunt te filii patris tui. Catulus leonis Juda, ad praedam, fili mi, ascendisti (*Gen.* XLIX, 8, 9). Sive, ut in Hebraeo scriptum est : *de captivitate, fili mi, ascendisti : requiescens accubuisti ut leo, et quasi leaena quis suscitabit eum?* Quia Juda confessio sive laus interpretatur, recte scribitur : *Juda confitebuntur tibi fratres tui*, vel *laudabunt te.* Et licet de Christo grande sit mysterium, tamen secundum litteram significat quod per stirpem David generantur reges, et quod adorarent eum omnes tribus. Non enim ait, filii matris tuae, sed, *filii patris tui.* Et quod sequitur : *Ad praedam, fili mi, ascendisti,* ostendit eum captivos populos ducturam esse, et juxta intelligentiam sacratiorem, Christum ascendisse in altum, et captivam duxisse captivitatem (*Ephes.* IV, 58); sive, quod melius puto, captivitas passionem ascensus resurrectionem significat. *Alligans ad vineam pullum suum et ad vitem asinam suam* (*Gen.* XLIX, 11). Quod videlicet pullum asinae, cui supersedit Jesus, hoc est, gentilium populum, vineae apostolorum, qui ex Judaeis sunt, copulaverit, et ad vitem, sive, ut in Hebraeo habetur [ad Soreth], id est, electam vitem alligaverit asinam, *cui supersedit*, Ecclesia ex nationibus congregata. Quod autem dicit : *Fili mi;* conversio est ἀποστροφή ad ipsum Judam [*Al.*, conversionem ad Christum de ipso Juda facit], quod Christus haec omnia sit facturus. [c] Quod autem ait : *Non auferetur sceptrum de Juda et dux de femore ejus donec veniat ille, qui mittendus est; et ipse erit exspectatio gentium.* Significat, quod non deficerent principes de tribu Juda, usque ad tempus, quo natus est Christus, qui missus a Patre exspectatio est gentium.

[*Zabulon in littore maris habitabit, et in statione navium, pertingens usque ad Sidonem.*] *Isachar asinus fortis, accubans inter terminos, vidit requiem, quod esset bona, et terram quod optima, et supposuit humerum suum ad portandum, factusque est tributis serviens (vers. 13).* [d] [Quia] supra de Zabulon dixerat: [quod] maris magni littora esset possessurus; Sidonem quoque et reliquas [Phoenices] urbes [contingeret], nunc ad mediterraneam provinciam redit; et Isachar, quae [*Al.*, qui] juxta Nephtalim est pulcherrimam [in Galilaea] regionem possessurus est, benedictione sua habitatorem fecit. Asinum autem osseum vel fortem vocat, et humerum [dicit supposuisse] ad portandum, quia in labore terrae et vehendis ad mare [oneribus], quae in finibus suis nascebantur, plurimum laboraret, regibus quoque tributa comportans. Aiunt Hebraei, per metaphoram significari, quod Scripturas sanctas die ac nocte meditans studium suum dederit ad laborandum, et idcirco ei omnes serviunt, quasi magistro dona portantes.

Dan judicabit populum suum, sicut alia tribus in Israel. Fiat Dan coluber in via, cerastes in semita, mordens ungulas equi, ut cadat ascensor ejus retro (*Gen.* XLIX, 16-18). *Salutare tuum exspectabo, Domine.* Samson judex in Israel de tribu Dan fuit. Hoc ergo nunc dicit videns in spiritu, comam nutrire Samson Nazaraeum, et de caesis hostibus triumphare : quod in similitudinem colubri regulique obsidentis vias, nullum per terram Israel transire permittat; sed etiam si quis temerarius virtute sua, quasi velocitate equi confisus, eam voluerit praedonis more popularii, non illum effugere valebit. Totum autem per metaphoram serpentis et equitis loquitur [*Edit.*, quod loquitur, ad formam serpentis et equi pertinet]. Videns ergo [*Ms.*, autem] tam fortem Nazaraeum tuum, quod ipse propter [*Edit.*, per] meretricem mortuus est, et moriens nostros occidit inimicos, putavi, o Deus! ipsum esse Christum Filium tuum;

---

[a] Ex Hieronymo, lib. Quaest. in Gen.
[b] Sequentia non sunt Hieronymi.

[c] Sequentia non sunt Hieronymi. Hieron. Quaest. in Gen.

verum quia mortuus est, et non resurrexit, et rursum ductus captus est Israel, alius mihi Salvator [*Ed.*, verum, qui mortuus est et resurrexit, ille igitur mihi salvator, etc.] mundi et mei generis præstolandus est, *ut veniat, cui repositum est, et ipse erit exspectatio gentium.*

336 *Gad accinctus prœliabitur ante eum, et ipse accingetur retrorsum,* (vers. 19) significat, quod ante Ruben, et dimidiam tribum Manasse, et filios, quos trans Jordanem [*Ms.*, filios suos trans Jordanem] in possessionem dimiserat, post quatuordecim annos revertens, prælium adversum eos gentium vicinarum grande reperit et victis hostibus fortiter dimicavit. Lege librum Jesu Nave (XIII, 7) et Paralipomenon (I, v, 1, 11).

Nephtalim cervus emissus, dans eloquia pulchritudinis sive *Nephtalim ager irriguus* (*Gen.* XLIX, 21). Utrumque enim significat Hebræum verbum Aiala Selvha [*Edit.*, Silvam]. Significat autem quod aquæ calidæ in ipsa nascuntur tribu, sive quod super lacum Genesar fluenta [*Al.*, fluento] Jordanis esset irriguus. Hebræi autem volunt propter Tiberiadem, quæ legis videbatur habere notitiam, agrum irriguum hic intelligi eloquia pulchritudinis prophetarum [*Ms.*, irriguum et eloquia pulchritudinis prophetari]. Cervus autem emissus temporaneas fruges et velocitatem terræ uberioris ostendit. Sed melius, si ad doctrinam Salvatoris cuncta referamus, quod ibi vel maxime docuerit Salvator, ut in Evangelio quoque scriptum est (*Matth.* IV, 15).

Filius meus accrescens Joseph, filius meus accrescens et decorus aspectu. Filiæ decurrerunt super murum, sed exasperaverunt eum, et jurgati sunt, invidiæque [Ita Ms.; Al. *inviderantque illi*] *habentes jacula. Sedit in forti arcus ejus, et dissoluta sunt vincula brachiorum et manuum ejus per manus potentis Jacob. Inde pastor egressus est, lapis Israel* (*Gen.* XLIX, 22-24). O fili Joseph, qui tam pulcher es, ut te tota de muris et turribus, ac fenestris puellarum Ægypti turba prospectaret [*Ms.*, prospectet]; inviderunt tibi [et te ad iracundiam provocaverunt] fratres tui, habentes livoris sagittas et zeli jaculis vulnerati : verum [tu] arcum tuum et arma pugnandi posuisti in Deo, qui fortis est propugnator ; et vincula tua, quibus te fratres ligaverunt, ab ipso soluta sunt et disrupta. Ut ex tuo semine tribus nascatur Effraim fortis, stabilis, et instar lapidis durioris invicta, imperans [quoque] decem tribubus Israel.

Benjamin lupus rapax, mane comedit prædam et vespere dividet spolia (vers. 27). Quam de Paulo apostolo manifestissima sit prophetia omnibus patet. In adolescentia enim persecutus est Ecclesiam (*Act.* VIII, 3); in senectute prædicator Evangelii factus est (*Gal.* I, 13). Hebræi autem ita dixerunt [*Ms.*, disserunt] : altare in quo immolabantur hostiæ, et victimarum sanguis in basim illius fundebatur, in parte tribus Benjamin fuit [*Al.*, fuisse] : Hoc inquiunt, ergo significat quod sacerdotes immolant mane hostias, ad vesperam dividunt ea, quæ sibi a populo ex lege collecta sunt, lupum sanguinarium, lupum voracem super altaris interpretatione ponentes, et spoliarum divisionem super sacerdotibus, qui servientes altari vivunt de altari [Hucusque ex Hieronymo]. Hæc hactenus [*Ms.*, autem] historice.

Spiritualiter autem [in] Ruben prioris populi Judæorum ostendit personam, cui a Domino per prophetam dicitur : Israel *primogenitus meus* (*Gen.* XLIX, 3). Etenim juxta quod primogenitis debebatur, ipsius erat accipere sacerdotium et regnum. Additur : *Tu virtus mea.* Utique quod huic populo fundamentum fidei ex ipsa virtute Dei [*Ms.*, quia ex ipso populo fundamentum fidei ; ex ipso virtus Dei], qui est Christus, advenit. Quomodo autem ipse sit principium dolorum, nisi dum Patri Deo semper irrogat injurias, convertens ad eum dorsum [et] non faciem? Iste prior in donis, quia ipsi primum credita sunt eloquia Dei, et legislatio, et testamentum [sive promissio]. Iste major imperio, utique pro magnitudine virium, quia copiosius cæteris in hoc sæculo regnavit [*Ed.*, Deum negavit, *mendose*]. Effusus est autem sicut aqua, peccando in Christo, quæ vasculo non tenetur ; voluntatis [*Al.*, voluptatis] effusus est impetu : et idcirco addidit *ultra non crescas.* [Quia peccavit, et Christum negavit], quapropter ipse postquam in universum orbem dispersus est, valde imminutus est. Sed quare talia meruit, ita subjecit : quia ascendisti cubile patris tui, et maculasti stratum ejus ; quando [*Edit.*, quoniam] corpus Dominicum, in quo plenitudo Divinitatis requiescebat, raptum in cruce suspendit, et ferro commaculavit.

Simeon et Levi fratres vasa iniquitatis bellantia (vers. 5). Per Simeonem et Levi scribæ, et Pharisæi, et sacerdotes Judaici populi intelliguntur. De Simeone enim scribæ erant Judæorum ; de tribu vero Levi principes sacerdotum, **337** qui consilium fecerunt, ut Jesum dolo tenerent et occiderent. De quo concilio dicit : *In concilium eorum ne veniat anima mea.* Horrebat enim tot scelera quæ in novissimis temporibus facturi erant Judæi ; quia in furore suo occiderunt virum, id est Christum, de quo dicitur : *Ecce vir oriens nomen ejus* (*Zach.* VI, 12). Et alibi : *Femina circumdabit virum* (*Jer.* XXXI, 22). *Suffoderunt murum,* id est, spiritualem illum fortissimum murum, qui custodit Israelem, lancea confoderunt. *Maledictus furor eorum, quia pertinax.* Utique quando furore accensi in ira obtulerunt Christum Pontio Pilato dicentes : *Crucifige, crucifige eum* (*Joan.* XIX, 6). Et indignatio eorum, [quia] dura. Dum Barabbam latronem peterent, et principem vitæ crucifigendum postularent (*Matth.* XXVII, 21). *Dividam eos in Jacob, et disperdam* [*Ms.*, dispergam] [*illos*] *in Israel,* quia nonnulli ex illis crediderunt, quidam autem in infidelitate permanserunt. Dicuntur enim divisi [hi, qui ab eis] separantur, et veniunt ad fidem ; dispersi autem [*Al.* ergo] sunt, quorum patria et templum subversum est, et per orbem terræ gens incredula [*Ms.*, incredulum genus] spargitur.

Juda te laudabunt fratres tui (*Gen.*, XLIX, 8). Per

hunc Judam verus confessor exprimitur Christus, qui ex ejus tribu secundum carnem est genitus. Ipsum laudant fratres sui, apostoli scilicet et omnes cohæredes ejus, qui per adoptionem Filii Dei Patris et Christi fratres effecti sunt per gratiam, quorum ipse est Dominus per naturam. *Manus tuæ in cervicibus inimicorum tuorum.* Iisdem enim manibus et eodem crucis trophæo et suos texuit, et inimicas adversariasque potestates devicit [*Ms.*, curravit]. Juxta quod et Pater promittit ei dicens : Sede ad dexteram meam, donec ponam inimicos tuos scabellum pedum tuorum. *Adorabunt te filii patris tui,* quoniam multi ex filiis Jacob adorantes [eum] per electionem gratiæ salvi facti sunt. *Catulus leonis Juda* (vers. 9), quoniam nascendo parvulus factus est, sicut scriptum est : *Parvulus natus est nobis. Ad prædam fili mi ascendisti,* id est, ascendens in crucem, captivos populos redemisti [et] quos adversarius [*Ms.*, contrarius] ille invaserat [tu moriens eripuisti. Denique *rediens ab inferis ascendisti*] *in altum, captivam duxisti captivitatem. Requiescens accubuisti ut leo.* Manifestissime Christus accubuit in passione, quando inclinato capite tradidit spiritum, sive quando in sepulcro [securus] velut quodam corporis somno quievit. Sed quare *ut leo* et [*velut*] *catulus leonis?* In somno suo leo fuit, quoniam non necessitate, sed potestate hoc ipsum implevit, sicut ipse dicit : *Nemo tollet a me animam meam, sed ego ponam eam.* Quod vero addidit : *Et ut catulus leonis;* inde enim mortuus est, unde [et] natus. Bene [ergo] Christus ut leo requievit, qui non solum mortis acerbitatem non timuit, sed etiam in ipsa morte mortis imperium vicit. Quod autem dicit : *Quis suscitabit eum?* Quid est aliud nisi quod ipse dicit [*Ms.*, quia nullus, nisi ipse, juxta quod ipse ait] : *Solvite templum hoc, et in triduo suscitabo illud. Non deficiet dux de Juda* [et reliqua]. (vers. 10). Hoc manifestissime ad Judam refertur. Diu enim fuit ex semine illius intemerata apud Judæos successio regni, donec Christus nasceretur : et hoc supra diximus. *Alligans ad vineam pullum suum* (vers. 11). Pullus suus, populus est ex gentibus, cui adhuc nunquam fuerat onus legis impositum. Hunc alligaverunt apostoli, qui ex Judæis sunt, ad vineam de qua dicitur : *Vinea Domini Sabaoth* [*Al.*, copulavit ad vineam, ad apostolos scilicet, qui ex Judæis sunt. Nam vinea Domini Sabaoth domus Israel est] : *Et ad vitem,* quæ dicit : *Ego sum vitis vera.* Ad hanc ergo vitem alligat asinam suam, hoc est synagogam gravidam [*Ms.*, tardigradam scilicet] et gravi legis pondere depressam. *Lavit in vino stolam suam.* [Sive] carnem suam in sanguine passionis; sive sanctam Ecclesiam illo vino, quod pro multis effunditur in remissionem peccatorum. *Et in sanguine uvæ pallium suum.* Pallium, gentes sunt, quas corpori suo junxit, sicut scriptum est : *Vivo ego, dicit Dominus, nisi hos omnes induam sicut vestimentum. Pulchriores oculi ejus vino* (vers. 12). Oculi Christi apostoli sunt et Evangelistæ, qui lumen scientiæ Ecclesiæ præstant

A quorum præcepta [*Al.*, scripta] austeritatem vini priscæ legis superant, quia longe leviora sunt. *Et dentes lacte candidiores.* Dentes præceptores sunt sancti, qui præcidunt ab erroribus homines, et eos quasi comedendo in Christi corpus transmittunt. Candidiores autem effecti sunt doctores ecclesiæ lacte veteris legis.

Zabulon in littore maris, et in statione navium habitat [*Ms.*, *habitabit*] (vers. 13). Zabulon interpretatur habitaculum pulchritudinis [*Al.*, fortitudinis], et Ecclesiam significat, quæ in littore maris habitat, [et] in statione navium, ut credentibus refugium [sit], et periclitantibus demonstret fidei portum. Hæc contra omnes turbines sæculi inconcussa firmitate solida exspectat naufragium Judæorum, et hæreticorum procellas, qui circumferuntur omni vento doctrinæ, quorum etsi tunditur fluctibus, non tamen frangitur. *Pertendit autem usque ad Sidonem,* hoc est, usque ad gentes ; legitur etiam in Evangelio, inde assumptos esse aliquos apostolos ; in ipsis locis Dominum sæpe docuisse, sicut scriptum est : *Terra Zabulon, et terra Nephtalim, populus qui sedebat in tenebris, vidit lucem magnam.* (Matth. iv, 16; Isai. ix, 1, 2). Sidon interpretatur venator vel venatrix. Venatores vero qui sunt, nisi apostoli? qui, ut supra diximus, ex illis locis assumpti sunt ; de quibus dicitur : *Mittam venatores multos, et venabuntur vos in omni monte* [Al., *loco*] (Jer. xvi, 16).

Isachar asinus fortis (Gen. xlix, 14, 15). Isachar quod interpretatur merces, refertur ad populum gentium, quem Dominus pretio sanguinis sui mercatus est. Hic Isachar asinus fortis scribitur, quia prius populus gentilis, quasi brutum et luxuriosum animal [egerat] nullaque ratione subsistens ; nunc vero fortis Redemptoris dominio collum submittens ad jugum disciplinæ Evangelicæ pervenit [*Al.*, sed postmodum jugum... libenter portavit]. *Hic accubans inter terminos vidit requiem, quod esset bona; et terram, quod optima.* Inter terminos [autem] accubare, est præstolato mundi fine requiescere, nihilque eorum, quæ versantur in medio, quærere, sed ultima desiderare. Et fortis asinus requiem et terram optimam videt, cum simplex gentilitas [idcirco] se ad robur boni operis erigit [quia] ad æternæ vitæ præmium tendit. Unde etiam *apponit humerum suum ad portandum,* quia dum ad promissam requiem pervenire desiderat, cuncta mandatorum onera libenter portat. Unde *factus est tributis serviens,* hoc est, regi Christo suo fidei dona et operum bonorum offerens munera.

Dan judicabit populum suum, sicut aliæ tribus Israel. Fiat Dan coluber in via, cerastes in semita, [et reliqua] (vers. 16). Dicunt quidam Antichristum per hæc verba prædici de tribu Dan futurum, pro eo, quod hoc loco Dan et coluber asseritur et mordens. Unde inter tribus Israel primus Dan ad Aquilonem castra metatus est, illum significans, qui se in lateribus Aquilonis sedere dicit, et de quo figuraliter propheta dicit : *A Dan auditus est fremitus equorum ejus* (Jer. viii,

16); qui non solum coluber, sed etiam cerastes, sive cornutus vocatur. Cerás enim Græce cornu dicitur esse [*Al.*, κεράτα..... cornua dicuntur]. Unde serpens ille cornutus esse perhibetur, per quem digne Antichristus asseritur, qui contra vitam fidelium cum morsu pestiferæ prædicationis armabitur etiam cornibus potestatis [*Edit.*, et etiam cornibus contra potestates]. Quis autem nescit semitam angustiorem esse, quam viam? Fit ergo coluber in via, quia in præsentis vitæ latitudine eos ambulare provocat, quibus quasi parcendo blanditur. Sed mordet, cum eos quibus libertatem tribuit, erroris sui veneno consumit. Fit iterum cerastes in semita, quia quos fideles reperit, et sese inter angusta itinera præcepti cœlestis constringere videt, non solum nequitia callidæ persuasionis impetit, verum etiam terrore potestatis perimit [*Al.*, premit], [et] in persecutionis angore, post beneficia ficta [*Ms.*, fictæ] dulcedinis, exercet cornua potestatis. [In quo loco] equus [iste] hunc mundum insinuat, qui [*Ms.*, quod] per elationem suam in cursu labentium temporum spumat. Et quia Antichristus extrema mundi apprehendet [*Ms.*, apprehendere nititur], cerastes ille equi ungulas mordere perhibetur. Equi enim ungulas mordere est extrema sæculi [feriendo] contingere. Ut cadat ascensor ejus retro. Ascensor hujus equi est, quisquis iniquitatibus mundi [hujus] extollitur, unde et retro cadere dicitur.

Hæc commentatiuncula inter Opera S. Aug. Edit. Bened. S. Mauri tom. III, Append. pag. 28, ita finitur.

Ut cadat ascensor ejus retro. Plebs infidelis Judæa, erroris suis laqueis capta pro Christo Antichristum exspectat. Bene Jacob eodem loco repente in electorum vocem conversus est dicens : *Salutare tuum exspectabo, Domine* (vers. 18). Id est, non sicut infideles, Antichristum, sed eum, qui in redemptionem nostram venturus est, verum credo fideliter Christum. Amen.

339 DICTA BEATI ALBINI LEVITÆ

Super illud Geneseos : *Faciamus hominem ad imaginem et similitudinem nostram* (Gen. I, 26).

MONITUM PRÆVIUM.

Hanc commentatiunculam in ms. cod. J. Sirmundi sub priori titulo repertam Quæstionibus in Genesin subjunxit cl. Quercetanus. Edita jam olim fuerat inter Opera sancti Ambrosii sub hoc titulo : *De dignitate conditionis humanæ libellus*. Et sancti Augustini, cum hac inscriptione : *De creatione primi hominis*. Habetur nunc in Ambros. et Aug. Opp. Append. Nos illam invenimus in codd. mss: Salisburgensi, Frisingensi et S. Emmerami, absque titulo quidem auctoris, attamen inter alia Alcuini opuscula comprehensam. In eodem cod. Salisb., n. 67 notato, habetur simul opusculum in quo tractatur *de operibus sex dierum et aliis juxta disputationem puerorum, cum interrogationibus et responsionibus*. Ibi agitur de natura hominis, atque illud Gen. I, 26, *Faciamus hominem*, etc., dialogice examinatur, responsiones vero redduntur per eadem verba quæ in hac, quam præ oculis habes, commentatiuncula uno contextu leguntur. Incertum sane utrum hæc verba prius, quod pronum est credere, dialogice disposita; postea per modum unius dissertationis inde avulsa fuerint; utrum vero prius uno contextu prolata, deinde ampliori dialogo incerta. Persuasum tamen mihi habeo, beatum Alcuinum non tantum hujusce commentatiunculæ, sed etiam integri illius dialogi, seu disputationis puerorum verum esse auctorem. Illam tamen dabimus inter opuscula dubia, ubi videas monitum prævium.

Tanta [*Edit.*, tota] dignitas humanæ conditionis esse cognoscitur, ut non solo jubentis sermone, sicut alia sex dierum opera, sed consilio sanctæ Trinitatis et opere majestatis divinæ creatus est [*Al.*, sit] homo; ut ex primæ conditionis honore intelligeret, quantum deberet suo Conditori, dum tantum in conditione mox dignitatis privilegium præstitit ei Conditor, ut tanto ardentius amaret Conditorem, quanto mirabilius se ab eo esse conditum intelligeret. Nec ob hoc solum quod consilio sanctæ Trinitatis sic excellenter a Conditore conditus est, sed etiam quod ad imaginem et similitudinem suam ipse Creator omnium eum creavit, quod nulli alii ex creaturis donavit. Quæ imago diligentius ex interioris hominis nobilitate est consideranda. Primo quidem, ut sicuti Deus unus semper ubique totus est, omnia vivificans, movens et gubernans, sicut apostolus confirmat, quod *in eo vivimus, et movemur, et sumus* (Act. xvii, 28); sic et anima in suo corpore ubique tota viget, vivificans illud, movens et gubernans. Nec enim in majoribus corporis sui membris major est, et in minoribus minor; sed in minimis tota et in maximis tota. Et hæc est imago unitatis Dei omnipotentis, quam anima habet in se. Quæ quoque quamdam sanctæ Trinitatis habet imaginem. Primo in eo quia, sicut Deus est, vivit et sapit; ita anima secundum suum modum est, vivit et sapit. Est quoque et alia Trinitas in ea, qua ad imaginem sui Conditoris, perfectæ quidem et summæ Trinitatis, quæ [est] in Patre, et Filio, et Spiritu sancto [*Al.*, quæ ex Patre, et Filio, et Spiritu sancto], condita est. Et licet unius sit illa naturæ, tres [tamen] in se dignitates habet, id est, intellectum, voluntatem et memoriam. Quod idem, licet aliis verbis, in Evangelio designatur, cum dicitur : *Diliges Dominum Deum tuum ex toto corde tuo, et ex tota anima tua, et ex tota mente tua* (Matth. xxii, 37); id est, et ex toto intellectu, et ex tota voluntate, et ex tota memoria. Jam [*Ms.*, Nam] sicut ex Patre generatur Filius, ex Patre Filioque procedit Spiritus sanctus; ita ex intellectu generatur voluntas, ex his item ambobus procedit memoria, sicut facile [a sapiente quolibet] intelligi potest. Nec enim anima perfecta potest esse sine his tribus, nec horum trium unum aliquod, quantum ad suam pertinet beatitudinem, sine aliis duobus integrum constat. Et sicut Deus Pater, Deus Filius, Deus Spiritus sanctus est, non tamen tres dii sunt, sed unus Deus tres habens personas; ita et anima intellectus, anima voluntas, anima memoria; non tamen animæ tres in uno corpore, sed una anima tres habens dignitates; **340** atque in his tribus ejus imaginem mirabiliter gerit in sua natura noster interior homo : ex quibus quasi excellentioribus animæ dignitatibus jubemur diligere Conditorem, ut quantum intelligatur, diligatur [*Al.*, intelligitur..... diligitur]; et quantum diligatur, semper in memoria habeatur. Nec solus sufficit de eo intellectus, nisi fiat in amore ejus voluntas : imo nec hæc duo sufficiunt, nisi memoria addatur, qua semper in mente intelligentis et diligentis maneat Deus; ut sicut nullum potest esse momentum, quo homo [non] utatur, vel fruatur Dei bonitate et misericordia; ita nullum debeat esse momentum, quo præsentem eum non habeat in memoria. Et hæc *de imagine* habeto.

Hoc vero nunc *de similitudine* aliqua intellige, quæ in moribus [*Al.*, minoribus] cernenda est : ut sicut Deus Creator, qui hominem ad similitudinem suam creavit, est charitas, est bonus et justus, patiens atque mitis, mundus, misericors, et cætera virtutum sanctarum insignia quæ de eo leguntur : ita homo creatus est ut charitatem haberet, ut bonus esset et justus, patiens atque mitis, mundus et misericors foret. Quas virtutes quanto plus quisque in seipso habet, tanto propius est Deo, et majorem sui Conditoris gerit similitudinem. Si vero, quod absit, aliquis per devia vitiorum et divortia criminum ab hac nobilissima sui Conditoris similitudine degener aberret, tunc fiet de eo quod scriptum est : *Et homo, cum in honore esset non intellexit, comparatus est jumentis insipientibus et similis factus est illis* (*Psal.* XLVIII, 13). Qui major honor potuit homini esse, quam ut ad similitudinem sui Factoris conderetur, et eisdem virtutum vestimentis ornaretur, quibus Conditor, de quo legitur : *Dominus regnavit, decore indutus* (*Psal.* XCII, 1), id est, omnium virtutum splendore et totius bonitatis decore ornatus? Vel quod majus homini potest esse dedecus, aut infelicior miseria, quam ut hac similitudinis gloria sui Conditoris amissa, ad informem et ad irrationabilem brutorum jumentorum dilaberetur similitudinem? Eapropter quisque diligentius attendat primæ conditionis suæ excellentiam, et venerandam sanctæ Trinitatis in seipso imaginem agnoscat, honoremque similitudinis divinæ, ad quem creatus est, nobilitate morum, exercitio virtutum, dignitate meritorum habere contendat : ut quando appareat qualis sit, tunc similis ei appareat qui se mirabiliter ad similitudinem suam in primo Adam condidit, mirabiliusque in [secundo *Edit.*, *mendose*, sæculo] reformavit.

DE DECEM VERBIS LEGIS SEU BREVIS EXPOSITIO DECALOGI.

MONITUM PRÆVIUM.

Hanc brevissimam Decalogi expositionem D. Lucas d'Acheri e cod. ms. S. Germani a Pratis cum aliis duabus epistolis B. Alcuini : *De comparatione Veteris ac Novi Testamenti*, et : *De tribus generibus visionum* (Vid. epist. 203 et 204), edidit tom. III Spicil., pag. 321. Unde illam huc transcripsimus ; tum , quod forma epistolari careat; tum, quod materia cum Quæstionibus in Genesin connexa sit.

Dat igitur Dominus Moysi legem innocentiæ nostræ et cognitionis suæ, eamdemque in decem verba constituit, et saxeis tabulis digito suo scripsit. Et hæc quidem præcepta ita sunt distributa, ut tria pertineant ad dilectionem divinæ Trinitatis; septem vero ad amorem fraternum, quibus societas humana non læditur. Primum Decalogi mandatum ad Deum Patrem pertinet, dum dicit : *Dominus Deus tuus Deus unus est* (*Exod.* XX, *Deut.* V). Utique ut hæc audiens unum Deum Patrem colas, et in multos Deos fornicationem tuam non effundas. Secundum præceptum pertinet ad Filium, dum dicit : *Non assumes nomen Domini tui in vanum,* id est, ne æstimes creaturam esse filium Dei, quoniam omnis **341** creatura vanitati subjecta est; sed credas eum æqualem esse Patri, Deum deorum, Verbum apud Deum, per quem omnia facta sunt. Tertium mandatum de sabbato ad Spiritum sanctum pertinet, cujus donum requies nobis sempiterna promittitur. Nam quia Spiritus sanctus dicitur, propterea et septimum diem sanctificavit Deus : in aliis enim diebus, operum non est nominata sanctificatio, nisi in sabbato, ubi dicitur : *Requievit Deus.* Proinde igitur hoc mandatum pertinet ad Spiritum sanctum, tam propter nomen sanctificationis, quam etiam propter æternam requiem, ad donum sancti Spiritus pertinentem. Dicitur enim ibi : *Memento, ut diem sabbati sanctifices. Sex diebus operaberis, et facies omnia opera tua. Septimus autem dies sabbatum est Domini Dei tui, non facies omne opus in eo* (*Exod.* XX, 10). In sex dierum opere sex millium annorum operatio continetur : in septimi vero requie, beati illius regni tempus ostenditur, quod carnaliter Judæi celebrantes exspectant. Et hoc ne nos ad fidem mendacii fallentes aptemus, clamat per prophetam Deus : *Neomenias et sabbata vestra odivit anima mea* (*Isai.* I, 13). Quomodo ergo sanctificata sunt vel erunt sabbata illa quæ odivit Deus? Ergo sabbatum est sanctificatum, ubi post bona vitæ hujus opera requies nobis æterna promittitur. Ideoque quidquid agimus, si propter futuri sæculi requiem agimus, veraciter sabbatum observamus.

Post hæc tria præcepta septenarius succedit numerus mandatorum, ad dilectionem proximi pertinens, et incipit ab honore parentum, dum dicitur : *Honora patrem tuum et matrem tuam* (*Exod.* XX, 12); quod in ordine quartum est. A parentibus enim suis homo aperit oculos, et hæc vita ab eorum dilectione sumit exordium. Inde hoc mandatum primum est, sicut et Dominus in Evangelio dicit : *Honora patrem tuum et matrem tuam, quod est mandatum primum.* (Matth. xv, 4; Ephes. vi, 2). Sed quomodo primum, nisi sicut prædictum est in septenario numero, quia pertinet ad dilectionem proximi, primum est in altera tabula. Nam idcirco duæ tabulæ legis datæ sunt. Jubetur ergo in hoc præcepto filiis honorare parentes, neque contumeliosos aut protervos illis existere, sed officio pietatis et humanitatis debitam reverentiam præstare. Nam qui parentibus honorem differt, quibus parcere poterit, qui suos odit? Quintum : *Non mœchaberis* (Exod. xx, 14), id est ne quisquam præter matrimonii fœdus aliis feminabus misceatur ad explendam libidinem. Nam specialiter adulterium facit, qui præter suam ad alteram accedit. [a] Sextum : *Non occides.* Etenim non solum opere perpetrans homicidium facit, sed etiam qui incurrit in eum esurientem vel nudum, qui mori possit, nisi indumentum, cibumque porrigendo subveniat, et ideo homicidii reus habebitur. Septimum, *non furtum facies* (vers. 15), quod est vitium rapacitatis. Octavum : *falsum testimonium non dices* (vers. 16), quod est crimen mendacii, et falsitatis. Nonum : *Non concupisces uxorem proximi tui* (vers. 17). In hoc præcepto vetat intentionem adulterinæ cogitationis. Nam aliud est facere aliquid tale præter uxorem, aliud non appetere alienam uxorem; ideo duo præcepta sunt : *Non mœchaberis,* et *non concupisces uxorem proximi tui.* Decimum : *Non concupisces rem proximi tui.* In quo præcepto damnat ambitionem sæculi, et refrenat concupiscentiam rerum. Itaque horum primum prohibet superstitionem, secundum errorem, tertium sæculi amorem, quartum impietatem, quintum allidit fornicationem, sextum crudelitatem, septimum rapacitatem, octavum perimit falsitatem, nonum adulterii cogitationem, decimum cupiditatem. Et notandum quia sicut decem plagis percutiuntur Ægyptii, sic decem præcepta conscribuntur tabulæ, quibus regitur populus Dei, et dæmones occiduntur.

---

[a] Quintum debuit dicere, sicut prius sextum.

OPUSCULUM SECUNDUM.

342 ENCHIRIDION

SEU

EXPOSITIO PIA AC BREVIS IN PSALMOS POENITENTIALES, IN PSALMUM CXVIII ET GRADUALES.

MONITUM PRÆVIUM.

Triplex hoc opusculum scribendi occasionem Alcuino præbuit frequens cum Arnone archiepiscopo Salisburgensi, dilecto suo Aquila collatio de divinis Scripturis. Cum enim de septem psalmis pœnitentialibus, de psalmo cxviii et de quindecim psalmis Gradualibus, quorum semper celebris in ecclesiastico officio usus fuit, colloquerentur, Arno flagitavit ut Alcuinus de iisdem *breves expositiunculas, quasi quoddam Enchiridion, id est, manualem librum* conficeret, prout ex epistola dedicatoria, statim subjicienda, cognoscitur. Consensit Alcuinus, et hasce Expositiones postea ad Arnonem per Fredegisum direxit, una cum aliis quibusdam libellis qui recensentur in epistola 117 (nunc 153,) ad eumdem Arnonem.

Porro Enchiridion istud prima vice, quantum quidem deprehendere potuimus, typorum beneficio prodiit Parisiis anno 1547 in-8°, apud Nicolaum le Riche, seu Divitem. Post annos vero octo, hoc est anno 1555 inter Orthodoxographos Theologos seu sacrosanctos ac sincerioris fidei doctores, Basileæ editos, pag. 1085-1122, locum meruit. Rursus in prædicta urbe Parisiensi commentarius in psalmos pœnitentiales, si Guil. Croweo, in Elencho Script., pag. 41, fides est, separatim et absque reliquis duobus Commentariis prodiit anno 1568 in-8°. Ant. Possevinus tamen in Apparatu sacro, tom. I, pag. 35, eidem editioni adjungit etiam commentarium in psal. cxviii atque expositionem illius Cant. Sexaginta reginæ, etc., prout narrat auctor Hist. Lit. Galliæ, tom. IV, pag. 304. Cl. Quercetanus integrum opusculum ex editione Nicolai Divitis transcripsit.

In omnibus his editionibus desideratur præfatio, seu epistola, qua Alcuinus præsens opusculum Arnoni inscripsit, quæ primo edita fuit a viro celeberrimo D. Luca d'Acheri anno 1669, Spicil. tom. IX, pag. 111, 116, veteris, seu tom. III, pag. 523, novæ editionis. Nos eamdem reperimus in duobus codd. mss., uno bibl. illustrissimi capituli ecclesiæ metropoliticæ Salisburgensis, altero bibl. S. Emmerami. In quibus simul triplex hic commentarius continetur, quibuscum edita contulimus locisque plurimis emendavimus.

In cod. S. Emmerami expositioni gradualium psalmorum annexi sunt versus, seu rhythmi latini ex initiis singulorum prædictorum psalmorum compositi, qui etiam in quodam ms. cod. bibl. monasterii celeberrimi divitis Augiæ reperiuntur quos mecum cl. D. P. Bernardus. Liebherr, tunc insigni bibliothecæ præfectus communicavit, brevi ante tristem migrationem veterum inquilinorum. Horum rhythmorum sub nomine *hymni,* meminit Alcuinus in cit. epist. 117 (nunc 153), ad eumdem Arnonem archiepiscopum scripta his verbis : *Est in eo* (manuali libello ad Arnonem misso) *hymnus vetus de* xv *psalmis graduum.* Dum veterem appellat, simul non se, sed alium aliquem illius hymni auctorem esse insinuat.

[a] PRÆFATIO.

Sanctissimo Patri et summo pontifici Arnoni epised minus accurate, ut deprehendit Baluzius ex apographo Jacobi Sirmondi ex eodem codice desumpto, cujus ope haud pauca emendavimus, quæ profecto

---

[a] In Spicil. d'Acherii loc. cit, hæc nota legitur : « Præfationem hanc sane luculentam e ms. codice S. Claudii descripserat Petrus Franc. Chifflet S. J.,

scopo humilis levita Alcuinus [*Al.*, Archoinus, *mendose*] salutem.

Dum vestram, venerande Pater, sanctissimam voluntatem catholicæ fidei fervore fulgentem, et sanctæ charitatis a Deo donis abundantem agnovi, ita, ut me, minimum divinæ Scripturæ vernaculum, de multis ecclesiasticæ dignitatis consuetudinibus quasi Patrem consulere voluistis; ne forsitan aliquid vestræ prudentiæ incognitum remaneret, quid, a quibus Patribus, de **343** qualibet re sancitum esset. Proinde subito sermo inter nos habitus *de pœnitentiæ psalmis*; qui essent, vel qualiter intelligendi, vel usitandi fuissent, inquirebat; quos septem esse ex venerabilium Patrum discretione mox inventum est: Nec non unde *psalmus centesimus decimus octavus* tam celebri laude; vel, cur tam perpetua consuetudine canonicis horis decantari solitus sit: aut unde *psalmi graduum* dicerentur, quorum quindecim esse nemini, librum lectitanti [a] Psalmorum, dubium esse reor. De quibus vestræ sagacissimæ sanctitati breves expositiunculas quasi quoddam Enchiridion, id est manualem librum, fieri flagitastis [*Al.* flagitatis]. Cui petitioni [*Al.*, qua petitione] almitatis vestræ libens annui, arreptisque sanctorum Patrum tractatibus, qui copiose de singulis in Psalmorum libro versibus scrutati sunt; quatenus de his quoque, quid dicerent, adnotarem, floresque colligerem dulcissimos ad vestræ voluntatis satisfaciendum desiderio.

Sed primo omnium numerorum eruendas rationes ratum putavi, id est, cur etiam psalmi pœnitentiæ septenario numero consecrati essent? aut quare centesimus decimus octavus viginti duabus periodis divideretur, quorum singuli octo haberent versus? Aut quid rationis sit, quindecim esse psalmos, qui cantico graduum titulo præsignarentur? Notissimum quippe est, in sancta Scriptura magnam habere perfectionem septenarium in significatione ubique numerum, vel ex eo maxime, quod sancti Spiritus dona, prophetali definitione, in Christo esse, ab Isaia summo prophetarum dictum [*Ms.*, prædictum] est, ubi idem secretorum Domini conscius ait: *Egredietur virga de radice Jesse, et flos de radice ejus ascendet: et requiescet super eum spiritus Domini, spiritus sapientiæ et intellectus, spiritus consilii et fortitudinis, spiritus scientiæ et pietatis, et replebit eum spiritus timoris Domini* (*Isai.* xi, 2). Ipse quoque Dominus septem nos petitionibus informare voluit (*Matth.* vi, 9); et in Apocalypsi Joannis (i, 4, 13, 16) septem candelabra vidisse; septemque stellas, ac septem se scripsisse Ecclesiis testatur, et multa alia sparsim in divinis reperiuntur libris, quæ septenarii numeri perfectionem adnotare esset inutilissimum. In eo codice hæc scripta erant: *Voto bonæ memoriæ Mannonis liber ad sepulcrum S. Augendi oblatus.* » Fuit ergo liber iste monasterii S. Augendi vulgo Eugendi in Jurensibus locis, quod modo S. Claudii dicitur et quidem oblatus a Mannone, ejusdem cœnobii præposito, ait Mabill. Annal. tom. II, lih. xxxii, pag. 629.

[a] *Lectitanti* apud Acherium habetur: *Librum delictante*, quod portentum Acherium (inquit novissimus Spicilegii editor) ita terruit, ut in ejus locum puncta ediderit, quibus indicaret hic nonnihil esse

nem ostendunt. Unde est et illud Salomonis: *Sapientia ædificavit sibi domum, excidit columnas septem* (*Prov.* ix, 1), quæ longiorem poscunt sermonem; si tamen est nostri temporis quis idoneus, universa ejusdem numeri explanare mysteria: qui etiam in principio creaturarum ipsius Creatoris requie consecratus est, et nunc ordo sæculorum per eumdem numerum decurrere constat; qui etiam, si in duo dividitur membra majoris portionis habitudinis suæ, id est in tres et quatuor, mirabile universitatis habet arcanum. Nam in tribus sancta Trinitas creatrix omnium quæ sunt, designatur; et in quatuor scilicet, universitas demonstratur creaturarum; seu ob quatuor mundi plagas; sive propter quatuor elementorum originem; aut etiam temporum distributionem, quæ quadrifarie currere noscuntur: quocirca propter perfectam remissionem peccatorum, quam in baptismo accepimus, vel etiam lacrymis confessionis, et pœnitentiæ, psalmi pœnitentiales septenario numero consecrantur: Sic etiam et psalmi novissimi in Psalterio, in laudem Domini Dei æterni, eadem perfectionis regula septenario numero dedicantur. Psalmus siquidem centesimus atque octavus decimus, cui ad probationem [*Ms.*, purgationem] animæ, inhærendo sacris orationibus Deo, nullus æquiparari posse putatur, juxta alphabetum Hebraicæ linguæ compositus est, qui secundum numerum litterarum ejusdem linguæ viginti duobus periodis constare videtur: quorum quisque octo versus habet, semper secundum ordinem alphabeti ab eadem incipientes littera, fortassis propter evangelicas octo beatitudines, in quibus legalium constat esse perfectio præceptorum: sive propter octavam circumcisionis diem, quæ in novo homine exspoliationem carnalium designat voluptatum: cujus psalmi versus sunt simul aggregati bis lxxxviii, quasi per decem legalia præcepta ad octo evangelicæ perfectionis beatitudines ascensus patesceret. Unde mihi modo locus esset idoneus disputandi de mirabili numerorum congruentia cum salutis nostræ mysteriis, si alibi oratio non infelicideret.

344 Similiter vero et de psalmis graduum quindecim pulcherrimus ascensionis ordo designatur usque ad cœnaculum, in quo Spiritus sanctus in igneis linguis cum flammatu [*Ms.*, flatu] vehementi super nomina virorum centum viginti venerat. Ergo si computare [b] incipies singulos numeros ab uno usque ad quindecim, et omnem summam eorum in unum congregabis cumulum, centum viginti reperies, id est, de ter quinis ter quadragenos nasci; numerum videlicet, in quo Moyses jejunando legem mevitii. Idem vero editor ille existimat, loco *delictante* legendum esse *delectanti*, eodem nihilorum sensu quo verbum *delectare* accipitur in narratione Transl. corporum SS. Ragnoberti et Zenonis cap. 5, tom. II, Spicil. In utroque codice Salisburgensi et San-Emmeramensi habetur, *Lectitantem*, quod dubium nullum relinquit legendum esse *Lectitanti*.

[b] Sic restituit ex ingenio Baluzius: nam in cod. S. Claudii, perinde ac in priori editione, legebatur, *sicut putari*.

ruit recipere, vel Elias prophetali spiritu exaltatus est; vel etiam ipse Dominus noster Jesus Christus post jejunium quadraginta dierum tentatorem gloriose vicit malignum.

His omnibus consideratis, quanta sit numerorum excellentia in divinis Scripturis, et quam necessarium sit eas legentibus illorum nosse scientiam, perspicue patet : per quos etiam sæculorum ordo decurrit, et nostræ vitæ ratio constat. Unde in sancta Scriptura legitur, Dominum Creatorem omnia in numero, pondere, et mensura fecisse (*Sap.* xi, 21). Quocirca fas esse videtur, sanctam auctoritatem vestram juvenes exhortari ingeniosos, in talibus se exercere studiis discant ferventia ætatis ingenio [*Ms.*, ferventi ætatis ingenio], ut habeant maturo annorum tempore quid doceant discipulos suos; quatenus vestra sanctitate diligenter prædicante plurimi erudiantur in lege Domini. Sacerdotis quippe est ex alto culminis fastigio prædicare [*Ms.*, prævidere] quid cui conveniat personæ, quibus pascuis nutriat gregem sibi commissum, ne forte quælibet ex grege ovicula errans, pastoris negligentia lupinis pateat morsibus. Unusquisque equidem doctor rationem acceptæ pecuniæ redditurus est domino suo, nec parvum sibi quislibet pastor fingat in animo imminere periculum, multa millia animarum in rationem animæ suscepisse suæ : laboret studiose in domo Dei doctor bonus, ut mereatur gloriose coronari in regno Dei : tempus itaque laboris transiet cito, beatæ vero retributionis nunquam finietur. Si enim feliciter vivere quæramus, illuc animo tendamus ubi vera est felicitas, ad quam non nisi charitate suffultus, nemo pervenire poterit, quæ nos de terrenis tollat ad cœlestia. Nihil sæpius in hac vita nostræ peregrinationis animo meditemur, nisi qualiter Redemptori et Judici nostro placeamus, scientes quod hic semper non erimus, sed in alia quadam vita semper erimus. Quam miser est, qui de hujus mortalitatis labore, in majorem mortalitatis [*Ms.*, inmortalitatis] perveniet laborem; et quam felix est, qui de hoc labore transiet in requiem, cujus nullus erit unquam finis. Proinde non transitorias amemus divitias, sed semper manentes. Dominus Jesus non nobis promisit honores transeuntes, sed perpetuos; non gloriam terrenam, sed cœlestem; non hic longævitatem vitæ, ubi peccato nascimur, labore vivimus, dolore morimur; sed in beatitudine perpetua [*Al.*, perfecta] æternam nobis promisit vitam; et non perituras spopondit divitias, sed semper manentes : hujus vero sæculi divitiæ bonis malisque communes esse videntur, quibus boni bene utuntur ad augmentum salutis sibi sempiternæ, mali vero male utuntur eis ad perditionem sui. Illud vero promisit Dominus Deus charitate ferventibus, quo nihil beatius esse poterit, id est, perpetuam suæ beatitudinis visionem, ad quam mundato corde festinandum est; sicut ipsa Veritas ait : *Beati mundo corde, quoniam ipsi Deum videbunt* (*Matth.* ix, 8).

[a] In cod. quo Acherius usus est, vox *felix*, hic uncis inclusa, fuit omissa, et in fine, pro versu com-

Mundi sunt videlicet corde, quos nulla cujuslibet malitiæ macula conturbat, qui casta mente Deum laudare cœlestibus hymnis assuescunt. Hi angelicam in terris agunt vitam, qui in Dei laudibus lætantur, et psalmodiæ puro corde delectantur. Nullus mortalium virtutem psalmorum pleniter explicare poterit. In his confessiones peccatorum; in his pœnitentiales lacrymæ excitantur; in his compunctio cordis renovatur, nam totus Psalmorum liber cœlestibus redolet mysteriis, spiritualibus abundat præceptis, divinis repletus est laudibus. Quicunque psalmos intenta mente decantare, et scrutari didicit, inveniet in eis omnem salutis nostræ dispensationem prædictam, miras cœlestium jucunditates gaudiorum.

3425 Proinde, sanctissime Pater, hortare fratres sanctos, eorum diligenter discutere [*Ms.*; discere] sensus; ut sciant et intelligant corde quid ore et lingua resonent, apostolico imbuti exemplo, qui de seipso dixisse legitur : *Psallam spiritu*, *psallam et mente : orabo spiritu, orabo et mente* (*I Cor.* xiv, 15). Verba siquidem cantantis mens meditetur intelligentis [*Edit.*, intelligentes], quia Domino patescunt cogitationes singulorum, qui cor contritum et humiliatum in prece ad se clamantium non spernit. Siquidem [*Ms.*, sicut] quidam sapientium ait [humiliati preces cœlum ascendunt]. Humilitate et misericordia Christi salvati sumus, qui ait : *Discite a me quia mitis sum et humilis corde, et invenietis requiem animabus vestris* (*Matth.* xi, 29). Qui misericordiam facit, misereibtur illius Deus; ipso Domino dicente : *Estote misericordes; sicut et Pater vester cœlestis misericors est* (*Luc.* vi, 36). Imago Dei, ad quam reformamur in mente, in misericordiæ maxime stat operibus, pro quibus sanctis et justis regnum promittitur æternum, dum discernentur agni ab hædis, ad audiendam vocem desiderabilem summi Regis et Judicis in sede paternæ majestatis sedentis : *Venite, benedicti Patris mei, percipite regnum quod vobis paratum est ab origine mundi* (*Matth.* xxv, 34).

Hæc lege sancte Pater [[a] felix] feliciter, atque
Sis memor Albini per tempora longa magistri,
Dum sacris Domini supplex altaribus adstas [*Ms.*; [adsis],
Ut pius omnipotens solita pietate relaxet
Vincula criminibus, cujus condigna nefandis;
Ut valeat tecum gaudens laudare tonantem,
Post hujus Domino vitæ miserante labores.
Angelus almipotens cœli directus ab arce,
Per terras, silvas, colles comitetur euntem.
Per castella, vicos, per fortia flumina terræ,
Semper ubique, precor, ducat simul atque reducat
Gaudentem, sanctæ cum prosperitate salutis;
Te [*Al.*, Tu] Pater alme! Deo Christo donante, per
    [ævum.
Tu valeas, vigeas semper, charissime præsul!
Cumque tuis cunctis ovibus, per pascua vitæ
Quæ currant, sanctos virtutum carpere flores;

plendo, ex conjectura addita fuit vox : *sacerdos*. Nos illam vocem *felix* ex cod. Salisburgensi restituimus.

Te ducente, Pater, pastor, patriarcha, sacerdos [a].

346 PSALMUS VI.

Vers. 1. — Titulus psalmi est : *In finem David in carminibus pro octava* : quo *in finem*, id est, Christum, David respiciens hymnos et carmina cantabat : *pro octava*; id est, pro desiderio futuræ resurrectionis. Peccatricem vero animam hortatur hic suo exemplo David, ut non statim desperet, etiamsi graviter peccarit: sed abluto lacrymis pœnitentiæ conscientiæ suæ lecto, ad medicum Deum recurrat, qui ulcera peccatorum suorum sanet [b].

Vers. 2. — *Domine, ne in furore tuo arguas me, neque in ira tua corripias me.* Ira est longa indignatio : furor vero repentina mentis accensio; sed ira æternam impiorum significat pœnam, furor ignem purgatorium : et de utraque [*Ms.*, de qua utraque] vir pœnitens liberari se a Deo postulat.

Vers. 3. — *Miserere mei, Domine, quoniam infirmus sum: sana me, Domine, quoniam conturbata sunt ossa mea.* Valida est misericordiæ precatio, peccati confessio. Ille misericordiam Dei inveniet qui se miserum confitetur. *Quoniam infirmus sum, sana me*, inquit, *Domine* : ac si dicat, infirmus sum per peccatum, sana me per misericordiam : *Quoniam conturbata sunt ossa mea*, omnes, inquam, virtutes, quæ propter sui soliditatem ossa appellantur.

Vers. 4. — *Et anima mea turbata est valde : sed tu, Domine, usquequo?* In primo quidem homine transgressa anima mea virtutes omnes perdidit, et inde turbata est per pœnitentiam, ut emundetur. *Et tu, Domine, usquequo?* Subaudi : [usquequo] animam meam, quæ vehementer conturbata est, non eripis, non corrigis, non emendas

Vers. 5. — *Convertere, Domine, et eripe animam meam, salvum me fac propter misericordiam tuam.* Nisi enim animam nostram ante converterit, nemo eam eruet [*Ms.*, converteret... erueret] de periculo. Vel : convertere, Domine, et dirige nos per misericordiam tuam, atque aspice [*Ms.*, dignare... aspicere], qui propter peccata nostra faciem tuam avertisti a nobis : et eripe animam meam, ab imminenti scilicet supplicio, et salvum me fac non meis meritis, sed tua misericordia.

Vers. 6. — *Quoniam non est in morte qui memor sit tui.* Non enim mortui laudabunt te, Domine, sed nos, qui vivimus [*Ms.*, viventes sumus] : quia non est mortuorum Deus, sed vivorum.

In inferno autem quis confitebitur tibi. [Non pro

[a] Ex hoc carmine Cointius argumentum sumpsit ad probandum Arnonem et Alcuinum non fuisse germanos fratres, licet in quadam epistola Alcuinus scripserit : *Dulcissimo fratri et charissimo germano Aquilæ*, etc. Sed has epistolarum inscriptiones, asserit, titulos esse amicitiæ, non agnationis. Ea de re nos in præfatione his operibus præfixa egimus. Sixtus Sen. vocat Alcuini in psalmos pœnitentiales *annotationes, juxta sensum moralem succinctas, argutas et mire significantes*.

[b] Codd. mss. hanc præfatiunculam ita ponunt : *In finem in hymnis pro octava psalmus David. In finem* æternitatem significat: Hymnus est laus Divi-

impossibili, sed pro raro posuit] et subaudiendum est ad veniam : quia in hoc mundo proprie confessio dicitur, ubi et venia reperitur.

Vers. 7. — *Laboravi in gemitu meo.* Hic pœnitentiæ suæ modum exponit. *Lavabo per singulas noctes lectum meum.* Lectum, delectationem corporis intelligamus. *Lacrymis stratum meum rigabo.* Rigare uberius aliquid significat quam lavare. Stratum autem significat cumulum peccatorum.

Vers. 8. — *Turbatus est præ ira oculus meus.* Propter iram Domini oculum [cordis sui profitetur] esse turbatum. O Deus per quem mihi supplicia [timeo] præparata, turbata est mens mea, et totum principale cordis mei contremuit. *Inveteravi inter omnes inimicos meos.* Inveteravi [id est] in veteris hominis Adæ iniquitate permansi, inter omnes inimicos meos, sive inter spiritus diabolicos, sive inter nostra peccata.

Vers. 9. — *Discedite a me omnes qui operamini iniquitatem.* Postquam [ipse] misericordiam consecutus est, et cæteros docet vel cohortatur, uti [a se abeant : non enim] vult [*Edit.*, uti se habeant, quos non vult] iniquorum habere consortium. [Simul autem et illud notandum est, quod jam superius diximus, quod non eos qui operati sunt iniquitatem, sed qui operantur, a se jubeat recedere:]

347 Vers. 10. — Discedite ergo, inquit, a me maligni, quoniam *exaudivit Dominus vocem fletus mei. Exaudivit Dominus deprecationem meam, Dominus orationem meam suscepit.* Unam eamdemque rem multipliciter repetit, quod solent facere gaudentes et lætantes.

Vers. 11. — *Convertantur et erubescant inimici mei, convertantur et erubescant valde velociter.* Non contra inimicos, sed pro inimicis orat, ut convertantur a peccatis suis, et erubescant non leviter, sed vehementer ; nec crastino, sed cito ac præsenti tempore. Amen.

PSALMUS XXXI.

Titulus psalmi est, *intellectus David :* quia scilicet intellexit David, et nos suo jubet intelligere exemplo, nullum esse tam grave peccatum, quod non gratuito nobis Deus remittat, si parati simus illud confiteri et a pravis viis abstinere [c].

Vers. 1. — *Beati quorum remissæ sunt iniquitates, et quorum tecta sunt peccata.* Illorum scilicet remittuntur iniquitates, quorum peccata per confessionem a Domino Deo diluuntur ; et quorum tecta sunt per charitatem peccata, juxta illud : *Charitas operit*

nitatis metri alicujus lege composita : *pro octava* vero Domini significat adventum, quando finita sæculi hebdomada ad judicandum venerit mundum. Unde et psalmus iste cum tremore maximo fecit initium. In hoc psalmo humanum postulat genus corrigi quidem et judicari a Deo, sed non in ira et furore.

[c] Codd. Mss. : Psalmus *David huic intellectus.* Psalmus David vocem continet prophetæ ostendentis hominem non ipsius meritis, sed Dei gratia posse salvari, si confiteatur. Hoc est autem quod dicit *intellectus*, ut nos intelligere Divinitas præstiterit peccata nostra, ut pro eis diluendis studiosissime supplicemus.

multitudinem peccatorum (*I Petr.* IV, 8). Vel quorum tecta sunt peccata, ut hic per pœnitentiam velentur, ne in judicio revelentur. Iniquitates quidam appellant, quæ ante baptismum fiunt; peccata, quæ postea perpetrantur.

VERS. 2. — *Beatus vir cui non imputavit Dominus peccatum, nec est in ore* [Ms., *in spiritu*] *ejus dolus.* Quod tegitur non videbitur, quod non imputatur, nec punietur. Nec est in ore ejus dolus, hoc est, in illius ore, qui se confitetur esse peccatorem : sicut Publicanus, qui dixit, *Domine, propitius esto mihi peccatori* (*Luc.* XVIII, 13). Quia qui sibi displicet, ipse Deo placet; nec est in ore ejus dolus, sed in veritate credens Deo, quod in corde habebat, ore confitebatur.

VERS. 3. — *Quoniam tacui inveteraverunt ossa mea, dum clamarem tota die.* Non [protuli (*Edit.*, prætuli)] confessionem ad salutem, ideo omnis fortitudo mea in carnis infirmitate consenuit. *Dum clamarem* [id est] clamant multi, si quid boni habent, ac per vanitatem demonstrant. Tacent siquidem impii et clamant. Tacent quod loqui fas est; loquuntur quod tacere debent. Tacent, dum sua abscondunt peccata; clamant, dum sua prædicant merita. Tacent peccatorum confessione, clamant meritorum præsumptione. Quid autem est, dum clamarem tota die, nisi dum in clamando perseverarem [a] ?

VERS. 4. — *Quoniam die ac nocte gravata est super me manus tua : Conversus sum in ærumna mea, dum configitur mihi spina.* Peccatori gravis est manus quæ flagellat, et ponderose vindicat [Ms., et ponderosa, quæ vindicat]. *Die ac nocte*, continuum tempus significat. Aliter autem feliciter humiliatus non esset, nisi eum manus divinitatis comprimeret. Conversus sum in ærumna mea, id est, intellexi peccatum meum, postquam ærumnosum me fecisti sub tuæ potentiæ aggravatione. In ærumna, id est in miseria. Quid est autem spina quæ configitur, nisi stimulus conscientiæ peccatricis?

VERS. 5. — *Delictum meum cognitum tibi feci, et injustitias meas* [Ms., *injustitiam meam*] *non operui.* Idem est cognitum facere et non operire, hoc est, confiteri. Quia si homo peccatum non agnoscit, Deus non ignoscit [Ms., si homo agnoscit, Deus ignoscit]. Delictum vero quidam putaverunt leve peccatum : injustitiam autem immane aliquod [sævumque] commissum. *Dixi pronuntiabo adversus me injustitias meas Domino, et tu remisisti impietatem peccati mei.* Pronuntiabo dixit, hoc est, publice confitebor, ut alios scilicet ad imitationem trahat. Impietas autem cordis fuerat, qua [Ms., quia] tacere decreverat.

348 *Adversum me*, inquit, *pronuntiabo*, id est, me ipsum accusabo. *Et tu remisisti impietatem peccati mei*, quando quæ prius gesseram misericorditer indulsisti.

VERS. 6. — *Pro hac* [impietate] *orabit ad te omnis sanctus in tempore opportuno.* Tempus opportunum ad orandum pro peccatis hæc vita est, in qua ideo sancti orant, quia non est a peccatis immunis aliquis. *Verumtamen in diluvio aquarum multarum ad eum non approximabunt.* Multi fluctus diluviorum in judicio impios volvent, qui sanctis nocituri non erunt; neque ad eum approximabunt tormenta, qui pro suis hic peccatis orare non cessat.

VERS. 7. — *Tu es refugium a tribulatione quæ circumdedit me, exsultatio mea erue me a circumdantibus me.* Mihi in isto diluvio non est refugium, nisi tu. Exsultatio mea, inquit, redime me. Sed jam exsultas, quid vis redimi? Exsultatio mea redime me. Gaudes, et gemis? Ita, inquit, gaudeo et gemo. Gaudeo in spe, gemo adhuc in re. Ideo subdit, redime me a circumdantibus me, sive vitiis carnalibus, sive spiritibus immundis, qui nos perdere præcipiti velocitate festinant.

VERS. 8. — *Intellectum tibi dabo et instruam te in via hac qua gradieris, firmabo super te oculos meos.* Vox Domini, vox intellectum dantis. Ipse est enim intellectus, quem psalmi titulus vere [Ms., tituli veritas] indicavit, quem pœnitentibus potestas Domini clementer infudit [Ms., infundit]. Addidit autem, *et instruam te*, id est, nescientem docebo salutarem viam [b]. Via est enim quam ingressus fuerat, servire Deo prioris actionis pravitate damnata. Sequitur : *Firmabo super te oculos meos.* Id est, dirigam in te lumen intelligentiæ meæ.

VERS. 9. — *Nolite fieri sicut equus et mulus, in quibus non est intellectus.* Qui non Dei voluntate, sed proprio se motu regere volunt, effrenes in luxuriam decidunt. Hos Propheta coercet verbis terribilibus dicens : *In chamo et freno maxillas eorum constringe, qui non approximant ad te.* Freno et chamo moderationis suæ Deus coercet impiorum superbiam, qui jactant merita sua, et tacent peccata sua. *Qui*, inquit, *non approximant ad te*, a quo per superbiam elongantur [Ms., sed superbia elongantur].

VERS. 10. — *Multa flagella peccatorum* [quia pœnitentiam agere noluerunt], *sperantes autem in Domino misericordia circumdabit.* [c] [Illa misericordia, ut vitam mereantur sempiternam. Qui rectam spem et fidem in Deo habent, ipsos misericordia Dei circumdat], ut non sit relictus locus, unde possit ad eos diaboli hostilitas introire.

VERS. 11. — *Lætamini in Domino et exsultate justi, et gloriamini omnes recti corde.* Propheta hortatur Ecclesiam lætari de spe vitæ æternæ et regenerationis. Tamen lætatur et hic in tribulatione. Gloriamini omnes recti corde, ut ait Paulus : *Qui gloriatur, in Domino glorietur* (*I Cor.* I, 31). Recti corde dicuntur, quibus omnia Dei judicia placent, et se accusant de suis peccatis, et Deum sive in adversis sive in prosperis semper laudant.

PSALMUS XXXVII.

VERS. 1. — Titulus Psalmi : *In finem psalmus Da-*

---

[a] Codd. mss. : Tacent confessionem, clamant præsumptionem. Quid est ergo clamando tota die? Perseverando in defensione peccatorum suorum.

[b] Codd. mss. : Quasi nescientem doceam, quasi inermem gladio vitæ salutaris accingam.

[c] Sic edita emendantur codd. mss.

vid in rememorationem diei sabbati. Sabbatum requies interpretatur, quia requiescunt [Ms., hoc est quando requiescunt] sancti, id est sancta Ecclesia [de illa requie paradisi quam perdidit in Adam]. Admonet autem nos psalmus, ut si cuiquam accidat infirmitas corporisque fragilitas, non desistat cœlestem requirere medicinam, in qua requiescat. In hoc vero psalmo corporis sui causam Christus agit, non quod ipse peccatum haberet, sed quod pro nobis peccatum factus est, ut nos a peccato liberaret : qui aliquando ex persona solius capitis loquitur, quod est ipse Salvator natus ex Maria virgine; aliquando ex persona corporis sui, quod est sancta Ecclesia, diffusa toto orbe terrarum : idcirco quod corpus loquitur hoc idem et caput. Erunt igitur duo in carne una [hoc est] Christus et Ecclesia.

VERS. 2. — 349 *Domine ne in ira tua arguas me, neque in furore tuo corripias me.* [Totus psalmus ex persona pœnitentis est, sed ad Christum referri potest, sicut et sexagesimus octavus.] *Domine, ne in ira tua.* Ira, ut jam diximus, commotio est animi; furor vero vindicta irrationabilis cum fellis amaritudine. Ideo iste, qui se peccatorem scit, non in ira, sed per misericordiam, nec in furore, sed per patientiam argui se postulat. Sunt tamen qui iram æternam intelligant gehennam, et furorem purgatorium ignem, a quibus [Ms., de quo utroque] liberari vir sanctus poscit.

VERS. 3. — *Quoniam sagittæ tuæ infixæ sunt mihi, et confirmasti super me manum tuam.* Sagittæ verba doctrinæ tuæ sunt, quæ ut jaculum transverberaverunt cor meum, ut agerem pœnitentiam. *Et confirmasti super me manum tuam,* ut tanquam bonus magister, castigationis verberibus afflictum, redderes emendatum.

VERS. 4. — *Non est sanitas in carne mea a facie iræ tuæ, non est pax ossibus meis a facie peccatorum meorum.* Vidi faciem iræ tuæ et non ipsam iram, hoc est, intellexi per Scripturas sanctas, quanta minabaris peccantibus, et extabui petens ne ipsa super me ira descenderet. *Quia non est pax ossibus meis a facie peccatorum meorum.* Nullam quietem indulsi vel ossibus meis vel membris meis, donec ea [pœnitendo] purgarem.

VERS. 5. — *Quoniam iniquitates meæ supergressæ sunt caput meum.* Invaluerunt enim mihi, ut sequitur; *sicut onus gravatæ sunt super me.* Non est enim mihi leve peccatum meum, sed recognosco quia grave pondus judicii imposuit, et super verticem capitis mei excrevit. Sicut pondus grande, sic peccata mea super me.

VERS. 6. — *Computruerunt et corruptæ sunt cicatrices meæ a facie insipientiæ meæ.* Nam mihi fetent et computrescunt vulnera peccatorum, desideranterque exspecto medicum. Et cur, inquis [Ms., inquit], putruerunt a facie insipientiæ meæ? Quia nolebam agere pœnitentiam.

VERS. 7. — *Miser factus sum et turbatus usque in finem,* usque dum confitendo purgarer : quia sine confessione et mœstitia non dimittuntur peccata. *Tota die contristatus ingrediebar,* indignum me esse judicans qui vel oculos ad cœlum levare auderem; sed percutiens pectus meum aiebam : Deus, propitius esto mihi peccatori. *Tota die* autem, continuationem doloris significat [Ms. ostendit].

VERS. 8. — *Quoniam lumbi mei impleti sunt illusionibus et non est sanitas in carne mea.* Illis illusionibus se profitetur esse repletum atque infirmatum, quibus diabolus humanum genus illicit ut delinquat.

VERS. 9. — *Afflictus sum et humiliatus sum nimis usquequaque : rugiebam a gemitu cordis mei.* Possumus [autem] corpore curvari, et animo non humiliari. Ideo hic utrumque conjunctum est. Quia multiplex calamitas liberum nil relinquit, hic etiam aliquid majus adjecit dicens, *usquequaque,* id est, ex omni parte, ut eum copiosa calamitas undique probaretur ambisse. *Rugiebam a gemitu cordis mei* : ut virtutem patientiæ magnæ monstraret, in gemitum se asserit, non in verba prorupisse.

VERS. 10. — *Domine, ante te omne desiderium meum.* Tale fuit desiderium ejus, ut ante Deum esse mereretur. Nam qui peccatis veniam petit, ante Deum ponit desiderium suum. Jam quod ante ipsum est, consuevit audiri. *Et gemitus meus a te non est absconditus,* id est, quidquid habet homo, Deus scit. Quidquid deliqui, quidquid male gessi, omnia tibi cum gemitu reservavi : sciens quia tibi non occultantur occulta.

VERS. 11. — *Cor meum conturbatum est, et dereliquit me virtus mea, et lumen oculorum meorum et ipsum non est mecum.* Propter iram quam superius memoravi, et [quam] incurrere expavesco. Lumen oculorum meorum non est mecum, quia postposito veritatis lumine in tenebras decideram peccatorum. A principio psalmi Christus egerat causam sui corporis, nunc vero suam propriam incipit perorare passionem.

VERS. 12. — *Amici mei et proximi mei adversum me appropinquaverunt ac steterunt.* Amici dicti Judæi propter Abraham. Proximi, eo quod ab eorum generatione carnem Christus sumpserit [Ms., assumpserit], qui appropinquaverunt ei, ut comprehenderetur. 350 Quod vero ait, amici mei et noti mei contra me steterunt, potest et de discipulis accipi, qui in passione metu territi longe recesserunt, in tantum, ut etiam Petrus denegaret; vel steterunt causantes contra eum. *Et qui juxta me erant, de longe steterunt.* Apostoli scilicet et reliqui discipuli, de quibus ait Evangelista : *Cum apprehendissent eum, stabant omnes noti ejus a longe* (Luc. XXIII, 49).

VERS. 13. — *Et vim faciebant, qui quærebant animam meam.* Vim faciebant non noti, sed Judæi; vel Petro, cum dicerent : *Nonne et tu Galilæus es ?* vel Joanni [Ms., Jacobo], qui cum [traheretur] relicta sindone nudus profugit ab eis; vel ipsi etiam Christo. [Et vim faciebant, qui quærebant animam meam, hoc est, Judæi, quasi illorum fortitudo esset, et a Deo ipsam potestatem non accepissent]. *Et qui in-*

quirebant mala mihi, locuti sunt vanitates, et dolos tota die meditabantur. Multos quidem dolos meditati sunt, cum interrogarent, si deberent censum dare Caesari (*Matth.* xxii, 17); aut si mulier deprehensa in adulterio lapidaretur (*Joan.* viii, 4). Sed tunc aperte dolos ingerunt, cum falsos testes adducunt (*Matth.* xxvi, 60). Locuti sunt autem vanitates, quando dixerunt: *In Beelzebub ejicit daemonia* (*Luc.* xi, 15).

VERS. 14. — *Ego autem tanquam surdus non audiebam, et sicut mutus non aperiens os suum.* Semper, inquit, exprobrantes sustinui et jugiter silui. Hoc et Pilatus manifestat, cum dicit: *Mihi non respondes? an nescis quia potestatem habeo dimittere te* (*Joan.* xix, 10)? Ego autem tanquam mutus non aperiens os suum. Certe et apud Pilatum non est Deus noster locutus; et de eodem loquitur Isaias atque ait: *Tanquam agnus ad victimam ductus, non aperiens os suum.*

VERS. 15. — *Et factus sum sicut homo non audiens, et non habens in ore suo redargutiones.* Nam cum me sputis linirent, arundine verberarent, illuderentque genu flexo, nihil motus iis omnibus, factus sum non habens in ore increpationes. Sic tacui accusatus, quasi non habens quod pro me responderem. Et in omnibus iis exemplum Christus dedit, ut homo flagella correptionis patienter portet [*Ms.*, portare debeat].

VERS. 16. — *Quoniam in te Domine speravi, tu exaudies me, Domine Deus meus.* Ut me resuscites. Vel: [*Tu exaudies me*], hoc est, vide illorum superbiam et meam humilitatem.

VERS. 17. — *Quia dixi: Nequando supergaudeant mihi inimici mei, et dum commoventur pedes mei, super me magna locuti sunt.* Pedes Christi sancti apostoli dici possunt, qui firmi in passione, tanquam pedes corporis, sustinere eum debebant, sed commoti sunt de fide ad infidelitatem. Vel de Christo ait: commoveri possunt pedes mei a stabilitate sua, et inimici mihi insultare, si hac in crucis morte humiliatus non resurrexero. In me autem magna locuti sunt dicentes: *Si Filius Dei es, descende de cruce.*

VERS. 18. — *Quoniam ego in flagella paratus sum, et dolor meus in conspectu meo semper.* Praeparo me, inquit, ad sustinendam crucem, lanceam, fel, acetum, ut per hanc mortem [meo sanguine] redimam populum pereuntem. Christus enim ad hoc venit, ut passionem sustineret. Dolor meus ante me est semper, donec etiam victoriam in judicio consequar [*Ms.*, donec ejiciam victoriam in judicio].

VERS. 19. — *Quoniam iniquitatem meam annuntiabo et cogitabo pro peccato meo.* Sicut enim maledictioni subjacuit, ut nos a maledicto legis crueret, ita et peccatorem se profitetur, [qui] peccata nostra portaret et [pio] cogitatu ac [misericordi] consilio nos ab eis eriperet. *Et cogitabo pro peccato meo.* Peccatum Christi, humani delicta sunt generis, propter quae et Patri nunc dicitur esse subjectus.

VERS. 20. — *Inimici autem mei vivunt, et confirmati sunt super me, et multiplicati sunt, qui oderunt me inique.* [Quia non sunt statim ultione divina puniti. *Et confirmasti super me manum tuam.* Confirmati sunt in legis litteram, in qua spiritaliter nuntiatum non intellexerunt. *Et multiplicati sunt qui oderunt me inique.*] Certe inique et non rationabiliter faciunt, qui ex hac littera semen suum, ut astra coeli, multiplicari credebant.

VERS. 21. — *Qui retribuunt mala pro bonis, detrahebant mihi, quoniam sequebar bonitatem.* Nam me, dulcedinem aeternae vitae offerentem, aceto ac felle potabant, et detrahebant mihi dicentes: *Alios salvos fecit, seipsum salvum facere non potest* (*Matth.* xxvii, 34; *Marc.* xv, 31). **351** Detrahebant autem mihi, quoniam subsecutus sum justitiam, ut implens voluntatem Patris pro vita populi susciperem mortem.

VERS. 22, 23. — *Ne derelinquas me, Domine Deus meus, ne discesseris a me: intende in adjutorium meum, Domine Deus salutis meae.* Manifestum est, Domine Jesu, quia Pater suscitans te a mortuis die tertia, collocavit ad dexteram suam in coelestibus super omnem principatum et potestatem, dans tibi nomen quod est super omne nomen. Ergo quia graves sunt pugnae carnis, tu, Domine, intende in adjutorium nostrum, et esto nobis salus in tempore tribulationis.

PSALMUS L.

Titulus psalmi [est, quem explanare nitimur]: *In finem psalmus David, cum venit ad eum Nathan propheta, dum intravit ad Bethsabee.* Notissima est peccati David gravitas ex Regum historia [*Ms.*, magnifici regis historia]: nota etiam humillima pro peccato deprecatio [*Ms.*, supplicatio] quae in hoc psalmo continetur. Est autem psalmus iste in ordine psalmorum quinquagesimus, quia quinquagesimus numerus in jubileo anno usque ad veram sancti Spiritus super apostolos missionem consecratus est, sine cujus gratia remissionem [*Ms.*, atque in adventu sancti Spiritus super apostolos remissione consecratus est, quia nemo sine gratia sancti Spiritus remissionem...] accipere nemo poterit. Habemus autem exempla in sancta Scriptura de peccatis sanctorum, et de poenitentia eorum et de remissione peccatorum illis a Deo data. Nemo igitur dubitet de Dei misericordia, quamvis maximis involutus [esset] sceleribus; nemo peccatum confiteri erubescat, cum David propheta, multarum rex gentium, promissionibus de Christo gloriosus [peccans] peccatum suum non erubuit publice confiteri, et ad Domini poenitendo confugere clementiam. Petrus trinam negationem amarissimis abluit lacrymis; publicanus poenitendo justificatus recessit a templo; peccatrix femina sanctos Domini pedes lacrymis [poenitendo] abluit, et audire meruit, quia multum dilexit, multa illi dimittuntur peccata (*Luc.* vii, 58). Talibus roboratus exemplis nemo de Dei misericordia desperet, nemo sua quamvis sint ingentia, erubescat confiteri scelera, nemo tardus sit lacrymis iniquitatem suam abluere, et quia omnes peccatores sumus, unusquisque nostrum dicat cum Propheta :

VERS. 3. — *Miserere mei, Deus, secundum magnam misericordiam tuam.* Miserere, quia miser sum; miserere, quia magna est misericordia tua. Nullus nostrum cum Adam ad noxias confugiat excusationes, sed aperte proferat quod inique se gessisse agnoscit. Refugium faciat ad clementissimum Judicem, praeveniat faciem ejus in confessione, ne experiatur in futuro judicio iratum, si modo contempserit eum misericordem. Misericordiae tempus est omni homini modo poenitenti : in futuro vero judicio tempus erit justitiae, ubi unicuique reddetur secundum opera sua. Quis effari poterit quanta sit misericordia [Dei] in homines, quae mundi Creatorem mortali induit carne, ut semper vivens in suo, pro nostris peccatis mori posset ex nostro.

Secundum multitudinem miserationum tuarum dele iniquitatem meam. O Domine! quamvis magna sit iniquitas mea, tamen major est multitudo miserationis tuae, in qua ut deleas, deprecor, iniquitates meas, quas contra me scriptas [esse] horresco : ut te miserante merear scribi in libro vitae tuae : quia nemo ibi scribitur, nisi cujus hic omnes iniquitates delentur.

VERS. 4. — *Amplius lava me ab injustitia mea et a delicto meo munda me.* Munere misericordiae tuae lava me, Domine, ab injustitiae meae maculis : nec solum lava, sed etiam munda [*Ms.*, emunda], ne quid sordidum remaneat in vita mea. Sordidare me potui, sed emundare nequeo, nisi tu Domine Jesu sancti sanguinis tui aspersione mundum me facias.

VERS. 5. — *Quoniam iniquitatem meam ego cognosco, et delictum meum contra me est semper.* Nostrum est peccata nostra cognoscere [*Ms.*, agnoscere], et humiliter confiteri. Dei est non imputare nobis, sed misericorditer ignoscere. Plurimi scire sua peccata possunt, sed soli illi bene ea agnoscere probantur, qui illa videntur propria exsecratione damnare. Perfecta enim poenitentia est futura cavere peccata et lugere praeterita. **352** Addit autem David : *Et delictum meum contra me est semper.* Delictum nostrum contra nos ponimus, vel coram nobis semper habemus, quando in memoria illud jugiter tenemus ad supplicandum pro eo, donec vincatur a nobis mortique detur sempiternae; ne iterum nos debellare valeat, sicut pridem fecit. Nam toties peccata respicimus, quoties commissa deploramus.

VERS. 6. — *Tibi soli peccavi et malum coram te feci.* [Soli Deo se] peccasse confitetur, quia Rex potens alium non metuit ultorem peccati sui. Et ut majus iniquitatis scelus ostenderet, adjunxit : *malum coram te feci.* Dum enim ubique te praesentem sciebam, [cur] in praesentia tanti Judicis non metuebam peccare? In quo dementiam suam arguit, qui non expavit tanto Judice praesente peccare. Sequitur : *Ut justificeris in sermonibus tuis et vincas cum judicaris.* Sermones Domini merito justificari dicuntur, quoniam sine dubio semper ejus dicta complentur : in cujus conspectu non justificabitur omnis vivens. Idcirco omni homini dicendum est : *Non intres in judicium cum servo tuo* (*Psal.* CXLII, 2). Dominus bellator noster atrocissimum hostem humani generis judicatus vicit, et mundum damnatus absolvit. Praevidens ergo [in spiritu prophetae (*Edit.*, in spiritus prophetia)] non nisi in sanguine Christi peccata redimi posse, laudat justitiam ejus, qua diabolum damnavit; et misericordiam, qua mundum redemit. Proinde non solum praesens sui ipsius peccatum, sed parentum suorum, in quibus ipse conceptus est et natus, confitetur dicens :

VERS. 7. — *Ecce in iniquitatibus conceptus sum et in delictis concepit* [*Ms.*, peccatis peperit] *me mater mea.* Quis me potest ex immundo semine conceptum mundum facere, nisi tu Deus solus, qui sine peccato es? Quid mirum est autem, si fecerim, in quibus me peccatorem confiteor, qui jam ex originali peccato in iniquitatibus scio me esse conceptum? qui ante peccata contraxi, quam vitae principia haberem? O Domine Jesu, quibus misericordiam tuam laudibus efferimus, **quas** tibi gratiarum actiones dignas exsolvere possumus, qui nos de hujus chirographi debito in sanguine tuo liberasti, delens in cruce nostras peccatorum cautiones, quae contra nos a primis parentibus conscriptae sunt nostris?

VERS. 8. — *Ecce enim veritatem dilexisti, incerta et occulta sapientiae tuae manifestasti mihi.* Sicut superiori versu per commune delictum probavit quod nemo peccatis redderetur exemptus [*Ms.*, exceptus]; sic iterum in confitendo peccata veritatem dixit, quam plus Dominus Deus, ac super omnia sacrificia requirit. Non enim Deus delectatur poenis nostris, sed confessionem quaerit erroris. *Incerta ergo et occulta sapientiae tuae manifestasti mihi;* nimirum ea quae Deus [illi] in Filii sui manifestatione revelavit. Primum ut agnoscerem habere eum filium; deinde, ut ipsum nossem ex meo semine in carnis assumptione venturum, eumque praedicarem, et resurrectionis gloriam nuntiarem [a]. Sequitur :

VERS. 9. — *Asperges me hyssopo et mundabor; lavabis me, et super nivem dealbabor.* Sicut enim hyssopus [*Ms.*, hyssopum terrenum..... aptum] terrena curandis pulmonibus apta est, ut avertat inflationem : ita coelesti quis respersus hyssopo, id est humilitate cordis, ab omni superbiae malignitate purgatur. Lavabis ergo me et super nivem dealbabor, cumque peccata mea phoenicio sint similia, quasi nix dealbabuntur [b]. Super nivem autem album de se, dicit, debuisse peccare, cum talia meruisset agnoscere. »

---

[a] In codd. mss. priora ita leguntur : « Primum, ut agnoscerem habere eum filium; deinde ut ipsum nosset, ex quo semine in carnis assumptione venturus esset, ut passionis quoque figuram praediceret, et resurrectionis gloriam nuntiaret : et deinde non

[b] In codd. mss. « Ut quia peccata mea phoenicio sunt similia, quasi nix dealbentur. »

corporibus nihil potest inveniri. Sed ideo super nivem dixit, quia spiritalis anima longe supra corpora mundata resplendet. Humilitas Christi solvit [*Ms.*, *salvavit*] peccata nostra, humillimæ herbæ hyssopo bene comparata : quæ, sicut et hæc a corporibus, ab animis nostris inflationem tollit superbiæ.

VERS. 10. — *Auditui meo dabis gaudium et lætitiam*, *et exsultabunt ossa humiliata.* Auditui datum est gaudium, quando dixit ei Nathan, dimissum est peccatum tuum (*II Reg.* XII, 13). Gaudium pertinet ad absolutionem, lætitia ad perpetua præmia possidenda. **353** *Et exsultabunt*, inquit, *ossa humiliata*, virtutes, quæ prius fuerant peccato humiliatæ. Vel : æternitatis spes [*Ms.*, æternitas spei meæ], quæ me peccante humiliata fuerat, te indulgente exsultat.

VERS. 11. — *Averte faciem tuam a peccatis meis, et omnes iniquitates meas dele.* Ne mea peccata sic accipias [*Ms.*, aspicias], ut revertantur ad memoriam tuam. Averte faciem tuam; ac si dicat, ne videas, ne recorderis illa. *Et omnes iniquitates meas dele,* præteritas, præsentes et futuras.

VERS. 12. — *Cor mundum crea in me, Deus, et spiritum rectum innova in visceribus meis.* Petit Propheta mundum cor sibi creari, id est restaurari, [ut Deum videat] : ita et unusquisque debet facere. [*Cor mundum crea in me Deus*, propterea rogabat, ut mundus fieret a peccato.] *Et spiritum rectum innova in visceribus meis*, quo [te] recte confitear; vel spiritum rectum ad videndum et discernendum, sicut antea rectus fuit in me, innova; quia vetus factus est pro peccato. Innovari postulat per gratiam, et addit, *in visceribus meis*, unde noverat adulterii detestabile crimen exiisse. Utrisque enim partibus remedium petebat, quoniam de utroque peccaverat.

VERS. 13. — *Ne projicias me a facie tua, et Spiritum sanctum tuum ne auferas a me.* Ne projicias me, ne sicut Cain exsul a te efficiar. Projicitur a facie, qui a patre contemnitur. Sciebat enim ab illius facie sanitatem mentis, et lumen venire sapientiæ, et credebat se inimico tradi, si a vultu Domini judicaretur expelli. Deinde vero spiritum prophetiæ petit sibi non auferri, quem pretiosum supra cuncta rex habuit.

VERS. 14. — *Redde mihi lætitiam salutaris tui*, illam scilicet Christi tui exsultationem, quam in eo habui priusquam peccaverim. Salutare Dei Patris Christus est, ac si dicat, sicut ante prævidebam per Spiritum sanctum cum in carne venisse, et modo sic faciam. *Et spiritu principali confirma me*, ut ipsa in me vitia non principentur [*Ms.*, Ut ipse in me, non vitia principentur]. Confirma me [dixit] ne iterum peccem, ne a te animæ mutabilitate discedam. Hic sancta Trinitas intelligenda est : in spiritu principali Pater ; [in spiritu] Spiritus sanctus ; in spiritu recto Filius.

VERS. 15. — *Docebo iniquos vias tuas, et impii ad te convertentur.* Docebo, inquam, illos, ut declinantes a viis pravis et pœnitentiam agentes misericordiam consequantur, sicut ego a te misericordiam consecutus sum : hoc est, proponam me ipsum, ut meum exemplum alii imitentur.

VERS. 16. — *Libera me de sanguinibus, Deus, Deus salutis meæ, et exaltabit lingua mea justitiam tuam.* Liberari se petit Propheta de sanguinibus, id est, carnalibus delictis, ut jam desineret in ista fragilitate peccare. Sanguis enim pro corpore humano ponitur, quia inter cæteros humores ejus ipse potior videtur existere. Quod vero ait, *Deus salutis meæ*, significat Dominum Salvatorem, per quem salus pie credentibus datur. Addidit etiam, *exaltabit lingua mea justitiam tuam*, id est, si me liberaveris de sanguinibus, quod intelligitur de peccatis, laudem tuam lingua mea juste loquetur, vel prædicabit lingua mea mandata tua.

VERS. 17. — *Domine, labia mea aperies, et os meum annuntiabit laudem tuam.* Labia Prophetæ, quæ clausa fuerant conditione peccati, beneficio absolutionis aperienda pronuntiantur. Os autem dicitur et cordis arcanum, unde, efficitur laus divina. Merito ergo, post absolutionem peccati, et labia sua aperienda esse pronuntiat, et os suum dicit annuntiare posse præconia et laudem ejus qua recreatus est.

VERS. 18. — *Quoniam si voluisses sacrificium, dedissem utique ; holocaustis non delectaberis.* Significat hic Propheta ritus sacrorum per immolationes pecudum, qui erant in adventu Domini respuendi. Unde constat Prophetam sic ad Deum tota mente translatum, ut non se sacrificiis quæ illo tempore gerebantur, crederet expiandum, sed illa magis oblatione, qua dicit consequenter [*Ms.*, *inferius*] :

VERS. 19. — *Sacrificium Deo spiritus contribulatus : cor contritum et humiliatum Deus non despicies.* Quasi dicat, o homo, si peccaveris, noli extrinsecus pecus quod mactes inquirere : habes intus quod occidas. Postquam enim dixit quæ sacrificia Deus respuit, nunc dicit illa quæ poscit. Istud enim damus sacrificium Deo, spiritum scilicet superbiæ, confessionis humilitate mactatum, **354** unde non sanguis egreditur, sed lacrymarum fluenta decurrunt. [Sequitur : *Cor contritum et humiliatum Deus non spernit*]. *Cor contritum* vocat pœnitentiæ laboribus vehementer afflictum. *Humiliatum*, Deo scilicet, ut quod ante fuerat elatione superbum, foret pia confessione devotum. [*Non spernit*] : constat enim tales oblationes Deum non spernere, sicut illa cognoscitur priora sacrificia respuisse.

VERS. 20. — *Benigne fac, Domine, in bona voluntate tua Sion, ut ædificentur muri Jerusalem.* Sion specula interpretatur, significatque Ecclesiam, quam sanctus Propheta toto orbe terrarum ædificari postulat. Jerusalem visio pacis interpretatur. Ædificentur ergo muri Jerusalem, id est, monumenta construantur immortalitatis nostræ in fide [et spe] et charitate.

VERS. 21. — *Tunc acceptabis sacrificium justitiæ, oblationes et holocausta, tunc imponent super altare tuum vitulos.* Patri dicitur : *Tunc acceptabis sacrificium justitiæ*, id est, Filii gloriosissimam passionem, qui se sacrificium pro omnibus obtulit, ut salutem mundus, quam suis operibus non merebatur, accipe-

ret. Quod vero ait, *oblationes et holpcausta*, ad fideles
etiam pertinet Christianos, qui erant post adventum
Domini credituri, significatque immolanda corda hominum viventium, non membra pecudum mortuarum. *Tunc imponent super altare tuum vitulos*, sacerdotes scilicet, quando Ecclesia catholica fuerit Domini
passione constructa. Vitulos quippe posuit pro innocentibus adultis, quorum aetas prima est; et a jugo
peccati cervix probatur aliena. Aut illos praedicatores
Evangelii promittit, quorum imaginem in vituli figura Lucas [evangelista] suscepit : nisi forte magis
illos [*Ms.*, sive illos magis] vitulos debemus intelligere, qui animas suas in hostiam suavitatis sacris
altaribus obtulerunt.

Nos quoque famuli tui, Domine Jesu, supplices deprecamur, ut pietatis consilio magnis facinoribus
nostris immensam misericordiam largiaris, nosque
per cordis contritionem humiliatos in mactando vitia,
jugulando delicta, dignum et acceptabile praepares
holocaustum. Amen.

PSALMUS CI.

VERS. 1.— Psalmi [hujus] titulus : *Oratio pauperis
eum afflixerit, et coram Domino effuderit precem
suam*. Vox est affligentis et gementis pauperis in hoc
psalmo, et miserias suas piissimo judici cum magna
humilitate offerentis, sicut in titulo Psalmi praescribitur, quo ab oratione, quae ad Deum [clamore valido]
dirigitur, incipit pauper iste, ita dicens :

VERS. 2.— *Domine, exaudi orationem meam et clamor meus ad te veniat* [Ms., *perveniat*]. Haec enim
vox est poenitentis, Deique clementiam pro peccatis
suis deprecantis, ac primo omnium ut exaudiatur
postulantis : quod magnae spei est in orationibus credere, se posse a Deo exaudiri. Ideo omnis penitus
humiliet seipsum, et humiliato contritoque corde clamet ad Dominum : quia, sicut in alio dicitur psalmo,
cor contritum Deus non spernit. Oratio est suavis
animi, cum compunctione cordis [deprecatio ; clamor
est vocis prolata, cum intentione cordis] confessio.
Primo autem posuit orationem, nunc adjecit clamorem, ut studia supplicationis crevisse cognosceres;
cujus orationem in clamorem maximum prorupisse
intelligeres. Hunc vero modum sanctae orationis servandum devotissimus Christianus intelligat, ut [idipsum] cogitatione prosequatur [quod verbis effudit
(*Edit.*, ut ipsum cogitatione prosequatur ; et cum
verba effundit)] : Ipsum respiciat mente, cui supplicat; omnes superfluas cogitationes excludat, quae ab
inimico ingeruntur, ut efficax oratio ex cordis claritate perveniat ad Deum, sicut Apostolus ait : *Orabo
spiritu, orabo et mente ; psallam spiritu, psallam et
mente* (I *Cor.* XIV, 15). Tunc enim a Deo accepta est
oratio canentis, si pura mens idem gerit, quod explicat ore.

VERS. 3.— *Ne avertas faciem tuam a me, in quacunque die tribulor*. Facies Domini pro misericordia
Dei dicitur, quam iste pauper, gemens et poenitens
a se non averti deprecatur. *In quacunque die tribulor*. Quaelibet se tentatio [*Ms.*, tribulatio] apprehendat, postulat auxilium in omni angustia divinum.
Ideo subsequenter ait : *Inclina ad me aurem
tuam*, id est, benignum praebe auditum. In quacunque die invocavero te, id est, in die tribulationis
meae. Dies tribulationis et tentationis haec vita est,
in qua velociter se iste poenitens exaudiri deprecatur,
ne morte praeveniente indignus sit exaudiri. Quia in
hac vita tempus est misericordiae, in futura vero judicii, dum reddet Deus unicuique secundum opera sua.

VERS. 4.— *Quia defecerunt sicut fumus dies mei*.
Sicut fumus veniente vento in auras dispergitur, ita
[omnis] superbia hujus vitae morte praeveniente [*Ms.*,
veniente] evanescit. Qui hodie extollitur, cras non
erit : quod iste poenitens agnoscens, miseriarum suarum dies plangit, fumo esse similes.

VERS. 5.— *Percussus sum ut fenum, et aruit cor
meum*. Venit iste poenitens ad flebilem narrationem
miseriarum humanae fragilitatis (quae ut fenum cito
decidit, ubi aliquo casu arefacta fuerit) ut festinanter divinae remedium misericordiae acciperet, dum
miseriam suam pio medico non taceret. Qui in mandatis Domini proficit, feno [viridi et florenti aequabitur, peccator vero arescenti feno] comparabitur.
Quia oblitus sum comedere [Ms., *manducare*] *panem
meum*. Panis enim nobis vitae est praeceptorum Domini observatio, quem peccator obliviscitur edere,
dum iniquitatibus vel peccatis se suis obligaverit.
Hic enim exprimitur natura peccantium, quia [*Ms.*,
qua] dum delictum appetitur, contemplatio Domini
non habetur.

VERS. 6.— *A voce gemitus mei adhaeserunt ossa
mea carni meae*. Dignum est gemere eum qui perdit
justitiam, ut lucrum acquirat, vel peccato cuilibet se
subjiciat. *Adhaeserunt*, inquit, *ossa mea carni meae*,
id est, fortitudo mea carnalibus desideriis, quae militant adversus animam [meam], in qua fortitudo debet esse regendi et comprimendi illicitos carnis
motus.

VERS. 7, 8.— *Similis factus sum pelicano in solitudine, sicut nycticorax in domicilio. Vigilavi et factus
sum sicut passer solitarius in tecto*. Tria genera
avium posuit, et tria loca habitationis illarum, per
quae diversa nobis poenitentium genera demonstrantur. Pelicanus est avis Aegyptiaca, naturali macie
semper affecta, solitudinibus se delectans; sicut in
crebris jejuniis poenitentes esse convenit. Per hoc
ergo avium genus pulcherrime significantur eremitae,
qui hominum consortio derelicto, [timore Domini
commoti] se multa afflictione discruciant. Nycticorax
Latino vocabulo noctis corvus dici potest, amans tenebras, non lucem; quem sibi escas noctibus quaerere constat : ita poenitens debet nocturno tempore
escas animae sollicita curiositate perquirere ; licet
communi conversatione in domicilio multorum habitare videatur. *Vigilavi et factus sum sicut passer solitarius in tecto*. Passer avis est acutissima, quae in
tectis habitare solet, humana gaudens vicinitate :
huic merito comparatur, qui diabolicae calliditatis

fraudes fugiens, vigiliis et orationibus, et pœnitentiæ lacrymis intra sancta Ecclesiæ septa se munire festinat.

VERS. 9. — *Tota die exprobrabant mihi inimici mei, et qui laudabant me, adversum me jurabant.* Ore laudabant, et corde insidias præparabant. Laudabant, ut deciperent; prædicabant, ut subverterent : et hoc a diabolo, qui si publicis peccatis servum Christi subvertere non poterit, opprobriis et reprehensionibus circumhabitantium a via veritatis eum deterrere nititur. Sunt plurimi bona facere erubescentes, ne dissimiles sint multitudini mala [*Ms.*, male] facientium. Hoc quoque peccatum pœnitens iste commisisse fatetur [*Ms.*, profitetur]:

VERS. 10. — *Quia cinerem tanquam panem manducabam, et potum meum cum fletu miscebam.* Pœnitentis, hujusque sæculi despicientis convivia lugens iste exprimit : quia per hujusmodi convivium pervenire se sperant ad mensam Domini. Quapropter, o peccator, noli desperare de indulgentia peccatorum, *In quacunque die fuerit conversus peccator, vita vivet, et non morietur.* Indulgentia tibi convertenti a peccatis certa est, sed crastinus dies tibi incertus est. Hodie convertere, ne forte cras moriaris. Si male vixisti heri, bene vive jam hodie, memor illius de quo Veritas ait : *Stulte hac nocte morieris* (*Luc.* XII, 20). Corrige te, ut in corpore Christi hanc vocem habere valeas : *Quoniam cinerem tanquam panem manducabam*, etc.

356 VERS. 11. — *A facie iræ indignationis tuæ, quia elevans allisisti me.* Exponit isthic gemendo, cur se tanta afflictione in pœnitentia fatiget : quia scilicet cum ira et indignatione Dei nascimur, quæ peccatis supervenientibus gravior efficitur, ideo addit : *Quia elevans allisisti me.* Elevatus est homo honore imaginis Dei et libero arbitrio nobilitatus : sed hoc male usus allisus est et dejectus in hanc convallem lacrymarum.

VERS. 12. — *Dies mei sicut umbra declinaverunt : et ego sicut fenum arui.* Quia homo a Deo declinavit, declinavit ab eo dies felicitatis ejus : qui fuit lux in Domino, umbra factus est in peccato; et flos vitæ illius sicut fenum aruit : nec unquam revivesceret, nisi sanguine Christi irrigaretur.

VERS. 13. — *Tu autem, Domine, in æternum permanes, et memoriale tuum in generatione et generationem.* Qui se usque ad cinerem pœnitendo dejecit pro peccatis suis, Deum laudando in beneficiis suis se erexit dicens : me arescente tu permanes in æternum; quapropter optime ab adventu Domini salutis suæ, et laudis divinæ fecit initium, per quem mundum noverat esse salvandum. Memoriale autem hic dictum est salutare promissum de Domini incarnatione venturi [*Ms.*, venturum], quod nulla oblivione delebitur.

VERS. 14. — *Tu autem, Domine, exsurgens misereberis Sion, quia tempus miserendi ejus, quia venit tempus.* Quasi diceret : Quid tardas de salute Sion? Sion vero mons est, ubi templum Domini est [significans Ecclesiam optantium adventum Domini. Subjunxit] *quia venit tempus miserendi ejus*: hoc est, tempus de quo Apostolus ait : *postquam venit plenitudo temporis, misit Deus Filium suum* (*Gal.* IV, 4). Sciendum est vero, quod pœnitens iste non sui solius tantum causam agit, verum etiam totius humani generis optat salutem, quæ nisi adveniente Filio Dei fieri non potuit.

VERS. 15. — *Quoniam placuerunt servis tuis lapides ejus, et terræ ejus miserebuntur.* Videndum est, quam proprie verba rebus aptentur. Lapides dixit beneplacitos, qui sunt apostoli et martyres, præcipuique veritatis prædicatores in Sion, id est, in Ecclesia. Terra autem peccatores significat, quibus in sanguine salutaris [*Ms.*, Salvatoris] nostri misertus est Deus. Lapides Domino miserante [dicuntur, qui] solidi sunt in ædificatione Domini et firmitate sua securi. Terra autem per misericordiam munda erit, ut digna sit in ædificatione Domini poni.

VERS. 16. — *Et timebunt gentes nomen tuum, Domine, et omnes reges terræ gloriam tuam.* Quos superiore versu terram nominavit, eosdem hic gentes appellat terrenis actibus invigilantes. Reges sunt, quicunque seipsos bene regunt, aliisque præesse bonis exemplis, vel verbis prædicationis norunt : qui magnum nomen Christi Dei, servis suis, quos superius lapides appellavit, prædicantibus gloriam ejus, timent.

VERS. 17. — *Quoniam ædificavit Dominus Sion, et videbitur in gloria sua.* Ideo timebunt Dominum omnes gentes, et reges spiritales gloriam ejus formidabunt, quia ædificata est a Domino Sion, mater scilicet Ecclesia, de vivis lapidibus constructa, in qua salus [*Ms.*, laus] sine fine permanet. Qui vero nunc visus est in humilitate, ipse videbitur, confirmata et constructa civitate sua [*Ms.*, consummata structura civitatis suæ], in gloria sua ; cum venerit in majestate Patris et sanctorum angelorum, discernere inter agnos et hædos.

VERS. 18. — *Respexit in orationem pauperum et non sprevit precem eorum.* Veniente Salvatore nostro in mundum, tunc exauditæ sunt preces hujus pauperis, quæ sæpius [ante] recitatæ sunt in conspectu divinæ pietatis. Iste pauper unus est, et multi sunt; unus in charitate, multi in latitudine totius orbis, quibus est una fides, unum baptisma, unus Deus.

VERS. 19. — *Scribantur hæc in generatione altera, et populus qui creabitur, laudabit Dominum.* Scripta sunt hæc prophetarum dicta, quæ modo leguntur in generatione altera. Illa fuit prima generatio, in qua hæc Scriptura edita est, quam nunc legit in ista generatione sequenti populus, quia creabitur a Domino de multitudine gentium, laudans [Dominum] in veritate lucis, non in figuris umbrarum.

357 VERS. 20. — *Quoniam prospexit de excelso sancto suo, Dominus de cœlo in terram aspexit.* De cœlo Dominus per unicum Filium suum prospexit in terram miseriæ nostræ (*Vers.* 21). *Ut audiret* [sicut sequens versus ostendit] *gemitus compeditorum*, humani scilicet generis, quod diaboli vinculis in primo parente ligatum est, mortique perpetuae perditionis addictum : hoc de coelo prospiciens Dominus venit solvere vinctos et vivificare interemptos.

VERS. 22. — *Ut annuntietur in Sion nomen Domini, et laus ejus in Jerusalem.* Quia de Sion, ut ait propheta, *exibit lex et verbum Domini de Jerusalem* (*Isai.* II, 3). Ibi quippe primum praedicatum est per apostolos nomen Domini; sic (*Ms.*, sicut) legitur in Actibus apostolorum, multitudinem credentium ibi esse; et ipsum Dominum praecepisse in Evangelio constat, praedicare apostolos poenitentiam et remissionem omnium peccatorum in omnes gentes, incipientes primo ab Jerusalem (*Luc.* XXIV, 47, 53). De quibus paulo post ait Evangelista : *Et erant semper n templo laudantes et benedicentes Dominum.*

VERS. 23. — *In conveniendo populos in unum, et regna ut serviant Domino.* Ad hoc enim gemitus pauperum exauditus est, scilicet ut conveniens populus in unum laudes Domini personaret. In eo, quod ait, *populos in unum,* virtus catholicae unitatis signatur, quia omnes unum sumus in Christo : veluti ipse Dominus Patri pro suis supplicans ait, *ut sint unum in nobis. Et regna ut serviant Domino.* Ista servitus Domini vera libertas est hominis, per quod servitium Dei in tantam [gloriam] exaltata est Ecclesia, ut etiam regna serviant illi, quae etiam ante persequebantur eam.

VERS. 24. — *Respondit ei in via virtutis suae.* Quis? Cui respondit? Populus Christianus Deo suo, Ecclesia Christo capiti suo. Quid respondit? ut faciat quae jubet qui se redemit. Ubi respondit? in via scilicet virtutis suae. Quae est via virtutis suae, nisi Christus qui ait : *Ego sum via et veritas et vita,* sine quo nihil possumus in bonis operibus respondisse praeceptis Domini? *Paucitatem dierum meorum nuntia mihi.* Vox [est] Ecclesiae de fine mundi per apostolos Dominum deprecantis [*Ms.*, interrogantis] qui dixerunt : *Dic nobis quando haec erunt, et quod signum adventus tui et consummationis saeculi* (*Matth.* XXIV, 3)? Qui respondit : Primum praedicabitur hoc Evangelium in toto mundo; et caetera quae ibi leguntur de signis consummationis saeculi. Quod tempus paucitatem nominat dierum iste poenitens, qui [*Ms.*, quia] ab initio mundi usque in finem totum tempus in comparationem aeternitatis, quasi unum et parvissimum computat [*Ms.*, computatur] momentum. Optat iste poenitens [cito] pervenire ad aeternae beatitudinis felicitatem; sicut evangelicus semper servus jubetur esse paratus.

VERS. 25. — *Ne revoces me in dimidio dierum meorum; in saeculum saeculi anni tui.* Aeternitatem iste pauper desiderans non vult revocari ad medios vitae suae dies, id est, ad juventutis annos, in quibus maxime fervore carnis peccare solent homines. Ad hos dies non cupit regredi, ut ad aeternos Domini annos, qui mutabiles non sunt, pervenire mereatur, ubi varietas temporum non erit, sed stabilis quaedam semperque eadem [quae est] vita permanet mutationi non obnoxia. [In quo haec sunt, hujus saeculi] saeculum est,

[vel] generatio hujus generationis, quae in Evangelio designatur, ubi Dominus ait : *In regeneratione, cum sederit Filius* [*hominis*] *in sede majestatis suae* (*Matth.* XIX, 28)..

VERS. 26. — *In initio tu, Domine, terram fundasti, et opera manuum tuarum sunt coeli.* Hoc est, quod in capite sanctarum Scripturarum legitur : *In principio creavit Deus coelum et terram.* Hoc ideo ait iste laudator Domini, ut intelligeretur nos eumdem habere Redemptorem [quem creatorem]. Qui vero initio coelum et terram creavit, sine initio esse manifestum est. *Opera manuum tuarum sunt coeli,* id est, virtute Dei et sapientia facta sunt omnia [*Ms.*, id est, virtutes tuae, quia per verbum Dei, id est, virtutem Dei, sapientiam Dei facta sunt omnia].

VERS. 27. — *Ipsi peribunt,* id est, coelum et terra, sicut in Evangelio legitur, [*transibunt*], *verba autem mea non transibunt. Tu autem permanes; et omnes sicut vestimentum veterascent.* Solum Dominum [*Ms.*, Deum] immutabilem esse declarat, dum omnia sicut vestimenta veterascent. Carnis vero humanae fragilitatem hic videtur ostendere. Ipsum enim veterascit, quod more vestis [morte] consumitur. *Sicut opertorium* [*Ms.*, coopertorium] *mutabis eos, et mutabuntur.* Fortassis coelum intelligitur coopertorium terrae esse, quod in melius mutandum esse alia Scriptura designat, ubi dicitur : *Et erit coelum novum et terra nova* (*Isai.* LXV, 17)?

VERS. 28. — *Tu autem idem ipse es et anni tui non deficient.* Omnia esse mutabilia praeter solum creatorem designat, qui semper idem est quod est, et anni aeternitatis illius nunquam deficient. Non quod in Deo anni intelligendi sint, ut unus veniat et alter transeat, sed aeternitas illius, quae semper eadem est, annorum nomine designatur.

VERS. 29. — *Filii servorum tuorum inhabitabunt ibi,* id est, habitabunt annos aeternitatis [sancti] sanctorum patrum filii, prophetarum scilicet et apostolorum vel doctorum Ecclesiae. Nec aestimandum est ibi non esse patres, ubi filii futuri sunt : quod si filii ibi, quanto magis et patres? Si discipulus bonus [quanto magis] et magister, melior discipulo? *Et semen eorum in saeculum saeculi dirigetur.* Quorum semen, nisi doctorum sanctorum [*Edit.*, suorum], qui in aeterna dirigentur beatitudine? Qui rectam hic tenuerunt viam, beatitudinis [*Ms.*, rectitudinis] praemia ibi possidebunt. Ideo non tardet quisque peccator poenitentiam agere, quatenus ad hujus praemii gloriam pervenire mereatur. Recordetur jugiter primam Dominicae praedicationis vocem, qua dictum est : *Poenitentiam agite, appropinquabit enim regnum coelorum* (*Matth.* III, 2). Amen.

PSALMUS CXXIX.

Psalmus iste inter canticos Graduum undecimus est, qui numerus quamdam diminutionem perfectionis demonstrat; sed sextus est in ordine poenitentiae, quem numerum, id est sex, suis partibus constat esse perfectum : in quo ipse creator condidit omnia, ut ostenderet omnia esse perfecta quae creavit. Iste vero pœnitens per pœnitentiæ lacrymas ad perfectionem indulgentiæ pervenire nititur, dicens :

VERS. 1. — *De profundis clamavi ad te, Domine.* De profundis, id est, nimietate peccatorum, de quibus non est alia salus illi, nisi ad Dominum clamare et in ejus sperare clementiam. Ideo postulat suum exaudiri clamorem, quam de profundo peccatorum eructavit dicens :

VERS. 2. — *Domine, exaudi vocem meam.* Ipsi enim sunt Altissimo viciniores, qui de sanctæ humilitatis visceribus eruperunt, se confitentes esse peccatores, et de profundo clamasse iniquitatis dicentes : *Fiant aures tuæ intendentes in orationem servi tui.* Quis est qui clamat ? peccator scilicet. Unde clamat ? etiam de profundo. Quo jam profundo, nisi peccatorum ? Qua spe clamat ? [Quia] qui venit solvere peccata, dedit spem etiam in profundo posito peccatori clamandi, veniamque sperandi. Quid vero iste clamet peccator, audiamus.

VERS. 3. — *Si iniquitatem* [Ms., *iniquitates*] *observaveris, Domine, Domine, quis sustinebit ?* Ecce apparuit [*Ms.*, aperuit], de quo profundo clamaret. Clamat sub fluctibus, quasi in profundo demersus iniquitatum suarum, accusans seipsum in cogitationibus, verbis et factis : intelligens totam vitam humanam tentationibus subjacere. Sequitur in qua spe clamaret, dicens :

VERS. 4, 5. — *Quia apud te propitiatio est.* Quæ est ista propitiatio, nisi sanguis Christi, sanguis innocens, qui effusus est in propitiationem peccatorum nostrorum ? Ergo, o Domine, apud te est propitiatio quæ me excitat ad te clamare : quia si judex tantum, et non propitiator fieri voluisses, observares iniquitates nostras, et nemo sustineret. *Et propter legem tuam sustinui te, Domine.* Exspectavi te, Domine, qui mihi in lege promissus fuisti : quæ me lex reum fecit, et compulit me ad te clamare, qui es legislator et Redemptor sub lege factus Filius hominis. *Sustinuit anima mea verbum tuum.* Quod verbum ? quod *erat in principio apud Deum.* Hoc verbum exspectavi ut caro fieret et liberaret animam meam, in quo suscepimus remissionem peccatorum et promissionem regni cœlorum. In quo verbo speraverunt prophetæ : quod verbum apostoli tractaverunt et viderunt : in quo verbo beati sunt etiam credentes, quamvis ipsum carnaliter non vidissent. In hoc verbo [*Ms.*, *verbum*] omnes animæ sanctorum sperant.

359 VERS. 6. — *A custodia matutina usque ad noctem speret Israel in Domino.* Custodia matutina est manifestata resurrectio Domini Salvatoris, quando [*Edit.*, *quoniam*] sepulcrum custodientibus Judæis, resumpti corporis veritate, resurrexit. *Usque ad noctem,* id est, usque ad terminum hujus sæculi in hac spe nobis vivendum est, ut modo resurgamus in anima, et in novissimo die resurgamus in corpore. Qui vero a morte animæ modo resurgit per verbum, Filii [*Ms.* filium] Dei, tunc feliciter resurget in carne

per Verbum Dei Filium hominis. In hac enim [*Ms.*, vero] promissione speret Israel in Domino. Spe enim salvi facti sumus. Quod nunc spei dulcedine habemus, tunc rei veritate tenebimus. Noli tu, Israel, id est, vir videns Deum, dubitare de hac promissionis felicitate.

VERS. 7. — *Quia apud Dominum misericordia et copiosa apud eum redemptio.* [Quia] quamvis peccator peccatorum mole prematur, adest misericordia Dei in Christo, qui sine peccato venit, ut peccata solveret. Apud quem copiosa est redemptio, quia ubi abundavit peccatum, superabundavit gratia.

VERS. 8. — *Ipse est qui redemit Israel ab omnibus iniquitatibus suis* [Ms., *ejus*]. Ideo tu peccator noli cessare : clama [*Ms.*, clamare] de profundo, expelle a te omnem desperationem ; dic, dic : *si iniquitatem observaveris, Domine, Domine, quis sustinebit ?* Observa illum, exspecta illum propter legem ipsius, quam legem tibi dedit in oratione, qua deprecaris pro peccatis tuis dicens : *Dimitte nobis debita nostra, sicut et nos dimittimus debitoribus nostris.* Spera te resurrecturum, et te futurum omni modo sine peccato, quoniam ille surrexit, qui primus fuit sine peccato. Noli dicere : Non sum dignus misericordia illius propter peccata ; cogita apud eum multam esse redemptionem, qui seipsum tradidit, ut te redimeret. Liberatus per pœnitentiam, noli iterum ligari per peccatum. Servi Domino quasi filius, non quasi servus : quia omnis qui facit peccatum, servus est peccati. Servus autem non manet in domo, filius autem manet apud Patrem suum in æterna beatitudine. Amen.

PSALMUS CXLII.

Titulus psalmi : *Psalmus ipsi David, quando eum filius suus persequebatur.* In Libris Regum hanc historiam legimus, quomodo Absalon patrem suum David expulit de regno. Sed alius est David vere manu fortis : in bello fortis, qui percussit hostem superbissimum, Dominus noster Jesus Christus. Agnoscendus est itaque David iste, quem persequebatur filius suus Judas tradens eum in mortem ; habebat enim filios, de quibus dicebat : *Non possunt filii sponsi lugere, quandiu sponsus est cum eis, veniet autem dies quando sponsus auferetur ab eis, tunc lugebunt* (*Matth.* IX, 15). Lugendum est animis peccantium, si sponsus auferatur ab eis propter peccata : et primo omnium poscendum, ut exaudiatur oratio eorum ; deinde ne inducantur in judicium ; postremo ut eripiantur ab inimicis suis, quorum potestati a semetipsis traditi sunt propter peccata sua.

VERS. 1. — *Domine, exaudi orationem meam, auribus percipe obsecrationem meam.* Hoc est exaudi, quod et percipe auribus. Repetitio magna est deprecantis intentio : humilitas lacrymarum, absolutio [*Ms.*, ablutio] est peccatorum. *In veritate tua exaudi me in tua justitia.* Commendatio gratiæ est, ne unusquisque nostrum justitiam suam esse putet, qua liberatur : sed justitia Dei est, quam ut habeat, Deus dedit. In tua enim, dicimus [*Ms.*, dicamus] justitia, exaudi me. Ad me enim unum cum respicio, nihil aliud in me nisi peccatum invenio. Tota liberatio mea, tua est justitia. Unde sequitur :

VERS. 2. — *Et non intres in judicium cum servo tuo.* Noli ergo mecum intrare in judicium, Domine, quantumlibet mihi rectus videar. Producis tu de thesauris tuis [*Ms.*, thesauro tuo] regulam æquitatis: judicas me secundum meam justitiam, et pravus invenior. Quare? *Quia non justificabitur in conspectu tuo omnis vivens.* Omne genus humanum significat originali peccato obnoxium. Ideo nullus, nisi gratia liberatus tua, justificari poterit. Quod si nullus justificabitur, de radice vitiata natus, quanto magis ego [proprio] peccatorum meorum pondere oppressus?

360 VERS. 3. — *Quia persecutus est inimicus animam meam.* Judas animam Christi, diabolus animam meam peccatorum persuasione persecutus est, atque *humiliavit in terram vitam meam,* dum terrenis contagiis aspersit animam meam, et vitiorum pulvere sordidavit eam. *Collocavit me in obscuris sicut mortuos sæculi.* [Collocavit me inimicus in tenebris peccatorum, sicut mortuos sæculi. Mortui sunt sæculi] qui in peccatis suis moriuntur, retributionem [*Ms.*, mercedem] recipientes iniquitatis suæ, ideo

VERS. 4. — *Et anxiatus est in me spiritus meus, in me turbatum est cor meum.* Anxiatus est in me per pœnitentiam spiritus meus, et totum cor meum pro scelerum enormitate meorum conturbatum est, timens, ne cum sæculi mortuis damnet me judex justus.

VERS. 5. — *Memor fui dierum antiquorum.* Dies antiqui sunt, in quibus secundum veterem hominem vivebam in peccatis, quorum memoria me torquet. *Meditatus sum in omnibus operibus tuis; in factis manuum tuarum meditabar.* Vidi, inspexi omnia opera tua, quia nihil boni in nobis esse potest, nisi tua operante gratia fiat, qui nos fecisti. Hæc intentius considerans quid feci? scilicet

VERS. 6. — *Expandi manus meas ad te, anima mea sicut terra sine aqua tibi.* Expandi manus meas in orationibus : et in sanctæ crucis solatio, in qua Salvatoris mei manus expansæ sunt, orabo. Sequitur comparatio, in qua dicit pœnitens, sic animam suam desiderare Deum, quemadmodum terra sitiens pluvias exspectat, ut fructus germinet desiderabiles. *Sine aqua tibi.* O Deus! tibi sit anima mea irrigata, et a te irrigata, ut tibi faciat fructum.

VERS. 7. — *Velociter exaudi me, Domine, quia defecit spiritus meus.* Velociter deficiet spiritus animalis, et revertetur caro in terram suam, et non agnoscet amplius locum ejus. Quia semel nascitur homo, et semel renascitur; semel moritur, et semel resuscitabitur; ideo, Domine, miserere dum est *tempus miserendi, et tempus acceptabile et dies salutis.* Scio citissime venire diem, in qua judicabor secundum opera mea. Miserere nunc, Domine Jesu, ut misererearis tunc in judicio. *Non avertas faciem tuam a me;* quia si averteris faciem misericordiæ tuæ a me, *ero similis descendentibus in lacum.* Lacum vero inferiorem locum inferni designat, ubi impii perpetua torquentur angustia, de quo [nemo] liberabitur, nisi gratia Dei præveniente tempus judicii. Potest quoque lacus intelligi profunditas peccatorum, ad quam si peccator venerit, contemnet salutem desperando animæ suæ; a qua liberari se, sicut ab infernali, iste pœnitens deprecatur, et subjungit :

VERS. 8. — *Auditam fac mihi mane misericordiam tuam, Domine, quia in te speravi.* Ecce in nocte sum, sed in te sperabo, donec nocturna transeat iniquitas, et mane miserationes tuæ quasi aurora lucis veniant mihi. *Notam fac mihi viam in qua ambulem.* Id est notam fac mihi viam præceptorum tuorum, ut ambulem in ea ; illuminatus ab eo, *qui illuminat omnem hominem venientem in hunc mundum. Quia in te speravi, Domine.* Certa confitentis est consolatio, spes in bonitate salvantis Domini.

VERS. 9. — *Eripe me de inimicis meis, Domine, ad te confugi.* Qui [sunt] inimici, nisi dæmones, nisi sæculi ambitiones, nisi carnalia desideria? quibus relictis ad te confugi, non a te, sicut Adam ad umbras post meridiem felicitatis. Non habeo, ad quem faciam confugium, nisi ad te Domine Deus meus.

VERS. 10. — *Doce me facere voluntatem tuam.* Quia voluntas tua mea est salus, qui vis omnes homines salvos fieri et neminem perire. *Quia tu es Deus meus.* Quia tu es totum bonum meum, tota salus mea. Dominum quæram propter redemptionem ; patronum quæro propter libertatem [*Ms.*, liberationem]. Tu es Deus meus, tu creasti me; per alium recreari nequeo, nisi per te, per quem creatus sum. Creasti me per Verbum Deum, manens [*Ms.*, manentem] apud te: recreas me per Verbum carnem factum propter nos. *Spiritus tuus bonus deducet me in terram rectam.* Quia spiritus meus malus deduxit me in terram perversam; spiritus tuus bonus deducat me in terram rectam. Spiritus tuus bonus semper est, meus vero semper malus, nisi per tuum efficiatur bonus.

361 VERS. 11. — *Propter nomen tuum, Domine, vivificabis me in æquitate tua.* Sic [*Ms.*, Hic] clementissima Dei gratia commendatur, cujus miseratione in nomine Salvatoris, non nostris meritis vivificati sumus. *Educes de tribulatione animam meam.* Educentur de tribulatione, tanquam de carceribus, animæ sanctæ, quando a tentationibus inimici liberabuntur, et ad requiem pervenient, ubi nulla erit ultra tribulatio tentantis inimici. Ita finis vitæ præsentis, terminus est laboris sanctorum.

VERS. 12. — *Quoniam disperdet Deus inimicos eorum, et perdet omnes qui tribulant animas servorum suorum.* Hic enim tribulantur justi, ibi vero in requie beatitudinis gloriabuntur et consolabuntur [omnes] persecutionem pro Christi nomine patientes, dicente ipsa Veritate : *Beati qui persecutionem patiuntur propter justitiam, quoniam ipsorum est regnum cœlorum* (Matth. v, 10), in sæcula sæculorum. Amen.

MAGISTRI ALBINI FLACCI ALCUINI EXPOSITIO IN PSALMUM CXVIII.

PRÆFATIO.

Centesimus decimus octavus psalmus magnum in se mysterium continet: sed quoniam continentur in eo lex, mandata, justificationes, testimonia, judicia, qua utique inter se distent, discernere necesse est. *Lex* ergo est, quæ per Moysen data est. In Christo spiritaliter debet intelligi, quia Apostolus, cum illam sanctam vocet, umbram tamen eam futurorum esse describit. *Mandata* sunt, in quibus præceptorum Dominicorum custodia deputatur, juxta illud: *Non occides, non mœchaberis*, et reliqua. *Justificationes* sunt, quibus Deus per suam dilectionem et proximi, zizania odii ab hominum corde jubet evelli. *Testimonia* sunt, in quorum præsentia nobis observationum sanctarum ordo committitur: sicut Moyses cœlum et terram invocat testes, et Paulus ad Timotheum, Testificor tibi, inquit, in conspectu Dei viventis et in conspectu electorum angelorum ejus, et reliqua. (*I Tim.* v, 21.) *Judicia* autem sunt, cum aut justus splendidis honorabitur meritis, aut æternis damnabuntur [*Ms.*, justos honorabit... damnabit] suppliciis transgressores. Viæ [enim] sunt apostoli ac prophetæ, per quos venitur ad veram vitam [*Ms.*, viam], quæ est Christus. Totus hic psalmus est scriptus secundum ordinem litterarum, ita ut ab una littera octo versus incipiant, et rursum a sequenti octo alii compleantur, et hoc similiter ad finem usque texitur.

Ab exordio suo magnus psalmus iste, charissimi, exhortatur nos ad beatitudinem, quam nemo est qui non expetat [*Edit.*, exspectat]. Quis enim unquam vel potest, vel potuit, vel poterit inveniri, qui nolit esse beatus? Quid igitur exhortatione opus est ad eam rem, quam sua sponte appetit animus humanus? Nam profecto qui exhortatur, id agit ut excitetur voluntas ejus cum quo agit [ad illud] propter quod exhortationis adhibetur alloquium. Ut quid ergo nobiscum agitur ut velimus quod nolle non possumus, nisi quia omnes quidem beatitudinem concupiscunt, sed quonam modo ad eam perveniatur nesciunt? Ideoque hæc [*Ms.*, hoc] docet iste, qui dicit:

ALEPH, ID EST DOCTRINA.

VERS. 1. — *Beati immaculati in via, qui ambulant in lege Domini*. Beati esse non possunt nisi immaculati; immaculati autem non sunt, nisi qui in via ambulant: via vero non est, nisi lex Domini. Quærens ergo beatitudinem, immaculatus in via sit, et in lege Domini, quæ beatorum via est, ambulet: non sit otiosus, sit sine macula, hoc est, sine mortali crimine. Sed tamen discretionem facit inter maculam et maculam. Quia si sine minutis esse non possumus, vel in majora incidere non debemus [*Ms.*, debeamus]. Beati ergo immaculati in via, qui ambulant **362** in lege Domini: in via [in Christo (*Edit.*, in via Christi)] ut ipse ait: Ego sum via et veritas. *Qui ambulant in lege Domini*, hoc est, in mandatis ejus.

VERS. 2. — *Beati qui scrutantur testimonia ejus, in toto corde exquirunt eum*. Ut intelligant cum peccaverint, se coram testibus deliquisse: [ait autem, qui] in toto corde exquirunt eum, et non leviter, neque segniter.

VERS. 3. — *Non enim qui operantur iniquitatem, in viis ejus ambulaverunt*. Viæ enim apostoli sunt et prophetæ, per quos venitur ad illam vitam [*Ms.*, viam], qui dixit: *Ego sum via et veritas et vita* (*Joan.* xiv, 6), sicut jam diximus. In hac enim via non incedunt impii, quia Satanæ viam sequuntur.

VERS. 4. — *Tu mandasti mandata tua custodiri nimis*. Non tepido corde, neque dissoluto animo, sed fortiter et attente nos sua mandata edocet custodire. *Nimis* posuit pro *valde*. Valde itaque præcepit hoc Deus, et valde oportet Dei custodire mandata.

VERS. 5. — *Utinam dirigantur viæ meæ, ad custodiendas justificationes tuas*. Nisi enim ab ipso Domino dirigantur viæ nostræ, ad ejus custodiendas justificationes infirmi erimus, propter fragilitatem carnis. Dedisti, inquit, mandatum et custodire illud præcepisti; sed utinam præbeas auxilium, ut possim facere, te jubente, quod faciendum didici te docente.

VERS. 6. — *Tunc non confundar cum perspexero in omnibus mandatis tuis*. Cum, inquit, directæ fuerint viæ meæ per gratiam tuam, tunc inspectione mandatorum tuorum non confundar, dum respicio in omnia mandata tua. Non enim alia prætermittere et alia observare, sed omnia æqualiter custodire oportet; ne in futuro judicio confundamur.

VERS. 7. — *Confitebor tibi, Domine, in directione cordis, in eo quod didici judicia justitiæ tuæ*. Confitebor si directum fuerit iter meum et cor meum: te prædicabo, Domine, te laudabo, et tui esse operis hoc confitebor.

VERS. 8. — *Justificationes tuas custodiam, non me derelinquas usquequaque*. Hoc est, faciam quod jubes, si me adjuveris usquequaque. Ac si aperte diceret, a bono opere errare me non sinas, ne dum amitto ordinem bene vivendi, rectitudinem perdam loquendi. Hoc petit ne penitus deseratur, sed ita potius, ut ab eo nunquam et nusquam divinum abscedat auxilium.

VERS. 9. — *In quo corrigit junior viam suam? in custodiendo sermones tuos*. Interrogatio est, in quo junior viam suam corrigat; et respondetur, quod correctio hæc sit, ut Dei verba custodiat. Juvenem enim dixit omnem hominem qui, vetusto peccati homine deposito, fit novus [*Ms.*, qui de veteris peccati homine fiat novus] in Christo.

VERS. 10 — *In toto corde meo exquisivi te, ne repellas me a mandatis tuis*. Fecisti, inquit, ut toto corde meo exquirerem te; fac ut in mandatis tuis maneam: quæ ut mihi possibilia sint adjuva me, et noli me ab eis repellere, id est; noli mihi auxilium tuum subtrahere.

VERS. 11. — *In corde meo abscondi eloquia tua, ut non peccem tibi.* Continuo divinum quaesivit auxilium, ne in corde ejus Dei eloquia sine fructu absconderentur, nisi opera justitiae sequerentur. Cum enim hoc dixisset, adjunxit:

VERS. 12. — *Benedictus es, Domine, doce me justificationes tuas.* Ut quid enim dicit, doce me justificationes tuas, nisi quia eas vult faciendo discere, non loquendo, vel memoria retinendo tantummodo?

VERS. 13. — *In labiis meis pronuntiavi omnia judicia oris tui.* Nihil, inquit, judiciorum tuorum tacui, sed omnia prorsus in labiis meis enuntiavi, ea scilicet, quae mihi ore tuo, id est, eloquiorum tuorum praedicatione dixisti.

VERS. 14. — *In via testimoniorum tuorum delectatus sum, sicut in omnibus divitiis.* Via testimoniorum Dei Christus est, in quo sunt omnes thesauri sapientiae et scientiae absconditi. In hac ergo via quasi in omnibus divitiis delectatur, qui vadit per illam. Multa erga nos sunt testimonia divinae dilectionis impleta, non dubium quin exspectentur implenda [*Ms.*, non dubitat, quae exspectantur, implenda].

VERS. 15. — *In mandatis tuis* [*Ms.*, add. *me*] *exercebor, et considerabo vias tuas.* Exercitatio assiduitas operis est: et iste nisi exercitatus in mandatis Dei fuisset, non poterat considerare vias ejus, id est apostolicas propheticasque doctrinas.

VERS. 16. — *In justificationibus tuis meditabor: non obliviscar sermones tuos.* Ea meditor, in his exerceor, ut illa oblivioni non tradens, possim ea integre perfecteque complere.

GIMEL VOX.

VERS. 17. — *Retribue servo tuo, vivifica me: et custodiam sermones tuos.* Quatuor enim sunt retributiones: aut mala pro malis retribuuntur, sicut Deus ignem aeternum retributurus est impiis. Aut bona pro bonis, sicut regnum aeternum retributurus est justis. Aut bona pro malis, sicut Christus per gratiam justificat impium. Aut mala pro bonis, sicut Judaei per malitiam persecuti sunt Christum. Harum quatuor retributionum duae priores pertinent ad justitiam, ut retribuantur mala pro malis, bona pro bonis. Tertia pertinet ad misericordiam, ut retribuantur bona pro malis. Quartam autem Deus nescit [*Ms.*, Quarta vero non pertinet ad Christum], nulli enim malum pro bono retribuit. Haec autem, quam tertio loco posui, primitus necessaria est: nisi enim Deus retribueret bona pro malis, nullo modo essent, quibus retribueret bona pro bonis. Sciens ergo verba Dei non posse custodiri per obedientiam, nisi videantur per intelligentiam, hoc quoque orationi addit et dicit:

VERS. 18. — *Revela oculos meos et considerabo mirabilia de lege tua.* Da, inquit, mihi intellectum, quo possim mirabilia tuae legis inspicere, et virtutem praeceptorum tuorum videre.

VERS. 19. — *Incola ego sum in terra: non abscondas a me mandata tua.* Ibi quisque est peregrinus, ubi absens a patria sua. Iste ergo, qui supernae Hierusalem civis ascriptus est, peregrinum se confitetur [*Ms.*, profitetur] in terra, quia certus est de haereditate promissa. Sed quia tentatio est vita humana super terram, petit ne in tempore tribulationis et incolatus sui abscondantur ab eo mandata Dei.

VERS. 20. — *Concupivit anima mea desiderare justificationes tuas in omni tempore.* Ut sive manducem, sive bibam, sive aliud quid faciam, ea semper desiderem, mediter, apprehendam. Tu enim me justificas, tua me facit gratia justum, et bonum mihi est semper hoc desiderare, et in hoc tuo praesidio delectari. Alioquin justus non ero, si defuerit mihi gratia tua, aut inflaverit me superbia.

VERS. 21. — *Increpasti superbos, maledicti qui declinant a mandatis tuis.* Increpatio haec intelligenda est, quam primi hominum genitores sua transgressione meruerunt, declinantes a mandato Dei per superbiam, qua concupierunt, non quod Deus diligendum praecepit, sed quod diabolus invidendo persuasit. Omnis itaque superbus huic increpationi subjectus est, sive haereditario merito, sive voluntatis arbitrio. Superbi enim declinant a mandatis Dei. Aliud est quippe mandata ejus per infirmitatem vel ignorantiam non implere, aliud ab eis per superbiam declinare. Tunc omnes impii plenam accipient maledictionem, cum audierint: Ite, maledicti, in ignem aeternum.

VERS. 22. — *Aufer a me opprobrium et contemptum, quia testimonia tua exquisivi.* Non otiose nec somnolenter, sed strenue vigilanterque sancti testimonia divina exquisierunt, ut talia paterentur; ut est praeceptum Domini: *Beati qui persecutionem patiuntur propter justitiam*, etc. (*Matth.* V, 10). Sed haec oratio pro persecutoribus funditur non irrogando ultionem poenae, sed ut, dum conversi fuerint ad Dominum, martyribus tollatur opprobrium, quando et illi ipsam religionem coluerint.

VERS. 23. — *Etenim sederunt principes et adversum me loquebantur, servus autem tuus exercebatur in justificationibus tuis.* Quod in hoc versiculo Propheta in se loquitur, futurum in apostolis reliquisque martyribus videt, qui multa coram regibus et praesidibus, Domino hoc etiam pronuntiante, perpessi sunt, qui licet sint diversis poenis affecti usque ad sectionem cervicum, tamen semper se in Dei exercuerunt justificationibus.

VERS. 24. — *Nam et testimonia tua meditatio mea est, et consilium meum justificationes tuae sunt.* Sic ergo exercebatur servus Christi, ut contra persequentes [delectatio testimoniorum] decertaret. Consilium persequentium principum fuit inventos martyres perdere; consilium patientium martyrum fuit, inimicos perditos invenire. Reddebant illi mala pro bonis, isti bona pro malis. Quid ergo mirum, si isti occidendo defecerunt, illi moriendo [vicerunt (*Edit.*, vivificaverunt).]

DALETH.

364 Vers. 25. — *Adhæsit pavimento anima mea, vivifica me secundum verbum tuum.* Corpori mortali animam conjunctam intelligo; ideo ne delictum invalescat, a te peto vivificari, sciens quoniam concupiscentia carnis mortem operatur.

Vers. 26. — *Vias meas enuntiavi et exaudisti me, doce me justificationes tuas.* Vias vocat actus humanos: Sine dubio actui ipso viæ nomen imponit. Vias peccati mei confessus sum et remisisti; nunc doctrinam indulge, qua me justificationes tuas edoceas [*Ms.*, qua in justificationibus edocear].

Vers. 27. — *Viam justificationum tuarum instrue me, et exercebor in mirabilibus tuis.* Merito cohors sancta justificationum viam intelligere quærebat, quæ vias suas, id est peccata, prodiderat: quia nisi illas damnemus, ad istam pervenire non possumus. Instrue me ad intellectum, id est pertinentem ad beatam vitam: et exercebor in mirabilibus tuis; utique sensu et prudentia, ut Vetus Testamentum ad spiritalem trahat intellectum. Mirabilia vocat ipsas, quas superius vocat, justificationes.

Vers. 28. — *Dormitavit anima mea præ tædio: confirma me in verbis tuis.* In hujus habitaculi mortalis statione præ tædio imbecillitatis corporeæ confirma me in verbis tuis, ut ablato peccati somno instanter in his vigilem.

Vers. 29. — *Viam iniquitatis amove a me et in lege tua miserere mei.* Ad illam contemplationem veritatis evectus petit, quod in isto sæculo necessarium fuit, ut via iniquitatis, hoc est diaboli [*Ms.*, diabolus] ab ejus infestationibus tolleretur. Et in lege tua miserere mei; apud te enim lex hæc instituta est, ut semper miserearis.

Vers. 30. — *Viam veritatis elegi, judicia tua non sum oblitus.* Viam veritatis elegi, ubi currerem; judicia tua non sum oblitus, ut currerem. Viam veritatis elegi Christum Filium Dei, quem prævidens venturum in mundum audio dicentem: *Ego sum via, veritas et vita*. Judicia tua non sum oblitus; illa judicia quæ in Evangeliis proferens ait: Hoc est judicium, *ut omnis qui credit in Filium hominis, habeat vitam æternam.*

Vers. 31. — *Adhæsi testimoniis tuis, Domine, noli me confundere.* Et quia his adhærens anteriorum facinorum indulgentiam merui, quæso ne me patiaris de te ratione peccati confundi.

Vers. 32. — *Viam mandatorum tuorum cucurri, cum dilatasti cor meum.* Cordis dilatatio veritatis est dilectio, quod Dei munere fit, ut ei non timore pœnæ, sed amore justitiæ serviatur, cum charitas Dei diffunditur in cordibus nostris per Spiritum sanctum, qui datus est nobis. Ideo ergo [iste (*Edit.*, istam)] viam mandatorum Dei cucurri, quia cor ejus Dominus dilatavit.

Vers. 33. — *Legem pone mihi, Domine, viam justificationum tuarum, et exquiram eam semper.* Hic iterum plebs procedit beata, in qua sibi legem petit A constitui acquisitam [a]. Prius jam dixit: Et in lege tua miserere mei, hoc est, in Veteri Testamento. Nunc autem novam legem [cupit] sibi poni, veniente scilicet Domino Christo in carne, ut Christianorum fides firmaretur. Jugiter se [eam] dixit exquirere; illud enim exquiritur, quod magnis precibus postulatur indesinenter.

Vers. 34. — *Da mihi intellectum et scrutabor legem tuam et custodiam illam in toto corde meo.* Ecclesia rogat ut intelligat discretionem inter bonum et malum, inter vitam et mortem, inter litteram et sensum. Ut intelligam, et prædicem, et opere impleam, et custodiam illam in toto corde meo, id est, ex tota dilectione. Quam pulchro ordine dixit? Prius petit, ut lex ei poneretur, hoc est, Novum Testamentum; deinde, ut legis ipsius intentionem cognoscere meruisset, quatenus eam tota integritate cordis servaret.

Vers. 35. — *Deduc me in semita mandatorum tuorum, quia ipsam volui.* Semita minor est quam via, hoc est arcta et angusta via, hoc est altiora mandata, quæ ducunt ad vitam. Mandata ista Novi Testamenti debemus accipere, ubi se perduci magnopere precabatur. Ipsam volui, hoc est Novi Testamenti gratiam divinam, per quam se ad cœlorum regna noverat pervenire.

365 Vers. 36. — *Inclina cor meum in testimonia tua, et non in avaritiam,* dicit Ecclesia, id est in humilitate, ut illud · *Discite a me quia mitis sum et humilis corde* (*Matth.* XI, 29). Testimoniis quippe suis agit nobiscum Deus, ut cum gratis colamus, quod impedit avaritia, radix omnium malorum. Ergo non habeamus inclinatum cor in avaritiam: non colamus Dominum, nisi propter Dominum, ut sui cultus ipse sit merces.

Vers. 37. — *Averte oculos meos, ne videant vanitatem, in via tua vivifica me.* Averte oculos meos, id est sensus meos, ne videant vanitatem, id est defectionem. Ac si dicat, in ista vanitate, quod est defectio, non habeam oculos meos, id est sensus meos, defixos, sed, inquit, in via tua vivifica me, hoc est in temetipso [*Edit.* temetipsum] vel in tuis mandatis vivifica me in anima.

Vers. 38. — *Statue servo tuo eloquium tuum in timore tuo.* Stabile fit eloquium Domini in corde nostro, cum fit quod eodem jubetur eloquio; et avellitur, cum contrarium opus agitur. Petit ergo servus Dei, ut in eo confirmetur obedientia perseverans, qua [*Ms.*, quæ] de statu suo nullo malæ actionis moveatur impulsu: Quod per spiritum et timorem fit castum, quo cavetur ne offendatur charitas, non quo metuitur [*Ms.*, metuatur] ne damnetur impietas.

Vers. 39. — *Amputa opprobrium meum quod suspicatus sum, quia judicia tua jucunda.* In sententia ista maximum [vitium (*Edit.*, exemplum)] humanitatis exponitur. Multi enim in opprobrium cadunt aliter quam habeat veritas suspicando: quam culpam rogat a se

[a] Codd. mss.: « Ad quintam litteram plebs protulit beata, in qua sibi legem petit constitui. »

amputari. Suspicio enim saepissime probatur incerta, quae viro non convenit Christiano. Haec ergo suspicio ducit ad opprobrium, quod ex peccato nascitur. Merito sibi jucundum Domini dicebat esse decretum, per quod se et requiem reperisse noverat, et coronam perpetuam.

Vers. 40. — *Ecce concupivi mandata tua, in aequitate tua vivifica me.* Fecisti me, inquit, cupidum mandatorum tuorum, fac et efficacem. Adjuva ut faciam quod commendas, dona ipse quod mandas. Unum est, Domine, tuae miserationis donum, ut eloquia sancta custodientes in tua aequitate vivificemur, hoc est, ut aequalem te Patri et Spiritui sancto fateamur [*Ms.*, cum aequalem..... fatemur.]

Vers. 41. — *Et veniat super me misericordia tua, Domine, salutare tuum secundum eloquium tuum.* Ad sextam litteram conversatio sancta pervenit, in qua sibi postulat salutarem Dominum debere concedi, qui est misericordia peccatorum, et vita fidelium, per quem salus gentibus venit. Secundum eloquium tuum, dixit, id est [secundum] promissionem tuam, quam per prophetas promisisti.

Vers. 42. — *Et respondebo exprobrantibus mihi verbum, quia speravi in sermonibus tuis.* Haec nobis indicat absolute sententia, respondendum esse viriliter adversantibus, ne [sibi] malignantium praesumptio superior esse videatur. Exprobrant enim verbum [*Ms.*, verbo] qui Filium dicunt esse minorem Patre. Quia speravi, constanter his respondebo, qui vanam dicunt spem meam quam in te habeo, quia illorum spes inanis est.

Vers. 43. — *Et ne auferas de ore meo verbum veritatis usquequaque, quia in judiciis tuis supersperavi.* Rogat ut confessionem veritatis de ejus ore nullae poenae, nullus terror, extorqueant. Cum dicit, *usquequaque*, significat verbum veritatis ad tempus aliquibus fuisse sublatum: Ut Petro contigit, qui ante galli cantum ter Dominum negavit: Et ipse tamen illud peccatum fletibus delevit, et sanguinis effusione mundavit. Quia in judiciis tuis supersperavi. Judicia enim Domini erant, quod turbae martyrum diversis cruciatibus agebantur [*Ms.*, cruciationibus angebantur] ad regna coelorum.

Vers. 44. — *Et custodiam legem tuam semper in saeculum et in saeculum saeculi.* Iste et alii versus usque ad finem litterae non habent deprecationem, sed narrationem. Superius petit ut acciperet, hic de perceptis gratias agit. Semper omne tempus vitae praesentis ostendit: *in saeculo* vero futurum saeculum monstrat. [Lex (*Edit.*, Haec] autem, quam perpetuo custodire desiderat, charitas accipienda est, quia ipsa est plenitudo legis: et cessantibus caeteris mandatis sola permanet in aeternum.

366 Vers. 45. — *Et ambulabam in latitudine, quia mandata tua exquisivi.* Dilatatus enim sum in custodia legis tuae, quia mandata tua exquisivi. Diligenter ea perscrutans ad hoc exquisivi, ut crederem et intelligerem.

Vers. 46. — *Et loquebar de testimoniis tuis in conspectu regum, et non confundebar.* Loquebatur [*Edit.*, loquebar] de testimoniis Domini, quoniam [*Ms.*, quomodo] petiverat et acceperat, ut responderet exprobrantibus sibi verbum; qua firmitate roboratus ante reges saeculi dicit se non esse confusum, sed veritatem intrepidis sermonibus exercebat.

Vers. 47. — *Et meditabor in mandatis tuis, quae dilexi.* Hic ostendit frequentatae meditationis ardorem. Meditari enim mandata non poterit, nisi qui ea assidua lectione percurrerit. *Quae dilexi*, inquit; negligere enim nunquam potest homo quae diligit. Addit, *nimis*, supra quam nulla potest dilectio reperiri.

Vers. 48. — *Et levabo* [*Ms.*, levavi] *manus meas ad mandata tua, quae dilexi, et exercebor in justificationibus tuis.* Superiori versu dixit, *meditabor in mandatis tuis*, quod ad virtutem respicit inspectivam; modo autem dixit, *levabo manus meas*, quod ad partem pertinet actualem. Levare enim manus [a non quasi a recordatione exciderit, admonet: et] significat bonis operibus occupari. Qui in malis actionibus detinetur, non levat manus suas. *Et exercebor in justificationibus tuis.* Ibi meditabatur, ubi mentis fuit intentio [*Edit.*, Ubi meditabar, ubi enim mentis est intentio]; hic exercebatur, ubi quaerebat operis frequentatione proficere.

Vers. 49. — *Memento verbi tui servo tuo, in quo mihi spem dedisti. Memento.* Quod [*Ms.*, cum] dicitur Deo *memento*, orantis desiderium, quo promissum accelerari poscit, ostenditur; [non Deus, quasi a recordatione exciderit, admonetur.] *Memento* ergo, inquit, *verbi tui servo tuo*: Hoc est, imple promissum tuum, *in quo mihi spem dedisti*, hoc est, in quo verbo sperare me fecisti.

Vers. 50. — *Haec me consolata est in humilitate mea, quia eloquium tuum vivificavit me.* Consolationem inter aerumnas saeculi dedit spes [*Ms.* Consolatum inter aerumnas saeculi se dicit spe...] futurae vitae. *In humilitate*, quia sancta probatur humilitas, omnia sustinere patienter. *Quia eloquium tuum vivificavit me.* Causam reddit quare humilitas ejus fuerit consolata, quia spes consolationis vivificat eum afflictum.

Vers. 51. — *Superbi inique agebant usquequaque, a lege autem tua non declinavi. Superbi inique.* Superbos intelligi vult persecutores humilium, hoc est, impios persecutores piorum, et ideo subjecit: *A lege autem tua non declinavi*, quia hoc eum facere eorum persecutio compellebat.

Vers. 52. — *Memor fui judiciorum tuorum a saeculo; Domine, et consolatus sum. Memor fui*, ex quo genus humanum sumpsit exordium. Memor fui judiciorum tuorum: Et quia probavi quod omnes viae tuae misericordia et veritas, consolationem accepi; auxilio gratiae tuae consolatus sum. Intellexi per spiritum sanctum quod tu venturus eras in carne.

Vers. 53. — *Defectio animae* [*Ms.*, animi] *tenuit me pro peccatoribus derelinquentibus legem tuam.*

---

[a] *Ms.*, Salisburgensis omittit verba uncis conclusa.

Vox Ecclesiæ affectum miserationis ostendit, ut doleat super prævaricationes iniquorum. Necesse est ut sanctum virum alterius culpa contristet, dum animus pius salvos fieri universos desiderat.

VERS. 54. — *Cantabiles mihi erant justificationes tuæ, in loco peregrinationis meæ.* Cum dicitur, *Cantabiles*, significat psalmodiam cum magna delectatione peragendam. Cantus enim superelevat labores et aufert animo tædium. In loco incolatus mei, significat hunc mundum, ubi peregrinatur omnis qui in Domino Christo devotus est : Expulso quidem Adam de paradiso, in hac terra incolatum gerimus.

VERS. 55. — *Memor fui nocte nominis tui, Domine, et custodivi legem tuam.* Oportet enim fragilitatem humanam, cum semper, tum impensius in nocturno tempore, memoriam facere Dominici nominis, cum aut recordatione divitiarum premitur, aut concupiscentiæ igne torquetur : et præcipue hoc exorare, ut si legem Dei custodire cœpit, ne ab eadem in aliquo divellatur.

VERS. 56. — *Hæc mihi facta est, quia justificationes tuas exquisivi.* Facta est mihi hæc lex consolatio et [non] scandalum, ut diligentius justificationes tuas scrutari valerem.

VERS. 57. — *Portio mea, Domine, dixi custodire legem tuam.* Portio a parte dicta est : Illius enim partis sumus, cujus voluntatibus obedimus ; unde merito portio piorum Deus dicitur, quia regni ejus sunt pii et sancti. *Dixi custodire legem tuam.* Dixi, id est, statui atque decrevi. Felix qui portionem non habet aliam, nisi Dominum : qui honores, divitias, cupiditates non amat, sed tantummodo Deum.

VERS. 58. — *Deprecatus sum faciem tuam in toto corde meo, miserere mei secundum eloquium tuum.* Bene Propheta [in toto corde] deprecatur faciem Dei, qui mundum cor se novit habere. *Beati enim mundo corde, quoniam ipsi Deum videbunt. Miserere mei secundum eloquium tuum,* per quod promisisti ut peccatorem in mortem non obrueres, sed misericorditer consolareris.

VERS. 59. — *Quia cogitavi vias meas, et converti* [Ms., *averti*] *pedes meos in testimonia tua.* Ordinem humanæ conversationis exponit : prius est enim ut nosmetipsos arguamus, et sic ad mandata Domini migremus. [Cogitavit] vias suas [*Edit.*, meas], id est, actus humanos, sed ei omnino displicebant ; [ideoque] pedes suos convertit ad testimonia Domini gradienda, in quibus si quis ambulat, firma habet vestigia.

VERS. 60. — *Paratus sum et non sum turbatus, ut custodiam mandata tua.* Paratus sum ad prædicandum, non sum turbatus ad tribulationem sustinendam propter Christum, ut custodiam mandata tua. Non me conturbaverunt iniqua exprobrantium jacula.

VERS. 61. — *Funes peccatorum circumplexi sunt me, et legem tuam non sum oblitus.* Cum dicit, *funes*, ostendit tot esse laqueos, quot peccata committimus. Funes peccatorum, non ab eo quod sunt peccata declinatum est, sed ab eo quod sunt peccatores. Funes itaque peccatorum impedimenta sunt inimicorum, sive spiritalium, sive carnalium. [Sed (*Edit.*, quæ)] si implicant corpus, non implicent animam. Ob quæ impedimenta iste legis Dei non est oblitus [*Ms.*, In quo iste legis Dei non est oblitus...], quia sermo Dei non est alligatus.

VERS. 62. — *Media nocte surgebam ad confitendum tibi super judicia justificationis tuæ.* Media nox profunda tribulatio est, quia non sic affligebatur [*Edit.*, effugabatur], ut surgere non valeret. Surgebat autem ut confiteretur Deo, justo judicio ejus datam peccatoribus potestatem, qua sanctos persequerentur, quos adjuvat gratia Dei, ut hujusmodi exercitia facerent clariores.

VERS. 63. — *Particeps ego sum omnium timentium te, et custodientium mandata tua.* Modo ecclesia particeps est ad illos qui Deum timent timore sancto, et sua mandata implent : particeps est cum illis in spe, fide et charitate.

VERS. 64. — *Misericordia tua, Domine, plena est terra, justificationes tuas doce me.* Misericordiam fecit, quando venit nos redimere ; inde est plena terra, inde est sancta Ecclesia. *Justificationes tuas doce me;* Hoc est tua mandata, ut illa intelligam et prædicem, et opere impleam.

VERS. 65. — *Bonitatem fecisti cum servo tuo, Domine, secundum verbum tuum.* Vox Prophetæ in persona Ecclesiæ. Bonitatem fecisti, quando in carne venisti, et nos redemisti. *Cum servo tuo,* populo Christiano. *Secundum verbum tuum ;* Verbum Patris Filius est. Secundum verbum tuum, ut peccantes [*Ms.*, peccantem me] non in ira punires, sed misericordia consolareris.

VERS. 66. — *Bonitatem, et disciplinam, et scientiam doce me, quia mandatis tuis credidi.* Docet ergo Deus bonitatem, inspirando charitatis dulcedinem ; docet disciplinam, cum in tribulationibus patientiam dedit : docet scientiam, cum salutarium mandatorum ipse cognoscitur tributor [*Ms.*, adtributor], quia in mandatis tuis credidi me vitam habere æternam.

VERS. 67. — *Priusquam humiliarer, ego deliqui, propterea eloquium tuum custodivi.* [Propter primum, inquit, delictum humiliatus sum, et ne rursum humilier, eloquium tuum custodivi.] Ita per gratiam tuam profuit experiri pœnam, ut acquirerem obedientiam.

VERS. 68. — *Bonus es tu, Domine, et in bonitate tua doce me justificationes tuas.* Quia nemo bonus, nisi Deus solus. Vere vult autem facere justificationes Dei, quando eas sine ejus suavitate non vult discere.

VERS. 69. — *Multiplicata est super me iniquitas superborum, ego autem in toto corde meo scrutabor mandata tua.* Multiplicatam super se dicit persequentium iniquitatem, et ideo petit, ne maculareter ab eis. *Ego autem in toto corde meo scrutabor mandata tua,* ut quantum illi contendebant seducere [*Edit.*, reducere], tantum iste videretur mandatis Dominicis adhærere.

VERS. 70. — *Coagulatum est sicut lac cor eorum, ego vero legem tuam meditatus sum.* Coagulatum in bono et in malo ponitur ; hic autem in malo ponitur, hoc est superbia malorum : de qua superius dixit, quæ more lactis in crassiorem substantiam constricta est ; sed istum non potuerunt a lege Domini segregare, quia ipse pia sapientia [*Ms.*, patientia] superavit eos.

VERS. 71. — *Bonum mihi quod humiliasti me, ut discam justificationes tuas.* Bonum mihi, quod pœnam convertisti mihi ad disciplinam, et humiliationem ad eruditionem : quia justificationes tuas ita cupio noscere [*Ms.*, nosse], ut faciam. Non enim est vera scientia in bonum [*Ms.*, boni], nisi ad hoc cognoscatur [ut agatur].

VERS. 72. — *Bonum mihi lex oris tui super millia auri et argenti.* Lex oris Dei Christus est, qui non venit legem solvere, sed adimplere ; quem prævidens propheta super omnes thesauros concupiscit, qui [*Ms.*, quia] non solum amicos diligi, sed etiam inimicis præcepit ignosci.

JOD, ID EST PRINCIPIUM.

VERS. 73. — *Manus tuæ fecerunt me et plasmaverunt me, da mihi intellectum, ut discam mandata tua.* Magnum est enim, ut se homo intelligat manu Dei factum plasmatumque, et ad ejus imaginem esse compositum ; quod si agnoverit, scientiam poscere debet, ut mandata ejus intelligat et custodiat. Manus Domini virtus et sapientia intelligendæ sunt. *Fecerunt* ad animam, *plasmaverunt* ad corpus pertinet. Et quia anima pretiosior est corpore, ideo prius posuit *fecerunt*.

VERS. 74. — *Qui timent te, videbunt me et lætabuntur, quia in verba tua supersperavi.* Vox Ecclesiæ hæc [*Ms.*, hoc] est, ut illi qui Dominum timent, videant suum intellectum et lætitiam habeant ; quia Ecclesia, quando videt alios mandata Dei observare, magnam lætitiam habet ; postea in invicem sic lætabuntur, et hic et in futurum. *Quia in verbo* [tuo] spero, id est, in Christo habeo spem.

VERS. 75. — *Cognovi, Domine, quia æquitas judicia tua, et in veritate tua humiliasti me.* Quod dicit, cognovisse se judicia Domini, illud significat, [ut] hominem animi tumore peccantem humiliatum corrigat, et supplicantem sibi divina misericordia recipiat. Quis enim dubitet summæ æquitatis esse judicium, ut qui per superbiam deliquit, devota humilitate purgetur.

VERS. 76. — *Fiat nunc misericordia tua, ut consoletur me, secundum eloquium tuum servo tuo.* Fiat ergo misericordia tua secundum promissionem tuam, ut præsentibus muneribus accipiat mortalis vita solatium, et futura æternitatis bona patienter exspectet.

VERS. 77. — *Veniant mihi miserationes tuæ, et vivam, quia lex tua meditatio mea est.* Sufficienter expressum est, quod per misericordiam consequamur vitam æternam ; illa autem meditatio beatos facit, qui operibus sanctis cœlorum regna conquirunt.

VERS. 78. — *Confundantur superbi quia injuste iniquitatem fecerunt in me, ego autem exercebor in mandatis tuis.* Confundantur. Quamvis sæviant superbi, et iniquitatem operantur in sanctos, charitas tamen piorum non refrigescit, et mandatorum Dei exercitatio non desinit.

VERS. 79. — *Convertantur mihi timentes te, et qui noverunt testimonia tua.* Hoc est , ut me docente cognoscentes ea ad te conversi fiant. *Et qui noverunt testimonia tua*, quos lectio quidem divina imbuit, sed necdum opus salutis instruxit.

VERS. 80. — *Fiat cor meum immaculatum.* Hic cor pro anima ponitur, ac si dicat, fiat anima mea sine peccato mortali. *In tuis justificationibus, ut non confundar.* Hoc est ut non habeam confusionem æternam.

VERS. 81. — *Deficit in salutare* [Ms., salutari tuo] *tuum anima mea, et in verbum tuum supersperavi.* Iste defectus, non fide se defecisse, significat, sed in tanta desiderii magnitudine se fatigatum monstrat, ut ad defectum felicissimum perveniret. *In salutare*, quod Hebraice dicitur Jesus : *et in Verbum tuum*, id est, in Unigenitum, qui est virtus Dei.

369 VERS. 82. — *Defecerunt oculi mei in eloquium tuum, dicentes, quando consolaberis me.* Ecce rursus in oculis, sed utique interioribus, laudabilis et felix ille defectus, non veniens ex infirmitate animi, sed ex fortitudine desiderii in promissum Dei ; hoc enim ait *in eloquium tuum* : tandiu enim dicit se defectum pertulisse, donec exspectata incarnatio Domini cordis aspectibus appareret. *Quando consolaberis me*, id est, quando veniet, quod promisisti ?

VERS. 83. — *Quia factus sum sicut uter in pruina, justificationes tuas non sum oblitus.* Superius petiverat consolari, nunc causam reddit subveniendi. Uter enim corpus mortale significat, pruina beneficium conversionis [*Edit.*, conversationis] ostendit. Sicut autem uter frigore glaciali contrahitur, sic carnis nostræ incentiva vitiorum afflictione pœnitentiæ tenuantur, ut justificationum Domini non obliviscantur.

VERS. 84. — *Quot sunt dies servi tui, quando facies de persequentibus me judicium ?* Sciens sanctorum cœtus usque in finem sæculi tentationibus diabolicis membra Domini subjacere, interrogat, quando mundus iste finiretur, ut de persecutoribus, id est diabolo, cum ministris præparata ultio compleatur : et celeritatem futuri judicii optabat, in quo jam beatis erit requies, et gaudium sine fine mansurum.

VERS. 85. — *Narraverunt mihi iniqui fabulationes, sed non ut lex tua, Domine. Narraverunt.* Fabulas vanarum opinionum, delectabilis eloquii arte compositas ab iniquis, dicit esse narratas ; sed nihil se in eis utile reperisse, sicut in lege Domini, in qua eum veritas, non verba delectant.

VERS. 86. — *Omnia mandata tua veritas; iniqui persecuti sunt me, adjuva me.* Contra hæreticorum fabulationes dicit omnia mandata Domini esse veritatem. *Iniqui persecuti sunt me,* scilicet docendo perversa, suadendo falsa; ergo adjuva me, ut certem pro veritate tua usque ad mortem.

VERS. 87. — *Paulo minus consummaverunt me in terra, ego autem non dereliqui mandata tua.* Valde me corporalia vitia in terram humiliassent, nisi custodissem mandata divina.

VERS. 88. — *Secundum misericordiam tuam, Domine, vivifica me:* in æternam vitam, quia jam non mihi vivo, vivit vero in me Christus. *Ut custodiam testimonia oris tui.* Vel ea quæ in lege mandasti, vel illa quæ in Evangeliis protulisti.

VERS. 89. — *In æternum, Domine, verbum tuum permanet in cœlo.* Dicit verbum Domini permanere in cœlo, id est in sanctis, quos de morte facit vivere, et de tribulatione gaudere; sive in cœlestibus virtutibus, quæ ejus semper insistunt ministerio.

VERS. 90. — *In sæculum sæculi veritas tua, fundasti terram et permanet.* Sæculum legem et prophetas; sæculi significat Evangelia et apostolos, in quibus est veritas, quæ est Christus Dominus: terram autem, hoc est humanam naturam, ex parte totum significans, in sanctis fundavit, ut in sua credulitate permaneant: quia nisi ipse fundasset, non crederent, nec permanerent: *fundasti terram et permanet.*

VERS. 91. — *Ordinatione tua perseverat dies, quoniam omnia serviunt tibi.* Quoties singulari numero dies ponitur, venturus ille sempiternus, qui sine nocte est, significatur; tunc illi omnia subjecta serviunt: serviunt et adversarii, licet non sponte, dum damnati pœnas perennes suo jussu merito sustinebunt.

VERS. 92. — *Nisi quod lex tua meditatio mea est, tunc forte periissem in humilitate mea.* Beata plebs martyrum in tanta tormentorum humiliatione afflicta asserit, se posse perire, nisi legis meditatio subveniret consolando, quæ dixit: *Beati qui persecutionem patiuntur.* Lex ista fides est, quæ per dilectionem operatur: in cujus meditatione permanens, per auxilium gratiæ tuæ promereretur, ut in tribulationum humilitate non pereat in æternum.

VERS. 93. — *In æternum non obliviscar justificationes tuas, quia in ipsis vivificasti me.* Justificationes dicit legales observationes sub umbra, quæ veritatis indicio [*Ms.*, indicia] venturæ perfectionis beneficium præstabant. Has ergo justificationes non debemus oblivisci, quæ nobis fidei et vitæ primordia præstiterunt.

VERS. 94. — *Tuus sum ego, salvum me fac, quoniam justificationes tuas exquisivi.* Ego tuus famulus, et tu Deus meus, a te posco salvari: quia vanitas non est mihi [*Ms.*, quia venter non est mihi Deus], nec sum inani gloriæ deditus, sed justificationibus tuis.

VERS. 95. — *Me exspectaverunt peccatores, ut perderent me, testimonia tua intellexi.* Longo me certamine adversæ potestates impugnant, sed ego intelligens testimonia tua consolationem recepi ex eis.

VERS. 96. — *Omnis consummationis vidi finem, latum mandatum tuum nimis.* Consummationem dicit omnium virtutum completivam perfectionem, cujus finis est Christus, quem credendo prævidit venturum, cujus et mandati latitudinem miratur. In quo nimirum charitatem significat, quæ sua latitudine omnia mandata in se complectitur. Nam cum omnia mandata finientur, ipsa sola in æternum manebit.

VERS. 97. — *Quomodo dilexi legem tuam, Domine? tota die meditatio mea est.* Quomodo dilexi legem tuam? Sic, inquit, dilexi legem fidei, quæ per dilectionem operatur, ut tota die, id est toto tempore, meditatio mea sit.

VERS. 98. — *Super inimicos meos prudentem me fecisti mandato tuo, quia in æternum mihi est.* Inimici prophetæ Judæi sunt, qui spiritualiter non intelligunt: quibus prudentiorem Propheta se dicit, quia in his mandatis quæ in æternum servat, venturum Dominum prævidet.

VERS. 99. — *Super omnes docentes me intellexi, quia testimonia tua meditatio mea est.* Quos superiori versu inimicos dixit, hic doctores appellat, magistros scilicet Pharisæos designans, qui se ad litteram tenentes spiritalem intelligentiam negligebant. Talibus ergo doctoribus cohors evangelica melius intelligit, quia, pravitatibus eorum repudiatis; sinceram doctrinam Domini per meditationem testimoniorum ejus secundum veritatem intellectam [*Ms.*, intellectus] accepit.

VERS. 100. — *Super seniores intellexi, quia mandata tua quæsivi.* Melius utique populus novus intellexit, qui suscepit Christum ejus mandata perquirendo, quam Judaicus, qui eum mortificando occidit [*Ms.*, mortificandum credidit].

VERS. 101. — *Ab omni via mala prohibui pedes meos, ut custodiam verba tua.* Ab omni via mala; membrorum est hæc vox, non capitis. Non enim ipse Salvator corporis ullis concupiscentiis pulsabatur, ut ei necesse esset pedes suos custodire. Sic enim verba Dei possumus custodire, si post malas nostras concupiscentias non eamus.

VERS. 102. — *A judiciis tuis non declinavi, quia tu legem posuisti mihi.* Tu legem Evangelii posuisti mihi: illa enim Mosaica lex pædagogus fuit; ista totius [*Edit.*, Lex Evangelii libertas totius] plenitudinis donavit effectum. Merito ergo sanctus populus de hac lege gaudebat, quam credendo susceperat.

VERS. 103. — *Quam dulcia faucibus meis eloquia tua, Domine, super mel et favum ori meo.* Fauces enim cordis arcana significant, ubi eloquia Domini spiritaliter intelliguntur et diliguntur. Mel est aperta doctrina, favus secreta.

VERS. 104. — *A mandatis tuis intellexi* [quia homo ad occultorum sapientiam per obedientiam pervenit mandatorum] *Propterea* [inquit] *odio habui omnem viam iniquitatis.* Necesse est enim ut oderit iniquitatem amore justitiæ.

Vers. 105. — *Lucerna pedibus meis verbum tuum, Domine, et lumen semitis meis.* Si in hujus sæculi noctibus in nobis verbi Dei luceat lumen, non incident [*Ms.,* incedunt] pedes nostri in laqueos funium ac præcipitia fovearum, quæ manus artis diabolicæ in nostris offendiculis præparavit. *Et lumen semitis meis,* ut hoc lumine præeunte, dum vitæ istius semitas gradimur, ad illam quæ vera via est, perducamur.

Vers. 106. — *Juravi et statui custodire judicia justitiæ tuæ.* Juravi autem appellavit juramentum quod statuit per sacramentum, quia ita debet esse mens fixa in custodiendis judiciis justitiæ Dei, ut sit omnino pro juratione quod statuit.

Vers. 107. — *Humiliatus sum usquequaque, Domine, vivifica me secundum verbum tuum.* Didicit humilitatem, quam Christus docuit, qui mitis est et humilis corde. Ideo nunc deprecatur, ut sicut ille post humilitatem formæ servilis exaltatus est in gloriam Dei Patris, ita et iste ab hac humilitate corporea in vitam transferatur æternam.

Vers. 108. — *Voluntaria oris mei beneplacita fac, Domine, et judicia tua doce me.* Vox Ecclesiæ; ac si dicat, vota mea, quæ tibi offero, beneplacita [tibi] sint, id est, acceptabilia et delectabilia. *Et judicia tua doce me,* hoc est, tua mandata, ut intelligam et impleam.

371 Vers. 109. — *Anima mea in manibus meis* [*Ms.,* tuis] *semper, et legem tuam non sum oblitus.* Justorum enim animæ in manu Dei sunt, in cujus manu sumus [*Ms.,* sunt] et nos et sermones nostri. *Et legem tuam,* inquit, *non sum oblitus.* Tanquam ad non obliviscendam Dei legem in manibus ipsius adjuvetur ejus memoria.

Vers. 110. — *Posuerunt peccatores laqueos mihi.* Quos laqueos? secus viam positos et [*Ms.,* quod laqueus secus viam ponitur et...] si egressus fueris de via, cadis in laqueos. Quid sunt isti laquei; nisi retiacula [*Ms.,* tendicula] diaboli, vel suggestiones dæmonis? Vitia etiam et peccata possunt intelligi. *Et in mandatis tuis non erravi.* Vox Ecclesiæ. Non erravi a mandatis tuis, sed consisto in operatione.

Vers. 111. — *Hæreditate acquisivi testimonia tua in æternum, quoniam exsultatio cordis mei sunt.* Tua testimonia et tua præcepta, hoc est, mea hæreditas in æternum, et hic et in futuro. Quia exsultatio cordis mei sunt tua testimonia; hoc est, mea exsultatio, quia Ecclesia in mandatis Dei delectatur et exsultat.

Vers. 112. — *Inclinavi cor meum.* Non fui superbus, sed humilis : et ideo inclinavi cor meum, ut te intelligerem; quia superbi non inclinant cor in humilitatem. Ad quid inclinavi cor meum? Dicit Ecclesia : *ad faciendas justificationes tuas,* hoc est, mandata] data. *In æternum propter retributionem* vitæ æternæ, ut illam merear percipere.

Vers. 113. — *Iniquos odio habui et legem tuam dilexi.* Cum dixisset, *iniquos odio habui,* posuit et quare, addendo, *et legem tuam dilexi,* ut demonstraret non se in hominibus iniquis odisse naturam, quia homines sunt; sed iniquitatem, quia legis, quam diligit, inimici sunt.

Vers. 114. — *Adjutor et susceptor meus es tu, et in verbum tuum supersperavi.* Adjutor in præsenti, susceptor in futuro. Et in Verbo tuo sperabo, hoc est, in Christo, quia Verbum Patris Filius est.

Vers. 115. — *Declinate, a me maligni, et scrutabor mandata Dei mei.* Maligni hic sunt dæmones, vitia et peccata, vel adversariæ potestates : Quia dum ipsi tibi tendiculas præparant, et suggestiones pessimas, non potes scrutari mandata Dei tui, ut illa bene intelligas. Sed si volueris pœnitentiam agere, segregare te habes ab illorum consortio.

Vers. 116. — *Suscipe me, secundum eloquium tuum et vivam, et non confundas me ab exspectatione mea.* Vox Ecclesiæ optantis ut veniat sponsus et suscipiat eam sponsam sibi, sicut promisit in eloquio prophetarum. *Et vivam* in justitia, quia modo mortuus sum in peccatis. *Et non confundas me,* si ille quem exspecto et promisisti, veniat mihi.

Vers. 117. — *Adjuva me.* Auxilium rogat; *et salvus ero* in anima, si veneris et me adjuves, *et meditabor in tuis justificationibus semper,* sine fine.

Vers. 118. — *Sprevisti omnes discedentes a justitiis tuis, quia injusta cogitatio eorum.* Declaratum est cur assumebatur justificationum Domini frequens meditatio, quoniam spernuntur a Domino, qui ab ejus justificatione discedunt. Justificatio est peccatorum pura confessio Domino : Qui tali se remedio salvari [*Ms.,* sanare] despiciunt, injusta cogitatio eorum est.

Vers. 119. — *Prævaricatores reputavi omnes peccatores terræ, ideo dilexi omnia testimonia tua.* Hæc enim dicit Propheta in persona Ecclesiæ, quia ante adventum Christi prævaricantes erant, quia sub debito tenebantur, propter prævaricationem primi hominis Adæ. Non omnes peccatores prævaricatores, sed omnes prævaricatores peccatores. *Ideo dilexi testimonia tua,* ne in his prævaricator appaream.

Vers. 120. — *Infige timore tuo carnes meas, a judiciis enim tuis timui.* Metuo futurum judicium, ideo cruci tuæ configens omnes concupiscentias carnis, tibi convivere, tibi [commori, tibi] consepeliri paratus sum, ut in futuro tibi] vivere merear.

Vers. 121. — *Feci judicium et justitiam, ne tradas me persequentibus* [*Ms.,* calumniantibus] *me.* Facit autem judicium, quisquis contra se judicat, et pravitates suas ante examen Domini justa exsecratione condemnat : et justitiam facimus quando per justitiam nos judicamus, quando delictorum [nostrorum] judices [*Ms.,* vindices] sumus. Petit vero ne tradatur peccatoribus, qui peccata damnavit. Persequentes autem sunt diabolus **372** cum ministris suis, qui nos indefessa malitia persequuntur. Hinc etiam quotidie rogamus admoniti dicentes : *Ne inducas nos in tentationem.*

VERS. 122. — *Suscipe* [Ms., *elige*] *servum tuum in bonum, non calumnientur me superbi.* Suscipe me, id est, ne illi impellant ut cadam in malum, tu suscipe in bonum [Ms., in bono]. Illi calumniantur [Ms., calumnientur] in superbia; tu in humilitate defende, ut non mihi noceant calumniæ superborum.

VERS. 123. — *Oculi mei defecerunt in salutare tuum; et in eloquium justitiæ tuæ.* [Oculi mei] in eloquium justitiæ Dei, hoc est, in promissionem Christi. Defecisse dixit oculos cordis sui : non quia intentio desiderantis animi victa succubuerit, sed quia in exspectationem gratiæ Dei toto mentis ardore transierit. Justitia autem [Dei] quam dixit, Christus est, qui justos facit.

VERS. 124. — *Fac cum servo tuo secundum misericordiam tuam, ut ipse vota mea perficiat : Et justificationes tuas doce me,* ut eorum humilitatem, sicut sæpius optavi, possim advertere.

VERS. 125. — *Servus tuus sum ego, da mihi intellectum, ut sciam testimonia tua.* A te ea discam et non ab hæreticis vel Judæis. Quia nullum mihi tempus est ab exercitatione [*Edit.*, exspectatione] tuæ servitutis otiosum.

VERS. 126. — *Tempus bene faciendi, Domine, dissipaverunt legem tuam.* Judæi utique, qui eam spiritaliter non intellexerunt. Sed veniet tempus, quando occulta illius Dominus faciet prædicatione evangelica reserari.

VERS. 127. — *Ideo dilexi mandata tua super aurum et topazion.* Sicut enim aurum cunctorum metallorum præcellit pretium, ita topazius, omnium gemmarum in se continens pulchritudinem, omnium vincit honores. Ideo Propheta super hæc omnia Dei mandata diligit, quia in his adventum Domini, qui mundum redempturus est, prænuntiatum intelligit.

VERS. 128. — *Propterea ad omnia mandata tua dirigebar, omnem viam iniquam odio habui.* Qui super aurum et gemmas legem Domini diligebat, necesse fuit ut ad omnia mandata ejus rectissimus appareret, et odisset perversam viam, quia meruit amare rectissimam. Iniqua siquidem via est, quæ nos perducit ad vitia ; recta autem virtutum, quæ nobis indulgentiam et salutem tribuit.

VERS. 129. — *Mirabilia testimonia tua, Domine, ideo scrutata est ea anima mea.* Vide in his aliud agi, aliud figurari. Ideoque, quod mihi mirum est, diligentius perscrutor, ut cuncta te declarante cognoscam.

VERS. 130. — *Declaratio sermonum tuorum illuminat me, et intellectum dat parvulis.* Sancta plebs dicit se illuminatam declaratione sermonum Domini, utique prophetarum Domini, qui diu abscònditi sunt : Ut est : *Ecce virgo concipiet,* etc. (*Isa.*, VII, 14.) Et : *Videbit omnis caro salutare Dei,* etc. (*Luc.* III, 6). Nunc per adventum Domini, illis sermonibus actis et completis, illuminata cernit omnia, Verbum carnem factum, Virginem peperisse, mutos locutos esse : hæc autem omnia parvulis, id est humilibus præstant purum intellectum.

VERS. 131. — *Os meum aperui et attraxi spiritum, quia mandata tua desiderabam.* Os meum aperui confitendo, sine te nil me posse ; et attraxi in me spiritum gratiæ, per quem confido [*Édit.*, considero] implere me posse quæ desiderabam, id est mandata tua.

VERS. 132. — *Aspice in me et miserere mei, secundum judicium diligentium nomen tuum.* Id est, secundum judicium quod in eos fecisti qui diligunt nomen tuum. Quoniam ut diligeremus [*Ms.*, diligerent...] te, prius dilexisti nos [*Ms.*, eos]. Judicium quippe est Domini, ut nomen suum palam faciat; et misericordiam largiatur.

VERS. 133. — *Gressus meos dirige secundum eloquium tuum, et non dominetur mei omnis injustitia.* Gressus quid, nisi [ut] Dei præcepta, quæ [imponit] jubendo, impleri faciat adjuvando ? Gressus significat motus animæ : hos sancta cohors secundum eloquium Domini postulat dirigi, qui rectum iter monstrant et mandant ingredi. *Et non dominetur mei* [*Edit.*, *ut... in eis*] *injustitia ;* scivit enim quod in hac vita penitus excludi non poterat, cujus videlicet dominum [*Ms.*, dominium] sibimet subdere precatur.

VERS. 134. — *Redime me a calumniis hominum, ut custodiam mandata tua.* Tu age [*Edit.*, tange] infuso spiritu tuo, ne me calumniæ hominum terroribus vincant, et a tuis mandatis ad sua mala facienda [*Ms.*, facta] traducant. Si enim hoc mecum egeris, inter ipsas calumnias custodiam mandata tua.

VERS. 135. — *Faciem*, inquit, *tuam illumina super servum tuum,* id est, tuam manifesta, subveniendo et opitulando, præsentiam. *Et doce me justificationes tuas;* doce, utique ut faciam.

VERS. 136. — *Exitus aquarum deduxerunt oculi mei, quia non custodierunt legem tuam.* Veram semper agit pœnitentiam hic sanctus, et non cessat fluentis lacrymarum antiqua delicta diluere, ut tu intelligas, nisi veram pœnitentiam egeris, tibi facile non dimitti quæ gesseris. Vera est enim pœnitentia jugiter fletibus commissa diluere, et abluta non iterare.

VERS. 137, 138. — *Justus es, Domine, et rectum judicium tuum. Mandasti justitiam testimonia tua, et veritatem tuam nimis.* Magna est enim in utroque justitia Dei, rectumque judicium, quo et peccatori pœna decernitur, et pœnitenti justificatio non denegatur. *Nimis* ad utrumque pertinet, sive ad justitiam, sive ad veritatem.

VERS. 139. — *Tabescere me fecit zelus domus tuæ, quia obliti sunt verba tua inimici mei.* Zelus iste amoris est, non laboris : sancta enim æmulatione inimicos suos vult esse correctos ; dolens et tabescens, quod obliti sint verborum Dei.

VERS. 140. — *Ignitum eloquium tuum vehementer, et servus tuus dilexit illud.* Quia sicut peccatum consumit, ita peccantem, si convertatur, illuminat. Iste ignis sermo Christi est, de quo dicit : *Ignem veni mittere in terram; quid autem volo, nisi ut ardeat* (*Luc.* XII, 49)? Hunc ignem dicit se dilexisse, quia vitam confert, et honorem remediumque generi humano.

VERS. 141. — *Adolescentior sum ego et contemptus, justificationes tuas non sum oblitus.* Bene hic duorum populorum intelligitur significatio : quia junior populus contemptus est a majore, qui tamen, Dei gratia donante, mandata ejus non est oblitus.

VERS. 142. — *Justitia tua justitia in æternum, et lex tua veritas.* Justitia Domini manet in æternum, et qui custodit ejus veritatem, æterna felicitate gaudebit. Hanc populus Christianus intellexit, et ideo veritate completus est, quæ est Christus Dominus, qui dixit : *Ego sum via, veritas et vita.*

VERS. 143. — *Tribulatio et angustia invenerunt me, mandata tua meditatio mea est.* Sævitia inimicorum infert huic juniori tribulationem, sed non amittit charitatem. Meditatio enim ipsius mandata sunt Dei : ex quibus his, qui eum oderunt, dilectionem rependet.

VERS. 144. — *Æquitas testimonia tua in æternum, intellectum da mihi, et vivam.* Pulchre post [*Ms.*, contra] tribulationes et angustias, quæ temporalia sunt, posita est æquitas in æternum esse mandatorum [*Edit.*, mandatum] Dei, ut tali spe unusquisque contemneret, quæ temporalia esse sentiret. *Da mihi intellectum,* utique, ut mundi istius pericula transitura et temporanea intelligam. *Vivifica me,* spe scilicet futuræ retributionis.

VERS. 145. — *Clamavi in toto corde meo, exaudi me, Domine, justificationes tuas requiram.* Hunc clamorem non corporeæ vocis, sed mentis spiritalis esse sæpe memoravimus, per quem justi a Deo exaudiuntur : qui præcipue eorum [*Ms.*, vel ille precibus eorum] pium pandit affectum. Justificationes autem dicit, non sæculi divitias se exquirere; neque ad noscendas tantum, sed ad implendas eas.

VERS. 146. — *Clamavi ad te, salvum me fac, ut custodiam mandata tua.* Nunc demonstrat clamorem superius ad Deum effusum, hoc est, ut animam salva fidei ratione roboraret, et corpori præstaret sanitatem, revera utique, ut Domini mandata custodire possit.

VERS. 147. — *Præveni in maturitate, et clamavi, in verba tua supersperavi.* Immaturitas itaque nocturnum tempus est, quod non est maturum; id est opportunum, ut agant aliquid vigilando, quod etiam vulgo dici solet, hora importuna. Vetera vitia pudicitia juvenili prævenit, qui per maturitatem vivacis animi nunquam spem suam a verbis Dei removet.

VERS. 148. — *Prævenerunt oculi mei ad te diluculo, ut meditarer eloquia tua.* Non cum lux soporatum reperit, sed vigilantem strenue, et circa divina eloquia, oculorum spiritalium intentione, meditantem.

374 VERS. 149. — *Vocem meam exaudi, Domine, secundum misericordiam tuam, et secundum judicium tuum vivifica me.* Defuit in nullo homine esse præsumendum, nisi in sola Dei pietate, quæ ex miseris beatos facit, ex captivis liberos, ex mortuis vivos. *Secundum judicium tuum,* quo supplicantibus parcis : vivificari enim non potest, nisi qui in se propriam non habet vitam.

VERS. 150. — *Appropinquaverunt persequentes me iniquitati.* [*Ms.*, iniquitate], *a lege autem tua longe facti sunt.* Tunc appropinquant [persequentes], quando usque ad carnem cruciandam perimendamve perveniunt : sed quanto viciniores sunt persequentes isti, tanto longiores sunt a lege justitiæ.

VERS. 151. — *Prope es tu, Domine, et omnes viæ tuæ veritas.* Contra illam proximitatem persecutionis, vicinitatem Domini sibi dicit remedium, unde salutis auxilium noverat venturum, non [per] itineris locum, sed per veritatem mandatorum Dei cordibus sanctorum illapsam.

VERS. 152. — *Initio cognovi de testimoniis tuis, quia in æternum fundasti ea.* Quæ sunt ista testimonia, nisi quibus testatus est Deus, daturum se [regem] regnumque filiis [suis] sempiternum ? Et ideo ipsa testimonia in æternum fundata : quoniam id quod promisit, æternum est; quoniam fundamentum promissionis est Christus, in quo hujus spei testimonia vera sunt, quæ hic ab initio cognovisse se dicit, quia verbis Ecclesiæ loquitur, quæ ab initio generis humani exorta nullis generationibus defuit.

VERS. 153. — *Vide humilitatem meam, et eripe me, quia legem tuam non sum oblitus.* Quod hic *vide,* ait, ad martyres pertinet [*Ms.*; quod hic videtur ad martyres pertinere], quorum corpus affligitur ut vilitas pecudum. Sequitur : *Et eripe me,* unde scilicet, nisi de pœnarum urgentium necessitate et de periculo mortis? Legem vero hic illam sententiam dicit, quæ ait : *Omnis qui se exaltat, humiliabitur, et qui se humiliat, exaltabitur* (*Luc.* XIV, 11). Hanc se dicit non oblitum usque in finem vitæ.

VERS. 154. — *Judica judicium meum, et redime me, propter eloquium tuum vivifica me.* Judicavi ego nihil me scire nisi [Jesum] Christum, qui ad redemptionem mundi venire promissus est : juxta hoc ergo judicium ego a te vivificer in eloquiis tuis. *Redime me,* quem redimere non poteras, nisi credentem. *Propter eloquium tuum vivifica me.* Illud scilicet eloquium, ubi promittit : *Qui credit in me, non morietur in æternum.*

VERS. 155. — *Longe est a peccatoribus salus, quia justificationes tuas non exquisierunt.* Hoc specialiter intelligendum æstimo de Judæis, qui salutem, id est, Dominum Salvatorem, a se longius effecerunt non credendo ei; qui testimoniis non crediderunt, in quibus præfiguratus est adventus Domini Salvatoris. Ideo a salute longe facti sunt, qui respuerunt aucto rem salutis.

VERS. 156. — *Misericordiæ tuæ multæ, Domine, secundum judicium tuum vivifica me.* [Miserationes sunt Domini, per quas afflictis et sauciatis diversis modis subvenire dignatus est.] *Secundum judicium tuum vivifica me.* Judicium utique est, quod petere debemus, quando humilitatis satisfactione nos prosternimus, et peccata nostra confitemur : tunc enim judicium Domini est, talibus misereri in confessione.

VERS. 157. — *Multi qui persequuntur me et tribulant me, a testimoniis tuis non declinavi.* Vox ista est Ecclesiæ in martyribus suis, qui inter tormenta et multiplicata supplicia persequentibus non cesserunt : inde et numerosa multitudo martyrum palmam invenit; quia a testimoniis Domini se nullatenus declinare testati sunt inter tormenta varia.

VERS. 158. — *Vidi non servantes pactum, et tabescebam, quia testimonia* [Ms., eloquia] *tua non custodierunt.* Qui sunt qui pactum non servaverunt, nisi qui tribulationes multorum persequentium non ferentes, a Dei testimoniis declinaverunt? Hæc ergo, inquit, cum viderem, tabescebam, dolens eos a tanta gloria decidisse.

VERS. 159. — *Vide, quia mandata tua dilexi, Domine, in misericordia tua vivifica me.* Ipsa est fructuosa tolerantia, quæ sævitiam persequentium dilectione suscipit mandatorum.

VERS. 160. — *Principium verborum tuorum veritas, et in æternum omnia judicia justitiæ tuæ.* A veritate tua, inquit, verba procedunt, et ideo vera [Ms., veracia] sunt, et neminem fallunt; quibus pronuntiatur [Ms., prænuntiatur] vita justo, pœna impio.

VERS. 161. — **375** *Principes persecuti sunt me gratis, et a verbis tuis formidavit cor meum.* Terreni reges Ecclesiam Christi [gratis] persecuti sunt, nullam causam persecutionis habentes, cum eos Christiani in nullo læderent. [Cum autem (*Edit.*, et ipsi)] Christianis negationem veritatis extorquere non possent, habuerunt verba minantia, intulerunt sæva supplicia : sed ipsi martyres verbi Domini meminerant : *Nolite timere eos, qui occidunt corpus* (*Matth.* x, 28).

VERS. 162. — *Lætabor ego super eloquia tua, sicut qui invenit spolia multa.* Martyres, quamvis humili sorte morerentur, inveniebant spolia multa, quando præmia divina recipiebant; ipsos quoque persecutores conversos ad Dominum gaudebant, ut ipsi magis fierent spolia, qui vitas adimerent [*Edit.*, adjuverat] innocentium. Et ideo lætari se dicit in eloquiis Domini, id est, in admonitionibus sacris, sicut victor prædam accipiens.

VERS. 163. — *Iniquitatem odio habui et abominatus sum, legem autem tuam dilexi.* Mente contuendum [Ms., condendum] est, quod [amorem bonarum, malarum rerum odio comprobavit, quoniam (*Edit.*, amor est bonarum malarumve rerum, ideo comprobavit, quomodo)] animus noster, si iniquitatem reciperet, nequaquam se legi dominicæ sub integritate conjungeret. Non dicit hominem iniquum, sed iniquitatem se dicit odisse, et (quod fas est) eam abominatum fuisse, quod a lege sit aliena ; seque legem Domini perfecta voluntate diligere. Qui sunt qui diligunt Dominum [Ms., Deum], nisi qui oderunt iniquitates ?

VERS. 164. — *Septies in die laudem dixi tibi super judicia justitiæ tuæ.* Si ad litteram hunc numerum velimus advertere, septem illas significat vices [*Edit.*, voces], quibus se monachorum pia devotio consolatur; id est, Matutinum, Tertia, Sexta, Nona, Lucernaria, Completorium, Nocturnum [Matutinos Completorios, Nocturnos]. Si vero spiritaliter intendas, continuationem magis dictam sapienter adverlis, ut est illud : *Benedicam Dominum in omni tempore.* Septies Deum per diem laudat, quia mens ejus in pleno splendore perdurans, ad illum septimum diem, id est, sabbatorum sabbatum, qui est requies æterna, festinat.

VERS. 165. — *Pax multa diligentibus legem tuam, Domine, et non est illis scandalum.* Pax multa mentis puritas et fidei copia declaratur, quæ contra vitia decenter opponimus : nam Deum falso amore diligit, qui scandalizatur in fratrem [Ms., fratre].

VERS. 166. — *Exspectabam salutare tuum, Domine, et mandata tua dilexi.* Jesum Dominum omnium salutare exspectamus [Ms., Salvatorem exspectavi], et ea, quæ in lege et prophetis mandata fuerunt, feci. Spes præmii dilectionem generat mandati.

VERS. 167. — *Custodivit anima mea testimonia tua, et dilexit ea vehementer.* Custodivit ad tolerantiam martyrii pertinet; dilexit vero ad charitatem tormentis omnibus fortiorem : et ipsa dilectio vehementer augenda est, quia totius amicitiæ ibi explicatur charitas [Ms., agenda est, quia totius animi nisibus explicatur].

VERS. 168. — *Servavi mandata tua et testimonia tua, quia omnes viæ meæ in conspectu tuo Domine.* Servat autem præcepta et testimonia, qui vias Dei incedit, nec quidquam in actu vel cogitatu agit, quod divina contemplatione habeatur indignum.

VERS. 169. — *Appropinquet oratio*[Ms., *Adpropiet deprecatio*] *mea in conspectu tuo, Domine, juxta eloquium tuum da mihi intellectum.* Proximam tibi fieri orationem meam deprecor, Domine, ut a te intellectum capiens, nil aliud nisi quod oportet, exorem.

VERS. 170. — *Intret oratio mea in conspectu tuo, Domine, secundum eloquium tuum eripe me.* Gradatim ascendit sancta petitio nostra : qui ante dixit : *Appropinquet* [Ms., *Adpropiet*], nunc dicit *intret.* Prius fuerat, ut appropinquaret, deinde ut in conspectu Domini intrare posset. Et superius dixit, secundum eloquium tuum [da mihi intellectum, hic dicit, secundum eloquium tuum] eripe me, ut et ibi superna videat, quæ desiderat, et hic [ab] æternæ concupiscentiæ labe purgetur.

VERS. 171. — *Eructabunt labia mea hymnum, cum docueris me justificationes tuas.* Si per puram conscientiam reserata fuerint a te labia mea, tunc dignum laudationis proferent hymnum : et illum scilicet hymnum, quem a tuis justificationibus imbutus edocear.

VERS. 172. — **376** *Pronuntiabit lingua mea eloquium tuum, quia omnia mandata tua æquitas.* Nihil est enim aliud in eloquiis tuis, Domine, nisi pax, nisi æquitas, nisi vita : hoc corde credam, hoc labiis eloquar, hoc lingua pronuntiabo [Ms., pronuntiem].

Vers. 173. — *Fiat manus tua, ut salvet me, quoniam mandata tua elegi.* Cum dicit: *Fiat manus tua,* designat Dominum Salvatorem, qui factus ex semine David secundum carnem, per quem facta sunt universa, et reguntur. Manum enim hic dexteram debemus accipere. Postulat autem venire Salvatorem, per quem se noverat salvandum. Quod autem dicit: *Elegi mandata tua,* omnia se pericula amori Domini postposuisse testatur.

Vers. 174. — *Concupivi salutare tuum, Domine, et lex tua meditatio mea est.* Ipsum videre concupiveram, quem de utero virginali illis adhuc temporibus credebam esse venturum; et ut sibi hanc scientiam de Scripturis divinis pervenisse demonstraret, sequitur: *Et lex tua meditatio mea est.* In prophetis enim concupiverat Christum Dominum nasciturum, de quo lex et prophetae loquebantur.

Vers. 175. — *Vivet anima mea, et laudabit te, et A judicia tua adjuvabunt me.* Ad ipsum loquitur, quem desiderat intueri, promittens animam suam in aeternum vivere, quam salubriter noverat credidisse. *Laudabit te,* cantico scilicet novo per fidem puram. Judicia autem dicit, quae famulis suis Dominus dicturum se promittit, ut est: *Venite, benedicti.*

Vers. 176. — *Erravi sicut ovis, quae periit; quaere servum tuum, Domine, quia mandata tua non sum oblitus.* Una ovis, est congregatio sanctorum et fidelium; et unus est pastor Dominus Christus eorum. Et respice quam infimae rei comparati sunt homines, quando Christi gratiam deserunt: ovi videlicet erranti, quae pericula patitur [*Ms.*, periculis patet] luporum; et bene dictum est, *quae perierat,* ut cognosceres misericordia Domini fuisse repertam. [Ipsi] gloria cum aeterno Patre et Spiritu sancto in saecula saeculorum. Amen.

MAGISTRI ALBINI FLACCI ALCUINI
EXPOSITIO IN PSALMOS GRADUALES, QUI ET CANTICUM GRADUUM DICUNTUR.

Gradus sunt ascendentium vel descendentium: sed hi gradus xv ascendentium sunt, quem numerum, id est [quintum decimum], si a primo usque ad ultimum computes, fiunt [*Edit.,* sunt] centum viginti. Super quem numerum Spiritus sanctus in coenaculo, id est, loco ascensionis venit, ut nobis monstraret, per hos xv gradus ad summae perfectionis altitudinem ascendendum esse. Ideo Deus [*Ms.* Dominus] de coelo descendit ad nos in terram, ut nos de terra ascendamus in coelum. Ideo ille descendit in vallem lacrymarum nostrarum, ut nos ascendamus in beatitudinem laetitiae illius. Sed audiamus unde iste, qui hos psalmos nobis ad salutem decantavit, initium ascendendi inchoarit, vel quomodo nos ascendere voluerit. Siquidem primus gradus ascensionis nostrae est humilitas, ut intelligamus nos peccatores, et ad Dei gratiam nobis convolandum esse, ideo ait:

PSALMUS CXIX.

Vers. 1. — *Ad Dominum, cum tribularer, clamavi, et exaudivit me.* Tribulatio est haec vita, ex qua, qui humiliter ad Deum clamant, sicut Publicanus qui ait: *Deus propitius esto mihi peccatori* (*Luc.* xviii, 13*)*, exaudiuntur. Sed videamus quid iste poenitens clamet:

Vers. 2. — *Domine, libera [animam meam] a labiis iniquis, et a lingua dolosa.* Labia iniqua sunt, quae nos suggerendo ad iniquitatem sollicitare nituntur; lingua dolosa est, quae nos avertere vult de via justitiae. Illa nos ad peccandum suggerunt; ista nos a benefaciendo retrahit. Sed consideremus, quid nobis ad has preces respondeat Dominus.

Vers. 3. — *Quid detur tibi, aut quid apponatur tibi ad linguam dolosam?* Ecce quid tibi dabitur ad respondendum linguae dolosae, quae solet, non consulendo tibi, sed subvertendo te, dicere: Non potes saeculum dimittere, non potes tam arctam [viam] et tam angustam portam ingredi.

Vers. 4. — *Sagittae potentis acutae cum carbonibus desolatoriis.* Id est, quod in Evangelio dicitur: *Apud homines hoc impossibile est, apud Deum omnia possibilia sunt* (*Matth.* xix, 26). Sagittae potentis verba Dei sunt, quae transfigunt corda nostra ad contemnendum saeculum, et ad amandum Deum: ex quibus sagittis amor excitatur, non interitus comparatur. *Cum carbonibus desolatoriis,* id est vastatoriis. Sed si parum est verbis sagittare, sufficiat exemplis demonstrare. Qui fuerant [*Ms.,* fuerint] peccatis nigri et frigidi, iterum charitate Dei accensi vastaverunt et destruxerunt opera diaboli in cordibus suis, ut praepararent habitationem Deo in semetipsis, et post multa peccata multum dilexerunt Deum: ideo multum dimittetur [*Ms.* multa dimittuntur] eis. Sequitur vero:

Vers. 5, 6. — *Heu me! quia incolatus meus prolongatus est, habitavi cum habitantibus Cedar, multum incola fuit anima mea.* Ecce iste a lingua dolosa liberatus, verbo Dei sagittatus, exemplis multorum roboratus, quid proficiat, quove ascendere quaerat, videamus. Heu me! inquit, quod incolatus meus prolongatus est! Vox dolentis et miseriam [suam] plangentis, quod diu [in] peregrinatione hujus mortalitatis incolatus ejus prolongetur. Incola vero est qui terram alienam colit. Unde iste se plangit, et ad patriam suspirans redire, addidit: *Habitavi cum habitantibus Cedar.* Cedar tenebrae interpretantur. Significat autem peccatores, inter quos in hoc saeculo justi peregrinantur, necdum extremo judicii ventilabro area, id est Ecclesia, purgata et segregata: unde iste desiderans ascendere ait: *Multum incola fuit anima mea.* Corpus locis, et anima affectibus peregrinatur. Unde iste sagitta charitatis vulneratus toto desiderio ad coelestem anhelat patriam. Sequitur:

VERS. 7. — *Cum his qui oderunt pacem, eram pacificus, cum loquebar illis, impugnabant me gratis.* Qui sunt qui oderunt pacem, nisi qui scindunt unitatem Ecclesiæ, volentes doctores veritatis videri, cum sint magistri erroris? *Dum loquebar illis, impugnabant me gratis.* Qui impugnare contendunt doctores ecclesiasticæ fidei, et hoc gratis : quia illos corrigere quærunt, et unitati [*Edit.*, unitatem] sanctæ Ecclesiæ conjungere.

PSALMUS CXX.

Primus gradus ascensionis nostræ [est] humilitatis nostræ contribulatio, secundus est fides. Et sciendum est quod nihil aliud sunt hi gradus ascensionis nostræ, nisi salutis nostræ profectus ; ideo in his canticis docemur ascendere, sed ascendere in corde, in affectu bono, in fide et spe et charitate, et in desiderio perpetuitatis et vitæ æternæ. Unde in hoc sequente psalmo dixit :

VERS. 1. *Levavi oculos meos in montes, unde veniet auxilium mihi.* Montes isti, sancti sunt in altitudine positi, claritate illuminati, sed ab illo qui est *lux vera, quæ illuminat omnem hominem venientem in hunc mundum.* Unde consequenter per fidem intellexit iste ascensor ab hoc monte [*Edit.*, ad hunc montem], qui est super verticem montium elevatus, auxilium sibi esse petendum, sperandum accipiendumque; ideo ait :

VERS. 2. — *Auxilium meum a Domino, qui fecit cœlum et terram.* Et subsecutus adjunxit, loquens de illum montem a quo sibi unicum speravit auxilium :

VERS. 3. — *Non des in commotionem pedem meum, neque dormitet qui custodit te.* Fac firmum stare pedem [*Ms.*, me firmo stare pede] meum in ascensione salutis meæ, in humilitatis vel rectæ fidei gradu. Ad proficiendum charitas pedem movet [ad cadendum superbia movet]. Recte ergo iste audiens, ut ascendat et non cadat, ut incola in valle [*Ms.*, ut a convalle] plorationis proficiat, non in tumore superbiæ deficiat, ait Domino : *Ne des in commotionem* [Ms. *ad movendum*] *pedem meum.* Et Deus ait illi : *Neque dormitet qui custodit te :* crede in eum qui nunquam dormitat [*Ms.*, dormiet] [et ille custodiet te]. Quis est ille 378 qui nunquam dormitat, nisi ille de quo Apostolus ait : *Mors illi ultra non dominabitur* (*Rom.* VI, 9)? Ideo consequenter addidit :

VERS. 4. — *Ecce non dormitabit, neque dormiet, qui custodit Israel.* Esto Israel, id est vir videns Deum, in fide et charitate, et nunquam illius dormiet gratia a custodia tua : et quasi iste interrogaret se [*Ms.*, interrogasset], quis est qui non dormitat? Dictum est ei :

VERS. 5. — *Dominus custodit te.* Et quomodo custodiet te? *Dominus protectio tua super manum dexteræ tuæ.* Manus potestatem, dextera æternam felicitatem significat. *Dominus* [*est*] *protectio tua super manum dexteræ tuæ*, id est, si credideris in eum, proteget te, ut potestatem habeas in dextera parte stare æterni Judicis, et audire desiderabilem sententiam : *Venite, benedicti Patris mei, percipite regnum*, et reliqua. Adhuc quasi quærenti respondetur, in quo custodiet eum Dominus?

VERS. 6. — *Per diem sol non uret te, neque luna per noctem.* [Dominus] custodiet te, id est, in fide recta servabit te, sive in æternis, sive in temporalibus; sive in fide sanctæ Trinitatis, quæ hic solis nomine designatur; sive in fide sanctæ Ecclesiæ, quæ hic lunæ nomine demonstratur : ut non erret vel scandalizetur fides tua. Nam motio [*F.*, ustio] scandalum significat. [Item duo sunt præcepta charitatis, id est Dei et proximi.] Quisquis igitur errat in ipsa substantia veritatis, a sole uritur; et per diem uritur, quia in ipsa sapientia errat. Quisquis in Ecclesia et carne Christi, qui est caput Ecclesiæ, non scandalizatur, a luna non uritur. *Per diem sol non uret te, neque luna per noctem.* Quare? Quia

VERS. 7. — *Dominus custodit te ab omni malo, custodiat animam tuam Dominus.* A scandalis in sole, et a scandalis in luna. Ab omni malo te custodit, id est, animam tuam ab omni infidelitate, ut ipsa non cedat infidelibus, non frangatur tribulationibus.

VERS. 8. — *Dominus custodiat introitum tuum et exitum tuum, ex hoc nunc et usque in sæculum.* Quando tentamur, intramus; quando vincimus [tentationem], eximus [*Edit.*, a tentatione eximus] : custodiat ergo nos intrantes ad fidem, custodiat nos exeuntes ad præmia, et hoc in sæculum ubi sancti regnaturi sunt cum Christo.

PSALMUS CXXI.

Pervenit itaque vir iste ad tertium ascensionis gradum, id est in desiderium cœlestis Hierusalem, ad quam [in] spe ascendere se gaudebat, licet adhuc hic in terrenis laboraret; ideo ait :

VERS. 1. — *Lætatus sum in his quæ dicta sunt mihi, in domum Domini ibimus.* Lætatus sum in prophetis, lætatus sum in apostolis, imo et in omnibus sanctis, qui mihi dicunt : *In domum Domini ibimus;* qui dicunt, currite, festinate in domum Domini, id est, in cœlestem Hierusalem properate.

VERS. 2. — *Stantes erant pedes nostri in atriis tuis, Hierusalem.* Stantes, id est permanentes ; pedes nostri, id est, præmia bonorum operum : *in atriis tuis, Hierusalem*, id est, in cœlestibus habitationibus. Atria dicit plurali numero, ipsa Veritate dicente : *In domo Patris mei multæ sunt mansiones* (*Joan.* XIV, 2). Quasi iste amator quærat, quæ sit ista Hierusalem, dictum est ei :

VERS. 3. — *Hierusalem quæ ædificatur ut civitas, cujus participatio ejus in idipsum.* Hierusalem, quæ ex vivis lapidibus construitur; quæ ædificatur ut civitas, non terreni regis, sed cœlestis; non temporalis, sed æterna Hierusalem. *Cujus participatio ejus in idipsum.* Quod semper idem est, idipsum est. Quis est, qui semper idem est [*Edit.* Quid est quod semper est]; nisi Deus, qui dixit : *Ego sum qui sum*; qui descendit, ut ascenderemus ; qui participavit nostræ mortalitati [*Ms.*, nostra mortalitate] (nam *Verbum caro factum est, et habitavit in nobis*) ut participare possemus suæ æternitati [*Ms.*, sua æternitate]? Nam de plenitudine ejus omnes accepimus. Qui sunt autem qui ascensuri sunt in istam civitatem, ad istam participationem, consequenter exposuit, dicens :

Vers. 4. — *Illuc enim ascenderunt tribus, tribus Domini, testimonium Israel ad confitendum nomini Domini*. Non tribus terræ, de quibus dicitur : *Et plangent cum omnes tribus terræ*, sed tribus Domini, quas duodecim apostoli judicaturi erunt, secernentes eos ab illis, quæ sunt tribus diaboli: harum enim testimonium in Israel, id est, in illis qui vident Deum. Ad quid ascendunt? Ad confitendum nomini tuo, Domine : sicut dictum est : *Confessio et pulchritudo in conspectu ejus* (*Psal.* xcv, 6).

Vers. 5. — *Quia illic sederunt sedes in judicio, sedes super domum David.* Quæ sunt hæ sedes, nisi sancti apostoli et prædicatores mundi, in quibus sedet ipse Deus ad judicandum orbem? Nam ipse Deus dixit : *Cœlum mihi sedes est* (*Act.* vii, 49). Et in Psalmo *Cœli enarrant gloriam Dei* (*Psal.* xviii, 1): Qui sunt isti cœli, nisi sancti apostoli, quorum sonus exivit in orbem terræ? Unde dictum est, anima justi sedes est sapientiæ, id est, in anima justi sapientia sedet. Hæc sapientia Deus est qui dixit : *Et habitabo in illis, et illi mihi erunt in populos, et ego ero illis in Deum* (*II Cor.* v, 16). *Sedes super domum David*, id est, super familiam David [*Ms.*, Christi] : domus David Ecclesia est.

Vers. 6. — *Rogate quæ ad pacem sunt Jerusalem, et abundantia diligentibus te.* Rogate, duobus modis intelligitur : vel interrogate, vel precamini; id est, interrogate vel precamini, quomodo possitis habere pacem in Jerusalem. Vel ad illas sedes sermo dirigitur, ut illi in judicio interrogent qui sunt qui ad Jerusalem pertinent, de quibus dictum est : *Beati pacifici, quoniam filii Dei vocabuntur* (*Matth.* v, 9). Iterum sermo ad illam dirigitur Jerusalem : *Et abundantia diligentibus te*, id est, omnium bonorum abundantiam habent, qui cœlestem diligunt Jerusalem : hic abundantiam in spe, illic abundantiam in re. Unde consequenter ait :

Vers. 7. — *Fiat pax in virtute tua, et abundantia in turribus tuis.* Id est, in dilectione tua; virtus enim tua, o Jerusalem, dilectione Dei et proximi constat [*Ms.* dilectio est Dei et proximi] : per istam pacem, et per istam virtutem abundantia erit in turribus tuis, id est, in excelsis tuis, qui paulo ante sedes dicebantur. Multi sunt in dextera stantes, sed pauci in judicio sedentes. Sedentes ideo in turribus tuis, o Jerusalem, dixit hujus pacis et hujus civitatis amator.

Vers. 8. — *Propter fratres meos et proximos meos loquebar pacem de te.* Non propter me, non propter terrenos honores, non propter divitias sæculi, sed propter fratres meos et proximos meos, scilicet filios tuos [hanc pacem loquor, hanc pacem prædico illis quatenus] hanc pacem percipiant, et permaneant in illa.

Vers. 9. — *Propter domum Domini Dei mei quæsivi bona tibi.* Id est, ut augeatur numerus filiorum tuorum, ut omnes ad te currant, et dicat unusquisque alteri : eamus in domum Domini [item] : *Venite, ascendamus ad montem Domini, et ad domum Dei Jacob, et docebit nos vias suas, quia de Sion exibit lex, et verbum Domini de Jerusalem* (*Isai.* ii, 3).

PSALMUS CXXII.

Videamus, quid iste ascensor in domo Dei stans, et in quartum [*Edit.*, quantum] fiduciæ gradum perveniens dixit :

Vers. 1. — *Ad te levavi oculos meos, qui habitas in cœlo.* Levemus oculos nostros a terrenis ad cœlestia, a nobis ad Dominum [*Ms.* Deum]; displiceamus nobis, ut placeamus Deo, qui habitat in cœlo, hoc est, in unitate sanctorum. Sicut spiritaliter oculos levare, ita spiritaliter cœlum intelligere debemus. Ubi habitat Deus, ibi [oculi] cordis nostri in charitate levandi [*Edit.*, ibi corda nostra levanda] sunt. [Hoc ut firmius intelligatur, exemplo iste amator se roboravit.]

Vers. 2. — *Ecce sicut oculi servorum in manibus dominorum suorum : et sicut oculi ancillæ in manibus dominæ suæ, ita oculi nostri ad Dominum Deum nostrum, donec misereatur nostri.* Cum ergo audis Christum, leva oculos tuos ad Dominum Deum tuum : cum audis Dominum, leva oculos tuos ad [Dei] sapientiam et Dei virtutem. Leva oculos tuos ad dominam tuam, quia servus et ancilla es : servus, quia populus es; ancilla, quia Ecclesia es. Sed ipsa ancilla sponsa facta est. Unus loquitur, et omnes in uno loquuntur, quia omnes unum sunt in Christo : unus populus, una Ecclesia, unus grex ad unum pastorem pertinens. *Donec misereatur nostri*, id est, donec ab hujus vitæ tribulationibus, et ab hujus viæ molestiis liberet nos, et in æterna patria constituat, quos hic per tentationes varias erudire non desinit. Et quid iste clamet audiamus.

Vers. 3. — *Miserere nostri* [*Ms.*, nobis], *Domine, miserere nostri, quia multum repleti sumus despectione.* Miserere nostri, ut fidem rectam teneamus; miserere nostri, ut opera fidei convenientia perficiamus. Quia multum repleti sumus despectione, id est, hujus sæculi tentationibus.

Vers. 4. — *Et* [multum] *repleta est anima nostra opprobrium abundantibus et despectio superbis.* Et qui sunt qui opprobrium [nobis] faciunt, consequenter exponit : opprobrium abundantibus [his qui hujus sæculi felicitatibus gaudent]; et despectio superbis, qui in divitiis suis [superbiunt et] despiciunt pauperes Christi, de quibus dicitur : *Beati pauperes, quoniam ipsorum est regnum cœlorum.*

PSALMUS CXXIII.

In quinto Graduum, hoc est, in patientiæ soliditate, amator iste stans, hæc dicendo decantat:

Vers. 1, 2. — *Nisi quia Dominus erat in nobis, dicat nunc Israel, nisi quia Dominus erat in nobis.* Vox ista sanctorum sive martyrum, sive tribulationes in hoc sæculo patientium existit; quasi diceret: nisi Dominus nobis esset adjutor, nequaquam has tribulationes, et has passiones, et has persecutiones sustinere potuissemus; sed quia ille in nobis est, facile omnia pertransire valemus, quæ in hoc sæculo dura videntur. Hoc dicat Israel, hoc est, vir videns Deum hoc cogitet, quia Deus hæc opera [*Ms.*, hoc opere] in illo complet. *Dum insurgerent homines in nos, forte vivos deglutissent nos.* Ad devorandum nos, et quasi vivos glutiendum insurgebant. Quis horum tam immanes et tam immites persecutiones sustineret, nisi Dominus adjuvisset eos, qui nunquam derelinquit sperantes in se? Igitur in primo psalmo Graduum de dolosa lingua et blanda seductione se liberatum esse testatus est; nunc autem [in] hoc psalmo de aperta persecutione se redemptum esse per Dei et Domini misericordiam enarrat, quatenus et spiritales, et corporales vinceret persecutiones, vel in occulta tentatione, vel in aperta persecutione. Quod vero in antecedentibus psalmis quasi una persona loquitur [*Ms.*, loquatur], hic vero plurali numero dicit: illud significat propter unitatem corporis Christi: hoc etiam, quia multa sunt membra ad caput illud, quod est Christus, pertinentia.

Vers. 3, 4. — *Dum irasceretur furor eorum in nos, forsitan aqua* [*Ms.*, velut aquas] *absorbuisset nos.* Vox martyris est truculentum persecutoris animum ostendentis: forsitan velut aqua [*Ms.*, aquas] absorbuisset nos. Aqua populum impium significat, qui quærit [*Ms.*, aquas hic populos impiorum significat, qui quærunt] sanctos devorare.

Vers. 5. — *Torrentem pertransivit anima nostra, forsitan pertransisset anima nostra aquam intolerabilem.* Immanitatem persecutionis significat torrentis nomine. Aquam intolerabilem, hoc est, incredibilem rabiem iniquorum perpessi sumus; et nisi Dominus esset in nobis, nullatenus evadere potuisset fragilitas nostra has immanissimas persecutiones. Ad laudem [se] liberatoris sui ista victrix adversariorum [cohors convertit (*Edit.*, concorditer conversa est)], dicens:

Vers. 6. — *Benedictus Dominus, qui non dedit nos in captionem dentibus eorum.* Benedictus Deus qui vicit mundum; per quem nos vincimus, per quem nos liberati sumus a persecutorum dirissimis [*Edit.*, a persecutione et dirissimis] dentibus: et hoc, quia Deus erat in nobis.

Vers. 7. — *Anima nostra sicut passer erepta est de laqueo venantium.* Passer iste Christus est: et sicut ille liberatus est ab omni iniquitate, et a persecutione impiorum, et victor gloriosus ad paternam rediit sedem: sic nos per illum liberati sumus, et non sumus dati in laqueos diabolicæ fraudis, nec in manus venantium. Nos vitam perdidimus, sed fidem servavimus: et melius quod [*Ms.*, quam] perdidimus, inventi sumus, ipsa dicente Veritate: *Qui perdiderit animam suam propter me inveniet eam.* Et hujus adhortationis et patientiæ, et roboris quis est auctor [*Ms.*, actor] in nobis, nisi ille qui fecit cœlum et terram? Ipse qui fecit, ipse redemit; et ipse qui redemit, ipse remunerat: ipsi dicimus semper: *Adjutorium nostrum in nomine Domini, qui fecit cœlum et terram* (vers. 8).

PSALMUS CXXIV.

Modo incipit de stabilitate æternæ Jerusalem dicere, et de illorum fiducia et stabilitate [*Ms.*, soliditate], qui ad eam toto desiderio festinant, dicentes:

Vers. 1. — *Qui confidunt in Domino sicut mons Sion, non commovebitur in æternum, qui habitat in Jerusalem.* Fides quæ ad Deum est, stabilem facit vitam; nec ullis tentationibus moveri potest, qui supra firmam petram suam construit domum. Quis est mons Sion nisi Christus, qui est *in vertice montium, et elevabitur super colles, et fluent ad eum omnes gentes* (*Isai.* II, 2)? Sion est Ecclesia, in qua speculum vitæ et æternitatis visio, cujus caput est Christus. Ecce quærit iste ascensor spiritalium graduum, qualis sit ista Jerusalem, in qua sanctorum chorus habitat, et respondetur ei:

Vers. 2. — *Montes in circuitu ejus, et Dominus in circuitu populi sui, ex hoc nunc et usque in sæculum.* Isti montes sunt angeli [sunt apostoli], sunt prophetæ, et prædicatores sancti, qui muniunt istam Jerusalem. Et ne hoc tibi parvum videretur, quod tales montes habet in circuitu, statim subjunxit: *Et Dominus in circuitu populi sui.* Ecce quales habemus muros, quales munitiones, quales defensores! Maneamus intra septa Jerusalem, et non timeamus insidias diaboli, nec sagittas ejus, tales habentes defensores; et hoc non ad tempus, sed in æternum, ideo dicit: *Ex hoc nunc et usque in sæculum.* Sequitur:

Vers. 3. — *Quia non derelinquet Dominus virgam peccatorum super sortem justorum: ut non extendant justi ad iniquitatem manus suas.* Sors justorum est stare ad dexteram Dei in die judicii; super sortem vero illorum, id est, super congregationem illorum, non venit virga impiorum, id est, sententia illa terribilis: *Ite, maledicti, in ignem æternum. Ut non extendant justi ad iniquitatem manus suas.* Quare hoc, *ut non extendant justi ad iniquitatem manus suas*? Ut ad tempus ferant justi iniquos dominantes, et intelligant non esse sempiternum; sed præparent se ad possidendam hæreditatem sempiternam: tunc enim destruetur omnis potestas iniquitatis, ut sit Dominus omnia in omnibus. Hoc cogitent, qui recto sunt corde, quod non semper dominantur injusti, sed auferetur potestas illorum ab eis, et regnabit Dominus [solus] super sanctos suos.

Vers. 4. — *Et benefaciat bonis et rectis corde.* Hic, ut in fide et bono opere permaneant stabiles, et in futuro gloriam accipiant sempiternam.

Vers. 5. — *Declinantes autem in obligationem adducet Dominus cum operantibus iniquitatem, pax super*

Israel. Qui operantur iniquitatem, id est, quorum facta imitati sunt, qui [*Ms.*, quia] eorum præsentem lætitiam amaverunt, et futura supplicia non crediderunt. Qui ergo recti sunt corde, et non declinant, quid habebunt? Jam veniamus ad ipsam hæreditatem. Quæ est illa hæreditas? Pax super Israel. Quæ pax? Illa, quæ exsuperat omnem sensum.

PSALMUS CXXV.

Psalmus iste Graduum redemptionis nostræ laudem decantat, quomodo liberati sumus de captivitate diabolicæ potestatis, et peccatorum nostrorum vinculis: cantat [enim] iste amator libertatis nostræ:

VERS. 1. — *In convertendo Dominus captivitatem Sion, facti sumus sicut consolati*, id est, gaudentes. Sion in angelis æterna, in hominibus captiva est. Unde captiva? Quia venundati sub peccato. Unde venundati, nisi consentientes peccato? Liberi facti sumus, sed nosmetipsos vendidimus peccato [propter consensionem peccati in primo parente nostro (*Edit.*, consortes facti peccato primi parentis nostri)]. Sed in secundo liberati sumus et ideo consolati. Non enim omnes illius civitatis cives captivi sunt, sed qui inde peregrinantur, captivi sunt : consolatio vero miserorum est et gementium ; sed modo hæc consolatio est in spe, tunc erit in re, dum videbimus facie ad faciem : usque nunc in fide credimus, et in spe amamus.

VERS. 2. — *Tunc repletum est gaudio os nostrum, et lingua nostra exsultatione*. In hac consolatione hujus redemptionis nostræ repletum est os cordis nostri gaudio, et lingua cordis exsultatione : os cordis et lingua cordis, quo [*Ms.*, qua], ore carnali clauso, dum oramus, clamamus ad Deum : *Tunc dicent inter gentes, magnificavit Dominus facere cum illis.* Id est, misericordiam facere cum omnibus gentibus : quia non tantum notus in Judæa Deus, sed a finibus terræ laudes audivimus justorum dicentes [*Ms.*, justi dicentis] : *Exaudi nos, Deus salutaris noster, spes omnium finium terræ, et in mari longe* (*Psal.* LXIV, 6). Dicamus [*Ms.*, dicunt] itaque omnes :

VERS. 3. — *Magnificavit Dominus facere nobiscum, facti sumus lætantes.* Misericordiam fecit nobis, ideo facti sumus lætantes.

VERS. 4. — *Convertet Dominus* [Ms., *Converte, Domine*] *captivitatem nostram sicut torrens in austro.* Torrentes dicuntur flumina hiemalia; magno enim impetu repentinis aquis impleta currunt. Auster vero ventus calidus est, et glacies solvens : significat vero Spiritum sanctum qui duritiam peccatorum nostrorum, quæ zelo [*Forte*, gelu] infidelitatis constricta est, solvit et siccat, et convertit captivitatem nostram in lætitiam.

VERS. 5. — *Qui seminant in lacrymis, in gaudio metent. Beati qui lugent, quoniam ipsi consolabuntur.* Item : *Beati misericordes, quoniam ipsi misericordiam consequentur* (*Matth.* v, 5, 7). Seminant in lacrymis, qui lugent sua peccata ; seminant in valle, qui misericordiæ opera faciunt, dicente Apostolo : *Qui seminat in benedictione, de benedictione accipiet* (*II Cor.*

IX, 6) : quantum enim quisque seminat, tantum recipiet. Nam ipsa vita, in quam intravimus, misera est, lacrymosa est, laboribusque plena. Ideo homo natus flere novit, ridere non novit, quia ad laborem natus est, non ad lætitiam.

VERS. 6. — *Euntes ibant, et flebant, mittentes semina sua.* Iste Gradus canticorum ad opera nos misericordiæ exhortatur, ut eamus et quæramus cui bene faciamus et compatientes simus miseriæ aliorum ; sicut Apostolus dicit : *Flere cum flentibus* (*Rom.* XII, 15). Mittamus semina nostra super transeuntes aquas, quia in multo tempore inveniemus illa. Ideo sequitur : *Venientes autem venient in exsultatione, portantes manipulos suos.* Quo venient, nisi in præsentiam summi Judicis? [Quid] portant? opera misericordiæ. *Esurivi enim*, ait Dominus, *et dedistis mihi manducare ; sitivi, et dedistis mihi bibere.* Quid ergo audituri erunt? *Venite, benedicti Patris mei, percipite regnum quod vobis paratum est ab origine mundi*, etc, (*Matth.* XXV, 34, 35). Tunc illis hoc dicetur, qui opera misericordiæ modo diligenter volunt seminare in pauperes.

PSALMUS CXXVI.

Hæc cantica, ut sæpe diximus, ascendentium sunt. Qualiter ascendentium? Scilicet amando Deum. Qui Deum amat, ascendit ; qui sæculum amat, cadit. Sed hujus psalmi titulo additum est : *Canticum Graduum Salomonis.* Videamus, cur nomen Salomonis in hoc tantummodo [loco] additum sit. Salomon interpretatur pacificus. Quis [est] iste pacificus, nisi verus Salomon Dominus noster Jesus Christus, qui cœlestia et terrestria pacificavit in sanguine suo, et fecit utraque unum, duos sibi parietes conjungens in seipso, summo angulari lapide. Nam Ecclesia [de] duobus populis, id est, circumcisionis et præputii copulavit in unum ovile, ut sit unus pastor et unum ovile. De isto vero Salomone in capite hujus psalmi dicitur :

VERS. 1. — *Nisi Dominus ædificaverit domum, in vanum laborant* [Ms., *laboraverunt*], *qui ædificant eam.* Nisi Dominus ædificet Ecclesiam absque macula et ruga, in vanum laborat omnis prædicator. Qui sunt qui in vanum laborant, nisi hæretici qui laborant Ecclesiam congregare, sed absque Domino ; ideo vanum est opus illorum. Ex quo populus fidelis ædificatus est, custos est ipsius Dominus noster Jesus Christus, qui ædificat, qui conservat, qui protegit, qui remunerat ; ille solus in omnibus et ædificator et custos. Ideo dixit in sequenti versu : *Nisi Dominus custodierit civitatem, frustra vigilat qui custodit eam.* Ista est civitas, de qua sæpius in his Graduum psalmis cantatur, spiritalis utique Jerusalem.

VERS. 2. — *Vanum est vobis* [Ms., *in vanum est vos*] *ante lucem surgere.* In vanum est enim intus homini absque divina gratia laborare. [Præveniat gratia, sed subsequatur obedientia, tunc non laborat in vanum]. *Surgite postquam sederitis, qui manducatis panem doloris.* Si vultis in excelso esse, estote hic humiles, ubi humilis fuit ille, qui pro nobis pauper fuit factus, ut ibi excelsi sitis, ubi ille sedet ad dexteram Dei Patris. Surrectio exaltationem significat, sessio humilitatem designat. Aliis locis sessio intelligitur ab honore judicandi, ut illic : *Sedebitis vos super sedes duodecim* (*Matth.* xix, 28). Item sessio humilitatem significat, ut illic : *Jesus fatigatus ex itinere sedebat sic super fontem* (*Joan.* iv, 6). Nam et in alio psalmo dicitur : *Domine, tu cognovisti sessionem meam, et resurrectionem meam* (*Psalm.* cxxxviii, 2), id est, humilitatem meam et exaltationem meam. Ut ergo intelligeretur, ad quam pertineret hæc sessio formam, addidit statim : *Qui manducatis panem doloris*. Manducant panem doloris, qui gemunt in hac peregrinatione. Cœlestem ergo desiderio anhelemus patriam : hic humiliatio, illic exaltatio ; hic peregrinatio, illic patria. Humiliemur sub potenti manu Dei, ut nos exaltet in tempore visitationis. Quasi quæreret iste amator, quando esset ista resurrectio, id est, exaltatio, respondetur ei :

Vers. 3. — *Cum dederit dilectis suis somnum, ecce hæreditas Domini : filii merces fructus ventris*. Somnus hic mortem significat. [Sicut] Christus non est exaltatus nisi post mortem, ita nostra exaltatio non erit [*Edit.*, est], nisi post mortem : quia illius resurrectio non fuit nisi antea moreretur, nec nostra erit resurrectio nisi antea moriamur. Quasi vero quæreres iterum [et diceres] : Quibus dilectis ? Ait : [*Hæc est*] *hæreditas Domini, filii merces fructus ventris*. Quæ est hæreditas ista ? Illa utique, de qua dicitur : *Postula a me, et dabo tibi gentes hæreditatem tuam* (*Psal.* ii, 8). Qui sunt *filii merces* [Ms., *mercis*] ? Sancti scilicet omnes, quos Christus suo sanguine acquisivit. *Fructus ventris*, id est [fructus Ecclesiæ. Hæreditas et filii et fructus unum significant, id est]; omnium sanctorum congregationem [*Edit.*, congregatio], *filii merces, fructus ventris*. Deinde adjungit :

Vers. 4. — *Sicut sagittæ in manu potentis, ita filii excussorum*. Sagittæ apostoli sunt; quorum sonus exivit in omnem terram, de manu potentis missi, id est, Christi. *Ita filii excussorum* [illi ipsi apostoli filii sunt excussorum], id est, filii prophetarum, qui secreta et mysteria incarnationis Christi, et sanctæ sacramenta Ecclesiæ, Dei dono [Ms., de idoneo], cœlestis thesauri excusserunt et in lucem produxerunt a sæculis mysteria : horum filii sunt [Ms., erant] apostoli, quia quod illi in ænigmate pronuntiaverunt, hoc apostoli in Christo quasi historiam prædicaverunt.

Vers. 5. — *Beatus vir qui implevit desiderium suum ex ipsis : non confundetur cum loquetur inimicis suis in porta*. *Ex ipsis*, id est, ex apostolorum prædicationibus, qui totum suum desiderium ex illa [Ms. illorum] prædicatione implet, et amat cœlestia, non terrena ; æterna, non temporalia. Iste non confundetur, cum loquetur inimicis suis in porta. Porta vero Christus est : qui Christum prædicat, qui in Christo loquitur, qui in Christo manet, non confundetur in æternum : sed prædicat opportune importune, id est,

A volentibus et nolentibus audire verbum Dei, etiam amicis et inimicis. Ille stat [in porta (*Edit.*, importune)] ut omnes audiant, et omnes ædificentur.

PSALMUS CXXVII.

Venit ad canticum beatitudinis istorum ascensor Graduum, et ait, unde sit ista beatitudo [sibique dixit] :

Vers. 1. — *Beati omnes, qui timent Dominum, qui ambulant in viis ejus*. Hæc vera [Ms., vero] beatitudo in timore Domini consistit, et in observatione præceptorum illius. Iste est timor, de quo in alio psalmo dicitur : *Timor Domini sanctus permanens in sæculum sæculi* (*Psal.* xviii, 10). Alius est timor propter pœnam, alius est propter amorem : 384 iste est beatus, qui propter charitatem timet Dominum, et in charitate ejus præcepta observat. Ut ille ipse ait : *Si diligitis me, mandata mea servate* (*Joan.* xiv, 15).

Vers. 2. — *Labores fructuum tuorum manducabis* [Ms., *fructuum manuum tuarum*], *beatus es, et bene tibi erit*. Non labores manducat quisque, sed quod ex labore nascitur, id est, fructus. Sancti martyres laboraverunt in hoc sæculo, ut fructum vitæ æternæ acciperent, ut impleatur in illis, quod dictum est : *Vos estis, qui permansistis mecum in tentationibus meis, et ego dispono vobis regnum, sicut disposuit mihi Pater meus* [regnum], *ut edatis et bibatis super mensam meam in regno meo* (*Luc.* xxii, 28). *Beatus es et bene tibi erit*. Hic beatus in spe, illic bene tibi erit in re, dum videbis facie ad faciem, quem hic amas in corde.

Vers. 3. — *Uxor tua sicut vitis abundans in lateribus domus tuæ*. Uxor Christi Ecclesia est [Ecclesia ; quæ] et sponsa, quæ abundat fructu boni operis. *In lateribus domus tuæ*. Illa sunt latera in domo Dei, quæ adhærent Christo firmius. *Filii tui sicut novellæ olivarum in circuitu mensæ tuæ*. Non est alia in Christo uxor ; alius filius, sed omnes unum in Christo. Quam ante uxorem nominavit, nunc nominavit et filium [Ms., filios], quia uxor et filii Ecclesia est Christi. *Sicut novellæ olivarum*. [Oliva] pacem significat. Ideo filii in novitate spiritus non in vetustate litteræ in pacem Christi transeunt [Ms., transeant]. *In circuitu mensæ tuæ*. Mensa Christi Scriptura sancta est, unde pascimur, unde intelligimus, quid amemus, et quid desideremus, ad quem habeamus oculos levatos.

Vers. 4. — *Ecce sic benedicetur omnis homo, qui timet Dominum*. Recurrit ad principium psalmi; ubi ait : *Beati omnes, qui timent Dominum*. Nunc exponit, quæ sit ista beatitudo, quæ timenti Deum debetur, vel quomodo benedicendus sit, qui Deum timet. Ait enim :

Vers. 5. — *Benedicat te Dominus ex Sion, et videas, quæ bona sunt in Jerusalem omnibus diebus vitæ tuæ*. *Ex Sion*, dixit, *benedicat te Dominus*, id est speculatione vitæ æternæ. Illa est vera benedictio, quæ nos facit vitam desiderare æternam. Ideo adjunxit : *Ut videas bona, quæ sunt in Jerusalem omnibus diebus vitæ tuæ*, id est, æterna bona, non temporalia :

permansura, non transitoria, quæ sunt in Jerusalem cœlesti. *Omnibus diebus vitæ tuæ*, semper eris gaudens, semper videbis bona, id est, totius bonitatis auctorem Christum.

VERS. 6. — *Et videas filios filiorum tuorum, pacem super Israel.* Filii tui sunt opera bona, quæ facis; filii filiorum tuorum, fructus bonorum operum, quæ videnda et recipienda sunt in futura vita, ubi pax erit super omnes Deum videntes: et hæc pax est Christus, quæ exsuperat omnem sensum. Illa pax custodiat corda nostra in perpetuum.

PSALMUS CXXVIII.

VERS. 1. — Decimus iste psalmus Graduum ita incipit: *Sæpe expugnaverunt me a juventute mea, dicat nunc Israel.* Vox est Ecclesiæ sustinentis falsos fratres, et in exempla priora respicientis [*Edit.*, exemplo... respiciens], et super ipsa exhortantis exemplis Patrum invincibiliter sustinere: quia olim expugnata [est] Ecclesia, et non noviter, sed semper, ab initio, quo cœpit esse. Nam Abel Ecclesia fuit Christi, sed a fratre expugnatus est; similiter Jacob Ecclesia Christi fuit, sed a fratre Esau expugnatus est; etiam et Moses in Ecclesia Christi sæpissime expugnatus est a populo, cui præfuit. Occisus fuit Christus a synagoga, sed non superatus [*Edit.*, separatus]. Ecce enim exemplis docebat nos adversus falsos fratres fortiter sustinere. Dicant omnes qui Deum pleno corde diligunt Deumque videre cupiunt, et dicant iterum:

VERS. 2. — *Sæpe expugnaverunt me a juventute mea, etenim non potuerunt mihi.* Sive in Vetere, sive in Novo Testamento, et nunquam potuerunt prævalere mihi, ut consentirem eis.

VERS. 3. — *Supra dorsum meum fabricaverunt peccatores, prolongaverunt iniquitates suas.* Fabricaverunt toleranti mihi supra dorsum; posuerunt mihi tribulationes, sed ego portavi eas, donec corrigantur, et sic desinant persequi me, et vel in 385 fine excutiantur a dorso meo: ego usque in finem tolero, sed usque in finem persequentur. *Prolongaverunt iniquitates suas*, quia non est tempus in hoc sæculo, quo Ecclesia Christi persecutionem non patiatur a falsis fratribus.

VERS. 4, 5. — *Sed Dominus justus concidet cervices peccatorum; confundantur et convertantur retrorsum omnes, qui oderunt Sion.* Id est, superbiam illorum conteret. Per cervicem superbiam istorum designat. *Confundantur et revereantur omnes, qui oderunt Sion.* Confundantur in judicio, revereantur in profundis. *Qui oderunt Sion* [Sion est Ecclesia]: id est, qui oderunt Ecclesiam, et nolunt obedire verbo Dei. Sunt enim in Ecclesia, sed ficti fratres, et odio habent bene operantes in ea. [Vide (*Edit.*, Unde) quid] sequitur de his, qui oderunt Ecclesiam:

VERS. 6. — *Fiant tanquam fenum tectorum, quod priusquam evellatur, arescit.* [Perit enim omnis gloria superbientium in hoc sæculo;] et sicut fenum tectorum sine radice est, et cito arescit, sic illi cito persunt: quod priusquam evellatur, arescit. id est, priusquam in judicio puniantur, arescunt, non habentes humorem boni operis.

VERS. 7. — *De quo non implebit manum suam qui metet, et sinum suum qui manipulos colliget.* Messores sunt angeli, de quorum operibus non implent sinus suos, quia zizania sunt, et non triticum: sed in fasciculos ligantur et igne comburuntur æterno.

VERS. 8. — *Et non dixerunt, qui præterierunt: Benedictio Domini super vos, benediximus vobis in nomine Domini.* Transeuntes sunt per hujus sæculi viam prophetæ, patriarchæ et apostoli: quorum benedictio proficit in filiis Ecclesiæ, non in falsis fratribus, qui expugnant Ecclesiam: non dant enim benedictionem super perituros, sed super mansuros; et quam benedictionem dant? Benedicunt [inquit] in nomine Domini, quia omnis benedictio et omnis sanctificatio per nomen Domini roboratur et confirmatur.

PSALMUS CXXIX.

VERS. 1. — Sequitur vero psalmus Graduum, cujus principium est: *De profundis clamavi ad te, Domine: Domine, exaudi vocem meam.* Ad istum itaque psalmum [*Ms.*, ab isto... psalmo] considerationis gradus est, et cujusdam querelæ statio, ut intelligamus ita, in quo profundo sumus, et unde clamare nobis necesse est. [Profundum (*Edit.*, profunda) enim] est nobis vita ista mortalis. Quisquis se in profundo intellexerit, clamet, gemat, suspiret, donec de profundo eruatur, et veniat ad eum, qui super omnes abyssos sedet, et super Cherubim et super omnia quæ creavit, non solum temporalia, sed etiam spiritualia: sed inde usque ad profundum hujus vitæ pervenit, ut nos liberaret ab hoc profundo miseriæ, et nos incitaret ad eum clamare, qui est Salvator verus et dicere: *Domine, Domine, exaudi vocem meam.*

VERS. 2. — *Fiant aures tuæ intendentes in orationem servi tui.* Geminatio clamoris, significatio est deprecationis intimæ. Sequitur vero:

VERS. 3. — *Si iniquitates observaveris, Domine, Domine, quis sustinebit?* Aperit de quo profundo clamaret, id est, de peccatorum suorum abysso, quæ inundaverunt super caput ejus: intelligens omnem vitam suam tentationibus plenam. Ideo dixit: *Quis sustinebit?* Si justitiam tantummodo judicas nobis, et non miserationem præstes, nullus est qui sustinere possit, quia omnes [sunt] filii iræ: sed magis nobis spes est de miserationibus tuis, et non de meritis nostris.

VERS. 4. — *Quia apud te propitiatio est, et propter legem tuam sustinui te, Domine.* Propitiatio [hæc] est sanguis Christi, qui nos liberavit a servitute timoris, quæ in lege fuit veteri. *Sustinui te, Domine*, id est, speravi in te, Domine, sicut in alio psalmo dicit: *Exspectans exspectavi Dominum, et respexit me* (*Psal.* XXXIX, 2): exspectavi per spem, et respexit me per misericordiam.

VERS. 5. — *Sustinuit anima mea in verbum tuum, Domine, speravit anima mea in Domino.* In quod verbum sustinuit? In Verbum, quod caro factum est, speravit anima mea; per quod Verbum mihi omnia dimisisti peccata. Sed adhuc sperat anima mea in Domino. Quid sperat? Remissionem peccatorum recipere. Sed 386 adhuc vitam æternam non teneo : et quia fecisti quod promisisti, spero te facturum esse quod adhuc restat, ut post resurrectionem omnium vitam æternam accipiam.

Vers. 6. — *A custodia matutina usque ad noctem speret Israel in Domino.* Custodia matutina [Christus resurrexit (*Edit.*, est Christus, qui resurrexit)]; in quo omnes resurrecturi sumus; ideo ex illa resurrectionis suæ vigilia usque ad noctem, id est, finem mundi omnes sancti sperent in Domino; et hæc spes inde certissima est.

Vers. 7. — *Quia apud Dominum misericordia est, et copiosa apud eum redemptio.* Per illum itaque redempti sumus, per illum resurrecturi sumus.

Vers. 8. — *Ipse redimet Israel ex omnibus iniquitatibus suis.* [Ubi superabundavit peccatum] superabundavit gratia : gratia enim Dei salvati sunt per fidem, ab omnibus iniquitatibus suis. Omnes fideles nomine [*Ms.*, nomen] Israelis designat, quia omnes per copiosam redemptionem Domini Jesu Christi redempti sunt ab omnibus iniquitatibus suis. Scire debemus quod in aliquibus locis in his psalmis sonant verba quasi de multis, sicut ubi ait : *Miserere nostri* [*Ms.*, nobis], *Domine, miserere nostri, quia multum repleti sumus despectione* (Psal. cxxii, 3). In aliquibus sicut de uno, ubi ait : *De profundis clamavi ad te, Domine.* Et hoc [ideo] quia multi sumus in membris, unum autem in Christo : et omnes in uno loquuntur, et unus in omnibus loquitur. Dicit enim iste ascensor :

PSALMUS CXXX.

Vers. 1. — *Domine, non est exaltatum cor meum, neque elati sunt oculi mei.* Sacrificium Deo humilitatis offert in his verbis, sicut in alio psalmo legitur : [*Sacrificium Deo*] *spiritus contribulatus*, id est, humiliatus (Psal. L, 19). Magis itaque audita est humiliantis [*Ms.*, humiliati] publicani oratio, quam superbientis Pharisæi. *Neque elati sunt oculi mei.* Oculos cordis elatos non esse dixit, sed humiliatos, quia omnium bonorum custodia est humilitas. *Neque ambulavi in magnis, neque in mirabilibus super me.* Nec quæsivi, ut magnus essem inter homines, aut mirabilis faciendo signa et miracula : quia signa propter infideles data sunt, non propter fideles, ut per signa crederent, qui per prædicationes non crediderunt. Unde subdidit :

Vers. 2. — *Si non humiliter sentiebam, sed exaltavi animam meam : sicut ablactatus est super matre sua, ita retributio in anima mea.* Videntur maledictionem sonare hi duo versus, et ad hæreticos pertinere, qui non volunt humiliari in pace Ecclesiæ, sed exaltari in schisma doctrinæ suæ. Noluerunt matris Ecclesiæ lacte nutriri, ut ad solidum cibum, qui Christus est, pervenirent. Ideo ablactati sunt et a matre repulsi, quia a lacte pietatis nutriri noluerunt : et sunt doctores erroris, cum non sint discipuli veritatis; ideo retribuetur eis in animabus [*Edit.*, manibus] illorum : Quia propter infidelitatem schismatis in anima recesserunt a fide, ideo in anima recepturi erunt, quidquid meruerunt.

Vers. 3. — *Speret Israel in Domino,* qui est spes omnium Deum videntium. *Ex hoc nunc et usque in sempiternum*, id est, usque ad æternitatem, in qua videbimus, in quem nunc speramus.

PSALMUS CXXXI.

Venit hic prævius nostræ [*Ms.*, noster] ascensionis, et ad gradum mansuetudinis, in qua exemplum nobis sanctissimi David proposuit, quasi ex sua persona dicens :

Vers. 1. — *Memento, Domine, David, et omnis mansuetudinis ejus.* David manu fortis interpretatur; qui juxta historiam pepercit inimico quærenti animam suam : significans Christum nostrum bellatorem, qui superbissimum Goliath propriæ fortitudinis lapide prostravit ; et nobis, cum inimici essemus, mansuetus est factus, ut nos ejus exemplo edocti mansueti simus et mites.

Vers. 2-5. — *Sicut juravit Domino, votum vovit Deo Jacob.* Jurare Dei, est promissionis suæ votum ostendere [*Ms.*, promissiones suas ostendere]. *Votum vovit Deo Jacob.* Quid est votum Christi, nisi ut redimeret humanum genus? Unde ait in Evangelio : *Opus 387 consummavi, quod dedisti mihi* (Joan. xvii, 4). *Votum vovit Deo Jacob.* In sequentibus demonstrat quid vovisset Deo, id est, ut inveniret [*Edit.*, invenerit] tabernaculum Deo Jacob, id est, Ecclesiam sanctam, de qua dicitur in alio psalmo : *Quam amabilia sunt tabernacula tua, Domine* (Psal. LXXXIII, 2). Sed nos, si bene egerimus, tabernaculum erimus Dei, et templum Dei vivi, sicut dixit Apostolus : *Templum Dei estis vos.* Nulla nos [*Edit.*, vos] dormitatio, nulla oblectatio carnis, nulla ambitio sæculi deterreat, ut tabernaculum Deo non inveniamus in nobismetipsis.

Vers. 6. — *Ecce audivimus eam in Ephrata, invenimus eam in campis silvæ.* Ephrata speculum interpretatur; in speculo imagines conspiciuntur; significat prophetas, qui per imaginem locuti sunt de futura domo Dei, quam invenimus in campis silvæ, ibi audivimus de domo Dei, id est, in latitudine [*Edit.*, altitudine], gentium, quæ vepribus et spinis peccatorum obsitæ sunt : sed ibi est modo domus Dei, et Ecclesia Christi, de qua prophetæ prædixerunt.

Vers. 7. — *Introibimus in tabernaculum ejus.* Cujus? Dei Jacob. Quomodo introibimus. Per fidem. *Adorabimus in loco, ubi steterunt pedes ejus.* Cujus? Christi Domini nostri, ubi vestigia conspiciuntur ejus, et ibi miracula illius narrantur, et redemptionis nostræ firmitas : quia absque hujus domus charitate salus [*Edit.*, solus] non inveniretur : ibi adorandus [*Ms.*, adorandum] est, ubi fides recta esse diceretur.

Vers. 8. — *Exsurge, Domine, in requiem tuam, tu et arca sanctificationis tuæ.* Christo dicitur, ut exsurgat a mortuis, et intret in requiem suam : id est, post laborem passionis in requiem cœlestis gloriæ. *Tu et arca sanctificationis tuæ.* Arca Christi Ecclesia est Christi. Resurrectio præcessit in capite, quæ secutura [*Edit.*, secuta] erit in membris, ut fiat, quod ipsa Veritas ait : *Volo, Pater, ut ubi ego sum, et isti sint mecum.*

Vers. 9. — *Sacerdotes tui induantur* [*Ms.*, *induant*] *justitiam, et sancti tui lætentur.* Sacerdotis est justitiam prædicare, et exemplis ostendere; populi est gaudere in justitia, et sacerdotum prædicatione [*Edit.*, gaudium ..... prædicatio]. Item : induantur sacerdotes fide et spe, sanctique lætentur · quia sicut Christus surrexit in gloria, ita et sancti cum Christo surrecturi sunt in gloria.

Vers. 10. — *Propter David servum tuum non avertas faciem Christi tui.* Vox est ad Deum Patrem deprecantis [Ecclesiæ : non avertat faciem Christi sui, propter victoriam quam fecit de inimicis suis, id est, ut avertit eam a Judæis] [a] : et post plenitudinem gentium omnis Israel salvus fiet, qui modo [*Ms.*, quo modo] in apostolis et reliquis salvus est.

Vers. 11. — *Juravit Dominus David veritatem, et non frustrabitur eum.* Juratio Domini confirmationem sententiæ significat, nec frustra jurat, nec sine fructu erit [*Ms.*, nec frustrum erit] quod promittit, sed veritatem jurans veritatem implet, quia veritas falli non potest. *De fructu ventris tui ponam super sedem tuam* [*Ms.*, *meam*], id est, de utero virginali nascetur, quem ponam super sedem meam. *Exiet virga de radice Jesse, et flos de radice ejus ascendet* (*Isai.* xi, 1). Virga de radice patriarchæ exiet, et flos, id est, Christus de ventre virginis ascendet. [Sed] alia habet translatio : *Jurabit Dominus, et non pœnitebit eum.* Non alicujus Deum pœnitet, sed aliquid immutare eum significat, dum dicitur, pœnitet Deum. *Jurabit Dominus, et non pœnitebit eum,* id est, immutabile vult conservare, quod facit [*Ms.*, fiat], quod statuit cum David servo suo.

Vers. 12. — *Si custodierint filii tui testamentum meum, et testimonia mea hæc, quæ docebo eos. Et filii eorum usque in sæculum sedebunt super sedem meam.* Utique et filii [tui et filii] filiorum tuorum, si custodierint præcepta mea, sedebunt super sedem beatitudinis tuæ : quia omnes fideles filii [sunt] in Christo David et filii Abraham, de quibus ipsa Veritas dicit : *Potens est Deus de lapidibus istis suscitare filios Abraham.* (*Matth.* iii, 9).

Vers. 13. — *Quoniam elegit Dominus Sion, præelegit eam in habitationem sibi.* Sion universalis est Ecclesia, in angelis beata, in habitatoribus [*Edit.*, habitatio nibus] terræ peregrina, quæ et ipsa in parte ventura est [*Ms.*, pars futura est] beatitudinis angelicæ. Et hæc est habitatio Dei 388 in æternum. Quos elegit in Christo Deus, præelegit, id est, prædestinavit ante constitutionem sæculi juxta apostolum, [dicentem] : *Quia quos vocavit, hos et prædestinavit* (*Rom.* viii, 30).

Vers. 14. — *Hæc requies mea in sæculum sæculi,*
hic habitabo, quoniam elegi eam. Ista Dei verba sunt; hæc requies mea, hic requiesco. Quantum [*Edit.*, quoniam] nos amat Deus [fratres], ut quia nos requiescimus, se dicat requiescere. Non enim ipse aliquando turbatur, aut sic requiescit : sed ibi se dicit requiescere, quia nos in illo requiem habemus. *Hic inhabitabo, quoniam elegi eam.*

Vers. 15. — *Viduam ejus benedicens benedicam, pauperes ejus saturabo panibus.* Omnis anima quæ se intelligit desertam ab omni auxilio, nisi solius Dei, vidua est secundum sæculum, quia sæculum eam deserit : non tamen exinde vidua est, quæ Christum habet virum ; idcirco sancta Ecclesia in omnibus membris suis vidua est, a sæculo derelicta atque contempta, a Christo autem electa et sponsata. Et *pauperes ejus saturabo panibus.* Pauperes Christi sunt, qui non amant hoc sæculum, sive habeant divitias, sive non habeant. Aliquibus enim datæ sunt divitiæ ad dispensandum egenis, non autem datæ sunt eis ad possidendum : neque spem in illis debent ponere, nec satietatem in illis habere; sed in nomine Christi confidere, et in justitia, et in charitate Dei et proximi : hæc est saturitas sanctorum, non sæculi divitiæ.

Vers. 16. — *Sacerdotes ejus induam salutari, et sancti ejus exsultatione exsultabunt.* Qui sunt sacerdotes ? qui seipsos obtulerunt [*Ms.*, offerunt] Deo hostiam vivam, Deo placentem. *Et induam salutari,* id est, Christo Jesu, qui est salus omnium credentium ut Apostolus ait : *Quotquot baptizati estis, Christum induistis* (*Gal.* iii, 27). *Et sancti ejus exsultatione exsultabunt.* In quo exsultabunt ? Ut induantur Christo ; ideo subjecit :

Vers. 17. — *Illuc producam cornu David, paravi lucernam Christo meo.* Ut de Christo intelligatur, non de solo regno [*Ms.*, ut de Christo præsumatur, non de sæculo]. Cornu regnum et altitudinem significat; David regem Christum. *Paravi lucernam Christo meo.* Ipsa Veritas in Evangelio de Joanne dicit : *Ille erat lucerna ardens et lucens, ille paratus fuit a Deo Patre, ut præiret faciem Christi sui, sicut dictum est : Ecce ego mitto angelum meum, qui præparabit viam tuam ante te.*

Vers. 18. — *Inimicos ejus induam confusione, super ipsum autem efflorebit sanctificatio mea.* Super ipsum, id est, Christum, efflorebit sanctificatio mea. In ipsius vero baptismate remissio peccatorum est, et sanctificatio et Spiritus sancti donum, ipso Joanne attestante [qui ait] : *Hic est, qui baptizat in Spiritu sancto, et ego vidi, et testimonium perhibui, quia hic est Filius Dei* (*Joan.* i).

PSALMUS CXXXII.

Pervenit jam ad psalmum [quarti decimi (*Edit.*, quartum decimum) gradus], in quo unitatem sanctorum laudat et ascensionis amator : gaudet se ad unitatem fraternæ charitatis pervenire, ideo ait :

Vers. 1. — *Ecce quam bonum et quam jucundum,*

---

[a] *Edit.* : Deprecantis pro Ecclesia : *Non avertas faciem Christi tui,* propter victoriam quam fecit David de inimicis suis, averte iram a Judæis.

habitare fratres in unum. Quid pulchrius est, quidve jucundius est, imo quid melius, quam unitas et charitas in Christi membris, quæ fratres nominare placuit ; et cui rei similis sit hæc unitas, in sequenti paradigmate exposuit, dicens :

Vers. 2. — *Sicut unguentum in capite, quod descendit in barbam, barbam Aaron.* Quis est iste Aaron? Utique Christus, qui solus intravit in Sancta sanctorum in sanguine, non alieno, sed proprio, intercessurus pro nobis apud Deum Patrem. *Sicut unguentum in capite :* Unguentum hoc Spiritus sanctus est, quod a capite Christi defluit ; nam caput nostrum Christus est. *Descendit in barbam,* id est, fortes et invincibiles pugnatores pro Christi nomine, apostolos primum et sanctificatores [*Ms.*, sanctificatos] martyres, et sic in omnes fideles pervenit, ideo adjunxit : *Quod descendit in oram vestimenti.* Hujus vestimentum sacerdotis sancta [est] Ecclesia, quæ in finem mundi ejus sanguine consecrata est, et in vestem sibi contexta. Ideo dixit in oram vestimenti, subjungensque ait aliam similitudinem sub eadem significatione :

389 Vers. 3. — *Sicut ros Hermon, qui descendit in montem Sion.* Hermon dicitur interpretatum, nomen exaltatum, quod est Christus in cruce exaltatus, et postea in cœlum elevatus, cujus gratia, id est, ros illius, descendit in montem Sion, id est, sanctus et perfectus in Ecclesia Christi. Quod enim barba vel ora vestimenti significat, hoc etiam mons Sion significare videtur. Sequitur : *Quoniam ibi mandavit Dominus benedictionem, et vitam usque in sæculum.* Ubi mandavit? In fratribus videlicet qui habitant in unum, ibi præcepit benedictionem, ibi benedicunt Dominum, qui habitant concorditer, ibi etiam et vitam æternam percipiunt [*Ms.*, ibi etiam vita æterna].

Hucusque per gradus canentes ascendebamus ad domum Dei. Videamus quid agendum sit in ea. Quid igitur? nisi Dominum corde, et ore in charitate benedicere, cum Propheta dicentes :

PSALMUS CXXXIII.

Vers. 1. — *Ecce nunc benedicite Dominum, omnes servi Domini.* Ecce nunc, id est, in hoc tempore, in quo congregavit nos Dominus per unigenitum Filium suum in domum dilectionis suæ, benedicamus Dominum, non transitoria sed permansoria laude, alterutrum hortantes, nos stare et permanere in laude Dei. *Qui statis in domo Domini, in atriis domus Dei nostri.* Id est, qui permanetis in catholica fide, in unitate charitatis, quæ atrii nomine in hoc loco designatur. Atrium autem latus est locus, et apertus ad solem : ita mens nostra, latitudine charitatis illuminata, omnibus aperta debet esse ad benefaciendum. Addidit :

Vers. 2. — *In noctibus extollite manus vestras in sancta, et benedicite Dominum.* Noctes itaque tribulationes significant hujus sæculi, in quibus admonetur manus ad bona opera levare, et Dominum benedicere, non solum verbis, sed et operibus bonis. Facile est Deum in prosperis benedicere, sed multum necessarium est, eum in adversis laudare cum Job, qui omnibus ablatis quæ habere potuit, ait : *Sit nomen Domini benedictum ex hoc nunc et usque in sæculum* (*Job.* 1, 21). Sequitur :

Vers. 3. — *Benedicat te Dominus ex Sion, qui fecit cœlum et terram.* Sion specula [*Edit.*, speculum] dicitur, in qua benedicendi sunt sancti, qui ad quintum decimum gradum perveniunt, et in cœnaculo sub numero decies duodenario Spiritum sanctum receperunt. Ergo si omnes numeros ab uno usque ad quindecim aggregabis, fiunt centum viginti, qui numerus, sancti Spiritus adventu consecratus, significat, veteri testamento novum designari, et novo vetur adimpleri. In primo gradu tribulati clamavimus ad Dominum : in quinto decimo liberati a tribulationibus, Dominum benedicere jubemur, non alium nisi eum, qui fecit cœlum et terram : *Cœlum cœli Domino, terram autem dedit filiis hominum* (*Psal.* cxiii, 16), qui de terrenis ad cœlestia ascendere jubentur.

HYMNUS VETUS
DE XV PSALMIS GRADUUM.

MONITUM PRÆVIUM.

Hujus hymni auctorem non esse Alcuinum, diximus superius in prænotatione ad trinum Commentarium Psalmorum hucusque recensitum. Hoc tamen loco illum apte collocari censuimus, quod saltem ab Alcuino scriptus, vel dictatus, suoque dilecto Aquilæ directus fuerit, prout ex epist. 153 constat. Hunc ipsum vero locum etiam occupat in pervetusto codice ms. bibliothecæ nostræ S. Emmerami. Lectiones differentes inter uncos inclusimus ex cod. Reichenaviensi, seu Divitis Augiæ.

Ad Dominum clamaveram, dum [*Cod. Reich.*, cum] tribulatus fueram,
Et exaudivit Dominus servum suum quantocius.
Levavi meos oculos, statim ad montes pristinos,
Unde erit altissimo auxilium a Domino.
390 *Lætatus sum in omnibus,* quæ dixit mihi Dominus :
Ad domum Dei [*Id.*, Domini] ibimus, in qua semper manebimus.
Ad te meos levavi oculos, o Deus [*Id.*, Dominator] inter nos,
Qui es in cœli culmine, cum angelorum agmine.
Nisi quia altissimus erat in nobis Dominus,

Dicat Israel, omnibus infirmiores fuimus.
Qui confidunt in Domino, dominatore maximo,
Ut mons Sion perpetuo non movetur ab aliquo.
In convertendo Dominus captivitatem protinus
Sion, satis in omnibus consolati nos fuimus.
Nisi Deus [*Id.,* Dominus] *ædificaverit,* atque nos conservaverit,
Vanum est opus omnium, domus ædificantium.
Beati filii hominum [*Id.,* omnium], *qui suum timent Dominum,*
Quique in via angusta, fide ambulant robusta.
Sæpe me expugnaverunt, nec potuerunt adversarii,
Sed cessaverunt continuo, confortante me Domino.
De profundis suppliciter ac fideliter *clamavi,*
Ad te Deus [*Id.,* Dominus] victoriæ, Pater perennis gloriæ.
Non est elatum in me cor meum superbia,
Neque interius altus fui sensibus.
Memento mei, Domine Deus [*Id.,* Dominator], cœli de vertice,
Cui astant millia millium ministrantium,
Ecce quam bonum, sublime, *et quam jucundum* utique,
Fratres in unum vivere, summaque vita sedere.
Ecce nunc omnes famuli, stantes in domo Domini,
Benedicite Dominum dierum omnium.
Patrem precor potentiæ, principemque scientiæ,
Ut per hos ter quinos gradus, cœlos possim conscendere,
Et per loca ætheria, vehar ad refrigeria,
Ut merear præmia possidere eximia.

---

391 OPUSCULUM TERTIUM.

COMPENDIUM IN CANTICUM CANTICORUM.

MONITUM PRÆVIUM.

Scripsisse beatum Alcuinum brevem in Cantica canticorum commentarium ipse ejus Vitæ scriptor disertis verbis testatur : « In Proverbiis, inquiens, Salomonis, et Ecclesiaste, in Canticisque canticorum (scripsit) luculenta sub brevitate. » Idipsum confirmant aliquot mss. codices, in quibus similem commentarium sub nomine Alcuini contineri industrii quidam bibliothecarii fidem faciunt. Sic in catal. mss. collectionis Harleianæ, vol. I, notatur cod. 212 membr. in 4°, continens n. 2 Commentarium Alcuini in Cantica cant., qui fol. 100 *b*, ab his verbis initium capit : *Incipit liber Cantici canticorum, i. e. meliora meliorantium, sicut Sancti sanctorum.* Similiter in catal. mss. Angliæ et Hiberniæ, edit. Oxonii 1679 fol. inter codd. mss. bibliothecæ Jacobææ n. 8676 recensetur, *Albini Commentarius in Cantica canticorum.* In bibliotheca San-Laurentiana Leodii ord. S. Bened. exstat : *Alcuinus seu Albinus super Ecclesiasten et Cantica canticorum.* Clarissimus pariter ac celeberrimus Montefauconius, tom. I et II Bibl. bibliothecarum, plures codices, eumdem commentarium continentes, summa fide recenset, tom. I, pag. 628, scribit : « In bibliotheca regis Angliæ : *Alcuini in Cantica.* » Tom. II, pag. 1202 : In bibl. Gemmeticensi : *Alcuini Expositio in Cantica canticorum.* » Pag. 1222 . « In bibl. S. Albini Andegavensi : *Expositio Alcuini in Cantica canticorum.* » Pag. 1259 : « In bibl. Monast. S. Audoeni Rothom. : *Alcuinus in Cantica canticorum.* » Pag. 1255 : « In bibl. monast. B. V. de Becco : *Brevis Expositio in Cantica canticorum, nomine Ecclesiæ et Synagogæ. Est Alcuini abbatis,* ut ibidem notatur. » Pag. 1284 : « In bibl. Divio-Benigniana : *Albini Expositio Cantici*

ᵃ Tom. IV, pag. 305, 335 et 336.

A canticorum. » Pag. 1342 : « In bibl. abbatiæ Savinianensis ord. Cisterc.: *Alcuinus in Cantica canticorum.* » Pap. 1561 : « In bibl. monast. S. Michaelis in periculo maris : *Expositio Alcuini super Genesin, in Cantica canticorum.* » Demum in Ecloga Oxonio-Cantabrigiensi, seu catalogo mss. Angliæ, Alcuino tribuitur *Compendium super Cantica canticorum,* quod fortassis idem est cum Compendio a cl. Patritio Junio edito, quod hic exhibemus.

Huic mss. codicum fidei pondus addunt celeberrimi scriptores, Helinandus apud Vincent. Bellov., lib. xxiii Spec. Histor., cap 173; Trithemius, lib. de Script. eccl. et lib. ii de Viris illustr. O. S. B., cap. 26; Joan. Baleus, centur. ii Script. Britan.; Conrad. Licostenes in Epitome Bibl. Conradi Gesneri ; Possevinus in Apparat. sacro, tom I.

B Mirum eruditos Hist. Litt. Franciæ scriptores hæc, quæ præmisimus, testimonia insuper habuisse ac negasse ᵃ quod a penna Alcuini integer aliquis commentarius in Cantica canticorum fluxerit, et quod omnis ejus labor in prædictum librum intra expositionem unius versiculi 6 capitis VI in epist. ad Daphnin suum discipulum, in fine hujus opusculi exhibenda, contentam, constiterit. Hanc enim interpretationem adducta testimonia, quæ non de expositione unius tantum particulæ seu versiculi Cantici canticorum, sed de commentario in Cantica canticorum, hoc est, integrum hunc librum loquuntur, minime admittunt. Magis falluntur iidem viri, alias doctissimi, dum admodum confidenter asseverant, loc. cit. pag. 336, Compendium illud in Cantica cant., quod anno 1658 Londini cum commentariis Gilberti Foliot, a Patricio Junio editum est, nihil aliud esse quam eamdem ad Daphnin epistolam. Præceps enim hoc judicium solo ejus editionis, cujus quidem præfatis viris alias sane egregiis copia non fuit, intuitu refellitur.

Certum igitur, fide saltem historica, esse debet, Alcuinum nostrum non tantum aliquam particulam, sed integrum librum Cantici canticorum brevi stylo, seu, ut Vitæ ejus scriptor loquitur, *luculenta sub brevitate* exposuisse. Nunc inquirendum restat, utrum Compendium hocce, quod ex editione Londinensi, a Patricio Junio curata, exhibemus, sit ille ipse labor quem Alcuinus in illo libro exponendo posuit? Pro Alcuino pugnat auctoritas viri cl. Patricii Junii bibliothecarii regii, et veterum monumentorum scrutatoris seduli, qui illud Compendium sub nomine Alcuini, absque hæsitatione, e bibliotheca regia, primo in publicum protulit [a]; quod eum haud facturum fuisse merito præsumitur, nisi fide cujusdam codicis ms., omni novitatis aut corruptionis suspicione carentis, fuisset suffultus. Huic auctoritati robur addit codex ms. 69 bibliothecæ regiæ Vaticanæ, in-8°, sæc. x exaratus, cujus mihi copia facta est ab em. D. cardinali Passioneo, tunc illius bibl. præfecto, etiam post fata in republica litteraria summis laudibus celebrando : in quo codice idem Compendium, paucis, quæ notamus, mutatis, non quidem præfixo nomine, inter epistolas tamen Alcuini comprehenditur. Stylus denique quo iste commentarius exaratus est a stylo Alcuini minime abhorret, quamvis idem in suis commentationibus, ubi plerumque, more illius ævi, priorum Patrum sententiæ deflorantur, constantem characterem, ut in epistolis e proprio genio, scriptis, non servet.

Et hæc quidem fundamenta sat firma esse nemini non videbuntur, ut hoc expositionis Cantici canticorum Compendium Alcuino, tanquam vero auctori, attribui absque allucinationis periculo possit. Fateor equidem, mihi de vero hujus commentationis auctore quoddam dubium injectum fuisse, dum Angelomi abbatis Luxoviensis Stromata in Cantica canticorum, tom. XV Bibl. SS. PP. edit. Lugdunensis, pag. 413 et seqq., pervolvendo reperissem, ibidem hanc nostram Expositionem, maximam partem, quoad sententias et ipsa etiam verba contineri. Animadvertens tamen Angelomum omnia pene quæ seu in libros Regum, seu in Cantica canticorum, commentatus est, *ex aliorum doctorum et expositorum dictis* mutuasse, atque *a disertissimo magistro* (ipso Alcuino fortassis) *aure accommodante, didicisse*, prout ipse in præfatione apologetica in libros Regum profitetur; perpendens præterea, Angelomum initium quoque sui in Cantica canticorum commentarii ab illis verbis : *Tribus nominibus vocatum fuisse Salomonem Scripturæ manifestissime docent*, etc., ex initio commentarii Alcuini in Ecclesiasten accepisse, facile conceptum antea dubium excussi ; ut jam minime dubitem quin ea quæ in commentario Angelomi cum hocce Compendio concordant, ab eodem quoque mutuata sint ; et nihil me moretur quominus Alcuinum verum hujus in Canticum canticorum Compendii auctorem censeam; fretus nimirum scriptorum superius citatorum testimonio; et fide plurium codicum mss., præprimis Vaticani, quo hic utor; et Anglici, quo usus est celeberrimus D. Patritius Junius.

CARMEN

In Codice Vaticano præfixum sequenti commentariolo.

Hunc cecinit Salomon mira dulcedine librum,

Qui tenet egregias Sponsi Sponsæque camenas,
Ecclesiæ et Christi laudes hinc inde canentes ;
Et thalami memorat socios sociasque fideles.
Has rogo menti tuæ, juvenis, mandare memento,
Cantica sunt nimium falsi hæc meliora Maronis.
Hæc tibi vera canunt vitæ præcepta perennis ;
Auribus ille tuis male frivola, salsa [*F.*, *falsa*] sonabit.

CAPUT PRIMUM.

Vers. 1. — *Osculetur me osculo oris sui*. Synagoga Deum incarnari desiderat, ac venienti devota charitate occurrit. Hujus vox prima sonat in Cantico amoris ; cui cum prophetæ sancti viam vivendi crebro demonstrarent, ejusque adventum, qui *tanquam Sponsus procedens e thalamo* mundum nova benedictione ditaret, ostenderent; vocibus præconum transitis, ipsius regis ac Salvatoris cœpit desiderare præsentiam, dicens : *Osculetur me osculo oris sui*, quod est; non semper ad me erudiendam angelos, non prophetas destinet ; veniat ipse aliquando, qui tam diu promissus est, præsentiæ suæ me luce illustret, ac velut osculum inferens, proprio alloquens ore me confortet, id est, me interrogantem de via salutis erudire non spernat. Quod esse impletum legitur in Evangelio : *Sedente Jesu in monte accesserunt ad eum discipuli ejus. Et aperiens os suum docebat eos dicens: Beati pauperes spiritu, quoniam ipsorum est regnum cœlorum* (*Matth.* v, 1). Dicit ergo : Osculetur me osculo oris sui. Id est, tangat me dulcedine præsentiæ suæ, quam sæpius a prophetis promissam audivi [b].

393 *Quia meliora sunt ubera tua vino*. Dulcedo evangelicæ doctrinæ austeritate legali melior est. [c] *Vinum* fervorem scientiæ legalis; *Lac* dicit rudimenta fidei evangelicæ. Unde Paulus : *Lac vobis potum dedi* (I *Cor.* III, 2), id est, escam. Meliora sunt ubera sponsi vino, quia quoscunque rudimenti fidei ex aqua et spiritu regenerant, vitæ cœlestis introitu aperto educant, quod longa legis observatio facere non valebat, Apostolo teste, quia ait : *Nihil ad perfectionem duxit lex* (*Hebr.* VII, 19). Per ubera doctores intelliguntur, qui nos potant lacte scientiæ.

Vers. 2. — *Fragrantia unguentis optimis*.[d] Ideo Spiritus sanctus unguentis comparatur, quia sicut unguentum sanat vulnus, ita Spiritus sanctus fugat vitia, animas fovet et sanat. Bona erant unguenta quibus prophetæ et sacerdotes ungebantur in lege, sed meliora, quibus apostoli et successores eorum invisibiliter sunt uncti ; de quibus Paulus : *Et qui nos unxit Deus, et qui signavit nos Deus* (II *Cor.* I, 21). Et Joannes : *Unctionem, quam accepistis ab eo, in vobis maneat* (I *Joan.* II, 27). *Oleum effusum nomen*

---

[a] Tituli libelli rarissimi, a viro illustri et bono rei litterariæ nato, D. Christiano Friderico Temlero Hafniensi, potentissimo Danorum regi ab epistolis sanctioribus, dono accepti, est : *Gilberti Foliot episcopi Londinensis Expositio in Canticum canticorum, una cum Compendio Alcuini; nunc primum e bibliotheca regia in lucem prodiit, opera et studio Patricii Junii bibliothecarii regii*. Ibidem pag. 275, incipit : Alcuini Compendium in Canticum canticorum. Londini, ex typographio regiæ majestatis, 1638.

[b] Codex Vaticanus post textum *osculetur*, etc., solum ultimam hanc expositionem habet : *id est, tangat me..... audivi*.

[c] Cod. Vat. sequentia a verbo *vinum* usque ad finem omittit.

[d] Cod. Vat. *Donis sancti Spiritus*. Omissis cæteris, usque, *Oleum effusum*.

tuum [a]. Redditio causæ est; non enim mirum est, si membra illius unguentis redoleant, cum ipse ab unguento nomen acceperit. A chrismate Christus, id est, ab unctione unctus, quod nomen cum gratia Spiritus sancti in baptismate funditur in cunctos fideles. Unde Petrus : *Quomodo unxit eum Deus Spiritu sancto et virtute* (Act. x, 38). Et in Psalmis: *Unxit te Deus oleo gaudii præ consortibus tuis* (Psal. xlv, 7). Oleum dicit : non stillatum, sed *effusum*; non enim dat ei Deus ad mensuram spiritum, quia ipse est plenus Spiritu sancto. *Ideo adolescentulæ dilexerunt te*. Id est, electorum animæ gratia baptismatis renovatæ.

Vers. 3. — *Trahe me post te* [b]. Synagoga prius Deum venire, et osculum pacis sibi offerre postulabat; nunc Ecclesia jam venisse, jam ad cœlos sciens rediisse, ut illum possit sequi, desiderat. Quod quia per se ipsam implere non potest, ejus, ad quem venire cupit, ductum implorat. *Trahe me post te.* Id est, quia sine te nihil possumus facere, precamur, nos ad te currentes tuæ protectionis dextra sustentes. Currere enim vel cursum consummare non possumus, nisi te duce et adjutore curramus. Unde Paulus : *Plus illis omnibus laboravi, non tamen ego, sed gratia Christi* (I Cor. xv, 10). *Curremus simul in odorem unguentorum tuorum*. Id est incremento donorum Spiritus sancti bene operando tecum, ad consortium cœlestis Jerusalem festinemus, ut te ascendentem in cœlum sequamur. *Introduxit me rex in cellaria sua*. Id est, in gaudia cœlestis patriæ æterna [c]. Cellaria regis æterni gaudia sunt cœlestis patriæ, in quæ nunc Ecclesia introducta est per fidem, introducenda plenius per rem. *Exsultabimus et lætabimur in te, memores uberum tuorum super vinum*. In te, non in nobis, memores per omnia fidei gratiam super legis doctrinam [d], quod est dicere: nequaquam nos de perceptis extollimus, sed in omni, quod bene vivimus, de tua misericordia exsultabimus, memores, quanta pietate nos recreare, qualiter austeritatem legis, gratia evangelicæ fidei dignatus es mitigare. *Recti diligunt te*. Nullus te diligit nisi rectus; et nullus est rectus nisi qui te diligit.

Vers. 4. — *Nigra sum, sed formosa, filiæ Jerusalem.* Nigra sum in pressuris persecutionum, sed formosa in decore virtutum [e]. Quod est, nigra quidem in oculis persequentium appareo, sed ante Deum ornata decore virtutum refulgeo. *Sicut tabernacula Kedar* [Cod. Vat., *Cedar*], *sicut pellis Salomonis*. Kedar filius Ismaelis, quod **394** interpretatur *tenebræ*. Dicit sancta Ecclesia se nigram ut Kedar, quia afflictionibus infidelium ita est obscurata, quasi totius mundi fieret inimica. Salomon et nomine, et vita pacificus erat, qui sibi tentoria de mortuorum animalium pellibus faciebat; ita Dominus Ecclesiam de illis animalibus sibi creat quæ desideria carnis in se mortificant; ergo est Ecclesia similis pellis Salomonis [f].

Vers. 5. — *Nolite me considerare, quod fusca sim, quia decoloravit me sol*. Id est, nolite mirari si hominibus despecta sim, quia æstus nimiæ persecutionis, vel amor Christi me decoloravit [g]. *Filii matris meæ pugnaverunt contra me : posuerunt me custodem in vineis; vineam meam non custodivi*. Acerbitas persecutionis filiorum Synagogæ me fecit vineam Hierosolymis non custodire, sed multarum [esse] vinearum, id est Ecclesiarum, per orbem custodem [h]. Mater primitivæ Ecclesiæ Synagoga est, cui per prophetam dicitur : *Zion, tu vocaberis civitas, et mater civitatum* (Zach. viii, 3).

Vers. 6. — *Indica mihi, quem diligit anima mea, ubi pascas, ubi cubes in meridie, ne vagari incipiam post greges sodalium tuorum*. Indica mihi pastorem meum, quem tota anima diligo, et in quibus pascua [Cod. Vat., pascuam] et requiem habeat, ne æstu tentationum turbata, post *sodalium*, id est hæreticorum conventicula, eum quærere incipiam.

Vers. 7. — *Si ignoras te, o pulcherrima* [Cod. Vat., *pulchra*] *inter mulieres, egredere et abi post vestigia gregum*. Si ignoras te sub hujusmodi tentationis ditione [F., conditione] mihi esse sponsatam, egredere a meo consortio, et varios errantium abi sequere. *Et pasce hædos meos juxta tabernacula pastorum*. Id est, perditos nutri auditores, qui secuti insipientium doctrinas magistrorum, a sinistris staturi sunt.

Vers. 8. — *Equitatui meo in curribus Pharaonis assimilavi te, amica mea*. Sicut priorem populum de Ægyptio liberavi timore; sic te, sponsa mea! de persequentium, si in me confideris, liberabo manibus.

Vers. 9. — *Pulchræ sunt genæ tuæ sicut turturis* [Cod. Vat., *turris*]. Tanta te verecundiæ salutaris virtute decoravi, ut castitatem promissæ mihi fidei, nulla pravorum doctorum seductione corrumpas. *Collum tuum sicut monilia*. In collo sancti prædicatores, qui, quod verbo docent, operibus ostendunt, designantur : in *monilibus* operis eorum perfectio exprimitur [i].

Vers. 10. — *Murænulas aureas faciamus tibi ver-*

---

[a] Cod. Vat.: *A chrisma Christus, id est, ab unctione unctus, quod nomen cum gratia sancti Spiritus in baptismate funditur in cunctos fideles*. Cætera omissa sunt, usque : *Ideo adolescentulæ*.

[b] Cod. Vat. : *Ut te ascendentem in cœlum sequar*; aliis omissis, usque, *Curremus simul*.

[c] Cod. Vat. omittit ea quæ hanc not. sequuntur, usque, *Exsultabimus*.

[d] Cod. Vat.: *Intende in nobis memor per omnia fidei gratiam super legis doctrinam*. Cætera desunt, usque : *Recti diligunt te*.

[e] Cod. Vat. sequentia hanc notam omittit, usque, *Sicut tabernacula*.

[f] Cod. Vat. post textum : *In temptatione obscura dæmonum, formosa in mortificando carnalia desideria*, cæteris omissis.

[g] Cod. Vat. post textum: *Nolite mirari, si hominibus dispecta sim foris ob temptationum æstus*.

[h] Cod. Vat. ea quæ notam hanc sequuntur, omittit.

[i] Cod. Vat. : *In collo doctores sancti designantur. In monilibus opera exprimuntur; quia quæ*, etc.

miculatus argento. In muraenulis Scriptura sancta ostenditur, quae auro spiritualium sensuum fulget interius, et argento coelestis eloquii nitet.

VERS. 11. — *Dum esset rex in accubitu suo, nardus mea dedit odorem suum.* Rege Christo in beatitudine coelestis secreti quiescente [*Cod. Vat.*, Regi... quiescenti] sanctorum virtus in Ecclesia magnae nobis gratiam suavitatis administrat.

VERS. 12. — *Fasciculus myrrhae dilectus meus mihi, inter ubera mea commorabitur.* Mors dilecti mei, quam pro mea salute subiit, semper in mea memoria commorabitur.

VERS. 13. — *Botrus Cypri dilectus meus mihi, in vineis Engaddi.* Qui [*Edit.*, quid] fuit fasciculus myrrhae in amaritudine passionis, ipse est botrus Cypri in dulcedine resurrectionis. Myrrha tristificat, vinum laetificat. *In vineis Engaddi*, propter charismata divina, quae post resurrectionem largitus est in baptismo suis participibus. *Engaddi*, fons haedi, baptismum significat.

VERS. 14. — *Ecce tu pulchra es, amica mea, ecce tu pulchra es.* Pulchra es operibus mundis, quibus sobrie in hoc saeculo conversaris. Pulchra es in simplicitate cordis, quia pro sola aeternitatis intentione bonis actibus insistis. *Oculi tui* 395 *columbarum.* Oculi cordis tui mundi ac simplices, et ab omni duplicitate fallendi immunes; vel, sensus tui spirituali sunt intellectu praediti [a].

VERS. 15. — *Ecce tu pulcher es, dilecte mihi* [*Cod. Vat.*, mi] *et decorus* [b]. Audiens sancta Ecclesia geminam sibi a Domino pulchritudinem, operis videlicet et intentionis, cum simplicitate puri cordis, esse attributam, devota voce respondet : Ego quidem quidquid pulchritudinis, gratiae, simplicitatis, spei habeo, te largiente percepi; tu autem veraciter et sine comparatione pulcher es, et decorus divinae perpetuitate naturae, et assumptae humanitatis mirabili dignitate. *Lectulus noster floridus.* Requiescit sponsa cum sponso in lectulo, cum tempore pacis florido [c], pax sanctae Ecclesiae, et virtutibus sanctis florescit, et spirituali prole multiplicatur.

VERS. 16. — *Tigna domorum nostrarum cedrina, laquearia nostra cypressina.* Tigna et laquearia doctores sanctae Ecclesiae, propter munimen [*Cod. Vat.*, munimentum] et decorem, cedrinae et cypressinae propter eximias eorum virtutes, et odorem bonae vitae signant [d]. Quorum verbo et exemplo Ecclesia sustentatur, ne haeretica pravitate discutiatur. Odor cedri serpentes fugat, quod convenit illis qui in virtute verbi coelestis venenata haereticorum dogmata solent exstirpare. Cypressus, quae suae venustatem comae nullo ventorum impulsu deponit, constantiam eorum exprimit qui sanctam Ecclesiam altioribus virtutum ornamentis, ut laquearia, decorant.

CAPUT II.

VERS. 1. — *Ego flos campi et lilium convallium.* Ego decus mundi, et lilium convallium. [*Cod. Vat.*, Ego decus mundi et gloria humilium.]

VERS. 2. — *Sicut lilium inter spinas, sic amica mea inter filias.* Tu requiem quaeris et laudes lectuli. Recordare quod candidior tribulationum aculeis efficieris; et major est fructus praedicationis [*F.*, persecutionis] quam quietis.

VERS. 3. — *Sicut malus inter ligna silvarum, sic dilectus meus inter filios.* Sicut malus visu, odore et gustu antecedit ligna silvestria, sic Christus antecellit omnes sanctos [*Cod. Vat.*, omnibus sanctis] qui filii Dei dicuntur ex [*Cod. Vat.*, sed] gratia, ille solus natura. *Sub umbra illius, quem desideraveram, sedi.* Eodem protegente, quem semper adesse quaesivi, quiesco, et secura permaneo. *Et fructus ejus dulcis gutturi meo.* Quia gratiae suae coelesti dulcedine me reficit [*Cod. Vat.*, refecit].

VERS. 4. — *Introduxit me rex in cellam vinariam.* Cella vinaria Ecclesia debet intelligi, in cujus unitate solummodo Spiritus sanctus dari solet et accipi, cujus gratia hoc loco vini nomine designatur. *Ordinavit in me charitatem* [e], in qua cella ordinata charitas est, ut quisque Deum toto corde, plus quam seipsum; proximum tanquam seipsum diligat.

VERS. 5. — *Fulcite me floribus, stipate me malis, quia amore langueo.* Consolamini me exemplis seu incipientium, seu terminantium. Viam salutis mihi ostendite, dum adhuc in hujus peregrinationis taedio amore supernae visionis languesco.

VERS. 6. — *Laeva ejus sub capite meo, et dextera illius amplexabitur me.* In laeva Christi temporalia ejus dona, in dextra perpetuae vitae beatitudo signatur, quia hic per spem mentem roborat, et illic per remunerationem glorificat.

VERS. 7. — *Adjuro vos, filiae Jerusalem, per capreas cervosque camporum, ne suscitetis, neque evigilare faciatis dilectam, quoadusque ipsa velit.* Contestor pacificas fidelium animas per suas quamque [*Cod. Vat.*, quasque] virtutes, quae per munda et ruminantia 396 animalia signatae sunt, ne pia fratrum studia aliqua importunitate impediant; sed sic quisque de proximorum profectu quasi de suo gaudeat [f]. Per capreas et ceryos virtutum opera, signantur, quae quantum munditia praeeminent, tantum violentas antiqui hostis insidias contemnere, imo disperdere consueverunt. Caprea montem ascendit, acumen visus habet, meliora pascua eligit.

VERS. 8. — *Vox dilecti mei.* Subauditur, haec est, quam audivi adjurantem filias Jerusalem, ne me in ejus amplexu quiescentem suscitarent. *Ecce iste venit saliens in montibus, transiliens colles.* Tales enim saltus fecit dilectus meus; de coelo venit in ute-

---

[a] Cod. Vat. : *Ecce tu pulchra es, amica mea, ecce tu pulchra es, oculi tui columbarum. Pulchra in simplicitate cordis et munditia operum, quia sensus tui spiritales sunt intelligentia praediti.*

[b] Cod. Vat., post textum : *Tu solus naturaliter pulcher, ego ex te pulchra.* Reliquis omissis usque, *Lectulus noster.*

[c] Cod. Vat. verba, *Requiescit sponsa*, etc., omittit.

[d] Quae hanc notam sequuntur, omissa in Cod. Vat.

[e] Cod. Vat. hunc et priorem textum jungit.

[f] Cod. Vat. ea quae notam sequuntur omittit.

rum, de utero in præsepe, de præsepi in crucem, de cruce in sepulcrum, de sepulcro rediit in cœlum. Ipse est qui elevatus est super omnes montes et colles, id est, sanctorum altitudines.

VERS. 9. — *Similis [est] dilectus meus capreæ hinnuloque cervorum.* In assumptione carnis, et humilitate [*Cod. Vat.*, humanitate] capreæ; in varietate virtutum, et innocentia hinnulo cervorum Christus comparatur, id est patriarcharum. *En ipse stat post parietem nostrum, respiciens per fenestras, prospiciens per cancellos.* Indutus pariete nostræ mortalitatis latuit; sed prospiciens ad nos per cancellos et fenestras, dum miracula fecit, vel [*Cod. Vat.*, ut] ex miraculis appareret, qui ex passionibus latuit.

VERS. 10. — *Et dilectus meus loquitur mihi.* Ad prædicandum me hortatur, dicens : *Surge, propera, amica mea [columba mea] formosa mea, et veni.* Surge de strato quietis, in quo tuimet solius curam agere quæris. Propera et veni ad implendam etiam proximis curam salutis per studium sedulæ prædicationis.

VERS. 11. — *Jam enim hiems transiit, imber abiit et recessit.* Jam frigus infidelitatis, et imber iniquitatis recesserunt, quæ totum orbem usque ad tempus Dominicæ incarnationis tegebant.

VERS. 12. — *Flores apparuerunt in terra.* Id est, initia fidei et justitiæ floruerunt in mundo, crescente Ecclesia. *Tempus putationis advenit.* Id est, amputatis inutilibus vanæ religionis sarmentis futuro fidei fructui præparantur [*C. V.*, præparentur] corda hominum. *Vox turturis audita est in terra nostra,* id est, Christi Salvatoris nostri dicentis : *Pœnitentiam agite, appropinquavit enim regnum cœlorum* (*Matth.* III, 2).

VERS. 13. — *Ficus protulit grossos suos.* Veteris legis præcepta ceciderunt. *Vineæ florentes odorem dederunt,* id est, evangelicus populus seu vites florentes sanctæ conversationis odorem longe lateque dederunt. *Surge, amica mea, speciosa mea* [a], *et veni.* O sponsa et amica mea, cui tanta obtuli bona, surge et veni, et accinge te ad certamen, unde æternam quietem accipias.

VERS. 14. — *Columba mea; per infusionem Spiritus sancti. In foraminibus petræ, in cavernis maceriæ.* Id est, vulneribus, quæ pro salute sponsæ Sponsus accepit; et caverna maceriæ, id est, custodia virtutum cœlestium [b]. In foraminibus petræ columba sedens nidificat, cum in passione Dominica spem suæ salutis ponit Ecclesia, cum in Sacramento mortis ejus, ab insidiis hostis antiqui, quasi a raptu accipitris, sese tutari confidit, et in eodem spiritualium filiorum, id est virtutum, sobolem creare satagit. Unde Jeremias in persona Moab hæreticos ad unitatem invitans ait : *Relinquite civitates et habitate in petra habitatores Moab; estote quasi columba nidificans in summo ore foraminis* (*Jer.* XLVIII, 28). Maceria valet ad munitionem vineæ, et de lapidibus hic exponitur, unde Isaias : *Vinea facta est dilecto in cornu, in loco uberi, et maceria circumdedit* (*Isai.* V, 1, 2). Quæ maceria custodiam significat, quia Dominus circumdat Ecclesiam, ne immundorum spirituum incursu vastari possit. *Ostende mihi faciem tuam.* Quæ in abdito secretæ quietis, quasi columba, delitescere cupis [c], precor in publicas actiones procede, et ex operibus ostende faciem [*Cod. Vat.*, fidem] tuam. *Sonet vox tua in auribus meis.* Vox videlicet laudis, et prædicationis. *Vox enim tua dulcis, et facies tua decora.* Illius namque vox Domino dulcis est, cui dulce est verba Domini proximis enuntiare, vel ipsi Domino laudes resonare; et illa fides decora est quæ, operibus ornata, adversa pati non metuit [*Cod. Vat.*, non timet].

VERS. 15. — *Capite nobis vulpes parvulas, quæ demoliuntur vineas.* Id est, vincite hæreticos et schismaticos, parvulos [*Cod. Vat.*, pravos] fide, et dolosos verbo, qui dente pravæ doctrinæ rudes fidelium mentes lacerare solent. *Nam vinea nostra floruit.* Id est, late electorum plebes germinant.

VERS. 16. — *Dilectus meus mihi.* Id est, solus mihi dilectus, et solus mihi adjutor est. *Et ego illi.* Sola sum dilecta, quia nulla alia [*Cod. Vat.*, nullus alius] recte diligit Christum, nisi unica Ecclesia, et nulla alia ab eo diligitur. *Qui pascitur inter lilia.* Id est, munditia fidei et candore virtutum.

VERS. 17. — *Donec aspiret dies, et inclinentur umbræ.* Donec venturi sæculi lux oriatur æterna, et umbræ, id est errores præsentis vitæ, transeant. *Revertere, similis esto, dilecte mi, capreæ aut hinnulo cervorum super montes Bethel.* Obsecro, dilecte mi, ut sæpius dulcedine tuæ visitationis revertaris ad me, quia cum carne, quam de patriarcharum origine sumpsisti, super altitudinem omnem cœlestium montium, ascendisti, ut laborem peregrinationis meæ speculatione æternæ patriæ releves [*Cod. Vat.*, reveles].

CAPUT III.

VERS. 1. — *In lectulo meo per noctes* [*Cod. Vat.*, noctem] *quæsivi, quem diligit anima mea; quæsivi et non inveni illum* [*Cod. Vat.*, *quæsivi illum et non inveni*]. Jam dudum, inquit, multo studio quæsivi Dominum, sed quæ [*Cod. Vat.*, quia] adhuc illecebris carnis meæ subdita fui, et tenebris profundæ ignorantiæ obcæcata, non inveni lumen veritatis, id est Dominum.

VERS. 2. — *Surgam et circuibo civitatem, per vicos et plateas quæram, quem diligit anima mea. Quæsivi illum, et non inveni.* Proposui animo meo, de lectulo carnalium voluptatum surgere, terras ac maria circuire, et philosophorum adire magisteria [*Cod. Vat.*, ministeria]; sed nec sic inveni illum.

VERS. 3. — *Invenerunt me custodes* [*Cod. Vat.*, vigiles] *qui custodiunt civitatem. Num quem dilexit ani-*

---

[a] *Cod. Vat., Surge, sponsa mea, amica mea, et veni.*
[b] Ea quæ hanc notam sequuntur *Cod. Vat.* omittit. usque, *Ostende mihi.*

[c] *Cod. Vat., Ostende mihi faciem tuam. Precor,* etc., prioribus omissis.

ma mea vidistis? Vigiles sunt, qui custodiunt Ecclesiam, apostoli et doctores, qui gentilitatem veritatis indagine sollicitant (*Cod. Vat.*, sollicitantem) invenerunt.

Vers. 4. — *Paululum cum pertransissem eos, inveni quem diligit anima mea.* Dum me illorum magisterio tradidi, mox lumen veritatis, quod diu quæsiveram [*Cod. Vat.*, quod quæsivi], inveni. *Tenui eum, nec dimittam, donec introducam illum in domum matris meæ et in cubiculum genitricis meæ.* Tenui [*Cod. Vat.*, teneo donec...] illum firma fide et tenebo, donec iu fine sæculi per officium prædicationis introducam illum in domum, et cubile Synagogæ, quæ me genuit in Domino, et fiet unum ovile et unus pastor.

Vers. 5. — *Adjuro vos, filiæ Jerusalem, per capreas cervosque camporum, ne suscitetis neque evigilare faciatis dilectam, donec ipsa velit.* In superioribus sponsam non invenimus ad quietem somno pervenisse; sed potius de lectulo exsilientem, labore maximo ad inventionem dilecti sui properasse; et quomodo dilectus, ne eam exagitent, adjurat filias Jerusalem. Sed forte anima illa felici sopita sopore, quæ in divino amore novit quiescere, claudit oculum in exterioribus cordis, et aperit in interioribus. Merito ergo adjurantur filiæ Jerusalem, ne suscitent dilectam, id est, ne mentem Deo devotam ab intentione desiderii cœlestis importuna irruptione præpediant [a]. Repetitur hic locus in Cantico amoris, ut non minorem se Dominus curam Ecclesiæ de gentibus gerere designet, quam Ecclesiæ collectæ de Judæis. Quod enim adjurat filias, ne suscitent dilectam, ita potest accipi, quod præcipiat eis, qui de Judæis in fidem præcesserunt, ne inquietent eos; neque quieti eorum contradicant, qui de gentilitatis errore ad fidem pervenerunt.

398 Vers. 6. — *Quæ est ista quæ ascendit per desertum?* Miratur Synagoga quomodo gentium populus, nullo circumcisionis ministerio emundatus, nulla prophetarum admonitione eruditus, subito ab infimis voluptatibus per desertum gentilitatis, et idololatriæ ad alta virtutum culmina et Sponsi amplexus ascendisset [b]. Cujus fides eo majoris est miraculi, quo hanc superne susceptam invincibiliter servat, testante Joanne, qui ait : *Scio ubi habitas; ubi sedes est Satanæ, et tenes nomen meum, et non negasti fidem meam* (*Apoc.* II, 13). Per desertum etiam signari potest ea conversatio quæ, a mundi illecebris separata, Dei tantum legi scrutandæ et cœlestium præceptorum observationi dedita est. *Sicut virgula fumi ex aromatibus.* Igne amoris accensa omni nisu virtutum ad cœlestia tendit [c]. Fumus eodem tempore partim solet oriri, partim ad sublimia ductus disparere. Sic et Ecclesia in membris quibusdam suis per gratiam sancti Spiritus nova nascitur; in quibusdam, ut in ante natis, ad cœlestia colligitur. Non fumo, sed virgulæ fumi assimilatur, ut unitas fidei Ecclesiæ significetur. *Myrrhæ et thuris, et universi pulveris pigmentarii.* Ex mortificatione carnalium voluptatum, et puritate orationum, et omnium virtutum odore.

Vers. 7. — *En lectulum Salomonis sexaginta fortes ambiunt ex fortissimis Israel.* Lectulus Salomonis est conversatio quieta sanctorum. Sexaginta fortes sunt sancti prædicatores et fortissimi bellatores, qui mundo corde digni sunt Deum videre.

Vers. 8. — *Omnes tenentes gladios, et ad bella doctissimi.* Tenent enim gladium spiritus, quod est verbum Dei, qui, quod [*Cod. Vat.*, quidquid] ore docent, opere complent. *Uniuscujusque ensis super femur suum propter timores nocturnos.* Nocturni timores sunt insidiæ tentationis occultæ. Ensis autem est custodia vigilans, carnis concupiscentias premens, ne verbum prædicationis immunditia vitæ maculet.

Vers. 9. — *Ferculum fecit sibi Salomon rex de lignis Libani.* Ferculum Salomonis est sancta Ecclesia, quæ credentes ad æternæ beatitudinis epulas levat, quæ de fortibus animo, quasi lignis imputribilibus, constructa est.

Vers. 10. — *Columnas ejus fecit argenteas.* Columnæ argenteæ sunt doctores eloquii luce fulgentes. *Reclinatorium aureum.* Reclinatorium aureum est spes perpetuæ quietis fidelibus promissæ [*Cod. Vat.*, perpetua... promissa]. *Ascensum purpureum.* Ascensus purpureus quid aliud est, nisi martyrum sanguis, et passio Redemptoris nostri? Quia non ascenditur ad epulas vitæ, nisi per mysterium passionis Christi. *Media charitate constravit propter filias Jerusalem.* Omnis enim qui charitatem habet Dei et proximi, ad hanc requiem, ad has epulas perveniet. Hæc omnia ornamenta Ecclesiæ præstitit Christus ob nimiam charitatem qua dilexit nos et tradidit seipsum pro nobis.

Vers. 11. — *Egredimini et videte, filiæ Sion, regem Salomonem.* Egredimini mente et actu de turbulenta mundi conversatione, ut Regem pacis valeatis videre. *In diademate, quo coronavit eum mater sua.* Videte Dominum Christum in humanitate, quam de virgine matre susceptam in majestatis paternæ dextra collocavit. *In die dispensationis* [*Cod. Vat.*, *disponsationis*] *illius.* In tempore incarnationis illius, quo ad copulandam sibi Ecclesiam sponsam ex virginali utero processit: *Et in die lætitiæ cordis ejus.* Id est, redemptionis humani generis, quæ fuit dies lætitiæ Christo.

CAPUT IV.

Vers. 1. — *Quam pulchra es, amica mea, quam pulchra es!* Pulchram dicit Ecclesiam; et pulchram repetit, quia hanc et actione et prædicatione vidit

---

[a] *Cod. Vat.*, post versum : « Ideo hunc versum repetit Sponsus, ut non minorem eum Ecclesiæ de gentibus congregatæ, quam de Judæis habere sollicitudinem putares, sed ut sit de utrisque una sponsa, et illa dilectissima. » Anteriora et posteriora hic omittuntur.
[b] *Cod. Vat.* sequentia usque, *Sicut virgula*, omittit.
[c] *Cod. Vat.* sequentia omittit usque, *Myrrhæ*.

esse laudabilem [a]: actione videlicet, quia *sicut fumi virgula ex aromatibus* ascendit : et prædicatione, quia ad suum consortium etiam proximas venire satagit dicens : *Egredimini et videte. Oculi tui columbarum.* Sensus tui spiritualium rerum contemplatione sunt excellentes, et verecundi [*Al.*, venerandi] [b], quibus mea dona, quæ nuper exposuisti ; meum diadema, quod nuper prædicasti, videre et cognoscere meruisti. *Absque eo quod intrinsecus latet.* Magna est quippe gloria aperti operis, sed longe incomparabilior merces æternæ retributionis, quæ, dum in terris peregrinamur, videri non potest [*Cod. Vat.*, quæ necdum videri potest]. *Capilli tui sicut greges caprarum.* Possunt in capillis populi fideles accipi, qui maximum decus sua numerositate præbent Ecclesiæ. *Quæ ascenderunt de monte Galaad.* Galaad acervus testimonii interpretatur, qui bene convenit adunatæ multitudini sanctorum.

VERS. 2. — *Dentes tui sicut greges tonsarum.* In capillis fragilioris, in dentibus vero perfectiores quique, et ad regendam Ecclesiam apti designantur. *Quæ ascenderunt de lavacro.* Id est, fonte sacri baptismatis, qui et tonsi et loti sunt, hoc est, nudati renuntiando [*Cod. Vat.*, renuntiantes] sæculo, et vitæ lavacro mundati. *Omnes gemellis fetibus.* Id est, gemina charitate fecundi. *Et sterilis non est inter eas.* Non est, qui fetus boni operis non agat.

VERS. 3. — *Sicut vitta coccinea* [*Cod. Vat.*, cocunea] *labia tua, et eloquium tuum dulce.* Vitta coccinea doctrina veritatis intelligitur. Labia sponsæ cocco assimilantur, quia Dominici sanguinis, quo redempta est, pretium prædicare non cessat Ecclesia ; vel quia prædicatio sancta charitatis ardore flammescit. *Sicut fragmen mali punici, ita genæ tuæ, absque eo quod intrinsecus latet.* In genis verecundia, in malo punico passio Christi exprimitur. Habet ergo ruborem in genis sponsa mali punici, cum sacramentum Dominicæ passionis verbis fatetur et factis probat.

VERS. 4. — *Sicut turris David collum tuum.* Turris David Ecclesia est, collum prædicatores, quorum fide et constantia in eadem civitate firma est, et undique inexpugnabilis. *Quæ ædificata est cum propugnaculis.* Propugnacula autem ejusdem civitatis, Scripturarum sanctarum munimina sunt, vel Patrum præcedentium exempla. *Mille clypei pendent ex ea.* Quia quot in divinis libris præcepta sunt, tot sunt nostri pectoris munimina, quibus contra omnes insidias defendimur. *Omnis armatura fortium.* Omnis instructio est vel operationis, vel doctrinæ cœlestis, per quam non solum evadimus, sed et superamus.

VERS. 5. — *Duo ubera tua sunt duo hinnuli capreæ* [*Cod. Vat.*, capreæ] *gemelli, qui pascuntur in liliis.*

VERS. 6. — *Donec aspiret dies et inclinentur umbræ.* Duo ubera duo sunt sunt populi ex circumcisione venientes et gentilitate, qui per humilitatem quidem parvos se intelligunt et peccatores ; sed charitate currentes omnia obstacula mundi transeunt. Qui pascuntur [*Cod. Vat.*, pascunt] in liliis, hoc est, candidissimis sanctorum Patrum exemplis, donec præsentis [*Cod. Vat.*, præsentes] mortalitatis umbras, æterno die aspirante, transeamus. *Vadam ad montem myrrhæ et ad collem thuris.* In myrrha mortificatio carnis ; in thure devotio orationis exprimitur. Quasi diceret Sponsus : Frequentabo eos, et pia propitius illustratione glorificabo, quos in passionis, sive orationis virtute sublimes esse suspicio.

VERS. 7. — *Tota pulchra es, amica mea, macula non est in te.* In omnibus, scilicet, Deum timentibus, pusillis et magnis [c].

VERS. 8. — *Veni de Libano, sponsa mea, veni de Libano, veni.* Libanus candor interpretatur, id est, anima bonis actibus candidata, quam tertio hortatur Sponsus, ut veniat : primo, viventem [*Cod. Vat.*, viventes] in carne per bona opera. Secundo, absoluta carne ad percipiendam vitam beatam. Tertio, recepto corpore ad fruenda post resurrectionem gaudia perfecta. *Coronaberis de capite Aman* [*Cod. Vat.*, Amana], *de vertice* [*Sanir*] *et Hermon, de cubilibus leonum, de montibus pardorum.* Leones propter superbiam, pardi propter crudelitatem maligni sunt spiritus. Montium vero nomine superba infidelium corda, ubi immundi spiritus sedem habent, designantur. Dum sancti prædicatores tales ad viam salutis convertunt, coronantur de capite et vertice montium, id est, principibus iniquorum, quia de labore certaminis crescit corona gloriæ.

VERS. 9. — *Vulnerasti cor meum, soror mea, sponsa mea, vulnerasti cor meum.* In vulneratione cordis magnitudo amoris Christi in Ecclesiam intelligitur. *In uno oculorum tuorum, et in uno crine colli tui.* In unitate sancta doctorum, id est oculorum ; et in unitate pia subjectæ plebis, id est crinium.

VERS. 10. — *Quam pulchræ sunt mammæ tuæ, soror mea sponsa.* Item mammæ nomine sancti doctores propter consolationem infirmorum, et parvulorum sustentationem, quæ lacte fit, exprimuntur. *Pulchriora ubera tua vino.* Suavitas gratiæ pulchrior est austeritate legis. *Et odor unguentorum tuorum super omnia aromata.* Fama suavissima diffusa [*Cod. Vat.*, diffusæ] per orbem totum fidei, latior est quam veteris legis et Patrum [in ea], quæ in sola Judæa coangustatur.

VERS. 11. — *Favus distillans labia tua, sponsa.* Favus mel in cera est : mel autem in cera spiritualis est divinorum eloquiorum sensus in littera. Mel stillans, quia multiplices sensus pene singulæ sententiæ habent. Labia sponsæ sunt doctores, qui multifarios sensus sacris litteris inesse pandunt. *Mel et lac sub lingua tua.* In lacte eruditio parvulorum, in melle fortior doctrina perfectorum signatur. Sub lingua, id est, in meditatione cordis. *Et odor vestimentorum*

---

[a] Quæ hanc notam sequuntur omissa sunt in Cod. Vat. usque, *Oculi tui.*

[b] sequentia, usque, *absque eo,* omittit cod. Vat.

[c] Hæc glossa deest in cod. Vat.

tuorum, sicut odor thuris. Vestimenta Ecclesiæ opera sunt ejus, quæ odori thuris comparantur, quia cuncta quæ sancta pro Domino agit Ecclesia, orationum per ea vicem reddunt.

VERS. 12. — *Hortus conclusus soror mea, sponsa, hortus conclusus, fons signatus.* Hortus conclusus Ecclesia est, quæ multifaria spiritualium operum germina gignit. Fons est, quia doctrina salutari redundat; conclusus, quia Domini protectione munita persistit; signatus, sermone fidei.

VERS. 13. — *Emissiones tuæ paradisus malorum punicorum cum pomorum fructibus.* Per irrigationem sacri baptismatis sancta Ecclesia paradisum ex se emittit malorum punicorum, id est, sanctorum martyrum. Cum pomorum fructibus, id est, sanctarum virtutum fructu.

VERS. 14. — *Cypri cum nardo, nardus et crocus.* Cyprus arbor aromatica est, significans cœlestis gratiæ benedictionem. Nardus Dominicæ passionis typum, crocus charitatis fervorem exprimit. Conjungitur cyprus nardo, cum divina gratia confortat nos pro Christo pati. Item nardus croco jungitur, cum charitate Christi mortem libenter suscipimus. *Fistula et cinnamomum.* Fistula, quæ et cassia [*Cod. Vat.*, casia] arbor aromatica [est]; sed modica, et ideo humiles spiritu designat. Item cinnamomum, qui se ipsos despiciunt, signat, quæ et ipsa est brevis arbor, sed odorifera et dulcis; sed humilitas magnam habet laudem et dulcedinem apud Deum. *Cum universis lignis Libani.* Sicut fistula et cinnamomum humiles sanctorum cogitationes, sic et ligna Libani sublimes eorum actiones demonstrant. *Myrrha et aloe,* arbores sunt aromaticæ, quæ continentiam carnis exprimunt. *Cum omnibus primis unguentis.* Id est, charismatibus virtutum excellentioribus. Et pulchra est conjunctio harum arborum cum unguentis, quia dum carnem a lascivia refrenamus, consequens est ut majora spiritus dona percipiamus.

VERS. 15. — *Fons hortorum, puteus aquarum viventium, quæ fluunt impetu.* Utrumque Ecclesia est, et fons hortorum, quia spirituales gignit fructus; et puteus aquarum viventium, propter occulta mysteria, quæ sanctis per revelationem sancti Spiritus [solis] pandantur. Aquarum viventium propter eloquia divina, quæ de invisibilibus divinæ gratiæ thesauris procedunt. *De Libano.* De ipsa Ecclesia dicit, quæ et candida est per munditiam fidei, et alta per virtutum gloriam.

VERS. 16. — *Surge, Aquilo, et veni, Auster, et perfla hortum meum.* In Aquilone adversa mundi, in Austro blandimenta designantur, quia gemina expugnatione probatur Ecclesia. *Surge,* permittentis vox, non imperantis est. *Et fluant aromata illius.* Id est, virtutum constantia miros odores dispergat. *Veniat dilectus meus in hortum suum.* Veniat Dominus in Ecclesiam suam, ac eam ipse conservet ubique immaculatam, et fidei fruge fecundet [*Cod. Vat.*, fecundam]. *Et comedat fructum pomorum suorum.* Et li-benter inspiciat gratanterque accipiat opera sanctorum suorum.

CAPUT V

VERS. 1. — *Veni in hortum meum, soror mea, sponsa.* Veni, inquit, sæpissime in Ecclesiam meam : et venio ut corrigam, adjuvem, confirmem. *Messui myrrham meam cum aromatibus meis.* Per myrrham passio vel mortificatio, per aromata omnes virtutes exprimuntur. Metit myrrham cum aromatibus, quando martyres cum cæteris electis ad maturitatem præmiorum perducit. *Comedi favum cum melle meo, bibi vinum meum cum lacte meo.* In favo et vino prædicatores, in melle et lacte auditores intelliguntur; et utrosque internus Judex approbat et remunerat. *Comedite, amici, bibite et inebriamini, charissimi.* Amici, faciendo quæ præcipio; *charissimi,* me integra charitate amplectendo. Obsecro, ita factis sanctorum, quasi epulis præcipuis, præcordia vestra replete.

VERS. 2. — *Ego dormio.* Donante gratia Dei, in pace præsentis vitæ [*Al.*, Ecclesiæ] eum colo. *Et cor meum vigilat.* Quo tranquillius ab incursibus externis vaco, eo altius internis visibus video [*Cod. Vat.*, eo altius intus video], quam bonus est Deus. *Vox dilecti mei pulsantis.* Pulsat ostium cordis, cum Dominus nos ad profectum virtutum excitat. *Aperi mihi, soror mea, amica mea, columba mea, immaculata mea.* Id est, pande cor mihi. *Soror mea,* quia cohæres mea. *Amica mea,* quia arcanorum meorum [*Cod. Vat.*, arcanis meis] conscia. *Columba mea,* quia spiritus mei dono illustrata. *Immaculata mea,* quia sola aspectu meo digna. *Quia caput meum plenum est rore et cincinni mei guttis noctium.* Caput Christi Deus; cincinni sunt fidelium collectiones. In rore et guttis noctium, frigens charitas in multis ostenditur, quam in Deum et proximum habere debuerunt. Ideo necessario excitat Dominus fideles quosque ad prædicationis studium [*Al.*, officium]. Cui, provocata ad laborem docendi, respondet Ecclesia :

VERS. 3. — *Exspoliavi me tunica, quomodo induar illa?* Ac si aperte dicat, deserui negotia sæcularia tui causa, quomodo repetam illa? *Lavi pedes meos, quomodo inquinabo illos?* Jam secretæ compunctionis fletibus ablui cogitationes terrenas, quomodo mundi [*Al.*, immundis] sordibus iterum polluar? quia prædicationis officium sine occupatione [*Al.*, præoccupatione] sæculari vix esse potest.

VERS. 4. — *Dilectus meus misit manum suam per foramen.* Manum quippe suam dilectus per foramen misit, cum nos Dominus occulta invisibiliter compunctione ad opus virtutum accendit, nobisque in memoriam revocat quomodo et quanta de sinu Patris descendens pro nobis esset passus. *Et venter meus intremuit ad tactum ejus.* Hæc recolens intima conscientia sponsa, tota expavescit, pigritiam quietis accusans, ad laborem prædicationis festinans.

VERS. 5. — *Surrexi, ut aperirem dilecto meo.* Id est, verbum Domini prædicare. *Manus meæ distillaverunt myrrham; digiti mei pleni myrrha* [probatissima]. In manibus enim opera, in digitis discretio designatur; in myrrha continentia et passiones; quæ tunc probatissima est, cum solummodo pro charitate Dei et proximi, vel continentia [fit], vel passiones fiunt.

VERS. 6. — *Pessulum ostii mei aperui dilecto meo.* Pessulum sponso aperit, qui templum sui pectoris divina [inspiratione adveniente pandit, id est [a]], visitatione et inhabitatione dignum fecerit. *At ille inclinaverat atque transierat.* Quia nulli in hac vita plena visio Dei, sicut in futura, conceditur, ideo transire dicitur dilectus, id est, in futurum se videndum et perfruendum plenius ostendit. *Anima mea liquefacta est, ut locutus est.* Quanto suavius, inquit, vocem atque viciniam dilecti mei accepi, tanto sublimius, quidquid in me erat frigidum, charitate incaluit [et liquefactum est (*Cod. Vat.* et quidquid rigidum liquefuit)]. *Quæsivi et non inveni illum; vocavi et non respondit mihi.* Quia donum compunctionis et dulcedinis intimæ non in arbitrio est volentis, sed in miseratione dantis; ideo non semper habent illud æqualiter, quia non ita se offert Deus in exsilio laborantibus, quomodo in patria regnantibus.

VERS. 7. — *Invenerunt me custodes, qui circuierunt civitatem, percusserunt me, et vulneraverunt me, tulerunt pallium meum mihi custodes murorum.* Custodes civitatis, id est Ecclesiæ, sancti [sunt] doctores, qui sedula prædicatione circumcunt corda singulorum, et spiculis amoris cœlestis vulnerant, et ut magis ardeant, inflammescunt, et vetustæ conversationis tegmen eis subtrahunt.

VERS. 8. — *Adjuro vos, filiæ Jerusalem, si inveneritis dilectum meum* [Cod. Vat. om. *meum*], *ut nuntietis ei quod* [Cod. Vat. *quia*] *amore langueo.* Merito languet sponsa, cum gladio verbi Dei percussa terrenum exuit amictum; et filias Jerusalem, id est, Deo dignas adjurat animas, ut sui amoris magnitudinem ad Deum referant, et pro ejus videnda gloria supernum sibi poscant auxilium.

VERS. 9. — *Qualis est dilectus tuus ex dilecto, o pulcherrima mulierum, qualis est dilectus tuus ex dilecto, quia sic adjurasti nos?* Obsecro te, quia sic adjurasti me, ut amore, quo te languescere dicis, me quoque per verbum prædicationis facias ardescere; et mihi ostendas qualis sit dilectus tuus ex ea parte qua possit diligi, non timeri, quia *perfecta charitas foras mittit timorem* (I Joan. IV, 18).

VERS. 10. — *Dilectus meus candidus et rubicundus, electus ex millibus.* Candidus, quia sine peccato; rubicundus sanguine passionis; electus ex millibus, quia solus mediator Dei et hominum.

VERS. 11. — *Caput ejus aurum optimum.* Caput Christi Deus, qui solus bonus et optimus. *Comæ ejus sicut elatæ palmarum, nigræ quasi corvus.* Comæ catervæ sunt sanctorum, quæ Deo fideli famulatu adhærent. Elatæ palmæ, propter eminentiam [*Cod. Vat. om.* eminentiam] apud Deum. Nigræ, propter despectionem apud homines. Vel, elatæ ob victoriam; nigræ ob pressuras.

VERS. 12. — *Oculi ejus sicut columbæ super rivulos aquarum,* sancti doctores sunt, per quos Ecclesia videt quæ recta sunt; qui bene columbæ, propter innocentiam [*Cod. Vat. om.* innocentiam] et simplicitatem; et rivulis aquarum propter charismata divina comparantur. *Quæ lacte sunt lotæ, et resident juxta fluenta plenissima.* Lacte lotas dicit, id est, gratia dulcissima mundatas. Et resident juxta fluenta plenissima, id est, omnium donorum spiritualium abundantiam. Potest in rivulis veteris legis eruditio; et in fluentis plenissimis perfectio evangelicæ doctrinæ designari, quia prædicatores de thesauris suis proferunt vetera et nova (*Matth.* XIII, 52).

VERS. 13. — *Genæ illius sicut areolæ aromatum.* In genis Salvatoris nostri ejus modestia [*Cod. Vat.,* modesta pietas] simul et severitas exprimitur. In areolis aromatum virtutes, et dulcedo, et fama gloriæ ejus designantur. *Consitæ a pigmentariis: labia ejus lilia distillantia myrrham primam.* Prophetis et apostolis; hi futuræ [*Cod. Vat.,* futura] incarnationis ejus arcana; illi facta narrantes. Labia illius verba sunt doctrinæ ejus; lilia, quia charitatem cœlestis regni promittunt; *distillantia myrrham primam,* quia per contemptum voluptatum præsentium ad hanc perveniendum esse prædicant.

VERS. 14. — *Manus illius tornatiles aureæ.* Manus, id est opera; quia quæ verbis docuit, factis implevit. *Tornatiles,* quia in se omnem regulam justitiæ tenent, ut dicitur: *Oportet me omnem justitiam implere* (*Matth.* IV, 15). Sunt et manus aureæ, quia omnia quæ in homine gessit, divinitatis gloria perfecit. *Plenæ hyacinthis.* Quæ ad spem nos cœlestium atque amorem excitant; quia hyacinthus [*Cod. Vat.,* in hyacintis] aerii coloris gemma est. *Venter ejus eburneus distinctus sapphyris.* Venter ergo dilecti fragilitatem humanitatis ejus designat; ebur decorem castitatis; sapphyrus sublimitatem cœlestium virtutum. *Distinctus sapphyris,* quia partim humana fragilitas esurie, tentatione, fatigatione, morte; partim divina celsitudo, miraculis, resurrectione et ascensionis gloria intelligitur.

VERS. 15. — *Crura illius columnæ marmoreæ.* Crurum vocabulo itinera [*Al.,* munera] incarnationis Christi insinuantur, quæ columnis marmoreis propter firmitatem et rectitudinem comparantur. *Quæ fundatæ sunt super bases aureas.* Quia quidquid per eum vel de eo gestum est, omnia divinæ prævisionis [*Cod. Vat.,* provisionis; *al.,* promissionis] consilio ante tempora sæcularia disposita sunt. *Species ejus, ut Libani; electus, ut cedri.* Ut Libanu celsitudine et gratia arborum alios montes, sic Dominus Christus omnes sanctos meritorum celsitudine et gratia virtutum antecellit. Electus ut edri. Sicu alias arbores quæ in Libano nascuntur, superat dignitate sua, ita Christus omnes qui in Ecclesia ad vitam nascuntur, sua transcendit gloria.

[a] Uncis conclusa omittuntur in cod. Vat.

VERS. 16. — *Guttur illius suavissimum.* In gutture interna dulcedo verborum illius memoratur, quam qui sapit, non esurit. *Et totus desiderabilis.* Quid amplius quæris? Totus desiderabilis est, quia totus Deus et totus homo, in quem desiderant et angeli prospicere. Deus in majestate Patris; homo in virginitate matris; in illo Creator, in hac Salvator. *Talis est dilectus meus, et talis est amicus meus, filiæ Jerusalem.* Quanto devotius quisque diligit Deum, tanto familiarius habet amicum Deum; et talem necesse [est] ut intelligas eum, si vis eum habere amicum.

CAPUT VI.

VERS. 1. — *Quo abiit dilectus tuus, o pulcherrima mulierum!* Pro decore enim carminis [*Cod. Vat.*, carnis] variantur personæ loquentium; sed tamen Christi Ecclesiam, quæ sponsæ vocabulo exprimitur, designant. *Pulcherrima mulierum.* Pulchræ sunt singulæ sanctorum Ecclesiæ, sed pulcherrima universitas totius sanctæ Ecclesiæ per totum orbem. *Quo declinavit dilectus tuus, et quæremus eum.* Qui aliquando in terra corporali specie versatus est, dic quo declinarit ille, ut illum sequamur [*Al.*, quæramus] tecum.

VERS. 2. — *Dilectus meus descendit in hortum suum ad areolam aromatis.* Quasi dixisset, illuc ascendit, unde descendit. In hortum, id est in Ecclesiam suam, ut eam fonte gratiæ suæ, quasi areolam aromatum irrigaret, ut virtutum floribus germinaret. *Ut pascatur in hortis, et lilia colligat.* Pascitur in hortis, dum piis sanctorum laboribus delectatur; et lilium colligit, dum ad perfectum [*Cod. Vat.*, perfectorum] meritorum candorem pervenientes ad cœlestia regna perducit.

VERS. 3. — *Ego dilecto meo, et dilectus meus mihi, qui pascitur inter lilia.* Ego dilecto meo locum habitationis præparo in me; et ipse mihi apud se, qui semper inter sancta desideria mentium castarum pascitur. Hactenus sanctæ Ecclesiæ vox est, laudantis ac quærentis sponsum; nunc quid quæsitus respondeat, subinfertur.

VERS. 4. — *Pulchra es, [amica] mea, suavis et decora sicut Jerusalem.* Sancta Ecclesia suavis et decora ut Jerusalem dicitur, quia ejus vitæ desiderium visioni jam pacis intimæ assimilatur. *Terribilis ut castrorum acies ordinata.* Id est, charitate unita [*Al.*, juncta] et compacta, ut nullus locus hosti per malum discordiæ aperiatur, quia solummodo in unitate pacis terribiles sumus hosti.

VERS. 5. — *Averte oculos tuos a me, quia ipsi me avolare fecerunt.* Id est, oculos mentis tuæ. Noli quærere in tuæ peregrinationis itinere perfecte me cognoscere, quod fieri non potest; quia quo intentius me agnoscere quæris, eo certius me incomprehensibilem esse intelliges; et non quæras in via præmium, quod tibi in patria reservatur. *Capilli tui sicut grex caprarum, quæ apparuerunt de Galaad.*

VERS. 6. — *Dentes tui sicut greges ovium, quæ ascenderunt de lavacro, omnes gemellis fetibus et sterilis non est in eis.* Hi versiculi prius expositi sunt, sed re- petitio firmitatis est indicium. In capillis populi, in dentibus doctores, in gemellis fetibus duo præcepta charitatis intelliguntur.

VERS. 7. — *Sicut cortex mali punici genæ tuæ absque oculis tuis.* Genæ sanctæ Ecclesiæ spirituales sunt Patres, qui virtutibus sunt mirabiles, et moribus venerabiles, et in Christi cruce gloriari non erubescentes. Et hæc magna sunt valde quæ videntur in eá, sed multo majora quæ non videntur et in futurum reservantur.

VERS. 8. — *Sexaginta sunt reginæ, et octoginta concubinæ, et adolescentularum non est numerus.* Reginæ sunt, quæ amore sponsi et cœlestis præmii intuitu per prædicationem veritatis et fidei, et sacri baptismatis fontem, sobolem æterno Regi [spiritalem] generant. Concubinæ sunt, quæ carnalibus solummodo [*Cod. Vat.*, quæ carnali solummodo commodo] Christum prædicando vel baptizando docent. Et ideo illæ perfectione senarii numeri, per decalogum [*Al.*, denarium] multiplicatæ; hæ octonarii imperfectione non sinceriter decalogum servantes designantur. Adolescentulæ sunt animæ nuper Christi gratia renatæ, quarum summa, propter multitudinem [*Cod. Vat.*, præ multitudine] civium cœlestium numerum transcendit.

VERS. 9. — *Una es* [*Cod. Vat.*, *est*], *columba mea, perfecta mea.* Sancta videlicet et universalis per totum orbem Ecclesia. *Una est matri meæ, electa genitrici* [*Cod. Vat.*, *matris... genitricis*] *suæ.* Id est, cœlesti Jerusalem, quæ est mater omnium nostrum, unde ad nos gratia sancti Spiritus descendit, per quam renascimur Deo. *Viderunt eam filiæ Sion et beatissimam prædicaverunt: reginæ et concubinæ laudaverunt eam.* Quas prius dixit adolescentulas, nunc filias nominat. Reginæ et concubinæ idem sunt quæ ante, quæ omnes catholicam laudant Ecclesiam.

VERS. 10. — *Quæ est ista quæ progreditur quasi aurora consurgens?* Progreditur Ecclesia *quasi aurora*, quia jam veri luminis in ea sol ortus, mundo post tenebras longæ ignorantiæ monstratur. *Pulchra ut luna*; quia sole justitiæ illustrata noctem mundi illuminat. [*Electa ut sol*], quia imaginem sui conditoris in omni justitia, sanctitate et pietate [*Cod. Vat.*, veritate] portat. *Terribilis ut castrorum acies ordinata.* Terribilis aeris [*Cod. Vat.*, aereis] potestatibus in unitate charitatis, fidei et spei.

VERS. 11. — *Descendi ad hortum nucum, ut viderem poma convallis.* Hortus etenim nucum est Ecclesia præsentis sæculi [*Cod. Vat.*, Ecclesia præsens], ubi nostras conscientias alterutrum minime videmus, sed fracta per tentationem testa corporis, apparebit internæ dulcedinis gustus. Poma convallis fructus est humilitatis. Descendit sancta Ecclesia per doctores sanctos, qui proficiunt ad fructus bonos, quive adhuc indigent doctrinæ irrigatione. *Ut inspicerem si floruisset vinea.* Inspicerem si virtutum studia floruissent. *Et germinassent mala punica.* Si qui ad exemplum Dominicæ passionis præparati essent suum fundere sanguinem.

VERS. 12. — *Nescivi, anima mea conturbavit me propter quadrigas Aminadab.* Nescivi dona gratiæ spiritualis in te esse, sponsa, sed anima mea conturbavit me propter introductionem [*Cod. Vat.*, inductionem] Novi Testamenti, et evangelicæ quadrigæ, qua [*Cod. Vat.*, quia] Aminadab (qui interpretatur, *populi mei spontaneus*) id est, Christus, per totum vehitur mundum; cui Ecclesia consolando mox respondet.

VERS. 13. — *Revertere, revertere, Sunamitis, revertere, revertere, ut intueamur te.* Noli turbata esse, sed revertere ad agnitionem tui Redemptoris, qui tibi toties in prophetis et lege promissus est. Revertere puritate fidei, operum perfectione. O Sunamitis, id est, captiva, jam vinculo infidelitatis penitus abraso [*Verba penitus abraso omissa in Cod. Vat.*], revertere ad tuum Redemptorem, ut salveris.

CAPUT VII.

VERS. 1. — *Quid videbis in Sunamite, nisi choros castrorum?* Tu doles Synagogam obduratam; prope est tempus quo choros bellantium adversus malignos spiritus, et laudantium Deum videbis in ea. *Quam pulchri sunt gressus tui in calceamentis, filia principis!* Nunc laudes Ecclesiæ ab ipso Sponso proferuntur: et primo operum constantia, et mortificatio voluptatum laudantur in ea, quam et filiam principis, id est Christi, ob gratiam baptismatis et nobilitatem virtutum nominat. *Juncturæ feminum [a] tuorum sicut monilia, quæ fabricata sunt per manum artificis.* Duorum concordia populorum spirituali prole fecundantium in junctura feminum designatur; quæ sicut monilia fabricata sunt manu artificis, id est, ineffabili largitate Conditoris nostri firmata: in monilibus bona opera exprimuntur.

VERS. 2. — *Umbilicus tuus crater tornatilis, numquam indigens poculis.* Umbilicus, id est, fragilitas infirmitatis nostræ contra fidem [*Cod. Vat.*, om. verba: contra fidem]. Crater fit tornatilis, cum conscientia mortalitatis, atque infirmitatis nostræ admoniti calicem verbi salutaris proximis prompta mente propinare satagimus; *Venter tuus sicut acervus tritici vallatus liliis.* Acervus tritici vallatus liliis est, cum abundantia boni operis sola spe perpetuæ lucis colligitur. In ventre, memoria; in tritico, multiplicatio boni operis; in liliis, castitas spei exprimitur. Item in tritico, panis; et in cratere potus; qui pauperibus datur, exprimitur.

VERS. 3. — *Duo ubera tua sicut duo hinnuli gemelli capreæ:* De hoc versu superius dictum est: Duo ubera doctores sunt utriusque populi; hinnuli gemelli duo testamenta sunt invicem concordantia [b].

VERS. 4. — *Collum tuum sicut turris eburnea* [*Cod. Vat.*; eburneæ]. In collo item doctores designati sunt, qui turri eburneæ pro firmitate [*Cod. Vat.*; propter firmitatem] et pulchritudine comparantur, quia civitati Dei et robur præstant et decus. *Oculi tui sicut piscinæ in Hesebon, quæ sunt in porta filiæ multitudinis.* Item oculi Ecclesiæ doctores sunt propter providentiam, sicut collum propter nutrimentum. Et recte piscinæ comparantur, quia fluenta doctrinæ suis auditoribus præbere non cessant. *Esebon* cingulum mœroris interpretatur, quia sancti pro vana lætitia carnis cingulo abstinentiæ constringuntur. Et bene in portis filiæ multitudinis, ob abundantiam populorum concurrentium per portam fidei in Ecclesiam. *Nasus tuus sicut turris Libani.* Item in naso verbi Dei dispensatores, causa discretionis, designantur. Turris, quia eminentissimum locum tenent in Ecclesia. *Quæ respicit contra Damascum.* Id est, sanguinarios et impios; quia Damascus *sanguinem bibens* interpretatur. Significat carnales et crudeles, contra quos sancti doctores in turre Libani, id est, firmitate Ecclesiæ, semper vigilant.

VERS. 5. — *Caput tuum ut Carmelus, et comæ capitis tui* [sicut] *purpura regis vincta canalibus.* In capite mens designatur; in comis cogitationes; et sicut capite membra, ita mente cogitationes reguntur, ut in Carmelo (qui interpretatur *conscientia circumcisionis* [conclusa semicirculis omissa in Cod. Vat.]). Id est, sublimibus, et passione, quæ nomine purpuræ exprimitur, versentur. Canales præcordia sunt sanctorum, in quibus alligantur tales cogitationes.

VERS. 6. — *Quam pulchra es et quam decora, charissima in deliciis.* Pulchra fide et opere decora. Charissima in deliciis, id est, spiritualibus virtutibus.

VERS. 7. — *Statura tua assimilata est palmæ.* Id est, rectitudo operationis bonæ semper ad victoriam tendit. *Et ubera tua botris.* Uberibus doctores Ecclesiæ propter lac primæ eruditionis comparantur, et botris æquantur propter mysteria dulcissima [*Cod. Vat.*, dulcissima] æternitatis.

VERS. 8. — *Dixi, ascendam in palma, apprehendam fructus ejus, et erunt ubera tua sicut botri vineæ.* Apte quidem crux victrix [*Cod. Vat.*, victoriosissima crux] palmæ comparatur, in quam Christus ascendens apprehendit fructus ejus, id est, dona quæ largitus est sanctæ Ecclesiæ, quæ ex illo tempore botros vineæ germinavit, id est, sanctos doctores, qui majore scientia et gratia, post crucem et resurrectionem Salvatoris, abundabant. *Et odor oris tui* [*Cod. Vat.*, et odores tui] *sicut malorum.*

VERS. 9. — *Guttur tuum sicut vinum optimum ad potandum.* In gutture vox præsentis doctrinæ; in odore fama absentis designatur: et ideo vino illa propter fragrantiam virtutum, hæc malis ob suavitatem absentis famæ comparatur. *Dignum dilecto meo.* Rapuit enim sponsa verbum ex ore sponsi, quia ille vino optimo eam comparavit et subjecit; *Dignum dilecto meo*, id est, tanta sublimitas est evangelicæ prædicationis, ut ipse dilectus primus, per hanc in carne apparens, mundo iter cœleste aperuerit. *Labiisque et dentibus illius ruminandum.* Id est, apostolis prædicatoribusque maxime [*Cod. Vat.*, maximis] dedit ad meditandum.

VERS. 10. — [*Ego dilecto meo, et non alteri, cui*

[a] Vulg., *femorum.*

[b] Cod. Vat., « hinnuli gemelli propter unam concordiam. »

totam curam servitutis et dilectionis impendo]. *Et ad me conversio ejus.* Me solam diligit, et adjuvat, ne deficiam in via.

VERS. 11, 12. — *Veni, dilecte mi, egrediamur in agrum, commoremur in villis. Mane surgamus ad vineas; videamus si floruit vinea; si fructus parturiunt, si floruerunt mala punica.* Quia nullatenus sancta Ecclesia, vel ad bene operandum egrediendo procedere, vel in exercitio bonæ operationis persistendo commorari, vel saltem ad propositum bene agendi assurgere, vel animos auditorum suorum, quantum profecerint, discernere sufficit, nisi Dei gratia adjuta, qui dixit : *Ecce ego vobiscum sum omnibus diebus, usque ad consummationem sæculi* (*Matth.* XXVIII, 20). Item in agro Christiani, in villis pagani, in vineis Ecclesiæ, in floribus fides, in fructibus virtutes, in malis punicis martyrium designatur. In his enim singulis sponsa dilecti sui præsentiam quærit. *Ibi dabo tibi ubera mea.* Id est, parvulorum meorum pædagogos, quia in his omnibus proficiunt doctores sancti.

VERS. 13. — *Mandragoræ deaerunt odorem in portis nostris.* Mandragora, propter multimoda medicaminum genera, sanctorum virtutibus comparatur. Portæ Ecclesiæ doctores sunt sancti. In hujusmodi portis mandragoræ dant odorem, cum spirituales quique ex se virtutum famam [*Cod. Vat.,* palmam] longe lateque spargunt. *Omnia poma nova et vetera, dilecte mi, servavi tibi.* Poma nova et vetera, præcepta sive promissa sunt novi et veteris testamenti, quæ omnia ad ejus gratiam refert Ecclesia.

CAPUT VIII.

VERS. 1. — *Quis mihi det te fratrem meum, sugentem ubera matris meæ.* Vox ista est antiquorum justorum, optantium adventum Christi in carne. *Sugentem ubera matris meæ,* id est, in synagoga nasci ac nutriri, juxta humanæ conditionis naturam. *Ut inveniam te foris.* Intus erat dilectus, dum in principio erat Verbum; foris, dum Verbum caro factum est. *Et deosculer te.* Id est, facie ad faciem videam, et ore ad os loquar. *Et jam me nemo despiciat.* Ante adventum Christi intra angustias Judææ tantum fuit Ecclesia; post ascensionem, in toto mundo dilatata fuit et venerabilis.

VERS. 2. — *Apprehendam te.* Prompta ac fideli devotione venientem excipiam. *Et ducam te ad domum matris meæ.* Peracta carnis dispensatione redeuntem, lætis ducam luminibus in domum matris, ubi cœlestis Jerusalem mater est nostra. *Ibi me docebis.* Facies me potiora sperare dona, quam in lege habuissem. *Et dabo tibi poculum ex vino condito.* Id est, ferventem amorem, variis virtutum pigmentis ornatum. *Et mustum* [*Cod. Vat., mistum*] *malorum granatorum meorum.* Id est, gloriosum sanctorum martyrum triumphum, qui ferventissima charitate per ferrum flammasque ad te transire non dubitant.

VERS. 3. — *Læva ejus sub capite meo, et dextera illius amplexabitur me.* Læva incarnationis Christi dona designat; et dextera futura sanctorum cum Christo gaudia exprimit.

VERS. 4, 5. — *Adjuro vos, filiæ Jerusalem, ne suscitetis, neque evigilare faciatis* [*dilectam*]*, donec ipsa velit. Quæ est ista, quæ ascendit de deserto, deliciis affluens?* Vox Synagogæ mirantis, quomodo Ecclesia de deserto gentilitatis in sponsi subito amplexus ascendisset: *Deliciis affluens,* id est, omnium donorum pulchritudine. *Innixa super dilectum suum.* Omnia quæ habet, ad gratiam dilecti, illi soli innitendo, referens. *Sub arbore malo suscitavi te.* Respondit pro sponsa Synagogæ ipse sponsus. *Sub arbore malo excitavi te,* id est, sub arbore crucis a perpetua morte revocavi [*Cod. Vat.,* renovavi] te, ut apostolos et cæteros electos ex Judæa. *Ibi corrupta est mater tua; ibi violata est genitrix tua.* Id est, major pars plebis Christum negando, et Barabbam eligendo, ad crucem reprobata est.

VERS. 6. — *Pone me, ut signaculum super cor tuum, ut signaculum super brachium tuum.* Signaculum brachio vel digito ob memoriam cujuslibet rei ligamus. Per cor cogitatio, et per brachium designatur operatio. Si me velis habere sponsum, intus sit charitas in fide non ficta, et foris operatio devota. *Quia fortis ut mors dilectio, dura sicut infernus æmulatio.* Fortis est usque ad mortem mea dilectio in te, o Synagoga! Sed tua æmulatio dura in me fuit, sicut infernus. Sed verte æmulationem in dilectionem, et eris mihi sponsa et soror et amica. *Lampades ejus, lampades ignis atque flammarum.* Dilectionis lampades corda sunt fidelium. *Ignis,* propter fervorem cordis; *flammarum,* propter operationis [*Cod. Vat.,* orationis] efficaciam.

VERS. 7. — *Aquæ multæ non potuerunt extinguere charitatem; nec flumina obruent illam.* Aquas multas et flumina, tentationum dicit incursus, quæ visibiliter vel invisibiliter animas fidelium impugnare non desinunt, quibus charitas non cedit. *Si dederit homo omnem substantiam domus suæ pro charitate* [*Cod. Vat., dilectione*]*, quasi nihil despiciet eum.* Sancti vero totius mundi substantiam pro dilectionis magnitudine relinquentes, nisi etiam se ipsos abjiciant, nihil proficiunt[a].

VERS. 8. — *Soror nostra parva, et ubera non habet; quid faciemus sorori nostræ in die, quando alloquenda est?* Prima nascentis Ecclesiæ de gentibus tempora significat [*Cod. Vat. et al.,* designat], quando adhuc et parva fuit numero, et minus idonea prædicare verbum quasi Sponsus Synagogæ dixisset de ea : *Quid faciemus sorori nostræ in die, quando alloquenda est?* ac si aperte dicat, parva quidem numero est Ecclesia gentium, et necdum [*Al. add* ad] verbi mysterium [*Cod. Vat.,* ministerium] subire sufficit; quid ergo tibi videtur, o Synagoga, de sorore facienda nostra, quando alloquenda est; id est, per verbi

---

[a] *Cod. Vat.:* « Sancti vero totius substantiam pro dilectionis magnitudine quasi nihil despiciebant. »

ministerium ducenda in fidem? Synagogæ tacenti ipse Sponsus, quid fieri debeat, respondit :

Vers. 9. — *Si murus est, œdificemus super eum propugnacula argentea.* Ac si diceret, si aliquos habet in se fortes in fide, vel claros ingenio, vel philosophia instructos, addemus illis propugnacula argentea, id est, scientiam divinarum Scripturarum, ut eo facilius possint tutari infirmos atque indoctos. *Si ostium est, compingamus illud tabulis cedrinis.* Si sint simplices, tamen docendi studio inhiantes, proponamus illis priorum exempla justorum, quo certius et efficacius docendi opus implere possint. Cedri, virtutes sanctorum, et tabulæ latitudinem charitatis designant. Ad hæc ipsa respondet Ecclesia.

Vers. 10. — *Ego murus.* Ego de vivis compacta sum lapidibus, et glutino charitatis adunata, et super fundamentum immobile ædificata. *Et ubera mea sicut turris, ex quo facta sum coram eo,* id est, doctores habens fortissimos ceu turris, qui et parvulos nutrire sciunt et omnia maligni jacula expellere. Et hoc mihi accidit ex eo tempore, quo Christus me reconciliavit, [et pacem per eum reperi]. *Quasi pacem reperiens.* Quia ipse est pax vera, faciens utraque unum.

Vers. 11. — *Vinea fuit pacifico in ea, quæ habet populos.* Vinea, id est, catholica Ecclesia fructu abundans fidei, fuit pacifico, id est Christo, qui omnia pacificavit in cœlis et in terris in ea congregatione, quæ multos populos possedit ex toto orbe, non in Judæa solum. *Tradidit eam custodibus,* prophetis et apostolis, vel angelicis dignitatibus. *Vir affert pro fructu ejus mille argenteos.* Id est, pro retributione æterna hujus vineæ, affert mille argenteos; id est, pro acquisitione regni cœlestis, qui est fructus vineæ, cuncta, quæ mundi sunt, reliquit. Millenarius numerus pro perfectione ponitur, id est [*F.,* illius], qui

A omnia reliquit. Argentei pro omni pecunia accipiuntur.

Vers. 12. — *Vinea mea coram me est.* Et hæc vox Sponsi est. Verum etsi te aliis commendem custodibus, tamen te semper in mea habeo præsentia, videns et remunerans laboris tui devotionem in omnibus. *Mille tui pacifici.* Mille tui, subauditur, argentei; quasi dixisset, qui pro amore meo cuncta sua dimittunt, in pace habent reservata, significans simpliciores in Ecclesia, qui omnem substantiam suam, millenario numero designatam, pro charitate Dei amittunt. *Et ducenti his, qui custodiunt fructus ejus.* Id est, argentei his, qui custodiunt fructus ejus; qui sunt doctores sancti, qui omnia mundi dimittunt, et B in verbo prædicationis laborare non cessant. Hi duplici remuneratione, quæ ducentario designatur, donantur apud me.

Vers. 13. — *Qui habitas in hortis, amici auscultant.* Quia locutio nostra finienda est, hoc ultimum vale a me audito. Semper habitat [*Cod. Vat.,* habita] in hortis virtutum, et scito quod amici, id est angelici spiritus et animæ sanctorum, semper te considerant et tuo gaudent profectu. *Fac me audire vocem tuam.* Id est, vox prædicationis, quantum vales, semper audiatur a me. Ad hæc sponsa respondit :

Vers. 14. — *Fuge, dilecte mi, et assimilare capreæ hinnuloque cervorum super montes aromatum.* Ac si aperte dicat quoniam in carne apparens præcepta ac C dona vitæ mihi tulisti, nunc his peractis revertere in sinum Patris [*o mi dilecte, assimilare capreæ hinnuloque cervorum super montes aromatum*]. Et hoc mihi sit solatium, quod cum continua visione non queam [*Cod. Vat.,* nequeo] te cernere, saltem crebra visitatione me consolari dignari velis [*Cod. Vat.,* saltim crebra visione me consolari memento].

---

408 EPISTOLA AD DAPHNIN.

De illo Cantico canticorum loco : ᵃ *Sexaginta sunt reginæ et octoginta concubinæ* (*Cant.* vi, 7).

MONITUM PRÆVIUM.

Præsentem epistolam, seu commentatiunculam citati ex Canticis loci, primo Canisium tom. VI Lect. Antiq., pag. 366-368, seu tom. II edit. Basnagii, part. i, pag. 540, ex bibliotheca celeberrimi monasterii S. Galli, edidisse creditur; quamvis Antonius Possevinus, tom. I Apparat. Sacri, pag. 35, antiquiorem editionem, factam anno 1568, una cum commentario in Psalmos, recenseat. Cl. Quercetanus editionem Canisii secutus est, illamque inter Opera B. Fl. Alcuini recensuit pag. 306. Quam editionem nos quoque sequimur, collatam cum veteri codice ms. Salisburgensi, unde quasdam differentes lectiones adnotavimus. *Juvenis, ni fallor,* ait Basnagius loc. cit., *erat adhuc, cum hanc epistolam scripsit Alcuinus; quippe inter familiares latitare cupiebat, doctorum judicia reformidans, nec eorum conspectui sese præsentare audebat.* Parvi quoque momenti esse hanc epi-

stolam censent scriptores Hist. litt. Franciæ, tom. IV, pag. 305, n. 6.

De Daphni seu Daphini omnia nobis ignota, nisi quod Alcuini fuerit discipulus, cui suum dolorem de perversa vivendi ratione, cui alter discipulus, Cuculus nomine, se dederat, significavit, quem plangit singulari carmine, suo quoque loco ex Analectis Cl. Mabillonii exhibendo.

Dilectissimo filio meo Daphini [*Ms.,* Daphni], Albinus Pater salutem.

Quia pridem de numerorum ratione mecum egisti, interrogans quomodo in excellentissimo Cantico Salomonis sexagenarius numerus reginis conveniret, et octogenarius concubinis, et cur adolescentulæ sine numero essent : igitur et si noverim te plenam [*Ms.,* plenariam] hujus rationem in sanctorum Patrum tractatibus legisse, tamen ne tuam contristem sollicitu-

ᵃ In Cod. ms. Salisb. titulus : *De sexagenario numero reginarum, et octogenario concubinarum.*

dinem, dicam quod meæ videtur imperitiæ posse convenire, et quod tantum inter familiares aures latitare velim, quia me publice [*Ms.*, publico] magnorum doctorum judicio præsentare non audeo.

Legimus enim in numerorum subtilissima ratione, alios numeros esse pares, alios impares; et item parium numerorum alios esse perfectos, alios esse imperfectos : item et imperfectorum alios esse superfluos, alios exiguos. Pares autem numeri sunt, qui in duo æqualia dividi possunt : ut octo in bis quatuor, et quatuor in bis duo. Impares sunt, qui in duo æqualia dividi non possunt, ut septem vel novem; quos si dividas, duas æquales in eis [partes] invenire non poteris : item ipsorum parium numerorum alii sunt perfecti, alii imperfecti. Perfectus numerus est qui partibus suis impletur, nec diminutione frangitur, nec multiplicatione partium superabundat, ut senarius numerus. Habet enim senarius numerus dimidiam sui partem tres, et tertiam duo, et sextam unam, qui simul juncti eumdem implent senarium ; nam unum, duo, tres, faciunt [sex] qui partibus suis impletur. Nec diminutione frangitur, nec abundantia supercrescit; idcirco perfectissimus Creator, qui universa valde bona creavit, in eo numero originalis mundi creaturas condidit, ut ostenderet, omnia in suo genere esse perfecta, quæ condidit.

Item octonarius [*Edit.*, octogenarius] numerus, si eum in partes a se ipso nominatas dividas, minor se ipso ipse invenitur, habet enim dimidiam sui partem quatuor, et quartam duas, et octavam unam : quæ simul ducta octonarium non implent, sed septenarium; unum, duo et quatuor septem efficiunt, non octo : et **409** idcirco secunda hujus generis [*F.*, humani generis] origo ab octonario numero crescere cœpit. Videlicet octo animas in arca esse legimus, a quibus totius humani generis multitudo pullulavit, ut ostenderetur, secunda origo esse imperfectior, quam prima, quæ senario numero creata est. Inde et Redemptor noster et Reparator primæ perfectionis, sicut Adam sexta die ex virgine terra creatus est, ita ille sexta ætate ex virgine Maria factus est homo, ut senarii numeri perfectionem suo dicaret adventu, quam in primi hominis monstravit conditione.

Item progressionem numerorum articulis, quasi quibusdam unitatibus, ad infinita crescere per quasdam finitas formas videmus. Nam prima progressio numerorum est ab uno usque ad decem. Secunda a decem usque ad centum. Tertia a centenario usque ad millenarium. Et eamdem regulam perfectionis [vel imperfectionis], quæ [*Leg.* quam] prima unitas in suis numeris pro [*Ms.*, sub] denario servat, eamdem et secundam in suis denariis sub centenario servare necesse est. Nam sicut senarius numerus in suis partibus per unitatem positus [*Ms.*, positis] perfectus est in seipso, ita et sexagenarius partibus suis positis per denarium perfectus esse noscitur, ita ut semper in sexagenario denarius locum obtineat unitatis in senario, et sit illius divisio per partes suas ejusmodi : medietas sexagenarii est tricenarius, sicut ternarius senarii ; et est tertia pars vicenarius, sicut binarius in senario ; et denarius in eo locum teneat unitatis ; quæ summa si colligitur eumdem implet sexagenarium. Decem itaque, et viginti, et triginta, sexaginta sunt, sicut et tres, et duo, et unum, sex.

Poteris et per te ipsum, juxta eamdem regulam, octogenarii explorare diminutionem. Nam octogenarii quadragenarius medietas est, et viginti quarta pars, et denarius octava : quæ simul ducta septuaginta faciunt non octoginta, nam decem, viginti, quadraginta, septuaginta sunt [*Ms.*, faciunt].

Sexaginta vero reginæ et octoginta concubinæ rectores sunt sanctæ Ecclesiæ. Sed alii ex illis propter solam Christi charitatem docent; alii, terrena sequentes commoda, laborant in Ecclesia, non cœlestis patriæ labore [*Ms.*, ardore], sed terreni lucri gratia desudant in docendo. Hi sua in perfectione [*F.*, imperfectione] octogenario numero comparantur : illi perfecta beatitudine sexagenario designantur, ut reginarum nomine digni efficiantur, quia spiritualem sobolem propter amorem solummodo Sponsi, et multiplicandis filiis in cœlestem patriam, felicem prolem baptizando, seu prædicando generare non desistunt. Illi vero concubinarum nomine denotantur, quia sæculi ambitione, vel temporalis honoris gratia, prædicando seu baptizando nobiles quidem generant sæpe filios, sed illi ignobiles in semetipsis permanent. Quorum contubernium, fili charissime, fuge, obsecro, et si te quandocunque Dei misericordia doctorem dignetur efficere, tu pro ejus amore laborare non cesses, qui pro tua salute sanguinem suum fundere non dubitavit, ut tibi sint mercis [*Ms.*, sit merces] non periturae divitiæ, sed perpetua gloria in cœlesti thalamo Domini [nostri] Jesu Christi, cui laus et gloria in omnes æternitates. Amen.

---

410 OPUSCULUM QUARTUM.

COMMENTARIA SUPER ECCLESIASTEN.

MONITUM PRÆVIUM.

Præsens commentarius publicis typis primo, quantum scitur, prodiit Argentorati, vel (ut in Bibl. Baluziana, tom. II, pag. 605, notatur) Basileæ apud Joannem Bebelium, anno 1531, in-8°. Inde Cl. Quereetanus illum in suam collectionem transcripsit. Editionis præterea Parisiensis de anno 1589 mentionem faciunt compilatores magnæ Bibliothecæ ecclesiasticæ, quæ tamen ab omnibus aliis eruditis ignoratur.

Editionem Cl. Querectani contulimus cum cod. ms.

bibliothecæ nostræ, monasterii scilicet sancti Emmeramiani; cujus etiam ope præfatam editionem in aliquibus locis emendavimus, ac differentes et alibi deficientes lectiones adnotavimus, versusque in fine epistolæ adjecimus. Eidem codici nostro hic titulus præfixus est : *Incipit Expositio Albini super Ecclesiasten;* in fine tamen tres aut quatuor ultimæ paginæ excisæ sunt; quem defectum infra suo loco notabimus.

PRÆFATIO.

Dilectissimis in Christo filiis, Oniæ sacerdoti, Candido presbytero, et Nathanaeli [*Ms.*, Nathaheli] diacono, Albinus perpetuæ prosperitatis in Domino Deo salutem.

Postquam de paternæ pietatis nido in publicas sæcularium negotiorum evolastis auras, mentis meæ sollicitudo vestram, omnibus pene horis, occupationem comitata est, optans vos, divina donante gratia, in charitate perfecta, sanctarum titulis virtutum Deo placere, honestisque vivere moribus coram hominibus, et quod didicistis sub aliis paternæ eruditionis, nobilibus ostendere moribus. Nec velim sapientiæ decus, quod habetis in corde, sæculi obscurari vanitatibus, inter quas religio vestræ conversationis fulgeat, quasi claritas lucis in tenebris. Mementote vos aliena dispensare, non propria possidere; de quibus ipsa Veritas ait : *Si in alieno fideles non fuistis, quod vestrum est, quis dabit vobis (Luc.* XVI, 12)*?* Alienæ sunt a nobis hujus sæculi facultates, id est, extra nostram sitæ naturam. *Nihil enim intulimus in hunc mundum, haud dubium quia nec auferre quid possumus (I Tim.* VI, 7). Nostra autem possessio regnum cœlorum, nostra vita Christus est, nostræ opes sunt spiritualium operum fructus : quas congregare vos, filii charissimi, omni intentione exhortor : nec in incerto divitiarum sperare, quæ aut deserunt possidentem, aut a possidente deseruntur. In quas, mentis nostræ intentionem Spiritus sanctus per Prophetam anhelari [*Ms.*, anhelare] prohibuit, dicens : *Divitiæ si affluant, nolite cor apponere (Psalm.* LXI, 11). Quarum copia, est aliorum inopia. De quibus [et] Dominus in Evangelio ait : *Facite vobis amicos de mammona iniquitatis (Luc.* XVI, 9). Idcirco iniquas nominavit hujus sæculi divitias (quia *mammona* Syra est lingua, et Latine divitiæ dici possunt), quia divitiæ aut per iniquitatem congregantur, vel inique pauperibus subtrahuntur. De quarum vana possessione in hujus sæculi deliciis pene sapientissimus Salomon totum composuit librum, cui titulus est Ecclesiastes, dicens in capite libri : *Vanitas vanitatum, dixit Ecclesiastes, et omnia vanitas.* Si omnia vanitas, quæ utilitas est divitias retinere caducas? In quem librum, ex sanctorum opusculis Patrum, ac maxime de beati Hieronymi commentario, parvum composui Breviarium, vestri causa, filii charissimi, quatenus paterna sollicitudine admonerem vestrum nobile in-

^a Hoc carmen, exceptis quatuor ultimis versibus, ex vetustissimo ms. codice depromptum; suum in locum restituendum indicavit Cl. Frobenius inter Addenda ad suam editionem.

^b Ad hoc carmen forte pertinent versus in cod. præfato sequentes :

genium, ne nimio amore studeatis caducis, et cito transitoriis inhiare divitiis, quæ citissime velut volatiles recedunt umbræ, et ut; si quid supersit in eis necessario vitæ vestræ æternæ stipendio, pauperibus erogare studeatis : quia, ut idem Salomon ait : *Redemptio animæ viri, propriæ divitiæ ejus* (Prov. XIII, 8). Sedula mente ipsius Domini sanctum considerate præceptum, quo nos admonuit cœlestibus magis quam terrenis inhiare thesauris, dicens : *Thesaurizate vobis thesauros in cœlo, ubi neque ærugo, neque tinea demolitur, et ubi fures non effodiunt, nec furantur : ubi enim est thesaurus tuus, ibi est et cor tuum* (*Matth.* VI, 20). Hunc siquidem librum supradictum semper pro magistro habeatis in manibus, ut discatis terrena non amare, sed cœlestia; dominari divitiis, non servire; laudem non quærere terrenam, sed a judice Christo, miserorum consolatore, amabilem audire sententiam inter eos quibus dicturus erit : *Venite, benedicti Patris mei, percipite regnum, quod vobis paratum est ab origine mundi* (*Matth.* XXV, 34).

^a Flumina qui metuat modica sulcare carina
Grandia, ne mergat turbidus Auster eam :
Iste suo placidas lembo pernaviget undas
Currentes inter florida prata pie.
Sic qui magnorum sensus rimare profundos
Doctorum timeat pectoris ingenio,
Nostra legat felix animo commenta sereno,
De gazis veterum quæ tulit unca manus.
Vos vivete (*sic ms.*) Deo semper, nam vivere mors est
Huic mundo; vera est vivere vita Deo.
Vos, rogo, conservet felices gratia Christi,
O dulces nati, sancta salutis ope ^b.

CAPUT PRIMUM.

VERS. 1. — *Verba Ecclesiastis filii David regis Hierusalem.* ^c Tribus nominibus vocatum fuisse Salomonem Scripturæ manifestissime docent : Salomonem, id est, pacificum; et Ydida [*Ms.* Edida], hoc est, dilectum Domini; et quod nunc dicitur Coeleth, id est, Ecclesiasten. Ecclesiastes autem appellatur Græco sermone, quod cœtum, id est Ecclesiam, congreget; quem nos appellare possumus concionatorem, qui loquitur ad populum, et sermo ejus non specialiter ad unum, sed ad universos generaliter dirigitur. Porro pacificus, et dilectus Domini, ab eo quod in regno ejus pax fuerit, et eum Dominus dilexerit, appellatus est. Nam et psalmus quadragesimus quartus, et septuagesimus primus, dilecti et pacifici titulo prænotantur. Qui tametsi ad prophetiam Christi et Ecclesiæ pertinentes, felicitatem et vires Salomonis excedant, tamen secundum historiam super Salomone conscripti sunt. Is itaque juxta numerum vocabulorum suorum, tria volumina edidit : Proverbia, Ecclesiasten, Cantica canticorum. In Proverbiis parvulum docens, et quasi de officiis præsentibus [*Hie-*

Pontifici magno hunc Arnoni reddite librum.
Ut legat, Albino moxque remittit eum.
Pax tibi, vita, salus semper sit, sancte sacerdos,
Atque memor nostri jam sine fine vale.

^c Ex sancto Hieronymo.

ron., per sententias eruḋiens, unde ad filium crebro sermo repetitur. In Ecclesiaste vero, maturæ virum ætatis instituens, ne quidquam in mundi rebus putet esse perpetuum, sed caduca et brevia universa quæ cernimus. Ad extremum jam consummatum virum, et calcato sæculo præparatum, in Cantico canticorum, sponsi jungit amplexibus. Nisi enim prius relinquamus vitia, et pompis [*Ms.*, *pompæ*] sæculi renuntiantes expeditos nos ad adventum Christi præparaverimus, non possumus dicere : *Osculetur me osculo oris sui* (*Cant.* I, 1). Haud procul ab hoc ordine doctrinarum, et philosophi sectatores suos erudiunt, ut primum ethicam doceant, deinde physicam interpretentur, et quem in his profecisse perspexerint, ad theologicam usque perducant. Nec non et hoc diligentius attendendum, quod per tres libros auctoris, diversus est titulus. In Proverbiis enim adnotatur : *Proverbia Salomonis filii David regis Israel*. In Ecclesiaste vero : *Verba Ecclesiastis filii David regis Hierusalem*. Superfluum quippe est hic, *Israel*, quod male in Græcis et Latinis codicibus invenitur. In Cantico canticorum, nec filius David, nec rex Israel, sive Hierusalem præscribitur, sed tantum : *Canticum canticorum Salomonis*. Sicut enim Proverbia, et rudis institutio, ad duodecim tribus, et ad totum pertinent Israel; et quomodo contemptus mundi, non nisi metropolitis convenit, hoc est, habitatoribus Hierusalem; ita et Canticum canticorum ad eos proprie facit mentionem, qui tantum superna desiderant. Ad incipientes et proficientes, et paterna dignitas, et regni proprii merito judicatur [*Ms.*, *indicatur*; *al.*, *vindicatur*], auctoritas. Ad perfectos vero, ubi non timore eruditur discipulus, sed amore, proprium nomen sufficit, et æqualis magister est, et nescit se esse regem.

412 Hæc interim juxta litteram. Cæterum per intelligentiam spiritalem, pacificus et dilectus Dei Patris, et Ecclesiastes noster Christus est, qui medio pariete destructo, et inimicitias in carne evacuans, fecit utraque unum, dicens : *Pacem meam do vobis, pacem relinquo vobis* (*Joan.* XIV, 27). De quo Pater ad discipulos : *Hic est*, inquit, *Filius meus dilectus, in quo mihi bene complacui; hunc audite* (*Matth.* XVII, 5); qui est caput Ecclesiæ. Et nequaquam ad synagogam Judæorum, sed ad gentium multitudinem loquens, vivis lapidibus exstructæ; non illius de qua ipse ait : *Hierusalem, Hierusalem! quæ occidis prophetas, et ecce relinquetur domus vestra deserta* (*Matth.* XXIII, 37, 38), sed illius per quam jurari vetat, quia sit civitas magni regis. Hic est filius David, ad quem cæci in Evangelio clamabant : *Miserere nostri, fili David* (*Matth.* XV, 22); et omnis turba consonabat, et una voce respondebat : *Hosanna filio David* (*Matth.* XXI, 9). Denique non ad eum fit verbum Dei, sicut ad Hieremiam et ad cæteros prophetas; sed quia dives est, et rex potens, ipse est si quidem verbum, et sapientia cæteræque virtutes. Verba loquitur ad Ecclesiæ viros. verba insinuat apostolis, de quibus

cantatur in psalmo : *In omnem terram exivit sonus eorum, et in fines orbis terræ verba illorum* (*Psal.* XVIII, 5). Male igitur quidam opinantur, nos ex hoc libro ad voluptatem et luxuriam provocari, cum e contrario omnia quæ cernimus in mundo vana esse doceantur, nec debere nos ea studiose appetere quæ, dum tenentur, intereant [a].

Tradunt Hebræi hunc librum, quem modo in manibus habemus, Salomonis esse pœnitentiam agentis : qui quia in sapientia divitiisque confisus, permulieres offenderit Deum, nunc secum reputat, omnia vana esse hujus sæculi delectamenta, quæ ad ultimam miseriam devolvunt eos qui in eis ponunt spem suam. Sed et beatus Gregorius doctor mirabilis, et sacræ Scripturæ lucidissimus expositor, in quarto Dialogorum libro (*cap.* 4), quomodo iste liber legendus sit vel intelligendus, optime exposuit, de nomine hujus libri, sic dicens : « Ecclesiastes autem proprie concionator dicitur : in concione vero, sententia promitur, per quam tumultuosæ turbæ seditio comprimatur, et cum multi diversa sentiant, per concionantis rationem ad unam sententiam perducuntur. Hic igitur liber idcirco Concionator dicitur, quia Salomon in eo quasi tumultuantis turbæ suscepit sensum, ut ea per inquisitionem dicat quæ fortasse per tentationem imperita mens sentiat. Nam quot sententias per inquisitionem movet, quasi tot in se personas diversorum suscipit. Sed concionator verax, velut extensa manu, omnium tumultus sedat, eosque ad unam sententiam revocat, cum in ejusdem libri termino ait : *Finem loquendi omnes pariter audiamus : Dominum time, et mandata ejus observa, hoc est enim omnis homo* (*Eccle.* XI, 13). Si enim in libro eodem per collocutionem [*Ms.*, *locutionem*] suam multorum personas non susciperet [*Ms.*, *susceperat*], cur ad audiendum loquendi finem secum pariter omnes admonebat ? Quia igitur in fine libri dicit : *Omnes pariter audiamus*, ipse sibi testis est quia, in se multorum personas suscipiens, quasi solus locutus non est : unde et alia sunt quæ in libro eodem per inquisitionem moventur, atque alia quæ per rationem satisfaciunt; alia quæ ex tentati profert animo, atque adhuc hujus mundi delectationibus dediti; alia vero, in quibus ea quæ rationis sunt, disserat, atque animum a delectatione compescat. Ibi namque ait : *Hoc itaque mihi visum est bonum, ut comedat quis et bibat, et fruatur lætitia ex labore suo* (*Eccle.* V, 17). Et longe inferius subjungit : *Melius est ire ad domum luctus, quam ad domum convivii* (*Eccle.* VII, 3). Si enim bonum est manducare et bibere, melius fuisse videbatur ad domum convivii pergere quam ad domum luctus. Ex qua re ostenditur quia illud ex infirmantium persona intulit, hoc vero ex rationis definitione subjunxit : nam ipsas protinus rationis causas edisserit, et de domo luctus quæ sit utilitas, ostendit, dicens : *In illa enim finis cunctorum admonetur hominum, et vivens cogitat quid futurum sit* (*Eccle.* XI, 9, 10). Rursum illic scriptum est : *Lætare,*

---

[a] Hucusque ex sancto Hieronymo.

juvenis, in adolescentia tua. Et paulo post subditur : *Adolescentia enim et voluptas, vana sunt.* Qui dum hoc postmodum vanum esse redarguit, quod prius admonuisse videbatur, palam [*Ms.*, patenter] indicat quia illa quasi ex desiderio carnali verba **413** intulit, haec vero ex judicii veritate subjunxit. Sicut ergo delectationem prius carnalium exprimens, curis postpositis denuntiat bonum esse manducare et bibere, quod tamen postmodum ex judicii ratione reprehendit, cum esse melius dicit ad domum luctus ire quam ad domum convivii : et sicut laetari debere juvenem in adolescentia sua, quasi ex deliberatione carnalium, proponit, et tamen postmodum per definitionem sententiae adolescentiam et voluptatem vana esse redarguit. Similiter et concionator iste, diversas cogitationum tentationes exponens, alio ait in loco, cum dicit : *Unus interitus* [*est*] *hominis et jumentorum, et aequa utriusque conditio: sicut moritur homo, sic et illa moriuntur: similiter spirant omnia, et nihil habet homo jumentis amplius* (*Eccle.* III, 10). Qui tamen ex definitione rationis suam postmodum sententiam protulit, dicens : *Quid habet amplius sapiens a stulto? et quid pauper? Nisi ut pergat illuc, ubi est vita* (*Eccle.* VI, 8)? Qui igitur dixit : *Nihil habet homo jumentis amplius,* ipse rursum definivit quod habeat aliquid sapiens non solum amplius a jumento, sed etiam ab homine stulto, videlicet ut pergat illuc ubi est [*Ms.*, erit] vita. Quibus verbis primum indicat quia hic hominum vita non est, quam esse alibi testatur. Habet ergo homo [hoc] amplius jumentis quod illa post mortem non vivunt, hic vero tunc vivere inchoat, cum per mortem carnis hanc visibilem vitam consummat. Qui etiam longe inferius dicit : *Quodcunque potest manus tua facere, instanter operare, quia nec opus, nec ratio, nec sapientia, nec scientia erit apud inferos, quo tu properas* (*Eccle.* IX, 10). Quomodo ergo unus interitus est hominis et jumenti, et aequa utriusque conditio? aut quomodo nihil habet homo jumentis amplius, cum jumenta post mortem carnis non vivunt, hominum vero spiritus, pro malis suis operibus, post mortem carnis ad inferos deducti, nec in ipsa morte moriuntur. Sed in utraque tam dispari sententia demonstratur quia concionator verax, et illud ex tentatione carnali intulit, et hoc postmodum ex spiritali veritate definivit. » Has vero diversas humanae mentis opiniones diligenter hujus libri lector intelligat, quid cui conveniat personae; et caveat ne in Epicuri dogmata cadat ex hujus libri lectione, si diligentius non discutiat quid ex cujusque personae tentatione concionator iste dixerit.

Vers. 2. — *Vanitas vanitatum, dixit Ecclesiastes, vanitas vanitatum, et omnia vanitas.* Si juxta Psalmographi sententiam, omnis homo vivens vanitas, quanto magis irrationabiles creaturae recte dicuntur vanitati subjacere, sicut Apostolus ait : *Vanitati enim creatura subjecta est* (*Rom.* VIII, 20)? Quidquid enim mutabile est, et non esse poterit quod est, vanitas appellari recte potest : nam Deus solus immutabilis,

ᵃ Ex sancto Hieronymo, ut pleraque sequentia.

et semper idem est quod est, et non aliud. Quod enim mutabitur, quodammodo evanescit, et non est quod erat. Idcirco ad comparationem Creatoris omnis creatura vanitas dici potest, et quidquid in hoc circulo continetur, pro nihilo computari in comparatione aeternae majestatis.

Vers. 3. — *Quid superest homini, in omni labore suo, quo laborat sub sole?* ᵃ Post generalem sententiam ad vanos hominum labores convertit sermonem, qui frustra in istius mundi labore desudant, congregantes divitias perituras, ambientes honores, quibus subito dicitur : Stulte, hac nocte morieris, cujus erunt quae congregasti?

Vers. 4. — *Generatio vadit, et generatio venit, terra autem in saeculum stat.* Aliis morientibus, nascuntur alii; et quos videras, non vides; incipiesque videre eos qui ante non erant, sed subito nascuntur. Quid vaxius hac vanitate, quam terram manere, quae hominum causa facta est, et ipsum hominem, terrae dominum, in pulverem repente dissolvi? Signanter dixit, *terra in saeculum stat,* non in saecula saeculorum, quia coelum et terra transibunt, et ecce facta erunt omnia nova.

Vers. 5. — *Oritur sol, et occidit, et ad locum suum revertitur, ut iterum oriatur.* Ipse sol, qui ad lucem mortalibus datus est, ortu suo et occasu quotidie interitum mundi demonstrat, qui per incognitas vias nobis ab occasu ad ortum regreditur, expletoque noctis circulo, de thalamo suo novus exoritur. Hoc autem totum idcirco dicit, ut doceat mutationibus temporum et ortu occasuque siderum, humanam aetatem labi, et interire dum nesciat.

414 Vers. 6. — *Vadit ad Austrum, et gyrat ad Aquilonem, gyrans gyrando vadit spiritus per circulos suos.* Ipsum solem spiritum nominavit, quia animet, et inspiret, et vivificet omnia, sicut veris tempore, in quo principium mundi aestimatur esse, singulis annis videmus : obliqua enim linea est zodiaci circuli, et zona [*Ms.*, circuli zona], per quam cursus est solis. Ideo brumali tempore ad australia, devexo tramite vergit sol, et iterum aestivo circulo se tollit ad borealia, ne si uno modo curreret, alia calor, alia frigus consumeret. Aliter vero : Sol Christus Deus omnia vivificat et illuminat spiritalis gratiae splendore et virtute, in cujus pennis sanitas est : qui credenti in eum [*Ms.*, in eo] oritur, et infideli cuilibet occidit.

Vers. 7. — *Omnia flumina intrant in mare, et mare non redundat, ad locum unde exeunt flumina revertuntur, ut iterum fluant.* Dicunt philosophi, aquas dulces quae in mare influunt, vel ardente desuper sole consumi, vel salsuginis maris esse pabula. Sed [et] Ecclesiastes noster, id est Christus ipsarum conditor aquarum, dicit [*Ms.*, ducit] eas per occultas terrae venas ad capita fontium regredi, et de matrice abysso in sua semper bullire principia. Possumus tamen, sub fluminum et maris nomine, per metaphoram homines [*Ms.*, humanum genus] intelligere, qui in terram, unde sumpti sunt, redeunt, postquam in primo audierunt peccatore : Terra es, et in terram ibis ; nec tamen terra impletur multitudine mortuorum.

Vers. 8. — *Cunctæ res difficiles, non potest homo eas explicare sermone. Non saturatur oculus visu, nec auris impletur auditu.* Nullatenus valet sermo explicare causas naturasque rerum; nec oculus saturari, ut rei possit dignitatem intueri [*Ms.*, nec oculus, ut rei poscit dignitas, intueri); nec auris, instituente doctore, ad summam rerum notitiam pervenire. Nam modo omnia in ænigmate cernuntur, et ex parte intelliguntur, donec perfecta veniat scientia, quæ in hoc mortali corpore esse non poterit. Tamen hæc sententia maxime contra eos agit qui, sine labore et discendi studio, sanctarum Scripturarum sibi notitiam promittunt, æstimantes se sapientes, cum sunt insipientes.

Vers. 9, 10. — *Quid est quod fuit? ipsum, quod futurum est. Quid est quod factum est? ipsum, quod faciendum est. Nihil sub sole novum, nec valet quisquam dicere, ecce hoc recens est.* De naturis in primordio mundi creatis videtur dicere, et de successione earum, quomodo veniunt, et quomodo transeunt. Verbi gratia : dum homo moritur, homo nascitur. Eadem natura fuit morientis, quæ et nascentis erit. Similiter de avibus, piscibus, serpentibus et omnibus animantibus, intelligendum est, nec non in herbis et arboribus cæterisque rerum naturis, nihil novum invenitur quod ante non esset : nihil periturum, quod postea non fiat. [*Ms.*, fiet]. Ideo dicit Scriptura : Requievit Deus die septimo ab omnibus operibus suis, id est, a novarum creatione naturarum cessavit, non a gubernatione, de qua ipsa Veritas ait : *Pater meus usque modo operatur, et ego operor.* Unde ex primordialibus creaturarum seminibus totius sæculi tempus naturali cursu peragitur.

Vers. 11. — *Jam enim præcessit in sæculis, quæ fuerunt ante nos. Non est priorum memoria, sed nec eorum quidem quæ post futura sunt, erit recordatio apud eos qui futuri sunt in novissimo.* Sicut præterita quæ olim fuerunt, apud nos abscondit oblivio, sic ea quæ nunc nobiscum præsentialiter fiunt, hi qui nasci habent, scire non poterunt, Quia cuncta silentio peribunt, et quasi non fuerint, abscondentur, et complebitur illa sententia : *Vanitas vanitatum, omnia vanitas.* [*Vanitas vanitatum*] quia omnia transeunt, et more fluentis aquæ vadunt, et non redibunt. Cui sententiæ totus mundus testis est, et maxime humanum genus.

Vers. 12. — *Ego Ecclesiastes fui rex Israel, in Hierusalem.* Hucusque præfatio generaliter de hujus sæculi vanitatibus disputat. Hinc ad semetipsum redit, et quis esset, ostendit ; vel quomodo experimento omnia cognoverit et docuerit. Ideo consequenter subjunxit :

Vers. 13. — *Et proposui in animo meo quærere et investigare sapienter de omnibus quæ fiunt sub sole.* *Hanc occupationem pessimam dedit Deus filiis hominum, ut distendantur in ea.* Dedit vero, dixit, eo locutionis genere quo Apostolus ad Romanos ait : *Tradidit eos Deus in reprobum sensum* (*Rom.* i, 6). Id est, permisit eos, propter præcedentia peccata, in reprobum cadere sensum. Proposuit ergo Ecclesiastes, primo **415** omnium cor suum ad sapientiam requirendam, et ultra licitum se extendens, voluit causas rationesque cognoscere, quare parvuli corriperentur a dæmone, cur naufragia pios impiosque pariter absorberent : utrum hæc et his similia causa [*Ms.*, casu] evenirent, an judicio Dei et providentia. Si non judicio, ubi providentia Dei [a]? Hæc, inquit, nosse desiderans, intellexi superfluam curam, et sollicitudinem per diversa cruciantem, a Deo hominibus datam, ut scire cupiant quod scire non licitum est. Et hoc propter curiositatem, in quam se sua sponte injecerunt, permisit eos Deus [in eis] laborare eventibus vitæ hujus, in quibus nullam rationem invenire valuerunt.

Vers. 14. — *Vidi quæ fiunt cuncta sub sole, et ecce universa vanitas, et afflictio spiritus.* Aliter [*In ms.* aliter *omitt.*] est sensus : Consideravi universa quæ in mundo sunt, et nihil aliud deprehendi quam vanitatem et malitiam, id est miserias spiritus, quibus animus diversis fatigatur cogitationibus. Laborat [*Ms.*, labor] sapiens cognoscere quod humanæ non est datum sapientiæ scire.

Vers. 15. — *Perversi difficile corriguntur, et stultorum infinitus est numerus.* Sanctorum numerabilis est multitudo, stultorum vero congregatio non est numero digna. Tale quid et Psalmista ait : *Dinumerabo eos,* id est sanctos, *super arenam maris* (*Psal.* cxxxviii, 18), id est stultos qui arenæ comparantur. Sicut ad Abraham Dominus dixit : *Et erit semen tuum sicut stellæ cœli, et sicut arena maris* (*Gen.* xxii, 17). In stellis intellige sanctos, de quibus Psalmista ait : *Qui numerat multitudinem stellarum, et omnibus eis nomina vocat* (*Psalm.* cxlvi, 4). In arena, peccatores, de quibus dicitur : *Perdentur peccatores de terra.*

Vers. 16. — *In corde meo locutus sum, dicens : ecce magnus effectus sum, et præcessi sapientia omnes qui fuerunt ante me in Hierusalem, et mens mea contemplata est multa sapienter, et didicit.* Legimus et in Regum libris, multæ sapientiæ fuisse Salomonem, et hoc a Deo speciale donum præ cæteris sæculi divitiis vel honoribus postulasse (*III Reg.* iii). Mundi ergo cordis oculus multam sapientiam et scientiam contuetur. Ideo non ait, multam sapientiam et scientiam sum locutus, sed [multam sapientiam et scientiam] vidit cor meum : non enim possumus eloqui omnia quæ sentimus : latior est enim cordis intelligentia quam oris interpretatio.

Vers. 17. — *Dedi quoque cor meum, ut scirem prudentiam, atque doctrinam, erroresque et stultitiam, et agnovi quod in his quoque esset labor et afflictio spiritus.* Contraria contrariis intelliguntur, et sapientia

---

[a] Lege ex sancto Hieronymo in hunc locum : « Et si casu, ubi providentia? Si judicio, ubi justitia? »

prima est stultitia caruisse. Stultitia autem carere non potest, nisi qui intellexerit eam. Unde et plura sunt in rebus noxia creata, ut, dum vitamus ea, ad sapientiam erudiamur. Æqualis ergo studii fuit Salomoni scire sapientiam, errorem et stultitiam, ut in appetendis aliis, et aliis declinandis, veracius sapientia probaretur. Et agnovi quod in hujusmodi cogitationibus afflictio spiritus et perturbatio animi esset.

VERS. 18. — *Eo quod in multa sapientia multa sit indignatio; et qui addit scientiam, addit dolorem.* Quanto magis quis sapientiam fuerit consecutus, tanto plus indignatur subjacere [*Ms.*, subjicere] se vitiis, et procul esse a virtutibus quas requirit: dolet ignorantiam, dum quærit scientiam. Intelligit se ex parte agnoscere, et ad plenum intelligendi lumen rerum occultarum se non posse pervenire videt, ideo addit dolorem, qui addit scientiam.

CAPUT II.

VERS. 1. — *Dixi in corde meo: Vadam et affluam deliciis, et fruar bonis, et vidi quod hoc quoque esset vanitas.* Hic concionatoris modo, communi sententia vulgi loquitur, quam tamen vanam ostendit. Et est sensus: Postquam in multitudine sapientiæ, et adjectione scientiæ, dolorem et laborem esse comprehendi, et nihil aliud nisi cassum laborem et inane certamen, transtuli me ad lætitiam, ut luxu fruerer, et congregarem opes, et ut divitiis abundarem, et perituras voluptates caperem, antequam morerer. Sed et in hoc vanitatem ipse perspexi, dum præterita voluptas præsentem non juvat, et exhausta non satiat. Ideo intellexi carnalem luxuriam esse vanitatem, et adjeci dicens:

416 VERS. 2. — *Risum putavi errorem, et gaudio dixi: Quid frustra deciperis?* Hoc est quod in Evangelio legitur: *Væ vobis qui ridetis, quia lugebitis* (*Luc.* VI, 25). Decipiuntur vero qui carnalia in hoc sæculo sequuntur desideria, et magis carnaliter vivunt quam spiritualiter, æstimantes perpetuum esse quod velut umbra citissime transibit [*Ms.*, transiet], et labor dolore punietur. Potest hoc et de hæreticis accipi, qui falsis dogmatibus acquiescentes, læta sibi et prospera promittunt, dum sint filii perpetuæ perditionis.

VERS. 3. — *Cogitavi in corde meo abstrahere a vino carnem meam, ut transferrem animum meum ad sapientiam, devitaremque stultitiam, donec viderem quid esset utile filiis hominum, quo* [*Ms.*, quid] *facto opus est sub sole, numero dierum vitæ suæ.* Eleganter autem voluptatem ebrietati comparavit, siquidem ebrietas evertit animi vigorem: quam [*Ms.*, quem] qui potuerit sapientia comminuere, et (ut in quibusdam codicibus habetur) obtinere lætitiam spiritalem, is poterit ad scientiam rei istius pervenire, quid in hac vita appetendum, quidve vitandum sit.

VERS. 4-14. — *Magnificavi opera mea, ædificavi mihi domos, et plantavi vineas; feci hortos et pomaria, et consevi ea cuncti generis arboribus, et exstruxi mihi piscinas aquarum, ut irrigarem silvam lignorum ger-* *minantium; possedi servos et ancillas, multamque familiam habui; armenta quoque et magnos ovium greges, ultra omnes qui fuerunt ante me in Hierusalem: coacervavi mihi argentum, et aurum, et substantias regum et provinciarum; feci mihi cantores, et cantatrices et delicias filiorum hominum, scyphos et urceolos in ministerio ad vina fundenda: et supergressus sum opibus omnes, qui fuerunt ante me in Hierusalem. Sapientia quoque perseveravit mecum. Et omnia quæ desideraverunt oculi mei, non negavi eis; nec prohibui cor meum, quin omni voluptate fruerer, et oblectaret se in iis quæ præparaveram; et hanc ratus sum partem meam, si uterer labore meo. Cumque me convertissem ad universa opera quæ fecerant manus meæ, et ad labores in quibus frustra sudaveram, vidi in omnibus vanitatem, et afflictionem animi, et nihil permanere sub sole. Transivi ad contemplandam sapientiam, erroresque et stultitiam. Quid est, inquam, homo, ut sequi possit regem factorem suum? Et vidi quod tantum præcederet sapientia stultitiam, quantum differt lux a tenebris. Sapientis oculi in capite ejus, stultus in tenebris ambulat. Et didici quod unus utriusque esset interitus.* Videtur mihi utilius esse legentibus hæc omnia quæ Ecclesiastes de sua gloria subinfert, brevi cuncta sermone comprehendere, et quasi in unum corpus sensum redigere, ut possint facilius intelligi quæ dicuntur. Igitur ea quæ putantur in sæculo bona, quasi rex et potens habui. Ædificavi mihi palatia, vitibus colles montesque consevi, et ne quid deesset de luxu vel voluptate [*Ms.*, ad luxum et voluptatem], hortos mihi pomariaque plantavi, diversi generis arbores instituens, quas collectæ aquæ in piscinas desuper irrigarent, ut longus viror [*Ms.*, longius vigor] humore perpeti nutriretur. Servorum quoque sive emptorum sive ancillarum sive vernaculorum mihi fuit innumera multitudo, et quadrupedum greges multi, boum scilicet et ovium, quantum nullus alter ante me rex habuit in Hierusalem. Nec non et thesauri argenti et auri innumerabiles condebantur, quos diversorum regum et gentium tributa contulerunt. Unde et accidit ut ex nimiis opibus ad majores delicias provocarer, et musicorum chori mihi tibiali voce [*Apud Hier.*, tibia, lyra, voce] concinerent, ut uterque sexus in conviviis mihi ministraret. Sed quanto ista crescebant, tanto sapientia deerat. Nam in quamcunque voluptatem cupido traxisset me, infrenis per præceps ferebar, putabamque hunc esse fructum laborum meorum, si ipse in luxuriæ [*Ms.*, luxuria] libidine consumerer. Tandem in me reversus, et quasi de gravi somno evigilans aspexi, et manus meas, et opera mea plena vanitatis, plena sordium, plena spiritu erroris intuitus sum. Nihil enim quod in mundo putatur bonum, bonum potui reperire. Reputans igitur quæ essent sapientiæ bona, et quæ stultitiæ mala, consequenter in laudem illius hominis erupi, qui post vitia se refrenans, virtutum possit esse sectator. Magna quippe distantia est inter sapientiam et stultitiam, et quantum dies distat a nocte, tantum virtutes a vitiis separantur. Videtur mihi itaque qui sapientiam sequitur, oculos ad cœlum semper erigere, et in sublime os habere erectum, eaque quæ super verticem sunt, contemplari : qui vero stultitiæ et vitiis deditus **417** sit, versari in tenebris et in rerum ignorantia volutari. Cumque hæc ita se habeant, inter sapientem et stultum ea distantia est, quod alter diei, alter tenebris comparetur : Ille oculos ad cœlum levat, iste in terram deprimit. Repente autem mihi cogitatio ista subrepsit, quare sapiens et stultus communi pereant interitu; cur eadem plaga, eodem eventu, eadem morte premantur; cur eædem sint utrique angustiæ. Sunt vero qui hæc verba Ecclesiastis ab eo loco ubi ait : *Magnificavi opera mea*, usque ad hunc locum in quo ait : *Sapientis oculi in capite ejus*, de Christo interpretari conantur. Sed quibusdam in locis laboriosa est interpretatio, nisi forte de membris illius intelligi possint. Ideo nos historiali tantummodo intelligentia in hoc loco contenti sumus, maxime quia nobis non est propositum omnia dicere quæ a diversis inveniuntur auctoribus dicta, sed ea commatico sermone, quæ ad sensum planiorem pertinere videntur, paucis perstringere verbis.

Vers. 15, 16. — *Et dixi in corde meo : Si unus et stulti et meus occasus erit, quid mihi prodest quod majorem sapientiæ dedi operam? Locutusque cum mente mea, animadverti quod hoc quoque esset vanitas. Non enim erit memoria sapientis similiter ut stulti in perpetuum, et futura tempora oblivione cuncta pariter operient : moritur doctus similiter ut indoctus.* Hæc enim diligentius considerans dixi : Sapiens et stultus, justus et impius, æquali morte moriuntur [*Hier.*, sorte morientur], et omnia in hoc sæculo mala eventu simili sustinebunt. Sicut enim impius tribulationes patitur, ita etiam et justus : nec quemlibet in hoc sæculo sua adjuvabit justitia, sed omnia incerta sunt, pro quo quid cui eveniat. Si ita est, dixi in corde meo : Quid mihi ergo prodest quod secutus sum sapientiam, et plus cæteris laboravi, si meus occasus et stulti æqualis erit? Sed rursum cogitans, diligentiusque considerans, non similem sapientem et stultum habere in futuro memoriam quando consummatio veniet universalis; et nequaquam pari exitu injustus et justus judicabitur; quia hic ad refrigeria, ille pergit ad pœnam : ideo priorem sententiam meam damnavi, et me stulte locutum esse intellexi, et errasse, qui [*Ms.*, quia] antea sic senseram.

Vers. 17-19. — *Idcirco tæduit me vitæ meæ, videntem mala esse universa sub sole, et cuncta vanitatem atque afflictionem. Rursum detestatus sum omnem industriam meam, qua sub sole studiosissime laboravi; habiturus hæredem post me, quem ignoro utrum sapiens an stultus futurus sit, et dominabitur in laboribus meis, in quibus desudavi et sollicitus fui ; et est quidquam tam vanum?* Videtur quidem de divitiis et opibus retractare, quia secundum Evangelium repentina morte subtracti, quali moriamur hærede, nescimus utrum sapiens an stultus sit, qui nostro labore est fruiturus. Et hoc Salomoni malum accidisse, Regum libri testantur, qui Roboam insipienti filio labores suos reliquit. Sed melius intelligendum est [*Ms.*, æstimo] de spirituali labore, in quo diebus ac noctibus vir sapiens in lege Domini meditatur, et Scripturarum sanctarum desudat interpretatione, et libros componit multos, ut memoriam sui posteris [*Ms.*, suis posteris] relinquat, et nihilominus labores illius in manus stultorum perveniunt, qui frequenter secundum perversitatem cordis sui, ex sanctorum Patrum dictis, hæreticæ pravitatis semina capiunt, et alienos labores calumniantur.

Vers. 20-23. — *Unde cessavi, renuntiavitque cor meum ultra laborare sub sole : nam cum alius laborat in sapientia, et doctrina, et sollicitudine, homini otioso quæsita dimittit; et hoc ergo vanitas et magnum malum. Quid enim proderit homini de universo labore suo, et afflictione spiritus, qua sub sole cruciatus est? Cuncti dies ejus doloribus et ærumnis pleni sunt, nec per noctem mente requiescit; et hæc, nonne vanitas?* Hic ut supra de incerto hærede loquitur, utrum stultus an sapiens futurus sit, qui labore alterius fruiturus sit : et in eumdem circulum res revertitur ut labores morientium deliciæ sint viventium. Maxime tamen de labore sapientiæ disputat, in quo studiosi [*Ms.*, studiose] vel rerum spiritualium vel visibilium, die ac nocte laborant, ignorantes in quorum manus perveniant opuscula sua, utrum sapientes de litteris disputent suis, vel etiam stulti et otiosi. Est quidquam tam vanum? quia nec noctibus, nec diebus cessat a labore, et nescit ad quem profectum futuro tempore labores evenient sui.

418 Vers. 24-26. — *Nonne melius est comedere et bibere, et ostendere animæ suæ bona de laboribus suis? Et hoc de manu Dei est. Quis ita vorabit et deliciis affluet ut ego? Homini bono in conspectu suo dedit Deus sapientiam et scientiam et lætitiam : peccatori autem dedit afflictionem et curam superfluam, ut addat et congreget et tradat ei, qui placuit Deo : sed et hoc vanitas, et cassa sollicitudo mentis.* Aliud est ex consideratione rationis, aliud est ex infirmantis vulgi tentatione disputare. Hic quid indoctum vulgus sentiat videtur definire. Ubi vero ait : *Melius est ire ad domum luctus quam ad domum convivii*, ex rationis discretione ostendit se loqui. Dicamus tamen secundum consequentiam superioris disputationis. Postquam universa tractavi, et nihil in istius mundi labore perpetuum intellexi, posterioremque generationem prioris frui laboribus, tum mihi visum est, hoc in rebus esse justissimum, et quasi Dei donum, ut suo quis labore frueretur, bibens et comedens, et pro tempore parcens [*Al.*, pascens] opibus congregatis. Et hoc siquidem Dei donum [*Ms.*, munus] est, talem justo dari viro mentem, ut ea, quæ curis vigiliisque quæsivit, ipse consumat. Sicut e contrario iræ Dei est, ut peccator diebus ac noctibus opes congreget, et nequaquam eis utens, derelinquat his qui in conspectu Dei justi sunt. Sed et hoc, inquit, diligenter inspiciens, et videns omnia morte finiri, vanissimum judicavi. Hæc interim super litteram, ne videamur penitus simplicem praeterire sensum; et dum spiritales divitias sequimur, historiae contemnere paupertatem. Bonum est itaque veros cibos et veram sumere potionem, quos de agni carne et sanguine in divinis voluminibus invenimus, de quibus dicitur in Cantico canticorum : *Comedite, amici mei, bibite et inebriamini (Cant.* v, 1). Ad quos ipsa vocat Sapientia, dicens : *Venite, comedite panem meum, et vinum, quod miscui vobis. Relinquite infantiam et vivite, et ambulate per vias prudentiae (Prov.* IX, 5, 6). Quis enim vel comedere, vel cum opus est, parcere [*Al.*, pascere] potest absque Deo, qui praecipit sanctum canibus non esse mittendum, et docet quomodo in tempore sint danda cibaria? Pulchre enim homini dat Deus bono sapientiam, et scientiam, et laetitiam. Nisi enim bonus fuerit, et mores suos, Dei adjuvante gratia, proprio arbitrio [*Ms.*, pro arbitrio] ante correxerit [a], sapientiam, et scientiam, et laetitiam non merebitur. Ut ergo bono coram se dedit Deus sapientiam et caetera, sic peccatorem suo arbitrio derelinquens, facit congregare divitias, et hinc inde perversorum dogmatum consuere cervicalia : quae cum vir sanctus et placens Deo viderit, intelligit quia vana sunt, et praesumptione spiritus composita. Nec mirandum quod dixerit, *peccatori dedit sollicitudinem,* etc., *dedit* enim pro *dimisit,* intelligendum est. Propterea dat ei sollicitudinem sive afflictionem, quia peccator fuit; et non esse causam afflictionis in Deo, sed in illo qui sponte sua ante peccaverit.

CAPUT III.

VERS. 1. — *Omnia tempus habent, et suis spatiis transeunt universa sub coelo.* Incertum et fluctuantem statum conditionis humanae in superioribus docuit. Nunc vult omnia ostendere sibi in mundo esse contraria, et nihil stare perpetuo, eorum duntaxat quae sub coelo sunt, et tempori obnoxia sunt; quia caeterae substantiae spirituales nec coelo, nec tempore continentur.

VERS. 2-8. — *Tempus nascendi, et tempus moriendi; tempus plantandi, et tempus evellendi quod plantatum est; tempus occidendi, et tempus sanandi; tempus destruendi, et tempus aedificandi; tempus flendi, et tempus ridendi; tempus plangendi, et tempus saltandi; tempus spargendi lapides, et tempus colligendi; tempus amplexandi, et tempus longe fieri ab amplexibus; tempus acquirendi, et tempus perdendi; tempus custodiendi, et tempus abjiciendi; tempus scindendi, et tempus consuendi; tempus tacendi, et tempus loquendi; tempus dilectionis, et tempus odii; tempus belli, et tempus pacis.* Nulli **419** dubium est, quod ortus et interitus hominum Deo notus sit et praefinitus; et idipsum esse parere quod plantare; mori, quod plantatum est evellere. Haebraei omne hoc quod de contrarietate temporum scriptum est, usque ad illum locum in quo ait : *tempus belli, et tempus pacis,* super Israel intelligunt. Tempus fuit nascendi in patriarchis populo Dei, tempus moriendi tempore Vespasiani et Titi. Tempus plantandi in terra repromissionis sub Jesu Nave, tempus evellendi, dum ducti sunt in captivitatem a praefatis ducibus. Tempus occidendi eos in Aegypto, et tempus liberandi de Aegypto. Tempus destruendi [*Adde ex Hier.*, templi] sub Nabuchodonosor, et tempus aedificandi sub Dario. Tempus plangendi eversionem urbis, et tempus ridendi atque saltandi sub Zorobabel, et Esdra, et Neemia. Tempus dispergendi Israel per diversas gentes, et in unum congregandi, quando reducti sunt de captivitate in patriam. Tempus amplexandi, dum coelesti auxilio cingebantur; tempus longe fieri a complexibus, dum pro peccatis suis derelicti sunt a Deo. Tempus quaerendi de Babylonica captivitate, tempus perdendi eos in excidio urbis sub Romanis. Tempus custodiendi legalia mandata, tempus abjiciendi laciniosae legis praecepta. Tempus scindendi, quando in duo regna post Salomonem divisus est populus, et tempus consuendi tempore Machabaeorum. Tempus tacendi prophetas, nunc in captivitate Romana, et tempus loquendi apostolos, dicente Domino : *Ite ad oves perditas domus Israel* (*Matth.* x, 6). Tempus dilectionis, quo [*Hier.*, qua] eos sub patribus ante dilexit : et tempus odii, dum Christo intulerant manus. Tempus belli modo, non agentibus eis poenitentiam; tempus pacis in futuro, quando intrat plenitudo gentium, et sic omnis Israel salvus erit. Aliter altiori sensu : Tempus occidendi, et tempus sanandi, sicut ait : *Ego occidam, et ego vivificabo* (*Deut.* XXXII, 59). Sanat, ad poenitentiam provocans : occidit juxta illum sensum : *In matutino interficiebam omnes peccatores terrae* (*Psalm.* C, 8). Tempus destruendi, et tempus aedificandi. Non possumus aedificare bona, nisi prius destruxerimus mala. Tempus plorandi, et tempus ridendi : nunc flendi tempus est, et in futuro ridendi, Domino dicente : *Beati flentes, quoniam ipsi ridebunt* (*Luc.* VI, 21). Tempus plangendi, et tempus saltandi. Eodem sensu quo supra. Plangendum est impraesentiarum, ut in futuro saeculo spiritali saltatione gaudeamus. Tempus spargendi lapides, et tempus colligendi : quia tempus fuit gentilis populi dispergendi, et tempus rursum in Ecclesiam congregandi. Tempus amplexandi, dum dictum est, *Crescite et multiplicamini* (*Gen.* I, 28); tempus longe fieri a complexibus, ubi ait, *Dabo spadonibus locum in domo mea meliorem a filiis et filiabus, locum sempiternum.* Aliter : Tempus est sapientiam amplexandi, id est, de coelestibus cogitandi, et tempus est iterum curam corporis agendi. Tempus acquirendi populum ex gentibus, et tempus perdendi populum Judaeorum. Tempus custodiendi credentes ex nationibus, et tempus abjiciendi incredulos ex Israel. Tempus

---

[a] Apud Hier. in hunc locum : « Nisi enim bonus fuerit, et mores suos proprio arbitrio ante correxerit. Quam sancti Patris sententiam, quae quidpiam Pelagiani erroris redolere videri posset, Alcuinus ad catholicae doctrinae sensum, qui post Hieronymum clarius ubique terrarum definitus est, ita ex ingenio temperavit. (*Editor Veronensis Operum S. Hier.*).

scindendi, et tempus consuendi. Sub diversis sermonibus idem nunc qui supra sensus est, in eo, quod ait, tempus destruendi, et tempus aedificandi; ac deinde tempus scindendi, et tempus consuendi : modo enim Synagoga destruitur, ut aedificetur Ecclesia, et alligant scissiones legales, ut Evangelii gloria constabunt [*Ms.*; ut Evangelia consuantur]. Quod evangelistae singuli perpetrarunt, de lege et prophetis adventus Dominici testimonia consuentes. Tempus tacendi, ut discamus quae sint docenda; tempus loquendi, ut doceamus quae recte didicimus. Nihil nobis videatur rectum esse, nisi quod discimus, ut post multum silentium, de discipulis efficiamur magistri. Tempus amandi legem, et ea quae ex lege fuerint imperata : circumcisionem, hostias, sabbata, neomenias; et tempus odiendi ea, Evangelii gratia succedente. Tempus belli, et tempus pacis. Quandiu in hoc saeculo sumus, tempus est belli : cum migraverimus autem de hoc saeculo, pacis tempus adveniet : in pace est laus Dei [*Hier.*, locus Dei], et civitas nostra Hierusalem de pace sortita vocabulum est. Nemo ergo nunc se putet esse securum in tempore belli, ubi certandum est, et apostolica arma tractanda, ut victores quondam requiescamus in pace.

420 VERS. 9-11. — *Quid habet homo amplius de labore suo? vidi afflictionem quam dedit Deus filiis hominum. Cuncta fecit bona in tempore suo, et mundum tradidit disputationi eorum, ut non inveniat homo opus quod operatus est Deus ab initio usque ad finem.* Plerique putant hoc de magistris esse dictum, quibus Deus dedit sensum, ut quaererent naturas rerum, et Creatorem laudarent ex eis, ne forte otiosa mens torpesceret et in vitia corrueret. Prius enim disputavit de diversitate temporum et varietate mutabilium rerum, nunc dicit : *Quid habet amplius homo de labore suo*, nisi ut sapienter intelligat Creatorem laudare in creaturis suis nec quicquam in hoc saeculo perpetuum putare? Quid enim amplius habere possumus in hoc saeculo laborando, quam ut nos erudiamur ex diversitate creaturarum Creatoris agnoscere magnitudinem, et omne bonum esse quod Deus fecit, qui dedit mundum hominibus ad inhabitandum, ut fruantur eo et varietates intelligant temporum, [nec quaerant quomodo creata sint omnia, quare hoc vel illud ab initio mundi usque ad consummationem fecerit crescere, manere, mutari.

VERS. 12, 13. — *Et cognovi quod non esset melius, nisi laetari, et facere bene in vita sua. Omnis enim homo qui comedit et bibit, et videt bonum de labore suo, hoc donum Dei est.* Propterea colonus et hospes mundi homo datus est, ut brevis vitae fruatur tempore, et, spe prolixioris aetatis abscissa, cuncta quae possidet quasi ad alia cito profecturus aspiciat, et quantum potest, bene faciat in vita sua; nec frustra congregando magnas opes, cogitationibus torqueatur : neque se putet plus de suo labore lucrari posse quam cibum et potum; et si quid de opibus suis in bonis operibus expenderit, hoc solum Dei donum est. Non ut ad desperationem et luxuriam provocemur, sed habentes victum et vestitum his contenti simus, et quidquid plus est necessitate corporis, in pauperum expendatur solatia. Quia sicut caro cibo alitur et potu, ita anima eleemosynis pauperum, et solatiis miserorum. Juxta anagogen, verus cibus est caro Christi, et verus potus sanguis ejus, sicut ipse Dominus ait : *Qui manducat carnem meam, et bibit sanguinem meum, in me manet, et ego in illo* (*Joan.* VI, 57). In hac cibi et potus spirituali jucunditate laetari debemus, non solum in mysterio, sed etiam in lectione sanctarum Scripturarum, ubi pascamur et potemur de ligno vitae, quod plantatum est secus decursus aquarum.

VERS. 14. — *Didici quod omnia opera quae fecit Deus, perseverent in perpetuum, non possumus eis addere quidquam, nec auferre, quae fecit Deus, ut timeatur.* Nihil est in mundo quod novum sit. Solis cursus et lunae vices, et terrae arborumque siccitas vel viror, cum ipso mundo nata sunt atque creata, et idcirco Deus certa ratione cuncta moderatus est, et jussit humanis usibus elementa servire, ut homines videntes haec intelligant esse providentiam Dei, et timeant a facie Dei, dum ex rerum aequalitate, cursu, ordine atque constantia, intelligunt Creatorem. Pulchre autem temperavit dicens, ut timeant a facie ejus : *vultus quippe Domini super facientes mala* (*Psal.* XXXIII, 17).

VERS. 15. — *Quod factum est, ipsum permanet : quae futura sunt, jam fuerunt : et Deus instaurat quod abiit.* Vel praeterita, vel praesentia, vel futura, ipsa [et] fuerunt, et sunt, et erunt; universa quae cernimus. Sol qui nunc oritur, et antequam nos essemus, in mundo fuit, et postquam mortui fuerimus, oriturus est. Quod de sole diximus, hoc de omnibus cognoscendum est creaturis. Terra singulis annis arescit, iterumque virescit in germine suo. Mare fluit, et recedit ut refluat. Animalia moriuntur, et renascuntur iterum ejusdem generis. Homines morte finiuntur, et alii pro eis oriuntur. Et ea lege creaturarum nihil novum inveniri poterit, sed Deus per succedentia tempora omnia restaurat quae fuerunt.

VERS. 16, 17. — *Et vidi sub sole in loco judicii impietatem, et in loco justitiae iniquitatem. Et dixi in corde meo : justum et impium judicabit Deus, tempus omni rei tunc erit.* Sub sole, inquit, isto veritatem et judicium requisivi; et vidi in judiciis non veritatem valere, sed munera. Aliter : arbitratus sum aliquid justitiae in praesenti saeculo geri, et vel pium pro suo nunc merito recipere, vel impium, pro **421** suo scelere damnari. Postea vero cum corde meo colloquens et reputans, intellexi, non per partes Deum, et per singulos semper judicare, sed in futurum tempus servare judicium, ut omnes pariter judicentur, et recipiat unusquisque meritis suis digna, secundum quod gessit in hoc saeculo; et tunc perspexi tempus discretionis esse omni rei.

VERS. 18-21. — *Dixi in corde meo de filiis homi-*

num, ut probaret eos Deus, et ostenderet similes esse bestiis. Idcirco unus interitus est hominum, et jumentorum, et æqua utriusque conditio. Sicut moritur homo, sic et illa moriuntur. Similiter spirant omnia, et nihil habet homo jumento amplius. Cuncta subjacent vanitati, et omnia pergunt ad unum locum. De terra facta sunt, et in terram pariter revertentur. Quis novit si spiritus filiorum Adam ascendat sursum, et si spiritus jumentorum descendat deorsum? Non mirandum est in præsenti vita, inter justum et impium nullam esse distantiam, nec aliquid virtutis valere [Hier., nec aliquid valere virtutes], sed incerto eventu omnia volutari, cum etiam inter pecudes, et homines secundum corporis vilitatem nihil differre videatur. Sicut eadem conditio est nascendi, ita sors una moriendi. Similiter procedimus ad lucem, æque dissolvemur in pulverem. Si autem videtur hæc esse distantia, quia spiritus hominis ascendat in cœlum, et spiritus pecoris descendat in terram, qua istud certa auctoritate [Ms., quo istud certo auctore] cognovimus? Quis potest scire utrum verum an falsum sit quod speramus? Hoc autem dicit, non quod animam putet perire cum corpore, vel unum bestiis et hominibus præparari locum, sed quod ante adventum Christi omnia ad inferos pariter descenderunt [Ms., ducerentur]. Unde et Jacob ad inferos descensurum se dicit (Gen. XXXVI). Et Job pios et impios queritur apud inferos detentari (Job. VII, 17). Et revera antequam flammeam illam rotam, et igneam romphæam ad [Hier., et] paradisi fores Christus cum latrone reseraret, clausa erant cœlestia, et spiritus hominis pecorisque æqualis vilitas coarctabat. Et licet aliud videtur [Ms., videretur] dissolvi, aliud reservari, tamen non multum intererat, perire cum corpore, aut inferni tenebris detineri. Quod vero ait, de terra facta sunt, et in terram revertentur, hoc eum de corpore dicere manifestum est, quia corpus de terra creatum est, non anima ; sicut vindex peccati sententia homini intulit : Terra es, et in terram ibis (Gen. III, 19). Hæc interim juxta litteram. Quantum ad spiritalem intelligentiam pertinet, quis scit utrum spiritus, qui hominis appellatione dignus est, ascendat in cœlum, et utrum peccator, qui jumentum vocatur, descendat in terram ? Fieri enim potest utrumque pro incerto vitæ hujus et lubrico statu, ut justus cadat, peccator resurgat ; et nonnunquam eveniat, ut rationabilior et eruditus scripturis, id est homo, non circumspecte et ut scientia sua exigit, vivat, et ducatur ad inferos ; et simplicior quisque atque rusticior, qui jumentum hominis comparatione dicitur, melius vivat, et martyrio coronatus paradisi sit colonus.

VERS. 22. — Et deprehendi nihil esse melius quam lætari hominem in opere suo, et hanc esse partem illius. Quis enim adducet eum, ut post se futura cognoscat ? Superiori errore turbatus, quod putarem inter homines et bestias nihil esse, in hanc sententiam prava opinione seductus [Ms., deductus] sum, ut nihil aliud dicerem bonum, nisi præsentem capere

voluptatem : neque enim cum semel nos dissolverit interitus, posse his perfrui a quibus recedimus ingrati. Sed meliori sensu de lætitia bonorum operum intelligendum est. Nihil est ergo melius in vita ista, nisi quod lætetur homo in opere suo, faciens eleemosynam, et futuros sibi thesauros in regno cœlorum præparans. Hanc solam habemus veraciter portionem, quam nec fur, nec latro valet, nec tyrannus auferre, quæ nos tantummodo post mortem sequetur.

CAPUT IV.

VERS. 1. — Verti me ad alia, et vidi calumnias quæ sub sole geruntur [Ms., generantur], et lacrymas innocentium, et consolatorem neminem, nec posse resistere eorum violentiæ cunctorum auxilio destitutos. Post hanc cogitationem illuc mentem meam oculosque converti, ut viderem calumniatores, et calumniam sustinentes. Et ecce vidi eorum qui a potentioribus opprimuntur lacrymas, quas solas habere possunt in calamitatibus, rei invidiam protestantes, qui consolatorem nequeunt invenire. Et quod malorum miserrimum sit [Ms., quo major miseria sit], et inconsolabilis dolor, calumniatores vident in suis iniquitatibus fortiores : et hæc est causa, quod non valent consolari. Plenius hunc locum in septuagesimo secundo psalmo David ; et Jeremias in suo volumine exquirunt.

VERS. 2, 3. — Et laudavi magis mortuos quam viventes, et feliciorem utroque judicavi, qui necdum natus est, nec vidit mala quæ fiunt sub sole. Ad comparationem miseriarum quibus in hoc mundo mortales premuntur, feliciores judicavi mortuos, ab hujus miseriæ labore liberatos, quam viventes. Melior est itaque his duobus, vivente videlicet et defuncto, qui necdum natus est ; in eo felicior est, quia necdum malum mundi expertus est. Hoc autem dicit, non quia animæ sint hominum, secundum quorumdam errorem, antequam nascatur homo in mundo ; sed quia melius sit omnino non esse, nec sensum habere substantiæ, quam infeliciter vel esse, vel vivere. Quo modo et de Juda Dominus loquitur, futura ejus tormenta significans : Melius erat non nasci homini illi (Matth. XXVI, 24) : quia melius fuerat ei omnino non esse, quam æternos cruciatus perpeti.

VERS. 4. — Rursus contemplatus sum omnes labores hominum, et industrias animadverti patere invidiæ proximi, et in hoc ergo vanitas et cura superflua est. Converti me rursus ad alia, et vidi omnem fortitudinem et gloriam laborantium, et deprehendi bonum alterius esse alterius malum, dum invidus aliena felicitate torquetur, et patet insidiis gloriosus. Quid enim vanius quam homines non suas flere miserias, nec propria lugere peccata ; alios judicare; seipsos oblivisci ; et melioribus tantum invidere, aliorumque benefactis torqueri ?

VERS. 5. — Stultus complicat manus suas, et comedit carnes suas. Totum, quod disserit, hoc est ut ostendat eum qui laborat et aliquid habet in mundo, patere inyidiæ ; et rursum eum qui vivere vult quietus, inopia opprimi ; et esse utrumque miserabilem, dum alius propter opes periclitatur, alius propter inopiam egestate conficitur. Aliter : Manus crebro pro operibus accipiuntur. Stultus retrahit manus suas ab opere bono, et non vult viriliter agere, sed comedit carnes suas, id est, secundum carnalia vivit desideria, tabescens in voluptatibus suis, donec consumantur [*Ms.*, consummatur].

VERS. 6. — *Melior est pugillus cum requie, quam plena utraque manus cum labore et afflictione animi.* Melius est modicum habere justo, quam divitias peccatorum multas. Eleganter justitia requiem habet, iniquitas laborem ; et quia singularis numerus in bono semper accipitur, et duplex in malo, propterea unus pugillus habet requiem, et duæ manus labore sunt plenæ.

VERS. 7, 8. — *Considerans reperi et aliam vanitatem sub sole : unus est, et secundum non habet, non filium, non fratrem ; et tamen laborare non cessat, nec satiantur oculi ejus divitiis, nec cogitat dicens, cui laboro et fraudo animam meam bonis ? In hoc vanitas est, et afflictio pessima.* Conversus sum ad alios, et vidi eos plus quam necesse esset, laborare, congregare opes per fas et nefas, et non uti congregatis ; habere omnia, incubare divitias, servare aliis [*Ms.*, incubare divitiis easque servare alteri], et suo labore non perfrui ; maxime cum nec filium nec fratrem habeant, nec propinquum, ut videatur pius labor necessariis reservatus. Nihil itaque vanius esse deprehendi, quam eum hominem qui divitias congregat, cui eas relinquat ignorans. Quod quidem possumus secundum priorem [*Ms.*, superiorem] interpretationem et de his intelligere qui libros conscribunt et eos fastidiosis lectoribus relinquunt. Quidam hunc locum ab eo, quod ait, *unus est, et non est secundus*, super Salvatore interpretantur : quod solus et absque ullo comite ad salvandum mundum descendit ; et quanquam multi filii Dei sint, et fratres adoptione dicantur, tamen nullus dignus exstitit qui in hoc ei opere jungeretur. Cujus laborum non est finis, portantis nostra vitia atque peccata, et pro nobis dolet ; et oculus ejus non satiabitur divitiis, semper nostram cupiens salutem, et quanto plus quem peccare viderit, tanto magis ad pœnitentiam cohortans [*Ms.*, coarctans]. Eo genere locutionis dicimus, *Dolet*, quo Apostolus ait : *Et ipse spiritus postulat pro nobis gemitibus inenarrabilibus* (*Rom.* VIII, 26), id est, nos gemere facit. Ita et hic dolet Christus, quia nos dolere facit pro peccatis nostris.

423 VERS. 9-12. — *Melius ergo est duos simul esse quam unum : habent enim emolumentum societatis suæ ; si unus ceciderit, ab altero fulcietur. Væ soli, quia cum corruerit, non habet sublevantem. Et si dormierint duo, fovebuntur mutuo ; unus quomodo calefiet ? Et si quispiam prævaluerit contra unum, duo resistunt ei. Funiculus triplex difficile rumpitur.* Post sollicitudines et miserias, in quibus corruptus est ille qui in opibus conquirendis absque certo hæ-

rede se cruciat, nunc ad sodalitatem sermo confertur, et dicitur quid boni habeat amicorum contubernium, et commune solatium, quia et alterius ruina alterius auxilio sublevatur ; et curas domesticas, ipsius quoque noctis requiem melius exigit ille, qui fidum amicum habet quam qui solis opibus incubat acquisitis. Quod si robustior quis inimicus contra unum surrexerit, alterius imbecillitatem amici solatio sustentari dicit. Et quantum duo uno differant, si amore conjuncti sunt, tanto etiam trium contubernium plus valere. Etenim vera charitas, et nullo violata livore, quanto augetur numero, tanto crescit et robore. Et hæc interim simpliciter dicta sint. Cæterum quod in superiori loco super Christo quorumdam intelligentiam posuimus, et [*Ms.*, etiam] reliqua eodem ordine disserenda sunt. Melius est enim duos pariter esse quam unum : melius est enim habitantem in se habere Christum, quam solum [*Apud Hier.* solum habitare et] patere insidiis adversantis. Merces quippe contubernii statim in ipsa societatis utilitate monstratur. Si enim ceciderit unus, Christus eriget participem suum. Væ quippe ei, qui cum corruerit, Christum in se non habet erigentem. Quod si et [*Ms.*, etiam] dormierit unus, hoc est, si morte fuerit dissolutus, et secum Christum habuerit, calefactus citius reviviscit ; et si adversus hominem robustior in expugnando diabolus exstiterit, stabit homo, stabit et Christus pro homine suo, pro sodali suo : non quod solius Christi adversus diabolum virtus infirma sit, sed quod liberum homini relinquitur [*Ms.*, relinquatur] arbitrium, et adnitentibus nobis, ipse in præliando fortior fiet. Quod si et [*Ms.*, quod si etiam] Pater et Filius et Spiritus sanctus advenerint, non cito corrumpetur [*Ms.*, rumpitur] ista sodalitas. De hac sodalitate in Evangelio dicitur : *Et pater meus diliget eum, et ad eum veniemus, et mansionem apud eum faciemus. Et paulo post : Paracletus autem Spiritus, ipse vos docebit omnia* (*Joan.* XIV, 23, 26) ; significans trium, id est, Patris, et Filii, et Spiritus sancti, unum esse opus, et unam mansionem in corde diligentis Deum. Quod superius dixit, *si unus dormierit, quomodo calefiet ?* Nisi igitur nobiscum Christus dormierit, et in morte requieverit, calorem æternæ vitæ accipere non valemus.

VERS. 13-16. — *Melior est puer pauper et sapiens sene, rege et stulto qui nescit providere in posterum : quod et de carcere catenisque interdum quis egrediatur ad regnum, et alius natus in regno, inopia consumatur. Vidi cunctos viventes qui ambulant sub sole, cum adolescente secundo qui consurgit pro eo, Infinitus est numerus populi omnium qui fuerunt ante eum ; et qui postea futuri sunt, non lætabuntur in eo. Sed et hoc vanitas et afflictio spiritus.* Hebræi hunc locum ita disserunt : Melior est interior homo, qui post quartumdecimum pubertatis annum in nobis exoritur, exteriore homine, qui de matris utero [*Ms.*, alvo] natus est, qui nescit recedere a vitio, et qui e domo vitiorum [*Ms.*, vinctorum], de utero videlicet materno, ad hoc exivit ut regnaret in vitiis, qui et in natura sua pauper factus est, non habens sapientiam, mala omnia deserendo [*Ms.*, desiderando]. Vidi eos qui in priore homine vixerunt, et cum secundo homine postea versati sunt, eo videlicet, qui priore decedente generatus est; intellexique homines in homine priore peccasse, antequam secundo nascente, tempore legitimo duo homines fuerint, alter carnalis, alter spiritalis. Qui vero ad meliora conversi fuerint, et interiori homini, id est, secundo se subjicere sciunt, non lætantur in priore qui in vitiis regnabat. Hos duos homines doctor egregius unum interiorem, et alterum exteriorem nominare solebat. Nos vero melius æstimamus hæc intelligenda de diabolo rege stulto, et de Christo paupere sapiente, qui egressus est de virginali utero in mundum, ut contereret et subverteret imperium stulti regis, qui ei ostendit omnia regna mundi; eoque victo, vasa illius caperet, et domum subverteret, captivamque captivaret captivitatem. Puerum vero 424 prophetico spiritu nominavit Christum, et pauperem, sicut dictum est: *Ecce puer meus quem elegi* (*Matth.* xii, 18). Item Apostolus: *Qui cum dives esset, pauper factus est pro nobis* (*II Cor.* viii, 9). Et sapientem eum Evangelista testatur dicens: *Et Jesus proficiebat ætate et sapientia et gratia coram Deo* [*et hominibus*] (*Luc.* ii, 52). Iste natus est in regno senis et stulti, optimus, pauper, et puer admirabilis, ut de domo vinculatorum procederet in regnum, abiens in regionem longinquam, juxta parabolam evangelicam, accipere sibi regnum et reverti, eos post aliquantum temporis, qui super se eum regnare noluerunt, in judicio damnaturus. Tamen erunt quam plurimi qui non lætabuntur in Christo, recipientes Antichristum pro eo. Sed et illi non lætantur in eo, qui carnalia desiderii; id est, exterioris hominis vitia sequuntur magis quam interioris sapientiam. Hi sunt qui nascuntur per gratiam sancti Spiritus, et sacramentum baptismi in regnum, sed non permanent in eo, revertentes ad vitia, ideo consumpti inopia tabescent.

Vers. 17. — *Custodi pedem tuum ingrediens in domum Dei, et propinqua ut audias. Multo enim melior est obedientia quam stultorum victimæ, qui nesciunt quid faciunt mali.* Præcepta dat vitæ, et non vult offendere euntes ad Ecclesiam. Non enim ingredi domum Dei, sed sine offensione ingredi laudis est. Et si esset omnium qui sunt in Ecclesia Dei, audire sermonem et divina mysteria, nunquam addidisset, *Appropinqua ut audias*. Denique Moyses solus prope accedebat ad audiendum Deum: cæteri accedere non valebant. Quod stulti nescientes remedium esse peccati, æstimantesque pro oblatione [*Ms.*, per oblationem] munerum Deo satisfacere se posse, [*et*] ignorant hoc malum esse atque peccatum, non obedientia [*Edit.*, non ob obedientiam] præceptorum Dei [*et*] bonis operibus, sed donis et victimis emendare velle, quæ inique fecerint. Huic congruit illud, quod in Evangelio ipsa Veritas ait: *Discite quid est, misericordiam volo, et non sacrificium* (*Matth.* ix, 13).

CAPUT V.

Vers. 1, 2. — *Ne temere quid loquaris, neque cor tuum sit velox ad proferendum sermonem coram Deo. Deus enim in cœlo, et tu super terram; idcirco sint pauci sermones tui. Multas curas sequuntur somnia, et in multis sermonibus invenitur stultitia.* Plerique arbitrantur hæc in præsenti sæculo [*Apud Hier.*, in præsenti loco] præcipi, ne coram Deo facile aliquid promittamus, et sine consideratione virium voveamus ea quæ explere non possumus. Adesse quippe præsentem Deum; et licet ille in cœlo, nos esse videamur in terra, tamen audire quæ loquimur, et insipientiam nostram argui ex multiplicatione sermonum. Alii vero melius intelligentes, hæc præcipue [*Ms.*, præcipi] affirmant, ne aut loquentes cogitantesve, plus de Deo quam possumus, opinemur, sed sciamus imbecillitatem nostram. Quantum enim cœlum distat a terra, tantum nostra opinatio a natura illius separatur; et idcirco debere verba nostra esse moderata. Sicut enim qui in multis cogitationibus est, ea somniat frequenter de quibus cogitat, ita qui plura voluerit de divinitate disserere incidit in stultitiam. Vel certe verba nostra pauca ideo esse debere, quod [etiam] ea quæ nosse nos æstimamus, per speculum videmus, et in ænigmate, et veluti somnium comprehendimus quod tenere nos æstimamus; cumque plura, ut visum nobis fuerit, dixerimus, finem disputationis nostræ esse stultitiam: ex multiloquio enim nos non effugere peccatum.

Vers. 3, 4. — *Si quid vovisti Deo, ne moreris reddere: displicet enim ei infidelis et stulta promissio. Sed quodcunque voveris, redde. Multoque melius est non vovere, quam post votum promissa non reddere.* Simplex intelligentia, interpretatione non indiget. Melius est non promittere quam promissa non facere, quia displicent [*Ms.*, displiciunt] Deo vota infidelium, qui non implent quæ promittunt Deo. Deus nisi verax est et veritas, eosque amat qui veritatis opera faciunt. Consideret homo quod [*Ms.*, quid] Deo voveat, an implere possit quæ vovere cogitat. Sed generaliter omni præcipitur Christiano, ut fidem opere compleat, et non sit similis Judæorum, qui spondent se omnia facere, quæ Dominus præcipit, dicentes: *Omnia quæcunque præcepit nobis Dominus faciemus* (*Exod.* xxiv, 3); postea vitulos facientes, adoraverunt idola.

425 Vers. 5. — *Ne dederis os tuum, ut peccare facias carnem tuam, neque dicas coram angelo: Non est providentia, ne forte iratus Deus super sermone tuo, dissipet cuncta opera manuum tuarum.* Hebræi ita sentiunt: quod non potes facere, non promittas; non enim in ventum dicta transeunt, sed a præsenti angelo, qui unicuique adhæret comes, statim proferuntur [*Hier.* perferuntur] ad Dominum. Et tu qui putas ignorare Deum quod pollicitus es, provoca eum ad iracundiam, ut omnia opera tua dissipentur. Nos vero ita intelligimus, quod his verbis arguantur qui necessitate carnis et naturæ se peccare contendunt, Creatorique inscribunt, cur eos

tales fecerit, ut carnali desiderio superati cogantur peccare; et hoc est, quod ait : *Ne dederis os tuum, ut peccare facias carnem tuam.* Noli itaque, [ait,] vanas excusationes quærere, et dare occasionem carni tuæ ad peccandum, et dicere : Non ego pecco, sed quod habitat in mea carne peccatum. Si enim, inquit, hæc dixeris, Deum provocas quasi auctorem mali atque peccati, ut iratus sit; et si quid videris boni habere, auferet de manibus tuis; vel certe talia sentientem, tradet te in reprobum sensum, ut facias ea quæ non conveniunt.

VERS. 6. — *Ubi multa sunt somnia, plurimæ sunt vanitates et sermones innumeri. Tu vero Deum time.* Et hunc locum Hebræi ita edisserunt : nec superiora facias, de quibus jam dictum est, nec facile somniis credas. Cum enim diversa videris per nocturnam quietem, et variis anima fuerit exagitata terroribus sive incitata promissis, tu contemne, quia somnia sunt, et solum Deum time; qui enim somniis crediderit, vanitatibus et ineptiis se tradet. Aliter : quia dixi atque præcepi, non des os tuum, ut peccare facias carnem tuam, et quæras vanas [*Ms.*, varias] excusationes; hoc nunc infero, quod in somno vitæ istius, et in imagine umbræ nubis, qua vivimus, multa possumus invenire quæ nobis verisimilia videantur et nostra excusare peccata. Propterea admoneo, ut id omnimodis caveas, ne putes absentem Deum ab operibus tuis, imo et cogitationibus perversis, sed eum timeas, et scias in cunctis operibus tuis ejus providentiam esse, teque libero arbitrio [*Ms.*, liberi arbitrii] conditum, non cogi, sed [*Ms. om. sed*] velle, quod facias.

VERS. 7, 8. — *Si videris calumnias egenorum, et violenta* [*Ms.*, violata] *judicia, et subverti justitiam in provincia, non mireris super hoc negotio, quia* [excelso] *excelsior est alius, et super hos quoque* [*Ms.*, et hoc quoque] *eminentiores sunt alii, et insuper universæ terræ rex imperat servienti.* Unum disputationis servemus textum, et eumdem sensum et ordinem sequamur. Supra dixit : *Ne dixeris coram angelo, non est providentia, ne forte irascatur Deus super vocem tuam* et reliqua. Adversusque eos locutus est, qui negarent per providentiam Dei res humanas regi. Sed hic intellexit oriri posse hujusmodi quæstionem : si a Deo auctore res regitur humana [*Ms.*, res reguntur humanæ], quare justi calumniam patiuntur, et quare iniqui sunt judices, et non Deus ulciscitur in eos qui iniqua faciunt et judicant? Nunc infert, et solvit quæstionem quæ poterat opponi, dicens : *Si videris calumniam pauperis,* qui beatus in Evangelio prædicatur, et res vigere, non justitiam [*Hier.*, et res vigeri non justitia], non [*Ms.*, ne] mireris, nec tibi novum aliquid esse videatur, quia excelso alius excelsior est, et omnia respicit Deus, qui angelos suos super judices et reges terræ præposuit, qui possunt utique prohibere injustitiam, et magis in terra valere quam quævis hominum potestas [*Ms.*, potestates]. Sed quoniam servat in finem judicium, et in consummationem mundi, quando in maturas segetes messores venire jussurus est, ut separetur triticum et in horreum cœlestis regni condatur, lolium autem æterno tradatur incendio; ideo nunc exspectat et differt sententiam, donec in fine mundi iniqui puniantur et justi coronam recipiant justitiæ.

VERS. 9, 10. — *Avarus non implebitur pecunia, et qui amat divitias, fructus non capiet ex eis : et hoc ergo vanitas. Ubi multæ sunt opes, multi et qui comedunt eas : et quid prodest possessori, nisi quod cernit divitias oculis suis?* Hic vero avarus describitur, qui nunquam opibus expletur; et quanto plus capit, tanto plus cupit : sicut hydropicus, quanto plus bibit, tantum sitis addita crescit.. Flacci quoque super hoc concordat sententia, qui ait (*Epist.* 1, *ad Lollium*) :

Semper avarus eget.....

Nihil divitiæ prosunt ergo (inquit Ecclesiastes) possidenti, nisi hoc solum, ut videat quod possidet. Quanto enim major fuerit substantia, tanto plures ministros habebit, qui opes devorent congregatas : dominus autem earum videat tantum quid habeat, et plus quam unius hominis cibum capere non possit.

VERS. 11. — *Dulcis est somnus operanti, sive parum sive multum comedat : saturitas autem divitis non sinit eum dormire.* Adhuc de divite et avaro sermo est, et comparantur operanti, et absque sollicitudine dormienti, sive parum sive multum comederit, quod ille labore operis, et sudore quemvis cibum digerit, et dulci somno perfruitur. Dives vero distentus dapibus, in diversa laceratus, dormire non valet, redundante crapula; et incocto cibo in stomachi angustiis æstuante. Porro quia somnus, communis de hac vita exitus appellatur, melior erit requies ejus qui operatur in præsenti, et secundum vires suas in bonis operibus conversatur, quam eorum divitiæ de quibus scribitur : *Væ vobis divitibus, quia recepistis consolationem vestram* (*Luc.* VI, 24).

VERS. 12-16. — *Est et alia infirmitas pessima, quam vidi sub sole : divitiæ conservatæ in malum domini sui. Pereunt enim in afflictione pessima. Generavit filium, qui summa in egestate erit ; sicut egressus est nudus de utero matris suæ, sic revertetur, et nihil auferet secum de labore suo. Miserabilis prorsus infirmitas ; quomodo venit, sic revertetur. Quid ergo prodest ei quod laboravit in ventum? Cunctis diebus vitæ suæ comedit in tenebris, et in curis multis, et in ærumna atque tristitia.* Cum superiori junge quod sequitur. Ecclesiaste divitem describente, quod nec ipse possit suis divitiis perfrui, et crebro propter eas in discrimen veniat, nec hæredi quod congregavit, relinquat, sed et ipse et filius suus, sicut venerunt nudi, ita nudi revertantur in terram, et nihil eos laborum suorum comitetur. Nonne enim languor est pessimus, pro divitiis cogitatione torqueri, et perituras opes, quas nobiscum non possumus auferre morientes, in tristitia, in gemitu, in indignatione, in litibus, casso labore conquirere. Possumus hæc eadem verba de philosophorum dogmatibus vel hæreticorum perversitatibus intelligere, qui in malum sui divitias diversorum congregant dogmatum, nec aliquam in eis utilitatem habent [*Ms.*, habebunt]; nec sectatoribus suis fructum relinquunt perpetuum, sed et ipsi, et discipuli eorum nudi, absque ullis meritis [*Ms.*, bonis meritis] revertentur in terram, non habentes lucem veræ sapientiæ, sed in tenebris ignorantiæ, verique luminis expertes, omnes labores suos perdent illius judicio qui ait : *Perdam sapientiam sapientium, et prudentiam prudentium reprobabo* (*I Cor.* I, 19).

VERS. 17-19. — *Hoc itaque mihi visum est bonum, ut comedat quis, et bibat, et fruatur lætitia ex labore suo, quo laboravit ipse sub sole, numero dierum vitæ suæ, quos dedit illi Deus. Et hæc est pars illius, et omni homini cui dedit Deus divitias, atque substantiam, potestatemque ei tribuit, ut comedat ex eis; et fruatur parte sua, et lætetur de labore suo, hoc est donum Dei. Non enim satis recordabitur dierum vitæ suæ, eo quod Deus occupet deliciis cor ejus.* Qui laboribus suis in curarum tenebris vescitur, et cum grandi vitæ tædio peritura comportat, meliorem dicit eum esse, qui præsentibus fruitur bonis in lætitia et jucunditate. Hic enim vel parva voluptas est in fruendo, ibi vero sollicitudinis tantummodo magnitudo. Et reddit causas quare donum Dei sit, frui posse divitiis; quoniam non multum recordabitur dierum laboris sui, ideo non erit in tristitia, non cogitatione vexabitur, abductus lætitia et voluptate præsenti. Sed melius est juxta Apostolum (*I Cor.* x, 5) spiritalem escam et spiritalem potum spiritalemque lætitiam a Deo dari intelligi, et videre bonitatem Dei, et jucunditatem cordis sui in omni labore suo, quo spiritaliter in bonis laborat operibus, spe consolatus futuræ retributionis : et hæc est pars nostra, ut lætemur in studio bonorum operum; quæ lætitia, licet bona sit, nec tamen plene bona est, donec manifestetur Christus, cujus visio perfecta bonitas est et jucunditas. Notandum quoque est quod occupatio in hoc loco in bono intelligi debet, pro intentione spirituali veraque lætitia, quam divina inspirat gratia hic in præceptis laborantibus Dei.

427 CAPUT VI.

VERS. 1-6. — *Est et aliud malum quod vidi sub sole, et quidem frequens apud homines. Vir cui dedit Deus divitias, et substantiam, et honorem, et nihil deest animæ ejus ex omnibus quæ desiderat ; nec tribuit ei Deus potestatem ut comedat ex eo, sed homo extraneus vorabit illud. Hoc vanitas, et magna miseria est. Si genuerit quispiam centum liberos, et vixerit multos annos, et plures dies ætatis habuerit, et anima illius non utatur bonis substantiæ suæ, sepulturaque careat, de hoc ego pronuntio quod melior illo sit abortivus. Frustra enim venit, et pergit ad tenebras, et oblivione delebitur nomen ejus. Non vidit solem, neque cognovit distantiam boni et mali ; et si duobus millibus annis vixerit, et non fuerit perfruitus bonis : nonne ad unum locum properant omnia ?* Describit avarum divitem, et hoc malum frequens esse in hominibus asserit, quod nihil eorum quæ in mundo putantur bona ei desit,

et nihilominus stultissima parcitate se cruciat, aliis devorantibus [*Hier.*, devoranda] conservans. Necnon et illud hyperbolice addidit, quod etsi liberos centum procreaverit, et non ut Adam prope mille, sed duobus millibus vixerit annis, et anima ejus cupiditate et avaritia contabescat, multo deterioris conditionis sit abortivo illo qui statim ut natus est interiit : ille enim nec mala vidit nec bona ; iste vero cum bona possederit, semper tristis et cogitatione excruciatus est ; magisque requiem habebit abortivus quam avarus ille longævus ; et tamen ambo æquali fine rapientur, dum et hic et ille subtrahuntur simili morte. Potest hoc [et] de Israel accipi, quod dederit illi Deus legem et prophetas, testamentum et repromissionem, Salvatore dicente : *Auferetur a vobis regnum Dei, et dabitur genti facienti fructum ejus* (*Matth.* XXI, 43). Hæc omnia ad alienum et peregrinum gentium translata sunt populum, ut videant illi bona sua, et non fruantur. Multoque nos conditionis esse melioris, qui quasi abortivi et novelli putabamur ab eis, quam illi qui sibi in antiquitate applaudebant, de patribus gloriantes atque dicentes : *Pater noster Abraham* (*Joan.* VIII, 59). Et tamen ad unum locum et nos et illos properare, id est ad judicium Dei. Quod autem in medio ait : *Et quidem sepulcrum non fuit ei*, sive hoc significat quod dives ille de sua morte non cogitet, et cum omnia possideat, [etiam] in exstructione sepulcri avarus sit ; sive quod sæpe propter istas divitias occisus insidiis, insepultus abjiciatur ; sive, quod melius puto, nihil bonum honorificumve [*Ms.*, nihil boni facti honorisque] egerit, ex quo sibi queat apud posteros memoriam comparare, vitam silentio velut pecus transiens, cum habuerit materiam per quam potuerit apparere quod vixerit.

VERS. 7, 8. — *Omnis labor hominis in ore ejus, sed anima ejus non implebitur bonis. Quid habet amplius sapiens a stulto, et quid pauper nisi ut pergat illuc ubi est vita ?* Omne quod laborant homines in hoc mundo, ore consumitur, et, attritum dentibus, ventri traditur digerendum : sed non implebitur anima comedentis, quia rursum desiderat quod comedat. Et cum tam sapiens quam stultus absque cibo nequeant vivere, et pauper nihil aliud quærat nisi quomodo possit organum sui corpusculi sustentare, ideo illuc properat pauper, ubi opes esse perspexerit. Sed melius est hoc intelligere de ecclesiastico viro qui, in Scripturis cœlestibus eruditus, omnem laborem habet in ore suo, id est in doctrina spirituali ; et anima ejus non implebitur, dum semper cupit discere quod doceat ; et in eo plus habet sapiens quam insipiens, quia cum paupere illo qui in Evangelio beatus dicitur, properat ad ea comprehendenda quæ vitæ sunt, et ambulat arctam et augustam viam quæ ducit ad vitam. Et pauper est ornatus operibus [*Ms.*, et pauper est a malis operibus], et scit ubi Christus, qui vita est, commoretur.

VERS. 9. — *Melius est videre quod cupias, quam desiderare quod nescias. Sed et hoc vanitas est, et præsumptio spiritus.* Melius est, juxta sensum et providentiam cuncta agere, quia sensus oculus est animæ, quam voluntatem carnis sequi, quæ nescientem ducit ad perditionem. Vel certe superbum et sibi placentem arguit, et meliorem dicit esse eum qui cuncta providerit, quam illum cui nihil prodest [*Hier.*, cui nihil placet] nisi quod ipse fecerit, quia hæc est mala mentis afflictio, et præsumptio pessima, eo quod Deus dissipat [*Ms.*; despiciat.] ossa hominum sibi placentium.

428 Vers. 10. — *Qui futurus est, jam vocatum est nomen ejus, et scitur quod sit homo, et non possit contra fortiorem se judicio contendere.* Aperte de Salvatoris prædicatur adventu, quia [qui] futurus est, antequam in corpore cerneretur, jam vocatum in Scripturis nomen ejus; et cognitum est prophetis et sanctis Dei ut homo sit, et juxta hoc quod homo est, non possit se conferre cum Patre, ut in Evangelio ipse ait: *Pater qui me misit, major me est* (*Joan.* XIV, 28). Verba sunt plurima, multamque in disputando habentia vanitatem.

CAPUT VII.

Vers. 1. — *Quid necesse est homini majora se quærere, cum ignoret quid conducat sibi in vita sua, numero dierum peregrinationis suæ, et tempore, quo ut umbra præteriit. Aut quis ei poterit indicare quid post eum futurum sit sub sole?* Videtur adhuc de Salvatore dicere, et prohibere ne curiose quæramus qualis, vel quantus, vel quomodo venisset, sed tantum credere quod Scriptura sancta de eo testatur. Cum enim de statu nostro ignoremus, et vita nostra quasi umbra pertranseat, et futura incerta sint, non nobis expedit ut majora quam possumus inquiramus, sed silentium imponamus ori nostro, credentes eum venisse qui prædictus est.

Vers. 2. — *Melius est enim nomen bonum quam unguenta pretiosa, et dies mortis die nativitatis.* Considera, inquit, o homo, dies tuos breves, et quia cito sublatus carne in hac vita esse cessabis. Fac tibi in bonis operibus famam longiorem, ut quomodo nares unguentorum odore delectantur, sic ad tuum nomen [*Ms.*, vocabulum] cuncta posteritas delectetur. Et hoc est quod in Proverbiis dicitur: *Memoria justorum cum laude; nomen autem impiorum putrescit* (*Prov.* X, 7). Quod autem ait : *Et dies mortis super diem nativitatis ejus*, hoc ostendit, melius esse ire ex hoc sæculo, et carere laboribus hujus vitæ, quam ad tribulationes laboresque tantummodo nasci, et omnia [*Ms.*, et hæc omnia mala] sustinere quæ in hoc mundo hominibus supervenire videntur. Vel certe quia in morte, quales simus, notum sit ; in exordio vero nascendi, quales futuri simus, ignoretur.

Vers. 3. — *Melius est ire ad domum luctus quam ad domum convivii ; in illa enim finis cunctorum admonetur hominum, et vivens cogitat quid futurum sit.* Utilius est ad exsequias funeris ire quam ad domum convivii, quia ibi recordatione conditionis nostræ et fragilitatis humanæ ex præsenti cadavere commonemur. In conviviis autem et lætitia, etsi quid timoris habere videamur vel compunctionis in corde, amittimus, et quid futuri simus non cogitamus.

Vers. 4. — *Melior est ira risu; quia per tristitiam vultus corrigitur animus delinquentis.* Risus dissolvit sapientem, ira corripit et emendat peccantem. Irascamur et nobis, quia peccavimus ; irascamur aliis quoque peccantibus, ad emendationem sui, non ad ultionem nostri.

Vers. 5. — *Cor sapientium ubi tristitia, et cor stultorum ubi lætitia.* Beati, inquit Salvator, lugentes, quoniam ipsi consolabuntur (*Matth.* V, 5) : igitur sapiens vir vadat ad domum lugentis, et seipsum corrigentis aliosque admonentis, ut plangant peccata sua ; non ad domum adulatoris, qui plausus quærit audientium, non lacrymas delinquentium. Talis doctor plangitur dives in sermone, non dives in opere. Ideo mox in sequenti versiculo adjungit :

Vers. 6, 7. — *Melius est a sapiente corrigi quam stultorum adulatione decipi, quia sicut sonitus spinarum ardentium sub olla ; sic risus stulti. Sed et hoc vanitas.* Huic sententiæ simile est illud : *Meliora sunt vulnera amici, quam fraudulenta oscula inimici* (*Prov.* XXVII, 6). Sicut enim sonitus spinarum sub olla ardentium, strepitum reddunt insuavem, sic et palpantis magistri verba non prodedent audienti, vel ad curas sæculi, quæ spinæ interpretantur, auditores suos cohortantis, vel futuro eos incendio præparantis.

Vers. 8. — *Calumnia conturbat sapientem, et perdit robur cordis illius.* Utamur hoc versiculo, si quem justum virum atque sapientem videamus calumnias sustinere, et turbari de iniquitate judicis, nec Deum [statim] periclitanti subvenire præsentem. Multæ tribulationes sunt justorum, quia refrigescit charitas multorum, et abundat iniquitas, pro qua conturbabitur cor sapientis Deumque timentis.

429 Vers. 9. — *Melior est finis orationis quam principium.* Meliores sunt in dicendo epilogi quam exordia, quia in istis inchoatio est locutionis, in illis consummatio. Qui ad præceptorem vadit, melius in fine verbi intelligit quæ dicuntur, quam in principio : ita melior est consummata justitia quam inchoata; illa victoriam præstat, ista certare incipit. Hic enim ex parte cognoscitur ; cum autem venerit quod perfectum est, non erit necesse illud quod ex parte est.

Melior est patiens arrogante. Quia superius iram concesserat, dicens, meliorem iram quam risum ; ne putaremus iram quæ est in passione laudari, nunc præcipit iram patientia esse tollendam. Ibi enim pro correctione in peccantes, et eruditione in minores iram posuisti [*Ms.*, posuit] ; hic vero patientiam, quæ non solum in angustiis, sed et in lætioribus necessaria est, ne plus quam decet exaltemur.

Vers. 10. — *Ne sis velox ad irascendum*, quia ira in sinu stulti requiescit. Inconsiderate irasci vetat, quia repentinus furor consilium non habet, et nihil viro sapienti sine ratione agendum est. Idcirco comicus quidam ait : *Ne quid nimis*, quia omnis intemperantia cadit in vitium. *Ira in sinu stulti requiescit.* Semper iracundia superbiæ juncta ultionem quærit, quia quamvis aliquis potens videatur, et sapiens æstimetur, si iracundus sine ratione est, insipiens arguitur. Et in Evangelio : *Qui irascitur fratri suo*, illa vel alia [*Ms*. illa] æstimatione judicii dignus efficietur.

VERS. 11. — *Ne dicas : Quid putas causa est quod priora tempora meliora fuere quam nunc sunt? Stulta enim est hujusmodi interrogatio.* Ne dicas ergo meliores fuisse dies sub Moyse et sub Christo quam modo sunt. Nam et illo tempore plures fuerunt increduli, et dies eorum mali facti sunt; et nunc credentes multi reperiuntur, de quibus ait Salvator : Beatiores sunt, qui me non viderunt, et crediderunt (*Joan*. xx, 29). Aliter : debes sic vivere, ut semper præsentes dies meliores tibi sint quam præteriti, ne cum paulatim decrescere cœperis, dicatur tibi : *Currebatis bene, quis vos impedivit veritati non obedire* (*Gal*. v, 7)?

VERS. 12, 13.—*Utilior est sapientia quam divitiæ, et magis prodest videntibus solem. Sicut enim protegit sapientia, sic protegit pecunia. Hoc autem amplius habet eruditio et sapientia, quod vitam tribuunt possessori suo.* Majoris est gloriæ sapientia cum divitiis. Alii enim sapientia indigent, alii opibus : et melior est, qui utrumque præstat utroque indigenti. Qui sapiens est, et non dives, potest quidem docere quod bonum est, sed interdum non potest præstare, quod petitur; ideo ait : quomodo protegit sapientia, ita protegit et pecunia : sed in eo major est sapientia divitiis quod absque ullis opibus hujus sæculi vitam tribuit habenti eam. Sciendum est tamen quod hoc de vera dicitur sapientia, quæ ad vitam tendit æternam, et deducit ad solem justitiæ sequentem se. Unde ait : *Videntibus solem*, id est, intelligentibus qui sit sol justitiæ, et quomodo perveniendum sit ad eum.

VERS. 14. — *Considera opera Dei, quod nemo possit corrigere quem ille despexerit.* In hoc versiculo perspicue ad studium nos hortatur sapientiæ et scientiæ; ut consideremus opera Dei, quam magna et quam mirabilia sint, et quomodo alium gratuita pietate elegerit, alium justo judicio despexerit, sicut de Jacob et Esau dicitur : *Jacob dilexi, et Esau odio habui* (*Rom*. ix, 13). Dicitur et in psalmo : *Universæ viæ tuæ misericordia et veritas* (*Psal*. xxiv, 10).

VERS. 15. — *In die bona fruere bonis, et malum diem præcave. Sicut enim hunc, sic et illum fecit Deus, ut non inveniat homo contra eum justas querimonias.* Hoc enim ait, significans omnium esse retributionem : ideo admonet nos, diem malum, id est diem vindictæ, præcavere. Bene vero facienti bonus est hujus vitæ dies, ad promerendum æternæ beatitudinis diem. Sicut enim Deus fecit istum, ut bene vivamus in eo, ita et illum male facientibus fecit. Aliter : Bona, inquit, et mala, id est prospera et adversa, prout venerint [*Ms*., evenerint] tibi, viriliter sustine, quia utraque Dei judicio eveniunt semper justo, quamvis sæpe occulto. Prohibetque querimonias contra Deum, cur alii felicitatem atque alii miseriam in hoc habeant sæculo.

[a] Hæc ex S. Hier. ita supplenda sunt : « Bonum est justis benefacere, sed et peccatoribus benefacere

VERS. 16. — *Hæc quoque vidi diebus vanitatis meæ; justus perit in justitia sua, et impius multo vivit tempore in malitia sua.* Hoc idem et Propheta in septuagesimo secundo psalmo detestando miratus est. Et Habacuc propheta [*Ms*., in prophetia sua] deplorat quare impii felicia habeant tempora, et justi plurimis torqueantur adversis. [Sed] Dei in occulto patientia est, tribulari nunc sanctos, ut recipiant mala in vita sua, et peccatores non visitare pro scelere suo in hoc sæculo præsenti ; ut et illis possit æterna bona restituere, et his mala æterna [*Ms*., perpetua] inferre, sicut de Lazaro et de divite legitur. Unde et præfatus Psalmista respiciens finem malorum, qui hic feliciter vivunt, exclamavit dicens : *Existimabam ut cognoscerem hoc, labor est ante me, donec intrem in sanctuarium Dei, et intelligam novissima eorum* (*Psal*. LXXII, 16).

VERS. 17. — *Noli esse justus multum, nec plus sapias quam necesse est, ne obstupescas.* Qui vero nunquam fraternis ignoscere peccatis vult, sed omnia vindicare secundum furorem animi sui, plus justus est quam decet. Cum enim Salvator ait : *Nolite judicare, ut non judicemini* (*Luc*. vi, 37 ; et : *Si dimiseritis hominibus peccata eorum, dimittet vobis Pater vester cœlestis delicta vestra* (*Matth*. vi, 14). Nec nimis rigidus, aut animo [*Ms*., nimis] solutus magister debet esse, sed via regia ingredi, et considerare diligenter quid cui conveniat ad salutem animæ suæ. Quod autem ait : *Noli quærere amplius, ne obstupescas;* mentem nostram scit perfectam non posse comprehendere sapientiam, et mensuram fragilitatis nostræ jubet nos scire debere.

VERS. 18. — *Ne impie agas multum, et noli esse stultus, ne moriaris in tempore non tuo.* Cum Dominus loquatur : Nolo mortem peccatoris, sed tantum ut revertatur et vivat (*Ezech*. xviii, 32), semel peccasse sufficiat, debemus nos erigere post ruinam. Si enim juxta eos qui de physicis disputant, novit hirundo pullos suos de sua oculare chelidonia; dictamnum capreæ appetunt vulneratæ ; cur nos ignoremus medicinam pœnitentiæ propositam esse peccantibus ? Quod autem ait : *Ne moriaris in tempore non tuo*, scimus Chore, et Dathan, et Abiron propter seditionem adversus Moysen et Aaron repentino terræ hiatu devoratos (*Num*. xvi), et ad emendationem aliorum ante diem judicii [etiam] in hac vita plurimos judicatos. Quod ergo dicit tale est : Noli peccatis adjicere peccata, ne provoces Deum, et hic tibi inferat [*Ms*., etiam hic tibi inferre] supplicium.

VERS. 19. — *Bonum est te sustentare justum, sed ab illo ne subtrahas manum tuam : quia qui timet Dominum, nihil negligit.* Bonum est justis bene facere, non injustum est tantum domesticos fidei sustinere [a], sed [et] omni petenti tribuere, præceptum est. Timens quippe Dominum, et imitator Conditoris sui, qui pluit super justos et injustos, absque respectu personarum omnibus benefacere festinat. Aliter : non injustum est. Bonum est domesticos fidei sustinere, » etc.

Quia vita hæc miserabilis diversis quotidie variatur eventibus, tam ad adversa quam ad prospera, justi animus præparetur, et poscat Dei misericordiam, ut quodcunque evenerit, libera mente sustineat. Qui [enim] timet Dominum, nec prosperis [*Edit.*, posteris] elevatur, nec opprimitur adversis.

VERS. 20, 21. — *Sapientia confortavit sapientem super decem principes civitatis. Non est enim homo qui faciat bonum et non peccet.* Sapientia vero, sicut alio loco legitur, melior est fortitudine, quam dicit decem principibus esse fortiorem in uno sapiente. Aliter : decem qui potestatem habent et in urbe consistunt, angeli sunt, qui ad perfectum numerum pervenire possunt denarium [*Hier.*, numerum pervenere denarium], et auxiliantur humano generi. Sed si quis consideret omnia auxilia, majus est auxilium sapientiæ, id est Domini nostri Jesu Christi, omnium angelorum, quia nullus ex angelis redimere potuit humanum genus peccatis obnoxium. Tum Dominus angelorum descendit, et respersos nos sanguine suo, sanavit ab omni infirmitate peccatorum nostrorum. Sicut enim per unum hominem intravit mors in mundum (*Rom.* v, 12), ita per unum, id est, Jesum Christum, redemptio venit in mundum.

VERS. 22, 23. — *Sed et cunctis sermonibus quæ dicuntur ne accommodes cor tuum, ne forte audias servum tuum maledicentem tibi. Scit enim tua conscientia quia et tu crebro maledixisti aliis.* Docet igitur sapientem maledicorum linguas non auscultari, sed sapientiæ auxilio confortatum magis mores vanos parvipendere, magisque conscientiæ bono lætari quam maledictis alienis contristari : maxime qui seipsum novit aliquoties aliis detrahere; et si sibi ipsi ignosci desideret alios reprehendenti, aliis quoque se reprehendentibus ignoscat. Si enim curiosus est quispiam quid alii de se loquantur et judicent, semper in tribulatione erit, quia nullatenus nec servorum suorum mussitationes compescere valet; et simul docet non facile judicandum, et habenti trabem in oculo, de festuca alterius non loquendum.

VERS. 24, 25. — *Cuncta tentavi in sapientia. Dixi : Sapiens efficiar, et ipsa longius recessit a me multo magis quam erat; et alta profunditas, quis inveniet eam ?* Dicit se, ut Regnorum quoque testantur libri, ultra omnes homines quæsisse sapientiam, et tentasse ad finem illius pervenire : sed quanto plus quæsierit, tanto minus reperisse, et in media demersum caligine tenebris ignorantiæ circumdatum. Aliter autem : Qui eruditus fuerit in Scripturis, quanto plus surgere [*Hier.*, plus scire] cœperit, tanto ei in his quotidie oritur major obscuritas : quia in speculo et imagine videmus, donec veniat, quod perfectum est ; ideo hæc sapientia mortalium parva est ad illam, quæ sanctis datur in futuro regno Dei.

VERS. 26, 27. — *Lustravi universa animo meo, ut scirem, et considerarem, et quærerem sapientiam, et rationem, et ut cognoscerem impietatem stulti, et errorem imprudentum; et inveni amariorem morte mulierem, quæ laqueus venatorum est, et sagenæ cor ejus,* vincula sunt manus illius : qui placet Domino, effugiet eam ; qui autem peccator est, capietur ab illa. Quia supra Ecclesiastes dixerat omnia se in sapientia tentasse, et quanto eam plus inquisierit, tanto illam longius refugisse : nunc ait, et illud in sua invenisse sapientia malum, quod in rebus humanis omnia vinceret mala, id est, mulierem omnium esse malorum caput, quia per illam mors in orbem terrarum introivit, et pretiosas animas virorum capit, et cum in mentem miseri amatoris inciderit, trahit eum in præceps, nec ante pedes suos respicere patitur, sed quasi laqueus et sagenæ cor adolescentis innectit. *Vincula sunt manus illius*. Id est, suadere potest, vim facere non potest, nec ad se nolentes compellere. Justus qui fuerit et bonus coram Deo, eruetur ab ea : peccator vero captus deducetur ad mortem. Non putemus hinc [*Ms.*, hanc] Salomonem de omni genere mulierum protulisse sententiam : quod expertus est loquitur ; ideo quippe offendit Deum, quia captus fuit a mulieribus. Et hæc secundum litteram. Cæterum secundum intelligentiam spiritalem, hæretica pravitas mulieris nomine designatur, quæ mollibus incautos sæpe ligat sermonibus, quia panis absconditus et aquæ furtivæ dulciores insipientibus solent esse

VERS. 28-30. — *Ecce hoc inveni, dicit Ecclesiastes, unum et alterum, ut invenirem rationem quam adhuc quærit anima mea, et non inveni. Virum de mille unum reperi, mulierem ex omnibus non inveni. Solummodo hoc inveni, quod fecerit Deus hominem rectum, et ipse se infinitis miscuerit quæstionibus.* Omnia diligenter tractando consideravi, ut rationem unius alteriusve rei, id est cujuscunque rei invenirem, vel etiam inter homines eorumque mores discretionem, quis perfecte bonus esset. Sed ex omnibus viris unum inveni perfecte bonum, id est, Christum : sicut Propheta dicit : *Non est qui faciat bonum, non est usque ad unum* (*Psal.* XIII, 1, 3). Solus Christus sine omni labe peccati inventus est bonus. Millenarius vero numerus pro sanctorum discretione a peccatoribus, qui mulieris nomine designantur, hoc in loco ponitur. Vir igitur a virtute dicitur, et mulier a mollitie. Potest quoque mulier pro carnalibus accipi operibus, et vir, qui a virtute dicitur, pro rationalis animi excellentia. Sed ne videretur his sermonibus communem humani generis naturam damnare, et Deum auctorem facere mali, dum talium conditor sit qui malum vitare non possunt, argute præcavit et ait, bonos nos scimus a Deo creatos, sed quia libero sumus arbitrio derelicti, vitio nostro ad pejora labi, dum majora quærimus, et ultra vires nostras varia cogitamus.

CAPUT VIII.

VERS. 1. — *Quis talis ut sapiens est, et quis cognovit solutionem verbi? Sapientia hominis lucet in vultu ejus, et potentissimus faciem ejus commutavit.* Supra docuerat difficile bonum hominem inveniri, et venientem contra eluserat quæstionem dicens, a Deo bonos homines conditos, sed sponte sua in peccatum lapsos. Nunc quid bono homini dederit Deus, quasi gloriabundus enumerat; sapientiam scilicet, rationem prudentiæ, occulta Dei nosse mysteria, et arcana ejus sensu cordis intrare. Oblique autem de se loquitur quod nemo ita fuerit sapiens ut ipse, et nullus sic sciret problemata et solutiones; et sapientia ejus a cuncto laudata sit populo, quæ non solum intrinsecus latuerit, sed et in superficie corporis et speculo vultus eluxerit, ultraque omnes homines prudentiam mentis in facie sua pinxerit. Multi sunt qui promittunt sapientiam et solutionem se scire divinæ Scripturæ, sed pauci sunt qui veram inveniant solutionem meam. Sed et hoc sciendum est, quod sapiens sæpe moribus agnoscitur honestis, et visu discernitur a stulto.

VERS. 2-4. — *Ego os regis observo, et præcepta juramenti Dei: Ne festines recedere a facie ejus, neque permaneas in opere malo, quia omne quod volueris, faciet, et sermo illius potestate plenus est: nec dicere quisquam potest; quare ita facias?* De eo siquidem videtur dicere, de quo in Psalmo cantatur: *Domine in virtute tua lætabitur rex* (*Psal.* xx, 1). et in alio loco, ut Patris et Filii regnum unum significetur, Scriptura commemorat: *Deus judicium tuum regi da, et justitiam tuam filio regis* (*Psal.* LXXI, 1). *Non enim judicat Pater quemquam, sed omne judicium dedit Filio* (*Joan.* v, 22). Qui rex filius, Dei Patris regis est filius. Hujus itaque custodienda sunt præcepta, qui ait: *Si vis vitam ingredi, serva mandata* (*Matth.* xix, 17). Admonet quoque non esse discutienda præcepta Dei, quare hoc vel illud præceperit, sed quodcumque viderit esse mandatum, hoc pia mens hominis implere festinet, ut sit in lege Domini voluntas ejus die ac nocte. Juramentum Dei dicitur pro affirmatione sententiæ ejus, quæ nullatenus immutari poterit. Idcirco consilium dat ne stemus in opere malo, quia nescit homo quid ventura pariat dies. Igitur pœnitenti [*Ms.*, patienti] indulgentia promissa est, crastinus dies vero nemini certus est. Ideo dicit Scriptura: *Ne tardes converti ad Dominum* (*Eccli.* v, 8).

VERS. 5. — *Qui custodierit mandatum* [*Ms.*, *præceptum*], *non experietur in futuro quidquam mali.* Qui in hoc sæculo præceptum Domini custodit, non experietur quidquam mali. *Tempus et responsionem cor sapientis intelligit.* Præcipit autem et regis imperium, id est Christi, conservandum, et scire quid, et quare, et quo tempore jubeat.

VERS. 6, 7. — *Omni negotio tempus est, et opportunitas; et multa hominis afflictio, quia ignorat præterita, et futura nullo scire potest nuncio.* Omni negotio, ait, tempus est, idem [*Ms.*, id est] quod in superioribus dixit, omnia opportunitatem habere: quondam fuit tempus circumcisionis, sed modo tempus gratiæ. Etenim [*Ms.*, est enim] magna afflictio generis humani, quia ad laborem homo nascitur, et variis affligitur tribulationibus, cui sæpe aliud evenit, et aliud sperat; ab altero sibi velut ab hoste cavet, et alterius jaculo vulneratur, quia nescius est futuri, sicut poeta ait:

Nescia mens hominis fati sortisque futuræ.
VIRG. Æneid. x.

Quamvis nemo sit conscius futurorum, tamen scire debet omnia a Deo ad utilitatem hominum fieri, et non absque ejus voluntate disponi, sine cujus dispositione nec unus passer in laqueum cadit.

VERS. 8. — *Non est in hominis ditione* [*Ms.*, *conditione*] *prohibere spiritum, nec habet potestatem in die mortis, nec sinitur quiescere ingruente bello, neque salvabit impietas impium.* Non est ergo lugendum si futura scire non possumus, et sæpe ab iniquis potentioribus opprimamur, cum morte omnia finiantur, et superbus et potens qui cuncta populatus est, non valet animam suam retinere, cum exire jubetur de corpore; nec eum salvabit impietas sua, sed magis aggravat in die exitus sui, dum meritis æqualia recipit suis, et ingruente super se bello miseriæ peccatorum suorum, salvari non poterit, eo quod negligit [*Ms.*, qui neglexit] tempus pœnitentiæ.

VERS. 9-11. — *Omnia hæc consideravi, et dedi cor meum in cunctis operibus quæ fiunt sub sole. Interdum dominatur homo homini in malum suum. Vidi impios sepultos, qui etiam cum adhuc viverent, in loco sancto erant, et laudabantur in civitate quasi justorum operum. Sed et hoc vanitas est. Etenim quia non profertur cito sententia operum contra malos, absque ullo timore filii hominum perpetrant mala.* Hanc sententiam beatus Hieronymus ita interpretatus est: Dedi, inquit, cor meum, ut omne quod sub sole geritur intuerer, et hoc [vel] maxime, quod homo in homines accipit potestatem, ut quoscunque vult, affligat atque condemnet. Cum itaque mentem meam ad hæc intuenda dirigerem, vidi impios cum tali opinione mortuos, et sic sepultos, ut sancti æstimarentur in terra, quod cum viverent, putabantur digni esse Ecclesiæ principes, et templo Dei; et insuper ambulantes tumidi laudabantur in malis suis, sicut scriptum est: *Laudatur peccator in desideriis animæ suæ, et qui iniqua gerit, benedicitur* (*Psal.* IX, 24). Hoc autem propterea evenit quod nemo peccantibus episcopis audet contradicere; nec statim Deus ob scelus ulciscitur, sed differt pœnam, exspectat pœnitentiam. Peccatores autem qui non statim arguti atque correcti sunt, putantes nequaquam futurum esse judicium, in scelere perseverant. Possumus hoc testimonium accipere adversus episcopos qui acceperunt in Ecclesia potestatem, et scandalizant magis eos quos docere et ad meliora debuerant incitare. Hi frequenter post mortem laudantur in Ecclesia [*Ms.*, in sæculo], et beati in his quæ non probabiliter fecerunt publice sive a successoribus sive a populis prædicantur. Et hoc quidem vanum est, quod non sicut egerunt, sic audiunt, nec statim corripiuntur in peccato suo. Nemo quippe audet accusare majorem. Propterea quasi sancti et beati in præceptis Domini ambulantes, augent peccata peccatis. Difficilis est accusatio in episcopum: si enim peccaverit, non creditur; et si convictus fuerit, non punitur.

VERS. 12. — *Attamen ex eo quod peccator centies facit malum, et per patientiam sustentatur, ego cognovi quod erit bonum timentibus Dominum, qui verentur faciem ejus.* Ex eo quod impius plurimum peccat (hoc quippe significat quod ait, *centies*), dat Deus locum pœnitentiæ, et non [eum] statim punit in scelere, sed exspectat ut convertatur ab iniquitate sua et agat pœnitentiam : quia [Deus] non vult mortem peccatoris, sed ut convertatur et vivat, ego intelligo quia benignus et misericors super eos futurus sit Deus qui habent timorem illius, et ad verbum ejus contremiscunt, et agunt pœnitentiam de præteritis, et de futuris sibi cavere incipiunt, quia peccator post pœnitentiam, si revertetur iterum ad peccata priora, cani comparatur qui revertitur ad vomitum suum.

VERS. 13. — *Non sit bonum impio, nec prolongentur dies ejus, sed quasi umbra transeant, qui non timent faciem Dei.* Imprecatur male his qui non habent timorem Dei, et optat ne diu differantur a pœna, sed statim morte subtracti cruciatus recipiant quos merentur. Simile quid et Apostolus loquitur : *Utinam præcidantur, qui nos* [Ms., *vos*] *conturbant* (*Gal.* V, 12)! Et alibi : *Alexander ærarius multa mala mihi ostendit, reddet illi Deus secundum opera ejus* (*II Tim.* IV, 14). Et malis quidem qui converti non volunt, sed in malitia sua permanere, melius est mori quam vivere, quia quanto plures vivit dies, tanto atrocioerem sibi præparat pœnam. Unde et comicus ait :

Quid mali imprecer homini, nisi ut diu vivat?

VERS. 14. — *Est et alia vanitas quæ fit super terram : sunt justi quibus mala* [Ms., *multa*] *proveniunt, quasi opera egerint impiorum; et sunt impii qui ita sunt securi, quasi justorum facta habeant.* Sed et hoc vanissimum judico. Inter cæteras vanitates quæ in mundo vario feruntur eventu, etiam hoc deprehendi quod justis ea frequenter eveniunt quæ impiis evenire debuerant, et impii tam feliciter in hoc mundo degant [Ms., degunt], ut eos putes esse justissimos : quemadmodum de divite purpurato, et Lazaro mendico legitur in Evangelio (*Luc.* XVI). Septuagesimus quoque secundus psalmus de hac re disputat, cur justis interdum mala et impiis eveniant bona. Sed Hebræi hoc de filiis Aaron intelligunt, qui Deo sacrificantes perierunt; et de Manasse, qui post tanta mala reductus est de captivitate, et restitutus in regnum, ut dies suos feliciter finiret.

VERS. 15. — *Laudavi igitur lætitiam, quod non esset homini bonum sub sole, nisi quod comederet, et biberet, atque gauderet, et hoc solum secum auferret de labore suo in diebus vitæ, quos dedit ei Deus sub sole.* Concionator noster, qui multas in se transfigurat personas, modo vulgi verba profert, quod nihil aliud bonum æstimat, nisi lætari manducando et bibendo, et sæculi serviendo [Ms., servire] deliciis, summam accipere felicitatem. Sed hæc sententia, si sic intelligitur sicut scripta est, miseros approbavit quos in Evangelio (*Matth.* V) Dominus beatos asserit [Ms., dixit], id est pauperes, quorum regnum cœlorum esse dixit : necnon esurientes et sitientes beatos esse ibidem testatur. Sed melius est de spiritali cibo et potu sapientiæ hæc intelligere, de quibus et in psalmo legitur : *Vinum lætificat cor hominis, et panis confirmat* (*Psal.* CIII, 15). Quod autem hæc spiritaliter sentienda sunt, sequens versiculus demonstrat, in quo ait :

VERS. 16, 17. — *Et apposui cor meum ut scirem sapientiam, et intelligerem dissensionem* [Ms., *distentionem*] *quæ versatur in terra. Est homo, qui diebus ac noctibus somnum oculis non capit, et intellexi, quod omnium operum Dei nullam possit homo invenire rationem eorum quæ fiunt sub sole : et quanto plus laboraverit ad quærendum, tanto minus inveniet : etiamsi dixerit sapiens se nosse, non poterit reperire.* Testatur scilicet melius esse in meditatione Scripturæ sanctæ versari die ac nocte, quam in epulis carnalibus perdere tempora sibi a Deo data ad proficiendum in sapientia studiis, ut cognoscat mirabilia Dei, et laudet Creatorem in operibus suis : quamvis occulta sunt [Ms., sint] judicia Dei, tamen miranda sunt, et Creator in eis laudandus est. Et quid de stulto dicendum est, dum studiosus sapientiæ scrutator invenire non valet quare hoc vel illud factum sit, et quare mundus variis gubernetur eventibus, cur alius cæcus, alius debilis, alius videns et sanus nascatur : hic paupertatem habeat, ille divitias; iste sit nobilis, ille inglorius. Subostendit itaque his verbis, esse causas rerum omnium rationabiles per justitiam Dei quare unumquodque fiat, sed in occulto eas latere, et non posse ab hominibus comprehendi.

CAPUT IX.

VERS. 1, 2. — *Omnia hæc tractavi in corde meo, ut curiose intelligerem. Sunt justi et sapientes, et opera eorum in manu Dei, et tamen nescit homo utrum amore an odio dignus sit, sed omnia in futurum servantur incerta, eo quod universa æque eveniant.* Porro hic sensus est hujus sententiæ : in hoc dedi cor meum, et scire volui quos Deus diligeret et quos odisset. Inveni justorum opera in manu Dei esse ; et tamen utrum amentur a Deo an non, scire nequeo, et ambigo fluctuans in cogitationibus meis, utrum sustineant ad probationem justi tribulationes in hoc sæculo, sicut Job; an per odium, ut plurimi peccatores. Sed hoc nunc habetur omnimode incertum.

VERS. 3. — *Justo et impio, bono et malo, mundo et immundo, immolanti victimas et sacrificia contemnenti.* Sicut bonus, sic et peccator : ut perjurus [Edit., periturus], ita et ille qui verum dejerat. Hoc est pessimum inter omnia quæ fiunt sub sole, quia eadem cunctis eveniunt. Ea quæ per se nec bona nec mala sunt, et a sapientibus hujus sæculi media nuncupantur, quia æqualiter justis eveniunt et injustis, simplices quosque conturbant cur ita eveniant, et propterea non putant esse iudicium, cum omnium rerum in futuro discrimen sit. Tale quid [et] in Evangelio ipse Dominus ait : *Estote perfecti sicut Pater vester perfectus est, qui solem suum oriri facit super bonos et malos, et pluit super justos et in justos* (*Matth.* v, 45, 48). Quod autem ait, eventus est unus omnibus, justo et impio, sive angustiarum sive mortis significat eventum. Ideo nec charitate Dei dignos vel odio seipsos esse intelligunt. Hoc enim pessimum esse omnium quæ sub sole sunt dixit, quia nulla discretio hic esse videtur inter bonos et malos, et hoc apud eos qui cum Propheta non intrabunt in sanctuarium Dei, ut intelligant novissima eorum.

VERS. 4. — *Unde et corda filiorum hominum implentur malitia et contemptu in vita sua, et post hæc ad inferos deducentur. Nemo est qui semper vivat, et qui hujus rei habeat fiduciam.* Eumdem sensum replicat quem ante posuit, quia communes angustiæ justos et injustos premunt. Ideo sine respectu homines peccare non metuunt, quia in præsenti judicium Dei non vident super impios, qui subito rapiuntur pro peccatis ad inferos, dum nec semper vivere potestatem habent, nec ullus tam potens est in sæculo, qui hujus rei, id est, sine morte vivere, facultatem habere valeat. Unde in sequentibus mox adjungit:

VERS. 5, 6. — *Melior est canis vivens leone mortuo; viventes enim sciunt se esse morituros, mortui vero nihil noverunt amplius, nec habent ultra mercedem, quia oblivioni data est memoria eorum. Amor quoque, et odium, et invidia simul perierunt, nec habent partem in sæculo, et in opere quod sub sole geritur.* Quod autem supra dixerat, cor filiorum hominum impleri malitia et iniquitate, et post hæc omnia morte finiri, nunc eadem complet et repetit, donec vivant homines, posse eos justos fieri, post mortem vero nullam boni operis occasionem dari. Peccator enim vivens, quem cani comparavit, potest melior esse justo mortuo, quem leonem dixit: quia vivens proficere poterit in opere bono, mortuus vero nihil potest addere meritis suis. Possumus quoque canem pauperem justum intelligere viventem, et leonem mortuum potentem hujus sæculi, qui nihil secum bonorum exiens de hoc mundo meritorum abstulit. Sed et dilectio eorum, et odium, et immolatio, et omne quod in sæculo habere potuerunt, mortis finitur adventu, nec juste quidpiam possunt agere, nec peccare; nec virtutes adjicere, nec vitia. Spiritaliter etiam intelligamus Chananæam illam, cui dictum est: *Fides tua te salvam fecit* (*Matth.* IX, 22), canem juxta Evangelium esse; leonem [vero] mortuum circumcisionis populum, sicut Balaam propheta dicit: *Ecce populus, ut catulus leonis, exsurget, ut leo exsultans* (*Num.* XXIII, 24). Canis vivens nos sumus ex nationibus, leo vero mortuus Judæorum populus a Deo derelictus. Et melior est apud Dominum [*Ms.*, Deum] iste canis vivens, quam ille leo mortuus. Nos vero viventes cognoscimus Patrem, et Filium, et Spiritum sanctum, illi vero mortui nihil sciunt, nec æstimant aliquam repromissionem atque mercedem, sed completa est eorum memoria: neque meminerunt ipsi quæ scire debuerunt, neque illorum Dominus jam recordatus est, qui perierunt in scelere suo. Quorum zelus, et invidia, et æmulatio, quam habuerunt contra Christum et apostolos, pariter periit.

VERS. 7. — *Vade ergo et comede in lætitia panem tuum, et bibe in gaudio vinum tuum, quia placent Deo opera tua.* Melius hæc omnia, sicut sæpe diximus, spiritaliter intelliguntur quam carnaliter, ne forte in Epicuri dogma ruamus, qui beatam æstimavit vitam, corporis delectationibus frui: nisi forte concionatoris more æstimemus Salomonem vulgi verba, et sensus ex sua persona proferre. Dicamus altiori sensu: Quia didicisti priori sententia, quod morte omnia finiuntur, et in inferno non sit pœnitentia fructuosa, nec aliquis virtutis recursus; dum in isto sæculo es, festina, contende, age pœnitentiam; dum habes tempus, labora; libenter enim Deus suscipit pœnitentiam; et comede panem charitatis, et vinum sapientiæ bibe, ut Deo placeant opera tua, sicut verus Ecclesiastes in Evangelio dicit: *Qui sitit, veniat ad me et bibat* (*Joan.* VII, 37). Et in Proverbiis: *Venite, comedite panem, et bibite vinum, quod miscui vobis* (*Prov.* IX, 5).

VERS. 8. — *Omni tempore sint vestimenta tua candida, et oleum de capite tuo non deficiat.* Habeto, inquit; corpus mundum et castum, et esto misericors: hoc est, quod in Evangelio ipsa Veritas ait: *Sint lumbi vestri præcincti, et lucernæ ardentes in manibus vestris* (*Luc.* XII, 35). In præcinctu castitatem corporis significat, et in lucernis ardentibus, quæ oleo alantur bonorum operum, candorem et prædicationis lucem. Hoc oleo vultus noster exhilarandus est: hoc jejunantes unguentum in capite habeant, quod peccatores habere non possunt, quorum vir justus oleum detestatur, ubi ait: *Oleum peccatoris non impinguet caput meum* (*Psal.* CXL, 5). Quod oleum hæretici habere solent, ut perfundant capita deceptorum, id est, verba suavia, sed fallaciæ plena.

VERS. 9. — *Perfruere vita cum uxore quam diligis, cunctis diebus vitæ instabilitatis tuæ, qui dati sunt tibi sub sole omnibus diebus vanitatis tuæ. Hæc est enim pars in vita, et in labore tuo, quo laboras sub sole.* Sapientiam sequere, et scientiam Scripturarum, et hanc tibi in conjugium copula, de qua in Proverbiis: *Ama illam et servabit te, amplexare eam, et circumdabit te* (*Prov.* IV, 8). Dies enim [*Ms.*, autem] vanitatis, dies hujus sæculi nequam significat, de quibus et Apostolus non tacet. Pulchre præcipit ut in diebus vanitatis nostræ veram vitam cum sapientia uxore quæramus: hæc enim pars nostra est, et hic laboris fructus, si in hac vita umbratili sapientiam veram, quæ ad vitam nos ducat æternam, invenire valeamus.

VERS. 10. — *Quodcunque facere potest manus tua, instanter operare, quia nec opus, nec ratio, nec scientia, nec sapientia erunt apud inferos, quo tu properas.* Fac quodcunque boni operis valeas; nunc laborandum [*Ms.*, labora]: habes tempus laborandi, quia mors tibi, quæ inferni nomine designatur, tempus tollet proficiendi, Propheta dicente: *Nunquid mortuus facies mirabilia, aut in inferno quis confitebitur tibi?*

Nunquid enarrabit aliquis in sepulcro misericordiam tuam (Psal. VI, 6; LXXXVII, 11, 12)? Simile quid Salvator in Evangelio dicit : *Operamini dum dies est, veniet nox, quando nemo poterit operari (Joan.* IX, 4).

VERS. 11. — *Verti me ad aliud, et vidi sub sole nec velocium esse cursum, nec fortium bellum, nec sapientium panem, nec doctorum divitias, nec artificum gratiam, sed tempus casumque* [Ms., *sed cassum tempus*] *in omnibus.* Epistola ad Romanos huic loco convenit, ubi dicit, *non esse volentis neque currentis, sed Dei miserantis (Rom.* IX, 16) : quia sine gratia Dei, nec voluntas bona erit in homine; neque cursus boni operis sine Deo fieri valet. Et hic locus Pelagianam sectam optime destruit. Qui gravi peccatorum pondere premitur, non est aptus ad cursum illum de quo dicitur : *Cursum consummavi, fidem servavi (II Tim.* IV, 7). Qui autem levis est, et anima illius non gravatur, nihilominus et ipse absque adjutorio Domini non potest ad coelum pervenire, quia quandiu sarcina carnis anima aggravatur, bellum sibi adversum aerias restat potestates : licet enim sit [*Ms.*, quas licet sit] robustus, propriis viribus vincere non poterit, nec coelestem et viventem panem habere poterit, nisi per sapientiam cohortantem : *Venite, comedite panes meos (Prov.* IX, 5). Sciendum quoque est virum prudentem divitias salutis et sapientiæ nabere non posse, nisi eas a Deo acceperit, cujus ipsæ divitiæ sunt, de quibus et alibi scriptum est : *Redemptio animæ viri propriæ divitiæ* (Prov. XIII, 8). Gratiam quoque, nisi scientiam comitata fuerit, et concessa a Deo, quis eruditus vir poterit invenire a? Quod Paulus sciens, *plus*, inquit, *omnibus laboravi : non autem ego, sed gratia Dei, quæ mecum est (I Cor.* XV, 10). Et iterum : *Gratia ejus in me vacua non fuit*. Et ad extremum nescitur ab homine, quando tempus adveniat, in quo varius eventus, et finis omnium subsequatur.

VERS. 12. — *Nescit homo finem suum, sed sicut pisces capiuntur hamo, et sicut aves comprehenduntur laqueo, sic capiuntur homines tempore malo, cum eis extemplo supervenerit.* Nesciunt homines, sicut supra dictum est, tribulationes vel repentinas miserias, quæ superveniunt eis incerto Dei judicio, sæpe occulto, sed nunquam injusto; nec etiam ipsius mortis horam nosse poterunt, quæ sicut fur veniet, ut vastet domum peregrinationis nostræ. Sicut pisces capiuntur reti, vel aves laqueo, ita filios hominum repentinæ involvent angustiæ. Porro secundum allegoriam sciendum est, regnum coelorum simile esse sagenæ missæ in mare : hoc est, evangelica prædicatione missa in hujus mundi fluctivagas tempestates, unde Dominus in vocatione apostolorum ait : *Venite post me, faciam vos fieri piscatores hominum (Matth.* IV, 19). Et e contrario, sagenam habent hæretici malæ prædicationis, qua captant animas innocentes ad interitum. Sagena eorum est sermo affabilis, blandum eloquium, simulata aut coacta jejunia, vestis humilis, virtutum imitatio, per quæ laqueum ponunt animabus simplicium, ut captant eas, sicut pisces sagena capiuntur, et aves laqueo. Sciendum est ecclesiasticos quoque viros, qui filii hominum appellantur, et sunt modicæ fidei, cito posse corruere. Notandum est [*Ms.*, etiam], quod per totum librum, ubicunque dicitur, *filii hominum*, in Hebræo habetur filii hominis, hoc est filii Adam ; et omnis pene Scriptura hoc idiomate plena est, universum genus humanum Adam filios vocans.

437 VERS. 13-15. — *Hanc quoque vidi sapientiam, et probavi maximam. Civitas parva, et pauci viri in ea, et venit rex contra eam magnus, et vallavit eam, et exstruxit munitiones per gyrum, et perfecta est obsidio, inventusque est in ea vir pauper, et liberavit urbem per sapientiam suam, et nullus deinceps recordatus est hominis illius pauperis.* Aliis omnia incerta dicentibus et justum ab injusto amplius nihil habere, ego sapientiam in hoc maximam comprobavi, quod crebro evenit, ut parva sit civitas, et habitatores in ea pauci, et innumerabilium hostium cingatur exercitu, et obsidione et fame populus intus necetur; et repente contra omnium suspicionem inveniri virum humilem et pauperem, qui haberet sapientiam majorem cunctis divitibus magnis et potentibus ; et superbis in periculo positis et obsidionem paventibus, cogitat et inquirit, ut inveniat quomodo a malis eruat civitatem. Et ingrata hominum oblivio, postquam fuerint libertati dediti et soluta captivitas, et reddita patriæ libertas, nemo meminit sapientis illius pauperis, nemo pauperi refert gratias pro salute, sed omnes honorant divites, qui in periculo nihil subvenire poterant. Aliter : Parva civitas, et viri in ea pauci, ad comparationem totius mundi, Ecclesia est. Adversus eam sæpe consurgit rex magnus diabolus (non quod magnus sit, sed quod magnum se esse jactitet) et circumdat eam obsidione, sive persecutione, sive alio angustiarum genere, et invenit in ea virum pauperem et sapientem, Dominum nostrum Jesum Christum, qui pro nobis factus est pauper (*II Cor.* VIII, 9), et liberat urbem in sapientia sua. Sed, proh dolor! cum urbs per hunc pauperem sapientem liberata fuerit, vix aliquis ejus meminit, vix illius mandata considerat; sed totos se luxuriæ et voluptatibus concedentes, quærunt divitias, quæ tempore necessitatis et angustiæ non liberant eos.

VERS. 16. — *Et dicebam ego, meliorem esse sapientiam fortitudine. Quomodo ergo sapientia pauperis contempta est, et verba ejus non sunt audita?* Quando nullus meminit sapientis pauperis illius, cum læta sunt omnia, sed universi divitias, et potentiam admirantur [*Ms.*, quanquam... meminerit... admirentur.] Ego tamen per omnes supra interpretationes magis honoro contemptam sapientiam, et verba quæ nullus audire dignatur.

VERS. 17. — *Verba sapientium audiuntur in silentio, plus quam clamor principis inter stultos.* Verba

---

a Ms. et Hier : Gratia quoque, nisi scientia comitata fuerit, et concessa a Deo, quis eruditus vir eam non poterit invenire?

quippe sapientium in quiete, et moderato audiuntur silentio; et qui non quærunt plausus excitare vulgi, sed salutem desiderant audientium. Qui vero insipiens est, quamvis sit potens, et clamorem sive suæ vocis, sive populi habeat acclamantis, inter insipientes computatur, qui sibi laudem quærit humanam, non profectum populi audientis.

Vers. 18. — *Melior est sapientia quam arma bellica, et qui in uno peccaverit, multa bona perdet*: Nunc quoque sapientiam præfert fortitudini, et dicit eam plus valere in præliis quam arma pugnantium; et crebro evenit, quod per unius insipientiam opes magnæ atque divitiæ pereunt. Quod vero ait : *Qui in uno peccaverit, multa bona perdet*. Simile quid et Jacobus apostolus ponit, ubi ait : *Qui [autem] in uno peccaverit, factus est omnium reus* (*Jac.* II, 10). Qui in sola peccaverit charitate, omnium expers bonorum invenietur.

CAPUT X.

Vers. 1. — *Muscæ morientes perdunt suavitatem unguenti : pretiosior est sapientia, et gloria parva ad tempus stultitiæ*. Exemplum superioris sensus dedit, in quo ait, per unum stultum multa bona posse subverti, quod sic malus mixtus bonis contaminet plurimos, quomodo muscæ si moriantur in unguento, perdunt [et] odorem ejus et saporem. Et quia sæpe mixta est sapientiæ calliditas, et prudentiæ malitia, præcepit ut sapientiam simplicem requiramus, mixtaque sit cum innocentia columbarum prudentia serpentina; et ut prudentes simus ad bonum, simplices autem ad malum. Aliter : Pretiosior est humilis gloria quam superba elatio; et ad tempus stultum videri, id est, simplicem, quam gloriosum et superbum.

Vers. 2, 3. — *Cor sapientis in dextera ejus, et cor stulti in sinistra illius. Sed in via stultus ambulans, cum ipse insipiens sit, omnes stultos æstimat*. Et in Evangelio præcipitur, ut nesciat sinistra quid faciat dextera sapientis (*Matth.* V, 39; VI, 3). Et quando percutimur in maxillam dexteram, non jubemur sinistram genam percutienti præbere, sed alteram. Justus autem [Ms., enim] sinistram in se non habet, sed totum in se dextrum est. Qui autem sapiens est, semper de futuro sæculo cogitat, quod ducit ad dextram; qui vero insipiens est, de præsenti, quod positum est in sinistra, semper inquirit. Sequens autem versiculus in quo ait : *Sed in via stultus ambulans, cum ipse insipiens sit, omnes stultos æstimat;* hunc sensum habet : stultus, ut ipse peccat, sperat omnes peccare similiter, atque ex suo ingenio universos judicat.

Vers. 4. — *Si spiritus potestatem habentis ascendit* [Ms., *ascenderit*] *super te, locum tuum ne dimiseris, quia curatio cessare faciet peccata maxima*. Principem mundi istius, et rectorem tenebrarum harum, et operantem in filiis diffidentiæ, cujus et Apostolus meminit, nunc Scriptura significat : quod si in cor nostrum ascenderit, et animus malæ cogitationis vulnus acceperit, non debemus locum ultro tribuere, sed pugnare contra cogitationem pessimam, et liberari a peccato maximo, ne scilicet cogitationem opere compleamus : quia aliud est cogitatione peccare, aliud opere. De quo grandi peccato in psalmo legitur : *Si mei non fuerint dominati, tunc immaculatus ero; et emundabor a delicto maximo* (*Psal.* XVIII, 14).

Vers. 5-7. — *Est et malum, quod vidi sub sole, quasi per errorem egrediens a facie principis, positum stultum in dignitate sublimi, et divites sedere deorsum. Vidi servos in equis, et principes quasi servos ambulantes super terram.* Hanc ergo iniquitatem se in sæculo perspexisse commemorat, quod mali dominantur justis, et sæpe pejores qui sunt, sublimiores facti [sunt] melioribus. Nec solum in sæcularibus potestatibus, sed et in Ecclesiæ dignitate multoties eliguntur sacerdotes, non ex virtutum meritis, sed ex favore populi, et principum voluntate, suggerente diabolica fraude, et Dei justo judicio permittente ob merita populi; ut dicitur in Propheta : *Sacerdotes mali, peccata populi, ut cœci duces habeant cœcos donec pariter corruant in foveam perditionis*. In hunc sensum facit et illud quod sequitur : *Vidi servos super equos, et principes ambulantes quasi servos super terram :* ut hi qui servi sunt vitiorum atque peccati, sive tam humiles, ut servi ab hominibus computentur, subita a diabolo dignitate per flagitia publica, videantur exaltari; et magistros bonos Deumque timentes opprimi et humilia [Ms., humiliari] officio servorum.

Vers. 8. — *Qui fodit foveam, ipse incidet in eam, et qui dissipat sepem, mordebit eum coluber*. Ex parte simplex, et ex parte mysticus est intellectus. Si quidem et alibi ipse Salomon ait : *Qui statuit laqueum, capietur in illo* (*Eccli.* XXVII, 29). Et in Psalmo septimo : *Lacum aperuit, et effodit eum, et incidit in foveam, quam fecit* (*Psal.* VII, 16). Sepis autem confirmatio [Ms., infirmatio] ecclesiastica et apostolica sunt dogmata, quæ qui dissolverit, et voluerit præterire, in eo ipso quod negligit sanctorum statuta Patrum, a serpente percutitur, id est, a diabolo vulneratur. De quo serpente in Amos scriptum est : *Si descenderit in infernum, mandabo serpenti, et mordebit eum* (*Amos.* IX, 3).

Vers. 9. — *Qui transfert lapides, affligetur in eis; et qui scindit ligna, vulnerabitur ab eis*. Volvuntur et in Zacharia sancti lapides super terram (*Zach.* IX, 16); non enim firma ratione consistunt, sed prætereunt, et semper ad altiora nitentes, hinc abire festinant. De his vivis lapidibus, et in Apocalypsi urbs Salvatoris exstruitur (*Apoc.* XXI, 18), et Ecclesiam ædificari Apostolus meminit [Ms., non tacet]. Qui vero hos lapides vivos de ædificatione [Ms., ædificio] Ecclesiæ transfert hæretica qualibet pravitate, æterno dolore affligetur pro eis, ligna quoque scindens periclitabitur in eis. Hæretici ligna infructuosa sunt, et saltus absque utilitate pomorum; pro quorum schismatica divisione prudens, et ecclesiasticus doctor animo vulnerabitur, Apostolo dicente : *Quis scandalizatur, et ego non uror* (*II Cor.* XI, 29)?

Vers. 10. — *Si retusum fuerit ferrum, et hoc non ut prius, sed habetatum erit, multo labore exacuetur :*

et post industriam sequetur sapientia. Si se, inquit, aliquis viderit propter negligentiam Scripturas discendi sanctas, obtusum habere sensum, et nequaquam talem se [mansisse] intellexerit, qualis ante fuit, dum spiritales diligenter **439** sensus in divinis libris consecutus est : quia evenit interdum ut cum modicum sapientiæ quis habuerit, elatus in superbiam discere desistat; paulatim vero quod sciebat, ex eo quod nihil ei additur, detrahitur, et vacuum ei disciplinis pectus remanet; ferrum quod acutum fuerat, hebetatur otio ; et desidia, quasi quamdam rubiginem sapientiæ patitur. Si igitur hoc quis passus fuerit, non desperet remedium sanitatis, sed vadat ad magistrum, et rursum instruatur ab eo, et post laborem et industriam sudore nimio valebit sapientiam recipere quam amiserat.

VERS. 11. — *Si mordeat serpens in silentio, nihil eo minus habet, qui occulte detrahit.* Simplex hic sensus est. Serpens et detractor æquales sunt. Quod modo enim ille occulte mordens venenum inserit, sic iste clam detrahens, virus pectoris sui infundit in fratrem, et nihil habet a serpente minus. Cum enim lingua hominis ad benedicendum, et ædificationem proximi sit creata, ille eam æqualem serpenti facit, dum virtutibus ejus in perversum abutitur. Aliter : Si quem serpens diabolus in occulto momorderit, et nullo conscio eum peccati veneno infecerit; si tacuerit qui percussus est; et non egerit pœnitentiam, nec vulnus suum magistro voluerit confiteri, magister, qui linguam habet ad curandum, facile ei prodesse non poterit.

VERS. 12. — *Verba oris sapientis gratia, et labia insipientis præcipitabunt eum.* Stultitia, si sua esset rusticitate contenta, minus aliquid haberet mali ; nunc autem contra sapientiam bellum gerit, et quidquid prudentiæ in docto viro viderit, zelo stimulata non recipit. Loquitur enim vir sapiens verba scientiæ, verba gratiæ, quæ utilitatem possunt præbere audientibus; et aures stulti non ita audiunt quæ dicuntur, ut dicta sunt, sed e contrario virum prudentem supplantare stultus conatur, et sui similem facere. Et revera præcipitatur vir sapiens, quando in aurem loquitur imprudentis, et verba ejus in profundo (ut ita dicam) gurgite pereunt. Unde beatus ille est, qui in aurem audientis [*Ms.*, audientem]loquitur.

VERS. 13, 14. — *Initium verborum ejus stultitia, et novissimum oris illius error pessimus. Stultus verba multiplicat. Ignorat homo quid ante se fuerit ; et quid post se futurum sit, quis ei poterit indicare?* Adhuc ei de stulto disputatio est, cujus labia præcipitant sapientem. Sive juxta aliam interpretationem, stultum ipsum corruere faciunt, et initium sermonis illius et finis stultitia est, et error pessimus, dum ipse stultus non manet in sententia prudentium, sed putat in multiplicatione verborum se doctum esse, et effugere posse peccatum. Cum enim nec præteritorum meminit [*Ms.*, meminerit], nec futura cognoscat, ignorantiæ tenebris involutus, solum sibi scientiam repromittens, in eo se doctum esse putat et sapientem, si verba multiplicet. Potest hoc de hæreticis accipi, qui prudentium virorum dicta non capiunt, sed se ad disputationes contrarias præparantes, et initium, et finem loquendi vanitatem, cum multo errore cumulant, et cum nihil sciant, loquuntur plura quam norunt.

VERS. 15. — *Labor stultorum affliget eos qui nesciunt in urbem pergere.* Hos etiam versiculos junge, lector, cum superioribus. Aut generaliter de omnibus stultis qui ignorant Deum, et nesciunt in civitatem catholicæ pacis pergere; aut specialiter de hæreticis disputantibus intellige, qui exierunt de civitate Dei in perversas munitiones, quarum civitatem juxta Psalmistæ vocem Dominus destruit. Qui enim legerit vanos philosophorum labores, probare poterit verum esse quod dicitur : *Labor stultorum affliget eos.* Veritatem quidem illi omni studio quæsierunt, sed quia non habuerunt ducem, et prævium itineris, et humanis sensibus rati [sunt], se comprehendere posse sapientiæ altitudinem, ad civitatem Dei minime pervenerunt. De qua et de quibus in psalmo scribitur : *Domine in civitate tua imagines eorum ad nihilum rediges* (*Psal.* LXXII, 20). De hac et Isaias propheta : *Ego civitas firma, civitas quæ oppugnatur* [*Ms.*, *quæ non oppugnatur*] (*Isai.* XXVII, 5, *sec. LXX*). Siquidem hanc veritatis et sapientiæ civitatem, cum firma sit et robusta, omnes sapientes sæculi, et hæretici impugnare cognoscuntur [conantur]. Et quod de philosophis diximus, hoc idem de hæreticis sentimus, quod frustra laborent et affligantur in studio Scripturarum, cum veritatem invenire non valeant.

440 VERS. 16, 17. — *Væ tibi, terra cujus rex puer est, et cujus principes mane comedunt. Beata terra, cujus rex nobilis est, et cujus principes vescuntur in tempore suo ad reficiendum, et non ad luxuriam.* Videtur quidem reprobare juvenum principatum, et luxuriosos judices condemnare, quod in altero per ætatem infirma sit sapientia, et aliis [*Ms.*, et in aliis etiam] matura ætas deliciis enervetur; et e contrario probare principem bonis operibus liberaliter institutum ; et eos judices prædicare qui nequaquam negotiis civium voluntatem [*Forte*, voluptatem] præferant, sed post multum laborem et administrationem reipublicæ cibum capere, quasi necessitate cogente, non luxuria instigante. Aliter : Væ terræ, id est, carnali homini, cujus diabolus rex, qui semper rerum novarum cupidus est, qui judices et principes habet eos qui amant hujus sæculi voluptates, qui solent dicere [vel etiam opere implere] : *Manducemus et bibamus, cras enim morimur* (*Sap.* II, 6; *Isai.* XXII, 13). E contra, beata Ecclesia est, cujus rex Christus est, filius nobilium et sanctorum parentum, Abraham videlicet, Isaac, et Jacob, David stirpe descendens, in quibus peccatum non fuerat dominatum, et ob id vere fuerunt liberi et nobiles; ex quibus nata est beata virgo Maria, nullum habens fruticem, nullum germen ex latere, sed totus ejus fructus erupit in florem loquentem in Cantico Canticorum : *Ego flos campi, et lilium convallium* (Cant. II, 1). Principes quoque ejus sunt apostoli, et omnes sancti, qui regem habent filium nobilium, Abrahæ scilicet, non de ancilla Agar, sed de Sara libera genitum [*Ms.*, Saræ libertate generatum] : nec comedunt mane, nec velociter; nec enim in præsenti sæculo voluntatem quærunt, sed tempore suo manducabunt, cum retributionis tempus advenerit, de quibus et ipse Salvator ait in Evangelio : *Et ego dispono vobis regnum, ut edatis et bibatis super mensam meam in regno meo* (*Luc.* XXII, 29, 30).

VERS. 18. — *In pigritiis humiliabitur contignatio, et in infirmitate manuum perstillabit domus.* Domus nostra quæ cum statu hominis creata est, aut habitatio quam habemus in cœlis, quia pigri sumus, et ad bona opera tardiores, humiliabitur; et omnis contignatio, quæ debet culmen portare in sublime, ad terram corruens habitatorem suum opprimit; cumque auxilium manuum virtutumque torpuerit, omnes desuper potestates et nimborum ad nos turbo erumpit. Porro quod in uno homine interpretati sumus, melius potest super Ecclesiam accipi, quod per negligentiam principum omnis ejus corruat altitudo; et ibi vitiorum illecebræ sunt, ubi tegmen putabitur [*Ms.*, putabatur] esse virtutum.

VERS. 19. — *In risu faciunt panem ac vinum, ut epulentur bibentes : et pecuniæ obediunt omnia.* De superioribus hujus sententiæ pendet intellectus. In pigritia enim dixit et socordia magistrorum humiliari Ecclesiam, et culmen ejus concidere, et tigna perfluere [*Ms.*, perflui] prædixit. Nunc autem de eisdem magistris loquitur, accusans eos deliciis sæculi et luxuriæ, epulisque magis servire quam saluti, in prædicatione verbi Dei, gregis sibi commissi, dum episcopi et presbyteri non laborant in Ecclesia constituti in sermone et doctrina; vel etiam ea docent, quæ sint populo delectabilia audire, ut gratiam habeant audientium magis quam illorum profectum : sic in risu vitæ æternæ panem, et vinum sapientiæ populo ministrant, non ad salutem, sed ad perniciem. Sic ipsi qui docent, divitias et opes, et cibos per delectabilia promissa conquirunt, et ad honores perveniunt sæculares, quibus subjecti [*Ms.*, et subjecti] sæpe perdunt cœlestes.

VERS. 20. — *In cogitatione tua regi ne detrahas, et in secreto cubilis tui ne maledixeris diviti, quia aves cœli portabunt vocem tuam, et qui habet pennas annuntiabit sententiam.* Simplex præceptum ædificat audientes ne ira et furore superati in maledictum et in detractionem regum et principum erumpamus; quia contra spem interdum evenit, ut si his quibus maledicimus nuntietur, incurramus periculum in immoderatione linguæ. Quod autem ait : *Aves cœli auferent vocem, et habens pennas annuntiabit verbum,* hyperbolice intelligendum est. Modo [*Ms.*, quomodo] solemus dicere, etiam ipsos parietes, quibus consciis loquimur, quæ audierunt non celaturos : sed melius est sic audire præceptum, ut sciamus esse nobis mandatum, non solum contra Christum nihil te-

mere loquendum, verum etiam in arcanis cordis, quamvis variis coarctamur tribulationibus, nihil blasphemum, nihil impium sentiendum sit. Et quia dilectionem quam Christo exhibemus, 441 debemus et proximo; *Dilige* quippe *Dominum Deum, sed et proximum tuum tanquam te ipsum* ; et nunc [*Ms.*, etiam nunc] jubet ne post regem de sanctis quoque facile detrahamus, et eis quos viderimus sapientia, scientia virtutibusque ditatos, lingua mordaci [*Ms.*, linguæ mordacitate] derogemus, quod angeli, qui terram circumeunt, et sunt administratores spiritus, et in Zacharia loquuntur, *circuivimus terram, ecce omnis terra habitatur, et silet* (*Zach.* I, 11), ad instar avium ad cœlum nostra verba perferant, et cogitationes, et quod clam cogitamus, scientiam Dei non latere.

CAPUT XI.

VERS. 1. — *Mitte panem tuum super transeuntes aquas, quia post multa tempora invenies illum.* Ad eleemosynam cohortatur, quod omni petenti sit dandum, et indiscrete [*Ms.*, discrete] faciendum bene. Quo modo enim qui super irrigua seminat, fructum sementis exspectat, ita qui largitur egentibus, non granum seminis, sed ipsum panem serit, fenore quodam multiplicationem illius præstolans, et cum dies judicii venerit, multo amplius quam dederat recepturus. Aliter : In quocunque homine illam aquam videris, de qua dicitur : *Flumina de ventre ejus fluent aquæ vivæ* (*Joan.* VII, 38), ne te pigeat panem sapientiæ, panem rationabilem præstare sermonis. *Et in multitudine dierum invenies illum,* id est, invenies longitudinem dierum vitæ æternæ in retributione cœlesti. Si enim hoc feceris frequenter, invenies te non incassum doctrinarum jecisse sementem. Tale quid in Isaia dictum puto : *Beatus qui seminat super aquam ubi bos et asinus calcant* (*Isai.* XXXII, 20). Quod ille magister beatitudine dignus habeatur, qui super irriguum pectus seminat audientium, tam ex Judæis quam ex gentibus populo congregato.

VERS. 2. — *Da partes septem, necnon et octo, quia ignoras quid futurum sit mali super terram.* Præcipit ergo utrumque Testamentum, id est Vetus, quod septenario numero designatur, et Novum, quod in octonario intelligitur, digna veneratione haberi sanctissimum. Judæi dederunt partes septem, credentes sabbatum; sed non dederunt octo, resurrectionem die Dominico [*Ms.*, diei Dominicæ] in Christo denegantes. E contrario hæretici Marcion et Manichæus, et omnes qui veterem legem rabido ore dilaniant, dant partes octo, suscipientes Evangelium ; sed eamdem septenario numero non tribuunt, veterem legem respuentes. Nos vero utraque, quæ ponit, credamus, et utrumque veneremur. Non enim possumus cruciatus dignamque pœnam jam nunc mente comprehendere, quæ reposita est his qui versantur in terra infidelitatis, Judæis scilicet et hæreticis, e duobus alterum denegantibus. Hebræi itaque [*Ms.*, Hebræi ita] hunc locum intelligunt : Et sabbatum et circumcisionem servare [*Ms.*, serva], ne si hoc forte non feceris, inopinatum tibi superveniat malum.

VERS. 3. — *Si repletæ fuerint nubes, imbrem effundent super terram. Si ceciderit lignum ad austrum aut ad Aquilonem, in quocunque loco ceciderit, ibi erit.* Serva mandata quæ tibi superius sunt præcepta, ut nubes super te fundant in benedictione Dei imbrem suum. Ubicunque enim tibi locum præparaveris, futuramque sedem, sive ad austrum, sive ad aquilonem, ibi cum mortuus fueris, permanebis. Aliter : Proptereà supra diximus : *Mitte panem tuum super faciem aquæ*, et omni petenti tribue, quia et nubes cum plenæ fuerint, divitias suas mortalibus largiuntur. Et [tu] quasi lignum fructuosum, quamvis longævus sis , non eris in perpetuum, sed subita vi ventorum ita mortis tempestate subversus, ubicunque cecideris, ibi jugiter permanebis : sive te rigidum et trucem, sive clementem et misericordem ultimum invenerit tempus. Aliter : Nubes siquidem sunt prophetæ et doctores, qui cum multas habeant in corde sacræ Scripturæ rationes, tunc valebunt præcepta pluere doctrinarum, et dicere : Exspectetur sicut pluvia eloquium meum (*Deut.* XXXII, 2). Quod vero ait : *sive ad Austrum, sive ad Aquilonem lignum ceciderit*, quantum æstimo, semper in bonam partem accipitur Auster, et Aquilo in malam. Unde in Cantico canticorum dicitur : *Exsurge, Aquilo*, hoc est recede et abi, *et veni Auster* (*Cant.* IV, 16). Nec est aliquod lignum quod vel ad Aquilonem non sit vel ad Austrum, quia omnis homo malus vel bonus morietur.

VERS. 4. — *Qui observat ventum, non seminat, et qui considerat nubes, nunquam metit.* Qui considerat cui benefaciat, et non omni petenti tribuit, sæpe præterit eum qui meretur accipere, vel misericordiæ solatium, vel verbi Dei semen. In ipsis enim prosperis, dum nescimus, adversa consurgunt. Quapropter opportuno vel importuno tempore prædicandus est sermo Dei, nec bonus seminator adversariorum vento territus, vel nubibus blandientium obumbratus, cessare a prædicationis semine debet. Absque consideratione ergo nubium et ventorum timore in mediis tempestatibus seminandum est ; nec dicendum : Illud tempus commodum est, hoc inutile, cum ignoremus quæ via et voluntas sit spiritus universa dispensantis. Unde sequitur :

VERS. 5. — *Quomodo ignoras quæ sit via spiritus, et qua ratione compingantur ossa in ventre prægnantis, sic nescis opera Dei, qui gubernator est omnium.* Sicut nescis viam spiritus, et animæ ingredientis in parvulum, et ignoras ossium et venarum varietates in ventre prægnantis, quomodo ex vili elemento corpus hominis in diversas effigies artusque varietur, et de eodem semine aliud mollescat in carnibus, aliud induretur in ossibus, aliud in venis palpitet, aliud ligetur in nervis : ita Dei opera scire non poteris, qui factor est omnium. Ex quo docet contraria non timenda, nec temere de ventis et nubibus, quas

[a] Finis codicis ms.

supra diximus, judicandum, cum suo tempore et cursu debeat sator spargere, et eventum Domini sententiæ reservare. *Non est enim volentis, neque currentis, sed miserantis Dei* (*Rom.* IX, 16).

VERS. 6-8. — *Mane semina semen tuum, et vespere non cesset manus tua, quia nescis quid magis oriatur, hoc an illud : et si utrumque simul, melius erit. Dulce lumen, et delectabile est oculis videre solem. Si annis multis vixerit homo, et in his omnibus lætatus fuerit, meminisse debet tenebrosi temporis, et dierum multorum : qui cum venerint, vanitatis arguentur præterita.* Hortatur omnibus benefacere, nec eligere personam [cui benefacias], aut tempus in quo [tantummodo] benefacias, nunquam enim te vult a bono opere desistere ; sed matutinam justitiam vesper inveniat, et vesperis misericordiam solis ortus accumulet. Incertum est quod quidem magis placeat opus, et ex quo tibi fructus justitiæ præparetur. Potest autem fieri ut non unum, sed utrumque placeat Deo. Aliter : de ætate hominis intelligi poterit, ut æqualiter sive in adolescentia, sive etiam in senectute bona faciamus, quia nescis utrum in juventute, an in ætate longæva magis placeas Deo. Nec prodest adolescentiæ [a] frugalitas, si senecta ducatur in luxuria ; qua enim die justus erraverit, veteres eum justitiæ a morte liberare non poterunt. Quod si juxta utramque interpretationem semper benefeceris, et omni ætate æqualem cursum habueris, videbis Deum Patrem dulcissimum lumen, videbis Christum solem justitiæ. Porro et si annis multis vixeris, et omnia bona habueris, vel bona opera peregeris, et scieris te semper moriturum, et ante oculos tuos tenebrarum, id est mortis, semper versetur adventus, præsentia quasi fluxa, et fragilia, et caduca contemnes ; et qui hoc fecerit, videbit Christum solem justitiæ semper in æternum. Aliter : lux est doctrina sapientiæ cœlestis : et bonum oculis videre solem, id est, sensibus cordis videre Christum.

VERS. 9-10. — *Lætare ergo, juvenis, in adolescentia tua, et in bono sit cor tuum.* Ab hoc loco usque in finem libelli varias doctores ponunt interpretationes. Hebræi ad Israel populum Dei putant dicta esse, cui præcipitur ut fruatur divitiis, antequam eis captivitatis tempus adveniat, vel adolescentiam senectute commutet ; ita tamen, ut in bono, id est lege Dei, sit cor ejus. Admonet quoque, ut in diebus prosperitatis et salutis, *in viis cordis sui, et intuitu oculorum*, id est, consideratione mandatorum Dei ambulet, magis quam in carnalibus desideriis ; et ut sciat se pro omnibus quæ gesserit, sive bonum sive malum sit, a Deo esse judicandum ; et *ut auferat iram a corde, et malitias a carne sua*, id est, cogitationes malas, et libidines carnis suæ : quia desideria carnis, adolescentiæ, voluptatumque carnalium vana sunt : recordeturque semper Creatoris sui, antequam veniat dies tribulationis, id est, Babylonicæ vel Romanæ captivitatis miseria, quibus non poterit habere voluntatem. Et totum hunc locum in quo ait : *Ante-*

quam tenebrescant sol, et luna, et stellæ, usque ad eum locum, in quo Scriptura commemorat: *Et convertetur pulvis in terram unde erat, et spiritus revertetur ad Deum qui dedit illum* (Eccle. XII, 2, 7), super statu suæ conditionis explanant, et aiunt, Salomonem diligenter hortari populum Dei, ut hæc omnia faciant, antequam tollatur ab eis omnis honor et decus, duces et judices, et sacerdotes, templum et sacrificia, potestas et regnum, et sancti, quos in sole, et luna, et stellis intelligi volunt, auferantur ab eo, antequam veniat Nabuchodonosor, sive Titus Vespasiani filius, accitus a prophetis, ut eorum vaticinia compleantur; in die qua angeli templi præsides recedent, et curvabuntur robustissimi qui in exercitu tuo sunt, et otiosa erunt eloquia magistrorum, et prophetæ qui de cœlis solebant visionum suarum lumen accipere, contenebrescent; quando claudentur templi januæ, et humiliabitur Jerusalem, et Chaldæus veniet, quasi *cantu volucris,* ita Jeremiæ vocibus prophetatus; *et conticescent filiæ Cantici* in templo, et psallentium chori; illo tempore quando advenientes Hierosolymiam ipsi quoque hostes Dei magnitudinem pertimescent, et in via formidabunt audientes interitum Sennacherib regis Assyriorum et exercitus sui (*Isai.* XXXVII). Hoc enim dictum putant: *Ab excelso,* id est, a Deo Hebræorum *formidabunt:* In illis diebus *florebit amygdalum,* ille baculus et virga, quam Jeremias in prophetiæ suæ vidit exordio (*Jerem.* I, 11). *Et impinguabitur locusta,* Nabuchodonosor cum suo exercitu. *Dissipabitur capparis,* amicitia Dei cum Israel. Hoc autem totum evenit Israel; quia *abiit homo in domum æternitatis suæ,* et præsidio Dei ad cœlestia reversus est. Quo habitante in tabernaculo suo, *circuibunt in platea plangentes* atque *flentes,* et hostium obsidione vallati. Lætare ergo Israel in juventute prosperitatis tuæ, *antequam rumpatur funiculus argenteus;* hoc est, donec gloria vestra vobiscum est. *Antequam recurrat vitta aurea,* id est, antequam arca testamenti auferatur. *Priusquam hydria conteratur ad fontem, et convolvatur rota super lacum,* id est, donec in Sancto Sanctorum præcepta legis, et sancti Spiritus gratia est, et antequam revertaris in Babylonem, unde egressus es in lumbis Abrahæ; et incipias in Mesopotamia conteri, unde quondam profectus es, omnisque gratia prophetiæ qua quondam fueras inspiratus, revertatur ad datorem suum. Nos vero melius, ad superioris disputationem ordinis revertentes, singula conabimur explanare. Juxta tropologiam, ad superiora respicit hujus capituli sensus, ubi ait: *Mane semina semen tuum, et vespere ne cesset manus tua.* Quod intelligendum est in omni ætate bene esse faciendum, et in omnibus operibus nostris Dei esse judicium timendum. Dicit enim hic: *Lætare, juvenis, in adolescentia tua;* et mox addidit: *Et in bono sit cor tuum,* ne nos ad luxuriam carnis hortari videretur. Tale et Apostolus ait: *Gaudete in Domino semper: iterum dico gaudete* (Philip. IV, 4). Felix homo qui læto animo bonum facit, et gaudet in bono cor suum exercere, non in malo. *Et in bono sit cor tuum in diebus juventutis tuæ.* Vult vero florentem ætatem florere virtutum decore; et in cordis contemplatione, id est, sapientiæ, quam oculorum nomine designat, potius ambulare quam carnis desideria sequi, quia *caro concupiscit adversus spiritum, et spiritus adversus carnem* (Galat. V, 17), quorum opera Apostolus discrevit. Et hæc agenda admonet esse, antequam ingruat nox æternæ mortis, in qua nihil operari poterit homo. Sic in Evangelio ipsa Veritas ait: *Ambulate, dum lucem habetis, ne tenebræ vos comprehendant* (Joan. XII, 35). Admonet nos Scriptura in hoc loco semper, dum vivimus, de futuro cogitare judicio in quo omnia quæ gessimus, judicabuntur.

Vers. 10. — *Repelle iram a corde tuo, et aufer malitiam a carne tua, quia adolescentia et voluptas vana sunt.* In ira omnes perturbationes animi comprehendit, in carnis malitia universas significat corporis voluptates, relinqui suadens juventutis vitia; quia juventus insipientiæ copulata est, et noxias generare solet voluptates.

CAPUT XII.

Vers. 1-3. — *Memento creatoris tui in diebus juventutis tuæ, antequam veniat tempus afflictionis tuæ, et appropinquent anni de quibus dicas: Non mihi placent; antequam tenebrescant sol, et lumen, et stellæ, et luna, et revertantur nubes post pluviam; quando commovebuntur custodes domus, et mutabuntur viri fortissimi, et otiosæ erunt molentes in minuto numero, et tenebrescent videntes per foramina.* Semper memento creatoris tui, et sic adolescentiæ viam gradere, ut recorderis viam tuam morte esse finiendam, et omnia quæ gesseris, judicanda. Tu vero memento creatoris tui, antequam tibi adveniat tempus tristitiæ et senectutis, et anni qui tibi non placebunt. *Antequam tenebrescat sol, et lumen, et luna, et stellæ, et revertantur nubes post pluviam:* Sunt enim qui solem, lunam et stellas ad oculos auresque et capitis sensus coaptant, quæ omnia senectutis molestia debilitantur, quia inferius videntur de humani corporis membris hæc omnia dici; et *custodes domus* costas significare putant; quod ab ipsis intestina vallentur, et tota ventris mollitudo servetur; viros vero fortes crura æstimant. Quod vero ait: *Otiosæ erunt molentes minuto numero,* ad dentium referuntur officia, quod cum extrema senectus advenerit, dentes aut deteruntur, aut dejiciuntur, a quibus permoliti cibi in alvum transmittuntur; qui sunt otiosi, quia fortitudinem corpori non subministrant, sed tantummodo ad horam cito perituram paululum sustentare videntur vitam. Tenebrescere autem videntes in foraminibus putant oculos, quod nimia senectute nullis dubium est caligare acies; et contuitus obscurari.

Vers. 4, 5. — *Et claudent ostia in platea in humilitate vocis molentis, et consurgent ad vocem volucris, et obmutescent omnes filiæ carminis: excelsa quoque timebunt et formidabunt in via.* Clausas in plateis januas pro infirmis senum gressibus accipi volunt, quod semper sedeant, et ambulare non possint, nec congaudeant ludis juvenum, qui in plateis solent esse, sed clauso ostio illos fugiant videre. In humilitate autem vocis molentis, de manibus [*Hier.*, de mandibulis] interpretantur, quod cibum labore proprio invenire non valeant, et spiritu coarctato, vox in senili corpore vix tenuis audiatur. Porro consurgere eum ad vocem volucris ostendit, quod frigescente sanguine et humore siccato, quibus materia soporis alitur [*Hier.*, quibus materiis sopor alitur], ad levem sonitum evigilet, noctisque medio, cum gallus cecinerit, festinus exsurgat, nequaquam valens in strato sæpius membra convertere. *Obmutescere* quoque, sive ut melius habetur in Hebræo, *surdescere filias carminis*, aures significat, quod gravior seni auditus fiat, et nulla inter voces scire valeat discrimina, nec a carminibus delectari. *Excelsa timebunt et formidabunt in via*, id est, ardua ingredi non valebunt, et lassis poplitibus ac tremescente vestigio etiam in plano itinere fluctuantes, offensa gressum [*Hier.*, offensam gressuum] formidabunt.

Florebit amygdalum, impinguabitur locusta, et dissipabitur capparis, quoniam ibit homo in domum æternitatis suæ, et circuibunt in platea plangentes. Per metaphoram etiam nunc de membris nostris Ecclesiastis sermo est, quod cum senectus advenerit, capillus incanuerit, intumuerint pedes, libido refriguerit, et homo fuerit dissolutus, tunc revertatur in terram suam æternitatis suæ, ad sepulcrum, exsequiis rite celebratis atque finitis, plangentium in platea circa sepulcrum turba præcedente. Hæc vero nomina, *amygdalum, locusta*, et *capparis*, per figuram seni conveniunt; amygdalum pro canitie, locusta pro crurum dolore ac pedum tumore, et capparis pro frigescente libidine, secundum etymologiam Hebraicæ interpretationis, ut diximus, seni conveniunt. Hactenus Ecclesiastes plurima senectutis mala prosecutus, de fine uniuscujusque hominis ait :

VERS. 6-8. — *Antequam rumpatur funis argenteus, et recurrat vitta aurea, et conteratur hydria super fontem, et confringatur rota super lacum, et revertatur pulvis in terram suam sicut erat, et spiritus redeat ad Dominum qui dedit illum. Vanitas vanitatum, dixit Ecclesiastes, universa vanitas.* Revertitur ad superiora, et post grande hyperbaton (quod ab eo loco interjecerat, in quo ait : *Memento creatoris tui in diebus juventutis tuæ, antequam veniant dies malitiæ, et antequam tenebrescant sol et* בִּוּב *luna, et stellæ*, etc., *in die qua movebuntur custodes domus*) nunc cœptam sententiam simili fine concludit dicens : *Antequam rumpatur funiculus argenti*, hoc est illud fiat. Funiculus autem argenti, candidam hanc vitam et spiramen, quod nobis e cœlo tribuitur, ostendit ; recursus quoque *vittæ aureæ*, animam significat, quæ illuc recurrit unde descenderat. Porro duo reliqua quæ sequuntur, contritio hydriæ super fontem, et confractio rotæ super lacum ; per metaphoram mortis ænigmata sunt : quo modo enim hydria quæ conteritur cessat haurire ; et rota, per quam de lacu ex puteis levantur aquæ, si confracta fuerit, earum usus intercipitur : ita et cum funiculus argenti fuerit interruptus, et animæ rivus recurrit ad fontem, interibit homo, utque manifestius sequitur, *convertetur pulvis in terram suam unde sumptus est, et spiritus revertetur ad Dominum qui dedit illum*. Ex quo satis ridendi sunt qui putant animas cum corporibus seri, et non a Deo, sed a corporum parentibus generari : cum enim caro revertatur in terram suam, et spiritus redeat ad Deum, qui dedit illum, manifestum est Dominum patrem animarum esse, non homines. Post descriptionem autem interitus humani, pulchre exordium libri sui repetens, ait : *Vanitas vanitatum, dixit Ecclesiastes, omnia vanitas.* Cum enim cunctus mortalium labor, de quo in toto volumine disputatum est, huc perveniat, ut revertatur pulvis in terram suam, et anima illuc redeat unde assumpta est, magnæ vanitatis res esse videtur, in sæculi deliciis atque luxuriis carnis tota laborare intentione, quæ citissima morte finiuntur ; et homo ad judicium festinat pro omnibus vanitatis suæ erratis. De se ipso quoque subjunxit, quis esset, dicens :

VERS. 9, 10. — *Cumque Ecclesiastes esset sapientissimus, docuit populum, et enarravit quæ fecerat ; et investigans composuit parabolas multas, quæsivit verba utilia, et conscripsit sermones rectissimos ac veritate plenos.* Nunc etiam his verbis provocat lectorem, allegoriam quærere in libris suis magis quam simplicem historiam : et doctrinam populo prodesse suam, si mystice intelligerentur proverbia, aliud habentes in medulla, aliud superficie pollicentes. Proverbia quippe non hoc sonare quod scriptum est, et in Evangelio edocemur, quod Dominus populo in parabolis et in proverbiis sit locutus, secreto autem apostolis dissolverit ea (*Matth.* XIII, 15). Ex quo manifestum est et proverbiorum librum non, ut simplices arbitrantur, patentia habere præcepta, sed quasi in terra aurum, in nuce nucleus, in hirsutis castanearum operculis absconditus fructus inquiritur, ita in eis divinum sensum altius perscrutandum. Post hæc addidit etiam causas naturasque rerum, et Dei dispositionem, et prudentiam, quare unumquodque, vel quo modo factum sit, se voluisse cognoscere.

VERS. 11. — *Verba sapientium ut stimuli, et quasi clavi in altum defixi, quæ per magistrorum consilium data sunt a pastore uno.* Ne videretur post legem Dei temerarius subito in præceptum erumpere, et sibi vindicare doctrinam, quod [*Hier.*, quam] Moyses non tam sua sponte quam a Deo, jubente primum dehinc inspirante, susceperat, dicit sua verba vere esse sapientium, quæ in similitudinem stimulorum corrigant delinquentes, et pigros mortalium gressus aculeo pungente commoveant, sicque sint firmi, quasi [clavi] in altum solidumque defixi, nec auctoritate unius, sed consilio atque consensu magistrorum omnium proferantur ; et ne contemneretur hominum scientia, ait, eam ab uno pastore concessam : id est, cum plurimi doceant, tamen doctrinæ hujus auctor est Dominus. Simulque notandum est quod dicantur verba sapientium pungere, non palpare, nec molli manu attrahere lasciviam, sed errantibus et (ut supra diximus) tardis, pœnitentiæ dolores et vulnus infligere. Si cujus igitur sermo non pungit, sed oblectationem facit audientibus, iste non est sermo sapientis. *Verba sapientium ut stimuli,* quoniam ad conversionem provocant delinquentem, et firmata sunt, et a consilio sanctorum data, atque ab uno pastore concessa, et solida radice fundata.

VERS. 12. — *His amplius, fili mi, ne requiras, faciendi plures libros nullus est finis, frequensque meditatio, carnis afflictio est.* Exceptis his verbis quæ ab uno pastore sunt data, et a consilio atque consensu sapientium, nihil facias, nihil tibi vindices; majorum sequere vestigia et ab eorum auctoritate ne discrepes, alioquin quærenti multa, infinitus librorum numerus occurret, qui te pertrahat ad errorem et legentem frustra faciat laborare. Vel certe docet brevitatis studium, et sensum magis sectandum esse quam verba adversus philosophos et sæculi hujus rectores [*Hier.*, doctores], qui suorum dogmatum falsitates conantur asserere varietate ac multitudine sermonum. Et contra, Scriptura divina brevi circulo coarctata est, et quantum dilatatur in sensibus, tantum in sermone constringitur, quod consummatum breviatumque sermonem faciat Dominus super terram, et verbum ejus juxta est in ore nostro et in corde nostro (*Deut.* xxx, 14). Hunc igitur sensum arbitror nunc præceptum, ne plures libri flant : quidquid enim dixeris, si ad eum referatur qui *in principio erat Verbum apud Deum, et Deus erat Verbum* (*Joan.* I, 1); unum volumen est, innumerabiles libri; una lex, unum Evangelium nominatur. Quod si diversa et discrepantia disputaveris, et curiositate nimia huc atque illuc animum adduxeris, et [*Hier.*, etiam] in uno libro multi libri sunt, unde dictum est : *Ex multiloquio non effugies peccatum* (*Prov.* x, 19). Talibus igitur libris non est finis : bonum enim et omnis veritas certo fine concluditur, malitia atque mendacium sine fine sunt; talis siquidem meditatio carnis est afflictio, id est carnalis sensus, non spiritalis.

VERS. 13, 14. — *Finem loquendi omnes pariter audiamus : Deum time, et mandata ejus observa : hoc est omnis homo : et cuncta quæ fiunt adducet Deus in judicium pro omni errato, sive bonum, sive malum sit.* Aiunt Hebræi, cum inter cætera scripta Salomonis quæ antiquata sunt nec in memoria duraverunt, et hic liber oblitterandus videretur, eo quod vanas assereret Dei creaturas, et totum esse pro nihilo;

cibum autem, et potum, et delicias transeuntes præferret omnibus, ex uno capitulo meruisse auctoritatem ut in divinorum voluminum numero poneretur, quod totam disputationem suam, et omnem catalogum sub hac recapitulatione brevissima coarctaverit, et dixerit, omnem sermonum suorum auditum esse promptissimum, nec aliquid in se habere difficile, ut scilicet Deum timeamus, et ejus præcepta faciamus. Ad hoc enim esse hominem creatum ut, Creatorem suum intelligens, veneretur eum metu, et honore, et opere mandatorum. Siquidem cum judicii tempus advenerit, quidquid a nobis gestum est, stare sub judice, et ancipitem Domini exspectare sententiam, et unumquemque recipere pro opere suo, sive mali quid gesserit, sive boni, judicii æquitate permansura in æternum [a].

Albini in Ecclesiasten commentarioli finis.

EJUSDEM AD LECTOREM.

Iste liber vario sensus sermone patescit,
 Diversos hominum, quid cuinam placeat.
Quem tuus, o juvenis ! tanto moderamine sensus
 Perlegat, Epicuri ne ruat in foveam.
Albinus Patrum gradiens per prata piorum,
 Carperet ut flores, per pia rura sacros,
Fingere [*F.*, Cingere] serta volens puerorum congrua fronte,
 Grandia quorum ætas pondera ferre nequit.
Has rogo litterulas nostri perdiscite nati,
 Et tota æternos mente tenete dies.
Omnia fluxa fluunt sæclorum gaudia longe,
 Nec redeunt iterum, more fluentis aquæ.
Pectora nec nimium vanis incessite rebus,
 Sed confirmate semper amore Dei.
Mors properat horis mox omnibus atque momentis,
 Ut rapiat nosmet, judicis ad faciem.
Quo constat nostris, certo discrimine, factis
 Judicium cunctis, ut liber iste canit.
Quod timeat dives, pauper, juvenisque, senexque,
 Tum recipit meritis præmia quisque suis,
Præmia perpetuis semper mansura diebus.
Mox bona quisque bonus, mox mala quisque malus;
Impius in tenebras cum dæmone pellitur atras,
 Cum Christo regnat lucis in arce bonus.
Accipite hæc animis paschalia munera lætis,
 Mittentis memores sitis, et ore pio.
Hoc opus, hoc crudum rapuit portator ab igne,
 Ignivomo coctum nec bene sub camino.
Vestra, precor, fili, pietas errata repurget,
 Dens illud putridus rodere nec valeat;
Aut oculus nigro suffusus felle, per auras
 Contendat patulas, spargere more suo.

---

[a] Animadverterit lector eruditus quod Alcuinus in hac sua Expositione commentarium S. Hieronymi in Ecclesiasten fere ad verbum descripserit et in sua transtulerit, raro vero admodum suis propriis luminibus usus fuerit. Sed hic mos fuit sui sæculi, quo studium sacræ Scripturæ, ut aliarum scientiarum, quidem reformari cœpit, nondum tamen ad eam perfectionem pervenit, ut viri docti, in sacris libris exponendis, propriæ scientiæ facile se permitterent, sed doctrinis et expositionibus antiquorum Patrum in Ecclesia approbatorum magis insistere volebant, ut tali ratione omne periculum novitatis, quæ Ecclesiæ semper perniciosa fuit, evitarent. Cæterum doctissimus Vallarsius, Operum S. Hieronymi novissimus editor, tom. III, pag. 384, not., profitetur se commentarium hujus S. Patris in Ecclesiasten, cum hoc Alcuini ex integro contulisse, huicque meliores lectiones passim acceptas referri debere.

ORATIO SALOMONIS,

QUAM HABUIT IN DEDICATIONE TEMPLI (*II Par.* VI, 14 *seq.*).

Domine Deus Israel, non est similis tui Deus in cœlo desuper, et super terram deorsum; qui custodis pactum et misericordiam servis tuis, qui ambulant coram te in toto corde suo; qui custodisti servo tuo David, patri meo, quæ locutus es ei. Ore locutus es, et manibus perfecisti, ut hæc dies probat. Nunc igitur, Domine Deus Israel, conserva famulo tuo David patri meo quæ locutus es ei, dicens: Non auferetur de te vir coram me, qui sedeat super thronum Israel, ita tamen, si custodierint filii tui viam suam, ut ambulent coram me, sicut tu ambulasti in conspectu meo. Et nunc, Domine Deus Israel, firmentur verba tua quæ locutus es servo tuo David patri meo. Ergone putandum est quod vere Deus habitet super terram? Si enim cœlum et cœli cœlorum te capere non possunt, quanto magis domus hæc, quam ædificavi? Sed respice ad orationem servi tui, et ad preces ejus, Domine Deus meus. Audi hymnum et orationem, quam servus tuus orat coram te hodie, ut sint oculi tui aperti super domum hanc die ac nocte, super domum, de qua dixisti: Erit nomen meum ibi: ut exaudias orationem quam orat ad te servus tuus in loco isto, ut exaudias deprecationem servi tui, et populi tui Israel, quodcunque oraverint in loco isto, et exaudies in loco habitaculi tui in cœlo, et cum audieris, propitius eris. Si peccaverit homo in proximum suum, et habuerit aliquod juramentum quo teneatur astrictus, et venerit propter juramentum coram altari tuo in domum tuam, tu exaudies in cœlo, et facies, et judicabis servos tuos, condemnans impium, et reddens viam suam super caput ejus, justificansque justum, et retribuens ei secundum justitiam suam. Si fugerit populus tuus Israel inimicos suos, quia peccaturus est tibi; et agentes pœnitentiam, et confitentes nomini tuo venerint, et adoraverint, et deprecati fuerint in domo hac, exaudi in cœlo, et dimitte peccatum populi tui Israel, et reduces eos in terram quam dedisti patribus eorum. Si clausum fuerit cœlum, et non pluerit propter peccata eorum, et orantes in loco isto pœnitentiam egerint nomini tuo, et a peccatis suis conversi fuerint propter afflictionem suam, exaudi eos in cœlo, et dimitte peccata servorum tuorum, et populi tui Israel, et ostende eis viam bonam, per quam ambulent, et da pluviam super terram, quam dedisti populo tuo in possessionem. Fames si oborta fuerit in terra, aut pestilentia, aut corruptus aer, aut erugo, aut locustâ, vel rubigo, et afflixerit eum inimicus ejus portas obsidens, omnis plaga, universa infirmitas, cuncta devotio, et imprecatio, quæ acciderit omni homini de populo tuo Israel, si quis cognoverit plagam cordis sui, et expanderit manus suas in domo hac, tu exaudies in cœlo, in loco habitationis tuæ, et repropitiaberis, et facies, ut des unicuique secundum omnes vias suas, sicut videris cor ejus, quia tu nosti solus cor omnium filiorum hominum, ut timeant te cunctis diebus quibus vivunt super faciem terræ, quam dedisti patribus nostris. Insuper et alienigena, qui non est de populo tuo Israel, cum venerit de terra longinqua propter nomen tuum (audietur enim nomen tuum magnum, et manus tua fortis, et brachium tuum extentum ubique), cum venerit ergo, et oraverit in hoc loco, tu exaudies in cœlo, in firmamento habitaculi tui, et facies omnia pro quibus invocaverit te alienigena, ut discant universi populi terrarum nomen tuum timere sicut populus tuus Israel, et probent quia nomen tuum invocatum est super domum hanc quam ædificavi. Si egressus fuerit populus tuus ad bellum contra inimicos suos, per viam, quocunque miseris eos, et orabunt te contra viam civitatis quam elegisti, et contra domum quam ædificavi nomini tuo, tu exaudies in cœlo orationes eorum, et preces eorum, et facies judicium eorum. Quod si peccaverint tibi (non est enim homo qui non peccet), et iratus tradideris eos inimicis suis, et captivi ducti fuerint in terram inimicorum longe vel prope, et egerint pœnitentiam in corde suo, in loco captivitatis, et conversi te deprecati fuerint in captivitate sua dicentes: Peccavimus, inique egimus, impie gessimus; et reversi fuerint ad te in universo corde suo, et tota anima sua, in terra inimicorum suorum ad quam captivi ducti fuerint, et oraverint te contra viam terræ suæ, quam dedisti patribus eorum, et civitas, quam elegisti, et templi, quod ædificavi nomini tuo, exaudies in cœlo, in firmamento solii tui orationes eorum, et preces eorum; et facies judicium eorum, et propitiaberis populo tuo, qui peccavit tibi, et omnibus iniquitatibus eorum quibus prævaricati sunt in te, et dabis misericordiam coram eis qui eos captivos habuerint, ut misereantur eis. Populus enim tuus est, et hæreditas tua, quos eduxisti de terra Ægypti, de medio fornacis ferreæ, ut sint oculi tui aperti ad deprecationem servi tui, et populi tui Israel, et exaudies eos in universis pro quibus invocaverint te. Tu enim separasti eos tibi in hæreditatem de universis populis terræ, sicut locutus es per Moysen servum tuum, quando adduxisti Patres nostros de Ægypto, Domine Deus.

OPUSCULUM QUINTUM.
INTERPRETATIONES NOMINUM HEBRAICORUM
PROGENITORUM DOMINI NOSTRI JESU CHRISTI.
Ex cap. I Evangelii S. Matthæi.

MONITUM PRÆVIUM.

Præsens opusculum, in quo Alcuinus nomina Hebraica progenitorum Salvatoris nostri Jesu Christi, secundum triplicem sensum, litteralem, allegoricum, et moralem interpretatur, ex veteri cod. ms. bibliothecæ monasterii S. Emmerami, sæculo IX haud inferiore, descripsimus, et nunc primo vulgamus.

De illius auctore versus qui eidem subjiciuntur, nos dubitare haud permittunt; Alcuinus enim, solito sibi more, ibi canit, nomen suum pandit, ac scriptum hocce regi, Carolo Magno utique, muneris loco offert. Nullus etiam dubito quin eamdem commentatiunculam præfixa, ut solebat, epistola dedicatoria, eidem regi inscripserit, quæ tamen in codice nostro desideratur, nec alibi uspiam comparuit.

Concordat hoc scriptum cum homilia in Nativitate B. Mariæ Virginis, inter homilias æstivales Ven. Bedæ tom. VII Oper., edit. Basileensis anni 1563, pag. 185 (*Patrologiæ* tomo XCIV), et inter Opera Alcuini a Quercetano edita, pag. 1197, quod scriptores Hist. litt. Franciæ, tom. IV, pag. 541, inter scripta Alcuino supposita rejecerunt, eo quod nullum illis pro Alcuino argumentum suppeteret, nondum viso carmine, nunc primum vulgando. Utrum vero similiter concordet cum illo opusculo quod Alcuinum de Genealogia humanitatis Christi scripsisse memorat Joan. Albertus Fabricius, lib. I Bibliothecæ Latinæ, pag. 136, decidi haud potest, donec hoc ipsum aliquando reperiatur, et prodeat ex Bibliotheca Menarsiana, ubi pag. 157 recensetur.

Porro in laudato cod. ms. S. Emmerami Ratisbonæ, post illas nominum Hebraicorum interpretationes (interjecto tamen unius paginæ spatio vacuo) continuatur commentarius in integrum Evangelium S. Matthæi, hoc modo: « *Christi autem generatio sic erat. Sicut prædixit, deinceps dicturus erit. Cum esset disponsata [desponsata] mater Jesu Maria Joseph. Cur hic sponsum dicit, cum superius virum nominavit? Et quomodo dicitur vir, cum eam non cognovit? Quia consuetudo est Scripturæ nominare sponsum virum, et sponsas mulieres appellari; sicut legimus in Geneseos de filiis Noe et uxores* [Sic ms. Leg., uxoribus] *eorum. Aliter: Cum esset disponsata. Cur Maria disponsata fuit? Quid necesse fuit ut disponsaretur? Pro duabus causis; ut Mariæ origo per virum Joseph ostenderetur; et ne discordaret a scriptura legis, quæ dicit, Nemo copuletur in conjugium, nisi in sua tribu, etc.* » Et ita porro per integrum Evangelium; quod opus Alcuino in præfato codice nostro, manu recentiori sæc. XV et in antiquiore catalogo bibliothecæ nostræ, anno 1500 confecto, ascribitur, his verbis: *Albinus super Matthæum.* Quapropter haud temere quispiam existimare posset, non has tantum, quas hic edimus, interpretationes, sed integrum quoque hunc commentarium genuinum esse Alcuini fetum. Et sane, quisnam alius breve solum hujus laboris initium ab Alcuino mutuare voluisset, et non potius idem quoque de suo addidisset? Stylus quoque a stylo Alcuini non abhorret, quamvis non ita elaboratus, comptus expolitusque sit, ut in commentariis suis in S. Joannis Evangelium: quod fortassis inde evenit quod Alcuinus eidem ultimam manum non adhibuerit, sed variis aliis laboribus, senio morbisque impeditus, imperfectum reliquerit. Nolim tamen de hac re judicium præcipitare, optime

gnarus quam facilis sit error dum de vero auctore cujusdam vetusti operis, debitis characteribus aptisve testimoniis destituti, sententia statuenda est. Quamvis igitur commentationem de nominibus Hebraicis patriarcharum, seu progenitorum Christi genuinis opusculis Alcuini accensendam esse sentiam, quo minus tamen idem de reliquo, qui in eodem codice sequitur, commentario statui possit, obstat primo, clausula ejusdem commentationis, seu carmen illi subjectum, quo insinuari videtur, totum Alcuini laborem illa interpretatione fuisse absolutum. Obstat secundo quod apud Balæum, centuria II Script. Britanniæ; et in Bibliotheca Menarsiana sola commentatio de Genealogia Christi, non vero integer aliquis commentarius in Evangelium Matthæi inter Alcuini opuscula recenseatur. Obstat tertio silentium tum ipsius Vitæ Alcuini scriptoris, tum virorum eruditorum qui in conquirendis vulgandisque opusculis Alcuini summam diligentiam impenderunt.

At enim, ais, Alcuinum in totum Evangelium sancti Matthæi commentatum fuisse, luculentum testimonium exstat sancti Anselmi Lucensis, qui in tractatu contra Guibertum antipapam *ex lib.* II *Albini super Matthæum* bina loca affert ad demonstrandum, inquit Canisius (*Vet. Monument.*, edit. D. Basnagii, tom. III, part. I, pag. 389-491) facultates Ecclesiæ non esse in potestate regis aut Cæsaris. Scripsit igitur Alcuinus super Matthæum; idemque opus, in plures libros divisum, adhuc exstabat ætate sancti Anselmi Lucensis, hoc est, ad finem sæc. XI. Et hoc quidem judicium est celeberrimorum scriptorum Hist. litt. Franc., tom. VI, pag. IX. At enim viros alias doctissimos in hoc suo judicio fuisse deceptos, certissimum habeo. Primo namque prædicta loca Alcuini non reperiuntur in tractatu sancti Anselmi contra Guibertum, sed in collectaneis eidem tractatui subjectis, quæ num Anselmi Lucensis sint, dubitat ipse Canisius, lectorem his verbis monens: « In ms. codice quo usi sumus subjiciebantur sequentes sententiæ ab ipso, *ut videtur*, Anselmo ex variis auctoribus collectæ: » Secundo, loca illa, in illis collectaneis ex Alcuino allata, integra ac verbo tenus leguntur libro II Commentarii ejusdem in Joannem, cap. II, vers. 14-17. Hinc vero manifestum est ex incuria scriptoris eorumdem Collectaneorum exaratum fuisse: *Albinus in lib.* II *super Matthæum*, cum scribere debuisset: *Albinus in lib.* II *super Joannem*. Quapropter testimonium hocce, ex sancto Anselmo Lucensi allatum, nullius momenti est pro commentario quodam in Evangelium sancti Matthæi Alcuino vindicando. Nos ergo rem dubiam relinquentes ab eodem ex codice nostro edendo hic abstinemus; neque etiam eidem inter dubia nunc quidem locum dari volumus, donec ope alterius codicis, suo tempore fortassis reperiundi, a mendis plurimis, quæ sane lectoribus nauseam multoties moveant, purgatus, emendatior, quod optamus, prodire possit. Interea hoc loco non nisi interpretationes nominum progenitorum Christi ex laudato codice, cum additamentis et lectionibus variantibus prædictæ homiliæ de Nativitate B. Mariæ virginis, quæ textui, uncis conclusa, inseruimus, vel inter notas subjecimus.

LIBER GENERATIONIS JESU CHRISTI
FILII DAVID, FILII ABRAHAM, ETC.

[a Beatus Matthæus evangelista, dilectissimi, non immerito, inter cætera cœlestium secretorum animalia, facie hominis describitur : quia longe ab antiquis Patribus exordium Evangelii sumens, lucidius cæteris genealogiam Dominicæ humanitatis prænotavit. Sed sciendum est quia horum omnium nomina allegorici et moralis sensus pleniter in se contineant intellectus.]

INTERPRETATIO LITTERALIS.

Abraham, pater multarum [gentium]. Isaac, gaudium. Jacob, supplantator. Judas confessio [interpretatur]. Phares divisio. Zara, oriens. Esrom, sagittam videns. Thamar, palma [dicitur]. Aram, electus. Aminadab, populus spontaneus. Naasson, augur fortis. Salmon, sensibilis [accipitur]. Booz, in ipso fortitudo. Raab, latitudo. Obed, serviens. Ruth, festinans [subauditur]. Jesse, incensum [Edit., incendium]. David, manu fortis, vel desiderabilis. Salomon, pacificus. Urias, lux mea Deus. Bersabee, filius juramenti [subintelligitur]. Roboam, latitudo populi. Abia, Pater Dominus. Asa, attollens. Josaphat, Dominus judicavit [exprimitur]. Joram, excelsus. Amasias, populus elevatus [Ed. om. Amasias, etc.]. Ozias, robustus Domini. Joathan, perfectus. Achaz, apprehensus [Beda, apprehendens] [dicitur]. Ezechias, fortis Dominus. Manasses, obliviosus. Amon, fidelis. Josia, salus Domini [interpretatur]. Jechonias, præparatio Domini. Salathiel, petitio mea Deus. Zorobabel, iste magister. Abiuth, pater meus iste [subauditur]. Eliachim, Dei resurrectio. Azor, adjutus. Sadoc, justus. Jochim [Leg. Achim], frater meus [subintelligitur]. Heliuth, Deus meus. Eleazar, Deus meus adjutor. Mathan, donum. Jacob subplantator [exprimitur]. Joseph, appositus, sive auctus. Maria, illuminatrix, sive stella maris. Jesus, Salvator. Christus, unctus [interpretatur].

451 INTERPRETATIO ALLEGORICA.

Per hos enim [Edit., igitur] patriarchas Christus [Dominus Deus noster] veniebat in mundum; et horum omnium in seipso allegorice gerebat officium; et in horum interpretatione nominum nostram designare voluit salutem. In Abraham ille pater est omnium credentium, ad quem omnibus clamare licitum est, et dicere : Abba Pater (Rom. viii, 15)! In Isaac gaudium omnium fidelium, de quo angelus cecinit : Ecce annuntio vobis gaudium magnum, quod erit omni populo (Luc. ii, 10). In Jacob supplantator, quia ipse subnervavit et contrivit diabolum vastatorem humani

a Ex homilia de Nativitate beatæ Mariæ virginis, apud ven. Bedam.

b Edit. : « In Booz fortitudo in ipso est, quia a nemine fortitudinem accepit; de quo dictum est : Do-

generis, et vasa ejus diripuit. In Juda confessio, qui dixit [Edit., quia ipse dixit] : Confitebor tibi, Domine, Pater cœli et terræ (Matth. xi, 25). In Phares divisio, qui segregat oves ab hædis (Matth. xxv, 33), [id est, bonos a malis, electos a reprobis]. In Zara oriens ad nostram salutem, sicut dictum est : Timentibus nomen Domini orietur sol justitiæ [Edit., sicut scriptum est : Visitavit nos oriens ex alto, (Malach. iv, 2). In Esrom sagitta salutis Domini, sicut dictum est : Sagittæ potentis acutæ (Psal. cxix, 4). In Thamar palma victoriæ, [sicut ipse dixit : Confidite, ego vici mundum (Joan., xvi, 33)]. In Aram electus, de quo Pater loquitur : Ecce puer meus, quem elegi, electus meus, dedi spiritum meum super eum (Isai. xlii, 1). In Aminadab populus spontaneus, quia sponte posuit animam suam pro salute nostra, ut nos efficeret sibi populum spontaneum, Deoque acceptabilem. In Naasson augur, id est, propheta, fortis, cum dicit : Cum venerit Filius hominis in majestate sua; tunc sedebit in sede majestatis suæ (Matth. xxv, 31), ut judicet orbem in æquitate. In Salmone sensibilis, id est intellectualis, [de quo scriptum est : Ipse autem, ut vidit cogitationes eorum (Luc. xi, 17), et iterum : Dominus novit cogitationes hominum (Psal. xciii, 11). Et : Scrutans corda, et renes Deus (Psal. vii, 10)]. Qui dixit Judæis : Quid cogitatis in cordibus vestris (Luc. v, 22); qui præterita et futura, ut præsentia agnoscit. In Booz robur virtutis ejus exprimitur, ut ait : Omnia traham ad meipsum (Joan. xii, 22) b. In Raab latitudo imperii in Ecclesia designatur. c. In Obeth serviens, quia non venit ministrari, sed ministrare, sicut Apostolus dixit : Formam servi accipiens. In Ruth festinans ad salutem nostram [qui festinanter vult omnes homines salvos fieri, et ad agnitionem veritatis venire, dicens in Evangelio : Pœnitentiam agite, appropinquabit enim regnum cœlorum (Matth. iv, 47)]. In Jesse incensum [Edit., incendium] agnoscitur, qui ait : Ignem veni mittere in terram [et quid volo, nisi ut ardeat (Luc. xii, 49)]? Et item Joannes dixit de eo : Ipse vos baptizabit in Spiritu sancto et igni (Matth. iii, 11). In David desiderabilis, quia dictum est : Speciosus forma præ filiis hominum (Psal. xliv, 5). [In eodem manu fortis, quando flagellum de funiculis in manu tenens, immensam vendentium et ementium multitudinem ejecit de templo (Joan. ii, 15)]. Item fortis bellator, dum diabolum vincebat, et humiliavit [Edit., vicit et contrivit] calumniatorem nostrum. In Salomone pacificus, sicut dixit : Pacem meam do vobis, pacem

minus fortis et potens; Dominus potens in prælio (Psal. xxiii, 8). »

c Edit. : « In Raab latitudo potentiæ ejus exprimitur, quem totus mundus non capit orbis, et cujus regni non erit finis. »

meam relinquo vobis (Joan. xiv, 27). Itemque Apostolus inquit : *Ipse est pax nostra, qui fecit utraque unum (Ephes.* ii, 14). In Bethsabea, filius juramenti, de quo dictum est : *Juravit Dominus, et non pœnitebit eum; tu es sacerdos in æternum (Psal.* cix, 4). In Roboam latitudo fidelis populi, cum ait : *Multi ab oriente et occidente venient, et recumbent cum Abraham, Isaac et Jacob in regno cœlorum (Matth.* viii, 11). In Abia Pater Dominus, qui ait : *Nolite vocare vobis patrem in terra; unus enim est Pater noster* [*Edit., vester*] *, qui in cœlis est (Matth.* xxiii, 9). In Aza attollens, de quo Joannes : *Ecce Agnus Dei,* inquit, *qui tollit peccata mundi (Joan.* i, 29). In Josaphat judex, quia *ipse judicabit orbem terræ in æquitate (Psal.* xcv, 13) [et ipse est judex vivorum et mortuorum]. Itemque ait : *Pater non judicat quemquam, sed omne judicium dedit Filio suo (Joan.* v, 22). In Joram excelsus, quia ipse ascendit super cœlos cœlorum [*Edit.,* super omnes cœlos], [ut adimpleret omnia : et sicut Psalmista dicit : *Excelsus super omnes gentes et super cœlos gloria ejus (Psal.* cxii, 4)]. [a] In Amasia populus elevatus, quia per eum Ecclesia Dei elevata est, cui dedit potestatem ligandi **452** solvendique. In Ozia robustus Domini, quia captivum humanum genus [in robusta manu] captivitate [*Edit.,* captivitatem humani generis] liberavit, et in alta cœlorum deduxit. In Joathan, perfectus, sicut in Evangelio dicit : *Nos enim decet implere omnem justitiam (Matth.* iii, 15). In Achaz, apprehendens, *qui cœlum palmo ponderavit (Isai.* xl, 12), et terram pugillo concludit [*Edit.,* conclusit]. In Ezechia, fortitudo Domini, qui ait : *Confidite, quia ego vici mundum (Joan.* xvi, 33). Item juxta Apostolum : *Christus est Dei virtus, et Dei sapientia (I Cor.* i, 24). In Manasse obliviosus iniquitatis nostræ, sicut in Ezechiel legitur : *In quacunque die conversus fuerit peccator ab injustitia sua, omnes iniquitates ejus oblivioni tradentur* [*Edit.,* omnium iniquitatum ejus non recordabor] *(Ezech.* xviii, 21, 22). In Amon fidelis, qui ait : *Petite et dabitur vobis.* Item Paulus : ut misericors fieret, et fidelis pontifex ad Deum (*Hebr.* ix). Item Joannes : *Qui testis est fidelis (Apoc.* i, 5). In Josia salus Domini, quia *omnis quicunque invocaverit nomen Domini, salvus erit.* In Jechonia præparatio Domini, qui ait : *Si abiero, et præparavero vobis locum (Joan.* xiv, 3). In Salathiel petitio mea Deus, qui ait : *Pater sancte serva eos, quos dedisti mihi (Joan.* xvii, 11). In Zorobabel magister peccatorum et publicanorum, ut eos ab errore vitæ [*Edit.,* viæ] suæ revocaret. [Et sicut ipse ait : *Nec vocemini magistri, quia magister vester unus est Christus (Matth.* xxiii, 10)]. In Abiuth pater meus iste, quia dixit : *Ego et Pater unum sumus (Joan.* x, 30) ; et qui [*Edit.,* quia ipse] est Pater et caput omnium credentium. In Eliachim Domini resurrectio, ut ait : [*Ego sum*

resurrectio et vita,] *qui credit in me, non morietur in æternum; sed ego resuscitabo eum in novissimo die (Joan.* xi, 25). In Azur [Azor] adjutus, ut ait : *Non sum solus, quia Pater mecum est (Joan.* viii, 16, 29) ; ipse est adjutor omnium sperantium. [Et : *Qui misit me, mecum est, et non reliquit me solum*]. Et iterum : Opera quæ ego facio, a meipso non facio ; *sed Pater, qui mecum est, ipse facit opera (Joan.* xiv, 10). In Sadoch justus, sicut scriptum est : *Ut sit ipse justus, et justificans eos qui in fide sunt Abrahæ (Rom.* iii, 26). In Jochim [*Leg.* Achim] frater meus, ut ait : *Quicunque fecerit voluntatem Patris mei, ipse est frater meus, et mater mea, et soror mea (Matth.* xii, 50). In Eliuth Deus meus, qui ex nostra infirmitate dixit ad Patrem : *Deus Deus meus, ad te de luce vigilo,* ut ad te resurgam [b]. In Eleazar Deus meus adjutor, et omnium in se credentium protector, qui dixit : *Qui misit me Pater mecum est, et non relinquit me solum* [c] *(Joan.* viii, 29). In Mathan donum, quia per ipsum Deus Pater omnia debita perdonavit nobis; et ipse *ascendens in altum* [*captivam duxit captivitatem*] *dedit do na hominibus (Psal.* lxvii, 19 ; *Ephes.* iv, 8). In Jacob, quod antea dixi, supplantator antiqui hostis nostri ; quia suis fidelibus dedit potestatem *calcandi super serpentes, et scorpiones, et super omnem virtutem inimici (Luc.* x, 19). In Joseph auctus, [cui dedit Pater *gentes in hæreditatem suam, et in possessionem suam terminos terræ (Psal.* ii, 8)] vel, augmentum vitæ æternæ, ut ipse dixit : *Ego veni, ut vitam habeant, et abundantius habeant (Joan.* x, 10). In sancta autem et perpetua virgine Maria, de qua natus est, stella maris, et lux hujus sæculi [ipse est, sicut ipse ait : *Ego sum lux mundi (Joan.* viii, 12)] *qui illuminat omnem hominem venientem in hunc mundum (Joan.* i, 9). In proprio nomine Jesu salutaris vel Salvator est, angelo exponente, qui ait : *Ipse enim salvum faciet populum suum a peccatis eorum (Matth.* i, 21). Idem vero Christus, id est unctus, appellatus est, quem unxit Deus in humanitate oleo lætitiæ, id est, unctione sancti Spiritus, in sacerdotem, et regem sempiternum : quatenus Christianos, ex suo nomine vocatos, per id quod Salvator est, a peccatis salvaret ; per id quod sacerdos est, Deo Patri reconciliaret; per id quod rex est, in regnum sempiternum collocaret. Ipse [*Ipse enim,* et cætera, usque : *Amen,* omissa in Edit. Querc.] enim per istas quadraginta duas mansiones venit in mundum, ut nos per istas quoque in terram viventium, æternæ promissionis introducat ; ubi in cœlesti Hierusalem, perpetua pace gaudentes, regnaturi erimus in sæcula sæculorum. Amen.

453 INTERPRETATIO MORALIS.

Moraliter hæ quoque interpretationes nominum ad nostram ædificationem multimodis pertinere noscuntur. Sicut Christus ubique nostræ salutis gemens (*Matth.* xxvii). »

---

[a] Edit. om., *In Amasia..... solvendique.*
[b] Edit. : « In Eliud Deus meus, quia ipse est Deus ex substantia Patris ante sæcula genitus, qui in patibulo crucis dixit : Eli, Eli, hoc est : Deus meus, Deus

[c] Edit. : « In Eleasar Deus meus adjutor, quia ipse adjutor in opportunitatibus, in tribulatione, et protector omnium sperantium in se (*Psal.* ix). »

rebat causam, ita et patriarcharum nomina nostrum designant profectum. In Abraham, ut patres simus multarum virtutum; et haereditatis jure multiplicationem bonorum operum possideamus. In Isaac gaudium habeamus in Domino [et non in hoc mundo, juxta hoc, quod ipse dixit : *Gaudete, quod nomina vestra scripta sunt in coelo* (*Luc.* x, 20)]. Et juxta Apostolum : *Gaudete in Domino semper ; iterum dico gaudete* (*Philip.* IV, 4). In Jacob, ut supplantatores simus vitiorum nostrorum, et carnalium desideriorum; et diaboli potestatem victrici pede calcemus [*Edit.*, et carnale desiderium vivaci pede a diaboli potestate calcemus]. In Juda ut [secundum Psalmistam], praeveniamus faciem Domini in confessione, et confiteamur nomini sancto ejus, et laudemus eum in saecula saeculorum (*Psal.* XCIV, 2). In Phares, ut dividamus nos ab impiis, ut actus nostros ab eorum societate secernamus [et abstrahamus ab omni fratre ambulante in quiete; et non communicemus operibus ejus malis]. In Zara, ut Lucifer verus oriatur in cordibus nostris, et Sol justitiae splendeat ubique in cordibus nostris [*Edit.*, ubique in nobis], [*et luceat lux nostra coram hominibus, ut videant opera nostra bona et glorificent Patrem nostrum qui in coelis est (Matth.* v, 16)]. In Esrom, ut sagittae simus salutis Domini, ut de nobis dici possit : *Sagittae potentis acutae* (*Psal.* CXIX, 4). [In Thamar, ut cum palma victoriae pompas diaboli, et concupiscentias mundi superemus, propter eum, qui dilexit nos.] In Aram, ut electi Dei simus, *et simus genus electum* [*gens sancta, populus acquisitionis; et annuntiemus virtutes ejus; qui de tenebris nos vocavit in admirabile lumen suum* (*I Petr.* II, 9)]: regale sacerdotium Christo; et excelsi simus meritis. In Aminadab, ut spontaneus Domini populus simus, in aedificatione corporis sui [*Edit.*, corporis Christi]. In Naasson, ut mundanis auguriis gentilium derelictis, promissis divinis fidem adhibeamus. In Salmon, ut sensibiles, id est, intellectuales veritatis Dei, et docibiles [et factores] inveniamur : [*quia non auditores legis, sed factores justificabuntur* (*Rom.* II, 13)]. In Booz, ut confiteamur Deo,

et viriliter agamus, in Christo triumphantes aereas potestates [a] [In Rahab, ut latum mandatum Domini nimis diligenter observantes, Dominum Deum ex toto corde, tota anima, tota virtute diligamus, et proximum sicut nosmetipsos amplectamur]. In Obeth, ut serviamus in laetitia per spiritum amoris, et dilectione sancta [b] [In Ruth, ut festinantes ingredi in illam requiem, id est, in coelestem Jerusalem, *dum tempus habemus, operemur bonum ad omnes* (*Gal.* VI, 10) : *quia non habemus hic manentem civitatem, sed futuram inquirimus* (*Hebr.* XIII, 14)]. In Jesse, ut incensum orationum nostrarum in ara cordis nostri [in spiritu contribulato, et humiliato] offeramus Deo, dicente Propheta [*Edit.*, cum Psalmista dicentes] : *Dirigatur oratio mea sicut incensum in conspectu tuo* (*Psal.* CXL, 2). In David, ut desiderabiles efficiamur Deo nostro; et fortes simus manu contra Goliam spiritalem pugnantes [c]. In Salomone, ut, quantum ex nobis est, cum omnibus hominibus pacem habeamus [illud dominicum intendentes], quia *beati pacifici, quoniam filii Dei vocabuntur* (*Matth.* v, 9). [In Bethsabee, ut juramentum omnimodis custodiamus, ne perjurio incidamus in laqueum diaboli. In Uria, ut lux nostra Deus sit, videlicet, ut eum sequentes non ambulemus in tenebris mortis, sed habeamus lumen vitae]. In Roboam, ut latum charitatis mandatum complentes, in latitudine spiritalium donorum gaudeamus [d]. In Abia, ut fratres simus, habentes Patrem Deum; et haeredes simus Dei, cohaeredes quidem Christi [e]. In Asaph [*Leg.*, Asa], ut tollamus intentionem nostram a vitiis ad virtutes; a terrenis ad coelestia [f]. In Josaphat, ut recte judicemus omni personae [sicut scriptum est : *Recte judicate filii hominum* (*Psal.* LVII, 2)] ; et quodcunque volumus, ut faciant nobis homines, faciamus et illis similiter, scientes quia mensura qua mensi fuerimus, remetietur nobis (*Matth.* VII, 2). In Joram, ut superna sapiamus, effecti in Domino sublimes, nostram conversationem habentes in coelis [g]. In Ozia, ut confortemur in Domino, et in potentia virtutis ejus [h]. In Joathan, ut perfecta opera facoelis, qui nos voluntarie genuit verbo veritatis, ut simus initium aliquod creaturae ejus (*Jac.* I, 18) : et benedictionem haereditate possideamus, et gloriemur in spe gloriae filiorum Dei (*Rom.* v, 12).

[a] Edit. : « In Booz, ut juxta Apostolum confortemur in Domino, et in potentia virtutis ejus ; succincti lumbos nostros in veritate ; induti loricam justitiae, sumentes scutum fidei, et galeam salutis, et gladium spiritus, quod est verbum Dei » (*Ephes.* VI, 10).
[b] Edit. : « In Obeth, ut serviamus Domino per spiritum timoris et dilectione sancta, quatenus rationabile sit obsequium nostrum, et acceptabile fiat sacrificium nostrum. »
[c] Edit. : « In David, ut manu fortes contra Goliam spiritualem pugnantes, et exhibentes corpora nostra hostiam viventem, sanctam, Deo placentem (*Rom.* XII, 1), desiderabile templum efficiamur Spiritui sancto. »
[d] Edit. : « In Roboam, ut longe lateque per orbem terrarum populus dispersus, unitatem spiritus in vinculo pacis et charitatis habeamus ; unum Dominum, unam fidem, unum baptisma profiteamur de corde puro, et conscientia bona, et fide non ficta » (*Ephes.* IV).
[e] Edit. : « In Abia, ut charitate fraterna invicem diligentes unum Patrem habeamus, Dominum in

[f] Edit. : « In Asa, ut tollamus membra nostra de luto, et sterquilinio vitiorum, ne serviant immunditiae et iniquitati ad iniquitatem ; sed justitiae in sanctificationem : quia non vocavit nos Deus in immunditiam, sed in sanctificationem » (*Rom.* VI, 19).
[g] Edit. : « In Joram, ut excelsi et sublimes effecti, quae sursum sunt, quaeramus, ubi Christus est in dextera Dei sedens ; quae sursum sunt sapiamus, non quae super terram (*Col.* III, 2) ; quoniam omne datum optimum, et omne donum perfectum de sursum est, descendens a Patre luminum » (*Jac.* I, 17).
[h] Edit. : « In Ozia, ut robusti in Domino effecti, in omnibus persecutionibus nostris, et tribulationibus quas sustinemus, exemplum accipiamus laboris et patientiae prophetas, qui locuti sunt in nomine Domini Jesu » (*Jac.* v, 10)

cientes, juxta Evangelium : *Estote perfecti, sicut Pater vester cœlestis, perfectus est* (*Matth.* v, 48) [in omnibus nosipsos exemplum præbentes, et docentes omnem hominem in omni sapientia, ut exhibeamus omnem hominem perfectum]. In Achaz, ut apprehendamus viam salutis nostræ, quæ est Christus, qui dixit : *Ego sum via, veritas et vita* [a] (*Joan.* xiv, 6). In Ezechia, ut laudemus fortitudinem Domini pugnantis pro nobis ; et ut ille nos confortet flagitemus [b]. In Manasse, ut obliviosi simus injuriarum nostrarum [c] et præterita obliviscentes, semper in antea tendamus. In Amon, ut stemus in fide, in qua possimus omnia tela ignita diabolicæ fraudis extinguere [d]. In Josia, ut salutem Domini, quam ille nobis præstare dignatus est, tota virtute et fortitudine sequamur [e]. In Jechonia, ut in adventu Domini [secundo] parati [*Edit.;* præparati] simus, vigilantes et 455 orantes, ne incidamus in tentationem [sed cum illis intrare ad nuptias mereamur, de quibus ipse dicit : *Beati sunt servi illi, quos, cum venerit Dominus, invenerit vigilantes* (*Luc.* xii 37)]. In Salathiel, ut unam petitionem petamus, id est, ut inhabitemus in domo Domini omnibus diebus vitæ nostræ [f]: In Zorobabel, ut simus magistri veritatis, prohibentes magisteria, et hæreticorum confusiones [et quæ verbis docemus, exemplis commendemus, ne de nobis dicat Deus : *Quare tu enarras justitias meas, et assumis testamentum meum

[a] Edit. : « In Achaz, ut apprehendamus disciplinam, ne quando irascatur Dominus, et pereamus de via justa (*Psal.* ii, 12), quæ Christus est, qui dixit : *Ego sum via, veritas et vita*. »

[b] Edit. : « In Ezechia, ut fortes Domini resistamus adversario nostro diabolo, qui tanquam leo rugiens circuit, quærens quem devoret ; non in nostra virtute confidentes, sed Domini fortitudinem cum Psalmista collaudantes : *Fortitudo mea et laus mea Dominus ; et factus est mihi in salutem* » (*Psal.* cxvii, 14).

[c] Edit. pergunt : « et eis qui contra nos agunt, propter nomen Domini ignoscamus : ne illud maledictum incurramus : *Dimitte nobis debita nostra sicut et nos dimittimus debitoribus nostris*. »

[d] Edit. : « In Ammon, ut fideles, in fide radicati et fundati, in omnibus sumamus scutum fidei, in quo possimus tela nequissimi ignea exstinguere » (*Ephes.* vi, 16).

[e] Edit. : « In Josia, ut salutem Domini, et animarum semper deposcamus, ne obcæcemur in infidelitate ; ne claudicernus in viis mandatorum ejus ; ne surdi ad audiendum verbum Dei efficiamur ; ne moriamur in peccatis : sed ut semper salvemur ab eo qui salvos facit sperantes in eo. »

[f] Edit. : « In Salathiel, quatenus petitio nostra ad Deum semper dirigatur, ut gaudium nostrum sit plenum ; non hujus sæculi mœrore permixtum, sed infinita beatitudine sempiternum ; et hoc in nomine Salvatoris, ut impetrare possimus, quod petimus. »

[g] Edit. : « In Eliachim, ut resurgamus a tumulis vitiorum ad celsitudinem virtutum, de terrenis ad cœlestia, de morte ad vitam, de Gaza ad Galilæam, id est, de inferno ad æternam transmigrationem, ubi sancti *ibunt de virtute in virtutem, donec videbitur Deus deorum in Sion* » (*Psal.* lxxxiii, 8).

[h] Edit. : « In Azur, ut adjuti divina gratia cuncta nobis adversantia patienter supportemus, et Domini

per os tuum ; tu vero odisti disciplinam, et projecisti sermones meos retrorsum (*Psal.* xlix, 16, 17)]. In Abiuth, ut sit nobis Deus in Patrem, et nos illi in filios et filias, [*habentes spiritum adoptionis, in quo clamamus, Abba Pater !* Si autem filii, et hæredes ; hæredes quidem Dei, cohæredes autem Christi (*Rom.* viii, 15, 17)], In Eliachim, ut resurgamus a morte peccati, et vivamus Deo in Spiritu sancto [g]. In Azur, ut adjuvante Deo inimicos salutis nostræ vincamus [h]. In Sadoch, ut justificari mereamur ab eo, qui justificat impium [i]. In Joachim, ut fratres Christi, matres et sorores simus, in eo ut faciamus ejus voluntatem [j]. In Eliuth, ut nullum habeamus Deum, nisi Dominum Jesum Christum, [*cui omne genu flectitur, et omnis lingua confitetur* (*Philip.* ii, 10, 11) ; et ut ipsi soli sacrificium laudis immolemus, et vota nostra reddamus, ipsumque solum adoremus, quem oportet adorari *in spiritu et veritate* (*Joan.* iv, 23)]. In Eleazar, ut confiteamur, salutem nostram in Domino Jesu tantummodo constare [k]. In Mathan, ut donum sancti Spiritus accipientes, non simus concupiscentes malorum, sicut gentes [l]. In Jacob, ut rectores tenebrarum harum, cum vitiis nostris spirituali fortitudine supplantemus [m]. In Joseph, ut deficiente exteriore homine interior augeatur de 456 die in diem, donec spiritualiter in nobis confirmetur Christus [n], et per Mariam, id est, lumen fidei et divinæ gratiæ, ducamur ad ineffabilem omnipotentem adjutorem nostrum cum Psalmista collaudemus, dicentes : *Dominus adjutor et protector meus, et in ipso speravit cor meum, et adjutus sum* » (*Psal.* xxvii, 7).

[i] Edit. : « In Sadoch, ut justi appareamus ante Deum, incedentes in omnibus mandatis et justificationibus Domini sine querela, ut cum justis mercamur audire vocem dicentis : *Venite, benedicti Patris mei, percipite regnum quod vobis paratum est a constitutione mundi* » (*Matth.* xxv, 34).

[j] Edit. : « In Joachim, ut fratres Jesu Christi mereamur appellari ; non per cognationem carnis, sed per unctionem Spiritus sancti, quem effudit in nos abunde : ut facientes voluntatem ipsius, sobrie, et juste, et pie vivendo in hoc sæculo, ad Patrem suum, et Patrem nostrum ; et Deum suum et Deum nostrum ascendere possimus in futuro. »

[k] Edit. : « In Eleazar, ut nullum quæramus adjutorem, nisi Dominum nostrum Jesum Christum, qui potens est omnia facere superabundanter, quam petimus et intelligimus : et ut quodcunque facimus in verbo, aut in opere, omnia in nomine Domini faciamus (*Coloss.* iii, 17), dicentes cum Propheta : *Adjutorium nostrum in nomine Domini, qui fecit cœlum et terram* » (*Psal.* cxxiii, 8).

[l] Edit. : « In Mathan, ut donum supernæ gratiæ, spiritum scilicet *sapientiæ et intellectus ; spiritum consilii et fortitudinis ; spiritum scientiæ et pietatis, spiritumque timoris Domini* retinentes (*Isai.* xi, 2, 3), discretionem habeamus inter bonum et malum, quæ est mater omnium virtutum. »

[m] Edit. : « In Jacob, ut supplantemus a nobis zizania vitiorum, et plantemus in nobis aromata virtutum : ut sicut cinnamomum et balsamum aromatizans, et quasi myrrha electa odorem demus ; et plantati in domo Domini floreamus in æternum ante Dominum. »

[n] Edit. : « In Joseph, ut de die in diem virtuti virtutem, sanctificationi sanctificationem apponentes, me-

tentis Dei visionem, in qua gaudentes, ab omni tristitia sæculi liberati, in æterna beatitudine regnabimus cum Christo.

Suscipe, rex, parvum magni modo munus amoris, Quod tuus Albinus obtulit ecce tibi.
Magna ferunt sæcli gazarum dona potentes, Fert mea pauperies, ista minuta duo.

rito et numero augeamur, et in eo crescamus in salutem; et ut per scalam in cœlum erectam quotidie de gradu in gradum ascendamus, donec spiritaliter formetur Christus in nobis (*Gal.* IV). In sancta et perpetua virgine Maria, quæ stella maris, vel illuminatrix interpretatur; ut illuminatores mundi, id est, doctores sanctæ Ecclesiæ simus, et in cordibus credentium lumen fidei et amorem Christi, per doctrinam veritatis et exempla sanctitatis, oriri faciamus, et Deo habitaculum præparemus. In Jesu Domino nostro, ut salvatores animarum nostrarum esse valeamus, manifeste declaratur. Quisquis enim in fide, spe et charitate, vigiliis, jejuniis et orationibus, castitate, sobrietate, eleemosynarum largitione, dilectioneque Dei et proximi, usque in finem perseveraverit, et converti fecerit peccatorem ab errore viæ suæ, salvabit animam ejus a morte, et operiet multi-

Ne vacua in sacris venisset dextra diebus, Ante piam faciem, rex venerande, tuam;
Nomina sanctorum signavi sancta parentum Hebrea, depromens ore latine tuo.

(*Finis in cod. ms. Sanct.-Emmeramiano.*)

tudinem peccatorum (*Jac.* v, 10). In Christo autem, ut ita Christiani simus, quatenus sicut ille ambulavit, et nos ambulemus : et sicut ille pro nobis animam suam posuit, ita et nos pro fratribus nostris animas ponamus (*I Joan.* II ; III) : et sicut ipse horum nominum interpretationes in se naturaliter gerebat, ita et nos in omni activa et contemplativa vita, ut dictum est, spiritualiter recolamus. Ad hoc enim Christus passus est nobis exemplum relinquens, ut sequamur vestigia ejus (*I Petr.* II, 21) ; et abnegemus nosmetipsos, et tollamus crucem nostram, et sequamur eum (*Luc.* IX), perducentem nos ad gloriam sempiternam, quam *oculus non vidit, nec auris audivit, nec in cor hominis ascendit*, quam *præparavit Deus diligentibus se* (*I Cor.* II, 9). Ipsi honor, laus et imperium per infinita sæcula sæculorum. Amen. »
(*Finis Homiliæ ita dictæ apud Quercetanum et Bedam.*)

457 OPUSCULUM SEXTUM.

COMMENTARIA IN S. JOANNIS EVANGELIUM [a].

MONITUM PRÆVIUM.

Præsens Evangelii sancti Joannis expositio, quæ inter opuscula exegetica Alcuini ob stylum diffusiorem, et doctrinarum ex antiquioribus Patribus collectarum, selectum, primum locum meretur, typorum beneficio primum, quantum scimus, prodiit Argentorati sub hoc titulo : *Albini diaconi Angli in D. Joannis Evangelion commentariorum libri septem, Christiana fruge refertissimi*. Argentorati, apud Joannem Hervagium, mense Januario, anno 1527, in-8°. Hac editione cl. Quercetanus in sua Operum Alcuini collectione usus est; eam tamen, prout ipsemet testatur, ope antiqui ms. bibliothecæ nobilissimi ac ornatissimi viri Jac. Aug. Thuani castigavit et auctiorem reddidit. Nobis quoque in hac nostra editione illa Argentoratensis ad manus fuit, quam ab illustri ac multiplicis eruditionis viro D. Felice Oefelio Monacensi, e bibliotheca electorali Boica benevole communicatam habuimus. Præterea vero nonnullas variantes lectiones codicis reg. Vaticani, sæculo XIII exarati, jussu claræ memoriæ eminentissimi S. R. E. cardinalis Dominici Passionei notatas, Roma accepimus.

Meliorem vero præ reliquis in vera restituenda lectione, et mendis residuis corrigendis, opem nobis tulit codex ms. bibliothecæ nostræ sancti Emmerami, optimæ sane notæ, et ante annos omnino nongentos scriptus, tempore scilicet Baturici episcopi Ratisbonensis, qui sedem illam ab anno 817 usque ad annum 845 tenuit, et sic Alcuino nostro contemporaneus fuit. In fine etenim codicis eadem, qua totum volumen exaratum est, manu hæc verba scripta legere est : Isanbertus xviii *Kal. Aug. hunc scribendo patravit librum, obsecrans legentibus* (ita codex), *ut sui meminisse dignentur, propter dign um est, qui in alterius reficiuntur labore*. Patericus c, *viscopus dedit ad sanctum Emmeramum, et pro remedio animæ suæ*.

Horum igitur codicum mss. beneficio commentarios hosce, diligenter cum editis collatos, multis in locis emendatiores reddidimus. De novo vero nunc accedit epistola Alcuini ad Luciam et Columbam, tunc scripta cum integrum opus, cujus antea non nisi partem miserat, perfecit, et ad easdem virgines direxit. Debemus hoc pretiosum litterarium monumentum industriæ ac benevolentiæ viri eruditissimi D. Brequigny regiæ inscriptionum et humaniorum litterarum Academiæ Parisiensis socii, qui eamdem cum aliis perquam multis Alcuini epistolis, quas parte I Operum B. Patris exhibuimus, e codice Bibl. Harleianæ in Anglia eruit, et vulgandas nobis humanissime concessit. Hanc igitur epistolam in capite totius commentarii ante epistolas Gislæ et Richtrudis ad Alcuinum, et hujus ad illas, secundum ordinem ab ipso Alcuino ibidem constitutum, collocandam putavimus. Porro ex hac epistola primo discimus, Alcuinum jam ab annis triginta, adeoque dum adhuc dum in Anglia degeret, propositum hujus operis conficiendi cœpisse, a quo tamen *calamum suum quievisse* ait, quia non fuit, qui excitaret illum, *donec illum prædictarum virginum bona intentio ad studium scribendi revocavit.* Discimus secundo, opus hocce demum completum, atque ad easdem virgines eo tempore directum fuisse, quo nuntium *de exaltatione excellentissimi Domini sui Davidis ; et de prosperitate apostolici viri, Leonis utique papæ* III *et de legatione sanctæ civitatis Jerusalem* accepit. Quæ omnia in annum 800 conveniunt, quo Leo papa ab inimicorum suorum insidiis et injustis vexationibus liberatus, suæque sedi restitutus ; quo etiam Carolus Magnus imperatoria majestate insignitus ; quo demum Zacharias presbyter cum duobus monachis, a patriarcha Jerosolymitano missis, Romam venit claves secum deferens sepulcri Domini, civitatisque et montis Sion, una cum urbis vexillo, ut narrant Annales Francorum, Petavii, Loiselii,

---

[a] In cod. ms. bibl. Reg. Vaticanæ titulus est : *Excerptiones Albini magistri ex dictis Patrum in Joannem evangelistam*. In codice vero nostro Sanct-Emmeramiano ita inscribitur : *Expositio Albini magistri super Johannem*.

Moissiacenses, Eginhardus et alii ad annum eumdem. Ex eadem hac epistola discimus, tertio, Alcuinum anno priore seu 799 partem hujus commentarii ad illas virgines præmisisse, quam illam fuisse existimamus quæ ultimis duobus libris continetur, ubi Alcuinus in brevi, quod præmisit, epistolio profitetur se totius Evangelii expositionem dirigere voluisse, nisi labore a rege sibi demandato, pro emendatione Veteris Novique Testamenti, fuisset occupatus.

458 Equidem haud ignoramus, viros celeberrimos D. Rivet, Hist. lit. Franciæ, tom. IV, pag. 507; D. Remigium Ceillier, *Hist. gén. des Auteurs sacrés*, tom. XVIII, pag. 289, et alios sentire, initio quinque libros priores hujusce commentarii ad præfatas virgines fuisse directos; deinde vero duos residuos, appropinquantibus festis Paschalibus, additos. Nobis tamen hæc opinio probata nunquam fuit; cum, quod Alcuinus in præfatiuncula duobus libris posterioribus præfixa priorum librorum a se antea missorum ne verbo quidem meminerit; tum, quod ex ipso ejusdem præfatiunculæ contextu sat clare nobis innuere videretur, se tunc nondum integram ejusdem Evangelii expositionem absolvisse; ait enim ibidem se totius Evangelii expositionem dirigere voluisse, occupatum vero mandato regis in emendatione Veteris Novique Testamenti opus cœptum explere nondum potuisse; interea vero se pro opportunitate sacri temporis Paschatis appropinquantis hanc partem sui commentarii mittere, ut in lectione illius suam devotionem illis sacris diebus exerceret; promittit etiam se integram expositionem ad eas missurum, postquam illam secundum opportunitatem temporis compleverit, et consummaverit. Scimus viros eruditos supra laudatos illa Alcuini verba : *Totius forsan Evangelii expositionem direxissem vobis*, interpretari de expositione non tantum Evangelii sancti Joannis, sed et reliquorum evangelistarum; sed nulla necessitas nos cogit ut in hunc sensum verba illa trahamus; et longe naturalius illa de solo et integro Evangelio sancti Joannis intelligentur, dum certo constat Alcuinum commentarium huncce non integrum simul, sed successive et per partes misisse : et certe, detecta nunc hac ad Luciam et Columbam epistola, illa conjectura sustineri haud amplius potest; si enim Alcuinus duos ultimos libros completi jam commentarii ultimo quoque loco misisset, non illis breve illud epistolium, sed præsentem epistolam, ut pote opere integro jam absoluto, præmisisset.

Quarto demum, ex nova hac epistola innotescit nomina Gislæ et Luciæ, Richtrudis et Columbæ, non diversarum, sed earumdem personarum esse, ad easdem enim virgines, quæ in epistola mox sequenti, qua commentarium in Evangelium sancti Joannis postulant, semet Gislæ et Richtrudis nominibus propriis patriisque compellant, Alcuinus commentarium desideratum mittit, illasque, more suo, Latina et asciitia appellatione Luciam et Columbam nominat. De his virginibus, earumque conditione atque genere, vide quæ dicimus in præfatione generali, ubi simul ostendimus eas non Anglicæ, ut Alfortus autumabat, sed Francicæ et illustris quidem fuisse originis; professione vero, ut videtur, sanctimoniales.

Unum adhuc superest quod hoc loco moneamus, nemini hucusque, nostra opinione, observatum; nimirum inter Opera Ven. Bedæ presbyteri, tom. V edit. Basil. anni 1565, pag. 519 et seqq. (*Patrologiæ* tomo XCII), editum haberi commentarium in Evangelium sancti Joannis, qui ab initio capitis primi usque ad finem cap. XII non quoad sententias solum, sed quoad ipsa quoque verba cum hoc, qui Alcuino tribuitur, commentario penitus concordat, ita ut nullum, nisi in differentibus quibusdam lectionibus, discrimen intersit : a capite vero XIII, a quo liber VI apud Alcuinum initium capit, usque ad finem magna utriusque differentia est; Expositio enim Ven. Bedæ ibi multo fusior est, textusque evangelicus propriis magis studio, quam aliorum Patrum verbis enuclea-tus : homiliæ quoque ipsius Bedæ et sancti Gregorii Magni, quæ in iisdem ultimis duobus Alcuini libris integræ insertæ habentur, ibidem desiderantur, et illarum loco aliæ expositiones substitutæ sunt; quamvis multoties in hac etiam Bedæ editione sententiæ occurrant quas Alcuinus in eumdem locum protulit.

Hæc quamvis ita sint, neminem tamen virorum eruditorum fore existimamus, qui de vero et genuino hujus commentarii auctore seu compilatore quæstionem movere, atque hoc opus industriæ Alcuini subtrahere, aut Ven. Bedæ tribuere velit. Et profecto certissimis argumentis convincimur, commentarium illum genuinum Alcuini partum esse, Bedæ, nescio quo errore, suppositum : superfluum tamen fore credimus eruditis idipsum fusius demonstrare velle; iis enim characteribus opus hoc insignitum est, quibus evidentiores ad verum auctorem dignoscendum nemo exigere possit, nimirum propriis Alcuini epistolis, quas huic commentario præmisit, ubi suo labore et industria ex SS. Patrum, præprimis Augustini, Gregorii et ipsius Ven. Bedæ, cellariis, quidquid in eis invenire valuit, plena fide et secundum memoriæ integritatem semet collegisse profitetur. Præterea illud quoque evidentissime demonstrat, hunc commentarium Bedæ nullatenus tribui posse, quod in cap. VII, v. 15, in cap. X, v. 1-6, et in cap. XX, v. 31, error Adoptianorum reprehendatur, qui non nisi post obitum Ven. Bedæ in Hispania exortus est, et in Galliam postmodum propagari cœpit.

Non igitur quemquam in Bedæ favorem movere debet testimonium Jonæ Aurelianensis, Ludovici Pii æqualis, qui libro I de Instit. Laicali, cap. 13, apud Lucam d'Achery, Spicil. tom. I, pag. 270, edit. Paris. 1723 ex Bedæ homilia Evangelii vigesima plures versus citat qui in prædictis commentariis leguntur cap. II, ut propterea Mabillonius suspicetur legendum esse apud Jonam non *homilia vigesima*, sed, *homilia secunda*. Textus enim illi, a Jona Aurelianensi allati, Bedæ quidem sunt : non tamen ex integro quodam illius in Joannem **459** commentario deprompti; sed ex homilia quadam ejusdem in illum locum cap. II Joannis, ubi agitur de ementibus et vendentibus in templo, a Christo inde ejectis. Et hæc homilia inter eas quidem quæ in collectione Operum Ven. Bedæ exstant, desideratur, ac propterea cel. Mabillonio incognita esse potuit; nunc autem edita habetur ex cod. ms. Turonensi in Thesauro Anecdot. D. Martene tom. V, pag. 543, et illa ipsa est quæ in capitulatione libri L Homiliarum Bedæ apud Mabil., Act. SS. Ord. S. Ben. sæc. III, part. I, pag. 556, *vigesima secunda*, quæ lectio in Jona Aurelianensi restituenda videtur, recensetur.

Commentarius igitur ille in Evangelium Joannis e censu Operum Ven. Bedæ omnino eximendus est, cujus etiam ipsemet nullam mentionem facit in indice suorum opusculorum, quem quatuor ante obitum suum annis, nimirum 731, confecit. Alcuinus tamen omnes Ven. Bedæ homilias, in quibus nonnulla capitula S. Joannis exposuit, in suum commentarium transtulit.

Cujus vero auctoris sit ultima pars commentarii apud Bedam editi, nempe a cap. XIII Joannis usque ad finem, quem ab Alcuini expositione multum differre supra diximus, difficile est divinare; ad Alcuinum illam quoque pertinere, et secundis curis refusam ab eo fuisse nobis vero haud dissimile videtur, si verba epistolæ ad Luciam et Columbam bene perpendantur, ubi ita scribit : « Obsecro, ut jubeatis, si dignum ducatis, transcribere hanc partem (nempe priores quinque libros) quam modo direxi..... scriptamque citius remittere nobis ; simul et eam partem (duos ultimos libros) quam vobis anno transacto direxi, ut ordinetur per numeros, et capitula, et librorum initia : et si quid addendum sit in fine, ut impleatur. Cogitavi aliquid adhuc addere quod vix in aliis invenitur opusculis. » Hic postulat Alcuinus ut utraque pars divisim missa, describatur sibique remittatur; ut in fine, seu, ut interpretamur, in ultima ejus commentarii parte, aliquid addatur quod in aliis opusculis vel SS. Patrum, vel in his ipsis antea missis, non invenitur. Pronum igitur est conjicere Alcuinum alteri sui commentarii parti novam curam adhibuisse, et in eam formam transfudisse, qualis inter Opera Bedæ repræsentatur. Et hæc quidem nostra conjectura est ex allegatis Alcuini verbis enata; quam tamen virorum eruditorum limatiori judicio lubenter submittimus.

Cæterum Alcuinus ipsemet, pro suo candore, in epist. ad Gislam et Richtrudem ingenue profitetur se non ex proprio prato flores proferre, sed, ut suæ tenuitatis conscius, sine periculo sui nominis, prædictarum virginum satisfaceret voluntati, multorum Patrum florida rura peragrando, inde flores sparsim ibi repertos collegisse. « medicorum exemplo, qui solent, inquit, ex multorum speciebus pigmentorum, in salutem poscentis quoddam medicamenti componere genus, nec seipsos fateri præsumunt creatores herbarum vel aliarum specierum, ex quarum compositione salus efficitur ægrotantium; sed ministros esse in colligendo, et in unum pigmentaria manu conficiendo corpus. » Postea etiam fontes designat e quibus pene omnia sua hausit, nimirum tractatus S. Augustini, homilias S, Gregorii et Bedæ Venerabilis; opuscula S. Ambrosii, et aliorum SS. Patrum, « magis, inquiens, horum omnium sensibus et verbis utens, quam meæ quidpiam præsumptionis committens; velut legentium curiositas facile probare poterit; cautissimo stilo prævidens ne quid contrarium sanctorum Patrum sensibus ponerem. » Hæc ideo ascripsimus ne quispiam, perlustrando hunc commentarium, a capite ad calcem pene ex aliorum Patrum sententiis et verbis compilatum, existimet Alcuinum aliena pro propriis venditasse. Nos quæ ex Augustino, Gregorio et Beda deprompta sunt, suis locis adnotamus.

EPISTOLA
AD SOROREM ET FILIAM.
(Anno 800.)

Ex codice bibliothecæ Harleianæ.

Dilectissimis in Christo personis Luciæ et Columbæ Albinus frater et pater, in solatio sancti Spiritus, salutem.

Memor petitionis vestræ et promissionis meæ, quamvis tardius implerem propter occupationes plurimas, tamen nullatenus obliviscebar quod me spondere recordabar. Opus arduum et difficile, et meæ parvitati præsumptiosum injunxistis, sed charitati nihil negare ratum duxi, quia nihil impossibile eo [F., in eo] qui est charitas vera, optime sciebam. Devotus sanctorum Patrum cellaria peragrans, quidquid in eis invenire valui, vobis ad gustandum attuli; ut probetis, si saporem habeat catholicum, vel secus, quod absit. Quod legebam, plena fide, secundum memoriæ integritatem, protuli; præponens etiam huic operi epistolam petitionis vestræ, ut in posterum agnoscerent legentes vestræ devotionis studium et meæ obedientiæ occasionem. **460** Adjunxi quoque epistolam, annuentem voluntati vestræ, quam etiam quasi prologum anteposui opusculo nostro; rationemque evangelistæ, qua necessitate compulsus Evangelium scriberet, et cætera quæ in ea epistola legere potestis et agnoscere, quam necessaria esse videatur. Fateor siquidem, propemodum ante annos triginta me voluntatem hujus habere operis; sed quievit calamus meus, quia non fuit qui excitaret eum, donec vestra bona intentio illum revocavit ad studium scribendi. Si quid dignum meo sudore elaboratum inveniatis, date gloriam Deo, qui dedit, vobisque mercedem sperate, qui impulistis torpens ingenium, ut mitteret manum in gazophylacium Christi; ut aliquid inde protulisset in solatio famularum suarum. Scio omni habenti esse dandum; item, qui habet desiderium discendi, dabitur ei gratia intelligendi: sed sunt quidam magis mordere aliorum dicta parati, quam sua in publicum proferre; quorum dentes vitandi sunt, vel etiam parvi pendendi. Facile enim columbina charitas serpentinum non curat dentem. Sæpe unde charitas proficit, inde invidia labescit; et lacteam dulcedinem nigro inficit veneno : quos vestra parvipendat prudentia, magis proficere studentes, quam curare invidentes.

Obsecro ut jubeatis, si dignum ducatis, transcribere hanc partem quam modo vobis direxi, et capitula singulis periochis cum numero adnotare, librorumque initia diligenter distinguere, scriptamque citius remittere mihi; simul et eam partem, quam vobis anno transacto direxi, ut ordinetur per numeros et capitula, et librorum initia : et si quid addendum sit in fine, ut impleatur : cogitavi aliquid adhuc addere quod vix in aliis invenitur opusculis.

Litteras vero quas direxisti [F., direxistis] mihi, benigne suscepi, gratias agens Deo de exaltatione excellentissimi domini mei David; et de prosperitate apostolici viri; et de legatione honesta sanctæ civitatis, in qua Salvator noster mundum suo sanguine redemere [pro redimere] dignatus est, et gloria resurrectionis ascensionisque coronari et exaltari. Vos vero, filiæ charissimæ, illius semper habete charitatem in corde, laudem in ore et opus in manibus. Præparate vobis sedem inter sponsas ejusdem Regis æterni, ut dignetur vobis seipsum ostendere, qui suis amatoribus seipsum promisit ostendendum esse : in cujus visione beata est æternitas, et æterna beatitudo; meique memores estote inter sacras orationes vestras famularumque Christi vobiscum Deo deservientium, ut benedictio Domini nostri Jesu Christi me famulum suum proficere faciat in domo sua, peccatorumque meorum indulgentiam perdonare dignetur. Florere vos faciat et vigere divina pietas, in omni studio sanctitatis, et sapientiæ sensibus, multo feliciter tempore, Deus Dei Filius, Jesus Christus Dominus noster, charissimæ filiæ.

EPISTOLA
CHRISTI FAMULARUM GISLÆ ATQUE RECTRUDÆ AD ALBINUM MAGISTRUM.

Venerando Patri nobisque cum summo honore [Al., studio] amplectendo Albino magistro, humillimæ Christi famulæ Gisla et Rectruda [Ms., Richtruda] perpetuæ beatitudinis salutem.

Postquam, venerande magister, aliquid de mellifluã sanctæ Scripturæ cognitione, vestra sagacitate exponente, hausimus, ardebat nobis, ut fatemur, de die in diem desiderium hujus sacratissimæ lectionis, in qua purificatio est animæ, solatium mortalitatis nostræ, et spes perpetuæ beatitudinis. In qua beatus vir, juxta Psalmistam, quotidiana seipsum exercet meditatione : intelligens omnibus sæculi divitiis hujus esse agnitionem [*Ms.*, cognitionem] præferendam ; neque alicui esse veram sapientiam, nisi quæ humano generi secundum dispensationem 461 divinæ providentiæ, cœlestis gratia administravit. Hoc est manna, quod [*Ms.*, quæ] sine fastidio satiat, sine defectu pascitur. Hæc sunt divinæ segetis grana, quæ apostolicis fricata manibus, atque per eos fidelium epulis animarum apposita sunt. Sed duo valde nobis contraria quotidiana tristitia parvitatis nostræ mentem fatigant. Unum, quod tardius hujus optimi studii diligentiam habuimus; aliud, quod modo magnam habentibus devotionem, vestra longinquitas desiderio nostro satis obsistit. Sed vestram, charissime doctor, deprecamur pietatem, ne nos litterarum tuarum solatio deseras. Poteris teipsum nobis quærentibus per litterarum officia ostendere, ut intelligatur vox tua in arcano cordis nostri desiderio. Nam sicut loquentis lingua in aure audientis, ita scribentis calamus proficit in oculo legentis : et ad interiora cordis pervenit sensus dirigentis, sicut verba instruentis. Quapropter, beatissime Pater, nolite ipsum nobis negare. Irriga salutiferi [*Al.*, salutaris] fontis unda, pectora nostræ parvitatis arentia. Scimus in te esse fontem viventis aquæ, quæ [*Ms.*; qui], Domino dicente, saliet in vitam æternam (*Joan.* IV, 14). Nolumus [ut] ad te pertineat quod Salomon ait de his qui suam solent celare sapientiam : *Thesaurus occultatus, et sapientia abscondita, quæ utilitas in utrisque* (*Eccli.* XLI, 17)? Sed magis Domino dicente per Prophetam : *Aperi os tuum, et ego adimplebo illud* (*Psal.* LXXX, 11). Aperi confidenter os tuum in sacratissimam, Spiritu sancto inspirante, beati Joannis evangelistæ expositionem, et venerabiles sanctorum Patrum pande nobis sensus. Collige multorum margaritas in spiritalis thesauri cubili ; et pasce ex eo pauperes Christi. Noli nos jejunas dimittere, ne deficiamus in via. Habemus siquidem clarissimi doctoris Augustini homeliatico [*Al.*, omeliaco] sermone explanationes in eumdem evangelistam, sed quibusdam in locis multo obscuriores, majorique circumlocutione decoratas, quam nostræ parvitatis ingeniolum intrare valeat. Sufficit nobis vestræ devotionis [*Al.*, melius, sufficit vero nostræ devotioni] de rivulis dulcissimæ aquæ potare, non profundissimis gurgitum fluminibus nostras immittere carinas. Scis enim optime, parvis parva sufficere, nec ad mensam magnatorum pauperem turbam accedere posse. Nec nostrum est, altissima cedrorum cacumina ascendere, sed cum Zachæo, pro brevitate staturæ nostræ, in sycomoro stare, Jesumque cernere transeuntem (*Luc.* XIX, 4), continuisque deplorare precibus ut nos suis dignas efficiat conviviis, vobiscumque dulcissimum epithalamii paradigma decantare : *Introduxit nos Rex in cellaria sua, exsultabimus et lætabimur in eo* (*Cant.* I, 3). Memento clarissimum in sancta Ecclesia divinæ Scripturæ doctorem, beatissimum siquidem Hieronymum, nobilium nullatenus spernere feminarum preces, sed plurima nominibus illarum in propheticas obscuritates dedicasse opuscula, sæpiusque de Bethlehem castello, Christi Domini nostri nativitati consecrato, ad Romanas arces epistolaribus iisdem petentibus volare chartulis [*Al.*, epistolares . . . chartulas], nec terrarum longinquitate, vel procellosis Adriatici maris fluctibus territum, quo minus sanctarum virginum petitionibus annueret. Minori vadosum Ligeri flumen, quam Tyrrheni maris latitudo, periculo navigatur. Et multo facilius chartarum portator [*Ms.*, portitor] tuarum de Turonis parisiacam civitatem, quam illius de Bethlehem Romam pervenire poterit [a]. Noli tuæ devotionis nobis subtrahere scientiam, noli accensam in te lucernam modio supponere (*Matth.* V, 15), vel torpentis lectuli quiete abscondere ; sed præcelso superpone eam candelabro, ut luceat omnibus qui in domo Dei sunt. Intra sanctorum gazophylacia doctorum, et profer nobis, veluti doctissimus scriba, et a Domino laudatus nova et vetera (*Matth.* XIII, 52). Aderit tibi in itinere hujus laboris illius gratia ; qui duobus discipulis euntibus in via, tertium se socium addidit, illisque sensus aperuit, ut sanctas intelligerent Scripturas. Quomodo poteris teipsum a culpa taciturnitatis apud eum excusare qui ait : *Omni petenti te da* (*Luc.* XXIV, 32 *seq.*), maxime dum nullatenus tibi minuetur quod dederis, sed datum magis augetur? Spiritus paraclitus omni veritatis doctrina et perfectæ charitatis scientia vestra impleat pectora, magister dulcissime.

462 EPISTOLA
ALBINI MAGISTRI AD GISLAM ET RICHTRUDAM.

Nobilissimis in Christianæ religionis sanctitate et in sapientiæ studiis devotissimis, Deoque dicatis virginibus, Gislæ sorori, et Richtrudæ filiæ [*Al.*; Gislæ et Richtrudæ filiabus], humilis frater et pater Albinus, perpetuæ beatitudinis salutem.

Quantum in sanctissimo sapientiæ studio optimam in vobis laudo devotionem, tantum meam [*Ms.*, mei] ipsius plango imperitiam ; neque ipsum longe imparem vestræ laudabili devotioni agnosco. Atque utinam tanta esset in meo pectore facultas scribendi, quantum [*Ms.*, quanta] est in vobis voluntas legendi. Proinde duabus coarctor angustiis : hinc charitati quidquam negare, cui omnia præstare debitor sum ; illinc altiora petere, modulumque meæ parvitatis transcendere, dicente Scriptura : *Altiora te ne quæsieris* (*Eccli.* III, 22). Nisi forte in vobis sit culpa, quia difficilia petitis, et in hic ratio justæ excusationis, qui infirmitates meas considerans, altissimum meo [*Ms.*, altissimo meum] opere calamum abstinere decrevi. Scire debetis omnibus divinæ Scripturæ paginis merito evangelicam excellere auctoritatem,

---

[a] Hic finitur cod. Vatic., omissis quæ sequuntur.

quia, quod lex et prophetæ futurum prænuntiaverunt, hoc redditum atque completum in Evangelio demonstratur [Al., Evangelium demonstrat]. Atque inter ipsos Evangeliorum scriptores valde beatum Joannem, in divinorum profunditate mysteriorum eminentiorem esse : quem etiam tradunt , sicut legitur in ecclesiastica historia, usque ad ultimum pene vitæ suæ tempus, absque ullius Scripturæ indiciis, Evangelium puro sermone prædicasse. Siquidem a tempore Dominicæ passionis, resurrectionis et ascensionis, usque ad ultima Domitiani principis tempora, per annos circiter sexaginta et quinque, absque ullo scribendi adminiculo, verbum Dei prædicabat. At ubi a Domitiano, qui secundus post Neronem Christianorum persecutor exstitit, in exsilio Pathmos [*Beda*, exsul in Pathmos] missus est ; nacta occasione illius pii Patris absentia, irrumpentes in Ecclesiam hæretici, quasi in destituta pastoris [*Beda*, pastore] ovilia lupi , Marcion, Cherinthus et Hebion, cæterique Antichristi, qui Christum fuisse ante Mariam negabant, simplicitatem fidei evangelicæ perversa maculavere doctrina. Sed dum ipse post occisionem [*Edit*., occasionem] Domitiani , permittente pio principe Nerva, rediret Ephesum, compulsus est ab omnibus pene tunc Asiæ episcopis, et multarum Ecclesiarum legationibus, de coæterna Patri divinitate Christi altius facere sermonem, eo quod in trium evangelistarum scriptis, Matthæi videlicet, Marci et Lucæ, de humilitate [*Ms.*, humanitate] ejus, ac de his quæ per hominem gessit , sufficiens sibi viderentur habere testimonium. Quod ille se non aliter acturum respondit, nisi indicto jejunio omnes in commune Dominum precarentur [*Ms.* deprecarentur], ut illo donante digna scribere posset. Et hoc ita patrato, instructus revelationis coelesti , ac sancti Spiritus gratia ebriatus , omnes hæreticorum tenebras, patefacta [*Al.*, patefactas] subito veritatis luce, dispulit dicens : *In principio erat Verbum , et Verbum erat apud Deum, et Deus erat Verbum (Joan.* I, 1). Atque cum trium Evangeliorum, Matthæi scilicet, Marci et Lucæ; ad eum notitia pervenisset; probasse quidem dicitur fidem et veritatem dictorum ; deesse tamen vidit aliqua rerum gestarum historiæ, ea maxime quæ primo prædicationis suæ tempore Dominus gesserat. Certum est enim quod in superioribus tribus Evangeliis hæc videntur sola contineri quæ gesta sunt postquam Joannes Baptista traditus et inclusus est in carcere. Denique si observes statim in initio narrationis, posteaquam refert Matthæus de quadraginta dierum jejunio et de tentatione ejus, continuo subjecit dicens : *Audiens autem quia Joannes traditus est, discessit de Judæa et venit in Galilæam (Matth.* IV, 12). Sed et Marcus similiter, *Posteaquam*, inquit, *traditus est Joannes, venit Jesus in Galilæam (Marc.* I, 14). Lucas vero etiam, priusquam incipiat aliquid de actibus referre Jesu, dixit : *Quia adjecit Herodes super omnia mala, quæ gesserat, et conclusit Joannem in carcere (Luc.* III, 20). Quia, inquam, ab his hæc videbantur omissa, rogatus dicitur Joannes Apostolus ut ea, quæ præterierant priores, ante traditionem Joannis Salvatoris gesta describeret. Et ideo dicit in Evangelio suo : *Hoc fecit initium signorum suorum Jesus (Joan.* II, 11). Et iterum in alio loco indicat dicens : *Nondum enim Joannes erat missus in carcerem (Joan.* III, 24). Ex quibus constat quod ea quæ antequam Joannes traderetur, ab Jesu fuerant gesta, describit. Sed procul dubio maxime divinitatem Domini nostri Jesu Christi, qua Patri est æqualis , intendit declarare , eamque præcipue suo Evangelio, quantum inter homines sufficere credidit, commendare curavit. Itaque longe a tribus superioribus evangelistis sublimius elevatus est, ita ut eos quodammodo videas in terra cum Christo homine conversari; illum autem transcendisse nebulam qua tegitur omnis terra , et pervenisse ad liquidum coeli lumen, unde acie mentis acutissima atque firmissima videret in principio Verbum, Deum de Deo, lumen de lumine, per quem facta sunt omnia , et ipsum agnosceret carne [*Ms.*, carnem] factum , ut habitaret in nobis ; quod acceperit carnem, non quod fuerit mutatus in carnem. Nisi enim carnis assumptio, servata incommutabili divinitate, facta esset, non diceretur : *Ego et Pater unum sumus (Joan.* X, 30). Neque enim Pater et caro unum sunt. Et hoc de se ipso Domini testimonium , solus idem Joannes commemoravit. *Et , qui me videt , videt et Patrem. Et, Ego in Patre, et Pater in me. Et, Ut sint unum; sicut et nos unum sumus. Et, Quæ Pater facit, hæc eadem et Filius facit similiter (Joan.* XIV, 9, 10); Et si qua alia sunt quæ Christi divinitatem, in qua æqualis est Patri, recte intelligentibus intiment, plenius solus Joannes in Evangelio suo posuit, tanquam de pectore ipsius Domini, super quod discumbere in ejus convivio solitus erat, secretum divinitatis ejus uberius et quodammodo familiarius biberet. Proinde, cum duæ virtutes propositæ sint animæ humanæ, una activa, altera contemplativa : illa qua itur, ista qua pervenitur; illa qua laboratur ut cor mundetur ad videndum Deum, ista qua vocatur et videtur Deus : illa est in præceptis exercendæ vitæ hujus temporalis, ista in doctrina vitæ illius sempiterna [*Ms.*, sempiternæ]. Ac per hoc illa operatur, ista requiescit : quia illa est in purgatione peccatorum, ista in lumine purgatorum : ac per hoc , in hac vita mortali, illa est in opere bonæ conversationis, ista vero magis in fide, et apud per paucos per speculum in ænigmate, et ex parte in aliqua visione incommutabilis Veritatis. Ex quo intelligi datur, si diligenter advertas, tres evangelistas, temporalia facta Domini et dicta, quæ ad informandos mores vitæ præsentis maxime valerent, copiosius prosecutos, circa illam activam fuisse versatos; Joannem vero facta Domini multo pauciora narrantem, dicta vero ejus, ea præsertim quæ Trinitatis unitatem et vitæ æternæ felicitatem insinuarent, diligentius et uberius conscribentem, in virtute contemplativa commendanda , suam continuationem [*Ms.*, intentionem] atque prædicationem tenuisse. Iste est siquidem Joannes, unus ex discipulis Christi, quem Dominus de fluctivaga nuptiarum tempestate virginem vocavit. Cujus virginitatis in hoc duplex testimonium in Evangelio datur, quod et præ cæteris dilectus a Deo dicitur; et huic matrem suam de throno crucis commendavit, dicens [*Beda*, commendavit Deus], ut virginem virgo servaret. Qui singulari privilegio meruit castitatis, ut cæteris omnibus miraculorum Christi scriptoribus altius divinæ majestatis simul caperet ac patefaceret arcanum. Neque enim frustra in cœna mystica supra pectus Jesu recubuisse perhibetur; sed per hoc verissime docetur quia cœlestis haustum sapientiæ cæteris excellentius de sanctissimo ejusdem pectoris fonte potaverit. Unde et merito in figura quatuor animalium aquilæ volanti comparatur; cunctis quippe avibus aquila celsius volare, cunctis animantibus clarius solis radiis infigere consuevit obtutus. Ita beatus Joannes sublimius æternæ nativitatis Christi mysteria conspexit. Iste prior [Petro] laborantibus in piscatione discipulis, Christum in littore stantem, reteque in dexteram navigii mittere jubentem agnovit, dicens Petro: *Dominus est.* Iste est unus de illis de quibus Propheta prædixit: *Cœli enarrant gloriam Dei (Psal.* xviii, 1). Unde filius tonitrui ab ipso Domino appellatur, quia hoc mirabile et omnibus sæculis inauditum, ex cœlesti claritate intonuit procemium dicens: *In principio erat Verbum, et Verbum erat apud Deum, et Deus erat Verbum (Joan.* 1, 1). Quæ verba semper sunt pura fide veneranda ac perpetua religione colenda, non humanæ conjecturæ ratiunculis nimium discutienda, quæ in plerisque fallitur, dum se putat agnoscere quæ humani sensus excedunt indagationem. Tamen quidquid inde pia charitas et humilis inquisitio intelligere potuit, in sacratissimis sanctorum Patrum scriptis, licet sparsim, dicta inveniuntur: sicut etiam et in toto ejusdem Evangelii textu, plurima a catholicis doctoribus leguntur exposita, pro opportunitate loci vel temporis, vel confirmatione orthodoxæ fidei, nec non contra hæreticas pravitates, in defensionem apostolicæ traditionis. Quapropter; forsan temperamentum quoddam inter meam negationem, vestramque petitionem invenire posse video, ne omnino vel charitas vestra taciturnitate mea spernatur, vel temeritas mea in vestræ petitionis obsequio reprehendatur. Solent namque medici ex multorum speciebus pigmentorum in salutem poscentis quoddam medicamenti componere genus, nec seipsos fateri præsumunt creatores herbarum vel aliarum specierum ex quarum compositione salus efficitur ægrotantium, sed ministros esse in colligendo et in unum pigmentaria manu conficiendo corpus: sic etiam, si forsitan meæ devotionis labor aliquid vestræ charitati proficere valet. Nec ex quolibet paternæ possessionis prato mihi flores colligendos esse censeo, sed multorum Patrum, humili corde, prona cervice, florida rura peragranda mihi esse video, ut sine periculo nominis mei satisfaciam sanctissimæ voluntati vestræ. Primoque omnium sancti Augustini suffragia quærens, qui majori studio hujus sancti Evangelii exponere nisus est sacratissima verba. Deinde ex opusculis sancti Ambrosii sanctissimi doctoris aliqua trahens; necnon ex homiliis præcipui Patris Gregorii papæ, vel ex homiliis beati Bedæ presbyteri, multa assumens, aliorumque sanctorum Patrum, sicut invenire potui, interpretationes posui: magis horum omnium sensibus ac verbis utens, quam meæ quidquam præsumptioni committens, veluti legentium curiositas facile probare poterit: cautissimo plane stylo prævidens, divina opitulante gratia, ne quid contrarium sanctorum Patrum sensibus ponerem. Igitur et omne opus secundum capitula ejusdem Evangelii distinxi, ac sub numero septem librorum consummavi. Optansvos, septiformis Spiritus gratia inspirante pectora vestra, variis in Ecclesia Christi florere deliciis, et ambulare quotidie cum sanctis de virtute in virtutem, donec videatur Deus deorum in Sion, ubi perpetua dulcedine inter choros cœlestium agminum dicatis, *Beati qui habitant in domo tua, Domine, in sæculum sæculi laudabunt te. Amen.*

COMMENTARIORUM IN JOANNEM LIBER PRIMUS.

CAPUT PRIMUM.

In principio erat Verbum apud Deum, per quem facta sunt omnia. Joannes missus est ante eum, qui recipientes se facit filios Dei per gratiam.

VERS. 1. — *In principio erat Verbum, et Verbum erat apud Deum, et Deus erat Verbum* [a]. « Neque enim frustra beatus Joannes, dilectus Domini discipulus, in cœna supra pectus Jesu recubuisse perhibetur. Sed per hoc typice docetur, quia cœlestis haustum sapientiæ cæteris excelsius [*Beda*, excellentius] de sanctissimo ejusdem pectoris fonte potaverit. Unde ex [*Ms.*; et] merito in figura quatuor animalium aquilæ volanti comparatur (*Ezech.* 1). Cunctis quippe avibus aquila celsius volare, cunctis animantibus clarius solis radiis infigere consuevit obtutus. Et cæteri evangelistæ quasi in terra ambulant cum Domino, qui, temporalem ejus generationem pariter et temporalia facta sufficienter exponentes, pauca de divinitate dixerunt. Hic autem quasi ad cœlum volat cum Domino, qui, perpauca de temporalibus ejus actis edisserens, æternam divinitatis ejus potentiam, per quem [*Ms.*, quam] omnia facta sunt, sublimius mente volando et limpidius speculando cognovit, ac nobis cognoscendam scribendo

---

- [a] Ex homilia Ven. Bedæ in Natali Domini. — NOTA. Dicta Ven. Bedæ, similiter et SS. Augustini

et Gregorii, dum incipiunt et finiuntur, notavi in hoc opere hoc signo «».

ontradidit. Ergo alii evangelistae Christum ex tempore natum describunt, Joannes eumdem in principio jam fuisse testatur discens :

« *In principio erat Verbum*. Quod duobus modis intelligitur. Nam Pater principium est, quasi dixisset : *In Patre*. In Patre est Filius, quem Verbum nominavit iste evangelista. Nec nos movere debet quod in sequentibus hujus Evangelii, Judaeis interrogantibus quis esset ipse Deus, Dei Filius **468** respondit, *Principium, qui et loquor vobis* (Joan. viii, 5). Si enim Filius principium est [*Al.*, Si enim Filius generatus non esset a Patre], qui habet Patrem, quanto facilius Deus Pater intelligendus est esse principium, qui habet quidem Filium, cui Pater it; Filius enim, Patris est Filius; et Pater utique Filii Pater est, et Pater Deus; sed non de Deo Deus; Filius verus [*Ms.*, Filius vero] Deus de Deo est. Et Pater dicitur lumen, sed non de lumine : Filius dicitur lumen, sed lumen de lumine. Sic Pater principium, sed non de principio : Filius principium, sed a principio principium. Quod enim erat in principio, non finitur tempore, non principio inchoatur [*Ms. et Beda*, nec principio praevenitur, *om. in. seq.*]. Filius principium non finitur tempore, non principio praevenitur, sive ad creaturarum principium vel temporum yelis referre quod ait : *In principio erat Verbum.* Quidquid creaturarum, quodcunque principium habuit ut esset, erat tunc Verbum Dei, per quod facta sunt omnia. Ideo quater dicit evangelista, *Erat, erat, erat, erat*, ut intelligeres omni tempore [*Ms.*, omnia tempora] praevenisse coaeternum Deo Patri Verbum.

« Alii evangelistae inter homines subito apparuisse Dei Filium demonstrant [*Beda*, commemorant]; beatus Joannes apud Deum semper fuisse declarat, dicens : *Et Verbum erat apud Deum*. Alii eum verum hominem, ille ipsum verum confirmat esse Deum, dicens : *Et Deus erat Verbum.* Alii hominem eum apud homines temporaliter conversatum, ille Deum apud Deum in principio manentem ostendit, dicens (Vers. 2) : *Hoc erat in principio apud Deum.* » Si etiam superius principium ad Patrem referri [*Ms.*, referre] placet, et hoc sequens principium ad creaturas, intelligitur aeternaliter Verbum, id est Filium, esse [*Ms. et Beda*, Filium Dei esse] in Patre, et omne creaturarum principium sua essentia praeire. « Alii magnalia quae in homine gessit perhibent, ille quod omnem creaturam visibilem et invisibilem per ipsum Deus fecerit, docet, dicens (Vers. 5) : *Omnia per ipsum facta sunt, et sine ipso factum est nihil.* Si enim nihil creaturarum sine ipso factum est, patet profecto quia ipse creatura non est, per quem omnis creatura facta est. Et ne quis audiens factam per Dei Filium creaturam, mutabilem credat ejus voluntatem, quasi qui subito vellet facere creaturam, quam ab aeterno nunquam ante fecisset; manifeste docet Evangelista, factam quidem in tempore creaturam, sed in aeterna Creatoris sapientia,

quando et qualis crearetur, semper fuisse dispositum, et hoc est quod ait :

Vers. 4. — *Quod factum est, in ipso vita erat.* Id est, quod factum in tempore, sive vivum, sive vita carens apparuit, omne hoc in spiritali factoris ratione quasi semper vixerat, et vivit ; non quia coaeternum est Creatori quod creavit, sed quia coaeterna est illi ratio voluntatis suae, in qua ab aeterno habuit et habet quid et quando creavit [*Ms.*, crearet] ; qualiter creatum gubernet, ut maneat ; ad quem finem singula quae creavit perducat. » Ideo ita distinguendum et subinferendum est, quasi alia voce, *In ipso vita erat.* Quia quidquid per ipsum factum est, etiam et in ipso vivit. Sicut ars in animo artificis vivit, licet arca vel aliud aliquid ab ipso factum, pereat. Sequitur : « *Et vita erat lux hominum*. Quo verbo aperte docetur quod ipsa vitalis ratio, per quam omnia disposita sunt et reguntur, non omnem creaturam, sed rationabilem tantum, ut sapere possit, illuminat. Homines namque, qui ad imaginem Dei facti sunt, percipere sapientiam possunt, animalia non possunt. Sed et animalis quicunque est homo, non percipit ea quae sunt Spiritus Dei (*I Cor.* ii, 14). Unde bene cum dixisset : *Et vita erat lux hominum*, subjunxit et de his qui, ab humanae conditionis honore procul recedentes, comparati sunt jumentis insipientibus, et similes facti sunt illis, atque ideo recte veritatis luce privantur.

Vers. 5. — *Et lux*, inquit, *in tenebris lucet, et tenebrae eam non comprehenderunt.* Lux quippe est hominum Christus, quia omnia, quae illuminari merentur, corda hominum suae praesentia cognitionis illustrat. Tenebrae autem stulti sunt et iniqui quorum caeca praecordia, lux aeternae sapientiae, qualia sint, manifeste cognoscit, quamvis ipsi radios ejusdem lucis nequaquam capere per intelligentiam possint ; veluti si quilibet caecus jubare solis perfundatur, nec tamen ipse solem, cujus lumine perfunditur, aspiciat; » talibus divina consuluit misericordia, qualiter pervenire possint, ut illam veram lucem cernerent, et **469** essent filii lucis, qui fuerunt filii tenebrarum. Et hujus cognitionis initium fuit, quod sequitur :

Vers. 6, 7. — « *Fuit homo missus a Deo, cui nomen erat Joannes ; hic venit in testimonium, ut testimonium perhiberet de lumine, ut omnes crederent per illum.* Non ait, ut omnes crederent in illum. *Maledictus enim homo, qui confidit in homine, et ponit carnem brachium suum* (*Jerem.* xvii, 5). Sed ut omnes, inquit, crederent per illum, hoc est, ut per illius testimonium crederent in lucem, quam necdum videre noverant, Dominum videlicet Jesum Christum, qui de seipso testatur : *Ego sum lux mundi : qui sequitur me, non ambulabit* [*Ms.*, ambulat] *in tenebris, sed habebit lumen vitae* (*Joan.* viii, 12). Sequitur :

Vers. 8, 9. — *Non erat ille lux, sed ut testimonium perhiberet de lumine ; erat lux vera, quae illuminat omnem hominem venientem in* [hunc] *mundum. Et sancti quidem homines lux sunt recte vocati, di-

---

a In editione Argentoratensi hic inseritur caput primum.

cente ad eos Domino : *Vos estis lux mundi.* (*Matth.* v, 14). Et apostolo Paulo : *Fuistis aliquando tenebræ, nunc autem lux in Domino* (*Ephes.* v, 8). Sed multum distat inter lucem quæ illuminatur, et lucem quæ illuminat; inter eos qui participationem veræ lucis accipiunt ut luceant, et ipsam lucem perpetuam, quæ non solum in se ipsa lucere, sed et sua præsentia, quoscunque attigerit, illustrare sufficit. Ad hujus comparationem veræ lucis, non tantum minores quilibet electi, verum etiam ipse Joannes, quo major inter [natos] mulierum nemo surrexit, lux non esse asseritur, ut videlicet Christus non esse, quod putabatur, monstretur. Ille enim [*Al.*, Joannes enim], ut scriptum est : *Erat lucerna ardens ; et lucens* (*Joan.* v, 35). Ardens scilicet fide et dilectione, lucens verbo et actione. Gratiam vero lucis pectoribus infundere, solius est ejus de quo dicit : *Erat lux vera, quæ illuminat omnem hominem venientem in* [*hunc*] *mundum;* omnem videlicet, qui illuminatur, sive naturali ingenio, seu sapientia divina. Sicut enim nemo a se ipso esse, ita etiam nemo a se ipso sapiens esse potest, sed illo illustrante, de quo scriptum est : *Omnis sapientia a Domino Deo est* (*Eccli,* i, 1). Cujus utramque naturam, et divinam videlicet qua semper ubique totus manet, et humanam ex qua in tempore natus, loco inclusus apparuit, consequenter evangelista descripsit, dicens :

Vers. 10, 11. — *In mundo erat, et mundus per ipsum factus est, et mundus eum non cognovit. In propria venit, et sui eum non receperunt.* In mundo [quippe] erat, et mundus per ipsum factus est, quia Deus erat, quia totus ubique, quia suæ præsentia majestatis, sine labore regens et sine onere continens quod fecit. *Et mundus eum non cognovit.* Quia *lux in tenebris lucet, et tenebræ eam non comprehenderunt.* Mundum namque hoc in loco dicit homines, mundi amore deceptos, atque inhærendo creaturæ, ab agnoscenda creatoris sui majestate reflexos. In propria venit, quia in mundo, quem per divinitatem fecit, per humanitatem natus apparuit. In propria venit, quia in gente Judæa, quam sibi præ cæteris nationibus speciali gratia copulaverat, incarnari dignatus est. In mundo erat ergo, et in mundum venit. In mundo erat per divinitatem : in mundum venit per incarnationem. Venire quippe et [*Ms.*, vel] abire, humanitatis est ; manere et esse, divinitatis. Quia ergo, cum in mundo esset per divinitatem, mundus eum non cognovit, dignatus est venire in mundum per humanitatem, ut vel sic eum mundus cognosceret. Sed videamus quid sequitur

In propria venit, et sui eum non receperunt. Quem enim in potentia divinitatis cuncta creantem regentemque cognoverant [*Beda et ms.*, non cognoverunt], ipsum in carnis infirmitate, miraculis coruscantem recipere noluerunt. Et quod gravius est, sui eum non receperunt, homines scilicet, quos ipse creavit; Judæi, quos peculiarem sibi elegerat in plebem, quibus suæ cognitionis revelaverat arcanum, quos mirificis patrum glorificaverat actis, quibus suæ legis doctrinam contulerat, ex quibus se incarnandum promiserat, et in quibus se incarnatum, u promiserat, ostendit, ipsi eum recipere venienten magna ex parte recusarunt. Neque enim omnes re cusarunt; alioquin nullus esset salvus, et supervacua ejus esset incarnatio. Nunc autem multi eum ex utroque populo non credendo [respuerunt, multi credendo] receperunt : de quibus evangelista consequenter insinuat dicens :

470 Vers. 12. — *Quotquiot autem receperun eum, dedit eis potestatem filios Dei fieri, his qui credunt in nomine ejus.* Consideremus, fratres charissimi, quanta gratia Redemptoris nostri, quam magna sit multitudo dulcedinis ejus. Unicus ex Patre natus est, et noluit remanere unus. Descendit ad terram, ubi fratres sibi, quibus regnum Patris sui dare posset, acquireret. Deus ex Deo natus est, et noluit Dei tantum Filius manere; hominis quoque filius fieri dignatus est, non amittens quod erat, sed assumens quod non erat; ut per hoc homines in Dei filios transferret, gloriæque suæ faceret cohæredes, qui, quod ipse semper habebat per naturam, inciperent habere per gratiam. Consideremus, quanta virtus est fidei, cujus merito potestas datur hominibus filios Dei fieri. Unde bene scriptum est, quia *justus ex fide vivit* (*Heb.* II, 4; *Rom.* I, 17). Vivit justus ex fide, non illa quæ labiorum tantum confessione profertur, sed ea quæ per dilectionem operatur. Alioquin fides, si non habeat opera, mortua est in semetipsa (*Jacob.* II, 17). Nullus seipsum despiciat, nullus de sua salute desperet; curramus [*Beda,* curremus] omnes, curramus singuli, ut qui eramus longe, mereamur fieri prope in sanguine Christi. Videamus quod dicitur : Quia *quotquot receperunt eum, dedit eis potestatem filios Dei fieri; Quotquot,* inquit, *receperunt eum.* Non est enim personarum acceptor Deus, sed in omni gente, qui timet eum et operatur justitiam, acceptus est illi. Quo autem ordine credentes filii Dei possunt fieri, et quantum hæc generatio a carnali distet, subsecutus evangelista designat.

Vers. 13. — *Qui non ex sanguinibus,* inquit, *neque ex voluntate carnis, neque ex voluntate viri, sed ex Deo nati sunt.* Carnalis quippe nostra singulorum generatio, *ex sanguinibus,* id est, ex semine maris et feminæ, a conjugii duxit originem complexu. At vero spiritalis Spiritus sancti gratia ministratur, quam carnaliter distinguens Dominus ait : *Nisi quis renatus fuerit ex aqua et spiritu, non potest introire in regnum Dei. Quod natum est ex carne, caro est, et quod natum est de spiritu, spiritus est* (*Joan.* III, 5, 6). Verum ne quis hominum dubitet filium se Dei cohæredem Christi posse fieri, dat exemplum evangelista, quia et ipse Filius Dei homo fieri, et habitare inter homines dignatus sit, ut humanæ particeps existendo fragilitatis, homines divinæ virtutis suæ donaret esse participes.

Vers. 14. — *Et Verbum,* inquit, *caro factum est, et habitavit in nobis.* Quod est dicere, ei Filius Dei homo factus est, et inter homines conversatus est.

Solet namque Scriptura modo animæ, modo carnis vocabulo, totum designare hominem; animæ videlicet, ut scriptum est: *Quia descendit Jacob in Ægyptum, in animabus septuaginta* (Deut. x, 22); carnis vero, ut rursus scriptum est: *Et videbit omnis caro salutare Dei* (Luc. III, 6). Neque enim vel anima sine corporibus in Ægyptum descendere, vel caro sine anima videre aliquid potest; sed hic per animam, totus homo, ibi signatur per carnem. Sic ergo hoc in loco, quod dicitur: *Et Verbum caro factum est*, nihil aliud debet intelligi, quam si diceretur: Et Deus homo factus est, carnem videlicet induendo et animam. Ut sicut quisque nostrum unus homo ex carne constat et anima, ita unus ab incarnationis tempore Christus ex divinitate, carne et anima constat: Deus ab æterno in æternum existens verus, ut erat, hominem ex tempore assumens in unitatem suæ personæ verum; quem non habuerat. Sequitur:

— Et vidimus gloriam ejus, gloriam quasi unigeniti a Patre, plenum gratiæ et veritatis. Gloriam Christi quam ante incarnationem videre non poterant homines, post incarnationem viderunt, aspicientes humanitatem miraculis refulgentem, et intelligentes divinitatem intus latitantem; illi maxime, qui et ejus claritatem, ante passionem transfigurati in monte sancto, contemplari meruerunt, voce delapsa ad eum hujuscemodi a magnifica gloria: *Hic est Filius meus dilectus, in quo mihi complacui* (Matth. XVII, 5). Et post passionem, resurrectionis, ascensionisque ipsius gloria conspecta, Spiritus ejus sunt dono mirifice refecti. Quibus omnibus manifeste cognoverunt, quod hujusmodi gloria non cuilibet sanctorum, sed illi soli homini, qui esset in divinitate unigenitus a Patre, conveniret. Quod autem sequitur: *Plenum gratiæ et veritatis.* Gratiæ plenus erat et est, homo Christus Jesus, cui singulari munere præ cæteris mortalibus datum est, ut statim ex quo in utero virginis concipi et homo fieri inciperet, verus esset et Deus. Unde et eadem gloriosa semper Virgo Maria, non solum hominis Christi, sed et Dei genitrix recte credenda et confitenda est. Idem veritatis plenus erat et est, ipsa videlicet Verbi divinitate, quæ hominem illum singulariter electum, cum quo una Christi persona esset, assumere dignata est; non aliquid suæ divinæ substantiæ, ut hæretici volunt, in faciendam hominis naturam commutans; sed ipse apud Patrem manens, totum quod erat, totum de semine David naturam veri hominis quam non habebat, suscipiens [a].

Vers. 15. — [b] *Joannes testimonium perhibet de ipso.* Redemptoris nostri præcursor testimonium de ipso perhibebat, celsitudinem humanitatis ejus pariter et divinitatis æternitatem manifesta voce pronuntiat. Clamat enim dicens: *Hic erat, quem dixi vobis, qui post me venturus est, ante me factus est, quia prior me erat* (Joan. I, 15). In eo namque quod ait, *qui post me venturus est*, ordinem humanæ dispensationis, qua post eum natus, post eum etiam prædicaturus, baptizaturus, signa facturus, et mortem erat passurus

[a] Huc usque ex Bedæ hom. cit.

insinuat. In eo vero quod subjungit, *ante me factus est*, sublimitatem ejusdem humanitatis, qua cæteris omnibus creaturis erat merito præferenda, designat. Quod enim ait, *ante me*, non ad ordinem temporis, sed ad distantiam pertinet dignitatis, juxta quod de Joseph filiis benedicente Jacob scriptum est: *Constituitque Ephraim ante Manassen* (Gen. XLVIII, 20); ubi recte potuit dicere Manasses, qui post me venit, *ante me factus est*, id est, qui post me natus est, potentia me regni antecessit. Quemadmodum Joannes de Domino, *qui post me*, inquit, *venturus est, ante me factus est*, id est, qui post me ad prædicandum venturus est, culmine me regni et sacerdotii perennis antecellit. Quare autem is qui post eum venturus erat, eum dignitate antecelleret, aperuit, cum subjunxit: *Quia prior me erat*, id est, quia æternus ante sæcula Deus erat, propterea me licet posterior natus, gloria majestatis etiam in assumpta humanitate præibit. Exposito autem evangelista præcursoris Domini testimonio quod de illo perhibuerat, reddit statim suæ quoque assertionis, quod cœperat, illi testimonium dare. Nam sequitur:

Vers. 16. — *Et de plenitudine ejus nos omnes accepimus gratiam pro gratia.* Superius namque dixit: *Quia Verbum caro factum est, et habitavit in nobis, et vidimus gloriam ejus, gloriam quasi unigeniti a Patre plenum gratiæ et veritatis.* Quod cum præcursoris [Al., præcursor] quoque ejus testimonio confirmasset, dicentis: *Hic erat quem dixi vobis, qui post me venturus est, ante me factus est, quia prior me erat*, rursus ipse, quod cœperat exsequitur dicens: *Et de plenitudine ejus nos omnes accepimus gratiam pro gratia.* Plenus quippe erat Dominus Spiritu sancto; plenus gratia et veritate, quia sicut Apostolus ait: *In ipso habitat omnis plenitudo divinitatis corporaliter* (Coloss. II, 9); de *cujus plenitudine nos omnes* (juxta modum nostræ capacitatis) *accepimus*, quia unicuique nostrum data est gratia, *secundum mensuram donationis Christi* (Ephes. IV, 7); De solo namque mediatore Dei et hominum, homine Jesu Christo veraciter dici potuit: *Et requiescet super eum spiritus Domini, spiritus sapientiæ et intellectus, spiritus consilii et fortitudinis, spiritus scientiæ et pietatis, et replebit eum spiritus timoris Domini* (Isai. XI, 2). Omnes vero sancti non plenitudinem spiritus ejus, sed de plenitudine ejus, quantum ille donat, accipiunt. Quia alii per Spiritum datur sermo sapientiæ; alii sermo scientiæ, secundum eumdem Spiritum. Alteri fides in eodem Spiritu, alii gratia sanitatum in uno Spiritu. Alii operatio virtutum, alii prophetatio [Ms., prophetia], alii discretio spirituum, alii genera linguarum, alii interpretatio sermonum. Hæc autem omnia operatur unus atque idem Spiritus, dividens singulis prout vult (I Cor. XII, 8-11). Quia ergo de plenitudine conditoris nostri, non quidem [Beda, non quiddam], sed omnes, quidquid boni accepimus, habemus, curandum summopere est ne quispiam de bona se sua actione vel cogitatione in-

[b] Ex hom. 2 Bedæ.

cautus extollat; ne si ingratus largitori remanserit, perdat bonum quod accepit. Cum autem dixisset evangelista, nos omnes de plenitudine Christi accepisse, confestim subjunxit et ait : *Gratiam pro gratia.* Geminam ergo nos gratiam accepisse testatur, unam videlicet in praesenti, alteram vero in futuro. In praesenti quidem fidem, quae per dilectionem operatur; in **472** futuro autem vitam aeternam. Fides quidem [*Ms.*, quippe]; quae per dilectionem operatur; gratia Dei est, quia quod credimus, et [*Ms.*, quia ut crederemus, ut*]* ut diligamus, ut operemur bona quae novimus, non ullis praecedentibus meritis nostris, sed ipso largiente percepimus, qui dicit : *Non vos me elegistis, sed ego elegi vos, et posui vos, ut eatis et fructum afferatis* (Joan. xv, 16). Et ut vitam, propter fidem et dilectionem, per opera bona percipiamus aeternam, gratia Dei est; quia ne a bono deviemus itinere, ipso duce semper opus habemus, cui dicitur : *Deduc me, Domine, in via tua, et ambulabo in veritate tua* (Psal. LXXXV, 11). Notandum est quod quidam libri habent, *Nos omnes accepimus de plenitudine ejus, et gratiam pro gratia.* Aliquid primo de plenitudine ejus accepimus; et postea gratiam pro gratia, id est, de plenitudine ejus accepimus remissionem peccatorum; et gratiam, id est, vitam aeternam, pro gratia fidei, quae per dilectionem operatur. Quae omnia ex uno fonte plenitudinis Christi nobis provenire certissimum est. Quid ergo accepimus de plenitudine bonitatis illius? Scilicet remissionem peccatorum, ut justificemur in fide. Insuper quid? Et gratiam pro gratia, id est pro gratia, in qua, ex fide vivimus, recepturi sumus aliam. Quid tamen, nisi gratiam? hoc est, vitam aeternam. Sequitur :

VERS. 17. — « [a] *Quia lex per Mosen data est, gratia et veritas per Jesum Christum facta est.* Lex quidem per Moysen data est, in qua quod agendum, quod vitandum sit, coelesti jure decernitur. Sed quod illa praecipit; non nisi gratia Christi completur. Illa siquidem monstrare peccatum, justitiam docere, et transgressores sui reos ostendere valebat. Porro gratia Christi diffusa per spiritum charitatis in cordibus fidelium facit, ut quod lex praecipit impleatur. Unde illud quod scriptum est, *non concupisces*, lex est per Moysen, quae jubet [*Al.*, quia jubetur]; sed per Christum fit gratia, quando quod jubetur, impletur. Veritas autem facta est per Christum, quia umbram habebat lex futurorum bonorum, non ipsam imaginem rerum. Et sicut alibi dicit Apostolus : *Omnia in figura contingebant illis* (I Cor. x, 11). Sed pro umbra lucem veritatis, pro figura legis ipsam imaginem rerum quae figurabatur, exhibuit Christus, quando data spiritus gratia, aperuit discipulis suis sensum ut intelligerent Scripturas. Lex per Moysen data est, cum populus aspersione sanguinis agni mundari praeceptus est. Gratia et veritas quae in lege figurabatur, per Jesum Christum facta est, cum ipse passus in cruce, lavit nos a peccatis nostris in sanguine suo. Lex per Moysen data est, quia populum praeceptis sa-

[a] Beda, loco citato.

lutaribus instituit, quae si servaret [*Al.*, instituit si haec servaret], terram repromissionis intraturum et in ea perpetuo victurum promisit; sin alias, prosternendum ab hostibus praedixit. Gratia et veritas per Jesum Christum facta est, quia dato spiritus sui dono, et legem spiritualiter intelligi ac servare posse donavit : et eos qui servant, in veram coelestis vitae beatitudinem, quam terra repromissionis signabat, introducit. Quae sit autem summa gratiae et veritatis, quae per Jesum Christum facta est, evangelista subdendo manifestat :

VERS. 18. — *Deum nemo vidit unquam; unigenitus Filius, qui est in sinu Patris, ipse enarravit.* Nulla etiam gratia major hominibus dari, nulla veritas altior potest ab hominibus cognosci, quam ea de qua unigenitus Filius Dei suis fidelibus narrans : *Beati, inquit, mundo corde, quoniam ipsi Dominum* [*Ms.*, *Deum*] *videbunt* (Matth. v, 8). Et de qua Patri supplicans ait : *Haec est autem vita aeterna, ut cognoscant te verum, et unum Deum, et quem misisti Jesum Christum* (Joan. xvii, 3). Quae nimirum beatissima perceptio gratiae et veritatis, quoniam in hujus saeculi vita fieri non potest, recte dicitur : *Deum nemo vidit unquam* (I Joan. iv, 2), id est, nemo corruptibili adhuc, et mortali carne circumdatus, incircumscriptam divinitatis potest lucem contueri. Unde manifestius dicit Apostolus : *Quem nemo vidit hominum, nec videre potest* (I Tim. vi, 16). Nemo enim hominum dicitur, id est, nemo humano adhuc habitu aggravatus, humana conversatione caducus. Hinc est enim, quod Moyses, qui Deum, quem in angelo videbat, in ipsa ejus natura videre desiderans orabat : *Si inveni gratiam in conspectu tuo, ostende mihi gloriam tuam,* audivit : *non poteris videre faciem meam, non enim videbit me homo et vivet* (Exod. xx, 18-20). Qua autem ratione ad visionem incommutabilis et aeterni luminis pervenire debeat, evangelista consequenter exposuit, dicens :

473 *Unigenitus Filius, qui est in sinu Patris, ipse enarravit.* Cui simile est, quod Dominus ait : *Nemo venit ad Patrem nisi per me* (Joan. xiv, 6) ; et alibi : *Nemo novit Filium nisi Pater, neque Patrem quis novit, nisi Filius, et cui voluerit Filius revelare* (Matth. xi, 27). Ipsius quippe ducatu ad Patrem venire, ipsius magisterio Patrem et Filium, nec non et Spiritum sanctum [unum] Deum et Dominum nosse debemus : quia nimirum ipse homo factus pro nobis, in hominis habitu loquens nobis, quid de sanctae Trinitatis unitate, recte sentiendum, qualiter ad ejus contemplationem fidelibus properandum, quibus actibus ad hanc sit perveniendum, clara luce revelavit. Ipse sacramentis suae incarnationis nos imbuens, sui nos spiritus charismatibus sanctificans, ut ad hanc venire valeamus, adjuvat. Ipse peracto in hominis forma judicio, novissime [*Ms.*, judicio novissimo] ad visionem nos divinae majestatis sublimiter introducet [*Ms.*, introducit] atque arcana nobis regni coelestis mirabiliter enarrabit [*Ms.*, enarravit]. Sane quod ait : *Qui est in* *sinu Patris,* in secreto Patris significat. Neque enim sinus Patris pueriliter est cogitandus, in similitudinem nostri sinus, quem habemus in vestibus; aut putandus est Deus, qui humanorum forma membrorum compaginatus non est, sic sedere quemadmodum nos. Sed quia sinus noster intus est, more nostro loquens Scriptura, in sinu Patris esse dicit [*Ms.*, dicitur] quem in secreto Patris, quo humanus intuitus pertingere non valet, semper manentem vult intelligi. Non tunc autem solum enarrabit [*Ms.*, enarravit] unigenitus Filius Deum, id est, sanctæ et individuæ Trinitatis, quæ est unus Deus, gloriam manifestabit [*Ms.*, manifestavit] hominibus, cum post universale judicium omnes pariter electos ad visionem claritatis ejus inducet : sed et quotidie narrat, cum singulis quibusque fidelium perfectorum mox a carnis corruptione [*Edit.*, incorruptione] solutis, implere cœperit, quod promisit : *Qui diligit me, diligetur a Patre meo, et ego diligam eum, et manifestabo ei meipsum.* Meipsum, inquit, manifestabo dilectoribus meis, ut quem in sua cognoverunt mortalem, in mea tamen [*Ms.*, *et Beda*, in mea jam] natura, Patri et Spiritui sancto videre possint æqualem. »

CAPUT II.

Joannes negat se esse Christum, sed missum se ante ipsum, vocemque clamantis in deserto secundum Isaiam enuntiat.

VERS. 19. — *Hoc est testimonium Joannis, quando miserunt Judæi ab Hierosolymis sacerdotes et levitas ad eum, ut interrogarent eum : Tu quis es,* etc. « *a* Ex his verbis Joannis humilitas commendatur, qui cum tantæ virtutis esset, ut Christus credi potuisset, elegit solide subsistere in se, ne humana opinione raperetur inaniter super se.

VERS. 20. — *Et confessus est, et non negavit, et confessus est, quia non sum ego Christus.* Sed quia dixit, *Non sum,* negavit plane quod non erat, sed non negavit quod erat; ut veritatem loquens, ejus membrum fieret cujus sibi nomen fallaciter non usurparet. Cum ergo non vult appetere nomen Christi, factus est membrum Christi : quia dum infirmitatem suam studuit humiliter agnoscere, illius celsitudinem meruit veraciter obtinere. Quisnam sit, continuo exprimit, cum subjungit :

VERS. 23. — *Ego vox clamantis in deserto.* Scitis quia unigenitus Filius Verbum Patris vocatur, Joanne attestante, qui ait : *In principio erat Verbum, et Verbum erat apud Deum, et Deus erat Verbum,* et ex ipsa vestra locutione cognoscitis, quia prius vox sonat, ut verbum postmodum possit audiri. Joannes ergo vocem se esse asserit, quia Verbum præcedit. Adventum itaque Dominicum præcurrens vox dicitur, quia per ejus ministerium, Patris verbum ab hominibus [*Ms.*, omnibus] auditur; qui etiam in deserto clamat, quia derelictæ ac destitutæ Judææ, solatium redemptoris annuntiat. Quid autem clamet insinuat, cum subjungit :

Dirigite viam Domini, sicut dixit Isaias propheta. Via Domini ad cor dirigitur, cum veritatis sermo humiliter auditur. Via Domini ad cor dirigitur, cum ad præceptum vita præparatur. Unde scriptum est : *Si quis diligit me,* **474** *sermonem meum servabit, et Pater meus diliget eum, et ad eum veniemus, et mansionem apud eum faciemus* (*Joan.* XIV, 23). Quisquis ergo in superbia mentem elevat, quisquis avaritiæ æstibus anhelat, quisquis se luxuriæ inquinationibus polluit, cordis ostium contra veritatem claudit; et ne ad se Dominus veniat, claustra animi seris vitiorum damnat. Sed adhuc qui missi sunt, percunctantur [*Greg.*, percontantur].

VERS. 25. — *Quid ergo baptizas, si tu non es Elias, neque Christus, neque propheta?* Quod quia non studio cognoscendæ veritatis, sed malitia exercendæ æmulationis dicitur, evangelista tacite innotuit, cum subjunxit [dicens]:

VERS. 24. — *Et qui missi fuerant, erant ex Pharisæis.* Ac si aperte dicat : Illi Joannem de suis actibus requirunt, qui doctrinam nesciunt quærere, sed invidere. Sed sanctus quisque, etiam cum perversa mente requiritur, a bonitatis suæ studio non mutatur. Unde Joannes quoque ad verba invidiæ, prædicamenta respondit vitæ. Nam protinus adjungit :

VERS. 26. — *Ego baptizo in aqua : medius autem vestrum stetit, quem vos nescitis.* Joannes non spiritu, sed aqua baptizat, quia peccata solvere non valens, baptizatorum corpora aqua lavat, sed tamen per veniam [*Greg.*, mentem per veniam] non lavat. Cur ergo baptizat, qui peccata per baptisma non relaxat, nisi ut præcursionis suæ ordinem servans, qui nasciturum nascendo prævenerat, baptizaturum quoque Dominum baptizando præveniret ? Et qui prædicando factus est præcursor Christi, baptizando etiam præcursor ejus fieret, imitatione sacramenti ? Qui inter hæc mysterium Redemptoris nostri annuntians, hunc in medio hominum et stetisse asserit, et nesciri, quia per carnem Dominus apparens, et visibilis stetit corpore et invisibilis majestate. De quo etiam subdidit : *Qui post me venit, ante me factus est.* Sic namque dicitur : *Ante me factus est,* ac si dicatur, ante [me] positus. Post me ergo venit, quia postmodum natus; ante autem factus est, quia mihi prælatus. Sed hæc paulo superius dicens, etiam prælationis ejus causas aperuit cum subjunxit : *Quia prior me erat.* Ac si aperte dicat : inde me etiam post natus superat, quo eum nativitatis suæ tempora non augustant. Nam qui per matrem in tempore nascitur, sine tempore est a Patre generatus : cui quantæ reverentiæ humilitatem debeat, subdendo manifestat, cum ait :

VERS. 27. — *Cujus non sum dignus solvere corrigiam calceamenti.* Mos apud veteres fuit, ut si quis eam quæ sibi competeret, accipere uxorem nollet, ille ei calceamentum solveret, qui ad hanc sponsus jure propinquitatis veniret. Quid igitur inter homines Christus, nisi sanctæ Ecclesiæ sponsus apparuit? De quo et idem Joannes dicit : *Qui habet sponsam, sponsus est* (*Joan.* III, 29). Sed quia Joannem homines Christum esse putaverunt, quod idem Joannes

---

a Ex Hom. sancti Gregorii papæ lib. I, hom. 7.

negat, recte se indignum esse ad solvendum corrigiam ejus calceamenti denuntiat. Ac si aperte dicat : Ego Redemptoris vestigia denudare non valeo, quia sponsi nomen mihi immeritus non usurpo. Quod tamen intelligi et aliter potest. Quis enim nesciat quod calceamenta ex mortuis animalibus fiant ? Incarnatus vero Dominus veniens, quasi calceatus apparuit, qui in divinitate sua morticina [*Ms.*, morticinam] nostræ corruptionis assumpsit. Unde etiam per Prophetam dicit : *In Idumæam extendam calceamentum meum* (*Psal.* LIX, 10). Per Idumæam quippe gentilitas designatur. In Idumæam ergo Dominus calceamentum suum se extendere asserit, quia dum per carnem gentibus innotuit, quasi calceata ad nos divinitas venit. Sed hujus incarnationis mysterium humanus oculus penetrare non sufficit. Investigari enim nullatenus potest, quomodo incorporatur [*Greg.*, corporatur] verbum ; quomodo summus et vivificator spiritus intra uterum matris animatur ; quomodo is qui initium non habet, et existit et concipitur. Corrigia vero calceamenti est ligatura mysterii. Joannes itaque solvere corrigiam calceamenti ejus non valet, quia incarnationis mysterium nec ipse investigare sufficit, qui hanc per prophetiæ spiritum agnovit. Quid est ergo dicere, *Non sum dignus solvere corrigiam calceamenti ejus*, nisi aperte et humiliter suam ignorantiam profiteri ? Ac si patenter dicat : Quid mirum, si mihi ille prælatus est, quem post me quidem natum considero, sed nativitatis ejus mysterium non apprehendo [a] ? [b]

475 VERS. 28. — *Hæc in Bethania facta sunt trans Jordanem, ubi erat Joannes baptizans.* Bene præcursor Domini nostri in Bethania dicitur baptizasse ; nam Bethania domus obedientiæ interpretatur ; ut demonstraret per obedientiam fidei omnes ad Christi baptisma debere pervenire. Sicut Magis mandatum est per aliam viam reverti in patriam, ita nobis præceptum est per aliam ad paradisi gaudia pervenire : nam nostri parentes per inobedientiæ culpam inde ejecti sunt ; nos vero per obedientiæ bonum et observationem mandatorum Dei, ad æternæ beatitudinis paradisum pervenire debemus.

VERS. 29. — *Altera die vidit Joannes Jesum ad se venientem.* Joannes interpretatur gratia Dei. Altera dies populo Christiano [*Ms.*, populus Christianus] est sub gratia, qui pretioso sanguine Christi redemptus est. Altera dies fuit populo priori sub lege, qui mystice sanguine agni redemptus est a servitute Ægyptiaca. Ille agnus significabat istum agnum, quem præsentem beatus Baptista digito ostendebat, dicens : « [b] *Ecce Agnus Dei, ecce qui tollit peccata mundi.* Ecce agnus Dei, ecce innocens et ab omni peccato immunis, ut pote qui os quidem de ossibus Adam, et carnem [*Beda*, et caro] de carne Adam, sed nullam de carne peccatrice traxit maculam culpæ. Ecce qui tollit peccata mundi ; ecce qui justus inter peccatores, mitis inter impios, hoc est, quasi agnus inter lupos apparens, etiam peccatores et impios

[a] Hucusque ex Gregorio.

A justificandi habet potestatem. Quomodo autem peccata mundi tollat, quo ordine justificet impios, apostolus Petrus ostendit, qui ait : *Non corruptibilibus, argento vel auro redempti estis de vana vestra conversatione paternæ traditionis, sed pretioso sanguine, quasi agni incontaminati, et immaculati Jesu Christi* (*I Petr.* I, 18, 19). Sequitur :

VERS. 30. — Joannes testimonium perhibet de Domino. *Hic est de quo dixi, post me venit vir, qui ante me factus est, quia prior me erat.* Post me venit vir, post me natus est in mundo, post me prædicare incipiet mundo ; qui ante me factus est, qui me potentia majestatis tantum, quantum præconem judex, quantum sol Luciferum, post me apparens, antecellit. *Quia prior me erat*, quia *in principio erat Verbum, et Verbum erat apud Deum, et Deus erat Verbum. Post me venit vir*, tempus humanæ nativitatis designat, in quo Joanne posteriorem Christum intellige ; *Qui ante me factus est*, primatum regiæ potestatis, quo etiam angelis præsidet, intuere ; *quia prior me erat*, æternitatem divinæ majestatis, qua Patri est æqualis, intellige. *Post me venit vir, qui ante me factus est, quia prior me erat.* Post me venit humanitate, qui ideo me præcellit dignitate, quia prior me erat divinitate.

VERS. 31. — *Et ego nesciebam*, inquit, *eum.* Certum est quia sciebat Dominum Joannes, cui testimonium perhibere missus est, quem judicem omnium venturum prædicabat, dicens : *Cujus ventilabrum in manu sua, et permundabit aream suam* (*Matth.* III, 12) ; a quo Spiritum sanctum dari debere testabatur, ipse vos baptizabit, inquiens, *Spiritu sancto*; a quo se ipsum ablui desiderabat, dicens : *Ego debeo a te baptizari, et tu venis ad me ?* Quomodo ergo dicit, *et ego nesciebam eum*, nisi quia eum quem et antea noverat, perfectius jam cum baptizaretur agnovit ? Quem mundi Salvatorem et judicem noverat, hujus potentiam majestatis altius, Spiritu sancto super eum descendente, cognovit. Neque enim dubitandum est, quia beatus Joannes, cum Spiritum sanctum, licet corporali specie videre, cum vocem Patris, licet corporaliter sonantem, meruisset audire, multum ex hoc visu et auditu profecerit ; multum de divinæ potestatis excellentia, revelatis oculis mentis, scientiæ cœlestis acceperit : adeo ut [*Beda*, acceperit a Deo, ut] ad comparationem intelligentiæ qua tunc illustrari cœperat, eatenus illum quantus esset, omnimodis sibi videretur ignorasse. Qui testimonium, in quo [*Beda*, in quod] missus est, Domino diligenter perhibens adjungit :

Sed ut manifestaretur Israel, propterea veni ego in aqua baptizans. Quod est aperte dicere : non ideo veni in aqua baptizans, quia peccata mundi baptizando tollere possum, sed ut eum baptizando ac prædicando manifestarem populo Israel, qui in spiritu sancto baptizans, ad tollenda peccata non solum Israel, sed et totius mundi, si ei credere voluerit, idoneus est. Propterea **476** veni ego in aqua

[b] Beda, hom. in Epiphania Domini.

[*Al.*, in pœnitentiam] baptizans, ut sic baptizando, illi viam pararem, qui baptizaret in remissionem peccatorum.

-Vers. 32. — *Et testimonium perhibuit Joannes dicens, quia vidi Spiritum descendentem quasi columbam de cœlo, et mansit super eum.* Bene autem [in] columbæ specie descendit super Dominum Spiritus, ut discant fideles non aliter se membra ejus fieri ; non aliter ejus Spiritu se posse repleri, nisi simplices fuerint, nisi veram cum fratribus habuerint pacem, quam significant oscula columbarum. Habent autem oscula et corvi, sed laniant, quod columbæ omnimodo non faciunt : significantes eos, qui loquuntur pacem cum proximo suo, mala autem sunt in cordibus eorum (*Psal.* xxvii, 5). Columbæ autem natura, quæ laniatu innocens est, illis aptissime congruit, qui pacem sequuntur cum omnibus et sanctimoniam, solliciti servare unitatem spiritus in vinculo pacis (*Ephes.* iv, 3). Atque ideo Spiritus in columbæ specie descendendo, non suam tantummodo, vel ejus in quem descendit, innocentiam simplicitatemque designat, sed eorum æque qui sentiunt de illo in bonitate et in simplicitate cordis quærunt illum (*Sap.* 1). *Et ego*, inquit, *nesciebam eum.* Subaudis, tam subtiliter, quam Spiritu in eum descendente [*Beda*, spiritum... descendentem], cognovi.

Vers. 33. — *Sed qui misit me baptizare in aqua, ille mihi dixit* : *Super quem videris Spiritum descendentem, et manentem super eum, hic est qui baptizat in Spiritu sancto.* Baptizat Dominus in Spiritu sancto, per Spiritus sancti gratiam peccata dimittendo. Sive enim ipse aqua aliquos discipulorum suorum primus baptizaverit, per quos ad cæteros fideles rivus baptismi proflueret, eosdem etiam spiritu baptizabat, peccata illis relaxando et Spiritus sancti dona ministrando ; sive fideles ejus, invocato nomine ipsius, aqua baptizent electos, et chrismate sancto perungant, eosdem nihilominus ipse Spiritu sancto baptizat ; quia nemo præter ipsum peccatorum nexus solvere, et Spiritus sancti valet dona tribuere. Sed diligentius intuendum est, quia cum dixisset : *Super quem videris Spiritum descendentem*, adjecit : *et manentem super eum*. Et in sanctos enim ejus spiritus descendit : verum quandiu sunt in corpore, peccato carere nequeunt, quia cœlestium contemplationi semper oculum mentis intendere non sufficiunt ; sed sæpius hunc ad terrenæ curam conversationis inflectunt : in eorum procul dubio cordibus Spiritus aliquando venit, aliquando recedit. Unde dictum est, *Spiritus, ubi vult, spirat*; *et vocem ejus audis, sed non scis, unde veniat, et quo vadat* (*Joan.* iii, 8). Venit quippe ad sanctos, vadit a sanctis Spiritus, ut quem semper [habere] idonei non sunt, ejus per tempora redeuntis crebra luce reficiantur. In solo autem mediatore Dei et hominum homine Jesu Christo Spiritus perpetuo veraciter manet, in quo nec sordidæ cogitationis maculam, quam re-

fugeret, ullam invenit. Mansit autem totus in illo, non ex eo solum tempore quo hunc Joannes super eum vidit descendentem ; sed ex quo homo [fieri] incipiens, ejus ministerio et opere conceptus est. Idcirco autem super eum, in quo semper manebat, baptizatum descendere Spiritus ostenditur, ut et Baptista ipse [*Ms.*, ipsum] celsius jam quem prædicaret, agnosceret ; et credentibus daretur indicium, nequaquam se nisi baptizatos aqua, Spiritus ejusdem posse baptisma mereri. Quærendum est interea quomodo speciale filii Dei agnoscendi signum fuerit, quod super eum descenderit, et manserit Spiritus ? Cum etiam discipulis ipse promittat, dicens eis : *Ego rogabo Patrem, et alium paracletum dabit vobis, ut maneat vobiscum in æternum, Spiritum veritatis* (*Joan.* xiv, 15). Et paulo post : *Quia apud vos manebit, et in vobis erit.* Si enim apud servos Dei electos manet, et in illis erit Spiritus, quid est magnum [*Ms. et Beda*, magni est] Filio Dei, quod in ipso manere Spiritus astruatur ? Notandum quoque quod semper in Domino manserit Spiritus sanctus : in sanctis autem hominibus, quandiu mortale corpus gestaverint, partim maneat in æternum, partim rediturus secedat. Manet quippe apud eos, ut bonis insistant actibus, voluntariam paupertatem diligant mansuetudinem sequantur [*Beda*, consequantur], pro æternorum desiderio lugeant, esuriant, et sitiant justitiam, misericordiam, munditiam cordis, et tranquillitatem pacis amplectantur. Sed et pro observatione justitiæ, persecutionem pati non vereantur, eleemosynis, orationibus, et jejuniis, cæterisque spiritalibus [*Ms. et Beda*, Spiritus] 477 fructibus insistere desiderent. Recedit autem ad tempus, ne semper infirmos curandi, mortuos suscitandi, leprosos mundandi, dæmones ejiciendi, vel etiam prophetandi possint habere virtutem. Manet semper, ut mirabiliter ipsi vivant [a]: venit ad tempus, ut etiam aliis per miraculorum signa, quales sint intus, effulgeant.

Vers. 34. — *Ego*, inquit, *vidi et testimonium perhibui, quia hic est Filius Dei.* Supra dixerat : *Post me venit vir, qui ante* [*me*] *factus est* : nunc testimonium perhibet, *quia hic est Filius Dei*: utriusque naturæ veritatem, et humanæ videlicet et divinæ, in una eademque Christi persona, manifeste designans. Erubescat Manichæus, audiens : *Venit vir.* Conticescat Photinus, audiens : *Hic est Filius Dei.* Audiant mansueti et lætentur, quia venit vir post Joannem, fortior Joanne, qui baptizat in Spiritu sancto, et quia hic est Filius Dei. Quia enim per superbiam recessimus omnes a Deo, Filius Dei per misericordiam factus est homo, ut idem ipse et per divinitatem Patri et per humanitatem congrueret nobis ; ac per humanitatem nostri similem pro nobis cum hoste confligere, per divinitatem Patri consubstantialem, ad imaginem nos Dei et similitudinem, quam peccando amisimus, posset digne recreare; [ut] per mortem no-

---

[a] Beda: *Manet semper, ut possint habere virtutem, qua mirabiliter ipsi vivant.*

stræ fragilitatis destrueret eum qui habebat mortis imperium, et per impassibilem suæ divinitatis potentiam reconciliaret nos Deo Patri [a].»

VERS. 35. — *Stabat Joannes et ex discipulis ejus duo.* Stabat Joannes, quia credebat in Domino, et duo ex discipulis ejus; statim enim crediderunt, et secuti sunt Jesum ambulantem.

VERS. 36. — *Et respiciens Jesum, ambulantem.* Debemus singula Scripturarum verba tractare, quare Joannes stans, et Jesus ambulans dicitur : *Et aspiciens Jesum ambulantem, dicit: Ecce agnus Dei.* Lex dat testimonium : ecce agnus Dei, agnus immaculatus, agnus anniculus, agnus qui tollit peccata mundi, agnus qui exterminatorem Ægypti populum Israel percutere non sinit. *Ecce agnus Dei.*

VERS. 37. — *Et audierunt eum discipuli.* Quare voluit dicere, *ecce*? Quando dicitur *ecce*, quodammodo ille qui ostenditur, digito demonstratur. Dicit ergo ad discipulos suos : Quid me sequimini ? Quid me putatis magistrum habere ? *Ecce agnus Dei.* Illum sequimini, illum oportet crescere, me autem minui. Nemo prudentum eum qui minuitur, sequitur, et relinquit eum qui crescit. Et audierunt eum duo discipuli loquentem magistrum : Magistri imperium sunt secuti. Testimonium Joannis fides est discipulorum. *Et secuti sunt Jesum.* Sequentes Jesum, relinquerunt Joannem; sequentes Evangelium, Legem amiserunt. Sic tamen secuti sunt Evangelium, ut testimonio uterentur e Lege. *Conversus autem Jesus, et videns eos.* Discipuli Joannis cominus, et coram, et antecessu Jesum videre non poterant, sed tergum illius sequebantur ut viderent. Ergo [illi] discipuli faciem Domini videre non poterant. Convertit se et quodammodo de sua majestate descendit, ut possent discipuli contemplari faciem illius : convertit se ut ex Lege a discipulis cerneretur.

VERS. 38. — *Conversus autem et videns eos sequentes dixit: Quid quæritis?* Non quasi ignorans interrogat; sed interrogat, ut mercedem habeant respondentes. *Quid quæritis?* Nec dixit quem quæritis, ne se videretur ostendere. *Quid quæritis?* Rem interrogat, ut illi personam significent. *Quid quæritis? Qui dixerunt ei: Rabbi.* Ipsa appellatio responsionis indicium est fidei. Quando enim dicunt Rabbi, quod intelligitur magister, et sequuntur eum, utique magistrum sequuntur et dicunt :

VERS. 39. — *Ubi habitas? Dicit eis : Venite et videte.* Volunt habitaculum nosse Jesu, volunt sibi ostendi qualem habitationem habeat Salvator, ut cum ille ostenderit in quibus Christus habitet, tales se exhibeant, in quibus Dominus possit habitare. Et dixit eis: *Venite et videte.* Vultis videre habitaculum meum? Sermone explicari non potest, opere demonstratur. *Venite et videte.* Isti quia de testimonio legis venerant, qui [*Forte,* Isti, qui a testimonio... venerant, statim] statim in ipso nomine confitentur, et dicunt: *Rabbi,* quod interpretatur magister. Jesus autem respondit eis, et dixit :

[a] Huc usque ex Beda.

Vos autem, qui discipuli estis Joannis, qui ex ipso nomine confessionem vestram demonstratis, et dicitis: *Rabbi*, venite et videte [*Ms.* add. ubi maneo].

Venerunt et viderunt ubi maneret, et apud eum manserunt die illo. Quia credebant, non in nocte manserunt, sed in die. Nox illa tenebras non habebat, ubi erat fides veri luminis. *Et apud eum manserunt die illo.* Hora erat quasi decima. Ex Lege veniebant ad Evangelium ; ad fidem Christi mittebat illos legis decalogus, qui per Joannem significabatur.

CAPUT III.

Quod ex duobus Joannis discipulis, qui secuti fuerant Dominum, unus Andreas adduxit fratrem suum ad Jesum, qui Petrus ab ipso nuncupatur. Philippus quoque vocatus Nathanaeli indicat. Qui mox inter cætera Dei Filium confitetur. Hinc Jesus aquam convertit in vinum, creduntque in eum discipuli ejus.

VERS. 40. — *Erat autem Andreas frater Simonis Petri, unus ex duobus, qui audierant a Joanne, et secuti fuerant eum.* In fide non est ordo: ubicunque fidelis est anima, ibi annorum multitudo non quæritur, nec paucitas. Andreas minor erat Simone Petre, et tamen non quæritur ætatis ordo, sed fidei : Jesum primus invenit. *Erat autem Andreas frater Simonis Petri, unus ex duobus.* Nisi forte et hæc dignitas est Andreæ, quia Petri appellatur frater, super quem erat fundata [*Ms.*, postea fundanda] Ecclesia. *Qui audierant a Joanne, et secuti fuerant Dominum.*

VERS. 41. — *Invenit hic primum fratrem suum.* O vera pietas ! statim ut invenit Jesum, statim ut invenit margaritam, statim ut invenit thesaurum, fratri nuntiat. *Fratrem suum* Simonem vocat; fratrem, non tam sanguine quam spiritu. Quem fratrem habebat germanitate, et sanguine, voluit habere et fide germanum. *Et dicit ei: Invenimus Messiam.* Nemo invenit, nisi qui quærit. Iste qui invenisse se dicit, ostendit, quia diu quæsivit. *Invenimus Messiam,* quod est interpretatum Christus. Diu quæsivimus Christum in Moyse, et in omnibus prophetis; et quem invenire cupiebamus, ipse nos invenit, et inventi invenimus.

VERS. 42. — *Et adduxit eum ad Jesum.* Non dedignatur major minorem sequi, quia non erat ordo ætatis, ubi erat meritum fidei. *Intuitus autem Jesus eum dixit: Tu es Simon filius Jona : ut vocaberis Cephas, quod interpretatur Petrus.* Necdum aliquid Petrus fecerat, et jam meruit nomen mutari [*Ms.,* mutare]. Nunquid plus ab Andrea crediderat? Quid majus fecit, ut a fratre plus acciperet? [Quid majus fecerat?] Minorem fratrem secutus est, et quem habebat discipulum, non dedignatus est habere magistrum. *Tu es Simon filius Jona.* Jona lingua nostra dicitur columba. Tu es ergo filius Jona, tu es filius Spiritus sancti. Filius ergo dicitur Spiritus sancti, quia humilitatem de Spiritu sancto acceperat.

VERS. 43. — *In crastinum voluit exire in Galilæam.* In crastinum, inquit, voluit Jesus exire in Galilæam, *et invenit Philippum, et dicit ei : Sequere me.* « ª Jam patet ex superioribus, unde voluerit Jesus exire in Galilæam, videlicet a Judæa, ubi erat Joannes baptizans, et testimonium illi perhibens, quod esset agnus Dei. Duos ex discipulis suis ad eum sequendum provocavit, e quibus unus Andreas, ad illum etiam fratrem Petrum adduxit. Patet juxta sensum spiritalem, et crebra expositione vestræ fraternitati jam cognitum est, quid sit Dominum sequi [*Ms.*, quod Dominum sequitur?]. Sequitur namque Dominum, qui imitatur; sequitur Dominum, qui quantum fragilitas humana patitur, ea quæ in homine monstrat Filius Dei, humilitatis exempla non deserit; sequitur Dominum, qui socius passionum existendo, ad consortium resurrectionis ejus, et ascensionis pertingere sedulus exoptat. Sed non sine certi ratione mysterii refertur, quod dicturus est Philippo Jesu, *sequere me*. *Voluit exire in Galilæam.* Galilæa namque transmigratio facta, vel revelatio interpretatur. In eo quippe quod transmigratio facta dicitur, profectum fidelium designat : quod [vel] de vitiis ad virtutum celsitudinem transmigrare, vel in ipsis virtutibus paulatim proficere, ac de minoribus ad majora quotidie subire contendunt, quousque de hac convalle lacrymarum ad arcem lætitiæ cœlestis, Domino auxiliante, perveniant; in eo autem, quod revelationem sonat, ipsam vitæ æternæ beatitudinem, pro qua in præsenti sancti laborant, insinuat. Cujus utramque interpretationem nominis Psalmista uno versiculo comprehendit, ubi ait : *Ambulabunt de virtute in virtutem, videbitur Deus Deorum in Sion* (*Psal.* LXXXIII, 8). Hæc est namque visio, de qua dicit Apostolus : *Nos autem revelata facie, gloriam Domini speculantes, in eamdem imaginem transformamur, a gloria in gloriam, tanquam a Domini spiritu* [Al., *a Domino præsenti*] (II *Cor.* III, 18). Bene ergo vocaturus ad sequendum se discipulum, Jesus voluit exire in Galilæam, id est, in transmigrationem factam, sive revelationem, ut videlicet [sicut] ipse teste Evangelio proficiebat sapientia et ætate, et gratia apud Deum et homines (*Luc.* II, 52); sicut passus est et resurrexit, et ita intravit in gloriam suam : sic etiam suos sequaces ostenderet proficere virtutibus, ac per passiones transitorias ad æternorum dona gaudiorum transmigrare debere. Sequitur :

VERS. 44. — *Erat autem Philippus a Betsaida; civitate Andreæ et Petri.* Non est putandus evangelista, fortuito et absque ratione mystica nomen civitatis, de qua esset Philippus, et quod eadem Andreæ quoque et Petri esset, voluisse monstrare : sed per nomen civitatis typice, qualis tunc jam animo Philippus, qualis officio esset futurus, quales etiam Petrus et Andreas, ostendere curasse. Betsaida quippe domus venatorum dicitur, et venatores utique erant futuri, qui audiebant a Domino : *Venite post me, et faciam vos fieri piscatores hominum* (*Matth.*, IV, 19). Venator et ille, qui et antequam ad prædicationis officium

ª Beda, hom. 4.

ordinaretur a Domino, quantum capiendis ad vitam animabus esset intentus, mox sponte prædicando monstravit.

VERS. 45. — *Invenit enim Nathanael, et dicit ei : Quem scripsit Moses in lege, et prophetæ, invenimus Jesum filium Joseph a Nazareth.* [Videamus] quantum rete fidei, quam capacibus devotæ prædicationis miraculis [*Ms.*, maculis] intextum invento fratri circumdet, quem ad æternam cupit providus captare salutem. Illum dicit inventum, quem Moses et prophetæ venturum suis scriptis signaverunt, ut cunctis sequentibus intelligatur quod ipse sit cujus adventui præconando universa veterum scripta serviunt [Al., servierint]. Jesum nuncupat, quod nomen Christi futurum, prophetarum oracula concinebant. Filium Joseph appellat, non ut hunc ex conjunctione maris et feminæ natum asseveret, quem de virgine nasciturum in prophetis didicerat, sed ut de domo ac familia David, unde Joseph ortum noverat, secundum vaticinia prophetarum, cum venisse doceret. Neque enim mirandum si Philippus eum filium Joseph vocet, cum et ipsa genitrix illius intemerata semper Virgo Maria, quæ virum non noverat, consuetudinem vulgi sequens sic locuta legatur : *Fili, quid fecisti nobis sic ? Ecce pater tuus et ego dolentes quærebamus te* (*Luc.* II, 48). Addit et patriam *a Nazareth*, ut ipsum esse signaret de quo legerat in prophetis, *quoniam Nazareus vocabitur*. Non ergo mirum si mox ad consensum credendi ac veniendi ad Christum captavit Philippus Nathanael, cui tantas undique veritatis casses prætendit. *Quem scripsit Moses in lege, et prophetæ, invenimus Jesum filium Joseph a Nazareth.* Neque immerito a Betsaida, id est, domo venatorum oriundus asseritur, qui tantam Deo dilectæ venationis curam pariter, et gratiam accepisse monstratur. Nam sequitur :

VERS. 46. — *Et dixit ei Nathanael : A Nazareth potest aliquid boni esse.* Nazareth, munditia sive flos ejus, aut separata interpretatur. Annuens ergo verbis evangelizantis sibi Philippi Nathanael, *a Nazareth*, inquit, *potest aliquid boni esse*. Ac si patenter dicat : Potest fieri, ut a civitate tanti nominis aliquid summæ gratiæ nobis oriatur, vel ipse videlicet mundi Salvator Dominus, qui singulariter sanctus est, innocens, impollutus, segregatus a peccatoribus, quique loquitur in Canticis canticorum : *Ego flos campi, et lilium convallium* (*Cant.* II, 1). Et de quo Propheta : *Exiet*, inquit, *virga de radice Jesse, et Nazareus, id est, flos de radice ejus ascendet* (*Isai.* XI, 1). Vel certe aliquis doctor eximius, qui florem nobis virtutum munditiamque sanctitatis prædicare sit missus. Possumus hunc locum et ita recte intelligere, quod dicente Philippo : *Quem scripsit Moses in lege et prophetæ, invenimus Jesum filium Joseph a Nazareth*, Nathanael cætera quidem bene intellexerit, miratus sit autem quomodo a Nazareth Christum venisse dixerit, quem de domo David, et de Bethlehem civitate, ubi erat David, venturum prophetæ canebant; adeoque admirando responderit: *a Nazareth?* sed continuo reminiscens quantum etiam vocabulum Nazareth mysteriis Christi congrueret, caute assenserit prædicanti; *Potest*, inquiens, *aliquid boni esse*. Utrique autem sensui potest convenire quod sequitur:

Dicit ei Philippus, veni et vide. Ipsum namque venire et videre monebat, ut si quid ei verbo [*Beda, ad verba*] prædicantis ambigui in corde resedisset, totum hoc visio et allocutio præsens ejus quem prædicabat, abstergeret. Nec distulit pius auditor prædicatum sibi lumen veritatis sollicite quærendo ac pie pulsando, ut percipere mereretur, insistere. Unde mox Dominus satiare in bonis desiderium ejus accelerans, salutaria ejus cœpta provida laudatione remunerat, ut hunc paulatim ad altiora quærenda simul et capienda provehat.

VERS. 47. — *Vidit namque eum venientem ad se, et dicit de eo: Ecce vere Israelita, in quo dolus non est*. Ubi notandum quod laudans hominem qui novit corda Deus, non eum absque peccato, sed absque dolo exstitisse confirmat. Non est enim homo justus in terra qui faciat bonum et non peccet: multi autem sine dolo incessisse, id est, simplici et mundo corde conversati esse leguntur: imo etiam cuncti fideles tales vivere docentur, dicente Scriptura: *Sentite de Domino in bonitate, et in simplicitate cordis quærite illum* (*Sap.* I, 1). Et ipse Dominus: *Estote*, inquit, *prudentes sicut serpentes, et simplices sicut columbæ* (*Matth.* x, 16). Talis erat exemplar patientiæ Job, de quo scriptum est: *Erat autem vir ille simplex et rectus* (*Job.* I, 1). Talis Jacob patriarcha, de quo scriptum est: *Jacob, vir simplex, habitabat in tabernaculis* (*Gen.* XXV, 27); qui quoniam puritate conscientiæ simplicis videre Deum meruit, etiam Israel, id est vir videns Deum, appellatus est. Talis iste Nathanael, quem Dominus ob parilitatem innoxiæ conversationis ejusdem patriarchæ meritis simul et nomine dignum ducit, *Ecce*, inquiens, *vere Israelita, in quo dolus non est*. Ecce qui vere a patriarcha Deum vidente genus ducit, cui, sicut et ipsi patriarchæ, doli duplicitas nulla inesse probatur. O quam pulchrum auspicium veniendi [*Beda*, venienti] ad Dominum, et videre illum cupienti! *Ecce vere Israelita, in quo dolus non est. Beati mundo corde, quoniam ipsi Deum videbunt* (*Matth.* v, 8). Et hic videre Deum desiderans, non ab alio, sed ab ipso, qui scrutatur renes et corda, Deo mundus corde laudatur, et Israelita, id est, a viro Deum videnti generatus, astruitur. O quam magnus nobis quoque, qui de gentibus ad fidem venimus, in hac sententia nostri Redemptoris spiritus [*Beda*, quam magna spes] aperitur salutis. Si enim vere Israelita est qui doli nescius incedit, jam perdidere Judæi nomen Israelitarum, quamvis carnaliter [nati] de Israel, quotquot doloso corde a simplicitate patriarchæ sui degeneraverunt; et adsciti sumus ipsi in semen Israelitarum, qui quamlibet aliis de nationibus genus carnis habentes, fide tamen veritatis et munditia corporis ac mentis vestigia se-

quimur Israel, juxta illud Apostoli: *Non enim omnes qui ex Israel, hi sunt Israelitæ; neque qui semen sunt Abrahæ, omnes filii: sed in Isaac vocabitur tibi semen* (*Rom.* IX, 6). Id est, non qui filii carnis, hi filii Dei; sed qui filii sunt repromissionis, æstimantur in semine. Sequitur:

VERS. 48, 49. — *Dicit ei Nathanael: Unde me nosti? Respondit Jesus et dixit ei: Priusquam te Philippus vocaret, cum esses sub ficu, vidi te. Respondit ei Nathanael et ait: Rabbi, tu es Filius Dei, tu es rex Israel*. Quia cognovit Nathanael vidisse et nosse Deum [*Ms. et Beda*, Dominum] quæ alio in loco gererentur, id est, quomodo et ubi vocatus sit a Philippo, cum ipse ibi corporaliter non esset, divinæ hic majestatis intuitum considerans, protinus eum non solum Rabbi, id est magistrum, sed et Filium Dei ac regem Israel, id est Christum, confessus est. Et libet intueri quam prudens laudantis servi confessio respondeat Domino [*Ms. et Beda*, laudanti Domino confessio respondeat servi]. Ille hunc vere Israelitam, id est virum qui Deum videre posset, eo quod dolum minime haberet, astruxit; iste eum non magistrum tantummodo, qui utilia præciperet, verum etiam Filium Dei, qui cœlestia dona tribueret, et regem Israel, id est populi Deum videntis, religiosa devotione fatetur: ut hac confessione suum quoque hunc regem, et se ejus regni militem significet. Potest etiam Domini hæc sententia, qua dixit se Nathanael, priusquam vocaretur a Philippo, cum esset sub ficu, vidisse, super electione spiritalis Israel, id est populi Christiani, mystice intelligi, quem Dominus necdum se videntem, necdum per apostolos ejus ad fidei gratiam vocatum, sed sub tegmine adhuc peccati prementis abditum, misericorditer videre dignatus est, Paulo attestante, qui ait: *Qui benedixit nos in omni benedictione spiritali, in cœlestibus in Christo, sicut elegit nos in ipso ante mundi constitutionem, ut essemus sancti et immaculati in conspectu ejus in charitate* (*Ephes.* I, 3). Et quidem fici arbor aliquando in Scripturis dulcedinem supernæ dilectionis insinuat; unde scriptum est: *Qui servat ficum, comedet fructum ejus: et qui custos est Domini sui, glorificabitur* (*Prov.* XXVII, 18). Sed quia primi parentes nostri, reatu prævaricationis confusi, de fici sibi foliis succinctoria fecerunt (*Gen.* III), potest arbor fici non incongrue male dulcoratam generi humano consuetudinem peccandi signare, sub qua positos adhuc electos suos, sed necdum electionis suæ gratiam cognoscentes, quasi sub ficu constitutum, nec se jam videntem, Dominus videt Nathanael; *novit enim Dominus, qui sunt ejus* (*I Tim.* II, 19). Quorum salvationi ipsum quoque nomen Nathanael aptissime convenit; Nathanael namque donum Dei interpretatur, et nisi dono Dei quisque vocatus fuerit, nunquam reatum primæ transgressionis, nunquam male blandientia augescentium quotidie peccatorum umbracula evadit, nunquam salvandus venire mereretur ad Christum. Unde dicit Apostolus: *Gratia enim estis salvati per fidem, et hoc non ex vobis Dei donum est: non ex operibus,*

ut ne quis glorietur (Ephes. ii, 8, 9). Sequitur;
Vers. 50. — *Respondit Jesus et dixit ei: Quia dixi tibi: Vidi te sub ficu, credis; majus his videbis.* [Quid sit majus] de quo dicit, ipse subsequenter aperit, futuram credentibus spondendo apertionem regni cœlestis, et prædicandam mundo utramque unius suæ naturam personæ; quod revera multo excellentius est arcanum, quam quod nos in peccati adhuc umbra positos a se illuminandos prævidit. Majus est enim quod nos salvatos gratia suæ cognitionis imbuit, quod cœli nobis gaudia pandit, quod prædicatores suæ fidei in mundo dispersit, quam quod nos salvandos potentia suæ majestatis ante sæcula præscivit.

Vers. 51. — *Amen, amen dico vobis, videbitis cœlum apertum, et angelos dei ascendentes et descendentes supra filium hominis.* Jam completum cernimus promissi hujus effectum. Videmus etenim cœlum apertum, quia postquam cœlum Deus homo penetravit, etiam nobis in eum credentibus, supernæ patriæ patefactum cognoscimus ingressum [*Al.,* introitum]. Videmus angelos Dei ascendentes et descendentes supra filium hominis, quia prædicatores sanctos novimus sublimitatem divinitatis Christi simul et humanitatis ejus infirma nuntiare. Ascendunt super filium hominis angeli, cum docent prædicatores, quia *in principio erat Verbum, et Verbum erat apud Deum, et Deus erat Verbum* (*Joan.* i, 1). Descendunt super filium hominis angeli, cum adjungunt iidem [*Ms.,* id est], quia *Verbum caro factum est, et habitavit in nobis.* Neque immerito prædicatores sancti typice angeli vocantur, quibus consuete derivatum ab angelis nomen evangelistarum conceditur; ut sicut hi nuntii, ita et illi propter idem summæ prædicationis officium, boni nuntii cognominentur. Et notandum quod Dominus seipsum filium hominis nuncupat: Nathanael eumdem Filium Dei prædicat. Cui simile est quod apud alios evangelistas ipse discipulos interrogat: *Quem dicunt homines esse filium hominis? At illi dixerint: Alii Joannem Baptistam, alii Eliam,* etc. *Dicit illis Jesus: Vos autem quem me esse dicitis?* Respondit Simon Petrus: *Tu es Christus Filius Dei vivi* (*Matth.* xvi, 15-16). Et quidem justæ dispensationis moderamine actum est, ut cum utraque ejusdem mediatoris Dei et Domini nostri vel ab ipso Domino vel ab homine puro esset commemoranda substantia, Deus homo fragilitatem assumptæ a se humanitatis purus homo virtutem æternæ in eo divinitatis astrueret: ipse suam humilitatem, ille ejus fateretur altitudinem. Notandum quippe etiam quod Dominus, qui beatum Nathanael vere Israelitam nuncupat, in hoc quoque verbo quo ait: *Videbitis cœlum apertum, et angelos Dei ascendentes et descendentes super filium hominis* (*Joan.* i, 53), visionem Jacob patriarchæ (*Gen.* xxviii), qui per benedictionem vocatus est Israel, ad memoriam reducit. Is namque cum, volens in quodam loco requiescere, lapidem capiti suo supposuisset, vidit in somnis scalam stantem super terram, et cacumen illius tangens cœlum; angelos quoque Dei ascendentes, et descendentes super eam, et Dominum innixum scalæ dicentem sibi: *Ego sum Deus Abraham patris tui, et Deus Isaac:* surgensque mane debito cum pavore laudes Domino referens, tulit ipsum lapidem, et erexit in titulum, fundens oleum desuper. Hujus ergo loci Dominus facit mentionem, et de se ac suis fidelibus figuratum manifestissime testatur [a].

Cap. ii, Vers. 1. *Et die tertio nuptiæ factæ sunt in Cana Galilææ, et erat mater Jesu ibi* [b]. « Nec vacat a mysterio quod die tertio, post ea quæ superior [*Ms.;* superius] sermo Evangelii descripserat, nuptiæ factæ referuntur. Sed tertio tempore sæculi Dominum ad aptandum sibi Ecclesiam venisse designat. Primum quippe sæculi tempus ante legem patriarcharum exemplis, secundum sub lege Prophetarum scriptis, tertium sub gratia præconiis evangelistarum, quasi tertia diei luce mundo refulsit, in quo Dominus et Salvator noster, pro redemptione generis humani in carne natus apparuit. Sed et hoc quod in Cana Galilææ, id est in zelo transmigrationis perpetratæ, eædem nuptiæ factæ perhibentur, typice denuntiat; eos maxime gratia Christi dignos existere, qui zelo ferroris ac piæ devotionis [*Beda,* qui zelo fervere piæ devotionis], et æmulari charismata majora, ac de vitiis ad virtutes, bona operando, de terrenis ad æterna norunt sperando et amando transmigrare. Discumbente autem ad nuptias Domino vinum defecit, ut, vino meliore per ipsum mirabili ordine facto, manifestaretur gloria latentis in homine Dei, et credentium in eum fides aucta proficeret. Quod si mysterium novimus [*Ms. et Beda,* quærimus], apparente in carne Domino, meraca illa legalis sensus suavitas paulatim cœperat, ob carnalem Pharisæorum interpretationem, a prisca sua virtute deficere. Qui mox ea, quæ carnalia videbantur, mandata ad spiritalem convertit doctrinam, cunctamque litteræ legalis superficiem evangelica cœlestis gratiæ virtute mutavit, quod est vinum fecisse de aqua. Sed primo videamus quid sit quod, deficiente vino, dicit [*Beda,* cum... diceret] mater Jesu ad eum:

Vers. 3, 4. — *Vinum non habent. Respondit: Quid mihi et tibi est, mulier? Nondum venit hora mea.* Neque enim matrem suam inhonoraret, qui nos jubet honorare patrem et matrem; aut eam sibi esse matrem negaret, ex cujus carne virgine [*Ms.,* virgineam] carnem suscipere non despexit. Apostolo etiam testante, qui ait: *Qui factus est ei ex semine David secundum carnem* (*Rom.* i, 3). Quomodo enim ex semine David secundum carnem, si non ex corpore Mariæ secundum carnem, quæ ex David semine descendit? sed in eo quod, miraculum facturus, ait: *Quid mihi et tibi est, mulier?* significat se divinitatis, qua miraculum erat patrandum, non principium tem-

---
[a] Hucusque ex homilia Bedæ citata.
[b] Ex homilia Bedæ in Dominica secunda post Epiphaniam.

poraliter accepisse de matre, sed æternitatem semper habuisse de Patre. *Quid mihi,* inquit, *et tibi est, mulier? Nondum venit hora mea.* Quid divinitati, quam ex Patre semper habui, cum tua carne, ex qua carnem suscepi, commune est? Nondum venit hora ut fragilitatem sumptæ ex te humanitatis moriendo demonstrem. Prius est ut potentiam æternæ deitatis virtutes operando patefaciam. Veniet autem hora ut quod tibi et matri commune esset, ostenderet, cum eam moriturus in cruce discipulo virgini virginem commendare curavit. Carnis namque infirma perpessus, matrem, de qua hæc susceperat, pie cognitam, eidem, quem maxime diligebat, discipulo commendavit: quam, divina facturus, quasi incognitam se nosse dissimulat, quia hanc 483 divinæ nativitatis auctricem non esse cognoscit. » Hujus vero [*Al.*, ergo] horæ dominus in cruce pendens commemorat, cum dixit [*Ms.*, commemorans dixit] matri : *Mater, ecce filius tuus;* quasi dixisset : ecce hoc quod ex te sumpsi modo ostenditur, moriendo quidem ; quæ tamen natura postmodum clarificanda erat in resurrectionis gloria.

VERS. 5. — *Dixit mater ejus ministris : quodcunque dixerit vobis, facite.* Sciebat quidem mater ejus humanitatem filii sui, licet quoquomodo videtur [*Ms.*, hoc modo videretur] negatum quod poscebat, mater tamen sciebat pietatem filii, quod non esset negaturus [*Ms.*, negare noluit] quod petebatur: ideo fiducialiter mandavit ministris ut mandata implerent filii jubentis.

VERS. 6. — *Erant autem lapideæ hidriæ sex positæ, secundum purificationem Judæorum, capientes singulæ metretas binas vel ternas.* « Hydriæ vocantur vasa aquarum receptui parata, Græce enim aqua ὕδωρ dicitur. Aqua autem Scripturæ sacræ scientiam designat, quæ suos auditores et a peccatorum sorde abluere et divinæ cognitionis solet fonte potare. Vasa sex quibus aqua continebatur, corda sunt devota sanctorum, quorum perfectio vitæ et fidei ad exemplum recte credendi ac vivendi proposita est generi humano per sex sæculi labentis ætates, id est, usque ad tempus Dominicæ prædicationis [*Beda*, passionis]. Et bene lapidea sunt vasa, quia fortia sunt præcordia justorum, ut pote illius fide et dilectione lapidis solidata quem vidit Daniel præcisum de monte sine manibus, factumque in montem magnum, et implesse omnem terram (*Dan.* II, 54). Et de quo dicit Zacharias : *In lapide uno septem oculi sunt* (*Zach.* III, 9), id est, in Christo universitas scientiæ spiritalis inhabitat; cujus et apostolus Petrus meminit ita dicens : *Ad quem accedentes lapidem vivum, et ipsi tanquam lapides vivi superædificamini* (*I Petr.* II, 4). Bene secundum purificationem Judæorum [*Beda add.* tantum] positæ erant hydriæ, quia Judæorum tantum populo lex per Mosen data est; nam gratia et veritas Evangelii non minus gentibus quam Judæis per Jesum Christum facta est. *Capientes,* inquit, *singulæ metretas binas vel ternas.* Quia Scripturæ sanctæ auctores et ministri prophetæ, modo de Patre tantum loquuntur et Filio, ut est illud : *Omnia in sapientia fecisti.* (*Psal.* CIII, 24), virtus enim Dei et sapientia Christus est : modo etiam Spiritus sancti faciunt mentionem; juxta illud ejusdem Psalmographi : *Verbo Domini cœli firmati sunt, et spiritu oris ejus omnis virtus eorum* (*Psal.* XXXII, 6). Verbum, Dominus, et Spiritus, totusque unus Deus est intelligendus in Trinitate [*Ms. et Beda,* Verbum, Dominum, et Spiritum totam, quæ unus Deus est, intellige Trinitatem]. Sed quantum inter aquam et vinum, tantum distat inter sensum illum quo Scripturæ ante adventum Salvatoris intelligebantur, et eum quem veniens ipse revelavit apostolis eorumque discipulis perpetuo sequendum reliquit. Et quidem potuit Dominus vacuas implere hydrias vino, qui in exordio mundanæ creationis cuncta creavit ex nihilo ; sed maluit de aqua facere vinum, quo typice doceret, non se ad solvendam improbandamque, sed ad implendam potius legem prophetasque venisse, neque alia super [*Beda*, se per] evangelicam gratiam facere et docere quam quæ legalis et prophetica Scriptura eum facturum docturumque signaret. Videamus ergo sex hydrias Scripturarum aqua salutari repletas, videamus eamdem aquam in suavissimum vini odorem gustumque conversam. In prima ætate sæculi, Abel justum frater invidens occidit (*Gen.* IV), et ob hoc ipse perpetua martyrii gloria beatus, etiam in evangelicis et apostolicis litteris justitiæ laudem accepit (*Matth.* XXIII, *Luc.* XI). Fratricida vero impius æternæ maledictionis pœnas luit. Quicunque his auditis, metuentes [*Beda*, metuunt] cum impiis damnari, cupientes benedici cum piis, omnem odiorum et invidiæ fomitem abjiciunt, Deo placere per sacrificium justitiæ, modestiæ et innocentiæ, virtuteque [*Ms.*, modestiam, innocentiam, virtutem] patientiæ curant, vas profecto aquæ in Scriptura invenerunt, unde salubriter abluti potatique gaudeant. Sed si intellexerint in Cain homicidam Judæorum esse perfidiam; occisionem Abel passionem esse Domini Salvatoris; terram, quæ aperuit os suum et suscepit [ejus] sanguinem de manu Cain, Ecclesiam esse, quæ effusum a Judæis Christi sanguinem in mysterium suæ redemptionis accepit; nimirum aquam in vinum mutatam reperiunt [*Beda*, repererunt], quia sacræ dicta legis sacratius intelligunt. Secunda ætate sæculi inchoante, deletus est aquis diluvii mundus, ob peccatorum magnitudinem ; sed solus Noe per justitiam cum domo sua liberatus in arca (*Gen.* VII). Hujus plagæ 484 audita vastatione horribili, paucorumque liberatione mirabili, quisquis emendatius vivere cœperit, liberari desiderans cum electis, timens exterminari cum reprobis, hydriam profecto aquæ, qua mundetur vel reficiatur, accepit. At dum altius sapere [*Beda*, altius respicere] cœperit, et in arca Ecclesiam, in Noe Christum, in aqua diluente peccatores aquam baptismi quæ peccata diluit, in hominibus et in animalibus quæ arca continebat, multifariam baptizatorum differentiam, in columba, quæ post diluvium ramum olivæ intulit in arcam, unctionem Spiritus sancti, quo baptizati imbuuntur, intellexerit, vinum profecto de aqua factum libat [*Beda*, factum miratur] ; quia in veteris historia facti [*Ms.*, historiæ factis] suam ablutionem, sanctificationem, justificationem prophetari contemplatur. Tertia sæculi ætate, Deus tentans obedientiam Abrahæ, filium unicum, quem diligebat, in holocaustum sibi offerre præcepit (*Gen.* xxii). Non differt Abraham facere quæ jubetur, sed pro filio immolatur aries ; ipse tamen, pro obedientiæ virtute eximia, perpetuæ benedictionis hæreditate donatur. Ecce habes hydriam tertiam. Audiens enim quanta virtus obedientiæ [quanta] mercede remuneretur, et ipse obedientiam discere atque habere satagis : quod si in immolatione filii unici dilecti passionem ejus intelligis de quo dicit Pater : *Hic est Filius meus dilectus, in quo mihi complacui* (*Matth.* xvii, 5), in qua quia, divinitate impassibili permanente, sola humanitas mortem passa est et dolorem, quasi filius offertur, sed aries mactatur. Si intelligis benedictionem quæ promissa est Abrahæ, in te, qui de gentibus credis, munus esse completum, nimirum de aqua vinum fecit tibi, quia spiritalem sensum, cujus nova fragrantia debriaris [*Ms.*, ebriaris ; *Beda*, inebriaris], aperuit. Quartæ ætatis initiis, David pro Saule regnum Israeliticæ gentis sortitur, humilis innocens et mitis, exsul : porro ille, cujus injusta diu persecutione cruciabatur, abjectus est [*Beda*, exsul pro illo cujus injusta diu persecutione cruciabatur]. Ecce hydria quarta fonte salutari repleta. Quisquis hæc audiens humilitati atque innocentiæ studere, et superbiam cœperit atque invidiam suo de corde repellere, quasi haustum aquæ limpidissimæ, quo reficiatur, invenit. At si in Saule Judæos persequentes, in Davide Christum et Ecclesiam significare cognoverit, illorumque perfidia [*Beda*, ob perfidiam], et carnale simul imperium et spiritale destructum, Christi autem et Ecclesiæ regnum semper esse mansurum, poculum utique vini [*Ms.*, non solum utique vinum] de aqua factum sentiet, quia se suamque vitam et regnum, sed et ipsum regem ibi scriptum legere novit, ubi prius quasi de aliis veterem legebat historiam. Quinta ætate sæculi, populus peccans, captivante [*Beda*, captivitate] Nabuchodonosor, Babyloniam transmigrat. Sed post septuaginta annos pœnitens et correctus ad patriam per Jesum sacerdotem magnum reducitur, ubi domum Dei, quæ incensa est, et civitatem sanctam, quæ destructa est, reædificat. Hæc legens sive audiens quisque peccandi metum corripit, ad pœnitendi remedium confugit, aqua hydriæ purificantis ablutus est. Si vero intelligere didicerit Hierusalem et templum Dei Ecclesiam Christi, Babylonem confusionem peccatorum, Nabuchodonosor diabolum, Jesum sacerdotem magnum, verum æternumque pontificem esse Jesum Christum, septuaginta annos bonorum plenitudinem operum, quæ per Spiritus sancti dona largiuntur, videlicet propter decalogum et septiformem ejusdem spiritus gratiam, videritque hoc quotidie fieri, alios nimirum a diabolo de Ecclesia peccando raptos, alios gratia Spiritus sancti per Jesum resipiscendo ac pœnitendo reconciliatos [*Beda*, aliis...raptis...reconciliatis], vinum de aqua factum habet, quia ad se pertinere quæ scripta sunt intelligens, magno mox compunctionis quasi musto incalescens, quidquid sibi peccati captivantis inesse deprehenderit [*Al.*, intellexerit], per Christi gratiam liberari deposcit. Sexta inchoante sæculi ætate, Dominus in carne apparens, octava die nativitatis, juxta legem circumcisus est. Tricesima et tertia post hæc ad templum delatus, et legalia pro eo sunt munera oblata. Hæc intuentes ad litteram, aperte discimus quanta nobis diligentia sunt evangelicæ fidei subeunda mysteria, quando ipse benedictionem gratiæ afferens, qui legem litteræ dedit, veterum primo cæremoniarum ritu consecrari, qui [*Beda*, quo] cuncta divinitus consecrat, et sic nova gratiæ sacramenta suscipere simul et tradere curavit. Ecce hydria sexta, ad abluenda peccati contagia, ad potanda vitæ gaudia, mundiorem cæteris afferens undam. Verum si in octava [*Beda*, octavi] diei circumcisione baptisma, quod in mysterium Dominicæ resurrectionis a peccatorum nos morte redemit, intelligis ; in inductione in templum et oblatione, oblationem hostiæ purificantis figuratum cognoscis, fideles quosque [*Ms.*, in inductione in templum et oblatione hostiæ purificantis figuratum cognoscis, fideles quosque] de baptisterio ad altare sanctum ingredi, ac Dominici corporis et sanguinis victima singulari debere consecrari, vino quidem de aqua facto et quidem meracissimo donatus es. Porro si circumcisionis diem ad generalem humani generis resurrectionem, quando mortalis propago cessabit, mortalitas vero tota in immortalitatem mutabitur, interpretaris ; et circumcisos induci in templum cum hostiis intellexeris, quando post resurrectionem, universali expleto judicio, sancti jam incorruptibiles facti, ad contemplandam perpetuo speciem divinæ majestatis cum bonorum operum muneribus intrabunt ; tunc profecto vinum de aqua fieri videbis, cujus conditori recte protesteris, et dicas : *Et poculum tuum inebrians quam præclarum est* (*Psal.* xxii, 5) ! Ergo Dominus vinum in aqua [*Al.*, in gaudio ; *Ms. et Beda*, in gaudia] nuptiarum, non de nihilo facere voluit, sed hydrias sex impleri aqua præcipiens, hanc mirabiliter convertit in vinum, quia sex mundi ætates sapientiæ salutaris largitate donavit, quam tamen ipse veniens, sublimioris sensus virtute fecundavit. Namque [*Beda*, Nam quo] carnales carnaliter tantum sapiebant, ipse spiritalibus spiritaliter sentienda reseravit. Vultis scire qualiter de aqua vinum fecerit? Apparuit post resurrectionem suam duobus discipulis ambulantibus in via, ibatque cum illis, et incipiens a Moyse et omnibus prophetis, interpretabatur illis in omnibus Scripturis, quæ de ipso erant (*Luc.* xxiv). Vultis iterum audire quomodo eodem sint vino inebriati ? Postmodum cognoscentes, quis esset qui eis verbum vitæ propinabat, dicebant ad invicem : *Nonne cor nostrum ardens erat in nobis, cum loqueretur in via, et aperiret nobis Scripturas?*

VERS. 7. — *Dicit ergo ministris Jesus: Implete hydrias aqua. Et impleverunt eas usque ad summum.* Quid per ministros qui hæc facere jubentur, nisi Christi signantur discipuli, qui impleverunt hydrias aqua? Non quidem ipsi præteritas mundi ætates legalibus ac propheticis scriptis implendo, sed intelligendo ipsi prudenter et aperiendo fideliter : quia Scriptura, quæ a prophetis ministrata est, et salubris esset ad haustum sapientiæ cœlestis et ad operum castigationem utilis. Impleverunt autem eas usque ad summum; quia recte intellexerunt nullum fuisse tempus sæculi a sanctis alienum doctoribus, qui sive verbis, sive exemplis, sive etiam scriptis, viam vitæ mortalibus panderent.

VERS. 8. — *Et dicit eis Jesus: Haurite nunc, et ferte architriclino. Et tulerunt.* Architriclinus aliquis legisperitus illius temporis est, fortasse Nicodemus vel Gamaliel, vel discipulus tunc ejus Saulus, nunc autem magister totius Ecclesiæ Paulus apostolus. Et dum talibus verbum evangelii creditur, quod in littera legis, et prophetæ [*Ms.*, prophetiæ; *al.*, prophetia] latebat occultum, vinum utique architriclino de aqua factum propinatur ª. » Et bene in domo harum nuptiarum, quæ Christi et Ecclesiæ sacramenta figurarent, triclinium, id est, tres ordines discumbentium, altitudine distantes [*Al.*, distentas] inesse describuntur; quia nimirum tres sunt ordines fidelium, quibus Ecclesia constat : conjugatorum vi-

ª Hucusque Beda.
ᵇ Beda iterum.

delicet, continentium, et doctorum. Primus ordo discumbentium ad nuptias sponsi cœlestis, id est, in Ecclesia fide et operatione gaudentium, gradus est conjugatorum fidelium. Secundus continentium. Supremus prædicatorum. « ᵇ Unde convenienter perhibetur, quod architriclinus vocato sponso dixerit : (VERS. 10) *Omnis homo primum bonum vinum ponit, et cum inebriati fuerint, tunc id, quod deterius est. Tu autem servasti bonum vinum usque adhuc.* Quia doctorum est cognoscere distantiam Legis et Evangelii, veritatis et umbræ, cunctisque veteribus institutis, cunctis regni terreni promissis, novam evangelicæ fidei gratiam, et perpetua cœlestis patriæ dona præferre [*Beda*, proferre].

VERS. 11. — *Hoc fecit initium signorum Jesus in Cana Galilææ, et manifestavit gloriam suam.* Manifestavit hoc signo, quia ipse esset rex gloriæ, et ideo sponsus Ecclesiæ, qui ut homo communis veniret ad nuptias, sed quasi [*Ms.*, quia] cœli et terræ Dominus, elementa, prout voluisset, converteret. Pulchra autem rerum convenientia. Qui initio signorum quæ mortalis adhuc mortalibus erat ostensurus, aquam convertit in vinum; ipse initio signorum, qui [*Beda*, quæ] immortalis jam per resurrectionem effectus, immortalis vitæ studia sola sectantibus ostenderet, carnalem prius, et quasi insipidam mentem eorum, sapore scientiæ cœlestis imbuit : ᶜ » post veræ [*Al.*, vero] resurrectionis gloriam, majori eos spiritalis gratiæ munere completurus.

ᶜ Hucusque ex Beda.

LIBER SECUNDUS.

CAPUT IV.

Appropinquante Pascha Judæorum, ejicit vendentes, et ementes de templo.

Sequitur namque hujus præfati signi mirabile sacramentum, quomodo ipse Jesus cum matre et fratribus ascendisset Hierosolymam, et ibi invenisset vendentes et ementes in templo, eosque qualiter inde ejecerit, dicente evangelista :

VERS. 12, 13. — *Descendit Jesus Capharnaum, ipse et mater ejus, et fratres ejus, et discipuli ejus, ibique manserunt non multis diebus, et prope erat Pascha Judæorum, et ascendit Jesus Hierosolymam.* Bene autem evangelista ait, descendisse Jesum in Capharnaum. Capharnaum vero villa pulcherrima interpretatur, significans hunc mundum, quo Dominus noster Jesus Christus pro salute humani generis a paterna sede nunquam recedens descendisse dicitur. « ª Sed solet movere quosdam, quod in exordio lectionis hujus evangelicæ dictum est quia descendente Capharnaum Domino, non solum mater et discipuli, sed et fratres ejus secuti sunt eum. Nec defuere hæretici qui Joseph virum beatæ semper virginis Mariæ pu-

ª Ex Homil. 6 Ven. Bedæ.

tarent ex alia uxore genuisse eos, quos fratres Domini Scriptura appellat. Alii majore perfidia hos eum ex ipsa Maria, post natum Dominum, generasse putarunt. Sed nos, fratres charissimi, absque ullius scrupulo quæstionis, scire et confiteri oportet, non tantum beatam Dei genitricem; sed et beatissimum castitatis ejus testem atque custodem Joseph, ab omni prorsus actione conjugali mansisse semper immunem; nec natos, sed cognatos eorum, more Scripturæ usitato, fratres, sororesve Salvatoris vocari. Denique Abraham hoc modo loquitur ad Lot : *Ne quæso sit jurgium inter me et te, et pastores meos et pastores tuos, fratres enim sumus* (Gen. XIII, 8). Et Laban ad Jacob : *Num quia frater meus es, gratis servies mihi* (Gen. XXIX, 15)? Et quidem constat quia Lot filius Aran fratris Abrahæ fuit, et Jacob filius Rebeccæ sororis Laban. Sed propter cognationem sunt fratres nuncupati. Hac ergo regula, in Scripturis sanctis, ut dixi, frequentissima, etiam cognatos Mariæ vel Joseph, fratres Domini appellatos oportet intelligi. Quod autem propinquante Pascha, Jesus ascendit Hierosolymam, nobis profecto dat exemplum quanta animi vigilantia Dominicis subjici debeamus imperiis, cum ipse in hominis infirmitate apparens, eadem, quæ ex divinitatis auctoritate statuit, decreta custodiat. Ne enim putarent servi, absque crebris orationum bonorumque actuum victimis, vel flagella evadere, vel præmia se posse percipere, et ipse inter servos ad adorandum [Beda, ad orandum] immolandumque [Dei] Filius ascendit. Qui veniens Hierosolymam, quid ibi gerentes invenerit, quid ibidem ipse gesserit, videamus.

Vers. 14, 15. — ª *Et invenit*, inquit, *in templo vendentes oves, et boves, et columbas, et nummularios sedentes. Et cum fecisset quasi flagellum de funiculis, omnes ejecit de templo, oves quoque, et boves, et nummulariorum effudit æs, et mensas subvertit.* Boves, **487** oves, et columbæ ad hoc emebantur ut offerrentur in templo. Nummularii ad hoc sedebant ad mensas, ut inter emptores venditoresque hostiarum prompta esset pecuniæ taxatio. Videbantur ergo licite vendi in templo, quæ ob hoc emebantur ut in eodem templo offerrentur Domino. Sed nolens ipse Dominus aliquid in domo sua terrenæ negotiationis, ne ejus quidem quæ honesta putaretur, exhiberi, dispulit negotiatores injustos, et foras omnes simul cum his quæ negotiabantur, ejecit. Quid ergo, fratres mei, quid putamus faceret Dominus? Si rixis dissidentes, si fabulis vacantes, si risu dissolutos, vel alio quolibet scelere reperiret irretitos? Qui hostias quæ sibi immolarentur ementes in templo vidit, et eliminare festinavit? Hæc propter illos diximus qui ecclesiam ingressi non solum intentionem orandi negligunt, verumetiam ea pro quibus orare debuerant, augent; insuper et arguentes se pro hujusmodi stultitia, conviciis odiisque, vel etiam detractionibus insequuntur, addentes videlicet peccata peccatis, et quasi funem sibi longissimum incauta eorum augmentatione texentes, nec timentes ex eo districti judicis examinatione damnari. Nam bis quidem in Evangelio sancto legimus quod veniens in templo Dominus hujusmodi negotiatores ejecerit; nunc videlicet, id est, tertio ante passionem suam anno, sicut ex hujus evangelistæ sequentibus scriptis agnoscimus; et ipso quo passus est anno, cum ante quinque dies Paschæ sedens asino, Hierosolymam venisset. Sed et hoc idem eum in templo sanctæ Ecclesiæ examine quotidianæ visitationis agere, omnis qui recte sapit, intelligit. Unde multum tremenda sunt hæc, dilectissimi, et digno expavescenda timore; sedulaque præcavendum industria, ne veniens improvisus perversum quid in nobis, unde merito flagellari, ac de Ecclesia ejici debeamus, inveniat. Et maxime in illa, quæ specialiter domus orationis vocatur, observandum ne quid ineptum geramus, ne cum Corinthiis audiamus ab Apostolo: Nunquid domos non habetis ad agenda, vel loquenda temporalia (*I Cor.* xi, 22)? aut Ecclesiam Dei contemnitis? Et, a Propheta cum

A Judæis: *Dilectus meus in domo mea fecit scelera multa* (*Jer.* xi, 15). Et quidem gaudendum est, quia ipsi sumus in baptismo templum Dei facti, teste Apostolo, qui ait: *Templum Dei sanctum est, quod estis vos* (*I Cor.* iii, 17). Ipsi civitas regis magni, de qua canitur: *Fundamenta ejus in montibus sanctis* (*Psal.* lxxxvi, 1), id est, fundamenta Ecclesiæ in soliditate fidei apostolorum et prophetarum. Sed non minus [*Ms.*, nimis] tremendum, quia præmisit Apostolus dicens: *Si quis autem templum Dei violavit, disperdet illum Deus* (*I Cor.* iii, 17). Et ipse judex justus, *Disperdam*, inquit, *de civitate Domini omnes, qui operantur iniquitatem* (*Psal.* c, 8). Gaudendum, quia in nobis Paschæ solemnitas agitur, cum de vitiis ad virtutes transire satagimus. Pascha quippe

B transitus dicitur. Gaudendum quia Dominus nostra pectora, civitatem videlicet suam visitare, quia idem Pascha nostræ bonæ actionis, præsentia suæ pietatis illustrare dignatur. Sed timendum satis, ne nos in civitate sua aliud quam ipse diligit, agentes inveniat, et ipse qualem non diligimus nobis districtus redditor ostendatur [*Al.*, et ipse se nobis, qualem non diligimus, districtus redditor ostendat]; ne nos in templo nummularios, ne venditores boum, ovium, columbarumve reperiens damnet (*Matth.* xxii). Boves quippe doctrinam vitæ cœlestis, oves opera munditiæ et pietatis, columbæ autem Spiritus dona designant, Quia nihilum boum juvamine solet ager exerceri; ager autem est Domini, cor cœlesti excultum doctrina, et suscipiendis verbi Dei præparatum rite

C seminibus. Oves innocenter sua vellera vestiendis hominibus præstant. Spiritus super Dominum in columbæ specie descendit. Vendunt autem boves, qui verbum evangelii non divino amore, sed terreni quæstus intuitu audientibus impendunt; quales reprehendit Apostolus, quia Christum annuntiarent non sincere. Vendunt oves, qui humanæ gratia laudis opera pietatis exercent; de quibus Dominus ait: *Quia receperunt mercedem suam* (*Matth.* vi, 2). Vendunt columbas, qui acceptam Spiritus gratiam, non gratis, ut præceptum est, sed ad præmium dant; qui impositionem manus, qua Spiritus accipitur, etsi non ad quæstum pecuniæ, ad vulgi tamen favorem tribuunt; qui sacros ordines non ad vitæ meritum, sed ad gratiam largiuntur. Nummos mutuo dant in

D templo, qui non simulate cœlestibus, sed aperte terrenis rebus in **488** Ecclesia deserviunt; sua quærentes, non quæ Jesu Christi (*Philip.* ii, 21). Verum hujusmodi operarios fraudulentos quæ merces maneat, ostendit Dominus, cum, facto de funiculis flagello, omnes ejecit de templo. Ejiciuntur enim [*Ms.*, autem] de parte sortis sanctorum, qui inter sanctos positi, vel ficte bona, vel aperte faciunt opera mala. Oves quoque et boves ejecit, qui talium vitam pariter et doctrinam ostendit esse reprobam. Funiculi, quibus flagellando impios de templo expulit, tremenda

---

ª Hæc, quæ sequuntur, in collectaneis Anselmi Lucensis apud Canisium Lect. Antiq. edit. Basnagii tom. III, part. i, pag. 589, citantur et describuntur,

ex libr. ii *Albini super Matthæum*; cujus tamen loco legendum esse *super Joannem*, jam in Monito prævio advertimus.

[*Ms. et Beda*, crementa] sunt actionum malarum, de quibus materia damnandi reprobos districto judici datur. Hinc etenim dicit Isaias: *Væ qui trahitis iniquitatem in funiculis vanitatis* (*Isaiæ*, v, 18)! Et in Proverbiis Salomon: *Iniquitates*, inquit, *suæ capiunt impium, et funibus peccatorum suorum constringitur* (*Prov.* v, 22). Qui enim peccata peccatis, pro quibus acrius damnetur, accumulat, quasi funiculos quibus ligetur ac flagelletur, paulatim augendo prolongat. Nummulariorum quoque quos expulerat [*Beda*, expulsat], effudit æs et mensas subvertit, quia damnatis in fine reprobis, etiam ipsarum quas dilexere rerum tollet figuram, juxta hoc quod scriptum est: *Et mundus transibit et concupiscentia ejus* (I *Joan.* II, 17).

Vers. 16. — *Et eis qui columbas vendebant, dixit: Auferte ista hinc, nolite facere domum Patris mei, domum negotiationis*. Venditionem columbarum de templo auferri præcipit, quia gratia Spiritus gratis accipi, gratis debet dari [a] (*Matth.* x). Unde Simon ille magus, quia hanc emere pecunia voluit, ut majore pretio venderet, audivit: *Pecunia tua tecum sit in perditione, non est tibi pars, neque sors in sermone hoc* (*Act.* viii, 20, 21). Notandum autem quia non soli venditores sunt columbarum et domum Dei faciunt domum negotiationis, qui sacros ordines largientes [*Beda*, largiendo], pretium pecuniæ, vel laudis, vel etiam honoris inquirunt: verum hi quoque qui gradum vel gratiam in Ecclesia spiritalem, quam Domino largiente percepere, non simplici intentione, sed cujuslibet humanæ causa retributionis exercent, contra illud apostoli Petri: *Qui loquitur quasi sermones Dei, qui ministrat tanquam ex virtute, quam administrat Deus, ut in omnibus honorificetur Deus per Jesum Christum* (II *Petr.* iv, 11). Quicunque ergo tales sunt, si nolint veniente Domino de Ecclesia auferri, auferant ista de suis actibus, ne faciant domum Dei domum negotiationis. Nec prætereundum quia sollicite nobis Scriptura utramque Salvatoris nostri naturam, et humanam videlicet commendat et divinam. Ut enim verus Dei Filius intelligatur, audiamus quod ipse dicit: *Nolite facere domum Patris mei, domum negotiationis*. Aperte namque se Filium Dei Patris ostendit, qui templum Dei domum sui Patris cognominat. Et ut rursum verus hominis filius sentiatur, recolamus quod in hujus capite lectionis descendens in Capharnaum, matrem comitem [*Beda om.* comitem] habuisse perhibetur. Sequitur:

Vers. 17. — *Recordati vero sunt discipuli ejus, quia scriptum est: Zelus domus tuæ comedit me*. Zelo domus Patris Salvator ejecit impios de templo. Zelemus et nos, fratres charissimi, domum Dei, et quantum possumus, ne quid in ea pravum geratur, insistamus. Si viderimus fratrem qui ad domum Dei pertinet, superbia tumidum, si detractionibus assuetum, si ebrietati servientem, si luxurie enervatum

[a] Beda : *Quia gratiam Spiritus, qui gratis accepit, gratis debet dare.*

si iracundia turbidum, si alio cuiquam vitio substratum, studeamus, in quantum facultas suppetit, castigare, polluta ac perversa corrigere, et si quid de talibus emendare nequivimus [*Beda*, nequimus], non sine acerrimo mentis sustinere dolore. Et maxime in ipsa domo orationis, ubi corpus Domini consecratur, ubi Angelorum præsentia semper adesse non dubitatur, ne quid ineptum fiat, ne quid, quod nostram fraternamve orationem impediat, totis viribus agamus [b]. Sequitur:

Vers. 18, 19. — *Responderunt ergo Judæi, et dixerunt ei: Quod signum ostendis nobis, quia hæc facis? Respondit Jesus, et dixit eis: Solvite templum hoc, et in tribus diebus excitabo illud*. De quo templo diceret, evangelista post aperuit; videlicet de templo corporis sui, quod ab illis passione solutum, ipse post triduum excitavit de morte. Quia ergo signum quærebant a Domino, quare solita commercia projicere debuerat [*Ms. et Beda*, debuerit] e templo, respondit; ideo se rectissime impios **489** exterminare de templo, quia ipsum templum significaverit templum corporis sui, in quo nulla prorsus esset alicujus macula peccati. Neque immerito typicum purgaverit a sceleribus templum, qui verum Dei templum ab hominibus morte solutum, divinæ potentia majestatis excitare posset a mortuis.

Vers. 20. — *Dixerunt ergo Judæi: Quadraginta et sex annis ædificatum est templum hoc, et tu tribus diebus excitabis illud?* Quomodo intellexerunt, ita responderunt. Sed ne nos quoque spiritalem Domini sermonem carnaliter sentiremus, evangelista subsequenter, de quo templo loqueretur, exposuit. Quod autem aiunt templum quadraginta et sex annis ædificatum, non primam, sed secundam illius ædificationem significant. Primus enim Salomon templum in maxima regni sui pace decentissimo [*Beda*, citissimo] septem annorum [*Ms.*, xx, septem annorum] opere perfecit, quod destructum a Chaldæis, post septuaginta annos ad jussionem Cyri Persæ laxata captivitate, reædificari cœptum est. Sed filii transmigrationis opus, quod sub principibus Zorobabel et Jesu faciebant, propter impugnationem gentium vicinarum, ante quadraginta et sex annos implere nequiverunt. Qui etiam numerus annorum perfectioni Dominici corporis aptissime congruit. Tradunt etenim naturalium scriptores rerum, formam corporis humani tot dierum spatio perfici: quia videlicet primis sex a conceptione diebus, lactis habeat similitudinem, sequentibus novem convertatur in sanguinem, deinde duodecim solidetur, reliquis decem et octo formetur usque ad perfecta lineamenta omnium membrorum; et hinc jam reliquo tempore, usque ad tempus partus, magnitudine augeatur. Sex autem, et novem, et duodecim, et decem, et octo, quadraginta quinque faciunt; quibus si unum adjecerimus, id est, ipsum diem, quo discretum per membra corpus crementum sumere incipit, tot nimirum dies in ædi-

[b] Hucusque Anselmus Lucensis.

ficatione corporis Domini, quot in fabrica templi annos invenimus. Et quia templum illud manufactum, sacrosanctam Domini carnem, quam ex virgine sumpsit, ut ex hoc loco discimus, figurabat, quia æque corpus ejus, quod est Ecclesia, quod [*Beda*, quia] uniuscujusque fidelium corpus, animamque designabat, ut in plerisque Scripturarum locis invenimus [a]. » Adam vero primus post peccatum audivit : *Terra es, et in terram ibis* (*Gen.* III). Secundus vero Adam de se ipso ait : *Solvite templum hoc, et in tribus diebus excitabo illud.* Sparsus vero fuit primus Adam per universum mundum, qui in secundo collectus est; quod significat nomen Adam, qui quatuor litteris scribitur, id est : Alpha, Delta, iterum Alpha, et My : quæ quatuor litteræ, quatuor partes orbis designant, in quas sparsus est Adam in filiis suis. Ideo in principiis nominum partium mundi hæ quatuor litteræ leguntur ; nam ἄρκτος, quod est Septentrio, ab Alpha incipit; et δύσις, quod est Occidens, a Delta incipit; et ἀνατολή, quod est Oriens, ab Alpha incipit; μεσημβρίος, quod est Meridies, a My incipit : quæ sunt quatuor partes orbis, ab his quatuor litteris incipientes. Quæ litteræ si in computo Græco considerentur, quadraginta sex faciunt. Nam Alpha unum, Delta quatuor, et iterum Alpha unum, My quadraginta, quæ simul ducta faciunt quadraginta sex. Qui numerus mystice designat quadraginta sex dies, quibus templum corporis Christi in utero virginali ædificatum est, sicut superius diximus. Caro autem Christi, quæ de Adam sumpta est, destructa est a Judæis, et a seipso iterum ædificata secundum Scripturas prophetarum; et ideo dicit evangelista : *Hoc enim dicebat de templo corporis sui.*

Vers. 21, 22. — *Cum ergo resurrexisset a mortuis, recordati sunt discipuli ejus quia hoc dicebat, et crediderunt Scripturæ.* Id est, prophetarum, qui prædixerunt Christum tertia die resurgere. *Et sermonem, quem dixit Jesus*, id est, quod ait ; *Solvite templum hoc, et in tribus diebus excitabo illud* : hoc est, tertia die resuscitabo, quod vos solvetis in cruce. Sequitur :

Vers. 23, 24. — *Cum autem esset Jesus Hierosolymis in Pascha in die festo, multi crediderunt in eum, ipse autem Jesus non credebat semetipsum eis, quia ipse sciebat quid esset in homine.* Non enim sic credebant in eum ut digni essent Christum habitare in eis, quorum fides catechumenis comparari potest, qui credunt in Christum, sed Christus non credit seipsum eis, *quia, nisi quis renatus fuerit ex aqua et Spiritu sancto, non potest introire in regnum Dei.* Nemini vero se credit Christus, nisi qui dignus est introire in regnum Dei; nullus vero dignus est introire in regnum Dei, nisi qui renatus est ex aqua et Spiritu sancto. Inde et ecclesiastica consuetudo catechumenis corporis et sanguinis Christi communionem non tradit, quia non sunt renati ex aqua et Spiritu sancto, quibus tantum creditur participatio corporis et sanguinis Christi. Ex his autem multis, qui credebant in Jesum, unus erat Nicodemus iste; et ideo nocte venit, non die, quia necdum illuminatus venerat cœlestis gratiæ luce.

CAPUT V.

Nicodemo inter multa dicit, nisi renatum in regnum Dei intrare non posse : ut quod non judicare, sed salvare venerit mundum. Et manifestari dicit opera, quæ in Deo sunt acta.

Caput III. Vers. 1, 2. — *Erat homo ex Pharisæis Nicodemus nomine, princeps Judæorum, hic venit ad Jesum nocte.* « [b] Princeps scilicet Judæorum venit ad Jesum nocte, cupiens secreta ejus allocutione plenius discere mysteria fidei, cujus aperta ostensione signorum aliquatenus jam rudimenta perceperat. Qui quoniam prudenter ea quæ ab illo fieri videbat, intelligere curavit, subtiliter ea quæ ab illo quærebat, investigare promeruit. *Rabbi*, inquit, *scimus quia a Deo venisti magister; nemo enim potest hæc signa facere quæ tu facis, nisi fuerit Deus cum eo.* A Deo igitur Jesum ad magisterium cœleste mundo adhibendum venisse confessus est, Deum cum illo fuisse miraculis prodentibus [*Al.*, prudentius] intellexit, necdum tamen ipsum Deum esse cognovit. Sed quia quem magistrum noverat veritatis studiose docendus adiit, merito ad cognitionem [*Beda*, agnitionem] divinitatis ejus perfecte doctus subiit; merito utriusque nativitatis ejus, divinæ scilicet et humanæ, sed et passionis [ejus] atque ascensionis ipsius arcana percepit ; nec non etiam modum secundæ generationis, ingressum regni cœlestis, aliaque perplura doctrinæ evangelicæ sacramenta, Domino revelante, didicit.

Vers. 3. — *Respondit enim Jesus, et dixit ei : Amen amen dico vobis : Nisi quis renatus fuerit denuo, non potest videre regnum Dei.* Quæ sententia tanto apertius cunctis fidelibus lucet, quanto constat quia sine hujus luce fideles esse nequeunt. Quis etenim sine lavacro regenerationis, remissionem peccatorum consequi, et regnum valet intrare cœlorum? Sed Nicodemus, qui nocte venit ad Jesum, necdum lucis mysteria capere noverat; nam et nox, in qua venit, ipsam ejus qua premebatur ignorantiam designat; necdum enim eorum numero sociatus erat, quibus ait Apostolus : *Fuistis aliquando tenebræ, nunc autem lux in Domino* (*Ephes.* v, 8) ; sed inter eos potius remanebat, quibus loquitur Isaias : *Surge, illuminare Jerusalem, quia venit lumen tuum, et gloria Domini super te orta est* (*Isai.* LX, 1). Respondit ergo Domino, et ait :

Vers. 4. — *Quomodo potest homo nasci cum senex sit ? Nunquid potest in ventrem matris suæ iterato introire et nasci ?* Quia secundæ nativitatis adhuc nescius perseverabat, de salute autem sua jam sollicitus exstiterat, necessario de una quam noverat nativitate, an posset iterari, vel quo ordine regeneratio posset impleri, quærebat, ne hujus expers remanen-

[a] Hucusque ex homilia Bedæ citata.

[b] Ex Bedæ homilia in festo Inventionis Sanctæ Crucis.

do, vitæ cœlestis particeps esse nequiret. Notandum autem quia quod de carnali dixit, hoc etiam de spiritali est regeneratione sentiendum ; nequaquam videlicet eam, postquam semel expleta fuerit, posse repeti : sive enim hæreticus, sive schismaticus, sive facinorosus quisque in confessione sanctæ Trinitatis baptizet, non valet ille qui ita baptizatus est, a bonis catholicis rebaptizari, ne confessio vel invocatio tanti nominis videatur annullari. Et quia Nicodemus ad primam Domini responsionem sollicitus, quomodo sit intelligenda diligenter inquirit, meretur jam planius instrui, et quia secunda nativitas non carnalis est, sed spiritalis, audire; respondit namque illi Jesus :

491 VERS. 5. — *Amen amen dico tibi, nisi quis renatus fuerit ex aqua et Spiritu, non potest introire in regnum Dei.* Cujus nativitatis modum subsequenter exponens, prorsusque a carnali distinguens ait : (VERS. 6) *Quod natum est ex carne, caro est; et quod natum est ex spiritu, spiritus est.* Natura spiritus invisibilis, carnis est visibilis; atque ideo carnalis generatio visibiliter administratur visibilibus incrementis. Qui in carne nascitur, per ætatum momenta proficit : spiritalis autem generatio tota invisibiliter agitur. Nam videtur quidem baptizatus [*Beda,* baptizandus] in fontem descendere, videtur aquis intingui, videtur de aquis ascendere; qui autem in illo lavacrum regenerationis egerit, minime potest videri. Sola autem [*Beda,* sola hoc] fidelium pietas novit; quia peccator in fontem descendit; sed purificatus ascendit. Filius prævaricationis descendit; sed filius reconciliationis ascendit; filius mortis descendit, sed filius resurrectionis ascendit; filius iræ descendit, sed filius misericordiæ ascendit; filius diaboli descendit; sed filius Dei ascendit. Sola hæc Ecclesia mater, quæ generat, novit. Cæterum, oculis insipientium videtur talis exire de fonte qualis intravit, totumque ludus esse quod agitur. Unde in fine videntes gloriam sanctorum dicent gementes in tormentis : *Hi sunt, quos aliquando habuimus in derisum et in similitudinem improperii, quomodo computati sunt inter filios Dei (Sap. v, 3)?* Apostolus Joannes, charissimi, inquit, *nunc filii Dei sumus, et nondum apparuit quid erimus (I Joan. III, 2).* Quod ergo natum est ex spiritu, spiritus est; quia qui ex aqua et Spiritu regeneratur, invisibiliter in novum mutatur hominem, et de carnali efficitur spiritalis. Qui ideo recte non solum spiritalis, sed etiam spiritus vocatur; quia sicut substantia spiritus invisibilis est nostris aspectibus, ita is qui per gratiam Dei renovatur, invisibiliter fit spiritalis et Dei filius, cum visibiliter omnibus caro et filius hominis appareat. Sequitur :

VERS. 7, 8. — *Non mireris quia dixi tibi, oportet vos nasci denuo. Spiritus, ubi vult, spirat, et vocem ejus audis; sed non scis, unde veniat, et quo vadat. Sic est omnis qui natus est ex Spiritu.* Spiritus, ubi vult, spirat, quia ipse habet in potestate, cujus cor gratia suæ visitationis illustret. *Et vocem ejus audis,* cum te præsente loquitur is qui Spiritu sancto repletus est ; *sed non scis, unde veniat, et quo vadat,* quia etiamsi te præsente quempiam Spiritus ad horam impleverit, non potest videri [*Al.,* non potes videre]; quomodo eum intraverit, vel quomodo redierit : quia natura est invisibilis. *Sic est omnis qui natus est ex Spiritu :* et ipse enim invisibiliter agente Spiritu incipit esse quod non erat, ita ut infideles nesciant, unde veniat et quo vadat, id est, quia a gratia regenerationis venit in adoptionem filiorum Dei ; et vadit in perceptionem regni cœlestis. Quærente autem adhuc Nicodemo quomodo possint hæc fieri (VERS. 9), subjungit Dominus, dicens :

VERS. 10. — *Tu es magister in Israel, et hæc ignoras?* Non quasi insultare volens ei qui magister vocetur, cum sit ignarus sacramentorum cœlestium ; sed ad humilitatis illum viam provocans, sine qua janua cœlestis non potest inveniri.

VERS. 12. — *Si terrena dixi vobis, et non creditis, quomodo, si dixero vobis cœlestia, credetis?* Terrena illis dixit, ut in superiore lectione invenimus, cum de passione et de resurrectione sui corporis, quod de terra assumpserat, loqueretur dicens : *Solvite templum hoc, et in tribus diebus excitabo illud (Joan.* II, 19). Non tamen credebant verbo quod dixit, sed ne hoc quidem intelligere valebant [*Beda;* volebant], quia non de alio, quam de templo corporis sui diceret. Qui ergo terrena audientes non capiebant, quanto minus ad cœlestia; id est, divinæ generationis [*Ms.,* regenerationis] capienda mysteria sufficiunt? Addit autem Dominus adhuc; et de cœlestibus sacramentis, et de terrenis instruere eum, quem vidit sapienter ac diligenter his quæ audit, intendere. Cœlestis namque est ascensio ejus ad vitam sempiternam ; terrena vero exaltatio ejus ad mortem temporalem. Dicit ergo de cœlestibus :

VERS. 13. — *Et nemo ascendit in cœlum, nisi qui descendit de cœlo, Filius hominis, qui est in cœlo.* Subjungit vero de terrenis : (VERS. 14) *Et sicut Moyses exaltavit serpentem in deserto, ita exaltari oportet Filium hominis.* Merito autem quæritur quomodo dicatur Filius hominis, vel descendisse de cœlo, vel eo tempore quo hæc in terra loqueretur, **492** jam fuisse in cœlo? Nota est namque confessio fidei catholicæ; quia descendens de cœlo Filius Dei; Filium hominis in utero virginali suscepit, cumque completa dispensatione passionis suæ resuscitavit a mortuis, et assumpsit in cœlum. Non ergo caro Christi descendit de cœlo, neque ante tempus ascensionis erat in cœlo. Et qua ratione dicitur : *Nisi qui descendit de cœlo, Filius hominis, qui est in cœlo,* nisi quia Christi persona una est, in duabus existens naturis? atque ideo Filius hominis recte dicitur, et descendisse de cœlo, et ante passionem fuisse in cœlo ; quia quod in sua natura habere non potuit, hoc in Filio Dei, a quo assumptus est, habuit. Sicut propter eamdem unius Christi personam, quæ ex duabus existit naturis, Apostolus ait : *Vos Spiritus sanctus posuit episcopos regere Ecclesiam Dei, quam acquisi-*

vit sanguine suo (Act. xx, 28). Neque enim Deus in sua substantia, sed in homine assumpto sanguinem, qui pro Ecclesia funderetur [*Beda*, quem funderet], habuit. Hinc enim Psalmista dicit : *Ascendit Deus in jubilatione (Psal.* XLVI, 6). Quomodo enim Deus nisi in homine ascenderet, qui in suæ naturæ majestatis semper ubique præsens adest? Sed et hoc quærendum est quomodo dictum sit, *et nemo ascendit in cœlum, nisi qui descendit de cœlo*, cum omnes electi se veraciter confidant ascensuros in cœlum, promittente sibi Domino, quia, *ubi ego sum, illic et minister meus erit?* Cujus tamen nodum quæstionis apertissima ratio solvit, quia videlicet mediator Dei et hominum, homo Christus Jesus, electorum omnium caput est. Itemque omnes electi, ejusdem capitis membra sunt, dicente Apostolo : *Et ipsum dedit caput super omnia Ecclesiæ* [Ms. et Beda, *omnem Ecclesiam*] *(Ephes.* I, 22). Et rursum : *Vos enim estis corpus Christi et membra de membro (I Cor.* XII, 27). Nemo ergo ascendit in cœlum, nisi qui descendit de cœlo Filius hominis, qui est in cœlo ; quod est aperte dicere : Nemo ascendit in cœlum, nisi Christus in corpore suo, quod est Ecclesia, qui in seipso quidem primum cernentibus apostolis, eminentioribus nimirum membris suis, ascendit ; et exinde in membris suis quotidie ascendens se colligit in cœlum. Hinc est enim quod, ipsum corpus ejus, intra adversa præsentis sæculi deprehensum gloriatur et dicit : *Nunc autem exaltavit caput meum super inimicos meos (Psal.* XXVI, 6). Ac si patenter dicat : Qui occisum a Judæis Christum, caput videlicet meum suscitavit a mortuis, ac frustratis omnibus inimicorum insidiis, sublevavit in cœlum, spero [quod] me etiam de præsentibus periculis eruens, meo capiti jungat in regno suo. Quia ergo nemo ascendit in cœlum, nisi qui descendit de cœlo; quisquis in cœlum ascendere desiderat, ei qui de cœlo descendit et [est] in cœlo, se vera fidei et dilectionis unitate conjungat; aperte intelligens quia nullo alio ordine, nisi per eum qui descendit de cœlo, potest ascendere in cœlum. Unde alias ipse dicit : *Nemo venit ad Patrem nisi per me.* Hæc ideo Nicodemo et [Ms., vel] cunctis dicuntur catechumenis; ut discant ejus membris renascendo incorporari, per quem possint ascendere in regnum Dei. Et quia ascensio vel ingressus regni fieri non potest absque fide et sacramentis Dominicæ passionis, recte infertur : *Et sicut Moyses exaltavit serpentem in deserto, ita exaltari oportet Filium hominis.*

VERS. 15. — *Ut omnis qui credit in ipsum, non pereat, sed habeat vitam æternam.* Mira magisterii cœlestis arte Dominus magistrum legis Mosaicæ ad spiritalem legis ejusdem sensum inducit, recordatis historiæ veteris, et hanc in figuram suæ passionis atque humanæ salvationis factam disserens. Narrat quippe liber Numerorum, quia pertæsus in eremo populus Israel itineris longi ac laboris, murmuravit contra Dominum et Moysen ; ideoque Dominus immiserit in illum ignitos serpentes, ad quorum plagas et mortes plurimorum, cum clamarent ad Moysen, et ille oraret pro eis, jussit eum Dominus facere serpentem æneum, et ponere pro signo. *Qui percussus,* inquit, *aspexerit eum, vivet.* Et ita factum est *(Num.* XXI). Plaga [*Ms. et Beda,* Plagæ] igitur serpentium ignitorum, venena sunt, et incentiva vitiorum, quæ animam quam tangunt spiritali morte perimunt. Et bene murmurans contra Dominum populus serpentium morsibus sternebatur, ut ex ordine flagelli exterioris agnosceret quantam intus perniciem murmurando pateretur. Exaltatio autem serpentis ænei, quem dum percussi aspicerent, sanabantur, passio est nostri Redemptoris in cruce, in cujus solum fide 493 regnum mortis et peccati superatur. Recte etenim per serpentes peccata, quæ animam simul et corpus ad interitum trahunt, exprimuntur ; non solum quia igniti, quia virulenti, quia ad perimendum sunt astuti, verum etiam quia per serpentem primi parentes nostri ad peccandum persuasi, ac de immortalibus sunt peccando mortales effecti. Recte per serpentem æneum Dominus ostenditur, qui venit in similitudinem [*Beda,* similitudine] carnis peccati : quia sicut æneus serpens effigiem quidem ignitis serpentibus similem, sed nullum prorsus in suis membris habuit ardorem veneni nocentis ; quin potius percussos a serpentibus, sua exaltatione sanabat : sic nimirum, sic Redemptor humani generis, non carnem peccati, sed similitudinem induit carnis peccati, in qua mortem crucis patiendo, credentes in se ab omni peccato et ab ipsa etiam morte liberaret. Sicut ergo *Moyses exaltavit serpentem in deserto, ita* [inquit] *exaltari oportet Filium hominis.* Quia sicut illi qui exaltato pro signo serpente æneum aspiciebant, sanabantur ad tempus a temporali morte et plaga quam serpentium morsus intulerat, ita et qui mysterium Dominicæ passionis credendo, confitendo, sinceriter imitando aspiciunt, salvantur in perpetuum ab omni morte, quam peccando in anima pariter et carne contraxerant. Unde recte subjungitur : *Ut omnis qui credit in ipsum* [*Beda, in ipso*] *non pereat, sed habeat vitam æternam.* Cujus quidem verbi patet sensus ; quia qui credit in Christum, non solum perditionem evadit pœnarum, sed et vitam percipit æternam. Et hoc inter figuram distat et veritatem, quia per illam vita protelatur [*Beda,* protelabatur] temporalis, per hanc vita donatur sine fine mansura. Sed curandum soliciter est, ut quod intellectus bene sentit, operatio condigna perficiat, quatenus confesso recte nostræ fidei, pie et sobrie conversando, ad perfectionem [*Beda*] ad perceptionem] promissæ nobis vitæ mereamur attingere. Verum quia hæc de Filio hominis dicuntur, qui exaltari in cruce, et mortem potuit pati ; ne putaret Nicodemus Filium tantum eum hominis esse, a quo vita esset exspectanda perpetua, curavit ei Dominus etiam divinitatis suæ patefacere sacramentum, unumque et eumdem Filium Dei, et Filium hominis mundi ostendere salvatorem. Nam sequitur :

VERS. 16. — *Sic enim dilexit Deus mundum, ut*

Filium suum unigenitum daret, ut omnis qui credit in eum, non pereat, sed habeat vitam æternam. Unde notandum quod eadem de Filio Dei unigenito replicat, quæ de Filio hominis in cruce exaltato præmiserat, dicens : *Ut omnis qui credit in eum, non pereat, sed habeat vitam æternam.* Quia profecto idem redemptor et conditor noster, Filius Dei ante sæcula existens, Filius hominis factus est in fine sæculorum, ut, qui per divinitatis suæ potentiam nos creaverat ad perfruendam vitæ beatitudinem perennis, ipse per fragilitatem humanitatis nostræ nos restauraret ad recipiendam quam perdidimus vitam. [a]) Sequitur autem :

VERS. 17. — *Non enim misit Deus Filium suum in mundum, ut judicet mundum, sed ut salvetur mundus per ipsum.* [b] Ergo quantum in medico est, sanare venit ægrotum. Se ergo interimit, qui præcepta medici observare non vult. Venit Salvator in mundum : quare Salvator dictus est mundi, nisi ut salvet mundum, non ut judicet mundum ? Salvari non vis ab ipso, ex te judicaberis. Et quid dicam judicaberis ? vide quid ait : *Qui credit in eum, non judicabitur* [Al., *judicatur*]. *Qui autem non credit :* quid dicturum sperabas, nisi, *judicatur ?* Jam, inquit, *judicatus est.* Nondum apparuit judicium, sed jam factum est judicium; *Novit enim Dominus, qui sunt ejus*, (II Tim. II, 19); novit, qui permaneant ad coronam, qui permaneant ad flammam; novit in area sua triticum suum, novit et paleam; novit et segetem, novit zizania. Jam judicatus est qui non credit. Quare judicatus ? *Quia non credit in nomine unigeniti Filii Dei.* (VERS. 19.) *Hoc est autem judicium, quia lux venit in mundum, et dilexerunt homines magis tenebras quam lucem : erant enim mala opera eorum.* Fratres mei, quorum opera bona invenit Dominus ? Nullorum. Omnia [*Aug.*, *Omnium*] enim mala opera invenit. Quomodo ergo quidam fecerunt veritatem, et venerunt ad lucem ? Hoc enim sequitur :

VERS. 21. — *Qui autem facit veritatem, venit ad lucem, ut manifestentur opera ejus, quia in Deo facta sunt.* Quomodo ergo quidam bonum opus fecerunt, ut venirent ad lucem, id est, ad Christum ? Et quomodo quidam dilexerunt tenebras ? Si enim omnes peccatores invenit, et omnes a peccato sanat; et serpens ille, in quo figurata est mors Domini, eos sanat qui morsi fuerant; et propter morsus serpentis erectus est serpens, id est, mors Domini, propter mortales homines, quos invenit injustos; quomodo intelligitur, *hoc est judicium, quoniam lux venit in mundum, et dilexerunt homines magis tenebras quam lucem : erant enim mala opera eorum ?* Quid enim est hoc ? Quorum enim erant opera bona ? Nonne venisti ut justifices impios ? Sed *dilexerunt*, inquit, *tenebras magis quam lucem.* Ibi posuit vim ; multi enim dilexerunt peccata sua, [multi confessi sunt peccata sua] : quia, qui confitetur peccata sua et accusat peccata sua, jam cum Deo facit. Accusat Deus peccata tua : si et tu accuses, conjungeris Deo. Quasi duæ res sunt, homo et peccator. Quod audis homo, Deus fecit ; quod audis peccator, ipse homo fecit. Dele quod fecisti, ut Deus salvet quod fecit, Oportet ut oderis in te opus tuum, et ames in te opus Dei. Cum autem cœperit tibi displicere quod fecisti, inde incipiunt bona opera tua, quia accusas mala opera tua. Initium bonorum operum, confessio est operum malorum. Facis veritatem, et venis ad lucem. Quid est, facis veritatem ? Non te palpas, non tibi blandiris, non te adulas ; non dicis : justus sum, cum sis iniquus, et incipis facere veritatem. Venis autem ad lucem, ut manifestentur opera tua quia in Deo sunt facta, quia et hoc ipsum quod tibi displicuit peccatum tuum, non tibi displiceret, nisi Deus tibi luceret, et ejus veritas tibi ostenderet lucem [*In Aug. deest*, lucem] : sed qui etiam admonitus diligit peccata sua, odit admonentem lucem, et fugit eam, ut non arguantur opera ejus mala quæ diligit. Qui autem facit veritatem, accusat in se mala sua, non sibi parcit, non sibi ignoscit, ut Deus ignoscat ; quia quod vult ut Deus ignoscat, ipse agnoscit, et venit ad lucem, cui gratias agit quod illi, quid in se odisset, ostenderit. Dicit Domino : *Averte faciem tuam a peccatis meis.* Et qua fronte dicit, nisi iterum dicat ? *Quoniam facinus meum ego agnosco, et peccatum meum contra me est semper* (*Psal.* L, 5, 11). Sit ante te, quod non vis esse ante Dominum [*Aug.*, Deum]. Si autem post te feceris peccatum tuum, retorquet tibi illud Deus ante oculos tuos : et tunc retorquet, quando jam pœnitentiæ fructus nullus erit. Currite dum lucem habetis, ne tenebræ mortis vos comprehendant.) Sequitur autem :

VERS. 22. — *Post hæc autem venit Jesus et discipuli ejus in Judæam terram. Et illic demorabatur cum eis, et illic baptizabat.* [c] Baptizatus baptizat ; non in eo baptismate baptizat quo baptizatus est. Dat baptismum [*Ms.*, baptisma] Dominus baptizatus a servo, ostendens humilitatis viam, et perducens ad baptismum [*Ms.*, baptisma] Domini. Hoc est baptisma suum, præbendo humilitatis exemplum, ut ipse non respuit baptisma servi ; et baptismate servi via præparabatur Domino : et baptizatus Dominus, viam se fecit ad se [venientibus.] Ipsum audiamus : *Ego sum via, veritas et vita* (Joan. XIV, 6). Si veritatem quæris, viam tene : nam ipse est via, qui est veritas. Audiamus Joannem; *Baptizabat Jesus.* Diximus quia baptizat Jesus. Quomodo, inquit, Jesus, quomodo Dominus, quomodo Dei Filius, quomodo Verbum ; sed Verbum caro factum est.)

CAPUT VI.

Joanni in Ænon baptizanti a suis discipulis dicitur, quod, cui ille testimonium perhibebat, hic baptizet, et quod omnes ad eum veniant. Quem ille sponsum esse, et oportere crescere, se autem minui. Illumque desursum, et supra omnes esse. Credentemque in

---

[a] Hucusque ex Bedæ homilia citata.
[b] Ex sancto Augustino, Tract. XII in Joan., n. 12, 13.
[c] Ex sancto Augustino, Tract. XIII, num 4, 6.

eum habere vitam æternam. Super incredulum vero iram manere confirmat.

VERS. 23. — *Erat autem Joannes baptizans in Ænon, juxta Salin.* Locus quidem [*Forte*, lacus quidam] ex nomine intelligitur, quia aquæ multæ erant ibi. Ænon juxta Salim locus est, ubi baptizabat Joannes, et ostenditur nunc usque locus, in octavo lapide **495** Scytopoleos ad meridiem, juxta Salim et Jordanem. (VERS. 24.) *Nondum enim missus fuerat Joannes in carcerem.* Quare baptizabat Joannes? Quia oportebat ut baptizaretur Dominus. Quare oportebat ut Dominus baptizaretur? Ne aliquis magna licet præditus gratia vel potestate, contemneret baptizari. Ipse Dominus non contempsit baptismi sacramentum, quamvis in illo non esset quod mundaretur in baptismo, qui nullum habuit peccatum, quod dimitteretur in baptismi lavacro. Baptizatus est a servo Dominus, ne servus Domini baptismum contemneret. *Nondum enim missus fuerat Joannes in carcerem.* Ideo hoc dixit evangelista, ut intelligeretur [hæc miracula], quæ ante posuit, primo anno doctrinæ Domini nostri Jesu Christi, quæ incipiebat a baptismo suo, acta esse; cujus anni gesta, maxime alios intellexit evangelistas tacere.

VERS. 25. — *Facta est autem quæstio ex discipulis Joannis cum Judæis de purificatione.* Zelantes vero discipuli Joannis magistrum, quia plures audiebant concurrere ad baptisma Christi, et præferre Judæos baptismo Joannis baptismum Christi, ita ut novissime ventum est ad ipsum Joannem, ut solveret quæstionem quam habuerunt discipuli illius cum Judæis, de discretione inter baptismum Christi et baptismum Joannis, et dixerunt ei :

VERS. 26. — *Rabbi, qui erat tecum trans Jordanem, cui tu testimonium perhibuisti, ecce hic baptizat, et omnes veniunt ad eum.* Quasi indignantes quod plures venissent ad baptismum Christi, dixerunt : *Omnes veniunt ad eum, et te dimittunt,* dum tuo baptismo baptizatus est ille, ad cujus baptismum omnes modo concurrunt.

VERS. 27. — *Respondit Joannes et dixit : Non potest homo accipere quidquam, nisi fuerit ei datum de cœlo.* Vos mihi testimonium perhibetis, quod dixerim : *Non sum ego Christus.* Si meo testimonio creditis, scitote me non esse Christum, sed illum; et illius baptismum esse in quo est remissio peccatorum et Spiritus sanctus datur; non meum in quo tantummodo pœnitentia dabatur, et fides in eum in quo [*Ms.*, de quo] querimoniam nunc habetis. *Non potest homo aliquid accipere, nisi fuerit illi datum de cœlo.* Ministerium accepi quod mihi datum fuit de cœlo. Præco sum, ille judex; ego servus, ille Dominus; ille sponsus, ego amicus sponsi. *Illum oportet crescere, me autem minui.* Veniebam illi viam parare, non me exaltare. *Ego vox clamantis,* ille Verbum patris. *Qui post me venit, ante me factus est,* id est, dignitate prælatus est mihi. *Cujus ego non sum dignus corrigiam calceamenti* [*ejus*] *solvere,* id est, nativitatis illius qui ex virgine natus venit in mundum.

[a] Sanctus Augustinus loc. cit. num. 12.

enarrare mysterium. Audistis testimonium meum; credite testimonio meo. Concurrite ad illum, in cujus baptismo est remissio peccatorum. Iste Joannes tantæ auctoritatis habebatur, ut a populo Christus putaretur; sed ille falsum respuit honorem, ut solidam potuisset habere veritatem. Noluit de se jactare quod non fuit, ne sine eo esset qui semper fuit.

VERS. 29. — *Qui habet sponsam, sponsus est.* Ego non sum sponsus. Sed quid sum? Amicus sponsi, gaudens in vocem illius. Quis est sponsus? Ille de quo dicitur : *Rex omnis terræ Deus; et adorabunt eum omnes reges terræ, omnes gentes servient ei* (*Psal.* LXXI, 11). Ille sponsus verus; sponsa vero sancta Ecclesia, ex omnibus congregata gentibus, de qua Apostolus ait : *Desponsavi vos uni viro, virginem castam exhibere Christo* (*II Cor.* XI, 2). Virgo est et sponsum habet, quæ quotidie generat et virgo perpetua permanet. Virginitas hæc integritas est mentis, charitatis perfectio, unitas catholicæ fidei, pacis concordia, castitas in corde et anima; quia nihil valet corporis castitas sine catholicæ fidei integritate; cujus virginis, id est, universalis Ecclesiæ, amici sunt prædicatores evangelicæ veritatis. Et ideo dicit iste Joannes, *amicus sponsi : Qui stat et audit, gaudio gaudet propter vocem sponsi.* Stat enim, qui in fide recta permanet, et quod credit, prædicat. « [a] Quare stat? Quia non cadit. Quare non cadit? Quia humilis est. Iste præcursor Domini in solida petra stabat, dum ait : Non sum ego Christus, non sum ego sponsus, sed amicus sponsi. Qui gloriam illius quærit qui misit eum, merito non cadit, merito stat, merito audit vocem sponsi, et gaudio gaudet propter vocem sponsi. » Vox ergo sponsi est : *Ite, docete omnes gentes, baptizantes eos in nomine Patris, et Filii, et Spiritus sancti.* **496** « [b] Confessus est ergo Joannes, sicut superius audistis, *quia non sum ego Christus* : quia cum discipulis multos faceret Jesus, et perferretur ad eum, veluti [ut] instigaretur, quasi invido enim narraverunt : *Ecce ille facit plures discipulos quam tu,* ille confessus est quid esset, et inde meruit pertinere ad eum, quia non est ausus se dicere, quod est ille. Hoc ergo dicit Joannes, *Non potest homo accipere quidquam, nisi fuerit ei datum de cœlo.* Ergo Christus [dat], homo accipit.

VERS. 28, 29. — *Ipsi vos mihi testimonium perhibetis, quod dixerim : Ego non sum Christus; sed quia missus sum ante illum. Qui habet sponsam, sponsus est, amicus autem sponsi, qui stat et audit eum, et gaudio gaudet propter vocem sponsi.* Non sibi gaudium facit de se. Qui vult gaudere de se, tristis erit; qui autem de Deo vult gaudere, semper gaudebit, quia Deus sempiternus est. Vis [ergo] habere gaudium sempiternum? inhære illi qui sempiternus est. Talem se dixit Joannes. *Propter vocem sponsi gaudet amicus sponsi,* ait, non propter vocem suam; *et stat et audit eum :* si ergo cadit, non audit eum. De illo [enim] quondam [*Aug.,* quodam] qui cecidit, dictum est : *Et in veritate non stetit* (*Joan.* VIII, 44). De diabolo

[b] S. Aug. Tract. XIV, num. 2, 3, 5.

dictum est. Ergo stare debet amicus sponsi, et audire. Quid est stare? Permanere in gratia ejus quam accepit, et audire [*Aug.*, et audit] vocem ad quam gaudeat. Sic erat Joannes. Noverat, unde gaudebat. Non sibi arrogabat, quod ipse noverat [*Aug.*, quod ipse non erat]; sciebat illuminatum se, non illuminatorem. *Erat enim lumen verum*, ait evangelista, *quod illuminat omnem hominem venientem in hunc mundum* (*Joan.* I, 9). Si ergo omnem hominem, et ipsum Joannem, quia et ipse de hominibus erat. Sequitur et dicit Joannes : *Hoc ergo gaudium meum impletum est. Quod est gaudium ipsius?* ut gaudeat ad vocem sponsi. Multi enim ideo facti sunt insipientes, quia dixerunt se esse sapientes ; quos arguit Apostolus in Epistola ad Romanos dicens : *Æstimantes se esse sapientes, stulti facti sunt* (*Rom.* I, 20). Ergo Deus quod dat gratias agentibus, tulit non agentibus. Noluit esse hoc Joannes ; gratus esse voluit. Confessus est accepisse se, et gaudere se dixit, propter vocem sponsi, et ait :

VERS. 50. — *Hoc ergo gaudium meum impletum est, Illum oportet crescere, me autem minui.* Quid est hoc? illum oportet exaltari, me autem humiliari. Magnum hoc sacramentum est : antequam veniret Dominus Jesus, homines gloriabantur de se : venit ille homo, ut minueretur illius [*Ms.*, hominis] gloria, et augeretur gloria Dei. Etenim venit ille sine peccato, et invenit omnes cum peccato. Si sic venit ille, ut dimitteret peccata, Deus largiatur, homo confiteatur. Etenim confessio hominis, humilitas hominis ; miseratio Dei, altitudo Dei. Si ergo venit ille dimittere peccata [*Aug.*, homini peccata], agnoscat homo humilitatem suam, et Deus faciet misericordiam suam. *Illum oportet crescere, me autem minui* ; hoc est, illum oportet dare, me autem accipere ; illum oportet glorificari, me autem confiteri. Intelligat homo gradum suum, et confiteatur Deo, et audiat Apostolum dicentem homini superbienti et elato et extollere se volenti : *Quid enim habes, quod non accepisti? Si autem accepisti, quid gloriaris, quasi non acceperis* (I *Cor.* IV, 7)? Intelligat ergo homo, quia accepit, qui volebat suum dicere quod non est ejus, et minuatur. Bonum est illi enim ut Deus in illo glorificetur ; ipse in se minuatur, ut in Deo augeatur. Hæc testimonia, hanc [*Aug.*, et hanc] veritatem, etiam passionibus suis, significaverunt Christus et Joannes. Nam Joannes capite minoratus est, et Christus in cruce exaltatus est, ut et ibi appareret, quid est, *illum oportet crescere, me autem minui*, » hoc est, illum oportet exaltari, me autem humiliari. Hoc enim significat et ipsa creatura lucis. Nam Christus natus est diebus crescentibus, Joannes vero decrescentibus ; ut ostenderetur quid est Christus, hoc est lumen verum ; et quid est Joannes, hoc est illuminatus ab eo. Crescamus [nos] in illo, et per illum, ut ille crescat in nobis, donec perveniamus ad perfectum diem. Audiamus adhuc quid Joannes de Christo dixerit, vel quid de seipso. Dicit enim :

ᵃ S. Aug. loc. cit. num. 6, 7, 8.

VERS. 31. — « *Qui de sursum venit, super omnes est, et qui de terra est, de terra loquitur. Qui de sursum venit, super omnes est*, id est Christus. *Qui autem est de terra, terra est, et de terra loquitur*, id est Joannes. » Quomodo ergo de terra loquitur? Omnis homo terrenus est, et dum terrena loquitur, de terra loquitur ; qui vero illuminatus est ab eo, qui est lumen verum, de divinis loquitur. Ergo seorsum [*Ms.*, sursum] est gratia Dei, seorsum natura hominis. Carnalis carnaliter æstimat, carnaliter suspicatur. Dum venit gratia Dei illuminans hominem, cœlestia loquitur, sicut dictum est : *Qui illuminas lucernam meam, Domine, Deus meus, illumina tenebras meas* (*Psal.* XVII, 29). « Hoc est, illum oportet crescere, me autem minui. Ergo Joannes, quod ad Joannem pertinet, de terra est, et de terra loquitur : si quid divinum a Joanne audisti, illuminantis est, non recipientis.

VERS. 32. — *Qui de cœlo venit, super omnes est, et quod vidit et audivit, hoc testificatur, et testimonium ejus nemo accepit.* Qui de cœlo venit, super omnes est, Dominus noster Jesus Christus, de quo superius dictum est : *Nemo ascendit in cœlum, nisi qui descendit de cœlo, Filius hominis, qui est in cœlo.* Est autem super omnes, et quod vidit et audivit, hoc loquitur. Habet enim et Patrem ipse Filius Dei ; habet et matrem [*Aug.*, et Patrem], et audivit a Patre. Et quod audivit a Patre, quid est? Quis hoc explicet? Quando lingua mea, quando cor meum sufficere potest, vel cor ad intelligendum, vel lingua ad proferendum? Quid est quod Filius audivit a Patre? Forte Filius Verbum Patris audivit? Imo Filius Verbum Patris est. Cum ergo Verbum Dei Filius sit, Filius autem locutus est nobis ; non verbum suum, sed Verbum Patris se nobis loqui voluit, qui Verbum Patris loquebatur. Hoc ergo, quomodo decuit et oportuit, dixit Joannes. *Qui de cœlo venit ; super omnes est, et quod vidit et audivit, illud testatur, et testimonium ejus nemo accepit.* Si nemo, ut quid venit? quorumdam enim [*Al.*, ergo] nemo. Est quidam populus præparatus ad iram Dei, damnandus cum diabolo, horum nemo accepit [*Aug.*, accipit] testimonium Christi. Nam si omnino nemo, nullus homo ; quid ergo est quod sequitur?

VERS. 33. — *Qui accepit testimonium ejus, signavit, quia Deus verax est.* Certe ergo nemo, sed tu ipse dicis [*Aug.*, non nemo, si tu ipse dicis] : *Qui accepit testimonium ejus, signavit, quia Deus verax est.* Responderet ergo fortasse interrogatus Joannes, et diceret nobis, quid dixerit [*Aug.*, novi quid dixerim, nemo] nemo [*Ms.*, Certe ergo nemo, si tu ipse dicis, *Qui accepit*, etc..., et diceret : Novi quid dixerim : nemo est quidam populus]. Est quidam populus natus ad iram Dei, et ad hoc præcognitus. Qui sint enim credituri, et qui non sint credituri, novit Dominus ; qui sint perseveraturi in eo quod crediderint, et qui sint lapsuri, novit Deus ; et numerati sunt Deo omnes futuri in vitam æternam. » **Testi-**

monium ejus qui venit de coelo, nemo accepit; qui autem accepit testimonium ejus, *signavit, quia Deus verax est*. Signavit, dixit; hoc est, signum posuit in corde suo, quasi singulare et speciale aliquid, hunc esse Deum verum, qui missus est ob salutem humani generis. « Quid est, *signavit, quia Deus verax est*, nisi quia omnis homo mendax, Deus autem verax est? Quia nemo hominum potest dicere, quod veritas [*Aug*., veritatis est] est, nisi illuminetur ab eo, qui mentiri non potest. Deus ergo verax, Christus autem Deus. Vis probare? Accipe testimonium ejus, et invenis. *Qui enim accepit testimonium ejus, signavit quia Deus verax est*. Quis? Ipse qui de coelo venit et descendit, et super omnes est, Deus verax est. » Quem enim misit Deus, verba Dei loquitur; ipse est Deus verax, ipse est Deus, et Dominus noster Jesus Christus, de quo Apostolus ait : *Postquam venit plenitudo temporis, misit Deus Filium suum factum ex muliere, factum sub lege* (*Gal.* iv, 4).

Vers. 54. — « ª *Quem enim misit Deus, verba Dei loquitur*. Hoc utique de Christo dicebat, ut se ab illo distingueret. Quid enim? Joannem nonne Deus misit? An non ipse dixit : *Missus sum ante eum : et qui me misit baptizare in aqua :* et de illo dictum est : *Ecce ego mitto Angelum meum ante te, et praeparabit viam tuam* (*Malach.* iii, 1). Nonne et ipse verba Dei loquitur, de quo etiam dictum est quod sit amplius quam propheta? Si ergo et ipsum Deus misit, et verba Dei loquitur, quomodo ad distinctionem de Christo eum dixisse accepimus : *Quem enim misit Deus, verba Dei loquitur?* Sed vide, quid adjungat : 498 — *Non enim ad mensuram dat Deus Spiritum*. Audi Apostolum dicentem : *Secundum mensuram donationis Christi* (*Ephes.* iv, 7). Hominibus ad mensuram dat, unico Filio non dat ad mensuram. Quomodo hominibus dat ad mensuram? Alii quidem datur per Spiritum sermo sapientiae, alii sermo scientiae secundum eumdem Spiritum; alii fides in eodem Spiritu, alii prophetia, alii judicatio [*Aug*., dijudicatio] spirituum, alteri genera linguarum, alii dona curationum (*I Cor.* xii, 8). [*Aug*., Nunquid omnes apostoli?] Nunquid omnes prophetae? Nunquid omnes doctores? Nunquid omnes habent virtutes? Nunquid omnes dona habent sanitatum? Nunquid omnes linguis loquuntur? Nunquid omnes interpretantur? Aliud habet ille, aliud iste; et quod habet iste, ille non habet. Mensura, divisio quaedam donorum est. Ergo hominibus mensura [*Idem*, ad mensuram] datur; et concordia ibi unum corpus facit. Quomodo aliud accepit manus ut operetur; aliud oculos ut videat; aliud aures ut audiat; aliud pedes [*Idem*, oculus, auris, pes] ut ambulet : anima tamen una est, quae agit omnia; in manu, ut operetur; in pede, ut ambulet; in aure, ut audiat; in oculo, ut videat : sic sunt etiam diversa dona fidelium, tanquam membris ad mensuram cuique propriam distributa. Sed Chri-

stus, qui dat, non ad mensuram accipit. ᵇ Audi enim adhuc, quod sequitur, quia de Filio dixerat : *Non enim ad mensuram dat Deus Spiritum*.

Vers. 35. — *Pater diligit Filium, et omnia dedit in manu ejus*. Addidit : *Et omnia dedit in manus ejus*, ut nosses et hic quam distincte [*Aug*., qua distinctione] dictum est : *Pater diligit Filium*. Quare? Ergo Pater non diligit Joannem? et tamen [non] omnia dedit in manu ejus; Pater non diligit Paulum? et tamen [non] omnia dedit in manu ejus. *Pater diligit Filium :* sed quomodo Pater Filium, non quomodo Dominus servum; quomodo Unicum, non quomodo adoptatum. Itaque *omnia dedit in manu ejus*. Quid est *omnia?* Ut tantus sit Filius, quantus est Pater. Sequitur :

Caput iv. Vers. 1, 2, 3. — *Ut ergo cognovit Jesus quia audierunt Pharisaei, quia Jesus plures discipulos facit quam Joannes, et baptizat : quanquam Jesus non baptizaret, sed discipuli ejus : reliquit Judaeam terram, et abiit in Galilaeam*. « ᶜ Utique Dominus si sciret Pharisaeos ita de se cognovisse quod plures discipulos faceret et quod plures baptizaret, ut hoc eis ad salutem pertineret [*Aug*., valeret] sequendi eum, ut et ipsi essent discipuli, et ipsi vellent ab eo baptizari; magis non relinqueret Judaeam terram, sed propter illos maneret ibi : quia vero cognovit eorum scientiam, simul cognovit et invidentiam, quia non hoc propterea didicerunt ut sequerentur, sed ut persequerentur, abiit inde. Poterat quidem ille et praesens ab his non teneri, si nollet; non occidi, si nollet; qui [*Aug*., quia] potuit, et non nasci, si nollet : sed quia in omni re quam gessit ut homo, hominibus in se credituris praebebat exemplum (quia unusquisque servus Dei non peccat, si secesserit in alium locum, videns furorem fortem [*Aug*., forte] persequentium se aut quaerentium in malum animam suam; videretur autem sibi servus Dei peccare si faceret, nisi in faciendo Dominus praecessisset), fecit hoc ille magister bonus, ut doceret, non quod timeret. Fortassis etiam hoc moveat, cur dictum sit : *Baptizabat Jesus plures quam Joannes*, et postea quam dictum est, *baptizat* [*Ms*., baptizabat], subjectum sit : *Quanquam Jesus non baptizaret, sed discipuli ejus*. Quid ergo? Falsum dictum erat, et correctum est cum additum est , *quanquam Jesus non baptizaret, sed discipuli ejus?* An utrumque verum est, quia Jesus et baptizabat, et non baptizabat? Baptizabat enim, quia et ipse mundabat; non baptizabat, quia non ipse tingebat. Praebebant discipuli ministerium corporis, praebebat ille adjutorium majestatis. Quando enim cessaret a baptizando, qui non cessat a mundando, de quo dictum est ab eodem Joanne per Joannis Baptistae personam [dicentis] : *Hic est qui baptizat?* Ergo Jesus adhuc baptizat; et quousque baptizantur, qui baptizandi sunt [*Aug*., quousque baptizandi sumus], Jesus baptizat. Securus homo accedat ad inferiorem ministrum, habet enim superiorem magistrum. Sed forte dicat aliquis :

ª S. Aug. Ibid. num. 10.
ᵇ Idem, loc. cit. num. 11.

ᶜ S. Aug. Tract. xv in Joan. num. 2, 3, 4.

Baptizat quidem Christus in spiritu, non in corpore. Quasi vero alterius dono quam illius, quisquam etiam sacramento corporalis et visibilis baptismatis imbuatur. Vis nosse quia ipse baptizat non solum spiritu, sed etiam aqua? Audi Apostolum: *Sicut Christus*, inquit, *dilexit Ecclesiam suam, et seipsum tradidit pro ea, mundans eam lavacro aquæ in verbo, ut exhiberet sibi ipse gloriosam Ecclesiam, non habentem maculam aut rugam, aut aliquid ejusmodi* (*Ephes.* v, 25). Mundans eam, unde? Lavacro aquæ in verbo. Tolle aquam, non est baptismum. Similiter verbum si tuleris, baptismum non fit [*Ms.*, baptisma, tolle verbum, non est baptisma]. ᵃ » Quæri enim solet si in hoc baptismo discipulorum Christi, Spiritus sanctus daretur, propter verba quæ in sequenti hujus Evangelii loco leguntur, ubi dicitur: *Spiritus sanctus nondum fuerat datus, quia Jesus nondum fuerat glorificatus* (*Joan.* vii, 39)? Profecto dabatur Spiritus sanctus in hoc discipulorum Christi baptismo, licet non ea manifestatione, qua post ascensionem Christi decima die in igneis linguis datus est. Quod quædam latenter, quædam vero per visibilem creaturam, visibiliter Deus operatur, pertinet ad gubernationem prudentiæ, quia omnes divinæ actiones, locorum, temporumque ordinis [*Ms.*, ordine] distinctione pulcherrima aguntur. Quomodo autem ipse Dominus secum habebat utique Spiritum sanctum in ipso homine quem gerebat, quando ut baptizaretur venit ad Jordanem [*Ms.*, amnem]; et tamen posteaquam baptizatus est, descendere in eum in columbæ specie idem Spiritus [sanctus] visus est: sic intelligendum est, ante manifestum et visibilem adventum Spiritus sancti quoscunque sanctos eum latenter habere potuisse. Ita sane hoc diximus ut intelligamus etiam visibili demonstratione Spiritus sancti, qui adventus ejus dicitur, ineffabili vel etiam incogitabili modo largius in hominum corda plenitudinem ejus infusam. Sequitur: *Reliquit Judæam, et abiit iterum in Galilæam.* Quid est, *reliquit Judæam*, nisi reliquit infidelitatem illorum qui eum recipere noluerunt; et lapidem quem ædificare debuerunt, reprobaverunt? Et abiit per apostolos in Galilæam, id est, in volubilitatem istius mundi, præcipiens apostolis: *Ite, docete omnes gentes, baptizantes eos in nomine Patris, et Filii, et Spiritus sancti* (*Matth.* xxviii, 19).

VERS. 4. — *Oportebat enim eum transire per Samariam.* In lectione vero Evangelii, infirmitatem humani generis suscepisse Dominum Jesum Christum plenissime nobis sanctus evangelista monstravit; siquidem cum dixisset venisse Dominum in civitatem Samariæ, quæ dicitur Sichar, juxta prædium quod dedit Jacob filio suo Joseph, in quo prædio erat fons Jacob, addidit: *Jesus*, inquit, *fatigatus ex itinere, sedebat sic supra fontem* [*Ms.*, supra puteum].

CAPUT VII

Ad puteum Jacob mulieri Samaritanæ Christus se manifestans plurima mystice loquitur, et multi Samaritanorum credunt in eum, dicentes: Vere hic est Salvator mundi.

VERS. 5, 6. — *Venit Jesus in civitatem Samariæ, quæ dicitur Sichar, juxta prædium quod dedit Jacob Joseph filio suo. Erat enim ibi fons Jacob. Jesus*, inquit, *fatigatus itinere, sedebat sic super fontem.* Super fontem videlicet putei, [qui erat in prædio, quod] sanctus Jacob Joseph filio suo dereliquerat: quod prædium non tam Joseph quam Christo arbitror derelictum, cujus figuram sanctus Joseph patriarcha portavit, quem vere sol adorat et luna, et omnes stellæ benedicunt. Ad hoc prædium ideo venit Dominus, ut Samaritani, qui hæreditatem sibi patriarchæ Israel vindicare cupiebant, agnoscerent possessorem suum, et converterentur ad Christum qui legitimus patriarchæ hæres est factus. Dicit evangelista: *Jesus autem fatigatus ex itinere, sedebat sic super fontem* [*Ms.*, supra puteum]. Evangelica sacramenta in Domini nostri Jesu Christi dictis factisque signata, non omnibus patent; et ea nonnulli minus diligenter minusque sobrie interpretando afferunt plerumque pro salute perniciem et pro cognitione veritatis errorem. Inter quæ illud est sacramentum quod scriptum est Dominum hora diei sexta venisse ad puteum Jacob, fessumque ab itinere resedisse, a muliere Samaritana potum petisse, et cætera quæ in eodem loco Scripturarum discutienda et pertractanda dicuntur. De qua re id primum tenendum est, quod in omnibus Scripturis summa vigilantia custodire oportet ut secundum fidem sit sacramenti divini expositio. Hora igitur diei sexta venit ad puteum Dominus noster. Vide in puteo tenebrosam profunditatem. Admoneo ergo intelligi [*Ms.*, intelligere] mundi hujus infirmas partes, id est, terrenas, quo venit Dominus Jesus hora sexta, id est, sexta ætate generis humani, tanquam senectute veteris hominis, quo jubemur exui, ut induamur novo qui secundum Deum creatus est (*Ephes.* iv, 24). Nam sexta ætas senectus est, quoniam prima est infantia, secunda pueritia, tertia adolescentia, quarta juventus, quinta gravitas. Veteris itaque hominis vita, quæ secundum carnem temporali conditione peragitur, sexta ætate, id est, senectute concluditur, quia senectute, ut dixi, humani generis Dominus noster creator nobis et reparator advenit, ut moriente scilicet vetere homine, novum in se constitueret, quem exutum luto terreno in cœlestia regna transferret. Ergo nunc puteus, ut dictum est, mundi hujus terrenum laborem et errorem tenebrosa profunditate significat. Et quoniam exterior est homo vetus, et novus interior, dictum est ab Apostolo: *Et si exterior homo noster corrumpitur, interior autem renovatur de die in diem.* Rectissime omnino, quoniam omnia visibilia ad exteriorem hominem pertinent, quibus Christiana disciplina renuntiat. Hora sexta venit Dominus ad puteum, id est, medio die, unde jam incipit sol iste visibilis declinare in occa-

---

ᵃ Hucusque Augustinus.

sum; quoniam et nobis vocatis a Christo ad invisibilium amorem, homo interior recreatus, ad interiorem lucem quae nunquam occidit, revertatur; secundum apostolicam disciplinam, non quaerens quae videntur, sed quae non videntur. Quae enim videntur temporalia sunt, quae autem non videntur aeterna sunt. Quod autem fatigatus venit ad puteum, infirmitatem carnis significat; quod sedit, humilitatem, quia et imbecillitatem carnis pro nobis suscepit, et homo hominibus tam humiliter apparere dignatus est. De hac infirmitate carnis Propheta dicit: *Homo in plaga positus, et sciens ferre imbecillitatem*; de humilitate vero Apostolus loquitur dicens: *Humiliavit se, factus subditus usque ad mortem (Philip. II, 8).* Quanquam illud quod sedit, quoniam solent sedere doctores, possit alio intellectu non humilitatis modestiam, sed magistri demonstrare personam. Sed quaeri potest quare a muliere Samaritana, quae aquae implendae gratia venerat, bibere postulaverit, cum ipse postea spiritalis fontis affluentiam se petentibus dare posse praedicaverit? Sed scilicet sitiebat Deus mulieris illius fidem, quoniam Samaritana erat, et solet Samaria idololatriae imaginem sustinere; ipsi enim separati a populo Judaeorum, simulacris mutorum animalium, id est, vaccis aureis animarum suarum dedecus adduxerant [*Ms., decus addixerant*]. Venerat autem Jesus Dominus noster ut gentium multitudinem, quae simulacris servierat, ad munimentum fidei Christianae et incorruptae religionis adduceret. *Non enim est*, inquit, *sanis opus medicus, sed male habentibus.* Ergo eorum fidem sitit, pro quibus sanguinem fudit.

Vers. 7. — *Dixit ergo ad eam Jesus: Mulier, da mihi bibere.* Et ut noveris quid sitiebat Dominus noster, post paululum veniunt discipuli ejus, qui perrexerant in civitatem, ut cibos emerent, et dicunt ei: *Rabbi, manduca.* Ille autem dixit eis: *Ego aliam habeo escam manducare, quam vos nescitis. Dicunt ergo discipuli ejus ad alterutrum: Nunquid aliquis attulit ei manducare? Dicit eis Jesus: Meus cibus est, ut faciam voluntatem ejus qui me misit, et ut perficiam opus ejus.* Nunquid hic intelligitur alia voluntas Patris qui eum misit, et opus ejus quod perficere velle respondit, nisi ut nos ad fidem suam a pernicioso mundi errore converteret? Qualis est ergo cibus ejus, talis et potus. Quapropter hoc in illa muliere sitiebat, ut faceret ea voluntatem Patris, et perficeret opus ejus. Sed illa carnaliter intelligens respondit: (Vers. 9.) *Tu cum sis Judaeus, quomodo a me bibere poscis, cum sim mulier Samaritana? Non enim coutuntur Judaei Samaritanis.* Cui Dominus noster dixit:

Vers. 10. — *Si scires donum Dei, et quis est qui dicit tibi, Da mihi bibere, tu magis petisses ab eo, ut dedisset tibi aquam vivam.* Ut hinc ei ostenderet non se talem aquam petisse, qualem ipse intellexerat; sed quia ipse sitiebat fidem ejus, eidem sitienti Spiritum sanctum dare cupiebat. Hanc enim recte intelligimus aquam vivam, quod est donum Dei, sicut ipse ait: *Si scires donum Dei*; et sicut idem Joannes testatur alio loco dicens: *Quoniam stabat Jesus, et clamabat: Si quis sitit, veniat [ad me] et bibat. Qui credit in me, sicut dicit Scriptura, flumina de ventre ejus fluent aquae vivae (Joan. VIII, 37, 38).* Consequenter omnino, *qui credit in me*, inquit, *flumina de ventre ejus fluent aquae vivae*, quia primo credimus, ut haec dona mereamur. Haec ergo flumina aquae vivae, quae illi mulieri volebat dare, merces est fidei quam prius sitiebat. Cujus aquae vivae interpretationem ita subjicit: *Hoc autem dicebat*, inquit, *de Spiritu, quem accepturi erant hi qui in eum credituri erant. Nondum autem erat Spiritus datus, quia Jesus nondum fuerat clarificatus.* Hoc itaque donum Spiritus sanctus est, quod post suam clarificationem dedit Ecclesiae, sicut alia Scriptura dicit: *Ascendens in altum captivam duxit captivitatem, dedit dona hominibus (Ephes. IV, 8).* Sed adhuc illa mulier carnaliter sapit. Sic enim respondit: (Vers. 11, 12) *Domine, neque hauritorium habes, et puteus altus est. Unde mihi habes dare aquam vivam? Nunquid tu major es Patre nostro Jacob, qui dedit nobis hunc puteum, et ipse ex eo bibit, et filii ejus, et pecora ejus?* Nunc vero jam Dominus exponit quid dixerit: (Vers. 13, 14) *Omnis*, inquit, *qui biberit de aqua ista, sitiet iterum. Qui autem de aqua, quam [ego] dedero, biberit, non sitiet in sempiternum. Sed aqua illa quam dedero, fiet in eo fons aquae salientis in vitam aeternam.* Sed adhuc mulier prudentiam carnis amplectitur. Quid enim respondit? (Vers. 15, 16.) *Domine, da mihi hanc aquam, ut neque sitiam, neque veniam huc haurire. Dicit ei Jesus: Vade, voca virum tuum, et veni huc.* Cum sciret eam virum non habere, cur hoc dixerit, quaeritur; namque cum mulier dixerit: *Non habeo virum*,

Vers. 18. — *Dicit ei Jesus: Bene dixisti non habere te virum. Quinque enim viros habuisti, et nunc, quem habes, non est tuus vir. Hoc vere [Ms., verum] dixisti.* Sed non sunt haec carnaliter accipienda, ne huic ipsi adhuc mulieri Samaritanae similes esse videamur: sed de illo dono Dei si aliquid jam gustavimus, spiritaliter ista tractemus. [a] *Quinque viros*, quinque libros qui per Moysen ministrati sunt, nonnulli accipiunt. Quod autem dictum est: *Et nunc quem habes, non est tuus vir*, de se ipso Dominum dixisse intelligunt, ut iste sit sensus: Primo quinque libris Moysi, quasi quinque viris servisti; nunc autem hic quem habes, id est, quem audis, non est tuus vir, quia nondum in eum credidisti. Sed quoniam nondum credens Christo, adhuc utique illorum quinque virorum, id est, quinque librorum copulatione tenebatur; potest movere quomodo dici potuerit, *quinque viros habuisti*, quasi nunc eos jam non haberet, cum adhuc utique ipsis subdita viveret? Deinde cum quinque libri Moysi nihil aliud quam Christum prae-

---

[a] Vide sanctum Ambrosium in Luc. cap. 14 et 20.

dicent, sicut ipse ait : *Si crederetis Moysi, crederetis forsitan et mihi; ille enim de me scripsit* (Joan. v, 46), quomodo potest intelligi a quinque illis libris recedere hominem, ut ad Christum transeat; cum ille qui credit in Christum, non relinquendos quinque illos libros, sed spiritaliter intelligendos multo beatius amplectatur? [a] Est ergo alius intellectus, ut quinque viri intelligantur quinque corporis sensus; unus, qui ad oculos pertinet, quo lucem istam visibilem, et quoslibet colores, formasque corporum cernimus; alter est aurium, quo vocum et omnium sonorum momenta sentimus; tertius narium, quo varia odorum suavitate delectamur; quartus in ore gustus, dulcia et amara sentit, et omnium saporum habet examen; quintus per totum corpus tangendo dijudicat calida et frigida, mollia et dura, lenia et aspera, et quidquid aliud est quod tangendo sentimus. Istis itaque carnalibus sensibus quinque prima hominis aetas imbuitur, necessitate naturae mortalis, qua ita post peccatum primi hominis nati sumus, ut nondum reddita luce mentis, carnalibus sensibus subditi, carnalem vitam sine ulla veritatis intelligentia transeamus. Tales necesse est esse infantes et parvulos pueros, qui nondum possunt accipere rationem. Et quia naturales sunt isti sensus, qui primam aetatem regunt, et Deo artifice nobis tributi sunt, recte dicuntur viri, id est mariti, tanquam legitimi, quoniam non eos error vitio proprio, sed Dei artificio natura contribuit. Cum autem quisque venerit ad eam aetatem cui vita possit capax esse rationis, si veritatem statim comprehendere potuerit, non jam illis sensibus rectoribus utitur; sed habebit virum spiritum rationalem, cui sensus illos in famulatum redigat, servituti subjiciens corpus suum; cum anima non jam viris quinque, id est, quinque corporis sensibus subdita est, sed Verbum divinum habet legitimum virum, cui copulata inhaerens, cum et ipse spiritus hominis haeserit Christo, quia caput viri Christus est (*I Cor.* xi, 5), amplexus spiritalia, sine ullo separationis timore aeterna perfruitur vita. Quis nos enim separare potuerit a charitate Christi (*Rom.* viii, 35)? Sed quoniam illa mulier errore tenebatur, quae significabat multitudinem saeculi vanis superstitionibus subjugati [*Ms.*, subjugari], post tempora illa quinque carnalium sensuum, quibus prima aetas, ut diximus, regitur, non eam verbum Dei acceperat in conjugium, sed complexu adulterino diabolus obtinebat. Itaque illi Dominus dicit, videns eam esse carnalem, id est, carnaliter sapere : *Vade, voca virum tuum, et veni huc.* Id est, remove te ab affectione carnali, in qua nunc constituta es, unde non potes intelligere quae loquor : *Et voca virum tuum,* id est, spiritu intelligentiae praesens esto. Est enim animae quasi maritus quodammodo spiritus hominis, qui animalem affectionem tanquam conjugem regit : non ille Spiritus sanctus, qui cum Patre et Filio incommutabiliter datur, sed spiritus hominis, de quo Apostolus dicit : *Nemo scit quid est in homine, nisi spiritus hominis.* Nam ille Spiritus sanctus, Spiritus Dei est, de quo iterum dicit : *Sic et quae Dei sunt, nemo scit, nisi Spiritus Dei.* Hic ergo spiritus hominis cum praesens est, id est, intentus est et se pietate subjicit Deo, intelligit homo quae spiritaliter dicuntur; cum autem diaboli error, tanquam absente intellectu in anima dominatur, adulter est. *Voca ergo,* inquit, *virum tuum,* id est, spiritum, qui est in te, quo potest homo intelligere spiritalia, si eum lux veritatis illustret. Ipse adsit cum loquor tibi, ut spiritalem aquam possis accipere. Et cum illa diceret : *Non habeo virum; Bene,* inquit, *dixisti. Quinque enim viros habuisti,* id est, quinque sensus carnis te in prima aetate rexerunt, et nunc, quem habes, non est tuus vir, quia non in te est spiritus, qui intelligat Deum, cum quo legitimum potes habere conjugium; sed error diaboli potius dominatur, qui te adulterina contaminatione corrumpit. Et fortasse ut intelligentibus indicaret quinque memoratos corporis sensus quinque virorum nomine significari, post quinque carnales responsiones ista mulier sexta responsione nominat Christum ; nam prima ejus responsio est : *Tu cum sis Judaeus, quomodo a me bibere petis?* Secunda : *Domine, neque in quo haurias, habes, et puteus altus est.* Tertia : *Domine, da mihi hanc aquam, ut neque sitiam, neque veniam huc haurire.* Quarta : *Non habeo virum.* Quinta : *Video quia propheta es tu, patres nostri in monte hoc adoraverunt.* Nam ista responsio carnalis est; carnalibus enim datus fuerat locus terrenus, ubi orarent : spiritales autem spiritu et veritate oraturos Dominus dixerat; quia posteaquam locutus est, sexta mulieris responsio Christum fatetur omnium istorum esse doctorem. Dicit enim : *Scio, quia Messias venit, qui dicitur Christus. Cum ergo venerit, ipse nobis annuntiabit omnia.* Sed adhuc errat, quia cum quem venturum sperat, venisse non videt ; verumtamen misericordia Domini nunc error iste tanquam adulter expellitur. Dicit enim [ei] Jesus :

Ego sum, qui tecum loquor. Quo audito, illa non respondit ; sed statim relicta hydria sua, abiit in civitatem festinans, ut evangelium ei Domini adventum non tantum crederet, sed etiam praedicaret. Nec hoc, quod relicta hydria discessit, negligenter praetereundum est; hydria enim fortasse amorem saeculi hujus significat, id est cupiditatem, qua sibi homines de tenebrosa profunditate, cujus imaginem puteus gerit, hoc est, de terrena conversatione hauriunt voluptatem; qua percepta iterum in ejus appetitu inardescunt, sicut illa qui aqua illa qui biberit, sitiet iterum. Oportebat autem ut Christo credens saeculo renuntiaret, et relicta hydria, cupiditatem saecularem se reliquisse monstraret, non solum corde credens ad justitiam, sed etiam ad salutem ore confessura et praedicatura quod credidit.

---

[a] Vide sanctum Augustinum, Tract. xv, num. 24.

Vers. 19. — *Dicit ei mulier : Domine, ut video, quia propheta es tu.* [a] Cœpit venire vir, sed nondum plene venit. Prophetam Dominum putabat. Erat quidem et propheta; nam de se ipso ait : *Non est propheta sine honore, nisi in patria sua* (*Luc.* IV, 24). Item de illo dictum est ad Moysen : *Prophetam eis suscitabo de fratribus eorum similem tui* (*Deut.* XVIII, 18); similem scilicet ad formam carnis, non ad eminentiam majestatis. Ergo invenimus Dominum Jesum dictum prophetam. Proinde jam non multum errat mulier ista, *Video,* inquit, *quia propheta es tu.* Incipit virum adulterum excludere, cum ait : *Video quia propheta es*; et incipit quærere quod illam solebat movere. Contentio quippe fuerat inter Samaritanos et Judæos, quia Judæi in templo a Salomone fabricato adorabant Deum : Samaritani longe inde positi, non in eo adorabant; et eo Judæi meliores se esse lætabantur, quia in templo adorabant Deum. *Non enim coutuntur Judæi Samaritanis*; quia dicebant eis : Quomodo vos jactatis [*Al.*, jætatis ; *al.*, lætamini], et ideo vos nobis meliores esse perhibetis, quia templum habetis, quod nos non habemus? Nunquid patres nostri, qui Deo placuerunt, in illo templo adoraverunt? Nonne in isto monte adoraverunt, ubi nos sumus? Melius ergo nos, inquiunt, in hoc monte Deum rogamus, ubi patres nostri rogaverunt. Contendebant utrique ignari, quia virum non habentes, illi pro templo, isti pro monte inflammabantur [*Ms. et Aug.,* inflabantur] adversus se invicem. Dominus tamen modo quid docet mulierem, tanquam cujus vir cœperit præsens esse? Dicit ei mulier : *Domine, video quia propheta es tu.*

Vers. 20, 21. — *Patres nostri in monte hoc adoraverunt, et vos dicitis quia Hierosolymis adorare oportet, Dicit ei Jesus : Mulier, crede mihi, quia veniet hora, quando neque in monte hoc, neque in Hierosolymis adorabitis Patrem.* Veniet enim Ecclesia, sicut dictum est in Canticis canticorum : *Dilectus meus loquitur mihi : Surge, propera, amica mea, sponsa mea, columba mea, immaculata mea, et veni : jam enim hiems transiit, imber abiit et recessit; flores apparuerunt in terra, tempus putationis advenit, vox turturis audita est in terra nostra* (*Cant.* II, 10, 12). Merito jam præsente viro audit : *Mulier crede mihi*, jam enim est in te qui credat, quia præsens est vir tuus. Cœpisti adesse intellectu, quando me prophetam appellasti. Mulier, crede mihi, quia nisi credideritis, non intelligetis : Ergo *mulier crede mihi, quia veniet hora, quando neque in monte hoc, neque in Hierosolymis adorabitis Patrem.* (Vers. 22, 23.) *Vos adoratis quod nescitis, nos adoramus quod scimus, quia salus ex Judæis est. Sed veniet hora,* [quando?] *et nunc est,* [quæ ergo hora?] *quando veri adoratores adorabunt Patrem in spiritu et veritate*; non in monte isto, non in templo, sed in spiritu et veritate.

Vers. 24. — *Spiritus est Deus.* Si corporeus esset Deus, oportebat eum adorari in monte, quia corporeus est mons; oportebat eum adorari in templo, quia corporeum est templum. *Spiritus est Deus, et eos, qui adorant eum, in spiritu oportet adorare. Nos adoramus quod scimus, vos adoratis quod nescitis, quia salus ex Judæis est.* [b] Multum dedit Judæis; sed noli istos reprobos accipere. Parietem illum accipe, cui adjunctus est alius, ut pacati in lapide angulari, qui est Christus, copularentur. Unus enim paries a Judæis, unus a Gentibus : longe a se isti parietes distabant, donec in angulo [*Al.,* Christo] conjunguntur. Alienigenæ autem et hospites erant Gentes, et peregrini a testamento [*Ms.,* testamentis] Dei. Secundum ergo hoc dictum est : *Nos adoramus quod scimus.* Ex persona quidem Judæorum dictum est, sed non omnium Judæorum, non reproborum Judæorum : sed de qualibus fuerunt apostoli, quales fuerunt prophetæ, quales fuerunt illi omnes sancti, qui omnia sua vendiderunt, et pretia rerum suarum ad pedes apostolorum posuerunt (*Act.* IV, 34). Non repulit enim Deus plebem suam quam præscivit. Audivit hoc mulier ista, et addidit. Jam dudum prophetam dixerat : vidit alia [*Aug.*, vidit talia] dicere eum, cum quo loquebatur, qui etiam [*Ms.,* jam] plus esset quam propheta. Et quid respondit, videte : *Dicit ei mulier : Scio, quia Messias veniet, qui dicitur Christus; cum ergo venerit, ille nobis omnia demonstrabit.* Quid est hoc? Modo, inquit, de templo contendunt Judæi, et nos de monte contendimus; cum ille venerit, montem spernet, et templum evertet. Docebit nos iste omnia, ut in spiritu et veritate oportet [*Ms.,* noverimus] adorare. Sciebat, quis eam posset docere, sed jam docentem nondum agnoscebat. Jam ergo digna erat, cui manifestaretur. Messias autem unctus est : unctus enim Græce Christus est, Hebraice Messias. Ergo dicit ei mulier : (Vers. 25) *Scio quia Messias veniet, qui dicitur Christus. Cum ergo venerit, ille nobis annuntiabit omnia.*

Vers. 26. — *Dicit ei Jesus : Ego sum, qui loquor tecum.* Vocavit virum suum, factus est vir caput mulieris, factus est Christus caput viri. Jam mulier ordinatur in fide, et regitur bene victura [*Al.,* ductura]. Posteaquam audivit hoc, *Ego sum; qui loquor tecum,* jam ultra quid diceret, quando Christus Dominus manifestare se voluit mulieri, cui dixerat, *crede mihi?* (Vers. 27.) *Et continuo venerunt discipuli ejus, et mirabantur, quia cum muliere loquebatur.* Quia quærebat perditam, qui venerat quærere quod perierat, hoc illi mirabantur. Bonum enim mirabantur, non malum suspicabantur. (Vers. 28.) *Nemo tamen dixit, quid quæris? aut quid loqueris cum ea? Reliquit ergo hydriam suam mulier, et abiit ad civitatem.* Audito *Ego sum, qui loquor tecum,* et recepto in corde Christo Domino, quid faceret nisi jam hydriam dimitteret, et evangelizare curreret? Projecit cupiditatem, et properavit annuntiare veritatem. Discant qui volunt evangelizare, projiciant hydriam ad puteum. Recordamini quid superius dixerim de hydria,

---

[a] S. Aug. Loc. cit. num. 23, 24.

[b] Ibid. num. 26, 27, 28, 29, 50, 51, 52, 53.

Hydria vas erat, unde aqua hauriebatur; Graeco nomine appellatur hydria, quoniam Graece, aqua, ὕδωρ dicitur, tanquam si aquarium diceretur. Projecit ergo hydriam, quae non jam usui, sed oneri fuit, avida quippe desiderabat aqua illa satiari. Ut nuntiaret Christum, onere abjecto cucurrit ad civitatem, et dicit illis hominibus : (VERS. 29) *Venite, et videte hominem, qui dixit mihi omnia quaecunque feci.* Projecit hydriam, et abiit, et nuntiavit civitati pedetentim, ne illi quasi jam irascerentur, et indignarentur, et persequerentur. Ait enim : *Venite et videte hominem, qui dixit mihi omnia quaecunque feci : nunquid ipse est Christus?*

VERS. 30, 33. — *Exierunt de civitate, et veniebant ad eum, et rogabant eum discipuli dicentes : Rabbi, manduca.* Ierant enim emere cibos, et venerant. *Ille autem dixit : Ego cibum habeo manducare, quem vos nescitis. Dicebant ergo discipuli ad invicem : Nunquid aliquis attulit ei manducare?* Quid mirum si mulier illa non intelligat aquam? Ecce discipuli nondum intelligunt escam. Audivit autem cogitationes illorum, et jam instruit, ut magister, non per circuitum, sicut illa cujus adhuc virum requirebat, sed jam aperte dicit eis Jesus : (VERS. 34.) *Meus*, inquit, *cibus est, ut faciam voluntatem ejus, qui me misit.* Ergo et potus ille [*Ms.*, ipse] erat in illa muliere, ut faceret voluntatem ejus qui eum misit. Ideo dicebat : *Sitio, da mihi bibere :* scilicet, ut fidem in ea operaretur, et fidem ejus biberet, et eam in corpus suum trajiceret : corpus enim ejus est Ecclesia. (VERS. 35.) *Ergo*, inquit, *ipse est cibus meus, ut faciam voluntatem ejus qui me misit. Nonne vos dicitis, quod adhuc quatuor menses sunt, et messis* [*venit*]*?* In opus fervebat, et operarios mittere disponebat. Vos quatuor menses computatis ad messem, ego vobis aliam messem albam et paratam ostendo. *Ecce dico vobis, levate oculos vestros, et videte quia jam albae sunt regiones ad messem.* Ergo messores missurus est [*Ms.*, sum]? *In hoc enim est verbum verum, quia alius est qui metit, et alius qui seminat, ut et qui seminat, simul gaudeat et qui metit.*

VERS. 38. — *Ego misi vos metere quod vos non laborastis. Alii laboraverunt, et vos in eorum laborem introistis.* Quid ergo? Messores misit, non seminatores. Quo messores? ubi jam alii laboraverunt. Nam ubi jam laboratum erat, utique seminatum erat ; et quod seminatum erat, jam maturum factum, falcem et trituram desiderabat. Quo ergo erant messores mittendi? ubi jam prophetae praedicaverunt : ipsi enim seminatores. Nam si ipsi non seminatores, sed messores erant, unde ad illam mulierem pervenerat, quae ait : *Scio quia Messias venit?* Jam ista mulier fructus maturus erat, et erant albae messes, et falcem quaerebant. *Misi vos :* quo? *Metere quod non seminastis : alii seminaverunt, et vos in eorum labores introistis.* Qui laboraverunt? Ipse Abraham, Isaac, et Jacob. Legite labores illorum : in omnibus eorum laboribus est prophetia Christi ; et ideo seminatores. Moyses et caeteri patriarchae, et omnes prophetae, quanta pertulerunt in illo frigore quando seminabant? Ergo jam in Judaea messis parata erat. Merito ibi tanquam matura seges fuit, quando tot millia hominum pretia rerum suarum afferebant; et ad pedes apostolorum ponentes, expeditis humeris a sarcinis saecularibus, Christum Dominum sequebantur (*Act.* IV, 35). Vere matura messis! Quid inde factum est? De ipsa messe ejecta sunt pauca grana, et seminaverunt orbem terrarum, et surgit alia messis quae in fine saeculi metenda est. De ipsa [*Aug.*, ista] messe dicitur : *Qui seminant in lacrymis, in gaudio metent* (*Psal.* CXXV, 5). Ad istam ergo messem non apostoli, sed angeli mittuntur [*Ms.*, mittentur]. *Messores*, inquit, *angeli sunt* (*Matth.* XIII, 39). Ista ergo messis crescit inter zizania, et exspectat in fide purgari. Illa ergo messis jam matura erat, quo prius missi sunt discipuli, ubi prophetae laboraverunt. Sed tamen, fratres, videte quid dictum sit : *Simul gaudeat et qui seminat, et qui metit?* Disparis temporis labores habuerunt, sed gaudio pariter perfruentur, mercedem simul accepturi sunt vitam aeternam.

VERS. 39-42. — *Ex civitate autem illa multi crediderunt in eum, propter sermonem ejus, non propter verbum mulieris testimonium perhibentis : Quia dixit mihi omnia quaecunque feci. Cum venissent autem ad illum Samaritani, rogaverunt ut apud eos maneret ; et mansit ibi duos dies, et multo plures crediderunt propter sermones ejus ; et mulieri dicebant : Quia jam non propter tuam loquelam credimus, ipsi enim audivimus et scimus quia hic est vere Salvator mundi.* Et hoc paululum animadvertendum est, quia lectio terminata est. Mulier prima nuntiavit, et ad mulieris testimonium crediderunt Samaritani, et rogaverunt eum ut apud eos maneret ; et mansit ibi biduo, et plures crediderunt. Et cum credidissent, dicebant mulieri : *Non jam propter verbum tuum credimus, sed ipsi cognovimus et scimus quia hic est vere Salvator mundi.* Primo per famam, postea per praesentiam. Sic agitur hodie cum eis qui foris sunt, et nondum sunt Christiani. Christus nuntiatur per Christianos amicos ; tanquam illa muliere, hoc est, Ecclesia annuntiante, ad Christum veniunt. Credunt per istam famam ; manet apud eos biduo, hoc est, dat illis duo praecepta charitatis ; et multo plures in eum credunt firmius, quoniam vere ipse est [*Ms.*, esset] Salvator mundi [a].

VERS. 43-44. — *Post duos autem dies exiit inde, et abiit in Galilaeam. Ipse enim Jesus testimonium perhibuit : quia propheta in sua patria honorem non habet.* Confirmatis vero in fide et charitate Samaritanis, id est Gentibus, revertitur novissimis diebus hujus saeculi in patriam, in qua necdum honorem habuit. De qua ipse in hoc loco testatur, quia propheta in sua patria honorem non habet. In patria vero miracula fecit, et non crediderunt in eum ; in Samaria

---

[a] Hucusque ex sancto Augustino.

non fecit, tamen crediderunt, unius feminæ testimonio incitati. Mundus credidit apostolicæ Ecclesiæ prædicatione, quæ est una columba, incitatus; patriæ vero terrenæ, nec ipso Christo prædicante, nisi pauci crediderunt. Et hoc est quod in alio loco ejusdem [*Ms.*, hujus] Evangelii ait: *Qui credit in me, opera quæ ego facio, et ipse faciet, et majora horum faciet* (*Joan.* XIV, 12). Majora opera fuerunt totius mundi fides per apostolicam prædicationem, quam Christi; qui in Judæa paucos admodum salvavit, in tantum paucos, ut discipuli sui pene omnes, præter duodecim, dimiserint eum, sicut dictum est: *Ex hoc multi discipulorum ejus abierunt retro, et jam cum illo non ambulabant* (*Joan.* VI, 67). (VERS. 45.) *Cum ergo venisset in Galilæam, exceperunt* [*eum*] *Galilæi, cum omnia vidissent quæ fecerat Hierosolymis in die festo, et ipsi ascenderunt ad diem festum;* forte miraculorum curiositate incitati, non voluntate prædicationis audiendæ. (VERS. 46.) *Venit ergo iterum Jesus in Cana Galilææ, ubi aquam vinum fecit.* Quasi diceret: Quamvis plena domus esset discumbentium, ubi miraculum in conspectu illorum fecit Christus, tamen pauci crediderunt in eum, dicente evangelista: *Et crediderunt in eum discipuli ejus.* Et forsitan ad verecundiam dictum est civium suorum, et ad laudem alienigenarum; nam Galilæi cives fuerunt Christi, et Samaritani alienigenæ fuerunt, ut in sacra legitur historia.

506 CAPUT VIII.
Reguli cujusdam filius ægrotans absentis Domini voce sanatur.

VERS. 46. — *Erat autem quidam regulus, cujus filius infirmabatur Capharnaum.* Regulus vero diminutivum nomen est a rege; et ideo forsitan regulus dicitur iste, qui salutem poposcit filio suo, quia plenam non habuit fidem. Habuit, et non habuit, ideo audivit: (VERS. 48.) *Nisi signa et prodigia videritis, non creditis.* « [a] Qui enim salutem quærebat pro filio, procul dubio credebat: neque enim ab eo quæreret salutem, quem non crederet Salvatorem. Quare ergo dicitur, nisi signa et prodigia videritis, non creditis, qui ante credebat quam signum videret? Sed mementote quod petiit, et aperte cognoscetis quia in fide dubitavit. Poposcit namque ut descenderet et sanaret filium ejus. Corporalem ergo præsentiam Domini quærebat, qui per spiritum nusquam deerat. Minus itaque in illo credidit, quem non putavit posse salutem dare, nisi præsens esset et corpore. Si enim perfecte credidisset, procul dubio sciret quia non esset locus, ubi non esset Deus. Ex magna ergo parte diffusus [*Ms.*, diffisus] est, quia honorem non dedit majestati, sed præsentiæ corporali : et salutem itaque illo petiit, et tamen in fide dubitavit, quia eum ad quem venerat et potentem ad curandum credidit, et tamen morienti filio esse absentem putavit Deum Apud Greg. deest, Deum). Sed Dominus qui rogatur ut vadat, quia non desit ubi invitatur indicat · solo

jussu salutem reddidit, qui voluntate omnia creavit. Qua in re hoc est nobis solerter intuendum, quoniam, sicut, alio evangelista attestante, didicimus, centurio ad Dominum venit dicens: *Domine, puer meus jacet paralyticus in domo, et male torquetur.* Cui a Jesu protinus respondetur: *Ego veniam, et curabo eum* (*Matth.* VIII, 6, 7). Quid est quod regulus rogat ut ad ejus filium veniat, et tamen corporaliter ire recusat; ad servum vero centurionis non invitatur, et tamen se corporaliter ire pollicetur? Reguli filio per corporalem præsentiam non dignatur adesse, centurionis servo non dedignatur occurrere. Quid est hoc, nisi quod superbia nostra retunditur, qui in hominibus non naturam, qua ad imaginem Dei facti sunt, sed honores et divitias veneramur? Cumque pensamus quæ circa eos sunt, profecto interiora minime pervidemus. Dum ea consideramus quæ in corporibus despecta sunt, negligimus pensare quod sunt. Redemptor vero noster, ut ostenderet quia quæ alta sunt hominum, sanctis despicienda sunt; et quæ despecta sunt hominum, despicienda non sunt sanctis, ad filium reguli ire noluit, et ad servum centurionis ire paratus fuit. Increpata est ergo superbia nostra, quæ nescit pensare homines propter homines. Sola, ut diximus, quæ circumstant hominibus, pensat, naturam non aspicit, honorem Dei in hominibus non agnoscit. Ecce ire non vult Filius Dei ad filium reguli, et tamen venire paratus est ad salutem servi [b]. » Hoc est quod Apostolus ait: *Infirma mundi elegit Deus, ut confundat fortia* (*I Cor.* I, 27).

VERS. 50, 51, 52. — *Credidit homo sermoni, quem dixit ei Jesus, et ibat.* Incipit enim jam fidem habere in sermone Jesu, et ideo sanitatem meruit filii; et qui ex parte dubius venit, fidelis recessit, et ideo sanitatem meruit filii. *Jam autem eo descendente, servi occurrerunt ei, nuntiantes quod filius ejus viveret. Interrogavit ergo horam ab eis, in qua melius habuerat. Dixerunt ei: Quia heri hora septima reliquit eum febris.* Septenarius numerus sanctificatus est in donis Spiritus sancti, in quo sanitas omnibus credentibus constat, quia in sancto Spiritu, qui est donum Dei, remissio est omnium peccatorum credentibus. Septenarius quoque numerus, si dividitur in tria et quatuor, sanctam Trinitatem significat in trinario numero; et omnium creaturarum perfectionem in quaternario, propter quatuor elementa plenaria [*Ms.*, plenalia], et quatuor plagas mundi, et quatuor anni tempora. Quæ omnia ex ipso, et per ipsum, et in ipso creata sunt, constant et gubernantur, quomodo [*Ms.*, quoniam] *in ipso vivimus, movemur et sumus* (*Act.* XVII, 28).

507 VERS. 53. — *Cognovit ergo pater quia illa hora erat in qua dixit ei Jesus: Filius tuus vivit. Et credidit ipse, et domus ejus tota,* quia nuntiatus est ei filius ejus sanus. Ad solum ergo sermonem crediderunt plures Samaritani; ad illud autem miraculum sola domus illa credidit. Quæ res protendit [*Ms.*,

---

[a] Ex sancto Gregorio, hom. 28, num. 1, 2.

[b] Hucusque ex sancto Gregorio.

porrexit] in multitudine fidem Gentium, et in paucitate fidem Judæorum. Gentes vero solo sermone, id est, prædicatione apostolica crediderunt; Judæi A vero signa viderunt ipsum Dei filium facientem, et tamen pauci crediderunt ex eis.

LIBER TERTIUS.

Delectatio [*Bed.*, Dilectio] divinorum eloquiorum, et dulcedo intelligendæ sanctæ Scripturæ, et maxime humilis evangelicæ veritatis, in qua verborum honesta simplicitas patet et sensuum alta profunditas latet, adjuvante ipso Domino qui dat suavitatem ut terra nostra det fructum suum, et nos ad loquendum et vos ad audiendum exhortatur. Atque utinam tam efficax nobis esset loquendi sensus quam vobis studiosa [*Ms.*; studiose] audiendi data est diligentia; dum video sine fastidio vos audire, et gaudeo palato cordis vestri, a quo id quod salubre est non respuitur, sed cum aviditate percipitur et utiliter continetur. Loquamur ergo vobis et nunc de evangelica lectione in qua duo pariter miracula humanæ sanitatis leguntur, unum invisibiliter per angelicam administrationem, alterum per Dominicam præsentiam visibiliter exhibitum. Sed utriusque nobis sunt breviter exponenda mysteria, ne prolixæ lectionis prolixa quoque explanatio cuiquam forte gravior existat.

CAPUT IX.

Hominem triginta octo annos habentem in infirmitate sua Jesus dicendo: Tolle grabatum tuum, et ambula, *in sabbato curavit, æqualem se, qui erat, faciens Deo.*

CAPUT V. VERS. 1, 2, 3, 4. — *Post hæc erat dies festus Judæorum, et ascendit Jesus Hierosolymam. Est autem Hierosolymis Probatica piscina, quæ cognominatur Hebraice Bethsaida, quinque porticus habens. In his jacebat multitudo magna languentium, cæcorum, claudorum, aridorum, exspectantium aquæ motum. Angelus autem Domini secundum tempus descendebat in piscinam, et movebatur aqua. Et qui prior descendisset in piscinam post motionem aquæ, sanus fiebat a quacunque detinebatur infirmitate.* ᶜ ᵃ Probatica piscina quæ quinque porticibus cingebatur, populus est Judæorum, legis undique custodia ne peccare debeat munitus. Recte etenim lex, quæ quinque libris Moysi descripta est, quinario numero figuratur; recte populus, qui in quibusdam munditiam vitæ servare [*Ms.*, munditiæ vitæ servire], in quibusdam vero solebat immundorum spirituum tentamentis agitari, per aquam significatur piscinæ, quæ nunc placida ventis stare, nunc eis irruentibus turbari consueverat. Et bene piscina eadem *probatica* vocatur: *probata* quippe Græce oves dicuntur. Quia erant nimirum in illo populo, qui dicere Domino possent: *Nos autem populus tuus, et oves gregis tui, confitebimur tibi in sæcula* (*Psal.* LXXVIII, 13). Vulgo autem *probatica*, id est, pecualis piscina fertur appellata, quod in ea sacerdotes hostias lavare consueverint. *Multitudo languentium,* quæ in memoratis porticibus jacebat, aquæ motum exspectans, significat eorum catervas, quæ [*Beda,* qui] legis verba audientes, suis se hanc viribus implere non posse dolebant, atque ideo Dominicæ auxilii gratiæ totis animæ affectibus implorabant. *Cæci* erant, qui necdum perfectæ fidei lumen habebant; *claudi* erant, qui bona quæ noverant, operandi gressibus implere nequibant; *aridi*, qui quamlibet oculum scientiæ habentes, pinguedine tamen spei et dilectionis egebant. Tales in quinque porticibus jacebant, sed nonnisi in piscina angelo veniente sanabantur; quia per legem cognitio peccati, gratia autem remissionis nonnisi per Jesum Christum facta est (*Rom.* III, 21, *seq.*). Hunc designat angelus, qui invisibiliter descendens in 508 piscinam, ad suggerendam vim sanandi movebat aquam. Descendit enim carne indutus magni consilii angelus (*Isai.* IX, 6), id est, paternæ voluntatis nuntius, in populum Judæorum, et movit peccatores factis ac doctrina sua, ut occideretur ipse, qui sua morte corporali non solum spiritaliter languentes sanare, sed et mortuos vivificare sufficeret. Motus ergo aquæ passionem Domini, qua [*Ms. et Beda,* quæ mota turbataque Judæorum gente] mota turba a Judæorum gente facta est, insinuat; et quia per eamdem passionem redempti sunt credentes a maledicto legis, quasi descendentes in aquam piscinæ turbatam sanabantur, qui eatenus jacebant in porticibus ægroti. Legis siquidem littera, quæ nescientes quid agendum, quid vitandum esset, docuit; sed non tamen edoctos, ut sua decreta complerentur, adjuvit, quasi eductos de sedibus ignorantiæ prioris, in porticibus suis continebat, nec sanabat languidos: gratia autem Evangelii, quæ per fidem ac mysterium Dominicæ passionis sanat omnes languores iniquitatum nostrarum, a quibus in lege Moysi non potuimus justificari, quasi electos de porticibus legis ægrotos in aquam piscinæ turbidam, ut sanari possint, immittit, quia a peccatis quæ lex ostenderat per aquam baptismatis abluit, testante Apostolo: *Quia quicunque baptizati sumus in Christo Jesu, in morte ipsius baptizati sumus; consepulti enim sumus cum illo per baptismum in mortem, ut quomodo surrexit Christus a mortuis per gloriam Patris, ita et nos in novitate vitæ ambulemus* (*Rom.* VI, 3). Ben autem dicitur quia qui primus descendisset post motum aquæ, sanus fiebat, a quocunque languor tenebatur; quia unus Dominus, una fides, unum ba

ᵃ Ex Bedæ hom. 7.

ptisma, unus Deus (*Ephes.* iv, 5): Et qui in unitate catholica Christi mysteriis imbuitur, sanus fit a quocunque peccatorum languore detinebatur [*Beda,* detineatur]; quisque autem ab unitate discrepat, salutem quæ ab uno est, consequi non valet. Hæc de primo evangelicæ lectionis miraculo quod Dominus dedit locuti, nunc de secundo quod ipse dederit, fraternitati vestræ loquamur, in quo etiam ipso unus commendatur sanatus : non quia omnipotentis pietas Salvatoris omnes quos ibi languentes invenit, sanare nequit [*Beda,* nequiverit], sed ut doceret, præter unitatem catholicæ fidei nullum cuilibet locum patere salutis.

Vers. 5. — *Erat autem quidam homo ibi,* inquit, *triginta et octo annos habens in infirmitate sua.* Homo iste multorum infirmitate detentus annorum significat peccatorem quemlibet, enormi scelerum magnitudine vel numerositate depressum, cujus significando reatui, etiam motus [*Beda,* modus] temporis, quo iste languebat, congruit ; nam duodequadraginta annos habebat in infirmitate : quadragenarius autem numerus, qui denario quater ducto conficitur, pro perfectione rectæ conversationis solet in Scripturis accipi ; quia quisquis perfectam conversationem [*Ms. et Beda,* perfectæ conversationis opera] egerit, legis profecto decalogum per quatuor sancti Evangelii libros implet : ad quam nimirum perfectionem [*Ms.,* a qua... perfectione] duo minus habet, qui a Dei et proximi dilectione, quam legis pariter et Evangelii Scriptura commendat, vacuus incedit. Quod etiam mystice Dominus sanans infirmum docuit, cum ait :

Vers. 8. — *Surge, tolle grabatum tuum, et ambula.* Surge enim dicitur, vitiorum torporem, [in] quibus diu languebas, excute, et ad exercitium virtutum, quibus perpetuo salveris, erigere. *Tolle grabatum tuum,* id est, porta. Diligis proximum tuum ? Patienter ejus infirma tolerando porta [a], qui te adhuc tentationum fasce depressum diu patienterque sustinuit. *Alter,* enim, *alterius onera portate, et sic adimplebitis legem Christi* (*Gal.* vi, 2). Et sicut alibi dicitur : *Supportantes invicem in charitate, solliciti servare unitatem spiritus in vinculo pacis* (*Ephes.* iv, 2). *Ambula* autem; toto corde, tota anima, tota virtute Deum dilige, et ut ad ejus visionem pertingere merearis, quotidianis bonorum operum passibus de virtute in virtutem progredere, nec fratrem quem sufferendo ducis ob amorem ejus ad quem pergis, deseras [*Ms.,* deserens] ; nec ob fratris amorem, ab illo quærendo cum quo manere desideras, intentionem recti incessus avertas [*Ms.,* avertens] ; sed ut perfecte possis salvari, *surge, tolle grabatum tuum et ambula,* id est, relinque peccata pristina, necessitatibus fratrum succurre, et in universis quæ agis, vide ne in hoc sæculo mentem figas, sed ad videndum faciem tui festines Redemptoris. Surge bona operando, porta grabatum diligendo proximum, et ambula exspectando beatam spem et adventum gloriæ magni Dei (*Tit.* ii, 13). Sed o mira perfidorum dementia ! qui ad tam inopinatam diu languentis sanationem credere ac spiritaliter sanari debuerant, e contra scandalizantur, et salvato pariter ac Salvatori calumnias struunt. Salvato quidem, quia sabbato grabatum tulerit ; Salvatori autem, quia sabbato illum salvari, et grabatum tolli præceperit, quasi melius ipse diem sabbati [*Ms.,* ipsi de sabbato] quam tanta divinitatis potentia nosset. (Vers. 10.) *Dicebant,* inquit, *Judæi illi qui sanus* [*Ms.,* sanatus] *fuerat : Sabbatum est, non licet tibi tollere grabatum tuum.* Litteram legis stulte defendebant ignorando dispensationem ejus, qui legis quondam edicta per servum decernens, nunc ipse adveniens eamdem legem gratia mutare disposuit ; ut quod juxta litteram diu carnales carnaliter observabant, deinceps spiritales spiritaliter observandum cognoscerent. Sabbato quippe [*Al.* quidem] carnali, quod juxta litteram custodiebatur, populus [*Edit.* custodiebat populus] ab omni opere servili die septima vacare præceptus est ; spiritale autem sabbatum est in luce gratiæ spiritalis, quæ septiformis accipitur, quia non una, sed omni die nos ab inquietudine vitiorum manere feriatos oportet. Si enim juxta vocem Dominicam, *omnis, qui facit peccatum, servus est peccati* (*Joan.* viii, 34), patet liquido quia peccata recte opera servilia intelliguntur, a quibus quasi in die septima in præceptione [*Beda;* perceptione] gratiæ spiritalis, immunes incedere jubemur, nec solum a pravis continere, sed et bonis insistere factis. [Quod] in hac quoque lectione Dominus typice ostendit, cum eum qui duodequadraginta annos languebat, in die sabbati non solum surgere, verum etiam grabatum tollere et ambulare præcepit : videlicet insinuans eos qui longo vitiorum languore tabescunt, et Dei ac proximi dilectione [*Ms.,* dilectionis] inanes, quasi a perfecta virtutum summa duo minus habent, jam per donum sancti Spiritus a vitiis posse resurgere, eorumque discusso torpore, cum fraternæ dilectionis onere ad visionem debere sui properare conditoris. Nam sequitur :

Vers. 14. — *Postea invenit eum Jesus in templo, et dixit ei : Ecce sanus factus es, jam noli peccare, ne deterius tibi aliquid contingat.* Quod autem is qui sanatus est Jesum non in turba adhuc positus, sed post in templo cognoscit, mystice nos instituit ut si vere conditoris nostri gratiam cognoscere, si ejus amore confirmari, si ad ejus visionem pervenire desideramus, fugiamus sollicite turbam, non solum turbantium nos cogitationum affectuumque pravorum, verum etiam hominum nequam, qui nostræ sinceritati possunt impedire propositum, vel mala videlicet exemplo suo monstrando, vel bona nostra opera deridendo, aut etiam prohibendo. Confugiamus seduli ad domum orationis, ubi secreta libertate Dominum invocantes, et de perceptis ab eo

---

[a] Beda et ms. : « *Tolle grabatum tuum,* porta diligens proximum tuum, patienter ejus infirma tolerando, qui te, etc. »

beneficiis gratias agamus, et de perceptionis [*Ms. et Beda* percipiendis] humili devotione precemur. Imo etiam ipsi templum Dei sanctum, in quo venire et mansionem facere dignetur, existere curemus, audientes ab Apostolo : *Quia corpus vestrum templum est Spiritus sancti, qui in vobis est* (*I Cor.* VI, 19). Inter quæ diligentius intuendum, fratres mei, quod inveniens in templo quem sanaverat, Dominus ait illi : *Ecce sanus factus es, jam noli peccare, ne deterius tibi aliquid contingat.* Quibus verbis aperte monstratur quia propter peccata languebat, nec nisi dimissis eisdem peccatis poterat sanari ; sed qui foris ab infirmitate, ipse etiam intus salvavit a scelere. Unde et caute præmonuit ne amplius peccando gravioris sibi sententiam damnationis contraheret. Quod non ita sentiendum est, quasi omnis qui infirmatur, ob peccata infirmetur. » Sæpe infirmatur homo ne extollatur in donis Dei, sicut de Paulo apostolo legitur (*II Cor.* XII, 7) ; sæpe ut probetur, tribulatur, sicut beati Job patientia tribulata et probata est ; sæpe infirmitas pro castigatione datur, ut illud : *Flagellat Deus omnem filium, quem recipit* (*Hebr.* XII, 6) ; quibusdam vero infirmitas pro gloria Dei datur, ut de cæco nato, vel de Lazaro legitur. Novit Dominus pro quo quemlibet jubeat infirmari, vel dimittat sæpe occulto hominibus judicio, sed nunquam injusto. « Sed discamus flagellis piissimi Redemptoris nostri humiliter substerni, arbitrantes nos minus pati quam meremur, semper 510 illius sententiæ memores : *Quia beatus homo, qui corripitur a Domino* (*Job.* V, 17). Et ipse in Apocalypsi : *Ego*, inquit, *quos amo, arguo et castigo* (*Apoc.* III, 19). Longævo autem languenti, interius exteriusque sanato, id est, et a flagellis apertæ castigationis et a peccatis quibus hæc merebatur erepto ; Judæi e contra male intus languidi jam deterius ægrotare inciniunt, persequendo videlicet Jesum, qui hoc faceret in sabbato. Persequebantur autem eum quasi legis auctoritatem simul et divinæ operationis exempla secuti ; quia et Dominus sex diebus mundi perfecta creatione, septimo requievit [*Beda*, requieverit] ab omnibus operibus suis, et populum sex diebus operari, septimo vacare præceperit ; non intelligentes quia carnalia legis decreta paulatim erant spiritali interpretatione mutanda, apparente illo qui non tantum legislator, sed et *finis legis est Christus, ad justitiam omni credenti* (*Rom.* X, 4) ; neque animadvertentes quia conditor in die septima non ab opere mundanæ gubernationis et annuæ, imo quotidiana [*Ms.*, cottidianæ. . . substitutionis] rerum creaturarum substitutione, sed a nova creaturarum institutione cessavit [a]. » Quod vero dicitur, *Requievit Deus in die septimo ab omnibus operibus suis*, ita intelligendum est, cessasse Deum a novarum conditione creaturarum. Quid vero hic ipsa Veritas ait ?

[a] Hic non obscure Beda minime contradicente hic Alcuino videtur negare quotidianam animarum creationem : quod paulo post clarius declarat his verbis : Non novum creaturæ genus instituendo, sed quæ a principio creaverat, ne deficiant, propagan-

VERS. 17 — *Pater meus usque modo operatur, et ego operor.* Operatur Pater et Filius, ut naturarum diversitas permaneat, quæ in prima conditione mundi conditæ sunt. Ideo dictum est in Psalmo : *Qui finxit singillatim corda eorum* (*Psal.* XXXII, 15), non incognita animarum genera, sed ejusdem substantiæ animas, quæ in primo homine condita est, reformat. « [b] Quapropter Psalmista cum non solum primordialem mundi creationem, sed et quotidianam creaturæ gubernationem ad laudem creatoris referret, ait inter cætera : *Omnia in sapientia fecisti* (*Psal.* CIII, 24). Si autem Christum Dei virtutem et Dei sapientiam recte confitemur, et omnia in sapientia fecit ac regit Deus, constat nimirum quia Pater usque modo operatur, operatur et Filius ; ergo *Pater meus*, inquit, non solum sex, ut putatis, diebus primis operatus est, verum *usque modo operatur*, non novum creaturæ genus instituendo, sed quæ in principio creaverat, ne deficiant propagando. *Et ego operor*, subauditur, *usque modo*, cum eo cuncta disponens, regens, accumulans ; ac si aperte dicat : Quid mihi invidetis ? Cur me vituperatis, cæci legis lectores [*Beda,* legislatores], quod in forma hominis sabbato salutem unius hominis operatus sim, qui in natura divinitatis una cum Deo Patre totum genus humanum, imo totam mundi machinam, et cuncta visibilia et invisibilia quietus semper operor ? Sed ipsi talis ac tanti mysterii minus capaces, propterea magis quærebant eum interficere, quia non solum solvebat sabbatum, sed et Patrem suum dicebat Deum, æqualem se faciens Deo. In eo maxime dolebant, quia is quem verum ex infirmitate carnis hominem cognoverant, verum se Dei Filium credi voluisset, id est, non gratia adoptatum, ut cæteros sanctos, quibus loquitur Propheta : *Ego dixi, dii estis, et filii Excelsi omnes* (*Psal.* LXXXI, 6) ; sed natura Patri per omnia æqualem [c]. »

Notandum sane quod dictum est, *æqualem se faciens Deo*, a Judæorum persona dictum, qui putabant Dominum Jesum prædicando se facere quod non esset, et non veraciter intimare quod esset. « [d] *Commoti igitur Judæi, et indignati sunt.* Merito quidem, quod audebat homo æqualem se facere Deo ; sed ideo immerito, quia in homine non intelligebant Deum. Carnem videbant, Deum nesciebant ; habitaculum cernebant, habitatorem ignorabant. Caro enim illa templum erat, Deus inhabitabat intus. Non ergo Jesus carnem æquabat Patri, non formam servi Domino comparabat : non quod factum est propter nos, sed quod erat quando fecit nos. Quis namque sit Christus, (catholicis loquor,) nostis, quia bene credidistis : non Verbum tantum, non caro tantum ; sed *Verbum caro factum est, et habitavit* [Aug., ut *habitaret*] *in nobis.* Recensete de Verbo, quod nostis. *In principio erat Verbum, et Verbum erat apud Deum,*

do. MARTENE.
[b] Ex eadem homilia Bedæ.
[c] Hucusque ex homilia 7 Bedæ.
[d] S. Aug. Tract. XVIII in Joan., num. 2.

511 *et Deus erat Verbum.* Hic æqualitas cum Patre. Sed *Verbum caro factum est, et habitavit in nobis:* hac carne major est Pater. Ita Pater et æqualis et major : æqualis Verbo, major carne ; æqualis ei per quem fecit nos, major eo qui factus est propter nos. › Commotis vero et turbatis Judæis, quia se æqualem Christus Patri fecit, qui hominem tantummodo intellexerunt, non Deum; carnem viderunt; divinitatem non crediderunt; dixit enim :

VERS. 19. — *Non potest a se Filius facere quidquam, nisi quod viderit Patrem facientem.* ‹ [a] Non alia opera facit Pater quæ videat Filius, et alia Filius cum [*Ms.*, quæ] viderit Patrem facientem; sed eadem opera ipse Pater et Filius facit. Secutus enim ait [*Ms.*, sequitur enim] : *Quæcunque ille fecerit, hæc* [et] *Filius similiter facit.* Non cum ille fecerit, alia Filius similiter facit: sed *quæcunque ille fecerit, hæc et Filius similiter facit.* Si hæc facit Filius quæ fecerit Pater, per Filium facit Pater; si per Filium facit Pater quæ facit, non alia Pater, alia Filius facit, sed eadem opera sunt Patris et Filii. Et quomodo eadem facit Filius, eadem et Pater similiter [b]. Ne forte eadem, sed dissimiliter: *Eadem,* inquit, *et similiter.* Et quomodo possit eadem non similiter, ‹ [c] › dum omnia, quæ Pater facit, per Filium facit? Sicut dictum est : *Omnia per ipsum facta sunt, et sine ipso factum est nihil.* Ideo similiter dixit, quia *eadem facit Filius, quæ facit et Pater* : quia una Patris et Filii in divinitate substantiæ est [*Ms.*, substantia et] operatio, una voluntas et potestas, una vita et essentia, et æqualia omnia sunt in Patre et Filio, nisi quod Pater pater est, et Filius filius est. Separatio est in personis, sed unitas in natura. *Non enim potest Filius a se facere quidquam, nisi quod viderit Patrem facientem.* Non debemus carnaliter intelligere hanc sententiam, ‹ [d] quasi duorum hominum Patris et Filii, unius ostendentis, alterius videntis; unius loquentis, alterius audientis; quæ omnia phantasmata cordis sunt. › Talis cogitatio procul a pectoribus Christianis expellenda est. Ergo de Filio et Patre præsentis docet lectionis exemplum, quia nec Pater minorem quam Filius, nec Dei Filius majorem, quam Pater habet personam [e], cum Patri et Filio nulla distantia divinitatis sit, sed una majestas. Quod enim ait Filium nihil facere, nisi quod viderit Patrem facientem, non corporaliter intelligendum est, quia non corporalibus modis Deus videt : sed visus ei omnis in virtute naturæ est; neque enim partitio esse poterit in simplici natura divinitatis; sed [idem est] Filio videre Patris opera, cum Patre æqualiter facere, quia idem est Filio videre et esse. Ideo subjecit : *Omnia enim quæcunque facit Pater, eadem et Filius facit similiter.* Significationem unius naturæ ostendit et unius operationis, quia communis [est] operatio Patris et Filii, quorum est una natura, una etiam et operatio. Ideo consequenter

[a] S. Aug. ibidem num. 8.
[b] Ms. et Aug. : ‹ Et quomodo eadem facit et Filius? et eadem et similiter. ›
[c] Hucusque sanctus Augustinus, loco citato.

subjunxit : (VERS. 20) *Pater enim diligit Filium, et omnia demonstrat ei quæ ipse facit.* Ut ostenderet omnem hanc Patris demonstrationem fidei nostræ esse doctrinam. Ut scilicet ei Pater nobis in confessione esset et Filius ; et ne qua ignoratio in Filio posset intelligi, cui Pater opera omnia quæ ipse faceret, monstraret, continuo ait : *Et majora horum opera demonstrabit ei, ut vos admiremini.*

CAPUT X.

Quod sicut Pater suscitat mortuos, sic et Filius; et quod æqualiter cum Patre sit honorandus; et in quod credentes transeant de morte ad vitam. Venturam quoque pronuntiat horam, qua de monumentis boni malique resurgent.

VERS. 21. — *Sicut enim Pater suscitat mortuos, et vivificat, sic et Filius quos vult vivificat.* Ea enim Patrem demonstraturum Filio dicit quæ mirentur. Et quæ eadem essent illa, mox docuit : *Sicut enim Pater suscitat mortuos, sic et Filius quos vult vivificat.* Exæquata virtus est indissimilis per naturæ [*Ms.*, per naturæ indissimilis] unitatem, et demonstratio operum non ignorationis instructio est, sed nostræ fidei quæ **512** non Filio scientiam ignoratorum, sed nobis confessionem nativitatis invexit. Demonstrare enim Patrem, est per Filium facere quæ facturus est. Nam majora opera sunt resurrectio mortuorum quæ erit in novissimo die, quam istius languentis sanitas, qui Christi verbo sanatus est. Ex quo nata est hujus occasio tota sermonis; dicit enim : *Ut vos miremini.* ‹ [f] Et hoc difficile est videre, quomodo tanquam temporaliter Filio cœterno aliqua demonstraret æternus Pater, omnia scienti quæ sunt apud Patrem. Quæ sunt tamen illa majora? Hoc enim facile est intelligere. *Sicut enim Pater,* inquit, *suscitat mortuos et vivificat, sic et Filius quos vult vivificat.* Majora ergo sunt opera mortuos suscitare, quam languidos sanare. Sed sicut suscitat Pater mortuos et vivificat, sic et Filius quos vult vivificat. Non alios ergo Pater, alios Filius : sed omnia per ipsum; ipsos itaque Filius quos et Pater : quia non alia, nec aliter, sed *hæc Filius similiter facit.* Ita plane intelligendum est, et ita tenendum est : sed mementote, *quia Filius quos vult vivificat.* Tenete hic ergo non solum potestatem Filii, verum etiam voluntatem [*Ms.*, et voluntatem Patris]. Filius quos vult vivificat, et Pater quos vult vivificat : et ipsos Filius, quos et Pater : ac per hoc eadem Patris et Filii [et] potestas est et voluntas, › eadem quoque vita et vivificatio mortuorum. Et ideo dicit : *Sicut Pater suscitat mortuos, et vivificat quos vult, sic et Filius quos vult vivificat.* Non enim alios Pater, alios Filius vivificat; sed una potestas unam vivificationem facit; quæ etiam potestas uno honore honoranda est [*Al.*, veneranda]. Et ideo consequenter subjunxit :

VERS. 22, 23. — *Pater enim non judicat quemquam, sed omne judicium dedit Filio, ut omnes hono-*

[d] Ex S. Aug. Tract. XIX, num. 4.
[e] Ms. ‹ Quia nec Pater minorem habet, nec majorem Dei Filius : cum... ›
[f] Ex S. Aug. Tract. XIX, num. 4, 5.

rificent Filium, sicut honorificant Patrem. Qui non honorificat Patrem, non honorificat Filium. Pater non judicat quemquam, quia Patris persona hominem non suscepit, nec in judicio videbitur : sed sola Filii persona, in ea forma quæ judicata est injuste, et juste judicabit vivos ac mortuos. Nec enim Filius videbitur in judicio in ea natura qua consubstantialis est Deo Patri, sed in ea qua consubstantialis est matri, et homo factus est. Ita intelligendum est : *Pater non judicat quemquam, sed omne judicium dedit Filio;* ac si diceretur : Patrem nemo videbit in judicio vivorum et mortuorum, sed omnes Filium; quia et filius hominis est, ut possit et ab impiis videri, cum et illi videbunt in quem pupugerunt. Quod ne conjicere potius quam aperte demonstrare videamur, proferimus ejusdem Domini certam manifestamque sententiam, qua ostendimus ipsam fuisse causam ut diceret : *Pater non judicat quemquam, sed omne judicium dedit Filio,* quia judex forma filii hominis apparebit. Quæ forma non est Patris, sed Filii, nec [ea] Filii in qua æqualis est Patri, sed in qua minor est Patre : ut sit in judicio conspicuus bonis et malis.

Ut omnes honorificent Filium, sicut honorificant Patrem. Qui non honorificat Patrem, non honorificat Filium. « ª Quid est enim honorificare Patrem, nisi quod habeat Filium? Aliud est enim cum tibi commendatur Deus quia Deus est, et aliud, cum tibi commendatur Deus quia Pater est. Cum tibi Deus quia Deus est commendatur, creator tibi commendatur, omnipotens tibi commendatur, spiritus quidem [*Aug.,* quidam] summus, æternus, invisibilis, incommutabilis tibi commendatur : cum vero tibi Pater quia pater est commendatur, nihil tibi aliud quam et Filius commendatur, quia Pater non dici potest, si Filium non habet; sicut nec Filius, si Patrem non habet. Sed ne forte Patrem quidem honorifices tanquam majorem, Filium vero tanquam minorem, ut dicas mihi : Honorifico Patrem; scio enim quod habeat Filium, et non erro in Patris nomine, non enim Patrem intelligo sine Filio, honorifico tamen et Filium tanquam minorem: corrigit te ipse Filius, et revocat [te] dicens : *Ut omnes honorificent Filium,* non inferius, sed *sicut honorificant Patrem. Qui ergo non honorificat Filium, nec Patrem honorificat, qui misit illum.* Ego, inquis, majorem honorem volo dare Patri, minorem Filio. Ibi tollis honorem Patri, ubi minorem das Filio. Quid enim tibi aliud videtur ista sententia [*Aug.,* ita sentiendi], nisi quia Pater æqualem sibi Filium generare aut noluit aut non potuit? Si noluit, invidit; si non potuit, defecit. Non ergo vides, quia ita est sentiendum : Ubi [*Aug.,* quia ita sentiendo, ubi] majorem honorem vis dare Patri, ibi es contumeliosus in Patrem. Proinde sic honorifica Filium, quomodo honorificas Patrem, si vis honorificare et Filium et Patrem.

ª S. Aug. loc. cit. num. 6, 7.
ᵇ Ex S. Aug. loc. cit. num. 8.

VERS. 24.— *Amen amen dico vobis, quia qui verbum meum audit, et credit ei, qui misit me, habet vitam æternam, et in judicium non veniet, sed transiet a morte ad vitam.* Non nunc transit, jam transiit a morte in vitam. Et hoc attendite, *qui verbum meum audit* : et non dixit : credit mihi; sed, *credit ei, qui misit me.* Verbum ergo Filii audiat, in Patre credat [*Ms.,* et *Aug.,* ut Patri credat]. Quare Verbum audit tuum, et credit alteri ? Nonne cum verbum alicujus audimus, eidem verbum proferenti credimus, loquendi nobis fidem accommodamus ? Quid ergo voluit dicere, *qui verbum meum audit, et credit ei, qui misit me,* nisi quia verbum ejus est in me? Et quis est, qui *audit verbum meum,* nisi, qui audit me ? [*Aug.:* Et quid est, *audit verbum meum,* nisi audit me ?] Qui credit in me, credit etiam ei qui misit me : quia cum illi credit, verbum [*Aug.,* verbo] ejus credit; cum autem verbum ejus credit, mihi credit, quia Verbum Patris ego sum.

ᵇ Non enim transiret de morte ad vitam, nisi primo esset in morte, et non esset in vita. Cum ergo transierit in vitam, non erit in morte. Mortuus ergo erat, et revixit, perierat, et inventus est (*Luc.* xv, 32). Fit proinde jam quædam resurrectio, et transeunt homines a morte quadam ad quamdam vitam ; a morte infidelitatis ad vitam fidei; a morte falsitatis ad vitam veritatis; a morte iniquitatis ad vitam justitiæ. Est ergo et ista [*Aug.,* et ista quædam] resurrectio mortuorum. Aperiat illam plenius, et lucescat nobis, ut cœpit. »

VERS. 25.— *Amen amen dico vobis, quia venit hora, et nunc est, quando mortui audient vocem Filii Dei, et qui audierint, vivent.* Hoc proprium est piorum, qui sic audiunt de incarnatione ejus, ut credant quia Filius Dei est, id est, sic eum propter se factum accipiunt minorem Patre in forma servi, ut credant quia æqualis est Patri in forma Dei. Et ideo sequitur, et hoc ipsum commendans dicit : (VERS. 26) *Sicut enim Pater habet vitam in semetipso, ita dedit et Filio gratiam* [*Ms.,* vitam] *habere in semetipso.* « ᶜ Quod ergo ait, *Dedit Filio vitam habere in semetipso,* breviter dicam : Genuit Filium, vitam in se habentem. Neque enim erat sine vita, et accepit vitam, sed nascendo vita est. Pater vita est non nascendo, Filius vita est nascendo. Pater de nullo patre, Filius de Deo Patre. Pater propter Filium est, Filius vero et quod [Filius] est, propter Patrem est; et quod est, a Patre est. Hoc ergo dixit : *Vitam dedi Filio, ut haberet eam in semetipso,* tanquam diceret : Pater, qui est vita in semetipso, genuit Filium, qui esset vita in semetipso. Pro eo enim, quod genuit, voluit intelligi *dedit.* Tanquam si cuidam diceremus : Dedit tibi Deus esse. » Sequitur enim et dicit :

VERS. 27.— *Et dedit ei potestatem facere judicium, quia Filius hominis est.* Puto nihil esse manifestius ; nam quia Filius Dei est, æqualis est Patri; non accipit hanc potestatem judicium faciendi, sed habet il-

ᶜ Ex eodem, num. 13.

Iam cum Patre in occulto. Accipit autem illam, ut boni vel mali eum videant judicantem, quia filius hominis est. Visio quippe filii hominis exhibetur et malis. Nam visio formæ Dei non nisi mundis corde, quia ipsi Deum videbunt (*Matth.* v, 8). Id est, solis piis, quorum dilectioni hoc ipsum promittit, quia ostendet seipsum illis. Et ideo vide quid sequatur: (VERS. 28) *Nolite mirari hoc,* inquit. Quid nos prohibet mirari? nisi illud quod revera miratur omnis qui non intelligit? ut ideo diceret Patrem dedisse ei potestatem judicium facere, quoniam Filius hominis est, cum magis quasi hoc exspectaretur ut diceret [*Al.*, judicaret], quoniam Filius Dei est. Sed quia Filium Dei secundum id quod in forma Dei æqualis est Patri videre iniqui non possunt, oportet [*Ms.*, oportet] autem et judicem vivorum et mortuorum, cum coram eo judicabuntur, et justi videant et iniqui; *Nolite,* inquit, *hoc mirari.* (VERS. 29.) *Quoniam veniet hora, in qua omnes qui in monumentis sunt, audient vocem ejus: et procedent, qui bona fecerunt, in resurrectionem vitæ, qui vero mala gesserunt, in resurrectionem judicii.* Ad hoc ergo oportebat ut ideo acciperet illam potestatem, quia filius hominis est, ut resurgentes omnes viderent eum in forma in qua videri ab omnibus potest, sed alii ad damnationem, alii ad vitam æternam. Quæ est autem vita æterna, nisi illa visio quæ non conceditur impiis? *Ut cognoscant te,* inquit, *unum verum Deum, et quem misisti Jesum Christum* (*Joan.* XVII, 3). Quomodo et ipsum Jesum Christum, nisi quemadmodum unum verum Deum, qui ostendet se ipsum illis, non quomodo se ostendet etiam puniendis in forma filii hominis. Secundum autem illam visionem bonus est, secundum quam visionem Deus apparet mundis corde, quanquam [*Ms.*, quomodo] bonus Deus Israel rectis corde. Quando autem judicem videbunt mali, non eis videbitur bonus, quia non ad eum gaudebunt corde, sed tunc se plangent omnes tribus terræ: in numero itaque [*Forte,* utique] malorum omnium et infidelium. Propter hoc etiam illi qui cum dixerat magistrum bonum, quærens ab eo consilium consequendæ vitæ æternæ, respondit: *Quid me interrogas de bono? Nemo bonus nisi unus Deus* (*Luc.* XVIII, 19). Cum et hominem alio loco dicat bonum ipse Dominus: *Bonus homo,* inquit, *de bono thesauro cordis sui profert bona, et malus homo de malo thesauro cordis sui profert mala* (*Matth.* XII, 35). Sed quia ille vitam æternam quærebat, vita autem æterna est in illa contemplatione, qua non ad pœnam videtur Deus, sed ad gaudium supernum [*Ms.*, sempiternum]: duas hic resurrectiones ipse Dominus Christus in his verbis nobis demonstrat. Primam quæ in fide est resurgendo a peccatis, de qua ait: *Amen amen dico vobis, quia venit hora, et nunc est, in qua mortui audient vocem Filii Dei.* Alteram ubi ait: *Amen amen dico vobis, quia veniet hora, in qua omnes qui in monumentis sunt, audient vocem Filii Dei.* Illa prior est resurrectio animarum, ista sequens resurrectio erit corporum. Qui vero in hac prima resurgit, in secunda resurget ad gloriam. Qui vero in hac prima non resurgit, in secunda tamen resurget, sed ad pœnam. Utramque facit Deus per Christum. Qui hic resurgit per eum, ibi resurget ad eum. Qui hic per eum non resurgit, nec ibi ad eum resurget. « [a] Hora autem nunc est, ut resurgant mortui; hora erit in fine sæculi, ut resurgant mortui. Sed resurgunt [*Aug.,* resurgant] nunc in mente, tunc in carne. Resurgant nunc in mente per verbum Dei, Filium Dei: resurgent tunc in carne per Verbum Dei, carnem factum filium hominis. Neque enim ad judicium vivorum et mortuorum Pater ipse venturus est; nec tamen recedit a Filio Pater: quomodo ergo non ipse venturus est? quia non ipse videbitur in judicio. Videbunt in quem compunxerunt (*Joan.* XIX, 37). Forma illa erit judex, quæ stetit sub judice; illa judicabit, quæ judicata est: judicata est enim inique, judicabit juste. Talis apparebit judex, qualis videri possit et ab eis, quos coronaturus est, et ab eis quos damnaturus est. » Distinctio est inter illud verbum quod superius dixit, *quod mortui audient vocem Filii Dei,* et inter illud quod hic ait: *venit hora, in qua omnes qui in monumentis sunt, audient vocem Filii Dei.* Ibi vero ait: *audient,* id est, obedient. Ideo ista resurrectio est ad vitam, illa vero quæ futura est, de qua dicit, *audient vocem Filii Dei,* audient ut resurgant ad judicium; non addit hic ad vitam, quia omnes ad gloriam non resurgent, sed multi ad pœnam. Ideo addidit de futura resurrectione: *Qui bona fecerunt, in resurrectionem vitæ; qui mala egerunt, in resurrectionem judicii,* id est, damnationis, quia hic judicium pro pœna posuit. Tunc erit ultima pala [*Ms.*, palea], quæ separat bonos a malis, triticum a paleis. Tunc ibunt impii in ignem æternum, justi autem in vitam æternam. Sequitur autem:

VERS. 30. — *Non possum a me ipso facere quidquam, sed sicut audio, judico, et judicium meum justum est.* Fortassis ideo dixit, non possum a me ipso facere quidquam, quasi dixisset: A me ipso non sum, sed a Patre. Pater enim a nullo est, Filius enim a Patre est. Ideo dixit: *Sicut audio, judico,* quia unum opus est Patris, et Filii, et Spiritus sancti. Sicut audit, judicat; audit videlicet per unitatem substantiæ et proprietatem scientiæ. Non judicat a semetipso, quia non est a semetipso. Pater quippe solus de alio non est, Filius a Patre genitus est, ut diximus. Ab ipso enim audit et Filius, a quo genitus est, quia non est a se ipso, sed ab illo, a quo genitus est. A quo illi est intelligentia, ab illo utique et scientia. Ab illo igitur audientia, quæ nihil est aliud quam scientia. Potest quoque hoc ipsum quod dixit, *sicut audio, judico,* de humanitatis natura intelligi, quam Dei Filius ex virgine sumpsit. Cum ageret de resurrectione animarum, non dicebat, *audio,* sed *judico.* Audio enim, tanquam præcipientis

[a] S. Aug. loc. cit. num. 16.

Patris imperium. Jam ergo sicut homo, sicut quo major est Pater; jam ex forma servi, non ex forma Dei. *Sicut audio, judico, et judicium meum justum est.* Unde est judicium justum hominis? Quia sequitur: *Non quæro voluntatem meam, sed voluntatem ejus qui misit me.* Ista missio, incarnatio est Christi, quæ ad hoc facta est ut paterna voluntas in salutem humani generis per eum efficeretur. Videtur enim in hoc loco ex his verbis Salvatoris nostri, velle eum insinuare nobis duas naturas in se esse, et veram habere animam, in qua sola voluntas est [*Ms.*, solet voluntas esse]; quæ etiam tanta conjunctione commista est divinitati, ut tota voluntas in ea spiritalis fuerit, non animalis, id est, carnalis. Nam consequenter subjunxit:

VERS. 31. — *Si ego testimonium perhibeo de me ipso, testimonium meum non est verum.* Sicut in consequentibus dixit: *Si glorifico me ipsum, gloria mea nihil est; sed qui misit me Pater, ipse me glorificat:* sic et hic dictum est: *Si ego testimonium perhibeo de me ipso, testimonium meum non est verum.* Et paulo post: *Qui misit me Pater, ipse testimonium perhibet de me.* Nunc in se naturam hominis demonstrat; nunc in Dei majestate æqualem se significat Patri; nunc unitatem sibi divinitatis cum Deo Patre vindicans, nunc fragilitatem humanæ carnis ostendens; nunc doctrinam suam se non dicere, nunc voluntatem suam se non quærere: nunc testimonium suum verum non esse, nunc verum esse significans. Nam hic ait: *Si ego testimonium perhibeo de me ipso, testimonium meum non est verum;* et paulo post: *Et si ego testimonium perhibeo de me, verum est testimonium meum.* Quomodo ergo non [*Ms.*, nunc] est verum testimonium tuum, Domine, nisi secundum fragilitatem carnis? Nam et illud quod dixit: *Non veni facere voluntatem meam, et Filius a se nihil potest facere,* et alia multa hujusmodi; quæ omnia non infirmant Filium, neque depreciant, nec a Patre disjungunt: siquidem et hæc ideo sunt posita, ut vera incarnatio noscatur. Nam quod dicit: *Ego de Patre exivi, ego in Patre, et Pater in me; ego et Pater unum sumus, et qui me videt, videt et Patrem; et sicut Pater suscitat mortuos, et vivificat, ita et Filius quos vult vivificat:* vera ejus divinitas approbatur: quia voluntas Patris et Filii, una operatio, una denique gratia, eademque gubernatio est, sicut magister gentium docet ita scribens: *Gratia vobis, et pax a Deo Patre nostro, et Domino Jesu Christo* (Rom. I, 7).

VERS. 32. — *Alius est qui testimonium perhibet de me.* In sequentibus ostendit quis sit ille alius, qui testimonium perhibet de se, ubi ait: *Qui misit me Pater, ipse testimonium perhibet de me* (Joan. v, 37). Testimonium Patris est de Filio in baptismo, ubi vox facta est de cœlo: *Hic est Filius meus dilectus, in quo mihi bene complacuit* [*Ms.*, complacui] (*Matth.* xvii, 5). Simile quoque testimonium in monte sancto perhibuit Pater, audientibus tribus discipulis de Fi-

[a] S. Aug., tract. xxiii, num. 2, 3.

lio suo. *Et scio quia testimonium ejus verum est.* Omne verum, a veritate verum est: Deus enim veritas est. Et quidquid verum est, a Deo verum est. « [a] Atque id testimonium dixit, quid sit: *Opera,* inquit, *quæ ego facio, testimonium perhibent de me.* Deinde adjunxit, *Et testimonium perhibet de me, qui misit me Pater.* Ipsaque opera quæ facit, a Patre se accepisse dicit. Testimonium ergo perhibent opera, testimonium perhibet Pater qui misit eum. Perhibuit Joannes testimonium de Christo tanquam lucerna, non ad sanandos [*Aug.,* satiandos] amicos, sed ad confundendos inimicos. Jam antea prædictum erat a persona Patris: *Paravi lucernam Christo meo: Inimicos ejus induam confusione, super ipsum autem florebit sanctificatio mea* (*Psal.* cxxxi, 17, 18). Esto tanquam in nocte positus, attendisti in lucernam, et miratus es lucernæ, et exsultasti ad lumen lucernæ. Sed illa lucerna dicit esse solem, in quo exsultare debeas; et quamvis ardeat in nocte, diem te jubet exspectare. Non ergo, quia illius hominis testimonium [*Aug.,* testimonio] non erat opus. Nam ut quid mitteretur, si non erat opus? Sed ne in lucerna [remaneat] homo, et lumen lucernæ sibi sufficere arbitretur; ideo Dominus nec lucernam illam superfluam dicit fuisse, nec tamen dicit in lucerna debere remanere. Dicit aliud testimonium Scripturæ Dei, ubi utique Deus perhibuit testimonium Filio suo; et in illa Scriptura Judæi spem posuerant, in lege scilicet Dei, ministrata sibi per Moysen famulum Dei. *Scrutamini,* inquit, *Scripturam* (*Joan.* III, 39, 40), in qua vos putatis vitam æternam habere. Ipsa testimonium perhibet de me, et non vultis venire ad me ut vitam habeatis. Quid vos putatis habere in Scriptura vitam æternam? Ipsum interrogate cui perhibet testimonium, et intelligite quæ sit vita æterna. Et quia propter Moysen videbantur [*Aug.,* volebant] repudiare Christum tanquam adversarium institutis et præceptis, quæ Moyses tradidit, rursus eosdem ipse convincit tanquam de alia lucerna, dicens:

CAPUT XI.

Joannem lucernam appellat. Patrem quoque, et Scripturas de se testimonium perhibere. Judæos se non recipientes venientem in nomine Patris, alium in nomine suo venturum recepturos. De se autem Moysen scripsisse testatur.

VERS. 33-36. — *Vos misistis ad Joannem, et testimonium perhibuit veritati. Ego autem non ab homine accipio testimonium; sed hæc dico, ut vos salvi sitis. Ille erat lucerna ardens et lucens. Vos autem voluistis exsultare ad horam in lucem ejus. Ego autem habeo testimonium majus Joanne.* Omnes enim homines lucernæ sunt, quia et incendi [*Aug.,* accendi] possunt et exstingui. Et lucernæ quidem cum sapiunt, lucent, et spiritu fervent. Nam et si ardebant, et exstinctæ sunt, etiam putent. Permanserunt autem servi Dei lucernæ bonæ ex oleo misericordiæ illius, non ex viribus suis. Gratia quippe Dei gratuita, illa oleum lucernarum est. *Plus enim illis omnibus laboravi*

(*I Cor.* xv, 10), ait quædam lucerna : et ne viribus suis ardere videretur, adjunxit: *Non ego autem, sed gratia Dei mecum.* Omnis ergo propheta ante Domini adventum lucerna est, de quo apostolus Petrus dicit : *Habemus certiorem propheticum sermonem; cui benefacitis intendentes, quemadmodum lucernæ lucenti in obscuro loco, donec dies lucescat, et lucifer oriatur in cordibus vestris* (*II Petr.* I, 19). Lucernæ itaque prophetæ, et omnis prophetia una magna lucerna. Quid apostoli, nonne lucernæ? Etiam ipsi lucernæ plane. Sol [*Ms. et Aug.*, solus] enim ille, non lucerna. Non accenditur et exstinguitur, sed est lux vera, quæ illuminat omnem hominem venientem in hunc mundum. De Joanne dicitur : *Non erat ille lumen, sed ut testimonium perhiberet de lumine.* (*Joan.* I, 8, 9). De Christo autem : *Erat lux vera, quæ illuminat omnem hominem venientem in hunc mundum.* Quid est, quod de Apostolis ipsa Veritas dicit? *Vos estis lux mundi* (*Matth.* v, 14). Et Joannes [Et de Joanne] evangelista : *Non erat ille lumen.* Nec Joannes per se erat lucerna, nec apostoli per se lumen, sed a lumine Christo ille lucerna, et illi illuminati ab eo, qui est sol verus oriens in cordibus fidelium [*Al.* credentium]. *Ego autem habeo testimonium majus Joanne. Opera enim, quæ dedit mihi Pater, ipsa opera quæ ego facio, testimonium perhibent de me, quia Pater me misit.* (VERS. 37.) *Et qui misit me Pater, ipse testimonium perhibuit de me.* Superius dixit : Testimonium non accipio ab homine. Hic causam reddit, quare ab homine testimonium non accepisset, quia habet testimonium Patris, et operum testimonia quæ sunt majus quam hominum. Ergo hæc missio incarnata est Christi ; incarnatio vero Christi, redemptio est nostra ; redemptio vero nostra est ipsa Veritas, quæ ait [*Ms.*, in ipsa veritate, qua ait] : *Ego veni, ut vitam habeant, et abundantius habeant.* Subjunxit vero huic testimonio Patris de ipso Patre, quod Judæi vel magi, omnesque infideles, excæcatis mentibus veritatem divinitatis non possunt accipere, dicens :

VERS. 38. — *Neque enim vocem ejus audistis unquam, neque speciem ejus vidistis; et verbum ejus non habetis in vobis manens.* Dicit apostolus : *Non enim auditores legis justificati sunt, sed factores verbi Dei* (*Rom.* II, 13). Id est Filius Dei non manet in eorum cordibus, quia non servant quæ audiunt. Quod vero ait : *Neque vocem ejus audistis, neque speciem ejus vidistis.* In hoc ostendit substantiam divinitatis incomprehensibilem esse, et invisibilem, et vocem ejus non carnalibus audire potuisse auribus, sed spirituali intelligentia per gratiam sancti Spiritus intelligere vel amare, secundum quod unicuique datum erit. (VERS. 39.) *Quia, quem misit ille, huic vos non creditis.* Scrutamini Scripturas, quia vos putatis in ipsis vitam æternam habere, et illæ sunt quæ testimonium perhibent de me, (VERS. 40) *et non vultis venire ad me ut vitam habeatis.* Non vultis venire, id est, non vultis credere, quia impossibile est sine fide Deo placere (*Hebr.* XI, 6). Venire nostrum est ad Christum, id est, credere illum verum Filium Dei, et veram nos per illum habere salutem. Omnis enim Scriptura sancta testimonium perhibuit Christo, sive per figuras, sive per prophetas, sive per angelorum ministeria. Ergo et Moyses perhibuit testimonium Christo, et Joannes perhibuit testimonium Christo, et cæteri prophetæ, et apostoli perhibuerunt testimonium Christo. His omnibus testimoniis præponit testimonium operum suorum, quia per illa non nisi Deus perhibuit testimonium filio suo.

VERS. 41. — *Claritatem ab hominibus non recipio.* Id est, laudem humanam non quæro, quia non veni ministrari, sed ministrare ; id est, non veni ut honorem ab hominibus acciperem carnalem, sed ut honorem hominibus darem spiritalem. (VERS. 42.) *Sed cognovi vos, quia dilectionem Dei non habetis in vobis.* Ideo dilectionem Dei non habuerunt, quia non crediderunt in eum [*Ms.*, in eo], qui non venit facere voluntatem suam, sed voluntatem ejus qui misit illum. Ideo subjunxit : (VERS. 43) *Ego veni in nomine Patris mei, et non suscepistis me.* Id est, non credidistis in me, quia ideo veni [*Ms.*, veniebam] in mundum, ut glorificaretur nomen Patris. *Si alius venerit in nomine suo, illum accipietis.* Quis est qui venit in nomine suo, nisi ille qui gloriam propriam quærit, et non illius qui misit illum ? Quis est quem accepturi erunt Judæi, nisi Antichristum, qui venturus est gloriam propriam quærere ? Et hoc erit illis pœna peccati, quia noluerunt veritati credere, ut crederent mendacio [*Ms.*, et credent mendacium] (*II Thess.* II).

VERS. 44. — *Quomodo potestis vos credere, qui gloriam ad invicem accipitis ; et gloriam, quæ est a solo Deo, non quæritis ?* Considerandum est intentius quantum sit jactantia et humanæ laudis ambitio malum, pro quo ipsa Veritas ait, credere non posse quosdam, quia sæcularis gloriæ cupidi erant. Quæ est humanæ laudis cupiditas, nisi superbæ mentis elatio ? Vult de se homo æstimari, quod in se habere non studet. Alter est interius, alter foris [*Ms.*, foras] videri desiderat. Humilitas vero gloriam quærit a solo Deo, superbia ab hominibus. Inde Joannes Baptista ab ipsa Veritate tam excellenter laudatus est, ut non esset arundo vento agitata (*Matth.* XI, 7) : quia non humanæ laudes, nec odiosæ vituperationis aura flante, flexibilis fuit. Ideo gloriam habuit a Deo Christo, quia gloriam non quæsivit humanam. (VERS. 45, 46.) *Nolite putare, quia ego accusaturus sim vos apud Patrem. Est, qui accusat vos Moyses, de* [*Ms.*, in] *quo vos maxime speratis. Si enim crederetis Moysi, crederetis forsitan et mihi ; de me enim ille scripsit.* Ideo non accuso, quia non veni damnare, sed salvare ; Moyses vero accusat, quia increduli estis voci illius. De me ille scripsit, dum ait : *Prophetam vobis suscitabit Dominus Deus de fratribus vestris, tanquam me ipsum audietis eum* (*Deut.* XVIII, 15 ; *Actor.* III, 22, 23). Quid vero sequatur, attendite. *Et erit omnis anima, quæ non obedierit Prophetæ illi, exterminabitur de populo Dei.* (VERS. 47.) *Si enim illius litteris non creditis, quomodo meis credetis verbis ?* Quidquid enim lex et

[*Ms.*, vel] prophetæ scripserunt, omnia Christum venturum esse designabant. Si enim Judæi legi vel prophetis credidissent, [credidissent] utique et Christo.

Post hæc verba mystica, et profundissimæ intelligentiæ Domini nostri Jesu Christi, quibus partim suæ divinitatis, partim et humanitatis arcana mysteria, vel tunc audientibus, vel nunc legentibus demonstrare voluit, quinque panum miraculo seipsum ostendere, quis esset, studuit. Idcirco consequenter evangelista adjunxit:

518 CAPUT XII.

Appropinquante Judæorum Pascha, de quinque panibus, et duobus piscibus quinque millia hominum satiavit. Pro quo signo c m regem vellent eum facere, fugit in montem. Dehinc ambulans super mare paventibus ait discipulis: Ego sum, nolite timere.

CAPUT VI. VERS. 1, 2. — *Post hæc abiit Jesus trans mare Galilææ, quod est Tiberiadis, et sequebatur illum multitudo maxima, quia videbant signa quæ fiebant super his qui infirmabantur* [*Ms.*, *quæ faciebat super infirmos*]. *Abiit Jesus trans mare Galilææ, quod est Tiberiadis.* « [a] Primo dicendum juxta historiam, quia mare Galilææ, quod multis pro diversitate circumjacentium regionum vocabulis distinguitur, illis tantum in locis mare Tiberiadis vocabatur [*Ms.*, vocatur], ubi Tiberiadem civitatem aquis, ut aiunt, calidis salubrem habitationem ab occidente præmonstrat. Siquidem interfluente Jordane, duo de viginti passuum millibus in longum, et quinque extenditur in latum. Mystice autem mare, turbida ac tumentia sæculi hujus volumina significat; in quibus pravi quilibet injuste delectati, qu si profundis dediti pisces, mente [*Ms.*, mentem] ad superna gaudia non intendunt. Unde bene idem mare Galilææ, id est, rota cognominatur, quia nimirum amor labentis sæculi quasi in vertiginem [*Al.*, voraginem] corda mittit, quæ ad perennis vitæ desideria non permittit erigi. De qualibus Psalmista: *In circuitu*, inquit, *impii ambulant* (*Psal.* XI, 9). Sed abeuntem trans mare Galilææ Jesum multitudo maxima sequebatur, quæ doctrinæ, sanationis et refectionis ab eo cœlestis munere summa [*Beda*, summa munera] perciperet. Quia priusquam Dominus in carne appareret, sola illum gens Judæa sequebatur credendo; postquam vero per incarnationis suæ dispensationem fluctus vitæ corruptibilis adiit, calcavit, transiit, maxima mox eum multitudo credentium secuta est nationum, spiritaliter instrui, sanari, ac satiari desiderans, et cum Psalmista deprecans: *Domine ad te confugi, doce me facere voluntatem tuam* (*Psal.* CXLII, 9, 10). Et iterum: *Miserere mihi* [*Al.*, *mei*], *Domine, quoniam infirmus sum, sana me Domine, quoniam conturbata sunt omnia ossa mea* (*Psal.* VI, 3). Et iterum de percipiendis ab eo vitæ perpetuæ alimoniis confisa: *Dominus*, inquit, *pascit me, et nihil mihi deerit, in loco pascuæ ibi me collocavit* (*Psal.* XXII, 1, 2).

VERS. 3, 4. — *Subiit ergo Jesus in montem, et ibi sedebat cum discipulis suis. Erat autem proximum Pascha dies festus Judæorum.* Quod autem subiens in montem Jesus, ibi sedebat cum discipulis suis; sed veniente ad eum multitudine descendit, atque hanc in superioribus [*Ms.*, inferioribus] reficit, quam in inferioribus paulo ante curaverat, nequaquam frustra factum credamus, sed ad significandum mystice quia doctrinam et charismata sua Dominus juxta percipientium capacitatem distribuit, infirmis quidem adhuc mentibus ac parvulis spiritu simpliciora monita committens et apertiora credens sacramenta; celsioribus autem quibusque, et perfectioribus sensu, secretiora suæ majestatis arcana reserans, arctiora devotæ conversationis itinera suggerens, et altiora præmiorum cœlestium dona promittens. Denique cuidam sciscitanti quid faciens vitam æternam possideret, quasi inferius adhuc posito communia suæ dona largitatis impendit dicens: *Non occides, non mœchaberis, non furtum facies, non falsum testimonium dices, honora patrem tuum et matrem.* Cui postmodum majora quærenti, et velut ad montem virtutum ascendere cupienti, *si vis*, inquit, *perfectus esse, vade, vende quæ habes, et da pauperibus, et habebis thesaurum in cœlo, et veni, sequere me* (*Matth.* XIX, 18, 19, 21). Cujus discretionem moderaminis, non per se solum Dominus in carne docens exhibuit, verum nunc quoque per verbi sui ministros exhibere non cessat. Unde de eisdem sub unius boni servi persona testatur quia dare debeant conservis in tempore tritici mensuram, id est, pro captu audientium, opportune et mensurate verbi dapes suggerere (*Luc.* XII, 42). Quod vero propinquante Pascha Dominus turbas docet, et sanat, et reficit, possumus ita mystice interpretari, quia Pascha transitus dicitur; et quoscunque Dominus in terra munerum suorum 519 suavitate recuperat, ad salubrem profecto transitum præparat, ut carnales videlicet concupiscentias mentis sublimitate transcendant; infima mundi desideria, prospera pariter et adversa, cœlesti spe et amore conculcent; et si necdum anima vel carne ad superna valent pertingere, quia hoc nimirum in futuro promittitur; quidquid tamen carnales quasi altum amplecti conspiciunt, comparatione æternorum, quasi nihili despiciant, juxta exempla [*Ms.*, exemplum] illius, qui videns impium superexaltatum et elevatum super cedros Libani, transiit temporalia, contemplando æterna, et quasi jam non esse videbat, quem cito tollendum prævidebat (*Psal.* XXXVI, 35).

VERS. 5, 6, 7. — *Cum sublevasset ergo oculos Jesus, et vidisset quia multitudo maxima venit ad eum, dicit ad Philippum: Unde ememus panes, ut manducent hi? Hoc autem dicebat, tentans eum; ipse enim sciebat quid esset facturus. Respondens autem Philippus dixit ei: Ducentorum denariorum panes non sufficiunt eis, ut unusquisque modicum quid accipiat.* Quod

---

[a] Ex Bedæ hom. 21, in Quadragesima, Patrol. tom. XCIV, col. 110.

sublevasse oculos Jesus, et venientem ad se multitudinem vidisse perhibetur, divinæ pietatis indicium est : quia videlicet cunctis ad se venire quærentibus, gratia misericordiæ cœlestis occurrere consuevit ; et ne quærendo errare possint, lucem sui spiritus aperire currentibus [*Ms.*, quærentibus]. Nam quod oculi Jesu dona Spiritus ejus mystice designent, testatur in Apocalypsi Joannes, qui figurate de illo loquens : *Et vidi*, inquit, *agnum stantem tanquam occisum, habentem cornua septem, et oculos septem, qui sunt septem Spiritus Dei missi in omnem terram* (*Apoc.* v, 6). Quod tentans Philippum Dominus, *unde*, inquit, *ememus panes, ut manducent hi*; provida utique dispensatione facit, non ut ipse, quæ non noverat, discat, sed ut Philippum tarditatem suæ fidei, quam magistro sciente ipse nesciebat, tentatus agnoscat, et miraculo facto castiget. Neque enim dubitare debuerat præsente rerum creatore, qui educit panem de terra, et vinum [*Beda*, vino] lætificat cor hominis (*Psal.* CIII, 15), paucorum denariorum panes sufficere turbarum millibus, non paucis, ut unusquisque sufficienter acciperet, et jam saturatus abiret.

VERS. 8-11. — *Dicit ei unus ex discipulis ejus, Andreas frater Simonis Petri : Est puer unus hic, qui habet quinque panes hordeaceos, et duos pisces. Sed hæc quid sunt inter tantos ? Dicit ergo ei Jesus : Facite homines discumbere. Erat autem fenum multum in loco. Discubuerunt ergo viri, numero quasi quinque millia. Accepit ergo panes Jesus, et cum gratias egisset, distribuit discumbentibus. Similiter et ex piscibus, quantum volebant.* Quinque autem panes, quibus multitudinem populi saturavit, quinque sunt libri Moysi, quibus spiritali intellectu patefactis, et abundantiori jam sensu multiplicatis, auditorum fidelium quotidie corda reficit. Qui bene hordeacei fuisse referuntur, propter nimirum austeriora legis edicta, et integumenta litteræ grossiora [*Beda*, grossioris], quæ interiorem intelligentiam spiritalis sensus quasi medullam celabant. Duo autem pisces quos addidit, psalmistarum non inconvenienter et prophetarum scripta significant, quorum uni canendo, alteri [*Beda*, unum... alterum] colloquendo, suis auditoribus futura Christi, et Ecclesiæ sacramenta narrabant. Et bene per aquatilia animantia figurantur illius ævi præcones; in quo populus fidelium sine aquis baptismi vivere nullatenus posset. Sunt, qui putant, duos pisces qui saporem suavem pani dabant, duas illas personas significare, quibus populus ille regebatur, ut per eas consiliorum moderamen acciperet, regiam scilicet et sacerdotalem; ad quas etiam sacrosancta illa unctio pertinebat; quarum officium erat procellosis fluctibus popularibus tanquam frangi atque corrumpi ; et violentas turbarum contradictiones tanquam adversantes undas sæpe disrumpere, interdum eis custodita sua integritate cedere; prorsus more piscium, tanquam in procelloso mari, sic in turbulenta populi administratione versari. Quæ tamen duæ personæ Dominum nostrum præfigurabant; ambas enim solus ille sustinuit, et non figurate, sed proprie solus implevit. Puer, qui quinque panes et duos pisces habuit, nec tamen hos esurientibus turbis distribuit, sed Domino distribuendos obtulit, populus est Judæorum, litterali sensu puerilis, qui Scripturarum dicta clausa secum tenuit, quæ tamen Dominus in carne apparens accepit, et quid intus haberent utilitatis ac dulcedinis, ostendit ; quam multiplici spiritus gratia, quæ pauca ac despecta videbantur, 520 exuberarent, patefecit ; et hæc per apostolos suos, apostolorumque successores, cunctis nationibus ministranda porrexit. Unde bene alii evangelistæ referunt, quia panes et pisces Dominus discipulis, discipuli autem ministraverunt turbis (*Matth.* XIX ; *Luc.* IX ; *Marc.* VI). Cum enim ministerium humanæ salutis initium accepisset enarrari per Dominum, ab eis qui audierunt in nos confirmatum est. Quinque siquidem panes, et duos pisces fregit, et distribuit discipulis, quando aperuit illis sensum, ut intelligerent omnia quæ scripta essent in lege Moysi, et Prophetis, et Psalmis de ipso (*Luc.* XXIV). Discipuli apposuerunt turbis, quando profecti prædicaverunt ubique Domino cooperante, et sermonem confirmante sequentibus signis (*Marc.* XVI, 20). Fenum, in quo discumbens turba reficitur, concupiscentia carnalis intelligitur, quam calcare ac premere debet omnis qui spiritalibus alimentis satiari desiderat. *Omnis enim caro fenum, et omnis gloria ejus tanquam flos feni* (*Isai.* XL, 6). Discumbat ergo super fenum, florem feni conterat, id est, castiget corpus suum, et servituti subjiciat (*I Cor.* IX, 27) ; voluptates carnis edomet, luxuriæ fluxa restringat, quisquis panis vivi cupit suavitate refici, quisquis supernæ gratiæ dapibus renovari, ne infima vetustate deficiat, amet. Quinque millia virorum qui manducaverunt, perfectionem vitæ eorum qui verbo reficiuntur [*Beda*, perfectionem eorum, qui verbo vitæ reficiuntur], insinuant. Virorum quippe nomine solent in Scripturis perfectiores quique figurari, quos feminea mollities nulla corrumpit : quales esse cupit eos, quibus dicit apostolus : *Vigilate, state in fide, viriliter agite, et confortamini* (*I Cor.* XVI, 13). Millenarius autem numerus, ultra quem nulla nostra computatio succrescit, plenitudinem rerum de quibus agitur indicare consuevit. Quinario vero numero quinque notissimi corporis nostri sensus exprimuntur, visus videlicet, auditus, gustus, olfactus et tactus. In quibus singulis quicunque viriliter agere, et confortari satagunt, sobrie, et juste, et pie vivendo, ut cœlestis sapientiæ mereantur dulcedine recreari ; hi nimirum quinque millibus virorum, quos Dominus mysticis dapibus satiavit, figurantur. Nec prætereundum quod refecturus multitudinem gratias egit. Egit quippe gratias, ut et nos de perceptis cœlitus muneribus gratias semper agere doceret, et ipse quantum de nostris profectibus gratuletur, de nostra spirituali refectione gaudeat, intimaret. Vultis etenim nosse, fratres, quantum Salvator noster nostræ gaudeat saluti ? Narrat evangelista Lucas, dedisse cum discipulis potestatem calcandi supra omnem virtutem inimici; eorumque nomina scripta indicasse in cœlis (*Luc.* x, 19, 20); et statim infert : *In ipsa hora exsultavit Spiritu sancto, et dixit : Confiteor tibi, Pater, Domine cœli et terræ, quia abscondisti hæc a sapientibus et prudentibus, et revelasti ea parvulis* (*Luc.* x, 21 ; *Matth.* xi, 25). Claret ergo, quia saluti ac vitæ fidelium congratuletur, qui Patrem gratias agendo collaudat, quod ea quæ superbientibus abscondit, humilibus spiritu secreta revelavit.

Vers. 12. — *Ut autem impleti sunt, dixit discipulis suis: Colligite quæ superaverunt fragmenta, ne pereant.* Quod autem saturata multitudine, jussit discipulos colligere quæ superaverunt fragmentorum, ne perirent, hoc profecto signat quia pleraque sunt arcana divinorum eloquiorum, quæ vulgi sensus non capit ; nonnulla, quæ per se quidem minus docti assequi nequeunt, sed a doctoribus exposita mox intelligere queunt. Hæc ergo necesse est, ut qui valent, diligenter scrutando colligant, et ad eruditionem minorum suo dicto vel scripto faciant pervenire, ne alimenta verbi illorum desidia pereant, plebibusque tollantur, qui hæc Domino donante interpretando colligere norunt. Sequitur : (Vers. 13) *Collegerunt ergo*, inquit, *et impleverunt duodecim cophinos fragmentorum ex quinque panibus hordeaceis, quæ superfuerunt his qui manducaverant.* Quia duodenario numero solet perfectionis cujuslibet summa figurari, recte per duodecim cophinos fragmentorum plenos, omnis doctorum spiritalium chorus exprimitur, qui obscura Scripturarum, quæ [per se] turbæ nequeunt, et meditando colligere, [et meditata] et mandata litteris suo pariter ac turbarum usui conservare jubentur. Hoc ipsi fecere apostoli et evangelistæ, non pauca legis et prophetarum dicta, mystica suis interpretatione addita inserendo opusculis ; hoc sequaces eorum Ecclesiæ toto orbe magistri, etiam integros nonnulli utriusque **521** Testamenti libros, diligentiori explanatione discutiendo : qui quamlibet hominibus despecti, cœlestis tamen gratiæ sunt pane fecundi. Nam servilia cophinis solent opera fieri, unde de populo, qui in luto ac lateribus serviebat in Ægypto, dicit Psalmista : *Manus ejus in cophino servierunt* (*Psal.* lxxx, 7).

Vers. 14. — *Illi ergo homines cum vidissent quod fecerat signum, dicebant : Quia hic est vere propheta, qui venturus est in mundum.* Recte quidem dicebant Dominum prophetam magnum, magnæ salutis præconem jam mundo futurum. Nam et ipse prophetam se vocare dignatur, ubi ait : *Quia non capit prophetam perire extra Jerusalem* (*Luc.* xiii, 33). Sed necdum plena fide proficiebant, qui hunc etiam Deum dicere nesciebant. Ergo illi videntes signum quod fecerat Jesus, dixerunt : *Quia hic est vere propheta, qui venturus est in mundum.* Nos certiori agnitione veritatis et fidei, videntes mundum quem fecit Jesus, et signa quibus illum replevit, dicamus : Quia hic est vere mediator Dei et hominum (*I Tim.* ii, 5), qui in mundo

[a] Hucusque Beda.
[b] S. Aug., tract. xxv, num. 1, 2.

erat [*Beda*, qui mundum implet] divinitate, et mundus per ipsum factus est; qui in propria venit humanitate, quærere et salvare quod perierat (*Joan.* i), ac recreare mundum quem fecerat; qui cum suis fidelibus per præsentiam divinitatis est in mundo, omnibus [diebus] usque ad consummationem sæculi [a]. »
(Vers. 15.) *Jesus autem cum cognovisset quia venturi essent ut raperent eum et facerent eum regem, fugit iterum in montem ipse solus.* [b] Datur ergo intelligi quod Dominus cum sederet in monte cum discipulis suis et videret turbas ad se venientes, descenderat de monte et circa inferiora loca turbas paverat. Nam quomodo fieri potest ut rursus illuc fugeret, nisi ante de monte descenderet? Significat ergo aliquid, quod Dominus de alto descendit ad pascendas turbas. Pavit et ascendit. Quare ascendit, cum cognovisset quod vellent eum rapere et regem facere? Quid enim? Non erat rex, qui timebat fieri rex? Erat omnino; nec talis rex qui ab hominibus fieret, sed talis qui hominibus regnum daret. Nunquid forte et hic aliquid significat nobis Jesus, cujus facta verba sunt? Ergo in hoc quod voluerunt eum rapere et regem facere, et propter hoc fugit in montem ipse solus, hoc in illo [*Ms.*, ipso] factum tacet, nihil loquitur, nihil significat? An forte hoc erat rapere eum, prævenire velle tempus regni ejus? Etenim venerat modo, non jam regnare, quomodo regnaturus est in eo quod dicimus : *Adveniat regnum tuum.* Semper quidem ille cum Patre regnat, secundum quod est Filius Dei, Verbum Dei, Verbum per quod facta sunt omnia. Prædixerunt autem prophetæ regnum ejus, etiam secundum id quod homo factus est Christus, et fecit fideles suos Christianos. Erit ergo regnum Christianorum, quod modo colligitur, quod modo commoratur [*Al.* et *Aug.*, comparatur], quod modo emitur sanguine Christi; erit aliquando manifestum regnum , quando erit aperta claritas sanctorum ejus, post judicium ab eo factum : quod judicium superius ipse dixit, quod Filius hominis facturus sit; de quo regno etiam Apostolus dicit : *Cum tradiderit regnum Deo et Patri* (*I Cor.* xv, 24). Unde etiam ipse dicit : *Venite benedicti, Patris mei, percipite regnum quod vobis paratum est ab initio mundi* (*Matth.* xxv, 34). Discipuli autem et turbæ credentes in eum, putaverunt illum sic venisse ut jam regnaret : hoc est velle rapere et regem facere, prævenire velle tempus ejus, quod ipse apud se occultabat, ut opportune proderet et opportune in fine sæculi declararet. [c] *Quare autem dictum est, fugit?* Neque enim si nollet teneretur, si nollet raperetur, qui si nollet, nec agnosceretur. » Sed hoc significative factum est. Solus fugit, ne carnaliter regnaret, quia solus ascendit in cœlum, unde spiritaliter regnaret in sanctis suis (*Hebr.* ix). « *Fugit in montem ipse solus*, primogenitus a mortuis, ascendens super omnes cœlos, et interpellans pro nobis. » Quem sacerdos significat semel in anno sancta sanctorum ingrediens, non sine sanguine, ut interpellaret pro populo. Sic rur-

[c] Ibidem, num. 4.

sus [*Ms.*, sursum] posito solo in monte magno, qui intravit in interiora veli, foris populo constituto. Sed videamus quid illo intra velum coelestis altitudinis morante, quid discipuli in navicula patiebantur? Quid est navicula quae a fluctibus jactabatur, nisi Ecclesia, quae persecutionibus fatigatur et foris et intus? Foris a paganis aperta persecutione : intus a falsis fratribus occulta seditione. Ideo addidit :

522 VERS. 16, 17. — *Ut autem sero factum est, descenderunt discipuli ejus ad mare, et cum ascendissent naviculam, venerunt trans mare in Capharnaum.* « [a] Cito dixit finitum, quod postea factum est. Venerunt trans mare in Capharnaum. Et redit, ut exponat quomodo venerunt, quia per stagnum navigantes transierunt. Et cum navigarent ad eum locum quo eos venisse jam dixit, recapitulando exponit quid acciderit : (VERS. 18) *Tenebrae jam factae erant, et non venerat ad illos Jesus. Mare autem vento magno flante exsurgebat.* Merito tenebrae, quia lux non venerat. Tenebrae jam factae erant, et non venerat ad illos Jesus; quia, quantum propius accedit finis mundi, tanto vehementius crescunt errores, crebrescunt terrores, crescit iniquitas, crescit infidelitas. Lux denique quae charitas apud Joannem ipsum evangelistam satis aperteque monstratur, ita ut diceret : *Qui odit fratrem suum, in tenebris est (I Joan.* II, 11), creberrime exstinguitur » refrigescente charitate, abundante iniquitate. Ipsi sunt fluctus navem turbantes : tempestas et venti clamores sunt maledictorum. Inde charitas refrigescit, inde fluctus augentur. Turbabatur navis, vento magno flante mare exsurgebat ; tenebrae crescebant, intelligentia minuebatur, iniquitas augebatur. Tamen inter haec omnia navis ibat ad terram, properabat, portum quaerebat. Ita inter omnia tentamentorum genera, Ecclesia proficit; laborat, sed non mergitur. Christum exspectat, quando per eum ad portum perveniat tranquillitatis.

VERS. 19, 20. — *Cum ergo remigrassent stadia viginti quinque aut triginta, vident Jesum ambulantem super mare, et proximum navi fieri. Et timuerunt. Ille autem dicit eis : Ego sum, nolite timere.* « [b] Crescunt fluctus, augentur tenebrae, saeviunt tempestates; sed tamen navis ambulat, quia qui perseveraverit in finem, hic salvus erit (*Matth.* x, 22). Nec ipse stadiorum numerus contemnendus esse videtur. Et quare dixit [*Ms.*, dixisset] evangelista : *Quasi stadiis viginti quinque aut triginta?* Sufficeret dicere : *viginti quinque,* aut *triginta*; nisi quod hos numeros aestimantis voce, non affirmantis protulit idem evangelista. Quaeramus ergo numerum. Viginti quinque unde constant, unde fiunt ? De quinario. Quinarius ille numerus ad legem pertinet. Ipsi sunt quinque libri Moysi, ipsi sunt quinque porticus illi [*Ms.*, illae] languidos continentes, ipsi quinque panes quinque millia hominum pascentes. Ergo legem significat numerus viginti quinque, quoniam quinque per quinque, id est, quinquies quini; faciunt viginti quadrato numero, quinario su-

[a] S. Augustinus, loc. cit. num. 5.
[b] Ibid. num. 6.

peraddito [*Ms. et Aug.*, faciunt viginti quinque, quadratum quinarium]. Sed huic legi, antequam Evangelium veniret, deerat perfectio. Perfectio autem in senario numero comprehenditur. » Nam senarius numerus perfectus est, et partibus suis implebitur [*Ms.*, impletur]. Id est, unum, duo, tres. Nec aliae partes in eo inveniri possunt, nec illae partes conjunctae aliud quid [*Al.*, aliquid] conficere possunt, nisi senarium numerum. Propterea sex diebus Deus mundum perfecit, et quinque ipsi per sex multiplicantur, ut lex per Evangelium adimpleatur, ut fiant sexies quini, triginta. Ad eos ergo [*Al.*, igitur], qui implent legem, venit Jesus. Et quomodo venit? Calcans fluctus, omnes tumores mundi sub pedibus habens, omnes celsitudines saeculi premens. « [c] Et tamen tantae sunt tribulationes, ut etiam ipsi qui crediderunt in Jesum, et qui conantur perseverare, expavescant nec [*Ms. et Aug.*, ne] deficiant, Christo fluctus calcante saeculi. Cur timet Christianus, dum Christus loquitur ? *Ego sum, nolite timere. Confidite, ego vici mundum* (*Joan.* XVI).

VERS. 21. — *Voluerunt ergo eum accipere in navi.* Agnoscentes ac gaudentes, securi facti. *Et statim fuit navis ad terram, in quam ibant.* Factus est finis ad terram, de humido ad solidum, de turbato ad firmum, de itinere ad finem, » id est, ad perfectam tranquillitatem, quae non erit nisi in portu aeternae serenitatis. Ibi tota charitas, et nulla iniquitas, tota felicitas, et nulla perturbatio, ubi sine fine regnabunt, qui hic fortiter usque in finem vitae suae laborant.

VERS. 22, 23. — *Altera die turba quae stabat trans mare, vidit quia alia navicula non esset ibi nisi una, et quia non introiisset Jesus cum discipulis suis in navem, sed soli discipuli ejus abiissent. Aliae vero supervenerunt naves a Tiberiade, juxta locum ubi manducaverunt panem, gratias agentes Deo.*

523 CAPUT XIII.

A turbis quaesitus, et inventus ait : Operamini cibum, non qui perit, sed qui permanet in vitam aeternam. *Et panem de coelis se dicit verum, vitamque mundi.*

VERS. 24. — *Cum ergo vidisset turba, quia Jesus non esset ibi, neque discipuli ejus, ascenderunt in naviculas, et venerunt in Capharnaum quaerentes Jesum.* « [d] Insinuatum est tamen illis tam magnum miraculum. Viderunt enim quod discipuli soli ascendissent in navem, et quia navis non erat ibi. Venerunt autem inde, et naves juxta locum illum ubi manducaverunt panem, in quibus eum turbae secutae sunt. Cum discipulis ergo non ascenderat : alia navis illic non erat. Unde subito trans mare factus est Jesus, nisi quia super mare ambulavit, ut miraculum monstraret ? *Et cum invenissent eum turbae.* Ecce praesentat se turbis, a quibus rapi timuerat, et in montem fugerat; omnino confirmans et insinuans nobis in mysterio dicta esse illa omnia : et facta in magno sacramento, ut aliquid significarent. Ecce adest ille qui

[c] Ibid. num. 7.
[d] S. Aug. loc. cit. num. 8, 9, 10.

in montem fugerat turbas; nonne cum ipsis turbis loquitur? modo teneant, modo regem faciant.

Vers. 25. — *Et cum invenissent eum trans mare, dixerunt ei: Rabbi, quando huc venisti?* Ille post miraculi sacramentum, et sermonem infert, ut si fieri potest, qui pasti sunt, pascantur, et quorum satiavit panibus ventrem, satiet sermonibus mentem, sed sic, ut capiant; et si non capiunt, sumant quod capiant [*Aug.*, sumatur quod non capiunt], ne fragmenta pereant. Loquatur ergo Dominus, et audiamus [quod sequitur]: (Vers. 26) *Respondit Jesus, et dixit eis: Amen amen dico vobis, quæritis me, non quia vidistis signa, sed quia manducastis ex panibus meis, et saturati estis.* Propter carnem me quæritis, non propter spiritum. Quam multi non quærunt Jesum, nisi ut illis faciat bene secundum tempus! Alius negotium habet, quærit intercessionem clericorum; alius premitur a potente, refugit [*Ms.*, a potentiore fugit] ad Ecclesiam; alius vult pro se interveniri apud eum contra quem [*Aug.*, apud quem] parum valet: ille sic, iste vero sic; impletur quotidie talibus Ecclesia: vix quæritur Jesus propter Jesum. *Quæritis me, non quia vidistis signa, sed quia manducastis ex panibus meis.*

Vers. 27. — *Operamini non cibum, qui perit, sed qui permanet in vitam æternam.* Quæritis me propter aliud, quærite me propter me. Seipsum enim insinuat istum cibum, qui [*Al.*, quod] in consequentibus illucescit, *quem Filius hominis dabit vobis*. Exspectabas, credo, iterum panes manducare, iterum discumbere, iterum saginari. Sed [*Al.*, semetipsum] dixerat, *cibum non qui perit, sed qui permanet in vitam æternam.* Superius diximus navem Ecclesiam Christi significare, quæ tempestatibus hujus sæculi turbatur, et laborantes in se portat [*Ms.*, in ea hortatur], ut viriliter laborent, donec Christus comprimat fluctus persecutionum, et reddat serenitatem. Hic vero dicit: *Altera die turba, quæ stabat trans mare, vidit quia alia navicula non erat ibi nisi una.* Quid est altera die turbam stare super mare, nisi post ascensionem Christi turba stans in operibus bonis, non jacens in terrenis volutabris, sed exspectans unde veniat ad eos Jesus? Et hic una navis dicitur, sicut prius una fuit Ecclesia Christi, in qua ille præsentialiter corpore versabatur: nunc quoque una est, quæ similiter in spe exspectat adventum illius. Sed quid est quod aliæ naves veneruri a Tiberiade, nisi hæreticorum conventicula, quæ Jesum non sincera fide quærunt; quæ sub dolo calliditatis sua quærunt, non quæ sunt Jesu (*Philip.* ii, 21). Unde consequenter respondit eis Jesus: *Amen amen dico vobis, quæritis me, non quia vidistis signa, sed quia manducastis ex panibus, et saturati estis.* De illis vero qui saturati sunt, in alio dicit Evangelio: *Væ vobis, qui saturati estis* (*Luc.* vi, 25). De esurientibus vero vitæ panem et justitiæ cognitionem, dicitur: *Beati qui esuriunt et sitiunt justitiam* (*Matth.* v, 6); ad quem cibum hortabatur eos in sequenti mox Christus sermone dicens: *Ope-*ramini *non cibum qui perit, sed qui permanet in vitam æternam.* Carnalis cibus perit, spiritalis vero permanet, quem Filius hominis vobis dabit.

524. Hunc ergo *Pater significavit* [*Al.*, *signavit*]. *Deus.* « [a] Istum filium hominis nolite sic accipere, quasi alios filios hominis, quibus dictum est: *Filii autem hominum in protectione alarum tuarum sperabunt* (*Psal.* xxxv). Iste filius hominis sequestratus quadam gratia Dei est a cæteris filiis hominum. Iste filius hominis, exceptus a numero hominum, filius hominis est. Iste filius hominis et Filius Dei est, iste homo, etiam Deus est. » Unde et ipsa Veritas quæ tunc loquebatur ad Judæos et nunc omnibus loquitur per evangelicæ prædicationis verba, et quis sit ostendit, non qualem esse plurimi tunc æstimaverunt, vel etiam nunc æstimant. Subjunxit vero: *Hunc enim Deus Pater significavit* [*Ms.*, *signavit*]. « Signare quid est, nisi proprium aliquid ponere? Hoc est signare, ponere aliquid, quod [*Ms.*, quo] non confundatur cum cæteris. Signare est signum rei ponere. Cuicunque rei ponis signum, ideo ponis signum ne confusa cum aliis a te non possit agnosci. *Pater* ergo, *eum signavit.* Quid est *signavit?* proprium quiddam illi dedit, ne cæteris compararetur hominibus, ideo dictum est: *Unxit te Deus, Deus tuus oleo exsultationis, præ participibus tuis* (*Psal.* xliv, 8). Ergo signare quid est? exceptum habere; hoc est præ participibus tuis. Itaque nolite, inquit, me contemnere, quia filius hominis sum, et quærite a me cibum, *non qui perit, sed qui permanet in vitam æternam.* Sic enim filius hominis sum, ut non sim unus ex vobis; sic sum filius hominis, ut Deus Pater me signaret. Quid est signare? proprium aliquid mihi dare, quo non confunderer cum genere humano, sed per me liberaretur genus humanum.

Vers. 28. — *Dixerunt ergo ad eum: Quid faciemus, ut operemur opera Dei?* [b] Dixerat enim illis: *Operamini escam, non quæ perit, sed quæ permanet in vitam æternam. Quid faciemus,* inquiunt? quid observando, hoc præceptum implere poterimus? (Vers. 29.) *Respondit Jesus, et dixit eis: Hoc est opus Dei, ut credatis in eum quem misit ille.* Hoc est ergo manducare cibum non qui perit, sed qui permanet in æternum [*Ms.*, in vitam æternam]. Ut quid paras dentem et ventrem? Crede, et manducasti. Discernitur quidem ab operibus fides, sicut Apostolus dicit, *justificari hominem per fidem, sine operibus legis* (*Rom.* iii, 28). Et sunt opera quæ videntur bona sine fide Christi, et non sunt bona, quia non referuntur ad eum finem ex quo sunt omnia bona. Finis enim legis Christus ad justitiam omni credenti (*Rom.* x, 4). Ideo noluit discernere fidem ab opere, sed ipsam fidem dixit esse opus. Ipsa est enim fides, quæ per dilectionem operatur (*Gal.* v, 6). Nec dixit: Hoc est opus vestrum; sed dixit: *Hoc est opus Dei, ut credatis in eum quem misit ille, ut qui gloriatur, in Domino glorietur* (*I Cor.* i, 31). Quia ergo invitabat eos ad fi-

---

[a] S. Aug. loc. cit. num. 11.

[b] Ibidem, num. 12, 13.

dem, illi adhuc quærebant signa quibus crederent. Vide si non Judæi signa petunt? (VERS. 30.) *Dixerunt ergo ei, quod ergo tu facis signum, ut videamus et credamus tibi? quid operaris?* Parumne erat quod de quinque panibus pasti sunt? Sciebant hoc quidem, sed huic cibo manna de cœlo præferebant. Dominus autem Jesus talem se dicebat, ut Moysi præponeretur. Non enim ausus est Moyses de se dicere quod daret cibum, *non qui perit, sed qui habet vitam æternam* [Aug., *qui permanet in vitam æternam*]. Aliquid plus promittebat Dominus quam Moyses. Per Moysen quippe promittebatur regnum, et terra fluens lac et mel, temporalis pax, abundantia filiorum, salus corporis, et cætera omnia temporalia quidem, in figura tamen spiritalia, qui [*Ms.*, et quia] veteri homini in veteri testamento promittebatur [*Aug.*, promittebantur]. Attendebant autem promissa per Moysen [*Al.*, per Christum Moysi], et attendebant promissa per Jesum. Ille plenum ventrem promittebat in terra, sed cibum [*Aug.*, cibo] qui perit; iste promittebat cibum, *non qui perit, sed qui permanet in vitam æternam*. Attendebant enim [*Al.*, autem; ms. et *Aug.*, eum] plus promittentem, et quasi nondum videbant majora facientem. Attendebant utique qualia fecisset Moyses, et adhuc aliqua majora volebant fieri ab eo, qui tam magna pollicebatur. *Quid*, inquiunt, *facis, ut credamus tibi?* Et ut noveritis, quia miracula illa huic miraculo comparabant, et ideo quasi majora ista judicabant, quam [*Ms. et Aug.*, quasi minora ista judicabant, quæ] quæ faciebat Jesus.

VERS. 31. — *Patres nostri*, inquiunt, *manna manducaverunt in deserto*. Sed quid est manna? forte contemnitis; sicut scriptum est : *Dedit illis manna manducare.* Per Moysen patres nostri panem de cœlo acceperunt, et non eis datum [*Ms. et Aug.*, dictum] est a Moyse : *Operamini cibum, qui non perit, sed qui permanet in vitam æternam*, et tu non talia operaris, qualia Moyses. Panes hordeaceos ille non dedit, sed manna de 525 cœlo. (VERS. 52, 33.) *Dixit ergo eis Jesus : Amen amen dico vobis, non Moyses dedit vobis panem de cœlo, sed Pater meus dedit vobis panem de cœlo.* Verus enim panis est, qui de cœlo descendit, et dat vitam mundo. Verus ergo ille panis est, qui dat vitam mundo, et ipse cibus est, de quo paulo ante locutus sum : *Operamini cibum, qui non perit, sed qui permanet in vitam æternam*. Ergo et illud manna hoc significabat, et illa omnia signa mea erant. Signa mea dilexistis; quod significabant [*Aug.*, qui significabatur], contemnitis. Non ergo Moyses dedit panem de cœlo; Deus dat panem; sed quem panem? forte manna? non; sed panem, quem significavit manna, ipsum scilicet Dominum Jesum. *Pater meus dat vobis panem verum*. Panis verus Dei est, qui descendit de cœlo, et dat vitam mundo.

VERS. 34. — *Dixerunt ergo ad eum : Domine, semper da nobis panem hunc.* Quomodo mulier [illa] Samaritana, cui dictum est, *Qui biberit de hac aqua, non sitiet unquam*, continuo illa secundum corpus accipiens, sed tamen carere indigentia volens; *Da*, inquit, *mihi, Domine, de hac aqua;* sic et isti, *Domine, da nobis panem hunc*, qui nos reficiat, nec deficiat.

CAPUT XIV.

Panem vitæ se dicit, et resurrecturos credentes in se in novissimo die.

VERS. 35. — *Dixit ergo eis Jesus : Ego sum panis vitæ* [*Ms.*, vivus]. *Qui venit ad me, non esuriet, et qui credit in me, non sitiet unquam*. ᵃ *Qui venit ad me*, hoc est quod ait, *et qui credit in me* : et quod dixit, *non esuriet*, hoc intelligendum est, *non sitiet unquam*. Utroque enim illa significatur æterna satietas, ubi nulla est egestas. Panem de cœlo desideratis, ante vos habetis, et non manducatis. (VERS. 36). *Sed dixi vobis, quia et vidistis me, et non credidistis* (Rom. III, 3). Sed non ideo ego populum perdidi. Nunquid enim infidelitas vestra fidem Dei evacuavit? Videamus enim quod sequitur : (VERS. 37) *Omne quod dat mihi Pater, ad me veniet, et eum qui venit ad me non ejiciam foras*. Quale est illud intus, unde non exitur foras? Magnum penetrale et dulce secretum. O secretum sine tædio, sine amaritudine malarum cogitationum, sine interpellatione tentationum et dolorum! Nonne illud secretum est quo intrabit ille cui dicturus est Deus : *Euge, serve bone et fidelis, intra in gaudium Domini tui* (Matth. xxv, 23)? Et : *Eum, qui veniet ad me, non ejiciam foras*. (VERS. 38.) *Quia descendi de cœlo, non ut faciam voluntatem meam, sed ejus qui misit me.* Ideo ergo eum qui veniet ad te non ejicies foras, quia descendisti de cœlo non facere voluntatem tuam, sed voluntatem ejus qui te misit. Magnum sacramentum est, quod ait : *Qui venit ad me non ejiciam foras.* Causam mox subjungens [*Ms.*, subjunxit] quare foras non ejecerit ad se venientem, id est, in se credentem dicit [*Ms.*, dicens] : *Quia non veni facere voluntatem meam, sed voluntatem ejus qui misit me.* › Quis est qui ejicitur foras, de illo dulci et suavissimo secreto, quo intrare præcipitur servus faciens voluntatem Domini sui, nisi superbus, nisi anima in se ipsa confidens et suæ potestatis esse quærens, nec cum propheta habens dicere : *Nonne Deo anima mea subjecta est* (Psal. LXI)? Anima vero per humilitatem Dei subjecta gratiæ, nunquam ejicietur foras, sed intrat in gaudium Domini Dei sui. ‹ Igitur ut causa omnium morborum curaretur, id est superbia, descendit humilitas, id est, humiliavit se Filius Dei. Quid superbis homo? Deus humilis propter te factus est. Puderet te fortasse imitari humilem hominem, saltem imitare humilem Deum. Venit Filius Dei in homine, et humilis factus est : præcipitur tibi ut sis humilis, non tibi præcipitur ut ex homine facias [*Ms.*, fias] pecus. Ille Deus factus est homo, tu homo, cognosce quia es homo. Tota humilitas tua est ut cognoscas te. Ergo quia humilitatem docet Deus, dixit : *Non veni facere voluntatem meam, sed ejus qui me misit.* Hæc enim commendatio humilitatis est. Superbia quippe facit voluntatem suam, humilitas facit voluntatem Dei.

ᵃ Vide S. Aug. loc. cit., num. 14, 15, 16, 18, 19.

Ideo qui ad me venerit, non ejiciam foras. Quare? Quia non veni facere voluntatem meam, sed voluntatem ejus qui me misit. Humilis veni, humilitatem docere veni, magister humilitatis veni. Qui ad me venit, **526** incorporetur [*Ms.*, incorporatur] mihi; qui ad me venit, humilis fit; qui mihi adhæserit [*Al.*, aderit; *Ms.*, adhæret], humilis erit, quia non faciet voluntatem suam, sed Dei : et ideo *non ejicietur foras*, quia Adam, cum superbus esset, projectus est foras. » Christus vero humilis factus, exaltatus est super omne nomen, quod nominatur vel in cœlo, vel in terra (*Philip.* ii). « Qui doctor humilitatis venit, non facere voluntatem suam, sed voluntatem ejus qui misit illum : veniamus ad eum, intremus ad eum, incorporemur ei, ut nec nos faciamus voluntatem nostram, sed voluntatem Dei ; et non nos ejiciet foras, quia membra ejus sumus, quia caput nostrum esse voluit docendo humilitatem. » Ad quem venire non potest nisi humilis, a quo non mittitur foras, nisi superbus.

VERS. 39. — *Hæc est voluntas ejus qui misit me Patris, ut omne quod dedit mihi non perdam ex eo, sed resuscitem illud in novissimo die.* « Ipse ille datus est. Qui servat humilitatem, hoc accipit ; qui non servat [*Aug.*, Ipse illi datus est, qui servat humilitatem ; hunc accipit : qui non servat] humilitatem, longe est a magistro humilitatis. *Ut omne, quod dedit mihi Pater, non perdam ex eo.* Sic non est voluntas in conspectu Patris vestri, ut pereat unus de pusillis istis. De tumentibus potest perire, de pusillis nihil perit ; quia nisi fueritis sicut pusillus iste, non intrabitis in regnum cœlorum (*Matth.* xviii, 4). *Omne, quod dedit mihi Pater, non perdam ex eo, sed resuscitabo ego eum in novissimo die.* Videte quemadmodum et nic geminam illam resurrectionem delineat [*Ms.*, deliniet; *Aug.*, delineet]. *Qui venit ad me*, modo resurgit humilis factus in membris meis; *sed resuscitabo eum in novissimo die* secundum carnem.

VERS. 40. — *Hæc est enim voluntas Patris mei qui misit me, ut omnis qui videt Filium et credit in eum, habeat vitam æternam. Et ego resuscitabo eum in novissimo die.* Superius dixit : *Qui audit verbum meum, et credit ei qui misit me ;* modo autem : *Qui videt Filium, et credit in eum.* Non dixit, videt Filium et credit in Patrem : hoc est enim credere in Filium, quod et in Patrem. Quia sicut habet vitam Pater in semetipso, sic dedit et Filio vitam habere in semetipso (*Joan.* v, 26). *Ut omnis, qui videt Filium, et credit in eum, habeat vitam æternam.* Credendo et transeundo ad vitam, tanquam primam illam resurrectionem [*Aug.*, prima illa resurrectione]. *Et quia non est sola, et resuscitabo*, inquit, *eum in novissimo die.* » Sequitur : *Ego sum panis vivus, qui de cœlo descendi.* Ideo panis, qui vita ; et ideo vita, quia de cœlo descendit, dicente ipso : *Ego sum via, veritas, et vita.* Ille est panis supersubstantialis, qui ut nobis detur quotidie deprecari jubemur, cum Dominus noster Jesus Christus panem se dicebat de cœlo descendisse.

CAPUT XV.

Murmurantes Pharisæi filium Joseph eum dicunt. Et ipse inter plura carnem suam panem se daturum dicit pro mundi vita. Et cætera his similia plurima de pane et carne sua testatur.

VERS. 41, 42. — *Murmurarunt Judæi, et dixerunt ei : Hic est [Jesus] filius Joseph, cujus nos novimus patrem et matrem. Quomodo ergo dicit hic , quia de cœlo descendi?* Ideo murmurabant quia hunc panem non intelligebant, hunc panem non esuriebant, hunc panem non amabant. Si amarent, utique non murmurarent. « [a] Ideo a pane cœlesti longe erant, nec eum esurire noverant. Fauces cordis languidas habebant, auribus apertis surdi erant : videbant, et cæci stabant. Panis quippe iste, interioris hominis quærit esuriem : unde alio loco dicit : *Beati, qui esuriunt et sitiunt justitiam , quoniam ipsi saturabuntur* (*Matth.* v, 6). » Dixerunt : *Cujus [nos] novimus patrem et matrem.* Matrem sciebant terrenam, patrem nesciebant cœlestem; quia a Patre cœlesti attracti non fuerunt; quod mox ipse Dominus sequenti verbo innotuit, dicens : (VERS. 43, 44) *Nolite murmurare invicem. Nemo potest venire ad me, nisi Pater, qui misit me, attraxerit eum.* Quid est, *Nemo potest venire ad me*, nisi quia nemo potest credere in me, nisi Pater, qui misit me, attraxerit eum? Ille venit, quem gratia Dei prævenit, cui cum Propheta **527** dicamus : *Misericordia ejus præveniet me* (*Psal.* lviii). Et iterum : *misericordia ejus subsequetur me* (*Psal.* xxii). Præveniet velle, subsequetur perficere. « Trahit Pater ad Filium eos qui propterea credunt in Filium, quia eum cogitant Patrem habere Deum. Deus enim Pater æqualem sibi genuit Filium : et qui cogitat atque in fide sua sentit et ruminat æqualem esse Patri eum in quem credit, ipsum trahit Pater ad Filium. » Qui enim de Christo dicit, Non est Deus verus, non trahit eum Pater, sed sua perversa cogitatio trahit eum veritati non consentire. « Ille tractus est a Patre, qui ait : *Tu es Christus Filius Dei vivi.* Cui Dominus inquit : *Beatus es, Simon BarJona, quia caro et sanguis non revelavit tibi, sed Pater meus qui in cœlis est* (*Matth.* xvi, 16, 17). Ista revelatio ipsa est attractio. Dum enim dixit : *Nemo potest venire ad me, nisi Pater qui me misit, attraxerit eum*, continuo subjunxit : *Et ego resuscitabo eum in novissimo die.* Credendo quod sperat, videbit quod adhuc non videndo credidit; manducabit quod esuriit, satiabitur eo quod sitit. Ubi? in resurrectione mortuorum. Quia *ego resuscitabo eum in novissimo die.*

VERS. 45. — *Scriptum est enim in prophetis : Et erunt omnes docibiles Dei.* Quare hoc dicit [*Ms.*, dixit; *Aug.*, dixi] o Judæi? Pater vos non docuit : quomodo potestis me cognoscere? Omnes regni illius homines docibiles Dei erunt, non ab hominibus audiunt ; et si ab hominibus audiunt, tamen quod intelligunt intus datur, intus coruscat, intus revelatur. » Homines foris verbum sonare possunt, sed in vanum laborant, nisi intus Deus docens aperiat sensus. Ille

---

[a] Apud sanctum Augustinum, tract. xxvi, num. 4, 5, 6, 7, 9, 10, 11, 12, 13, 15-20.

est Dei docibilis, quem Deus intus veritatis instruit agnitione et amore. *Omnis qui audit* [Ms., *audivit*] *a Patre, et didicit, venit ad me.* Quomodo trahit Pater? Docendo delectat, non necessitatem imponendo; quia nemo necessitate credit, sed voluntate. Filius dicebat, Pater docebat; homo qui videbatur, loquebatur, sed ut Deus in corde audientis interius docebat. Ideo subjunxit:

VERS. 46. — *Non quia Patrem vidit quisquam, nisi is qui est a Deo, hic vidit Patrem.* Nolite putare Patrem esse visibilem vobis; nemo vidit Patrem, nisi is qui est a Deo; hic vidit Patrem. Ego sum a Patre, et ideo Patrem video. « Quid est autem vos trahi a Patre, nisi discere a Patre? Quid est discere a Patre, nisi audire Patrem [Ms., a Patre]? Et quid est audire a Patre, nisi audire Verbum Patris, id est me? Ne forte ergo cum dico vobis : *Omnis qui audivit a Patre et didicit*, dicatis apud vos : Sed nunquam vidimus Patrem, quomodo autem discere potuimus a Patre? A meipso audite. *Non quia Patrem vidit quisquam, sed qui est a Deo, hic vidit Patrem.* Ego novi Patrem, ab illo sum; sed quomodo verbum ab illo cujus est verbum : non quod sonat et transit, sed quod manet cum dicente, et trahit audientem. Sequitur: (VERS. 47) *Amen amen dico vobis, qui credit in me, habet vitam æternam.* Revelare se voluit, quid esset : nam compendio dicere potuit : Qui credit in me, habet me. Ipse enim Christus verus est Deus, et vita æterna. Qui ergo credit in me, inquit, it ad me, et qui it ad me, habet me. Quid est autem habere me? Habere vitam æternam. Mortem assumpsit vita æterna, et mori voluit; sed de tuo, o homo, non de suo : accepit a te, ubi moreretur pro te. Assumpsit [*Al.*, Accepit] ergo vita mortem, ut vita occideret mortem. Nam qui credit, inquit, habet vitam æternam; non quæ patet, sed quæ latet. Vita enim æterna, Verbum in principio apud Deum erat, et Deus erat Verbum, et erat vita lux hominum. Mori venit, sed tertia die resurrexit.

VERS. 48, 49. — *Ego sum*, inquit, *panis vitæ.* Et unde illi superbiant? *Patres*, inquit, *vestri manducaverunt manna, et mortui sunt.* Quare manducaverunt, et mortui sunt? Quia quod videbant, credebant : quod non videbant, non intelligebant. Ideo patres vestri, quia similes estis illorum. Manducaverunt Moyses et Aaron, et cæteri sancti qui fuerunt in populo manna, et non sunt mortui, quia spiritaliter visibilem cibum intellexerunt, spiritaliter esuriunt [Ms., esurierunt]; » alii vero manducaverunt et permanserunt in infidelitate; sicut Judæi audierunt loquentem Christum, sed non spiritaliter verba ejus intellexerunt; ideo dixit eis : *Patres vestri manducaverunt manna in deserto, et* 528 *mortui sunt.* Qua morte, nisi infidelitatis? Nam communi morte mortui sunt et sancti qui fuerunt inter eos. Ideo signavit [Ms., significavit] Dominus his verbis mortem spiritalem, non carnalem. « Patres ergo istorum, id est, mali patres malorum, infideles patres, infideles murmuratores, patres murmuratorum [*Ms. et Aug.*, infideles patres infidelium; murmuratores patres murmuratorum]. Nam de re nulla magis Deum offendisse ille populus dictus est, quam contra Deum murmurando. Ideo et Dominus eos volens ostendere talium filios, hinc ad [Ms., hinc caute eos] eos cœpit, *Quid murmuratis in invicem,* murmuratores, filii murmuratorum? *Patres vestri manna manducaverunt, et mortui sunt :* non quia malum erat manna, sed quia male manducaverunt. »

VERS. 50. — *Hic est panis, qui de cœlo descendit.* « Hunc panem significavit manna, hunc panem significat altare Dei. Sacramenta illic [Ms., illa] fuerunt : in signis diversa sunt; in re qua significantur [Ms., quæ significatur], paria sunt. Apostolum audi : *Nolo enim*, inquit, *vos ignorare fratres, quia patres nostri omnes sub nube fuerunt, et omnes per mare transierunt, et omnes in Moyse baptizati sunt in nube et in mari, et omnes eamdem escam spiritalem manducaverunt* (*I Cor.* x, 1 seq.). Spiritalem utique, non corporalem. Alteram [*Aug.*, spiritalem utique eamdem : nam corporalem alteram]; quia illi manna, nos aliud : spiritalem vero quam nos; sed [Ms., et] patres nostri, non patres illorum, quibus nos similes sumus, non quibus illi similes fuerunt. Hic est ergo panis de cœlo descendens, ut si quis ex ipso manducaverit, non moriatur. Sed quod pertinet ad virtutem sacramenti, non quod pertinet ad visibile sacramentum; qui manducat intus, non foris; qui manducat in corde, non qui premit dente. (VERS. 51.) *Ego sum panis vivus, qui de cœlo descendi.* Ideo vivus, quia de cœlo descendit. De cœlo descendit et manna, sed manna umbra erat, ista veritas est. (VERS. 52.) *Si quis manducaverit ex hoc pane, vivet in æternum; et panis quem ego dabo, caro mea est pro mundi vita.* Hoc quando caperet caro, quod dixit panem carnem? Vocatur caro, quod non capit caro : et ideo magis non capit caro, quia vocatur caro. Hoc enim exhorruerunt, hoc assimulatum [Ms., assimilatum; *Aug.*, ad se multum] esse dixerunt, hoc non posse fieri putaverunt. *Caro mea est*, inquit, *pro mundi vita.* Norunt fideles corpus Christi, si corpus Christi esse non negligunt. Fiant corpus Christi, si volunt vivere de spiritu Christi. De spiritu Christi non vivit, nisi corpus Christi. » Quisque vivere vult, credat in Christum, manducet spiritaliter spiritalem cibum. Incorporetur corpori Christi, et non sit putridum membrum, quod resecari mereatur [*Al.*, debeat]. Sit pulchrum, sit sanum, sit aptum capiti suo. (VERS. 53.) *Litigabant ergo Judæi ad invicem dicentes : Quomodo potest hic nobis carnem suam dare ad manducandum?* « Litigabant utique ad invicem, quoniam panem concordiæ non intelligebant, nec sumere volebant : nam qui manducant talem panem, non litigant ad invicem; quoniam unus panis unum corpus multi sumus, et per hunc facit Deus unius moris habitare in domo (*I Cor.* x, 17; *Psal.* LXVII, 7). Quod autem ad invicem litigantes quærunt, quomodo possit Dominus carnem suam dare ad manducandum, non statim edunt [*Aug.*, audiunt], sed adhuc eis dicitur: (Vers. 54) *Amen amen dico vobis, nisi manducaveritis carnem Filii hominis, et biberitis ejus sanguinem, non habebitis vitam in vobis.* Quomodo quidem detur [*Aug.*, edatur] et quisnam modus sit manducandi istum panem, ignoratis : verumtamen nisi manducaveritis carnem filii hominis et ejus sanguinem biberitis, non habetis vitam in vobis [a]. Hæc non itaque [*Aug.*, utique] cadaveribus, sed viventibus loquebatur. Unde ne istam vitam intelligentes de hac re litigarent, secutus adjunxit.

529 Vers. 55. — *Qui manducat meam carnem, et bibit meum sanguinem, habet vitam æternam.* Hanc ergo non habet, qui istum panem non manducat, nec istum sanguinem bibit; nam temporalem vitam sine illo, utcunque homines in hoc sæculo, qui non sunt per fidem in corpore ejus, habere possunt; æternam autem, quæ sanctis promittitur, nunquam. Ne autem putarent sic in isto cibo et potu [eis qui (*Ms.*, ejus quæ) carnaliter sumunt (*Al.*, sapiunt), et non spiraliter intelligunt in fide], promitti vitam æternam, ut qui eam sumerent jam nec corpore morerentur; huic etiam cogitationi est dignatus occurrere. Nam cum dixisset : *Qui manducat meam carnem, et bibit meum sanguinem, habet vitam æternam;* continuo subjecit, et dixit : *Et ego resuscitabo eum in novissimo die.* Ut habeat interim secundum spiritum vitam æternam in requie, quæ sanctorum spiritus suscipit : quod autem ad corpus attinet, nec ejus vita æterna fraudetur [*Ms.*, nec eos... fraudat], sed in resurrectione mortuorum, in novissimo die caro viva resurgat [*Ms.*, caro suscitabitur]. (Vers. 56.) *Caro enim mea,* inquit, *vere est cibus, et sanguis meus vere est potus.* « Cum enim cibo et potu id appetant homines, ut non esuriant neque sitiant; hoc veraciter non præstat nisi iste cibus et potus, qui eos a quibus sumitur immortales et incorruptibiles facit, id est, societas ipsa sanctorum, ubi pax erit et unitas plena atque perfecta. Propterea quippe, sicut etiam hoc ante nos intellexerunt homines [*Dei*], Dominus noster Jesus Christus corpus et sanguinem suum in eis rebus commendavit, quæ ad unum aliquid rediguntur ex multis. Namque aliud in unum aliquid ex multis granis conficitur et constat [*Aug.*, confit], aliud in unum ex multis racemis [*Al.*, acinis] confluit. Denique jam exponit quomodo id fiat quod loquitur, et quid sit manducare corpus ejus et sanguinem bibere. (Vers. 57.) *Et qui manducat,* inquit, *meam carnem, et bibit meum sanguinem, in me manet, et ego in eo.* Hoc est ergo manducare illam escam et illum bibere potum, in Christo manere, et illum manentem in se habere : ac per hoc, qui non manet in Christo, et in quo non manet Christus, procul dubio nec manducat spiritaliter ejus carnem, licet carnaliter et visibiliter prement [dentibus] sacramentum corporis et sanguinis Christi; sed magis tantæ rei sacramentum ad judicium sibi manducat et bibit, quia immundus præsumpsit ad Christi accedere sacramenta, quæ alius [*Aug.*, quæ aliquis] non digne sumit, nisi qui mundus est, de quibus dicitur : *Beati mundo corde, quoniam ipsi Deum videbunt* (*Matth.* v, 8).

Vers. 58. — *Sicut misit me,* inquit, *vivens Pater, et ego vivo propter Patrem. Et qui manducat me, et ipse vivit propter me.* Non enim Filius participatione Patris fit melior, qui est natus æqualis; sicut participatio Filii per unitatem corporis ejus et sanguinis, quæ [*Ms.*, quod] illa manducatio potatioque significat, efficit nos meliores. Vivimus ergo nos propter ipsum, manducantes eum, id est, ipsum accipientes æternam vitam, quam non habemus [*Al.*, habeamus] ex nobis. Vivit autem ipse propter Patrem, missus ab eo, quia semetipsum exinanivit, factus obediens usque ad signum [*Al.*, mortem] crucis (*Philipp.* II, 8). *Sicut misit me vivens Pater, et ego vivo propter Patrem, et qui manducat me, et ipse vivit propter me;* ac si diceret : Ut ego vivam [*Ms.*, vivo] propter Patrem, id est, ut ad illum tanquam ad majorem referam vitam meam, exinanitio mea fecit, in qua me misit; ut autem quisque vivat propter me, participatio facit, qua [*Al.*, quia] manducat me. Ego itaque humiliatus vivo propter Patrem, ille rectus [*Aug.*, erectus] vivit propter me. » Non de ea natura dixit, qua semper est æqualis Patri, sed de ea, in qua minor factus est Patri. Quia [*Ms.*, Qui] etiam superius dixerat : *Sicut Pater habet vitam habere in semetipso, ita dedit Filio vitam habere in semetipso;* id est, genuit Filium vitam habentem in semetipso.

Vers. 59. — *Hic est panis, qui de cœlo descendit,* « ut illum manducando vivamus, quia æternam vitam ex nobis habere non possumus. *Non sicut manducaverunt,* inquit, *patres vestri manna, et mortui sunt : qui manducat hunc panem, vivet in æternum.* Quod ergo illi mortui sunt, ita vult intelligi, ut non vivant in æternum; nam temporaliter profecto et hi morientur qui Christum manducant; sed vivent in æternum, quia Christus est vita æterna. [b] Signum ejus quia manducavit et bibit, hoc est si manet et manetur, si habitat et inhabitatur, si sic hæret, ut non deseratur. Hoc ergo nos **530** docuit, et admonuit mysticis verbis, ut simus in ejus corpore, sub ipso capite in membris ejus, edentes carnem ejus, non relinquentes unitatem ejus. Sed qui aderant plures, non intelligendo scandalizati sunt : non enim cogitabant hæc audiendo, nisi carnem, quod ipsi erant. Apostolus autem dicit, et verum dicit : *Sapere secundum carnem, mors est* (*Rom.* VIII, 6). Carnem

---

[a] Edit. Argentorat. de anno 1527 ita prosequitur : « Hanc itaque carnem, hunc itaque cibum et potum societatis vult intelligi corporis et membrorum suorum, quod est sancta Ecclesia, quæ corpus est Christi, de hac re litigarunt. Secutus adjunxit, etc. » Sed hæc sententia huc prorsus est impertinens, nec in codd. mss. quos consului, nec in editione Cl. Querçetani, nec in Augustino, quem Alcuinus hic descripsit, reperitur. Intrusa ergo est a quodam malevolo, subdole mentem Alcuini de veritate corporis et sanguinis Christi in Eucharistia corrumperet; quod et alii hæretici in aliorum Patrum scriptis tentarunt.

[b] Ex S. Aug. Tract. XXVII in Joan. num. 1-5.

suam dat nobis Dominus ad manducandum, et sapere tamen secundum carnem mors est; cum de carne sua dicat, quia ibi est vita æterna. Ergo nec carnem debemus sapere secundum carnem, sicut in his verbis: (VERS. 61) *Multi itaque audientes*, non ex inimicis, sed *ex discipulis ejus*, dixerunt: *Durus est hic sermo : quis potest eum audire?* Si discipuli durum habuerunt istum sermonem, quid inimici? Et tamen sic oportebat, ut diceretur, quod non ab hominibus [*Ms. et Aug.*, omnibus] intelligeretur. Secretum Dei intentos debet facere, non aversos [*Ms. et Aug.*, adversos]. Isti autem cito defecerunt, talia loquente Domino Jesu : non crediderunt, aliquid magnum dicente, et verbi illius aliquam gratiam cooperiente [*Aug.*, non crediderunt aliquid magnum dicentem, et verbis illis... cooperientem]. Sed prout voluerunt, ita intellexerunt; et more hominum, quia apud eos erat Jesus, aut hoc disponebat Jesus [*Ms.*, et more hominum quia hoc asseruerat Jesus; *Aug.*, et more hominum quia poterat Jesus], carnem qua indutum erat Verbum, velut inconcisam distribuere credentibus in se. *Durus est*, inquiunt, *hic sermo, quis potest eum audire?* (VERS. 62.) *Sciens autem Jesus apud semetipsum, quia murmurarent de hoc* [*Aug. et Ms., de eo*] *discipuli ejus.* Sic enim apud se ista dixerunt, ut ab illo non audirentur. Sed ille qui eos noverat in seipsis, audiens apud semetipsum, respondit et ait : *Hoc vos scandalizat.* Quia dixi, carnem meam do vobis manducare et sanguinem meum bibere, hoc vos nempe scandalizat.

VERS. 63.— *Si ergo videritis Filium hominis ascendentem ubi erat prius.* Quid est hoc? Hinc solvit quod illos moverat? hinc aperuit [*Ms.*, eruit] unde fuerant scandalizati? hinc plane, si intelligerent. Illi enim putaverunt illum erogaturum corpus suum, ille autem se dixit ascensurum in cœlum, utique integrum. *Cum videritis Filium hominis ascendentem ubi erat prius*, certe vel tunc videbitis, quia non eo modo quo putatis, erogat corpus suum. Certe vel tunc intelligetis quia gratia ejus non consumitur morsibus. » In his verbis perspicue intelligitur Christum esse unam personam, dum dixit Filium hominis esse prius in cœlo. « In terra loquebatur, et in cœlo se esse dicebat. Quo pertinet, nisi ut intelligamus unam personam esse Christum Deum et hominem, non duas, ne fides nostra non sit trinitas, sed quaternitas? Christus ergo unus est, verbum, anima et caro unus Christus; Filius Dei, et Filius hominis unus Christus; Filius Dei semper, filius hominis ex tempore; tamen unus Christus, secundum unitatem personæ. In cœlo erat, quando in terra loquebatur. Sic erat Filius hominis in cœlo, quomodo Filius Dei erat in terra. Filius Dei in terra in suscepta carne; Filius Dei [*Ms. et Aug.*, Filius hominis] in cœlo in unitate personæ. » Quod mox latius exponit quid intersit inter spiritum et carnem, et quid inter carnaliter Christum manducare velle, vel spiritaliter accipere; ait enim: (VERS. 64) *Spiritus est, qui vivificat, caro non prodest quidquam.* Paulo ante dixit : *Nisi manducaveritis carnem Filii hominis, et biberitis ejus sanguinem, non habebitis vitam in vobis;* et modo dicit : *Caro non prodest quidquam*, id est, si carnaliter vultis intelligere quæ dico, caro non prodest quidquam, si sic carnem intelligetis manducandam sicut alium cibum, sicut carnes quæ emuntur in macellis. *Spiritus est* ergo *qui vivificat*, per spiritum prodest caro, quæ per seipsam non prodest, quia littera occidit, spiritus autem vivificat. « Nam per carnem spiritus aliquid pro salute nostra egit. Caro vas fuit, » quod habebat, per quam spiritus salvabit [*Ms.*, salvavit] nos, utens organo carnis ad salutem humani generis : quia diabolus utebatur serpente quasi organo, ad subversionem primi parentis nostri. « *Spiritus est qui vivificat, caro autem non prodest quidquam*: sicut illi intellexerunt carnem, non sic ego do ad manducandum meam carnem. »

531 CAPUT XVI.
Verba sua spiritum vitamque pronuntiat, et unum ex duodecim diabolum appellat.

« a *Proinde verba*, inquit, *quæ ego locutus sum vobis, spiritus et vita sunt.* Diximus enim, fratres, hoc Dominum commendasse in manducatione carnis suæ et potatione sanguinis sui, ut in illo maneamus, et ipse in nobis. Manemus autem in illo, cum sumus membra ejus ; manet autem ipse in nobis, cum sumus templum ejus. Ut autem simus membra ejus, unitas nos compaginet ; ut enim compaginet nos unitas, quid hoc facit nisi charitas Dei? Unde? Apostolum [*Ms. et Aug.*: Unitas nos compaginat : ut compaginet unitas, quæ facit nisi charitas? Charitas Dei unde? Apostolum] interroga : *Charitas*, inquit, *Dei diffusa est in cordibus nostris per Spiritum sanctum, qui datus est nobis* (Rom. v, 5). Ergo *Spiritus est qui vivificat :* spiritus enim facit viva membra ; nec viva membra spiritus facit, nisi quæ in corpore, quod vegetat ipse, Christus [*Aug.*, ipse spiritus] invenerit. Nam spiritus qui est in te, o homo, quo constas, ut homo sis, nunquid vivificat membrum quod separatum invenerit a carne tua? Spiritum tuum dico animam tuam. Anima tua non vivificat, nisi membra quæ sunt in carne tua; unum si tollas, jam ex anima tua non vivificatur, quia unitati corporis tui non copulatur. Hæc dicuntur ut amemus unitatem et timeamus separationem. Nihil enim sic debet formidare Christianus, quam separari a corpore Christi. Si enim separatur a corpore Christi, non est membrum ejus, si non est membrum ejus, non vegetatur spiritu ejus. *Quisquis autem*, inquit Apostolus, *Spiritum Christi non habet, hic non est ejus* (Rom. VIII, 9). Spiritus ergo est qui vivificat, caro non prodest quidquam. *Verba quæ locutus sum vobis, spiritus et vita sunt.* Quid est, spiritus et vita

---

a Ex S. Aug., tract. XXVII in Joan. num. 6, 7, 9, 10.

sunt, nisi spiritaliter intelligenda sunt? Intellexisti spiritaliter? Spiritus et vita sunt. Intellexisti carnaliter? etiam sic illa spiritus et vita sunt, sed tibi non sunt, » o homo, qui spiritaliter ea non intelligis, nec fide ea venerari nosti.

Vers. 65. — « *Sunt enim quidam in vobis qui non credunt* : et ideo non intelligunt, quia non credunt. Propheta enim dixit : *Nisi credideritis, non intelligatis (Isai.* vii, 9, *sec. LXX*). Per fidem copulamur, per intellectum vivificamur. Prius hæreamus per fidem, ut sic post vivificemur [*Aug.*, ut sit, quod vivificetur] per intellectum. *Sciebat enim ab initio Jesus, qui essent credentes, et quis traditurus esset eum.* Nam ibi Judas erat inter eos qui scandalizati sunt, quem Christus nec siluit, nec aperte monstravit, ut omnes timerent, quamvis unus periret. Sed posteaquam dixit et distinxit credentes a non credentibus, expressit causam quare non credebant. » (Vers. 66.) *Propterea dixi vobis,* inquit, *quia nemo potest venire ad me, nisi fuerit ei datum a Patre meo.* Dabitur enim a Patre credentibus fides, ut nemo glorietur in fide sua, quæ a se non est quasi propria, sed a Deo data, quasi gratia. (Vers. 67) *Ex hoc multi discipulorum ejus abierunt retro, et jam non cum illo ambulabant.* Abierunt retro, non post Christum, sed post Satanam. Isti autem sic abierunt retro, quomodo præcisi a corpore Christi, nec ultra redientes ad eum, quia fortes [*Ms.*, forte] fideliter in corpore ejus non fuerunt. Et hi non pauci, sed multi. « Audiamus ergo, quid ad paucos dixerit, qui remanserunt. (Vers. 68.) *Dixit ergo Jesus ad duodecim : Nunquid et vos vultis abire ?* Non discessit nec Judas : sed quare manebat Domino jam apparebat [nobis] postea manifestatus est. Respondit Petrus pro omnibus, unus pro multis, unitas pro unitis [*Aug.*, universis] *Respondit ergo Simon Petrus : Domine, ad quem ibimus ?* Repellis nos a te, da nobis alterum [te] similem tui, ad quem eamus. Si a te recedimus, ad quem ibimus ? [*Aug.* : Da nobis alterum te. *Ad quem ibimus ?* si a te recedimus, ad quem ibimus?]

Vers. 69. — *Verba vitæ æternæ habes.* Videte, quemadmodum Petrus, dante Domino, recreante Spiritu sancto, intellexit. Unde, nisi quia credidit verba vitæ æternæ? Vitam enim æternam habes in ministratione corporis et sanguinis tui. (Vers. 70.) *Et nos credidimus, et cognovimus.* Non cognovimus et credidimus; sed credidimus et cognovimus. Credidimus enim ut cognosceremus; nam si prius cognoscere, et deinde credere vellemus, nec cognoscere, nec credere valeremus. Quid credidimus et quid cognovimus ? *Quia tu es Christus Filius Dei.* Id est, quia ipsa vita æterna tu es, et non das in carne et sanguine tuo, nisi quod es. »

Vers. 71, 72. — *Respondit eis Jesus : Nonne ego vos duodecim elegi, et unus ex vobis diabolus est ? Dicebat autem de Juda Simone Scariotis.* Hic enim erat eum traditurus, cum esset unus ex duodecim. Unus ex duodecim erat, non fide, sed numero; non veritate, sed simulatione. Sed quomodo intelligendum est, *nonne ego vos duodecim elegi,* dum ille unus filius diaboli dicitur esse : nisi quia aliter electi sunt illi undecim, aliter et ille unus? Electi sunt illi ut manerent in Christo, et ut sonus illorum exiret per orbem terrarum ; electus est ille unus ut dispensatio divinæ misericordiæ in salutem humani generis impleretur per eum. Unde bonitas Dei bene utebatur malitia illius, sicut in venditione Joseph bene usus est Deus malitia fratrum (*Gen.* xxxvii) : ut ex opere malo illorum bonitas Dei ostenderetur in salutem [*Ms.*, salute] multorum. Sic malum Judæ in bonum versum est nostrum. Quod facit malus male utendo bonis Dei , sibi nocet, non bonitatem Dei destruere poterit. Quare duodecim elegit Christus ? « Duodenarius numerus sacratus est. Non enim quia periit inde unus, ideo illius numeri honor ademptus est; nam in loco pereuntis alius subrogatus est. Mansit numerus consecratus, hoc est, numerus duodenarius ; quia per universum orbem, hoc est, per quatuor cardines mundi, Trinitatem fuerat annuntiaturus [*Ms.* et *Aug.*, fuerant annuntiaturi]. Ideo ter quaterni » electi sunt, ut sancta Trinitas per quatuor partes orbis prædicaretur. Nam et annus duodenario numero currit, et ordo signorum in cœlis, per quæ solet luna currere, noscuntur, duodenario numero distinguuntur : ideo hoc numero primos prædicatores Deus Christus direxit in mundum. Nec numerus Juda pereunte violatus est, sed alius ejus loco subrogatus. De cujus numeri sacratissima significatione ipse Christus in Evangelio ait, de excellentissima sanctorum gloria : *Cum autem sederit Filius hominis in sede majestatis suæ, sedebitis et vos super sedes duodecim, judicantes duodecim tribus Israel* (*Matth.* xix, 28).

LIBER QUARTUS.

CAPUT XVII.

Judæis interficere eum quærentibus, ascendit occulte ad diem festum Scenopegiæ, ubi diversa de eo et ab eo dicuntur. Et quærentes eum apprehendere, nequiverunt, quia nondum venerat hora ejus.

Caput VII, Vers. 1. — *Post hæc,* inquit evangelista, *ambulabat Jesus in Galilæam.* Non enim volebat in Judæam ambulare, quia quærebant eum Judæi interficere. « [a] Hoc infirmitati nostræ præbebat exemplum. Non ipse perdiderat potestatem, sed nostram consolabatur fragilitatem. Futurum enim erat, ut dixi, ut aliquis fidelis ejus absconderet se, ne a persecutoribus inveniretur; et ne illi pro crimine

---

[a] S. Aug., tract. xxviii, num. 2-4, 6, 8, 10-12.

objiceretur latibulum, præcessit in capite, quod in membris confirmaretur. » Potuit enim Christus ambulare in Judæam [*Ms.*, inter Judæos] et non occidi, qui ait : *Potestatem habeo ponendi animam meam, et potestatem habeo iterum sumendi eam (Joan. x, 18)*. Hanc potestatem ostendit dum voluit, cum ad vocem illius retro ceciderunt qui eum cum armis venerunt apprehendere. (VERS. 2.) *Erat autem in proximo dies festus Judæorum Scenopegia* [Ms., *Scenophagiæ*]. Scenopegia est dies festus quo Judæi mense septimo in tabernaculis sub ramis arborum habitare diebus septem jubebantur ad memoriam habitationis illorum in eremo. Iste erat dies festus quem Judæi magna solemnitate celebrabant, velut reminiscentes beneficiorum Domini, qui eos eduxit de terra Ægypti. Dies festus more Judæorum dicitur, non unus dies, sed quotquot illius festivitatis fuerunt, quasi unum diem festum propter unius festivitatis consuetudinem nominare solebant. (VERS. 3.) *Dixerunt ergo ad eum fratres ejus : Transi hinc, et vade in Judæam.* » Fratres Domini usitatissimo sanctæ Scripturæ more consanguinei sanctæ Mariæ semper virginis dicebantur. Nam Abraham et Lot fratres sunt dicti, cum Abraham patruus esset Lot; et Laban et Jacob fratres sunt dicti, cum esset Laban avunculus Jacob (*Gen.* XIV, 14, *et* XXIX, 15). Cum ergo audieritis fratres Domini, Mariæ cogitate consanguinitatem, non iterum parientis ullam propaginem. « Diximus fratres qui fuerint; audiamus quid dixerint. *Transi hinc, et vade in Judæam, ut et discipuli tui videant opera tua quæ facis.* Opera Domini discipulos non latebant, sed istos latebant. Isti enim fratres, id est consanguinei Christi, consanguineum Christum habere potuerunt, credere autem in eum ipsa propinquitate fastidierunt. Ideo continuo evangelista secutus est : (VERS. 4.) *Neque enim fratres ejus credebant in eum.* Quare in eum non credebant? Quia humanam gloriam requirebant, » dicentes ad eum : *Transi hinc, et vade in Judæam, ut et discipuli tui videant opera tua, quæ facis.* (VERS. 5.) *Nemo quippe in occulto aliquid facit, et quærit ipse in palam esse. Si hæc facis, manifesta teipsum mundo.* Nam his verbis ostenditur gloriam illius carnaliter quærere eos; quasi dixissent : Facis mirabilia, sed abscondis te; transi in Judæam, ut principatus gentis et civitas caput regni videant mirabilia tua. Innotesce, appare omnibus, ut laudari possis ab omnibus. Quid ergo ad hæc Dominus Jesus dicit? (VERS. 6.) *Tempus meum nondum advenit, tempus autem vestrum semper est paratum.* Apostolus dicit, postquam venit plenitudo temporis, misit Deus Filium suum (*Gal.* IV, 4). Tempus vero gloriæ Christi necdum venit, cum hæc locutus est. Quod illi videbantur quærere, qui ei suadebant ire in Judæam, miraculum facere, mundo innotescere, ne latens ignobilis putaretur. Sed ille voluit altitudinem humilitate præcedere, et ad ipsam celsitudinem per humilitatis viam pervenire. « *Tempus autem vestrum*, id est, mundi gloria, semper est paratum. Erit enim tempus gloriæ, quia qui venit in humilitate, veniet in altitudine; qui venit judicandus, veniet judicaturus; qui venit occidi a mortuis, veniet judicare de vivis et mortuis. (VERS. 8.) *Vos ascendite ad diem festum hunc.* « Quid est *hunc* ? Ubi gloriam humanam quæritis. Quid est *hunc*? Ubi extendere vultis carnalia gaudia, non æterna cogitare. *Ego non [ascende ad diem festum hunc, quia meum tempus nondum impletum est.* In die enim festo hoc gloriam vos humanam quæritis, meum vero tempus, id est, gloriæ meæ, nondum venit. Ipse erit dies festus meus, non diebus istis percurrens [*Aug.*, præcurrens] et transiens, sed permanens in æternum. Ipsa erit festivitas, gaudium sine fine, æternitas sine labe, serenitas sine nube.

VERS. 9. — *Hæc cum dixisset, ipse mansit in Galilæa. Ut autem ascenderunt fratres ejus, tunc et ipse ascendit ad diem festum, non manifeste, sed quasi in occulto.* « Ideo non ad diem festum hunc, quia non gloriam [*Ms.*, gloriari] temporaliter cupiebat, sed aliquid docere salubriter, corrigere homines, de die festo æterno admonere, amorem eorum ab hoc sæculo avertere, et in Deum convertere. Quid est autem quod quasi latenter ascendit ad diem festum? non vacat et hoc Dei [*Ms.*, Domini] opus. » Nam omnes dies festi Judæorum in figura fuerunt. Ideo Christus latenter ascendebat in eis, quia Christus latuit in illis. Populo vero priori occultus, modo vero meliori populo manifestus ; quia ille populus in umbra agebat, nos vero manifesta luce facimus. Licet quidam intelligere velint hanc Domini responsionem, qua ait : *Ego non ascendo ad diem festum hunc*, ad passionem illius pertinere, qua [*Ms.*, quia] Christus non in festivitate Scenopegiæ, sed in festivitate paschali, qua agnus occidi solebat, crucem ascendit. (VERS. 11.) « *Judæi autem quærebant eum in die festo*, antequam ascenderet. Priores enim fratres ascenderunt, et non tunc ascendit ille, quando illi putabant et volebant : ut etiam hoc impleretur, quod ait : *Non ad hunc*, id est, ad quem vos vultis, primum vel secundum diem. Ascendit autem postea, ut Evangelium loquitur, mediante [*Aug.* et *Ms.*, mediato] *die festo*, id est, cum jam illius diei festi tot dies præteriissent, quot remansissent. Ipsam enim festivitatem, quantum intelligendum est, diebus plurimis celebrabant.

VERS. 12. — *Dicebant ergo : Ubi est ille?* Et *murmur multum de eo erat in turba.* Unde murmur? De contentione. Quæ fuit contentio? *Quidam enim dicebant : Quia bonus est. Alii autem dicebant : Non, sed seducit turbas.* De omnibus ejus servis hoc dicitur modo, quicunque eminent in aliqua gratia : alii dicunt, *bonus* est; alii, *non, sed seducit turbas.* Unde hoc? Quia vita nostra abscondita est cum Christo in Deo. » Hoc patitur Christus [*Ms.*, corpus Christi] usque in finem sæculi a mundi amatoribus, quod tunc passus est a Judæorum murmuratoribus. Necdum frumentum a paleis segregatum est, ut grana frumenti congregentur in horrea, et paleæ comburantur igni æterno. « Quod dictum est ergo de Domino, valet ad consolationem, de quo- cunque hoc dictum fuerit Christiano. (VERS. 13.) *Nemo tamen palam loquebatur de illo propter metum Judæorum*, qui dicebant : *Bonus est*; non [*Ms.*, nam], qui dicebant : *seducit turbas*. [Qui dicebant : *seducit turbas*], sonitus eorum apparebat, tanquam aridorum foliorum. *Seducit turbas*, clarius sonabant; *bonus est*, pressius susurrabant. Modo autem, fratres, quamvis nondum venerit illa gloria Christi, quæ nos æternos factura est; modo tamen ita crescit Ecclesia ejus, ita eam dignatus est per cuncta diffundere, ut etiam susurretur : *Seducit turbas*; sed clarius personet, *bonus est*. » Nam nova hæresis in angulis occulte susurrat : Christus est adoptivus. Sed clarius universalis sanctæ Ecclesiæ vox resonat : Christus Filius est Dei proprius. Sibilant quoque serpentino ore : Christus nuncupatus [*Ms.*, nuncupativus] est Deus; sed pressius firmiusque fidelium omnium unanimitas clamat : Christus bonus est Deus, verus est Deus; teste egregio prædicatore, qui ait : *Quorum patres, ex quibus Christus, qui est super omnia Deus benedictus* (*Rom*. IX, 5).

VERS. 15. — *Ascendit ergo Dominus ad diem festum mediante die festo, et docebat. Et mirabantur Judæi dicentes : Quomodo hic litteras scit, cum non didicerit?* « [a] Ille quia (*Al*., qui) latebat, docebat; et palam loquebatur, et non tenebatur. Illud enim ut lateret, [erat] exempli, hoc potestatis. Sed cum doceret, mirabantur Judæi · omnes quidem, quantum arbitror, mirabantur, sed non omnes convertebantur. Unde admiratio? Quia multi noverant ubi natus et quemadmodum fuerat educatus; nunquam eum viderant litteras discentem, audiebant tamen de lege disputantem, legis testimonia proferentem, quæ nemo potest proferre, nisi legisset, nemo legere, nisi litteras didicisset; et ideo mirabantur. Eorum autem admiratio, magistro facta est insinuandæ altius veritatis occasio. Ex eorum quippe admiratione et verbis, dixit Dominus aliquid profundum et diligentius inspiciendum. « Quid ergo respondit Dominus eis admirantibus, quomodo sciret litteras, quas non didicerat? (VERS. 16.) *Mea*, inquit, *doctrina non est mea, sed ejus qui me misit*. Hæc enim profunditas [*Ms. et Aug*., Hæc est prima profunditas]; videtur enim paucis verbis quasi contraria locutus. Non enim ait : ista doctrina non est mea; sed : *mea doctrina non est mea*. Quomodo mea et non mea? Quæstio est quomodo fieri possit utrumque, et mea, et non mea. Si enim diligenter intuemur quid ipse in exordio dicit sanctus evangelista : *In principio erat Verbum, et Verbum erat apud Deum, et Deus erat Verbum :* inde pendet hujus solutio quæstionis. Quæ [est] ergo doctrina Patris, nisi Verbum Patris. Ipse [est] ergo Christus doctrina Patris, si Verbum Patris. Sed quia verbum non potest esse nullius, sed alicujus : et suam doctrinam dixit, seipsum; et non suam, quia Verbum Patris est. « Hoc dixisse

[a] Ex S. Aug., tract. XXIX, num. 2, 3 5, 6, 8.

videtur Dominus Christus, *mea doctrina non est mea*; ac si diceret : Ego non sum a meipso : quamvis enim Filium Patri dicamus et credamus æqualem, nec ullam in eis esse naturæ vel substantiæ distantiam, nec inter generantem atque generatum aliquod interfuisse intervallum [*Aug*., temporis intervallum] : tamen hoc servato et custodito ista dicimus, quod ille Pater est, ille Filius. Pater autem non est, si non habeat Filium; Filius non est, si non habeat Patrem : sed tamen Filius Deus de Patre; Pater autem Deus, sed non de Filio. Pater non Deus de Deo, Filius vero Deus de Deo, lumen de lumine. Pater lumen, Filius lumen. Non duo lumina, sed unum lumen. » Pater Deus, **535** Filius Deus. Non duo dii, sed unus Deus Pater et Filius. Spiritus sanctus de Patre et Filio procedens, et ipse Deus. Sicut Pater Deus, sicut Filius Deus, sic etiam Spiritus sanctus Deus. Non tres dii, sed unus Deus. Unum lumen, una substantia, una natura, una majestas, una æternitas, una magnitudo, una potentia, una bonitas. « Vidit itaque ipse Dominus Christus, Dei sapientia, hoc tam profundum arcanum non omnes intellecturos : in consequenti dedit consilium. Intelligere vis? crede. Deus enim per prophetam dixit : *Nisi credideritis, non intelligetis* (*Isai*. VII, 9, sec. *LXX*). Ad hoc pertinet quod hic etiam Dominus secutus adjunxit :

VERS. 17. — *Si quis voluerit voluntatem ejus facere, cognoscet de doctrina mea, utrum ex Deo sit, an ego a me ipso loquar*. Quid est hoc, *Si quis voluntatem ejus voluerit facere?* Sed ego dixeram, *si quis crediderit*; et hoc consilium dederam, si non intellexisti, inquam, crede. Intellectus enim merces est fidei. Ergo noli quærere intelligere ut credas, sed crede ut intelligas; quoniam nisi credideritis, non intelligitis. Cum ergo ad possibilitatem intelligendi consilium dederim obedientiam credendi, et dixerim Dominum Jesum Christum hoc ipsum conjunxisse [*Aug*., adjunxisse], in consequenti sententia invenimus eum dixisse : *Si quis voluerit voluntatem ejus facere*, hoc est, credere, *cognoscet de doctrina*. Quid est cognoscet? Hoc est intelliget; sed quia cognoscet, hoc est, intelliget, omnes intelligunt. Quia vero ait : *Si quis voluerit voluntatem ejus facere*, hoc pertinet ad credere; ut diligentius intelligatur, opus est [*Ms*., opus esse] nobis ipso Domino nostro expositore, ut indicet nobis utrum revera ad credere pertineat voluntatem Patris ejus. Quis nesciat hoc esse facere voluntatem Dei, operari opus ejus, id est, quod illi placet? Ipse autem Dominus aperte alio loco dicit : *Hoc est opus Dei, ut credatis in eum quem ille misit* (*Joan*. VI, 29). Ut credatis in eum, non ut credatis ei. Non autem continuo, qui credit ei, credit in eum. Nam et dæmones credebant ei, et non credebant in eum. Rursus etiam de apostolis ipsius possumus dicere : Credimus Paulo, sed non credimus in Paulum; credimus Petro, sed non credimus in Petrum.

Credenti in eum qui justificat impium, deputatur fides ejus ad justitiam (Rom. IV, 5). Quid est ergo credere in eum? Credendo amare, credendo diligere, credendo ad eum ire [*Aug.*, in eum ire], et ejus membris incorporari. Ipsa est ergo fides quam de nobis exigit Deus, quæ per dilectionem operatur. Si intelligis verba Dei, intellige quia Christus [est] Filius Dei, qui est doctrina Patris, non ex seipso, sed Filius Patris; » non ex nihilo, non ex aliis subsistentibus, sed ex Patre tantum in Patre manens æqualis Patri.

VERS. 18. — *Qui a semetipso loquitur, gloriam propriam quærit.* « Hoc erit [*Ms.*, quærit], qui vocatur Antichristus, *extollens se, sicut Apostolus dicit, super omne quod dicitur Deus et quod colitur* (II Thess. II, 4). Ipsum quippe annuntians Dominus, gloriam suam quæsiturum, non gloriam Patris, ait ad Judæos: *Ego veni in nomine Patris mei, et non suscepistis me. Alius veniet in nomine suo et hunc suscipietis* (Joan. V, 43). Significavit eos Antichristum suscepturos, qui gloriam nominis sui quæsiturus est, inflatus, non solidus; et ideo non stabilis, sed utique ruinosus. Dominus autem noster Jesus Christus magnum exemplum nobis præbuit humilitatis : nempe æqualis Patri; nempe, *in principio erat Verbum, et Verbum erat apud Deum, et Deus erat Verbum;* nempe ipse dixit, et verissime dixit : *Tanto tempore vobiscum sum, et non cognovistis me. Philippe, qui me videt, videt et Patrem* (Joan. XIV, 8). Nempe ipse dixit, et verissime dixit : *Ego et Pater unum sumus* (Joan. X, 30). Si ergo cum Patre unum, æqualis Patri Deus de Deo, Deus apud Deum, coæternus; immortalis, pariter incommutabilis, pariter [sine tempore, pariter] creator, dispensator temporum, tamen quia venit in tempore, et formam servi accepit, et habitu est inventus ut homo, quærit gloriam Patris, non suam : quid tu homo facere debes, qui quando aliquid boni facis, gloriam tuam quæris; quando autem aliquid mali facis, Deo calumniam meditaris? Intende tibi, creatura es, agnosce Creatorem; servus es, ne contemnas Dominum; adoptatus es, sed non meritis tuis; quære gloriam ejus a quo habes hanc gratiam, 536 o homo adoptatus, cujus gloriam quæsivit, qui est ab illo unicus natus. *Qui autem quærit gloriam ejus, qui misit illum, hic verax est, et injustitia in illo non est.* In Antichristo autem injustitia est, et verax non est; quia gloriam suam quæsiturus est, non ejus a quo missus est : non enim est missus, sed venire permissus. Omnes ergo pertinentes ad corpus Christi, ne inducamur in laqueum Antichristi, non quæramus gloriam nostram; sed si ille quæsivit gloriam ejus qui eum misit ad nos, quanto magis nos ejus qui nos fecit? Sequitur : (VERS. 19, 20.) *Nonne Moyses*, inquit, *dedit vobis legem, et nemo ex vobis facit legem? Quid me quæritis interficere?* « Ideo enim me quæritis interficere, quia nemo ex vobis facit legem : nam si legem fecissetis, in ipsis litteris Christum agnosceretis, et præsentem non occidere-

tis. Et illi responderunt : *Respondit enim turba, et dixit.* Respondit quasi turba, non pertinentia ad ordinem, sed ad perturbationem. Denique turba turbata, videte quid responderit? *Dæmonium habes, quis te quærit occidere?* quasi non fuit [*Al.*, fuerit] pejus dicere, dæmonium habes, quam eum occidere. Ei quippe dictum est, *dæmonium habes*, qui dæmones expellebat. Quid posset aliud dicere turba turbulenta? Quid posset aliud olere cœnum commotum, nisi putidum? Turbatur turba, unde? A veritate. Turbam lippitudinis turbavit claritas lucis. Oculi autem non habentes sanitatem non possunt ferre luminis claritatem. « Dominus autem non plane turbatur; sed in sua veritate tranquillus, non reddidit malum pro malo, nec maledictum pro maledicto. Quibus si diceret, dæmonium habetis vos, verum utique diceret. Unde auderent dicere Veritati [*Ms.*, unde hoc dicerent de Veritate], *dæmonium habes*, nisi eos diaboli falsitas irritaret? Quid ergo respondeat tranquillus, audiamus, et tranquille vivamus [*Aug. l. cit.*, Quid ergo respondit? Audiamus tranquille, et tranquillum bibamus]. (VERS. 21.) *Unum opus feci, et omnes admiramini.* Tanquam diceret : Quid si omnia opera mea videretis? Ipsius enim opera erant quæ in mundo videbant, et ipsum qui fecit omnia, non videbant; fecit unam rem, et turbati sunt, quia salvum fecit hominem in sabbato. » Non intelligentes Dominum esse sabbati filium hominis, qui sabbatum propter hominem constituit, non hominem propter sabbatum. Nec sabbatum destruxit, qui sanum fecit hominem in sabbato, quia ad salutem hominum, hominibus sabbati custodia data est.

VERS. 22. — *Propterea Moyses dedit vobis circumcisionem.* « Bene factum est, ut acciperetis circumcisionem a Moyse, non quia ex Moyse est, sed ex patribus. Abraham quippe primus accepit circumcisionem a Domino (Gen. XVII, 10). *Et in sabbato circumciditis hominem.* Convincit vos Moyses. In lege accepistis ut circumcidatis octavo die; accepistis in lege, ut vacetis septimo die; si octavus dies illius qui natus est occurrerit ad diem septimum sabbati, quid facietis? Vacabitis ut servetis sabbatum, an circumcidetis ut impleatis sacramentum diei octavi? Sed novi, inquit, quid facietis : Circumcidetis hominem. Quare? Quia circumcisio pertinet ad aliquod signum salutis, et non debent homines sabbato vacare a salute. Ergo nec *mihi irascamini, quia salvum feci totum hominem in sabbato.*

VERS. 23. — *Si circumcisionem*, inquit, *accipit homo in sabbato, ut non solvatur lex Moysi.* (Aliquid enim per Moysen in illa constitutione circumcisionis salubriter institutum est) mihi operanti salutem in sabbato quare indignamini? « Forte enim illa circumcisio ipsum Dominum significabat, cui isti curanti et sananti indignabantur. Jussa est enim adhiberi octava die : et quid est circumcisio, nisi carnis exspoliatio? Significat ergo ista circumcisio exspoliationem a

---

a Ex S. Aug., tract. XXX, num. 2-7.

corde cupiditatum carnalium. Non ergo [*Al*., enim] sine causa data est, et in eo membro fieri jussa; quoniam per illud membrum procreatur creatura mortalium. Et per unum hominem mors, sicut per [unum] hominem resurrectio mortuorum (*I Cor*. xv, 21); et per unum hominem peccatum introivit in mundum, et per peccatum mors (*Rom*. v, 12). Ideo quisque cum præputio nascitur, quia omnis homo cum vitio propaginis nascitur : et non mundat Deus, sive a vitio, cum quo nascimur, sive a vitiis quæ male vivendo addimus, nisi per cultellum petrinum, id est, Dominum Jesum Christum. Petra enim erat Christus (*I Cor*. x, 4). **537** Cultellis enim petrinis circumcidebant, et petræ nomine Christum figurabant : et præsentem non agnoscebant, sed insuper eum occidere cupiebant. Quod vero circumciditis hominem in sabbato, intelligite hoc significari [*Ms*., significare] opus bonum, quod ego feci totum hominem salvum in sabbato : quia et curatus est ut sanus esset in corpore, et credidit ut sanus esset in mente [*Al*., in anima].

VERS. 24. — *Nolite judicare personaliter, sed rectum judicium judicate*. « Quid est hoc quia cum [*Al*., modo quasi per] per legem Moysi circumciditis in sabbato, non irascimini Moysi; et quia ego die sabbati salvum feci hominem, irascimini mihi? Personaliter judicatis; veritatem attendite, et justum judicium judicate. Si secundum veritatem judicatis, neque Moysen, neque me condemnabitis : et veritate cognita me cognoscetis, quia ego sum veritas. « Hoc vitium, fratres, quod Dominus notavit hoc loco, evadere in hoc sæculo magni laboris est, non personaliter judicare, sed rectum judicium retinere. Admonuit quidem Dominus Judæos, sed monuit nos; illos convincit, nos instruxit; illos redarguit, nos exacuit. Non putemus hoc nobis ideo non dictum, quia tunc ibi non fuimus. » Nos itaque sic audiamus Evangelium, quasi præsentem Dominum. Ne dicamus : O illi felices qui eum videre potuerunt! Multi in eis qui viderunt eum carnaliter, occiderunt : multi autem in nobis, qui non viderunt, crediderunt, de quibus dictum est : *Beati qui non viderunt et crediderunt*. Quis est qui non judicat personaliter, nisi qui æqualiter diligit? Qui æqualiter omnes diligit, æqualiter de omnibus judicat. Nec hoc dictum putemus de illis quos pro honore graduum diverso modo honoramus, sed de illis quorum causas dijudicare jubemur.

« [a] Dominus igitur Jesus non manifeste, sed occulte ascendit ad diem festum, non quia timebat ut [*Ms*., ne] teneretur, quia potestas erat ut non teneretur; sed ut significaret, jam [*Ms*., etiam] in ipso die festo, qui celebrabatur a Judæis, occultandum [*Aug*., se occultari] et suum esse mysterium. Sed mox apparuit potestas, quæ putabatur timiditas : loquebatur enim palam in die festo, ita ut mirarentur turbæ, et dicerent, quod audivimus, cum lectio legeretur : »

VERS. 25, 26. — *Nonne hic est quem quærebant interficere? Et ecce palam loquitur, et nihil ei dicunt*.

[a] Ex S. Aug., tract. xxxi, num. 1-4.

Nunc vero cognoverunt principes quia hic est Christus? Qui noverant qua sævitia quærebatur, mirabantur qua potentia non tenebatur. Deinde non plene [*Ms*., plane] intelligentes illius potentiam, putaverunt esse principum scientiam, quod ipsi cognoverint eumdem esse Christum; ideo pepercerunt ei quem tanto tempore occidendum quæsierunt. « Deinde illi ipsi qui dixerant apud semetipsos : *Nunquid cognoverunt principes quia hic est Christus?* fecerunt sibi quæstionem, quâ eis videretur non esse Christus [*Ms*., Christum] : adjungentes enim dixerunt : (VERS. 27.) *Sed istum novimus, unde sit; Christus autem cum venerit, nemo scit unde sit*. » Quid est quod dixerunt Judæi : *Christus cum venerit, nemo scit unde sit*, dum Herode interrogante locum nativitatis ejus, demonstraverunt juxta prophetiam Micheæ prophetæ, et ex hoc certum est locum nativitatis illius eos nosse? Sed considerandum est quid se nosse putarent, et quid se non scire dixerunt. Locum vero nativitatis illius sciebant per prophetarum dicta : sed divinam ejus nativitatem, qua ex Deo Patre æternaliter natus est, propter impietatem cordis sui nesciebant, Isaia dicente : *Generationem ejus quis enarrabit* [*Isai*. LIII, 8]? Denique et ipse Dominus ad utrumque respondit, et de humilitatis fragilitate, et de nativitate majestatis (*Ms*., de divinitatis majestate), dicens : (VERS. 28.) *Clamabat ergo docens in templo Jesus : et me scitis, et unde sim, scitis*. Recte ergo dixit, *et me nostis, et unde sim scitis*. Id est, secundum carnem nativitatem meam nostis, et nobilitatem parentum meorum, et effigiem vultus mei nostis : secundum divinitatem autem non nostis, quia a me ipso non veni, sed est verus qui me misit, quem vos nescitis. « Sed ut eum sciatis, credite in eum quem misit, et scietis quod nemo vidit Deum unquam, nisi unigenitus Filius qui est in sinu Patris, et ipse narravit : et Patrem nemo cognovit, nisi Filius, et cui voluerit Filius revelare.

« Denique cum dixisset : *sed est verus, qui misit me, quem vos nescitis*, ut ostenderet eis, unde possint scire quod nesciebant, subjecit : (VERS. 29.) *Ego scio eum*. **538** Ergo a me quærite, ut sciatis eum. Quare autem scio eum? *Quia ab ipso sum, et ipse me misit*. Magnifice utrumque monstravit. *Ab ipso*, inquit, *sum*, quia Filius de Patre : et quidquid est Filius, de illo est cujus est Filius. Ideo Dominum Jesum dicimus, Deum de Deo; Patrem non dicimus Deum de Deo, sed tantum Deum : et dicimus Dominum Jesum, lumen de lumine; Patrem non dicimus lumen de lumine, sed tantum lumen. Ad hoc ergo pertinet, quod dixit : *Ab ipso sum*. Quod autem videtis me in carne, *ipse me misit*. Ubi audis, *ipse me misit*, noli intelligere naturæ dissimilitudinem, sed generantis auctoritatem. »

VERS. 30. — *Quærebant ergo eum apprehendere, et nemo misit in illum manus, quia nondum venerat hora ejus*; hoc est, quia nolebat. Qui enim voluntate natus est, voluntate passus est, sicut horam prævidit sibi nativitatis suæ, ita horam prædestinavit passionis suæ. Si hora mortis nostræ [*Al.*, suæ] illius est voluntas, quanto magis hora passionis suæ in arbitrio voluntatis suæ venit? « Magna igitur misericordia Domini nostri Jesu Christi, factum esse eum propter nos in tempore, per quem facta sunt tempora; factum esse inter omnia, per quem facta sunt omnia: factum esse quod fecit [*Ms.*, quod factus est], ut salvaret quod fecerat. Factus est enim homo qui hominem fecerat, ne periret quod fecerat. Secundum hanc dispensationem jam venerat hora nativitatis, et natus erat: sed nondum venerat hora passionis; ideo nondum passus erat, » quia necdum venerat hora, in qua pati voluisset. Ideo in cruce legitur eum dixisse, dum omnia perfecta fuerant secundum Scripturas prophetarum, *consummatum est. Et inclinato capite tradidit spiritum* (Joan. xix, 30). Dum vero voluit, consummata fuerunt quæ de eo scripta sunt: et consummatis omnibus, potestate propria emisit spiritum.

CAPUT XVIII.

Multis de turba credentibus plurima loquitur, inter quæ ait: Qui sitit, veniat ad me, et bibat. Nicodemo quoque de audientia ipsius resistitur a Pharisæis.

« [a] *De turba autem multi crediderunt in eum.* Humiles et pauperes salvos faciebat Dominus: principes insaniebant, et ideo medicum non solum [non] agnoscebant, sed etiam occidere cupiebant. Erat quædam turba, quæ suam ægritudinem cito vidit, et illius medicinam sine dilatione cognovit. » Quæ commota miraculis credidit, principibus in infidelitate manentibus. (VERS. 32.) *Et audierunt Pharisæi turbam murmurantem de illo hæc.* Ideo audita multitudinis fide murmurabant, quia Christus gloriabatur. Et cito miserunt ministros, ut eum comprehenderent, quem apprehendere non potuerunt adhuc nolentem ut comprehenderetur; sed audierunt docentem, qui venerant apprehendere. (VERS. 33.) *Dixit ergo Jesus: Adhuc modicum tempus vobiscum sum, et vado ad eum qui misit me.* « Quod modo vultis facere, facturi estis, sed non modo, quia modo nolo. Quare adhuc modo nolo? Quia adhuc modicum tempus vobiscum sum, et tunc vado ad eum qui misit me. Implere debeo dispensationem meam, et [sic] pervenire ad passionem meam. (VERS. 34.) *Quæretis me, et non invenietis, et ubi sum ego, vos non potestis venire.*

« Hic jam resurrectionem suam prædixit: noluerunt eum agnoscere præsentem, et postea quæsierunt, cum viderent multitudinem jam credentem. Magna enim signa facta sunt, etiam cum Dominus resurrexit et ascendit in cœlum. Tunc per discipulos facta sunt magna; sed ille per illos, [qui] et per se ipsum: ipse quippe illis dixerat: *Sine me nihil potestis facere* » (Joan. xv, 5). Quare non potuerunt venire? Quia noluerunt credere, quia nullus sine fide salvari potest. (VERS. 35.) « *Dixerunt ergo Judæi*, non ad ipsum, sed *ad seipsos: Quo hic iturus est, quia non inveniemus eum? Nunquid in dispersionem gentium iturus est, et docturus gentes?* Non enim sciebant quid dixerint [*Ms.*, quod dixerunt]; sed quia ille voluit, prophetaverunt. Iturus enim erat Dominus ad gentes, non præsentia corporis sui, » sed potestate divina in discipulis suis, de quibus dixit Propheta: *Quam pulchri* **539** *sunt pedes evangelizantium pacem, evangelizantium bona* (Rom. x, 15)? In his pedibus Christus iturus erat ad gentes, et per eos docturus gentes, ut fidem accepissent gentes; quam Judæi spreverant. Qui verum nescientes, prophetaverunt, qui [*Ms.*, quia] et ignoraverunt Christum dicentem: *Et ubi ego sum, vos non potestis venire.* Quare non potestis venire? quia non vultis credere. Quid est quod dixit, *ubi sum ego*, nisi in sinu Patris, consempiternus Patri sum? In terra loquebatur, sed in Patris sinu se esse monstrabat.

« [b] Inter cæteras dispensationes Domini nostri, et doctrinas salutis nostræ, et dubitationes Judæorum de Domino Jesu Christo quæ dixit, quibus alii confunderentur, alii docerentur; *novissimo festivitatis illius die* (tunc enim ista agebantur, quæ appellantur Scenopegia, id est, tabernaculorum constructio), [de] qua festivitate jam antea meminit charitas vestra fuisse dissertum, vocat Dominus Christus, et hoc non utcunque loquendo, sed clamando, ut qui sitit veniat ad eum. Si sitimus, veniamus; et non pedibus, sed affectibus; nec migrando, sed amando veniamus. Quanquam secundum interiorem hominem, et qui amat migrat. Sed aliud est migrare corpore, aliud corde: migrat corpore, qui motu corporis mutat locum; migrat corde, qui motu cordis mutat affectum. Si aliud amas, aliud amabas, non ibi es, ubi eras. Clamabat ergo nobis Dominus: *Stabat et clamabat:* VERS. 38, 39. — *Si quis sitit, veniat ad me, et bibat. Qui credit in me, sicut dicit Scriptura, flumina de ventre ejus fluent aquæ vivæ.* « Quid hoc esset, quando evangelista exposuit, immorari non debemus. Unde enim dixerit Dominus: *Si quis sitit, veniat ad me, et bibat*; et *Qui credit in me, flumina de ventre ejus fluent aquæ vivæ*, consequenter exposuit Evangelista, dicens: *Hoc autem dixit de Spiritu, quem accepturi erant credentes in eum.* Hoc tantum sciamus, quod de charitate hoc clamabat Dominus Jesus. « Clamat ergo et dicit, ut veniamus et bibamus; si intus sitit animus [*Aug.*, si intus sitiamus], quia cum biberimus, flumina aquæ vivæ fluent de ventre nostro. Venter interioris hominis conscientia cordis est [*Ms.*, ejus]. Bibito ergo isto liquore, reviviscit purgata conscientia, et hauriens fontem habebit; etiam ipsa fons erit. Quid est fons, vel quid est fluvius qui emanat de ventre interioris hominis? Benevolentia qua vult consulere proximo. Si enim putet quia quod bibit soli ipsi debet sufficere, non fluit aqua viva de ventre ejus: si autem proximo festinat consulere, ideo non siccat, quia emanat. Videbimus quid nunc sit quod bibunt qui credunt in Deum: quia utique Christiani sumus, et si credimus, bibi-

---

[a] S. Aug., loc. cit. num. 7-10.

[b] Ex S. Aug., tract. xxxii, num. 1, 8.

mus. Et unusquisque in se debet cognoscere, si bibit. Et si bibit, largiatur ex eo quod bibit [*Aug.*], et si vivit ex eo, quod bibit]; non enim nos deserit fons, si non deseramus fontem. « Exposuit evangelista et dixit, unde Dominus clamasset, ad qualem potum invitasset, quidve ex bibentibus [*Ms.*, quid bibentibus] propinasset, dicens : *Hoc autem dicebat de Spiritu, quem accepturi erant credentes in eum. Nondum enim erat Spiritus datus, quia Jesus nondum fuerat glorificatus*. Quem dicit spiritum, nisi sanctum [Spiritum?] Nam unusquisque homo habet in se proprium spiritum, id est, animam. Anima [*Ms.*, animum. Animus] enim cujusque ejus est spiritus. De quo dicit Paulus apostolus : *Quis enim scit hominum quæ sunt hominis, nisi spiritus hominis qui in ipso est* (I Cor. II, 11)? Sed quid est quod ait : *Non enim erat Spiritus datus, quia Jesus nondum erat glorificatus?* Nunquid non spiritus fuit in sanctis Dei prophetis et patriarchis, qui multa per Spiritum sanctum futura prædixerunt? Igitur et Elisabeth legitur Spiritu sancto repleta esse, et Zacharias similiter, dicente evangelista : *Et Zacharias pater ejus repletus est Spiritu sancto, et prophetavit* (Luc. I, 67). Quid est, quod dicit : *Spiritus sanctus necdum fuerat datus?* « Multa ergo indicia præcedentis [*Aug.*, præcedentia] Spiritus sancti habemus, antequam Dominus glorificaretur resurrectione carnis suæ; non enim alium spiritum etiam prophetæ habuerunt, qui Christum venturum prænuntiaverunt. Sed modus quidam futurus erat donationis [*Aug.*, dationis] hujus, qui omnino antea non apparuerat : de ipso hic dicitur. Nusquam enim legimus antea congregatos homines accepto Spiritu sancto, linguis omnium gentium locutos fuisse. Post resurrectionem autem suam primum, quando apparuit discipulis suis, dixit illis : *Accipite 540 Spiritum sanctum* (Joan. XX, 22). De hoc ergo dictum est : *Non erat Spiritus datus, quia Jesus nondum erat glorificatus. Et insufflavit in faciem eorum* (Gen. II, 7). Quo flatu primum hominem quem fecit, vivificavit, et de limo erexit; quo flatu animam membris ejus dedit; significans enim eumdem esse spiritum, quem insufflavit [*Aug.*, significans eum se esse, qui insufflavit] in faciem eorum, ut a luto exsurgerent, et luteis operibus renuntiarent. Tunc primum post resurrectionem suam Dominus, quam dicit evangelista glorificationem, dedit discipulis suis Spiritum sanctum. Deinde commoratus cum eis XL diebus, ut liber Actuum apostolorum demonstrat, ipsis videntibus, et videndo deducentibus, ascendit in cœlum (*Act.* I, 3, 9). Ibi peractis decem diebus, die Pentecostes misit desuper Spiritum sanctum, qui, sicut dixi, fuerant uno in loco congregati. Quo accepto Spiritu sancto, omnium gentium linguis locuti sunt. Quærit aliquis forsitan, si baptizati in Christo, et in charitate præceptorum ejus viventes, quare omnium gentium linguis non loquantur, dum certum est Spiritum sanctum eos accepisse? Quia

a Hic textus in cod. ms. et aliis edit. omittitur; et quæ præcedunt, cum sequentibus uno sensu nectun-

A ipsa Ecclesia, quæ est corpus Christi, omnium gentium linguis loquitur. Quod tunc in primitiva Ecclesia præsignatum est, quæ in Judæa una tantummodo gente initiata est, nunc vero ex omnibus gentibus congregata. Quomodo vero unus tunc homo loquebatur omnibus linguis, ita modo unitas sanctæ Ecclesiæ omnibus loquitur linguis. « Accipimus ergo et nos Spiritum sanctum, si amamus Ecclesiam, si charitate compaginamur, si catholico nomine et fide gaudemus. Igitur quantum quisque amat Ecclesiam Christi, tantum habet Spiritum sanctum. Habemus ergo Spiritum sanctum, si amamus Ecclesiam; amamus autem, si in ejus compage et charitate consentimus [*Ms.*, consistimus], quam Apostolus omnibus virtutibus fiducialiter præposuit. Quicunque ipsam habet, cuncta B habebit bona ; quia sine illa nihil proderit, quidquid habere potuerit homo » (*I Cor.* XIII). De qua beatus Jacobus apostolus ait : *Qui autem offenderit in uno, factus est omnium reus* (Jacob. II, 10). De hac etiam et ipsa Veritas ait : *In hoc enim cognoscent omnes, quia mei discipuli estis, si dilectionem habueritis ad invicem*. Cum ergo hæc loquebatur Christus in die novissimo festivitatis, quæ modo proposuimus, et ut potuimus, tractavimus,

VERS. 40, 41. — *Ex illa ergo turba cum audissent quidam de turba sermones Jesu, dicebant : Hic est vere propheta. Alii dicebant, hic est Christus*[d]. « [b] Nata est de illo in turba dissensio, aliis putantibus, quod ipse esset Christus; aliis dicentibus, quia de Galilæa non exsurget Christus. Qui vero missi fuerant ut cum tenerent, redierunt immunes a crimine et pleni admirationis. Nam et testimonium perhibuerunt divinæ doctrinæ ejus, cum dicerent, a quibus missi fuerant : (VERS. 45.) *Quare non adduxistis eum?* Responderunt enim nunquam se audivisse hominem sic locutum. (VERS. 46.) *Non enim quisquam sic loquitur homo*. Ille autem sic locutus est, quia Deus erat et homo. Tamen Pharisæi testimonium eorum repellentes, dixerunt eis : (VERS. 47, 48.) *Nunquid et vos seducti estis?* Videmus enim delectatos vos esse sermonibus illius. *Nunquid aliquis de principibus credidit in eum, aut ex Pharisæis? Sed turba hæc, quæ non novit legem, maledicti sunt*. Qui non noverant legem, ipsi credebant in eum; et qui docebant D legem, eum qui miserat legem, contemnebant : ut impleretur quod dixerat ipse Dominus : *Ego veni, ut non videntes videant, et videntes cæci fiant*. Cæci enim facti sunt Pharisæi doctores, illuminati vero populi legem nescientes, et in auctorem legis credentes. « Nicodemus tamen [unus] ex Pharisæis, qui ad Dominum nocte venerat, et ipse quidem non incredulus, sed timidus; nam ideo et nocte venerat ad lucem, quia illuminari volebat et sciri timebat. Respondit [Judæis] : (VERS. 51.) *Nunquid lex nostra judicat hominem, nisi audierit ab ipso prius, et cognoverit quid faciat?* Volebant enim illi perversi [*Aug.*, perverse] ante esse damnatores quam cogni-

tur sic : *tractavimus, nata est*, etc.
b Ex S. Aug., tract. XXXIII, num. 1, 2.

tores. Sciebat autem Nicodemus, vel potius credebat, quia si tantummodo eum patienter vellent audire, forte similes fierent illis qui missi sunt tenere eum, et maluerunt credere illi quam tenere illum. Responderunt ex præjudicio cordis sui, quod et illis: (Vers. 52.) *Nunquid et tu Galilæus es?* Id est, quasi a Galilæo seductus. Dominus 541 enim Galilæus dicebatur, quoniam de Nazareth civitate erant parentes ejus. Secundum Mariam dixi parentes, non secundum virile semen :: non enim quæsivit in terra nisi matrem, qui jam habebat desuper Patrem. Nam utraque ejus nativitas mirabilis fuit; divina sine matre, humana sine Patre homine. Quid ergo illi quasi legis doctores ad Nicodemum? (Vers. 53.) *Scrutare Scripturas, et vide quia propheta a Galilæa non surget.* Sed Dominus prophetarum inde surrexit. *Reversi sunt,* inquit evangelista, *unusquisque in domum suam.*

CAPUT XIX.

Mulierem in adulterio deprehensam, adductamque ad se, nec ab accusatoribus condemnatam, ipse sub conditione, qua ulterius non peccaret, absolvit.

Caput VIII, Vers. 1, 2. — *Inde Jesus perrexit in montem Oliveti, et diluculo iterum venit in templum.* ᵃ Mons quippe Oliveti sublimitatem Dominicæ pietatis et misericordiæ designat. Quia et Græce ἔλεος misericordia, olivetum vocatur ἐλαιών; et ipsa unctio olei fessis ac dolentibus membris solet afferre levamen. Sed et hoc quod oleum et virtute ac puritate præeminet, et quemcunque ei liquorem superfundere voluerit, confestim hunc transcendere, eique super ferri consuevit, gratiam misericordiæ cælestis non inconvenienter insinuat; de qua scriptum est: *Suavis Dominus universis, et miserationes ejus super omnia opera ejus* (Psalm. CXLIV, 9). Tempus quoque diluculi exortum ejusdem gratiæ [*Al.*, ejusdem gratiam exortam], qua remota legis umbra, lux evangelicæ veritatis erat revelanda, demonstrat. Pergit ergo Jesus in montem Oliveti, ut arcem misericordiæ in se constare denuntiet. *Venit iterum diluculo in templum*, ut eamdem misericordiam, cum incipiente novi testamenti lumine fidelibus, templo videlicet suo, pandendam præbendamque significet. *Et omnis*, inquit, *populus venit ad eum, et sedens docebat eos.* Sessio Domini humilitatem incarnationis ejus, per quam nobis misereri dignatus est, insinuat. Bene autem dicitur quia cum sedens doceret Jesus, omnis populus venit ad eum : quia postquam humilitate suæ incarnationis proximus hominum factus est, libentius est a multis ejus sermo receptus; a multis, inquam, est [ejus] sermo receptus; namque a pluribus est superba impietate contemptus. Audierunt enim mansueti, et lætati sunt *(Psalm. XXXIII, 3).* (Vers. 3.) Denique Judæi tentantes, *adduxerunt mulierem in adulterio deprehensam, interrogantes quid de ea fieri juberet.* Quoniam Moyses talem lapidare mandaverat (*Levit.* XX), ut si et ipse hanc lapidandam

ᵃ Ex hom. 5 Ven. Bedæ.

decerneret, deriderent eum, quasi misericordiæ quam semper docebat oblitum; si lapidari vetaret, striderent dentibus suis in eum, et quasi fautorem scelerum legisque contrarium, velut merito damnarent. (Vers. 6.) *Jesus autem inclinans se deorsum, digito scribebat in terra.* Per inclinationem Jesu humilitas, per digitum, qui articulorum compositione flexibilis est, subtilitas discretionis exprimitur; porro per terram, cor humanum, quod vel bonarum vel malarum actionum solet reddere fructus, ostenditur. Postulatus ergo Dominus judicare de peccatrice, non statim dat judicium, sed prius se inclinans deorsum, digito scribit in terra, ac sic demum quod obnixe rogatur [*Ms.*, quam enixe rogatus], judicat: nos videlicet typice instituens [*Ms.*, instruens], ut cum quælibet proximorum errata conspicimus, non hæc antea reprehendendo judicemus, quam ad conscientiam nostram humiliter reversi, digito eam discretionis solerter exculpamus [*Ms.*, exsculpamus]; et quid in ea conditori placeat, quidve displiceat, sedula examinatione dirimamus, juxta illud Apostoli : *Fratres, et si præoccupatus fuerit homo in aliquo delicto; vos qui spiritales estis, instruite hujusmodi in spiritu mansuetudinis, considerans teipsum, ne et tu tenteris* (Gal. VI, 1).

Vers. 7. — *Cum autem perseverarent interrogantes eum, erexit se et dixit eis : Qui sine peccato est vestrum, primus in illam lapidem mittat.* Quia hinc et inde Domino Scribæ et Pharisæi tendebant laqueos insidiarum, putantes eum vel immisericordem futurum in judicando, vel injustum: prævidens ille dolos, quasi 542 fila transit araneæ, et judicium justitiæ per omnia et mansuetudinem pietatis ostendens. Ecce temperantia miserandi, *qui sine peccato est vestrum*; ecce iterum justitia judicandi, *primus in illam lapidem mittat.* Ac si dixisset : Si Moyses mandavit vobis mulierem hujusmodi lapidare, videte quia non hoc peccatores, sed justos facere præcepit. Primo vos ipsi justitiam legis implete, et sic innocentes manibus et mundo corde, ad lapidandam ream concurrite. Primo spiritalia legis edicta, fidem, misericordiam et charitatem perficite, et sic ad carnalia judicanda divertite. Dato autem judicio, *Dominus iterum se inclinans scribebat in terra.* Et quidem juxta morem consuetudinis humanæ potest intelligi, quod ideo Dominus coram tentatoribus improbis inclinari, et in terra scribere voluerit, ut alio vultum intendens, libertatem eis daret exire [*Al.*, liberum eis daret exitum ; *Beda*, exire arbitrium], quos sua responsione perculsos citius exituros, quam plura interrogaturos esse præviderat.

Vers. 9. — *Denique audientes unus post unum exibant, incipientes a senioribus.* Sed figurate nos admonet in eo, quod et ante datam et post datam sententiam inclinans scripsit in terra; ut et prius quam peccantem proximum corripiamus, et postquam debitæ castigationis illi ministerium reddiderimus, nos ipsos digna humilitatis investigatione perpendamus, ne forte aut eisdem, quæ in ipsis reprehendimus, aut aliis quibuslibet simus facinoribus irretiti. » Sicut forte fieri potest, ut ipse qui homicidam reum mortis esse judicaverit, ipse in seipso per odium fraternæ mortis reus esse ante oculum conditoris inveniatur. Similiter qui fornicationis crimen in fratre accusat, in se ipso superbiæ facinus non videat. Ideo jubetur judex alieni criminis digito discretionis in corde suo describere, ne forte in seipso reus inveniatur. « Quid igitur nobis in hujusmodi periculis remedii, quid restat salutis, nisi ut cum peccantem conspicimus alium, mox inclinemus deorsum, id est, quam dejecti ex nostræ conditione fragilitatis simus, si non nos divina pietas sustineat [Al., sustentet], humiliter inspiciamus? Digito scribamus in terra, id est, discrimine solerti pensemus, an cum beato Job dicere possimus : *Neque enim reprehendit nos cor nostrum in omni vita nostra (Job.* XXVII, 6). Bene qui inclinatus scripsit in terra, erectus misericordiæ verba depromit, quia quod per humanæ infirmitatis societatem promisit, per divinæ virtutem potentiæ hominibus donum pietatis impendit.

VERS. 10, 11. — *Erigens*, inquit, *se Jesus dixit ei : Mulier, ubi sunt, qui te accusabant? Nemo te condemnavit? Quæ dixit : Nemo, Domine.* Nemo condemnare ausus est peccatricem, quia in se singuli cernere cœperant quod magis damnandum cognoscerent. Sed quia accusantium turbas prolato justitiæ pondere fugavit, videamus accusatam quanto misericordiæ munere sublevet. » Sequitur : *Dixit autem Jesus : Nec ego te condemnabo. Vade, et amplius noli peccare.* Quoniam misericors et pius est, præterita peccata relaxat. Quoniam justus est, et justitiam diligit, ne amplius jam peccet, interdicit. « Verum quia poterant dubitare aliqui an posset Jesus, quem verum hominem noverant, dimittere peccata, dignatur ipse apertius, quid divinitus valeat, ostendere. Post repulsam namque tentatorum nequitiam, post solutam peccatricis culpam, iterum locutus est.

CAPUT XX.

Lucem mundi se dicit. Pharisæos de proprio testimonio refutans arguit. Judicium suum verum ipse confirmat.

VERS. 12. — *Ego sum lux mundi. Qui sequitur me, non ambulabit in tenebris, sed habebit lucem vitæ.* Ubi manifeste docet non solum qua auctoritate mulieri peccata dimiserit; sed etiam, quod ipse sit vera lux, quæ illuminat omnem hominem venientem in hunc mundum : cujus perpetuum splendorem humana fragilitas videre non potuisset, nisi nube carnis tegeretur, per quam quasi per quoddam lucidissimum speculum divini luminis claritas humanis mentibus innotesceret, quæ fide purganda est, ut tanti luminis aspectui digna efficiatur. Unde secutus

---

a Hucusque ex homilia Ven. Bedæ.
b Ex sancto Augustino, tract. XXXV in Joan., num. 1, 2, 4-6.

A **543** ait : *Qui sequitur me, non ambulabit in tenebris, sed habebit lucem* [Ms., *lumen*] *vitæ.* Qui meis modo jussis et exemplis obsequitur, non timebit in futuro tenebras damnationis, sed lucem potius vitæ, ubi nunquam prorsus moriatur, habebit a. »

« b Itaque, fratres mei, sequamur Christum lumen mundi, ne ambulemus in tenebris. Tenebræ metuendæ sunt morum, non oculorum ; et si oculorum, non exteriorum, sed interiorum, unde discernitur non album et nigrum, sed justum et injustum. Cum hoc ergo dixisset Dominus noster Jesus Christus, responderunt Judæi : (VERS. 13.) *Tu de te testimonium dicis* [Al., *perhibes*], *testimonium tuum non est verum.* Antequam veniret Dominus noster Jesus Christus, multas ante se lucernas propheticas accendit et misit. De his erat etiam Joannes Baptista [cui tam magnum ipsum lumen, quod est Christus, perhibuit testimonium, quale nulli hominum ; ait enim : *In natis mulierum non surrexit major Joanne Baptista (Matth.* XI, 11)]. Hic tamen quo nemo erat major in natis mulierum, dicit de Domino nostro Jesu Christo : *Ego quidem baptizo vos in aqua, qui autem venit post me, fortior me est, cui non sum dignus corrigiam calceamenti solvere (Joan.* I, 26). Videte quemadmodum se lucerna Dei [Al., *diei*] submittat. Lucernam vero ipsum Joannem fuisse, Dominus ipse testatur : *Ille erat*, inquit, *lucerna ardens et lucens, et vos voluistis ad horam exsultare in lumine ejus (Joan.* V, 35). « Responderunt ergo Judæi : *Tu de te testimonium dicis, testimonium tuum non est verum.* Videamus, quid audiunt : audiamus et nos, sed non sicut illi. Illi contemnentes, nos credentes ; illi Christum occidere volentes, nos Christum [*Aug.*, per Christum] vivere cupientes. Interim ista distantia distinguat aures mentesque nostras, et audiamus quid Judæis responderit Dominus :

VERS. 14. — *Respondit Jesus, et dicit eis : Et si ego testimonium perhibeo de meipso, verum est testimonium meum; quia scio unde veni et quo vado.* Lumen et alia demonstrat et seipsum. Christus et se ostendit et Patrem ostendit, et de Judæis quid esset venturum. Ergo ait Dominus, et verum ait : *Et si ego de me testimonium perhibeo, verum est testimonium meum, quia scio unde veni et quo vado.* Patrem volebat intelligi, Patri gloriam dabat Filius ; æqualis glorificabat eum, a quo est missus : quantum debet homo glorificare eum, a quo est creatus? *Scio unde veni et quo vado.* « Iste, qui in præsentia vobis loquitur, habet quod non deseruit, sed tamen venit ; non enim veniendo inde discessit, aut rediendo nos dereliquit. Quid miramini? Deus est. Non potest hoc fieri, sed ab homine : non potest hoc fieri ab ipso sole oriente. Sol oriens pergit ad occidentem, et deserit orientem. Non eo more Dominus noster Jesus Christus c : et venit enim, et ibi est ; et rediit, et

---

c Aug. : « Non potest hoc fieri ab homine : non potest hoc fieri ab ipso sole. Quando pergit ad occidentem, deserit orientem, et donec oriturus redeat ad

hic est. Audi ipsum evangelistam alio loco dicentem, et si potes, cape; si non potes, crede. *Deum*, inquit, *nemo vidit unquam, nisi unigenitus Filius, qui est in sinu Patris, ipse enarravit (Joan.* 1, 18). Non dixit : Qui fuit in sinu Patris. Hic loquebatur, et ibi se esse dicebat ; qui et hinc discessurus dixit : *Ecce ego vobiscum sum omnibus diebus usque ad consummationem sæculi (Matth.* xxvIII, 20). « Ergo verum est testimonium luminis, sive se ostendat, sive alia : quia sine lumine non potest videri lumen; et sine lumine non potest videri quodlibet aliud quod non est lumen. » Itaque et lumen et seipsum ostendit, et quæ circa se sunt; ita et Christus, et seipsum ostendit, et alios illuminat qui charitate circa se sunt, et sequuntur illum non pedum gressibus, sed charitatis officiis.

Duos adventus Domini nostri Jesu Christi legimus in Scripturis sanctis a prophetis esse prædictos, unum misericordiæ qui peractus est, alterum judicii qui venturus est. « ª Prima ergo dispensatio Domini nostri Jesu Christi medicinalis, non judicialis; nam si primo venisset judicaturus, neminem invenisset cui præmia justitiæ redderet. Quia ergo vidit omnes peccatores, et omnino esse neminem immunem a morte peccati, prius ejus erat misericordia præroganda, et post exercendum [*Aug.*, exserendum] judicium : quia de illo cantaverat Psalmus : *Misericordiam et judicium cantabo tibi, Domine* (*Psalm.* c, 1). Non enim ante judicium et post misericordiam : nam si primum esset judicium, nulla esset misericordia; sed primo misericordia, postea judicium. Quæ est primo [*Ms.*, prima] misericordia? Creator hominis homo esse dignatus est, factus quod fecerat, ne periret quod fecerat. Quid huic misericordiæ addi potest? Addidit tamen. » Nam reprobatus est ab omnibus [*Al.*, hominibus], pro quorum salute venerat in mundum, irrisiones sustinuit, flagella, sputa, opprobria inimicorum, turpissimam mortem crucis. Hæc omnia sustinuit quia voluit, ut salvaret hominem quem creaverat. Nullum genus mortis intolerabilius fuit cruce, propter longos cruciatus : sed nihil nunc gloriosius quam signum crucis portare in fronte. Unde Apostolus ait, gloriam crucis prædicans: *Mihi autem absit gloriari, nisi in cruce Domini nostri Jesu Christi, per quem mihi mundus crucifixus est, et ego mundo (Galat.* VI, 14).

VERS. 15. — Quia venit neminem judicare, consequenter Judæis respondit : *Vos secundum carnem judicatis, ego non judico quemquam*. « Pertulit injustum judicium, ut ageret justum. Sed in eo quod pertulit injustum, misericordiæ fuit. Denique ita humilis factus est, ut perveniret ad crucem ; distulit quidem potentiam, sed publicavit misericordiam. Unde distulit potentiam? Quia de cruce noluit descendere, qui potuit de sepulcro resurgere. Unde publicavit misericordiam? Quia pendens in cruce dixit : *Pater ignosce illis, quia nesciunt quid faciunt* (*Luc.* xxIII, 24). Sive ergo propter hoc, quia non venerat orientem, non est in oriente : Dominus autem noster Jesus Christus et venit, etc. »

A judicare mundum, sed salvare mundum, dixit : [*Ego non judico quemquam;* sive quemadmodum commemoravi, quoniam dixerat : *Vos secundum carnem judicatis*, addidit : *Ego non judico quemquam*, ut intelligamus Christum, non secundum carnem judicare, sicut ab hominibus judicatus est. « Nam ut cognoscatis jam et judicem Christum, audite quid sequitur : (VERS. 16.) *Et si judico ego, judicium meum verum est*. Ecce habet et judicium [*Aug.*, et judicem... ne sentias judicem], sed agnosce Salvatorem, ne sentias judicium. Quare autem dixit judicium suum verum esse? *Quia solus*, inquit, *non sum*, sed *ego, et qui me misit Pater*. » Quid est missio Christi, nisi incarnatio ejus? Missus est Christus, idem est ut si dicas, incarnatus est Christus. Et a Patre missus B erat, et a Patre nunquam recessit : et hic fuit per incarnationem, et hic est modo per divinitatem. Fides ergo mundet corda nostra, et intellectus impleat corda nostra, ut intelligamus mysterium salutis nostræ. Altum est, profundum est, secretum est. Una est substantia, una divinitas, una majestas Patris et Filii. Pater non passus est, sed solus Filius. Ergo intelligamus missionem Filii nominatam incarnationem Filii : Patrem autem incarnatum esse non credamus. Unde ergo verum [est] judicium ejus, nisi quia verus est Filius Patris? Ideo dixit : *Judicium meum verum est, quia solus non sum*, » inquit, sed *ego, et qui me misit Pater*. Idem ergo in alio loco dixit : *Ego et Pater unum sumus*; unum in substantia, duo in persona. *Unum* dixit, propter substantiæ uni-C tatem, *sumus* dixit, propter personarum distinctionem. Audi [agnosce], quid dixit, *Ego et qui me misit Pater*. Distingue personas, et agnosce quia Pater pater est; et Filius filius est, ne in barathrum Sabelliani pervenias. Et noli dicere : *alius* [*Ms.*, aliud] *et aliud*, sed dic, *alius et alius*. Non aliud in substantia, sed alius in persona. Non Pater major, non Filius minor in divinitatis gloria ; sed crede, *unum sumus*. « In eo quod dixit ipsa Veritas *unum*, liberat te ab Ario ; quod dixit *sumus*, liberat te a Sabellio. Si *unum*, non ergo diversum ; si *sumus*, non ergo unus. » De judicio dixerat, dum dixit : *Ego non judico quemquam ;* de testimonio nunc vult dicere, ut intellectus impleat corda nostra.

D VERS. 17. — *In lege vestra*, inquit, *scriptum est*. Vestram dixit, tanquam diceret : In lege quæ vobis a Deo data est; sicut dicimus : *Panem nostrum quotidianum*, quem a Deo nobis dari poscimus. Quid est quod in lege vestra scriptum est, *quia duorum hominum testimonium verum est?* Nunquid semper duo homines verum dicunt testimonium? Nonne duo falsi testes contra Susannam falsum protulerunt testimonium (*Dan.* xIII, 36)? Et Judæis quærentibus falsum testimonium contra Christum, dicit Evangelista : *Novissime venerunt duo falsi testes*. « Nunquid quia duo erant, ideo falsi testes non erant? Quid de duobus dicimus vel tribus? Universus populus mentitus

---

ª Ex S. Aug., tract. xxxvI, num. 4, 5, 9, 10.

est contra Christum. Si ergo totus populus, **545** qui constat ex magna hominum multitudine, falsum testimonium dicere inventus est, quomodo accipiendum est. *In ore duorum vel trium testium stabit omne verbum*, nisi quia hoc modo per mysterium Trinitas commendata est, in qua perpetua stabilitas veritatis est? Si vis habere bonam causam, habeto duos vel tres testes, Patrem et Filium, et Spiritum sanctum. Denique quando Susanna casta femina fidelisque conjux duobus falsis testibus urgebatur, Trinitas illi in conscientia atque in occulto suffragabatur : illa Trinitas de occulto unum testem Danielem excitavit, et duos convicit. Ergo quia in lege vestra scriptum est : *Duorum hominum testimonium verum esse*, accipite verum testimonium, ne sentiatis judicium. *Ego enim*, inquit, *non judico quemquam; sed testimonium perhibeo de me;* differo judicium, non differo testimonium. » Eligamus, fratres, testimonium Dei ; quia testimonium Dei verum est ; et qui modo testis es omnium quæ agimus, judex erit omnium quæ fecimus. Et alium non quærit testem nisi seipsum, quia omnia secreta cordis nostri considerat, et quid et ex quo fonte procedat. Ideo testis, quia non quærit alium unde cognoscat quis sis vel qualis sit vita tua, qui reddet unicuique secundum opera sua. « Responderunt ergo Judæi Domino loquenti de Patre suo, et dixerunt : (Vers. 19.) *Ubi est pater tuus?* Patrem Christi carnaliter acceperunt, quia verba Christi secundum carnem judicaverunt. Erat autem qui loquebatur in aperto caro, in occulto Verbum ; homo manifestus, Deus occultus : videbant indumentum, et contemnebant indutum. « Videamus ergo quid ad hæc Dominus respondit : *Ubi est*, inquiunt, *pater tuus?* Audivimus enim te dicere : *Solus non sum, sed ego, et qui me misit Pater*. Nam solum te videmus, Patrem tuum tecum non videmus : quomodo te dicis solum non esse, sed cum Patre tuo esse? [aut] ostende nobis tecum esse Patrem tuum. Et Dominus : Nunquid me videtis; et Patrem meum non videtis [*Aug.*, ut Patrem ostendam vobis]? Hoc enim sequitur, hoc suis verbis ipse respondit, quorum verborum expositionem nos ante præmisimus. Videte enim quid dixerit : *Neque me scitis, neque Patrem meum. Si me scirelis, forte et Patrem meum sciretis*. Dicitis ergo : *Ubi est Pater tuus?* Quasi me jam sciatis; quasi totum hoc sim quod videtis. Ergo quia me non nostis, ideo vobis Patrem meum non ostendo. Me quippe hominem putatis, ideo Patrem meum hominem quæritis, quia secundum carnem judicatis. Quia vero secundum quod videtis aliud sum, et aliud secundum quod non videtis, Patrem meum loquor occultum [*Aug.*, occultus occultum] ; prius est ut me noveritis, tunc et Patrem meum scietis. « *Si enim me sciretis, et Patrem meum forsitan sciretis*. Ille qui omnia scit, quando dicit *forsitan*, non dubitat, sed increpat. Attende enim quomodo increpative dicatur ipsum *forsitan*, quod videtur esse verbum dubitationis. Sed dubitationis verbum est ; quando dicitur ab homine, ideo dubitante quia nesciente ; cum vero dicitur a Deo verbum dubitationis, cum Domino [*Ms.*, Deum] nihil utique lateat, illa dubitatione arguitur infidelitas, non opinatur divinitas. Homines enim de iis rebus quas certas habent, aliquando increpatione [*Aug.*, increpative] dubitant, id est, verbum dubitationis ponunt, cum corde non dubitant : velut si indigneris servo tuo, et dicas : Contemnis me; considera, forsitan Dominus tuus sum. Hinc et Apostolus ad quosdam contemptores suos loquens ait : *Puto autem, et ego Spiritum Dei habeo* (*I Cor.* vii, 40). Qui dicit *puto*, dubitare videtur; sed ille increpabat, non dubitabat. Et Dominus Jesus Christus alio loco increpans infidelitatem futuram generis humani : *Cum venerit*, inquit, *Filius hominis, putas inveniet fidem super terram* (*Luc.* xviii, 8)? « Scit ergo omnia, per quem facta sunt omnia, et tamen dubitando increpabat. *Si me sciretis, forsitan et Patrem meum sciretis*. Increpabat infideles, admonet fideles; » ut sciant unam esse cogitationem Patris et Filii, quatenus sciant cognitionem Filii cognitionem esse et Patris. Ideo discipulo electo poscenti ut ostenderet eis Patrem, respondit : *Tanto tempore vobiscum sum, et non cognovistis me. Philippe, qui videt me, videt et Patrem meum* (*Joan.* xiv, 8). Si dissimilis esset Filius Patri, nunquid diceret discipulis suis : *Qui me videt, videt et Patrem?* nunquid diceret Judæis : *si me sciretis, forsitan et Patrem meum sciretis?*

546 Vers. 20. — « *Hæc verba locutus est Jesus in gazophylacio docens in templo*. Magna fiducia sine timore. Non enim pateretur, si nollet ; quia nec nasceretur, si nollet. » Quid est quod hæc verba [Jesus] in gazophylacio docens in templo locutus est? Gazophylacium locus est ubi thesauri conduntur. Jesus in gazophylacio loquebatur Judæis, dum in parabolis locutus est turbis. Nam gazophylacium fuit Christus, in quo omnia latuerunt mysteria tunc aperienda, dum ipse, qui latuit in littera; loquebatur, non in proverbiis, sed palam omnia fidelibus suis enarrans. Nam et gazophylacia adhærebant templo, quia ipse Christus templum est, de quo ipse ait : *Solvite templum hoc* (*Joan.* ii, 19), cui omnia mysteria veteris legis adhærebant, et ad eum omnia respiciebant, donec veniret ad aperienda singulorum gazophylacia mysteriorum, aperiente eo sensus fidelium suorum, ut intelligerent quæ latebant, sicut evangelista ait : *Tunc aperuit illis sensum, ut intelligerent Scripturas* (*Luc.* xxiv, 45). Denique quid sequitur? *Nemo apprehendit eum, quia necdum venerat hora ejus*. Scilicet omnia dispositionis suæ, omnia voluntatis suæ. Quia qui voluntate natus est, voluntate et passus est. « Si ergo pati nollet, non pateretur ; si non pateretur, sanguis ille non funderetur, mundus non redimeretur. Agamus itaque gratias et potestati divinitatis et miserationi infirmitatis ejus, de occulta potentia quam Judæi non noverant; unde illis modo dictum est : *Neque me nostis, neque Patrem meum* (*Joan.* viii, 19); et de carne suscepta, quam Judæi noverant, et cujus patriam sciebant ; unde illis alio loco dixit : *Et me nostis, et unde sim scitis* (*Joan.*

vii, 28). Utrumque noverimus in Christo, et unde aequalis [est] Patri, et unde illo major est Pater. Illud Verbum est, illud caro; illud Deus est, illud homo. Sed unus Christus Deus et homo. » Modo de sua passione, quid loquatur Christus, audiamus.

CAPUT XXI.

Dicit Judaeis quod in peccato suo morientur. A quibus cum esset interrogatus quis esset, respondit principium se esse, addens hoc : Cum exaltaveritis Filium hominis; tunc cognoscetis quia ego sum.

VERS. 21. — « *« Ego vado, et quaeretis me, et in peccato vestro moriemini. Quo ego vado, vos non potestis venire.* Ego vado, inquit, et quaeretis me : non desiderio, sed odio. Nam illum, posteaquam abscessit ab oculis hominum, inquisierunt, et qui oderant, et qui amabant : illi persequendo, illi habere cupiendo. Bonum est animam Christi quaerere, sed quomodo discipuli eam quaesierunt ; et malum est quaerere animam Christi, sed quomodo eam Judaei quaesierunt ; illi enim ut haberent, isti, ut perderent. Denique isti, quia sic quaerebant more malo, corde perverso, quid secutus adjunxit ? *Quaeretis me ; et ne putetis, quia bene me quaeretis, in peccato vestro moriemini* ; hoc est Christum male quaerere, in peccato suo mori. » In peccato suo moritur, qui in peccato permanet usque ad mortem. Ille Christum non quaerit qui salutem animae suae per poenitentiam non quaerit. Ad quem Propheta clamat : *Quaerite Dominum, dum inveniri potest* (Isai. LV, 6). Modo qui misericordem, dum tempus habet, non quaerit, inveniet eum iratum. Judaeis dixit : *In peccato vestro moriemini,* quia praesciebat eos in peccato suo permanere. Singulari [vero] numero dixit *in peccato,* et plurali numero *moriemini,* quia omnibus illis ad quos loquebatur, unam esse voluntatem, aequalem malitiam perdendi eum [sciebat], qui salvare eos venerat. « Alio vero loco discipulis suis dixit : *Quo ego vado, [vos] non potestis modo venire (*Joan*.* XXI, 22). Non abstulit eis spem, sed praedixit dilationem. Quando enim hoc discipulis Dominus loquebatur, tunc non poterant venire quo ille ibat, sed postea venturi erant : isti autem nunquam quibus praesciens [*Ms.,* praescius] dixit : *In peccato vestro moriemini.* « His autem auditis verbis, quomodo solent carnalia cogitantes, et secundum carnem judicantes, et totum carnaliter audientes et sapientes, dixerunt : (VERS. 22:) *Nunquid interficiet semetipsum, quia dicit* : 547 *Quo ego vado, vos non potestis venire ?* Stulta verba et omnino insipientiae plena. Quid enim ? Non poterant illo venire quo ille perrexisset, si interficeret semetipsum ? Nunquid ipsi non erant morituri ? Quid est ergo, *nunquid interficiet semetipsum, quia dixit : Quo ego vado, vos non potestis venire ?* Si de morte hominis diceret, quis hominum non moritur ? Ergo,

a S. Aug. tract. XXXVIII, num. 2-8, 11.
b *Al.,* « Illi itaque non intelligentes, ista respondit eis Dominus, qui terram sapiebant. Quid ait ? *Dicebat eis : Vos,* etc. »
c S. Aug. : « Si delectat te mundus, semper vis esse

quo ego vado dixit, non quo itur ad mortem, sed quo ibat ipse post mortem, ut occideret mortem. « Illis itaque non intelligentibus ista, respondit Dominus b : *Vos deorsum estis.* Ideo terram [*Al.,* terrena] sapitis, quia sicut serpens terram manducatis. Quid est; terram¹ manducatis, nisi terrenis pascimini, terrenis delectamini, terrenis inhiatis, sursum cor non habetis? *Vos de deorsum estis, ego de supernis sum* ; *vos de mundo hoc estis, ego non sum de hoc mundo.* Quomodo ergo non erat de hoc mundo, per quem factus est mundus, et semper ubique est? Sed omnes de mundo : sed prius mundus, postea homo. Sed Christus ante mundum, ante Christum nihil. Quia in principio erat Verbum, et omnia per ipsum facta sunt. Sic enim erat ille de supernis ; de quibus supernis Christus ? Ab ipso Patre, nihil illo superius ; quia Pater Verbum genuit aequale sibi, coaeternum sibi, unigenitum sibi ; sine tempore, per quem conderet tempora. » Ideo Christus ante omnes creaturas, et ante omnia tempora, quia de Patre coaeternus Patri genitus est. *Ego de supernis sum ; vos de hoc mundo estis ; ego non sum de hoc mundo.*

VERS. 24. — « *Dixi ergo vobis, quia moriemini in peccatis vestris.* Exposuit nobis, fratres, quod [*Ms.,* quid] intelligi voluit, *vos de mundo hoc estis.* Ideo quippe dixit : *Vos de hoc mundo estis,* quia peccatores erant, quia iniqui erant, quia infideles erant, quia terrena sapiebant. » Nunquid apostoli et sancti Dei de hoc mundo non erant ? Erant siquidem, quia de Adam nati sunt, sed ipsa Veritas de eis ait : *Ego elegi vos de mundo* (Joan. XV, 19) ; id est, de carnali conversatione, quae mundi nomine hoc loco significari videtur. « Qui ergo erant de mundo, facti sunt non de mundo, et pertinere coeperunt ad eum per quem factus est mundus. Isti autem remanserunt esse in mundo, quibus dictum est : *Moriemini in peccatis vestris .* « Nemo dicat, de hoc mundo non sum. Quisquis es, o homo, de hoc mundo es : sed venit ad te qui fecit mundum, et liberavit te de hoc mundo. Si delectat te mundus, semper vis esse in mundo. [*Aug. et Ms.,* immundus]. Si autem jam non delectat te hic mundus, jam non eris [*Ms.,* jam tu eris]. mundus º, et non audies, quod Judaei audierunt : *Moriemini in peccato vestro.* » Et qui plus peccat, plus est [in mundo et plus] immundus ; et quanto plus se mundat a peccato, tanto se elevat de mundo non esse. « Merito audierunt Judaei : *Moriemini in peccatis vestris* ; quia non habere peccatum nullo modo potuistis, qui cum peccato nati estis ; sed tamen, *si in me,* inquit, *credideritis,* cum peccato quidem nati estis, sed in peccato vestro morituri non estis. Tota ergo infelicitas ipsa erat, non peccatum habere, sed in peccatis mori. Hoc est quod debet fugere omnis Christianus ; propter hoc ad baptismum immundus ; si autem jam non te delectat hic mundus, jam tu es mundus. Verumtamen si per aliquam infirmitatem adhuc te delectat mundus, habitet in te qui mundat, et eris mundus ; si autem fueris mundus, non remanebis in mundo, nec audies, etc. »

curritur, propter hoc qui ægritudine vel aliunde periclitatur, sibi desiderat subveniri ; propter hoc etiam sugens parvulus a matre piis manibus ad Ecclesiam fertur, ne sine baptismo exeat, et in peccato qui natus est, non moriatur [*Aug. et Ms.*, quo natus est, moriatur]. Adjunxit enim dicens : *Si non credideritis quia ego sum, moriemini in peccatis vestris*. Ergo si credideritis quia ego sum, non moriemini in peccatis vestris. « Reddita est spes desperantibus, excitatio facta est dormientibus ; cordibus evigilaverunt, inde plurimi crediderunt, sicut Evangelii ipsius consequentia testatur, ubi ait : *Hæc illo loquente, multi crediderunt in eum*. In hoc ergo populo cui Dominus loquebatur, erant qui in peccato suo fuerant morituri ; erant etiam qui in ipsum qui loquebatur fuerant credituri, et ab omni peccato liberandi. « Tamen hoc attende, 548 quod ait Dominus Christus : *Si non credideritis quia ego sum, moriemini in peccato vestro*. Quid est, *si non credideritis quia ego sum* ? Quid? Nihil addidit. Multum est quod commendavit. » Dixit, *ego sum*, et non addidit quid, sive Christus, sive Filius Dei, sive ille quem prophetæ prædixerunt, sive Salvator mundi, sive [aliud] aliquid, quod de eo in Scripturis legitur. Multum est, quod ait, ipse [*Ms.*, ipsum] : *Ego sum*. Quia dixerat Deus Moysi : *Ego sum, qui sum* (*Exod.* III, 14) ; et hic modo : *Nisi credideritis quia ego sum*, eodem verbo essentiæ sempiternæ usus est ad populum Judæorum, quo tunc ad Moysen per angelum in rubo flammæ ignis, quem missurus erat ad liberandum populum suum. Quid est quod hic dixit : *Ego sum*, nisi ille ipse qui tunc venit in angelum [*Ms.*, veni in angelo] mittere Moysen servum meum ad liberandum populum meum ; ego ipse modo per meipsum veni incarnatus, homo factus liberare homines quos creavi ; salvare qui perditi fuerant. Quidquid enim aliquo modo mutari potest, vel in melius vel in deterius, quodammodo moritur eo quod fuit ante, dum incipit aliud esse, vel aliter esse quam fuit. Solus vero Deus semper idem est. Immutabilis [veritas], immutabilis bonitas, immutabilis sempiternitas, immutabilis natura, immutabilis substantia. Et quidquid de eo dici potest, semper idem est quod fuit et quod erit. Prorsus nihil aliud melius videtur intelligi in hoc verbo, quod ait Dominus : *Ego sum*, nisi ego sum Deus. Moriemini in peccato vestro. « Sed illi semper terrena sapientes, et semper secundum carnem audientes et respondentes, quid ei dixerunt ?

VERS. 25. — *Tu quis es ?* Non enim, cum dixisti : *Nisi credideritis, quia ego sum*, addidisti, quis esses [*Aug.*, quid esses]. Quis es, ut credamus ? Et ille : *Principium*. Ecce quod est, esse. Principium mutari non potest ; principium in se manet et innovat omnia ; principium est, cui dictum est : *Tu autem idem ipse es, et anni tui non deficient* (*Psalm.* CI, 28). *Principium*, ait, *quod et loquor vobis*. Principium me credite, ne moriamini in peccatis vestris. Tanquam enim in eo quod dixerunt : *Tu quis es ?* nihil aliud dixerunt quam quid te esse credemus ? Respondit : *Principium me esse credite*, et addidit : *quod et loquor vobis*. Id est, quia humilis propter vos factus ad ista verba descendi. Nam si principium, sicuti est, ita maneret apud Patrem ut non acciperet formam servi, et homo loqueretur hominibus, quomodo ei crederent, cum infirma corda intelligibile verbum sine voce sensibili audire [*Al.*, sine voce, sed sensibili, videre] non possent ? Ergo, inquit, credite me esse principium, quia ut credatis non solum sum, sed et loquor vobis.

« [a] Verba Domini nostri Jesu Christi quæ habuit cum Judæis, ita moderans loquelam suam, ut cæci non viderent et fideles oculos aperirent [*Adde* : ista sunt]. Dicebant ergo Judæi : *Tu quis es ?* quia dixerat supra Dominus : *Nisi credideritis quia ego sum, moriemini in peccatis vestris*. Ad hæc ergo illi : *Tu quis es ?* veluti quærentes nosse, in quem deberent credere, ne in suo peccato morerentur. Respondit dicentibus : *Tu quis es ?* et ait : *Principium, quod et loquor vobis*. » Quare se dicit Dominus Jesus principium ? Quia omnia per ipsum facta sunt, sicut Psalmus [*Ms.*, Psalmista] dicit : *Omnia in sapientia fecisti* (*Psalm.* CIII, 24). Si igitur omnia in sapientia fecit Deus, id est, in Filio suo coæterno sibi et consubstantiali, Filius utique omnium principium est. Nunquid et Pater potest dici principium ? Utique recte dicitur [et] Pater principium, et Filius principium ; non tamen duo principia. Sicut Pater Deus, et Filius Deus, non tamen duo dii, sed unus Deus dicendus est ; sic Pater principium, et Filius principium, non tamen duo principia, sed unum principium fatendum est. Ergo et Spiritus sanctus principium est, non tamen tria principia, Pater et Filius et Spiritus sanctus, sed unum principium ; sicut Pater Deus, Filius Deus, Spiritus sanctus Deus, non tamen tres dii, sed unus Deus. Pater omnipotens Filius omnipotens, Spiritus sanctus omnipotens, non tamen tres omnipotentes, sed unus omnipotens. Id enim quod Pater [ad] se est, Deus est ; quod ad Filium est, Pater est ; quod Filius ad seipsum, Deus est ; quod a Patre est, Filius est. Et Spiritus sanctus quod ad se est, Deus est ; quod a Patre et Filio, Spiritus sanctus est : quia Patris et Filii Spiritus est, ex Patre et Filio 549 procedens, unius substantiæ, potestatis, majestatis cum Patre et Filio. Audiamus ergo principium, quod loquitur nobis.

(VERS. 25) *Multa*, inquit, *habeo de vobis loqui et judicare*. In alio vero loco dixit : *Non judico quemquam*, præsentem ejus ostendens adventum, quo venit salvare, non judicare : quia venerat, ut salvaret mundum, non ut judicaret mundum. « Quod autem nunc dicitur [*Ms.*, dicit] : *Multa habeo de vobis loqui et judicare*, judicium futurum dicit. Ideo enim ascendit, ut veniat judicare vivos et mortuos. Nemo justius judicabit, quam qui injuste judicatus est. »

[a] Ex S. Aug., tract. XXXIX, num. 4, 6, 7.

Multa habeo, inquit, *loqui et judicare de vobis; sed qui me misit, verax est*. Videte, quemadmodum Patri det [*Ms.*, dat] gloriam æqualis Filius Patri. » Exemplum enim nobis præbet gloriam dare Deo, gloriam Dei quærere, non nostram, quasi diceret : O homo fidelis, si ego Filius Patris æqualis Patri, consubstantialis Patri, coæternus Patri, do gloriam ei a quo sum, quomodo tu superbus es apud eum cujus es servus : *Multa*, inquit, *habeo de vobis loqui et judicare, sed qui me misit, verax est* ; tanquam diceret : Ideo verum dico, quia Filius veracis, veritas sum. Pater verax est, Filius veritas. « Ait enim apertissime ipse Dominus : *Ego sum via, et veritas, et vita*. Ergo si Filius veritas, Pater quid, nisi quod ait veritas : *Qui me misit, verax est*? Filius veritas, Pater verax. » Sicut a Patre Filius, ita a veraci veritas. Pater verax est, sed non a veritate ; Filius veritas, sed a Patre, quasi [*Al.*, quia] Filius a Patre, non a seipso. Et ideo [ait] alio loco : *A me ipso non veni*, id est, a me ipso non sum. Pater utique verax est, non participando veritati [*Ms.*, veritatem], sed generando veritatem ; quia Pater genuit Filium, qui de se ipso ait : *Ego sum via et veritas*. Cum autem dixisset Dominus Jesus, *verax est, qui me misit*, non intellexerunt illi, quod de Patre eis dicebat, necdum habuerunt oculos cordis apertos, ut intelligere possent æqualitatem veracis et veritatis.

VERS. 28. — *Dicebat Jesus turbis Judæorum : Cum exaltaveritis Filium hominis, tunc cognoscetis quia ego sum, et a me ipso facio nihil : sed sicut docuit me Pater, hæc loquor.* « [a] Quid est hoc ? Nihil enim aliud videtur dixisse, nisi eos post passionem suam cognituros quid esset [*Aug.*, quis esset]. Procul dubio ergo videbat ibi aliquos quos ipse [noverat, quos ipse] cum cæteris sanctis suis ante mundi constitutionem præsciendo elegerat, post passionem suam esse credituros. Ipsi sunt illi quos assidue commendamus et ad imitationem cum magna exhortatione proponimus. Misso desuper Spiritu sancto post Domini passionem et resurrectionem et ascensionem, cum miracula fierent in ejus nomine, quem tanquam mortuum persequentes Judæi contempserunt, compuncti sunt corde (*Act.* II, 37); et qui sævientes occiderunt, mutati crediderunt; et quem sanguinem sæviendo fuderunt, credendo biberunt (*Act.* IV, 4); illa tria millia, et illa quinque millia Judæorum quos ibi videbat, quando dicebat : *Cum exaltaveritis Filium hominis, tunc cognoscetis quia ego sum*; tanquam dicens : Differo cognitionem vestram, ut impleam passionem meam ; ordine vestro cognoscetis qui sim. Non quia omnes tunc erant credituri ex his qui audiebant, id est, post Domini passionem : nam paulo ante [*Leg.*, paulo post] dicit : *Hæc* .. *loquente multi crediderunt in eum*; et nondum exaltatus erat filius hominis. Exaltationem quippe dicit passionis, non glorificationis; crucis, non cœli, nam ibi exaltatus est, quando pependit in

a Ex S. Aug., tract. XL, num. 2, 5, 6, 8, 9.
b *Ms.* : « Quia simplici, ut dictum est, naturæ ve-

ligno; sed illa exaltatio, humiliatio fuit. Tunc enim factus est Patri obediens usque ad mortem, mortem autem crucis (*Philipp.* II, 8). Propter quod exaltavit illum Deus. » Altera exaltatio fuit, quando elevatus est in crucem; altera dum ascendit in cœlum. Illa humiliationis, ista glorificationis. « Exaltationem crucis oportebat impleri per eorum manus qui postea fuerant credituri, quibus dicit : *Cum exaltaveritis Filium hominis, tunc cognoscetis quia ego sum*. Quare hoc, nisi ut nemo desperaret in quocumque scelere male [sibi] conscius, quando videbat eis donari homicidium, qui occiderant Christum? » Addidit : *Tunc cognoscetis quia ego sum*. Quid est, *ego sum*, nisi unius substantiæ cum Patre? Sicut et ad Moysen superius diximus, dictum esse : *Ego sum, qui sum*. Verbo substantiali utitur de seipso Dominus, ut intelligatur æternam esse substantiam, et unam esse substantiam Patris et Filii. Tamen ne ipse intelligeretur Pater, continuo adjunxit : *Et a me ipso facio nihil, sed sicut docuit me Pater, hæc loquor*. Quod vero ait : *A meipso facio nihil*. Quid est, *A meipso facio nihil*? Id est, a meipso non sum. Quod autem addidit : *Sicut docuit me Pater, hæc loquor*, sensus altissimus est. Cor enim mundandum, ut intelligatur quod ait : *Sicut docuit me Pater, sic loquor*; non enim ita intelligendum est, quasi homo Pater homini Filio loqueretur : sed excellentius et sacratius. Aliter vero intelligendum est quod ait evangelista : *In principio erat Verbum*; et aliter intelligendum, *Verbum caro factum est*. Aliter de divinitate Christi, in qua æqualis est Deo Patri; aliter de humanitate ejus, in qua consimilis est nobis. Cogitandum est non uno modo intelligendum esse, quod ait Dominus : *Ego et Pater unum sumus* (*Joan.* X, 30), et illud quod dixit : *Pater major me est* (*Joan.* XIV, 28). « Ergo incorporaliter cogitetur Pater locutus Filio, quia incorporaliter Pater genuit Filium. Nec eum sic docuit, quasi indoctum genuerit : sed hoc est eum docuisse, quod est scientem genuisse; et hoc est, *docuit me Pater*, quod scientem me Pater genuit. Si enim, quod pauci intelligunt, simplex est natura veritatis, hoc est Filio esse, quod nosse. Ab illo ergo habet quod noverit, a quo habet ut sit; non ut prius ab illo esset, et ab illo postea nosset : sed quemadmodum illi gignendo dedit ut esset, sic gignendo dedit ut nosset; quia simplicis indicium est naturæ veritatis [*Al.* veritas] est [b], esse et nosse : non est aliud atque aliud, sed hoc ipsum. « Dixit ergo ista Judæis et addidit : (VERS. 29.) *Et qui me misit, mecum est.* Jam hoc antea dixerat, sed rem magnam assidue commemorat : *Misit me, et mecum est*. Si ergo tecum est, o Domine, non unus ab alio missus est, sed ambo venistis. Et tamen cum ambo simul sint, unus missus est, alter misit : quoniam missio, incarnatio est; ipsa incarnatio Filii tantum est, non et Patris. Misit itaque Pater Filium, sed non recessit a Filio. Ergo, inquit, *qui me misit, non reliquit me solum* : cujus auctoritate tanquam paterna

ritas est. » *Aug.* : Quia simplici, ut dictum est, naturæ veritatis esse et nosse non est aliud, etc.

incarnatus sum, mecum est, non me dereliquit. Quare me non dereliquit? Non dereliquit me, inquit, solum, quia ego quæ placita sunt ei, facio semper. Ipsa est æqualitas semper, non ex quodam initio et deinceps, sed sine initio et sine fine. Dei enim generatio non habet initium temporis, quia per genitum facta sunt tempora. » (Vers. 30.) Hæc illo loquente multi crediderunt in eum. Multi crediderunt, necdum in omnem terram exivit sonus eorum, necdum omnibus prædicatum est, necdum dictum est : (Vers. 31.) Ite, docete omnes gentes. Ergo Dominus ad eos, qui crediderunt in eum, ait Judæos :

CAPUT XXII.

Judæis credentibus ait : Si manseritis in sermone meo, veritas liberabit vos. *Quibus respondentibus se esse liberos, dicit :* Qui facit peccatum, servus est peccati.

Vers. 31. — « *Si vos manseritis in verbo meo.* Ideo manseritis, quia initiati estis, quia esse ibi cœpistis. Si manseritis, hoc est, in fide quæ in vobis esse credentibus cœpit, quo pervenietis? Vide quale initium, quo perducitur [*Al.* perducit]. Amasti fundamentum, culmen attende, et ex ista humilitate aliam celsitudinem quære. Fides enim humilitatem habet ; cognitio et immortalitas et æternitas non habet humilitatem, sed celsitudinem, et erectionem, nullam defectionem ; æternam stabilitatem, nullam ab inimico expugnationem, nullum deficiendi timorem. Magnum est quod incipit a fide, » sed majus quo pervenitur per fidem. Audi igitur quo perveniat, et vide quanta sit fides. (Vers. 32.) *Ergo et vos,* ait, *si manseritis in verbo meo in quo credidistis, vere discipuli mei eritis ;* subjunxit quoque : *et cognoscetis veritatem.* Qui cognoscit veritatem, cognoscit Deum, quia Deus veritas est, dicente ipso Domino : Ego sum via, et veritas, et vita (*Joan.* xiv, 6). Credamus ergo, ut cognoscamus veritatem, quia sine **551** fide ad cognitionem veritatis nullus pervenire poterit. « Quid cognituri sumus? Illud quod nec oculus vidit, nec auris audivit, nec in cor hominis ascendit (*Isa.* lxiv, 4; *I Cor.* ii, 9). Quid est enim fides, nisi credere quod non vides? Fides ergo est quod non vides credere; veritas, quod credidisti videre. Quid est, quod videre nobis promittitur? Dicit enim Dominus in alio loco quid esset quod visuri erimus : *Qui autem diligit me, diligitur a Patre meo, et ego diligam eum, et manifestabo ei me ipsum* » (*Joan.* xiv, 21). Hæc est promissio, hæc est merces fidei quæ per dilectionem operatur. Hæc est satietas quam Psalmista optavit, dicens : *Satiabor, dum manifestabitur gloria tua* (*Psalm.* xvi, 15). O Domine, fac nos digne amare te, et non amare sæculum, ut valeamus ad illam libertatem pervenire, ad quam per cognitionem veritatis pervenitur ; de qua subjunxisti, dicens : « *Et veritas liberabit vos.* Quid est, liberabit vos? Liberos faciet. Denique Judæi carnales, et secundum carnem judicantes, non bi qui crediderant, sed in illa turba qui erant qui non credebant, injuriam sibi factam putaverunt, quia dixit

A eis : *Veritas liberabit vos :* indignati sunt servos se esse significatos. Et vere servi erant. Et exponit illis quæ sit servitus, et quæ sit futura libertas quam ipse promittit. » Nihil enim aliud est dicere : *Et veritas liberabit vos,* nisi liberos vos faciet, sicut nihil est salvabit, nisi salvos faciet. Audivimus ergo quid libera veritas dixit : audiamus quid superba falsitas respondeat. Dixerunt ergo Judæi : (Vers. 33.) « ᵃ *Semen Abrahæ sumus, et nemini servivimus unquam. Quomodo tu dicis, liberi eritis ?* Non enim dixerat Dominus, liberi eritis, sed : *Veritas liberabit vos.* In quo tamen verbo, illi nihil aliud intellexerunt, nisi libertatem carnalem, et extulerunt se quod semen essent Abrahæ, et dixerunt : *Semen Abrahæ sumus, et nemini servivimus unquam, quomodo tu dicis : Li-*

B *beri eritis ?* O vana superbia ! o falsa jactantia ! quomodo verum dixistis : *Nemini servivimus unquam ?* Joseph non est venundatus ? Prophetæ sancti non sunt ducti in captivitatem ? Denique nonne ille ipse est populus, qui in Ægypto lateres faciebat, et operibus duris [*Aug.*, regibus duris], non saltem in argento et auro, sed in luto serviebat ? Si nemini servistis unquam, o ingrati, quid est quod vobis assidue imputat Deus, quomodo vos de domo servitutis liberavit ? An forte patres vestri servierunt, vos autem qui loquimini nulli servistis unquam ? Quomodo ergo solvebatis tributum Romanis ? Unde et ipsi veritati laqueum quasi captionis proposuistis, ut diceretis : *Licet reddere tributum Cæsari ?* ut si dixisset,

C *licet,* teneretis eum, quasi malam optasset libertatem semini Abrahæ [*Aug.*, quasi male optasset libertati seminis Abrahæ]. Si autem diceret, *non licet,* calumniaremini apud reges terræ, quod prohiberet regibus tributa persolvi. Deinde prolato nummo victi estis, et captioni vestræ vos ipsi estis responderе compulsi. Ibi enim vobis est dictum : *Reddite Cæsari quæ Cæsaris sunt, et Deo quæ Dei sunt* (*Matth.* xxii, 21); cum vos ipsi respondissetis, quod nummus habet imaginem Cæsaris : quia sicut quærit Cæsar in nummo imaginem suam, sic Deus quærit in homine suam. » Nec alienum quid quærit Deus ab homine, sed quod condidit in homine. Ideo Deus homo factus est, ut in homine reformaret, quod in homine formavit. Ergo mentientibus et de vana libertate tumen-

D tibus, quid respondisset Dominus Judæis, audiamus.

Vers. 34. — *Amen, amen dico vobis, quia omnis qui facit peccatum, servus est peccati.* Quis non sub his verbis contremiscat ? Si omnis homo peccator, omnis homo servus peccati. Sed intentius audiamus, qualiter liberemur de hac servitute. Terrorem incutit, medicinam adhibet. Nam ait Dominus : *Amen, amen dico vobis :* Quid est, *amen, amen,* nisi verum, verum dico vobis ? Quod verbum nec Græcus interpres, nec Latinus ausus est in aliam transferre linguam, ut honorem haberet velamento secreti testificatio veritatis in Christo. Veritas dicit : *Verum verum dico vobis,* ingeminat, replicat verbum veritatis, ut exci-

ᵃ Ex S. Aug., tract. xli, num. 2, 3, 4, 8.

taret dormientes, intus [*Ms. et Aug.*, intentos] faceret audientes, nec contemneretur, qui ait : *Amen, amen dico vobis, quia omnis qui facit peccatum, servus est veccati.* « O mirabilis [*Aug.*, miserabilis] servitus, servire peccato, servire diabolo, qui peccati est auctor! Plerumque homines cum dominos malos patiuntur, venales se petunt; non quaerentes dominum non habere, sed saltem mutare. Servus peccati quid **552** faciat, quem interpellet, apud quem interpellet, apud quem venalem se petat? » Saepe homines malos dominos fugiunt ne serviant malis, et non fugiunt peccatum, cujus servus est qui peccator est. Et quanto felicius esset fugere peccatum, et servire homini libera conscientia? « Deinde servus hominis aliquando sui domini duris imperiis fatigatus, fugiendo requiescit : servus peccati quo fugit? Secum trahit peccatum quocunque fugerit. Non fugit seipsam mala conscientia, non est quo eat, sequitur se; imo non recedit a se : peccatum enim quod facit, intus est. Fecit peccatum ut aliquam corporalem caperet voluptatem : voluntas [*Ms.*, voluptatem : voluptas] transiit, peccatum remanet ; praeteriit quod delectabat, remansit quod pungat. Mala servitus. Aliquando fugiunt homines improbos dominos, volentes carere dominis, qui nolunt carere peccatis. » Quanto felicius si deserat homo peccatum, fugiat ad Christum, Deum liberatorem interpellet? Liberat ergo ab hac servitute peccati solus Dominus, qui illam non habuit, qui solus sine peccato venit in mundum: Ille solus liberare potest de peccato, qui venit sine peccato, et factus est sacrificium pro peccato. « Cum ergo omnis qui facit peccatum servus sit peccati, quae sit spes nobis libertatis, audite : (VERS. 35.) *Servus autem,* inquit, *non manet in domo in aeternum.* Ecclesia est domus, servus est peccator. » Non maneat homo in peccato, nec [*Al.*, ne] sit servus peccati, ut possit manere in domo, id est, in Ecclesia. Maneat in corpore capitis sui, ut sit filius, non servus. Longe aliud est peccare, aliud manere in peccato. Qui manet in peccato, servus est peccati; qui fugit a peccato, servus erit justitiae. « Terruit itaque, et spem dedit : terruit, ne peccatum amaremus ; spem dedit, ne de peccati solutione diffideremus. *Omnis,* inquit, *qui facit peccatum, servus est peccati. Servus autem non manet [in domo] in aeternum.* Quae ergo nobis spes est, qui non sumus sine peccato ? Audi spem tuam : *Filius manet in aeternum.*

VERS. 36. — *Si ergo filius vos liberaverit, tunc vere liberi eritis.* Haec spes est nostra, fratres, ut a libero liberemur, et liberando servos nos faciat ; servi enim eramus cupiditatis, liberati efficimur servi charitatis. Prima libertas est non permanere in peccato, servire justitiae, dicente Apostolo : *Cum servi essetis peccati, liberi eratis justitiae* (Rom. VI, 20). Nunc autem habetis fructum vestrum in sanctificatione, finem vero vitam aeternam. » Perfecta vero libertas est [Deo] Christo servire, illum diligere qui vere nos liberavit, qui verus est Filius Dei, et Dominus in forma servi.

« a Non servus, sed in forma servi Dominus. Fuit quippe illa carnis forma servilis, sed quamvis esset similitudo carnis peccati, non erat caro peccati. Libertatem promisit credentibus in se ; Judaei vero tanquam de sua libertate superbientes, dedignati sunt fieri liberi, cum essent servi peccati. Ideo autem se liberos esse dixerunt, quia semen Abrahae erant. Quid ergo eis ad haec respondit Dominus, audiamus : (VERS. 37.) *Scio,* inquit, *quia filii Abrahae estis, sed quaeritis me interficere.* Agnosco carnis originem, non cordis fidem. *Filii Abrahae estis,* sed secundum carnem. Ideo quaeritis me occidere, inquit ; *sermo enim meus non capit in vobis,* id est, non habet locum in vobis. Si sermo meus caperetur a vobis, caperet utique vos. Quid est ergo, non capitur a vobis? Id est, non capit cor vestrum, quia non recipitur a corde vestro. « Audistis Dominum certe dicentem : *Scio quia filii Abrahae estis.* Audite quid postea dicat : *Ego quod vidi apud Patrem meum loquor ; et vos, quod audistis apud patrem vestrum, facitis.* Quid autem faciunt? Quod eis dixit : *Quaeritis me occidere.* Hoc apud Abraham nunquam viderunt. Dicit : *Quae vidi apud Patrem meum loquor.* Veritatem vidi, veritatem loquor, quia veritas sum. Si enim Dominus veritatem loquitur, quia ipse est veritas Patris ; quam vidit apud Patrem [se vidit, se loquitur, quia ipse est veritas Patris, quam vidit apud Patrem]. Ipse est enim Verbum, quod Verbum erat apud Deum. Isti ergo malum quod faciunt, quod Dominus objurgat et corripit, ubi viderunt? Apud Patrem suum. Cum audierimus in consequentibus apertius dictum quis sit eorum pater, tunc intelligemus qualia viderint apud talem patrem : adhuc enim non nominat patrem ipsorum. Paulo superius **553** Abraham commemoravit, sed carnis origine, non vitae similitudine : dicturus alterum patrem illorum, qui nec genuit eos, nec creavit, ut homines essent ; sed tamen filii erant ejus, in quantum mali erant, non in quantum homines [erant], in quo imitati, non in quo creati.

VERS. 39. — *Responderunt et dixerunt ei : Pater noster Abraham est.* Quasi : Tu quid dicturus es contra Abraham? aut si aliquod potes audere, reprehende [*Aug.*, aude reprehendere] Abraham. Non quia Dominus non audebat reprehendere Abraham, sed talis erat Abraham, qui non reprehenderetur a Domino, sed potius laudaretur. Tamen isti videbantur eum provocare ut aliquid male diceret de Abraham, et esset occasio faciendi quod cogitabant. *Pater noster Abraham* est. « Audiamus, quomodo eis respondit Dominus, cum illorum damnatione laudans Abraham. (VERS. 40.) *Dicit eis Jesus : Si filii Abrahae estis, opera Abrahae facite. Nunc autem quaeritis me interficere, hominem qui veritatem locutus sum vobis, quam audivi a Deo. Hoc Abraham non fecit.* Ecce ille laudatus, isti damnati : Abraham non erat homicida. Non dico, inquit, ego Deus sum [*Aug.*, Dominus sum] Abrahae : quod si dicerem, ve-

a Ex S. Aug., tract. XLII, num. 1-14.

rum dicerem. Nam dixit de alio loco: *Ante Abraham ego sum.* Tunc eum illi lapidare voluerunt. Non dixit hoc. Interim quod videtis, quod aspicitis, quod me solum putatis, homo sum. Hominem dicentem vobis quod audivit a Deo, quare vultis occidere, nisi quia non estis filii Abrahae? Et tamen superius ait: *Scio quia filii Abrahae estis.* Non negavit eorum originem, sed facta condemnat: caro eorum ex illo erat, sed vita non erat. Ergo Christiani facti sunt semen Abrahae gratia Dei. Non de carne Abrahae facti illi cohaeredes: Deus illos exhaereditavit, istos adoptavit. » Isti sunt de quibus alio loco a Joanne Baptista dictum est: *Potens est Deus de lapidibus istis suscitare filios Abrahae* (Matth. III, 9). Illi erunt filii Abrahae, qui fidem Abrahae imitantur. Ideo subjunxit Dominus, dicens: *Si filii Abrahae estis, opera Abrahae facite.* Factis probate nobilitatem, non verbis. Sed quaeritis me interficere, hominem qui veritatem locutus sum vobis quam audivi a Deo, hoc Abraham non fecit. Vos facitis opera Patris vestri; et adhuc non dicit quis est iste pater eorum. « Modo illi quid responderunt? Coeperunt enim utcunque cognoscere, non de carnis generatione Dominum loqui, sed de vitae institutione: et quia consuetudo Scripturarum est quam legebant, fornicationem spiritaliter appellari, cum diis multis et falsis anima tanquam prostituta subjicitur, ad hoc responderunt: (VERS. 41.) *Dixerunt itaque ei : Nos ex prostitutione non sumus nati, unum Patrem habemus Deum.* Jam viluit Abraham : repulsi sunt enim, quomodo repelli debuerunt [Ms., voluerunt] ore veridico; quia erat talis Abraham, cujus factum non imitabantur, et de illius genere gloriabantur. Et mutaverunt responsionem, credendo [Aug. et Ms., credo] dicentes apud seipsos, quotiescunque nominaverimus Abraham, dicturus est nobis : Quare non imitamini eum de cujus genere gloriamini? Nos sanctum, justum, innocentem, tantum. virum imitari non possumus : Deum dicamus Patrem nostrum; videamus quid nobis dicturus est. « Nunquid si falsitas invenit quod diceret, et veritas non inveniret quod responderet? Audiamus quid dicant, audiamus quid audiant: *Unum,* inquiunt, *Patrem habemus Deum.* (VERS. 42.) *Dixit ergo eis Jesus : Si Deus Pater vester esset, diligeretis me utique : Ego enim ex Deo processi et veni. Neque enim a meipso veni, sed ille me misit.* Dicitis Deum Patrem, agnoscite vel fratrem vestrum [Aug., agnoscite me vel fratrem]. Hic tetigit quod saepius solet dicere : *Non a meipso veni, sed ille me misit , a Deo processi et veni.* Christi ergo missio, incarnatio est ejus. Quod vero de Deo processit Verbum, aeterna processio est, non habens tempus per quem factum est tempus. Ergo ab illo processit ut Deus, ut aequalis, ut Filius unicus, ut Verbum Patris; venit ad nos, quia Verbum caro factum est, ut habitaret in nobis. Adventus ejus, humanitas ejus; mansio ejus, divinitas ejus.

VERS. 43. — «*Quare,* inquit, *loquelam meam non cognoscitis? Quia non potestis audire sermonem meum.* Ideo non poterant cognoscere, quia non poterant audire. Sed unde audire non poterant, nisi quia corrigi credendo nolebant? Et hoc unde? *Vos ex patre diabolo estis.* Quandiu patrem commemoratis? Quandiu patrem 554 mutatis, modo Abraham, modo Deum? Audite a Filio Dei, cujus filii estis. *A patre diabolo estis.* » Deus itaque creator omnium creaturarum creavit hominem. Quomodo hic dicit: *Vos a patre diabolo estis?* Quidquid a Deo creatum est, bonum est, et omnis homo, quantum creatura Dei est, bonus est: quantum vero se subjicit per liberum arbitrium diabolo, a patre diabolo est. « Bona est enim hominis natura, sed vitiata erat per malam voluntatem, et inde a patre erat diabolo. Quod fecit Deus non potest esse malum, si ipse homo non sit sibi malus. Inde ergo Judaei dicti sunt filii diaboli, non nascendo, sed imitando. Consuetudo vero sanctae Scripturae est ex imitatione vel similitudine operum filios saepe nominare, ut Propheta ad Judaeos ait: *Pater tuus Amorrhaeus, et mater tua Cethea* (Ezech. XVI, 3). Amorrhaei gens erat quaedam, unde originem Judaei non ducebant; Cethei et ipsi gentem suam habebant omnino alieni a genere Judaeorum. Sed quia erant impii Amorrhaei et Cethei; Judaei autem imitati sunt impietates illorum; invenerant filii [Aug., invenerunt sibi] parentes, non de quibus nascerentur, sed quorum mores sectando pariter damnarentur. Quaeritis autem fortasse, unde ipse diabolus? Inde utique, unde et caeteri angeli. Caeteri angeli in sua obedientia perstiterunt : ille inobediendo et superbiendo lapsus est angelus, et factus est diabolus. « Sed modo audite quid dicat Dominus: *Vos,* inquit, *a patre diabolo estis, et desideria patris vestri facere vultis. Quaeritis me occidere, hominem qui veritatem vobis dico.* Et ille invidit homini, et occidit hominem. Diabolus autem cum invideret homini, serpentem indutus, locutus est mulieri, et de muliere venenavit et virum. Mortui sunt diabolum audiendo, quem non audissent si Deum audire voluissent : positus enim homo inter Deum qui creavit eum, qui [Aug. addit : et eum, qui lapsus est] obtemperare debuit creatori, non deceptori. Ergo *ille homicida erat ab initio.* Videte genus homicidii fratres. Homicida dicitur diabolus, non gladio armatus, non ferro accinctus. Ad hominem venit, verbum malum seminavit, et occidit. Noli ergo putare te non esse homicidam, quando fratri tuo mala persuades : si fratri tuo mala persuades, occidis. Audi Psalmistam : *Filii hominum dentes eorum arma et sagittae, et lingua eorum machaera acuta* (Psal. LVI, 5). Vos ergo desideria patris vestri facere vultis, ideo saevitis in carnem, quia non potestis in mentem. *Ille homicida erat ab initio;* utique in primo homine. Ex illo, ille homicida, ex quo potuit fieri homicidium [Aug. addit : ex illo potuit fieri homicidium], ex quo factus est homo. Non enim posset occidi homo, nisi prius fieret homo. *Homicida ergo ille ab initio.* Et unde homicida? *Et in veritate non stetit,* quia veritas non est in eo. Non quomodo in Christo, sic est veritas, ut Christus ipse sit veritas. Si ergo iste in veritate stetisset, in Christo stetisset. Sed *in veritate non stetit, quia veritas non est in eo.*

Vers. 44. — « *Cum loquitur mendacium, ex propriis loquitur, quia mendax est et pater ejus.* Quid est hoc? Audistis verba Evangelii, intenti accepistis : ecce repeto, ut agnoscatis quid exigatis. De diabolo Dominus ea dicebat, quæ de diabolo dici a Domino meruerunt [*Aug.*, debuerunt]. *Ille homicida erat ab initio.* Verum est : nam primum hominem occidit; *et in veritate non stetit,* quia de veritate lapsus est. *Cum loquitur mendacium,* utique ipse diabolus, *de proprio loquitur, quia mendax est et pater ejus.* « Diabolus autem a semetipso mendax fuit, et mendacium suum ipse genuit, a nemine audivit prius mendacium. Quomodo Deus Pater genuit Filium veritatem; sic diabolus genuit quasi filium mendacium. » Mendacium genuit, quia in veritate non stetit. Omnis enim qui in Deo manet, in veritate manet, quia Deus veritas est. Si quis vero a Deo recesserit, mendax erit, dicente Psalmographo : *Omnis homo mendax* (*Psal.* cxv). In quantum vero homo a Deo recedit, in tantum mendax erit, dum se a veritate declinaverit, et inde peccator erit : quia omne peccatum non est veritas, sed mendacium, quia recedendo a Deo non habet veritatem. Diabolus vero bonus creatus est, sed per seipsum malus factus est, declinando se a summo bono. Ideo ex propriis locutus est mendacium, quia in seipso invenit unde esset mendax. Homo vero deceptus a diabolo, factus est a diabolo mendax. Ideoque filius diaboli, non natura, sed imitatione. Recedamus ergo a patre mendacii, curramus ad Patrem veritatis. Amplectamur veritatem ut accipiamus veram libertatem. « Judæi apud patrem suum viderant quod loquebantur : quid, nisi mendacium? Dominus autem apud patrem suum vidit quod loqueretur : quid, nisi seipsum? quid, nisi verbum Patris æternum et Patri coæternum? » Ideo subjunxit : (Vers. 45.) *Ego veritatem dico vobis, et non creditis mihi.* Nam mendax mendacium loquitur, sed veritas veritatem profert. Diabolus mendax, Christus vero veritas et veritatis assertor : quia ex veritatis ore nihil aliud poterit procedere, nisi veritas. Sequitur ergo :

CAPUT XXIII.

Qui sermonem suum servaverit, eum mortem non visurum in æternum dicit. Et inter cætera plurima, ante Abraham se esse affirmans exivit de templo.

Vers. 46. — *Quis ex vobis arguet me de peccato,* sicut ego arguo vos, vestrumque patrem de peccato et mendacio? Ecce qualis est mansuetudo Christi. « [a] Relaxare peccata venerat, et dicebat : *Quis ex vobis arguet me de peccato ?* Non dedignatur ex ratione ostendere se peccatorem non esse, qui ex virtute divinitatis poterat peccatores justificare. » Interrogat eos quare veritatem non velint credere dicentem : *Si veritatem locutus sum vobis, quare non creditis mihi,* nisi quia filii diaboli estis, et non ve-

[a] Ex S. Greg. hom. 18, num. 1.
[b] Ex S. Aug., tract. xlii, num. 15, 16.

ritatis ; filii diaboli non natura, sed imitatione? Reddiditque [*Al.*, retulitque] causam cur veritati non crederent, cum dicit : (Vers. 47.) « [b] *Ideo vos non audilis, quia ex Deo non estis.* Iterum noli attendere naturam, sed vitium. Sic sunt isti ex Deo, et non sunt ex Deo, natura ex Deo, vitio non ex Deo. Natura vero bona quæ ex Deo est, peccavit voluntate, credendo quod diabolus persuasit, et vitiata est : ideo medicum quærat, quia sana non est. Agnoscatur natura unde Creator laudetur; agnoscatur vitium propter quod medicus advocetur. Terribile est quod subdit : » « [c] *Qui est ex Deo, verba Dei audit : propterea vos non auditis, quia ex Deo non estis.* Si enim ipse verba Dei audit qui ex Deo est, et audire verba ejus non potest quisquis ex illo non est, interroget se unusquisque si verba Dei in aure cordis percipit, et intelligit unde sit. Cœlestem patriam desiderare Veritas jubet, carnis desideria conteri, mundi gloriam declinare, aliena non rapere, propria largiri. Penset ergo apud se unusquisque vestrum si hæc vox Dei in cordis ejus aure convaluit, et quia [jam] ex Deo sit, agnoscit. Dixerunt ergo Judæi : (Vers. 48.) *Nonne bene dicimus nos, quia Samaritanus es tu, et dæmonium habes?* Accepta autem tanta contumelia, quid Dominus respondeat, audiamus : (Vers. 49.) *Ego dæmonium non habeo, sed honorifico Patrem meum, et vos inhonoratis me.* Quia enim Samaritanus interpretatur custos, et ipse veraciter custos est, de quo Psalmista ait : *Nisi Dominus custodierit civitatem, in vanum vigilant, qui custodiunt eam* (*Psalm.* cxxvi, 1). Et cui per Isaiam : *Custos quid de nocte? custos quid de nocte* (*Isai.* xxi, 11)? Respondere noluit Dominus, Samaritanus non sum ; sed *ego dæmonium non habeo.* Duo quippe ei illata fuerant, unum negavit, et aliud tacendo consensit. Custos namque humani generis venerat ; et si Samaritanum se non esse diceret, esse se custodem negaret. Sed tacuit quod recognovit, et patienter repulit quod dictum fallaciter audivit, dicens : *Ego dæmonium non habeo.* Hic vero in semetipso nobis Dominus patientiæ præbuit exemplum; quia si respondere voluisset Judæis, Vos dæmonium habetis, verum utique dixisset : quia nisi impleti dæmonio, tam perverse [*Greg.*, tam perversa] de Deo loqui non possent. Sed accepta injuria, etiam quod verum erat dicere Veritas noluit, ne non dixisse veritatem, sed provocatus contumeliam reddidisse videretur. Ex qua re, quid vobis innuitur, nisi ut eo tempore, quo a proximis ex falsitate contumelias accipimus, eorum etiam vera mala taceamus, ne ministerium justæ correptionis in arma vertamus furoris? Sed quid nobis ad ista faciendum sit, adhuc exemplo nos admonet, cum subjungit : (Vers. 50.) *Ego non quæro gloriam meam, est qui quærat et judicet.* Scimus certe quod scriptum est, quia *Pater omne judicium dedit Filio* (*Joan.* v, 22) : et tamen ecce idem Filius injurias accipiens, gloriam suam non quærit. Illatas contumelias Patris judicio

[c] Ex S. Greg. loc. cit. num. 2.

reservat, ut nobis profecto insinuet quantum nos esse patientes debemus, dum adhuc se ulcisci non vult et ipse qui judicat. Cum vero malorum perversitas crescit, non solum frangi prædicatio non debet, sed etiam augeri. Quod suo Dominus exemplo nos admonet, qui postquam habere dæmonium dictus est, prædicationis suæ beneficia largius impendit dicens : (VERS. 51.) *Amen, amen dico vobis : si quis sermonem meum servaverit, mortem non videbit in æternum.* Sed sicut bonis necesse est ut meliores etiam per contumelias existant, ita semper reprobi de beneficio pejores fiunt. Nam accepta prædicatione, iterum dicunt : (VERS. 52.) *Nunc cognovimus quia dæmonium habes.* Quia enim æternæ morti inhæserant, et eamdem mortem cui inhæserant, non videbant, dum solam mortis carnem [*Al.*, mortem carnis] aspicerent, in veritatis sermone caligabant, dicentes : *Abraham mortuus est, et prophetæ, et tu dicis : Si quis sermonem meum servaverit, mortem non gustabit in æternum.* Unde et ipsi veritati eumdem Abraham et prophetas quasi venerantes præferunt. Sed aperta nobis ratio ostenditur, quia qui Deum nesciunt, Dei quoque famulos false venerantur. » *Vos*, inquit, *dicitis : Dæmonium habes.* Ego vos ad vitam voco : servate sermonem meum, et non moriemini. Illi audiebant, *mortem non videbit in æternum, qui servaverit sermonem meum,* et irascebantur, quia jam mortui erant illa morte quæ vitanda erat. Nam illam mortem vitare non potuerunt, qua mortuus est Abraham, et prophetæ, id est, carnis mortem; nam Abraham spiritu vivebat : et ideo de eo ipsa Veritas ait alio loco : *Non est Deus mortuorum, sed vivorum.* [a] Quid est quod dicit, *mortem non videbit in æternum?* (*Matth.* XXII.) Id est, mortem damnationis cum diabolo et angelis ejus. Nam ista mors corporis, migratio quædam est sanctis ad meliorem vitam : impiis vero ad pœnas perpetuas, quas hic mortis nomine Veritas designare voluit. Sed ista morte, quam Dominus voluit intelligi, nec Abraham mortuus est, nec prophetæ mortui sunt. Illi enim mortui sunt, et vivunt, isti vivebant, et mortui erant.

VERS. 53. — « *Quem teipsum facis*, inquiunt, ut dicas, *mortem non videbit in æternum, qui servaverit sermonem meum;* cum scias et Abraham mortuum et prophetas mortuos? Respondit Jesus : (VERS. 54.) *Si ego glorifico meipsum, gloria mea nihil est. Est Pater meus, qui glorificat me.* Hoc ait propter illud quod dixerunt : *Quem teipsum facis?* Refert enim gloriam suam ad Patrem, de quo est quod Deus est. Dicit Patrem suum Dominus Jesus Christus, quem illi dicebant Deum suum, et non cognoverunt; si enim ipsum cognovissent, ejus Filium recepissent. (VERS. 55.) *Ego autem*, inquit, *novi eum.* Secundum carnem judicantibus, potuit et hinc arrogans videri, quia dixit : *Ego novi eum.* Sed vide quid sequitur :

Si dixero, non novi eum, ero similis vobis mendax. Ergo arrogantia non ita vitatur, ut veritas relinquatur. Sed scio eum, et sermonem ejus servo. Sermonem Patris tanquam Filius loquebatur, et ipse erat Verbum Patris quod hominibus loquebatur.

VERS. 56. — « [b] Et notandum quod vidit eos Dominus aperta sibi impugnatione resistere, et tamen eis se iterata non desinit voce prædicare, dicens; *Abraham pater vester exultavit, ut videret diem meum : et vidit, et gavisus est.* Tunc quippe diem Domini Abraham vidit, cum in figura summæ Trinitatis tres angelos hospitio recepit : quibus profecto susceptis, sic tribus quasi uni locutus est, quia etsi in personis numerus Trinitatis est, in natura unitas divinitatis est. Sed carnales mentes audientium oculos a carne non sublevant; in eo solam carnis ætatem [*Al.*, sola carnis ætate] pensant, dicentes : (VERS. 57.) *Quinquaginta annos nondum habes, et Abraham vidisti?* Quos benigne Redemptor noster a carnis suæ intuitu submovet, et ad divinitatis contemplationem trahit dicens : (VERS. 58.) *Amen, amen dico vobis, antequam Abraham fieret, ego sum. Ante* enim præteriti temporis est, *sum*, præsentis. Et quia præteritum tempus et futurum divinitas non habet, sed semper esse habet, non ait : *Ante Abraham ego fui* : sed, *ante Abraham ego sum.* Unde ad Moysen 557 dicitur : *Ego sum, qui sum;* et, *dices filiis Israel : Qui est, misit me ad vos* (*Exod.* III, 14). Ante ergo vel post Abraham habuit, qui et accedere potuit per exhibitionem præsentiæ, et recedere per cursum vitæ. Veritas vero semper esse habet, quia ei quidquam nec priore tempore incipitur, nec subsequenti terminatur. Sed sustinere ista æternitatis verba, mentes infidelium non valentes, ad lapides currunt, et quem intelligere non poterant, obruere quærebant. Quid autem contra furorem lapidantium Dominus fecit, ostenditur cum protinus subinfertur : (VERS. 59.) *Jesus autem abscondit se, et exivit de templo.* Mirum valde est, fratres charissimi, cur persecutores suos Dominus sese abscondendo declinaverit, qui si divinitatis suæ potentiam exercere voluisset, tacito nutu mentis in suis eos ictibus ligaret, aut in pœna mortis subitæ obrueret. Sed quia pati venerat, exercere judicium nolebat. Certe sub ipso passionis tempore, et quantum poterat ostendit, et tamen hoc ad quod venerat, pertulit. Nam cum persecutoribus suis se quærentibus diceret : *Ego sum*, sola hac voce eorum superbiam perculit, et omnes in terram stravit (*Joan.* XVIII, 6). Qui ergo hoc in loco potuit manus lapidantium non se abscondendo evadere, cur abscondit se, nisi quod homo inter homines factus Redemptor noster, alia nobis verbo loquitur, alia exemplo? Quid autem nobis hoc exemplo loquitur, nisi, ut etiam cum resistere possumus, iram superbientium humiliter declinemus [c]? »

---

[a] Vide S. Aug., tract. XLIII, num. 13, 15.
[b] S. Greg. loc. cit. num. 3, 4.

[c] Hucusque S. Gregorius.

LIBER QUINTUS.

CAPUT XXIV.

Cæco a nativitate illuminato, multaque Pharisæis anxietate turbatis; mundi lucem se dicit. Postea cognitus ab illuminato cæco adoratur.

CAPUT IX, VERS. 1. — Postquam exiisset Dominus de templo Judæorum, quid fecisset in populo gentium, imo totius humani generis, audiamus. Sequitur enim evangelista, et dicit : *Præteriens vidit hominem cæcum a nativitate.* « [a] Ea quippe quæ fecit Dominus noster Jesus Christus stupenda atque miranda, et opera et verba sunt : opera, quia facta sunt, verba, quia signa sunt. Si ergo quid significet hoc quod factum est, cogitemus, genus humanum est iste cæcus : hæc enim cæcitas contigit in primo homine per peccatum, de quo omnes originem duximus, non solum mortis, sed etiam iniquitatis. Si enim cæcitas est infidelitas et illuminatio fides; quem fidelem, quando venit, Christus invenit? » Ideo evangelista de Christo dicit : *Et præteriens.* Sic præteriit enim Christus, et non in via peccatorum nostrorum stetit; sicut in quadam parabola ipse Dominus ait : *Venit enim Samaritanus secus viam* (Luc. x, 33), qui venit sanare vulneratum semivivum : præteriit cæcum illuminare [Apud Bedam, præteriens cæcum illuminat], qui vulneratus in parabola dicitur, hic in re gesta cæcus illuminatur. « Vidit ergo *hominem cæcum*, non utcunque cæcum, sed cæcum *a nativitate.* » Omnes enim homines præter illum solum qui ex virgine natus est, originali peccato cæci, id est, cum peccato nati sunt, quod ex radice peccatrice primi parentes traxerunt. (VERS. 2.) *Interrogaverunt eum discipuli ejus* : ¿ *Rabbi.* Scis [Ms., scitis], quia *Rabbi* magister est. Magistrum appellabant, quia discere desiderabant. Quæstionem quippe Domino proposuerunt, tanquam magistro :

VERS. 3. — *Quis peccavit, hic aut parentes ejus, ut cæcus nasceretur? Respondit Jesus : Neque hic peccavit, neque parentes ejus* [ut cæcus nasceretur]. Quid est quod dixit? Si nullus homo sine peccato, nunquid parentes hujus cæci sine peccato erant? Nunquid ipse sine peccato originali natus erat, vel vivendo nihil addiderat? Si ergo et parentes ejus habuerunt peccatum, et iste habuit peccatum, quare Dominus dixit, *Neque hic peccavit, neque parentes ejus*, nisi ad rem respondit, de qua interrogatus est, cur cæcus nasceretur? Habebant 558 enim peccatum parentes ejus, sed non ipso peccato factum est ut cæcus nasceretur. Si ergo non peccato parentum factum est, ut cæcus nasceretur, quare cæcus natus est? Audi magistrum docentem : quærit credentem, ut faciat intelligentem. Ipse causam dicit quare sit ille cæcus natus : *Neque hic peccavit*, inquit, *neque parentes ejus, sed ut manifestentur opera Dei in illo.* » Non solum quid in hoc tantummodo cæco acturus sim, sed ut manifestetur quid in cæcitate totius humani generis per me agendum sit. [Deinde secutus adjunxit] : *Me oportet operari opera ejus qui misit me; donec dies est.* « Memento quomodo universam gloriam illi dat de quo est; quia ille habet Filium qui de illo sit; ipse non habet de quo sit. » Quæ sunt opera Domini propter quæ venit Filius Dei in mundum, nisi cæcitatem humani generis illuminare, vulnerata quæque sanare, perdita requirere, deformia reformare? Sed quid est quod dixit? (VERS. 4.) *Me oportet operari opera ejus qui misit me, donec dies est. Venit enim nox, quando nemo potest operari.* « Constat expressum ac definitum diem commemorasse Dominum in hoc loco seipsum, id est, lumen mundi. (VERS. 5) *Quandiu*, inquit, *sum in hoc mundo, lumen sum mundi.* Ergo ipse operatur. Quandiu est autem in hoc mundo? Putamus, fratres, eum fuisse hic tunc, et modo non hic esse? Si hoc putamus, jam ergo post ascensum Domini facta est nox ista metuenda, ubi nemo possit operari. » Si post ascensionem facta est nox ista, quid est, quod ait discipulis suis ascendens in cœlum : *Ecce ego vobiscum sum omnibus diebus usque ad consummationem sæculi* (Matth. XXVIII, 20)? Qui tunc corporali præsentia fuit in mundo, nunc divina potentia præsens est ubique in mundo. Audivimus diem, audiamus quæ sit nox ista. « Quid igitur? Quid dicemus de nocte ista? Quando erit, quando nemo poterit operari? Nox ista impiorum erit; nox ista eorum erit, quibus in fine dicetur : *Ite in ignem æternum, qui paratus est diabolo et angelis ejus* (Matth. xxv, 41). Sed et nox dicta est, non flamma, non ignis. Audi, quia et nox est. De quodam servo dicitur : *Ligate illi manus et pedes, et projicite eum in tenebras exteriores* (Matth. XXII, 13). Operetur ergo homo [Aug. add. dum vivit], ne illa nocte præveniatur, ubi nemo possit operari, sed recipere quod operatus est. Aliud est tempus operationis, aliud receptionis : reddet enim unicuique secundum opera sua. » Audiamus sollicita mente Apostolum exhortantem nos operari, dum tempus habemus. Dicit enim : *Dum tempus habemus, operemur bonum ad omnes* (Galat. VI, 10). Quid enim Christus dixerit, admonendo bonos; terrendo malos, audivimus; sed videamus quid fecerit. (VERS. 6, 7.) *Hæc cum dixisset, exspuit in terram, et fecit lutum ex sputo, et linivit lutum super oculos ejus, et dixit ei : Vade et lava in natatoria Siloe, quod interpretatur missus.* Quid fecit Dominus, perspicuum est. Illuminatio facta est in cæco, sed magnum mysterium commendatur in humano genere. « Exspuit in terram, de saliva lutum fecit, quia Verbum caro

[a] Ex S. Aug., tract. XLIV, num. 1-17.

factum est. Et unxit oculos cæci. Inunctus erat, et nondum videbat. Mittit illum ad piscinam, quæ vocatur Siloe. Pertinuit autem ad evangelistam commendare nobis nomen hujus piscinæ, et ait : *Quod interpretatur missus.* Jam quis est missus, agnoscitis: nisi enim ille fuisset missus, nemo nostrum fuisset ab iniquitate dimissus. Lavit ergo oculos in ea piscina, quæ interpretatur *missus*, baptizatus est in Christo. Si ergo quando eum in se ipso quodammodo baptizavit, tunc illuminavit, quando inunxit, fortasse catechumenum fecit. Potest quidem aliter atque aliter tanti sacramenti exponi et pertractari profunditas; sed hoc sufficiat charitati vestræ. » Ungitur catechumenus, id est, docetur ut credat in Christum; mittitur ad piscinam baptismi, ut illuminetur, ut lumen verum agnoscat, ut remissionem peccatorum accipiat, ut ex filio iræ efficiatur filius Dei, illuminatusque veniat prædicare Christum.

559 VERS. 8, 9. — *Itaque vicini, et qui videbant eum prius, quia mendicus erat, dicebant: Nonne hic est qui sedebat et mendicabat? Alii dicebant, quia hic est : alii autem nequaquam, sed similis est ejus.* « Aperti oculi vultum mutaverant. *Ille dicebat, quia ego sum.* Vox grata, ne damnaretur ingrata. (VERS. 10, 11.) *Dicebant ergo ei : Quomodo aperti sunt oculi tui? Respondit : Ille homo qui dicitur Jesus* [Ms., *Christus*] *lutum fecit, et unxit oculos meos, et dixit mihi : Vade ad natatoriam Siloe, et lava. Et abii, et lavi, et vidi.* Ecce annuntiator factus est gratiæ; ecce evangelizat., confitetur videns. Cæcus illum confitebatur, et cor impiorum ringebatur [*Al.*, stringebatur; *Aug.* frangebatur], quia non habebant in corde quod ille jam habebat in facie. (VERS. 12.) *Dixerunt ei : Ubi est ille? Ait : Nescio.* In his verbis animus ipsius adhuc inuncto similis erat nondum videnti. Sed ponamus, fratres, tanquam illam unctionem in animo habuerit. Et prædicat, et nescit quem prædicat. (VERS. 13, 15.) « *Adducunt eum ad Pharisæos, qui cæcus fuerat. Erat autem sabbatum, quando lutum fecit Jesus, et aperuit oculos ejus. Iterum ergo interrogabant eum Pharisæi, quomodo vidisset? Ille autem dixit : Lutum posuit super oculos meos, et lavi, et video. Dicebant ergo ex Pharisæis quidam.* Non omnes, sed quidam : jam enim inungebantur quidam. Quid ergo dicebant, nec videntes nec uncti? (VERS. 16.) *Non est iste homo a Deo, qui sabbatum non custodit.* Ipse potius custodiebat qui sine peccato erat. Sabbatum enim spiritale hoc est, non habere peccatum. Denique, fratres, hoc admonet Deus quando commendat sabbatum : *Omne opus servile non facietis* (*Levit.* XXIII, 8). Hæc sunt verba Dei sabbatum commendantis : *Omne opus servile non facietis.* Jam superiores lectiones interrogate, quid [*Ms.*, quod] sit opus servile, et Dominum audite : *Omnis, qui facit peccatum, servus est peccati* (*Joan.* VIII, 34). Sed isti nec videntes, ut dixi, nec inuncti, sabbatum carnaliter observabant, spiritaliter violabant. *Alii dicebant : Quomodo potest homo peccator hæc signa facere?*

Ecce sunt inuncti. Et schisma erat in eis. Dies ille divisus erat [*Aug.*, diviserat] inter lucem et tenebras.

VERS. 17. — *Dicunt ergo cæco iterum : Tu quid dicis de eo qui aperuit oculos tuos?* Quid de illo sentis ? Quid existimas ? Quid judicas? Quærebant quemadmodum homini calumniarentur, ut de synagoga pelleretur, sed a Christo inveniretur. Sed ille constanter quod sentiebat, expressit. Ait enim : *Quia propheta est.* Adhuc quidem inunctus in corde, nondum Dei Filium confitetur, nec mentitur tamen. Ipse Dominus de seipso ait : *Non est propheta sine honore, nisi in patria sua* (*Matth.* XIII, 57).

VERS. 18. — « *Non crediderunt ergo Judæi de illo, quia cæcus fuisset* [*et vidisset*]*, donec vocaverunt parentes ejus qui viderat.* Id est, qui cæcus erat et viderat. (VERS. 19, 20, 21.) *Et interrogaverunt eos, dicentes : Hic est filius vester, quem vos dicitis quia cæcus natus est? Quomodo ergo nunc videt? Responderunt eis parentes ejus, et dixerunt : Scimus quia hic est filius noster, et quia cæcus natus est. Quomodo autem nunc videat, nescimus. Et dixerunt : Ipsum interrogate : ætatem habet, ipse de se loquatur.* Scimus autem quia filius noster est; sed juste cogeremur loqui pro infante, quia ipse pro se loqui non posset ; olim loquitur, modo videt; cæcum a nativitate novimus, loquentem olim scimus, videntem modo videmus : ipsum interrogate, ut instruamini. (VERS. 22.) *Hæc dixerunt parentes ejus, quia timebant Judæos.* Jam enim conspiraverant Judæi, ut si quis eum confiteretur Christum, extra synagogam fieret. Jam non erat malum extra synagogam fieri. Illi expellebant, sed Christus excipiebat

VERS. 23, 24. — *Propterea parentes ejus dixerunt : quia ætatem habet, ipsum interrogate. Vocaverunt ergo rursum hominem qui fuerat cæcus, et dixerunt ei : Da gloriam Deo.* « Quid est, da gloriam Deo ? Nega quod accepisti. Hoc plane non est Deo gloriam dare, sed Deum potius blasphemare. *Da, inquiunt, gloriam Deo. Nos scimus quia hic homo peccator est.* (VERS. 25, 26.) *Dixit ergo ille : Si peccator est, nescio ; unum scio, quia cæcus cum essem, modo video. Dixerunt ergo illi : Quid fecit, quomodo aperuit tibi oculos?* Et ille jam stomachans adversus duritiam Judæorum, et ex cæco videns, non ferens cæcos, respondit eis : (VERS. 27) *Dixi vobis jam, et audistis : quid iterum vultis audire? Nunquid et vos vultis discipuli ejus fieri?* Quid est, *Nunquid et vos*, nisi quia ego jam sum?. *Nunquid et vos vultis?* Jam video, **560** sed non video vos videre [*Aug.*, sed non invideo]. (VERS. 28.) « *Maledixerunt ei, et dixerunt : Tu discipulus ejus sis.* Tale maledictum super nos et super filios nostros. Maledictum est enim si cor discutias, non si verba perpendas. (VERS. 29.) *Nos autem Moysi discipuli sumus. Nos scimus quia Moysi locutus est Deus.* Utinam sciretis, quia Moysi locutus est Deus; sic sciretis, quia per Moysen prædictus [*Aug.*, prædicatus] est Deus. Habetis enim Deum dicentem : *Si crederetis Moysi, crederetis et mihi ; de me enim scripsit* (*Joan.* V, 46). Itane sequimini servum, et dorsum ponitis contra Dominum? Sed nec servum sequimini; nam per illum ad Dominum duceremini.

VERS. 30, 31. — *Respondit ille homo, et dixit eis: In hoc mirabile est, quia vos nescitis unde sit, et aperuit oculos meos. Scimus autem, quia peccatores Deus non exaudit, sed qui* [Ms., *si quis*] *Dei cultor est, et voluntatem ejus facit, hunc exaudit Deus.* « Adhuc inunctus loquitur. Nam et peccatores exaudit Deus. Si enim peccatores Deus non exaudiret, frustra ille publicanus oculos in terram dimittens, et pectus suum percutiens diceret: *Domine, propitius esto mihi peccatori* (*Luc.* XVIII, 13). Et ista confessione meruit justificationem, quomodo iste caecus illuminationem. » Sed peccatoribus lavandum est cor poenitentiae lacrymis, ut exaudiantur; et fiat [*Ms.*, et flet] in corde illorum quod factum est in facie caeci hujus; et sentiunt Deum illos exaudire, qui ut peccatores salvaret venit in hunc mundum.

VERS. 32, 33. — *A saeculo non est auditum, quia aperuit quis oculos caeci nati. Nisi esset hic a Deo, non poterat facere quidquam.* Libere constanterque confessus est veritatem. Haec enim quae facta sunt a Domino, a quo fierent nisi a Deo? Aut quando a discipulis talia fierent, nisi in eis Dominus habitaret? (VERS. 34.) « *Responderunt et dixerunt ei: In peccatis natus es totus.* Quid est *totus?* Cum oculis clausis. Sed qui aperuit oculos, salvat et totum: ipse dabit in corde resurrectionem, qui in facie dedit illuminationem. *In peccatis totus natus es, et tu doces nos? Et ejecerunt eum foras.* Ipsi illum magistrum fecerant, ipsi ut discerent; toties interrogaverunt, et ingrati docentem projecerunt. Sed ut dixi jamdudum, fratres, illi pellunt, Dominus suscipit: magis enim, quia expulsus est, Christianus factus est. » Certe projectus est iste de synagoga. Audivit Jesus, et invenit eum, et dixit ei: (VERS. 35, 36.) *Tu credis in Filium Dei? Et ille: Quis est, Domine, ut credam in eum?* Videbat, et non videbat, videbat oculis tantum, sed corde adhuc non videbat. Ait illi Dominus: *Et vidisti eum,* quando illuminatus fuisti, hoc est oculis; *Et qui loquitur tecum, ipse est.* « Dum ergo audivit Jesus, quia ejecerunt eum foras, et cum invenisset eum, dixit ei: *Tu credis in Filium Dei?* Modo lavat faciem cordis. *Respondit ille, et dixit,* quasi adhuc inunctus: *Quis est, Domine, ut credam in eum?* (VERS. 57.) *Et dixit ei Jesus: Et vidisti eum, et qui loquitur tecum, ipse est.* Tunc prostratus adoravit eum. Tunc [*Al.*, Nunc] lavit faciem cordis. Denique jam facie lota cordis, et mundata conscientia, agnoscens illum non Filium hominis tantum, quod ante crediderat, sed jam Filium Dei, quem videbat [*Aug.*, Filium Dei, qui carnem susceperat], ait: (VERS. 38.) *Credo, Domine.* Sed parum est dicere, *credo.* Vis videre qualem credat? *Procidens adoravit eum.* » Si Dominum Dei Filium non credidisset quem videbat, nullatenus adorasset eum. Incumbite ergo orationibus, peccatores, confitemini peccata vestra, orate ut deleantur, orate ut minuantur,

ᵃ Ex sancto Augustino, tract. XLV in Joan., num. 2, 3, 5, 6, 8, 9, 14, 15.

orate ut vobis proficientibus ipsa deficiant. Tamen nolite desperare, et peccatores orate. Quis enim non peccavit? A sacerdotibus incipe. Sacerdotibus dictum est: *Prius offerte sacrificia pro peccatis vestris, et sic pro populo* (*Hebr.* VII, 27). Sequitur:

VERS. 39. — *In judicium ego in hunc mundum veni, ut qui non vident, videant, et qui vident, caeci fiant.* Quid est, quod dicit, *In judicium ego in hunc mundum veni,* dum alio loco dicit: *Non enim veni, ut judicem mundum* (*Joan.* III, 17, 18)? nisi quia aliud est judicium discretionis, aliud est judicium damnationis, de quo ipse Dominus ait alibi: *Qui non credit in me, jam judicatus est,* id est, damnatus. Hic enim in hoc loco, sicut in sequentibus verbis patet, judicium discretionis significat, dum ait: *Ut qui non vident, videant, et qui vident, caeci fiant.* « Quid est, *ut qui non vident, videant?* Qui se non videre confitentur, et medicum quaerunt ut videant. *Et qui vident, caeci fiant.* Quid est, *qui vident, caeci fiant?* Id est, qui se putant videre, et medicum non quaerunt, sed in sua caecitate permanent [*Aug.*, permaneant]. Ergo istam discretionem vocavit judicium; » quia discernit humiles a superbis, credentes a non credentibus, medicum quaerentes ab eis qui medicum quaerere contemnunt. O Domine, venisti, ut qui non vident, videant; recte, quia lumen es; recte, quia dies es; recte, quia de tenebris liberas homines. Hoc omnis anima accipiat, hoc omnis anima intelligat, ut non maneat in tenebris; sed illuminetur ab eo, *qui illuminat omnem hominem venientem in hunc mundum.*

VERS. 40. — Commoti sunt enim verbis istis quidam ex Pharisaeis, et dixerunt ei: « *Nunquid et nos caeci sumus?* Audiant [*Ms.*, audi jam] quid est quod movebat: *Et qui vident, caeci fiant.*

VERS. 41. — *Dixit eis Jesus: Si caeci essetis, non haberetis peccatum.* Cum sit caecitas ipsa peccatum. *Si caeci essetis,* id est, si vos caecos adverteretis, et ad medicum curreretis; si ergo ita caeci essetis, *non haberetis peccatum. Nunc vero dicitis, quia videmus, vestrum peccatum manet.* Quare? Quia dicendo, *Videmus,* medicum non quaeritis, in caecitate vestra remanetis. » Sequitur:

CAPUT XXV.

Qui non intrat per ostium in ovile ovium, furem esse, ostiumque se et pastorem ovium, pro quibus se animam positurum suam, et alias oves adducturum, ut fiat unum ovile et unus pastor, dicit.

CAPUT X. VERS. 1-6. — *Amen, amen dico vobis, qui non intrat per ostium in ovile ovium, sed ascendit aliunde, ille fur est, et latro;* [usque in eum locum]: *Hoc proverbium dixit eis Jesus: Illi autem non cognoverunt quid loqueretur eis.* « ᵃ Propter Pharisaeorum qui se videre jactabant cum caeci erant, venenatam, et superbam, et insanabilem arrogantiam, Dominus Jesus ista contexuit, » quae in hac parabola leguntur, quam ipse illis non intelligentibus exponere dignatus est; in qua nos salubriter, si advertamus, admonuit, non gloriari in sapientia humana, non in morum di gnitate, si humilitas fidei catholicæ in Christum desit. « Multi enim sunt pagani, qui secundum quamdam vitæ hujus consuetudinem dicuntur boni homines, innocentes, et quasi observantes ea quæ in lege præcepta sunt; deferentes honorem parentibus suis, non mœchantes, non homicidium perpetrantes, non furtum facientes, non falsum adversus quemquam testimonium perhibentes; et cætera, quæ in lege mandata sunt, velut observant [*Ms.*, velut observantes], et Christiani non sunt; et plerumque se jactant, quomodo isti Pharisæi, dicentes : *Nunquid et nos cæci sumus?* » Sed hæc omnia inaniter faciunt, quia non intrant per ostium, sed aliunde, tumido fastu quasi per se ipsos ascendere quærunt. « Quapropter Dominus similitudinem proposuit de grege suo, et de ostio quo intratur ad ovile. » Quid enim prodest vana jactantium de bene vivendo inflatio, dum ad finem perpetualiter bene vivendo vita eorum non perveniat? « Ad hoc enim debet unicuique prodesse bene vivere, ut detur illi semper bene vivere; nam si cui non datur semper bene vivere, quid prodest ei bene vivere ad tempus? Igitur nec bene vivere dicendi sunt, qui finem bene vivendi vel cæcitate nesciunt, vel inflatione contemnunt. Non est autem cuiquam spes vera et certa semper vivendi, nisi agnoscat vitam quæ est Christus, et per januam intret in ovile. » Sunt enim quidam homines qui in suis gloriantur moribus, et alios post se trahere quærunt, non de Christi præceptis instruentes suos sectatores, sed suis exemplis vivere eos suadentes, de quibus alio loco ipsa Veritas ait : *Docentes doctrinas hominum* (*Matth.* xv, 9), et mandata Dei contemnentes. « Hi per aliam partem ascendere quærunt, rapere et occidere; non ut pastor, salvare atque conservare. » De talibus hic dictum est : *Sed ascendit aliunde, ille fur est, et latro.* Non solum vero tales inveniuntur doctores inter eos qui sine nomine Christi sunt, sicut multi philosophorum qui suam sapientiam buccis crepantibus ventilabant, et vitam beatam [suis] sectatoribus promiserunt; verum etiam plurimi 562 qui Christiano nomine censebantur, et illuminatos a Christo se esse jactabant, fingentes sibi nova quæque nomina de Christo, et fidei catholicæ contraria, sicut innumerabiles hæretici faciebant, æstimantes se falso nomine per januam, quæ Christus est, intrare. « Sabellius dicit : Qui Filius est, ipse est Pater : sed Filius [*Aug.*, si Filius] non est Pater. Non intrat per ostium, qui Filium dicit Patrem. Arianus [*Ms.*, Arius] dicit : Aliud est Pater, aliud Filius. Recte diceret, si diceret alius, non aliud. Quando enim dicit aliud, ei contradicit a quo audit : *Ego et Pater unum sumus* (*Joan.* x, 30). Nec ipse ergo intrat per ostium : prædicat enim Christum qualem sibi pingit [*Aug.*, fingit], non qualem veritas habet [*Aug.*, dicit]. Photinus dicit : Christus homo tantum est, non Deus. Nec ipse intrat per ostium, quia Christus et homo et Deus est. » Huic enim nova hæresis quæ nostris temporibus orta est, consentire videtur affirmando et prædicando : Christus, sicut quilibet sanctus, nuncupativus Deus est, et non verus. « Quid est opus multa percurrere? et multa vana hæresum dinumerare? Hoc tenete; in ovili Christi Ecclesiam catholicam esse, credite [*Aug.*, Hoc tenete, ovile Christi esse catholicam Ecclesiam]. Quicunque vult intrare ad ovile, per ostium intret, id est, per Christum intret, et Christum verum Deum, et verum Filium Dei prædicet. Non solum Christum prædicet, sed Christi gloriam quærat, non suam : nam multi quærendo gloriam suam, oves Christi sparserunt potius quam congregaverunt. Humilis est enim janua Christus Dominus Deus noster : qui in trat per hanc januam, oportet humiliet se, ut sano capite possit intrare. » Hi sunt qui vocem veri pastoris audiunt; hi sunt quos proprias oves nominatim verus pastor vocat. De his dictum est : *Gaudete et exsultate, quoniam nomina vestra scripta sunt in cœlis* (*Luc.* x, 20). Hinc enim eas vocat nominatim. « Et quis eas alius emittit, nisi qui earum peccata dimittit, ut eum sequi duris liberatæ vinculis possint? Et quis eas præcessit, quo eum sequantur, nisi qui resurgens a mortuis jam non moritur, et mors illi ultra non dominabitur (*Rom.* vi, 9)? » Has vero educit a fide ad speciem, et ante istas vadit, quia prior omnium ascendit in cœlum : et quæ sunt oves suæ, illum sequuntur, quia sciunt vocem doctrinæ ejus; alienos vero doctores non sequuntur, sed fugiunt ab eis, quia non noverunt vocem, id est, doctrinam alienorum. Sed loquente Domino Jesu non intellexerunt qui audierunt. Incrassatum enim habuerunt cor, et graviter audierunt. « Nominat ostium, nominat ovile, nominat oves : commendat hæc omnia, sed nondum exponit. Legamus ergo, quia venturus est ad ea verba, in quibus nobis aliqua, quæ dixit, dignetur exponere : ex quorum expositione dabit nobis fortasse [etiam] illa quæ non exposuit intelligere. Pascit enim manifestis, exercet obscuris. « Audiamus exponentem, qui audivimus proponentem.

VERS. 7. — *Dicit ergo eis iterum Jesus : Amen, amen dico vobis, quia ego sum ostium ovium.* Ecce ipsum ostium quod clausum posuerat, aperuit. Ipse est ostium : agnovimus, intremus, ut nos intrasse gaudeamus. (VERS. 8.) *Omnes, quotquot venerunt, fures sunt et latrones.* Quid est hoc, Domine, Omnes, quotquot venerunt? Quid enim, tu non venisti? Sed intellige : *Omnes, quotquot venerunt,* dixit [*Aug.*, dixi], utique præter me. Recolamus ergo. Ante adventum ipsius venerunt prophetæ : nunquid fures fuerunt et latrones? Absit. Non præter illum venerunt, sed cum illo venerunt. Venturus præcones mittebat, sed eorum corda quos miserat, possidebat. Cum illo ergo venerunt, quia cum verbo Dei venerunt. *Ego sum,* inquit, *via, veritas et vita* (*Joan.* xiv, 6). Ipse est veritas; cum illo venerunt, quia veraces fuerunt et veritatem prædicaverunt. Quotquot autem præter illum venerunt, fures fuerunt et latrones. » Per se venerunt, quia per eum missi non fuerunt, dicente Apostolo : *Quomodo prædicabunt, nisi mittantur* (*Rom.* x, 15)? Et qui [*Ms.*, quia] per se venerunt, et non sunt ab eo missi, fures sunt et latrones. Nam ante adventum

Christi falsi fuerunt in populo Dei prophetæ, falsi doctores. Sicut post adventum illius sub nomine Christiano, quamplurimi falsi fuerunt doctores, nec doctores, sed seductores; non prædicatores, sed falsi prædicatores [*Ms.*, sed prædatores], latrocinia exercentes, non sanæ doctrinæ inhærentes. De quibus dictum est: *Fures sunt et latrones*, id est, ad furandum **563** et occidendum venerunt. Sed non audierunt eos illæ quæ veræ sunt oves, non sub pelle ovina lupinum cor abscondentes. Igitur qui ante adventum Christi prædicaverunt, eodem spiritu prædicaverunt quo apostoli et sancti doctores, qui post adventum Christi veritatis viam mundo ostenderunt. « Quotquot autem illo tempore crediderunt vel Abraham, vel Isaac, vel Jacob, vel Moysi, vel aliis patriarchis, aliisque prophetis Christum prænuntiantibus, oves erant, et Christum audierunt: non alienam vocem, sed ipsius Christi audierunt. Nam judex clamat in præcone, dum præco judicem annuntiat venturum. Alii sunt ergo quos non audierunt oves, in quibus non erat vox Christi, errantes, falsa dicentes, inania garrientes; vana fingentes, miseros seducentes, » sicut pseudoprophetæ, sicut Scribæ et Pharisæi temporibus ipsius Domini. Hi sunt qui venerunt per se, et non sunt a judice missi. His vero cum doctrinis suis procul expulsis, videamus quo nos pastor bonus vocat. Dicit enim: (VERS. 9.) *Ego sum ostium: per me si quis introierit, salvabitur, et ingredietur, et egredietur, et pascua inveniet*. « Et hoc evidenter ostendit non solum pastorem, sed etiam oves intrare per ostium. Sed quid est, *ingredietur et egredietur, et pascua inveniet*? Ingredi quippe in Ecclesiam per ostium Christum, valde bonum est: exire autem de Ecclesia, sicut ait ipse Joannes evangelista in epistola sua: *Ex nobis exierunt, sed non erant ex nobis (I Joan.* II, 20); non est utique bonum. Talis ergo egressus non posset a bono pastore laudari, ut diceret: *Et ingredietur et egredietur, et pascua inveniet*. Est ergo aliquis non solum ingressus, verum etiam egressus bonus per ostium bonum, quod est Christus. Sed quis est ille laudabilis et beatus egressus? Possim quidem dicere ingredi nos, quando interius aliquid cogitamus: egredi autem, quando exterius aliquid operamur; et quoniam, sicut dicit Apostolus, *per fidem habitat Christus in cordibus nostris (Ephes.* III, 17), ingredi per Christum, esset secundum ipsam fidem cogitare; egredi autem per Christum, secundum ipsam fidem etiam foris, id est, coram hominibus operari. Unde et in Psalmo dicitur: *Exiet homo ad opus suum (Psalm.* CIII, 23). Et ipse Dominus dicit: *Luceant opera vestra coram hominibus (Matth.* v, 16). Sed plus me delectat quod ipsa Veritas tanquam pastor bonus, et ideo doctor bonus, quodammodo nos admonuit: secundum quem modum intelligere debeamus, quod ait: *Ingredietur, et egredietur et pascua inveniet*. Tunc [*Aug.*, Cum] secutus adjunxit:

[a] Ex S. Aug., tract. XLVI, num. 1, 2, 4.
[b] Apud Aug. « Loquens Dominus Jesus ovibus suis, et præsentibus et futuris, quæ tunc aderant; quia

(VERS. 10.) *Fur non venit, nisi ut furetur et mactet, et perdat. Ego veni, ut vitam habeant, et abundantius habeant*. Videtur enim dixisse, ut vitam habeant ingredientes [*In Aug. add.* : et abundantius habeant egredientes]: non autem potest quisque per ostium, id est, per Christum egredi ad æternam vitam, quæ erit in specie, nisi per ipsum ostium, hoc est, per eumdem Christum, in Ecclesiam ejus, quæ est ovile ejus, intraverit ad vitam temporalem quæ est in fide [*Al.*, in finem]. Ideo ait: *Ego veni, ut vitam habeant*, hoc est, fidem quæ per dilectionem operatur (*Gal.* V, 6), per quam fidem in ovile ingrediuntur, ut vivant, quia *justus ex fide vivit (Habac.* II, 4); *et abundantius habeant*, qui perseverando usque in finem, per illud ostium, id est, per fidem Christi egrediuntur; quoniam veri fideles moriuntur, et abundantius habebunt vitam, veniendo quo pastor ille præcessit, ubi nunquam deinde moriantur. Quamvis ergo et hic in ipso ovili non desint pascua [*Ms.*, pascuæ], quoniam ad utrumque possumus intelligere quod dictum est: *Et pascua* [*Ms.*, *pascuam*, et ita porro] *inveniet*, id est, et ad ingressum et ad egressum: tamen vere pascua invenient, ubi saturentur qui esuriunt et sitiunt justitiam (*Matth.* v, 6). Qualem [*Ms.*, Talem] pascuam invenit, cui dictum est, *hodie mecum eris in paradiso* » (*Luc.* XXIII, 43). Sequitur de boni pastoris perfectione sententia Domini, et de mali pastoris fuga quem mercenarium nominat.

VERS. 11, 12. — *Ego sum pastor bonus*, inquit. *Pastor bonus animam suam ponit pro ovibus suis. Mercenarius autem fugit, quia mercenarius est, et non pertinet ad eum de ovibus*. « [a] Loquens Dominus Jesus ovibus suis, et præsentibus et futuris, quæ tunc aderant, qui erant [*Ms.*, aderant] ibi. Jam [in præsentia] oves ejus erant, quæ futuræ erant oves ejus [b]. Item: præsentibus et futuris, et illis et nobis, et quotquot **564** etiam post nos fuerint oves ejus, [suas jam] ostendit. Omnes ergo audiant [*Aug.*, audiunt] vocem pastoris sui dicentis: *Ego sum pastor bonus*. Non adderet, *bonus*, nisi essent pastores mali. Sed pastores mali, ipsi sunt fures et latrones: aut certe, ut multum, mercenarii. Omnes enim hic personas quas posuit, requirere, distinguere et nosse debemus. Aperuit enim jam duas res Dominus, quas quodammodo clausas proposuerat. Jam scimus quia ostium ipse est, scimus quia pastor ipse est. Fures et latrones qui sint, priore sententia patefactum est: nunc autem audivimus mercenarium, audivimus et lupum, nominatus est et ostiarius. In bonis ergo ostium est, ostiarius, pastor et oves: in malis, fures et latrones, mercenarius et lupus. Ostium Dominum Christum accipimus, pastorem ipsum; ostiarium quem? Hæc enim duo ipse exposuit; ostiarium nobis quærendum reliquit. Et quid ait de ostiario? *Huic*, inquit, *ostiarius aperit. Cui aperit? Pastori. Quid aperit pastori? Ostium. Et quis est ipsum ostium? Ipse etiam pastor.* »

erant, ubi jam oves ejus erant, quæ futuræ erant ejus oves.

Diversa sunt nomina, pastor, [ostium], ovis, unum aliquid significantia. Nam ipsius Domini verba paulo ante audivimus : *Ego sum ostium ;* et hic modo lectum est nobis : *Ego sum pastor.* Qui etiam ab amico sponsi Agnus nominatur, sicut in hoc præsenti Evangelio audivimus : *Ecce Agnus Dei, ecce qui tollit peccata mundi* (*Joan.* I, 29). De quo multo ante Propheta prædixit : *Tanquam ovis ad occisionem ductus est* (*Isai.* LIII, 7) : quamvis totum corpus suum, oves illius intelligantur. Potest et ille ostiarius intelligi, quia nemo ingreditur vel egreditur, nisi eo aperiente, qui habet clavem David, qui aperit, et nemo claudit; claudit, et nemo aperit (*Apoc.* III, 7). « Non ergo pigeat nos secundum quamdam similitudinem, ipsum ostiarium accipere, quem et ostium. Quis est ostiarius, nisi qui aperit? Quis aperit, nisi qui se exponit? dicente seipso de seipso : *Ego sum via, et veritas, et vita.* Si forte tibi voluntas est aliam quærere personam ostiarii, Spiritus sanctus est, de quo ipse Dominus discipulis suis ait : *Ipse vos docebit omnem veritatem* (*Joan.* XVI, 13). Ostium quid est? Christus. Christus quid est? Veritas. Quis aperit ostium, nisi qui docet omnem veritatem? » Dum Dominus boni pastoris opus ostendere voluit, seipsum proposuit in exemplo dicens : *Bonus pastor animam suam ponit pro ovibus suis.* Fecit quod monuit, ostendit quod jussit : animam suam posuit pro ovibus suis. Ostensa est nobis de contemptu mortis via quam sequamur, apposita forma cui imprimamur. Primum nobis est exteriora nostra misericorditer ovibus ejus impendere; postremum vero, si necesse sit, etiam mortem nostram pro eisdem ovibus ministrare. Qui non dat pro ovibus substantiam suam, quando pro eis daturus est animam suam? Exposuimus, vel magis, Domino docente, intelleximus, quis sit pastor, quis ostium, quis ostiarius, quis etiam et ovis : nec non qui sint fures et latrones cognovimus. Sed modo de mercenario et lupo consideremus, de quibus ipse Dominus dixit : *Mercenarius autem, et qui non est pastor, cujus non sunt oves propriæ, videt lupum venientem, et dimittit oves, et fugit.* « [a] Non pastor, sed mercenarius vocatur, qui non pro amore intimo oves Dominicas, sed ad temporales mercedes pascit. Mercenarius quippe est qui locum [quidem] pastoris tenet, sed lucra animarum non quærit : terrenis commodis inhiat, honore prælationis gaudet, temporalibus lucris pascitur, impensa sibi ab hominibus reverentia lætatur. Istæ sunt etenim mercedes mercenarii, ut pro eo ipso quod in regimine laborat, hic quod quærit, inveniat, et ab hæreditate gregis in posterum alienus existat. Lupus enim super oves venit, cum quilibet injustus et raptor fideles quosque atque humiles opprimit. Sed is qui pastor esse videbatur et non erat, relinquit oves et fugit; quia dum sibi ab eo periculum metuit, resistere ejus injustitiæ non præsumit. Fugit autem non mutando locum, sed subtrahendo solatium; fugit qui injustitiam vidit et tacuit; fugit qui se sub silentio abscondit. « Sed est

[a] Ex S. Greg. Homil. lib. I, homil. 14, num. 2-5.

alius lupus qui sine cessatione quotidie non corpora, sed mentes dilaniat, malignus videlicet spiritus, qui caulas fidelium insidians circumit, et mortes animarum quærit. De quo lupo mox subditur : *Et lupus rapit, et dispergit oves.* 567 Lupus venit et mercenarius fugit; quia malignus spiritus mentes fidelium in tentatione dilaniat, et is qui locum pastoris tenet, curam sollicitudinis non habet. Animæ pereunt, et ipse de terrenis commodis lætatur. Lupus rapit et dispergit oves, cum alium ad luxuriam pertrahit, alium in avaritiam accendit, alium in superbiam erigit, alium per iracundiam dividit, hunc invidia stimulat, illum in fallacia supplantat. Quasi ergo gregem lupus dissipat, cum fidelem populum diabolus per tentationes necat. Sed contra hæc mercenarius nullo zelo accenditur, nullo fervore dilectionis excitatur; quia dum sola exteriora commoda requirit, interiora gregis damna negligenter patitur. Unde et mox adjungitur : (VERS. 13.) *Mercenarius autem fugit, quia mercenarius est, et non pertinet ad eum de ovibus.* Sola ergo causa est ut mercenarius fugiat, quia mercenarius est. Ac si aperte diceretur : Stare in periculo ovium non potest, qui in eo quod ovibus præest, non oves diligit, sed lucrum terrenum quærit. Dum enim honorem amplectitur, dum temporalibus commodis lætatur, opponere se contra periculum trepidat, ne hoc quod diligit, amittat. Sed quia Redemptor noster culpas ficti pastoris innotuit, iterum formam cui debeamus imprimi, ostendit dicens : (VERS. 14.) *Ego sum pastor bonus :* atque subjungit : *Et cognosco meas;* hoc est, diligo, *et cognoscunt me meæ.* Ac si patenter dicat : Diligentes obsequuntur. « Unde mox subjunxit : (VERS. 15.) *Sicut novit me Pater, et ego cognosco Patrem, et animam meam pono pro ovibus meis.* Ac si patenter dicat : In hoc constat quia et cognosco Patrem et cognoscor a Patre, quia animam meam pono pro ovibus meis; id est, ea charitate qua pro ovibus morior, quantum Patrem diligam ostendo. Quia vero non solum Judæam, sed etiam gentilitatem redimere venerat, adjungit : (VERS. 16.) *Et alias oves habeo, quæ non sunt ex hoc ovili, et illas oportet me adducere, et vocem meam audient, et fiet unum ovile et unus pastor.* Redemptionem nostram qui ex gentili populo venimus Dominus aspexerat, cum se adducere et alias oves dicebat. Hoc quotidie fieri, fratres, aspicitis; hoc reconciliatis gentibus factum hodie videtis. Quasi ex duobus gregibus unum ovile efficit, quia Judaicum et gentilem populum in sua fide conjungit, Paulo attestante, qui ait : *Ipse est pax nostra, qui fecit utraque unum* (*Ephes.* II, 14). Dum enim ad æternam vitam ex utraque natione simplices eligit, ad ovile proprium oves deducit. « De quibus profecto ovibus rursum dixit : *Oves meæ vocem meam audiunt, et ego cognosco eas, et sequuntur me, et ego vitam æternam do eis;* de quibus et paulo superius dicit : *Per me si quis introierit, salvabitur, et ingredietur, et egredietur, et pascua inveniet.* Ingredietur quippe ad fidem ; egredietur vero a fide ad speciem, a credulitate ad contemplationem; pascua autem invenient in æterna refectione. Oves ergo ejus pascua invenient, quia quisquis illum corde simplici sequitur, æternæ viriditatis pabulo nutritur. Quæ autem sunt istarum ovium pascua, nisi æterna gaudia sempiterne virentis paradisi? Pascua namque electorum sunt, vultus præsens Dei, qui dum sine defectu conspicitur, sine fine mens vitæ cibo satiatur. » a Sequitur :

VERS. 17. b — *Propterea me diligit Pater, quia ego pono animam meam, et iterum sumo eam.* « Quid ait c: *Propterea me Pater diligit?* Quia morior, ut resurgam. Cum magno enim pondere dictum est : *Ego. Quia ego,* inquit, *pono animam meam. Ego pono.* Quid est : *ego pono?* Ego, inquit, illam pono. Non glorientur Judæi : sævire potuerunt, potestatem habere non potuerunt. Sæviant quantum possunt : si ego noluero ponere animam meam, quid sæviendo facturi sunt? Una responsione prostrati sunt, quando eis dictum est : *Quem quæritis* (Joan. XVIII, 6)? Dixerunt, *Jesum;* et ait eis : *Ego sum* : redierunt retro, et ceciderunt. Qui ceciderunt ad unam vocem Christi morituri, quid facient sub voce [*Ms.*, sub vocem] judicaturi? *Ego,* inquit, *pono animam meam.* Non glorientur Judæi, quasi qui prævaluerint : ipse posuit animam suam. » Sicut potestatem habuit ponendi, ita potestatem resumendi. Quod aliis verbis in hoc ipso Evangelio ostendit, dicens : *Solvite templum hoc, et in tribus diebus excitabo illud* (Joan. II, 19, 21) : quod evangelista secutus exposuit : *Hoc enim dicebat de templo corporis sui.* Et adjunxit discipulos suos hæc verba rememorasse, cum resurrexisset Christus a mortuis. Hoc suscitabatur, quod moriebatur; nam Verbum mori non potuit, nec anima illa mortua fuit. Caro tantum mortua est, et resurrexit tertia die. Sed quærendum est quid sit quod dixit : « *Ego pono animam meam?* Quis posuit? Quem posuit? Quis est qui posuit? Quid est Christus? Verbum et homo. Nec sic homo, ut sola caro : sed quia homo constat ex carne et anima, totus autem homo in Christo. Non enim partem deteriorem suscepisset, et partem meliorem deseruisset : pars quippe hominis melior est anima quam corpus. Quia ergo totus homo in Christo, quid est Christus? Verbum, inquam, et homo. *Verbum caro factum est,* id est, Deus homo factus est; dicit enim :

CAPUT XXVI.

Potestatem habere se dicit ponendi ac resumendi animam suam. Facta quoque encænia in Hierosolymis, et inter multa Pharisæis sciscitantibus ait : Ego et Pater unum sumus. Et multi crediderunt in eum.

VERS. 18. — *Potestatem habeo ponendi animam meam, et potestatem habeo iterum sumendi eam.* « d Christus autem, et pro nobis posuit, et quando voluit [posuit, et quando voluit] sumpsit animam suam. Ponere ergo animam mori est. Sicut apostolus Petrus Domino dixit : *Animam meam propter te ponam* (Joan. XIII, 37), id est, propter te moriar carne. Caro posuit animam suam, et caro iterum assumpsit animam; non tamen potestate sua caro, sed potestate inhabitantis » Verbi Dei. Verbum vero Dei nunquam posuit animam ex eo quam sumpsit eam in unitatem personæ sibi, sed a carne anima posita est, et iterum resumpta per potestatem divinitatis. Caro ergo ponit animam suam exspirando. Vide ipsum Dominum in cruce, quid dixit? *Sitio* (Joan. XIX, 28, *seq.*). Qui aderant, tinxerunt spongiam in aceto, alligaverunt arundini, et apposuerunt ori ejus : quod cum accepisset, ait : *Perfectum est. Quid est, Perfectum est?* Impleta sunt omnia quæ, ante mortem futura [de me] fuerant prophetata. Et quia potestatem habebat quando vellet ponendi animam suam, posteaquam dixit, *Perfectum est,* ait evangelista : *Et inclinato capite tradidit spiritum.* » Quod ibi dicitur *tradidit,* et hic dictum est *ponit,* quia unum est tradere et ponere. « Quis tradidit? Quem tradidit? Spiritum tradidit, caro illum tradidit. Quid est, caro illum tradidit? Caro illum emisit, caro illum exspiravit. Ideo enim dicitur exspirare, extra spiritum fieri; quomodo est exsulare, extra solum fieri. » Quod hic dicitur : *Potestatem habeo ponendi animam meam,* ibi dictum est : *Inclinato capite tradidit spiritum,* quia spiritus anima est. « Cum ergo exit anima a carne, et remanet caro sine anima, tunc homo ponere animam dicitur. Quando Christus animam posuit? Quando Verbum voluit. Principatus enim in Verbo erat : ibi potestas erat, quando poneret caro animam, quando sumeret. Sicut enim unus homo anima et corpus, sic unus Christus Verbum et homo. Anima et corpus duæ res sunt, sed unus homo. Verbum et homo duæ res sunt, sed unus Christus. Nemo enim titubet in fide, quando audit Dominum dixisse : *Potestatem habeo ponendi animam meam.* Ponit eam caro, sed ex potestate Verbi; sumit eam caro, sed ex potestate Verbi. » Verbum, anima, caro, unus est Christus. Et dum caro occisa fuit, Christus occisus fuit; et dum caro animam resumpsit, Christus animam resumpsit. Quia quidquid ibi factum est in dispensatione humanæ salutis, totum unus Christus egit, unus Filius Dei proprius et perfectus, unus Deus verus et omnipotens, homo propter Verbum Deus, Deus propter hominem homo, sicut dictum est : *Verbum caro factum est.* Sed hæc omnia unde implerentur, subsequenti verbo ostendit. « *Hoc,* inquit, *mandatum accepi a Patre meo.* Verbum non verbo accepit mandatum, sed in Verbo unigenito Patris est omne mandatum. Cum autem dicitur Filius a Patre accipere, quod substantialiter habet, quomodo dictum est : *Sicut habet Pater vitam in semetipso, sic dedit Filio vitam habere in semetipso* (Joan. V, 26), cum Filius ipse sit vita : non potestas minuitur, sed generatio ostenditur. Quoniam Pater non quasi ei Filio, qui imperfectus [*Al.*, imperfecto] natus est, aliquid ad-

---

a Hucusque S. Gregorius.
b Ex S. Aug., tract. XLVII, num. 7, 9.
c In cod. Rhemensi hic incipit cap. 27.
d S. Aug. loc. cit., num. 11-14.

didit, sed ei quem perfectum genuit, omnia gignendo dedit. Ita dedit illi suam æqualitatem, quem non genuit inæqualem. Sed hæc loquente Domino, quoniam lux lucebat in tenebris, et tenebræ eam non comprehenderunt.

VERS. 19, 20. — *Dissensio iterum facta est inter Judæos propter sermones hos. Dicebant autem multi ex ipsis: Dæmonium habet, insanit: quid eum auditis?* Istæ fuerant densissimæ tenebræ. (VERS. 21.) *Alii dicebant: Hæc verba non sunt dæmonium habentis: nunquid dæmonium potest oculos cæcorum aperire?* Jam istorum [Ms., justorum] oculi cœperant aperiri; ⟩ ᵃ et aliquid lucis videre, et veritatis agnoscere. Audivimus patientiam Dei [Ms., Domini], et inter opprobria Judæorum salutis prædicationem, sed illi obdurati, magis eum tentare aggressi sunt, quam verbis illius obedire. (VERS. 22.) *Facta sunt,* inquit evangelista, *encænia in Hierosolymis, et hiems erat, et ambulabat Jesus in templo in porticu Salomonis.* ‹ ᵇ Encænia autem vocabatur solemnitas dedicationis templi, quam populus Dei ex antiqua Patrum traditione per annos singulos celebrare consueverat. Sed notandum est quod hæc encænia, quæ hic leguntur, non ad primam templi dedicationem, sed ad ultimam pertinent; quod ex eo facile colligitur, quia hieme facta referuntur. Prima siquidem ejusdem templi dedicatio a Salomone tempore autumni (*II Paral.* VII); secunda autem a Zorobabel et Jesu sacerdote tempore veris (*II Esdr.* VI); tertia a Juda Machabæo tempore hiemis est facta, quando specialiter constitutum esse legitur, ut eadem dedicatio per omnes annos in memoriam solemnibus renovaretur officiis (*Mach.* IV). Quæ etiam ad tempus usque Dominicæ incarnationis observata fuisse, sicut modo, cum legeretur Evangelium, audivimus. › Quæ etiam dedicatio salubri consuetudine in Ecclesiis Christi servari moderno tempore dignoscitur. Considerandum est quare evangelista dixerit, hæc encænia hiemis tempore facta esse? Omnino propter duritiam Judæorum et infidelitatem, quæ frigoris nomine sæpe designari legitur.

VERS. 23. — *Et ambulabat Jesus in templo in porticu Salomonis.* ‹ Si ergo Dei Filius ambulare voluit in templo, in quo caro et sanguis brutorum animalium offerebatur, multo magis nostram orationis domum, ubi carnis ipsius ac sanguinis sacramenta celebrantur, visitare gaudebit. Si perambulare non despexit porticum, in qua rex quondam mortalis ac terrenus, quamvis potentissimus ac sapientissimus ad orandum stare solebat, quanto magis penetralia cordium nostrorum invisere atque illustrare desiderat, si tamen ea porticum esse Salomonis, hoc est, si ea timorem suum qui est initium sapientiæ habere perspexerit? Neque enim putandum est quia domus solummodo in qua ad orandum vel ad mysteria celebranda convenimus templum sit Domini, et non ipsi qui in nomine Domini convenimus multo amplius templum ejus appellemur et simus, cum manifeste dicat Apostolus: *Vos estis templum Dei vivi, sicut dicit Deus: Inhabitabo in eis, et inter illos ambulabo* ⟩ (*II Cor.* VI, 16). Ostendit vero evangelista, cur dixisset: Hiemis tempore. (VERS. 24.) *Tunc*, inquit, *circumdederunt eum Judæi.* Circumdederunt itaque eum tentationis gratia, non veritatis agnoscendæ voluntate, et dicebant: *Quousque animam nostram tollis? Si tu es Christus, dic nobis palam.* ᶜ Hæc vero non veritatis fidei inquirendo, sed illi quem interrogabant, insidiando et calumniam instruendo dicebant, ut invenirent quomodo accusarent eum, nolentes eum credere Deum, sed hominem purum tantummodo futurum, et regem cæteris omnibus excelsiorem esse venturum. Qua etiam dementia posteriorum [Beda, posteri eorum] usque in præsens, et donec Antichristum pro Christo suscipiant, errare non cessant. Et si se Dominus Jesus Christum esse responderet, cogitabant eum tradere potestati præsidis puniendum, quasi contra Augustum repugnans, illicitum sibi usurparet imperium. Sed ipse nostræ saluti consulens, propter quos hæc scribenda erant, ita responsum temperavit suum, ut et calumniatorum ora concluderet, et quia Christus est [Ms., esset], 570 fidelibus aperta voce panderet. Illi enim de homine Christo quærebant: ipse autem divinitatis suæ, qua æqualis est Patri, palam mysteria narrat. ⟩ Quid ergo Judæi circumdantes Dominum dixerunt videamus. *Quousque*, inquiunt, *animam nostram tollis? Si tu es Christus, dic nobis palam.* Non venit Christus in se credentibus animam tollere, sed animam vivificare. Sed ipsi sibi Judæi animam per infidelitatem tulerunt, qui tentare Christum, non in Christum credere congregati sunt. (VERS. 25.) *Respondit eis Jesus: Loquor vobis, et non creditis.* Proprie ostendit quis esset, dum dixit: *Loquor vobis,* id est, Verbum Dei coæternum Patri; quia opera quæ facit in nomine Patris testimonium perhibent quod est Filius Dei, qui gloriam suam non quæsivit, sed ejus qui misit illum, quia una est gloria Patris et Filii. Sed hanc fidem corda infidelium accipere nequiverunt, de quibus ait: (VERS. 26.) *Sed vos non creditis;* causamque reddit cur non crederent: *Quia non estis ex ovibus meis.* ‹ ᵈ Oves sunt credendo, oves sunt pastorem sequendo, oves sunt redemptorem non contemnendo; oves sunt per ostium intrando, oves sunt exeundo, et pascua inveniendo. Quomodo ergo istis dixit: *Non estis ex ovibus meis?* Quia videbat eos ad sempiternam futuros perditionem [*Aug.*, ad sempiternum interitum prædestinatos], non ad vitam æternam sui sanguinis pretio comparatos. ⟩ (VERS. 27, 28.) *Oves meæ vocem meam audiunt, et ego cognosco eas, et sequuntur me, et ego vitam æternam do eis.* Dicit enim: *Cognosco eas.* Consuetudo sanctæ Scripturæ est dicere Dominum nosse, quidquid elegit, Apostolo dicente: *Novit Dominus, qui sunt ejus* (*II Tim,* II, 19); et illud nescire,

---

ᵃ Hucusque ex sancto Augustino.
ᵇ Ex Bedæ homilia in Dedicatione Ecclesiæ.
ᶜ Ex Beda, loco citato.
ᵈ Ex S. Aug., tract. XLVIII, num. 4, 6.

quod non approbat dignum vitæ æternæ. Unde et ad impios dicturus erit : *Non novi vos* (*Matth.* VII, 23). Sequitur de ovibus : *Et ego vitam æternam do eis.* Hæc sunt pascua quæ superius promisit ovibus suis, ubi nulla herba arescit, totum viret, totum viget, totum integrum permanet ; et quidquid semel accipitur, semper habetur. *Et non peribunt in æternum.* Hic subaudiendum est, quomodo vos peribitis, quia non estis ex ovibus meis. *Et non rapiet eas quisquam de manu mea,* id est, de potestate mea.

VERS. 29. — *Pater meus, quod dedit mihi, majus est omnibus.* Quod dedit Pater Filio majus est omnibus, ut ipse illi esset unigenitus Filius, æqualis, consubstantialis. Quid est quod dedit? Utique gignendo dedit, quia non minorem sibi genuit, non tempore posteriorem, sed coæternum, sine initio temporis semper Deum. « Non est dicendum, non erat, antequam natus erat : nunquam enim non natus erat, qui Patri coæternus erat. Qui sapit, capit ; qui non capit, credat : nutriatur fide, ut possit capere Verbum Dei, quia Verbum Filius. Semper ergo Filius, et semper æqualis. Non enim crescendo, sed nascendo æqualis est, qui semper natus de Patre Filius, de Deo Deus, de æterno coæternus. Pater autem non de Filio Deus : Filius de Patre Deus. Ideo Pater Filio gignendo dedit ut Deus esset ; gignendo dedit ut æqualis esset, hoc est, quod majus est omnibus. » Ideo transcendit iste Joannes omnes altitudines creaturarum, et millia exercitus angelorum, et magna omnia, « et pervenit ad illud quod majus est omnibus, et dixit : *In principio erat Verbum, et Verbum erat apud Deum, et Deus erat Verbum* (*Joan.* I, 1). Hoc est, quod majus omnibus est, id est, ut sim Verbum ejus, ut sim unigenitus Filius ejus, ut sim splendor lucis ejus. Ideo nemo rapiet oves de manu mea, et nemo potest rapere de manu Patris mei. » Manus Patris et manus Filii, una manus est, id est, una potestas : quia una divinitas, una majestas, una æternitas, una æqualitas. Quam videlicet æqualitatem, ipse Dominus in divinitate habuit, priusquam mundus esset apud Patrem, ipse in humilitate [*Ms.,* humanitate] ex tempore incarnationis accepit.

Et nemo potest rapere de manu Patris mei. « [a] Aperte dans intelligi unam atque indissimilem esse manum, hoc est, virtutem suam et Patris ; atque ideo Christum se esse credendum, quia non sicut cæteri sancti factus [*Beda,* sanctificatus] per gratiam ex tempore, sed verus semper exstiterit Filius Dei. Quod etiam sequenti sententia luce clarius aperit, dicens : (VERS. 30.) *Ego et Pater unum sumus.* Unum, inquit, sumus, una nobis substantia, una est divinitas, una æternitas, perfecta **571** æqualitas, dissimilitudo nulla. Quibus profecto verbis non præsentem solummodo Judæorum quæstionem, qua an ipse esset Christus interrogabant, explicavit, sed etiam hæreticorum perfidiam quam futuram prævidit, quantum sit execranda monstravit. » Conticescat Sabellius audiens : *Ego et Pater,* qui unam personam Patris et Filii prava doctrina disseruit ; nam *ego et Pater,* duæ sunt personæ. Item erubescat Arius audiens : *Unum sumus,* qui duas naturas in Patre et Filio astruit, dum *unum* unam naturam significat, sicut *sumus,* duas personas. Sequamur apostolicam fidem, quam beatus Petrus princeps apostolorum confessus est : *Tu es Christus Filius Dei vivi* (*Matth.* XVI, 16). « [b] Judæi videlicet verba Domini audientes, et hucusque sustinuerant ; dum vero ait : *Ego et Pater unum sumus,* non pertulerunt, sed more suo duri ad lapides cucurrerunt, sicut evangelista dicit : (VERS. 31.) *Tulerunt lapides, ut lapidarent eum.* Dominus qui [*Ms.,* quia] non patiebatur, quod nolebat pati, et non est passus, nisi quod voluit pati, adhuc eos lapidare cupientes alloquitur. *Sustulerunt Judæi lapides, ut lapidarent illum.*

VERS. 32, 33. — *Respondit eis Jesus : Multa opera bona ostendi vobis ex Patre meo, propter quod eorum opus me lapidatis ? Et illi responderunt : De bono opere non lapidamus te, sed de blasphemia, quia tu, homo cum sis, facis te ipsum Deum.* Ad illud hoc responderunt, quod dixerat : *Ego et Pater unum sumus.* Ecce Judæi intellexerunt quod Ariani non intelligunt. Ideo enim irati sunt, quoniam senserunt non posse dici, *Ego et Pater unum sumus,* nisi ubi æqualitas est Patris et Filii. « Dominus autem vidit quid responderet pravis. Vidit eos non ferre splendorem veritatis, et eos tentavit in verbis [*Aug.,* et eum temperavit in verbis]. *Nonne scriptum est in lege vestra ;* id est, vobis data : *Quia ego dixi, dii estis?* Deus dicit per Prophetam in psalmo hominibus : *Ego dixi, Dii estis* (*Psalm.* LXXXI, 6) ; et legem appellavit Dominus generaliter omnes illas Scripturas : quamvis alibi specialiter dicat legem, a prophetis eam distinguens, sicuti est : (VERS. 34.) *Lex et prophetæ usque ad Joannem* (*Luc.* XVI, 16). *Et in his duobus præceptis tota lex pendet et prophetæ* (*Matth.* XXII, 40). Aliquando autem in tria distribuit easdem Scripturas, ubi ait : *Oportebat impleri omnia quæ scripta sunt in lege, et prophetis, et psalmis de me* (*Luc.* XXIV, 44). Nunc vero etiam psalmos legis nomine nuncupavit, ubi scriptum est : *Ego dixi, dii estis.* (VERS. 35, 36.) *Si illos dixit deos, ad quos sermo Dei factus est, et non potest solvi Scriptura : quem Pater sanctificavit et misit in mundum, vos dicitis blasphemare, quia dixi, Filius Dei sum?* Si sermo Dei factus est ad homines, ut dicerentur dii, ipsum Verbum Dei, quod est apud Deum, quomodo non est Deus ? Si per sermonem Dei fiunt homines dii ; si participando fiunt dii ; unde participant, [quomodo] non est Deus ? Si lumina illuminata dii sunt, lumen quod illuminat quomodo non est Deus ? Si calefacti quodammodo igne salutari dii efficiuntur, unde calefiunt, non est Deus ? Accedis ad lumen, illuminaris, et inter filios Dei numeraris ; si recedis a lumine, obscuraris, et in tenebris com-

---

[a] Ex Beda, homilia citata.

[b] S. Aug. loc. cit., num. 8-12.

putaris : illud tamen [lumen] nec accedit ad se, quia non recedit a se. Si ergo vos deos facit sermo Dei, quomodo non est Deus Verbum Dei? Pater ergo sanctificavit Filium suum, et misit in mundum. Forte aliquis dicat : Si Pater eum sanctificavit, aliquando non sanctus ? Sic sanctificavit, quomodo genuit: ut enim sanctus esset, gignendo ei dedit, quia sanctum eum genuit. Nam si quod sanctificatur, ante non erat sanctum, quomodo dicimus Deo Patri : *Sanctificetur nomen tuum ?*

Vers. 37, 38. — *Si non facio opera Patris mei, nolite credere mihi. Si autem facio, et si mihi non vultis credere, operibus credite. Ut agnoscatis et credatis, quia in me est Pater, et ego in illo.* [a] Quomodo possunt dicere homines. Si enim bene cogitemus, in Deo sumus ; et si bene vivamus, Deus in nobis est : fideles, participantes ejus gratiam, illuminati ab ipso, in illo sumus, et ipse in nobis. Sed non sic unigenitus Filius : ille in Patre, et Pater in illo, tanquam æqualis in eo cui est æqualis. Denique nos aliquando possumus dicere : In Deo sumus; et Deus in nobis ; nunquid possumus dicere : Ego et Deus unum sumus ? In **572** Deo es, quia Deus te continet ; Deus est in te, quia templum Dei factus es. Sed nunquid quia in Deo es et Deus est in te, potes dicere : Qui me videt, Deum videt : quomodo Unigenitus dixit : *Qui me videt, videt et Patrem. Ego et Pater unum sumus (Joan.* xiv, 9)? Agnosce proprium Domini, et munus servi. Proprium Domini est æqualitas Patris ; munus servi est participatio Salvatoris. (Vers. 39.) *Quærbant ergo eum apprehendere.* Utinam apprehenderent, sed credendo et intelligendo, non sæviendo et occidendo. Quærebant ergo eum apprehendere ; dum eum apprehendere voluerunt, quid eis fecit ? *Exivit de manibus eorum.* Non eum apprehenderunt, quia manus fidei non habuerunt : » et quia noluit qui potestatem habuit animam suam ponere, non apprehenderunt eum; dum autem voluit, apprehensus est ab eis manibus iniquitatis. (Vers. 40, 41.) *Et abiit iterum trans Jordanem ad eum locum ubi erat Joannes baptizans primum ; et mansit ibi, et multi venerunt ad eum, et dicebant : Quia Joannes quidem signum fecit nullum.* « Meministis vobis dictum de Joanne, *quia lucerna erat (Joan.* v, 35), et diei testimonium perhibebat. Quid ergo isti dixerunt apud se ? Nullum, inquiunt, miraculum ostendit Joannes: non dæmonia fugavit, non expulit febrem, non cæcos illuminavit, non mortuos suscitavit, non tot millia hominum de quinque vel septem panibus satiavit, non super mare ambulavit, non ventis et fluctibus imperavit ; nihil horum fecit Joannes ; et totum quidquid dicebat, huic testimonium perhibebat. Per lucernam veniamus ad diem. *Joannes nullum signum fecit.* (Vers. 42.) *Omnia enim quæcunque dixit Joannes de hoc, vera erant.* Ecce quid apprehenderunt, non quomodo Judæi volebant [b] apprehen- dere discedentem, apprehenderunt isti permanentem. Denique quid sequitur ? *Et multi crediderunt in eum.* »

CAPUT XXVII.

Lazarum amicum suum jam quatriduanum mortuum dormire dicit. Quem magna voce clamando resuscitans, solvi jubet simul et abire, plurimis credentibus ex Judæis.

Caput xi, Vers. 1. — *Erat autem quidam languens Lazarus a Bethania de castello Mariæ et Marthæ.* « [c] Plurima vero in hoc miraculo resuscitati Lazari manifesta sunt. Expositionem in singulis non quæramus, ut liberius necessaria pertractemus. In superiori lectione meministis quod Dominus exiit de manibus eorum qui lapidare eum voluerant, et discessit trans Jordanem ubi Joannes baptizabat. Ibi ergo Domino constituto, infirmabatur in Bethania Lazarus, quod castellum erat proximum Hierosolymis. (Vers. 2, 3.) *Maria autem erat quæ unxerat Dominum unguento, et extersit pedes ejus capillis suis, cujus frater Lazarus infirmabatur.* Miserunt ergo sorores ejus ad eum dicentes. Jam intelligimus quo miserunt, ubi erat Dominus : quoniam absens erat, trans Jordanem scilicet. Miserunt ad Dominum, nuntiantes quod ægrotaret frater earum, ut si dignaretur veniret, et eum ab ægritudine liberaret. Ille distulit sanare, ut posset resuscitare. Quid ergo nuntiaverunt sorores ejus ? *Domine, ecce quem amas infirmatur.* Non dixerunt, Veni : amanti enim tantummodo nuntiatum fuit. Non ausæ sunt dicere, Veni et sana ; non sunt ausæ dicere, ibi jube, et hic fiet. Cur enim non et istud [*Al.*, istæ ?], si fides illius centurionis inde laudatur ? Ait enim : *Non sum dignus ut intres sub tectum meum, sed tantum dic verbo, et sanabitur puer meus (Matth.* viii, 8). Nihil horum istæ, sed tantummodo : *Domine, ecce quem amas infirmatur.* Sufficit ut noveris ; non enim amas et deseris. Dicit aliquis : Quomodo per Lazarum peccator significabatur, et a Domino sic amabatur? Audiat eum dicentem : *Non veni vocare justos, sed peccatores (Matth.* ix, 13). Si enim peccatores Dominus non amaret, de cœlo ad terram non descenderet [*Ms.*, nequaquam eos vocaret; *al.* non eos vocare venisset].

573 Vers. 4. — *Audiens autem Jesus dixit illis: Infirmitas hæc non est ad mortem, sed pro gloria Dei, ut glorificetur Filius Dei per eam.* « Talis glorificatio ipsius non ipsum auxit, sed nobis profuit. Hoc ergo ait : *Non est ad mortem,* quia ipsa mors non est ad mortem, sed potius ad miraculum : quo facto crederent homines in Christum, et vitarent veram mortem. Sane videte quemadmodum tanquam ex obliquo Dominus Deum se dixit, propter quosdam qui negant. Nam sunt hæretici qui hoc negant quod Filius Dei sit Dominus [*Ms.*, Deus]. Ecce audiant : *Infirmitas ergo hæc,* inquit, *non est ad mortem, sed pro gloria*

---

[a] Hic defectum supple ex Aug : « Non sic dicit Filius :*In me est Pater, et ego in illo,* quomodo possunt, etc. »

[b] Apud Aug. : « Ecce qui apprehenderunt, non quomodo Judæi. Judæi volebant, etc. »

[c] Ex S. Aug., tract. xlix, num. 4-25.

Dei. Qua gloria? Cujus Dei? Audi quid sequitur: *Ut glorificetur Filius Dei.* Infirmitas ergo *hæc*, inquit, *non est ad mortem, sed pro gloria Dei, ut glorificetur Filius Dei per eam.* Per quam? Per illam infirmitatem. (VERS. 5.) *Diligebat autem Jesus Martham et sororem ejus Mariam, et Lazarum.* « Ille languens, illæ tristes, omnes dilecti. Sed diligebat eos, et languentium salvator, imo etiam mortuorum suscitator, et tristium consolator. (VERS. 6.) *Ut ergo audivit quod infirmabatur, tunc quidem mansit in eodem loco duobus diebus.* Nuntiaverunt ergo illæ, mansit illic ille. Tandiu tempus ductum est, quousque quatriduum compleretur. Non frustra, nisi quia forte, imo quia certe, et ipsenumerus dierum intimat aliquod sacramentum. (VERS. 7.) *Deinde post hæc dicit discipulis suis: Eamus in Judæam iterum* ubi pene fuerat lapidatus; qui propterea inde discessisse videbatur, ne lapidaretur. Discessit enim ut homo, sed in redeundo quasi oblitus infirmitatem, ostendit potestatem. *Eamus*, inquit, *in Judæam.* Denique hoc dicto, videte quemadmodum discipuli territi fuerunt. (VERS. 8, 9.) *Dicunt ei discipuli: Rabbi, nunc quærebant te lapidare Judæi, et iterum vadis illuc? Respondit Jesus: Nonne duodecim horæ sunt diei?* Quid sibi vult ista responsio? Illi dixerunt: *Modo te volebant lapidare Judæi, et iterum vadis illuc,* ut te lapident? Et Dominus: *Nonne duodecim horæ sunt diei?*

VERS. 10. — *Si quis ambulaverit in die, non offendit, quia lucem hujus mundi videt. Si autem ambulaverit in nocte, offendit, quia lux non est in eo.* « De die quidem locutus est, sed ad nostram intelligentiam [*Aug.*, in nostra intelligentia], quasi adhuc nox est. Invocemus diem, ut repellat noctem, et cor lumine illustret. Quid enim Dominus dicere voluit? Quantum mihi videtur, quantum subjacet [*Aug.*, sublucet] altitudo, profunditasque sententiæ, redarguere voluit dubitationem illorum et infidelitatem. voluerunt enim consilium dare Domino ne moreretur, qui venerat mori, ne ipsi morerentur. Sic etiam quodam alio loco Petrus sanctus diligens Dominum, sed adhuc non plene intelligens cur venisset, timuit ne moreretur, et vitæ displicuit, id est, ipsi Domino (*Matth.* XVI, 22). Cum ergo vellent dare consilium homines Deo, discipuli magistro, servi domino, ægroti medico, corripuit eos et ait: *Nonne ₐ duodecim horæ sunt diei? Si quis ambulaverit in die, non offendit.* Me sequimini, si non vultis offendere; nolite mihi consilium dare, quos a me consilium oportet accipere. Quo ergo pertinet: *Nonne duodecim horæ sunt diei?* Quia ut diem se esse ostenderet, duodecim discipulos elegit. Si ergo sum, inquit, dies, et vos horæ, nunquid horæ diei consilium dant? Horæ diem sequuntur, non horas dies. Si ergo illi horæ, quid ibi Judas; et ipse inter duodecim horas? Si hora erat, lucebat; si lucebat, quomodo diem ad mortem tradebat? Sed Dominus in hoc verbo, non ipsum Judam, sed successorem ipsius prævidebat. Juda enim cadente, successit Matthias, et duodenarius numerus mansit (*Act.* I, 26). Non enim frustra duodecim discipulos elegit, nisi quia ipse spiritalis est dies. Sequantur ergo horæ diem, prædicent horæ diem, horæ illustrentur a die, horæ illuminentur a die, et per horarum prædicationem credat mundus in diem. Hoc ergo ait de compendio: Me sequimini, si non vultis errare. (VERS. 11.) *Et post hoc dicit eis: Lazarus amicus noster dormit, sed vado, ut a somno excitem eum.* Verum dixit. Sororibus mortuus erat, Domino dormiebat. Hominibus mortuus erat, qui eum suscitare non poterant: nam Dominus tanta facilitate suscitabat de sepulcro, quanta tu non excitas dormientem de lecto. Ergo secundum potentiam suam dixit dormientem, quia et alii mortui dicti sunt in Scripturis sæpe dormientes, sicut Apostolus dicit: *De dormientibus autem nolo vos ignorare, fratres, ut non contristemini, sicut et cæteri, qui spem non habent* (I *Thess.* IV, 22). Ideo et ipse dormientes appellavit, quia resurrecturos pronuntiavit [*Aug.*, prænuntiavit]. Et in alio loco: *Omnes quidem dormiemus, sed non omnes resurgemus* ᵃ (I *Cor.* XV, 51); mortem nostram dormitionis nomine significans. Nam corpus dum deseritur ab anima, dormit in sepulcro, resuscitandum in novissimo die: « Animæ vero, dum deserunt corpora, diversas receptiones habent: gaudium bonæ, malæ tormenta; sed cum facta fuerit resurrectio, et bonorum gaudium amplius erit, et malorum tormenta graviora, quando cum corpore torquebuntur. » Dum Dominus de dormitione amici dixerat discipulis, « responderunt quomodo intellexerunt. (VERS. 12, 13, 14, 15.) *Domine, si dormit, salvus erit.* Solent enim esse somni ægrotantium salutis indicium. *Dixerat autem Jesus de morte ejus; illi autem putaverunt quia de dormitione somni diceret. Tunc ergo dixit eis Jesus manifeste.* Subobscure enim dixerat, *dormit.* Ait ergo manifeste: *Lazarus mortuus est, et gaudeo propter vos, ut credatis quia non eram ibi,* sed scio quia mortuus est. Æger enim, non mortuus fuerat nuntiatus. Sed quid lateret eum qui creaverat et ad cujus manus anima morientis exierat? Hoc est quod ait: *Gaudeo propter vos, ut credatis quia non ibi eram:* ut jam inciperent admirari, quia Dominus potuit dicere mortuum; [quod] nec viderat, nec audierat. Ubi sane meminisse debemus, quod adhuc etiam ipsorum discipulorum qui in eum jam crediderant, miraculis ædificabatur fides: non ut ea quæ non erat, esse inciperet, sed ut ea quæ jam esse cœperat, cresceret; quamvis tali verbo usus

---

ᵃ In Vulgata ita legitur: *Omnes quidem resurgemus, sed non omnes immutabimur.* Alcuinus hic secutus fuisse videtur quosdam codices Græcos ac Latinos, in quibus etiam loco *omnes quidem resurgemus* legitur: *Omnes quidem dormiemus.* Vid. Hieron. epist. 119 ad Minervium et Alexandrum, et Augustinum libr. XX de Civit. Dei, cap. 20. Mendum tamen hic cubat in verbis: *Non omnes resurgemus.* Legendum vero: *Non omnes immutabimur.*

sit, quasi tunc credere inciperent. Non enim ait : Gaudeo propter vos , ut vestra fides augeatur sive firmetur ; ut credatis : quod intelligendum est, ut amplius robustiusque credatis.

VERS. 16, 17. — *Sed eamus ad eum. Dixit ergo Thomas, qui dicitur Didymus, ad condiscipulos suos : Eamus et nos, ut* [Al., ei] *moriamur cum eo. Venit itaque Jesus, et invenit eum quatuor dies jam in monumento habentem.* « De quatuor diebus multa quidem dici possunt, sicut se habent obscura Scripturarum, quæ pro diversitate intelligentium multos sensus pariunt. « Dicamus et nos quid nobis videatur significare mortuus quatriduanus. Quomodo enim in illo cæco intelligimus quodammodo humanum genus, sic forte et in isto mortuo multos intellecturi sumus : diversis enim modis una res significari potest. Homo quando nascitur, jam cum morte nascitur, quia de Adam peccatum trahit. Unde dicit Apostolus : *Per unum hominem peccatum intravit in mundum , et per peccatum mors ; et ita in omnes homines pertransiit, in quo omnes peccaverunt* (*Rom.* V, 12). Ecce habes unum diem mortis, peccatum, quod homo trahit de mortis propagine. Deinde crescit, incipit accedere ad rationales annos, ut legem sapiat naturalem, quam homines [*Ms.*, omnes] habent in corde fixam : quod tibi fieri non vis, alii ne feceris. Nunquid hoc de paganis dicitur [*Aug.*, de paginis discitur], et non in natura ipsa quodammodo legitur? Furtum vis pati? utique non vis. Ecce lex in corde tuo : quod non vis pati, facere noli. Et hanc legem transgrediuntur homines : ecce alter dies mortis. Data est etiam lex divinitus per famulum Dei Moysen : dictum est illis [*Aug. et Ms.*, illic] ; *Non occides ; non mœchaberis ; non falsum testimonium dices ; honora patrem et matrem ; non concupisces rem proximi tui* (*Exod.* XX, 13, *seq.*). Ecce lex scripta est, et ipsa contemnitur : adde [*Aug.*, ecce] tertium diem mortis. Quid restat? Venit ad Evangelium, prædicatur regnum cœlorum, diffamatur ubique Christus, minatur gehennam, vitam promittit æternam , et ipse contemnitur. Transgrediuntur homines Evangelium : ecce quartus dies mortis. Merito jam putet. Nunquid et talibus neganda est misericordia ? Absit. Etiam ad tales Dominus excitandos non dedignatur accedere. (VERS. 19, 20.) *Multi autem ex Judæis venerant ad Martham et Mariam, ut consolarentur eas de fratre suo. Martha ergo, ut cognovit quia Jesus venit, occurrit illi. Maria autem domi sedebat.* (VERS. 21, 22.) *Dixit ergo Martha ad Jesum : Domine, si fuisses hic, frater meus non esset mortuus. Sed et nunc scio, quia quæcunque poposceris a Deo, dabit tibi Deus.* « Non dixit : Sed et modo rogo te, ut suscites fratrem meum. Unde enim sciebat si frater ejus resurgeret, quod utile fuerat [*Al.*, ut si ille adesset. *Aug.*, si fratri ejus resurgere utile fuerit]? Hoc tantum dixit : Scio, quia potes ; si vis, facis : utrum autem facies [*Ms.*, facias], judicii tui est, non præsumptionis meæ. *Sed et nunc scio, quia quæcunque poposceris a Deo dabit tibi Deus.*

VERS. 23-25. — *Dicit illi Jesus : Resurget frater tuus. Dicit ei Martha : Scio quid resurget in resurrectione in novissimo die.* De illa resurrectione secura sum : de hac incerta sum. *Dicit ei Jesus : Ego sum resurrectio et vita.* Dicis : *Resurget frater meus in novissimo die*; verum est : sed per quem tunc resurget, potest et modo resurgere, *quia ego sum resurrectio et vita.* Ideo resurrectio, quia vita : [quia] *qui credit in me, non morietur in æternum.* « Quid est hoc ? Qui credit in me, etiam si mortuus fuerit, vivet : sicut Lazarus mortuus est, et vivit; quia non est Deus mortuorum, sed vivorum. De olim mortuis patribus, hoc est, de Abraham, de Isaac, de Jacob; tale responsum Judæis dedit. *Ego sum Deus Abraham, [et Deus Isaac] et Deus Jacob* (*Exod.* III, 6). *Non est Deus mortuorum , sed vivorum* (*Matth.* XXII , 32) : omnes enim illi vivunt. Crede ergo, et si mortuus fueris, vives ; si autem non credis, et cum vivis, mortuus es. Unde est ergo mors in anima ? Quia non est fides in ea. Unde est mors in corpore ? Quia non est ibi anima. Ergo animæ tuæ vita [*Ms.*, anima] fides est. » Sicut anima corporis vita est corporis, ita fides animæ vita est animæ. « *Qui credit in me*, inquit, *etiam si mortuus fuerit* in carne, *vivet* in anima, donec resurget caro, nunquam postea moritura. Hoc est, *qui credit in me, licet moriatur, vivet* : *et omnis qui vivit* in carne, *et credit in me*, et si morietur ad tempus propter mortem carnis, *non morietur in æternum* propter vitam spiritus et immortalitatem resurrectionis. Hoc est quod ait : (VERS. 26.) *Et omnis qui vivit et credit in me, non morietur in æternum.*

VERS. 27. — *Credis hoc ? Ait illi : Utique, Domine. Ego credidi quia tu es Christus Filius Dei, qui in hunc mundum venisti.* Quando hoc credidi [*Aug.* repetit voc. credidi] quia tu es resurrectio, credidi quia tu es vita, credidi quia qui credit in te, et si moriatur, vivet ; et qui vivit et credit [in te], non morietur in æternum. (VERS. 28.) *Et cum hæc dixisset , abiit et vocavit Mariam sororem suam silentio, dicens : Magister adest, et vocat te.* Advertendum est, quemadmodum suppressam vocem silentium nuncupavit. Nam quomodo siluit, quæ dixit : *Magister adest, et vocat te ?* Advertendum est etiam quemadmodum evangelista non dixerit, ubi vel quando vel quomodo Mariam Dominus vocaverit. Ut hoc in verbis Marthæ potius intelligeretur, narrationis veritatem servat [*Ms.*, veritate. *Aug.*, brevitate servata]. (VERS. 29-31.) *Illa ut audivit, surgit cito, et venit ad eum. Nondum venerat Jesus in castellum, sed erat adhuc in illo loco, ubi occurrerat ei Martha. Judæi igitur qui erant cum illa in domo, et consolabantur eam, cum vidissent Mariam, quia cito surrexit et exiit, secuti sunt eam, dicentes : Quia vadit ad monumentum, ut ploret ibi.* » Quare hoc pertinuit [ad] evangelistam narrare ? [Ut] videamus quæ occasio fecerit ut plures ibi essent, quando Lazarus resuscitatus est. Putantes enim Judæi, propterea illam festinare, ut doloris sui solatium lacrymis quæreret , secuti sunt eam, ut tam grande miraculum quatriduani mortui resurgentis testes plurimos inveniret. (Vers. 32-34.) *Maria ergo cum venisset ubi erat Jesus, videns eum, cecidit ad pedes ejus, et dixit ei : Domine, si hic fuisses, frater meus non esset mortuus. Jesus ergo, ut vidit eam plorantem, et Judæos qui cum illa erant plorantes, fremuit spiritu, et turbavit semetipsum, et dixit : Ubi posuistis eum?* Aliquid nobis insinuavit fremendo spiritu, et turbando seipsum. Quis enim eum posset nisi ipse [*Ms.*, seipsum] turbare? Itaque primo hic attendite potestatem, et sic inquirite significationem. Turbaris tu nolens, turbatur Christus, quia voluit. Esurivit Jesus, verum est, quia voluit; dormivit Jesus, verum est, quia voluit; contristatus est Jesus, verum est, sed quia voluit; mortuus est Jesus, verum est, sed quia voluit. In illius potestate erat sic vel sic affici [vel non sic affici]. Verbum [*Al.*, Veram] enim **576** animam suscepit, et carnem, totius hominis sibi coaptans in personæ unitate naturam. Nam et animæ apostolorum Pauli et Petri verbo illustratæ sunt [a]; aliorum apostolorum, sanctorum, prophetarum Verbo illustratæ sunt animæ : sed de nulla dictum est : *Verbum caro factum est*; de nullo dictum est : *Ego et Pater unum sumus.* Anima Christi et caro Christi, cum Verbo Dei una persona est, unus Christus est. Ac per hoc ubi summa potestas, ibi secundum voluntatis nutum turbatur infirmitas. Hoc est, *turbavit semetipsum.* Dixi potestatem, attende significationem. Magnus reatus est, quem mortis quatriduanæ illa significat sepultura [*Aug.*, Magnus reus est, quem mortis quatriduum, et illa significat sepultura]. Quid est ergo quod turbat semetipsum Christus, nisi ut significet tibi quomodo turbari tu debeas, cum tanta mole peccati gravaris et premeris? Attendisti enim te, vidisti te reum; computasti tibi : Illud feci, et pepercit Deus; illud commisi, et distulit me; Evangelium audivi, et contempsi. Dic, dic lacrymando, baptizatus sum, et iterum ad eadem revolutus sum : quid facio? quo eo? unde evado? Quando ista dicis, jam fremit Christus, quia fides fremit. In voce frementis apparet spes resurgentis. Ubi ipsa fides intus, ibi est Christus fremens; si fides in nobis, Christus in nobis. Quid enim aliud ait Apostolus : *Habitare Christum per fidem in cordibus vestris (Ephes.* III, 17)? Ergo si fides tua in Christo [*Ms.*, de Christo], Christus est in corde tuo. » Ergo fremat Christus in corde tuo. Flevit ergo Christus amicum mortuum, quem venit resuscitaturus. Quare enim flevit, nisi quia hominem flere docuit oppressum pondere peccatorum? « Quare fremuit et turbavit semetipsum, nisi quia fides hominis sibi merito displicentis fremere admodum debet in accusationem malorum operum, ut violentiæ pœnitentis [*Aug.*, pœnitendi] cedat consuetudo peccandi? Et dixit : *Ubi posuistis eum?* « Scis quia mortuus sit, et ubi sepultus ignoras? Et ista significatio est. Non ausus sum dicere, nescit : quid enim A ille nescit? Sed quasi nescit. Unde hoc probamus? Dominum audi dicturum in judicio : *Non novi vos, discedite a me (Matth.* VII, 23). Quid est, *Non vos novi?* Non vos video in luce mea, non vos video in illa justitia quam novi. Sic et hic tanquam nesciens talem peccatorem, dixit : *Ubi posuistis eum?* Talis est vox Dei in paradiso, posteaquam peccavit Adam, *Ubi es (Gen.* III, 9)?

Dicunt ei : Domine, veni et vide. Quid est, *vide?* Miserere. Videt enim Dominus, quando misereatur. Unde illi dicitur : *Vide humilitatem meam, et laborem meum, et dimitte omnia peccata mea (Psal.* XXIV, 18). (Vers. 35, 36.) *Lacrymatus est Jesus. Dixerunt ergo Judæi : Ecce quomodo amabat eum.* Quid est, amabat eum? Non veni vocare justos, sed peccatores in pœnitentiam. (Vers. 37.) *Quidam autem dixerunt ex ipsis : Non poterat hic qui aperuit oculos cæci, facere ut hic non moreretur?* Qui noluit facere ut non moreretur, plus est quod facturus est, ut mortuus suscitetur. (Vers. 38.) *Jesus rursus fremens in semetipso, venit ad monumentum.* Fremit et in te, si disponis reviviscere. Omni homini dicitur, qui premitur pessima consuetudine : *Venit ad monumentum. Erat autem spelunca, et lapis superpositus erat ei.* Mortuus sub lapide, reus sub lege. Scitis enim quia lex, quæ data est Judæis, in lapide scripta est *(Exod.* XXXI, 18). Omnes autem rei sub lege sunt : bene viventes enim in lege non sunt [*Aug.*, cum lege sunt]. Justo lex posita non est *(I Tim.* I, 9). Quid est ergo lapidem removere? Gratiam prædicare. Apostolus enim Paulus ministrum se dicit novi testamenti, non litteræ, sed spiritus. Nam *littera*, inquit, *occidit, spiritus autem vivificat (II Cor.* III, 6). Littera occidens, quasi lapis est premens. (Vers. 39, 40.) *Removete*, inquit, *lapidem.* Removete legis pondus, gratiam prædicate. *Dicit ei Martha, soror ejus qui mortuus fuerat : Domine, jam fetet, quatriduanus enim est. Dicit ei Jesus : Nonne dixi tibi, quoniam si credideris, videbis gloriam Dei?* « Quid est, *videbis gloriam Dei?* Quia et putentem et quatriduanum suscitat. Omnes enim peccaverunt, et egent gloria Dei *(Rom.* III, 23). Et ubi abundavit peccatum, superabundavit gratia *(Rom.* V, 20).

(Vers. 41-43). — *Tulerunt ergo lapidem. Jesus autem elevatis sursum oculis dixit : Pater, gratias ago tibi, quoniam audisti me. Ego autem sciebam, quia semper me audis, sed propter populum qui circumstat, dixi, ut credant quia tu me misisti. Hæc cum dixisset,* **577** *voce magna clamavit.* « Fremuit, lacrymavit; voce magna clamavit. Quam difficile surgit, quem moles malæ consuetudinis premit. Sed tamen surgit; occulta gratia intus vivificatus : surgit post vocem magnam. Quid est factum? (Vers. 44.) *Voce magna clamavit : Lazare, veni foras. Et statim prodiit qui fuerat mortuus, ligatus pedes et manus institis, et facies illius sudario erat ligata.* Quomodo processit ligatis pedibus miraris, et non miraris quia resur-

---

[a] *Ms. :* « Nam et anima Apostoli verbo illustrata est, anima Pauli et anima Petri verbo illustrata est. »

rexit quatriduanus? In utroque potentiâ Domini erat, non vires mortui. Processit, et adhuc ligatus est: adhuc involutus, tamen foras jam processit. Quid significat? Quando contemnis, mortuus jaces; et si tanta quanta dixi contemnis, sepultus jaces: quando confiteris [surgis], tunc procedis. Quid est enim procedere, nisi ab occultis velut exeundo manifestari? Sed ut confitearis, Deus facit voce magna clamando, id est, magna gratia vocando. Ideo cum processisset mortuus adhuc ligatus, confitens et adhuc reus, ut solverentur peccata ejus, ministris hoc dixit Dominus : *Solvite illum, et sinite abire.* Quid est, *Solvite, et sinite abire?* Quæ solveritis in terra, erunt soluta et in cœlis. » Potuit enim ligamenta solvere, qui mortuum resuscitavit : sed propter unitatem sanctæ Dei Ecclesiæ, et individuam charitatem, dicitur ministris, id est, discipulis Christi : *Solvite eum*, quia sine unitate catholicæ fidei et charitate ecclesiasticæ sanctitatis, peccata non solvuntur. (VERS. 45, 46.) *Multi autem ex Judæis, qui venerant ad Mariam, et viderunt quæ fecit Jesus, crediderunt in eum. Quidam autem ex ipsis abierunt ad Pharisæos, et dixerunt quæ fecit Jesus.* « Non omnes ex Judæis qui convenerant ad Mariam, crediderunt : sed tamen multi. *Quidam vero ex eis, sive ex Judæis qui convenerant, sive ex eis qui crediderant, abierunt ad Pharisæos, et dixerunt eis quæ fecit Jesus;* sive annuntiando, ut et ipsi crederent; sive potius prodendo, ut sævirent. Sed quomodolibet, et a quibuslibet, ad Pharisæos ista prolata sunt.

CAPUT XXVIII.

Pontifices adversus eum concilium colligunt, in quo Caiphas, unum debere pro populo mori, ne cuncti perirent, prophetizat. Et ante sex dies Paschæ de unguenti super pedes Domini profusi pretio murmur arguitur Judæ.

VERS. 47.—*Collegerunt ergo pontifices et Pharisæi concilium, et dicebant : Quid faciemus?* « Nec tamen dicebant, credamus. Plus enim perditi homines cogitabant quomodo nocerent ut perderent, quam quomodo sibi consulerent ne perirent : et tamen timebant, et quasi consulebant. (VERS. 48.) *Dicebant enim : Quid faciemus? Quia hic homo multa signa facit : si dimittimus eum sic, omnes credent in eum, et venient Romani, et tollent nostrum locum et gentem.* Temporalia perdere noluerunt [*Aug.*, timuerunt], et vitam æternam non cogitaverunt; ac sic utrumque amiserunt. Nam et Romani post Domini passionem et glorificationem tulerunt eis locum et gentem, et pugnando [*Aug.*, expugnando] et transferendo; et illud eos sequitur quod alibi dictum est : *Filii autem regni hujus ibunt in tenebras exteriores* (*Matth.* VIII, 12). Hoc autem timuerunt, ne, si omnes in Christum crederent, nemo remaneret qui adversus Romanos civitatem Dei templumque defenderet : quoniam contra ipsum templum et contra suas paternas leges, doctrinam Christi esse sentiebant. (VERS. 49-51.) *Unus autem ex ipsis Caiphas, cum esset pontifex anni illius,*

[a] Ex S. Aug., tract. L, num. 2.

dixit eis : Vos nescitis quidquam, nec cogitatis quia expedit vobis ut unus homo moriatur pro populo, et non tota gens pereat. Hoc autem a semetipso non dixit, sed cum esset pontifex anni illius, prophetavit. Hic docuit etiam per homines malos prophetiæ spiritum futura prædicere : quod tamen evangelista divino tribuit sacramento, quia pontifex fuit, id est, summus sacerdos. Potest autem movere quomodo dicatur pontifex anni illius, cum Dominus statuerit unum summum sacerdotem, cui mortuo unus succederet? Sed intelligendum per ambitiones et contentiones inter Judæos postea constitutum, ut plures essent, et per annos singulos vicibus **578** ministrarent. Nam de Zacharia hoc dicitur : *Factum est autem, cum sacerdotio fungeretur in ordine vicis suæ ante Deum, secundum constitutionem* [Al., *consuetudinem*] *sacerdotii, sorte exiit ut incensum poneret, ingressus in templum Domini* (*Luc.* I, 18). Hinc apparet plures eos fuisse, et vices suas habuisse : nam incensum non licebat ponere, nisi summo sacerdoti. Et forte etiam unum annum [*Ms.*, uno anno] plures administrabant, quibus alio anno alii succedebant, et quibus sorte exibat qui incensum poneret. Quid est ergo quod prophetavit Caiphas? *Quia Jesus moriturus erat pro gente : non tantum pro gente, sed ut filios Dei, qui erant dispersi, congregaret in unum.* Hoc evangelista addidit; nam Caiphas de sola Judæorum gente prophetavit, in qua erant oves, de quibus ait ipse Dominus : *Non sum missus nisi ad oves, quæ perierunt domus Israel* (*Matth.* XV, 24). Sed noverat evangelista alias oves quæ non erant de hoc ovili, quas oportebat adduci, ut esset [*Ms.*, essent] unum ovile et unus pastor. Hæc autem secundum prædestinationem dicta sunt; quia neque oves ejus, nec filii Dei adhuc erant, qui nondum crediderant. (VERS. 53, 54.) *Ab illo ergo die cogitaverunt, interficerent eum. Jesus ergo jam non palam ambulabat apud Judæos, sed abiit in regionem juxta desertum in civitatem, quæ dicitur Ephrem, et ibi morabatur cum discipulis suis.* Non quia potentia ejus defecerat, in qua utique, si vellet, et palam cum Judæis conversaretur, et nihil ei facerent; sed in hominis infirmitate vivendi exemplum discipulis demonstrabat, in quo apparet et non esse peccatum, si fideles ejus qui sunt membra ejus oculis persequentium sese subtraherent, et furorem sceleratorum latendo potius devitarent. »

Sciebat Jesus tempus appropinquasse passionis suæ et redemptionis nostræ. Appropinquante tempore in quo pati disposuit, appropinquavit ille et loco in quo ejusdem passionis dispensationem perficere voluit. Dicit enim evangelista : (VERS. 55.) « [a] *Proximum autem erat Pascha Judæorum.* Illum diem festum Judæi cruentum habere Domini sanguine voluerunt. Illo die festo occisus est Agnus, qui nobis cumdem diem festum suo sanguine consecravit. Consilium erat inter Judæos de occidendo Jesu : ille qui de cœlo venerat [pati], propinquare voluit loco passionis, quia imminebat hora passionis. *Ascenderunt ergo multi in Hierosolymam de regione ante Pascha, ut sanctificarent seipsos.* Hoc faciebant Judæi secundum præceptum Domini, per sanctum Moysen in lege datum, ut die festo quo Pascha erat, omnes undique convenirent, et illius diei celebratione sanctificarentur. Sed illa celebratio umbra erat futuri. Quid est umbra futuri? Prophetia Christi venturi, prophetia pro nobis illo die passuri : ut transiret umbra, et lux veniret; ut transiret significatio, et veritas teneretur. Habebant ergo Judæi Pascha in umbra; nos in luce. Quid enim opus erat ut Dominus eis præciperet per ipsum diem festum ovem occidere, nisi quia ille erat de quo prophetatum est: *Sicut ovis ad immolandum ductus est* (*Isaiæ* LIII, 7)? Sanguine occisi pecoris Judæorum postes signati sunt (*Exod.* XII, 22) : sanguine Christi frontes nostræ signantur. Et illa signatio, quæ erat significatio, dicta est a domibus signatis exterminatorem prohibere : signum Christi expellit a nobis exterminatorem, si cor nostrum recipiat Salvatorem. »a (VERS. 56.) *Quærebant,* inquit evangelista, *Jesum, et colloquebantur ad invicem stantes in templo : Quid putatis, quia non venit ad diem festum?* « b Quærebant ergo Judæi Jesum, sed male : quærebant enim, ut venientem ad diem festum interficerent. Quæramus autem nos illum stantes in templo Dei, et perseverantes unanimiter in oratione, et colloquamur ad invicem psalmis, hymnis, canticis spiritalibus (*Ephes.* v, 19), in gratia postulantes ipsum, ut veniat ad diem festum nostrum, et sua nos præsentia illustrare, sua ipse nobis dona sanctificare dignetur. » *Dederunt autem pontifices et Pharisæi mandatum, ut si quis cognoverit ubi sit, indicet, ut apprehendant eum.* Mandatum ergo Judæorum peccatum est illorum. Quærebant Christum occidere, non in Christo vivere. Quæramus nos in Christo vivere, quem illi quærebant occidere. Illi male quærebant, nos bene quæramus; nam nunc est tempus quærendi Dominum, sicut Propheta ait : *Quærite Dominum, dum inveniri potest* (*Isaiæ* LV, 6). Qui misericordem eum invenire voluerit in judicio, quærat eum modo in humilitatis et charitatis officio.

579 CAPUT XII, VERS. 1. — *Ante sex dies Paschæ venit Jesus Bethaniam, ubi fuerat Lazarus mortuus quem suscitavit.* « Sciens autem Dominus conspirasse de se occidendo Judæos, non fugit insidiantium manus; sed certus de gloria resurrectionis, primo venit Bethaniam, proximam Hierosolymis civitatem; ubi Lazarum suscitaverat a mortuis; deinde etiam Hierosolymam, ubi ipse pateretur et resurgeret a mortuis : Hierosolymam quidem, ut ipse ibi moreretur; Bethaniam vero, ut resuscitatio Lazari cunctorum memoriæ arctius imprimeretur, et magis magisque confunderentur, atque inexcusabiles convincerentur impii principes, qui occidere non timerent eum, qui suscitare [*Al.,* suscitari] posset a mortuis; et nec beneficiis suscitationis provocati, nec divina suscitantis virtute perterriti, animos ab injusta cæde retraherent. » Nec transitorie legendum est quare ante sex dies Paschæ venisset Jesus Bethaniam : magna vero dignitas senarii numeri est in sanctis Scripturis, et multa opera Domini Dei nostri in senario numero perfecta esse demonstrantur; quia senarius numerus in seipso per suas proprias partes divisus vel conjunctus, perfectissimus esse constat; habet enim partes tres in seipso denominatas, id est, unum, duo, et tres. Nam sexta ejus pars unum est; tertia vero, duo; dimidia itaque, tres. Unum vero et duo, et tres, sex esse dignoscitur; nec aliud ex his tribus partibus conjunctis confici potest, nisi sex tantum; nec in alias partes senarius numerus dividi potest, nisi in has tres, id est, unum, duo, tres. Nam ipse Dominus creator omnium, hujus mundi creaturas sex diebus perfecisse notissimum est, et sexta die hominem fecisse constat; quem serpentina fraude perditum, ante sex dies Paschæ venit ipse Filius Dei, per quem creatus est, Bethaniam ad liberandum ; ut qui sexta die creatus est, sexta feria liberaretur; nam sexta feria Christum esse passum, nemini ignotum esse reor. Igitur et mense sexto annuntiante archangelo virgo sacra inspiratione Spiritus sancti eumdem Redemptorem nostrum concepisse legitur; qui etiam sexta hora, perfecta ætate, super puteum sedens mulieri Samaritanæ divini fontis fluenta aperire dignatus est : sexta quoque ætate mundi, ipse creator ad redemptionem mundi juxta fidem sacræ historiæ venisse jam legitur. Habent quoque hæ tres partes, id est, unum, et duo, et tres, ex quibus, ut diximus, senarius constat, aliquid mysterii in dispensatione salutis humanæ. Primo itaque tempore sub lege naturæ, veluti in quadam unitate sancti Patres Deo serviebant; secundo vero tempore lex addita est ad naturam, ut quod mala consuetudo vitiavit in natura, lex reformaret in littera; et fuerunt duo, natura et lex; tertio itaque tempore venit gratia cœlestis per Jesum Christum; et sunt tria, natura, lex, et gratia. Sicut nec lex naturæ bonum destruit, nec gratia legem solvit, sed adimplevit, naturamque pristinæ reddidit nobilitati : natura tamen et lex sine gratia impleri non potuit, nec sic homini liberum arbitrium datum est, ut legis præcepto [*Ms.* vel legis præceptum], ut gratiæ non indigeret, sicut Pelagiana hæresis affirmat. « c Et ne dicerent machinatores calumniarum phantastice suscitatum fuisse Lazarum, facta ibi Domino cœna, et ipse unus erat ex discumbentibus cum eo : ut dum viventem, loquentem, epulantem, cum suis familiariter conversantem viderent, sive audirent, vel sic suscitantis potentiam agnoscerent, et acciperent gratiam. Mystice autem cœna hæc Dominica, ubi Martha ministrabat, et Lazarus inter alios discumbebat, fides est Ecclesiæ, quæ per dilectionem operatur. In qua

---

a Hucusque ex Aug.
b Ex Bedæ hom., fer. II post Palmarum.
c Iterum ex Beda, hom. citata.

cœna Martha ministrat, cum anima quæque fidelis operam Domino suæ devotionis impendit. Lazarus vero unus fit ex discumbentibus cum Domino, cum etiam hi qui post [primam] peccatorum mortem resuscitati ad justitiam sunt, una cum eis qui in sua permansere justitia, de præsentia veritatis exsultant; pœnitentes simul cum innocentibus cœlestis gratiæ muneribus aluntur. Et bene eadem cœna in Bethania celebratur, quæ est civitas in latere montis Oliveti, et interpretatur domus obedientiæ. Domus namque obedientiæ Ecclesia est, quæ fideliter Domini jussis obtemperat : et ipsa est civitas quæ super montem misericordiæ constituta nunquam potest abscondi, ipsaque [*Ms.*, ipsa quæ] de sui latere constructa Redemptoris, id est aqua ablutionis, et sanguine sanctificationis, quæ de ipsius latere pro se morientis exiere [*Beda*, exierit], imbuta est; ubi etiam altera soror Lazari Maria in magnæ indicium dilectionis, sicut sequentia monstrant evangelicæ lectionis, accepit libram unguenti nardi pistici pretiosi, et unxit pedes Jesu, et extersit capillis suis pedes ejus. Quo facto non solum suæ dat indicium devotionis, sed et aliarum fidelium Deo animarum signat pietatis obsequium. »

Vers. 3. — *Maria autem accepit libram unguenti nardi pistici pretiosi.* Quid namque per libram unguenti nisi perfectio justitiæ exprimitur ? Quod unguentum ex nardo pistico dicitur esse confectum : quid enim per unguentum, nisi bonus odor opinionis insinuatur ? Et hoc unguentum ex nardo pistico [*Al.*, pistica] conficitur, id est, nardo fideli. Nam *pistis* Græce, *fides* Latine dicitur ; sine fide enim Deo placere impossibile est, nec bona fama sine fide catholica fieri poterit. « [a] O homo, unge pedes Jesu bene vivendo, Dominica sectare vestigia, et capillis exterge, ac si habeas superflua, pauperibus eroga. Hoc est capillis pedes Jesu tergere. Quæ tibi superflua sunt, pedibus Domini necessaria sunt, » id est, minimis quibusque in Ecclesia ; de quibus in fine dicturus erit Dominus : *Quandiu fecistis uni ex minimis his, mihi fecistis. Domus autem repleta est odore* (*Matth.* xxv, 40) id est, Ecclesia vitæ religiosæ fama [bona]. Nam odor bonus est vita bona. Audi Apostolum : *Christi bonus odor sumus*, inquit, *in omni loco* (*II Cor.* ii, 15) ; et in Cantico canticorum : *Unguentum effusum nomen tuum* (*Cant.* i, 2). Item : *Dum esset rex in accubitu suo, nardus mea dedit odorem suum.* Ubi aperte quid Maria semel fecerat [*Ms.*, fecerit], typice autem quid omnis Ecclesia ; quid anima quæque perfecta semper faciat, ostenditur.

Vers. 4, 5. — *Dicit ergo unus ex discipulis ejus Judas Iscariotes, qui erat eum traditurus : Quare hoc unguentum non veniit trecentis denariis, et datum est egenis ?* « [b] Væ impio traditori ! Væ complicibus ejus nequitiæ, etiam nunc membra Christi persequentibus, qui famam virtutis, quam ipsi habere non merentur, proximis qui habent, invidere non cessant ! Et quidem putare possemus, Judam cura pauperum hæc fuisse locutum, sed prodit mentem illius testis verax, qui ait : (Vers. 6) *Dixit autem hoc, non quia de egenis pertinebat ad eum, sed quia fur erat, et loculos habens, ea quæ mittebantur, portabat.* Non ergo tunc Judas periit, quando pecunia corruptus Dominum perdidit [*Al.*, prodidit] ; sed jam perditus Dominum sequebatur, qui loculos habens dominicos, ea quæ mittebantur, portabat in ministerium pauperum, quæ etiam infideli mente furari solebat. Videns ergo Dominus cor illius cupiditatis jam sorde pollutum, prævidens pejori proditionis sorde polluendum, commisit ejus fidei, quidquid habebant [*Beda*, habebat] in sacculis, eumque de his quæ vellet facere permisit, ut vel collati honoris, vel habitæ memoria pecuniæ, mentem ab ipsius venditione revocaret. Verum quia semper avarus eget, neque unquam beneficiorum perfidus meminit, impius a furto pecuniæ quam portabat, pervenit ad traditionem Domini, qui pecuniam sibi servandam commendabat.

Vers. 7. — *Dixit ergo Jesus : Sine illam ut in diem sepulturæ meæ servet illud.* Quasi innocenter interroganti Judæ, Dominus simpliciter et mansuete, quo ministerium Mariæ pertineret, exposuit : quia ipse videlicet moriturus, et ad sepeliendum aromatibus esset ungendus. Ideoque Mariæ, cui ad unctionem mortui corporis ejus quamvis multum desideranti pervenire non liceret, donatum est ut viventi adhuc impenderet obsequium, quod post mortem, celeri resurrectione præventa, requireret [*Ms.*, et *Beda*, nequiret]. Unde bene Marcus Dominum de illa dixisse testatur : *Quod habuit, hæc fecit, prævenit ungere corpus meum in sepulturam* (*Marc.* xiv, 8). Quod est aperte dicere : quia corpus meum jam defuncti tangere non poterit, solum quod potuit fecit. Prævenit vivum adhuc, funerandi officio donare. (Vers. 8.) *Pauperes enim semper habebitis vobiscum, me autem non semper habebitis.* Et hic magnæ moderamine patientiæ Dominus non Judam arguit avaritiæ, et non pauperum gratia de pecunia loqui, sed ex ratione demonstrat non esse culpandos eos qui ei inter homines conversanti de facultatibus suis ministrarent, cum tam parvo tempore ipse apud Ecclesiam corporaliter mansurus; pauperes autem, quibus eleemosyna fieri posset, in ea semper essent habendi. (Vers. 9.) *Cognovit ergo turba multa ex Judæis, quia illic est, et venerunt non propter Jesum tantum, sed ut Lazarum viderent, quem suscitavit a mortuis.* Curiositas hos, non charitas adduxit ad Jesum : sed nos versa vice, fratres charissimi, si cognoscimus ubi Jesus est, ubi mansionem facit, ubi Bethaniam, id est, domum animæ obedientis, in qua habitet, invenit ; veniamus illuc contemplatione, non propter hominem tantum, quem a morte animæ suscitatum spiritaliter vivere dona-

[a] Ex S. Aug., tract. L, num. 6.

[b] Ex Ven. Bedæ hom. feria ii post Palmarum.

vit, sed ut bonam hominis vitam imitando, per hoc ad visionem Jesu pertingere mereamur : quia pro certo cognovimus ubi Jesus est; resurrexit enim post mortem, et ascendit in cœlum, ubi habet mansionem perpetuam : ipsa est vera Bethania, civitas scilicet cœlestis, quam nullus valet nisi obediens intrare. (Vers. 10, 11.) *Cogitaverunt autem principes sacerdotum, ut et Lazarum interficerent, quia multi propter illum abibant ex Judæis, et credebant in Jesum.* O cæca cæcorum versutia, occidere velle suscitatum ! quasi non posset suscitare occisum, qui poterat defunctum. Et quidem se utrumque posse docuit, qui et Lazarum defunctum, et seipsum suscitavit occisum. » ª

Postquam Dominus quatriduanum mortuum suscitavit, stupentibus Judæis, et aliis eorum videndo credentibus, aliis invidendo pereuntibus, discubuit in domo Jesus recumbente quoque Lazaro, qui fuerat a morte suscitatus : post unguentum diffusum super pedes ejus, unde domus odore completa est, de quibus in superioribus, quantum potuimus, tractavimus; nunc videndum est, quid ante Domini passionem gestum est. Dicit enim Evangelista :

CAPUT. XXIX.

Turba cum ramis palmarum occurrens, clamat, Osanna. *Ipse vero super pullum sedit, Pharisæis dicentibus :* Totus mundus post eum abit.

Vers. 12, 13. — *In crastinum autem turba multa, quæ convenerat ad diem festum, cum audissent, quia venit Jesus Hierosolymam, acceperunt ramos palmarum, et processerunt obviam ei, et clamabant : Osanna, benedictus qui venit in nomine Domini rex Israel.*
« ᵇ Rami palmarum laudes sunt, significantes victoriam, qua erat Dominus mortem moriendo superaturus, et trophæo crucis, diabolum mortis principem [*Ms.,* de diabolo... principe] triumphaturus. »
Osanna, benedictus qui venit in nomine Domini. Notandum sane quod *Osanna* verbum Hebraicum, compositum est ex duobus, corrupto et integro. *Salva* namque sive *salvifica* apud eos dicitur [*Osi.* At vero *anna*] interjectio est deprecantis, quomodo apud Latinos interjectio est dolentis, *heu !* et interjectio admirantis, *papæ !* Denique in Psalmo, ubi LXX interpretes transtulerunt, *o Domine, salvum me fac,* in Hebræo scriptum est, *Anna, Adonai, Osanna* [*Ms., Osianna*], quod interpres noster Hieronymus diligentius elucidans transtulit : *Obsecro, Domine, salva, obsecro.* Idem namque significat, *o Domine,* per interjectionem obsecrantis, *quod, obsecro, Domine,* per ipsum verbum obsecrationis. *Osanna* itaque, *salva, obsecro,* significat, consumpta littera *i* vocali, quæ verbum prius terminat, cum perfecte dicitur *osi,* per virtutem litteræ vocalis Aleph, a qua verbum sequens incipit *anna,* quod metrici in versibus scandendis synalepham vocant : quamvis [illi] scriptam litteram scandentes transiliant. In hoc autem verbo *Osanna,* iota littera, nec saltem [*Ms.,* sal-

tim] scribatur, sed sensu loquentium salvo funditus intermittatur.

Benedictus qui venit in nomine Domini rex Israel. « Sic accipiendum est ut *in nomine Domini* in nomine Dei Patris intelligatur, quamvis possit intelligi etiam in nomine suo, quia et ipse est Dominus. Unde alibi scriptum est : *Pluit Dominus a Domino* (Gen. xix, 24). Verba ejus melius nostrum dirigunt intellectum, qui ait : *Ego veni in nomine Patris mei, et non suscepistis me. Alius veniet in nomine suo, hunc suscipietis* (Joan. v, 43). Humilitatis enim magister est Christus, qui *humiliavit semetipsum factus obediens usque ad mortem, mortem autem crucis* (Philip, II, 8). Non itaque 582 amittit divinitatem, quando nos docet humilitatem. In illa Patri est æqualis, in hac nobis similis; per quod Patri est æqualis, nos ut essemus, creavit; per quod nobis est similis, ne periremus, redemit. Has ei laudes turba dicebat : *Osanna, benedictus qui venit in nomine Domini rex Israel.* Quam vocem mentis invidentia principes Judæorum perpeti non poterant [*Aug.,* quam crucem mentis invidentia principum Judæorum perpeti poterat], quando regem suum Christum tanta multitudo clamabat. Sed quid fuit Domino regem esse Israel? Quid magnum fuit regi sæculorum, regem fieri hominum ? Non enim rex Israel Christus ad exigendum tributum ; vel ferro exercitum armandum hostesque debellandos : sed rex Israel, quod mentem regat, quod in æternum consulat, quod in regnum cœlorum credentes, sperantes, amantesque perducat. Dei ergo Filius æqualis Patri, Verbum per quod facta sunt omnia, quod rex esse voluit Israel, dignatio est, non promotio; miserationis indicium est, non potestatis augmentum; qui enim appellatus est rex Judæorum, in cœlis est Dominus angelorum. (Vers. 14.) *Et invenit Jesus asellum, et sedit super eum.* Hic breviter dictum est; nam quemadmodum sit factum, apud alios evangelistas plenissime legitur. Adhibetur autem huic facto propheticum testimonium, ut appareret quod maligni principes Judæorum eum non intelligebant, in quo implebantur quæ legebant : *Invenit ergo Jesus asellum, et sedit super eum.*

Vers. 15. — *Sicut scriptum est : Noli timere, filia Sion, ecce rex tuus venit sedens super pullum asinæ* (Zach. ix, 9). Hæc filia Sion, cui divinitus ista dicuntur, in illis erat ovibus quæ vocem pastoris audiebant; in illa erat multitudine quæ Dominum venientem tanta devotione laudabat, tanto agmine deducebat. Ei dictum est : *Noli timere;* illum agnosce, qui ecce [*Ms.,* qui a te] laudatur; et noli trepidare cum patitur, quia ille sanguis fundetur per quem tuum delictum deleatur et vita redimatur [*Aug.,* reddatur]. Sed pullum asinæ, in quo nemo sederat (hoc enim apud alios evangelistas invenitur) intelligimus populum gentium, qui legem Domini non acceperat; asinam vero (quia utrumque jumentum Domino ad-

---

ª Hucusque ex Bedæ homilia citata. ᵇ Ex S. Aug., tract. LI, num. 2-13.

ductum est), plebem ejus, quæ veniebat ex populo Israel, non indomita tamen, sed quæ præsepe Domini agnovit. (Vers. 16.) *Hæc non cognoverunt discipuli ejus primum, sed quando glorificatus est Jesus.* Id est, quando virtutem suæ resurrectionis ostendit. *Tunc recordati sunt, quia hæc erant scripta de eo.* Recolentes quippe secundum Scripturam, quæ ante passionem vel in Domini passione completa sunt, ibi et hoc invenerunt, ut secundum eloquia prophetarum in pullo asinæ sederet.

Vers. 17-19. — *Testimonium ergo perhibebat turba quæ erat cum eo, quando Lazarum vocavit de monumento, et suscitavit eum a mortuis. Propterea et obviam venit ei turba, qui audierunt, eum fecisse hoc signum. Pharisæi ergo dixerunt ad semetipsos: Videtis, quia nihil proficimus, ecce mundus totus post eum abiit.* Turba turbavit turbam. Quid autem invides, cæca turba, quia post eum vadit mundus, per quem factus est mundus?

CAPUT XXX.

Nuntiatus gentibus eum videre volentibus, horam suæ clarificationis esse dicit, et granum frumenti mortuum multum fructum pronuntiat allaturum. Ministrantem quoque sibi honorificandum promittit.

Vers. 20-22. — *Erant autem gentiles quidam ex his qui ascenderant ut adorarent in die festo. Hi ergo accesserunt ad Philippum, qui erant a Bethsaida Galilææ, et rogabant eum dicentes: Domine, volumus Jesum videre. Venit autem Philippus, et dicit Andreæ. Andreas rursus et Philippus dixerunt Jesu.* Videamus quid Dominus ad ista responderit. Ecce voluerunt eum Judæi occidere, gentiles videre : sed etiam illi ex Judæis erant, qui clamabant : *Benedictus qui venit in nomine Domini rex Israel.* Ecce illi ex circumcisione, illi ex præputio, velut parietes de diverso venientes, et in unam fidem Christi pacis osculo concurrentes. Audiamus ergo vocem lapidis angularis. (Vers. 23.) *Jesus autem*, inquit, *respondit eis dicens : Venit* 583 *hora, ut clarificetur Filius hominis.* Hic quisquam forsitan putat ideo se dixisse glorificatum, quia gentiles eum volebant videre. Non ita est : sed videbat ipsos [*Ms.*, ipse] gentiles post passionem et resurrectionem suam in omnibus gentibus credituros; quia, sicut dicit Apostolus : *Cæcitas ex parte Israel facta est, donec plenitudo gentium intraret* (Rom. xi, 25). Ex occasione igitur istorum gentilium qui eum videre cupiebant, annuntiat futuram plenitudinem gentium, et promittit jam jamque adesse horam glorificationis suæ, qua facta in cœlis, gentes fuerant credituræ. Unde prædictum est : *Exaltare super cœlos Deus, et super omnem terram gloriam tuam* (Psal. cvii, 7). Hæc est gentium plenitudo, de qua dicit Apostolus : *Cæcitas ex parte Israel facta est, donec plenitudo gentium intraret.* Sed altitudinem glorificationis oportuit ut præcederet humilitas passionis. Ideo secutus adjunxit : (Vers. 24, 25) *Amen, amen dico vobis, nisi granum frumenti cadens in terram mortuum fuerit, ipsum solum manet. Si autem mortuum fuerit, multum fructum affert. Se autem di-*cebat ipsum esse granum mortificandum et multiplicandum : mortificandum infidelitate Judæorum, multiplicandum fide omnium populorum. Jam vero exhortans ad passionis suæ sectanda vestigia, *Qui amat*, inquit, *animam suam, perdet eam.* Quod duobus modis intelligi potest : *Qui amat, perdet*, id est, si amas, perdes [*Ms. et Aug.*, perde] : si cupis vitam tenere in Christo, noli timere mori pro Christo. Item alio modo : *Qui amat animam suam, perdet eam.* Noli amare in hac vita, ne perdas in æterna vita. Hoc autem quod posterius dixi, magis habere videtur evangelicus sensus; sequitur enim : *Et qui odit animam suam in hoc mundo, in vitam æternam custodit eam.* Ergo quod supra dictum est : *Qui amat*, subintelligitur, in hoc mundo; ipse itaque [*Aug.*, utique] perdet : *Qui autem odit*, utique in hoc mundo, in vitam æternam ipse custodit eam. Magna et mira sententia, quemadmodum sit hominis in animam suam amor ut pereat, odium ne pereat! Si male amaveris, tunc odisti : si bene oderis, tunc amasti. Felices qui oderunt custodiendo, ne perdant amando. » Hic animæ nomine vita præsens designatur; vel etiam hujus vitæ delectatio, quæ perdenda est ut feliciter invenias voluntatem tuam in regno Dei, quam fortiter vicisti in hoc sæculo. Nam sancti martyres odio habuerunt hanc præsentem vitam pro Christi nomine, dum magis voluerunt hanc præsentem vitam perdere, quam Christum negare, implentes quod sequitur :

Vers. 26. — *Si quis mihi ministrat, me sequatur.* « Quid est, *me sequatur*, nisi me imitetur? Christus enim pro nobis passus est, ait Apostolus Petrus, relinquens nobis exemplum, ut sequamur vestigia ejus (I Petr. ii, 24). Ecce quod dictum est : *Si quis mihi ministrat, me sequatur.* Quo fructu, qua mercede, quo præmio? *Et ubi sum*, inquit, *ego, illic et minister meus erit.* » Merces est amoris, et operis pretium, quo ministratur Christo, esse cum illo cui ministrat. « Ubi enim bene erit sine illo ? Aut quomodo [*Aug.*, aut quando] [male] esse poterit cum illo? Audi evidentius : *Et si quis mihi ministraverit, honorificabit eum Pater meus.* Quo honore, nisi ut sit cum Filio ejus? Quod enim superius ait : *Ubi ego sum, illic et minister meus erit :* hoc intelligitur exposuisse, cum dicit : *Honorificabit eum Pater meus.* Nam quem majorem honorem accipere poterit adoptatus, quam ut sit ubi est unicus; non æqualis factus divinitati, sed consociatus [*Ms.*, consocius] æternitati? Quid sit autem ministrare Christo, cui operi merces tanta promittitur, considerandum est : *Si quis mihi ministrat, me sequatur*, hoc intelligi voluit, ac si diceret : Si quis me non sequitur, non mihi ministrat. Ministrant ergo Jesu Christo qui non sua quærunt, sed quæ Jesu Christi (Philip. ii, 21). Hoc enim est, *me sequatur,* vias ambulet meas, non suas : sicut alibi scriptum est : *Qui se dicit in Christo manere, debet, sicut ille ambulavit, et ipse ambulare* (I Joan. ii, 6). Etiam si porrigit esurienti panem, de misericordia facere debet, non de jactantia · non aliud ibi quærat quam opus bonum, nesciente sinistra quid faciat dextera (*Matth.* vi, 3), id est, ut alienetur intentio cupiditatis ab opere charitatis. Illi dicitur : *Cum uni ex minimis meis fecisti, mihi fecisti* (*Matth.* xxv, 40). Nec ea tantum quæ ad misericordiam pertinent corporalem, sed omnia opera propter Christum faciens, (tunc erunt bona, quoniam finis legis Christus ad justitiam omni credenti [*Rom.* x, 4]) **584** credens [*Aug. om.*, credens] minister est Christi usque ad illud opus magnæ charitatis, quod est animam suam pro fratribus ponere ; hoc est enim, et pro Christo ponere : quia et hoc propter sua membra dicturus est : Cum pro istis fecistis, pro me fecistis. De tali quippe opere etiam se ministrum facere, et appellare dignatus est, ubi ait : *Sicut Filius hominis non venit ministrari, sed ministrare, et animam suam ponere pro multis* (*Matth.* xx, 28). Hinc ergo est unusquisque minister Christi, unde est et minister Christus. Sic ministrantem Christo honorificat Pater ejus, honore illo magno, ut sit cum Filio ejus, nec unquam deficiat fides ejus [*Aug.*, felicitas ejus]. » Communiter vero de omnibus ait : *Si quis mihi ministrat;* omnis enim quicunque bene agit, Christo ministrat. « Unde unusquisque pro modulo suo ministret Christo, bene vivendo, eleemosynas faciendo, nomen doctrinamque ejus, quibus potuerit prædicando. » Qui vero bene viventes exhortatur ut permaneant in bene vivendo, ministrat Christo ; qui vero humiliter admonenti se obedit, ministrat Christo ; et qui fideliter in hoc sæculo ministrat Christo, feliciter in futuro sæculo regnabit cum Christo.

Cum Dominus Jesus prædixisset in grano frumenti [*Ms.*, sinapis] passionem suam ; et suos hortaretur ministros ut sequerentur eum, ad nostram rursum infirmitatem suum temperavit affectum, et ait :

CAPUT XXXI.

Animam suam turbatam esse dicenti, et clarificari se a Patre poscenti vox de cœlo ait : Et clarificavi, et iterum clarificabo. *Post hæc multa prosequitur, inter quæ se non ad judicandum, sed ad salvandum mundum venisse testatur.*

Vers. 27. — *Nunc anima mea turbata est.* Unde turbata est, Domine Jesu, anima tua? Nunquid non ideo animam accepisti, et hominem perfectum, ut patereris in eo? Video te, Domine, nostram infirmitatem in te transferre et in te causam suscipere nostram. Ideo turbatus es, quia voluisti ; sicut natus fuisti, quia voluisti. Nam paulo ante de te dictum est , ubi Lazarum suscitasti : Turbavit semetipsum. Nam his verbis ab infirmitate nostra rapuit nos ad infirmitatem suam. Vox est enim fortitudinis Domini, ubi ait : *Venit hora, ut clarificetur Filius hominis :* vox est enim infirmitatis nostræ, dum ait : *Nunc anima mea turbata est.* « [a] O Domine mediator, Deus supra nos, homo propter nos, agnosco misericordiam tuam. Nam quod tu tantus, tuæ charitatis voluntate turbaris, multos in corpore tuo, qui suæ

infirmitatis necessitate turbantur, ne desperando pereant, consolaris. Audi ergo, o miles Christi, quid deinde subjungat, cum dixisset : *Nunc anima mea turbata est. Et quid dicam*, inquit ? *Pater salvifica me ex hac hora. Sed propterea veni in horam hanc : Pater, clarifica tuum nomen.* Docuit te quid cogites, docuit quid dicas, quem invoces, in quo speres , cujus voluntatem certam atque divinam tuæ voluntati humanæ, infirmæque proponas [*Aug.*, præponas]. Non ideo tibi videatur ex alto deficere, quia te vult ab imo prospicere [*Aug.*, proficere]? Nam et tentari dignatus est a diabolo, a quo utique, si nollet, non tentaretur : et ea respondit diabolo, quæ tu in tentationibus debeas respondere. Et ille quidem tentatus est, sed non periclitatus : ut doceret te in tentatione periclitantem, tentatori respondentem, et post tentationem non ire [*Ms. et Aug.*, respondere et post tentatorem non ire], sed a periculo tentationis exire. Sicut autem hic dixit : *Nunc anima mea turbata est;* ita etiam ibi dicit : *Tristis est anima mea usque ad mortem. Et : Pater, si fieri potest, transeat a me calix iste.* Hominis suscepit infirmitatem, ut doceat sic contristatum et conturbatum, quod sequitur dicere. *Verumtamen, non quod ego volo, sed quod tu vis; Pater* (*Matth.* xxvi, 38, 39). Sic enim homo ab humanis in divina dirigitur, cum voluntati humanæ voluntas divina præponitur. Quid est autem, *clarifica tuum nomen,* nisi in sua passione et resurrectione ? Quid est ergo aliud, nisi ut Pater clarificet Filium, qui clarificat nomen suum, etiam in similibus **585** passionibus servorum suorum? (Vers. 28.) *Venit ergo vox de cœlo dicens :* Et clarificavi, et iterum clarificabo. *Et clarificavi,* antequam facerem mundum ; *et iterum clarificabo,* surgentem a mortuis et ascendentem in cœlum. Et aliter intelligi potest : *Et clarificavi,* cum de virgine natus est, cum de cœlo indice stella a magis adoratus est, cum a sanctis sancto Spiritu plenis agnitus est, cum descendente Spiritu in specie columbæ declaratus, cum voce de cœlo sonante monstratus, cum in monte transfiguratus, cum miracula multa fecit, cum multos sanavit atque mundavit, cum de paucissimis panibus tantam multitudinem pavit, cum ventis et fluctibus imperavit, cum mortuos suscitavit. *Et iterum clarificabo,* cum resurget a mortuis, cum mors ei ultra non dominabitur, cum exaltabitur super cœlos Deus, et super omnem terram gloria ejus. (Vers. 29, 30.) *Turba ergo quæ stabat et audiebat, dicebat tonitruum esse factum : alii dicebant, angelus ei locutus est. Respondit Jesus et dixit :* Non propter me vox hæc venit, sed propter vos. Hic ostendit illa voce non sibi indicatum quod jam sciebat, sed eis quibus indicari oportebat. Sicut autem illa vox non propter eum, sed propter illos a divinitate facta est : sic anima ejus non propter eum, sed propter alios voluntate turbata est. »

Vers. 31. — *Nunc judicium est mundi.* Non enim

---
[a] Ex S. Aug., tract. LII, num. 2-14.

de futuro judicio hoc dictum esse putemus quod in fine mundi futurum est, ubi boni et mali separabuntur æterna divisione, sed de judicio quod quotidie in sancta Dei Ecclesia solet esse. « Possidebat ergo diabolus genus humanum, et reos suppliciorum tenebat chirographo peccatorum; dominabatur in cordibus infidelium, ad creaturam colendam deserto creatore, deceptos captivosque trahebat : per Christi autem fidem quæ morte ejus et resurrectione firmata est, per ejus sanguinem qui in remissionem fusus est peccatorum, millia credentium a dominatu diaboli liberantur, Christi corpori copulantur, et sub tanto capite uno ejus spiritu debilia [*Aug.*, fidelia] membra vegetantur. Hoc vocabat judicium, hanc discretionem, hanc a suis redemptis diaboli expulsionem. Denique attende, quid dicat, quasi quæreremus quid esset quod ait : *Nunc judicium est mundi, secutus exposuit*, ait enim : *Nunc princeps hujus mundi ejicietur foras.* Audivimus quale dixerit esse judicium. Non ergo illud quod in fine venturum est, ubi vivi et mortui judicandi sunt, aliis ad sinistram, aliis ad dexteram separatis : sed judicium quo princeps hujus mundi ejicietur foras. Quomodo ergo intus erat? Quo eum dixit ejiciendum foras ? *Nunc*, inquit , *princeps hujus mundi ejicietur foras;* hoc intelligendum est quod nunc fit, non quod tantum [*Aug.*, tanto] post futurum est in novissimo die. Prævidebat [*Aug.*, prædicebat] ergo Dominus quod sciebat, post passionem et glorificationem suam per universum mundum multos populos credituros, in quorum cordibus diabolus intus erat; cui quando ex fide renuntiant, ejicietur foras. Sed dicit aliquis : Nunquid de cordibus patriarcharum et prophetarum, veterumque justorum non est ejectus [foras? Ejectus] est plane. Quomodo ergo dictum est, *Nunc ejicietur foras ?* Quomodo putamus, nisi quia tunc quod in hominibus paucissimis factum est, nunc in multis magnisque populis jam futurum esse prædictum est? Sicut illud quod dictum est : *Spiritus autem nondum erat datus, quia Jesus nondum erat glorificatus (Joan.* vii, 39), potest similem habere quæstionem et similem solutionem. Non enim sine Spiritu sancto futura prænuntiaverunt prophetæ; aut non etiam Dominum infantem in Spiritu sancto Simeon senex et Anna vidua cognoverunt; et Zacharias et Elisabeth, qui de illo nondum nato, sed jam concepto tanta per Spiritum sanctum prædixerunt. Sed Spiritus nondum erat datus, id est, illa abundantia gratiæ spiritalis, qua congregati linguis omnium loquerentur, ac si in linguis omnium gentium futura prænuntiaretur Ecclesia , qua gratia spiritali populi congregarentur, qua longe lateque peccata dimitterentur, et millia millium Deo reconciliarentur. Quid ergo, ait quispiam, quia diabolus de credentium cordibus ejicitur foras , jam fidelium neminem tentat? Imo vero tentare non cessat. Sed aliud est intrinsecus regnare, aliud est forinsecus oppugnare; aliud est vulnerare, aliud occidere. Sed si vulnerat, adest qui sanat. Quia sicut 586 pugnantibus dictum est. *Hæc scribo vobis, ut non peccetis;* ita qui vulnerantur, quod sequitur, audiunt : *Et si peccaveritis, advocatum habemus apud Patrem Jesum Christum justum, ipse est propitiatio peccatorum nostrorum* (I *Joan* ii, 1). Quid enim oramus, cum dicimus : *Dimitte nobis debita nostra* (*Matth.* vi, 12), nisi ut vulnera nostra sanentur? Et quid aliud petimus, cum dicimus : *Et ne nos inferas in tentationem*, nisi ut ille qui insidiatur, vel certat extrinsecus, nulla irrumpat ex parte, nulla nos fraude decipiat, nullis nos subvertat machinis? Quando non tenet locum cordis, ubi fides habitat, ejectus est foras. Sed, *Nisi Dominus custodierit civitatem, in vanum vigilat, qui custodit eam* (*Psal.* cxxvi, 1). Nolite ergo de vobis ipsis præsumere, si non vultis foras ejectum diabolum intro iterum revocare. Absit autem ut diabolum mundi principem ita dictum existimemus, ut eum cœlo et terræ dominari posse credamus. Sed mundus appellatur in malis hominibus, qui toto terrarum orbe diffusi sunt : sicut appellatur domus in his a quibus habitatur, secundum quod dicimus : Bona domus est, vel mala domus est; non quando reprehendimus, sive laudamus ædificium parietum atque tectorum; sed quando mores vel bonorum hominum vel malorum. Sic ergo dictum est, *princeps hujus mundi*, id est, princeps malorum hominum [*Aug.*, malorum omnium], qui habitant in mundo. Appellatur etiam mundus in bonis, qui similiter toto terrarum orbe diffusi sunt : inde dicit Apostolus : *Deus erat in Christo, mundum reconcilians sibi* (II Cor. v, 19). Hi sunt ex quorum cordibus princeps mundi ejicitur foras. Cum ergo dixisset : *Nunc princeps hujus mundi ejicietur foras :*

Vers. 52. — *Et ego*, inquit, *si exaltatus fuero a terra, omnia traham post me. Quæ omnia*, nisi ex quibus ille ejicitur foras? Non autem dixit omnes, sed *omnia; non enim omnium est fides* (II Thess. iii, 2). Non itaque hoc ad universitatem hominum retulit, sed ad creaturæ integritatem, id est, spiritum et animam et corpus; et illud quod [*Aug.*, quo] intelligimus, et illud quod [*Aug.*, quo] videmus, et illud quod [*Aug.*, quo] visibiles et contractabiles sumus. Qui enim dixit : *Capillus capitis vestri non peribit* (*Luc.* xxi, 18), omnia trahit post se. Aut si *omnia* ipsi homines intelligendi sunt, omnia prædestinata ad salutem possumus dicere : ex quibus omnibus, ait, nihil esse periturum, cum supra de suis ovibus loqueretur (*Joan.* x, 28). Aut certe omnia hominum genera, sive in linguis omnibus, sive in ætatibus omnibus, sive in gradibus honorum omnium, sive in diversitatibus ingeniorum omnium, sive in artium licitarum et utilium professionibus omnibus, et quidquid aliud dici potest , secundum innumerabiles differentias quibus inter se, præter sola peccata, homines distant, ab excelsissimis usque ad humillimos, a rege usque ad mendicum : *Omnia*, inquit, *traham post me*, ut sit caput eorum, et illa membra ejus. *Sed si exaltatus*, inquit, *fuero a terra*, hoc est, cum exaltatus fuero : non enim dubitat futurum esse quod venit implere.

Hoc refertur ad illud, quo superius ait : *Si autem mortuum fuerit granum, multum fructum affert* (Joan. XII, 24). Nam exaltationem suam quid aliud dixit, quam in cruce passionem? Quod et ipse evangelista non tacuit; subjunxit enim, et ait : (VERS. 33, 34.) *Hoc autem dicebat, significans qua morte esset moriturus.* Respondit ei turba : *Nos audivimus ex lege, quia Christus manet in æternum, et quomodo tu dicis : Oportet exaltari Filium hominis? Quis est iste Filius hominis?* Memoriter tenuerunt quod Dominus dicebat assidue Filium hominis se esse. Nam hoc loco non ait : si exaltatus fuerit a terra Filius hominis : sed sicut superius dixerat, quando nuntiati sunt gentiles illi, qui eum videre cupiebant : *Venit hora, ut glorificetur Filius hominis.* Hoc itaque isti animo retinentes, et quod nunc ait : *Cum exaltatus fuero a terra,* mortem crucis intelligentes, quæsierunt ab illo, et dixerunt : *Nos audivimus ex lege, quia Christus manet in æternum : et quomodo tu dicis : Oportet exaltari Filium hominis?* Si enim Christus est, inquiunt, manet in æternum : si manet in æternum, quomodo exaltabitur a terra? Id est, quomodo crucis passione morietur? Hoc enim eum dixisse intelligebant, quod facere cogitabant. Non ergo eis verborum istorum obscuritatem aperuit infusa sapientia, sed stimulata conscientia. (VERS. 35.) *Dixit ergo eis Jesus : Adhuc modicum lumen in vobis est.* Hinc est, quod intelligitis [*Ms.,* intelligetis], quod Christus manet in æternum. *Ergo ambulate, dum lucem habetis, ut non vos tenebræ comprehendant.* Ambulate, accedite, totum 587 intelligite, et moriturum Christum et victurum in æternum; et sanguinem fusurum quo redimat, et ascensurum in sublimia quo perducat. *Tenebræ autem vos comprehendent,* si eo modo credideritis Christi æternitatem, ut negetis in eo mortis humilitatem. *Et qui ambulat in tenebris, nescit quo vadat.* Sic potest offendere in lapidem offensionis, et petram scandali, quod fuit Dominus cæcis Judæis (*I Petr.* II, 8); sicut credentibus lapis quem reprobaverunt ædificantes, factus est in caput anguli (*Psal.* CXVII, 22). Hinc indignati sunt credere in Christum, quia eorum impietas contempsit mortuum, risit occisum : et ipsa erat mors grani multiplicandi, et exaltatio trahentis post se omnia.

VERS. 36. — *Dum lucem habetis, credite in lucem, ut filii lucis sitis.* Cum aliquid veri auditum habetis, credite in veritatem, ut renascamini in veritate. *Hæc locutus est Jesus, et abscondit se ab eis.* Non ab eis qui credere et diligere cœperant; non ab eis qui cum ramis palmarum et laudibus obviam venerant; sed ab eis qui videbant et invidebant, quia nec videbant, sed in lapidem illum cæcati [*Aug.,* cæcitate] offendebant. Cum autem se abscondisset Jesus ab eis qui illum occidere cupiebant, (quod sæpe propter oblivionem commonendi estis), nostræ infirmitati consuluit, non suæ potestati derogavit. »

---

[a] Ex S. Aug., tract. LIII, num. 2-13.
[b] Apud Augustinum hæc verba ita interpunguntur:

Prænuntiata Dominus Christus passione sua in exaltatione crucis (quod Judæi intelligentes, quæstionem proposuerunt quomodo diceret se esse moriturum, cum ex lege audierint, quod Christus manet in æternum), deinde intulit evangelista, et ait : (VERS. 37, 38) *Cum autem tanta signa fecisset coram eis, non credebant in eum. Ut sermo Isaiæ prophetæ impleretur, quem dixit : Domine, quis credidit auditui nostro? Et brachium Domini cui revelatum est* (*Isai.* LIII, 1)? Quis, pro raritate posuit, quia quod sancti prophetæ a Deo audierunt et populo prædicaverunt, paucissimi crediderunt. In eo quod ait, *Brachium Domini cui revelatum est?* « [a] ubi satis ostendit brachium Domini, ipsum Dei Filium nuncupatum; non quod Deus Pater figura determinetur carnis humanæ, ejque Filius tanquam membrum corporis hæreat, sed quia omnia per ipsum facta sunt, ideo brachium Domini dictus est. Sicut enim tuum brachium per quod operaris, sic Dei brachium dictum est ejus Verbum, quia per Verbum operatus est Deus mundum. Cur enim homo brachium, ut aliquid operetur, extendit, nisi quia non continuo fit quod dixerit? Si autem tanta potestate prævaleret, ut sine ullo corporis motu sui quod diceret, fieret, brachium ejus esset verbum ejus. Sed Dominus Jesus Dei Patris unigenitus Filius, sicut non est paterni corporis membrum, ita non est cogitabile, vel sonabile ac transitorium verbum : quia cum omnia per ipsum facta sunt, Deus erat Verbum [*Aug.,* Dei Verbum erat]. » Quem evangelista Verbum nominavit esse apud Deum, hunc propheta brachium Domini nominavit. Dum brachium Domini audiamus, Dei virtutem, et Dei sapientiam Christum agnoscamus, per quem facta sunt omnia. *Omnia enim in sapientia fecisti* (*Psal.* CIII, 24), dicit Psalmista. « Non est enim ipse qui Pater, sed unum sunt ipse et Pater, et æqualis Patri, ubique totus. Hic quæstio difficilis oritur quid fecissent Judæi mali; vel quæ culpa illorum esset, ut non crederent, si necesse erat *ut sermo Isaiæ prophetæ impleretur, quem dixit : Domine quis credidit auditui nostro, et brachium Domini cui revelatum est?* Cui quæstioni respondemus, Dominum præscium futurorum per prophetam prædixisse infidelitatem Judæorum : prædixisse tamen, non fecisse. Non enim propterea quemquam Deus ad peccandum cogit, quia futura hominum peccata jam novit. Ipsorum enim præscivit peccata, non sua; non cujusquam alterius, sed ipsorum. Quapropter si ea, quæ ille præscivit, ipsorum non sunt, ipsorum non vera præscivit [b]. Sed quia illius præscientia falli non potest, sine dubio non alius, sed ipsi peccant, quos Deus peccatores [*Aug.,* peccaturos] esse præscivit. Fecerunt ergo peccatum Judæi, quod eos facere non compulit, cui peccatum non placet : sed facturos esse prædixit, quem nihil latet. Sed ea quæ sequuntur Evangelii verba plus urgent, et profundiorem quæstionem faciunt. Dicitur enim 588 hic, quasi causa sit Deus

« Quapropter si ea, quæ ille præscivit ipsorum, non sunt ipsorum, non vere ille præscivit. »

incredulitatis illorum, qui illorum oculos excaecavit et cor induravit. Hoc omnino de Deo dicitur, non de diabolo. Sed causa quaerenda est cur propheta dixisset hoc Deum fecisse : quam eo donante quantum poterimus, exponemus. Non poterant credere, quia hoc propheta praedixit : [hoc autem propheta praedixit], quia Deus hoc futurum esse praescivit. Quare autem non poterant, si a me quaeratur, cito respondeo : Quia nolebant : malam quippe eorum voluntatem praevidit Deus, et per prophetam praenuntiavit ille, cui abscondi futura non possunt : et hanc excaecationem vel indurationem malam eorum meruisse voluntatem [*Ms.*, mala.... voluntate]. Sic enim excaecat, sic obdurat Deus, deserendo et non adjuvando, quod occulto nobis judicio facit, sed nunquam injusto. Cum ergo Apostolus hanc ipsam difficillimam quaestionem tractaret, ait : *Nunquid iniquitas est apud Deum* (*Rom.* IX, 14)? Absit. Si ergo absit ut sit iniquitas apud Deum, sive quando adjuvat, misericorditer facit; sive quando non adjuvat, juste facit; quia omnia non temeritate, sed justo judicio facit. Porro si judicia sanctorum justa sunt, quanto magis sanctificantis et justificantis Dei? Justa ergo sunt, sed occulta. Ideo cum quaestiones hujusmodi in medium venerint, quare alius sic, et alius sic judicetur; quare ille Deo deserente excaecetur, ille Deo adjuvante illuminetur : non nobis judicium de judicio tanti judicis usurpemus, sed contremiscentes exclamemus cum Apostolo : *O altitudo divitiarum sapientiae et scientiae Dei! Quam inscrutabilia sunt judicia ejus, et investigabiles viae ipsius* (*Rom.* XII, 33)! De talibus vero quaestionibus vel judiciis Dei, admonentem audiamus Scripturam atque dicentem : *Altiora te ne quaesieris, et fortiora te ne perscrutatus fueris* (*Eccle.* III, 22). Perveniamus ergo in viam fidei, hanc perseverantissime teneamus : ipsa perducit ad cubiculum regis, in quo sunt omnes thesauri sapientiae absconditi. Non enim Dominus ipse Jesus Christus suis illis magnis et praecipue electis discipulis invidebat, quando dicebat : *Multa habeo vobis dicere, sed non potestis illa portare modo* (*Joan.* XVI, 12). Ambulandum est, proficiendum est, crescendum est, ut sint corda nostra capacia earum rerum, quas capere modo non possumus. Quod si nos ultimus dies proficientes invenerit, ibi discemus, quod hic non potuimus. Non itaque mirum est quia non poterant credere, quorum voluntas sic superba erat, ut ignorantes Dei justitiam, et suam volentes constituere [*Ms.*, vellent statuere], sicut de illis dicit Apostolus, justitiae Dei non essent subjecti (*Rom.* X, 3). Quia enim non ex fide, sed tanquam ex operibus tumuerunt : ipso suo tumore caecati, offenderunt in lapidem offensionis. Sic autem dictum est, *non poterant credere*, ubi intelligendum est, quod nolebant : quemadmodum dictum est de Domino Deo : *Si non credimus, ille fidelis permanet, negare seipsum non potest* (*II Tim.* II, 13). Sicut laus est voluntatis divinae [quod illos salvos fieri voluit], ita quod illi

a Ex S. Augustino, tract. LIV, num. 1-8.

A non poterant credere, culpa est voluntatis humanae. Hoc de Judaeis qui excaecati et indurati sunt, Deus praescivit, atque in ejus spiritu prophetae praedixit. Quod vero addidit : *Et convertantur, et sanem eos*, utrum subaudiendum sit [*Aug. add.*, non], id est, non convertantur, connexa desuper sententia, ubi dictum est, *Ut non videant oculis, et intelligant corde* : quia et hic utique dictum est, ut non intelligant; et ipsa enim conversio de illius gratia est, cui dicitur : *Deus virtutum converte nos* (*Psal.* LXXIX, 4). An forte et hoc de supernae medicinae misericordia factum intelligendum est, quoniam perversae et superbae voluntatis erant, et justitiam suam constituere volebant, ob hoc [*Ms.*, ad hoc] desererentur, ut caecarentur; ad hoc excaecarentur, ut offenderent in lapidem offensionis, et implerentur facies eorum ignominia : ita humiliati quaererent nomen Domini, et non suam justitiam qua inflatur superbus : sed justitiam Dei qua justificatur impius? Hoc enim multis eorum profecit in bonum, qui de suo scelere compuncti, in Christum postea crediderunt, pro quibus et ipse oraverat, dicens : *Pater, ignosce illis, quia nesciunt quid faciunt* (*Luc.* XXIII, 34). » Sequitur :

VERS. 42, 43. — *Verumtamen et ex principibus multi crediderunt in eum, sed propter Pharisaeos non confitebantur, ut de synagoga non ejicerentur : dilexerunt enim gloriam hominum magis, quam gloriam Dei*. « Videte quemadmodum notaverit evangelista et improbaverit [quosdam] quos tamen in eum dixit credidisse : qui in hoc ingressu fidei si proficerent, amorem quoque humanae gloriae proficiendo superarent, quem superaverat Apostolus dicens : *Mihi autem absit gloriari nisi in cruce Domini nostri Jesu Christi, per quem mihi mundus crucifixus est, et ego mundo* (*Galat.* VI, 14). Ad hoc enim et ipse Dominus crucem suam, ubi cum dementia superbae impietatis irrisit, in eorum qui in illum crederent, frontibus fixit, ubi est quodammodo sedes verecundiae, ut de nomine ejus fides non erubescat, et magis Dei gloriam, quam hominum diligant. »

« a Loquente Domino Jesu Christo apud Judaeos, et tanta miraculorum signa faciente, quidam crediderunt, praedestinati in vitam aeternam, quos etiam vocavit oves suas; quidam vero non crediderunt, nec poterant credere, eo quod occulto nec tamen injusto judicio Dei fuerant excaecati; » alii vero palam credentes, et cum ramis palmarum occurrentes; alii vero occulte credentes, sed propter Pharisaeos non confitentes, quos evangelista notavit, cum dixit : *Dilexerunt gloriam hominum magis quam gloriam Dei*. Gloria Dei est publice confiteri Christum, sicut martyres sancti fecerunt, de quibus alio in loco ipse Dominus ait : *Qui me confessus fuerit coram hominibus, confitebor et ego eum coram Patre meo* (*Matth.* X, 32). Qui confitetur Christum in confessione laudis, confitebitur, id est laudabitur a Christo coram Deo Patre. His ita se habentibus, et sua jam propinquante passione.

Vers. 44, 45. — *Jesus clamavit et dixit : Qui credit in me, non credit in me, sed in eum qui misit me; et qui videt me, videt eum qui me misit.* « Jam dixerat quodam loco : *Mea doctrina non est mea, sed ejus qui me misit (Joan.* vii, 16). Ubi intelleximus eum doctrinam suam dixisse Verbum Patris, quod est ipse; et hoc significasse dicendo : *Doctrina mea non est mea, sed ejus qui me misit,* quod a seipso ipse non esset, sed haberet a quo esset. Deus enim de Deo, Filius Patris : Pater autem non Deus de Deo, sed Deus Pater Filii. Nunc autem, quod ait : *Qui credit in me, non credit in me, sed in eum qui misit me,* quomodo intellecturi sumus, nisi quia homo apparebat hominibus, cum lateret Deus? Et ne putarent hoc eum esse tantummodo quod videbant, talem ac tantum se volens credi, qualis et quantus est Pater, *qui credit in me,* inquit, *non credit in me,* id est quod videt, *sed in eum qui misit me,* id est in Patrem. Sed qui credit in Patrem, necesse est ut eum credat Filium habere; » et dum eum Patrem credit æternum, credat et Filium habere coæternum sibi, et consubstantialem sibi. Propterea dixit : *Qui credit in me, non credit in me* : nolens ut totum quod de Christo creditur secundum hominem crederetur. Ille bene credit in me qui secundum id quod videt me non tantum credit in me; sed secundum id quod videt me æqualem esse Patri; « ac ne putaretur sic voluisse intelligi Patrem, tanquam patrem multorum filiorum per gratiam regeneratorum, non unici Verbi æqualis sibi, continuo subjecit : *Et qui videt me, videt eum qui misit me.* » Usque adeo enim nihil distat inter eum et me, ut qui me videt, videat eum qui misit me. Hæc visio, intellectualis, non carnalis debet intelligi, quæ modo in laude est sanctorum, post resurrectionis ultimæ diem in specie [*Ms.*, in re] æternæ beatitudinis erit, de qua alibi ait : *Beati mundo corde, quoniam ipsi Deum videbunt (Matth.* v, 8). Attendamus cætera.

Vers. 46. — *Ego lux in mundum veni, ut omnis qui credit in me, in tenebris non maneat.* Dixit quodam loco discipulis suis : *Vos estis lumen mundi : non potest abscondi civitas super montem constituta. Neque accendunt lucernam et ponunt eam sub modio, sed super candelabrum ut luceat omnibus qui in domo sunt. Sic luceat lumen vestrum coram hominibus, ut videant opera vestra bona, et glorificent Patrem vestrum qui in cœlis est (Matth.* v, 14). Non tamen dixit : Vos lux venistis in mundum, ut omnis qui credit in vos, in tenebris non maneat. Nusquam hoc legi posse confirmo. Lumina ergo sunt omnes sancti : sed credendo illuminantur ab eo, a quo si quis recesserit, tenebrabitur. Lumen autem illud quod illuminat, a se recedere non potest, quia incommutabile omnino est. Cum autem dicit : *Omnis qui credit in me, in tenebris non manet,* satis manifestat omnes se in tenebris invenisse : sed ne in eis tenebris remaneant in quibus inventi sunt, debent credere in lucem A quæ venit in hunc mundum, quia per illam factus est mundus.

Vers. 47. — *Et si quis audierit,* inquit, *verba mea, et non custodierit ea, ego non judico eum.* « Audite, quomodo dicit Filius, *ego non judico eum;* cum dicat alio loco : *Pater non judicat quemquam, sed omne judicium dedit Filio (Joan.* v, 22), nisi quia intelligendum est, quod sequitur : *Non enim veni,* inquit, *ut judicem mundum, sed ut salvificem mundum?* Nunc ergo tempus est misericordiæ, postea erit judicii. Quia *misericordiam,* inquit, *et judicium cantabo tibi, Domine (Psal.* c, 1). Sed de ipso etiam futuro novissimoque judicio videte quid dicat : (Vers. 48) *Qui spernit me et non accipit verba mea, habet qui judicet eum. Sermo quem locutus sum, ille judicabit eum in novissimo die.* Non ait : Qui spernit me et non accipit verba mea, ego eum non judico in novissimo die. » Venit enim Filius Dei ad salvandum, non ad judicandum. Ideo dixit, non judico eum, id est modo, in præsenti, sed judico eum in novissimo die. « Cum enim dixisset : *Qui spernit me et non accipit verba mea, habet qui judicet eum;* exspectantibus autem quisnam ille esset, secutus adjunxit : *Sermo quem locutus sum, ille judicabit eum in novissimo die,* satis manifestavit seipsum judicaturum in novissimo die. Seipsum quippe locutus est, seipsum annuntiavit, seipsum januam posuit, qua ipse ad oves pastor intraret. Aliter itaque judicabuntur qui non audierunt, et aliter qui audierunt et contempserunt. *Qui enim sine lege peccaverunt,* ait Apostolus, *sine lege peribunt; et qui in lege peccaverunt, per legem judicabuntur (Rom.* ii, 12). (Vers. 49.) *Quia ego,* inquit, *ex me non sum locutus.* Ideo se dicit non locutum ex seipso, quia non est ex seipso. » Jam hoc sæpe diximus quod Filius a se non est, sed a Patre; ideo adjunxit : *Sed qui misit me Pater, ipse mihi mandatum dedit quid dicam et quid loquar.* Non enim locorum spatio, non syllabarum expressione, non vocali sono Pater Filio loquitur, ut Filius mandatum Patris audiat : sicut filius hominis ab homine audire solet, quid Pater mandet illi. « Sed unicus Filius est Verbum Patris et sapientia Patris : in illo sunt omnia mandata Patris. Neque enim mandatum Patris aliquando Filius nescivit, ut eum necesse esset ex tempore habere quod accepit, ut nascendo acciperet, dederitque illi Pater gignendo [a], quod non haberet : sed eum genuit vitam habentem. Sicut superius ait : *Sicut Pater habet vitam, sic dedit et Filio vitam habere in semetipso,* id est genuit Filium, vitam habentem in semetipso : sic dicit hic, *sicut mandatum dedit mihi Pater.* Et quia æterna ipsa nativitas, nunquam non fuit Filius, qui est vita : et sicut est vita æterna, sic est qui natus est, vita æterna. Ita et mandatum, non quod Filius non habeat, Pater dedit; sed sicut dixi, in sapientia Patris, quod est Verbum Patris, omnia mandata sunt Patris. Sequitur enim :

habet accepit, ut nascendo acceperit, dederitque illi gignendo. »

---

[a] Aug.: « Ut eum necesse esset ex tempore habere, quod antea non habebat. Ita enim a Patre, quod

Vers. 50. — *Et scio, quia mandatum ejus vita æterna est.* Si ergo vita æterna est ipse Filius, et vita æterna est mandatum Patris, quid aliud dictum est quam ego sum mandatum Patris? Proinde et id quod adjungit et dicit : *Quæ ego loquor, sicut dixit mihi Pater, sic loquor* : non accipiamus, *dixit mihi*, quasi per verba [*Ms.*, quasi verbo. *Aug.*, quasi Pater verba] locutus sit unico verbo, aut egebat Dei verbis Dei verbum. Dixit ergo Pater Filio, sicut dedit vitam Filio : non quod nesciebat, vel non habebat, sed quod ipse Filius erat. Quid est autem : *Sicut dixit mihi, sic loquor*, nisi verbum loquor? Ita ille dixit ut verax, ita iste loquitur ut veritas. Verax autem genuit veritatem. Quid ergo jam diceret veritati? Non enim imperfecta erat veritas, cui verum aliquid adderetur. Dixit ergo veritati, quia genuit veritatem. Porro ipsa veritas sic loquitur, ut ei dictum est : sed intelligentibus, quos docet ut nacta [*Aug. et al.*, nata] est. Ut autem crederent homines, quod intelligere nondum valerent, ex ore carnis verba sonuerunt et abierunt transvolantibus sonis; strepuerunt [*Aug.*, transvolantes soni strepuerunt] peractis morulis temporum suorum : sed res ipsæ, quarum signa sunt soni, tractæ quodammodo in eorum memoriam qui audierunt, etiam ad nos per litteras, quæ visibilia signa sunt, pervenerunt. Non sic loquitur veritas : intelligentibus mentibus intus loquitur, sine sono instruit, intelligibili voce perfundit. Qui ergo potest in ea videre nativitatis ejus æternitatem, ipse illam sic audit loquentem, sicut ei dixit Pater, quod loqueretur. Excitavit nos ad magnum desiderium interioris dulcedinis suæ : sed crescendo capiamus, ambulando crescamus, proficiendo ambulemus, ut pervenire possimus » per seipsum ad seipsum, seipso docente nos et promittente nobis : *Ego sum via, et veritas, et vita.* Via quærentibus, veritas invenientibus, vita permanentibus.

LIBER SEXTUS.

Charissimæ in Christo sorori Gislæ [*Al.*, Gislanæ], et filiæ Deo votæ Columbæ, humilis levita Alcuinus salutem [a].

Ad solatium sanctitatis vestræ hunc libellum direxi, comatico sermone dictatum, ut eum habeatis his diebus, ad exercendam in eo vestram sanctam devotionem : quia optimum est in tali studio hos sanctissimos peragere dies, et maxime in beati Joannis evangelistæ Evangelio, in quo sunt altiora mysteria Divinitatis; illius quoque Evangelii sanctissima verba Domini nostri Jesu Christi, quæ locutus est ea nocte qua tradi voluit pro mundi salute. Totius forsitan Evangelii expositionem direxi [direxissem] vobis, si me non occupasset domini regis præceptum in emendatione Veteris Novique Testamenti. Tamen, Deo auxiliante, et vita comite, cœptum opus secundum opportunitatem temporis explevero, vestroque nomini consummatum dedicavero. Nunc vero in præsenti deprecor ut nostri nominis habeatis memoriam in sanctisacris [*Forte*, sacrosanctis] orationibus vestris; et hoc tempus sanctissimum in servitio sanctitatis, et religione castissimæ vitæ, et in lectionis studio prospere peragatis, quatenus ad sanctum Pascha pervenientes, condignis laudibus resurrectionem Domini nostri celebrare valeatis. Opto vos semper valere, et in omni pietatis exercitio florere, charissimæ dominæ.

CAPUT XXXII.

Surgens a cœna lavit pedes discipulorum, exemplum se dedisse dicens, ut ipsi conservis faciant, quod omnium Dominum fecisse probantur.

Caput XIII, Vers. 1. — *Ante diem autem festum Paschæ, sciens Jesus, quia venit hora ejus, ut transeat ex hoc mundo ad Patrem.* « [b] Pascha, fratres, non sicut quidam existimant Græcum nomen est, sed Hebræum. Pascha transitus dicitur in sua lingua, propterea quia tunc primum Pascha celebravit populus Dei, quando ex Ægypto fugientes Rubrum mare transierunt (*Exod.* xiv, 29). » Quæ figura in Christo secundum veritatem impleta est, dum per passionem crucis transiret ex hoc mundo ad Patrem. Ita nobis transeundum est ab hoc mundo ad Patrem, a temporalibus ad æterna, ab iniquitate ad justitiam, a deceptore diabolo ad salvatorem Christum. *Cum dilexisset suos qui erant in mundo, usque in finem dilexit eos.* « Utique ut et ipsi de hoc mundo, ubi erant, ad suum caput, quod hinc transiisset, ejus dilectione transirent : » *In finem*, id est in æternum, *dilexit eos.* « Vel in *finem*, in Christum, quia finis legis Christus est. (Vers. 2.) *Et cœna jam facta.* Non ita debemus intelligere cœnam factam, veluti jam consumptam [*Aug.*, consummatam] atque transactam : adhuc enim cœnabatur, cum Dominus surrexit et pedes lavit discipulis suis. Nam postea recubuit, et buccellam suo traditori dedit. Cœna ergo facta, dictum est [*Ms.*, cœna ergo dicta est], jam parata, » convivantibus discipulis cum magistro. *Cum diabolus jam misisset in cor ut traderet eum Judas Simon Scariothis.* « Si quæris quid missum sit in cor Judæ? Hoc utique, *ut traderet eum*. Missio ista spiritalis suggestio est : » non in aures corporalibus sonis, sed in cor consentientis iniqua ; sicut enim bonas cogitationes benignus Spiritus immittit, sic etiam malas cogitationes malignus spiritus suggerit. « Sed in-

---

[a] De hac epistola et de tempore quo scripta est, recole quæ diximus in monito his commentariis præmisso. Hanc non habet cod. ms. S. Emmeramni.
[b] Ex S. Aug., tract. LV, num. 1-7.

terest, quibusnam earum mens humana consentiat, divino auxilio vel deserta per meritum, vel adjuta per gratiam. » Sine fide proditor iste venit ad convivium, non credens Deum esse, quem tradere cogitabat. « Videbatur et tolerabatur : in eo quem falli putabat, fallebatur; » cujus malitia bonitas Dei utebatur ad salutem aliorum.

Vers. 3. — « Sciens quia omnia dedit ei Pater in manus. Ergo et ipsum traditorem. Nam si eum in manibus non haberet, non utique illo uteretur ut vellet. Sciebat enim Dominus quid faceret pro amicis, qui patienter utebatur inimicis. Sciens etiam quia a Deo exivit, et ad Deum vadit; nec Deum, cum inde exiret; nec nos deserens, cum rediret. (Vers. 4.) Surgit a coena, et ponit vestimenta sua. Locuturus evangelista de tanta Domini humilitate, prius ejus celsitudinem voluit commendare. Ad hoc pertinet quod ait : Sciens quia omnia dedit ei Pater in manus. Cum ergo ei omnia dedisset Pater in manus, non Dei Domini, sed hominis servi implevit officium. Tanta est quippe humanae humilitatis utilitas, ut eam suo commendaret exemplo etiam divina sublimitas. » Surgit a coena, descendit de coelestibus ; posuit vestimenta sua, id est semetipsum exinanivit. (Vers. 5.) Cum accepisset linteum, praecinxit se, formam servi induens. Mittit aquam in pelvem, id est, fudit sanguinem suum in terram, ut mundaret in se credentium vestigia, quae terrenis peccatis sordida fuerant; et extergeret linteo quo erat praecinctus, id est corporis sui linteo quo erat praecinctus, purgaret : quia tota illa ejus passio, nostra est purgatio. Dum formam servi accepit, non quod habebat dimisit, sed quod non habebat assumpsit.

Vers. 6. — Venit ergo ad Simonem Petrum. « a Non ita intelligendum est, quasi aliorum pedibus lavatis, venisset ad primum apostolorum, sed quia inde primum coepit. » Ideo expavescit Petrus, ut Dei Filius pedes ei lavaret, Dominus servo, Deus homini. « Quando ergo pedes discipulorum lavare coepit, venit ad eum a quo coepit, id est ad Petrum : et tunc Petrus, quod etiam quilibet eorum expavisset, expavit atque ait : Domine, tu mihi lavas pedes? » Tu Deus, ego homo; tu Dominus, ego servus; tu Redemptor, ego peccator. (Vers. 7.) Quod ego facio, tu nescis modo : scies autem postea. Hujus facti mysterium necdum intelligis, sed postea intellecturus eris, quia si te non lavero, non habebis partem mecum. (Vers. 8.) Dixit autem Petrus : Non lavabis mihi pedes in aeternum. Aeternum, pro nunquam posuit : sed territus responsione Domini subjunxit : (Vers. 9) Domine non tantum pedes, sed et caput, et manus. « Quando quidem sic minaris, lavanda tibi mea membra, non solum ima non subtraho, verum etiam prima substerno. Non [Ms., Ne] mihi neges capiendam tecum partem, nullam tibi nego abluendam mei corporis partem. Respondit Jesus : (Vers. 10) Qui lotus est, non habet opus nisi pedes lavare, sed est mundus to-

tus. Quomodo utrumque et mundus totus, tamen et pedes ei lavandi sunt, » nisi quia mundus totus est in lavacro sancti baptismatis, iterum pulvere terrenae habitationis sordidatur? Unde et necesse habet iterum lavari per gratiam [lavacri] divinae pietatis, licet prius eadem gratia esset totus mundatus, apostolo Joanne attestante : Si dixerimus quia peccatum non habemus, nos ipsos decipimus, et veritas in nobis non est (I Joan. I, 8). « Quotidie igitur pedes lavat nobis, qui interpellat pro nobis : et quotidie nos opus habere, ut pedes lavemus, in ipsa oratione Dominica confitemur, cum dicimus : Dimitte nobis debita nostra, sicut et nos dimittimus 593 debitoribus nostris (Matth. VI, 12). » Et vos mundi estis, sed non omnes. Quod evangelista sequentibus verbis exposuit. Ideo transeamus ad caetera.

Vers. 12. — Postquam ergo lavit pedes eorum, id est, impleta redemptionis nostrae purgatione per sanguinis sui effusionem, accepit vestimenta sua, tertio die de sepulcro resurgens, et eodem corpore quo moriebatur in cruce, immortalis factus est et vestitus. Et cum recubuisset iterum, ascendit in coelum, in dextera Dei sedens, et in majestate paternae divinitatis recumbens, unde iterum venturus est, judicare vivos et mortuos. Sequitur enim : Dixit eis : Scitis quid fecerim vobis ? Hoc enim ait quod ante praemiserat [Ms., promiserat], dum Petro apostolo respondit : Quod ego facio, nescis modo, scies autem postea. Nunc est illud post, quod ante promisit.

Vers. 13. — Vos vocatis me Domine et magister, et bene dicitis. Utique, quia verum dicitis , sum etenim. Non arrogantiae typo, sed veritatis obsequio dixit, ego sum : (Vers. 14) Si ergo ego lavi vestros pedes, Dominus et magister, et vos debetis alter alterius lavare pedes. Si ego Deus et Dominus dimisi vobis peccata vestra, quanto magis et vos debetis alter alterius peccata dimittere ? « b Et hoc est quod Apostolus ait : Donantes vobismetipsis, si quis adversus aliquem habet culpam (Coloss. III, 13), sicut et Dominus donavit nobis; ita et nos [Aug., donavit vobis, ita et vos]. Invicem itaque nobis delicta donemus, et pro nostris delictis invicem oremus ; atque ita quodammodo invicem pedes nostros lavamus [Ms. et Aug., lavemus]. » Licet et hoc corporaliter charitatis officio, et humilitatis exemplo aliquibus utiliter facere placeat, tamen spiritaliter in corde omnibus agendum est, ut debita nostra in invicem dimittamus nobis, sicut a Deo nostro nobis debita dimitti deprecamur. Sequitur enim :

CAPUT XXXIII.

Non esse servum majorem domino dicens, post testimonium Scripturae a Juda se tradendum intincti panis porrectione significat; et discipulos multipliciter exhortatur.

Vers. 16, 17. — Amen, amen dico vobis : Non est servus major domino suo, neque apostolus major eo qui misit illum. Si haec scitis, beati eritis si feceritis

---

a Ex S. Aug., tract. LVI, num. 1-4.

b Ex S. Aug., tract. LVIII, num. 5.

ea. « ª Hoc ideo dixit, quia laverat pedes discipulorum, magister humilitatis et verbo et exemplo : » ut verbo et exemplo eos instrueret in charitatis officio. (VERS. 18.) *Non de vobis omnibus dico,* id est, non vos omnes beatos dico. *Ego scio quos elegerim,* ad hanc beatitudinem, ut meorum sint sequaces præceptorum. *Sed ut impleatur Scriptura : Qui manducat panem mecum, levabit contra me calcaneum suum.* Id est, calcabit me [*Aug.*, conculcabit me]. Manducat panem, non ad salutem sibi, sed ad pœnam : quia manducavit, ut lateret proditor, non ut proficeret amator. Quid est quod alio loco dicit : *Nonne ego vos duodecim elegi, et unus ex vobis diabolus est* (*Joan.* VI, 71)? et hic dicit : *Ego scio quos elegerim?* Electus est ille Judas, non ad beatitudinem, sed ad proditionis perfidiam ob salutem mundi, non suam, quia dictum est de eo : *Melius esset homini illi, si non fuisset natus* (*Matth.* XXVI, 24). Isti vero de quibus modo dicitur [*Ms.*, dixit] : *Ego scio quos elegerim,* ad beatitudinem æternæ gloriæ electi sunt. (VERS. 19.) « *Amodo,* inquit, *dico vobis priusquam fiat, ut credatis, cum factum fuerit, quia ego sum.* Id est, [ego] sum, de quo illa Scriptura præcessit, ubi dictum est : *Qui manducat mecum panem, levabit super me calcaneum* (*Psal.* XL, 10). » (VERS. 20.) *Qui accipit, si quem misero, me accipit : qui autem me accipit, accipit eum, qui me misit.* « Cum hæc dicebat, non unitatem naturæ divisit, sed mittentis auctoritatem ostendit. Sic utique [*Aug.*, sic itaque] unusquisque eum qui est missus, accipiat, ut in illo eum qui misit, attendat : si ergo attendas Christum in Petro, invenies discipuli præceptorem. Si autem attendas Patrem in Filio, invenies Unigeniti Genitorem : ac sic in eo qui missus est sine ullo accipis errore mittentem. » (VERS. 21.) *Cum hæc dixisset Jesus, turbatus est spiritu, et protestatus est, et dixit : Amen, amen dico vobis, quia unus ex vobis tradet me.* « ᵇ Turbavit eum imminens passio et periculum proximum, et traditoris impendens manus, cujus fuerat præcognitus animus. »

594 Turbatus est itaque spiritu, tanto scelere traditoris. Turbata est in eo nostra infirmitas, non sua potestas. Sicut pro nobis passus est, ita pro nobis turbatus est. Qui ergo potestate mortuus est, [potestate turbatus est] ne nostra perturbatio in desperationem cadat : sed [in] miserationem proximorum, vel in [veram] pœnitentiam peccatorum nostrorum vertatur ; quia illius perturbatio nostra est consolatio. *Amen, amen dico vobis, quia unus ex vobis hodie tradet me.* « ᶜ Unus numero, non merito ; specie, non virtute ; commistione corporali, non vinculo spiritali ; carnis adjunctione, non cordis socius unitate. Quid est *ex vobis*, nisi, ex vobis exiturus est, qui tradet me? (VERS. 22.) *Aspiciebant ergo discipuli ad invicem, hæsitantes de quo diceret.* Sic quippe in eis erat erga magistrum suum pia charitas, ut tamen eos humana alterutrum de altero simularet [*Ms. et Aug.*, alterum de altero stimularet] infirmitas. Nota

ª Ex S. Aug., tract. LIX, num. 1-3.
ᵇ Ex eodem, tract. LX, num. 1.

fuit unicuique sua conscientia, sed alterius incognita.

VERS. 23. — *Erat autem recumbens unus ex discipulis ejus in sinu Jesu, quem diligebat Jesus.* Quod dixerat, *in sinu*, paulo post dicit, *super pectus Jesu.* Ipse est Joannes, cujus est hoc Evangelium, sicut postea manifestatur. Erat enim hæc eorum consuetudo, qui sacras nobis litteras ministrarunt, ut quando ab aliquo eorum divina narrabatur historia, cum de seipsum veniret, tanquam de alio loqueretur ; et sic se insereret ordinationi [*Aug.*, ordini] narrationis suæ, tanquam rerum gestarum scriptor, non tanquam sui ipsius prædicator. Hoc fecit et beatus Moyses ; ita de se ipso tanquam de alio cuncta narravit [Add. ex *Aug.*, et ait : dixit Dominus ad Moysen] (*Exod.* VI, 1). » *Diligebat,* non præ omnibus unum, sed familiarius in omnibus unum. Quiddam in eo dilexit, quod in aliis non dilexit, id est, ut per pacem transiret [ex hac vita, non per passionem finiret] hanc vitam. *In sinu Jesu,* id est, in secreto, de quo illud mirabile et omnibus sæculis inauditum eructavit sacramentum : *In principio erat Verbum, et Verbum erat apud Deum, et Deus erat Verbum.*

VERS. 24. — « *Innuit autem huic Simon Petrus, et dicit ei.* Innuendo dicit, non loquendo ; significando, non sonando. Quid dicit innuendo ? Quod sequitur : *Quis est, de quo dicit?* Hæc verba Petrus innuit : non sono vocis, sed motu corporis dixit. (VERS. 25.) *Itaque cum recubuisset ille supra pectus Jesu.* Hic est utique pectoris sinus, sapientiæ secretum. *Dicit ei : Domine, quis est* [qui tradet te]? (VERS. 26.) *Respondit ei Jesus : Ille est, cui intinctum panem porrexero. Et cum intinxisset panem, dedit Judæ Simoni Scariothis. Post panem, tunc introivit in illum Satanas.* Expressus est traditor, nudatæ sunt latebræ tenebrarum : bonum est quod accepit, sed malo suo accepit, quia male bonum malus accepit. » « ᵈ Hinc enim docetur quam diligenter nobis cavendum sit, sic male accipere bonum. Multum quippe interest, non quid accipiat, sed quis accipiat : nec quale sit quod datur, sed qualis sit ipse cui datur. Intravit ergo post hunc panem Satanas in Domini traditorem, ut sibi jam traditum plenius possideret, in quem prius intraverat, ut deciperet. » Auxit enim peccatum traditionis præsumptio sacramenti, cum hominis ingrati intrasset panis in ventrem, hostis in mentem : fortassis per panis intinctionem, illius significans fictionem, qui fictus ad cœnam venit amicus, et falsus ad magistrum [vadit] discipulus.

« *Quod facis, fac citius.* Non præcepit facinus, sed prædixit Judæ malum, nobis bonum. Quid enim Judæ pejus, et quid nobis melius, quam traditus Christus ab illo ? *Citius :* hoc [verbum hoc] est plus parati ad passionem, quam irati ad vindictam. Non enim tam ad perniciem perfidi sæviendo dixit, quam ad salutem fidelium festinando, *quod facis, fac citius :* non quia in tua potestate est, quem tradas, sed quia hoc vult qui omnia potest. (VERS. 28, 29.) *Hoc autem*

ᶜ Ex S. Augustino, tract. LXI, num 2-6.
ᵈ Ex eodem, tract. LXII, num. 1, 2, 4, 5.

nemo scivit discumbentium, ad quid dixerit ei. Quidam enim putabant quia loculos habebat Judas, quia dixisset ei Jesus : Eme ea quæ opus sunt nobis ad diem festum, aut ut egenis aliquid daret. Habebat ergo et Dominus loculos, et a fidelibus oblata conservans, et suorum necessitatibus et aliis indigentibus tribuebat. Tunc primum ecclesiasticæ pecuniæ forma est instituta, ubi intelligeremus, quod præcepit non cogitandum esse de crastino (*Matth.* vi, 34), non ad hoc fuisse præceptum, ut nihil pecuniæ servaretur a sanctis; sed ne Deo pro ista serviatur, et propter inopiæ timorem justitia deseratur. »

595 Vers. 30. — *Cum autem accepisset ille buccellam, exiit continuo, erat autem nox.* Erat autem ipsa nox, qui exiit, et filius tenebrarum, et opera faciens tenebrarum. Exivit ergo ad suæ perditionis ministerium, et ad nostræ salutis [dispensationem; non nostræ salutis] consideratione, sed suæ negationis [*Ms.*, negotiationis] intentione. Hinc impletur quod Psalmista ait : *Dies diei eructat verbum,* id est, Christus discipulis promebat verbum salutis : *Et nox nocti indicat scientiam* (*Psal.* xviii, 3), id est, Judas Judæis proditoris [*Ms.*, proditionis] malitiam ostendit. Nunc majore intentione verba Domini consideranda sunt, quæ ipsa nocte ante traditionem coram [*Ms.*, ante traditionis horam] discipulis singulariter loquebatur. Profundissima sunt in mysteriis; ideo ubi multum laboraturus est disputator, non remissus esse debet auditor. Altius consideranda sunt Altissimi dicta, qui occultat ut quæramus, et manifestat ut inveniamus. Ipse est qui claudit, et aperit : claudit ut quæramus : aperit ut inveniamus, ut inquisitor fructum accipiat sudoris sui; et largitor laudem et gratias bonitatis suæ habeat.

Vers. 31. — *Dixit Jesus : Nunc clarificatus est Filius hominis, et Deus clarificatus est in eo.* Hic aliquid magnum significat in hac clarificatione. « a Exivit Judas, et clarificatus est Jesus ; exiit filius perditionis, et clarificatus est Filius hominis. Exeunte itaque immundo omnes mundi remanserunt, et cum suo mundatore manserunt. Tale aliquid erit, cum victus a Christo transiet [*Aug.*, transierit] hic mundus, et nemo in populo Christi remanebit immundus : cum, zizaniis a tritico separatis, justi fulgebunt sicut sol in regno Patris sui (*Matth.* xiii, 43). » De hac clarificatione futura sanctorum locuturus, verbo præteriti temporis est usus ; quia quod futurum in sanctis est, hoc in prædestinatione Dei factum esse dicitur. « *Nunc clarificatus est Filius hominis ;* tanquam diceret : Ecce in illa mea clarificatione quid erit, ubi malorum nullus erit. Hic autem [*Aug.*, Sic autem] non est dictum : Nunc significata est clarificatio filii hominis ; sed dictum est, *Nunc clarificatus est Filius hominis :* quemadmodum non est dictum : Petra significabat Christum, sed, *Petra erat Christus.* Cum

a Ex eodem, tract. lxiii, num. 2, 3.
b Ex eodem, tract. lxiv, num. 1-4.
c Locus mutilus tam in Edit. quam Mss., qui ita fortassis restitui possit : « Potest tamen intelligi par-

autem dixisset, *Nunc clarificatus est Filius hominis,* adjunxit : *Et Deus clarificatus est in eo.* Ipsa enim est clarificatio Filii hominis, ut Deus clarificetur in eo. Non enim ipse in seipso [*Aug.*, si enim non ipse in seipso], sed Deus in illo clarificatur, tunc illum Deus in se clarificat. Denique tanquam ista exponens, adjungit et dicit : *Si Deus clarificatus est in eo, et Deus clarificabit eum in semetipso.* Hoc est, si Deus clarificatus est in eo, qui non venit facere voluntatem suam, sed voluntatem ejus qui misit eum : (Vers. 32) *Et Deus clarificabit eum in semetipso,* ut natura humana, in qua est Filius hominis, quæ a Verbo æterno suscepta est, etiam immortali æternitate donetur. *Et continuo,* inquit, *clarificabit eum :* resurrectionem scilicet suam, non sicut nostram in fine sæculi, sed continuo futuram, hac attestatione prædicens. »

(Vers. 33.) *Filioli, adhuc modicum vobiscum sum.* Cum autem prædixit de clarificatione futuri regni sui, et de clarificatione resurrectionis suæ, quæ mox futura erat ; « b ne putarent ergo quod sic eum clarificaturus esset Deus, ut non eis conjungeretur ulterius ea conversatione, qua in terra erat cum eis ; *adhuc,* inquit, *modicum vobiscum sum ;* tanquam diceret : Continuo quidem resurrectione clarificabor, non tamen continuo ascensurus in cœlum, sed *adhuc modicum vobiscum sum :* » significans quadraginta dies, quibus erat cum discipulis, temporibus opportunis apparens illis. Potest tamen intelligi, quod parvum tempus illius tantummodo noctis, usque ad passionis horam cum discipulis se esse. c « Est et alia divina præsentia, sensibus ignota mortalibus, de qua item dicit : *Ecce ego vobiscum sum, usque ad consummationem sæculi* (*Matth.* xxviii, 20). Hoc certe non est, *adhuc modicum vobiscum sum ;* » sed est *modicum vobiscum,* vel ante passionis horam, vel post resurrectionem usque ad ascensionis gloriam. « Quid est quod post resurrectionem alio loco dixit discipulis suis : *Hæc sunt verba quæ locutus sum vobis, cum* **596** *adhuc essem vobiscum* (*Luc.* xxiv, 44), nisi cum adhuc essem in carne mortali, in qua estis et vos ? Tunc enim, cum hæc diceret, in eadem carne suscitata [*Aug.*, resuscitatus] erat, sed cum illis in eadem mortalitate jam non erat.

Quæritis me, et sicut dixi Judæis, quo ego vado, vos non potestis venire : et dico vobis modo. Hoc est, modo non potestis. Judæis autem cum hæc diceret, non addidit, *modo.* Isti itaque non poterant venire tunc, quo ille ibat, sed poterant postea. Ideoque docens eos, quomodo idonei esse possent pergere, quo ille antecedebat : (Vers. 34) *Mandatum,* inquit, *novum do vobis, ut diligatis invicem.* Hi sunt gressus quibus sequendus est Christus; » hoc mandatum charitatis. « d Innovat quippe audientem, vel potius obedientem, non omnis, sed ista dilectio, quam Dominus, ut a carnali dilectione distingueret, addidit :

vum tempus illius tantummodo noctis, usque ad horam passionis, quo cum discipulis esset. »
d Ex S. Aug., tract. lxv num. 1, 2.

Sicut dilexi vos. Dilectio ista nos innovat, ut simus homines novi, sed hæredes Testamenti Novi. Hæc dilectio populum novum colligit Christo. » Hæc et antiquos Patres innovabat, ut essent in Christum credentes, qui venturus erat redimere eos. « Audiant enim atque custodiant : *Mandatum novum do vobis, ut vos invicem diligatis* » omnes qui volunt fratres esse unici Filii Dei, qui seipsum in hac dilectione tradidit pro nobis. Nam et in hoc mandato illud mandatum est, quod prius ponitur : *Diliges Dominum Deum tuum ex toto corde tuo, [et ex tota anima] et tota mente tua* (Matth. xxii, 39, seq.). : « sed bene intelligentibus utrumque invenitur in singulis. Nam et qui diligit Deum, non eum potest cohibere præcipientem, ut non diligat proximum [*Aug.*, contemnere præcipientem, ut diligat proximum] ; et qui sancte atque spiritaliter diligit proximum, quid in eo diligit, nisi Dominum [*Aug.*, Deum] ? Ipsa est dilectio, ab omni mundana dilectione discreta, quam distinguendo addidit Dominus : *Sicut dilexi vos.* »

[a] Cum Dominus Jesus sanctam dilectionem, qua se invicem diligerent, discipulis commendaret, *dicit ei Simon Petrus : Domine, quo vadis ?* Sic utique hoc dixit magistro discipulus, et Domino servus, tanquam sequi paratus. Propterea quippe Dominus, qui ejus animum vidit, quare hoc interrogaverit, sic ei respondit : (Vers. 36) *Quo ego vado, non potes me modo sequi ;* tanquam diceret : Propter quod interrogas, non potes modo. Non ait, non potes ; sed *non potes modo ;* dilationem intulit, non spem tulit, et eamdem spem, quam non tulit, sed potius dedit, sequenti voce firmavit, addendo atque dicendo : *Sequeris autem postea.* (Vers. 37.) *Respondit Petrus : Quare te non possum sequi modo ? animam meam pro te ponam.* Quid in animo ejus esset cupiditatis, videbat ; quid vero [virium] non videbat. Voluntatem suam jactabat infirmus, sed intendebat [*Ms.*, impendebat ; *Aug.*, inspiciebat] valetudinem medicus ; iste promittebat, ille prænosciebat ; qui nesciebat, audebat ; et qui præsciebat, docebat. » (Vers. 38.) *Respondit Jesus : Animam tuam pro me pones ?* Quod promittis, modo non potes. Prius est anima pro te ponenda, ut possis postea animam tuam pro me ponere. « Quid tantum præsumis ? Quid de te sentis ? Quid esse te credis ? Audi quid sis : *Amen, amen dico tibi : Non cantabit gallus, donec me ter neges.* Ecce quomodo [tibi] cito apparebis, qui magna loqueris, et te parvulum nescis. Qui mihi promittis mortem tuam, ter negabis vitam tuam. Nam timendo mortem carnis tuæ, mortem dabis animæ tuæ. Quanta enim est vita confiteri Christum, tanta mors est negare Christum. Hinc admonere oportet, ne quis de suis viribus confidat, dum ad unius ancillæ vocem tanta titubat columna ; nec de suis desperare peccatis. Nam Petrus mortuus est negando, revixit plorando ; mortuus, quia superbe ipse præsumpsit, revixit autem humiliter plorando, quia benigne respexit eum pietas Salvatoris. Sequitur enim :

[a] Ex S. Aug., tract. LXVI, num. 1.

597 CAPUT XXXIV.

Non turbetur cor vestrum, ait discipulis. *Ego sum via, veritas, et vita. Qui videt me, videt et Patrem. Ego in Patre, et Pater in me. Quodcunque petieritis in nomine meo, hoc faciam.*

CAPUT XIV, VERS. 1. — *Non turbetur cor vestrum. Creditis in Deum, et in me credite.* [b] Ne mortem tanquam homines timerent [Beda, ne mortem sibi tanquam homini timerent], et ideo turbarentur, consolatur eos, etiam Deum se esse contestans. Consequens est enim, ut si in Deum creditis, et in me credere debeatis : quod non esset consequens, si Christus non esset Deus. »

VERS. 2. — *In domo Patris mei mansiones multæ sunt.* Quia merita eorum [*Ms.*, sanctorum] diversa sunt, ideo in domo Patris mansiones multæ sunt. « Nullus eorum alienabitur ab illa domo, ubi mansionem pro suo quisque accepturus est merito. » Ideo non turbetur cor vestrum. Nam unus denarius omnibus in vinea laborantibus datur, id est, omnibus in Ecclesia per fidem laborantibus vita datur æterna. « Sed multæ mansiones, diversas meritorum in una vita æterna significant dignitates, eritque [Deus] omnia in omnibus, quia Deus charitas est. Sic enim quisque etiam ipse habet, cum amat in altero quod ipse non habet, quia regnat in omnibus unitas charitatis. » Sequitur : *Si quo minus dixissem vobis, quia vado parare vobis locum.* Si alicubi, [nisi] in domo Patris mansiones multæ essent, dixissem utique vobis. *Sed modo vado parare vobis locum.* [Quomodo ad illas mansiones membra pervenissent, si caput non præcessisset ? Paravit nobis locum], dum pro nobis mortuus est et resurrexit, imo et ascendit in cœlos : hæc omnia pro nobis fecit, ut nobis pararet locum in regno Patris sui. (Vers. 3:) *Et si abiero, et præparavero vobis locum, iterum veniam ad vos.* Si abiero per carnis absentiam, veniam per divinitatis præsentiam, in qua vobiscum ero usque in finem [*Ms.*, in consummationem sæculi]. Vel etiam : Si abiero ascendendo ad cœlos, veniam iterum judicare vivos et mortuos, quod angeli attestati sunt dicentes : *Hic Jesus qui assumptus est a vobis, sic veniet; quemadmodum vidistis eum euntem in cœlum* (Act. i, 11). Sequitur : *Et accipiam vos ad meipsum : ut, ubi sum ego, et vos sitis.* Hoc est, quod in sequentibus dixit : *Volo Pater, ut, ubi ego sum, et isti sint mecum.* (Vers. 4.) *Et quo ego vado, scitis, et viam scitis.* Quo vado, id est, ad Patrem, scitis ; et viam, qua venitur ad Patrem, scitis. (Vers. 5.) *Dicit ei Thomas : Domine, nescimus quo vadis, et quomodo possumus viam scire ?* Videbatur ei nescire, quod Christus convicit eum scire, dum ait :

VERS. 6. — *Ego sum via, et veritas, et vita.* Quasi dixisset : Si me scitis, et viam scitis ; et ego sum, ad quem itur, id est, veritas, et ego sum vita, in qua statis [*Al.*, statur]. Si me scitis et viam scitis, et quo ibo scitis, et ubi mansuri [*Al.*, manseritis]

[b] Ex eodem, tract. LXVII, num. 1, 2.

eritis, scitis. Qui ad Patrem vadunt, per me vadunt ; et qui ad Patrem veniunt, ad me veniunt, quia ego et Pater unum sumus ; et in me manent, quia *hæc est vita æterna, ut cognoscant te solum verum Deum, et quem misisti Jesum Christum (Joan. XVII, 3).* Unde secutus est dicens : *Nemo venit ad Patrem nisi per me.* Exponens quid sit, quod ait : *Ego sum via,* statim subjungens : (VERS. 7) *Si cognovissetis me, utique et Patrem meum cognovissetis :* quia ego sum veritas, in vero Patre. *Et amodo cognoscetis eum, et vidistis eum.* Si me spiritaliter cognoscitis, et vidistis, [illum cognoscitis et videtis] *quia ego et Pater unum sumus,* unum natura, non unum persona. (VERS. 8.) *Dicit ei Philippus,* hoc non intelligens : *Domine, ostende nobis Patrem, et sufficit nobis.* Quasi aliquid melius esset Pater quam Filius, in cujus est visione sufficiens beatitudo. Quam vocem discipuli redarguit magister dicens :

VERS. 9. — *Tanto tempore vobiscum sum, et non cognovistis me.* [Non cognovistis me] esse in Patre, et Patrem in me. *Philippe, qui videt me, videt et Patrem.* Qui me intelligit, utique et Patrem meum intelligit. « ª Sed ideo magister discipulum arguebat, quoniam cor postulantis videbat. Tanquam enim melior Pater esset quam Filius, ita Philippus Patrem nosse cupiebat : et ideo nec Filium 598 sciebat, quo melius aliquid esse credebat. Ad hunc sensum corrigendum dictum est : *Qui videt me, videt et Patrem. Quomodo tu dicis, ostende nobis Patrem ?* Video quomodo a te dictum : non alterum quæris videre similem, sed illum putas esse meliorem.

VERS. 10. — *Non credis, quia ego in Patre, et Pater in me est ?* Cur inseparabiles separatim desideras nosse ? Deinde non ad solum Philippum, sed ad eos pluraliter loquitur : *Verba, quæ ego loquor vobis, a meipso non loquor. Pater autem in me manens ipse facit opera.* » « ᵇ Quid est, *a meipso non loquor,* nisi a meipso non sum, qui loquor ? Ei quippe tribuit quod facit, de quo est ipse qui facit. Pater enim Deus non est de aliquo : Filius autem Deus est quidem Patri æqualis, sed de Patre Deo ; ideo ille Deus, sed non de Deo, et lumen, sed non de lumine : iste vero Deus de Deo, lumen de lumine. » Denique adjungit, et ait : (VERS. 11, 12.) *Non creditis quia ego in Patre et Pater in me est ? Alioquin propter opera ipsa credite.* « Anteo solum Philippum arguebat, nunc autem non ibi eum solum fuisse qui esset arguendus, ostenditur. Propter opera ipsa, inquit, credite, quia ego in Patre et Pater in me est. Neque enim si separati essemus, inseparabiliter operari ulla ratione possemus. » Sed quid est, quod sequitur ?

Amen, amen dico vobis : qui credit in me, opera quæ ego facio et ipse faciet, et majora horum faciet, quia ego ad Patrem vado. « Non se extollat servus super Dominum, nec discipulus super magistrum : A majora quam ipse facit, dixit eos esse facturos ; sed sine illo, ut in sequentibus dixit, quid potuerunt facere ? « Sed quæ sunt tandem ista majora ? An forte quod ægros ipsis transeuntibus, etiam eorum umbra sanabat ? Majus est enim ut sanet umbra, quam fimbria : illud per se, hoc per ipsos, sed utrumque ipse. » Vel majora sunt apostolorum opera in omnium gentium salute, quam Christi tantummodo in salute Judæorum, et hoc in paucissimis ? Tamen utrumque et ille fecit, et salutem aliquorum in Judæa [per se] ; et salutem gentium per apostolos, sed et [per] alios quoque prædicatores. Unde subjunxit, et ait : *Qui credit in me, opera quæ ego facio et ipse faciet, [et majora horum faciet].* « ᵇ Non quo major sit magistro discipulus, vel Domino servus, vel adoptatus unigenito, vel homo Deo : sed quod per illos [ipse] dignaretur eadem majora facere. »

Unde majora facere potuissent, mox ostendit ; dicens : *Qui credit in me, opera, quæ ego facio, et ipse faciet, et majora horum faciet,* continuo secutus adjunxit : *Quia ego ad Patrem vado* (VERS. 13.) *Et quodcunque petieritis in nomine meo, hoc faciam.* Qui dixit *faciet,* post ait *faciam,* tanquam diceret : Non vobis hoc impossibile videatur, non enim poterit esse major me, qui credit in me. Ideo majora non per se faciet, sed per me, quia in me credit : nec est defectio potestatis, sed miseratio pietatis. Dives ergo, qui ab eo recessit tristis non recipiens verba salutis ᵈ. Apostolis igitur prædicantibus, multi divites pauperiem voluntate [Ms., voluntariam] secuti sunt. « Ita quod ab illo audiens unus non fecit, fecerunt multi, cum loqueretur per discipulos magister bonus. Ecce majora fecit prædicatus a credentibus, quam locutus audientibus : » sed hoc per prædicatores. Nunquid omnes, qui credunt in eum, prædicatores sunt ? Tamen dicit, qui credunt in eum, opera facere majora. « In hoc opere fidei facimus opera Christi, quia et ipsum credere in Christum opus est Christi ; Christus hoc operatur in nobis, non utique sine nobis. Prius ego facio præveniens gratiam [Ms., melius, gratia] ; deinde et ipse faciet [Ms., facit] subsequens gratiam, quia ego facio, ut fiat [Ms., faciat]. Quæ opera, nisi ut ex impio justus fiat ? » Fortassis majus est opera salutis nostræ nos per ipsum facere, quam verba salutis prædicare, quod ipse fecit sine nobis. Dum hæc dixit, sequitur : *Quia ego ad Patrem vado, et quodcunque petieritis in nomine meo, hoc faciam.* In his verbis magnam spem promisit orantibus. « ᵉ Sic ergo perrexit ad Patrem, ut non relinqueret indigentes, sed exaudiret petentes : » tamen non omnia petentes, sed quæ ad salutem pertinent petentium : ideo dixit : (VERS. 14) *Si quid petieritis Patrem in nomine meo, hoc faciam.* Quid est, in nomine meo, nisi in nomine Salvatoris ? Si petieritis quæ ad

---

ᵃ Ex S. Aug., tract. LXX, num. 3.
ᵇ Ex eodem, tract. LXXI, num. 1-3.
ᶜ Ex eodem, tract. LXXII, num. 1, 2.

ᵈ Locus corruptus. Leg. S. Aug., loco citato.
ᵉ Ex eodem, tract. LXXIII, num. 1-4.

599 salutem pertinent vobis, in nomine meo petieritis [*Ms.*, petitis]. « Quando enim nos delectant mala, et non delectant bona, rogare potius debemus Deum, ut nos delectent bona, quam ut concedantur mala, ut delectent mala. Qui ergo credit in eum, quodcunque petierit in nomine [ejus], quod prodest illis qui credunt in eum, hoc facit : quoniam hoc sicut Salvator facit. Si autem, qui in eum credit, aliquid per ignorantiam contra salutem suam petit, non in nomine Salvatoris petit : quia Salvator ei non erit, si quod ejus salutem impedit fecerit. Novit enim Salvator melius quid nobis prodest quam nosmetipsi. Ideo petendum est ut fiat voluntas ejus in nobis. » Continuo subjecit :

Ut glorificetur Pater in Filio. « Nullo modo igitur sine Patre Filius facit, nec Filius sine Patre. Facit ergo Pater in Filio, ut Filius glorificetur in Patre : et facit Filius in Patre, ut Pater glorificetur in Filio, quoniam unum sunt Pater et Filius. » Sequitur :

CAPUT XXXV.

Diligentibus se discipulis, mandataque servantibus, Paraclitum a Patre mittendum promittit, mansurumque cum eis in æternum ; seque pacem dare eis, pacemque relinquere pollicetur.

Vers. 15, 16. — *Si diligitis me, mandata mea servate, et ego rogabo Patrem, et alium Paraclitum dabit vobis.* Quid est quod dicit, quod diligentibus Deum et servantibus mandata ejus Spiritus paraclitus daretur, dum Deus diligi et mandata ejus servari non possunt, nisi per Spiritum sanctum ? Quid est aliud, nisi ut qui per Spiritum sanctum diligit Deum, meretur diligendo ut plus habeat, et plus habendo plus diligat ? « [a] Paraclitus quippe consolator interpretatur, et Spiritus sanctus recte Paraclitus vocatur, quia corda fidelium, ne inter hujus sæculi adversa deficiant, cœlestis vitæ desideriis sublevat ac reficit. » Habebant itaque discipuli Spiritum sanctum, sed occulta quadam inspiratione, per quem Dominum diligebant, sed nondum habebant, sicut Dominus promittebat. Habebant siquidem occulte, quem postea quadam manifestatione habituri erant : id est, dum in igneis linguis venit, et sedit super eos, et linguis loquebantur magnificantes Deum. *Rogabo Patrem meum, et alium Paraclitum dabit vobis,* ostendens seipsum esse Paraclitum. « Habebant autem et prius Paraclitum, ipsum videlicet Dominum secum in carne commorantem, cum [*Beda*, cujus] et miraculorum dulcedine et ope prædicationis, ne propter infidelium persecutionem scandalizari possent, erigi et confortari solebant. » *Rogabo,* dixit, propter humanitatem, qui dat cum Patre per divinitatem. *Ut maneat vobiscum in æternum.* « In æternum namque manet cum sanctis, quos et in hac vita semper invisibiliter intus illustrabat, et in futuro ad contemplandam perpetuo speciem suæ majestatis introducit. »

Vers. 17. — *Spiritum veritatis, quem mundus*

[a] Ex Bedæ homilia in die Pentecostes.
[b] Ex S. Aug., tract. LXXV, num. 3.

non potest accipere, quia non videt eum, nec scit eum. Mundum autem appellat homines, mundi hujus amori deditos. » Mundus ergo eum accipere non potest, id est, mundiales homines, quia non habent invisibiles charitatis oculos, quibus solummodo Spiritus sanctus videri potest et sciri, et sciendo intelligi. *Vos autem cognoscetis eum, quia apud vos manebit, et in vobis erit. Erit,* ut maneat in æternum. « Dominum namque Salvatorem et infideles ante passionem in carne viderunt ; sed quia Filius Dei esset, quia Paraclitus a Deo missus in mundum, non nisi fideles scire potuerunt : Spiritum autem sanctum neque oculis videre infideles, neque animo valebant cognoscere, quia non indutus humanitate discipulis apparuit, sed ita ad eos venire, ita apud eos maluit manere, ut in ipsis eorum cordibus gratissimam sibi sedem consecraret ; hoc est enim, quod ait : *Vos autem cognoscetis eum, quia apud vos manebit, et in vobis erit.* Qui autem invisibiliter in hac vita manet cum electis, visibiliter utique [*Beda*, invisibiliter utique] eis gratiam suæ cognitionis exhibet. **600** (Vers. 18.) *Non relinquam vos orphanos, veniam ad vos.* Videbatur infidelibus quia moriens in cruce Dominus, discipulos relinqueret orphanos ; sed non reliquit eos orphanos, quibus et præbuit seipsum vivum post passionem suam in multis argumentis, per dies quadraginta ; et post dies decem assumptionis suæ Spiritus sancti illis de cœlo charismata donavit ; ubi ipsum Christum ad eos venisse nullus fidelium ambigit, qui inseparabilem sanctæ Trinitatis naturam virtute et operatione [*Beda*, virtutem et operationem] esse cognovit.

Vers. 19. — *Adhuc modicum, et me jam mundus non videt, vos autem videtis me.* Modicum erat usque ad tempus explendæ [*Beda et Ms.*, expletæ] passionis, ex quo illum reprobi videre non valebant. Soli etenim justi, qui morte illius erant contristati, gaudium resurrectionis ejus videre meruerunt. » *Quia ego vivo, et vos vivetis.* « [b] Quid est, quia ego vivo, et vos vivetis ? Cur de præsenti se dixit vivere, illos autem de futuro esse victuros, nisi quia vitam etiam carnis, utique resurgentis, qualis in ipso præcedebat, et illis est pollicitus secuturam ? Et quia ipsius mox futura fuerat resurrectio, præsentis posuit temporis verbum, propter significandam celeritatem : illorum autem quoniam in sæculi differtur finem, non ait, *vivitis,* sed *vivetis.* Duas ergo resurrectiones, suam scilicet mox futuram, et nostram in sæculi fine secuturam, duobus verbis, præsentis temporis et futuri, eleganter breviterque promisit. » (Vers. 20.) *In illo die,* inquit, *vos cognoscetis, quia ego sum in Patre meo, et vos in me, et ego in vobis.* In quo die, nisi de quo ait : *Et vos vivetis ?* « [c] Noverant tunc apostoli esse Christum in Patre per unitatem individuæ divinitatis ; noverant se esse in Christo, per susceptionem fidei et sacramentorum ejus ; noverant veraciter vere tunc esse Christum in Pa-

[c] Ex Bedæ hom. citata.

tre, et in se esse Christum per dilectionem et observantiam mandatorum ejus ; novit et hoc sancta Dei Ecclesia, sed longe melius et plenius in illa die de qua dixit : *Et vos vivetis :* in qua veraciter vivere incipiunt, hoc est, in die resurrectionis, quando eo perfectius cuncta quæ scienda sunt, sciunt, quo ipsum scientiæ fontem vicinius sine fine conspiciunt. »
Ut autem omnibus hujus promissionem beatitudinis promitteret, non solummodo apostolis, mox subjunxit : (Vers. 21.) *Qui habet mandata mea, et servat ea, ille est qui me diligit. Qui autem diligit me, diligetur a Patre meo, et ego diligam eum, et manifestabo ei meipsum.* « Ubi omni intentione considerandum est, quia Christum vere diligere est ejus mandata servare : non ipsam dilectionem [solum] labiis profiteri, sed mandata Christi, quæ discendo habemus, operando servare : » *Qui habet*, inquit, *mandata mea, et servat ea, ille est qui me diligit,* « [a] qui habet in memoria, et servat in vita ; qui habet in sermonibus, et servat in moribus ; qui habet audiendo, et servat faciendo ; aut qui habet faciendo, et servat perseverando, *ipse est,* inquit, *qui diligit me.* » « [b] Notandum quia cum præsentis temporis verbo diceret : *Qui autem diligit me,* adjecit de futuro : *Diligetur a Patre meo, et ego diligam eum, et manifestabo ei meipsum.* Diligit namque etiam nunc dilectores suos cum Patre Filius, sed nunc diligit ad hoc, ut recte vivant ex fide , quæ per dilectionem operatur : tunc ad hoc diliget, ut perveniant ad visionem veritatis, quam per fidem gustaverant. Non autem frustra addidit : *Et manifestabo ei meipsum.* » Se vero secundum humanitatem cunctis in judicio manifestabit : solis vero justis et sanctis divinitatis gloriam, in qua æqualis est Patri et Spiritui sancto, ad beatitudinem æternam percipiendam manifestaturus erit.

Vers. 22. — *Dicit ei Judas, non ille Scariothis : Domine, quid factum est, quia nobis manifestaturus es teipsum, et non huic mundo ?* Interrogavit discendo causam veritatis. Iste est Judas cujus Epistola legitur in ecclesiis Christi, non ille traditor. Ideo aliter interrogavit iste, aliter ille proditor, dum ait : *Nunquid ego sum ?* Ille simulator accessit ad mensam magistri, iste veritatis inquisitor interrogavit Dominum. Cui respondit Jesus : (Vers. 23.) *Si quis diligit me, sermones meos servabit.* « [c] Probatio ergo dilectionis, exhibitio est operis. Hinc in Epistola sua idem Joannes dicit : *Qui dicit quia diligo Deum, et mandata ejus non custodit, mendax est* (I Joan. iv, 20). Vere enim diligimus Deum, si mandata ejus observamus, et a nostris **601** nos ad mandata illius voluntatibus [*Ms.,* voluptatibus] coarctamus. » *Et Pater meus diliget eum.* Quia opera quæ Pater facit, hæc et similiter Filius facit ; et qui diligit Filium, diligit et Patrem ; et qui diligitur a Filio, diligitur a Patre. *Et ad eum veniemus, et mansionem apud eum faciemus.* Qui enim vere diligit Deum, nec tentationis tempore recedit ab amore Dei, ad hunc veniunt Pater et Filius spirituali accessione, et mansionem apud eum habent. Ille enim vere amat, cujus videlicet mentem delectatio prava ex consensu suo non superat. Nam tanto quisque a superno amore disjungitur, quanto inferius delectatur. « [d] Dilectio sanctos discernit a mundo, quæ facit unanimes habitare in domo. In qua domo facit Pater et Filius mansionem : qui donant et ipsam dilectionem, quibus donent in fine etiam suam manifestationem. » De qua manifestatione discipulus interrogavit, et audivit ad hanc manifestationem per dilectionem veniendum esse. (Vers. 24.) *Qui non diligit me, sermones meos non servat.* « Hi sunt qui Patrem et Spiritum sanctum nunquam vident : Filium autem, non ut beatificentur, sed ut judicentur, ad modicum vident : nec ipsum in forma Dei, ubi est cum Patre et Spiritu sancto pariter invisibilis : sed in forma hominis, ubi [*Ms.,* in qua] esse mundo voluit patiendo contemptibilis, judicando terribilis. » *Et sermo quem audistis, non est meus ; sed ejus qui misit me, Patris.* Quid est quod prius plurali numero *sermones* dixit, nunc autem singulari *sermonem ?* Fortassis ut prædicationis [*Ms.,* prædicationes] ibi sermones monstraret ; hic vero seipsum, qui est Verbum Patris. Et ideo dixit non suum, quia a seipso non est, sed a Patre : sicut nec sua est imago, sed Patris ; nec suus Filius, sed Patris. « Recte igitur auctori tribuit quidquid facit æqualis, a quo habet hoc ipsum quod illi est indifferenter æqualis. »

Vers. 25. — *Hæc locutus sum vobis apud vos manens.* Illa mansio, de qua superius dixit, spiritalis est, quæ solis sanctis datur : hæc vero de qua nunc dicit, corporalis est. De sua præsentia corporali tantummodo dixit, quam utrique, et justi et impii videre potuerunt. » « [e] Illa in æternum beatificat liberatos, hæc in tempore visitat liberandos. *Hæc,* inquit, *locutus sum vobis, apud vos manens.* Utique præsentia corporali, qua cum illis visibiliter loquebatur. » (Vers. 26.) *Paraclitus autem Spiritus sanctus, quem mittet Pater in nomine meo, ille vos docebit omnia, et suggeret vobis omnia, quæcunque dixero vobis.* Multa dixit audientibus infidelibus, quæ in eorum cordibus locum non invenerunt, quia Spiritus sanctus intus eos non docebat. Multa dicit quotidie per sanctos prædicatores, quæ audientes interius non recipiunt, quia Spiritus sanctus non suggerit eis interius, quæ audierunt exterius. De quo recte promittitur : *Ipse vos docebit omnia,* « [f] quia nisi idem Spiritus cordi adsit audientis, otiosus est sermo doctoris. Nemo enim docenti homini tribuat quod ex ore docentis intelligit, quia nisi intus sit qui doceat, doctoris lingua exterius in vacuum laborat. » Aliter itaque prædicantem Christum audierunt Judæi, aliter apostoli. Illi ad judicium, isti ad salutem :

[a] Ex S. Aug., loc. cit., num. 5.
[b] Ex Beda, loco citato.
[c] Ex S. Greg., hom. 50, num. 1.
[d] Ex S. Aug., tract. LXXVI, num. 2, 4, 5.
[e] Ex eodem, tract. LXXVII, num. 1.
[f] Ex S. Greg., homilia citata, num. 3.

quia hos spiritus in animo docuit, quod foris audierunt in aure.

VERS. 27. — *Pacem relinquo vobis, pacem meam do vobis.* In pace relinquo vos, in pace veniam ad vos. Hic relinquo, illic do. Sequentibus relinquo, pervenientibus do. « [a] Pacem relinquit nobis in hoc sæculo, pacem suam dabit nobis in futuro sæculo. Pacem relinquit nobis, ut nos invicem diligamus : pacem suam dabit nobis, ubi nunquam invicem dissentire possimus. » Quid est quod dicit : *Pacem meam do vobis,* et non dixit : Pacem meam relinquo vobis? Fortassis quia aliter nunc, aliter tunc pax erit; hic vero bella cum vitiis habemus, ideo non addidit *meam* : illic vero in æterna pace, æterna erit tranquillitas et concordia, et talis pax, qualem ille habuit cum seipso qui nullum habuit in seipso peccatum. *Non quomodo mundus dat, ego do vobis.* Id est, non quomodo in mundo [*Ms.*, immundi] homines sæpe sibi in sua malitia concordant, sed quomodo qui sibi in sanctitate concordant, et in Christi se charitate conjungunt.

VERS. 28. — *Non turbetur cor vestrum neque formidet. Audistis, quia dixi vobis : Vado et venio ad vos.* « [b] Hinc turbari et formidare poterat cor illorum, quod ibat ab eis, quamvis venturus esset ad eos : ne forsan gregem lupus hoc intervallo invaderet, pastore absente. Sed a quibus homo abscedebat, Deus non relinquebat : et idem ipse Christus, et homo et Deus. Ergo ibat per id quod homo erat, et manebat per id quod Deus erat ; ibat per id quod in uno loco erat, et manebat per id quod ubique Deus erat. Igitur Deus, qui nullo continetur loco, discedit ab eorum cordibus qui eum relinquunt moribus, non pedibus : et veniet ad illos qui convertuntur ad eum non facie, sed fide, et accedunt ad eum non carne, sed charitate. » *Si diligeretis me, gauderetis utique, quia ego ad Patrem vado, quia Pater major me est.* Tanquam si diceret : Gaudere debetis, quia porro mecum consecrandam fragilitatem vestram. « Per quod igitur Filius non est æqualis Patri, per hoc erat iturus ad Patrem, a quo venturus est vivos judicaturus et mortuos : per illud vero quod est æqualis Patri, nunquam recessit a Patre, sed cum illo est, ubique totus, pari divinitate, quam nullus continet locus. » « Agnoscamus geminam substantiam Christi, divinam scilicet, qua æqualis est Patri; humanam qua major est Pater : utrumque autem simul, non duo, sed unus Christus, ne sit quaternitas, sed Trinitas Deus. Sicut enim unus est homo, anima rationalis et caro, sic unus est Christus Deus et homo : ac per hoc Christus est Deus, anima rationalis et caro : Christum in his omnibus, Christum in singulis confitemur. Quis est ergo per quem factus est mundus? Christus Jesus, sed in forma Dei. Quis est sub Pontio Pilato crucifixus? Christus Jesus, sed in forma servi. Item de singulis quibus homo constat. Quis non est derelictus in inferno? Christus Jesus, sed in anima sola. Quis resurrecturus triduo jacuit in sepulcro? Christus Jesus, sed in carne sola. Dicitur ergo et in his singulis Christus ; verum hæc omnia non duo, vel tres, sed unus est Christus. Ideo ergo dixit : *Si diligeretis me, gauderetis utique, quia vado ad Patrem :* quoniam naturæ humanæ gratulandum est, eo quod sic assumpta est a Verbo unigenito, ut immortalis constitueretur in cœlo, atque ita fieret terra sublimis, ut incorruptibilis pulvis sederet in dextera Patris. Hoc enim modo se iturum dixit ad Patrem : non profecto [*Aug.*, nam profecto] ad illum ibat qui cum illo erat ; sed hoc erat ire ad eum, recedere a nobis ; mutare atque immortale facere quod mortale suscepit ex nobis, et ad dexteram constituere Patris, et levare in cœlum, per quod fuit in terra pro nobis. » Deinde ipse Dominus Jesus subjunxit :

VERS. 29. — *Et nunc dixi vobis, priusquam fiat, ut cum factum fuerit, credatis.* « [c] Illud utique dicit, *cum factum fuerit,* quod eum post mortem visuri erant viventem, et ad Patrem ascendentem : quo viso, illud fuerant credituri quod ipse esset Christus Filius Dei, qui potuit hoc facere cum prædixisset, et prædicaret [*Aug.*, et prædicere], antequam faceret. Poterant enim dubitare si Filius Dei esset, cum eum viderunt moriturum : sed cum viderunt eum surrexisse, credebant in quo antea dubitabant, et confirmata est fides in cordibus eorum quam illis prædixerat, qui et ore promisit quod facturus erat, et opere complevit quod ante prædixit. Deinde quid dicit : (VERS. 30) *Jam non multa loquar vobiscum, venit enim princeps mundi hujus :* « Quis, nisi diabolus ? *Et in me non habet quidquam ;* nullum scilicet omnino peccatum. Hic enim [*Aug.*, Sic enim] ostendit, diabolum principem esse peccatorum hominum, non creaturarum Dei. Et quotiescunque mundi figura in mala [*Aug.*, in mali] significatione ponitur, non ostendit nisi mundi istius amatores, et non Dei. Absit enim ut credamus principem esse cœli et terræ, et creaturarum omnium quæ generaliter mundi [*Suppl.*, mundi nomine] appellantur. Totus itaque mundus servit suo creatori, non deceptori; redemptori, non interemptori : » et regitur dispensatione divina, non inimici versutia subvertitur, præter homines partis illius qui propria voluntate, non necessitate aliqua se subjiciunt diabolo. Unde et Apostolus ait : *Non est nobis colluctatio adversus carnem et sanguinem,* id est, adversus homines, *sed adversus potestates, et rectores tenebrarum harum* (*Ephes.* VI, 12), id est, peccatorum, qui in tenebris manent iniquitatis. Quos rectores, angelos esse desertores designat. Sed sunt qui per gratiam Dei non propriis meritis inde eruuntur, de quibus ait Apostolus : *Fuistis aliquando tenebræ, nunc autem lux in Domino, ut filii lucis ambulate* (*Ephes.* V, 8). Sed gratias Deo qui eruit nos, sicut idem dicit Apostolus, *de potestate tenebrarum, et transtulit in regnum clarita-*

---

[a] Ex S. Aug., loc. cit., num. 3.
[b] Ex S. Aug., tract. LXXVII, num. 1-3.

[c] Ex eodem, tract. LXXIX, num. 1, 2.

tis Filii sui [Ms., *Filii claritatis suæ*] (*Coloss.* I, 13). « In quo princeps hujus mundi, hoc est, tenebrarum harum, non habebat quidquam : quia neque cum peccato Deus venerat, nec ejus carnem de peccati propagine virgo pepererat. Et tanquam ei diceretur : Cur ergo morieris, si non habes peccatum, cui debebatur mortis supplicium? continuo subjecit : (Vers. 31) *Sed ut cognoscat mundus, quia diligo Patrem, et sicut mandatum dedit mihi Pater, sic facio. Surgite, eamus hinc. Discumbens enim discumbentibus loquebatur. Eamus autem* dixit; quo? nisi ad illum locum, unde fuerat tradendus. Est igitur morti traditus, qui nullum habebat meritum mortis : [sed] habebat ut moreretur. mandatum Patris. » Sequitur enim :

CAPUT XXXVI.

Se ipsum vitem, Patrem vero agricolam dicens, discipulosque palmites, ac sine se nihil eos facere posse testatur. Et multis locutionum modis alteram eis dilectionem inculcat, cujus merito possent, quodcunque petierint, impetrare.

Caput XV, Vers. 1. — *Ego sum vitis vera, et vos palmites.* Hanc similitudinem dicit per hoc, quod est caput Ecclesiæ, nosque membra ejus. Cum esset in forma Dei æqualis Patri, factus est in forma servi mediator Dei et hominum homo Christus Jesus [a] (*I Tim.* II, 5). « [b] Unius quippe naturæ sunt vitis et palmites : propter quod cum esset Deus, cujus naturæ non sumus, factus est homo ut in illo esset vitis humana natura, unde nos homines palmites illius esse possemus. » Sicut enim ovis, agnus, leo, petra, lapis angularis per similitudinem dicitur Christus, ita et vitis per similitudinem dictus est. Sed quid est hoc, quod dixit, *vera*, nisi quia est et vitis falsa, de qua in Propheta legitur : *Quomodo conversa es in amaritudinem vitis alienæ* (*Jer.* II, 21; *Isa.* v, 4)? quæ dum facere uvas exspectata est, fecit labruscas. [Vel ita : *Ego sum vitis vera*, id est sapientia, innocentia, justitia vera] ? . *Ego sum vitis vera; Pater meus agricola est.* « Secundum hoc ergo vitis Christus, secundum quod ait, *Pater major me est* : secundum id vero, quod ait, *ego et Pater unum sumus*, et ipse agricola est; nec talis quales sunt qui extrinsecus operando exhibent ministerium; sed talis ut det etiam intrinsecus incrementum. Nam neque qui plantat, est aliquid, neque qui rigat; sed qui incrementum dat Deus (*I Cor.* III, 7). Et utique Deus est Christus; quia Deus erat Verbum, » et Verbum caro factum est. Factum est quod non erat, mansit quod erat. (Vers. 2.) *Omnem palmitem in me non ferentem fructum, tollet eum Pater.* Hoc est quod alio loco ait : *Jam securis ad radicem arborum posita est, omnis enim arbor non ferens fructum, excidetur et in ignem mittetur. Eum vero palmitem qui fert fructum, purgabit eum, ut fructum plus afferat* (*Matth.* III, 10). Fert fructum, quia mundatus est; et ut plus ferat, purgabitur : et hoc non a se, sed a Deo, qui mundat corda nostra ut fructum ferre possint, et purgat spiritu charitatis ut plus fructificare valeant.

Vers. 3. — *Jam vos mundi estis, propter verbum, quod locutus sum vobis.* Hic se ostendit agricolam esse, dum dixit, *mundi estis propter sermonem, quem locutus sum vobis.* « Quare non ait, Mundi estis propter baptismum quo abluti estis; sed ait : *Propter verbum, quod locutus sum vobis;* nisi quia et aquam verbum mundat? Detrahe verbum, et quid est aqua, nisi aqua? Accedit verbum ad elementum, et fit sacramentum. Unde ista tanta virtus aquæ, ut corpus tingat [*Aug.*, tangat] et cor abluat, nisi faciente verbo, non quia solum dicitur, sed quia creditur? » Nam tria in baptismo visibilia sunt, id est, corpus, aqua et sacerdos : tria invisibilia, anima, fides et Spiritus Dei [*Ms.*, Spiritus sanctus], qui hæc omnia operatur; ut flat spiritualiter Filius Dei renatus ex aqua et Spiritu, qui fuit carnaliter filius peccati natus ex traduce primorum parentum carne. *Ego sum vitis vera, et vos palmites.*

Vers. 4. — *Manete in me, et ego in vobis.* Non eo modo illis in ipso manendum est, sicut ipse in illis. « [d] Utrumque enim prodest non ipsi, sed illis. Ita sunt quippe in vite palmites, ut viti non conferant, sed inde accipiant unde vivant et fructificare possint : ita vero vitis est in palmitibus, ut vitale alimentum subministret eis, non sumat ab eis. Ac per hoc utrumque prodest credentibus in Christum, manere in Christo, et Christum in illis. Unde secutus est, et ait : *Sicut palmes non potest ferre fructum a semetipso, nisi manserit in vite, sic nec vos, nisi in me manseritis.* Qui enim a semetipso se fructum existimat ferre, in vite non est; qui in vite non est, in Christo non est; qui in Christo non est, Christianus non est. » Omnis enim fructus boni operis ab illa radice procedit, qui nos sua gratia liberavit, et suo auxilio provehit, ut fructum plus afferre valeamus. (Vers. 5.) *Ego sum vitis vera, et vos palmites. Qui manserit in me, et ego in eo, hic fert fructum multum, quia sine me nihil potestis facere.* « Non dixit : Parvum aliquid boni potestis sine me facere, sed omnino *nihil.* Sive enim parvum bonum, sive multum, sine illo fieri non potest [sine quo nihil boni fieri potest]. Quamvis enim Christus vitis non esset, nisi homo esset, tamen istam gratiam palmitibus non præberet, nisi etiam Deus esset. »

Vers. 6. — *Si quis in me*, inquit, *non manserit, mittetur foras sicut palmes, et arescet et colligent eum, et in ignem mittent, et ardet.* « Ligna itaque vitis tanto sunt contemptibiliora si in vite non manserint, quanto gloriosiora si manserint. Unum e duobus palmiti congruit, aut vitis, aut ignis : si in vite non est, in igne erit : ut ergo in igne non sit, maneat in vite. (Vers. 7.) *Si manseritis in me*, inquit,

---

[a] Ms. : « Factus est in forma servitutis, unde nos palmites illius esse possimus. Sicut enim ovis, etc. » Intermedia ibi omissa sunt.

[b] Ex S. Aug., tract. LXXX, num. 1, 2, 3.
[c] Ansulis inclusa desunt in ms.
[d] Ex S. Aug. Tract. LXXXI, num. 1-4.

et verba mea in vobis manserint, quodcunque volueritis, petetis, et fiet vobis. Manendo quippe in Christo, quid velle possunt nisi quod convenit Christo? Quid velle possunt manendo in Salvatore, nisi quod alienum non est a salute? » Nec enim petere volunt, nisi quod expedit ad salutem. « Manentes autem in eo, cum verba ejus in nobis manent, quodcunque voluerimus, petamus, et fiet nobis. Quia si petimus, et non fit, non hoc petimus quod habet mansio in eo, nec quod habent [*Ms.*, non hoc petimus, quod ad illud pertinet, ut maneamus in eo; nec quod suadent verba] verba ejus quæ manent in nobis : sed quod habet cupiditas et infirmitas carnis, quæ non est in eo, et in qua non manent verba ejus. Tunc enim dicenda sunt verba ejus in nobis manere quando facimus quæ præcepit, et diligimus quæ promisit.

[a] Magis-magisque Salvator gratiam qua salvamur, discipulis loquendo commendans, (Vers. 8) *In hoc,* inquit, *clarificatus est Pater meus, ut fructum plurimum afferatis, et efficiamini mei discipuli.* Si enim hæc gloria est Patris, ut fructum plurimum afferamus, et simus discipuli Christi, non hoc nostræ gloriæ tribuamus, tanquam hoc ex nobis ipsis habeamus. Ejus est enim hæc gratia, et ideo [in] hoc non nostra, sed ejus est gloria. A quo efficimur ut simus discipuli Christi, nisi ab illo cujus misericordia prævenit nos, » ut velle subsequatur et posse, quæ ad id pertinent, ut perpetualiter maneamus in vite?

Vers. 9. — *Sicut dilexit me Pater, et ego dilexi vos, manete in dilectione mea.* « Ecce unde sunt nobis opera bona. Nam unde [nobis] essent, nisi quia fides per dilectionem operatur? Unde autem diligimus, nisi prius diligeremur? » Et unde illa dilectio Dei in nobis esset, nisi prius nos sua præveniret gratia in qua nos dilexit, cum essemus in peccatis, et convivificavit nos Christo? « Quod autem ait : *Sicut dilexit me Pater, et ego dilexi vos,* non æqualitatem naturæ ostendit nostræ et suæ, sicut est Patris et ipsius; sed gratiam, qua est mediator Dei et hominum, homo Christus Jesus (*I Tim.* ii, 5). Mediatorem se ostendit, cum dixit : *Me Pater diligit, et ego vos.* Nam Pater utique diligit et nos, sed in ipso : quia in hoc clarificatur Pater, ut fructum afferamus in vite, hoc est, in Filio, et efficiamur ejus discipuli. *Manete,* inquit, *in dilectione mea.* Quomodo manebimus? audi, quid sequatur. (Vers. 10.) *Si præcepta mea,* inquit, *servaveritis, manebitis in dilectione mea.* In hoc enim apparebit, quod in dilectione mea manebitis, si præcepta [mea] servabitis. Nemo se fallat dicendo quod eum diligat, si ejus præcepta non servat. Nam in tantum eum diligimus, in quantum ejus præcepta servamus : in quantum autem minus servamus, tantum minus diligimus. Quid est quod dixit : *Manete in dilectione mea,* nisi manete in gratia mea? Et quid est : *Si præcepta mea servavitis, manebitis in dilectione mea,* nisi ex

hoc scietis quod in dilectione mea qua vos diligo manebitis, si mea præcepta servabitis? Sed quid est illud quod adjungit : » *Sicut et ego præcepta Patris mei servavi, et maneo in ejus dilectione.* Quæ sunt præcepta Patris, nisi quæ ante dixit : *Et sicut mandatum dedit mihi Pater, sic facio?* Quod Apostolus exponens ait : *Christus factus est obediens Patri usque ad mortem, mortem autem crucis. Propter quod et Deus exaltavit illum, et dedit illi nomen, quod est super omne nomen* (*Philip.* ii, 8). Sequitur : *Et maneo in ejus dilectione.* « De hac dilectione dixit, qua diligit eum Pater. Sed nunquid et hic gratia intelligenda est qua Pater diligit Filium, sicut gratia est qua nos diligit Filius, cum simus filii gratia, non natura [*Ms.,* gratiæ non naturæ] : unigenitus autem natura, non gratia? » Manet ergo Filius in dilectione qua eum dilexit Pater, et ideo servavit præcepta ejus. « Nam dicendo, *sicut dilexit me Pater, et ego dilexi vos,* gratiam mediatoris ostendit. Mediator autem Dei et hominum, non in quantum Deus est, sed in quantum homo est Christus Jesus. Deus enim erat Verbum, unigenitus gignenti coæternus [b] : sed ut mediator daretur nobis, per ineffabilem gratiam Verbum caro factum est, et habitavit in nobis. »

Vers. 11. — *Hæc locutus sum vobis, ut gaudium meum in vobis sit, et gaudium vestrum impleatur.* [In vobis sit verbum meum, impleatur gaudium vestrum]. Quid est, *gaudium meum in vobis sit,* nisi verbum meum in vobis impleatur? Quid est gaudium Christi in nobis, nisi salus nostra, propter quam [c] factus est homo? « [c] Et quid est gaudium nostrum, quod dicit implendum, nisi ejus habere consortium, » sicut in consequentibus dicit : *Volo Pater, ut ubi ego sum, et isti sint mecum?* « Gaudium igitur ejus de salute nostra, quod in illo semper fuit, cum præscivit et prædestinavit nos, cœpit esse in nobis, quando vocavit nos : et hoc gaudium, merito nostrum dicimus, quo et nos beati futuri sumus. » Illius vero gaudium semper perfectum est, nec minui potest, nec habet quo crescat. « Hoc vero gaudium nostrum inchoatur in fide renascentium, implebitur in præmio resurgentium. » (Vers. 12.) *Hoc est præceptum meum, ut diligatis invicem, sicut dilexi vos.* « Nam in superioribus dixit, dum de dilectione præcepit : *Mandatum novum do vobis,* modo dixit : *Præceptum meum. Novum* dixit, ne in vetustate nostra perseveremus : hic dictum est, *meum,* ne contemnendum putemus. » Repetitio vero hujus mandati [commendatio] est, quia sine charitate nullum præceptum Deo est acceptabile, de qua et Apostolus ait : « *Plenitudo legis est charitas* (*Rom.* xiii, 10). Ubi ergo charitas est, quid est quod possit deesse? Ubi autem non est, quid est quod possit prodesse (*I Cor.* xiii, 13)? Nemo diligit qui non credit, nemo desperat qui diligit. » Et hæc tria sunt, spes, fides et charitas, in quibus Christiana religio con-

---

[a] Ex eodem, tract. lxxxii, num. 1-4.
[b] *Al.,* « Quid est ergo ille homo ex virgine natus, nisi quod Deus susceptor est ejus? Deus enim erat

unigenitus Dei Patris Filius. Sed ut, etc. » Vid. Aug. l. cit. n. 4 in fine.
[c] Ex S. Aug., tract. lxxxiii, num. 1-3.

sistit : sed majus his charitas, quia non præterit, sed permanet. Hic incipit, sed illic perficietur, ubi permanet. « Hoc ergo præceptum Domini teneamus, ut nos invicem diligamus, et sic quidquid aliud præcepit, faciemus; quoniam quidquid est aliud, habemus. » Hujus dilectionis in seipso exemplum ostendit, et ideo subjunxit : *Ut diligatis invicem, sicut ego dilexi vos.* Ut quid enim nos dilexit Christus, nisi ut possimus regnare cum Christo ? Ad hoc nos diligere debemus, ut habeamus Deum, et maneamus in Deo; et sic, qui se diligunt, Deum diligunt. Et hæc est dilectio, qua fit Deus omnia in omnibus. Sequitur :

606 VERS. 13. — *Majorem hac dilectionem nemo habet, quam ut animam suam ponat quis pro amicis suis.* Quid est quod Dominus noster Jesus Christus toties charitatis præcepta iteravit, nisi quia omne præceptum et omne opus bonum in sola charitate solidatur? « [a] Præcepta ergo Dominica, et multa sunt et unum : multa sunt per diversitatem operis, unum in radice dilectionis. Hanc itaque charitatem veraciter habet, qui et amicum diligit in Deo, et inimicum diligit propter Deum. Ideo subjunxit : *Sicut ego dilexi vos*, id est, ad hoc amate; ad quod amavi vos. » Unde et in cruce positus oravit pro inimicis suis dicens : *Pater, ignosce illis (Luc. XXIII, 34). Majorem hac dilectionem nemo habet, quam ut animam suam ponat quis pro amicis suis.* In hoc Christi dilectio supereminet in nos, quia venit ut animam suam poneret pro inimicis suis; ad hoc tamen ut ex inimicis faceret amicos. Sed non omnium est martyrium, tamen omnium beneficium est in fratres. Qui vero substantiam suam fratri in necessitate posito non tribuit, quomodo animam suam in persecutione daturus est pro fratre suo ? Virtus vero hujus charitatis est, in pace sua distribuere pro Christi amore, ut possit in perturbatione seipsum tradere pro nomine ejus. (VERS. 14.) *Vos amici mei estis, si feceritis ea quæ ego præcipio vobis.* Magna est dignitas amicum esse Dei. Sed videndum est quibus gradibus ad hanc celsitudinem perveniatur. Subjungit : *Si feceritis ea quæ ego præcipio vobis.* Ac si aperte dicat : Gaudetis de culmine, pensate quibus laboribus venitur ad culmen. Magna est misericordia largitoris nostri : servi non fuimus digni, et amici vocamur. Ideo [*Al.*, Unde] subjungit : (VERS. 15) *Jam non dico vos servos, quia servus nescit quia faciat dominus ejus.* Aliud est servitium timoris, aliud amoris; quæ [duo] genera ipsa Veritas in hoc eodem Evangelio exprimit, dicens : *Servus non manet in domo in æternum, filius autem manet (Joan. VIII, 35).* Filius vero servit patri propter amorem, servus autem propter timorem. De quo servitio modo Dominus dixit : *Jam non dico vos servos, sed amicos*, quia filii, non servi, ideo et amici. *Quia servus nescit quid faciat dominus [ejus]* : Nescit enim voluntatem domini sui, qui per timoris amaritudinem servit domino suo, et non per chari-

[a] Ex Greg., hom. 27, num. 1, 2.
[b] Ex eodem, loc. cit., num. 5.

tatis dulcedinem, quasi patri serviat. *Vos autem dixi amicos, quia omnia quæcunque audivi a Patre meo, nota feci vobis.* Quæ sunt omnia quæ audivit a Patre suo, quæ nota fieri voluit servis suis, ut eos perficeret amicos suos, nisi gaudia internæ charitatis, nisi illa festa superuæ patriæ, quæ nostris quotidie mentibus per aspirationem sui amoris imprimit? Sed hæc cognitio, quæ nunc ex parte proficit, in illa plenitudine scientiæ perficietur, de qua Apostolus ait : *Cum autem venerit quod perfectum est, evacuabitur quod ex parte est (I Cor. XIII, 10).* Hoc enim Dominus discipulis se fecisse dixit, quod eum facturum esse sciebat.

VERS. 16. — *Non vos me elegistis, sed ego elegi vos.* Hæc est ineffabilis [*Al.*, affabilis] gratia quæ prævenit nos, ut simus amici ex servis. Ideoque nobis non subrepat superbia, quasi pro nostris meritis aliquid acceperimus, dum filii iræ fuimus. Nunc autem Filii Dei per gratiam effecti sumus, sine qua nihil possumus facere, ut paulo ante ipsa Veritas ait : *Sine me nihil potestis facere. Et posui vos, ut eatis, et fructum afferatis.* « [b] Posui ad gratiam, plantavi ut eatis volendo, fructus afferatis operando. Eatis enim volendo dixi, quia velle aliquid facere, jam mente ire est. Qualem vero fructum afferre debeant, subdendo manifestat : *Et fructus vester maneat, ut quodcunque petieritis Patrem in nomine meo, det vobis.* » Nomen filii, Jesus est ; Jesus autem Salvator vel etiam salutaris dicitur. Ille ergo in nomine Salvatoris petit, qui illud petit quod ad veram salutem pertinet; nam si id quod non expedit petimus, non in nomine Jesu petimus.

607 CAPUT XXXVII.

Eamdem dilectionem instantius commendans, contemnendum dicit odium mundi. Prædicens quoque qualia pro ejus nomine sint passuri, et arguendum mundum a Paraclito de peccato, et de justitia, et de judicio manifestat.

VERS. 17. — *Hæc mando vobis, ut diligatis invicem.* « [c] Merito itaque magister bonus dilectionem discipulis sic sæpe commendat, tanquam sola præcipienda sit, sine qua non possunt prodesse cætera bona, et quæ non potest haberi sine cæteris bonis quibus homo efficitur bonus. In [*Al.*, Pro] hac autem dilectione, patienter debemus pro Domino mundi odia sustinere. Necesse est enim ut nos oderit, quos cernit nolle amare quod diligit. Sed non parum nos de seipso Dominus consolatur, qui cum dixisset : (VERS. 18) *Hæc mando vobis ut diligatis invicem*, adjecit atque ait : *Si mundus vos odit, scitote quia me priorem vobis odio habuit.* » Non est discipulus super magistrum, adhæreant capiti membra; ut quod caput patiebatur prius, membra pati non recusent: (VERS. 19.) *Si de mundo essetis, mundus quod suum erat diligeret.* Aliter enim mundus intelligitur in sanctis, aliter in peccatoribus; aliter qui diligunt Deum, atque aliter qui diligunt hoc sæculum. « Nam mundi hujus

[c] Ex S. Aug., tract. LXXXVII, num. 3.

nomine, sæpe Ecclesia designatur, sicuti est illud : *Deus erat in Christo, mundum reconcilians sibi* (II *Cor.* v, 19). Itemque illud : *Non enim venit Filius hominis ut judicet mundum, sed ut salvetur mundus per ipsum* (*Joan.* III, 17). Totus mundus Ecclesia est, et totus mundus odit Ecclesiam. Mundus igitur odit mundum, inimicus reconciliatum, damnatus salvatum, inquinatus mundatum. Sed iste mundus quem Deus in Christo reconciliat sibi, et qui per Christum salvatur, et cui per Christum peccatum omne per corpus [*Aug.*, peccatum omne donatur] donatur, de mundo electus est. Denique cum dixisset, *Si de mundo essetis, mundus quod suum erat, diligeret*, continuo subjecit : *Quia vero de mundo non estis, sed ego elegi vos de mundo, propterea odit vos mundus.* Erant itaque de mundo, sed per gratiam electi sunt de mundo, ut non essent in mundo, in quo nati sunt de peccati radice : sed in quo renati sunt per gratiam, ut non essent in mundo, sed electi de mundo. *Elegi vos de mundo*, dixit, ne quis in suis glorietur meritis ; sed qui gloriatur, in Domino glorietur (II *Cor.* x, 17).

VERS. 20. — *Mementote sermonis mei quem ego dixi vobis : Non est servus major Domino suo : si me persecuti sunt, et vos persequentur; si sermonem meum servaverint, et vestrum servabunt.* Perfectus magister revocat discipulos ad exemplum quod in se ostendebat, ut in prioribus legimus. Nunc autem exhortatur eos quatenus habeant in memoria sermonem magistri : *Non est servus major Domino suo.* Hic servum significat, qui sanctum habet timorem, et permanet in sæculum sæculi, et in quo est initium sapientiæ, et intellectus bonus omnibus facientibus eum (*Psal.* CX, 10) : ibi in superioribus illum demonstrat servum, de quo et dudum ait : *Servus non manet in domo in æternum.* Ille est servus qui pertinet ad timorem, quem foras mittit charitas, et non permanet in domo in æternum. (VERS. 21.) *Sed hæc omnia facient vobis propter nomen meum, quia nesciunt eum, qui misit me.* « [a] Quæ omnia facient, nisi quæ prædixit, odio habebunt vos scilicet, et persequentur, sermonemque contemnent vestrum? Adjunxit, *propter nomen meum.* Quid est aliud dicere quam me in vobis odio habebunt, me in vobis persequentur, et sermonem vestrum, quia meus est, ideo non servabunt? *Sed hæc omnia facient propter nomen meum*, non vestrum, sed meum. Tanto igitur miseriores sunt qui propter hoc nomen ista faciunt, quanto beatiores qui propter hoc nomen ista patiuntur : sicut ipse alio loco dicit : *Beati, qui persecutionem patiuntur propter justitiam* (*Matth.* v, 10), hoc est, propter nomen meum. » Sequitur : (VERS. 22) *Si non venissem, et locutus fuissem eis, peccatum non haberent : nunc autem excusationem non habent de peccato suo.* Judæos ostendit expressius [quibus missus est], et quibus promissus est antea per prophetas. « [b] Judæi ergo persecuti sunt Christum, quod evidentissime indicat Evangelium ; Judæis [ergo] locutus est [Christus], non aliis gentibus : in eis ergo voluit intelligi mundum, qui odit Christum et discipulos ejus. Quid est ergo , *Si non venissem, peccatum non haberent?* Nunquid sine peccato erant Judæi, antequam Christus ad eos in carne venisset? Quis hoc vel stultissimus dixerit? Sed magnum quoddam peccatum, non omne peccatum, quasi sub generali nomine vult intelligi. Hoc est enim peccatum, quo tenentur cuncta peccata, quod unusquisque si non habeat, dimittuntur ei cuncta peccata : hoc est autem quia non crediderunt in Christum, qui propterea venit ut credatur in eum. Hoc peccatum , si non venisset, non utique haberent. Adventus quippe ejus quantum credentibus salutaris, tantum non credentibus exitiabilis factus est. *Nunc autem excusationem non habent de peccato suo.* » De quo peccato , nisi quod non crediderunt in Christum Filium Dei, qui eis ante promissus est, et multis in lege figurationibus demonstratus ; et quasi hæc omnia inania essent, ita contempserunt, et non crediderunt in Christum, quia venit in plenitudine temporis factus sub lege, ut eos qui sub lege erant redimeret (*Galat.* IV, 4, 5). (VERS. 23.) *Qui me odit, et Patrem meum odit.* Sicut qui diligit Filium, diligit et Patrem, quia una dilectio est Patris et Filii, sicut una natura ; ita et qui Filium odit, odit et Patrem.

VERS. 24. — *Si opera non fecissem in eis quæ nemo alius fecit, peccatum non haberent.* « [c] Supra dixerat: *Qui me odit, et Patrem meum odit.* Utique enim, qui odit veritatem , necesse est oderit a quo et veritas nata est. Nunc dicit: *Si opera non fecissem in eis quæ nemo alius fecit, peccatum non haberent*; peccatum illud scilicet magnum, de quo et superius ait : *Si non venissem, et locutus fuissem eis, peccatum non haberent*, hoc est, peccatum, quod in eum loquentem et operantem non crediderunt. » Quod dixit: *Nemo alius fecit in eis*, tanquam si aliqui miracula sanctorum non fecissent ante in populo Dei : aut sic ut Elias vel Eliseus mortuos non suscitarent. Nemo tamen tanta fecit miracula, vel tanta salutis insignia humanæ fecit, sicut Christus fecit in conspectu illorum : quæ cuncta facile intelligit qui Evangelium legit. Ideo opus non est illa enumerare, quæ Evangelium narrat , et totus mundus clamat : « Nimirum illa sunt opera, quæ in eorum valetudine tanta salutis auctor ostendit, quanta illis nemo donavit. Hæc enim illi viderunt, et hoc eis exprobrans adjungit, et dixit : *Nunc autem et viderunt , et oderunt et me, et Patrem meum.* » Quo sensu hoc intelligendum sit, paulo ante exposuimus. (VERS. 25.) *Sed ut impleatur sermo, qui in lege eorum scriptus est : Quia odio habuerunt me gratis* (*Psal.* XXXIV, 19). « Eorum legem dicit non ab ipsis inventam, sed ipsis datam. Gratis videlicet odit, qui nullum ex odio concessum quærit, vel ad commodum tendit [*Aug.*, qui nullum ex odio commodum quærit, vel incommodum

---

[a] Ex S. Aug., tract. LXXXVIII, num. 2.
[b] Ex eodem, tract. LXXXIX, num 1.
[c] Ex. S. Aug.; tract. XCI, num. 1, 4.

fugit]. » Hi vero de quibus hoc dixit, pro beneficiis reddiderunt mala ; et propter nimiam cordis malitiam oderunt diligentem eos , et benefacientem illis. (VERS. 26.) *Cum autem venerit Paraclitus, quem ego mittam vobis a Patre, Spiritum veritatis qui a Patre procedit.* « ᵃ Ex multis sancti Evangelii locis invenimus, quia discipuli ante adventum sancti Spiritus minus capaces erant ad indulgendum [*Ms.,* intelligendum] arcana divinæ sublimitatis, minus fortes ad toleranda adversa humanæ pravitatis; sed eis adveniente Spiritu, cum augmento divinæ agnitionis, data est etiam constantia vincendi humanæ persecutionis tentamenta. » Unde eos Spiritus sancti adventu promisit roborandos esse, vel ad fiduciam prædicationis, vel ad constantiam passionis : sicut in ipso principe apostolorum factum esse cognovimus, qui prius ad unius ancillæ vocem Christum timuit confiteri, quem postea palam et in omnibus cæteris constantius, sancto Spiritu roboratus, multis Judæorum millibus prædicavit ; ita ut ad ejus prædicationem tria millia virorum legamus credidisse et baptizatos esse ; et non post multum temporis etiam quinque millia credidisse (*Act.* II et IV). Unde et ipse Christus, ut audivimus, promisit eis, dicens : *Cum autem venerit Spiritus Paraclitus, quem ego mittam vobis a Patre Spiritum veritatis.* Utrumque dixit , *et Spiritum Paraclitum*, hoc est spiritum consolationis *, et Spiritum veritatis,* ut et fiduciam habuissent prædicationis in Spiritu veritatis, et consolationem gratiæ in eodem Spiritu. Quod vero ait : *Qui a Patre procedit,* **609** statim subjunxit, *quem ego mittam.* Significat enim quod æqualiter idem Spiritus sanctus a Patre et Filio procedit, et æqualiter a Patre et Filio mittitur ; sed propter distinctionem personarum , hic dicitur a Patre procedere, et a Filio mitti ; et in eadem distinctione personarum unam esse operationem ac voluntatem suam cum Patris voluntate denuntiat. Venit etiam et sua sponte, quia coæqualis est Patri et Filio, ut cognoscatur unam esse voluntatem atque operationem sanctæ Trinitatis.

VERS. 27. — *Ille,* inquit, *testimonium perhibebit de me, et vos testimonium perhibebitis.* « ᵇ Quia quæ Spiritu intus docente perceperunt, hæc abjecto timore pristino, foris loquendo et aliis ministrando protulerunt. Ipse namque Spiritus corda eorum et ad scientiam veritatis illustravit, et ad docenda quæ nossent, culmine veritatis erexit. » *Cum autem venerit Paraclitus, ille testimonium perhibebit de me.* « Tanquam diceret : odio me habuerunt et occiderunt videntes ; sed tale de me Paraclitus testimonium perhibebit, ut eos faciat in me credere non videntes. *Et vos,* inquit , *testimonium perhibetis, quia ab initio mecum estis,* perhibebit Spiritus sanctus, perhibebitis et vos, *quia ab initio mecum estis.* Potestis prædicare, quod nostis : quod ut modo non faciatis, illius [*Ms.,* quod amodo non facitis, quia illius] Spiritus plenitudo nondum adest vobis. »

ᵃ Ex hom. Ven. Bedæ Dom *Exaudi.*
ᵇ Ex Beda, ibidem.

CAPUT XVI, VERS. 1, 2. — *Hæc locutus sum vobis, ut non scandalizemini. Absque synagogis facient vos.* « ᶜ Curavit namque pius magister, futura discipulis pravorum bella prædicare, quo minus eos venientia possint turbare. Solent enim levius ferri adversa, quæ præsciuntur, » quam quæ subito ex insperato superveniunt, sicut in sæculari litteratura legitur, sæpe repentini casus perturbationis fortissimos quosque in bello milites fatigare. *Sed venit hora, ut omnis qui interficit vos , arbitretur obsequium se præstare Deo:* « Arbitrabantur autem obsequium se Deo præstare Judæi in eo quod ministros Novi Testamenti odiis insequebantur et morte. Sed sicut illis testimonium perhibet Apostolus : *Æmulationem Dei habent ; sed non secundum scientiam (Rom.* x, 2). Arbitrantur ergo legis æmulatione [*Ms.,* æmulatores] obsequium se præstare Deo, dum præconibus gratiæ neces inferunt ; sed frustra legem quæ per famulum data est defendunt, qui gratiam quam ipse Filius offert accipere renuunt ; incassum se Deo Patri placere æstimant, qui Dei Filium contemnere, imo etiam persequi ac blasphemare laborant. » Duo dixit illis esse ventura a Judæis, id est, ut extra synagogam eos facerent, et ut eos interficerent. Quæ etiam ad cumulum damnationis illius populi pertinebant, et ad salutem gentium profutura fuissent, sicut Paulus in Actibus apostolorum illis Judæis dixit : *Quia indignos vos verbo Dei fecistis, ecce convertimur ad gentes : Sic enim præcepit nobis Dominus : Ecce dedi te in lucem gentium, ut sis salus mea usque ad extremum terræ (Actor.* XIII, 46). Sequitur : (VERS. 3.) *Et hæc facient, quia non noverunt Patrem neque me.* « ᵈ Quia enim Filius in Patre est et Pater est in Filio, et qui videt Filium videt et Patrem : patet profecto quia quicunque Filii credulitatem obstinata mente rejiciunt, nec Patrem nosse probantur. » (VERS. 4.) *Sed hæc locutus sum vobis , ut cum venerit hora eorum, reminiscamini quia ego dixi vobis.* Magna consolatio est discipulorum, reminisci ante prædicta esse a magistro quæ passuri essent, et eumdem se scire habere adjutorem et remuneratorem, pro cujus nomine talia passuros se esse prædictum est illis.

VERS. 5. — *Hæc ab initio vobis non dixi, quia vobiscum eram.* Quæ sunt quæ ab initio illis non dixit? Etiam de Spiritu sancto, quem missurus erat illis a Patre, et de consolatione et confortatione [*Ms.,* confirmatione] ejusdem Spiritus, quo consolandi et roborandi fuissent, ut omnia mundi adversa vel Judæorum scandala et persecutiones, libero animo formidare non debuissent. *Hæc ab initio non dixi, quia vobiscum eram,* quia mea præsentia consolabatur vos ; et nunc vadens ad Patrem, necessarium habetis Spiritum sanctum, qui vos consoletur et confirmet in omni tribulatione et passione ; quam passuri eritis. Et [Al., At] *nunc vado ad eum qui me misit, et nemo*, inquit , *ex vobis interrogat me, quo vadis ?*

ᶜ Ex S. Aug., tract. XCII, num. 1, 2.
ᵈ Ex Beda, loc. cit.

« ᵃ Significat sic se iturum ad eum qui misit illum, ut nullus interrogaret quod palam fieri visu corporis cernerent : nam superius interrogaverant eum quo esset iturus, dum ad passionem properavit ; et respondit eo se iturum quo ipsi tunc venire non poterant. Nunc vero ita se promisit iturum, ut nullus, *quo vadis*, interroget ; nubes enim suscepit eum quando ascendit ab eis ; et euntem in cœlum non verbis quæsierunt, sed oculis viderunt [*Aug.*, deduxerunt]. (Vers. 6.) *Sed quia hæc locutus sum vobis*, inquit, *tristitia implevit cor vestrum*. Videbat utique quid illa sua verba in eorum cordibus agerent. spiritalem quippe nondum habentes interius consolationem, quam per Spiritum sanctum fuerant habituri, id quod exterius in Christo videbant, amittere metuebant. » (Vers. 7.) *Sed ego veritatem dico vobis, expedit vobis ut ego vadam*. « ᵇ Expedit ut forma servi vestris subtrahatur aspectibus, quatenus amor divinitatis aptius vestris infigatur mentibus. Expedit ut notam vobis formam cœlo inferam, quatenus per hoc majore desiderio illuc suspiretis. *Si autem non abiero, Paraclitus non veniet ad vos : si autem abiero, mittam eum ad vos*. Non quia non poterat ipse in terra positus dare Spiritum discipulis, hæc loquitur ; cum aperte legatur, quia post resurrectionem apparens eis, insufflavit et dixit eis : *Accipite Spiritum sanctum* (*Joan.* xx, 22) : sed quia ipso in terra posito, et corporaliter conversante cum eis, non valebant ad illum erigere mentem, ad sitienda munera gratiæ cœlestis. Ascendente autem illo ad cœlos, et illi pariter omne desiderium suum illo transferebant. Ideo capaces Spiritus sancti jam facti erant, non ultra de morte ejus contristati, sed de promissionis ejus [*Ms.*, Spiritus sanctus] munere [erant] lætati. Patet autem, nec laboriosa expositione indiget, cur eumdem Spiritum Paraclitum, id est, consolatorem cognominaverit : quia nimirum corda discipulorum, quæ recessus ipsius mœsta reddidisset, hujus consolaretur et recrearet adventus. » Non quod antea Spiritus sanctus non esset in cordibus discipulorum, vel etiam in antiquorum sanctorum, sed manifesta plenitudine ante sic non fuit datus, quomodo post ascensionem die decima in centum viginti nomina transmissus legitur. Sed in nullo opere cujuslibet personæ, Patris, vel Filii, vel sancti Spiritus totius sanctæ Trinitatis operatio defuit ; sed oportebat ita insinuari Trinitatem, ut, quamvis nulla esset diversitas substantiæ, singillatim tamen commendaretur distinctio personarum.

Vers. 8. — *Cum autem venerit ille, arguet mundum*. Quid est, quod dixit, *cum venerit ille, arguet mundum* ? « ᶜ Nunquidnam Christus, dum esset in mundo, non arguit mundum de his omnibus quæ sequuntur ? Sed Christus solam Judæorum gentem arguit ; Spiritus vero sanctus, in discipulis ejus toto orbe diffusis, non unam gentem intelligitur arguisse, sed mundum. In quo arguit ? In eo quia per Spiritum sanctum charitas diffusa est in cordibus eorum (*Rom.* v, 5), quæ foras mittit timorem, ut non metuerent mundum, id est, amatores mundi arguere. *De peccato, et de justitia, et de judicio*. Quam sententiam ipse Christus exposuit dicens : (Vers. 9.) *De peccato quidem, quia non credunt in me*. » « ᵈ Peccatum incredulitatis quasi speciale posuit, quia sicut fides origo virtutum, ita solidamentum est vitiorum in incredulitate persistere, Domino terribiliter attestante, qui ait : *Qui autem non credit, jam judicatus est* (*Joan.* III, 18), quia non credit in nomine unigeniti Filii Dei : » judicatus dixit, id est, damnatus. (Vers. 10.) *De justitia vero, quia ad Patrem vado, et jam non videbitis me*. « Justitia discipulorum Christi erat [*Beda*, Christi confessio erat] quod Dominum quem verum hominem cernebant, verum quoque Dei Filium esse crediderunt ; et quem sibi corporaliter ablatum noverant, certo semper amore colebant. Justitia cæterorum fidelium, id est, eorum qui Dominum in carne non viderunt, hæc est : quod eum, quem corporali intuitu nunquam viderunt, Deum et hominem verum corde credunt ac diligunt. De qua profecto justitia fidei arguuntur infideles, cur ipsi videlicet, cum similiter verbum vitæ audirent, noluerunt ei credere ad justitiam. Neque enim nequitia malorum ex sua solum pravitate [*Beda*, tortitudine], verumetiam ex comparatione rectorum, quam sit damnanda, denuntiat. Arguit ergo mundum, id est, infideles, Spiritus sanctus de peccato, quia non crediderunt in Christum ; arguit de justitia credentium, quia exemplum eorum sequi noluerunt, qui hunc ad Patrem ascendisse, neque ultra corporaliter in terris conversaturum esse, sciebant ; nec tamen ab ejus dilectione poterant ulla ratione separari ; hoc est enim quod ait : *Quia ad Patrem vado, et jam non videbitis me*. *Non videbitis me*, postquam ascendero, qualem nunc videre soletis, carne mortali et comprehensibili [*Beda*, corruptibili] circumdatum : sed in majestate ad judicium venientem, et peracto judicio, in majore gloria cum sanctis apparentem. Sequitur : (Vers. 11.) *De judicio autem, quia princeps hujus mundi judicatus est*. Principem mundi diabolum dicit, quia primatum in cordibus infidelium tenuit, quos hic mundi nomine voluit intelligi ; qui ordine perverso, mundum potius quam mundi creatorem diligunt ; qui judicatus est a Domino, qui ait : *Videbam Satanam sicut fulgur cadentem de cœlo* (*Luc.* x, 18). Judicatus est ab eo, cum et ipse dæmonia ejiceret, et discipulis daret potestatem calcandi supra omnem virtutem inimici. Arguitur itaque mundus de judicio, quo diabolus est judicatus, quando homines, ne Dei voluntati resistere præsumant, exemplo damnati propter superbiam terrentur archangeli. » « ᵉ Credant itaque homines in Christum, ne arguantur de peccato infidelitatis

---

ᵃ Ex S. Aug., tract. xcIv, num. 3.
ᵇ Ex Bedæ hom. Dom. *Cantate*.
ᶜ Ex S. Aug., tract. xcv, num. 1.

ᵈ Ex Bedæ hom. citata.
ᵉ Ex S. Aug., tract. xcv, num. 4.

suæ, quo peccata omnia tenentur [*Ms.*, quo peccato omnia detinentur] ; transeant in numerum fidelium, ne arguantur de justitia eorum, quos justificatos non imitantur ; caveant futurum judicium, ne cum mundi principe judicentur, quem judicatum imitantur ; etenim ne sibi existimet parci superbia dura mortalium, de superborum supplicio terrenda est angelorum. » Sequitur :

VERS. 12, 13. — *Adhuc multa habeo vobis dicere, sed non potestis portare modo. Cum autem venerit Spiritus veritatis, docebit vos omnem veritatem.* « [a] Certum est autem quod veniente desuper Spiritu , apostoli majorem multo scientiam veritatis quam carnales eatenus potuere, consecuti sunt, majore desiderio certandi pro veritate succensi sunt. Non tamen putandum est in hac vita quempiam omnem veritatem posse comprehendere. Unde et ipse beatus Paulus apostolus, qui ad tertium cœlum raptus est, et ibi audivit arcana verba, quæ non licet homini loqui (*II Cor.* XII, 4), ait : *Ex parte*, inquit, *cognoscimus, et ex parte prophetamus ; cum autem venerit, quod perfectum est, evacuabitur, quod ex parte est* (*I Cor.* XIII , 9). Intelligendum est ergo, quod ait de Spiritu, *docebit vos omnem veritatem,* quasi diceret : Diffundet in vestris cordibus charitatem, quæ vos omnem veritatem faciet amare : cujus magisterio intus edocti, proficiatis de virtute in virtutem, dignique efficiamini pervenire ad vitam, in qua vobis æterna claritas summæ veritatis et veræ sublimitatis, id est, contemplatio vestri conditoris appareat. » Sequitur : *Non enim loquetur a semetipso, sed quæcumque audiet, loquetur.* Non enim loquitur Spiritus a semetipso, fortassis quia non est a semetipso, sed a Patre. Nam Filius natus est a Patre, et Spiritus sanctus procedit a Patre : non enim loquitur a semetipso, id est, sine Patris et Filii communione [*Al.*, commotione]. Non enim divisus est Spiritus sanctus a Patre et Filio, sed unum opus est Patris et Filii et Spiritus sancti. « Sed quæcumque audiet, loquetur : audiet videlicet per unitatem substantiæ et proprietatem scientiæ. Non loquitur a semetipso, quia non est a semetipso. Pater quippe solus de alio non est, Filius a Patre genitus, et Spiritus sanctus a Patre procedit. Ab ipso enim audiet Spiritus sanctus a quo procedit, quia non est a seipso, sed ab illo a quo procedit. [A quo est illi intelligentia (*Beda*, essentia), ab illo utique et scientia]. Ab illo igitur audientia, quod nihil est aliud quam scientia. Quod vero adjunxit : *Et quæ ventura sunt, annuntiabit vobis.* Constat enim nonnullos sanctorum in Spiritu sancto futura prædixisse ; » sed tamen altius sunt hæc verba Domini consideranda, quæ omnibus sanctis communia esse possunt. « Igitur Spiritus adveniens, quæ ventura sunt annuntiat, cum gaudia nobis patriæ cœlestis ad memoriam reducit, cum festa illa supernæ civitatis per donum nobis suæ aspirationis canotuit. Ventura nobis annuntiat, cum nos a dile-

ctione [*Ms. et Beda*, delectatione] præsentium abstrahens promissum in cœlis regnum nostris cordibus desideriis [*Beda*, promissi in cœlis regni desideriis] inflammat.

VERS. 14. — *Ille me clarificabit, quia de meo accipiet, et annuntiabit vobis.* Spiritus clarificavit Christum, quia per eum tanta charitas in cordibus discipulorum accensa est, ut abjecto timore carnali effectum resurrectionis ejus constanter prædicarent, qui paulo ante tempore passionis pavidi fugerant. Unde scriptum est : *Et repleti sunt omnes Spiritu sancto, et loquebantur verbum Dei cum fiducia* (*Actor.* IV, 31). Spiritus clarificavit Christum, cum impleti gratia spirituali doctores sancti, tot et tanta miracula in nomine Christi fecerunt, quibus orbem totum ad fidem Christi converterent, tot ac tanta pro Christi nomine passionum certamina pertulerunt [b]. » Clarificat, dum charitatem in cordibus nostris diffundit, et æternæ patriæ amorem inspirat. *Quia de meo accipiet, et annuntiabit vobis,* id est, de meo Patre. De Patre accepit Spiritus sanctus, quia de Patre procedit, de quo et Filius natus est : qui vero de nullo natus sit, de nullo procedit, Pater est solus. (VERS. 15.) *Omnia quæcunque habet Pater, mea sunt, propterea dixi quia de meo accipiet, et annuntiabit vobis.* De his dixit quæ ad ipsam Patris divinitatem pertinent, in quibus ille est æqualis Patri ; in quibus est et Spiritus sanctus æqualis Patri et Filio, quia una substantia, una natura, una majestas, una gloria, una æternitas [est] Patris, et Filii, et Spiritus sancti, et est unus Deus omnipotens, invisibilis, incomprehensibilis omni creaturæ, Pater et Filius et Spiritus sanctus. Sequitur :

CAPUT XXXVIII.

Modicum se ab eis videndum dicit : et iterum modicum, et non videndum. De quo quærentibus discipulis, similitudinem mulieris post partum præ gaudio tristitiæ non reminiscentis inducit. Et quos a Patre amari significat, corroborat relicturus dicens: In mundo pressuram habebitis, sed confidite, ego vici mundum.

VERS. 16-19. — *Modicum, et non videbitis me, iterum modicum, et videbitis me, quia vado ad Patrem.* « [c] Notandum autem, quia tota lectionis hujus evangelicæ series illis convenit, qui eam præsentes audierunt a Domino : prius autem illis [*Ms. et Beda*, Pars autem illius] etiam et nobis, qui post passionem et resurrectionem Dominicam ad fidem venimus, aptissime congruit. Quod autem ait : *Modicum, et non videbitis me, iterum modicum, et videbitis me, quia vado ad Patrem* , ad illos specialiter pertinet, qui ejus discipulatui prædicantis in carne adhærere, et post tristitiam passionis visa resurrectione et ascensione ejus lætificari méruerunt. » Modicum etiam fuit ab illa hora illius noctis qua traditus est, in horam passionis suæ, quod eum discipuli carnaliter videbant ; et iterum modicum fuit quod clausus

[a] Ex Bedæ hom. citata.
[b] Deficiunt, quæ ex Beda suppleantur

[c] Ex Bedæ hom. Dom. *Jubilate.*

in sepulcro, tertia die resurrecturus jacuit, et illorum aspectibus videri non potuit. Hoc est quod ait : *Modicum, et non videbitis me* ; quod vero ait : *Iterum modicum, et videbitis me,* significat tempus post resurrectionem, quo cum discipulis conversatus est, et illis multimoda ostensione apparuit, usque dum ascendit in cœlum illis videntibus, ut in Evangelio Lucæ et Actibus apostolorum legitur : et hoc est quod ait, *quia vado ad Patrem*. « Ac si patenter dicat : Quia post modicum a vestris aspectibus in monumenti claustra abscondor, et iterum post modicum destructo mortis imperio vobis intuendus apparebo. Quia tempus est, ut expleta dispensatione assumptæ mortalitatis, cum resurrectionis triumpho jam revertar ad Patrem. » Hæc vero verba Domini, ut dixi, illis speciatim qui ejus resurrectionem videre potuerunt, conveniunt; quæ apostoli tunc temporis non potuerunt intelligere. Et hanc illorum ignorantiam pius magister intelligens, subsequenter secundum animi illorum dubitationem respondit, quasi expositurus, quid esset, quod dixit : *Modicum, et non videbitis me, et iterum modicum, et videbitis me.*

VERS. 20. — *Amen, amen dico vobis, quia plorabitis et flebitis vos, mundus autem gaudebit, vos autem contristabimini, sed tristitia vestra vertetur in gaudium.* « Et ipsorum, et totius Ecclesiæ statui congruit. Plorabant quippe et flebant amatores Christi, cum illum comprehendi, ab hostibus ligari, ad concilium duci, **613** damnari, crucifigi, mori et sepeliri viderent. Gaudebant multi [*Ms. et Beda* mundi] amatores, quos propter infimas cogitationes mundum vocat Dominus, cum morte turpissima condemnarent illum, qui gravis erat eis etiam ad videndum. Contristabantur discipuli posito in morte Domino ; sed agnita ejus resurrectione, tristitia illorum versa [est] in gaudium ; visa ascensionis potentia, jam majore gaudio sublevati, laudabant et benedicebant Dominum, ut Lucas evangelista testatur (*Actor.* II). Sed et cunctis fidelibus hic Domini sermo convenit, qui per lacrymas pressurasque præsentes, ad gaudia æterna pervenire contendunt : » *Qui seminant in lacrymis, in gaudio metent, euntes ibant et flebant* (*Psal.* CXXV, 5, 6), quatenus in æterna beatitudine laboris sui mercedem recipiant. Mundus autem, id est, mundi amatores gaudebant, qui ad æterna gaudia se præparare per lacrymas et afflictiones despiciunt : vos autem contristabimini per labores et pressuras ; sed tristitia vestra vertetur in æternæ beatitudinis lætitiam. Sequitur :

VERS. 21. — *Mulier cum parit, tristitiam habet, quia venit hora ejus.* « Mulierem dicit sanctam Ecclesiam, propter fecunditatem bonorum operum ; et quia spiritales Deo filios gignere nunquam desinit. Hæc *mulier, cum parit, tristitiam habet, quia venit hora ejus. Cum autem pepererit puerum, jam non meminit pressuræ propter gaudium, quia natus est homo in mundum.* Quia nimirum sancta Ecclesia quandiu in

a Hucusque ex homilia Bedæ citata.
b Ex S. Aug., tract. CI, num. 4.

A mundo spiritalium virtutum profectibus insistit, nunquam mundi tentationibus exerceri desistit : at cum devicto laborum certamine ad palmam pervenerit, jam non meminit pressuræ præcedentis, propter gaudium perceptæ retributionis. *Non sunt enim condignæ passiones hujus temporis ad superventuram gloriam, quæ revelabitur in nobis* (*Rom.* VIII, 18). *Non meminit,* inquit, *pressuræ propter gaudium, quia natus est homo in mundum*. Sicut enim mulier, nato in hunc mundum homine, lætatur, ita Ecclesia nato in vitam futuram fidelium populo, digna exsultatione repletur ; pro qua ejus nativitate multum laborans et gemens in præsenti, quasi parturiens dolet. Nec novum debet cuiquam videri, si natus dicitur qui ex hac vita migraverit : quomodo enim consuete nasci dicitur, cum quis de utero matris procedens hanc in lucem ingreditur ; ita etiam rectissime potest natus appellari, qui solutus a vinculis carnis ad lucem sublimatur æternam. Unde mos obtinuit ecclesiasticus, ut dies beatorum martyrum sive confessorum Christi, quibus de sæculo transierunt, natales vocitemus, eorumque solemnia non funebria, sed natalia [*Beda*, natalitia] dicantur. Sequitur Dominus exponens ipse paradigma, quod de muliere proposuit : (VERS. 22) *Et vos igitur nunc quidem tristitiam habetis ; iterum autem videbo vos, et gaudebit cor vestrum, et gaudium vestrum nemo tollet a vobis.* Quod de ipsis quidem discipulis facile intelligitur, quia tristitiam habuerunt passo ac sepulto Domino ; sed peracta resurrectionis gloria, gavisi sunt viso Domino, et gaudium eorum nemo tollet ab eis. » Licet pressuras ac persecutiones passi essent in hoc mundo, semper in spe gaudebant futuræ retributionis, pro eo quod digni essent pro nomine Jesu contumelias pati (*Actor.* V, 41). *Iterum autem videbo vos, et gaudebit cor vestrum ; et gaudium vestrum nemo tollet a vobis.* « Videt itaque electos post tristitiam Dominus, cum eorum patientiam damnato impugnatore remunerat. » a *Videbo vos,* id est, cum assumpsero vos ad meipsum, ut ubi ego sum, et vos sitis, et in illa visione perpetuæ gloriæ *gaudebit cor vestrum, et gaudium vestrum nemo tollet a vobis :* quia ibi nullus adversarius, nullus persecutor, nemo qui tristitiam ingerat animis vestris, dum videtur [*Ms.,* videbitur] Deus deorum in Sion (*Psal.* LXXXIII, 8) ; *et cum apparuerit Christus, tunc et vos apparebitis,* ut Apostolus ait, *cum illo in gloria* (*Coloss.* III, 4). Sequitur : (VERS. 23) *Et illa die me non rogabitis quidquam.* « b Hoc enim verbum, quod est rogare, non solum petere, sed etiam interrogare significat, sicut et in Græco habet, unde hoc Evangelium translatum est. » Significat vero, quod ait Dominus, illud tempus quo gaudium nostrum nemo tollet a nobis ; ubi jam nihil rogemus, nihil interrogemus : quia nihil desiderandum remanebit, nihil quærendum latebit.

VERS. 24. — *Usque modo non petistis quidquam in nomine meo.* « c Duobus modis intelligi potest ; vel quia

c Ex eodem, tract. CII, num. 2, 4.

non in nomine meo petistis, quod nomen non, sicut cognoscendum **614** est, cognovistis : vel non petistis quidquam, quoniam in comparatione rei quam petere debuistis, pro nihilo habendum est quod petitis, » quia qui petit, quod ad senpiternam [*Ms.*, supernam] salutem et gaudium æternum non pertinet, nihil petere videtur ad comparationem illius petitionis, quam petere debuit. *Usque modo non petistis quidquam in nomine meo.* Vel ita intelligendum est : Non petierunt eatenus in nomine Salvatoris, quia dum ipsius Salvatoris visibilem præsentiam contemplarentur, minus ad invisibilia salutis dona mentis intuitum crexerant. Qui vero contra rationem salutis suæ petit, non petit in nomine Jesu. Hinc et Dominus sequenter ait : *Petite et accipietis, ut gaudium vestrum sit plenum*, significans, quid sit nobis petendum, id est, ut plenum sit gaudium nostrum : unde ait, *et accipietis.* Si illa petimus quæ ad plenitudinem laborum pertineant et gaudiorum, accipiemus. Plenum ergo gaudium, beatitudinem perpetuæ pacis appellat. Ait itaque : *Petite et accipietis, ut gaudium vestrum sit plenum ;* ac si patenter dicat : Non fluxa sæculi gaudia, quæ et mœrore semper mixta et dolore finienda sunt ; sed illud singulare gaudium a Patre petite, cujus plenitudo nullo [unquam] cujuslibet inquietudinis attactu minuatur, æternitas nullo unquam termino dissolvatur. Si ergo talia petendo perstiteritis, talia petendo procul dubio quæ petitis accipietis, si mores menti concordant petentis ; parum enim utilitatis affert bene orando superna quærere, qui non desistit perverse vivendo infimis implicari. (VERS. 25.) *Hæc in proverbiis locutus sum vobis. Venit hora, cum jam non in proverbiis loquar vobis, sed palam de Patre annuntiabo vobis.* Nam adhuc parvuli fuerant, necdum intelligere potuerant, quomodo Pater esset in Filio, et Filius in Patre ; et cætera quæ ad profunda mysteriorum divinitatis pertinebant, necdum scire potuerunt. Ideo in proverbiis, quasi in ænigmate, loqui illis videbatur Dominus ; sed promittit ille horam, in qua palam illis de Patre loqueretur. Illam nimirum horam significabat, qua eis, peracta sua passione ac resurrectione, Spiritus sancti erat gratiam daturus. Tunc etenim spiritaliter intus instructi, spiritali delectatione succensi, quo perfectius omnia quæ de agnitione divinitatis mortalibus erant capienda, ceperunt ; eo ardentius sola quæ ad ejus visionem promerendam juvarent, appetere ac desiderare curaverunt.

VERS. 26. — *Illa die in nomine meo petetis*, id est, quæ ad salutem tantummodo animarum vestrarum, et quæ ad gaudia æterna pertinere videantur, petere incipietis. Et maxime ut intelligatis, quid sit quod dixi : *Ego et Pater unum sumus*, vel quomodo Pater sit in me, et ego in Patre. « Tunc in ejus nomine petunt, qui petunt, quia in solo ejus nomine [*Aug.*, in sono ejus nominis] non aliud quam res ipsa est, quæ hoc nomine vocatur, intelligunt. Hi possunt utcunque cogitare Dominum nostrum Jesum Christum, in quantum homo est, pro nobis interpellare Patrem ; in quantum Deus est, nos exaudire cum Patre, » quod eum significasse arbitror, ubi ait : *Et non dico vobis, quia ego rogabo Patrem de vobis.* Potest enim non inconvenienter accipi quod ait : *Et non dico vobis, quia ego rogabo Patrem de vobis :* quia non de præsenti, *rogo ;* sed de futuro [tempore] posuit *rogabo,* quod sanctis ad internam pacem [*Ms.*, in interna pace] receptis, non opus sit jam aliquid rogare [de] illis, quia nimirum tanta beatitudine donandi sint, quæ amplior esse non possit. (VERS. 27.) *Ipse enim Pater amat vos, quia vos me amatis, et credidistis, quia a Deo exivi.* Non ita intelligendum est, quod dixit : *Quia vos me amatis,* quasi priores illi amarent Christum : sed ita potius quia Pater illos gratuito amore prævenerit, atque ad amandum credendumque Filium, a mundo sustulerit ; et quia ipsi agnitam Filii dilectionem ac fidem pio et sollicito corde servaverint, majoribus eos donis paternæ dilectionis esse remuneratos, una cum Filio et Spiritu sancto amare, quos amore dignos judicat. Quod vero adjunxit, *quia vos me amatis,* eadem ratione sentiendum est. Quapropter quicunque Filium recte amat [*Ms.*, recte habet], hunc cum Patre et Spiritu sancto amet [*Ms.*, amat] : quia quorum inseparabilis est natura divinitatis, horum una eademque sunt dona virtutis : hoc est, quod amatis et creditis [*Al.*, credidistis] *quia a Deo exivi.*

615 VERS. 28. — *Exivi a Patre, et veni in mundum, iterum relinquo mundum, et vado ad Patrem.* Exivit a Patre, et venit in mundum, quia visibile mundo apparuit in humanitate, qui erat invisibilis apud Patrem in divinitate ; exivit a Patre, quia non in ea forma qua æqualis est Patri, sed in assumpta creatura minor apparuit. *Et venit in mundum,* quia in ea forma servi quam accepit, etiam mundi hujus amatoribus se videndum præbuit. Iterum reliquit mundum, et rediit ad Patrem, quia ab aspectu amatorum mundi, quod viderant, abstulit, et se amatoribus suis æqualem Patri esse credendum docuit. Reliquit mundum, et rediit ad Patrem, quia humanitatem quam induit, per ascensionem ad invisibilia paternæ majestatis adduxit. Hæc quidem verba Domini mystica, et sicut ipse testatur, *in proverbiis* sunt dicta. Sed discipuli quibus dicebantur adeo carnales adhuc erant, ut eorum profunditatem minime caperent ; et non solum arcana dictorum, sed nec ipsam ignorantiam suam intelligerent, putantes simpliciter et dilucide prolata, quæ non intelligentibus proverbia erant : et continuo responderunt : (VERS. 29) *Ecce nunc palam loqueris, et proverbium nullum dicis.* Palam igitur eum loqui æstimabant, cujus mysteria dictorum necdum comprehendere valebant. Quod autem adjungunt : (VERS. 30) *Nunc scimus, quia scis omnia, et non opus est tibi ut quis te interroget. In hoc credimus, quia a Deo exiisti :* aperte ostendunt quia loquens ad eos Dominus, de his maxime disputabat, quæ illos delectabat audire et quæ illi interrogare volebant. Hæc ipse præveniens eos, ultro proferebat, unde merito illum scire omnia quasi Deum, et quasi Dei Filium a Deo venisse credunt et confitentur. Apertum namque divinitatis indicium est cogitationum nosse secreta.

VERS. 32. — *Ecce venit hora, et jam venit, ut dispergamini unusquisque in propria.* Venit itaque hora passionis meae, qua solus torcular calcare habeo, et nemo [nec] saltem ex vobis mecum remanebit, sed dispergemini in propria, id est, vestrae infidelitatis timore. Quasi diceret : Ita perturbabimini, ut etiam quomodo vos modo credere putatis, omnino relinquatis. Venerunt enim ad tantam desperationem et suae fidei oblivionem, ut nec quid ante crederent recordati sint. Ecce quomodo eum reliquerant, deserendo etiam ipsam fidem qua in eum crediderant. In ea vero pressura quam post ejus glorificationem accepto Spiritu sancto pertulerunt, non eum reliquerunt : et quamvis fugerent de civitate in civitatem, ad ipsum refugeretur [Ms., ab ipso non refugerunt]. Dato quippe illis Spiritu sancto, factum est in eis quod nunc dictum est eis : *Confidite, ego vici mundum.* « [a] Confiderunt et vicerunt. In quo, nisi in illo ? Non enim vicisset [ille] mundum, si membra ejus vinceret mundus. Unde et Apostolus : *Gratias Deo, qui dat nobis victoriam ;* continuoque subjecit : *Per Dominum nostrum Jesum Christum (I Cor. xv, 57),* qui dixerat suis : *Confidite, quia ego vici mundum.* » Sermonem ita concludit : (VERS. 33) *Haec locutus sum vobis, ut in me pacem habeatis.* Non tantum ad haec verba respicit quae hic in sancto convivio locutus est eis, sed ad omnia quae ab initio discipulatus eorum vel loquebatur, vel in praesentia illorum agebat : haec omnia ad hoc pertinent, ut pacem habeamus in illo, licet pressuras et persecutiones patiamur in mundo. [Et] in magna spe consolationis concludit haec verba : *Sed confidite, ego vici mundum.* Non enim caput in se solummodo, sed etiam in membris suis vicit mundum. Ideo non timendae sunt persecutiones hujus mundi. Et haec omnia sunt agenda, ut pacem habeamus in illo. « [b] Hanc enim causam commendavit sermonis sui, ut in illo pacem haberent, propter quam Christiani sumus. Haec enim pax finem temporis non habebit ; et omnis piae nostrae intentionis actionisque finis, ipsa erit. Propter hanc sacramentis ejus imbuimur, propter hanc mirabilibus ejus operibus et sermonibus erudimur, propter hanc Spiritum ejus pignus accepimus, propter hanc in eum credimus et speramus, ut ejus amore, quantum ipse donat, efficiamur digni ; per hanc pacem in pressuris omnibus consolamur ; per hanc et a pressuris omnibus liberamur ; propter hanc omnem tribulationem fortiter sustinemus, ut in hac sine ulla tribulatione regnemus. » Sequitur.

[a] Ex S. Aug., tract. CIII, num. 3.

[b] Ex eodem, tract. CIV, num. 1.

LIBER SEPTIMUS.

CAPUT XXXIX.

Ad Patrem de clarificatione sua loquens, discipulos prolixa et multimoda prosecutione commendat, passione protinus imminente.

CAPUT XVII, VERS. 1. — *Sublevatis Jesus oculis in coelum dixit : Pater, venit hora, clarifica Filium tuum.* Potuit silenter haec eadem verba orationis Patri Filius dicere ; sed oratio Filii doctrina est discipulorum, nec non et eorum qui illorum exempla sequi voluissent [Ms., voluerint], vel eorum scripta legere. Dixit : *Venit hora.* Hora itaque passionis appropinquat. *Clarifica Filium tuum,* id est, resurrectionis gloriam praecedat humilitas passionis, et subsequatur cito resurrectionis clarificatio. Sequitur : *Ut Filius tuus clarificet te.* Clarificatio Patris aeterna est, quae nec augeri nec minui potest. Sed haec clarificatio ad notitiam Dei Patris pertinet, ut resurrectionis gloria in Filio peracta, innotesceret Deus Pater in toto orbe, qui ante in Judaeis tantummodo notus erat. « [a] *Clarifica Filium tuum, ut Filius tuus clarificet te,* quasi dixisset : Resuscita me, ut innotescas in toto orbe per me. » Sequitur : (VERS. 2.) *Sicut dedisti ei potestatem omnis carnis.* Id est, omnis hominis, a parte totum, caro pro homine. Haec ait ut ostenderet magis ac magis quomodo clarificaturus esset Patrem. « Sicut ergo dedisti ei potestatem, inquit, omnis carnis, ita te clarificet Filius ; id est, notum te faciat omni carni, quam dedisti ei. Sic enim dedisti. (VERS. 3.) *Ut omne quod dedisti ei, det eis vitam aeternam. Haec est vita aeterna, ut cognoscant te solum verum Deum, et quem misisti Jesum Christum.* Ordo verborum est, ut te et quem misisti Christum Jesum cognoscant solum Deum verum. » Plena cognitio Dei Patris et Filii et Spiritus sancti plena est et perfecta vita aeterna ; perfecta vita aeterna, summa beatitudo est ; summa beatitudo non est, nisi in vita aeterna. Ideo dixit : *Haec est vita aeterna, ut cognoscant te, et quem misisti Jesum Christum* solum et verum Deum.

VERS. 4. — *Ego te clarificavi super terram, opus consummavi quod dedisti mihi ut faciam.* Quid est quod praeterito tempore posuit, *clarificavi et consummavi,* et statim subjunxit futuri temporis verbum *faciam,* nisi quod omnia Deo sunt praesentia, et in divina praedestinatione futura quasi transacta esse credenda sunt ? Quod enim futurum fuit ut fieret, hoc quasi transactum fuit. *Ego te clarificavi,* quasi dixisset : Ego te clarificabo praedicationis gloria, quam in discipulis suis toto mundo efficit ; dum opus consummabo passionis meae et resurrectionis, quod dedisti mihi ut faciam. (VERS. 5) *Sed nunc vero clarifica me, tu Pater.* Dicendo enim, *te clarificavi super terram,* se autem a Patre apud eumdem Patrem postulat clarificandum, modum profecto utriusque clarificationis ostendit. Ipse quippe Patrem clarificavit super terram, eum

[a] Ex S. Aug., tract. CV, num. 1-8.

gentibus prædicando : Pater vero ipsum apud semetipsum ; ad suam dexteram collocando. Subjunxit : *Claritate quam habui priusquam mundus fieret apud te*. Ordo verborum est, *quam habui apud te priusquam mundus esset*. In hoc valet quod ait : *Et nunc clarifica me*, hoc est, sicut tunc, ita et nunc; sicut tunc prædestinatione, ita et nunc perfectione; fac [*Ms.*, statue] in mundo quod apud te fuerat ante mundum ; fac [*Ms.*, statue] in suo tempore quod ante omnia tempora statuisti. Convenit nos intelligere in hoc loco prædestinationem claritatis humanæ quæ in illo est naturæ, ex mortali immortalis apud Patrem futuræ ; et hoc jam prædestinando factum fuisse, antequam mundus esset, quod in mundo etiam suo tempore fieret. Si enim de nobis dixit hic videns prædestinationem Filii Apostolus : *Sicut elegit nos in ipso ante mundi constitutionem* (*Ephes.* I, 4) [a]. » Nec formidare debemus prædestinatum dicere Filium Dei secundum humanitatem, qui in tempore suo venit in mundum, ante tamen omnia tempora prædestinatum esse [*Ms.*, prædestinatus est]. « Illud autem prædestinatum fuit, quod nondum erat, ut fieret, quod Deus voluit ut esset. De qua prædestinatione ait Apostolus in principio Epistolæ ad Romanos : *Qui factus est ei ex semine David secundum carnem, qui prædestinatus est Filius Dei in virtute* (*Rom.* I, 2). Secundum hanc prædestinationem etiam clarificatus est antequam mundus esset, ut et claritas ejus esset ex resurrectione mortuorum apud Patrem ad cujus dexteram sedet. »

Vers. 6. — *Manifestavi nomen tuum hominibus, quos dedisti mihi de mundo.* Quod ergo facturus erat per doctores sanctos in toto orbe post gloriam resurrectionis et ascensionis suæ ; et post Spiritus sancti dona, quæ in discipulos delata sunt, hoc quasi factum esse dixit. « [b] Tale est hoc, quale et illud quod Paulo ante dixit : *Ego te clarificavi super terram* : pro tempore futuro et illic et hic prætéritum ponens tempus, sicut qui sciret prædestinatum esse ut id fieret, et ideo fecisse se dicens quod erat sine ulla dubitatione facturus. Sequitur :

Vers. 7, 8. — *Tui erant, et mihi eos dedisti, et sermonem tuum servaverunt. Nunc cognoverunt quia omnia quæ dedisti mihi, abs te sunt, quia verba quæ dedisti mihi, dedi eis, et ipsi acceperunt et cognoverunt vere quia a te exivi, et crediderunt quia tu me misisti.* Quanquam et hæc omnia de omnibus futuris fidelibus dici potuerint re imperfecta [*Ms.* spe perfecta; *Aug.*, spe jam perfecta], cum adhuc essent futura, tamen et hæc specialiter de discipulis dici possunt ad quos tunc præsentialiter loquebatur, quia illud quod sequitur : *Cum essem cum eis, ego servabam eos in nomine tuo ; quos dedisti mihi ; custodivi, et nemo ex his periit, nisi filius perditionis* (Judam significans, qui tradidit eum, qui unus fuit de duodecim) magis huic sensui convenit, ut apostolis specialiter hæc loqueretur. Deinde subjungit : *Nunc autem ad te venio*, cum [*Aug.* , unde] manifestum est eum de corporali sua dixisse præsentia : *Cum essem cum eis, ego servabam eos ;* veluti jam cum eis ea præsentia non esset. Eo modo enim significare voluit ascensionem mox futuram, de qua dicit : *Nunc autem ad te venio* : iturus utique ad dexteram Patris ; unde venturus est ad vivos et mortuos judicandos, præsentia itidem corporali secundum fidei regulam sanamque doctrinam. Nam præsentia spirituali cum eis erat semper, et cum tota Ecclesia sua in hoc mundo usque in consummationem sæculi. » Quod vero ait, ut ad superiora redeamus, *Manifestavi nomen tuum hominibus, quos dedisti mihi*, non illud nomen quod Deus es, sed illud nomen quod Pater meus es : quod nomen manifestari non potest sine illius Filii manifestatione. Nam vero illud nomen quod Deus est, nulli naturæ rationabili incognitum omnimodis esse putavit. Hæc est enim veræ vis divinitatis, ut creaturæ rationali non omnino incognitus possit abscondi, exceptis paucis in quibus natura rationalis nimium depravata est. Propemodum omnes gentes Deum esse fatentur, licet diversis erroribus verum Deum agnoscere impediantur. Quod vero in Psalmis legitur : *Notus in Judæa tantum Deus* (*Psal.* LXXV, 2), quia legitimo cultu tantummodo Deum verum cognoverunt et coluerunt : in hoc vero quod Pater est Christi per quem tollit peccata, ignotum fuit antequam venisset Christus in mundum ; nisi tantum quibus Deus per spiritum prophetiæ revelavit hoc mysterium magnum et absconditum, quod post adventum ejus in mundum, prædicatum est gentibus, creditum est in hoc mundo, assumptum est in gloria. Quod vero addidit : *Quos dedisti mihi*, hoc est, quod paulo ante dixit : *Nemo potest venire ad me , nisi Pater, qui misit me, attraxerit eum. Quos dedisti mihi de mundo* , hoc est, quibus per regenerationem hoc præstitit, non quibus natura per nativitatem contulit. Quid est quod sequitur : *Tui erant, et mihi eos dedisti ?* In humanitate hanc potestatem se accepisse a Patre dicit, ut eos haberet quos Pater elegit et prædestinavit ante constitutionem mundi ; non solum Pater, sed et Filius et Spiritus sanctus, ut sit unum opus sanctæ Trinitatis inseparabilis et omnimodo æqualis. Pereat hic carnalis cogitatio. De mundo sibi a Patre dici Filius datos esse homines, quibus alio loco dicit : *Ego vos de mundo elegi* (*Joan.* XV, 19). Quos de mundo Dei Filius elegit cum Patre, idem ipse homo Filius de mundo eos accepit a Patre. « Sequitur : *Et sermonem tuum servaverunt : nunc cognoverunt*, *quia omnia quæ dedisti mihi, abs te sunt*. Id est, cognoverunt, quæ abs te sunt [*Aug.* , cognoverunt, quia abs te sum]. Simul enim Pater dedit omnia, cum genuit [eum] qui haberet omnia ; » sicut in prioribus hujus Evangelii ipse Dominus dicit : *Sicut enim Pater habet vitam in semetipso, sic dedit et Filio vitam habere in semetipso*, id est, genuit Filium vitam habentem in quando nos in ipso, ut membra ejus essemus, elegit. »

[a] Supple ex Aug. loc., cit. : « Cur abhorrere putatur a vero, si tunc Pater caput nostrum glorificavit,

[b] Ex S. Aug., tract. CVI, num. 1, 2, 4, 5, 6.

semetipso. « *Quia verba quæ dedisti mihi, dedi eis, et ipsi acceperunt*, id est, intellexerunt atque tenuerunt. Tunc enim verbum accipitur, quando mente percipitur et tenetur, ne oblivione pereat. *Et cognoverunt*, inquit, *vere quia a te exivi, et crediderunt quia tu me misisti*. Et hic subaudiendum est, *vere*. Quod enim dixit, *cognoverunt vere*, exponere voluit adjungendo; *et crediderunt*. Hoc itaque crediderunt vere, quod cognoverunt vere : id enim est, *a te exivi*, quod est, *tu me misisti*. Sed tamen adhuc non erant discipuli tales, quales eos dicit futuros esse, verbis præteriti temporis usus : quasi jam essent, pronuntians quales futuri essent, accepto scilicet Spiritu sancto, qui eos, sicut promissum est, doceret omnia et induceret eos in omnem veritatem. Dedit eis verba, sicut dixit, quæ dedit ei Pater : sed quando illa non foris in auribus, sed intus in cordibus spiritaliter acceperunt, tunc vere acceperunt, quia tunc vere cognoverunt; vere autem cognoverunt, quia vere crediderunt. » Sed hæc verba, quæ dicit Filius sibi dedisse, si ad divinitatis unitatem intelligitur pertinere, eo modo dedit verba Pater Filio, quo genuit Verbum coæternum sibi. Si vero ad humanitatem respicit, quis intelligit quomodo dedisset, vel quomodo accepisset Deus homo factus ex virgine, quando etiam ipsam, quæ de virgine facta est, generationem quis enarrabit ? Sequitur :

Vers. 9. — *Ego pro eis rogo, non pro mundo rogo, sed pro his, quos dedisti mihi*. Hæc enim dixit inter alia, dum oraret pro eis, quos dedit ei Pater. « ª *Mundum* vult modo intelligi, qui vivunt secundum concupiscentiam mundi, et non sunt in ea sorte gratiæ ut ab illo eligantur ex mundo. Non itaque pro mundo, sed pro eis quos Pater dedit, rogare se dicit : per hoc enim quod eos illi Pater jam dedit, factum est ut non pertineant ad eum mundum, pro quo non rogat. Deinde subjungit : *Quia tui sunt*. Neque enim quia Pater eos Filio dedit, amisit ipse quos dedit, cum adhuc Filius sequatur ac dicat : (Vers. 10) *Et mea omnia tua sunt, et tua mea*. Ubi satis apparet quomodo unigeniti Filii sint omnia quæ sunt Patris ; per hoc utique quod etiam ipse Deus est, et de Patre Patri natus æqualis [*Aug*., est natus æqualis]. » Hoc enim dictum est de sancta et rationabili creatura, quam elegit Deus, et quæ subdita est Patri et Filio, et æqualiter est Patris et Filii. « Hæc ergo cum sit Dei Patris, non simul esset et Filii, nisi Patri Filius esset æqualis. Nec fas est ut sancti, de quibus hæc locutus est, cujusquam sint, nisi ejus a quo creati et sanctificati sunt. Ergo cum et Patris et Filii sunt, æquales esse demonstrant, quorum æqualiter sunt. » *Et clarificatus sum*, inquit, *in eis*. « Nunc suam clarificationem tanquam facta sit dicit, cum adhuc esset futura. » *Clarificatus sum in eis*, id est, per eorum prædicationem clarificatus sum in toto mundo. Et quia prædestinatum est ut fieret, certum voluit esse quod futurum erat. Ideo præteriti temporis verbo usus est.

ª Ex S. Aug., tract. cvii, num. 1-8.

Vers. 11. — *Et jam*, inquit, *non sum in mundo, et hi in mundo sunt*. Significat horam in qua transiturus erat ex hoc mundo, et verbo præsentis temporis usus est pro futuro, quia cito erat futurum, quasi factum esset dixit. Quod autem ait : *Et hi sunt in mundo*, significat enim eos ad quos loquebatur, tardius transire ex hoc mundo, dum illo abeunte ex hoc mundo necesse esset, ut illi remanerent, per quos prædicaretur nomen ejus sanctum in mundo. Prævidensque quid eos movere posset, qui audirent hæc quæ legerent, adjecit : *Nunc autem ad te venio*. Ascensionis gloriam designat, per quam elevatus est homo super altitudinem cœlorum, et omnium angelicarum potestatum dignitates, ita ut in dextera Dei Patris collocaretur : commendatque eos Patri, quos corporali absentia relicturus est dicens : *Pater sancte, serva eos in nomine tuo, quos dedisti mihi*. « Nempe sicut homo Deum rogat pro discipulis suis quos accepit a Deo. Attende quid sequitur : *Ut sint*, inquit, *unum, sicut et nos*. Non ait, ut nobiscum sint unum; aut ut simus unum ipsi et nos, sicut unum sumus nos ; sed ait, *ut sint unum sicut et nos* ; ipsi utique in natura sua sint unum, sicut et nos in nostra unum sumus. Quod procul dubio non diceret, nisi secundum hoc diceret, quod Filius æqualis est Patri, sicut in alio loco dicit : *Ego et Pater unum sumus* (*Joan*. x, 50) ; non secundum id quod homo est : nam secundum hoc dixit : *Pater major me est* (*Joan*. xiv, 28) ; sed quoniam una eademque persona est Deus et homo, intelligimus hominem in eo quod rogat : intelligimus autem Deum in eo quod unum sunt, et ipse et ille quem rogat. Sequitur : (Vers. 12) *Cum essem cum eis, ego servabam eos in nomine tuo*. Me, inquit, veniente ad te serva eos in nomine tuo, in quo eos, quando cum eis eram, et ipse servabam. In nomine Patris servabat discipulos suos Filius hominis in humana præsentia constitutus : sed etiam Pater in nomine Filii servabat quos in nomine Filii petentes exaudiebat. His quippe idem Filius dixerat : *Amen, amen dico vobis, si quid petieritis Patrem in nomine meo, dabit vobis* (*Joan*. xvi, 23). Simul enim nos custodiunt Pater, et Filius, et Spiritus sanctus, qui est unus, verus, beatus Deus. Intelligamus [*Al*., quem unum verum, beatum Deum intelligamus] cum ita loquitur, sicut hic locutus est, personas cum distinguere, non separare naturam [*Aug*., naturas] ; » licet ablata ab eis corporali præsentia Filii. Sed nunquam spiritalis custodia deerat, de qua dicit : *Ecce ego vobiscum sum omnibus diebus, usque ad consummationem sæculi* (*Matth*. xxviii, 20). *Quos dedisti mihi, custodivi; et nemo ex his periit, nisi filius perditionis, ut Scriptura impleatur*. « Filius perditionis dictus traditor Christi ; de quo in psalmo centesimo octavo maxime prophetatur. (Vers. 13.) *Nunc autem ad te venio ; et hæc loquor in mundo, ut habeant gaudium meum impletum in semetipsis*. « Ecce in mundo loqui se dicit, qui paulo ante dixerat : *Jam non sum in mundo*.

Ergo et quia non natura ibat [*Aug.*, quia nondum abierat]; hic adhuc erat; et quia fuerat abiturus, hic quodammodo jam non erat. Quid sit autem hoc gaudium, de quo ait : *Ut habeant gaudium meum impletum in semetipsis*, jam superius expressum est, [ubi ait] *ut sint unum, sicut et nos*. Hoc gaudium suum, id est a se in eos collatum, in eis dicit implendum, propter quod locutum se dixit in mundo. Hæc est pax illa et beatitudo in futuro sæculo, propter quam consequendam temperanter, et juste, et pie vivendum est in hoc sæculo.

Vers. 14. — Loquens adhuc Dominus ad Patrem, et orans pro discipulis suis : *Ego dedi eis sermonem tuum*; in prioribus expositum est. *Et mundus eos odio habuit*. Significat passiones quas in mundo habituri erant a persecutoribus, quos hic mundi nomine demonstrat. Deinde causam subjiciens, cur eos oderit mundus, quia *non sunt*, inquit, *de mundo, sicut et ego non sum de mundo*. Sed aliter illi, aliter ego. Illi regeneratione, ego generatione. Illi eguerunt secunda nativitate, quia in peccatis nati sunt : ego quia sine peccato natus sum, non egui regeneratione. Donatum est ergo eis ut de mundo non essent; ego vero nunquam fui de mundo, quia nunquam in peccato. « [a] Ipse autem de mundo nunquam fuit, quia etiam secundum formam servi, de Spiritu sancto natus est, de quo illi renati. Si ergo illi ideo non de mundo, quia renati sunt de Spiritu sancto, propterea ille nunquam de mundo, qui natus est de Spiritu sancto. (Vers. 15, 16.) *Non rogo*, inquit, *ut tollas eo de mundo, sed ut serves eos ex malo* [*Ms. a malo*]. Adhuc enim necessarium fuit, quamvis jam non essent de mundo, esse tamen in mundo; » ut impleretur, quod dictum est : *In omnem terram exivit sonus eorum, et in fines orbis terræ verba eorum* (*Psal.* XVIII, 5).

Vers. 17. — *Sanctifica eos in veritate*. Sic enim servantur ex malo, quod superius oravit ut fieret de malo perfidiæ in quo cecidit Judas proditor. « Sanctificantur itaque in veritate hæredes testamenti novi, cujus veritatis umbræ fuerunt sanctificationes Veteris Testamenti; et cum sanctificantur in veritate, utique sanctificantur in Christo, qui veraciter dixit : *Ego sum via, et veritas, et vita* (*Joan.* XVI, 6). *Veritas liberabit vos*. Paulo ante exponens Jesus quid dixerit, *Si vos Filius*, inquit, *liberabit* [*Al.*, *liberaverit*], *vere liberi eritis* (*Joan.* VIII, 32, 36) : ut ostenderet hoc se prius dixisse veritatem, quod postmodum Filium. Quid ergo aliud et hoc [*loco*] dixit : *Sanctifica eos in veritate*, nisi sanctifica eos in me? Denique sequitur, et hoc apertius insinuare non desinit, *Sermo etiam tuus*, inquit, *veritas est*. Quid aliud **620** dixit, quam ego veritas sum? Sanctificat itaque Pater in veritate, id est, in Verbo suo, in unigenito suo, suos hæredes, ejusque cohæredes. Sed nunc adhuc de apostolis loquitur, nam secutus adjungit : (Vers. 18) *Sicut me misisti in mundum, et ego misi eos in mundum*. Quos misit, nisi apostolos suos? Nam et ipsum nomen apostolorum, quod Græcum est, nihil nisi *missos* significat in Latino. » Misit ergo Dominus [*Al.*, *Deus*] Filium suum absque peccato conceptum et natum; misit ergo Filius discipulos suos quos ipse sanctificavit, vel per baptismi sacramentum; vel per sanguinis sui redemptionem, ut prædicarent mundo sanctificationem et ablutionem remissionemque peccatorum suorum. Unde et subjecit : (Vers. 19) *Et pro eis ego sanctifico meipsum*. Id est, in eo quia non veni facere voluntatem meam, sed voluntatem ejus, qui misit me Patris. Sanctificatio fidelium est obedientia Filii, qui obediens Patri *usque ad mortem, mortem autem crucis : propter quod et Deus exaltavit illum* (*Philip.* II, 8, 9). Quod vero ait : *Ut sint et ipsi sanctificati in veritate*. Hoc est, in meipso; sicut et ego sanctificatus sum in Verbo Dei. *Ut et ipsi sint in veritate, quæ est Verbum Dei, sanctificati*. Nam susceptio humanitatis sanctificata est in unitate personæ Verbi Dei; et quia ille caput est omnium sanctorum, et illi membra, et membra quoque per capitis sanctificationem sint sancta in ea veritate, qua caput est sanctificatum : ideo et in sequentibus non pro his tantum se rogare dixit qui tunc corporali præsentia cum eo erant, sed etiam pro omnibus fidelibus qui per eorum verbum credituri erant per eos. Igitur subjecit, et ait :

Vers. 20. — *Non pro his rogo tantum*. « [b] Id est, pro discipulis, qui cum illo tunc erant. *Sed et pro eis qui credituri sunt per verbum eorum in me*. Ubi omnes suos intelligi voluit, non solum eos qui tunc erant in carne, sed etiam qui futuri erant. Quotquot enim postea crediderunt in eum, per verbum apostolorum sine dubio crediderunt, et donec veniat, credituri sunt : ipsis enim dixerat : *Et vos testimonium perhibetis, quia ab initio mecum estis, et per vos Evangelium ministratum est* (*Joan.* XV, 27), et antequam scriberetur; et utique quisquis in Christum credit, per Evangelium credit [*Aug.*, Evangelio credit]. Non itaque [*Ms.*, utique] hi tantum intelligendi sunt quos ait in se credituros per verbum eorum, [qui ipsos cum in carne viverent apostolos audierunt, sed et post obitum eorum] et nos longe post nati, per verbum eorum credidimus in Christum; quoniam ipsi qui cum ipso tunc fuerunt, quod ab illo acceperunt cæteris prædicaverunt. » Itaque per verbum eorum factum est ut etiam nos crederemus, imo et omnes usque in finem mundi, ubicunque Ecclesia Christi erit, per verba apostolicæ prædicationis credituri erunt. Sequitur : (Vers. 21) *Ut omnes unum sint*. Unum in charitate, unum in fide, unum in pace; quia in unum regnum futuri sunt. Licet in eo regno mansiones diversæ sint, propter merita sanctorum diversa : tamen quicunque in eo regno erit, beatus erit, et sufficiet sibi quod habuerit, et in eo gaudet quod possidet. *Sicut*

---

[a] Ex S. Aug., tract. CVIII, num. 1-4.

[b] Ex S. Aug., tract. CIX, num. 1.

et tu Pater in me, et ego in te. Hoc est, quod paulo ante dixit: *Ego in Patre, et Pater in me.* Nam totus Pater in Filio est, et totus Filius in Patre: et qui Filium habet, habet et Patrem; et qui Patrem habet, habet et Filium. Unde subjecit: *Ut et ipsi in nobis unum sint.* Id est, una charitate nos diligant, et una fide nos credant, et in una spe in nobis confidant; ut sit unitas corporis in capite, et sit unus Deus omnia in omnibus. Qui enim orat pro nobis, mortuus est pro nobis; et vivit pro nobis, ut nos vivamus in illo [*Ms.*, cum illo]. Potest et ita intelligi, ut in nobis unum sint, id est, in charitate unum sint nobis templum. Unde dicitur: *Quia factus est in pace locus ejus, et habitatio ejus in Sion* (*Psal.* LXXV, 3), quæ nos sumus. *Et mundus credat, quia tu me misisti.* Duobus modis, ut diximus, mundus intelligitur: aliter in peccatoribus, aliter in sanctis. Hic nominat mundum, eos qui credituri erant; vel qui tunc credebant Christum Filium Dei esse, ad salutem humani generis missum esse a Patre in mundum.

VERS. 22. — *Sed et ego claritatem quam dedisti mihi, dedi eis.* Quæ est ista clarificatio, nisi illa de qua paulo ante dixit, *clarificavi nomen tuum?* Ista clarificatio, cognitio est nominis omnipotentis Patris in Filio. Hanc claritatem dedit Filius fidelibus suis, id est, hanc prædicationem, ut prædicarent eum Patri esse æqualem in divinitate, et Patre esse minorem in forma servi, in qua factus est Filius hominis, ut nos essemus Filii Dei: in qua nativitate unum debemus esse, de qua et subdidit: *Ut sint unum, sicut et nos unum sumus.* Illi in sua natura unum sunt in charitate; nos in nostra unum sumus in unitate substantiæ et gloriæ. (VERS. 23.) *Ego in eis, et tu in me.* Ego in eis, sicut caput in membris; et tu in me, sicut Pater in Filio. *Ut sint consummati in unum.* Id est, perfecti, quod perficiet qui nos voluit unum esse in se et per se. *Ut cognoscat mundus quia tu me misisti, et dilexisti eos sicut et me dilexisti.* Dilexisti eos, ut essent quod non erant; dilexisti me, ut essem quod semper fui; dilexisti me sicut unicum; illos itaque sicut adoptivos. Dilexisti eos, ut per me in te essent: dilexisti me, ut per te in te essem. Sequitur: (VERS. 24) *Pater, quos dedisti mihi, volo ut ubi sum ego, et illi sint mecum.* «ᵃ Nunc per fidem, tunc ergo fiet per speciem. Cum Christus apparuerit vita nostra, tunc et nos cum illo apparebimus in gloria (*Coloss.* III, 4). » Tunc apparebimus quod tunc erimus; quia tunc apparebit, antequam essemus, quod tunc erimus ᵇ

Ut videant claritatem meam, quam dedisti mihi. Fortassis ergo de illa claritate dicit, in qua sedet ad dexteram Dei Patris. Continuo subjungit: *Quia dilexisti me ante constitutionem mundi.* « In illo enim dilexit et nos ante constitutionem mundi, et tunc prædestinavit quod in fine facturus est mundi. (VERS.

ᵃ Ex S. Aug., tract. CXI, num. 4-6.
ᵇ Aug., loc. cit.: « Tunc apparebimus quod tunc erimus; quia tunc apparebit, non inaniter nos id

25.) *Pater juste, mundus te non cognovit.* Quia justus es, ideo te non cognovit. Mundus vero, qui damnandus est per justitiam, te non cognovit; ille vero, qui salvandus erat per misericordiam, te cognovit: mundus vero, quem per Christum reconciliavit sibi, non merito, sed gratia cognovit. Quid est enim eum cognoscere, nisi vita æterna? quam mundo damnato utique non dedit, reconciliatio dedit; et ut cognosceret, non ei merito, sed gratia subvenisti. Denique sequitur: *Ego autem te cognovi.* Ipse fons gratiæ est Deus natura; homo autem de Spiritu sancto et virgine, ineffabili gratia, » in unitatem personæ Filii Dei assumptus est. Per illum cognoverunt hi, et omnes per eos credituri. *Quia tu me misisti.* « Quia tu me misisti, ideo cognoverunt: igitur per gratiam cognoverunt. (VERS. 26.) *Et notum feci eis,* inquit, *nomen tuum, et notum faciam.* « Notum feci per fidem, notum faciam per speciem. Notum feci in [hoc] sæculo peregrinantibus, notum faciam in cœlo regnantibus. *Ut dilectio, qua dilexisti me, in ipsis sit, et ego in ipsis.* Quomodo autem dilectio, qua dilexit Pater Filium, est et in nobis, nisi quia membra ejus sumus, et in illo diligimur, cum ille diligitur totus, id est, caput et corpus? Ideo subjunxit: *Et ego in ipsis,* tanquam diceret, *quoniam ego sum et in ipsis.* »

Terminato magno prolixoque sermone, quem post cœnam Dominus de fundendo pro nobis sanguine proximus passioni ad discipulos habuit, qui cum illo tunc erant, adjuncta oratione, quam direxit ad Patrem pro suis; deinceps ejus passionem Joannes evangelista sic orsus est:

CAPUT XL.
Traditionis ac passionis ejus per ordinem æsta narrantur.

CAPUT XVIII, VERS. 1. — *Hæc cum dixisset Jesus, egressus est cum discipulis suis trans torrentem Cedron* [Cedron]. Genitivus pluralis in Græco, quod potest Latine Cedrorum dici. Tunc appropinquavit tempus, de quo in Psalmo legitur: *De torrente in via bibit.* In via hujus vitæ de torrente passionis bibit: *propterea exaltavit caput* (*Psal.* CIX, 7): quod Apostolus ita exposuit: *Christus obediens Patri usque ad mortem, mortem autem crucis. Propter quod et Deus exaltavit illum* (*Philip.* II, 8, 9). Ubi erat hortus, in quem introivit ipse et discipuli ejus. Bene in horto miseriæ nostræ comprehensus est, ut nos in hortum beatitudinis suæ induceret. Igitur in horto deliciarum, id est, in paradiso, primus [Pater] humani generis peccavit, et inde ejectus est in hanc vallem lacrymarum. Ideo Christus secundus Adam se in horto comprehendi voluit, ut peccatum, quod in horto paradisi (nam paradisus hortus deliciarum interpretatur) primus homo commisit, deleretur. (VERS. 2.) *Sciebat autem et Judas, qui tradebat eum, locum, quia frequenter Jesus convenerat illuc cum discipulis.* « Hoc credidisse ac sperasse, antequam essemus. »

ᶜ Ex S. Aug., tract. CXII, num. 4-6.

quod narrat, ingressum Dominum cum discipulis suis in hortum, non continuo factum est, cum ejus illa finita esset oratio, de cujus verbis ait : *Hæc cum dixisset Jesus;* sed alia quædam sunt interposita, quæ ab isto prætermissa, apud alios evangelistas leguntur : sicut apud hunc inveniuntur multa, quæ illi similiter in sua narratione tacuerunt. Ad hoc vero valet, quod dictum est : *Hæc cum dixisset Jesus,* ut non eum ante opinemur venire in hortum, quam illa verba finiret, » et illam orationem, quæ leguntur in prioribus post cœnam sanctam eum dixisse, vel orasse. « Sciebat autem, inquit, *et Judas, qui tradebat eum, locum.* Ordo verborum est : sciebat locum, qui tradebat eum. *Quia frequenter,* inquit, *Jesus convenerat illuc cum discipulis suis.* Ibi ergo lupus, ovina pelle contectus, inter oves alto Patris familias consilio toleratus, didicit ubi ad tempus exiguum dispergeret gregem, insidiis appetendo pastorem.

Vers. 3. — *Judas ergo,* inquit, *cum accepisset cohortem, et a principibus et Pharisæis ministros, venit illuc cum laternis et facibus et armis.* Cohors non Judæorum, sed militum fuit. A præside itaque intelligatur accepta, tanquam ad tenendum reum, servato ordine legitimæ potestatis, ut nullus tenentibus auderet obsistere. » Ideo tanta manus inimicorum congregata est, ut nullus apprehendentibus vel contradicere, vel defendere Jesum auderet. « Ita quippe ejus abscondebatur potestas, [et] obtendebatur infirmitas, ut hæc inimicis necessaria viderentur adversus eum, in quem non valuissent, nisi quia [*Ms.*, nihil valuissent nisi quod] ipse voluisset : bene utens bonus malis, et faciens bona de malis. » Jesus autem, sicut evangelista secutus adjungit, (Vers. 4) *Sciens omnia, quæ ventura erant super eum.* Sciebat et voluit ut comprehenderetur ; quia ad hoc venit in mundum, ut hoc fieret quod voluit, et tunc impleretur quando voluit. *Processit et dixit eis, quem quæritis?* Processit, paratus ad passionem, et interrogans quem quærerent ; non quasi ignarus eorum voluntatis, sed ut scirent ipsum esse quem quærerent. (Vers. 5.) *Responderunt : Jesum Nazarenum.* Jesus Nazarenus dicebatur, quia in Nazareth nutritus est, ut impleretur prophetia : *Quoniam Nazareus vocabitur. Dicit eis : Ego sum.* Non abscondit se, sed ostendit ; quia qui voluntate sua venit in mundum, voluntate sua posuit animam suam pro mundo. (Vers. 6.) *Stabat autem et Judas, qui tradebat eum, cum ipsis. Ut ergo dixit eis : Ego sum, abierunt retrorsum, et ceciderunt in terram.* « Ubi nunc militum cohors, et ministri principum ac Pharisæorum? Ubi terror et munimen armorum? Nempe una vox dicentis : *Ego sum,* tantam turbam odiis ferocem, armisque terribilem, sine ullo telo percussit, repulit, stravit. Deus enim latebat in carne, et sempiternus dies ita membris occultabatur humanis, ut laternis et facibus quæreretur occidendus a tenebris.

---

[a] *Ms.* : « Quare, qui venerunt ad comprehendendum, non tenuerunt, a quo audierunt : *Ego sum?*

Ego sum, dicit, et impios dejecit. Quid judicaturus faciet, qui judicandus hoc fecit? Quid regnaturus poterit, qui moriturus hoc potuit? Et nunc ubique per Evangelium, *Ego sum,* dicit Christus : et a Judæis exspectatur Antichristus, ut retro redeant, et in terram cadant. » Quare qui venerunt ad comprehendendum, non tenuerunt quem, si noluisset ille qui ait *Ego sum,* non tenerent [a]. Illi quærebant eum apprehendere [et occidere], ille quærebat eos [redimere] et vivificare, propter quod venit ad nos. Ostendit quærentibus potestatem, quia habuit in potestate animam suam ponere, quam posuit hora passionis ; ostendit quod [*Ms.,* ut] nostræ redemptionis impleretur mysterium. (Vers. 7.) *Iterum ergo eos interrogavit : Quem quæritis?* Si quæritis, quare non apprehenditis, nisi quia in vestra non est potestate apprehendere [*Ms.,* apprehendendi hora], sed in ejus qui venit ut apprehendatur

623 Vers. 8, 9. — *Illi autem dixerunt : Jesum Nazarenum. Respondit Jesus : Dixi vobis, quia ego sum. Si ergo me quæritis, sinite hos abire. Ut adimpleretur sermo, quem dixit : Quia quos dedisti mihi, non perdidi ex eis quemquam.* « *Si me quæritis,* inquit, *sinite hos abire.* Inimicos videt [*Ms.,* jubet], et hoc faciunt quod jubet : sinunt hos abire quos non vult perire. Nunquid autem non erant postea morituri? Cur ergo, si tunc morerentur, perderet eos, nisi quia nondum in eum sic credebant, quomodo credunt quicunque non pereunt? (Vers. 10.) *Simon ergo Petrus habens gladium eduxit eum; et percussit principis servum* [Sic et in ms., Al., *servum principis sacerdotum*] *et abscidit ejus auriculam dexteram. Erat autem nomen servo Malchus.* Solus hic evangelista etiam nomen servi hujus expressit : sicut Lucas solus, quod ejus auriculam Dominus tetigerit et sanaverit eum. Malchus autem interpretatur regnaturus. Quid ergo auris pro Domino amputata, et a Domino sanata significat, nisi auditum amputata vetustate renovatum, ut sit in novitate spiritus, et non in vetustate litteræ? Quod cui præstitum fuerit a Christo, quis dubitet regnaturum esse cum Christo? » Servus dictus est propter servitutem legalem, sanus [*Ms.,* sanatus] autem dicitur propter evangelicam libertatem. « Factum tamen Petri Dominus improbavit, et progredi ultra prohibuit dicens : (Vers. 11) *Mitte gladium in vaginam. Calicem quem dedit mihi Pater, non bibam illum?* » *Non bibam illum,* interrogative vel increpative legendum est, quasi dixisset : Non bibam illum calicem quem Pater mihi dedit bibere? Quare resistere vis voluntati omnipotentis Patris, imo et salutis tuæ calici? In suo quippe facto ille discipulus magistrum defendere voluit, nescius adhuc dispensationem paternæ voluntatis [*Ms.,* pietatis], quid ex hoc fieri venturum voluisset. « Quod autem a Patre sibi dicit datum calicem passionis, profecto illud est quod ait Apostolus : *Si Deus pro nobis, quis contra nos? qui Filio proprio non pepercit, sed pro*

Quia ante non potuerunt, quam voluisset ille, qui ait ; *Ego sum.* »

nobis omnibus tradidit eum (Rom. VIII, 31, 32). Verum auctor calicis hujus est, etiam ipse qui bibit. Unde idem Apostolus item dicit : *Christus dilexit nos, et tradidit semetipsum pro nobis, oblationem et hostiam Deo in odorem suavitatis. (Ephes.* V, 2) (VERS. 12.) *Cohors ergo, et tribunus, et ministri Judæorum comprehenderunt Jesum, et ligaverunt eum.* Comprehenderunt, ad quem non accesserunt [quoniam dies ille, illi vero tenebræ permanserunt]; nec audierunt : *Accedite ad eum, et illuminamini (Psal.* XXXIII, 6). Nunc autem quando cum illo modo comprehenderunt, tunc ab eo longius recesserunt : et ligaverunt eum, a quo solvi potius velle debuerunt. »

« [a] Posteaquam persecutores tradente Juda comprehensum Dominum ligaverunt, qui nos dilexit, et tradidit semetipsum pro nobis omnibus, et cui Pater non pepercit, sed pro nobis omnibus tradidit eum *(Rom.* VIII, 52), (VERS. 13) *Adduxerunt eum ad Annam primum.* Nec enim Joannes istam tacet causam, quare hoc factum sit [*Ms.*, quare hoc fecissent], dicens : *Erat enim,* inquit, *socer Caiphæ, qui erat pontifex anni illius.* »

VERS. 14. — *Erat autem Caiphas, qui consilium dedit Judæis, quia expedit unum hominem mori pro populo.* Ductus est ad Annam primum, et postea ad Caipham, ut cognatio sanguinis et sceleris eos faceret consortes. Moyses Deo jubente præceperat ut pontifices patribus succederent, ut generationis in sacerdotibus series conservaretur. Refert Josephus istum Caipham unius tantum anni ab Herode pretio redemisse sacerdotium. Non ergo mirum, si iniquus pontifex inique judicaverit. Sæpe qui per avaritiam ad sacerdotium accedit, per injustitiam versatur in eo, et sceleratum initium funesto fine consumitur.

VERS. 15. — *Sequebatur autem,* inquit, *Jesum Simon Petrus et alius discipulus.* « Quisnam sit iste discipulus, non temere affirmandum est, quia tacetur. Solet autem se idem Joannes ita significare, et addere : *quem diligebat Jesus.* Fortassis ergo et hic ipse est, » qui juxta crucem Jesu stabat, cui ille matris commendavit custodiam. Dicit et Matthæus de Petro : *Petrus sequebatur eum a longe (Matth.* XXVI, 58). A longe sequebatur [Dominum], inquit, erat negaturus, *ut videret finem,* vel amore magistri, vel humana curiositate scire cupiens, quid pontifex judicaret [de Jesu, utrum eum neci addiceret], an flagellis cæsum dimitteret. (VERS. 16.) *Discipulus autem ille,* inquit, *erat notus pontifici, et introiit cum Jesu in atrium pontificis. Petrus autem stabat ad ostium foris.* Foris autem stabat, quia negaturus erat Dominum : nec erat in Christo, qui Christum confiteri non fuit ausus. (VERS. 17.) *Exiit ergo discipulus alius, qui erat notus pontifici, et dixit ostiariæ, et introduxit Petrum. Dixit ergo Petro ancilla ostiaria : Nunquid et tu ex discipulis es hominis istius? Dicit ille : Non sum.* Hic agnoscitur quam verum sit quod ipsa Veritas paulo ante dixit : *Quia sine me nihil potestis facere.* « Ecce columna firmissima ad unius auræ impulsum tota contremuit. Ubi est illa promittentis audacia, et de se plurimum præsumentis? Ubi sunt verba illa, quando ait : *Quare non possum sequi te modo? Animam meam pro te ponam (Joan.* XIII, 57); hoc non est sequi magistrum, sed se negare discipulum esse. Sicne pro Domino anima ponitur, ut hoc ne fiat, vox ancillæ formidetur? » Sane in hoc [loco] considerandum est, quam periculosum sit Christiano se Christianum esse negare. Non enim Petrus in hoc loco dixit se Christum negare, sed discipulum Christi : tamen ipse Christus ante prædixit : *Ter me negaturus es.* Qui enim discipulum se Christi negavit esse Christianum [se] negavit : similiter qui se Christianum negat esse propter aliquem timorem, etiam Christum negat. (VERS. 18.) *Stabant autem servi et ministri ad prunas, quia frigus erat, et calefaciebant se.* Frigus erat infidelitatis in cordibus illorum, in tantum etiam ut ille princeps apostolorum post ita frigore torpesceret, quia necdum calore sancti Spiritus inflammatus fuit : in quo non solum ipse iterum post acceptum sancti Spiritus donum non timuit Christum coram imperatore et populo Romano confiteri ; sed etiam pueri imberbes et puellæ, sancti Spiritus calore inflammatæ, Christum publice usque ad mortem confitebantur, et pro eo mori non metuebant, quem claviger cœli confiteri ad unius ancillæ vocem formidavit.

VERS. 19. — *Pontifex autem interrogavit Jesum de discipulis ejus, et de doctrina ejus.* Non cognoscendæ veritatis amore interrogavit, sed ut causam inveniret qua etiam eum accusare potuisset, et tradere Romano præsidi ad damnandum. (VERS. 20.) *Respondit Jesus : Ego palam locutus sum mundo : ego semper docui in synagoga et in templo, quo omnes Judæi conveniunt, et in occulto locutus sum nihil.* Quid est quod palam se dicit loqui, et in occulto nihil loqui, dum in alio loco apostolis dicit, dum per parabolas turbis loquitur : *Vobis datum est nosse mysterium regni Dei, cæteris autem in parabolis?* « Intelligendum est ita eum dixisse, *palam locutus sum mundo,* ac si dixisset : Multi me loquentem audierunt. Ipsum autem palam, quodammodo erat palam, quodammodo autem non erat palam. Palam quippe erat, quia multi eum audiebant : et rursus non erat palam, quia non intelligebant. Et quod seorsum discipulis loquebatur, non in occulto utique loquebatur. Quis namque in occulto loquitur, qui coram tot hominibus loquitur, cum scriptum sit : *In ore duorum vel trium testium stabit omne Verbum (Deut.* XIX, 15) : præsertim si [sic] hoc loquitur paucis, quod per eos vellet innotescere et multis? Ergo et hoc ipsum, quod ab eo dici videbatur occulte, quomodo [*Aug.*, quodammodo] non dicebatur in occulto? Quia non ita dicebatur, ut ab eis quibus dictum fuerat taceretur, sed ita potius, ut usquequaque prædicaretur. » (VERS. 21.) *Quid me interrogas? Interroga eos qui audierunt quid locutus sum ipsis : ecce hi sciunt quæ dixerim*

---

[a] Ex S. Aug., tract. CXIII, num. 1-6.

ego. Quasi dixisset : *Quid me interrogas, a quo veritatem audire non desideras, sed quem damnare cupis?* Interroga magis eos de quorum dictis non habeas invidiam. Ita temperavit Dominus responsionem suam, ut nec veritatem taceret, nec se defendere videretur. (VERS. 22.) *Hæc autem cum dixisset, unus assistens ministrorum dedit alapam Jesu dicens : Sic respondes pontifici?* Hic impletur, quod prophetatum est de eo : *Dedi maxillam meam percutientibus.* Percussit eum quasi reum responsionis, sed ille injuste percussus, mansuete respondit : (VERS. 23) *Si male locutus sum, testimonium perhibe de malo.* Omnis itaque qui contra veritatem loquitur, male loquitur : si autem veritatem non dixi, da testimonium contra me, in quo mendacium dixissem; *si autem bene,* id est, vere, *quid me cædis?* Quid ista responsione verius, mansuetius, justius? « Si cogitemus quis acceperit alapam, nonne vellemus eum qui percussit, aut cœlesti igne consumi, aut terra dehiscente sorberi, aut correptum dæmonio volutari? Quid enim horum per potentiam jubere non potuisset, per quem factus est mundus, nisi patientiam nos docere maluisset, a quo vincitur mundus [*Aug.*, qua vincitur mundus]? » Forte aliquis **625** hic dicit; quare alteram maxillam percutienti non daret secundum præceptum suum (*Matth.* v, 39)? Non solum itaque alteram dedit maxillam percutienti, sed etiam totum corpus suum ad crucifigendum tradidit, et magis vult præcepta sua Dominus in cordis tranquillitate servare, quam in corporis ostentatione demonstrare.

VERS. 24. — *Et misit eum Annas ligatum ad Caipham pontificem.* Hi duo Annas et Caiphas principes fuerunt sacerdotum, et per vices annuas sacerdotium ministrabant ; et erat tunc annus Caiphæ, cum passus est Christus. Et credendum est secundum voluntatem Caiphæ factum esse ut prius duceretur ad Annam, ut minoris culpæ videretur, si alterius quoque consacerdotis sui damnaretur sententia. « Sed cum dixisset evangelista quod eum ligatum misit Annas ad Caipham, reversus est ad locum narrationis, ubi reliquerat Petrum, ut explicaret, quod in domo Annæ de trina ejus negatione contigerat. (VERS. 25.) *Erat autem,* inquit, *Simon Petrus stans et calefaciens se.* Hoc recapitulat quod ante etiam dixerat. Deinde quæ secuta sunt, jungit : *Dixerunt ergo ei : Nunquid et tu ex discipulis ejus es? Negavit ille et dixit: Non sum.* Jam semel negaverat ad ancillæ vocem : ecce iterum eodem timore perterritus negavit. Deinde, ut tertia quoque negatio perficeretur, et Verbum Domini prædicentis impleretur, (VERS. 26, 27.) *Dicit unus ex servis pontificis, cognatus ejus, cujus abscidit Petrus auriculam : Nonne ego te vidi in horto cum illo? Iterum sicut antea negavit Petrus, et statim gallus cantavit.* Ecce medici est completa prædictio, ægroti convicta præsumptio. Non enim factum est, quod iste dixerat : *Animam meam pro te ponam* (*Joan.*

a Ex S. Augustino, tract. CXIV, num. 1-5.
b Ms.: « Habitaculo videlicet alieno se violari pu-

XIII, 38), sed factum est, quod ille prædixerat : *Ter me negabis.* » Sed hæc trina negatio timoris, trina confessione amoris diluitur. Necdum fuit amor in eo, qui foras mitteret timorem : sed adhuc timor servilis valuit in corde ejus, sed necdum respexit eum qui hæc prædixit ei. Sed et hoc magna Dei dispensatione gestum esse credere debemus, quatenus ille, cui oves suas ad Patrem rediens Christus commendaturus erat, per suam discerret fragilitatem aliis misereri, et fratrum culpas ignoscere, dum suum recordaretur peccatum, et aliorum compati posset fragilitati, qui sui casus ignarus non esset. Peracta itaque trina hac negatione Petri, reversus est evangelista ad ordinem narrationis suæ, ubi eam reliquerat.

VERS. 28. — *Adducunt ergo,* inquit, *Jesum ad Caipham in prætorium.* « a Ad Caipham quippe ab Anna collega et socero ejus dixerat missum. Sed si ad Caipham, cur in prætorium? Quod nihil aliud vult intelligi, quam ubi præses Pilatus habitabat : » aut damnationis causa Christi Caiphas perrexit in prætorium ad Pilatum : aut Pilatus in domo Caiphæ prætorium habebat, et tanta fuit amplitudo, ut utrosque capere potuisset, et seorsum habitantem Dominum suum, seorsum judicem ferret. Ecce quanta est sollicitudo sacerdotum in malum [*Ms.*, in malo]! « Tota nocte vigilarunt, ut homicidium facerent. *Erat autem mane, et ipsi,* id est, qui ducebant Jesum, *non introierunt in prætorium.* Hoc est in eam partem domus quam Pilatus tenebat, si ipsa erat domus Caiphæ. Cur autem non introierunt in prætorium? Exponens causam, *ut non contaminarentur,* inquit, *sed manducarent Pascha.* Dies enim agi cœperant azymorum : quibus diebus contaminatio illis erat in alienum habitaculum intrare. O impia et stulta cæcitas! ut habitaculo videlicet contaminarentur alieno, et non contaminarentur proprio scelere b. Alienigenæ judicis domo contaminari timebant, et fratris innocentis sanguine non timebant? » Sciendum est quid sit inter Pascha et dies azymorum. Pascha dicebatur proprie dies illa qua agnus ad vesperam quarta decima luna occidebatur ; septem vero dies sequentes, dies azymorum dicebantur. Dies azymorum fuerunt, in quibus nihil fermentati in domibus illorum debuit inveniri ; sed tamen dies Paschalis invenitur inter dies azymorum nominari, ut in alio Evangelio legitur : *Prima autem die azymorum accesserunt ad Jesum discipuli dicentes: Ubi vis, paremus tibi Pascha manducare* (*Matth.* XXVI, 17)?

626 VERS. 29, 30. — *Exivit ergo Pilatus ad eos foras, et dixit : Quam accusationem affertis adversus hominem hunc? Et responderunt, et dixerunt ei : Si non esset hic malefactor, non tibi tradidissemus eum.* Hunc enim habebant morem Judæi, ut quem morte dignum dijudicarent, vinctum eum præsidi traderent. « Interrogentur atque respondeant ab immundis spiritibus liberati, languidi sanati, leprosi mundati, surdi audientes, muti loquentes, cæci videntes, mortaverunt, et non proprio scelere inquinari se videbant. »

tui resurgentes, utrum s't malefactor Jesus. Sed ista dicebant, de quibus per Prophetam ipse praedixerat : *Retribuebant mihi mala pro bonis* (*Psal.* xxxiv, 12).
(Vers. 31.) *Dixit ergo eis Pilatus : Accipite eum vos, et secundum legem vestram judicate eum.* Justior fuit illis judex gentilis, quasi diceret : Legem habetis, et secundum legem vestram judicate eum : vos melius nostis quid de talibus vestra lex judicet; secundum quod justum sciatis, judicate. *Dixerunt ergo ei Judaei : Nobis non licet interficere quemquam.* « Quid est quod loquitur insana crudelitas? An non interficiebant; quem interficiendum offerebant? » An non forte interficiebant, dum clamabant : *Crucifige, crucifige?* Quid est quod dixerunt, *Nobis non licet interficere quemquam*, dum lex mandat homicidas, adulteros, et talium reos scelerum occidere vel lapidare? nisi forte hoc ideo dixissent, propter sanctitatem dici festi [et venerationem], ut non liceret eis secundum legem in die festo occidere hominem, ob cujus dici festi venerationem, etiam praetorium judicis intrare noluerunt. Quomodo, o Judaei, o falsi Israelitae, non occidistis eum; quem apprehendistis, quem duxistis, quem praesidi tradidistis, quem crucifigi poposcistis? « Audite, quod contra vos etiam Propheta clamat : *Filii hominum, dentes eorum arma et sagittae, et lingua eorum machaera acuta* (*Psal.* lvi, 5). Ecce quibus armis, quibus sagittis, qua machaera justum interfecistis. Deinde sequitur : (Vers. 32) *Hoc autem dixerunt, ut sermo Jesu impleretur, quem dixit, significans qua esset morte moriturus.* « Itaque intelligendum est Dominium hic significare non mortem crucis, sed illam mortem qua Judaei eum gentibus tradebant ad occidendum, hoc est, Romanis; nam Pilatus Romanus civis fuit, licet genere Pontius; eumque in Judaeam Romani praesidem miserant. Ut ergo iste sermo Jesu impleretur, id est, ut eum sibi traditum Gentes interficerent, quod Jesus futurum esse praedixerat, hoc impletum est, dum Judaei eum Gentibus tradiderunt occidendum; minore tamen scelere, quam Judaei, qui se isto modo ab ejus interfectione velut alienos facere voluerunt; non ut eorum innocentia, sed ut dementia monstraretur. »

Vers. 33. — *Introivit iterum in praetorium Pilatus, et vocavit Jesum, et dixit ei : Tu es rex Judaeorum?* In his verbis ostendit Pilatus hoc Judaeos objecisse ei criminis, ut diceret se regem esse Judaeorum. (Vers. 54.) *Respondit Jesus : A temetipso hoc dicis, an alii tibi dixerunt de me?* « a Sciebat utique Dominus, et quod ipse interrogabat, et quod ille responsurus fuit [*Ms.* addit : et quid illi Pilatus responsurus erat. Sed hoc redundat] : et tamen dici voluit, non propter se qui omnia sciebat, sed propter nos, ut scriberetur quod nos scire voluit. *Respondit Pilatus : Nunquid ego Judaeus sum? Gens tua et pontifices tradiderunt te mihi. Quid fecisti?* Abstulit a se suspicionem qua posset putari a semetipso dixisse quod Jesum regem dixerat esse Judaeorum; id se a Judaeis accepisse demonstrans. Dicendo :

ᵃ Ex S. Aug., tract. cxv, num. 1, 4, 5.

(Vers. 55) *Quid fecisti?* satis ostendit illud ei pro crimine objectum, tanquam diceret : Si regem te negas, quid fecisti ut tradereris mihi? Quasi mirum non esset, si puniendus judici traderetur, quid se diceret regem esse : si autem hoc non diceret, quaerendum ab illo esset quid aliud forte fecisset, unde tradi judici dignus esset.

Vers. 36. — *Respondit Jesus : Regnum meum non est de hoc mundo. Si ex hoc mundo esset regnum meum, ministri mei utique decertarent, ut non traderer Judaeis. Nunc autem meum regnum non est hinc.* Hoc est quod bonus magister scire nos voluit; sed prius nobis demonstranda fuerat vana hominum de regno ejus opinio, sive Gentium, sive Judaeorum, a quibus id Pilatus audierat : quasi propterea fuisset morte plectendus, quod illicitum affectaverit regnum; vel quoniam solent regnaturis invidere regnantes. Poterat autem Dominus, quod ait : *Regnum meum non est de mundo hoc*, ad primam interrogationem praesidis respondere, ubi dixit : *Tu es rex Judaeorum?* Sed eum vicissim interrogat, utrum hoc a semetipso diceret, an audisset ab aliis; illo respondente, ostendere voluit, hoc sibi apud illum fuisse a Judaeis velut crimen objectum : patefaciens nobis cogitationes hominum, quas ipse noverat quoniam vanae sunt. » Quod vero ait : *Regnum meum non est de hoc mundo*, id est, in hoc mundo. Audite omnes reges terrae; non venit Christus regnum tollere, sed dare; non minuere, sed augere; regem se non contradixit, sed carnaliter in hoc mundo se regnare non dixit. Quod est ejus regnum, nisi credentes in eum, quos tradet regnum Deo Patri in fine saeculi (*I Cor.* xv, 24), id est, adducet ad Deum Patrem, ut sine fine regnent cum illo? Sed ut hoc probaret, ut regnum ejus de hoc mundo non esset, adjecit : *Si de hoc mundo esset regnum meum, ministri mei decertarent ut non traderer Judaeis.* Non ait : Nunc autem regnum meum non est *hic*, sed non est *hinc*; hic est enim regnum ejus, usque in finem saeculi, in sanctis suis, de quibus dixit in alio Evangelio : *Regnum Dei intra vos est* (*Luc.* xvii, 21). Nam regnum ejus sancta Ecclesia est. Unde et ad Mariam virginem angelus ait : *Et regnabit in domo Jacob in aeternum, et regni ejus non erit finis* (*Luc.* i, 32, 33), spiritale regnum quo in sanctis regnat demonstrare volens, non carnale quod saepe impii habent in hoc mundo. De regno quippe suo dicit paulo ante : *De mundo non estis, sed ego vos de mundo elegi.*

Vers. 37. — *Dixit ei itaque Pilatus : Ergo rex es tu? Respondit Jesus : Tu dicis, quia rex sum ego.* Non quia se regem timuit confiteri, sed, *tu dicis*, ait. Sic respondit, ut verum diceret, et sermo ejus calumniae non pateret. Dictum est, *tu dicis*, carnalis carnaliter dicis. Deinde subjungit : *Ego in hoc natus sum, et ad hoc veni in mundum, ut testimonium perhibeam veritati.* « Non est producenda hujus pronominis syllaba, quod ait : *In hoc natus sum*, tanquam dixerit [in hac re natus sum; sed corripienda, tanquam dixerit] in hanc rem natus sum, vel ad hoc natus sum, sicut ait : *Ad hoc veni in mundum.* In Græco namque Evangelio nihil est hujus locutionis ambiguum. Unde manifestum est eum temporalem nativitatem suam hic commemorasse, qua incarnatus venit in mundum : non illam sine initio, qua Deus erat, per quem Pater condidit mundum. In hoc ergo se dixit natum, id est, propter hoc natum, et ad hoc venisse in mundum, utique nascendo de virgine, ut testimonium perhibeat veritati. Sed quia non omnium est fides, adjunxit atque ait : *Omnis qui est ex veritate, audit vocem meam.* Audit utique interioribus auribus, id est, obaudit meæ voci; quod tantumdem valeret quasi diceret, Credit mihi. Cum itaque Christus testimonium perhibet veritati, profecto testimonium perhibet sibi : ejus quippe vox est, *Ego sum veritas* (Joan. XIV, 6). Hic commendat gratiam, per quam vocati sumus. Ait itaque : *Omnis qui est ex veritate, audit vocem meam* (Joan. VIII, 18) : non ideo est ex veritate, quia ejus audit vocem, sed ideo audit, quia ex veritate est, [id est] quia hoc illi donum ex veritate collatum est; quod quid est aliud, quam donante Christo credere [in Christum]?

VERS. 38. — *Dicit ei Pilatus : Quid est veritas?* Nec exspectavit audire, » quid responderet ei Jesus, quia forte dignus non fuit audire. (VERS. 39.) *Sed cum hoc dixisset, iterum exiit ad Judæos, et dixit eis: Nullam invenio in eo causam. Est autem consuetudo vobis ut unum dimittam vobis in Pascha; vultis ergo dimittam vobis regem Judæorum?* « Credo, cum dixisset Pilatus, *quid est veritas,* in mentem illi venisse continuo consuetudinem Judæorum, qua solebat eis dimitti unus in Pascha : et ideo non exspectavit, ut responderet ei Jesus quid esset veritas, ne mora fieret, cum recoluisset morem quo possit eis per Pascha dimitti. » Hæc vero consuetudo dimittendi, fortassis propter Pascha apud Judæos remansit, ob memoriam liberationis illorum ex Ægypto, qua in Pascha liberati sunt a servitute. Sed hoc audientes : (VERS. 40.) *Clamaverunt rursum omnes dicentes : Non hunc, sed Barrabam. Erat autem Barrabas latro.* Barrabas iste filius magistri eorum interpretatur, id est, diaboli, qui magister fuit vel huic latroni in scelere suo, vel Judæis in impietate perfidiæ suæ. « Non reprehendimus, o Judæi, quod per Pascha liberatis nocentem, sed quod occiditis innocentem : quod tamen nisi fieret, verum Pascha non fieret. Sed umbra veritatis a Judæis errantibus tenebatur, ut mirabili dispensatione divinæ sapientiæ, per homines fallaces, ejusdem umbræ veritas impleretur, quia ut verum Pascha fieret, Christus velut ovis immolabatur. »

CAPUT XIX. VERS. 1. — *Tunc apprehendit Pilatus Jesum, et flagellavit.* « [a] Hoc Pilatus non ob aliud fecisse credendus est, nisi ut ejus injuriis Judæi satiati, sufficere sibi existimarent, et usque ad ejus mortem sævire desisterent. Ad hoc pertinet, quod idem præses cohortem suam permisit facere quæ sequuntur. (VERS. 2, 3.) *Et milites plectentes coronam de spinis, imposuerunt capiti ejus, et veste purpurea circumdederunt eum, et veniebant ad eum et dicebant : Ave, rex Judæorum; et dabant ei palmas* [Ms. *alapas*]. Sic implebantur, quæ de se prædixerat Christus; sic martyres informabantur ad omnia, quæ persecutoribus libuisset facere, perferenda; sic paulisper occultata tremenda potentia, commendabatur prius imitanda patientia; sic regnum, quod de hoc mundo non erat, superbum mundum non atrocitate pugnandi, sed patiendi humilitate vincebat; sed [*Aug.*, sic] illud granum multiplicandum seminabatur horribili contumelia, ut mirabili pullularet in gloria.

VERS. 4, 5. — [*Exiit iterum Pilatus foras et dicit eis : Ecce adduco eum foras, ut cognoscatis quia in eo nullam causam invenio.*] *Exiit ergo Jesus foras portans spineam coronam, et purpureum vestimentum, et dicit eis : Ecce homo.* Hinc apparet non ignorante Pilato hæc a militibus facta, sive jusserit ea, sive permiserit; illa scilicet causa quam supra diximus, ut hæc ejus ludibria inimici libentissime viderent, et ulterius sanguinem non sitirent. Egreditur ad eos Jesus portans spineam coronam et purpureum vestimentum, non clarus imperio, sed plenus opprobrio; et dicitur eis : *Ecce homo.* Si regi invidetis, jam parcite, quia dejectum videtis : flagellatus est, spinis coronatus est, ludibriosa veste amictus est, amaris conviciis illusus est, alapis cæsus est : fervet ignominia, frigescat invidia. Sed non frigescit, inardescit potius, et increscit. (VERS. 6, 7.) *Cum enim vidissent eum pontifices et ministri, clamabant dicentes : Crucifige, crucifige. Dicit eis Pilatus : Accipite eum vos, et crucifigite; ego enim non invenio in eo causam. Responderunt ei Judæi : Nos legem habemus, et secundum legem debet mori, quia Filium Dei se fecit.* Ecce altera major invidia. Parva quippe illa videbatur, velut affectatæ illicito ausu regiæ potestatis; et tamen neutrum sibi Jesus mendaciter usurpavit; sed utrumque verum est, et unigenitus est Dei Filius, et rex ab eo [*Ms.*, a Deo] constitutus super Sion montem sanctum ejus : et utrumque nunc demonstraret, nisi quanto erat potentior, tanto mallet esse patientior. »

VERS. 8. — *Cum ergo audisset Pilatus hoc verbum, magis timuit : et ingressus prætorium iterum, dicit ad Jesum : Unde es tu? Jesus autem responsum non dedit ei.* Hoc silentium Domini nostri Jesu Christi non semel factum, collatis omnium evangelistarum narrationibus reperitur, et apud principes sacerdotum, et apud Herodem [b]. » Tamen propter illa, quibus noluit respondere, ad hoc data est de agno similitudo, ut suo silentio non reus, sed innocens haberetur. (VERS. 11.) *Respondit Jesus : Non haberes adversum me potestatem ullam, nisi tibi esset datum desuper. Propterea, qui tradidit me tibi, majus peccatum habet.* « Ecce respondit, et tamen non ubique respon-

---

[a] Ex S. Aug., tract. CXVI, num. 1-9.

[b] D. fectum supple ex sancto Augustino loc. cit.

dit [a]; non sicut reus sive dolosus, sed sicut agnus, hoc est, sicut simplex atque innocens, non aperuit os suum. Proinde ubi non respondebat, sicut ovis silebat; ubi respondebat, sicut pastor docebat. Discamus ergo quod dixit, quod et per Apostolum docuit, quia non est potestas nisi a Deo (*Rom.* xiii, 1): et quia plus peccat qui potestati innocentem occidendum livore tradit, quam potestas ipsa, si eum cum timore alterius majoris potestatis occidit. Talem quippe Deus Pilato dederat potestatem, ut esset etiam sub Cæsaris potestate. Quapropter, *non haberes*, inquit, *adversum me potestatem ullam*, id est, quamtumcunque habes, *nisi hoc ipsum, quidquid est, tibi esset datum desuper*. Sed quoniam scio quantum sit, (non enim tantum est, ut tibi omni modo liberum sit), *propterea qui tradidit me tibi, majus peccatum habet*. Ille quippe me tuæ potestati tradidit invidendo, tu vero eamdem potestatem in me exerciturus es metuendo. Nec timendo quidem præsertim innocentem, homo hominem debet occidere: sed tamen id zelando facere, multo magis malum est quam timendo. Et ideo non ait verax magister: Qui me tibi tradidit, ipse habet peccatum, tanquam ille non haberet: sed ait, *majus habet peccatum*, ut etiam se habere intelligeret. Neque enim propterea illud nullum est, quia hoc majus est.

Vers. 12. — *Exinde quærebat Pilatus dimittere eum.* Quid est hoc quod dictum est, *exinde*, quasi antea non quærebat? Lege superiora, et invenies jam dudum eum quærere dimittere Jesum. *Exinde* itaque intelligendum est, *propter hoc*, id est, ex hac causa, ne haberet peccatum occidendo innocentem sibi traditum, quamvis minus peccans quam Judæi qui illum ei tradiderant occidendum. *Exinde ergo*, id est, ideo, ne hoc peccatum faceret [*Ms.*, fieret], non nunc primo, sed ab initio quærebat eum dimittere. *Judæi autem clamabant, dicentes: Si hunc dimittis, non es amicus Cæsaris: omnis enim, qui se regem facit, contradicit Cæsari.* Majorem timorem se ingerere putaverunt Pilato, terrendo de Cæsare, ut occideret Christum, quam superius, ubi dixerant: *Nos legem habemus, et secundum legem debet mori, quia Filium Dei se fecit.* Eorum quippe legem ille non timuit ut occideret, sed magis Filium Dei timuit ne occideret. Nunc vero non sic potuit contemnere Cæsarem, auctorem potestatis suæ, quemadmodum legem gentis alienæ. (Vers. 13, 14.) *Adhuc Pilatus, cum audisset hos sermones, adduxit foras Jesum, et sedit pro tribunali in loco, qui dicitur lithostrotos, Hebraice autem gabatha* [*Ms.*, *Golgotha*]. *Erat autem parasceve Paschæ hora quasi sexta.* Qua hora sit Dominus crucifixus, propter evangelistæ alterius testimonium, [qui dixit]: *Erat autem hora tertia, et crucifixerunt eum*; quoniam magna disceptatio solet oboriri, cum ad ipsum locum, ubi crucifixus narratur, ventum fuerit, ut potuerimus, si Dominus voluerit, disseremus. Cum ergo pro tribunali sedisset Pilatus, *dicit Judæis: Ecce rex vester.* (Vers. 15.) *Illi autem clamabant: Tolle, tolle, crucifige eum. Dicit eis Pilatus: Regem vestrum crucifigam?* Adhuc terrorem quem de Cæsare ingesserant superare conatur, de ignominia eorum volens eos frangere dicendo: *Regem vestrum crucifigam?* Quos de ignominia Christi mitigare non potuit: sed timore mox vincitur.

Vers. 16. — *Responderunt autem pontifices: Non habemus regem nisi Cæsarem. Tunc ergo tradidit eis illum, ut crucifigeretur.* Apertissime quippe contra Cæsarem venire viderentur, si regem se non habere nisi Cæsarem profitentibus, alium regem vellet intelligere [*Aug.*, *ingerere*], dimittendo impunitum, quem propter hos ausus ei tradiderant occidendum. *Tradidit ergo illum eis, ut crucifigeretur.* Sed nunquid aliud et ante cupiebat, cum dicebat: *Accipite eum vos, et crucifigite*; vel etiam superius: *Accipite eum vos, et secundum legem vestram judicate eum?* Cur autem illi tantopere noluerunt, dicentes: *Nobis non licet interficere quemquam*, et omni modo instantes, ut non ab eis, sed a præside occideretur, et ideo eum occidendum accipere recusantes, si nunc eum accipiunt occidendum? Aut si hoc non fit, cur dictum est: *Tunc ergo tradidit eis illum, ut crucifigeretur?* An aliquid interest? Plane interest, non est enim dictum: *Tunc ergo tradidit eis illum, ut crucifigerent eum*; sed *ut crucifigeretur*, id est, ut judicio et potestate præsidis crucifigeretur. Sed ideo illis traditum dixit Evangelista, ut eos crimine implicatos, a quo alieni esse conabantur, ostenderet: non enim Pilatus hoc faceret, nisi ut id quod eos cupere cernebat, impleret. Quod ergo sequitur: *Susceperunt autem Jesum, et eduxerunt*, potest ad milites jam referri apparitores præsidis. Nam postea evidentius dicitur: *Milites ergo cum crucifixissent eum*: quamvis evangelista, etiamsi totum Judæis tribuit, merito facit; ipsi enim susceperunt quod avidissime flagitaverunt, et ipsi fecerunt quidquid ut fieret extorserunt. »

Vers. 17. — «[b] Judicante atque damnante Pilato pro tribunali Dominum Jesum Christum, hora quasi sexta susceperunt eum et eduxerunt. *Et bajulans sibi crucem, exivit in eum, qui dicitur Calvariæ locum, Hebraice Golgotha, ubi eum crucifixerunt.* Quid est ergo, quod Marcus evangelista ait, *Erat autem hora tertia, et crucifixerunt eum* (*Marc.* xv, 25), nisi quia hora tertia crucifixus est Dominus linguis Judæorum, hora sexta manibus militum? Ut intelligamus horam quintam jam fuisse transactam, et aliquid de sexta cœptum, quando sedit pro tribunali Pilatus; quæ dicta est a Joanne hora quasi sexta; et cum duceretur ut in ligno cum duobus latronibus configeretur, et juxta crucem ejus gererentur, quæ gesta narrantur, hora sexta integra compleretur: ex qua hora usque ad nonam sole obscurato tenebras factas, trium evangelistarum, Matthæi, Marci et Lucæ contestatur auctoritas. Sed quoniam Judæi

[a] Aug.: « Ecce respondit, et tamen ubicunque non respondit, non sicut reus, etc. »

[b] Ex S. Aug., tract. cxvii, num. 1-5.

facinus interfecti Christi a se in Romanos, id est, Pilatum et ejus milites transferre conati sunt, propterea Marcus subpressa ea hora, qua Christus a militibus crucifixus est, quæ agi sexta jam cœperat, tertiam potius horam recordatus expressit, qua hora intelliguntur apud Pilatum clamare potuisse, *Crucifige, crucifige* : ut non illi tantum reperiantur crucifixisse Jesum, id est, milites qui eum ligno sexta hora suspenderunt, verum etiam Judæi, qui, ut crucifigeretur, hora tertia clamaverunt. *Bajulans ergo sibi crucem, exivit in eum qui dicitur Calvariæ locum, Hebraice autem Golgotha, ubi eum crucifixerunt. Et cum eo duos hinc et hinc, medium autem Jesum.* Isti duo latrones erant, sicut aliorum evangelistarum narratione didicimus, cum quibus crucifixus est Christus; et inter quos fixus est Christus, de quo præmissa dixerat prophetia : *Et inter iniquos deputatus est* (*Isa.* LIII, 12).

VERS. 19, 20. — *Scripsit autem et titulum Pilatus, et posuit super crucem. Erat autem scriptum : Jesus Nazarenus rex Judæorum. Hunc ergo titulum multi legerunt Judæorum, quia prope civitatem erat locus, ubi est crucifixus Jesus. Et erat scriptum Hebraice, Græce, et Latine.* Hæ quippe tres linguæ ibi præ cæteris eminebant : Hebræa, propter Judæos in lege gloriantes; Græca, propter gentium sapientes; Latina, propter Romanos, multis ac pene omnibus jam tunc gentibus imperantes. (VERS. 21, 22.) *Dicebant ergo Pilato pontifices Judæorum : Noli scribere, rex Judæorum; sed quia dixit ipse : Rex sum Judæorum. Respondit Pilatus : Quod scripsi, scripsi.* O ineffabilem vim divinæ operationis, etiam in cordibus ignorantium ! Nonne occulta vox quædam Pilato intus quodam, si dici potest, clamore silentio [*Aug.*, clamoso silentio] personabat, quod tanto ante in Psalmorum litteris prophetatum est, *Ne corrumpas tituli inscriptionem* (*Tit. Psal.* LVI). Numquid enim propterea non erit verum, quia [*Ms.*, quod] Jesus ait: *Rex sum Judæorum?* Si corrumpi non potest quod Pilatus scripsit, corrumpi potest quod Veritas dixit? Sed Judæorum tantum rex est Christus, an et gentium? imo et gentium. Cum enim dixisset in Prophetia : *Ego autem constitutus sum rex ab eo super Sion montem sanctum ejus, prædicans præceptum Domini* (*Psal.* II, 6).: ne propter Sion montem, solis Judæis eum regem [quisquam] diceret constitutum, continuo subjecit : *Dominus dixit ad me: Filius meus es tu, ego hodie genui te : postula a me, et dabo tibi gentes*, et cætera. Cur ergo magnum volumus intelligi in hoc titulo sacramentum, in quo scriptum erat, *rex Judæorum*, si rex est Christus et Gentium? Quia scilicet oleaster factus est particeps pinguedinis olivæ [*Aug.*, oleæ], non olea particeps factaamaritudinis oleastri? Nam in eo quod de Christo veraciter scriptus est titulus, *rex Judæorum*, qui sunt intelligendi Judæi, nisi semen Abrahæ, filii repromissionis, qui sunt etiam filii Dei? Quoniam *non qui filii carnis*, ait Apostolus, *hi filii Dei : sed qui filii promissionis, deputantur in semine* (*Rom.* IX, 7, 8). Et gentes erant, quibus dicebat : *Si autem vos Christi, ergo Abrahæ semen estis, secundum promissionem hæredes* (*Galat.* III, 29). Rex ergo Judæorum Christus, sed Judæorum circumcisione cordis; spiritu, non littera : quorum laus non ex hominibus, sed ex Deo est; pertinentium ad Jerusalem liberam matrem nostram (*Gal.* IV, 26); æternam in cœlis, Saram spiritalem, ancillam et filios ejus de domo libertatis ejicientem. Ideo enim Pilatus quod scripsit, scripsit, quia Dominus Jesus, quod dixit, dixit.

VERS. 23. — *Milites ergo, cum crucifixissent eum, acceperunt vestimenta ejus, et fecerunt quatuor partes, unicuique militi partem, et tunicam.* [a] Unde apparet quatuor fuisse milites, qui in eo crucifigendo præsidi paruerunt. Manifeste quippe ait : *Milites ergo cum crucifixissent eum, acceperunt vestimenta ejus, et fecerunt quatuor partes, unicuique militi partem, et tunicam;* subaudiendum est, acceperunt : ut iste sit sensus : acceperunt vestimenta ejus, et fecerunt quatuor partes, unicuique militi partem; acceperunt et tunicam. Et sic locutus est ut de cæteris vestimentis nullam sortem missam esse videamus : sed de tunica quam simul cum cæteris acceperunt, sed non simul [*Ms.*, similiter] diviserunt. De hac enim sequitur exponens : *Erat autem tunica inconsutilis, desuper contexta per totum.* Cur autem de illa sortem miserint narrans : (VERS. 24) *Dixerunt ergo ad invicem*, inquit, *Non scindamus eam, sed sortiamur de illa, cujus sit.* Apparet itaque in aliis vestibus æquales eos habuisse partes, ut sortiri necesse non fuerit : in illa vero una non eos habere potuisse singulas partes. « Quærat forte aliquis quid significet in tot partes vestimentorum facta divisio, et de tunica illa sortitio? Quadripartita vestis Domini nostri Jesu Christi quadripartitam ejus figuravit Ecclesiam, toto scilicet qui quatuor partibus constat terrarum orbe diffusam, et omnibus eisdem partibus æqualiter, id est, concorditer distributam. Propter quod alibi dicitur, missurum se Angelos suos, ut colligant electos suos a quatuor ventis (*Marc.* XIII, 27) : quod quid est, nisi a quatuor partibus mundi, oriente, occidente, aquilone, et meridie? Tunica vero illa sortita omnium partium significat unitatem, quæ charitatis vinculo continetur. De charitate autem locuturus Apostolus : *Supereminentiorem*, inquit, *viam vobis demonstro* (*I Cor.* XII, 31). Et alio loco ait : *Cognoscere etiam supereminentem scientiæ charitatem Christi* (*Ephes.* III, 19) : Itemque alibi : *Super omnia autem hæc charitatem, quæ est vinculum perfectionis* (*Coloss.* III, 14). Si ergo charitas et supereminentiorem habet viam, et supereminet scientiæ, et super omnia præcepta est, merito vestis, qua significatur, desuper contexta perhibetur. Inconsutilis autem, ne aliquando dissuatur; et ad unum pervenit, quia in unum omnes colligit; sicut in apostolis

---

[a] Ex S. Aug., tract. CXVIII, num. 2.

cum esset etiam ipse numerus duodenarius, id est, quadripartitus in ternos, et omnes essent interrogati, solus Petrus respondit : *Tu es Christus Filius Dei vivi*, et ei dicitur : *Tibi dabo claves regni cœlorum* (*Matth.* xvi, 16, 19); tanquam ligandi et solvendi solus acciperet (*Ms.*, acceperit) potestatem : cum et illud unus pro omnibus dixerit, et hoc cum omnibus tanquam personam gerens ipsius unitatis acceperit; ideo unus pro omnibus, quia unitas est in omnibus. Unde et hic cum dixisset, *desuper contexta*, addidit, *per totum*. Quod si referamus ad id quod significat, nemo est ejus expers, qui pertinere inveniatur ad totum : a quo toto, sicut Græca indicat lingua, Catholica vocatur Ecclesia. In sorte autem quid, nisi Dei gratia commendata est? Sic quippe in uno ad omnes pervenit, cum sors omnibus placuit, quia et Dei gratia in unitate ad omnes pervenit; et cum sors mittitur, non personæ cujusque vel meritis, sed occulto Dei judicio ceditur. Nec ideo ista non aliquid boni significasse quis dixerit, quia per malos facta sunt; non scilicet per eos qui Christum secuti, sed qui sunt persecuti. Quid enim de ipsa cruce dicturi sumus, quæ certe similiter ab inimicis atque impiis Christo facta et impacta est? Et tamen ea significari recte intelligitur, quod ait Apostolus : *Quæ est latitudo, et longitudo, et altitudo, et profundum* (*Ephes.* iii, 18). Lata est quippe in transverso ligno, quo extenduntur pendentis manus, et significat opera bona in latitudine charitatis; longa est a transverso ligno usque ad terram, ubi dorsum et pedes figuntur, et significat perseverantiam in longitudine temporis, usque ad finem; alta est in cacumine, quod a transverso ligno sursum rursus extenditur [*Aug.* quo transversum lignum sursum versus exceditur], et significat supernum finem quo cuncta opera referuntur; quoniam cuncta quæ latitudine ac longitudine bene ac perseveranter fiunt, propter altitudinem divinorum facienda sunt præmiorum; profunda est in ea parte, qua in terra figitur : ibi quippe occulta est, nec videri potest, sed cuncta ejus apparentia et eminentia inde consurgunt; sicut bona nostra de profunditate gratiæ Dei, quæ comprehendi ac dijudicari non potest, universa procedunt. Sed et si crux Christi hoc solum significet, quod ait Apostolus : *Qui autem sunt Jesu Christi, carnem suam crucifixerunt cum passionibus et concupiscentiis* (*Gal.* v, 24), quam magnum bonum est? Nec tamen hoc facit, nisi concupiscens adversus carnem spiritus bonus, cum illam crucem Christi fecerit inimicus, id est; spiritus malus. Postremo quid est quod omnes noverunt signum crucis Christi [*Aug.*, signum Christi], nisi crux Christi? Quod signum, nisi adhibeatur sive frontibus credentium, sive ipsi aquæ ex qua regenerantur, sive oleo quo charismate [*Al.*, crismate] **632** unguntur, sive sacrificio quo alun-

tur, nihil eorum rite perficitur. Quomodo ergo per id quod mali faciunt, nihil boni significatur, quando per crucem Christi quam fecerunt mali, in celebratione sacramentorum eius bonum nobis omne signatur? »

« [a] Crucifixo Domino, postquam divisio vestimentorum ejus etiam missa sorte completa est, quæ deinde narret Joannes evangelista, videamus. (VERS. 25-27) *Et milites quidem hæc fecerunt. Stabant autem juxta crucem Jesu mater ejus, et soror matris ejus Maria Cleophæ et Maria Magdalene. Cum vidisset ergo Jesus matrem et discipulum stantem, quem diligebat, dicit matri suæ : Mulier, en filius tuus. Deinde dicit discipulo : Ecce mater tua. Et ex illa hora accepit eam discipulus in sua.* Hæc nimirum est illa hora, de qua Jesus aquam conversurus in vinum dixerat matri : *Quid mihi et tibi est mulier? Nondum venit hora mea* (*Joan.* ii, 4). Hanc itaque horam prædixerat, quæ tunc nondum venerat; in qua deberet agnosci a matre moriturus, de qua fuerat mortaliter natus. Tunc ergo divina facturus, non divinitatis, sed infirmitatis matrem, velut incognitam repellebat [*Aug.*, repellebat] : nunc autem humana jam patiens, ex qua fuerat factus homo, affectu commendabat humano. Tunc enim qui Mariam creaverat, innotescebat virtute; nunc vero quem Maria pepererat, pendebat in cruce. « Mortalis igitur insinuatur locutus [*Ms.* et *Aug.*, Moralis insinuatur locus]. Facit quod faciendum admonet, et exemplo suo suos instruxit præceptor bonus, ut a filiis piis impendatur cura parentibus : tanquam lignum illud ubi erant fixa membra morientis, etiam cathedra fuerit magistri docentis [b]. *Ex illa hora, accepit eam discipulus in sua*, de semetipso dicens. Sic quippe commemorare se solet, quod eum diligebat Jesus : qui utique omnes, sed ipsum præ cæteris et familiarius diligebat, ita ut in convivio super pectus suum discumbere faceret : credo, ut istius Evangelii, quod per eum fuerat prædicaturus, divinam excellentiam hoc modo altius commendaret.

- VERS. 28-30. — *Postea sciens Jesus quia omnia consummata sunt, ut consummaretur Scriptura, dicit : Sitio. Vas ergo positum erat aceto plenum. Illi autem spongiam plenam aceto hyssopo circumponentes obtulerunt ori ejus. Cum ergo accepisset Jesus acetum, dixit : Consummatum est. Et inclinato capite tradidit spiritum.* Quis potest quæ facit ita disponere, quomodo disposuit homo iste qui passus est [*Aug.*, quæ passus est]? Sed homo mediator Dei et hominum; homo, de quo prædictum legitur, et homo est, et quis agnoscit eum? Quoniam omnes per quos hæc fiebant, videbant hominem, sed non cognoscebant Deum [c]. Homo namque apparebat, qui Deus latebat ; patiebatur hæc omnia qui apparebat, et idem ipse disponebat hæc omnia qui latebat. Vidit ergo quoniam consummata sunt omnia quæ oportebat ut

---

[a] Ex S. Aug., tract. cxix, num. 1-6.
[b] Supple ex Aug. loc. c. t. : « Nam cur hoc fecerit, quod sequitur indicat; ait enim Evangelista :

Et ex illa hora, etc. »
[c] Aug. : « Quoniam homines, per quos hæc fiebant, non agnoscebant hominem Deum. »

fierent, antequam acciperet acetum et traderet spiritum, atque ut hoc etiam consummaretur, quod ait Scriptura : *Et in siti mea potaverunt me aceto* (*Psal.* LXVIII, 22). *Sitio*, inquit ; tanquam diceret : hoc minus fecistis, date quod estis. Judæi quippe ipsi erant acetum, degenerantes a vino patriarcharum et prophetarum ; et tanquam de pleno vase, de iniquitate mundi hujus impleti, cor habentes velut spongiam cavernosis quodammodo atque tortuosis latibulis fraudulentum. Hyssopum autem cui circumposuerunt spongiam aceto plenam, quoniam herba humilis est et pectus purgat, ipsius Christi humilitatem congruenter accipimus : quàm circumdederunt, et se circumvenisse putaverunt. Unde illud in Psalmo : *Asperges me hyssopo, et mundabor* (*Psal.* L, 9). Christi namque humilitate mundamur : quia nisi humiliasset semetipsum, factus obediens Patri usque ad mortem crucis, utique sanguis ejus in peccatorum remissionem, hoc est, in nostram mundationem non fuisset effusus. Nec moveat quomodo spongiam ori ejus potuerint admovere, qui in cruce fuerat exaltatus a terra. Sicut enim apud alios evangelistas legitur, quod hic prætermisit, in arundine est factum, **633** ut spongia talis potus ad crucis sublimia levaretur. Per arundinem vero Scriptura significabatur, quæ implebatur hoc facto. Sicut enim lingua dicitur vel Græca, vel Latina, vel alia quælibet sonum significans qui lingua promitur, sic arundo dici potest littera, quæ arundine scribitur ; sed significantius sonos [*Aug.*, sonos significantes] vocis humanæ usitatissime dicimus linguam : Scripturam vero arundinem dici quo minus est usitatum, eò magis est mystice figuratum. *Cum ergo accepisset Jesus acetum, dixit : Consummatum est*. Quid nisi quod propheta tanto ante [*Al.*, paulo ante] tempore prædixerat? Deinde quia nihil remanserat, quod antequam moreretur fieri adhuc oportebat, tanquam ille qui potestatem habebat ponendi animam suam et iterum sumendi eam, peractis omnibus quæ ut peragerentur exspectabat, *inclinato capite tradidit spiritum*. Quis ita dormit quando voluerit, sicut Jesus mortuus est quando voluit? Quis ita vestem deponit quando voluerit, sicut se carne exuit quando voluit? Quis ita cum voluerit abit, quomodo cum voluit obiit? Quanta speranda vel timenda potestas est judicantis, si apparuit tanta morientis?

Posteaquam Dominus Jesus, peractis omnibus quæ ante suam mortem peragi oportere præsciebat, quando voluit tradidit spiritum, quæ deinde secuta sint evangelista narrante videamus. (VERS. 31.) *Judæi ergo*, inquit, *quoniam parasceve erat, ut non remanerent in cruce corpora sabbato (erat enim magnus dies ille sabbati), rogaverunt Pilatum ut frangerentur eorum crura, et tollerentur*. Non crura tollerentur, sed hi quibus ideo frangebantur ùt morerentur, et auferrentur ex ligno : ne pendentes in crucibus, magnum diem festum sui diuturni cruciatus horrore fœdarent.

VERS. 32-34. — *Venerunt ergo milites, et primi quidem fregerunt crura, et alterius qui crucifixus erat cum eo. Ad Jesum autem cum venissent, ut viderunt eum jam mortuum, non fregerunt ejus crura. Sed unus militum lancea latus ejus aperuit, et continuo exivit sanguis et aqua*. Eleganti vigilantique verbo evangelista usus est, ut non diceret : *Latus ejus percussit*, aut vulneravit, aut quid aliud ; *sed aperuit* : ut illic quodammodo vitæ ostium panderetur, unde sacramenta Ecclesiæ manaverunt, sine quibus ad vitam, quæ vera vita est, non intratur. Ille sanguis in remissionem fusus est peccatorum ; aqua illa salutare temperavit poculum : hæc et lavacrum præstat et potum. Hoc prænuntiabat quod Noe in latere arcæ ostium facere jussus est, qua intrarent animalia quæ non erant diluvio peritura, quibus præfigurabatur Ecclesia (*Gen.* VI, 16). Propter hoc prima mulier facta est de viri latere dormientis, et appellata est vita materque vivorum (*Gen.* II, 22, seq.). Magnum quippe significavit bonum, ante magnum prævaricationis malum, in habitu jacentis ac dormientis. Et hic secundus Adam inclinato capite in cruce dormivit, ut inde formaretur ei conjux quæ de latere dormientis effluxit. O mors, unde mortui reviviscunt! (VERS. 36, 37.) *Facta enim sunt hæc*, inquit, *ut Scriptura impleretur : Os non comminuetis ex eo. Et iterum alia Scriptura dicit : Videbunt, in quem transfixerunt*. Duo testimonia de Scripturis reddidit singulis rebus, quas factas narravit. Nam quia dixerat : *Ad Jesum autem cum venissent, non fregerunt ejus crura*, ad hoc pertinet testimonium : *Os non comminuetis ex eo* : quod præceptum est eis qui celebrare Pascha jussi sunt ovis immolatione in veteri lege, quæ Dominicæ passionis umbra præcesserat. Unde *Pascha nostrum immolatus est Christus* (*I Cor.* V, 7) : de qua [*Aug.*, de quo] et Isaias propheta prædixerat : *Sicut ovis ad immolandum ductus est* (*Isai.* LIII, 7). Item [quia] subjunxerat dicens : *Sed unus militum lancea latus ejus aperuit*, ad hoc pertinet alterum testimonium : *Videbunt, in quem compunxerunt* : ubi promissus est Christus in ea qua crucifixus est carne venturus.

VERS. 38, 39. — *Post hæc autem rogavit Pilatum Joseph ab Arimathia, eo quod esset discipulus Jesu, occultus autem propter metum Judæorum, ut tolleret corpus Jesu : et permisit Pilatus. Venit ergo et tulit corpus Jesu : Venit autem et Nicodemus, qui venerat ad Jesum nocte primum, ferens mixturam myrrhæ et aloes, quasi libras centum*. Non ita distinguendum est, ut dicamus, primum ferens mixturam myrrhæ ; sed hoc, quod dictum est primum, ad superiorem sensum pertinet, *venerat enim Nicodemus ad Jesum nocte primum* : quod idem Joannes narravit in prioribus Evangelii sui **634** partibus (*Joan.* III, 2). Hic ergo intelligendum est, ad Jesum non tunc solum, sed

---

ᵃ Ex S. Aug., tract. CXX, num. 1-7.

tunc primum venisse Nicodemum; ventitasse [*Ms.*, venit] autem postea, ut fieret audiendo discipulus : quod modo certe in revelatione corporis beatissimi Stephani fere omnibus gentibus declaratur. (VERS. 41) *Erat autem in loco ubi crucifixus est, hortus, et in horto monumentum novum, in quo nondum quisquam positus fuerat.* Sicut in Mariæ virginis utero nemo ante illum, nemo post illum conceptus est, ita in hoc monumento nemo ante illum, nemo post illum sepultus est. (VERS. 42.) *Ibi ergo propter parascevem Judæorum, quia juxta erat monumentum, posuerunt Jesum.* Acceleratam vult intelligi sepulturam, ne advesperasceret : quando jam propter parascevem, quam cœnam puram Judæi Latine, usitatius præparationem apud nos vocant, facere tale aliquid non licebat. »

CAPUT XLI.

Resurrectionis similiter manifestatio declaratur, qua Maria Magdalene Petro et Joanni nuntiat sublatum corpus de monumento. Quibus occurrentibus ac reversis, ipsa post angelicam visionem visum a se Dominum æstimans hortulanum, proprio mox ab eo revocatur ex nomine. Quem cognitum jubetur protinus discipulis namiare.

CAPUT XX, VERS. 1. — *Una autem sabbati, Maria Magdalene venit mane, cum adhuc tenebræ essent, ad monumentum; et vidit lapidem sublatum a monumento.* « Una sabbati, quam jam diem Dominicam propter Domini resurrectionem inos Christianus appellat : quem Matthæus solus in evangelistis primam sabbati nominavit. » (VERS. 2.) *Cucurrit ergo, et venit ad Simonem Petrum, et ad alium discipulum quem amabat Jesus, et dicit eis : Tulerunt Dominum de monumento, et nescio ubi posuerunt eum.* Amore nimio turbata, dum quem quæsivit non invenit, cucurrit discipulis nuntiare, ut aut secum quærerent, aut secum dolerent ablatum Dominum : quem Dominum nominare non metuit, dum corpus illius tantummodo quæreret in sepulcro. (VERS. 3, 4.) *Exiit ergo Petrus et ille alius discipulus, et venerunt ad monumentum. Currebant autem duo simul, et ille alius discipulus præcucurrit citius Petro; et venit prior ad monumentum.* « Advertenda hic et commendanda est recapitulatio, quomodo reditum est ad id quod fuerat prætermissum : et tanquam, si hoc [*Aug.*, et tamen quasi hoc] sequeretur, adjunctum est. Cum enim jam dixisset : *Venerunt ad monumentum*, regressus est ut narraret quomodo venerunt, atque ait : *Currebant autem duo simul*, etc. Ubi ostendit, quod præcurrens ad monumentum prior venerit ille alius discipulus, quem seipsum significat; sed tanquam de alio more sanctæ Scripturæ cuncta narrat [a]. »

VERS. 5. — *Et cum se inclinasset*, inquit, *vidit posita linteamina, non tamen introiit.* « [b] Quod vero Maria Magdalene venit ad monumentum, cum adhuc tenebræ essent, juxta historiam notatur hora; juxta intellectum vero mysticum, requirentis signatur intelligentia. Maria enim auctorem omnium quem carne viderat mor-

[a] Hucusque ex S. Augustino.

tuum quærebat in monumento; et quia nunc [*Al.*, hunc] minime invenit, furatum credidit. Adhuc ergo erant tenebræ, cum venit ad monumentum. Cucurrit citius, discipulis nuntiavit : sed illi præ cæteris cucurrerunt, qui præ cæteris amaverunt, videlicet Petrus et Joannes. *Currebant autem duo simul, sed Joannes præcucurrit citius Petro, et venit prior ad monumentum*, et [*Greg.*, sed] ingredi non præsumpsit, venit vero posterior [Petrus], et intravit. » Iste vero cursus duorum discipulorum magnum habet mysterium. Quid enim per Joannem, qui prior venit ad monumentum, et non intravit, nisi Synagoga significatur? Quid per Petrum, nisi Ecclesia ex gentibus congregata demonstratur, quæ posterius vocata, et prior intravit? Cucurrerunt enim pariter Gentilitas et Synagoga per hujus sæculi successiones, sed non pari intelligentia veniebant. « Venit Synagoga prior ad monumentum, sed minime intravit : quia legis quidem mandata percepit, prophetias de incarnatione ac passione Dominica audivit, sed credere in mortuum noluit. Vidit enim Joannes posita linteamina, non tamen introivit, quia videlicet Synagoga et Scripturæ sacræ sacramenta cognovit, et tamen ad fidem passionis Dominicæ credendo intrare distulit: quem diu longe lateque prophetavit, præsentem vidit et renuit; hominem esse despexit, Deum carne mortalem factum credere noluit. Quid ergo est, nisi quia et citius cucurrit, et tamen ante monumentum vacua stetit? (VERS. 6.) *Venit autem Simon Petrus subsequens eum, et introivit in monumentum.* Quia secuta posterior Ecclesia Gentium, mediatorem Dei et hominum, hominem Christum Jesum, et cognovit carne mortuum, et viventem credidit Deum. (VERS. 7.) *Vidit linteamina posita, et sudarium quod fuerat super caput ejus, non cum linteaminibus positum, sed separatim involutum in uno* (Al., *in unum locum*] *loco*. Quid est quod sudarium capitis Domini cum linteaminibus non invenitur in monumento, nisi quia attestante Paulo : *Caput Christi Deus est* (*I Cor.* XI, 3), et divinitatis incomprehensibilia sacramenta ab infirmitatis nostræ cognitione disjuncta sunt, ejusque potentia creaturæ transcendit naturam? Et notandum quod non solum separatim, sed etiam involutum inveniri dicitur [*Greg. addit :* in unum locum]. Linteum quippe quod involvitur, ejus nec initium, nec finis aspicitur. Recte ergo sudarium capitis involutum inventum est, quia celsitudo divinitatis nec cœpit esse, nec desinit. Bene autem additur, in *uno loco*, quia in scissura mentium Deus non est. Deus quippe in unitate est, et illi ejus habere gratiam merentur, qui se ab invicem per sectarum scandala non dividunt. » Potest quippe [*Ms.*, quoque] per sudarium passio Christi Domini nostri designari, cujus passionis sacramenta infidelibus sunt involuta : « quia quem videbant carne mortalem, Deum esse immortalem non credebant. Sudarium ergo quod super caput ejus fuerat seorsum inveni-

[b] Ex S. Greg., hom. 22, num. 2-5.

tur, quia ipsa passio Redemptoris nostri longe a nostra passione disjuncta est; quoniam ipse sine culpa pertulit, quod nos cum culpa toleramus. Ipse sponte morti succumbere voluit, ad quam nos venimus inviti. Sequitur : (Vers. 8) *Tunc ergo introivit et ille discipulus, qui venerat prior ad monumentum.* Postquam introivit Petrus, ingressus est et Joannes. Posterior intravit, qui prior venerat. Notum est quod in fine mundi, ad Redemptoris fidem etiam Judæa colligetur, Paulo attestante, qui ait : *Donec plenitudo gentium intraret, et sic omnis Israel salvus fieret* (Rom. xi, 25, 26).

Et vidit et credidit. Quid ergo vidit, et quid credidit? Vidit linteamina posita, et credidit quod mulier dixerat, de monumento Dominum fuisse sublatum. » ª Adhuc enim tenebræ erant in monumento, id est, in mentibus illorum : ideo sequitur et dixit : (Vers. 9, 10) *Nondum enim sciebant Scripturam quia oportuit eum a mortuis resurgere. Abierunt ergo iterum discipuli ad semetipsos;* id est, ubi habitabant, et unde ad monumentum cucurrerant. (Vers. 11.) *Maria autem stabat ad monumentum foris plorans.* Hæc Maria « ᵇ postquam venit ad monumentum, ibique corpus Dominicum non invenit, sublatum credidit, atque discipulis nuntiavit : qui venientes viderunt, atque ita esse, ut mulier dixerat, crediderunt, et de his protinus scriptum est : *Abierunt ergo discipuli ad semetipsos.* Ac deinde subjungitur : *Maria autem stabat ad monumentum foris plorans.* Qua in re pensandum est hujus mulieris mentem quanta vis amoris accenderat, quæ a monumento Domini, etiam discipulis recedentibus non recedebat. Exquirebat quem non invenerat, flebat inquirendo, et amoris sui igne succensa ejus, quem ablatum credidit, ardebat desiderio : » et oculi qui Dominum quæsierant et non invenerant, lacrymis jam exundabant; amplius dolentes quod fuerat ablatus de monumento, quam quod fuerat occisus in ligno : quoniam magistri tanti, cujus ei vita subtracta fuerat, nec memoria remanebat. « Unde contigit ut eum sola tunc videret, quæ remansit ut quæreret : quia nimirum virtus boni operis perseverantia est : ut voce Veritatis dicitur : *Qui autem perseveraverit usque in finem, his salvus erit (Matth.* x, 22). Ista itaque quæ sic amabat, quæ se ad monumentum quod perspexerat, iterum inclinat, videamus quo fructu vis amoris in ea ingeminat opus inquisitionis. Sequitur :

636 Vers. 12. — *Vidit duos angelos in albis sedentes, unum ad caput, et unum ad pedes, ubi positum fuerat corpus Jesu.* Quid est quod in loco Dominici corporis duo angeli videntur, unus ad caput, atque alius ad pedes sedens, nisi quod Latina lingua angelus nuntius dicitur, et ille ex passione sua nuntiandus erat, qui et Deus est ante sæcula, et homo in fine sæculorum? Quasi ad caput sedet angelus, cum per Apostolum dicatur ᶜ, quia *in principio erat Verbum, et Verbum erat apud Deum, et Deus erat Ver-*

ª Hucusque ex S. Gregorio.
ᵇ Ex S. Gregorio, hom. 25, num. 1-7.

bum (Joan. i, 1). Et quasi ad pedes sedet angelus, cum dicitur : *Et Verbum caro factum est, et habitavit in nobis.* Possumus autem [*Ms.*, etiam] per duos angelos duo testamenta cognoscere, unum prius, et aliud sequens. Qui videlicet angeli per locum Dominici corporis sibimetipsis sunt conjuncti, quia nimirum utraque testamenta, dum pari sensu incarnatum et mortuum, ac resurrexisse Dominum nuntiant, quasi testamentum prius ad caput, et testamentum posterius ad pedes sedet. Requirunt Mariam angeli dicentes : (Vers. 13) *Mulier, quid ploras? Dicit eis : Quia tulerunt Dominum meum a monumento, et nescio ubi posuerunt eum.* Ipsa namque sacra eloquia, quæ in nobis lacrymas amoris excitant, propter bonitatem Salvatoris nostri et memoriam mortis illius quam passus est pro nostro amore, easdem lacrymas consolantur, dum nobis Redemptoris nostri speciem promittunt. » Angeli interrogaverunt, *Quid ploras?* Quasi dixissent : Non est opus mortuum plorare, quem viventem credere debes. At illa ait : *Tulerunt Dominum meum, et nescio ubi posuerunt eum.* Dominum suum vocans Domini sui corpus exanime, a parte totum significans; sicut omnes confitemur Jesum Christum Filium Dei unicum Dominum nostrum, quod utique simul est et Verbum, et anima, et caro : crucifixum tamen et sepultum, cum sola ejus sepulta sit caro. *Et nescio,* inquit, *ubi posuerunt eum.* Hæc erat causa major doloris, quod nesciebat quo iret ad consolandum dolorem; sed prope erat hora qua tristitia ejus verteretur in gaudium. Unde sequitur : (Vers. 14) *Hæc cum dixisset, reversa* [Al., conversa] *est retrorsum, et vidit Jesum stantem, et nesciebat quia Jesus esset.* « Notandum quod Maria quæ adhuc de Domini resurrectione dubitabat, retrorsum conversa est ut videret Jesum : quia videlicet per eamdem dubitationem suam, quasi terga [Greg., tergum] in Domini faciem miserat, quem resurrexisse minime credebat. Sed quia amabat et dubitabat, videbat, et non cognoscebat, eumque illi et amor ostenderat et dubietas abscondebat. Quæ adhuc ignorantia exprimitur, cum infertur : (Vers. 15) *Et nesciebat quia Jesus esset. Qui dicit ei : Mulier, quid ploras ? Quem quæris?* Interrogatur doloris causa, ut augeatur desiderium, quatenus cum nominaret quem quæreret, in amore ejus ardentius æstuaret. *Illa existimans quia hortulanus esset, dicit ei : Domine, si tu sustulisti eum, dicito mihi ubi posuisti eum, et ego eum tollam.* Forsitan nec errando hæc mulier erravit, quæ Jesum hortulanum credidit. An non ei spiritaliter hortulanus erat, qui in ejus pectore per amoris sui semina virtutum virentia plantabat sata? « Sed quid est, quod viso eo, quem hortulanum credidit, cui necdum dixerat quem quærebat, ait ei : *Domine, si tu sustulisti eum, dicito mihi,* etc. » Nemo calumnietur mulierem, quod hortulanum dixerit Dominum, et Jesum magistrum. Ibi enim rogabat, hic noscebat [Al., agnoscebat]; ibi honorabat hominem a quo be-

ᶜ Greg. : « Cum per apostolum Joannem prædicatur. »

nescium postulabat, hic recolebat doctorem a quo discernere humana et divina discebat. Appellabat Dominum cujus ancilla non erat, ut perveniret ad Dominum cujus erat. Aliter ergo Dominum dixit : *Sustulerunt Dominum meum :* aliter autem : *Domine, si tu sustulisti illum,* ibi ex veritate, hic ex honore. Quærebat itaque, et non dicebat, quæ *eum* dixit : *Domine, si tu sustulisti eum.* « Hoc habet vis amoris, hoc agere solet in animo, ut quem ipse semper cogitat, nullum alium credat ignorare. Recte et hæc mulier, quem quærit non dicit, et tamen dicit, *si tu sustulisti eum,* quia alteri non putat incognitum, quem sic ipsa continuo plangit desiderio. »...

Vers. 16. — *Dicit ei Jesus : Maria.* Postquam eam communi vocabulo appellavit ex sexu, et agnitus non est, vocat ex nomine. Ac si aperte ei dicat : Recognosce eum a quo recognosceris. Perfecto quoque viro dicitur : *Novi te ex nomine* (*Exod.* xxxiii, 12); quia homo, commune omnium nostrum vocabulum est, Moyses vero proprium, cui recte dicitur quia ex nomine scitur : ac si aperte Dominus dicat, non te generaliter ut cæteros, sed specialiter scio. Maria ergo, quæ vocatur ex nomine, recognoscit auctorem, atque eum protinus *Rabboni,* id est magistrum vocat, quia et ipse erat qui quærebatur exterius, et ipse eam interius ut quæreret, docebat. Jam vero ab evangelista non subditur quid mulier fecerit, sed ex eo innuitur quod audivit, cui dicitur : *Noli me tangere, nondum enim ascendi ad Patrem meum.* In his namque verbis ostenditur, quod Maria amplecti voluit ejus vestigia, quem recognovit. Sed ei magister dicit : *Noli me tangere;* non quia post resurrectionem Dominus tactum renuit feminarum, cum de duabus ad sepulcrum ejus [venientibus] scriptum sit : *Accesserunt et tenuerunt pedes ejus* (*Matth.* xxxviii, 9). Sed cur tangi non debeat, ratio quoque additur, cum subinfertur : *Nondum enim ascendi ad Patrem meum.* In corde etenim nostro tunc Jesus ascendit ad Patrem, cum æqualis creditur Patri. Nam quisquis eum æqualem Patri non credit, adhuc in ejus pectore ad Patrem Dominus non ascendit. Ille ergo Jesum veraciter tangit, qui Patri Filium coæternum credit.

Vade autem ad fratres meos, et dic eis : Ascendo ad Patrem meum et ad Patrem vestrum, ad Deum meum et Deum vestrum. Cum *meum* dicat et *vestrum,* cur non communiter dicit *nostrum*? Sed distincte loquens indicat quia eumdem Patrem et Deum similiter habet ipse, quem nos [*Ms. melius :* dissimiliter habet ipse, quam nos]. *Ascendo ad Patrem meum,* videlicet per naturam; *et Patrem vestrum* per gratiam; *ad Deum meum,* quia descendi; *ad Deum vestrum,* quia ascendetis [*Ms.,* ascendistis]. Quia enim et ego homo, Deus mihi est; quia vos ab errore liberati estis [*Ms.,* liberat], Deus est vobis. Distincte ergo mihi Pater et Deus est; quia quem ante sæcula Deum genuit, hominem in fine sæculorum me [*Ms.,* mecum] creavit. (Vers. 18.) *Venit Maria Magdalene*

ᶜ Ex S. Greg., hom. 26. num. 1-5.

annuntians discipulis : Quia vidi Dominum. Et hæc dixit mihi. Ecce humani generis culpa ibi abscinditur, unde processit. Quia enim in paradiso mulier viro propinavit mortem, a sepulcro mulier viris annuntiavit vitam, et dicta sui vivificatoris narrat, quæ mortiferi serpentis verba narraverat. Ac si humano generi non verbis Dominus, sed rebus dicat : De qua manu vobis illatus est potus mortis, de ipsa suscipite poculum vitæ. Hæc de expositione lectionis evangelicæ succincte transcurrimus : nunc opitulante eodem de quo loquimur Domino, et resurrectionis [ejus] gloriam, et pietatis viscera consideremus. Citius enim a morte voluit resurgere, ne nostra diu anima in infidelitatis morte remaneret. »

CAPUT XLII.

Cum fores essent clausæ, veniens ad discipulos pacem infert, manibus latereque monstrato. Quibus etiam per insufflationem significat Spiritum sanctum. Item post dies octo Thomas inspectu vel tactu lateris ac manuum in fidem confirmatur audiens. : Beati qui non viderunt, et crediderunt.

Vers. 19. — *Cum sero factum esset una sabbatorum, et fores essent clausæ, ubi erant discipuli congregati propter metum Judæorum, venit Jesus, et stetit in medio eorum.* « Quid mirum si clausis januis post resurrectionem suam in æternum jam victurus intravit, qui moriturus veniens non aperto utero virginis exivit? Sed quia ad illud corpus, quod videri poterat, fides intuentium dubitabat, *ostendit eis protinus manus ac latus :* palpandam carnem præbuit, quam clausis januis introduxit. » Clavus enim manus fixerat, lancea latus aperuerat; ubi [*Ms.,* ibi] ad dubitantium corda sananda vulnerum sunt servata vestigia. « Qua in re duo mira et juxta humanam rationem sibi valde contraria ostendit, dum post resurrectionem corpus suum et incorruptibile, et tamen palpabile demonstravit. Nam et corrumpi necesse est quod palpatur, et palpari non potest quod non corrumpitur. Sed miro modo atque inæstimabili Redemptor noster et incorruptibile post resurrectionem, et palpabile corpus exhibuit, ut monstrando incorruptibile invitaret ad præmium, præbendo palpabile formaret [*Greg.,* firmaret] ad fidem. Et incorruptibilem se ergo et palpabilem demonstravit, ut profecto esse post resurrectionem ostenderet corpus suum et ejusdem naturæ et alterius gloriæ. »

Dicit eis : Pax vobis. Pacem offerebat, qui propter pacem venit; et quibus ante dixit : *Pacem meam relinquo vobis, pacem meam do vobis,* modo dicit : *Pax vobis.* Quam pacem nascente Christo angeli prædicaverunt in mundo. *Et iterum* secundo ait : *Pax vobis,* ut monstraret pacificata esse quæ in cœlis sunt et quæ in terris sunt, per sanguinem suum. (Vers. 21.) *Dicit eis : Pax vobis.* Iteratio, confirmatio est. *Sicut misit me Pater, et ego mitto vos.* « Pater Filium misit, qui hunc pro redemptione generis humani incarnari constituit; quem videlicet in mundo [*Greg.,* in mundum] venire ad passionem voluit; sed tamen amavit

Filium quem ad passionem misit. Electos vero apostolos Dominus non ad mundi gaudia, sed sicut ipse missus est, ad passiones in mundum mittit. Quia ergo et Filius amatur a Patre, et tamen ad passionem mittitur, ita et discipuli amantur a Domino, qui tamen ad passionem mittuntur in mundum. Itaque dicitur : *Sicut misit me Pater, et ego mitto vos :* id est, ea charitate vos diligo cum inter scandala persecutorum mitto, qua me charitate Pater diligit [*Ms.*, dilexit], quem venire ad tolerandas passiones fecit. (VERS. 22.) *Hoc cum dixisset, insufflavit et dicit eis : Accipite Spiritum sanctum.* Quærendum nobis est, quid est quod Spiritum sanctum Dominus noster et semel dedit in terra consistens, et semel cœlo præsidens? Neque enim alio in loco datus Spiritus sanctus aperte monstratur, nisi nunc cum per insufflationem percipitur, et postmodum cum de cœlo veniens in linguis variis demonstratur. Cur ergo prius in terra discipulis datur, postmodum de cœlo mittitur, nisi quod duo sunt præcepta charitatis, dilectio videlicet Dei et proximi? In terra datur Spiritus ut diligatur proximus : e cœlo datur Spiritus ut diligatur Deus. Sicut ergo una est charitas et duo præcepta, ita unus Spiritus et duo data. Prius a consistente Domino in terra, postmodum e cœlo ; quia in proximi amore dicitur qualiter perveniri debeat ad amorem Dei. » Hoc cum dixisset, insufflavit et dicit eis : *Accipite Spiritum sanctum,* insufflando significavit Spiritum sanctum non Patris solius esse Spiritum, sed et suum. (VERS. 23.) *Quorum remiseritis,* inquit, *peccata, remittuntur eis; et quorum retinueritis, retenta sunt.* « [a] Ecce charitas quæ per Spiritum sanctum diffunditur in cordibus nostris, participum suorum peccata dimittit, eorum autem qui non sunt ejus participes, tenet. Ideo posteaquam dixit : *Accipite Spiritum sanctum,* hoc continuo de peccatorum remissione ac detentione subjecit. » Sciendum vero est quod hi qui primo Spiritum sanctum habuerunt, ut et ipsi innocenter viverent, et in prædicatione quibusdam prodessent, idcirco hunc post resurrectionem Domini patenter acceperunt, ut prodesse non paucis, sed pluribus possent.

VERS. 24. — *Thomas autem unus ex duodecim, qui dicitur Didymus, non erat cum eis, quando venit Jesus.* « [b] Iste unus discipulus defuit, reversus quod gestum est audivit, audita credere renuit. Venit iterum Dominus, et non credenti discipulo latus palpandum præbuit, manus ostendit, et ostensa suorum vulnerum cicatrice, infidelitatis illius vulnus sanavit. Quid, fratres charissimi, quid inter hæc animadvertitis? Nunquid casu gestum creditis, ut electus ille discipulus tunc deesset ; post hæc venit ut audiret [*Greg.*, post autem veniens audiret], audiens dubitaret, dubitans palparet, palpans crederet? Non hoc casu, sed divina dispensatione gestum est. Egit namque miro modo superna clementia, ut discipulus dubitans, dum in magistro suo vulnera palparet car-

[a] Ex S. Aug., tract. CXXI, num. 4.
[b] Ex S. Greg. homilia citata, num. 7-9.

nis, in nobis vulnera sanaret infidelitatis. Plus enim nobis Thomæ infidelitas ad fidem, quam fides credentium discipulorum profuit : quia dum ille ad fidem palpando reducitur, nostra mens omni dubitatione postposita in fide solidatur. Sic quippe discipulum post resurrectionem suam dubit re permisit, nec tamen in dubitatione deseruit, sicut ante nativitatem suam habere Mariam sponsum voluit, qui tamen ad ejus nuptias non pervenit. Nam ita factus est discipulus dubitans et palpans, testis veræ **639** resurrectionis, sicut sponsus matris fuerat custos integerrimæ virginitatis. Palpavit autem, et exclamavit : (VERS. 28, 29) *Dominus meus et Deus meus. Dicit ei Jesus : Quia vidisti me, credidisti.* Cum Paulus apostolus dicat : *Est enim fides sperandarum substantia rerum, argumentum non apparentium* (*Hebr.* XI, 1) : Profecto liquet quia fides illarum rerum argumentum est, quæ apparere non possunt. Quæ etenim apparent jam fidem non habent, sed agnitionem. Dum ergo vidit Thomas, dum palpavit, cur ei dicitur : *Quia vidisti me, credidisti?* Sed aliud vidit, aliud credidit. A mortali quippe homine divinitas videri non potuit. Hominem igitur vidit, et Deum confessus est, dicens : *Deus meus et Dominus meus.* Videndo ergo credidit qui considerando hominem, verum [*Greg.*, qui considerando verum hominem] hunc Deum quem videre non poterat, exclamavit. Lætificat valde quod sequitur : *Beati qui non viderunt, et crediderunt.* In qua nimirum sententia nos specialiter signati sumus, qui eum quem carne non vidimus, mente retinemus. Nos signati sumus, sed si fidem nostram operibus sequimur. Ille etenim vere credit qui exercet operando quod credit. » [Quia autem] ait : *Beati qui me non viderunt, et crediderunt,* « [c] præteriti temporis usus est verbo ; tanquam ille qui id quod erat futurum, in sua noverat prædestinatione jam factum, » sed his verbis proprie gentium, ut diximus, fides signatur.

VERS. 30. — *Multa quiaem et alia signa fecit Jesus in conspectu discipulorum suorum.* Significat evangelista plurima [*Ms.*, plura] fecisse Jesum signa et miracula salutis et prædicationis, quæ non scripta essent propter multitudinem illarum rerum quæ gestæ fuerunt ab eo. Sequitur autem : (VERS. 31) *Hæc autem scripta sunt, ut credatis quia Jesus est Christus Filius Dei, et ut credentes vitam habeatis in nomine ejus.* Quid dicunt qui asserunt Jesum Christum Filium Dei non esse, dum iste evangelista Deo dilectus et a Deo electus [*Al.*, doctus] dixit hanc sibi esse occasionem scribendi hoc Evangelium, ut crederetur quia Jesus est Christus Filius Dei? Ille qui ab angelo nuntiatus est, et nomen illi impositum est Jesus, dum venit ad virginem dixit : *Paries filium, et vocabis nomen ejus Jesum* (*Luc.* I, 31) : hic autem Jesus, qui natus est ex virgine Maria, Filius est Dei, sicut iste evangelista testatur, et ut omnes in hac fide vitam possint habere sempiternam in nomine ejus. Quid de illis

[c] Ex S. Aug., loc. cit. num. 5.

æstimandum est qui eum non credunt Filium Dei esse verum, sed adoptivum, nisi forte ut nunquam habeant vitam æternam? Dicunt itaque assumptionem et adoptionem unum esse; et Jesum Christum secundum quod homo est, propter assumptionem humanitatis necessarie adoptivum esse, non intelligentes quanta est hæc absurditas quæ sequitur eos [*Ms.*, eis]. Nam si adoptivus est propter assumptionem, igitur Filii persona adoptivus est, quia Filius assumpsit hominem, et est tunc nepos Deo Patri : quod quam impium sit, nullum æstimo fidelium ignorare. Tantummodo credamus Jesum esse [Christum] Filium Dei verum in utraque natura. Et sicut Filius Dei vere est Filius hominis, ita Filius hominis vere est Filius Dei. Sed hæc alias plenius; nunc vero quæ sequuntur videamus.

« [a] Sed hoc capitulum velut libri hujus indicat finem: tamen narratur hic deinde quemadmodum se manifestaverit Dominus ad mare Tiberiadis, et in captura piscium commendaverit Ecclesiæ sacramentum, qualis futura est ultima resurrectio [*Aug.*, ultima resurrectione] mortuorum. » Ideo quasi ab alio incipit principio, quia vita fidelium ab alio tunc incipit principio, ubi nihil hujus perturbationis futurum erit, quas hic patimur in hac vita. Unde et ita incipit qualiter hæc manifestatio esset acta. Dicit enim :

640 CAPUT XLIII.
Manifestat se iterum ad mare Tiberiadis septem discipulis in captura piscium centum quinquaginta trium, cum resurrexisset a mortuis.

Caput XXI, Vers. 1-3. — *Manifestavit se iterum ad mare Tiberiadis, manifestavit autem sic. Erant simul Petrus et Thomas, qui dicitur Didymus, et Nathanael, qui erat a Cana Galilææ, et filii Zebedæi, et alii ex discipulis ejus duo. Dicit eis Simon Petrus: Vado piscari. Dicunt ei: Venimus et nos tecum. Exierunt et ascenderunt in navem, et illa nocte nihil ceperunt.* « [b] Quæri enim potest cur Petrus, qui piscator ante conversionem fuit, post conversionem ad piscationem rediit? Et cum Veritas dicat : *Nemo mittens manum suam in aratrum, et aspiciens retro, aptus est regno Dei* (*Luc.* ix, 62) ; cur repetiit quod dereliquit? Sed si virtus discretionis intenditur [*Ms. et Greg.*, inspicitur], citius videtur, quia nimirum negotium quod ante conversionem sine peccato exstitit, hoc etiam post conversionem repetere culpa non fuit. Nam piscatorem Petrum, Matthæum vero telonearium scimus ; et post conversionem suam, ad piscationem Petrus rediit, Matthæus vero ad telonei negotium non rediit [*Greg.*, non resedit]; quia et aliud est victum per piscationem quærere, aliud telonei lucris exercitia [*Greg.* pecunias] augere. Sunt enim pleraque negotia quæ sine peccatis exhiberi aut vix aut nullatenus possunt. Quæ ergo ad peccatum implicant, ad hæc necesse est ut post conversionem animus non recurrat. Quæri potest cur discipulis in mari laborantibus post resurrectionem suam Dominus in littore stetit, qui ante resurrectionem suam coram discipulis suis in fluctibus maris ambulavit? Cujus rei ratio festine cognoscitur, si ipsa quæ tunc inerat causa pensetur. Quid enim mare, nisi præsens sæculum significat, quod se causarum tumultu et undis vitæ corruptibilis illidit? Quid per soliditatem littoris, nisi illa perpetuitas quietis æternæ figuratur? Quia igitur discipuli adhuc fluctibus mortalis vitæ inerant, in mari laborabant. Quia autem Redemptor noster jam corruptionem carnis excesserat, post resurrectionem suam in littore stabat. Ac si ipsum resurrectionis suæ mysterium rebus discipulis loqueretur dicens : [Hic] jam vobis in mari non appareo, quia vobiscum in perturbationum fluctibus non sum. Facta est autem discipulis piscationis magna difficultas, ut magistro veniente fieret admirationis magna sublimitas, qui protinus dixit :

Vers. 6. — *Mittite in dexteram navigii rete, et invenietis.* Bis in sancto Evangelio legitur quia Dominus jussit ut ad piscandum retia mitterentur, ante passionem videlicet et post resurrectionem. Sed priusquam Redemptor noster pateretur et resurgeret, mitti quidem rete ad piscandum jubet, sed utrum in dextram, an in sinistram mitti debuisset, non jubet : post resurrectionem vero discipulis apparens, mitti rete in dexteram navigii jubet. In illa piscatione tanti capti sunt, ut retia rumperentur : in ista autem et multi capti sunt, et retia rupta non sunt. Quis vero nesciat bonos in dextera, et malos in sinistra figurari? Illa ergo piscatio, in qua specialiter in quam partem mitti rete debeat non jubetur, præsentem Ecclesiam designavit quæ bonos simul ac malos colligit ; nec eligit quos trahat, quia et quos eligere possit ignorat : hæc autem piscatio post Domini resurrectionem facta, in solam dexteram missa est, quia ad videndam claritatis ejus gloriam sola electorum Ecclesia pertinget quæ de sinistro opere nihil habebit. In illa piscatione præ multitudine piscium rete rumpitur, quia nunc ad confessionem fidei, etiam cum electis reprobi tanti intrant, qui ipsam quoque Ecclesiam hæresibus scindant : in ista vero piscatione et multi pisces et magni capiuntur, et rete non rumpitur, quia sancta electorum Ecclesia in continua auctoris sui pace requiescens, nullis jam dissensionibus dilaniatur. Captis autem tam magnis piscibus, (Vers. 11) *ascendit Simon Petrus, et traxit rete in terram.* Jam credo quod vestra Charitas advertat quid est quod Petrus rete ad terram trahit. Ipsi quippe sancta Ecclesia est commissa, 641 ipsi specialiter dicitur : *Simon Joannis, amas me? Pasce oves meas* (*Joan.* xxi, 15, 16). Quod ergo postmodum aperitur in voce, hoc [nunc] signatur in opere. Quia igitur prædicator Ecclesiæ nos a mundi [vitæ] hujus fluctibus separat, nimirum necesse est ut rete plenum piscibus Petrus ad terram ducat. Ipse enim pisces ad soliditatem littoris pertrahit, quia [*Ms.*,

---

[a] Ex eodem, tract. cxxii, num. 1.

[b] Ex S. Greg., hom. 24, num. 1-6.

qui] sanctæ prædicationis voce stabilitatem æternæ patriæ fidelibus ostendit. Hoc egit verbis, hoc epistolis, hoc agit quotidie miraculorum signis. Quoties per eum ad amorem quietis æternæ convertimur, quoties [a terrenarum] rerum tumultibus separamur, quid aliud quam missi intra rete fidei pisces ad littus trahimur? Sed cum rete piscibus magnis plenum dicitur, additur et quantis, scilicet centum quinquaginta tribus. A magno mysterio iste numerus non vacat, sed intentos vos tanti mysterii profunditas exspectat. Neque etenim quantitatis summam solerter evangelista exprimeret, nisi hanc sacramento plenam esse judicasset. Scitis namque quod in testamento veteri omnis operatio per Decalogi mandata præcipitur: in novo autem eisdem operationis virtus, per septiformem gratiam sancti Spiritus multiplicatis fidelibus datur: quem Propheta denuntians dicit: *Spiritus sapientiæ et intellectus, spiritus consilii et fortitudinis, spiritus scientiæ et pietatis, et replebit eum spiritus timoris Domini (Isai.* xi, 2). Sed ille in hoc spiritu operationem percipit, qui fidem Trinitatis agnoscit, ut et Patrem, et Filium, et eumdem Spiritum sanctum unius virtutis credat, unius substantiæ esse fateatur. Quia igitur septem, quæ superius diximus, per Novum Testamentum latius data sunt, decem vero per vetus præcepta, omnis nostra virtus et operatio per decem et septem plene potest comprehendi. Ducamus ergo per trigonum decem et septem, et veniunt quinquaginta et unum. Qui profecto numerus a magno mysterio non vacat, quia in Testamento Veteri legimus, quod annus quinquagesimus jubilæus vocari jussus est, in quo videlicet cunctus populus ab omni opere requiesceret *(Levit.* xxv, 11). Sed vera requies in unitate est. Dividi quippe unum non potest: ubi enim scissura divisionis est, vera requies non est. Ducamus ergo per trigonum quinquaginta et unum, et fiunt centum quinquaginta tria. Quia igitur et omnis operatio nostra et virtus in fide Trinitatis exhibita ad requiem tendit, septem et decem ter ducimus, ut ad quinquaginta et unum venire debeamus. Et vera nostra requies tunc est, cum ipsam jam claritatem Trinitatis agnoscimus, quam in Unitate divinitatis esse certum tenemus. Quinquaginta et unum ter ducimus, et electorum summam in superna patria, quasi centum quinquaginta trium piscium numerum tenemus. Post resurrectionem vero Domini missum rete dignum fuit, ut tot pisces caperet, quot solummodo electos cives supernæ patriæ designarent. » Est quoque alia supputatio hujus septenarii [et denarii] numeri. Nam si ab uno omnes numeros computes usque ad decem et septem hoc modo: unum, duo, tres fiunt; adde tres, fiunt sex; his adjunge quatuor, fiunt decem; his quinque, et habebis quindecim; et sic crescentibus numeris et multiplicatis usque ad decem et septem, fit omnium numerorum summa istorum, qui multiplicantur ab uno usque ad decem et septem, centum quinquaginta tria. Quæ computatio superiori significationi, id est, legis

[a] Ex S. Aug., tract. cxxiii, num. 1-3.

in denario [et gratiæ in septenario], satis congruenter convenit. Sed plura possunt inde considerari admiratione digna, quæ hujus temporis angustia prohibet nos omnia dicere.

Sed quid est quod Redemptor noster piscem assum post resurrectionem manducavit; et in alio Evangelio dicitur, cum pisce asso favum mellis, in isto vero panem cum pisce? « Quid enim piscis assus significat, nisi Christum passum? Quid favus mellis, nisi Divinitatis dulcedinem? Piscis est, quia ipse latere dignatus in aquis generis humani, capi voluit laqueo mortis nostræ, et quasi tribulatione assatus est tempore passionis suæ. Sed qui piscis assus fieri dignatus est in passione, favus mellis nobis exstitit in resurrectione. An qui in pisce asso figurari voluit tribulationem passionis suæ, in favo mellis utramque naturam exprimere voluit personæ suæ? Favus quippe mel 642 in cera est: mel vero in cera est divinitas in humanitate. Quod ab hac quoque lectione non discrepat: nam comedit piscem et panem. Qui enim assari ut piscis potuit ex humanitate, pane nos reficit ex divinitate, qui ait: *Ego sum panis vivus, qui de cœlo descendi (Joan.* vi, 41, 52). Assum ergo piscem comedit et panem, ut ipso suo cibo nobis ostenderet quia et passionem ex nostra humanitate pertulit, et refectionem nostram ex sua divinitate procuravit. Notandum quoque quod ultimum convivium Dominus cum septem discipulis habuisse describitur: Petrus namque et Thomas, Nathanael et filii Zebedæi; et alii ex discipulis ejus duo in eo fuisse memorantur, Cur, cum septem discipulis ultimum convivium celebrat, nisi quia eos tantummodo, qui septiformi gratia sancti Spiritus pleni sunt, futuros secum in æterna refectione denuntiat? Septem quoque diebus omne hoc tempus evolvitur: et sæpe septenario numero perfectio designatur. Illi ergo ultimo convivio de præsentia veritatis epulantur, qui nunc perfectionis studio terrena transcendunt, quos mundi hujus amor non alligat, quibus etsi utcunque per tentamenta obstrepit, cœpta tamen eorum desideria non retundit. De hoc extremo convivio alias per Joannem dicitur: *Beati qui ad cœnam nuptiarum Agni vocati sunt (Apoc.* xix, 9). Idcirco enim non ad prandium, sed ad cœnam vocatos narrat, quia nimirum in fine diei convivium cœna est. Qui ergo finito præsentis vitæ tempore ad refectionem supernæ contemplationis veniunt, non ad Agni prandium, sed ad cœnam vocantur. Quæ videlicet cœna hoc ultimo convivio exprimitur, cui septem discipuli adesse memorantur; quia illos, ut diximus, tunc interna refectio [*Ms.* refectione] reparat, qui pleni nunc septiformi gratia in amore Spiritus anhelant. »

« [a] In eo quod tertio Dominus post resurrectionem manifestavit se discipulis suis, beati Joannis evangelistæ Evangelium terminatur. (Vers. 12.) *Dicit eis Jesus: Venite, prandete. Et nemo audebat discumbentium interrogare eum: Tu quis es? scientes quia Dominus est.* Sensus ergo hic est: Tanta erat evidentia veritatis, quia [*Aug.*, qua] Jesus illis discipulis apparebat, ut eorum non solum negare, sed ne dubitare quidem ullus auderet: quoniam si quisquam dubitaret, utique interrogare deberet. Sic ergo dictum est: *Nemo audebat interrogare: Tu quis es,* ac si diceretur: Nemo audebat dubitare, quod ipse esset. (VERS 13.) « *Et venit Jesus, et accepit panem, et dedit eis; et piscem similiter.* Ecce dictum est etiam quid pranderent, de cujus significatione in superioribus diximus. Superius quoque narratum est quod discipuli, quando descenderunt in terram, viderunt prunas positas et piscem superpositum, et panem. Ubi non est intelligendum etiam panem fuisse superpositum prunis, sed tantum subaudiendum, *viderunt.* Quod verbum si repetamus eo loco ubi subaudiendum est, ita totum dici potest: Viderunt prunas positas, et piscem superpositum [viderunt], viderunt et panem. Vel ita potius: Viderunt prunas positas, et piscem superpositum, viderunt et panem. Jubente etiam Domino attulerunt et de piscibus quos ipsi ceperant: quod eos fecisse quamvis a narrante non sit expressum, tamen Dominum jussisse non tacitum est. Ait enim: *Afferte de piscibus quas apprehendistis nunc.* Et utique jubente illo, eos non fecisse quis credat? Hinc ergo fecit prandium Dominus illis septem discipulis suis: de pisce scilicet, quam prunis superpositum viderant, huic adjungens ex illis quos ceperant, et de pane quem nihilominus eos vidisse narratum est. Piscis assus, ut diximus, Christus est passus, ipse est et panis, qui de cœlo descendit. Hoc corroboravit Ecclesiam [*Aug.*, Huic incorporatur Ecclesia], ad participandum beatitudinem sempiternam; i quæ etiam in his septem discipulis significata est, quæ cum Christo in æterna beatitudine post labores hujus sæculi regnatura erit. « Hinc [*Aug.*, Hic] enim Ecclesia, qualis in solis bonis futura est, significatur per capturam centum quinquaginta trium piscium: et in eis qui hæc credunt, sperant, diligunt, participatio tantæ beatitudinis per hoc prandium demonstratur. »

643 VERS. 14. — *Hoc jam tertio,* inquit, *manifestatus est Jesus discipulis suis, cum surrexisset a mortuis,* Quod non ad ipsas demonstrationes, sed [ad] dies referre debemus: id est, primo die, cum resurrexit; et post dies octo, quando discipulus Thomas vidit et credidit; et hodie quando hoc de piscibus fecit; post quot autem dies id fecerit, hic dictum non est: nam ipso primo die non semel visus est, sicut evangelistarum omnium testimonia collata demonstrant, sed sicut dictum est, secundum dies numerandæ sunt manifestationes ejus, ut ista sit tertia; prima quippe habenda est eadem una [*Aug.*, habenda sit, eademque una] propter unum diem, quotiescunque se et quibuscunque in illo quo resurrexit, ostendit; secunda post dies octo, et hæc tertia; et deinde quoties voluit, usque ad diem quadragesimum; quo ascendit in cœlum, quamvis non scripta sint om-

nia: » sicut iste idem Joannes testatur, multa eum fecisse quæ non sunt scripta.

[Invenimus] collatis Evangeliorum testimoniis decies Dominum visum esse ab hominibus, a die prima resurrectionis suæ usque ad diem quadragesimum ascensionis suæ. Primo quidem Mariæ Magdalenæ flenti ad monumentum; deinde eidem Mariæ, et alteri ejusdem nominis feminæ, regredientibus a monumento nuntiare discipulis quæ ibi viderant, occurrens apparuit; tertio Simoni Petro, licet hoc non legatur, ubi esset factum, tamen factum esse ex Evangelio Lucæ invenimus, ubi ait discipulos dixisse: *Quia vere surrexit Dominus, et apparuit Simoni* (*Luc.* XXIV, 34). Quarto, Cleophæ et socio ejus, cum quibus ipse gradiens in Emmaus, inibi in panis fractione cognitus est. qui mox reversi Hierosolymam, invenerunt discipulos loquentes, *Quia surrexit Dominus vere, et apparuit Simoni;* nam plene alibi, quando Simoni apparuerit, non legitur. Quinto, apparuit eis in eodem loco januis clausis, ubi non erat Thomas; sexto, post dies octo, quando erat cum eis et Thomas, cui manus et latus Dominus palpandum ostendit; septimo, piscantibus ad mare Tiberiadis, et convivantibus cum eis, ubi et Petrum, an se diligeret, tertio interrogavit; octavo, in monte Galilææ illis undecim apparuit, sicut constituit eis ante passionem suam; et mulieribus præcepit eis dicere ut irent in Galilæam, ubi eum visuri essent. Nono, regredientibus illis undecim apparuit [in monte], de quo ascendit in cœlum, sicut Marcus refert. Decimo, viderunt eum ipsa die, non jam in terra positum, sed elevatum in aera, cœlosque penetrantem dicentibus sibi angelis: *Sic veniet, quemadmodum vidistis eum euntem in cœlum* (*Act.* I, 11). Quid vero actum sit vel dictum in illo convivio Domini nostri Jesu Christi novissimo cum discipulis suis, consequenter exposuit Evangelista, dicens:

CAPUT XLIV ET XLV.

Usque tertio dicit Petro, Amas me? quia ter eum negaverat; et pascendas oves æque tertio commendans, extensione manuum significat ei, quod crucis morte foret martyrio coronandus. — *Dicit Simoni Petro Jesus:* Simon Joannis, diligis me plus his? *etc.,* usque clarificaturus esset Deum.

VERS. 15. — *Dicit Simoni Petro Jesus: Simon Joannis diligis me plus his? Dicit ei: Etiam, Domine, tu scis quia amo te.* « a Virtutem nobis perfectæ dilectionis præsens Domini nostri interrogatio ostendit. Perfecta enim dilectio est, qua Dominum [*Ms.*, Deum] ex toto corde, tota anima, tota virtute, proximum autem tanquam nosipsos diligere jubemur: et neutra harum dilectio sine altera valet esse perfecta; quia nec Deus vere sine proximo, nec sine Deo vere potest proximus amari. Unde Dominus toties interrogato Petro an se diligeret, et illo respondente quod eum ipso teste diligeret, adjungebat per singula ita concludens: *Pasce* **644** *oves meas,* sive *pasce agnos meos.* Ac si aperte diceret: Hæc sola et vera est

---

a Ex hom. Ven. Bedæ in vigiliis sanctorum Petri et Pauli

probatio integri in Dominum amoris, si erga fratres studueris curam solliciti exercere laboris; nam quicunque fratri opus pietatis quod valet impendere negligit, minus justo se conditorem diligere ostendit, cujus mandata in sustentanda proximi necessitate contemnit. Quæ profecto charitas, quoniam sine divinæ gratiæ inspiratione [*Beda*, sine divinæ gratia inspirationis] minime possit haberi, tacite quodammodo Dominus insinuat, qui Petrum de illa interrogans, Simonem eum Joannis, quem nunquam [*Ms. et Beda*, quod nusquam] alias, cognominat : *Simon,* inquit, *Joannis, diligis me plus his ?* Ubi quamvis et simpliciter mentio facta terreni parentis ejus possit intelligi, non tamen ab re est, si quis nomine *Joannis* donum supernæ generationis mystice indicatum velit accipere; de quo Joannes apostolus admonendo testatur : *Charissimi, diligamus invicem, quoniam charitas ex Deo est : et omnis qui diligit, ex Deo natus est, et cognoscit Deum* (I *Joan.* IV, 7). Simon namque obediens, Joannes dicitur Dei gratia : et propterea recte primus apostolorum, cum de amore suo requiritur, *Simon Joannis*, id est, obediens Dei gratia [*Beda*, gratiæ] vocatur : ut liquido cunctis ostendatur, hoc quod majore præ cæteris obedientia Domini jussis obsequitur, quod ardentiori illum charitate amplectitur, non humani meriti, sed muneris esse divini. Unde et apostolus Paulus eadem gratia confortatus aiebat : *Quia charitas Dei diffusa est in cordibus nostris per Spiritum sanctum, qui datus est nobis* (*Rom.* v, 5). Qui ergo cæteris flagrantius Dominum amare probatur, *filius Joannis* cognominatur; quia nimirum virtus ejusdem amoris non nisi per gratiam Spiritus percipitur. Qui tamen ipse notandum quam caute et circumspecte testimonium suo reddit amori, cum Domino sciscitanti an se plus aliis diligeret, non ausus est respondere : *Tu scis quia amo te plus his,* sed temperata ac simplici voce, *Etiam*, inquit, *Domine, tu scis quia amo te.* Quod est aperte dicere : Scio quidem, quia ipse te, ut tu melius nosti, integro corde diligo; quam vere [*Beda*, quantum vero] te alii diligant mihi quidem ignotum, sed tibi sunt omnia nota. Cujus cautela responsionis nostræ profecto est institutio locutionis, simul et cognitionis [*Beda*, cogitationis] ; ut videlicet ejus exemplo discamus minus de nostræ conscientiæ puritate præsumere; minus temere de fraternæ conscientiæ occultis judicare, in dubiis maxime rebus, quod qua intentione vel necessitate gerantur inspicere nequimus quæ ab illis agi conspicimus. Siquidem et ipse Petrus idcirco se in hac Dominica interrogatione cautius respondendo cohibebat, quia meminit se pridem, imminente ejus passione, plus sibi constantiæ tribuisse quam haberet, spondendo videlicet se esse paratum et in carcerem et in mortem ire cum illo, qui necdum erat idoneus instante periculo saltem confiteri, quia nosset illum, vel quia fuisset aliquando cum illo. Instructus ergo periculo priore cautius loqui cum Domino, quem bene didicerat humanæ conscientiæ [statum (*Edit.*, conscientiæ constantiam statim)] melius

nosse quam ipsa se conscientia ullatenus nosse sufficeret; de fraterni quidem cordis occultis nihil prorsus audet definire : de sui autem amoris integritate non suimet solius, sed et ipsius qui interrogabat Domini testimonium pandit, *Etiam*, inquiens, *Domine, tu scis quia amo te.* O quam felix et pura conscientia, quæ conditori suo, cujus nuda oculis et aperta novit omnia, dicere non metuit : *Domine, tu scis quia amo te!* Quam casta ac sancta anima, quæ et suam cognitionem Domino patere non dubitat, et se nil aliud quam ea quæ Dominus approbat, cogitare non ignorat! Provida autem pietate Dominus tertio Petrum an se diligat interrogat, ut ipsa trina confessione vincula, quæ illum ter negando ligaverant, absolvat; et quoties territus ejus passione, qua illum nosse [*Beda*, quod eum nosset] negaverat, toties ejus resurrectione recreatus, quod illum toto amet corde testetur. Provida dispensatione tertio confitenti amorem, tertio æque pascendas suas oves commendat; quia decebat ut quoties in pastoris fide titubaverat, toties cum renovata fide pastoris membra quoque ejus pastoris jubeatur curare. Quod enim hic dicit ei : *Pasce oves meas,* hoc est utique, quod ei ante passionem apertius dixerat : *Ego autem rogavi pro te, ut non deficiat fides tua : et tu aliquando conversus, confirma fratres tuos* (*Luc.* XXII, 33). Pascere ergo oves Christi est credentes in Christum ne a fide deficiant confirmare; et ut in fide magis magisque proficiant, instanter operam dare : » sæcularibus quoque subsidiis eos quantum valeat adjuvare, cogitantes superflue de caducis corrigere [*Ms.*, adjuvare, errantes corrigere], mœrentes consolari, omnes magna pietatis cura ad perpetuæ vitæ perducere pascua. « Sed hoc pastori est fixo corde tenendum, ut eos quibus præest non quasi suos proprios, sed ut Domini sui gregem tractare meminerit, juxta illud quod Petro dicitur : *Si diligis me, pasce oves meas.* Meas, inquit, non tuas ; meas tibi oves commendatas scito, et has quasi meas regere, si me perfecte amas, recole : ut meam videlicet in eis gloriam, meum dominium, mea lucra, non tua propria quæras. Veri autem pastoris, et cui sincera est cura de ovibus, evidens ac speciale indicium est, cum quisque non solum commodis omnibus vitæ temporalis carere ; sed ipsam quoque vitam pro grege Christi ponere, in promptu habet. Unde nunc ipse, postquam pascendas suas oves Petro, hoc est, plebes docendas gubernandasque commisit, subsequenter addit, dicens :

VERS. 18. — *Amen, amen dico tibi, cum esses junior, cingebas te, et ambulabas ubi volebas : cum autem senueris, extendes manus tuas, et alius te cinget, et ducet quo non vis.* In extensione etenim manuum, positionem membrorum ejus, qua cruci erat aptandus, insinuat; in cinctione alterius, impositionem vinculorum, quibus a persecutore erat arcendus, exprimit; in ductu quo nollet, ipsam mortis ac passionis acerbitatem indicat, quam corporalis ejus infirmitas horrebat, cujus animi firmitas spiritalis etiam adversa pro Domino lætabatur cuncta sufferre. Non enim voluntatem suam, sed voluntatem quærebat ejus qui misit eum, Christi. Præmissa igitur Dominus ovium suarum passione, subjungit mox, eidem primo pastori insinuans etiam passionis suæ triumphum, *Extendes*, inquiens, *manus tuas, et alius te cinget, et ducet quo non vis*; ac si patenter dicat : Quanta me charitate diligas, hinc liquido probabis, cum pro parvulorum meorum vita usque ad mortem certando perveneris ; et ut illi in corpore possint pariter et mente salvari, ipse tormenta corporis omnia quæ adversarium infligere libet, forti mentis constantia tolerabis [*Beda*, toleraveris]. Quod ipse quoque evangelista subsequenter insinuans ait : *Hoc autem dixit, significans qua morte clarificaturus esset Deum*. Clarificavit quippe Petrus morte sua Deum, quando hoc indicio cunctis quantum Deus esset colendus amandusque demonstravit, dum ipse data optione mallet crucis subire tormentum, quam a cœlestis verbi prædicatione cessare. »

CAPUT XLVI.

Dicit Dominus Petro : Sequere me, *usque ubi dicitur :* et scimus quia verum est testimonium ejus.

Vers. 20. — *Dixit Jesus Petro :* Sequere me. *Conversus autem Petrus, vidit illum discipulum, quem diligebat Jesus, sequentem, qui et recubuit in cœna super pectus ejus.* « a Commendat enim nobis beatissimus evangelista et apostolus Joannes privilegium amoris præcipui, quo cæteris amplius meruit honorari a Domino ; commendat testimonium evangelicæ descriptionis, quod veritate divina subnixum nullus fidelium dubitare permittitur ; commendat placidam suæ carnis absolutionem, quam Domino specialiter se visitante percepit. Postquam enim Dominus Jesus significavit Petro qua morte clarificaturus esset Deum, protinus adjungit : *Sequere me*. Ac si aperte dicat : Quia ipse prius pro tua redemptione crucis supplicium subire non timui, quid tu pro mei confessione nominis crucem pati formides, qui eo gloriosiore martyrii palma glorificaberis, quo in hac promerenda magistri iter sequeris ? Jam vero ab evangelista non subditur quid post hæc dicta Dominus et discipuli fecerint ; sed ex eo tamen innuitur, quod subjungit : *Conversus Petrus, vidit illum discipulum, quem diligebat Jesus, sequentem*. Patet namque quia [cum] dixisset Petro : *Sequere me*, id est, crucem patiendo me imitare, surrexit de loco convivii et abire jam cœpit. Secutus est autem Petrus etiam incessu pedum, cupiens implere quod audivit : *Sequere me* ; secutus et ille discipulus, quem diligebat Jesus : neque enim arcendum se a consectatu Christi putabat, qui non minore se gratia dilectionis a Christo complexum noverat. Neque incredibile est ideo utrumque discipulum corporali gressu vestigia Domini secuturi, quia necdum intellexerunt quid significaverit in eo quod Petrum se sequi præcepit. Notum autem novi vestræ fraternitati quis sit ille discipulus quem diligebat Jesus ; Joannes videlicet ipse, qui hoc scripsit Evangelium, atque ideo suam personam maluit indiciis rerum accidentium, quam proprio designare vocabulo. Diligebat autem eum Jesus, non exceptis cæteris singulariter solum, sed præ cæteris quos diligebat familiarius unum, quem specialis prærogativa castitatis ampliori dilectione fecerat dignum. Omnes quippe se diligere probat, quibus ante passionem loquitur : *Sicut dilexit me Pater, et ego dilexi vos, manete in dilectione mea* (*Joan*. xv, 9). Sed hunc præ omnibus diligit, qui virgo electus ab ipso, virgo in ævum permansit. Tradunt namque historiæ quod eum de nuptiis volentem nubere vocaverit ; et propterea quem a carnali voluptate retraxerat, potiore sui amoris dulcedine donavit. Denique huic morituus in cruce matrem commendavit suam, ut virginem virgo servaret : et ipso post mortem et resurrectionem cœlos ascendente, non deesset ejus genitrici filius, cujus casta vita ejus castis tueretur obsequiis. Ponit et aliud suæ personæ beatus Joannes indicium subjungens : *Qui et recubuit in cœna super pectus ejus, et dixit : Domine, quis est qui tradet te ?* Hoc quomodo gestum sit, superiora hujus Evangelii loca plenius ostendunt : quia videlicet in cœna, quam ultimam ante passionem cum discipulis Salvator habuit, in qua eorum pedes lavit, eisque corporis et sanguinis sui tradidit mysteria celebranda ; discipulus ille, quem diligebat, super pectus ejus recubuerit ; et cum dixisset eis : *Amen, amen dico vobis, quia unus ex vobis tradet me*, responderit ille discipulus, innuente Petro ut interrogaret, et dixerit ei : *Domine, quis est ?* Ait Dominus : *Ille est*, inquit, *cui ego intinctum panem porrexero*. Quod autem discipulus ille super pectus magistri recubuit, non præsentis solummodo dilectionis, sed et futuri erat signum mysterii ; figurabatur etenim jam tunc Evangelium, quod idem discipulus erat scripturus, uberius atque altius cæteris sacræ Scripturæ paginis arcana divinæ majestatis esse comprehensurum. Quia enim in pectore Jesu sunt omnes thesauri sapientiæ et scientiæ absconditi (*Coloss*. ii, 5), merito super pectus ejus recubat, quem majore cæteris sapientiæ [et scientiæ] singularis munere donat. Cæteros quippe evangelistas novimus plura de miraculis nostri Salvatoris, pauciora de divinitate locutos : Joannes autem perpauca de humanis scribens actibus, potius se exponendis divinæ naturæ indidit arcanis ; patenter insinuans quanta de pectore Jesu fluenta doctrinæ cœlestis, quæ nobis ructaret, hauserit. Sequitur : (Vers. 21) *Hunc ergo cum vidisset Petrus, dicit Jesu : Domine, hic autem quid ?* Quia se beatus Petrus audierat per passionem crucis clarificaturum esse Deum, voluit etiam de fratre et condiscipulo cognoscere, qua esset ipse morte perpetuam transiturus ad vitam.

Vers. 22. — *Dicit ei Jesus : Sic eum volo manere donec venio, quid ad te ? Tu me sequere*. Non, inquit,

---

a Ex hom. Ven. Bedæ in die sancti Joannis apostoli et evangelistæ.

eum per passionem martyrii volo consummari, sed absque violentia persecutoris diem exspectare novissimum, quando ipse veniens eum in æterna beatitudinis mansione recipiam : et quid hoc ad te? Tu tantum crucis patibulum subeundo mea te vestigia sequi debere memento. Et quidem hanc Domini responsionem fratres tunc temporis ita tractabant, quasi Joannes nunquam esset moriturus ; quod non ita esse intelligendum, ipse Joannes admonere curavit, qui cum præmisisset exiisse sermonem istum inter fratres quia discipulus ille non moritur, solerter adjecit atque ait : (Vers. 23) *Et non dixit ei Jesus, non moritur, sed sic eum volo manere, donec venio, quid ad te?* Non ergo putandum, quia discipulus ille non sit mortuus in carne, quia nec Dominus hoc de illo futurum prædixit. Et Psalmista ait : *Quis est homo, qui vivit, et non videbit mortem* (*Psal.* lxxxviii, 49)? Sed ita potius intelligendum quod cæteris Christi discipulis per passionem consummatis, ipse in pace Ecclesiæ adventum supernæ vocationis exspectaverit, et hoc esse quod ait Jesus : *Sic eum volo manere, donec venio,* non quia non et ipse multos antea labores pro Domino pressurasque malorum toleraverit, sed quia ultimum in pace senium finierit ; ut vote ecclesiis Christi per Asiam quam regebat, jam longe lateque fundatis. Nam et in Actibus apostolorum, cum cæteris apostolis flagellatus invenitur, qui [*Ms.*, quando] *ibant gaudentes a conspectu concilii, quoniam digni habiti sunt pro nomine Jesu contumeliam pati* (*Act.* v, 41); et a Domitiano Cæsare in ferventis olei dolium missus in ecclesiastica narratur historia ; ex quo tamen divina se protegente gratia, tam intactus exierit, quam fuerat a corruptione concupiscentiæ carnalis extraneus. Nec multo post ab eodem principe, propter insuperabilem evangelizandi constantiam, in Pathmos insulam exsilio relegatur, ubi humano licet destitutus solatio, divinæ tamen visionis et allocutionis meruit crebra consolatione relevari. Denique ibidem Apocalypsin, quam ei Dominus de statu Ecclesiæ præsenti, vel futuro revelavit, manu sua conscripsit. Unde constat promissionem sic manendi, donec veniret Dominus, non eo pertinere quod sine labore certaminis victurus in mundo, sed illo potius, quod sine dolore passionis transiturus esset de mundo. Sicut enim in Patrum litteris invenimus, cum longo confectus senio, sciret imminere diem recessus sui, convocatis discipulis suis per monita [*Beda*, post monita] exhortationum ac missarum celebrationem, ultimum eis vale fecit : deinde descendens in defossum sepulturæ suæ locum, facta oratione, appositus est ad patres suos tam liber a dolore mortis, quam a corruptione carnis invenitur alienus. Atque ita completa est veridica illa Salvatoris sententia, quia sic eum voluerit manere, donec ipse veniret. Possumus autem mystice in his quæ Petro et Joanni a Domino prædicta atque in eis sunt gesta, duas Ecclesiæ vitas, quibus in præsenti exercetur, activam scilicet et contemplativam, designatas accipere, quarum activa communis populo Dei via vivendi est : ad contemplativam vero, perpauci, et hoc [*Beda*, et in hoc] sublimiores quique post perfectionem piæ actionis ascendunt. In eo etenim quod ait Petro Dominus : *Extendes manus tuas, et alius te cinget, et ducet quo non vis,* perfectionem exprimit activæ conversationis, quæ tentationum solet igne probari. Unde alibi de ea dicit apertius : *Beati qui persecutionem patiuntur propter justitiam* (*Matth.* v, 10). Cui recte subjungit dicens : *Sequere me.* Quia nimirum juxta ejusdem Petri vocem : *Christus passus est pro nobis, relinquens nobis exemplum, ut sequamur vestigia ejus* (*I Petr.* ii, 21). Quod autem dicit de Joanne, *Sic eum volo manere, donec venio,* statum contemplativæ virtutis insinuat, quæ non per mortem finienda ut activa; sed post mortem est perfectius Domino veniente complenda. Activus namque labor cum morte deficit, mercedem post mortem accepturus æternam : speculativa autem felicitas, quæ hic inchoatur, illic sine fine perficitur, quando et supernorum civium, et ipsius Domini præsentia, non per speculum et in ænigmate sicut nunc, sed facie ad faciem videbitur (*I Cor.* xiii, 12). Sequitur :

Vers. 24. — *Hic est discipulus ille, qui testimonium perhibet de his, et scripsit hæc : et scimus quia verum est testimonium ejus.* Jam manifeste beatus Joannes suam personam designat ex officio, quam designare vitat ex vocabulo. Non autem prætereunter intuendum, quod dicitur : *Qui testimonium perhibet de his, et scripsit hæc:* Perhibuit quippe testimonium verba Dei [*Ms. et Beda*, verbo Dei] prædicando ; perhibuit scribendo ; perhibuit denuo, eadem quæ scripserat docendo ; perhibet etiam nunc, Evangelium quod descripsit in Ecclesiis legendum pandendo. [a] [Siquidem a tempore Dominicæ passionis, resurrectionis et ascensionis in cœlum, usque ad ultima Domitiani principis tempora, per annos circiter sexaginta et quinque , absque ullo scribendi adminiculo verbum Dei prædicabat. At ubi a Domitiano, qui secundus post Neronem Christianorum persecutor exstitit, in exsilium missus est, irrumpentes in Ecclesiam hæretici, quasi in destituta a pastore ovilia lupi, Marcion, Cerinthus, Ebion, cæterique Antichristi, qui Christum fuisse ante Mariam negabant, simplicitatem fidei evangelicæ perversa maculavere doctrina. Sed dum ipse post occisionem Domitiani, permittente pio principe Nerva, rediret Ephesum, compulsus est ab omnibus pene tunc Asiæ episcopis et multarum Ecclesiarum legationibus, de coæterna Patri divinitate Christi altius facere sermonem, eo quod in trium evangelistarum scriptis, Matthæi videlicet, Marci, et Lucæ, de humanitate ejus, ac de his, quæ per hominem gessit, sufficiens sibi viderentur habere testimonium. Quod ille se non aliter facturum respondit, nisi indicto jejunio omnes in commune Dominum precarentur, ut illo digna scri-

---

[a] Quæ hic sequuntur uncinis inclusa, superius col. 740, etiam inserta habentur in Epistola dedicatoria ad Gislam et Richtrudam.

bere posset. Et hoc ita patrato, instructus revelatione, ac sancti Spiritus gratia ebriatus, omnes hæreticorum tenebras, patefacta (*Beda*, patefactæ) subito veritatis luce dispulit : *In principio*, inquiens, *erat Verbum, et Verbum erat apud Deum, et Deus erat Verbum.*] Similemque initiis totum sui sermonis cursum faciens, Dominum nostrum Jesum Christum sicut verum hominem, vere ex homine temporaliter factum, ita etiam verum Deum, vere ex Deo Patre æternaliter natum, vere cum Patre et cum Spiritu sancto semper existentem, clarissima assertione perdocuit : imo omnia divinæ veritatis et veræ divinitatis, quantum alteri mortalium nulli licuit, arcana reseravit. Et hoc virgini privilegium recte reservabatur, et ad scrutanda Verbi incorruptibilis sacramenta, incorrupto ipse non solum corde, sed et corpore procederet. De cujus dictorum veritate, quam sit nemini ambigendum, ipse quoque curavit ostendere : qui cum dixisset : *Hic est discipulus ille, qui testimonium perhibet de his, et scripsit hæc,* continuo subjecit et ait : *Et scimus, quia verum est testimonium ejus*. Quia ergo et nos cum cæteris fidelibus scimus quia verum est testimonium ejus, curemus per omnia ut recta fide intelligendo, recta operatione exercendo quæ docuit, ad dona perveniamus sempiterna quæ promisit. »

SUPPLETA EX MS. S. EMMERAMI.

VERS. 25. — *Sunt autem et alia multa, quæ fecit*

ᵃ Ex S. Aug., tract. cxxiv, num. 8.

Jesus, quæ si scribantur per singula, nec ipsum, arbitror, mundum capere eos qui scribendi sunt libros.
« ᵃ Non spatio locorum credendum est, mundum capere non posse, quæ in eo scribi quomodo possent, si scripta non ferret, sed capacitate legentium comprehendi fortasse non possent, quamvis, salva rerum fide, plerumque verba excedere videantur fidem. Quod non fit quando aliquid quod erat obscurum vel dubium, causa et ratione reddita, exponitur, sed quando id quod apertum est, vel augetur, vel extenuatur ; nec tamen a tramite significandæ veritatis erratur, quoniam sic verba rem quæ indicatur excedunt, ut voluntas loquentis, nec fallentis appareat, qui novit quousque credatur, a quo ultra quam credendum est, vel minuitur loquendo aliquid, vel augetur. Hunc loquendi modum Græco nomine non solum Græcarum, vel etiam Latinarum litterarum magistri *Yperbolen* vocant, qui modus, sicut hoc loco, ita in nonnullis aliis divinis litteris invenitur : ut est : *Posuerunt in cœlo os suum* (Psal. vii, 9) ; et : *Verticem capilli perambulantium in delictis suis* (Psal. lxvii, 22) : et multa hujusmodi, quæ Scripturis sanctis non desunt, sicut alii tropi, hoc est, locutionum modi. De quibus operosius disputarem, nisi evangelista terminante Evangelium suum, etiam ipse compellerer meum terminare sermonem. »

Explicit liber vii.

OPUSCULUM SEPTIMUM.

TRACTATUS ALBINI MAGISTRI
SUPER TRES S. PAULI
AD TITUM, AD PHILEMONEM ET AD HEBRÆOS EPISTOLAS.

MONITUM PRÆVIUM.

Beatum Fl. Alcuinum scripsisse commentarios in quatuor sancti Pauli Apostoli Epistolas, Vitæ illius coævus scriptor fide dignissimus testatur his verbis : « Scripsit et in quatuor Epistolas Pauli, ad Ephesios scilicet, ad Titum, ad Philemonem et ad Hebræos. » Scriptores quidam posterioris ætatis, Sixtus Senensis Bibl. Sanctæ libr. iii, Trithemius libr. De Script. Eccles. et libr. ii De Script. Ord. S. Ben. cap. 36, Joannes Baleus Cent. ii Script. Brit., Antonius Possevinus in Apparatu Sacro tom. I, referunt Alcuinum scripsisse libros omnino quatuordecim in omnes sancti Pauli Epistolas : verum unde hoc didicerint, et quænam sit illorum librorum seu commentariorum conditio, minime indicant ; quo ipso satis produnt, quod nullus eorum commentarios illos vel viderit, vel cui auctori, quos viderunt, deberentur, satis examinaverit ; alias certe, quod in aliis sibi bene cognitis Alcuini opusculis faciunt, illorum saltem initium dedissent. Fidei igitur scriptoris Vitæ Alcuini, eidem pene contemporanei, insistendum censeo, atque dicendum Alcuinum quidem in aliquas, non tamen in omnes sancti Pauli Epistolas commentatum fuisse.

Latuit vero hoc opus in hunc diem, et necdum integrum apparet. In insigni quidem bibliotheca celeberrimæ abbatiæ Einsiedlensis servatur codex ms. membraneus sæc. ix, notatus litteris B, 9, quo continetur : *Tractatus Albini magistri super tres sancti Pauli apostoli Epistolas, id est, ad Titum, ad Philemonem et ad Hebræos*. Ita enim ibidem titulus manu eadem qua integer liber scriptus est, exaratus est. Deficit ergo Tractatus in Epistolam ad Ephesios, qui primus est inter quatuor a Vitæ scriptore recensitos. Quæ vero causa sit hujus defectus in codice Einsiedlensi, divinare haud licet. Fortassis idem hic Tractatus in Epistolam ad Ephesios separatim a reliquis tribus ab Alcuino editus fuit ? Certe in vetusto catalogo celeberrimæ bibliothecæ Fuldensis singulariter recensetur apud Schannat part. i Hist. Fuldensis pag. 64. Tres igitur illos Tractatus e prælaudata bibliotheca Einsiedlensi, benevolentia viri clarissimi D. P. Meinradi Prenzer ejusdem principalis cœnobii alumni accepimus, et ex ipso cod. ms. nobis perbenigne communicato descripsimus; atque hoc loco tanquam genuinum Alcuini nostri partum hucusque ineditum cum eruditis communicamus, fidem codicis pene coævi, per ejusdem ætatis scriptorem confirmatam, secuti.

Cæterum sicut Alcuinus in reliquis suis in libros sacræ Scripturæ commentariis pauca ex suo ingenio, sed maximam partem ex aliorum sanctorum Patrum, ab Ecclesia diu approbatorum scriptis deprompsit, prout jam aliquoties monuimus, ita et hos quos in manibus habemus Tractatus ex iisdem compilavit; nimirum duos priores ex Commentariis sancti Hieronymi; ultimum vero ex sancti Joannis Chrysostomi homiliis in Epistolam ad Hebræos; secutus ibi versionem Mutiani scholastici, qualis exstat initio tom. XII Operum sancti Joan. Chrysost. edit. D. Bernardi de Montfaucon. Textum igitur cum editis illorum sanctorum Patrum Operibus contulimus, lectiones variantes et Alcuini additiones atque interpolationes uncinis discrevimus in commodum lectorum.

Porro hisce Tractatibus fragmenta quædam addere non importunum erit, ex pervetusto cod. ms. bibliothecæ illustrissimi capituli metropolitani Salisburgensis notato num. 74 descripta, ubi Albino attribuuntur breves Expositiones quorumdam singularium textuum, Epistolarum sancti Pauli apostoli ad Corinthios, ad Ephesios, ad Titum et ad Hebræos. Nullus enim dubito, Albinum illum esse Alcuinum nostrum, cujus ætati codicis quoque ætas concordat, et stylus stylo Alcuini similis est, ut ovum ovo. Non tamen, inquis, concordat expositio isthæc cum illa, quæ ad eosdem textus legitur in ipsis prioribus Tractatibus in Epistolas ad Titum et Hebræos. Respondeo differentiam non esse, nisi quod ibi alio modo pene idem dicatur, ut conferenti patebit. Hinc videtur hæc fragmenta non ex prioribus commentariis excerpta fuisse, sed singulares fortassis esse responsiones ad quæstiones super illos textus ipsi propositas, quales eidem sæpius fieri solebant.

---

650 EXPLANATIO IN EPISTOLAM PAULI AD TITUM.

PRÆFATIO

Hanc epistolam scribit Apostolus a Nicopolis civitate, quæ sita est in Hactiaco [Actiaco] littore, ad Titum discipulum suum et in Christo filium, quem Cretæ insulæ reliquerat ad ecclesias instruendas. Noluit enim sua absentia Cretenses in antiquo errore permanere, a quibus primum idololatriæ semina pullularunt. Et dum Titum rogavit propter prædicationis necessitatem ad se venire, præcipit ibi venire Artheman aut Tichicum, quorum doctrina et solatio foverentur Cretenses.

CAPUT PRIMUM.

Vers. 1. — *Paulus servus Dei, apostolus autem Christi Jesu.* [a] In Epistola ad Romanos ita exorsus est: *Paulus servus Jesu Christi, vocatus apostolus:* in hac autem servum se Dei dicit; apostolum vero Christi Jesu. Si enim Pater et Filius unum sunt, et qui crediderit in Filium, credit in Patrem, servitus quoque indifferenter apostoli Pauli [et omnium sanctorum] ad Patrem est referenda, vel ad Filium, [quia unus Deus est Pater et Filius, et una servitute colendus est. Hæc autem servitus charitatis est, non legis litteræ quæ occidit, sed spiritus qui vivificat.] Servus Dei ille est, qui non est servus peccati; quia *omnis qui facit peccatum, servus est peccati* (Joan. VIII, 34).

Apostolus autem Jesu Christi. Grandem sibi Paulus inter Christianos vindicat auctoritatem : apostolum Christi titulo prænotavit, ut ex ipsa lecturos nominis auctoritate terreret, [et excitaret ad timorem suæ prædicationis;] indicans omnes qui in Christo crederent, debere sibi esse subjectos. *Secundum fidem electorum Dei et agnitionem veritatis.* Referendum est ad superiora, quod intulit : *Paulus servus Dei, apostolus autem Christi Jesu. Secundum fidem electorum Dei,* id est, eorum qui non tantum vocati sunt, sed electi. Electorum quoque ipsorum magna diversitas est, pro varietate operum, sensuum atque sermonum. [Ideo addidit : *Secundum agnitionem veritatis,* id est, qui secundum fidem habent scientiam veritatis. Ut utrumque concordet, et fides vera et cognitio veritatis, addidit : *Quæ secundum pietatem est ;* quia quædam veritas non est secundum pietatem, ut grammatica, dialectica, geometria atque arithmetica :] habent enim hæ artes veram scientiam recte loquendi, sed non est scientia illa pietatis. Scientia pietatis est nosse legem Dei, intelligere prophetas, Evangelium credere, apostolorum dicta non ignorare, [et quantum bonum sit, Deum ex toto corde, ex tota anima et omnibus viribus diligere.] Hæc autem veritas, cujus cognitio secundum pietatem est, (Vers. 2) *in spe vitæ æternæ* posita est, quia statim ei qui eam cognoverit, præmium tribuit immortalitatis ; absque pietate vero notitia veritatis delectat ad præsens, sed æternitatem non habet præmiorum, *quam promisit non mendax Deus ante sæcula æterna :* et (Vers. 3) *manifestavit* eam *temporibus suis* in Christo Jesu. Cui autem ante promisit, et postea fecit perspicuam, nisi sapientiæ suæ, quæ erat semper cum Patre, cum lætaretur orbe perfecto, et gauderet super filios hominum, et repromisit eis quicunque in illa credituri essent, habituros esse vitam æternam? Antequam orbis jaceret fundamenta, antequam maria diffunderet, montes statueret, cœlum suspenderet, terram dejecta mole solidaret, hæc repromisit Deus, in quo mendacium non est : non quia possit mentiri, si nollet [Hier., et nolit] in falsitatis verba prorumpere ; sed quia qui Pater sit veritatis [et ipse verax], nullum in se potest habere mendacium.

Non absque re videtur breviter perstringere cur Deus solus verax, et omnis homo mendax Apostoli voce dicatur? Et nisi fallor, quomodo solus habere

[a] Ex S. Hieronymi Commentario in Epist. ad Titum.

dicitur immortalitatem, cum et angelos et multas rationabiles fecit creaturas quibus dederit immortalitatem; ita et solus dicitur esse verax, non quo [*Hier.*, quod] et cæteri non immortales et veritatis sint amatores, sed quo ille solus naturaliter sit et immortalis et verus : cæteri vero immortalitatem et veritatem ex largitione illius consequantur; et aliud sit verum esse habere [per naturam et] per semetipsum, aliud in potestate donantis esse quod habeas. Sed nec hoc silentio prætereundum quomodo non mendax Deus, ante æterna sæcula æternam sponderit vitam. Ex quo, juxta historiam Geneseos, factus est mundus, et per vices noctium ac dierum, mensium pariter et annorum, tempora constituta sunt, in hoc curriculo et rota mundi tempora labuntur, et veniunt, et aut futura sunt, aut fuerunt. Unde quidam philosophorum non putant esse tempus præsens, sed aut præteritum aut futurum; quia omne quod loquimur, agimus, cogitamus, aut dum fit, præterit; aut si nondum factum est, exspectatur [*Hier.*, exspectamus]. Ante hæc ergo mundi tempora, æternitatem quamdam sæculorum fuisse credendum est, quibus semper cum Filio et Spiritu sancto fuerit Pater : et, ut ita dicam, unum tempus Dei, est omnis æternitas : imo innumerabilia tempora sunt, cum infinitus sit ipse, qui ante tempora omne tempus excedit. Sex millia [*Hier.*, sex mille] necdum nostri orbis implentur anni, et quantas prius æternitates, quanta tempora ante sæculorum origines fuisse arbitrandum est, in quibus angeli, throni, dominationes, cæteræque virtutes servierint Creatori [*Hier.*, servierint Deo], et absque temporum vicibus atque mensuris, Deo jubente, substiterint *a*. Ante hæc itaque omnia tempora, quæ nec sermo eloqui, nec mens comprehendere, nec cogitatio tacita audet attingere, promisit Deus Pater sapientiæ suæ verbum suum, et ipsam sapientiam suam, et vitam eorum qui credituri erant, mundo esse venturam. Diligenter attendite textum et ordinem lectionis, quomodo [*Hier.*, quoniam] vita æterna, quam non mendax Deus ante sæcula æterna promisit, non alia sit absque verbo Dei.

Manifestavit enim, inquit, *temporibus suis Verbum suum* : id est, quam promisit vitam æternam, ipsa est Verbum suum, quod in principio erat apud Patrem; et Deus erat Verbum; et Verbum caro factum est, et habitavit in nobis. Quod autem Verbum Dei, hoc est, Christus ipse sit vita, in alio loco testatur dicens : *Ego sum vita* (*Joan.* XIV, 6). Vita vero non brevis, non aliquibus circumscripta temporibus, sed perpetua, sed æterna : quæ manifestata est in novissimis sæculis per prædicationem, quæ credita est Paulo doctori gentium et magistro, ut annuntiaretur in mundo, et hominibus nota fieret, juxta imperium Salvatoris Dei, qui nos salvos esse voluit, id, quod pollicitus fuerat, implendo. [*In prædicatione quæ credita est mihi secundum præceptum Salvatoris nostri Dei.* Legimus in Actibus apostolorum, quomodo Paulus in via Damascum pergens subito vocatus est, et quomodo Ananiæ dicitur : *Iste est mihi vas electionis* (*Act.* IX, 15). Et iterum : *Segregate mihi Paulum et Barnabam* (*Ibid.* XIII, 2). Hoc est præceptum Salvatoris, ut prædicent simbus Christum.] Sermo *b* quippe et sapientia et doctrina, qua Titus Christi ecclesias instruebat, efficiebant eum proprium apostoli filium, et ab omni aliorum consortio separatum. Videamus post hæc quod sequitur : *Secundum communem fidem.* Utrumnam omnium qui in Christo credebant, communem dixerit fidem, an communem suam tantum et Titi? Quod quidem mihi melius videtur, apostoli Pauli et Titi fidem fuisse communem, quam omnium credentium, in quibus pro varietate mentium fides communis esse non poterat, sed diversa.

Ad extremum præfatio epistolæ et salutatio præfationis Apostoli ad Titum tali fine completur : (VERS. 4) *Gratia et pax a Deo Patre et Christo Jesu Salvatore nostro :* sive quod et gratia et pax tam a Deo Patre sit, quam a Christo Jesu, et utrumque ab utroque datum possit intelligi; sive quod gratia ad Patrem, et pax referatur ad Filium. (VERS. 5.) *Hujus rei gratia reliqui te Cretæ, ut ea quæ deerant corrigeres.* [Apostolicæ dignitatis fuit fundamentum ponere, sicut sapiens architectus; Titi vero et aliorum discipulorum ejus superædificare.] Postquam dura Cretensium Paulus ad Christi fidem corda mollierat, et tam in sermone quam signis edomuerat *c* eos, ut in Deum Patrem et in Christum crederent, reliquit Titum discipulum Cretæ, ut rudimenta nascentis Ecclesiæ confirmaret, et si quid videbatur deesse, corrigeret, ipseque pergens ad alias nationes, ut rursum in eis Christi jaceret fundamentum : qui licet ab Apostolo correcti fuerant, tamen adhuc indigebant correctione. Omne autem quod corrigitur, imperfectum est. *Et constituas per civitates presbyteros, sicut et ego disposui tibi.* [Sunt autem episcopi quidam, non merita singulorum examinantes, sed eorum vel officio deliniti, vel sanguine juncti.] Ex quo manifestum est, eos qui Apostoli lege contempta ecclesiasticum gradum non merito voluerint alicui deferre, sed gratia, contra Christum facere, qui qualis in ecclesia presbyter constituendus sit, per Apostolum suum in sequentibus executus est. [Super hæc omnia maximum malum est, qui muneribus clericatum obtinent: omnes beatus Petrus princeps apostolorum initio Ecclesiæ in Simone Mago terribiliter percutit.] Oportet

---

a Opinionem de angelorum creatione ante hujus mundi visibilis conditionem, an sanctus Hieronymus ex propria, an aliorum veterum mente referat, dubitare licet. Vide ejusdem epist. 18 ad Damasum num. 7. Oppositum dogma longe plurium Ecclesiæ Patrum auctoritate suffultum invaluit; nimirum angelos cum terra ac luce prima die mundi conditos fuisse. EDIT. VERON.

b Hic omissum in ms. videtur initium Epistolæ, quod supplendum ex Hier. ibi : scribit autem Apostolus *Tito charissimo filio.*

c Hier addit : « et edocuerat eos non vernaculum Jovem, sed in Deum Patrem et in Christum credere. »

tet enim episcopum sine crimine esse, tanquam Dei dispensatorem. Idem est ergo presbyter, qui et episcopus a : et antequam diaboli instinctu studia [diversa] in religione ecclesiastica fierent, et diceretur in populis : *Ego sum Pauli; ego Apollo; ego autem Cephæ* (I Cor. 1, 12), communi presbyterorum consilio ecclesiæ gubernabantur. Postquam vero unusquisque eos quos baptizaverat, putabat suos, non Christi, in toto orbe decretum est, ut unus de presbyteris electus superponeretur cæteris, ad quem omnis cura Ecclesiæ pertineret, et schismatum semina tollerentur : [quod ex epistolis aliis ejusdem apostoli probari poterit; vel etiam ex Actibus apostolorum, ubi dicitur, vocasse Paulum de Epheso presbyteros,] quibus postea inter cætera sit locutus : *Attendite vobis et omni gregi, in quo vos Spiritus sanctus posuit episcopos pascere Ecclesiam Domini, quam acquisivit per sanguinem suum* (Act. xx, 28). [Quos ante presbyteros, nunc autem episcopos appellat.] Et Petrus, qui ex fidei firmitate nomen accepit, in Epistola sua loquitur, dicens : *Presbyteros ergo in vobis obsecro compresbyter et testis Christi passionum; pascite qui in vobis est gregem Domini* (I Petr. v, 1). [Olim vero omnis presbyter episcopus recte dicebatur : at nunc omnis episcopus presbyter potest dici, non omnis presbyter episcopus ; quia, ut dissensionis plantaria excluderentur, ad unum omnis sollicitudo Ecclesiarum, quasi ad Patrem, delegata est, qui quasi filios diligat, et gubernet subjectos sibi, non tribunitia potestate, sed pietate paterna : iidemque et quasi filii, singuli gradus in ecclesiis, honorificent episcopos suos.] Videamus igitur qualis presbyter sive episcopus ordinandus sit.

VERS. 6, 7. — *Si quis est sine crimine, unius uxoris vir, filios habens fideles, non in accusatione luxuriæ, aut non subditos peccato. Oportet enim episcopum sine crimine esse, tanquam Dei dispensatorem.* Primum enim sine crimine sit [ejusmodi dispensator Ecclesiæ Christi]; quod apud Timotheum *irreprehensibilem* dicit. Quomodo enim potest [præesse Ecclesiæ, et] auferre malum de medio ejus, qui in delictum simile corruerit? Aut qua libertate poterit corrigere peccantem, dum novit se eadem, quæ castigat in alio, admisisse [Hier., cum tacitus sibi ipse respondeat, eadem admisisse, quæ corripit]? Quod autem ait, *unius uxoris vir,* sic intelligere debemus, [ut honorabile connubium habeat, qui in episcopatu eligendus est : non vaga libidine inquinatus altari Dei assistere audeat.] Non tamen omnimodis omnem monogamum digamo putamus esse meliorem; sed quo is possit ad monogamiam et continentiam cohortari, qui suum exemplum præfert [Hier., præferat] in docendo. [Sunt qui ita intelligunt hoc mandatum Apostoli : *unius uxoris virum,* id est, catholicæ Ecclesiæ doctorem, ne per hæreticas pravitates efferatur foras per lupanaria diversarum sectarum. Sed et æstimant quidam, ex hac apostolica sententia episcopis non licere transire de ecclesia aut de civitate ad ecclesiam quæstus causa. Quia rarus est qui de majori et **653** ditiori transire cupiat ad minorem et pauperculam.] *Filios habens fideles, non in accusatione luxuriæ, aut non subditos peccato.* Non itaque justus polluitur ex vitiis filiorum, sed libertas [castigandi alios] Ecclesiæ principi ab Apostolo reservatur. [Quomodo festucam alterius de domo altera (*Suppl.* tollere) potest, qui trabem habet in filiorum peccatis in sua domo? Talis enim debet episcopus esse, ut non timeat propter vitia liberorum extraneos reprehendere, ne forte quislibet tacitus frater respondeat, quare proprios liberos non emendare curam habes? Si enim peccata filiorum ab episcopatu justum prohibent; quanto magis propria peccata removere eum debent ab altari Christi?] Ad extremum hoc dicendum est, in Scripturis filios λογισμούς, id est, *cogitationes,* filias vero πράξεις, id est, *opera,* intelligi debere : et eum nunc episcopum præcipit debere fieri, qui et cogitationes et opera in sua habet potestate, et vere credat in Christo, et nulla subripientium vitiorum labe maculetur.

Oportet ergo episcopum sine crimine esse, tanquam Dei dispensatorem. Quæritur ergo inter dispensatores ut fidelis quis inveniatur, et non comedens et bibens cum ebriosis, percutiat servos et ancillas [Domini sui]; sed incertum Domini [Hier., Dei] [cautus] exspectet adventum, et det conservis in tempore [doctrinæ catholicæ] cibaria. Sciat autem episcopus et presbyter sibi populum conservum esse, non servum. [Quapropter non opprimat eum quasi vile mancipium, sed erudiat eum cum omni charitate quasi filium.] *Non superbum,* id est, non tumentem aut placentem sibi quod episcopus sit, sed opus [bonum amplecteptem et] id requirentem quod plurimis prosit. *Non iracundum,* [id est, levi vento, quasi folium pendens in ramo moveatur.] Et revera nihil est fœdius præceptore furioso : [non enim qui aliquando irascitur, iracundus est; sed ille dicitur iracundus, qui crebro hac passione superatur.] *Non vinolentum.* Sed hoc nunc dixisse sufficiat, quod secundum Apostolum in vino luxuria est : et ubicunque saturitas atque ebrietas fuerint, ibi libido dominetur. Miramur autem apostolum in episcopis sive presbyteris damnasse vinolentiam, cum in veteri quoque lege præceptum sit sacerdotes, cum ingrediuntur templum ministrare Deo, vinum omnino non bibere (*Levit.* x). [Nazareos quoque ab omni vino, et sicera, quandiu sanctam comam nutriant, abstinere (*Num.* vi).] *Non percussorem :* quod quidem et simpliciter intellectum ædificat audientem, ne facile manum porrigat ad cædendum [vel ad arma prorumpere : sed altius consideratum melius ædificat, ne aliquid episcopus efficiat, quod mentes intelligentium et videntium offendat, sed sit mansuetus in sermone, et moribus honestus, ne perdat eum quem temperantia vitæ et verborum erudire potuit]. *Non turpis lucri,* etc.

---

a De hac sancti Hieronymi sententia, de episcoporum supra presbyteros dignitate, vid. epist. ejusdem 146 ad Evangelum, et editoris Veronensis annotationem.

[Turpis lucri [a]] appetitio, est plus de præsentibus cogitare quam de futuris. Episcopus qui imitator esse Apostoli cupit, habens victum et vestitum, his tantum debet esse contentus (*I Tim.* VI). Qui altario serviunt, de altario vivant (*I Cor.* IX). *Vivant*, inquit, et non, *divites fiant.* Hucusque quid non debeat habere episcopus sive presbyter, Apostoli sermone præceptum est : nunc e contrario, quid habere debeat explicatur.

Vers. 8. — *Sed hospitalem, benignum.* Ante omnia hospitalitas futuro episcopo præcipitur [*Hier.*, denuntiatur]. Si enim omnes illud de Evangelio audire desiderant : *Hospes fui, et suscepistis me* (*Matth.* xxv, 35), quanto magis episcopus, cujus domus omnium commune debet esse hospitium [et satis peregrinorum atque venientium benigna susceptio in ea, ita ut humili officio etiam pedes laventur eorum]? *Pudicum, justum, sanctum.* Si autem laicis imperatur ut propter orationem abstineant se ab uxore [*Hier.*, ab uxorum] coitu, quid de episcopo sentiendum est, qui quotidie pro suis populique peccatis immaculatas [*Hier.*, illibatas] [orationes sanctorum (*Leg.*, orationum sanctarum)] Deo oblaturus est victimas? [Nam Abimelech sacerdos propositionis panes renuit David et pueris suis dare, nisi audiret pueros esse mundos a mulieribus, non utique alienis, sed propriis.] Tantum interest inter propositionis panes et corpus Christi, quantum inter umbram et corpora, inter imaginem et veritatem, inter exemplaria futurorum et ea ipsa quæ per exemplaria præfigurabantur. Quomodo igitur hospitalitas, benignitas præcipue debent esse in episcopo, sic etiam et castitas proprie, et, ut ita dixerim, pudicitia sacerdotalis est, ut non solum ab opere immundo abstineat, sed etiam a tactu illicito et cogitatione erroris [*Hier.*, a jactu oculi et cogitationis errore] mens Christi corpus confectura sit libera. *Justus* quoque episcopus esse debet et *sanctus*, et justitiam in populis quibus præest exercere; nec personas respicere in judicio, [sed omni personæ justa discernens (*Forte*, decernens). Et *sanctum*, ad suam vitam; ut non solum verbis doceat, sed etiam exemplis erudiat populum sibi commissum. (Vers. 9.) *Continentem, amplectentem eum, qui secundum doctrinam est, fidelem sermonem.* Abstinentem enim decet episcopum esse, non solum in carnali desiderio, verum etiam in verborum moderatione; imo et præcipue in cogitatione, ut habeat in potestate quid cogitet, quid loquatur, et quid faciat.] Ad extremum obtineat eum, *qui secundum doctrinam est, fidelem sermonem;* ut quomodo sermo Dei fidelis est et omni acceptione dignus, sic et ille talem se præbeat, ut omne quod loquitur, fide dignum existimetur, et verba ipsius sint regula veritatis. *Ut potens sit exhortari in doctrina sana, et eos qui contradicunt, arguere.* Hoc est, potens sit eos qui sæculi istius turbinibus exagitantur, consolari, et per sanam doctrinam [id est, catholicam, hæreticas pravitates]

destruere. Sana autem doctrina dicitur ad distinctionem languidæ infirmæque doctrinæ. Talis quoque sit, ut contradicentes [libera voce] arguere valeat hæreticos, sive Judæos et sæculi istius sapientes. Superiora quidem, quæ in episcopi virtutibus posuit, ad vitam pertinent [honestam]; hoc vero quod ait, *ut potens sit consolari in doctrina sana, et contradicentes arguere*, referendum est ad scientiam [perfectam] : quia si episcopi tantum sancta sit vita, sibi potest prodesse sic vivens; porro si et doctrina et sermone fuerit eruditus, potest cæteros quoque instruere; et non solum instruere et docere suos, sed et adversarios repercutere.

Vers. 10, 11. — *Sunt etiam multi inobedientes, vaniloqui, seductores, maxime qui de circumcisione sunt, quos oportet argui, qui universas domus subvertunt, docentes quæ non oportet, turpis lucri gratia.* Qui Ecclesiæ futurus est princeps, habeat eloquentiam cum vitæ integritate sociatam, ne opera absque sermone sint tacita, et dicta factis delinquentibus [*Hier.*, factis deficientibus] erubescant. [Sunt plurimi et non pauci qui bonam sementem Verbi Dei] inani persuasione corrumpunt; [hi etiam perversis doctrinam sanctarum Scripturarum sententiis confirmare nituntur : ideo doctorem Ecclesiæ decet Scripturas sanctas discere diligenter, ut si percussus fiat in dexteram maxillam, mox præbeat percutienti alteram.] Hi sunt de circumcisione Judæi, qui tunc temporis nascentem Christi Ecclesiam subvertere conati sunt [*Hier.*, nitebantur], et introducere præcepta legalia, [circumcisionem scilicet et sabbata et cætera legis præcepta.] Tales homines doctor Ecclesiæ, cui animæ populorum creditæ sunt, Scripturarum debet ratione superare, et silentium testimoniorum pondere imponere : qui non unam aut paucas domos, sed universas cum dominis familiasque subvertunt, docentes de ciborum differentiis, [cum omnia munda sint mundis.] Verum quia Deus est venter ipsorum, *turpis lucri gratia* volunt proprios facere discipulos, ut quasi magistri a sectatoribus suis fallantur [*Hier.*, alantur] [et honorificentur]. Omnis itaque hæreticus, qui quibusdam præstigiis homines fallit, et fallitur, loquitur quæ non oportet turpis lucri gratia; [lucrator est perversus ad mortem animarum, non ad vitam;] e contra qui errantem fratrem suum juxta Evangelium corripuerit [et correxerit], lucratus est eum; quod enim magis lucrum potest esse, aut quid pretiosius quam si humanam animam quis lucretur Deo? (Vers. 12.) *Dixit quidam ex illis proprius ipsorum propheta : Cretenses semper mendaces, malæ bestiæ, ventres pigri.* Videte [*Hier.*, videtur] hoc esse dupliciter legendum; ut hoc quod ait, *dixit quidam ex illis proprius eorum propheta*, cum superioribus copuletur, *Hujus rei gratia reliqui te Cretæ, ut ea quæ deerant corrigeres;* [et ad hunc sensum respiciat, quod ait :] *Dixit quidam ex illis proprius eorum propheta*, id est, Cretensium. Aut cum vicinioribus jungendum est, *ut*

---

[a] Hæc verba quæ in ms. desunt, addimus ex conjectura ob integritatem sensus.

legamus : Sunt etiam multi et non subditi, vaniloqui et mentium deceptores, maxime autem qui de circumcisione sunt : quos multos et non subditos, vaniloquos et mentium deceptores cum his qui de circumcisione sunt, oportet **655** refrenari; qui universas domos subvertentes, docentes quæ non oportet, turpis lucri gratia; [talium enim, id est, qui turpis lucri gratia docent,] dixit quidam ex illis proprius ipsorum propheta : ut id quod ait : *proprius eorum propheta*, non specialiter ad Judæos, et eos maxime qui de circumcisione sunt, sed ad multos referatur, qui non subditi sunt, et vaniloqui et mentium deceptores sunt, quorum utique [*Hier.*, qui utique], quia in Crete erant, Cretenses esse credendi sunt. Dicitur enim ille versiculus in Epimenidis Cretensis poetæ Oraculis reperiri, quem in præsentiarum sibi [*Forte, ibi*] ludens prophetam vocavit; quod scilicet tales Christiani tales mereantur habere prophetas, quomodo et prophetæ erant Bahal [Baal] [et idolorum, ut legitur in Regum libris]. Denique ipse liber, [unde Apostolus hæc tulit,] *Oraculorum* titulo prænotatur; quem quia videbatur divinum aliquid repromittere, propterea Apostolum arbitror inspexisse, ut videret quid gentilium divinatio polliceretur : et in tempore abusum esse versiculo scribentem ad Titum, qui erat Crete, ut falsos Cretensium doctores proprio insulæ auctore contereret [*Hier.*, insulæ doctore convinceret], [quod eumdem Apostolum in aliis locis fecisse invenitur; sicut in Actibus apostolorum titulum inveniens de *ignoto Deo*, et exinde sumpsit prædicationis officium.]

VERS. 13. — *Testimonium*, inquit, *verum est*; non totum carmen, de quo testimonium sumptum est, non universum opus, sed tantum hoc testimonium. *Quam ob causam increpa illos dure, ut sani sint in fide*. (VERS. 14.) *Non intendentes Judaicis fabulis et mandatis hominum se aversantium a veritate*. Ait enim : Increpa illos acriter; mendaces quippe sunt et malæ bestiæ et ventris pigri, qui falsa suadent, qui ferarum ritu sanguinem sitiunt deceptorum; et non cum silentio operantes suum panem manducant, *quorum Deus venter est, et gloria in confusione eorum*. Hos tales *increpa, ut sani sint in fide* : de qua fidei sanitate in consequentibus loquitur; senes sobrios esse, honestos, pudicos, sanos in fide et charitate et patientia; [de qua sanitate fidei et ad Timotheum scribit :] *Si quis aliter docet et non acquiescit sanos sermones* [Leg. *sanis sermonibus*] *Domini nostri Jesu Christi* (*I Tim.* VI, 3). [Sanos sermones vocat, et quod observantibus eos sanitas operetur in eis.] *Non intendentes Judaicis fabulis et mandatis hominum aversantium veritatem*, [de quibus ad Galatas et Romanos plenissime disputatur, qui putabant inter cibos esse distantiam, cum aliqui mundi, aliqui viderentur immundi. Propterea nunc infert :] (VERS. 15) *Omnia munda mundis*; his videlicet qui in Christo credunt, et sciunt omnem creaturam bonam esse, et nihil abjiciendum quod cum gratiarum actione percipitur. *Coinquinatis autem et immundis nihil est mundum, sed* *inquinata est eorum mens et conscientia.* Propterea etiam quæ munda sunt per naturam, eis immunda fiunt [per culpam]; non quod vel mundum sit aliquid vel immundum, sed pro qualitate vescentium. [Legitimus cibus et a catholica Ecclesia usitatus, mundus est mundis; immundus coinquinatis, quorum mens et conscientia immunda est :] ideo infideles quosque atque pollutos etiam panis benedictionis, et calix Dominicus non juvat, [sed magis pollutos facit,] quia qui indigne comederit de pane illo, et de calice biberit, judicium sibi manducat et bibit (*I Cor.* II). In nobis itaque est vel munda comedere vel immunda. Si enim mundi sumus, munda nobis est creatura; si autem immundi et infideles, sunt [*Hier.*, fiunt] etiam nobis universa communia; sive per inhabitantem in cordibus nostris hæresin, sive per conscientiam delictorum. (VERS. 16.) *Confitentur*, inquit, *se nosse Deum, factis autem negant, cum sint abominati et incredibiles, et ad omne opus bonum reprobi;* secundum illud, quod in Isaia dicit : *Populus hic labiis me honorat, cor autem eorum longe est a me* (*Isaiæ* XXIX, 13). Quomodo igitur labiis quis honorat et corde procul recedit, ita quis Deum sermone confitens, operibus negat : negans autem Deum operibus, confessione simulata, recte execrabilis et profanus est; et nulla veritatis ratione persuasus inobediens, et incredulus recte appellatur. [Nec in martyrio mente corruptus, quis solummodo Christum negabit;] sed quotiescunque vincimur vitiis atque peccatis, [et Dei mandatis contraria agimus] toties Deum negamus; et e contrario; quoties bene quid agimus, Dominum confitemur [et laudamus].

656 CAPUT II.

VERS. 1. — *Tu vero loquere sanam doctrinam.* Aliud est sanam doctrinam loqui, aliud ea quæ sanæ conveniunt docere doctrinæ; quia in altero simplex tantum institutio est, in altero cum ea quæ doceas [*Hier.*, cum eo, quod doces], vitæ quoque correctio; *qui enim solverit unum de mandatis minimis, et docuerit sic homines, minimus vocabitur in regno cœlorum* (*Matth.* V, 19). [Erit autem doctor qui verbo docet, et opere destruit quæ docet, sed minimus : *qui autem fecerit et docuerit sic homines, magnus vocabitur in regno cœlorum*, quia opere implet quod ore docet.] Hoc enim nunc Apostolus Titum filium in Christo et discipulum docet, ut ea loquatur quæ sanæ conveniunt doctrinæ; quia tunc doctrina est sanitas, cum doctoris doctrina pariter et vita consentiunt. (VERS. 2.) *Senes sobrios esse, honestos, pudicos, sanos in fide et charitate et patientia*. Nunc vero per singulas ætates et personas sic decenter præcepta constituit, ut sermo ejus vitæ morum sit regula. Senes igitur *sobrios*, [in bonis moribus;] *honestos*, ut ætatis gratiam [*Hier.*, gravitatem] morum gravitas decoret. *Pudicos*, ne in aliena ætate luxurient, ne jam frigido a libidine sanguine exemplum sint adolescentibus ad ruinam. *Sanos in fide*; non tantum in fide, etiam in charitate et patientia [et omni genere virtutum], ut cum primam fidei habuerint sanitatem, audiant a Salvatore : *Fides tua te salvum fecit* (*Marc.* x, 52). [De hujus fidei integritate plenius cum exemplis in Epistola ad Hebræos idem beatus apostolus disputat.] Quomodo igitur est fidei sanitas, ita et eadem sanitas in charitate est. Quis autem sanitatem possidet charitatis, nisi ille qui primum Deum dilexerit ex tota anima sua, et ex toto corde suo, et ex totis viribus suis, deinde Christi præceptum audiens in proximum compleverit charitatem [*Hier.*, diviserit charitatem]? Quia in his duobus mandatis tota lex pendet et prophetæ, [plenitudo vero legis charitas est,] quia qui sanus est in fide et charitate, sanus quoque sit in patientia, quæ maxime in tentationibus comprobatur. (Vers. 3.) *Anus similiter in habitu sancto, non criminatrices, non vino multo servientes: bene docentes, ut prudentiam doceant.* Tametsi apostolus Petrus præceperit ut viri uxoribus suis tanquam infirmiori vasculo honorem tribuant, non tamen arbitrandum est quod uxor, quæ corporis vasculum habet infirmum, statim et anima infirmior sit. Unde et nunc præcipitur eis, ut in ipsis quoque illud Apostoli compleatur : *Virtus in infirmitate perficitur* (*II Cor*. XII, 9). [Quod vero ait : *Anus similiter*, etc., eadem præcepta vult illas observare quæ superius senibus viris statuit,] id est, ut sobriæ sint, honestæ, sanæ in fide, et charitate et patientia; et pro sexu suo hoc habeant proprium, ut sint *in habitu sancto. Non criminatrices,* non tales, ut aliis placeant, de aliis detrahant. [Si quam juvencularum videant indigne facere,] non tam apud cæteros debet accusare, quam ipsam in secreto, Christi charitate, corripere; et magis docere ne faciat, quam in publico accusare quod fecerit. *Non vino multo servientes.* A vini vero nimio potu anus prohibentur; quia quod [*Cod.*, quotquot] in adolescentibus libido, hoc in senili ætate ebrietas perpetrat [*Hier.*, hoc in senibus ebrietas est]. Ideo expresse dicit, *non vino multo servientes;* servitus enim quædam est et extrema conditio, vino sensus hominis occupare [*Hier.*, occupari]; non suum esse, sed vini. Talibus consequenter doctrinis eis frena immittit [*Hier.*, doctrinæ eis frena permittit], ut cum tales fuerint, docendi habeant libertatem, ut scilicet doceant ea quæ bona sunt. Licet enim alio loco dixerit : *Docere autem mulieribus non permitto* (*I Tim.* II, 12); sic intelligendum est, ut in viros illis sit doctrina sublata : cæterum adolescentulas doceant, quasi filias suas, primum castitatem; quia adversus hanc magis in ætate florenti pugnat inimicus, et virtus ejus contra feminas in umbilico ventris est.

Vers. 4, 5. — *Adolescentulas* [*Cod., Adulescentulas et adhulescentulas*], *ut viros suos diligant, filios ament. Prudentes, sobrias, castas, domus curam habentes, benignas, subditas viris suis, ut non blasphemetur verbum Dei.* [Anus vero vult admonere adolescentulas ut diligant viros suos, non in passione desiderii carnalis, sed in Christi charitate]. Vult eas amare viros suos caste, ut inter virum et mulierem casta sit dilectio, et opera liberorum se credant ante Dei oculos et sanctorum angelorum peragere. Filios autem ita diligant, si eos erudiant in Dei disciplina. Cæterum nolle eos contristare, 657 decendo quæ bona sunt; et libertatem tribuere peccandi non est amare filios, sed odisse. [Erudiantur quoque, ut domus; id est, servorum et ancillarum habeant in benignitate curam.] Addidit, *benignas,* [ne austeritate regeretur familia.] Addidit, et *subditas viris suis,* ne forte divitiis et nobilitate perflatæ Dei sententiæ non meminerint, per quam subjectæ sunt viris. Ait quippe Deus ad mulierem : *Ad virum tuum erit conversatio* [*Leg., conversio*] *tua; et ipse tui dominabitur* (*Gen.* III, 16). Dicitur enim : Non est creatus vir propter mulierem, sed mulier propter virum. Et cum caput mulieris vir sit, caput autem viri Christus, quæcunque uxor non subjicitur viro [*Hier.*, viro suo] [religioso et Deum timenti], hoc est, capiti suo, ejusdem criminis rea est, cujus et vir si non subjiciatur Christo capiti suo. *Ne verbum mei blasphemetur;* vel dum contemnitur Dei prima sententia et pro nihilo ducitur : vel Christi infametur Evangelium, dum contra legem fidemque naturæ ea quæ Christiana est et ex Dei lege subjecta, viro imperare desiderat suo; cum etiam gentiles feminæ viris suis serviant communi lege naturæ. (Vers. 6.) *Juvenes similiter exhortare ut pudici sint.* Proprium autem adolescentularum hoc posuit, ut pudicæ sint [*Hier.*, adolescentulorum... ut pudici sint] in omnibus, tam scilicet mente quam corpore, tam opere quam cogitatione, ut nulla sit in adolescente suspicio turpitudinis. Sciendum quoque hoc quod continentia non solum in carnis opere et in animi concupiscentia, sed in omnibus rebus necessaria sit : ne honores indebitos appetamus, ne accendamur avaritia, ne ulla passione superemur. *In omnibus;* ad superiora est referendum, id est, hortare ut pudici sint in omnibus. (Vers. 7.) *Te ipsum præbe exemplum bonorum operum.* Nihil prodest aliquem exercitatum esse in discendo, et ad loquendum trivisse linguam, nisi plus exemplo docuerit quam verbo. [*In doctrina, in integritate. In doctrina,* ait, ut opere impleas quod ore doces. *Integritas* vero ad virginitatem proprie pertinet; unde et alia translatio ait : *In incorruptione;* nam virgines dicuntur incorruptæ.] (Vers. 8.) *In gravitate, in verbo sano et irreprehensibili.* [Doctorem ecclesiasticum gravitatem, id est, honestos mores decet habere. De sermone itaque sano superius dictum est.] *Et irreprehensibili.* De irreprehensibili dicimus, non quo ullus tantæ facundiæ et prudentiæ sit ut a nemine reprehendatur, sed quod nihil dignum reprehensione dicat aut faciat, licet adversarii sint ad reprehendendum parati. *Ut is qui ex adverso est, vereatur, nihil habens malum dicere de nobis.* [*Ex adverso,* id est, adversarius nihil habeat veri vel verisimile, quamvis paratus sit reprehendere, contradictionis locum.] Potest autem hic, qui ex adverso est, diabolus intelligi, qui accusator est fratrum nostrorum, ut Joannes evangelista prædicat; qui cum nihil habuerit mali quod nobis objiciat, erubescit, et criminator non poterit criminari. *Diabolus autem in Latina lingua criminator* sonat.

VERS. 9, 10. — *Servos dominis suis subditos esse, in omnibus placentes, non contradicentes, non fraudantes, sed in omnibus fidem bonam ostendentes;* quoniam Dominus et Salvator noster, qui in Evangelio ait : *Venite ad me omnes, qui laboratis et onerati estis, et ego reficiam vos* (*Matth.* XI, 28), nullam conditionem, ætatem, sexum a beatitudine arbitratur alienum : propterea nunc Apostolus et servis præcepta constituit ; [scilicet ut facti Ecclesiæ membrum, quæ corpus est Christi, et ipsam salutem consequantur æternam.] Et quomodo superius senes, anus, adolescentulas, juvenes, quid Titus erudire deberet, edocuit, ita nunc servis apta præcepta constituit. Primum ut subditi sint dominis suis in omnibus ; in his autem omnibus quæ non sunt contraria Deo ; ut si dominus eos jubet quæ non sunt adversa Scripturis sanctis, subjiciantur servituti domini [*Hier.*, subjiciatur servus domino] ; sin vero contraria præcepta, magis obediant spiritui quam corpori [*Hier.*, magis obediant spiritus, quam corporis domino] : [*Placentes*, duobus modis intelligitur ; hoc est, sibi placentes in suo servitio : aut etiam dominis placentes, omnia fideliter et humiliter implentes quæ jubentur.] *Non contradicentes* : hoc ideo ait, quia maximum vitium est servorum dominis contradicere, et cum aliquid jusserint, mussitare. Si enim quæ dominus imperat necesse habet servus implere, cur hoc ipsum non cum bona faciat voluntate? *Non furantes.* Hoc aliud vitium servorum doctrina Christi corrigit ; fur autem non solum in majoribus sed et in minoribus judicatur. Non enim id quod furto ablatum est, sed mens furantis attenditur. Sint itaque servi subditi dominis suis in omnibus ; sint complacentes conditionis suæ, ut non ferant aspere servitutem, ut non contradicant dominis, non furentur, et post hæc *in omnibus fidem bonam ostendant, ut doctrinam Salvatoris nostri Dei ornent in omnibus.* Si enim apud carnales dominos in minimo fideles fuerint, incipient eis apud Dominum [*Hier.*, apud Deum] majora committi. Ornat autem doctrinam [*Cod.* omit. doctrinam] domini, qui ea quæ conditionis suæ ablata sunt [*Hier.*, quæ conditioni suæ apta sunt], facit. Quomodo enim potest fidelis esse in substantia Dei, [et ecclesiastico officio,] qui carnali domino fidem exhibere non potuit?

VERS. 11-14. — *Apparuit enim gratia Dei Salvatoris nostri omnibus hominibus, erudiens nos, ut abnegantes impietatem et sæcularia desideria, sobrie, juste et pie vivamus in hoc sæculo : exspectantes beatam spem et adventum gloriæ magni Dei et Salvatoris nostri Jesu Christi : qui dedit semetipsum pro nobis, ut nos redimeret ab omni iniquitate, et mundaret sibi populum acceptabilem sectatorem bonorum operum.* Post catalogum doctrinæ ad Titum, quid senes, quid anus, quid adolescentulas et juvenes, quid ad extremum servos erudire deberet, recte nunc intulit : *Apparuit enim gratia Salvatoris Dei omnibus hominibus.* Non est enim aliqua differentia liberi et servi, Græci et Barbari, circumcisi et habentis præputium, mulieris et viri ; sed cum Christo unum sumus universi, ad Dei regnum vocamur omnes. Post offensam Patri nostro reconciliandi sumus, non per merita nostra, sed per gratiam Salvatoris : vel quod Dei Patris vivens vel subsistens gratiæ [*Hier.*, gratia] ipse sit Christus ; vel quod Christi Salvatoris Dei hæc sit gratia : et non nostro merito salvati simus, secundum illud quod in alio loco dicitur : *Pro nihilo salvabis eos* (*Psal.* LV, 8). Quæ gratia omnibus hominibus ideo illuxit, ut erudiret nos abnegare impietatem, sæcularia desideria, pudice et juste et pie vivere in hoc sæculo. Quid sit autem abnegare impietatem, quid sæcularia desideria, ex eo quod supra exposuimus : *Deum confitentur se scire, factis autem negant,* intelligi posse confido. Sæcularia igitur desideria sunt, quæ a mundi hujus principe suggeruntur ; et cum sint sæculi hujus amatores, cum sæculi nube pertranseunt. Nos autem cum pudice et juste, nec corpore scilicet nec mente peccantes, vixerimus in Christo, pie quoque vivamus in hoc sæculo : quæ pietas *exspectat beatam spem et adventum gloriæ magni Dei et Salvatoris nostri Jesu Christi.* Sicut enim impietas magni Dei reformidat adventum, ita secura de opere suo et de fide illum pietas præstolatur. Ubi est serpens Arius, ubi Eunomius coluber [tortuosus]? Magnus Deus Salvator Christus dicitur, non primogenitus omnis creaturæ, non verbum Dei et sapientia, sed Jesus Christus ; quæ vocabula assumpti hominis sunt. Neque vero alium Jesum Christum, alium Verbum dicimus, ut Nestoriana hæresis [*Hier.*, ut nova hæresis] calumniatur ; sed eumdem et ante sæcula et in sæcula et ante mundum, et per Mariam [*Hier.*, post Mariam], imo ex Maria magnum Deum appellamus Salvatorem nostrum Jesum Christum, qui dedit semetipsum pro nobis, ut pretioso sanguine nos redimeret ab omni iniquitate, et mundaret sibi populum [acceptabilem, sectatorem bonorum operum, id est æmulatorem]. (VERS. 45.) *Hæc loquere et exhortare.* Quod vero ait, *loquere,* ad doctrinam videtur esse referendum ; quod vero intulit, *exhortare,* ad consolationem pertinet. Quod vero tertio subinfert : *Increpa cum omni imperio,* id est, quicunque doctrinam et consolationem non audiat, increpatione sit dignus, et mereatur audire : *Obliti estis consolationis quæ vobis ut filiis loquitur Deus. Nemo te contemnat,* hunc sensum habet : Nemo eorum qui in Ecclesia sunt, te segniter agente sic vivat, ut se putet meliorem. Qualis enim ædificatio erit discipuli, si intelligat magistro se esse majorem? Unde magnopere episcopi, presbyteri et diaconi debent providere, ut cunctum populum cui præsident, conversatione et sermone præcedant.

CAPUT III.

VERS. 1. — *Admone illos principibus et potestatibus subditos esse, dicto obedire, ad omne opus bonum paratos esse.* Tale quid et ad Romanos scribitur: *Omnis anima potestatibus sublimioribus subdita sit, non est enim potestas, nisi a Deo* (*Rom.* XIII, 1). [Nam et ipse Dominus tentantibus Judæis respondit :] *Reddite Cæsari quæ sunt Cæsaris, et Deo quæ sunt Dei* (*Matth.* XXII, 21). Cui responsioni Paulus apostolus congruens docet, principibus et potestatibus credentes in Christo debere esse subjectos. Poterat his qui tormenta formidant, occasio ad negandum dari [ex hoc præcepto]; sed caute subjecit, *obedire ad omne opus bonum.* Si bonum est quod præcepit imperator et præses, jubentis obsequere voluntati : sin vero malum et contra Deum sapit, responde ei illud de Actibus apostolorum : *Obedire oportet Deo magis quam hominibus* (*Act.* V, 29). Hoc ipsum et de servis intelligamus quod dominos, et de uxoribus apud viros, et de filiis apud parentes [et de discipulis apud magistros,] quod in illis [hæ personæ] tantum debeant subjecti esse [majoribus] quæ contra Dei mandata non veniant ; [et ad ea tantum paratos esse quæ contra Domini mandata non jubentur.] (VERS. 2.) *Neminem quoque blasphemare.* Igitur Michael archangelus, *quando cum diabolo disputabat de Moysi corpore, non fuit ausus inferre judicium blasphemiæ, sed dixit : imperet tibi Deus* (*Jud.* 9). Ergo si Michael non fuit ausus diabolo, et certe maledictione dignissimo, judicium inferre blasphemiæ, quanto magis nos ab omni maledicto puri esse debemus? Merebatur diabolus maledictum, sed per os archangeli exire non debuit. Hoc nunc tantum dixisse sufficiat, quod blasphemare Christi discipulos non oportet, nec, quod additur, *esse litigiosos;* si enim sumus filii pacis, et volumus super nos pacem requiescere, et accessimus ad Jerusalem cœlestem, quæ ex pace nomen accipit, cum his qui oderunt pacem habeamus pacem : et quantum in nobis est, cum omnibus hominibus pacati simus, non solum cum modestis, sed etiam cum rixosis, quia nulla virtus est ferre mansuetos ; quapropter locum demus iræ, *Omnem ostendentes mansuetudinem ad omnes homines.*

VERS. 3. — *Fuimus enim et nos aliquando insipientes et increduli, errantes, servientes desideriis et voluptatibus variis, in malitia et invidia agentes, odibiles, odientes invicem.* Quærat aliquis quomodo Paulus esset insipiens, incredulus, errans, et serviens desideriis et variis voluptatibus in malitia et in invidia, cum eruditum eum ad pedes Gamalihel et ab infantia sacris litteris institutum [*Adde* : legamus] (*Act.* XXII)! Sed ab eo tempore quo in Christum non credidit, [hæc de illo juste dici potuerunt, quod esset insipiens et invidus saluti Christianorum.] An dicendum est Paulum non fuisse insipientem [*Hier.*, an non nobis videtur Paulus fuisse stultus], quando habebat zelum Dei, sed non secundum scientiam ; et persequebatur Ecclesiam et lapidantium Stephanum vestimenta servabat; cum in tantum odium contra Salvatorem instigatus exarserit, ut litteras a sacerdotibus acciperet pergens Damascum, [qui in Christum crederent, damnaturus (*Cod.*, damnandus. *Hier.*, ad eos... vinciendos).]

VERS. 4-7. — *Cum autem benignitas et humanitas apparuit Salvatoris nostri Dei, non ex operibus justitiæ quæ fecimus nos, sed secundum misericordiam suam salvos nos fecit per lavacrum regenerationis et renovationis Spiritus sancti, quem effudit in nos abundanter per Jesum Christum Dominum nostrum, ut justificati gratia ipsius hæredes simus secundum spem vitæ æternæ.* Diligentius attendamus et inveniemus in præsenti capitulo manifestissimam Trinitatem. Benignitas quippe et clementia Salvatoris nostri Dei, non alterius quam Dei Patris, per lavacrum regenerationis et renovationis Spiritus sancti, quem effudit super nos abundanter per Jesum Christum Salvatorem nostrum, justificavit nos in vitam æternam. Salus credentium mysterium Trinitatis est [ut ipse Dominus in Evangelio ait : *Ite, docete omnes gentes baptizantes eos in nomine Patris et Filii et Spiritus sancti.* Non erit legitime baptizatus, nisi invocetur nomen sanctæ Trinitatis super eum qui baptizandus est. Ideo sub festinatione currendum est ad baptismum, ne forte sine sacramento salutis hujusmodi rapiatur infans de hac luce]. (VERS 8.) *Fidelis sermo est : et de his volo te confirmare, ut curam habeant bonis operibus præesse, qui credunt in Deum* [*Leg. qui credunt Deo*]. Hæc sunt bona et utilia hominibus. Hoc quod ait, *fidelis sermo,* ad superiora jungendum est, in quibus promiserat, *ut justificati gratia ipsius hæredes efficiamur secundum spem vitæ æternæ.* Dignus enim fide super hæreditate Dei sermo est, et super spe vitæ æternæ. Unde oportet de his non dubium, non timentem, et ipsum credere, ut credant cæteri, confirmare. Non solum autem hoc, sed et hoc cum cæteris his qui voluerint credere, confirmandum est : quapropter ait, *et de his volo te confirmare.* Qui autem ista vera esse crediderint, necesse est ut curam habeant bonorum operum [adimplere], per quæ hæreditas Dei et spes vitæ præparatur æternæ. Et pulchre, ut majorem fidem faceret, non dixit, qui credunt hominibus, sed qui credunt Deo. Necesse est enim ut curam bonorum operum habeant, quæ adimpleta et omni studio perpetrata bona sunt utiliaque credentibus. (VERS. 9.) *Stultas autem quæstiones, et genealogias, et contentiones, et pugnas legis devita; sunt enim inutiles et vanæ.* [A vanis ergo et rationem non habentibus, et fidei catholicæ non faventibus revocat nos Apostolus quæstionibus.] Cæterum ad sapientes, et quæ Scripturarum auctoritate sunt fultæ, magis cohortatur et provocat : modo non sit corpus nostrum subditum peccatis, et ingredietur in nos sapientia. Exerceatur mens quotidie, divina lectione pascatur: et quæstiones nostræ stultæ non erunt quæstiones. Quod autem ait : *Genealogias et contentiones et rixas quæ veniunt ex lege devita;* proprie pulsat Judæos qui in eo se jactant, et putant legis habere notitiam, si nomina teneant singulorum, [quæ quæstiones Christiano non conveniunt,] cui rixæ legales [per patientiam (*Hier.*, penitus)] respuendæ sunt, et Judæorum stultitiæ relinquendæ; sunt enim inutiles et vanæ, quæ tantum speciem scientiæ habeant [*Hier.*, habent]; cæterum nec dicentibus nec audientibus prosunt.

Vers. 10, 11. — *Hæreticum hominem post unam et secundam correptionem devita. Sciens quia subversus est, qui hujusmodi est, et delinquit, cum sit proprio judicio condemnatus.* Hæresin ad Galatas inter carnis opera idem numeravit apostolus (*Galat.* v, 19 seq.). Hæresis Græce ab electione dicitur, quod scilicet unusquisque id sibi eligat quod ei melius esse videatur. *Hæreticum igitur hominem post unam et alteram correptionem devita.* Hoc ideo ait quod scilicet non sufficiat tantum semel cum corripi vel commoneri qui aliquo sit depravatus errore, sed et secunda ei sit adhibenda doctrina, *ut in ore duorum vel trium testium stet omne verbum.* Quare autem post primam et secundam correptionem devitandus sit, reddit causas dicens : *Quod subversus est qui ejusmodi est, et peccat, cum sit a semetipso condemnatus.* Qui enim semel bisque correptus, audito errore suo non vult corrigi [proprio judicio condemnatus est, et segregatus ab unitate Ecclesiæ]. Nam fornicator et adulter, homicida, et cætera vitia per sacerdotes de Ecclesia propelluntur; hæretici autem in seipsos sententiam ferunt, suo arbitrio de Ecclesia recedentes; quæ recessio propriæ conscientiæ videtur esse damnatio. Inter hæresin et schisma hoc esse arbitrantur, quod hæresis perversum dogma habet; schisma propter episcopalem dissensionem ab Ecclesia separetur.

Vers. 12. — *Cum misero ad te Artheman aut Tichicum, festina venire ad me Nicopolim : ibi enim statui hiemare.* [Hic paternus in Cretenses Pauli demonstratur affectus;] necessarium enim habuit Titum in Evangelii ministerium; tamen non eum ante ad se vult venire, nisi in locum ejus Arthemas vel Tichicus successor advenerit. Nicopolis ipsa est, quæ ob victoriam Augusti [*Ms.*, Agusti] quod ibi Antonium Cleopatramque superarit, nomen accepit. (Vers. 13.) *Zenan legisperitum et Apollo sollicite præmitte, ut nihil illis desit.* Iste est Apollo, de quo et ad Corinthios scribitur : *Unusquisque vestrum dicit : Ego sum Pauli, et ego Apollo, et ego Cephæ* (*I Cor.* i, 12). Fuit autem vir Alexandrinus ex Judæis valde eloquens et perfectus in lege, episcopus Corinthiorum : quem propter dissensiones quæ in Corintho erant, ad unam insulam Cretam cum Zenan legisdoctore putandum est transfretasse, et Pauli epistola dissensionibus quæ Corinthi ortæ fuerant temperatis, rursum Corinthum revertisse. Zenan vero legisdoctorem de alio Scripturæ loco, qui fuerit non possumus dicere, nisi hoc tantum quod ipse apostolicus vir id operis, **661** quod Apollo exercebat, habuerit, Christi Ecclesias exstruendi. Præcepit itaque Tito, ut quoniam de Creta in Græciam navigaturi erant, non eos faciat sitarciis indigere, sed habere ea quæ ad viaticum necessaria sunt.

Vers. 14. — *Discant autem et nostri bonis operibus præesse ad usus necessarios, ut non sint infructuosi.* Dixit enim : *Discant et nostri.* Nostros suos vocat, qui in Christo crediderunt, qui, quia Christi erant, recte Pauli et Titi appellari merebantur. Habes, inquit, in discipulos potestatem, doce eos non esse infructuosos; sed evangelicis [*Hier.*, evangelistis] et apostolicis viris, qui bonis operibus serviant, ministrare; et ministrare, non in quibuscunque causis, sed in necessariis usibus. *Habentes* quippe *victum et vestitum, his contenti simus* (*I Tim.* vi, 8). Infructuosos vocat quicunque evangelistis non ministraverint, [et prædicatoribus verbi Dei necessaria secundum facultatem suam non subministrant.]

Vers. 15. — *Salutant te qui mecum sunt omnes.* Vel solita consuetudine usus, ut Titum ab omnibus qui secum erant, diceret salutari, vel certe proprie ad Titum, quod talis esset, ut amorem eorum qui cum Paulo erant, omnium mereretur. Magna vero laus Titi per Paulum ab omnibus salutari. *Saluta eos qui nos amant in fide.* [Quidam vero amant suos, sed non in fide, sicut mater filium, vir uxorem. Ideo adjunxit : *Qui nos amant in fide*]. Sola sanctorum dilectio in fide diligit; in tantum, ut etiamsi ille qui diligitur infidelis est, tamen spiritus [*Hier.*, tamen sanctus] in fide eum diliget, secundum illud : *Omnia vestra in fide fiant* (*I Cor.* xvi, 14). Ideo in fide; [quia credit se a Deo pro expletione mandati, quo dicitur : *Diligite inimicos vestros* (*Luc.* vi, 35), mercedem recepturum esse.] *Gratia Dei cum omnibus vobis. Amen.* In commune itaque sanctis atque credentibus, Tito et cæteris qui cum eo erant, imprecatur gratiam. Et quomodo Isaac patriarcha benedixit filium suum Jacob; et ipse Jacob duodecim patriarchas (*Gen.* xxvii, xxix); ita et nunc in fine epistolæ suæ Apostolus gratiam credentibus imprecatur : quæ cum voto habebat effectum, et erat in potestate credentium, si talem se benedici [*Hier.*, benedictus], qualem benedicens præbere voluisset.

Explicit explanatio in Epistolam Pauli ad Titum.

INCIPIT EXPOSITIO IN EPISTOLAM PAULI AD PHILEMONEM.

[a] Philemoni familiares litteras pro Onesimo servo ejus scribit. Scribit autem ei a Roma de carcere. (Vers. 1-3.) *Paulus vinctus Jesu Christi et Timotheus frater, Philemoni dilecto et adjutori nostro, et Appiæ sorori charissimæ et Archippo commilitoni nostro, et Ecclesiæ quæ est in domo tua. Gratia vobis et pax a*

---

[a] Ex Hieronymo in hanc Epistolam.

Deo Patre nostro et Domino Jesu Christo. [Hucusque salutationis procemium. In nulla alia epistola se vinctum dicit. Ait enim : *Paulus vinctus Jesu Christi.*] Majoris autem videtur supercilii vinctum Jesu Christi se dicere quam apostolum. Gloriabantur quippe apostoli, *quod digni fuerant pro nomine Jesu Christi contumelias pati* (*Act.* v, 41). Sed necessaria auctoritas vinculorum. Rogaturus pro Onesimo talis rogare debuit, qui possit impetrare quod posceret. Felix nimirum qui non in sapientia, non in divitiis, non in eloquentia et potentia saeculari, sed in passionibus Christi gloriatur. Si autem Philemon ad quem haec epistola scribitur, Onesimi dominus est, imo frater esse coepit ex domino [*Hier.*, in domino]; et ad Colossenses refertur, quod Onesimus ex eis sit (*Coloss.* iv, 9) : ratio nos ipsa et ordo deducit, quod et Philemon Colossensis sit, et eo tempore communem ecclesiam [*Hier.*, ad omnem ecclesiam] Onesimus epistolam tulerit, quo privatas et sui commendatricees ad dominum litteras sumpserat. Est et aliud indicium, quod in hac eadem epistola et Archippus nominatur, cui hic cum Philemone scribitur : *Dicite*, inquit, *Archippo : Vide ministerium, quod accepisti in Domino, ut illud impleas* (*Col.* iv, 17). Quod est ministerium quod Archippus accepit a Domino? [In epistola] ad Philemonem legimus : *Et Archippo commilitoni nostro, et Ecclesiae quae in domo tua est.* Ex quo aestimari potest [*Hier.*, ex quo puto], aut episcopum eum fuisse ecclesiae Colossensis, cui admonetur studiose diligenterque praeesse ; aut certe Evangelii praedicatorem.

662 *Et Timotheus frater.* Hoc ideo addidit, ut epistola majorem haberet auctoritatem, si ab uno non scriberetur. Scribunt igitur Paulus et Timotheus Philemoni charissimo et cooperatori : qui ideo charissimus dictus est, quod in eodem Christi opere versetur. *Appiae quoque sorori* non habentem in se [*Hier.*, non habenti in se falsae] aliquid et fictae germanitatis. *Et Archippo commilitoni*, quem arbitrandum est cum Paulo et Timotheo contra adversarios pro Christi nomine dimicantem exstitisse victorem ; et propterea nunc commilitonem dici, quod eodem certamine belloque superaverit. [*Et Ecclesiae quae in domo tua est.* Id est, congregationi fidelium quae in domo Philemonis fuit.] *Gratia vobis et pax a Deo Patre nostro et Domino Jesu Christo.* In omnibus pene epistolis aequale principium est, ut gratiam eis et pacem a Deo Patre et a Christo Domino imprecetur. Ex quo ostenditur una Filii Patrisque natura, cum id potest Filius praestare quod Pater ; et id dicitur Pater praestare quod Filius. Gratia autem est, qua nullo merito nec opere salvamur; pax, qua reconciliati Deo per Christum sumus. (VERS. 4.) His *gratias ago Deo meo, semper memoriam tui faciens.* Hunc autem morem scribendi in nonnullis epistolis ejus invenire poteritis; quod cum plures et ad plures in praefatione ponantur, postea per totum corpus epistolae unus disputans inducatur. (VERS. 5, 6.) *Audiens charitatem tuam et fidem quam habes in Domino Jesu, et in omnes sanctos ejus, ut communicatio fidei tuae evidens fiat in agnitionem omnis boni in Christo Jesu.* Pro Philemone Paulum semper orasse credibile est, quo scilicet fides et charitas, quam habebat in Christo et in omnes sanctos ejus per communicationem fidei et operationem agnitionis in omni bono Christi misericordia servaretur ; et de charitate quidem quam habebat in Christo Jesu et in omnes sanctos ejus, non difficilis interpretatio est, quia post Deum diligere jubemur et proximos. [Sed quaeri potest quomodo dictum sit : *In Domino Jesu et in omnes sanctos?* Sanctorum vero dictis et scriptis praestanda est fides, ut vera dicerent quae de Deo scripserunt. Ideo eadem fide de Domino et sanctis ejus credere debemus, sicut illi nos docuerunt de domino credendum esse.] Nec etiam solam fidem nobis et charitatem in Deum et sanctos ejus sufficere posse credamus, nisi id quod credimus opere impleamus [*Hier.*, opere compleatur]. Quidquid boni in Philemone laudatur, et de apostolorum exemplo sumitur ; inde bonum est, quia de Christi fonte ducitur. (VERS. 7.) *Gaudium enim magnum habui et consolationem in charitate tua, quia viscera sanctorum requieverunt per te, frater.* Plenius inculcat et docet, quare dixerit : *Gratias ago Deo meo, semper memoriam tui faciens in orationibus meis.* Dignum siquidem erat agere gratias Deo super charitate Philemonis, qui internum cordis affectum [ostendebat in sanctos, reficiendo labores eorum (*Hier.*, qui internum cordis affectum, et profundos animi Sanctorum recessus suscipiendo refecerat)]. Et hoc idioma apostolicum est, ut sen.per viscera vocet, volens plenam mentis ostendere charitatem. (VERS. 8, 9.) *Propter quod multum fiduciam habens in Christo Jesu imperandi tibi, quae ad rem pertinent : propter charitatem magis obsecro, cum sis talis, ut Paulus senex, nunc autem et vinctus Jesu Christi.* Multis in Philemonem laudibus ante praemissis, cum res talis sit, pro qua rogaturus est [*Hier.*, rogatus est] quae et praestanti sit utilis et roganti, poterat magis Paulus imperare quam petere : et hoc ex fiducia illa veniebat, quod qui tanta ob Christum opera perpetraret, utique impar sui in caeteris esse non poterat. Sed vult magis petere quam jubere : grandi petentis auctoritate proposita, senem se esse asserit et vinctum Domini [*Hier.*, proposita : per quam et Apostolus obsecrat, et senex et vinctus Jesu Christi]. Totum autem pro quo rogat, illud est Onesimus servus Philemonis fugam furto cumulans, quaedam rei dominicae [*Hier.*, domesticae] compilarat. Hic pergens ad Italiam, ne e proximo facilius possit apprehendi, pecuniam domini pro luxuria [*Hier.*, per luxuriam] perdiderat. Hoc ne quis putet temere, et ut libet a nobis fictum, in sequentibus discat. Nunquam enim Paulus diceret (*Vers.* 18) : *Si quid nocuit tibi, aut debet, hoc mihi imputa : Ego Paulus scripsi mea manu, ego reddam.* Nec sponsor fieret rei ablatae, nisi esset id quod ablatum fuerat dissipatum. Hic igitur, cum ob confessionem Christi Paulus Romae esset in carcere, credidit in Dominum Jesum, et ab eo baptizatus digna poenitentia maculas vitæ prioris abstersit, in tantum, ut Apostolus conversionis ejus testis fieret. [Apostolici testimonii pondere premitur dominus 663 fugientis,] ut, qui ex servo et fugitivo atque raptore minister Apostoli factus erat, diceret : (Vers. 10-13) *Obsecro te pro filio meo Onesimo, quem genui in vinculis; qui tibi aliquando inutilis fuit, nunc autem et tibi et mihi utilis, quem remisi tibi. Tu autem illum, id est, mea viscera suscipe; quem ego voluerim mecum retinere, ut pro te mihi ministraret in vinculis Evangelii.* Volens impetrare quod postulat, jam non pro servo Philemonis, sed pro filio suo se asserit deprecari ; et illo filio quem genuit in vinculis Evangelii, hoc est, quæ pro Christi Evangelio sustinebat ; qui cum antea inutilis domino tantum fuerat (neque enim servus fur atque fugitivus alteri nocuit, nisi domino suo), nunc e contrario utilitatis compensatione, quo et ipse domino [*Hier.*, ipsi domino] et Paulo utilis est, cæterisque per Paulum, plus charitatis meretur quam odii ante meruerat. Unde ait, *qui tibi aliquando inutilis fuit.* Tibi, inquit, soli, non cæteris; nunc autem tibi et mihi utilis. Utilis domino in eo quod possit Paulo servire pro domino suo ; Paulo vero in eo utilis quia illo in carcere vinculisque detento possit ei in Evangelio ministrare. [Quem etiam filium suum nominare non dubitavit.] Quod autem ait : *Tu autem illum, id est viscera mea suscipe*, hoc est, quod paulo ante dixi, viscera significare internum cordis affectum, et plenam ex animo voluntatem. (Vers. 14.) *Sine consilio autem tuo nihil volui facere; uti ne velut ex necessitate bonum tuum esset, sed voluntarium.* [Hac sententia solvi potest quæstio, qua quidam asserunt Deum talem debuisse facere hominem, qui peccare non possit. Deus vero ipse voluntarius est, non necessarie (*Leg.*, voluntarie bonus est, non necessitate) : homo vero, si ex necessitate bonus esset, non voluntate, Dei imago esse non possit.] Potuit itaque et apostolus Paulus absque voluntate Philemonis Onesimum sibi in ministerium retinere ; sed si hoc sine Philemonis voluntate fecisset, bonum quidem erat, sed non voluntarium : quod autem non erat voluntarium, alio genere argui poterat non esse bonum. Nihil quippe [absolute] bonum esse poterit, nisi quod ultroneum est. Ex quo Apostoli consideranda prudentia est, qui idcirco fugitivum remittit ad dominum, ut prosit domino suo, [qui placuisse non poterat, si sine domini teneretur voluntate (*Hier.*, qui prodesse non poterat, si domino teneretur absente)].

Vers. 15, 16 — *Forsitan ideo ad horam discessit, ut æternum illum reciperes : jam non sicut servum, sed pro servo charissimum fratrem, maxime mihi; quanto magis tibi et in carne et in Domino.* [Sicut in venditione Joseph bonam rem, id est, salutem multorum fecit Deus de mala voluntate fratrum,] similiter et in Onesimo possumus intelligere quod mala principia occasiones fuerint rei bonæ. [Fugit enim dominum suum et factus est servus Christi et minister in Evangelio.] Pulchre autem addens *forsitan*,

sententiam temperavit. Occulta quippe sunt judicia Dei; et temerarium est quasi de certo pronuntiare quod dubium est. Ideo caute dixit : *Forsitan ad horam discessit.* Horam pro tempore debemus accipere ; ad comparationem enim æternitatis omne tempus breve est. *Ut æternum eum reciperes.* Onesimus vero qui ex fide Christi factus est, et æternus est, æternus Philemoni [*Hier.*, factus æternus est, æterno Philemoni], quia et ipse in Christum crediderat ; spiritu libertatis accepto, jam non servus, sed frater esse cœpit ex servo, frater charissimus, æternus.

Vers. 17. — *Si ergo me habes socium, suscipe illum sicut me.* Quod dicit, tale est : Si me vis habere consortem, habeto et Onesimum, quem ego consortem et filium et viscera mea habeo : quem si non susceperis, nec habere volueris, et ipse intellige [*Hier.*, intelligis], quod me habere non potes. (Vers. 18.) *Si autem aliquid nocuit aut debet, hoc mihi imputa.* [Si enim Christus pro nobis doluit, et infirmitates nostras portavit, juste Paulus imitator sui magistri se opposuit pro Onesimo filio suo. Hoc totum ideo dixit ut pacatum fecisset animum Philemonis in Onesimo.] (Vers. 19.) *Ego Paulus scripsi mea manu, ego reddam, ut non dicam tibi, quod teipsum mihi debes.* Quod dicit, tale est : Onesimus furto rapuit, ego me spondeo redditurum ; hujus sponsionis epistola hæc et manus testis est propria ; quam non solito more dictavi, sed mea manu ipse conscripsi. Hoc dico, quasi (ad) extraneum loquens. Cæterum si ad jus meum redeam, propter sermonem Christi quem tibi evangelizavi, et Christianus effectus es, te mihi ipsum debes. Quod si tu meus es, et tua 664 omnia mea sunt ; [si autem tua omnia mea sunt,] Onesimus quoque, qui tuus est, meus est. Poteram igitur eo uti, ut meo jure : sed voluntati tuæ relinquo, ut mercedem habeas ignoscendo. (Vers. 20.) *Ita frater. Ego te fruar in Domino. Refice viscera mea in Christo.* Quod autem ait : *Ego te fruar in Domino*, aliud multo intelligitur quam putatur. Apostolus non fruitur nisi eis [*Hier.* nisi eo], qui multas in se habet continentes [*Hier.*, concinentesque] virtutes, et totum quod Christus dicitur pro varietate causarum, sapientiam videlicet, justitiam, continentiam, mansuetudinem, temperantiam, castitatem. Has imprecatur Philemoni, ut dum his abundaverit, ipse eo perfruens impleatur. Et ne putes, illam fruitionem dici, qua nos sæpe nostrique inter nos præsentia delectamur [et fruimur], addidit : *in Domino. Refice viscera mea in Christo.* Sicut ipse frui vult Philemone in Domino, ita viscera sua Onesimo [*Hier.*, Onesimum], quem et superius eodem nomine appellaverat, refici vult per Philemonem. Recte dicitur viscera sancti Pauli Onesimus [*Hier.*, recte Pauli in Christo viscera dicuntur Onesimus], quem genuit in vinculis.

Vers. 21. — *Confidens in obedientia tua scripsi tibi, sciens quoniam et super id quod dico facies.* [Ait enim, *confidens in obedientia tua*, ut non erubesceret Philemoni facere quod rogatus fuit. Ideo addidit : *sciens*, etc. Qui scit bonitatem amici, quodammodo præjudicat ne audeat negare quod [rogatur.] (VERS. 22.) *Simul autem et para mihi hospitium.* Hoc ideo dicit, ut dum eum exspectat Philemon ad se esse venturum, libentius faciat quod rogatus est. *Nam spero per orationes vestras donari me vobis.* [Totius Ecclesiæ orationes profuerunt Paulo, dum ille profuit omni Ecclesiæ Dei; quem Deus perdonavit orationibus sæpe sanctorum, ad eorum utilitatem qui eum audituri sunt.] Quod autem crebro Paulus in carcere fuerit, et de vinculis liberatus sit, ipse in alio loco dicit : *In carceribus frequenter* (II Cor. XI, 23). De quo [De quibus] nonnunquam Domini auxilio liberatus est. (VERS. 23, 24.) *Salutat te Epaphras concaptivus meus in Christo Jesu, Marcus, Aristarchus, Demas* [Ms., *Damascus*] *et Lucas adjutores mei.* Quis sit Epaphras concaptivus Pauli, talem fabulam accepimus. Aiunt parentes apostoli Pauli de Giscalis regione fuisse Judææ; et eos, cum tota provincia vastaretur manu et devulgarentur [*Hier.*, Romana manu, et dispergerentur] in orbe Judæi, in Tarsum urbem Ciliciæ fuisse translatos; parentum conditionem adolescentulum Paulum secutum et sic posse stare illud quod de seipso testatur : *Hebræi sunt, et ego; Israelitæ sunt, et ego; semen Abrahæ sunt, et ego* (II Cor. XI, 22). Et rursum alibi : *Hebræus ex Hebræis* (Philip. III, 5), et cætera, quæ illum Judæum magis indicant quam Tarsensem. Quod si ita est, possumus Epaphram illo tempore captum suspicari, quo captus est Paulus; et eum a parentibus suis in Colossis urbe Asiæ collocatum, Christi postea recepisse sermonem. Unde et in epistola ad Colossenses : *Salutat vos Epaphras, qui est ex vobis* (Coloss. IV, 12). Si se ita habet, et Aristarchus, qui concaptivus ei in eadem epistola dicitur, ad eamdem intelligentiam deducitur; sin autem hoc non recipitur, ex eo quod hic additum est *in Christo Jesu*, possumus suspicari eadem eum Romæ pro Christo vincula sustinuisse, quæ et Paulum; et ut vinctum Christi, ita captivum quoque potuisse dici. Hæc de Epaphra. Cæterorum cooperatorum [*Hier.*, cæterum cooperatores] Evangelii et vinculorum suorum, cum ad Philemonem epistolam scriberet, Marcum ponit, qui putari potest Evangelii conditor [*Hier.*, quem puto Evangelii conditorem]; et Aristarchum, cujus supra fecimus mentionem; et Demam, de quo alio in loco quæritur : *Demas me dereliquit, diligens hoc sæculum et abiit Thessalonicam;* et Lucam medicum, qui Evangelium et Actus apostolorum ecclesiis Dei derelinquens, de quo in alio loco : *Misi*, inquit, *cum illo fratrem, cujus laus est in Evangelio per omnes ecclesias Domini nostri Jesu Christi* (II Cor. VIII, 18). (VERS. 25.) *Gratia Dei cum spiritu vestro. Amen.* [Synecdochice dicitur, *cum spiritu vestro*, a meliore parte totum hominem significans;] cum autem in spiritu gratia fuerit, totum facit hominem spiritalem : ut caro spiritui serviat, et anima non vincatur a carne, et redacta simul in substantiam spiritalem adhæreat [*Hier.*, adhæreant] Deo; quia *qui adhæret Domino, unus spiritus est cum eo* (I Cor. VI, 17).

Arbitrantur enim [*Hier.*, interpretatur autem] secundum Hebræos Paulus admirabilis. Timotheus beneficus. Philemon mire donatus, sive os panis; ab *ore*, non ab *osse*. Apiæ [*Hier.*, Apphia], continens aut libertas. Archippus, longitudo operis. Onesimus, respondens. 665 Epaphras, frugifer et videns, sive succrescens. Marcus, sublimis mandato. Aristarchus, mons operis amplioris. Demas, silens. Lucas, ipse consurgens. Quæ nomina, si juxta suam interpretationem voluerint [*Hier.*, volueritis] intelligere, non est difficile, admirabilem, beneficum præcipue ad eum scribere, cui universa concessa sunt vitia [*Forte, beneficia*], ut os ejus pateat ad cœlestem panem. Deinde ad *continentem* et *liberam* et ad *longitudinem operis*, quod nunquam a sæculo labore desistimus [*Hier.*, a sancto labore desistat]. Vere autem [*Hier.*, scribere autem] pro eo, qui *respondeat* testimonio suo; nec non eum, cui specialiter epistola dedicatur, salutari ab ubertate *crescente*. In eo, qui factus est per *mandata sublimior*, illoque qui per majora opera in *montem* gressus [*Hier.*, in montem usque] succreverit, ab eo quoque qui posuit custodiam ori suo, et ostium munitum labiis suis; qui idcirco forsitan tacuit, quia ad modicum apostolum dereliquerat. Et ad extremum ab eo, qui per se ipse *consurgens* quotidie augetur, dum Evangelium ejus toto orbe impletur, et toties crescit, quoties auditur [*Hier.*, quoties auditus et lectus ædificat].

Explicit Explanatio in Epistolam Pauli ad Philemonem.

INCIPIT EXPOSITIO IN EPISTOLAM PAULI APOSTOLI AD HEBRÆOS

CAPUT PRIMUM.

VERS. 1. — [a] *Multifarie et multis modis olim Deus loquens patribus in prophetis.* Tota intentio beati Apostoli fuit in hac epistola, Hebræos, id est, gentem suam ad Christi convocare fidem; eminentiamque gratiæ, quæ per Filium data est, a legalibus discernere umbris, quæ angelicis ministrationibus fuerunt. Idcirco primo posuit prophetas diversis modis patribus locutos esse dicens : *Multifarie et multis modis olim Deus locutus est patribus nostris in prophetis :* significans enim quod alibi dictum est : *Ego enim visiones multiplicavi, et in manibus prophetarum assimilatus sum* (Osee. XII, 10). « Proinde non secundum hoc solum eminentia Novi Testamenti declaratur, quia patribus quidam prophetæ missi sunt, nobis autem Filius; sed etiam quod prophetarum vel pa-

[a] Quæ passim in hoc opusculo his signis typographicis ‹ › includuntur, desumpta sunt ex homiliis S. Joan. Chrysost. in Epistolam ad Hebræos, Operum tom. XII.

triarcharum nemo nisi in similitudinibus vidit Deum, Filium vero unigenitum incarnatum esse, atque in ea carne visum constat, » qua idem homo a Verbo Dei susceptus unigenitus est Filius Dei. Ideo mox addidit : (VERS. 2) *Novissime diebus istis locutus est nobis in Filio.* « Dicendo enim *in Filio*, tantumdem valet quasi diceret, *per Filium*; quia *in præpositio* pro *per* accipitur, » sicut multis in locis Epistolarum ejus invenitur his præpositionibus indifferenter uti. Tacuit adhuc de Christi nomine, quia plurimos illorum sciebat negasse Filium Dei esse. « Non enim dixit, *Christus locutus est*; quamvis ipsum locutum constet esse manifestum. Ita necdum Judæos aperto nomine tetigit. Nam ferme omnes quibus prophetæ locuti sunt, malignos esse nefariosque constabat; et necdum de istis rationem movere voluit, sed interim generali sermone de muneribus disputat, quæ illis divina largitate donabantur. *Quem constituit hæredem universorum.* Quid est, *quem constituit hæredem universorum?* » Hic incarnatum dicit Filium, de quo superius locutus est, sicut etiam de eo in secundo legitur psalmo : « *Postula a me, et dabo tibi gentes hæreditatem tuam* (Psal. II, 8). Non jam portio Domini tantum Jacob et sors ejus Israel [*Chrys*., solus Israel], sed omnes protinus nationes, hoc est, hunc Filium Dominum constituit universorum. Hæredis autem nomine, ut duo quædam per hoc astruat et ostendat, quod proprius sit Filius, et quod dominationis illi nulla contingat amissio. Hæredem autem omnium dicit, id est, mundi totius. Deinde ad altiora sermonem convertit dicens : *Per quem fecit et sæcula*, » ut ostenderet eumdem novissimis diebus venisse in mundum, per quem fecit et mundum, magnitudinem ejus ostendens, qui fuit novi testamenti lator et auctor. « Post hæc quibusdam gradibus eleganter utens pervenit ad id, quod omnibus istis quæ supra dixit multo majus est, et insonuit dicens :

666 VERS. 3. — *Qui est splendor gloriæ, et figura substantiæ ejus.* Ubique quidem religioso nobis opus est intellectu, maxime autem ubi de Deo loquimur vel audimus : quoniam neque ad loquendum digne de Deo lingua sufficit neque ad percipiendum prævalet intellectus. » Oportet etiam, ubi vel sermo deficit, vel cogitatio explicare de Deo non poterit, « tunc magis gloriare [*Chrys*., glorificare] nos Deum, quod talem Deum habemus, qui et intellectum transcendit et cogitationis intuitum. Merito splendorem eum dixit gloriæ, utpote qui ipsum sciebat dicentem : *Ego sum lux mundi* » (Joan. VIII, 12). Ostendens eum lumen de lumine, sicut Deum de Deo esse, animasque nostras illuminantem et Patrem nobis insinuantem. Per splendorem quippe unitatem declaravit essentiæ cum Deo Patre, « et mirabili modo unam substantiam ostendit, ut duas personas [*Chrys*., subsistentias] aperiret in gloria et splendore. Unde etiam subjungit : *Qui est figura substantiæ ejus.* Figura [*Chrys*., character] quippe alter est ab eo, cujus efferat [*Chrys*., enuntiat] formam. Alter autem non in omnibus, sed secundum personam [*Chrys*., secundum substantiam] ; nam et hic figura æqualitatis omnino præbet indicium ad illud cujus figura ostenditur, et suspicionem vel pravæ dissimilitudinis procul dubio non accepit [*Chrys*., non recipit]. » Hic enim figuram dixit, quod alio loco formam nominat, ubi ait : *Qui cum in forma Dei esset*, etc. Formam videlicet vel figuram unam declarat essentiæ æqualitatem. Sequitur : *Portans omnia verbo virtutis suæ.* Portans, id est, gubernans omnia eo verbo virtutis, per quod fecit omnia. « Non enim minus est gubernare mundum quam creare. Nam in creando quidem ex nihilo rerum substantiæ productæ sunt; in gubernando vero ea quæ facta sunt, ne ad nihilum redeant, continentur. Ergo dum omnia hæc reguntur, et ad invicem sibi repugnantia coaptantur, magnum et valde mirabile, plurimæque virtutis Dei indicium declaratur. » Post hanc divinæ majestatis in Filio claritatem ad humilia incarnationis descendit dicens : *Purgationem peccatorum faciens :* duo quædam significans, id est, curam nostri gerens, in eo quod ait : *Portans omnia verbo virtutis suæ.* Quod vero adjunxit, *purgationem peccatorum faciens*, id est, peccata nostra mundat. In his duobus maxime apostolum gloriari videmus, quod hæc per Filium nobis ablata esse demonstret. Et cum nos commovisset [*Chrys*., commonuisset] crucis et passionis ejusdem Filii, per quæ nobis purgatio peccatorum ministrata est, confestim de resurrectione atque ascensione ejus instituit nos ad cœlestia erigere et intueri inenarrabilem ejus gloriam; ait enim : *Sedet ad dexteram majestatis ejus in excelsis.* Per dexteram non Deum corporaliter deformavit, sed magnitudinem demonstravit honoris. Dum dixit : *In excelsis*, ostendit eum omnibus altiorem et supereminentem esse, « qui etiam usque ad ipsum pervenit solium paternæ claritatis. Sicut ergo Pater in excelsis est, sic et Filius. Consessus enim nihil demonstrat aliud nisi honoris æqualitatem. Si enim minorationem vellet ostendere, nunquam diceret, *a dextris*, sed potius a sinistris » eum sedere. Adhuc excellentiam ejusdem Filii ostendere aggressus est, dum dicit :

VERS. 4. — *Tanto melior angelis effectus, quanto differentius præ illis nomen hæreditavit.* Angeli sunt ministri et famuli; ille quidem filius et hæres. *Tanto*, inquit, *melior angelis effectus*, hoc est, honorabilior atque præclarior, quanto melius hæreditavit nomen. Sequitur : (VERS. 5) *Cui enim dixit aliquando angelorum : Filius meus es tu, ego hodie genui te?* Et rursum : *Ego ero illi in Patrem, et ipse erit mihi in Filium.* Hoc enim absque ulla dubitatione de incarnatione Filii dicitur; ideo verbum futuri temporis posuit : *Ero illi in Patrem, et ipse erit mihi in Filium.* Quod vero dixit : *Filius meus es tu, ego hodie genui te*, aperte manifestat, quod idem de quo ait, *Ero ei in Patrem*, etc., ex ipsa essentia Patris sit genitus; ideo præsenti tempore posuit *hodie*, quia Deo nihil præteritum vel futurum est, sed semper præsentia cuncta. « Potest enim et secundum carnem hoc accipi dictum, quia caro communicat altioribus, sicut et divinitas humilibus communicare dignata est. Hoc itaque loco perspicue duas naturas in Christo ostendit. Hæc vero salutis nostræ exempla referamus; « si enim ipse, cum Deus esset et Dominus, Deique Filius, non respuit formam servi suscipere, multo amplius nos oportet cuncta perficere quæ jussa sunt nobis, et humilia quæque tolerare. 667 Recordemur Christum dicentem : *Cum feceritis omnia, dicite quia inutiles servi sumus* (Luc. XVII, 10).

VERS. 6. — *Et cum iterum introducit primogenitum in orbem terrarum, dicit : Et adorent eum omnes angeli Dei.* Paulus autem introitum Christi vocat assumptionem carnis, de qua ipse Dominus in Evangelio ait : *Exivi a Patre, et veni in mundum* (Joan. XVI, 28). Hoc loco Christus incarnationem suam *exitum* vocat, quod Paulus hic *introitum* nominat. Quærendum est quare unam rem diversis nominibus Christus et Paulus nominare voluissent. « Significationes quidem dictorum manifestæ sunt, et secundum quid alterutrum dicatur, apparet; Christus quidem merito exitum vocat : foris enim eramus a Deo, sicut qui sunt extra regales aulas in vinculis colligati, et qui habent apud regem pro culpis offensam. Hujusmodi quippe a regali aula foris exclusi sunt; qui enim voluerit istis veniam impetrare, non primum ipsos in aulam regis inducit, sed ipse foras egreditur, ibique cum eis commiscet sermocinationis negotium, usque dum eos correctos reddat, et dignos efficiat quo regis vultui repræsentari mereantur. Sic etiam Christus efficit. Egressus quippe ad nos, hoc est, carnem sumens, et collocutus nobiscum præcepta regis innotuit, et sic nos a peccatis emundans, et ad Deum convertens in aulam regalem velut mediator optimus introducens [*Chrys.*, introduxit]. Propterea igitur exitum vocat suæ incarnationis adventum. Paulus autem introitum nominat, ex metaphora hæreditantium, et jus dominandi in aliqua possessione sumentium; dicendo enim : *Iterum introducit primogenitum in orbem terrarum*, hoc significat, cum ei committit orbem terrarum. Tunc enim totum orbem possedit, cum ab universis est agnitus. » *Et adorent eum omnes angeli Dei.* Ad altiora quædam elevans mentem nostram, ut sciamus illum qui carne indutus est et passus est pro nobis, ab angelis adoratum. Ut discerneret autem majestatem Filii ab angelorum ministratione, mox secutus adjunxit : (VERS. 7) *Qui facit angelos suos spiritus, et ministros suos flammam ignis.* « Non enim solos angelos hoc sermone significat, sed omnes virtutes ministeria superna fungentes. » Sciendum vero est quod angeli nomen est officii, non naturæ, qui etiam semper sunt spiritus, sed non semper angeli vocari possunt. Quæris hujus naturæ nomen? Spiritus est. Quæris officii? angelus est. Ex eo quod est, spiritus est : ex eo quod audit [*Forte*, agit], angelus est; quia angelus Græce, Latine nuntius dicitur : sicut homo nomen est naturæ, miles vero nomen officii. Sic enim qui erant jam spiritus conditi a creatore Deo, facit eos angelos mittendo eos nuntiare quod jusserit. *Et ministros suos flammam ignis.* Legimus apparuisse ignem in rubo; legimus etiam missum ignem desuper et implesse quod præceptum est. Potest dici quando lenia nuntiare mittuntur, angelos esse; quando ad vindictam mittuntur, ministros esse, id est, ignem ardentem. Sunt etiam hæc officia in Ecclesia præsenti; nam prædicatores sancti, quando spiritualia prædicant, et gaudia regni Dei annuntiant, angeli dicuntur; quando vero terrorem gehennæ ignis prædicunt, ministri sunt, ut terreant peccatores in comminatione ignis illius, qui nunquam exstinguetur. (VERS. 8.) *Ad Filium autem : Thronus tuus, Deus, in sæculum sæculi : virga æquitatis virga regni tui.* Hic de eo dicit qui secundum carnem est, de quo etiam ipse Dominus in Evangelio ait : *Pater non judicat quemquam, sed omne judicium dedit Filio, ut omnes honorificent Filium* (Joan. V, 22). Et paulo post ; *Potestatem dedit ei judicium facere, quia Filius hominis est* (Joan. V, 27). Hic enim thronus Dei ad judicium pertinet futurum, in quo forma servi videbitur, judex vivorum et mortuorum; et quo judicio omnia veraciter Christus moderatur, examinat atque dijudicat. *In sæculum sæculi,* ait, quia novissimum judicium inter bonos et malos æterna discretione stabit, eo ipso testante in Evangelio, qui judicaturus est : *Tunc ibunt hi in ignem æternum, justi autem in vitam æternam* (*Matth.* XXV, 46). *Virga æquitatis virga regni tui.* Virgam vero regulam divinæ significat æquitatis; quæ veraciter recta dicitur, quia nulla pravitate curvatur. Virga ista justos regit, impios percutit; sed hæc virga fortitudo est invicta, æquitas rectissima, inflexibilis disciplina. Hæc enim virga regii honoris insigne, sceptrum dicebatur antiquitus, designans in 668 ea virtutem regem, Dominum Salvatorem. (VERS. 9.) *Dilexisti justitiam et odisti iniquitatem.* Ipsa est virga recta, amare æquitatem et odisse nequitiam. Nemo enim perfecte diligit justitiam, nisi qui et actus pessimos abominatur; quia veritas amor, odium est falsitas. Sed huic amatori bonitatis et odio iniquitatis, quæ præmia sint reddita, subter exponit, dicens : *Propterea unxit te Deus, Deus tuus.* Unctus Christus et regem significat et sacerdotem, quia dignitates istæ sumebantur per sacratissimas unctiones. Nam et ipsum nomen Christi a sancto chrismate vocatur. Sed in illa natura unctus dicitur, qua dispensatione et natus et mortuus, et resurrexisse veraciter dicitur Christus; cæterum deitas ejus nullo munere, nullo honore indiguit adjuvari. Repetitio autem ista, quod dicit : *Deus, Deus,* præconium magnæ dilectionis ostendit. *Oleo exsultationis præ participibus tuis.* Duplici modo unctionem illam sanctam provenisse significat. Oleum lætitiæ est peccati maculam non habere, unde se conscientia semper exhilarat, quando nulla recordationis asperitate mordetur. *Præ participibus tuis.* In filiis hominum, dicit quos et ipse in Evangelio fratres appellat. Ideo autem dictum est, *præ participibus tuis,* quoniam hanc benedictionem supra omne humanum genus, sive reges, sive sacerdotes in Veteri Testamento; sive etiam apostolos et martyres in Novo cognoscitur accepisse, ut unctus singulariter cæteros ungere debuisset. In illo enim fons est benedictionis, prout ipsi visum fuerit, per universos electos competenter emanat. Sed hæc omnia carni conveniunt, cui perfectissimum et gloriosissimum Verbum unitum est pro salute sanctorum. Hoc *unguentum* dicitur in alio psalmo *descendisse in barbam, barbam Aaron, usque in ora vestimenti ejus* (*Psal.* cxxxii, 2). Et paulo post: *Quoniam illic mandavit Dominus benedictionem et vitam usque in sæculum sæculi.* Post humanitatis igitur excellentiam, iterum ad æternitatem divinæ [naturæ] in eodem Filio Dei convertit se apostolus, testimonio alterius psalmi dicere; ait enim: (Vers. 10) *Et tu, Domine, in principio terram fundasti, et opera manuum tuarum sunt cœli.* Cum dicit: *In principio terram tu fundasti, Domine,* ostendit quod a sanis mentibus non potest abnegari, quia creator ante creaturas suas, sine aliquo initio, cognoscitur exstitisse. *Et opera manuum tuarum sunt cœli.* Hic *manum* virtutem jussionis Dei debemus accipere. Alio enim loco dicitur: *Quoniam ipse dixit, et facta sunt; ipse mandavit, et creata sunt.*

Vers. 11. — *Ipsi peribunt, tu autem permanes.* Pereunt enim ab eo quod sunt, dum immutantur in melius creaturæ. *Tu autem permanes,* ut sicut æternitatem Domini ostendit, antequam crearet omnia, sic post cœlos mutatos ipsum diceret in majestatis suæ gloria permanere. *Et omnes ut vestimentum veterascent.* Ipsum enim veterascit, quod more vestis morte consumitur, sicut caro humana, quæ tamen in melius resurrectione immutabitur. Addidit: (Vers. 12) *Et velut amictum mutabis eos, et mutabuntur.* His verbis forsitan cœli immutationem Propheta intelligi voluit, qui similiter ut cætera elementa commutantur, sicut in alio legitur propheta: *Et erit cœlum novum et terra nova* (*Isaiæ* lxv, 17). Ut facta Domini ostenderet, jam sub æternitate mansura, dicit: *Mutabis, eos et mutabuntur:* quia nunquam erunt ad hoc corruptibile reditura. *Tu autem idem ipse es, et anni tui non deficient.* In mutatione ejusdem naturæ designat, quæ sunt; ipse vero idem est quod est, veluti Moysi famulo suo dixit: *Ego sum qui sum.* Sic istis tribus versibus commutatio creaturarum et æternitas Domini mirabili brevitate descripta sunt. Post majestatem divinæ æternitatis in Filio iterum beatus Paulus ad humanitatis ejusdem glorificationem sermonem direxit dicens: (Vers. 13) *Ad quem enim angelorum dixit aliquando: Sede a dextris meis?* Victori Filio per sanctam incarnationem, totius mundi triumphatori post resurrectionis gloriam, honorabilis consessus paternæ majestatis offertur, ut per hunc situm susceptæ humanitatis gloria declaretur, quæ nemini angelorum inferre debuit. *Quoadusque ponam inimicos tuos scabellum pedum tuorum.* [Per] pedes enim Domini stabilitas æterna significatur, ubi ille tanquam vestigiis omnipotentiæ suæ virtute consistit. His pedibus constat esse subdendos, qui quotidie vitiorum contrarietate derelicta revertuntur ad Dominum, et tanquam scabellum pedibus, **669** ita ejus prædicationibus inclinantur. Sine dubio de illis inimicis dicitur, qui conversi ad dexteram collocantur. Non hic adverbium, *quousque,* alicujus temporis finem designat, sed æternitatis potentiam demonstrat. (Vers. 14.) *Nonne omnes sunt administratorii spiritus, in ministerio missi propter eos qui hæreditatem capiunt salutis?* « Quidmiraris si Filio suo ministerium exhibent angeli, cum etiam nostræ salutis ministros eos constet effectos? » Mentes eorum ad quos loquitur sublevare volens, dicit angelorum functiones humanæ salutis causa a Domino directas esse : « Filius vero sicut Dominus salvat; isti vero sicut servi saluti prædestinatorum deserviunt. « Cujus rei pleni sunt Veteris Testamenti et Novi ubique libri. Nam et pastoribus angeli evangelizaverunt; et angelum legimus ad virginem Mariam missum; et in resurrectione Domini angeli mulieribus apparuerunt; et alia multa in divinis Scripturis leguntur. Intelligite igitur nunc quantus honor nobis existit; ut sicut ad amicos ita ministros angelos suos destinet Deus. » His ita introductis de angelorum ministerio, per quos etiam et ipsa lex ministrata est, mox subjunxit de excellentia gratiæ, quæ per Dei Filium nobis allata est, dicens:

CAPUT II.

Vers. 1. — *Propterea abundantius oportet observare nos ea quæ audivimus, ne forte pereffluamus.* « Quare abundantius dixit? Hoc est, quam in lege solebamus. » Hortatur itaque eos diligentius his intendere quæ per Dei Filium audierunt, quam eis quæ per angelos dicta sunt, more suo suam illis conjungens personam in eo quod dixit *audivimus,* atque, *pereffluamus,* nolens ab auditis per inania effluere audientium sensus; quod etiam sequentibus verbis plenius explicavit dicendo: (Vers. 2.) *Si enim qui per angelos dictus est, sermo factus est firmus, et omnis prævaricatio et inobedientia accepit justam mercedis retributionem.* « Quid est, factus est firmus? Videlicet verus: tanquam diceret: fidelis in opportuno tempore. » Volens intelligi legem quæ per angelos data est [*Ms.*, datam esse], esse suo tempore firmiter custodiendam. Nam legem per angelos datam esse, plurimis ostenditur in locis. Attamen non custodientem, justam mercedis retributionem accepisse testatur. « Quare dixit, *mercedis retributionem?* Merces enim in bono poni solet; sed iste mos est Apostolo, ut non magnam verborum habeat rationem, sed indifferenter vel quæ in bono dicuntur, vel quæ in malo pro alterutro ponere; sicut alibi dixit: *In captivitatem redigentem omnem sensum ad obediendum Christo* (*II. Cor.* x, 5). Et hic mercedis retributionem pro supplicio posuit. » (Vers. 3.) *Et quomodo nos effugiemus, si tantam neglexerimus salutem?* « Per hæc verba significat, quia non erat tanta salus in Veteri Testamento, » quanta est in gratia Dei, quam Dei Filius nobis attulit. Non enim nobis nunc, sicut illis, terræ divitias, sed cœli gratiam promisit Deus; non vindictam de terrenis hostibus, sed de spiritualibus concessit; non vitam feliciter temporalem, sed perpetuam æternaliter beatam donavit. « Hæc quippe omnia breviter intimavit dicens : *Si tantam neglexerimus salutem.* » Deinde supereminentiam eorum quæ per Dei Filium dicta sunt, adjunxit : *Quæ cum initium,* inquit, *accepisset enarrari per Dominum.* « Non enim hæc quæ dicimus ab hominibus vel etiam angelis nobis allata sunt, sed ipse Filius unigenitus nobis impertivit. *Ab eis,* inquit, *qui audierunt, in nos confirmata est.* Quid est, *confirmata est?* Credita est atque perfecta ; » quia salus quæ nobis per eumdem Filium data est perpetua, manet in æternum. Hoc idem etiam (VERS. 4) contestante Deo signis et portentis et variis virtutibus, et Spiritus sancti distributionibus. « Affluentiam significans gratiarum, quæ non erat apud antiquos ; » quæ fuit data postquam glorificatus est Jesus. Testatur hoc evangelista, ubi ait : *Nondum erat Spiritus datus, quia Jesus nondum fuerat glorificatus* (Joan. VII, 39). Quod vero addidit, *Secundum suam voluntatem,* divinæ vero voluntati atque ejus consilio cuncta contribuit, ne quis in suis meritis consideret; quasi diceret: Ipse novit quid cuique prosit, vel cui quid sit accommodum. Quapropter ipse gratiam unicuique secundum suæ voluntatis præscientiam contulit. **670** Sequitur : (VERS. 5) *Non enim angelis subjecit Deus orbem terræ futurum,* de quo loquimur. Non enim salutem nostram, quæ novissimo tempore facta est in orbe, angelis subjecit, quæ a prophetis futura esse olim prædicta est, sed [etiam a] Filio suo, ad quem vox paterna, sicut superius demonstratum est, sonuit : *Filius meus es tu, ego hodie genui te ; postula a me, et dabo tibi gentes hæreditatem tuam.* Et hoc propheticis confirmat exemplis dicens : (VERS. 6) *Testatus est autem in quodam loco quis, dicens :* « Cur non ipsum nomen prophetæ posuit, sed abscondit? Facit hoc etiam in aliis testimoniis, sicut supra dictum est. Existimo non abscondentis affectu, sed ostendentis intuitu, eos multam habere scientiam Scripturarum, ut nec opus haberet nomen posuisse dicentis ; sed veluti de re manifesta et in promptu constituta induceret testimonia. »

Quid est homo, quod memor es ejus, aut Filius hominis, quoniam visitas eum ? Quid est homo, cum despectu pronuntiandum est, id est, fragilis et caducus, Adæ sequax, qui in veteri peccato generali pravitate devinctus. Hujus memor est Dominus, quando ei peccata dimittit, et misericordiæ suæ dona largitur. *Aut Filius hominis, quoniam visitas eum ?* Hic jam voce surgendum est, quod Dominus significat Salvatorem ; quia non, ut cæteri mortales, ex duobus hominibus natus est, sed ex Spiritu sancto et beatæ Mariæ semper virginis utero, tanquam sponsus de glorioso thalamo processit. Et considera quod superius dixit, *memor es :* subjecit autem, *visitas.* Memor fuit, cum patriarchis de cœlo

A misertus est; visitavit, cum Verbum caro factum est, et habitavit in nobis. Nam visitare dicitur, quando medicus ad infirmos ingreditur, quod in adventu Domini revera constat impletum.

VERS. 7. — *Minuisti eum paulo minus ab angelis, gloria et honore coronasti eum.* Hic jam Domini Salvatoris humilitas narratur et gloria. Minoratus est enim non necessitate ministratoria, sed pietatis suæ spontanea voluntate, sicut Apostolus ait : *Semetipsum exinanivit, formam servi accipiens* (Philip. II, 7). Sequitur, *paulo minus ab angelis,* qui crucem pro omnium salute suscepit, et ex ea siquidem parte creator angelorum minor factus est angelis. Bene autem dixit, *paulo minus,* quia si et mortale corpus assumpsit, tamen peccatum non habuit. Gloria vero et honore coronatus est, cum post resurrectionem nimis mirabilem, mundi credulitatem Deus in eo quod homo factus est, exaltatus accepit. Gloria coronatus est in resurrectione et ascensione ; et honore in confessione paternæ majestatis. (VERS. 8.) *Et constituisti eum super opera manuum tuarum.* Omnia subjecisti sub pedibus ejus. Superius de gloria ejus et honore narratum est ; nunc ponitur et potestas, ut agnoscatur Christi Domini majestatis perfectissima plenitudo. Dicendo enim, *Super opera manuum tuarum,* omnis illi creatura subjecta monstratur ; quia sicut a Domini opere nihil est exceptum, ita nec a potestate Christi aliquid probatur esse divisum ; in eo enim quod ei omnia subjecit, nihil dimisit non subjectum ei. Dicendo enim, *omnia,* nec terrena videtur excepisse, nec cœlestia. Quem prius propter humilitatem carnis paulo minus ab angelis dixerat esse minoratum, post ascensionem dicit pedibus ejus omnia fuisse subjecta, ut ista distinctio et dubietatem titubantibus auferat, et gloriam suæ incarnationis ostendat. *Sub pedibus,* ait, ut omnis creatura merito ipsum colere atque adorare videatur.

Nunc autem necdum videmus omnia subjecta ei. Hoc itaque ait de non credentibus in eum, quia necdum omnia evangelica obtinuit prædicatio. Superius dixit nihil dimitti sibi non subjectum ; et hic astruit necdum omnia subjecta sibi videri, quia illic universalem sive voluntariam, sive necessariam subjectionem designat; hic tantum voluntariam, qui fideliter credunt in eum. (VERS. 9.) *Eum autem, qui modico quam angeli, minoratus est, videmus Jesum propter passionem mortis ejus gloria et honore coronatum, ut gratia Dei pro omnibus gustaret mortem.* « Hic ostendit quia gloria et honor crux est Christi, » pro qua modicum minoratus est ab angelis, « sicut ipse Dominus eam semper vocat dicens : *Ut glorificaretur Filius hominis.* Si ille ea quæ pro servis passus est, gloriam vocat, multo amplius tu homo, quæ pro Domino pateris, » tibi ad gloriam pertinere sempiternam dubitare non debes. Addidit : *ut gratia Dei pro omnibus gustaret* **671** *mortem.* « Non

---

a Hæc vox abundat in manuscripto.

enim debebatur nobis, ut Filius pro nobis gustaret mortem, sed gratia hoc fecit. Ipse quidem pro omnibus mortuus est; quid autem, si non omnes credunt? Ille tamen quod suum erat implevit. Proprie, *gustavit mortem*, dixit, quia brevi tempore in illa fuit, ut ea devicta confestim resurgeret. »

VERS. 10. — *Decebat enim eum, propter quem omnia, et per quem omnia, qui multos filios in gloriam adduxerat, auctorem salutis eorum per passionem consummare.* Decebat enim per passionem consummare, id est, perficere omnium salutem. *Per quem omnia*, id est, per ejus mortem, sive quæ in cœlis, sive quæ in terris restaurata sunt, per quem etiam et omnia creata sunt. « Vides quantum est in medio nostrum? Et ipse Filius, et nos filii; » ille proprius, nos adoptati. « Sed ille salvat, et nos salvamur. Vides quomodo nos et conjungit et discernit? *Multos filios*, inquit, *inducens in gloriam*; hic conjunxit; *auctorem*, inquit, *salutis eorum*: hic discrevit. (VERS. 11.) *Qui enim sanctificat, et qui sanctificantur, ex uno omnes.* « Ecce iterum quomodo conjungit honorans et consolans, et Christi fratres eos nominans, [*Chrys.*], eos efficiens] secundum quod *ex uno omnes* dicit. Deinde muniens sermonem suum et ostendens quomodo de eo [*Chrys.*, quoniam de eo], qui secundum carnem est, dixit, [intulit]: *Qui enim sanctificat*, hoc est, Christus; *et qui sanctificantur*, hoc est nos. Intueris quantum interest? Ille sanctificat, sanctificamur enim nos. » Addidit *ex uno omnes*; unus est enim Deus, a quo omnia; sed ille aliter, aliter et nos. Ille quasi proprius Filius, nos vero quasi adoptivi. Attamen unum habemus Patrem Deum. Ille quasi proprius Filius sanctificat; nos sicut adoptivi sanctificamur. (VERS. 12.) *Propter quam causam non confunditur fratres eos vocare, dicens: Nuntiabo nomen tuum fratribus meis.* « In eo enim quod dixit: *Non erubescit fratres eos vocare*, demonstrat non rei naturæ esse fraternitas nostra, sed misericordiæ ejus et humilitatis multæ, qui nos fratres elegit sibi. » Et hoc prophetico affirmat testimonio, ne quasi novum putaretur, et non multo ante prædictum; ait enim: *Nuntiabo nomen tuum fratribus meis*. Post sacram passionem et resurrectionem dicit gloriam Divinitatis toto orbe vulgandam. *Nuntiabo* enim, dicit, id est, narrare facio; sicut in Evangelio mulieribus dixit: *Ite, dicite fratribus meis* (*Matth.* XXVIII, 10). Fratres autem dicuntur, et qui diligunt, et qui diliguntur. Addidit vero: *In medio Ecclesiæ laudabo te*. In medio sanctorum laus Domini resonat per eum qui ait: *Confiteor tibi, Pater cœli et terræ, quia abscondisti hæc a sapientibus, et revelasti ea parvulis* (*Luc.* x, 21). Laus enim Domini vera non solum ore, sed etiam corde amantis et perficientis præcepta Domini narratur. (VERS. 13.) *Et iterum: Ego ero fidens in eum.* De suscepto homine hoc dictum est, cujus confidentia tota in Deo Patre esse non dubium est, sicut in Evangelio ipse ait, pro quibus supplicabatur dicens: *Volo Pater, ut ubi ego sum, et isti sint mecum* (*Joan.*

XVII, 24). *Quos etiam, ut confidentiam haberent*, exhortabatur dicendo: *Confidite, ego vici mundum* (*Joan.* XVI, 33). Et rursum: *Ecce ego et pueri, quos dedit mihi Deus* (*Isaiæ* VIII, 18). Hoc testimonium de Isaia protulit Apostolus, ad Christum et ad apostolos referens, quos propter innocentiam pueros nominavit. De quibus ipse Dominus ait: *Sinite parvulos venire ad me, talium est enim regnum cœlorum* (*Marc.* x, 14). (VERS. 14.) *Quia ergo pueri communicaverunt carni et sanguini, et ipse similiter participavit eisdem.* Hic astruit fraternitatem veram et humanitatem Christi, non fictam. Sicut pueri carne et sanguine constant, et ille participavit carni et sanguini, ut haberet unde gustaret mortem pro puerorum salute, cujus dispensationis affatim causam subjungens, *ut per mortem*, inquit, *destrueret eum qui habebat mortis imperium, hoc est, diabolum.* « Hic admirabile quiddam demonstrat, quia per quod potestatem habuit diabolus, per hoc victus est; arma, quæ fuerunt illi fortia adversum mundum, hoc est mors, per ea illum Christus percussit. Hic magnitudinem virtutis ejus qui vicit, insinuat ostendendo quantum bonum operaretur mors. (VERS. 15.) *Ut liberaret*, inquit, *eos qui timore mortis per totam vitam obnoxii erant servituti.* Quare tremitis, quare timetis eam quæ jam condemnata est? Jam terribilis non est, » sed optabilis, quasi laborum finis et requiei initium. Cur ait: *Timore mortis per totam vitam obnoxii erant servituti?* Servi quidem omnes fuerant mortis, quia mortem timebant; necdum erant soluti a timore mortis, cujus legibus tenebantur. Nunc itaque sancti derident eam, qui agone transacto et morte devicta ad regnum transituri sunt. Unde et ipse Paulus ait: *Cupio dissolvi et esse cum Christo* (*Philip.* I, 23).

VERS. 16. — *Nusquam enim angelos apprehendit, sed semen Abrahæ apprehendit. Unde debuit per omnia fratribus similari.* Honorat hic patriarcham, eosque qui de ejus sunt genere, ad quos hæc epistola scripta est. Commemorat ergo de beneficiis Dei, et de propinquitate carnali ad Christum, et de promissione quæ dicta est Abraham: *Tibi et semini tuo dabo terram hanc* (*Gen.* XVII, 8), quia ex uno omnes, id est, Abraham; Christus secundum carnem, et illi ad quos hæc loquebatur. Quod vero superius ait, quoniam ergo *pueri communicaverunt carni et sanguini, et ipse similiter participavit eisdem*, exsequitur amplius hunc sensum, unde participaret carnem et sanguinem; ideo ait: *Non enim quemquam angelorum apprehendit*, id est, non cujuslibet angeli naturam suscepit, *sed semen Abrahæ apprehendit*. Non enim angelis una dignitas donata est, ut in unam personam Dei Filius eorum naturæ conjungeretur; sed hunc honorem et hanc dignitatem humanæ naturæ Deus Dei Filius contribuit, ut Deus et homo una esset persona. Quare dixit, *apprehendit?* Quia nos quasi recedentes ab eo et longe fugientes insecutus apprehendit, et in unam personam nostræ fragilitatis naturam sibi contemperavit. Mira conjunctio dum æternus et immortalis mortali et temporali adunatus est ! Quomodo vero hoc esset, confestim subjunxit dicens : (Vers. 17) *Unde debuit per omnia fratribus similari.* « Quid est, per omnia? Id est, natus est, educatus, crevit, passus est etiam et mortuus, » ut per omnia similis esset fratribus, qui ejusmodi conditioni subjecti sunt. Superius enim dicit splendorem eum gloriæ, et paternæ substantiæ figuram, per quem sæcula fecit. « Iste tantus et tam mirabilis et tam gloriosus tantam nostræ salutis curam habuit, ut frater noster in omnibus fieret: Propter hoc angelos quodammodo reliquit, aliasque cœlorum virtutes, » ut nos apprehenderet, ovem perditam, passionis suæ inventam, humeris impositam reportaret ad cœlestem patriam. Hic vero tantus et talis sacerdos noster voluit apud Patrem seipsum offerre pro nobis. Proinde secutus est et infert : *Ut misericors fieret et fidelis pontifex ad Deum, ut repropitiaret delicta populi.* Nec itaque alia causa fuit illi, per omnia fratribus assimilari, nisi ut fidelis pontifex esset in nobis, nostrisque propitiaret peccatis. « Non est altera totius hujus mirandæ dispensationis causa, quam hæc sola. Vidit quippe genus humanum humo jacentem [*Leg.*, jacens], peccatorum vinculis ligatum, morti obnoxium, tyrannidem patiens, et misertus est ejus sicut fidelis pontifex. *Fidelis*, dicit, hoc est, verus et potens. » Ministerium scilicet sacerdotis est, fidelem esse, ut possit eos quorum est sacerdos, liberare a peccatis. Proinde pro ejus potentia subsecutus adjunxit : (Vers. 18) *In eo enim, in quo passus est, ipse tentatus potens est eis qui tentantur, auxiliari.* In eo, id est, homine in quo passus est, potens est victos liberare, tentatosque adjuvare, ne vincantur ; quia tentationes nostras non solum sicut Dominus, sed etiam sicut homo in se ipso per experimentum cognovit. Licet Deus in sua natura sit impassibilis ; tamen in nostra quam assumpsit, idem Dei Filius passibilis fuit, nostræ naturæ consimilis. « In ea vero carne quam suscepit, multa sæva passus est. Novit quid est ista tribulatio, novit quid est tentatio patientium. » Ipse tentatus est, sed non superatus.

CAPUT III

Vers. 1, 2. — *Unde, fratres sancti, vocationis cœlestis participes, considerate apostolum et pontificem confessionis nostræ Jesum, qui fidelis est ei qui fecit illum, sicut et Moyses in omni domo illius.* Adhuc etiam de incarnationis Christi loquitur ministerio. Nam in Evangelio ipse testatur se missum non esse nisi ad oves perditas, hoc est, domus Israel. Angelus igitur Græce, Latine missus dicitur. Cognoscite quid est Jesus sacerdos, et qualis, et non habetis opus consolatione alia, neque solatio. « *Pontificem* enim eum dixit *confessionis nostræ*, id est, fidei nostræ, cui isti populus novus commissus est, sicut et Moysi prior populus in regimine datus est : sed huic majora vel longe meliora commissa sunt : « Vult enim beatus Paulus erigere animos Israelitarum ad excellentiam promissionum Dei, ut intente se parent accipere quod Deus benigne illi promisit afferre, nominans eos fratres charissimos ad cœlestia vocatos, participes cum Christo hæreditatis Dei. *Qui fidelis est ei*, id est, Deo Patri, *qui fecit eum.* De humanitate ejus dicit, qui factus est ex semine David secundum carnem ; non de divinitate, quæ non est facta, sed genita á Patre, unius substantiæ cum eo. « *Sicut Moyses*, ait, fidelis est *in domo sua.* Præpositurus eum Moysi, secundum comparationem in lege sacerdotii, hunc sermonem induxit, » asserens eum fidelem esse in domo sua. « *Fidelem*, id est, devotum, defendentem ea quæ sunt ejus, non permittentem corrumpi : » quæ domus nos sumus, sicut in consequentibus dicit : *Sicut Moyses fidelis fuit in domo sua*, id est populo priore. Confestimque consecutus ostendit quomodo domus illius esse debeamus ; ait enim : *Quæ domus sumus nos, si fiduciam et gloriam spei usque ad finem firmam retineamus*; quia *qui perseveraverit usque in finem, hic salvus erit* (*Matth.* xxiv, 13). Domum enim dicit, pro his qui convocantur in ecclesia. Intulit, *Dei domus sumus nos*, facta Dei, creati in Christo Jesu. Nunc usque comparationem fecit de incarnatione Christi cum Moyse ; dehinc se ad altiora ejus narranda convertit, dicens : (Vers. 5) *Amplioris enim gloriæ iste præ Moyse digne habitus est, quanto ampliorem honorem habet domus, qui fabricavit illam.* « Non dixit, quanto majorem habet honorem ab operibus artifex ; sed quam domus, qui construxit eam. Vides quomodo non de templo dicit, sed de omni populo, » primo, quem Moyses de Ægypto eduxit ; et deinde de eo, quem Christus de diabolica servitute liberavit, sibique in domum acquisivit

Vers. 4. — *Omnis namque domus fabricatur ab aliquo ; qui autem omnia creavit, Deus est.* Hic factorem a factura discernit, utriusque domus auctorem Deum esse intelligi volens ; sed aliter illius, cui Moyses præfuit ; aliter illius, cui Christus dux esse et dominus cognoscitur. Ideo subsecutus ait : (Vers. 5, 6) *Et Moyses quidem fidelis erat in tota domo ejus tanquam famulus in testimonium eorum quæ dicenda erant ; Christus vero tanquam filius in domo sua ; quæ domus sumus nos, si fiduciam et gloriam spei usque in finem firmam retineamus.* « Iste autem, id est, Jesus in paternas res sicut filius [*Chrys.*, sicut dominus] ingreditur ; ille autem, id est, Moyses, sicut famulus Dei. Hic iterum eos hortatur stare fortiter et non subrui [*Idem*, subruere]; domus quippe Dei erimus, si fiduciam spei et gloriæ usque in finem firmam retineamus. » Bene dixit : *fiduciam spei nostræ*, quoniam bona omnia sanctis in hac vita in spe sunt, donec ad speciem pervenient perfectæ beatitudinis ; *spe enim salvi facti sumus.* Bona enim quæ nobis promissa sunt, in hac pœnali vita habere non possumus, nisi in spe, et illam patienter exspectantes *usque in finem firmam.*

Vers. 7-11. — *Quapropter sicut dicit Spiritus sanctus : Hodie si vocem ejus audieritis, ne obduretis corda vestra*, usque : *si introibunt in requiem meam.* Locutus est beatus Apostolus de spe in superioribus, quia oportet nos sperare quæ futura sunt. Spes autem quæ videtur, non est spes. Historia vero, quam propheta hic rememorat, notissima est : « Cum enim egressi essent de terra Ægypti, et multam viam perambulassent, et multa judicia virtutis Dei accepissent in Ægypto, in mari Rubro, in eremo, consilium fecerun mittere speculatores, qui deberent inspicere naturam terræ, quæ promissa est eis : illi vero pergentes reversi sunt, terram quidem valde mirantes, majorem [*Chrys.*, magnorum] fructuum procreatricem esse dicebant; sed virorum inexpugnabilium esse illam provinciam et fortium. Israelitæ vero ingrati et insensati, quos oportebat, ut recordarentur tantorum Dei beneficiorum, et quomodo eos clausos in medio tanti exercitus Ægyptiorum eripuit de periculo; et fluviorum fontes sine defectu donavit, et manna tribuit, et alia miracula, quæ operatus est eis; et credita Deo [*Chrys.*, et credere Deo], nec Deo crediderunt, nec horum aliquid rememorati sunt, sed timore perterriti dixerunt : Revertamur in Ægyptum. Deus igitur iratus est eis, quia sic cito obliti fuerunt beneficiorum Dei, mirabiliumque ejus, juravit ut non intraret generatio illa in requiem promissam olim patribus; et sic omnes perierunt in eremo, præter **674** duos tantummodo. Tres itaque requies Apostolus memorat in hac epistola : unam sabbati, qua Dominus requievit ab operibus suis; secundam in Palestina, in quam Israelitæ ingressi, requieturi erant ex miseria multa et laboribus; tertiam, quæ vera est requies, hoc est, regnum cœlorum, ad quam quos pervenire contigerit, revera requiescunt a laboribus et difficultatibus suis; » de qua hic propheta loquitur, adversus Israelitas dicens : *Hodie si vocem ejus audieritis, ne obduretis corda vestra*, ne similia patiamini, quia [*Forte*, quæ vel qualia] progenitores vestri passi sunt, et privati sunt requie promissa. Aliquando enim audierunt patres vestri vocem illius per Moysen, et obdurati sunt. Ergo tunc per præconem locutus est, quando obdurastis corda vestra. Per se nunc loquitur; mollescant corda vestra. Qui præcones ante se mittebat, ipse venire dignatus est : ore suo hic loquitur, qui loquebatur per ora prophetarum. Ad ejus vero vocem, qui præconem misit, et nunc per se clamabat, nolite claudere corda vestra. Recordamini quomodo obdurati sunt patres vestri, et quomodo non introierunt in requiem promissam, sed amaricati murmurantes contra Deum perierunt. Patres vestri erant qui perierunt, nolite imitari eos; patres vestri erant; sed si imitati eos non fueritis, patres vestri non erunt, quamvis de eis nati sitis, scientes quia Deus potens est de lapidibus suscitare filios Abrahæ. *Quadraginta annis offensus fui generationi huic.* Multis modis est castigata; ipsi tamen semper corde erraverunt. Quadraginta diebus Dominus in deserto jejunavit, cum triumpharet de eo per quem illi quadraginta annis murmuraverunt contra Deum in eremo; post-que consummatam in passione et resurrectione totam victoriæ gloriam quadraginta diebus fuit cum discipulis, antequam cœlum ascenderet. Primis quadraginta diebus tentationem hujus peregrinationis ostendit; posterioribus quadraginta diebus consolationem, quam sancti habituri sunt in patria. Corpus enim, id est Ecclesia, necesse est tentationes patiatur in hoc sæculo; sed non deest in illo consolatio, qui dixit : *Ecce ego vobiscum sum usque ad consummationem sæculi* (*Matth.* xxviii, 20). Quibus juravi propter infidelitatem suam, *non introisse in requiem meam.* Loqui Deum, magnum est; quanto magis jurare. Jurationem confirmationis voluit fieri. Per quem jurat Deus, nisi per ipsum? Non enim habet majorem per quem juret. Per seipsum confirmat minas suas. Sicut verum est quod promittit, sic certum est quod minatur. Juravit ut non intrarent in requiem ipsius; et tamen oportet intrare aliquos in requiem ipsius. Illis ergo reprobatis, nos intrabimus; quia si aliqui ex ramis propter dissimilitudinem et infidelitatem fracti sunt, nos propter fidem et humilitatem inseramur. Sequitur enim exhortatio apostolica ad populum de requie introeunda, dicit enim : (VERS. 12) *Videte, fratres, ne forte sit in aliquo vestrum cor malum incredulitatis, discedendi a Deo vivo.* « Quippe per duritiam infidelitas nascitur, et sicut obdurata corpora et dura non obsequuntur manibus medicorum, sic et animæ obduratæ non obsequuntur verbo Dei. Si enim patres vestri, inquit, quia non speraverunt, sicut oportebat sperare, hæc passi sunt quæ leguntur in historia, cujus ante memoravimus, et perierunt in deserto propter duritiam cordis; multo amplius vobis talia timenda sunt, sicut illis acciderunt. Ad illos enim sermo iste factus est, qui in præsentia fuerunt vel futuri sunt, ideo dicit : *hodie.* Hodie namque semper est, donec constat mundus. » Intrat enim plus dicere de hodie, et subjungit dicens : (VERS. 13) *Sed adhortamini vosmetipsos per singulos dies, donec hodie cognominetur, ut non obduretu quis ex vobis fallacia peccati.* « Hoc est, ædificate invicem, corrigite vosipsos, ne contingant vobis similia; ne obduretur quisquam ex vobis, decipiente peccato infidelitatis. Attendis quia infidelitas peccatum facit; sicut enim infidelitas malignam vitam procreat, sic etiam anima, quando in profundum malorum venerit, contemnit : contemptus [*Chrys.*, contemnens] autem neque credere patitur, ut se a timore mortis perpetuæ liberet. Deinde infert Apostolus : (VERS. 14) *Participes enim Christi effecti sumus.* « Quid est, *participes effecti sumus Christi*? Participamur ex eo, inquit, id est, facti sumus unum cum illo. Siquidem ipse caput est et nos membra, cohæredes et concorporales » illi secundum spiritalem hominem qui creatus est in ipso.

675 *Si tamen initium substantiæ ejus, usque ad finem firmam retinemus.* « Quid est initium substantiæ? Fidem significat, per quam subsistimus, et Deo nati sumus in filios, et essentiales, ut ita dicam, facti sumus : quod diligentissime observandum est, ne cujuslibet doctrinæ macula corrumpamur. Deinde subinfert Apostolus adhuc de *hodie* dicere. (VERS. 15-19.) *Dum dicitur*, inquit, *hodie si vocem ejus audieritis, nolite obdurare corda vestra, quemadmodum in illa exacerbatione,* usque : *ex his quæ audierunt.* Hic vero Apostolus propheticum testimonium intrat explanare, quod superius posuit; dixit enim : *Hodie si vocem ejus audieritis, ne obduretis corda vestra, sicut in amaritudine obduratorum.* Mentionem facit quorumdam infidelium; nonne eorum quorum cadavera prostrata sunt in deserto? « Quod enim dicit quale est? *Audierunt et illi*, inquit, *sicut et nos audimus; sed quid profuit illis sermo auditus?* Non ergo putetis quia ex auditu tantum prædicationis introitus sit ad requiem Dei, quia et illi audierunt per Moysen; sed nihil utilitatis ex auditu habuerunt, quoniam nec crediderunt, » nec sermo auditus fide contemperatus est. Discrevit eos qui crediderunt prædicationis verbo, ab illis qui non crediderunt : ait enim, (VERS. 16) *sed non universi.* « Caleb vero et Josue, quia non consenserunt infidelibus, effugerunt pœnam quæ illis illata est; » nec hoc solum illis donatum est mortem evadere, qua cæteri perierunt, sed etiam datum est illis terram repromissionis intrare, eamque laudabiliter pro sua portione possidere.

CAPUT IV.

VERS. 1. — *Timeamus* nos vero illorum perditionem, et justum Dei judicium metuamus. qui reddet unicuique secundum opera sua : requiem sempiternam fidem habentibus, eam tamen quæ per dilectionem operatur; non credentibus itaque, pœnam perpetuam. *Ne forte relicta pollicitatione* quam dedimus Deo in baptismo, iterum revertentes ad opera infidelitatis quæ abdicavimus coram multis testibus. Unusquisque pro seipso laboret, ne forte minus dignus inveniatur *introeundi in requiem Dei.* (VERS. 2.) *Etenim nobis nuntiatum est,* quomodo intrare debeamus in requiem Dei, *sicut et illis;* nobis tamen per filium, illis vero per famulum. Confestimque verba exhortationis subjungit Apostolus, dicens : (VERS. 3) *Ingredimur* [Leg., *ingrediemur*] *in requiem, qui credimus, quemadmodum dixit : Quibus juravi in ira mea, si introibunt in requiem meam.* Nos vero hortatur intrare in requiem, ne forte nobis dicatur sicut illis : *Si introibunt,* id est, non introibunt in requiem meam. Festinat enim ostendere aliam esse requiem, ad quam vocati sumus, id est, cœlorum; nec nos dicit illam quæ in Palæstina est intraturos; sed illos non intraturos, propter obdurationem, nec in Palæstinam nec in requiem cœlestem. Addidit itaque de prima requie loqui, dicens : (VERS. 4) *Et quidem operibus ab institutione mundi factis. Dixit enim quodam loco de die septima sic : Et requievit Deus die septima ab omnibus operibus suis.* Confestimque de secunda subjunxit quæ promissa est populo Dei : (VERS. 5) *Et in ista,* inquit, *rursum : Si introibunt in requiem meam.* Si vero conjunctio

pro affirmatione, pro negatione, pro dubitatione accipi potest; superius vero pro negatione posita est, ubi ait propter incredulitatem illorum jurasse Deum, non introire eos in requiem promissam, addidit : *Si introibunt,* id est, non introibunt; hic vero potest intelligi pro affirmatione positum esse, quasi diceret: Si introibunt, bene habebunt; ideo addidit : *Quoniam superest quosdam introire in illam.* In illam videlicet quæ in Palæstina fuit pauci intraverunt, id est, duo tantum, Caleb et Josue, ex omnibus illis qui de Ægypto perrexerant. Proinde ait : (VERS. 6) *Et hi quibus prioribus annuntiatum est, non introierunt propter incredulitatem;* eos signans qui de Ægypto profecti sunt, quorum cadavera prostrata sunt in deserto. Deinde intrat de tertia, quæ per Christum credentibus promissa est, quamvis obscure, disputare : (VERS. 7) *Item,* inquit, *terminat diem quemdam, hodie in David dicendo, sicut post tantum temporis supra dictum est ; hodie si vocem ejus audieritis, nolite obdurare corda vestra.* (VERS. 8.) *Nam si eis Jesus requiem præstitisset, nunquam de alia loqueretur.* Hic ostendit tertiam quamdam esse requiem, de qua David dixit : *Hodie.* Non illam significans ad quam Jesus populum introduxit, sed aliam quamdam esse multo excellentiorem illi, ad quam non typicus, sed verus Jesus introduxit eos qui sunt ejus. « Audiamus ob hoc certum sit [*Chrys.*, unde hoc certum sit]. Post tantos annos, inquit, iterum dicit David : *Hodie si vocem ejus audieritis, nolite obdurare corda vestra.* Si enim veram Jesus præstitisset requiem populo, cujus ductor fuit, neque [Leg., *nunquam*] *de alia requie* David *loqueretur postea.* Certum est quia futurum est quosdam accipere requiem, » quæ per illam significata est, quæ est in Palæstina, ad quam verus Jesus ducturus est populum suum.

VERS. 9, 10. — *Itaque relinquitur sabbatismus populo Dei. Qui enim ingressus est in requiem ejus, etiam ipse requievit ab operibus suis, sicut a suis Deus.* Requies vero Dei operum perfectio intelligenda est, dum sexto die finita primordiali rerum creatione, et in septimo cessavit a novarum creatione naturarum. Per illam vero requiem Dei quæ æterna est, nos ad æternam studiose provocat requiem, quam sabbatismum nominavit, quia videlicet Judæis locutus est. « Non dixit hoc loco requiem, sed *sabbatismum;* proprium nomen, ad quod gaudebant et concurrebant, sabbatismum regnum Dei vocans; sicut enim sabbato ab omnibus malis abstineri præcepit [*Adde ex Chrys.*, et illa tantum fieri], quæ ad obsequium Dei pertinent, quæ sacerdotes efficiebant, et quæ animam juvabant, et nihil aliud [*Adde ex eodem,* sic et tunc]. » Nec talem sabbatum vult in regno Dei, ut iterum quis exinde revertatur ad opera laboriosa, sicut in sabbato carnali fecerunt; istud vero sabbatum Dei quicunque intrat, requievit perpetuo ab operibus suis, sicut a suis Deus. Volens itaque eos de resurrectione instruere et de requie sempiterna, *hodie* sæpissime interposuit, ut nunquam desperarent se intraturos, quasi diceret : « Si quisquam peccaverit, usquequo est hodie, spem habeat revertendi. Nullus igitur desperet usquequo vivit. »

VERS. 11. — *Festinemus ergo ingredi in illam requiem, ut ne in idipsum incidat incredulitatis exemplum.* « Magna quidem res est fides et salutaris; et sine hac non est salvari possibile alicui, sicut dictum est : *Sine fide impossibile est placere Deo*; sed non sufficit sola hæc : operari per dilectionem fidem necessarium est, et conversari digne Deo. Proinde etiam Paulus admonet eos qui dignationem mysteriorum suscipere meruerunt, dicens : *Festinemus ingredi in illam requiem.* Festinemus, inquit, quoniam non sufficit fides, sed debet addi et vita fidei condigna; et multum studium debet adhiberi, ne fides sit otiosa : Si enim terram intrare illi non meruerunt qui murmurati sunt contra Deum, quomodo nos cœlum merebimur intrare indifferenter viventes sicut gentes? » Opus est quippe omni volenti cœlum possidere, fidem operibus bonis ornare. Nec hoc solum damni habet male vivens, quod [Suppl., non] intrat in regnum Dei; verum etiam, quod majoris est terroris, pœnæ perpetuæ mancipari : ideo addidit : *Ut ne in idipsum incidat incredulitatis exemplum.* Eorum interitu qui perierunt in deserto terruit audientes, ne in illorum inciderent judicium, quasi dixisset : Sufficienter ex parentibus nostris docemur ne in similia incidamus; ne eadem patiamur quæ illi passi sunt; hoc est, in idipsum exemplum infidelitatis. Deinde ut majorem peccantibus incuteret formidinem, subjungit : (VERS. 12) *Vivus est enim*, inquit, *Dei sermo, et efficax, et penetrabilior omni gladio ancipiti.* Hic ostendit eumdem nos habere judicem, qui illos propter incredulitatem eorum damnavit; dixit enim : *Vivus est sermo Dei.* Sermo Dei, Filius est Dei, qui de seipso ait : *Si quis sermonem meum servaverit, mortem non videbit in æternum* (Joan. VIII, 51). Sicut illi, si servarent sermonem Dei, viverent terramque promissionis intrarent, sic et nos, si servaverimus sermonem ejus, vivemus, requiemque cœlestem intrabimus. *Vivus est enim Dei sermo, et efficax, et penetrabilior omni gladio ancipiti.* Gladius enim anceps potest membra dividere a corpore, et penetrare secreta et naturam carnis. Sed eo multo penetrabilior est sermo Dei, pertingens, ut ait Paulus, *usque ad divisionem animæ ac spiritus, compagum quippe et medullarum; et discretor est cogitationum etiam et intentionum cordis.* Anima vivimus, spiritu intelligimus; vita nobis carnalis cum bestiis communis est; **677** ratio spiritalis cum angelis. Tam efficax est judicium Dei, ut discernat inter carnalia peccata et spiritalia, quis quid cogitat animo, vel quo desiderio Deo serviat in corde. Tam penetrabilis est ejus intuitus, ut omnia nostra quæ agimus vel cogitamus, certius agnoscat quam nosmetipsi. Illum semper habemus testimonium actuum nostrorum vel cogitationum, quem judicem habituri sumus. Timeamus ejus præsentiam, cujus scientiam nullatenus effugere valebimus. Dixit enim, *ut discretor sit sermo Dei*, id est, providentia Dei, *cogitationum et intentionum cordis* : ostendens quia omnia nostra interiora vel exteriora dijudicabuntur ab eo, quia omnia nostra novit, et totum per totum penetrat hominem. Nec mirum si totus ubique totam suam agnoscit creaturam, sive spiritalem, sive corporalem, quia nihil quod factum est, sine eo factum est. Ideo addidit : (VERS. 13) *Et non est ulla creatura invisibilis in conspectu ejus. Omnia autem nuda et aperta sunt oculis ejus.* « Hic maxime eos terruit, ne forte adhuc, inquit, in fide stantes non cum integra satisfactione perficiatis fidei opera, quæ ipse quæ in corde sunt discernit; ibi examinat, ubi considerat, reddens unicuique secundum opera sua. Et quid dicemus de hominibus? Ac si angelos dicas, ac si archangelos, ac si cherubim atque seraphim, ac si aliam quamlibet creaturam, omnia revelata sunt oculo ejus, omnia aperta et manifesta. Quid est quod eum possit latere? *Omnia nuda et aperta sunt oculis ejus; ad quem nobis sermo.* » Quid est, *ad quem nobis sermo est?* Hoc est, ipsi reddituri sumus rationem actuum nostrorum.

VERS. 14. — *Habentes ergo pontificem magnum, qui penetravit cœlos, Jesum Filium Dei.* Paululum enim ante de divinitate ejus disserens ait : *Omnia nuda et aperta sunt oculis ejus;* nunc autem, quia de carne loquitur, de pontificatu disputat illius, qui semetipsum offerebat nostræ causa salutis; et quomodo prior omnium intrasset in requiem. Habemus enim pontificem magnum, qui penetravit cœlos. Ergo Moyses ductor populi, cui promissa est requies transitoria, non intravit in requiem quam sæpius populo promisit; iste vero sacerdos, melioris promissionis sponsor, viam faciens credentibus in se, primus intravit in requiem populo sibi credito promissam; ostendens eum magnum sacerdotem, *quia sempiternum habet sacerdotium, semper vivus ad interpellandum pro nobis* : et hunc ipsum Filium Dei ostendens, dum dixit : *Jesum Filium Dei*, quod nusquam de Moyse dicere voluit; sed eum famulum proferebat in superioribus, testificans eum sub nomine Jesu, quod nomen angelus, a Deo directus virgini annuntiavit Filium Dei esse verum, et ideo magnum sacerdotem. (VERS. 15.) *Teneamus confessionem. Non enim habemus pontificem, qui non possit compati infirmitatibus nostris.* Qualem confessionem dicit? Quoniam Filius Dei est; quoniam Christus Deus est; quoniam passus est, sepultus est, resurrexit tertia die, ascendit in cœlum, sedet ad dexteram Dei Patris, inde venturus judicare vivos et mortuos; per quem omnia bona habemus, redemptionem, resurrectionem, hæreditatem cum eo sempiternam. Hæc confiteamur. Quia vero hæc vera sunt manifestissime [*Leg.*, manifestum est] ex eo quod pontifex est, in interiora velaminis constitutus intrat in sanguine aspersus proprio, non alieno, sicut pontifices priores, qui sanguine vaccæ rufæ aspergebantur. *Non enim habemus pontificem, qui non possit compati infirmitatibus nostris. Non*, inquit, ignorat quæ nostra sunt; venit enim per viam humanæ conditionis; *per omnia sine peccato*; nihil secum afferens, unde morti debitor esset, sicut ipse in Evangelio testatur dicens: *Venit enim princeps hujus mundi, et in me non habet quidquam* (Joan. xiv, 30). « Multi pontifices ignorant eos qui in tribulationibus constituti sunt, neque quæ sit tribulatio in quolibet, sciunt. Impossibile quippe est scire afflictiones delictorum [*Chrys.*, afflictorum] ei qui experimentum afflictionis non habuit, et sensibiliter omnia sustinuit [*Chrys.*, non sustinuit]. Pontifex enim noster competenter omnia sustinuit, » quæ fuerunt humanæ miseriæ illata post peccatum primi hominis; et tunc in interiora velaminis, ad thronum paternæ majestatis ascendit. *Tentatum autem per omnia pro similitudine carnis absque peccato.* Tentatus siquidem diversis modis, sed non superatus; in tribulationibus probatus, ubique victor gloriosus. *Tentatus* est siquidem *pro similitudine carnis absque peccato*. Similitudinem itaque carnis peccati habuit; quæ tamen caro illius absque omni peccato fuit. Hæc est tentatio qua tentatus est: « persecutionem plurimorum passus est, sputa suscepit, accusatus est, detractionem sustinuit, calumnias passus est, repulsus est a propria gente, in finem crucifixus est. *Juxta similitudinem*, inquit, *sine peccato*. Dum dicit, *in similitudine carnis*, hoc non dicit, quia similitudo carnis fuit in eo, sed quia carnem suscepit veram. Quare ergo dixit, *in similitudine carnis*? Natura vera quam suscepit, similis est carni nostræ; peccata vero nequaquam habuit, » quæ nostra caro de parentibus contraxit; quia tale fuit originale peccatum in carne primi hominis, ut inde et pœna et remedium fieri potuisset. Pœna et peccatum in omni humano genere, præter in Christo, in quo solo salus et remedium fuit. Non enim præjudicata est caro peccatrix, ut inde remedium fieri non potuisset. Præsciebat potentia Dei, qualiter ex eadem massa justitiæ, æquitatis et misericordiæ pietas provenire potuisset.

Vers. 16. — *Adeamus ergo cum fiducia ad thronum gratiæ, ut misericordiam consequamur, et gratiam inveniamus in auxilio opportuno. Adeamus ergo cum fiducia*, hoc est, adeamus per fidem ad thronum gratiæ ejus, habeamus, quamvis peccatores simus, [a]... per ejus gratiam recuperare posse, si tamen fructus dignos fecerimus pœnitentiæ, et fidem firmam usque in finem retineamus. Nunc verus sedet pontifex noster Jesus Filius Dei in throno gratiæ, paratus indulgere peccatis nostris in hoc opportuno auxilio. Nunc vero opportunum tempus est auxilii et misericordiæ illius, sicut iste Doctor egregius alio loco dixit: *Ecce nunc tempus acceptabile, ecce nunc dies salutis* (II Cor. vi, 2). Et propheta multo ante hoc auxilii opportuni tempus significans, *Tempore*, inquit, *opportuno audivi te, et in die salutis adjuvi te* (Isaiæ xlix, 8). Namque et nunc post baptismum peccantes invenire misericordiam, si pœnitentiam egerint, gratia est illius,

[a] Deficiunt aliqua in manuscripto.

qui sedet in throno gratiæ. Quod vero opportunus factus est pro nobis, magnum est humilitatis indicium, quam ex nostra suscepit natura; non suæ substantiæ, quam habet triumphaliter cum Patre, cui nos fidem cum fiducia bonitatis suæ afferamus, hoc opportuno tempore, cum sedet in gratiæ throno, et omnia tribuit quæ nobis ad salutem provenire certissimum est. « Modo tempus est donorum; nemo de seipso desperet. » Timeamus thronum æquitatis ejus, cum venerit dijudicare omnia secundum justitiam: et tunc erit desperationis tempus nunc nolentibus converti ad sedem gratiæ, cum thalamus erit clausus, tantumque cum sponso remanent, qui lucentes bonis operibus ferent lampades.

CAPUT V.

Vers. 1. — *Omnis namque pontifex ex hominibus assumptus, pro hominibus constituitur in his quæ sunt ad Deum*: « Vult ostendere jam beatus Paulus quomodo multo melius est testamentum hoc quam vetus, quia nihil est in hoc imaginarium, » ut puta, non templum corporale, non victimæ carnales, non observationes legales, sed altiora et perfectiora omnia, quia totum quidquid est in spiritalibus hujus testamenti ratio est. Sed quia spiritalia non sic introducunt infirmos, sicut corporalia, de corporalibus enim incipiebat disputare dicens: *Omnis namque pontifex ex hominibus assumptus, pro hominibus constituitur*. Definit enim tempus, primum quid sit pontifex, et demonstrat quæ pertineant ad pontificem, et quid sit ejus ministerium, et quæ sint signa pontificatus; id est, *ut offerat dona et sacrificia pro peccatis, et ut condolere possit his qui ignorant et errant: quoniam et ipse circumdatus est infirmitate*. « Oportebat enim de excellentibus terrenis fidem facere, » ut ad excellentiora spiritalia pervenire possint, et ut consuetudo [*Leg.*, a consueto] sacerdotium more qui in lege fuit, ad altius, id est Christi, sacerdotium eos perduceret, qui adhuc infirmati fuerunt. Et propter modum carnalis pontificis introducit. Pontificis itaque officium est, inter Deum stare et populum; Deum deprecari pro populi delictis. Hoc etenim Christus fecit, seipsum offerens pro peccatis nostris, semper vivus ad interpellandum pro nobis; semel ab hominibus assumptus, sed semper pro hominibus interpellandus [*Forte*, interpellans]. Ponit hic Apostolus quædam communia cum Christo, cum sacerdotibus; quædam vero altiora, quod itaque ait: « *Omnis namque pontifex ex hominibus assumptus*; hoc commune est. *Pro hominibus constituitur*; et hoc: *ut offerat dona et sacrificia pro peccatis*; et hoc, sed non totum. Reliqua vero non sunt communia: (Vers. 2) *Qui potest condolere his qui ignoranter peccant*; hic jam excellentia est, » de qua superius in priori sententia latius disputavit. Quod vero adjunxit: (Vers. 3) *Et propterea debet, quemadmodum et pro populo, ita etiam pro semetipso offerre pro peccatis*, hoc vero ad sacerdotes legales magis pertinet, quam ad Christum. Nisi forte quis dicat unum esse corpus Christi, Ecclesiam; et dum offert pro Ecclesia, pro suis etiam membris offerat. Sed hæc violenta interpretatio videri potest. Deinde dispufare aggreditur, quomodo quis ad sacerdotium accedere debeat. (Vers. 4.) *Nec quisquam*, ait, *sumit sibi honorem, sed qui vocatur a Deo tanquam Aaron*. Hic etiam percutit sacerdotes honoris cupidos et sacerdotii avidos : non pro salute populi, sed pro ambitione sæculi. Igitur Aaron vocatus est a Deo ; signo florentis virgæ demonstratus est sacerdotem a Deo esse electum : etiam et incendio eorum qui ejus pontificatui invidere voluerunt.

Vers. 5. — *Sic et Christus non semetipsum clarificavit; ut pontifex fieret, sed qui locutus est ad eum : Filius meus es tu, ego hodie genui te*. Hoc est quod in Evangelio ipse ait : *Non enim a meipso veni, sed ille me misit* (Joan. viii, 42). Et iterum : *Si ego glorifico meipsum, gloria mea nihil est; est enim Pater, qui glorificat me*. Notandum quod glorificare, et honorare, et clarificare, tria quidem verba, sed una res est quod Græce dicitur *doxaxin*, sed interpretatum varie aliter atque aliter positum in Latino. Quod in Evangelio dictum est *glorifico*, hic Apostolus *clarificationem* nominat. Clarificatus est ergo Filius a Patre, quando super baptizatum vox Patris audita est de cœlis : *Hic est Filius meus dilectus, in quo mihi bene complacuit* (Matth. iii, 17). Quæ clarificatio sive glorificatio multo ante per Prophetam, Spiritu sancto inspirante, prædicta est : *Dominus dixit ad me : Filius meus es tu, ego hodie genui te* (Psal. ii, 7). Dominum significat Patrem. Attendamus autem, quod posuit : *Dixit ad me : Filius meus es tu*; quod et etiam dicturus erat post baptismum : *Hic est Filius meus dilectus, in quo mihi complacui* (Matth. xvii, 5). Hoc itaque, ut Christum unam personam sentires et unigenitum Dei Filium, adjecit : *Ego hodie genui te*. Hoc jam nihil habet commune cum cæteris, qui filii dicuntur, quia sacerdotes appellantur, de quibus dictum est : *Ego dixi : Dii estis, et filii Excelsi omnes* (Psal. lxxxi, 6) ; sed totum est unigeniti Filii proprium.

Vers. 6. — *Quemadmodum et in alio loco dicit : Tu es sacerdos in æternum, secundum ordinem Melchisedech*. Melchisedech secundum legalia mandata non fuit sacerdos, sed secundum singularis sacerdotii dignitatem ; panem offerens Deo et vinum, non brutorum animalium sanguinem : in cujus ordine sacerdotii Christus factus est sacerdos, non temporalis, sed æternus ; ad quem hoc dictum est : *Tu es sacerdos in æternum secundum ordinem Melchisedech*. Omnes enim sub lege erant sacerdotes ; iste solus secundum ordinem Melchisedech, ex eo quod natus est de utero virginali ante luciferum ; non secundum id quod natus est ex Patre Deus apud Patrem coæternus gignenti et consubstantialis : sed sacerdos propter carnem quam assumpsit, aut propter victimam quam pro nobis offerebat, a nobis susceptam, id est, carnem et sanguinem suum : de qua victima ipse in Evangelio ait : *Nisi manducaveritis carnem Filii hominis, et biberitis ejus sanguinem, non habebitis vitam in vobis* (Joan. vi, 54). Sed in ista carne et sanguine nil cruentum, nil corruptibile mens humana concipiat ; ne, sicut dicit Apostolus, *qui enim corpus Domini manducat indigne, judicium sibi manducat* (I Cor. xi, 29), sed vivificatricem substantiam atque salutarem in pane et vino, per quæ, si digne sumitur, nobis est peccatorum remissio et regni Dei possessio collata. Hujus ordinem sacrificii per mysticam similitudinem Melchisedech justissimus rex instituit, quando Domino panis et vini fructus obtulit. Constat enim pecudum victimas periisse, quæ fuerunt ordinis Aaron, non Melchisedech : sed hoc manere potius institutum, quod toto orbe in sacramentorum erogatione celebratur. Sacerdos autem præcipue dicitur Christus, qui semel se pro nobis obtulit immolandum, sicut semel de Melchisedech in sancta legitur Scriptura, et ejus sacerdotio. *In æternum* vero cum dicitur, ipse significatur Dominus Christus, qui permanet in gloria sempiterna.

Vers. 7. — *Qui in diebus carnis suæ preces supplicationesque ad eum, qui possit salvum illum a morte facere, cum clamore valido et lacrymis offerens exauditus est pro sua reverentia*. Quid vero in sacerdotio noster pontifex egisset, certius hic exprimit Apostolus dicens : *Qui in diebus carnis suæ;* dies quippe carnis Domini nostri, dies sunt in quibus carnem assumpsit ; in quibus tentatus est, passus est ; in quibus preces supplicationesque ad eum qui possit illum salvum facere a morte, offerebat. Totum vero quidquid egit Christus in carne, preces sunt et supplicationes pro peccatis humani generis. Sancta vero sanguinis ejus effusio clamor validus est, in quo exauditus est a Deo Patre pro reverentia ejusdem passionis suæ, [quam] sine peccato, nostræ salutis causa, perpessus est. Qui nullum habens peccatum, peccatum pro nobis factus est ; id est, oblatio pro peccatis nostris. Hoc enim totum in magna reverentia et perfectissima charitate peregit, qui prior dilexit nos et tradidit semetipsum pro nobis hostiam Deo acceptabilem ; qui ideo exauditus est a Deo, quia hostiam acceptabilem obtulit Deo, id est, seipsum. Simile est itaque, quod hic dicitur : *Qui preces supplicationesque ad eum, qui possit salvum facere illum a morte, cum clamore valido et lacrymis offerens*, ei, quod in Evangelio legitur eum dixisse : *Pater, si fieri potest, transfer a me calicem istum, verumtamen non mea voluntas, sed tua fiat* (Luc. xxii, 42) ; quia non venit facere voluntatem suam, sed ejus qui misit illum. Voluntatem paternæ dispensationis præposuit voluntati carnis suæ ; ut veram ostenderet in seipso humanitatis nostræ naturam : Beatus Paulus hic dicit preces eum et supplicationes fundere, non timore mortis, sed nostræ causa salutis. Unde alio loco dicit etiam, sanguinem Christi melius clamasse pro nobis, quam sanguinem Abel, qui ad accusandum fraternum scelus de terra clamavit ; Christi vero sanguis ad interpellandum pro nobis de terra clamat ad Patrem.

VERS. 8-10. — *Et quidem, cum esset Filius Dei, didicit ex his quæ passus est, obedientiam : et consummatus factus est omnibus obtemperantibus sibi causa salutis æternæ; appellatus a Deo pontifex juxta ordinem Melchisedech.* De similitudine pontificatus Melchisedech superius dictum satis arbitror. Nunc videamus quid vult intelligi Apostolus in eo quod ait: *Qui cum esset Filius Dei, didicit ex his quæ passus est, obedientiam.* Hanc obedientiam quam hic didicisse Filium Dei dicit, hoc est, voluntarie suscepisse, alio quoque loco ostendit, ubi ait : *Factus est obediens Patri usque ad mortem, mortem autem crucis, propter quod et Deus exaltavit illum* (Philip. II, 8, 9). In eo vero, quod ait : *Consummatus factus est omnibus obtemperantibus sibi causa salutis æternæ. Consummatus,* id est, perfectus ; ostendit quantum lucrum sit ejus passio, quæ omnibus credentibus sufficit ad salutem sempiternam. Igitur si obedientia Filii causa est salutis humanæ, quanta nobis necessitas est obedire Deo, ut digni inveniamur ejus salutis quam nobis per Filium proprium perdonavit?

VERS. 11. — *De quo grandis sermo nobis est, et ininterpretabilis ad dicendum ; quoniam imbecilles facti estis ad audiendum.* Causam enim reddit cur esset sermo quem de Filio incarnato instituit, difficilis ad interpretandum : id est, quia illi imbecilles erant et fragili sensu ad intelligendum profunda Dei mysteria. Qui etiam pro tempore magistri debuerant esse, facti sunt [*Suppl.* imbecilles], quibus lac opus est, non solidus cibus. Illa difficultas interpretandi in illorum fuit tarditate, non in apostolica sapientia, cui revelata sunt mysteria a sæculis abscondita, sicut in Epistola ad Ephesios plenissime demonstrat (*Ephes.* III, 8). Deinde subjunxit : (VERS. 12) *Etenim cum deberetis magistri esse propter tempus, rursum indigetis, ut vos doceamini quæ sunt elementa exordii sermonum Dei : et facti estis, quibus lacte opus sit, non solido cibo.* Ad eos igitur loquitur qui exercitatum sensum per legem et prophetas de adventu Christi et gratia quæ per eum credentibus allata est, habere debuerunt; qui etiam magisterio aliis per mysteria Dei quæ data sunt illis, poterant esse si credidissent. Nunc autem tales facti sunt ut infantes, quibus prima elementa litterarum traduntur ad legendum. Dum illorum fuit fortes esse in fide et alacres in scientia, ad percipiendum solidum sapientiæ cibum qui est perfectorum, nunc facti sunt quibus est lacte opus. Lac enim humilem sermonem vocat, quo eos indiguisse testatur, qui etiam ad altiora mysteriorum Dei secreta ascendere non poterant. Exempli gratia, qui non potest intelligere quod evangelista ait : *Verbum caro factum est,* quomodo potest ad altitudinem ejus sermonis pervenire, ubi ait : *In principio erat Verbum, et Verbum erat apud Deum, et Deus erat Verbum.*

VERS. 13, 14. — *Omnis enim qui lactis est particeps, expers factus est sermonis justitiæ. Parvulus enim est. Perfectorum autem est solidus cibus : eo-*

[a] Hic quædam deficiunt in manuscripto.

rum autem qui exercitatos habent sensus ad discretionem boni ac mali. Palatus enim sapores discernit ciborum : anima vero variarum probat sermones doctrinarum, de quibus in sequentibus hujus epistolæ dicit : *Doctrinis variis nolite abduci.* Sicut enim parvulus inter cibum et cibum discernere nescit, et sæpe in noxiis sumendis periclitatur, si non prohibeatur a seniore, ita indoctus quisque discretionem doctrinarum nescit, facile decipitur, et in via erroris periclitatur. Quod in lacte et solido cibo, hoc in indocto et sapiente differt; sicut lac parvulis congruit, et solidus cibus ætate perfectis, ita indoctis humilis sermo, et sapientibus arcanum Dei mysterium nosse convenit, qui exercitatos videntur habere sensus. « Quomodo igitur poterunt sensus nostri exercitati esse? utique ex usu et frequenti lectione sanctarum Scripturarum. » Unde beatum virum Psalmista dicit esse, *qui in lege Domini meditabitur die ac nocte.*

CAPUT VI.

VERS. 1. — *Quapropter intermittentes inchoationis Christi sermonem ad perfectionem feramur.* Quapropter, id est, quia exercitatos sensus in lege Domini decet vos habere, intermittamus inchoationis Christi [a] .... nisi fidei initium. « Sicut enim eum qui in doctrinam litterarum adducitur, elementa oportet primum audire, sic et Christianus primo omnium de fide catholica erudiri debet, quod est fundamentum salutis nostræ. Si autem opus habet de fide doceri, necdum fundamentum habet; firmum enim et fixum esse oportet hoc fundamentum in corde Christiani, ut inde dignus fiat ad perfectionem aliarum transferri virtutum. Si autem quisquam verbum veritatis audivit, et baptizatus est, et post annos aliquot de fide iterum audire opus habet, quia credere oportet eum de resurrectione et futuro sæculo, necdum fundamentum habet; rursum initium Christianitatis quærit, quia fides fundamentum est; cætera vero superædificationes, » quod beatus Paulus sequentibus verbis ostendit, dicendo : *Non rursum jacientes fundamentum pœnitentiæ ab operibus mortuis et fidei ad Deum.* « Perfectum enim illum vocamus, qui cum fide vitam habet rectam. » Si autem horum unumquodlibet deerit, perfectus non erit ; si vero ambo desunt, merito parvulus dici potest; et quasi infans litteris, sic etiam iste in fide iterum erudiendus est. Latenter autem legem infirmare vult, et ad gratiam Christi suos revocare auditores. Qui autem ad virtutem iturus est, primum malitiam debet culpare et abjicere, et opera mortis per pœnitentiam purgare, et sic accedere ad Deum.

VERS. 2. — *Baptismatum doctrinam* [Ita Codex; leg. *doctrinæ*], *impositionis quoque manuum et resurrectionis mortuorum et judicii æterni.* Non enim sufficit pœnitentia mundos facere peccatores, nisi confestim baptizentur, sicut in Actibus apostolorum beatum Petrum respondisse legitur : *Pœnitentiam agite, fratres, et baptizetur unusquisque vestrum in nomine*

Jesu (Act. II, 38). Quia quod impossibile est operari hominem per se, hoc per Dei gratiam in baptismate potest accipere. « Quid est enim, *baptismatum doctrina?* Non tanquam multorum baptismatum debet intelligi, sed unius; » quia sicut una fides est, ita unum et baptisma est; sed pro varietate accipientium *baptismatum* dixit. *Impositionis quoque manuum,* per quam Spiritus sanctus accipi potest. Creditur quod post baptismum ad confirmationem unitatis in Ecclesia Christi a pontificibus fieri solet. His igitur perfecte in Ecclesia perceptis, **682** fides resurrectionis et judicii futuri habenda est. Vivere quippe sicut angeli et nullius egere eorum, quæ in ista vita sunt; hujus vitæ promissio nobis facta est per Spiritum sanctum. Fructus autem hujus promissionis, ejusdem præsentia vitæ est; quæ duo, id est, fides et judicium, semel baptizato restant, non iterum baptizari.

Vers. 3. — *Et hoc faciemus, siquidem permiserit Deus.* In hac fide quippe baptismatis, et resurrectionis, et judicii futuri vos, Deo permittente, pleniter instruimus. Ne vero ullatenus, qui secundum vel tertium æstimaret post peccata posse fieri baptisma, mox subjungit, dicens : (Vers. 4-6) *Impossibile est enim eos qui semel sunt illuminati, gustaverunt etiam donum cœleste, et participes sunt facti Spiritus sancti, gustaverunt nihilominus bonum Dei verbum, virtutesque sæculi futuri, et lapsi sunt, renovari rursum ad pœnitentiam, rursum crucifigentes sibimetipsis Filium Dei, et ostentui habentes.* Impossibile est, inquit, non difficile. Impossibile est, inquit. In desperationem eos misit, secundo baptizari posse : quia impossibile est quod fieri non potest; difficile vero quod, quamvis cum labore, fieri tamen potest. *Si semel,* inquit, *illuminati estis* per gratiam sancti Spiritus, et *gustastis donum cœleste,* hoc est, remissionem peccatorum accepistis, et *participes facti estis Spiritus sancti,* in distributione donorum Dei, quæ in Epistola ad Corinthios beatus Paulus enumerat (*I Cor.* XII, 7 seq.); *et bonum gustastis verbum Dei,* hic doctrinam dicit evangelicam; *et virtutes venturi sæculi* cognovistis : quæ est revelatio futuri sæculi, nisi resurrectio et vita beata quæ sanctis promittitur? Hæc omnia in doctrina fidei, in gratia Dei per baptismum illuminati accepistis et cognovistis. Scitote certissime, si in peccatis iterum cadetis, impossibile esse vos *renovari iterum ad pœnitentiam.* « Quid ergo? Exclusa est pœnitentia post baptismum? Absit, sed renovatio per sacri baptismatis lavacrum secunda vice fieri non potest. *Renovari,* dixit, hoc est, novum fieri. Novum quippe facere hominem sacri baptismatis est, de quo Propheta ait: *Renovabitur sicut aquilæ juventus tua* » (*Psal.* CII, 5). Cujus virtus, id est, baptismatis sacri, in cruce et sepultura Christi constat. Proinde subjunxit : *Rursum crucifigentes sibimetipsis Filium Dei, et ostentui habentes.* Hoc est, vetus homo noster simul crucifixus est cum Christo; sicut alio ait loco : *Conformes enim facti sumus mortis ejus;* et iterum : *Consepulti enim estis ei per baptismum in morte.* Sicut enim impossibile est secundo crucifigi Christum, hoc est, ostentui eum habere. Qui secundo se baptizari posse putat, secundo Christum crucifigere quærit; qui si crucifixus est, et mortuus, et victor mortis resurrexit, atque cum triumpho gloriæ cœlos ascendit. « Sicut enim semel Christus mortuus est carne in cruce, sic nos semel morimur in baptismate; non carne, sed peccato; » atque sicut ille iterum mori non poterit, ita nos baptizari non possumus, nisi fortasse lacrymis pœnitentiæ, non lavacri regeneratione. « Quid est ergo? inquis; non est pœnitentia? Est utique pœnitentia, sed baptisma aliud non est; pœnitentia vero est, et multam habet fortitudinem etiam in eum qui peccatis valde demersus est. Si voluerit, potest eum liberare ex onere peccatorum, et periclitantem in tuto constituere, ac si ad ipsum fundum iniquitatis pervenerit : et hoc ex multis manifestum est testimoniis. Ideo addidit : *Nunquid enim qui cadet, non resurget, aut qui avertitur, non revertetur (Jerem.* VIII, 4). Quale ergo est istud medicamentum pœnitentiæ, aut qualiter conficitur? Primum exculpando propria peccata : *Iniquitatem,* inquit, *meam non celavi, et pronuntiabo adversum me iniquitatem meam Domino, et tu abstulisti impietatem cordis mei* (*Psal.* XXXI, 6; XXXVII, 19). Secundo, multa humilitate plangere peccata sua, fructusque dignos exinde facere pœnitentiæ, quatenus nullatenus in eadem iterum corruat peccata. Deinde multis eleemosynis redimere se incipiat, qui sæculi habeat potestatem, sicut scriptum est : *Divitiæ viri redemptio animæ illius.* (*Prov.* XIII, 8). Postremo opus est nulli irasci, neque malum pro malo reddere, omnibus dimittere peccantibus in se, dicente ipsa Veritate : *Dimittite, et dimittetur vobis.*

Vers. 7, 8. — *Terra enim sæpe venientem super se imbrem bibens, et germinans herbam opportunam [illis], a quibus colitur, accipit benedictionem a Deo. Proferens autem spinas et tribulos reproba est, et maledicto proxima, cujus consummatio in combustionem.* **683** « Cum timore autem audiamus sermones Dei. Non sunt hæ minæ Pauli; non sunt hominis verba; sancti Spiritus sunt, Christi sunt loquentis in Paulo. » Comparationem hic fecit de proficiente anima in doctrina Dei, et negligenti salutem suam. Fructiferæ terræ, cœlestibusque imbribus irrigatæ adæquavit proficientem animam in floribus sanctorum germinum dicens : « *Terra enim sæpe venientem super se imbrem bibens.* Hic declarat quod hi ad quos ei sermo fuit, susceperunt et combiberunt verbum cœlestis doctrinæ, et sæpius per legem, per prophetas perceperunt, et nec sic prompti facti sunt » germina fidei proferre. Adhuc addidit de bona terra, in quam cecidit semen verbi Dei, *germinans,* ait, *herbam opportunam.* Nihil sic opportunum, sicut fides in Filium Dei et vita optima. Hæc vero talis terra accipit benedictionem a Deo, ut ferat trigesimum, sexagesimum, etiam et centesimum fructum. Et hoc notandum est quod omnis abundantia in frugibus terræ, in fructibus arborum [non] aliter nisi per Dei benedictionem cultoribus ad voluntatem respicere poterit; neque enim agricolarum fuit terram excitare ad fructus, sed imperium Dei, sicut alibi idem beatus Paulus ait: *Ego plantavi, Apollo rigavit, sed Deus incrementum dat (I Cor.* III, 6). Hoc ergo de anima florenti in virtutibus et Dei benedictione digne protulit exemplum, moxque subjunxit aliud paradigma de ea quæ suam negligit salutem, dicens: *Proferens autem spinas et tribulos, reproba est, et maledicto proxima, cujus consummatio in combustionem.* « Quis namque est ab istis spinis mundus? Ac si essemus mundi, neque sic præsumptuosos nos oportet esse, sed timere et tremere, ne forte pullulent in nobis spinæ » peccatorum. Quomodo anima vel caro spinis plena superbire poterit? Nunquid non majori sollicitudine exstirpare eas opus haberet? « Quæ sunt ergo spinæ? Audiamus Christum de spinis dicentem, quia cura sæculi hujus et deceptio divitiarum præfocant verbum, et infructuosum efficitur. « Proferens, dixit, spinas, non generans, maledictioni proxima est. O quantam habet consolationem hic sermo! Maledictioni, inquit, proxima, non maledictio [*Chrys.*, non maledicta]. Qui autem necdum in maledictionem incidit, sed proximitatem; et longe fieri poterit. Et non hoc solum consolatus est, sed etiam in eo quod sequitur. Non dixit: Reproba et maledictioni proxima, quæ comburetur. Sed quid? Cujus consummatio in combustionem. » Hæc combustio non erit, nisi quis usque in finem permaneat in peccatis suis. Quia *in quacunque die conversus fuerit peccator, vita vivet, et non morietur (Ezech.* XXXIII, 12). « Si vero abscindamus spinas per pœnitentiam, poterimus mille bonis perfrui, et fieri probabiles, et benedictionis Dei participes. Postquam autem increpavit eos sufficienter, et terruit, et percutit, curat eos iterum, ne desperatos faciat; neque in omnibus adulatur, neque in omnibus percutit. Nec hæc dicimus veluti putantes vos spinis plenos, sed timentes ne tales efficiamini. Melius est enim verbis vos terrere, ne rebus ipsis doleatis. »

VERS. 9. — *Confidimus autem, dilectissimi, de vobis meliora et viciniora salutis, tametsi ita loquimur.* Quia beatus Paulus non habuit unde eos ad quos scripsit de præsente laudaret, incipit eis de spe futurorum prædicare dicens: *Confidimus, fratres, de vobis meliora et viciniora salutis, quamvis ita dicamus.* Quasi dixisset: Optima quædam de vobis confidimus, et quæ saluti vestræ proficiant; non utique, quod superius dixi de reproba terra et combustione proxima, non de vobis hoc dicimus, quia meliora de vobis credimus. Adduxit quoque eis in memoriam præterita, ut ex præteritis eos alliceret ad bona quæque, ideo subjunxit: (VERS. 10) *Non enim injustus Deus, ut obliviscatur operis vestri, et dilectionis quam ostendistis in nomine ipsius, qui ministrastis sanctis et ministratis.* « Ecce quomodo recreavit animas eorum, et confortavit, antiqua eis in mentem revocans: tunc fecit eos, ut non æstimarent oblivisci Deum, et præterita ejus beneficia in eos; necesse est enim eum peccare, cui spes deerit futura. Deinde hortatur eos omnibus modis sperare futura; eum enim qui desperat de præsentibus beneficiis Dei, quod a Deo non habeat, de futuris quis poterit eum confortare? Simile quid Galatis improperat dicens: *Currebatis bene: quis vos fascinavit (Gal.* V, 7)? Atque iterum: *Tanta enim passi estis sine causa* » (*Ibid.* III, 4): ut præsens mitigaret eamdem sententiam, mox subjunxit: si tamen *sine causa.* Sic etiam hoc loco temperavit sententiam suam dicens: *Non enim injustus Deus, ut obliviscatur operis vestri, dum tantam charitatem ostendistis in sanctis.* Volumus enim vos imitari eos *qui per fidem et patientiam hæreditati sunt promissiones.* Quale vero desiderium haberet de salute eorum, sequenti ostendit allegatione dicens: (VERS. 11) *Cupimus enim unumquemque vestrum eamdem ostentare sollicitudinem ad expletionem spei usque in finem.* (VERS. 12.) *Ut non segnes efficiamini.* « Desideramus vero, inquit, non tantum circa verba, sed etiam in virtutibus conversari. Non quasi priora vestra culpantes, sed ut de futuris solliciti sitis, admonentes; hoc est, quales fuistis primum, tales vos cupimus et modo esse, et in futurum. Et non dixit, *volo;* quod est auctoritatis doctrinæ: sed, quod erat paternæ dilectionis, hoc est, *cupimus* unumquemque vestrum eamdem quam olim habuistis sollicitudinem ad expletionem spei habere in æternam resurrectionem. » *Verum imitatores eorum, qui fide et patientia hæreditabunt promissiones.* Hortatur enim auditores suos ut fide non ficta et patientia perfecta exspectent promissiones Dei, et hæreditates, quas sanctis suis promisit. Et hoc firmius exemplis corroborare nititur, dum dicitur:

VERS. 13-15. — *Abrahæ namque promittens Deus, quoniam neminem habuit per quem juraret majorem, juravit per semetipsum, dicens: Benedicens benedicens te, et multiplicans multiplicabo te. Et sic longanimiter ferens adeptus est promissionem.* Mira est sapientia beati Pauli: per vices enim laudibus extollit eos ad quos scribit; per vices terroribus antecedentis historiæ terret eos, ne infideles essent, et minus creduli promissioni Dei; per vices vero eorum exemplis hortatur ad patientiam et fidem. Et ut indubitanter credant, non solum Deo dicente, verum etiam jurante per semetipsum. Et dum ei multa suppeterent exempla sanctorum, qui per patientiam hæreditarent promissiones Dei, præcipue fidelis Abraham, « propter dignitatem personæ suæ, et propter quod maxime in eo istud contigerit [*Suppl.* meminit]. » Qui *longanimiter ferens adeptus est in filiis suis promissiones,* non modo præteriti temporis, quæ in populo Dei impletæ sunt, magis etiam in futurum pronuntians in filios fidei Abrahæ; cujus filii sunt quos bonitas Dei de lapidibus gentium suscitavit, et fecit eos in fide esse filios Abrahæ. Promissionem Dei cooperata est longanimitas audientis, et exspectantis hæreditatem promissam; quam quidem pusillanimes et incredibiles [*Sic ms.*] verbis Dei non fuerunt adepti, sed plurima illorum in deserto periit multitudo. Quam impium est, Deo jurante, non credere! *Juravit enim per semetipsum, quia neminem habuit majorem per quem juraret.* Potest hic persona, in hoc juramento, Dei Patris intelligi, qui de Filio suo eidem patriarchæ promisit dicens : *Et in semine tuo benedicentur omnes gentes* (Gen. xxvi, 4). Non dicit in seminibus, ut beatus Paulus in alia demonstrat epistola (Gal. iii, 16); sed, in semine tuo, hoc est, Christo. Jurat enim et idem Christus in Evangelio dicens : *Amen, amen, dico vobis* (Joan. i, 51), et ipse per seipsum, quia nec ipse habuit majorem, per quem juraret. *Benedicens benedicam te.* Hoc est, in stellis cœli, per quas sancti designantur de ejus semine futuri..... *Multiplicans multiplicabo te;* et hoc in arena maris, per quam peccatores populi illius designari possunt. Utraque enim Dominum dixisse legitur, ubi ait : *Et erit semen tuum sicut stellæ cœli, et sicut arena, quæ est in littore maris* (Gen. xxii, 17).

Vers. 16. — *Homines enim per majorem sui jurant, et omnis controversiæ eorum finis ad confirmationem est juramentum.* Si igitur hominum in futurum credendum est, de quibus dicitur a propheta : *Omnis homo mendax,* quanto magis Dei juramento credi debet, qui est veritas, qui nec falli, nec mentiri potest? « *Homines enim per majorem sui jurant, et omnis controversiæ eorum finis ad confirmationem est juramentum;* prout si diceret : Ex hoc solvitur totius controversiæ disceptatio, non unius cujuslibet, sed totius. Oportebat quidem sine juramento credere Deo, » sed jurare Deum, dicit. (Vers. 17.) *In quo abundantius volens Deus ostendere pollicitationem hæredibus, immobilitatemque consilii sui;* « propterea etiam hujus repromissionis mentionem facit, quæ ad nos commune [Chrys., communiter] facta est. *Interposuit jusjurandum.* Quoniam enim apud homines hoc videtur fidele esse, cum juramentum interfuit [Chrys., interfuerit] controversiis eorum. Non æquale est hominem per se jurare, et Deum; homo enim sui potestatem non habet; » Deus autem potestatem habet omnium quæ sunt. « Sed quia incredulum est genus humanum, condescendit ad nos; sicut enim jurat propter nos, quamvis indignum ei sit non credi, sicuti superius dictum est : et didicit ex his quæ passus est, quoniam homines hoc putant maxime esse dignum fide, ut [per] experimentum quis transeat » ad fidem.

Vers. 18, 19. — *Ut per duas res immobiles, quibus impossibile est mentiri Deum, fortissimum solatium habemus, qui confugimus ad tenendam propositam spem, quam sicut anchoram habemus animæ tutam ac firmam.* Duas res dixit : Dei Patris promissiones de Filio suo, et adventum Filii in hunc mundum pro salute nostra. Proposita vero spes veritas est rerum gestarum quæ patriarchis promissæ sunt et redditæ, ut ex transactis futura credamus. Quam spem *sicut anchoram,* inquit, *animæ tutam et firmam.* « Sicut anchora, jactata navi, non permittit eam circumferri, licet venti commoveant eam, sed jactata firmam facit navem; sic et fides » spe roborata introducit nos in rerum speciem, quam modo fide et spe tenemus. Ideo addidit, dicens : *Et incedentem usque ad interiora velaminis.* Tempestas enim et multus imber commovet ratem; anchora autem non permittit eam demergi; sic etiam nostra spes, quam habemus fixam in interiora velaminis, nulla infidelitate mergi poterit, si cum Propheta veraciter dicamus : *Jacta in Dominum curam tuam, et ipse te enutriet* (Psal. liv, 23). Si hanc non haberemus, omnino demersi eramus, non tantum in spiritalibus, sed etiam in carnalibus; quia qui arat, inquit Apostolus, in spe arat, et omnis labor noster spe mercedis cujuslibet consolatur. Spes vero penetrat interiora velaminis, dum cœlestia absque ulla dubitatione credit et sperat et amat, operibusque ostendit, ut pote, quid credat, quid speret. Ut firmiorem spem nobis adderet, subjunxit : (Vers. 20) *Ubi præcursor pro nobis introivit Jesus, secundum ordinem Melchisedech,* etc. « Oportet itaque et illos quorum pontifex est, meliores esse : et quantum est inter Aaron et Christum, tantum est quodammodo inter Judæos et Christianos. Superiora etiam et sacrificia talia videlicet offeramus, quæ in illud sanctuarium cœleste offerri possunt, non jam pecudes et bovem, non sanguinem et adipem; omnia hæc soluta sunt, et pro eis introductum est rationabile obsequium. Quid autem est rationabile obsequium? Etiam quod per animam, quod per spiritum offertur Deo. *Spiritus est,* inquit, *Deus et eos, qui adorant eum, in spiritu et veritate oportet adorare »* (Joan. iv, 24). Quid est Deum in spiritu adorare, nisi in charitate et fide perfecta, et spe indubitata, et sanctis animæ virtutibus, quas Apostolus in alio loco abundanter enumerat?

CAPUT VII.

Vers. 1, 2. — *Hic enim Melchisedech rex Salem sacerdos Altissimi, qui obviavit Abraham regresso a cæde hostium, et benedixit ei, cui decimas omnium divisit Abraham.* Tradunt Hebræi hunc esse Sem, primum filium Noe, et eo tempore quo ortus est Abraham habuisset antiquitatis annos ducentos nonaginta. Nec esset mirum si Melchisedech victori Abraham obviam processerit, et in refectionem tam ipsius quam pugnatorum ejus panem vinumque protulerit, et benedixerit ei, quod abnepoti suo jure paternitatis dederit; et decimas prædæ atque victoriæ acceperit ab eo, sicut sacerdos excelsi Dei, qui fuit etiam rex Salem. Salem autem non, ut Josephus et nostrorum plurimi arbitrantur, esse Jerusalem; nomen ex Græco Hebræoque compositum, quod absurdum esse peregrinæ linguæ mistura demonstrat : sed oppidum juxta Schitopholim (*Sic ms.*), quod usque hodie appellatur Salem; et ostenditur ibi palatium Melchisedech, ex magnitudine ruinarum, veteris operis ostendens magnificentiam. Ad quam civitatem etiam legitur Jacob descendisse, quæ fuit in terra Chanaan in regione Sichem. Considerandum quoque est, quando Abraham a cæde hostium revertenti, quos persecutus est usque Dan, non in via Jerusalem, sed oppidum metropolis Sichem in itinere fuerit, de quo in Evangelio legimus : *Erat autem*

Joannes baptizans in Enon juxta Salim, quia aquæ multæ erant ibi.

VERS. 3. — *Primum quidem, quia interpretatus est rex justitiæ: deinde et rex Salem,* etc. *Sine patre, sine matre, sine genealogia, neque initium dierum, neque finem vitæ habens. Assimilatus autem Filio Dei, manet sacerdos in perpetuum.* Sæpius autem beatus Paulus eumdem Melchisedech in typo Dei Salvatoris introducit. Quamvis omnes pene sancti et patriarchæ ac prophetæ prioris temporis in aliqua re figuras expresserint Salvatoris: hic tamen Melchisedech specialius, qui non fuit de genere Judæorum, in typum præcessit sacerdotii Filii Dei, de quo dicitur in CIX Psalmo: *Tu es sacerdos in æternum secundum ordinem Melchisedech.* Ordinem autem ejus multis modis interpretantur; quod solus et rex fuerit, et sacerdos, et ante circumcisionem functus sacerdotio, ut non gentes ex Judæis, sed Judæi ex gentibus sacerdotium acceperint; neque unctus oleo sacerdotali, ut Moysi præcepta constituunt; sed oleo exsultationis et fidei puritate; neque carnis et sanguinis victimas immolaverit, et brutorum sanguine animalium dextra susceperit; sed pane et vino simplici puroque sacrificio Christi dedicaverit sacerdotio. Nec tamen credendum est quod iste Melchisedech sine patre aut sine matre esset, quod Christus quoque secundum utramque naturam et patrem habeat et matrem: sed quod subito introducatur in Genesi, occurrisse Abrahæ a cæde hostium revertenti, et nec antea nec postea ejus nomen vel genealogia inveniatur scriptum. Affirmat autem hujus exemplo Apostolus, quod Aaron sacerdotium, id est, populi Judæorum et principium habuerit et finem; Melchisedech autem, id est, Christi Ecclesiæ sacerdotium et in præteritum et in futurum æternum sit. Hic vero Melchisedech interpretatur rex justitiæ. « Quis est verus rex justitiæ, nisi Dominus noster Jesus Christus? Deinde rex Salem, hoc est, rex pacis, quod pertinet ad Christum. Iste namque nos justos effecit, pacificans omnia quæ in cœlis sunt et quæ in terris, » qui solus est rex justitiæ et pacis Dominus noster Jesus Christus, qui secundum divinitatem sine initio, sine fine, rex est sempiternus, ex æterno Pater [*Leg.,* Patre] æternus, quamvis ex temporali matre temporalis esset. « Sicut enim istius Melchisedech non legimus initium vel finem, in Scriptura, propterea quod non est scriptum, sic non novimus Filii Dei initium vel finem, quia non habet. Et in hoc est similitudo, quod nec illius, nec istius initium vel finis legatur. Illius quidem, quia non est scriptum; istius autem, quia omnino non est. »

VERS. 4. — *Intuemini quantus sit hic, cui decimas dedit de præcipuis Abraham patriarcha.* Convertit itaque sermonem ad eos qui gloriantur se filios esse Abrahæ, et de origine ejus nobilitatem eorum descendisse, quem divinis exaltare laudibus contendunt, et in Evangelio eum Domino præposuisse legitur, dicentes: *Nunquid tu major es patre nostro Abraham?* Quasi diceret, quem vos excellentiorem omnibus æstimatis, hic decimas offerebat Melchisedech, et hoc de præcipuis victoriæ: qui assimilatus est Filio Dei, pontifex factus in æternum. (VERS. 5.) *Quomodo de filiis Levi sacerdotium accipientes mandatum habent decimas sumere a populo secundum legem, id est, a fratribus suis, quanquam et ipsi exierint de lumbis Abrahæ.* « Tanta quippe est sacerdotii excellentia, ut etiam qui similes essent a progenitoribus, et eumdem haberent progenitorem, tamen multo amplius meliores [judicati sunt] a fratribus suis, » qui sacerdotio digni efficiuntur: veluti Aaron inter vivos ac mortuos, ut Dei iram placaret quæ exarserat, stare legitur; quod propterea ex populo facere poterat, licet omnes unum haberent progenitorem. « Proinde ipse Abraham nullo modo alienigenæ decimas dedisset, nisi plurimus et superexcellens ejus esset honor, » cui decimas exuviarum daret, de quo placere comperisset. « Ostendens etiam incircumcisum sacerdotem sacerdoti circumciso multo esse sublimiorem. Quomodo ergo hoc ostendit? Quia ipse Levi [*Chrys.*, quia ei Levi decimas dedit], » ex quo sacerdotale genus ortum est, decimatus est in lumbis progenitoris sui.

687 VERS. 6-10. — *Cujus autem generatio non annumeratur in eis, decimas sumpsit [ab] Abraham, et hunc, qui habebat repromissiones, benedixit. Sine ulla autem contradictione quod minus est a majore* [Ita Cod.; *leg., a meliore*] *benedicitur.* Ille autem qui sine genealogia est, in Abraham decimatus est non solum Levi, verum etiam et ipse Aaron, qui decimas solebat accipere a populo, et per eum omne sacerdotium Leviticum. Nec hoc loco contentus est stare, sed adhuc majori honore exaltavit eum, qui alterius generis fuit, dicens: *Et eum, qui habebat repromissiones, benedixit.* « Ostendit et honorabiliorem esse illum ex communi omnium judicio, *et sine ulla contradictione,* inquit, hoc est, omnibus luce clarius videtur quod minus a majore benedicatur. Proinde melior est typus Christi etiam eo qui promissiones habebat. » *Quis est, qui vivit?* Ille etiam qui secundum ordinem Melchisedech est sacerdos in æternum. *Secundum ordinem Melchisedech,* [qui] typum gerit pontificis nostri, qui semetipsum obtulit hostiam Deo placentem; non ex necessitate qualibet, sed ex voluntate propriæ potestatis [*Suppl.* excellentiam] designat, qui nihil morti debuit; idcirco pontificali sacrificio sui corporis omnium abluit peccata. (VERS. 11, 12.) *Si ergo consummatio per sacerdotium Leviticum erat* (populus enim sub ipso legem accepit), *quid adhuc necessarium est secundum ordinem Melchisedech alium surgere sacerdotem, et non secundum ordinem Aaron dici? Translato enim sacerdotio corporis* (Sic ms.), *necesse est, ut et legis translatio fiat.* « Hic enim incipit Veteris Novique Testamenti differentias ostendere, » dicens: *Si enim consummatio,* id est, perfectio, *per sacerdotium Leviticum fuit,* quid necesse fuit alium surgere sacerdotem? Nam Aaron primum post legem datam sacerdotem de tribu Levi esse, nulli dubium est: ideo sacerdotium quo functus est, Leviticum nominavit sacerdotium. Quo sacerdotio Levitico multo melior Melchisedech in ordine sacer-

dotali factus est, qui typum gerebat sacerdotis nostri, id est Domini Salvatoris mundi. Nequaquam enim dixisset, *secundum ordinem Melchisedech*, si illud sacerdotium Aaron melius esset, sub quo populus Judæorum legem susceperat. Si igitur sacerdotii translatio est, necesse est etiam legis esse translationem : neque enim potest sacerdos sine testamento esse et sine lege, et sine præceptis.

Vers. 13, 14. — *In quo enim* [*hæc*] *dicuntur, de alia tribu est, de quo nullus altario præsto fuit. Manifestum est enim quod ex Juda ortus est Dominus noster : in qua tribu nihil de sacerdotibus Moyses locutus est*. In quo enim, ait, id est, de quo hæc dicta sunt, Dominum scilicet significans Salvatorem. « Dum id translatum est sacerdotium, simul et testamentum translatum est ; » non autem ordine tantummodo, neque præceptis, sed etiam tribu. Oportebat quippe, ut etiam [tribus] mutaretur. Et quomodo translatum est sacerdotium ex tribu ad tribum, de sacerdotali ad regalem? Ut eadem ipsa sit et regalis et sacerdotalis. Et intuere mysterium : primo fuit regale sacerdotium Melchisedech secundum consequentiam hujus sermonis ; secundum etiam fuit sacerdotale in Aaron ; tertium [*Chrys*., sic etiam] fuit in Christo iterum regale, qui erat rex semper ; sacerdos autem factus est, quando carnem suscepit, quando sacrificium obtulit. Vides mutationem rerum ? Quæ enim per translationem facta sunt, hæc veluti ex rerum constantia [*Chrys*., ex rerum consequentia] quasi nova redire videntur. »

Vers. 15-17. — *Et amplius adhuc manifestum est, si secundum ordinem* [Leg., *similitudinem*] *Melchisedech exsurgeret alius sacerdos, qui non secundum legem mandati carnalis factus, sed secundum virtutem vitæ insolubilis*. Contestatur enim, quoniam tu es sacerdos in æternum secundum ordinem Melchisedech. Novam [*Cod*., Nostram] hoc loco differentiam instituit inter sacerdotium [Aaron] et sacerdotium Christi ; quia illud carnale, hoc vero spiritale ; illud temporale, hoc vero æternum est. Dicit enim de sacerdotio Aaron : *secundum legem mandati carnalis*. Lex quippe illa ex multa parte carnalis erat ; in circumcisione carnis, in mundatione carnis, in hostiis et oblationibus carnalibus, in discretione ciborum, dierum, temporum, etiam et in retributione, quibus benefacientibus et legem custodientibus pax et securitas et prosperitas et frugum abundantia et regni potentia promissa est, quæ omnia morte finienda erant. Sed non ita sacerdotium Christi, quod secundum virtutem vitæ insolubilis est. « Quis est iste sacerdos talis ? Non Aaron ; non ipse Melchisedech, 688 sed ille, cujus ille Melchisedech typum gerebat. De quo ipse Deus Pater jurejurando testatur : Tu es sacerdos in æternum secundum ordinem Melchisedech. Hoc est, non temporalis, neque finem habens, sed secundum potentiam insolubilis vitæ ; » vitam vero in seipso habens insolubilem, quamvis ad tempus mortuus esset carne ; tamen in æternum divinitate vivit et humanitate, mediator inter Deum et homines, semper vivens ad interpellandum pro nobis.

Vers. 18, 19. — *Reprobatio quidem fit præcedentis mandati, propter infirmitatem ejus et inutilitatem ejus. Nihil enim in perfectum adduxit lex*. « Quid enim, nihil profuit lex ? Profuit siquidem ; sed nihil ad hoc profuit, ut perfectos facere potuisset servientes in ea : idcirco ejus reprobatio fuit, ut gratiæ daretur locus, dum veniret, in qua perfectio fieret. Utilis quippe fuit lex, sed illis qui fidem habuerunt in Christo, non illis qui totam spem suam in eam firmassent : *Introductio vero melioris spei, per quam proximamus ad Deum*. (Vers. 20.) *Et quantum est non sine jurejurando. Alii quidem sine jurejurando sacerdotes facti sunt*. Introductio, inquit, melioris spei. Habuit quippe et lex spem, sed non talem. Sperabant enim bene placentes et legem Dei custodientes possidere terram ; nihil ærumnosum pati, prospere vivere, sicut dictum est : *Qui fecerit eam, vivet in ea*. Hic autem speramus, quia placentes, evangelica præcepta custodientes ; non terram possidere, sed cælum. Magis autem (quod cœlo multo melius est) speramus proximi Deo consistere, ad ipsum paternum solium pervenire, et ministrare ei cum angelis. » Hoc autem sacerdotium, per quod hanc gloriam possessuri sumus, non erit sine jurejurando, ut firmam Dei promissionem credamus, quia hæc omnia nobis in Filio proprio promisit, quem pro nobis omnibus tradidit, ut per eum hæc omnia [*Suppl*. forte, habeamus], de quo dictum est : Tu es sacerdos in æternum secundum ordinem Melchisedech.

Vers. 22-24. — *In tantum melioris testamenti sponsor factus est Jesus. Et alii quidem plures facti sunt sacerdotes, idcirco quod morte prohiberentur permanere : hic autem eo, quod maneat in æternum, sempiternum habet sacerdotium*. « Duas ponit differentias, quia non habet finem sacerdos noster, sicut legalis. Hoc autem facit ex persona Christi, *qui ingressus*, inquit, *secundum virtutem vitæ insolubilis*. » Et hoc jurejurando testatur, sicut supra dictum est. Sicut ille permanet, ita etiam et lex quam attulit ; permansura est ; in qua est vera peccatorum remissio, et perpetuæ perceptio gratiæ. « Si enim illa prior propter imbecillitatem sui, quæ nihil ad perfectum ducere potuerit, exclusa est, ista vero, quam pontifex magnus attulit, valet, et fortis est, et manet. Ostendit autem hoc ex pontifice. Quomodo ? Quia unus est. Non enim unus esset, nisi esset immortalis. Sicut enim multi sacerdotes in lege fuerunt, quia mortales fuerunt, sic unus, quia immortalis usque hic. Qui in tantum melioris testamenti sponsor factus est, secundum quod juratum est de eo, semper eum esse mansurum.

Vers. 25. — *Unde et salvare in perpetuum potest accedentes per semetipsum ad Deum, semper vivus ad interpellandum pro eis*. Intueris quia de eo qui secundum carnem est ista dicit. Quando enim sicut pontifex est, tunc etiam interpellat ; » quia ex ea natura qua pontifex est, interpellat pro suis. Quis est qui interpellat, nisi humanæ naturæ divinitati illius conjunctio, quam paterno solio advexit, semper vivus et ad salvandum idoneus. Alii vero pontifices, quia semper non erant, semper non interpellabant. Non solum in hac vita salvat per interpellationem humanitatis suæ, sed etiam in futurum glorificat, dum tradet regnum Deo Patri, et perducet sanctos ad visionem paternæ majestatis. (VERS. 26.) *Talis enim decebat, ut nobis esset pontifex, sanctus, innocens, impollutus, segregatus a peccatoribus, et excelsior cœlis factus.* Talis etiam illis decuit esse pontifex, de quibus ipse ait: *Jam non dicam vos servos sed amicos, quia omnia quæcunque audivi a Patre meo, nota feci vobis* (Joan. xv, 15). » Videlicet servi legales, pontifices habuerunt mortales, peccatores, pro semetipsis offerentes; filii vero et amici Dei pontificem habent immortalem, *segregatum a peccatoribus,* id est, prioribus sacerdotibus, qui esset innocens et sanctus; « *Innocens,* quia sine malignitate, quod dicit Propheta: *Nec dolus inventus est in ore ejus* (Isaiæ LIII, 9). » *Sanctus,* quia in omni bonitate præcipuus. *Impollutus,* quia nihil habuit peccati. *Excelsior cœlis factus,* quia adorant eum omnes angeli Dei. (VERS. 27.) *Qui non habet quotidie necessitatem, quemadmodum sacerdotes, prius pro suis delictis hostias offerre, deinde pro populi: hoc enim fecit semel seipsum offerendo.* « Illic enim magnitudinem sacrificii ostendit, quamvis illud unum esset; et sic oblatum sufficit in sempiternum; et tantum prævaluit, quantum cætera omnia non prævaluerunt; et, quod offerebat, non pro se offerebat, sed pro populo. » Nec enim hoc pro populo quotidie offerendum erat; sed tantæ sanctitatis et honoris apud Deum fuit hoc sacrificium, ut semel oblatum in æternum profuisset populo Dei.

VERS. 28. — *Lex enim homines constituit sacerdotes infirmitatem habentes;* propterea pro se sicut et pro populo semper offerebant. Iste autem tam potens est, ut semel oblatus suæ carnis sacrificio, nihil opus erat cuiquam credentium plus offerre pro eo. *Sermo autem jurisjurandi, qui post legem est, Filium in æternum perfectum.* Hic etiam Filii nomen ad distinctionem servorum, qui fuerunt in lege, positum est; quia servi infirmi fuerunt: sive quia peccatores, sive quia mortales erant. Et hunc Filium perfectum esse demonstrat, quia semper vivit, et semper sine peccato est. Utrumque apostolus ait, et mirifice consolatur audientes, et minaciter terret negligentes: consolatur in eo, quia ait: Sacerdotem [*Ita cod., corrupte*] magni potenti sacrificio proximati sunt. Terret in eo, ne peccent; quia illud sacrificium nunquam pro peccatis iterum oblatum erit. « Non est aliud sacrificium; unum vero nos purgavit; post hoc judicium erit. Quotquot redempti sumus, isto sacrificio permaneamus [*custodientes*] generositatem nostram et honorem. »

CAPUT VIII.

VERS. 1, 2. — *Capitulum autem super ea quæ di-* cuntur: *Talem habemus pontificem, qui cum sedet in dextera sedis magnitudinis in cœlis, sanctorum minister et tabernaculi veri, quod fixit Deus, et non homo.* Quod itaque ait: *Capitulum in his quæ dicta sunt,* significat aliquid summum et magnum; quasi præcedentis disputationis recapitulatio, ad rem ipsam deducens auditorem. *Talem habemus,* inquit, *pontificem, qui sedet ad dexteram majestatis;* humilia excelsis, humana divinis commiscens, eumdem Deum ostendens, quem et pontificem; nec alium esse qui sedet ad dexteram Dei, nisi eum qui est *minister sanctorum et tabernaculi, quod fixit Deus et non homo.* Hoc tabernaculum animæ sunt sanctorum, quibus æterna gaudia ministrat, et velamen cœli, pontifex magnus. *Qui sedet ad dexteram majestatis in excelsis Patris.* Dum audies eumdem sedere a dextris Dei, et ministrare sanctis, « sedere autem dignitatis divinæ est, ministrare vero misericordiæ multæ et amoris magni quem nobis impendit. » Mirabile sacramentum est eumdem sedere in divinitatis gloria, quem persecutores in cruce pendentem viderunt; in qua cruce passionis illius, ministratio est salutis nostræ; hoc enim gestum credimus; hoc nobis ad salutem proficere novimus. Sed quid carnalis mens humana æstimet in eo, quod dicitur: Sedere eum a dextris Dei? Condescendit enim sancta Scriptura nostræ infirmitati, nostræque consuetudini, quatenus imbecilla instrueretur humanitas, quando usque ad illam secretam gloriam divinitatis [*God., divinitas*] hominum non poterat pervenire. Igitur victori Filio, et per sanctam incarnationem totius mundi triumphatori, post resurrectionis gloriam honorabilis consessus offertur, ut per hunc situm susceptæ humanitatis gloria declaretur: nam hoc verbo *sedere,* illud designatur, ut caput nostrum Christus ad Patris cognosceretur dexteram collocatum, id est, divinæ majestatis sublimitatem, in qua parte ponendi sunt, qui a perfidis, ejusdem Salvatoris munere, segregantur. (VERS. 3.) *Omnis enim pontifex ad offerenda munera et hostias constituitur:* unde necesse est et hunc habere aliquid quod offerat. Pontifices vero veteris instrumenti stati sunt legalia offerre munera, hostias pro suis, sicut superius dixit, vel etiam pro populi peccatis. Unde necesse est Salvatorem nostrum in diebus carnis suæ aliquid habere ad offerendum pro nobis: dum in sempiterna divinitatis suæ natura non habuit quod offerret, sumpsit ex nobis quod pro nobis offerre potuisset, id est, carnem humanam. Quid tam aptum immolationi quam caro mortalis pro mortalibus? Et quid tam mundum pro mundandis vitiis mortalibus quam sine ulla contagione carnalis concupiscentiæ caro nata in utero, ex utero virginali? Et quid tam grate offerri et suscipi possit quam caro sacrificii nostri, corpus effectum [*Cod., affectum*] sacerdotis nostri? Et quomodo? Quatuor considerantur in omni sacrificio: cui offeratur, a quo offeratur, quid offeratur, pro quibus offeratur. Ergo nec alicui sacrificium debetur, nisi soli vero Deo. Proinde pontifex noster pro nobis, semetipsum offerebat, idem sacerdos et sacrificium. Vers. 4, 5. — Si ergo esset super terram, nec ergo esset sacerdos : cum essent qui offerrent secundum legem munera, qui exemplari et umbræ deserviunt cœlestium. Si igitur esset terrenus pontifex, sicut Aaron, non esset utique sic sacerdos secundum ordinem Melchisedech in æternum. Aaron quippe mortuus est, et non est sacerdos : Christus vero quia vivit in æternum, sacerdos est sempiternus : non talis quales illi fuerunt qui exemplari et umbræ deserviunt cœlestium. Omnes vero sacerdotes in lege constituti exemplare et umbratile sacerdotium gerebant cœlestium, id est, spiritalium, significantes verum et sempiternum sacerdotium Christi. Nonne altare [Cod., altera] est cœleste fides nostra, in quo offerimus quotidie orationes ? « Nihil vero habens carnalis sacrificii, quod in cineres resolvatur, nec in fumo extensetur [Ita Cod. ; forte, extenuetur], nec in vapores diffundatur. Hæc vero sacrificia clara et festiviora efficiuntur. Quomodo cœlestia non celebrant sacrificia, quibus dicitur : Accipite Spiritum sanctum : quorum remiseritis peccata, remittuntur eis ; et quorum retinueritis, retenta sunt (Joan. XXVIII, 25) ? » Horum enim sacrificiorum, omnia Levitici sacerdotii sacrificia signa fuerunt : Quia lex per Moysen data est ; gratia et veritas per Jesum Christum facta est (Joan. 1, 17). « Sicut responsum est Moysi, cum consummaret tabernaculum : Vide, inquit, omnia facito secundum exemplar, quod tibi ostensum est in monte (Exod. XXV, 40). Quoniam auditus minus aptus esse videtur ad disciplinam percipiendam, quam visus ; non enim ita animo commendamus quæcunque audimus, quomodo illa quæ ipso visu percipimus. » Ideo dicit : Vide, ut omnia facias sicut tibi in monte demonstratum est. Sed hic quæri potest, de quibus dixisset : Omnia, sive de tabernaculi constructione ; sive de hostiis et sacrificiis, quæ in eo oblaturi essent? sed de utroque melius intelligitur. (Vers. 6.) « Nunc autem melius sortitus est ministerium, quanto et melioris testamenti mediator est, quod melioribus repromissionibus sanctificatum [Ita Cod. ; al., sancitum] est. Vides, inquit, quanto melior [hæc] illa celebratione. Siquidem illa exemplar et forma ; ista vero veritas, » sicut dicitur in Evangelio : Lex per Moysen data est, gratia et veritas per Jesum Christum facta est. De qua gratia subsequenter hic significat Apostolus, dicens : Quod in melioribus repromissionibus sanctificatum est. Quanto meliora sunt cœlestia terrenis, æterna temporalibus ; tanto melioris est mediator sacerdos Christus Deus testamenti. « Transiens de loco, et a sacerdote, et a sacrificio, tunc demum et testamenti differentiam ponit. Hic autem ad cœlum nos elevans et ostendens, quia pro tabernaculo cœlum habemus » in promissionibus Dei.

Vers. 7, 8. — Nam si illud prius culpa vacasset, non utique secundi locus inquireretur. Vituperans enim eos dicit : Hoc est, si inculpabiles essent observatores sui, nunquam secundi locus relinqueretur. Sed quia illud non fuit perfectum, inventus est locus aptus secundi testamenti ; sicut per Prophetam dicit Dominus : Ecce dies venient, dicit Dominus, et consummabo super domum Israel et super domum Juda testamentum novum (Jer. XXXI, 35). (Vers. 9.) Et non secundum testamentum quod feci patribus eorum, in die, qua apprehendi manum eorum, ut educerem eos de terra Ægypti, quoniam ipsi non permanserunt in testamento meo, et ego neglexi eos, dicit Dominus. Hic autem discrete posuit, de quo dictum est, quod non permanserunt in testamento meo. Dum dixit : In die, qua apprehendi manum illorum, ut educerem eos de terra Ægypti ; de lege hoc dixit [Cod., non dixit, mendose] lata in monte Sinaï, quæ quinquagesima die data esse constat, in qua non permanserunt patres eorum, sed fecerunt vitulum in Horeb et adoraverunt illud. Non enim de illo quod patribus eorum proposuit, 691 id est Abraham, Isaac et Jacob. Et omnes filii fidei, filii Abraham dici possunt, sicut de ipso Domino in Evangelio scribitur : Dico autem vobis, quod potens est Deus de lapidibus istis suscitare filios Abrahæ (Matth. III, 9). Et hoc est testamentum, quod consummabit Deus, id est, perficiet super omnes gentes, ut quicunque crediderint in Christum, filii Abrahæ, secundum spiritalem generationem, vere sint. (Vers. 10-12.) Quia hoc est testamentum quod disponam domui Israel post dies illos, dicit Dominus : Dando leges meas in mentes eorum et in cordibus eorum superscribam eas. Et ero eis in Deum, et ipsi erunt mihi in populum. Et non docebit unusquisque proximum suum, et unusquisque fratrem suum dicens : Cognosce Deum [Al., Dominum] : quoniam omnes scient me a minore usque ad majorem. Quia propitius ero iniquitatibus eorum, et peccata eorum non memorabor amplius. Et hic magna distantia est inter legem et legem, inter Scripturam et Scripturam, inter litteram et gratiam. Nam littera legis scripta est in tabulis lapideis, quas Moyses ipse fregit, dum vidit populum ante vitulum ludentem : gratia vero data est in corda credentium per Spiritum sanctum, per quem charitas diffusa est in cordibus credentium. Quod vero in littera latebat et legebatur a populo per magistrorum traditiones, hoc Spiritus sanctus adveniens docebat apostolos. Et hoc est quod ait Propheta : Et non docebit unusquisque proximum suum et unusquisque fratrem suum, dicens : Cognosce Dominum ; omnes enim scient me a minore usque ad majorem eorum : sicut in Evangelio de Domino legitur : Tunc aperuit illis sensum, ut intelligerent Scripturas (Luc. XXIV, 45). (Vers. 13.) Dicendo autem novum veteravit prius. Quod autem antiquatur et senescit, prope interitum est. « Sumens a Propheta fiduciam Paulus, amplius in illud testamentum invehitur, commode ostendens, quoniam nostra nunc florent ; illa vetusta sunt et prope interitum. » Sed renovabitur sicut aquila juventus nostra, si ad fontem vitæ currimus ; si alas et oculos ad solem justitiæ extendimus.

CAPUT IX.

Vers. 1, 2. — Habuit quidem prius justificationes

culturæ et sanctum sæculare: Tabernaculum enim primum factum est, in quo erant candelabra, mensa et propositio panum, quod dicitur sancta. Legimus enim in Josepho, tabernaculum ad instar hujus mundi factum : exteriora vero hujus sæculi figuram habebant. Idcirco quotidie ministrant sancti sacerdotes, accedentes [*Forte,* accendentes] lumen doctrinæ, et pascentes populum Dei. *Panum,* qui super mensam a sabbato usque ad sabbatum præsto debent esse; id est, a sabbato spei nostræ, in qua quasi in Christo, et ab hujus mundi turbinibus securi, usque in illud sabbatum, quod [*Forte,* quo] retineamus quæ nunc in spe habemus. Candelabra vero dona sunt Spiritus sancti, quæ in Ecclesia lucent intelligentibus per eum, per quem requiescet spiritus sapientiæ et intellectus, spiritus consilii et fortitudinis, spiritus scientiæ et pietatis, et spiritus timoris Domini. Interius vero tabernaculum, quod dicitur « sancta sanctorum, ipsum cœlum significat. (VERS. 3-5.) *Velamentum* autem cœlum est, » intra quod sacerdos noster Christus non sine sanguine intravit. *Thuribulum habens aureum,* in quo offeruntur orationes sanctorum. In quo *Cherub* in gloria obumbratile [*Leg.,* obumbrantia] *propitiatorium,* hoc est multitudo scientiæ. Apte propitiatorium super arcam positum esse dicitur, quia ipsi mediatori Dei et hominum specialiter a Deo Patre donatum est, *ut esset propitiatio pro peccatis nostris* (I *Joan.* II, 2). Unde etiam Paulus dicit : *Jesus Christus, qui mortuus est, imo qui et resurrexit, qui et est ad dexteram Dei, qui etiam interpellat pro nobis* (Rom. VIII, 34). *Et arca testamenti.* Hæc est caro Salvatoris nostri, in qua manna divinitatis et tabulæ duorum testamentorum et virga Aaron, quæ floruit in sacerdotio Christi; *de quibus non est modo per singula dicere.*

VERS. 6. —*His vero ita compositis, in priori quidem tabernaculo semper introibant sacerdotes, sacrificiorum officia consummantes,* quod vero supra dixit *sanctum sæculare esse,* hoc modo lucidius ostendit, id est, in quo tabernaculo sacrificia fuerunt sæcularia, nihil ad perfectum deducentes servientem in eis. (VERS. 7.) *In secundo autem semel in anno solus pontifex non sine sanguine, quem offert pro sua et pro populi ignorantia.* Iste vero pontifex ex parte significat, quia semel ingressus est cœlum, intra velum in sancta sanctorum, ut assistat vultui Dei pro nobis. Quod vero ait : *Ut offerat pro sua et populi ignorantia,* hoc est, quod ipse in cruce ait : *Deus Deus meus, quare me dereliquisti* (Matth. XXVII, 46) ? *Verba delictorum meorum;* quæ sunt verba delictorum, nisi corporis sui ? (VERS. 8, 9.) *Hoc significante Spiritu sancto, nondum propalatam esse sanctorum vitam* [*Leg., viam*], *adhuc priore tabernaculo habente statum; quæ parabola est temporis instantis, juxta quam munera et hostiæ offeruntur.* « Propterea, inquit, ista ita constructa sunt, ut discamus quia sancta sanctorum, hoc est, cœlum adhuc inaccessibile mortalibus solet esse. » Nec putemus et illud ingredi non posse, ubi pontifex noster prior intravit non sine sanguine, sicut Propheta prædixit : *Quis est iste, qui venit de Edom tinctis vestibus de Bosra* (Isaiæ LXIII, 1)? Sed patienter exspectamus tempus resurrectionis nostræ, in quo, cum apparuerit, quid erimus; scimus enim quia similes illi erimus, hoc est, immortales : sicut illi mors ultra non dominabitur, nec nostra caro dominata erit. *Quæ non possunt juxta conscientiam perfectum facere servientem, solummodo in cibis et potibus.* (VERS. 10) *Et variis baptismatis et justitiis carnis usque ad tempus correctionis impositis.* Hæ vero justitiæ carnales, in cibis et potibus, et variis baptismatibus usque ad tempus correctionis impositæ sunt. Attende quid hoc est; *nihil enim ad perfectum deduxit lex;* sed secundum [legem] carnalis mundati sordes et ignorantiam potuit emundare: de adulterio vero, capitalibus criminibus nihil potuit purgari; sed damnare paratam absque misericordia. Ideo adulteram mulierem Pharisæi proposuerunt Jesu (*Joan.* VIII, 3), ut potuissent eum accusare, si contra legem absolvere juberet; aut laudabilem mansuetudinem amitteret, si legis jussionem custodire præciperet. Sed utrumque cavebat sapientia Dei, quasi dixisset : Justa est quidem lex, si justos haberet ministros. Qui festucam de oculo alterius tollere videat, justum est, ut prius trabem de proprio tollat oculo. De baptismatis Judæorum plenius in Evangelio *cata* Marcum legitur, ubi Pharisæi vituperabant Dominum et discipulos, non lotis manibus manducare (*Marc.* VII). Frustra autem Pharisæi, frustra autem omnes Judæi lavant manus, et a foro dum veniunt, baptizantur, quandiu contemnunt fonte Salvatoris ablui. Sed Pharisæi spiritalia prophetarum verba carnaliter accipientes, quæ illi de cordis et operis castigatione præcipiebant, dicentes : *Lavamini, mundi estote* (Isaiæ I, 16). Et : *mundamini, qui fertis vasa Domini* (*Ibid.* LII, 11); isti de corpore solummodo lavando sperantes [*Forte,* sperant]. Cum certum sit Moysen et prophetas, qui vasa populi Dei vel aquis dilui, vel igne purgari, vel oleo sanctificari, quacunque ex causa, jusserunt, non in hac materialium rerum emundatione; sed mentium potius et operum castigatione ac sanctimonia atque animarum nobis mandare salute.

VERS. 11. — *Christus assistens pontifex futurorum bonorum per amplius et perfectius tabernaculum, non manu factum, id est, non hujus creationis.* Tabernaculum non manu factum cœlum significat, unde nos futura bona speramus nobis dari, id est, æterna, quæ non transeunt. *Neque hujus creationis,* hoc est, non hujus tabernaculi species, quod in eremo fixit homo, sed hoc longe aliter ab ipso Deo creatum est, spiritaliter, non carnaliter. In quo tabernaculo modo sunt animæ justorum et angeli earum spiritus, exspectantes donec compleatur numerus conservorum suorum. (VERS. 12.) *Neque per sanguinem hircorum et vitulorum, sed per proprium sanguinem introivit semel in sancta, æterna redemptione inventa.* Omnia quippe permutata sunt. Ibi sanguis hircorum diluit peccata carnis : hic sanguis Christi abluit peccata spiritus. *Qui æterna redemptione inventa introivit semel in sancta*, id est, cœlum, ut assistat vultui Dei pro nobis. Quod dixit *æterna redemptione inventa*, ostendit in prioribus sacrificiis et legalibus cæremoniis non esse æternam redemptionem. (Vers. 13.) *Si enim sanguis hircorum et taurorum et cinis vitulæ aspersus inquinatos sanctificat ad emundationem [carnis]. Quanto magis sanguis Christi, qui per Spiritum sanctum semetipsum obtulit immaculatum Deo.* « Si enim carnem, inquit, potuit mundare sanguis taurorum, multo amplius animæ sordem diluet sanguis Christi. Ne enim audiens *sanctificat*, perfectam esse ablutionem æstimet quis, mox subjungit causam differentiæ dicens : *Qui per Spiritum sanctum semetipsum obtulit immaculatum Deo :* hoc est, sacrificium immaculatum. Erat quippe mundum a peccatis hoc sacrificium, hoc est, per Spiritum sanctum æternum, non per ignem, non per alia quædam.

Et mundabit conscientiam nostram ab operibus mortuis ad serviendum Deo viventi. Bene dixit *ab operibus mortuis*; si quis enim tangebat mortuum, polluebatur : Et hic si quis tetigerit opus mortuum, contaminatur per conscientiam. Opera mortua sunt peccata. Qui enim tetigerit picem, inquinabitur ab ea, sic qui per pœnitentiam ablutus est ab operibus mortuis, si eadem iterum agit, pejus contaminabitur. Sicut Petrus apostolus : *Canis reversus ad vomitum* (II Petr. II, 22), ita qui iterat stultitiam suam. *Ad serviendum*, inquit, *Deo viventi.* Hic manifestat quia opera mortua habentes non possunt servire vero et vivo Deo, quia illa mortua sunt et falsa. Et merito nullus opera mortua habens ingreditur hic. Si enim eum qui corpus mortuum tangebat, non oportebat intrare in templum, quanto magis eum qui opera mortua [habet] non potest intrare in cœlum? Mortua quippe sunt omnia opera quæ vitam non habent. » (Vers. 15-17.) *Et ideo Novi Testamenti mediator est, ut morte intercedente, in redemptione earum prævaricationum, quæ erant sub priore testamento repromissiones accipiant, qui vocati sunt, æternæ hæreditatis. Ubi enim testamentum est, mors necesse est intercedat testatoris. Testamentum enim in mortuis confirmatum est, alioquin nondum valet, dum vivit qui testatus est.* « Fortassis enim possent multi, qui infirmius afficiebantur ex eo quod mortuus est Christus, maxime non credere promissiones ejus. Paulus igitur ex abundantia hoc ponit; et exempla ex communi assumens consuetudine dicit quasi dubitanti cordi responderet; propterea igitur oportebat confiteri..... quia non, [Chrys.], oportebat confidere. Quare? Quia non, etc.] viventibus testatoribus, sed mortuis, tunc firma sunt testamenta, et fortitudinem accipiunt. Testamentum enim circa novissimum diem fit defunctionis : in simul [testes] debet habere testamentum. Adverte eum dicentem : *Ego sum, qui testimonium prohibeo de meipso, et testimonium perhibet de me, qui misit me* (Joan. xx, 18). » Et in lege vestra [scriptum] est, quia duorum hominum testimonium verum est. Si duorum testimonium non est spernendum, quanto magis Patris et Filii, etiam et Spiritus sancti, de quo dicitur : *Ille testimonium perhibet de me.* Et de apostolis : *Et vos quidem testimonium perhibetis de me, quia ab initio mecum estis* (Joan. v, 36). « In offensione quippe eramus, mori nos oportebat. » Misit Filium suum factum ex muliere, qui mori potuisset pro debitoribus mortis; qui mortuus est pro nobis debita [Forte, debita nobis] morte. « Effecit nos dignos testamenti et hæreditatis promissæ. Hoc modo firmum factum est testamentum. In tantum fuit peccatum nostrum, ut salvari non potuisset aliquando, nisi unigenitus Filius Dei pro nobis moreretur. » Quod vero ait infirmum esse testamentum, vivente testatore, hoc significat quod quandiu vivit testator, potest immutare sententiam, et alios atque alios adducere hæredes in hæreditatem suam.

Vers. 18. — *Unde nec primum quidem sine sanguine dedicatum est.* « *Unde*, dixit, nec primum testamentum sine sanguine dedicatum est, id est, firmum factum est, roboratum est. Quod autem dixit, *unde*, tale est, quale si diceret, propterea oportebat testamenti solemnitatem compleri etiam per mortem » Christi. (Vers. 19-22.) *Lecto enim omni mandato legis a Moyse universo populo, accipientes* [Ita Cod. leg. *accipiens*] *sanguinem vitulorum et hircorum cum aqua et lana coccinea et hyssopo, ipsum quoque librum et omnem populum aspersit, dicens : Hic est sanguis testamenti, quod mandavit ad vos Deus. Etiam tabernaculum et omnia vasa ministerii sanguine similiter aspersit : et omnia pene in sanguine mundavit secundum legem; et sine sanguinis effusione non fuit* [Leg., *non fit*] *remissio.* Quid est quod liber et populus et tabernaculum sanguine aspersus est, nisi pretiosus sanguis Christi Salvatoris nostri ab initio, illo schemate, prænuntiatus est? Quare hyssopo? Hyssopus enim herba humilis est et in petris nascens : humilitas Christi significatur per hanc herbam et fortitudo, qua interiora nostra purgantur. Nam hoc genere herbæ pulmonum vitia purgari solent. Quare aquam? Ostendit mundationem futuram per aquam baptismi. Quare lana coccinea? Ut retineret sanguinem. Ostendit hoc loco idem esse et aquam et sanguinem, Baptisma etiam nostrum [Chrys., baptisma enim ejus] passio ejus est, ideo idem Paulus dicit alio loco : *Consepulti enim estis cum illo in baptismo* (Rom. vi, 4). Quod vero ait, [quod] sine sanguinis effusione non fuerit remissio, quare hoc dixit? Quia in illis plena non fuit remissio, sed semi plena, in minima parte; nunc autem *hic est*, inquit, *sanguis novi testamenti, qui pro nobis effusus est in remissionem peccatorum.* Quis est liber qui aspersus est sanguine mystico, et quæ sunt vasa unctionis, et quod tabernaculum, nisi populus? Ipsi enim sunt liber, vasa, et tabernaculum. Ideo Dominus dicit : *Inhabitabo in illis, et inambulabo* (II Cor. vi, 15). Sed tota illius Veteris Testamenti fuit corporalis mundatio; nunc vero spiritalis est in animo, sanguinis Christi. Ideo dicit : *Hic est sanguis novi testamenti in remissionem peccatorum* (*Marc.* xiv, 24). « In illis siquidem in superficie aspergebatur et iterum diluebatur aspersus; neque enim cruentatus semper deambulabat populus : in anima vero non ita est, sed ipsi essentiæ commiscetur sanguis, fortem illam faciens et mundam, et ad illam inenarrabilem pulchritudinem perducens. » Propter hoc agni occisio fuit, et sanguis ejus superliminaribus liberandorum illitus; propter hoc etiam omnia sacrificia veteris testamenti leguntur, ut hoc unum sacrificium designaret [*Forte*, designaretur], per quod vera est remissio peccatorum, et mundatio animæ in æternum.

VERS. 23-24. — *Necesse est ergo exemplaria quidem cœlestium his mundari : ipsa autem cœlestia melioribus hostiis quam istis.* Non enim in manufactis sanctis [Al., *in manufacta sancta*] Jesus introivit exemplaria verorum : sed in ipsum cœlum, ut appareat nunc vultui Dei pro nobis. Quomodo exemplaria sunt eorum, quæ in cœlis sunt? Cœlestia quidem nominavit hanc conversationem nostram, cujus conversationis exemplar fuit et significatio, quæcunque gerebatur in veteri testamento. Unde et Apostolus : *Conversatio nostra in cœlis est* (*Philip.* III, 20), « In cœlis ergo sunt ista, quæ nostra sunt, et hæc nostra cœlestia, quamvis in terra celebrentur. » Quæ est ista conversatio nostra? Hæc est vera philosophia, quàm Christus docuit, quam apostoli secuti sunt, quæ ducit ad cœlestia. Unde et Apostolus : *Primus homo de terra terrenus, secundus de cœlo cœlestis* (*I Cor.* XV, 47). Qualis terrenus, tales et terreni : et qualis cœlestis, tales et cœlestes, « *Melioribus*, inquit, *sacrificiis quàm hæc sunt*. Quod melius est, bono aliquo melius. Bona ergo fuerunt exempla [*Chrys.*, exempla eorum], quæ in cœlis sunt; » sed ipsa cœlestia longe excellunt exempla sanctorum, quibus significantur. « Si ergo cœlestes sumus nos, et tantum sacrificium adepti sumus, timeamus permanere in terra. Esse autem in terra et non esse quodammodo videmur, dum voluntate in cœlo sumus, licet corpore in terris. Si ergo nos animo appropinquemus Deo, in cœlo sumus. Quid enim mihi cura est cœlum, cum video Dominum cœli, cum ego efficior cœlum? *Veniemus*, inquit, Ego et Pater, *et mansionem apud eum faciemus* (*Joan.* XIV, 23). Cœlum quidem per se serenum est et mundum; non in hieme, non in nocte mutatur. Proinde et nos, neque in tribulationibus sæculi, neque in adversitatibus diaboli hoc pati timeamus, sed maneamus immaculati et mundi. » Habet quidem cœlum solem; habeamus et nos Christum solem justitiæ, semper lucentem in cordibus nostris.

VERS. 25. — *Neque ut sæpe offerat semetipsum, quemadmodum pontifex intrat in sancta per singulos annos in sanguine alieno.* Superius dixit, exemplaria verorum, exemplaria omnia nominans; hæc etiam vera, quæ intrat pontifex. Hoc vero unum templum fuit in toto mundo venerabilius, ad quod undique confluebant, sicut in Actibus Apostolorum legitur (*Act.* II, 5), die sancto Pentecosten, quando Spiritus sanctus datus est apostolis in omnibus linguis loquentibus, constituisse, ut ex diversis partibus mundi et cœleste audisse miraculum et vidisse. « Sed huic templo totum opposuit cœlum Paulus, et non hanc solam differentiam ostendit, sed etiam pontificem magnum, ut assistat vultui Dei (*Sensus corruptus*). Proinde non ex cœlo tantum, sed etiam ex ingressu rem venerabiliorem facit. Non enim simpliciter, sicut hic, per signa quædam, » sed ipsi Deo assistit semper vivus ad interpellandum pro nobis. « Intuere, quantæ differentiæ! sæpe et semel; in sanguine alieno, et in sanguine proprio. Multum ergo interest. Ipse et sacrificium, et sacerdos, et hostia. »

VERS. 26-28. — *Alioquin oportebat eum frequenter pati ab origine mundi : nunc autem semel in consummatione sæculorum; ad destitutionem peccati per hostiam suam apparuit. Et quemadmodum statutum est homini semel mori, post hoc autem judicium : sic et Christus semel oblatus est ad multorum exhaurienda peccata; secundo apparebit sine peccato exspectantibus se ad salutem.* Christus vero passus est, postquam multa erant peccata. Merito tunc apparuit, quod etiam alibi dicit : *Ubi abundavit peccatum superabundavit gratia* (*Rom.* V, 20). Si semel oblatus non sufficeret omnium in se credentium peccata exhaurire, oportuisset eum sæpius pati ab origine mundi, quod ne fieret, semel in consummatione mundi passus est *ad multorum exhaurienda peccata.* « Quare multorum et non omnium? Quia non omnes credunt. Pro omnibus mortuus est, hoc est, quantum in ipso est. Ejus momenti est unius mors [*Chrys.*, ejus momenti est illa mors], cujus momenti est omnium perditio. Non enim omnium peccata abstulit, propter quod credere noluerunt. » *Statutum* quippe *est omnibus semel mori*, et post mortem judicabitur unusquisque secundum merita sua. Sic et Christus semel mortuus est pro peccatis alienis; et ideo quia voluntarie, et non necessarie mortuus est. *Secundo* quippe adventu *apparebit sine peccato* (omnis quippe hostia pro peccato dicitur peccatum); non enim erit tunc hostia pro peccato; quia peccatum non erit, sed justitia; sive in remuneratione justorum, sive in retributione peccatorum.

CAPUT X.

VERS. 1. — *Umbram enim habens lex futurorum bonorum, non ipsam imaginem rerum.* « Hoc est, non ipsam veritatem. Usquequo enim veluti in pictura aspiciat quis lineamenta umbrarum, significans quid pingere velit, umbra quædam est, et non imago : si enim flores ipsos quis colorum intinxerit, et imposuerit super lineamenta, tunc imago efficitur. Tale quiddam erat etiam lex, umbra veritatis. » *Per singulos annos eisdem ipsis hostiis, quas offerunt indesinenter, nunquam potest accedentes perfectos facere :* (VERS. 2-4) *Alioquin cessassent offerre* [Al., *offerri*] *: ideo quod nullam habentes ultra conscientiam peccati, cul-*

tores semel mundati; sed in ipsis commemoratio peccatorum per singulos annos fit. Impossibile est enim sanguine taurorum et hircorum auferri peccata. « Una est, inquit, ista hostia; illæ autem multæ sunt. Propterea enim nec fortes erant, quia multæ. Quid autem opus erat multis, dic mihi, una sufficiente? Proinde quod multæ et semper offerebantur, ostendit nunquam eos purgari. Sicut enim medicamentum, quando fuerit forte et salutis efficax, et valens cunctam valetudinem repellere, semel impositum totum [operatur: Si ergo semel impositum totum] operatum fuerit, ostendit ejus virtutem, ut non ulterius apponatur. [Et hoc est ejus opus, ut jam non apponatur.] Si vero semper apponitur, manifestum indicium est minus illud prævaluisse medicamentum. Quippe virtus illius est ut semel apponatur et non frequenter : sic etiam hic. Qua ratione eisdem sacrificiis semper curabantur? Si enim ab omnibus essent liberati peccatis, nequaquam per singulos dies offerret quis sacrificia. Proinde commemoratio peccati fuit, non absolutio, » quia quotidie eisdem purgabantur hostiis etiam et ipsi sacerdotes et populus pariter. « In Christo e contrario semel oblata est hostia, potens ad salutem sempiternam. Quid ergo nos? Nonne per singulos dies offerimus? Offerimus quidem, sed ad recordationem faciendam mortis ejus. Et una est hæc hostia, non multæ. Quomodo una est, et non multæ? Quia semel oblata est. Illa oblata est in sancta sanctorum; hoc autem sacrificium exemplar illius est, idipsum [*Ms.*, ad ipsum] semper offerimus : nec nunc quidem alium agnum cras, alium hodie, sed semper idipsum. Proinde unum est hoc sacrificium : alioquin hac ratione, quoniam in multis locis offertur, multi Christi sunt? Nequaquam : sed unus ubique est Christus, et hic plenus existens et illic plenus, unum corpus. Sicut enim qui ubique offert [*Chrys.*, offertur], unum corpus est, et non multa corpora; ita etiam et unum sacrificium. Pontifex autem noster ille est, qui hostiam mundantem nos obtulit. Ipsam offerimus et nunc, quæ 696 tunc oblata quidem consumi non potest. Hoc autem quod nos facimus, in commemoratione fit ejus, quod factum est. *Hoc enim facite*, inquit, *in meam commemorationem* (*Luc.* XXII). Non aliud sacrificium, sicut pontifex ; sed ipsum semper offerimus ; magis autem recordationem sacrificii operamur. »

VERS. 5-9. — *Ideo ingrediens in mundum dicit Hostiam et oblationem noluisti, corpus autem aptasti mihi; holocautomata et pro peccato non tibi placuerunt. Tunc dixi, ecce venio; in capite libri scriptum est de me : Ut facerem voluntatem tuam, Deus meus volui. Superius dicens : Quia hostia et oblationes et holocautomata pro peccato noluisti, nec placita sunt tibi quæ secundum legem offeruntur. Tunc dixi : Ecce venio, ut faciam, Deus, voluntatem tuam. Ablata sunt signa promittentia, quia exhibita est veritas promissa. Ideo ait : Holocautomata et sacrificia noluisti, corpus autem aptasti mihi;* hoc est, peccatum humani

generis legalia sacrificia non potuerunt explare; *Corpus autem aptasti mihi.* Hoc ex persona dixit ejus qui corpus suscepit nostræ mortalitatis, ut pro nobis haberet quid offerret. *Tunc dixi : Ecce venio.* Dum tempus fuit, ut ablata essent signa, et veritas promissa veniret, *tunc dixi: Ecce venio.* Illa ablata, hæc impleta. Ubi sunt sacrificia Judæorum? Transierunt et non sunt in Ecclesia Christi; quia venit ille qui figurabatur illis sacrificiis, de quo *in capite*, sive in capitulo *libri scriptum est.* Cujus libri? Utique Psalterii, ubi dicitur : *Beatus vir qui non abiit in consilio impiorum ; et in via peccatorum non stetit, et in cathedra pestilentiæ non sedit, sed in lege Domini voluntas ejus (Psal.* I, 1). Qui psalmus capitulus [*Ita Cod.*] libri totius dicitur a quibusdam; ideo et Apostolus hic dicit : *In capite libri scriptum est de me, ut faciam Deus voluntatem tuam.* Hoc est, quod in Evangelio dicitur : *Non veni*, inquit, *facere voluntatem meam, sed voluntatem ejus, qui misit me* (*Joan.* VI, 38). *Aufert primum, ut sequens statuat.* Id est, primum testamentum, quod Moysi datum est in monte Sinai. *Ut sequens statuat;* hoc est Evangelium quod per Christum allatum est, firmum statuat

VERS. 10. — *In qua voluntate sanctificati sumus per oblationem corporis Christi Jesu semel.* Hæc oblatio semel oblata est, sed semper potens est abluere omnes credentes et omnes optantes in ea mundari; ideo subjunxit, et plenius exponens idem beatus Paulus, virtutem hujus hostiæ : (VERS. 11-13) *Et omnis quidem sacerdos præsto est, quotidie ministrans, et easdem sæpe offerens hostias, quæ nunquam possunt auferre peccata; hic autem unam pro peccatis offerens hostiam in sempiternum sedet ad dexteram Dei, de cætero exspectans, donec ponantur inimici ejus scabellum pedum ejus.* « Priores enim ostendit inutiles esse hostias ad integram mundationem, sed formam magis eas esse, et multo minus habere : sed quia occurrebat ei adhuc, id est, si formæ erant, quomodo veritate veniente non cessaverunt, neque discesserunt, sed adhuc celebrantur? Adhuc ergo [de] his agit [*Chrys.*, Hoc ergo his ait], ostendens quia jam non celebrantur, neque velut formæ; non enim eas acceptabiles habet Deus. » *Et hoc soli habent, qui semper Spiritui sancto restiterunt. Quapropter prophetico testimonio redarguit eos dicens : Holocautomata et pro peccato noluisti,* « De nullo alio nisi de Christo hoc dicitur: Et quid mirum si nunc non est voluntas Dei in sanguine hircorum et taurorum, dum per prophetam Isaiam dicitur : *Quis quæsivit hæc de manibus vestris (Isaiæ* I, 12)? Dum hæc noluisti, *tunc dixi ; Ecce venio; in qua voluntate salvi facti sumus. Quomodo salvi facti sumus?* Id est, *per oblationem corporis Jesu semel. Et omnis quidem sacerdos præsto est quotidie ministrans.* Ministrare autem famulorum est; sedere vero dominorum; unde et dicit : *Sedet ad dexteram Dei.* Quapropter *unam offerens hostiam* , quæ salvare potest in perpetuum, sedet ad dexteram Patris, de cætero exspectans, donec ponantur inimici ejus scabellum pedum ejus. Qui sunt inimici ejus? Judæi scilicet et omnes infideles, » qui in die judicii damnandi sunt ab eo. « Et hic nimietatem potentiæ significat; non dixit, *subjiciantur*; sed ut *ponantur* sub pedibus ejus. Non igitur efficiamur ex numero inimicorum. Non enim soli inimici, qui infideles, sunt; sed etiam qui vita immunda pleni sunt. *Prudentia autem carnis inimica est in Deum : legi enim non subjicitur, nec enim potest* (*Rom.* VIII, 6).

697 VERS. 14-18. — *Una enim oblatione consummavit in sempiternum sanctificatos. Contestatur autem nobis et Spiritus sanctus. Postquam enim dixit :* Hoc *est autem testamentum, quod testabor ad illos post dies illos, dicit Dominus : Dando leges meas in cordibus eorum, et in mentibus eorum superscribam eas; et peccata eorum et iniquitatem eorum jam non recordabor amplius. Vera* [Ita Cod.; leg. : *Ubi*] *autem horum remissio, jam non oblatio pro peccato.* Una quippe oblatio corporis Christi perfectos faciet sanctificatos, quæ remissionem integram facit peccatorum. Hoc autem et ex testimonio probavit prophetico dicens : *Contestatur autem nobis Spiritus sanctus :* Hoc *est autem testamentum, quod testabor ad illos post dies illos, dicit Dominus : Dando leges meas in cordibus eorum.* Non ita, ut scripta fuit lex in tabulis lapideis; sed in tabulis cordis carnalibus perpetualiter scribebat illam. Quæ est ista lex, quæ in cordibus singulorum scripta est? Utique charitas; ut ea quæ nolumus nobis fieri, alteri non faciamus; hæc est quæ *cooperit multitudinem peccatorum* (*Jacob.* V, 20) : sicut in Evangelio dicitur : *Omnia quæ vultis ut faciant vobis homines, hæc eadem et vos facite illis* (*Matth.* VII, 12). Quapropter non est necesse quotidie sacrificiis quotidianis purgare, sicut in veteri lege.

VERS. 19-21. — *Habentes itaque fratres fiduciam in introitu sanctorum in sanguine Christi, quam initiavit nobis viam novam et viventem per velamen, id est, carnem suam, et sacerdotem magnum super domum Dei.* Hic ostendit distantiam pontificis et sacerdotis, et hostiarum, et tabernaculi, et testamenti et repromissionis, et multam differentiam, si quidem illa fuerunt temporalia, hæc autem æterna; illa quidem ad horam parentia, hæc itaque permanentia; illa infirma, hæc perfecta; illa formæ, hæc veritas; hoc autem testamentum novum, habens remissionem peccatorum, illud autem nihil hujusmodi; illud autem manu factum, hoc autem non manu factum; illud quidem sanguinem hircorum, hoc autem, Domini [Chrys., hoc autem Deum] : illud quidem stantem sacerdotem habebat, hoc autem sedentem. Quoniam igitur illa minora sunt, hæc autem majora, *habentes igitur*, inquit, *fratres fiduciam*. Unde? Sicut enim confusionem faciunt peccata, sic fiduciam remissio peccatorum; et quod hæredes effecti sumus, et quod tanta dilectione fruimur. *In introitu*, inquit, *sanctorum*. Hic cœlum dixit et accessum ad spiritalia. *Quam dedicavit*, hoc est, quam construxit, et quam initiavit. Dedicatio quippe dicitur initium utendi.

Quam præparavit, inquit, et per quam ipse perrexit, *viam novam et vivam. Per velamen*, inquit, *carnis suæ*. Hæc quippe caro primum penetravit *viam illam*, et dedicavit eam hac ratione, quomodo [*Idem*, quoniam] ipse in ea perrexit. Velamen autem merito vocamus; cum enim elevatus est in cœlum, tunc apparuerunt cœlestia.

VERS. 22. — *Accedamus*, inquit, *cum vero corde et in plenitudine fidei, aspersi corda a conscientia mala, et abluti corpus aquarum undâ*. In quo accedamus? Scilicet fide, spiritali cultura, in veraci corde, sine simulatione, in satisfactione fidei; quia nihil est visibile horum. Neque sacerdotes jam, neque sacrificium, neque altare. Propterea inquit, *in plenitudine fidei*. Sic oportet credere, quomodo certi sumus de visibili. Etenim et adhuc amplius. Hic enim aliquando carnis sensus errant in his quæ videntur, illic autem nequaquam : quia spiritu spiritalia percipimus, et non licet hæsitare de eis. Ideo ait : *Aspersi corda a conscientiâ mala*. Ostendit quia non fides sola, sed etiam vita cum virtute quæritur; quia fides sine operibus otiosa est : illi autem corpora mundabant, non conscientiam. *Et abluti*, inquit, *aqua munda*. Lavacrum baptismatis in hoc loco dicit. Baptisma enim corporis mundatio non est, sed animæ; » si fides adest baptizato, sive parentum, sive sui ipsa, si ad rationabilem ætatem pervenerit. (VERS. 23.) *Teneamus spei nostræ confessionem indeclinabilem, fidelis est enim, qui repromisit*. « Nihil enim scruteris, nil rationis exspectes, fide opus habent hæc omnia, » quia sine fide impossibile placere Deo. Sicut Deus fidelis est in promissis suis, ita fideles vult nos esse in promissis nostris, quæ vovimus. Diabolo contradicere debemus, et Christo servire.

698 VERS. 24, 25. — *Consideremus invicem in provocatione charitatis et bonorum operum. Non deserentes collectionem nostram sicut est consuetudinis quibusdam*. Quid est, intelligamus invicem? Si virtute creditur [*Id.*, si quis fuerit virtute præditus], hunc imitemur, et in eum intendamus, ut diligamus et diligamur; ex dilectione quippe bona opera fiunt. Magnum quippe bonum est congregatio : ipsa namque charitatem operatur frequentiorem, et ex ea cuncta bona opera generantur. Nihil quippe bonum est, quod non per charitatem fit. Istam igitur confirmemus invicem, quia *plenitudo legis charitas est* (*Rom.* XIII, 10). Non enim laboribus opus habemus aut sudoribus : si dilexerimus invicem, spontanea nobis via sternitur ducens ad virtutem et ad cœlestia. » *Sicut est consuetudinis quibusdam*. In hoc loco non solum admonuit, sed etiam culpavit et terruit unitatem charitatis scindentes. *Sed consolantes, et tanto magis, quanto videritis appropinquantem diem*. Quem diem designat, nisi diem judicii, in quo singulorum merita examinantur? Vel etiam extremum diem vitæ nostræ; dicit enim alio loco : *Dominus prope est, nihil solliciti sitis* (*Philip.* IV, 5, 6), id est, de terrenis. Et item : *Nunc propius est nostra* *salus, quam credidimus* (Rom. XIII, 11): tempus enim abbreviatum est.

VERS. 26. — *Voluntarie enim peccantibus nobis, post acceptam notitiam veritatis, jam non relinquitur pro peccatis hostia.* Sponte namque peccantibus nobis, postquam accepimus veritatis agnitionem, ultra non relinquitur hostia pro peccatis, sicut in veteri lege donatum fuit hostias offerre sæpius pro peccato. Neque enim Christus ipse iterum immolandus est pro peccatis nostris; hoc enim semel factus est, et secundo non est opus; sed magis opus est post acceptam gratiam permanere in fide et veritate bonorum operum. « Mundatus es, liber es a criminibus, factus es Filius Dei. Si ad primum vomitum reversus fueris, aliud te exspectat judicium, » nisi per pœnitentiam renovatus fueris. Ideo subsequenter ait: (VERS. 27) *Terribilis autem quædam exspectatio judicii, et ignis æmulatio, quæ consumptura est adversarios.* « In hoc non pœnitentiam exclusit, neque propitiationem, quæ fit per pœnitentiam; neque repellit et dejicit per desperationem delinquentem; non enim ita est inimicus salutis nostræ. Sed quid? Secundum namque exclusit lavacrum baptismi. Non enim dixit: Non est ultra pœnitentia; neque dixit: Ultra non est remissio: sed hostia, inquit, ultra non est, hoc est, crux secunda ultra non est. Una namque perfecit in perpetuum eos, qui sanctificantur, non sicut Judaicæ. Cautos nos volens efficere, ne ultra vel crucem Christi, vel hostias judaicas exspectemus pro peccatis. » Et quicunque pœnitentiæ medicamentum neglexerit, ignis æmulatio devoret eum. Quapropter unusquisque ad pœnitentiæ, dum tempus habet, medicamentum confugiat, ne igni tradatur æterno. (VERS. 28.) *Irritam quis faciens legem Moysi sine ulla miseratione duobus vel tribus testibus moritur.* Terrorem enim incutit Christianis de pœnis [eorum] qui sub lege peccaverunt. « *Sine miseratione*, inquit, ut nulla sit venia, nulla sit misericordia, quanquam Moysi esset illa lex. Si duo vel tres, sicut ille disposuit, testificantur super eum, confestim judices populi judicant eum ad mortem, si legi contrarius fuit aut inobediens. Et si hoc ita est in veteri lege, ubi lex Moysi irrita fit. (VERS. 29.) *Quanto magis*, inquit Apostolus, *putatis deteriora mereri supplicia, qui Filium Dei conculcaverit, et sanguinem testamenti pollutum duxerit, in quo sanctificatus est, et spiritui gratiæ contumeliam fecerit?*

Quanto major est Christus quam Moyses, gratia quam lex, tanto majora merebitur supplicia. Et quomodo conculcat quisque Filium Dei? Quando enim ex eo indigne participamur per sacramenta, nonne grande peccatum committit? Nonne illum conculcat? Nonne ipsum contemnit? Sicut enim ea quæ conculcamus, nullius momenti pendimus, sic et qui libere peccant, absque timore, et absque pœnitentia, Christum nullius momenti existimant, » nec eum judicem futurum formidant. Factus est per gratiam corpus Christi, et seipsum facit corpus diaboli; et sanguinem Christi impollutum [pollutum] facit, in quo mundatus est, et ad vomitum revertitur pristinum, et seipsum per pœnitentiam iterum mundare neglexerit [*Forte*, negligit]. **699** *Et spiritui gratiæ injurians.* « Qui vero beneficium dantis grata mente non suscipit, injuriam faciens [*Forte*, facit] benefacienti. Ille facit te filium, tu vero vis fieri servus peccati. Venit enim ad habitandum apud te; » tu vero non præparas ei domum dignam habitationis suæ, alium, id est, diabolum tibi habitatorem concilians.

VERS. 30. — *Scimus enim qui dixit: Mihi vindicta, et ego reddam. Et iterum: Quia judicabit Dominus populum suum.* De inimicis hoc dixit, et de negligentibus per pœnitentiam se purgare; sed securi male faciunt. Judicare enim intelligitur plebem suam separando [in] plebe sua bonos a malis, fideles ab infidelibus. (VERS. 31.) *Horrendum est enim incidere in manus Dei viventis.* Incidit in manus Dei in die judicii, id est, in potestatem ejus judicis, qui reddet unicuique secundum merita sua, qui non vult modo prævenire in confessione et pœnitentia faciem ejus, dum tempus habet. Si non pœnituerit de peccatis suis, incidit in horrendum judicium omnipotentis Dei. (VERS. 32.) *Rememoramini autem pristinos dies, in quibus illuminati magnum certamen sustinuistis passionum.* « Postquam vero Paulus concutit animos eorum dicendo: *Horrendum est incidere in manus Dei viventis*, » fidem faciens, quod omnimodis oportet perire injuriantem gratiam Dei, et Spiritui sancto injuriam facientem, et hoc ex lege Moysi docet. « Proinde ne multo timore desperantem a tristitia et desperatione absorberi faceret, consolatur eos per laudes et hortationes; et æmulationem domesticam eis proferens. *Illuminati*, id est, confortati per gratiam divinam, *magnum certamen sustinuistis passionum.* Non dicit simpliciter certamen, sed addidit, *magnum*. Nec dixit, tentationes, sed pugnam, quod quidem est multæ laudis, et nostrarum prædicatio laudum » pro Christi nomine pati. (VERS. 33, 34.) *Et in altero quidem opprobriis et tribulationibus spectaculum facti: in altero autem socii taliter conversantium effecti. Nam et vinctis compassi estis.* Modo minutatim per partes prosequitur laudes eorum, dicens, eos non solum viriliter sustinere passiones pro Christo verum etiam et vinctis compassos eos esse annuntiat. *Et tribulationibus opprobriisque spectaculum facti.* « Gravis quippe res est opprobrium; et idonea ad fortitudinem animæ subvertendam, et ad excæcandam mentem potens, quoniam valde appetens est gloriæ genus humanum; propterea etiam et opprobriis facile captatur [*Chrys.*, captivatur]. Et non simpliciter dixit opprobriis, sed etiam augmentum fecit, dicens, *spectaculum* [Cod. semper, *expectaculum*] *facti*. Cum enim quis secrete exprobratur, contristatur quidem; sed multo amplius cum coram omnibus. » *Et rapinam bonorum vestrorum cum gaudio suscepistis.* Mirabiliter laudat eos in fide; quia si fidem non haberent, meliora recepisse pro hac substantia abrepta, non cum gaudio suscepissent rapinam ejus. Proinde subjungit fiduciam fidei. *Cognoscentes*, inquit, *vos habere meliorem et manentem substantiam.* Quasi diceret: Vestras futuras videntes divitias sustinuistis cum gaudio. Quod necdum apparet, quasi præsens appareret, cernebatis. « Hoc enim totum apostolicum est opus, et dignum illis fortibus animabus, ut flagellis gauderent, sicut in Actibus apostolorum legitur: *Euntes autem a concilio, gaudentes quia digni habebantur pro nomine Jesu contumeliam pati (Act.* v, 41). Cognoscentes, inquit, vos meliorem habere et manentem substantiam; prout diceret, firmam, et substantiam [*Chrys.*, firmam et stabilem], quæ perire non possit, sicut ista terrena perit. » Deinde laudans eos dicit: (VERS. 35) *Nolite itaque amittere confidentiam vestram, quæ grandem habet remunerationem* apud Deum. Apparet autem quia in magna confidentia erant ad Deum, quam ne amitterent, instantissime eos hortatur; facilius enim integra conservantur quam amissa recuperentur. Nihil enim vobis necessarium est, nisi ut stetis firmiter, et permaneatis in fortitudine vestra, *quæ magnam habet remunerationem apud Deum.*

VERS. 36. — *Patientia enim vobis necessaria est, ut voluntatem Dei facientes reportetis promissionem.* O quanta magnitudo exhortationis istius et consolationis! Unum quippe opus habeatis, id est, ut perseveretis in agone, donec recipiatis coronam condignam labori vestro. Quia non qui cœperit, coronabitur, sed *qui perseveraverit* in certamine *usque in finem, hic salvus erit (Matth.* x, 22). *In patientia* siquidem *possidebitis*, dicit Dominus, *animas vestras. Reportetis*, dixit, id est, accipiatis promissiones Dei. (VERS. 37.) *Adhuc enim modicum aliquantulum, qui venturus est, veniet et non tardabit.* Non minima consolatio est laboris, cito sperare venturum judicem, et remuneratorem, et consolatorem, remuneraturum certaminis constantiam. (VERS. 38, 39.) *Justus autem meus ex fide vivit: Quod si subtraxerit se, non placebit animæ meæ. Nos autem non* **700** *sumus subtractionis filii in perditionem, sed fidei in acquisitionem animæ.* Hoc propheticum intulit Apostolus testimonium ad exhortationem fidei. Sicut displicebit qui dubitat, ita qui crediderit, vivet in fide sua recta. Quapropter credamus velociter venisse [*Forte*, venturum] judicem Christum, et præparemus nos obviam in bonis actibus, ne simus abstractionis filii a luce sempiterna; sed acquisitionis in gloriam, cum sanctis in die magno audientes vocem desiderabilem: *Venite, benedicti Patris mei, percipite regnum, quod vobis paratum est ab origine mundi (Matth.* xxv, 34).

(*Hucusque codex. Reliqua tria capita hujus Epistolæ ad Hebræos prætermissa sunt, vel ab ipso Alcuino, vel a librario.*)

COMMENTATIO BREVIS
IN QUASDAM SANCTI PAULI APOSTOLI SENTENTIAS.

Albinus de hoc quod dicit Apostolus ad Corinthios: *Omne peccatum quodcunque fecerit homo extra corpus est; qui autem fornicatur, in corpus suum peccat (I Cor.* vi, 18). Quod ita solvi potest. Aliud est per corpus peccare, aliud in corpore. Per corpus fiunt furta, rapinæ, homicidia, et his similia: in corpore vero fiunt fornicationes, et libidinum immunditiæ; illa agit corpus, hæc patitur. Aliter: In corpus peccat, qui tollit membra Christi, et facit membra meretricis, et templum Dei facit delubrum diaboli (*I Cor.* vi, 15). Aliter: In corpus peccat, qui fornicationis causa virginitatem perdit, quam recuperare nunquam potest, Propheta attestante: *Virgo Israel cecidit, sed non adjiciet, ut resurgat (Amos.* v, 1, 2). Potest per pœnitentiam fornicationis causa dilui; sed perdita virginitatis corona resumi nequit. Sunt et qui de uxore hoc volunt intelligi.

Est et alia quæstio, ubi ad Ephesios Apostolus loquitur: *Exsurge, qui dormis, et exsurge a mortuis, et illuminabit te Christus (Ephes.* v, 14). His etiam dicitur qui in tenebris peccatorum jacent, imo et moriuntur; qui si per pœnitentiam surgunt, mox sibi divinæ gratiæ lumen adesse sentiunt. Sed quis hoc dixerit, quæris? Utique Spiritus sanctus per Apostolum, ut nos exhortaret ad pœnitentiam. Itaque quod Spiritus in eo loquebatur, subito protulit in medium, ut loquentis in se auctoritate firmaret, quam suis auditoribus persuadere voluit. Sunt qui æstimant cum hoc de reconditis antiquorum libris protulisse testimonium, sicut in aliis eum locis legimus fecisse. Sed hoc quærendum est cur prius quasi viventi diceret, *exsurge, qui dormis*; et posterius quasi mortuo: *et exsurge a mortuis?* Animæ mortem legimus, ut: *Anima quæ peccaverit, ipsa morietur (Ezech.* xviii, 20); spiritus vero non legimus. Ac ideo quod dicit: *Exsurge, qui dormis*, ad spiritum referri; quod dicit: *exsurge a mortuis*, animæ coaptari potest [a].

De Epistola ad Titum. Cur Apostolus cujusdam gentilis poetæ comprobaret testimonium: *Cretenses semper mendaces, malæ bestiæ et ventris pigri* (*Tit.* I, 12)? Scilicet probat quia verum intellexerat tales esse, quales illorum *proprius propheta* prædixit, quem alludens prophetam nominavit; quod scilicet tales Christiani tales mereantur habere prophetas. Sumpsit autem istum versiculum de libro Epimenidis Cretensis poetæ, cujus titulus est: *De oraculis.* Quem eumdem æstimaverim legisse Apostolum, ut sciret quid gentilium promitterent oracula; non quod totum comprobaret librum, sed aurum in stercore

[a] Vide S. Hier. in hunc locum.

reperiens, id est, veritatem inter falsitates, retulit illud in donaria Dei, et ut ingenitum Cretensibus vitium falsitatis, illorum proprio potissimum auctore [*Ms.*, *auctori*] confunderet. Mendaces quippe Cretenses, dixit, et malæ bestiæ et ventres pigri, qui falsa persuadent et ferarum ritu sanguinem sitiunt deceptorum; et non cum silentio operantes suum panem manducant, *quorum Deus venter est, et gloria in confusione eorum* (*Philip.* III, 19).

Quarta vero interrogatio fuit de Epistola ad Hebræos, ubi dicit Apostolus: *Impossibile est enim eos, qui semel sunt illuminati, gustaverunt etiam donum cœleste, et participes sunt facti Spiritus sancti, gustaverunt nihilominus bonum Dei verbum, virtutesque sæculi venturi, et prolapsi sunt, renovari rursus ad pœnitentiam, rursum crucifigentes sibimetipsis Filium Dei et ostentum* [Leg.; *ostentui*] *habentes* (*Hebr.* VI, 4, 5). Totus hic locus, et anteriora ejus et posteriora, magnis obscuritatibus obvolutus est; tamen ut aliqua dicamus de hujus tantummodo sententiæ expositione; et ut brevi sermone ejus aperiam profunditatem, putatur Apostolum hoc dixisse de sacrificiis Judæorum; vel de baptismo Christianorum, quod *impossibile sit* (impossibile enim fieri non potest) eos, *qui semel illuminati sunt* per fidem, *gustaverunt* enim *donum cœleste*, id est, per baptismum remissionem peccatorum; *et participes sunt facti Spiritus sancti*, acceperunt quidem per manus impositionem Spiritum sanctum; *gustaverunt nihilominus bonum doctrinæ, verbum* salutare, *virtutesque sæculi venturi*, scilicet spem futuræ gloriæ, quæ sanctis promittitur; *et prolapsi sunt* in aliquo peccato infidelitatis, hos tales impossibile est per sacrificia Judaica mundare, vel [per] baptismum *renovari iterum ad pœnitentiam*; quia sicut semel Christus mortuus est pro salute omnium, ita semel unusquisque baptizari debet in salutem. Ideo *renovari* dixit, quia homo in baptismo novus efficitur. Si enim sciremus nos semper per baptismum posse mundari, quando cessaremus peccare? Sic enim impossibile est secundo crucifigi Christum (hoc enim est ostentui habere). Quid est nostrum baptisma, nisi crucifixio Christi? Sicut enim Christus in cruce mortuus est, ita et nos in baptismate morimur peccatis; et sicut tres dies in sepulcro fuit, ita nos ter mergimur, dicente Apostolo, *consepulti enim sumus cum Christo per baptisma* (*Rom.* VI, 4); et sicut resurgente eo mors ultra illi non dominabitur, ita et nobis post resurrectionem baptismi peccata dominare non debent, sicut idem Apostolus præcipit: *Fratres, si consurrexistis cum Christo, quæ sursum sunt sapite, non quæ super terram; mortui enim estis, et vita vestra abscondita est cum Christo in Deo, cum autem Christus apparuerit vita vestra, tunc et vos apparebitis cum ipso in gloria* (*Coloss.* III, 1, 4).

BEATI ALCUINI
COMMENTARIORUM IN APOCALYPSIN
LIBRI QUINQUE.

(*Non habentur in edit. Frobenii hæc Commentaria, quæ excerpsimus ex Maii Collectione Vaticana.*)

MONITUM MAII.

Codex Vaticanus optimæ notæ et antiquitatis eximiæ, nempe sæculi noni vel certe decimi, exhibuit mihi libellos quinque commentariorum in Apocalypseos capita priora duodecim; quibus libellis Alcuini nomen inscriptum est. Quanquam autem in plenissima Alcuini editione per Frobenium curata id opus minime exstat, attamen Joan. Trithemius, Script. Eccl.; Sixtus Senensis, Bibl. sacr.; et Balæus, Script. Britan., cent. II, Alcuini in Apocalypsin Commentarium diserte commemorant: quare superest ut arbitremur, hunc in deperditis hactenus jacuisse. Nil autem interest quod prædicti auctores unum dicant ejus operis librum; nostri enim libelli quinque tam breves sunt, ut intuentibus ipsorum molem, unius instar videri potuerint. Ne vero lectores mei facile mirentur quod id opusculum in codicibus nostris tandiu latuerit, illud, quæso, meminerint quod nempe decessor meus in Vaticana præfectura Petrus Fogginius incognitum aliud Alcuini opusculum ex Vat. palatino codice extulerit, libellum scilicet adversus hæresim Felicis Orgelitani, quem a se præfatione instructum preloque jam paratum, deinde ad Frobenium misit, ut in novam quam splendide adornabat editionem (Tom. I, p. 659 seq.) insereretur. Id, inquam, Fogginii exemplum, et operis etiam stylus ab Alcuiniano minime discrepans, codicis alta antiquitas, et inscriptum Alcuini, ut dixi, nomen, animos mihi addiderunt, ut confidenter opus in lucem emitterem: cujus quidem erudita præfatio, eos qui ante se Apocalypsin illustrarunt, usque ad æquales suos Bedam venerabilem et Ambrosium Autpertum, enumerat: ratio autem operis pia, moralis, mystica, et ad Christum atque ad Ecclesiam cuncta ut par est referens. Neque illud contemnent philologi, quod col. 1098 et 1106 alteram quoque Alcuinus translationem Apocalypseos demonstrat. Quod si quem non immerito offendat minuta illa, quam interdum persequitur, etymologia nominum propriorum et explicatio, is eam conformem esse sciat alteri Alcuini opusculo (Opp. tom. I, p. 449) ubi nominum Hebraicorum litteralem, allegoricam, et moralem facit interpretationem. Omne scilicet ævum suos quodque patitur manes; neque id tamen impedit quominus Alcuinus sæculi sui fax fuerit, ut ait Baronius ad an. 802, divinarum et humanarum litterarum neritia nemini secundus, et Anglorum certe post beatum

Adelmum et Bedam doctissimus, Parisiensis academiæ fundator, Magni denique Caroli magister, ut eum veteres appellant, deliciosus: et quem Deus in Occidente pugilem hæreticis Adoptianis opposuit, ut in Oriente Cyrillum Nestorianis.

LIBER PRIMUS.

INCIPIT PRÆFATIO ALCUINI
IN EXPOSITIONEM APOCALYPSIS.

Beatus Beda in septem periochis, dicit Apocalypsin consistere. In prima post salutationem commemorat Domini passiones et glorias ad confirmandos infirmos: deinde commemoratis quæ in septem Ecclesiis gesta et gerenda sunt, describit pugnas et victorias universalis Ecclesiæ. In secunda videt quatuor animalia, et viginti quatuor seniores, et Agnum stantem, et librum septem sigillis signatum: narrat etiam pugnas et triumphos Ecclesiæ. In tertia sub specie septem angelorum tuba canentium, varios eventus Ecclesiæ describit. In quarta, sub figura mulieris et draconis, pugnas et victorias Ecclesiæ narrat, ubi per septem angelos dicta et facta commemorat, etsi non ut prius. In quinta per septem angelos septem plagis terram percutit. In sexta damnationem meretricis narrat. In septima uxorem Agni dicit ornatam de cœlo descendere. De septem regulis Tichonii; quarum prima est de Domino ejusque corpore, secunda de Domini corpore vero et simulato, tertia de promissis et lege, quarta de specie et genere, quinta de temporibus, sexta recapitulatio, septima de diabolo ejusque corpore. Hæ septem regulæ, non solum in Apocalypsi, sed in aliis libris inveniuntur, maxime autem in propheticis.

In Apocalypsin primus commentatus martyr Victorinus; quem sequens beatus Hieronymus quædam quæ ille juxta litteram intellexerat auferens, quædam ex proprio adjiciens, unum in eam condidit librum, promittens, se in ea potissime laboraturum, si vitæ spatium adesset: sed opus illud utrum impletum fuerit, incertum est. Donatista etiam Tichonius multiplicem in eam edidit expositionem, sed perfidiæ veneno commiscuit. Post quem Primasius Africanæ Ecclesiæ antistes, vir per omnia catholicus et in divinis Scripturis eruditus, quinque eam libris enodavit, in quibus, ut ipse asserit, non tam propria quam aliena contexuit, ejusdem scilicet Tichonii bene intellecta deflorans; nihilominus et beati Augustini quædam exposita capitula adnectens. Et quamvis eam plenius quam alii exposuerit, altissimo tamen sermone composuit. Denique etsi numero

[a] Hos versus sequenti Commentario (quod, licet haud incompertum, reperire non potuit) præfigendos indicat Frobenius inter Addenda et Supplenda, ad calcem Operum beati Alcuini, ex codice pervetusto, de quo sic vir doctissimus : « Paulo antequam hoc opus integre typis absolveretur, forte fortuito ad manus meas delatus est codex ms. pervetustus, nemini adhuc memoratus, conservatus vero in hujus urbis nostræ Ratisponensis celebri collegio seu episcopali gymnasio S. Pauli. Scriptus is est, prout versus primæ paginæ inscripti testantur, jussu Liuphrammi

A pauca, luculentissime tamen a sancto Gregorio exposita sunt capitula per ejus diversa opuscula. Postremo beatus Ambrosius Autpertus presbyter quædam ex his, multa vero ex suo ponens, pulcherrime pertractavit. *Explicit præfatio.*

EXPOSITIO PROPHETIÆ NOVI TESTAMENTI.

[a] Exsul ab humano dum pellitur orbe Joannes
Et vetitus Coici est cernere regna soli.
Intret ovans cœli Domino dilectus in aulam
Regis et altithroni gaudet adesse toris.
Hinc ubi subjectum sacra lumina vertit in orbem
Currere fluctivagas cernit ubique rotas.
Et Babel et Solymam mixtis confligere castris,
Hincque atque hinc vicibus tela fugamque capi.
Sed mitem sequitur miles qui candidus agnum,
Cum duce percipiet regna beata polo.
Squammeus est anguis per tartara cæca maniplos
Submerget flammis, peste, fameque suos.
Hujus quæ facies, stadiumve, ordove duelli,
Ars quæ, quæ phalanx, palma et arma forent,
Pandere dum cuperem, veterum sata lata peragrans
Excerpsi campis germina pauca sacris,
Copia ne potior generet fastidia mensis,
Convivam aut tenuem tanta parare vetet.
Nostra tuis ergo sapiant si fercula labris
Donanti laudes da super astra Deo.
Sin alias, animos tamen amplexator amicos
Quæ cano, corripiens pumice frange fero.

Inter reliquos Novi Testamenti libros, sola Apocalypsis prophetia vocatur, juxta illud : Beatus qui legit et qui audiunt verba prophetiæ libri hujus, et cætera. Quia ergo nova prophetia est, sic excellit veterem prophetiam, sicut Evangelium observantiam legis, quia quæ de Christo et de Ecclesia antiqua prophetia revelanda prædixit, hæc jam revelata denuntiat. Unde et Apocalypsis, id est revelatio, inscribitur. Hujus autem libri magna auctoritas est, quia a Trinitate per angelum ad Joannem mittitur. A Patre, ut illud : *Quam dedit illi Deus palam facere.* A Filio, ut illud : Ego Jesus misi angelum meum testificari vobis. A Spiritu quoque sancto, ut illud : Dominus Deus omnipotens Spiritus prophetarum misit angearchiepiscopi Salisburgensis ; qui versus ita sonant

Scribere hunc librum fecit jam archisacerdos
Liuphrammus rector, sit cui vita salus.

Tenuit Liuphrammus illam sedem metropoliticam ab anno 836 usque ad annum 859; cui tempori scriptura codicis apprime convenit. Porro in hoc codice plurima Alcuini nostri carmina deprehendi, partim jam inter edita comprehensa, partim ibi mutila, partim vero omnino inedita; » etc.

lum suum, et cætera. Igitur quia nihil historicum sonet, ipsius verba docere probantur. Neque enim in cœlo sunt fabri qui loricas fabricent, nec mulier in cœlo parere potuit. Nunc superest ut qualitatem visionis ejus discutiamus. Tres itaque visionum modos patres nostri intelligendos docuerunt : corporalem, ut videmus per oculos solem, lunam, et reliqua ; spiritalem, quæ fit per mentis excessum sive vigilantibus sive dormientibus viris, cum non res corporales, sed similitudines rerum corporalium per spiritum intuentur, quemadmodum Pharao vidit septem boves, et Nabuchodonosor lapidem præcisum de monte sine manibus, et Petrus linteum. Tertius est qui intellectualis appellatur, per quem nec corporales res, nec earum similitudines, sed ipsa rerum veritas intuentibus manifestatur, quod huic tantummodo Apocalypsis beatus Hieronymus ascribit. Sanctus vero Augustinus spiritalem in hac intelligi debere visionem, ac per similitudines rerum corporalium ostensam, omnimodis docet. Sed ipsi viderint quis eorum verius dixerit. Ordo vero narrationis hic est. Aliquando ab adventu Domini inchoat, et perducit usque ad finem sæculi. Aliquando ab adventu Domini inchoat, et antequam finiat, ad initium redit, et ea quæ dimiserat, sive quæ dixerat, diversis figuris repetens, ad secundum Domini adventum percurrit. Aliquando incipit a novissima persecutione ; sed antequam ad finem veniat, recapitulando utraque conjungit. Aliquando ad enarrandum proposita paululum intermittit, et aliud non ad hoc pertinens interponit; post quod ordine conciso quæ cœperat perdocet. Aliquando in ipso genere locutionis sic mutata figura quasi alia permiscet, ut non nil aliud significet quam quod narrare cœperat. Et nota quia rarissime in hac revelatione vel angelus, vel Joannes proprias tenent personas. Recurrit autem sermo a specie ad genus, quemadmodum cum Jezabel specialiter increpasset, subjunxit : *Et dabo unicuique vestrum secundum opera sua.* Quod generaliter sive bonis sive malis congruere videtur. Item a genere ad speciem transit quando cum Ecclesiæ, quæ habitat inter malos, sub specie pastoris Pergamenorum diceret : *Scio ubi habitas, ubi sedes est Satanæ,* et reliqua. Continuo negligenti pastori intulit : *Habeo adversus te pauca*; et cætera. Ab hac specie transit ad aliam, cum protinus subdit : *Ita habes et tu tenentes doctrinam Nicolaitarum:* Qui enim non ait : Habes etiam illic, sed *habes et tu,* patenter innuit quia ab una specie ad aliam sermonem convertit. Invenitur etiam genus in specie. Nam dicendo *Ego Joannes frater,* et reliqua, in sua persona totius Ecclesiæ persecutiones insinuat, quas quotidie propter verbum Dei patitur. Jungitur etiam genus generi, cum sedes dicitur posita in cœlo. Utrumque enim per se positum, id est et cœlum et sedes, in hac revelatione frequenter Ecclesiam designat : cum autem simul junguntur, unam eamdemque Ecclesiam figurant.

CAPUT PRIMUM.

VERS. 1. — *Apocalypsis Jesu Christi,* Primo no-

tandum quia plenior sensus redderetur, si hæc est Apocalypsis diceret ; sed Scripturarum mos est brevitatis causa prænominatas particulas sub auditione relinquere. Hinc est quod Salomon non ait : Hæ sunt parabolæ Salomonis, vel, Hæc sunt verba Ecclesiastæ. Apocalypsis, ut dictum est, ex Græco in Latinum revelatio interpretatur. Jesus Hebraice, Græce sotir, Latine autem dicitur salutaris. Christus Græce, Latine unctus. Nam chrisma unctio dicitur. Chrisma vero primus jubente Domino Moyses in libro Exodo composuisse narratur, quo reges et sacerdotes ungebantur, præfigurantes Christum a Patre invisibiliter unctum. *Quam dedit illis Deus palam facere servis suis, quæ oportet fieri cito.* Hic quoque notandum quia usitatius diceretur, Qua dedit illi Deus : sed sacræ Scripturæ consuetudo est frequenter pro ablativo sine præpositione accusativum ponere. Unde est illud psalmi : *Exaudi, Domine, vocem meam, qua clamavi ad te.* Et Paulus : *Bonum certamen certavi.* Ostenditur enim his verbis hæc revelatio esse Jesu Christi, et hoc a Deo illum accepisse, ut sua revelatione palam faceret servis suis quæ oportet fieri cito. Quam ob rem ita distinguendum est, *Apocalypsis Jesu Christi;* et deinde inferendum, *quam dedit illi Deus palam facere servis suis,* et reliqua : quorum unum ad divinitatem redigitur, secundum quam ipse cum Patre cuncta revelat mysteria ; alterum ad humanitatem, secundum quam non solum a Patre et Spiritu sancto, sed et a semetipso accepit, ut ipse sua revelatione ea quæ cito oportet fieri, servis suis declaret. Unde non dicitur, quam dedit illi Deus Pater, sed indefinite, *quam dedit illi Deus,* id est Trinitas. Et nota quia dicendo *servis suis,* ostendit Filium etiam in forma servi, non servum, dum ejus humanitas domina prædicatur servorum. *Suis* autem dicit, id est divinæ gratiæ subjectis ; juxta illud : *Confiteor tibi, Domine, Pater cœli et terræ, quia abscondisti hæc a sapientibus et prudentibus, et revelasti ea parvulis* (*Matth.* XI, 25). In eo vero quod subditur, *quæ oportet fieri cito,* quanquam innumera possint intelligi, singulari tamen intentione de temporalibus Ecclesiæ pressuris gaudiisque perennibus venturis, ac de malorum præsenti felicitate, æternisque futuris cruciatibus sermonem contexit. Quæ omnia cito fiunt, quia hoc præsens tempus sine aliqua momenti interpositione ad finem transvolare compellitur. Unde idem Joannes alibi dicit : *Filioli, novissima hora est* (II *Joan.* II, 18).

"*Et significavit mittens per angelum suum servo suo Joanni. Significavit,* id est, sigillavit. Nam signum sigillum dicitur ; unde et Danieli dicitur : *Clausi sunt signatique sermones* (*Dan.* XII, 9). Et Isaiæ : *Signavi visionem in discipulis meis* (*Isa.* VIII, 16). Sed quid sibi vult quod signata hæc visio dicitur, cum in sequentibus dicatur, Ne signaveris verba prophetiæ libri hujus ? nisi quia piis reserantur, impiis signo clauduntur, neque enim propter fideles servos, sed propter fures divitiæ sigillantur. Unde ad Danielem dicitur : *Impie agent impii ; porro docti intelligent*

(*Dan.* xii, 10). Dicendo autem *significavit*, ostendit non juxta litteram accipi debere, sed ad mysteria altius perscrutanda significationis verbo nos fecit intentos. Hæc igitur visio per angelum missa est; sed incircumscriptus spiritus, qui hanc misit, et in eo fuit per quem misit, et in eo cui misit. Idem autem angelus qui apparuit solius incarnati Verbi figuram gessit, ejusque corporis, quod est Ecclesia. Ipse etiam Joannes, cui apparuit, Ecclesiæ typum prætendit. Non autem duas Ecclesias angelum et Joannem præfigurasse credendum est; sed cum angelus typum tenet capitis, Joannes prædicatorum; cum angelus prædicatorum, Joannes auditorum; et cum per angelum præcedentia membra, per Joannem sequentia designantur; sive in angelo Ecclesia intelligitur post resurrectionem glorificata; in Joanne vero præsens erudienda a Christo. Præterea sciendum quia sic Dominus post ascensionem apparet quemadmodum ante incarnationem patribus apparuit, id est per angelicam creaturam. In quo facto patenter ostendit, non se corporaliter nunc ad docendum requiri debere, qui ubique præsens est majestate: nec enim existimandum est, humanitatem ex Virgine sumptam fuisse in angelo; sed illius figuram angelum expressisse. Nihil etiam mirum quod similis filio hominis vocatur, cum Daniel propheta angelum Gabriel virum nominasse perhibetur. Sic autem per hunc angelum dicitur: *Ego sum primus et novissimus*, et reliqua. Quemadmodum ante incarnationem Deus in assumpta angeli persona dicit: *Ego sum Deus Abraham*, et cætera. Sicut enim Moyses eum qui sibi in rubo apparuit, modo angelum, modo Dominum vocat; sic Joannes hanc revelationem sibi per angelum missam perhibet, et ipsum in mysterio et figura Dominum Jesum Christum fuisse confirmat. Itaque et Paulo Dominus in via per angelum apparuit; quia si in propriæ carnis substantia apparere debuisset, Joanni, quem specialiter dilexit, appareret. Et notandum quia more aliorum Joannes de se quasi de alio loquitur. Moyses quippe ait: *Erat Moyses vir mitissimus* (*Num.* xii, 3). Et Job: *Vir erat in terra Hus nomine Job* (*Job.* i, 1), et cætera. Non enim ipsi a se, sed Spiritus sanctus per eos loquebatur.

VERS. 2. — *Qui testimonium perhibuit Verbo Dei, et testimonium Jesu Christi quæcunque vidit.* Perhibuit tunc Joannes, perhibet nunc Ecclesia, cujus ille figuram gerebat, cum hanc Apocalypsin cerneret. Verbum autem et Jesum Christum distinguit propter duas Christi substantias, qui de utroque testimonium perhibuit dicens: *In principio erat Verbum.* Et item: *Verbum caro factum est. Vidit* autem ad utrumque refertur. Vidit enim spiritalibus oculis Verbum, corporalibus vero omnia quæ de humanitate ipsius narrantur. (VERS. 3.) *Beatus qui legit et qui audiunt verba prophetiæ libri hujus, et servant ea quæ in ea scripta sunt. Tempus enim prope est.* Hic claret quanta sit hujus libri auctoritas, qui inter omnes prophetias speciali quodam modo sponsione beatitudinem repromittit. Dicendo autem *qui legit, et qui audiunt*, doctorum personam et audientium demonstravit. Quod vero subditur, *et servant ea*, ad utrosque pertinet, quia non auditores legis justi sunt apud Deum, sed factores legis justificabuntur. Et ut ad hæc observanda utrorumque animos incitaret, subjecit: *tempus enim prope est;* scilicet quo vel justi post observantiam mandatorum remunerentur, vel injusti post negligentiam puniantur.

VERS. 4. — *Joannes septem Ecclesiis quæ sunt in Asia.* Per septenarium numerum universalis Ecclesia exprimitur, propter septem dona illius qui replevit orbem terrarum. Hinc Eliseus septies puerum oscitare fecit super quem incubuit, quoniam populus infidelitate mortuus, per septem dona sancti Spiritus vivificatur. Septenarius itaque numerus perfectus est, qui a ternario et quaternario formatur; ternarius namque in divinis Scripturis perfectus habetur propter mysterium Trinitatis; sive propter tres virtutes, fidem, spem et charitatem; sive propter tres ordines fidelium, prædicatorum, abstinentium, et conjugatorum. Quaternarius vero perfectus est propter mundi partes, sive propter quatuor principales virtutes, id est prudentiam, temperantiam, fortitudinem atque justitiam; seu propter quatuor Evangeliorum libros. Quia igitur Trinitatis cognitio quatuor cœli cardines comprehendit; sive quia spes, fides et charitas quatuor principalium virtutum summam perficiunt; seu quia tres ordines credentium, quatuor Evangeliorum præceptis se subdunt, recte per hunc septenarium numerum universalis Ecclesia figuratur. Attamen sciendum quia specialiter ad septem Ephesiorum Ecclesias hæc sacramenta de exsilio scripta mandavit. Non ergo species excluditur, sed in specie genus, id est universalis Ecclesia ostenditur, quæ bene in Asia esse dicitur. Asia enim elatio interpretatur. Elatio autem non semper pro vitio ponitur, sed aliquando pro culmine virtutis, ut illud: *Ponam te in superbiam sæculorum* (*Isa.* LX, 15). Id est, faciam ut voluptates omnes et infimos honores despicias. Et alibi: *Sustulit te super altitudinem terræ.* In hac igitur elationis celsitudine consistit Ecclesia. Aliter, si elatio pro vitio ponitur, non accipiendum est quod sancta Ecclesia elata permaneat, sed quia dudum in elationis fastu erecta, humilis futura superno munere sit prædestinata. Juxta illud: *Nunquid ingressus es thesauros nivis, aut thesauros grandinis aspexisti, quæ præparavi in tempus hostis, in diem pugnæ et belli* (*Job.* XXXVIII, 22, 23)?

VERS. 5. — *Gratia vobis et pax ab eo qui est, et qui erat, et qui venturus est, et a septem spiritibus, qui in conspectu throni ejus sunt, et a Jesu Christo.* Gratia dicitur venia gratis collata, qua infulgente ex servis peccati in filios justitiæ adoptati sumus. Hanc Petrus, hanc Paulus scripturi fidelibus, titulo salutationis præmiserunt, ut populos gratiæ exhortaturi, omnem salutationis summam in hac esse monstrarent: et apte gratia paci præfertur, quia nullus ad pacem Dei reconciliatus venire poterat, nisi hunc gratia misericordiæ præcessisset. Quod autem dicit *ab eo qui est, et qui erat, et qui venturus est,* specialiter unigenito Dei Filio assignandum est. Ipse essentialiter est cum Patre et Spiritu sancto, cui mutabilitas nunquam accidit, juxta illud Pauli : *Non fuit* in illo *est et non ; sed est in illo fuit* erat (*II Cor.* I, 18), quia ante quam de virgine nasceretur in tempore, cuncta cum Patre tempora fecit. Unde idem Joannes : *In principio erat Verbum.* Idem etiam venturus est in assumpta humanitate ad judicandum vivos et mortuos ; sicut scriptum est : *Sic veniet quemadmodum vidistis eum, euntem in cœlum.* (*Act.* I, 11). Cum ergo certum sit quia hanc gratiam Ecclesia sicut a Filio et Spiritu sancto, ita a Patre per Filium et Spiritum sanctum acceperit, cur hoc loco persona Patris reticetur ? Scilicet quia sacrarum Scripturarum mos est, ut ubi una vel duæ de Trinitate personæ ponuntur, tota simul Trinitas intelligatur. A *septem* vero *spiritibus* dicit propter unius spiritus septenariam operationem : *qui ideo in conspectu throni,* id est Ecclesiæ, hoc est in memoria sanctorum solus esse dicitur, quia eidem specialiter remissio peccatorum assignatur ; juxta illud : *Accipite Spiritum sanctum ; quorum remiseritis peccata, remittuntur eis* (*Joan.* xx, 22, 23). Vel certe in Spiritu tota Trinitas intelligitur. Dicendo autem *a Jesu Christo,* ideo Filii personam repetit, quoniam qui dicitur erat ante sæcula, homo factus est in fine sæculorum.

Qui est testis fidelis primogenitus mortuorum, et princeps regum terræ. Manifesto genere locutionis Christum dicit, specialiter testem fidelem, cum tres sint qui testimonium dant, Pater, et Filius, et Spiritus sanctus, et tres unus Deus sunt. Potest et specialiter Filius in assumpto homine dici testis fidelis, eo quod pro testimonio veritatis usque ad mortem pervenerit carnis. Nam *cum omnis Ecclesia* in sanctis prædicatoribus testimonium de Christo perhibeat, illi principaliter martyres, id est testes, dicuntur qui pro Christo mortem pertulerunt corporis. Primogenitus autem ideo dicitur, quia nullus ante ipsum non moriturus surrexit. Aliter omnes sancti mortui sunt mundo, ut illud : Mortui enim estis ; sed iste singulariter, in quo nullum fuit peccatum. Reges vero, aut omnes sanctos dicit, qui se bene regere noverunt ; aut certe prædicatores, qui bonis se sociant ; sed super malos erigunt, sicut Petrus super Ananiam, et Paulus sceptrum vibrat dicendo : *Quid vultis? In virga veniam ad vos* (*I Cor.* IV, 21). Quia *dilexit nos.* Quomodo nos dilexerit, mala quæ pertulit manifestant. Non autem nos quales eramus dilexit, id est impios ; sed quales ipso amore nos fecit. Unde continuo subditur : *et lavit nos a peccatis nostris in sanguine suo.* Sed quo ordine in sanguine suo nos laverit, Apostolus indicavit dicens : *Quicunque baptizati sumus in Christo Jesu, in morte ipsius baptizati sumus* (*Rom.* VI, 3). (Vers. 6.) *Et fecit regnum nostrum sacerdotes Deo et Patri suo.* Quia caput nostrum rex est et sacerdos, ideo omnia membra reges sunt et sacerdotes ; ut illud Petri apostoli : *Vos genus electum regale sacerdotium* (*I Petr.* II, 9). Reges autem sunt, seipsos regendo ; sacerdotes vero, Deo offerendo ; juxta illud : *Obsecro vos per misericordiam Dei, ut exhibeatis corpora vestra hostiam viventem.* Dicendo itaque *Deo et Patri,* utiam personam ostendit ; quanquam Spiritus sanctus secundum prædictam regulam ibi intelligatur, sicut et apostolus dicit : *Benedictus Deus et Pater Domini nostri Jesu Christi* (*I Cor.* I, 3) ; Deum et Patrem unam personam volens intelligi ; proinde dicendum est : *Ipsi gloria in sæcula sæculorum.* Ipsi, id est qui fecit nos reges et sacerdotes, Patri scilicet et Filio, ubi intelligimus amborum charitatem, quæ est Spiritus sanctus : charitas enim Dei diffusa est in cordibus nostris per Spiritum sanctum. Bene autem non sibi, sed ei, a quo accepit, pro his Ecclesia tribuit gloriam ; juxta illud : *Non nobis, Domine, non nobis, sed nomini tuo da gloriam* (*Psal.* CXIII, 1).

Vers. 7. — *Ecce venit cum nubibus.* Si juxta litteram intelligamus, veniente Domino ad judicium, erit nubes candida, quæ sanctos obumbrans ab igne sæculum cremante defendat. Erit terribilis, cujus fragoribus reprobi terreantur ; attamen in hac Apocalypsi non facile juxta litteram quippiam sentiendum est. Itaque in sacro eloquio, cum plurali numero *nubes* ponuntur, prædicatores sanctos designant, qui et munditia mentis leves sunt, et prædicationum guttis corda audientium rigare non desistunt. Cum his igitur nubibus Dominus ad judicium veniet ; juxta illud prophetæ : *Ecce venit Dominus ad judicium cum senioribus populi* (*Isa.* III, 13). *Et videbit eum omnis oculus, et qui eum pupugerunt.* Omnis oculus videbit, id est omnis homo, a parte totum ; qui tunc resurrexerit, sive ad vitam, sive ad mortem : non autem animalium, quibus non est datum post mortem resurgere. Videbit vero omnis homo in forma servi, in qua ab impiis judicatus est, non in forma divinitatis, quæ ab impiis videri non potest. Et nota quod alter interpres ait : Videbit eum omnis terra, talem ac si diceret, qualem hic positum impii futurum non credebant. *Et plangent se super eum omnes tribus terræ.* Hoc loco notandum quia cum adjectione ait *tribus terræ :* ac si diceret terrena desiderantes, et avaritiæ studentes, quibus dicitur : *Væ vobis divitibus* (*Luc.* VI, 24) ; et item, *Væ vobis qui ridetis* (*Ibid.,* vers. 25). Quæ vero sit causa doloris, aperitur cum dicitur, *super eum.* Nam etsi multarum miseriarum ibi luctus erit, ad comparationem tamen fletus ex visione claritatis Christi nullus erit ; magis enim tunc dolebunt infelices pro eo quod talem perdiderunt Dominum, quam quod in atrocissimum inciderunt tormentum ; sed ecce cum interpositione juramenti quæ dicta sunt affirmat cum subdit : *etiam : amen.* Quod apud Latinos est *etiam,* hoc apud Hebræos *amen.* Utrumque autem adverbium est affirmandi : ait ergo *etiam amen,* ac si ingeminando diceret, verum est, verum est.

Vers. 8. — *Ego sum* α *et* ω, *principium et finis,*

dicit Dominus Deus qui est, et qui erat, et qui venturus est. Dicendo *sum*, aperte insinuat quia Deus per se loquebatur. Unde Apostolus : *An experimentum quaeritis ejus qui in me loquitur Christus (II Cor.* XIII, 3)? Et David : *Attendite populus meus legem meam (Psal.* LXXVII, 1); cum nec populus nec lex David fuerit. Hoc autem significat α et ω, quod principium et finis. Nam α apud Graecos principium est elementorum; ω vero finis eorumdem. Principium autem Christus dicitur, quia ab ipso omnis creatura initium accipit; finis vero, quia ipse quasi terminus omnia concludit. Aliter principium et finis vocatur, quia ipse est Deus ante saecula, et homo in fine saeculorum. Unde Joannes : *In principio erat Verbum (Joan.* I, 1). Et item : *Verbum caro factum est (Joan.* I, 14). (VERS. 9.) *Ego Joannes frater, et particeps in tribulatione, et regno, et patientia Jesu, fui in insula quae appellatur Pathmos, propter verbum Dei et testimonium Jesu.* Hoc loco Joannes, et specialiter suam, et generaliter Ecclesiae personam designat. Et notandum quia regnum pertinet ad caput, tribulatio ad membra, patientia ad utrumque, quod totum in uno Jesu reperitur. Tribulationem namque patiebatur caput cum membris dicendo : *Saule, Saule, quid me persequeris (Act.* IX, 4) ? Regnum in capite, ut illud : Venite, benedicti Patris mei, percipite regnum quod vobis paratum est ab origine mundi (*Matth.* XXV, 34); quod est aperte dicere : Venite membra, regnate cum capite, quia ego sum regnum. Se enim dabit suis, ut scriptum est : *Jusjurandum quod juravit ad Abraham patrem nostrum, daturum se nobis (Luc.* I, 73). Patientia vero nos exspectat, juxta illud : *Ignoras quoniam benignitas Dei ad patientiam te adducit (Rom.* II, 4) ? Et nos in patientia nostra possidebimus animas nostras. Per Pathmos autem insulam, quae fretus (*Ita cod.*) interpretatur, in qua Joannes erat religatus, persecutiones et angustiae designantur, quas patitur Joannes et Ecclesia, id est species et genus; sed propter verbum Dei, non pro suis malis; juxta illud Petri apostoli : *Nemo vestrum patiatur quasi fur, sed quasi Christi discipulus (I Petri* IV, 15). (VERS. 10.) *Fui in spiritu in Dominica die.* Hinc jam singillatim de specie, singillatim de genere dicendum est. Non autem Joannis spiritus carnem funditus deseruit, quando hoc vidit, quia corpus sine spiritu non viveret, sed in exstasi positus, nihil per corpus vel sentire vel intelligere potuit. Et nota quia non in sabbato, sed in Dominica die se in spiritu fuisse dicit, quia jam vetus illa, quae mortem operabatur, lex transierat, et nova quae vivificat in Christi resurrectione claruerat. Allegorice Ecclesia jam in electis facta carnis spiritu mortificat, ut in novae vitae conversatione assurgat in spiritu, et Dominica dies esse demonstrat. Unde est illud Apostoli : *Vos in carne non estis, sed in spiritu (Rom.* VIII, 9).

VERS. 11. — *Et audivi post me vocem magnam tanquam tubae dicentem : Quod vides scribe.* Illud scien-dum quia sicut Joannes in spiritu audivit, ita vox ad eum facta spiritalis fuit. Sed quaerendum est quod dorsum spiritus habere potuit, ut post se vocem audiret. Videtur itaque facies spiritus illius fuisse ipsa vis divinae contemplationis; dorsum vero oblivio de praesentibus. Idcirco ergo vocem in his quae oblitus fuerat audivit, ut faciem mentis ad ea converteret, et quaeque videret in libro, in libro scriberet. Ac si ei ipsa vox diceret : Ea quae in spiritu Dei videre incipis, hic ubi me audis sine sono sonantem, id est in terris, vel gesta vel gerenda sunt. Sic autem dicitur quae vides scribe; ac si diceret, quae visurus es; necdum enim aliquid viderat. Allegorice Ecclesia de Christi ac sua copula vocem post se audit, a lege et prophetis, ut illud : *Erunt duo in carne una (Gen.* II, 24). Vox autem haec sive in Ecclesia sive in Joanne, recte magna dicitur, quia de summis mysteriis loquitur, quaeque ideo tubae comparatur, et per ora praedicantium diffunditur. Unde uni eorum dicitur : *Quasi tuba exalta vocem tuam (Isa.* LVIII, 1). Haec vox in Joanne Ecclesiam admonet, ut quae videt scribat, id est in memoria recondat.

Et mitte septem Ecclesiis, Epheso, Smyrnae, Pergamo, Thyatirae, Sardis, Philadelphiae, et Laodiciae. Dicendum quomodo interpretatio horum nominum universali conveniat Ecclesiae. Ephesus interpretatur voluntas, sive consilium meum[a]; et cujus? nisi ejus qui *reprobat consilia principum, consilium vero ejus manet in aeternum (Psal.* XXXII, 10). Ecclesia autem voluntas Dei est, cui per prophetam dicitur : *Vocaberis voluntas mea (Isa.* LXII, 4). Et nota quia voluntas pertinet ad charitatem, consilium vero ad correctionem. Ille enim voluntas Dei est, qui non timore poenali, sed sponte se Creatori subdit. Ille vero qui nec timore, nec amore, se conferre vult, divina agente clementia, fit ad eum correctionis sermo, ut relicto errore, consilium salutis percipiat. Smyrna in Latinum vertitur canticum eorum, id est electorum, canticum vero illud est mandatum novum. Ecclesia igitur canticum hoc quotidie cantat, cum mandatum novum diligendo Deum et proximum implet. Pergamum interpretatur dividendi cornua eorum. Et quorum nisi Christi, et diaboli? In cornibus itaque Christi regnum ejus ostenditur, id est Ecclesia. In cornibus vero diaboli, ejus etiam regnum, id est impii. Audi igitur divisionem cornuorum : *Omnia cornua peccatorum confringam, et exaltabuntur cornua justi (Psal.* LXXIV, 11). Thyatira dicitur illuminata; et quae alia illuminata intelligitur nisi illa cui per Isaiam dicitur : *Surge, illuminare, Hierusalem (Isa.* LX, 1). Et apte illuminata dicitur Ecclesia, ut meminerit se tenebras fuisse. Unde Apostolus ad ejus membra : Fuistis *aliquando tenebrae, nunc autem lux in Domino (Ephes.* V, 8). Sardis Latine sonat principi pulchritudinis, ubi subintelligendum est apta, vel praeparata. Princeps autem pulchritudinis ille est, de quo Psalmista ait : *Speciosus forma prae*

---

[a] Hanc et sequentes urbicorum nominum interpretationes quis eruditus probet?

filiis hominum (Psal. xliv, 3). Et quæ est huic præ- parata ? nisi illa de qua eidem principi dicit Propheta : *Astitit regina a dextris tuis in vestitu deaurato circumamicta varietate (Ibid. vers.* 10). Philadelphia interpretatur salvans hæreditatem Domino. Unde apte intelligitur electorum Ecclesia, quæ cum divino adjutorio se ipsam salvare contendit. De hac enim hæreditate dicitur : *Dabo tibi gentes hæreditatem tuam* (*Psal.* ii, 8). Laodicia interpretatur tribus amabilis Domino, sive, fuerunt in vomitu ; quæ interpretatio permistos bonos cum malis in Ecclesia ostendit.

Vers. 12. — *Et conversus sum ut viderem vocem quæ loquebatur mecum.* Dicendo *viderem,* ostendit non corporalem fuisse vocem, quæ videri non potest; sed spiritalem, quam nihil aliud est videre, quam audire. Allegorice Ecclesia conversa est ut vocem videret, quia mentis desiderio ad verba legis et prophetarum se contulit, ut eorum sacramenta impleta jam cerneret. *Et conversus vidi septem candelabra aurea,* (Vers. 13) *et in medio septem candelabrorum aureorum similem filio hominis.* Per septem candelabra septiformis Ecclesia designatur, in cujus medio est Christus, qui ideo similis filio hominis dicitur, quia jam erat immortalis ; sive quia non cum peccato, sed in similitudine carnis peccati apparuit. In medio autem apparuisse legitur, juxta illud : *Ubi duo, vel tres congregati fuerint in nomine meo, ibi sum in medio eorum* (*Matth.* xviii, 20). Et apte per septem candelabra aurea Ecclesia figuratur. Nam septiformis operatio sancti Spiritus per numerum, et æternæ sapientiæ claritas per aurum figuratur. Sicut itaque aurum per ignem probatum, percussionibus perductum candelabrum efficitur ; sic Ecclesia igne tribulationis ad purum excocta tentationum ictibus in longanimitatem extenta consummatur. Unde Isaias ait : *Dixit Dominus cujus est ignis in Sion, et caminus ejus in Hierusalem* (*Isa.* xxxi, 9). Præterea sciendum quia et per septem candelabra, et per filium hominis una designatur Ecclesia, quoniam una est Christi et Ecclesiæ persona. Unde idem Dominus qui vestitus podere in medio candelabrorum apparuit, indutus est ipsa candelabra. Quapropter hoc est vestis Christi quod septem candelabra, id est Ecclesia. Genus enim jungitur generi, cum et per septem candelabra, et per filium hominis intelligitur Ecclesia. Et nota quia ad nos pertinet similitudo filii hominis, quoniam sicut resurrexit caput nostrum in re, ita et nos in spe.

Vestitum podere. Podes Græce, Latine pedes dicuntur. Quid ergo per poderem, id est talarem tunicam, quam Zacharias sacerdotalem esse dicit, accipimus, nisi specialiter Christi carnem, et generaliter omnem Ecclesiam? Ipse quippe Deo Patri in cruce se offerendo sacerdotium gessit. Sed hæc sacerdotalis vestis usque ad talos est, quia corpus ejus, quod est Ecclesia, usque ad novissima membra, ea quæ desunt passionum Christi adimplet ; vel certe vestis ejus usque ad talos, fuit opus charitatis usque ad passionem mortis. *Et præcinctum ad mamillas zona aurea.* Illud sciendum quod Daniel vidit virum præcinctum renes, Joannes *ad mamillas,* quia Vetus Testamentum luxuriam carnis, Novum vero etiam mentis frenat. Duplex autem illa præcinctio non ad caput, sed ad membra redigitur, cum constet Redemptorem nostrum nec corporis nec cordis luxuria tactum. Hæc igitur zona bene aurea fuisse dicitur ; quia quisquis supernæ patriæ civis est, non timore supplicii, sed amore supernæ claritatis immunditiam deserit. Quod autem apostolis in Novo Testamento jubetur, *sint lumbi vestri præcincti* (*Luc.* xii, 35), in eorum persona eis jubetur qui necdum carnis fornicationem frenantes, ad vitæ veteris hominem pertinent. Nam ipsi prius carnis immunditiam deseruerant. Aliter, ad mamillas zona aurea angelus præcingitur, quia Ecclesia ex duobus populis veniens, in Christo charitatis compage unitur. (Vers. 14.) *Caput autem ejus et capilli erant candidi tanquam lana alba et tanquam nix.* Caput Christi est Deus Pater ; unde Apostolus : *Caput Christi Deus* (*I Cor.* xi, 3) ; cujus æternitas juxta morem humanæ locutionis in candore capitis demonstratur. Allegorice caput Ecclesiæ Redemptor ejus est ; juxta illud : *Caput viri Christus* (*Ibid.*). Capilli præcipui sunt in Ecclesia, qui propter innocentiam agnis, id est lanæ, propter resurrectionem nivi comparantur. Et quia utrumque Christus in se ostendit, id est innocentiam et resurrectionem, quorum alterum imitari, alterum exspectare jubemur ; idcirco non solum capilli, sed et totum caput lanæ albæ et nivi assimilatur.

Et oculi ejus velut flamma ignis. Isti oculi illi sunt, de quibus inferius dicitur : *Vidi agnum tanquam occisum habentem oculos septem, qui sunt septem spiritus Dei* (*Apoc.* v, 6). Nam quia Spiritus sanctus et ad fidem illuminat Ecclesiam, et in amorem Dei concremat ; recte oculorum luminibus, et flammæ ignis assimilatur. Possunt et per hos oculos spiritales angeli in Ecclesia designari, qui luce scientiæ eamdem Ecclesiam illustrant, et amoris incendium præbent. (Vers. 15.) *Et pedes ejus similes aurichalco,* sicut in camino ardenti. Aurichalci talis perhibetur effectus, quod æs in caminum missum, adhibito vehementi incendio, immisso etiam quodam medicamine, et firmiorem accipiat fortitudinem, et in auri convertatur fulgorem. Unde apte *pedes similes aurichalco* ad illa novissima Ecclesiæ membra rediguntur, quæ sub Antichristo nimio persecutionis incendio sunt excoquenda ; sed adhibito medicamine tolerantiæ, fortiora ac clariora reperientur. Et quia in Judæa vehementior erit vexatio, ubi Dominus ab impiis Judæis crucifixus est, idcirco alia translatio aurichalcum Libani posuit, qui mons in Judæa esse perhibetur. *Et vox ejus tanquam vox aquarum multarum.* Superius hujus qui apparuit vocem tubæ comparavit, nunc autem voci aquarum multarum, quia quod prius pauci prædicatores, postea totus mundus clamavit. Aliter per vocem tubæ, vox Veteris et Novi Testamenti ; et per vocem aquarum multarum charitas potest intelligi, cujus multiplex lex est, ut illud

Et scies *quod multiplex est lex ejus* (Job. xi, 6).

VERS. 16. — *Et habebat in dextera sua septem stellas.* Per septem stellas, ut idem angelus inferius exponit, angeli intelliguntur. Non autem illi cœlestis patriæ spiritus, in quibus nihil reprehensibile invenitur, sed Ecclesiæ prædicatores, de quibus dicitur: *Angeli pacis amare flebunt* (Isa. xxxiii, 7), qui recte per stellas et angelos designantur, quia et in hujus sæculi nocte lucent per munditiam vitæ, et auditoribus suis cœlestia nuntiando, angeli veritatis existunt. Quia vero septem non numero sunt, sed significatione universitatis, omnes ecclesiæ prædicatores hæc species comprehendit. Unde in significatione non jam septem, sed unus angelus, id est perfectus ordo prædicatorum. Sicut et septem candelabra, non tantum Asiæ Ecclesias, sed universalem Ecclesiam designant. Et si subtiliter intendimus, in his septem stellis etiam candelabra invenimus; id est in sanctis prædicatoribus universalem Ecclesiam. Unde Dominus cum uni angelo loquitur, subdit: *Audiat quid spiritus dicat Ecclesiis* (Apoc. ii, 29). Dextera in hoc loco summa beatitudo debet intelligi, quæ nunc in spe, tunc erit in re. Unde est illud Isaiæ : *Suscipiet te dextera justi mei* (Isa. xli, 10). Cum ergo Ecclesiam in dextera teneri audimus, a toto partem intelligere debemus, quæ in futuro ad dexteram collocanda est. *Et de ore ejus gladius utraque parte acutus exiebat.* Quid per gladium, nisi prædicatio Veteris et Novi Testamenti? ut illud Pauli : *Et gladium spiritus, quod est verbum Dei* (Ephes. vi, 17). Qui bene utraque parte acutus dicitur, quia hinc culpas operis, illinc resecat illicitas cogitationes. Sive quia imperfectos juxta litteram exterius informat, et perfectos juxta mysticum intellectum interius erudit. *Et facies ejus sicut sol lucet in virtute sua.* Per faciem fulgentem ut sol, electi possunt accipi ; ut illud : *Fulgebunt justi sicut sol* (Sap. iii, 7). In qua sententia si solem istum visibilem volumus intelligere, sciendum quia tunc majoris erit claritatis quam nunc, et sanctorum tunc gloria major, Isaia attestante qui ait : *Erit lux lunæ sicut lux solis; et lux solis septempliciter sicut lux septem dierum, in die qua alligaverit Dominus vulnus populi sui* (Isa. xxx, 26). Unde hoc loco additum est : *in virtute sua.* Aliter, quid per faciem angeli, nisi incarnatio Redemptoris manifesta, quæ velut ortum habuit nascendo; occasum moriendo, et item ortum resurgendo? Et quia jam ejus resurrectio per totum orbem claruerat, quasi sol meridianas horas conscenderat, cum Joannes ista cernebat; ideoque cum additamento ait : *sicut lucet sol in virtute sua.*

VERS. 17. — *Et cum vidissem eum, cecidi ad pedes ejus tanquam mortuus.* Joannes hoc loco Christi membra, angelus autem specialiter Christum significat. Joannes ergo quasi mortuus ad pedes angeli cadit, quia Ecclesia ut moriatur mundo, Christi vestigia sequitur. Et apte dicitur quasi mortuus, quia Ecclesia, etsi mundo et vitiis moriatur, vivit tamen Deo. *Et posuit super me dexteram suam dicens* : *Noli timere.* Per dexteram angeli hoc loco prædicatores designantur. Hinc per Moysen dicitur : *In dextera ejus ignea lex* (Deut. xxxiii, 2); id est, in sanctis prædicatoribus doctrina Spiritus sancti. Siletur plane quid angelus superposita dextera fecerit ; sed certa ratione colligimus, quia sive Joannem, sive Ecclesiam, in illo a terra levavit. Sed nunquid Ecclesia ab imitatione passionum Christi submota est? Absit. Angelum ergo Joanni tanquam mortuo ad pedes suos jacenti dexteram superponere, eumque a terra erigere, est Dominum Redemptorem Ecclesiam passiones ejus imitantem a cordis mœrore ad spem futuræ gloriæ per sanctos prædicatores exhortando elevare ; ut illud : *Non sunt condignæ passiones hujus temporis ad futuram gloriam, quæ revelabitur in nobis* (Rom. viii, 18). Et apte dicit, *Noli timere,* ac si Dominus Ecclesiæ dicat : Accepta desuper fiducia, humanum timorem longe propulsa. (VERS. 18.) *Ego sum primus, et novissimus ; et vivus fui, et mortuus, et ecce sum vivens in sæcula sæculorum.* Hic declaratur quia angelus iste Domini Jesu Christi specialiter personam gessit, cui hæc omnia conveniunt. *Et habeo claves mortis et inferorum.* Per claves potestas divini judicii designatur, quam nullus effugere valet, sed cunctos ut clavis includit ; juxta illud : *claudit et nemo aperit* (Apoc. iii, 7). Per mortem vero ille, de quo scriptum est : *Invidia autem diaboli mors introivit in orbem terrarum* (Sap. ii, 24). Et per inferos, hi qui ad eum pertinent exprimuntur. His itaque clavibus laxatur diabolus ad tentandum Ecclesiam, et istis religatur. Unde scriptum est : *Fidelis Deus qui non patietur vos tentari supra quam potestis facere* (I Cor. x, 13). (VERS. 19.) *Scribe ergo quæ vidisti, et quæ sunt, et quæ oportet fieri post hæc.* Transit a genere ad speciem. Hinc enim Joannes prædicatores specialiter designat. Et nota quia quæ jam dixerat repetit, ut culpa torporis amoveatur. *Scribe ergo,* ait, *quæ vidisti,* tanquam diceret, in lege et prophetis futura de me ; *et quæ sunt,* scilicet impleta per me, *et quæ oportet fieri post hæc,* id est quæ sunt adimplenda in membris meis. Sed hic liber jam debito fine claudendus est, ne ante lassemur in camporum planitie, quam ad hujus Apocalypsis subeundos montes veniamus.

LIBER SECUNDUS.

Ut præcedenti libro jam diximus, hanc visionem alii spiritalem, alii intellectualem asserunt. Quod si intellectualis fuit, non in sua sed in aliorum dicit [Cod., discit] persona. Si vero spiritalis, quibusdam locis quomodo intelligentiam visionis acceperit dicit, quibusdam autem tacet. Et hoc quidem moderate, quia si per totum aperta visio esset, vilesceret ; si ex toto clausa, contemneretur. (Vers. 20.) *Sacramentum septem stellarum quas vidisti in dextera mea, et septem candelabra aurea; septem stellæ, angeli sunt septem Ecclesiarum ; et candelabra septem, septem Ecclesiæ sunt.* De his sufficienter jam dictum est.

CAPUT II.

Vers. 1. — *Et angelo Ephesi Ecclesiæ scribe : Hæc dicit qui tenet septem stellas in dextera sua, qui ambulat in medio septem candelabrorum aureorum.* (Vers. 2.) *Scio opera tua, et laborem, et patientiam tuam.* Hoc loco beatus Joannes, vel ex propria, vel ex præcedentium prædicatorum persona, verba Domini ipso jubente scribit ad universalem Ecclesiam, quæ per angelum demonstratur. In quo angelo modo totum electorum corpus, quod ex sanctis prædicatoribus et bonis auditoribus constat, præconio laudis attollitur ; modo etiam pars specialiter notatur in malis. Quid igitur est Dominum Redemptorem stellas in dextera tenere, nisi electos suos in prosperitatis beatitudine prædestinatos habere ? Quid autem est eumdem in medio candelabrorum ambulare, nisi unicuique sanctorum gratiam donorum largiendo per internam discretionem ubique præsentem adesse ? Quod si per stellas et candelabra totum corpus Ecclesiæ accipimus, quod ex electis et reprobis constat ; per dexteram Christi potentia divinitatis ejus intelligenda est, quam nullus potest evadere, quia in manu ejus sunt omnes fines terræ ; qui inter candelabra ambulat, justos visitando, et injustos deserendo. Opera autem, et laborem, et patientiam sanctorum se Dominus scire perhibet, hoc est per electionis gratiam approbare. Sed ecce ad infirmantem specialem corporis partem sermo recurrit cum subditur :

Et quia sustinere non vales malos. Non enim laudis, sed magnæ infirmitatis indicia sunt, angelum malos sustinere non posse. Et notandum quia eidem angelo inferius dicit : *Sustinuisti propter nomen meum,* quod huic loco contrarium non est, quia in uno infirmitas, in altero membrorum firmitas demonstratur. *Et tentasti eos qui se dicunt esse apostolos, et non sunt, et invenisti eos mendaces.* Pullulasse credendum est tunc in Ephesi Ecclesia falsos apostolos, quos idem Joannes in epistola sua antichristos vocat, in quorum persona omnium hæreticorum perfidia notatur. Tentatio autem aliquando ad probationem pertinet, ut illud : *Tentat vos dominus Deus vester* (*Deut.* xv, 3). Ecclesia ergo falsos tentat, cum in prædicatoribus hæreticis de fide interrogat, utrum veritatis, an mendacii sint discipuli. (Vers. 3.) *Et patientiam habes, et sustinuisti propter nomen meum, nec defecisti.* Hæc quia manifesta sunt transeamus. (Vers. 4.) *Sed habeo adversus te quod charitatem tuam primam reliquisti.* (Vers. 5.) *Memor esto itaque unde excideris, et age pœnitentiam, et prima opera fac.* Absit ut is primam charitatem reliquisse credatur, quem in præcedenti versiculo tanta laude prosecutus est. Sed ab hac specie ad aliam reflectit sermonem, quam dignam judicat reprehensione. Primam autem charitatem usu humanæ locutionis dicit prioris temporis.

Sin autem, venio tibi, et movebo candelabrum tuum de loco suo, nisi pœnitentiam egeris. Quid est impœnitenti dicere, *venio tibi, nisi præsentiam iræ meæ sentire te faciam ?* Et quia angelus et candelabrum per significationem unum sunt, quid est dicere, *movebo candelabrum tuum de loco suo*, nisi movebo te ? ubi non totus angelus, sed pars ejus impœnitens debet intelligi, cujus locus est Ecclesia. Nam quia non genus sed speciem in angelo tangit, ideo locum speciei in genere ostendit. Et notandum quia non ait, projiciam, sed *movebo*, ostendens impœnitentem quandiu in hac vita versatur, nequaquam ab Ecclesia funditus avelli ; sed donum sanctitatis, quo ante humanos oculos lucebat, propter cor impœnitens non mereri. Movere autem Dominus candelabrum dicitur, id est non statuere, sicut cor Pharaonis indurare. Quando igitur quisque crimen admittit, tunc in conspectu hominum movetur candelabrum ejus, qui si cito per pœnitentiam surrexerit, quia in eodem loco misericorditer collocatur, et ob hoc multi stant in conspectu Dei, qui in conspectu hominum jacere videntur. Dicit ergo, *movebo cito candelabrum tuum de loco suo, nisi pœnitentiam egeris,* id est munus sanctitatis post lapsum non recipies, nisi cor ad pœnitentiam emollire curaveris.

Vers. 6. — *Sed hoc habes, quod odisti facta Nicolaitarum, quæ et ego odi;* ac si universali angelo diceretur : Non in ea specie, quam nunc terrui, sed in alia hoc habes, quia *odisti facta Nicolaitarum, quæ et ego odi.* Quæ sunt autem specialia facta Nicolaitarum, beatus Augustinus in libro de Hæresibus ostendit dicens : « Nicolaus, ut fertur, unus fuit ex illis septem diaconibus qui ordinati sunt ab apostolis, quique, cum zelo pulcherrimæ conjugis culparetur, purgandi se causa permisisse fertur ut ea, qui vellet, uteretur, quod ejus factum in sectam turpissimam versum est, qua placet usus indifferens feminarum. Sectatores etiam ejus, nec ab his quæ idolis immolantur dividunt cibos suos. » Generaliter autem omnes hæretici Nicolaitæ sunt. Nicolaus enim interpretatur stultus populus. Quicunque igitur de sapientia Patris, quæ est Filius, vera non sentiunt, etsi sapientes sint sæculo, secundum Deum stultos se esse demonstrant. Invenimus et in Ecclesia Nicolaitas ; eos scilicet, quos stultos in terreno amore thesaurizare videmus. Notandum denique, quia non ait, odisti Nicolaitas, sed *facta Nicolaitarum*, quia non naturam, quæ bona in illis creata est, sed pessima facta Dominus, et qui ex parte illius sunt, in eis odisse probantur.

Vers. 7. — *Qui habet aurem audiat quid Spiritus dicat Ecclesiis.* Hoc dicto evidenter ostendit quia in una Ephesiorum Ecclesia, universitatem credentium comprehendit. Aures vero non corporis, sed cordis requirit ; juxta illud : *Vobis dico, qui auditis.* Sed cum angelus specialiter Filii personam gesserit, quid sibi vult quod non dicitur, quid Dei Filius, sed *quid Spiritus dicat Ecclesiis?* nisi quia ad instruendos mores humanos verba Filii, Spiritus verba sunt. Vel non specialiter Spiritus sancti persona, sed tota Trinitas in Spiritu accipienda est. *Vincenti dabo ei edere de ligno vitæ, quod est in paradiso Dei mei.* Lignum vitæ sapientia Dei Patris est, juxta illud Salomonis : *Beatus* homo *qui invenit sapientiam lignum vitæ* (*Eccli.* xxv, 15), et reliqua. Et apte lignum vitæ vocatur, quia in præsenti electos suos ab æstu vitiorum protegit, et in futura beatitudine cibum æternæ contemplationis se desiderantibus præbet ; unde est illud : *Satiabor* dum manifestabitur mihi *gloria tua* (*Psal.* xvi, 15). Qui ergo vicerit, id est qui in Christo, et per Christum antiqui hostis tentamenta superaverit, dabit ei Christus secundum humanitatem suam edere de ligno vitæ, quia ad judicium veniens perducet ad contemplandam divinitatis suæ majestatem. Paradisus autem, in quo lignum est vitæ, vita est æterna, quæ est in ligno vitæ. Et nota quia Deum se habere dicit, secundum humanitatem loquens, quam pro nobis assumpsit. Præterea quia hunc angelum partim laudat, partim vituperat, secundum suum nomen ; quia Ephesus, et lapsus magnus, et voluntas mea dicitur.

Vers. 8. — *Et angelo Ecclesiæ Smyrnæ scribe : hæc dicit primus, et novissimus, qui fuit mortuus, et vivit ;* (Vers. 9) *Scio tribulationem tuam, et paupertatem ; sed dives es.* Hoc tantum non uni, sed magis unitati sanctorum dicitur, quorum tribulatio multiplex est. Unde alia translatio, *tribulationes* plurali numero posuit. Paupertatem vero geminam intelligere debemus ; altera enim est in terrenarum rerum abdicatione ; altera in spiritus contritione, qua superbia minuitur, humilitas augetur ; de qua Dominus dicit : *Beati pauperes spiritu* (*Matth.* v, 3) ; ille enim spiritu pauper est, qui cum bona agit, semper se inutilem attendit. Dicatur itaque : Scio paupertatem tuam, *sed dives es* ; ac si diceret : Unde te per humilitatem spiritus pauperem existimas, inde per omnia dives comprobaris. Sic autem dictum est scio, tanquam diceretur, scire te facio. Potest etiam quilibet electus ideo pauper et dives vocari, quia cœlestis patriæ divitias nondum habet in re, quas possidet in spe. *Et blasphemaris ab his qui se dicunt esse Judæos, et non sunt, sed sunt synagoga Satanæ.* Hoc universali Ecclesiæ dicitur, quæ in singulis membris per loca, et in toto corpore per orbem, ab inimicis blasphematur. Neque enim in sola Smyrna vel fuisse vel esse Judæos blasphemantes credendum est. Quærendum vero est ubi Judæi proprium nomen amiserint, cum etiam post necem Redemptoris, eos sacra Scriptura ita nominet, ut in Actibus apostolorum. Sed sciendum quia nomen, quod juxta litteram exterius prætendunt, interius spiritu amiserunt, cum Christum confiteri noluerunt. Nam Judæus confessor interpretatur. Secundum figuram vero, hæreticis ista conveniunt, qui falso sibi Judæorum, id est confitentium, nomen assumunt.

Vers. 10. — *Nihil horum timeas quæ passurus es.* Juxta illud evangelicum : *Nolite timere eos qui occidunt corpus, animam autem non possunt occidere* (*Matth.* x, 28). *Ecce missurus est diabolus ex vobis in carcerem, ut tentemini, et habebitis tribulationem diebus decem.* Hic liquido ostenditur, diversas in uno angelo personas alloqui. Cum enim singulari numero præmiserit, *timeas*, plurali intulit *ex vobis* ; et item, *ut tentemini* ; sed nec aut tententur, vel habebunt ; sed *ut tentemini*, et *habebitis* : ut hoc dicto insinuaret, in uno multos constare. Universas igitur pressurarum angustias nomine carceris designavit. Quod autem non ait, vos, sed *ex vobis*, illos vult intelligi qui ex illatis tribulationibus victores existunt. Sed quid sibi vult quod Ecclesiæ tribulationem decem dierum numero concludit ? nisi quia contra varias persecutionum passiones, contra diversas cupiditatum illecebras, decalogi mandatis subdita confligitur. *Esto fidelis usque ad mortem, et dabo tibi coronam vitæ.* Hoc generaliter omni Ecclesiæ, et specialiter unicuique fideli dicitur. Hinc Dominus in Evangelio : *Qui perseveraverit usque in finem, hic salvus erit* (*Matth.* x, 22). (Vers. 11.) *Qui habet aurem audiat quid Spiritus dicat Ecclesiis : qui vicerit non lædetur a morte secunda.* Cum sacra Scriptura tres mortes ponere solita sit : unam scilicet peccati, alteram carnis, aliam vero damnationis, cur hoc loco ultima damnatio non tertia, sed secunda mors appellatur, nisi quia illæ hic poni videntur quæ nocere probantur ? Mors scilicet peccati, et mors æterni supplicii, ad quarum comparationem, ista quæ carnis est, mors dicenda non est. Læsionis vero vocabulo, miseriarum debet intelligi corruptio.

Vers. 12. — *Et angelo Pergami Ecclesiæ scribe : Hoc dicit qui habet romphæam ex utraque parte acutam.* Hoc superius dictum est. (Vers. 13.) *Scio ubi habitas, ubi sedes est Satanæ.* Hoc generaliter Ecclesiæ dicitur, quæ per orbem universum habitat, quo diabolus regnat. *Et tenes nomen meum, et non negasti fidem meam, et in diebus illis Antipas testis meus fidelis, qui occisus est apud vos, ubi Satanas habitat.* Hæc sententia aut scriptorum vitio corrupta est, aut per subauditiones debet explanari, ut iste sit ordo verborum. In diebus illis Antipas testis meus fidelis qui occisus est apud vos, non negavit fidem meam ; vel certe in diebus illis exstitit Antipas testis meus, qui occisus est apud vos. In quo martyre omnes testes præconio laudis attolluntur. Apud vos autem dicit, non quo ab illis occisus sit ; sed inter illos ab his in quibus Satanas habitat. Et nota quia singulari numero præmittitur *tenes*, et plurali infertur *vos*, quia plures in una persona affatur. (Vers. 14.) *Sed habeo adversus te pauca : habes illic tenentes doctrinam Balaam, qui docebat Balac mittere scandalum coram filiis Israel, edere, et fornicari.* Nequaquam ista illi conveniunt, cui præmiserat, *tenes nomen meum*, et reliqua. Sed in alteram speciem sermo convertitur, doctrinam vero Balaam consilium vocat, quod dedit Balac ut poneret mulieres pulcherrimas coram filiis Israel, quarum speciebus delectati in amplexus illicitos ruerent, earumque blanditiis deliniti de sacrificiis Behelphegor manducarent ; ac per hoc a Deo deserti coram inimicis suis caderent. Sed si a proprietate ad figuram recurrimus, qualiter post vel gesta vel gerenda sunt, invenimus. Balaam quippe interpretatur populus varius ; unde apte designat hæreticos, qui diversis erroribus evanescunt : Balac autem elidens, per quem hujus sæculi potestates exprimuntur, quæ plerumque, hæreticis suadentibus, dignitatem Ecclesiæ ad tempus inclinant : per Israel vero, virum Deum videntem Dominum, electi figurantur. Docente itaque Balaam, mittit coram filiis Israel Balac scandalum mulierum, scilicet deceptionem cum quibus de idolothytis edant, et fornicentur, quia, hæreticis suadentibus, principes hujus sæculi, eorum sectas, quasi pulchras foris ostendunt in locutionibus, quæ intus omni spurcitia plenæ esse noscuntur. Aliter Balaam, id est diabolus, docet Balac, id est carnem; ut mittat mulieres, id est sæculi voluptates, quibus pereant animæ.

VERS. 15. — *Ita habes et tu tenentes doctrinam Nicolaitarum.* De factis Nicolaitarum satis jam dictum est. Dum autem ait, non habes illic, sed *habes et tu*, ostendit a specie ad speciem sermonem converti. Et quia nihil interest utrum quis pro doctrina Balaam an pro Nicolaitarum tacuisse redarguatur, recte subjungitur : similiter pœnitentiam age ; quo dicto illi etiam ad pœnitentiam latenter provocantur, quos idem torpentes prædicatores nequaquam correxisse notantur ; unde et subditur : (VERS. 16) Sin autem venio tibi, *et pugnabo cum illis in gladio oris mei.* Cur enim non ait pugnabo tecum, sed *pugnabo cum illis?* nisi quia, ut dictum est, illos etiam ad lamentum venire hortatur quos prædicatorum torpore perisse cognoverat. Quod tale est ac si diceret : Venio tibi, et pugnabo tecum, sicut alia translatio demonstrat. Vel venio vobis, et pugnabo vobiscum. Quid est autem dicere venio tibi, nisi respectum iræ meæ sentire te facio? Vel quid, *pugnabo cum illis in gladio oris mei*, nisi acutis eloquiorum meorum sententiis damnabo ? (VERS. 17.) *Qui habet aurem audiat quid Spiritus dicat Ecclesiis : vincenti dabo manna absconditum.* Manna absconditum panem dicit invisibilem qui de cœlo descendit, qui ideo factus est homo, ut panem angelorum manducaret homo. Quod manna nunc sumitur in sacramento per fidem, quandoque autem in veritate per speciem ; juxta illud Psalmistæ : *Satiabor* dum manifestabitur mihi *gloria tua* (*Psal.* XVI, 15). Manna enim interpretatum sonat, quid est hoc ; quod non dicimus, nisi de re quam ante non vidimus. Apte ergo illa satietas cœlestis gloriæ manna vocatur, quia juxta Pauli vocem, nec *oculus vidit, nec in cor hominis ascendit, quæ præparavit Deus* diligentibus se (*I Cor.* III, 9).

Et dabo illi calculum candidum ; et in calculo nomen novum, quod nemo novit, nisi qui accipit. Calcu-

A lus lapis est pretiosus, qui et carbunculus vocatur ; quoniam sicut carbo succensus, qua magnitudine subsistit ea in tenebris positus fulget, ita et hic lapis facere perhibetur. Quid itaque per calculum candidum, nisi Christus Jesus designatur? qui sine ulla peccati offuscatione mundus inter homines apparuit, et divinitatis suæ luce tenebras nostræ mortalitatis illustravit. Et est sensus : de mortis auctore triumphantem cohæredem meum in regno Patris efficiam. Alia vero translatio pro calculo margaritum posuit. Nomen novum dicit Christianum pridem inauditum, de quo per Isaiam Dominus Ecclesiæ dicit : *Vocabitur tibi nomen novum, quod os Domini* locutum est (*Isa.* LXII, 2). Sed cum multi a diabolo victi hoc nomine censeantur, quomodo solis vincentibus hoc se dare pollicetur?

B nisi quia datio hic illa accipienda est; qua prædestinatos ad vitam supernæ civitatis novimus electos. Ubi apte subditur, *quod nemo novit, nisi qui accipit ;* tanquam diceret : nullus dignitatem nominis Christiani vita et moribus defendit, nisi qui hoc divina prædestinatione ad vitam æternam promeruit. Nosse enim Christi nomen, ad custodiam mandatorum pertinet; accipere vero, ad gratiam divinæ prædestinationis refertur.

VERS. 18. — *Et angelo Thyatiræ Ecclesiæ scribe : Hæc dicit Filius Dei, qui habet oculos ut flammam ignis, et pedes ejus similes aurichalco.* (VERS. 19.) *Novi opera tua, et charitatem, et fidem, et ministerium, et patientiam, et opera tua novissima plura prioribus.* Hæc universali Ecclesiæ dicuntur, cujus Do-

C minus opera, charitatem et fidem novit, quia per electionis gratiam approbat. Sed hæc præpostere dicuntur ; primum enim est credere, dehinc quod credis amare ; postremum quod amor et credulitas compellat operari. Ministerium hoc loco vult intelligi impensam misericordiam extrema facultate. Sed quærendum est cur Ecclesiæ opera novissima plura prædicentur quam priora. Sciendum itaque quia primo ab apostolis quatuor tantum capitula gentibus ad Christum conversis servari præcepta sunt : videlicet ut abstinerent se ab immolatis et fornicatione, suffocato et sanguine. At cum processu temporis parva spatia devoluta fuissent, creverunt ad culmen perfectionis ; ita ut multi credentium cuncta mundi post-

D ponerent. Vel quia ab Antichristi persecutione amplior in ea virtus enitebit operationis. Quæ enim nunc ex gentibus sola laborat, tunc Judæos etiam ad fidem perducens duplo laborabit.

VERS. 20. — *Sed habeo adversus te quia permittis mulierem Jezabel, quæ se dicit prophetam, docere et seducere servos meos, fornicari, et manducare de idolothytis.* Hæc non illi conveniunt, quem superius tanta laude prosecutus est; sed specialiter ad malos prædicatores, qui sua negligentia fornicationem et idolatriam in Ecclesia sinunt. Non autem credendum est usque ad illud tempus Jezabel uxorem Achab in corpore mansisse, quam equorum ungulis novimus comminutam; sed quia erant tunc in illa qui coitus illius imitabantur, idcirco in eis ipsa mater fornicationum notabatur. Reprobi enim vitiorum parilitate conjuncti, unum antiqui hostis corpus efficiunt; sicut electi virtutum compagine unum Christi corpus de se reddunt. Fornicatio vero Jezabel quatrimoda est. Est enim delectationis, ut illud : *Qui viderit mulierem ad concupiscendum eam, jam mœchatus est eam in corde suo (Matth.* v, 28). Est et operis, unde Apostolus : *Fugite fornicationem, fratres (I Cor.* vi, 18). Est idololatriæ, juxta illud : *Mœchata est cum lapide et ligno (Jerem.* iii, 9). Est etiam avaritiæ, juxta illud : *Avaritia, quæ est idolorum servitus (Col.* iii, 5). Notandum quoque quod Jezabel prophetem se dicit, et idcirco Dei servos seducit. Cum igitur quilibet continenti dicit : Veni, fruamur concupitis, quia si hoc Deus fieri nollet, marem et feminam non crearet, quasi prophetando Dei militem seducere quærit. Jezabel itaque interpretatur sanguinis fluxus, aut fluens, vel sterquilinium. Sanguinis vero nomine peccata figurantur, juxta illud : *Libera me de sanguinibus (Psal.* l, 16). Mulierum autem in patiendo fluxum sanguinis ista consuetudo perhibetur, ut plurimorum dierum collectus humor sanguinis, cum menstruum tempus advenerit, superabundans egeratur. Sic universali Jezabel evenire probatur : diu enim congesta turpis delectatio, cum tempus advenerit, ad apertam operationis deformitatem prosilit. Deinde fit mens vehementius anxia, et ut cera ante faciem ignis pariter homo liquescit : unde recte fluens vocatur. Postremo et ipsa perpetratæ luxuriæ iteratione longe lateque malæ opinionis fetor emittitur. Unde consequenter Jezabel sterquilinium interpretatur.

Vers. 21. — *Et dedi illi tempus ut pœnitentiam ageret, et non vult pœnitere a fornicatione sua.* Hinc de quolibet reprobo per beatum Job dicitur : *Dedit ei Dominus locum pœnitentiæ, et ille abutitur eo in superbiam (Job.* xxiv, 23). Sed cum præcedenti versiculo torpentem prædicatorem pro fornicatione Jezabel redarguerit, cur non dicitur, dedit tibi, et illi, sed tantum *illi?* præsertim cum testetur Apostolus : quia non solum qui faciunt malum, sed etiam qui consentiunt facientibus, æterna sunt morte plectendi (*Rom.* I, 32). Sciendum ergo quia sermo Dei a specie ad genus transit, et in eo partem speciei reprobam quasi ex occulto impœnitentem redarguit, quam supra aperte increpaverat; quatenus una eademque species modo rea, modo digna appareat, cum et aperte negligens, et non aperte impœnitens redarguitur. Hoc autem idcirco, ne pars speciei quæ in sanctis prædicatoribus constat, illi quæ in reprobis est, videretur conjuncta. (Vers. 22.) *Ecce pono eam in lectum, et qui mœchantur cum ea in tribulatione maxima erunt, nisi pœnitentiam egerint ab operibus ejus.* (Vers. 23.) *Et filios ejus interficiam in mortem.* Jezabel ac mœchantes in ea et filii ejus unum sunt corpus Satanæ, quod in lecto ponitur non ut quiescat, sed ut phrenesim incurrat; lecti enim nomine audacia ac securitas delinquendi accipitur. A Deo autem poni dicitur, non quo ipse impellat, sed quo ab hac

securitatis deceptione flagellando non eripiat. Et quia incrementa vitiorum, quasi quædam supplicia sunt, bene ipse lectus tribulatio magna vocatur. Potest etiam per lectum, æternum supplicium designari. Unde mihi alter interpres pro lecto luctum posuisse videtur. *Et scient Ecclesiæ, quia ego sum scrutans renes et corda.* In renibus ipsam vult intelligi corporalis luxuriæ perpetratam nequitiam, quia humanæ conceptionis semen de lumbis egreditur virorum; cordium autem vocabulo spiritalis adulterii incentiva. Unde Psalmista : *Ure renes meos et cor meum (Psal.* xxv, 2). Sed nunquid prius quam Dominus idololatras et fornicatores in publicum prodat et trucidet, nescit hunc Ecclesia occultorum cognitorem esse? Aut quomodo Ecclesia dici potest, si hoc exitu rerum, et non potius fide cognoverit? Certa ergo fide tenendum est, quantum ad præsentis temporis qualitatem abdita eos morte puniri. Ut sit iste sensus : cum in abditis atque occultis reprobos condemno, etiam tunc cunctorum me acta cognoscere fideles non ambigunt. *Et dabo unicuique vestrum secundum opera sua.* Redit a specie ad genus. Hic autem quod exponi debeat amplius non est, sed quod magis timeri.

Vers. 24. — *Vobis dico cæteris qui Thyatiræ estis : qui non habent doctrinam hanc, qui non noverunt altitudinem Satanæ.* Hoc loco ad electos verbum recurrit. Altitudo autem Satanæ ruinosa illius superbia intelligenda est, qua primus contra Deum elatus tumuit; quam electi ignorare dicuntur, id est nullo consensu imitandam recipere; sicuti sacra Scriptura innuptas mulieres dicit non cognovisse viros, id est nequaquam fuisse expertas opera virorum in concubitis; et sicut hominem veracem dicimus ignorare mentiri. Quemadmodum dicunt; Non ponam super vos aliud pondus. Qui sunt illi qui dicunt, nisi populi Judæorum, qui super credentium humerum cæremonias veteris legis dicunt imponi? Unde Lucas evangelista : *Quidam descendentes a Judæa docebant fratres, quia nisi circumcidamini secundum morem Moysi, non potestis salvi fieri (Act.* xv, 1). (Vers. 25.) *Tamen id quod habetis tenete, donec veniam.* Id est onus leve ad quod vocati estis, gratiam scilicet Redemptoris abjicere nolite. Dicendo autem *donec veniam,* ostendit Ecclesiam usque ad restaurationis tempora sub gratia manere. (Vers. 26.) *Et qui vicerit, et qui custodierit opera mea usque in finem, dabo illi potestatem super gentes.* (Vers. 27.) *Et reget illas in virga ferrea; et tanquam vas figuli confringentur.* (Vers. 28.) *Sicut et ego accepi a Patre meo.* Hanc potestatem Filius a Patre, non in divinitate, sed in humanitate accepit, qua minor est a Patre: Unde illud : *Data est mihi omnis potestas in cœlo et in terra (Matth.* xxviii, 18); et quia electi membra ejus sunt, et ipsi hanc potestatem in capite suo accipiunt, juxta illud : *Quodcunque ligaveritis super terram, erit ligatum et in cœlo (Matth.* xviii, 18), et reliqua. Per virgam ferream regimen prædicatorum exprimitur. Virga enim ferrea rectitudinem sine mollitie habet. Sic et sancti praedicatores nec sibi nec aliis contra vitia parcere noverunt; sed in se et in aliis tantum justitiae tramitem dirigere student. Unde Christo dicitur : *Virga recta est virga regni tui* (Psal. XLIV, 7). Et apte credentes vasis fictilibus comparantur; vasa enim sunt portando thesaurum a saeculis absconditum; fictilia autem, quia carnis corruptione gravantur. Unde Apostolus : habemus thesaurum istum in vasis fictilibus *(II Cor.* IV, 7). Quod autem haec vasa tactu virgae confringi narrantur, pars vasorum debet intelligi quae adhuc dissipatur ut in melius reformetur. Hinc humani generis figulo dicitur : *Verte impios et non erunt* (Prov. XII, 7); subauditur impii, sed pii. Sed quid sibi vult quod praemittitur, *qui vicerit, et custodierit opera mea usque in finem?* Nunquid non regit credentes aliquis priusquam de diabolo triumphet perveniendo usque ad finem? aut forte postmodum reget? Quapropter sciendum quia futuro Dominus pro praeterito utens, per gratiam praedestinationis jam vicisse, jam opera sua usque ad finem custodisse designat, quibus se potestatem super gentes daturum pronuntiat; ac si diceret : illi bene regendi effectum ministrabo quem victorem et opera mea usque ad finem perseveraturum perspexero. Et hoc ideo, quia futura apud illum praesentia sunt. *Et dabo illi stellam matutinam.* In Scriptura sacra singulari numero stella matutina Christum significat. Unde inferius : *Ego sum stella matutina* ; plurali vero angelos. Matutinam ergo stellam Dominus vincentibus dabit, quando corpus humilitatis nostrae reformabit, scilicet quando omnes qui in monumentis audient vocem Filii Dei, et procedent : quos ad perfectum diem perducet, cum divinitatis suae claritatem illis ostendet.

CAPUT III.

VERS. 1. — *Et angelo Ecclesiae Sardis scribe : Haec dicit qui habet septem spiritus Dei et septem stellas : Scio opera tua, quia nomen habes quod vivas, sed mortuus es.* (VERS. 2.) *Esto vigilans, et confirma caetera quae moritura erant.* Aliter Dominus septem spiritus, aliter habet stellas. Habet enim septiformem Spiritum aequalem sibi in natura divinitatis : habet septiformem Ecclesiam subjectam sibi tanquam ancillam in ditione potestatis. Sed si sola fidei confessione sive in praedicatoribus, seu in quibusdam suis auditoribus, hunc angelum nomen habere quod vivat, operibus vero mortuum designat, quomodo eidem admonendo subinfert : *Esto vigilans, et confirma caetera quae moritura erant?* Sciendum itaque quia mortuum ex parte criminibus, ex parte vero bonis operibus vivum ostendit. Sed quomodo ex parte vivit, qui vel uno crimine mortuus est ? nisi quia si per poenitentiam a peccato surrexerit, nec illa bona quae mortuus gessit, post vivens amittit, quia cum illo et ipsa vivificantur; et ideo audit : *Esto vigilans, et confirma caetera quae moritura erant.* Id est si ea parte qua mortuus es reviviscis, caetera quae adhuc in te vivunt, ne moriantur, confirmas. Aliter, multi sunt intra sinum Ecclesiae, qui vitam ab omni crimine custodientes, vivi apud homines aestimantur : quia intentio recta non procedit, apud Deum mortui deputantur; quibus dicitur : *Esto vigilans, et confirma caetera quae moritura erant;* ac si diceretur : Si vis ut compago virtutum vivat, cave intentionem operationis, elatio vivet. *Non enim invenio opera tua plena coram Deo meo.* Id est quia caput elanguit intentionis, nequaquam plena vel pinguia vigent membra virtutum, sed macilenta ac pene mortua tabescunt.

VERS. 3. — *In mente ergo habe qualiter acceperis et audieris, et serva, et poenitentiam age.* Haec sententia ad utrumque redditur sensum. Audierat enim : Qui observaverit *totam legem,* offenderit *autem in uno, factus est omnium reus (Jacob.* II, 10) : item, *Si oculus tuus nequam est, totus corpus tenebrosum erit (Matth.* VI, 23). *Si autem non vigilaveris, veniam ad te tanquam fur, et non scies quando veniam.* Vigilare est a peccati somno per poenitentiae fletum ad justitiam exsurgere. Apta autem hic furis comparatio introducitur, qui dum improvidus advenit, dormientes quosque reperiens jugulat, et bona eorum depraedat : sic coelestis judex dum insperatus occurrit impoenitentes animadversionis sententia perimit, eorumque acta velut fortissimus praedo disperdit. (VERS. 4.) *Sed habeo pauca nomina in Sardis qui non inquinaverunt vestimenta sua, et ambulabunt mecum in albis quia digni sunt.* Illi vestimenta sua sordibus non intingunt, qui post baptismatis sacramentum mortale crimen non admittunt. Sed quia rari sunt, idcirco praemittitur, *pauca nomina.* Quo igitur, Domine, tecum ambulaturi sunt? Unde, et quo, nisi de te in te? Tecum enim quotidie ambulant, quia passionis tuae vestigia sequentes observant. Tu quippe praecedis exempla dando, illi haec eadem imitando sequuntur. *Digni* autem dicit, aut mundi, aut mea dignatione condigni. Sed nunquid desperandum est his qui post baptismum vitam coinquinant? Absit. Currant itaque ad sanguinem agni, non quo rursum aqua baptismatis in eo tinguantur, sed lacrymarum fonte a peccatorum maculis abluantur. Unde mox sequitur :

VERS. 5. — *Qui vicerit, sic vestietur albis.* Id est qui pro recipiendis vestibus cum inimico dimicans vicerit, ita rursus eisdem indutus splendebit, ut illi qui eas immaculatas servarunt. Potest hoc et infidelibus aptari, qui hortantur ut vincant, id est credant in Christum ; quia haec est victoria quae vincit mundum, fides nostra. *Et non delebo nomen ejus de libro vitae.* Magna nobis hoc loco oritur quaestio. Sic enim verba sonare videntur, ac si ejus qui non vincit nomen de libro deleatur, cum constet non alios nisi electos in coeli libro beatae praedestinationis stylo teneri ascriptos. Restat itaque ut secundum usitatam sacrae Scripturae locutionem intelligamus reproborum nomina de libro vitae deleri; id est per meritum reprobationis nequaquam scribi ; quemadmodum cor Pharaonis a Domino dicitur indurari. Liber autem iste est vis quædam divina, quæ electorum numerum certum ac definitum ante sæcula prædestinavit in gloria futurum. Dicatur ergo de victore : *Non delebo nomen ejus de libro vitæ;* ac si diceret : quem victorem futurum scio; nomen ejus jam scriptum in cœlis teneo. *Et confitebor nomen ejus coram Patre meo et angelis ejus.* Quid est Filio Dei victoris nomen coram Patre et angelis confiteri, nisi bonis operibus unitum sibi illum ostendere qui vicerit? quod tunc principaliter fiet cum electis dicturus est : *Venite, benedicti Patris mei (Matth.* xxv, 34), et reliqua.

Vers. 7. — *Et angelo Philadelphiæ Ecclesiæ scribe : Hæc dicit Sanctus et Verus, qui habet clavem David, qui aperit et nemo claudit, claudit et nemo aperit.* (Vers. 8.) *Ecce dedi coram te ostium apertum, quod nemo potest claudere.* Idcirco Dominus singulariter sanctus ac verus dicitur, quia ad ejus comparationem nullus est sanctus vel verax. Scriptum est enim : Nemo mundus a sorde. Et item : *omnis homo mendax* (Psal. cxv, 11). Clavem autem David incarnationem Redemptoris nostri accipimus, quam sumpsit ex semine David. Ostium quod eadem clavis aperit aut claudit, ipse est Christus ; juxta illud : *Ego sum ostium,* et cætera. *(Joan.* x, 9.) Sic enim clavis et ostium sicut in Evangelio pastor, et ostiarius simul et ostium vocatur. Ostium itaque apertum est Christus secundum carnem natus, et passus, ac die tertia suscitatus; apertum vero non incredulis, sed credentibus. Hoc ostium claudere nitebantur Judæi, cum cæsis apostolis nuntiarent ne in nomine Jesu loquerentur; sed quia illo aperiente nemo claudit, continuo responderunt : *Non possumus nos quæ audivimus non loqui* (Act. iv, 20). Hoc Asianis clausum apostoli aperire tentaverant; sed quia eo claudente nemo aperit, prohibuit eos spiritus Jesu. Potest et per *ostium apertum* Scriptura intelligi, per quam fidei gressibus ad Christum intramus. Aperit itaque ostium clave David, et nemo claudit, quia Scripturæ sacræ eloquia, quæ per gratiam incarnationis suæ electos spiritaliter intelligere facit, nullo Judæorum velamine in eorum cordibus adumbrare valet. E contrario Judæis non credentibus claudit, et a quoquam aperiri non potest. Hoc etiam moraliter discuti valet : *quia modicam habes virtutem, et servasti verbum meum, et non negasti nomen meum.* Hic non parva oritur quæstio; quomodo modicam habeat virtutem, qui verbum Dei servat, et nomen ejus non negat. Sciendum igitur quia juxta æstimationem humanæ infirmitatis dictum est, quia electi cum multa per Christum possunt, parum se posse præsumunt. Sic enim dicitur, *modicam habes virtutem,* tanquam diceretur, parvam te putas habere virtutem.

Vers. 9. — *Ecce dabo de synagoga Satanæ, qui se dicunt esse Judæos, et non sunt, sed mentiuntur. Ecce faciam illos ut veniant, et adorent ante pedes tuos, et scient quoniam ego dilexi te.* Hoc loco fides prædicitur Judæorum, juxta illud : *donec plenitudo gentium introeat, et sic omnis Israel fiat salvus (Rom.* xi, 25); qui nunc Judæos se esse dicunt, sed non sunt, quia nomen quod exterius secundum litteram gerunt, intus secundum spiritum amiserunt. Judæorum quippe nominis expressio, Christi est confessio. Elia autem et Enoch prædicantibus, ante pedes Ecclesiæ adoraturi venient, quia actionis ejus exempla imitando venerabuntur. (Vers. 10.) *Quoniam servasti verbum patientiæ,* et cætera. Verbum patientiæ est quod Dominus exemplo monstravit, cum in cruce positus pro persecutoribus oravit, et verbis docuit dicens : *In patientia vestra possidebitis animas vestras* (Luc. xxi, 19). Quod autem sequitur, *et ego te servabo ab hora tentationis quæ ventura est in orbem universum tentare habitantes in terra,* ad Antichristi tempora referendum est, sub quo tanta erit tribulatio, quanta non fuit ab initio sæculi. Dura quippe erunt corporum vulnera, sed graviora adversariorum jacula [*Cod.*, miracula]. Sed sancti a tentatione deceptionis reservabuntur, quia non provocabuntur ad Christi negationem. (Vers. 11.) *Venio cito, tene quod habes.* Cito se Dominus venturum dicit, ne quis in certamine deficeret. Cito enim fit omne quod transit. Tenere autem illum admonet cœlestis vitæ conversationem, et reddit causam, subjungens : *ut nemo alius accipiat coronam tuam.* In qua sententia electorum numerum certum ac definitum videmus complecti; stupenda prorsus consideratione intuentes, huic nec addi quemquam posse nec minui.

Vers. 12. — *Qui vicerit, faciam illum columnam in templo Dei mei.* Templum Dei Ecclesia est, juxta illud : *Templum Dei sanctum est quod estis vos* (*I Cor.* iii, 17). Et quia non solum prædicatores, sed et boni auditores, de antiquo hoste triumphant; atque in hoc versiculo omnis qui vicerit, columna in templo Dei fieri perhibetur, fateri cogimur hoc esse columnam quod templum, id est universalem Ecclesiam. In eo vero quod subditur : *et foras non egredietur amplius,* aperte ostenditur quia Ecclesia jampridem in juniore fratre ab unitate fidei et operationis, quam in prophetis sub lege tenuit, ad errorem perfidiæ et pravæ actionis transierat; sed occisione vituli saginati recepta est. Aliter, in Adam omnes exivimus tam Judæi quam gentes; sed introducti victores ad secundum Adam, columna templi Dei efficimur; quia per sanguinem ejusdem mediatoris nostri, antiqui hostis tentamenta superantes, illa mandatorum stabilitate in superna sanctorum gloria solidamur, quam in primo Adam amisisse probamur. Sed nequaquam amplius foras egredimur, quia nullis inimici suasionibus ab illa cœlestis patriæ communi felicitate avellemur. Et nota quia Deum se dicit habere, secundum humanitatem loquens. *Et scribam super illum nomen Dei mei, et nomen civitatis Dei mei novæ Hierusalem quæ descendit de cœlo a Deo meo, et nomen meum novum.* (Vers. 13.) *Qui habet aures, audiat quid Spiritus dicat Ecclesiis.* Nomen Patris supra vincentem scribi, est per adoptionem Spiritus Filium ejus effici. Quo enim stylo scribitur, nisi amborum gratia Spiritus? Unde Apostolus : *Ipse Spiritus testimonium reddit spiritui nostro quod sumus filii Dei (Rom.* viii, 16). Hierusalem vero, visio pacis interpretatur, quæ de cœlo a' Deo descendere perhibetur, quia electorum Ecclesia, quæ ad visionem supernæ pacis passibus amoris tendit, cum Domino, cujus corpus est, in uterum Virginis prædestinata descendit : vel quia cœlesti gratia quotidie ejus numerus augetur. Nova autem ideo vocatur, quia per baptismum et dilectionem terreni hominis vetustate exspoliatur, et cœlesti novitate vestitur. Unde est illud : *transierunt vetera, et ecce facta sunt omnia nova (II Cor.* v, 17). Hierusalem ergo nomen super victorem scribitur, cum sanctorum numero sociatur. Unde nobis hæc omnia sint, aperitur cum subditur, *et nomen meum novum*, subauditur, scribam ; illud scilicet quod eidem mediatori accessit ex tempore, id est Christus. Hinc nobis dignitas, hinc celsitudo provenit, hinc filii Dei, hinc nova Hierusalem, hinc Christiani vocamur. Igitur ubi totius summa salutis sonat, ibi tandem liber debitum finem accipiat.

LIBER TERTIUS.

Vers. 14. — *Et angelo Laodiciæ Ecclesiæ scribe : Hæc dicit : Amen, testis fidelis et verus, qui est principium creaturæ Dei.* Amen, verum interpretatur, quod ad illam Veritatem redigendum est quæ de se ipsa ait : *Ego sum veritas (Joan.* xiv, 6). Cum autem Dominus multos et fideles et veros habeat testes, apte singulariter ipse fidelis et verus dicitur, quia in ejus comparatione nullus est fidelis et verax : ille enim natura fidelis, et verax, et bonus est, nos vero ejus participatione. Quomodo vero solus Filius testis dicatur, cum tres sint qui testimonium dicunt, in primo libro jam dictum est. Principium denique creaturæ Dei Filius dicitur, quia ab illo habent cuncta existendi initium. Nam, sicut scriptum est : *Omnia per ipsum facta sunt (Joan.* i, 3). (Vers. 15.) *Scio opera tua, quia neque frigidus es, neque calidus. Utinam calidus esses, aut frigidus!* (Vers. 16.) *Sed quia tepidus es, et nec frigidus, nec calidus, incipiam te evomere ex ore meo.* Frigidi sunt quos aut Judæorum perfidia, aut error gentilium tenet astrictos, quoniam ille eos sua glacie constringit qui dixit : *Sedebo in lateribus aquilonis (Isa.* xiv, 13); e contra calidi sunt quorum corda auster, id est Spiritus sanctus adveniens calore fidei tangit, ut resoluta incredulitatis duritia, et amoris frigore, bonorum operum flagrantiam emanent. Tepidus autem et ex frigido solet fieri et ex calido, quia et alius a frigore iniquitatis conversus ad perfectum justitiæ fervorem non transit; et alius a calore justitiæ descendit ad torporis ignaviam. Omnes igitur experimento didicimus, quia frigidum quid vel calidum facile in corpus trajicitur; tepidum autem cum nausia ab ipso ore projicitur. Sic sic *(Ita cod.)* doctores facilius possunt infidelem ad fidem, aut perversum Christianum ad fervorem boni operis trahere, quam tepidum; ideoque deserunt eum, velut agricola infructuosam terram linquit, et illam excolit de qua jam spinas eruit et est fructuosa, vel illam quæ adhuc plena quidem est spinis, sed fructuosa futura prævidetur.

Vers. 17. — *Quia dicis quia dives sum, et locupletatus, et nullius egeo, et nescis quia tu es miser, et miserabilis, et pauper, et cæcus.* Quisquis pro rectæ fidei confessione se divitem jactat, nisi mala agere desistat, non dives, sed pauper est; quod quia tepidorum quilibet non intelligit, recte miser, et miserabilis, et pauper, et nudus et cæcus a Domino redarguitur; miser, quia semetipsum decipit ; miserabilis, quia non illud intelligit, quod se ipsum illudit ; pauper et nudus, quia veris virtutibus vacuus; sed pejus quia nec conscius, unde et merito cæcus. Sed quia divina pietas aliquos ex tepidis ad fervorem justitiæ vocat, recte subjungitur : (Vers. 18) *Suadeo tibi emere aurum ignitum probatum, ut locuples fias.* Per aurum hoc loco incarnata Dei sapientia intelligitur, de qua alibi dicitur : Accipite sapientiam sicut aurum. Et bene hoc aurum probatum et ignitum vocatur, quia Redemptor noster igne passionis examinatus est. Et est sensus : Si vis virtutibus dives existere, me imitandum assume, ut fias et ipse aurum igne excoctum. Et quod pro hoc auro pauper pretium dabit, nisi devotum petitionis affectum? Cui ad hæc subditur : *et vestimentis albis induaris, ut non appareat confusio nuditatis tuæ.* Ad operiendam nuditatis confusionem vestimentis albis induitur, qui aurum ignitum probatum mercatur, qui ad devitandum tepiditatis pudorem in novæ vitæ conversionem transfertur, qui novo cœlestique homini imitationis virtute inhærere meretur. *Et collyrio inunge oculos tuos, ut videas.* Ac si diceretur : Adhibe divina præcepta ad mentem cæcam, quatenus virtutum nuditatem quam pateris, videns operire festines. Nisi enim divina præcepta collyrium essent, Psalmista non diceret : *Præceptum Domini lucidum illuminans oculos (Psal.* xviii, 9). Potest per collyrium quod ex terra fit, et terræ pulverem ab oculis ejicit, assumpta pro nobis Redemptoris nostri temporalis egestas designari. Qui ergo cæcatos oculos pulvere habet, collyrium superimponat, ut lumen recipiat ; id est qui per terrena delectamenta defluit, temporalem Redemptoris sui egestatem ad mentem reducat, ut interioribus oculis contempletur futura sanctorum præmia.

Vers. 19. — *Ego quos amo, arguo et castigo.* Redargutio ad verba, castigatio pertinet ad flagella. In hac autem sententia amplius quod exponi debeat non est, sed quod libenter amplecti. Æmulare ergo, et pœnitentiam age. Ac si diceret : nisi temporaliter cum illis hic flagella susceperis, sine illis æternis cruciatibus subjacebis. (Vers. 20.) *Ecce sto ad os-*

tium, et pulso. Si quis audierit vocem meam, et aperuerit januam, intrabo ad illum, et coenabo cum illo, et ipse mecum. Status hic non corporalis, sed sine loco accipiendus est, quia quem Dominus inhabitat, non deserit ad alium transeundo. Ostium autem mentis aditum significat, quem aut per se sine socio inspirando Dominus pulsat : cujus vocem audit quisquis amore dilectionis præceptorum illius monita custodit. Et januam aperit cum ad videndum summum æternitatis bonum cor dilatat. Aperta denique janua, Dominus ad illum intrat, quia per internam dulcedinem desiderio animam æstuantem illustrat. Coenat igitur caput . . . . . quia faciendo voluntatem Patris quotidie . . . . . membra cum capite, quæ ut voluntatem Patris faciant, quotidie moriuntur cum illo; ut illud : *mortui enim estis*, et reliqua. (Vers. 21.) *Qui vicerit*, faciam illum *sedere in throno meo, sicut et ego vici, et sedeo cum Patre meo in throno ejus.* Vincens Dominus in throno Patris sedet, quia post passionem et resurrectionem æqualem se Patri esse indicavit. Et nos sedere dicit, quia judicii potestatem in Filii virtute percipimus; juxta illud : *Vos qui secuti estis me, sedebitis super thronos, et reliqua.* (*Matth.* xix, 28). Nec abhorret a vero quod alibi super duodecim thronos, hic vero in throno suo perhibet esse sessuros. Per thronos quippe duodecim, universale judicium; per thronum vero Filii, singulare culmen judiciariæ potestatis ostenditur. Hoc ergo duodecim thronis, quod uno throno Filii designatur. Sed quærendum est quomodo [*Cod., quando*] omnes victores judicare dicat, cum non omnes judicaturi sint, sed alii ex vincentibus judicabunt, alii judicabuntur? Sciendum igitur quia potestatem quam in se ipsis non habent, habebunt in aliis, sicuti totum hominis corpus potestatem habet loqui per os, videre per oculos. Sed si subtilius hanc sententiam intuemur qua dicitur, *sicut ego vici*, clariores in victoria atque excellentiores per eam designari invenimus.

CAPUT IV.

Vers. 1. — *Post hæc vidi, et ecce ostium apertum in coelo.* Recapitulata Redemptoris nativitate, quæ jam dicta fuerant sub aliis diversisque figuris; ac si quis unam rem diversis modis enarret, narrationes habebunt diversum tempus, non ipsa res quæ uno in tempore gesta est. Sed quærendum est, cum alii prophetæ per reges soliti sint manifestare quantum intervallum fuerit inter visionem et visionem, cur Joannes tempus prophetiæ non manifestat? Ob hoc scilicet, quia totum Ecclesiæ tempus ad illam continuatam resurrectionis diem docet referendum, de qua dicitur : *Beatus qui habet partem in resurrectione prima (Apoc.* xx, 6). Prima enim resurrectio, id est qua a morte peccati ad vitam justitiæ animæ resurgunt; toto nunc tempore agitur. Sed quibus oculis Joannes ostium hoc vidit? Nimirum quantum ad figuratam ostensionem, non carnis sed mentis; quantum vero ad ipsius rei veritatem, quæ jam Domino apparente in carne manifestata erat, non solum oculis carnis vidit, verum etiam manibus contrectavit. Per ostium autem apertum Christus designatur, nascendo, moriendo, resurgendo, cunctis jam fidelibus manifestatus; quod apte in coelo, id est in Ecclesia, videtur, quia Redemptor noster natus, et passus, suscitatus, atque ad coelos ascendisse in ea prædicatur et creditur. *Et vox prima quam audivi tanquam tubæ loquentis mecum dicens* : *Ascende huc.* Quo? nisi ad ostium et coelum, id est Christum et Ecclesiam? et quibus gressibus, nisi fidei? Et recte Joannes ad hoc a voce prima invitatur, quia unusquisque electorum, ut inoffenso credulitatis pede per Evangelium ad veræ fidei sacramenta pertingat, Veteris Testamenti doctrina, quæ novam præcedit, roboratur. Et recte hæc vox tubæ comparatur, quia ad bellum provocat spiritale. Unde est illud : *Quasi tuba exalta vocem tuam (Isa.* lviii, 1). In eo vero quod subditur : *ostendam tibi quæ oportet fieri post hæc*, non negat dum esse exaltationes Ecclesiæ, sed ostendit quod permaneant usque in finem sæculi.

Vers. 2. — *Et statim fui in spiritu.* Hoc si ad Joannem referatur, in extasim eum dicit assumptum ; si vero ad Ecclesiam, hoc dicto spiritalis ejus conversatio declaratur. *Et ecce sedes posita erat in coelo, et super sedem sedens.* Tam per coelum quam per sedem Ecclesia designatur; sic enim genus jungitur generi, ut non duo, sed unum intelligatur. Sedes ergo in coelo ponitur, cum ipsum coelum, id est Ecclesia, a Domino præsideri meretur. *Sedens autem super sedem*, nil aliud est quam filius hominis in medio candelabrorum aureorum apparens : nisi quod illic ambulat, id est dona tribuit; hic vero sedet, id est pro collatis muneribus judicium exercens singulos dijudicat. Nam quod per sedentem hoc loco Filius designetur, declaratur cum subditur : (Vers. 3) *Et qui sedebat similis erat aspectui lapidis jaspidis et sardini.* Per jaspidem, qui ex virenti specie constat, illa paradisi virentia pascua designantur. Et quæ sunt illa, nisi Christi divinitas, in qua omnia vivunt? Ut idem Joannes : Qui habet *Filium, habet vitam (Joan.* iii, 36). Per sardinum vero, qui terræ rubræ similitudinem habet, humanitas nostri Redemptoris exprimitur, quia veritas de terra orta est. Potest etiam per horum lapidum species Ecclesia designari. *Et iris erat in circuitu sedis, similis visionis smaragdinæ.* Per irin, quæ Græca Latinaque lingua arcus vocatur, reconciliatio mundi designatur per incarnati Verbi dispensationem facta. Sole quippe nubem illustrante iris apparuit, quia cum Patris Verbum , quod sol justitiæ est, humanam naturam suscipiendo irradiavit, ipsa humanitatis ejus susceptio, quæ a propheta *nubes* vocatur, reconciliatio facta est mundi. Cujus rei ipsa interpretatio nominis consonat. Si enim una littera addita irini (εἰρήνη), dicas pax a Græco in Latinum interpretatur. Cum solida sanctorum corda quæ nubes sunt vocata, illuminat, arcus speciem reddunt, quia orando Deum ad pietatem inflectuntur. Et apta figurarum connexio, quia inferius fulgora et tonitrua de throno tanquam de nube procedere narrantur. Igitur quia arcus duobus principaliter coloribus resplendet, aquæ scilicet et ignis, designatur vel baptismus aquæ et Spiritus sanctus; vel judicium præcedens per diluvium, ac subsequens per ignem. Ut per eum hoc loco repropitiata mundo divinitas apertius ostendatur, idcirco visioni smaragdinæ comparatur. Hic enim lapis viridissimi coloris est, qui divinitatis naturæ non inconvenienter aptatur.

Vers. 4. — *Et in circuitu sedis sedilia viginti quatuor, et super thronos viginti quatuor seniores sedentes.* Cum Dominus in Evangelio duodecim thronos commemoret, quid sibi vult quod Joannes viginti quatuor dicit? nisi quia propter geminum Testamentum numerus etiam duodecim tribuum duplicatur. Igitur quantum ad distinctionem utriusque Testamenti, viginti quatuor sunt throni, totidemque seniores; quantum vero ad unitatem et concordiam eorumdem, tantum duodecim. Sed nec debemus tantum carnaliter sapere, ut aliud æstimemus unam sedem, aliud viginti quatuor thronos. Nam quia singulariter ac principaliter universam Dominus judicabit Ecclesiam, idcirco seniores et throni una sedes esse dicuntur; quia vero sancti prædicatores utriusque Testamenti cum eodem subditas plebes examinabunt, consequenter in circuitu sedis super viginti quatuor thronos totidem sedent seniores. Quod autem de senioribus subditur : *circumamicti vestimentis albis, et in capitibus eorum coronæ aureæ;* ad omnem Ecclesiam pertinet, quæ vestimentis albis induitur, id est inviolatis baptismi sacramentis. Coronas aureas in capite habet, quia veraciter de mortis auctore triumphat. Aliter, potest per hunc numerum sancta Ecclesia figurari propter senariam perfectionem, quæ per quatuor Evangelii libros consummatur; vel certe quia Veteris Testamenti viginti quatuor utitur libris.

Vers. 5. — *Et de throno procedunt fulgora, et voces, et tonitrua.* Hic aperte ostenditur per thronum Ecclesiam figurari, cui hæc omnia conveniunt. In fulgoribus enim miraculorum signa accipimus. Unde Psalmista : *Illuxerunt fulgora tua orbi terræ* (*Psal.* LXXVI, 19). Per *voces* autem *et tonitrua* prædicatio veritatis exprimitur, sicut idem Psalmista dicit : *Vox tonitrui tui in rota* (*Ibid.*). Et nota quia quasi ex obliquo ab una figura ad aliam transiens, de sede hæc dicit procedere, cum non sedi, sed nubi conveniant. Ipsam ergo sedem nubem vult intelligi. Bene autem justorum Ecclesia per nubem figuratur, quia prædicatores ejus et verbis pluunt, et comminationibus tonant, et miraculis coruscant. *Et septem lampades ardentes ante thronum, quæ sunt septem spiritus Dei;* (Vers. 6) *et in conspectu sedis tanquam mare vitreum simile crystallo.* Apte Spiritus sanctus lampadibus comparatur, quia ad amorem Dei et proximi electorum animos accendit. Quid autem per mare vitreum, nisi baptismus figuratur? Et quare vitreum, nisi quia fides per eum transeuntium tropica locutione demonstratur? Ab efficiente scilicet illud quod efficitur. Sicut enim in vitro nihil aliud videtur exterius, quam quod gestatur interius ; ita Ecclesiæ fides intus simplex est credulitate, et foris verax ostenditur confessione. Sed ne fragile putaretur ut vitrum, additum est *simile crystallo.* Sicut enim glacies hiemali frigore pressa post multos annos in similitudinem lapidis obdurata crystallum efficitur, ita fides sanctorum inter pressuras per incrementa temporum solidatur. *Et in medio sedis et in circuitu sedis quatuor animalia plena oculis, ante et retro.* Nulli dubium est quin per hæc quatuor animalia quatuor figurentur evangelistæ. Sed si in medio sedis, quomodo in circuitu sedis esse perhibentur? præsertim cum in medio sedis Dominum, et in circuitu sedis viginti quatuor seniores sedere jam dictum sit. Quapropter sciendum quia in Domino animalia, et in animalibus Dominus; et rursus in senioribus animalia, et in animalibus seniores inveniuntur. Potest et quatuor animalium specie designari generaliter Ecclesia. Plena itaque sunt animalia oculis, quia quot sunt sacrarum Scripturarum eloquia, tot sunt electorum spiritalia lumina, quibus ad fidem illuminantur. Ante autem et retro sunt oculi, quia Veteris et Novi Testamenti sacramenta in se continent. *Ante* enim hoc loco pro præterito ponitur. Aliter, ante et retro habent oculos, quia quædam impleta, et quædam implenda denuntiant; vel quia præterita peccata plangunt, et futura cavent.

Vers. 7. — *Et animal primum simile leoni, et secundum animal simile vitulo, et tertium animal habens faciem quasi hominis, et quartum animal simile aquilæ volanti.* Quærendum est quare Joannes primum animal leoni simile dixerit, cum Ezechiel hominis speciem primo animali inesse perhibeat. Igitur aut ordo historicus mutatus est, quem mystica Scripturarum eloquia non semper servant; vel quia non propter nativitatem, aut passionem crediderunt in Christum homines, sed propter resurrectionem, quæ in leone figuratur, ejus speciem primam posuit. Denique quia ab humana generatione cœpit, recte per hominem Matthæus; quia a clamore in deserto, recte per leonem Marcus; quia a sacrificio exorsus, bene per vitulum Lucas; qui vero a divinitate cœpit, digne per aquilam Joannes. Possunt et hæc ad Christum referri, et ad cuncta membra ejus. Sed hæc brevitatis causa dixisse sufficiat. (Vers. 8.) *Et quatuor animalia, singula eorum habebant senas alas.* In alis quatuor animalium, duorum Testamentorum eloquia accipimus. Cum ergo duæ sint hæ alæ, propter geminatum tamen duodenarium numerum, qui in tribubus Israel et in apostolis invenitur, duodecies multiplicantur, et viginti quatuor de se reddunt. Sic etiam propter Trinitatis notitiam, quam toto orbi diffundunt, ter multiplicantur, et sex in solidum apparent. Aliter, possunt per sex alas sex leges intelligi. Prima naturalis, secunda Moysi, tertia prophetarum, quarta gratiæ, quinta apostolorum, sexta synodorum, quibus Ecclesia volat ad cœlum. *Et in circuitu, et intus plena sunt oculis.* Animalia *et in circuitu, et intus plena oculis sunt*, quia sancta Ecclesia prædicationis lumen ostendit credentibus, infidelibus claudit : vel quia sancti prædicatores parvulorum mentibus tanquam foris per solam historiam, et perfectorum quasi intus per allegoriam iter fidei et sanctitatis ostendunt; vel quia indesinenter conspiciunt ut foris bona exempla fratribus præbeant, et intus recta intentione persistant.

Et requiem non habent die ac nocte dicentia : Sanctus, sanctus, sanctus, Dominus Deus omnipotens, qui est, et qui erat, et qui venturus est. Requiem non habent, id est a clamore non cessant. Unde claret quod animalia quatuor totam Ecclesiam designant : quia non soli evangelistæ, sed et omnes fideles die ac nocte, id est in prosperis et in adversis, Deum laudare non cessant. In eo autem quod ter dicunt *sanctus*, tres personas designant. Dicendo vero, *Dominus Deus omnipotens*, unius substantiæ Deum in his tribus ostendunt. Sed quomodo Trinitati congruere potest quod in præfata laude dicitur, *qui venturus est*, cum solus Filius ad judicandum in humanitate venturus sit? Sciendum igitur quia invisibilis Trinitas per assumptam Filii personam justos et peccatores examinabit. Veniet autem non de loco ad locum transeundo, sed per susceptam hominis formam, quæ de cœlo ad inferiora descendet, manifestam potentiam ostendendo. Potest et hoc loco præsens divinitatis adventus, quo sancti ejus quotidie illustrantur, intelligi. (VERS. 9.) *Et cum darent illa animalia gloriam, et honorem, et benedictionem sedenti super thronum viventi in sæcula sæculorum;* (VERS. 10) *procidebant viginti quatuor seniores, et adorabant viventem in sæcula sæculorum.* Hic animalia non jam genus, sed speciem signant, id est evangelistas. At vero per viginti quatuor seniores universalis Ecclesia in prælatis et subjectis exprimitur. Dant ergo animalia gloriam et honorem sedenti super thronum, cum sancti evangelistæ docent pro omnibus bonis laudandum; ut est illud : *datum optimum*, et reliqua. Illis ita dicentibus, viginti quatuor seniores, id est omnes sancti, cadunt, humilia de se sentiendo. Ubi autem cadunt, ibi adorant; quia unde sibi nihil tribuunt, inde Deum honorant. Casus autem et adoratio spiritalis intelligenda est, juxta illud : *Deus spiritus est, et eos qui adorant eum, in spiritu et veritate oportet adorare (Joan.* IV, 24). *Et mittebant coronas suas ante thronum, dicentes*, et reliqua. Hoc ipsum repetit. Seniores enim ante thronum coronas suas ponere, est electos pia mentis confessione ante conscientias suas, quibus Deus præsidet, de acceptis virtutibus tumorem superbiæ deponere, et præsidenti sibi cuncta tribuere; unde et dicunt : (VERS. 11) *Dignus es, Domine Deus noster, accipere gloriam, et honorem, et virtutem.* Ac si dicant : Tibi principaliter ista conveniunt, a quo et per quem et in quo est gloria et honor et virtus sanctorum. Sed quid est quod sequitur : *quia tu creasti omnia, et propter voluntatem tuam erant, et creata sunt?* Si enim creata sunt, quomodo antequam crearentur, erant? Sciendum ergo quia erant in prædestinatione, priusquam fierent in opere.

CAPUT V.

VERS. 1. — *Et vidi in dextera sedentis* super *thronum librum scriptum intus et foris.* Per sedentem in throno, Patris persona ostenditur : per dexteram vero sedentis, ejusdem Patris Filius per quem facta sunt omnia, et de quo paterna voce dicitur : Tollam in cœlum manum meam, et jurabo per dexteram meam. Liber autem scriptus *intus et foris*, utrumque Testamentum, Vetus scilicet et Novum, continere videtur; et Vetus quidem juxta litteram foris patebat, sed juxta mysticum intellectum intus Novum occultabat. Sive intus liber scriptus ostenditur allegoria, foris historia. Idcirco autem Vetus et Novum Testamentum unus liber dicitur, quia nec Novum a Veteri, nec rursum Vetus a Novo valet distingui. Et recte in dextera liber esse dicitur, quia principalis divinarum *Scripturarum* intentio ad dispensationem nostri Redemptoris refertur. *Signatum sigillis septem.* Septenarius numerus universitatem sæpe designat. Septem autem sigillis liber signatus esse perhibetur, quia dispensatio Domini Salvatoris antequam revelata in plenitudine temporum fuisset, in divinis voluminibus omnifaria mysteriorum latentium plenitudine abscondebatur. Si alicui iste intellectus non sufficit, noverit, in septem sigillis septem modos verborum comprehendi. Indicativum, ut illud quod quærenti prophetæ dicitur : *Ego Dominus* qui *loquor justitiam* (Isa. XLV, 19). Pronuntiativum, ut illud : *Audi me Jacob et Israel quem ego voco, et reliqua.* (*Isa.* XLVIII, 12.) Imperativum, ut illud : *Clama, ne cesses* (Isa. LVIII, 1). Optativum, juxta illud : *Utinam attendisses mandata mea* (Isa. XLVIII, 1)! Conjunctivum, ut illud : *Si custodieritis pactum meum, eritis mihi in peculium* (*Exod.* XIX, 5). Infinitivum, ut illud : Continere a malo intelligentia est. Impersonale, ut est : *Quis loquetur potentias Domini* (*Psal.* CV, 2)?

VERS. 2. — *Et vidi angelum fortem prædicantem voce magna : Quis dignus est aperire librum, et solvere signacula ejus?* Per angelum fortem præco legis debet intelligi; labia enim sacerdotis custodiunt scientiam, et legem requirunt ex ore ejus, quoniam angelus Domini exercituum est. Quid est autem requirere, quis dignus sit solvere librum, nisi anxie Christum desiderare? qui possit in se ostendere legem esse impletam et revelatam, quatenus non jam carnaliter, sed spiritaliter debeat servari et intelligi. Et recte prius liber aperitur, deinde septem ejus signacula solvuntur, quia ante in Christo divinæ legis præconia impleta sunt, deinde in toto corpore quadam ratione, sicut declarat singulorum apertio sigillorum. Et quia necdum Christus advenerat, recte subjungitur : (VERS. 3) *Et nemo poterat neque in cœlo,* scilicet angelus; *neque in terra*, id est homo; *neque sub terra*, id est anima, *aperire librum, neque respicere illum.* Nam nullus horum humanæ salutis dispensationem perficere poterat. Sed, beate Joannes, quomodo nemo potuit respicere librum, cum tu ipse dicas : Vidi librum in dextera Dei? forte nec in cœlo, nec in terra, nec sub terra fuisti? Ne ergo contrarium sit, respicere pro comprehendere accipiendum est. Quis enim comprehendere sufficit, quomodo incarnatur sine semine Deus? Quomodo clauso exiit utero virginis homo Deus? Quomodo Dominus gloriæ crucifigatur, cum sola caro moriatur?

VERS. 4. — *Et ego flebam multum, quoniam nemo dignus inventus est aperire librum, nec videre eum.* Nequaquam Joannes in sua persona flevisse creditur, qui post hujus libri apertionem ista scribebat, sed in ejus Ecclesiæ quæ ante adventum Christi fuit, quæ gravata oneribus peccatorum, mediatoris sui præsentiam anxia quærebat. In cujus etiam persona David dicit : *Fuerunt mihi lacrymæ meæ panes die ac nocte, dum dicitur mihi quotidie : Ubi est Deus tuus* (Psal. XLI, 4)? Cui consolatio dirigitur in eo quod subditur : (VERS. 5) *Et unus de senioribus dicit mihi, Ne fleveris. Ecce vicit leo de tribu Juda, radix David, aperire librum, et solvere signacula ejus.* Per unum seniorem ordo intelligitur prophetarum, quorum oraculis consolabatur Ecclesia ; juxta illud : *Non auferetur sceptrum de Juda; nec dux de femoribus ejus, donec veniat qui mittendus est.* Et nota quod hic Christus leo dicitur, quia diabolum vicit : in sequenti versu agnus, quia semetipsum offerens mundum redemit. *Radix autem David,* id est genus et filius David. Notandum præterea quia dicendo *vicit,* præteritum pro futuro posuit; juxta illud : *Foderunt manus meas, et reliqua.* (Psal. XXI, 17.)

VERS. 6. — *Et vidi, et ecce in medio throni et quatuor animalium, et in medio seniorum agnum stantem quasi occisum, habentem cornua septem, et oculos septem, qui sunt septem spiritus Dei missi in omnem terram.* Ut jam dictum est, thronus, et animalia, et seniores Ecclesiam significant; in cujus medio agnus stat, juxta illud : *Nurrabo nomen tuum fratribus meis, in medio ecclesiæ laudabo te* (Psal. XXI, 25). Non autem contrarium est quod alibi legimus : *Dominus in circuitu populi sui* (Psal. CXXIV, 2), quia et in medio præsidens regit et judicat, et in circuitu ambiens protegit et defendit. Sed quare hic stare, superius autem sedere legitur? nisi quia ibi examen et regnum, hic autem auxilium ostenditur. Sedere enim regnantis est et judicantis, stare vero adjuvantis. Et nota quod non occisus, sed tanquam occisus cernitur; quia etsi crucifixus est ex infirmitate, vivit tamen ex virtute Dei. Aliter, toties non occiditur, sed quasi occiditur Christus, quoties membra ejus aut se sponte mortificant, aut persecutiones tolerant, ut in se impleant ea quæ desunt passionum Christi. Per septem cornua, ut ipse exposuit, septiformis sancti Spiritus operatio designatur, quæ non solum in capite quievisse, sed etiam totum corpus illustrasse probatur : unde hoc loco septem spiritus Dei in omnem terram missi narrantur. Hæc autem septiformis operatio, quæ propter regnum et fortitudinem figuratur, recte propter illuminationem Ecclesiæ etiam per oculos designatur. Aliter, possunt per cornua, quæ carnem excedunt, eminentiores in Ecclesia intelligi, quibus dicitur : *Vos in carne non estis, sed in spiritu* (Rom. VIII, 9).

(VERS. 7.) *Et venit et accepit librum de dextra sedentis in throno.* Idem est dextera sedentis in throno, qui et agnus tanquam occisus in medio throni; quia Dei Filius, per quem creatus est mundus, et hominis filius, per quem redemptus est, non duo, sed unus est Christus. Quamobrem agnus, id est hominis filius a seipso, id est a sua divinitate, accepit librum, id est humanæ salutis dispensationem, cui omnes Scripturarum paginæ attestantur.

VERS. 8. — *Et cum aperuisset librum, quatuor animalia et viginti quatuor seniores ceciderunt coram agno habentes singuli citharas, ac phialas aureas plenas odoramentorum, quæ sunt orationes sanctorum.* Tunc agnus librum aperuit, cum opus voluntariæ passionis implevit. Quid vero est animalia et seniores citharas habere, nisi electorum Ecclesiam ea quæ desunt pressurarum Christi implere ? Apte autem per citharas passiones Christi figurantur In cithara enim aliæ fortius, aliæ chordæ lenius tenduntur ; sed tamen dissimiliter tensæ, nequaquam dissimile canticum reddunt. Sic sic diversa in Christi corpore membra passiones ejus alia plenius, alia minus, imitantur ; sed unam concordiæ resonant laudem. Cum citharis ergo animalia et seniores ante agnum cadunt, quia omnes sancti quidquid pro Christo patiuntur, Christo, non sibi, ascribunt. Per phialas aureas charitas intelligitur ; quæ non solum pro amicis, verum etiam pro inimicis novit exorare : unde plenæ fuisse memorantur. Et bene post citharas phialæ ponuntur, quia prius Dominus patibulum crucis subiit, et sic pro persecutoribus incomparabili charitate oravit dicens : *Pater, dimitte illis,* et reliqua. (Marc. XXIII, 34.) (VERS. 9.) *Et cantabant canticum novum dicentes : Dignus es, Domine Deus noster, accipere librum,* et cætera. Cantavit Christus canticum novum, verbis prædicando, et factis imitando. Quid est autem dicere, *Dignus es, Domine Deus noster, accipere librum, et aperire signacula ejus, quoniam occisus es, et redemisti nos Deo in sanguine tuo ex omni tribu, et lingua, et populo, et natione,* nisi ad comparationem nostrarum victoriarum tua sola judicatur victoria, qua nos de mortis principe et maledicto legis sumus redempti? In eo vero quod quatuor animalia, et viginti quatuor seniores, ex omni tribu, et lingua, et natione redemptos se dicunt, aperte ostenditur per eos universalem Ecclesiam designari. (VERS. 10.) *Et fecisti nos Deo nostro regnum et sacerdotes et regnabimus super terram.* Reges sunt electi, dum corpora sua frenando, quasi super subjectam terram lege virtutis regnant : unde et super terram regnum accepisse confirmant. Sacerdotes sunt, quia seipsos quotidie castigando, Deo offerunt, juxta illud : *Sacrificium Deo spiritus contribulatus* (Psal. L, 19).

VERS. 11. — *Et vidi, et audivi vocem angelorum multorum in circuitu throni, et animalium, et seniorum.* In eo quod se vocem audisse dicit, qualis hæc visio fuerit ostendit. Visus enim ille audit, et audi- tus videt. Sed si in circuitu sedis, ut jam dictum est, animalia sunt et seniores, quomodo in circuitu ejusdem angelus, nisi quia eadem animalia et seniores angeli sunt? De quibus dicitur : *Angeli pacis amare flebunt* (*Isa.* XXXIII, 7). Licet cœlestis quoque militia angelorum nomine possit intelligi; sive tamen de his, sive de illis innumerabilis ostenditur multitudo cum subditur : *Et erat numerus eorum millia millium,* (VERS. 12) *dicentium voce magna : Dignus est Agnus qui occisus est accipere virtutem, et divinitatem, et sapientiam, et fortitudinem, et honorem, et gloriam, et benedictionem,* (VERS. 13) *et omnem creaturam, quæ in cœlo est, et super terram, et sub terra, et mari, et quæ in eo sunt.* Mare, et quæ in eo sunt, præsens sæculum designat. *Omnes audivi dicentes : Sedenti in throno et Agno, benedictio, et honor, et gloria, et potestas in sæcula sæculorum.* Dicendo omnes, illos repetit ex quibus superius totam Ecclesiam constare dixit; id est animalia, et seniores, et angelos. In sedente vero et Agno, id est in Patre et Filio, secundum jam dictam regulam, etiam Spiritus sanctus intelligitur. *Et quatuor animalia dicunt : Amen. Et viginti quatuor seniores ceciderunt, et adoraverunt viventem in sæcula sæculorum.* Quia animalia et seniores unum sunt, id est una Ecclesia, cum senioribus animalia cadunt et adorant, et ipsas laudes seniores cum animalibus veras esse asserunt, sermone confirmationis respondentes, amen. Casus autem et adoratio, ut jam dictum est, spiritalis accipi debet. Ne itaque longo progressu ultra modum lassemur, hunc librum isto fine claudamus.

LIBER QUARTUS

CAPUT VI.

VERS. 1. — *Et cum aperuisset Agnus unum ex septem sigillis, audivi unum ex quatuor animalibus dicens tanquam vocem tonitrui magni : Veni, et vide.* Apertio sigilli, revelatio est sacramenti. Verum quia non unum, sed multa sunt sacramenta, et de singulis longum est tractare, possunt universa in his tribus modis comprehendi, id est locutionis, cognitionis, et actionis. Locutio omnia præcepta in se concludit. Cognitio regulariter adhibita intelligentiæ formas insinuat. Actio vero utrisque concordat. Aperto vero uno ex septem sigillis, unum ex quatuor animalibus in modum tonitrui magni Joannem invitat, ut veniat, et videat; quia manifestata veritate præcedens in apostolis Ecclesia subsequentem ad fidem provocat. (VERS. 2.) *Et ecce equus albus, et qui sedebat super eum habebat arcum.* Per equum album Christi humanitas designatur sine peccati offuscatione, quam Verbum Patris singulariter voluit præsidere; sive omnes electi. Per arcum vero Vetus et Novum Testamentum exprimitur, ex quo tot prodeunt jacula, quot sunt Testamentorum eloquia. De hoc arcu eidem sessori dicitur : *tendens et extendens arcum tuum super sceptra.* Quod vero sequitur : *et data est illi corona,* non solum ad caput, sed etiam ad corpus refertur. *Et exiit vincens ut vinceret.* Unde exiit nisi ex aperto sigillo ? Nam ex revelato Scripturarum sacramento, ipsa sacramenti veritas manifeste apparuit. *Exiit* autem *vincens,* primum caput, ut post in corpore vinceret quotidie diaboli tentamenta, et malorum hominum persecutiones.

VERS. 3. — *Et cum aperuisset sigillum secundum, audivi secundum animal dicens : Veni, et vide.* Quid est quod in causa dissimili similis fit admonitio ? nisi quia sicut ibi lætitia de peracta victoria, sic etiam hic sollicitudo de futuro certamine ministratur. (VERS. 4.) *Et exivit alius equus rufus, et qui sedebat super eum, datum est ei ut sumeret pacem de terra. Equus rufus antiqui hostis est corpus* ; omnes scilicet reprobi animarum interfectione sanguinei. Et quidem sessor electorum dicit : *Pacem meam do vobis* (*Joan.* XIV, 27) ; sessor vero reproborum pacem sumit de terra, quia ille concordiæ auctor est, iste vero discordiæ. Et nota quod non de cœlo, sed de terra, id est terrena quærentibus, pacem aufert. *Et invicem se interficiant.* In hac sententia non carnalis sed spiritalis interfectio debet intelligi. Unde autem se reprobi interficiant, aperitur cum de Judæorum principe subditur : *et datus est illi gladius magnus,* id est spiritalis, et malignus, quo non corpora, sed animæ reproborum jugulantur. Hunc gladium diabolus duobus modis exercet; cum aut per se spiritali locutione interius decipit, aut per carnalium suorum linguam exterius pulsans ad occisionem animæ pertingit. Hæc autem omnia illi data dicuntur, id est Deo justo cuncta disponente permissa.

VERS. 5. — *Et cum aperuisset sigillum tertium, audivi tertium animal dicens : Veni, et vide. Et ecce equus niger, et qui sedebat super eum habebat stateram in manu sua.* In hujus equi nigredine illa malorum esuries designatur, qua Christi corpus inhianter devorare; et in malitiæ suæ ventrem trajicere concupiscunt : quorum sessor habet stateram in manu sua, quia temporalibus stipendiis bonorum vitam mercari quærit, ut suam suorumque esuriem satiare possit. Hanc stateram in manu tenuit quando unum ad manducandum obtulit pomum, et totum ad perdendum mercatus est mundum. Nam sciendum quia diabolus prius audiendi verbum Dei alimentum subtrahit, ut spiritalis cibi inedia affectos in augmentum sui corporis facilius sumat. Unde per prophetam Dominus dicit : *Ecce ego mittam famem in terram; non famem panis, neque sitim aquæ, sed audiendi verbum Dei* (*Amos,* VIII, 11). Hoc enim Dominus agit deserendo, diabolus invadendo. Sed quomodo possunt pati hanc famem qui sunt frumentum Dei, vinum et oleum ? Imo patiantur hanc paleæ, vinacia, et amurca; et ipsi occurrant ad stateram nullo pretio digni; non illi qui Christi sunt sanguine redempti. Unde mox subditur :

Vers. 6. — *Et audivi tanquam vocem in medio quatuor animalium dicentem : Bilibris tritici denario uno, et tres bilibres hordei denario uno, et vinum et oleum ne læseris.* Tunc in medio quatuor animalium, id est in medio Ecclesiæ, hæc vox sonuit, quando adunatis in fide gentibus, divina potentia diabolum ab electorum læsione compescuit; ac si ei per irrisionem diceretur : frumentum et hordeum, vinum et oleum ablato denario sessor equi albi prælegit et comparavit; paleas autem, vinacia, et amurcam, tibi reliquit. Una igitur bilibris, quæ fit ex duobus sextariis, Ecclesia est ex duobus Testamentis in Dei proximique dilectione consistens. Sed in hoc loco unam Ecclesiam in sanctis prædicatoribus, vel magnarum virtutum viris, non generaliter in cunctis intelligere debemus. Non enim sine causa hic post frumentum, hordeum ponitur. Designet itaque una bilibris tritici ex duobus, populus novos Ecclesiæ prædicatores, et eminentiores virtutibus viros, qui tribulationum molendino confracti, et persecutionum igne decocti, panis pulcher Christi et candidus fieri meruerunt. Designent tres bilibres hordei subjectorum et infirmantium vitam, ex utroque populo venientium. Et nota quia unum et pretium tritici et hordei, quoniam etsi dispar est sanctorum labor, uno tamen sunt pretio empti, et unum sunt post laborem denarium accepturi. Notandum præterea quia eadem sententia repetitur cum subditur : *vinum et oleum ne læseris.* Quomodo [Cod., quando] enim Ecclesiæ vinum et oleum non est, quæ in pressurarum torculari ut uva calcatur, et in angustiarum prelo ut oliva contusa liquatur?

Vers. 7.—*Et cum aperuisset sigillum quartum, audivi vocem quarti animalis dicentis : Veni et vide:* (Vers. 8) *Et ecce equus pallidus, et qui sedebat super, nomen illi Mors, et infernus sequebatur eum.* Ipsi designantur per equum pallidum qui et per rufum, quorum unus spiritalis mors in ipsius equi pallore figuratur. Supra quos bene mors, id est diabolus, contra vivos pugnaturus sedere dicitur; quia per officium eorum, quos jam spiritaliter occidit, electorum vitam exstinguere quærit. Infernus illi dicuntur, in quibus habitat mors. Infernus ergo sequitur mortem, quia mali imitantur diabolum. Possunt et specialiter per equum pallidum hæretici intelligi. *Et data est illi potestas super quatuor partes terræ, interficere gladio, fame, et morte, et bestiis terræ.* Duæ sunt in hoc mundo partes, id est Christi et diaboli; sed Christi pars non est divisa; juxta illud : *Una est columba mea* (Cant. vi, 8). Pars vero diaboli in quatuor dividitur partes, in paganos, Judæos, hæreticos, et malos catholicos. Tot igitur sunt plagæ quot diaboli partes. Sed quomodo gladio, et fame, et morte interficiat, jam dictum est. Per bestias autem designantur efferati motus animorum. Bestiis ergo hostis noster reproborum animas interimit; quia dum divinorum præceptorum caveis carnales animi motus non retinentur, efferati ut ita dixerim impulsu diabolicæ suggestionis per abrupta quæcue miserorum vitam præcipitant.

Vers. 9. — *Et cum aperuisset sigillum quintum, vidi subtus altare Dei animas occisorum propter verbum Dei, et testimonium quod habebant.* In occisorum animabus omnium electorum animas intelligimus, qui sive corporalibus sive spiritalibus a reprobis impugnationibus angustantur. Martyrum enim duo sunt genera, unum in aperto, alterum in occulto. Per altare vero Christus intelligitur : in quo Deo Patri sacrificia nostra offerimus, cum unigenitum ejus Filium imitantes, hostia viva in conspectu illius apparemus. Sub altare igitur animæ occisorum sunt, quia mediatori nostro subsunt. Si vero per altare ipsi electi intelligantur, sub se sunt ; quia necdum corporis immortalitate vestiti sunt. (Vers. 10.) *Et clamabant voce magna dicentes : Usquequo, Domine (sanctus et verus), non vindicas sanguinem nostrum de his qui habitant in terra?* Quid est animas sanctorum vindictam sanguinis de persecutionibus exposcere, nisi diem extremi judicii præstolari? Non autem per organum gutturis folle ventris attracto animarum verba formantur ; sed magnus earum clamor magnum est desiderium. Sed cum aliter moveri soleat mens quæ petit , aliter quæ petitur, et sanctorum animæ ita Deo inhæreant ut inhærendo quiescant; quomodo dicuntur petere, quas et voluntatem Dei certum est, et ea quæ futura sunt, non ignorare? Sciendum ergo quia in ipso positæ ab ipso petere aliquid dicuntur, non quia vindictam desiderent quod ab ejus quem cernunt voluntate discordet ; sed de se ipso accipiunt, ut ab ipso petant quod eum facere velle noverunt. (Vers. 11.) *Et datæ sunt illis singulæ stolæ albæ, et dictum est illis ut requiescerent modicum adhuc tempus, donec compleatur numerus conservorum et fratrum eorum qui interficiendi sunt sicut et illi.* Quid per stolas albas, nisi præmium martyrum? Ante resurrectionem quippe stolas singulas accepisse perhibentur electi, quia in sola adhuc anima æterna beatitudine perfruuntur. Et nota quia animarum vox est hoc quod amantes desiderant ; respondere Dei est ut collectionem fratrum exspectare debeant, eorum mentibus exspectandi moras libenter infundere. Optant ergo corporum resurrectionem ; sed audiunt ut libenter exspectent fratrum collectionem.

Vers. 12. — *Et vidi cum aperuisset sigillum sextum, terræmotus factus est magnus; et sol factus est niger tanquam saccus cilicinus ; et luna facta est sicut sanguis.* Per terræmotum, ultima sub Antichristo persecutio debet intelligi. Magnus autem dicitur, quia, juxta Domini vocem, erit tunc tribulatio, qualis nunquam fuit, sed nec fiet. Sol autem Christus est, juxta illud : *Vobis qui timetis Deum orietur sol justitiæ* (Malach. iv, 2), qui novissimis obscurabitur, cum hi qui quasi in Christi corpore lucere videbantur, ad aperti erroris tenebras devolventur. Potest et per solem fulgens vita prædicantium demonstrari. In extremo ergo tempore sol quasi saccus cilicinus erit, quia fulgens vita prædicantium ante reproborum oculos aspera et despecta monstrabitur. Cilicium quippe criminosis et peccatoribus congruit. Per lunam versam in sanguinem, agnoscimus sanctam Ecclesiam in electis cruore passionis infectam. Tota autem infecta dicitur, quia nullus illa novissima persecutione expers erit qui in fide mediatoris permanserit; unde Joel: *Sol*, inquit, *convertetur in tenebras, et luna in sanguinem, antequam veniat dies magnus et* manifestus *(Joel.* II, 31). (VERS. 13.) *Et stellæ cœli ceciderunt super terram, sicut ficus mittit grossos suos cum a vento magno movetur.* Cœlum est sanctorum Ecclesia, quæ in nocte vitæ præsentis, dum innumeras sanctorum vitas continet, quasi radiantibus desuper sideribus fulget. Stellas ergo de cœlo in terram cadere, est eos qui videntur sanctorum fidei vel operibus inhærere, ex amore terreno ad iniquitatem aperti erroris ruere. Hoc est etiam ficum grossos suos mittere: quasi enim arbor fici a magno vento movetur, cum extrema persecutione omnis Ecclesia concutitur. Porro alia translatio *acerbos* posuit.

VERS. 14. — *Et cœlum recessit ut liber involutus.* Sicut reprobi ab Ecclesia, non corpore sed transgressionibus cadunt, sic eadem Ecclesia in electis suis non abscessu corporis, sed fide et operatione de medio malorum recedit. Bene autem per librum Ecclesia designatur, quia totius vitæ cœlestis mandata in se continet, non in membranis tantum calamo, sed etiam in tabulis cordis carnalibus Dei spiritu scripta. Et nota quia involutus liber dicitur; sicut enim non videtur quid liber involutus contineat, nisi ab illis quibus voluntate aperitur; sic electorum Ecclesia persecutionis tempore intima sua et extraneis claudit, et suis discrete intus aperit.

Et omnis mons et insulæ de locis suis motæ sunt. Per montes præcelsæ dignitatis viros debemus intelligere, qui alios verbis et virtutibus transcendunt. De quibus dicitur: Levavi oculos meos ad montes *(Psal.* CXX, 1). Per insulas vero minoris justitiæ homines accipimus adhuc in tribulationibus fluctuantes. Quod ergo montes et insulæ de locis suis motæ dicuntur, ad superiorem sensum pertinet, quo sanctorum Ecclesia fide et opere a malorum recedit consortio. Quasi enim locus ejus erat permixta conversatio malorum. (VERS. 15.) *Et reges terræ, et principes, et tribuni, et divites, et fortes, et omnis servus, et liber, absconderunt se in speluncis, et in petris montium.* Reges sunt qui se ipsos bene regunt. Similiter et principes, qui non sicut reges, tamen ut possunt vitiis resistunt. Similiter tribuni jam minoris sunt potestatis, quam principes; verumtamen et ipsi, ut possunt, resistunt diabolo. Divites dicit virtutibus, non rebus; fortes quoque non corpore, sed animo. Hi igitur extrema persecutione nihil de suis virtutibus præsumentes in cavernis et in speluncis montium se abscondunt, quoniam sanctorum suffragia quærunt, qui recte montes vocantur, quia virtutibus alti terrena despiciunt. Recte petræ, quia fortes sunt robore; utique in Christo, qui est petra, roborati. Hinc Dominus in Evangelio dicit: *Tunc qui in Judæa sunt fugiant ad montes (Matth.* XXIV, 16). Et Salomon: *Lepusculus plebs invalida collocat in petra cubile* sibi *(Prov.* XXX, 26). Et Isaias: *Introibunt,* inquit, *in speluncas petrarum, et in voragines terræ, a facie fortitudinis Domini, et a gloria majestatis ejus, cum resurrexerit percutere terram (Isa.* II, 19). Quod etiam agendum admonet dicens: *Ingredere petram, abscondere fossa humo (Ibid.,* vers. 10). Possunt et per hæc supernæ virtutes intelligi; juxta quod in libro Job legitur: *In petris manet, et in præruptis silicibus commoratur* et *inaccessis rupibus (Job* XXXIX, 28). Quid vero sive ad angelos sive ad sanctos homines fugientes dicant, audiamus.

VERS. 16. — *Et dicunt montibus, Cadite super nos, et abscondite nos a facie sedentis super thronum, et ab ira Agni.* Ac si aperte dicant: Misericordia animum flectite, nosque piis interventionibus ab ira judicantis tegite. Non autem a facie parcentis, sed a facie nos abscondite irascentis. Cur ita pertimescant, adhuc subjungunt: (VERS. 17) *Quoniam venit dies magnus iræ ejus, et quis poterit stare?* Tanquam dicant: Si illius Dei iram sanctus pertimescit, quis nostrum subsistet? Præteriri possunt hæc omnia quæ de sanctis dicta sunt, et de reprobis intelligi: montes enim, superbi sunt; insulæ, cupidi; juxta illud: *Tacete qui habitatis in insula,* negotiatio *Sidonis (Isa.* XXIII, 2). Reges, et principes, et tribuni reprobos designant, juxta qualitatem sui. Divites illos dicit, qui non indigent alieno adjutorio ad malum: fortes autem ad miscendam ebrietatem: servum peccati, liberum justitiæ. Hoc omnes non dubium est imminente futuro judicio ad auxilium dæmonum currere, cum desperati ad quemlibet sanctorum non præsumunt accedere. Hoc est enim eos in speluncis et petris montium latibula quærere. Sed quomodo alios ab ira furoris defendent qui hanc primi excipient? Denique hæc omnia etiam juxta litteram magnum audientibus timorem incutiunt; sed non propterea figuratæ elocutiones violenter ad litteram inflectendæ sunt.

CAPUT VII.

VERS. 1. — *Et post hæc vidi quatuor angelos stantes super quatuor angulos terræ, tenentes quatuor ventos terræ, ne flaret ventus super terram, neque super mare, neque super ullam arborem.* Notandum quia a primo usque ad sextum sigillum perveniens ordinem custodisse videtur. Sed prætermisso septimo, ad initium incarnationis Christi redit, et ea quæ exsecutus fuerat, mutatis ænigmatum figuris breviter recapitulat: atque easdem duas narrationes septimo sigillo concludit, quæ recapitulatio non semper isto modo, sed diversis fit. Quid itaque per quatuor angelos figurari, nisi corpus antiqui hostis intelligimus? Propter quatuor autem principalia mundi regna, Assyriorum scilicet, Medorum, Persarum vel Macedonum atque Romanorum, in quibus diabolus per idololatriæ culturam regnavit, quatuor in reprobam partem angeli ponuntur. Hinc Nabuchodonosor statuam vidit, cujus caput erat ex auro, pectus autem et brachia de argento, porro venter et femora ex ære, tibiæ autem ferreæ. In auro enim Assyriorum, in argento Medorum, in ære Persarum vel Macedonum, in ferro Romanorum regnum figuratur. Non autem mirum per angelos malos homines figurari, cum de Juda dictum sit : *Unus ex vobis diabolus est* (*Joan.* vi, 70). Sciendum quoque hoc esse quatuor angelos quod quatuor ventos; juxta Danielis prophetiam dicentis : *Ecce quatuor venti pugnabant in mari magno ; et quatuor bestiæ descendebant de mari diversæ inter se* (*Dan.* vii, 2). Ventos enim et bestias unum esse designat, id est quatuor præfata regna. Igitur cum angeli ventos tenent, seipsos utique tenent : et quia omnes hujuscemodi corpus diaboli sunt, et ipse in eis intelligitur. Quid itaque fuit quatuor angelos terræ quatuor ventos, ne flarent, tenere? nisi occultum adversarium, ejusque totum corpus ita se unire atque constringere, ita os omnium præfocare, ut nullus auderet contra idololatriæ culturam verbum veritatis efflare. In terra autem diversitas provinciarum ; in mari numerositas designatur insularum. In arboribus quoque, quia genus siluit (*Ita cod.*), pro earum diversitate, diversa hominum officia præsignantur. Sed quia a diabolo suffocabantur, Domini sui adventu erepti sunt. Unde mox sequitur :

VERS. 2. — *Et vidi angelum alterum ascendentem ab ortu solis, habentem signum Dei vivi, et clamavit voce magna quatuor angelis, quibus datum est nocere terræ et mari,* (VERS. 3.) *dicens : Nolite nocere terræ, neque mari, neque arboribus, quousque signemus servos Dei nostri in frontibus eorum.* Christus est angelus, quia novæ vitæ gaudia mundo nuntiasse cognoscitur, de quo scriptum est : *Magni consilii angelus* (*Isa.* ix, 6, *sec. LXX*). Ascensus autem ab ortu solis ille intelligitur quo ab ipsa resurrectione, quæ tanquam novus sol emicuit, totum mundum crescendo replevit, et evangelica doctrina illustravit. Illa etiam voce quatuor angelorum noxiam potestatem a læsione prohibuit, et in auctoribus simul et ministris confregit. Unde et Nabuchodonosor lapidem de monte præcisum sine manibus præfatam statuam percussisse vidit in pedibus ferreis, et comminuisse. Per quem Dominus Jesus Christus designatur de stirpe Judaica sine maritali opere procreatus, qui in pedibus statuam percussit, et cecidit ; quia verbi prædicatione extremitatem regni Romanorum tetigit, et præfata sæculi regna salubriter erigenda convertit. Idem autem mediator signum Dei habere dicitur, id est crucis mysterium. Quod autem non ait, signem, sed *signemus*, ostendit plures in se esse per quos illud mysterium adimpletur. Dicendo vero *in frontibus*, interiorem ostendit ; nam sanguine agni utrumque postem linimus, nec prodest exterius quemquam portare, nisi accipiat et interius ; quia fides sine operibus otiosa est.

VERS. 4. — *Et audivi numerum signatorum, centum quadraginta quatuor millia signati, ex omni tribu filiorum Israel.* Finitus est numerus pro infinito : nec ad duodecim tantum tribus Israel pertinet ; sed omnis Ecclesia per hunc in electis designatur. Nam ternarius in Scriptura sacra perfectus est numerus, præsertim quia Trinitatem ostendit ; similiter et quaternarius propter quatuor mundi partes vel quatuor Evangelia sive quatuor principales virtutes : his per se ductis ad duodenarium pervenimus, qui et ipse propter duodecim tribus vel duodecim apostolos sacratus est : millenarius autem universitatem designat, juxta illud : *In mille generationes.* Ecclesia igitur quia ex universis gentibus Trinitatis notitia aggregatur, et quatuor Evangeliorum libris irrigatur, recte in duodenis millibus figuratur. Sed ut in eo quod credidit perficiatur, necesse est ut duodenarius millium numerus quadra soliditate jungatur. Ducantur ergo duodecim millia per quatuor, et quadraginta et octo millia fiunt. Ut vero ad id quod credidit, id est ad Trinitatis contemplationem, pertingat, quadraginta et octo millia ter multiplicentur, et de se centum quadraginta et quatuor millia reddunt.

VERS. 5 seq. — *Ex tribu Juda duodecim millia signati ; ex tribu Ruben duodecim millia signati ; ex tribu Gad duodecim millia signati ; ex tribu Aser duodecim millia signati ; ex tribu Nephtali duodecim millia signati ; ex tribu Manasse duodecim millia signati ; ex tribu Simeon duodecim millia signati ; ex tribu Levi duodecim millia signati ; ex tribu Issachar duodecim millia signati ; ex tribu Zabulon duodecim millia signati ; ex tribu Joseph duodecim millia signati ; ex tribu Benjamin duodecim millia signati.* Si ad Geneseos historiam recurrimus, horum nomina juxta singulorum nativitatem, nequaquam hoc ordine inserta invenimus ; nam Judas ibi quarto, hic primo ponitur loco. Ruben ibi primo, hic secundo, Gad ibi octavo, hic tertio. Aser ibi nono, hic quarto. Nephthalim ibi septimo, hic quinto. Manasses ibi nono, hic sexto. Simeon ibi secundo, hic septimo. Levi ibi tertio, hic octavo loco subrogatur. Issachar tantum, Zabulon, Joseph, atque Benjamin, sicut ibi, ita hic ponuntur. Dan vero quintus Jacob filius in hoc spiritali catalogo omnimodis non recipitur. Sed hoc cur factum sit, facile animadvertimus si a carnis nativitate mentis intentionem revocemus, et cum interpretationibus nominum spiritalem in eis prosapiem requiramus. Judas itaque confessio interpretatur, sive laudatio, cujus nominis interpretatio, quid aliud designat, quam confessionem peccatorum, et laudem virtutum ? Quamvis confessionis vocabulum pro laude poni videatur ; unde Dominus nullum omnino habens peccatum ait : *Confiteor tibi, Pater,* et reliqua. (*Matth.* xi, 25.) In Ruben vero, qui videns Filium vel videntes Filium dicitur, ipsa virtutum opera designantur ; sæpe enim filiorum vocabulo bonorum operum fructus figuratur ; juxta illud : *Videas filios filiorum tuorum* (*Psal.* cxxvii, 6); hoc est virtutes ex virtutibus natas : et quia virtutum opera aliorum provectibus deservire debent, recte videns filium appellatur. Scilicet ut ea in quibus nos profecisse videmus, aliis videnda manifestemus ; juxta aliud Domini : *Ut videant opera vestra bona, et glorificent Patrem vestrum qui in cœlis est* (*Matth.* v, 16). Bene igitur primo Judas ponitur.

Deinde Ruben succedit ; quia nisi per confessionem renuntiemus actibus malis, non informamur rectis et placitis. Quis itaque jam non videat quod si a primogenito carnis inchoasset, et quarto loco Judam posuisset, spiritalem Ecclesiæ prosapiem utique confudisset? Verum quia bene operantes semper tentatio solet probare, jure post Ruben Gad, id est tentatio subrogatur. Et quia contra eamdem divina virtute præcincti fortes existunt, recte eis convenit quod idem Gad etiam accinctus vocatur. Quia vero bonorum certaminum finem ad Deum non ad faciem humanæ laudis retorquere debemus, ob hoc prædictus Gad latrunculus vocatur, tanquam bona cordis latenter acquirens Deo offerat approbanda, non humanis obtutibus detegat præferenda. Igitur quia illata tribulatio electos probat, et post probationem coronat, recte post Gad Aser ponitur, qui beatus vocatur. Et quia beatitudinis promissione roborati bellatores Ecclesiæ, inter ipsos malos dilatantur visceribus charitatis, bene post Aser Nephthalim ponitur, qui latitudo vocatur. Quia per hoc amplissimum dilectionis præceptum currentes, et ea quæ retro sunt obliviscuntur, et ad æternas divitias, quæ venturæ sunt, extenduntur ; digne post Nephthalim Manasses interseritur, qui oblitus vel necessitas intelligitur : oblitus scilicet, quia unum quod retro fuerat, dimisit ; necessitas vero, quia ad hoc quod extenditur, nondum pervenit. Quorum desiderium quia sæpe in longum differtur, jure post Manassem collocatur Simeon, qui audivi tristitiam interpretatur. Sed qui audiunt tristitiam, audiant necesse est et nomen habitaculi, quod idem Simeon sonare videtur ; ut qui mœrent in tabernaculo corruptionis, gaudeant in habitaculo æternæ quietis.

Quales autem omnes isti sint, Levi subjunctus indicat, qui additus sonat. Multa enim tales generalia transcendentes præcepta, addunt non jussa, ut est cœlibatus sanctæ virginitatis, et cætera hujusmodi, quæ dum non jubentur, sed admonentur, utique non jussa consilio superadduntur. Quibus jure congruit quod Issachar post Levi adnectitur, qui interpretatus dicitur merces : nam ista agentibus præcipua et specialis merces debetur. Unde cuidam eorum Jeremias dicit : *Quiescat vox tua a ploratu, et oculi tui a lacrymis, quia est merces operi tuo, ait Dominus* (*Jerem.* xxxi, 16). Sed talia facientes priusquam remunerentur solent illatæ persecutiones probare, non autem superare. Unde non immerito Zabulon post Issachar sequitur, qui habitaculum fortitudinis appellatur ; tunc enim quilibet horum habitaculum efficitur, quando virtus in infirmitate perficitur. Itaque quia non solum pacis tempore amicis, verum etiam in ipsa persecutione talentum divini verbi gratis erogant inimicis, apte post Zabulon Joseph adnectitur, qui augmentum interpretatur. Ut enim de accepta pecunia lucrum referant, nec ipsis inimicis hanc erogare dubitant. Igitur ut hos omnes in dextera regis æterni locandos intelligas, pulchre Benjamin, id est filius dexteræ, postremo loco subrogatur, tanquam ipse sit finis ordinis, in quo felicitas promittitur æternæ mercedis.

Sancta ergo Ecclesia confessione laudabilis in Juda. In Ruben piis operibus claret secunda. In Gad tentationum exercitiis probata. In Aser post devictas tentationes beata. In Nephthalim charitatis amore dilatata. In Manasse ea quæ retro sunt oblita, ad ea vero quæ ventura sunt extensa. In Simeon quasi tristis adhuc in convalle plorationis, sed spe gaudens de supernorum civium habitaculis. In Levi virginitate decora ; misericordia pietatis uberrima. In Issachar futuræ mercedis exspectatione suspensa. In Zabulon martyrio coronata. In Joseph duplicato spiritalis substantiæ talento ditata. In Benjamin dexteram felicitatis æternæ comprobatur sortita. Non autem quispiam duodecim in Ecclesia professiones æstimet, cum tres tantum sint, id est virginum, continentium, ac bonorum conjugatorum virtutes. Inter hæc autem nequaquam prætereundum est, cur Dan Jacob utique filius sive in Genesi, sive in Exodo, cum cunctis fratribus annumeretur, in hac Apocalypsi de catalogo spiritali fuerit ejectus ; Manasses vero inter alienigenas natus, utique non filius, quanquam in filium adoptatus, sexto videatur loco subrogatus. Dan igitur interpretatur judicium ; sive judicas Hebræorum transeuntium. Et quid est hoc judicium transeuntium Hebræorum, nisi reprobatio veteris sacerdotii? Dan ergo de spiritali catalogo ejectus, ipsa nominis sui interpretatione docet, quia in sexta mundi ætate occulto quidem, sed justo judicio, Judaica plebs perfida prorsus sedibus expulsa sacerdotii dignitatem perdidit ; atque in ejus loco Manasses, id est gentium populus, per gratiam meruit subrogari.

VERS. 9. — *Post hæc vidi turbam magnam, quam dinumerare nemo poterat, ex omnibus gentibus, et tribubus, et populis, et linguis.* Hic liquido manifestatur quia prædictus numerus non solummodo Judæorum est, sed omnium electorum. Hi enim per innumerabilem turbam, qui per centum quadraginta quatuor millia signatos designatur. Innumerabilis autem hæc turba non Deo, sed nobis est. Nam ipse ait : *Dinumerabo eos, et super arenam multiplicabuntur* (*Psal.* cxxxviii, 18). *Stantes ante thronum.* Cum ipsa innumerabilis turba thronus Dei sit, idcirco tamen ante thronum stare dicitur, quia visio figuris obumbrata variatur, cum tamen res figuris ostensa nequaquam varietur. Sed nunquid aliquid significat quod hæc turba stare dicitur, cum superius per circuitum throni cum senioribus ipsa sedisse describatur? Significat plane; sedet namque cum per quædam membra sua aliorum facta examinat; stat vero cum in cunctis suis electis animum in soliditate fidei et dilectionis roborat. *Et in conspectu Agni amicti stolis albis.* Quid per stolas albas, nisi habitus mentis designatur? Quæ tamen ante Domini adventum albæ non erant, quia humani generis corda originalium peccatorum maculis erant respersa. Et palmæ in manibus eorum. Per palmas, victoria; per manus, operatio exprimitur. Palmas itaque in manibus habere, est de antiquo hoste et mundi voluptatibus triumphare.

Vers. 10. — *Et clamabant voce magna dicentes.* Clamor hic non corporis, sed cordis intelligitur. Magna enim hæc vox, magnus est devotionis affectus; quia voce tanto magis quisque clamat, quanto amplius Deum amat. *Salus Deo nostro, qui sedet super thronum, et Agno.* Et est ordo, Deo nostro, et Agno qui sedet super thronum salus. In quibus et Spiritus sancti persona juxta jam dictam regulam intelligitur. Et nota quia mirabili genere locutionis unam in Patre et Filio substantiam et duas personas ostendunt. Præterea sciendum quia dum omnem suam salutem Deo referunt, Pelagii atque Cœlestii [*Cod.*, Cœlestini] dogma evacuatur, qui in tantum liberum arbitrium defendunt, ut dicant homines sine gratia Dei posse salvari. (Vers. 11.) *Et omnes angeli stabant in circuitu throni, et seniorum, et quatuor animalium, et ceciderunt in conspectu throni in facies suas.* Tam per angelos, quam per thronum, et seniores, nihilominus et per animalia Ecclesia figuratur. Unam ergo eamdemque rem diversis modis significat. Nam quod Christus singulariter in Ecclesia regnat et judicat, recte omnes sancti per unum thronum figurantur; et quia ipsa etiam Ecclesia aliorum facta examinat, digne per seniores: et quia virentibus paradisi pascuis in quibusdam suis membris adhuc per fidem tantum inhæret, in quibusdam vero jam per speciem fruitur, bene per animalia. Quia vero ventura quæque prædicando annuntiat, apte per angelos; et quia ex diversis gentibus aggregatur, jure per turbam figuratur. Hi ergo ceciderunt in facies suas in conspectu throni; id est in secreto mentis suæ, quo internus judex sedet. *Et adoraverunt* (Vers. 12.) *dicentes; Amen; benedictio, et claritas, et sapientia, et gratiarum actio, et honor, et virtus, et fortitudo Deo nostro in sæcula sæculorum*; quæ cuncta Trinitati apte conveniunt. (Vers. 13.) *Et respondit unus de senioribus dicens mihi: Hi qui amicti sunt stolis albis, qui sunt, et unde venerunt?* Cum nullius interrogatio præcesserit, quid sibi vult quod unus de senioribus respondisse perhibetur? Sed mos est sacræ Scripturæ hoc verbum ita ponere; nil autem significationis habere videtur; unde nec ejus ignoratio inutilis est nec laudabilis scientia. In uno igitur seniore unitas prædicatorum utriusque Testamenti, sive ipse senior senioribus; Dominus scilicet Jesus Christus accipitur, qui idcirco Joannem interrogat ut ipse quærat, quærens audiat, et intelligat, et ad imitandum semetipsum accendat. In stolis autem albis, et mentis candor, et ea quæ eis in futuro tribuetur gloria. Ad hæc cum beatus Joannes ex persona bonorum auditorum respondisset: *Domine, mi, tu scis*; rursus ille ex persona Domini vel bonorum prædicatorum ejus subinfert:

Vers. 14. — *Hi sunt qui venerunt de tribulatione magna*; et reliqua. In *venerunt* tria tempora continentur, pro eo quod est, venerunt, veniunt, et venturi sunt. Quia igitur omnis electorum numerus hac sententia terminatur, valde metuendum est ne, si aliunde quis veniat, ad electorum consortium non pertingat: *Tribulationes* autem *justorum*, ut ait Psalmista, *multæ* sunt (*Psal.* xxxiii, 20); ex quibus illa generalis est qua nemo nostrum novit si ad electorum consortium pertingat, Salomone attestante, qui ait : *Nescit homo utrum amore an odio dignus sit; sed omnia reservantur in futurum incerta* (*Eccle.* ix, 1, 2). *Et laverunt stolas suas, et dealbaverunt eas in sanguine Agni.* Omnes electi stolas suas in sanguine Agni candificant; id est in Christi passionibus habitum mentis exornant, eumque ad accipienda futura gaudia præparant. (Vers. 15.) *Ideo sunt ante thronum, et serviunt ei die ac nocte in templo ejus, et qui sedet in throno habitat super illos.* Ac si diceret: Idem thronus Dei, et templum sunt, quia talibus indumentis vestiti, et sanguine Agni videntur abluti. Et nota quia non ait, habitat in illis, sed *super illos*, ut eos thronum simul ostenderet, et templum. *Die autem et nocte* dicit, in prosperis et in adversis. (Vers. 16.) *Non esurient, neque sitient amplius, et non cadet super illos sol neque ullus æstus*: (Vers. 17.) *quoniam Agnus, qui in medio throni est, reget illos, et ad vitæ fontes aquarum deducet eos*; idcirco nihil incommoditatis sustinent, quia Agnus regit eos. Sed quo eos perducit, nisi ad fontem aquarum? scilicet ad Trinitatem, quæ significatur per fontem. Et per quam viam, nisi per se? Ipse enim ait : *Ego sum via* (*Joan.* xiv, 6). Notandum etiam quia unus idemque fons, et esuriem aufert quia panis vivus est, et sitim quia potus est vitæ. Nam ut ait Apostolus : *Erit Deus omnia in omnibus* (*I Cor.* xii, 6). Unus igitur fons dicitur propter unitatem naturæ Patris, et Filii, et Spiritus sancti. Aquarum vero fons introducitur, ut multiplicitas donationum Dei in sanctis per hanc sententiam exprimatur. Itaque qui Agno regente ad hujus aquæ satietatem perducitur, nec solem, nec ullum æstum patitur, quia vitiorum calore non uritur. *Et absterget Deus omnem lacrymam ab oculis eorum.* O miræ pietatis affectum! Patrem se demonstrat, matrem ostendit, qui plangentium filiorum lacrymas abstergit. Unde merito Isaias dicit : *Tu enim Pater noster, et Abraham nescivit nos; tu Domine Pater noster* (*Isa.* lxiii, 16). Sed quæ sunt hæ lacrymæ? Scilicet quia alius plangit malum quod egit, alius quia bonum non fecit, et alia multa similia. Hæ autem lacrymæ filiorum tunc abstergendæ erunt, cum de exsilio ad patriam redierint.

CAPUT VIII.

VERS. 1. — *Et cum aperuisset sigillum septimum, factum est silentium in cœlo quasi media hora.* Cœlum, ut frequenter diximus, Ecclesia vocatur, quæ dum a frequentia rerum corporalium per quædam membra sua secessum intimæ contemplationis petit, quasi silentium Deo parat; quod quia in hac vita non potest esse perfectum, quasi media hora dicitur factum. Et nota quia ibi recapitulationem finivit ubi ait : *Post hæc vidi turbam magnam*, nunc autem septimo sigillo concludit narrationem. (VERS. 2, 3.) *Et vidi septem angelos stantes in conspectu Dei, et datæ sunt illis septem tubæ. Et alius angelus venit, et stetit ante altare habens thuribulum aureum.* Hoc loco narrationis ordinem præposterat, et interdicit; sicut enim sequentia demonstrabunt, prius ille cum thuribulo veniens ante altare stetit, quam septem tubas acceperint. Interdicit vero, quia antequam de illis finisset, hunc cum thuribulo medium interseruit. Quid itaque in septem angelis intelligimus nisi sanctam Ecclesiam in suis prædicatoribus, qui sunt æternæ vitæ annuntiatores ? Recte etiam septem dicuntur, quia septiformi Spiritu replentur, vel quia universitati credentium præponuntur. In conspectu autem Dei stare perhibentur, qui terrenis cupiditatibus calcatis divinæ contemplationi inhærent. Quid autem per septem eorum tubas, nisi perfecta Veteris ac Novi Testamenti prædicatio declaratur ? juxta illud : *Quasi tuba exalta vocem tuam* (*Isa.* LVIII, 1). In eo autem quod sacerdotis officium est, altari assistere, et aptatum aromatibus thymiama cremare, agnoscimus quia angelus iste mediator est Dei et hominum, septem angelorum angelus, et ut ita dixerimus septem sacerdotum pontifex ; de quo propheta : *Magni consilii angelus* (*Isa.* IX, 6, *sec. LXX*). Unde aperte colligimus prius hunc venisse, quam septem angelos tubas accepisse. Per altare vero electi designantur, in quibus spiritale sacrificium celebratur. Venit ergo angelus per carnem, stetit per divinitatem. Quid quoque per thuribulum nisi humanitas Christi ? Et apte aureum dicitur, quia capax a verbo Dei suscepta una cum eo est sapientia, de qua dicitur : *Accipite sapientiam sicut aurum* (*Prov.* XVI, 16). Potest per thuribulum, quo cremantur aromata, Ecclesia figurari, quæ igne divini amoris succensa quotidie dicit : *Dirigatur oratio mea sicut incensum*, et cætera. (*Psal.* CXL, 2.) Recte autem singulariter de Christo subjungitur :

Et data sunt illi incensa multa, ut daret de orationibus sanctorum super altare aureum, quod est ante thronum ; (VERS. 4) *et ascendit fumus incensorum de orationibus sanctorum de manu angeli coram Deo.* Sicut fumus ex crematis aromatibus egreditur, sic virtus compunctionis gignitur ex studio orationis. Sed ut Deo fiant accepta, angelo dantur incensa, id est Redemptori nostro committuntur orationum studia. Nec omnino ad Deum potest loqui corpus, nisi officio capitis. Quod vero super altare aureum incensa offeruntur, ostendit quia non alibi, nisi in corpore Christi, quod totum divini verbi sapientia resplendet, orationum sacrificium ab eo accipitur. Et nota quia thronus, et ante thronum altare, non duas, sed unam Ecclesiam significent ; sicut arca Noe, et octo animæ in ea. (VERS. 5.) *Et accepit angelus thuribulum, et implevit illud de igne altaris, et misit in terram.* Tunc angelus thuribulum accepit, cum Dominus sibi intra uterum Virginis humanam naturam conjunxit ; sive de corpore intelligamus, cum primum in Judæa discipulos elegit. Cum autem et angelus, et thuribulum, et altare, unum sint corpus, quia thuribulum de igne altaris dicitur impletum, intelligendum est quasi diceret : Et caput, et corpus non alieno, nisi proprio igne succensum est, id est Spiritu sancto. *Misit* autem *in terram*, id est, in hanc gentilitatem perduxit ; unde apte subditur : *et facta sunt tonitrua, et voces*, id est prædicationum terrores : *et fulgura*, hoc est miraculorum signa : *et terræmotus*, id est persecutiones. (VERS. 6.) *Et septem angeli præparaverunt se ut tuba canerent.* Quid est sanctos doctores ad canendum se præparare, nisi divina eloquia scrutari, ut sciant quid, cui, et qualiter loqui debeant ? Admonendus itaque lector est ut in sequentibus non plus septem, quam unum angelum intelligat ; sed semper in singulis septem cognoscat, cum propter figuratas locutionum causas, quæ non possunt sub uno narrari, in septem distinctos inveniat.

VERS. 7. — *Et primus angelus tuba cecinit, et facta est grando et ignis mistus sanguine, et missus est in terram, et tertia pars arborum combusta est, et omne fenum viride combustum est.* Per grandinem ira omnipotentis Dei exprimitur, juxta illud : Ira Domini sicut grando descendens. Per ignem zelus vel odium designatur ; et recte mistus sanguine dicitur, quia juxta Joannis vocem : *Qui odit fratrem suum homicida est* (I *Joan.* III, 15). Ab hoc igne non posse comburi Ecclesiam Dominus per Isaiam pollicetur dicens : *Cum ambulaveris per ignem, non combureris, et flamma non ardebit in te* (*Isa.* XLIII, 2). Notandum autem quia cum tertiam partem deperisse dixerit, non duas partes in electis remansisse existimare debemus, contra illud : *Multi sunt vocati, pauci vero electi* (*Matth.* XX, 16). Non enim ad qualitatem litteræ, sed ad quantitatem figuræ pertinere videtur numerus iste ; quod ipsa immutatio demonstrat, quæ uno loco duas tertias, altero tres, alio unam tertiam in reproborum sortem venisse narrat : et quidem superius in quatuor partes distinxit totum diaboli corpus, nunc in duobus tertiis, post in tribus, deinde in una ; sed non est una tertia minor a duabus vel tribus. Nam cum in quatuor partes distinguit diaboli corpus, unam vult intelligi in Ecclesia, in falsis fratribus, et tres foris, id est hæreticos, Judæos et paganos. Cum vero totum corpus in tribus tertiis describit, una intus intelligenda est in pravis fidelibus simplex, altera foris in Judæis atque hæreticis duplex, tertia foris in gentibus et ipsa simplex: Cum vero unam corporis partem eodem ternario tertiatoque numero figurat, duas omnino ex tribus tertiis partes constituens, et occultos simul, et apertos intelligi vult hæreticos. Restat una tertia intus et foris, quæ omnium in se retinet formas. Cum vero in duabus tertiis, unam simplicem vult intelligi intus in malis Christianis; alteram triplicem foris in Judæis, hæreticis atque paganis. Et sciendum quia hoc est terra quod arbores, id est malorum summa in duabus tertiis comprehensa, quarum una simplex, altera triplex est : terra enim sunt peccatores, quia terrena quærentes; et arbores quia instabilitate nutantes, de quibus per Judam dicitur : *Hi sunt arbores autumnales, infructuosæ, eradicatæ; bis mortuæ* (*Jud.*, 12). Missa itaque grandine, et igne cum sanguine, duæ tertiæ comburuntur; una illibata servatur, quia exaggerante ira superni judicis, societas antiqui hostis dum prædicatione sanctorum non colligitur, odii sui flammis succenditur. Congregatio vero Christi ipso malorum odio exercetur, sed non consumitur. Quod autem subditur : *Omne fenum viride combustum est*, repetitio sententiæ videtur. In duabus scilicet tertiis *omne fenum viride combustum est*, id est memorata malorum pars odii sui flammis consumpta. Viriditas enim feni hoc loco propter illecebras ponitur carnis; juxta illud : *Omnis caro fenum*, et reliqua. (*Isa.* XL, 6.) Unde contra turbæ, quæ a Domino pascuntur, super fenum sedere memorantur; id est voluptates carnis premendo subigere.

VERS. 8. — *Et secundus angelus tuba cecinit, et tanquam mons magnus igne ardens missus est in mare. Et facta est tertia pars maris sanguis,* (VERS. 9) *et mortua est in eo tertia pars creaturæ, quæ habent animas, et tertia pars navium interiit.* Mons magnus diabolus dicitur, sive quia similis illi esse voluit, de quo dicitur : *Erit in novissimis diebus præparatus mons* (*Isa.* II, 2); sive quia in novissimo extolletur supra omne quod dicitur, aut quod colitur Deus. Ardens autem, quia malitia sua atque invidia torquetur, quia angelo tuba canente, id est Ecclesia prædicante a sanctis ejectus, in mare, hoc est in incredulos, mittitur; non quo in eis ante non erat, sed quia ab istis ejectus, amplius illis incipit dominari. Videtur autem in una tertia, quæ in sanguinem versa est, genus mortis quo duæ tertiæ intereunt figurari; ut in una mors, in duabus numerus morientium assignetur. Aqua in sanguinem versa, sapientia carnalis est, quæ animas occidit : unde Apostolus : Sapere secundum carnem mors est (*Rom.* VIII, 6); quæ sapientia, et malam credulitatem, et pravam operationem significat. Nam pro pravo dogmate dicitur : *Littera occidit* (*II Cor.* III, 6); pro pravo opere : *Libera me de sanguinibus* (*Psal.* L, 16).

VERS. 10. — *Et tertius angelus tuba cecinit, et cecidit de cœlo stella magna tanquam facula ardens.* Diabolus sive pro prima dignitate, sive quia transfigurat se in angelum lucis, stella vocatur. *Magna* autem, quia cæteris angelis prælatus est. Ardens vero *facula*, propter malitiæ fervorem. Casus iste non ille intelligendus est, quo prius de supernis sedibus ejectus est; sed quo angelo canente, id est Ecclesia prædicante, ab electis exclusus est. Nam cœlum est Ecclesia, quam Dominus præsidendo inhabitat. *Et cecidit in tertiam partem fluminum et in fontes aquarum;* hoc est in humanam naturam, quæ ab ortu suo carnalium voluptatum undis præterfluens decurrit ad mortem. (VERS. 11.) *Et nomen stellæ dicitur Absinthius.* Quia a veritatis dulcedine diabolus resiliens in amaritudinem mendacii commutatus est, jure absinthii vocabulum sortitus est. Et quia malorum exemplis plurimi pereunt, apte subjungitur : *Et multi hominum mortui sunt ex aquis, quoniam amaræ factæ sunt.* Quasi enim ex amaris aquis moriuntur homines, cum perversorum dogmatibus, vel operationum exemplis carnales illecti spiritaliter pereunt.

VERS. 12. — *Et quartus angelus tuba cecinit, et percussa est tertia pars solis, et tertia pars lunæ, et tertia pars stellarum, ut obscuraretur tertia pars eorum, et diei non luceret pars tertia, et nox similiter.* Per solem, et lunam, et stellas Ecclesia figuratur, quorum obscuritas proprie ad hæreticorum perfidiam refertur. Et quamvis duæ partes sint ex tribus tertiis confectæ, una scilicet diei per solem, altera noctis per lunam atque stellas; unam tamen duæ faciunt, aut una in duabus subdividitur. Ad hoc scilicet ut apertum ejus errorem per diem, et occultum designet per noctem; publicas videlicet hæreticorum conflictationes, et obstrusas machinationes. Ideo autem non dicitur, percussa est tertia pars et obscurata, sed *percussa ut obscuraretur* congruo tempore, quia tunc veraciter obscurantur hæretici, cum aperte ab Ecclesia separantur. Nam prius quasi occulte vulnerantur. Percutiuntur autem ex lumine fidei et divini verbi claritate. Quæ perditio non ad Deum redigenda est, sed sic intelligenda, sicut de indurato corde Pharaonis. (VERS. 13.) *Et vidi, et audivi vocem unius aquilæ volantis per medium cœlum, et dicentis voce magna : Væ, væ, væ habitantibus* terram. De cæteris vocibus tubarum trium angelorum, qui erant tuba canituri, tam Joannes, quam aquila, quamque angeli, Ecclesiæ figuram gerunt : quæ bene una aquila dicitur, quia in unitate fidei consistit, et calcatis terrenis voluptatibus ad cœlestia sublevatur. Ipsa ergo in Joanne se ipsam videt. Ipsa in aquila volat; ipsa in tribus angelis postremo tempore mala ventura denuntiat. Et nota quia in spiritali visione hoc est videre quod audire. In eo autem quod non de præcedentibus vocibus, sed sequentium angelorum dicitur lugere, ostenditur Ecclesia venturas plagas diversæ calamitatis diversis temporibus lugere et prædicare; lugere scilicet in aquila, prædicare in angelis. Per medium itaque cœlum volare dicitur, quia hinc inde orbem terrarum possidet, cujus prædicatio idcirco vox magna vocatur, quia in toto mundo personuit.

CAPUT IX.

Vers. 1, 2. — *Et quintus angelus tuba cecinit, et vidi stellam cecidisse de cœlo in terram, et data est illi clavis putei abyssi: et aperuit puteum abyssi, et ascendit fumus putei, sicut fumus fornacis magnæ.* Quid autem per angelum et stellam designatur, jam dictum est. Per abyssum iniquorum corda signantur errorum tenebris obscurata : per puteum abyssi, prædicatores errorum debent intelligi. Si enim os abyssi puteus est, recte illi signantur per puteum, per quos malorum iniquitas venena sui cordis effundit. Per clavem putei potestas temporalis exprimitur, qua antiquus adversarius ad perversa dogmata reproborum ora resolvit; quæ dogmata recte fumo comparantur, quia lumen veritatis sibi in caliginem vertunt, et claritatem fidei etiam in aliis obscurare videntur. Fornax autem magna, Antichristi est persecutio, de qua fumus egreditur, id est perversa doctrina, quæ pereuntium animas in caliginem vertat. Sed quomodo fumus iste similis dicitur fumo fornacis magnæ? cum Dominus de illa tribulatione dicat : *Erit tunc tribulatio magna,* et reliqua (*Matth.* xxiv, 21). Sciendum ergo quia non propter tormenta vel falsa dogmata immanior omnibus illa dicitur, in quibus ista similis est, sed propter miraculorum signa per quæ magis decipiet. *Et obscuratus est sol et aer de fumo putei.* Ecce quintus angelus jam factum dicit in sole et aere, quod quartus in sole, luna et stellis futurum prædixerat. (Vers. 5.) *Et de fumo exierunt locustæ in terram.* Digne per locustas hæretici designantur. Sicut enim ille nec perfecte ut aves volantes, nec gradatim passibus pergentes, sed saltus dantes terræ sata videntur corrodere; sic isti nec plenæ scientiæ volatum, nec perfectæ operationis gressum habentes, sed solis elationum salibus moti, inaudita prædicando pravorum animas necant. De fumo igitur locustæ exeunt, cum ex hæreticis hæretici nascuntur.

Et data est illis potestas, sicut habent potestatem scorpiones terræ. Potestas scorpionum in cauda est extrema corporis. Sic temporalitas a semetipsa deficiens a tergo relinquitur; quasi enim retro est omne quod transit, ante vero quod permanet. Locustæ ergo et scorpiones terræ nocendi potestatem accipiunt, quia hæretici temporalibus fulti potestatibus, per ea tantum quæ retro sunt nocent. (Vers. 4.) *Et præceptum est illis ne læderent fenum terræ, neque omne viride, neque omnem arborem, nisi tantum homines qui non habent signum Dei in frontibus suis.* Superior sensus repetitur, ubi angelus ab ortu solis ascendens, quatuor angelis qui nunc in locustis intelliguntur præcepit, ne nocerent terræ, et mari, neque arboribus. Nam per fenum, quod non hominum, sed animalium cibus est, parvuli in Christo designantur, de qualibus Apostolus : *Animalis homo non percipit ea quæ sunt spiritus Dei* (*I Cor.* ii, 14). Per virentia vero, ex quibus plurima in victum hominum solent, in fide proficientes, et ad paradisi virentia desideranda quodammodo aptiores. Per arbo- res autem robusti, et inter tentationum ventos quadam stabilitate radicati. Quid hoc omne viride, vel omnem arborem locustæ lædere prohibentur? A toto pars intelligenda est, quæ ab illa læsione servatur. Homines itaque signum Dei in frontibus non habentes, sunt qui ea fide quæ per dilectionem operatur, non pollent. (Vers. 5.) *Et datum est illis ne occiderent eos, sed ut cruciarent adhuc mensibus quinque.* Si reprobi sunt qui signum non habent, quomodo ab eorum interfectione locustæ prohibentur? An forte qui signum Dei non habent, vivunt? Quapropter ad superiorem sententiam fit subauditio. Dicatur ergo : *Datum est eis ne occiderent eos, sed ut cruciarentur mensibus quinque;* id est ut hæretici non possint signatos decipere ; sed cruciando in præsenti vita probare, quæ quinque sensibus corporis regitur, quibus apte congruit quod sequitur :

Et cruciatus eorum, ut cruciatus scorpii cum percutit hominem. Ut videlicet electi posteriora contemnentes, et ad ea quæ ante sunt semetipsos extendentes, ex eo ab aliis affligi credantur, quod ipsi per contemptum sæculi respuisse videntur ; id est vel potestate sæculari vel malæ credulitatis errore. (Vers. 6.) *Et in diebus illis quærent homines mortem, et non invenient,* cupient mori, *et fugiet mors ab eis.* Dies isti ab adventu Domini usque ad finem sæculi decurrunt. Mortem quippe electi quærunt, cum secreta conversatione Deo inhærere cupiunt : sed fugit mors ab eis, quia eos aut regiminis insolubile vinculum, aut inferioris gradus astringit. (Vers. 7.) *Et similitudines locustarum, similes equis paratis in prælium, et super capita eorum tanquam coronæ similes auro.* Propter velocem discursum, recte hæretici in equis exprimuntur. Parati autem sunt in prælium adversus eos de quibus in Habacuc dicitur : *Misisti in mare equos tuos turbantes aquas multas* (*Habac.* iii, 15). Sed quia Domino favente non superant, ideo non coronas, sed quasi coronas habere dicuntur. Ac si diceretur : Nec coronæ nec ex auro, sed quoddam falsitatis figmentum erant. *Et facies earum sicut facies hominum,* (Vers. 8) *et habebant capillos mulierum.* Facies locustarum similis faciei humanæ, simulatio est rationis. Capilli vero mulierum, sunt effeminati mores hæreticorum. Aliter, per facies hominum, viri ; per capillos mulierum, ipse sexus potest intelligi. Nam et feminarum favor hæreticis fuit. *Et dentes earum ut leonum erant.* Dentes leonum naturalem solent afferre pudorem, in quibus hæreticorum fetor ostenditur. Quod autem sequitur : (Vers. 9) *Et habebant loricas sicut loricas ferreas;* obfirmata contra veritatem et dura ipsorum corda demonstrat, ne sagitta veritatis penetrentur. *Et vox alarum sicut curruum, vox equorum multorum currentium in bellum.* Per alas locustarum, elatam hæreticorum scientiam intelligimus, quarum vox bene curruum multorum equorum et simul in bellum currentium similis esse dicitur : et dogmatibus hæretici semetipsos dividunt, et uniti contra Ecclesiam dimicant. (Vers. 10.) *Et habebant caudas similes scorpionum, et aculei in cau-*

dis earum. Potestas earum nocere hominibus mensibus quinque. De caudis scorpionum jam dictum est. Et nota quod Apostolus *aculeum* peccatum dicit. De quinque mensibus in superiori jam dictum est. Sed illic de bonis, hic de malis dicit, quia illos cruciant, sed non occidunt; istos autem non cruciant, sed nocendo perimunt, aut doctrina perversa, aut temporali potentia. (Vers. 11.) *Et habebant super se regem angelum abyssi, cui nomen Hebraice Abbaddon, Græce Apollyon, et Latine nomen* habet *Exterminans.* Antiquus hostis non adeo perversorum rex dicitur, quia creavit, aut regit, sed quia Deo juste permittente tyrannidem dominationis exercet. Et nota quia, ut jam dictum est, ipsi sunt abyssus. Igitur quia fallaciter sibi Christi nomen per damnatum hominem nititur usurpare, propterea trium linguarum vocabulis profertur, quibus [*Cod.*, quarum] Redemptoris nomen a Pilato expressum in titulo fuisse evangelica testatur auctoritas. Sed quia beatus Hieronymus in Hebræorum nominum interpretatione non *Abbaddon*, sed *Labbaddon* dicit, constat quia scriptorum vitio primam litteram amisit, et apte diabolus *exterminans* dicitur, quia multi per eum ab electorum termino eliminantur, et ad perpetuæ mortis exsilium deducuntur.

Vers. 12. — *Væ unum abiit.* Id est narratione præcessit, vel in operatione præteriti temporis impletum est. *Ecce veniunt duo væ post hæc,* id est narratione, vel opere in futuro implenda. (Vers. 13.) Post hæc *et sextus angelus tuba cecinit, et audivi vocem unius ex cornibus altaris aurei quod est ante oculos Dei.* (Vers. 14) *dicentem sexto angelo, qui habebat tubam: Solve quatuor angelos qui alligati sunt in flumine magno Euphrate.* Altare Ecclesia est; aureum vero, quia superna sapientia illustratur. Et nota quia ante Dei oculos est altare, quoniam oculi Domini super justos. Cornua altaris sunt sancti prædicatores. Per unum vero cornu princeps intelligitur prædicatorum, id est Christus. Hic dicit sexto angelo tuba canenti, id est Ecclesiæ prædicat ut solvat quatuor angelos, quia potestatem ei ligandi et solvendi et in cœlis et in terra tribuit; secundum illud: *Quæcunque ligaveris* (*Matth.* xvi, 19), et cætera. In quatuor autem angelis universum reproborum corpus cognoscimus, quod ex malignis spiritibus et pravis hominibus constat; natura quidem discretum, sed iniquitate conjunctum. Quaternarius enim pro universitate poni solet; unde in fine sæculi a quatuor cœli ventis electi per angelos assumi perhibentur. Per Euphraten, qui in mala significatione poni solet, designatur mundani regni potentia, Christo Ecclesiæque contraria: in qua ideo antiquus hostis cum corpore suo alligatus dicitur, quia quantum nocere vult non permittitur. Dicatur ergo: *Solve quatuor angelos qui alligati sunt in flumine magno Euphrate;* ac si Ecclesiæ diceretur: Et in angelis homines, et in hominibus angelos solve. Et attende quantum persecutionis angustias æquanimiter ferre debeas, quas adversarii inferre non valent,

nisi tuo judicio, quod in capite constat, quodque pro te et in te clamat: *Data est mihi omnis potestas in cœlo et in terra* (*Matth.* xxviii, 18).

Vers. 15. — *Et soluti sunt quatuor angeli, qui parati erant in horam, et diem, mensem et annum, ut occiderent tertiam partem hominum.* Horum angelorum solutio novissimæ persecutionis initium designat. *Parati* dicit, quia diabolus semper defectum exspectat bonorum. In hora, die, mense et anno, quatuor tempora, id est triennium, et sex menses, quibus illa persecutio crassabit, per metalemsin intelligimus. Tertia pars hominum, quæ occidi narratur, in prælatis et subditis; id est in suasoribus et suasis constat, quia mortui mortuos occident. (Vers. 16.) *Et numerus equestris exercitus vicies millies dena millia, audivi numerum eorum.* Hic numerus sic ad errorum prædicatores specialiter refertur, ut tamen seductæ plebes in seductoribus intelligantur, qui contra electorum numerum, veniens duplex simul et bis millies multiplicatus ostenditur. Nam de electis dicitur, *Currus Dei decem millia* (*Psal.* LXVII, 18); de istis vero, *vicies millies dena millia.* Duplex itaque est, quia ex malignis spiritibus et reprobis hominibus constat. Restat ergo ut contra geminum malum dimicet simplex bonum. (Vers. 17.) *Et ita vidi equos in visione, et qui sedebant super eos habebant loricas igneas, et hyacinthinas, et sulphureas.* Equi isti, id est errorum prædicatores, in quibus et seducti intelliguntur, sessores dæmones habent, non ad regimen, sed ad præcipitium. Loricarum nomine impiorum tormenta figurantur dura, et nulla prece evacuanda. Hyacinthinas autem fumeas debemus intelligere, ex igne enim fumus egreditur. Hoc etiam ipse color hyacinthinus indicat, qui speciem aeris tenet.

Et capita equorum erant ut capita leonum. Capita equorum auctores errorum, qui et fortes sunt ad conterendos infirmos, et fetoribus pleni. Unde recte subditur : *et de ore eorum procedit ignis, et fumus, et sulphur.* (Vers. 18.) *Ab his tribus plagis occisa est tertia pars hominum, de igne, et fumo, et sulphure, quæ procedebant de ore ipsorum.* Scilicet quia malorum prædicatio suis sequacibus æterna supplicia præparat, quæ per eam tropice figurantur; ab eo quod procurat, illud quod procuratur. (Vers. 19.) *Potestas equorum in ore eorum est, et in caudis eorum.* In ore, doctorum scientia; in cauda vero posponenda, temporalis potentia designatur. In ore ergo et in cauda potestas eorum est, quia perversa suadendo prædicant; sed temporalibus potestatibus fulti, per ea quæ retro sunt exaltantur. *Nam caudæ eorum similes serpentibus, habentes capita, et his nocent.* Hic e contrario per caudas, iniqui doctores; per capita vero, ipsa sæcularis potentia designatur. Et apte falsi prædicatores similes serpentibus, quia illius voce mala suadent, cujus sibilo delectata est Eva. Et quia potentium favore fulti multos violenter ad illicita pertrahunt, recte capita habere dicuntur, quæ juxta aliam interpretationem *capita draconum* vocantur.

Et ut ostenderet gentiles etiam ad hoc corpus pertinere, subjunxit: (Vers. 20) *Et cæteri homines, qui non sunt, neque pœnitentiam egerunt de operibus manuum suarum, ut non adorarent dæmonia, et simulacra aurea et argentea et ærea et lapidea et lignea, quæ neque videre possunt, neque audire, neque ambulare.* (Vers. 21.) *Et non egerunt pœnitentiam ab homicidiis suis, neque a fornicatione sua, neque a furtis suis.* Ac si diceretur: et hi tales ad supradictum numerum pertinere videntur.

LIBER QUINTUS.

CAPUT X.

Cum per cæteras prophetias quam multa quæ mediatori nostro conveniant in terrenis rebus, et pauca in cœlestibus reperiamus, Joannes in hac adventum ejus sæpius per angelum designavit. Ut quid? nisi ut uberiorem aliis hanc prophetiam ostendat. Unde nunc dicitur: (Vers. 1) *Et audivi alium angelum fortem descendentem de cœlo amictum nube.* Et jure angelus dicitur, quia æternæ vitæ novus hominibus nuntius apparuit, de quo legimus: *Magni consilii angelus: fortis autem, quia aerias potestates moriendo vicisse probatur;* unde est illud: *Dominus potens in prælio* (Psal. xxiii, 8). Quod dicit *alium* non est rei diversitas, sed consuetudo recapitulationis; alium angelum vidit, quia aliam visionem repetivit. Nube amictus apparuit angelus, quia carne indutus inter homines visus est Dominus; cujus de cœlis descensio, ipsa carnis assumptio. *Et iris erat in capite ejus.* Caput Christi, ut dicit Apostolus, ipsa est divinitas. Iris autem arcus vocatur, per quam mundi reconciliatio, quæ per incarnati Verbi dispensationem facta est, figuratur; cujus mysterium supra dictum est. Et nota quod descripto novissimo certamine, ac prætermisso septimo sigillo, sub quo et finis consummationis, et Domini secundus speratur adventus, ad initium incarnationis Christi, unde modo dictum est, redit, et prædicationem ejus describit. Hac narratione finita, ad ea quæ paulisper omiserat redit. Meminerimus autem cum hanc narrationem ad finem usque perduxerit, debere finem ordini conciso subjungi; locus enim ille, quo in sequentibus dicitur *væ secundum abiit*, ad hunc subauditionem habet, quo præcedentis libri termino de nequissimorum equorum ac gentium perditione tractavimus. Et nota quia in hac narratione non solite agens, ambas narrationes non uno fine, sed duobus determinat, quia et ordinem prætermissum, et recapitulationem singillatim distinguit, sicut post paululum apparebit.

Et facies ejus sicut sol. Facies angeli incarnatio est Christi, qua a mortalibus est cognitus; de qua Psalmista: *Ostende faciem tuam, et salvi erimus* (Psal. lxxix, 4). Hæc facies soli non propter claritatem, qua incomparabiliter major est, comparatur, sed quia ut sol ortum habuit nascendo, occasum moriendo, et rursus ortum resurgendo. Unde Salomon: *Oritur sol et occidit, et cætera. (Eccle.* i, 5.) Possunt et sancti per faciem intelligi. *Et pes ejus tanquam columna ignis.* Pedes angeli sunt prædicatores, quibus incarnata Dei sapientia totum mundum ut ita dixerim perambulavit; qui bene columnæ et igni comparantur, quoniam et superpositum ædificium ecclesiæ portant, et Spiritu sancto accensi auditorum corda ad amorem Dei prædicando inflammant. (Vers. 2.) *Et habebat in manu libellum apertum.* Manus angeli operatio est nostræ salutis, id est incarnatio Christi. Libellus apertus declarata gratia est Novi Testamenti. Et nota quia nisi prius facies angeli refulsisset, libellum apertum in manu non teneret, quia in ejus dispensatione omnis Scripturarum summa revelata est. *Et posuit pedem suum dexterum super mare, sinistrum vero super terram.* Hac sententia distinctio prædicatorum ac temporum ostenditur: quasi pes dexter fortiores sunt, quos nec prospera levant, nec adversa dejiciunt, dicentes: *Sicut tenebræ ejus, ita et lumen ejus* (Psal. cxxxviii, 12). Hi super mare ponuntur, id est ad perferendas malorum persecutiones. Sinister vero pes, minoris virtutis sunt, qui dum pacis tempore mittuntur, quasi in terræ soliditate ponuntur. Sicut enim rex contra fortiores dirigit, ita et Christus.

Vers. 3. — *Et clamavit voce magna, quemadmodum cum leo rugit.* Sicut leonis clamor timorem incutit bestiis, sic Christus per sanctos prædicatores minando timorem incutit bestialibus hominibus; juxta illud: *Leo rugit, quis non timebit* (Amos iii, 8)? *Et cum clamasset, locuta sunt septem tonitrua voces suas.* Hoc significant septem tonitrua, quod vox leonis, id est verbi prædicationem; ut illud: *Vox tonitrui tui in rota* (Psal. lxxvi, 19). Et nota quia post leonis vocem, locuta dicuntur tonitrua, quia quod Dominus docuit, hoc etiam Spiritus septiformis docuit apostolos prædicare: unde *Filii tonitrui* dicuntur. Suas autem voces locuta sunt, quia non Judæorum fabulas, non philosophorum nænias sancta doctrina in suis dogmatibus recipit. Sed valde nobis perplexa quæstio generatur in eo quod subditur: (Vers. 4) *Et quæ locuta sunt septem tonitrua scripturus eram, et audivi vocem de cœlo dicentem: Signa quæ locuta sunt septem tonitrua, et noli ea scribere.* Si enim sancta prædicatio scripta non fuisset, ad nos unde venisset? Videtur ergo hoc loco quamdam descriptionem intelligi debere. Nam sciendum quia ideo aliquid nos sub sigillo claudimus ne cunctis pateat, sed congruo tempore quibus credimus solvatur; quod autem palam scribimus, ad cunctorum notitiam deducimus. Jubemur ergo eloquiorum Dei sacramenta non omnibus indiscrete propalare; sed ad mensuram, et quasi de sub sigillo, prout idoneos ad accipiendum videmus, ea subministrare; et aliis potum lactis, aliis solidum cibum dare. Clauduntur etiam divina sacramenta sub custodiæ signo, ne pandantur minime credituris, quia cum ea non recipiunt, incipiunt irridere.

Vers. 5. — *Et angelus, quem vidi stare supra mare et supra terram, levavit manum suam ad cœlum,* (Vers. 6.) *et juravit per viventem in sæcula sæculorum.* Cum Dominus jurare prohibeat, quid sibi vult quod ipse jurat? nisi quia homines sæpe juramento falluntur, ipse vero qui veritas nunquam fallitur. Levare igitur ad cœlum angelo manum, fuit Redemptorem nostrum sua virtute ad sedem paternam suam humanitatem evehere. Jurare vero per viventem in sæcula sæculorum, se ipsum quod est Patris Verbum, et carnem, quæ totum hominem, qui constat ex carne et anima demonstrat, unam personam Dei et hominis Deum verum ostendere; vel certe per Patrem jurat, quia omnia illi tribuit. In eo quod subditur : *qui creavit cœlum et ea quæ in illo sunt, terram et ea quæ in ea sunt, et mare et ea quæ in eo sunt;* hæreticorum errorem destruit, qui quædam a bono, quædam a principe tenebrarum facta non verentur asserere. Quid autem juraverit, audiamus : *Quia tempus jam non erit;* (Vers. 7) *sed in diebus septimi angeli, cum cœperit tuba canere, consummabitur mysterium Dei, sicut evangelizavit per servos suos prophetas.* Septimus angelus ac septima tuba finis est ecclesiasticæ prædicationis; in cujus consummatione secundus Domini speratur adventus. Sed si tempus jam non erit, cum sancta prædicatio finem acceperit, quomodo Psalmista dicit : *Erit tempus eorum in æternum (Psal.* LXXX, 16)? Sciendum ergo quia justis, quos æternitas immortalitatis susceperit, nequaquam tempus varietatis succedit; et injustis, quos æternus defectus assumet, quasi tempora mutabilitatis occurrent : quia enim tempus per momenta deficit, congrue nomine temporis malorum defectus vocatur. Quod ergo de justis Dominus denegat, hoc de injustis Psalmista confirmat. Denique quod dicit sacramentum Dei consummari, non a consumptione, sed a perfectione dictum est. Quod per prophetas prædictum dicit, quia pene omnis eorum intentio de primo et secundo Domini adventu ac consummatione sæculi fuit.

Vers. 8. — Et vocem quam audivi *iterum loquentem mecum et dicentem : Vade, accipe libellum de manu angeli stantis* supra *mare et* supra *terram.* Vox illa, quæ superius propter non credituros vel parvulos, voces tonitruorum claudere jusserat, nunc ad apertum librum sanctam ecclesiam in suis prædicatoribus invitat. Vox autem ista spiritalis intelligitur, qua Deus corda prædicatorum instruit, ut legis et prophetarum manifestatam intelligant veritatem, quæ omnino peritura vel in septem tonitruis vel in septem sigillis clauditur. Gressus vero quibus sancta Ecclesia ad angelum pergit, non corporales sunt, sed spiritales, mentis scilicet desiderium quo Deo propinquare videtur. Igitur quia jubentis vocem paratissimus sequitur sanctorum affectus [*Cod.,* effectus], recte subditur : (Vers. 9) *Et abii ad angelum dicens ei ut daret mihi libellum.* Et quia is qui ad promissa invitat, neminem fallit, apte subinfertur : *et dicit mihi : Accipe libellum, et devora eum.* Libellum devorare, est Scripturarum intelligentiam in secretis recondere. Sciendum nempe quia sacra Scriptura in obscuris locis cibus nobis est, quæ nisi exponendo mandantur, deglutiri non possunt; in apertis vero potus, quæ non exposita facile ut inveniuntur bibimus. Unde quamvis sancti prædicatores in Joannis persona jam revelata Scripturarum sacramenta de Domino intelligerent, tamen quia adhuc qualiter ad eum pertinerent, expositione indigebant, nequaquam de aperto libello dicitur : *Accipe librum,* et bibe, sed *devora.* Ac si diceretur : quasi mandens pertracta, et intellige, deinde degluti.

Et faciet amaricari ventrem tuum; sed in ore tuo erit dulcis tanquam mel. Ordo præposterus est, qui tamen paulo inferius recte invenitur. Nam sequitur : (Vers. 10) *Et accepi* libellum *de manu angeli, et devoravi eum, et erat in ore meo tanquam mel dulcis; et cum devorassem eum, amaricatus est venter meus.* Recte per os, ex quo prædicatio emanat, hi exprimuntur, qui in lege Dei die ac nocte meditantur : quique cum Psalmista dicunt : *Quam dulcia faucibus meis eloquia tua (Psal.* CXVIII, 82)! Per ventrem vero, de quo stercora exeunt, carnales terrenis voluptatibus dediti, de quibus electi dicunt : *Adhæsit in terra venter noster (Psal.* XLIII, 25). Tanquam ergo per os in ventrem cibus descendit, cum per Ecclesiæ prædicatores Scripturarum notitia ad eos etiam pervenit, qui carnaliter vivunt. Unde liber in ore dulcis, in ventre amarescit. Quid enim illis amarius quam quod Dominus jubet, *Non concupisces uxorem proximi tui* (*Deuter.* v, 21), et omnia quæ illius sunt? Aliter, in ore liber dulcis est, cum legentibus in eo gaudia æterna promittuntur, ut illud : *Fulgebunt justi sicut sol* (*Matth.* XIII, 43). In ventre, id est mentis secreto, amarus, cum austera præcepta illo opponantur; ut illud : *Nisi efficiamini sicut parvulus iste, non intrabitis in regnum cœlorum* (*Matth.* XXVIII, 3). (Vers. 11.) *Et dicit mihi : Oportet te iterum prophetare populis, et gentibus, et regibus, et linguis multis.* Hoc specialiter Joanni, et generaliter prædicatoribus dicitur, qui idcirco iterum prophetare, id est prædicare, jubentur, ut quod prædicant ore, factis iterato clament.

CAPUT XI.

Vers. 1. — *Et datus est mihi calamus similis virgæ dicens : Surge et metire templum Dei, et altare, et adorantes in eo.* Hoc generaliter in prædicatorum loquitur persona. Per calamum, qui Latine arundo dicitur, tropice divina prædicatio, quæ per eum scribitur, designatur : *similis* autem *virgæ* dicitur, quia sancta prædicatio non est flexibilis, sed recta. Templum Dei fideles sunt, quibus dicitur : *Vos estis templum Dei vivi* (*II Cor.* VI, 46). Altare in templo est vita religiosorum in plebe fidelium, in quibus principaliter et continue permanet indeficiens ignis sanctæ compunctionis. Adorantes in eo dicit in templo et altari, quo dicto ipsi exprimuntur. Quid est ergo de arundine templum et altare metiri, nisi sancta prædicatione donorum gratiam largiri? quod utique Ecclesia in Christo, id est in capite suo, facit. Et nota quod is qui templum Dei metiri debet, surgere admonetur; id est ad excelsa virtutum fastigia per exercitium operis exsurgere, quatenus id quod metitur ædificio altior fiat. (Vers. 2.) *Atrium autem quod foris templum est ejice foras, et ne metiaris illud, quoniam datum est gentibus.* Quod foris est, foras ejice, dicit illo locutionis genere, quo pulsantem si intromittere nolumus, foras ejicere jubemus. Quid igitur atrium, nisi Judæos, hæreticos, et gentiles intelligimus? quod *datum gentibus* dicitur, quia omnes ad incredularum gentium numerum transeunt. *Et civitatem sanctam calcabunt mensibus quadraginta duobus.* Civitas sancta, hoc est templum, et altare, id est cœlestis Hierusalem, quæ ædificatur ut civitas. Quid est ergo sanctorum Ecclesiam ab his qui foris sunt calcari, nisi verbis et tormentis persequi? Quadraginta et duo menses, tempus, et tempora, et dimidium temporis, id est Antichristi tempus significant; nihilominus et omne tempus vitæ præsentis propter septem ætates, et septem quibus volvitur dies. Sexies enim septem quadraginta et duo faciunt. Hoc etiam significabat, quod filii Israel quadragesima secunda mansione terram repromissionis intrarunt.

Vers. 3. — *Et dabo duobus testibus meis, et prophetabunt diebus mille ducentis sexaginta, amicti saccis.* Victorinus martyr duos testes Eliam et Jeremiam intelligit; dicit enim quia nusquam Jeremiæ legatur interitus. Sed melius alii Eliam et Enoch. Nos autem in specie genus intelligamus; id est per duos testes Ecclesiam, et per dies mille ducentos quadraginta, non solum Antichristi tempus, sed etiam retroacta tempora volvuntur. Et bene per duos testes Ecclesia; propter duo Testamenta, duos populos; duo mandata dilectionis, et duo martyrii genera. Per saccum vero intelligimus humilitatis confessionem, vel despectam malis claritatem sanctorum. (Vers. 4.) *Hi sunt duæ olivæ, et duo candelabra, in conspectu Domini terræ stantes.* Ecclesia sive in illis duobus, sive generaliter in omnibus prædicatoribus propter unctionem sancti Spiritus, per olivam; propter lumen fidei et operationis, per candelabra exprimitur. Cum autem una sit ex duobus populis, oliva et unum candelabrum propter duo Testamenta duæ olivæ et duo candelabra dicuntur. In conspectu Domini stant, quia intima contemplatione conditori suo inhærent. Hinc Elias, cui specialiter ista ascribuntur, dicit: *Vivit Dominus, in cujus conspectu sto* (*IV Reg.* iii, 14). Potest hoc sub alio intellectu specialiter ad Eliam et Enoch referri, qui humanis aspectibus subtracti Deo secretius inhærent. (Vers. 5.) *Et si quis eis voluerit nocere, ignis exiet de ore illorum, et devorabit inimicos eorum: et si quis eos vo-* *luerit lædere, ita oportet eum occidi.* Quid per ignem, nisi sancta prædicatio Spiritus sancti facibus inflammata? Non autem mirum si ex prædicatione mali moriantur, cum Apostolus dicat: *Christi bonus odor sumus Deo in his qui pereunt, et cætera* (*II Cor.* ii, 15). Aliter de ore testium ignis exiens inimicos eorum interficit, quia Ecclesia in malo perseverantes anathematis fulgore percutit. Aliter, potest a toto illa pars intelligi, quæ ideo uritur ut in melius convertatur. Exit ergo ab Ecclesia ignis claritatis, quo mali in melius convertuntur.

Vers. 6. — *Hi habent potestatem claudere cœlum, ne pluat diebus prophetiæ ipsorum.* Quid per cœlum, nisi quod per duos testes, id est sanctos Ecclesiæ prædicatores, intelligimus? qui dum cœlum ne pluat claudunt, seipsos utique claudunt. Claudunt autem non ut omnino non pluant, sed ne super terram spinosam, et maledicto proximam: quam potestatem in capite possident membra. *Et potestatem habent super aquas convertendi eas in sanguinem.* Gladius litteræ quo spiritaliter utens Ecclesia electorum corda transfigit, ut ea spiritu vivificet in cordibus male intelligentium hominum, hunc sanguinem emanare facit. *Et percutere terram omni plaga quotiescunque voluerint.* Quotiescunque fidelibus divina mysteria claudunt, toties eos insanabili plaga percutiunt. Quotiescunque vero fidelibus Dei sacramenta pandunt, toties alios ad vitam, alios ad mortem pertrahunt. Et nota quia non habituri, sed jam habere potestatem dicuntur, ut hoc *non* de illis duobus tantum, sed jam et de præsentibus intelligamus prædicatoribus dictum. (Vers. 7.) *Et cum finierint testimonium suum, bestia quæ ascendit de abysso faciet adversus illos bellum, et vincet et occidet illos.* Cum finierint, id est, cum ad calcem finiendi testimonium, hoc est ad Antichristi tempus, pervenerint. Unde claret, ante novissimam persecutionem hæc fieri; propter brevitatem enim illorum dierum, de quibus Dominus dicit, *propter electos breviabuntur dies illi* (*Matth.* xxiv, 22), cum illo ventum fuerit, quasi jam finitum Ecclesiæ testimonium perhibetur. Bestia igitur, id est totum diaboli corpus, de abysso ascendere dicitur, quia divino judicio effari permittitur: *iudicia enim Domini abyssus multa* (*Psal.* xxxv, 7); inde ergo ascendit, unde levari permittitur. Si vero per bestiam solum Antichristum accipiamus, ascensio de abysso carnalis nativitas est ex profundissimæ impietatis Judæorum populo, id est de tribu Dan. Pugna autem et corporalis erit et spiritalis. In eo itaque quod dicitur, *et vincet eos*, pars est quædam admista corpori Christi, quæ sive terroribus, sive blanditiis vinci posse narratur. Unde nequaquam præmissa sententia de duobus tantum testibus prolata est. Si enim esset, quod absit, bestia illos vinceret. Hi ergo in illa parte Ecclesiæ intelligantur de qua dicitur, *et occidet illos;* id est in parte electa quæ occidi potest, sed vinci non potest.

Vers. 8. — *Et jacebunt corpora in platea civitatis magnæ, quæ vocatur spiritaliter Sodoma, et Ægyptus, ubi et Dominus eorum crucifixus est.* Per hoc quod sanctorum Ecclesia in platea civitatis magnæ mortua jacere describitur, vehementer afflicta et Dei judicio spiritaliter hostibus suis substrata monstratur. Et nota quod non illorum solum corpora, qui ferro occiduntur, sed et illorum, qui adhuc vivunt, oporteat intelligi; de qualibus Apostolus: *Mortui enim estis,* et reliqua. Et quia Hierusalem crudelior erit persecutio, ideo dicuntur ibi esse sanctorum martyria; ubi ostenditur quia Judæi principaliter Antichristo adhærebunt, quousque Elia et Enoch prædicante, qui salvandi fuerint convertantur. Ægyptum autem et Sodoma spiritaliter civitas illa vocatur propter ipsorum imitationem. Et quia illa persecutio in toto mundo erit, totus orbis contra Ecclesiam sæviens per hanc civitatem potest intelligi. Nam et Dominus non intra illam civitatem, sed extra portas ejus passus est, ut in toto mundo crucifixus; et totum mundum occupasse crederetur. Per Ægyptum et Sodoma persecutorum iniquitas designatur. (VERS. 9.) *Et videbunt de populis, tribubus, et linguis, et gentibus, corpora eorum tribus diebus et dimidio, et corpora eorum non sinent poni in monumentis.* Sicut sepulcra ab humanis oculis corpora, sic sanctos a tribulatione contegit tranquillitas temporis. Quia ergo pax sanctis non erit, ideo dicuntur insepulti manere. Nulli vero sit contrarium, si mortuos non solum occisos, sed etiam afflictos dictum est intelligi posse, quoniam tropice a corporibus totos indicat homines. Itaque trium dierum et dimidii spatio, triennium et sex mensium summa describitur; a parte scilicet totum. (VERS. 10.) *Et inhabitantes terram gaudebunt super illos, et jucundabuntur, et munera mittent invicem, quia hi duo cruciaverunt eos qui habitant super terram.* Quomodo ab eis crucientur, paulo superius diximus; scilicet devoratione ignis spiritalis, suspensione salutaris pluviæ, et conversione aquarum in sanguinem.

VERS. 11. — *Et post tres dies et dimidium, spiritus vitæ a Deo intravit in eos, et steterunt super pedes suos.* Generalis hoc loco omnium sanctorum resurrectio post illam persecutionem novissimam ventura declaratur. Spiritus autem vitæ a Deo intrabit *in illos,* non quo alium accipiant, sed quia eumdem quem habuerunt recipient. Super pedes vero stare, est nulla jam rerum spiritalium mutabilitate nutare. Sanctis itaque evigilantibus, quid reprobi patiantur audiamus: *et timor magnus cecidit super eos qui viderunt eos.* Nec mirum si reprobos timor invadat, cum ipsi etiam electi, etsi securo timore, tamen pavebunt. (VERS. 12.) *Et audierunt vocem magnam de cœlo dicentem illis: Ascendite huc.* Vox hæc illa est de qua Apostolus dicit: *Ipse Dominus in jussu, et in voce archangeli, et in tuba Dei descendet de cœlo* (I Thess. IV, 15). *Et ascenderunt in cœlum in nube, et viderunt illos inimici eorum.* In nube ascendunt, id est, in potestate judicantis. Hinc est quod Dominus, devicta morte, in nube ad sedem paternam ascendit. Quod autem ex vivis et mortuis duorum testium corpora constare præmisimus, ad hoc confirmandum Paulum idoneum testem introducimus dicentem: *Nos qui vivimus, qui relinquimur, simul rapiemur cum illis in nubibus obviam Christo in aera, et sic semper cum Domino erimus* (Ibid. γ, 16). Si ergo, ut Apostolus dicit, vivi qui invenientur in nubibus obviam Christo in aera rapientur, ergo mendax est Psalmista dicens: *Quis est homo qui vivit, et non videbit mortem* (Psal. LXXXVIII, 49)? Et liber Genesis: *Terra, inquiens, es, et in terram ibis?* Sed absit. Nam, ut Pater Augustinus dicit, in ipso raptu nubium momentaneam mortem gustabunt. Hoc est autem corpus in terram reverti, quod exeunte anima remanere corpus, quod utique terra est. Quam autem velox sit utraque immutatio, Apostolus indicat, qui omnia *in ictu oculi* (I Cor. XV, 52) fieri confirmat.

VERS. 13. — *Et in illa hora factus est terræ motus magnus.* Ostensa resurrectione, a novissima persecutione recapitulat. Non autem mirum si propter electos abbreviatum tempus horam vocet, cum alibi de toto hoc tempore dicat: *Filioli, novissima hora est* (I Joan. II, 18). Et nota quia magnum dicit terræmotum, quoniam juxta Domini vocem, erit autem *tribulatio qualis non fuit ab initio* (Matth. XXIV, 21). *Et decima pars civitatis cecidit.* Decima pars civitatis in illis cadit, qui ad electorum numerum non pertinent. Electi enim novem ordinibus angelorum juncti ruinas dæmonum sua numerositate instaurant, et decimum ordinis sui locum adimplent. Non itaque tota decima, sed pars decimæ, debet intelligi, quæ cadit, id est illa quæ ad novem ordines angelorum non pertingens, locum decimi ordinis minime tenet. *Et occisa sunt in terræmotu nomina hominum septem millia.* In his pars illa intelligenda est, quæ nunc inter agnos latitat, sed agente novissima persecutione ad publicum errorem deducta in corpus bestiæ devoranda trajicitur. *Reliqui in timorem sunt missi, et dederunt gloriam Deo cœli.* Quos reliquos dicit? Illos qui in fide permanserunt; an illos qui negaverunt et post reversi sunt? ah illos qui sine fide fuerunt, et post prædicantibus Elia et Enoch sunt credituri? Vere, omnes possumus intelligere. (VERS. 14.) *Væ secundum abiit, ecce væ tertium venit cito.* Hic finis est duplicis recapitulationis; sed non huic secundum væ ascribitur. Dictum enim fuerat superius, peracto prælio locustarum; væ unum abiisse, et alia duo ventura esse. Atque enarratis quæ ad secundum væ pertinebant, id est in solutione quatuor angelorum et cæteris, non est redditum væ secundum. Hoc autem idcirco; quia recapitulatio ab adventu Christi sequebatur; ne putaremus, si ibi dictum fuisset væ secundum abiit, tertium væ ad recapitulationem pertinere. Væ ergo secundum non ad hunc, sed ad superiorem locum subauditionem habet. Enarrata enim recapitulatione quæ ordinem concidit, ordini conciso redditur. Quid sit autem væ tertium; aperitur cum subditur:

VERS. 15. — *Et septimus tuba cecinit; et factæ*

sunt voces magnæ in cœlo. Apparente Domino ad judicium, hic septimus angelus tuba canit ; in quo Ecclesia intelligitur non jam prædicans, sed misericordiam et judicium Domino decantans. Hinc est quod angelus super terram et mare stans jurat quod jam non sit tempus, sed in tuba septima consummatio. Voces autem magnæ in cœlo, id est in Ecclesia, gratiarum sunt actiones; et bene magnæ, quia de magnis rebus magnum exoritur desiderium. Sed unde sint hæ voces, Joannes ostendit, qui subdit : *dicentes : Factum est regnum hujus mundi;* id est, in quo prius antiquus hostis regnabat Dei et Christi ejus. *Et regnabunt in sæcula sæculorum.* In his, id est in Patre et Filio, Trinitas intelligitur. (VERS. 16.) *Et viginti quatuor seniores, qui in conspectu Dei sedent in sedibus suis, occiderunt in facies suas.* De senioribus jam dictum est quia prædicatores significant, quod in specie genus intelligi debeat. Bene autem viginti quatuor pro duodecim tribus, et duodecim apostolis. Per sedes et seniores una Christi sedes intelligitur, in prælatis et subditis. Recte autem seniores in conspectu Dei sedere perhibentur, quia subjectorum facta examinantes, non humanam per hoc gratiam, sed Dei gloriam quærunt. In faciem cadunt, quia omne bonum non sibi, sed Deo tribuunt. *Et adoraverunt Deum, dicentes :* (VERS. 17) *Gratias agimus tibi, Domine Deus omnipotens, qui eras, et qui es.* In eo quod non dicunt, qui venturus est, claret hæc omnia in extremo judicio dicenda vel agenda. Quod autem sequitur :

VERS. 18. — *Quia accepisti virtutem tuam magnam, et iratæ sunt gentes;* ad primum ejus adventum pertinet. Accepit virtutem magnam in humanitate, quam semper habuit per divinitatem. Quod vero subditur, quia *advenit ira tua et tempus mortuorum;* de secundo dicitur. Sed cum Dominus dicat, *Diligite inimicos vestros* (*Matth.* v, 44), quomodo de adventu iræ ejus in reprobos isti gratias agere referuntur? Non ergo pro malorum perditione, sed pro sua gaudent resurrectione et glorificatione, quam sciunt nequaquam posse impleri, nisi damnatio præcesserit impiorum. Juxta hunc intellectum, animæ occisorum sub altare Dei clamare perhibentur, *Usquequo, Domine,* et cætera (*Apoc.* VI, 10). Non enim vindictam exposcunt, sed [*Cod.*, in *pro* sed] quo ipsi post malorum vindictam remunerentur. Hinc Psalmista : *Lætabitur justus cum viderit vindictam* (*Psal.* LVII, 11). Ira igitur judicis, non perturbationem mentis, sed rectitudinem significat. Qualem itaque conscientiam quis tulerit, talem eum videbit. *Judicari et reddere mercedem servis tuis prophetis, et sanctis, et timentibus nomen tuum pusillis, et magnis.* Cum Apostolus dicat gratia nos salvatos; quomodo Dominus hic mercedem dicitur reddere? Sciendum ergo quia cum Deus mercedem servis suis reddit, sua in eis dona remunerat. Opus enim mercedis habere nequimus, nisi ab illo ut operaremur accepissemus. Et nota quod in prophetarum nomine apostoli designantur. Interea nullus de sua perfectione desperet, si tamen perfecta agere contendit, et non valet, quia etiam pusilli ad illam mercedem pertingunt. Unde beatus Job : *Parvus et magnus ibi sunt* (*Job.* III, 19). *Et exterminandi eos qui corruperunt terram.* Idcirco non occidi, sed exterminari dicuntur, ut perpetuum damnationis exsilium æterna illorum demonstretur inopia. Terram corrumpere est iniquis operibus vitam depravare. Hinc itaque pendet tertium væ malorum, quod in septimo angelo prædictum est cito venturum.

VERS. 19. — *Et apertum est templum in cœlo, et visa est arca testamenti ejus in templo ejus.* Hæc locutio ad initium fidei recurrit, et conflictus Ecclesiæ sub aliis figuris intexit. Quid enim Dei templum, nisi Christum significat? *in quo omnis plenitudo divinitatis inhabitat corporaliter* (*Col.* II, 9). Apertum vero dicitur, quia jam natus, passus, suscitatus et elevatus est Christus; quæ omnia quia in Ecclesia Christus fecisse prædicatur, ideo in cœlo templum aperire dicitur. Arca testamenti Ecclesia vocatur, in qua duorum Testamentorum virtus digito Dei scripta est : quæ juxta fidem Exodi quatuor circulos aureos habet, in quibus quatuor vectibus portetur, id est quatuor Evangelia, per quæ a sanctis prædicatoribus gubernatur : in qua est urna aurea manna continens, id est divini verbi sapientia cum pabulo vitæ : nec non et virga Aaron, id est approbatio regalis sacerdotii. *Et facta sunt fulgura, et voces, et tonitrua, et terræ motus, et grando magna.* Fulgura sunt miraculorum signa, quibus perculsæ infidelium mentes, humilitati se subdiderunt. Unde Psalmista : *Fulgura multiplicabis, et conturbabis eos* (*Psal.* XVII, 15). Bene autem post fulgura *voces,* id est prædicatores, ponuntur ; quia prædicatores, ut loquendo incredulos ad fidem perducerent, prius nova miracula exhibuerunt. Post verba autem sequuntur *tonitrua,* ut qui voces despiciunt, terrore judicii quatiantur. Deinde *terræmotus,* id est persecutio, quæ per grandinem signatur. Sicut enim grando fruges terræ comminuendo comminuitur, et terra denuo fructificat; sic furens turba gentium, dum nomen Dei de terra auferre conata est, ipsa ad nihilum redacta est, aut viribus aut commutatione in melius. Plures enim de his ad fidem Christi redierunt.

CAPUT XII.

VERS. 1. — *Et signum magnum apparuit in cœlo, mulier amicta sole, et luna sub pedibus ejus.* Mulier amicta sole beata virgo Maria est, obumbrata Altissimi virtute, in qua etiam genus, id est Ecclesia, intelligitur; quæ non propter mollitiem mulier dicitur, sed quia novos quotidie populos parit, ex quibus generale Christi corpus conformatur. Ecclesia itaque sole amicta est, juxta illud : Quotquot *in Christo baptizati estis, Christum induistis* (*Gal.* III, 27). Christus est enim sol justitiæ, et *candor lucis æternæ* (*Sap.* VII, 26). Per lunam vero, quæ per incrementa temporum deficit, mutabilitas temporis exprimitur, quam Ecclesia quia despicit quasi sub pedibus premit. Et nota quia sunt quædam in sequentibus quæ non speciei, sed generi conveniunt. *Et in capite ejus corona stellarum duodecim.* Duodecim stellæ quibus corona aptatur, duodecim sunt apostoli, per quos primo caput Ecclesiæ, id est Christus, victoriam reportavit. Stellæ autem vocantur, quia tenebras ignorantiæ ratio veritatis illustrat. (VERS. 2.) *Et in utero habens* clamat *parturiens, et cruciatur ut pariat.* Hæc beatæ Mariæ specialiter aptari nequeunt, sed Ecclesiæ quæ, dum eos quos jam pepererat, iterum parturit, quamdam partus difficultatem hic patitur; quousque, juxta Apostoli vocem, *Omnes occurramus in virum perfectum* (Ephes. IV, 13). (VERS. 3.) *Et visum est aliud signum in cœlo; et ecce draco magnus rufus habens capita septem, et cornua decem, et in capitibus suis septem diademata.* Diabolus propter malitiam draco; propter multiplicitatem insidiarum magnus; propter homicidium rufus vocatur. In cœlo autem, id est in Ecclesia videtur, non quo possideat, sed quia ei adversatur. In capitibus et in cornibus totum ejus regnum ostenditur; tanquam septem capita contra septem Ecclesias, septem spiritus nequam contra septiformem spiritum Dei, decem cornua contra decem præcepta legis venientia. Sed de his latius in sequentibus dicetur. (VERS. 4.) *Et cauda ejus trahebat tertiam partem stellarum cœli, et misit eas in terram.* Cauda draconis sunt perversi prædicatores, juxta illud : *Propheta docens mendacium, ipse cauda est* (Isa. IX, 15). Eos qui foris studio vitæ cœlestis videntur inhærere, ex amore terreno per falsos prædicatores ad aperti erroris iniquitatem devolvi, de quibus Joh : Obscurentur *stellæ caligine ejus* (Job. III, 9). Quia vero cauda finis est corporis, potest per eam Antichristus ejusque prædicatores intelligi, ut præteritum pro futuro accipiamus. Et revera tunc manifestior erit harum stellarum dejectio.

Et draco stetit ante mulierem quæ erat paritura, ut cum peperisset filium ejus devoraret. Stetit tunc draco ut natum caput deglutiret; stat semper ut membra capitis deglutiat. Sed, ut sequentia demonstrant, ideo mulieris filius morsum draconis evasit, quia ad thronum Patris raptus est. Unde gravis oritur quæstio. Neque enim mox ut Christus natus est, et ab Herode quæsitus, corporaliter cœlos conscendit; nec ejus membra ideo draconis dentes cavent, quia corpus funditus deserentes ad caput suum perveniunt. Sciendum ergo quia fides recta, quæ vitæ præcepta conservans per sacras Scripturarum paginas declaratur, ascensus mentis est ad Deum, quo draconis malitia vitatur. Ac per hoc non corporaliter ascensum dicit. Et nota quod non retro, sed ante stare illis dicitur, a quibus ejus astutiæ cognoscuntur. (VERS. 5.) *Et peperit filium masculum.* Illa caput peperit, hæc membra capitis gignit. Sed quare *masculum* addidit, cum præmiserit *filium*? Scilicet quia aut in bono dicitur pro excellentia fortitudinis, aut in malo pro immensitate sceleris. Sicut enim hic in bono, sic pro malo ponitur in Jeremia dicente : *Maledictus homo, qui annuntiavit patri meo, dicens, Na-* *tus est tibi puer masculus* (Jerem. XX, 15). Cæterum Ecclesia non effeminatum, non remissum generat. *Qui recturus erit gentes in virga ferrea.* Hoc et ad caput, et ad corpus redigitur. Per virgam rectitudo justitiæ exprimitur. Unde Psalmista : Virga recta, et cætera. Quid est autem quod subditur : *tanquam vas figuli conterentur* (Apoc. II, 27)? nisi quia censura justitiæ lutulenta in subditis opera conteruntur, ut fiant ex vasis contemptibilibus vasa honoris et sanctificationis. Quamvis possit hoc etiam ad reprobos Christi referri. *Et raptus est filius ejus ad Deum et ad thronum ejus.* Hoc paulo superius dictum est. (VERS. 6.) *Et mulier fugiet in solitudinem, ubi habet locum paratum a Deo, ut ibi pascant illam diebus mille ducentis sexaginta.* Hoc est mulierem in solitudinem fugere, quod filium ejus ad Deum rapi; fugit enim Ecclesia, non corporali, sed spiritali ascensu. Solitudo secretum est mentis. Nam sancti viri, ut serpentis venenum evadant, seipsos solitudinem faciunt, omnia transitoria et carnalia desideria contemnendo. Et nota quod prædicatorum est hanc mulierem pascere. Locus autem ubi pascitur, ipse est cui dicitur : *Esto mihi in Deum protectorem, et in locum refugii* (Psal. XXX, 3). Ipse est et cibus quo pascitur, qui ait : *Ego sum panis vivus* (Joan. V, 35). Numerus autem iste dierum sic tempora Antichristi significat, ut tamen omne tempus vitæ præsentis a prædicatione et passione Christi assumat. Eodem enim dierum numero evangelica *prædicatio* a Domino edita est, quo in fine per novissimos prædicatores terminanda.

VERS. 7. — *Et factum est prælium magnum in cœlo; Michael et angeli ejus præliabantur cum dracone, et draco pugnabat et angeli ejus.* Absit a fidelium cordibus, ut hoc prælium tunc factum credant, quando per superbiam antiquus hostis cum satellitibus suis de cœlo cecidit. Sed ab initio fidei Christianæ usque ad finem vitæ præsentis fieri sine ulla dubitatione tenendum est; quod ex eo [Scilicet, initio] in cœlo, id est in Ecclesia (quo apostolica voce clamatur : *Non est nobis colluctatio adversus carnem et sanguinem, sed contra spiritalia nequitiæ in cœlestibus* [Ephes. VI, 12]) draco ille id est diabolus repugnare semper et adversari probetur. Quod si nos pugnamus contra hanc sententiam, cur Michael pugnare dicitur? Quapropter sciendum, et nostrum et angelorum certamen contra diabolum esse, etiam in multis aliis locis ostendi. Nam quamvis Petrus dixerit : *Cui resistite fortes in fide* (II Petr. V, 9); et Jacobus : *resistite diabolo, et fugiet a vobis* (Jacob. IV, 7); tamen hoc ipsum per angelos fieri David declarat dicendo : *Immittet angelus Domini in circuitu timentium eum, et eripiet eos* (Psal. III, 8). In quibus exemplaribus ostenditur quia nec nos sine angelorum, nec angeli sine nostro conflictu dimicant. Angeli autem *Michael* non ideo dicuntur, quod ipse eos, juxta quorumdam hæreticorum perfidiam, creaverit; sed quia eos a Deo in adjutorium acceperit; vel quia sub uno rege et ex una civitate militare creduntur : sicut et *dra-*

conis angeli vocantur, qui ad cum pertinere, et ejus voluntatem perficere probantur. In quorum numero mali homines comprehenduntur; sicut et nos in bonorum angelorum. (VERS. 8.) *Et non valuerunt, neque locus inventus est eorum amplius in cœlo.* Quomodo non prævalere dicuntur maligni spiritus cum multos decipiant; et qui fuerunt habitatio Redemptoris, fiant locus deceptoris? A toto ergo pars intelligenda est, cui prævalere ad æternam mortem malignorum spirituum turba non potest. Ille enim antiquo hosti locum dat, qui mortale crimen admittit. Vel certe hæc prophetia ad Antichristi tempus respicit, quo ab electis exclusi, decipiendi tempus ultra non habebunt.

VERS. 9. — *Et projectus est draco ille magnus serpens antiquus, qui vocatur diabolus; et Satanas qui seducit orbem universum projectus est in terram, et ejus angeli cum eo missi sunt.* Hostis noster propter malitiam draco, propter immanitatem sceleris magnus, propter insidias serpens, propter seductiones diuturnitatem antiquus, propter lapsum de cœlo, et fidelium et electorum accusationem diabolus vocatur; diabolus enim et deorsum fluens et criminator sonat; Satanas autem dicitur contrarius. In eo vero quod dicit, *qui seducit orbem universum,* totum pro parte posuit. Unde igitur, et quo projectus est, nisi de cœlo in terram? id est de mentibus electorum, in corda reproborum, non quod in eis et ante non erat, sed quod ab illis exclusus amplius dominatur. (VERS. 10.) *Et audivi vocem magnam dicentem in cœlo : Nunc facta est salus, et virtus, et regnum Dei nostri, et potestas Christi ejus; quia projectus est accusator fratrum nostrorum qui accusabat illos ante conspectum Dei nostri die ac nocte.* Quia quotidie A draco de cœlis in terram ruit, constat quia vox hæc, id est mentis desiderium in laudem ab adventu Domini incipit, et usque ad finem sæculi in cœlo, hoc est Ecclesia, clamare non desinit. Unde adverbio *nunc* omne tempus comprehenditur. Salutem factam dicunt, quia gratuita Dei bonitate sumus salvati; virtutem, quia roborati; potestatem, quia in celsitudinis gloriam sumus erecti. Cuncta enim hæc in hominibus facta sunt, quamvis non per hominem, sed per Jesum Christum. In die autem et nocte diabolus accusat, cum alios in prosperitatibus extolli, alios inspicit adversitatibus frangi. Diabolum vero sanctos accusare, est non loquendo exterius, sed audiendo interius. Malitia enim ipsius, accusatio est adversus sanctos. (VERS. 11.) *Et ipsi vicerunt illum propter sanguinem Agni, et propter verbum testimonii sui.* Propter sanguinem Agni vincunt, quia passiones Christi sequuntur. Propter verbum testimonii, quia fidei rectitudinem custodiunt, de quibus subditur: *et non dilexerunt animas suas usque ad mortem.* Id est ad mortem se posuerunt ne eas nequiter amarent. (VERS. 12.) *Propterea lætamini, cœli, et qui habitatis in eis.* Plurali numero cœlos ad lætandum invitat, quia numerositatem Ecclesiarum assignat, quæ omnes unam de se reddunt. Habitantes in cœlo, angelos vel sanctos homines dicit, quibus concorditer in Domino convenit gratulari cum homines, devicto hoste, ad consortium redeunt angelorum. Ubi non est aliud quod exponi debeat, nisi ut hac manente lætitia, hic liber debitum finem accipiat.

(*Reliquorum capitum expositio deest in codice, sive eam scripserit Alcuinus, sive secus; quanquam reapse hoc cap., v. 3, plura se scripturum promittit.*)

INDEX ANALYTICUS
RERUM QUÆ IN COMMENTARIIS ALCUINI IN APOCALYPSIN CONTINENTUR.

NOTA 1° *quod primus numerus columnam, secundus vero lineam indicat.*
NOTA 2° *quod ante quasque ejusdem articuli particulas, inter se per lineolam (—) separatas, vocabulum a fronte positum prius subaudiendum est.*

A

Abbaddon, rex locustarum, id est, hæreticorum, 1141, 8 sqq.
Adam, primus pater omnium Judæorum et gentilium, secundus vero credentium, 1112, 42 sqq.
Adoratio spiritalis per casum viginti quatuor seniorum intelligenda est, 1119, 44 sqq.
Ægyptus et Sodoma persecutorum Antichristi temporis iniquitatem significant, 1149, 12 sqq.
Æternitas justorum nequaquam temporis varietatem patietur, 1145, 52 sqq.
Agnus in medio seniorum stat quasi occisus, in quonam sensu, 1121, 29 sqq.; *ibid.,* 45 sqq. — Librum aperit, cum opus voluntariæ passionis implevit, 1122, 15 sqq. — Aperit primum sigillum, 1123, 17 sqq. — Aperit secundum, *ibid.,* 47 sqq. — Aperit tertium, 1124, 35 sqq. — Aperit quartum, 1125, 56 sqq. — Aperit quintum, 1126, 5 sqq. — Aperit sextum, 1126, 49 sqq. — In medio erit electorum, 1134, 34 sqq. — Aperit sigillum septimum, 1135, 2 sqq.

Alæ quatuor animalium eloquia duorum Testamentorum figurant, 1118, 46 sqq. — Sex leges significant, *ibid.,* 53 sqq. — Locustarum elatam hæreticorum scientiam indicant, 1140, 54 sqq.
Alpha et omega significant quod Christus principium sit et finis, 1093, 7 sqq.
Altare Dei est Christus, 1126, 12 sqq.
Altitudo Satanæ superbia est, 1108, 28 sqq.
Amen adverbium est affirmantis, 1091, 55 sqq. Verum interpretatur, 1113, 14 sqq.
Amor Dei per flammam ignis designatur, 1098, 51. *Vide* Charitas.
Ananias in quem Petrus insurrexit, 1093, 47 sqq.
Angelus qui Joanni apparuit una cum apostolo Ecclesiam præfigurat, 1091, 6 sqq. — Christi vicem gerit, ejusque in apparendo figuram exprimit, *ibid.;* 17 sqq.; 1100, 27 sqq. — Similis filio hominis vocatur, 1091, 25 sqq. — Ecclesiæ Sardis quomodo nomen habet quod vivat, et mortuus est, 1109, 50 sqq. — In cujus manu thuribulum aureum, 1135, 13 sqq. — Mediator est Deum inter et homines, *ibid.,* 50 sqq. — Quidnam mystice significat, 1136, 9 sqq. — Primus tuba canit, *ibid.,* 50 sqq. — Secundus tuba canit, 1137, 50 sqq. — Tertius, *ibid.,* 54 sqq. — Quartus, 1138, 19 sqq. — Quintus, 1139, 1 sqq. — Sextus 1141, 30 sqq. — Levat manum suam et jurat, 1145, 6 sqq. — Septimus et tuba septima finis est ecclesiasticæ prædicationis, *ibid.,* 27 sqq. — Septimus tuba canens apparentem Dominum ad judicium indicat, 1150, 49 sqq. — Angeli in Ecclesia per oculos designantur, 1098, 57 sqq. — Ecclesiæ seu præsciatores per septem stellas intelliguntur, 1099, 3 sqq. — Quatuor stantes super quatuor angulos terræ corpus antiqui hostis significant, 1128, 43 sqq. — Septem cum septem tubis, 1135, 11 sqq. — Ecclesiam indicant, *ibid.,* 20 sqq. — Quatuor alligati in flumine mag o Euphrate sunt universum reproborum corpus, 1141, 44 sqq.
Anguli quatuor terræ principalia sunt regna terræ, 1128, 57 sqq.
Angustiæ Ecclesiæ per insulam Pa

thmos figurantur, 1095, 55 sqq.

Animae occisorum propter verbum Dei subtus altare Dei sunt, 1126, 6 sqq. — Ad martyres duplicis generis pertinent, *ibid.*, 7 sq.

Animal primum tanquam vocem tonitrui magni emittit, 1125, 27 sqq. Secundum Joanneui alloquitur, *ibid.*, 48 sqq. Animalia quibus non est datum post mortem resurgere, 1094, 56 sq. — Quatuor evangelistas figurant, 1118, 7 sqq., 1119, 51 sq. — Ecclesiam, 1118, 7 sq. — A clamore non cessant, 1119, 10 sqq. Animalia et seniores angeli sunt, 1123, 3 sqq. — Unum sunt, id est, una Ecclesia, 1124, 9 sqq.

Antichristus persequens Ecclesiam inducitur, 1112, 14 sqq. — Ecclesiam persequens formari magno comparatur, 1139, 26 sqq. — Quatuum temporis Ecclesiam Dei calcabit, 1147, 17 sqq. Antipas testis fidelis, omnes martyres figurat, 1104, 41 sqq.

Aperitio sigilli revelatio est sacramenti, 1125, 20 sqq.

Apocalypsis brevitatis causa, pro *hæc est Apocalypsis* dicitur, 1090, 1 sq. — Ex Græco in Latinum revelatio interpretatur, *ibid.*, 6 sq. — Qua Christus cuncta revelat misteria tanquam Deus, tanquam vero homo, a Deo accipit, ut ea quæ cito oportet fieri servis suis declaret, *ibid.*, 24 sqq. — Ejus auctoritas, 1091, 57 sqq.

Apollyon. *Vide* Abbaddon.

Apostoli falsi, tempore Joannis, in Ephesi Ecclesia pullulabant, 1101, 41 sqq.

Arcus quem tenet sedens in equo albo Novum Vetusque Testamentum figurat, 1123, 55 sqq.

Ascensus solis ab ortu resurrectio est Christi, 1129, 40 sqq.

Aser, id est beatus, 1131, 26 sqq.

Asia relatio interpretatur, 1092, 56 sqq. — Ejus ad Ecclesiam apocalypsis specialiter proponitur, *ibid.*

Atrium quod foris est templum Judæos, hæreticos et gentiles ab Ecclesia expellendos indicat, 1147, 9 sqq.

Auctoritas apocalypseos quanta sit, 1091, 57 sqq.

Auricularum ad persecutiones Antichristi refertur, 1098, 41 sqq.

Aurum incarnatam Dei sapientiam significat, 1114, 18 sqq. — Probatum et ignitum merito vocatur, *ibid.*, 20 sqq.

B

Balaam et ejus doctrina, 1104, 54 sqq. — Interpretatur populus varius hæreticosque designat, 1105, 8 sqq.; id est caro, *ibid.*, 21 sqq.

Balac quoad pravum consilium dedit, 1105, 2 sqq.; elidens interpretatur, *ibid.*, 11 sqq. — Carnem significat, *ibid.*, 22 sqq.

Baptismus per mare vitreum figuratur, 1117, 55 sqq.

Beatitudo per dexteram indicatur, 1099, 22 sqq.

Benjamin, id est filius dexteræ, 1132, 7 sqq.

Bestia quæ ascendit de abysso Antichristum figurat, 1148, 30 sqq.

Bilibris Ecclesia est peccata hominum ponderans et remittens, 1125, 14.

C

Calamus Joanni datus ut templum Dei metiret. Divinam prædicationem tropice significat, 1146, 49 sqq.

Calculus lapis est pretiosus qui et carbunculus vocatur, 1106, 1 sqq. — Jesum Christum significat, *ibid.*, 4 sqq.

Calidus est quem movet Spiritus sanctus, 1115, 34 sqq.

Candelabra septem septiformem Ecclesiam designant, 1097, 19 sqq. — Duo sunt duo testes, id est Ecclesia, propter lumen fidei et operationis 1117, 43 sqq. *Vide* Septem Candelabra.

Canticum angelorum coram agno, 1123, 9 sqq. — Electorum, 1133, 45 sqq. — Seniorum viginti quatuor, appropinquante die judicii, 1132, 15 sqq. — Propter draconem in terram projectum, 1133, 50 sqq.

Capilli sanctos Ecclesiæ designant, 1098, 24 sqq.

Caput Christi Deus est Pater, 1098, 19 sqq. — Ecclesiæ redemptor ejus est, *ibid.*, 22 sqq.

Castigatio ad flagella pertinet, 1114, 47 sqq.

Charitas Dei in cordibus nostris per Spiritum sanctum diffusa est, 1094, 15 sq. — Æternæ sapientiæ per aurum figuratur, 1097, 29 sqq. — Per vocem aquarum multarum potest intelligi, 1098, 58 sqq. — Prima, id est prioris temporis, 1102, 3 sqq. — Omnium fons est et origo, 1114, 8 sqq. — Per phialas aureas intelligitur, 1122, 29 sqq.

Christus quomodo interpretatur Græce et Latine, 1090, 8 sqq. — Post ascensionem apparet, quemadmodum ante incarnationem Patribus apparuit, id est per angelicam naturam, 1091, 17 sqq. — Merito testis fidelis asseritur, 1093, 51 sqq. — Primogenitus dicitur, quia nullus ante ipsum non mortuus surrexit, *ibid.*, 41 sqq. — Alpha et omega dicitur, quia principium est et finis, 1095, 7 sqq. — Dicitur virga recta, 1109, 5 sqq. — Furi comparatur, 1110, 21 sqq. — Est ostium aperientium credentibus, non incredulis, 1111, 21 sqq. — Solus dignus est aperire librum, in quonam sensu, 1120, 42 sqq. — Leo dicitur quia diabolum vicit, agnus vero quia semetipsum offerens mundum redemit, 1121, 23 sqq. — Radix David nuncupatur, quia filius ejus est, *ibid.*, 26 sqq. — Crucifixus ex infirmitate, vivit tamen ex virtute Dei, 1121, 45 sqq. — Cantavit canticum novum verbis prædicando, factis imitando, 1122, 58 sqq. — Est altare Dei, 1126, 12 sqq. — Est sol, 1126, 55 sqq. — Est angelus ascendens ab ortu solis, 1129, 32 sqq. — Angelus est fortis de cœlo descendens in nube, 1145, 11 sq. *Vide* Jesus Christus, Dominus.

Cithara seniorum passiones Christi figurant, 1122, 18 sqq.

Claves de potestate divini judicis dicuntur, 1100, 50 sqq. Clavis David de incarnatione Christi intelligenda est, 1111, 19 sqq.

Cœlestii hominem sine gratia salvari posse asserunt, 1115, 23 sqq.

Collyrium præcepta divina significat, 1114, 32 sqq. — De assumpta pro nobis Redemptoris nostri egestate explicatur, *ibid.*, 58 sqq.

Columna in templo Dei erunt et prædicatores et boni auditores 111, 252 sqq.

Comparatio locustarum cum hæreticis evolvitur, 1139 sqq.

Confessores. *Vide* Martyres.

Confusio nuditatis devitatur, cum ad novæ vitæ conversionem transfertur, 1114, 27 sqq.

Consilium ad correctionem pertinet, 1096, 32 sqq.

Corda de spiritali adulterii incentiva dicitur, 1108, 10 sqq.

Cornua septem septemplicem Spiritus operationem designant, 1121, 51.

Coronæ quas viginti quatuor seniores mittunt ante thronum confessionem figurant qua tumorem superbiæ de acceptis virtutibus deponunt, 1119, 46 sqq.

Cruciatus gaudiaque Ecclesiæ peculiari intentione prædicantur, 1090,

58 sqq.

Crystallum. *Vide* Fides.

D

Descriptio Christi de cœlo descendentis inducitur, 1145 sqq.

Deus ex ore prophetarum per se loquebatur, 1095, 2 sqq. — Ad malum non ipse impellit, 1107, 59 sqq. — Cujus substantia una, personæ autem tres, mirabili locutionis genere exprimitur, 1133, 21 sqq.

Dextera de summa beatitudine dicta debet intelligi, 1099, 22 sqq. — Augeli prædicatores designat, 1100, 8 sqq. — Christi de potentia divinitatis ejus intelligenda est, 1101, 26 sqq. *Vide* Persona.

Diabolus clavibus mortis taxatur ad tentandam Ecclesiam, 1100, 36 sqq. — Quomodo potestatem exercet, 1124, 29 sqq. — Verbum Dei alimentum subtrahere conatur, *ibid.*, 46 sqq. — Cujus imperium in quatuor partes dividitur, 1125, 50 sqq. — Vocatur exterminans, 1141, 22 sqq.

Dilectio Christi malis quæ pertulit manifestatur, 1093, 45 sqq.

Doctores quibus vocibus demonstrantur, 1092, 2 sq.

Dominica dies in qua Joannes fuit in spiritu allegorice de Ecclesia intelligenda est, 1095, 51 sqq.

Dominus quos amat arguit et castigat, 1095, 47 sqq. — Ad judicandum veniet cum nubibus, id est, prædicatoribus, 1094, 50 sqq. — Quem ad judicandum veniet ntem omnis oculus, id est omnis homo, videbit, *ibid.*, 31 sqq. — In forma servi, non in forma divinitatis ad judicandum veniet, *ibid.*, 37 sqq — Stellas in dextera tenens, id est electos et prædicatores, 1101, 18 sqq. — In medio candelabrorum ambulans, 1101, 20 sqq. — Aliter septem spiritus, aliter habet stellas, 1109, 39 sqq. — Sanctus et verus singulariter dicitur, 1111, 11 sqq. — Testis est fidelis et verus, 1113, 16 sqq. — Vincens sedet in throno Patris, 1115, 19 sqq. — *Vide* Christus, Jesus Christus.

Draco qui ante mulierem stat parituram, ut filium ejus devoret, 1133, 37 sqq. Projectus in terra, 1135, 15 sqq.

E

Ecclesia in elationis celsitudine consistit, 1092, 41. *Vide* Elatio, Asia. — Merito Deo gloriam tribuit, 1091, 17 sqq. — Mentis desiderio ad verba legis et prophetarum se convertit, quemadmodum Jeremias ad vocem quæ illi loquebatur, 1097, 16 sqq. — Quomodo falsos tentat, 1101, 47 sqq. — Facta hæreticorum non hæreticos indicat, 1102, 50 sqq. — Ab inimicis blasphematur, 1103, 49 sqq. — Tribulationibus et tentationibus omnis generis in hac vita reservatur, 1104, 6 sqq. — Per orbem universum habitat, quo diabolus regnat, 1104, 39 sqq. — Usque ad resurrectionis tempus sub gratia manet, 1108, 44 sqq. — Templum est Dei, 1112, 30 sqq. — Per cœlum et sedem d. signator, 1116, 23 sqq. — Vestimentis albis induitur, 1117, 27 sqq. — Coronas habet aureas, *ibid.*, 31 sqq. — Nubi merito comparatur, *ibid.*, 47 sqq. — Per quatuor animalia generaliter designatur, 1118, 17 sqq.; 1119, 10 sqq. — Ante adventum Christi mediatoris præsentiam anxia quærebat, 1121, 11 sqq. — Throno, animalibus et senioribus circumstantibus significatur, 1121, 34 sqq. — Et omni tribu, lingua et natione constat, 1123, 43 sqq. — Temporibus antichristianis tanquam luna in sanguine versa erit, 1127, 6 sqq. — Ut liber involutus erit, *ibid.*

26 sqq. — Quomodo in nominibus patriarcharum eniet, 1132, 12 sqq. — Per angelos, thronum, seniores et animalia significatur, 1153, 30 sqq. *Vide supra.*

Elatio non semper pro vitio ponitur, sed aliquando pro culmine virtutis, 1092, 57 sqq.

Electi per faciem fulgentem ut sol possunt intelligi, 1099, 56 sqq. — Pauperes sunt et divites, 1103, 45 sqq. — Sunt reges et sacerdotes, 1122, 52 sqq. — Ex duodecim tribubus enumerantur, 1130, 27 sqq. — Quid et quomodo clamant, 1133, 13 sqq. — In sanguine Agni stolas suas lavant, 1134, 20 sqq. — Quænam erit eorum beatitudo, *ibid.*, 24 sqq. — Per altare designantur, 1135, 57 sqq.

Elias et Enoch Judæos ad fidem convertent, 1122, 5 sqq. — *Vide* Testes.

Enoch. *Vide* Elias, Testes.

Ephesus interpretatur voluntas sive consilium suum, 1096, 26 sqq. — Quod ei scribitur de patientia et labore ipsius, 1101, 10 sqq. — Lapsus meus et voluntas mea dicitur, 1103, 25 sqq.

Equus albus humanitatis Christi symbolum, 1128, 52 sqq. — Rufus antiqui hostis est corpus, 1124, 17 sqq. — Niger, aperto tertio sigillo, apparens malorum esuriem designat, *ibid.*, 55 sqq. — Pallidus hæreticos significat, 1125, 59 sqq.

Evangelistæ per quatuor animalia indicantur, 1118, 7 sqq.

Exterminans rex locustarum, id est hæreticorum, 1141, 8 sqq.

Ezechiel hominis speciem primo animali vidit, cui leonis speciem inesse Joannes asserit, 1118, 50 sqq.

F

Facies fulgens ut sol electos figurat, 1099, 56 sqq. — Angeli fulgens ut sol incarnationem redemptoris manifestat, 1099, 45 sqq. — Angeli fortis incarnatio est, 1145, 44 sqq.

Fideles vasis fictilibus comparantur, 1103, 5 sqq. — Quotidie passionem Christi meditantes cum Christo ambulare dicuntur, 1110, 54 sqq. — Qui vitam post baptismum coinquinant, de illis non esse desperandum, *ibid.*, 38 sqq. — Per pœnitentiam rursus vestibus albis splendebunt, *ibid.*, 44 sqq.

Fides prior venit, charitas sequitur, 1106, 53 sqq. — Judæorum prædicitur, 1111, 57 sqq. — Crystallo comparatur, 1118, 4 sqq.

Filius Dei in forma servi non servum esse Apocalypsi ostenditur, 1090, 51 sqq. — De quo specialiter dicitur: *Qui est, et qui erat, et qui venturus est*, 1093, 1 sqq. — Antequam de Virgine nasceretur in tempore cuncta cum Patre tempora fecit, 1095, 7 sqq. — Vivos et mortuos judicaturus est, *ibid.*, 9 sqq. — Filius hominis una cum septem candelabris aureis Ecclesiam designat, 1097, 57 sqq. — Solus testis dicitur, etsi tres sint qui testimonium dant, 1113, 21 sqq. — Dicitur sedens super sedem, 1116, 30 sqq.

Flamma ignis amorem Dei figurat, 1098, 51 sqq.

Fons aquarum multiplicitatem donationum Dei in sanctis indicat, 1131, 46 sqq.

Frigidus est quem tenet aut mortalitas, aut crimen mortale, 1113, 30 sqq.

Fulgura de miraculorum signis intelligenda sunt, 1117, 59 sqq.

G

Gad, id est tentatio, 1131, 16 sqq.

Gaudia cruciatusque Ecclesiæ singulari intentione prædicuntur, 1090, 38 sqq.

Gladius prædicationem Veteris et Novi Testamenti significat, 1099, 28 sqq. — Oris est sermo, 1103, 34 sqq. — Magnus qui datur sedenti super equum rufum diaboli potestatem figurat, 1124, 27 sqq.

Gratia theologice definitur, 1092, 55 sqq. — In titulum salutationis litteris apostolorum præmittitur, *ibid.*, 55 sqq.

H

Hæretici omnes Nicolaitæ sunt, 1102, 44 sqq. — Judæorum nomine designantur, 1104, 1 sqq. — Per locustas de fumo putei abyssi exeuntes indicantur, 1139, 29 sqq.

Hierusalem visio pacis interpretatur, 1113, 2 sqq. — Cur nova dicitur, *ibid.*, 8 sqq. — Crudeliorem Antichristi patietur persecutionem, 1149, 8 sqq.

I

Impii quantum lugebunt in die supremo judicii, 1094, 47 sqq. — Quid dicent in hoc supremo die, 1128, 18 sqq.

Impœnitens quandiu in hac vita versatur, movetur a Domino, non projicitur, 1102, 5 sqq.

Incarnatio Redemptoris per faciem angeli fulgentem ut sol manifestatur, 1099, 45 sqq.

Infernus illi dicuntur, in quibus habitat mors, 1125, 45 sqq.

Infideles hortantur ut vincant; id est credant in Christum, 1110, 47 sqq.

Infirmitas magna est malos sustinere non posse, 1101; 54 sqq.

Insulæ homines sunt minoris justitiæ, 1127, 58 sqq.

Intentio justificat et mortificat, 1110, 5 sqq.

Iris arcum significans reconciliationis mundi per incarnationem figura est, 1116, 46 sqq. — Tum baptismum aquæ et Spiritus sancti, tum judicium præcedens per diluvium, ac subsequens per ignem significat, 1117, 2 sqq. — Capitis Christi ejus est divinitas, 1143, 22 sqq.

Israel, id est vir Deum videns, electos figurat, 1103, 15 sqq.

Issachar merces interpretatur, 1131, 49 sqq.

J

Jaspis virentia paradisi pascua designat, id est Christi divinitatem, in qua omnia vivunt, 1116, 57 sqq.

Jerusalem. *Vide* Hierusalem.

Jesus Christus quomodo interpretatur Græce et Latine, 1090, 7 sqq. — Quantum dilexerit nos, mala quæ pertulit, manifestant, 1093, 49 sqq. — In quo reperiuntur simul regnum, tribulatio et patientia, 1093, 23 sqq. — Calculo candido significatur, 1106, 4 sqq.

Jezabel uxor Achab, mater est fornicantium, 1106, 56 sqq. — Cujus fornicatio quatrinoda est, 1107, 4 sqq. — Prophetam se dicens Dei servos seducit, *ibid.*, 12 sqq. — Interpretatur sanguinis fluxus, *ibid.*, 17 sqq. — Et qui quiliuium, *ibid.*, 51 sqq. — Et qui mœchantur in ea unum sunt corpus Satanæ, 1107, 52 sqq.

Joannes Ecclesiæ typum prætendit, 1091, 8 sqq. — De se quasi de alio loquitur, *ibid.*, 59 sqq. — Testimonium perhibens verbum et Jesum Christum distinguit, propter duas Christi substantias, *ibid.*, 45 sqq. — Generaliter Ecclesiæ personam designat, 1095, 19 sqq. — Spiritum non penitus amisit, quando visionem habuit, *ibid.*, 44 sqq. — Ad pedes angeli cadens, Ecclesiam Christi vestigia sequentem figurat, 1100, 1 sqq. — Cur tempus prophetiæ non manifestat, 1115, 46 sqq. — Per aquilam figuratur, 1118, 41 sqq.

Joseph augmentum interpretatur, 1132, 5 sqq.

Judæus confessor interpretatur, 1103, 57 sqq. — Judæi et persecutores ostinio, id est Christum, claudere tentabant, 1111, 28 sqq. — Qui se dicunt, non sunt, 1112, 1 sqq. — Elias et Enoch prædicantibus, ante pedes Ecclesiæ adoraturi venient, *ibid.*, 3 sqq.

Judas, id est confessio, 1130, 51 sqq.

Judex cœlestis furi comparatur, 1110, 24 sqq.

Judicium supremum enarratur, 1151.

Justi non auditores aut lectores legis, sed factores legis indicantur, 1092, 4 sqq. — Multa per Christum, parum per se possunt, 1111, 48 sqq.

L

Lampades septem septiformem Spiritum significant, 1117, 50 sqq.

Laodicia interpretatur Tribus amabilis Domino, sive Fuerunt in vomitu, 1097, 9 sqq.

Lectus audaciam et securitatem designat, 1107, 57 sqq. — Tribulatio magna vocatur, 1108, 3 sqq. — Æternum supplicium indicat, *ibid.*, 4 sqq.

Leo de tribu Juda est Christus de semine David, 1121, 25 sqq. *Vide* Resurrectio.

Levi abditus sonat, 1131, 44 sqq.

Libellus apertus est gratia Novi Testamenti, 1144, 12 sqq. — Acceptus de manu angeli ut vocaret Joannes est Scriptura sacra et prædicatio, 1145, 47 sqq.

Liber vitæ de quo nomina non vincentium delebuntur, 1110, 51 sqq. — Est vis quædam divina, quæ electorum numerum prædestinavit, 1111, 1 sqq. Liber scriptus intus et foris utrumque Testamentum continere videtur, 1120, 7 sqq.

Lignum vitæ sapientia Dei Patris est, 1103, 7 sqq.

Locustæ de fumo putei abyssi exeuntes, hæreticos significant, 1139, 28 sqq.

Lucas per vitulum figuratur, 1118, 40 sqq.

Luna in sanguinem versa est Ecclesia in tempore Antichristi, 1127, 6 sqq.

M

Manasses oblitus vel necessitas intelligitur, 1131, 53 sqq.

Manna absconditum panis est angelorum, 1105, 48 sqq. — Interpretatur Quid est hoc, *ib.*, 52 sqq. — Satietas cœlestis gloriæ apte vocatur, *ibid.*, 54 sqq.

Manus angeli fortis est operatio salutis nostræ, 1144, 10 sqq.

Marcus per leonem figuratur, 1118, 39 sqq.

Mare vitreum baptismum repræsentat, 1117, 55 sqq. — Et quæ in eo sunt præsens sæculum designat, 1123, 15.

Maria. *Vide* Mulier.

Martyres principaliter dicuntur qui pro Christo mortem pertulerunt corporis, 1095, 39 sqq. — Et confessores, tertio sigillo aperto, prædicantur, 1125, 4 sqq. — Diem extremi judicii præstolantur, 1126, 21 sqq.

Matthæus per hominem figuratur, 1118, 38 sqq.

Mediator Dei et hominum est angelus thuribulum aureum in manu tenens, seu Christus, 1135, 50 sqq.

Membra Christi, id est fideles, reges sunt et sacerdotes, quia caput rex est et sacerdos, 1093, 58 sqq.

Michael et angeli ejus præliantur cum dæmone, 1143, 32 sqq.

Miracula. *Vide* Fulgura.

Mors triplicis est generis, 1101, 26 sqq. — Nomen est sedentis in pallido equo, 1125, 44 sqq.

Mortui sunt apud Deum, qui apud homines vivi æstimantur, 1110, 3 sqq.

Mulier amicta sole et luna sub pedibus ejus est beata virgo Maria, 1132, 45 sqq.

Multitudo angelorum innumerabilis est, 1125, 6 sqq.

Mutabilitas Filio Dei nunquam accidit, 1093, 4 sqq.

N

Nabuchodonosor statuam symbolicam vidit, 1129, 4 sqq. — Lapidem pretiosum, id est Christum, somniavit, 1129, 46 sqq.

Nemo potest aperire librum nisi Agnus, 1120, 52 sqq. — Novit an ad electorum consortium pertingat, 1131, 9 sqq.

Nephthalim, id est beatitudo, 1131, 29 sqq.

Nicolaitæ quinam hæretici fuerunt, 1102, 50 sqq. — Et eorum facta, 1103, 24 sqq.

Nicolaus interpretatur stultus populus, 1102, 44 sqq.

Nomen novum dicitur Christianum, 1106, 10 sqq. — Patris supra vincentem scribi est per adoptionem Spiritus filium ejus effici, 1112, 56 sqq. — Regis hæreticorum seu hæreticorum quidnam est, 1141, 8 sqq.

Nubes, veniente Domino ad judicium, candida erit, quæ sanctos obumbrabit, terribilis vero cujus fragoribus reprobi terrebuntur, 1094, 20 sqq. — Mystice prædicatores designat, ibid., 27 sqq.

Numerus septenarius universalem Ecclesiam indicat, 1092, 11 sqq. — Perfectus est qui a ternario et quaternario formatur, ibid., 16 sqq.; 26 sqq. — Ternarius perfectus est propter mysterium Trinitatis, tres virtutes theologicas et tres ordines fidelium, ibid., 17 sqq. — Quaternarius per ectus est propter mundi partes, cardinales virtutes et quatuor Evangeliorum libros, ibid., 22 sq. — Electorum certus est et definitus, 1112, 25 sqq. — Duodecim tribuum propter genrium Testamentum duplicatur, unde viginti quatuor seniores commemorantur, 1117, 10 sqq. — Signorum signo Dei vivi prope infinitus est, 1130, 5 sqq. — Ternarius est propter Trinitatem, quaternarius autem propter quatuor Evangelia, 1130, 7 sqq. Vide supra. — Electorum prope infinitus, 1132, 44 sqq. Vide supra.

O

Oculi Spiritum sanctum qui Ecclesiam illuminat repræsentant, 1098, 51 sqq. — Animalium spiritalia lumina electorum sunt, 1118, 18 sqq. — Animalium quatuor prædicationem Ecclesiæ figurant, ibid., 33 sqq. — Septem septemplicem operationem Spiritus designant, 1121, 51 sqq.

Olivæ duæ duo sunt testes sive Ecclesia propter unctionem, 1147, 43 sqq.

Omega. Vide Alpha.

Omnia erant in prædestinatione, priusquam fierent in opere, 1119, 57.

Operatio Spiritus septiformis per cornua septem, oculos septem septemque spiritus significatur, 1121, 51 sqq. Vide Septiformis.

Oratio ut sit efficax per Christum mediatorem Deo offerri debet, 1133, 49 sqq.

Ostium quod clavis aperit Christus est, 1111, 21 sqq. — Menti est aditus quem inspirando Dominus pulsat, 1113, 5 sqq. — Apertum Christum figurat, 1116, 2 sqq.

P

Palmæ victoriam electorum designant, 1135, 9 sqq.

PATROL. C.

Para lisus vita est æterna, 1103, 20.

Pars Christi indivisa, pars autem diaboli in quatuor dividitur, 1125, 50 sqq.

Pathmos persecutiones et angustias Ecclesiæ significat, 1035, 53 sqq.

Patientia ad caput simul et membra Ecclesiæ pertinet, 1095, 22 sqq.

Patriarchæ duodecim cur alio ordine in Apocalypsi referuntur quo in Genesi, 1130, 36 sqq.

Pauper est qui pro rectæ fidei tantum confessione se divitem jactat, nisi mala regere desistat, 1113, 52 sqq.

Paupertas duplex est, 1103, 33 sqq.

Pedes similes auricalco ed novissima Ecclesiæ membra referuntur, quæ sub Antichristo nimio persecutionis incendio sunt excoquenda, 1098, 40 sqq.

Pelagii hominem sine g atia posse salvari asserunt, 1133, 23 sqq.

Pergamum interpretatur Dividendi cornua eorum, 1096, 42 sqq.

Persecutiones propter verbum Dei non pro suis malis quisque patiatur, 1095, 59 sqq. — Persecutio Antichristi prædicitur, 1112, 14 sqq. — Depingitur, 1148, 58 sqq. — Recapitulatur, 1150, 18 sqq.

Persona Patris per sedentem in throno, Filii autem per dexteram sedentis significatur, 1120, 1 sqq.

Phialæ aureæ charitatem indicant, 1122, 29 sqq.

Philadelphia interpretatur Salvans hæreditatem Domino, 1097, 4 sqq.

Pietas divina tepidos non deserit, 1114, 16 sqq.

Plaga sexti sigilli interpretatur, 1126, 49 sqq. — Primo angelo tuba canente quid significat, 1136, 30 sqq. — Secundo angelo tuba c nente, quid, 1137, 30 sqq. — Tertio angelo tuba canente, quid, ibid., 54 sqq. — Quarto angelo tuba canente, quid, 1138, 19 sqq. — Quinto angelo tuba canente, quid, 1139, 1 sqq. — Solutorum quatuor angelorum, 1142, 4 sqq.

Podes Christi carnem specialiter, generaliter vero omnem Ecclesiam figurat, 1097, 49 sqq. — Vestis est sacerdotalis, 1097, 50 sqq.

Potestas super gentes, quam habuit Filius a Patre non in divinitate sed in humanitate accepit, 1108, 50 sqq. — Potestatem Christo ligandi et solvendi figurat, ibid., 52 sqq. — Quæ data est inucti et inferno, quarto sigillo aperto, 1123, 48 sqq. — Data duobus testibus, 1148, 12 sqq.

Præcepta quatuor tantum gentibus ad Christum conversis imposita fuerunt, 1106, 38 sqq.

Præcinctio duplex quam vidit sive Daniel sive Joannes, 1098, 1 sqq.

Præco legis per angelum fortem debet intelligi, 1120, 53 sqq.

Prædestinatio ad vitam æternam necessaria est, 1103, 18 sqq.

Prædestinati tantum in libro vitæ inscribuntur, 1110, 34 sqq.

Prædicatio Veteris et Novi Testamenti per gladium figuratur, 1099, 28 sqq. — Per voces et tonitrua exprimitur, 1117, 42 sqq. — Per oculos animalium quatuor significatur, 1118, 56 sqq — Ad extremitates regni Romani pervenit, 1129, 51 sqq.

Prædicatores per septem stellas designantur, 1099, 6 sqq., 1106, 47 sqq. — Mali qui sua negligentia fornicationem et idololatriam in Ecclesia sinunt, co rumpiuntur, ibid., 49 sqq.

Prælium magnum in cœlo Michaelem inter et draconem, 1154, 52 sqq.

Q

Quatuor: Vide Animalia, Evangelistæ, etc.

R

Radix David Christus est, 1121, 26.

Redargutio ad verba pertinet, 1114, 47 sqq.

Reges quorum unctio unctionem Christi præfigurabat, 1030, 11 sqq. — Sunt electi, 1122, 52 sqq.

Regnum ad caput Ecclesiæ pertinet, 1095, 21 sqq.

Renes luxuriam corporis figurant, 1108, 7 sqq.

Resurrectio prima ea est quæ fit a morte præsenti, 1113, 55 sqq. — In leone figuratur, 1118, 36 sqq. — Sanctorum post antichristiana persecutionem inducitur, 1149, 39 sqq.

Reprobi tempus ut pœnitentiam egerint, habuerunt, 1107, 54 sqq. — De libro vitæ delentur, id est, nequaquam scribuntur, 1110, 56 sqq.

Ruben Videns filium interpretatur, 1130, 57 sqq.

Rumphæa ex utraque parte acuta, 1104, 36 sqq.

S

Sacerdotes quorum unctio unctionem Christi præfigurant, 1090, 11 sqq. — Sunt electi, 1122, 53 sqq.

Salus per Christum solum perfici potest, 1120, 55 sqq.

Sancti reges dicuntur, qui se bene regere noverunt, 1095, 44 sqq.

Sanguis peccatum figurat, 1107, 18 sqq.

Sardis Latine sonat principi pulchritudinis præparata, 1096, 54 sqq.

Sardinus redemptoris humanitatem significat, 1116, 41 sqq.

Satanas primus contra Deum elatus tumuit, 1108, 29 sqq. Vide Draco.

Scriptura ostium est apertum, 1111, 55 sqq.

Sedens super equum rufum diabolus est qui pacem sumit de terra, 1124, 20 sqq. Vide Persona.

Seniores viginti quatuor quidnam significant, 1117, 10 sqq. — Universalem Ecclesiam figurant, 1119, 52 sqq. — Et animalia in circuitu throni angeli sunt, 1125, 3 sqq.

Septem stellæ de angelis Ecclesiæ seu prædicatoribus dicuntur, 1099, 3 sqq. — Stellæ numerum perfectum, id est, totum ordinem prædicatorum indicant, ibid., 11 sqq. — Stellæ etiam candelabra comprehendant, id est, prædicatores totam Ecclesiam, ibid., 17 sqq. — Candelabra universam Ecclesiam designant, ibid., 15 sqq. — Spiritus septiformis sunt spiritus sancti, 1109, 40 sqq. — Stellæ sunt septiformis Ecclesia, ivid. Vide Candelabra, Sigilla, Cornua.

Septiformis operatio sancti Spiritus per numerum septem designatur, 1097, 28. Vide Septem, Sex. Vide Alæ.

Sigilli septem modos verborum indicant, 1120, 17 sqq. — Sigillum primum aperitur, 1123, 17 sqq. — Secundum, ibid., 47 sqq. — Tertium, 1124, 33 sqq. — Quartum, 1125, 36 sqq. — Quintum, 1126, 5 sqq. — Sextum, ibid., 49 sqq. — Septimum, 1135, 2 sqq.

Signum pro sigillo dicitur, unde pro sigillare significare usurpatum, 1090, 48 sqq. — Dei vivi crucis est mysterium, 1129, 54 sqq.

Simeon. Audivi tristitiam interpretatur, 1131, 38 sqq.

Smaragdina de repropitiata mundo divinitate dicitur, 1117, 6 sqq.

Smyrna Latine vertitur canticum eorum, id est, electorum, 1096, 38 sqq.

Sodoma. Vide Ægyptus.

Sol Christus est, 1026, 55 sqq.

Spiritus sanctus cujus septenaria

operatio septem spiritus dicitur, 1033, 19 sqq. — In memoria sanctorum solus esse d claratur, quia eidem est specialiter remissio peccatorum, *ibid.*, 21 sqq.; in quo tota Trinitas intelligitur, *ibid.*, 25 sqq. — Joannis carnem non funditus deseruit quando visionem habuit, 10 8, 44 sqq. — In quo fuit Joannes ipsa vi contemplationis creditur, 1096, 4 sqq — Sanctus qui Ecclesiam illuminat per oculos figuratur, 1098, 51 sqq. — Quomodo audiendus est, cum loquitur Ecclesiis, 1102, 35 sqq. — Sanctos lampadibus septem comparatur, 1117, 50 sqq.

Statera quam tenet sedens in equo nigro quænam sit, 1124, 41.

Stella matutina Christum figurat, 1109; 23 sqq. — Stellæ cadentes de cœlo ii sunt qui videntur sancti et qui ad iniquitatem illo tempore Antichristi fuerit, 1127, 17 sqq. *Vide* Septem.

Stolæ albæ præmium sunt martyrii, 1126, 55 sqq. — Albæ habitum mentis significant, 1133, 6 sqq.

T

Templum Dei Ecclesia est, 1112, 50. Tem us. Cur prope esse dicitur, 1092, 7 sqq. — Etiam reprobis datur, ut pœnitentiam agant, 1107, 51 sqq.

Tentatio aliquando ad probationem pertinet, 1101, 43 sqq.

Tepidus est qui a figore iniquitatis conversus, ad perfectum jus itinerorem non transit, 1115, 57 sqq. — Difficile convertitur, *ibid.*, 44 sqq. — Est miser, et miserabil s, et pauper, et cæcus, in quonam sensu, 1115, 52 sqq.

Terræmotus sigilli sexti ultimam Antichristi persecutionem præuuntiat, 1126, 52 sqq.

Testamentum Vetus luxuriam carnis, Novum vero etiam mentis frenat, 1098, 2 sqq. — Vetus per viginti quatuor seniores et thronum indicatur, 1117, 55 sqq.—Vetus et Novum per arcum figuratur, 1125, 55 sqq. *Vide* Liber.

Testes duo qui prophetabunt diebus mille ducentis exaginta sunt Elias et Jeremias, aut Elias et Enoch, 1147, 50 sqq.

Thyatira dicitur illuminata, 1096, 48. Tonitrua. *Vide* Prædicatio.

Throni duodecim universale judicium exprimunt, thronus vero Filii singulare culmen judiciariæ potestatis significat, 1115, 24 sqq. — Viginti quatuor quid volunt, 1117, 10 sqq.

Tribulatio ad membra Ecclesiæ pertinet, 1095, 22 sqq. — Sanctorum multi lex, 1103, 50 sqq. Tribulationes Ecclesiæ per insulam Pathmos p æsigurantur, 1095, 55 sqq.

Trinitas tota Christo dedit, ut quæ cito oportet fieri servis suis declaret, 1090, 50 sqq. — Tota intelligitur ubi una vel duæ de Trinitate personæ ponuntur, 1093, 16 sqq. — Triplici clamore quatuor animalium demonstratur, 1119, 14 sqq.

Tubæ septem perfectam Veteris et Novi Testamenti prædicationem indicant, 1133, 27 sqq.

Tuba. *Vide* Plaga.

V

Væ unum emittitur, 1141, 26 sqq — Secundum, 1150, 44 sqq. — Tert um,

ibid, 57 sqq.

Velamenta sordibus non intingere, mortale crimen est non admittere, 1110, 29 sqq.

Venti quatuor quos tenent angeli principalia sunt regna terræ, 1129, 12.

Verba Filii Spiritus verba sunt, 1103, 4 sqq.

Veritas manifestata ad fidem provocat, 1123, 27 sqq.

Victoria Christi præ omnibus victoriis celebratur, 1122, 40 sqq.

Vigilantia est a peccati somno per pœnitentiæ fletum ad justitiam exsurgere. 1110, 19 sqq.

Viginti quatuor. *Vide* Seniores.

Virga ferrea regimen prædic torum significat, 1108, 57 sqq.

Virgo Maria et ejus gloria describitur, 1132, sqq.

Visio cur signata dicitur, 1090, 52 sqq. — Joannis tum spiritalis, tum intellectualis asseritur, 1099, 55 sqq.

Voluntas Dei Ecclesia est et per Ephesum designatur, 1096, 29 sqq. — Ad charitatem pertinet, *ibid.*, 52 sqq.

Vox ad Joannem facta spiritalis fuit, 1036, 2 sqq. — Allegorice de lege et prophetis quorum vocem au lit Ecclesia d citur, *ibid.*, 13 sqq. — Magna dicitur, quia de summis mysteriis loquitur, 1096, 16 sqq. — Aquarum multarum charitatem figurat, 1098, 58 sqq. — Tubæ comparatur, quia ad bellum provocat spiritale, 1116, 16 sqq.

Z

Zabulon, id est habitaculum fortitudinis, 1131, 57 sqq.

INDEX RERUM QUÆ IN HOC TOMO CONTINENTUR.

B. FLACCUS ALBINUS, SEU ALCUINUS.

B. F. ALBINI, seu ALCUINI ABBATIS CAROLI MAGNI REGIS AC IMPERATORIS MAGISTRI OPERA OMNIA.

Præfatio generalis. 9
COMMENTATIO FROBENII DE VITA BEATI F. ALBINI seu ALCUINI. 17
Prœmium. *Ibid.*
Caput primum. — De beati Alcuini variis nominibus, patria, parentibus, fratribus, etc. 18
Cap. II. — Beati Alcuini educatio et magistri. 22
Cap. III. — Beati Alcuini professio monastica ex observationibus D. Mabillonii. 27
Cap. IV. — Beati Alcuini schola et discipuli in Britannia. 32
Cap. V. — Beati Alcuini vocatio et accessus in Franciam. 34
Cap. VI. — Constitutiones et remedia pro reparandis litterarum studiis adhibita. 42
Cap. VII. — Magisterium beati Alcuini in schola palatii, ejusque in illa discipuli. 49
Cap. VIII. — Beati Alcuini reditus e Gallia in Angliam, et inde rursus in Galliam. 55
Cap. IX. — Beati Alcuini præfectura in monasterio Turonensi, et schola ibi con-tituta. 59
Cap. X. — Beati Alcuini discipuli magis celebres in schola Turonensi. 61
Cap. XI. — Alia facta beati Alcuini Turonis. Litteræ donationis beati Alcuini pro xenodochio Duodecim Pontium. 68
Cap. XII. — Beati Alcuini corporalis infirmitas et abdicatio præfecturæ. 72
Cap. XIII. — Beati Alcuini obitus, tumulus, epitaphium, memoria in fastis. 76
Cap. XIV. — Beati Alcuini eruditio et doctrina. 80
BEATI FLACCI ALCUINI VITA, EX VETUSTO CODICE MS. SANCTÆ MARIÆ RHEMENSIS PRIMUM A D. ANDREA QUERCETANO EDITA. 89
Monitum prævium. *Ibid.*
Prologus Auctoris. *Ibid.*
Caput primum. — Alcuini pueritia ac prima studia. 91
Cap. II. — Alcuinus traditur disciplinæ Hechberti in monasterio Eboracensi. 93
Cap. III. — Alcuini adolescentis religiosa pietas. 94
Cap. IV. — Invidiam sociorum superat. In exstasin rapitur. 95

Cap. V. — Alcuinus levita ordinatur. In Franciam venit. 96
Cap. VI. — Alcuinus Carolum Magnum artes liberales docet, et monasteriis tribus præficitur. 97
Cap. VII. — Felicem hæreticum refutat Aquisgrani. 98
Cap. VIII. — Alcuinus Fuldam secedere cupiens, Turonis retinetur. Ejus discipuli. *Ibid.*
Cap. IX. — Benedicti Anianensis abbatis adventum prædicit. 103
Cap. X. — Ludovici fil i Caroli Magni principatum prædicit. Lectionem Virgilii suis discipulis interdicit. 104
Cap. XI. — Occulta novit. Inc ndium restinguit Infirmos sanat. *Ibid.*
Cap. XII. — Opera varia quæ scripsit. 105
Cap. XIII. — Diabolum oratione pellit. Pia ejus exercitia. 104
Cap. XIV. — Beati Alcuini obitus. *Ibid.*
Cap. XV. — Lucis splendor in ejus obitu apparet, et alia mira contingunt. Sepultura. Epitaphium Alcuini. 105
D. ANDREÆ QUERCETANI PRÆFATIO. 107
Caput primum. — Alcuini patria, genus et natale solum. *Ibid.*
Cap. II. — Nomen et cognomen. *Ibid.*
Cap. III. — Educatio, instructio et magistri. 108
Cap. IV. — Doctrina et profess o. 109
Cap. V. — Quibus in locis docuit, dum Britanniam incoleret. *Ibid.*
Cap. VI. — Apud quos in pretio fuit, et ejus variæ legationes. 110
Cap. VII. — Evocatur in Franciam a Carolo Magno; vocationis ejus causæ. *Ibid.*
Cap. VIII. — Tempus adventus et hæresis Felicianæ condemnatio. 111
Cap. IX. — E hortatoriam epistolam Felici scribit, qui libello prolixo illi respondet, hortat rque præcipuos Franciæ doctores, ut in fidei catholicæ defensionem laborent. 112
Cap. X. — Paulini patriarchæ et Etherii episcopi libros adversus Felicem laudat. 113
Cap. XI. — Libello Felicis respondet septem libris, illumque tandem catholicum efficit, ac Elipantum etiam quatuor aliis libris oppugnat. 114
Cap. XII. — Carolum regem omni disciplinarum genere imbuit, et an David ejusdem Caroli proprium nomen fuerit, vel ascititium. 115
Cap. XIII. — Ludovico et Pippino præceptor datur,

aliosque complures in Gallia præcipuos erudit. 116
CAP. XIV. — Quibus in locis docuit, et an primus Academiæ Parisiensis institutor. *Ibid.*
CAP. XV. — Quibus a Carolo beneficiis honestatus est. 117
CAP. XVI. — Carolo Magno fuit a consiliis, et ab eo Romam legatus. 119
CAP. XVII. — Docuit Turonis ad extremum vitæ diem, ibique plurima voluminia scripsit. *Ibid.*
CAP. XVIII. — Ejus obitus, sepultura et sanctitas. 120
De beato Alcuino veterum et quorumdam recentiorum scriptorum testimonia. 121

BEATI ALCUINI OPERUM PARS PRIMA. — EPISTOLÆ. 135

Monitum Frobenii. *Ibid.*
Monitum Editoris Patrologiæ. 157

EPISTOLA PRIMA. Ad Aericum ducem. — Laudat illum ob studium sacræ lectionis et humilitatem; optat illi victoriam adversus infideles; pietatis Christianæ præceptorem proponit sanctum Paulinum Aquileiensem. 139

EPIST. II. Ad Arnonem. — Illum præsentem habere desiderat; hortatur ad solertem curam animarum suo regimini commissarum; Laidradum salutari cupit; se vero ob regni novitatem adhuc in patria (Anglia) retineri significat. 140

EPIST. III. Ad Colcum lectorem in Scotia. — Varia enarrat quæ in itinere suo vel vidit, vel audivit. 142

EPIST. IV. Ad Felicem episcopum. — Felicis Urgellitani episcopi, ut videtur, a pietate sibi laudati orationibus se commendat. 144

EPIST. V. Ad Cudradum presbyterum. — Cudradum presbyterum post sanctorum locorum vastationem hortatur ad constantiam. *Ibid.*

EPIST. VI. Ad fratres Eboracensis Ecclesiæ. — Se ab Eboracensibus ab infantia usque ad virilem ætatem educatum grato animo profitetur. Illorum omnium orationibus se commendat; et, ut a vitiis sibi caveant, hortatur. 145

EPIST. VII. Ad fratres Eboracenses. — Significat lætitiam epistola ab ipsis accepta; hortatur ad sectanda Patrum suorum vestigia; ac se illorum orationibus commendat. 147

EPIST. VIII. Ad Beornuinum presbyterum. — Ab Offæ regis et gentis Anglorum fidelitate se nunquam recessisse profitetur; monet ut et regibus, et episcopis, et principibus Dei voluntatem sequi suadeat, pacemque commendat. 149

EPIST. IX. Ad Lindisfarnenses. — Deplorat Lindisfarnensis ecclesiæ vastationem, monet ad orandum; hortatur ad mores corrigendos, ad disciplinam regularem; suadet ne nec non consternari. 150

EPIST. X. Ad Æilhardum archiepiscopum, Doroensis civitatis. — Hortatur ad sectanda suorum antecessorum vestigia, et ad exsequendum intrepide munus pastoris animarum; et cum coepiscopis suis verbum Dei absque timore prædicet. 152

EPIST. XI. Ad Ædilredum regem et principes populumque Nordanhumbrorum gentis. — Hortatur ut grati sint Deo, ut coelestia potius desiderent quam terrena, ut divitias per injustitiam non appetant, vitia et peccata fugiant, viduarum, pupillorum sint patres, concordiam et pacem servent, sacerdotum prædicationi se submittant. 157

EPIST. XII. Ad Ædilredum regem. — Hortatur ad regias virtutes. 160

EPIST. XIII. Fragmentum. — Ad Ædilredum regem. — Memorat de afflictione ecclesiæ et civitatis Lindisfarnensis. 161

EPIST. XIV. Ad fratres Wirensis et Gyrvensis Ecclesiæ. — Hortatur ad ordinatam charitatem; ad observantiam regularis vel canonicæ vitæ, et regulæ sancti Benedicti. Terret exemplo Lindisfarnensium; dissuadet vestimentorum cultum; confessionem peccatorum et pœnitentiam commendat. 162

EPIST. XV. Ad fratres Gyrvensis Ecclesiæ. — Hortatur illos ad virtutes monachis dignas, et ad sectanda patrum ac magistrorum suorum vestigia. 166

EPIST. XVI. Ad fratres ecclesiæ sancti Petri. — Commendat se illorum amicitiæ olim conditæ; laudat eorum regularem conversationem. Hortatur ad virtutes monachis proprias. 167

EPIST. XVII. Ad Carolum Magnum. — Laudat illum a potentia sæculari et prædicatione divinæ legis, tanquam rectorem populi et doctorum. Capit errorem Adoptianorum. 168

EPIST. XVIII. Ad Adrianum I papam. — Commendat se gratiæ pontificis, illumque profitetur vicarium sancti Petri, et ejus potestatis hæredem, simulque precatur, ut petitionibus suis per Angilbertum faciendis annuat. 170

EPIST. XIX. Ad Theophilum. — Laudat illius scripta apostolicæ fidei; at ab eodem instrui cupit. 172

EPIST. XX. Ad Usualdum. — Monachos hortatur ad virtutes; illorum petitiones apud regem se juvisse dicit; illorum se orationibus commendat. 173

EPIST. XXI. Ad quosdam. — Apud Eboracenses Alcui-

nus suam excusat absentiam, eosdem hortatur ad concordiam cum Eanbaldo patre suo. 174

EPIST. XXII. Ad quemdam. — Filium et peregrinationis socium ad virtutes stimulat. Memorat et commendat sapientiæ studium; doctrinas olim datas in memoriam revocat. 175

EPIST. XXIII. Ad fratres sancti Martini Turonicæ civitatis. — Cum illis esse cupit, eosque hortatur ad virtutes monachis convenientes. 176

EPIST. XXIV. Ad Leonem III papam. — Commendat se summi pontificis, tanquam vicarii apostolorum et Ecclesiæ principis, apostolicæ sollicitudini per Angilbertum. 178

EPIST. XXV. Ad dulcissimum filium Homerum (Angelbertum). — Commendat sui memoriam ad patrocinia sanctorum, et ut res ecclesiasticæ pulchritudinis sibi afferat monet. 180

EPIST. XXVI. Ad Angelbertum primicerium palatii Pippini regis. — Ad sacra a ostiolorum limina peregrinaturi commendat Angilberti favoribus, et sacras sibi reliquias mitti postulat. 181

EPIST. XXVII. Ad Homerum. — Mittit solutionem him quæstionum grammaticalium a rege sibi propositarum. *Ibid.*

EPIST. XXVIII. Ad Homerum filium. 185

EPIST. XXIX. Ad Paulinum patriarcham. — Semet constanti memoriæ, bajuluim vero literarum ejus patrocinio commendat. 185

EPIST. XXX. Ad Paulinum. — Desiderium suum cum Paulo colloquendi significat. Tres indiculos ad eum mittit; et doni a Liutgarde missi facit memoriam. 186

EPIST. XXXI. Ad Aginum episcopum. — Petit sibi mitti per Angilbertum reliquias sanctorum olim promissas. *Ibid.*

EPIST. XXXII. Ad Itherium. — Consolatur infirmum, et ut se ad æternitatem præparet amice suadet. 187

EPIST. XXXIII. Ad domnum regem. — Gratulatur de subjectione Hunnorum, et qualiter docendi sint in fide, et quis ordo sit servandus ostendit. *Ibid.*

EPIST. XXXIV. Ad Arnonem. — Illius reditum exoptat, et de variis eventibus instrui cupit. Mense Julio se ad Palatium iturum significat. Hortatur ut ab errore Hispanorum caveat. 130

EPIST. XXXV. Ad.... (Arnonem). — Eidem significat se illius epistolam accepisse. Archanbaldi (Eanbaldi) anima in precibus ejus commendat. Mittit epistolam ad regem scriptam de prædicatione apud paganos. 191

EPIST. XXXVI. Ad Arnonem. — Instruit de prædicatione fidei apud Avaros nuper conversos. 192

EPIST. XXXVII. Ad domnum regem. — Pro captivis in bello Hunnico et pro hostibus deprecatur. 196

EPIST. XXXVIII. Ad Pippinum. — Optima suggerit vitæ agendæ documenta. 197

EPIST. XXXIX. Ad Paulinum patriarcham. — Scire cupit quid devictis Hunnis pro gentis conversione acturus sit Paulinus, ac sæpius ad se litteras mitti postulat. 198

EPIST. XL. Ad quemdam (Paulinum). — Post longum Paulini silentium, receptis nunc litteris gaudium suum significat. Post hæc in laudes Paulini excurrit; ac mortis vicinæ atque suorum peccatorum reminiscens se precibus illius humiliter commendat. 200

EPIST. XLI. Ad Paulinum patriarcham. — Sui memorem esse rogat in S. missa. S. crucis, et alias reliquias sibi mitti petit; hortatur ad laborem prædicationis. 202

EPIST. XLII. Ad Megenfridum. — De ordine et modo prædicandi edocet; avari tam et nimiam exactione in decimarum reprehendit; dolet multos esse, qui sacerdotii honores quærunt, gradus vero et ministerium fugiunt. Carolum rogari cupit, ut plures mittantur boni operarii in messem. 204

EPIST. XLIII. Ad Carolum Magnum. — Significat suum gaudium ob prosperitatem regis. Ad studia sua provehenda petit ex Anglia libros suos afferri. Utilitates studii litterarii recenset; huic adolescentes palatii suadet addici. 207

EPIST. XLIV. Ad Damoetam filium. — Prospera precatureunti in hostem, et de amicorum dolet absentia. 210

EPIST. XLV. Ad Riculfum archiepiscopum Magensis civitatis cognomento Damoetam. — De amicorum absentia tristatur, et ad æternorum amorem hortatur. 211

EPIST. XLVI. Ad Damoetam. — Gratias agit pro dono; hortatur ad justitiam cuique faciendam, atque amici suspirat adventum. 212

EPIST. XLVII. Ad Offam regem Merciorum. — Nuntiat Carolum genti Northanumbrorum iratum ob necem regis Ethelredi. 213

EPIST. XLVIII. Ad eumdem. — In patriam reverti volens retrahitur ob perjuria et vastationem gentis. *Ibid.*

EPIST. XLIX. Ad eumdem. — Discipulum ad petitionem regis in Angliam remittit, qui ibi in scholis doceat. Hortatur ad regias virtutes. *Ibid.*

EPIST. L. Ad Ecgfridum regem Merciorum. — Exhor-

tatur ad virtutem. 214
EPIST. LI. Ad monachos Vedastinos.— Versus et missas aliquot mittit; illorum se orationibus commendat, et ad virtutes religiosas hortatur. 215
EPIST. LII. Ad fratres in Ecclesia sancti Liudgarii episcopi.— Excusat se quod ad ipsos non venerit; hortatur ad virtutes monachis convenientes. 217
EPIST. LIII. Ad fratres Corbeienses.— Laudat illorum bonam conversationem a se olim expertam. Commendat se illorum orationibus, et hortatur ad virtutis studium. 218
EPIST. LIV. Ad dilectissimos amicos Eboracenses.— Hortatur ut in electione episcopi simoniacam labem evitent. 219
EPIST. LV. Ad quemdam.— Rogat ut ecclesiam, dum novus episcopus eligendus est, ab omni violentia defendat, diesque æternos in mente habeat. 220
EPIST. LVI. Ad Eanbaldum episcopum.— Gratulatur adeptam dignitatem; hortatur ad curam pastoralem, et bene omnia ordinanda; se vero memoriæ et orationibus commendat. 221
EPIST. LVII. Æthelredo episcopo.— Consolatur in persecutione ac tribulatione; et ad virilem perseverantiam, ne ab ovibus fugiat, hortatur. 226
EPIST. LVIII. — Consolatoria ad matrem de morte filii. Ibid.
EPIST. LIX. Ad Edilburgam. — Revocat in memoriam docu inas illi aliquando datas; dolet de patriæ infidelitate; commendat orationibus Liudgardam nobilem feminam. 227
EPIST. LX. Ad Ærduulfum regem. — Hortatur regem ad solium evectum ut et suam et populi salutem procuret. Exemplo antecessorum illum terret. 229
EPIST. LXI. Ad Osbaldum. — Osbaldum, quem suspectum habet ob regicidium et turbas populi hortatur, ut vitam mutet, et suæ ac gentis saluti consulat. 230
EPIST. LXII. Ad quemdam archiepiscopum. — Nuntiat sese, depositis sæculi occupationibus, præparare ad occursum Domini. 251
EPIST. LXIII. — Ad Cœnulvum regem Merciorum. — Ad regnum evectum hortatur ad regias virtutes. 232
EPIST. LXIV. Ad Simeonem. — Memoriam commendat traditarum sibi olim doctrinarum, et novas addit. 235
EPIST. LXV. Ad Simeonem sacerdotem. — In prosperis et adversis suadet animi moderationem; munera mittit, suadet Romanum Ordinem doceri clerum. Melius se habere nuntiat ex infirmitate. Studium sacræ lectionis et sapientiæ commendat. 234
EPIST. LXVI. Ad Arnonem. — Gaudet de nuntio adventus illius; multa nosse ab illo desiderat, et de sua commoratione illum instruit. 235
EPIST. LXVII. Ad ***. — Significat quibus locis commoretur, nova scire cupit, mittit quædam munuscula. 236
EPIST. LXVIII. Ad Arnonem.— Litteras illius se accepisse significat, et de silentio multarum rerum conqueritur. 257
EPIST. LXIX. Ad Arnonem episcopum Salisburgensem. — Commendat illi quemdam filium; de reversione regis; de sancti Pauli causa et aliis informari cupit : suspirat ad Dei visionem, et ad superna desideranda hortatur. 258
EPIST. LXX. Ad Speratum episcopum. — Illum a vanitatibus hujus vitæ dehortatur; inculcat vero officia episcopis convenientia. 241
EPIST. LXXI. Ad eumdem. — Exoptat illius amicitiam continuam, et hortatur ad vitam episcopo dignam. 244
EPIST. LXXII. Ad Simeonem sacerdotem.— Hortatur ad officium episcopale solerter obeundum periculosis in Britannia temporibus. 245
EPIST. LXXIII. Ad Calvinum presbyterum. — Hortatur ad contemptum divitiarum et honorum sæculi : Simeonem summum sacerdotem sæpius admoneri cupit : sibi ab adulationibus cavere, curæ animarum solerter intendere, et Christianæ virtutis exercitia suadet. Ibid.
EPIST. LXXIV. Ad gentem et populum Cantuariorum. — Illorum fidem ac nobilitatem laudibus extollit; sacerdotes ac nobiles adhortatur; calamitates deplorat; et ut archiepiscopum Aedilhardum a fuga reducere conentur, suadet. 249
EPIST. LXXV. Ad Athelardum, Cantuariensem archiepiscopum. — Hortatur ut propter fugam a sede sua pœnitentiam agat, et Ecclesiam ordinet; clerum a vanitate vestimentorum et immoderato conviviorum usu cohibeat. Ibid.
EPIST. LXXVI. Ad domnum regem. — De ratione saltus lunaris. 254
EPIST. LXXVII. Ad Ethelardum. — Romam ituro prosperum iter precatur, suique memoriam rogat apud sanctos apostolos. 257
EPIST. LXXVIII. Ad eumdem. — Felicem illi reditum ex Romana legatione, ob reparatam Ecclesiæ Cantuariensis dignitatem, precatur. Ibid.
EPIST. LXXIX. Ad domnum regem. — Commendat amicos suos ex Anglia Romam profectos. 258
EPIST. LXXX. Ad eumdem.—De ratione Septuagesimæ,

Sexagesimæ et Quinquagesimæ. 259
EPIST. LXXXI. Ad Albinum abbatem. — Carolus Magnus respondet priori epistolæ de ratione Septuagesimæ. 263
EPIST. LXXXII. Ad domnum regem. — Respondet ad epistolam præcedentem, et lunaris saltus supputationes mittit. 266
EPIST. LXXXIII. Ad eumdem. — De cursu solis per signa zodiaci; et qualiter inde bissextus emergat? Laudat studium astrologiæ, arithmeticæ, et omnis philosophiæ. Ad confutandum Felicem adjutores postulat, et regem ad defendendam veritatem animat. 269
EPIST. LXXXIV. Ad eumdem. — Epistolæ Caroli Magni respondet de carmine conficiendo, de apparitione stellæ Martis, de libello Felicis refutando, de quæstionibus a filia sibi motis, de supputationibus secundum Ægyptios emendandis. 274
EPIST. LXXXV. Ad eumdem. — Carolo varia de siderum cursu interroganti ex memoria respondet. 278
EPIST. LXXXVI. Ad eumdem. — Assignantur causæ ob quas luna minor vel major appareat quam ferat astronomorum calculus. 281
EPIST. LXXXVII. Ad Arnonem. — In Hunniam proficiscentem hortatur ad opus apostolicum bene obeundum. 284
EPIST. LXXXVIII. Ad eumdem. — Hortatur ad munus apostolicum impigre obeundum; nec se vel infirmitate corporis, vel cura propriarum ovium impediri patiatur. 285
EPIST. LXXXIX. Ad Liobradum. — Illius electi episcopi Lugdunensis amicitiam exoptat. 286
EPIST. XC. Ad fratres Lugdunenses. — Cavendum monet ab erroribus Hispanorum variis. Respondet quæstioni de observatione sabbati ante Dominicam Resurrectionis. 287
EPIST. XCI. Ad Arnonem. — Eum videre desiderat; tempora periculosa deplorat : se ad palatium vocatum, et Felicem a Laidrado ad regem ducendum significat, etc. 291
EPIST. XCII. Ad eumdem. — Epistolam cum muneribus se accepisse; ac se medio mense Maio apud regem, quo etiam Felix adducendus est, futurum significat. 296
EPIST. XCIII. Ad fratres Juvavensis Eccles æ. — Laudat illorum regularem conversationem; et hortatur ad bene ob unda officia monachorum. 297
EPIST. XCIV. Ad Arnonem. — Mittit Paschalia carmina, et admoneri cupit parochianos, seu curiones suæ diocesis ad vitæ probitatem, ad officia sua bene obeunda. 500
EPIST. XCV. Ad domnum regem. — Gratias agit pro bonis acceptis : de perturbatione Ecclesiæ et regni conqueritur. Hortatur regem, ut maximam curam impendat Ecclesiæ; remissa nonnihil de severitate in Saxones. Ibid.
EPIST. XCVI. Ad eumdem. — Gratias agit pro sui memoria in epistolis, et plurimis acceptis beneficiis. Laudat et excitat regem ad justitiam reddendam sedi apostolicæ. Excusat se ab itinere Romam suscipiendo. Optat pacem cum Saxonibus. 505
EPIST. XCVII. Ad ***. — Exoptat ejus præsentiam; deplorat atrox factum Romæ : hortatur ad opus prædicationis et exercitia virtutum. Ob pallium adeptum gratulatur, hortando ad ministerium bene explendum. 506
EPIST. XCVIII. Ad Arnonem. — A mundi periculis sibi cavere suadet. Suum illi amorem significat. 508
EPIST. XCIX. Ad ***. — Epistola initio ænigmatica. Illius charitatem expetit. 509
EPIST. C. Ad domnum regem. — Carolo iteratis litteris respondet. Laudat religionis zelum, pietatem, regalem potentiam; memoriam facit de quibusdam chartis computi. 511
EPIST. CI. Ad eumdem. — Gratias agit ob lectum et remissum libellum adversus Felicem; excusat nonnulla illius errata. De disp. Felicis cum Saraceno; et cujusdam Judæi cum Petro Magistro. Mittit quasdam species dictio num. 513
EPIST. CII. Ad Arnonem. — Sæculum contemnendum; ad æterna tendendum docet. Venisse se ad mansiones S. Amandi, ait, Arnonem invisurus; quem tamen dolet ibi non reperisse. 515
EPIST. CIII. Ad eumdem. — Ex litteris ab Arnone acceptis illius reditum, nihil vero de novi populi Christianitate, nihil de ipsius commoratione, nihil de spe mutui colloqui, quod tamen valde exoptat, percipit. 516
EPIST. CIV. Ad eumdem. — Dolet ob frustra exspectatam Arnonis præsentiam; dolorem vero mitigat suspiriis ad patriam cœlestem. Munera ad se missa læto animo accipit. 518
EPIST. CV. Ad eumdem. — Lætus de Arnonis visitatione, dolet de brevitate præsentiæ; desiderium vero ad lætitiam semper manentem elevat. Licitat plus hortationes fratribus et omnibus ovibus dandas. 519
EPIST. CVI. Ad domnum regem. — Epitaphium Liodgardæ feminæ nobilis. 520
EPIST. CVII. Ad eumdem. — Consolatoria pro morte Liudgardæ. 522
EPIST. CVIII. Ad Arnonem. — Hortatur illum ut Leonem papam contra adversarios defendat. Hunnos a sub-

Epist. CIX. Ad domnum regem. — Respondet Caroli epistolæ nuntiantis victoriam de hostibus : et mirabilem sanitatem Leonis papæ. Romanum iter prosequi renuit. 329

Epist. CX. Ad abbates et monachos Gothiæ. — Errorem Adoptianorum carpit, quem singulari libello per beatum Benedictum misso, se jam refutasse, et nunc majori opere a se refutandum ait. 552

Epist. CXI. Ad fratres in Gothia.—Hortatur ad pœnitentiam, ad observantiam vitæ regularis, et ad fortitudinem in exorta tribulatione. 354

Epist. CXII. Ad fratres in provincia Go'horum. — Errorem refutat eorum qui nolunt sacerdotibus peccata confiteri; et confessionis necessitatem astruit. 357

Epist. CXIII. Ad Paulinum patriarcham, — Laudat ejus libellum de taxatione fidei : et excitat illum ad debellandos quosdam errores in Ecclesia exorientes. 541

Epist. CXIV. Ad Ædilhardum archiepiscopum. — Laudat illum ob conventum cum Eanbaldo pro honore ecclesiarum et cleri reformatione. Suadet ut cito ad gregem peracta legatione revertatur; mittit sellam et caballum suum. 345

Epist. CXV. Ad Eanbaldum archiepiscopum Eboracensis Ecclesiæ; cognomento Simonem. — Consolatur afflictum, et ad patientiam hortatur, fugam ab Ecclesia sua dissuadet. 345

Epist. CXVI. Ad Calvinum et Cuculum. — Suggerit quæ sint Simeoni (Eanbaldo) episcopo in tribulatione posito suggerenda. Significat se onus pastoralis curæ deposuisse. 347

Epist. CXVII. Ad Aquilam pontificem. — Litteris ab eo acceptis respondet, pro muneribus gratias agit; homicidii cujusdam impii et crudelis meminit; et quæ in causa Felicis Urgelitani acta sunt in præsentia regis et Patrum, narrat. 348

Epist. CXVIII. Ad eumdem. — Charitatem suam Arnoni, quem filium vocat, signifi at, et optima quæque exoptat. 552

Epist. CXIX. Ad Carolum regem juvenem. — Carolo filio Caroli Magni gratulatur ob adeptum : b apostolico regium nomen cum corona : et optima præbet monita ad bene regendum, ad exemplum patris. 353

Epist. CXX. Ad eumdem. — Carolum iterum hortatur ad regias virtutes et patris exemplum imitandum. Prospera illi precatur. 354

Epist. CXXI. Ad filios apud dominum imperatorem in palatio commorantes.—Affectum suum erga filios ostendit, suique memori in ad limina apostolorum commendat. 355

Epist. CXXII. Ad Ricuinum archiepiscopum. — Hortatur ad labores et virtutes apostolicas. 356

Epist. CXXIII. Ad Domicianum archisacerdotem. — Damœtam Romæ existantem hortatur, ut scissuram in Ecclesia reparare studeat, arguit dissensum inter pacificatores; non nova statuit, sed vetera reparari cupit. 357

Epist. CXXIV. Ad Georgium patriarcham urbis Hierosolymæ. — Georgio gratulatur ob dignitatem in loco sanctissimo; hortatur ad patientiam in persecutione infidelium. Se suosque illius orationibus commendat. 359

Epist. CXXV. Ad Gundradam v.rginem, cognomento Eulaliam.— Gundradam instruit quomodo in aula virtuose vivat. Per illam regi commendari, et, quod ad ipsum pervenire nequeat, excusari cupit. 560

Epist. CXXVI. Ad sororem charissimam. — Laudat illius pietatem, et ad labores pro æternitate exhortatur : gratias agit pro cruce donata. 362

Epist. CXXVII. Ad dilectissimam sororem. — Pro cappa et aliis donis gratias agit ; Angilberti, Avæ sororis, et Columbæ meminit. Ibid.

Epist. CXXVIII. Ad Gislam filiam Caroli Magni. — Dolet se ob infirmitatem non posse regis faciem videre, et Gisilæ frui colloquio; quam ad virtutes exhortatur. 363

Epist. CXXIX, Ad domnum regem. — Gaudium suum ob reditum Caroli ex Italia significat; cui cum muneribus obviam mittit Candidum. 564

Epist. CXXX. Ad Arnonem.—Epistolæ respondet; sinistram suspicionem a se amovet. Regi se suasisse ait quod missos eligeret, ad justitias faciendas. Pro se Deum orari, et Leoni papæ, Paulino patriarchæ, et Petro Mediolanensi se commendari cupit. Hortatur demum ad pacis inter ecclesiasticas personas restituendæ studia. 566

Epist. CXXXI. Ad domnum regem. — Mittit per famulum suum sacros libros a se in unum corpus collectos et emendatos. 569

Epist. CXXXII. Ad eumdem. — Ad aulam vocatus se ob senectutem excusat; nec suo consilio indigere sapientissimum regem profitetur. Ibid.

Epist. CXXXIII. Ad eumdem. — Significat obitum Maganfredi. Intercedit pro fratribus et ecclesia sancti Petri urbis Beneventanæ; cum Beneventanis clementer agi supplicat. 570

Epist. CXXXIV. Ad eumdem. — Gratias agit pro benefactis; et ut ob corporis infirmitatem apud S. Martinum sibi requiescere liceat, supplicat. 572

Epist. CXXXV. Ad Nathanaelem —Excitat ad pietatem; commendat illi curam in instruendis virginibus Lucia et Columba. Committit illi epistolam cum sacræ Scripturæ munere porrigendam regi Carolo. 374

Epist. CXXXVI. Ad eumdem. — Ad conversationem honestam et religiosam animat ; et vitari suadet columbas coronatas volitantes per cameras palatii. 575

Epist. CXXXVII. Ad Chrodgarium comitem. — Infantulum et fratrem erudiendos se suscipere significat. Hortatur ad fidele servitium, et consilia regi præstanda. Cavere sibi, ad vastandam urbem Beneventanam abituro; suadet a noxio Italiæ aere. 576

Epist. CXXXVIII. Ad sororem et filiam. — Significat quantum æstimet illarum amicitiam. De felici nuntio Roma accepto certiores reddit. Mittit quosdam tractatus Ven. Bedæ describendos. De propria sua valetudine illas instruit. 377

Epist. CXXXIX. Ad easdem. — Charitatem et lectionem sanctæ Scripturæ cum oratione commendat. 578

Epist. CXL. Ad easdem.—Suadet in prosperis et adversis servare æquanimitatem exemplo sanctorum, quorum vitas vult eas legere ex Dialogis sancti Gregorii papæ. 379

Epist. CXLI. Ad Aquilam seu Arnonem.—Meminit cum gaudio de prosperitate et exaltatione regis. Cupit instrui de causa domni Apostolici, de Beneventana controversia, et de actis in conventu episcoporum. Refert statum suæ valetudinis. 581

Epist. CXLII. Ad fratres Fuldenses. — Hortatur ad religiosas virtutes. Mittit pallium storacium pro corpore sancti Bonifacii, et chartulam missalem. Ibid.

Ep st. CXLIII. Ad Arnonem. — Illum, ut ad S. Martinum veniat, invitat : ad cœlestia aspirat, et pro se oraricupit. 385

Epist. CXLIV. Ad eumdem. — Arnonem ad S. Martinum videre, et cum illo de vitæ suæ rationibus consilia foire desiderat, antequam ex hac vita decedere cogatur. 584

Epist. CXLV. Ad eu dem. — Epistolæ ad se missæ respondet. Rursus præsentia Arnonis frui desiderat, impeditus ipse venire ad pala ium. 587

Epist. CXLVI. Ad eumdem. — Significat suum erga Arnonem affectum. Ad qua sita respondere partim recusat, partim promittit. Regis jus itiæ amorem laudat : ministrorum avaritiam carpit. Mittit cum muneribus opusculum in Ecclesiasten Salomonis ad describendum. 589

Epist. CXLVII. Ad Theodulfum archiepiscopum. — Laudat illius virtutes: gratulatur d obtento ab apostolica sede pallio ; hortatur ad instantem prædicationem. Itineranti fausta precatur. 591

Epist. CXLVIII. Ad eumdem. — Epistola penitus allegorica, in qua comparatur Theodulfus patri vinearum. 594

Epist. CXLIX. Ad Carolum imperatorum. — Deprecator pro fratribus S. Martini; illosque, et seipsum a calumnia defendit contra accusationes in causa asyli clerico Aurelianensi præstiti. et veram causam orti tumultus pandit. 595

Epist. CL. Ad Maurum.— Petit ab eo libellum sibi promissum. 598

Epist. CLI. Ad Arnonem. — Conqueritur de intermisso responso ad plures epistolas. Dolet amicum sæcularibus negotiis implicitum, et pastores animarum curis sæcularibus turbari. Infirmum se corpore et animo precibus Arnonis commendat, et ad cœlum suspirat. 399

Epist. CLII. Ad eumdem. — Commendat Arnoni curam canonicorum, monachorum, et tertii gradus, inter illos medii. Queritur de pravitate simoniaca, quæ etiam in sedem apostolicam irrepsit Epistolæ de confess one, et libelli de catholica fide mentionem facit. 401

Epist. CLIII. Ad eumdem. — Significat se accepisse litteras charitatis per Adalwinum episcopum venientem ad S. Martinum. Odulfum de facienda justitia, capellanos de laudabili conversatione, fratres monasterii S. Rhodberti de sincera charitate, etc., admoneri optat. 402

Epist. CLIV. Ad eumdem. — Consolatur afflictum propter sæculares occupationes. Litteras per Adalwinum episcopum mittit. Pro ca ula gratam spondet memoriam. 404

Epist. CLV. Ad eumdem. — Commendat se tanquam infirmum senem sacræ memoriæ. Duo vascula mensalia mittit; et iteratas pro casula missali gratias agit. 406

Epist. CLVI. Ad eumdem.—Mittit per Fredegisum varia opuscula, et illi hunc suum filium commendat. 407

Epist. CLVII. Ad Candidum t Nathanaelem. — Monet ut sapienter in aula agant. Instruit eos de disceptatione cum Theodulfo episcopo Aurelianensi. 408

Epist. CLVIII. Ad Albinum magistrum et ad congregationem monasterii sancti Martini. — Congregationem reprehendit ob defensionem cujusdam rei clerici ad ipsos confugientis, contra sententiam sui episcopi, et contra mandatum ipsius regis, etc. 415

Epist. CLIX. Ad Arnonem. — Commendat illi discipulum grammaticæ, quem vitulum vocat. 416

Epist. CLX. Ad ***. — Amici charitati se commendat. 417

Epist. CLXI. Ad Arnonem. — Exponit quomodo substantia, essentia, subsistentia, et natura de Deo dicantur. *Ibid.*

Epist. CLXII. Ad domnum regem. — Exponit quæ sit differentia inter æternum et sempiternum, perpetuum et immortale, sæculum, ævum et tempus. 419

Epist. CLXIII. Ad Carolum. — Exponit textum S. Lucæ cap. XXII, 36, etc., de duobus gladiis. Conqueritur de quibusdam episcopis, qui presbyteris et diaconis munus prædicationis inhibere volunt; et de profanatione altarium. 422

Epist. CLXIV. Ad eumdem. — Respondet ad interrogata de hymno post cœnam dicto apud Matthæum et Marcum. 428

Epist. CLXV. Ad eumdem. — Respondetur ad interrogationem de pretio salutis humanæ, cui daretur. 431

Epist. CLXVI. Seu capitulare admonitionis ad eumdem, — Capitula quæ tali convenit in tempore memorari. 437

Epist. CLXVII. Ad Petrum archiepiscopum. — Commendat se paternis affectibus et sacris orationibus. 438

Epist. CLXVIII. Ad eumdum. — Gratitudinem suam significat ob paternam benevolentiam; Liudgardam commendat, a qua ei dona mittuntur. 440

Epist. CLXIX. Ad pontificem Rigbodum Treverensis civitatis, cognomento Macharium. — Conqueritur de absentia amici, et intermisso commercio epistolico. Reprehendit in eo nimium amorem Maronis. 441

Epist. CLXX. Ad eumdem. — Dolet de amici absentia. 442

Epist. CLXXI. Ad eumdem. — Queritur de intermisso commercio litterarum. Ad horam expetit quædam scripta sancti Leonis et Ven. Bedæ. Ad sanctum Martinum invitat. *Ibid.*

Epist. CLXXII. Ad eumdem.—Dolet de absentia, et gaudium significat ob nuntium restitutæ Machario sanitatis. 443

Epist. CLXXIII. Ad Joseppum. — Condolet ob infirmitatem corporis, et excitat ad patientiam. Commendat se orationibus; hortatur ad renovationem domus Dei, etc., 444

Epist. CLXXIV. Ad Remigium episcopum. — Commendat illi negotiatorem in Italiam proficiscentem: animam vero Joseppi illius orationibus. 445

Epist. CLXXV. Ad Remedium episcopum. — Gratias pro charitatis muneribus agit : ad bonas actiones stimulat. *Ibid.*

Epist. CLXXVI. Ad eumdem. — Commendat se ob veterem amicitiam illius orationibus. 446

Epist. CLXXVII. Ad eumdem. — Confidentiam suam significat in ejus orationibus, et ad bene obeundum episcopale officium hortatur, sub spe æternæ mercedis. *Ibid.*

Epist. CLXXVIII. Ad Ædilbertum episcopum. — Orationibus omni um et singulorum se commendat; hortatur ad patrum suorum sequenda vestigia, ad lectionem sanctæ Scripturæ, ad juniorum instructionem. 448

Epist. CLXXIX. Ad quemdam episcopum. — Ad æterna suspirat. Hortatur ad officium pastorale diligenter obeundum. Auguria, avium cantus, et sternutationes aboleri vult. 449

Epist. CLXXX. Ad quemdam episcopum. — Dolet de amici ægritudine; hortatur ad patientiam, ad virtutes, ac curam scholarium. 451

Epist. CLXXXI. Ad quemdam. — Hortatur ad pietatem, reliquasque virtutes : commendat curam divinæ laudis in ecclesiis illi commissis. 452

Epist. CLXXXII. Ad Hechstanum presbyterum. — Hortatur ad virtutes : et orationibus amicorum cupit se contra mendari. *Ibid.*

Epist. CLXXXIII. Ad Monnam presbyterum et fratrem ejus. — Hortatur ad sæculi contemptum, ad humilitatem. 454

Epist. CLXXXIV. Ad presbyterum Eada. — Pro muneribus gratias agit; dolet se de gradu paupertatis raptum esse in voraginem divitiarum; orationibus se commendat. 455

Epist. CLXXXV. Ad quemdam discipulum. — Gaudet ob discipuli prosperitatem et litterarum studium; hortatur ad pœnitentiam et ad pugnam contra hostes animæ. Ornatum corporis reprehendit. 456

Epist. CLXXXVI. Ad amicum fidelem. — Ardorem charitatis suæ significat; ho tatur et omnibus sit exemplum vitæ. Commendat lectionem sancti Evangelii, et Libri Pastoralis sancti Gregorii. 457

Epist. CLXXXVII. Ad quemdam filium. — Laudat discipuli devotionem et sapientiæ studium. Non suos mores, sed exhortationes et sanctorum exempla sequi hortatur;

commendat lectionem sanctæ Scripturæ, virtutum exercitium, curam adolescentum, etc. 458

Epist. CLXXXVIII. Ad filium ægrotum. — Solatur illum, et hortatur ad confessionem peccatorum. 460

Epist. CLXXXIX. Ad Antonium. — Conqueritur de sui oblivione, spectacula reprobat, et Homero se de iis scripsisse dicit, etc. 461

Epist. CXC. Ad eumdem. — Nuntiat fratres insulæ Lirinensis advenisse, et fratrem Adalhardi vocatum ad palatium fuisse, etc. 462

Epist. CXCI. Ad eumdem. — Antonio ad se invisuro significat animi sui lætitiam. Homeri vanitatem in histrionibus carpit ; conqueritur de intermisso litterarum commercio, quod ait non esse contra regularem vitam. Post obitum sui memoriam exoptat. 463

Epist. CXCII. Ad eumdem.—Desiderat multum orationes Antonii, ut Deum semper amare possit et laudare. 466.

Epist. CXCIII. — Ænigmatica. *Ibid.*

Epist. CXCIV. Ad congregationem sanctæ Mariæ et patrem Moroaldum.—Cupit eorum societate frui et amicitia. 467

Epist. CXCV. Ad matrem et filiam. — Hortatur ad bona opera, et precibus earum se commendat. *Ibid.*

Epist. CXCVI. Ad Eugeniam filiam. — Hortatur ad fortitudinem in tribulationibus, quas ipsa innocens cum Dei servis patitur ab iniquis regibus. 468

Epist. CXCVII. Ad eumdem. — Castitatem cum eleemosynarum largitate commendat. 469

Epist. CXCVIII. Ad Hundrudem feminam. —Hortatur ad devotionem et vitam exemplarem in palatio regis. Salutem precatur reginæ, et Egfrido. 470

Epist. CXCIX. Ad Ædilthydem, famulam Dei, olim reginam. — Instruit optimis vitæ documentis. 471.

Epist. CC. Ad Edilthrudam. — Consolatur matrem de morte filii. 473

Epist. CCI. Ad Magenharium comitem Senonicæ civitatis. — Hortatur ad virtutes, curamque sui officii. 475

Epist. CCII. Ad Amicum. — Charitatem suam amico significat. 476

Epist. CCIII. Ad Gallicellulam. — De comparatione numerorum Veteris et Novi Testamenti. *Ibid.*

Epist. CCIV. Ad Fridugisum. — De tribus generibus visionum. 478

Epist. CCV. Ad quemdam discipulum. — Causam dissensionis a se amolitur, et in amicitiam redire postulat. 479

Epist. CCVI. Ad discipulum. — Reprehendit illum ob vitæ perversitatem, et ad emendationem hortatur. 481

Epist. CCVII. Ad filium prodigum. — Reprehendit discipuli perversos mores, et ad emendationem vitæ provocat exemplo cujusdam nunc episcopi, olim sui condiscipuli. 482

Epist. CCVIII. Ad eumdem. — Deplorat discipuli perversos mores, et illum ad meliora revocare conatur timore gehennæ. 484

Epist. CCIX. Ad amicum.— Conversum ad meliora hortatur ad constantiam. 485

Epist. CCX. — Commendatitia cujusdam presbyteri Foidradi ad amicos. 486

Epist. CCXI. — Commendatitia Noroberet ad omnes amicos. *Ibid.*

Epist. CCXII. — Commendatio ad amicos pro peregrinantibus ad limina apostolorum. *Ibid.*

Epist. CCXIII.Ad Ragaubertum episcopum. —Conqueritur de novis exactionibus, quibus ministri episcopales vexabant presbyteros in eccl siis sancti Martini servientes. 487

Epist. CCXIV. Ad Nifridium episcopum. — Memoriam sui in orationibus exorat; Benedictum a se digredientem commendat. 488

Epist. CCXV. Ad dilectissimos Patres. — Hortatur illos ad charitatem et ad labores vitæ monasticæ. 489

Epist. CCXVI. Ad Cuubertum episcopum.— Commendat memoriam contractæ olim amicitiæ. Ad opus prædicationis hortatur, nulla sæculi potestate aut vanitate impediendum. 490

Epist. CCXVII. Ad Alchardum et Tifredum episcopos. — Hortatur illos ad officinum prædicationis implendum. 491

Epist. CCXVIII. — Ad Ardbertum. — Hortatur ad ope a justitiæ et misericordiæ; laudat illius bonitatem, eique commendat causam Lulii abbatis. 492

Epist. CCXIX. Ad Leutfredum episcopum. — Solatur illum in tribulatione. 493

Epist. CCXX. Ad Benedictum. — Quemdam fratrem, quem filium suum vocat, charitati, se vero in sæculi fluctibus jactantis precibus illius commendat. Pro herb s medicinalibus gratias refert, etc. 494

Epist. CCXXI. Ad eumdem. — Epistolas mittit regi et aliis a Benedicto tradendas; optat sæpius accipere ab ipso epistolas. 495

Epist. CCXXII. Ad Hjllirienses fratres. — Commemorat famam bonæ illorum conversationis : precibus eorum se commendat : hortatur ad mutuam charitatem et pacem. 495.

Epist. CCXXIII. Ad Teotgarium abbatem et fratres quibus præesse videtur. — Remittit fratres ad S. Martinum peregrinantes cum epistola : veniam illis ob inobedientiam et negligentiam exorat. Errantes optat revocari, non abjici. 437

Epist. CCXXIV. Ad Fridurinum. — Gratulatur adeptam curam monasteriorum SS. Benedicti et Ceolfridi, hortatur ut præsit gregi suo bono exemplo. Precibus se commendat. 498

Epist. CCXXV. Ad fratres qui in Hibernia insula per diversa loca Deo deservire videntur.—Ob famam optimæ conversationis ad se delatam lætatur : quæ bona ipsorum Patres olim in Britannia, Gallia et Italia gesserint, depræedicat. Hortatur ad vitam regularem; docet quæ debeat esse vita principum, monachorum, monialium et omnium Christianorum. 500

Epist. CCXXVI. Ad fratres in ecclesia beati Joannis Baptistæ Deo servientes. — Abbatem et fratres monasterii Montis-Olivi in familiaritatem suscipit, et illos hortatur ut militent pro fide catholica, et perseverent in observantia regulari. 503

Epist. CCXXVII. Ad quosdam monachos. — Ambit eorum familiaritatem et orationes. Hortatur ad charitatem, humilitatem, obedientiam, ad curam regularis disciplinæ, et laudis divinæ. 504

Epist. CCXXVIII. Ad Arnoldum abbatem. — Laudat eorum conversationem; hortatur ad virtutes religiosas, præsertim paupertatem in conviviis, in nummis, in vestimentis, etc. 506

Epist. CCXXIX. Ad Eanulfum presbyterum. Commendat se ejus orationibus : ad conversationem fraternam et regularem vitam, ad curam animarum, etc., hortatur. 507

Epist. CCXXX. Ad Oniam sacerdotem. — Charitatem in præsente dulcem, in absente amaram dicit. Hortatur ad virtutes. 508

Epist. CCXXXI. Ad eumdem.—Charitatem erga Deum et erga pauperes, miseros et peregrinos commendat. *Ibid.*

Epist. CCXXXII. Ad Gislam. Charitatem suam illi significat : ad omnia virtutum genera hortatur, et commendat sanctæ Scripturæ lectionem. 509

Fragmentum I. — Ad fratres sancti Niniani. Candidæ Ca æ. 511
Fragmentum II. — Ad Eboracenses. 512
Fragmentum III.— Ad Osbertum patricium Merciorum. *Ibid.*
Fragmentum IV.—Ad eumdem Osbertum patricium. *Ib.*
Ordo alphabeticus personarum quibus B. Flaccus Alcuinus inscripsit epistolas suas. 511

BEATI ALCUINI OPERUM PARS SECUNDA. — OPUSCULA EXEGETICA SEU COMMENTATIONES IN SACRAM SCRIPTURAM. 515

OPUSCULUM PRIMUM. — INTERROGATIONES ET RESPONSIONES IN GENESIN. *Ibid.*
Monitum prævium. *Ibid.*
Præfatio Alcuini. 516
Incipiunt Quæstiones et Responsiones 517
De Benedictionibus patriarcharum. 558
Dicta beati Albini levitæ super illud Geneseos : *Faciamus hominem ad imaginem et similitudinem nostram.* 565
De decem verbis legis. 567

OPUSCULUM SECUNDUM. — ENCHIRIDION, SEU EXPOSITIO PIA AC BREVIS IN PSALMOS POENITENTIALES, IN PSALMUM CXVIII ET GRADUALES. 569

Hymnus vetus de xv psalmis graduum. 637

OPUSCULUM TERTIUM. — COMPENDIUM IN CANTICUM CANTICORUM. 639
Monitum prævium. *Ibid.*
Carmen in codice Vaticano præfixum sequenti commentario. 641
Incipit compendium. 642
Epistola ad Daphnin de illo Cantici Canticorum loco : *Sexaginta sunt reginæ et octoginta concubinæ.* 663

OPUSCULUM QUARTUM.— COMMENTARIA SUPER ECCLESIASTEN. 665

Monitum prævium. *Ibid.*
Præfatio. 667
Incipiunt Commentaria. 668
Versus Albini ad lectorem. 720
Oratio Salomonis in dedicatione templi. 721

OPUSCULUM QUINTUM. — INTERPRETATIONES NOMINUM HEBRAICORUM PROGENITORUM DOMINI NOSTRI JESU CHRISTI. 725
Monitum prævium. *Ibid.*
Interpretatio litteralis. 725
Interpretatio allegorica. *Ibid.*
Interpretatio moralis. 728

OPUSCULUM SEXTUM. — COMMENTARIA IN SANCTI JOANNIS EVANGELIUM. 735
Monitum prævium. *Ibid.*
Epistola ad sororem et filiam. 737
Epistola Christi famularum Gislæ atque Rectrudæ ad Albinum magistrum. 738
Epistola Albini magistri ad Gislam et Richtrudam. 740

LIBER PRIMUS. 743

Caput primum. — In principio erat Verbum apud Deum, per quem facta sunt omnia. Joannes missus est ante eum, qui recipientes se facit filios Dei per gratiam. *Ibid.*
Cap. II.— Joannes negat se esse Christum, sed missum se ante ipsum, vocemque clamantis in deserto secundum Isaiam enuntiat. 753
Cap. III. — Quod ex duobus Joannis discipulis qui secuti fuerant Dominum unus Andreas adduxit fratrem suum ad Jesum, qui Petrus ab ipso nuncupatur. Philippus quoque vocatus Nathanaeli indicat. Quo mox inter cætera Dei Filium confitetur. Hinc Jesus aquam convertit in vinum, creduntque in eum discipuli ejus. 760

LIBER SECUNDUS. 771

Cap. IV. Appropinquante pascha Judæorum, ejicit vendentes et ementes de templo. *Ibid.*
Cap. V. — Nicodemo inter multa dicit nisi renatum in regnum Dei intrare non posse, ut quod non judicare sed salvare venerit mundum. Et manifestari dicit opera quæ in Deo sunt acta. 778
Cap. VI. —Joanni in Ænon baptizanti a suis discipulis dicitur quod cui ille testimonium perhibebat, hic baptizet, et quod omnes ad eum veniant. Quem ille Sponsum esse, et oportere crescere, se autem minui. Illumque de sursum et supra omnes esse. Credentemque in eum habere vitam æternam. Super incredulum vero iram manere confirmat. 784
Cap. VII.— Ad puteum Jacob mulieri Samaritanæ Christus se manifestans plurima mystice loquitur, et multi Samaritanorum credunt in eum, dicentes : *Vere hic est Salvator mundi.* 791
Cap. VIII. — Reguli cujusdam filius ægrotans absentis Domini voce sanatur. 801

LIBER TERTIUS. 805

Cap. IX.—Hominem triginta octo annos habentem in infirmitate sua Jesus dicendo : *Tolle grabatum tuum, et ambula,* in Sabbato curavit, æqualem se, qui erat, faciens Deo. *Ibid.*
Cap. X. — Quod sicut Pater suscitat mortuos, sic et Filius; et quod æqualiter cum Patre sit honorandus; et quod in eum credentes transeant de morte ad vitam. Venturam quoque pronuntiat horam qua de monumentis boni malique resurgent. 810
Cap. XI.—Joannem lucernam appellat. Patrem quoque et Scripturas de se testimonium perhibere. Judæos se non recipientes venientem in nomine Patris, alium in nomine suo venturum recepturos. De se autem Moysen scripsisse testatur. 816
Cap. XII. — Appropinquante Judæorum pascha de quinque panibus et duobus piscibus quinque millia hominum satiavit. Pro quo signo cum regem vellent eum facere, fugit in montem. Dehinc ambulans super mare paventibus ait discipulis : *Ego sum, nolite timere.* 819
Cap. XIII.—A turbis quæsitus et inventus ait : *Operamini cibum qui non perit, sed qui permanet in vitam æternam.* Et panem de cœlis se dicit verum, vitamque mundi. 826
Cap. XIV. — Panem vitæ se dicit, et resurrecturos credentes in se in novissimo die. 830
Cap. XV. — Murmurantes Pharisæi filium Joseph eum dicunt. Et ipse inter plura carnem suam panem se daturum dicit pro mundi vita. Et cætera his similia plurima de pane et carne sua testatur. 832
Cap. XVI. — Verba sua spiritum vitamque pronuntiat, et unum ex duodecim diabolum appellat. 838

LIBER QUARTUS. 839

Cap. XVII. — Judæis interficere eum quærentibus, ascendit occulte ad illum festum Scenopegiæ, ubi diversa de eo et ab eo dicuntur. Et quærentes eum apprehendere, nequiverunt, quia nondum venerat hora ejus. *Ibid.*
Cap. XVIII.—Multis de turba credentibus plurima loquitur, inter quæ ait : *Qui sitit, veniat ad me et bibat.* Nicodemo quoque de audientia ipsius resistitur a Pharisæis. 849

Cap. XIX. — Mulierem in adulterio deprehensam, adductamque ad se, nec ab accusatoribus condemnatam, ipse sub conditione, qua ulterius non peccaret, absolvit. 853

Cap. XX. — Lucem mundi se dicit. Pharisæos de proprio testimonio refutans arguit. Judicium suum verum ipse confirmat. 855

Cap. XXI. — Dicit Judæis quod in peccato suo morientur. A quibus cum esset interrogatus quis esset, respondit principium se esse, addens hoc : *Cum exaltaveritis Filium Hominis, tunc cognoscetis quia ego sum.* 861

Cap. XXII. — Judæis credentibus ait : *Si manseritis in sermone meo, veritas liberabit vos.* Quibus respondentibus se esse liberos dicit : *Qui facit peccatum, servus est peccati.* 867

Cap. XXIII. — Qui sermonem suum servaverit, eum mortem non visurum in æternum dicit. Et inter cætera plurima, ante Abraham se esse affirmans exivit de templo. 875

LIBER QUINTUS. 877

Cap. XXIV. — Cæco a nativitate illuminato, multaque Pharisæis anxietate turbatis, mundi lucem se dicit. Postea cognitus ab illuminato cæco adoratur. *Ibid.*

Cap. XXV. — Qui non intrat per ostium in ovile ovium, furem esse, ostiumque se et pastorem ovium, pro quibus se animam positurum suam, et alias oves adducturum, ut fiat unum ovile et unus pastor, dicit. 882

Cap. XXVI. — Potestatem habere se dicit ponendi, ac resumendi animam suam. Facta quoque encænia in Hierosolymis, et inter multa Pharisæis sciscitantibus ait : *Ego et Pater unum sumus.* Et multi crediderunt in eum. *Ibid.*

Cap. XXVII. — Lazarum amicum suum jam quatriduanum mortuum dormire dicit. Quem magna voce clamando resuscitans, solvi jubet simul et abire, plurimis credentibus ex Judæis. 896

Cap. XXVIII. — Pontifices adversus eum concilium colligunt, in quo Caiphas unum debere pro populo mori, ne cuncti perirent, prophetizat. Et ante sex dies Paschæ de unguenti super pedes Domini profusi pretio murmur arguitur Judæ. 903

Cap. XXIX. — Turba cum ramis palmarum occurrens, clamat *Osanna.* Ipse vero super pullum sedit, Pharisæis dicentibus : *Totus mundus post eum abit.* 909

Cap. XXX. — Nuntiatus gentibus eum videre volentibus, horam suæ clarificationis esse dicit, et granum frumenti mortuum multum fructum pronuntiat allaturum. Ministrantem quoque sibi honorificandum promittit. 911

Cap. XXXI. — Animam suam turbatam esse dicenti, et clarificari se a Patre poscenti vox de cœlo ait : *Et clarificavi, et iterum clarificabo.* Post hæc multa prosequitur, inter quæ se non ad judicandum, sed ad salvandum mundum venisse testatur. 915

LIBER SEXTUS. 923

Cap. XXXII. — Surgens a cœna, lavit pedes discipulorum, exemplum se dedisse dicens, ut ipsi conservis faciant quod omnium Dominum fecisse probatur. 923

Cap. XXXIII. — Non esse servum majorem domino dicens, post testimonium Scripturæ a Juda se tradendum intincti panis porrectione significat, et discipulos multipliciter exhortatur. 926

Cap. XXXIV. — *Non turbetur cor vestrum,* ait discipulis : *Ego sum via, veritas, et vita. Qui videt me, videt et Patrem. Ego in Patre, et Pater in me. Quodcunque petieritis in nomine meo, hoc faciam.* 952

Cap. XXXV. — Diligentibus se discipulis, mandataque servantibus, Paracletum a Patre mittendum promittit, mansurumque cum eis in æternum ; seque pacem dare eis pacemque relinquere pollicetur. 955

Cap. XXXVI. — Se ipsum vitem, Patrem vero agricolam dicens, discipulosque palmites, ac sine se nihil eos facere posse testatur. Et multis locutionum modis alteram eis dilectionem inculcat, cujus merito possent quodcunque petierint impetrare. 941

Cap. XXXVII. — Eamdem dilectionem instantius commendans, contemnendum dicit odium mundi. Prædicens quoque qualia pro ejus nomine sint passuri, et arguendum mundum a Paraclito de peccato, et de justitia, et de judicio, manifestat. 946

Cap. XXXVIII. — Modicum se ab eis videndum dicat ; et iterum modicum, et non videndum. De quo quærentibus discipulis, similitudinem mulieris post partum præ gaudio tristitiæ non reminiscentis inducit. Et quos a Patre amari significat, corroborat relicturus dicens : *In mundo pressuram habebitis, sed confidite, ego vici mundum.* 954

LIBER SEPTIMUS. 959

Cap. XXXIX. — Ad Patrem de clarificatione sua loquens, discipulos prolixa et multimoda prosecutione commendat, passione protinus imminente. *Ibid.*

Cap. XL. — Traditionis ac passionis ejus per ordinem gesta narrantur. 968

Cap. XLI. — Resurrectionis similiter manifestatio declaratur, qua Maria Magdalene Petro et Joanni non jat sublatum corpus de monumento. Quibus occurrentibus ac reversis, ipsa post angelicam visionem visum a se Dominum æstimans hortulanum, proprio mox ab eo re ocatur ex nomine. Quem cognitum jubetur ut protinus discipulis nuntiare. 987

Cap. XLII. — Cum fores essent clausæ, veniens ad discipulos pacem infert, manibus latereque monstrato. Quibus etiam per insufflationem significat Spiritum sanctum. Item post dies octo Thomas inspecu vel tactu lateris ac manuum in fidem confirmatur audiens : *Beati qui non viderunt et crediderunt.* 992

Cap. XLIII. — Manifestat se iterum ad mare Tiberiadis septem discipulis in captura piscium centum quinquaginta trium, cum resurrexisset a mortuis. 995

Capp. XLIV, XLV. — Usque tertio dicit Petro : *Amas me?* Quia ter eum negaverat ; et pascendas oves æque tertio commendans extensione manuum significat ei quod crucis morte foret martyrio coronandus. — Dicit Simoni Petro Jesus . *Simon Joannis, diligis me plus his?* etc., usque *Clarificaturus esset Deum.* 1000

Cap. XLVI. — Dicit Dominus Petro *Sequere me,* usque ubi dicitur : *Et scimus qui verum est testimonium ejus.* 1003

OPUSCULUM SEPTIMUM. — TRACTATUS SUPER TRES SANCTI PAULI AD TITUM, AD PHILEMONEM ET AD HEBRÆOS EPISTOLAS. 1007

COMMENTATIO BREVIS IN QUASDAM SANCTI PAULI APOSTOLI SENTENTIAS. 1085

BEATI ALCUINI COMMENTARIORUM IN APOCALYPSIN LIBRI QUINQUE. 1085

INDEX ANALYTICUS RERUM QUÆ IN COMMENTARIIS ALCUINI IN APOCALYPSIN CONTINENTUR. 1157

FINIS TOMI CENTESIMI.

www.ingramcontent.com/pod-product-compliance
Lightning Source LLC
Chambersburg PA
CBHW070407230426
43665CB00012B/1273